최이진의

# CUBASE

# 큐베이스 PRO 12

최이진 지음

노하우
도서출판

최이진의 큐베이스 프로 12

**초판 발행** 2022년 6월 29일

**지은이** 최이진

**펴낸곳** 도서출판 노하우
**기획** 현음뮤직
**진행** 노하우
**편집** 덕디자인

**주소** 서울시 관악구 행운1길
**전화** 02)888-0991
**팩스** 02)871-0995

**등록번호** 제320-2008-6호
**홈페이지** hyuneum.com

**ISBN** 978-89-94404-51-6

값 55,000원

# Thanks to Readers

## 인생을 바꾸는 한 권의 서적!

### 멀티 미디어 출판 부문 1위!
### 독자 여러분! 고맙습니다.

세상을 살다 보면
차라리 죽고만 싶을 만큼
힘들고, 괴로울 때가 있습니다.

하지만, 누가 봐도
힘들고, 괴로워 보이는 사람들은
오히려 그 속에서 피와 땀을 흘려가며
가슴속 깊이 전해지는 감동을 만들어냅니다.

도서출판 노하우는
힘들게 공부하는 사람들과
함께하는 작은 디딤돌이 되겠습니다.

힘들고, 괴로울 때
내가 세상의 빛이 될 수 있다는
꿈과 희망을 품고 열심히 공부하세요
멈추지 않는다면, 꿈은 반드시 이루어집니다.

그 곁에 도서출판 노하우가 함께 하겠습니다

고맙습니다.

# 책의 구성

본서는 40개 이상의 Chapter와 300개 이상의 따라하기 실습을 파트로 나누어 구성하고 있습니다. 20년 동안 큐베이스와 누엔도 사용자들의 꾸준한 사랑을 받아온 스테디셀러로 입문자에게는 전문가로 안내하는 최고의 가이드가 될 것이고, 실무자에게는 필요할 때 찾아볼 수 있는 바이블이 될 것입니다.

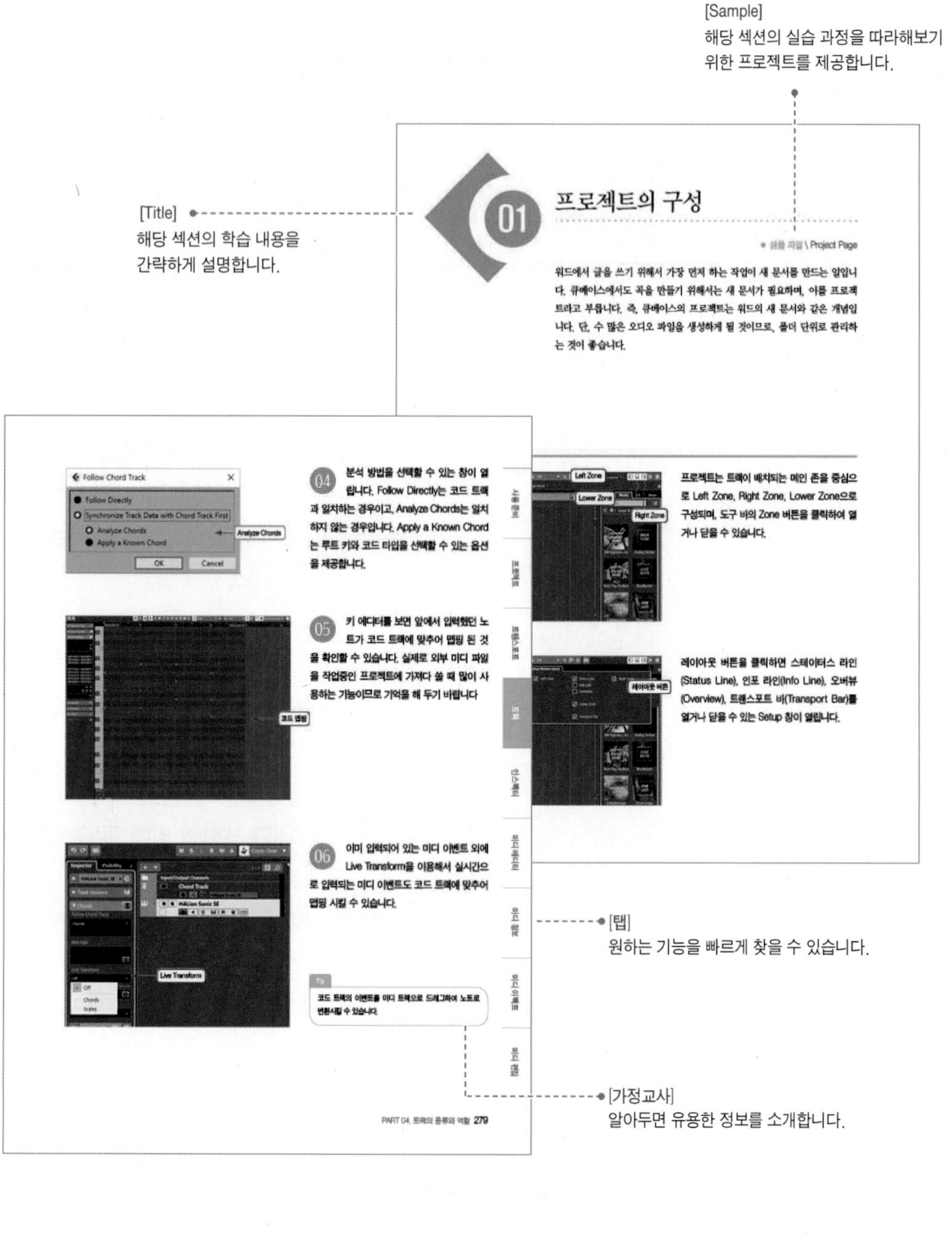

[Sample]
해당 섹션의 실습 과정을 따라해보기 위한 프로젝트를 제공합니다.
[Title]
해당 섹션의 학습 내용을 간략하게 설명합니다.
[탭]
원하는 기능을 빠르게 찾을 수 있습니다.
[가정교사]
알아두면 유용한 정보를 소개합니다.

[기능 설명]
큐베이스의 기능 및 실습 내용을 안내합니다.

[지시선]
파라미터의 이름이나 짧은 설명을 넣어 실습을 쉽게 진행할 수 있습니다.

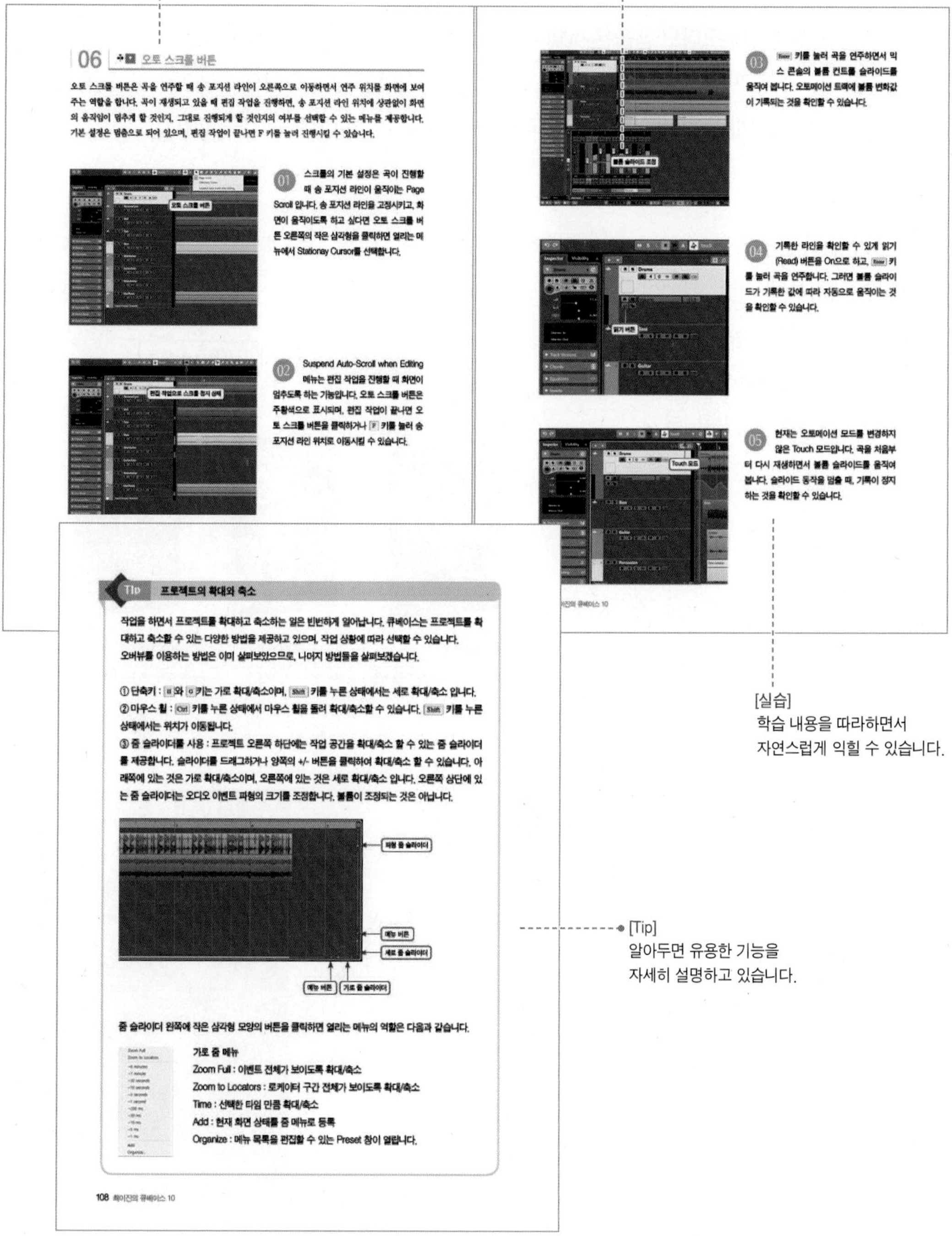
06 오토 스크롤 버튼
오토 스크롤 버튼은 곡을 연주할 때 송 포지션 라인이 오른쪽으로 이동하면서 연주 위치를 화면에 보여주는 역할을 합니다. 곡이 재생되고 있을 때 편집 작업을 진행하면, 송 포지션 라인 위치에 상관없이 화면의 움직임이 멈추게 할 것인지, 그대로 진행되게 할 것인지의 여부를 선택할 수 있는 메뉴를 제공합니다. 기본 설정은 멈춤으로 되어 있으며, 편집 작업이 끝나면 F 키를 눌러 진행시킬 수 있습니다.
01 스크롤의 기본 설정은 곡이 진행할 때 송 포지션 라인이 움직이는 Page Scroll 입니다. 송 포지션 라인을 고정시키고, 화면이 움직이도록 하고 싶다면 오토 스크롤 버튼 오른쪽의 작은 삼각형을 클릭하면 열리는 메뉴에서 Stationay Cursor를 선택합니다.
오토 스크롤 버튼
02 Suspend Auto-Scroll when Editing 메뉴는 편집 작업을 진행할 때 화면이 멈추도록 하는 기능입니다. 오토 스크롤 버튼은 주황색으로 표시되며, 편집 작업이 끝나면 오토 스크롤 버튼을 클릭하거나 F 키를 눌러 송 포지션 라인 위치로 이동시킬 수 있습니다.
편집 작업으로 스크롤 정지 상태
03 Enter 키를 눌러 곡을 연주하면서 믹스 콘솔의 볼륨 컨트롤 슬라이드를 움직여 봅니다. 오토메이션 트랙에 볼륨 변화값이 기록되는 것을 확인할 수 있습니다.
볼륨 슬라이드 조정
04 기록한 라인을 확인할 수 있게 읽기(Read) 버튼을 On으로 하고, Enter 키를 눌러 곡을 연주합니다. 그러면 볼륨 슬라이드가 기록한 값에 따라 자동으로 움직이는 것을 확인할 수 있습니다.
읽기 버튼
05 현재는 오토메이션 모드를 변경하지 않은 Touch 모드입니다. 곡을 처음부터 다시 재생하면서 볼륨 슬라이드를 움직여 봅니다. 슬라이드 동작을 멈출 때, 기록이 정지하는 것을 확인할 수 있습니다.
Touch 모드
최이진의 큐베이스 10
Tip 프로젝트의 확대와 축소
작업을 하면서 프로젝트를 확대하고 축소하는 일은 빈번하게 일어납니다. 큐베이스는 프로젝트를 확대하고 축소할 수 있는 다양한 방법을 제공하고 있으며, 작업 상황에 따라 선택할 수 있습니다. 오버뷰를 이용하는 방법은 이미 살펴보았으므로, 나머지 방법들을 살펴보겠습니다.
① 단축키 : H와 G 키는 가로 확대/축소이며, Shift 키를 누른 상태에서는 세로 확대/축소 입니다.
② 마우스 휠 : Ctrl 키를 누른 상태에서 마우스 휠을 돌려 확대/축소할 수 있습니다. Shift 키를 누른 상태에서는 위치가 이동됩니다.
③ 줌 슬라이더를 사용 : 프로젝트 오른쪽 하단에는 작업 공간을 확대/축소 할 수 있는 줌 슬라이더를 제공합니다. 슬라이더를 드래그하거나 양쪽의 +/- 버튼을 클릭하여 확대/축소 할 수 있습니다. 아래쪽에 있는 것은 가로 확대/축소이며, 오른쪽에 있는 것은 세로 확대/축소 입니다. 오른쪽 상단에 있는 줌 슬라이더는 오디오 이벤트 파형의 크기를 조정합니다. 볼륨이 조정되는 것은 아닙니다.
파형 줌 슬라이더
메뉴 버튼
세로 줌 슬라이더
메뉴 버튼
가로 줌 슬라이더
줌 슬라이더 왼쪽에 작은 삼각형 모양의 버튼을 클릭하면 열리는 메뉴의 역할은 다음과 같습니다.
가로 줌 메뉴
Zoom Full : 이벤트 전체가 보이도록 확대/축소
Zoom to Locators : 로케이터 구간 전체가 보이도록 확대/축소
Time : 선택한 타임 만큼 확대/축소
Add : 현재 화면 상태를 줌 메뉴로 등록
Organize : 메뉴 목록을 편집할 수 있는 Preset 창이 열립니다.
108 최이진의 큐베이스 10

[실습]
학습 내용을 따라하면서 자연스럽게 익힐 수 있습니다.

[Tip]
알아두면 유용한 기능을 자세히 설명하고 있습니다.

## 실습 샘플

입문자를 위한 실습 프로젝트와 오디오 샘플은 hyuneum.com에서 다운 받을 수 있습니다. 홈페이지에 접속한 후 도서출판 노하우 페이지를 열고, 자료실을 선택합니다. 그리고 큐베이스 12 도서를 소개하는 위치의 다운로드를 클릭하면 됩니다. (홈페이지 레이아웃은 그림과 달라질 수 있습니다)

샘플은 홈페이지(hyuneum.com)에 접속하여 도서출판 노하우 페이지를 열고, 큐베이스 12 도서를 소개하고 있는 위치 또는 자료실의 다운로드를 클릭하여 다운 받을 수 있습니다. 단, 홈페이지 레이아웃은 변경될 수 있습니다.

샘플은 프로젝트 이름의 폴더로 구성되어 있습니다. 실습을 진행할 때는 각 폴더의 프로젝트 파일을 더블 클릭하거나 큐베이스 File 메뉴의 Open으로 불러옵니다.

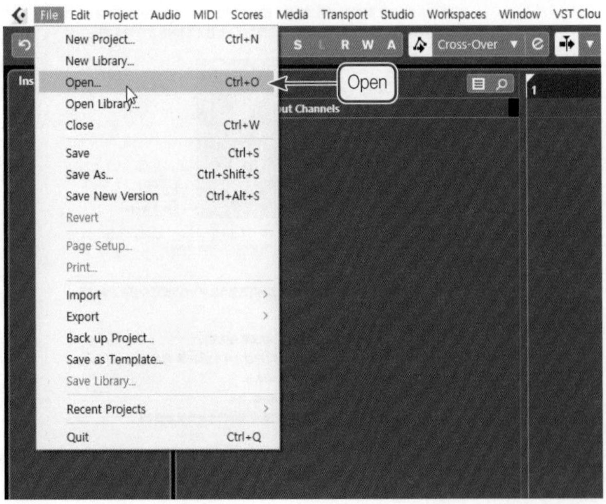

실습에 사용되는 샘플 프로젝트는 학습 내용을 소개하는 타이틀 아래 표시되어 있습니다. 샘플은 이벤트 입력조차 못하는 초보자를 위한 것이므로, 가급적이면 직접 음악을 만들어보면서 학습을 진행하는 것이 좋습니다.

실습 프로젝트가 제작된 시스템과 독자의 시스템이 다르기 때문에 미디 또는 오디오 포트 선택 창이 열리는 경우가 있습니다. Out 항목의 Mapped Ports에서 사용자 시스템에 설치되어 있는 미디 및 오디오 포트를 선택합니다.

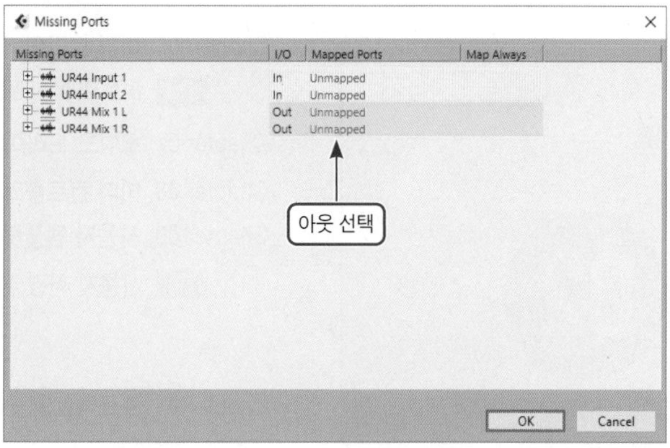


서드 파티가 사용된 프로젝트는 해당 플러그-인이 없다는 안내 창이 열릴 수 있습니다. 필요하다면 목록에 표시된 이름을 검색하여 제작사 홈페이지에서 구매합니다. 오디오 경로가 바뀌면 위치를 묻는 창이 열릴 수 있습니다. Locate 버튼을 클릭하여 압축을 푼 폴더를 지정합니다.

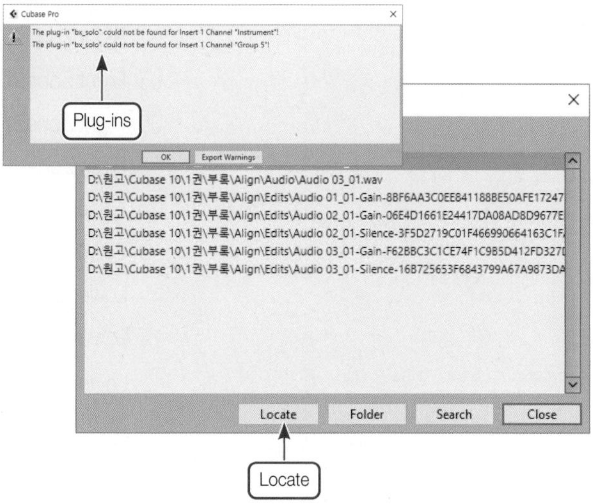

# 목차

Start
입문자들을 위한 학습 코스

New
큐베이스 12에서 새롭게 추가된 기능

Upgrade
큐베이스 12에서 달라졌거나 업그레이드 된 기능

Tip
알아두면 유용한 기능



# 03 PART
# 트랜스포트 패널

## 04 PART 트랙의 종류와 역할

# 05 PART

# 인스펙터 파라미터

# 06 PART 미디 에디터

## 07 PART 미디 정보



## 08 PART 미디 편집

# 09 PART 인스트루먼트

## 10 PART
## 오디오 에디터



## 11 PART
## 오디오 편집

# 12 PART 미디어 관리

# 13 PART
# 믹스콘솔

# 14 PART 오디오 이펙트

# PART 15 환경설정

# 16 PART 악보 출판

01

PART

# 큐베이스 사용 준비

컴퓨터 음악의 이해와 큐베이스를 사용하기 위한 준비 과정, 그리고 큐베이스를 실행하고 기본적으로 설정해야 할 것 등, 큐베이스 첫 사용자들을 위한 기초적인 내용들을 살펴봅니다. 특히, 입문자에게 많은 질문을 받았던 레이턴시 해결과 미디 컨트롤러 설정 방법도 살펴봅니다.

# 01 컴퓨터 음악의 이해

과거에는 작곡, 작사, 편곡, 연주, 녹음 등, 각 분야별로 참여 인원이 명확하게 구분이 되어 있었지만, 요즘에는 이 모든 것을 혼자서 해내고 있으며, 녹음 작업을 위해서 빌려야 했던 엄청난 비용의 스튜디오까지 집에서 해결하고 있습니다. 이런 일이 가능한 것은 컴퓨터 음악 프로그램이 발전했기 때문이며, 음악을 하는 이들이 필수적으로 익혀야 하는 툴이 되었습니다.

## 작곡 및 작사

컴퓨터 음악 프로그램은 미디와 오디오 데이터를 입력하고 편집하는 툴을 말하며, 다양한 제품이 있습니다. 그 중에서 MAC과 PC 구분 없이 가장 많이 사용하고 있는 프로그램이 Yamaha사의 Cubase이며, 음악을 제작하는 모든 과정을 처리할 수 있다고 해서 Digital Audio Workstation(DAW)이라고도 합니다.
녹음기를 틀어놓고, Piano 또는 Guitar를 연주하면서 흥얼거리는 노래를 녹음합니다. 그리고 녹음한 음악을 모니터 하면서 마음에 드는 부분을 악보로 옮기는 과정을 반복하여 멜로디와 코드를 완성해가는 것이 작곡가들의 전형적인 작업 방식이었습니다. 그러나 요즘에는 악기와 녹음기 대신에 노트북 하나 달랑 들고 음원까지 만들어내는 작곡가들의 모습을 흔하게 볼 수 있는데, 이것을 가능하게 한 것이 컴퓨터 음악 프로그램 입니다.

대중의 사랑을 받는 히트곡의 대부분이 오랜 시간 작업실에서 만들어진 것보다는 이동하는 자동차 안이나 친구를 기다리는 커피숍 등에서 문득 떠오르는 악상으로 탄생한 것들이 더 많다는 일화를 많이 들어보았을 것입니다. 이것은 늘 음악을 생각하는 열정을 가지고 있으며, 언제 어디서든 악상을 기록할 수 있는 장치를 휴대하고 있다는 증거입니다. 작곡가의 꿈을 가지고 있다면, 큐베이스가 설치되어 있는 노트북이나 큐베이시스가 설치되어 있는 패드 정도는 늘 소지하고 다니는 습관을 가져야 할 것입니다. 물론, 간단하게 악상을 기록하는 도구로는 늘 휴대하고 다니는 휴대폰의 녹음 기능이 최적입니다. 참고로 큐베이시스(Cubasis)는 큐베이스 축소판으로 언제 어디서나 음악 작업이 가능한 iOS 및 Android 모바일 어플입니다. 그 외에도 큐베이스를 무선으로 컨트롤할 수 있는 Cubase IC Pro를 비롯한 다양한 어플들이 있습니다.

▲ Cubasis (ISO Apps)

▲ Cubase IC Pro (Remote Control)

## 편곡 및 녹음

작곡된 악보 또는 음악은 편곡을 의뢰합니다. 편곡가는 작곡가가 보내준 악보를 반복 연주해 보면서 드럼은 어떻게 연주하는 것이 좋은지, Guitar와 Piano 등의 솔로 악기를 첨가할 것인지의 여부를 고민하면서 각 악기 파트의 연주 악보를 완성합니다. 그리고 스튜디오를 빌리고, 수십 명의 연주자들을 섭외하여 편곡한 악보에 맞추어 음악을 녹음합니다. 이것이 과거의 음악 작업 형태입니다. 그러나 요즘에는 마우스 드래그 만으로도 편곡 작업을 진행할 수 있기 때문에 전문적인 음악 지식보다는 감각이 요구되는 시대가 되었고, 곡의 특징을 누구보다도 잘 알고 있는 작곡가가 직접 편곡을 하는 추세입니다. 이렇게 자신이 작곡한 곡에 편곡 작업을 진행할 때 필요한 것이 본서에서 학습할 큐베이스이며, Apple사의 Logic이나 Ableton사의 Live 등, 다양한 제품들이 있습니다.

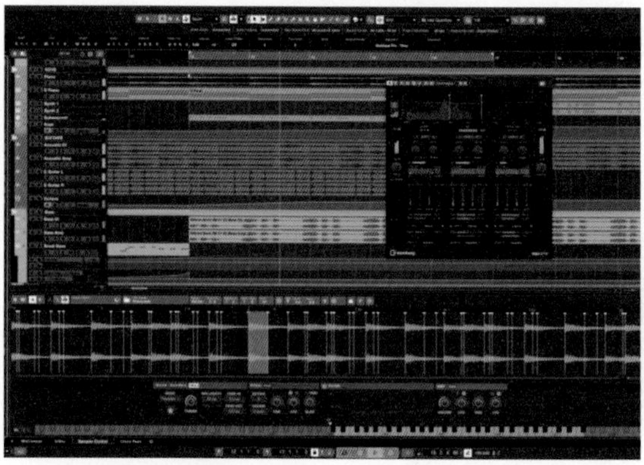

▲ 큐베이스를 이용한 음악 작업

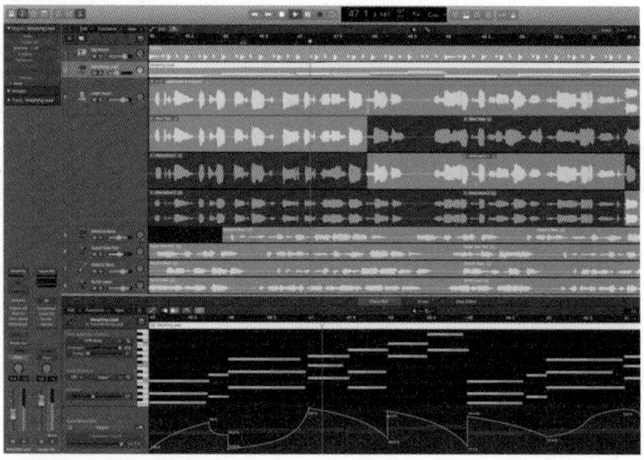

▲ 로직을 이용한 음악 작업

## 홈 스튜디오

작사, 작곡, 편곡, 녹음이 끝난 곡은 믹싱과 마스터링 작업을 진행합니다. 믹싱은 각 트랙에 녹음한 악기 연주의 볼륨과 EQ, 그리고 다양한 이펙트를 사용하여 현장감 있는 사운드를 연출하기 위한 작업이며, 마스터링은 CD나 DVD에 담을 곡의 다이내믹 범위를 조정하고, 각 곡들간의 색채를 일치시키는 작업입니다.

믹싱과 마스터링 작업을 하기 위해서는 스튜디오의 음향 시설과 각종 음향 장치들이 필요한데, 큐베이스에는 실제 수 천만 원 상당의 스튜디오 장비와 대등한 기능의 음향 장치들을 제공하고 있습니다. 물론, 장비보다 중요한 것이 음향에 대한 전문 지식과 경험이기 때문에 아직도 녹음과 믹싱 작업은 스튜디오의 엔지니어와 함께 작업을 하는 경우가 많습니다. 그러나 사용자가 열심히 공부한다면, 안방에서 작곡, 편곡, 녹음, 믹싱 등의 모든 작업을 해결할 수 있는 것이 큐베이스의 역할입니다.

▲ 스튜디오의 믹싱 콘솔

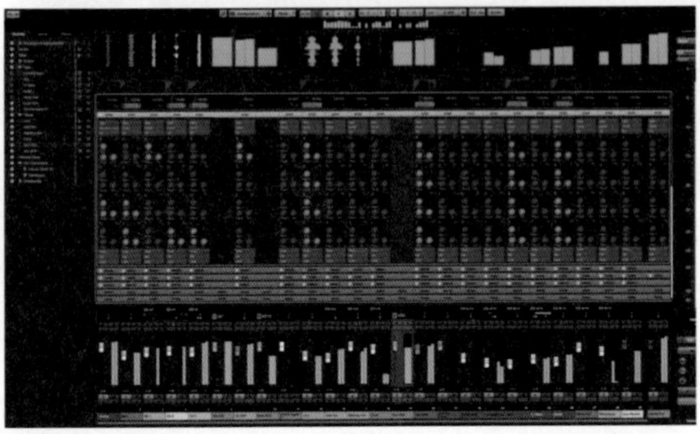
▲ 큐베이스의 믹싱 콘솔

## 미디 작업

마우스 드래그만으로 음악을 만들 수 있는 시대에 미디 학습을 거론한다는 것이 조금은 뒤떨어지는 것이 아니냐는 의견이 있을 수 있습니다. 그러나 미디는 입력한 데이터를 사용자가 원하는 스타일로 쉽게 편집할 수 있기 때문에 연주 실력에 상관없이 작/편곡에 많은 도움이 됩니다. 미디 작업을 대부분의 학생들이 컴퓨터를 처음 배울 때 익히는 워드 프로세서와 비교해보면 키보드를 이용해서 컴퓨터에 글자를 입력하고, 워드 프로그램의 다양한 기능을 활용하여 입력한 글자를 수정하거나 꾸민 다음에, 컴퓨터에 연결한 프린터로 인쇄하는 것과 비슷하다는 것을 알 수 있습니다.

### ❶ 연주 정보 입력

사람이 연주해야만 하는 악기를 컴퓨터가 연주하게 하는 것이 미디 음악입니다. 독자가 작곡한 곡을 연주자에게 연주하게 하려면, 악보라는 연주 정보를 그려줘야 하듯이 컴퓨터에 연결한 악기를 연주하게 할 미디 정보를 컴퓨터에 입력해야 합니다. 이때 사용하는 프로그램이 큐베이스입니다. 게임을 할 때 마우스 보다는 조이스틱을 사용하고, 그림을 그릴 때도 타블렛이라는 도구를 사용하듯이 큐베이스에 미디 정보를 입력할 때는 마스터 건반을 많이 사용합니다.

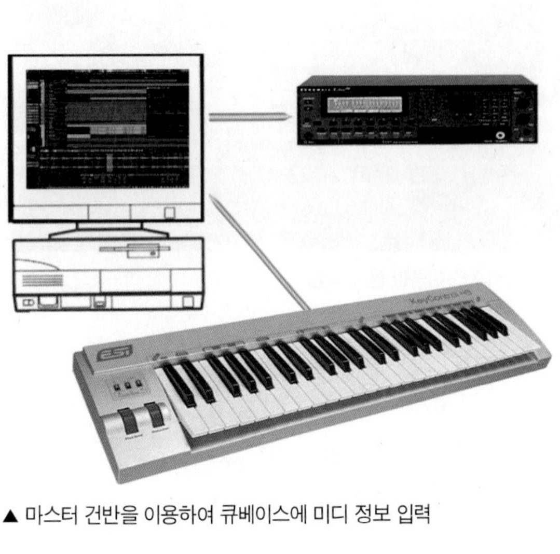

▲ 마스터 건반을 이용하여 큐베이스에 미디 정보 입력

### ❷ 연주 정보 편집

디카로 찍은 사진을 컴퓨터에 입력하여 배경을 바꾸고, 밝기를 조정하면, 좀 더 멋진 사진을 만들수 있듯이, 큐베이스에 입력한 어설픈 연주를 훌륭하게 편집하는 기술을 익히는 것이 미디 학습의 핵심입니다. 큐베이스는 대부분의 음악 프로그램에서 채택하고 있는 '키 에디터', 악보에 익숙한 사용자를 위한 '스코어 에디터', 드럼 리듬을 빠르게 제작할 수 있는 '드럼 에디터', 전문가들을 위한 '리스트 에디터'의 4가지와 효과적인 미디 작업을 위한 In-Place Editor 기능을 제공하고 있습니다.

▲ 큐베이스의 미디 에디터

### ❸ 연주 정보 출력

큐베이스에서 편집한 연주 정보로 외부 악기를 연주하는 것은 재생 버튼을 클릭하는 간단한 동작으로 할 수 있습니다. 이때 악기의 성능이 사운드를 결정하기 때문에 프로 뮤지션들이 악기를 장만하는데 많은 돈을 쓰고 있으며, 대부분의 학생들이 여기서 꿈을 접는 경우가 종종있습니다. 그러나 컴퓨터의 발달로 하드웨어 악기를 소프트웨어로 구현하는 시대가 되었기 때문에 고가의 하드웨어 악기를 장만해야만 하는 부담을 크게 줄일 수 있게 되었습니다. 결국, 경제적인 이유로 꿈을 접는다는 이유는 실력없는 사람들의 핑계일 뿐입니다.

소프트웨어로 구현하는 악기를 VST Instruments 라고 하며, 대부분의 제작사는 VST 규격을 만든 큐베이스를 기준으로 제품을 출시하고 있습니다.

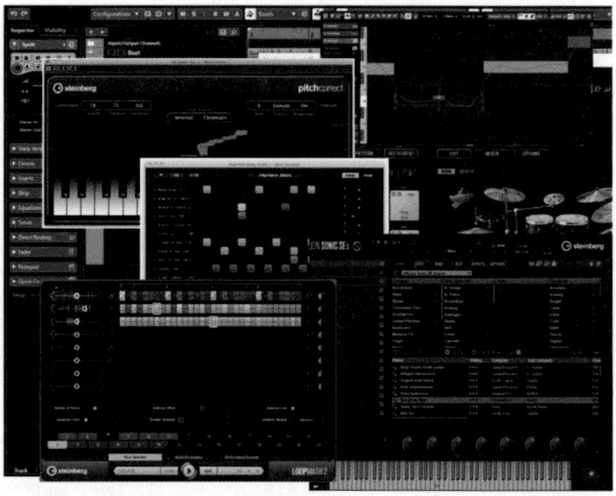


▲ 큐베이스의 VST Instruments

## 하드 레코딩

연주가 목적이라면 미디 작업만으로 목적을 이룰 수 있겠지만, 음반을 제작하기 위해서는 악기 연주를 사운드로 녹음하는 과정이 필요합니다. 취미로 음악 작업을 하는 경우라면 카세트 테이프나 CD 레코더 등에 음악을 한번에 녹음해도 상관이 없지만, 상업 음악을 하기 위해서는 기타, 베이스, 피아노 등, 각각의 악기 사운드를 개별적으로 편집하기 위해서 따로 녹음을 해야 합니다. 20가지의 악기 사운드를 사용하고 있다면, 20개의 녹음기가 필요하다는 것입니다.

## ❶ 레코더를 이용하는 경우

20개의 카세트 테이프를 이용해서 녹음한다고 가정할 때, 각각의 연주 타이밍을 맞추거나 컨트롤 하는 것이 불가능하다는 것은 쉽게 짐작할 수 있을 것입니다. 그래서 하나의 장비로 동시에 16개 또는 24개의 녹음기 역할을 하는 멀티트랙 레코더라는 하드웨어 장비를 많이 사용합니다. 하드웨어는 언제 어디서든 녹음이 가능한 이동성과 안전성이 있지만, 고가라는 단점이 있습니다.

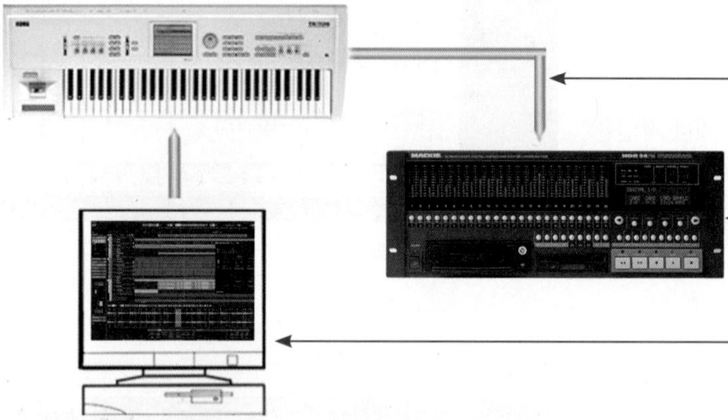


▲ 하드웨어를 이용한 레코딩

## ❷ 큐베이스를 이용하는 경우

큐베이스는 미디 작업외에도 사운드를 녹음할 수 있는 레코더 기능이 있습니다. 녹음 방식은 컴퓨터 하드디스크를 이용한다는 점에서 하드웨어 레코더와 동일합니다. 그러나 큐베이스는 녹음 트랙에 제한이 없고, 녹음한 사운드를 자유롭게 편집할 수 있다는 것 등, 하드웨어와 비교할 수 없는 수 많은 장점을 가지고 있습니다. 단, 높은 시스템 사양을 필요로 합니다. CPU와 RAM의 용량도 중요하지만, 하드 디스크에 녹음하는 것이므로 많은 수의 트랙 작업이 필요하다면 빠른 속도의 하드 디스크를 갖출 필요가 있습니다.

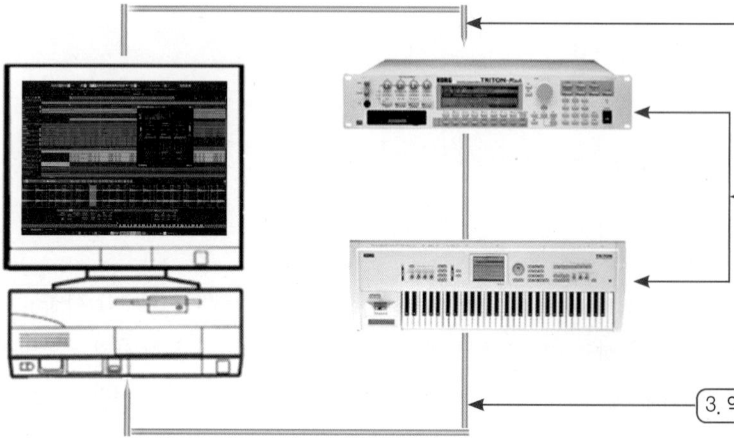


▲ 큐베이스를 이용한 레코딩

### ❸ 스튜디오와의 호환 작업

컴퓨터 음악 프로그램은 큐베이스 외에도 Ableton사의 Live, Apple사의 Logic Pro, Digidesign사의 Pro Tools 등이 있습니다. 각각의 프로그램 마다 장/단점이 있기 때문에 사용자 폭도 다양합니다. 문제는 독자가 작업한 음악을 스튜디오에 가져가서 믹싱과 마스터링 작업을 하고 싶을 때, 스튜디오에서 사용하는 프로그램이 다를 수 있다는 것입니다. 그러나 큐베이스는 MAC과 PC의 구분도 없고, Premiere Pro나 Fianl Cut Pro 등의 영상 프로그램과도 호환이 가능한 OMF 및 AAF 파일 제작이 가능하기 때문에 별다른 문제없이 작업을 진행할 수 있습니다.

▲ 큐베이스의 프로젝트를 OMF 파일로 익스포팅

▲ 영상 편집 프로그램에서 OMF 파일을 임포팅

## 믹싱과 마스터링 작업

멀티 녹음을 완료한 후에는 디지털 컨텐츠를 위한 사운드 파일이나 오디오 CD 제작을 위한 믹싱과 마스터링 작업을 진행합니다. 믹싱은 각 트랙 별로 녹음한 사운드에 각종 이펙트를 사용하여 정위감과 공간감을 만드는 작업이고, 마스터링은 CD에 담길 곡들의 레벨과 색체를 다듬어 가장 인상 깊고, 듣기 좋은 앨범을 만들기 위한 작업입니다.

### ❶ 믹싱 작업

각 트랙으로 녹음한 사운드의 레벨을 조정하고, 다양한 이펙트를 사용하여 정위감과 공간감을 만드는 믹싱 작업은 오랜 경험이 필요할 만큼 어려운 작업이기 때문에 많은 뮤지션들이 전문 스튜디오를 찾습니다. 큐베이스는 녹음 스튜디오의 환경을 그대로 옮겨놓은 듯한 믹싱 콘솔과 다양한 이펙트를 내장하고 있기 때문에 녹음실에서의 모든 작업이 가능한 프로그램입니다.

▲ 녹음실 전경

### ❷ VST Effects

실제 하드웨어 악기를 소프트웨어로 구현하는 VST Instruments가 있듯이 하드웨어 이펙트를 소프트웨어로 구현하는 VST Effects가 있습니다. 특히, VST Effects의 기술은 이미 하드웨어와 대등하다는 평가를 듣고 있기 때문에 라이브 공연이 아니라면 굳이 하드웨어 이펙트가 필요없을 정도입니다. 큐베이스는 믹싱과 마스터링 작업에 필요한 다양한 VST Effects가 내장되어 있으며, 별다른 플러그-인이 필요없을 만큼의 성능을 가지고 있습니다.

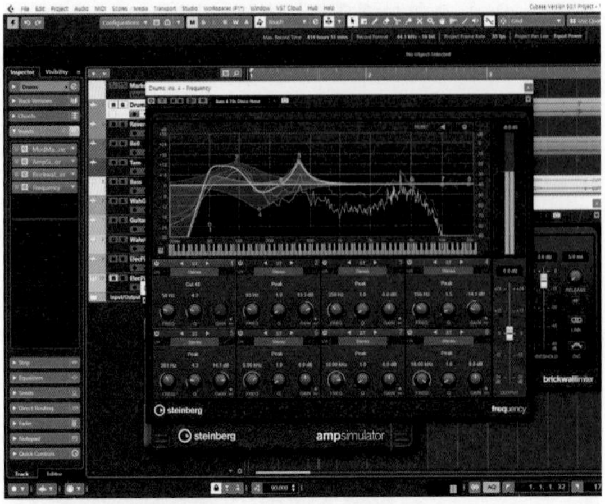

▲ 큐베이스의 VST Effects

### ❸ 마스터링 작업

각각의 트랙 사운드를 조정한 후 최종 마스터 트랙에서 사운드 파일 제작을 위한 익스포팅 작업을 하기전에 EQ나 컴프레서를 사용하여 전체 사운드의 색깔과 다이내믹을 조정하는 마스터링 작업을 합니다. 일반적으로 믹싱 작업과 동시에 하기 때문에 국내에는 마스터링 전문 엔지니어가 없지만, 세계 동향을 보면, 전문직으로 급부상할 수 있는 분야이기도 합니다. 큐베이스 학습자는 지금까지 살펴본 미디, 하드레코딩, 믹싱, 마스터링 등의 모든 분야에 욕심을 내어 진정한 컴퓨터 뮤지션이 될 수 있어야겠습니다.

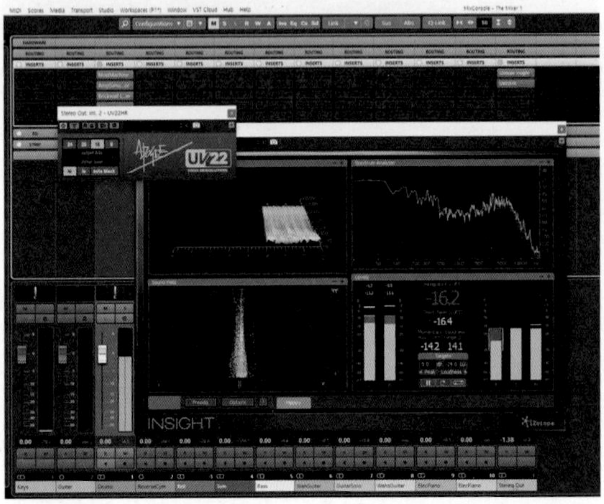

▲ 큐베이스에서의 마스터링 작업

## 그 밖의 작업

큐베이스는 미디, 하드레코딩, 믹싱과 마스터링 작업은 물론 멀티미디어 파일 제작의 익스포팅까지 음악 제작에 필요한 모든 것을 하나로 해결할 수 있는 컴퓨터 음악 프로그램입니다. 그 밖에 사용자 센스에 따라 악보 작업, 리믹스 작업, 영상 음악 작업 등이 가능합니다.

### ❶ 악보 작업

실제 음악 작업과 거리가 있어서인지 대부분의 컴퓨터 음악 프로그램은 악보 제작 기능이 형편없습니다. 그래서 악보 제작이 필요한 사용자는 '피날레'나 '시벨리우스'와 같은 악보 제작 프로그램을 따로 공부해야만 하는 부담이 있습니다. 하지만, 큐베이스는 전문 사보 프로그램 못지않은 악보 제작 기능을 갖추고 있습니다. 다만, 큐베이스로 악보를 제작하는 것과 전문 툴을 이용해서 악보를 제작하는 수고가 비슷하기 때문에 악보 제작을 위해서 하나의 툴을 더 공부할 것인지, 큐베이스를 활용할 것인지의 여부는 개인이 선택해야 할 몫입니다.

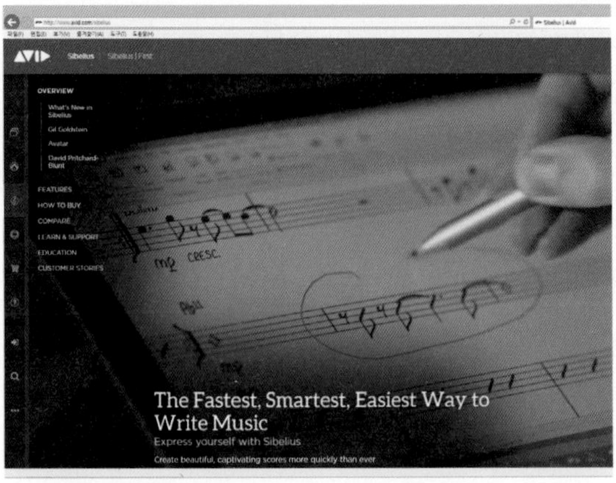
The Fastest, Smartest, Easiest Way to
Write Music
Express yourself with Sibelius
Create beautiful, captivating scores more quickly than ever

▲ 시벨리우스 제작사 (avid.com)

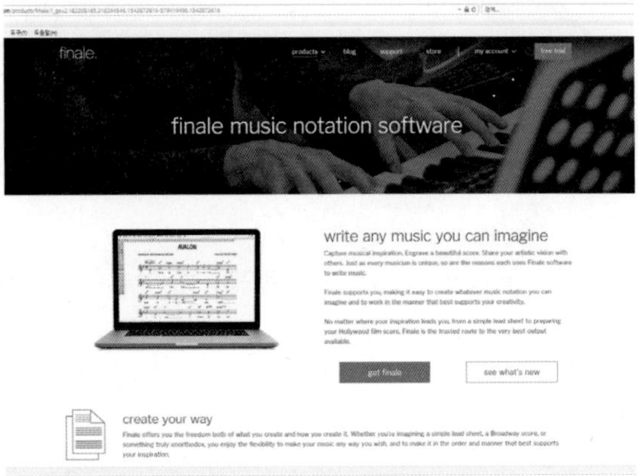
finale music notation software
write any music you can imagine
create your way

▲ 피날레 제작사 (finalemusic.com)

## ❷ 리믹스 작업

원곡의 리듬을 바꾸는 리믹스 작업에 가장 많이 사용하는 프로그램에는 Ableton사의 Live나 VST Instruments로 유명한 Native사의 Traktor Pro등이 있습니다. 큐베이스는 자체 기능만으로도 전문 믹싱 프로그램 못지않은 작업이 가능하지만, Ableton Live를 리와이어로 연결하여 사용할 수 있기 때문에 시간을 내어 Ableton Live를 학습을 해둔다면, 음악 작업을 한 단계 업그레이드 시킬 수 있는 노하우를 얻게 될 것입니다.

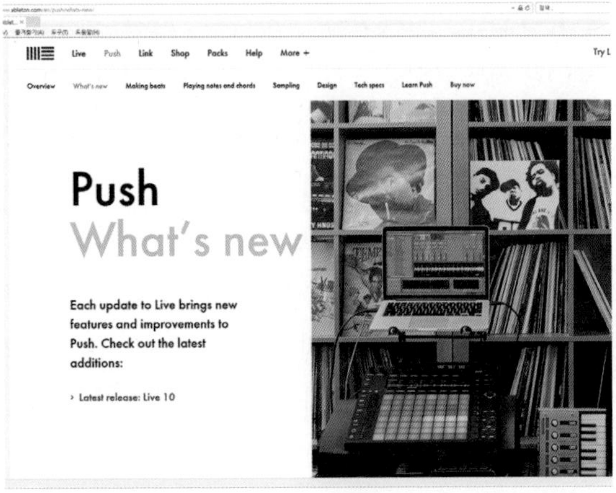
Push
What's new
Each update to Live brings new features and improvements to Push. Check out the latest additions:
› Latest release: Live 10

▲ 에이블톤 라이브 제작사(abletone.com)

## ❸ 믹스다운 작업

마스터링 작업까지 끝난 음악은 오디오 CD 제작을 위한 Wave 파일이나 온라인 음원을 위한 MP3 파일을 만드는 믹스다운 과정이 필요합니다. 큐베이스는 자체적으로 MP3, OGG, RM, WMA 등의 미디어 파일 제작이 가능하며, 바로 온라인에 등록하여 개인 음원을 발표할 수 있습니다.

큐베이스를 학습하는 목적이 뚜렷해졌으면 하는 마음으로 어떤 작업들을 할 수 있는지에 관해서 살펴보았습니다.

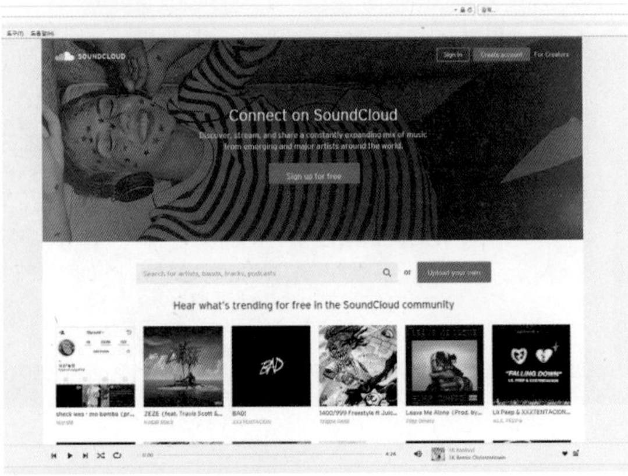
Connect on SoundCloud
Hear what's trending for free in the SoundCloud community

▲ 온라인 업로드 (soundcloud.com)

# 02 시스템 준비하기

큐베이스를 학습하기 위해서 특별한 장치가 필요한 것은 아니지만, 좀 더 편리한 미디 데이터 입력과 상업용 음악과 같은 음질을 구현하기 위해서는 몇 가지 갖추어야 할 장비가 있습니다. 다만, 이제 막 공부를 시작하는 경우라면 컴퓨터에 내장되어 있는 사운드 카드만으로 학습을 진행하기 바라며, 뭔가 부족함을 느낄 때쯤 하나씩 장만하는 것이 좋습니다.

## ● PC 또는 MAC

2년전만 해도 음악을 하기 위해 컴퓨터를 구매할 예정에 있는 학생들에게는 무조건 PC 시스템을 권유하였습니다. 자신에게 필요한 사양을 상황에 맞게 구성할 수 있고, 자유로운 업그레이드가 가능하다는 이유도 있지만, 무엇보다 맥과 비슷한 성능의 시스템을 갖추는데 필요한 비용이 상대적으로 저렴했기 때문입니다. 하지만 코로나로 인한 세계 반도체 수급 문제로 부품값이 상승하면서 PC 가격이 많이 올랐고, 반대로 Apple은 M1이라는 새로운 칩을 발표하면서 오히려 가성비라는 말이 따라붙을 정도로 가격이 많이 내렸습니다. 물론, 입문자에게는 여전히 비싼 가격이지만 같은 성능의 PC와 비교하면 큰 차이가 나지 않기 때문에 MAC을 고민하는 사용자도 많아졌습니다.
다만, 애플 센터가 많지 않아 AS가 불편하고 시스템 업그레이드가 불가능하다는 취약점은 여전하며, 특히 M1 칩셋을 지원하지 않는 플러그인들이 많기 때문에 평소에 즐겨 쓰던 악기나 이펙트를 사용하는데 어려움이 있다는 문제가 있습니다. 최소한의 선택 기준이라면 컴퓨터에 200만원 이상 투자하기 어렵고, 한 대로 음악 작업 외에 게임이나 업무 등의 다양한 용도가 필요한 사용자에게는 여전히 PC가 무난하다는 것입니다.

▲ 맥 (apple.com)

만일, 음악 전용의 Mac과 게임 및 업무용 PC를 구분해서 2대를 구입할 수 있는 여유가 있다면 Mac을 선택하는 것도 나쁘지 않습니다. 다만, Mac은 추후에 업그레이드가 어렵다는 문제가 있기 때문에 처음 구입을 할 때 충분한 옵션을 선택하는 것이 좋습니다. 맥은 프로세서, 메모리, 하드 용량을 옵션으로 선택할 수 있는데, 무조건 큰 게 좋습니다. 하지만, 어느 정도 기준이 필요할 것입니다. 프로세서는 칩셋마다 기본형부터 Pro, Max, Ultra로 구분되어 있는데, 선택 요령은 메모리와 하드 용량을 먼저 결정하는 것입니다. 첫째 메모리 용량은 음악 작업에 있어서 아주 중요합니다. 모든 소프트 악기는 메모리로 로딩되며, 큰 것은 음색 하나에 1GB가 넘는 것도 많습니다. 즉, 악기 사용에 제한이 있을 수 있으므로, 자신이 주로 사용하는 소프트 악기의 총 메모리 용량을 체크해야 하며 입문자라면 최소 16GB 이상을 권장합니다. 둘째는 하드 용량입니다. 음악 작업을 하다 보면 소프트 악기와 샘플을 많이 사용하게 되는데, 가장 많이 사용하는 Native instruments사의 Komplete만 해도 설치 용량이 800GB가 넘습니다. 물론, 외장 하드를 써도 상관없지만, 자주 사용하는 음색은 설치를 하는 것이 좋습니다. 그러므로 자신이 주로 사용하는 라이브러리와 샘플 용량을 체크해야 하며 입문자라면 최소 1TB 이상을 권장합니다. 이렇게 작업에 필요한 메모리와 하드 용량을 먼저 체크하고 예산에 맞추어 프로세서를 선택하면 후회 없는 결정이 될 것입니다.

## ● 마스터 건반

큐베이스를 이용한 음악 작업의 첫 번째 단계는 컴퓨터에 내장된 사운드 카드의 음원 또는 컴퓨터에 연결한 외부 음원을 자동으로 연주 시켜줄 미디 정보를 입력하는 것입니다. 큐베이스에 미디 정보를 입력하는 도구로는 컴퓨터의 기본 장비인 키보드와 마우스를 이용할 수도 있지만, 컴퓨터 게임을 할 때 '조이스틱'이라는 게임 컨트롤러를 이용하면, 좀 더 자유롭게 게임을 즐길 수 있듯이, 미디 정보 입력을 리얼하게 할 수 있는 미디 정보 입력 장치를 사용하는 것이 편리합니다. 미디 정보 입력 장치로 많이 사용하는 것에는 피아노와 같은 모양의 마스터 건반입니다. 외관상으로는 신디사이저라는 건반 악기와 비슷하지만, 미디 연주 정보 입력용으로 사용하는 장치이기 때문에 내장된 음색이 없습니다. 마스터 건반 외에 미디 정보 입력 장치로 사용하는 것에는 가격은 부담스럽지만, 음원을 내장하고 있기 때문에 미디 정보 출력용으로도 사용이 가능한 신디사이저가 있습니다. 그리고 많이 사용하지는 않지만, 각종 연주 테크닉을 리얼하게 입력할 수 있는 드럼 패드, 미디 기타, 윈드 컨트롤러 등 연주자에게 적합한 미디 정보 입력 장치도 있습니다.

▲ 마스터 건반

▲ 신디사이저

▲ 드럼 패드

## ● 미디 음원

큐베이스에 입력한 미디 연주 정보로 연주되는 악기를 미디 음원이라고 합니다. 미디 음원에는 앞에서 살펴본 신디사이저 외에도 건반 없이 음원만 내장되어 있는 모듈이라는 것을 많이 사용합니다. 즉, 신디사이저에서 건반만 떼어놓은 것을 마스터 건반, 음원만 떼어놓은 것을 모듈이라고 이해하면 됩니다.

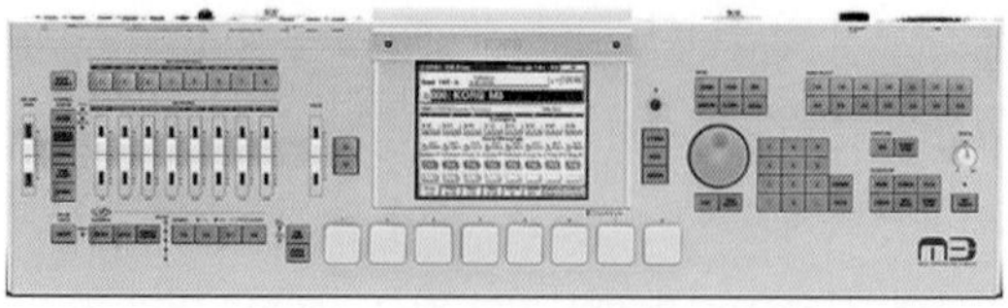

▲ 모듈

모듈은 최소한 백여 가지 이상의 음색이 내장되어 있으며, 큐베이스에서 음색 번호를 선택하는 것 만으로도 쉽게 사용할 수 있다는 장점이 있습니다. 그러나 이미 내장된 음색 이외의 사운드를 만들어 사용할 수 없다는 단점이 있기 때문에 원하는 음색을 만들어 사용할 수 있는 샘플러라는 장치를 미디 음원으로 사용하기도 합니다.

▲ 샘플러

모듈과 샘플러는 가격이 높다는 단점이 있기 때문에 라이브 연주가 필요 없는 컴퓨터 뮤지션이라면 VST Instruments(소프트 악기)를 권장합니다. VST Instruments는 하드웨어 악기를 소프트웨어로 구현하는 기술을 의미하며, 실제 하드웨어와 대등한 음질을 가지고 있습니다. 큐베이스는 상업용 음원 작업에 사용되고 있을 만큼의 뛰어난 음질을 가진 VST Instruments가 내장되어 있으며, 타 회사에서 제작된 VST Instruments를 자유롭게 사용할 수 있습니다. 현재 다양한 VST가 여러 회사에서 쏟아지고 있지만, 이것 저것 구경하기 보다는 단 하나라도 자신만의 사운드를 디자인할 수 있을 정도로 익숙하게 다루는 것이 훨씬 효과적입니다.

▲ KONTAKT 제작사인 native-instruments.com

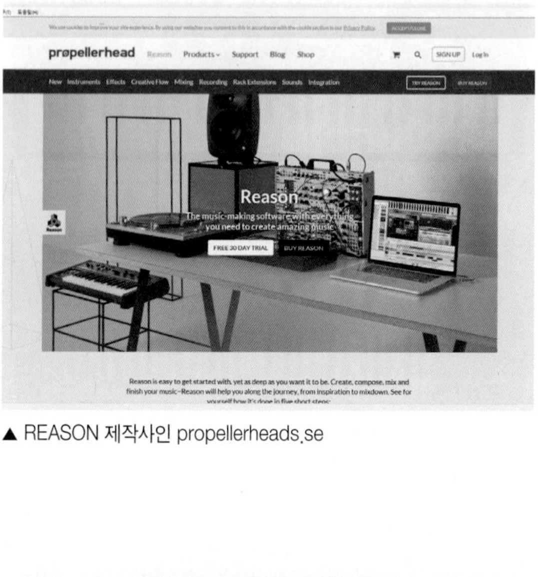


▲ REASON 제작사인 propellerheads.se

## ● 오디오 인터페이스

사운드 카드는 미디 및 사운드의 입/출력, 미디 음원 등의 기능을 포함하고 있는 멀티 제품이고, 컴퓨터에 기본적으로 내장되어 있기 때문에 추가 비용 없이 음악을 시작할 수 있는 아주 유용한 장치입니다. 그러나 작업에 어느 정도 익숙해지면, 레이턴시 해결을 위한 ASIO 드라이버 지원 제품과 좀더 깨끗한 사운드를 원하게 됩니다. 오디오 인터페이스는 사운드의 입/출력만을 다루는 전문 제품이기 때문에 컴퓨터에 내장된 사운드 카드보다 깨끗한 사운드를 구현할 수 있으며, 마이크 프리 기능이 내장되어 있어 별도의 추가 장비 없이 스튜디오급 녹음이 가능합니다.

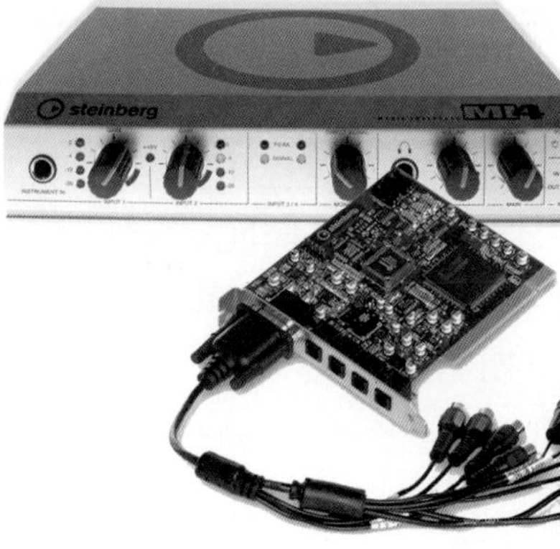

▲ 오디오 인터페이스

## ● 헤드폰

보컬이나 색소폰 등의 마이크 녹음을 할 때 필요한 것이 헤드폰입니다. 녹음을 할 때는 헤드폰에서 들리는 소리가 마이크로 들어오면 안 되기 때문에 외부 소리를 차단할 수 있는 밀폐 형을 써야 하며, 그래도 문제가 있는 경우라면 이어폰을 끼고, 그 위에 헤드폰을 덧쓰는 방법도 있습니다.

보컬이나 연주자는 녹음을 할 때 오로지 헤드폰을 통해 들려오는 소리로만 모니터를 하기 때문에 가급적 주파수 왜곡이 없는 모니터용 헤드폰을 구비하는 것이 좋으며, 연주자가 두 명 이상이거나 집에서 녹음을 하는 경우라면 4개 혹은 8개의 헤드폰을 동시에 연결할 수 있는 헤드폰 앰프도 필요합니다.

▲ 모니터 헤드폰

▲ 헤드폰 앰프

## ● 마이크

사람의 목소리와 같이 라인으로 연결할 수 없는 아날로그 신호를 큐베이스에 디지털 신호로 녹음할 수 있는 방법은 마이크를 이용하는 것 밖에 없습니다. 특히, 팝에서는 가수의 역할이 음악의 승패를 좌우하므로, 마이크의 성능이 다른 무엇보다도 중요한 역할을 합니다.
마이크는 스튜디오에서 많이 사용하는 콘덴서 마이크와 충격에 강하기 때문에 라이브 공연에서 많이 사용하는 다이내믹 마이크 등이 있습니다. 마이크를 구입할 때는 다른 장비와 마찬가지로 주변에서 많이 사용하는 제품을 선택하는 것이 요령입니다.

▲ 무선 마이크

▲ 콘덴서 마이크

전문 녹음실의 경우에는 좀 더 질 높은 마이크 녹음을 위해서 마이크 프리 앰프와 컴프레서라는 장비를 사용하고 있습니다. 일부 뮤지션의 경우 "실력 없는 것들이 장비 탓 한다" 라는 말들을 하곤 하는데, 이것을 액면 그대로 받아들여 "실력만 있으면 아무 장비나 사용해도 질 좋은 사운드 작업을 할 수 있다"라고 오해하면 안 됩니다. 좋은 장비는 좋은 결과를 만들고, 나쁜 장비는 나쁜 결과를 만드는 것이 당연합니다. "실력 없는 것들이 장비 탓 한다" 라는 말은 자신이 사용하고 있는 장비에 대한 충분한 학습조차 하지 않고, 무조건 비싸고, 좋은 장비만을 구입하려고 하는 일부 사람들을 비난 하는 말로 이해하는 것이 좋겠습니다. 독자는 가지고 있는 장비를 충분히 연구하고, 학습하여 최대의 작업 성과를 이룰 수 있도록 하기 바랍니다. 그리고 부족함을 느낄 때쯤 여건이 허락하는 한도 내에서 전문 장비에 욕심을 내는 것이 바람직한 태도입니다.

▲ 마이크 프리 앰프

▲ 8채널 마이크 프리 앰프

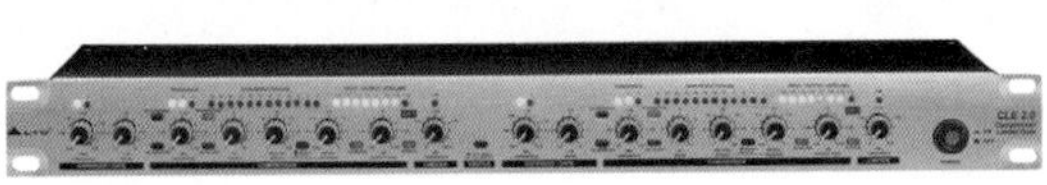
▲ 컴프레서

## ● 모니터 스피커

큐베이스를 이용해서 음악 작업을 할 때 가장 중요한 역할을 하는 것이 바로 독자의 '귀' 입니다. 그리고 큐베이스에서 작업하는 음악을 귀로 들려주는 역할을 하는 장비가 소리를 증폭시켜 주는 앰프와 증폭된 소리를 전달하는 스피커로 구성된 모니터 시스템입니다. 입문자들이 많이 사용하는 모니터 시스템으로는 가정용 오디오와 컴퓨터용 스피커가 있습니다. 그 이유는 적은 비용으로도 모니터 시스템을 구성할 수 있기 때문입니다. 그러나 요즘에 출시되는 모니터 스피커는 앰프가 내장되어 있는 저렴한 제품들이 많이 있으므로 구입을 고려해보는 것이 좋겠습니다. 모니터용으로 나와 있는 제품들의 특징은 가정용 오디오 스피커나 라이브용 스피커와는 다르게 주파수 대역이 고르기 때문에 독자가 원하는 사운드를 구현하는데 효과적입니다.

▲ 앰프 내장형

▲ 앰프 분리형

## ● 믹스 콘솔

멀티 트랙을 지원하는 오디오 인터페이스를 사용하고 있으며, 심플한 작업의 홈 스튜디오를 구성하고 있는 독자라면 필요 없을 수도 있는 믹스 콘솔은, 여러 대의 악기를 사용할 때, 각 악기의 LINE OUT을 하나의 앰프로 소리를 모아 내는 역할을 합니다. 요즘에 대중화되고 있는 디지털 방식의 믹스 콘솔은 다양한 이펙트와 EQ, 프리 앰프, 컴프레서 기능 등이 탑재되어 있으며, 큐베이스의 믹스 콘솔을 외부에서 조정할 수 있는 편리함을 갖추고 있는 제품들이 주류를 이루고 있으므로, 믹스 콘솔을 구입할 계획인 독자에게는 디지털 방식의 믹스 콘솔을 추천합니다. 그리고 하드웨어보다는 큐베이스의 믹서와 VST 등의 소프트웨어를 주로 사용한다면, 이를 외부 장치로 조정할 수 있는 미디 컨트롤러를 이용하는 것도 요령입니다.

▲ 디지털 믹스 콘솔

▲ 미디 컨트롤러

# 03 시스템 연결하기

홈 스튜디오를 꾸미기 위해서는 부담이 될 수 있는 비용이 필요하지만, 과거에 비하면 정말 저렴한 비용으로 하이 클래스의 녹음 스튜디오와 대등한 음질의 음원을 만들 수 있습니다. 다만, 아직도 컴퓨터가 음악을 만들어준다고 오해하는 입문자가 많습니다. 컴퓨터는 사용자 아이디어를 기록하는 녹음기일 뿐이므로, 음악 이론 학습과 피아노 연습을 병행해야 한다는 것을 명심하기 바랍니다.

## ● 오디오 레코딩 장치 연결

오디오 레코딩에 필요한 장비는 오디오 인터페이스, 마이크, 헤드폰입니다. 친구들끼리 모여서 녹음을 한다면, 여러 대의 헤드폰을 연결할 수 있는 헤드폰 앰프도 필요합니다. 요즘에는 입문자들을 위해서 레코딩 장비를 패키지로 담아서 판매하는 회사가 많습니다. 오디오 인터페이스가 마이크를 2 대만 연결할 수 있는 2In 제품이라서 동시 녹음은 할 수 없지만, 상업용 음원을 제작하는데 아무런 문제가 없습니다. 동시 녹음을 할 일이 없는 개인 작업자에게는 가장 저렴하게 시스템을 꾸밀 수 있는 방법입니다.

▲ Steinberg 패키지

▲ Focusrite 패키지

▲ Presonus 패키지

▲ Behringer 헤드폰 앰프

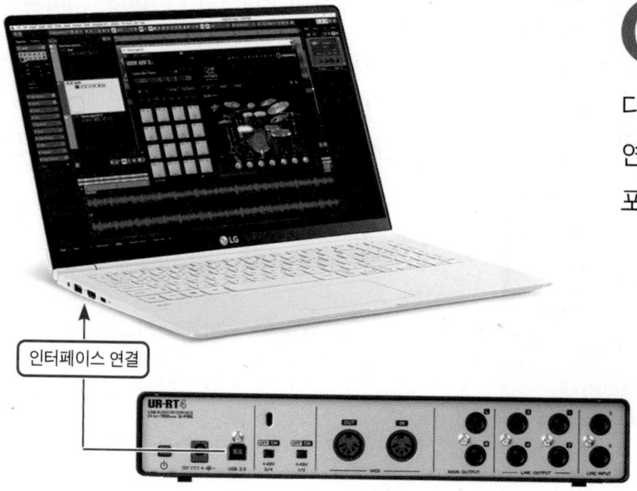


01 대부분의 오디오 인터페이스는 USB 또는 Thunderbolt 포트로 연결됩니다. USB는 아직도 2.0 제품이 많으므로, 포트 연결에 주의합니다. 파란색으로 되어 있는 3.0 포트에 연결하면 인식을 못할 수 있습니다.

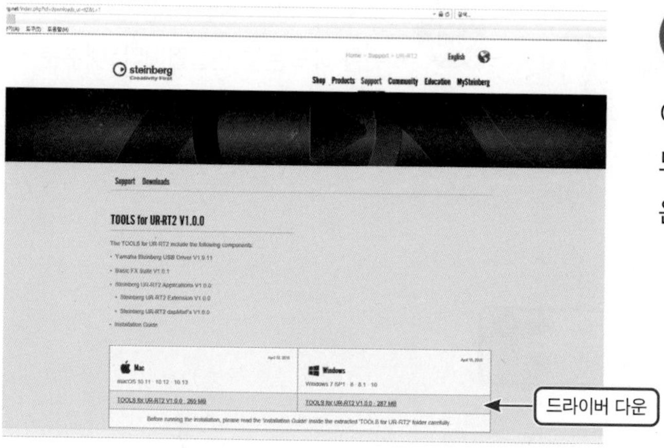


02 오디오 인터페이스는 자동으로 인식되지 않고, 별도의 드라이버를 설치해야 하는 경우가 많습니다. 제작사 홈페이지에서 드라이버를 다운 받아 설치합니다. 자세한 사항은 설명서를 참조하거나 구입처에 문의 합니다.

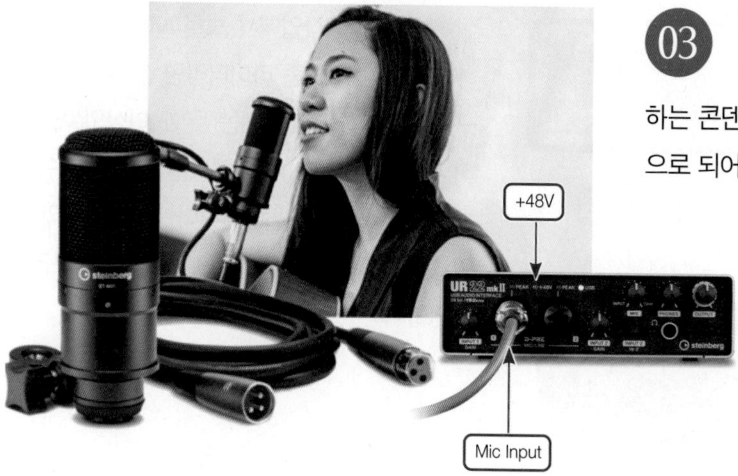


03 마이크는 인터페이스 Mic Input 단자에 연결합니다. 녹음할 때 많이 사용하는 콘덴서 마이크는 +48V의 펜덤 파워가 On으로 되어 있을 때 동작합니다.

**04** 인풋이 2개라면 나머지는 기타나 베이스와 같은 악기를 연결할 수 있는 하이 임피던스(Hi-z) 단자입니다. 4채널 이상의 멀티 인터페이스도 Hi-z 단자는 1-2개뿐인 경우가 많으므로, 확인하고 연결합니다.

**05** 보컬 및 연주자에게 음악을 들려주기 위한 헤드폰을 연결합니다. 대부분 헤드폰 그림으로 표시되어 있습니다.

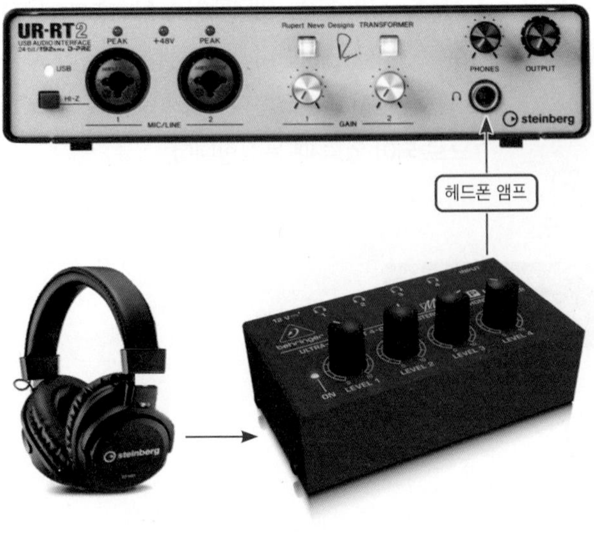


**06** 음악 작업에서 보컬까지 혼자서 해내는 싱어송 라이터라면 상관없지만, 친구와 함께 녹음을 할 때는 두 개 이상의 헤드폰이 필요하며, 여러 대의 헤드폰을 연결할 수 있는 헤드폰 앰프도 필요합니다. 제품에 따라 라인 아웃으로 연결되는 것도 있으므로, 구입시 확인합니다.

## ● 미디 레코딩 장치 연결

음악 작업을 위한 미디 레코딩은 필수 입니다. 혼자서 모든 섹션의 악기를 구현할 수 있다는 것이 컴퓨터 음악의 매력이기도 하며, 이를 위해 필요한 장비는 마스터 건반 하나면 됩니다. 대부분의 마스터 건반은 USB로 연결되며, 자동으로 인식됩니다. 단, 미디 컨트롤 기능을 제공하는 경우에는 제작사 홈페이지에서 별도의 프로그램을 다운받아 설치해야 하는 경우도 있습니다. 자세한 것은 설명서를 참조하거나 구입처에 문의합니다.

USB 포트가 있는 디지털 피아노라면 마스터 건반으로 사용할 수 있습니다. 단, 대부분 Local Off를 지원하지 않기 때문에 VST 악기와 피아노 소리가 함께 들리게 되므로, 볼륨을 줄여 놓고 사용합니다

그루브를 살리기 위해서 건반으로 드럼 리듬을 연주하는 경우가 있습니다. 하지만, 건반은 쉽게 망가질 수 있으므로, 리얼 연주가 필요한 경우라면 드럼 패드를 사용하는 것이 좋습니다. 장치는 USB로 연결됩니다.

## ● 모니터 연결

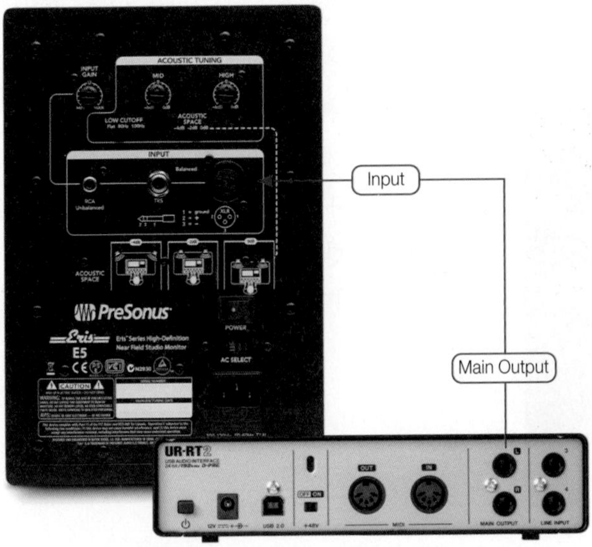


사운드를 레코딩하고 편집하는 오랜 시간 동안 헤드폰만으로 모니터하는 것은 청력에 좋지 않습니다. 가능하면 모니터 스피커까지 갖추길 권장합니다. 모니터 스피커의 Input은 오디오 인터페이스의 Main Out에 연결합니다. 오디오 레코딩 패키지, 마스터 건반, 모니터 스피커를 모두 갖추면 음악을 만들고 음원을 발표할 수 있는 준비는 완료된 것입니다. 이제 남은 것은 꾸준한 학습과 연습입니다.

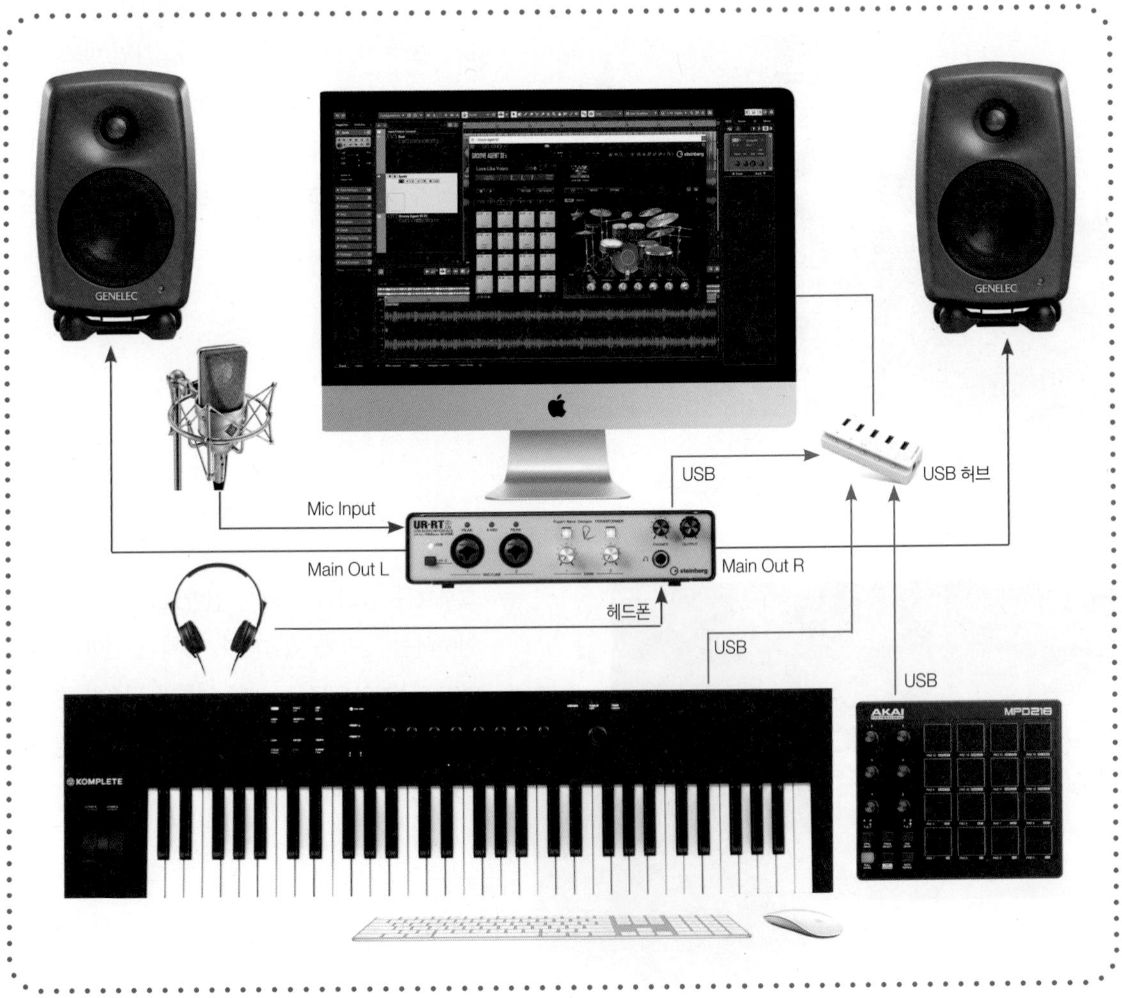

# 04 큐베이스 구입 및 설치

큐베이스는 Pro, Artist, Elements의 3가지 버전이 있습니다. 버전 12에서는 최소 기능의 Elements와 보급형의 Artist 사용자도 음악 작업에 부족함이 없도록 많은 부분들이 업그레이드되었지만, 대부분 모든 기능을 갖추고 있는 Pro 버전을 사용하므로, 본서는 이를 기준으로 합니다.

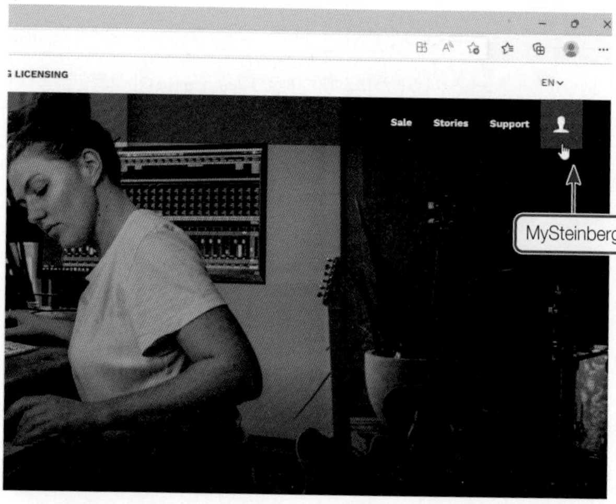


**01** 큐베이스는 프로그램을 구입할 때부터 라이센스 및 업그레이드 등의 지속적인 관리가 필요하기 때문에 회원 가입이 필수입니다. Steinberg.net에 접속하여 오른쪽 상단 모서리에 보이는 사람 모양의 My Steinberg 아이콘을 클릭합니다.

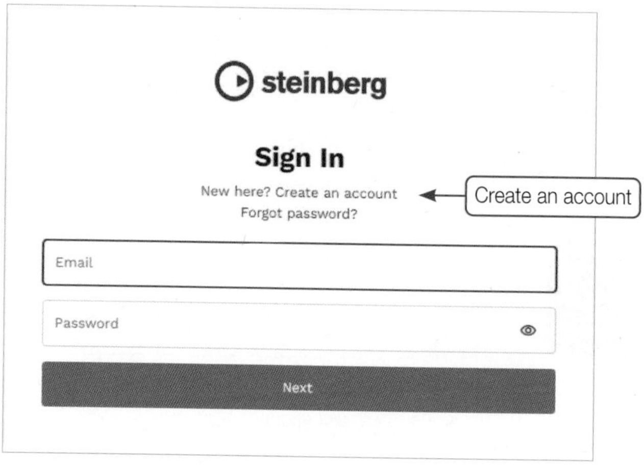


**02** 로그인 창이 열립니다. 회원 가입이 되어 있는 경우라면 이메일과 패스워드를 입력하여 로그인할 수 있습니다. 첫 방문자는 Create an account 문자를 클릭하여 회원 가입을 합니다.

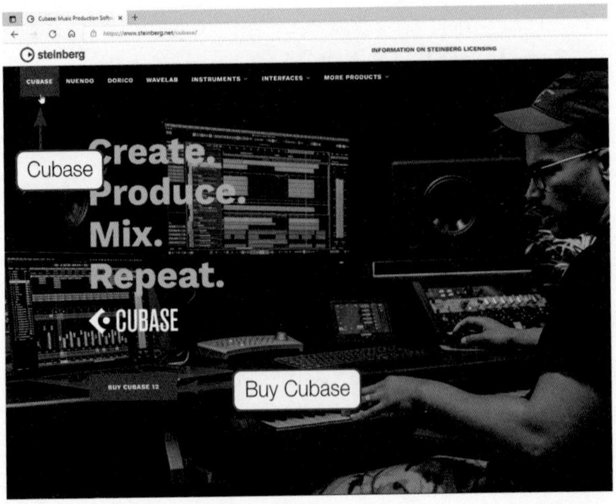


**03** 회원 가입이 완료되면 메인 화면에서 Cubase를 선택하고, Buy Cubase 버튼을 클릭합니다. 홈페이지가 리뉴얼 되면 화면 구성은 그림과 다를 수 있습니다.

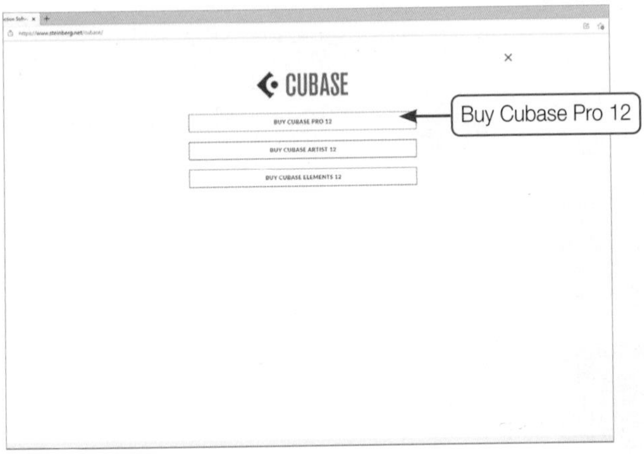


**04** 어떤 버전을 구매할 것인지 선택할 수 있는 창이 열립니다. 큐베이스는 모든 기능을 제공하는 Pro, 고급 기능이 빠진 Artist, 최소한의 기능만 갖춘 Elements의 3종류를 판매하고 있습니다. 앞으로 음악을 하겠다면 Pro 버전을 권장합니다. 가격은 비싸지만 수백만원에서 수천만원의 비용이 드는 음원을 단 한 곡이라도 스스로 제작할 수 있게 된다면 그 값어치는 충분할 것입니다.

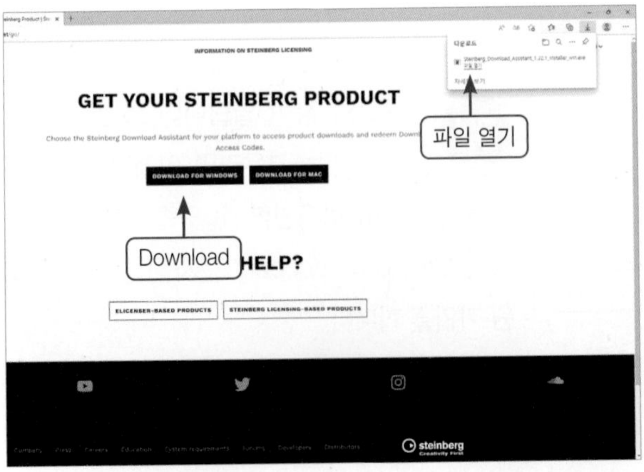


**05** 결제가 완료되면 바로 프로그램을 다운로드 받을 수 있습니다. 큐베이스는 윈도우와 맥에서 모두 구동되므로, 자신이 사용하고 있는 OS 버전을 다운로드 하고, 파일 열기를 클릭하여 실행합니다.

**Tip**

다운로드 폴더의 Steinberg_Download_Assistant를 더블 클릭하여 실행해도 됩니다.

## 06

실제 프로그램을 다운로드 할 수 있는 Steinberg Download Assistant 설치가 실행됩니다. Next 버튼을 클릭하여 설치합니다.

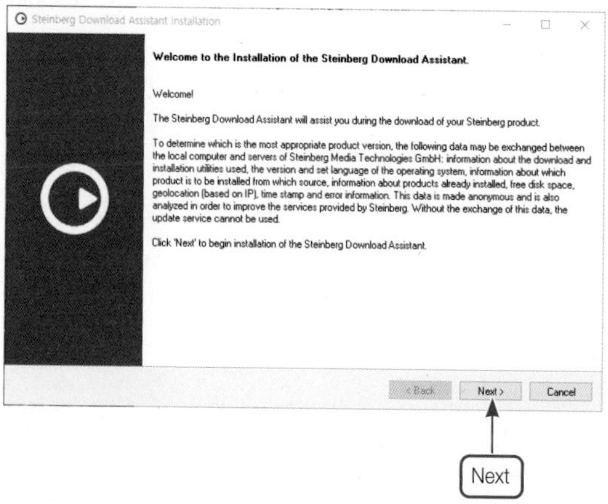


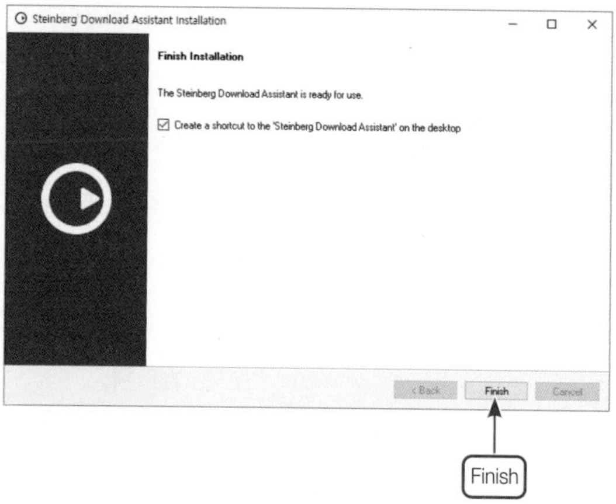


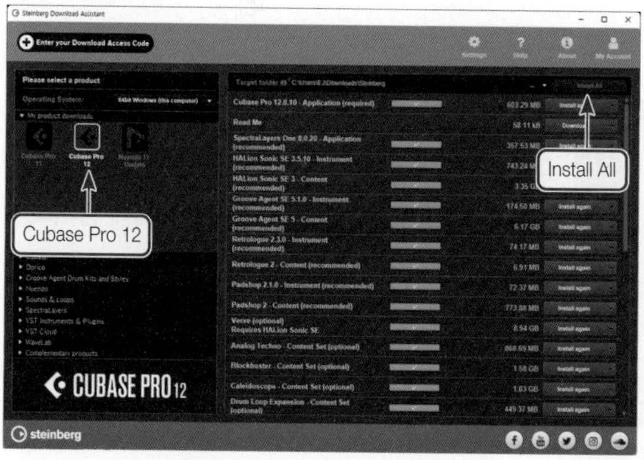


## 07

Steinberg Download Assistant가 실행되면 왼쪽 목록에서 Cubase Pro 12을 선택하고, Install All 버튼을 클릭하여 모두 설치합니다.

## 08

모든 설치가 끝나면 왼쪽 상단의 Enter your Download Access Code 버튼을 클릭하고 메일로 받은 활성화 코드를 입력하여 완료합니다. 큐베이스는 총 3대의 컴퓨터에 설치하여 사용할 수 있습니다.

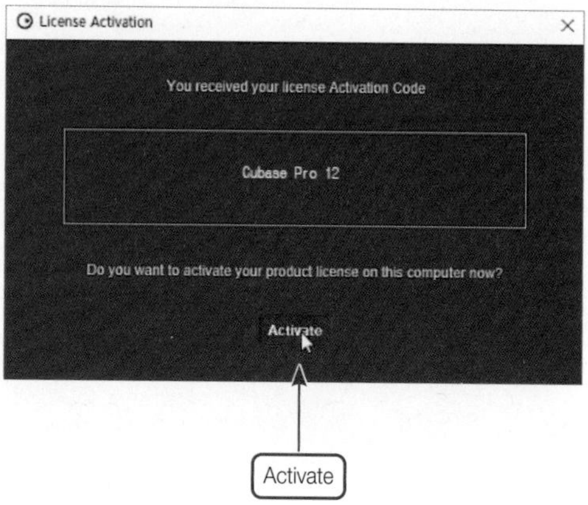

# 05 새 프로젝트 만들기

큐베이스 설치 후 바탕 화면에 만들어진 아이콘을 더블 클릭하여 실행하면 오디오 인터페이스를 선택하는 창, 프로젝트를 만들 수 있는 허브 창, 사용자 등록을 요구하는 레지스터 창이 차례로 열립니다. 각 창의 역할과 처리 방법을 살펴보겠습니다. 각 창은 큐베이스를 처음 실행할 때 한 번만 처리해 주면 됩니다.

플러그인 로딩

**01** 바탕 화면에 생성된 큐베이스 아이콘을 더블 클릭하여 실행하면, 큐베이스 로고 화면이 열리고, 사용자 컴퓨터에 설치되어 있는 플러그-인을 로딩합니다.

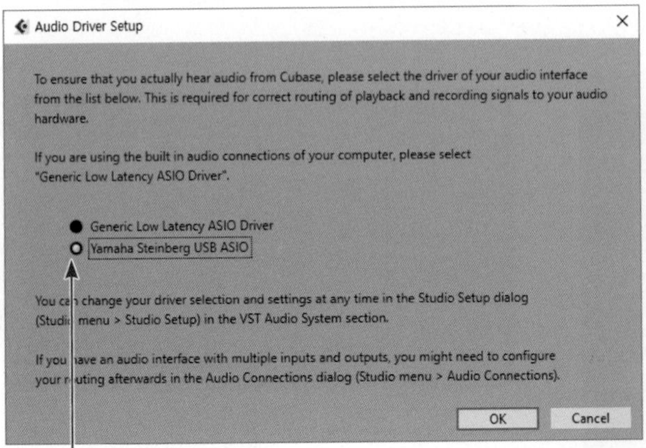


오디오 인터페이스 선택

**02** 큐베이스를 처음 실행하면 AISO Driver Setup 창이 열립니다. 컴퓨터에 연결한 오디오 인터페이스를 선택하고, OK 버튼을 클릭합니다.

Tip

오디오 인터페이스의 목록은 사용자 컴퓨터에 설치되어 있는 것이 표시되는 것이므로, 그림과 다를 것입니다.

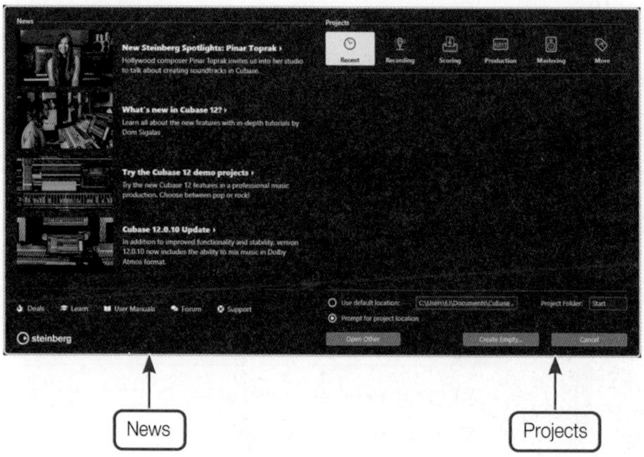
News
Projects

**03** 프로젝트를 선택할 수 있는 허브 창이 열립니다. 왼쪽은 Steinberg사의 새 소식을 안내하는 News 창이며, 오른쪽이 템플릿 목록입니다.

Tip

왼쪽의 알림 창이 필요 없다면, Preferences의 General에서 Use Hub 옵션을 해제합니다.

**04** 템플릿은 워드에서 이력서나 보고서와 같이 미리 준비되어 있는 서식과 같습니다. 큐베이스는 녹음 서식의 Recording, 악보 서식의 Scoring, 음악 작업 서식의 Production, 마스터링 작업 서식의 Mastering 탭으로 구성되어 있으며, 최근에 열었던 프로젝트 목록을 보여주는 Recnet와 빈 프로젝트(Empty) 및 사용자가 만든 템플릿을 선택할 수 있는 More 탭을 제공합니다. Recording 탭의 Piano+Vocal 템플릿을 더블 클릭하여 프로젝트를 만들어 봅니다.

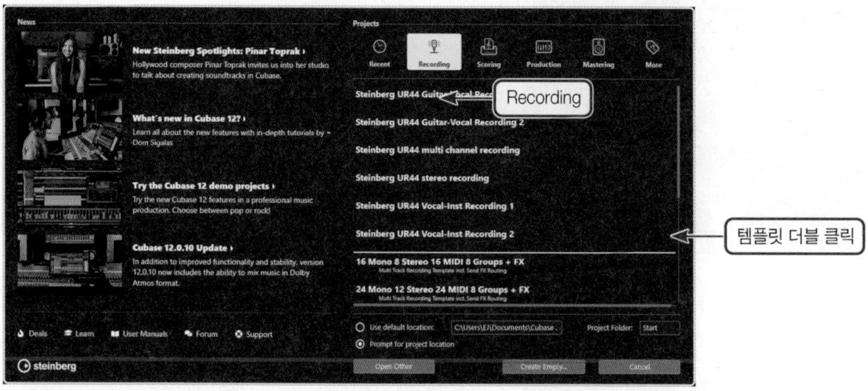
Recording
템플릿 더블 클릭

**05** 큐베이스를 처음 실행한 경우라면 사용자 등록 여부를 묻는 창이 열립니다. 프로그램을 다운 받을 때 등록을 했으므로, Already Registered 버튼을 클릭하여 창을 닫습니다.

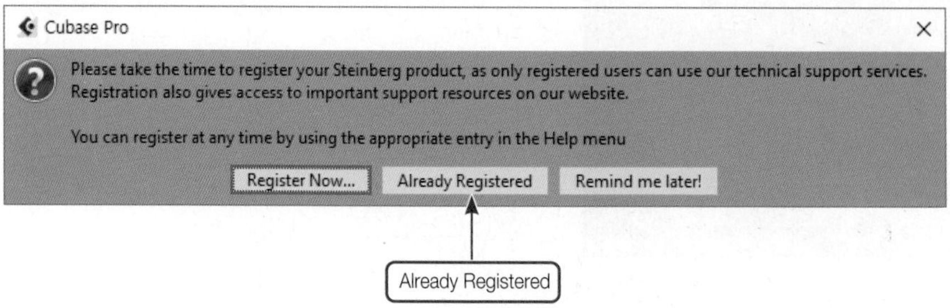
Cubase Pro
Please take the time to register your Steinberg product, as only registered users can use our technical support services.
Registration also gives access to important support resources on our website.
You can register at any time by using the appropriate entry in the Help menu
Register Now...
Already Registered
Remind me later!
Already Registered

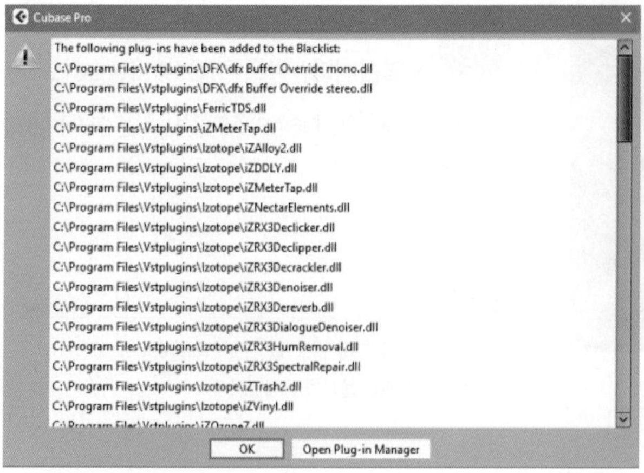


**06** 간혹 그림과 같은 경고 창이 열리는 경우가 있습니다. 이것은 컴퓨터에 설치되어 있는 32bit 플러그-인 목록이며, 큐베이스에서 사용할 수 없으므로, 64bit로 업그레이드 하라는 안내입니다.

**Tip**

큐베이스는 64bit 플러그-인만 사용할 수 있으며, 플러그-인의 대부분이 64bit로 출시되고 있습니다.

**07** Piano+Vocal 탬플릿은 피아노 음색의 악기가 로딩되어 있는 트랙과 리버브가 걸려 있는 보컬 트랙이 준비되어 있습니다. 바로 피아노 반주와 보컬 레코딩을 할 수 있는 것입니다.

**08** 다만, 개인의 색깔이 분명한 음악인들의 취향을 만족시키지는 못합니다. 그래서 대부분은 워드의 새 문서와 같은 빈 프로젝트로 시작합니다. 오른쪽 상단의 닫기 버튼을 클릭하여 프로젝트를 닫고, File 메뉴의 New Project를 선택하여 허브 창을 다시 엽니다.

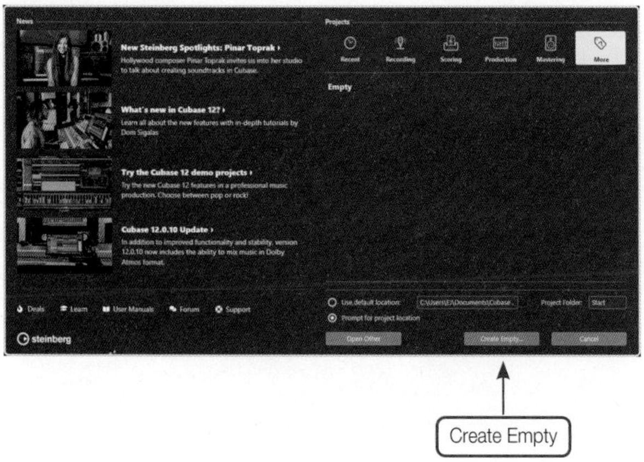


09 빈 프로젝트는 More 탭의 Empty 템플릿을 더블 클릭하거나 Create Empty 버튼을 클릭하여 만들 수 있습니다. 프로젝트를 저장하는 옵션은 두 가지입니다.

10 Use default location 옵션은 사용자 PC\문서\Cubase Projects\Untitled 폴더에 저장합니다. 위치와 폴더 이름은 클릭하여 변경할 수 있습니다. 이 옵션을 사용할 때는 프로젝트를 만들 때 마다 폴더 이름을 곡 제목으로 변경하는 것이 좋습니다.

11 Prompt for project location 옵션은 사용자가 원하는 위치의 폴더를 선택할 수 있는 창을 엽니다. 옵션을 선택하고 Create Empty 버튼을 클릭해봅니다.

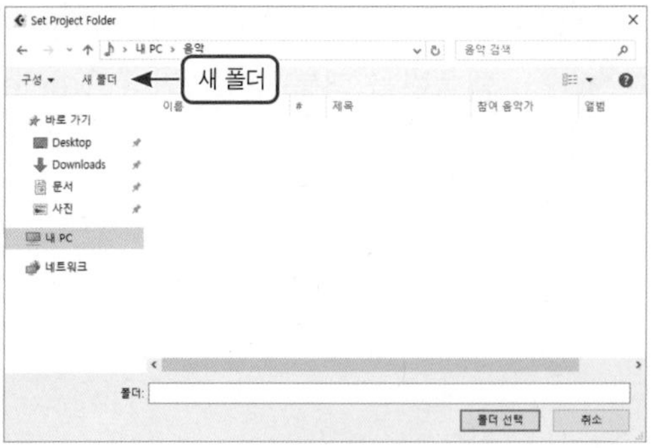


12 저장 위치를 선택할 수 있는 창이 열립니다. 프로젝트는 폴더 단위로 관리하는 것이 좋습니다. 이 옵션을 사용할 때는 곡 제목으로 새 폴더를 만들어 저장하는 습관을 갖길 바랍니다.

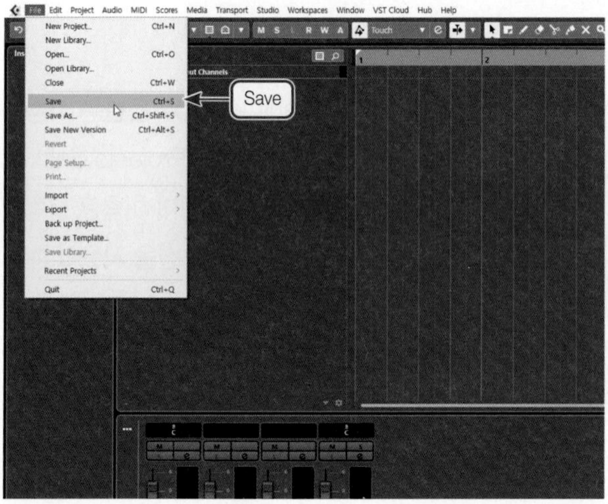


13 빈 프로젝트가 만들어졌습니다. 여기서 사용자가 원하는 미디와 오디오 이벤트를 기록하고 편집하는 등의 음악 작업을 진행하는 것입니다. 프로젝트는 File 메뉴의 Save를 선택하여 저장할 수 있으며, 기본 위치는 앞에서 만든 폴더입니다.

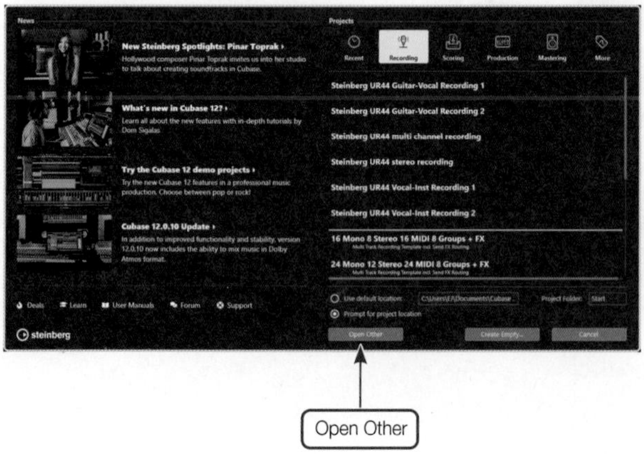


14 허브 창의 Open Other 버튼은 프로젝트를 불러오는 역할을 합니다. 최근에 작업한 것이라면 Recnet 텝에서 빠르게 열 수 있습니다.

# 06 미디 드라이버 설정하기

마스터 건반을 비롯한 미디 장치는 자동으로 인식을 하기 때문에 별다른 설정없이 사용할 수 있습니다. 다만, 여러 대의 미디 장치를 사용하고 있거나 인/아웃 설정이 필요한 경우라면 각각의 장치를 관리할 수 있는 미디 설정 옵션에 관해서 알아둘 필요가 있습니다.

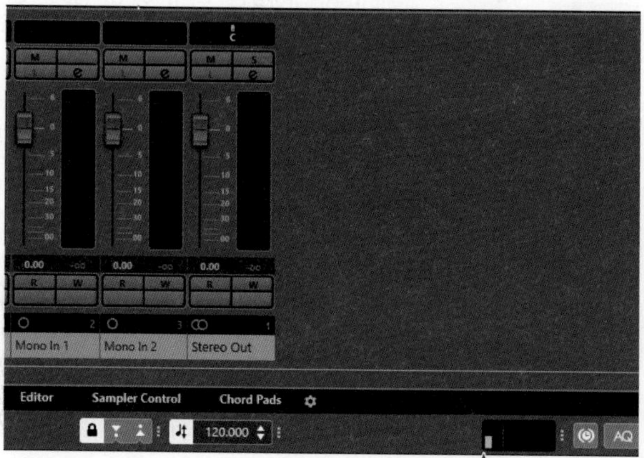


**01** Empty 프로젝트를 만들고, 마스터 건반을 눌러보면 트랜스포트 바 MIDI in Activity 항목에 레벨이 튀는 것을 확인할 수 있습니다. 마스터 건반이 정상적으로 연결되어 있다는 신호입니다.

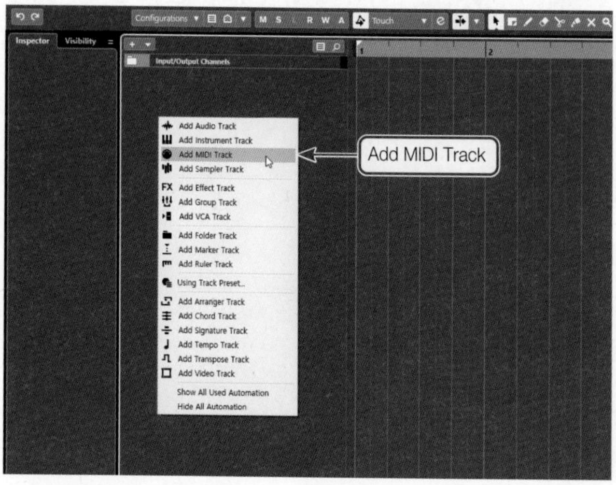


**02** 미디 입/출력의 이해를 위해 미디 트랙을 만들겠습니다. 트랙 리스트에서 마우스 오른쪽 버튼을 클릭하여 단축 메뉴를 열고, Add MIDI Track을 선택합니다.

> **Tip**
> Input/Output Channgels이라고 표시되어 있는 세로 라인의 빈 공간을 트랙 리스트라고 합니다.

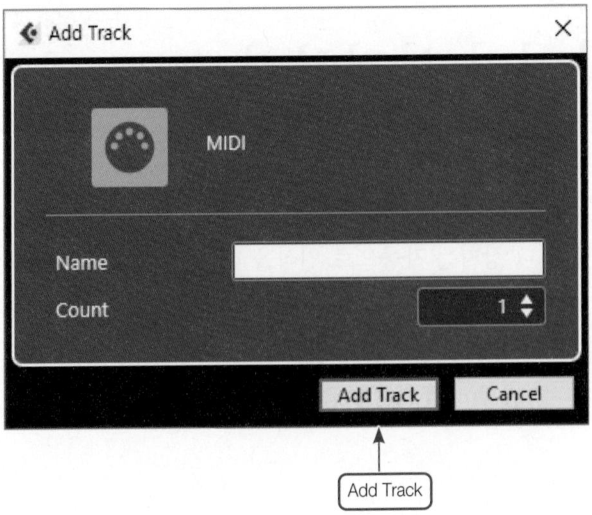


03 트랙 이름을 무엇으로 할 것인지, 몇 개의 트랙을 만들 것인지를 설정할 수 있는 창이 열립니다. Add Track 버튼을 클릭하여 한 개의 미디 트랙을 만듭니다.

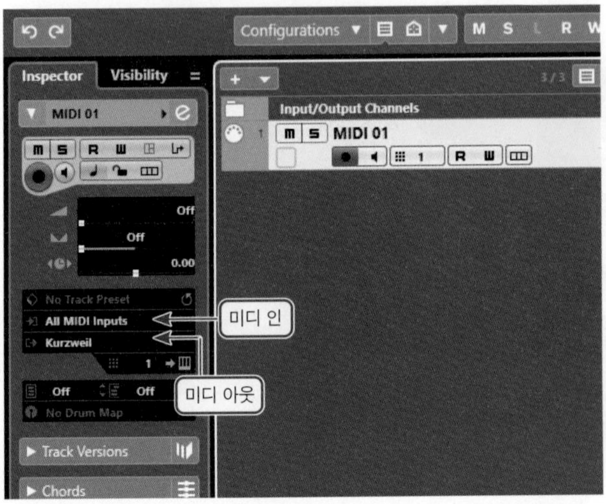


04 인스펙터 패널의 미디 인 항목은 All MIDI Inputs으로 되어 있고, 아웃 항목에서 연주하고자 하는 악기를 선택하는 것입니다. 윈도우 소프트 악기인 Microsoft GS Wavetable Synth을 선택하고, 마스터 건반을 연주하면 레이턴시가 길어서 소리가 늦게 들리기는 하지만, 피아노 소리가 연주되는 것을 확인할 수 있습니다.

05 여러 대의 미디 악기를 사용하고 있다면 이를 관리할 수 있습니다. Studio 메뉴의 Studio Setup을 선택합니다.

**06** MIDI 폴더의 MIDI Port Setup을 선택하면, 사용자 컴퓨터에 연결되어 있는 미디 장치를 볼 수 있습니다.

칼럼은 Device, I/O, Prort System Name, Show As, Visible, State, In 'All MIDI의 7가지로 구성되어 있습니다.

- Device

미디 디바이스 연산 모드를 표시합니다. 운영체제에서 처리하는 Windows MIDI와 다이렉트로 처리하는 DirectMusic의 두 가지가 있으며, 이는 장치에 따라 결정됩니다.

- I/O

미디 인/아웃 포트를 표시합니다. 라인 색깔로도 구분 가능합니다.

- Port System Name

장치 이름을 표시합니다. 제품명으로 표시되기 때문에 쉽게 구분할 수 있습니다.

- Show As

인스펙터 패널의 미디 인/아웃 항목에 표시될 이름을 표시합니다. 마우스 클릭으로 이름을 변경할 수 있으며, 한글도 가능합니다.

- Visible

체크 표시 여부로 장치의 사용 여부를 결정합니다. 레이턴시가 길어서 사용 할 필요가 없는 Microsoft GS Wavetable Synth를 해제하면 인스펙터 인/아웃 목록에서 사라지고, 시스템 자원을 확보할 수 있습니다.

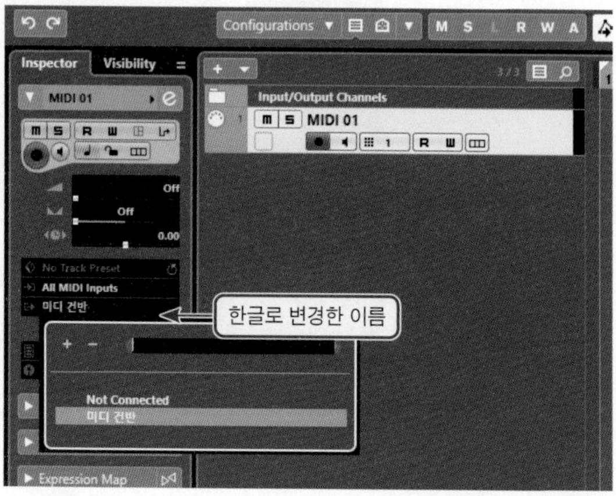

- State

포트의 연결 상태를 표시합니다. 장치가 연결되어 있는 포트는 Active로 표시되고, 비어 있는 포트는 Inactive로 표시됩니다.

- In All MIDI

인스펙터 패널의 미디 인 항목에서 All MIDI를 선택했을 때 사용하게 될 장치를 선택합니다. 기본적으로 새 프로젝트를 만들면, All MIDI가 선택되므로, 주로 사용하는 장치를 중심으로 체크합니다.

- Use System Timestamp for 'Windows MIDI' Inputs

Windows MIDI 디바이스 장치에서 미디 이벤트가 밀리는 현상이 발생할 때 체크하여 해결할 수 있습니다.

- Use Device 'DirectMusic' / "WinRT MIDI"

DirectMusic 및 WinRT MIDI 디바이스의 사용여부를 체크합니다. 사용하지 않을 때는 옵션을 해제하여 시스템 메모리를 확보할 수 있습니다. WinRT는 블루투스 미디 디바이스입니다.

- Use System Timestamp for 'DirectMusic' / "WinRT MIDI" Inputs

DirectMusic 및 WinRT MIDI 디바이스 장치에서 미디 이벤트가 밀리는 현상이 발생할 때 체크하여 해결할 수 있습니다. Reset 버튼을 클릭하면 설정 값을 초기화합니다.

**Tip** 허브의 News 창 열지 않기

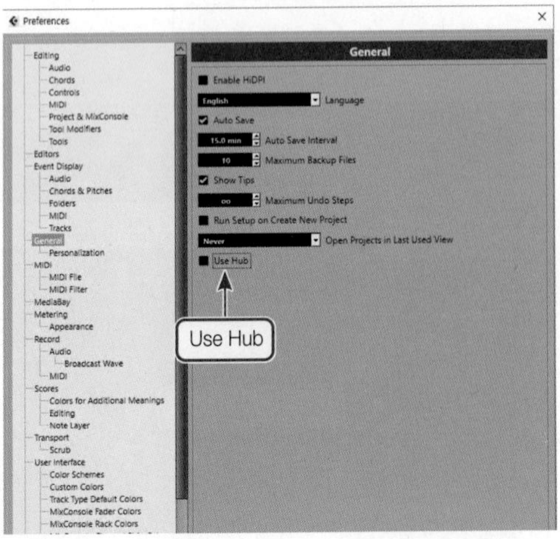


허브 창 왼쪽에 보이는 News는 컴퓨터가 인터넷에 연결되어 있을 때 Steinger사의 새 소식을 전하는 알림 창입니다. 필요 없다면 Edit 메뉴의 Preferences를 선택하여 환경 설정 창을 열고, General 페이지의 Use Hub 옵션을 해제합니다.

# 07 오디오 드라이버 설정하기

스튜디오급 마이크 녹음이 필요하거나 사운드가 지연되는 레이턴시를 해결하고자 한다면 오디오 인터페이스가 필요합니다. 장치는 USB로 연결하지만, 제작사에서 제공하는 드라이버를 설치해야 하는 경우가 대부분입니다. 드라이버 설치에 관한 사항은 제품 설명서를 참조하기 바라며, 여기서는 시스템에 어울리는 환경을 설정할 수 있는 옵션을 살펴보겠습니다.

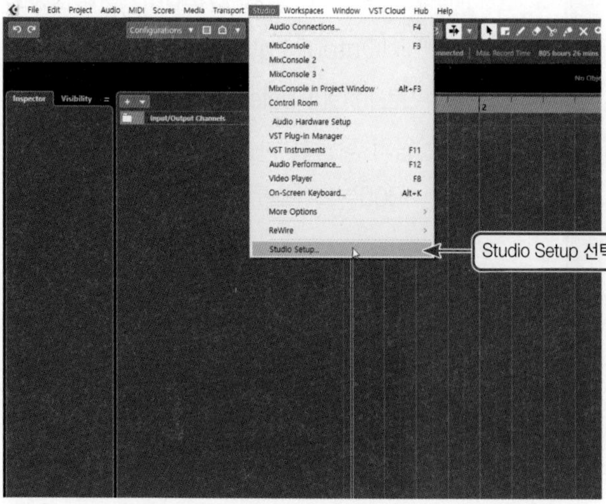


**01** 오디오 드라이버를 설정하기 위한 창을 여는 방법은 미디에서와 같습니다. Studio 메뉴의 Studio Setup을 선택합니다.

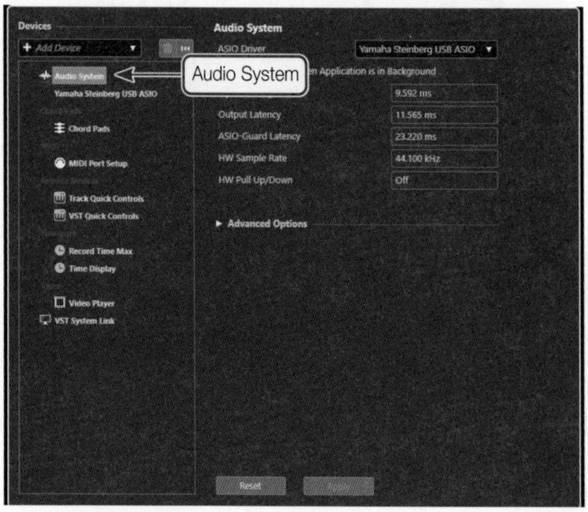


**02** MIDI, Remote Device, Transport, Video 등의 폴더로 구성되어 있는 Studio Setup 창이 열립니다. 오디오 드라이버 설정을 위한 Audio System 폴더를 선택합니다.

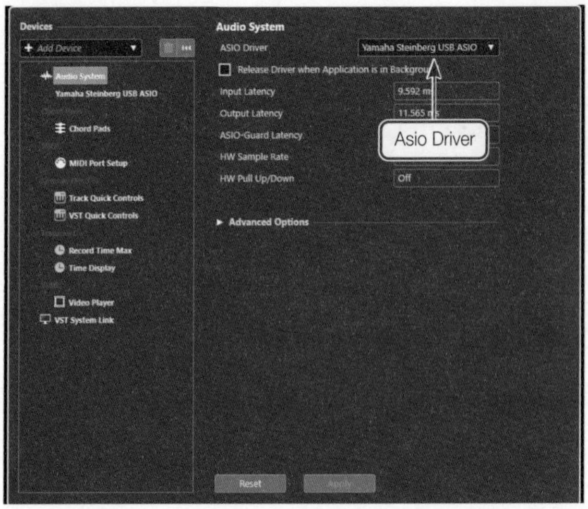


03 ASIO Driver 목록에서 컴퓨터에 설치한 오디오 인터페이스를 선택합니다. 큐베이스는 Driect X와 ASIO 드라이버를 지원하는 장치를 모두 사용할 수 있지만, 레이턴시 해결을 위해서는 ASIO 드라이버를 권장합니다.

04 선택한 장치의 Input Latency와 Output Latency가 표시됩니다. 일반적으로 In/Out Latency의 합이 30ms 이하이면, 음악 작업을 하는데 불편함이 없습니다. ms는 1000분의 1초를 의미하는 단위입니다.

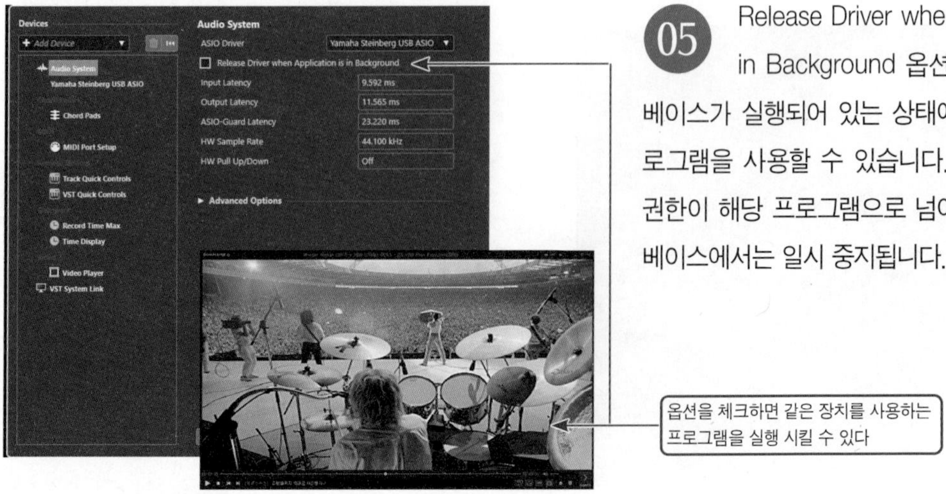


05 Release Driver when Application is in Background 옵션을 체크하면, 큐베이스가 실행되어 있는 상태에서도 미디어 프로그램을 사용할 수 있습니다. 단, 드라이버의 권한이 해당 프로그램으로 넘어가기 때문에 큐베이스에서는 일시 중지됩니다.

**06** 동시에 사용이 가능하도록 하고 싶다면, Full Duplex를 지원하는 인터페이스를 사용하거나 윈도우 시스템의 재생 장치를 사운드 카드로 설정합니다. Release Driver when Application is in Background 옵션을 해제하면 미디어 사운드를 큐베이스에 녹음할 수 있습니다.

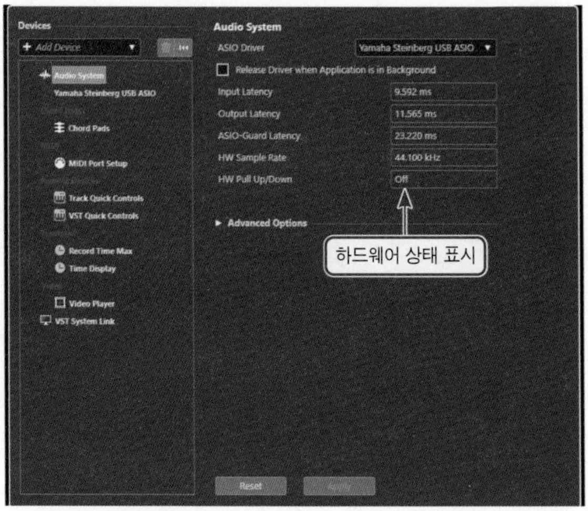


**07** ASIO-Guard Latency는 ASIO 드라이버의 보정 타임, HW Sample Rate는 프로젝트 샘플 레이트, HW Pull Up/Down은 비디오 동기 타임으로 인터페이스 설정 상태를 표시합니다. 모두 제품 툴에서 설정하며, 성능에 따라 달라집니다.

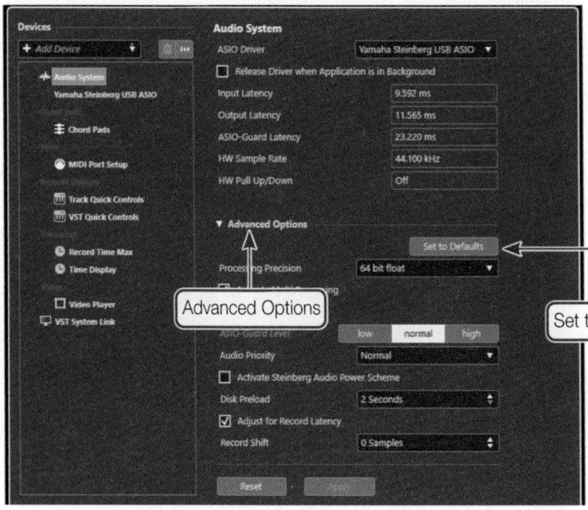


**08** Advanced Options 문자를 클릭하면 좀 더 많은 옵션이 보이는데, 기본값 그대로 사용해도 무관하지만, 각각의 의미는 알아두는 것이 좋습니다. 설정 값을 변경한 뒤에 기본값으로 복구하고 싶다면, Set to Defaults 버튼을 클릭합니다.

- Processing Precision : 오디오 처리 정밀도를 선택하는 것으로 32 bit float와 64 bit float 중에서 선택할 수 있습니다. 시스템이 허락한다면 무조건 64 bit float를 권장합니다. 시스템 사양이 낮으면 업그레이드를 해서라도 64 bit float로 사용할 수 있기를 바랍니다. 타 제품과 비교 불가한 깨끗하고 선명한 사운드 작업을 할 수 있습니다. 큐베이스에서 제공하는 것 외에 추가한 VST2 플러그-인은 32 bit float로 처리되므로, 이것 역시 가능하면 VST3로 업그레이드 하는 것이 좋습니다.

- Activate Multi Processing : 큐베이스는 멀티 코어 CPU를 지원합니다. 사용 가능한 CPU에 처리 부하를 고르게 분배하여 시스템 성능을 최대한 활용할 수 있게 합니다.

- Activate ASIO-Guard : 많은 플러그-인을 사용하고 있을 때 발생하는 프로세스를 미리 처리하여 안정적인 시스템 확보를 가능하게 합니다. 이 옵션을 사용하지 않을 VST는 Plug-in Manager 창의 Information 패널에서 Inactive로 설정합니다. 처리 속도는 ASIO-Guard Level 옵션의  Low, Normal, High 중에서 선택할 수 있습니다.

- Audio Priority : 오디오 작업과 미디 작업의 우선권을 선택합니다. 큐베이스에서 오디오 작업만 하는 경우라면 Boost를 선택하고, 미디 작업을 함께하는 경우라면 Normal을 선택합니다.

- Activate Steinberg Audio Power Scheme : 실시간 오디오 처리에 영향을 주는 모든 절전 모드를 비활성화 합니다. 단, 소비 전력이 증가하며, 매우 짧은 레이턴시에서만 효과적입니다. 이 옵션을 사용하지 않을 때는 버퍼 크기를 한 단계 정도 늘리는 것이 좋습니다.

- Disk Prload : 오디오를 연주할 때 미리 읽을 데이터의 양을 최대 6초까지 설정할 수 있습니다. 이것은 시스템이 부족한 환경에서 오디오 연주를 보다 원활하게 할 수 있는 옵션입니다.

- Adjust for Record Latency : 오디오 드라이버의 레이턴시 값을 낮춥니다. 만일, 오디오 데이터를 녹음할 때 클릭 잡음이 발생하다면, 옵션을 해제하여 해결할 수 있습니다.

- Record Shift : 오디오를 녹음할 때 발생할 수 있는 시간차를 최대 100,000 Samples까지 조정할 수 있습니다. 하지만, 이러한 문제가 발생할 경우에는 대부분 드라이버가 문제이므로, 사용하고 있는 장치의 제작사 홈 페이지를 방문하여 최신 드라이버로 업그레이드 하는 것이 좋습니다.

- Volume Automation Precision : 볼륨 오토메이션의 처리 간격을 설정합니다. 단위는 샘플 수이며, 각 포인트는 곡선으로 처리됩니다.

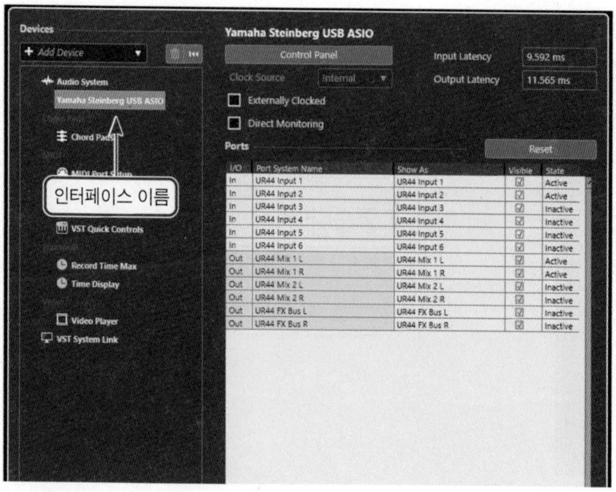


## 09

Audio System은 ASIO Driver만 설정하고 나머지는 기본값을 그대로 사용해도 좋습니다. 계속해서 하위 목록의 인터페이스 이름을 선택합니다. 이때 설정값의 적용 여부를 묻는 창이 열리면, Apply 버튼을 클릭하여 닫습니다.

**Tip**

Audio System의 목록 이름은 ASIO Driver에서 선택한 드라이버의 이름이므로 그림과 다를 수 있습니다.

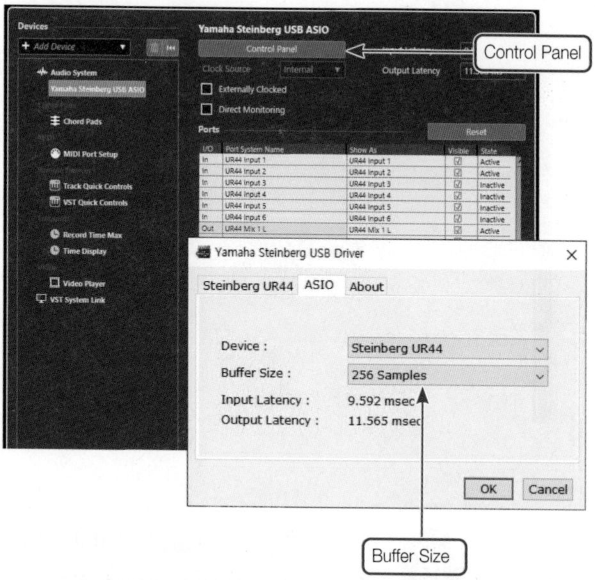


## 10

버퍼 사이즈와 인/아웃 포트를 선택할 수 있는 화면이 보입니다. Control Panel 버튼을 클릭하여 오디오 인터페이스의 컨트롤 패널을 엽니다. 컨트롤 패널의 모습은 장치에 따라 다르므로, 사용하고 있는 제품의 설명서를 참조하기 바랍니다.

**Tip**

버퍼 사이즈를 작게 설정할수록 레이턴시를 줄일 수 있지만, 시스템에 따라 잡음이 발생할 수 있으므로, 몇 차례 실험을 해보면서 적당한 값을 찾아야 합니다.

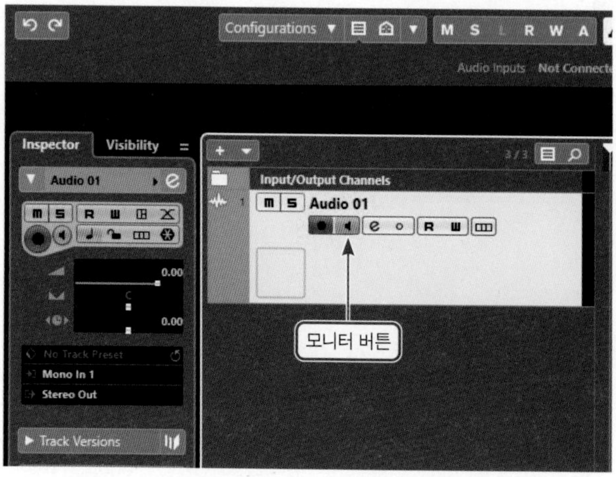


## 11

Direct Monitoring 옵션을 체크하면, 오디오 입력 신호를 큐베이스 엔진을 거치지 않고 바로 모니터할 수 있습니다. 단, 오디오 트랙에서 모니터 버튼을 On으로 하여 입력 사운드를 모니터할 때, 해당 트랙에 적용한 이펙트 사운드를 모니터할 수 없습니다.

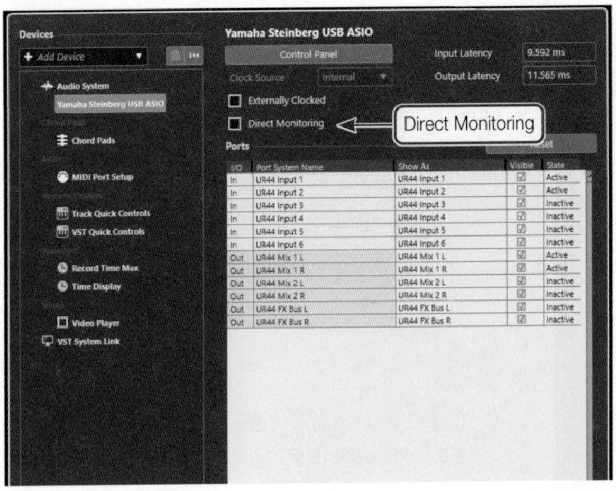


12 하드웨어 이펙트를 사용하지 않는 사용자라면, 약간의 지연 현상이 발생하더라도 Direct Monitoring 옵션을 해제하여 VST Effects의 입력 사운드를 모니터 할 수 있게 하는게 좋습니다.

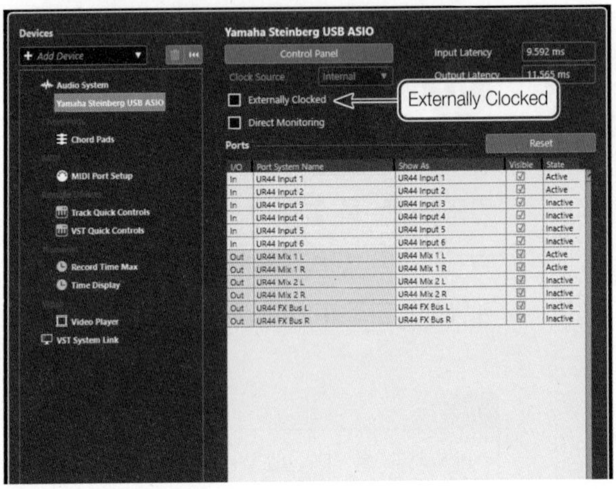


13 클럭 신호를 전송할 수 있는 인터페이스의 경우에는 Externally Clocked 옵션을 체크하여 동기화 할 수 있습니다.

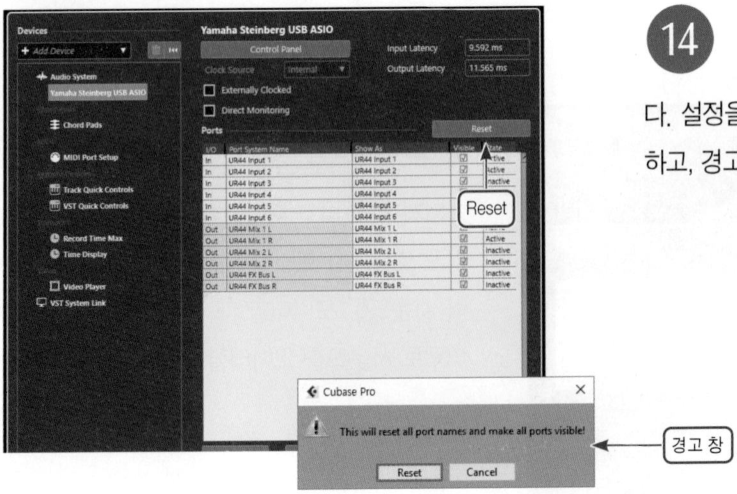


14 Port 목록의 칼럼은 MIDI Port Setup에서 살펴본 내용과 동일합니다. 설정을 초기화 할 때는 Reset 버튼을 클릭하고, 경고 창의 Reset 버튼을 클릭합니다.

# 08 미디 컨트롤러 설정하기

미디 컨트롤러는 큐베이스의 믹스콘솔이나 VST 파라미터를 조정할 수 있는 외부 컨트롤러입니다. 기본적으로 Mackie, Steinberg Houston, Tascam US-428 등의 대표적인 미디 컨트롤러와 Yamaha 01V, O2r96v2, DM2000 등, 자사 제품의 디지털 믹스 콘솔은 별다른 설정없이 이용할 수 있지만, 스크립트를 제공하지 않는 제품이나 마스터 건반의 컨트롤러를 이용하고자 할 때는 약간의 설정이 필요합니다.

**01** 전용 컨트롤러는 그저 장식일 뿐 잘 사용하지 않게 된다는 의견이 많지만, 제품을 가지고 있다면, 큐베이스 파라미터를 감각적으로 컨트롤 할 수 있게 습관화 하는 것이 좋습니다. 물론, 꼭 필요한 제품은 아니므로, 무리해서 구입할 필요는 없습니다.

**02** 전용 컨트롤러가 아니라도 대부분의 마스터 건반에서 제공하는 컨트롤러를 이용할 수 있습니다. 단, 스크립트를 제공하지 않는 제품이라면 사전 설정이 필요합니다.

**03** 미디 컨트롤러는 로우 존의 MIDI Remote 탭에서 설정할 수 있습니다. 화면 오른쪽 상단의 Open MIDI Remoete 버튼을 클릭합니다. 로우 존에서 MIDI Remote 탭을 선택하여 연 경우에는 No MIDI Controller Connected 버튼을 클릭합니다.

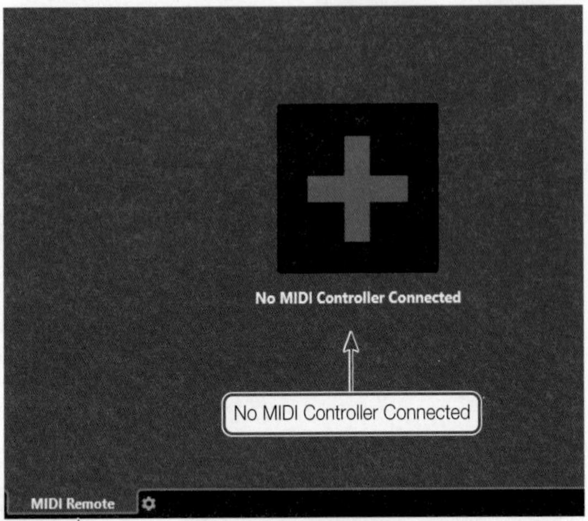


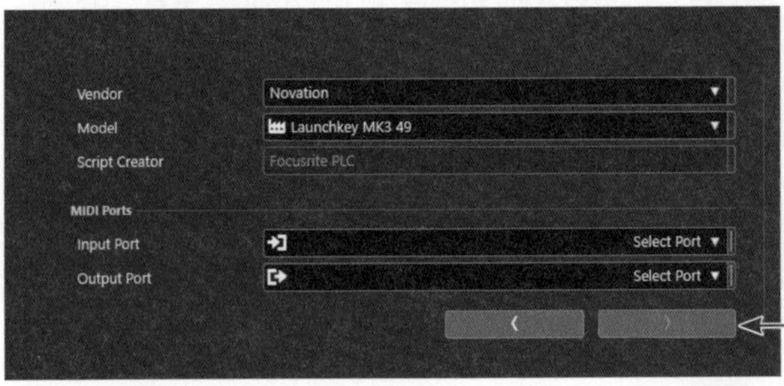


**04** 제조사(Vendor)와 모델(Model), 그리고 제품이 연결되어 있는 Input과 Output Port를 선택하고 Add 버튼을 클릭하면 모든 설정이 자동으로 완료됩니다.

**05** 대부분 뮤트와 솔로 기능을 컨트롤할 수 있는 버튼, 팬을 컨트롤할 수 있는 노브, 볼륨을 컨트롤할 수 있는 페이더, 그리고 재생 및 녹음 기능을 컨트롤할 수 있는 트랜스포트 버튼으로 구성되지만, 제품마다 차이가 있으므로 사용하고 있는 컨트롤러를 움직여 확인합니다.

## 06

문제는 큐베이스에서 스크립트(Script)를 제공하지 않는 구형 제품을 사용하는 경우입니다. 이것은 수동으로 간단하게 만들 수 있습니다. Vender 목록에서 맨 아래쪽에 있는 Add Vender를 선택합니다.

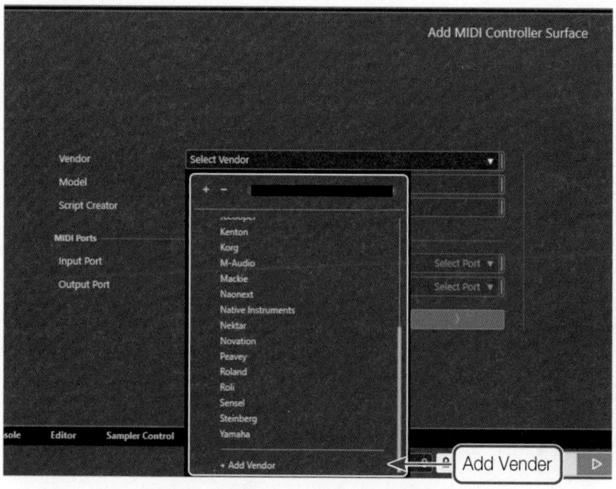


## 07

제조사(Vendor) 이름을 입력하고, Model 목록에서도 Add Model를 선택하여 직접 입력합니다. Script Creator은 컴퓨터 이름으로 자동 입력되며, 수정 가능합니다. 장치가 연결되어 있는 Input/Output Port를 선택하고 Add 버튼을 클릭합니다.

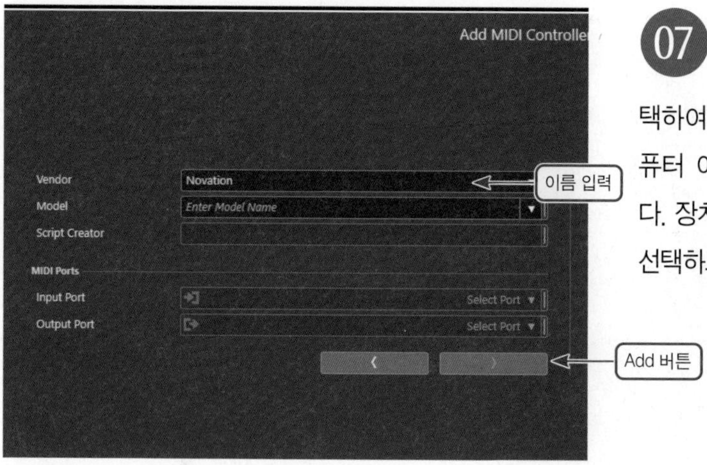


## 08

노브(Knob), 페이더(Fader), 버튼(Button) 타입을 선택하고, 컨트롤러에서 해당 장치를 움직이면 자동으로 인식되어 해당 컨트롤러의 이미지가 생성됩니다. 타입은 이미지를 만들고 선택해도 됩니다.

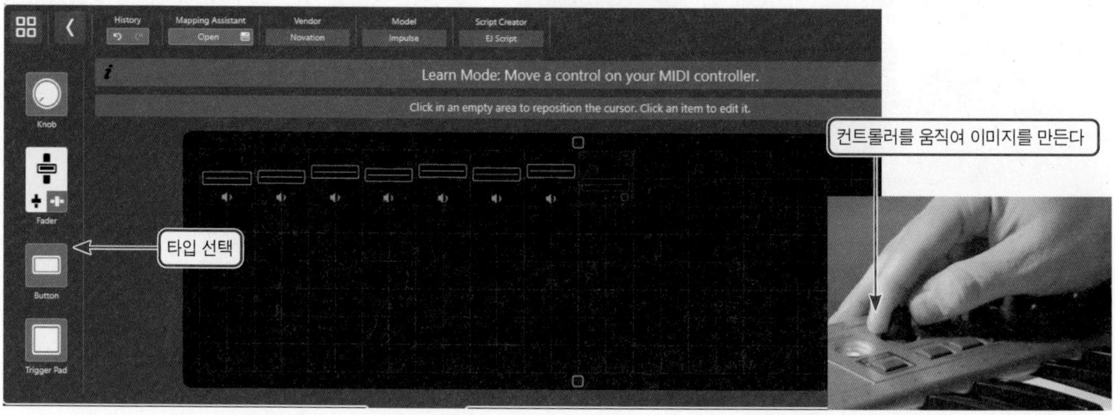

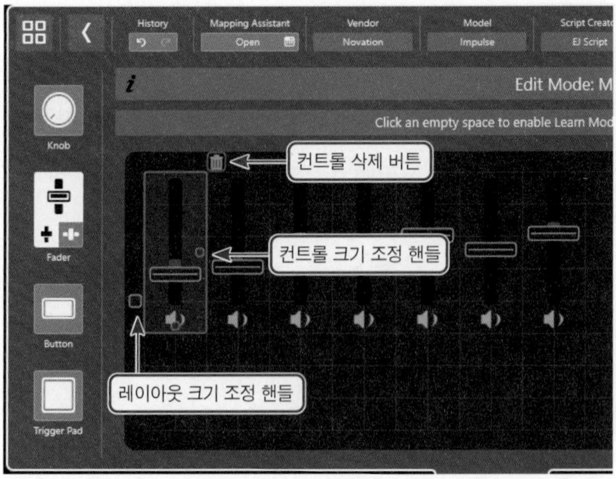


09 컨트롤은 마우스 드래그 및 키보드 방향키를 이용해서 위치를 변경할 수 있고, 아래쪽과 오른쪽에 표시되는 핸들을 드래그하여 크기를 변경할 수 있습니다. 레이아웃은 사방에 크기를 조정할 수 있는 핸들을 제공합니다.

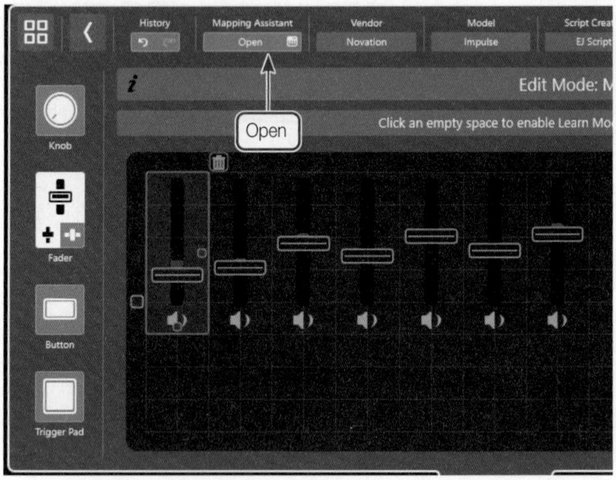


10 사용하고 있는 마스터 건반에서 제공하는 노브, 페이더, 버튼, 트랜스포트 등의 모든 이미지를 만들었다면 Mapping Assistant의 Open 버튼을 클릭합니다.

11 Functions Browser 버튼을 클릭하여 기능 창을 엽니다. 그리고 각 이미지에 필요한 컨트롤 기능을 더블 클릭하여 연결하면 됩니다. 예를 들어 녹음 기능을 수행할 컨트롤러라면 Transport 항목의 Record 기능을 더블 클릭하여 연결하는 것입니다. 검색 창을 이용하면 필요한 기능을 좀 더 빠르게 찾을 수 있습니다.

12 악기나 이펙트를 컨트롤하는 것도 가능합니다. 플러그인 상단 오른쪽의 QC 버튼을 클릭하면 퀵 컨트롤에 할당된 파라미터를 볼 수 있으며, 사용자가 원하는 것으로 변경할 수 있습니다.

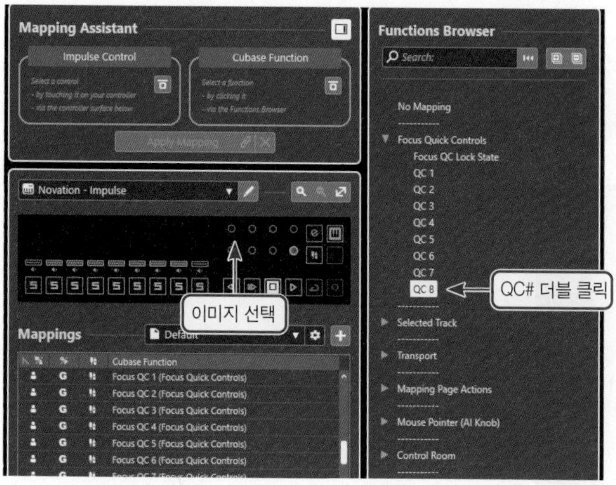


13 MIDI Remote Mapping Assistant 창에서 조정할 이미지를 선택하고, Focus Quick Controls의 QC1에서 QC8까지 연결하면 외부 장치를 이용해서 퀵 컨트롤에 할당된 플러그인 파라미터를 조정할 수 있습니다.

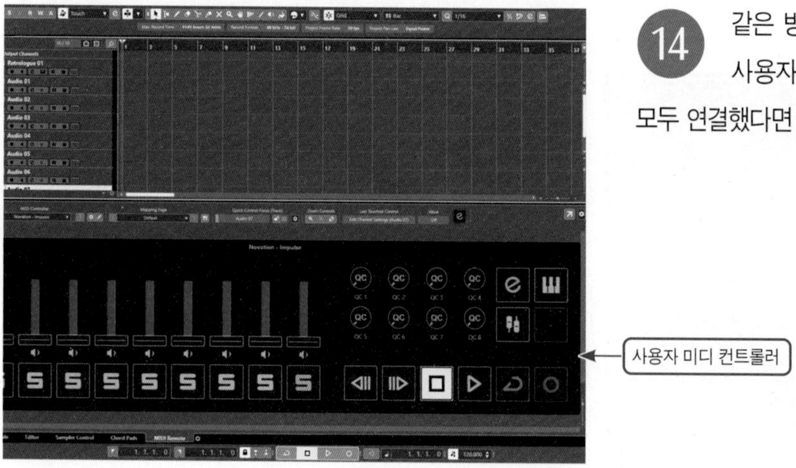


14 같은 방법으로 트랙, 악기, 이펙트 등, 사용자가 필요로 하는 컨트롤 기능을 모두 연결했다면 창을 닫고 테스트 해봅니다.

# 09 사용자 템플릿 만들기

큐베이스에서는 기본적으로 Recording, Scoring, Production, Mastering 등의 폴더 단위로 다양한 템플릿을 제공하고 있지만, 모든 사용자의 작업 환경을 충족시킬 수는 없습니다. 결국, 자신에게 필요한 환경은 직접 만들어서 사용해야 합니다.

01 File 메뉴의 New Project를 선택하여 프로젝트를 만듭니다. 트랙 리스트에서 마우스 오른쪽 버튼을 클릭하여 단축 메뉴를 열고, Add Audio Track을 선택합니다.

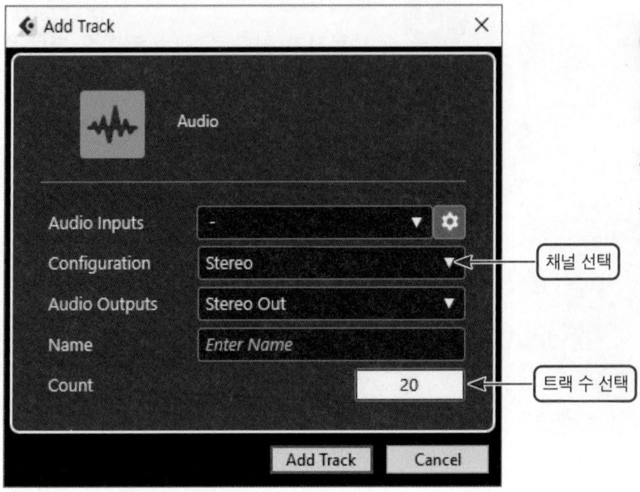


02 오디오 트랙의 수와 채널 등을 선택할 수 있는 Add Track 창이 열립니다. Count를 20으로 하고, Configuration은 Stereo를 선택합니다. 그리고 Add Track 버튼을 클릭합니다.

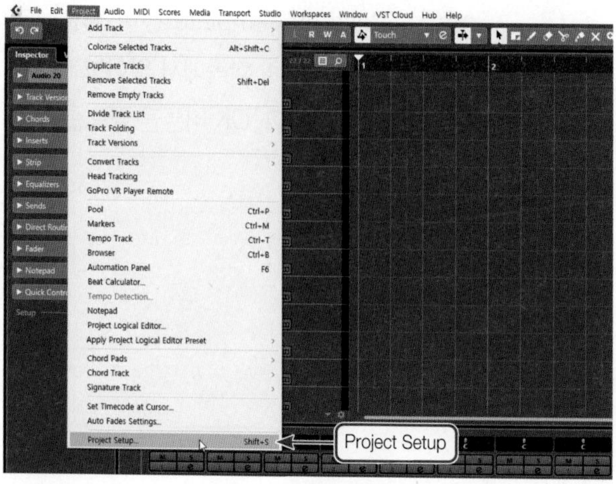


**03** 간단하게 20개의 오디오 트랙을 만들어본 것이지만, 작업에 필요한 모든 환경을 꾸밀 수 있습니다. 지금은 템플릿 개념만 이해할 수 있기를 바랍니다. Project 메뉴의 Project Setup을 선택합니다.

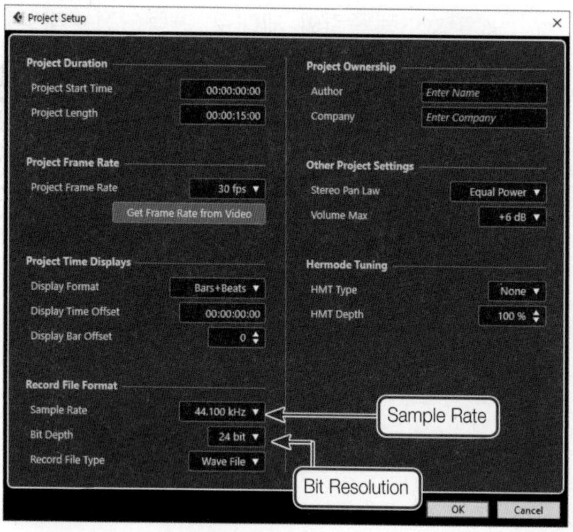


**04** 프로젝트 환경에서 가장 중요한 부분은 오디오를 녹음할 때 사용할 포맷(Record File Format)입니다. 일반적으로 Sample Rate는 44.1KHz, Bit Resolution은 24Bit를 많이 사용하지만, 작업 목적에 적합한 포맷을 선택합니다.

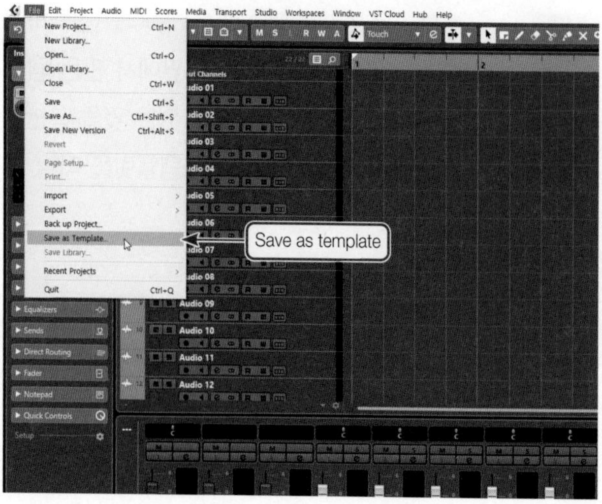


**05** 이렇게 만든 프로젝트 환경을 언제든 사용할 수 있게 템플릿으로 저장해 보겠습니다. File 메뉴의 Save as Template를 선택합니다.

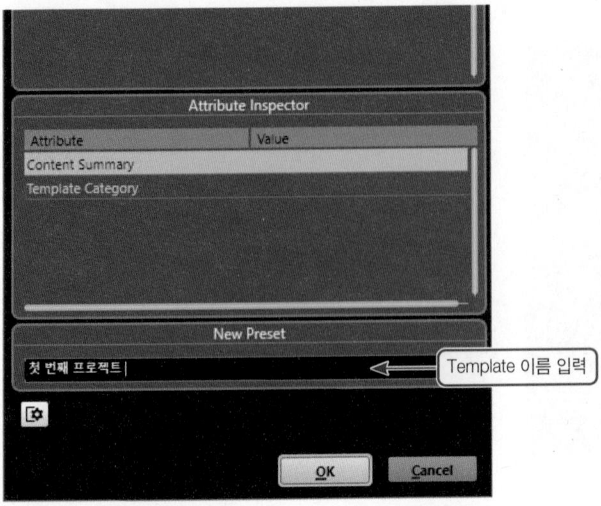


**06** Save as Template 창이 열립니다. New Preset 항목에서 알아보기 쉬운 이름으로 입력을 하고, OK 버튼을 클릭합니다.

**07** 템플릿이 제대로 만들어졌는지 확인해 보겠습니다. 현재 열려 있는 프로젝트의 닫기 버튼을 클릭하면, 저장 여부를 묻는 창이 열립니다. 저장할 필요는 없으므로 Don' t Save 버튼을 클릭합니다.

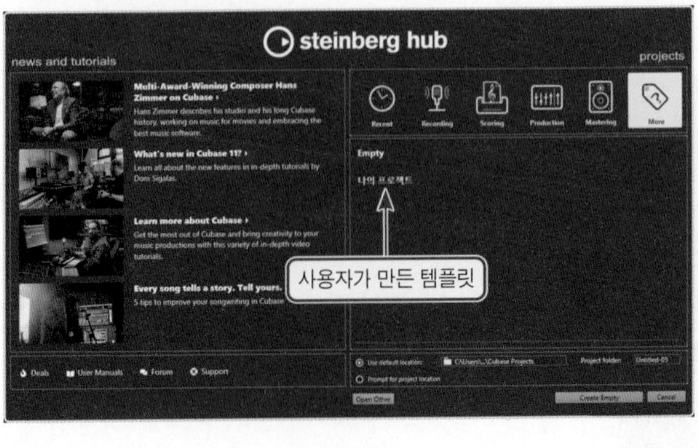


**08** File 메뉴의 New Project를 선택하여 Hub 창을 엽니다. 앞에서 만든 템플릿이 More 폴더에 등록되어 있는 것을 확인할 수 있습니다. 사용자가 만든 템플릿을 더블 클릭합니다.

**Tip**

템플릿을 마우스 오른쪽 버튼으로 클릭하면 이름을 변경(Renaem), 삭제(Delete), 저장 폴더 열기(Show in Explorer) 단축 메뉴를 볼 수 있습니다.

**09** 20개의 오디오 트랙이 있는 프로젝트가 열립니다. 레이아웃 버튼을 클릭하여 Status Line을 선택하면 Project Setup에서 설정한 Record Format을 확인할 수 있습니다.

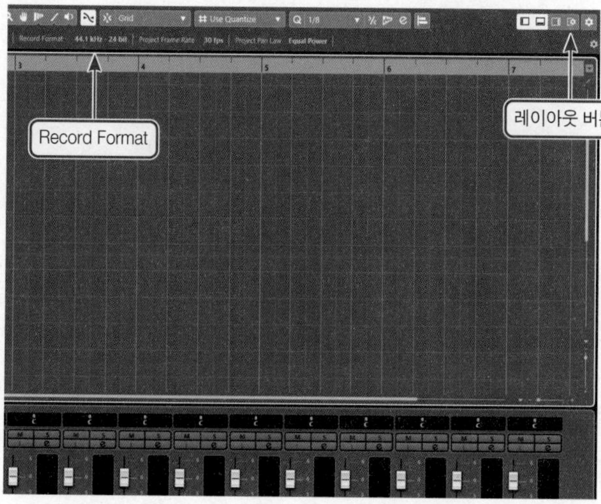


## Tip 사용자 환경 설정 초기화

프로그램에 문제가 발생하여 사용자 환경 설정을 초기화 할 필요가 있다면 Safe Mode로 실행합니다. 실행 방법은 프로그램이 실행될 때 Shift+Ctrl+Alt 키를 동시에 누르고 있는 것입니다. 키를 누른 상태에서 실행하는 것이 아니라 프로그램을 실행하고, 누르는 것입니다.

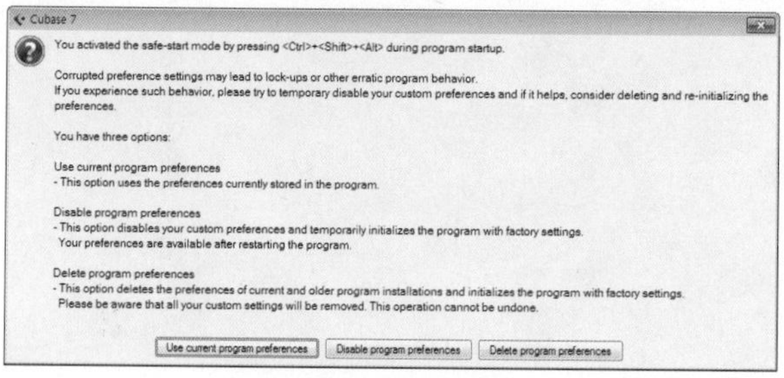

Cubase 7

You activated the safe-start mode by pressing <Ctrl>+<Shift>+<Alt> during program startup.

Corrupted preference settings may lead to lock-ups or other erratic program behavior.
If you experience such behavior, please try to temporary disable your custom preferences and if it helps, consider deleting and re-initializing the preferences.

You have three options:

Use current program preferences
- This option uses the preferences currently stored in the program.

Disable program preferences
- This option disables your custom preferences and temporarily initializes the program with factory settings.
Your preferences are available after restarting the program.

Delete program preferences
- This option deletes the preferences of current and older program installations and initializes the program with factory settings.
Please be aware that all your custom settings will be removed. This operation cannot be undone.

Use current program preferences | Disable program preferences | Delete program preferences

- **Use current program preferences**
  User Settings Data Folder에 저장되어 있는 사용자 환경 설정을 그대로 사용합니다. .

- **Disable program preferences**
  사용자가 설정한 환경을 사용하지 않고, 임시로 프로그램을 초기화 상태로 실행합니다. 다시 실행하면 사용자 환경 설정을 그대로 이용할 수 있습니다.

- **Delete program preferences**
  User Settings Data Folder에 저장되어 있는 사용자 환경 설정을 모두 삭제하고, 프로그램을 초기화 상태로 실행합니다. 모든 설정이 삭제되는 것이므로, 필요한 설정을 다시 해야 합니다.

# 02 PART

## 프로젝트 윈도우

큐베이스에서의 음악 작업은 프로젝트를 만드는 것에서부터 시작합니다. 음악 편집 과정에서 사용하는 모든 작업 창도 프로젝트에 종속된 것이므로, 뛰어난 연주 실력을 갖춘 사용자라면 대부분의 작업을 프로젝트에서 시작해서 프로젝트로 끝낼 수 있습니다. 프로젝트의 기본적인 사용법과 도구의 역할을 살펴보겠습니다.

# 01 프로젝트의 구성

● 샘플 파일 \ Project Page

워드에서 글을 쓰기 위해서 가장 먼저 하는 작업이 새 문서를 만드는 일입니다. 큐베이스에서도 곡을 만들기 위해서는 새 문서가 필요하며, 이를 프로젝트라고 부릅니다. 즉, 큐베이스의 프로젝트는 워드의 새 문서와 같은 개념입니다. 단, 수 많은 오디오 파일을 생성하게 될 것이므로, 폴더 단위로 관리하는 것이 좋습니다.

## 01 Layout

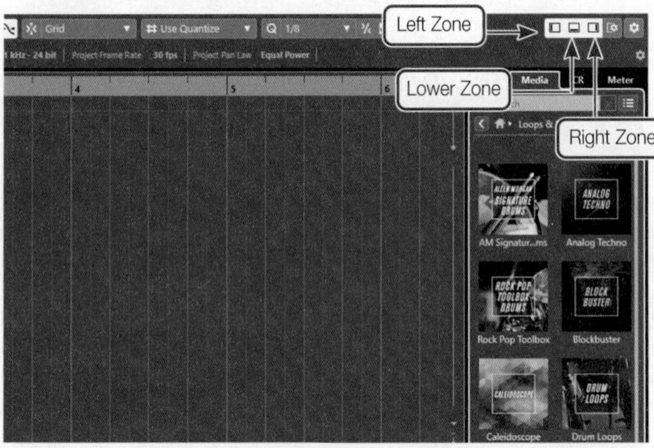


프로젝트는 트랙이 배치되는 메인 존을 중심으로 Left Zone, Right Zone, Lower Zone으로 구성되며, 도구 바의 Zone 버튼을 클릭하여 열거나 닫을 수 있습니다.

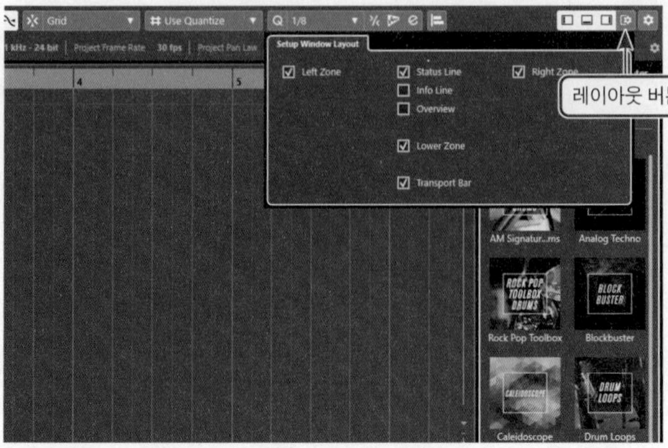


레이아웃 버튼을 클릭하면 스테이터스 라인(Status Line), 인포 라인(Info Line), 오버뷰(Overview), 트랜스포트 바(Transport Bar)를 열거나 닫을 수 있는 Setup 창이 열립니다.

다음 그림은 레이아웃의 모든 옵션을 체크한 화면입니다. 실제 작업이 이루어지는 메인 공간이 너무 협소해진다는 단점이 있습니다. 그러므로 도구 바의 Zone 버튼을 이용하거나 단축키로 필요할 때만 여는 것이 좋습니다. Left Zone은 Ctrl+Alt+L, Right Zone은 Ctrl+Alt+R, Lower Zone은 Ctrl+Alt+E 키 입니다.

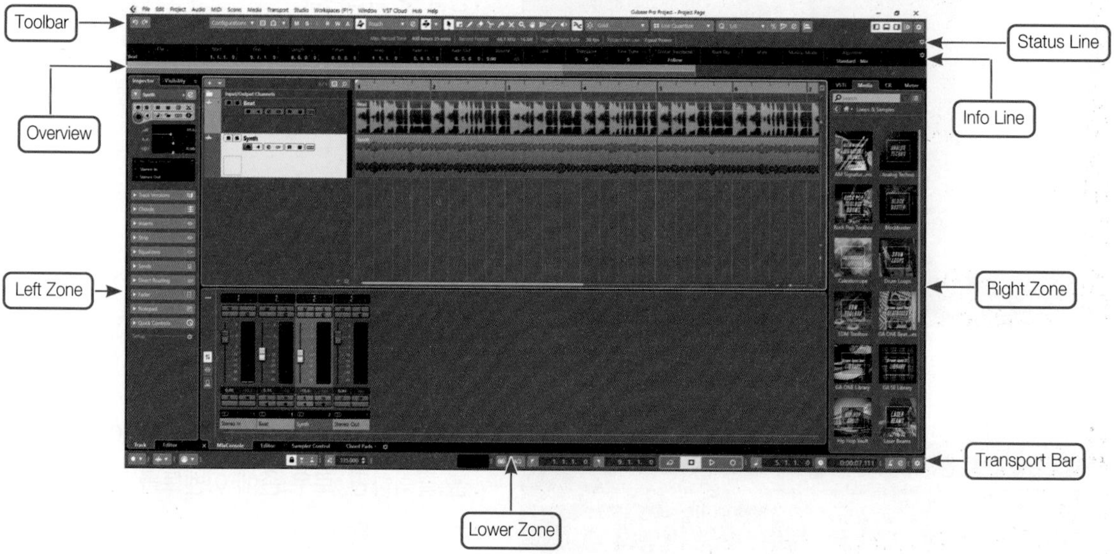


## 02 Left Zone의 Inspector

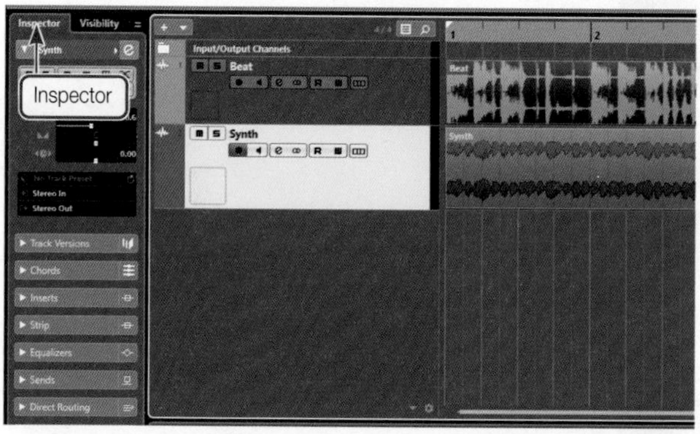


Left Zone은 인스펙터(Inspector)와 비저빌리티(Visibillity) 탭으로 구성되어 있으며, 인스펙터 탭은 선택한 트랙을 컨트롤할 수 있는 다양한 파라미터를 제공합니다.

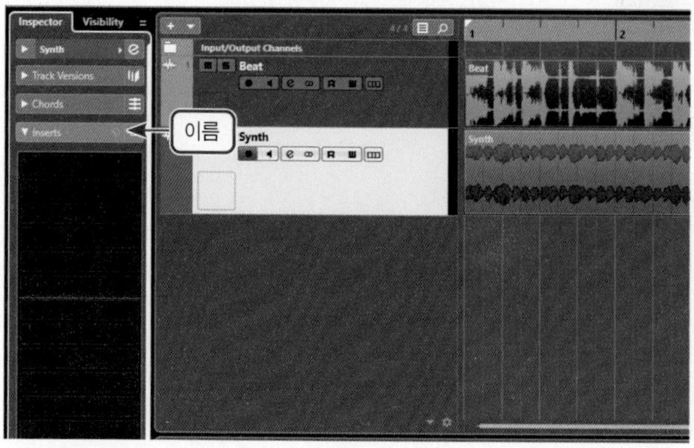


파라미터는 인스펙터 이름을 클릭하여 열수 있으며, Ctrl 키를 누른 상태로 클릭하면 두 개 이상의 인스펙터를 동시에 열 수 있습니다.

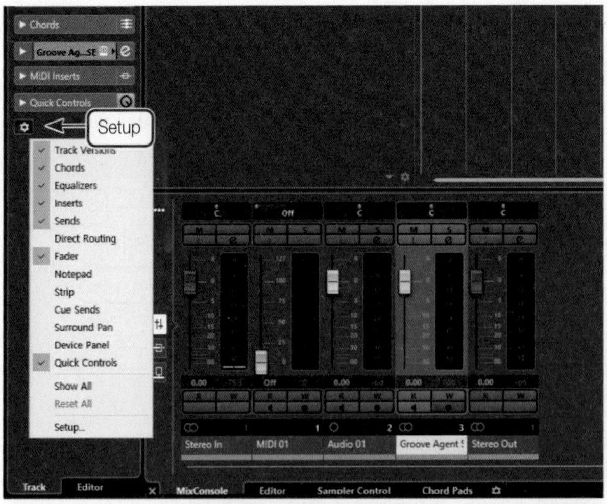


인스펙터는 다양한 파라미터로 구성되어 있으며, 아래쪽에 톱니 모양으로 되어 있는 Setup 아이콘을 클릭하여 자주 사용하는 것들로만 구성할 수 있습니다.

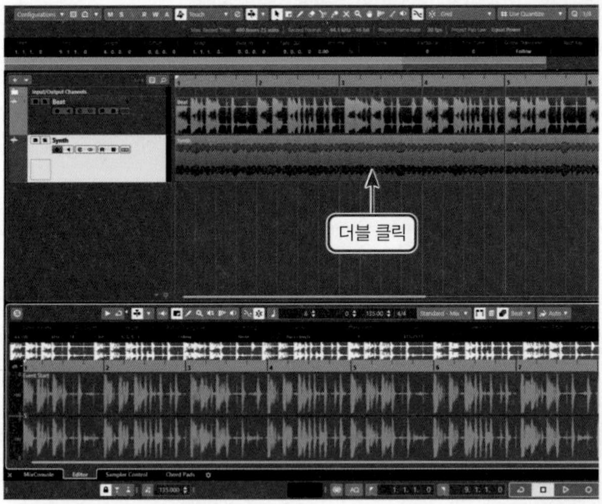


큐베이스에 기록한 미디와 오디오 이벤트를 더블 클릭하면, 로우 존에 이벤트를 편집할 수 있는 창이 열립니다.

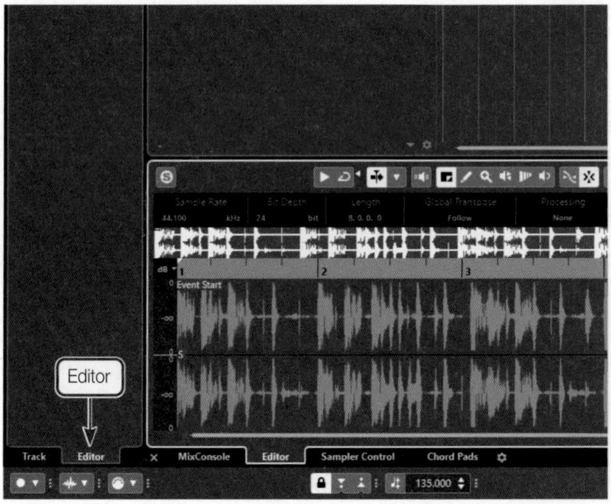


큐베이스에서 제공하는 모든 편집 창은 인스펙터를 제공하고 있으며, Editor 탭에서 편집 창의 인스펙터를 볼 수 있습니다.

## 03 Left Zone의 Visibility

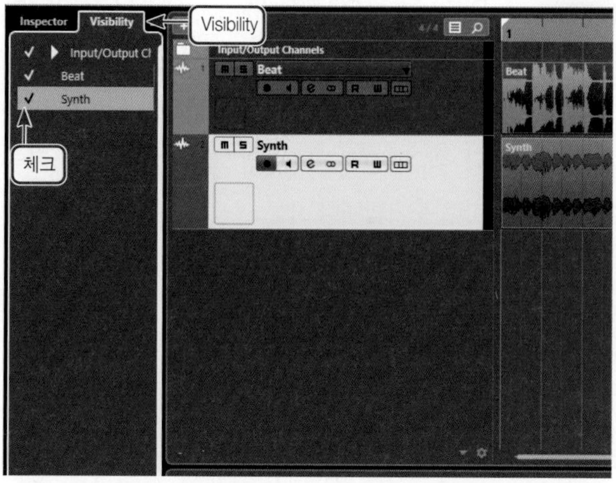


비저빌리티 탭은 트랙 목록이 표시되며, 체크 표시 여부로 화면에 표시할 트랙을 선택할 수 있습니다. 많은 트랙을 사용할 때 유용한 기능입니다.

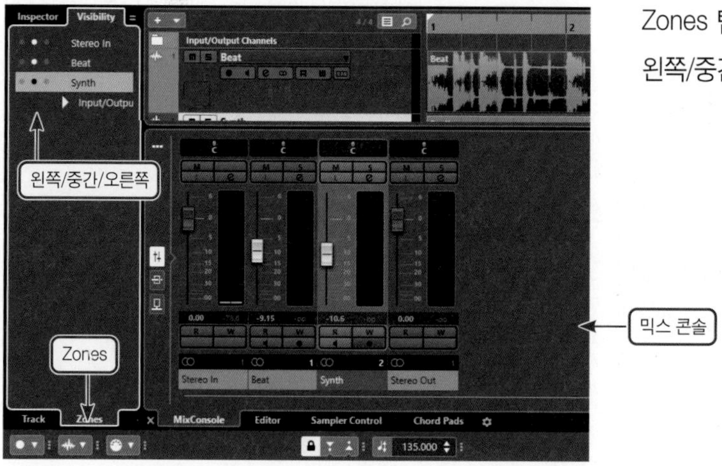


Zones 탭에서는 믹스 콘솔에 표시되는 트랙을 왼쪽/중간/오른쪽으로 배치할 수 있습니다.

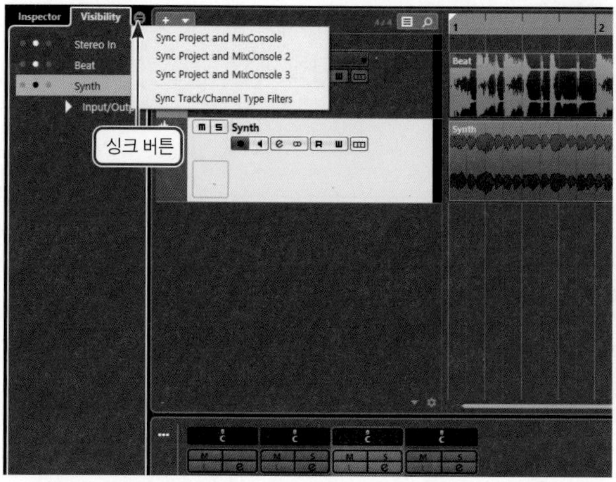


F3 키를 누르면 믹스 콘솔을 열 수 있으며, 싱크 버튼을 클릭하면 Visibility 설정과 동일하게 표시할 믹스 콘솔을 선택할 수 있습니다. 큐베이스는 총 3개의 믹스 콘솔을 제공하며, F3 키로 열리는 것은 MixConsole 1 입니다.

**Tip**

번호가 없는 MixConsole이 1번 입니다.

## 04 Right Zone의 VSTi

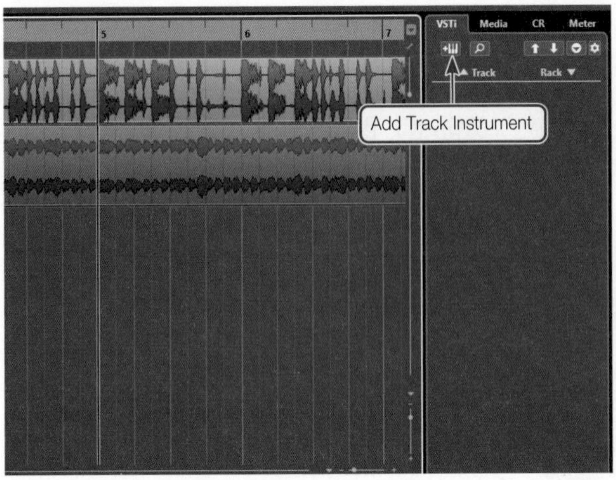


Right Zone은 VSTi, Media, CR, Meter의 4가지 탭으로 구성되어 있으며, VSTi는 트랙에 가상 악기를 추가하거나 컨트롤하는 역할을 합니다. 악기는 Add Track Instrument 버튼을 클릭하여 추가합니다.

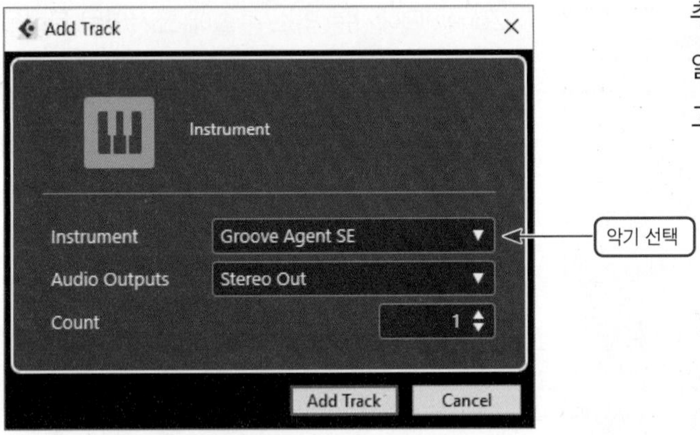


추가할 악기를 선택할 수 있는 Add Track 창이 열립니다. Instrument 항목에서 악기를 선택하고 Add Track 버튼을 클릭합니다.

선택한 악기 트랙이 추가되고, VSTi 탭에는 해당 악기의 주요 기능을 컨트롤할 수 있는 랙 타입의 패널이 추가됩니다.

## 05 Right Zone의 Media

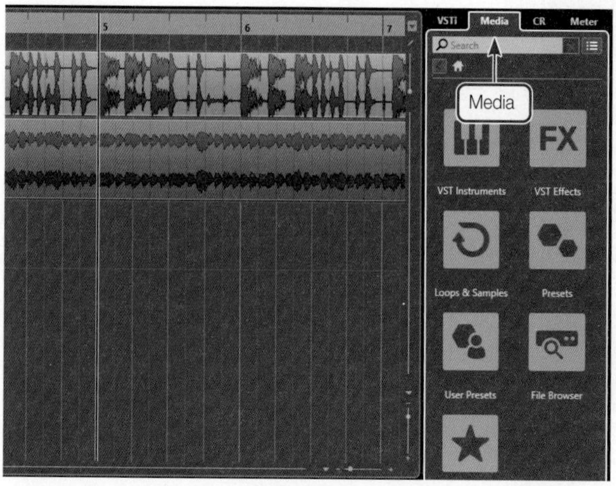


### VST Instruments

Media 탭은 가상 악기와 이펙트 및 오디오 샘플 등을 탐색하고, 프로젝트에 가져다 놓을 수 있는 역할을 합니다. VST Instruments 아이콘을 클릭하여 열어봅니다.

사용자 컴퓨터에 설치되어 있는 가상 악기를 모두 볼 수 있습니다. 단, 큐베이스에서 제공하는 것 외의 것들은 그림이 표시되지 않습니다. 사용자가 설치한 악기가 있다면 트랙으로 드래그하여 추가합니다. VSTi 탭에서 추가하는 방식보다 편리합니다.

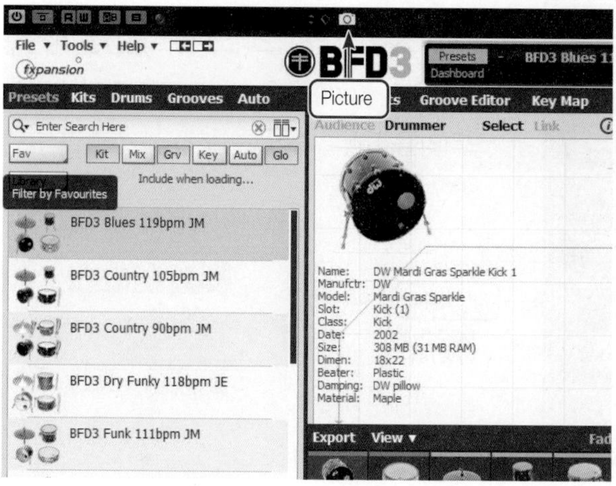


악기에서 사진기 모양의 Picture 아이콘을 클릭하면 큐베이스에서 제공하는 것이 아니라도 VST Instruments에 악기 그림을 표시할 수 있습니다.

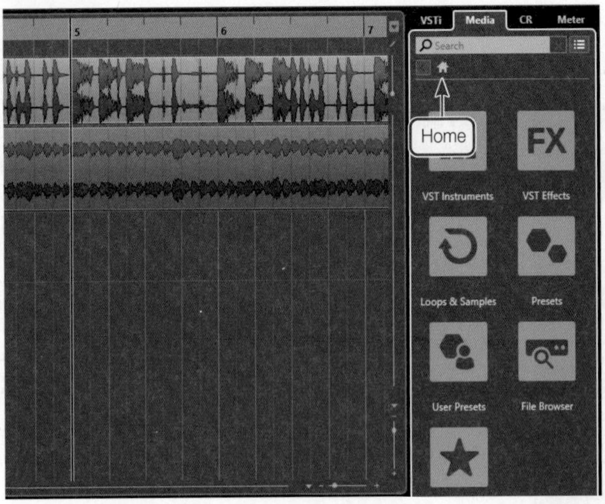


### VST Effects

Home 버튼을 클릭하여 Media 홈 페이지로 이동하고, VST Effects 아이콘을 클릭하여 열어 봅니다.

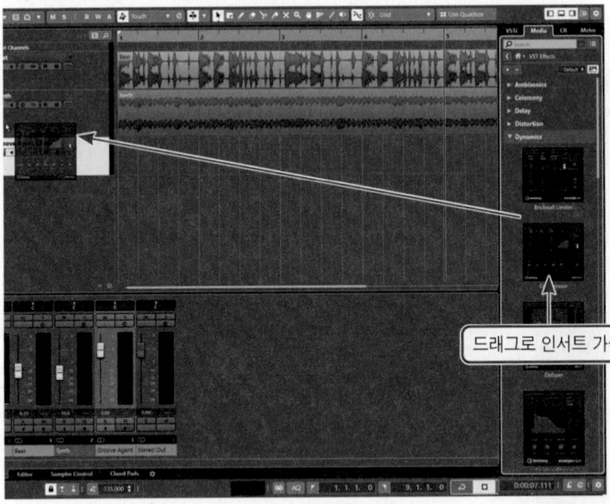


사용자 컴퓨터에 설치되어 있는 VST 이펙트를 모두 볼 수 있으며, 트랙으로 드래그하여 인서트할 수 있습니다.

**Tip**

사용자가 추가한 이펙트의 그림을 표시하는 방법은 VST Instruments와 동일합니다.

### Loops & Samples

큐베이스는 미디 및 오디오 루프 샘플을 제공하고 있으며, Loop & Samples 페이지에서 라이브러리를 선택할 수 있습니다.

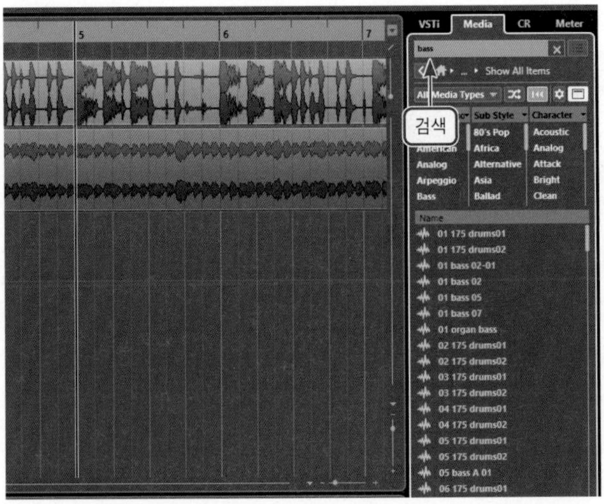


샘플은 라이브러리를 클릭하여 찾아도 좋고, 검색 창에서 필요한 샘플의 이름을 입력하여 찾아도 좋습니다. Bass를 입력하면 Bass 문자가 포함되어 있는 모든 샘플이 검색됩니다.

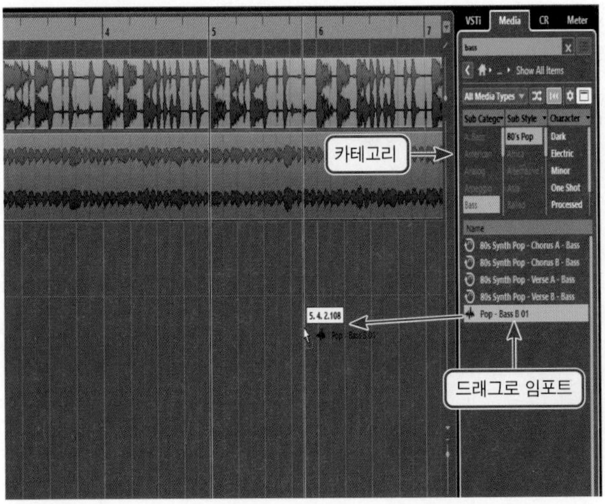


카테고리 창에서 원하는 장르와 스타일을 선택하여 검색 범위를 좁힐 수 있고, 검색한 샘플은 프로젝트로 드래그하여 음악 소스로 사용할 수 있습니다.

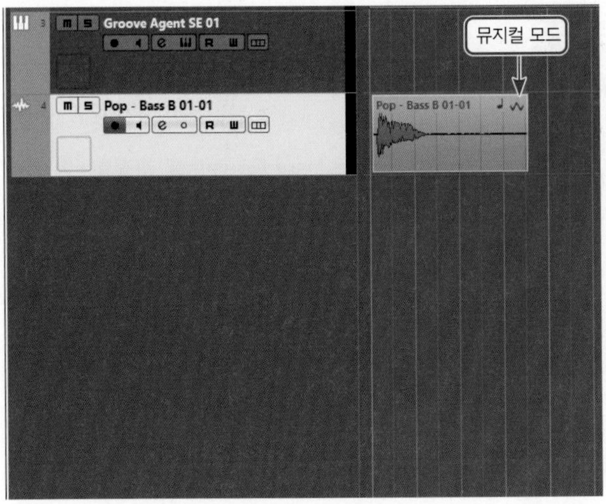


라이브러리에서 가져다 놓은 루프 샘플은 이벤트 오른쪽 상단에 물결 모양이 표시되며, 이것은 자동으로 템포가 조정된 뮤지컬 모드라는 의미입니다.

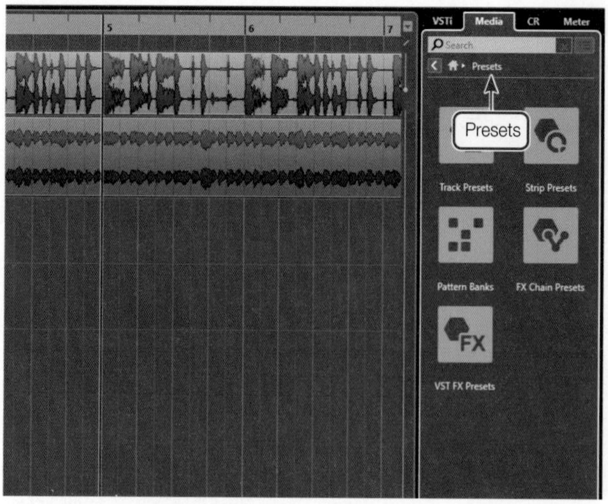


## Presets

음악 작업에서 사운드 디자인이나 믹싱 기술은 하루 아침에 익힐 수 있는 분야가 아닙니다. 하지만, 큐베이스는 전문가들이 만들어놓은 설정을 그대로 가져다가 사용할 수 있는데, 이것을 프리셋 이라고 합니다. 큐베이스는 Track, Strip, Pattern, FX Chain, VST FX 등, 사용 목적에 적합한 프리셋을 제공합니다.

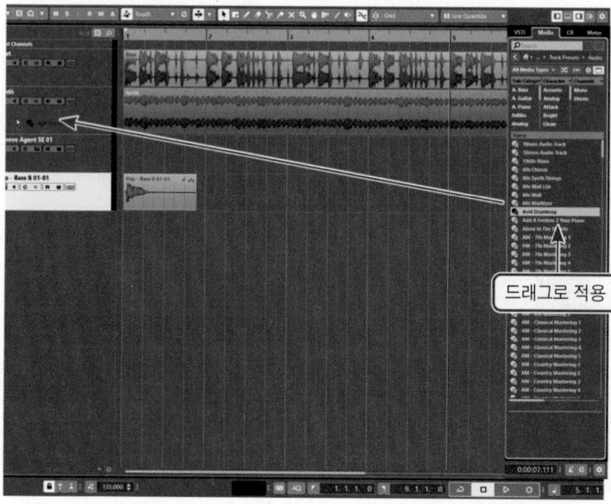


프리셋은 샘플과 동일한 방식으로 검색할 수 있으며, 검색한 프리셋을 트랙으로 드래그하여 바로 적용할 수 있습니다.

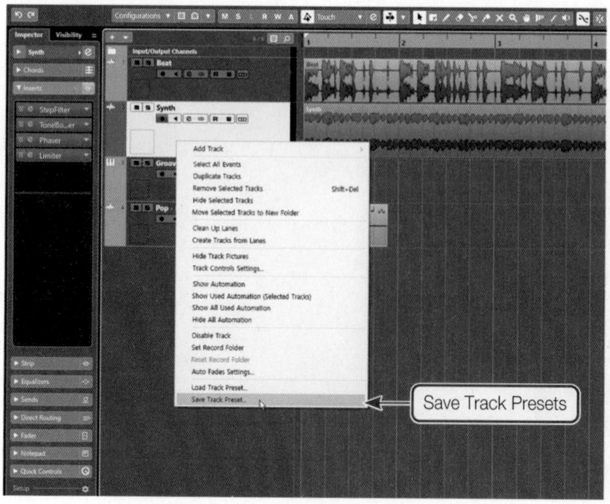


## User Presets

트랙에서 마우스 오른쪽 버튼을 클릭하여 단축 메뉴를 열고, Save Track Preset을 선택하면, 사용자 설정을 User Presets에 저장할 수 있습니다.

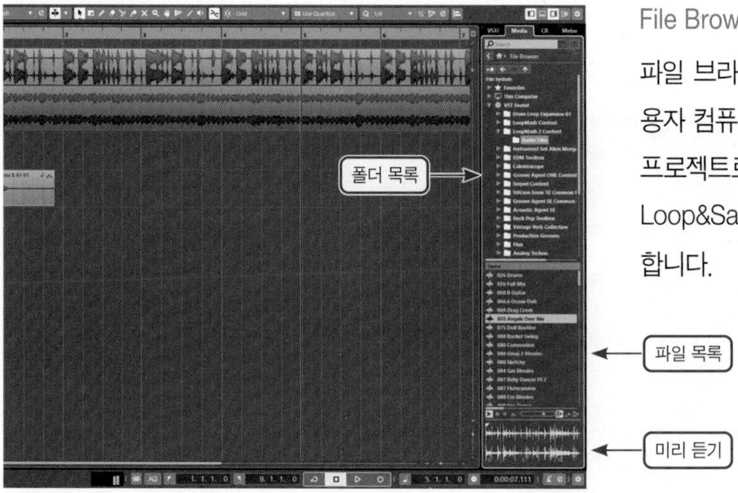


## File Browser

파일 브라우저는 윈도우 탐색기와 동일하게 사용자 컴퓨터에 저장되어 있는 샘플을 검색하고, 프로젝트로 드래그하여 사용할 수 있게 합니다. Loop&Samples에서와 같이 미리 듣기도 가능합니다.

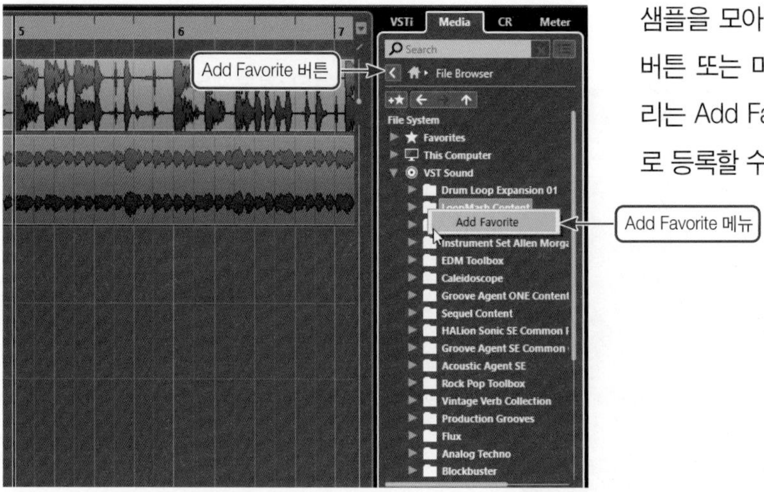


샘플을 모아놓은 폴더가 있다면 Add Favorite 버튼 또는 마우스 오른쪽 버튼을 클릭하면 열리는 Add Favorite 메뉴를 선택하여 즐겨 찾기로 등록할 수 있습니다.

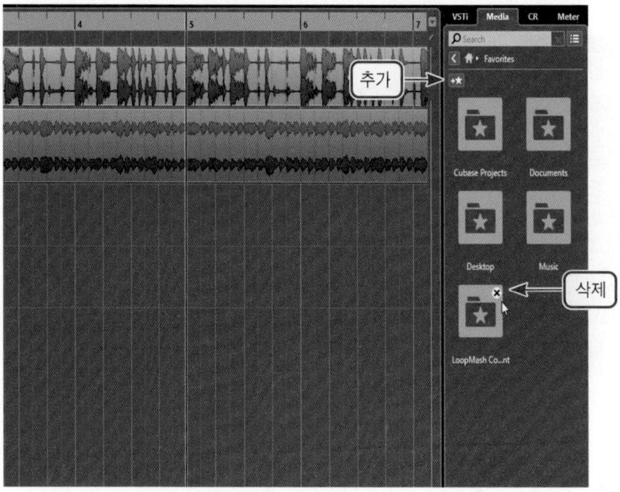


## Favorites

즐겨 찾기 페이지는 의미 그대로 자주 사용하는 폴더를 등록하여 빠르게 열어볼 수 있게 합니다. 폴더는 Add 버튼을 클릭하여 추가하거나 X 표시를 클릭하여 삭제할 수 있습니다.

## 06 Right Zone의 CR

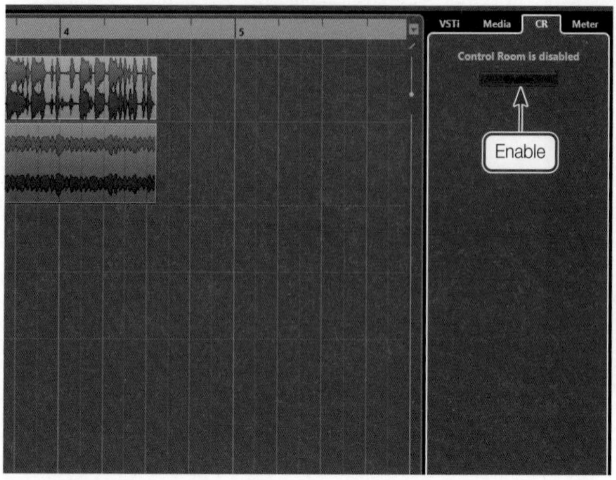


스튜디오의 컨트롤 룸(Control Room) 환경을 구현하는 탭입니다. 별도의 녹음 부스를 갖추고, 다양한 입력 소스와 모니터를 연결할 수 있는 멀티 인터페이스가 필요합니다. 기본적으로 이 기능은 꺼져 있으며, 홈 스튜디오 환경을 구축하겠다면 Enable 버튼을 클릭하여 활성화 합니다.

이 기능을 켜놓은 경우에는 모니터 아웃을 설정해야 Media 탭의 사운드 미리 듣기가 가능합니다. 아웃 설정 창은 Studio 메뉴의 Audio Connections를 선택하여 엽니다.

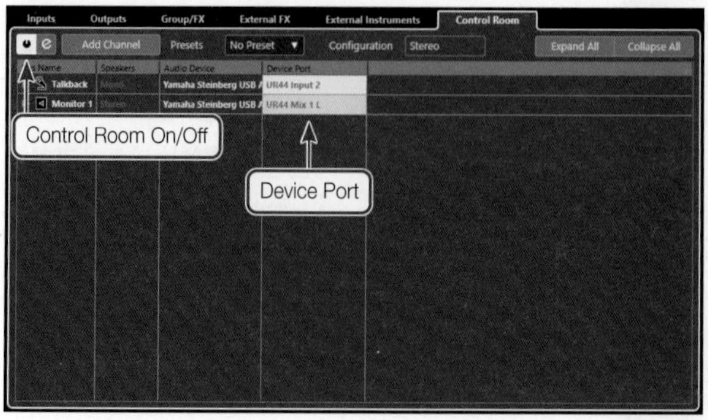


Control Room 탭을 선택하여 열고, Monitor 1 장치의 Device Port에서 스피커가 연결되어 있는 아웃 포트를 선택합니다.

# 07 Right Zone의 Meter

평균 레벨(RMS), 피크 레벨(Peak), 라우드니스(Loudness)를 측정할 수 있는 레벨 미터를 제공합니다.

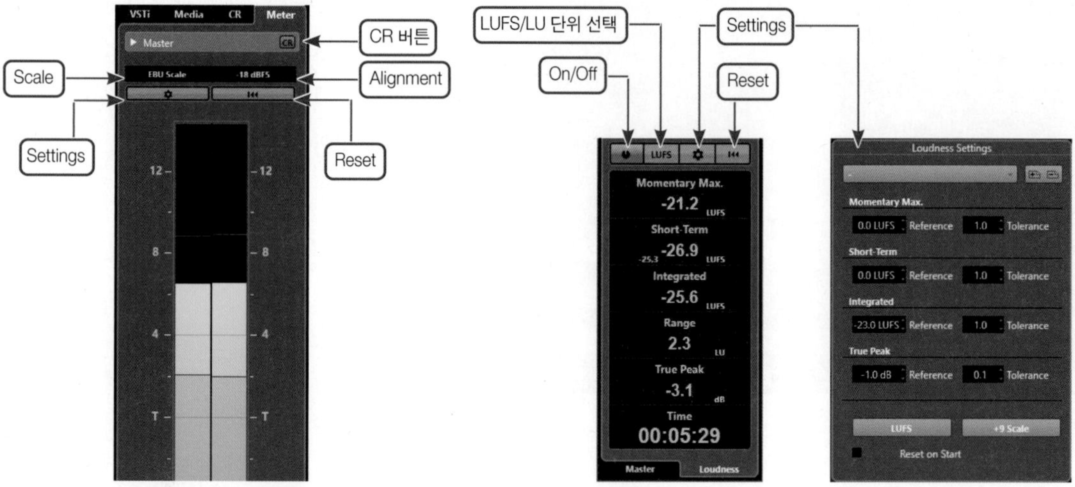


● RMS/Peak Meter

평균 레벨 RMS는 파란색, 최고 레벨 Peak는 회색 실선으로 표시합니다.

- CR : 컨트롤 룸을 활성화 했을 경우에 표시되며, 레벨 미터 아래쪽에 컨트롤러를 엽니다.
- Scale : 다양한 방송 표준 레벨 미터를 선택합니다.
- Alignment : 피크 상한선을 선택합니다. 방송은 -18dBFS가 표준입니다.
- Settgins : 라우드니 값을 설정할 수 있는 창을 엽니다.
- Reset : 레멜 미터를 초기화 합니다.

● Loudness Meter

방송 음향은 채널을 돌릴 때 레벨의 변화가 커서 느끼는 시청자들의 불편함을 해소하고, 방송사간의 불필요한 경쟁을 줄이기 위해 국제 전기 통신 연합 ITU에서 권고한 라운드니스 규정을 따르고 있으며, 이를 측정할 수 있는 레벨 미터입니다. 국내는 미국 ATSC A/85 기준의 -24LUFS이며, 허용 오차는 +/- 2dB 입니다.

단위는 절대값(LUFS)과 상대값(LU) 중에서 선택할 수 있으며, Settings 창에서 표시 값을 지정할 수 있습니다.

- Mementary Max : 400ms의 지속시간 동안 측정된 최대 음량을 표시합니다.
- Short-Time : 3 초 동안 측정 한 소리의 크기를 표시합니다.
- Integrated : 측정 시간 동안의 평균 레벨을 표시합니다.
- Ragne : 측정 시간 동안의 다이내믹 레인지를 표시합니다.
- True Peak : 최고 레벨을 표시합니다.
- Time : 측정 시간을 표시합니다.

## 08 Lower Zone의 MixConsole

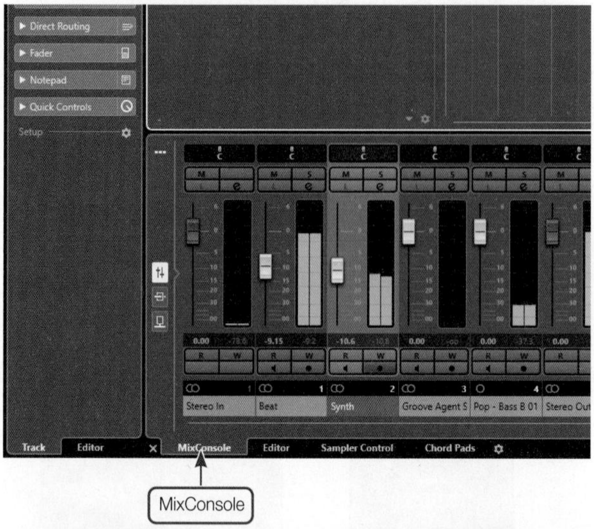


프로젝트 하단의 Lower Zone은 믹스 콘솔, 에디터, 샘플러 컨트롤, 코드 패드의 4가지 탭으로 구성되어 있습니다. 믹스 콘솔은 스튜디오의 믹스 콘솔을 그대로 재현하고 있는 것으로 모든 입/출력 라인을 컨트롤합니다.

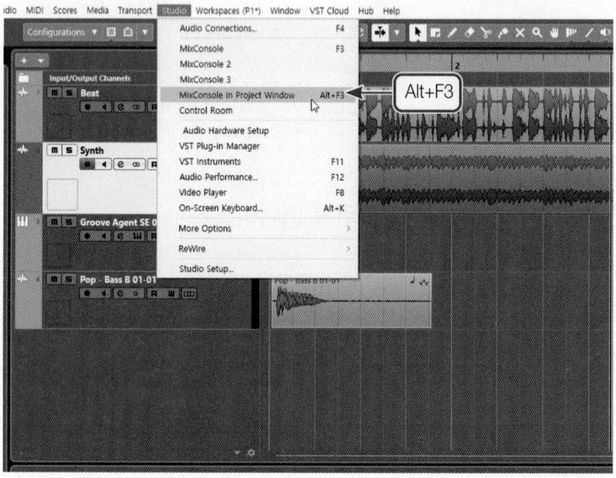


기본적으로 믹스 콘솔은 로우 존에 열리며, 언제든 Studio 메뉴의 MixConsole in Project Window를 선택하거나 Alt+F3 키를 눌러 로우 존으로 열 수 있습니다.

실제로 믹싱 작업을 할 때는 F3 키를 눌러 독립 창으로 열어 진행합니다. 그래서 보통은 두 대의 모니터를 사용하지만, 한 대의 모니터를 사용하고 있다면 Window 메뉴 아래쪽에 열려 있는 작업 창을 선택하거나 Alt+Tab 키로 전환해도 됩니다.

# 09 Lower Zone의 Editor

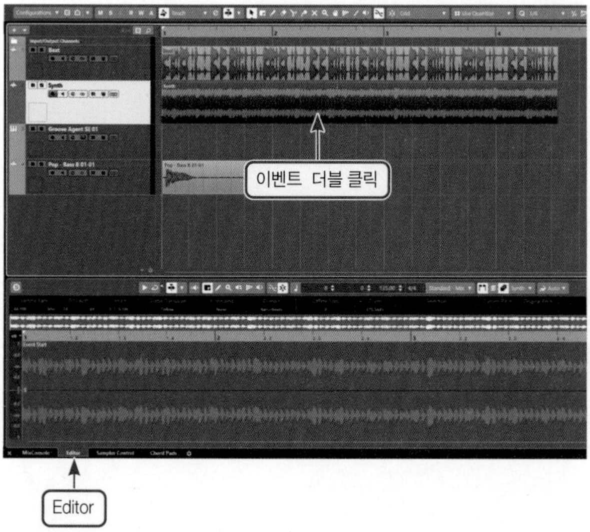


작업 공간의 이벤트를 선택하면 해당 이벤트를 편집할 수 있는 창이 열립니다. Editor 탭을 열어놓지 않은 경우라도 이벤트를 더블 클릭하면 자동으로 열립니다.

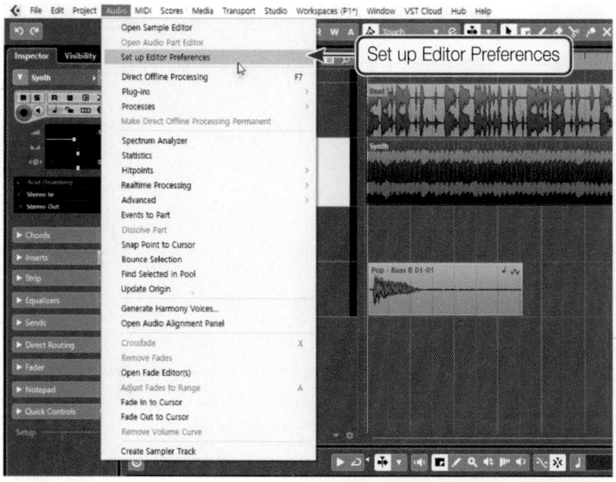


에디터도 독립 창으로 사용하는 경우가 많습니다. 이벤트를 더블 클릭했을 때 독립 창으로 열리게 하고 싶다면, Audio 메뉴의 Set up Editor Preferences를 선택하여 창을 엽니다.

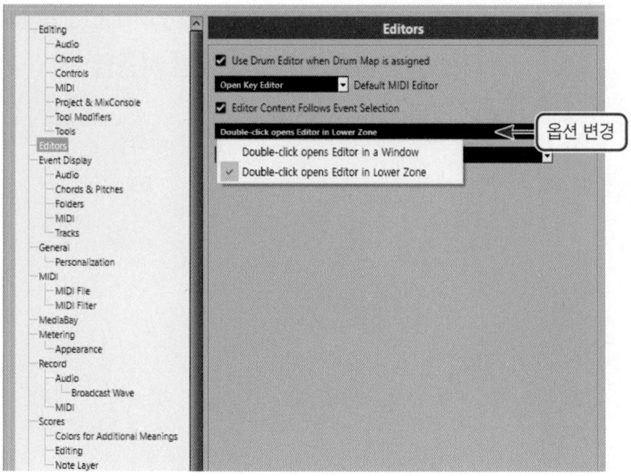


Double-click opens Editor in Lower Zone으로 선택되어 있는 옵션을 Double-click opens Editor in a Window로 변경합니다. 이벤트를 더블 클릭했을 때 로우 존으로 열 것인지, 독립 창으로 열 것인지를 설정하는 것입니다.

## 10 Lower Zone의 Sampler Control

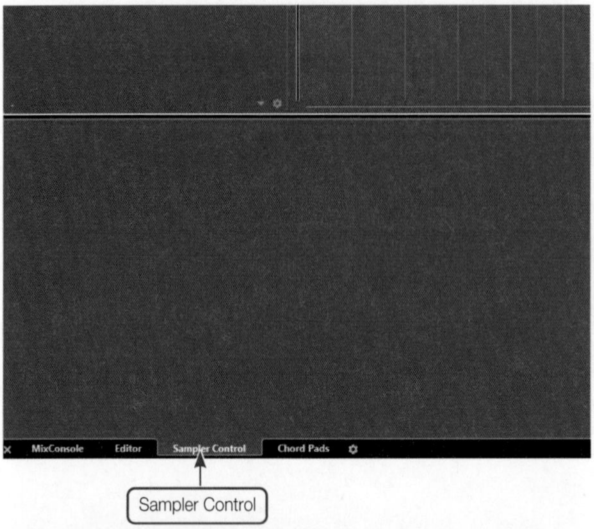


미디 음원에는 가상 악기 외에도 모듈, 신디사이저, 샘플러 등이 있다고 했습니다. 여기서 가장 고가에 해당하는 하드웨어 샘플러를 구현하는 탭입니다.

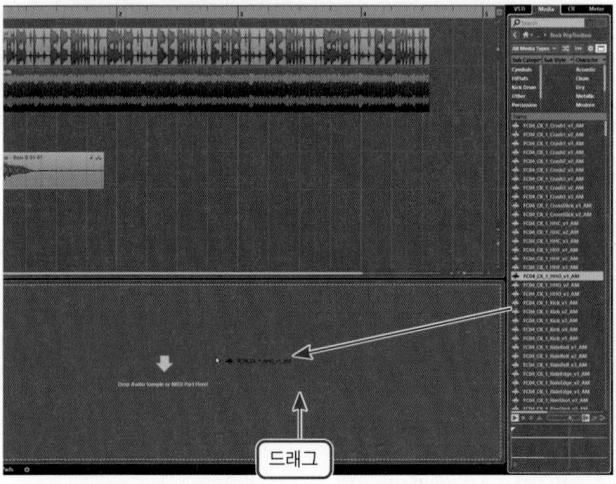


Right Zone의 Media 탭을 열고, 적당한 샘플을 Sampler Control 패널로 드래그하여 가져다 놓습니다.

Sampler Track이 생성되고, 마스터 건반을 눌러보면, 피치를 가진 악기처럼 사용할 수 있다는 것을 알 수 있습니다.

## 11 Lower Zone의 Chord Pads

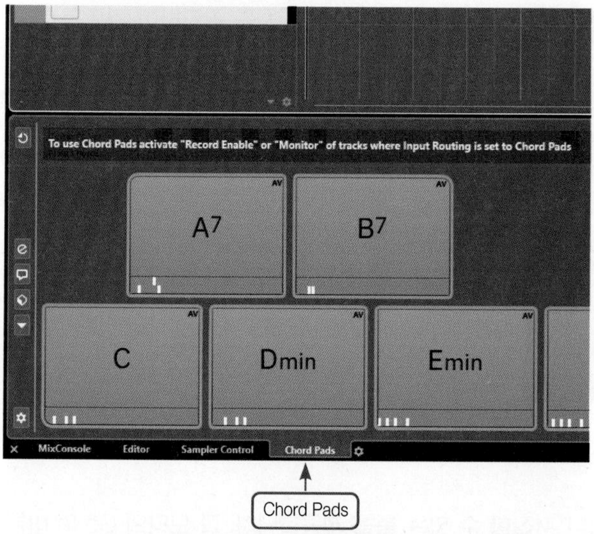


Chord Pads는 초보자도 프로페셔널한 연주를 가능하게 해주는 기능을 제공합니다. 기본적으로 건반 연주가 서툰 사용자를 위해 건반 하나로 코드를 연주할 수 있게 해주며, 큐베이스에서 제공하는 미디 이펙트를 조합하면 화려한 아르페지오 연주도 가능합니다.

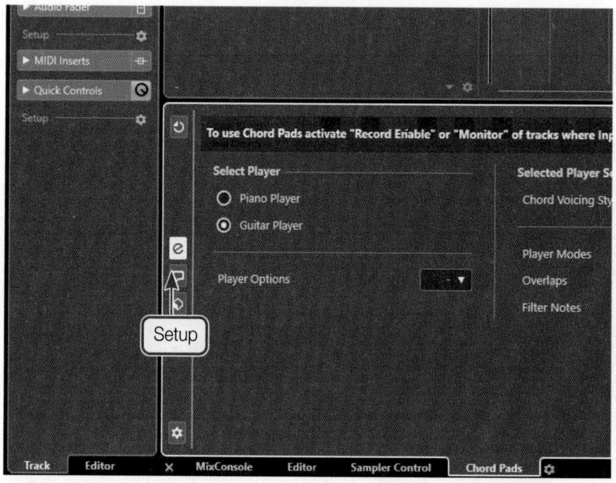


Setup 버튼을 클릭하여 창을 열고, Select Player를 Guitar Player로 변경하면 기타를 연주해보지 않은 사용자도 기타 특유의 보이싱 연주를 만들 수 있습니다.

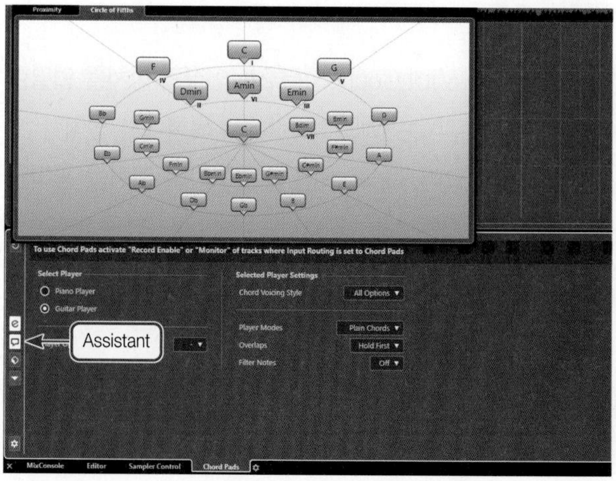


Assistant 버튼을 클릭하면 코드 진행 이론이 부족한 사용자도 재즈 연주자 못지 않은 코드 진행을 만들 수 있는 기능도 제공합니다.

## 12 Lower Zone의 MIDI Remote

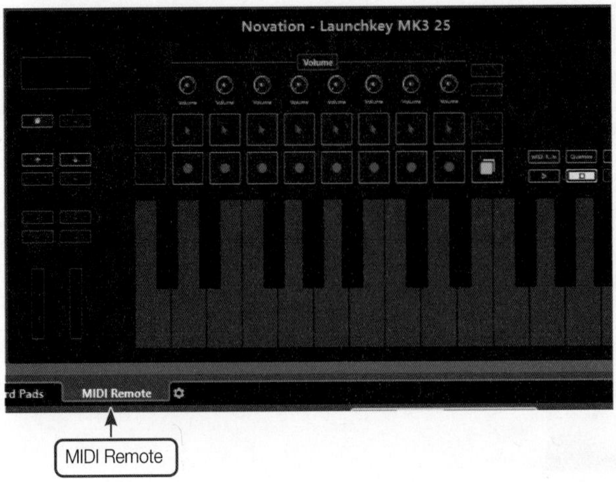


큐베이스는 미디 장치를 감지하여 컨트롤 기능을 자동으로 연결해주는 MIDI Remote 탭을 제공합니다. 스크립트가 제공되지 않는 모델 사용자는 직접 만들 수 있습니다.

● Go to : 상단 정보 라인에는 컨트롤러를 선택하거나 편집할 수 있는 툴을 제공합니다. 집 모양의 Go to 버튼은 연결된 장치를 표시하거나 새로운 장치를 추가할 수 있는 오버뷰 화면으로 이동합니다. Overview 화면에서 편집할 컨트롤러를 선택하거나 Add 버튼을 클릭하여 새로운 장치를 연결할 수 있습니다.

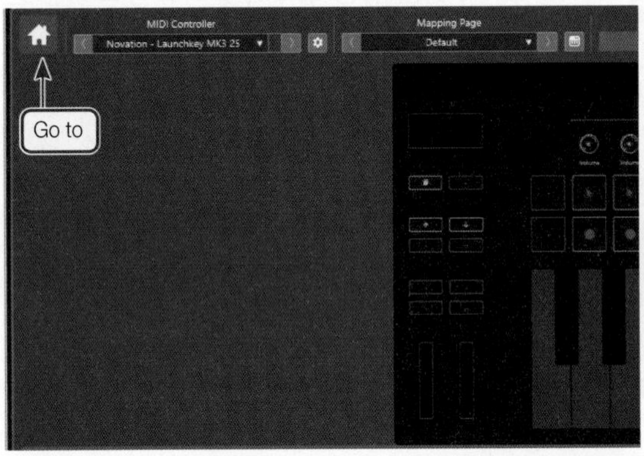


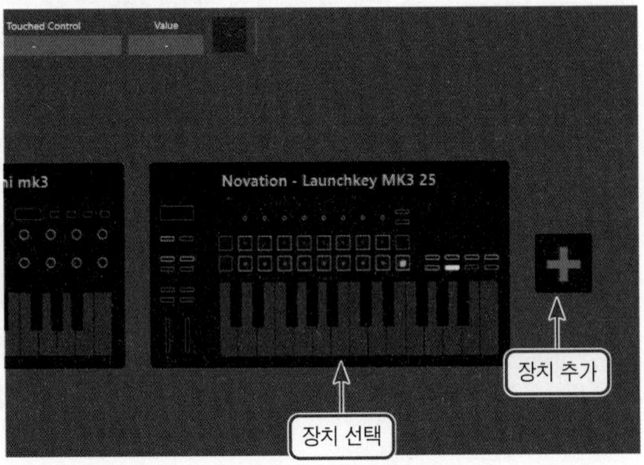


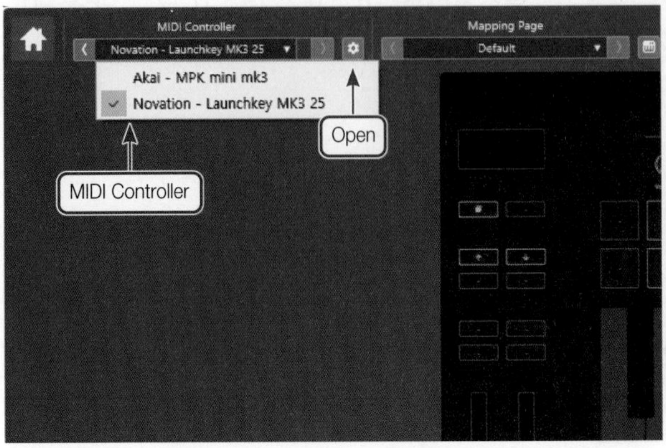


● MIDI Controller : 2개 이상의 장치를 연결한 경우에는 MIDI Controller 목록에서 선택할 수 있으며, Open 버튼을 클릭하여 장치를 관리할 수 있는 MIDI Remote Manager 창을 열 수 있습니다.

MIDI Remote Manager 창은 연결된 장치의 정보를 표시되는 MIDI Controllers 탭과 스크립트 정보를 표시하는 Scripts 탭으로 구성되어 있습니다. Export Script 버튼을 클릭하면 사용자가 만든 스크립트를 파일로 저장하여 공유할 수 있고, Import Script 버튼을 클릭하면 저장한 스크립트 파일을 로딩할 수 있습니다.

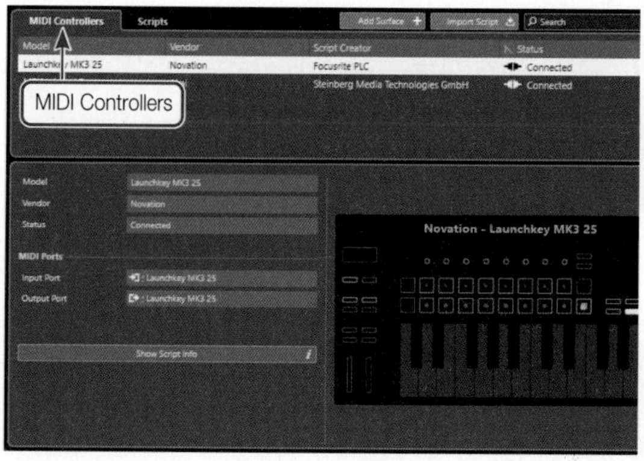


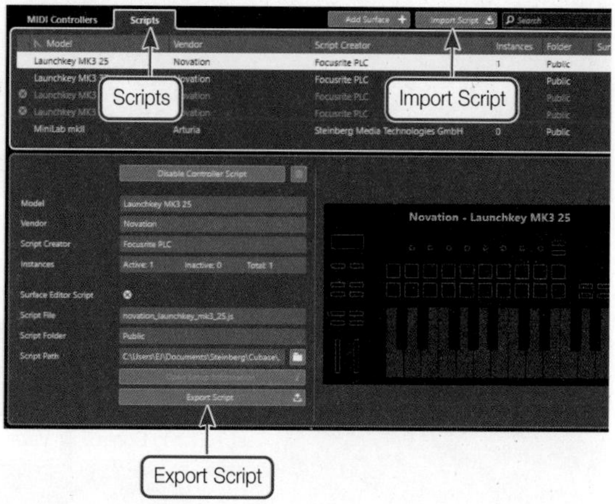


● Mapping Page : 하나의 장치로 두 가지 이상의 매핑 페이지를 만든 경우에는 Mapping Page 목록에서 선택할 수 있으며, Open 버튼을 클릭하면 사용자 매핑을 만들 수 있는 MIDI Remote Mapping Assistant 창을 엽니다. 매핑 페이지를 추가할 때는 Add Mapping Page 버튼을 클릭하고 이름을 입력합니다.

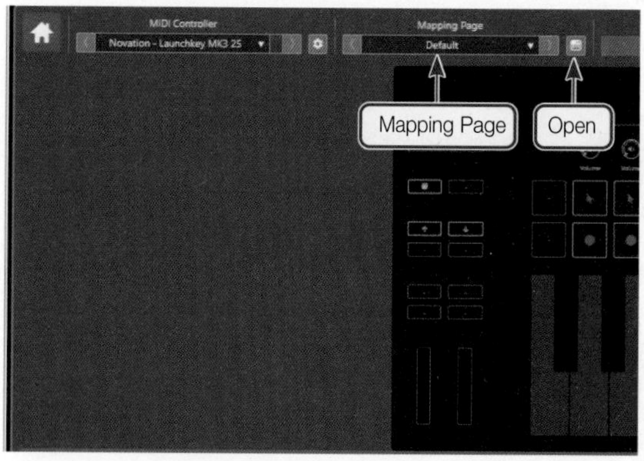


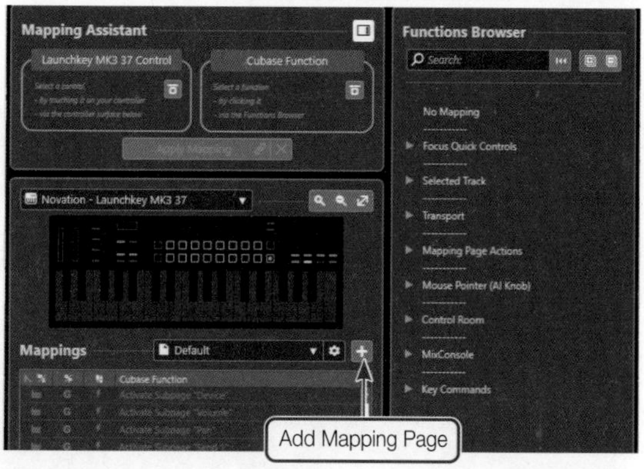

● Quick Control Focus : 퀵 콘트롤이 연결된 트랙 이름을 표시하며, 트랙을 고정하는 잠금 버튼과 동작 상태를 표시하는 인디게이터, 그리고 트랙 및 플러그인 컨트롤 대상을 선택할 수 있는 Setup 버튼을 제공합니다.

- Zoom Controls : 컨트롤러 이미지를 확대/축소하거나 레이아웃에 맞춰줍니다.

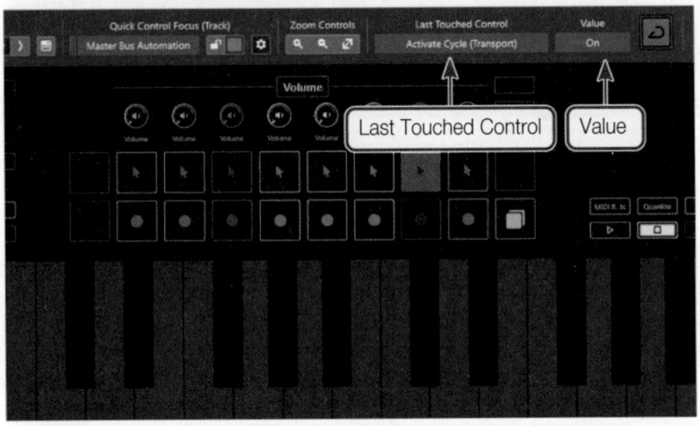


- Last Touched Control : 마지막에 사용된 컨트롤러를 표시하며, Value 항목에 값이 표시됩니다.

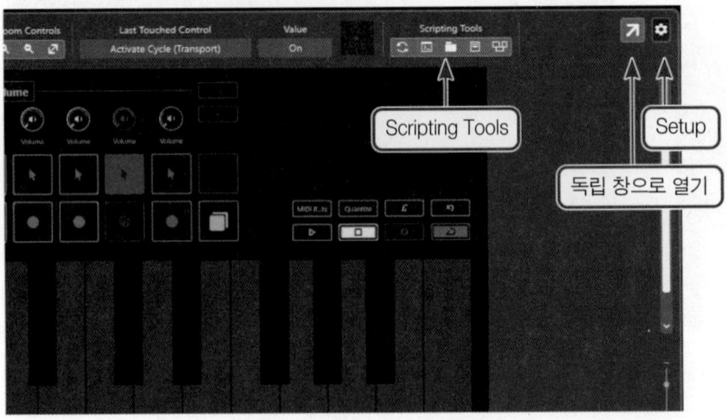


- Scripting Tools : 정보 라인에서 마우스 오른쪽 버튼을 클릭하거나 독립 창으로 열기 오른쪽의 Setup 버튼을 클릭하여 열 수 있습니다.

Reload Scripts : 에러가 발생할 경우에 스크립트를 다시 로딩합니다.
Open MIDI Remote Script Console : 동작 기록을 볼 수 있는 창을 엽니다.
Open Script Folder : 스크립트 파일이 저장된 폴더 위치를 엽니다.
Open MIDI Remote API : 프로그래머를 위한 스크립트 제작 가이드를 엽니다.
Show Surface Element Rectangles : 컨트롤 크기와 위치를 표시합니다.

# 13 Status Line

스테이터스 라인은 프로젝트 환경을 표시합니다. Max Record Time 항목은 녹음 가능 시간입니다. 하드 디스크의 여유 공간과 레코딩 포멧에 따라 달라지며, 이곳을 클릭하면 멀리서도 볼 수 있는 창이 열립니다.

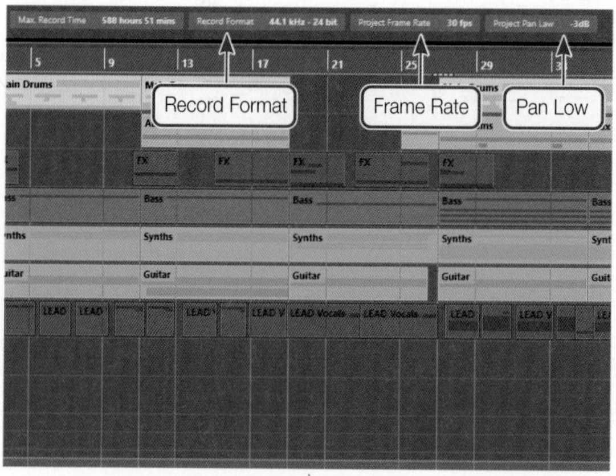


그 밖에 녹음 포맷(Record Format), 프레임 레이트(Frame Rate), 팬 레벨(Pan Law) 상태를 확인할 수 있으며, 이곳을 클릭하면 설정을 변경할 수 있는 Project Setup 창이 열립니다.

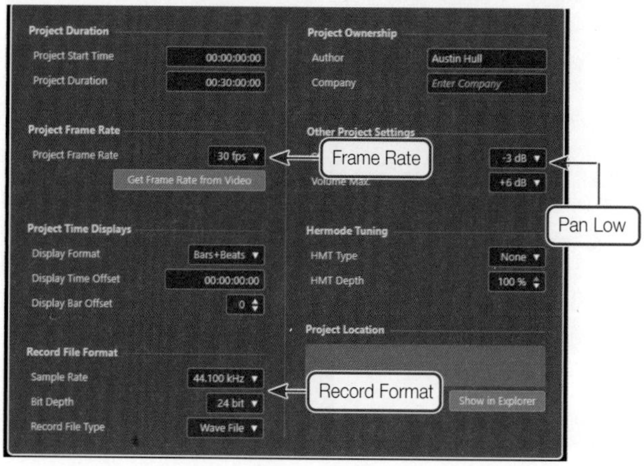


Project Setup 창의 Record Format, Frame Rate, 팬 레벨 Pan Law 설정은 오디오 작업을 시작하기 전에 설정하는 것이 좋습니다.

## 14 Info Line

인포 라인은 선택한 이벤트의 정보를 표시하며, 편집 가능합니다. 정보는 미디와 오디오에 따라 차이가 있습니다.

### 미디 이벤트

- **Name** : 선택한 이벤트의 이름을 표시하며 마우스 클릭으로 변경할 수 있습니다. 이벤트는 트랙의 이름으로 만들어지므로, 데이터를 입력하기 전에 트랙의 이름을 구분하기 쉬운 것으로 만들어 두는 것이 좋으며, Name 칼럼은 특별히 구분하고 싶은 이벤트의 이름을 변경할 때 사용합니다.

- **Start/End/Length** : 선택한 이벤트의 시작 위치(Start), 끝 위치(End), 길이(Length)를 표시하며 변경 가능합니다. 변경할 단위를 클릭하고, 마우스 휠을 돌리거나 숫자를 입력하여 조정할 수 있습니다. 이벤트의 위치와 길이 등을 조정할 때는 일반적으로 이벤트를 드래그하는 방법을 많이 사용하겠지만, 틱 단위로 정밀한 조정이 필요한 경우에는 칼럼의 정보가 유용할 것입니다.

- **Offset** : 이벤트의 시작 위치와 실제 데이터 위치와의 거리를 나타내며 변경 가능합니다. + 값은 실제 데이터가 이벤트 시작 위치보다 앞서 있는 것이고, - 값은 이벤트의 시작 위치보다 뒤에 있는 것입니다. 이벤트 왼쪽 하단에 표시되어 있는 작은 사각형을 드래그하여 시작 부분을 3마디 위치까지 조정하면, Offset 값이 1.3.3.119 로 표시되는 것을 확인할 수 있습니다. 즉, 앞 부분에 2마디 길이의 이벤트가 존재한다는 것입니다.

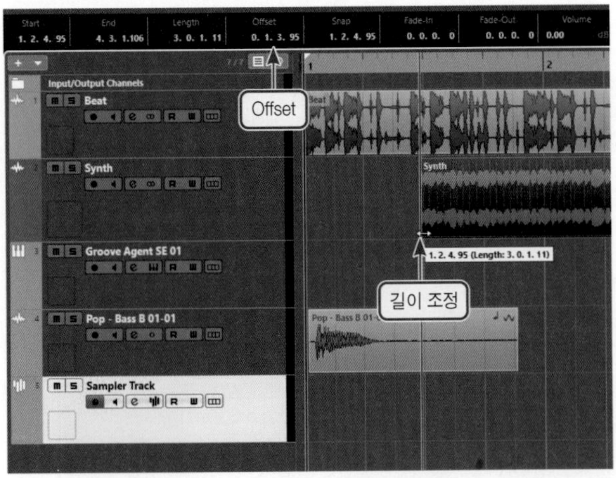

- Mute : 선택한 이벤트의 사운드를 연주하지 않게 뮤트합니다. 이벤트를 선택하고, Mute 칼럼을 클릭하면 Muted 표시가 되면서 선택한 이벤트의 이름과 이벤트를 회색으로 처리합니다. 뮤트 이벤트는 Muted 라는 표시를 다시 클릭하여 해제할 수 있습니다.

- Lock : 선택한 이벤트의 Position, Size, Position+Size, Other, Position+Other, Size+Other, Position+Size+Other를 변경할 수 없게 하는 메뉴가 열립니다. 여기서 선택한 사항들을 변경할 수 없게 하여 이벤트가 실수로 변경되는 것을 방지할 수 있습니다. Position은 이벤트의 위치, Size는 이벤트의 길이, Other는 이벤트에 입력된 이벤트를 말합니다.

- Transpose : 선택한 이벤트의 음정을 조정하는 역할로 1의 값이 반음입니다. 큐베이스는 오디오 이벤트의 음정도 자유롭게 조정할 수 있습니다.

- Global Transpose : 큐베이스는 오디오 및 미디 이벤트의 음정을 자유롭게 조정할 수 있는 트랜스포즈 트랙을 제공하고 있는데, 선택한 이벤트가 트랜스포즈 트랙을 따르게 할 것인지의 여부를 선택합니다. Follow는 트랜스포즈 트랙을 따르게 하는 것이고, Independent는 따르지 않게 합니다. Independent를 선택한 이벤트의 오른쪽 상단에는 음이 조정되지 않는 다는 의미의 심볼이 표시됩니다.

- Velocity : 선택한 미디 이벤트의 벨로시티 값을 증/감시킬 수 있습니다. 벨로시티를 100으로 입력한 노트의 경우, Velocity 칼럼의 값을 20으로 하면, 실제 연주되는 노트의 벨로시티 값은 120되는 것입니다. 단, 실제 데이터의 벨로시티 값을 변경하지는 않고, 연주 효과로만 적용됩니다.

- Root Key : 선택한 이벤트의 루트 키를 선택합니다. 이벤트의 키를 실제로 바꾸는 것이 아니라 선택한 이벤트가 실제로 녹음된 키를 구분하기 위한 것입니다. 예를 들어 C 키로 녹음한 이벤트를 F, G, C 순서로 조정할 때, 트랜스포즈 트랙에서 5, 7, 0이라는 숫자를 사용하게 되는데, C키로 녹음한 것이 기억나지 않는다면, 연주를 해서 확인하는 수고를 해야 할 것입니다. 하지만, 인포 라인의 Root key를 선택해 놓는다면, 언제든 어떤 키로 녹음했던 이벤트인지를 확인할 수 있습니다.

### 오디오 이벤트

Start, End, Length, Offset, Transpose, Global Transpose, Root Key 정보는 미디 이벤트와 동일합니다. 그 외, 오디오 이벤트에서만 볼 수 있는 정보의 역할입니다.

- File : 녹음하는 오디오 파일은 프로젝트가 저장된 폴더에 Audio 라는 하위 폴더를 만들어 저장됩니다. 파일 이름은 기본적으로 트랙 이름으로 생성되지만, File 항목을 클릭하여 변경할 수 있습니다. 이때 실제 파일 이름이 바뀐다는 것에 주의합니다.

● Snap : 스넵 포인트의 위치를 표시하거나 변경합니다. 오디오 이벤트를 더블 클릭하여 편집 창을 열면 스넵 포인트가 시작 위치에 있는 것을 확인할 수 있습니다. 마우스 드래그로 위치를 변경하면, Snap 값이 수정됩니다.

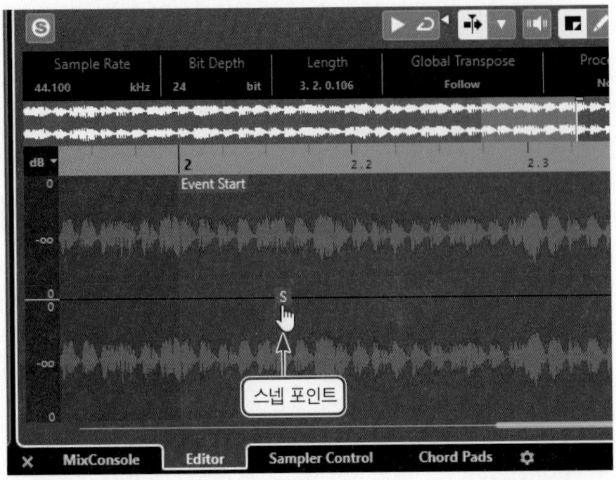


이벤트에는 스넵 라인이 흰색 실선으로 표시됩니다. 마우스 드래그로 이벤트를 움직여보면, 스넵 라인에 맞추어 이동시킬 수 있다는 것을 확인할 수 있습니다. 물론, 도구 바의 스넵 버튼이 On으로 되어 있어야 합니다.

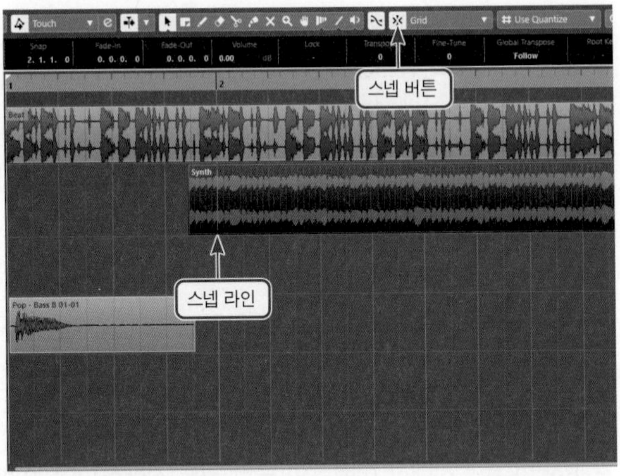


● Fade In/Out : 선택한 이벤트에 페이드 인/아웃이 적용된 길이를 표시하며 변경 가능합니다. 페이드 인/아웃 효과는 오디오 이벤트의 시작 위치와 끝 위치에 보이는 페이드 인/아웃 핸들을 드래그하여 만들 수 있으며, Fade In/Out 칼럼은 각각의 길이를 표시합니다.

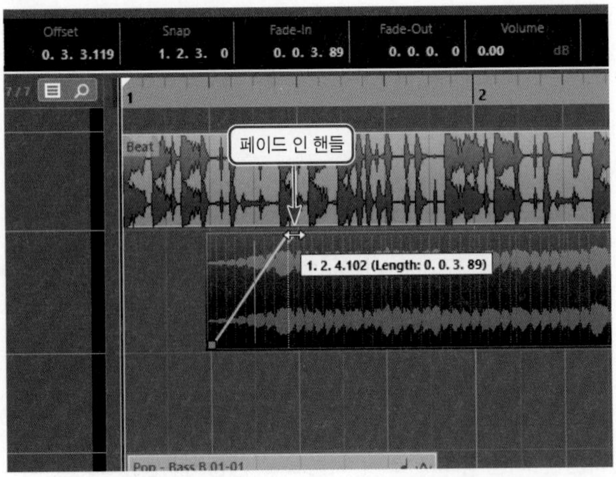

● Volume : 이벤트의 볼륨 값을 표시합니다. 페이드 인/아웃을 조정할 때와 마찬가지로 이벤트 중앙을 보면, 흰색의 볼륨 핸들을 볼 수 있는데, 이것을 위/아래로 드래그하여 볼륨을 조정할 수 있습니다.

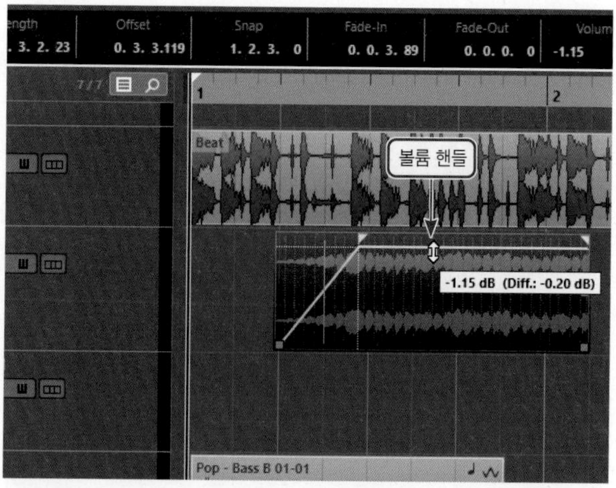


한가지 주의해야 할 사항은 사용자가 조정하는 볼륨은 실제로 연주되는 볼륨을 기준으로 하는 것이 아니라 입력된 이벤트의 볼륨을 기준으로 합니다. 입력된 이벤트이 볼륨이 -6dB이고, Volume 값을 -3dB로 조정하면, 실제 연주되는 볼륨은 -9dB이 되는 것입니다. Alt 키를 누른 상태로 Volume 칼럼을 클릭하면, 슬라이드 방식으로도 조정할 수 있습니다.

● Fine-Tuen : 오디오 이벤트의 음정을 미세하게 조정합니다. 최대 조정 폭은 반음이며, +50, -50의 100단계로 조정할 수 있습니다.

● Musical Mode : 선택한 오디오 이벤트의 길이를 템포에 맞추어 자동으로 조정되게 합니다. 이벤트의 오른쪽 상단에는 물결 모양의 Musical Mode 아이콘이 표시됩니다.

● Algorithm : Musicla Mode가 적용되어 길이가 변경된 오디오의 음색은 변할 수 밖에 없습니다. 이때 오디오 소스에 어울리는 알고리즘을 선택하여 음색 변화를 최소화 할 수 있습니다. Custom을 선택하면 오디오가 나뉘는 크기(Grain Size), 겹치는 범위(Overlap), 변화량(Variance)를 설정할 수 있는 Custom Warp Settings 창이 열립니다.

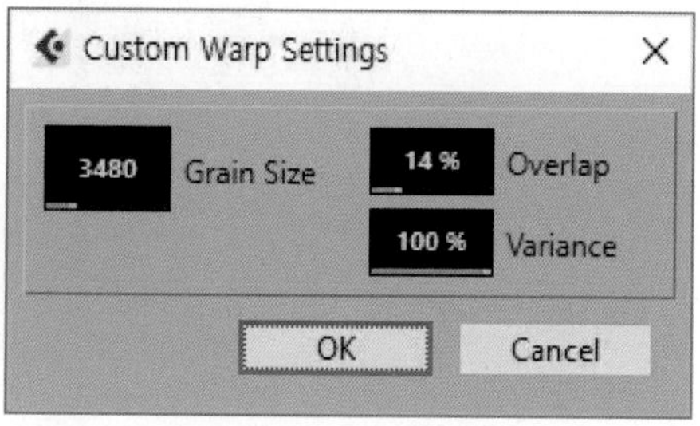

# 15 Overview

오버뷰는 프로젝트의 이벤트를 한 눈에 파악하고 탐색할 수 있는 라인입니다. 흰색 사각형의 시작점 또는 끝 지점에 마우스를 가져가면 좌/우 방향의 화살표 모양을 표시합니다. 이때 원하는 크기만큼 드래그하여 화면에 표시되는 작업 공간의 크기를 조정할 수 있습니다.

마우스 포인터가 연필로 변하는 사각형 위쪽에서 드래그하면 화면에 표시되는 작업 공간의 범위를 새롭게 지정할 수 있습니다

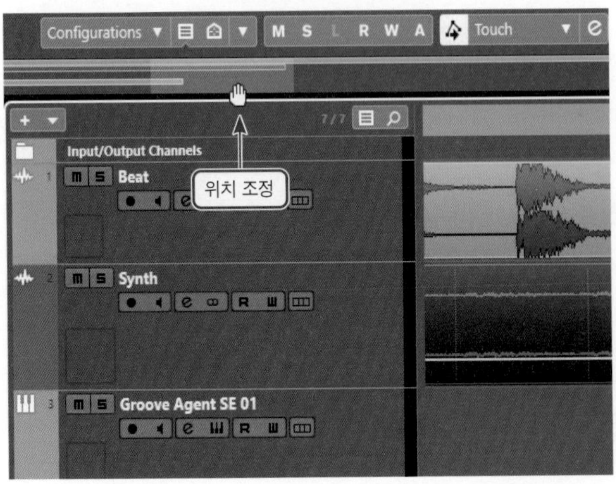


마우스 포인터가 손 모양으로 변하는 사각형 래쪽에서 드래그하면 화면에 표시되는 작업 공간의 위치를 이동할 수 있습니다.

**Tip**

프로젝트 창에서 Ctrl 키를 누른 상태로 휠을 돌리면 확대/축소되고, Shift 키를 누른 상태로 휠을 돌리면 위치를 이동할 수 있습니다.

## Tip 프로젝트의 확대와 축소

작업을 하면서 프로젝트를 확대하고 축소하는 일은 빈번하게 일어납니다. 큐베이스는 프로젝트를 확대하고 축소할 수 있는 다양한 방법을 제공하고 있으며, 작업 상황에 따라 선택할 수 있습니다.
오버뷰를 이용하는 방법은 이미 살펴보았으므로, 나머지 방법들을 살펴보겠습니다.

① 단축키 : H와 G키는 가로 확대/축소이며, Shift 키를 누른 상태에서는 세로 확대/축소 입니다.
② 마우스 휠 : Ctrl 키를 누른 상태에서 마우스 휠을 돌려 확대/축소할 수 있습니다. Shift 키를 누른 상태에서는 위치가 이동됩니다.
③ 줌 슬라이더를 사용 : 프로젝트 오른쪽 하단에는 작업 공간을 확대/축소 할 수 있는 줌 슬라이더를 제공합니다. 슬라이더를 드래그하거나 양쪽의 +/- 버튼을 클릭하여 확대/축소 할 수 있습니다. 아래쪽에 있는 것은 가로 확대/축소이며, 오른쪽에 있는 것은 세로 확대/축소 입니다. 오른쪽 상단에 있는 줌 슬라이더는 오디오 이벤트 파형의 크기를 조정하는 것이며, 단축키는 Alt+H와 Alt+G 키입니다. 볼륨이 조정되는 것은 아닙니다.

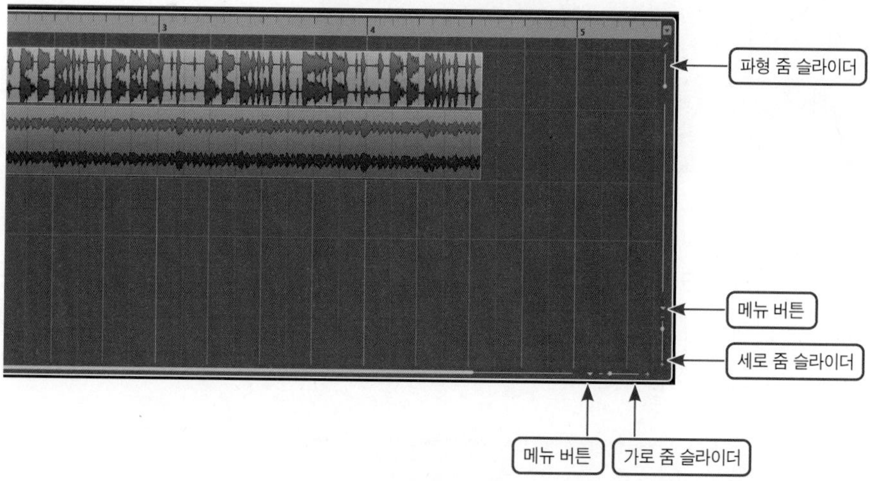


줌 슬라이더 왼쪽에 작은 삼각형 모양의 버튼을 클릭하면 열리는 메뉴의 역할은 다음과 같습니다.

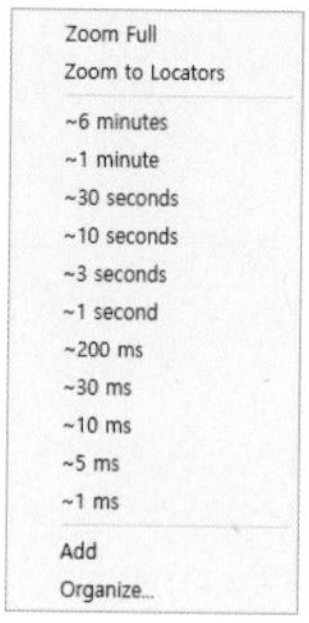


**가로 줌 메뉴**

Zoom Full : 이벤트 전체가 보이도록 확대/축소(Shift+F)

Zoom to Locators : 로케이터 구간 전체가 보이도록 확대/축소

Time : 선택한 타임 만큼 확대/축소

Add : 현재 화면 상태를 줌 메뉴로 등록

Organize : 메뉴 목록을 편집할 수 있는 Preset 창이 열립니다.

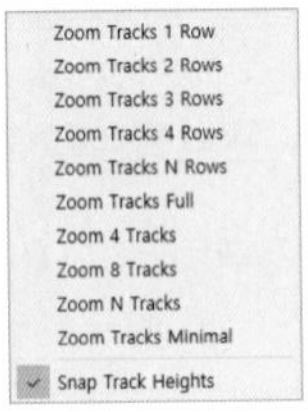


**세로 줌 메뉴**

Rows : 선택한 라인 수로 표시. N Rows는 사용자가 직접 입력.

Tracks : 선택한 트랙 수로 표시. Full은 전체 표시, Minimal은 최소 크기.

Snap Track Heights : 크기를 조정할 때 스넵 적용 여부를 선택하는 옵션입니다.

룰러 라인에 마우스를 가져가면 열 십자 모양으로 표시되며, 마우스를 위/아래로 드래그하여 확대/축소 할 수 있습니다. 좌/우로 드래그하면 위치가 이동됩니다.

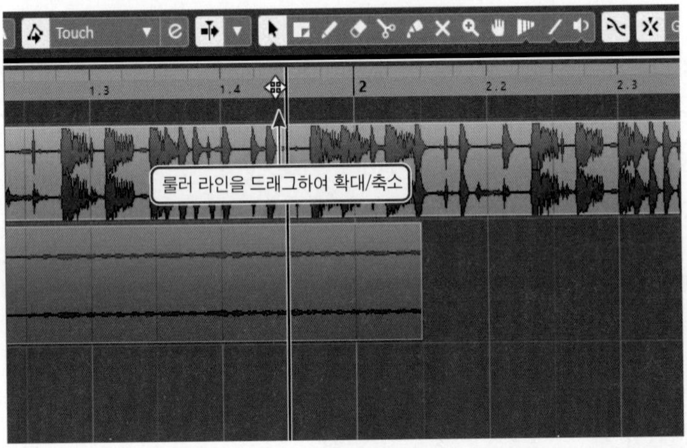


트랙은 경계선을 드래그하여 크기를 조정 할 수 있으며, Ctrl 키를 누르면 전체 트랙의 크기가 조정됩니다. Ctrl 키를 누른 상태로 ↑/↓ 방향키를 눌러 선택한 트랙을 확대/축소 할 수 있으며, Z 키를 누르면 Max/Mini 사이즈로 조정됩니다.

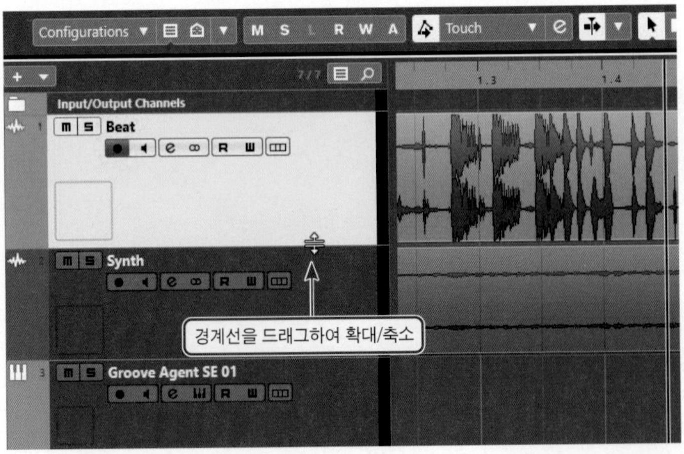

# 02 트랙과 이벤트 다루기

● 샘플 파일 Open

프로젝트의 메인 창은 연주자 역할을 하는 트랙 리스트와 각 트랙의 연주 내용을 담고 있는 이벤트 창으로 구성되어 있으며, 트랙과 이벤트는 작업을 하면서 만드는 것입니다. 이에 관해서는 뒤에서 다루기로 하고, 여기서는 트랙과 이벤트 편집에 관한 기본적인 내용을 살펴보겠습니다.

## 01 트랙 다루기

프로젝트 창의 기본 포맷은 위/아래 형성된 트랙 리스트와 좌/우의 타임 위치를 나타내는 룰러 라인입니다. 음악 작업 도중에 만드는 이벤트와 파트는 위/아래 트랙 리스트와 좌/우 룰러 라인으로 위치가 정해지는 것입니다. 먼저 트랙의 선택, 이동, 복사 등의 기본적인 편집 기능을 살펴보겠습니다.

### 트랙 선택하기

트랙은 마우스 클릭으로 선택합니다. 선택한 트랙은 다른 트랙보다 밝은 색으로 구분됩니다. 그림은 1번 drum 트랙을 선택한 모습입니다.

### 여러 개의 트랙 선택하기

2개 이상의 트랙을 동시에 선택하는 방법은 Ctrl 키를 누른 상태에서 선택하는 것입니다. 그림은 1번 drums 트랙을 클릭하여 선택하고, Ctrl 키를 누른 상태에서 3번 Vocals 트랙을 클릭하여 모두 2개의 트랙을 선택한 모습입니다.

1. drums 트랙 선택
2. Ctrl 키를 누른 상태에서 vocal 트랙 선택

### 근접한 트랙 선택하기

근접한 트랙을 동시에 선택하는 방법은 시작 트랙을 클릭하고, Shift 키를 누른 상태에서 끝 트랙을 클릭하는 것입니다. 그림은 1번 drums 트랙을 클릭하여 선택하고, 5번 Guitar트랙을 Shift 키를 누른 상태에서 클릭하여 5개의 근접해 있는 트랙을 선택한 모습입니다.

1. 마우스 클릭으로 선택
2. Shift키를 누른 상태에서 선택

### 개별 트랙 선택하기

근접한 트랙들과 떨어져 있는 트랙을 동시에 선택하는 방법은 앞에서 학습한 방법들을 조합하는 것입니다. 즉, 근접해 있는 트랙은 Shift 키를 누른 상태로 선택하고, 떨어진 트랙은 Ctrl 키를 누른 상태로 선택합니다. 그림은 1번 트랙(drums)을 클릭하여 선택하고, Shift 키를 누른 상태에서 3번 트랙(Vocals)을 클릭하여 근접한 3개의 트랙을 선택한 뒤에 Ctrl 키를 누른 상태에서 떨어져 있는 5번 트랙(Guitar)을 동시에 선택하는 모습입니다.

1. 마우스 클릭으로 선택
2. Shift 키를 누른 상태에서 선택
3. Ctrl 키를 누른 상태에서 선택

## 트랙 이동하기

트랙은 위/아래로 드래그하여 위치를 변경할 수 있습니다. 그림은 두 번째 트랙의 Ambient 트랙을 맨 아래쪽으로 드래그하여 이동하고 있는 모습입니다. 트랙을 이동하면 트랙에 있는 모든 이벤트들도 함께 이동된다는 사실을 기억하기 바랍니다. Ctrl+Z 키를 눌러 이동하기 전에 있는 위치로 되돌려 놓습니다.

## 트랙 복사하기

선택한 트랙을 복사하는 방법은 마우스 오른쪽 버튼을 클릭하여 Duplicate Track라는 단축 메뉴를 선택하는 것입니다. 이때 단순히 트랙의 환경만을 복사하는 것이 아니라 선택한 트랙에 존재하는 모든 이벤트들도 함께 복사한다는 것을 기억하기 바랍니다. Ctrl+Z 키를 눌러 복사하기 전 상태로 되돌립니다.

## 트랙 삭제하기

선택한 트랙은 Shift+Delete 키를 눌러 삭제할 수 있습니다. 이때 트랙의 모든 이벤트도 함께 삭제됩니다. 잘못 지웠을 경우에는 Ctrl+Z 키를 눌러 삭제 작업을 취소할 수 있습니다.

### 트랙의 크기 변경하기

트랙 리스트와 작업 공간 사이에 있는 경계선을 좌/우로 드래그하면 트랙 리스트의 가로 크기를 조정할 수 있으며, 트랙과 트랙 사이의 경계선을 상/하로 드래그하면 선택한 트랙을 세로 크기로 조정할 수 있습니다. Ctrl 키를 누른 상태에서 드래그하면 모든 트랙이 같은 크기로 변경됩니다.

### 오토메이션 트랙 열기

트랙의 왼쪽 모서리에 마우스를 가져가면, 오토메이션 트랙 보기 버튼이 나타나는데, 이것을 클릭하여 오토메이션 트랙을 볼 수 있습니다. 오토메이션 트랙에서도 같은 위치에 마우스를 가져가면 + 기호의 버튼이 나타나는데, 이것을 클릭하여 필요한 모든 오토메이션 트랙을 열어 놓고 작업할 수 있습니다.

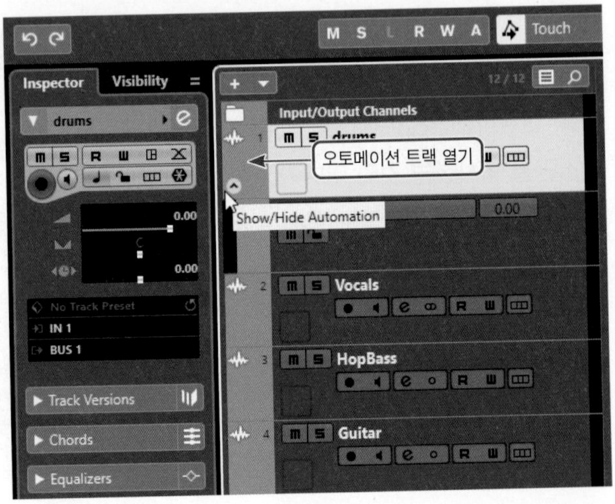


### 오토메인션 트랙의 역할 바꾸기

작업 화면에 필요한 오토메이션 트랙을 모두 열어놓고 작업하는 것보다는 열려있는 오토메이션 트랙의 역할을 바꿔가면서 작업하는 것이 효과적입니다. 오토메이션 트랙의 기능을 표시하는 목록을 클릭하여 원하는 역할을 선택합니다.

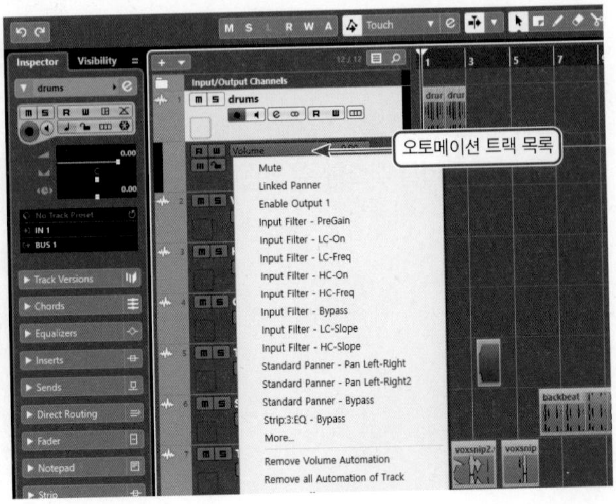

## 02 이벤트 다루기

이벤트는 작업 공간에 바 모양으로 기록되며, 여러 개의 이벤트를 하나의 파트로 묶을 수 있습니다. 미디의 경우에는 노트 및 컨트롤러 등의 미디 이벤트를 담고 있는 것이므로 파트라고 부릅니다. 즉, 모양은 비슷하지만, 오디오는 이벤트와 파트로 구분하고, 미디는 모두 파트라고 합니다. 단, 여기서는 모두 이벤트라고 하겠습니다.

### 이벤트 선택하기

이벤트를 선택하는 방법은 편집하고자 하는 이벤트를 마우스로 클릭하는 것이며, 선택한 이벤트는 검은색으로 구분합니다. 그림은 6번 트랙(FX Dub)의 1마디 위치에 있는 FX 5+6이라는 이름의 이벤트를 선택한 모습입니다.

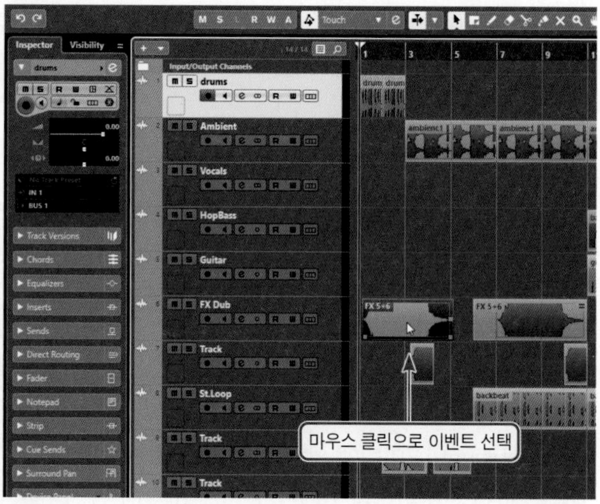


### 여러 개의 이벤트 선택하기

2개 이상의 이벤트를 동시에 선택하는 방법은 Shift 키를 누른 상태에서 이벤트를 클릭하는 것입니다. 그림은 6번 트랙(FX Dub)의 1마디 위치에 있는 FX 5+6이라는 이름의 이벤트를 클릭하여 선택하고, Shift 키를 누른 상태에서 8번 트랙(St. Loop)의 6마디 위치에 있는 backbeat라는 이름의 이벤트를 클릭하여 모두 2개의 이벤트를 선택한 모습입니다.

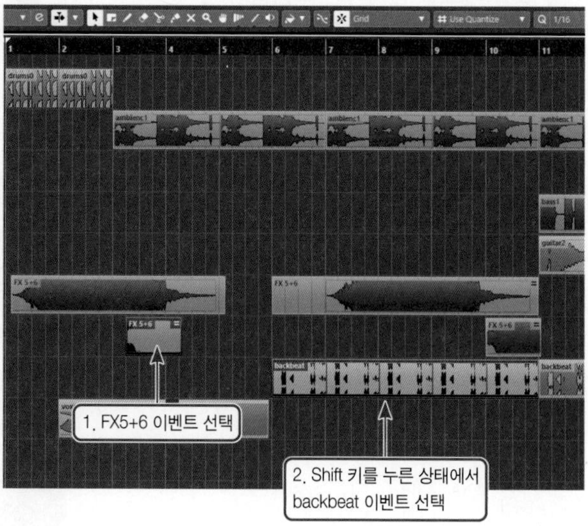

## 근접한 이벤트 선택하기

근접한 이벤트들을 동시에 선택하는 방법은 비어있는 작업 공간에서부터 선택하고자 하는 이벤트를 사각 실선에 포함되게 마우스로 드래그하는 것입니다. 그림은 곡 앞쪽에 있는 FX 5+6(2개), Voxsnop2.w, Voxsnop1.w라는 이름으로 근접해 있는 4개의 이벤트를 마우스 드래그로 선택하는 모습입니다.

마우스 드래그로 선택

## 개별 이벤트 선택하기

근접한 이벤트들과 떨어져 있는 이벤트들을 동시에 선택하는 방법은 앞에서 학습한 방법들을 조합하는 것입니다. 즉, 근접해 있는 이벤트는 마우스 드래그를 이용하고, 떨어져 있는 이벤트들은 Shift 키를 이용합니다. 그림은 2번째 트랙(Ambient)의 7마디에 위치한 ambienc1 이벤트를 마우스 클릭으로 선택하고, 곡의 앞쪽에 있는 4개 이벤트를 Shift 키를 누른 상태에서 마우스 드래그로 선택하는 모습입니다.

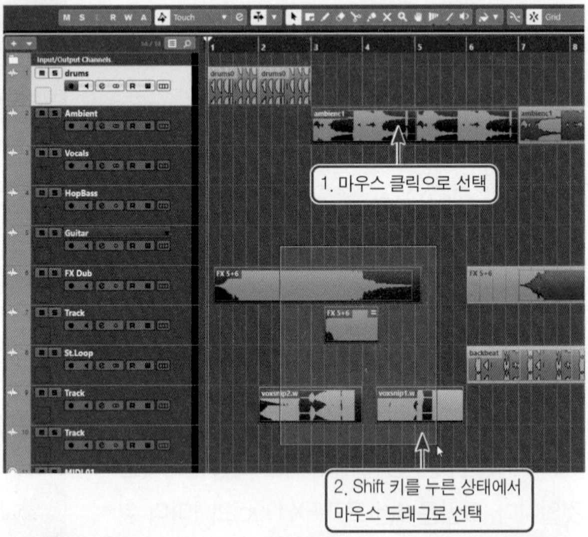

1. 마우스 클릭으로 선택
2. Shift 키를 누른 상태에서 마우스 드래그로 선택

## 모든 이벤트 선택

작업 공간에 존재하는 모든 이벤트와 파트를 선택하는 방법은 단축키 Ctrl+A가 가장 편리합니다. Ctrl+A 키는 Ctrl 키를 누르고 있는 상태에서 A 키를 누르라는 표시입니다.

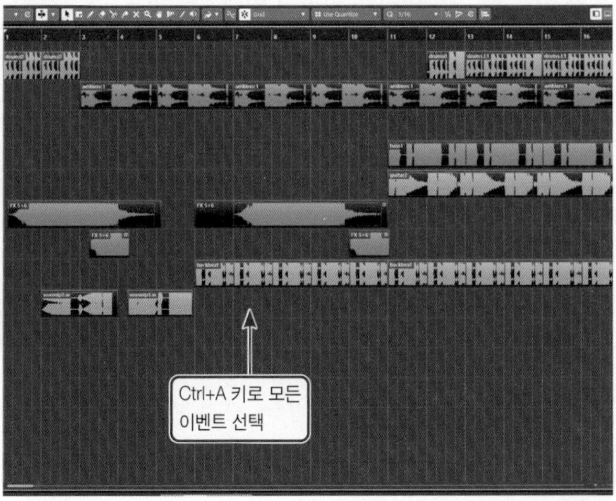

Ctrl+A 키로 모든 이벤트 선택

### 트랙에 있는 모든 이벤트 선택하기

트랙에 존재하는 모든 이벤트를 선택하는 방법은 마우스 오른쪽 버튼을 클릭하여 단축 메뉴를 열고, Select All Events를 선택하는 것입니다. 그림은 두 번째 트랙인 Ambient 트랙에서 마우스 오른쪽 버튼을 클릭하여 단축 메뉴를 열고, Select All Events 메뉴로 Ambient 트랙에 있는 모든 이벤트를 선택하는 모습입니다.

### 마우스로 이벤트 이동하기

이벤트를 좌/우로 드래그하면 이벤트의 연주 시간대를 이동할 수 있고, 위/아래로 드래그하면 연주 트랙을 변경할 수 있습니다. 그림은 6번 트랙(FX Dub)의 1마디 위치에 있는 이벤트를 위쪽으로 드래그하여 4번 트랙(HopBass)의 2마디 위치로 트랙과 위치를 동시에 변경하고 있는 모습입니다. Ctrl+Z 키를 눌러 이동하기 전에 있던 위치로 되돌려 놓습니다.

### 단축키로 이벤트 이동하기

마우스를 이용한 이벤트의 이동은 한 화면에 보이는 거리를 이동할 때는 편리하지만, 먼 거리로 이동할 때는 단축키가 편리합니다. 이동 명령에 사용하는 단축키는 Ctrl+X 와 Ctrl+V 입니다. 실습으로 voxsnip2 이벤트를 선택하고, Ctrl+X 키를 눌러 자릅니다. 자른 이벤트는 컴퓨터가 기억을 하게됩니다.

작업 공간 아래쪽에 있는 이동 바를 25마디가 보일 때까지 우측으로 드래그 합니다. 그리고 룰러 라인에서 25마디를 마우스로 클릭하여 송 포지션 라인을 25마디에 위치합니다.

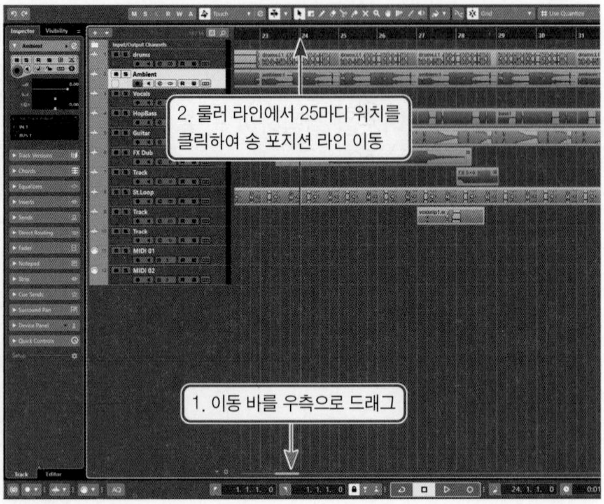

2. 룰러 라인에서 25마디 위치를 클릭하여 송 포지션 라인 이동
1. 이동 바를 우측으로 드래그

Tip

Shift+P 키를 누르고 원하는 마디를 입력하면 바로 이동 가능합니다.

Ctrl+V 키를 누르면 앞에서 잘라냈던 이벤트가 송 포지션 라인이 있는 위치로 이동하는 것을 확인할 수 있습니다. 이때 붙여지는 트랙의 위치는 선택한 트랙입니다. Ctrl+Z 키를 눌러 이벤트를 원래의 위치로 되돌려 놓습니다.

트랙 선택
Ctrl+V 키로 이동

### 마우스로 이벤트 복사하기

이벤트를 복사하는 방법은 Alt 키를 누른 상태에서 복사할 이벤트를 원하는 위치로 드래그하는 것입니다. 6번 트랙(FX Dub)의 1마디 위치에 있는 FX 5+6이라는 이벤트를 Alt 키를 누른 상태로 드래그하여 복사해보고, Ctrl+Z 키를 눌러 복사하기 전으로 되돌립니다.

Alt 키를 누른 상태로 드래그하여 이벤트 복사

한 두 마디의 드럼 패턴을 입력하고, 계속 반복되게 복사하는 경우도 많습니다. 이때는 Ctrl 키를 누른 상태에서 원하는 수만큼 D 키를 누르거나 이벤트 오른쪽의 루프 포인트를 드래그하는 방법이 있습니다

루프 포인트 드래그

### 단축키로 이벤트 복사하기

마우스를 이용한 이벤트의 복사는 작업 영역이 한 화면에 모두 보일 때는 편리하지만, 먼 거리로 복사할 경우에는 이동에서와 마찬가지로 단축키를 이용하는 것이 편리합니다. 복사 단축키는 Ctrl+C 와 Ctrl+V 입니다. voxsnip2 이벤트를 선택하고, 단축키 Ctrl+C 키를 누릅니다. 이때 화면에는 아무런 변화도 없지만, 컴퓨터는 선택한 이벤트를 기억하고 있게 됩니다.

선택한 이벤트 Ctrl+C키로 복사

작업 공간 아래쪽에 있는 이동 바를 우측으로 드래그하여 20마디 위치가 보이게 합니다. 20마디가 보이면 룰러 라인에서 20마디 위치를 클릭하여 송 포지션 라인을 위치합니다.

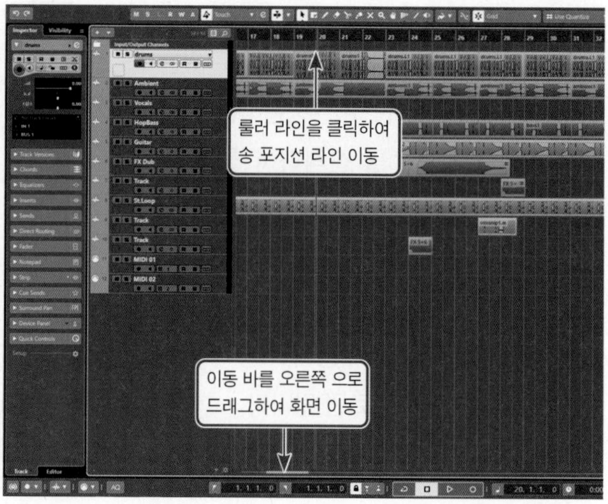
룰러 라인을 클릭하여
송 포지션 라인 이동
이동 바를 오른쪽 으로
드래그하여 화면 이동

Tip

Shift+P 키를 누르고 20을 입력하면 바로 20마디 위치로 이동할 수 있습니다.

Ctrl+V 키를 눌러 앞에서 선택한 이벤트를 20 마디 위치에 복사합니다. 이동과 마찬가지고 선택한 트랙에 복사합니다. Ctrl+Z 키를 눌러 복사하기 전으로 되돌립니다

## 단축 메뉴

큐베이스의 모든 작업 창에서는 Ctrl 키를 누른 상태에서 마우스 오른쪽 버튼을 클릭하면 해당 작업에 필요한 단축 메뉴가 열립니다. 기능은 메뉴와 동일하지만, 익숙해지면 메뉴를 이용하는 것보다 편리합니다.

## 도구 모음

단축 메뉴를 열기 위해 마우스 오른쪽 버튼을 클릭하면 해당 작업 창에서 이용할 수 있는 도구 창이 열립니다. 이것이 혼동된다면, Edit 메뉴의 Prepferences를 선택하여 창을 열고, Editing의 Tools 페이지에서 Popup Toolbox on Right Click 옵션을 해제합니다. 참고로 도구는 문자열의 숫자 1-9 키를 이용하여 선택할 수 있으며, 두 개 이상의 기능이 있는 도구는 키를 반복해서 누르면 됩니다.

# 03 편집 메뉴

자르고(Cut), 붙이고(Paste), 복사하고(Copy), 삭제하고(Delete), 취소(Undo)하는 편집 기능은 굳이 메뉴를 이용하지 않고, 단축키 Ctrl+X, Ctrl+C, Ctrl+V, Delete, Ctrl+Z 키를 이용합니다. 이것은 대부분의 컴퓨터 프로그램에서 공동으로 사용하는 명령이기 때문에 큐베이스를 처음 접하는 사용자도 이미 알고 있는 명령입니다. 큐베이스는 이외에도 Functions, Range, Select 등의 편집 기능을 제공하는데, 단축키가 설정되어 있지 않아 메뉴를 이용해야 하는 경우가 많습니다. 입문자들이 이 메뉴를 이용하는 경우는 거의 없겠지만, 작업을 하다 보면 반드시 필요한 경우가 있으므로 간단하게 정리합니다.

● **Functions**

Edit 메뉴의 Functions은 복사한 이벤트를 붙이거나 선택한 이벤트를 자르는 등의 명령을 수행할 수 있는 서브 메뉴로 구성되어 있습니다.

● Paste at Origin

복사한 이벤트와 동일한 위치에 붙여 넣습니다. 다른 트랙 또는 트랙 버전에서 복사한 이벤트를 같은 위치에 붙여 넣어야 할 때 유용한 메뉴로 단축키는 Alt+V 입니다.

● Paste Relative to Cursor

이벤트를 복사할 때 있었던 송 포지션 라인과 같은 거리에 붙여 넣습니다. 8마디 또는 1절과 2절 등, 같은 세션에서 반복되는 이벤트를 붙여 넣을 때 유용한 메뉴로 단축키는 Shift+V 입니다.

● Paste to Matching Track Name

복사한 이벤트를 같은 이름의 트랙에 붙여 넣습니다. 다른 프로젝트에서 복사한 이벤트를 같은 이름의 트랙에 붙여 넣어야 할 때 유용한 메뉴입니다.

● Split at Cursor

송 포지션 라인 위치의 모든 이벤트를 자릅니다. 모든 트랙의 이벤트를 동일하게 편집할 때 유용한 메뉴로 단축키는 Alt+X 입니다.

● Split Loop

로케이터 시작과 끝 위치의 모든 이벤트를 자릅니다. 특정 구간의 모든 이벤트를 반복시키고 싶을 때 유용한 메뉴입니다. 로케이터는 룰러 라인을 드래그하거나 이벤트를 선택하고 P 키를 눌러 설정할 수 있습니다.

● Duplicate

선택한 이벤트를 반복시킵니다. 여러 개의 이벤트를 선택한 경우에는 모두 한 단위로 반복되어 상대적 거리가 유지됩니다. 이벤트를 반복시킬 때 유용한 메뉴로 단축키는 Ctrl+D 입니다.

● Repeat

선택한 이벤트를 반복시킵니다. 메뉴를 선택하면 몇 번 반복시킬 것인지를 설정할 수 있는 Repeat Events 창이 열립니다. 여기서 Shared Copies 옵션을 체크하면, 하나의 이벤트를 편집했을 때 반복된 모든 이벤트가 동일하게 편집됩니다. 단축키는 Ctrl+K이며, 이벤트 오른쪽 핸들을 드래그해도 됩니다.

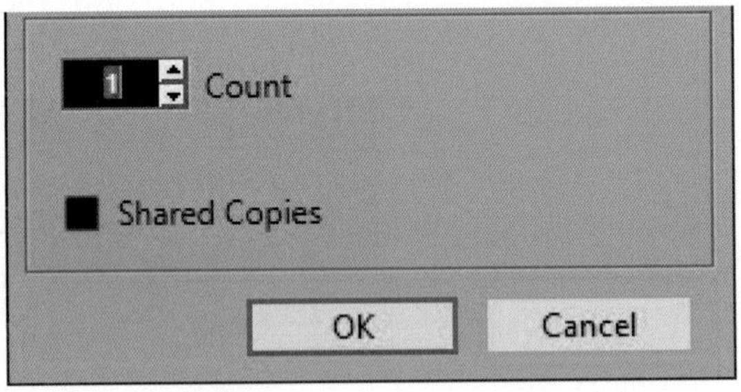


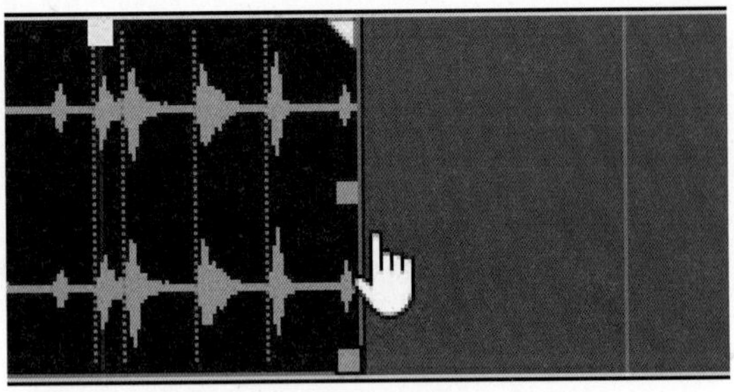

● Fill Loop

복사한 이벤트를 로케이터 구간에 반복시킵니다. 로케이터 구간이 넘어가는 이벤트의 끝 부분이 잘립니다.

● Convert to Real Copy

Repeat 명령의 Shared Copies 옵션으로 복사한 이벤트를 독립적으로 편집할 수 있도록 실제 이벤트로 만듭니다.

● Set Spacer between Selected Events

선택한 모든 이벤트를 동일한 간격으로 정렬합니다. 메뉴를 선택하면 간격을 설정할 수 있는 창이 열립니다.

## ● Range

Edit 메뉴의 Range는 트랙 및 곡 일부분의 이벤트를 편집할 때 사용할 수 있는 서브 메뉴로 구성되어 있습니다.

● Global Copy

로케이터 범위내의 모든 이벤트를 복사합니다.

● Cut Time

선택한 이벤트를 잘라내고 오른쪽 이벤트를 왼쪽으로 이동시킵니다. 트랙 또는 곡의 일부 구간을 이동시키고 싶을 때 유용한 메뉴로 단축키는 Ctrl+Shift+X 입니다.

● Delete Time

선택한 이벤트를 삭제하고 오른쪽 이벤트를 왼쪽으로 이동시킵니다. 트랙 또는 곡의 일부를 들어내고 싶을 때 유용한 메뉴로 단축키는 Shift+Backspace 입니다.

● Paste Time

복사한 이벤트를 송 포지션 라인 위치에 붙여 넣고, 해당 위치의 이벤트를 그 만큼 오른쪽으로 이동시킵니다. 트랙 또는 곡 중간에 이벤트를 삽입하고 싶을 때 유용한 메뉴로 단축키는 Ctrl+Shift+V 입니다.

● Paste Time at Origin

복사한 이벤트를 동일한 위치에 붙여 넣고, 해당 위치의 이벤트를 그 만큼 오른쪽으로 이동시킵니다. 다른 트랙 또는 트랙 버전에서 복사한 이벤트를 같은 위치에 삽입하고 싶을 때 유용한 메뉴입니다.

● Split

레인지 툴로 선택한 범위의 시작과 끝 부분을 자릅니다. 콤베네이션 툴이 활성화 되어 있는 경우라면 이벤트가 자동으로 선택됩니다. 이벤트 및 곡의 일부를 선택할 때 유용한 메뉴로 단축키는 Shift+X 입니다.

● Crop

레인지 툴로 선택한 범위를 제외한 나머지 이벤트를 삭제합니다. 이벤트의 앞/뒤를 잘라내고 싶을 때 유용한 메뉴입니다.

● Insert Silence

레인지 툴로 선택한 이벤트의 시작 부분을 자르고, 이벤트를 오른쪽으로 이동시킵니다. 트랙 및 곡 중간에 빈공간을 만들고 싶을 때 유용한 메뉴로 단축키는 Ctrl+Shift+E 입니다.

● Cut Head

송 포지션 라인 위치 또는 레인지 툴로 선택한 범위의 왼쪽 이벤트를 삭제합니다. Crop과 달리 앞 부분만 잘라내는 것입니다.

● Cut Tail

송 포지션 라인 위치 또는 레인지 툴로 선택한 범위의 오른쪽 이벤트를 삭제합니다. Crop과 달리 뒷 부분만 잘라내는 것입니다.

● **Select**

Edit 메뉴의 Select는 편집할 이벤트를 선택할 수 있는 서브 메뉴로 구성되어 있습니다.

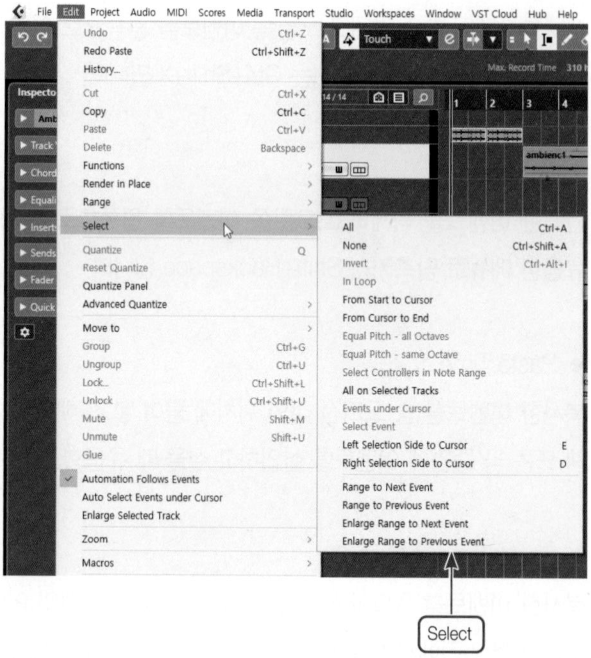


● All

모든 이벤트를 선택하는 메뉴로 단축키는 Ctrl+A 입니다.

● None

선택한 모든 이벤트를 해제하는 메뉴로 단축키는 Ctrl+Shift+A 입니다.

● Invert

선택한 이벤트를 제외한 나머지 모든 이벤트를 선택하는 메뉴로 단축키는 Ctrl+Alt+I 입니다.

● In Loop

로케이터 범위 내의 모든 이벤트를 선택합니다.

● From Start to Cursor

송 포지션 라인 왼쪽에 있는 모든 이벤트를 선택합니다.

● From Cursor to End

송 포지션 라인 오른쪽에 있는 모든 이벤트를 선택합니다.

● Equal Pitch - all Octave

키 에디터에서 선택한 노트와 옥타브 내에서 동일한 피치의 노트를 모두 선택합니다.

● Eqal Pitch - same Octave

키 에디터에서 선택한 노트와 동일한 피치의 노트를 모두 선택합니다. Ctrl 키를 누른 상태에서 건반을 클릭하는 방법을 더 많이 사용합니다.

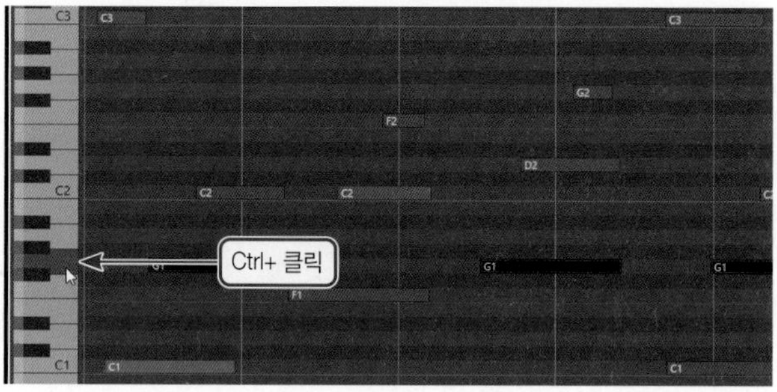


● Select Controllers in Note Range

키 에디터에서 선택한 노트 범위의 컨트롤러 정보를 모두 선택합니다.

● All on Selected Tracks

선택한 트랙의 모든 이벤트를 선택합니다. 트랙에서 마우스 오른쪽 버튼을 클릭하면 열리는 단축 메뉴의 Select All Events를 이용하는 경우가 더 많습니다.

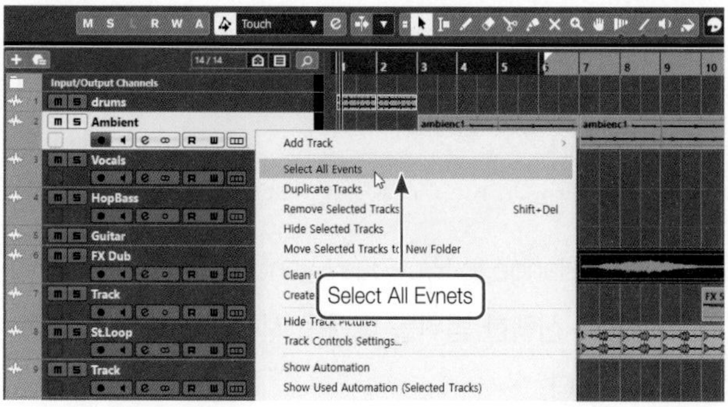

● Events under Cursor

선택된 트랙에서 송 포지션 라인 위치의 이벤트를 선택합니다. Edit 메뉴의 Auto Select Events under Cursor를 체크해두면 자동으로 송 포지션 라인 위치의 이벤트가 선택되게 할 수 있습니다.

● Select Event

샘플 에디터에서 편집중인 이벤트 범위의 오디오를 선택합니다.

● Left Selection Side to Cursor

레인지 툴로 선택한 범위의 시작 위치를 송 포지션 라인 위치까지 확장합니다.

● Right Selection Side to Cursor

레인지 툴로 선택한 범위의 끝 위치를 송 포지션 라인 위치까지 확장합니다.

● Range to Next Evnet

송 포지션 라인을 레인지 툴로 선택한 이벤트의 끝으로 이동시킵니다. 다른 트랙을 선택한 경우에는 다음 이벤트의 시작 위치로 이동합니다.

● Range to Previous Evnet

송 포지션 라인을 레인지 툴로 선택한 이벤트의 시작 위치로 이동시킵니다. 다른 트랙을 선택한 경우에는 이전 이벤트의 끝 위치로 이동합니다.

● Enlarge Range to Next Event

레인지 툴로 선택한 범위를 이벤트 끝까지 확장합니다. 다른 트랙을 선택한 경우에는 다음 이벤트 시작 위치까지 확장합니다.

● Enlarge Range to Previous Event

레인지 툴로 선택한 범위를 이벤트 시작 위치까지 확장합니다. 다른 트랙을 선택한 경우에는 이전 이벤트 끝까지 확장합니다.

# 03 프로젝트 도구

● 샘플 프로젝트 \ Project Tools

프로젝트 창의 도구는 모두 21가지 아이템을 제공하며, 기본적으로 Project Histroy, State Buttons 등의 10가지 아이템이 표시되어 있습니다. 사용자마다 필요한 아이템이 다를 수 있겠지만, 해당 기능에 따라 설명이 될 것이므로, 여기서는 기본 아이템의 역할만 살펴보겠습니다.

## 01 도구의 구성

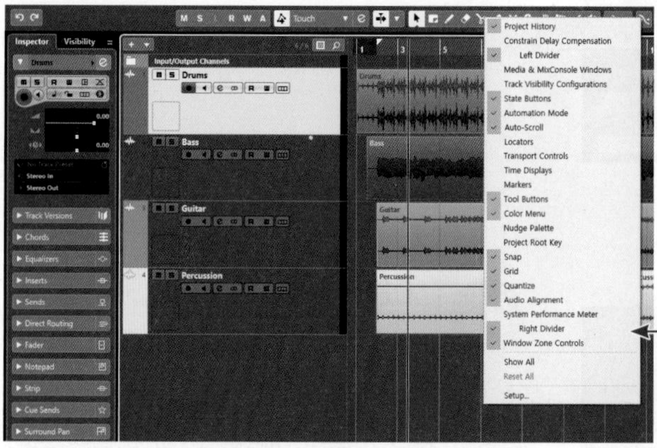


**01** 도구 바에서 마우스 오른쪽 버튼을 클릭하면 프로젝트에서 제공되는 도구 아이템을 볼 수 있습니다. 체크된 것이 보이는 것이고, 해제된 것은 보이지 않습니다.

**02** 아래쪽의 Show All은 모든 아이템이 보이게 하는 프리셋이고, Reset All은 기본 아이템만 보이게 하는 프리셋입니다. 도구를 사용자가 원하는 아이템으로 구성하려면, 아래쪽의 Setup 메뉴를 선택합니다

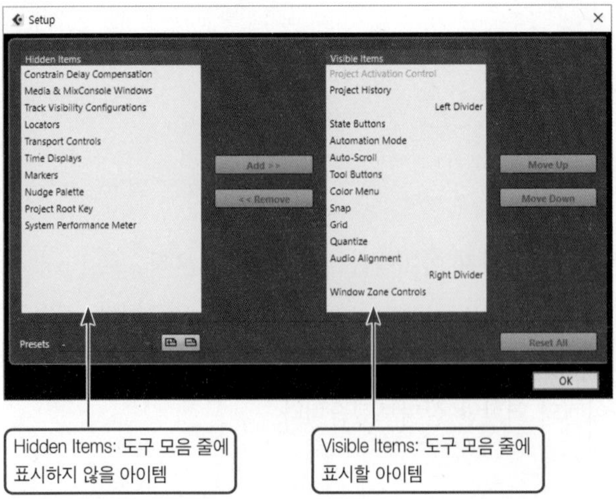


03 사용자가 원하는 아이템으로 구성할 수 있는 Setup 창이 열립니다. 왼쪽이 감춰진 아이템이며, 오른쪽이 보이는 아이템 입니다. Add 및 Remove 버튼을 이용하여 이동시킬 수 있습니다.

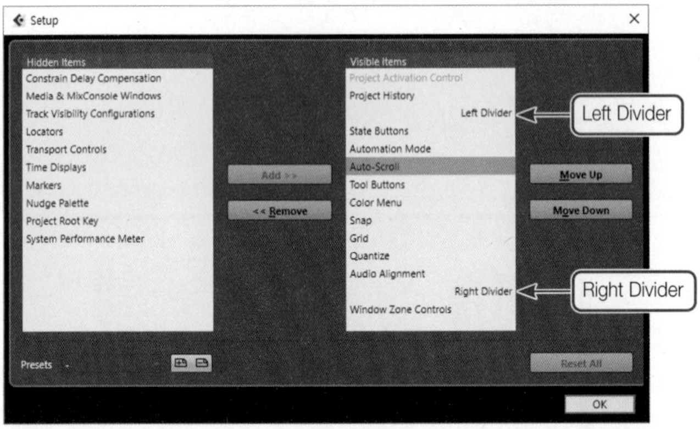


04 프로젝트의 도구 바는 왼쪽, 가운데, 오른쪽의 3 구역으로 나눠어져 있으며, Left 및 Right Divider가 이를 구분합니다. 선택한 아이템은 Move Up 및 Down 버튼으로 이동시킬 수 있습니다.

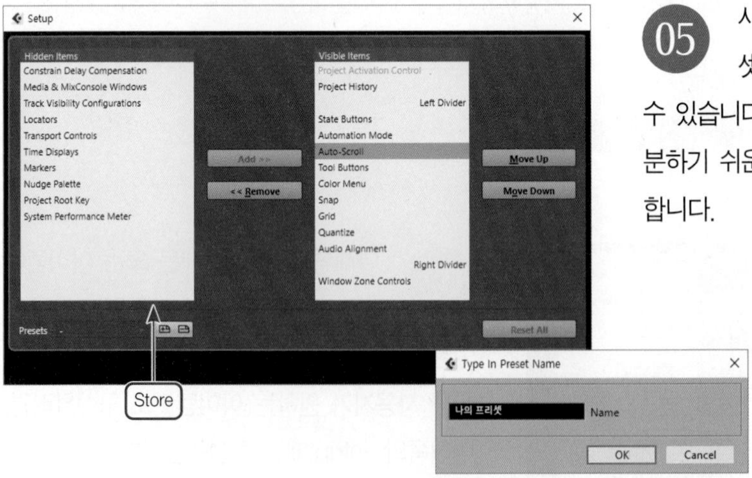


05 사용자가 원하는 것들로 구성한 프리셋은 Store 버튼을 클릭하여 저장할 수 있습니다. Type In Preset Name 창에서 구분하기 쉬운 이름을 입력하고 OK 버튼을 클릭합니다.

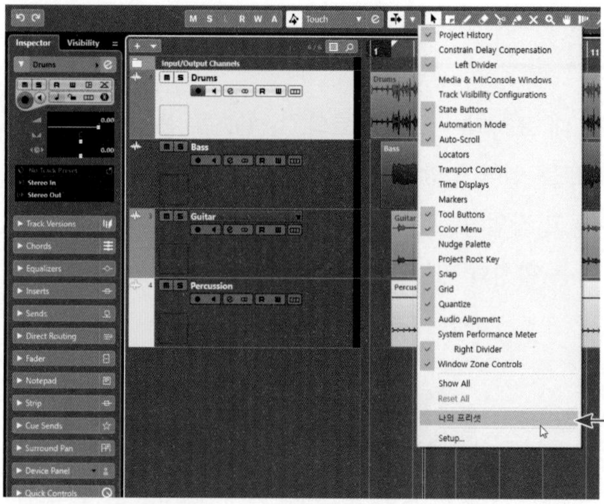


**06** Setup 창의 OK 버튼을 클릭하여 창을 닫고, 도구 바에서 마우스 오른쪽 버튼을 클릭해보면, 사용자 프리셋이 메뉴로 등록되어 있는 것을 확인할 수 있습니다.

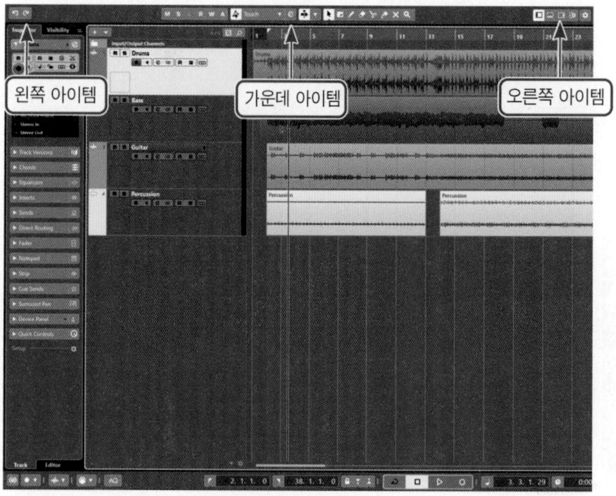


**07** Divider의 경계는 공백으로 구분하며, Left Divider 위쪽에 배치한 아이템은 왼쪽에 표시되고, Right Divider 아래쪽에 배치한 아이템은 오른쪽에 배치됩니다.

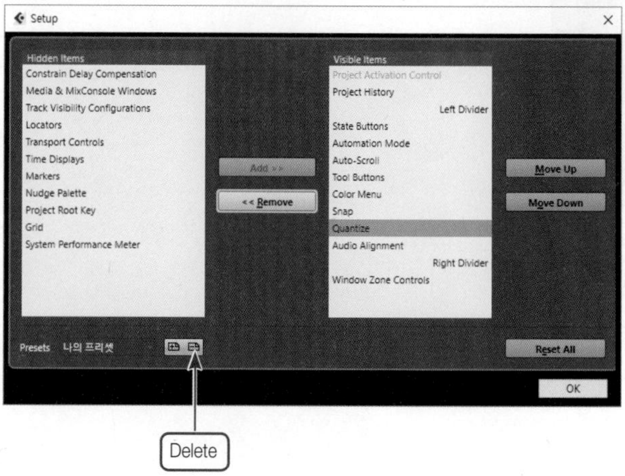


**08** 사용자 프리셋은 Setup 창의 Delete 버튼을 클릭하여 삭제할 수 있으며, Reset All 버튼을 클릭하여 초기화 할 수 있습니다.

## 02 활성 버튼

활성 버튼은 두 개 이상의 프로젝트를 열어 놓았을 때 표시되며, 프로젝트의 On/Off를 결정합니다. 복사나 이동 등의 작업을 위해서 두 개 이상의 프로젝트를 열어 놓았을 때, 모든 프로젝트가 시스템 자원을 차지한다면, 동시에 두 개 이상의 프로젝트를 열어놓고 작업하는 것이 어려울 수 있습니다. 이를 방지하기 위해서 작업 중인 프로젝트만 시스템을 사용하게 하는 활성화 기능을 제공합니다.

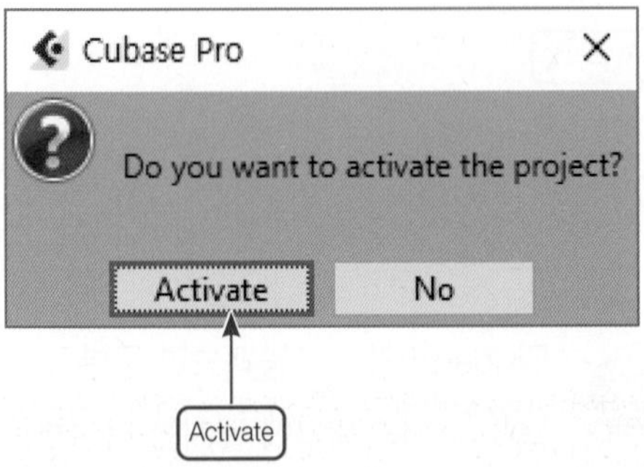


**01** 프로젝트가 열려 있는 상태에서 또 다른 프로젝트를 열면, 활성 여부를 묻는 창이 열립니다. Activate 버튼을 클릭하면 새로 여는 프로젝트로 전환되고, No를 누르면 열려 있던 프로젝트가 유지됩니다.

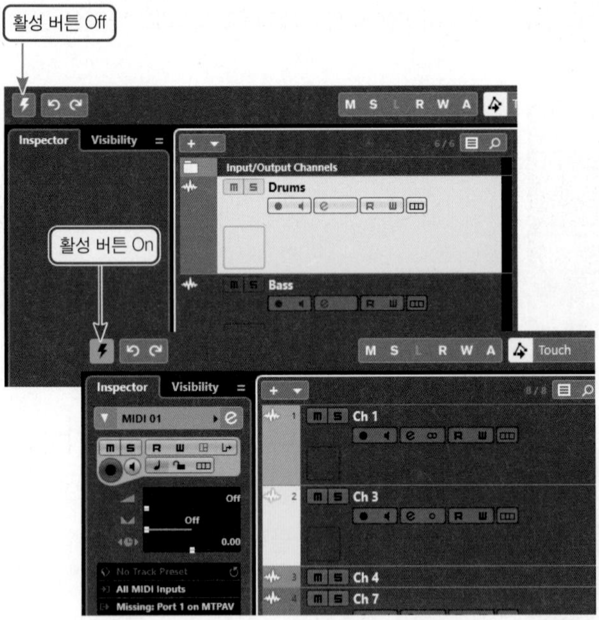


**02** 프로젝트 도구 바에는 번개 모양의 활성 버튼이 표시되고, 선택 되어 있는 프로젝트의 활성 버튼이 주황색으로 표시됩니다.

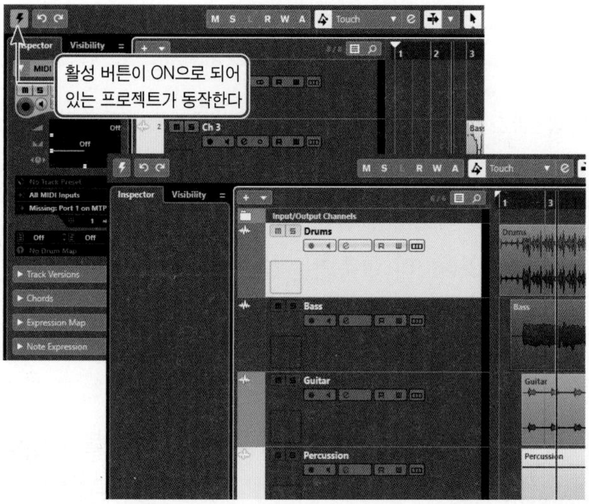


03 Enter 키를 눌러서 곡을 연주하면 활성 버튼이 켜져 있는 프로젝트만 재생되는 것을 확인할 수 있습니다. 두 개의 프로젝트를 열었지만, 실제로 사용되는 것은 활성 버튼이 On되어 있는 것뿐입니다.

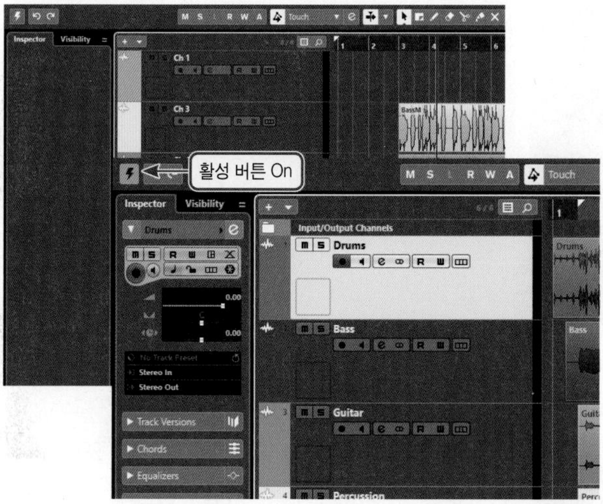


04 다른 프로젝트 창의 활성 버튼을 클릭하여 On으로 합니다. 활성 버튼이 주황색으로 켜지는 것을 확인할 수 있고, 송 포지션 라인의 움직임이 바뀌는 것을 확인할 수 있습니다. 즉, 작업 프로젝트를 이동한 것입니다.

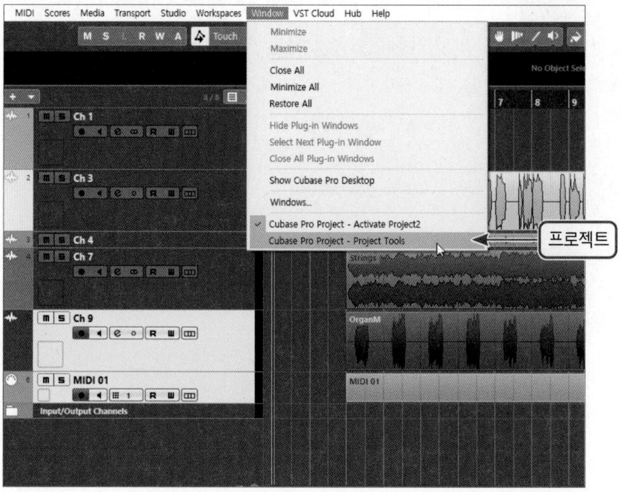


05 하나의 모니터를 사용하고 있을 때는 Window 메뉴에 표시되는 프로젝트 및 작업 창을 선택하여 이동할 수 있습니다.

## 03 히스토리 버튼

히스토리 섹션은 실행 작업을 취소하는 Undo 버튼과 취소한 작업을 다시 실행하는 Redo 버튼으로 구성되어 있습니다. 트랙이나 이벤트를 삭제했을 때 Undo 버튼을 클릭하여 복구할 수 있고, 마음이 바뀌어 Redo 버튼으로 취소한 내용을 다시 실행하게 하는 등, 프로젝트에서 실행하는 모든 작업을 취소하거나 다시 실행할 수 있습니다. Undo의 단축키는 Ctrl+Z 이며, Redo의 단축키는 Ctrl+Shift+Z로 윈도우의 기본 편집 명령과 동일합니다.

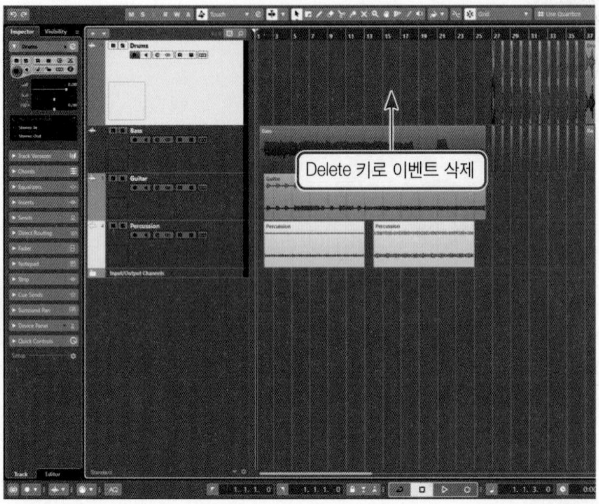


**01** 사용자 실수로 Delete 키를 눌러 이벤트를 삭제했다고 가정합니다. 작업을 하다 보면 흔하게 발생하는 실수 있습니다.

**02** 도구 모음 줄의 Undo 버튼 또는 단축키 Ctrl+Z 키를 누르면, 삭제 명령이 취소되어 이벤트를 복구할 수 있습니다. 취소한 것을 다시 실행할 때는 Undo 버튼 또는 Ctrl+Shift+Z 키를 누릅니다.

## 04 스테이트 버튼

스테이트(State) 도구는 뮤트(Mute), 솔로(Solo), 리슨(Listen), 리드(Read), 라이트(Write), 올(All) 버튼으로 구성되어 있으며, 각각 트랙의 뮤트, 솔로, 리슨, 오토메이션 On 상태를 표시합니다. 여기서 뮤트, 솔로, 리슨의 3가지 도구는 모든 트랙의 뮤트, 솔로, 리슨 버튼을 Off 할 수 있으며, 리드, 라이트, 올의 3가지 도구는 모든 트랙의 오토메이션 버튼을 On/Off 할 수 있는 스위치 역할입니다.

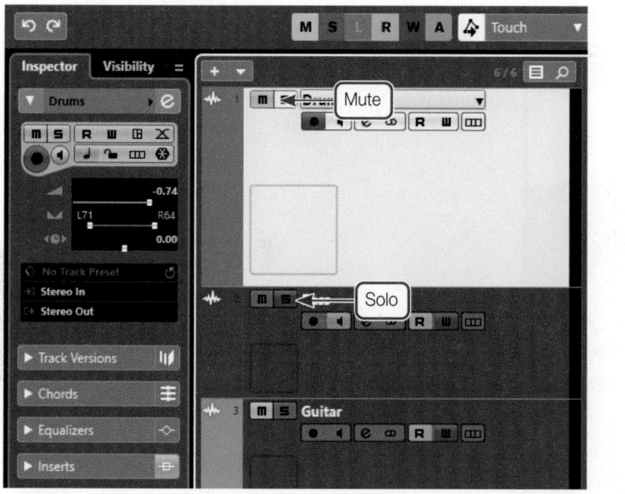


**01** 뮤트(M), 솔로(S), 리슨(L), 오토메이션(R/W) 버튼이 On 되어 있는 트랙이 있으면, 스테이트 도구에 해당 버튼이 On으로 표시되며, 버튼을 클릭하여 모든 트랙의 뮤트, 솔로, 리슨, 오토메이션 버튼을 Off 시킬 수 있습니다.

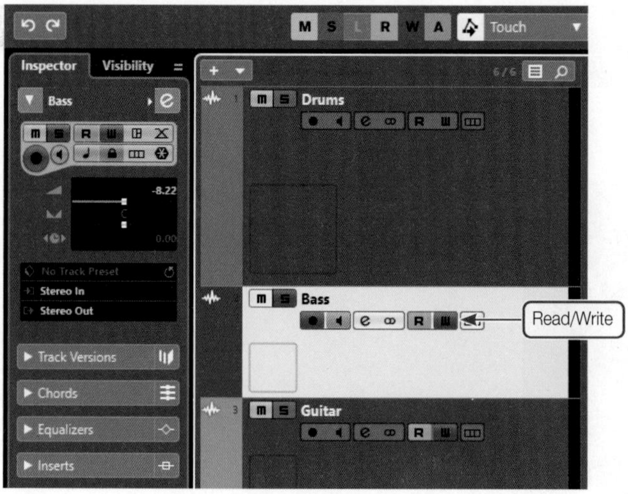


**02** 리드(R)와 라이트(W)는 모든 트랙의 오토메이션 기능을 On/Off 하며, A 버튼은 모든 트랙의 오토메이션 동작을 Off 합니다. 즉, A 버튼은 꺼져 있을 때 오토메이션이 동작하는 것입니다.

## 05 Touch 오토메이션 모드 버튼

오토메이션 모드 버튼은 큐베이스에서 동작하는 각종 컨트롤의 움직임을 기록하는 Automation Write 기능을 Touch, Auto-Latch, Cross-Over 모드 중에서 선택할 수 있는 것으로 다른 버튼과는 성격이 조금 다른 도구 입니다. 여기서 선택한 모드에 따라 오토메이션 기록 방법이 달라지므로 작업 상황에 맞는 모드를 적절히 사용할 수 있어야 합니다.

01 트랙 번호 아래쪽에 마우스를 위치시키면 오토메이션 트랙을 열거나 닫을 수 있는 버튼이 보입니다.

02 오토메이션 트랙의 기본값은 Volume으로 되어 있습니다. 볼륨 조정 값을 기록하거나 볼 수 있는 트랙입니다. W 버튼을 클릭하여 기록할 준비를 합니다.

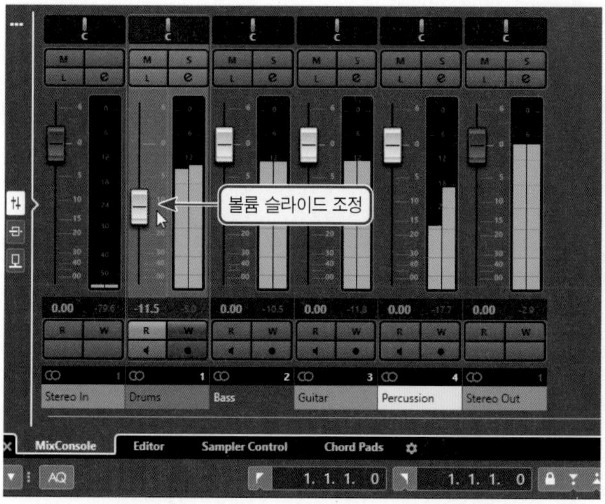


**03** Enter 키를 눌러 곡을 연주하면서 믹스 콘솔의 볼륨 컨트롤 슬라이드를 움직여 봅니다. 오토메이션 트랙에 볼륨 변화값이 기록되는 것을 확인할 수 있습니다.

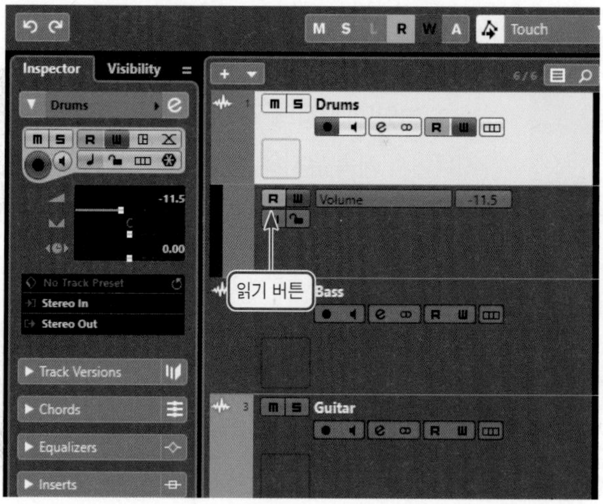


**04** 기록한 라인을 확인할 수 있게 읽기(Read) 버튼을 On으로 하고, Enter 키를 눌러 곡을 연주합니다. 그러면 볼륨 슬라이드가 기록한 값에 따라 자동으로 움직이는 것을 확인할 수 있습니다.

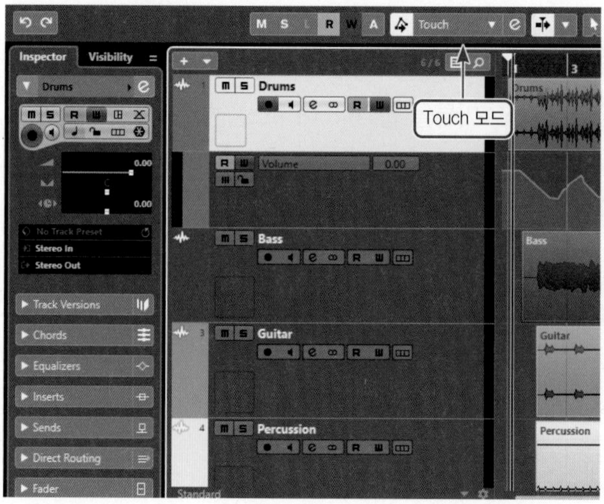


**05** 현재는 오토메이션 모드를 변경하지 않은 Touch 모드입니다. 곡을 처음부터 다시 재생하면서 볼륨 슬라이드를 움직여 봅니다. 슬라이드 동작을 멈출 때, 기록이 정지되는 것을 확인할 수 있습니다.

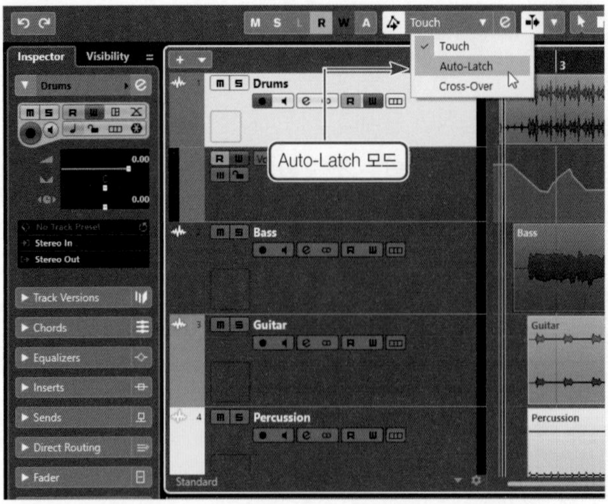


06 나머지 모드를 살펴보겠습니다. 오토메이션 모드 선택 버튼을 클릭하여 메뉴를 열고, Auto-Latch를 선택합니다.

07 곡을 처음부터 재생하면서 볼륨 슬라이드를 움직이다가 멈춰봅니다. 마우스를 놓았던 시점의 값이 기존에 기록한 값을 지우면서 계속 유지하는 것을 확인할 수 있습니다. 곡을 정지하거나 Write 버튼을 Off 할 때까지 기록합니다.

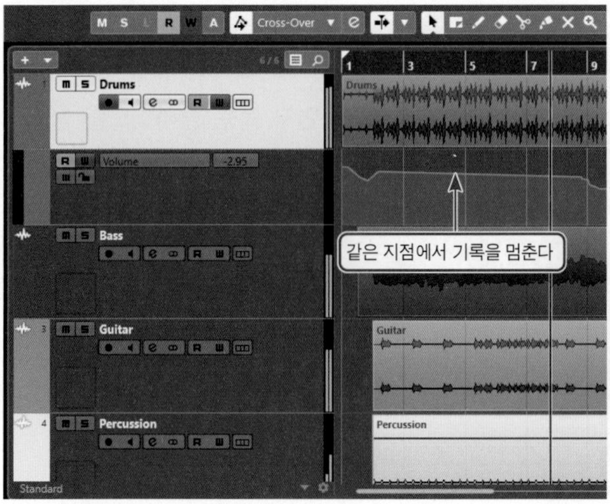


08 이번에는 Cross-Over 모드를 선택하고, 앞에서와 같은 방법으로 처음부터 기록을 합니다. 마우스를 놓은 지점의 값이 유지되는 것은 Auto-Latch와 비슷하지만, 같은 볼륨 라인과 만나는 지점에서 멈춘다는 차이점이 있습니다.

## 09

오토메이션 모드 선택 메뉴 오른쪽의 e 버튼을 클릭하면 읽거나 쓸 때 제외시킬 파라미터를 선택할 수 있는 패널이 열립니다. 미디 컨트롤러를 이용할 때 피하고자 하는 파라미터를 Suspend White 칼럼에서 선택합니다. Suspend Read 칼럼은 읽기를 제외시키는 것이고, Show 칼럼은 해당 트랙을 열거나 닫습니다.

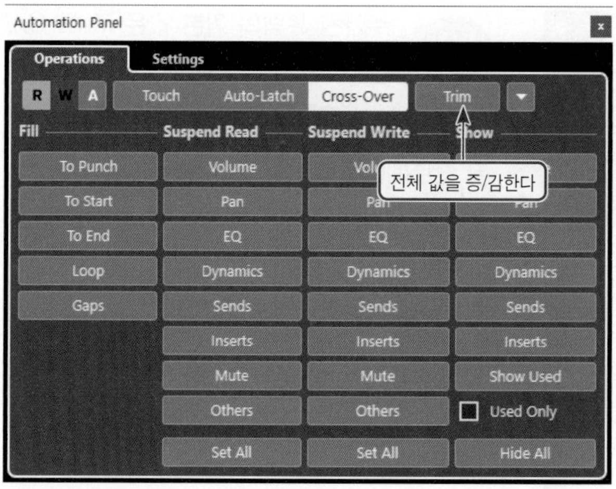


## 10

오토메이션 패널에서 Trim 버튼을 클릭하여 On으로 하면, 조정을 시작하는 지점 뒤로 기록된 값을 증가시키거나 감소시킬 수 있습니다. 볼륨 라인을 유지한 상태에서 전체 라인을 조정하고 싶을 때 유용합니다.

> **Tip**
>
> Trim 모드는 Volume과 Sends Level 오토메이션에서 사용이 가능합니다.

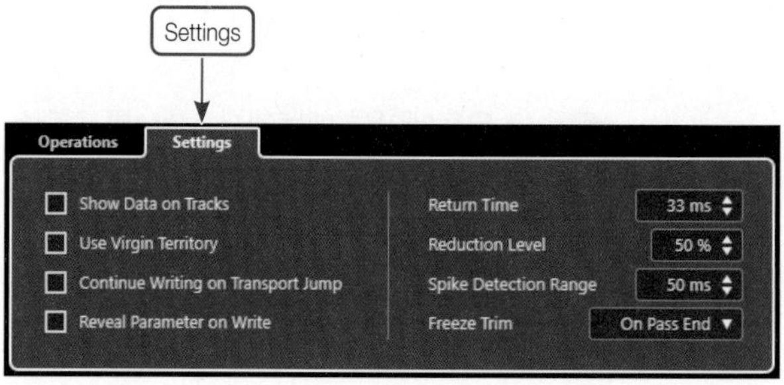


## 11

오토메이션의 기록 타임과 간격은 Settings 탭의 옵션에서 Return Time과 Reduction Level로 변경할 수 있습니다.

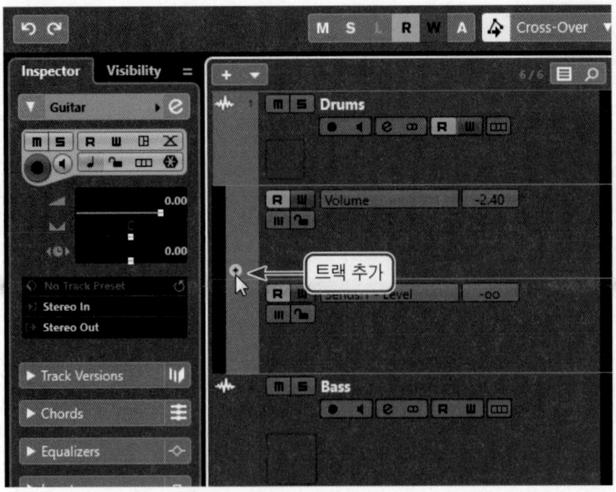


**12** 오토메이션 트랙 왼쪽 아래에 마우스를 위치시키면 + 기호의 버튼이 보이며, 이를 클릭하여 오토메이션 트랙을 추가할 수 있습니다.

**13** 추가된 트랙의 기본 값은 Mute On/Off 이며, 메뉴를 클릭하여 표시할 파라미터를 선택할 수 있습니다. 아래쪽에는 기록된 오토메이션을 제거할 수 있는 Remove 메뉴를 제공합니다. 메뉴의 종류는 기록 상태에 따라 달라지며, 기록된 오토메이션 이름에는 * 표시가 있습니다.

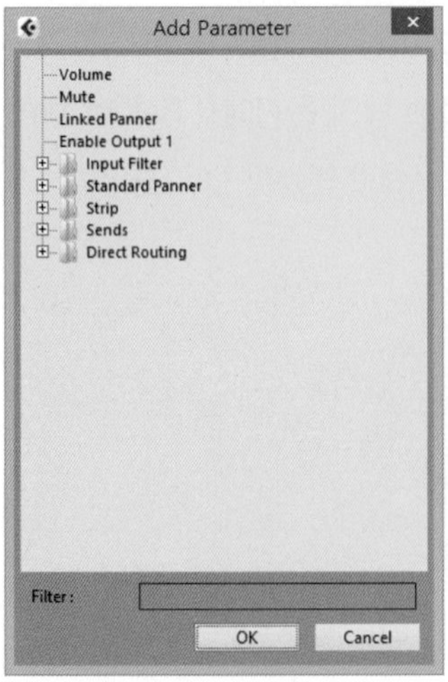

**14** 오토메이션 메뉴에서 More를 선택하면 트랙에서 기록 가능한 모든 파라미터를 선택할 수 있는 창이 열립니다. 목록은 추가된 VST에 따라 달라집니다.

## 06 오토 스크롤 버튼

오토 스크롤 버튼은 곡을 연주할 때 송 포지션 라인이 오른쪽으로 이동하면서 연주 위치를 화면에 보여주는 역할을 합니다. 곡이 재생되고 있을 때 편집 작업을 진행하면, 송 포지션 라인 위치에 상관없이 화면의 움직임이 멈추게 할 것인지, 그대로 진행되게 할 것인지의 여부를 선택할 수 있는 메뉴를 제공합니다. 기본 설정은 멈춤으로 되어 있으며, 편집 작업이 끝나면 F 키를 눌러 진행시킬 수 있습니다.

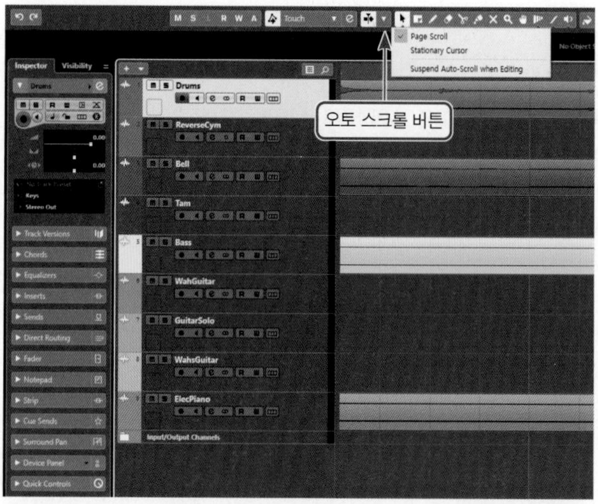


**01** 스크롤의 기본 설정은 곡이 진행할 때 송 포지션 라인이 움직이는 Page Scroll 입니다. 송 포지션 라인을 고정시키고, 화면이 움직이도록 하고 싶다면 오토 스크롤 버튼 오른쪽의 작은 삼각형을 클릭하면 열리는 메뉴에서 Stationay Cursor를 선택합니다.

**02** Suspend Auto-Scroll when Editing 메뉴는 편집 작업을 진행할 때 화면이 멈추도록 하는 기능입니다. 오토 스크롤 버튼은 주황색으로 표시되며, 편집 작업이 끝나면 오토 스크롤 버튼을 클릭하거나 F 키를 눌러 송 포지션 라인 위치로 이동시킬 수 있습니다.

# 07 툴 버튼

● 샘플 프로젝트 \ Normal

13가지 툴 버튼(Tool Buttons)은 프로젝트 존의 이벤트를 편집하는 역할을 합니다. 작업 공간에서 마우스 오른쪽 버튼을 클릭하거나 문자열의 숫자 1-9 키로 선택할 수 있습니다. 두 가지 이상의 기능을 가진 툴은 아래쪽에 홈이 있으며, 버튼을 누르고 있거나 숫자 키를 반복해서 선택합니다.

## 화살표 버튼

첫 번째 화살표 버튼은 이벤트를 선택하거나 복사, 이동 등의 기본 편집 작업 외에도, 길이를 조정할 때 사용할 수 있는 Normal Sizing, Sizing Moves Contents, Sizing Applies Time Stretch의 3가지 모드로 구성되어 있습니다. 각 모드의 차이점을 정확히 이해할 수 있길 바랍니다.

### 1. Normal Sizing

화살표 버튼을 누르고 있으면 모드를 선택할 수 있는 메뉴가 열립니다. 기본적으로 선택되어 있는 Normal Sizing는 편집할 이벤트를 선택하거나 이벤트의 길이를 조정합니다.

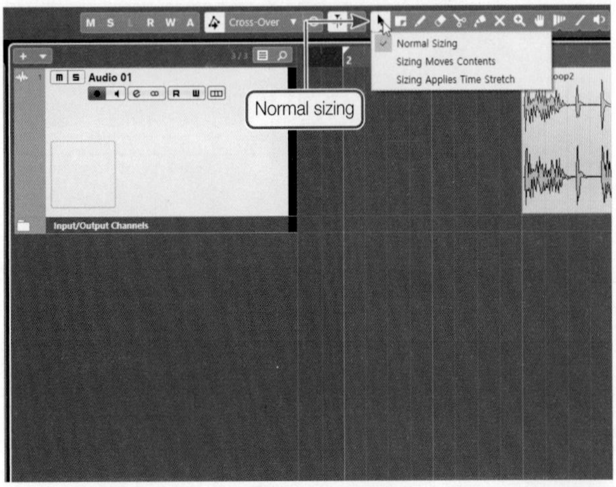


**Tip**

Ctrl+Alt 키를 누른 상태로 파형을 드래그하면 사운드의 위치를 이동시킬 수 있습니다.

이벤트 양쪽 끝에 있는 핸들을 드래그하여 시작 및 끝 지점의 길이를 조정할 수 있습니다. 페이드 인/아웃이 적용된 경우에는 Ctrl+Alt 키를 누른 상태로 드래그하여 페이드 인/아웃 지점을 유지할 수 있습니다.

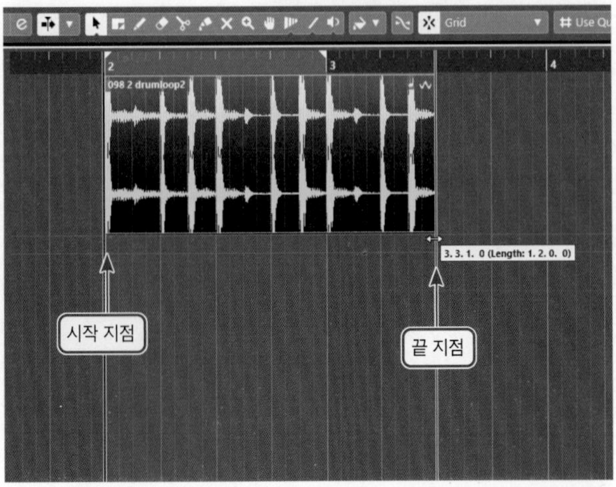


**Tip**

오디오 이벤트의 길이는 녹음을 할 때 만들어진 길이가 최대치입니다. 즉, 60초를 녹음한 이벤트는 60초 이하로 줄일수는 있어도 60초 이상으로는 늘릴 수 없습니다.

## 2. Sizing Moves Contents

이벤트의 길이를 조정할 때 사운드의 위치를 함께 조정합니다. Ctrl+Z 키를 반복적으로 눌러 처음 상태로 복구합니다. 그리고 화살표 도구를 클릭하여 Sizing Moves Contents 모드를 선택합니다.

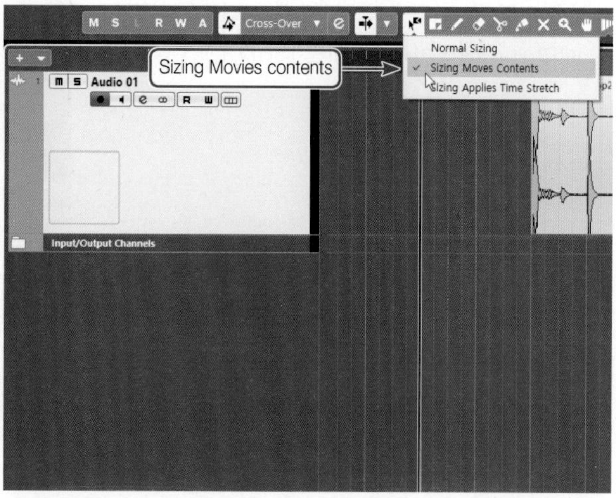


앞에서와 같은 방법으로 이벤트의 시작 점과 끝 지점을 드래그해봅니다. 사운드의 위치가 드래그한 곳으로 이동하는 것을 확인할 수 있습니다. 그림은 시작 지점을 이동한 모습이지만, 끝 위치도 실험을 해보기 바랍니다.

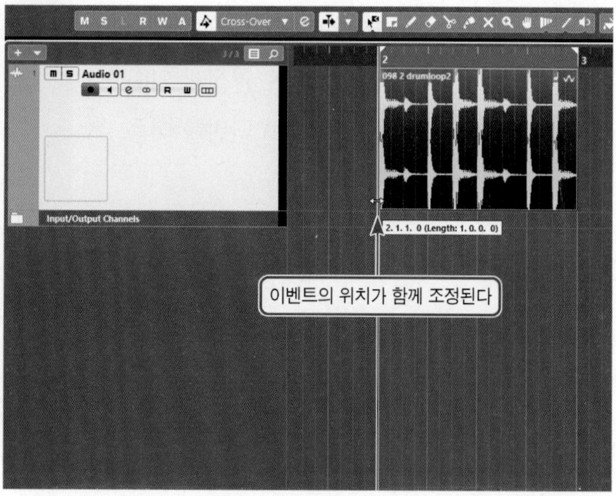


## 3. Sizing Applies Time Stretch

이벤트의 길이를 조정할 때 사운드의 길이를 함께 조정합니다. Ctrl+Z 키를 눌러 처음 상태로 복구하고, 화살표 도구를 클릭하여 Sizing Applies Time Stretch을 선택합니다.

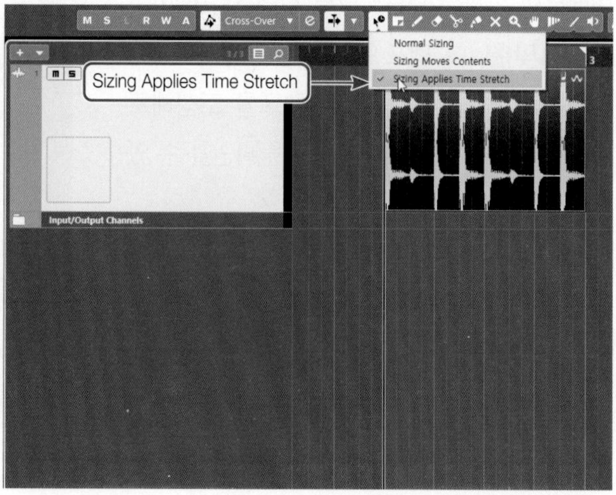

트랜스포트 패널의 Tempo 항목을 클릭하여 120 정도로 변경합니다. 원래 98정도의 템포이기 때문에 이벤트가 한 마디를 넘어갑니다.

정확한 타임을 맞추기 위해서 도구 모음의 스넵 버튼을 클릭하여 On으로 합니다. 그리고 스넵 단위는 Bar를 선택합니다. 이벤트 편집에 익숙하다면, Beat 또는 Use Quantize 단위를 이용해도 상관없습니다.

이벤트의 왼쪽을 오른쪽으로 드래그하여 마디 라인에 맞춥니다. 템포 98의 이벤트가 120으로 조정됩니다. 연주를 해보면, 템포를 조정해도 사운드의 변화가 거의 없다는 것을 확인할 수 있습니다.

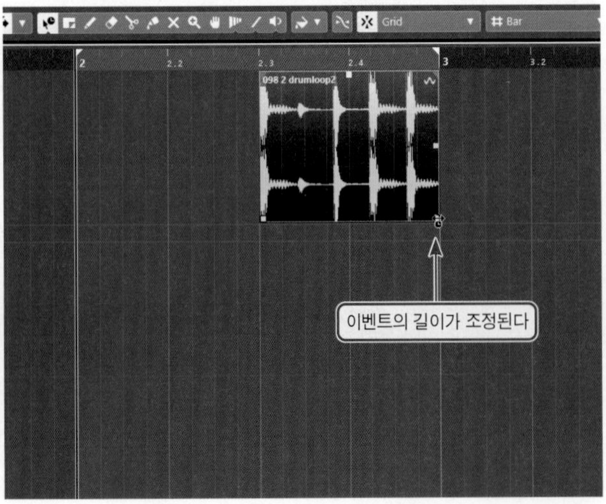


Tip

마우스 기능을 변경하는 도구는 키보드 1-0 까지의 키로 선택할 수 있으며, 화살표 버튼의 경우에는 1을 누를 때, 마다 모드가 변경됩니다.

## 레인지 버튼

● 샘플 프로젝트 \ Project Tools

레인지 버튼은 편집을 위해서 특정 범위를 선택할 수 있는 도구입니다. 특정 구간을 선택하여 드래그하면 선택 구간이 이동되고, Alt 키를 누른 상태에서 드래그하면 선택 구간이 복사되는 등, 곡의 일부분을 편집할 때 유용합니다.

**01** 레인지 버튼은 마우스 드래그로 곡의 일부 구간을 선택할 수 있으며, 드래그로 이동, Alt+드래그로 복사할 수 있습니다. 선택 범위 가장자리를 드래그하거나 Shift 키를 누른 상태로 클릭하여 선택 범위를 조정할 수 있습니다.

**Tip**

Alt 또는 Alt+Shift 키를 누른 상태로 방향키를 이용하여 선택 범위를 확장하거나 축소할 수 있습니다.

**02** 화살표 버튼 왼쪽의 컴비네이션 버튼을 On으로 하면 화살표 툴과 레인지 툴을 동시에 사용할 수 있습니다. 마우스를 이벤트 위쪽에 가져가면 레인지 툴로 동작하며, 아래쪽에 가져가면 화살표 툴로 동작합니다. 이벤트의 일부분을 편집할 때 매우 편리한 기능입니다.

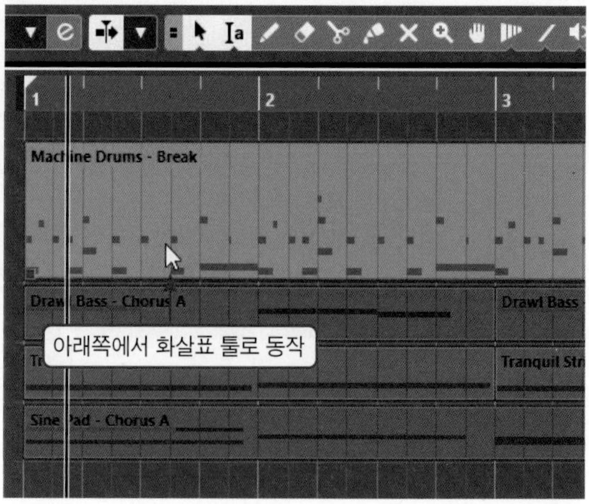

## 연필 버튼

연필 버튼은 비어 있는 파트를 만들거나 오토메이션 트랙에 라인을 입력할 수 있는 도구 입니다. 특히, 녹음한 오디오 이벤트의 볼륨을 자유롭게 조정할 수 있다는 점은 뮤지션에게 매우 반가운 기능인데, 오토메이션 트랙의 볼륨은 볼륨 파라미터를 조정하는 것이고, 이벤트의 볼륨 라인은 오디오 파형을 조정한다는 차이점이 있다는 것에 착오 없길 바랍니다.

**01** 연필 버튼을 선택하고, 오디오 이벤트를 클릭하면 볼륨을 조정할 수 있는 라인이 보입니다. 마우스 클릭으로 포인트 점을 추가할 수 있고, Shift 키를 누른 상태에서 포인트 점을 클릭하면, 삭제할 수 있습니다.

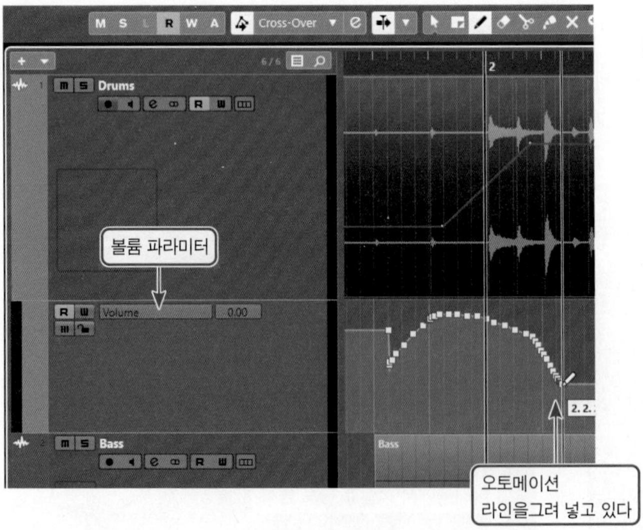


**02** 이벤트에서는 오디오 파형의 크기를 변경하지만, 오토메이션 트랙에서 볼륨을 조정하면 볼륨 파라미터의 값이 조정되는 것을 확인할 수 있습니다. 다만, 연필 버튼으로 오토메이션 라인을 전부 그려 넣는 경우는 없고, 자동으로 입력을 한 후에 값을 변경하는 용도로 사용합니다.

## 지우개 버튼

지우개 버튼은 선택한 이벤트를 삭제합니다. 선택한 이벤트를 삭제하는 단축키는 Delete 키 입니다. 그래서 원하는 이벤트를 삭제하기 위해서 굳이 지우개 도구를 사용하는 일은 드물겠지만, 반복 녹음 후에 필요 없는 이벤트를 정리할 때 유용합니다.

**01** 지우개 버튼을 선택하고, 이벤트를 클릭하면 선택한 이벤트가 삭제됩니다. 이미 이벤트를 선택했을 때는 Delete 키를 이용해서 삭제할 수 있습니다.

**02** 삭제할 이벤트를 지우개 버튼으로 드래그하여 선택하고, 클릭하면 한번에 여러 개의 이벤트를 삭제할 수 있습니다. 단, 지우개 버튼으로 선택할 때는 이벤트가 없는 빈 공간에서 시작해야 합니다.

## 가위 버튼

가위 버튼은 모양만 보아도 짐작할 수 있듯이 이벤트를 자르는데 사용하는 도구입니다. 가위 버튼을 이용해서 이벤트를 자를 때 스넵 버튼이 켜져 있으면 스넵에 설정된 단위로 잘리고, 꺼져있으면 사용자가 원하는 위치를 세밀하게 자를 수 있습니다.

**01** 가위 버튼을 선택하고 작업 공간에 마우스를 위치하면 가위 버튼 우측으로 현재 포지션의 위치가 표시됩니다. 이것을 확인하면서 이벤트를 클릭하면 선택한 이벤트가 양쪽으로 나뉩니다.

Tip

Alt키를 누른 상태에서 클릭하면, 일정한 간격으로 이벤트를 자를 수 있습니다.

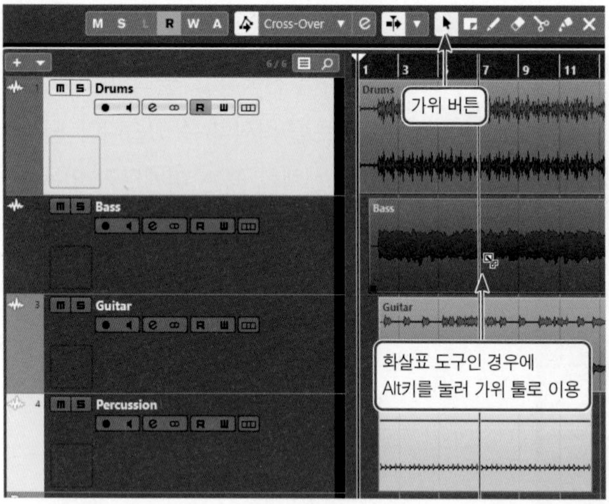


**02** 화살표 도구를 선택한 경우에 Alt 키를 누르면 일시적으로 가위 도구 역할을 합니다. 단, 자르려는 위치가 마우스 포인터에 표시되지 않으므로 익숙한 사용자가 아니라면 주의하기 바랍니다.

## 풀 버튼

작업을 하다가 보면, 미디 파트와 오디오 이벤트가 여러 개로 분리되는 경우가 있으며, 심한 경우에는 의도하지 않는 편집을 하게 되는 수도 있습니다. 그래서 녹음을 나누어 한 경우이거나 비트를 편집한 경우에는 작업이 끝난 후에 하나로 정리하는 것이 좋습니다. 이때 사용할 수 있는 것이 풀 버튼이며, 이벤트를 선택하지 않은 경우에는 선택한 이벤트의 오른쪽 것과 붙고, 이벤트를 선택한 경우에는 선택한 이벤트끼리 붙습니다.

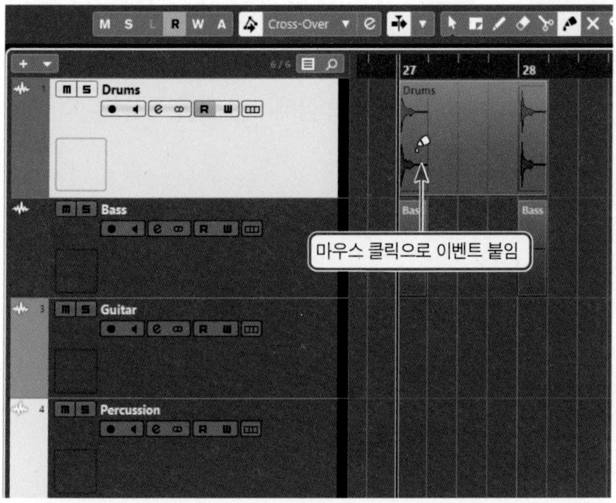


**01** 1번 트랙의 27마디 위치에 있는 첫 번째 이벤트를 클릭합니다. 클릭할 때마다 오른쪽 이벤트와 붙는 것을 확인할 수 있습니다.

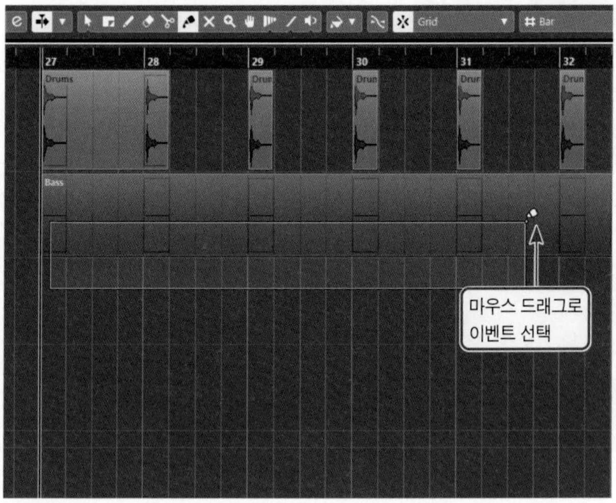


**02** 이번에는 2 트랙의 이벤트를 마우스 드래그로 선택합. 그리고 선택한 이벤트 중에서 적당한 것을 클릭합니다. 선택한 이벤트가 모두 하나로 붙는 것을 확인할 수 있습니다.

## 뮤트 버튼

뮤트 버튼은 선택한 이벤트를 소리내지 않게 하는 기능입니다. 뮤트 버튼은 원하는 이벤트를 동시에 뮤트 할 수 있기 때문에 인포 라인의 Mute 기능보다 효과적으로 사용할 수 있습니다. 작업한 이벤트가 마음에 들지는 않지만, 삭제하기에는 아까운 경우이거나, 여러가지 프레이즈를 입력해 놓고, 비교해볼 때 유용하게 사용할 수 있습니다.

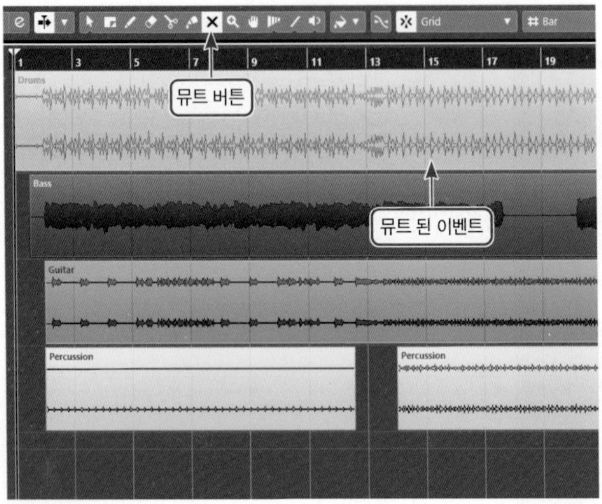


**01** 뮤트 버튼을 클릭하고, 소리가 나지 않기를 원하는 이벤트들을 선택합니다. 선택한 이벤트는 회색으로 변하여 소리가 나지 않는 뮤트 상태라는 것을 표시합니다.

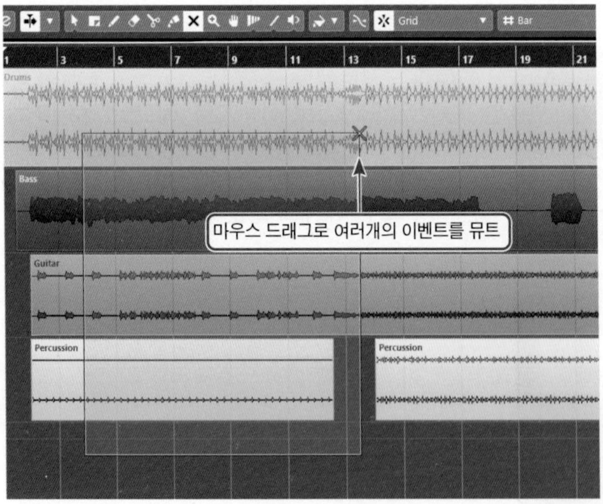


**02** 뮤트 버튼 역시 마우스 드래그로 여러 개의 이벤트를 동시에 뮤트 시킬 수 있습니다. 뮤트한 이벤트를 다시 선택하면 뮤트를 해제할 수 있으며, 선택한 이벤트를 뮤트 하는 단축키는 Shift+M이고, 해제는 Shift+U 입니다.

**Tip**

마우스 드래그로 동시에 여러 이벤트를 뮤트 시킬 때, 이미 뮤트되어 있는 이벤트는 뮤트가 해제됩니다.

## 돋보기 버튼

돋보기 버튼은 원하는 영역을 확대/축소하는 기능입니다. 돋보기 버튼을 선택하고 원하는 범위를 드래그하면, 드래그한 범위를 중심으로 확대합니다. Alt 키를 누른 상태에서 클릭하면 축소됩니다. 미세한 작업이 필요할 때는 작업 공간을 확대하고, 긴 구간을 편집할 때는 작업 공간을 축소하는 목적으로 사용할 수 있습니다.

**01** 돋보기 버튼을 클릭한 상태에서 원하는 부분을 드래그합니다. 드래그한 부분을 중심으로 확대되는 것을 확인할 수 있습니다. 이때 Ctrl 키를 누른 상태에서 드래그하여 세로도 함께 확대할 수 있습니다.

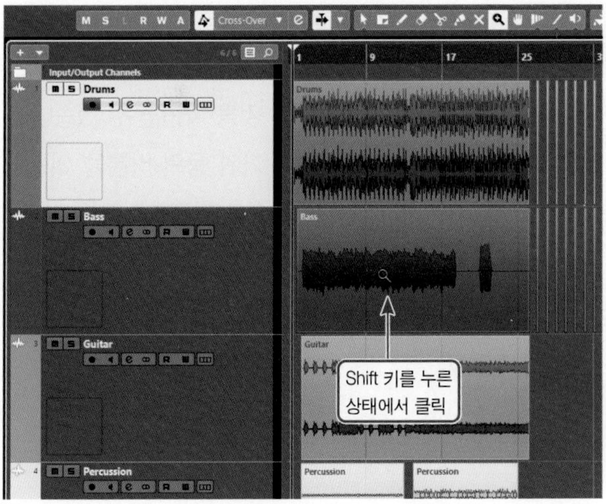


**02** Alt 키를 누른 상태에서 작업 공간을 클릭하면, 클릭할 때 마다 단계별로 축소합니다. 참고로 작업 공간을 더블 클릭 하면 확대/축소한 작업을 취소하고, Shift 키를 누른 상태에서 클릭하면 모든 이벤트를 한 화면에서 볼 수 있게 확대/축소 합니다.

> **Tip**
> 작업 공간은 단축키는 G와 H 또는 Ctrl 키를 누른 상태로 마우스 휠을 돌려 확대/축소 할 수 있습니다.

## 컴프 버튼

컴프 버튼은 반복 녹음으로 생성된 테이크(Take)를 정리할 때 유용한 툴입니다. 레인 트랙에 생성된 테이크를 정렬할 때 화살표 버튼과 가위 버튼을 이용해도 좋지만, 컴프 버튼을 이용하면 사용자가 원하는 구간을 선택하는 것 만으로도 자르고, 재생하는 역할을 동시에 수행할 수 있기 때문에 쉽고 빠른 편집이 가능합니다.

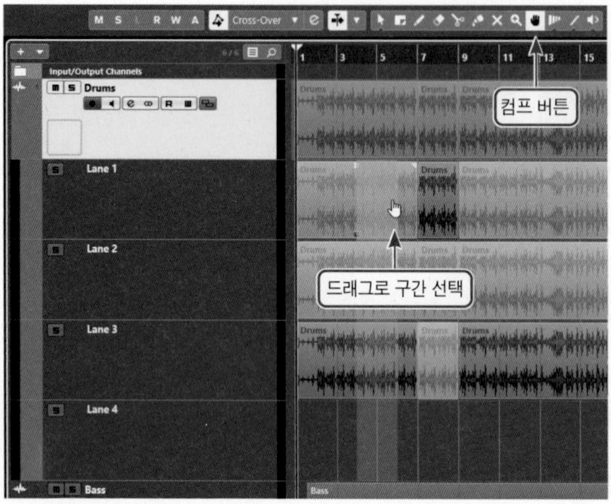


**01** 좋은 결과를 얻기 위해서 녹음을 반복했다고 가정합니다. 각 레인에 녹음된 Take 중에서 실제로 사용할 구간을 컴프 버튼으로 드래그해서 선택합니다. 선택한 구간이 자동으로 잘리는 것을 확인할 수 있습니다.

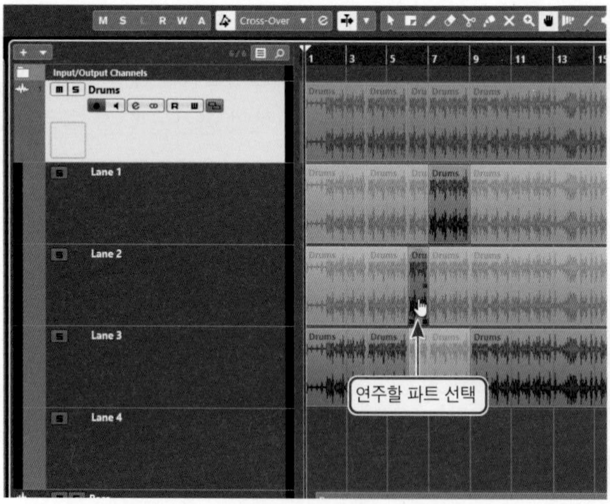


**02** 구간을 모두 자르고, 실제로 사용할 파트를 선택합니다. 그러면 해당 파트가 자동으로 On되는 것을 확인할 수 있습니다. 굳이 화살표 버튼과 가위 등의 버튼을 이용해서 편집하는 것보다 쉽고 빠르다는 것을 알 수 있습니다.

## 워프 버튼

● 샘플 프로젝트 \ Scream

워프 버튼은 미디 또는 오디오 사운드의 템포를 설정할 수 있는 기능입니다. 워프 버튼을 이용하면 템포 가이드 없이 녹음한 연주나 클럽 음악을 위해서 힛 포인트를 사용하는 기존 방법보다 훨씬 간편하게 믹싱 작업을 할 수 있습니다. 워프 버튼은 시간 단위의 Warp Grid와 템포 단위의 Musical events follow, 그리고 자유롭게 편집할 수 있는 Free Warp의 3가지 모드가 있습니다.

● Warp Grid

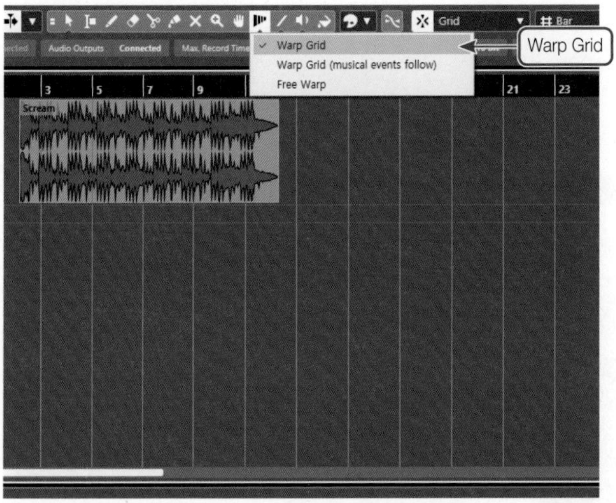


**01** 샘플을 연주해보면 템포 가이드 없이 녹음한 음악이라는 것을 알 수 있습니다. 워프 버튼을 클릭하여 Warp Grid 모드를 선택합니다.

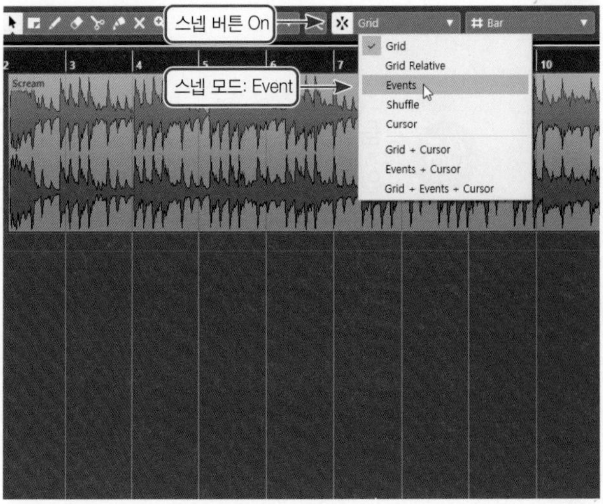


**02** Warp Grid 모드는 시간 단위입니다. 스넵 버튼을 클릭하여 On으로 놓고, 모드를 Events로 변경합니다. 스넵 타입은 Bar로 설정되어 있는 것을 확인합니다.

**03** 작업 공간을 클릭하면 스넵 타입이 Bar이기 때문에 2마디 위치에 자동으로 위치합니다. 그리고 오른쪽으로 드래그 하면 모드가 Events이기 때문에 자동으로 오디오 이벤트 시작 위치에 설정되는 것을 확인할 수 있습니다.

- Warp Grid(musical events follow)

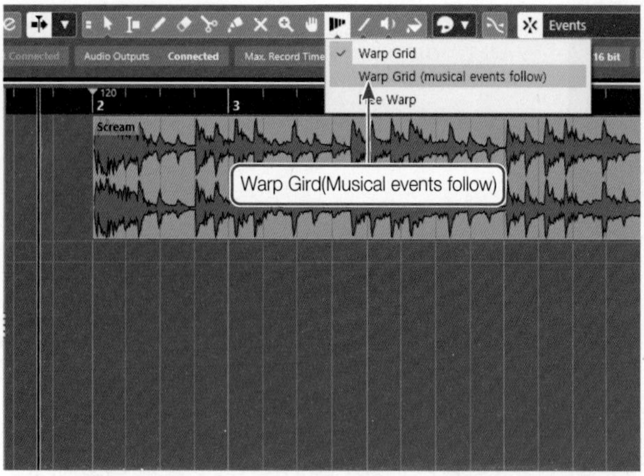


**04** Warp Grid 모드가 시간 단위이기 때문에 영상에 음악을 맞출 때에는 편리하지만 음악의 템포를 맞출 때는 템포 단위인 Warp Grid(Musical events follow) 모드가 편리합니다. 워프 버튼을 클릭하여 모드를 변경합니다.

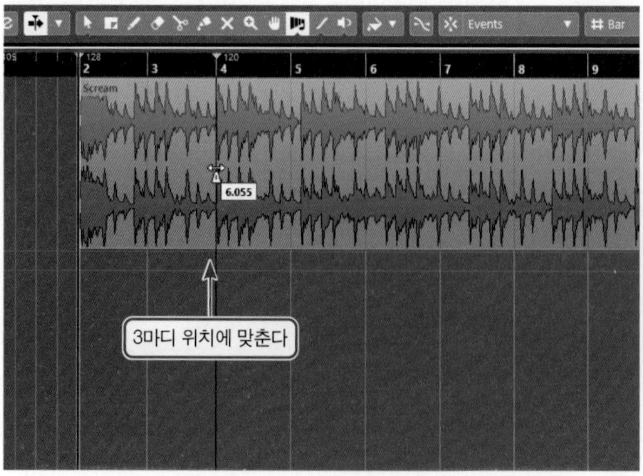


**05** 음악을 연주해보고 3마디 위치의 포인트 지점을 찾아 룰러 라인과 일치시킵니다. 오디오 파형을 보고, 박자 위치를 찾는 것은 어렵지 않을 것입니다.

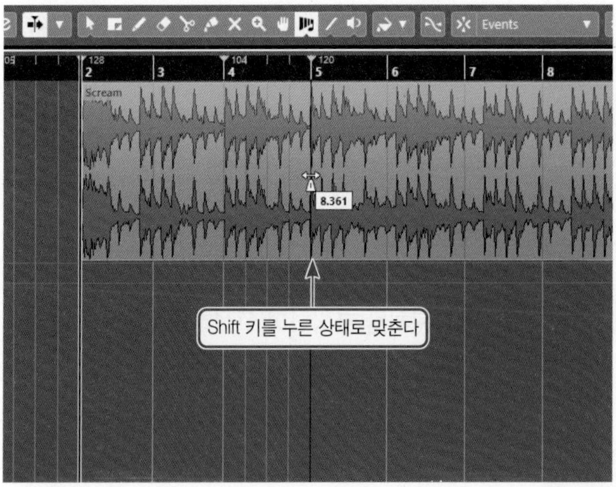


**06** 컴퓨터로 제작한 음악이라면 여기까지의 작업만으로도 전체적인 템포를 설정할 수 있지만, 리얼로 작업한 음악이므로 각 마디 또는 비트 단위로 템포를 지정해야 합니다. Shift 키를 누른 상태로 각 마디를 일치시킵니다.

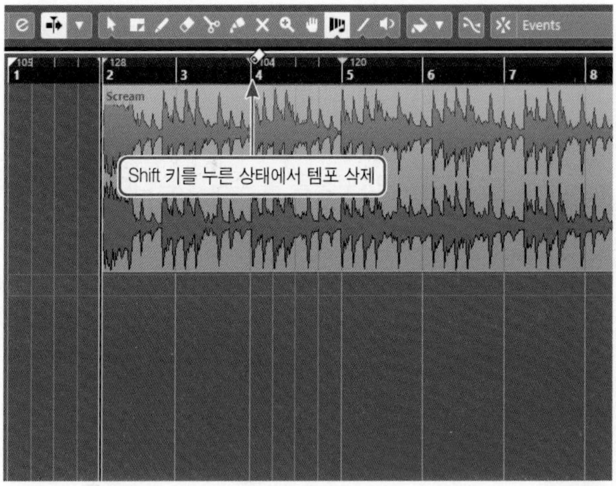


**07** 템포를 지정한 각 위치의 룰러 라인을 보면 템포가 표시되는 것을 확인할 수 있습니다. Shift 키를 누른 상태에서 템포 표시를 클릭하여 삭제할 수 있고, Alt 키를 누른 상태에서는 템포 변화 없이 위치를 이동할 수 있습니다.

● Free Warp

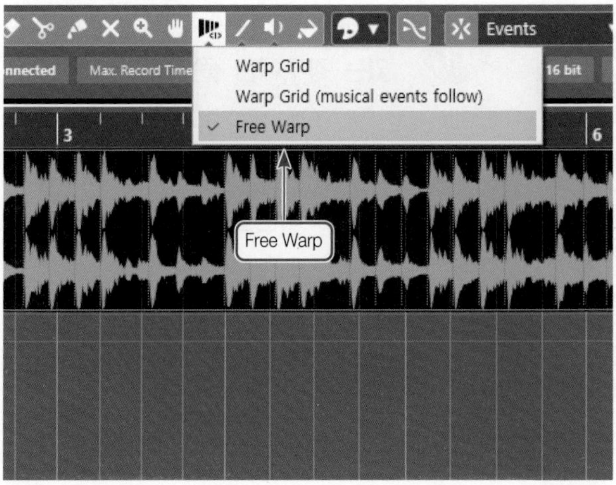


**08** 좀더 세밀한 작업을 원할 경우에는 Sample Editor를 이용해야겠지만, Free Warp 모드를 이용하면 프로젝트에서 직접 오디오 이벤트의 타임을 조정할 수 있습니다. 워프 버튼을 클릭하여 모드를 변경합니다.

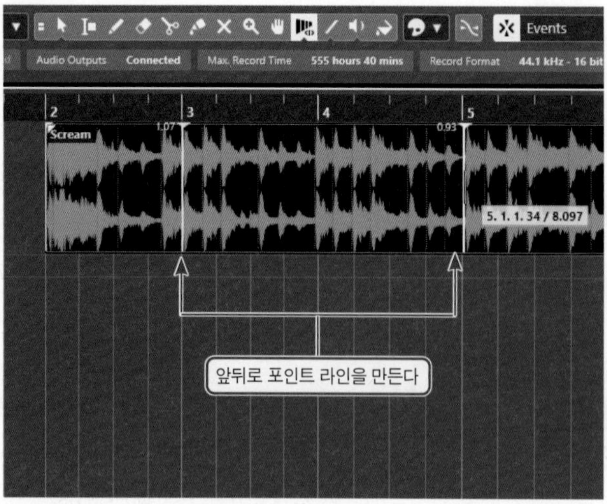


**09** Free Warp를 이용하여 오디오 이벤트 타임을 조정하면 이전 및 이후의 타임이 함께 변경됩니다. 그래서 조정할 포인트 앞뒤 마디 또는 비트 위치를 클릭하여 고정시키는 것이 Free Warp를 사용하는 요령입니다. 예를 들어 4마디 위치를 조정하겠다면 3마디와 5마디 위치를 클릭하여 고정하는 것입니다.

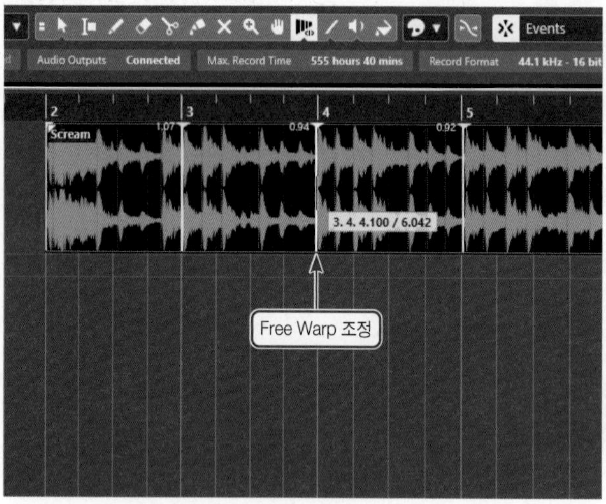


**10** 그리고 4마디 위치를 조정하면 전체 타임이 틀어지는 오류 없이 조정할 수 있습니다. 상황에 따라 비트 단위로 고정하여 정교한 타임 보정을 할 수도 있습니다.

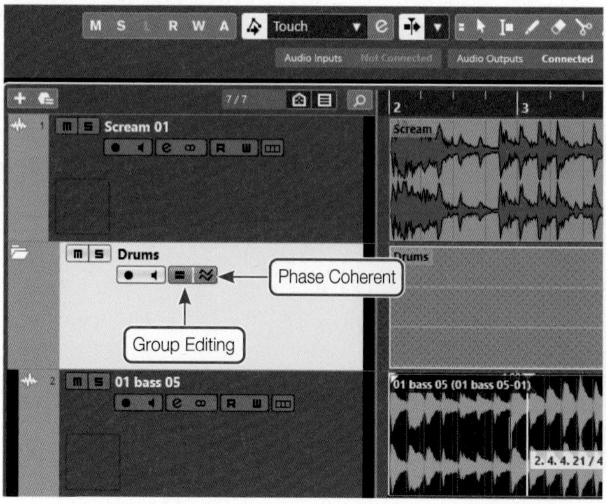


**11** 드럼과 같이 폴더 트랙으로 관리하고 있는 경우에는 폴더 트랙의 Group Editing 버튼을 On으로 하여 소속된 모든 트랙의 타임을 한 번에 조정할 수 있습니다. 이때 Phase Coherent 버튼을 On으로 하면 각 트랙의 위상이 유지됩니다.

Tip

Free Warp는 폴더 외에도 선택한 오디오 이벤트의 타임을 동시에 조정할 수 있습니다.

## 라인 버튼

라인 버튼은 오토메이션 라인을 입력하는데 사용하는 버튼입니다. 오토메이션은 믹서나 인스펙터 창의 파라미터를 조정해서 입력하고, 연필 버튼으로 수정하는 것이 편리합니다. 이때 라인 버튼을 이용하면 좀 더 자연스러운 수정이 가능합니다. 라인 버튼을 클릭하면 라인의 형태를 선택할 수 있는 Line, Parabola, Sine, Trangle, Square 메뉴가 열립니다. 각 라인 형태를 살펴보겠습니다.

### 1. Line

라인 버튼에 기본적으로 설정되어 있는 Line 모드는 직선 형태의 라인을 만듭니다. 시작 지점을 클릭하고, 원하는 위치까지 마우스를 드래그하는 방식으로 사용합니다.

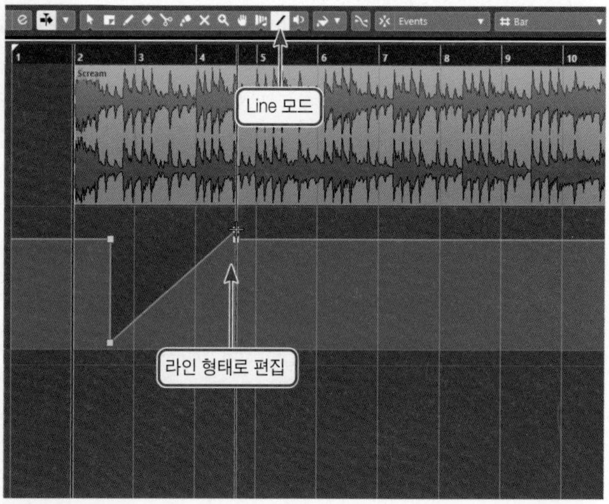


### 2. Parabola

라인 버튼의 두 번째 메뉴인 Parabola 모드는 포물선 형태의 라인을 만듭니다. 시작 지점을 클릭하고, 원하는 위치까지 마우스를 드래그하는 방식으로 사용합니다.

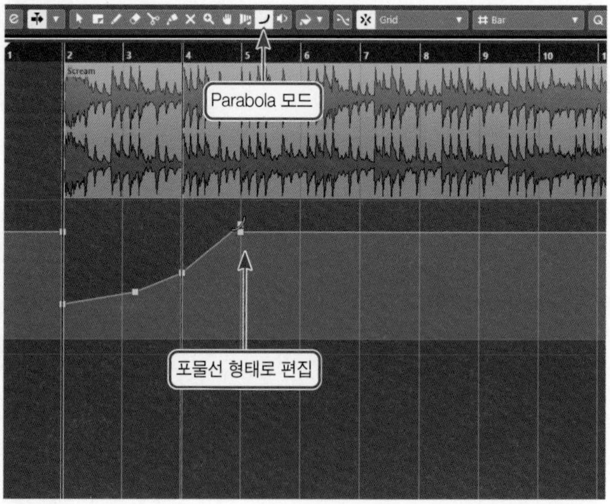

### 3. Sine

라인 버튼의 세 번째 메뉴인 Sine 모드는 곡선 형태의 라인을 만듭니다. 시작 지점을 클릭하고, 원하는 위치까지 마우스를 드래그하는 방식으로 사용합니다.

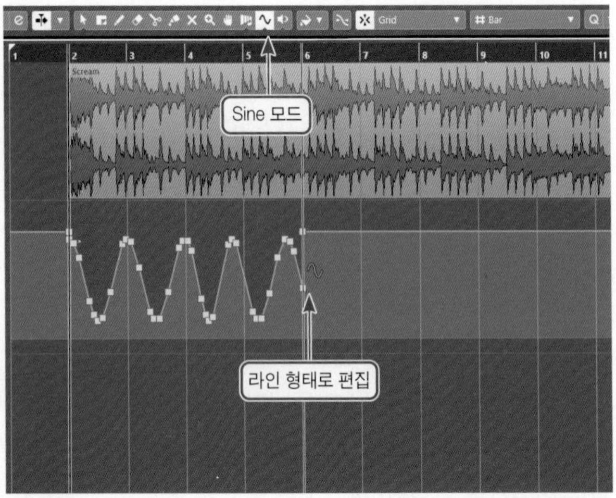


### 4. Trangle

라인 버튼의 네 번째 메뉴인 Trangle 모드는 삼각 형태의 라인을 만듭니다. 시작 지점을 클릭하고, 원하는 위치까지 마우스를 드래그하는 방식으로 사용합니다.

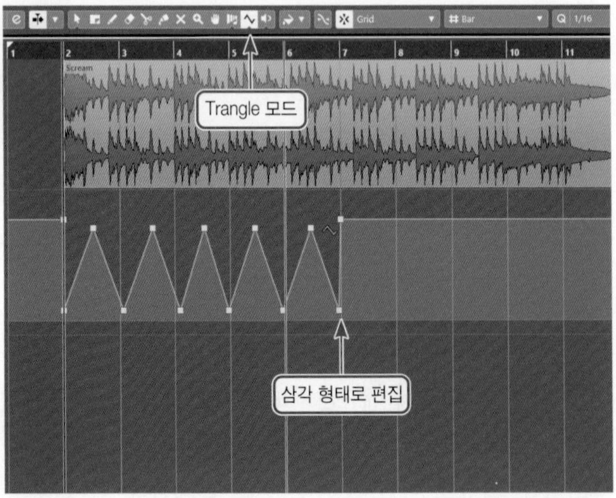


### 5. Square

라인 버튼의 마지막 메뉴인 Square 모드는 사각 형태의 라인을 만듭니다. 시작 지점을 클릭하고, 원하는 위치까지 마우스를 드래그하는 방식으로 사용합니다.

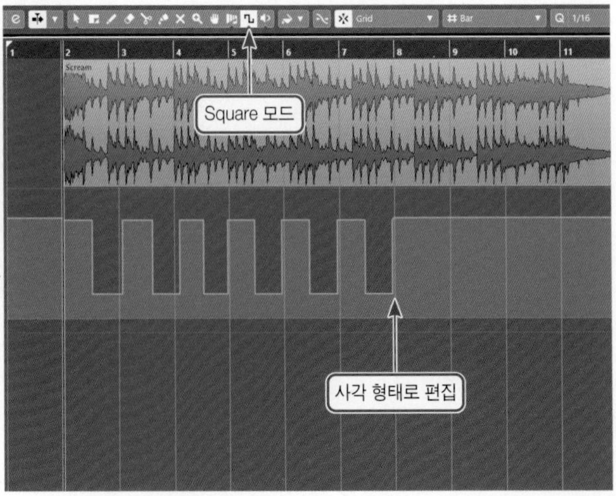

## 모니터 버튼

모니터 버튼은 선택한 오디오 이벤트의 사운드를 모니터 할 수 있는 기능으로 Play와 Scrub의 두 가지 모드가 있습니다. Play는 마우스를 누르고 있는 동안에만 모니터하고, Scrub은 마우스를 드래그하여 원하는 부분을 모니터 할 수 있는 모드입니다.

### 1. Play

모니터 버튼의 기본값으로 설정되어 있는 Play 모드는 마우스를 클릭한 위치에서부터 마우스를 누르고 있는 동안에만 선택한 이벤트의 사운드를 연주하는 기능입니다. 마우스 버튼을 놓으면 연주를 정지합니다.

### 2. Scrub

모니터 버튼 두 번째 메뉴인 Scrub 모드는 마우스를 드래그하는 동안에만 모니터합니다. 이것은 마우스를 드래그하는 속도와 방향에 따라서 연주 속도와 방향을 조정할 수 있습니다. 마우스를 왼쪽으로 드래그하여 사운드를 거꾸로 모니터 해보기 바랍니다. 의외로 재미있는 사운드를 만들 수 있는 아이디어가 생길 것입니다.

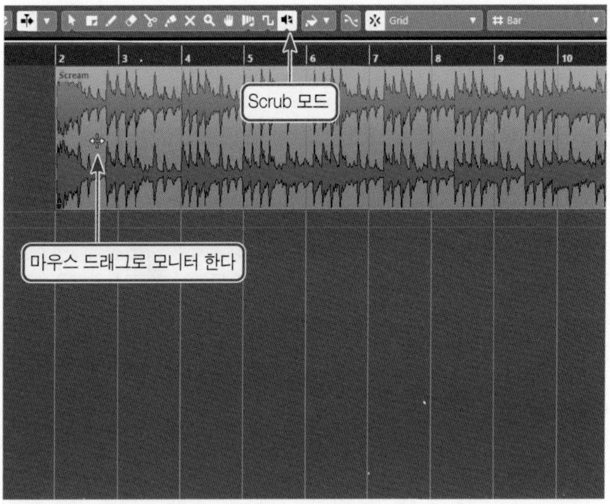

## 08 컬러 선택 버튼

컬러 선택 버튼은 이벤트의 색상을 바꿀 수 있습니다. 음악 작업을 하는데 특별히 컬러에 집착하는 경우는 없겠지만, 독자가 음악 작업을 하게 되면 대부분 어떤 형식과 표준이 성립되기 마련입니다. 이때 각 이벤트에 색상을 적용하면 쉽게 이벤트의 내용을 짐작할 수 있습니다. Guitar는 빨간색, Bass는 노란색, Drums은 파란색 등, 악기마다 색상을 정해놓고 습관을 들이면 무척 편리할 것입니다.

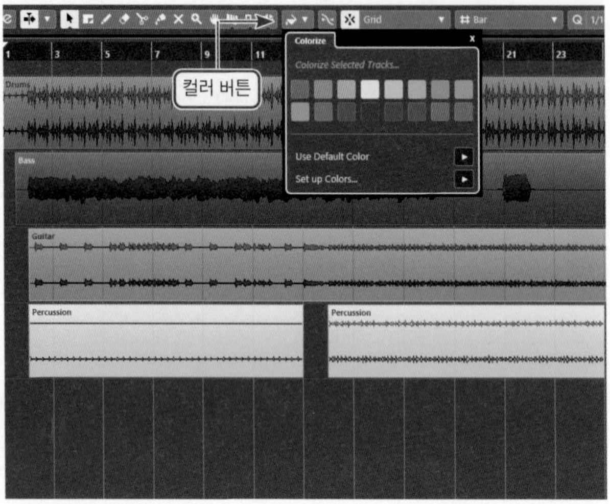


**01** 이벤트의 색상을 변경해 보겠습니다. 색상을 변경하고자 하는 이벤트를 선택하고, 컬러 선택 메뉴 버튼을 클릭하면 열리는 목록에서 원하는 색상을 선택합니다.

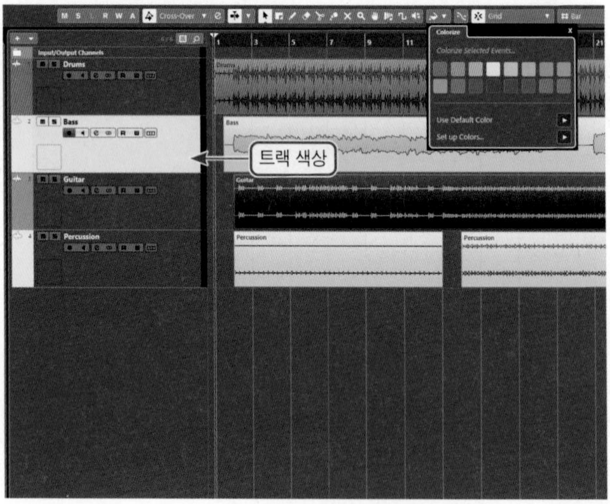


**02** 트랙을 선택하고, 색상을 선택하면, 선택한 트랙과 이벤트의 색상이 모두 변경되는 것을 확인할 수 있습니다.

**03** 인스펙터 파라미터의 이름 항목 오른쪽에 삼각형을 클릭하면 트랙의 색상을 미리 결정할 수 있으며, 녹음하는 이벤트는 이를 따르게 됩니다.

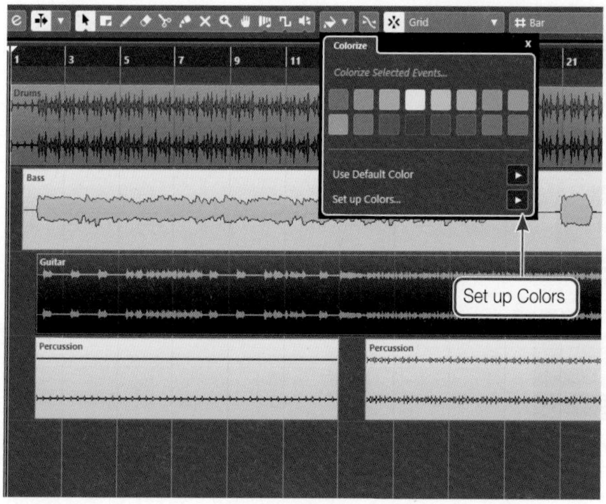


**04** 기본적으로 제공하는 컬러 목록을 독자가 원하는 색상으로 바꿀 수 있습니다. 컬러 목록에서 Set up Colors 열기 버튼을 클릭합니다.

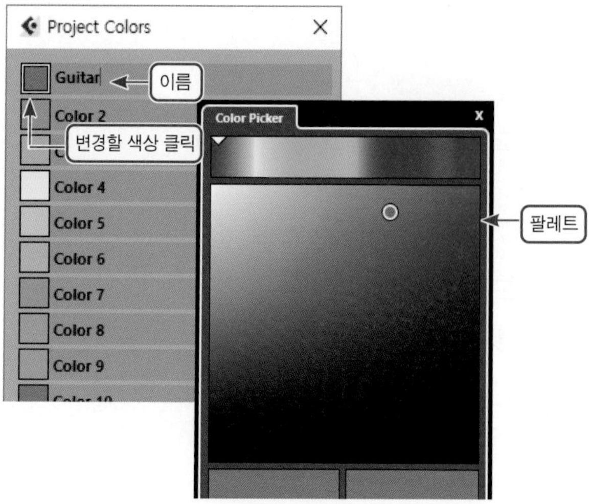


**05** Project Colors 창이 열립니다. 색상 필드를 클릭하면 색상으로 변경할 수 있는 팔레트가 열리고, 이름 항목을 클릭하여 이름을 변경할 수 있습니다.

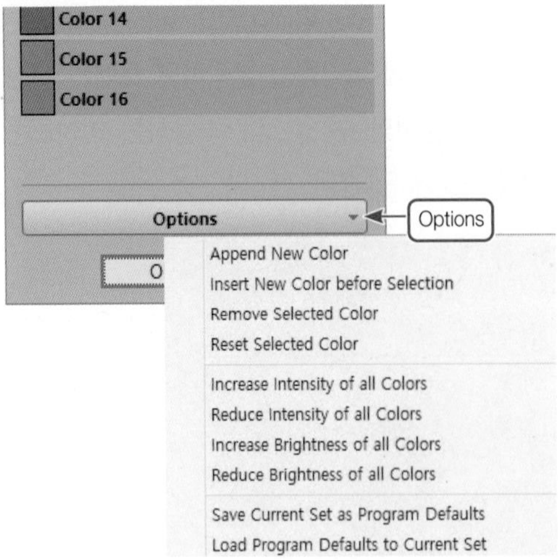


**06** Options 버튼을 클릭하면 목록을 추가하거나 삭제하는 등의 명령을 수행할 수 있는 메뉴가 열립니다.

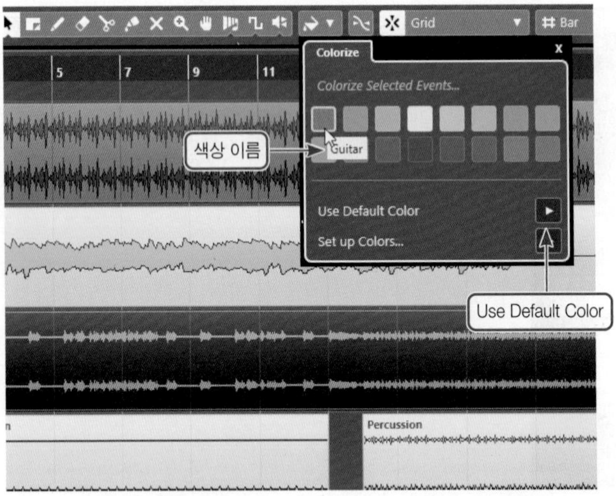


**07** 색상 이름은 마우스를 위치시키면 확인할 수 있으며, Use Defalut Color 버튼을 클릭하면 기본 색상으로 설정됩니다. 독자가 설정한 컬러에 익숙해지면 자신이 작업한 음악은 색상만 보아도 무슨 악기를 녹음한 이벤트인지를 쉽게 구분할 수 있게 될 것입니다.

Project Colors Options 메뉴

- Append New Color : 맨 아래쪽에 색상 목록을 추가합니다.
- Insert New Color before Selection : 선택한 색상 위쪽에 목록을 추가합니다.
- Remove Selected Color : 선택한 색상을 삭제합니다.
- Reset Selected Color : 색상을 초기값으로 복구합니다.
- Increase/Reduce Intensity of all Colors : 모든 색상의 농도를 증/감 합니다.
- Increase/Reduce Brightness of all Colors : 모든 색상의 밝기를 증/감 합니다.
- Save Current Set as Program Defaults : 사용자가 변경한 색상을 기본값으로 저장합니다.
- Load Program Defaults to Current Set : 색상표를 기본값으로 복구합니다.
- Reset Current Set to Factory Settings : 표준 색상으로 복구합니다.

## 09 제로 크로싱 버튼

● 샘플 프로젝트 \ Zero

스냅 투 제로 크로싱(Snap to Zero Crossing) 버튼은 오디오 이벤트를 제로 크로싱 기준으로 편집되게 하는 역할입니다. 제로 크로싱은 파형의 위상이 0도인 지점을 말하는 것으로 무음을 의미합니다. 간혹, 잡음이 없던 이벤트였는데, 편집을 한 후에 뭔가 튀는 듯한 디지털 잡음이 발생하는 경우가 있다면, 대부분 제로 크로싱 버튼이 Off 되어 있는지 모르고, 편집을 진행하는 경우입니다.

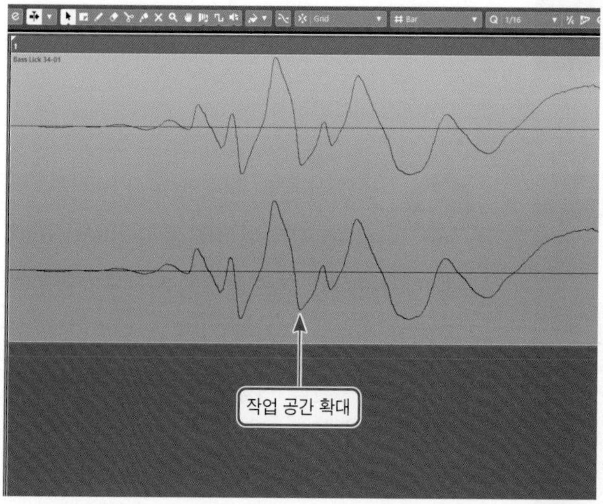


**01** 오디오 이벤트의 파형을 확인할 수 있게 작업 공간을 확대합니다. 가로 확대/축소는 G와 H 이고, 세로 확대/축소는 Shift 키를 누른 상태에서 G와 H 키 입니다.

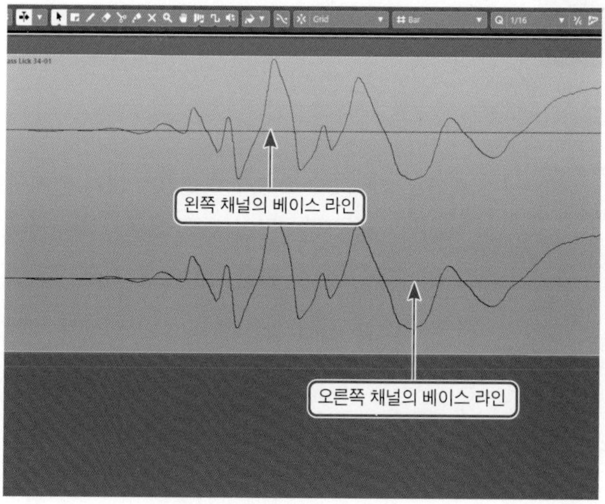


**02** 오디오 이벤트의 가로 선을 베이스 라인이라고 하는데, 샘플의 경우 스테레오 사운드이기 때문에 왼쪽과 오른쪽 채널의 두 줄이 보입니다.

Tip

사운드를 모노로 녹음한 경우에는 베이스 라인이 하나뿐입니다.

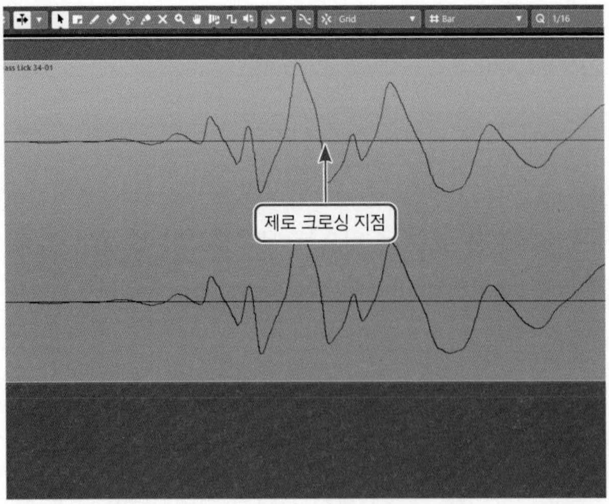


**03** 오디오 파형은 레벨에 따라 위/아래로 곡선을 그리고 있는데, 사이클이 반복될 때마다 베이스 라인과 일치되는 부분이 있습니다. 이곳을 제로 크로싱 지점이라고 합니다.

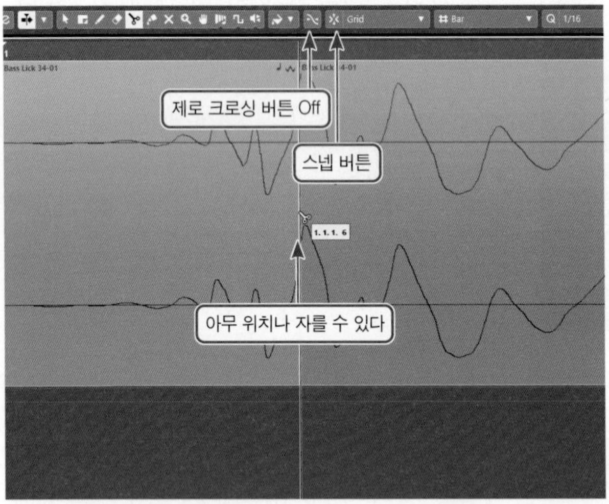


**04** 스넵 버튼과 제로 크로싱 버튼을 Off로 하고, 가위 버튼을 이용해서 이벤트를 잘라봅니다. 제로 크로싱 지점에 상관없이 사용자가 원하는 위치를 자를 수 있습니다. 하지만, 두 개로 자른 이벤트의 왼쪽 것을 삭제하고 재생을 해보면, 이벤트의 시작 위치에서 잡음이 발생하는 것을 알 수 있습니다.

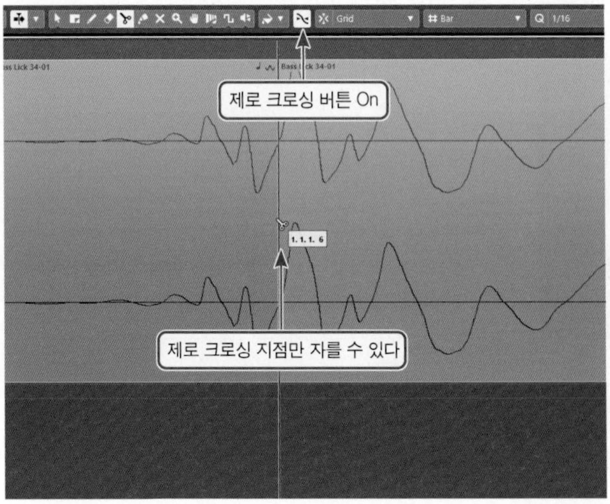


**05** 이러한 문제가 발생하지 않기 위해서 제공되는 것이 제로 크로싱 버튼입니다. 버튼을 On으로 하고, 이벤트를 자르기 위해서 마우스를 가져가면, 제로 포인트 지점 외에는 자를 수 없다는 것을 확인할 수 있습니다.

**Tip**

제로 크로싱을 무시하고, 편집한 경우에는 이벤트의 시작 지점을 페이드-인으로 처리하는 것이 좋습니다.

# 10 스넵 버튼

● 샘플 프로젝트 \ Snap

스넵 버튼은 스넵 기능을 On/Off하는 역할을 합니다. 프로젝트에서 이벤트를 이동하거나 복사하는 등의 편집을 할 때, 스넵 버튼이 On이면, 스넵 버튼 오른쪽의 스넵 타입 메뉴에서 선택한 단위로 움직입니다. 즉, 미세한 편집 작업이 필요한 경우에는 스넵 버튼을 Off 해야 합니다. 스넵 타입은 Grid, Grid Relative, Events, Shuffle, Cursor의 5가지 있습니다.

## ❶ Grid

Grid는 오른쪽 그리드 타입에서 선택한 단위로 이벤트를 편집할 수 있게 합니다. 그리드 타입에는 Bar, Beat, Use Quantize, Adapt to Zoom의 4가지가 있습니다.

### ● Bar

Bar 타입은 이벤트를 마디 단위로 편집할 수 있게 합니다. 아무 이벤트나 이동시켜 보면, 마디 단위로 이동된다는 것을 알 수 있습니다.

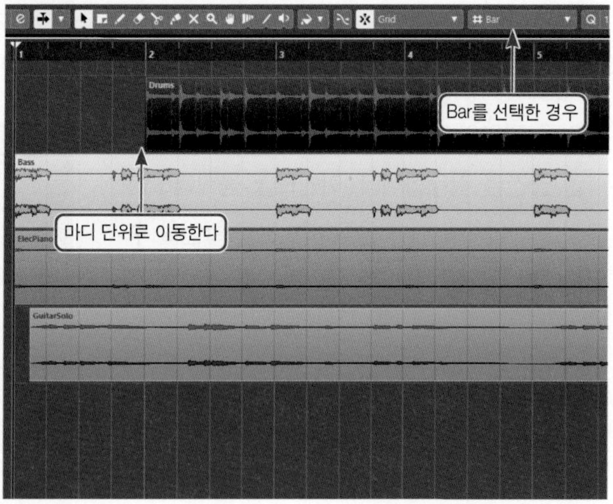

● Beat

Beat 타입은 이벤트를 박자 단위로 편집할 수 있게 합니다. 아무 이벤트나 이동시켜 보면, 박자 단위로 이동된다는 것을 알 수 있습니다.

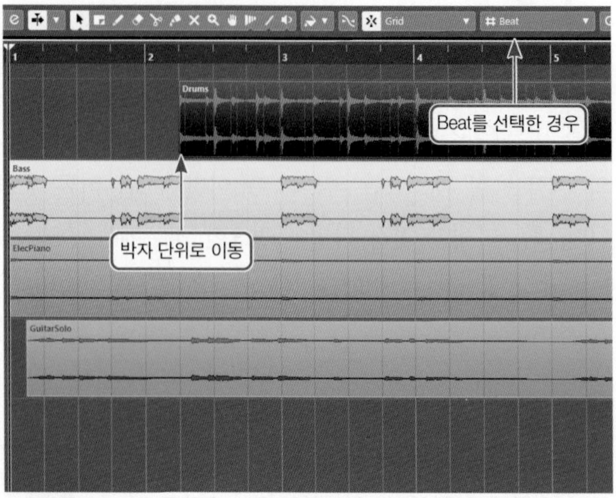


● Use Quantize

Use Quantize 타입은 그리드 타입 오른쪽에 있는 퀀타이즈 단위로 편집할 수 있게합니다. 퀀타이즈 선택 버튼을 클릭하여 메뉴를 열고, 1-16을 선택합니다. 16비트 단위로 편집하겠다는 것입니다.

16비트 단위의 그리드 라인이 보이게 H 키로 작업 공간을 확대합니다. 이벤트를 움직여보면 그리드 라인에 맞춰서 움직이는 것을 확인할 수 있습니다.

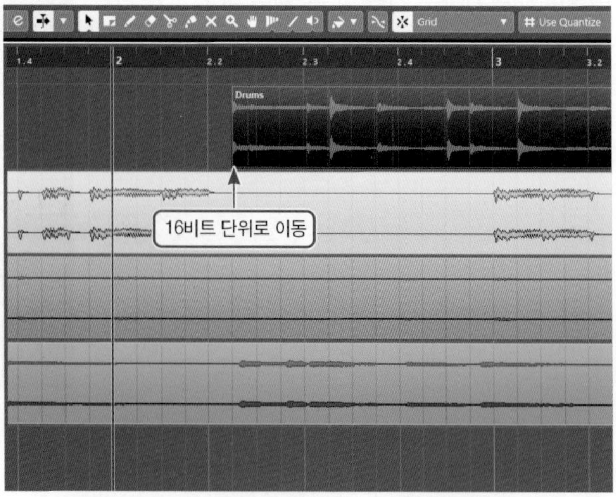

● Adapt to Zoom

그리드 라인을 작업 공간 크기에 따라 표시되게 하며, 라인에 맞춰서 움직이게 합니다.

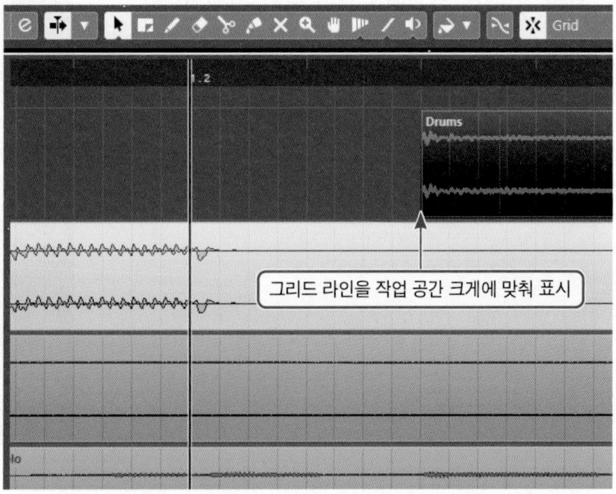


❷ Grid Reletive

편집하는 이벤트가 스넵 타입에서 설정한 위치에 있다면, Grid 모드와 차이는 없습니다. 그러나 스넵 타입과 다른 위치에 있다면 차이점을 느낄 수 있습니다. Grid 모드에서 타입을 Bar로 설정하고, 이벤트가 정확한 마디 위치에서 시작하지 않는 Guitar Solo 이벤트를 오른쪽으로 드래그하면 공간은 무시되고, 2마디 시작 위치로 이동합니다.

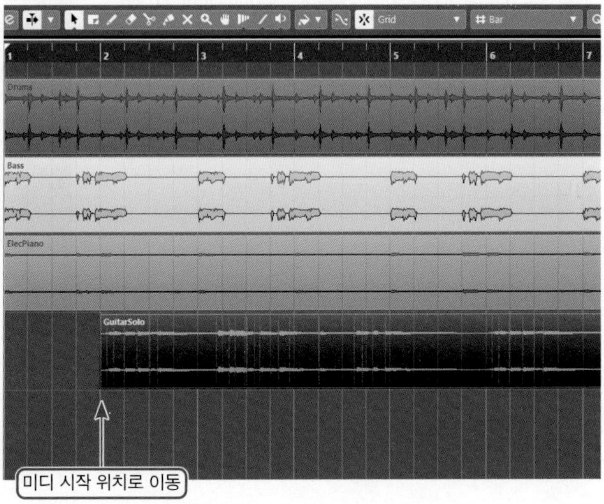


Grid와 Grid Reletive의 차이점을 확인해보겠습니다. Ctrl+Z 키를 눌러 앞에서 이동한 이벤트를 제자리로 되돌리고, 스넵 타입을 Grid Reletive로 변경합니다.

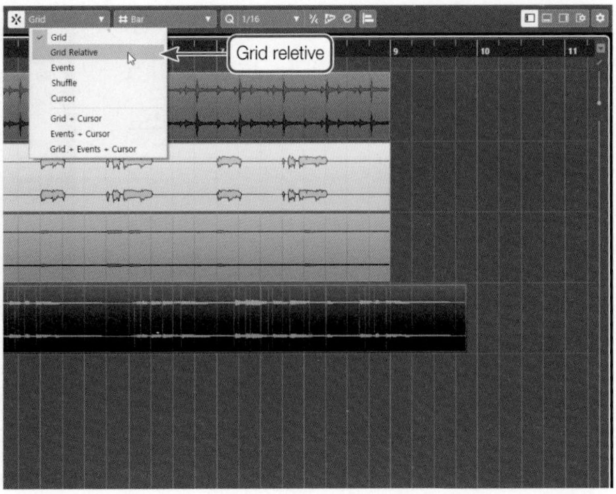

앞에서 이동했던 이벤트를 다시 오른쪽으로 이동하면, 공백을 유지하면서 2 마디 위치로 이동합니다. 즉, Grid는 스넵 타입이 기준이고, Grid Reletive는 이벤트가 기준입니다. 차이점을 정확히 이해하기 바랍니다.

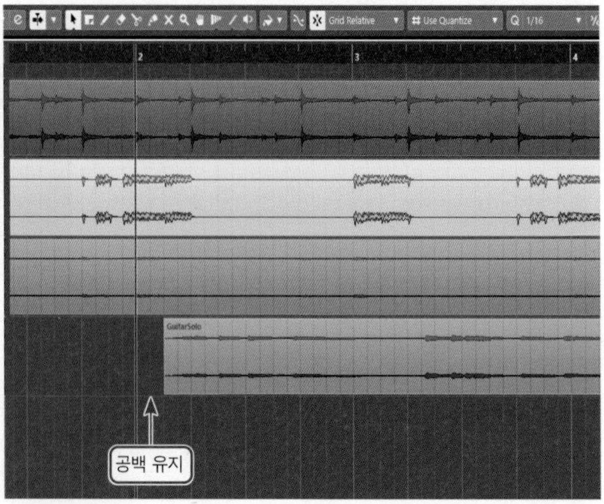


## ❸ Events

Event 타입은 편집하는 이벤트 위/아래에 있는 다른 트랙의 이벤트 시작과 끝 위치에 맞춥니다.

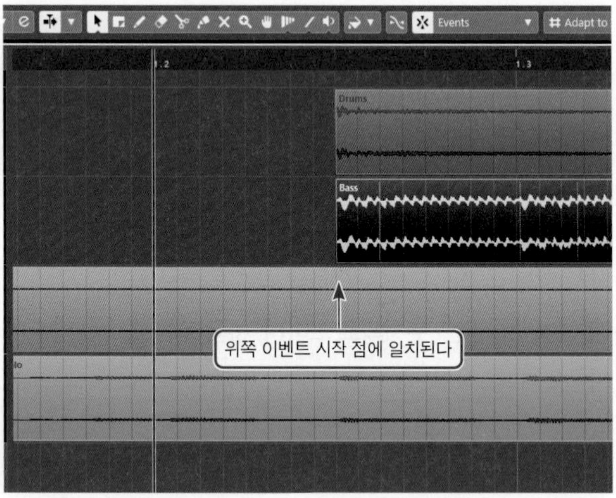


## ❹ Shuffle

Shuffle 타입은 편집하는 이벤트로 발생하는 공백을 오른쪽 이벤트가 채웁니다. 그림과 같이 5개의 이벤트가 있으며, 2번을 4번 오른쪽으로 이동한다고 가정합니다.

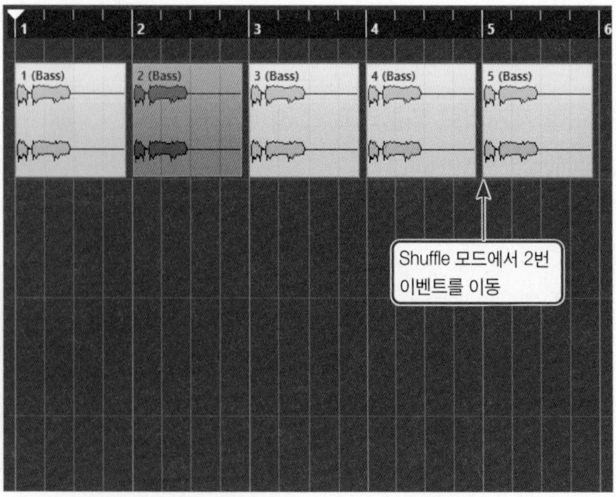

그러면 4번 위치에 2번이 자리잡고, 3번과 4번은 2번이 있던 왼쪽 위치로 이동 합니다. 곡의 진행 순서를 바꾸거나 할 때 유용할 것이므로 확실히 익혀두기 바랍니다.

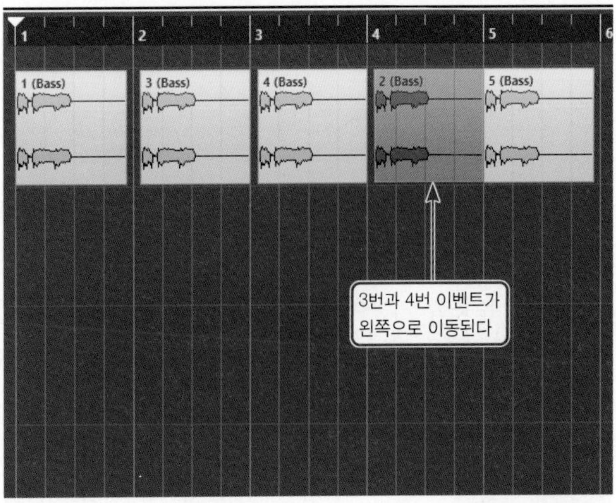


### ❺ Cursor

Cursor는 송 포지션 라인에 맞추어 이벤트를 편집할 수 있게 합니다. 이벤트를 움직이면 송 포지션 라인이 있는 위치에서 자석에 끌리듯 이벤트가 이동하는 것을 확인할 수 있습니다.

### ❻ 조합

스넵 타입은 Grid, Grid Relative, Event, Shuffle, Cursor의 5가지와 이것을 조합한 Grid+Cursor, Events+Curosr, Event+Grid+Curosr의 3가지가 더 있습니다.

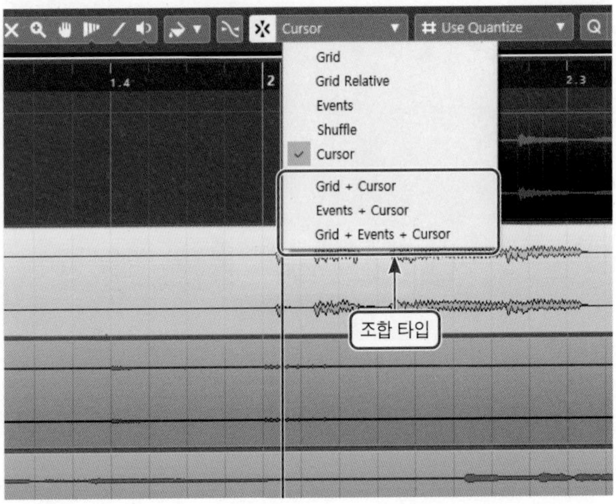

# 11 퀀타이즈 버튼

● 샘플 프로젝트 \ Quan

퀀타이즈 버튼은 MIDI 메뉴의 Quantize 또는 트랜스포트 패널의 오토 퀀타이즈를 실행할 때 적용하는 단위를 선택합니다. 퀀타이즈란 정확한 박자에서 어긋난 노트들을 정렬하는 기능입니다. 연주가 서툰 독자에게는 유용한 기능이지만, 모든 이벤트에 퀀타이즈를 적용하면 인간미가 없다는 평가를 들을 수 있으므로, 곡의 시작이나 섹션 부분에서 조금씩 사용하는 것이 요령입니다.

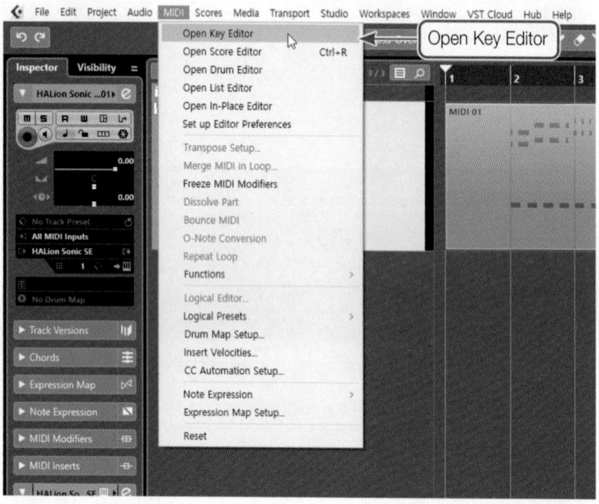


**01** 샘플 연주를 들어보면 정확한 비트에 연주를 하지 못하고 있다는 것을 알 수 있습니다. MIDI 메뉴의 Open Key Editor를 선택합니다.

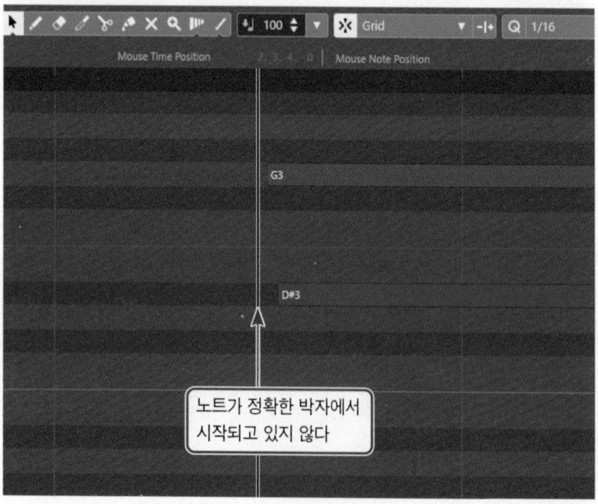


**02** 줌 바를 드래그하여 작업 공간을 확대해보면, 각 노트의 시작 위치가 그리드 라인에 일치되고 있지 않다는 것을 확인할 수 있습니다.

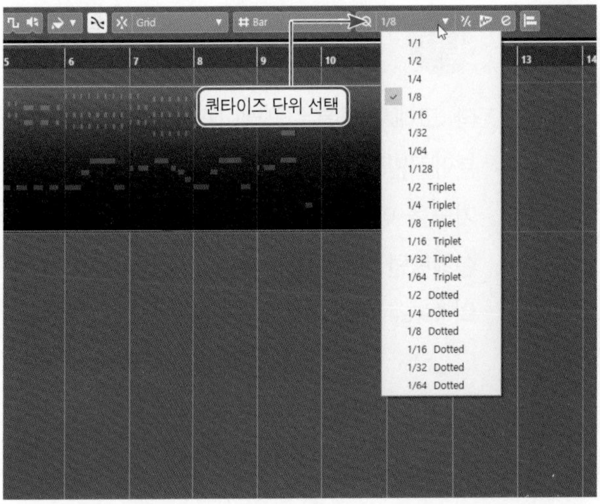


**03** 프로젝트 창의 퀀타이즈 선택 버튼에서 1-8 note를 선택합니다. 8분 음표 단위로 음표를 정렬하겠다는 것입니다.

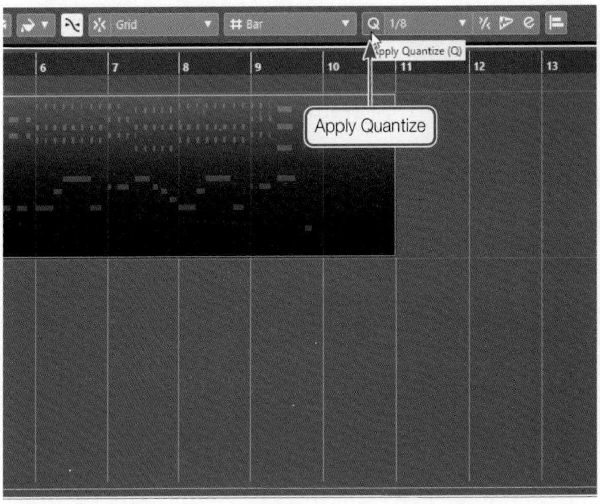


**04** 퀀타이즈 단위를 8비트로 하는 것은 한 마디를 8단위로 구분하여 가상의 선을 만드는 것입니다. Apply Quantize 버튼을 클릭하거나 단축키 Q를 누릅니다.

**05** 8개의 가상 선에서 가장 가까운 노트들을 자동으로 끌어 맞춥니다. 그러므로 연주가 너무 벗어났거나 퀀타이즈 설정을 잘 못하면 전혀 다른 결과를 가져올 수 있습니다.

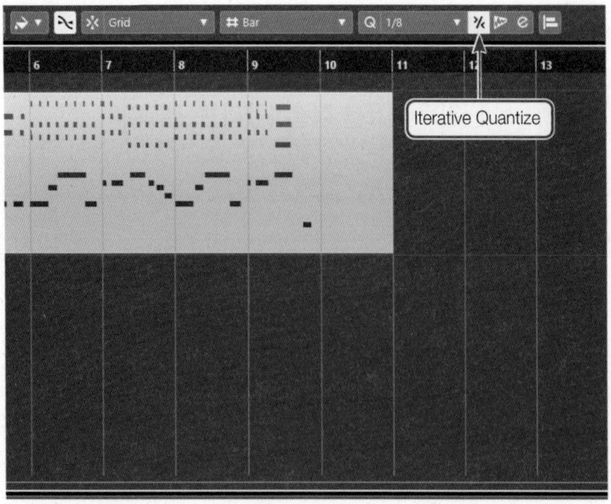


**06** 퀀타이즈의 단점은 너무 정확한 교정으로 기계적이 연주가 된다는 것입니다. 그래서 보통은 프레이즈 및 세션의 시작 부분에서만 퀀타이즈를 잡거나 Iterative Quantize 기능을 이용합니다. Ctrl+Z 키를 눌러 앞에서 실행했던 퀀타이즈를 취소하고, 퀀타이즈 항목의 Iterative Quantize 버튼을 On으로 합니다.

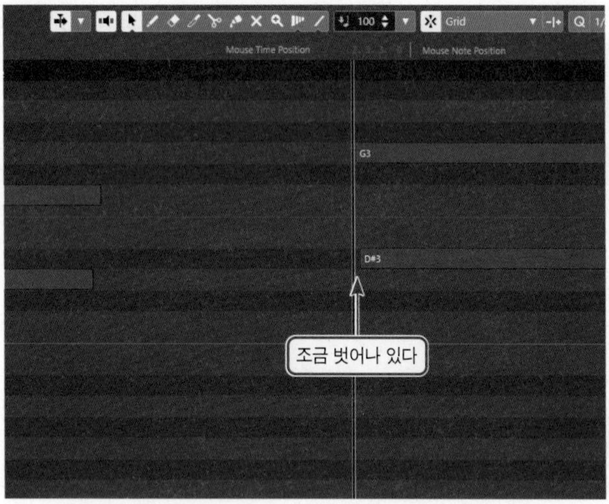


**07** Apply Quantize 버튼을 클릭하거나 단축키 Q를 눌러 교정합니다. 키 에디터를 열어보면 앞에서와는 다르게 완벽하게 교정되어 있지 않는 것을 확인할 수 있습니다.

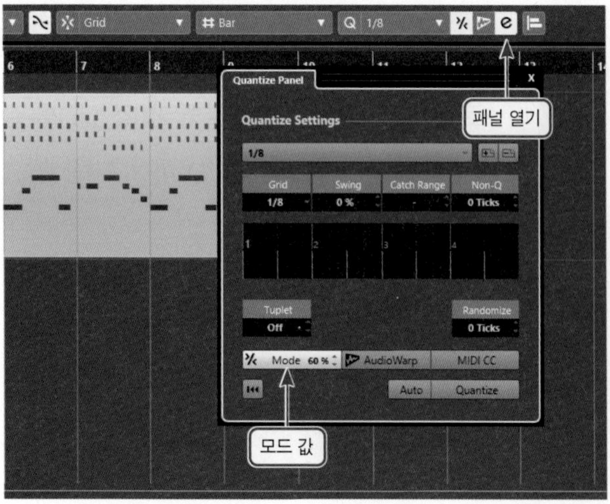


**08** 이것은 60%만 교정하여 인간적인 연주를 남겨놓는 것입니다. 퀀타이즈 목록 오른쪽의 e 버튼을 클릭하면 설정 패널을 열 수 있는데, Mode가 60%로 설정되어 있는 것을 확인할 수 있으며, 사용자가 원하는 값으로 수정 가능합니다.

# 12 오디오 정렬 버튼

● 샘플 프로젝트 \ Align

실제 음악 작업을 할 때 보컬이나 악기의 두께감을 만들기 위해서 같은 이벤트를 두 번 이상 녹음하는 더빙이라는 기법을 많이 사용합니다. 타임을 맞추는 작업은 거의 노동에 가까운 피로감을 주지만, 그 효과가 탁월하기 때문에 안 할 수가 없습니다. 하지만 큐베이스 사용자라면 이러한 수고가 필요가 없습니다. 오디오를 한 방에 정렬할 수 있는 Audio Alignment 기능을 제공하고 있기 때문입니다.

**01** Audio 1 트랙의 이벤트를 선택하고 Reference의 Add 버튼을 클릭합니다. 그리고 Audio 2와 3 트랙의 이벤트를 드래그로 선택하고, Targets의 Add 버튼을 클릭합니다. Audio 2와 3번 이벤트를 1번에 맞추겠다는 의미입니다.

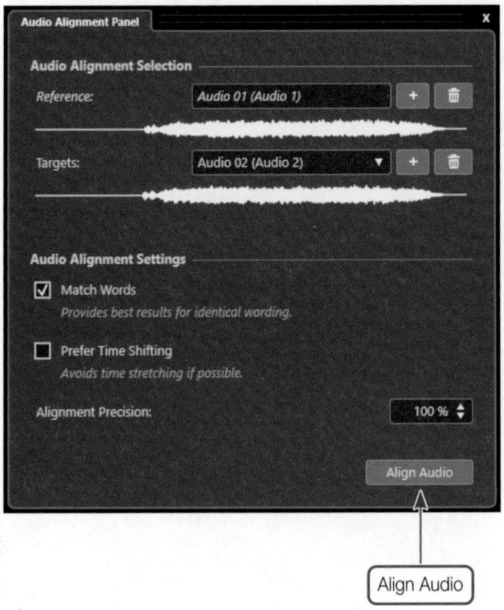


**02** Match Words 옵션을 체크하고, Align Audio 버튼을 클릭하면 오디오 타임이 한 방에 정렬되는 것을 확인할 수 있습니다. Prefer Time Shifting 옵션을 체크하면 길이 까지 정렬을 해주며, Alignment Precision에서 정렬 비율을 조정할 수 있습니다.

> **Tip**
> Audio Alignments는 몇 시간의 노동이 필요한 더빙 작업을 단 1초에 끝낼 수 있는 혁신적인 기능입니다. 입문자는 체감할 수 없을지도 모르지만 나중에 음원 제작을 할 수 있는 실력이 되면 반드시 필요한 기능이므로, 잊지 말고 기억해 두기 바랍니다.

# 03 PART

# 트랜스포트 패널

곡을 연주하거나 녹음하는 등의 컨트롤 기능을 담당하는 트랜스포트 패널에 관해서 살펴보겠습니다. 음악 작업 과정에서 가장 많이 사용하기 때문에 언제든 볼 수 있게 프로젝트 하단에 바 타입으로 자리잡고 있으며, 필요에 따라 열고 닫을 수 있는 독립 패널도 제공됩니다.

# 01 트랜스포트 바의 구성

트랜스포트 바는 기본적으로 프로젝트 로우 존 아래쪽에 열려 있으며, 단축키 F2 키를 이용하여 독립 패널로 열거나 닫을 수 있습니다. 필요하다면 프로젝트 도구 바에 표시할 수도 있습니다. 개인 취향에 따라 편한 위치에 열어 놓을 수 있지만, 보통은 단축키를 많이 이용합니다.

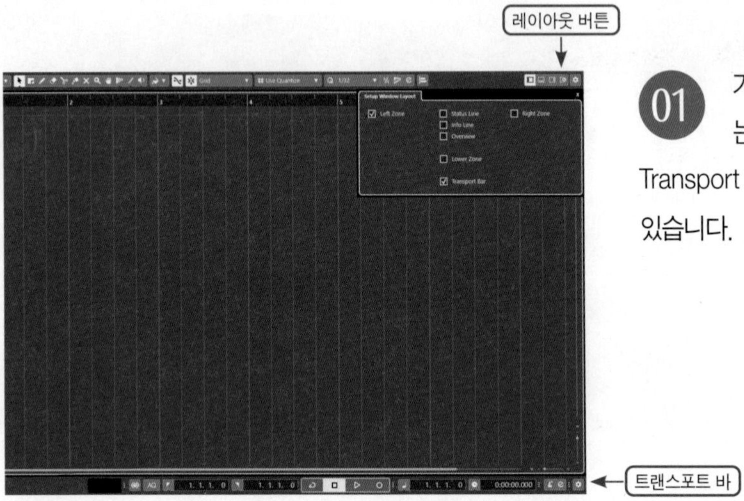


**01** 기본적으로 로우 존 아래쪽에 열려있는 트랜스포트 바는 레이아웃 버튼의 Transport Bar 옵션을 선택하여 열거나 닫을 수 있습니다.

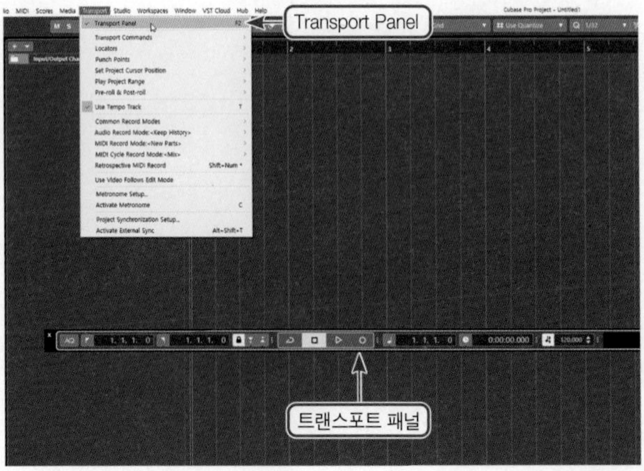


**02** 트랜스포트 패널은 Transport 메뉴의 Transport Panel을 선택하거나 단축키 F2 키로 열거나 닫을 수 있습니다. 대부분은 로우 존의 트랜스포트 바는 닫아두고, F2 키로 필요할 때 열거나 닫습니다.

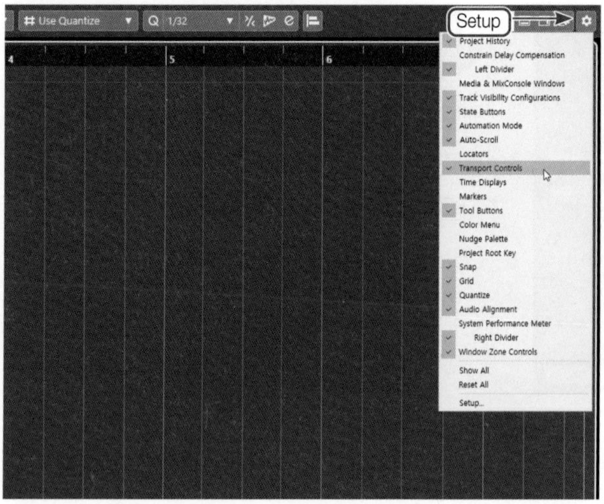


**03** 프로젝트 도구 바에 표시하고 싶은 경우에는 도구 바에서 마우스 오른쪽 버튼을 클릭하거나 오른쪽 끝에 톱니 모양으로 되어 있는 Setup 버튼을 클릭하면 열리는 메뉴에서 Locatros, Transport Controls, Time Displays 등의 아이템을 선택합니다.

**04** 트랜스포트 패널은 총 16가지의 아이템으로 구성되어 있으며, 기본적으로 MIDI Auto Quantize, Locators, Punch Points, Transport Controls, Time Displays, Tempo & Time Signature, Click & Count-in & Click Patttern, Input/Output Activity의 8가지 아이템이 열려 있습니다. 그 외의 아이템은 패널에서 마우스 오른쪽 버튼을 클릭하거나 오른쪽 끝에 톱니 모양으로 되어 있는 Setup 버튼을 클릭하면 열리는 메뉴에서 선택할 수 있습니다.

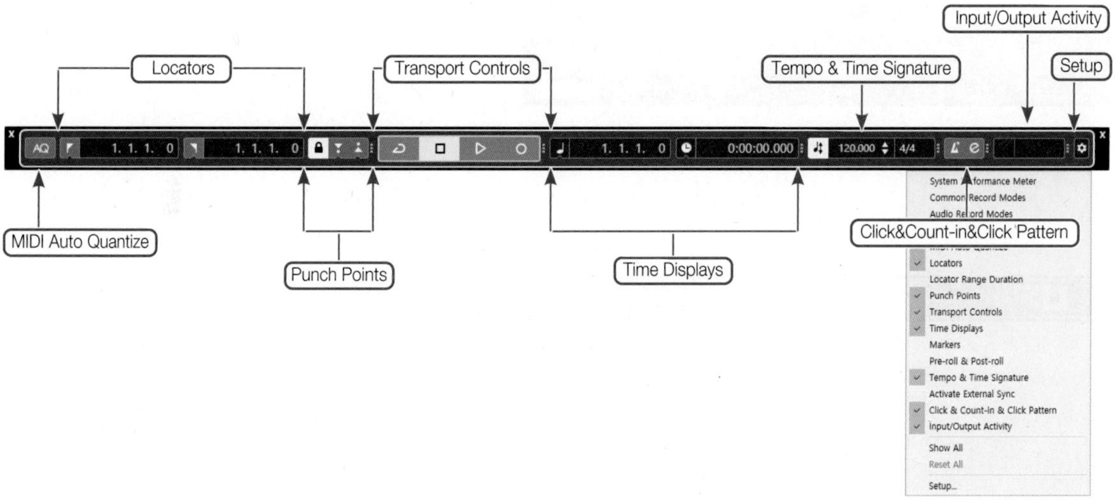


**05** 아이템 오른쪽에 3개의 점이 있는 것은 일부분이 감춰져 있다는 의미이며, 마우스 클릭이나 드래그로 표시하거나 감출 수 있습니다.

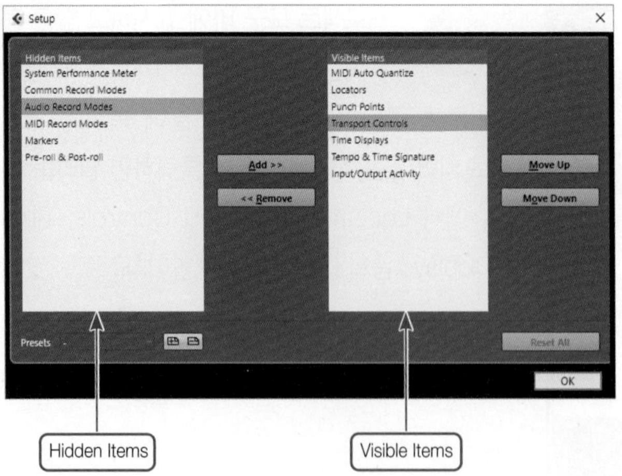


**06** 단축 메뉴에서 Setup을 선택하면 사용자 프리셋을 만들 수 있는 창이 열립니다. 오른쪽의 Visible Items 목록이 표시되는 것들이며, 왼쪽의 Hidden Items 목록이 표시되지 않는 것들입니다.

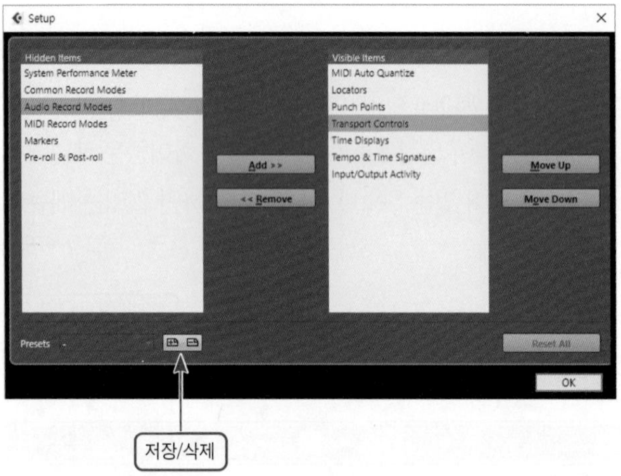


**07** 사용자가 구성한 아이템은 Preset 메뉴의 + 버튼을 클릭하여 저장하거나 - 버튼을 클릭하여 삭제할 수 있습니다.

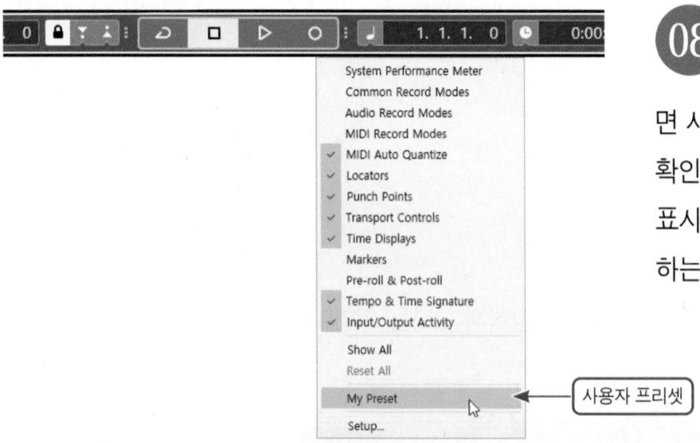


**08** 트랜스포트 패널에서 마우스 오른쪽 버튼을 클릭하여 단축 메뉴를 열어보면 사용자가 저장한 프리셋 이름이 추가된 것을 확인할 수 있습니다. Show All은 모든 아이템을 표시하는 것이고, Reset은 초기 설정으로 복구하는 것입니다.

# 02 시스템 사용량 모니터

● 샘플 파일 : Performance

Audio Performance는 큐베이스가 사용하는 컴퓨터 시스템 자원 사용량을 표시합니다. 이곳에 붉은색 경고가 표시되는데도 확인하지 않은 상태에서 작업을 계속 하면, 시스템이 정지되어 작업한 내용을 잃어버릴 수 있습니다. VST를 사용할 때 마다 레벨 미터를 확인하고, Ctrl+S 키를 자주 눌러 작업한 내용을 저장하는 습관을 들이기 바랍니다.

**01** 시스템 사용량을 체크할 수 있는 Audio Performance는 트랜스포트 패널 또는 프로젝트 툴 바에 열어 놓거나 독립창으로 열 수 있습니다. 독립창은 Studio 메뉴의 Audio Performace를 선택하여 열 수 있습니다.

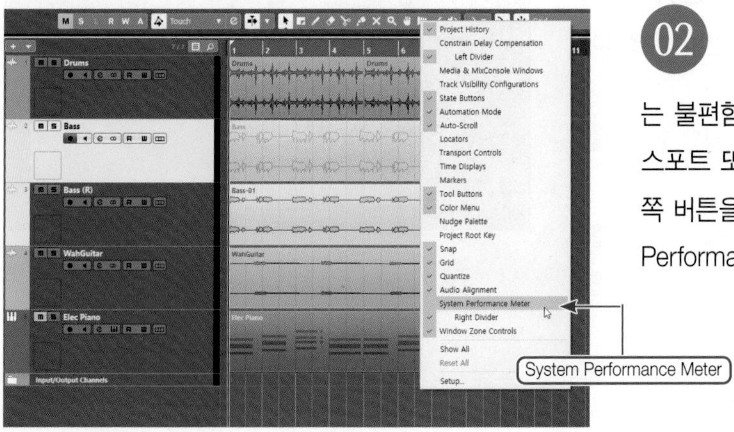


**02** 독립창은 CPU, 램, 하드 상태를 모두 체크할 수 있지만, 화면을 가린다는 불편함이 있습니다. 그래서 대부분은 트랜스포트 또는 프로젝트 툴 바에서 마우스 오른쪽 버튼을 클릭하여 단축 메뉴를 열고, Audio Performance Meter를 선택하여 열어놓습니다.

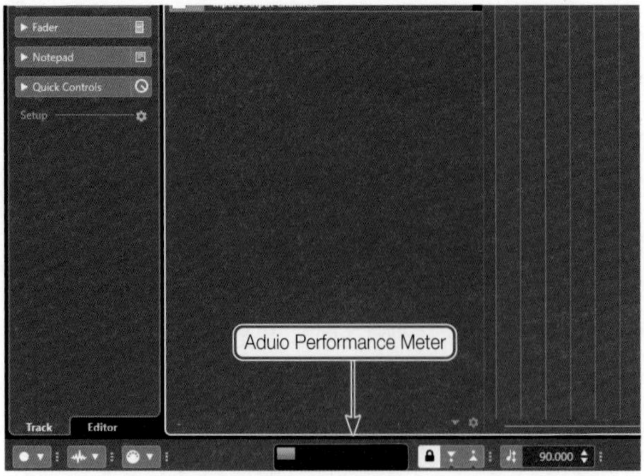


**03** 트랜스포트 패널 또는 프로젝트 툴바에 열어놓은 Audio Performance Meter는 상단에 전체 시스템 사용량을 표시하는 Maximum Load와 하단에 하드 디스크 전송 상태를 표시하는 Disk Cache Load의 두 줄로 표시됩니다.

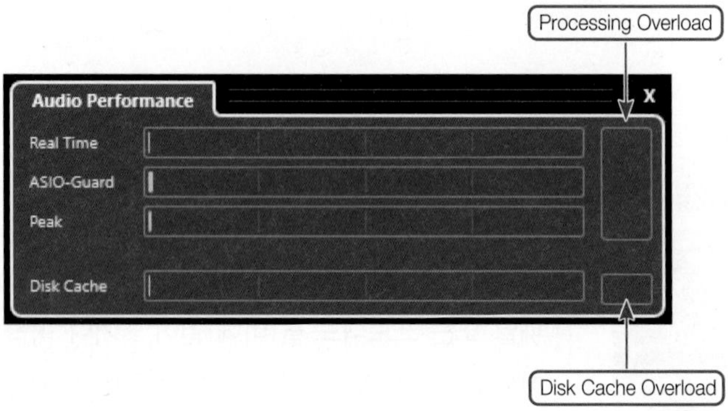


**04** 독립창은 Real Time, ASIO-Guard, Peak, Disk Cache 항목별로 체크할 수 있어 어떤 문제가 있는지를 좀 더 세부적으로 체크할 수 있습니다.

- Real Time : 모든 오디오 프로세스의 시스템 사용량을 표시합니다. Processing Overload에 빨간불이 표시되면, 빨리 Ctrl+S 키를 눌러 저장하고 필요한 조치를 취해야 합니다.
- ASIO-Guard : 플러그인 처리를 위한 시스템 사용량을 표시합니다. Studio Setup 창의 Audio System 페이지에서 Activate ASIO-Guard 옵션이 체크되어 있는 경우에만 동작합니다.
- Peak : 오디오 엔진을 처리하는데 필요한 시스템 사용량을 표시합니다.
- Disk Cache : 하드 디스크의 전송 속도를 체크합니다. 속도가 느린 HDD 보다는 M.2 SSD를 권장합니다.

05 Processing Overload가 자주 발생한다면 시스템 업그레이드 외에는 방법이 없습니다. 그 전에 최소한의 조치는 Freeze 및 Render가 있습니다. Freeze는 트랙 인스펙터의 Freeze 버튼을 클릭하여 적용합니다.

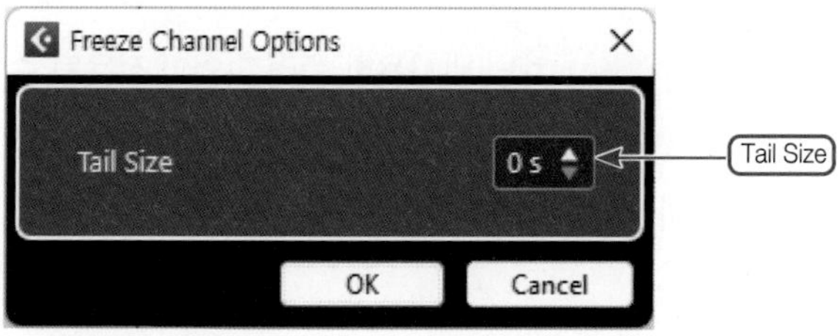


06 잔향 길이를 설정할 수 있는 옵션 창이 열립니다. 리버브나 딜레이와 같은 타임 장치를 사용하고 있는 경우에는 이벤트 길이보다 긴 잔향이 있습니다. 필요한 만큼의 길이를 설정하고 OK 버튼을 클릭합니다.

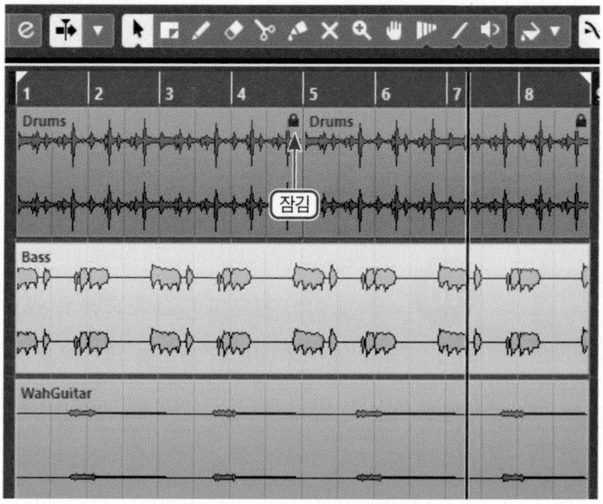


07 이벤트에 자물쇠 모양이 표시되며, 해당 트랙에 사용한 플러그-인 수만큼 시스템이 확보됩니다. 단, 더 이상의 편집은 할 수 없으며, 편집이 필요한 경우에는 Freeze 버튼을 다시 클릭하여 Unfreeze 합니다.

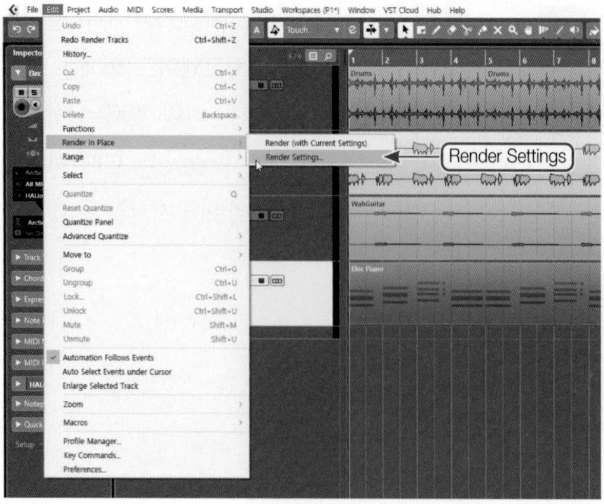


08 완성된 트랙이라면 플러그-인이 적용된 오디오로 만들어 시스템을 확보하는 방법도 있습니다. Edit 메뉴의 Render in Place에서 Render Settings를 선택합니다.

Tip

다른 트랙에 같은 설정의 렌더링 작업을 진행할 때는 Render 메뉴를 선택하면 됩니다.

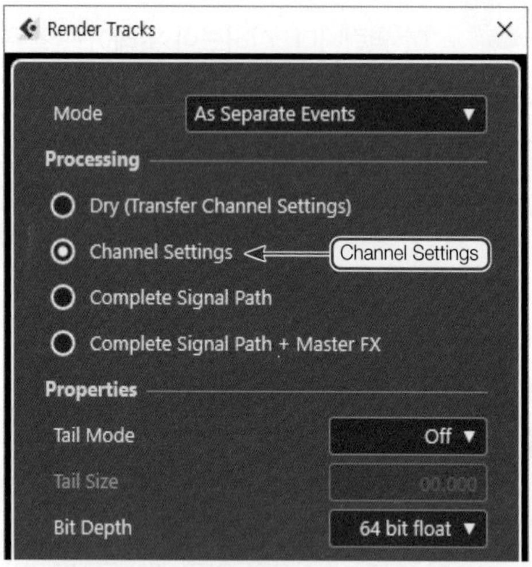


09 채널에 사용한 플러그-인이 적용될 수 있게 Channel Settings 옵션을 선택하고 Render 버튼을 클릭합니다.

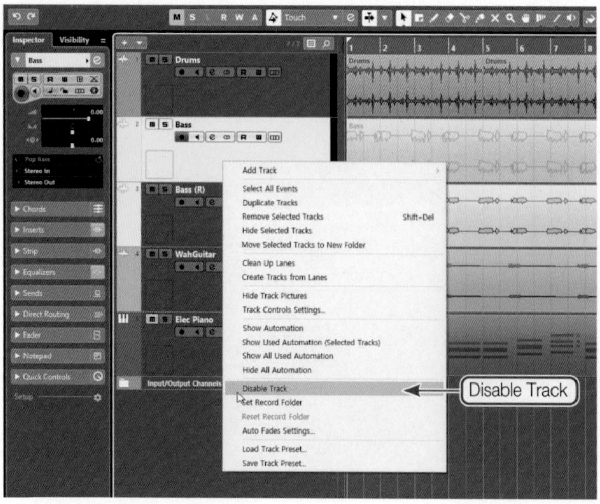


10 선택한 트랙의 이벤트가 뮤트되고, 플러그-인이 적용된 오디오 트랙이 생성됩니다. 필요하다면 언제든 뮤트를 해제하여 사용할 수 있고, 필요 없다면 삭제해도 좋지만, 만일을 위해 마우스 오른쪽 버튼을 클릭하면 열리는 단축 메뉴에서 Disable Track을 선택하여 시스템을 확보합니다.

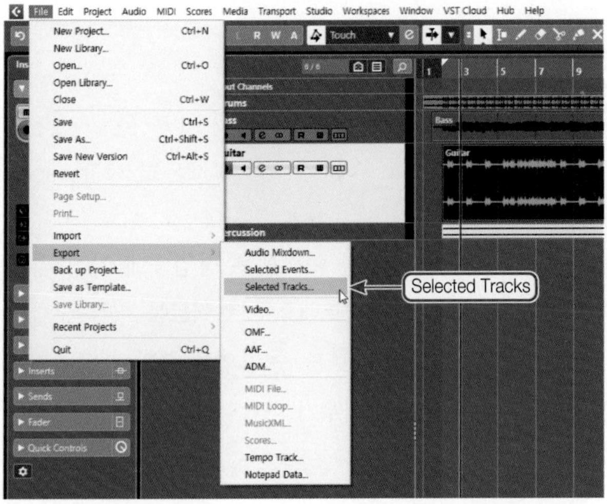


**11** 선택한 트랙 또는 이벤트를 저장하여 새로운 프로젝트로 작업하는 방법도 있습니다. File 메뉴의 Export에서 Selected Events 또는 Selected Tracks을 선택합니다.

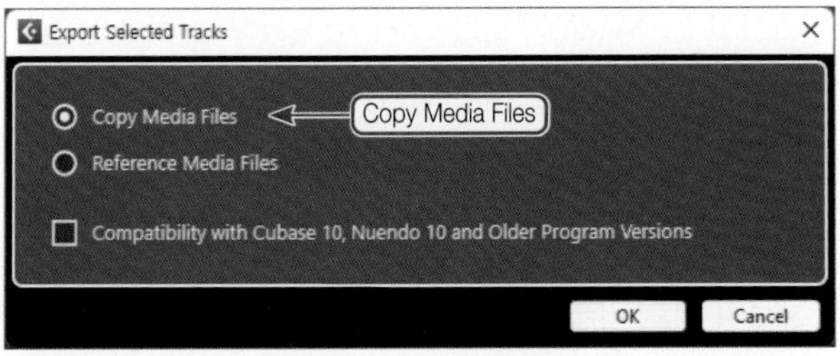


**12** Selected Tracks은 Copy Media Files 옵션으로 선택한 트랙을 오디오 파일로 저장하거나 Reference Media Files 옵션으로 아카이브 파일(XML)로 저장할 수 있습니다. Compatibility with Cubase 10 옵션은 버전 10에서 열 수 있도록 합니다.

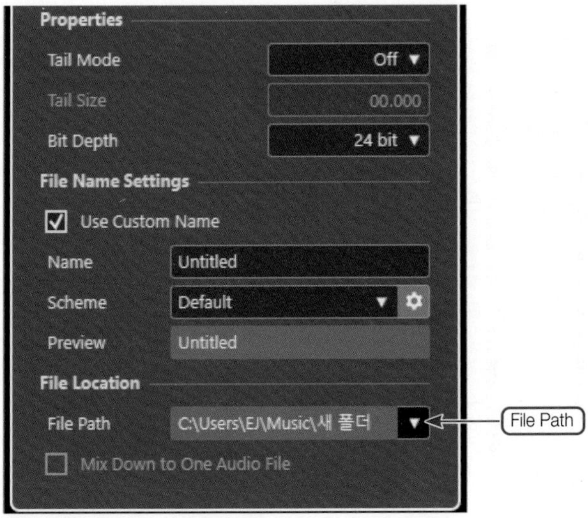


**13** Selected Events는 선택한 이벤트를 오디오 파일로 저장합니다. 랜더링 옵션과 동일하며, 저장 위치는 File Path 항목을 클릭하여 선택합니다.

# 03 트랜스포트 컨트롤

● 샘플 파일 : Transport

곡을 연주하고, 녹음하는 트랜스포트 컨트롤 아이템은 작업중에 가장 많이 사용하는 버튼입니다. 그래서 화면에 보이는 트랜스포트 컨트롤 버튼을 클릭해가면서 작업을 하는 경우보다는 컴퓨터 키보드 숫자 열에 할당된 단축키를 많이 사용합니다. 컨트롤 단축키는 반드시 외우기 바랍니다.

곡의 재생과 정지를 담당하는 트랜스포트 컨트롤은 키보드 숫자열의 키를 이용해서 조정할 수 있습니다.

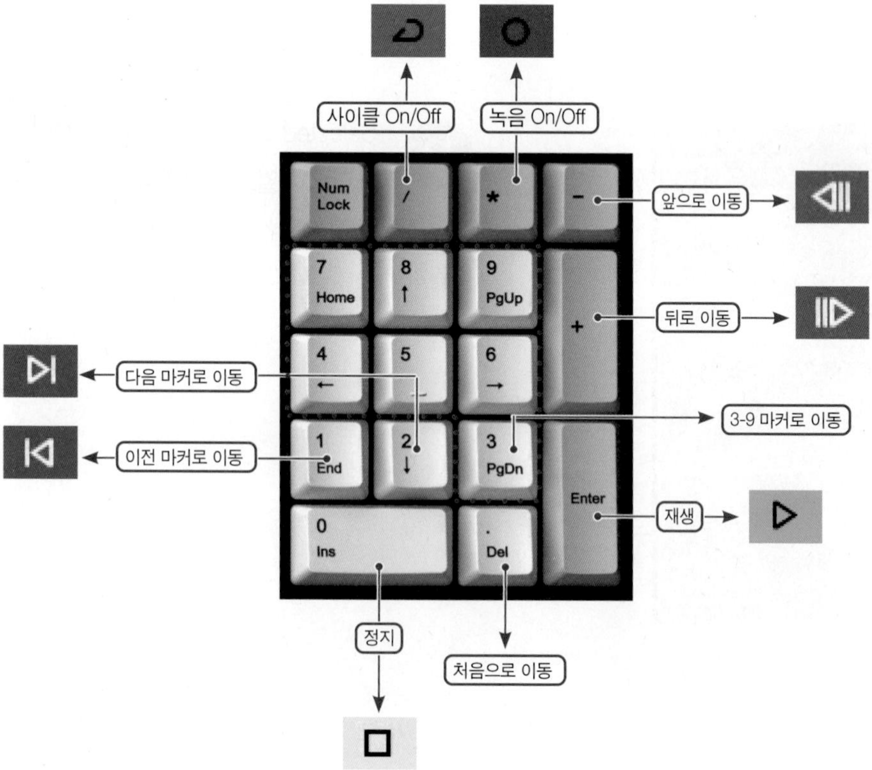

3마디 위치의 룰러 라인을 클릭하여 송 포지션 라인을 가져다 놓습니다. Alt+Shift 키를 누른 상태에서 작업 공간을 클릭해도 됩니다.

Tip

Preferences 창의 Transport 페이지에서 Locate when Clicked in Empty space 옵션을 체크하면, 작업 공간을 클릭하여 송 포지션 라인을 이동시킬 수 있습니다.

● 재생과 정지

키보드 숫자열의 Enter 키 또는 Space bar 를 누르면 송 포지션 라인이 있는 3마디 위치에서 시작되고, 0 번 키 또는 Space bar를 누르면 정지됩니다. 정지된 상태에서 0 번 키를 누르면 연주를 시작했던 위치로 이동합니다.

● 처음으로 이동

키보드 숫자열의 Enter 키를 눌러 연주를 시작하고, 0 번 키를 눌러 정지시킵니다. 그리고 Del 키를 누르면 프로젝트의 시작 위치인 1마디로 이동합니다.

● 앞/뒤로 이동

키보드 숫자열의 + 키를 누르면 송 포지션 라인이 뒤로 이동하고, - 키를 누르면 앞으로 이동합니다. Shift 키를 누른 상태에서는 좀 더 빠른 속도로 이동시킬 수 있으며, Ctrl 키를 누른 상태에서는 그리드 타입에서 선택한 단위로 이동합니다. 사용자가 원하는 위치로 바로 이동 할 수 있는 Shift+P 키도 기억해두면 좋습니다.

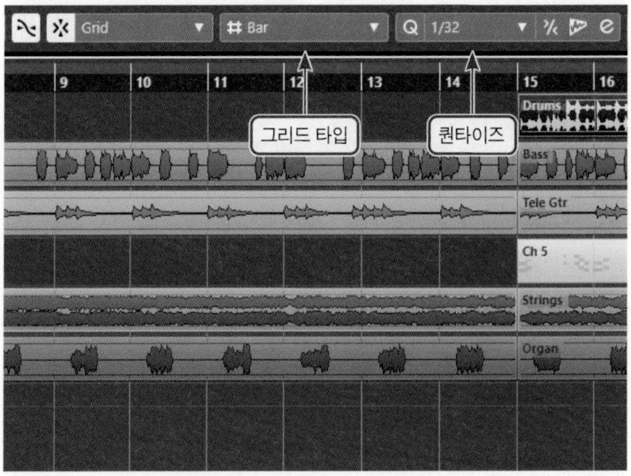


그리드 타입(Grid Type)

Bar : 마디 단위로 이동

Beat : 박자 단위로 이동

Use Quantize : 퀀타이즈 단위로 이동

Adapt to Zoom : 작업 공간 크기에 따라 표시되는 라인 단위로 이동

Tip

이벤트 단위로 이동할 수 있는 B와 N 키도 기억해두면 좋습니다.

● 로케이터

룰러 라인 상단에 마우스를 가져가면 연필 모양으로 표시되며, 드래그하여 구간을 선택할 수 있습니다. 이것을 로케이터 구간이라고 합니다.

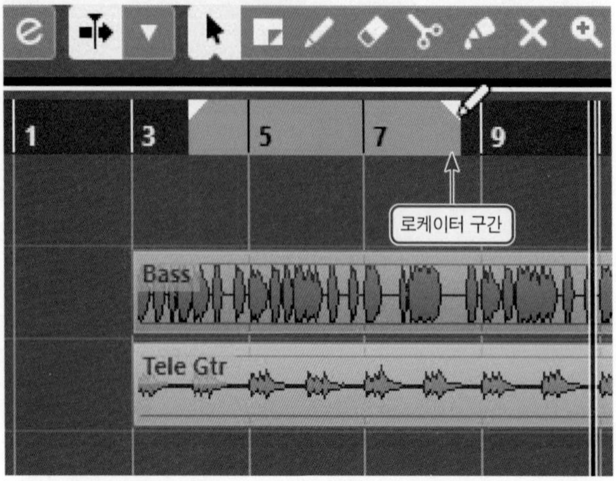


로케이터 구간을 설정하는 방법이 몇 가지가 더 있습니다. Ctrl 키를 누른 상태로 룰러 라인을 클릭하여 로케이터의 시작 위치를 설정할 수 있고, Alt 키를 누른 상태로 끝 위치를 설정할 수 있습니다.

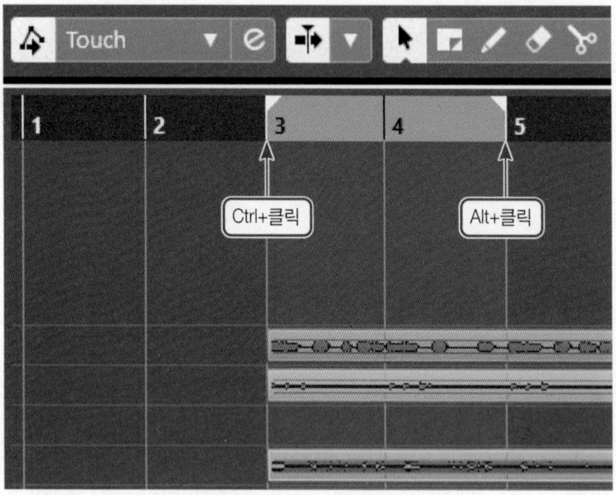


Ctrl 키를 누른 상태에서 키보드 숫자열의 1 번 키를 눌러 로케이터의 시작 위치를 설정할 수 있고, 2 번 키를 눌러 끝 위치를 설정할 수 있습니다. 재생 중일 때 유용합니다.

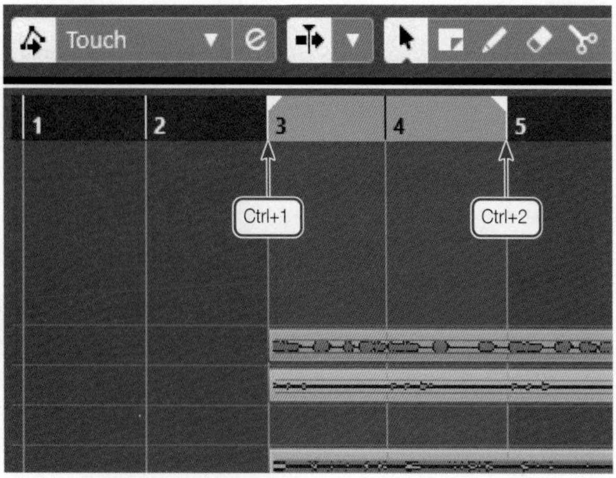

이벤트를 선택하고, P 키를 누르면 선택한 이벤트의 길이만큼 로케이터 구간으로 설정됩니다. 실제로 많이 사용하는 방법입니다.

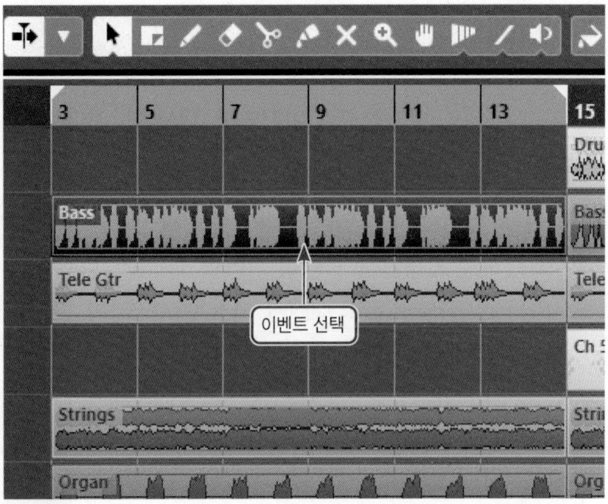


로케이터 시작과 끝 위치의 삼각형을 드래그하면 범위를 수정할 수 있습니다.

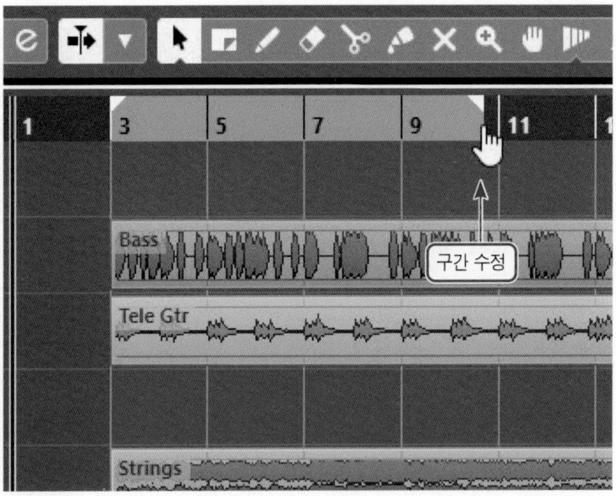


로케이터 구간 안쪽에 마우스를 위치하면 포인트가 손 모양으로 바뀌는 위치가 있습니다. 이때 드래그하여 로케이터 구간의 위치를 변경할 수 있습니다.

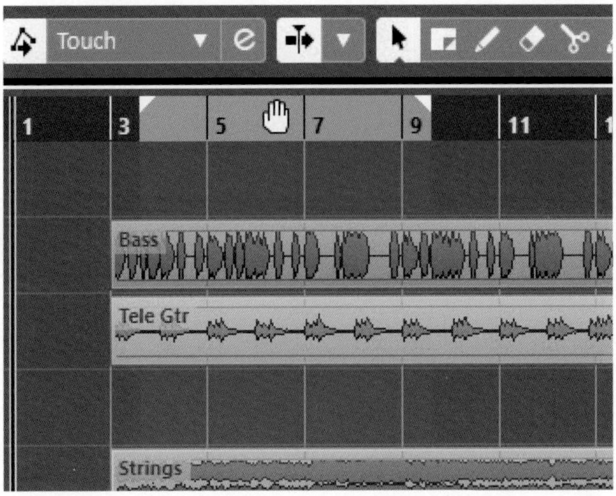

● 사이클

로케이터 구간을 설정하고, 키보드 숫자열의 [/] 키를 누르면, 보라색으로 반전되며, 재생 및 녹음을 할 때 로케이터 구간을 반복합니다. 특정 구간을 반복해서 모니터하거나 녹음할 때 자주 사용하는 기능입니다. 반복 기능을 해제할 때는 다시 [/] 키를 누르면 됩니다.

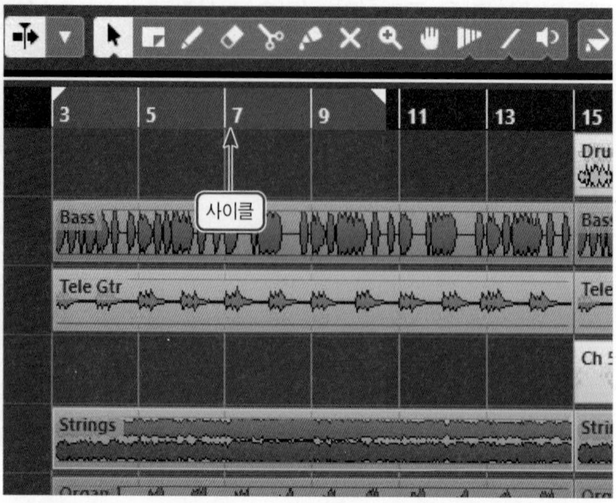


로케이터 구간의 시작 및 끝 위치에 표시되는 삼각형을 드래그하여 반대로 설정하면, 갈색으로 표시되며, 재생 및 녹음을 할 때 해당 구간을 점프하게 됩니다. 곡의 일정 구간을 빼고 모니터하고 싶을 때 유용한 기능입니다.

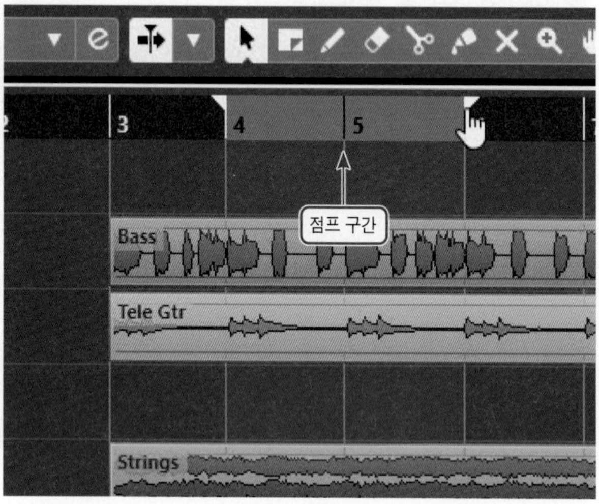


트랜스포트 패널의 로케이터 아이템은 시작 및 끝 위치가 표시되며, 직접 입력하거나 마우스 휠로 설정할 수 있습니다. 깃발 모양의 아이콘을 클릭하면 각각 로케이터의 시작 및 끝 위치로 송 포지션 라인을 이동시킬 수 있으며, 단축키는 키보드 숫자열의 [1]번과 [2]번 키 입니다.

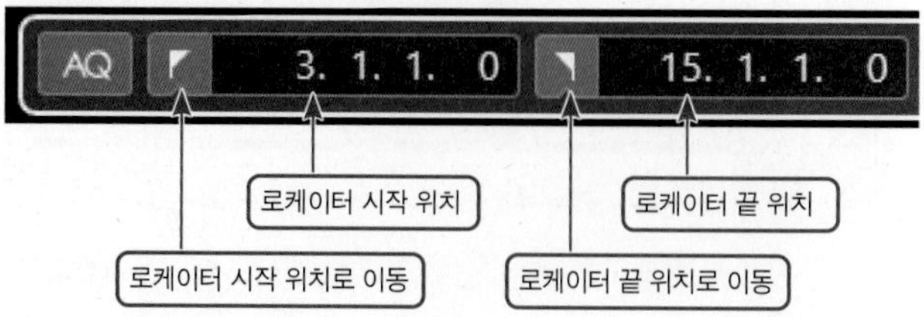

● 마커

마커는 '여기서부터는 노래', '여기서부터는 기타 솔로' 등 곡의 위치를 메모하는 역할을 합니다. 트랙 리스트에서 마우스 오른쪽 버튼을 클릭하여 단축 메뉴를 열고, Add Marker Track을 선택합니다.

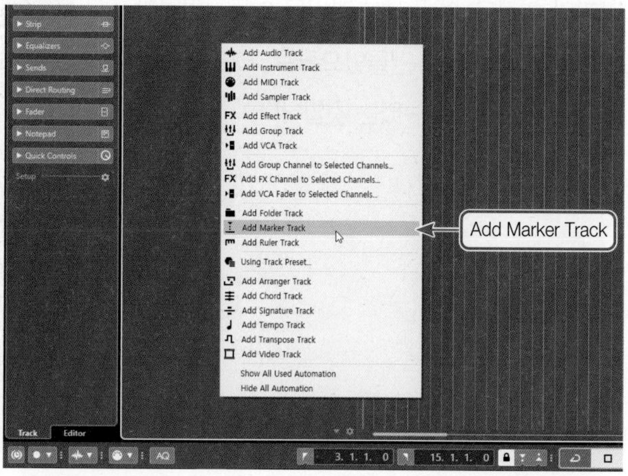


도구 바에서 연필 툴을 선택하고, Marker 트랙의 3마디 위치를 클릭합니다. 1번의 마커가 입력됩니다.

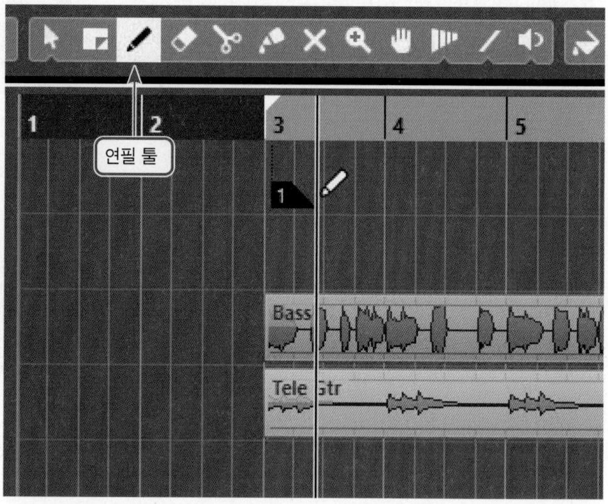


인포 라인의 Description 항목에서 알아보기 쉬운 이름을 입력합니다. 같은 방식으로 15마디에 송1, 27마디에 간주, 39마디에 송2 등의 마커를 만들어 봅니다.

키보드 숫자열의 [1] 번부터 [9] 번까지는 해당 마커의 위치로 송 포지션 라인을 이동시킵니다. 현재 4개의 마커를 만들었으므로, [1] - [4] 번 키를 눌러 이동할 수 있는 것입니다.

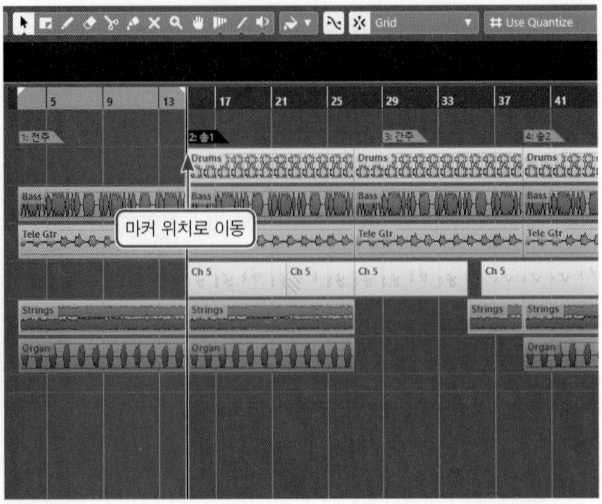


인스펙터 창의 Edit 버튼을 클릭하면 프로젝트의 마커를 관리할 수 있는 창이 열립니다.

〉 : 선택한 마커로 이동
ID : 마커 번호
Position : 마커 위치
Description : 마커 이름

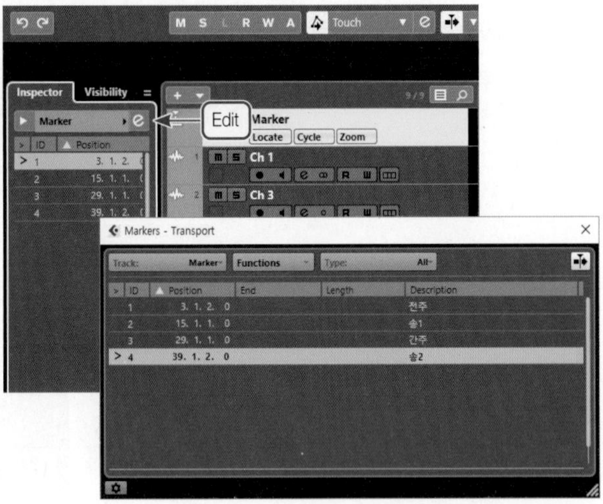


트랜스포트 패널의 마커 번호를 선택하여 이동할 수 있으며, [Alt] 또는 [Ctrl] 키를 누른 상태에서 클릭하면 송 포지션 라인 위치에 마커를 만듭니다.

## Tip 트랜스포트 단축키

큐베이스의 모든 기능은 키보드 단축키를 이용해서 컨트롤 할 수 있습니다. 물론, 모든 단축키를 외울 필요는 없지만, 자주 사용하는 기능의 단축키는 외우는 것이 좋습니다. 특히, 키보드 숫자열의 모든 키와 원하는 위치로 이동할 수 있는 Shift+P 키는 아주 많이 사용되는 단축키가 될 것입니다. 다음은 트랜스포트 기능의 단축키 목록입니다.

| 단축키 | 역할 |
|---|---|
| I/O | 펀치 인/아웃 버튼의 On/Off |
| / | 반복 버튼의 On/Off |
| +/- | 송 포지션 라인을 앞/뒤로 이동. Shift 키를 누른 상태에서는 빠르게 이동하며, Ctrl 키를 누른 상태에서는 Grid 단위로 이동 |
| P | 선택한 이벤트의 길이만큼 로케이터 구간 설정. Ctrl 키를 누른 상태에서는 풀 윈도우가 열리고, Shift 키를 누른 상태에서는 송 포지션 위치 입력 가능 |
| T | 싱크 버튼 On/Off. Ctrl 키를 누른 상태에서는 템포 편집 창이 열리고, Shift 키를 누른 상태에서는 템포 입력 가능 |
| Insert | 송 포지션 라인 위치에 마커 삽입 |
| R | 선택한 트랙의 녹음 준비 버튼 On/Off |
| B/N | 이전 또는 다음 이벤트 위치로 이동. 마커가 있을 경우에는 마커로 이동 |
| Shift+G | 선택한 이벤트의 길이에 맞추어 로케이터 구간이 설정되고, 자동으로 반복 연주 |
| Shift+P | 트랜스포트의 타임 항목이 선택되며, 입력 위치로 이동 |
| C | 메트로롬 On/Off |
| Alt+Space bar | 선택한 이벤트 연주 |
| Shift+번호 키 | 해당 마커로 이동 |
| * | 녹음 |
| Shift+* | 녹음을 진행하지 않고 연주해본 것을 기록 |
| . | 처음으로 이동 |
| Enter | 연주 |
| 0 | 정지, 정지 상태에서는 시작 위치로 이동 |
| 스페이스 바 | 연주 및 정지 |

# 04 미디 레코딩

미디 녹음은 어떤 음을 얼만큼의 세기로 어디에서부터 어느 정도의 길이로 연주되게 할 것인지에 대한 정보를 기록하는 것입니다. 그래서 입력 후에 편집이 자유롭고, 서툰 연주도 세계적인 연주자가 녹음한 것처럼 만들 수 있다는 장점이 있습니다. 다만, 한 손으로 멜로디 정도는 연주할 수 있어야 한다는 조건이 필요합니다.

## 01 VST Instrument

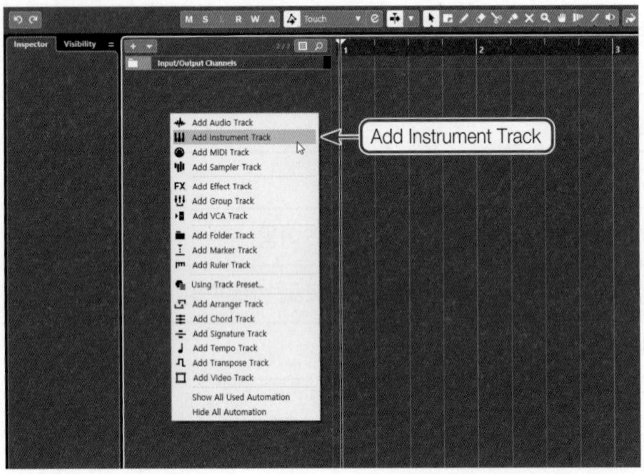


**01** 미디 데이터를 기록할 수 있는 트랙은 Instrument, MIDI, Sampler의 3 종류가 있습니다. Empty Project를 만들고, 트랙 리스트에서 마우스 오른쪽 버튼을 클릭하여 단축 메뉴를 엽니다. 그리고 Add Instrument Track을 선택합니다.

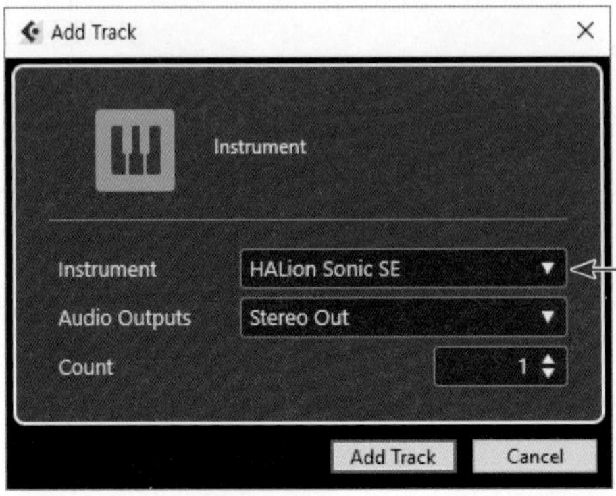


**02** Instrument는 소프트 악기, Audio Outputs은 출력 포트를 선택하는 항목이고, Count는 몇 개의 트랙을 만들 것인지를 선택하는 항목입니다. Instrument에서 HALion Sonic SE를 선택하고 Add Track 버튼을 클릭합니다.

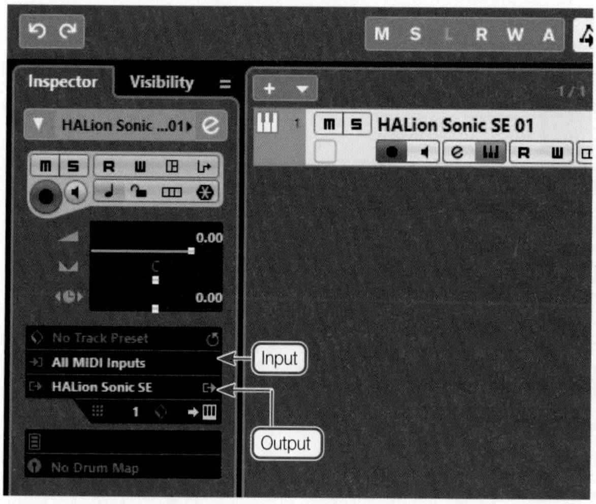


03 인스펙트 창의 Input 항목에서 마스터 건반이 연결되어 있는 포트를 선택합니다. 기본적으로 사용자 컴퓨터에 연결되어 있는 모든 미디 악기의 연주를 녹음할 수 있는 All MIDI Inputs으로 선택되어 있습니다. Output은 연주할 악기를 선택하는 항목으로 앞에서 추가한 HALion Sonic SE가 선택되어 있습니다. 필요하다면 Output 항목을 클릭하여 악기를 변경할 수 있습니다.

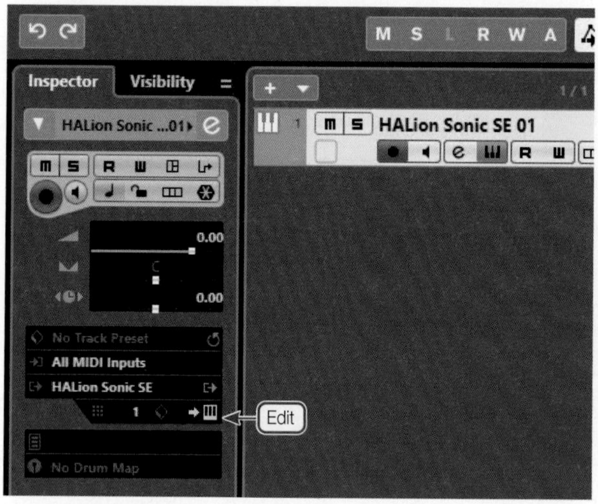


04 인스트루먼트 트랙을 추가하면 악기가 자동으로 열리며, 악기를 닫은 경우에는 인스펙터의 Edit 버튼을 클릭하여 열 수 있습니다.

05 HALion Sonic SE 카테고리에서 악기를 선택하고, 프리셋 목록에서 음색을 더블 클릭하면 채널 1번에 로딩됩니다. 마스터 건반을 연주해보면서 마음에 드는 음색을 찾습니다.

06 트랙 이름 항목을 더블 클릭하여 연주할 악기의 이름을 구분하기 쉽게 변경합니다. 트랙 이름은 나중에 변경해도 상관없지만, 녹음하는 이벤트가 트랙 이름으로 만들어지기 때문에 먼저 입력하는 습관을 갖는 것이 좋습니다.

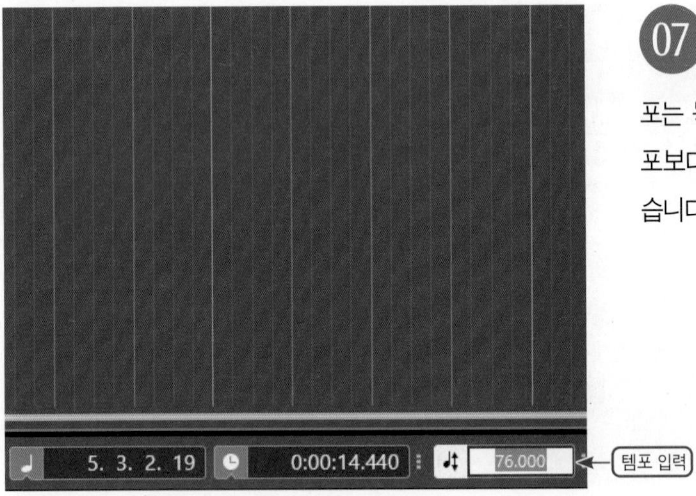


07 트랜스포트 바의 템포 항목을 클릭하여 제작할 곡의 템포를 결정합니다. 템포는 녹음 후에도 조정할 수 있으므로, 최종 템포보다는 연주 가능한 템포로 결정하는 것이 좋습니다.

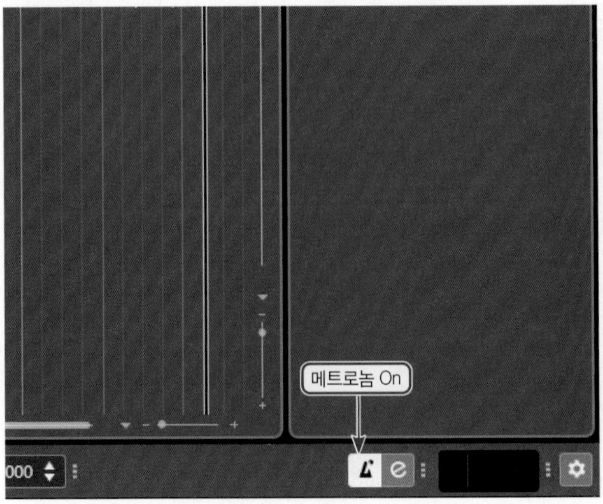


08 트랜스포트 패널의 메트로놈 버튼을 클릭하여 On 합니다. 메트로놈 On/Off 단축키는 C 키 입니다.

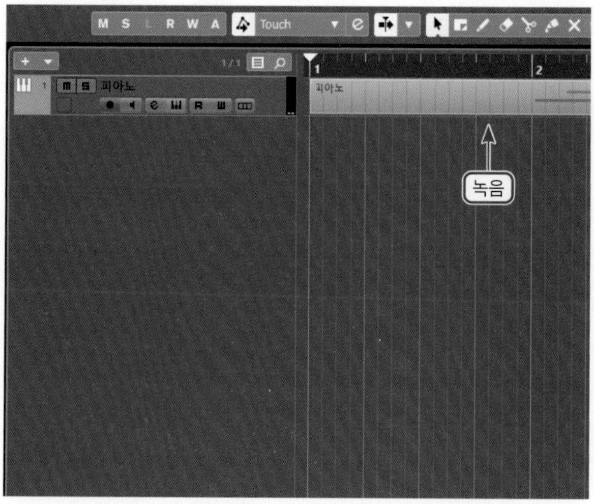


**09** 키보드 숫자열의 [*] 키를 누르면, 메트로놈 소리가 들립니다. 메트로놈 소리에 맞추어 마스터 건반으로 연주하면, 이벤트가 기록되는 것을 확인할 수 있습니다.

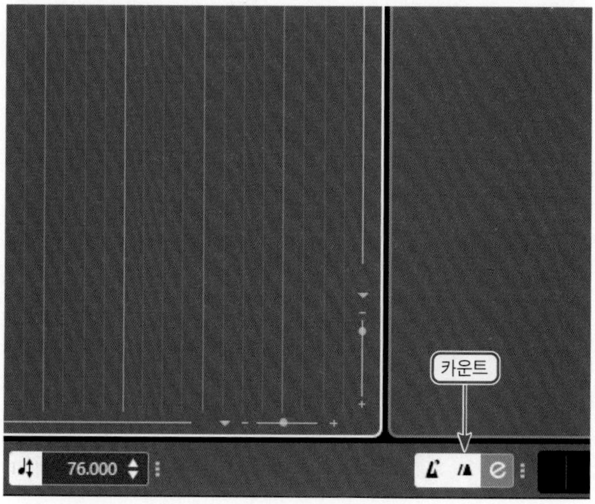


**10** 카운트를 듣고 녹음을 시작하고 싶은 경우가 있습니다. [Ctrl]+[Z] 키를 눌러 앞에서 녹음한 이벤트를 취소하고, 카운트 버튼을 On으로 합니다.

**11** 키보드 숫자열의 [Del] 키를 눌러 처음으로 이동하고, 다시 [*] 키를 눌러 녹음을 시작하면 2마디 길이에 해당하는 8번의 카운트가 들린 후에 녹음이 시작됩니다.

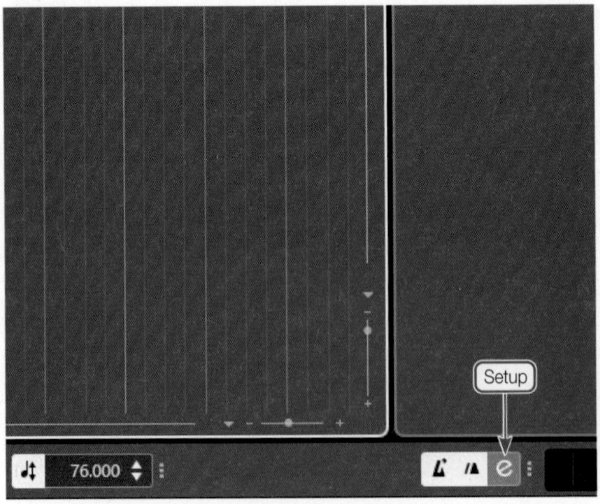


12 두 마디 길이의 카운트가 짧거나 길다고 느껴지면 사용자가 원하는 길이로 수정할 수 있습니다. 카운트 버튼 오른쪽의 Setup 버튼을 클릭합니다.

13 Metronome Setup 창이 열립니다. General 탭 아래쪽의 Count-In에서 Number of Bars in Count-in 항목이 카운트의 길이를 설정하는 곳입니다. 2로 되어 있는 것을 1로 변경하면 한 마디 길이의 카운트를 들려주고, 녹음이 시작됩니다.

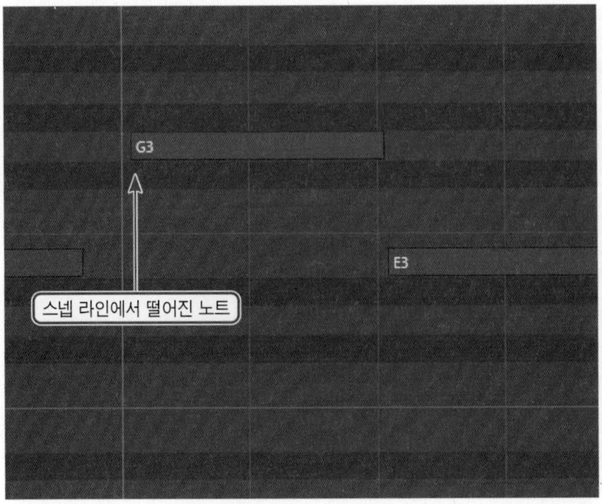


14 녹음을 완료하고 이벤트를 더블 클릭하거나 Enter 키를 눌러 미디 편집 창인 키 에디터를 열면, 노트가 스넵 라인에서 조금씩 벗어나 있는 것을 확인할 수 있습니다. 아무리 연주를 잘해도 1000분의 1초에 해당하는 박자를 맞출 수 없습니다.

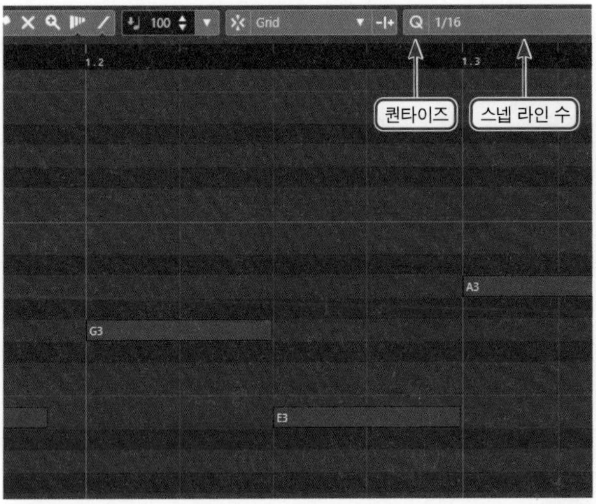


15 노트를 정확하게 맞추고 싶다면, 키 에디터 도구 바의 퀀타이즈 버튼을 클릭하거나 Q 키를 누릅니다. 기본 라인 수는 1/16으로 한 마디에 16개의 스넵 라인이 표시되고, 가까운 노트를 끌어다 맞춥니다.

16 트랜스포트 패널의 오토 퀀타이즈 AQ 버튼은 녹음을 할 때 자동으로 퀀타이즈 되게 하는 역할을 합니다. 이때 정렬 기준이 되는 그리드 라인의 수는 프로젝트 도구 바의 퀀타이즈 항목에서 선택합니다.

17 녹음이 끝난 후에 악기 음색을 변경하고자 한다면 인스펙터 창의 Edit 버튼을 클릭하여 악기를 열어도 좋지만, 프로그램 항목에서 변경이 가능합니다.

# 02 MIDI

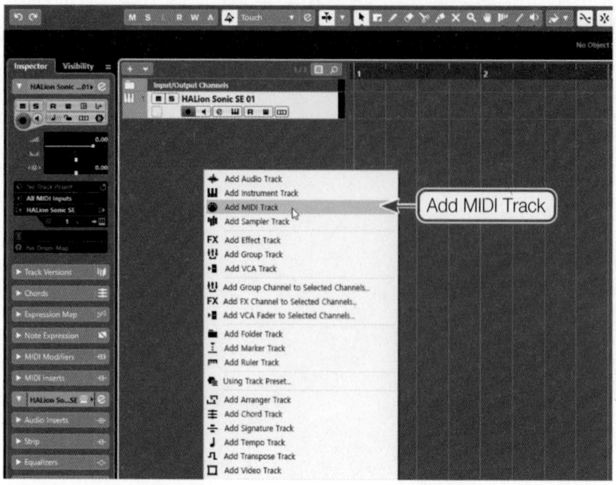


**01** 미디 트랙은 하드웨어 악기 또는 멀티 채널의 VST 악기를 연주하는 목적으로 사용합니다. 트랙 리스트에서 마우스 오른쪽 버튼을 클릭하여 단축 메뉴를 열고, Add MIDI Track을 선택합니다.

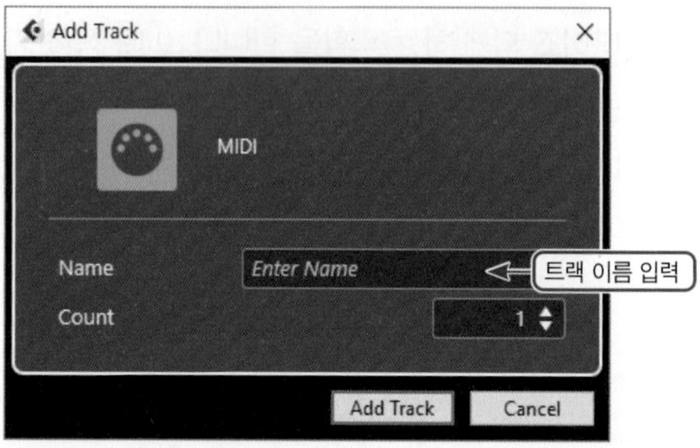


**02** 트랙 이름과 수를 설정할 수 있는 창이 열립니다. 이벤트를 녹음하기 전에 트랙 이름을 결정하는 것이 좋으므로, 이름을 입력하고 Add Track 버튼을 클릭합니다.

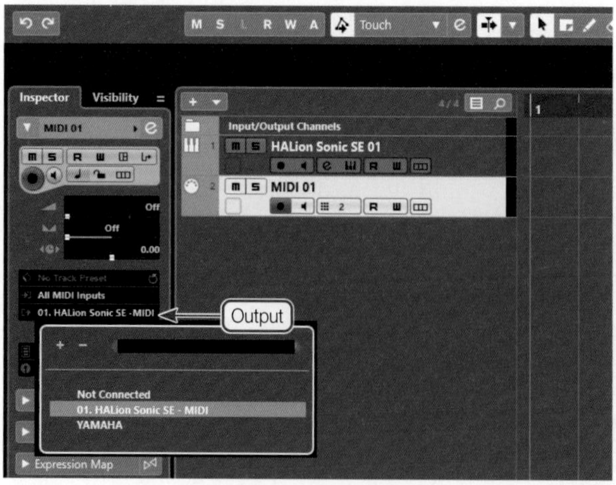


**03** 인스펙터 Output 항목에서 연주할 악기를 선택합니다. 사용자 컴퓨터에 연결되어 있는 하드웨어 악기 또는 VST 악기 모두 가능합니다. 앞에서 로딩한 HALion Sonic SE를 선택해 봅니다.

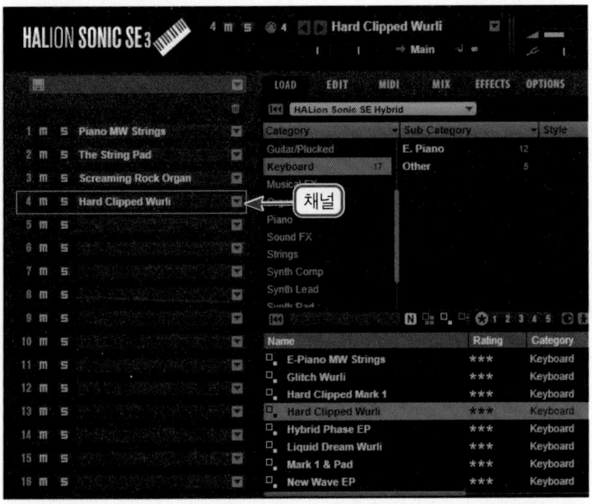


**04** 인스펙터 창의 Edit 버튼을 클릭하여 악기를 열면 16 채널을 지원하는 악기라는 것을 알 수 있습니다. 각 채널 마다 음색을 선택하여 로딩 합니다.

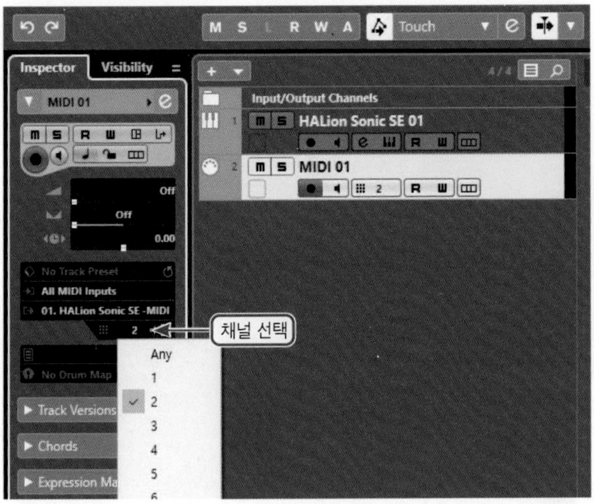


**05** 인스펙터 창의 Edit 버튼 왼쪽에 채널을 선택하는 항목이 있습니다. 2번을 선택하면 HALion Sonic SE의 2번 채널에 로딩한 음색이 연주되고, 3번을 선택하면 3번 음색이 연주되는 것입니다.

**06** Output에서 하드웨어 악기를 선택한 경우라면 음색을 선택하는 프로그램 항목이 뱅크와 함께 표시됩니다. 가지고 있는 악기를 보면 음색이 Bank와 Program으로 구분되어 있을 것입니다. 바로 이것을 선택하는 것입니다. 그 외, 녹음 방법은 VST 트랙과 동일합니다.

# 05 악기 리스트 만들기

하드웨어 악기는 음색을 뱅크와 프로그램 번호로 선택한다고 했습니다. 크게 불편할 것은 없지만, 매번 음색 번호를 확인해야 한다는 단점이 있습니다. 큐베이스는 하드웨어 악기도 VST와 같이 프로그램을 이름으로 선택할 수 있는 기능을 제공합니다.

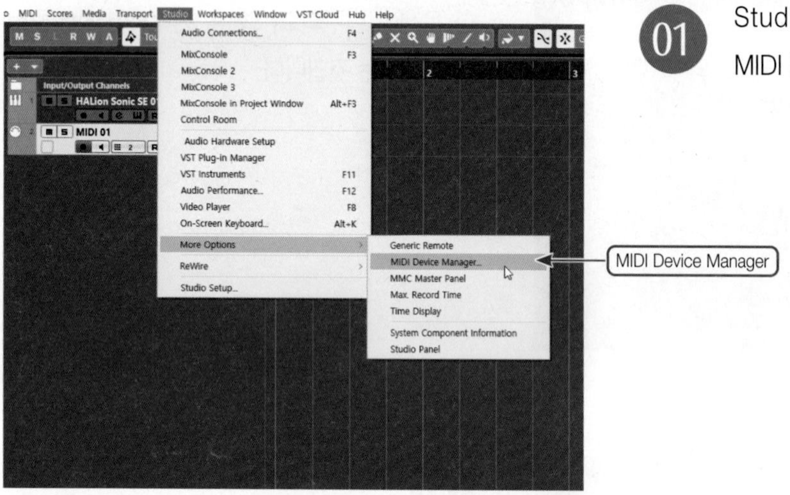


**01** Studio 메뉴의 More Options에서 MIDI Device Manager를 선택합니다.

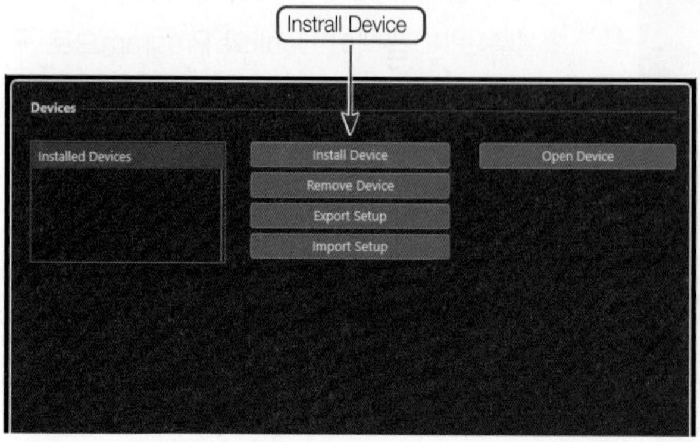


**02** MIDI Device Manager 창이 열립니다. Install Device 버튼을 클릭합니다.

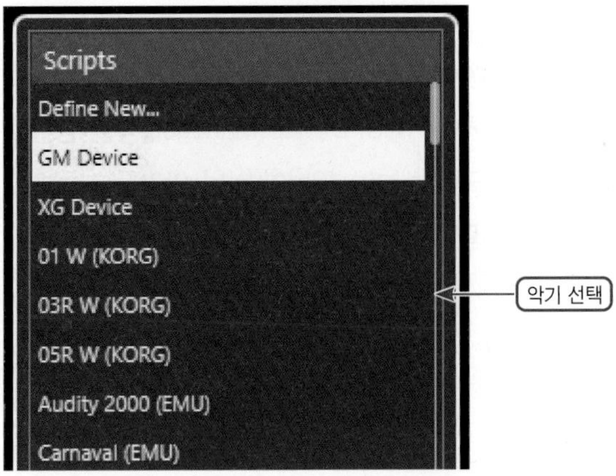


**03** Add MIDI Device 창이 열립니다. 사용하고 있는 악기의 제품 모델을 찾아 선택하고, OK 버튼을 클릭합니다.

**Tip**

리스트에 없다면 악기 제조사 홈페이지에서 큐베이스 패치 파일을 제공하는지 확인해보고, 있다면 Scripts\Patchnames 폴더에 복사합니다

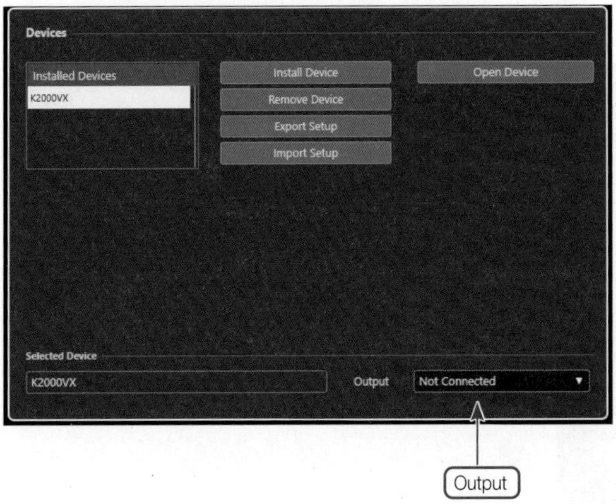


**04** Installed Devices 항목에 선택한 악기가 등록된 것을 확인할 수 있습니다. Output 항목을 클릭하여 악기를 연결한 포트를 선택합니다.

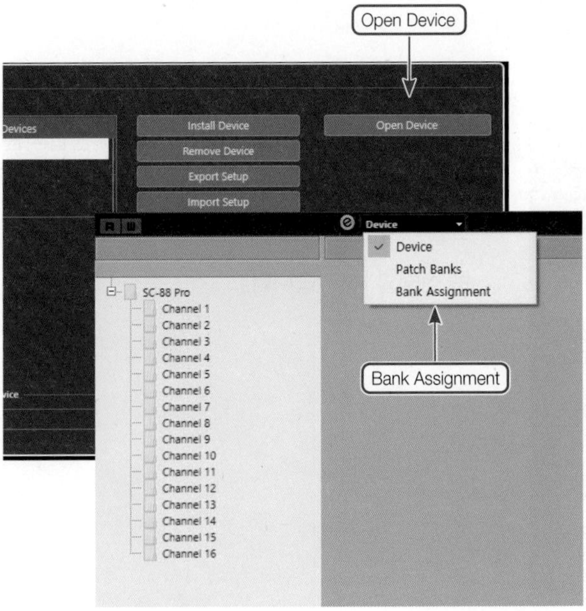


**05** GM/GS 모드 악기는 10번 채널이 드럼 사운드로 설정되어 있습니다. 이것을 설정하려면 Open Device 버튼을 클릭하여 열고, Bank Assignment 을 선택합니다.

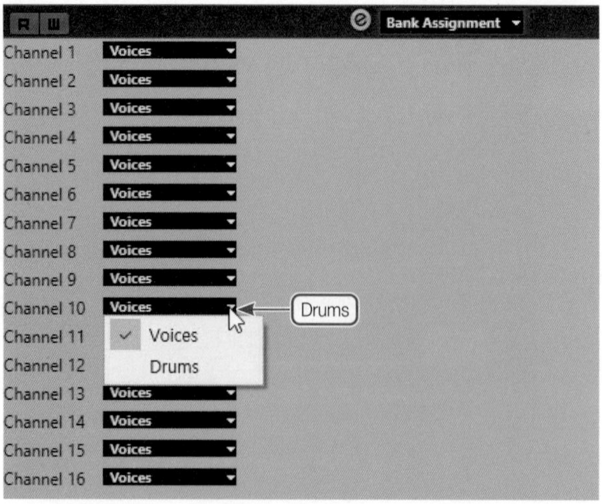


**06** Bank Assignment 페이지가 열립니다. Channel 10번 항목을 Drums으로 변경하고, MIDI Device Manager 창을 닫습니다. 드럼 채널이 10번이 아닌 악기를 사용하고 있다면, 해당 악기의 드럼 채널을 선택합니다.

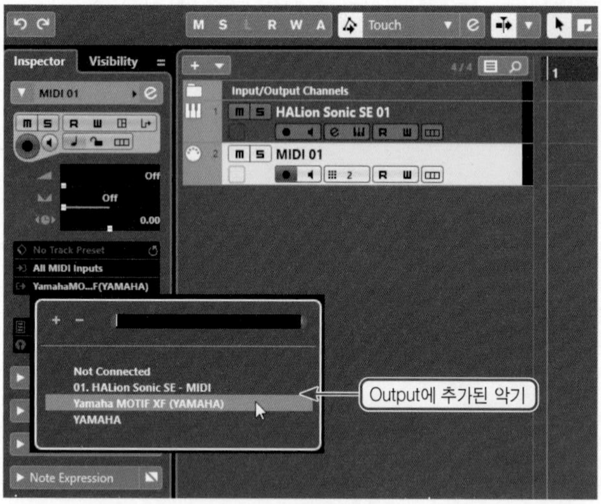


**07** 미디 트랙 인스펙터 창의 Output 항목을 열어보면 새롭게 등록한 악기와 포트의 이름이 추가된 것을 확인할 수 있습니다. 추가한 악기를 선택합니다.

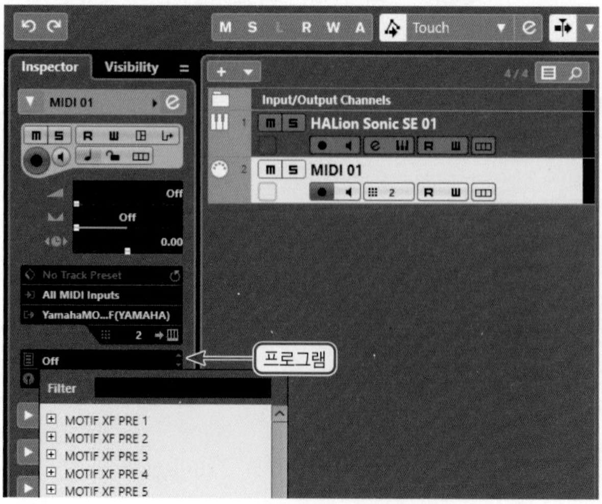


**08** 뱅크와 프로그램이 하나로 통합되는 것을 확인할 수 있습니다. 프로그램 항목을 클릭하면 VST 악기와 같이 음색을 이름으로 선택할 수 있습니다.

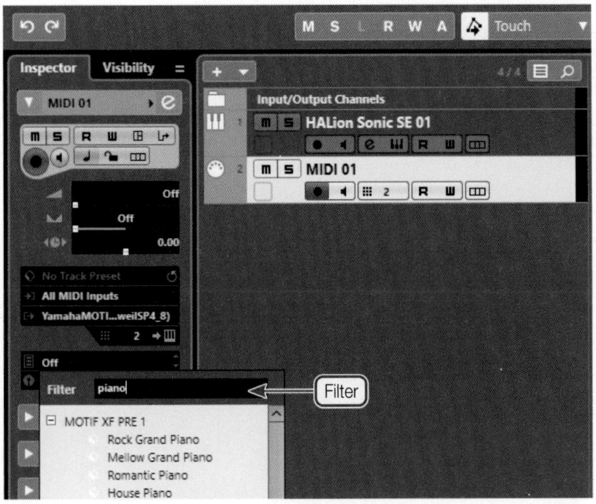


09 수 백 개의 음색을 가지고 있는 하드웨어 악기는 Filter 항목에 음색 이름을 입력하여 찾는 방법이 수월할 것입니다.

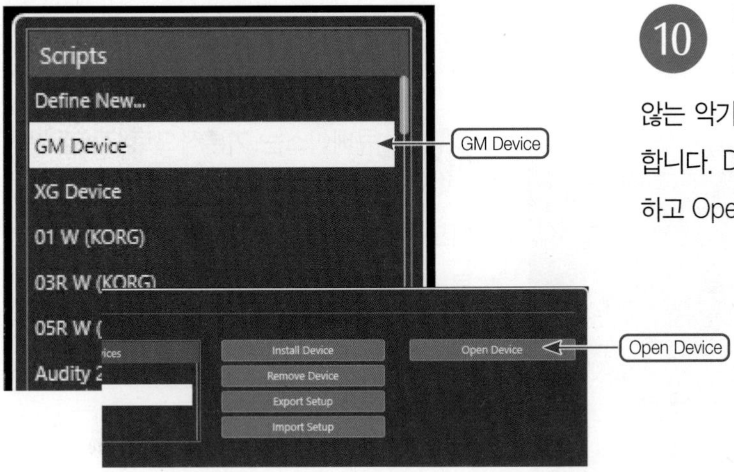


10 만일, 큐베이스에서 지원하지 않고, 제조사에서도 패치 파일을 제공하는 않는 악기를 사용하는 경우라면 직접 만들어야 합니다. Define New 또는 GM Device를 추가하고 Open Device를 선택합니다.

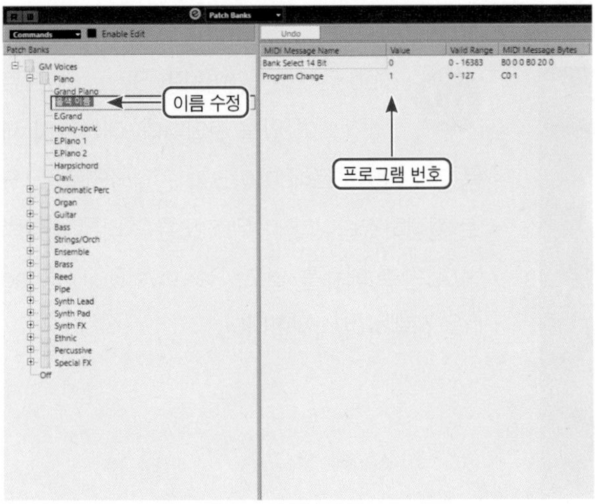


11 Define New로 처음부터 디바이스를 만드는 것보다는 GM Device나 같은 회사의 모델을 선택하여 수정하는 것이 편리합니다.

# 06 오디오 레코딩

큐베이스를 공부하려고 하는 학생들의 대부분은 Guitar나 노래 등, 어느 정도 음악에 관심이 있기 때문일 것입니다. 이때, 큐베이스를 어느 정도 익힌 후에, Guitar를 어느 정도 연습한 후에 음악을 만들어 보겠다는 생각보다는 지금 당장 자신의 연주나 노래를 녹음하고 모니터 해보는 훈련을 하는 것이 좋습니다.

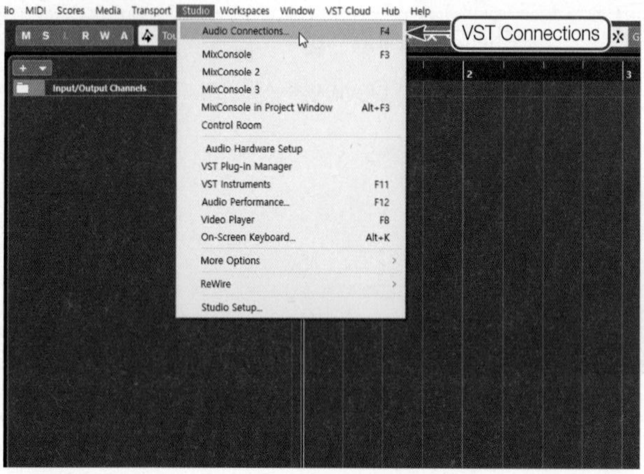


**01** 큐베이스는 기본적으로 2in만 자동으로 설정되기 때문에 4in 이상의 오디오 인터페이스를 사용하고 있다면 수동으로 설정을 해줘야 합니다. Studio 메뉴의 VST Connections을 선택하거나 F4 키를 누릅니다.

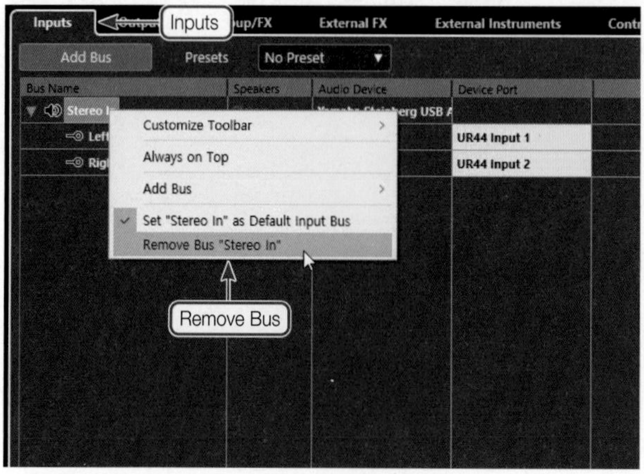


**02** Inputs 탭을 열어보면 Stereo In으로 설정되어 있을 것입니다. 대부분의 제품은 1-2번 포트에 마이크가 연결되므로, 모노로 설정하겠습니다. 마우스 오른쪽 버튼을 클릭하여 단축 메뉴를 열고, Remove Bus Stereo in을 선택하여 삭제합니다.

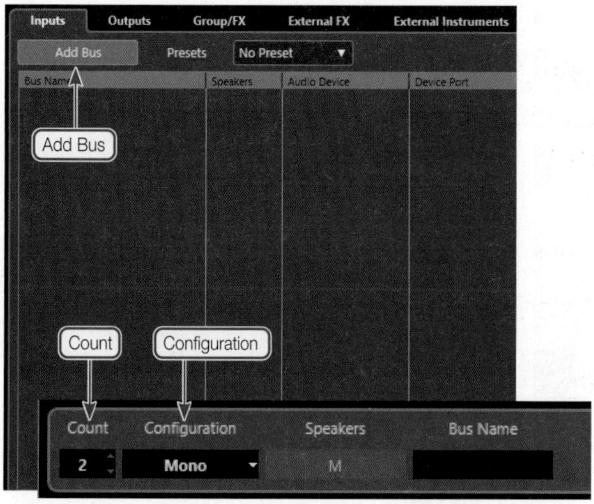


**03** Add Bus 버튼을 클릭하면 열리는 창에서 Count를 2로 설정하고, Configuration을 Mono로 선택합니다. 모노 채널 2개를 만들겠다는 의미입니다.

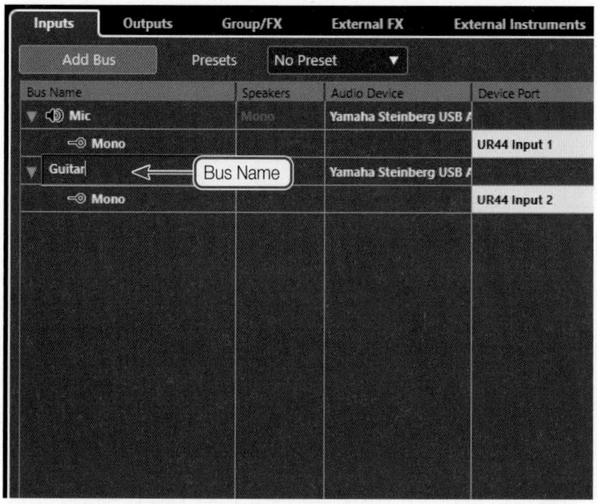


**04** Audio Device와 Device Port에 장치와 포트가 잡혔는지 확인하고, Bus Name 칼럼에서 각 포트에 연결한 악기의 이름을 입력합니다.

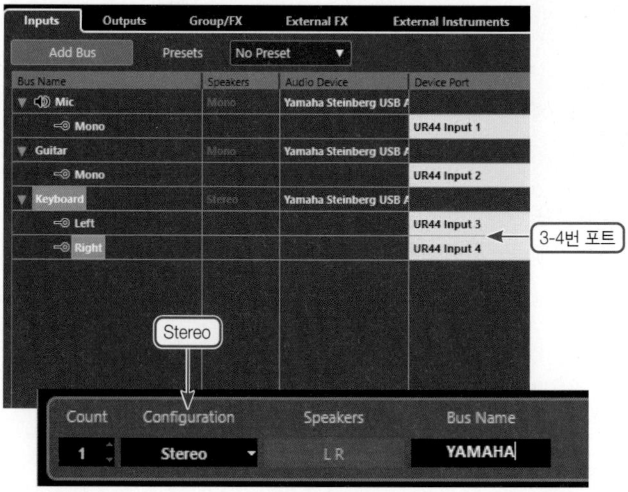


**05** 만일, 신디사이저를 사용하고 있으며, 오디오 인터페이스 3-4번 포트에 연결한 경우라면 같은 방법으로 Stereo 채널을 추가합니다. 단, 미디 연주를 오디오로 다시 녹음해야 한다는 단점이 있습니다.

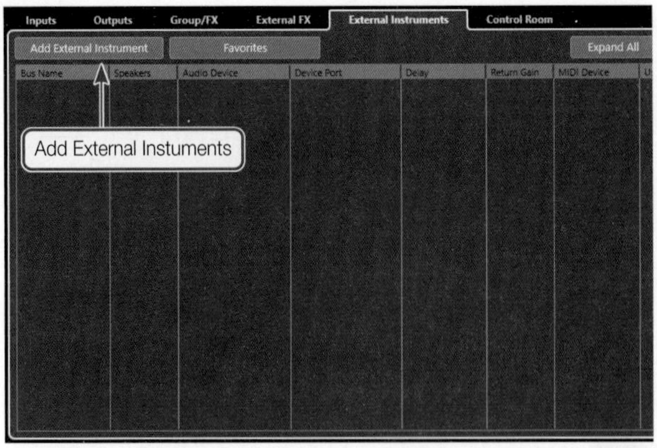


06 신디사이저는 미디 연주를 다시 녹음하지 않고 VST 악기처럼 오디오로 사용할 수 있는 방법이 있습니다. External Instuments 탭을 열고, Add External Instrument 버튼을 클릭합니다.

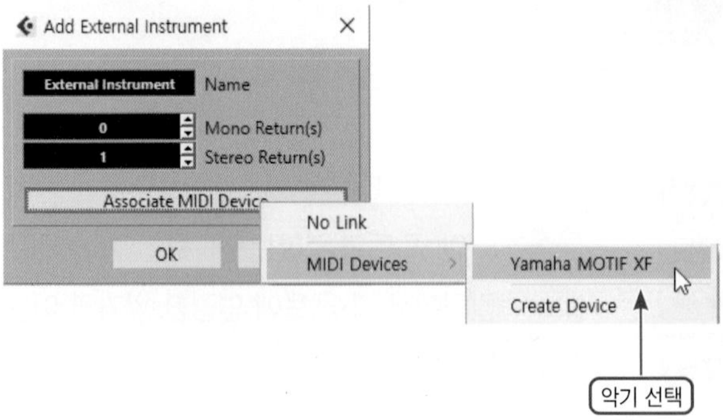


07 Associate MIDI Device 버튼을 클릭하여 MIDI Devices에서 사용하고 있는 악기를 선택합니다. 디바이스 추가 방법은 악기 리스트 만들기에서 살펴보았습니다.

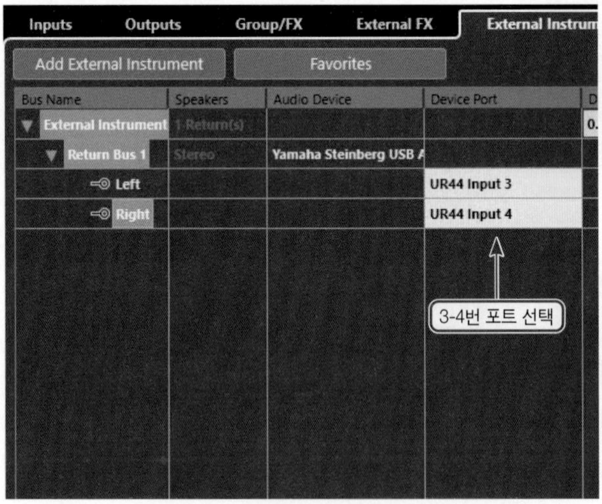


08 Audio Device에서 장치를 선택하고 Device Port에서 신디사이저가 연결된 인풋을 선택합니다. 이제 신디사이저를 연주하는 미디 이벤트는 다시 오디오로 녹음하지 않아도 익스포트 할 수 있습니다.

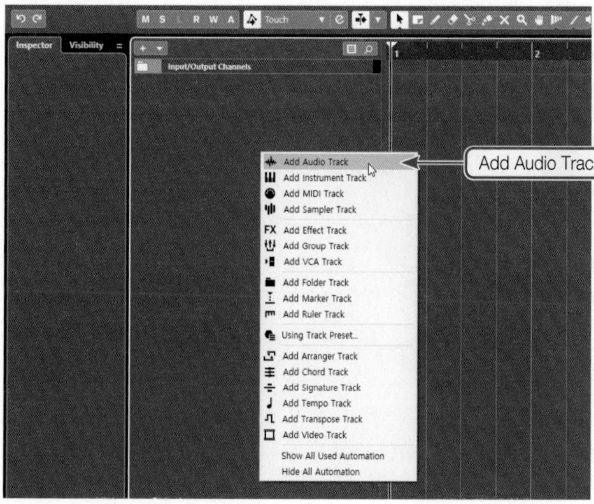


**09** 디바이스 설정이 끝났다면 오디오 레코딩 테스트를 해보겠습니다. 트랙 리스트에서 마우스 오른쪽 버튼을 클릭하여 단축 메뉴를 열고, Add Audio Track을 선택합니다.

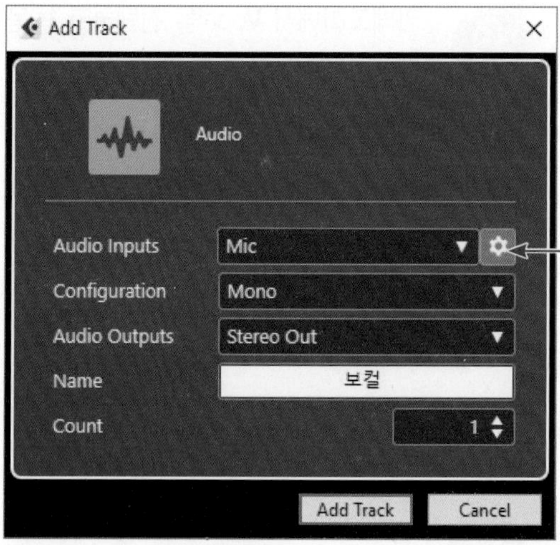


**10** Audio Inputs에서 마이크가 연결된 포트를 선택하고, Name 항목에 트랙 이름을 입력합니다.

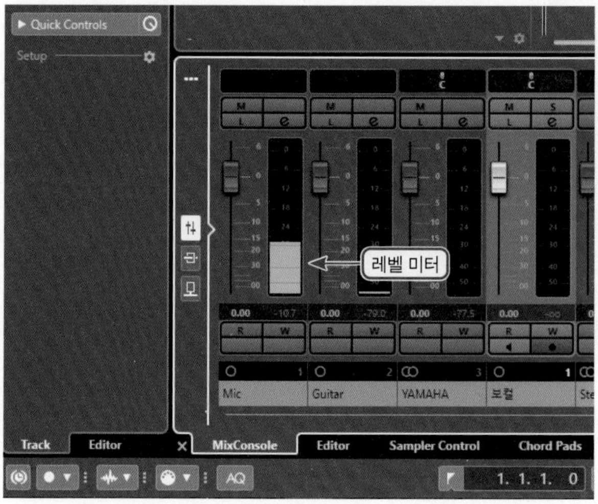


**11** 디지털 사운드는 클리핑이 발생하지 않는 한도 내에서 가능한 크게 녹음하는 것이 좋습니다. 믹스콘솔을 열고, 가장 크게 노래하는 부분을 테스트 하면서 -6dB에서 -3dB 범위가 되게 오디오 인터페이스의 입력 게인을 조정합니다.

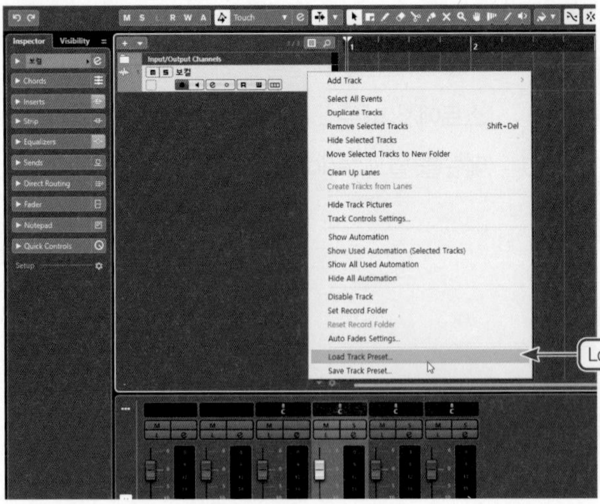


## 12

녹음을 할 때 리버브, 컴프 등의 장치를 걸고 싶다면 트랙에서 마우스 오른쪽 버튼을 클릭하여 단축 메뉴를 열고, Load Track Preset을 선택합니다.

## 13

카테고리에서 Vocal을 선택하고 녹음 대상에 어울리는 프리셋을 선택합니다. 마음에 꼭 드는 프리셋은 있을 수 없으므로 적당한 것을 찾습니다. 실력이 쌓이면 자신만의 프리셋을 만들게 될 것입니다.

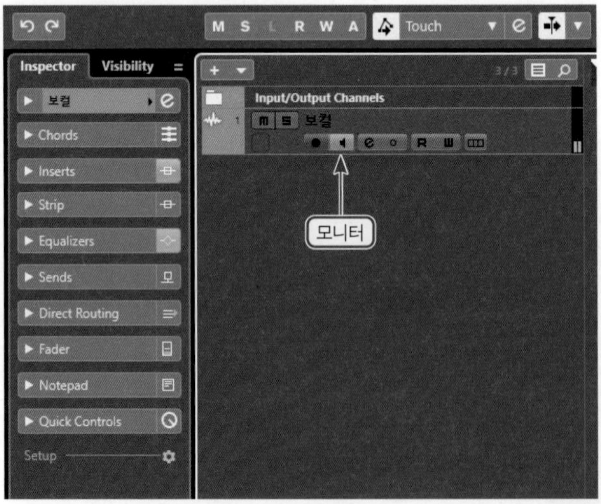


## 14

프리셋이 적용된 사운드를 들으면서 녹음을 하고 싶다면 트랙의 모니터 버튼을 On으로 합니다. 이제 미디에서와 동일하게 숫자열의 [*] 키를 눌러 녹음을 진행하면 됩니다.

# 07 루프 레코딩

한 번에 연주하기 어려운 드럼 패턴이나 아무리 반복해도 안 되는 노래 등, 특정 구간을 반복해서 녹음할 일은 너무나 많습니다. 특히, 반복 녹음한 이벤트에서 마음에 드는 소절을 골라서 배치할 수 있는 루프 레코딩은 완성도 높은 음악을 만드는데 꼭 필요한 기능입니다.

## 01 미디 루프 레코딩

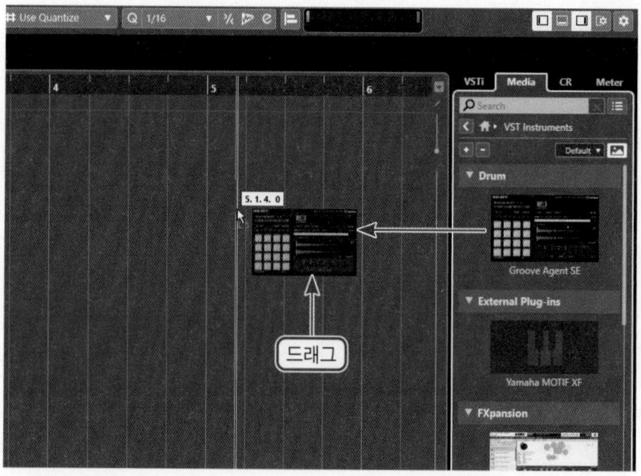


01 한 번에 연주하기 어려운 드럼 패턴을 녹음한다고 가정합니다. Empty 프로젝트를 만들고, Media 탭에서 Groove Agent SE를 프로젝트로 드래그하여 트랙을 만듭니다.

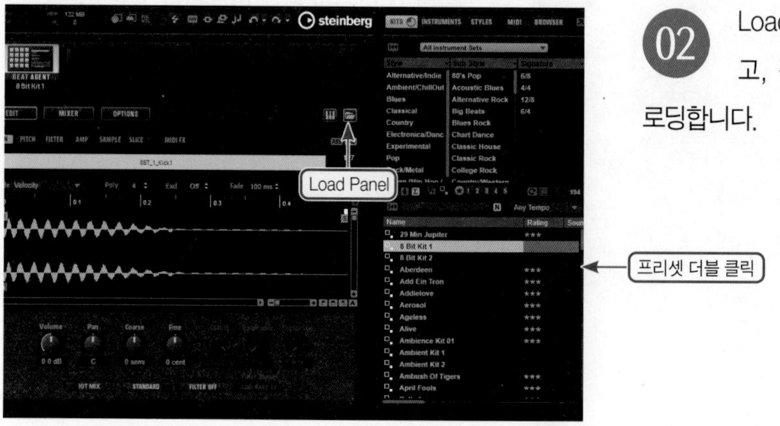


02 Load Panel 버튼을 클릭하여 창을 열고, 적당한 프리셋을 더블 클릭하여 로딩합니다.

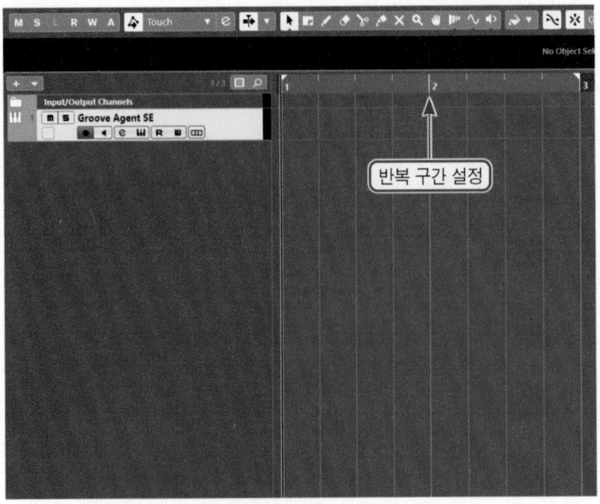


03 룰러 라인을 드래그하여 반복할 구간을 선택하고, 키보드 숫자열의 [/]키를 눌러 사이클 버튼을 On으로 합니다.

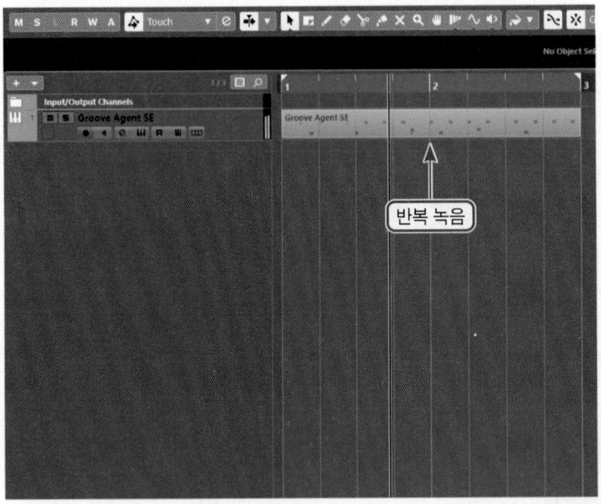


04 템포를 연주 가능한 속도로 설정하고 [*] 키를 누르면 로케이터 구간이 반복되며 녹음됩니다. 하이햇, 스네어, 킥 순서로 나누어 녹음하면 아무리 어려운 패턴이라도 녹음이 가능할 것입니다.

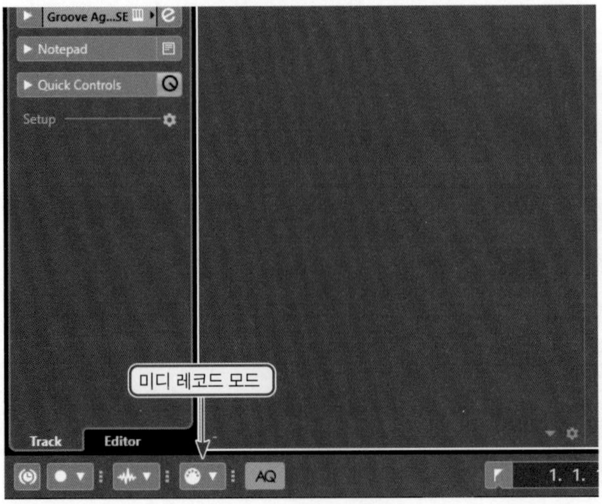


05 녹음을 마치고 보면 모든 이벤트가 하나로 파트로 만들어진 것을 확인할 수 있습니다. 만일, 파트의 생성 방법을 변경하고 싶다면, 미디 레코드 모드 버튼을 클릭합니다.

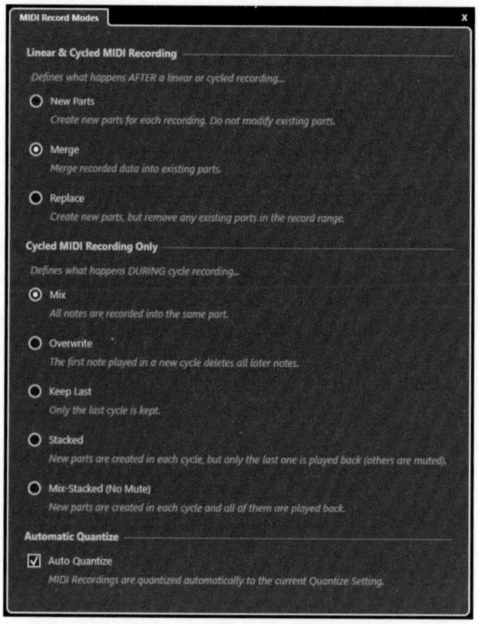
MIDI Record Modes
Linear & Cycled MIDI Recording
Defines what happens AFTER a linear or cycled recording...
New Parts
Create new parts for each recording. Do not modify existing parts.
Merge
Merge recorded data into existing parts.
Replace
Create new parts, but remove any existing parts in the record range.
Cycled MIDI Recording Only
Defines what happens DURING cycle recording...
Mix
All notes are recorded into the same part.
Overwrite
The first note played in a new cycle deletes all later notes.
Keep Last
Only the last cycle is kept.
Stacked
New parts are created in each cycle, but only the last one is played back (others are muted).
Mix-Stacked (No Mute)
New parts are created in each cycle and all of them are played back.
Automatic Quantize
Auto Quantize
MIDI Recordings are quantized automatically to the current Quantize Setting.

**06** 미디 녹음을 할 때 이벤트를 어떻게 처리할 것인지를 선택할 수 있는 옵션이 열립니다.

● Linear & Cycled MIDI Recording

기본 녹음과 반복 녹음을 할 때 공통적으로 적용되는 옵션으로 기존 파트의 처리 방법을 선택합니다.

- New Parts : 녹음하는 파트를 기존 파트 위에 새로 만듭니다.
- Merge : 녹음하는 이벤트를 기존 파트에 합칩니다.
- Replace : 기존 파트를 제거하고 새로운 파트로 변경합니다.

● Cycled MIDI Recording Only

반복 녹음을 할 때 적용되는 옵션으로 새로 녹음하는 이벤트의 처리 방법을 선택합니다.

- Mix : 반복하는 모든 이벤트를 하나의 파트로 만듭니다.
- Overwrite : 기존 이벤트를 삭제하고 새로 녹음하는 이벤트를 기록합니다.
- Keep Last : 마지막에 반복되는 이벤트는 무시합니다.
- Stacked : 레인 녹음이라고 하며, 기존에 파트는 뮤트하고 마지막 파트만 재생되게 합니다.
- Mix-Stacked (No Mute) : 기존 파트를 뮤트하지 않는 레인 녹음입니다.

레인 녹음은 반복 녹음한 이벤트 중에서 마음에 드는 부분만 골라낼 수 있는 기능으로 오디오 레코딩에서 유용한 기능입니다. 자세한 것은 오디오 루프 레코딩에서 살펴보겠습니다.

● Automatic Quantize

- Auto Quantize : 자동 퀀타이즈 버튼을 On/Off 합니다.

# 02 오디오 루프 레코딩

01 트랙 리스트에서 마우스 오른쪽 버튼을 클릭하여 단축 메뉴를 열고, Add Audio Track을 선택하여 오디오 레코딩 실습을 위한 오디오 트랙을 추가합니다.

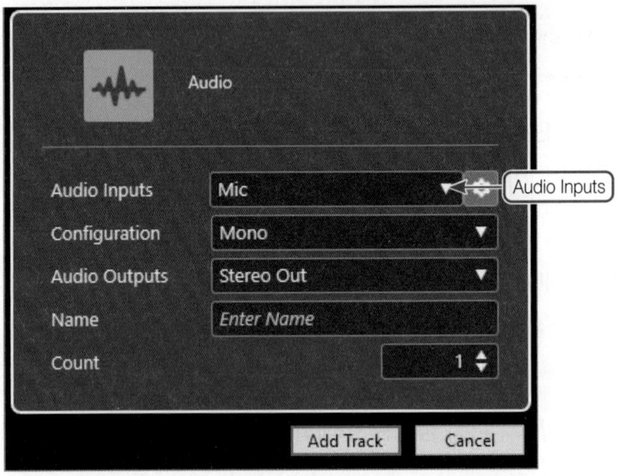


02 Audio Inputs에서 마이크가 연결되어 있는 포트를 선택하고, Add Track 버튼을 클릭합니다.

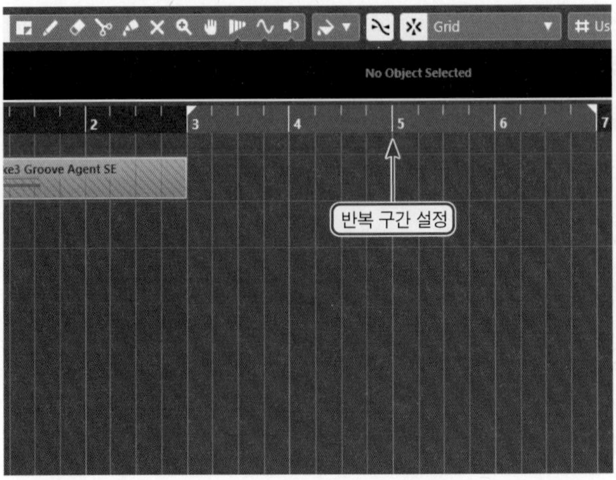


03 미디에서와 동일하게 반복할 구간을 설정하고, [/] 키를 눌러 사이클 버튼을 On으로 합니다.

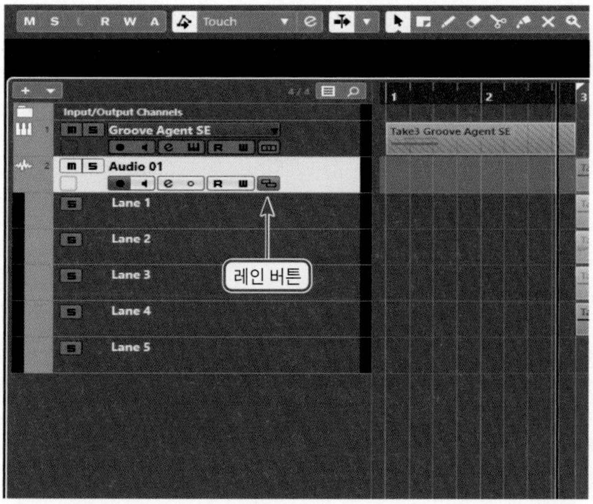


**04** 녹음을 마치고 트랙의 레인 버튼을 On으로 하면 반복 녹음한 이벤트가 테이크 순서대로 기록되어 있는 것을 확인할 수 있습니다.

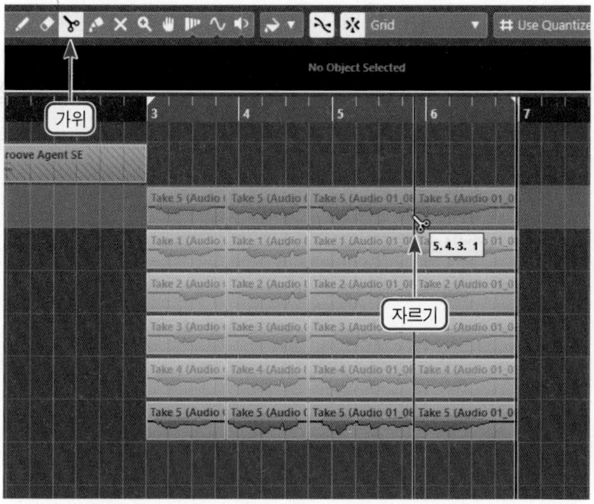


**05** 가위를 선택하고, 호흡하는 부분을 중심으로 이벤트를 자릅니다. 익숙해지면 음절 단위로 자르는 것도 가능해집니다.

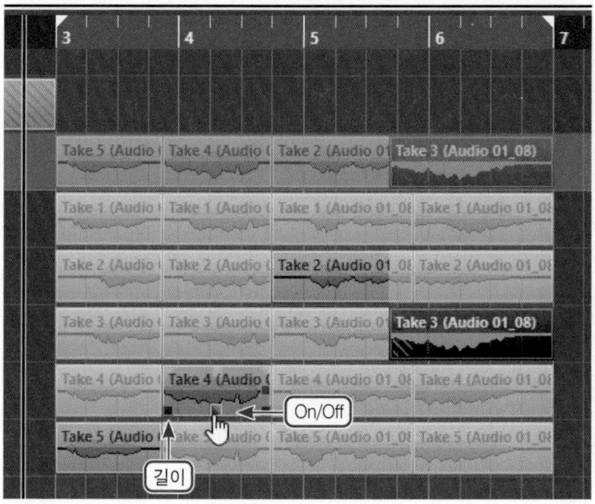


**06** 이벤트 아래쪽 중간에 위치한 On/Off 버튼을 이용하여 마음에 드는 것들만 골라냅니다. 양쪽 끝의 핸들을 드래그하면 길이를 조정할 수 있습니다.

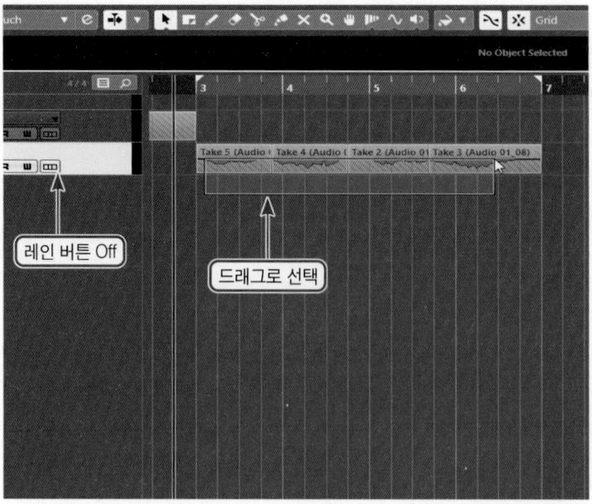


**07** 골라낸 이벤트 외의 것들은 삭제를 해도 좋고, 만일을 위해 그대로 보관해도 좋습니다. 마음에 드는 이벤트를 모두 골랐다면, 레인 버튼을 Off하고, 마우스 드래그로 선택합니다.

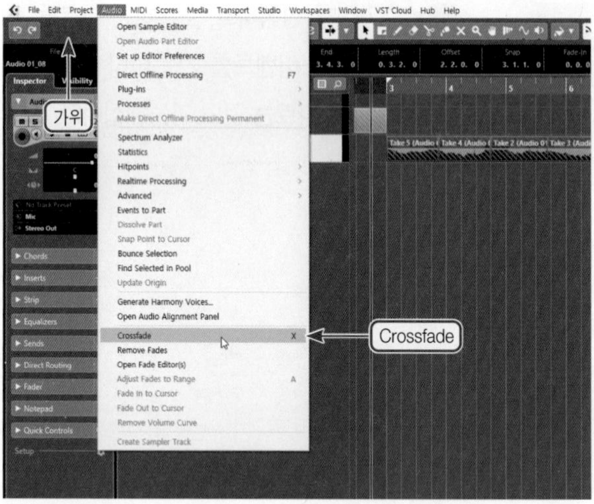


**08** Audio 메뉴의 Crossfade를 선택하거나 X 키를 눌러 크로스페이드를 적용합니다. 이벤트를 자연스럽게 연결시키는 작업입니다.

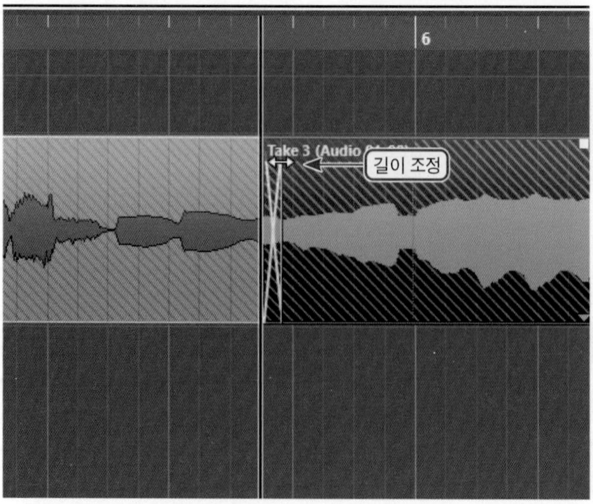


**09** H 키와 Shift+H 키로 작업 공간을 확대하면 이벤트 사이에 크로스페이드가 적용된 것을 확인할 수 있습니다. 이벤트를 골라낼 때 겹친 부분이 있다면, 마우스 드래그로 크로스페이드 길이를 줄입니다.

**10** 오디오를 레코딩할 때도 이벤트의 처리 방법을 선택할 수 있는 옵션이 있습니다. 트랜스포트 바의 오디오 레코딩 모드 버튼을 클릭합니다.

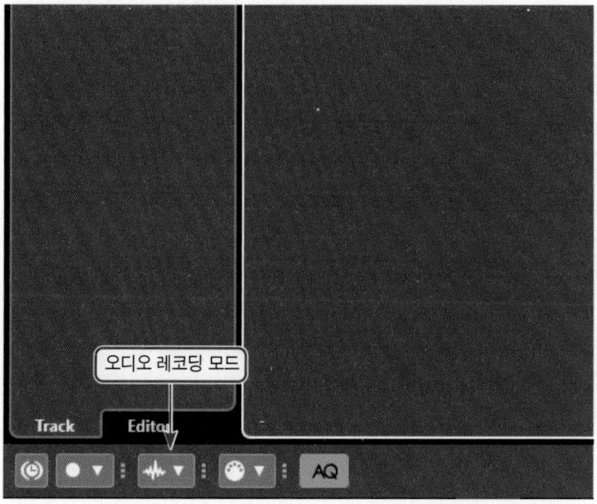
오디오 레코딩 모드
Track
Editor
AQ

**11** 옵션은 3가지이며, 각각의 역할은 다음과 같습니다.

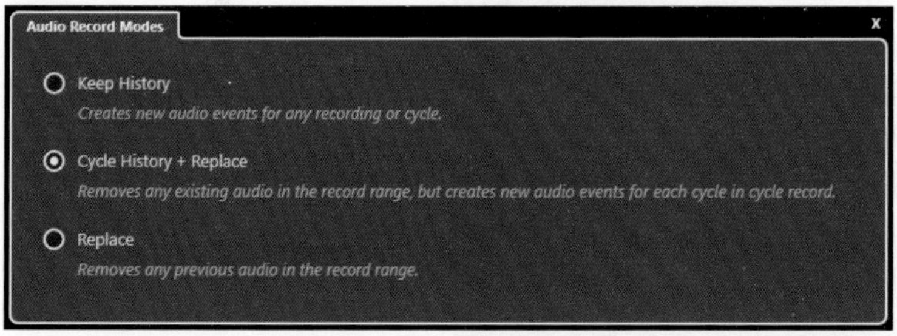
Audio Record Modes
Keep History
Creates new audio events for any recording or cycle.
Cycle History + Replace
Removes any existing audio in the record range, but creates new audio events for each cycle in cycle record.
Replace
Removes any previous audio in the record range.

- Keep History

기존의 이벤트 위로 새 이벤트를 겹칩니다. 단, 겹친 부분은 위에 있는 새 이벤트만 재생됩니다.

- Cycle History+Replace

기존의 이벤트를 제거하고 새로운 이벤트로 대체합니다. 단, 루프 레코딩을 할 때는 새로 녹음되는 이벤트를 모두 유지합니다.

- Replace

루프 레코딩을 할 때도 기존 이벤트를 삭제하고 새 이벤트로 대체합니다.

커먼 레코딩 모드
Track
Editor
AQ

12 큐베이스는 레코딩 버튼의 동작 상태를 결정하는 커먼 레코딩 모드도 제공되고 있습니다.

13 상단의 두 가지는 레코딩 중에 적용하는 옵션이고, 하단의 두 가지는 레코딩 시작 옵션입니다.

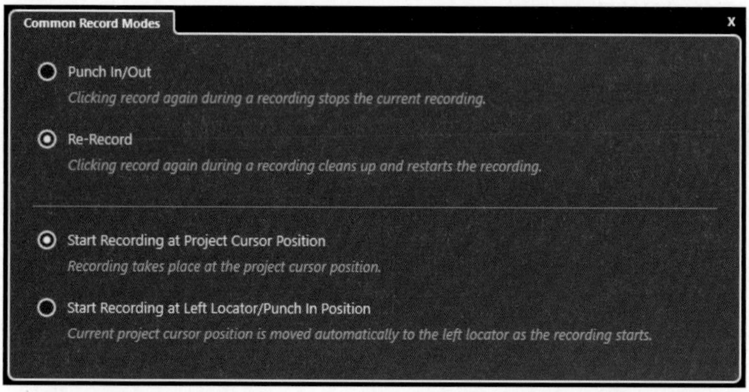
Common Record Modes
Punch In/Out
Clicking record again during a recording stops the current recording.
Re-Record
Clicking record again during a recording cleans up and restarts the recording.
Start Recording at Project Cursor Position
Recording takes place at the project cursor position.
Start Recording at Left Locator/Punch In Position
Current project cursor position is moved automatically to the left locator as the recording starts.

- Punch In/Out

레코드 버튼을 누를 때마다 On/Off 되는 기본 모드 입니다.

- Re-Record

녹음 중에 레코드 버튼을 누르면 녹음을 취소하고, 시작 위치로 되돌아가 녹음을 다시 합니다.

- Start Recording at Project Cursor Position

송 포지션 라인 위치에서 녹음을 시작합니다.

- Start Recording at Left Locator/Punch In Position

로케이터 시작 위치에서 녹음을 합니다.

# 08 펀치 레코딩

펀치 녹음은 마음에 들지 않는 부분을 수정할 때 많이 사용합니다. 새로운 트랙을 만들어 마음에 들지 않는 부분을 다시 녹음하고, 먼저 녹음한 부분을 삭제한 다음, 새로 녹음한 부분을 가져다 놓는 방법을 사용해도 되지만, 새로 녹음할 때부터 펀치 기능을 이용하면 녹음과 수정을 동시에 할 수 있기 때문에 편리합니다.

**01** 새로운 프로젝트에 오디오 트랙을 하나 만들어 자신의 목소리를 녹음해봅니다. 그리고 특정 부분을 앞에서 살펴본 다양한 방법 중에서 독자가 편하다고 생각하는 방법으로 로케이터 범위를 설정합니다.

**02** 룰러 라인을 클릭하여 송 포지션 라인을 로케이터 범위 시작 이전에 위치하고, 펀치 인/아웃 버튼을 클릭합니다.

Tip

펀치 아웃 버튼을 Off 하면, 재생을 정지 할 때까지 녹음이 지속됩니다.

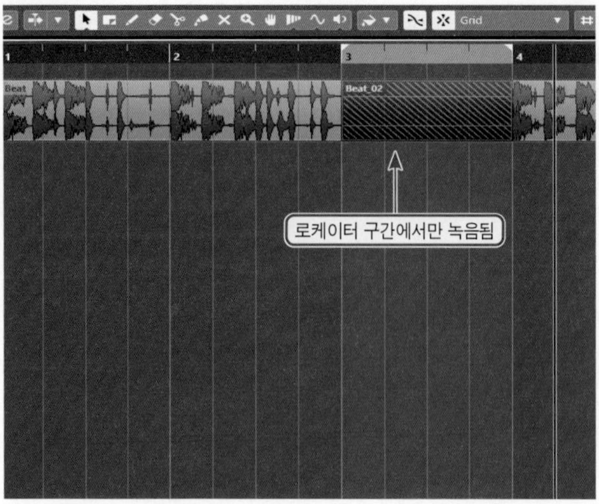


**03** 이제 녹음 버튼을 클릭하는 것이 아니라 연주 버튼 또는 숫자열의 Enter 키를 눌러 재생합니다. 로케이터로 설정한 부분에서 자동으로 녹음이 시작되고, 끝나는 것을 확인할 수 있습니다.

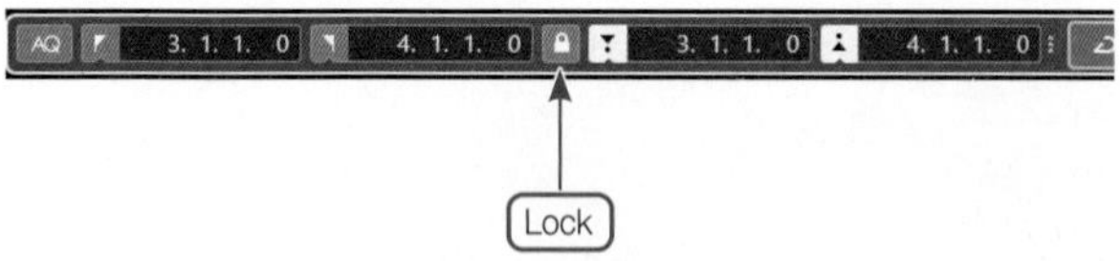


**04** 실제로 로케이터 구간과 펀치 구간은 별개이지만, 기본적으로 로케이터 구간을 펀치 구간으로 사용할 수 있게 자물쇠 모양의 Lock 버튼이 On으로 되어 있습니다.

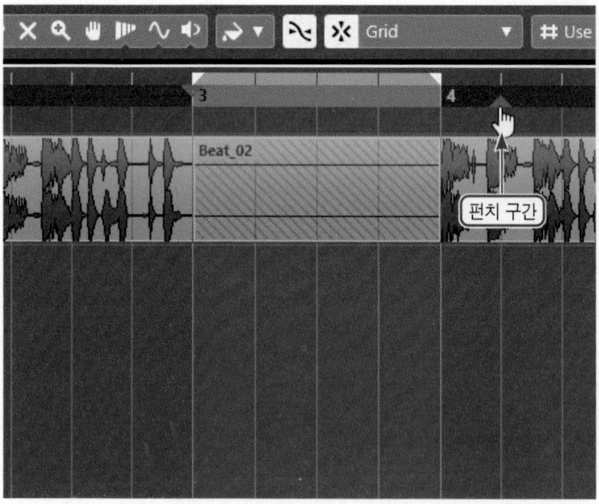


**05** Lock 버튼을 Off하면 로케이터 아래쪽의 빨간색 바가 표시되며, 펀치 인/아웃 구간을 별도로 설정할 수 있습니다.

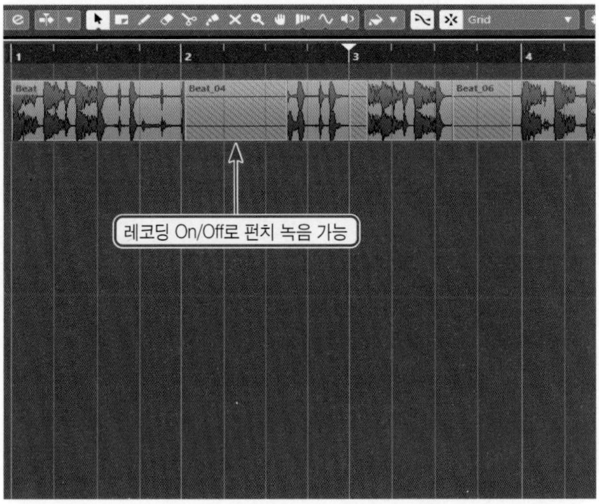


## 06

커먼 레코딩 모드의 기본 설정이 Punch In/Out으로 되어 있기 때문에 음악을 재생하면서 녹음 버튼을 On/Off 하여 펀치 인/아웃을 수동으로 사용할 수 있습니다. 실제로 이 방법을 많이 사용합니다.

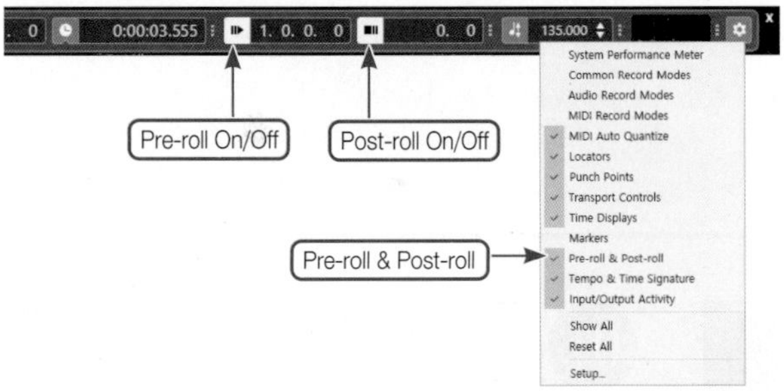


## 07

녹음을 할 때 알아두면 좋은 또 다른 기능은 프리-롤 레코딩이 있습니다. 트랜스포트 패널에서 마우스 오른쪽 버튼을 클릭하여 단축 메뉴를 열고, Pre-roll & Post-roll을 선택합니다.

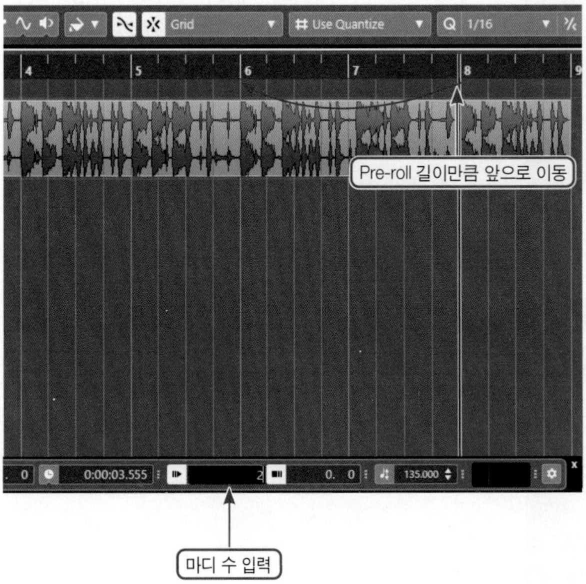


## 08

프리-롤에 2를 입력하고, 녹음 버튼을 누르면, 2마디 이전 위치로 이동하여 재생을 하고, 녹음을 시작하게 됩니다. 보컬 및 연주를 이어서 레코딩할 때 유용한 기능입니다.

**Tip**

Post-roll은 녹음이 끝나고 모니터할 길이 입니다.

# 09 메트로놈 설정

녹음을 할 때 템포 가이드 역할을 하는 메트로놈과 프리 카운트 기능은 ON/OFF 스위치로 제공하고 있어 필요할 경우에만 사용할 수 있습니다. 팝 음악 작업을 하는 사람들은 간단한 드럼 루프를 깔아놓고 녹음 하는 경우가 대부분이기 때문에 메트로놈을 사용할 일이 드물겠지만, 프리 템포 곡이나 변박 곡을 녹음하는 경우에는 메트로놈이 필요할 것입니다.

## 01 소리 변경하기

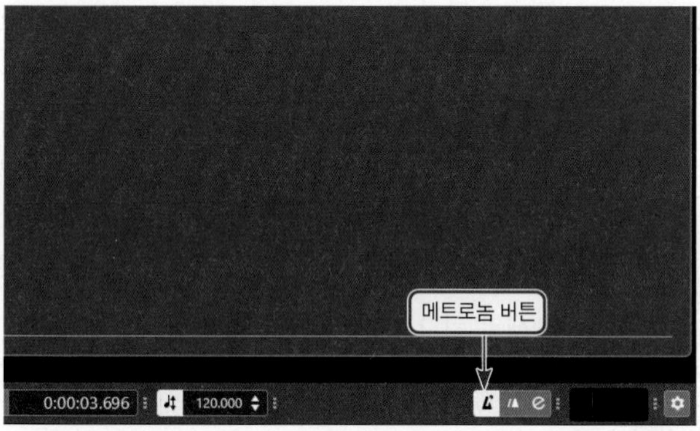


**01** 트랜스포트 바의 메트로놈 버튼을 On으로 하고, 녹음 또는 재생 키를 누르면 메트로놈 소리가 들립니다. 녹음은 키보드 숫자 열의 [*] 키이며, 재생은 [Enter] 키 입니다.

**02** 녹음을 시작하기 전에 예비 박이 필요하다면, 카운트 버튼을 On으로 합니다. 기본 설정은 2마디 길이입니다.

**03** 메트로놈 소리나 카운트 길이를 변경하고 싶은 경우에는 메트로놈 설정 버튼을 클릭합니다.

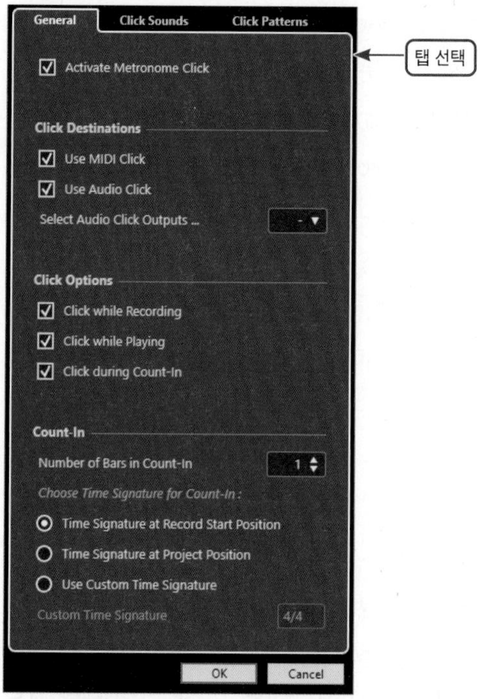


**04** 메트로놈 설정을 변경할 수 있는 Metronome Setup 창이 열립니다. 기본 설정의 General 탭 옵션은 다음과 같습니다.

Activate Metronome Click : 메트로놈을 On/Off 합니다.

Click Destinations : 메트로놈 출력 라인을 선택합니다.
Use MIDI Click : 미디 출력을 사용합니다. Click Sounds 탭의 MIDI Output port가 설정되어 있어야 합니다.
Use Audio Click : 오디오 출력을 사용합니다. 멀티 아웃을 설정한 경우에 Select Audio Click Outputs에서 포트를 선택할 수 있습니다.

Click Options : 메트로놈 옵션을 선택합니다.
Click While Recording : 녹음할 때 메트로놈 사용
Click While Playing : 연주할 때 메트로놈 사용
Click during Count-in : 카운트를 On/Off 합니다.

Count-In : 카운트 옵션을 선택합니다.
Number of Bars in Count-In : 카운트 길이를 설정합니다. 단위는 마디 입니다.
Time Signature at Record Start Position : 녹음을 시작하는 위치의 박자 설정을 따르게 합니다.
Time Singature at Project Position : 프로젝트 위치의 박자 설정을 따르게 합니다.
User Custom Time Signature : 사용자가 원하는 박자를 설정할 수 있습니다.

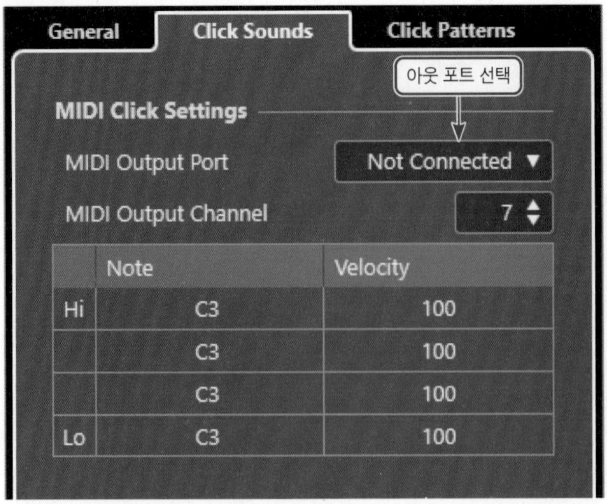


**05** Click Sounds 탭에서 메트로놈 사운드를 사용자 입맛에 맞게 변경할 수 있습니다. MIDI Click Settings은 외부 미디 악기를 사용할 수 있는 옵션입니다. MIDI Output Port에서 악기가 연결된 포트를 선택하고, MIDI Output Channle에서 채널을 선택합니다. 그리고 노트 및 벨로시티를 설정할 수 있습니다.

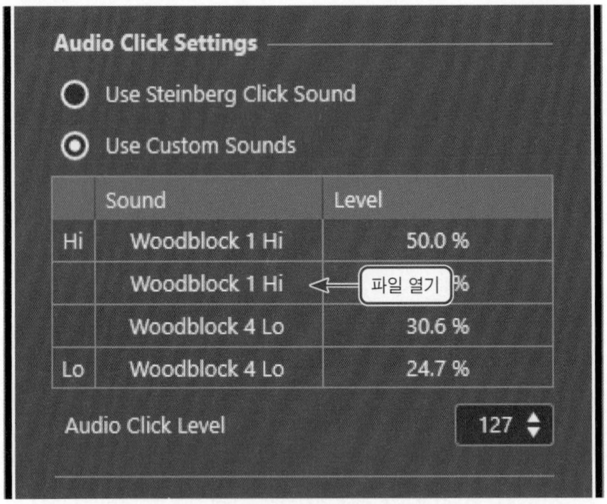


**06** Audio Click Settings에서 오디오 사운드를 설정합니다. Use Steinberg Click Sound는 기본 사운드를 이용하는 것이고, Use Custom Sounds는 외부 파일을 이용하는 것입니다. 파일은 Sound 항목을 클릭하여 불러올 수 있습니다. 자신의 목소리로 원, 투, 쓰리, 포를 녹음하여 메트로놈으로 사용하는 것도 재미있습니다.

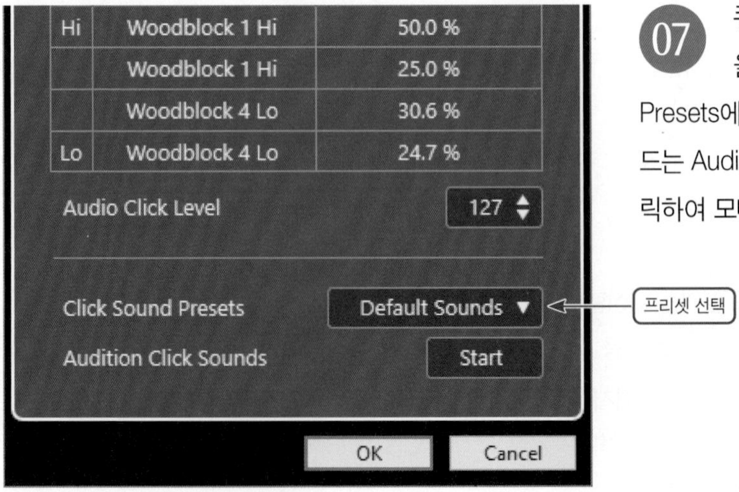


**07** 큐베이스에서도 다양한 오디오 파일을 제공하고 있으며, Click Sound Presets에서 선택할 수 있습니다. 선택한 사운드는 Audition Click Sounds의 Start 버튼을 클릭하여 모니터할 수 있습니다.

## 02 패턴 사용하기

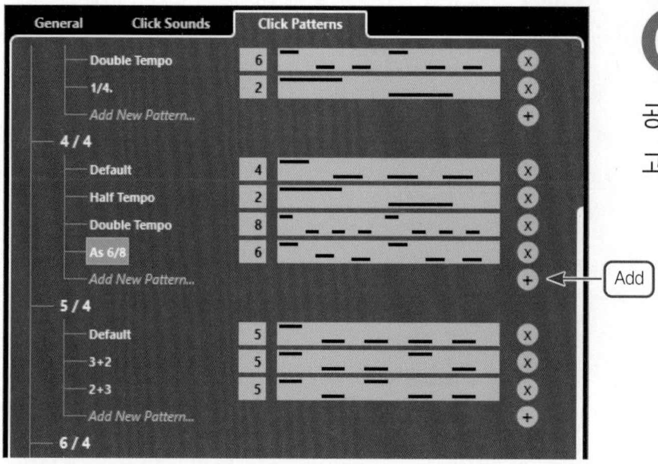


**01** Click Patterns 탭에서 메트로놈 패턴을 만들 수 있습니다. 기본적으로 제공되는 패턴 외에 사용자가 원하는 패턴을 만들고자 할 때는 Add 버튼을 클릭합니다.

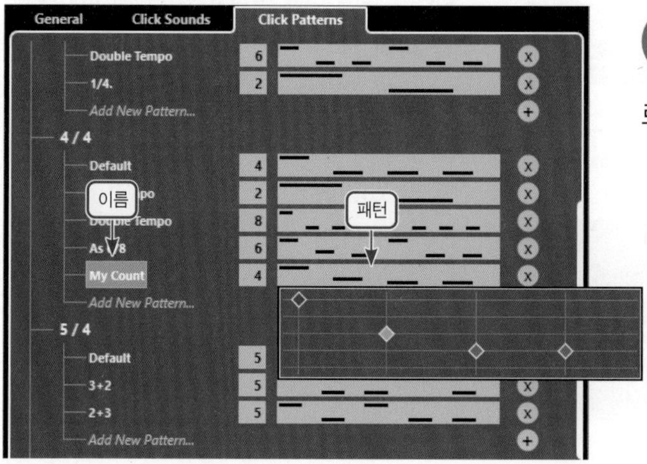


**02** 이름 항목을 클릭하여 구분하기 쉽게 변경하고, 패턴 항목을 클릭하여 메트로놈의 강약을 설정할 수 있습니다.

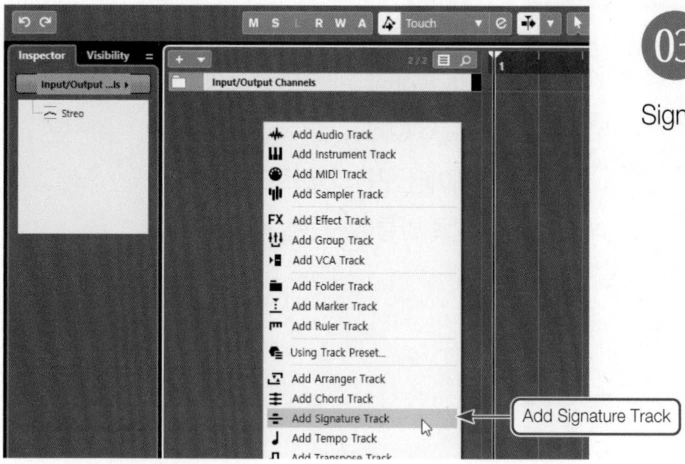


**03** 트랙 리스트에서 마우스 오른쪽 버튼을 클릭하여 단축 메뉴를 열고, Add Signature Track을 선택합니다.

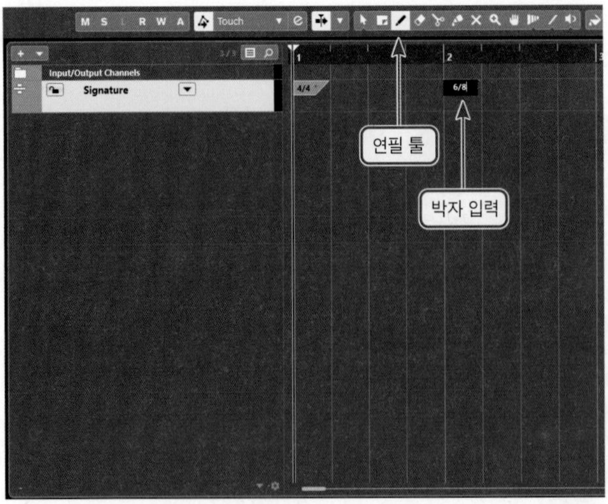


04 박자를 입력할 수 있는 트랙입니다. 연필 툴을 이용해서 원하는 위치를 클릭하고, / 기호와 함께 박자를 입력합니다.

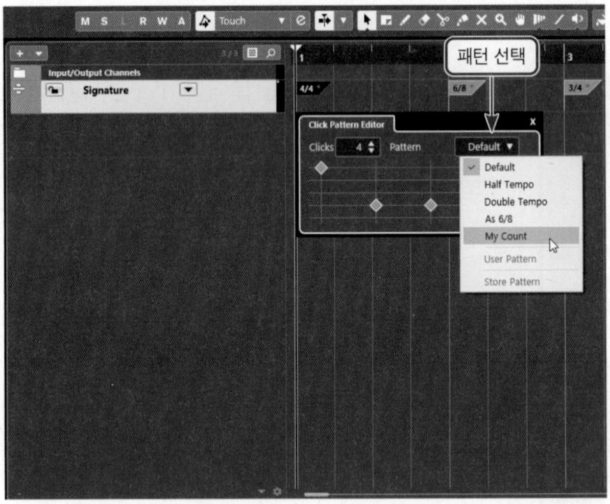


05 박자 표시 오른쪽 상단에 있는 + 기호를 더블 클릭하면 패턴을 편집할 수 있는 창이 열리며, 패턴 목록에서 사용자가 만든 패턴을 선택할 수 있습니다. 여기서 패턴을 편집한 경우라면 Store Pattern을 선택하여 저장할 수 있습니다.

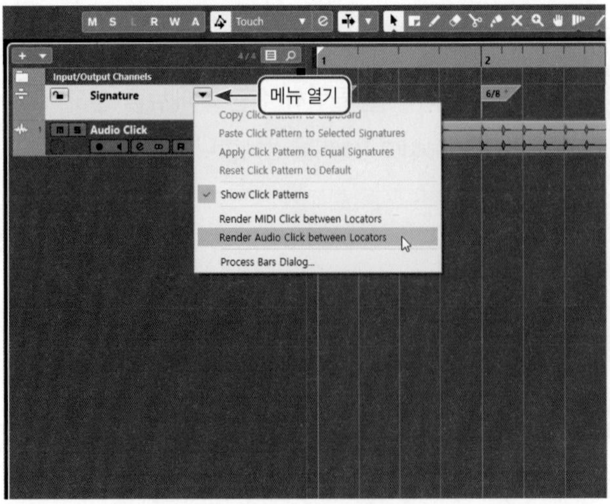


06 영상 음악 작업을 할 때는 메트로놈이 방해가 되는 구간도 있습니다. Signature 트랙 메뉴의 Render MIDI 또는 Autio Click between Locators를 선택하면, 로케이터 구간의 메트로놈만 미디 또는 오디오 파일로 만들어 사용할 수 있습니다.

## 03 디스플레이 사용하기

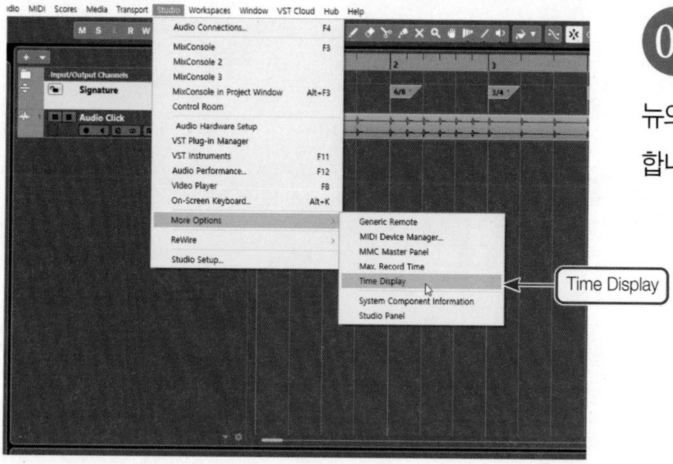


**01** 카운트를 눈으로 확인할 수 있는 디스플레이 기능을 제공합니다. Studio 메뉴의 More Options에서 Time Display를 선택합니다.

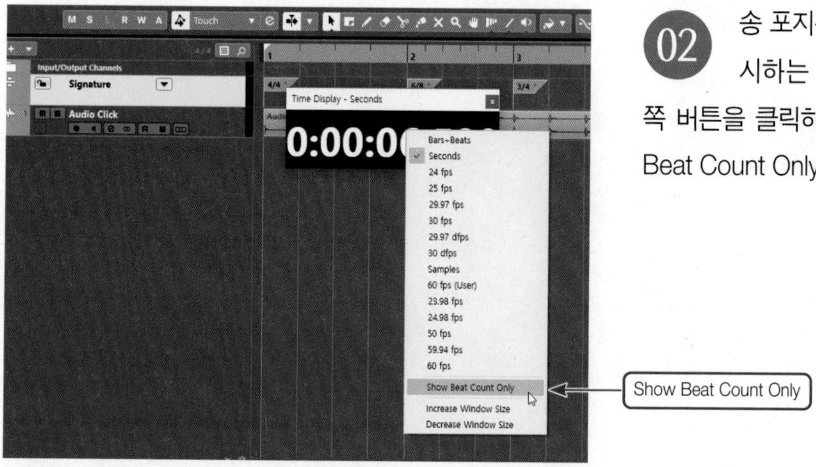


**02** 송 포지션 라인의 위치를 타임으로 표시하는 창이 열립니다. 마우스 오른쪽 버튼을 클릭하여 단축 메뉴를 열고, Show Beat Count Only를 선택합니다.

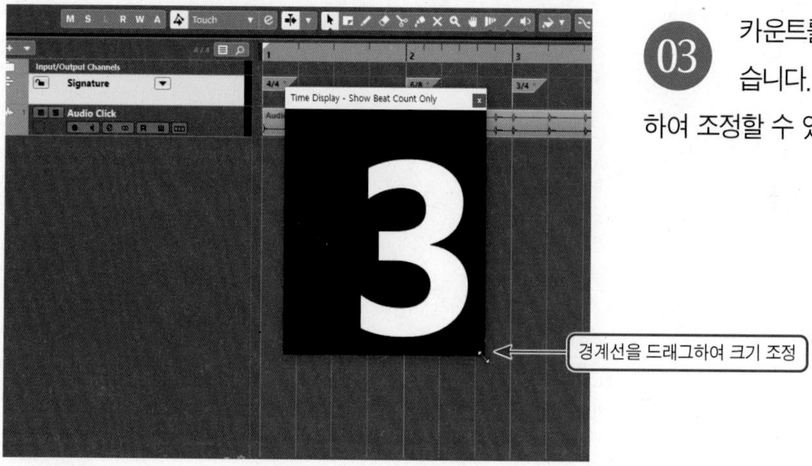


**03** 카운트를 디스플레이로 확인할 수 있습니다. 창의 크기는 경계선을 드래그하여 조정할 수 있습니다.

# 04
PART

## 트랙의 종류와 역할

프로젝트는 트랙을 중심으로 오른쪽에 이벤트를 생성하고, 왼쪽에 이를 컨트롤할 수 있는 인스펙터를 가지고 있습니다. 핵심은 인스펙터를 구성하고 있는 파라미터와 곡을 연주하는 이벤트이지만, 그 전에 큐베이스에서 제공하는 트랙의 종류와 역할을 살펴보겠습니다.

# 01 트랙 만들기

음악을 연주하려면 당연히 연주자가 있어야 하며, 큐베이스에서 연주자 역할을 하는 것이 트랙입니다. 기타, 베이스, 드럼, 건반의 4인조를 구성한다면, 큐베이스에서 4개의 트랙을 만들고, 각각 기타, 베이스, 드럼, 건반을 연주하라고 지시하면 됩니다. 여기서 어떻게 연주하라고 지시한 내용이 담겨있는 것이 이벤트 입니다.

## 01 기본 트랙

트랙을 만들 때 가장 많이 사용하는 방법은 트랙 리스트의 빈 공간에서 마우스 오른쪽 버튼을 클릭하면 열리는 단축 메뉴입니다. 이미 트랙이 있는 상태라면 아래쪽의 빈 공간에서 단축 메뉴를 엽니다. 큐베이스는 16가지의 트랙을 제공하며, 연주자 역할을 하는 것은 상단의 Audio, Insrument, MIDI, Sampler의 4가지 입니다.

트랙 위에서 단축 메뉴를 열면 Add Track의 서브 메뉴에서 트랙을 선택하여 추가할 수 있으며, 이때는 선택한 트랙의 아래쪽으로 추가됩니다. Project 메뉴의 Add Track에서 선택해도 결과는 같습니다.

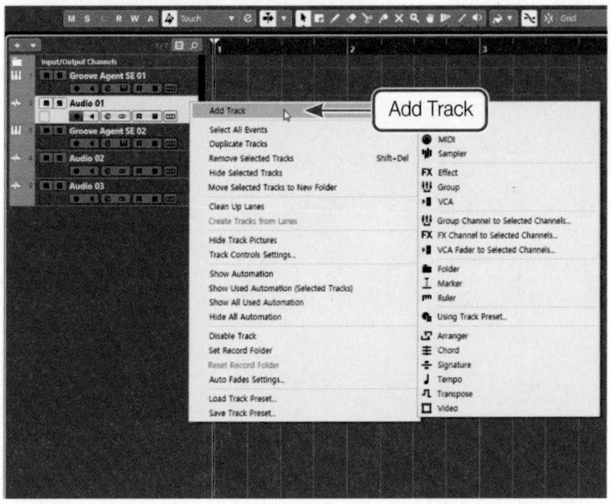


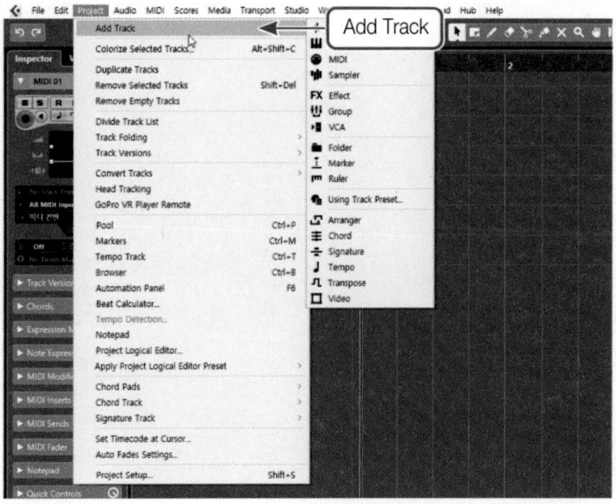


트랙 리스트의 빈 공간에서 마우스를 더블 클릭하는 방법도 있습니다. 이때 오디오 트랙이 선택되어 있으면, 오디오 트랙이 추가되고, 나머지 트랙이 선택되어 있거나 비어있으면, 미디 트랙이 추가됩니다.

트랙 리스트 상단의 Add Track 버튼을 클릭하면 자주 사용하는 10가지 트랙의 종류를 선택할 수 있는 창이 열리며, 필요한 트랙을 선택하고, Add Track 버튼을 클릭하여 추가할 수 있습니다.

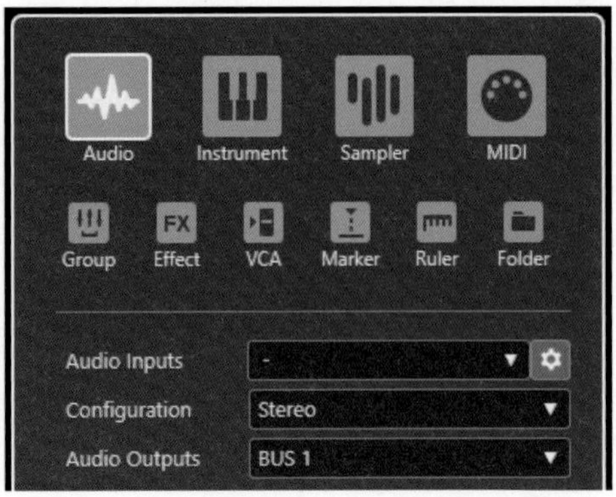

Add Track 버튼 오른쪽의 Use Track Preset 버튼을 선택하면 전문가들이 세팅해 놓은 오디오 및 미디 트랙을 추가할 수 있습니다.

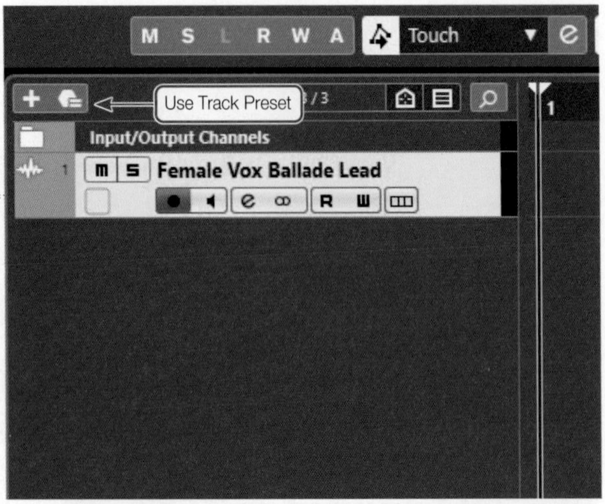


VST Instrument 트랙은 오른쪽 존의 VSTi 존에서 Add Track Instrument 버튼을 클릭하여 추가할 수도 있습니다.

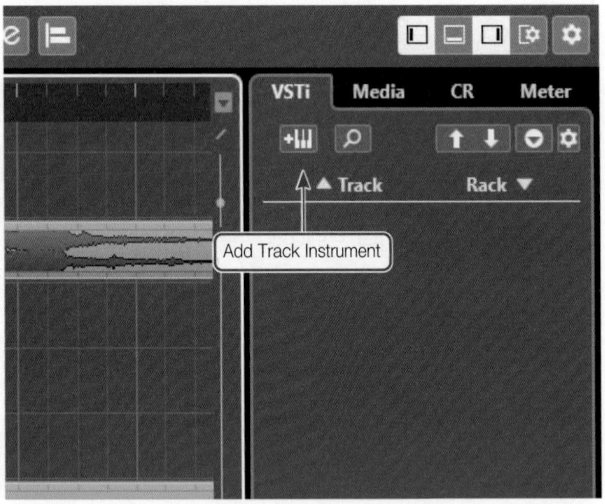


Media 탭의 VST Instruments 아이콘을 클릭하면 사용자 컴퓨터에 설치되어 있는 VST 악기 목록을 볼 수 있으며, 프로젝트 창으로 드래그하여 추가할 수 있습니다.

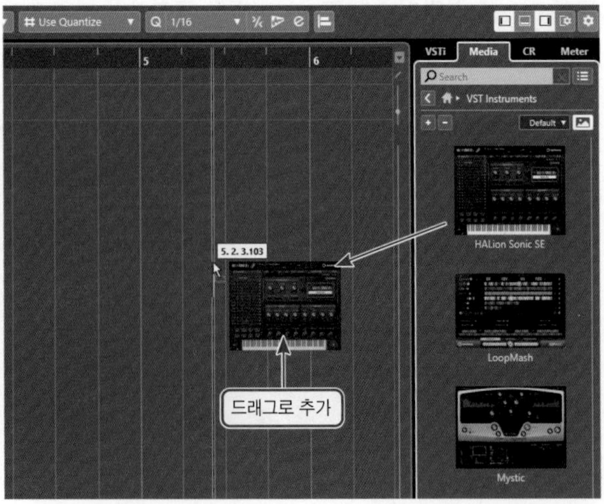


Tip

악기를 더블 클릭하여 프리셋 목록을 열고, 원하는 음색을 더블 클릭하거나 드래그하여 추가할 수도 있습니다.

# 02 트랙 프리셋

트랙 프리셋은 보컬이나 악기에 어울리는 이펙트를 전문가들이 세팅해 놓은 트랙을 말하며, Add Track 버튼 오른쪽의 Use Track Preset 버튼을 클릭하거나 다른 트랙과 마찬가지로 트랙 리스트의 단축 메뉴에서 선택하여 추가할 수 있습니다.

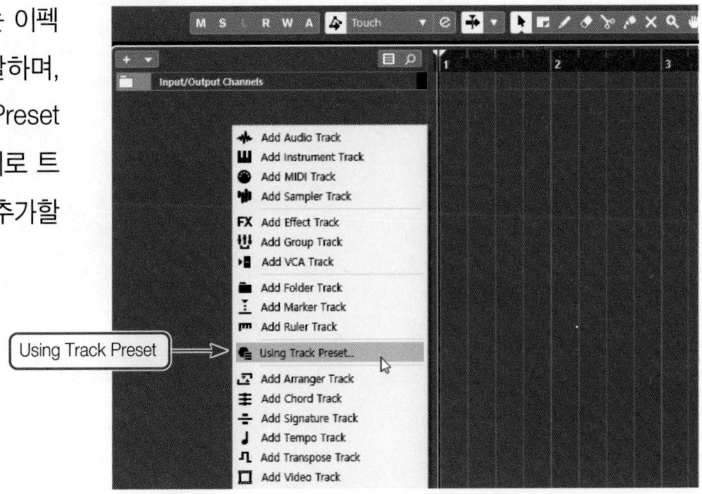


작업할 트랙에 적합한 세팅을 카테고리 별로 선택하거나 검색 창을 이용하여 검색합니다. VST Instruments 트랙의 경우에는 사운드를 미리 들어볼 수도 있습니다.

전문가들이 사전에 설정해 놓은 트랙이 만들어지며, 작업하고 있는 음악에 어울리게 수정할 수 있습니다.

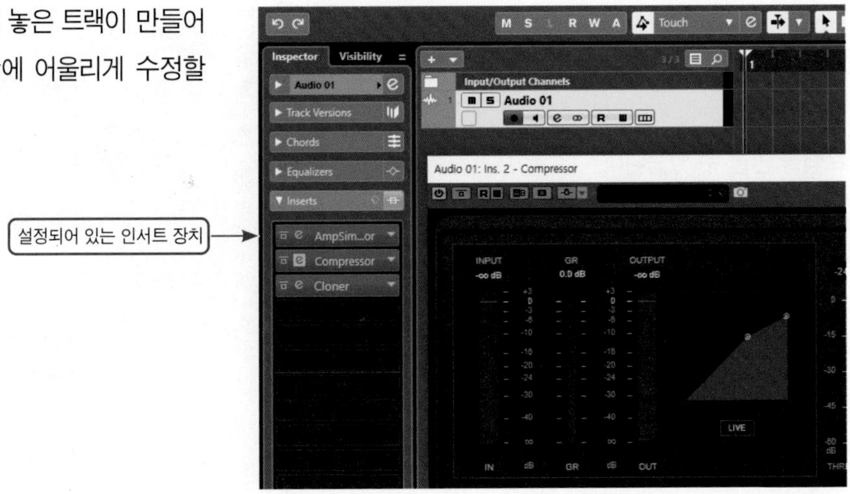

이미 트랙을 만들어놓은 상태에서 프리셋을 적용하고 싶을 때는 Load Track Preset을 선택하고, 사용자가 세팅한 트랙을 프리셋으로 저장할 때는 Save Track Preset을 선택합니다.

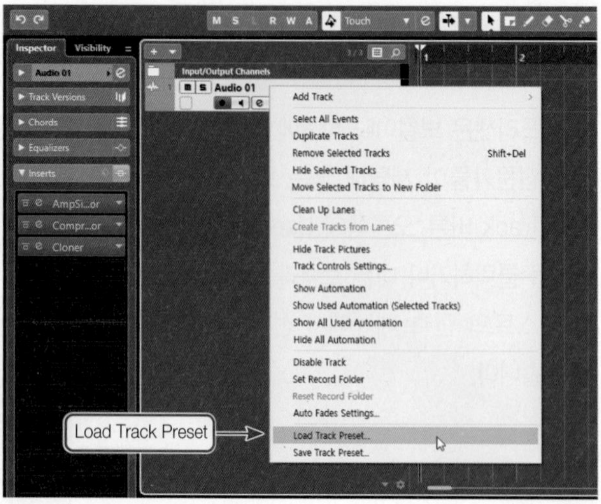


Save Track Preset을 선택하면 이름을 입력할 수 있는 창이 열리며, 톱니 바퀴 모양의 Attribute Inspector 버튼을 클릭하면 카테고리를 지정할 수 있습니다.

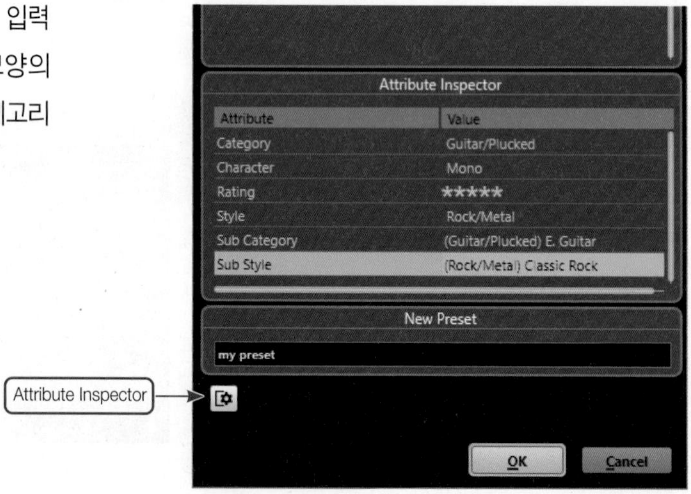


라이트 존의 Media 탭에서 Presets-Track Prests을 선택하면 트랙 종류별로 프리셋을 검색할 수 있으며, 프로젝트 창으로 드래그하여 트랙을 만들 수 있습니다.

# 03 트랙 타입 및 검색

트랙 리스트 상단에는 트랙 추가 버튼 외에 표시할 트랙을 선택할 수 있는 Filter 버튼을 제공합니다. 실제로 음악 작업을 할 때는 수 십 개의 트랙을 사용하기 때문에 한 화면에 모두 표시할 수 없습니다. 이때 필터 기능을 이용하면, 트랙을 타입 별로 구분하여 표시할 수 있습니다.

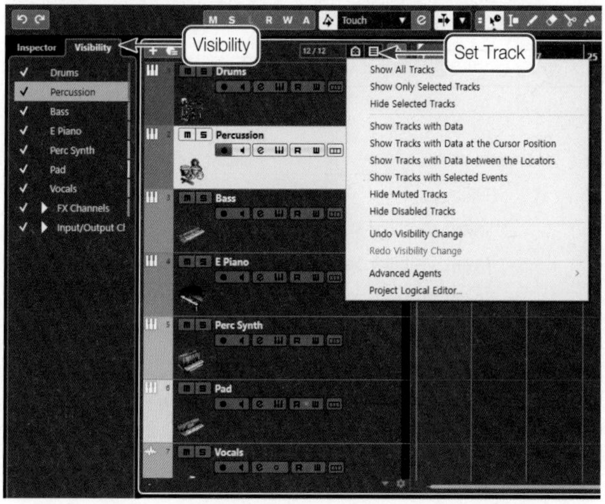


Set Track 버튼을 클릭하면 화면에 표시할 트랙을 선택할 수 있는 메뉴가 열립니다. 트랙은 인스펙터의 비저빌리티 탭을 이용해서 관리하는 것이 편리하기 때문에 메뉴를 이용하는 경우는 거의 없겠지만, 제공되고 있는 기능이므로, 간단하게 정리합니다.

- Show All Track : 모든 트랙 표시
- Show Only Selected Track : 선택한 트랙만 표시.
- Hide Selected Track : 선택한 트랙 숨김
- Show Track with Data : 데이터가 있는 트랙만 표시
- Show Track with Data at the Cursor Position : 송 포지션 라인 위치에 데이터가 있는 트랙만 표시
- Shows Tracks with Data between the Locators :

로케이터 범위에 데이터가 있는 트랙만 표시

- Show Tracks with Selected Events :

선택한 이벤트의 트랙만 표시

- Hide Muted Tracks : 뮤트한 트랙 숨김
- Hide Disabled Tracks :

사용하지 않는 트랙 숨김. 트랙은 단축 메뉴의 Disable Track을 선택하여 사용하지 않는 트랙으로 설정할 수 있습니다.

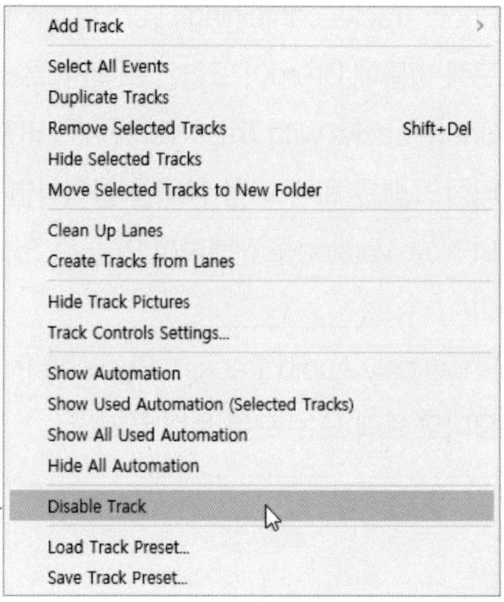

● Undo Visibility Change :
비저빌리티 파라미터의 설정 취소

● Redo Visibility Change :
취소한 비저빌리티 파라미터 설정을 다시 실행

비저빌리티 탭 : 체크한 트랙만 표시

● Advanced Agents : 다음과 같이 좀 더 세부적인 옵션을 선택할 수 있는 서브 메뉴를 제공합니다. 이것 역시 비저빌리티 탭을 주로 사용하지만, 간단하게 정리합니다.

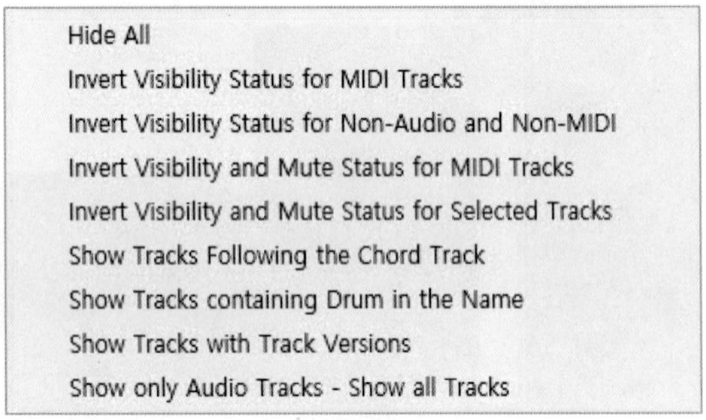


Hide All : 모두 숨김

Invert Visibility Status for MIDI Tracks : 미디의 트랙의 비저빌리티 설정을 반대로 적용

Invert Visibility Status for Non-Audio and Non-MIDI : 미디와 오디오 트랙의 비저빌리티 설정을 반대로 적용

Invert Visibility and Mute Status for MIDI Tracks : 뮤트되어 있는 미디 트랙의 설정을 반대로 적용

Invert Visibility and Mute Status for Selected Tracks : 뮤트되어 있는 미디 트랙의 설정을 반대로 적용

Show Tracks Following the Chord Track : 코드 트랙이 설정된 트랙만 표시

Show Tracks containing Drum in the Name :
트랙 이름에 Drum이 포함된 트랙만 표시

Show Tracks with Track Versions : 버전 트랙만 표시
버전 트랙은 트랙 이름 항목을 클릭하면 열리는 메뉴의 New Version을 선택하여 만들 수 있습니다.

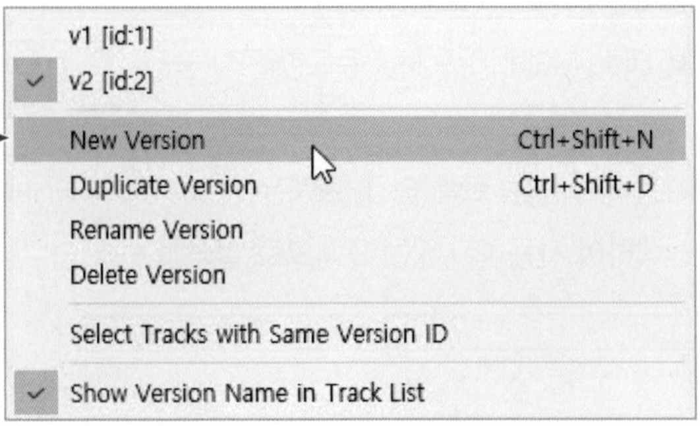


Show only Audio Tracks - Show all Tracks :
오디오 트랙 또는 모든 트랙 표시

- Project Logical Editor : Project Logical Editor 창을 엽니다. 사용법은 해당 섹션에서 살펴봅니다.

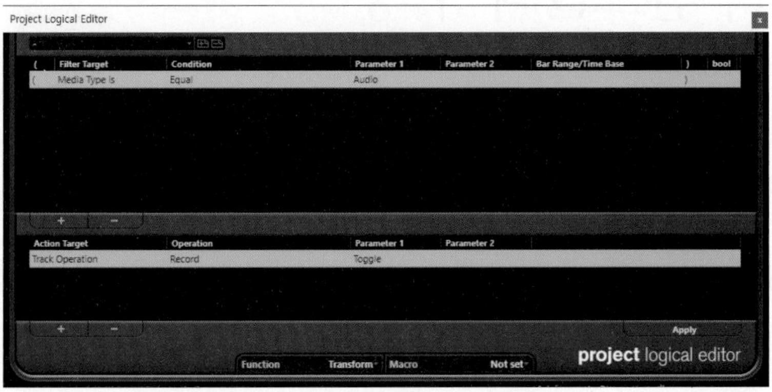


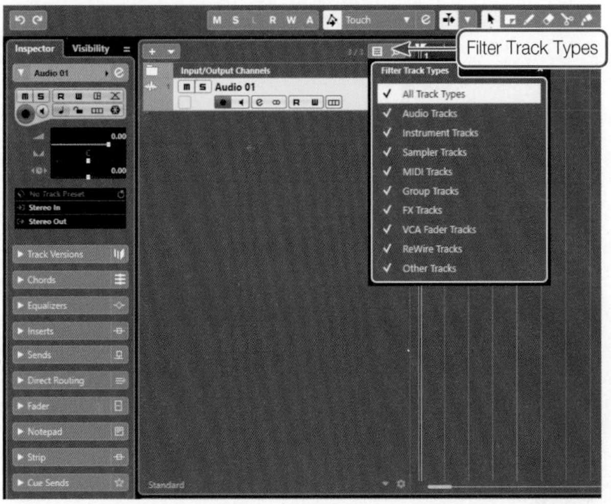


Filter Track Types 버튼을 클릭하면 화면에 표시할 트랙 타입을 선택할 수 있는 메뉴가 열립니다. 왼쪽 숫자는 화면에 표시되는 트랙 수를 나타냅니다.

오른쪽에는 트랙을 검색할 수 있는 돋보기 모양의 Find Tracks 버튼이 있습니다. 검색 항목에 A를 입력하면 A 글자가 포함된 트랙들을 검색할 수 있는 것입니다.

# 02 트랙 컨트롤의 구성

트랙에는 뮤트, 솔로, 녹음 등, 트랙을 컨트롤할 수 있는 버튼들을 제공합니다. 기본적으로 Standard로 구성되어 있으며, Recording, Mixing, Simple 구성을 선택하거나 사용자가 원하는 것들로 구성할 수 있습니다.

**01** 트랙 리스트 아래쪽에 톱니 바퀴 모양으로 되어 있는 Track Controls Settings 버튼을 클릭하면, 트랙 컨트롤 버튼을 구성할 수 있는 창이 열립니다.

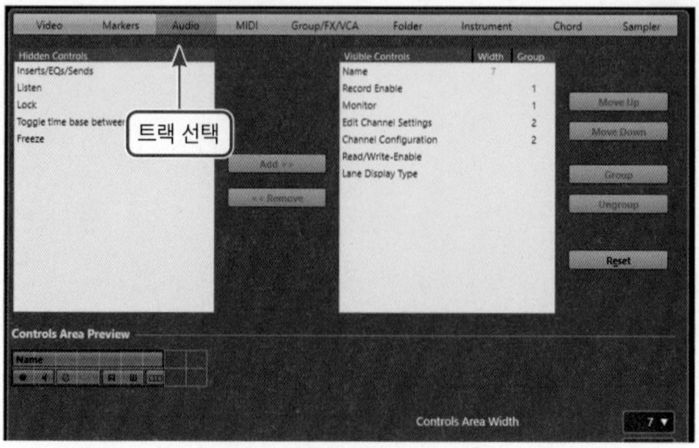


**02** 트랙의 종류마다 컨트롤의 구성은 다르며, 설정하고자 하는 트랙의 종류를 상단에서 선택할 수 있습니다.

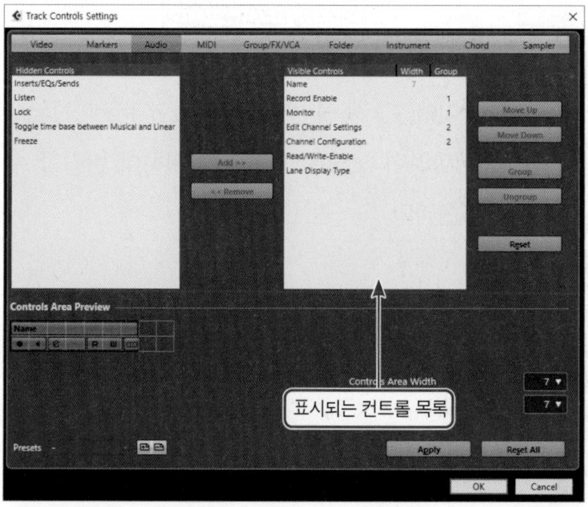


**03** 오른쪽의 리스트가 트랙에 표시할 버튼들이며, 왼쪽에 리스트가 감춰진 버튼들입니다. 각각 Add 및 Remove 버튼을 이용하여 구성할 수 있습니다.

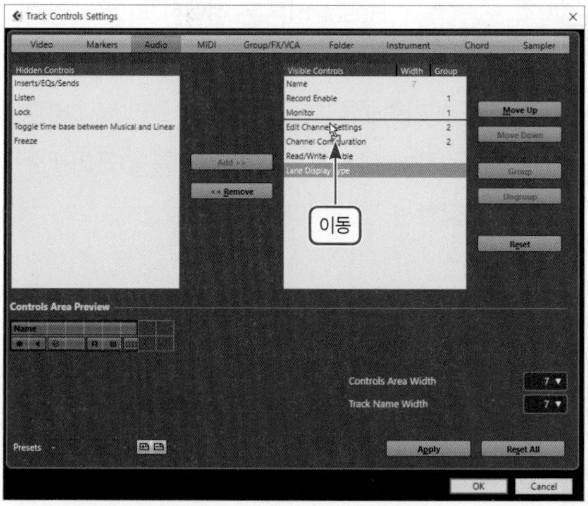


**04** Move Up과 Move Down 버튼은 선택한 컨트롤 버튼들의 순서를 위/아래로 변경하며, 트랙에서는 왼쪽에서 오른쪽으로 표시됩니다. 직접 드래그해도 됩니다.

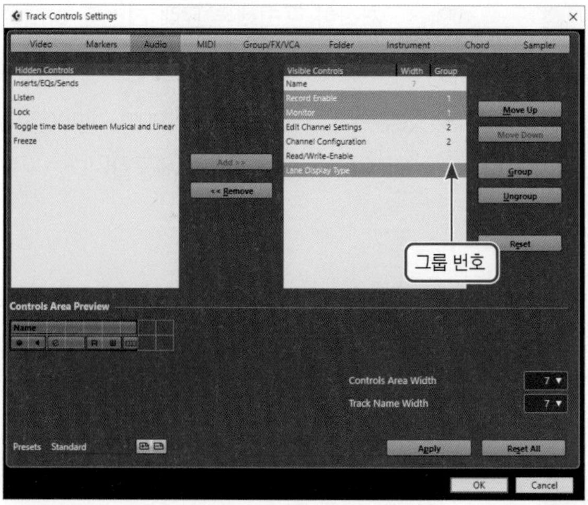


**05** Group과 Ungroup는 트랙 리스트의 크기를 변경할 때 함께 이동하게 할 버튼을 그룹으로 만드는 것입니다. Ctrl 또는 Shift 키를 이용해서 동시에 선택한 컨트롤에 적용합니다.

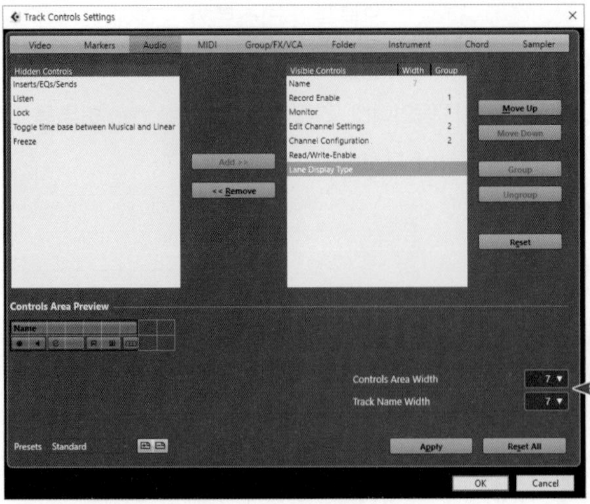


06 아래쪽에 보이는 그래픽은 트랙 이름의 길이와 컨트롤의 넓이를 보여주는 것이며, Controls Area Width와 Track Name Widgh의 오른쪽 숫자를 클릭하여 변경할 수 있습니다.

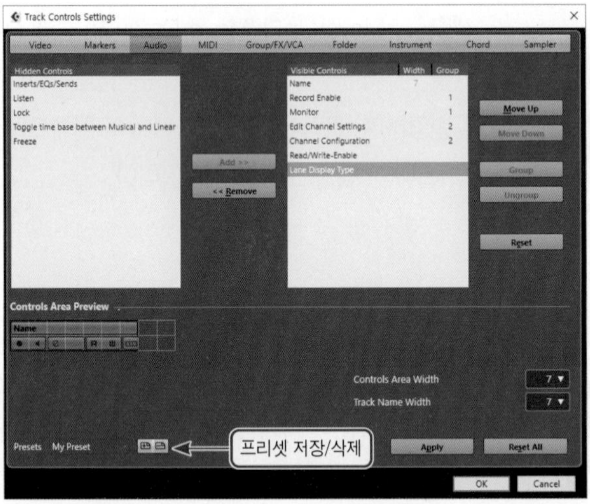


07 Reset 버튼은 선택한 타입의 컨트롤을 초기화하고, Reset All은 모든 타입을 초기화 합니다. Presets의 플러스(+) 버튼을 클릭하여 독자가 구성한 컨트롤을 프리셋으로 저장할 수 있습니다.

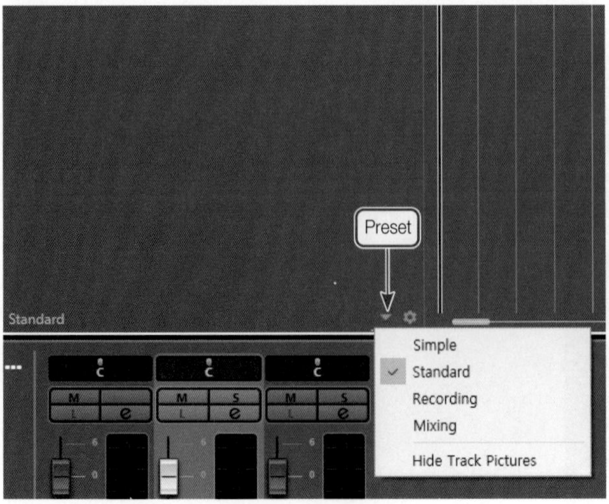


08 저장한 프리셋은 트랙 리스트 아래쪽의 작은 삼각형 버튼을 클릭하여 선택할 수 있습니다. 기본적으로 Simple, Standard, Recording, Mixing 프리셋을 제공합니다.

# 03 인/아웃 트랙

레코딩을 위한 인풋과 최종 출력 라인의 아웃 트랙 입니다. 폴더 타입으로 제공되며, 기본적으로는 마스터 아웃 트랙이 표시됩니다. 인풋이나 멀티 아웃 트랙을 표시하려면 믹스콘솔에서 Write 버튼을 켜면 됩니다. 트랙이 표시되면, Write 버튼을 Off하여 실수로 기록되는 것을 방지합니다.

01 Input/Output Channels 트랙은 오디오 인터페이스의 마이크 및 악기를 연결한 인풋과 모니터를 연결한 아웃풋을 컨트롤하는 트랙입니다. 트랙은 폴더 타입으로 제공되며, 폴더를 열면 메인 아웃 채널이 보입니다. 인/아웃은 F4 키를 누르면 열리는 Audio Connections에서 설정합니다.

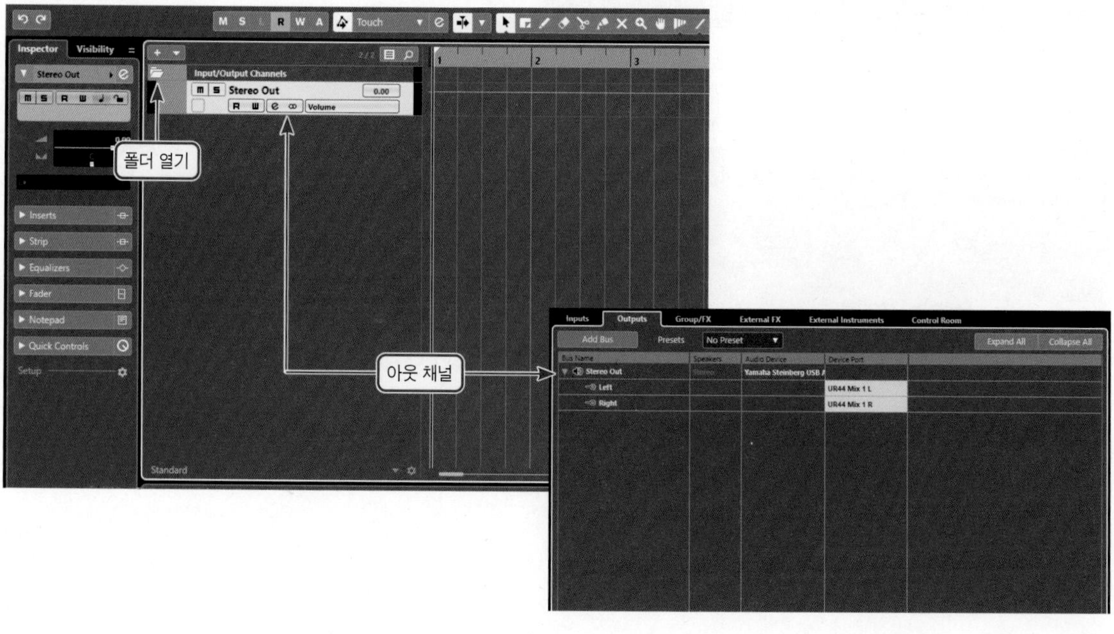

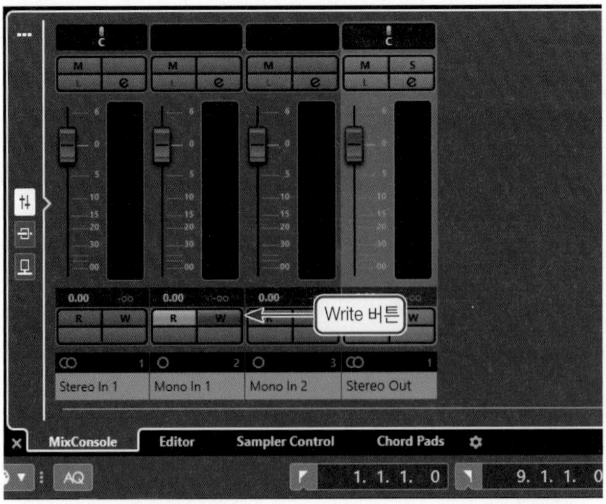


02 인풋 및 멀티 아웃 채널의 경우에는 믹스콘솔에서 Write 버튼을 켜면 프로젝트에 표시할 수 있습니다. 트랙이 표시되면 Write 버튼은 Off합니다.

03 녹음을 할 때 꼭 사용하는 이펙트가 있다면, 미리 세팅을 해놓을 수 있습니다. 인풋 채널에서 마우스 오른쪽 버튼을 클릭하여 Load Track Preset을 선택합니다.

04 Guitar/Plucked 카테고리에서 적당한 스타일의 프리셋을 선택합니다.

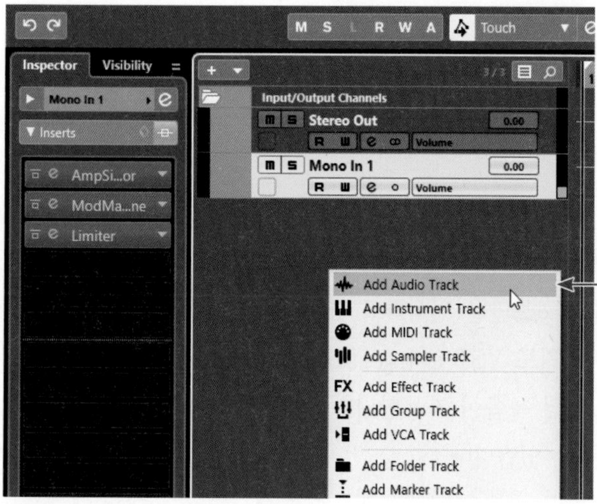


05 기타 사운드에 적합한 이펙트들이 Inserts 슬롯에 장착되어 있습니다. 트랙 리스트에서 마우스 오른쪽 버튼을 클릭하여 단축 메뉴를 열고, Add Audio Track을 선택합니다.

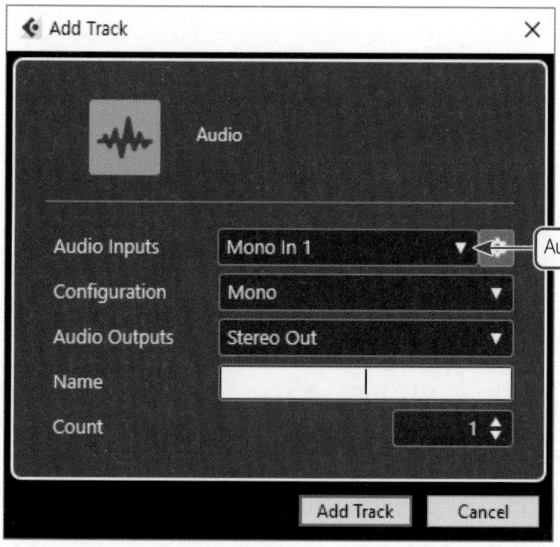


06 Audio Inputs에서 프리셋이 적용된 인풋 트랙을 선택하고 Add Track 버튼을 클릭하여 오디오 트랙을 만듭니다.

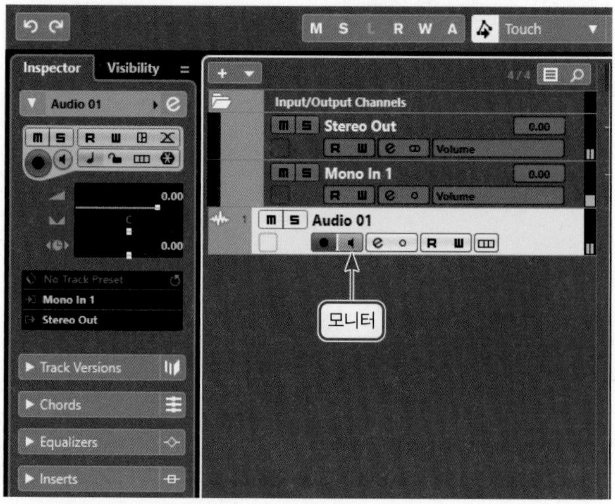


07 오디오 트랙의 모니터 버튼을 On으로 하고 오디오 인터페이스 인풋에 연결한 기타를 연주하면, 이펙트가 적용된 사운드를 들을 수 있습니다. 오디오 트랙을 만들 때마다 이펙트를 세팅하지 않아도 되는 것입니다. 아웃 채널은 페이드 아웃과 같이 전체 트랙을 컨트롤할 때 유용합니다.

# 04 오디오 트랙

사운드를 녹음하거나 출력을 담당하는 트랙입니다. 큐베이스는 기본적으로 1/2번 채널의 스테레오 포트만을 인식하고 있습니다. 멀티 포트를 지원하는 오디오 인터페이스 사용자도 VST Connections에서 사용하고자 하는 포트를 미리 설정 해야만 멀티 녹음이 가능합니다. VST Connections는 F4키를 이용하여 열거나 닫을 수 있습니다.

오디오 인터페이스는 오디오의 입/출력을 담당하는 장치입니다. 마이크 및 라인 녹음을 위해서는 반드시 필요한 장치이며, 동시에 몇 개의 라인을 연결할 수 있는지에 따라 가격 차이가 있습니다. 혼자서 작업을 하는 경우라면 2in 제품이면 충분하지만, 친구들과 함께 작업을 하는 경우라면 2in 이상의 멀티 제품이 필요합니다. 단, 2in 이상의 멀티 오디오 인터페이스는 사전 설정이 필요합니다. 4in 멀티 오디오 인터페이스를 사용하고 있으며, 포트 1에 마이크, 포트 2에 기타, 포트 3과 4에 신디사이저를 연결했다고 가정합니다.

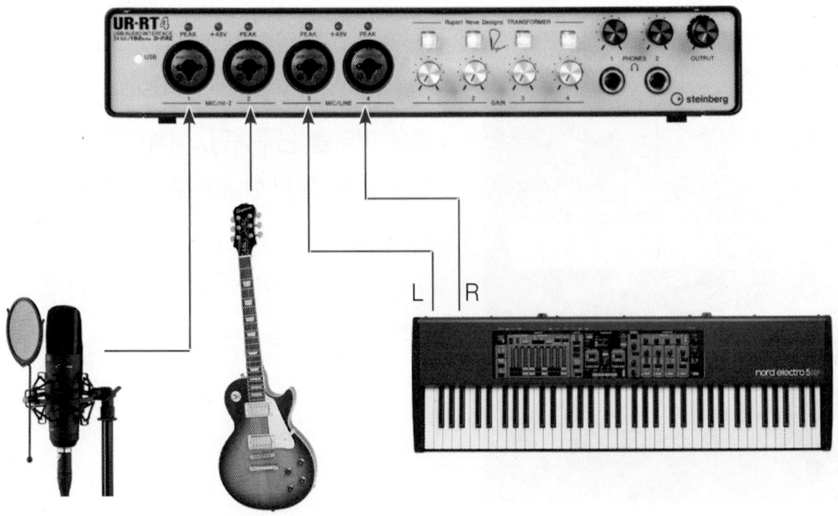

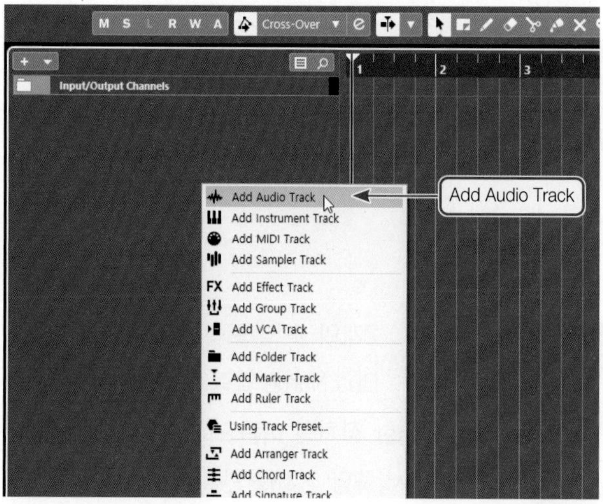


01 Empty 프로젝트를 만들고, 트랙 리스트에서 마우스 오른쪽 버튼을 클릭하여 Add Audio Track을 선택합니다.

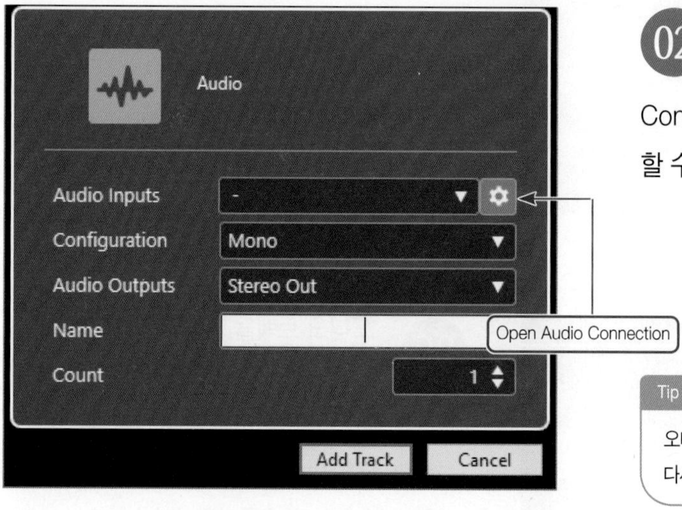


02 인/아웃 및 타입 등을 선택할 수 있는 창이 열립니다. Open Audio Connection 버튼을 클릭하면, 오디오 설정을 할 수 있는 창이 열립니다.

Tip

오디오 인/아웃 설정을 이미 한 경우라면 트랙을 만들 때 다시 할 필요는 없습니다.

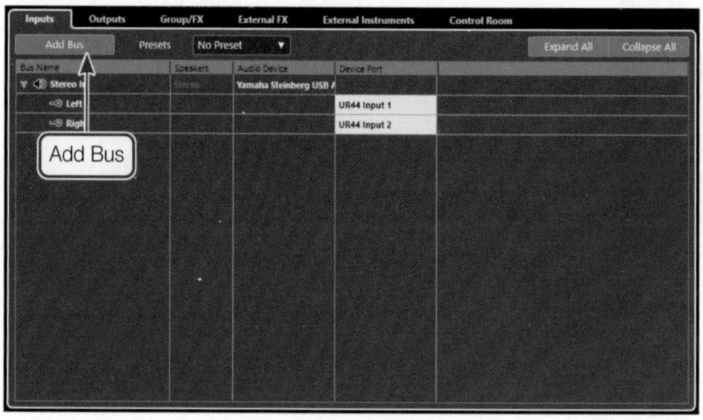


03 기본적으로 Stereo In만 설정되어 있습니다. 2개의 인풋이 더 필요하므로, Add Bus 버튼을 클릭합니다.

**04** 채널 수를 설정하는 Count에서 2를 입력하고, 채널 타입을 선택하는 Configuration에서 Mono를 선택합니다. 2개의 모노 트랙을 만들겠다는 것입니다.

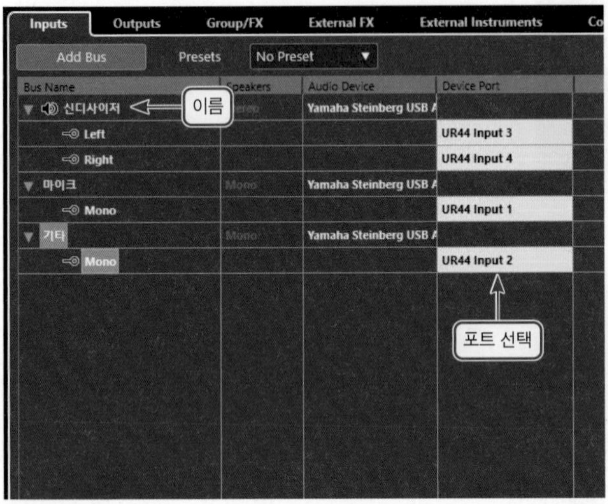


**05** 2개의 모노 트랙이 추가되었습니다. Bus Name 칼럼을 클릭하여 인 포트에 연결한 장치의 이름으로 변경하고, Device Port에서 해당 장치를 연결한 포트를 선택합니다. 이 설정은 한 번만 해두면 됩니다.

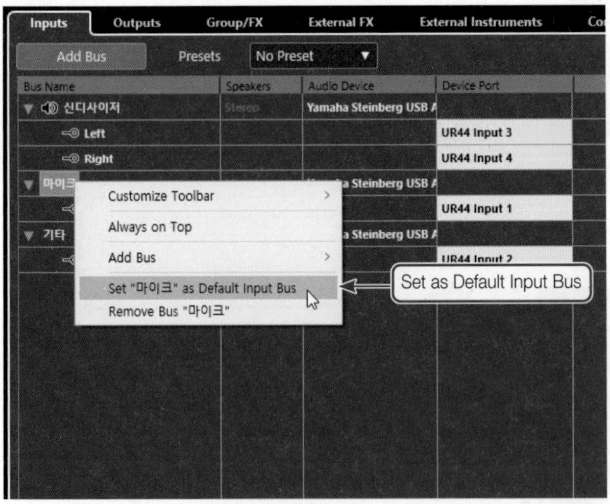


**06** 오디오 트랙을 만들 때 기본적으로 선택되게 할 인 포트를 설정할 수 있습니다. 마우스 오른쪽 버튼을 클릭하여 단축 메뉴를 열고, Set as Default Input Bus를 선택합니다. 스피커 모양이 표시됩니다.

Count

**07** Audio Inputs에서 마이크가 연결되어 있는 포트를 선택하고, Configuration에서 Mono를 선택합니다. 모니터 스피커가 연결되어 있는 Audio Outputsr과 이름을 입력할 수 있는 Name 항목은 그대로 두고, 몇 개의 트랙을 만들 것인지를 설정할 수 있는 Count에서 2를 입력합니다.

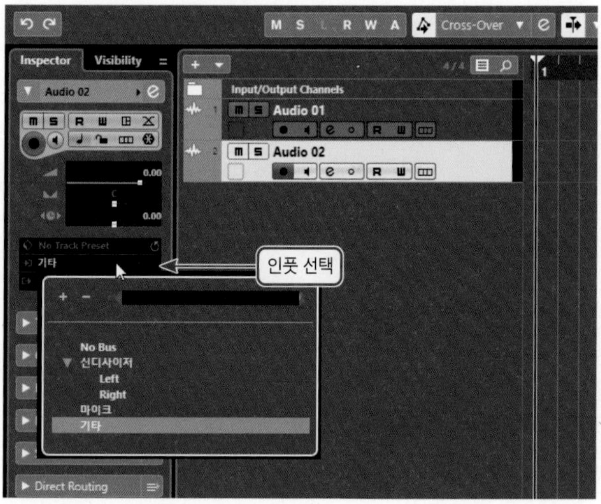


인풋 선택

**08** 2개의 오디오 트랙이 만들어졌습니다. Audio 02 트랙은 기타 연주를 녹음할 것이므로, 인풋 항목에서 기타가 연결되어 있는 포트로 변경합니다.

Add Audio Track

**09** 신디사이저 녹음을 위한 스테레오 트랙을 추가하겠습니다. 트랙 리스트에서 마우스 오른쪽 버튼을 클릭하여 단축 메뉴를 열고, Add Audio Track을 선택합니다.

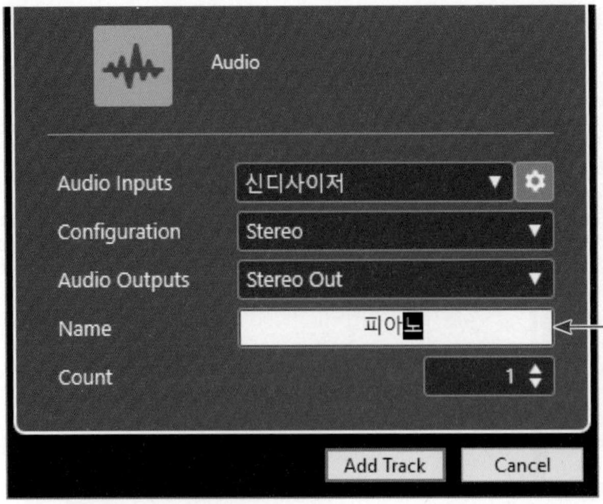


**10** Audio Inputs에서 신디사이저를 연결한 인풋을 선택하고, Configuration은 Stereo로 선택합니다. Name 항목에 트랙 이름을 입력하고, Count는 1 상태로 둡니다.

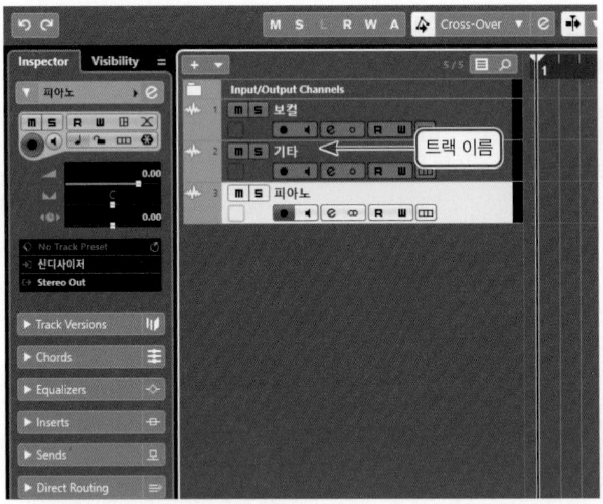


**11** 보컬과 기타 녹음을 위한 2개의 모노 트랙과 신디사이저 녹음을 위한 1개의 스테레오 트랙을 만들었습니다. 트랙의 이름은 구분하기 쉽게 변경하는 것이 좋습니다.

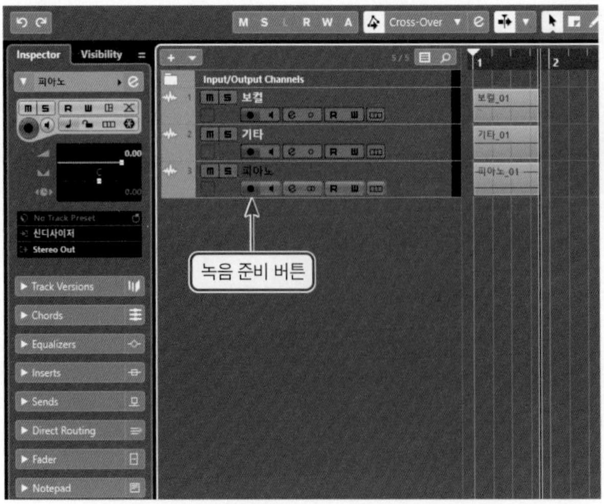


**12** 각 트랙의 녹음 준비 버튼을 On으로 하고, 키보드 숫자열의 [*] 키를 눌러 녹음을 진행하면, 보컬과 기타, 그리고 신디사이저를 동시에 녹음할 수 있습니다.

# 05 인스트루먼트 트랙

VST 악기 연주를 위한 트랙입니다. 소프트 악기 또는 가상 악기라고도 부르며, 하드웨어 악기에 비해 가격이 저렴하고, 편리하게 사용할 수 있다는 장점이 있습니다. 실제로 보컬 녹음을 위한 오디오 트랙 외에 가장 많이 사용하는 트랙입니다.

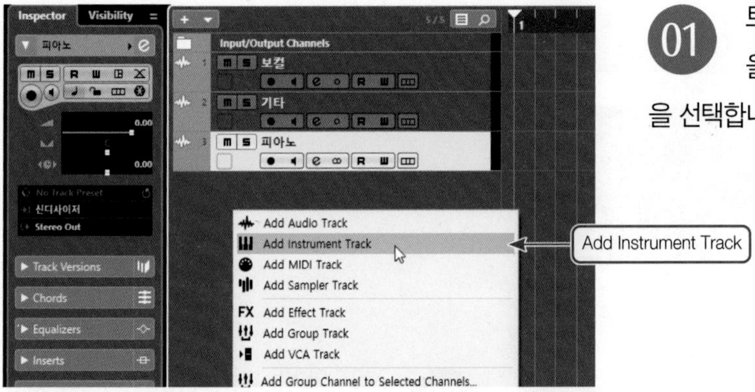


01 트랙 리스트에서 마우스 오른쪽 버튼을 클릭하여 Add Instrument Track을 선택합니다.

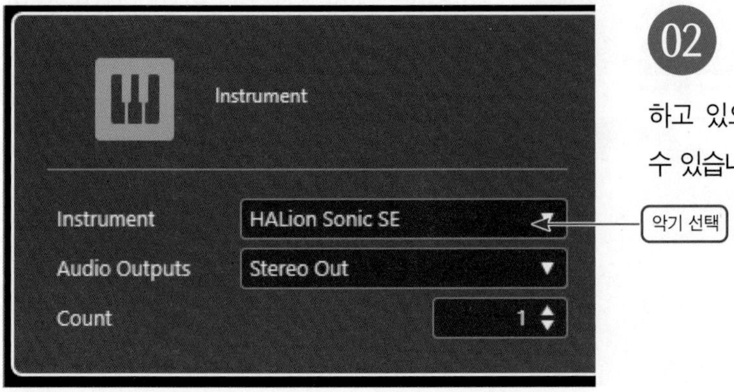


02 Instrument 항목에서 악기를 선택합니다. 큐베이스는 8개의 악기를 제공하고 있으며, 타사에서 제작한 악기도 사용할 수 있습니다.

03 악기는 언제든 인스펙터 창의 아웃 항목을 클릭하여 변경할 수 있습니다.

04 인스트루먼트 트랙은 이벤트를 미디로 다루고 있지만, 출력은 오디오이기 때문에 별도의 변환 작업 없이 오디오 이펙트를 장착하여 믹싱 작업을 진행할 수 있습니다.

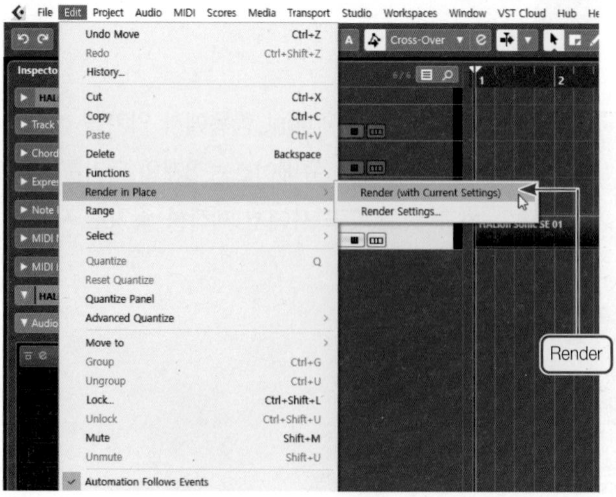


05 VST 악기는 많은 장점을 가지고 있지만, 시스템 사용량이 높다는 단점이 있습니다. 작업 중에 지연 현상이나 잡음이 발생하는 경우라면 Edit 메뉴의 Render in Place에서 Render를 선택하여 오디오로 바꿔 진행하는 방법으로 해결할 수 있습니다.

# 06 미디 트랙

미디 트랙은 하드웨어 및 VST 악기 연주를 위한 미디 정보를 입력합니다. 연주자에게 편곡자가 원하는 연주를 요구할 때 악보를 건네듯이 미디 악기에게 어떻게 연주하라고 요구하는 것이 미디 정보입니다. 다만, 실제 연주자는 느낌만 전하면 알아서 해주지만, 미디 악기는 사용자가 입력한대로만 연주를 하기 때문에 많은 학습이 필요합니다.

VST 악기는 출력이 오디오이기 때문에 추가 작업 없이 오디오 믹스 다운이 가능합니다. 하지만, 하드웨어 악기를 연주하기 위한 미디 트랙은 단순히 연주 정보만 담고 있는 것이기 때문에 바로 오디오 믹스 다운이 되지 않습니다. 그래서 미디 작업이 끝나면 반드시 오디오로 다시 녹음을 하거나 External로 연결을 해야 합니다. 어떤 방법을 사용하든 악기의 출력이 오디오 인터페이스의 인으로 연결되어 있어야 합니다.

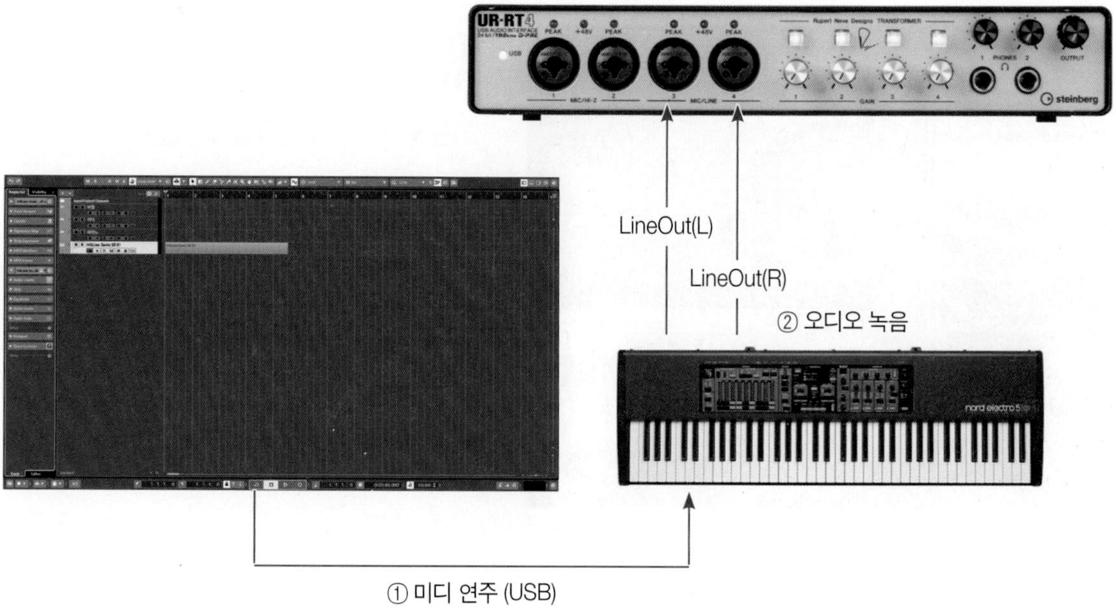

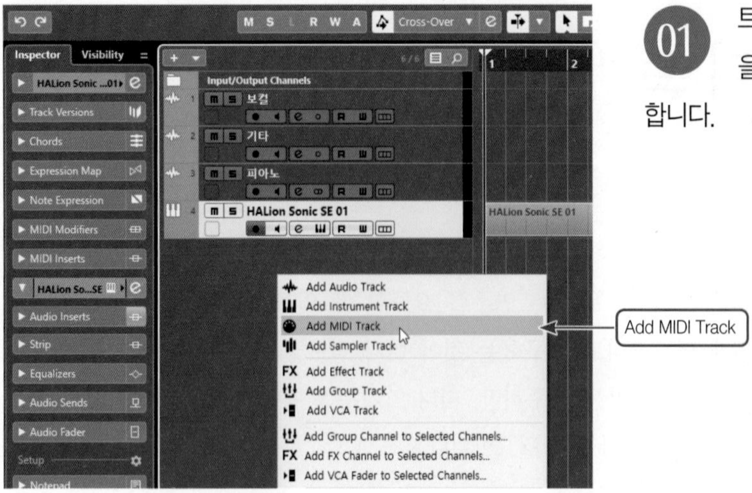


**01** 트랙 리스트에서 마우스 오른쪽 버튼을 클릭하여 Add MIDI Track을 선택합니다.

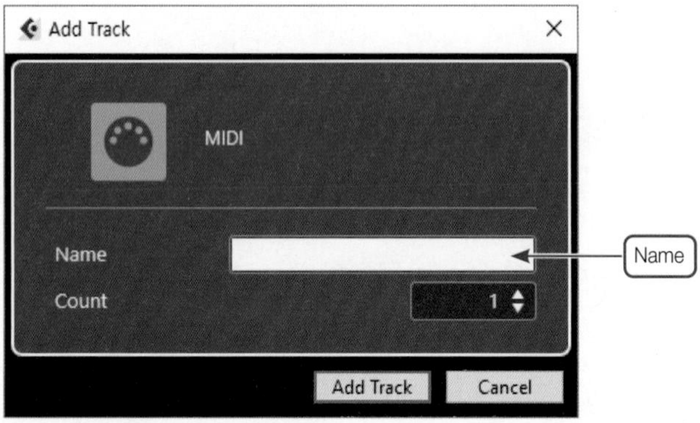


**02** 트랙 이름과 수를 선택할 수 있는 창이 열립니다. Name 항목에 연주할 악기 음색 이름을 입력합니다.

**03** 아웃 항목에서 컴퓨터에 연결한 하드웨어 악기를 선택합니다. 트랙으로 추가한 VST 악기도 선택할 수 있습니다.

**04** 아웃 항목 아래쪽의 채널 항목에서 연주 채널을 선택합니다. 여기서 ANY는 입력하는 채널에 따라 출력하는 채널이 자동으로 선택되게 하는 것입니다.

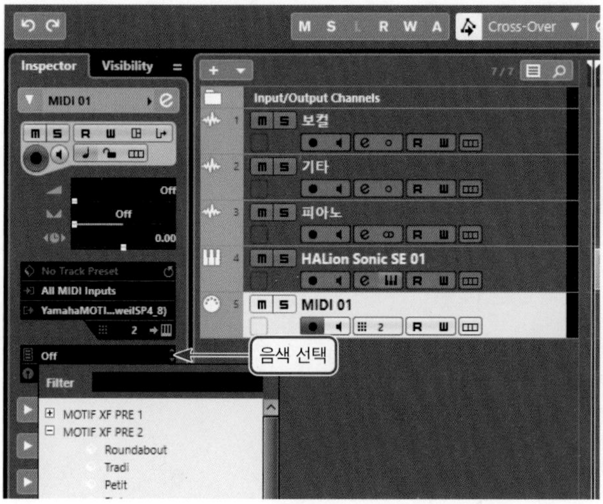


**05** 채널 항목 아래쪽에 있는 프로그램 선택 항목에서 연주할 악기 음색을 선택합니다. 프로그램 리스트를 악기 이름으로 표시되게 하는 방법은 앞에서 살펴보았습니다.

| PC | CC00 | Insrument NO |
|---|---|---|
| 033 | 000 | Acoustic Bs |
| 034 | 000 | Fingered Bs |
| | 001 | Fingered Bs2 |
| | 002 | Jazz Bass |
| 035 | 000 | Picked Bass |
| | 008 | Mute PickBs |

**06** 프로그램 리스트를 만들지 않은 경우라면, 번호로 선택해야 합니다. 악기 매뉴얼을 보면, 표와 같은 리스트가 있을 것입니다.

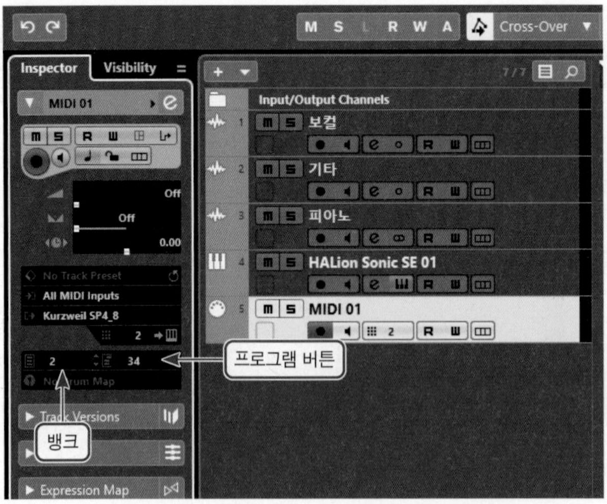


**07** 표는 베이스 음색의 일부분인데, Jazz Bass 음색은 프로그램 번호가 34번이고, 뱅크가 2번이라는 것을 확인할 수 있습니다. 즉, 인스펙터 파라미터의 뱅크에서 2번을 선택하고, 프로그램에서 34번을 선택하면 해당 채널은 Jazz Bass 음색으로 연주되는 것입니다.

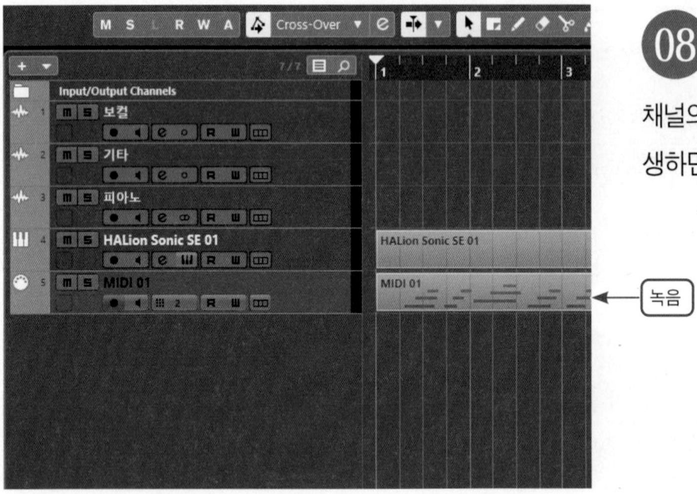


**08** 이제 키보드 숫자열의 [.] 키를 누르고, 건반을 연주하면 앞에서 선택한 채널의 음색으로 녹음이 되고, 녹음한 것을 재생하면, 외부 악기가 연주되는 것입니다.

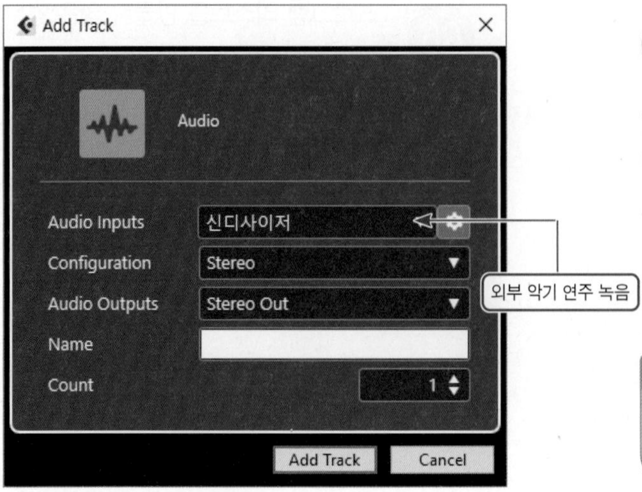


**09** 다만, 미디 이벤트는 외부 악기 연주를 위한 정보일 뿐이므로, 음악을 완성하고 믹스다운 하기 위해서는 오디오 트랙을 만들어 외부 악기 연주를 오디오로 녹음하거나 External로 세팅해야 합니다.

> **Tip**
> 하드웨어 악기 연주를 다시 녹음하지 않아도 되는 External 세팅은 트랜스포트 패널 편을 참조합니다.

# 07 샘플러 트랙

미디 음원에는 신디사이저와 모듈 외에 샘플러라는 악기가 있습니다. 신디사이저와 모듈은 악기에 내장되어 있는 음색만 사용할 수 있지만, 샘플러는 필요한 소리를 녹음해서 음원으로 사용할 수 있는 악기 입니다. 자신만의 음색이 필요한 프로 뮤지션에게는 거의 필수품이지만, 너무 고가이기 때문에 아마추어에게는 먼 제품입니다. 큐베이스는 이를 소프트웨어로 구현하여 공짜로 사용할 수 있게 하고 있으며, 그것이 바로 샘플러 트랙입니다.

## 01 샘플 로딩

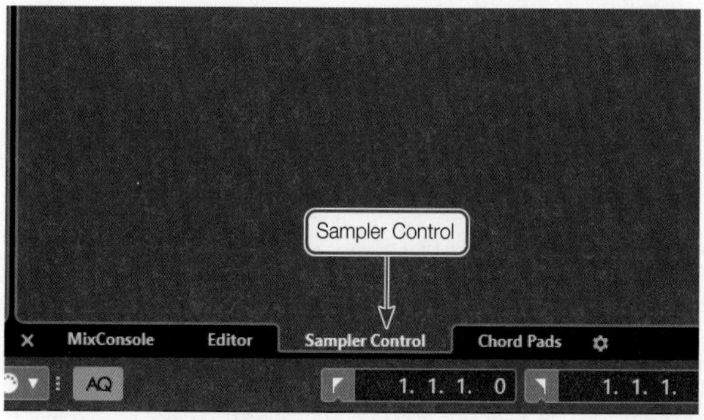


01 샘플러 트랙은 오디오 파일을 미디 악기처럼 사용할 수 있게 하는 역할을 합니다. 즉, 악기로 사용할 오디오 파일을 가져다 놓는 것이 우선이며, 방법은 다양합니다. 로우 존의 Sampler Control 탭을 엽니다.

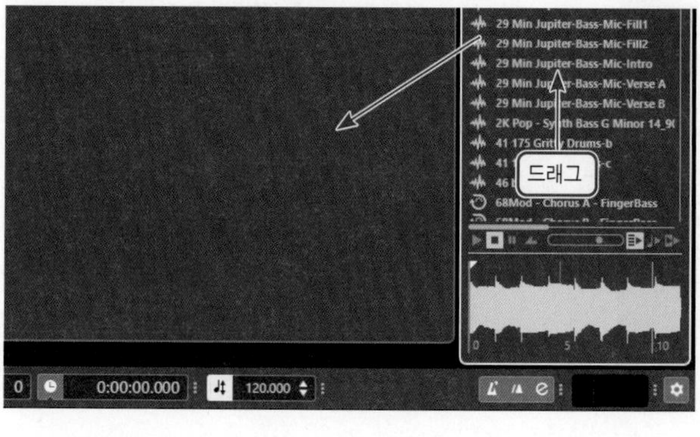


02 오른쪽 존의 Media 탭에서 적당한 샘플을 드래그하여 가져다 놓습니다. 마스터 건반을 연주하면 해당 샘플의 음색으로 연주가 되는 것을 확인할 수 있습니다.

**Tip**

Media 탭에서 마우스 오른쪽 버튼을 클릭하여 단축 메뉴를 열고, Create Sampler Track을 선택해도 됩니다.

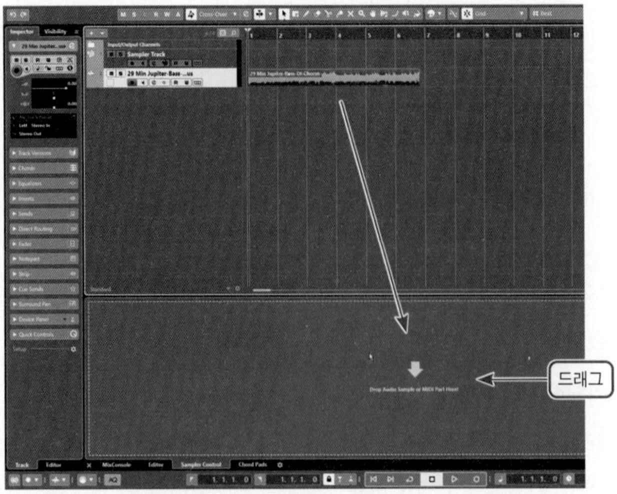


03 프로젝트에 녹음한 오디오 이벤트를 악기로 사용하고 싶은 경우에는 해당 이벤트를 Sampler Control로 드래그하거나 Audio 메뉴의 Create Sampler Track을 선택합니다. 사용자 목소리와 같이 독보적인 사운드를 사용하는 것이 샘플러의 매력입니다.

**Tip**

VST 미디 파트도 임포트 가능하며, 이미 샘플이 로드되어 있는 경우에는 새로운 샘플로 바뀝니다.

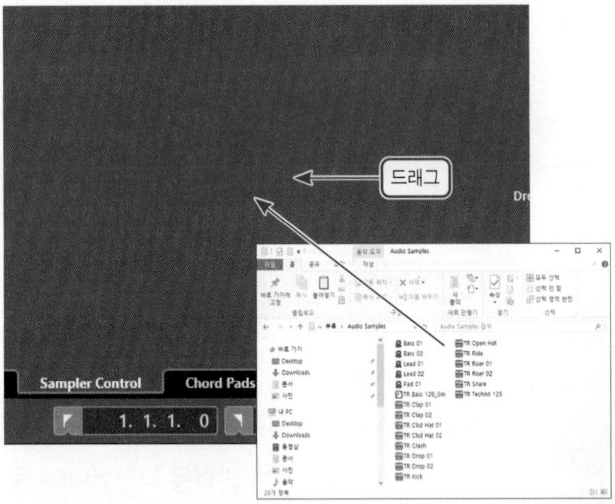


04 사용자가 가지고 있는 오디오 샘플을 윈도우 탐색기에서 직접 드래그하여 가져다 놓는 것도 가능합니다.

**Tip**

샘플 에디터에서 일부분을 선택하여 가져다 놓는 것도 가능합니다.

05 샘플러 트랙은 미디나 오디오 트랙과 마찬가지로 사용자가 원하는 만큼 추가할 수 있으며, 추가 방법은 동일합니다.

## 02 샘플러 컨트롤

샘플러 트랙은 오디오 파일을 가져다 놓고, 바로 사용할 수 있지만, 목적에 맞게 디자인하는 과정이 필요합니다. 이러한 작업은 트랙을 선택하면 열리는 Sampler Control 창에서 진행하며, 화면은 툴 바, 웨이브 폼 디스플레이, 사운드 파라미터, 키보드 섹션으로 구성되어 있습니다. 툴 바의 Open 버튼을 클릭하면 독립 창으로 열 수 있으며, 독립 창에서 Open 버튼은 Low Zone으로 복구 합니다.

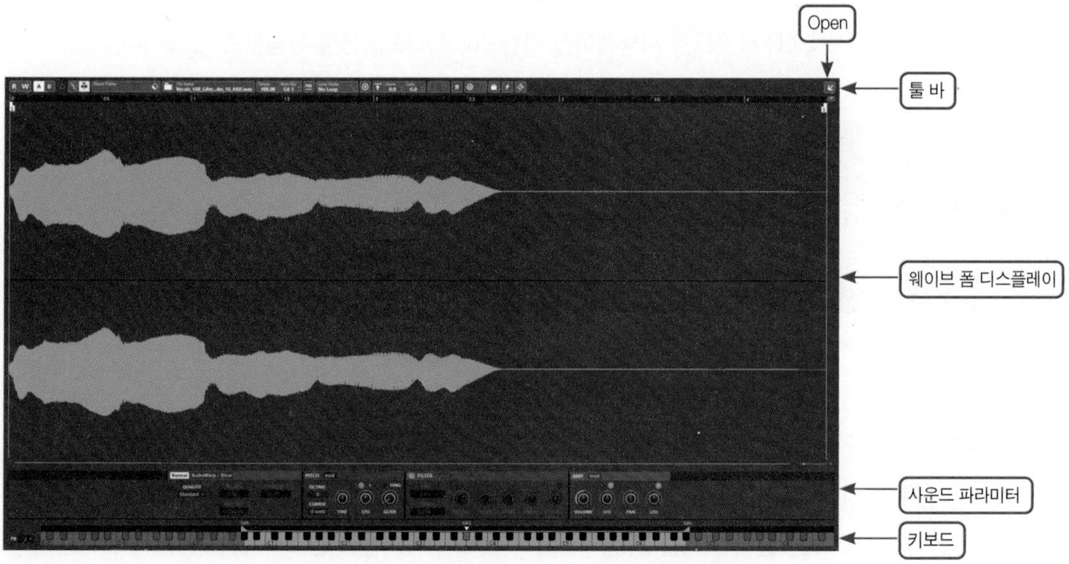


● 툴바

오디오 샘플 및 프리셋을 불러오고 샘플을 악기로 전송하는 등의 기능 버튼들로 구성되어 있습니다.

● 웨이브 폼 디스플레이

샘플 파형을 표시하며, 샘플의 재생 범위 및 루프 구간을 설정할 수 있고, 사운드 파라미터의 Pitch, Filter, Amp 속성을 편집할 수 있는 Edit 창의 역할을 합니다.

● 사운드 파라미터

Normal, AduioWarp, Slice, Pitch, Filter, Amp 섹션으로 사운드를 디자인하는데 핵심적인 역할을 하는 파라미터들로 구성되어 있습니다.

● 키보드

샘플의 연주 범위, 근음 키 및 피치 밴드와 모듈레이션 범위를 설정할 수 있습니다.

## 03 사운드 파라미터

⏻ Playback

오디오 샘플이 다른 피치로 재생될 때 음질이 변하는 것은 당연합니다. Playback 파라미터는 이러한 음질 변화를 최소화하거나 아예 음질을 떨어트려 분위기를 바꾸는 등의 역할을 합니다. 품질은 Quality 메뉴에서 선택하며, Standard에서 High, Best, Extreme 순서로 고음역을 보충합니다. 단, 소스가 저음역 악기라면 사운드가 왜곡될 수 있습니다. Vintage는 반대로 품질을 떨어뜨려 빈티지 사운드를 만듭니다. 샘플 비트 낮추는 Bit Red, 샘플 레이트를 낮추는 Rate Red, LP 사운드를 시뮬레이션 하는 Turntable 옵션을 사용할 수 있습니다.

⏻ Audio Warp

샘플을 로드하면 연주 피치에 따라 템포가 변하게 됩니다. 이때 Audio Warp를 사용하면 피치에 상관 없이 템포를 고정할 수 있습니다. Mode는 멀티 악기를 위한 Music과 멜로디 악기를 위한 Solo를 제공합니다. 드럼 루프 외에는 거의 Solo 모드를 사용합니다.

- Mode : 오디오 처리 엔진을 선택합니다. 드럼 루프와 같이 여러 악기가 섞여 있는 경우에는 Music이 적합하며, 그 밖의 단일 악기는 Solo를 선택합니다.

- Sync : 샘플의 재생 속도를 프로젝트 템포와 일치시킬 수 있습니다. Off인 경우에는 Speed를 백분율로 설정할 수 있으며, On인 경우에는 Orig BPM으로 템포를 설정할 수 있습니다.

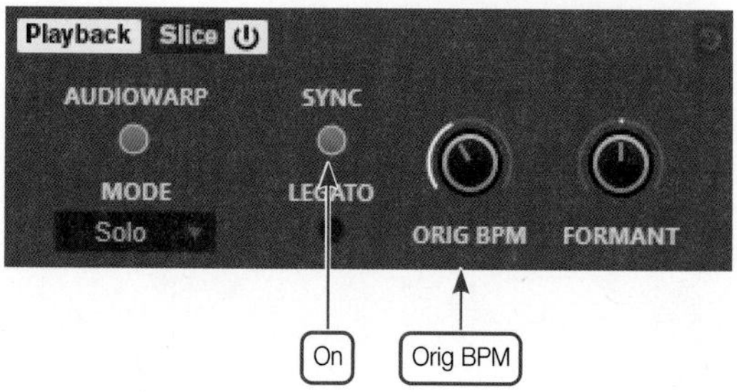


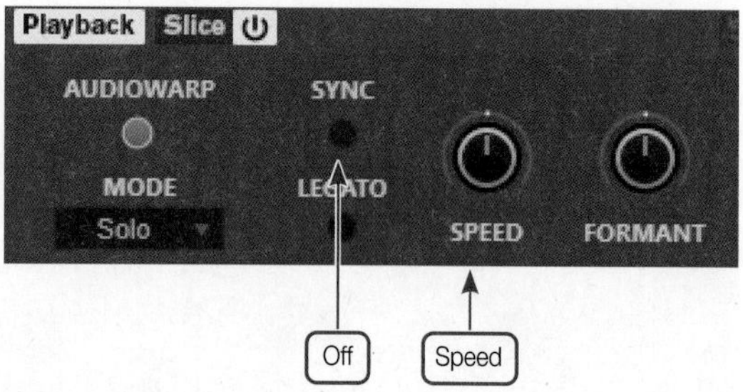


- Legato : 샘플을 항상 커서 위치에서 재생되게 합니다. 버튼을 Off하면, 처음부터 연주됩니다.

- Formant : 목소리를 악기 샘플로 사용할 때, 원본과 너무 벗어난 음역에서는 톤이 달라질 수 밖에 없습니다. 이때 톤을 보충할 수 있는 파라미터로 Solo 모드에서 동작합니다. 단, 한계가 있으므로, 넓은 범위가 필요하다면, 한 옥타브 정도의 음역차로 녹음한 소스를 준비하는 것이 좋습니다.

⏻ Slice

샘플을 조각내서 노트에 배분할 수 있는 기능입니다. 드럼 루프를 자신만의 리듬으로 바꾸거나 보컬 샘플의 음절을 나누어 코러스로 연주하는 등, 다양한 활용이 가능합니다.

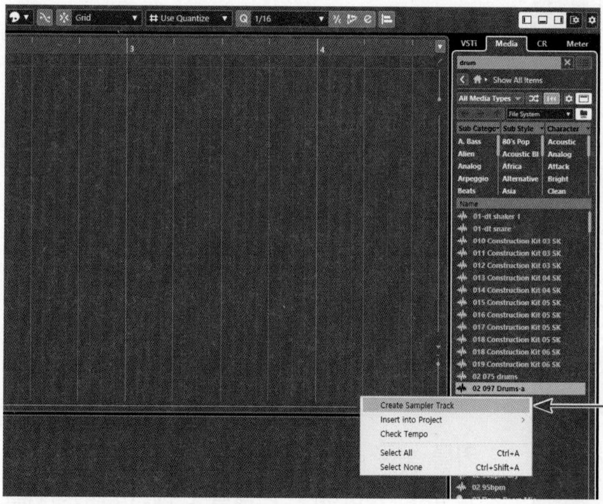


**01** Media 탭에서 적당한 드럼 루프 샘플 찾아 마우스 오른쪽 버튼으로 클릭하여 단축 메뉴를 열고, Create Sample Track을 선택하여 새로운 샘플러 트랙을 만들어 로딩 합니다.

**02** Slice를 On으로 하면 로딩한 드럼 샘플이 자동으로 조각납니다. 건반을 눌러보면 노트마다 각각의 조각이 연주되는 것을 확인할 수 있습니다. 완전히 새로운 리듬을 만들 수 있는 것입니다.

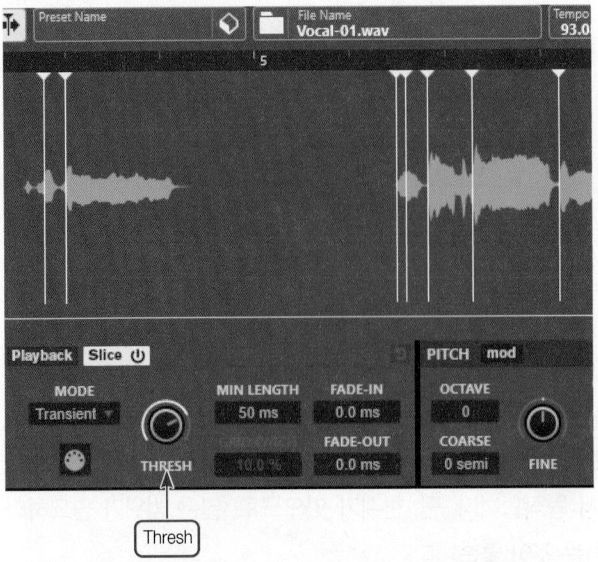


03 기본 모드(Mode)는 파형이 시작되는 지점을 자동으로 찾아 잘라주는 Transient이며, Thresh 노브를 이용하여 감지되는 레벨을 조정할 수 있습니다.

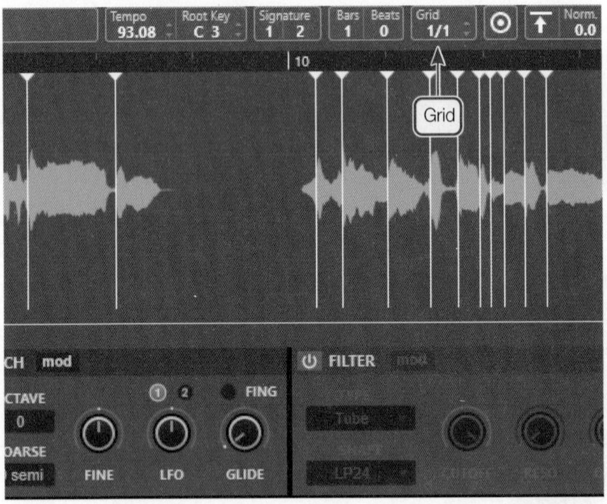


04 모드를 Grid로 선택하면, 툴 바의 Gride를 이용해서 샘플을 비트 단위로 자를 수 있고, Transient+Grid의 두 가지 설정을 적용할 수 있는 모드도 제공됩니다.

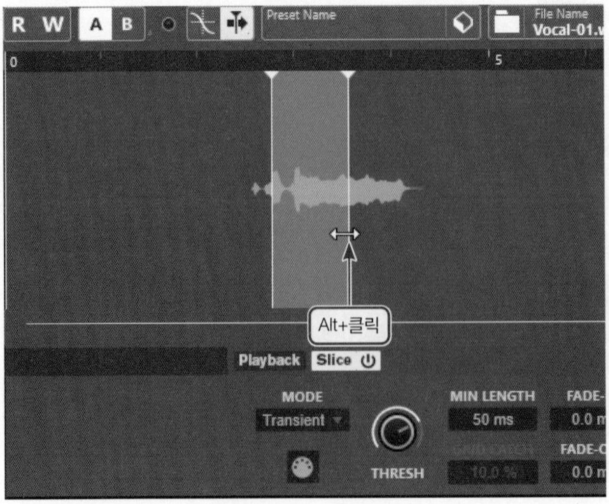


05 Manual은 사용자가 직접 자르는 자르는 모드입니다. 디스플레이에서 Atl 키를 누른 상태로 클릭하여 파형을 자르거나 제거할 수 있으며, 마커를 드래그하여 위치를 조정할 수 있습니다. 이것은 모드에 상관없이 사용할 수 있기 때문에 실제로는 Transient 모드에서 수정하는 경우가 많습니다.

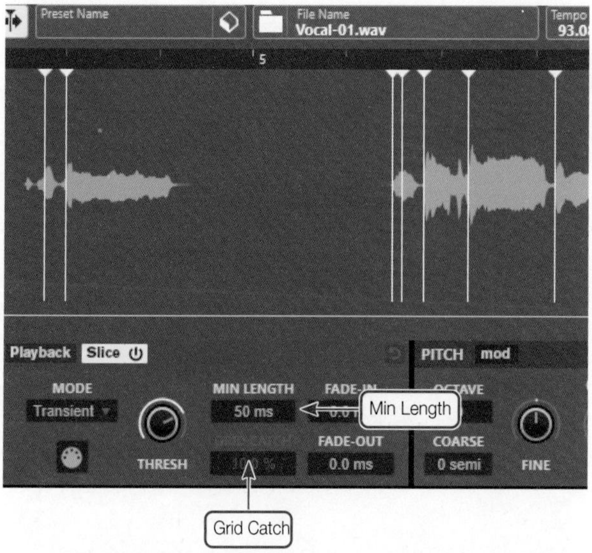


**06** Min Length은 샘플 조각의 최소 길이를 설정하며, Grid Catch는 Transient+Grid 모드에서 마커와 그리드와의 간격을 설정합니다.

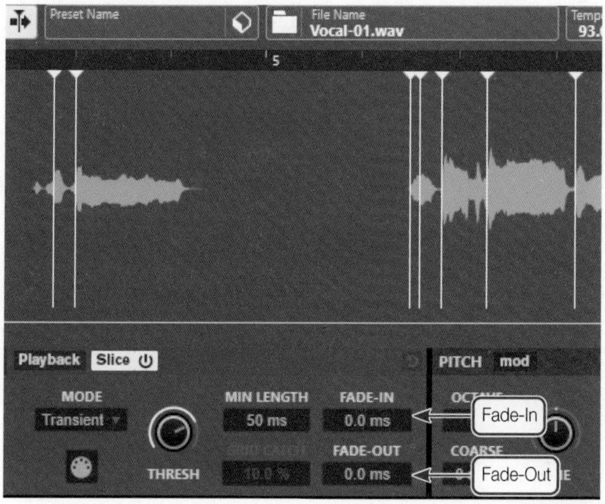


**07** 간혹, 클릭 잡음이 발생한다면 Fade-In과 Fade-out 길이를 설정하여 해결할 수 있습니다.

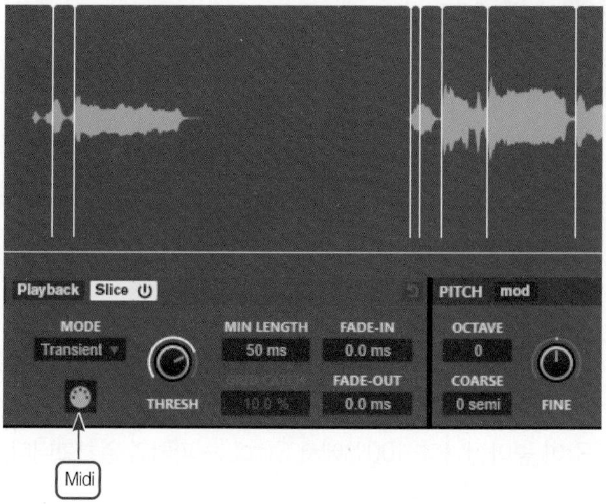


**08** Midi 아이콘을 프로젝트로 드래그하여 미디 이벤트를 만들 수 있습니다. 샘플러의 Slice 기능은 자신만의 색깔을 만드는데, 가장 주요한 역할을 하게 될 것입니다.

### ⏻ Pitch

오디오 샘플의 피치를 튜닝할 수 있는 파라미터로 구성되어 있습니다. Mod 버튼을 On으로 하면 웨이브 폼 디스플레이에 타임 단위로 피치를 조정할 수 있는 엔벨로프 편집 창이 열립니다.

- Octave : 피치를 옥타브 단위로 조정합니다.
- Corase : 피치를 반음 단위로 조정합니다.
- Fine : 피치를 100분의 1단위로 조정됩니다.
- LFO : 샘플러는 2개의 LFO를 제공하고 있으며, 피치에 적용할 LFO와 값을 설정합니다.
- Glide : 글리산도 타임을 조정합니다. Fing을 On으로 하면 레가토로 연주되는 노트에만 적용됩니다.

### ⏻ Filter

사운드 음색에 영향을 주는 필터을 적용할 수 있으며, On/Off 버튼으로 사용 유무를 결정합니다. 필터 타입은 Tube, Classic, Clip, Bit Red, Rate, Rate KF의 6가지를 제공하며, Mod 버튼을 On으로 하면, 웨이브 폼 디스플레이에 타임 단위로 필터를 조정할 수 있는 엔벨로프 편집 창이 열립니다.

- Type : 필터 타입을 선택합니다. 각 타입에 따른 음색 변화를 직접 모니터해보기 바랍니다.
- Shape : 필터 곡선을 선택합니다. 로우 패스(LP), 밴드 패스(BP), 하이패스(HP) 등을 제공합니다.
- Cutoff : 필터의 차단 주파수를 설정합니다.
- Reso : 차단 주파수 범위를 증/감 합니다.
- Drvie : 입력 신호를 증가시킵니다.
- Key : 값을 증가시키면 피치가 높아 질수록 Cutoff 값이 높아집니다. 100%에서 Cutoff는 피치와 일치합니다.

### ⏻ Amp

샘플의 볼륨(Volume)과 팬(Pan)을 조정하며, 2개의 LFO를 동시에 적용할 수 있습니다. Mod 버튼을 On으로 하면, 웨이브 폼 디스플레이에 타임 단위로 볼륨을 조정할 수 있는 엔벨로프 편집 창이 열립니다.

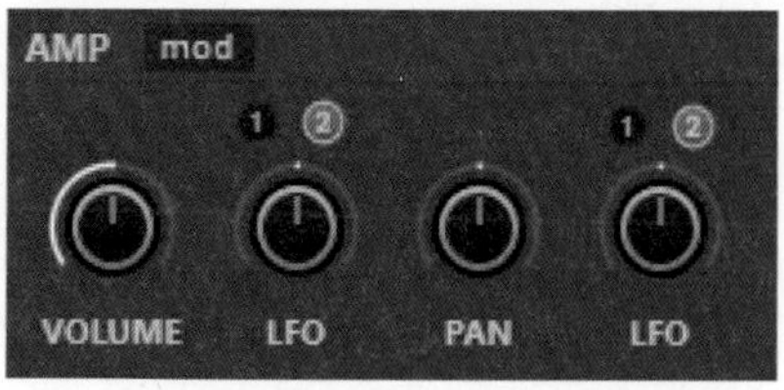


### ⏻ Envelope Editors

피치, 필터, 볼륨 섹션의 Mod 버튼을 클릭하면 웨이브 폼 디스플레이에 타임 단위로 피치, 필터, 볼륨을 조정할 수 있는 엔벨로프 편집 창이 열립니다. 기본적으로 어택(A), 서스테인(S), 릴리즈(R) 노드가 준비되어 있으며, 각 지점 사이를 더블 클릭하여 노드를 추가하거나 삭제할 수 있습니다. 최종 적용 값은 AMT로 설정합니다.

- Mode : 재생 방법을 선택합니다.

Sustain - 건반을 누르면 처음부터 서스테인 노드까지 연주되고, 건반을 누르고 있는 동안에 서스테인을 유지합니다. 그리고 건반을 놓으면 서스테인 다음 노드로 진행합니다. 루프 샘플에 적합합니다.

Loop - 건반을 누르면 처음부터 루프 구간까지 연주되고, 건반을 누르고 있는 동안에 루프 구간을 반복합니다. 그리고 건반을 놓으면 루프 다음 노드로 진행합니다. 서스테인 모션에 적합합니다.

One Shot - 언제나 처음부터 끝까지 연주합니다. 드럼 샘플에 적합합니다.

Sample Loop - 건반을 누르면 첫 번째 노드에서 샘플 루프로 진행되어 어택을 유지할 수 있는 모드 입니다.

- Velocity : 벨로시티 강약에 따른 엔벨로프의 영향력을 설정합니다.

### ⏻ LFO Editor

엔벨로프 오른쪽에는 LFO 에디터를 제공합니다. 2개의 LFO를 제공하고 있으며, 피치에 적용하면 Waveform에서 선택한 파형의 모양대로 피치가 변하고, 필터에 적용하는 Cutoff 주파수가 변하고, Amp에 적용하면 볼륨이 변하는 것입니다. 강도는 각 파라미터의 LFO 값으로 설정합니다.

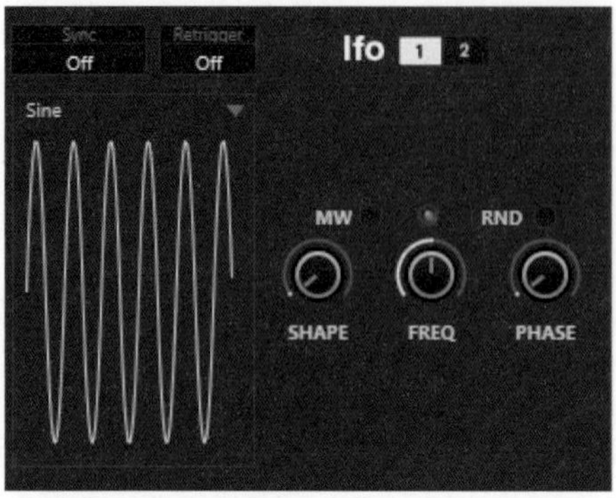


- Sync : 변조 속도를 조정합니다. Off에서는 Hz 단위로 조정되며, 나머지는 프로젝트 템포에 따릅니다. 단, Tempo+Retrig는 노트의 시작 위치에 맞추고, Tempo+Beat는 박자에 맞춘다는 차이가 있습니다.

- Retrigger : Tempo+Retrig에서 LFO의 재시작 여부를 결정합니다. Off는 재시작 되지 않고, First Note에서는 노트가 시작되고 다른 노트가 유지되지 않을 때 재시작하고, Each Note는 노트가 시작할 때 마다 LFO를 재시작 합니다.

- MW : 모듈레이션 휠로 LFO 출력 레벨을 조정할 수 있게 합니다.

- Waveform : LFO 파형을 선택합니다. Sine,Triangle, Saw, Pulse, Ramp, Log, S & H 1, S & H 2를 제공하고 있으며, 각각 디스플레이어에 표시되어 어떤 모양인지 직접 확인할 수 있습니다.

- Shape : 파형의 기울기를 조정합니다. 역시 디스플레이어에서 바로 확인 가능합니다.

- Freq : 변조 속도를 조정합니다. Sync가 Off이면 Hz 단위, On이면 비트 단위로 설정할 수 있습니다.

- Phase : 파형의 시작 위치를 설정합니다. RND를 On으로 하면 무작위로 시작됩니다.

## 04 웨이브 폼 디스플레이

샘플의 파형을 표시하며, 연주로 사용할 구간 및 루프 구간을 설정할 수 있는 핸들을 제공합니다. 루프 핸들은 툴 바의 Loop Mode에서 선택한 경우에만 표시됩니다.

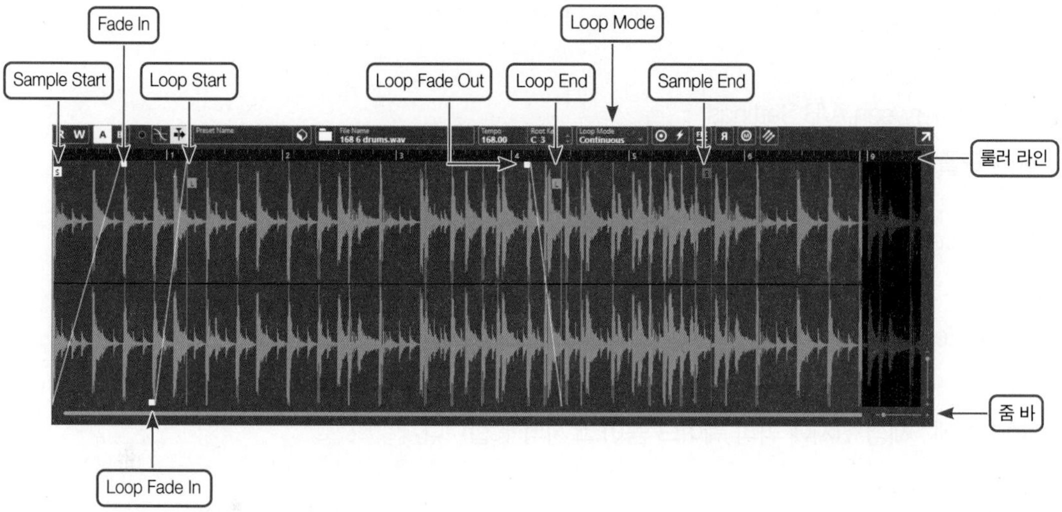


- Sample Start/End : 샘플의 재생 범위를 지정합니다.

- Loop Start/End : 건반을 누르고 있는 동안에 반복되는 서스테인 루프 구간을 지정합니다.

- Fade-In/Out : 페이드 인/아웃 범위를 지정합니다.

- Loop Fade-In/Out : 루프 구간의 크로스 페이드 범위를 지정합니다.

- 룰러 라인

샘플을 재생할 때 커서 위치를 확인할 수 있는 표시자 입니다. 룰러 라인을 마우스 오른쪽 버튼으로 클릭하면 단위를 변경할 수 있는 단축 메뉴가 열립니다.

- 줌 바

파형을 확대/축소 할 수 있는 슬라이더 입니다. 편집 작업을 하면서 많이 사용하기 기능이므로, Ctrl 키를 누른 상태에서 마우스 휠을 돌리거나 G 및 H 단축키를 이용하는 것이 편리합니다.

## 05 툴 바

샘플러 컨트롤 상단에는 다양한 설정과 기능을 수행할 수 있는 툴이 있습니다.

**R W** Read/Write Automation

파라미터의 움직임을 기록하는 오토메이션을 읽거나 쓸 수 있는 버튼입니다.

**A B** Switch between A/B Settings

사운드를 A와 B의 두 가지로 설정할 수 있으며, 비교 후 마음에 드는 것을 사용할 수 있습니다.

Event Received Indicator : 미디 입력 신호를 표시합니다.

Snap to Zero Crossing : 샘플을 편집할 때 제로 크로싱 지점이 선택될 수 있게 합니다.

Auto-Scroll : 재생 위치에 따라 웨이브 폼이 표시되게 합니다.

Preset section

프리셋을 불러오거나 저장합니다. 왼쪽에는 불러온 프리셋 이름이 표시됩니다.

Import Audio File

오디오 샘플을 불러올 수 있는 창을 엽니다. 오른쪽에는 불러온 샘플의 파일 이름이 표시됩니다.

**Tempo 168.00** Tempo : 샘플 템포를 표시합니다.

**Root Key C 3** Root Key

샘플이 로드된 키를 표시하며, 변경 가능합니다. 루트 키는 키보드에서 녹색 건반으로 표시되며, 상단의 핸들을 드래그하여 변경할 수도 있습니다.

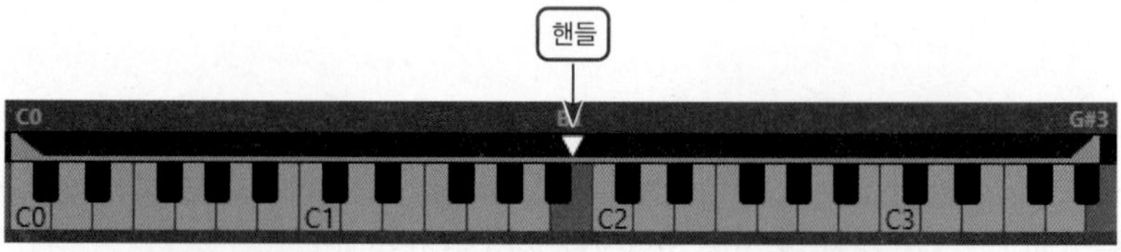


**FIX** Fixed Pitch

어떤 노트로 연주하든 루트 키로 연주되게 합니다. 드럼 루프에 주로 사용합니다.

Loop Mode : 루프 구간의 재생 방법을 선택합니다.
기본 모드는 반복하지 않는 No Loop 이며, 나머지는 다음과 같습니다.

Continuous : 루프 구간을 반복합니다.

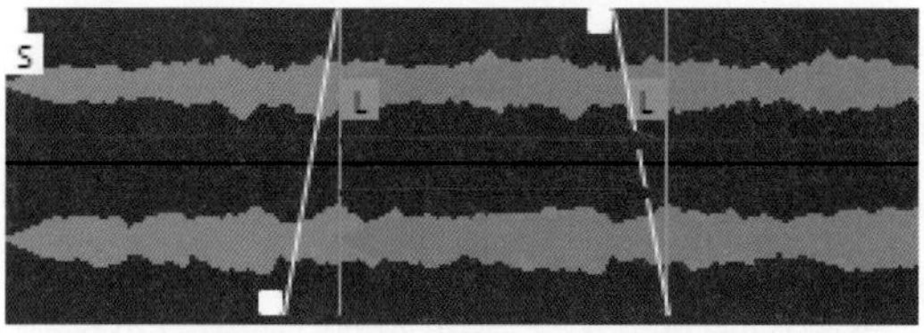

Alternate : 앞/뒤로 반복합니다.

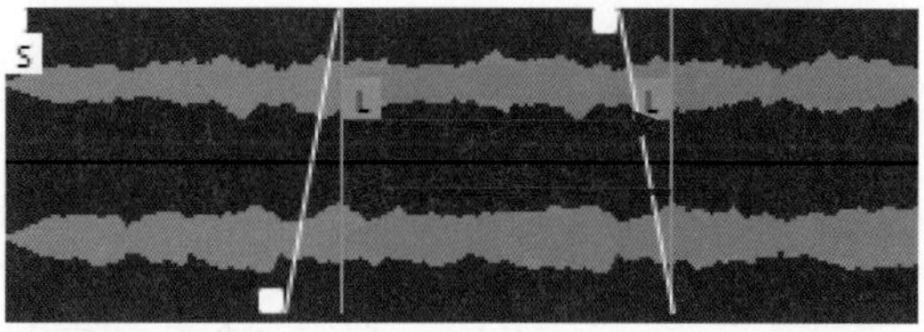

Once : 한 번만 반복합니다.

Until Release : 건반을 누르고 있는 동안 반복되고, 놓으면 릴리즈 노드로 진행합니다.

Alternate Until Release : 건반을 누르고 있는 동안 앞/뒤로 반복되고, 놓으면 릴리즈 노드로 진행합니다.

Signature : Slice 모드에서 박자를 표시하며, 수정 가능합니다.

Bars/Beats : Slice 모드에서 샘플의 마디와 박자를 표시하며, 수정 가능합니다.

Grid : Slice 모드에서 그리드 값을 설정합니다.

One Shot : 루프 모드를 무시하고 한 번만 재생합니다.

Normalize : 샘플 레벨을 Norm 항목에서 설정한 값으로 증가시킵니다. Gain 항목에서 수동으로 증/감시킬 수 있습니다.

Trim : 선택 범위만 남깁니다. 오른쪽의 Revert 버튼을 클릭하여 복구할 수 있습니다.

Reverse : 샘플의 재생 방향을 바꿉니다. 거꾸로 재생되게 하는 것입니다.

Monophonic / Legato : 모노 악기로 만들며, 오른쪽 레가토 기능을 활성화 할 수 있습니다.

Lock : 다른 샘플을 로딩할 때 현재 설정이 바뀌지 않게 합니다.

MIDI Reset : 재생을 중지하고 미디 정보를 초기화 합니다. 미디 에러가 발생했을 때나 긴 샘플의 연주를 중지하고자 할 때 사용합니다.

Transfer to New Instrument : 샘플을 Groove Agent SE로 전송하여 사용할 수 있게 합니다.

# 08 이펙트 트랙

● 샘플 프로젝트 \ Send

동일한 세팅의 이펙트를 사용하고 있는 오디오 트랙이 10개라고 가정을 하고, 각각의 트랙에서 인서트 방식으로 이펙트를 사용한다면, 총 10개의 이펙트를 로딩하는 것입니다. 이것은 시스템 자원을 낭비하는 것은 물론이고, 작업 스타일도 비효율적입니다. 작업을 효과적으로 하기 위해서는 하나의 이펙트를 10개의 채널에서 동시에 사용할 수 있는 센드 방식을 이용하는 것인데, 이때 필요한 것이 이펙트 트랙입니다.

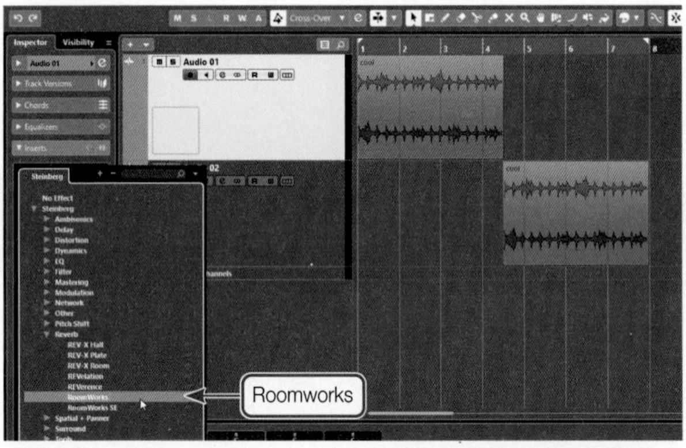


01 오디오 1번 트랙의 Insets 파라미터에서 Reverb 폴더의 RoomWorks를 장착합니다. 오디오 2번 트랙에서도 동일한 이펙트를 장착한다면 총 2개의 RoomWorks를 사용하는 것입니다.

02 각 트랙의 Insets 파라미터에서 No Effect를 선택하여 앞에서 장착해본 RoomWorks를 제거합니다. 이제 이펙트 트랙을 이용하여 하나의 RoomWorks로 두 개의 오디오 트랙에 적용을 해보겠습니다.

03 트랙 리스트에서 마우스 오른쪽 버튼을 클릭하여 단축 메뉴를 열고, Add Effcts Track을 선택합니다.

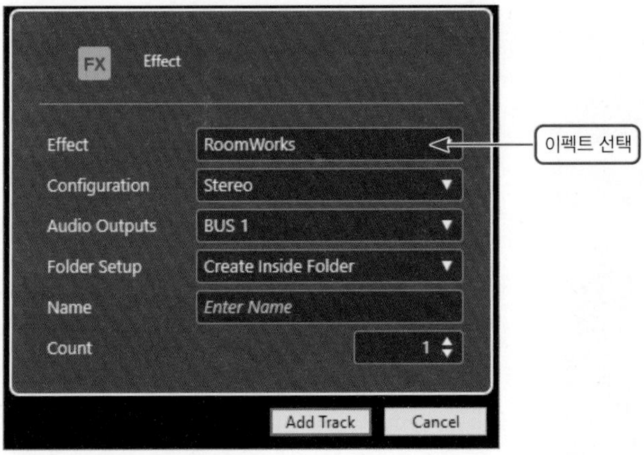


04 Effects 칼럼에서 적용하고자 하는 이펙트를 선택합니다. 앞에서 트랙별로 적용해보았던 Reverb 폴더의 RoomWorks를 선택하겠습니다.

05 큐베이스의 이펙트 트랙은 모두 FX Channels 폴더 아래쪽에 서브 트랙으로 만들어집니다. 그래서 FX 트랙이라고도 합니다. 트랙 이름은 구분하기 쉬운 이름으로 변경합니다.

**06** RoomWorks은 기본 값을 그대로 사용하기로 하고 닫기 버튼을 클릭하여 패널을 닫습니다. 그리고 Audio 1트랙의 채널 믹서 열기 버튼을 클릭하여 채널 믹서 창을 엽니다.

**07** Sends 파라미터의 슬롯을 클릭하여 목록을 열고, 앞에서 추가한 FX 채널을 선택합니다. 즉, Audio 1번 트랙에서 FX 채널에 장착한 이펙트를 센드 방식으로 사용하는 것입니다.

**08** 센드 ON/OFF 버튼을 클릭하여 센드 기능을 활성화하고, 슬롯 하단의 슬라이드를 드래그하여 센드 볼륨을 조정합니다. 센드 볼륨은 곡을 재생해보면서 조정하는 것이 좋습니다.

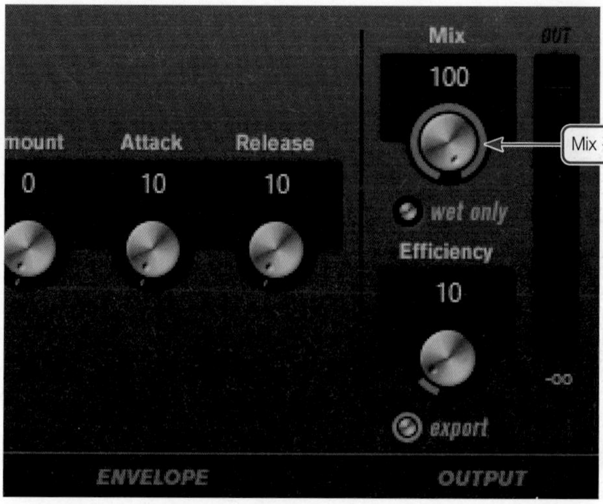


**09** 이펙트가 적용된 사운드를 모니터 하기 어렵다면, RoomWorks 패널을 열고, Mix 값을 높여봅니다. 오디오 1번 트랙에 리버브가 적용되고 있다는 것을 확실히 느낄 수 있을 것입니다.

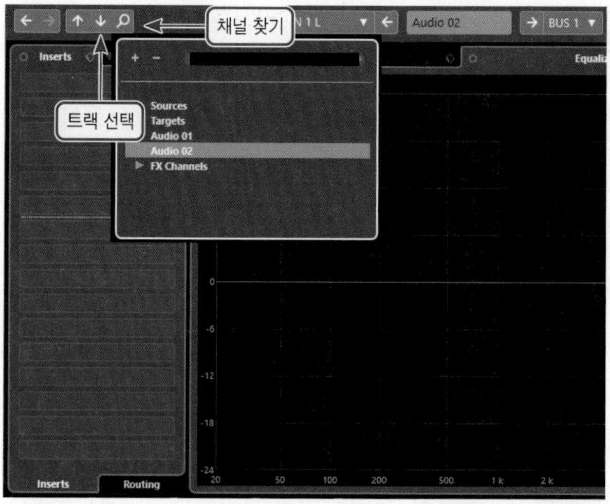


**10** 트랙 선택 버튼 또는 찾기 버튼을 클릭하여 Audio 2번 트랙을 선택하고, Audio 1 번 트랙과 동일하게 Sends 이펙트를 적용해봅니다. 하나의 이펙트을 두 개의 채널에서 사용할 수 있다는 것을 알 수 있습니다.

**11** Sends On/Off 버튼 오른쪽의 Pre/Post는 이펙트를 볼륨 슬라이드 전에 적용할 것인지 후에 적용할 것인지를 선택하는 역할입니다. 차이점을 모니터 해보기 위해서 Audio 1번 트랙을 뮤트시킵니다.

12 센드 On/Off 버튼 오른쪽의 Pre/Post 버튼을 클릭하여 Pre 모드로 변경합니다. 그리고 볼륨을 조정해봅니다. 볼륨 페이더 이전에 적용되는 Pre 방식이므로 이펙트 값에는 변화가 없습니다.

Tip

Pre는 파란색, Post는 연두색으로 표시됩니다.

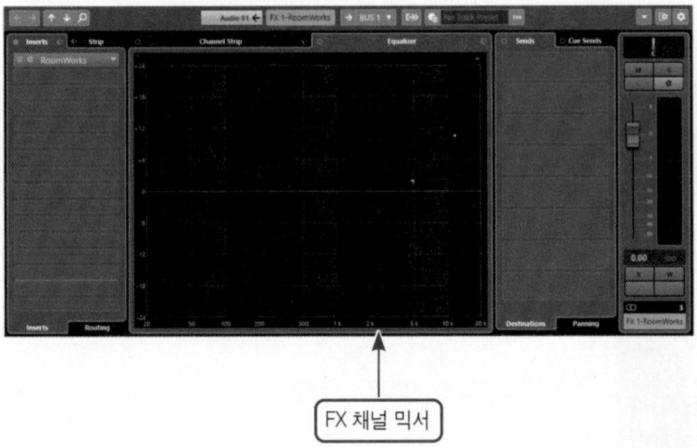


13 FX 채널 믹서를 열어보면 16개의 Insert와 8개의 Sends 슬롯, 그리고 Equalizers 패널 등, 오디오 트랙과 다르지 않다는 것을 알 수 있습니다. 단, FX 채널을 Sends로 사용하고 있는 오디오 트랙에 동시에 적용된다는 차이점이 있습니다.

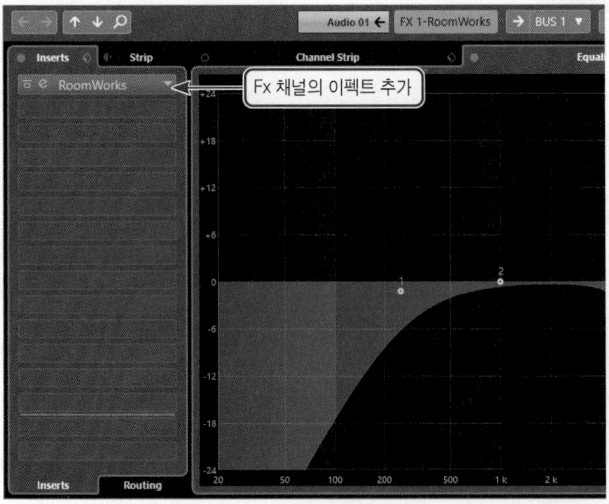


14 예를 들어 FX 채널의 Insert 슬롯에 이펙트를 추가하거나 EQ를 조정하면, FX 채널을 센드로 연결해서 사용하고 있는 오디오 트랙에 모두 적용되는 것입니다. 시스템 자원을 확보하거나 작업의 효율성을 높이기 위해서 Fx 채널의 역할을 이해하기 바랍니다.

# 09 그룹 트랙

● 샘플 프로젝트 \ Demo

그룹 채널 트랙은 몇 개의 오디오 트랙을 하나의 그룹으로 묶어 컨트롤 할 수 있게 하는 역할을 합니다. 동일한 이펙트 값과 컨트롤 값을 사용하는 오디오 트랙이 있다면, 굳이 개별적으로 사용하여 시스템 자원을 낭비할 필요 없이 그룹 채널을 이용해서 편리하게 컨트롤 할 수 있습니다.

01 샘플에서 1번과 5번 트랙에 동일한 컨트롤과 이펙트를 사용한다고 가정합니다. 트랙 리스트에서 마우스 오른쪽 버튼을 클릭하여 단축 메뉴를 열고 Add Group Track을 선택합니다.

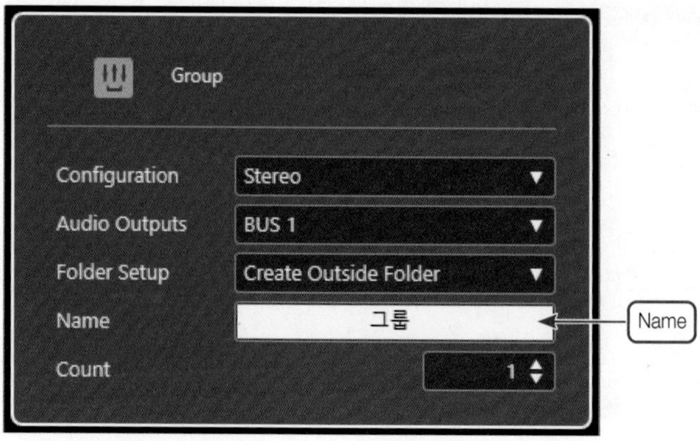


02 Name 항목에 구분하기 쉬운 이름을 입력하고 Add Track 버튼을 클릭합니다. 한글로 입력해도 됩니다.

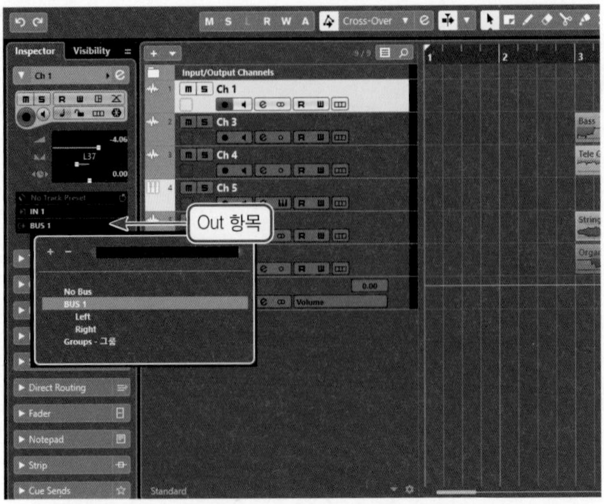


03 1-5번 트랙의 인스펙터 창 Out 항목에서 새로 만든 스테레오 그룹 채널을 선택합니다. 즉, 1-5번의 아웃을 그룹 채널로 변경하는 것입니다.

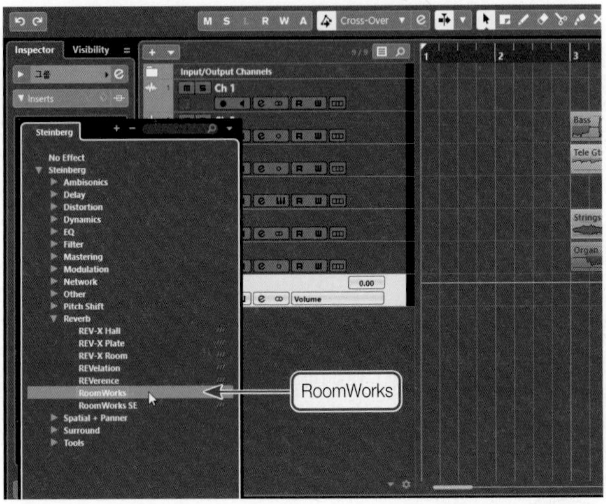


04 그룹 채널의 Inserts 파라미터 창을 열고, 첫 번째 슬롯에서 Reverb 계열의 RoomWorks를 선택합니다. Inserts 파라미터는 인스펙터 이름을 표시한 부분이나 오른쪽에 보이는 기호를 클릭하여 열 수 있습니다.

05 숫자열의 Enter 키를 눌러 곡을 연주해보면, 1-5번 트랙에 RoomWorks가 동시에 적용되는 것을 확인할 수 있습니다. 그룹 채널은 하나의 이펙트를 여러 트랙에 적용하는 것 외에도 볼륨, EQ 등의 컨트롤을 조정할 수 있습니다.

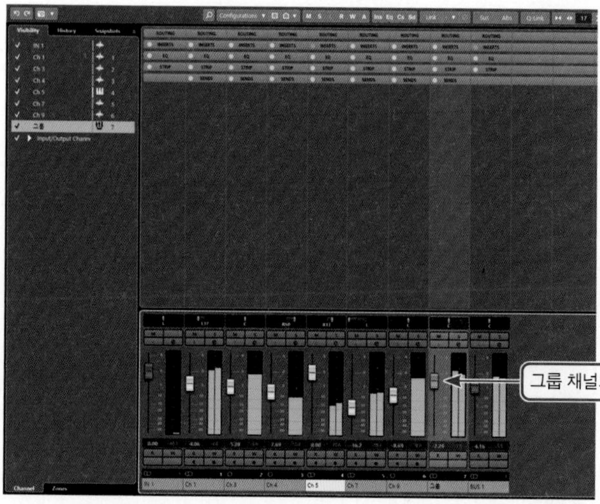


**06** F3 키를 눌러 믹서 창을 열고, Enter 키를 눌러 곡을 연주하면서 Group 1 트랙의 볼륨을 조정해 봅니다. 1번에서 5번까지의 볼륨이 한번에 컨트롤 되는 것을 확인할 수 있습니다. 뮤트, 솔로, 팬, EQ 등의 컨트롤도 실험을 해보기 바랍니다.

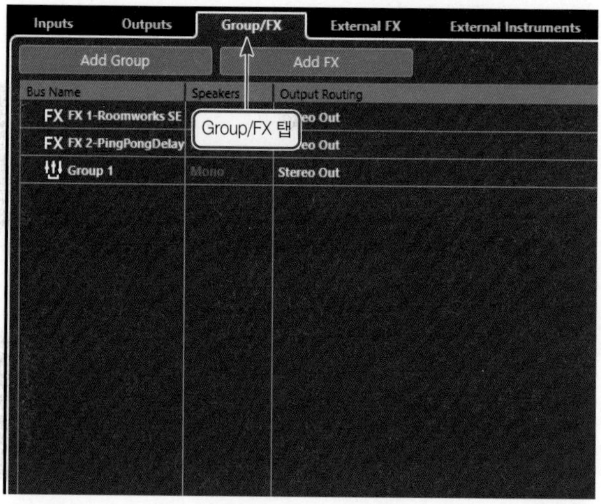


**07** 그룹 채널은 Studio 메뉴의 VST Connections을 선택하거나 F4 키를 눌러 창을 열고, Group/FX 페이지에서 Add Group 버튼을 클릭하여 만들 수도 있습니다. 작업 환경을 미리 꾸며놓을 때 사용하는 방법입니다.

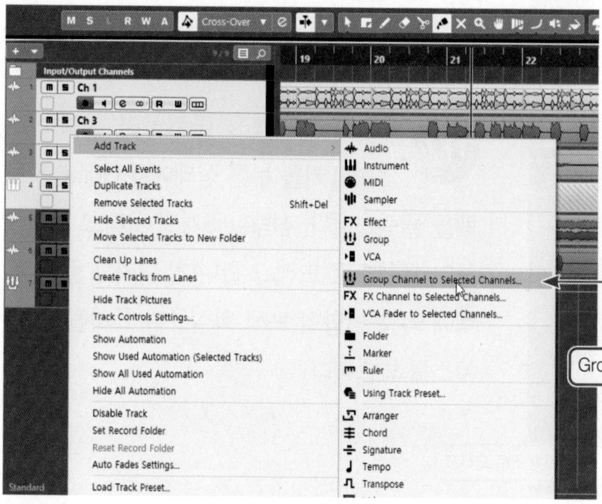


**08** 그룹으로 전송할 트랙을 Ctrl 또는 Shift 키로 모두 선택하고, 마우스 오른쪽 버튼을 클릭하여 Add Track의 Group Channel to Selected Channels을 선택하여 그룹 채널을 만드는 방법도 있습니다. 아웃이 자동으로 지정되는 방법입니다.

# 10 폴더 트랙

● 샘플 프로젝트 \ Classes

컴퓨터 학습을 시작하면서 자주 듣게 하는 용어가 폴더입니다. 폴더는 같은 종류의 물건들을 모아서 정리하는 책장 서랍과 많이 비교합니다. 저금 통장과 같은 중요한 물건은 첫 번째 서랍에, 각종 문서는 두 번째 서랍에 나누어 보관을 하면 나중에 물건을 찾기 쉬울 뿐 아니라 관리하는 것이 편리합니다. 큐베이스에서도 이러한 폴더 개념을 도입하여 같은 종류의 트랙을 분류해서 관리할 수 있는 폴더 트랙을 제공하고 있습니다.

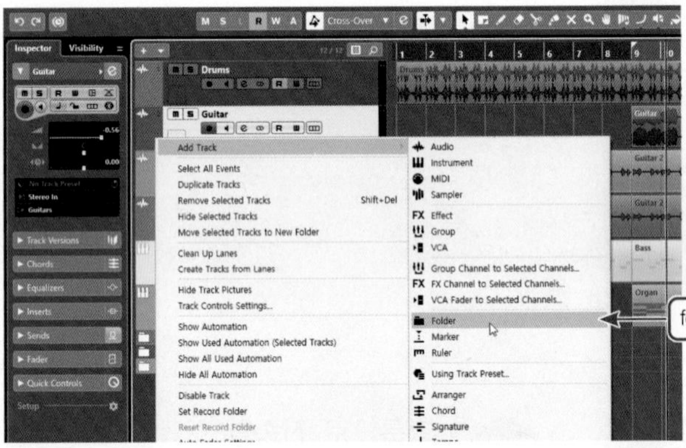


**01** 트랙 리스트에서 마우스 오른쪽 버튼을 클릭하여 단축 메뉴를 열고, Add Track의 Folder를 선택합니다.

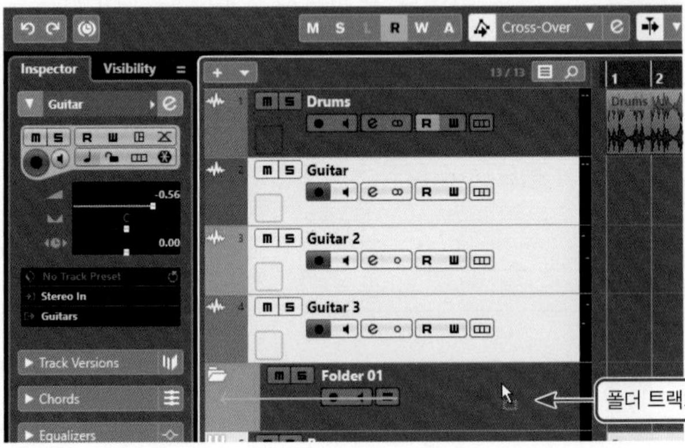


**02** Guitar 트랙을 클릭하여 선택하고, Shift 키를 누른 상태에서 Guitar 3 트랙을 클릭합니다. 선택한 3개의 오디오 트랙을 폴더 트랙으로 드래그 합니다. 그리고 폴더 트랙에 좌측 방향의 녹색 화살표가 표시될 때 마우스를 놓습니다.

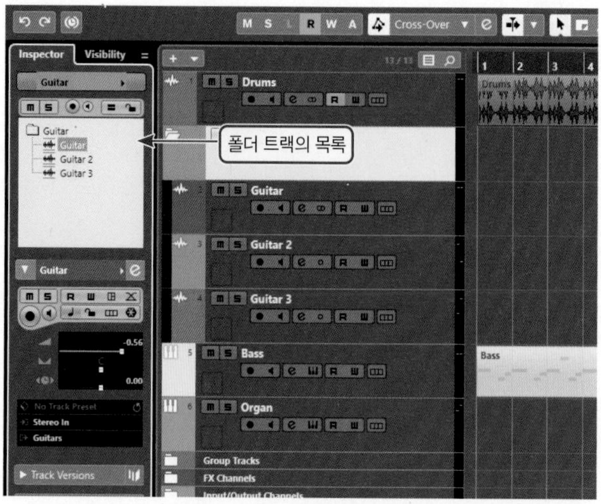


**03** 폴더 트랙의 인스펙터 창에는 폴더 안의 트랙을 트리 형식으로 보여주고 있으며, 각 트랙 이름을 선택하면, 트랙 목록 하단에 개별적인 설정을 할 수 있는 인스펙터 파라미터가 열립니다.

**04** 폴더 트랙은 Drums이나 Guitar와 같이 많은 트랙을 사용하는 악기를 보관하는 용도로 사용할 수 있으며, 뮤트 및 솔로 버튼을 이용해서 폴더 트랙에 담긴 트랙들을 한번에 컨트롤 할 수 있습니다.

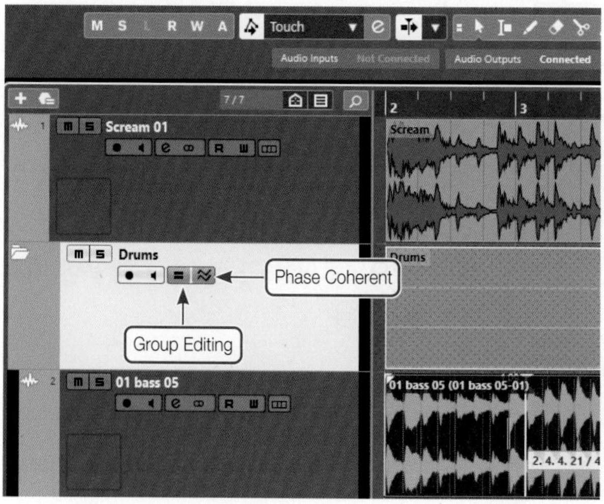


**05** Group Editing 버튼은 폴더 트랙의 모든 트랙이 동시에 편집되도록 하며, Phase Coherent 버튼은 그룹 편집으로 위상이 틀어지는 것을 방지합니다.

# 11 마커 트랙

● 샘플 프로젝트 \ Mark

마커의 역할은 곡의 위치를 표시하여 필요한 위치를 빨리 찾고, 편집할 수 있게 합니다. 큐베이스에서 만들 수 있는 마커는 구간을 표시하는 사이클 마커와 단일 위치를 표시하는 포지션 마커가 있으며, 최대 10개의 마커 트랙을 만들어 사용할 수 있습니다.

01 트랙 리스트에서 마우스 오른쪽 버튼을 클릭하여 단축 메뉴를 열고, Add Track의 Marker를 선택하여 마커 트랙을 추가합니다.

02 마커 트랙은 가장 위쪽에 있는 것이 편리하므로, 위쪽으로 드래그하여 이동시킵니다. 참고로 마커 트랙은 두 개 이상 만들 수 있으므로, 정보가 필요한 트랙 위에 배치해도 좋습니다.

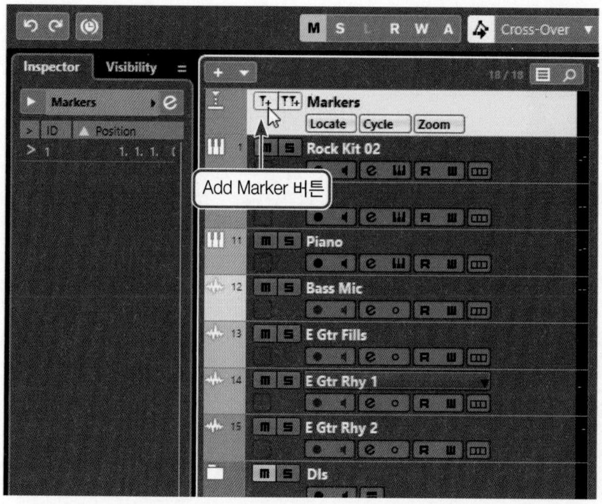


**03** 마커를 입력할 위치에 송 포지션 라인을 가져다 놓고, 마커 트랙의 Add Marker 버튼을 클릭하거나 Insert 키를 눌러 마커를 만듭니다. 마커 ID는 마커를 만드는 순서에 따라 번호가 붙습니다.

**Tip**

Alt 키를 누른 상태로 클릭하여 포지션 마커를 만들 수 있습니다.

**04** 인포 라인의 Name 항목에서 새로 만든 마커의 이름을 입력합니다. 마커의 사용 목적은 곡의 위치를 파악하는 것이므로, 전주, 보컬, 간주 등, 각각의 위치마다 구분하기 쉬운 이름을 사용하는 것이 좋습니다.

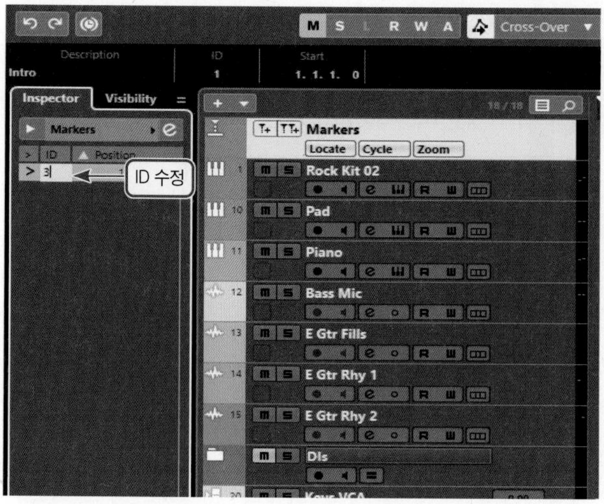


**05** 트랜스포트 패널의 마커 항목에 있는 번호는 각 마커의 ID를 의미하며, 마우스 클릭으로 송 포지션 라인을 이동시킬 수 있지만, 단축키는 3~9번까지만 제공되므로, 인포 라인 또는 마커 트랙의 인스펙터 라인에서 ID 항목을 클릭하여 ID 1번을 3번으로 수정하는 것이 좋습니다.

**06** 실습을 위해서 몇 개의 마커를 더 만들어봅니다. 그리고 키보드 숫자열의 3번에서 9번까지의 숫자를 누르면 해당 번호의 ID를 가진 마커 위치로 송 포지션 라인이 이동하는 것을 확인할 수 있습니다. ID왼쪽 빈 공간을 클릭해도 이동 가능합니다.

**07** 사이클 마커를 만들어보겠습니다. 룰러 라인의 눈금 표시 부분에 마우스를 가져가면, 연필 모양으로 변경됩니다. 이때 마우스를 드래그하여 로케이터 구간을 설정할 수 있습니다. 적당한 범위를 로케이터 구간으로 만들어봅니다.

**08** 마커 트랙에서 Add Cycle Maker 버튼을 클릭하여 사이클 마커를 만듭니다. 즉, 사이클 마커는 로케이터로 설정한 구간을 마커로 표시하는 것입니다.

Tip

Ctrl 키를 누른 상태로 드래그하여 사이클 마커를 만들 수 있습니다.

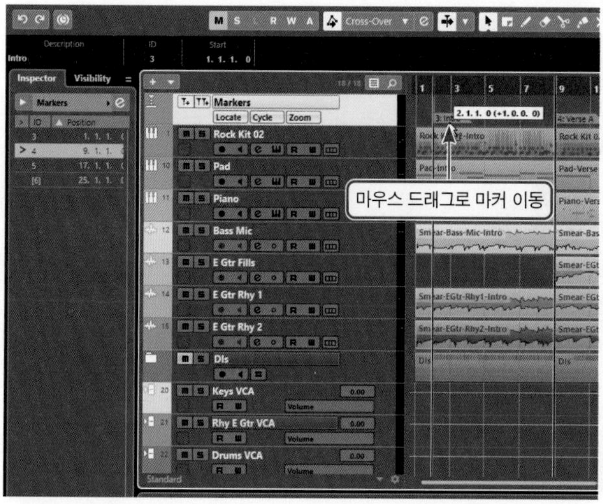


**09** 입력한 마커의 위치를 변경하는 방법은 마커 라인을 직접 마우스로 드래그하는 것입니다. 그 밖에 인포 라인의 Start 또는 인스펙터 창의 Position에서 원하는 위치를 입력해도 결과는 같습니다.

**10** 사이클 마커는 위치 표시보다는 로케이터 구간을 설정하여 반복 하거나 펀치 녹음을 할 때 편리하게 사용합니다. 사이클 마커 구간 안에서 마우스를 더블 클릭하면 사이클 구간을 로케이터로 설정할 수 있고, 시작과 끝 지점을 드래그하여 범위를 변경할 수 있습니다.

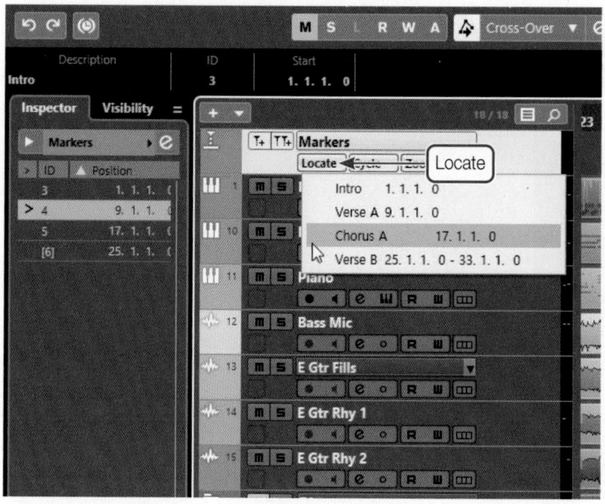


**11** 마커 트랙에는 마커를 만드는 버튼 외에도 Locate, Cycle, Zoom의 3가지 파라미터가 있습니다. Locate는 송 포지션 라인을 이동하는 역할을 합니다. 마커 위치에 해당하는 ID가 생각나지 않을 때 마커의 이름으로 원하는 위치를 찾아갈 수 있습니다.

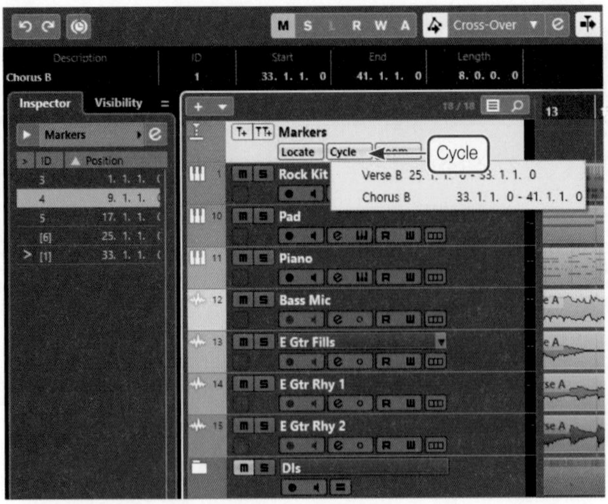


**12** Cycle 파라미터는 입력한 사이클 마커를 표시합니다. 여기서 선택한 사이클 마커는 로케이터 구간으로 자동 설정되어 사이클 마커 구간이 많을 때 편리합니다.

**13** Zoom 파라미터 역시 사이클 마커 목록을 표시합니다. 여기서 사이클 마커를 선택하면 선택한 구간을 프로젝트 창 작업 공간에 맞추어 확대/축소합니다.

**Tip**

Alt 키를 누른 상태로 사이클 마커를 더블 클릭하여 확대할 수 있습니다.

**14** 인스펙터의 Edit 버튼을 클릭하면 마커의 입력과 편집을 하나의 창에서 관리할 수 있는 마커 창을 열 수 있습니다.

**Tip**

마커 창은 Project 메뉴의 Marker를 선택하거나 Ctrl+M 키를 눌러 열 수 있습니다.

1. Settings

마커를 다루는 3가지 옵션을 제공합니다.

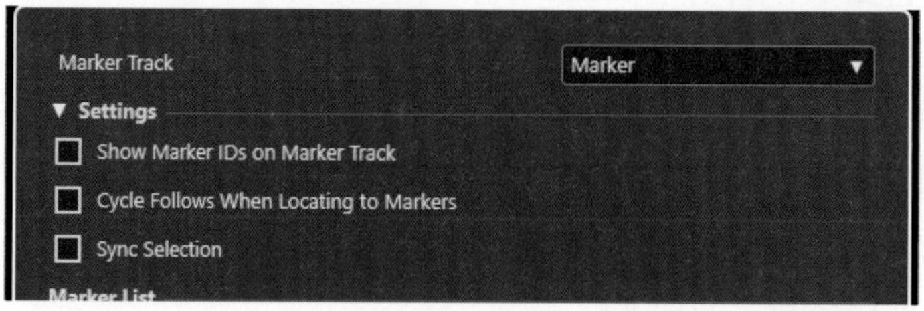


- Marker Track : 마커 트랙을 2개 이상 만든 경우에 편집할 마커 트랙을 선택합니다.
- Show Marker IDs on Marker Track : 마커에 ID를 표시합니다.
- Cycle Follows When Locating to Markers : 사이클 마커를 선택하면 로케이터 범위가 설정되게 합니다.
- Sync Selection : 리스트를 선택하면 프로젝트에서 선택되도록 합니다.

2. Marker List

마커를 표시하며, 칼럼을 클릭하여 정렬하거나 좌/우로 드래그하여 순서를 바꿀 수 있습니다.

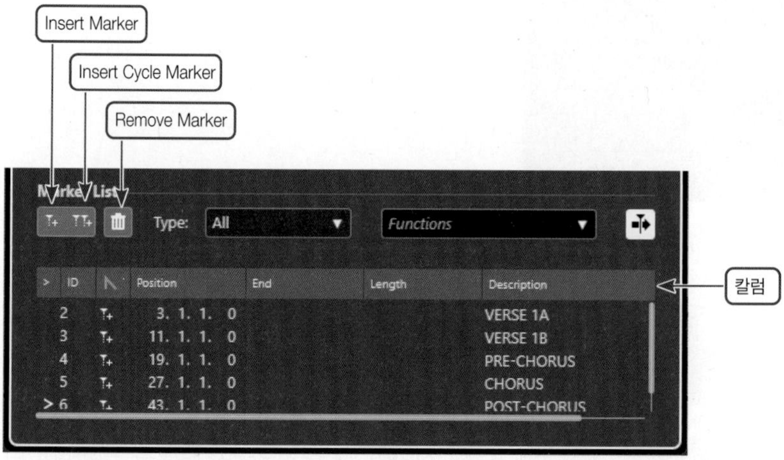


- Insert Marker - 송 포지션 라인 위치에 포지션 마커를 삽입합니다.
- Insert Cycle Marker - 로케이터 구간에 사이클 마커를 삽입합니다.
- Remove Marker - 선택한 마커를 삭제합니다.
- Type : 편집 창에 표시할 마커의 종류를 선택합니다. 모든 마커를 표시하는 All, 포지션 마커를 표시하는 Markers, 사이클 마커를 표시하는 Cycle Markers의 3가지 메뉴가 있습니다. 사이클 마커는 ID 칼럼 번호에 괄호가 있는 것으로 구분합니다.

3. 칼럼

- 〉 : 왼쪽에 있는 빈 공간을 클릭하면, 송 포지션 라인이 해당 마커의 위치로 이동합니다.
- ID : 키보드 숫자를 표시합니다. 1과 2번은 로케이터의 위치이므로 3~9번까지 설정합니다.
- Type : 마커 타입을 표시하며, 클릭하여 타입별로 정렬할 수 있습니다.
- Position : 마커의 위치를 나타내거나 수정합니다. 마커는 마디 단위로 입력하는 것이 대부분이므로, 박자와 비트를 구분할 경우는 없습니다. 단위를 구분하여 입력을 하고 싶다면, 각 단위를 점(.)으로 구분합니다.
- End : 마커의 끝 위치를 표시하거나 수정할 수 있습니다.
- Length : 사이클 마커의 길이를 표시하거나 수정할 수 있습니다.
- Description : 마커의 이름을 입력하는 칼럼입니다. 마커는 전주, 보컬 등 곡의 위치를 표시하는 역할을 하는 것이므로, 전문 용어보다는 한글로 알아보기 쉽게 입력하는 것이 좋습니다.

**15** 큐베이스는 사이클 마커 구간을 믹스다운 할 수 있습니다. 단, 2개 이상의 마커 트랙을 사용하는 경우에는 활성 버튼이 체크되어 있는 트랙이 적용됩니다.

**16** 프로젝트에 표시되는 마커 라인은 활성 버튼이 체크되어 있는 트랙만 표시됩니다. 2개 이상의 마커 트랙 모두를 표시하고 싶다면 마우스 오른쪽 버튼을 클릭하여 단축 메뉴를 열고, Show Marker Lines 메뉴의 From All Marker Tracks을 선택합니다. Off는 마커 트랙에만 표시합니다.

# 12 룰러 트랙

큐베이스의 프로젝트 창 상단에는 작업 위치를 표시하는 룰러 라인이 있습니다. 룰러 라인은 사용자가 원하는 포맷으로 변경할 수 있지만, 프레임 단위를 필요로 하는 영상 트랙과 마디 단위를 필요로 하는 오디오 트랙에 서로 다른 룰러 라인이 동시에 필요하다면 룰러 트랙을 추가하여 사용할 수 있습니다.

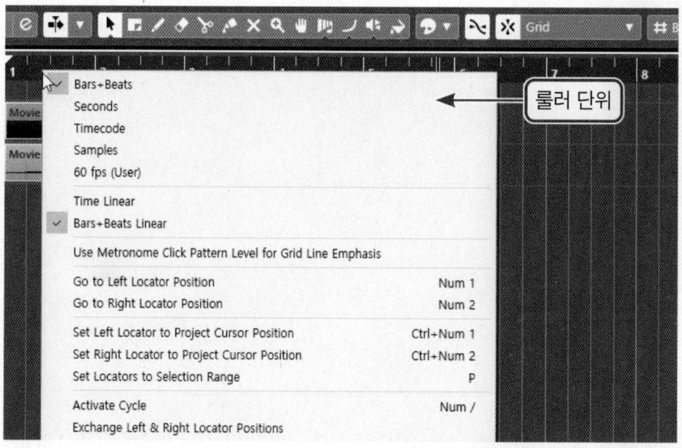


**01** 룰러 라인의 단위는 언제든 마우스 오른쪽 버튼을 클릭하면 열리는 단축 메뉴를 이용하여 변경할 수 있습니다. 단위는 Bars+Beats, Seconds, Timdecode, Samples, User가 있습니다.

**02** 영상 음악 작업을 위해 타임 코드 단위의 룰러 라인이 필요하다고 가정합니다. 트랙 리스트에서 마우스 오른쪽 버튼을 클릭하여 단축 메뉴를 열고, Add Ruler Track을 선택합니다.

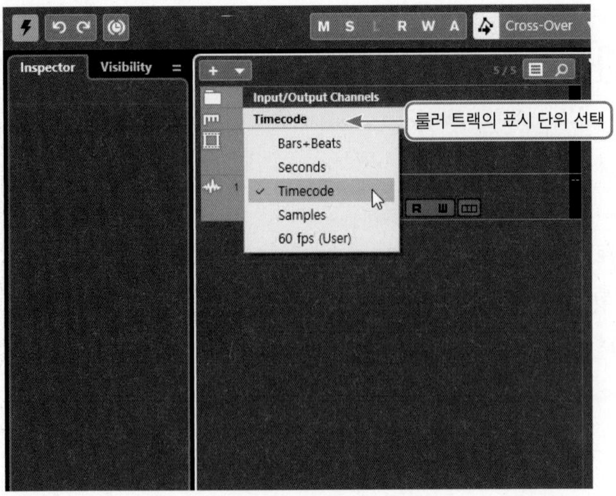


**03** 추가한 룰러 트랙을 클릭하여 메뉴를 열고, Timecode를 선택하여 프레임 단위로 변경합니다. 음악 작업에 필요한 마디 단위와 영상 작업에 필요한 프레임 단위를 룰러 라인을 동시에 사용하는 것입니다.

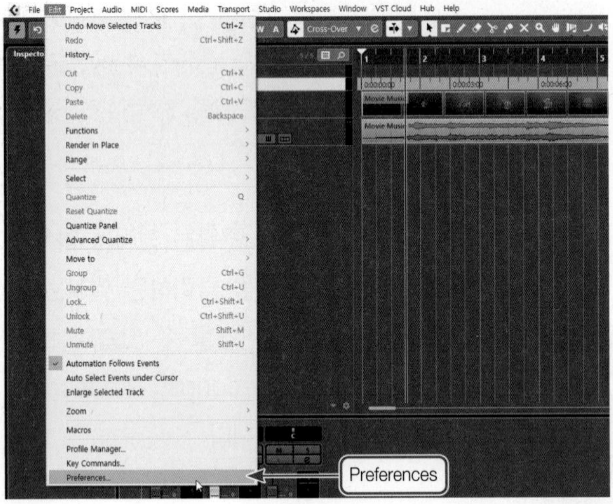


**04** User 단위를 사용자가 원하는 값으로 사용할 수 있습니다. Edit 메뉴의 Preference를 선택하여 창을 엽니다.

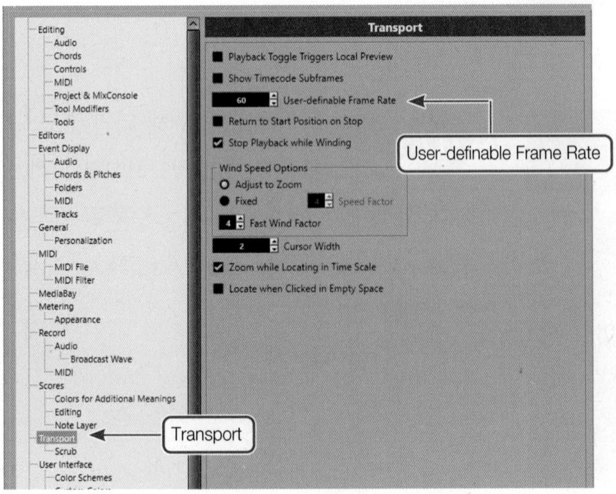


**05** Transport 페이지의 User-definable Frame Rate에서 사용자가 원하는 프레임 수를 입력하면 됩니다.

## Tip 디바이드 트랙 리스트

큐베이스는 트랙 리스트를 위/아래로 분할하여 표시할 수 있는 디바이드 트랙 리스트를 제공합니다. 많은 트랙을 사용하고 있을 때, 미디와 오디오 또는 영상과 음악 트랙 등으로 나누어 관리할 수 있는 것입니다. 디바이드 트랙 리스트는 Project 메뉴의 Divide Track List를 선택하거나 이벤트 줌 바 상단에 슬래시(/)로 표시되어 있는 버튼을 클릭하여 열거나 닫을 수 있습니다.

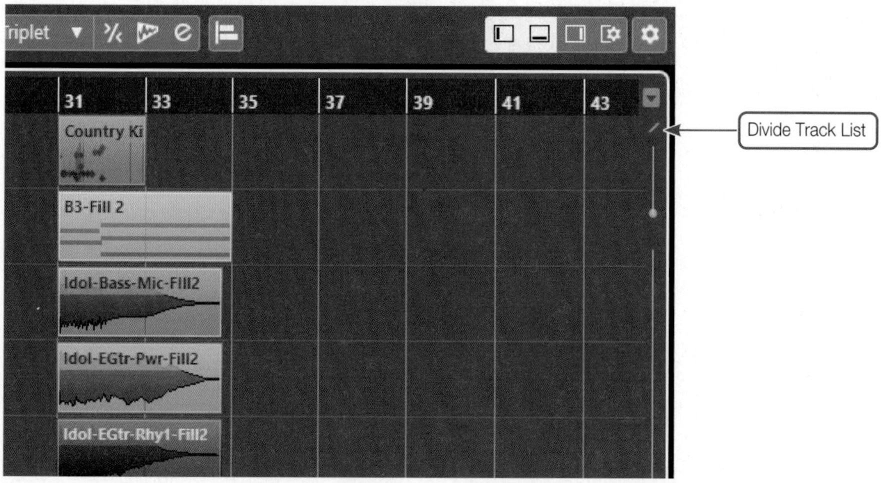


트랙 리스트 상단에 빈 공간이 열리며, 경계선을 드래그하여 크기를 조정할 수 있습니다. 디바이드 트랙에 보관할 트랙은 마우스 드래그로 이동시킬 수 있으며, 디바이드 트랙 리스트에서도 새로운 트랙을 추가하거나 편집 하는 등의 모든 기능을 수행할 수 있으며, 닫아 놓은 상태에서도 재생됩니다.

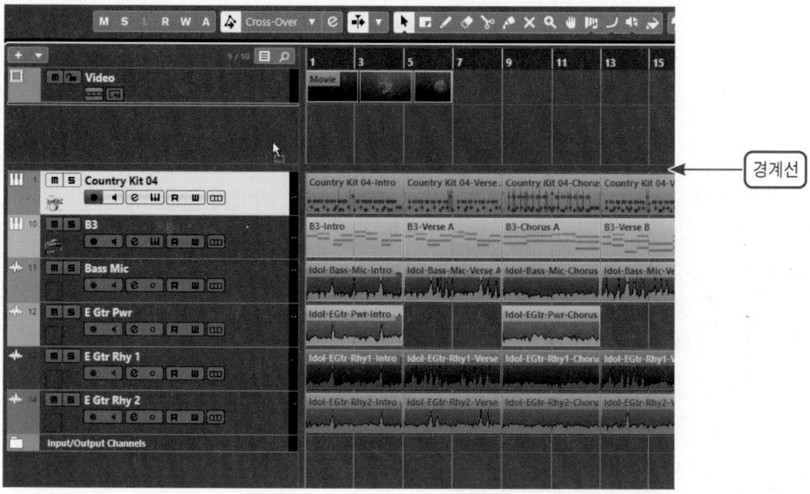

# 13 어레인지 트랙

● 샘플 프로젝트 \ Open

어레인지 트랙은 연주의 위치와 반복 횟수를 재설정할 수 있는 역할을 합니다. 컴퓨터 음악을 공부해보았던 독자라면 악보의 도돌이표, 달세뇨 등의 반복 구간을 그대로 적용할 수 없을까라는 욕심을 가져본 적이 있을 것입니다. 큐베이스의 어레인지 트랙을 이용하면 불가능하다고 생각했던 욕심을 실현할 수 있습니다.

01 트랙 리스트에서 마우스 오른쪽 버튼을 클릭하여 단축 메뉴를 열고, Add Track의 Arranger를 선택하여 어레인지 트랙을 만듭니다.

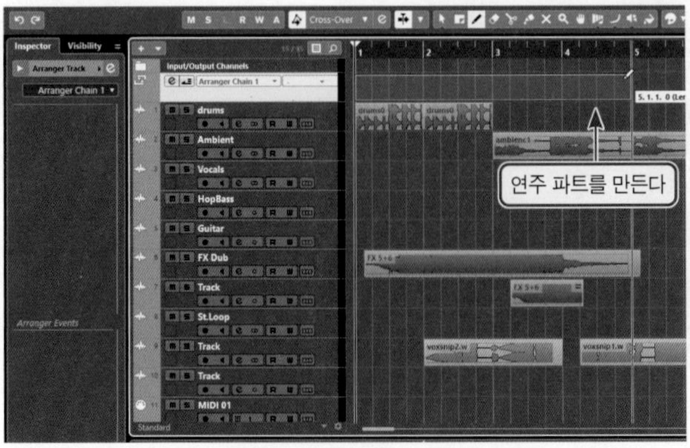


02 툴 바에서 연필 버튼을 선택하여 연주 파트를 만듭니다. 일반 파트를 만들 때와 같이 Alt 키를 누른 상태에서 화살표 버튼을 이용할 수 있습니다. 이때 도돌이, 달세뇨 등의 반복 구간을 기준으로 만드는 것이 요점입니다.

**03** 인포 라인의 Name 항목에서 연주 파트의 이름을 구분하기 쉬운 이름으로 변경합니다. 계속해서 같은 방법으로 연주 파트를 만들고, 편집 버튼을 클릭하여 창을 엽니다.

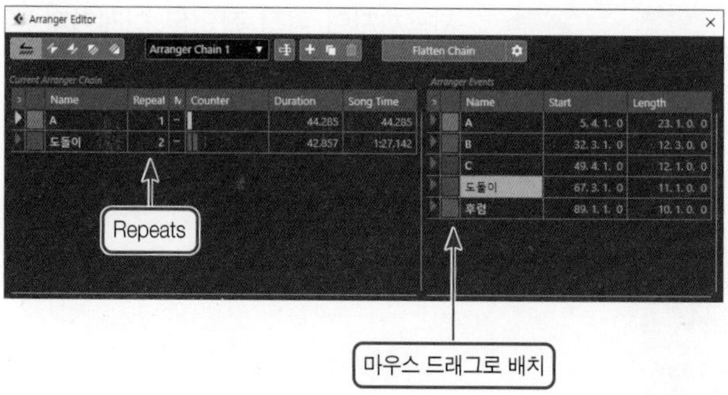


**04** 오른쪽 Arranger Events 목록에서 왼쪽 Current arranger Chain 목록으로 드래그하여 연주 순서를 배치합니다. 그리고 반복 횟수는 Repeats 칼럼에서 입력합니다. Arranger Events 목록에서 파트 이름을 더블 클릭하여 배치해도 좋습니다.

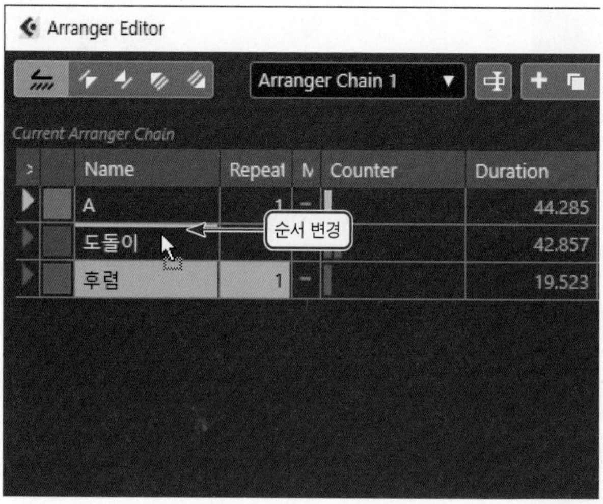


**05** 연주 순서를 결정하는 Current Arranger Chain 목록은 마우스 드래그로 위치를 변경할 수 있습니다. 이동 위치는 파트의 이름을 위/아래로 드래그할 때 표시되는 녹색 라인으로 확인합니다.

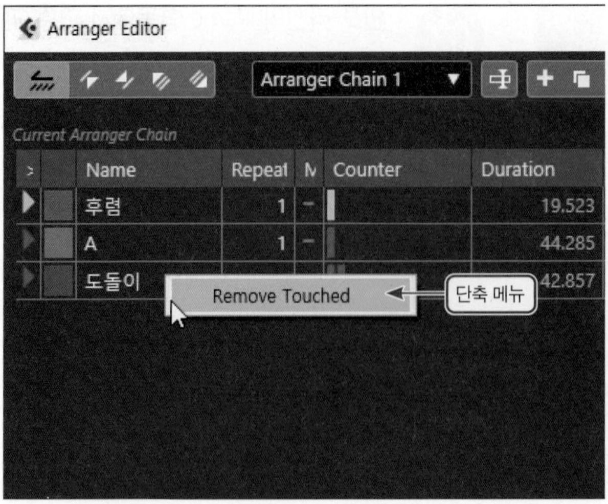


**06** Current Arranger Chain 목록에서 선택한 파트는 마우스 오른쪽 버튼을 클릭하여 단축 메뉴를 열고, Remove Touched를 선택하여 제거할 수 있습니다.

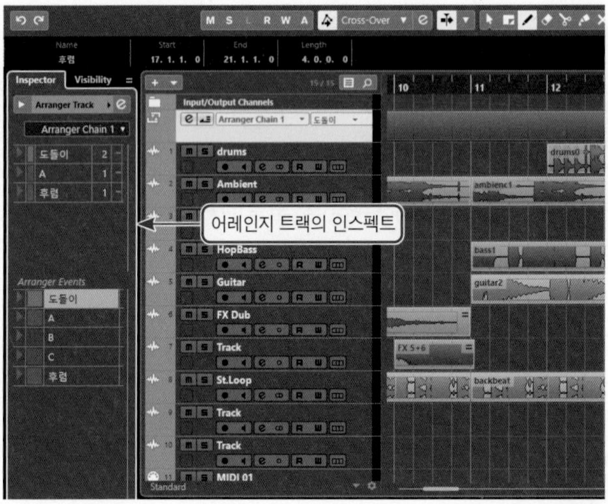


**07** 지금까지의 편집 작업은 어레인지 트랙의 인스펙트 파라미터에서도 가능하다는 것을 기억해두기 바랍니다. 상단이 Current Arranger Chain 목록이고, 하단이 Arranger Events 목록입니다.

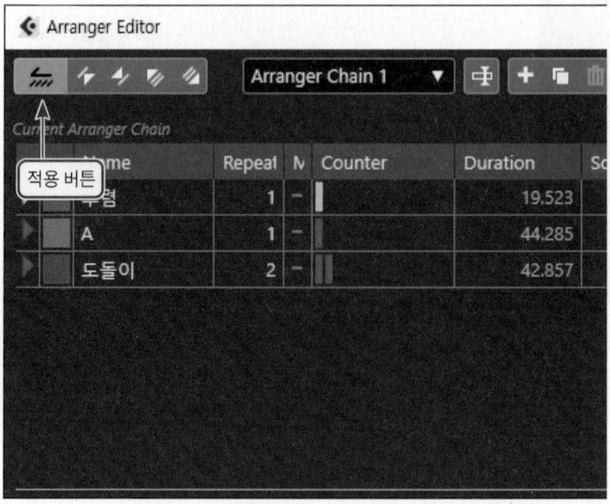


**08** 연주 순서와 반복 횟수를 모두 설정했다면, 편집 창 또는 어레인지 트랙의 적용 버튼을 클릭하여 On으로 놓습니다. 이제 곡을 연주해보면 도돌이, 달세뇨 등의 반복 구간이 적용된 것을 확인할 수 있습니다.

## Tip Arranger Editor의 도구

 **적용 및 선택 버튼**

적용 버튼 오른쪽 4개의 버튼은 이전 또는 다음 체인으로 이동하는 Previous/Next Chain Step 버튼과 선택한 체인이 2개 이상의 반복이 설정되어 있는 경우에 맨 처음 또는 맨 마지막 카운터로 이동하는 First/Last Repeat of Current Chain Step 버튼입니다.

**트랙 이름**

Current Arranger Chain 이름을 표시하거나 선택합니다. 어레인지 트랙은 하나의 곡에서 다수의 Current Arranger Chain을 관리할 수 있습니다. 만들기 버튼을 이용해서 2개 이상의 체인을 만들었다면, 이름 목록에서 선택할 수 있습니다. 오른쪽의 Rename 버튼은 선택한 체인의 이름을 변경합니다.

 **만들기/복사/삭제 버튼**

새로운 체인을 만들거나 복사하거나 삭제하는 버튼입니다.

**플래튼 버튼**

작업 중인 프로젝트를 Current Arranger Chain에서 설정한 상태로 바꿉니다. 오른쪽에 톱니 바퀴 모양의 버튼을 클릭하면 이 때 적용되는 옵션을 설정할 수 있는 창이 열리며, Source, Destination, Options 섹션으로 구성되어 있습니다.

**Source** : 프로젝트로 만들 체인을 선택합니다. Current Chain은 현재 열려 있는 체인을 프로젝트로 만들며, Checked Chains을 선택하면 오른쪽에 사용자가 만든 체인 리스트가 표시되고, 마우스 클릭으로 체크할 수 있습니다. 여기서 체크한 체인들만 프로젝트로 만듭니다. 그리고 All Chains은 모든 체인을 프로젝트로 만듭니다.

**Destination** : 현재 프로젝트를 변경할 것인지(Currnet Project), 새로운 프로젝트로 만들 것인지(New Project)를 선택할 수 있습니다. New Project를 선택한 경우에는 프로젝트 이름에 체인 이름을 추가하는 Append Chain Name, 체인 이름으로 바꾸는 Use Chain Name, 번호를 추가하는 Add Number 옵션을 선택할 수 있습니다.

**Options** : 몇 가지 추가 옵션을 지정할 수 있습니다.
Keep Arranger Track : 어레인지 트랙을 유지합니다.
Rename Arranger Events : 이벤트에 번호를 추가합니다.
Make Real Event Copies : 이벤트를 복사하여 만듭니다.
Don't Split Events : 이벤트가 잘리지 않게 합니다. 이벤트 길이를 넘는 노트는 제외됩니다.
Open New Projects : 새로 만든 프로젝트가 열리게 합니다.
Cascade New Projects : 새 프로젝트를 열 때 계단식으로 정렬합니다.

# 14 코드 트랙

C 코드의 구성음이 도, 미, 솔이라는 것 정도는 알지만, 보이싱과 연결을 어떻게 해야 할지 모르겠고, 7이나 dim와 같은 기호가 붙으면 머리가 아파지는 초보자도 자유로운 코드 연출이 가능한 트랙입니다. 특히, 오디오 이벤트를 가져다 놓으면 자동으로 코드를 분석해주는 기능이 있어 녹음한 아이디어를 확장하고 곡을 빠르고 쉽게 완성할 수 있습니다.

## 01 코드의 입력과 편집

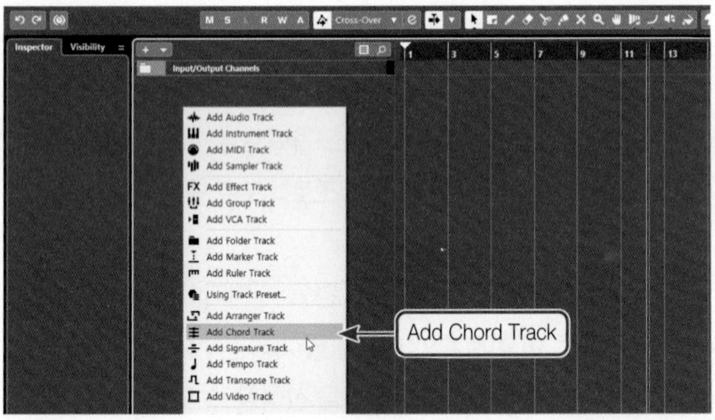


**01** 새 프로젝트의 트랙 리스트에서 마우스 오른쪽 버튼을 클릭하여 단축 메뉴를 열고, Add Chord Track을 선택하여 코드 트랙을 만듭니다.

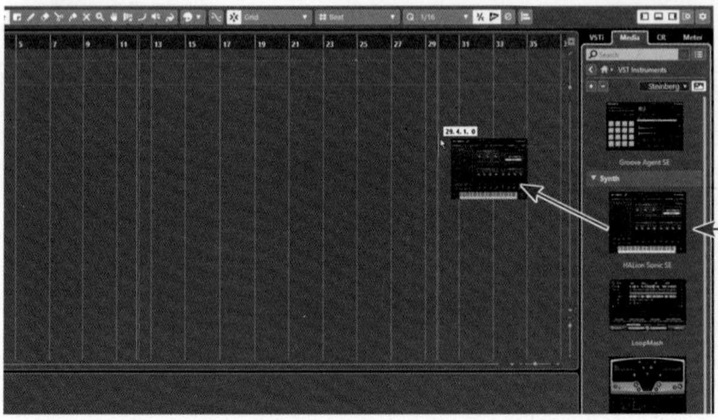


**02** Right Zone의 VST Instruments에서 HALion Sonic SE를 드래그하여 코드 트랙을 테스트해볼 VST 트랙을 만듭니다.

**03** YAMAHA S90ES Piano 음색을 더블 클릭하여 로딩합니다. 독자가 좋아하는 음색을 선택해도 좋습니다.

**04** 코드 트랙의 Auditioning 항목을 클릭하여 앞에서 추가한 HALion Sonic SE를 선택합니다. 코드 트랙에 입력되는 코드 이벤트로 연주되게 할 트랙을 선택하는 것입니다. 기본값 Use Monitored Tracks은 선택한 트랙을 재생합니다.

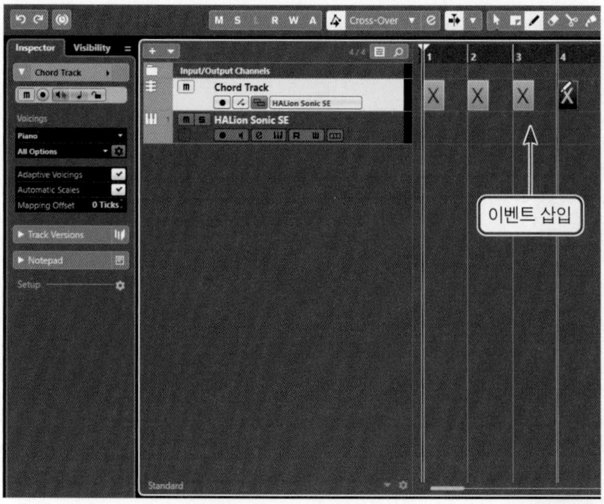


**05** 연필 툴을 선택하고, 코드 트랙을 클릭하여 이벤트를 삽입합니다. 아직 코드 네임이 지정되지 않았다는 의미의 X 표시 이벤트가 삽입됩니다.

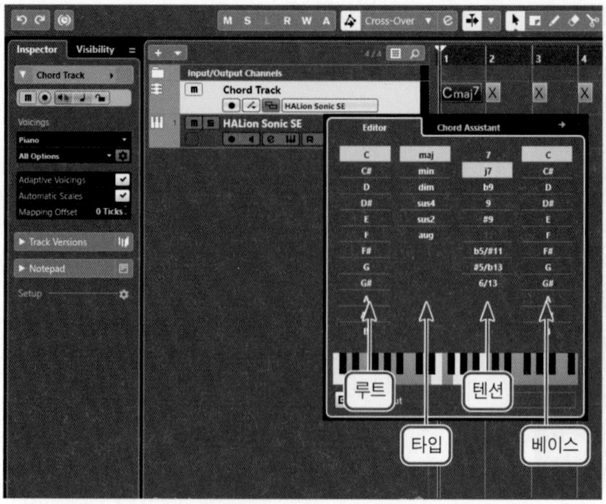


**06** 화살표 툴로 코드 이벤트를 더블 클릭하여 에디터 창을 열고, 원하는 코드를 입력합니다. 칼럼은 루트, 타입, 텐션, 베이스 입니다.

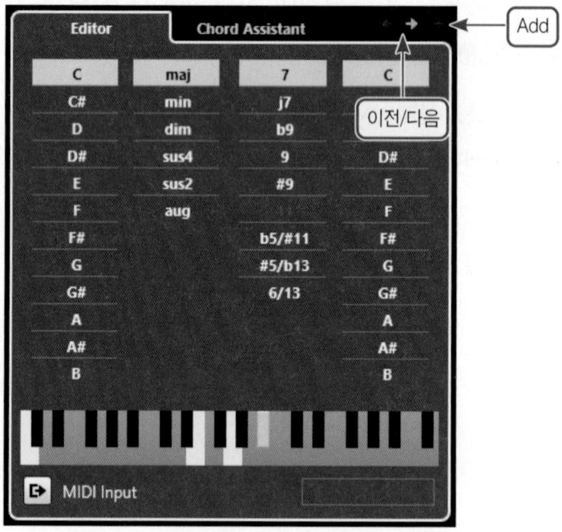


**07** 에디터 창의 이전 및 다음 버튼을 클릭하거나 키보드의 좌/우 방향키를 눌러 이벤트를 선택할 수 있으며, Add 버튼을 클릭하여 추가할 수 있습니다.

**Tip**

에디터 창 아래쪽의 MIDI Input은 미디 건반을 눌러 코드를 입력할 수 있게 하는 기능입니다.

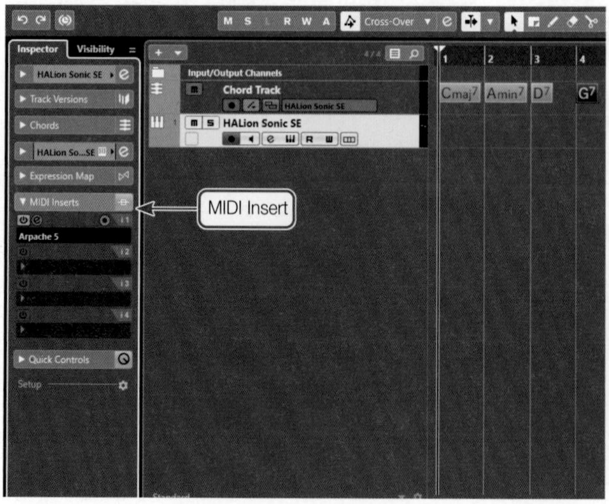


**08** 재생을 해보면 입력한대로 코드가 연주되는 것을 확인할 수 있습니다. 인스트루먼트 트랙의 MIDI Insert에서 Arpache SX와 같은 효과를 걸어주면 멋진 아르페지오 연주도 손쉽게 구사할 수 있습니다.

# 02 어시스턴트

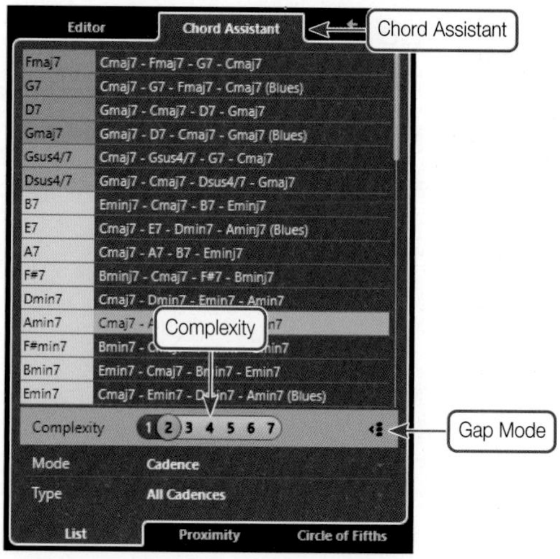


01 에디터 창의 Chord Assistant 탭은 이론이 부족한 사용자에게 코드를 제시해주는 역할을 합니다. Complexity에서 난이도를 7단계로 선택할 수 있으며, Gap mode 버튼을 On으로 하면, 앞/뒤 코드를 분석하여 제시합니다.

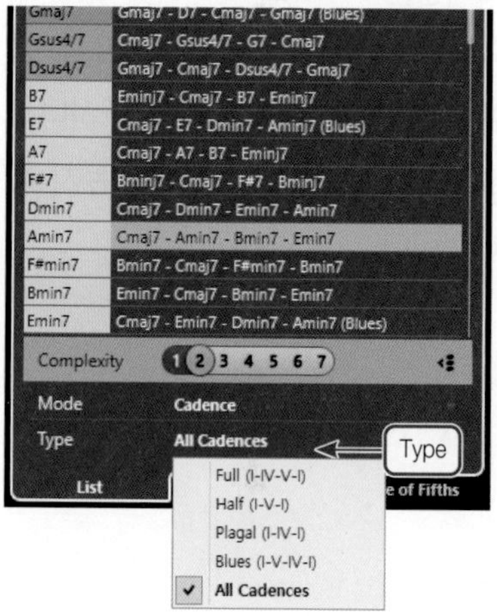


02 제시되는 코드의 기본 모드(Mode)는 종지형(Cadence)이며, Teyp에서 정격(Full), 반(Half), 변격(Plagal) 종지로 구분할 수 있습니다. Common Notes 모드는 앞/뒤 코드의 공통음을 기준으로 제시됩니다.

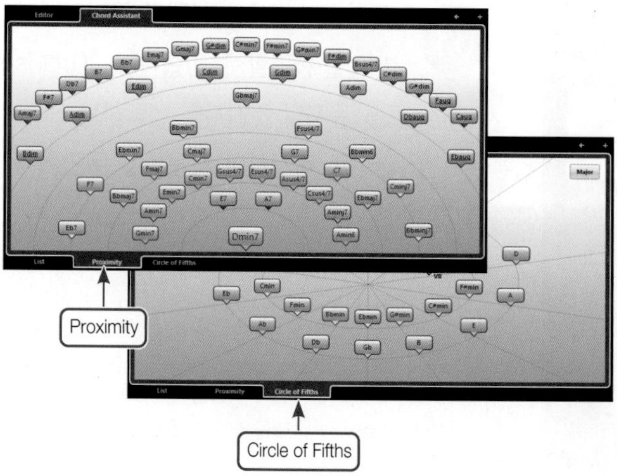


03 Proximity 탭에서는 자주 사용되는 코드 타입을 가까운 원으로 선택할 수 있고, Circle of Fifhts 탭에서는 안전한 5도권으로 선택할 수 있습니다.

## 03 보이싱

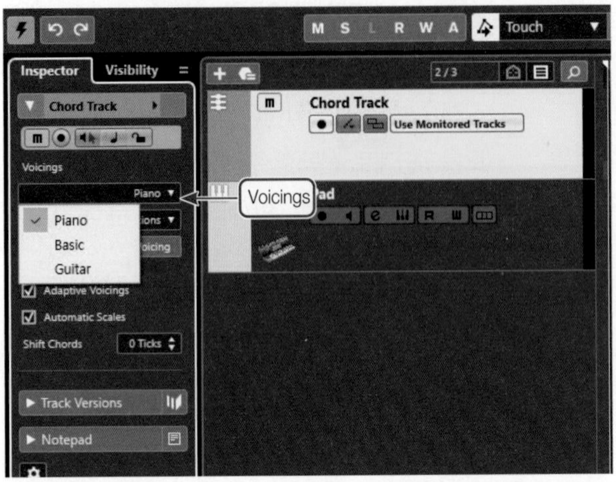


**01** 같은 코드라도 보이싱을 어떻게 하는가에 따라 사운드는 완전히 달라집니다. 어느 정도의 이론 지식이 필요한 사항이지만, 코드 트랙에서는 이를 쉽게 처리할 수 있는 Voicings 파라미터를 제공합니다.

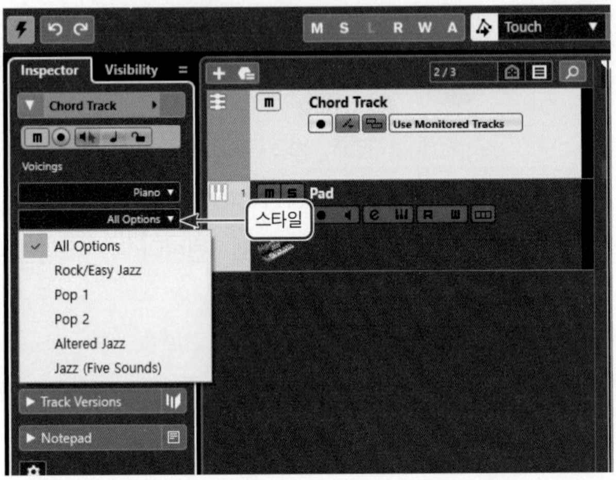


**02** 보이싱은 Piano와 Guitar가 있으며, 각각 음악 장르에 적합한 보이싱을 만들어 낼 수 있는 스타일을 제공합니다. 하나씩 선택을 해보면서 연주가 어떻게 달라지는지 확인해보기 바랍니다.

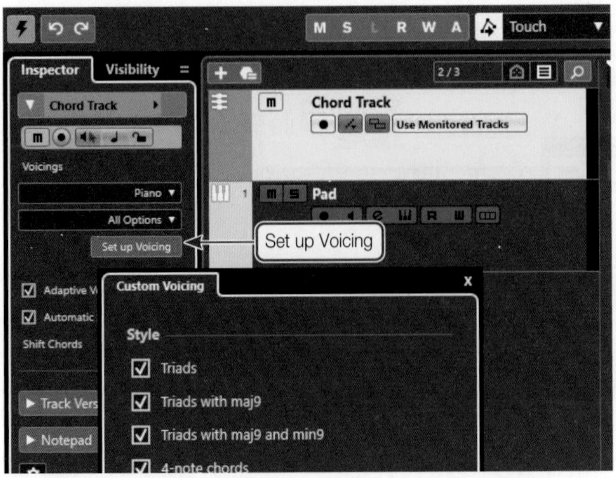


**03** Set up Voicing 버튼을 클릭하여 스타일을 변경할 수 있습니다. 3(Triads), 4, 5 노트를 유지할 것인지를 선택하는 Style, 루트 및 테너를 복사하여 사운드를 두껍게 만들 것인지를 선택하는 Options, 구성음의 범위를 설정하는 Voicing Range가 있습니다.

**Tip**

Style의 with 9은 9음이 포함된 3화음을 루트 없이 구성하며, Open Jazz는 5음 없이 5화음을 구성합니다.

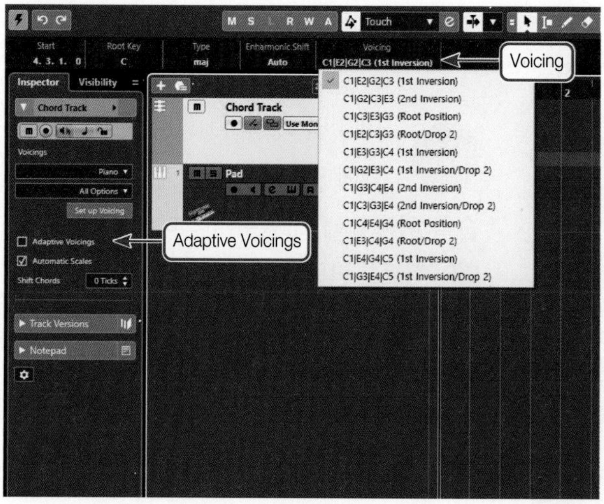


## 04

코드 이벤트마다 사용자가 원하는 보이싱을 설정하겠다면 Adaptive Voicings을 해제 하고, 인포 라인의 Voicing에서 전위 타입을 선택합니다.

> **Tip**
>
> Adaptive Voicings가 On일 때는 시작 코드만 변경할 수 있으며, 나머지는 자동 설정됩니다.

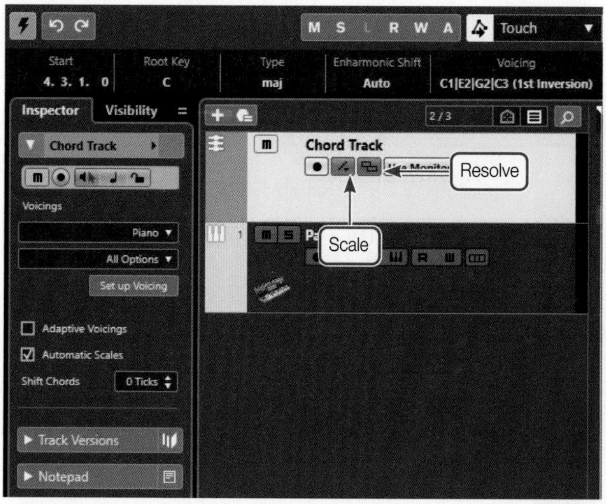


## 05

코드의 구성은 스케일을 바탕으로 이루어지는 것이며, Scale 버튼을 On으로 하여 표시할 수 있습니다. Resolve 버튼은 마디 간격이 좁아질 경우에도 이벤트를 계단 형식으로 표시되게 할 것인지를 On/Off 합니다.

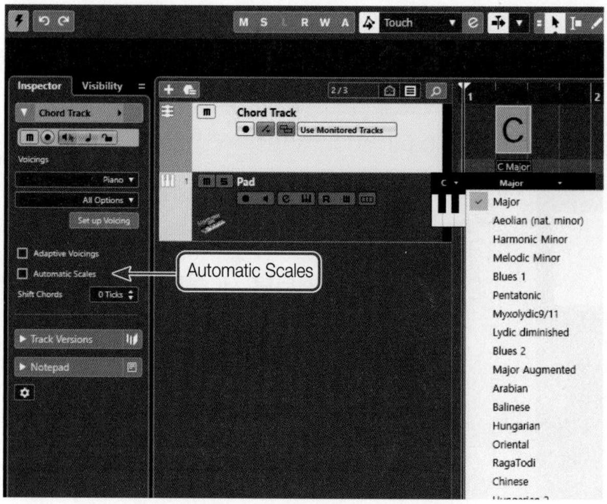


## 06

스케일을 추가하거나 변경하겠다면 Automatic Scales을 해제 하고, 스케일 이벤트를 더블 클릭합니다. 간혹 노트의 발음 타이밍이 빨라서 코드 연주가 안 되는 경우가 있는데, 이때는 Shift Chords 값을 마이너스로 조정합니다.

## 04 팔로우

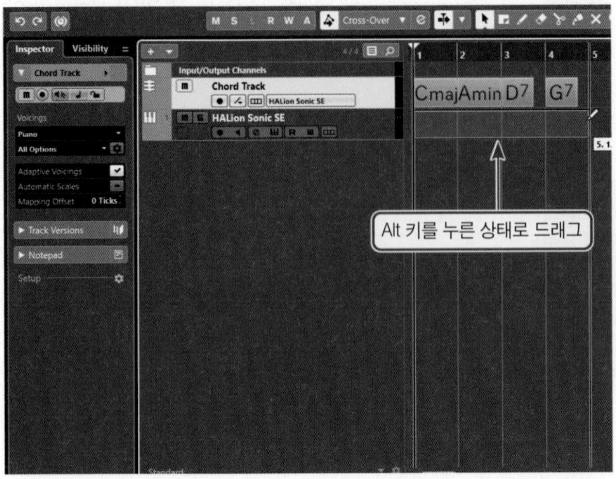


01 미디 및 VaryAudio 이벤트를 코드 트랙에 맞추어 변경할 수 있습니다. 실습을 위해 Alt 키를 누른 상태로 드래그하여 미디 파트를 만듭니다.

02 미디 파트를 더블 클릭하여 키 에디터를 열고, 인스펙터 창의 Chord Editing 파라미터에서 Maj 버튼을 선택합니다. 그리고 한 마디 길이의 C 코드를 모두 입력합니다. 다른 코드를 입력해도 좋습니다.

03 Chords 파라미터의 Follow Chord Track에서 Chords를 선택합니다. Scales과 Root Notes는 스케일과 루트에 따르게 하는 것이고, Voicing과 Single Voice는 코드 트랙의 보이싱을 따르게 하는 옵션입니다. Single Voice는 성부를 선택할 수 있습니다.

**04** 분석 방법을 선택할 수 있는 창이 열립니다. Follow Directly는 코드 트랙과 일치하는 경우이고, Analyze Chords는 일치하지 않는 경우입니다. Apply a Known Chord는 루트 키와 코드 타입을 선택할 수 있는 옵션을 제공합니다.

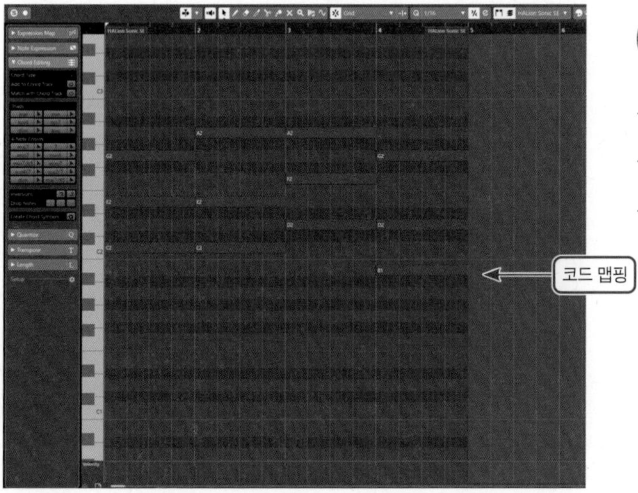


**05** 키 에디터를 보면 앞에서 입력했던 노트가 코드 트랙에 맞추어 맵핑 된 것을 확인할 수 있습니다. 실제로 외부 미디 파일을 작업중인 프로젝트에 가져다 쓸 때 많이 사용하는 기능이므로 기억을 해 두기 바랍니다

**06** 이미 입력되어 있는 미디 이벤트 외에 Live Input을 이용해서 실시간으로 입력되는 미디 이벤트도 코드 트랙에 맞추어 맵핑 시킬 수 있습니다.

**Tip**

오디오 이벤트를 코드 트랙으로 가져다 놓으면 자동으로 분석하여 코드를 표시합니다. 코드 공부를 하는 학생들에게 매우 유용한 기능이 될 것입니다.

# 15 코드 패드

코드 트랙은 코드에 대한 지식이 부족한 사용자를 위한 것이지만, 아무래도 어느 정도의 기초 지식은 필요합니다. 큐베이스는 한 층 더 나아가 아예 코드에 대한 지식이 없는 사용자도 멋진 코드 진행을 만들 수 있는 기능을 제공하고 있는데, 그것이 바로 로우 존의 Chord Pads 입니다.

## 01 기본 사용법

코드 패드를 테스트할 VST Instruments 트랙을 만들고, 코드 패드을 엽니다. 코드 패드는 로우 존의 Chord Pads 탭을 선택하여 열 수 있습니다. 메인 화면은 코드 네임이 적혀있는 패드가 건반 배열로 나열되어 있고, 상단에는 코드가 연결되어 있는 건반을 파란색으로 표시하고 있으며, 왼쪽에는 다향한 설정을 할 수 있는 버튼을 제공합니다. Output 버튼은 코드 패드의 사용 여부를 결정하는 것이며, Off한 경우에는 미디 및 Instrument 트랙의 인풋에서 Chord pads를 선택한 트랙에서만 연주됩니다.

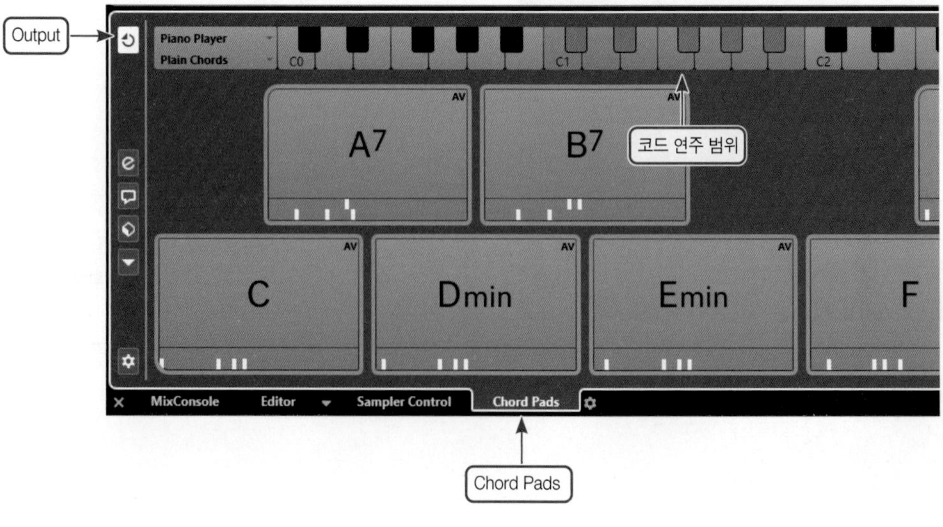

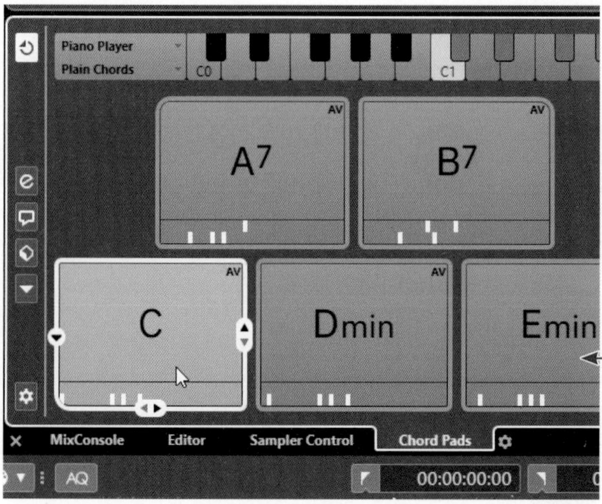


02 패드는 기본적으로 C 다이아토닉 코드로 구성되어 있으며, 마우스 클릭, 마스터 건반, On-Screen keyboard 등을 이용해서 연주 및 녹음을 진행할 수 있습니다.

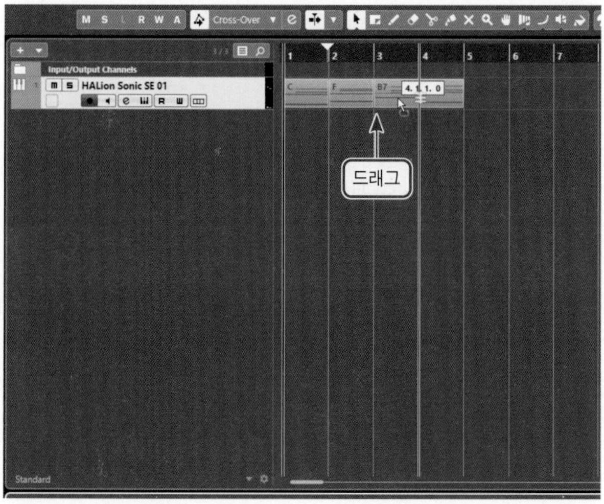


03 레코딩을 할 만한 상황이 아니라면, 패드를 트랙으로 드래그하여 배치하는 것도 가능합니다.

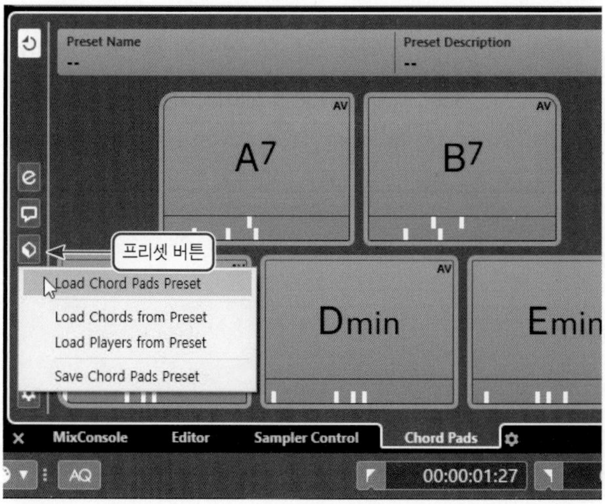


04 음악 장르 및 스케일에 따른 코드 패드의 구성을 빠르게 변경하고 싶을 때에는 프리셋 버튼의 Lead Chord Pads Preset 메뉴를 이용합니다. 스타일 및 스케일에 따른 다양한 프리셋이 제공됩니다.

## 02 패드 편집

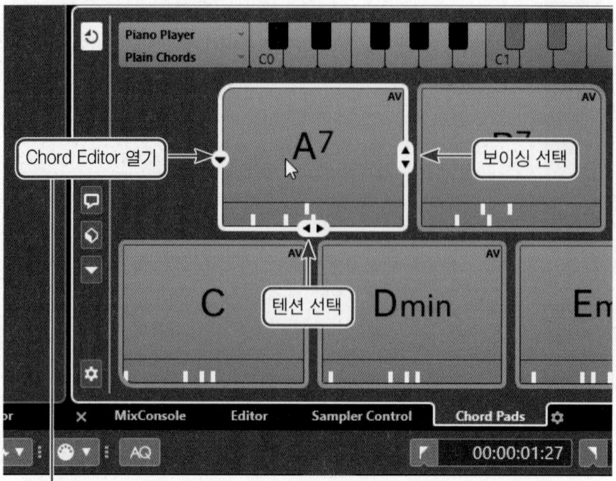


**01** 패드에 마우스를 가져가면 테두리에 삼각형 버튼이 보입니다. 각각의 버튼을 클릭하여 코드와 텐션 및 보이싱을 선택할 수 있습니다.

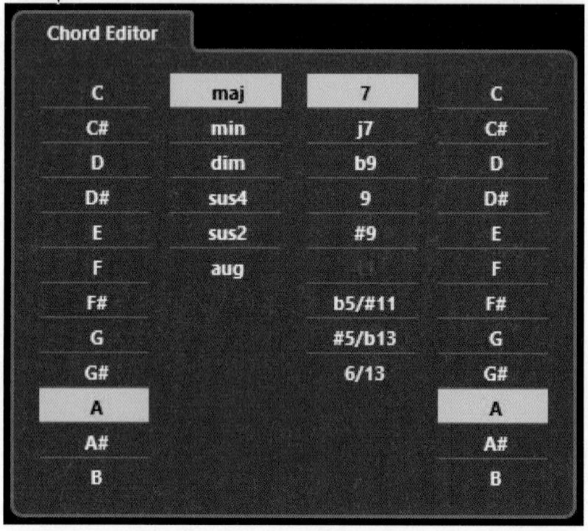


**02** 왼쪽에 보이는 버튼은 해당 패드의 코드를 지정할 수 있는 Chord Editor를 엽니다. 아래쪽에 보이는 버튼은 이전/다음 텐션을 선택합니다. 순서는 Chord Editor 창의 텐션입니다. 오른쪽 버튼은 이전/다음 보이싱을 선택합니다.

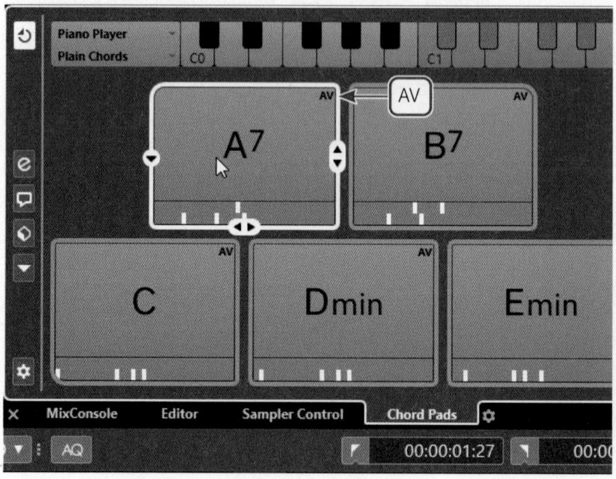


**03** 패드 오른쪽 상단에 AV는 Adaptive Voicings을 의미하며, 다른 패드의 보이싱을 따라갑니다. 보이싱을 변경하면 AV는 해제되고, 독립적으로 수정할 수 있는 상태가 됩니다.

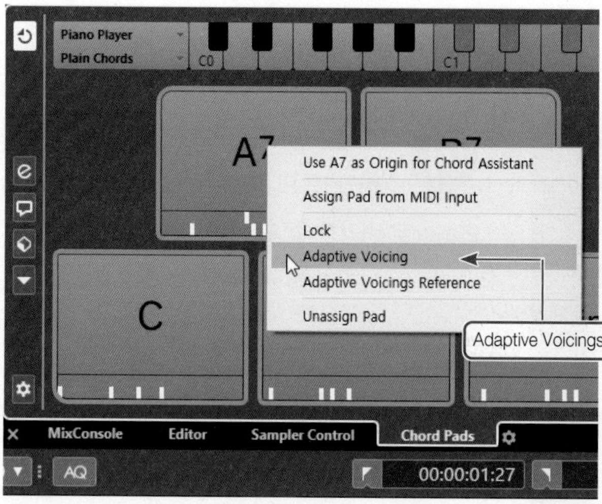


**04** 해제된 패드에 Adaptive Voicings을 적용하겠다면, 마우스 오른쪽 버튼을 클릭하여 단축 메뉴를 열고, Adaptive Voicings 을 체크합니다. Adaptive Voicings Reference 를 선택하면 노란색 테두리가 표시되고, 기준 보이싱으로 설정되어 다음 패드가 가깝게 보이 싱 되게 합니다. Lock을 선택하면 L이 표시되 며, 코드를 수정할 수 없게 잠깁니다.

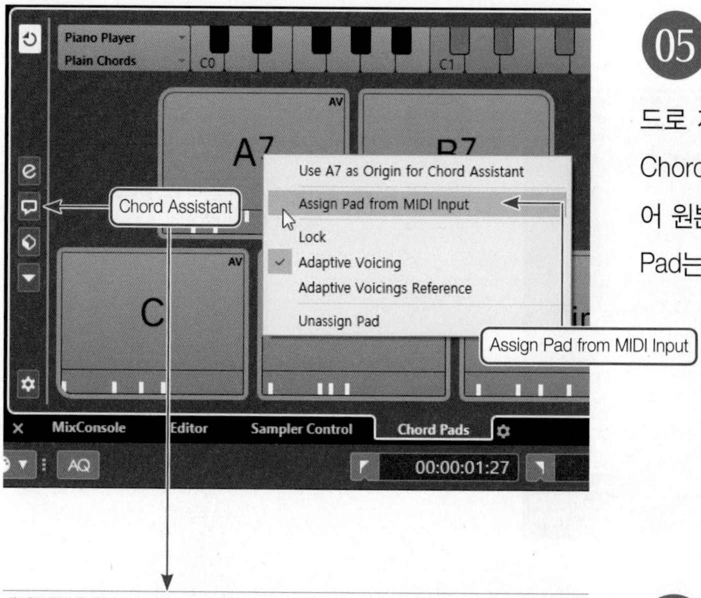


**05** 단축 메뉴의 Assign Pad form MIDI Input을 선택하면, 사용자 연주를 코드로 지정할 수 있으며, Use x as Origin for Chord Assistant는 Chord Assistant 창을 열어 원본 코드로 설정할 수 있습니다. Unassign Pad는 코드를 삭제합니다.

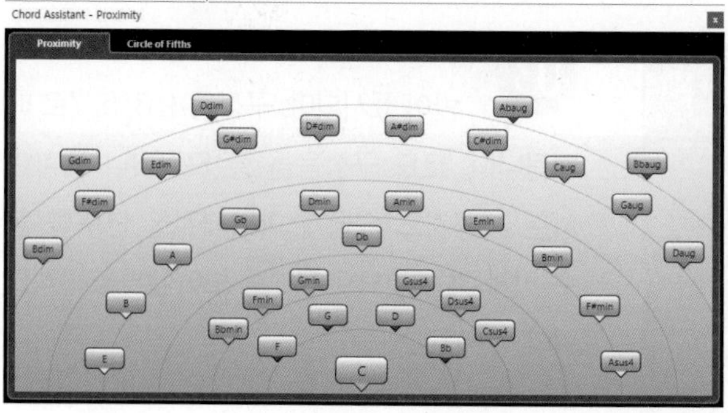


**06** 코드 진행에 관한 도움을 얻고 싶은 경우에는 Chord Assistant 버튼을 클릭하여 창을 엽니다. 코드 트랙에서 보았던 Proximity 및 Circle of Fifths 탭으로 구성되어 있으며, 마우스 드래그로 패드에 적용할 수 있습니다.

## 03 패턴 설정

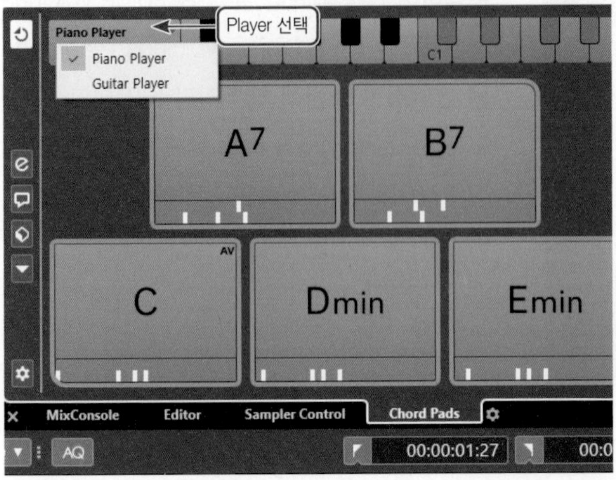


**01** 기본 보이싱은 Piano Player이며, 건반 왼쪽의 메뉴를 클릭하여 Guitar Player로 변경할 수 있습니다.

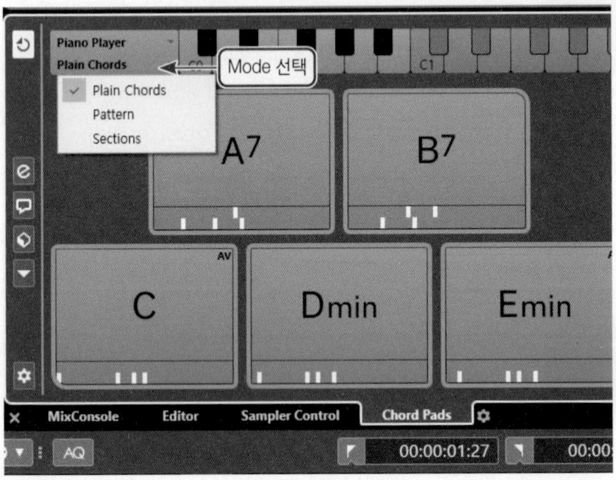


**02** 모드는 Plain Chords 외에 Pattern과 Sections을 제공합니다. Pattern을 선택하면 아르페지오 및 리듬으로 연주됩니다.

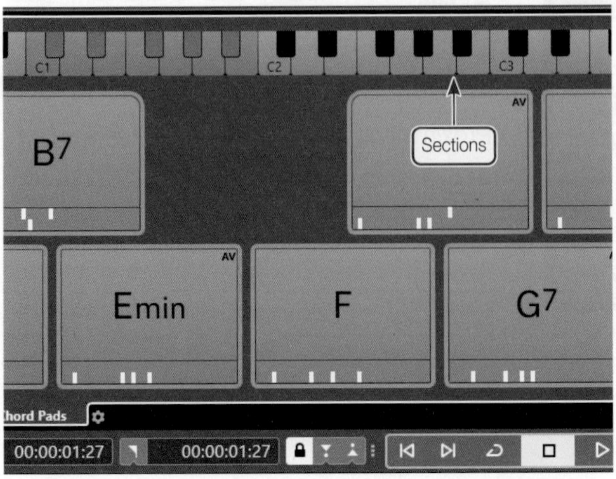


**03** Sections을 선택하면 갈색의 섹션 건반이 표시되며, 구성음 1, 3, 5, 7로 배치됩니다. 코드 구성음을 잘 모르거나 전환이 서툰 사용자도 손쉽게 아르페지오 연주를 할 수 있게 하는 것으로 Guitar 보이싱에 효과적입니다.

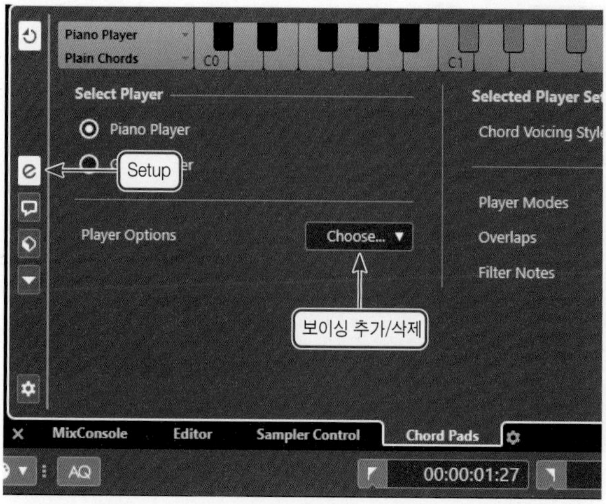


**04** 보이싱 및 모드의 세부 설정이 필요한 경우에는 Setup 버튼을 클릭하여 창을 엽니다. 보이싱은 Player Options에서 Basic을 추가할 수 있습니다.

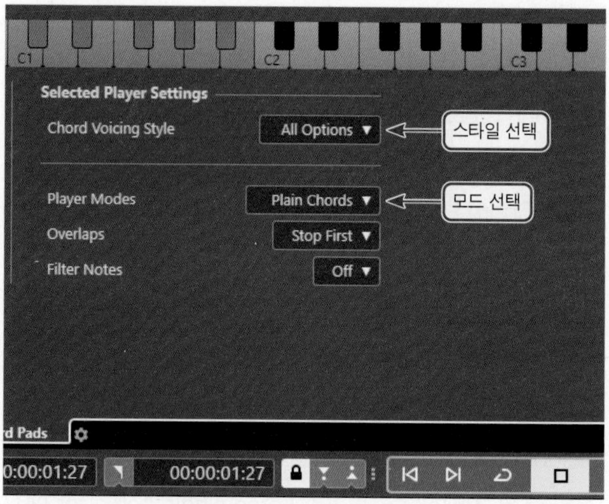


**05** 음악 장르에 따라 달라지는 보이싱은 Style 메뉴에서 선택할 수 있으며, Player Modes 옵션을 설정할 수 있습니다. Overlaps는 공통음의 처리 방법을 선택하는 것으로, 첫 음을 유지하는 Hold, 새로 연주하는 Stop, 겹치게 하는 Lagato 중에서 선택할 수 있으며, Filter Notes는 From MIDI Thru으로 입력 노트를 소리 내지 않게 하는 옵션입니다.

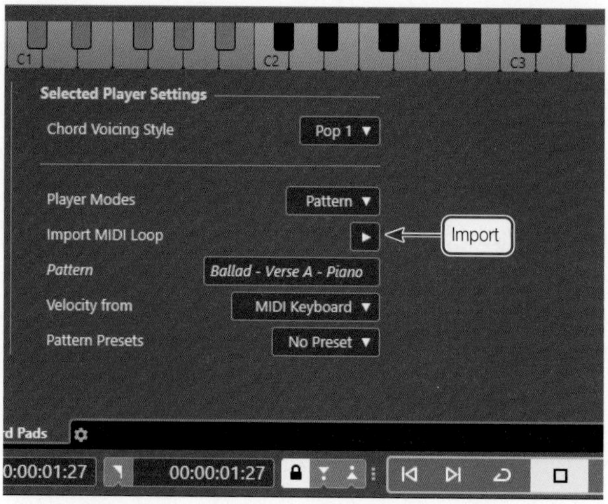


**06** Pattern 모드에는 Import 버튼을 클릭하여 큐베이스에서 제공하는 패턴을 불러오거나 외부 미디 파일을 Pattern 항목으로 드래그하여 사용할 수 있습니다. Velocity 항목은 사용자 연주를 따르는 MIDI Keyboard와 불러온 패턴을 사용하는 Pattern이 있고, Presets에서는 Piano 또는 Guitar 패턴을 선택할 수 있습니다.

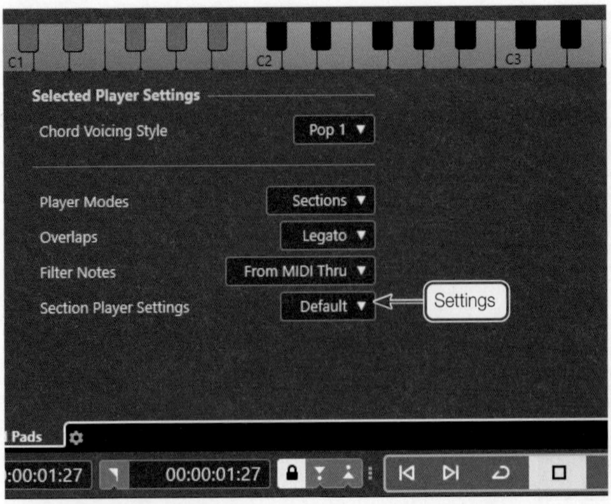


07 Sections 모드의 Settings에서는 사용자가 원하는 섹션을 구성할 수 있는 Custom 메뉴를 제공합니다.

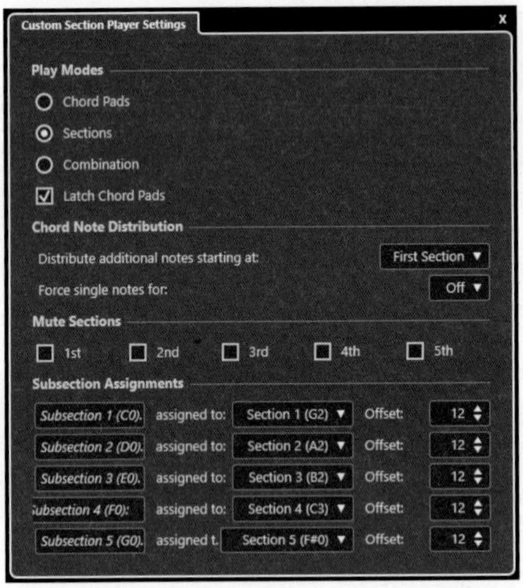


- Play Modes

Chord Pads : 섹션을 먼저 누르고 코드를 연주합니다.

Sections : 코드를 먼저 누르고 섹션을 연주합니다.

Combination : 위 두 가지 모두 가능합니다.

Latch Chord Pads : 코드를 누르고 있지 않아도 섹션을 연주할 수 있게 합니다.

- Chord Note Distribution

섹션 보다 구성음이 많은 코드의 분배 방식을 결정합니다. Distribute additional notes starting at 에서 Start 및 Last Section을 선택할 수 있으며, Force single notes for 에서 Start 및 Last 노트를 선택합니다.

- Mute Section

체크한 섹션 노트가 연주되지 않게 합니다. 선택한 구성음을 빼고자 할 때 사용합니다.

- Subsection Assignments

함께 연주될 섹션을 Offset으로 지정합니다. 단, Chord Pads Setup의 Player Remote Control 탭에서 Subsections이 설정되어 있는 경우에 사용할 수 있습니다.

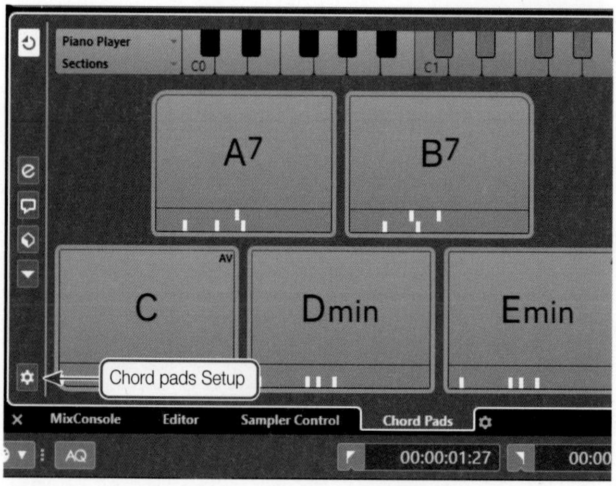


**08** Chord Pads Setup 창은 톱니 모양의 버튼을 클릭하여 열 수 있으며, Pad Remote Contro, Player Remote Control, Pad Layout의 3가지 탭으로 구성되어 있습니다.

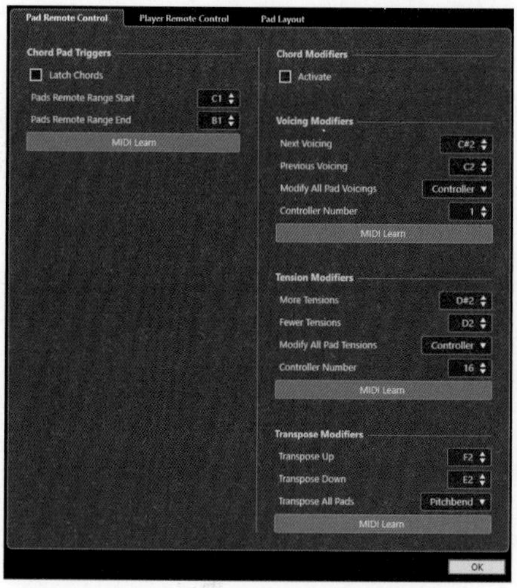


Pad Remote Control

패드 연주 옵션을 설정합니다.

● Chord Pad Triggers

패드를 연주할 노트의 범위를 설정합니다. Latch Chords 옵션은 패드를 누르고 있지 않아도 연주되게 합니다.

● Chord Modifiers

보이싱, 텐션, 조옮김을 선택할 수 있는 노트의 사용 여부를 선택합니다. 옵션을 체크하면 할당된 노트는 초록색으로 표시됩니다.

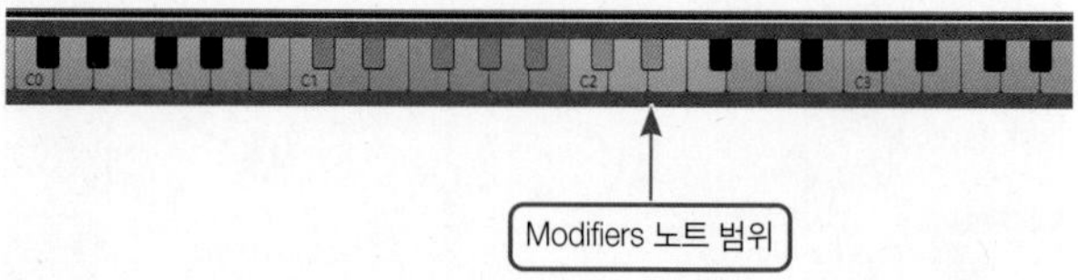


● Voicing/ Tension/ Transpose Modifiers

각각을 컨트롤 할 노트 및 미디 정보를 설정합니다. 가지고 있는 미디 컨트롤러의 정보를 모를 경우에는 MIDI Learn 버튼을 On으로 하고, 해당 컨트롤러의 노브 및 슬라이더를 움직여 연결합니다.

Player Remote Control

섹션 및 서브 섹션, 그리고 뮤트를 컨트할 노트를 설정합니다. 각각 건반을 눌러 연결할 수 있는 MIDI Learn 버튼을 제공합니다.

Pad Layout

패드 레이아웃을 설정합니다. Pad Layout Type에서 건반 사용자를 위한 Keyboard 또는 드럼 패드 사용자를 Gird를 선택할 수 있으며, 각각 수를 조정할 수 있습니다.

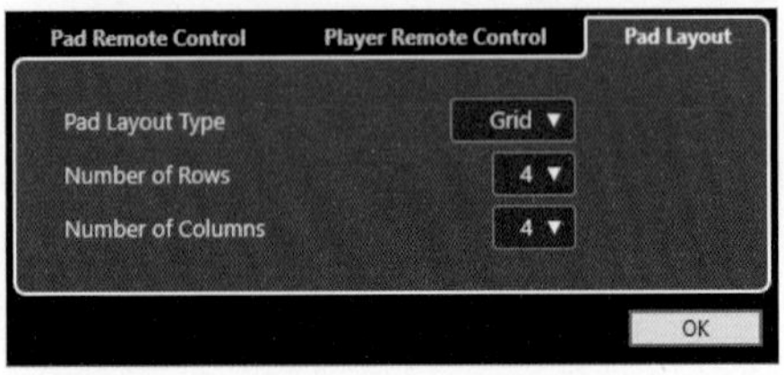


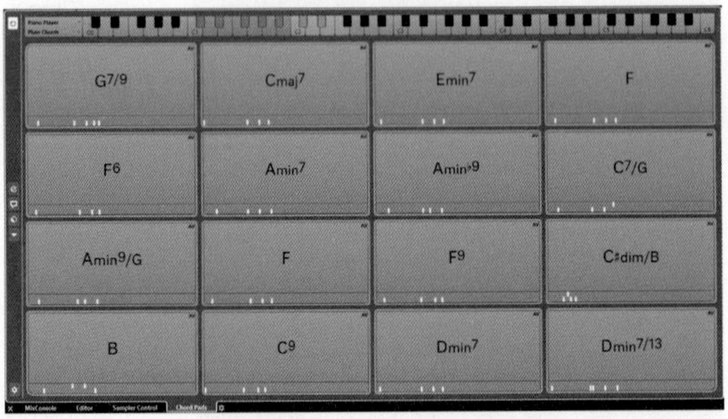


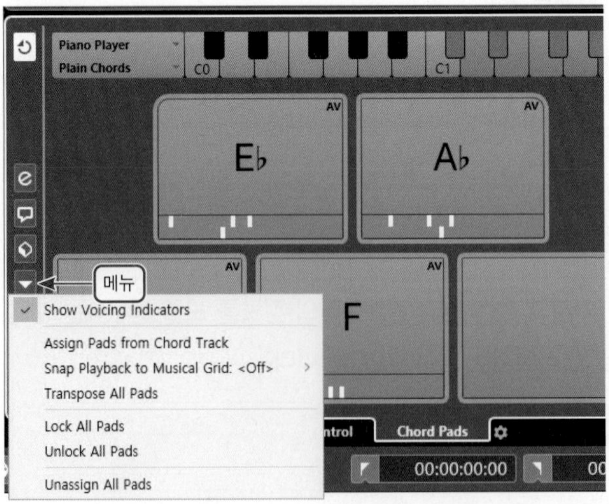


09 메뉴의 역할은 다음과 같습니다.

Show Voicing Indicators : 패드 아래쪽에 보이싱 그림을 표시합니다.

Assign Pads from Chord Track : 코드 트랙의 이벤트를 가져옵니다.

Snap Playback to Musical Grid : 코드 연주 간격을 선택합니다.

Lock / Unlock All Pads : 모든 패드를 잠그거나 해제 합니다.

Unassign All Pads : 모든 패드의 코드를 삭제합니다.

# 16 트랜스포즈 트랙

● 샘플 프로젝트 \ Transpose

트랜스포즈 트랙은 이벤트의 음정을 자유롭게 컨트롤 할 수 있는 역할을 합니다. 댄스 음악은 샘플만으로 진행하는 경우가 많기 때문에 음정을 자유롭게 컨트롤 할 수 있는 트랜스포즈 트랙은 매우 유용한 기능이 될 것입니다. 물론, 이벤트의 음정을 조정할 때는 인포 라인의 Transpose나 샘플 에디터를 이용하는 것이 손쉬울 수 있겠지만, 전체 트랙을 컨트롤 할 수 있는 것은 트랜스포즈 트랙뿐입니다.

01 요즘에는 오디오 샘플만으로 음악을 완성하는 경우가 많기 때문에 음악 작업에 사용할 수 있는 샘플을 판매하는 사이트가 많습니다. 큐베이스도 기본적으로 다양한 샘플을 제공하고 있지만, 하나의 샘플을 12키로 제공하고 있지는 않습니다. 그래서 여러 트랙을 조합하거나 완성한 음악을 보컬에 맞추려면 키 조정은 필수입니다. 실습 프로젝트도 몇 가지 샘플을 가져다가 놓은 것인데, 각 트랙의 키가 맞질 않습니다. 이벤트의 키를 조정할 때는 인포 라인의 Transpose를 이용하는 것이 편리합니다. Syn-Bass 트랙의 이벤트를 마우스 드래그로 선택하고, Transpose 값을 -5로 조정합니다. 그리고 Piano Loop 트랙의 이벤트를 마우스 드래그로 선택하고, Transpose 값을 -1로 조정합니다. 1의 값은 반음에 해당하며 Vince 트랙에 Bass와 Piano의 키를 맞춘 것입니다. 이런 방법으로 오디오 샘플을 이용하여 음악을 만들 수 있습니다.

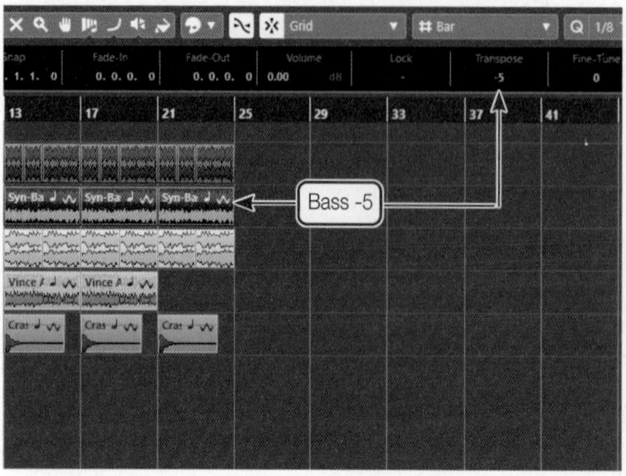


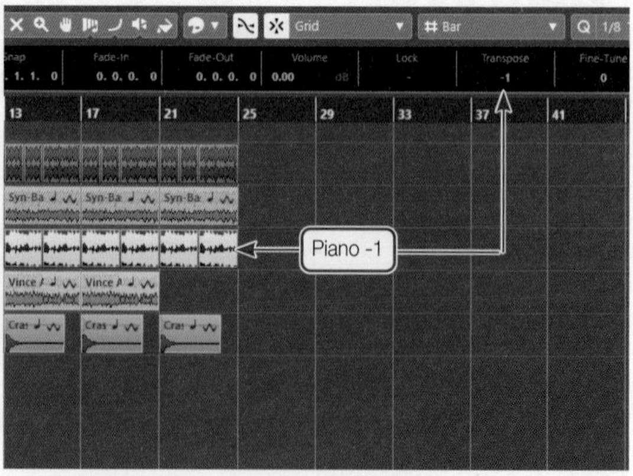

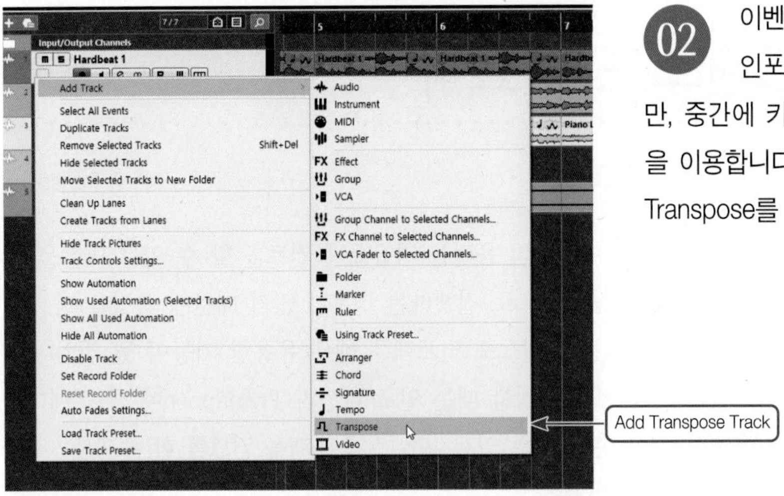


**02** 이벤트 혹은 전체 키를 변경할 때는 인포 라인의 Transpose가 편리하지만, 중간에 키를 바꿀 때는 트랜스포즈 트랙을 이용합니다. 단축 메뉴의 Add Track에서 Transpose를 선택하여 추가합니다.

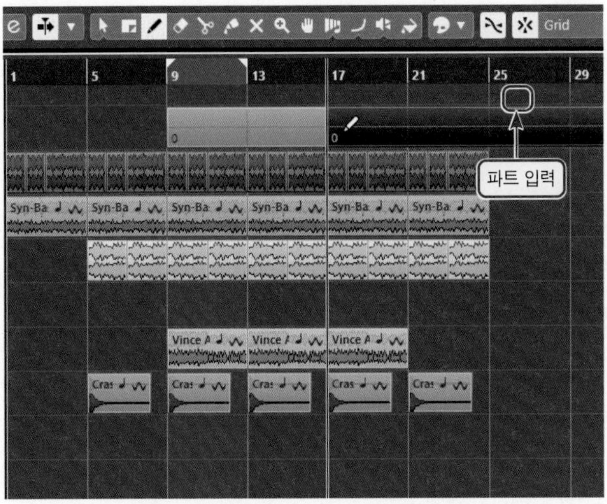


**03** Alt 키를 누른 상태로 9마디와 17마디 위치를 클릭하여 트랜스포즈 이벤트를 만듭니다.

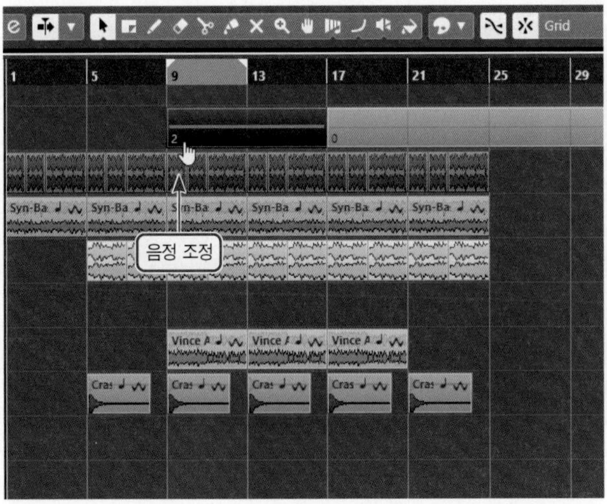


**04** 9마디 위치의 트랜스포즈 이벤트에 표시되어 있는 숫자를 드래그하여 2로 변경합니다. 1이 반음에 해당하므로, 한 음 올라갔다가 17마디에서 원 키로 돌아오는 형식입니다.

05 다만 키가 바뀌면 안 되는 드럼 트랙까지 영향을 받고 있습니다. 드럼 트랙의 이벤트를 마우스 드래그로 선택하고 인포 라인의 Global Transpose 항목을 클릭하여 Independent로 변경합니다. 트랜스포즈 트랙을 따르지 않게 하는 것입니다.

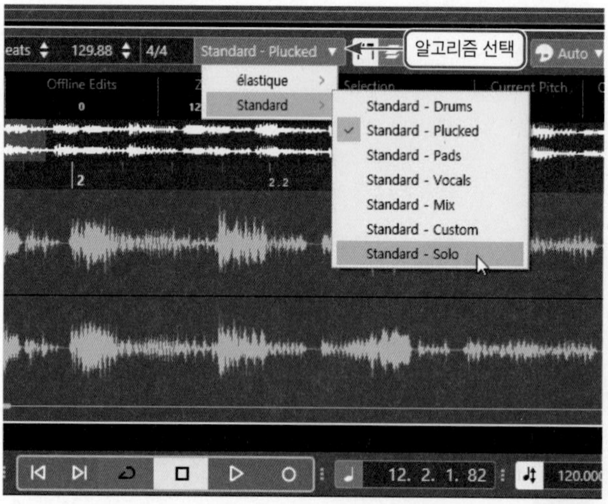


06 오디오의 피치와 길이를 변경하면 음색이 변할 수 밖에 없습니다. 키 변화가 많은 Bass 트랙의 이벤트를 선택하고, 로우 존의 Editor 탭을 보면, 알고리즘을 선택하는 툴이 있습니다. 여기서 샘플에 적합한 Solo를 선택하면 음색 변화를 좀 더 줄일 수 있습니다.

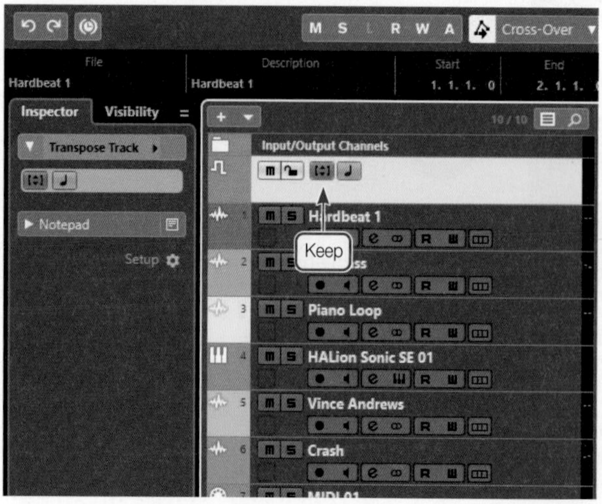


07 트랜스포즈 트랙의 Keep 버튼은 음정 변화를 옥타브 범위로 제한합니다. 예를 들어 7로 올리면 가까운 -5로 적용하여 음색 변화를 최소화시키는 것입니다. 필요에 따라 7로 올리겠다면 버튼을 Off 합니다.

# 17 박자 트랙

박자와 템포를 트랙에서 컨트롤할 수 있도록 Signature Track와 Tempo Track를 제공합니다. 박자와 템포 트랙은 작업 중인 프로젝트의 박자와 템포를 컨트롤 하기 위해서 템포 에디터 창을 이용하지 않아도 되며, 곡 전체의 박자와 템포 변화를 한 눈에 확인할 수 있을 뿐 아니라 곡을 편집하는데도 유용한 트랙입니다.

01 트랙 리스트에서 마우스 오른쪽 버튼을 클릭하여 단축 메뉴를 열고, Add Signature Track을 선택합니다.

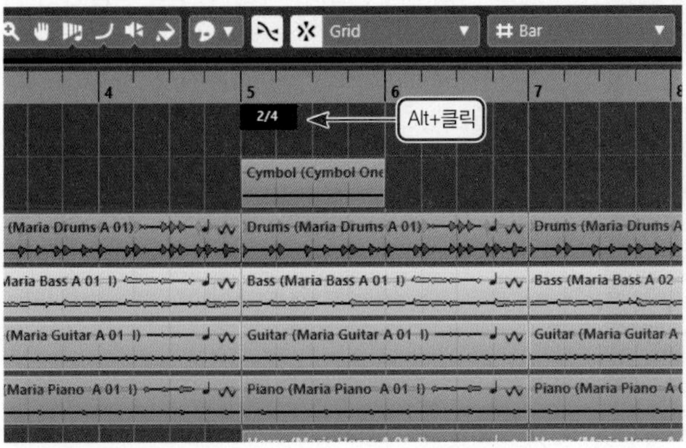


02 박자 트랙에서 Alt 키를 누른 상태로 클릭하면 4/4 박자 마커가 삽입되며, 입력 대기 상태가 됩니다. 이 때 원하는 박자를 입력하고, 필요하다면 더블 클릭으로 수정할 수 있습니다.

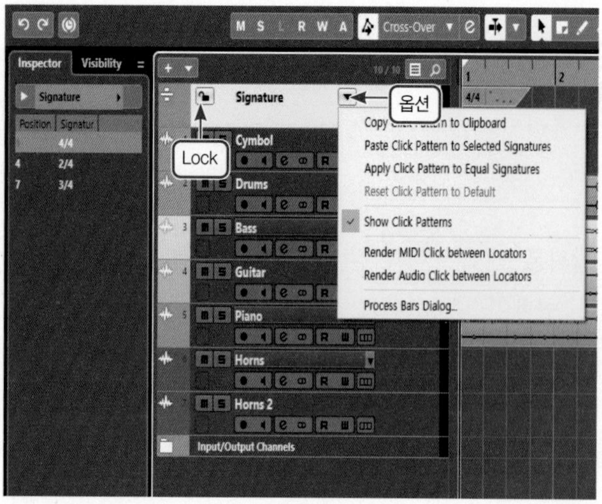


04 트랙의 Lock 버튼을 On으로 하면, 박자가 실수로 편집되는 것을 방지할 수 있고, 옵션 버튼을 클릭하면 패턴에 관련된 메뉴가 열립니다. 박자 마커의 + 기호를 더블 클릭하면 패턴 창이 열립니다.

- Copy Click Pattern to Clipboard : 선택한 템포의  패턴을 복사합니다.
- Paste Click Pattern to Selected Signatures : 복사한 패턴을 선택한 템포에 붙입니다.
- Apply Click Pattern to Equal Signatures : 같은 박자의 패턴을 선택한 템포와 동일하게 만듭니다.
- Reset Click Pattern to Default : 패턴을 기본 값으로 초기화 합니다.
- Show Click Patterns : 마커에 + 기호의 패턴 열기 버튼을 표시합니다.
- Render MIDI Click between Locators : 패턴 연주 미디 트랙을 만듭니다.
- Render Audio Click between Locators : 패턴 연주 오디오 트랙을 만듭니다.
- Process Bars Dialog : 박자를 편집하거나 관리할 수 있는 창을 엽니다.

- Start at Bar : 프로세스 적용되는 시작 위치
- Length in Bars : 프로세스 적용 길이
- Process Type : 적용 타입을 선택

- Insert Bars : 삽입
- Delete Bars : 삭제
- Reinterpret Bars : 재설정
- Replace Bars : 변경

- Time Signature : 적용할 박자

# 18 템포 트랙

● 샘플 프로젝트 \ Sign

템포 트랙은 앞에서 살펴본 박자 트랙과 같이 프로젝트에서 템포를 관리할 수 있는 역할을 합니다. 큐베이스는 오디오 템포도 미디와 동일하게 다룰 수 있기 때문에 곡의 템포를 컨트롤하는 것이 자유롭습니다. 다만, 오디오 템포를 너무 크게 변화시키면, 음질의 변화가 생기므로 주의해야 하며, 필요한 경우에는 샘플 에디터를 이용합니다.

## 01 템포 조정하기

오디오 이벤트의 템포를 변경하면 어쩔 수 없이 음질의 변화가 생깁니다. 이것을 최소화 하기 위해서는 템포 변화를 적게 하고, 목적에 어울리는 엔진을 선택하는 것입니다. Edit 메뉴의 Preference를 선택하면 큐베이스 환경을 설정할 수 있는 창이 열립니다. 여기서 Editing의 Audio 페이지에서 Time Stretch Tool Algorithm을 MPEX-Poly Complex로 선택합니다. 오디오의 템포를 조정할 때, 기본 값의 Realtime보다 음질의 변화를 최소화 시킬 수 있는 엔진입니다. 다만, 낮은 시스템 사양에서는 처리 속도가 늦어질 수 있으므로, 문제가 되는 경우라면, 기본 값으로 두고, 필요할 때만 샘플 에디터에서 처리하는 것도 좋습니다.

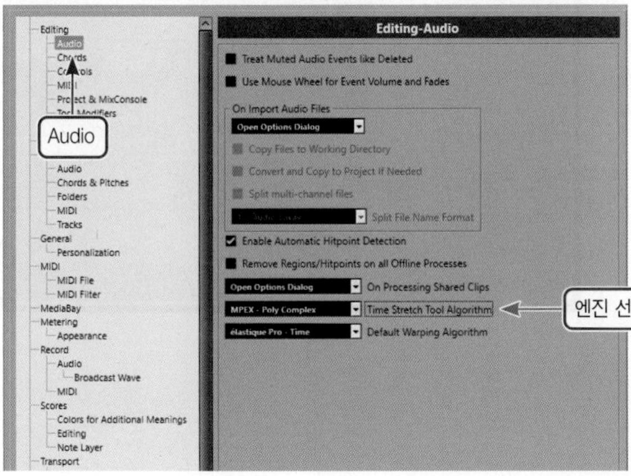

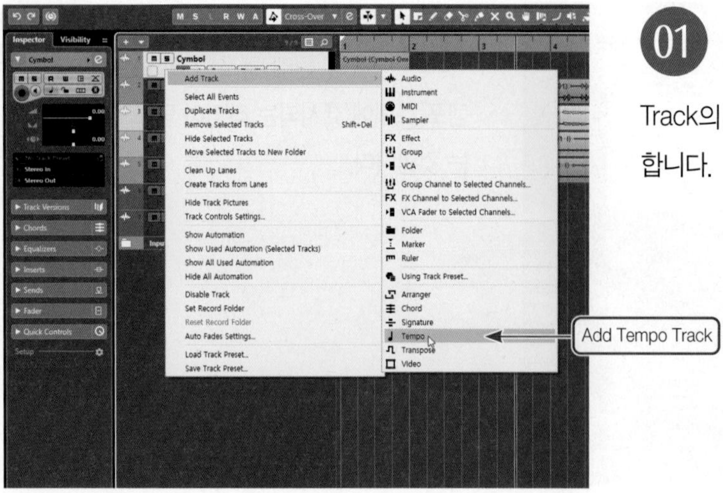


**01** 트랙 리스트에서 마우스 오른쪽 버튼을 클릭하여 단축 메뉴를 열고 Add Track의 Tempo를 선택하여 템포 트랙을 추가합니다.

**02** 템포 트랙은 기본 범위는 최고 값이 180, 최저 값이 60으로 설정되어 있으며, 각각의 항목은 마우스로 더블 클릭하여 작업하기 편리한 범위로 재 설정할 수 있습니다. 실습에서는 점점 느리게 연주되는 리타르난도를 연출해 볼 것이므로, 최고 값을 120, 최하 값을 88로 설정하겠습니다.

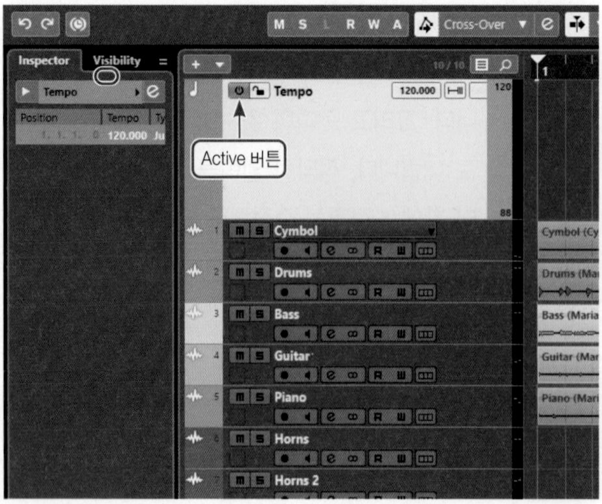


**03** 템포 트랙의 Active 버튼을 On으로 하여 프로젝트의 템포를 Track 모드로 바꿉니다. 프로젝트의 템포가 템포 트랙의 값을 다르게 되는 것입니다. 기본값이 120으로 되어 있기 때문에 곡의 템포가 120으로 변경됩니다.

04 인스펙터 창의 템포 값을 더블 클릭하여 원래 템포의 98로 수정합니다. 템포 트랙에 표시되는 라인이 템포 값을 표시하는 것입니다.

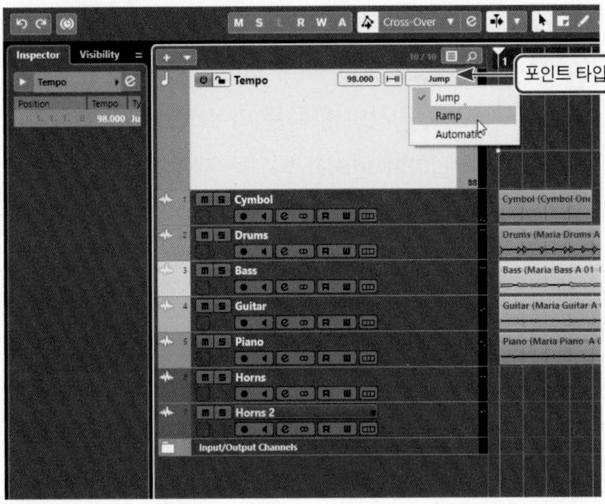


05 템가 점점 느려지는 리타르난도를 연출할 것이므로, 포인트 타입을 Ramp로 설정합니다. Jump는 급격한 템포 변화를 삽입할 때 효과적이며, Automatic은 마우스 클릭으로 템포를 삽입할 때는 Jump, 드래그로 삽입할 때는 Ramp 모드로 작동되게 합니다.

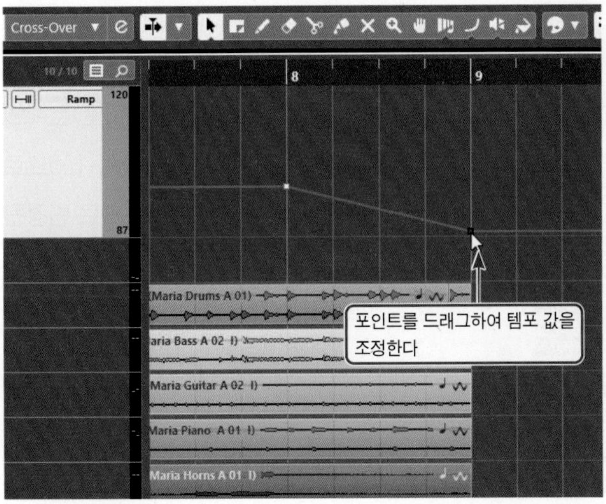


06 Alt 키를 누른 상태에서 8마디와 9마디 위치를 클릭하여 포인트를 만듭니다. 그리고 9 마디 위치의 포인트를 88 정도로 내립니다. 적당히 입력을 한 다음에 인스펙터 창에서 정확히 수정해도 좋습니다.

**07** 곡을 연주해보면, 리타르단도로 점점 느리게 연주되는 것을 확인할 수 있습니다. 템포 트랙은 이 외에도 프로세스 기능을 제공합니다. 송 포지션 라인을 9마디 위치에 가져다 놓으면, 곡의 길이가 19초 725프레임이라는 것을 알 수 있는데, 이것을 9초로 맞춰야 한다고 가정하고, 템포 트랙의 Open Process Tempo Dialog 버튼을 클릭합니다.

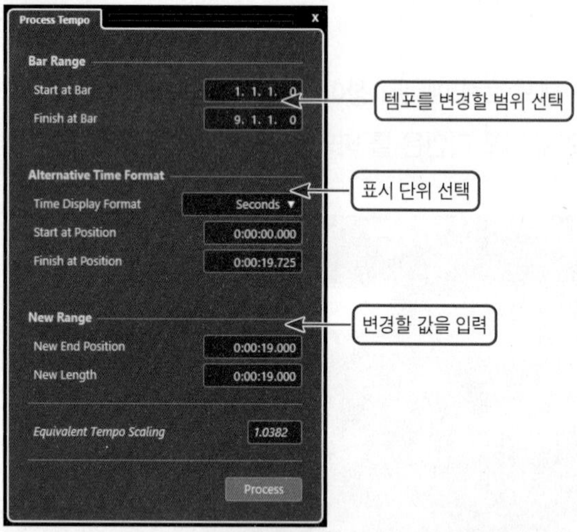


**08** Start는 1마디, End는 9마디로 설정하여 곡의 전체 길이를 선택합니다. 시간을 맞출 것이므로 Time display format은 초 단위의 Seconds을 선택합니다. New Range 항목을 더블 클릭하여 19.0을 입력합니다. 즉, 19초 725프레임 길이를 19초로 맞추겠다는 것입니다.

**09** Process 버튼을 클릭하면, 곡 전체의 길이가 9초에 맞추어 템포가 변경되는 것을 확인할 수 있습니다. 시간을 맞춰야 하는 영상 음악을 작업할 때, 매우 유용한 기능이 될 것입니다.

# 02 템포 트랙 에디터

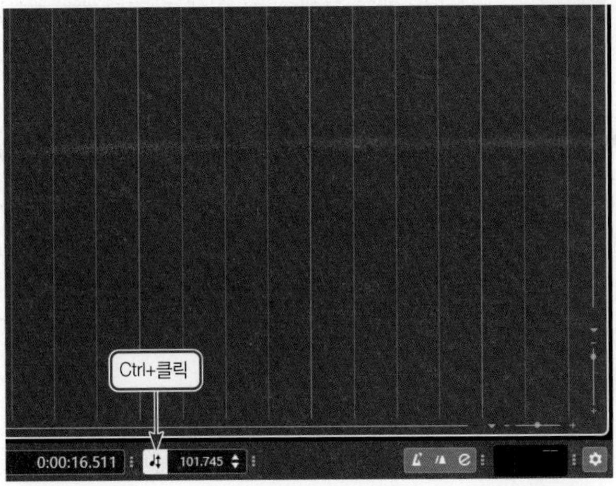


01 큐베이스는 템포와 박자를 하나의 창에서 컨트롤할 수 있는 에디터 창을 제공합니다. Ctrl 키를 누른 상태에서 트랜스포트 바의 템포 버튼을 클릭합니다.

Tip
템포 트랙 창은 Project 메뉴의 Tempo Track 또는 Ctrl+T 키를 눌러 열 수도 있습니다.

02 템포 및 박자 트랙에서 작업한 내용이 담겨 있는 템포 트랙 에디터 창이 열립니다. 화면 구성은 툴 바, 인포 라인, 박자 라인, 템포 창으로 구성되어 있으며, 인포 라인은 툴 바의 Show Info 버튼으로 엽니다.

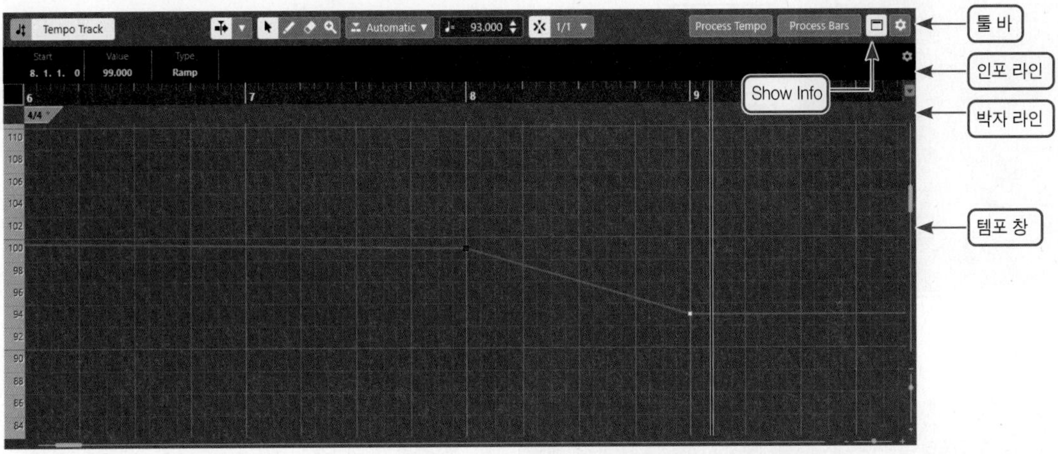


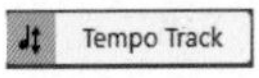 활성 버튼 : 템포 트랙의 사용 여부를 결정합니다. On 이면 프로젝트는 템포 트랙을 따르고, Off 이면 트랜스포트 패널의 템포 값을 따릅니다. 즉, 템포 변화가 있는 곡을 만들 때는 On하고, 템포가 고정된 곡을 만들 때는 Off 하는 것입니다. 트랜스포트 패널의 템포 버튼을 이용해서 결정할 수도 있습니다.

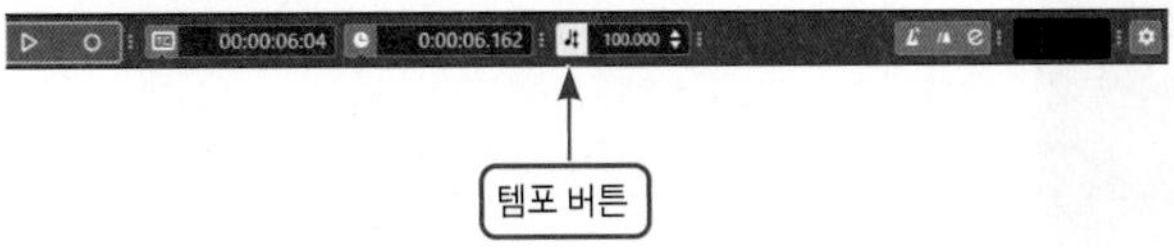

스크롤 버튼 : 재생 위치에 따라 화면이 스크롤 되게 합니다. 재생하면서 템포를 편집하면 스크롤은 멈추며, F 키를 눌러 다시 동작시킬 수 있습니다.

화살표 버튼 : 박자 및 템포 포인트를 선택하거나 편집합니다.

연필 버튼 : 박자 및 템포 포인트 입력합니다. 화살표에서 Alt 키를 누르면 연필 툴로 동작합니다.

지우개 버튼 : 박자 및 템포를 삭제합니다. 선택 포인트는 Delete 키로 삭제할 수 있습니다.

돋보기 버튼 : 템포 창을 확대/축소 합니다. G와 H 키로 확대/축소 할 수 있습니다.

Jump ▼ 타입 선택 : 입력할 템포 포인트의 라인 타입을 선택합니다. Jump는 직선, Ramp는 경사이며, Auomatic은 이전 타입을 따르게 합니다.

98.000 템포 표시 : 송 포지션 라인 위치의 템포 값을 표시하며 변경 가능합니다.

1/1 ▼ 스넵 버튼 : 스넵 기능을 On/Off 하며, On일 경우에 박자 및 템포 입력 간격을 선택할 수 있습니다.

레코딩 버튼 : 툴 바 오른쪽 끝에 톱니 모양으로 되어 있는 설정 버튼을 클릭하여 Tempo Recording을 선택한 경우에 볼 수 있으며, Start 버튼을 클릭하고 슬라이드를 움직여 템포를 실시간으로 기록할 수 있습니다.

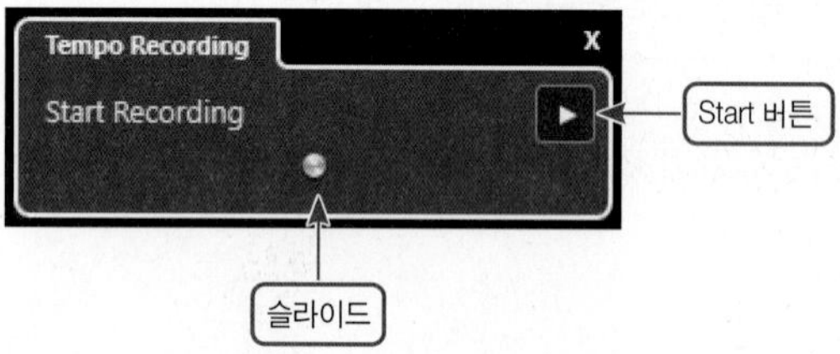


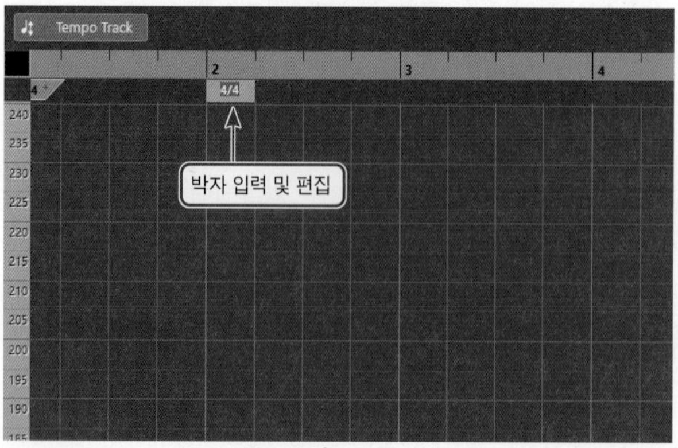


03 Process Tempo와 Process Bars 버튼은 각각 박자와 템포 트랙에서 살펴본 프로세스 창을 열며, 박자의 입력과 편집은 박자 라인에서 진행합니다.

# 19 비디오 트랙

2개의 비디오 트랙을 제공하며 AVI, MOV, MP4 등의 영상 파일을 가져와 프레임 단위로 표시하는 역할을 합니다. 큐베이스는 영상을 불러와 모니터 하면서 거기에 어울리는 음악이나 음향 작업을 하는 것이 목적이며, 영상을 직접 편집할 수 있는 프로그램은 아닙니다. 물론, 간단한 컷 편집과 작업한 음악을 영상에 포함시켜 Full HD 해상도의 비디오 파일을 제작할 수 있는 기능은 지원합니다.

## 01 비디오 가져오기

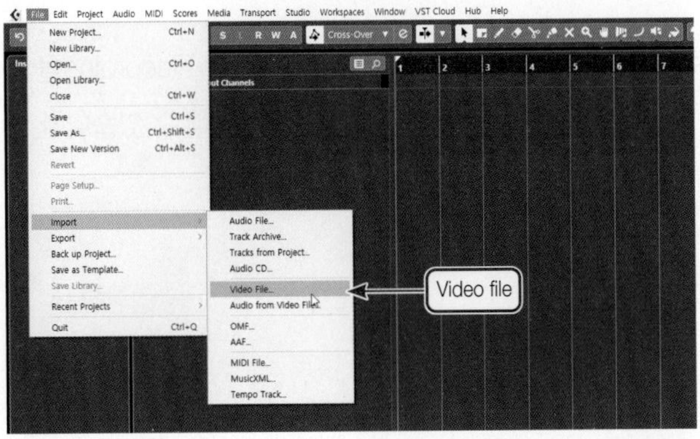


**01** 비디오 파일은 File 메뉴의 Import에서 Video File를 선택하거나 윈도우 탐색기에서 직접 프로젝트로 드래그하여 불러올 수 있습니다.

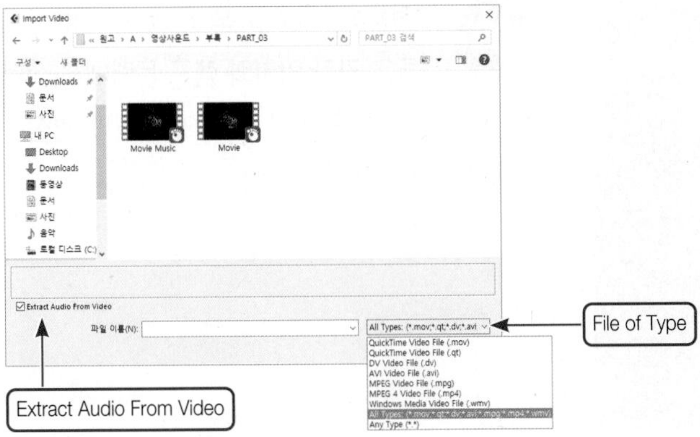


**02** Import Video 창에서 Files of type을 보면 알 수 있듯이 큐베이스에서는 MOV, AVI, MP4 등, 일반적으로 많이 사용하는 영상을 불러올 수 있습니다. Extract Audio From Video 옵션은 오디오를 함께 불러올 것인지의 여부를 결정합니다.

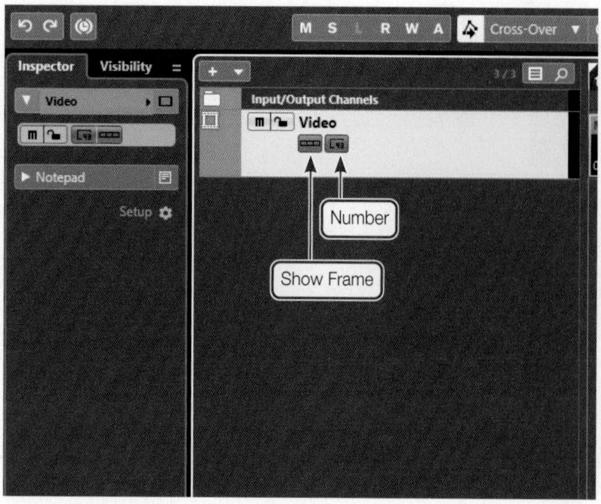


03 비디오 트랙은 영상 프레임을 썸네일 형식으로 표시하는 Show Frame 버튼과 프레임 수를 표시하는 Numbers 버튼이 있습니다.

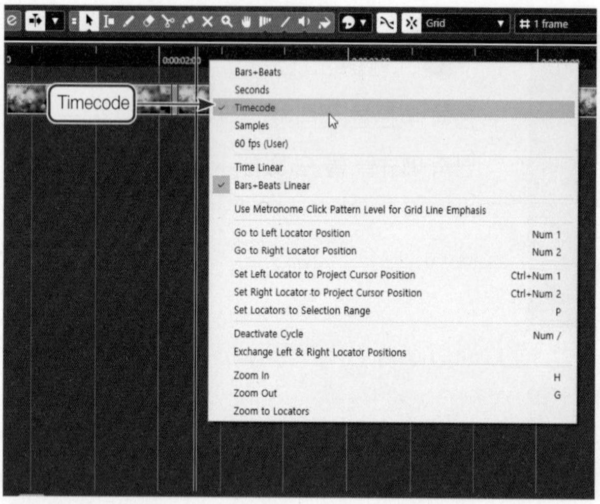


04 사운드 트랙 작업을 위해 룰러 라인을 프레임 단위로 표시하고 싶은 경우에는 마우스 오른쪽 버튼을 클릭하여 단축 메뉴를 열고, TimeCode를 선택합니다.

05 큐베이스 기본 프레임 단위는 30fps로 되어 있습니다. 그러나 방송 및 유튜브 영상은 29.97fps이고, 영화는 24fps이며, 60fps로 촬영하는 경우도 많습니다. 가져온 영상의 프레임 단위를 모르겠다면 Project 메뉴의 Project Setup을 선택하여 창을 열고, Get Frame Rate from Video 버튼을 클릭하면 자동으로 맞출 수 있습니다.

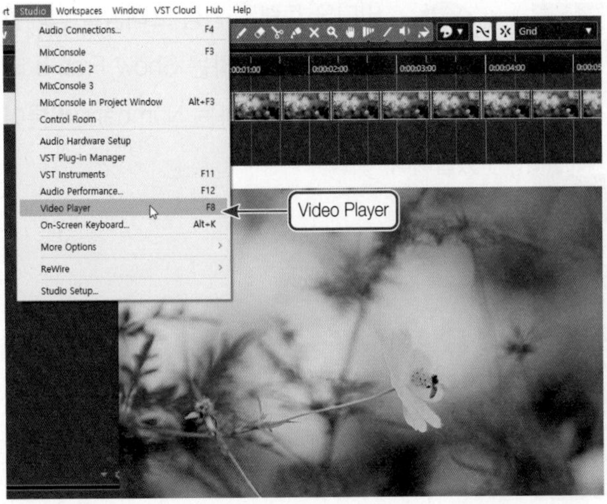


06 Studio 메뉴의 Video Player를 선택하거나 F8 키를 누르면, 비디오 패널을 열 수 있습니다.

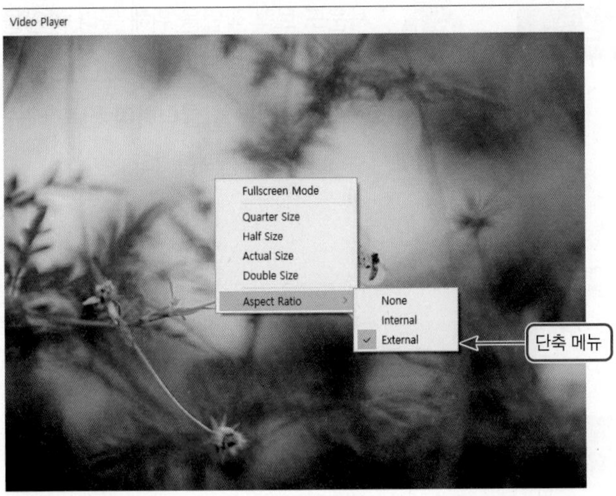


07 비디오 패널의 크기는 테두리를 드래그 하여 조정할 수 있으며, 마우스 오른쪽 버튼을 클릭하면 크기를 설정할 수 있는 단축 메뉴를 볼 수 있습니다.

- Fullscreen Mode : 전체 화면으로 표시합니다. 모니터를 두 대 이상 사용하는 경우에 유리합니다. 이전 크기로 복구할 때는 화면을 더블 클릭하거나 단축 메뉴의 Exit Fullscreen Mode를 선택합니다.
- Quarter Size : 원본 1/4 크기로 표시합니다.
- Half Size : 원본 1/2 크기로 표시합니다.
- Actual Size : 원본 크기로 표시합니다.
- Double Size : 원본 두 배 크기로 표시합니다.
- Aspect Ratio : 테두리를 드래그하여 크기를 조정할 때의 가로/세로 비율 옵션을 선택할 수 있습니다.
  None - 크기를 조정할 때 비율을 유지하지 않습니다.
  Internal - 크기를 조정할 때 비율을 유지합니다. 비디오 주위에 빈 공간이 발생할 수 있습니다.
  External - 비디오 주위에 빈 공간이 발생하지 않는 비율을 유지하면서 크기를 조정할 수 있습니다.

08 OpenGL 2.0 이상을 지원하는 그래픽 카드를 사용한다면 영상을 출력하고 음악 작업을 하는데 큰 지장이 없지만, 음악 작업을 할 때 컴퓨터에 내장된 사운드카드 대신 오디오 인터페이스를 사용하듯, 별도의 영상 편집 보드를 사용한다면, 지연 현상 없는 외부 출력이 가능합니다.

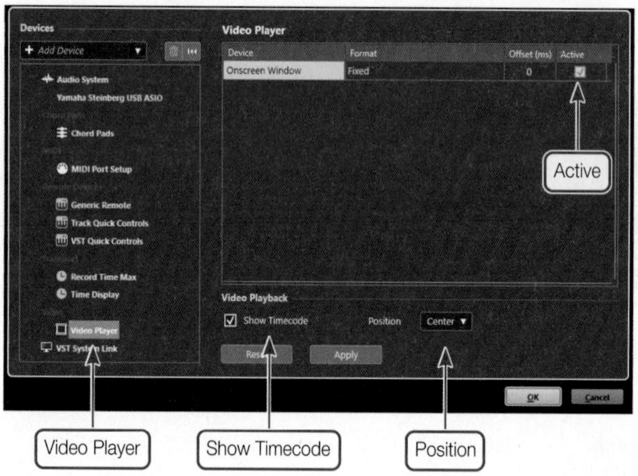


09 영상 편집 보드를 사용한다면 Studio 메뉴의 Studio Setup을 선택하여 창을 열고, Video Player에서 해당 장치의 Active 옵션을 체크합니다. Show Timecode 옵션을 체크하면 영상에 타임 코드를 표시하며, Position에서 위치를 선택할 수 있습니다.

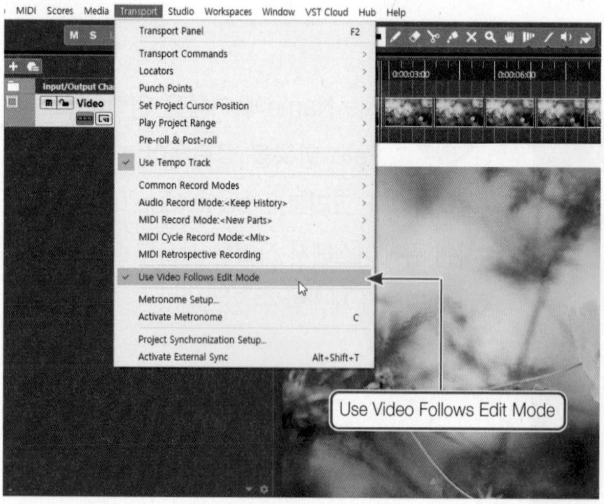


10 큐베이스는 비디오 이벤트를 자르고 붙이는 등의 컷 편집은 가능하지만, 음악 작업자에게 별의미는 없습니다. 다만, 영상과 오디오를 정확하게 일치시키는 작업은 중요하기 때문에 편집 위치의 영상은 확인할 수 있어야 합니다. Transport 메뉴의 Use Video Follows Edit Mode를 선택하여 체크하면 오디오 편집 위치의 영상을 볼 수 있습니다.

# 02 비디오 내보내기

01 완성한 사운드 트랙은 비디오와 함께 익스포트하여 비디오 파일을 만들 수 있습니다. 비디오 이벤트를 선택하고 P 키를 눌러 로케이터 구간을 설정합니다.

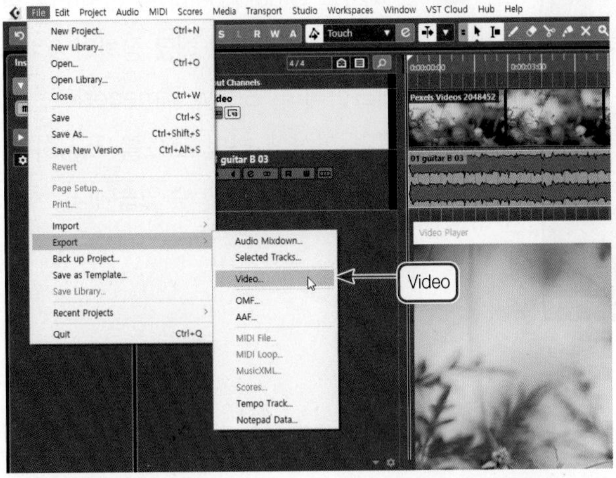


02 File 메뉴의 Export에서 Video를 선택합니다.

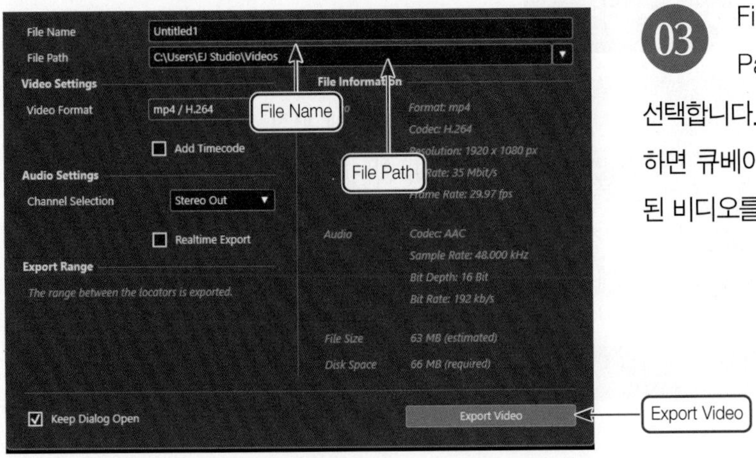


03 File Name에 이름을 입력하고, File Path 항목을 클릭하여 저장 위치를 선택합니다. 그리고 Export Video 버튼을 클릭하면 큐베이스에서 작업한 사운드 트랙이 결합된 비디오를 제작할 수 있습니다.

04 큐베이스에서 제작 가능한 비디오 포맷은 유튜브에서 표준으로 사용하는 Full HD 해상도(1920x1080)의 MP4 형식입니다. 이보다 높거나 낮은 해상도의 비디오라면 자동으로 확대 또는 축소되며, Add Timecode 옵션을 체크하여 영상에 타임코드를 추가할 수 있습니다.

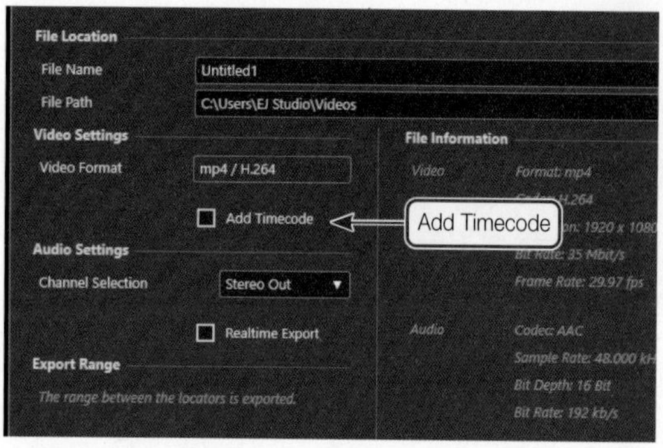

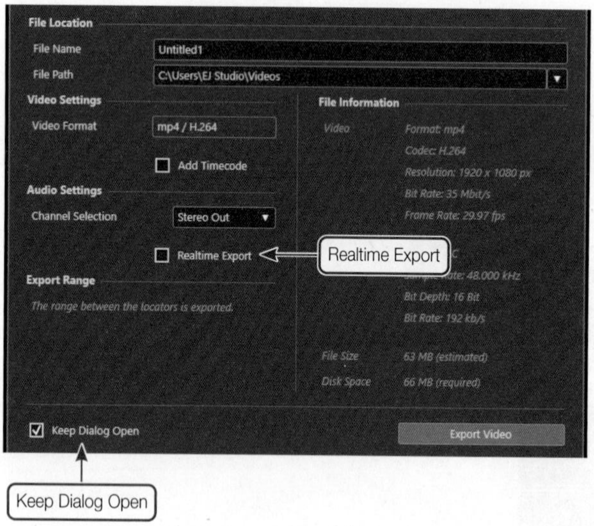


05 두 트랙 이상의 Output을 사용하고 있다면 Channel Selection에서 출력 채널을 선택하고, 해당 채널의 오디오를 모니터 하려면 Realtime Export 옵션을 체크합니다. Keep Dialog Open 옵션을 해제하면 완료 후 창을 닫습니다.

## Tip OMF 및 AAF 프로젝트 가져오기

큐베이스는 영상 제작자들이 많이 사용하는 Premiere Pro나 Final Cut Pro의 OMF 또는 Avid Media Composer의 AAF 프로젝트를 가져와 작업을 진행하고 결과물을 내보낼 수 있는 기능을 제공하기 때문에 다양한 영상 편집 프로그램과의 프로젝트 교환이 가능합니다.

# 20 트랙 가져오기

큐베이스는 프로젝트 및 아카이브(XML) 파일에서 트랙을 가져오거나 작업 중인 프로젝트에서 사용되고 있는 이벤트 및 트랙을 내보낼 수 있는 기능을 갖추고 있습니다. 스튜디오와의 공동 작업은 물론이고, 이전 프로젝트에서 사용했던 트랙을 가져와 작업 중인 프로젝트에 그대로 사용하는 등의 작업 효율성을 높일 수 있습니다.

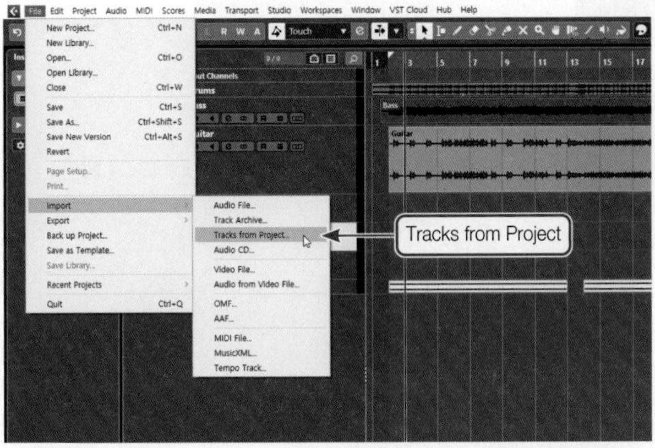


01 File 메뉴 Import에서 Track Archive 또는 Tracks from Project를 선택하면 Archive(*.XML) 파일 또는 프로젝트에서 사용자가 원하는 트랙을 현재 작업중인 프로젝트로 가져올 수 있습니다.

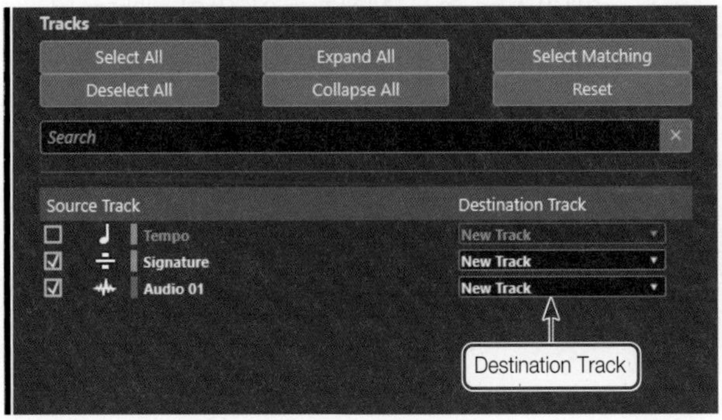


01 Source Track에서 가져올 트랙을 선택하고, Destination Track에서 배치할 트랙을 선택합니다. Select/Deselect All은 모두 선택/해제, Expand/Cllapse All은 서브트랙 확대/축소, Select Matching은 Destination Track을 같은 이름으로 설정하는 역할입니다.

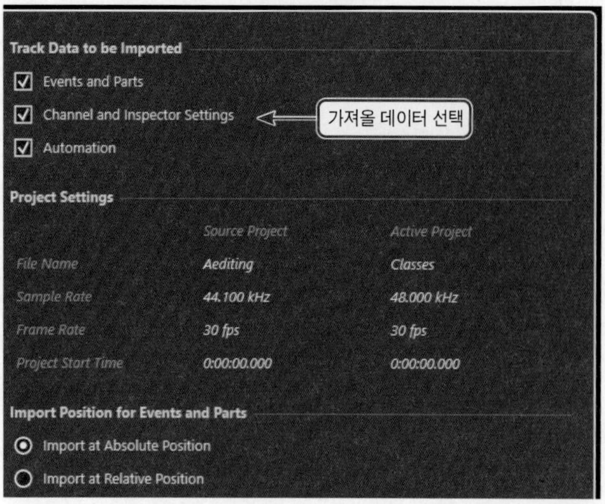


03 Track Data to be Imported에서는 가져올 데이터의 종류를 선택할 수 있습니다. 이벤트와 파트(Events and Parts), 볼륨, 팬, EQ 등의 채널 설정(Channel and Inspector Settings), 그리고 오토메이션 (Automation)이 있습니다.

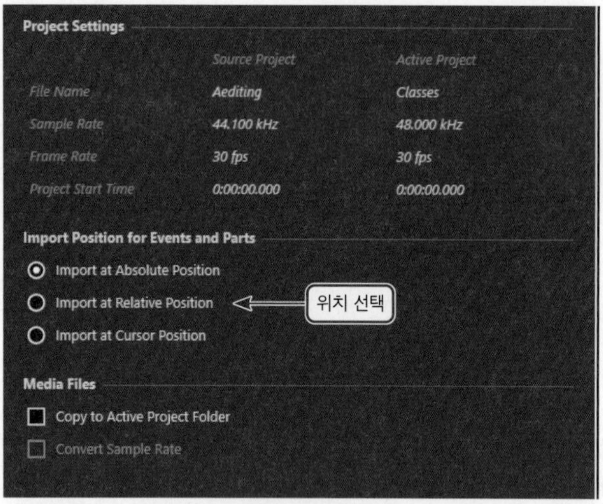


04 Import Position for Events and Parts는 가져올 위치를 선택합니다. Absoulte는 원래 위치, Relative는 현재 프로젝트의 시작 타임을 기준으로하는 상대 위치, Cursor는 송 포지션 라인을 기준으로 하는 상대 위치입니다.

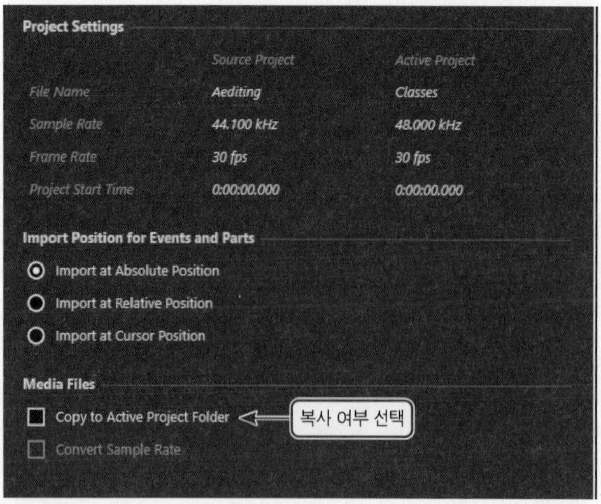


05 Medai Files은 가져올 트랙의 미디어 파일을 작업 중인 프로젝트 폴더에 복사할 것인지를 선택한 Copy to Active Project Folder와 샘플 레이트가 다를 경우 변환할 것인지를 결정하는 Covert Sample Rate 옵션으로 구성되어 있습니다.

# 05 PART

## 인스펙터 파라미터

트랙 리스트 왼쪽에 있는 인스펙터 창은 선택한 트랙에 따라서 파라미터의 종류가 달라집니다. 미디 트랙의 경우에는 선택한 트랙에서 연주하는 미디 연주 정보의 채널과 음색 등을 설정할 수 있는 파라미터가 있고, 오디오 트랙의 경우에는 선택한 오디오 트랙에서 연주하는 이벤트에 효과를 적용하거나 EQ를 조정하는 등의 파라미터가 있습니다. 각 트랙에서 제공하는 인스펙터 창의 역할을 살펴보겠습니다.

# 01 인스펙터의 구성

● 샘플 프로젝트 : Inspector

큐베이스에서 제공하는 트랙의 종류와 역할을 살펴보았습니다. 하지만, 각 트랙 왼쪽에 존재하는 인스펙터 창의 파라미터를 자유롭게 다룰 수 없다면, 아무 소용이 없습니다. 미디와 오디오 트랙을 제외한 나머지 파라미터의 역할은 이미 살펴보았으므로, 여기서는 미디와 오디오 트랙만 살펴보겠습니다. 인스트루먼트와 샘플러 트랙은 미디 인/오디오 아웃이므로 동일합니다.

인스펙터 파라미터의 구성은 트랙 마다 다르며, 톱니 모양의 Setup 버튼을 클릭하면 트랙에 표시할 파라미터의 종류를 선택할 수 있는 메뉴가 열립니다. 체크되어 있는 것들이 표시되는 것이고, 모두 표시하는 Show All과 초기 구성으로 복구하는 Reset All 프리셋을 제공합니다. Setup은 사용자 프리셋을 만들 수 있는 창을 엽니다.

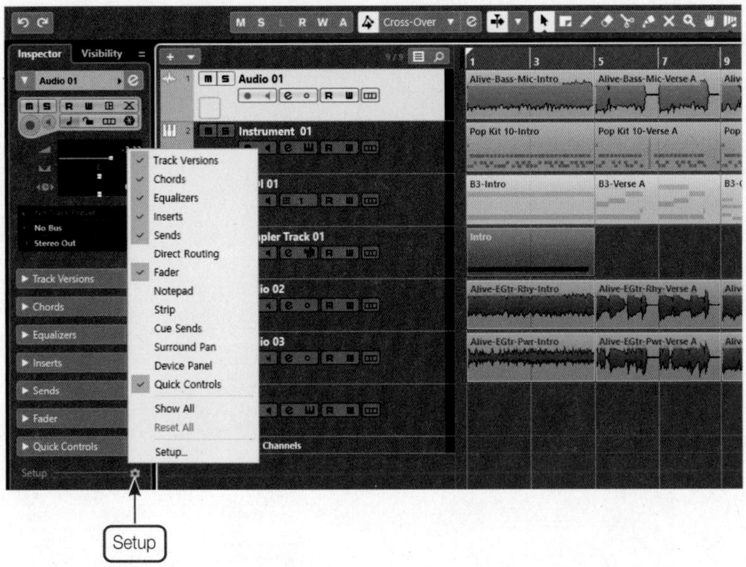

미디와 오디오 트랙 파라미터는 다음과 같습니다. 인스트루먼트 섹션의 Output Selector는 아웃 채널을 선택하는 역할을 하며, 멀티 아웃을 활성화한 악기에서만 표시됩니다.

| 파라미터 | 오디오 트랙 | 미디 트랙 | 인스트루먼트 트랙 | 샘플러 트랙 |
|---|---|---|---|---|
| Global Section | | | | |
| Track Control | o | o | o | o |
| Track Versions | o | o | o | o |
| Chords | o | o | o | o |
| Notepad | o | o | o | o |
| Device Panel | o | o | o | o |
| Quick Controls | o | o | o | o |
| Audio Section | | | | |
| Equalizers | o | | o | o |
| Audio Inserts | o | | o | o |
| Audio Sends | o | | o | o |
| Direct Routing | o | | o | o |
| Audio Fader | o | | o | o |
| Strip | o | | o | o |
| Surround Pan | o | | o | o |
| Cue Sends | o | | | |
| MIDI Section | | | | |
| Expression Map | | o | o | o |
| Note Expression | | o | o | o |
| MIDI Inserts | | o | o | o |
| MIDI Modifiers | | o | o | o |
| MIDI Sends | | o | | |
| MIDI Fader | | o | | |
| Instrument Section | | | | |
| Output Selector | | - | (멀티 악기) | |

# 02 트랙 컨트롤

미디 트랙에는 트랙의 이름을 변경할 수 있는 이름 항목과 뮤트 버튼, 솔로 버튼, 읽기 버튼, 쓰기 버튼, 디바이스 열기 버튼, 트랜스포머 등의 버튼이 있고, 오디오 트랙에는 미디에 관련된 패널이 없고, 트랜스포머 버튼 자리에 오토 페이드 버튼, 인-플레이스 버튼 자리에 프리즈 버튼이 있습니다.

트랙의 주요 파라미터를 컨트롤 할 수 있는 것들로 구성되어 있으며, 미디 트랙의 경우에는 채널과 음색을 선택할 수 있는 항목이 추가되어 있습니다.

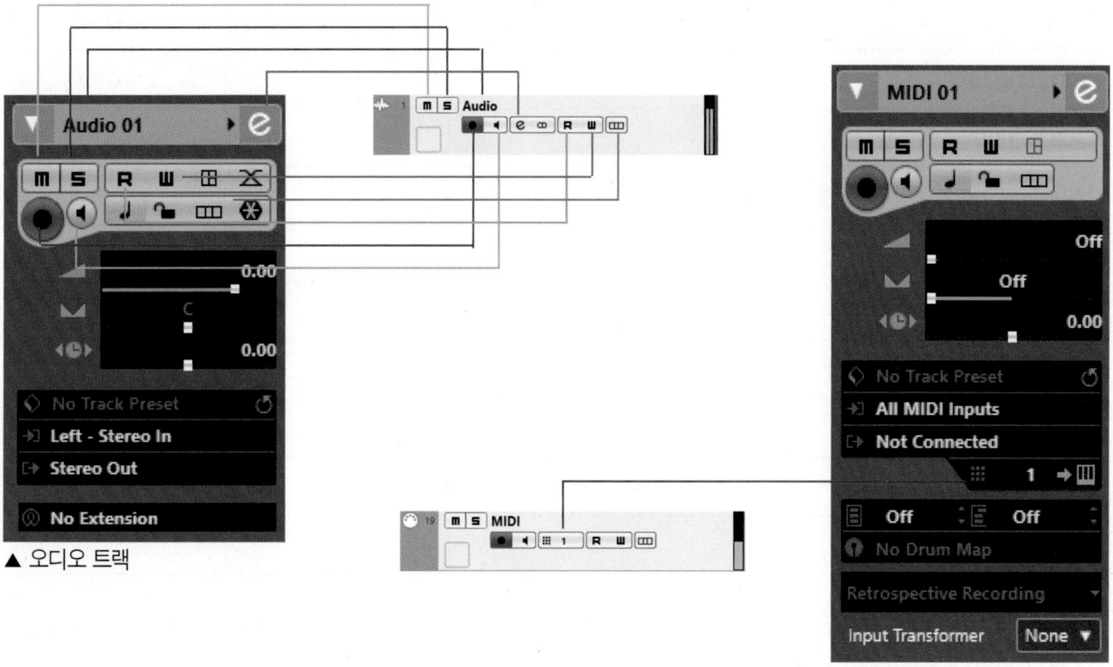


▲ 오디오 트랙

▲ 미디 트랙

# 01 트랙 이름

트랙 이름을 표시하며 변경 가능합니다. 트랙 이름을 변경할 때 Ctrl 키를 누른 상태에서 Enter 키를 누르면 트랙에 존재하는 이벤트의 이름을 동시에 변경할 수 있습니다. 이벤트의 이름은 트랙 이름으로 생성되므로 트랙을 만들 때 미리 결정하는 것이 좋습니다.

01 트랙의 이름은 마우스 더블 클릭으로 변경할 수 있으며, Ctrl 키를 누른 상태에서 Enter 키를 누르면 트랙에 녹음되어 있는 이벤트 및 파트의 이름이 함께 변경됩니다.

02 오디오 이벤트의 경우에는 파일 이름이 함께 표시되며, 파일 이름은 인포 라인의 File 항목에서 변경 가능합니다.

## 02 트랙 색상

트랙의 기본 색상은 회색이며 색상 항목을 클릭하여 변경할 수 있습니다. 드럼은 빨간색, 베이스는 파란색 등, 트랙의 악기를 색상으로 구분할 수 있습니다. 다만, 습관이 안 되면 사용하지 않게 되는 기능이므로, 처음 공부할 때부터 악기 별로 자신만의 색상을 결정해두기 바랍니다.

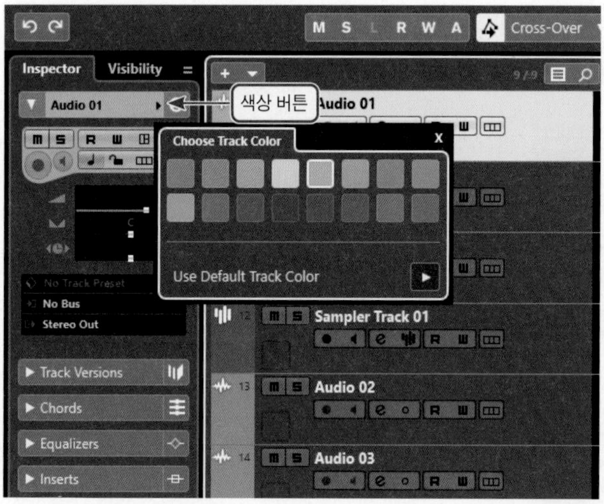


01 트랙 색상을 선택합니다. Use Default Track Color은 기본 색상인 회색으로 변경합니다.

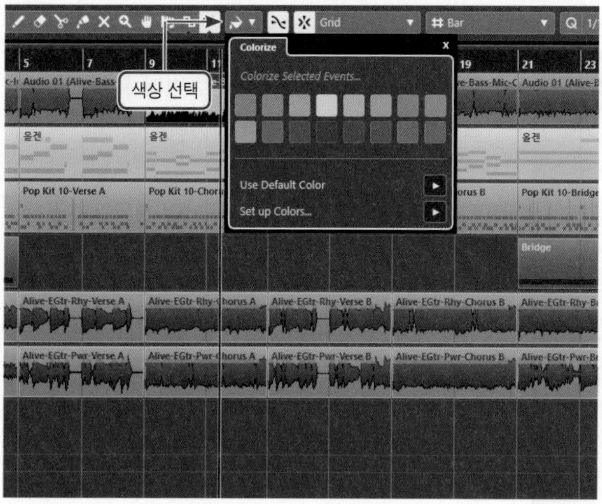


02 이벤트 색상은 프로젝트 도구 바의 색상 선택 버튼으로 변경할 수 있습니다. 선택한 이벤트가 없는 경우에는 트랙 색상이 변경되며, Use Default Color은 트랙 색상으로 변경합니다. Set up Colors를 선택하여 사용자 색상으로 구성할 수 있습니다.

## 03 트랙 그림

음악 작업을 하는데 있어서 트랙을 한 눈에 알아볼 수 있게 꾸미는 일은 매우 중요합니다. 큐베이스는 트랙의 이름과 색상 외에도 그림을 삽입할 수 있는 기능을 제공합니다. 특히, 사용자 휴대폰에 저장되어 있는 JPG 포맷의 사진까지 로딩할 수 있기 때문에 실제 보컬 트랙에 삽입하여 좀 더 구체적인 표현이 가능합니다.

**01** 트랙에 빈 사각형으로 표시되고 있는 그림 항목을 더블 클릭하면 다양한 악기 이미지를 선택할 수 있는 브라우저 창이 열립니다.

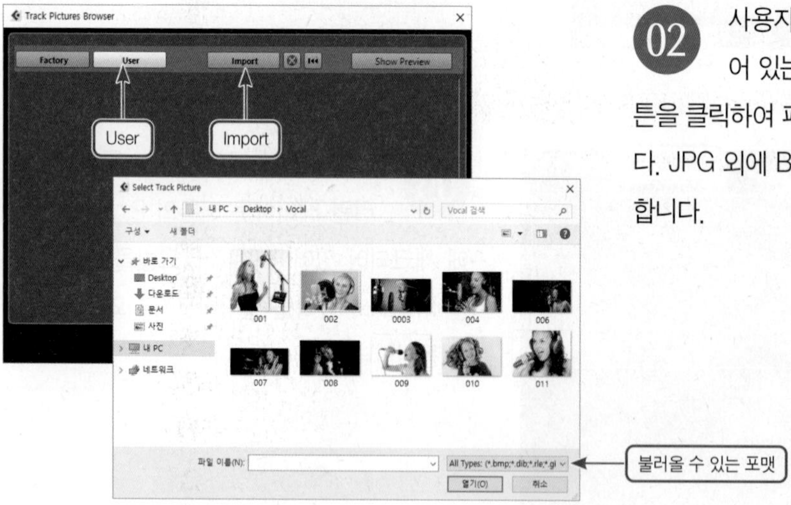


**02** 사용자 컴퓨터 또는 휴대폰에 저장되어 있는 사진을 로딩하겠다면 User 버튼을 클릭하여 패널을 열고, Import로 불러옵니다. JPG 외에 BMP, GIF, TIF 등의 포맷도 가능합니다.

**03** Reset 버튼은 트랙에 표시한 사진을 취소하며, Remove 버튼은 User 패널에 로딩한 사진을 삭제합니다.

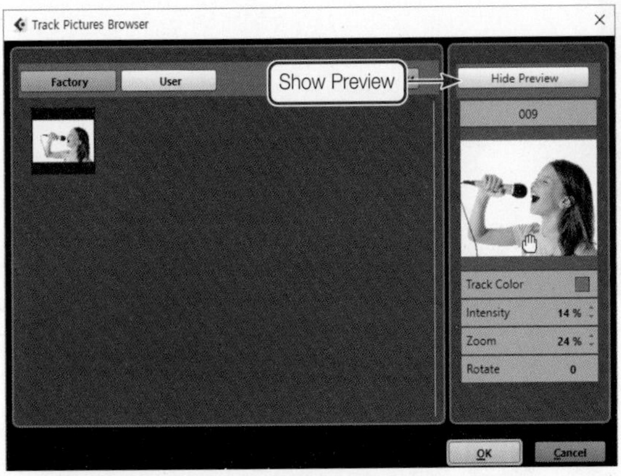


**04** Show Preview 버튼을 클릭하면 트랙 색상(Track Color), 트랙 색상이 사진에 적용되는 값(Intensity)과 크기(Zoom), 마우스 클릭으로 사진을 회전시킬 수 있는 Rotate 옵션을 볼 수 있습니다. 사진의 위치는 마우스 드래그로 조정 가능합니다.

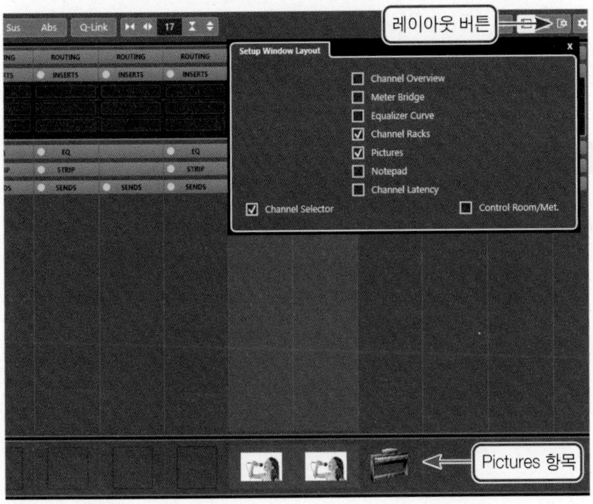


**05** MixConsole에서 사진이 표시되게 하려면 레이아웃 버튼의 Pictures 옵션에 체크되어 있어야 합니다. 그림을 삽입할 때는 Pictures 항목을 클릭하고, 그 외의 옵션들은 동일합니다.

# 04 채널 믹서 열기 버튼

채널 믹서 열기 버튼은 선택한 트랙의 모든 파라미터를 하나의 창에서 컨트롤 할 수 있는 채널 믹서 창을 열어줍니다. 채널 믹서는 여러 개의 트랙을 한꺼번에 처리할 수 있는 믹서 창에서 하나의 채널만 컨트롤 할 수 있게 하는 것으로 작업 결과는 동일합니다. 즉, 상황에 따라 적절한 방법을 이용하면 됩니다.

01 채널 믹서 열기 버튼을 클릭하면, 트랙의 Insets, Equalizers, Sends, Channel 파라미터를 하나의 창에서 컨트롤 할 수 있는 채널 믹서 창이 열립니다.

02 인스펙터 창의 볼륨 슬라이드 또는 채널 믹서 창의 볼륨 슬라이드를 움직여 봅니다. 어느 쪽에서든 결과가 같다는 것을 알 수 있습니다.

03 Studio 메뉴의 MixConsole 또는 F3 키를 눌러 곡의 마무리 단계에서 많이 사용하는 트랙 믹서 창을 열어봅니다.

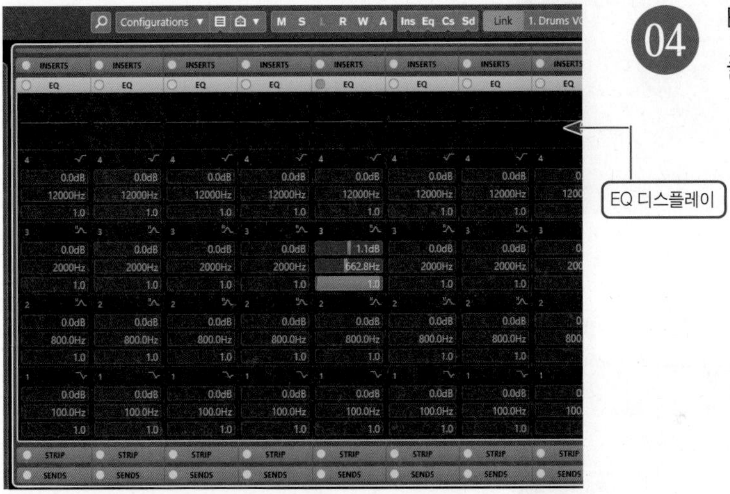


04 EQ 랙을 클릭하여 열고, EQ 뷰 디스플레이 항목을 클릭합니다.

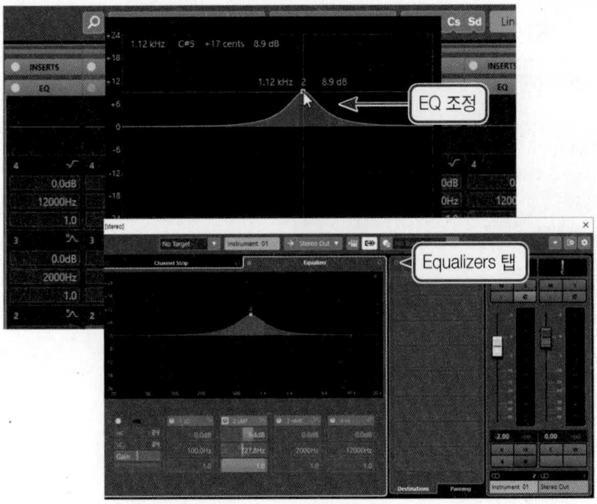


05 EQ 디스플레이에서 조정을 해보면, 채널 믹서의 Equalizers가 동시에 조정되는 것을 확인할 수 있습니다. 즉, 인스펙터 창의 파라미터만 이해하면, 동일한 역할의 채널 믹서와 트랙 믹서를 다룰 수 있게 되며, 작업 상황에 따라 적절한 것을 이용할 수 있는 응용력을 갖추게 됩니다.

# 05 뮤트와 솔로 버튼

뮤트 버튼은 선택한 트랙의 사운드를 들리지 않게 하며, 솔로 버튼은 선택한 트랙의 사운드만 들리게 합니다. 음악 믹싱 작업을 하다가 보면 특정 트랙의 사운드를 빼고 듣거나 특정 트랙의 사운드만을 들어야 할 경우가 많기 때문에 자주 사용하는 버튼입니다.

01 키보드 숫자열의 Enter 키를 눌러 연주합니다. 뮤트 버튼을 클릭하면 해당 트랙의 사운드가 연주하지 않는 것을 확인할 수 있습니다.

02 솔로 버튼을 클릭하면 해당 트랙의 사운드만 솔로로 연주하는 것을 확인할 수 있습니다. 뮤트 했거나 솔로로 설정한 트랙이 여러 트랙일 경우에는 도구 바의 뮤트, 솔로 해제 버튼을 이용해서 전체 트랙에 적용한 뮤트와 솔로를 해제할 수 있습니다.

# 06 오토메이션 버튼

쓰기 버튼은 파라미터의 움직임을 오토메이션 트랙에 기록하고, 읽기 버튼은 오토메이션 트랙에 기록한 파라미터 읽습니다. 이 두 가지 기능은 독자가 조정하는 모든 파라미터의 조정 값들을 리얼로 기록하고, 읽을 수 있는 것으로 믹싱 작업에서 가장 많이 사용하게 될 것입니다.

**01** 트랙리스트 왼쪽 모서리 아래쪽으로 마우스를 가져갑니다. 오토메이션 트랙 열기 버튼이 나타나는데, 이것을 클릭하여 오토메이션 트랙을 엽니다. 오토메이션 트랙은 편집할 때 외에는 열어둘 필요가 없지만, 직접 눈으로 확인해 보기 위해서 입니다.

**02** 오토메이션 트랙의 기본 파라미터는 볼륨(Volume)으로 설정되어 있습니다. 볼륨 조정 값의 기록 여부를 확인할 수 있는 것입니다. 오토메이션 트랙 왼쪽 모서리 아래쪽으로 마우스를 가져가면 + 기호의 버튼이 나타나며, 이것을 클릭하면 트랙을 추가할 수 있습니다.

**Tip**

오토메이션 트랙 왼쪽 모서리 위쪽으로 마우스를 가져가면 트랙을 감출 수 있는 - 기호 버튼이 나타납니다.

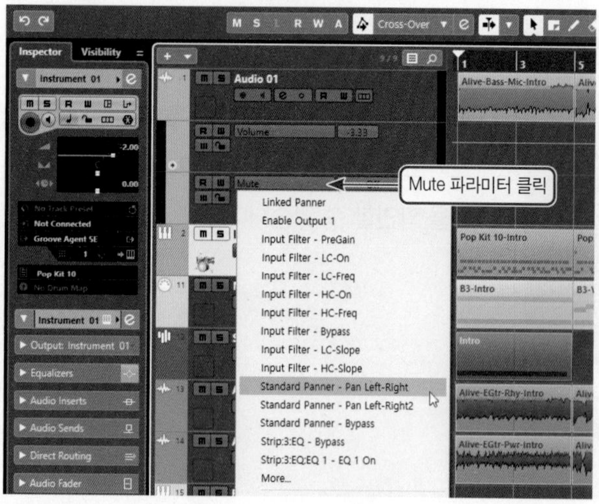


**03** 추가된 오토메이션 트랙의 파라미터는 Mute로 설정되어 있습니다. 오토메이션 트랙의 파라미터는 사용자가 원하는 것으로 바꿀 수 있습니다. Mute 파라미터를 클릭하여 목록을 열고, Standard Panner - Pan left-Right로 변경해봅니다. 팬 조정 값을 확인하겠다는 의미입니다.

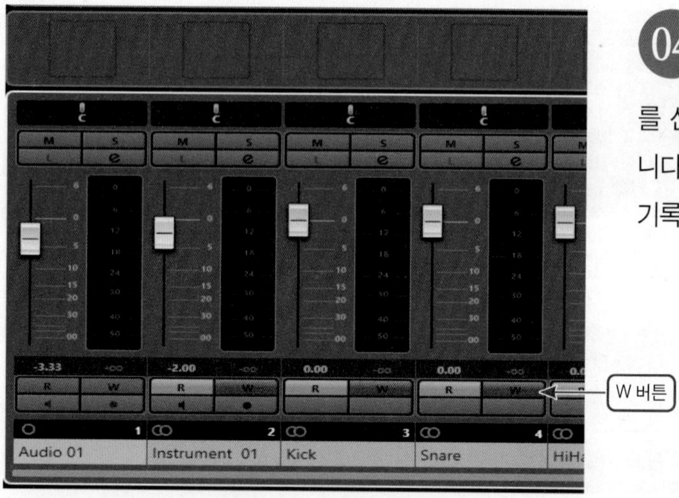


**04** 오토메이션의 기록 방법을 살펴보겠습니다. Studio 메뉴의 MixConsole를 선택하거나 단축키 F3를 눌러 믹서 창을 엽니다. 그리고 W 버튼을 클릭하여 오토메이션 기록이 가능한 트랙으로 설정합니다.

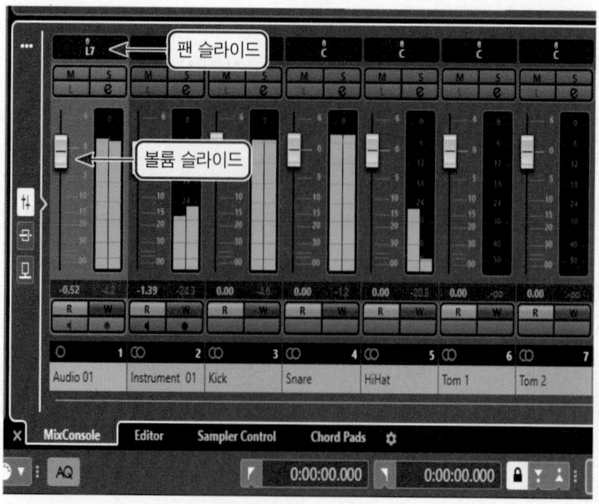


**05** Enter 키를 눌러 곡을 연주하고, 볼륨과 팬 슬라이드를 움직여봅니다. 그러면 오토메이션 트랙에 독자가 움직이는 값이 기록되는 것을 확인할 수 있습니다.

**Tip**

W 버튼이 On 상태이면, 트랙의 모든 움직임이 기록됩니다. 오토메이션 트랙은 기록된 파라미터를 확인하거나 편집하는 용도일 뿐입니다.

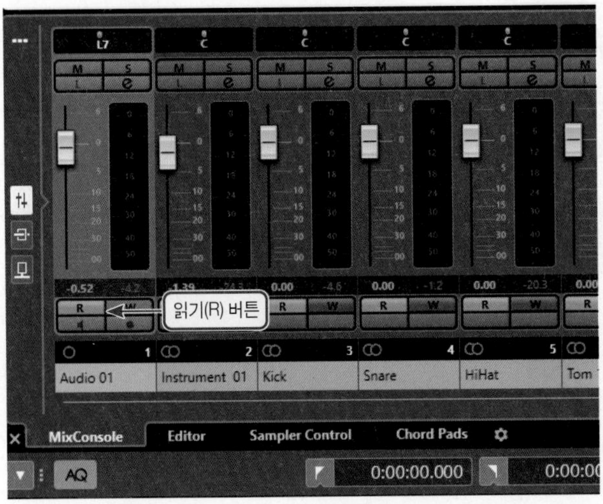


06 쓰기(W) 버튼을 클릭하여 Off하고, 읽기(R) 버튼을 클릭하여 On 합니다. 그리고 곡을 다시 재생해보면, 볼륨과 팬 슬라이드가 오토메이션 값에 따라 자동으로 조정되는 것을 확인할 수 있습니다.

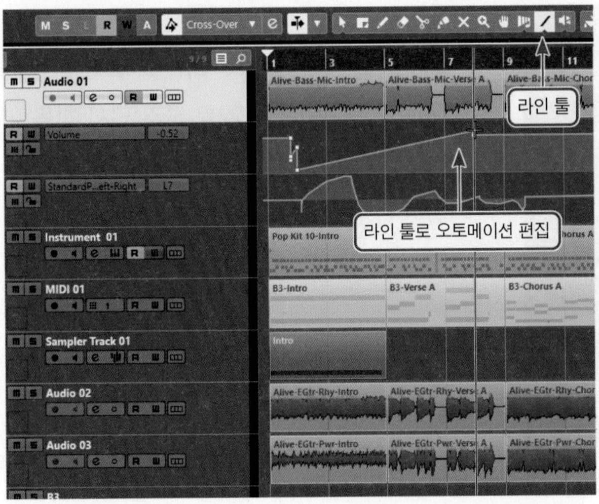


07 기록된 오토메이션 값은 연필 버튼이나 라인 버튼을 이용해서 사용자가 원하는 값으로 수정할 수 있으며, 오토메이션을 무시하겠다면, R 버튼을 Off로 하고, 기록된 내용을 지우겠다면, 파라미터 목록에서 Remove Parameter를 선택합니다.

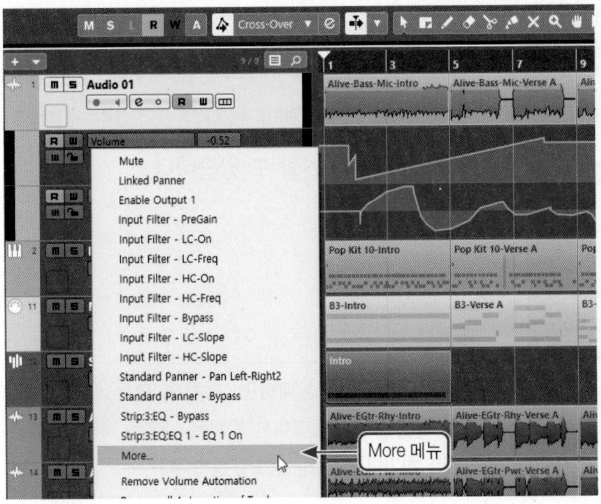


08 오토메이션은 볼륨이나 팬 외에도 트랙의 모든 파라미터와 VST의 움직임을 기록하거나 편집할 수 있습니다. VST 움직임이 기록된 경우에는 파라미터 목록에 자동으로 추가되며, 트랙의 세부적인 파라미터는 More 메뉴를 선택하여 볼 수 있습니다.

## 07 디바이스 버튼

쓰기 버튼 오른쪽에 있는 디바이스 열기 버튼은 디바이스 설정이 되어 있는 경우에 디바이스 패널을 열어주고, VST Instruments를 사용하고 있는 트랙에서는 VST 패널을 열어줍니다. 디바이스 설정을 하지 않은 미디 트랙이라면, 이 버튼을 사용할 수 없고, 오디오 트랙은 디바이스를 설정할 수 있는 패널을 열어줍니다. 디바이스 패널은 사용자가 가지고 있는 컨트롤러를 파라미터에 연결하여 조정할 수 있게 하는 역할을 합니다.

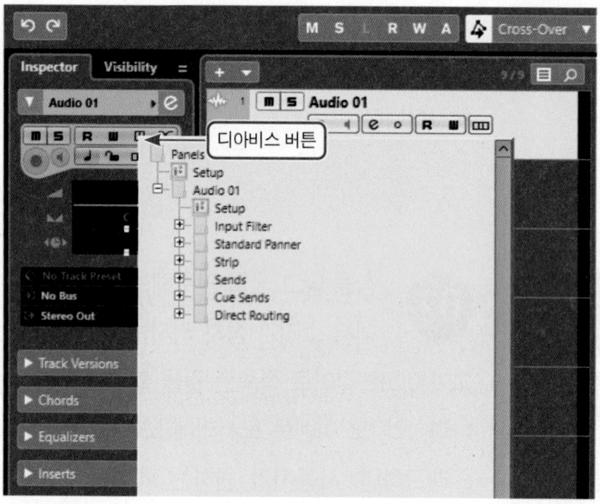


**01** 디바이스 열기 버튼을 클릭하면 해당 트랙에서 컨트롤할 수 있는 목록이 열리며, 파라미터를 더블 클릭하면 해당 디바이스 패널이 열립니다.

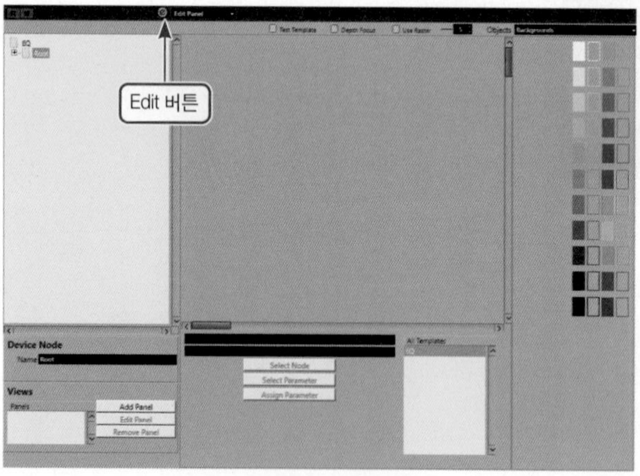


**02** 디바이스 패널에서 Edit 버튼을 클릭하면 해당 파라미터를 사용자가 원하는 컨트롤러로 편집할 수 있습니다. 이것에 관해서는 디바이스 패널 학습편을 참조합니다.

# 08 오토 페이드 버튼

오디오 트랙에는 디바이스 버튼 오른쪽에 자동 페이드 버튼이 있습니다. 자동 페이드 버튼은 오디오 트랙에서 연주하는 이벤트의 시작 위치와 끝 위치에서 피킹 잡음이 발생하지 않게 페이드 인/아웃 효과를 적용하는 역할을 합니다.

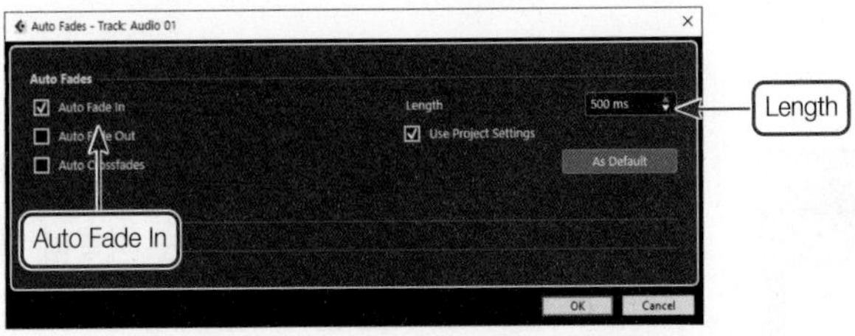


01 오디오 트랙의 Auto Fades Settings 버튼을 클릭하여 창을 엽니다. 그리고 효과를 확실히 느낄 수 있게 Length 값을 최대값인 500ms로 설정하고, Auto Fade In 옵션을 체크합니다.

02 창을 닫고 곡을 연주해보면 시작 부분에서 소리가 점차 커지는 페이드인 효과가 0.5초 길이로 적용된 것을 확인할 수 있습니다. 오디오 이벤트 모서리에 보이는 포인트를 드래그하면, 사용자가 원하는 페이드 인/아웃 범위를 수동으로 조정할 수 있습니다.

## 09 오디오 이펙트를 실시간으로 적용하기

입력하는 사운드를 모니터 할 수 있는 모니터 버튼은 미디와 오디오 트랙에 모두 있습니다. 미디 트랙의 경우에는 선택한 트랙의 Enable Record 버튼이 꺼져 있거나 독자가 사용하는 악기에 Local On 기능이 없는 경우에 입력하는 정보를 모니터 할 수 있는 것으로 사용할 일은 별로 없습니다. 그러므로 여기서는 오디오 트랙의 모니터 버튼을 이용해서 VST 이펙트를 실시간으로 적용하는 방법을 살펴보겠습니다.

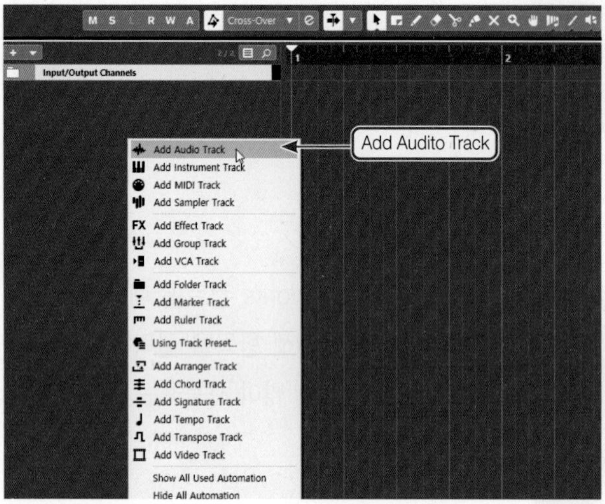


01 트랙 리스트에서 마우스 오른쪽 버튼을 클릭하여 단축 메뉴를 열고, Add Audio Track을 선택합니다.

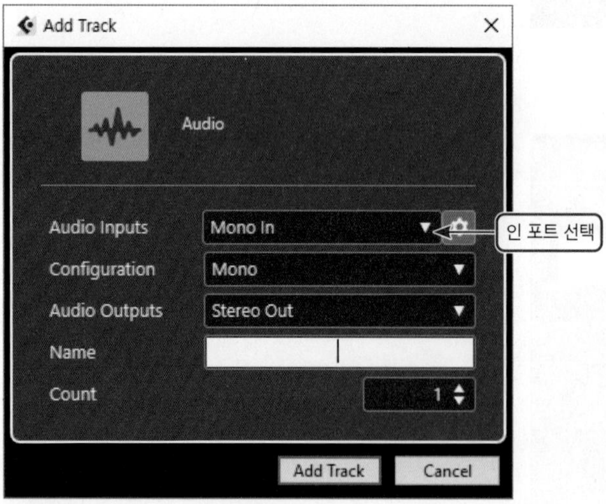


02 Audio Inputs 항목에서 마이크를 연결한 인 포트를 선택합니다. 컴퓨터에 내장되어 있는 사운드 카드의 경우에는 마이크도 스테레오로 연결되므로, Left나 Right 중에서 아무거나 선택을 해도 되며, 오디오 트랙을 스테레오로 만들어도 됩니다.

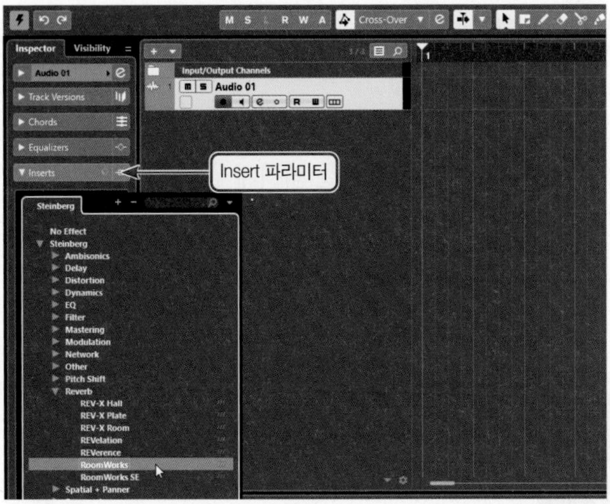


03 실험할 이펙트를 적용하기 위해서 Insert 파라미터를 클릭하여 엽니다. 인서트 파라미터의 슬롯을 클릭하여 이펙트 목록을 열고, 적당한 이펙트를 선택합니다. 그림은 리버브 계열의 RoomWorks를 선택하고 있습니다.

04 RoomWorks 컨트롤 패널이 열립니다. 프리셋 항목을 클릭하여 목록을 열고, 보컬 녹음에 많이 사용하는 Plate Bright를 선택합니다.

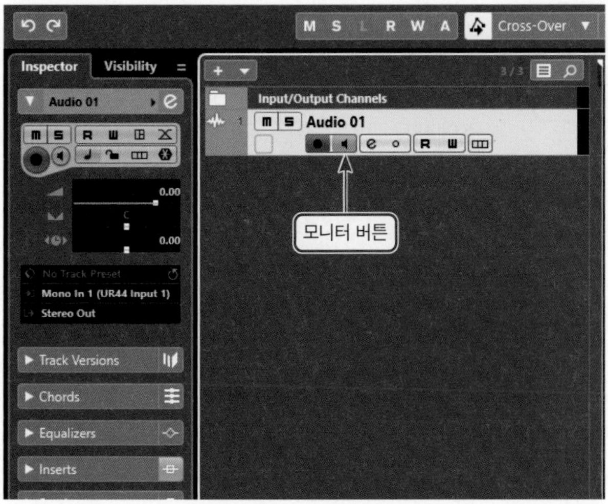


05 컨트롤 파라미터에 있는 버튼과 트랙 리스트에 있는 버튼은 동일하다고 했습니다. 트랙 리스트에 보이는 모니터 버튼을 클릭합니다.

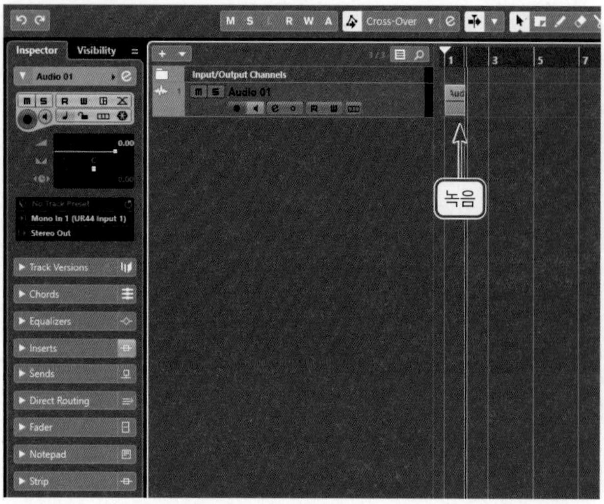


06 이제 마이크에 노래를 해보면 마치 외장 이펙트를 사용하는 것과 같이 리버브 효과가 적용된 것을 확인할 수 있습니다. 녹음 버튼을 클릭하여 노래를 녹음해 봅니다.

07 이처럼 모니터 버튼은 입력 사운드를 모니터 하는 역할을 합니다. 녹음이 끝난 후에는 출력 사운드를 모니터 해야 할 것이므로 모니터 버튼을 클릭하여 OFF 하는 것을 잊지 말기 바랍니다.

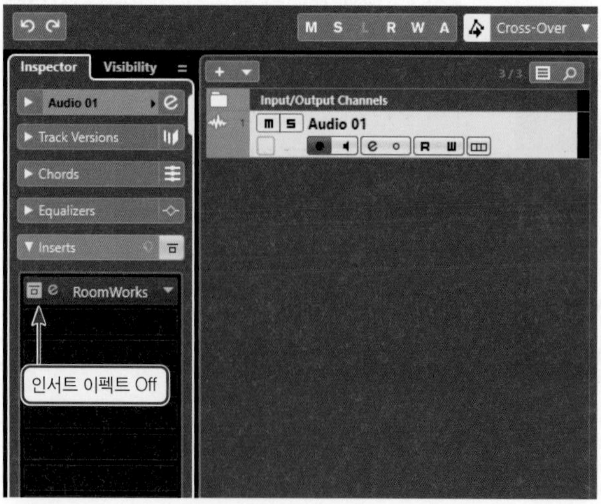


08 녹음할 때 적용했던 이펙트가 실제 사운드에 적용되어서는 안 될 것입니다. 이것을 확인해보기 위해서 리버브를 인서트한 슬롯의 On/Off 버튼을 클릭하여 이펙트를 해제합니다. 그리고 녹음한 노래를 들어보면 입력한 사운드에는 리버브가 적용되지 않았다는 것을 확인할 수 있습니다. 언제든 이펙트를 변경할 수 있다는 의미입니다.

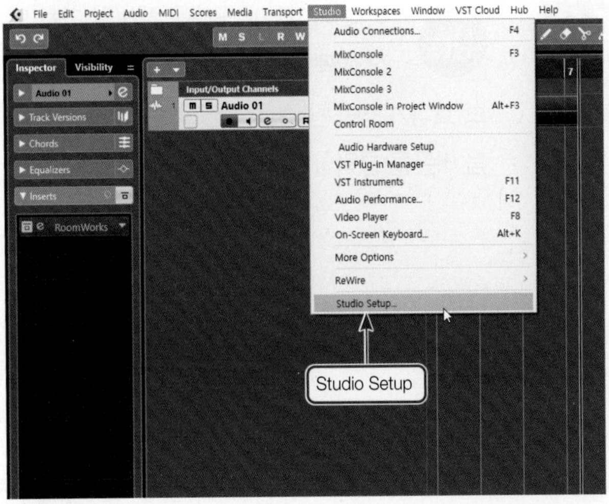


09 다이렉트 모니터를 설정한 경우에는 오디오 입력이 큐베이스를 거치지 않고, 바로 아웃으로 출력되기 때문에 인서트 이펙트를 모니터 할 수 없습니다. 이것을 확인하기 위해서 Studio 메뉴의 Studio Setup을 선택합니다.

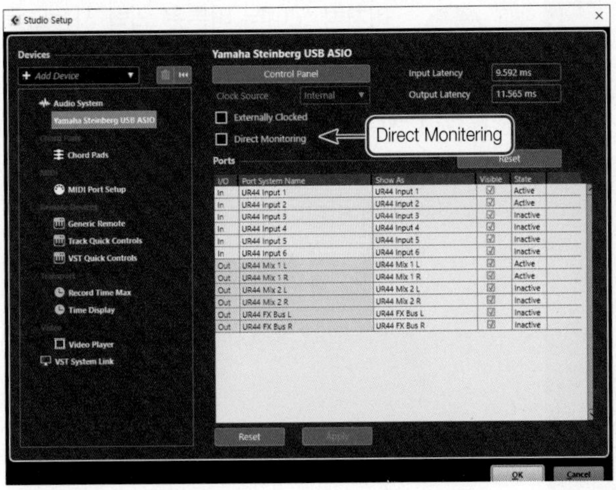


10 Studio Setup 창 사용자 컴퓨터에 설치된 오디오 인터페이스를 선택하여 페이지를 열고, Direct Monitoring 옵션이 해제되어 있는지 확인합니다. 옵션이 체크되어 있으면 다이렉트 모니터 기능을 사용하는 것이므로, 녹음을 할 때 VST 이펙트를 사용할 수 없습니다.

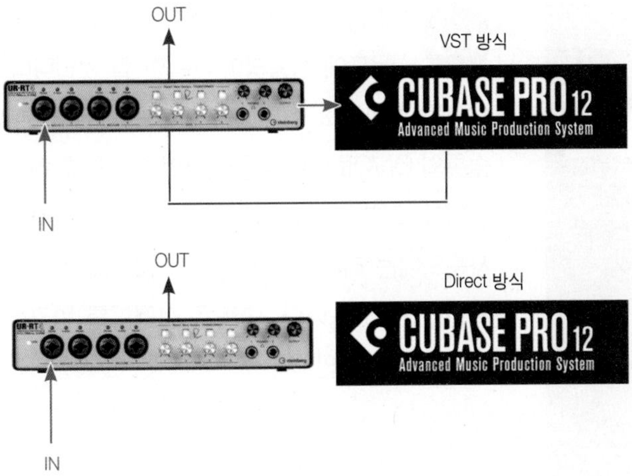


11 VST 모니터 기능은 입력하는 사운드가 큐베이스를 거쳐서 출력하는 모드이고, Direct는 입력하는 사운드를 바로 아웃으로 출력하는 모드입니다. 다이렉트 모니터는 VST 사용의 걸림돌인 레이턴시를 최소화 할 수 있기 때문에 외장 이펙트 또는 오디오 인터페이스의 DSP를 사용하는 독자라면 다이렉트 모니터 기능을 사용하는 것이 효과적입니다.

# 10 타임 베이스 버튼

● 샘플 프로젝트 Time

타임 베이스 버튼이 음표이면 이벤트를 마디 단위로 취급하고, 시계이면 시간 단위로 취급합니다. 음악 작업을 할 경우에는 기본값인 마디 단위를 사용하여 템포 값에 따라 입력한 이벤트의 위치가 음악 작업에 사용하는 마디 단위로 변경되게 하고, 영상 음악 작업을 할 경우에는 시간 단위를 사용하여 템포 변화에도 같은 시간 위치를 유지할 수 있게 합니다.

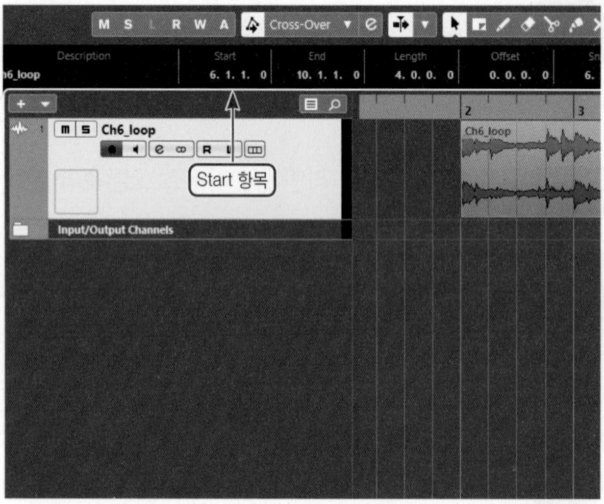


**01** 샘플을 열어보면, 2마디 위치와 6마디 위치에 오디오 이벤트가 있습니다. 6마디에 위치한 두 번째 이벤트를 선택하고, 인포 라인의 Start 항목에서 시작 마디 위치를 확인합니다.

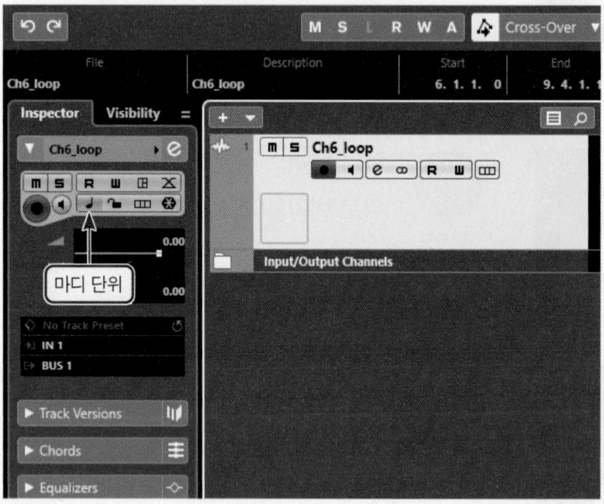


**02** 타임 베이스 버튼이 마디 단위인 음표 모양을 하고 있는 것을 확인하고, 템포를 늦춰 봅니다. 템포를 변경해도 마디 위치를 유지하고 있기 때문에 이벤트 사이에 갭이 발생합니다.

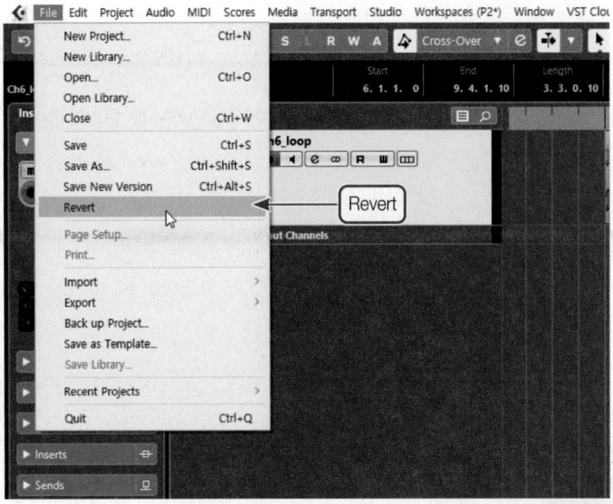


03 시간 단위와 비교하기 위해서 처음 파일을 불러왔던 상태로 되돌리겠습니다. File 메뉴의 Revert를 선택하고, 마지막 저장했던 상태로 되돌릴 것인지의 여부를 묻는 창에서 Revert 버튼을 클릭합니다.

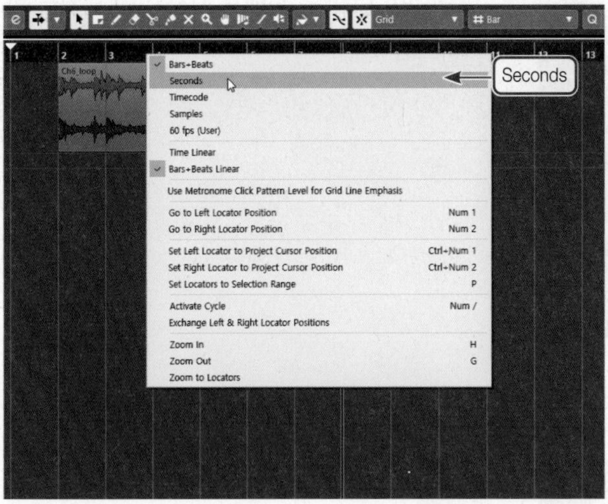


04 룰러 라인에서 마우스 오른쪽 버튼을 클릭하여 Seconds를 선택합니다. 룰러 라인에 표시하는 단위를 시간으로 변경하는 것입니다.

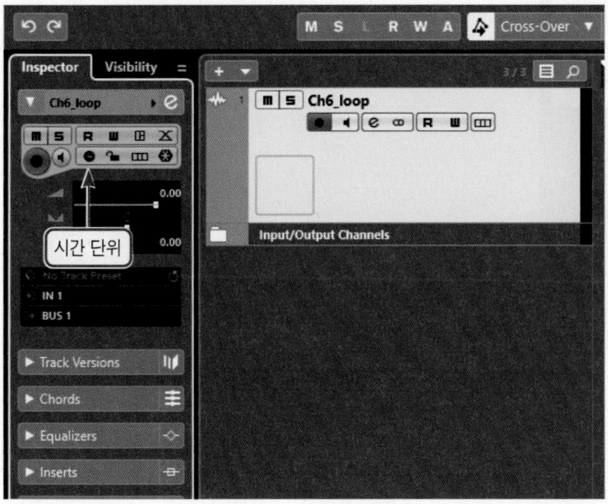


05 타임 베이스 버튼을 클릭하여 시간 단위로 변경합니다. 그리고 템포를 늦추어보면 이벤트의 시간 값을 유지하기 때문에 이벤트의 위치에는 변화가 없다는 것을 알 수 있습니다. 타임 위치가 정확해야 하는 영상 음악 작업을 할 때 이용할 수 있습니다.

## 11 잠금 버튼

잠금 버튼은 아주 중요한 이벤트를 입력한 트랙을 보존하고 싶을 때 유용하게 사용할 수 있는 기능으로 사용자 실수로 파트를 이동하거나 삭제하는 등의 작업을 할 수 없게 합니다. 인포 라인의 Lock 기능은 선택한 이벤트에 적용하는 것이고, 인스펙터의 Lock은 트랙 전체 이벤트 적용한다는 차이점이 있습니다.

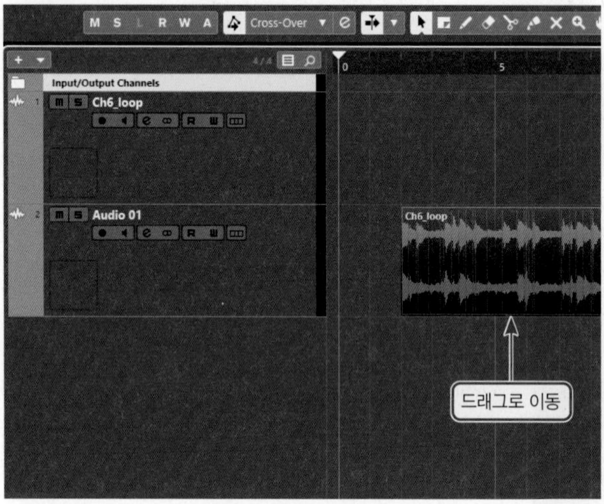


**01** Time 샘플에 있는 두 개의 이벤트 중에서 적당한 것을 아래쪽으로 드래그합니다. 새로운 트랙이 생성되면서 이벤트가 이동된다는 것을 확인했습니다. Ctrl+Z 키를 눌러 이동한 이벤트를 제자리에 되돌려 놓습니다.

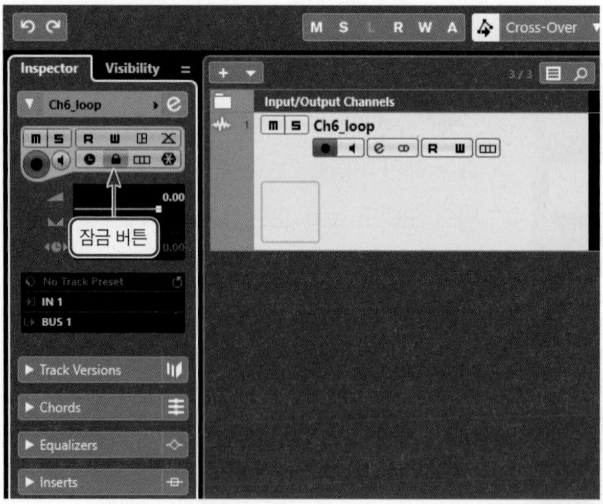


**02** 잠금 버튼 클릭하면, 해당 트랙의 이벤트에 자물쇠 모양이 표시됩니다. 앞에서와 같이 이벤트가 이동되지 않는다는 것을 알 수 있습니다. 이렇게 잠근 트랙의 이벤트는 이동, 복사, 삭제 등의 편집을 할 수 없게 하여 보호 할 수 있습니다.

**Tip**

작업을 하다가 보면 필요는 없지만 삭제하기 아까운 트랙이 있습니다. 이때는 마우스 오른쪽 버튼을 클릭하여 단축 메뉴를 열고, Disable Track을 선택하여 시스템을 절약할 수 있습니다.

## 12 레인 트랙 사용하기

잠금 버튼 오른쪽에 있는 레인 버튼은 하나의 트랙에 여러 개의 이벤트를 레이어 방식으로 사용할 수 있게 하는 역할을 합니다. 이것은 수 차례 녹음을 반복하고, 잘된 부분만 선별할 때 유용한 기능이며, 보컬이나 악기 연주 등 반복 연주가 필요할 때 많이 사용하는 기법입니다. 레인 버튼의 사용법은 미디와 오디오 트랙이 같습니다.

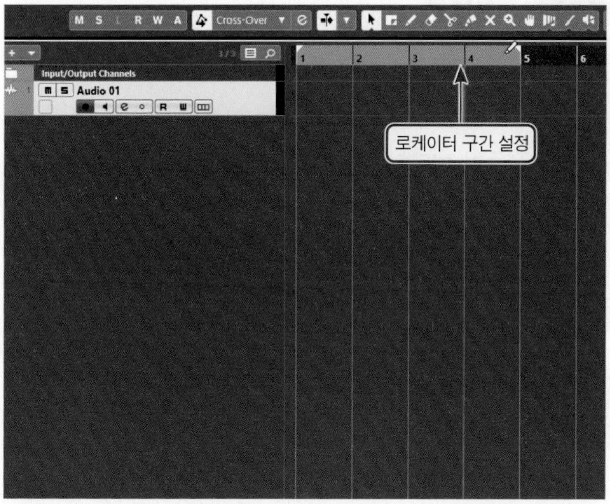


**01** 새로운 프로젝트에서 마우스 오른쪽 버튼을 클릭하여 단축 메뉴를 열고, Add Audio Track을 선택하여 오디오 트랙을 하나 만듭니다. 그리고 룰러 라인을 드래그하여 반복 녹음 할 구간을 로케이터로 설정합니다.

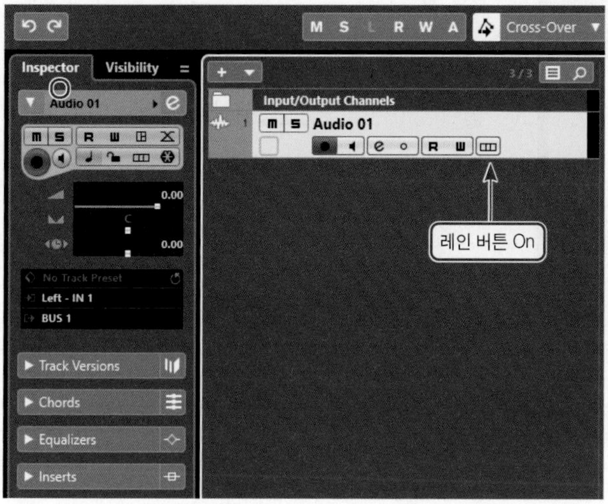


**02** 오디오 녹음을 할 때는 레인 버튼을 On으로 할 필요가 없지만, 실습을 위해서 레인 버튼을 On으로 하고, 트랜스포트 패널의 오디오 녹음 모드가 Keep Histroy인지를 확인합니다.

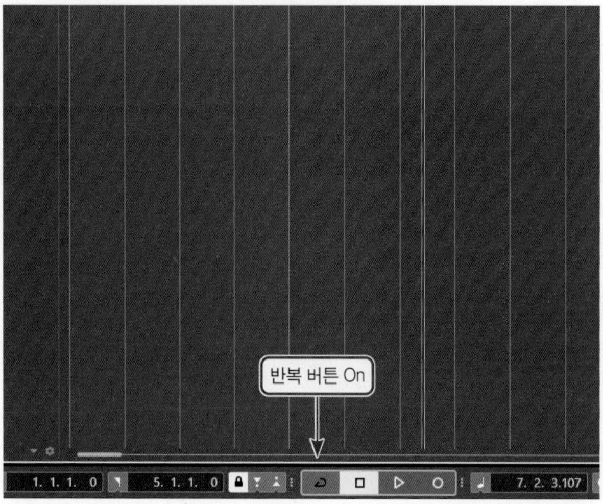


03 키보드 숫자열의 [/] 키를 누르거나 트랜스포트 패널의 반복 버튼을 클릭하여 반복 녹음이 가능하게 합니다. 필요하다면 트랙의 경계를 아래쪽으로 드래그하여 확대합니다.

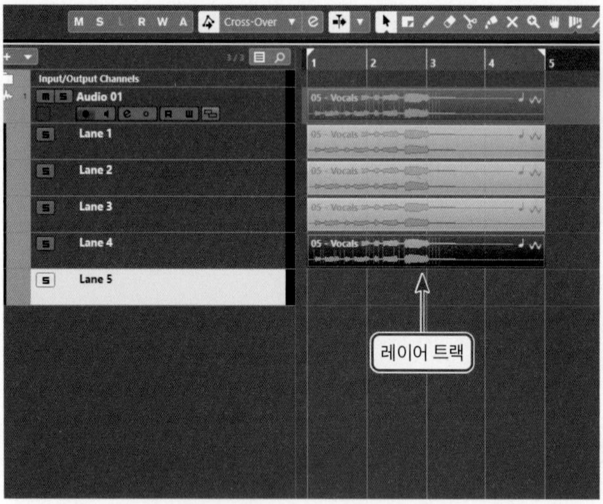


04 키보드 숫자열의 [*] 키를 누르거나 트랜스포트 패널의 녹음 버튼을 클릭하여 사운드를 녹음합니다. 녹음이 반복될 때 마다 새로운 레이어가 생성되는 것을 확인할 수 있습니다.

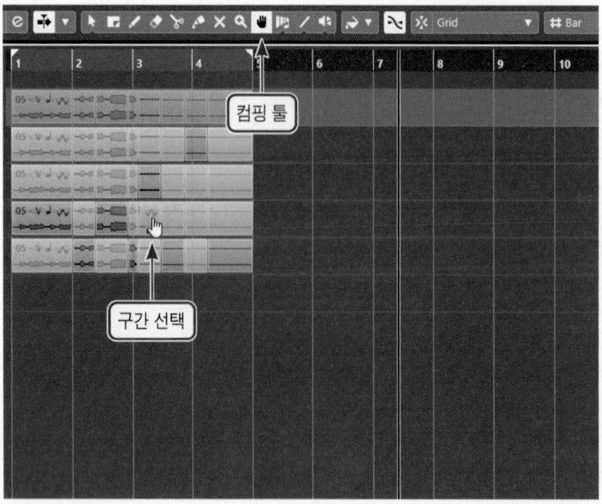


05 레이어 방식을 이용하는 이유는 마음에 드는 녹음을 골라내기 위해서 입니다. 각 레이어에서 숨 쉬는 부분이나 악기가 쉬운 부분을 중심으로 컴핑 툴을 이용하여 선택합니다.

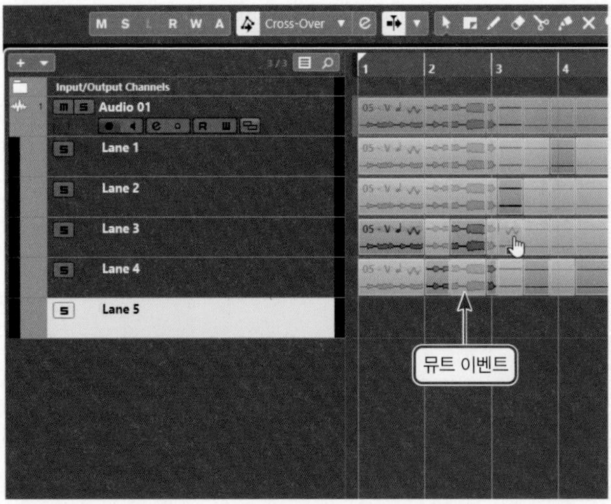


06 사운드를 반복 모니터 하면서 마음에 드는 연주의 이벤트를 선택합니다. 선택된 위/아래 이벤트는 자동으로 회색으로 뮤트를 표시하고 있기 때문에 실제 연주되는 이벤트를 쉽게 구분할 수 있습니다.

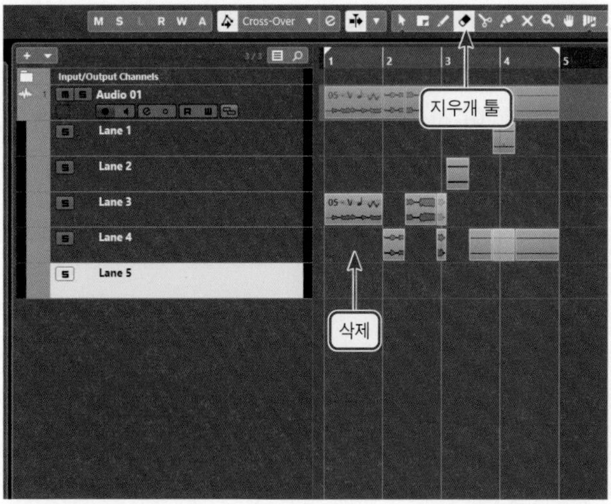


07 뮤트된 이벤트를 굳이 삭제할 이유는 없지만, 깔끔하게 지우개 버튼으로 삭제하고, 레인 버튼을 Off하여 하나의 트랙으로 정리합니다.

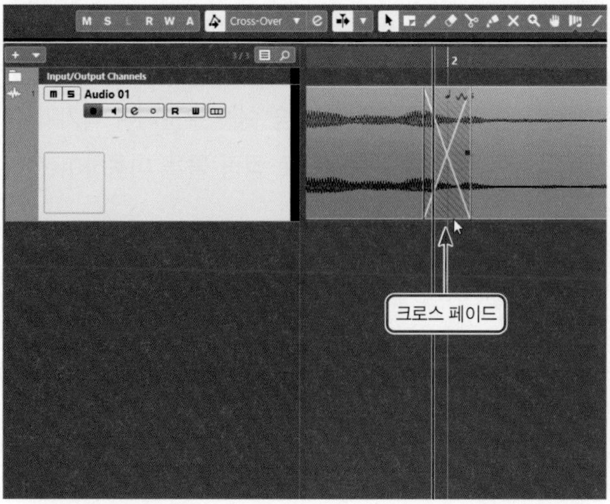


08 삭제한 이벤트는 실제로 제거된 것이 아니므로 언제든 레인 버튼을 선택하여 트랙으로 열고, 이벤트 길이를 조정하여 다시 편집할 수 있습니다. 더 이상 편집이 필요 없다면 정리한 이벤트가 자연스럽게 연결될 수 있도록 X 키를 눌러 크로스 페이드 시킵니다.

# 13 트랙 프리즈

많은 수의 VST 이펙트나 인스트루먼트를 사용하다 보면 음악이 저는 현상이 발생하기 때문에 오디오 트랙 별로 렌더링이나 바운스 작업을 하게 됩니다. 하지만 이보다 한 단계 앞선 기술이 프리즈입니다. 프리즈은 낮은 시스템 사양에서도 VST Effects를 마음껏 사용할 수 있을 뿐 아니라 렌더링이나 바운스와는 다르게 언제든 수정이 가능합니다.

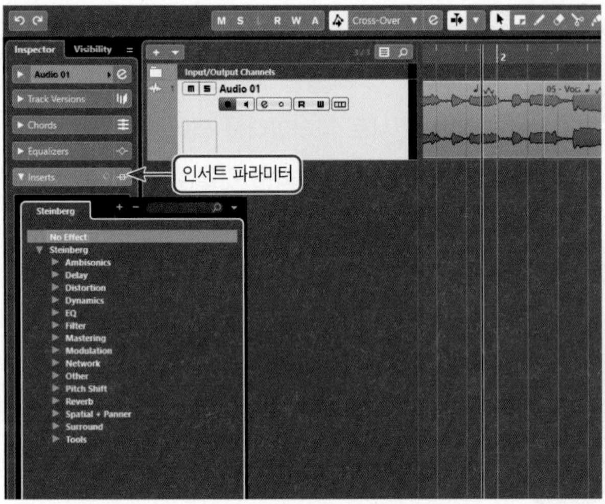


**01** 믹싱 작업에서 VST Effects의 역할은 거의 절대적입니다. 그러나 20~30개의 오디오 트랙에 2~3개의 이펙트만 사용해도 40~90개를 사용하게 되므로, VST Effects의 사용을 자제할 수 밖에 없습니다.

**02** 그러나 프리즈 기능을 이용하면 걱정 없습니다. 더 이상 편집할 이유가 없는 트랙이라면 프리즈 버튼을 클릭합니다.

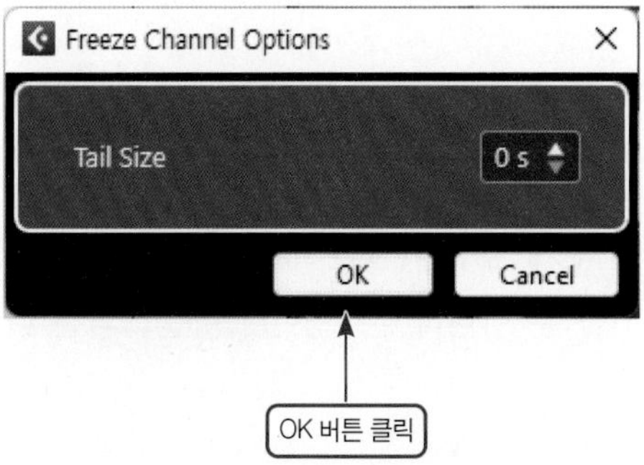


**03** 이펙트 사용으로 발생하는 잔향 음을 얼만큼 유지할 것인지를 설정할 수 있는 옵션 창이 열립니다. 기본값을 그대로 사용하기로 하고, OK 버튼을 클릭합니다. 프리즈 적용 후 잔향이 잘렸다면, 시간을 조금 연장해서 다시 적용합니다.

**04** 잠시 프로세싱 과정을 거친 후 프리즈을 적용한 오디오 이벤트를 만들어줍니다. 인서트 파라미터를 열어보면, 오디오 이펙트가 모두 무력화된 것을 확인할 수 있습니다. 트랙을 익스포팅 한 후 불러온 것과 동일한 효과입니다.

**05** 두 개 이상 선택한 트랙을 프리즈 On/Off 하고자 한다면 Edit 메뉴의 Freeze/Unfreeze에서 Selected Tracks(with Current Settings)을 선택합니다. Selected Tracks은 Tail Size 및 Unfreeze 옵션을 설정할 수 있는 창을 엽니다. 프리즈을 적용한 트랙의 이펙트 값을 변경할 필요가 있다면 메뉴 또는 프리즈 버튼을 클릭하여 Off합니다. 이때 프리즈 파일을 제거할 것인지(Delete), 남겨둘 것인지(Keep)를 묻습니다. 프리즈 파일은 프로젝트를 저장한 Freeze 폴더 안에 있으며, 남겨둔 파일은 언제든 임포팅하여 사용할 수 있습니다.

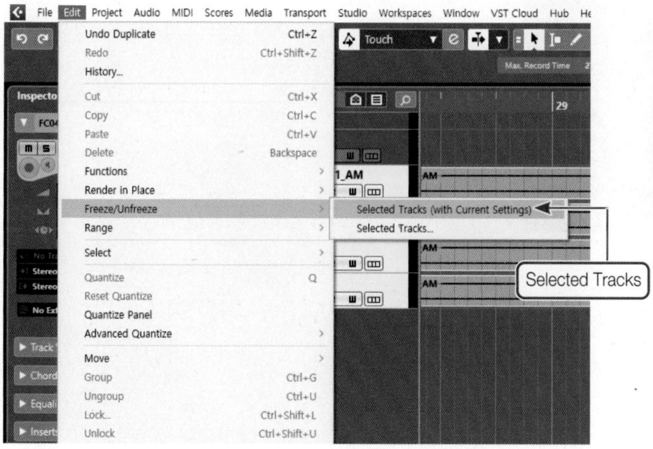


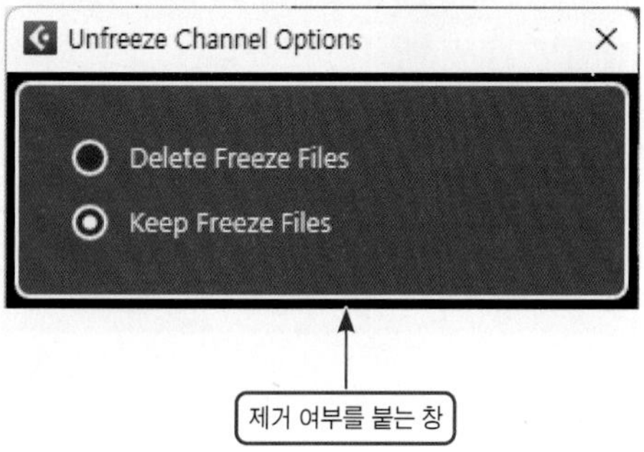

## 14 볼륨 조정 슬라이드

● 샘플 프로젝트 : MIDI-Track

볼륨 슬라이드는 트랙의 연주 볼륨을 조정합니다. 미디 트랙의 경우에는 0~127까지의 범위로 조정이 가능하며, 오디오 트랙의 경우에는 −∞~ 6.02dB까지의 범위로 조정할 수 있습니다. 볼륨 컨트롤 정보가 입력된 미디 트랙인 경우에는 슬라이드의 조정 값이 무시되며, OFF는 마지막 사용 값이 적용됩니다.

01 샘플 파일을 불러와 각 트랙의 볼륨 슬라이드를 확인해보면, Off 로 설정되어 있습니다. 이것은 볼륨을 0으로 하는 것이 아니라 악기에 설정된 볼륨이나 컨트롤 정보를 따르겠다는 의미입니다.

02 곡을 연주하면서 5번 Drums 트랙의 볼륨 슬라이드를 좌/우로 드래그해 보거나 마우스 더블 클릭으로 볼륨 값을 입력해 봅니다. 드럼 사운드의 볼륨이 조정되는 것을 확인할 수 있습니다. 단, 볼륨 정보가 입력되어 있기 때문에 곡을 정지 시켰다가 연주하면 슬라이드 값이 무시됩니다.

**Tip**

볼륨 컨트롤 정보 7번과 팬 컨트롤 정보 10번의 값은 리스트 에디터에서 확인할 수 있습니다. 리스트 에디터는 MIDI 메뉴의 Open List Editor를 선택하여 엽니다.

# 15 팬 조정 슬라이드

팬 슬라이드는 사운드의 좌/우 방향을 조정합니다. 미디 트랙의 경우에는 가운데가 〈C〉이고, 왼쪽이 −63, 오른쪽이 63이며, 오디오 트랙의 경우에는 가운데가 〈C〉, 왼쪽을 〈L〉, 오른쪽을 〈R〉로 표시합니다. 팬 컨트롤 정보를 입력한 미디 트랙의 경우에는 슬라이드 조정 값이 무시됩니다.

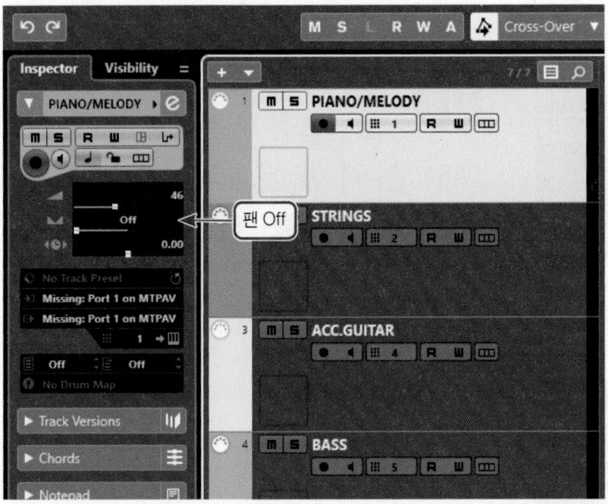


**01** Midi-track 샘플 파일에서 각 트랙의 팬 슬라이드를 확인해보면, Off 로 설정되어 있습니다. 이것 역시 볼륨에서와 마찬가지로 악기에 설정된 팬 컨트롤 정보를 따르겠다는 의미입니다.

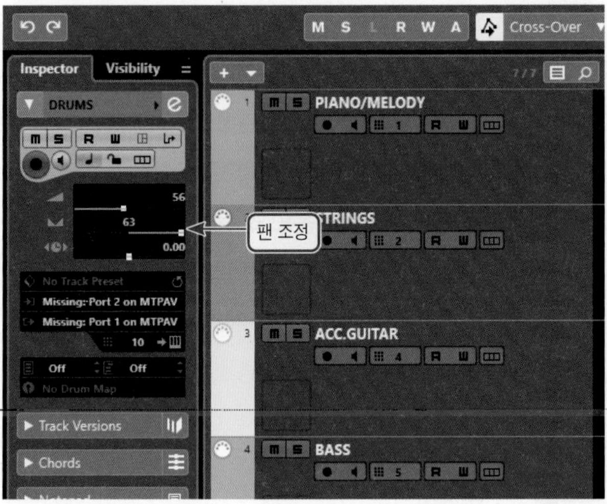


**02** 곡을 연주하면서 5번 Drums 트랙의 팬 슬라이드를 드래그하여 조정해봅니다. 슬라이드를 63인 오른쪽으로 이동하면 드럼 연주가 오른쪽 스피커에서 들리고, -63인 왼쪽으로 이동하면 왼쪽 스피커에서 들리는 것을 확인할 수 있습니다.

**Tip**

인스펙터 창의 볼륨이나 팬 값은 큐베이스에서만 인식을 하기 때문에 다른 프로그램에서 연주할 수 있는 미디 파일을 제작하려면, 각각의 값을 컨트롤 정보로 입력해야 합니다.

# 16 딜레이 조정 슬라이드

● 샘플 프로젝트 : Delay

딜레이 슬라이드는 연주 시작 시간을 조정합니다. 연주 시작 시간을 조정하는 이유는 미디의 경우 동일한 이벤트의 파트를 복사하여 약간의 타이밍 변화를 주어 독특한 딜레이 효과를 만들어 내는데 응용할 수 있고, 오디오의 경우에는 여러 가지 원인으로 지연되는 연주를 보정할 수 있습니다.

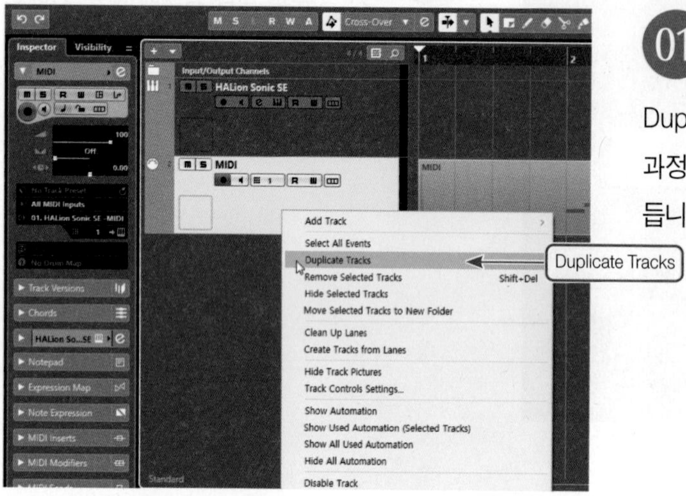


**01** 미디 트랙을 마우스 오른쪽 버튼으로 클릭하여 단축 메뉴를 열고, Duplicate Tracks을 선택하여 복사합니다. 이 과정을 한 번 더 반복하여 총 3개의 트랙을 만듭니다.

**02** MIDI 2번 트랙에서 딜레이 슬라이드를 우측으로 이동하여 약 300정도 늦게 연주하게 설정하고, 팬 슬라이드를 -63정도로 조정합니다. 같은 방법으로 MIDI 03의 딜레이 슬라이드를 약 600정도로 조정하고, 팬 슬라이드를 63 정도로 조정합니다. 연주를 해보면 미디 시퀀싱 작업만으로 딜레이 효과를 만들 수 있다는 것을 확인할 수 있습니다.

**Tip**

지연되는 오디오 사운드를 보정하는 목적으로 사용할 때는 사운드가 지연되는 만큼의 딜레이 값을 마이너스로 설정합니다.

# 17 트랙 프리셋

음악을 완성하는 믹싱과 마스터링 작업은 오랜 연습과 경험이 있어야 가능합니다. 하지만, 큐베이스는 전문가들이 만들어놓은 세팅 값을 제공하여 입문자들도 손쉽게 믹싱과 마스터링 작업을 진행할 수 있게 하고 있습니다. 이것이 트랙 프리셋입니다.

01 프리셋 항목을 클릭하면 보컬 및 악기 종류와 음악 장르에 따른 카테고리를 제공하고 있으며, 원하는 프리셋을 선택하는 것만으로 바로 적용됩니다

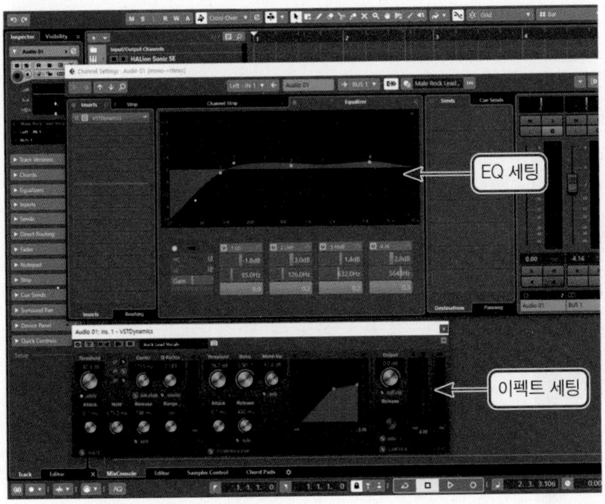


02 채널 믹서 창을 열어보면 어떤 이펙트가 어떤 세팅 값으로 설정되어 있고, EQ는 어떻게 조정되어 있는지 확인할 수 있으며, 자신의 취향대로 수정하여 사용할 수 있습니다.

# 18 인 포트 선택

컴퓨터에 연결한 미디 장치 또는 오디오 입력 라인 포트를 선택합니다. 미디의 경우에는 악기 구분없이 컴퓨터에 연결된 모든 장치의 연주를 입력하는 All MIDI Inputs으로 사용하는 경우가 대부분이지만, 친구와 함께 연주를 하는 경우라면, 인 포트를 구분해줘야 개별적인 녹음이 가능합니다. 오디오의 경우는 이미 살펴보았습니다.

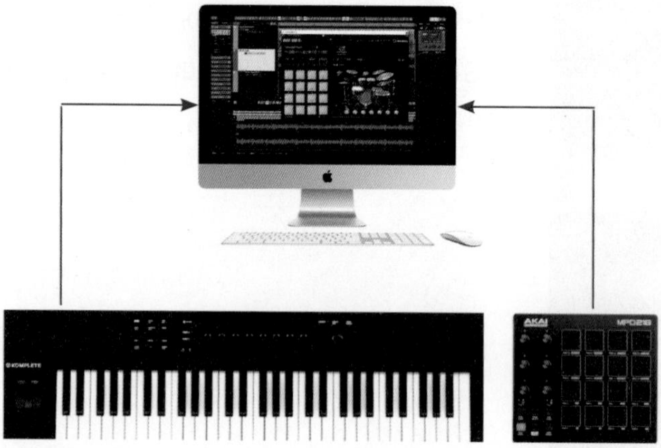

▲ 건반 ▲ 패드

01 컴퓨터에 드럼 패드와 마스터 건반을 연결하고 친구와 함께 연주한다고 가정합니다.

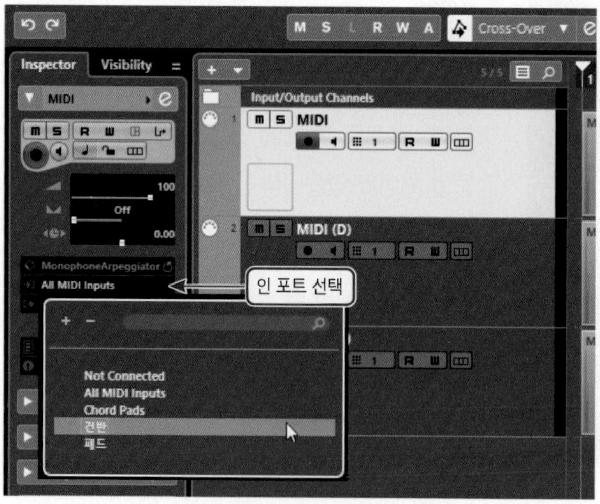


02 두 트랙에 서로 다른 연주가 녹음되게 하려면, 각 트랙의 인 포트 선택 항목에서 연주 장치를 선택해줘야 합니다.

## 19 아웃 포트 선택

Input과 반대 개념으로 큐베이스에 입력된 미디 또는 오디오 연주를 전송할 아웃 포트를 선택할 수 있는 목록이 열립니다. 사용자의 컴퓨터에 장착한 시스템에 따라서 목록의 표시 상태는 달라지며, 오디오의 경우에는 VST Connections의 Outputs 설정에 따라 달라집니다.

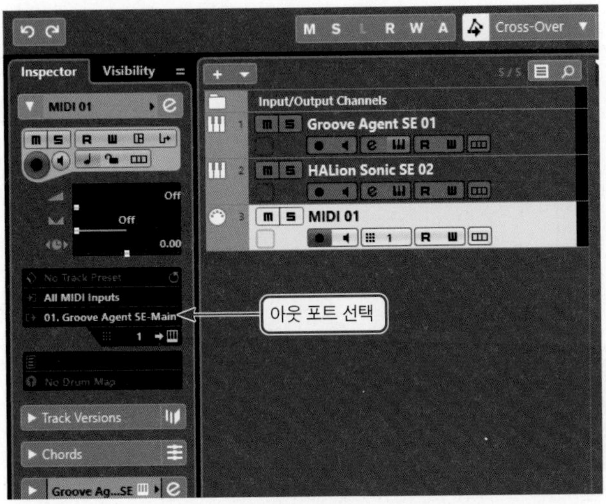


**01** 미디 트랙은 컴퓨터에 연결한 하드웨어 악기와 컴퓨터에 설치되어 있는 VST 악기를 연주할 수 있으며, 이것을 결정하는 것이 아웃 항목 입니다.

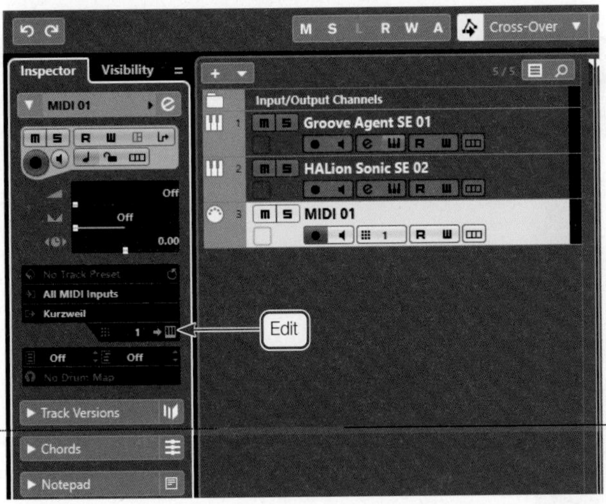


**02** VST 악기를 선택하면 Edit 버튼은 해당 악기 패널을 여는 기능으로 동작하지만, 외부 악기를 선택한 경우에는 의미가 없으며, 음색도 뱅크와 프로그램으로 구분하는 등의 차이가 있습니다.

**Tip**

음색 리스트가 표시되도록 MIDI Device를 설정한 경우에는 해당 악기의 이름이 아웃 포트 목록에 표시됩니다.

## 20 채널 선택

● 샘플 프로젝트 : Channel

미디 트랙에만 있는 채널 선택 항목은 트랙에 입력한 이벤트를 전송할 미디 채널을 선택합니다. 하나의 미디 포트에서 전송하는 채널은 총 16채널이기 때문에 대부분의 미디 악기는 16채널을 지원합니다. 채널이란 동시에 소리 낼 수 있는 악기 음색을 말하는 것으로 16채널이면 동시에 16가지의 악기 음색을 소리 낼 수 있다는 것입니다. 즉, 16인조의 연주자가 있는 것과 같다고 생각해도 좋습니다.

**01** HALion Sonic SE는 16채널을 지원하는 악기이며, 샘플 파일은 1번 채널에 신디음색, 2번 채널에 피아노 음색이 로딩되어 있습니다.

**02** 채널을 변경할 수 있는 미디 채널 항목을 클릭하면 16개의 채널 번호가 보입니다. 여기서 1번을 선택하면 신디음색으로 연주되고, 2번을 선택하면 피아노 음색으로 연주되는 것입니다.

> **Tip**
> 악기에 다라 16채널을 지원하지 않는 경우도 있으므로, 사용하고 있는 악기의 설명서를 참조하기 바랍니다.

# 21 뱅크와 프로그램 선택

VST 악기를 연주하는 미디 트랙의 경우에는 음색을 프로그램 하나의 항목으로 설택할 수 있지만, 하드웨어 악기를 연주하는 경우에는 뱅크(Bnk)와 프로그램(Prg)을 구분해서 선택합니다. 입문자이거나 악기 매뉴얼이 없는 경우에는 MIDI Device Manager 메뉴를 통해서 뱅크와 프로그램이 음색 이름으로 표시되게 할 수 있지만, 고급 사용자의 경우에는 매뉴얼에 있는 악기 리스트를 보고 사용할 음색을 숫자로 입력 경우가 많습니다.

| 프로그램 | 뱅크 | 음색 |
|---|---|---|
| 001 | 000 | Piano 1 |
| | 008 | Piano 1w |
| | 016 | Piano 1d |
| 002 | 000 | Piano 3 |
| | 008 | Piano 2w |
| 003 | 000 | Piano 3 |
| | 001 | EG-Rhodes 1 |
| | 002 | EG-Rhodes 2 |
| | 008 | Piano 3w |

**01** 아웃 포트에서 외장 악기를 선택하고, 피아노 음색으로 연주한다고 했을 때, 악기 매뉴얼의 프로그램 리스트가 표와 같다고 가정합니다.

**02** 표를 보니 Piano1이라는 음색이 뱅크 0번에 프로그램 1번으로 표시되어있습니다. Bnk 항목을 0으로 설정하고, Prg 항목을 1로 설정하면 피아노 음색으로 연주 하는 것입니다.

**Tip**

뱅크 컨트롤 정보 0번 외에 32이번이나 0번과 32번을 함께 사용하는 악기는 프로그램을 리스트로 표시되게 하거나 컨트롤 정보를 직접 입력해야 하므로, 악기 설명서를 참조하기 바랍니다.

# 22 드럼 맵

Map 항목은 드럼 입력에 편리한 Drums Editor를 사용할 때 자신이 사용하는 악기의 드럼 맵을 구성하는 역할을 합니다. Drum Map Setup을 이용하면 각 노트의 출력을 자유롭게 변경할 수 있기 때문에 다른 악기로 제작한 데이터를 독자가 사용하는 악기의 드럼 맵으로 간단하게 연주할 수 있습니다.

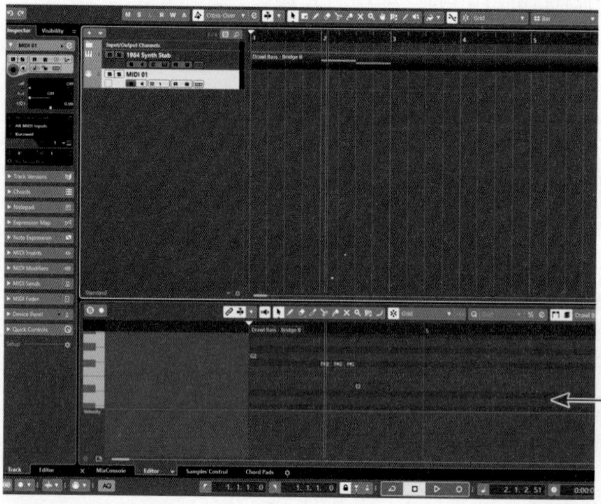


01 미디 트랙의 파트를 더블 클릭하면 미디 이벤트 입력에 많이 사용하는 키 에디터 창이 열립니다.

02 Map항목에서 기본적으로 제공하고 있는 GM Map을 선택하고, 미디 파트를 더블 클릭하면 드럼 입력에 편리한 Drum Editor 창이 열리는 것을 확인할 수 있습니다. 사용자 악기에 맞는 드럼 맵 설정 방법은 미디 편집 창 학습 편에서 살펴보겠습니다.

**Tip**

모든 악기가 C1 노트는 베이스 드럼, D1노트는 스네어 드럼 음색으로 연주되는 GM Map을 지원하지는 않습니다. 자신이 사용하는 악기의 드럼 맵을 확인해두기 바랍니다.

# 23 인서트

음악 작업을 하다 보면 실제 레코딩을 하지 않더라도 정지 및 재생 상태에서 다양한 연주를 시도해보는 경우가 있습니다. 마음에 드는 리듬이나 애드리브가 바로 떠오르지 않아 이것 저것 시도해볼 때입니다. 그러다가 마음에 드는 연주가 있으면 레코딩을 해보는데, 바로 전의 느낌이 안 나와 한숨을 쉬는 경우가 있습니다. 하지만, 걱정할 필요 없습니다. MIDI, Instrument, Sampler 트랙에는 정지 및 재생 중에 연주했던 미디 이벤트를 놓치지 않고 기록할 수 있는 인서트 파라미터를 제공합니다.

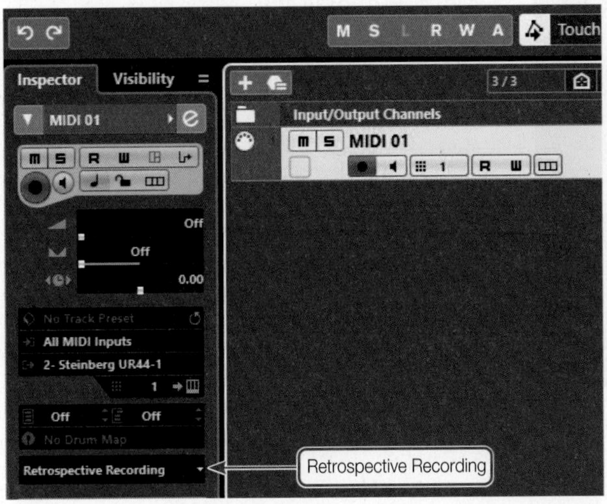


**01** 정지 및 재생 중에 건반을 연주하면 인서트 파라미터의 Retrospective Recording 문자가 활성화됩니다. 사용자 연주를 큐베이스가 기록하고 있다는 의미입니다.

**02** 파라미터를 클릭하여 메뉴를 열고 Insert as Linear Recording을 선택하면 사용자가 연주했던 이벤트가 모두 기록됩니다. 정지 상태에서 연주한 것은 송 포지션 라인 위치에 기록하고, 재생 중에 연주한 것은 시작 위치에 기록합니다.

03 좀 더 효과적인 것은 반복 연주 입니다. 룰러 라인을 드래그하여 반복 연주할 구간을 선택하고, 키보드 숫자열의 슬래시(/) 키를 눌러 사이클 기능을 활성화합니다.

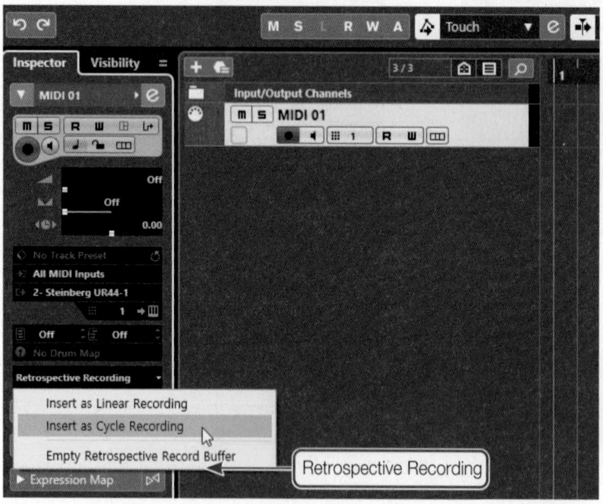


04 키보드 숫자열의 Enter 키를 눌러 반복 재생되게 하고, 다양한 연주를 시도해봅니다. 그리고 인서트 파라미터에서 Insert as Cycle Recording을 선택하면 사용자가 반복 연주한 모든 이벤트가 기록됩니다.

> **Tip**
>
> Empty Retrospctive Record Buffer를 선택하면 큐베이스가 기억하고 있는 이벤트를 삭제하여 메모리를 확보할 수 있습니다.

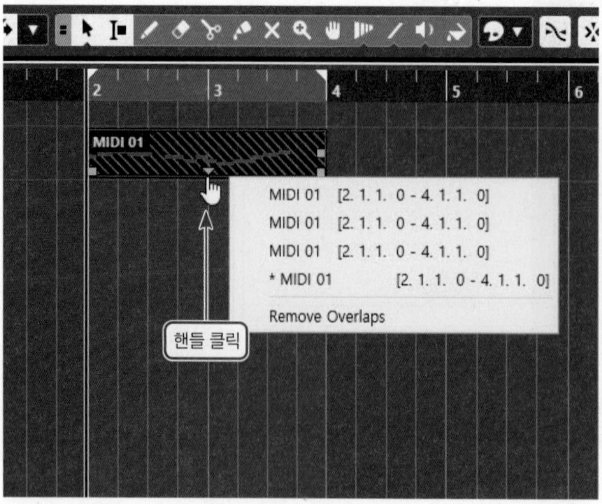


05 기록된 이벤트 아래쪽 중앙에 있는 핸들을 클릭하면 사용자가 반복 연주한 모든 기록이 나열되며 가장 마음에 드는 연주를 선택할 수 있습니다. Remove Overlaps을 선택하면 나머지는 삭제됩니다.

# 24 서스테인 페달로 킥 드럼 연주하기

미디 트랙의 트랜스포머 파라미터는 리얼로 입력하는 미디 이벤트를 독자가 원하는 형태로 변경할 수 있는 Input Transformer 창을 엽니다. Input Transformer 창의 사용법은 MIDI 메뉴의 Logical Editor과 동일합니다. 다만, Input Transformer는 입력한 미디 이벤트를 편집하는 Logical Editor와는 다르게 실시간으로 입력하는 이벤트에 적용할 수 있다는 차이점이 있습니다.

**01** Empty 프로젝트를 만들고, 라이트 존의 Media 탭에서 VST Instuments의 Groove Agent SE를 엽니다. 계속해서 적당한 라이브러리를 선택하여 열고, 마음에 드는 프리셋을 더블 클릭하여 로딩합니다. 프리셋은 마스터 건반을 연주하여 모니터 할 수 있습니다.

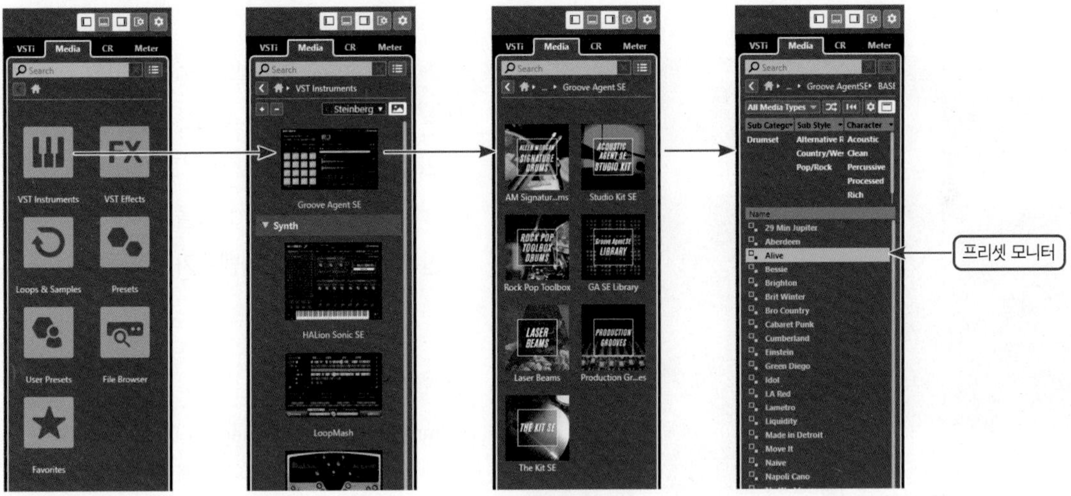


**02** Input Transformer를 클릭하면 모든 트랙에 적용하는 Project와 해당 트랙에 적용하는 Track을 선택할 수 있습니다. Project를 선택하고 Open Panel을 선택하여 창을 엽니다.

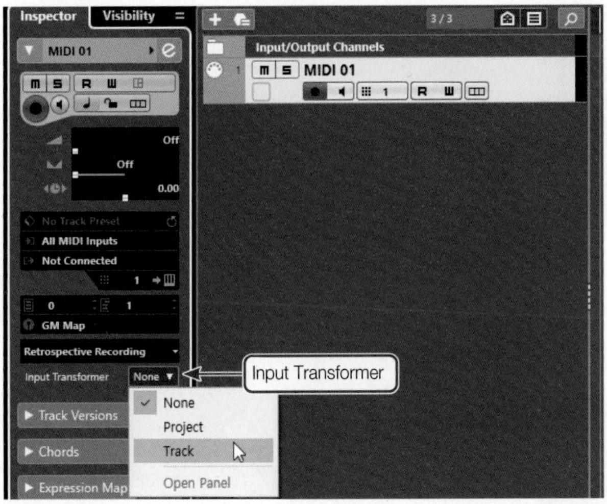


**Tip**

Project Input Transformer 창은 Project 메뉴의 Project Input Transformer를 선택하여 열 수 있습니다.

03 Module Preset 1 번을 체크합니다. 트랜스포머 기능은 한꺼번에 4가지를 설정할 수 있으며, 각 모듈의 사용 여부는 옵션 체크로 결정합니다.

04 Insert 버튼을 클릭하여 이벤트를 설정할 수 있는 라인을 추가합니다. 선택한 라인은 Remove 버튼을 클릭하여 삭제할 수 있습니다.

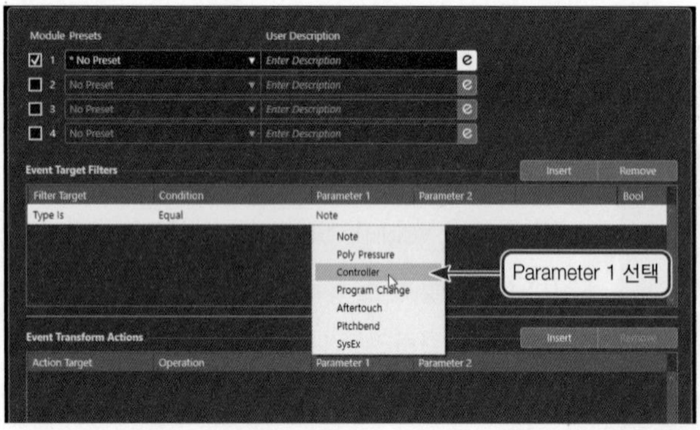


05 Filter Target 칼럼이 Type Is이고, Condition 칼럼이 Equal인 것을 확인하고, Parameter1을 Controller로 선택합니다.

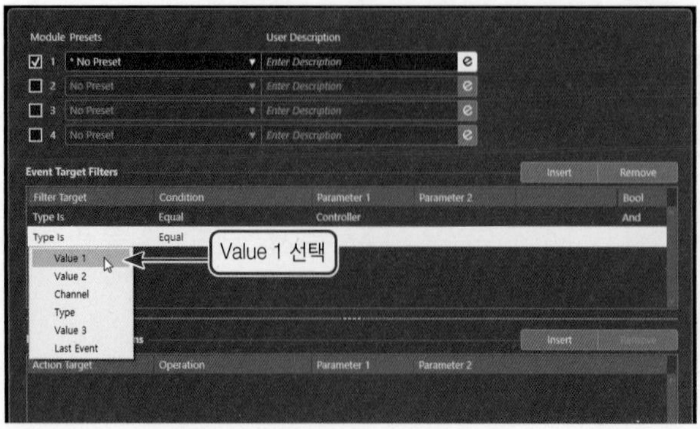


06 Insert 버튼을 클릭하여 라인을 하나 더 추가합니다. 그리고 Filter Target 칼럼에서 Value1을 선택하여 MIDI Controller No로 설정합니다.

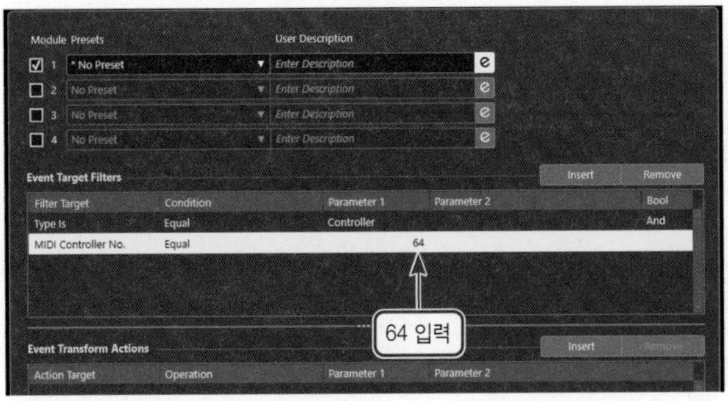


07 두 번째 라인의 Parameter를 클릭하여 64를 입력합니다, 컨트롤 번호 64번이 서스테인 페달입니다. 컨트롤 번호에 관해서는 리스트 에디터 편을 참고하시기 바랍니다.

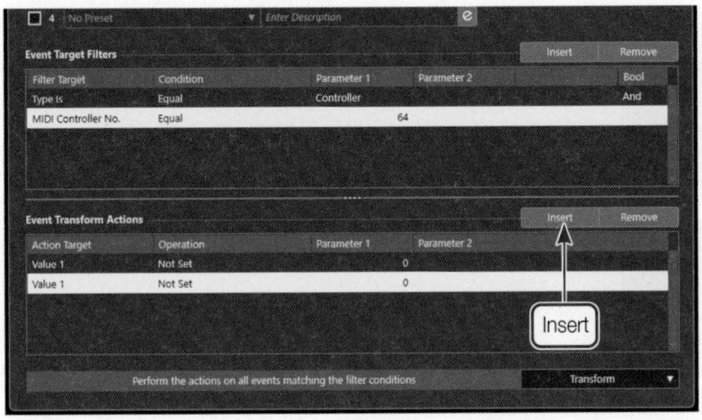


08 입력하는 미디 이벤트 중에서 서스테인 페달에 해당하는 컨트롤 번호 64을 검색하라는 필터 섹션 설정이 끝났습니다. 이제 아래쪽에 있는 액션 섹션에서 어떻게 처리할 것인지를 설정합니다. 액션 섹션의 Insert 버튼을 두 번 클릭하여 라인을 2개 추가합니다.

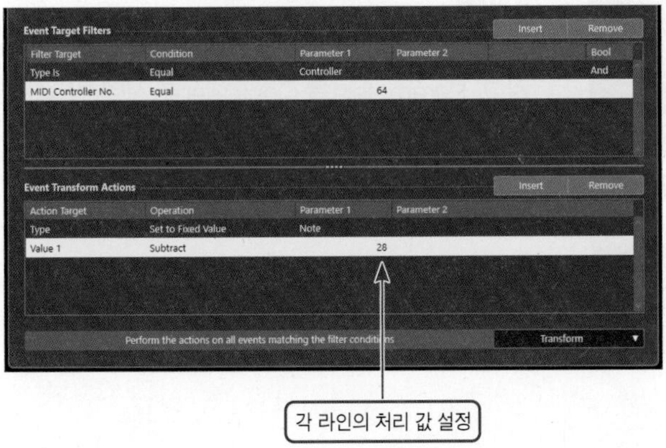


09 액션 섹션의 Action Target, Operation, Parameter1 칼럼의 1번 라인은 Type, Set to Fixed value, Note로 설정하고, 2번 라인은 Value1, Subtract, 28로 설정합니다. 미디 컨트롤 번호 64가 검출되면, 노트 C1으로 바꾸어 입력하라는 내용입니다.

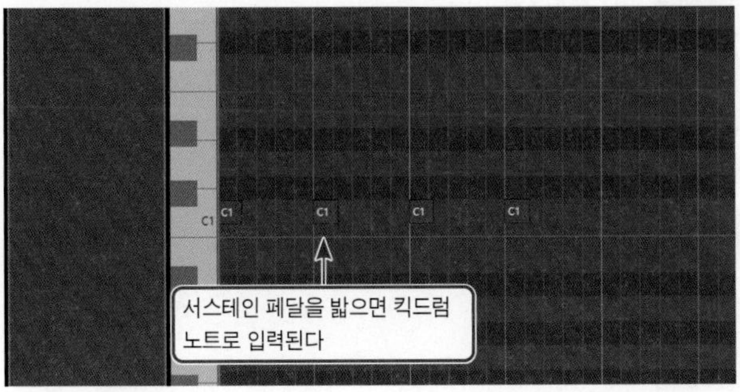


10 설정이 끝나면 Input Transformer창을 닫습니다. 각 칼럼의 기능은 미디 편집 편에서 자세히 설명합니다. 이제 실제 베이스 드럼을 연주하듯 서스테인 페달을 밟으며, 드럼 연주하거나 녹음할 수 있습니다.

## 25 드럼을 트랙 별로 녹음하기

녹음 준비 버튼은 선택한 트랙의 녹음 여부를 결정합니다. 미디 또는 오디오를 녹음할 때 녹음 준비 버튼이 꺼져있다면 녹음이 되지 않습니다. 큐베이스의 녹음 준비 버튼은 트랙을 선택할 때 자동으로 On되기 때문에 녹음을 하기 위해서 일일이 버튼을 클릭하여 On시키는 번거로움은 없습니다. 그러나 멀티 녹음일 경우에는 녹음하고자 하는 트랙마다 녹음 준비 버튼을 클릭하여 On으로 설정해야 합니다. 여기서는 앞에서 학습한 트랜스포머 기능을 이용해서 멀티 트랙으로 드럼을 녹음하는 방법을 살펴보겠습니다.

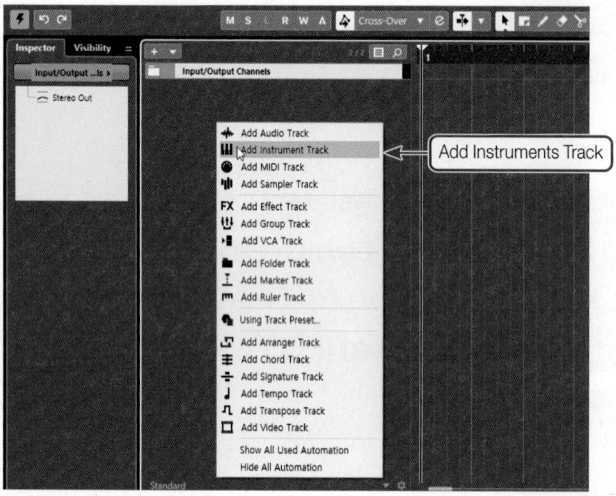


01 트랙 리스트에서 마우스 오른쪽 버튼을 클릭하여 단축 메뉴를 열고, Add Instrument Tracks 을 선택하여 창을 엽니다.

02 Instruments 목록에서 Groove Agent SE을 선택하고, Count 값을 3으로 입력합니다. 실습에서는 3개의 드럼 트랙을 만들고 있지만, 실제 작업을 할 때는 더 많은 트랙을 드럼에 할당하는 것이 일반적입니다.

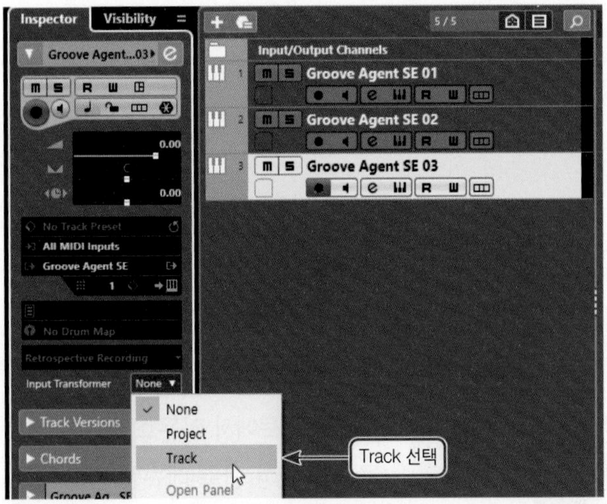


03 각 트랙의 프로그램 항목을 선택하여 음색을 선택합니다. 이때 음색을 일치시키는 것보다는 스네어가 좋은 음색, 심벌이 좋은 음색 등, 자신이 좋아하는 음색으로 구성하는 것이 효과적입니다. 그리고 Input Transformer에서 Track을 선택하고, Open Panel로 창을 엽니다. 트랙마다 다른 설정 값을 적용하기 위해서 입니다.

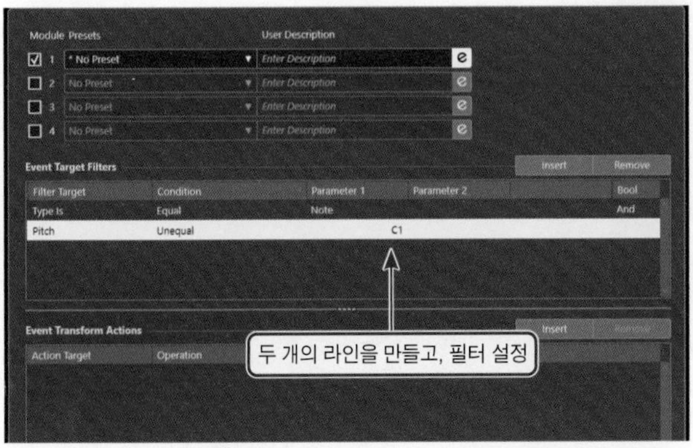


04 필터 섹션에 2개의 라인을 만들고, Filter, Condition, Parameter1 칼럼의 1번 라인은 Type Is, Equal, note로 설정하고, 2번 라인은 Value1, Unequal, C1으로 설정합니다.

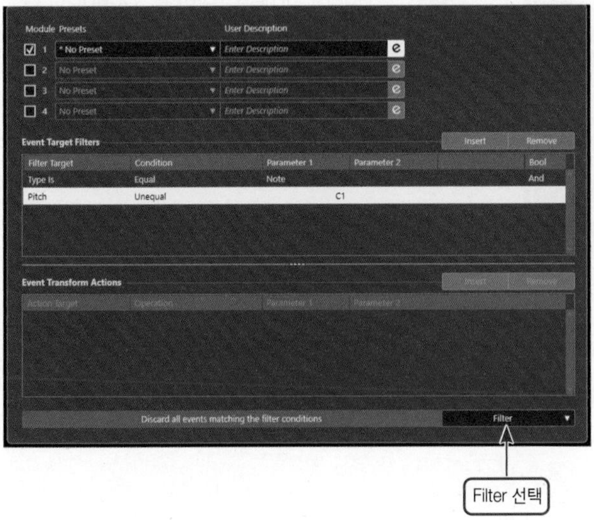


05 액션 섹션에서 설정할 것은 없습니다. 아래쪽에 Function을 Filter로 설정합니다. 이것은 필터 섹션에 설정된 C1(베이스 드럼)이외의 노트는 녹음되지 않게 하는 것입니다. 나머지 두 트랙도 같은 방법으로 설정을 합니다. 단, 2번 트랙은 D1(스네어 드럼), 3번 트랙은 F#1(하이해트)로 노트 이름만 다르게 합니다.

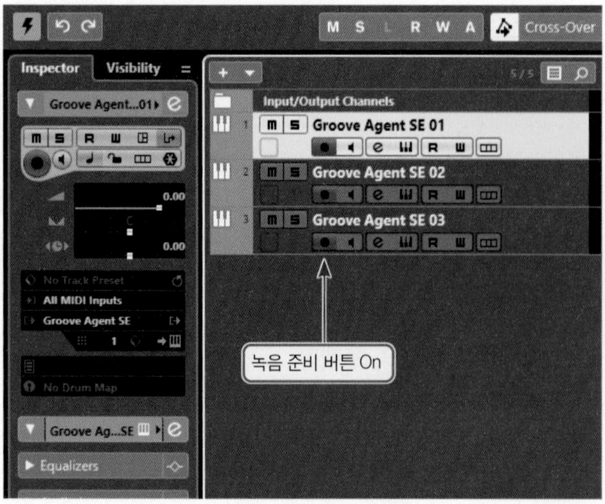


**06** 각 트랙의 녹음 준비 버튼을 클릭하여 On으로 합니다. 멀티 녹음을 위해서는 인스펙터 창을 이용하는 것보다 트랙에서 직접 클릭하는 것이 편리합니다.

**07** 키보드 숫자열의 * 키를 눌러 녹음을 진행합니다. 3개의 트랙에 동시 녹음되는 것을 확인할 수 있습니다. 드럼을 연주해본 독자라면 앞에서 학습한 방법을 이용해서 베이스 드럼을 C1대신에 서스테인 페달로 설정하면 좀 더 재미있게 드럼 연주를 녹음할 수 있을 것입니다.

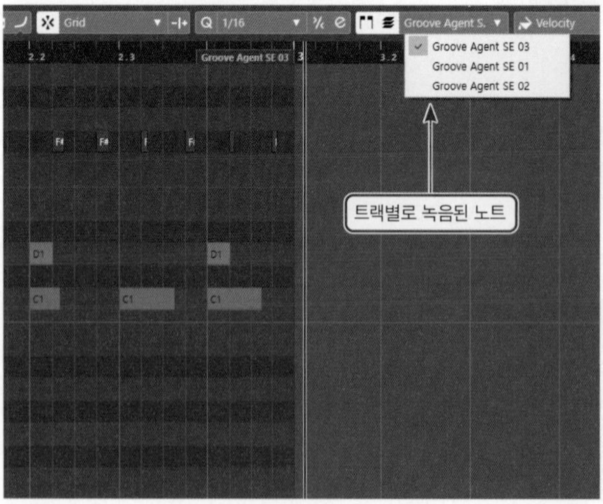


**08** 숫자열의 0 키를 눌러 녹음을 정지하고, 각 트랙에 녹음한 파트를 더블 클릭하여 열어보면 베이스 드럼, 스네어 드럼, 하이해트가 개별적으로 녹음된 것을 확인할 수 있습니다. 드럼을 여러 트랙으로 나누어 녹음하는 것은 음악 작업의 필수이므로 반드시 활용을 해보기 바랍니다.

# 03 트랙 버전

하나의 트랙에서 여러 개의 연주를 관리할 수 있는 트랙 버전은 음악 작업을 하는데 있어서 다양한 아이디어를 적용해볼 수 있는 특별한 파라미터 입니다. 특히, 코드, 박자, 템포와 같이 하나의 트랙만 제공되는 경우에도 트랙 버전 파라미터를 이용하여 여러 가지 테스트를 해볼 수 있습니다.

01 오디오 트랙에 사용자 연주를 녹음했다고 가정합니다. 인스펙터 패널의 Track Versions 파라미터에는 첫 번째 버전이라는 의미의 V1 이 생성됩니다.

02 트랙 이름 항목을 클릭하여 메뉴를 열고, New Version을 선택하거나 Track Versions 파라미터의 New Version을 클릭하여 새로운 버전의 트랙을 생성할 수 있습니다.

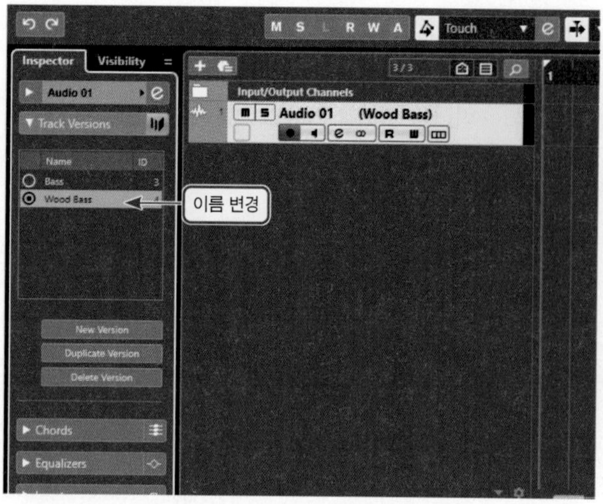


03 새 트랙을 만든 것과 동일한 형태의 버전이 생성되며, 또 다른 타입의 연주를 녹음해 볼 수 있습니다. 각 버전은 name 항목을 더블 클릭하여 구분하기 쉬운 이름으로 변경 가능합니다.

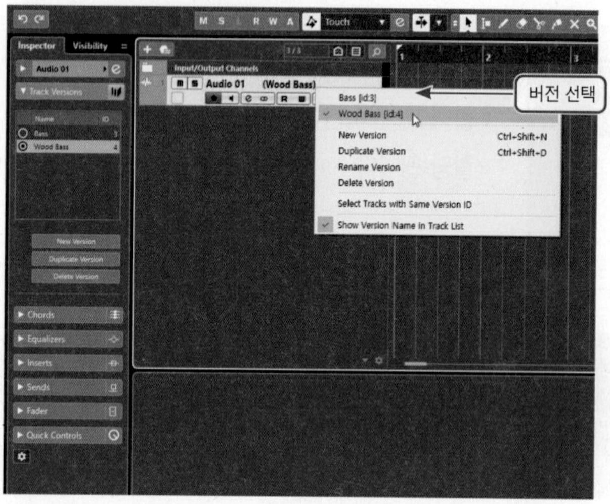


04 이렇게 하나의 트랙에서 여러 개의 버전 별 연주를 녹음해 놓고, 작업 중인 음악에 어울리는 것을 선택할 수 있습니다. 트랙에 버전 이름을 표시하고 싶지 않다면 메뉴의 Show Version Name in Track List 옵션을 해제합니다.

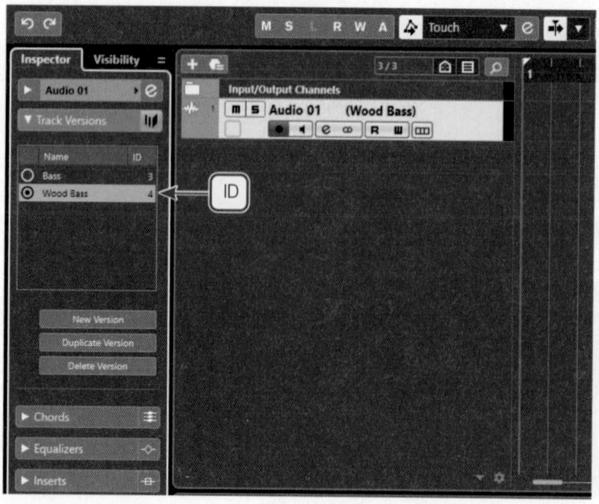


05 트랙 버전의 ID는 프로젝트에서 새로운 버전을 생성할 때마다 순서대로 붙습니다. 새로운 트랙을 만들고 새로운 트랙 버전을 녹음하면서 확인해보기 바랍니다.

**06** 두 트랙 이상의 버전을 하나의 ID로 관리하고 싶다면 각 트랙마다 원하는 버전을 열어놓고, Ctrl 키를 누른 상태로 트랙을 선택합니다.

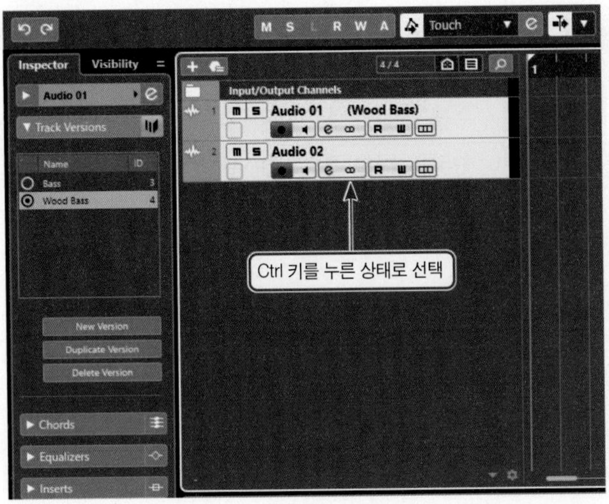


**07** Project 메뉴의 Track Version에서 Assign Common Version ID를 선택합니다. 선택한 트랙의 버전들은 동일한 ID가 할당 됩니다.

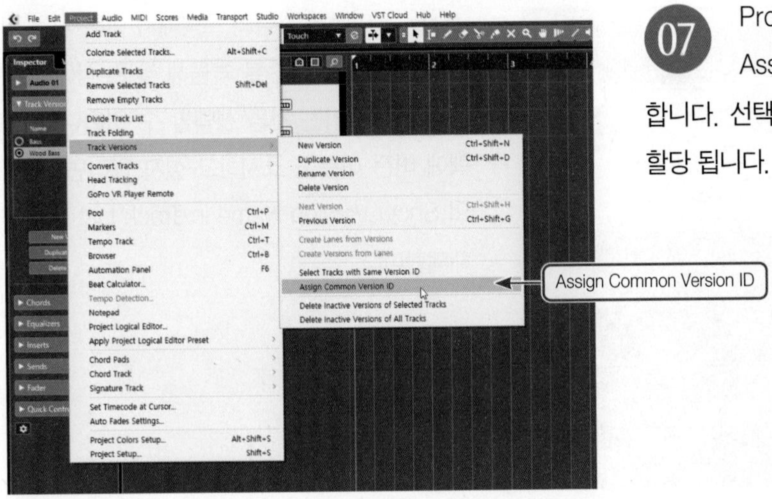


**08** 트랙 버전 메뉴의 Select Tracks with Same Version ID를 선택합니다. 동일한 ID를 가지고 있는 모든 트랙을 선택합니다.

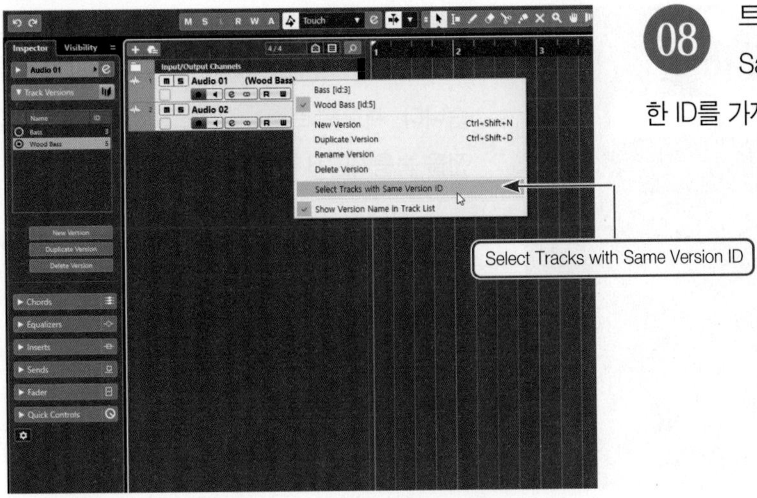

09 동일한 ID를 가진 트랙이 몇 개있는지 확인할 수 있고, 트랙 버전을 선택하여 모든 트랙에 동일한 ID를 가진 트랙 버전을 한 번에 배치할 수 있습니다.

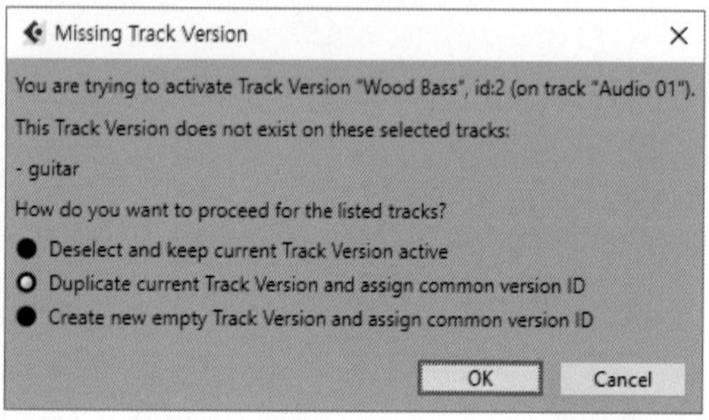


10 동일한 ID가 아닌 버전을 선택하면 선택한 트랙을 어떻게 처리할 것인지를 묻는 Missing Track Version 창이 열립니다.

- Deselect and keep current Track Version active

선택된 트랙을 해제하고, 각 트랙의 버전을 그대로 유지합니다.

- Duplicate current Track Version and assign common version ID

현재 트랙 버전을 복사하여 동일한 ID를 할당합니다.

- Create empty Track Version and assign common version ID

동일한 ID가 할당된 빈 트랙 버전을 만듭니다.

# 04 익스프레션 파라미터

● 샘플 프로젝트 : Expression

관악기의 트레몰로, 현악기의 글리산도 등의 주법을 미디로 표현하기 위해서는 컨트롤 정보에 관한 지식과 상당한 경험이 필요했습니다. 그러나 큐베이스는 Expression Map 기능을 이용하여 악보에 연주 기호를 입력하거나 건반을 누르는 것만으로도 간단하게 표현할 수 있습니다. 아직은 Kontakt, Vienna, HALion Sonic 등으로 지원 악기가 많지는 않지만, 미디 작업을 한 단계 업그레이드 시킬 수 있는 유용한 기능이 될 것입니다.

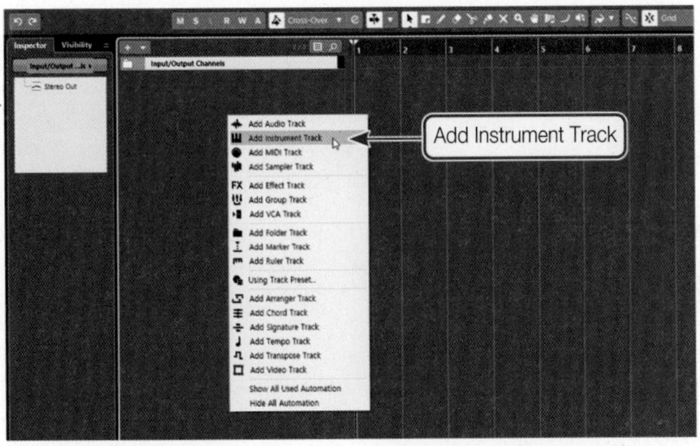


01 새로운 프로젝트를 만들고, 트랙 리스트에서 마우스 오른쪽 버튼을 클릭하여 단축 메뉴를 엽니다. 그리고 Add Instruments Track을 선택합니다.

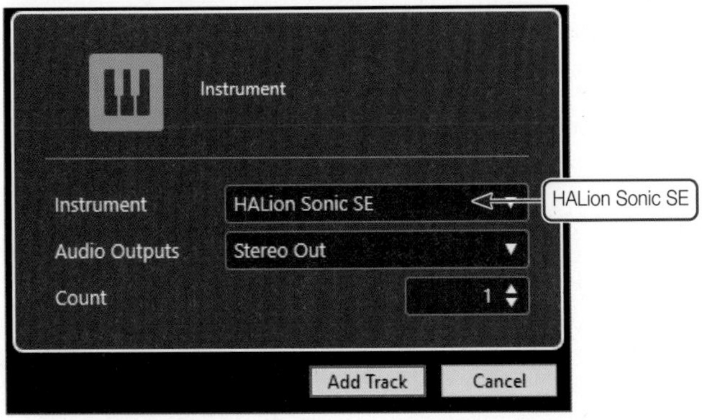


02 VST 악기를 선택할 수 있는 창이 열립니다. Instrument 항목에서 HALion Sonic SE을 선택하고, Add Track 버튼을 클릭하여 VST Instruments 트랙을 만듭니다.

03 검색 항목에 note를 입력하여 Note Exp이 붙은 음색을 로딩합니다. 실습에서는 Natural Nylon을 선택하고 있습니다.

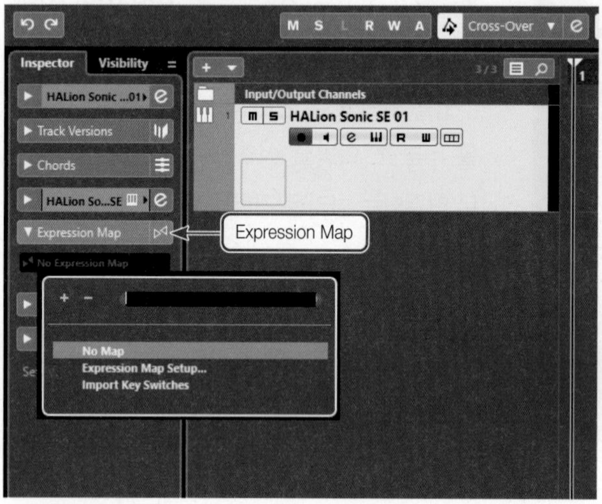


04 인스펙터 창의 Expression Map 파라미터를 열고, No Expression Map 표시가 있는 슬롯을 클릭하여 Expression Map Setup을 선택합니다. MIDI 메뉴의 Expression Map Setup을 선택해도 좋습니다.

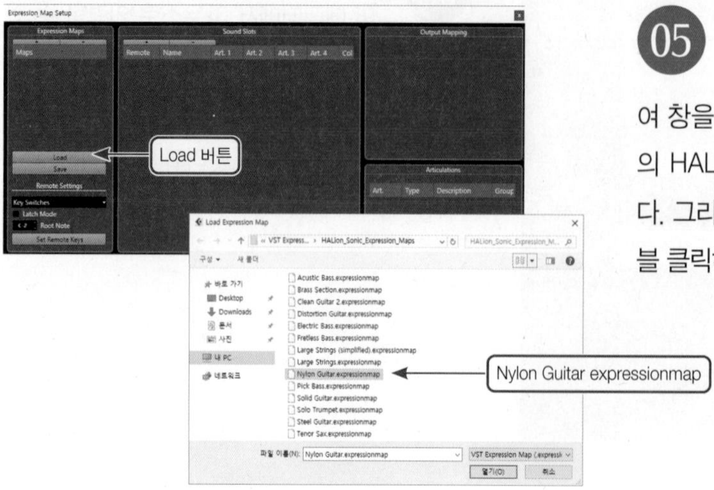


05 VST Expression을 설정할 수 있는 창이 열립니다. Load 버튼을 클릭하여 창을 열고, VST Expression Map 샘플 폴더의 HALion_Sonic_Expression_Maps를 엽니다. 그리고 Nylon Guitar expressionmap을 더블 클릭하여 불러옵니다.

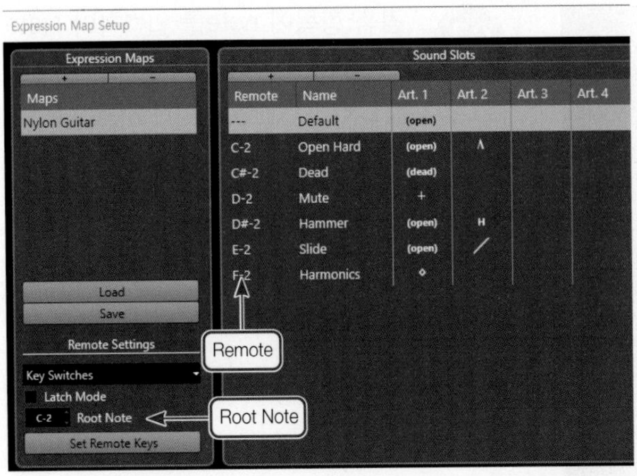


06 익스프레션을 리얼 연주로 이용하겠다면 Root Note 값을 88건반에 적합한 C0이나 61 건반에 적합한 C1 정도로 설정합니다. Remote 칼럼의 노트를 더블 클릭하여 자신에게 맞는 건반을 지정해도 좋습니다.

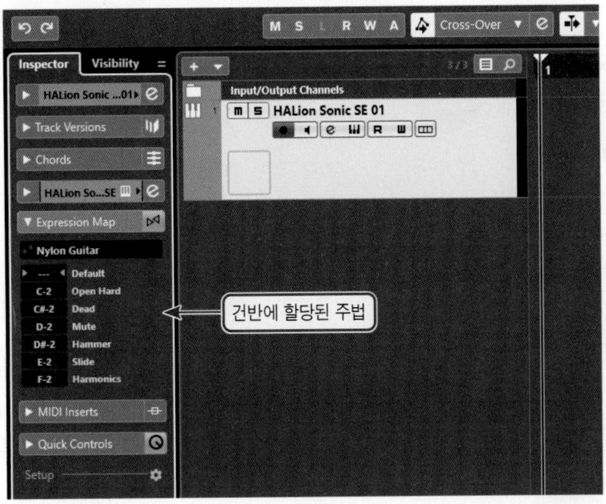


07 Expression Map 파라미터에서 Nylon Guitar를 선택하면 C0는 Open Hard, C#0은 Dead 등, 건반에 할당된 주법을 확인할 수 있습니다. 예를 들어 E0 건반을 누르고, 악기를 연주하면 슬라이드 주법으로 연주되는 놀라운 경험을 할 수 있습니다.

> **Tip**
> Remote를 한 옥타브 올렸다면, E1으로 슬라이드 주법을 연출합니다.

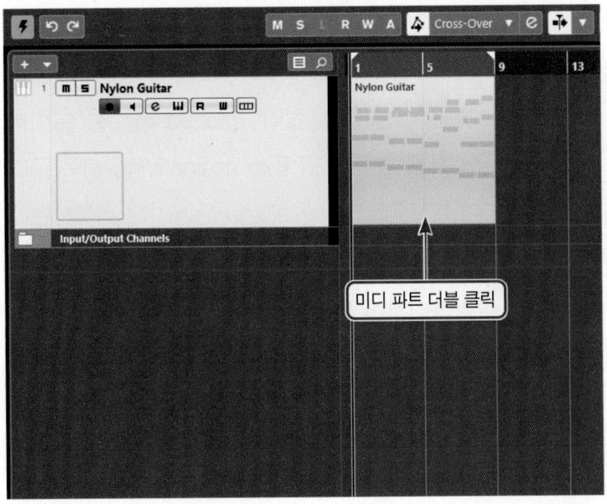


08 VST Expression을 키 에디터나 스코어 에디터에서 마우스로 입력할 수 있기 때문에 리얼 연주가 서툰 사용자도 쉽게 이용할 수 있습니다. 적당한 연주를 녹음하거나 Expression_01 샘플을 불러와 키 에디터를 엽니다.

09 미디 편집 작업에서 가장 많이 사용하는 키 에디터 창이 열립니다. 컨트롤 패널의 메뉴를 클릭하여 Artivulations/Daynamics를 선택합니다.

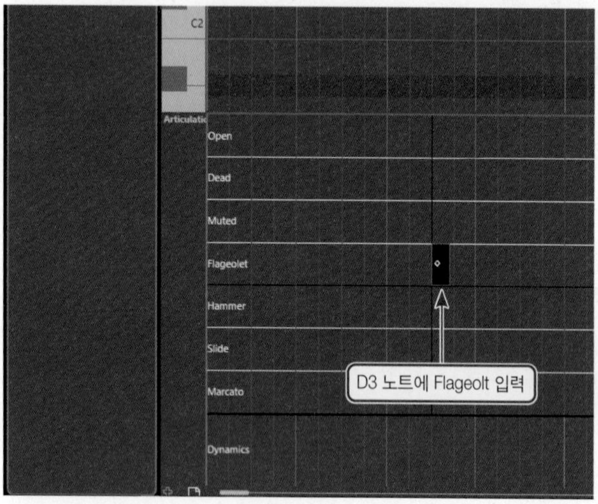


10 Expression 주법이 표시된 컨트롤 패널이 보이며, 연필을 가져가면 노트의 시작 점에 맞출 수 있는 가이드 라인이 표시됩니다. D3 노트가 연주되는 위치에서 Flageolet을 입력하여 연출해봅니다.

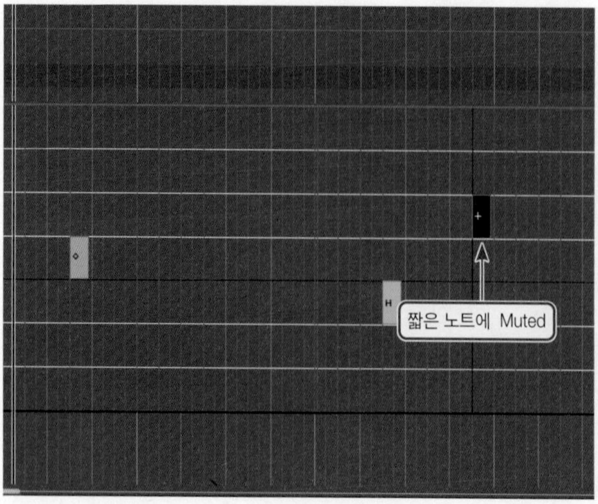


11 3마디와 4마디에서 연주되는 E3 노트에 Hammer 주법을 입력하고, 3, 6, 8마디에서 연주되는 짧은 노트에 Muted 주법을 입력합니다. 입력한 주법은 다시 클릭하여 삭제할 수 있습니다.

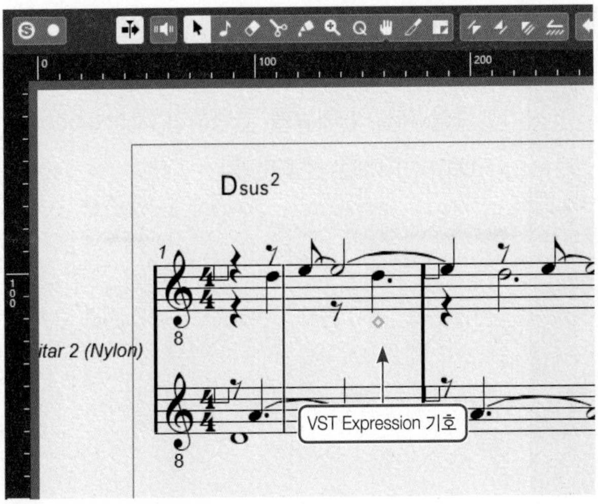


12 Expression Map은 스코어 에디터에서 더욱 큰 위력을 보입니다. Scores 메뉴의 Open Score Editor 선택하여 창을 열어보면, 앞에서 입력한 주법들이 음표에 표시되어 있는 것을 확인할 수 있습니다. 즉, 악보에 표시되는 기호들이 실제 연주에 반영되는 것입니다.

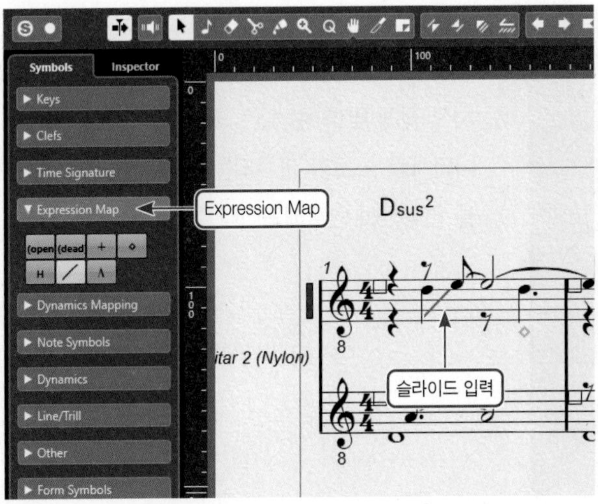


13 인스펙터 창의 Expression Map 파라미터에서 Slide 기호를 선택하고, 둘째마디의 E3 음표 머리를 클릭하여 기호를 입력합니다.

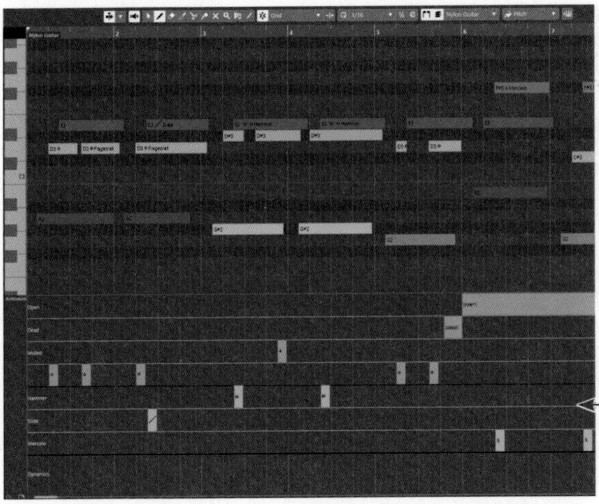

14 프로젝트 창에서의 리얼 연주, 키 에디터와 스코어 에디터에서의 마우스 입력 방법을 살펴보면서 Expression의 놀라운 기능을 경험해 보았습니다. 좀 더 리얼한 연주를 만들거나 표기대로 연주되는 악보를 만들고 싶을 때, 매우 유용한 기능이 될 것입니다. 완성된 샘플은 Expression_02 파일입니다.

Expression_02

# 05 모디파이어 파라미터

● 샘플 프로젝트 : Track

미디 및 VST 트랙의 MIDI Modifiers 파라미터는 선택한 트랙에서 연주하는 미디 노트, 벨로시티 등을 실시간으로 조정할 수 있는 항목들로 구성되어 있습니다. 특히, Random 항목을 잘 활용하면 마우스 입력이나 퀀타이즈 명령으로 인한 기계적인 연주를 어느 정도 느슨하게 하여 리얼로 연주한 듯한 효과를 만들 수 있습니다.

### 1. Transpose

선택한 트랙의 피치를 최대 127까지 조정 가능합니다. 여기서 1에 해당하는 값이 반음입니다. 1번 트랙의 Flute를 선택하여 피치를 조정해봅니다.

### 2. Velocity Shift

선택한 트랙의 벨로시티를 최대 126까지 조정할 수 있습니다. 여기서 주의할 것은 실제 노트의 벨로시티를 변경하는 것이 아니라 연주 효과에만 적용한다는 것입니다. 그리고 범위가 실제 노트와 합해서 127이 넘어가면 Veocity Shift에서 설정된 벨로시티 값으로 고정 된다는 것입니다. 예를 들어서 실제 노트의 벨로시티가 100이고, Velocity Shift 값이 +10이라면 실제 연주하는 값은 110이지만, Velocity Shift 값이 +50이라면 실제 벨로시티 값과 합해서 150이 되어 127이라는 한계 값을 넘어가고 있기 때문에 연주하는 값은 50입니다.

### 3. Vel. Comp

벨로시티의 압축 비율을 설정합니다. 예를 들어서 입력한 벨로시티 값이 100이고, Vel. Comp 값이 1/2라면 100을 반으로 압축하는 효과이므로 실제 연주하는 벨로시티 값은 50입니다. 참고로 Vel. Shift와 Vel. Comp 값을 동시에 사용한다면 다음 표의 예제와 같이 실제 연주 값에 Vel. Comp 값을 적용한 후 Vel. Shift 값을 더한 값으로 연주합니다.

| 입력된 값 | 50 | 70 | 35 | 100 |
|---|---|---|---|---|
| Vel. Shift (+50) | 50 | 50 | 50 | 50 |
| Vel. Comp (1/2) | 25 | 35 | 17 | 50 |
| Shift+ Comp | 75 | 85 | 67 | 100 |

### 4. Len. Comp

입력한 노트 길이의 압축 비율을 설정합니다. 예를 들어서 입력한 노트의 길이가 한 박자일 경우 Len. Comp의 값을 1/2로 하면 반으로 줄어서 반 박자의 연주 효과를 만들고, 2/1로 하면 두 배로 늘어나 두 박자의 연주 효과를 만듭니다.

### 5. Random

입력한 노트의 시작 위치(Position), 음정(Pitch), 벨로시티(velocity), 길이(length) 등을 인위적으로 어긋나게 하여 마우스로 입력한 노트를 리얼로 입력한 것처럼 연출할 수 있습니다. 예를 들어 퀀타이즈를 적용한 Track 샘플 파일의 시작 위치를 어긋나게 하려면 Random 항목에서 Position을 선택합니다. 그리고 Min과 Max에서 범위를 입력합니다. 그림은 최소 -10에서 최대 10 값을 입력하여 노트의 시작 위치가 20 범위에서 자유롭게 어긋나게 하고 있습니다. Random은 두 개의 패널을 가지고 있으므로 Velocity까지 변화를 주면, 마우스로 입력한 노트도 리얼로 입력한 것처럼 연출할 수 있을 것입니다.

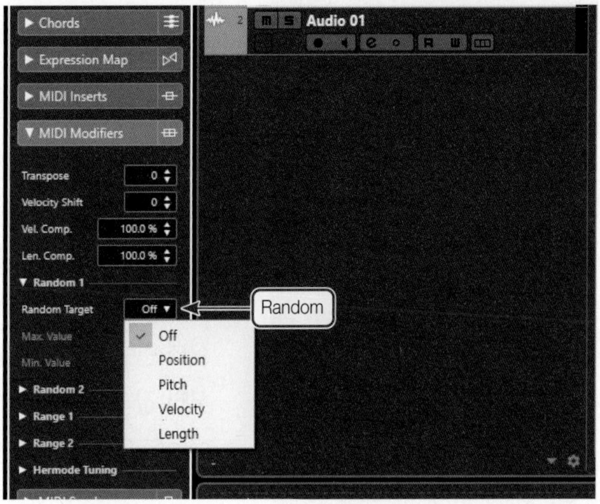

## 6. Range

Range는 연주하는 벨로시티와 음정의 범위를 제한할 수 있습니다. 여기서 Limt는 Min과 Max사이에 설정한 범위 밖의 노트를 설정 범위 안에서 연주할 수 있게 하는 것이며, Filter는 설정한 범위 밖의 노트를 연주하지 못하게 하는 것입니다. Track 샘플 파일에서 Drum 트랙에 사용한 퍼커션 연주를 빼는 실험을 위해 Note Filter를 선택합니다. 퍼커션 연주가 D3와 D#3이므로 Max값을 C#3로 설정하여 그 이상의 노트들은 연주하지 않게 합니다. 이때 Note Limit를 선택하면 D3와 D#3가 C#3 범위 안으로 이동하기 때문에 엉뚱한 소리로 연주합니다. 두 가지 차이점을 확실히 기억하기 바랍니다.

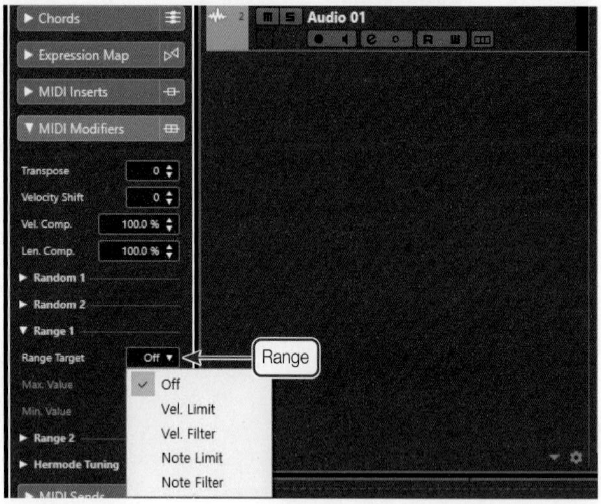


## 7. Harmode Tuning - Apply Tuning

트랙에서 연주되는 노트의 주파수를 조정하는 Hermode 튜닝이 적용됩니다. 타입은 Project Setup의 HMT Type에서 설정한 것으로 적용되기 때문에 사전에 선택되어 있어야 하며, None인 경우에는 Activate Hermode tuning in the Project Setup dialog 메시지가 표시됩니다.

Project Setup 창의 HMT Type에서 제공하는 튜닝 타입은 Reference, Classic, Pop Jazz, Baroque의 음악 장르별로 제공하며, 조정 폭은 HMT Depth로 설정합니다.

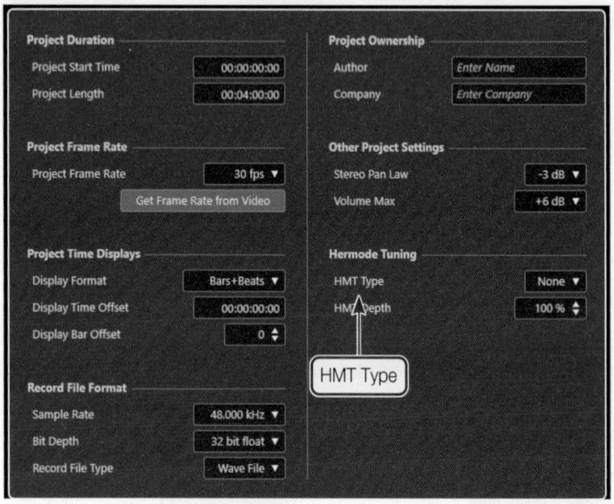


## 8. Use for Analysis

트랙에서 연주되는 노트를 분석용으로 사용합니다. Follow를 On으로 하면 자동으로 On 되지만, 피아노 연주 트랙에서는 부자연스러운 튜닝이 추기되는 현상을 방지하기 위하여 Follow를 Off하는 것이 좋습니다.

# 06 인서트 파라미터

인서트 파라미터는 연주하는 이벤트에 다양한 이펙트 효과를 인서트 방식으로 적용할 수 있는 파라미터 입니다. 미디는 동시에 4가지를 적용할 수 있고, 오디오는 동시에 16가지를 적용할 수 있습니다. 오디오에서 너무 많은 이펙트를 사용하면, 음악이 지연되는 현상이 발생할 수 있으므로 인서트 방식이 필요 없는 리버브, 딜레이 계열들은 센드 방식을 사용하는 것이 요령입니다.

**01** Insert 파라미터를 열어보면 미디 트랙의 경우에는 4개의 슬롯이 있고, 오디오 트랙의 경우에는 16개의 슬롯이 있습니다. 슬롯을 클릭하면 큐베이스에서 제공하는 다양한 이펙트 목록이 열립니다.

**02** 목록에서 원하는 이펙트를 선택하면 설정 값을 변경할 수 있는 패널이 열리며, 패널을 마우스 오른쪽 버튼으로 클릭하여 단축 메뉴를 열고, Always on Top을 선택하면, 다른 작업 창 뒤로 가려지지 않습니다.

**Tip**

이펙트를 로딩할 때 Always On Top 기능이 적용되게 하려면, Preferences 창의 VST-Plug-ins 페이지에서 Plug-in Editors "Always on Top" 옵션을 체크합니다.

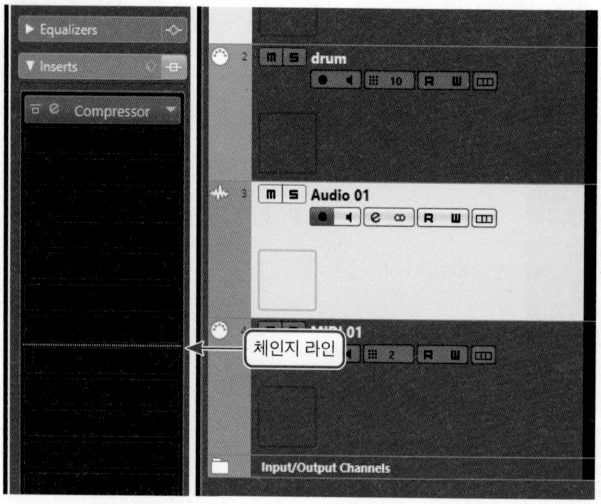


**03** 오디오 트랙에는 형광색 라인으로 표시되어 있는 체인지 라인을 제공하며, 이를 드래그하여 볼륨 페이더 이전 또는 다음에 적용되게 합니다.

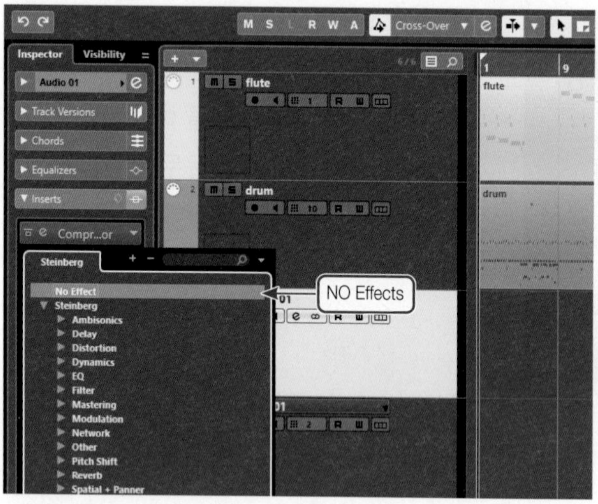


**04** 슬롯에 장착되어 있는 이펙트는 언제든 다른 이펙트를 선택하여 바꿀 수 있고, No Effects 메뉴를 선택하여 제거할 수 있습니다. 이펙트의 목록은 큐베이스에서 제공하는 것 외에 사용자가 설치한 플러그-인들도 표시되므로 그림과 다를 수 있습니다.

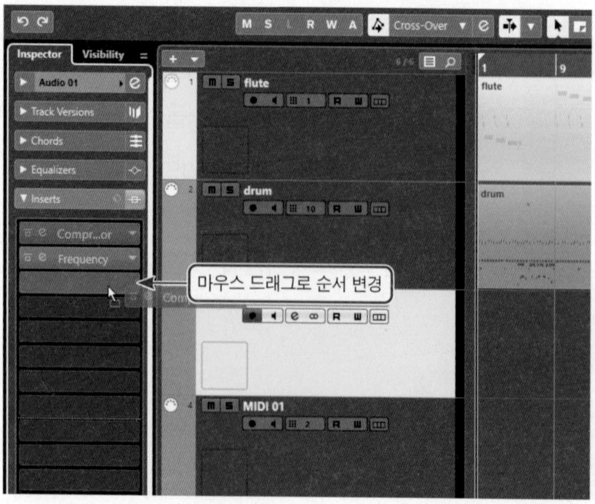


**05** Insert 슬롯에 장착한 이펙트는 이름을 드래그하여 적용 순서를 변경할 수 있습니다. 동일한 이펙트라도 적용 순서에 따라 전혀 다른 사운드가 연출되므로, 많은 실험이 필요한 것이 이펙트입니다.

06 이펙트는 순서뿐만 아니라 채널도 변경할 수 있습니다. F3 키를 눌러 믹스 콘솔을 열고, Insert 랙을 클릭하여 슬롯이 보이게 합니다. 그리고 이펙트를 다른 채널로 드래그해보면 위치 변경이 가능하다는 것을 알 수 있습니다.

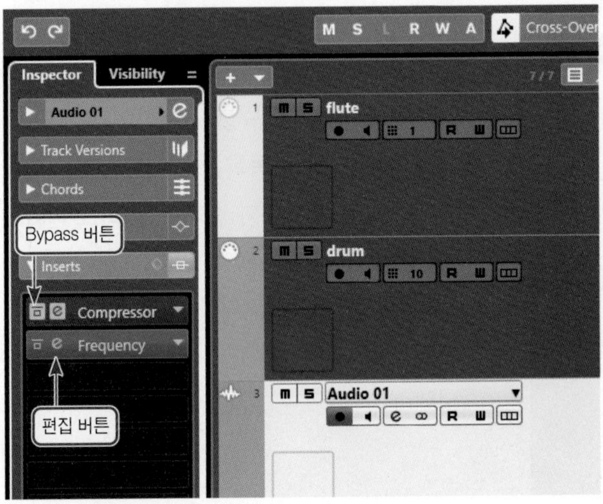


07 인서트 파라미터 각 슬롯에는 이펙트 적용 전/후의 사운드를 비교해볼 수 있는 Bypass 버튼과 패널을 여는 편집 버튼이 있습니다. 이펙트의 사용 유무를 결정하는 전원 버튼은 Alt 키를 누른 상태에서 Bypass 버튼을 클릭합니다.

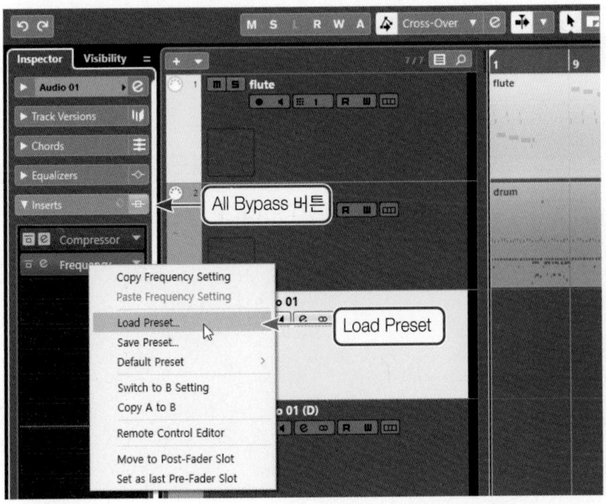


08 이펙트를 마우스 오른쪽 버튼으로 클릭하면 열리는 메뉴에서 Load Preset을 선택하면 설정 값을 불러올 수 있는 프리셋 창이 열리며, Inserts 파라미터 이름 오른쪽의 All Bypass 버튼을 클릭하여 해당 트랙의 모든 이펙트를 Bypass 시킬 수 있습니다.

**Tip**

All Bypass 버튼을 Alt 키를 누른 상태로 클릭하면 해당 채널에 적용한 이펙트를 모두 제거합니다.

# 07 이퀄라이저 파라미터

● 샘플 프로젝트 : Eq

흔히 EQ라고 불리는 이퀄라이저는 각 음의 주파수 대역을 조정하여 자신이 원하는 사운드를 만드는 역할을 합니다. 가정용 오디오에서 POP, Jazz, Rock 등으로 프리셋 되어 있어 일반인들도 쉽게 사용할 수 있을 만큼 친숙하지만, 많은 경험이 필요한 장비이기도 합니다. 이퀄라이저는 인스펙터 창의 Equalizers 파라미터에서 조정하는 것보다는 주파수 대역을 눈으로 확인할 수 있는 채널 셋팅 창을 많이 사용합니다.

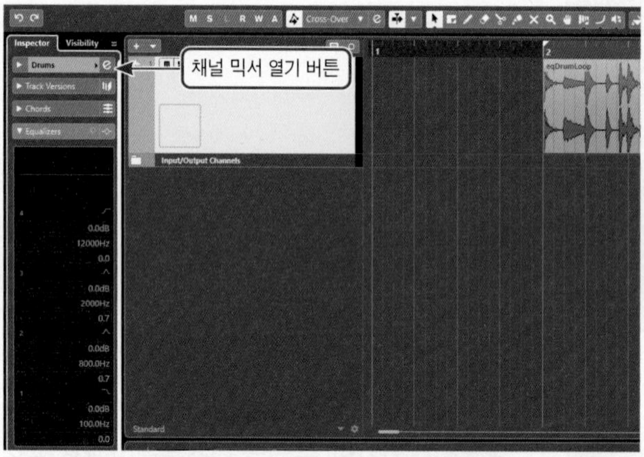


01 Equalizers 파라미터를 열어보면 맨 아래쪽이 1번, 그 위로 2, 3, 4번의 밴드로 구성되어 있는 것을 확인할 수 있습니다. 채널 믹서 열기 버튼을 클릭하여 창을 열어 봅니다.

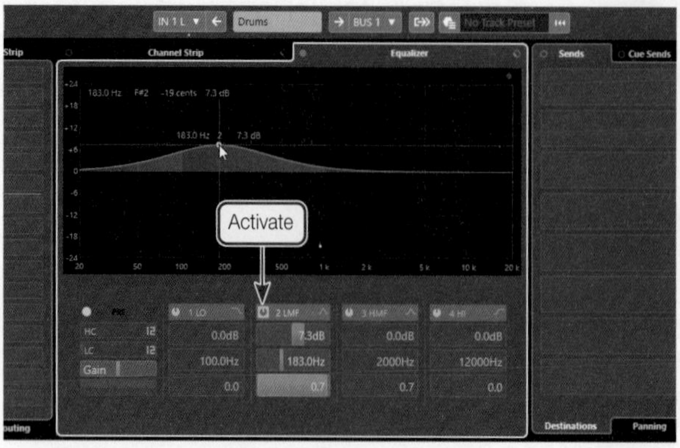


02 왼쪽에서부터 1-4 순서로 구성되어 있는 Equalizer 패널을 확인할 수 있습니다. 각 밴드의 활성 여부는 Activate 버튼으로 결정하며, 인스펙터 창의 Equalizers에서도 해당 밴드가 On/Off 되는 것을 확인할 수 있습니다. 즉, 어떤 곳에서 조정을 해도 결과는 같은 것입니다.

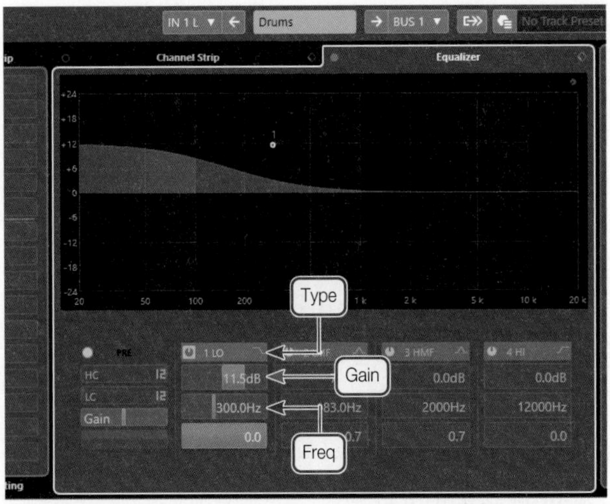


03 각 밴드에는 선택한 주파수 대역을 증/감하는 게인(Gain), 주파수 대역을 설정하는 프리퀀시(Freq), 밴드 타입을 선택하는 Type 슬롯으로 구성되어 있습니다. 저역대 주파수를 300Hz 정도로 설정하고, 게인을 올려봅니다. 저음이 강조되어 베이스 드럼 소리가 커지는 것을 느낄 수 있습니다.

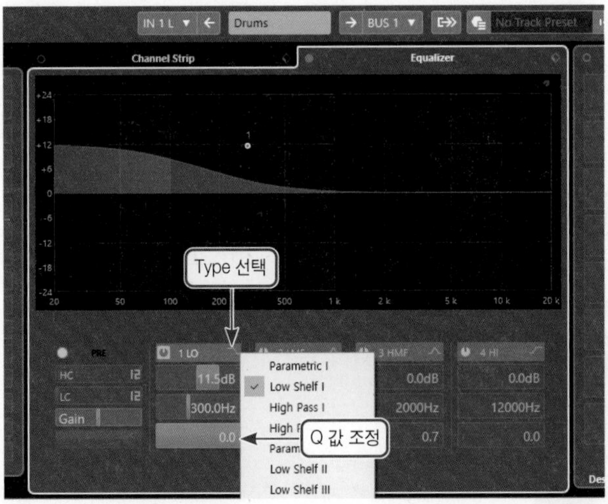


04 타입은 Freq에서 설정한 주파수를 중심으로 조정하는 Parametric, 이상의 주파수를 조정하는 High Pass/Shelf, 이하의 주파수를 Low Pass/Shelf 등이 있습니다. 그리고 Q 슬롯은 조정 폭을 설정합니다.

05 각각의 슬롯은 디스플레이에서 포인트를 드래그하여 조정할 수 있다는 것도 알아두기 바랍니다. Shift 키를 누른 상태에서는 Q값, Ctrl 키를 누른 상태에서는 게인, Alt 키를 누른 상태에서는 프리퀀시를 조정합니다.

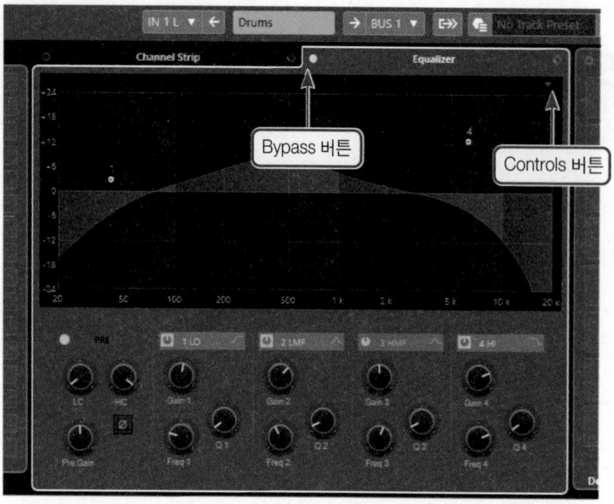


06 Bypass 버튼은 EQ 적용 전/후의 사운드를 비교할 때 사용하는 역할을 하며, Contols 버튼은 파라미터를 노브 타입을 표시하는 역할을 합니다.

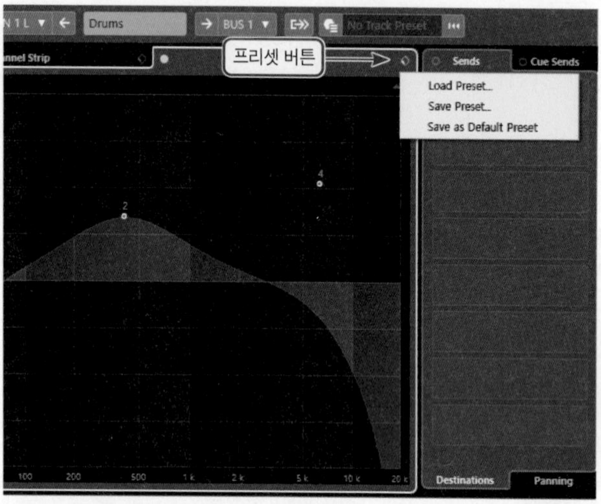


07 큐베이스는 EQ 패널에서도 다양한 프리셋을 이용할 수 있습니다. 프리셋을 적용할 때는 프리셋 버튼을 클릭하여 메뉴를 열고, Load Preset을 선택합니다.

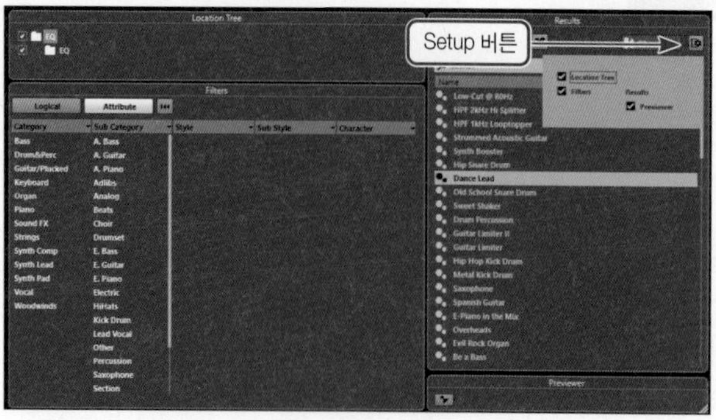


08 인서트 파라미터에서 살펴보았던 것과 동일한 방식의 프리셋 창이 열립니다. 셋업 버튼의 Filter 옵션을 체크하면, 악기 음색에 적합한 EQ 셋팅을 쉽게 찾을 수 있는 카테고리 형식으로 표시되며, 선택한 프리셋은 채널 셋팅 창의 EQ 패널에서 확인할 수 있습니다.

# 08 센드 파라미터

● 샘플 프로젝트 : Open

센드 파라미터는 앞의 인서트 파라미터에서 살펴본 미디 이펙트와 오디오 이펙트를 그대로 사용합니다. 다만, 하나의 채널에서 하나의 이펙트를 사용하는 인서트 방식과는 다르게 하나의 이펙트를 다수의 채널에서 사용할 수 있다는 차이점이 있습니다. 일반적으로 리버브와 딜레이와 같은 공간계열 이펙트를 사용합니다.

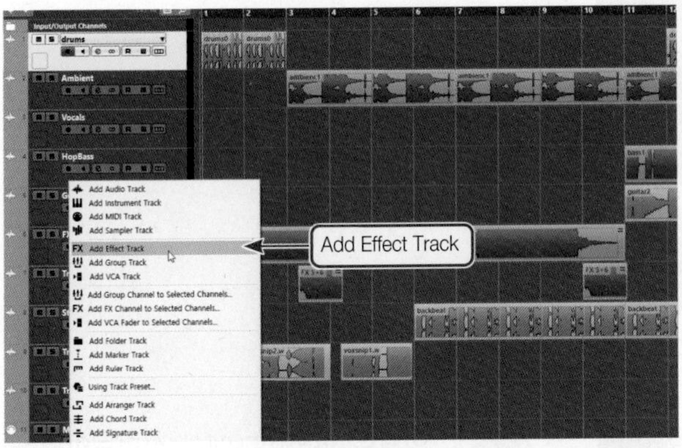


**07** 트랙 리스트에서 마우스 오른쪽 버튼을 클릭하여 단축 메뉴를 열고, Add Effect Track을 선택합니다.

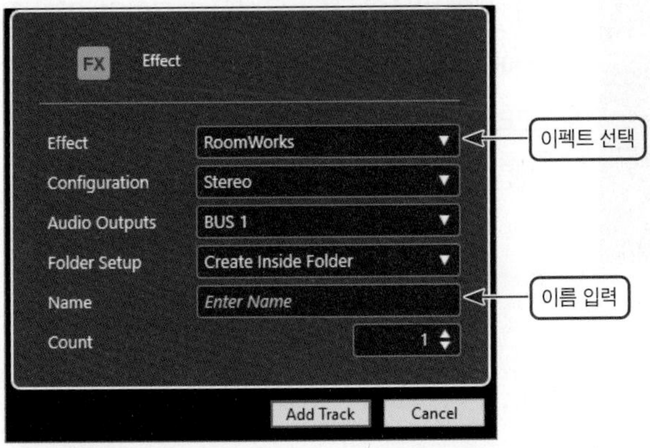


**07** Name 항목에 Reverb라고 입력하고, Effect 항목에서 RoomWorks를 선택합니다.

07 RoomWorks를 적용한 Reverb 트랙이 FX Channels라는 이름의 폴더 트랙으로 생성됩니다.

07 drums 트랙의 Sends 슬롯에서 Reverb를 선택합니다. 이것은 FX 트랙을 만들 때 입력했던 이름입니다.

07 On 버튼을 클릭하고, 볼륨 슬라이드를 드래그하여 이펙트의 볼륨을 조정합니다. 곡을 연주하면 drums 트랙에 리버브가 적용되어 있는 것을 확인할 수 있습니다.

**07** 같은 방법으로 두 번째 Amblent 트랙의 Sends 슬롯에서 Reverb를 선택합니다. 그리고 곡을 연주하면서 볼륨을 조정해봅니다. 하나의 이펙트를 여러 개의 채널에서 동시에 사용할 수 있다는 것을 알 수 있습니다.

**07** On/Off 버튼 오른쪽의 Pre/Post 버튼은 이펙트를 볼륨 슬라이드 전(Pre)에 적용할 것인지, 이후(Post)에 적용할 것인지를 선택합니다. 기본값은 Post 입니다.

## Tip Pre/Post

센드 이펙트는 Pre와 Post 방식으로 선택할 수 있으며, 이것은 볼륨 페이더 전(Pre)과 후(Post)를 의미합니다. 일반적으로 Post 방식을 이용하지만, 볼륨에 상관없이 이펙트의 양을 조정하고자 할 때나 센드 이펙트의 양을 모니터할 때 Pre 방식을 이용합니다.

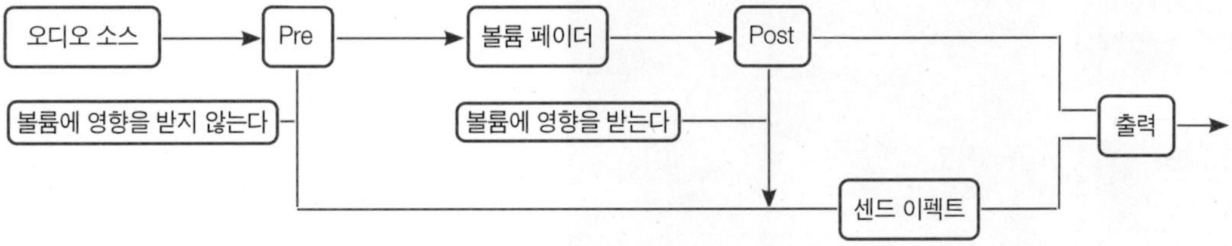

# 09 페이더 파라미터

페이더 파라미터는 앞에서 살펴본 컨트롤 파라미터를 충분히 이해하고 있다면 별다른 어려움이 없을 것입니다. 페이더 파라미터는 믹서의 페이더 섹션과 같은 모양을 하고 있으며 역할도 같습니다. 미디 트랙의 경우에는 MIDI Fader, 인스트루먼트 트랙에는 Audio Fader라는 이름으로 표시됩니다.

01 Ctrl 키를 누른 상태로 Fader 파라미터를 클릭하여 컨트롤 파라미터와 비교할 수 있게 합니다. 볼륨을 조정해보면, 컨트롤 파라미터의 볼륨이 함께 동작됩니다.

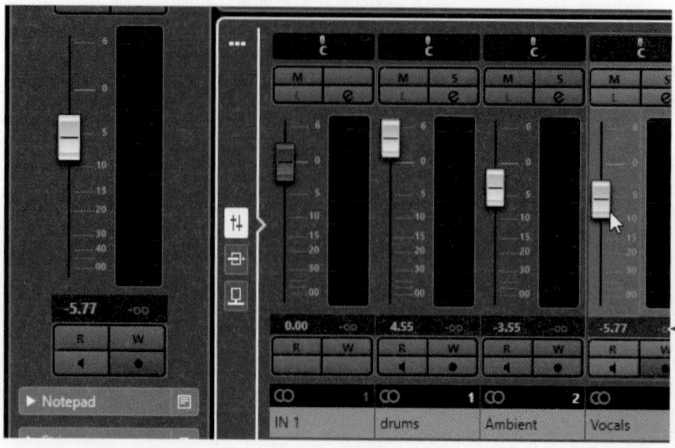


02 로우 존의 MixConsole을 열고, 볼륨을 조정해봅니다. Fader의 슬라이드가 함께 움직입니다. 즉, 어떤 파라미터에서 조정을 해도 결과는 같습니다. 믹스콘솔에 관해서는 해당 학습편에서 다루겠습니다.

# 10 디바이스 패널 파라미터

Device Panel은 인스펙터 창에서 제공하는 컨트롤, 인서트, 채널 파라미터 외에 사용자가 필요로 하는 파라미터를 만들어 사용하는 역할을 합니다. 하드웨어 이펙트나 악기를 사용하고 있다면 Device Panel을 이용하여 마치 큐베이스에 내장되어 있는 장치처럼 사용할 수 있는 것입니다.

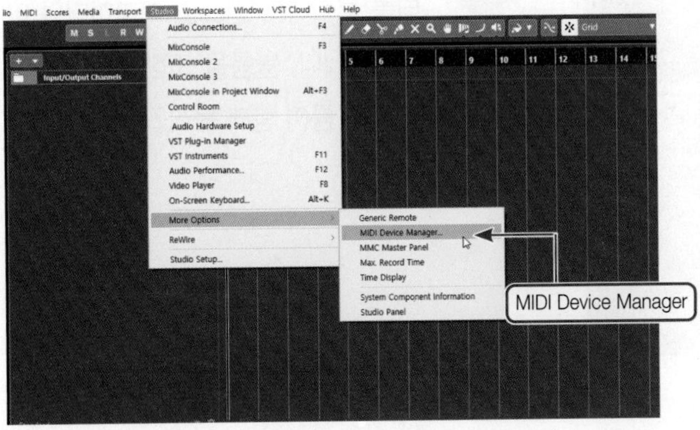


01 Studio 메뉴의 More Options에서 MIDI Device Manager를 선택합니다. User Pane은 프로젝트를 새로 만들 때 적용되므로, 작업을 시작하기 전에 프로젝트를 만들 필요는 없습니다.

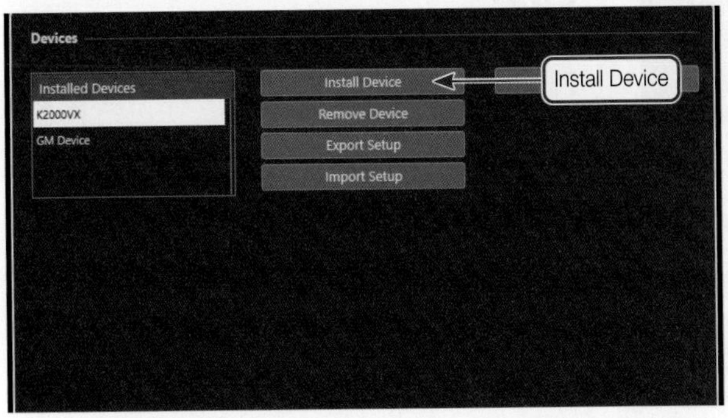


02 미디 아웃 포트에 연결되어 있는 악기 리스트를 만들 수 있는 MIDI Device Manger가 열립니다. Install Device 버튼을 클릭합니다.

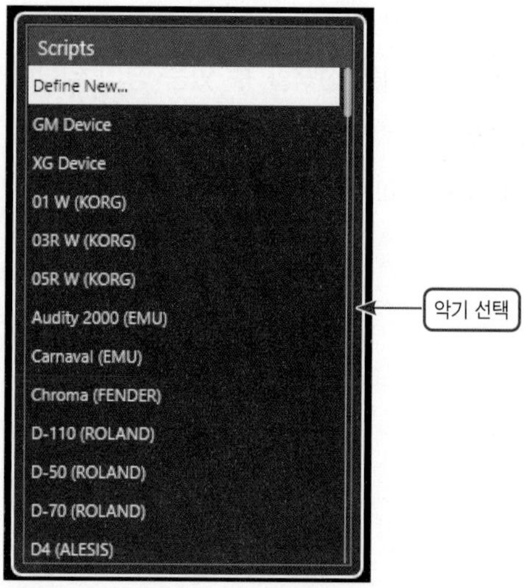


**03** Add MIDI Device 가 열립니다. 리스트에서 독자가 사용하고 있는 미디 악기를 찾아 선택하고, OK 버튼을 클릭합니다.

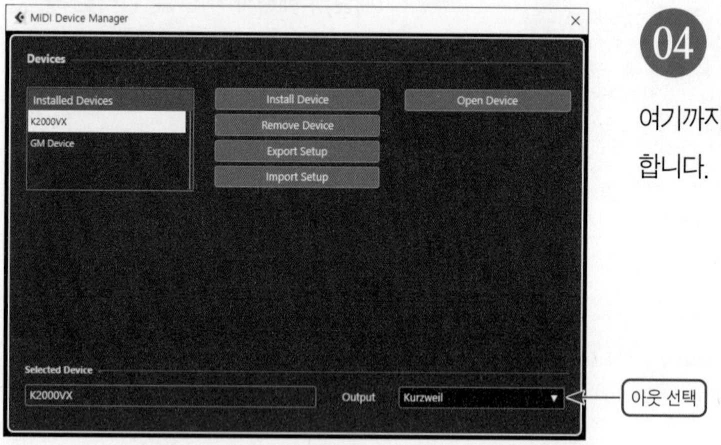


**04** Output에서 선택한 악기가 연결되어 있는 미디 아웃 포트를 선택합니다. 여기까지는 음색 리스트를 만드는 방법과 동일합니다.

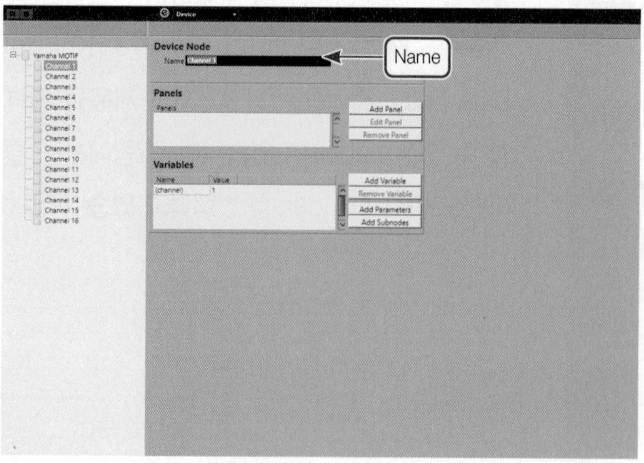


**05** 사용자 패널을 꾸미기 위해서 Open Device 버튼을 클릭하여 창을 엽니다. 왼쪽에서 악기 또는 채널을 선택하고, Name 항목에서 컨트롤 패널의 이름을 입력합니다.

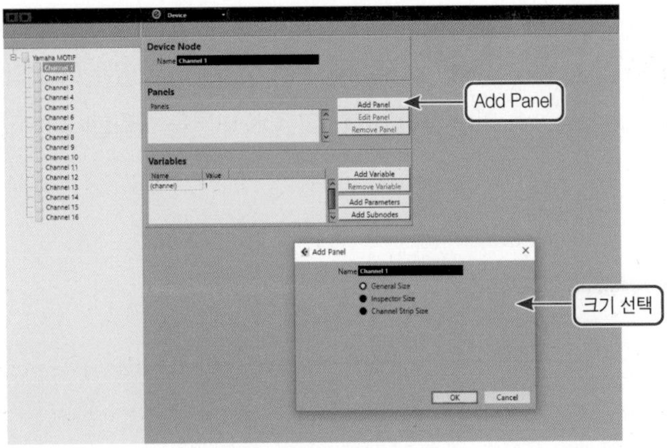


## 06

Add Panel 버튼을 클릭하면 패널의 크기를 선택할 수 있는 창이 열립니다. General, Inspector, Channel Strip에서 필요한 크기를 선택하고, OK 버튼을 클릭합니다.

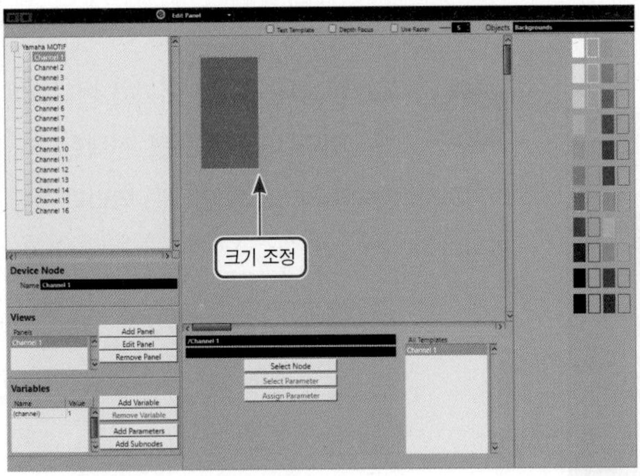


## 07

패널 편집 창이 열립니다. 기본적으로 패널의 배경과 색상을 선택할 수 있는 Background 오브젝트가 보입니다. 원하는 패널을 작업 공간으로 드래그합니다. 패널의 가장자리를 드래그하여 크기와 형태를 조정할 수 있습니다.

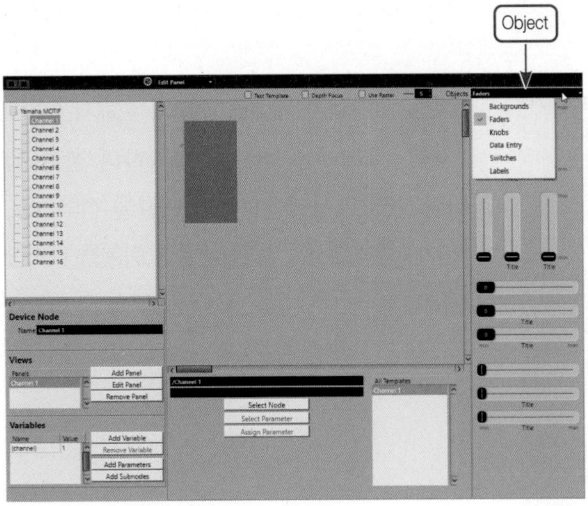


## 08

Object 목록을 클릭하여 컨트롤할 형태를 선택합니다. Faders, Knobs, Data Entry, Switches의 4가지와 제목을 입력할 수 있는 Labels이 있습니다. 그림에서는 슬라이드 방식의 Faders를 선택하고 있습니다.

09 다양한 형태의 슬라이드 오브젝트가 보입니다. 배경 패널에서와 같이 마우스 드래그로 작업 공간에 위치합니다. 나머지 오브젝트도 동일한 방법으로 배치합니다.

컨트롤 파라미터의 구성은 실제 악기와 비슷하게 만드는 것이 좋습니다.

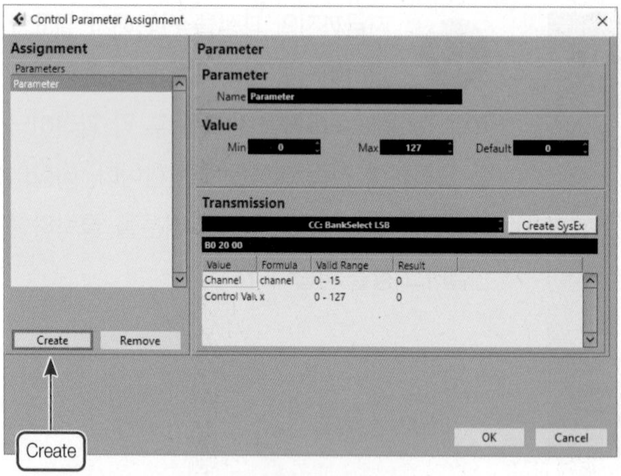


10 슬라이드로 컨트롤할 파라미터를 설정할 수 있는 창이 열립니다. Create 버튼을 클릭하여 새로운 파라미터를 만듭니다. 기본적으로 이름은 Parameter, 컨트롤 정보는 0번으로 설정되어 있습니다.

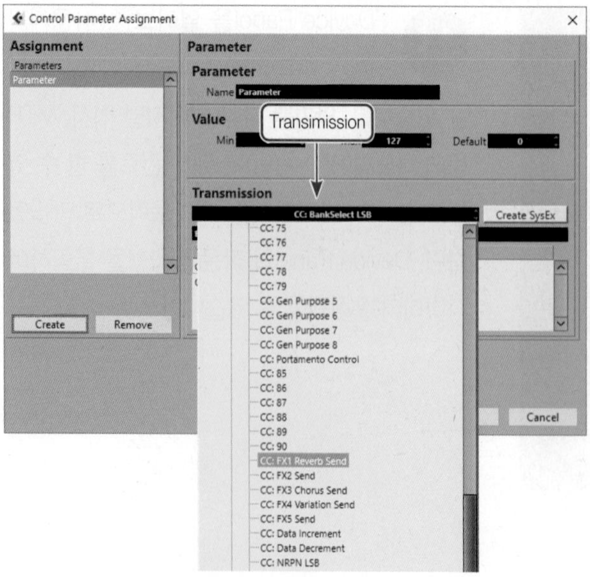


11 Transmission에서 컨트롤 하고 싶은 정보를 선택합니다. 시스템 익스클루시브 정보를 컨트롤 하고 싶다면, Create Sysex 버튼을 클릭합니다. 컨트롤 정보와 시스템 익스클루시브 정보는 뒤에서 살펴보기로 하고, 여기서는 컨트롤 번호 91번인 CC: FX1 Reverb Send를 선택하고 OK 버튼을 클릭합니다.

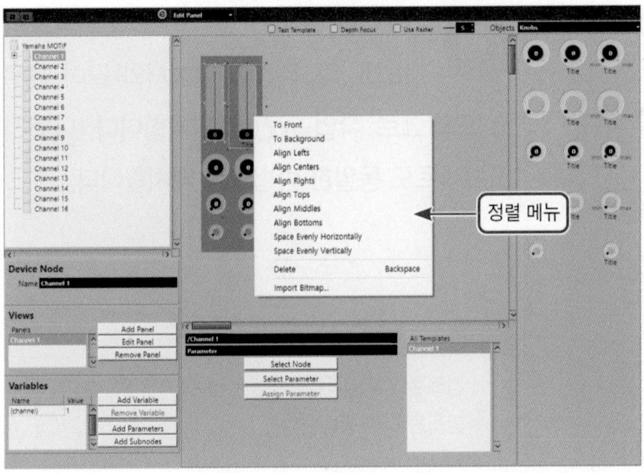


12 Ctrl 키를 누른 상태로 두 개 이상의 오브젝트를 선택하고, 마우스 오른쪽 버튼을 클릭하면 해당 오브젝트를 정렬할 수 있는 단축 메뉴가 열립니다. Import Bitmap은 BMP 포맷의 그림을 불러와 배경으로 만들 수 있는 역할입니다.

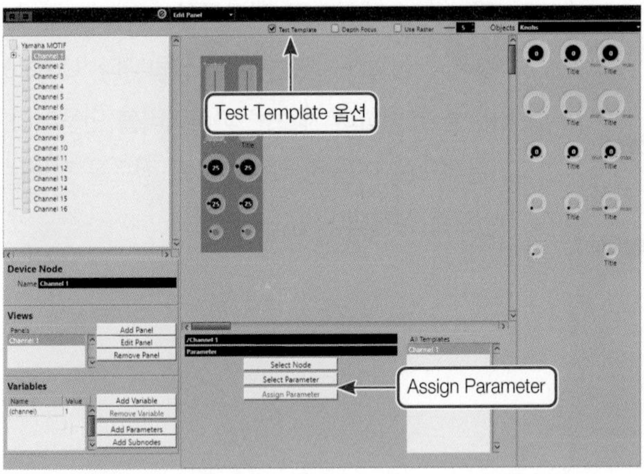


13 지금까지의 과정을 반복해서 필요한 파라미터를 만듭니다. 그리고 상단의 Test Template 옵션을 체크한 후 각 파라미터를 조정하여 전송 여부를 확인합니다. 이상이 없다면, Assign Parameter 버튼을 클릭하여 연결하고 창을 닫습니다.

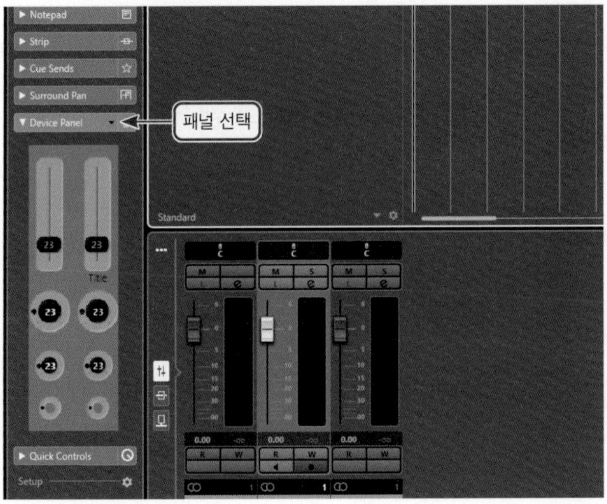


14 Device Panel을 열어보면, 사용자가 만든 파라미터로 구성된 패널을 볼 수 있습니다. 악기뿐 아니라 디지털 믹서, MTR 등의 하드웨어를 큐베이스에서 컨트롤 할 수 있는 것입니다. 파라미터를 서브 트랙으로 만들었다면, Device Panel의 작은 삼각형을 클릭하여 파라미터를 선택할 수 있습니다.

# 11 퀵 컨트롤 파라미터

Quick Controls 파라미터는 인스펙터 창에서 제공하는 컨트롤, 인서트와 센드, EQ 등, 사용자가 자주 사용하는 파라미터를 등록하여 하나의 패널에서 조정할 수 있도록 하는 역할을 합니다. 트랙 볼륨을 조정하기 위해서 컨트롤 파라미터를 열거나 이펙트 값을 조정하기 위해서 인서트 파라미터의 장치 패널을 열어야 하는 등의 번거로움을 피할 수 있는 것입니다.

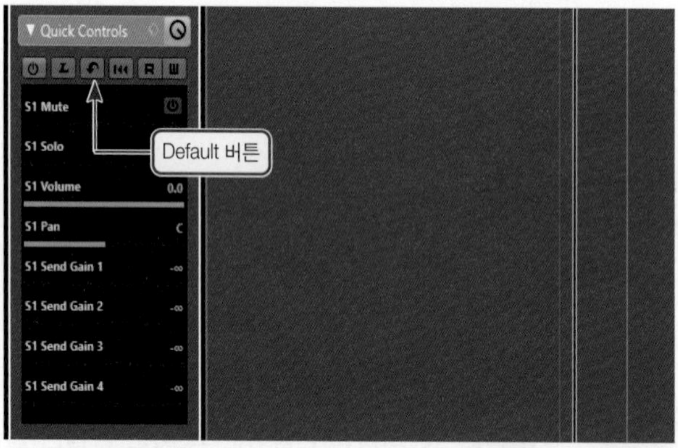


**01** 퀵 컨트롤 파라미터는 8개의 슬롯과 Activate, Learn, Default, Remove, 오토메이션 읽기, 쓰기 버튼을 제공합니다. 여기서 Default 버튼은 악기 및 이펙트가 장착된 경우에 표시되는 것으로 해당 플러그인의 기본 파라미터를 자동으로 연결합니다.

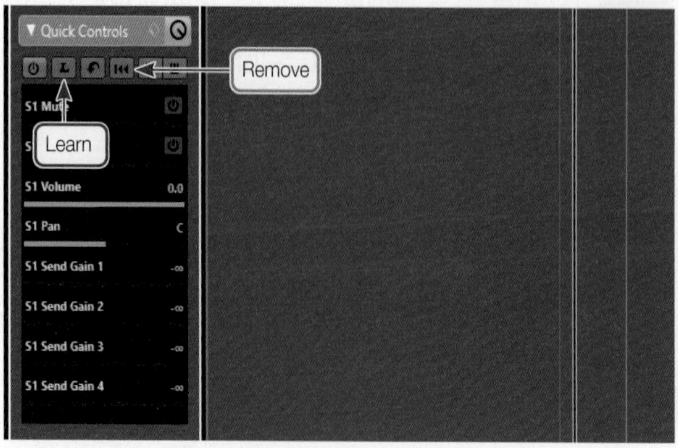


**02** Remove 버튼은 슬롯에 연결되어 있는 모든 파라미터를 제거하며, Learn 버튼은 사용자가 원하는 컨트롤을 움직여 자동으로 연결합니다.

03 Learn 버튼이 On 되어 있는 상태에서 연결하고자 하는 슬롯을 선택하고, 컨트롤하고자 하는 파라미터를 움직이면 자동으로 연결되는 것을 확인할 수 있습니다.

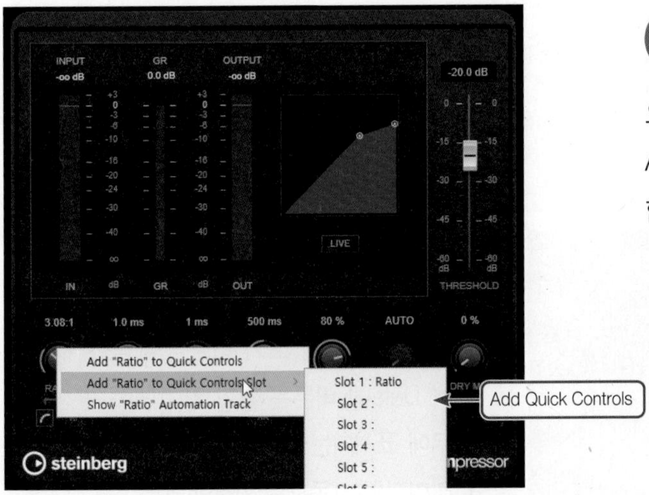


04 플러그인 패널에서 직접 연결하고자 하는 경우에는 파라미터를 마우스 오른쪽 버튼으로 클릭하여 단축 메뉴를 열고, Add to Quick Controls Slot에서 슬롯을 선택합니다.

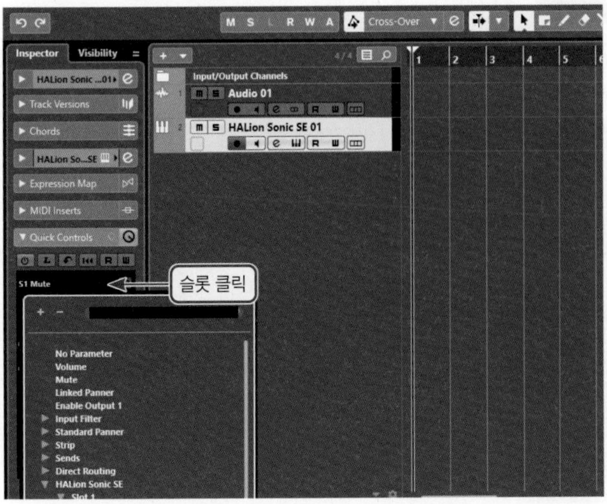


05 컨트롤을 연결하는 또 다른 방법은 슬롯에서 직접 선택하는 것입니다. Ctrl 키를 누른 상태로 클릭하면 오토메이션 가능한 파라미터만 볼 수 있습니다.

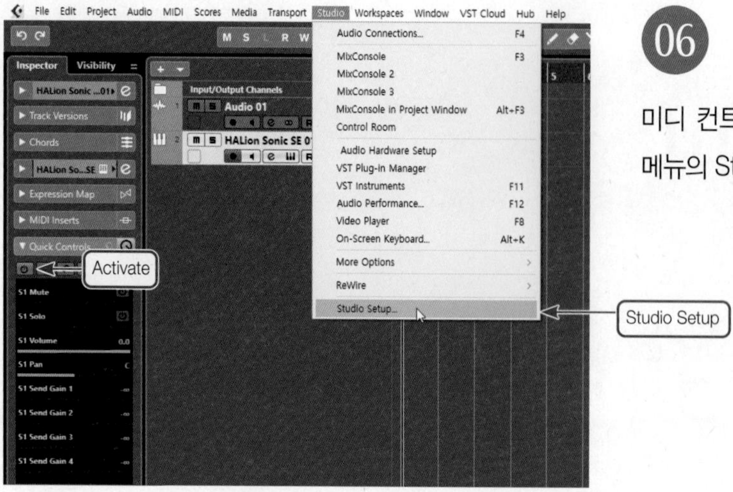


06 Activate 버튼을 On으로 하면, 각 슬롯에 연결되어 있는 파라미터를 외부 미디 컨트롤러로 조정할 수 있습니다. Studio 메뉴의 Studio Setup을 선택하여 창을 엽니다.

07 Remote Devices에서 Track Quick Controls를 선택하여 열고, MIDI Input에서 컨트롤러가 연결되어 있는 미디 포트 또는 All MIDI Inputs을 선택합니다.

08 Learn 옵션을 체크하고, 사용하고 있는 미디 컨트롤러의 노브나 페이더를 움직이면 자동으로 연결되어 해당 파라미터를 조정할 수 있게 됩니다. 연결이 끝나면 Learn 옵션을 해제합니다.

# 06 PART

## 미디 에디터

큐베이스는 미디 이벤트를 그래픽 방식으로 편집할 수 있는 키 에디터와 인-플레이스 에디터, 이벤트 편집은 물론 악보 사보 기능까지 갖추고 있는 스코어 에디터, 드럼 음색 편집에 편리한 드럼 에디터, 미디 이벤트 정보를 정밀하게 편집할 수 있는 리스트 에디터의 5가지 미디 편집 창을 제공합니다. 그중에서 로운 존에서 선택 가능한 에디터의 종류를 살펴보겠습니다.

# 01 키 에디터

키 에디터는 노트를 수평 막대 모양으로 입력하거나 편집할 수 있고, 각종 컨트롤 정보를 그림 그리듯이 작업할 수 있는 미디 편집 창의 표준입니다. 큐베이스는 기본적으로 미디 파트를 더블 클릭하면 로우 존에 키 에디터가 열립니다. 독립 창으로 열리게 하고 싶다면, MIDI 메뉴의 Set up Editor Preferences를 선택하여 창을 열고, Double-click opens Editor in Window를 선택합니다.

## 01 키 에디터의 구성

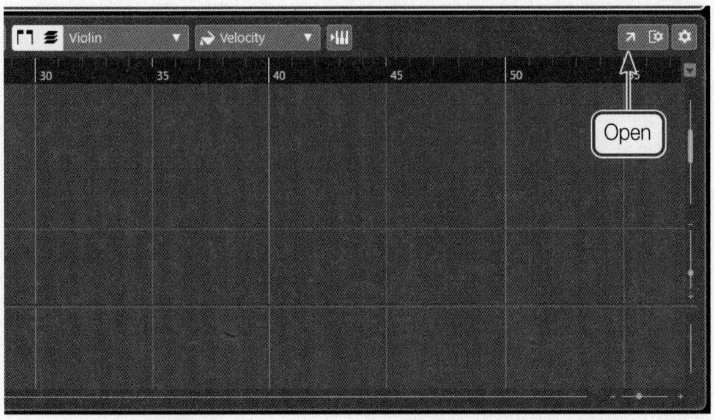


01 큐베이스는 기본적으로 미디 파트를 더블 하면 로우 존으로 키 에디터가 열리며, 로우 존의 Open 버튼을 클릭하여 독립 창으로 열 수 있습니다. 독립 창의 Open 버튼을 클릭하면 로우 존으로 복구됩니다.

02 키 데이터를 독립 창으로 열고 싶은 경우에는 트랙을 선택하고 Enter 키를 누릅니다. 파트를 선택하면 로우 존으로 열립니다. MIDI 메뉴의 Open Key Editor를 이용하면 선택 여부에 상관없이 독립 창으로 열립니다.

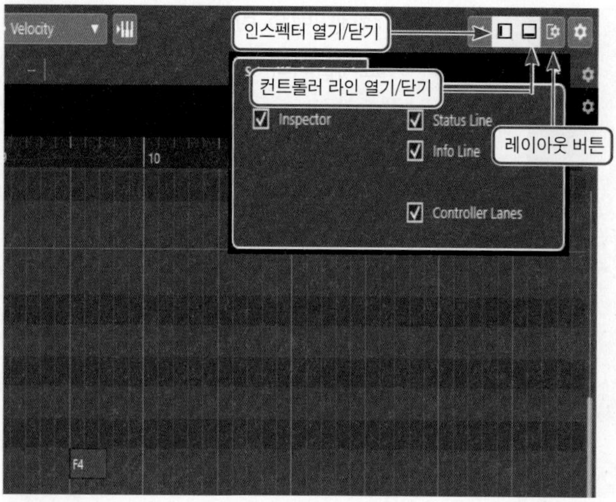


03 키 에디터는 노트 창을 중심으로 왼쪽에 인스펙터 창이 있고, 아래쪽에 컨트롤러 라인이 있습니다. 각각 Zone 버튼을 클릭하여 열거나 닫을 수 있고, 레이아웃 버튼을 클릭하여 Status와 Info Line의 표시 여부도 결정할 수 있습니다.

04 다음은 레이아웃의 모든 옵션을 체크한 모습입니다. 키 에디터를 로우 존으로 연 경우에 인스펙터 창은 프로젝트 왼쪽 존(Editor)으로 열립니다.

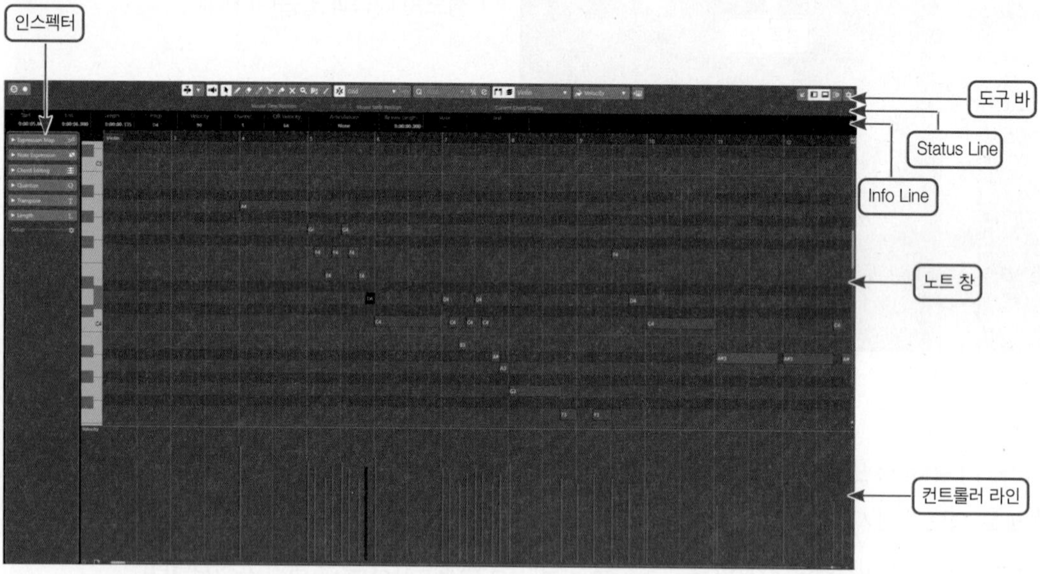


도구 바 : 노트 및 컨트롤 정보를 입력하거나 편집하는 툴을 제공합니다.

스테이터스 라인 : 마우스의 위치를 표시합니다.

인포 라인 : 선택한 노트의 정보를 표시합니다.

노트 창 : 미디 노트를 입력하거나 편집 합니다.

컨트롤러 라인 : 컨트롤 정보를 입력하거나 편집 합니다.

인스펙터 : 미디 작업을 위한 기능들을 제공합니다.

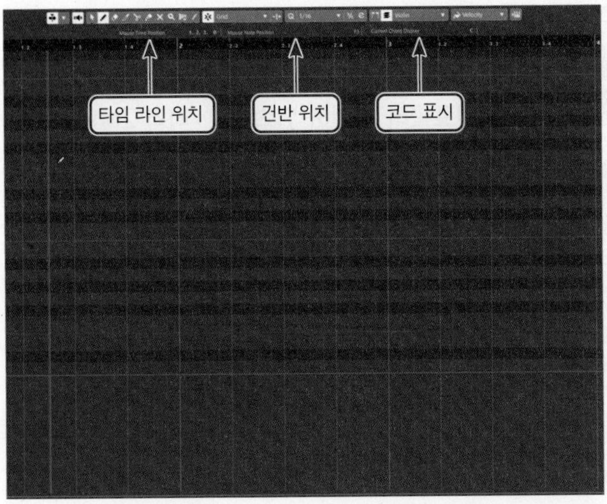


05 스테이터스 라인은 마우스의 위치를 표시합니다. 코드 표시 항목은 코드가 입력된 위치에 송 포지션 라인을 가져다 놓으면, 해당 코드를 분석하여 표시합니다.

06 인포 라인은 선택한 노트의 정보를 표시하며, 수정 가능합니다. 각 항목의 정보는 다음과 같습니다.

Start / End / Length : 노트의 시작, 끝 위치, 길이를 표시합니다. 2개 이상의 노트를 선택한 경우에는 가장 앞에 있는 노트 정보가 표시됩니다.

Pitch : 노트의 음을 표시합니다. 2개 이상의 노트를 선택한 경우에는 가장 높은 음이 표시됩니다.

Velocity : 노트의 강약을 표시합니다.

Channel : 채널 번호를 표시합니다.

Off Velocity : 노트 오프 정보를 표시합니다.

Articulation : 노트의 아티큘레이션 정보를 표시합니다.

Release Length : 노트의 릴리즈 길이를 표시합니다.

Voice : 노트에 성부 이름을 표시할 수 있습니다.

Text : 노트에 글자를 입력할 수 있습니다. 가사를 표현하는데 응용 가능합니다.

## 02 노트의 입력과 편집

● 샘플 프로젝트 \ Key Editor

**01** 키 에디터를 이해하기 위한 가장 좋은 학습은 마우스로 미디 이벤트를 입력해보는 것입니다. 연주를 할 줄 아는 사용자에게는 지루한 학습이 될 수 있지만, 입력을 할 줄 알아야 편집도 가능합니다. 다음 악보는 다양한 노트 길이와 크레센도(cresc) 및 데크레센도(decresc) 정보를 담고 있습니다. 마우스를 이용한 노트와 컨트롤 정보를 입력 방법을 실습하겠습니다.

**02** Empty 프로젝트를 만들고, 오른쪽 Media 탭에서 VST Instruments 폴더를 엽니다. 그리고 HALion Sonic SE를 프로젝트를 드래그하여 트랙을 만듭니다.

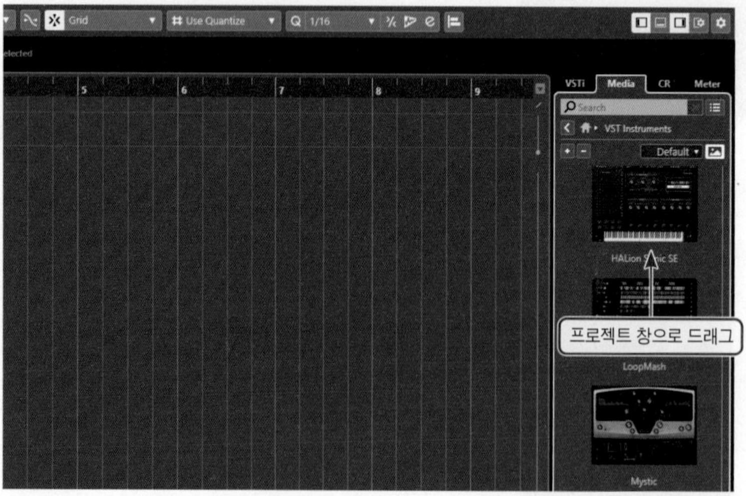

**03** 실습 악보는 바이올린 솔로입니다. Strings 카테고리에서 Solo Violin 프리셋을 더블 클릭하여 로딩합니다.

**04** 마우스로 이벤트를 입력하려면 파트를 미리 만들어야 합니다. Alt 키를 누른 상태로 드래그하여 6마디 길이의 미디 파트를 만듭니다.

**05** 키 에디터는 미디 파트를 더블 클릭하여 로운 존으로 열거나 MIDI 메뉴의 Open key Editor를 선택하여 독립 창으로 열 수 있습니다.

**Tip**

키 에디터는 Enter 키로 열 수 있으며, 파트가 선택되어 있는 경우에는 로우 존으로 열리고, 선택되어 있지 않으면 독립 창으로 열립니다.

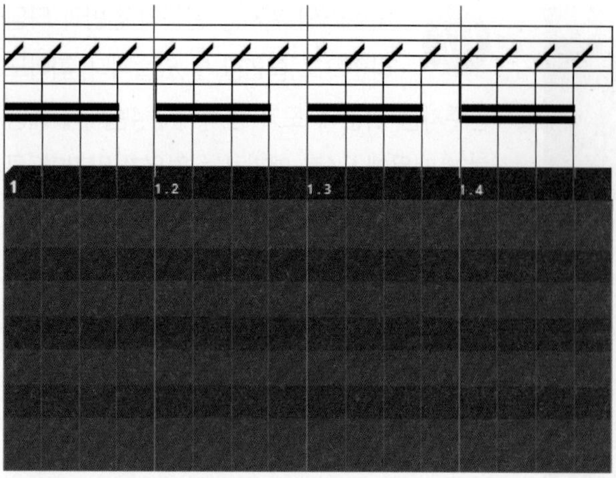


06 키 에디터는 기본 적으로 한 마디를 16개의 그리드 라인으로 표시합니다. 즉, 한 칸의 길이가 16비트 입니다.

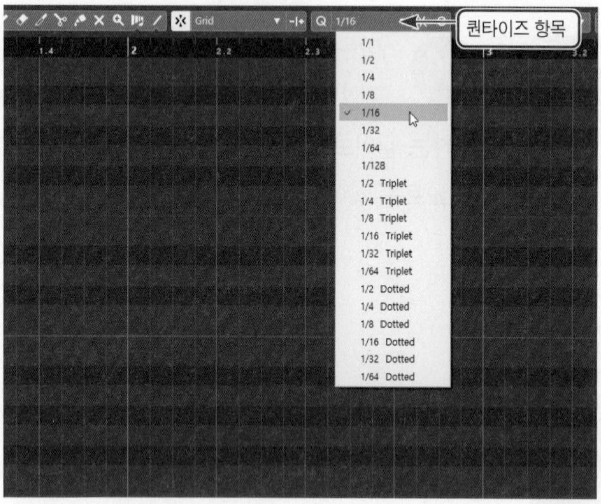


07 그리드 라인의 수는 퀀타이즈 항목에서 선택합니다. 만일 16개로 구분되어 있지 않다면, 퀀타이즈 항목에서 1/16을 선택합니다.

08 노트는 화살표 버튼과 라인 버튼으로도 입력이 가능하지만, 기본적인 입력 도구는 연필입니다. 도구 바에서 연필 버튼을 선택합니다.

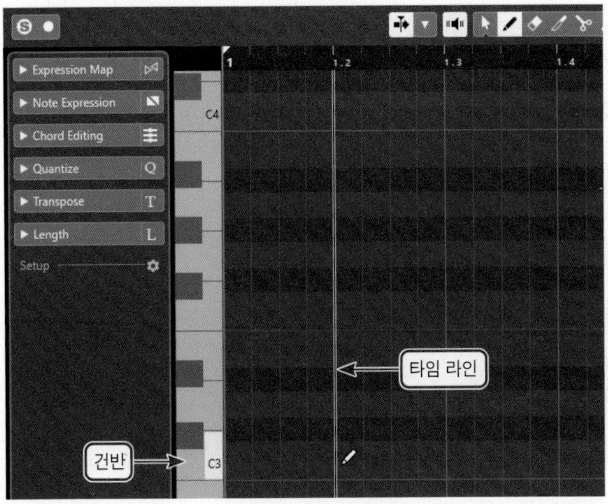


07 마우스의 위치는 왼쪽의 건반과 타임 라인으로 확인할 수 있습니다. 피아노 연주자는 가운데 도가 왼쪽에서 4번째에 해당하기 때문에 C4로 얘기하는 경우가 많지만, 큐베이스는 C3로 표시된다는 것에 주의합니다.

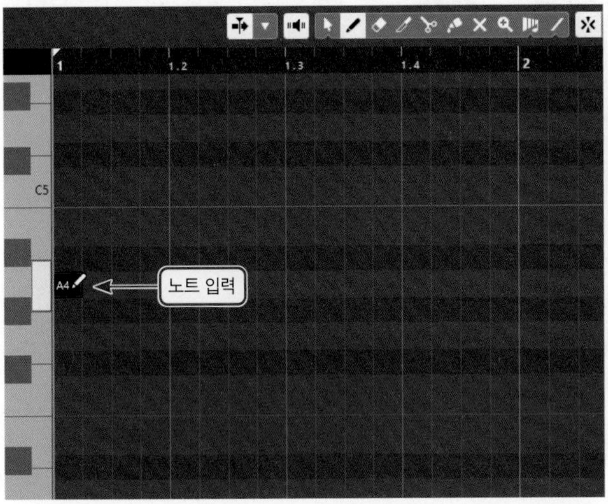


06 마우스를 클릭하면 노트는 그리드 단위(16비트)로 입력되며, 드래그하여 원하는 길이로 입력할 수 있습니다. 잘못 입력한 노트는 Delete 키로 삭제할 수 있습니다.

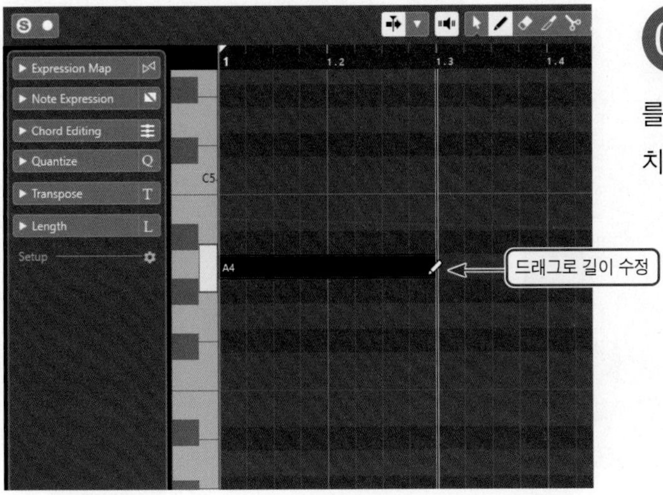


07 노트를 입력한 후에도 드래그로 길이를 수정할 수 있으며, Ctrl+Shift 키를 누른 상태에서 노트를 드래그하면 시작 위치를 수정할 수 있습니다.

07 연필 버튼이 선택되어 있는 상태에서 노트의 길이와 시작 위치 외에 수정이 필요한 경우에는 키보드를 이용합니다. 실제로는 편집 역할을 하는 화살표 버튼을 이용하지만, 알아두면 좋습니다.

- 노트 선택 : ←/→ 키로 편집할 노트를 선택할 수 있습니다.
  Shift 키를 누른 상태에서는 노트들이 동시에 선택됩니다.
  Alt+Shift 키를 누른 상태에서는 길이만 수정됩니다.
- 피치 수정 : ↑/↓ 키로 피치를 올리거나 내릴 수 있습니다.
  Shift 키를 누른 상태에서는 옥타브 단위로 수정됩니다.
- 위치 수정 : Ctrl 키를 누른 상태에서 ←/→ 키로 노트의 위치를 수정할 수 있습니다.
  Alt 키를 누른 상태에서는 시작 위치만 수정됩니다.

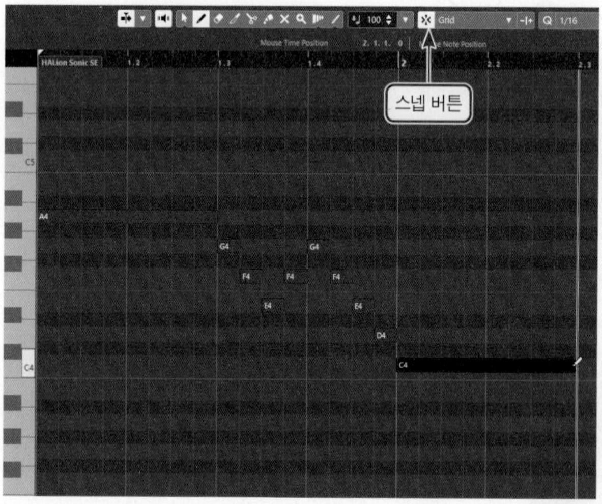


08 예제 악보를 보고 16분 음표는 클릭으로 입력하고, 그 이상의 음표는 드래그로 입력합니다. 노트가 그리드 라인에 일치되게 하려면 스넵 버튼이 On으로 되어 있어야 합니다.

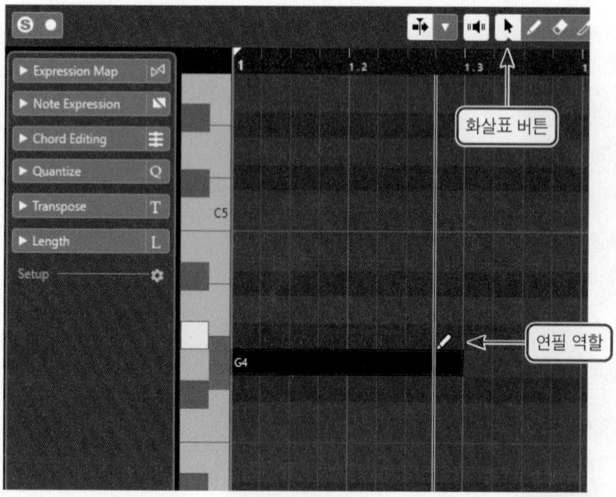


09 화살표 버튼은 입력한 노트를 편집하는 역할이지만, Alt 키를 누르면 일시적으로 연필 버튼 역할을 하기 때문에 입력과 편집 모두 화살표 버튼을 이용하는 사용자가 많습니다.

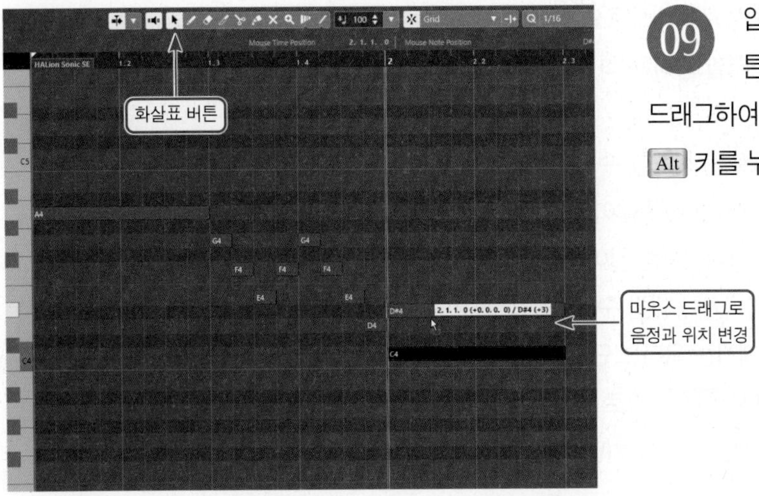


**09** 입력한 노트를 수정할 때는 화살표 버튼을 이용합니다. 기본적으로 노트를 드래그하여 피치와 위치를 수정할 수 있습니다. Alt 키를 누른 상태에서는 복사됩니다.

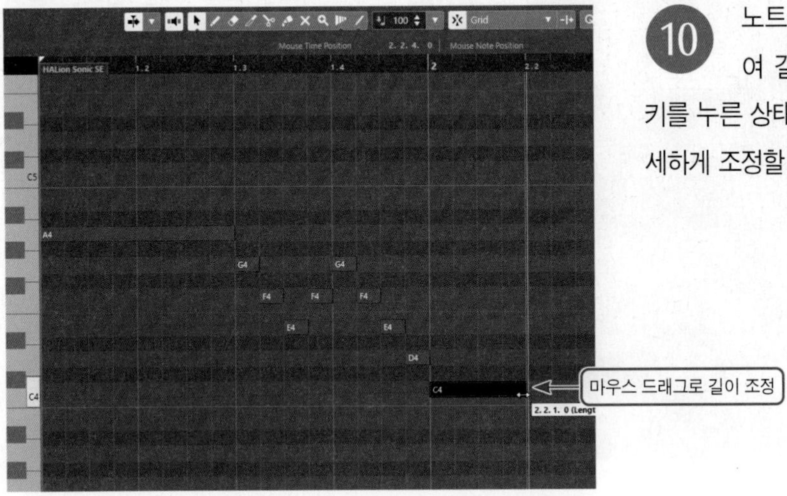


**10** 노트의 시작 및 끝 지점을 드래그하여 길이를 조정할 수 있습니다. Ctrl 키를 누른 상태에서는 스넵 기능을 무시하고 미세하게 조정할 수 있습니다.

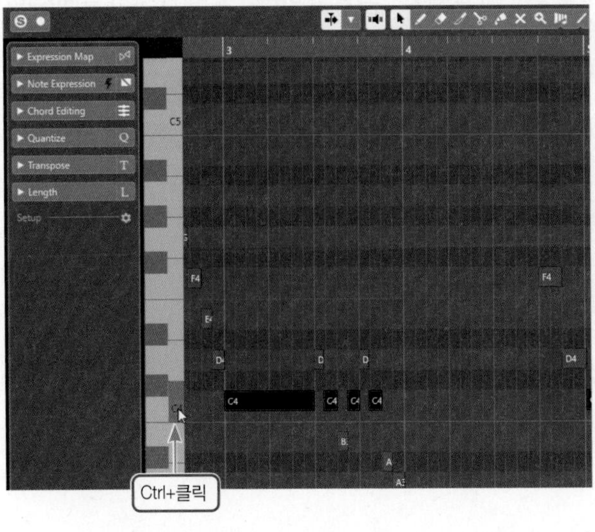


**11** 편집할 노트는 마우스 드래그로 선택할 수 있으며, Ctrl 키를 누른 상태로 건반을 클릭하면 해당 음에 해당하는 노트를 한 번에 선택할 수 있습니다.

# 03 컨트롤 정보의 입력과 편집

악기를 연주할 때 노트를 어디서부터 시작하여 어디까지 연주되게 할 것인지에 대한 정보 외에도 얼마나 세게 연주되게 할 것인지, 서스테인 페달을 밟게 할 것인지에 대한 정보도 필요합니다. 이것을 컨트롤 정보라하며 작업 공간 아래쪽에 있는 컨트롤 편집 창에서 다룹니다.

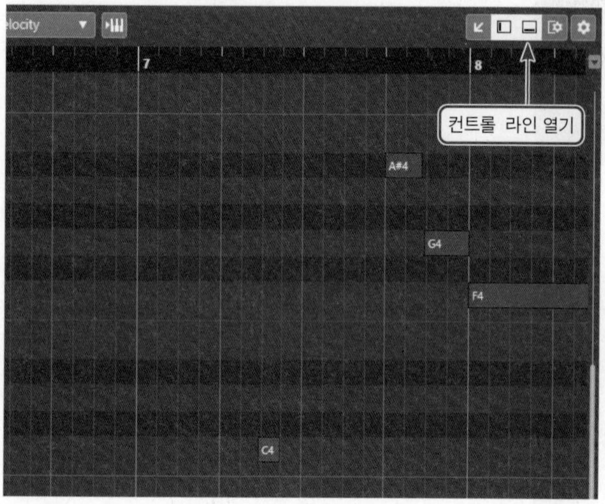


**01** 컨트롤 편집 창이 보이지 않는다면 레이아웃 버튼 왼쪽에 보이는 컨트롤 라인 열기 버튼을 클릭합니다. 컨트롤 편집 창에는 기본적으로 노트를 얼마나 세게 연주되게 할 것인지를 결정하는 벨로시티가 표시됩니다.

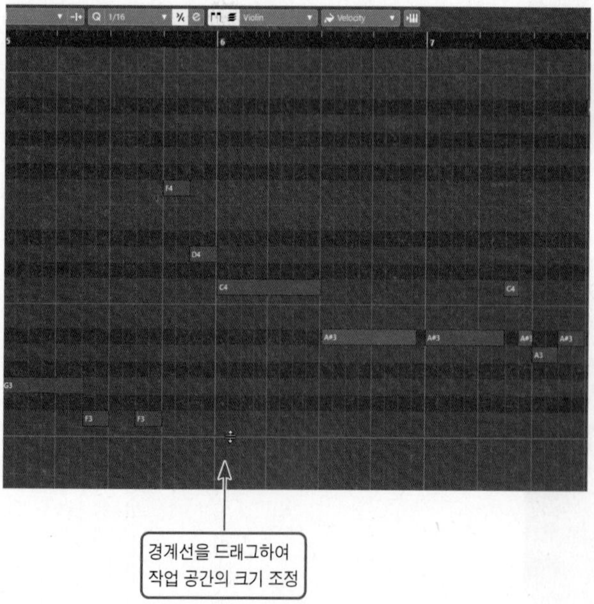


**02** 키 에디터의 노트 편집 창과 컨트롤 편집 창 사이에 있는 경계선을 위/아래로 드래그하여 각각의 작업 공간 크기를 조정할 수 있습니다.

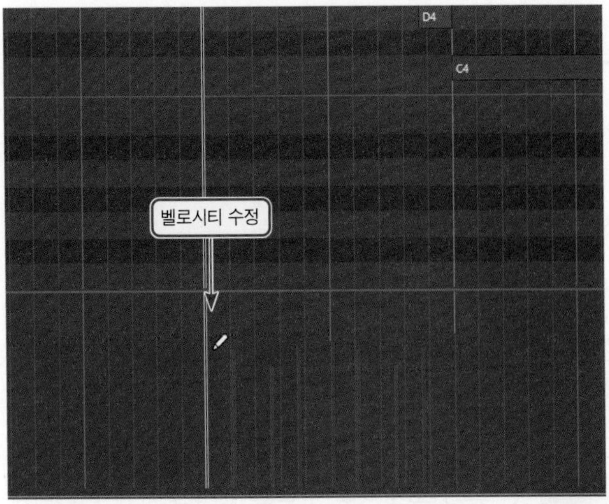


03 마우스로 입력한 노트의 벨로시티는 모두 똑같이 입력됩니다. 실제 사람이 연주했다면 있을 수 없는 일입니다. 큐베이스는 마우스로 입력한 것을 사람이 연주한것처럼 만들어주는 다양한 기능을 제공하지만, 일일이 수정해보는 연습도 필요합니다.

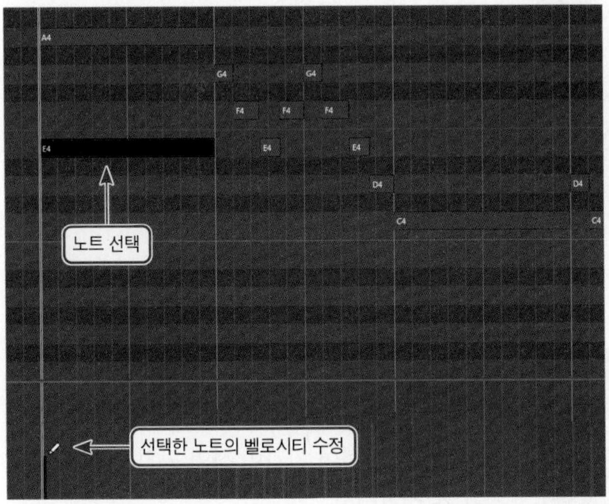


04 코드를 연주한 노트 중의 하나를 조정하고 싶은 경우에는 노트 편집 창에서 벨로시티를 조정할 노트를 선택하면 됩니다.

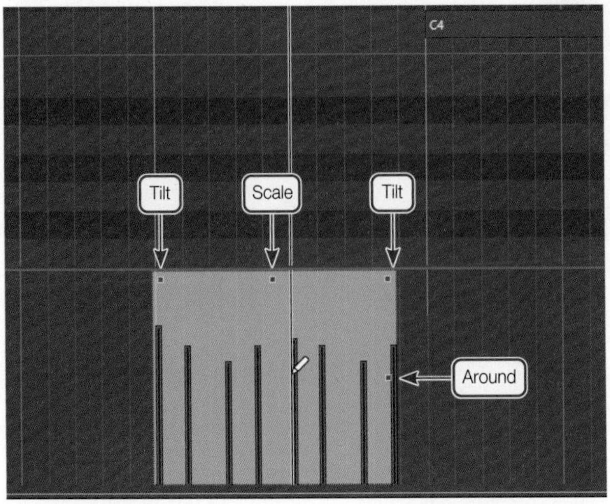


05 2개 이상의 노트를 선택한 경우에는 Tilt, Scale, Around의 핸들이 표시됩니다. Tilt는 기울기를 조정하며, Scale은 전체값을 조정합니다. 그리고 Around는 상대값으로 조정합니다.

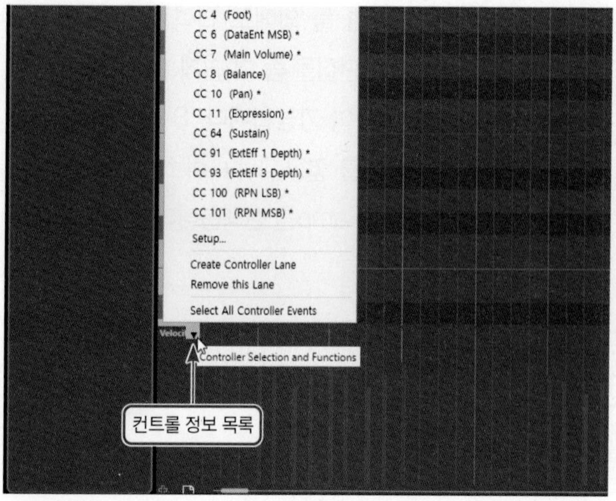


06 벨로시티 이외의 정보는 컨트롤 메뉴에서 선택합니다. 예제 악보의 점점 세게와 점점 여리게는 CC 11 (Expression) 정보로 표현합니다.

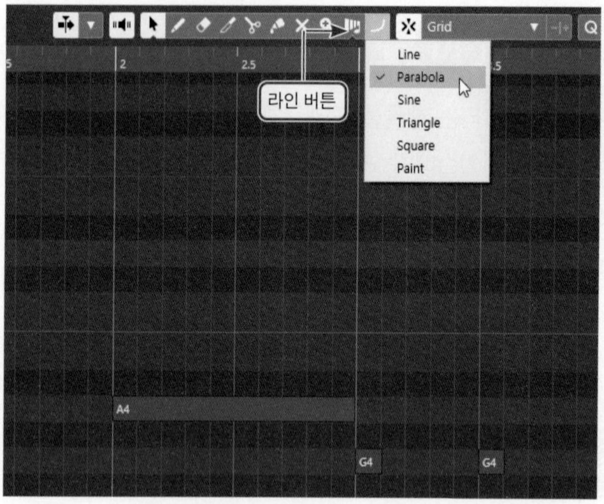


07 점점 세게와 여리게와 같은 연속적인 정보는 연필로도 가능하지만, 라인 툴이 좀 더 편리합니다. 라인 버튼을 누르고 있으면 라인의 종류를 선택할 수 있는 메뉴가 열립니다. Parabola를 선택합니다.

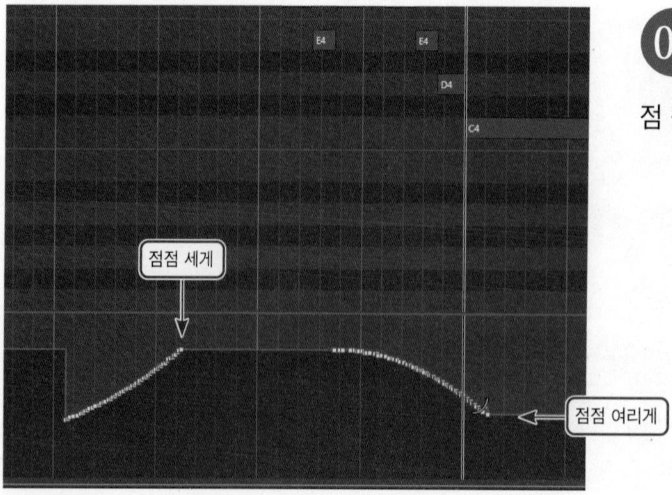


08 마우스를 드래그하며 포물선 모양으로 볼륨이 점점 커지는 크레센토와 점점 작아지는 데크레센토를 표현할 수 있습니다.

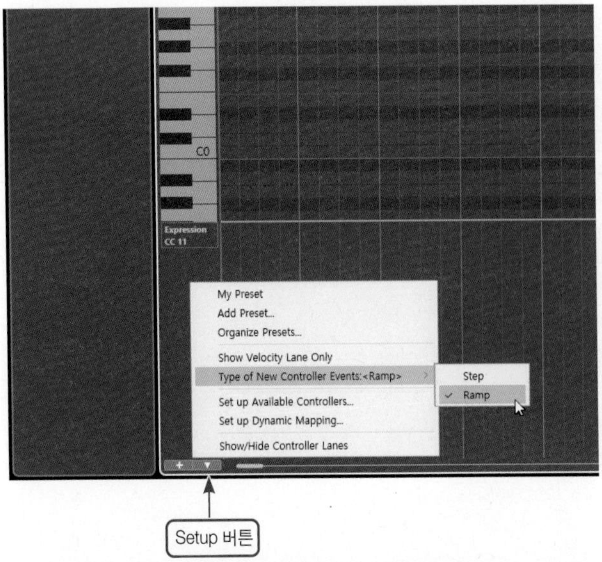


09 라인 툴 외에도 입력 타입을 변경하면 편집을 좀 더 쉽게 할 수 있는 컨트롤 정보 입력이 가능합니다. Setup 버튼을 클릭하여 메뉴를 열고, Type of New Controller Events에서 Ramp를 선택합니다.

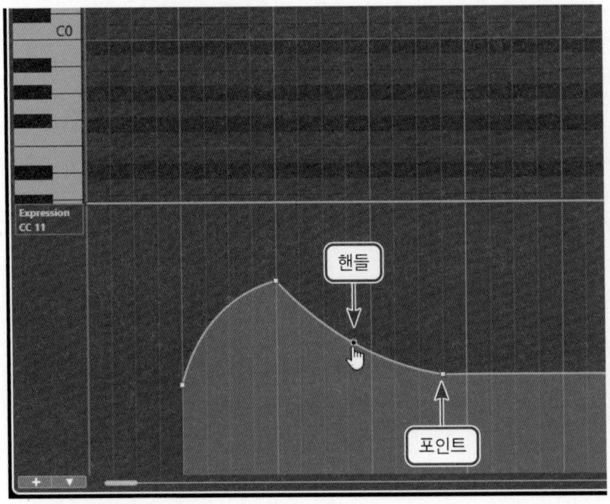


10 컨트롤 정보를 입력하면 각 포인트는 라인으로 연결되며, 라인 중간에 표시되는 핸들을 드래그하여 곡선으로 변형시킬 수 있습니다. 라인 툴 보다 적은 정보로 컨트롤 정보를 다룰 수 있기 때문에 편집이 쉽다는 장점이 있습니다.

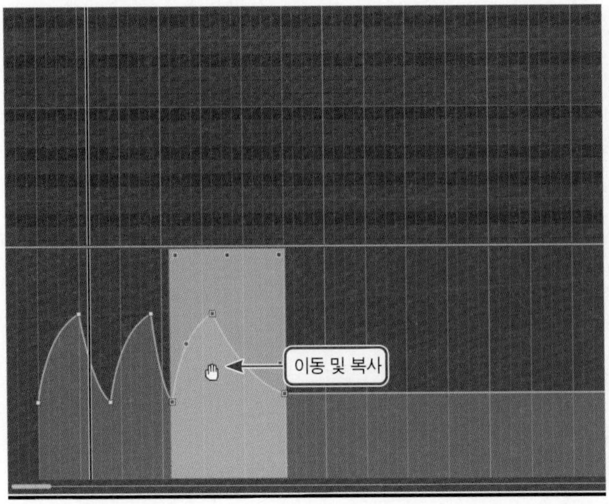


11 입력한 컨트롤 정보는 Ctrl+X, Ctrl+C, Ctrl+V 단축키를 이용하거나 마우스 드래그로 편집이 가능합니다. 단, 드래그로 복사할 때는 Alt 키를 이동 중에 누릅니다.

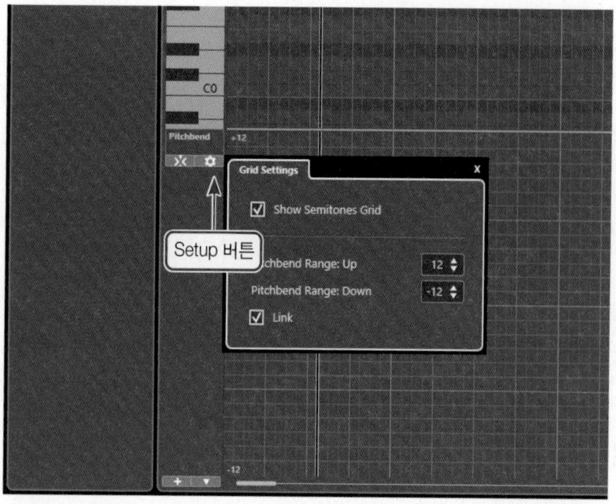


12 피치 벤드는 손쉬운 편집을 위한 스넵 기능을 제공합니다. Setup 버튼을 클릭하면 피치 범위를 설정할 수 있는 Pitchbend Range Up/Donw와 그리드 라인을 반음 단위로 표시하는 Show Semitones Grid 옵션을 볼 수 있습니다. Up/Down 값을 다르게 설정하고 싶다면 Link 옵션을 해제합니다.

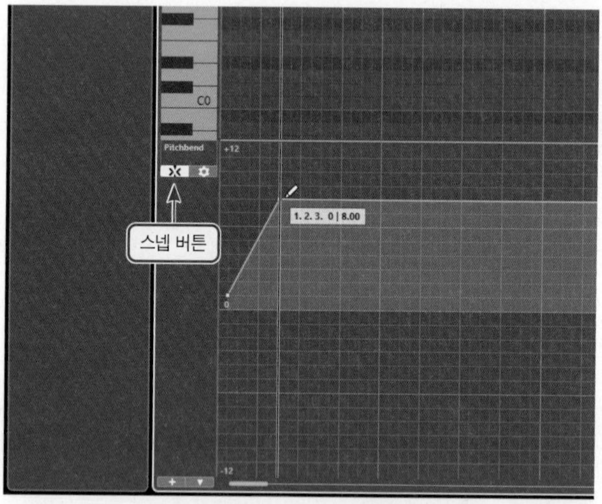


13 스넵 버튼을 On으로 하면 피치 벤드 라인를 그리드 라인에 맞추어 편집할 수 있습니다. 정확한 값을 입력하기 위해서는 List Editor를 사용해야 했던 이전 버전에 비해서 무척 편리해진 옵션입니다.

14 입문자들에게 피치 업/다운이 한 음밖에 되지 않는다는 질문을 많이 받습니다. 피치 범위는 악기에서 설정을 해야 하며, 악기마다 다릅니다. HALion Sonic SE의 경우에는 Edit 페이지의 PB Up/Down 항목에서 설정합니다.

# 02 키 에디터의 도구

키 에디터 상단에는 노트와 컨트롤 정보를 입력하거나 수정하는데 사용하는 기능 버튼과 메뉴가 있는 도구 바가 있습니다. 키 에디터의 버튼들은 선택하는 개체가 노트와 컨트롤 정보라는 것 외에는 파트와 이벤트를 개체로 하는 프로젝트 창의 도구들과 크게 다르지 않으므로, 간단한 설명만으로도 쉽게 이해할 수 있을 것입니다.

### 솔로 버튼

솔로 버튼은 작업 중인 파트만을 솔로로 연주합니다. 키보드 숫자열의 Enter 키를 눌러 곡을 연주할 때 솔로 버튼이 Off 이면 모든 미디 트랙을 연주하지만, On 이면 작업 중인 파트만을 솔로로 연주합니다.

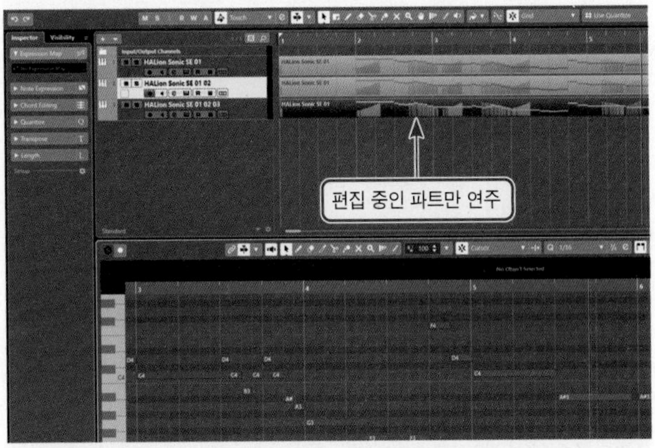


### 녹음 버튼

편집 중인 파트에 미디 데이터를 녹음할 수 있게 합니다. 기본적으로 선택된 트랙에 녹음이 되기 때문에 다른 트랙에 녹음하는 실수를 방지할 수 있습니다.

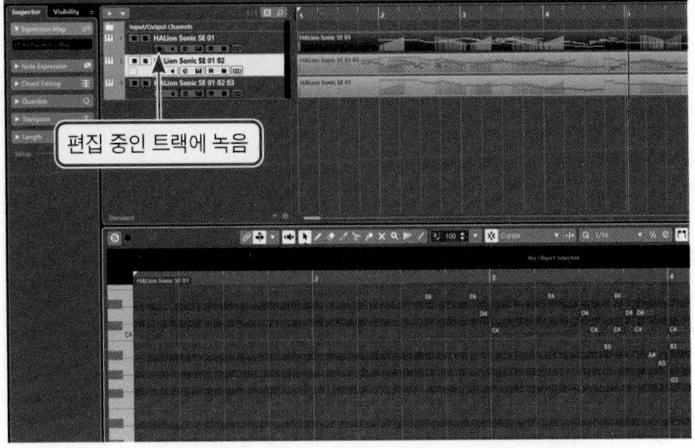

## 인서트 버튼

작업을 하다 보면 정지 및 재생 중에 건반을 연주하며 아이디어를 찾는 경우가 많습니다. 그러다가 괜찮은 프레이즈가 연주 되었을 때 레코딩을 시도할 필요없이 인서트 버튼을 클릭하면 방금 연주했던 프레이즈를 입력할 수 있습니다.

## 피치 버튼

피아노 건반을 노트 이름으로 표시합니다. 기본 설정은 입력되어 있는 노트만 표시하는 Show Pitches with Events로 되어 있으며, 삼각형 모양의 메뉴 버튼을 클릭하여 Show Pitches from Scale Assistant로 변경할 수 있습니다.

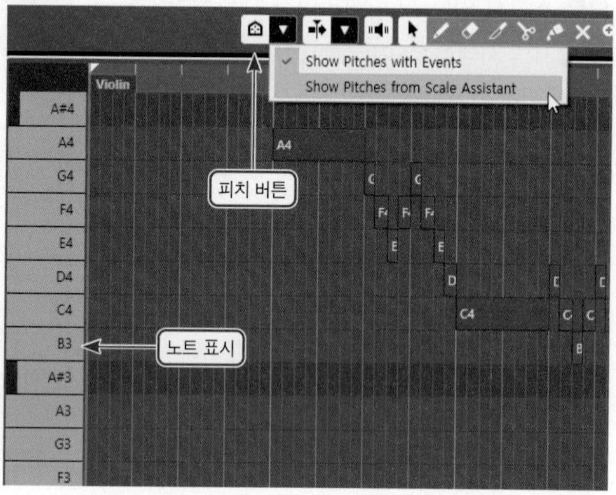


Show Pitches from Scale Assistant를 선택하면 인스펙터의 Scale Assistant에서 설정한 스케일을 표시합니다. 스케일 지식이 부족한 사용자에게 매우 유용한 기능입니다.

## 오토 스크롤 버튼

오토 스크롤 버튼은 음악을 연주할 때 송 포지션 라인의 위치에 따라 화면을 이동시킬 것인지를 On/Off 합니다. 기본적으로 곡이 연주되고 있을 때 노트를 편집하면 버튼이 주황색으로 표시되며, 화면의 움직임이 일시적으로 멈춥니다. 이때 다시 On 해야 화면이 움직입니다. 단축키 F 를 기억하는 것이 좋습니다.

오토 스크롤 버튼 오른쪽의 역삼각형을 클릭하면 옵션을 선택할 수 있는 메뉴가 열립니다.

▶ Page Scroll

송 포지션 라인에 따라 화면을 움직입니다.

▶ Stationary Cursor

송 포지션 라인을 고정시키고, 화면을 넘깁니다.

▶ Suspend Auto-Scroll When Editing

편집할 때 화면의 움직임을 멈추게 합니다.

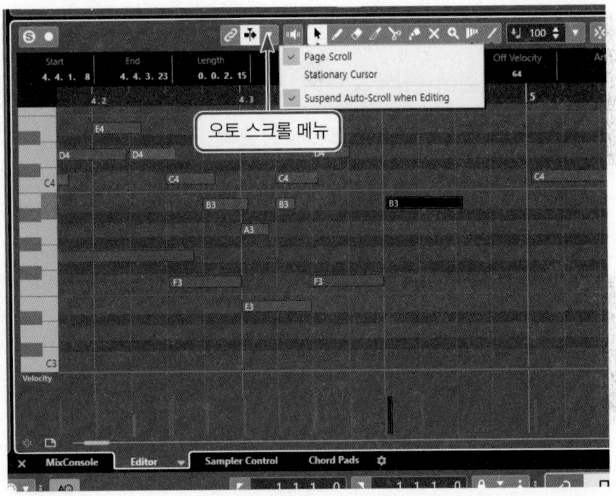


## 스피커 버튼

스피커 버튼은 작업 중인 노트를 모니터 할 수 있게 합니다. 키 에디터에서 스피커 버튼이 On이면 노트를 입력하거나 편집하는 과정에서 선택하는 노트들이 소리를 내고, Off 이면 소리를 내지 않습니다.

### 화살표 버튼

화살표 버튼은 노트의 위치와 길이를 편집하거나 편집할 미디 정보를 선택하는데 사용합니다. Ctrl 키를 누른 상태에서 건반을 클릭하면, 클릭한 음에 해당하는 모든 노트를 선택할 수 있다는 것도 기억해두면 좋습니다.

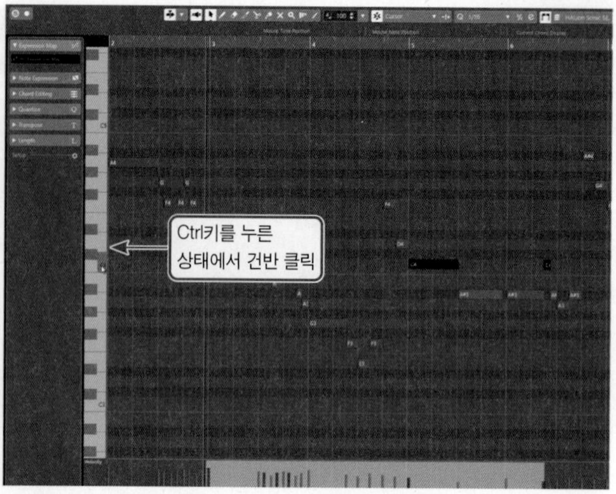


### 연필 버튼

연필 버튼은 노트와 컨트롤 정보를 입력하거나 수정할 수 있는 버튼입니다. 작업 공간에서 마우스를 클릭하면 퀀타이즈 목록에서 설정한 길이에 해당하는 노트가 입력되고, 마우스 드래그로 길이를 조정할 수 있습니다. Ctrl 키를 누른 상태에서 드래그하면 시작 지점의 길이를 조정할 수 있습니다.

### 지우개 버튼

지우개 버튼은 선택한 노트와 컨트롤 정보를 지우는데 사용합니다. 마우스 드래그로 동시에 여러 이벤트를 선택할 수 있고, 선택한 이벤트를 한번에 지울수 있습니다. Alt 키를 누른 상태에서는 선택한 이벤트 오른쪽에 있는 모든 이벤트를 삭제할 수 있습니다.

## 트림 버튼

트림은 칼날 모양의 그림으로 되어 있습니다. 즉, 이벤트를 잘라내는 역할을 합니다. 다음에 살펴볼 가위 버튼은 이벤트를 둘로 나누는데, 트림 버튼은 자르는 위치의 나머지 이벤트를 제거한다는 차이점이 있습니다.

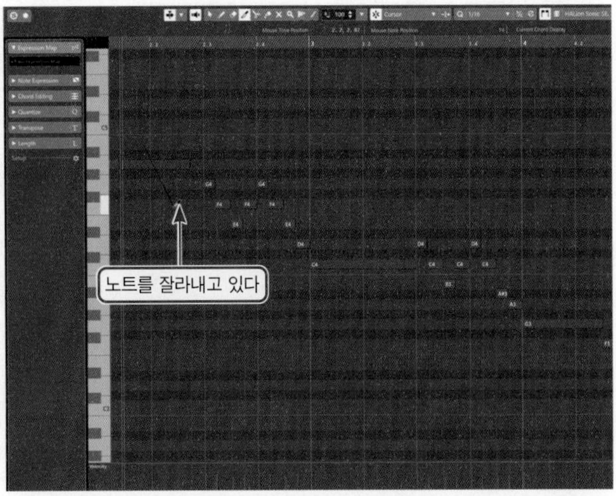


## 가위 버튼

가위 버튼은 선택한 노트를 둘로 나누는 역할을 합니다. 나누는 위치는 마우스 포인터에 표시되기 때문에 원하는 위치를 쉽게 자를 수 있습니다. 스넵 버튼이 On이면, 자를 수 있는 단위는 퀀타이즈 항목에서 설정한 음의 길이입니다. 세밀한 단위로 노트를 자르고 싶다면 스넵 버튼을 Off로 합니다.

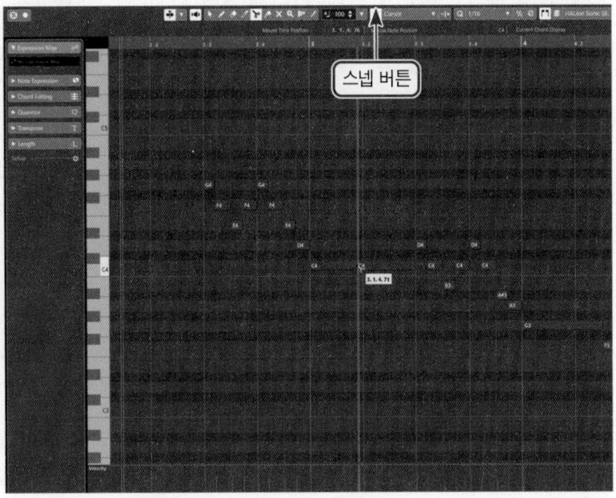


## 풀 버튼

풀 버튼은 가위 버튼과 반대로 선택한 노트와 오른쪽에 있는 노트를 붙입니다. 큐베이스는 선택한 노트를 한 번에 붙일 수 있으며, 서로 다른 음정을 선택한 경우에도 각각의 음정별로 붙일 수 있다는 장점이 있습니다.

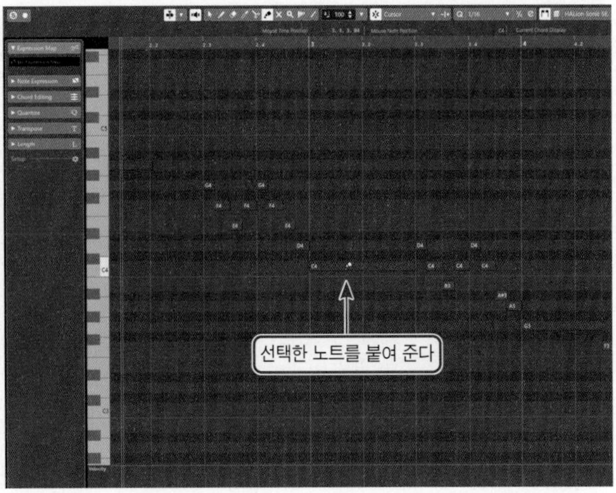

## ✕ 뮤트 버튼

뮤트 버튼은 선택한 노트가 소리나지 않게 합니다. 뮤트 버튼은 마우스 드래그로 여러 노트를 선택하여 동시에 뮤트 할 수 있으며, 뮤트한 노트들은 흰색으로 표시됩니다. 뮤트한 노트들은 다시 클릭하여 해제할 수 있습니다.

## 돋보기 버튼

돋보기 버튼은 작업 공간을 확대/축소합니다. 작업 공간을 클릭하면 확대하고, Alt 키를 누른 상태에서 클릭하면 축소합니다. 마우스 드래그로 특정 영역을 확대할 수 있고, Ctrl 키를 누른 상태에서 클릭하면 확대/축소 전 상태로 복구할 수 있습니다. Ctrl 키를 누른 상태에서 마우스 휠을 돌리거나 G 와 H 단축키를 이용하는 경우가 더 많습니다.

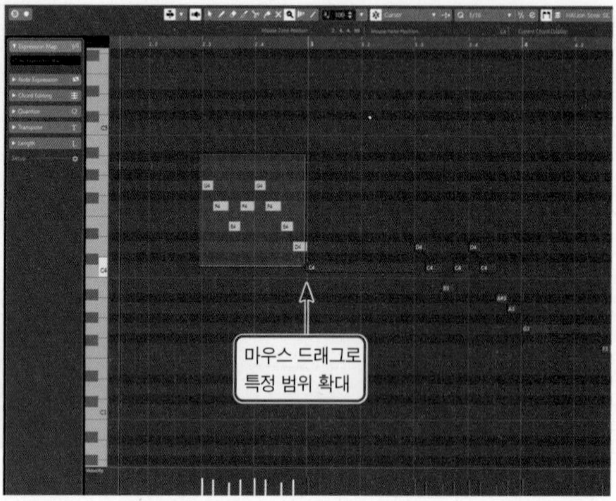


## 워프 버튼

워프 버튼은 템포 가이드 없이 녹음한 미디 이벤트의 템포를 설정합니다. 워프 버튼을 클릭하면 노트에 타임을 맞추는 Warp Grid와 템포에 노트를 맞추는 Musical events follow의 선택 메뉴가 열립니다.

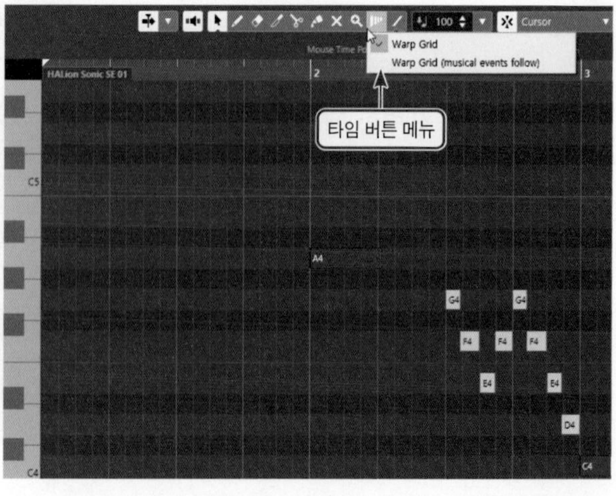

워프 그리드(Warp Grid) 모드는 노트의 시작 위치에 맞춰 템포를 설정합니다. 설정한 템포는 룰러 라인에 표시가 되며, Shift 키를 누른 상태에서 룰러 라인에 표시하는 템포 값을 클릭하여 삭제할 수 있습니다.

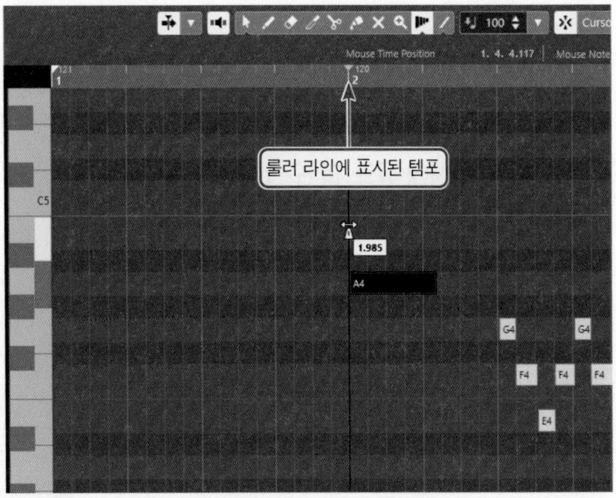


뮤지컬 (Musical events follow) 모드는 템포에 맞춰 노트의 길이를 조정합니다. 타임 버튼은 Tempo가 Track 모드인 경우에만 사용할 있습니다.

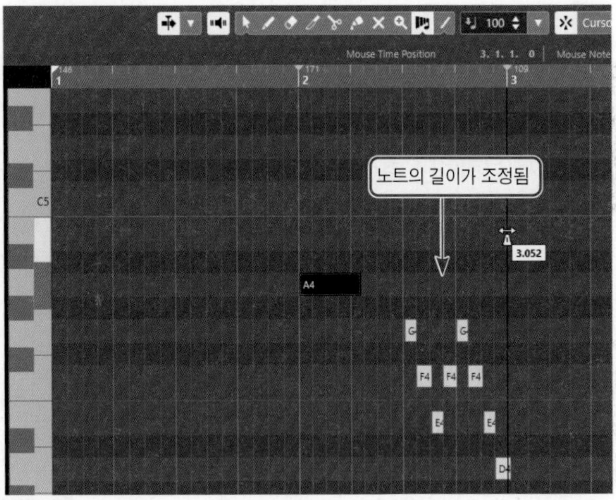


## 라인 버튼

라인 버튼을 클릭하면 Line, Parabola, Sine, Triangle, Square, Paint의 다양한 형태를 선택할 수 있는 목록이 열립니다. 각각의 라인들은 연속적인 노트를 입력할 때도 이용할 수 있지만, 주로 컨트롤 정보를 입력할 때 사용합니다.

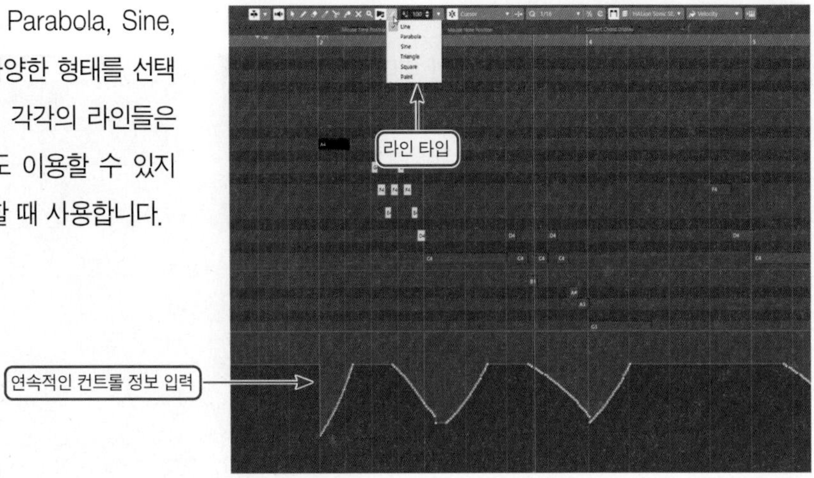

## Grid ▼ -|+ 스넵 버튼

스넵 버튼은 노트와 컨트롤 정보를 입력하거나 편집할 때 작업 공간에 표시되어 있는 그리드(Grid) 라인에 맞추도록 합니다. 그리드 라인은 퀀타이즈 목록에서 선택한 단위로 표시됩니다. 미세한 편집이 필요한 경우에는 스넵 버튼을 Off 합니다.

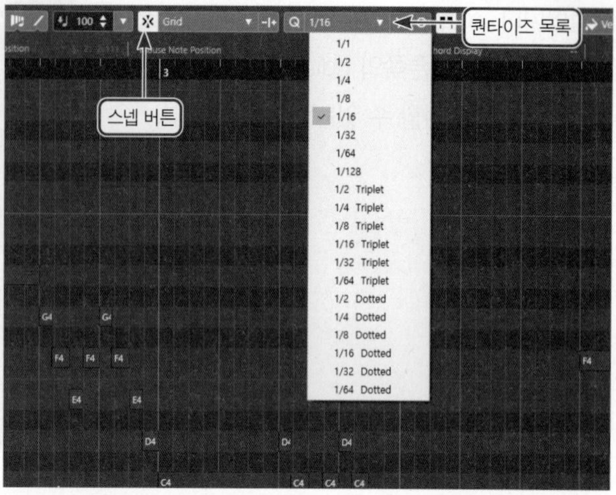


그리드 타입을 버튼을 누르고 있으면, 라인의 수를 퀀타이즈 항목에서 선택한 값(Use Quantize)으로 표시할 것인지, 작업 공간 크기에 따라 표시(Adapt to Zoom) 되게 할 것인지를 선택할 수 있습니다.

## Q 1/16 ▼ ⅟ₓ e 퀀타이즈

퀀타이즈 버튼을 클릭하거나 Q 키를 누르면 노트의 시작 위치를 퀀타이즈 목록에서 선택한 그리드 라인에 맞춥니다.

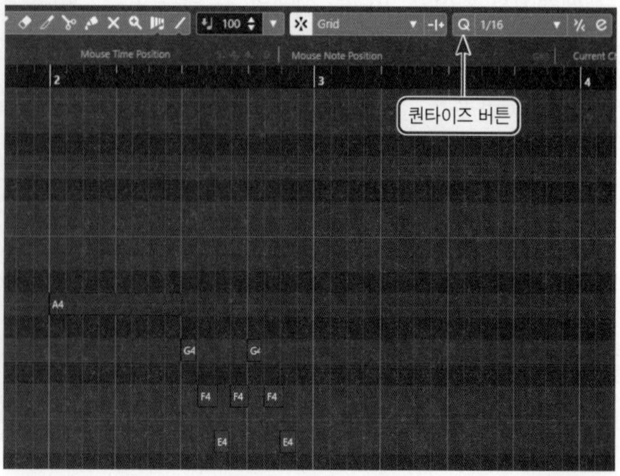

Iterative 버튼을 On으로 하면 노트를 60%만 정렬합니다. 기계적인 퀀타이즈를 피할 수 있는 방법입니다. 오른쪽의 Edit 버튼을 클릭하면 Iterative 값을 수정할 수 있는 창이 열립니다.

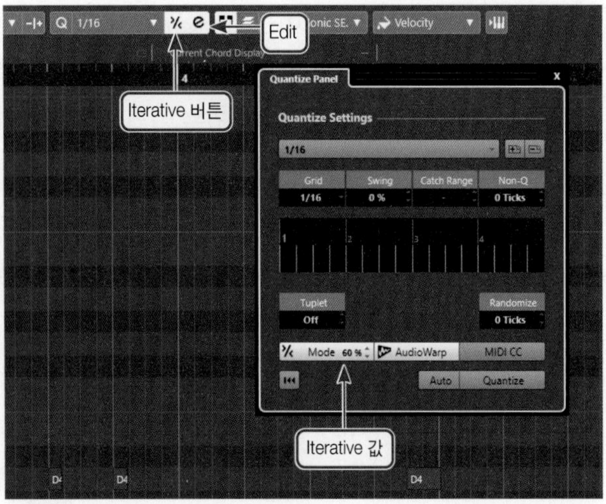

 파트 버튼


파트 라인 버튼은 작업 중인 파트의 길이를 표시합니다. 파트 라인 버튼을 클릭하여 On하면 룰러 라인에 작업 중인 파트의 이름을 표시하는 바가 표시되며, 바를 드래그하여 파트의 길이를 변경할 수 있습니다.

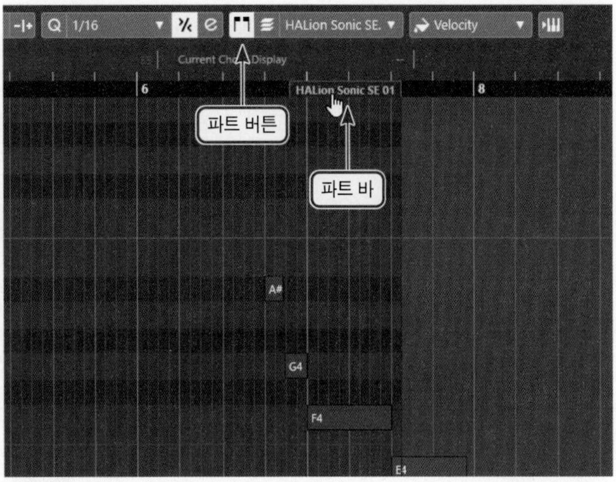


2개 이상의 파트를 선택한 경우에는 파트 선택 메뉴에서 편집할 파트를 선택할 수 있으며, Active 버튼을 On으로 하면, 선택한 파트만 편집할 수 있습니다.

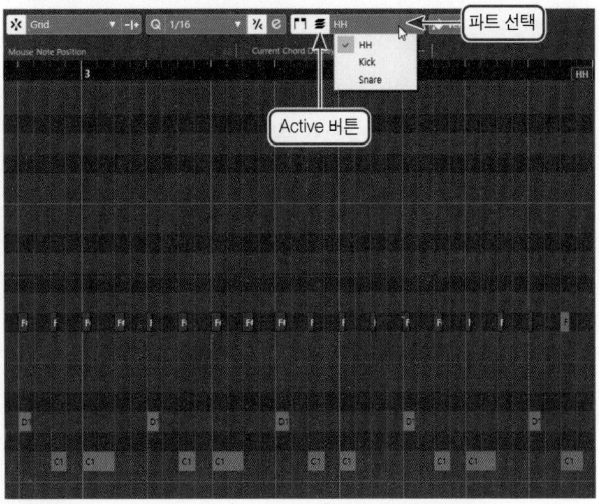

## Velocity ▼ 컬러 선택 메뉴

노트의 색상을 피치, 채널, 파트 등으로 구분하여 표시할 수 있습니다. Setup을 선택하면 기본 색상을 변경할 수 있는 창이 열립니다. Setup 창은 선택 메뉴에 따라 달라집니다.

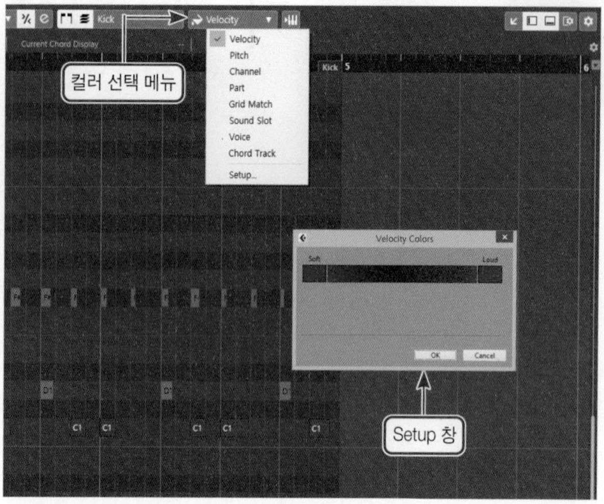


## 악기 열기 버튼

VST Instruments인 경우에 활성화 되며, 버튼을 클릭하여 악기 패널을 열 수 있습니다.

## 오픈 버튼

에디터 창을 로운 존으로 열었을 경우에는 독립 창으로 열며, 독립 창으로 열었을 때는 로우 존으로 엽니다.

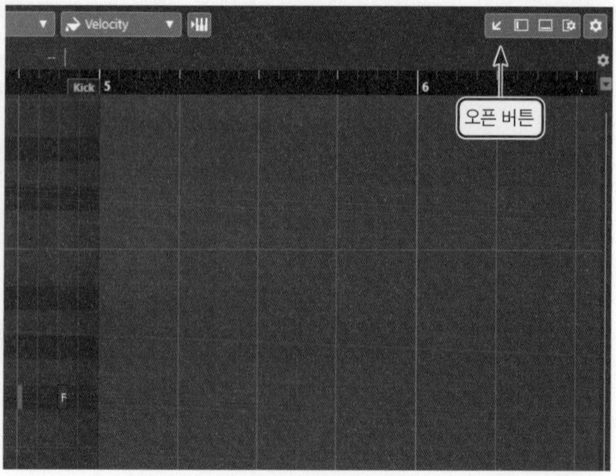

# 03 키 에디터의 작업 공간

키 에디터 작업 공간 상단에 있는 노트 편집 창은 막대 모양으로 노트를 입력하거나 편집할 수 있는 작업 공간입니다. 노트 편집 공간에서는 연주하는 미디 노트를 막대 형식으로 다룰 수 있기 때문에 악보에 서툰 초보자들도 쉽게 미디 노트를 입력하거나 편집할 수 있습니다.

## 01 노트 편집 창

노트 편집 창은 왼쪽에 노트의 음정을 표시하는 건반이 있고, 상단에 위치를 표시하는 룰러 라인이 있습니다. 룰러 라인의 단위는 마우스 오른쪽 버튼을 클릭하여 포맷을 변경할 수 있습니다. 타임은 마디와 비트로 표시되는 Bars+Beats 외에 시간 단위의 Seconds와 Timecode, 샘플 단위의 Sample이 있고, 사용자 설정의 User를 제공합니다. User의 기본 값은 60fps이며, Preferences 창의 Transport 페이지 User-definable Frame Rate 옵션에서 변경 가능합니다.

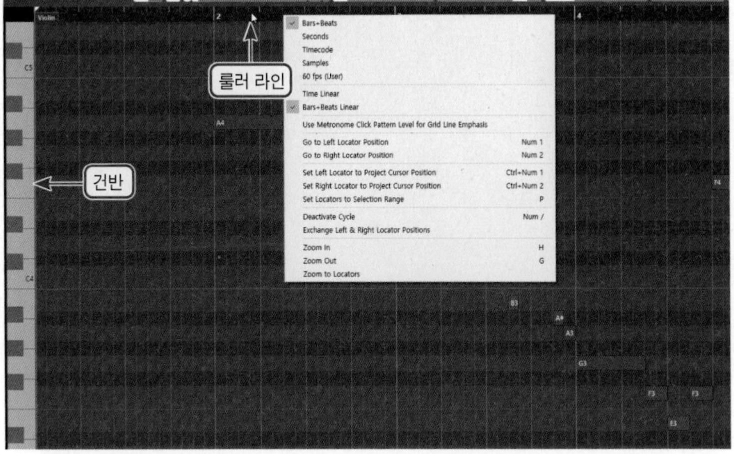

● 노트 입력

키 에디터에서는 리얼, 마우스, 스텝의 모든 입력 방식을 사용할 수 있습니다. 마우스와 스텝 입력 방식을 사용하는 경우에는 입력하는 단위를 퀀타이즈 항목에서 결정합니다. 입력은 연필 버튼을 이용하거나 Alt 키를 누른 상태에서 화살표 버튼을 이용할 수 있습니다.

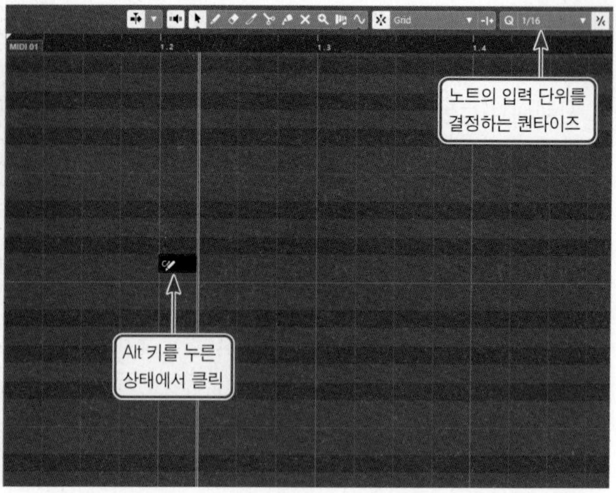


키 에디터에서는 마우스의 위치를 건반과 룰러 라인을 통해서 쉽게 파악할 수 있기 때문에 입력에서 어려운 점은 없을 것입니다. 퀀타이즈에서 설정한 단위 이상의 길이를 입력하고 싶은 경우에는 마우스를 클릭한 상태에서 오른쪽으로 드래그합니다. 이때 Ctrl 키를 누른 상태에서 드래그하면 스넵 기능을 무시하고, 좀 더 미세한 단위로 입력할 수 있습니다.

● 노트의 길이 수정

입력한 노트의 길이는 화살표 버튼을 이용해서 시작과 끝 지점을 드래그하여 조정할 수 있고, 연필 버튼은 어느 부분을 드래그해도 길이를 조정할 수 있습니다. ←/→ 키는 Ctrl 키를 누른 상태에는 위치, Alt 키를 누른 상태에서는 시작 위치, Shift+Alt 키를 누른 상태에서는 길이를 조정할 수 있습니다

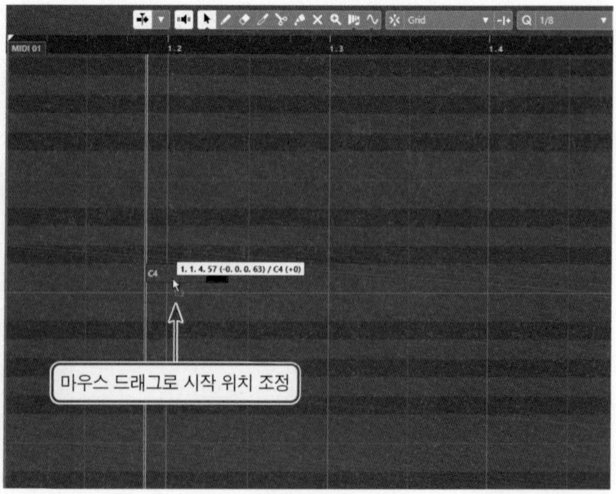

● 노트의 음정 수정

화살표 버튼을 사용해서 노트를 드래그하면 위치와 음정을 함께 변경할 수 있고, Ctrl 키를 누른 상태에서 드래그하면 음정과 위치를 개별적으로 조정할 수 있습니다. ↑/↓ 키를 누르면 반음 단위, Shift 키를 누른 상태에서 ↑/↓ 키를 누르면 옥타브 단위로 음정을 변경할 수 있습니다.

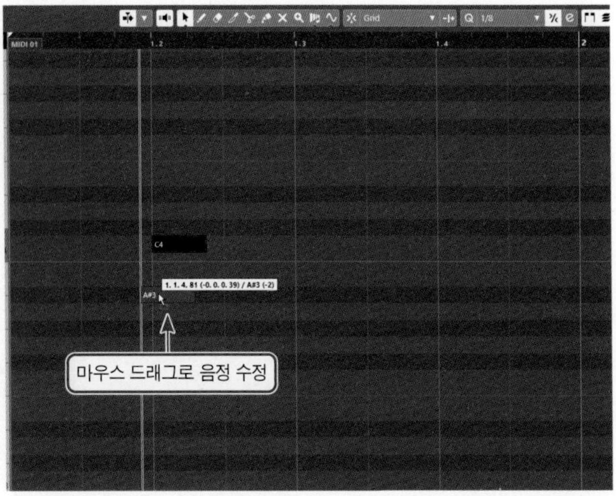


● 노트 선택

노트를 편집할 때 가장 먼저 하는 작업이 편집할 노트를 선택하는 것입니다. 기본적인 선택 방법은 원하는 노트를 클릭하거나 드래그하여 선택합니다. Shift 키를 누른 상태에서 클릭하거나 드래그하면 여러 위치의 노트들을 선택할 수 있습니다. 선택한 노트 중에서 일부를 해제할 경우에도 Shift 키를 누른 상태에서 선택합니다.

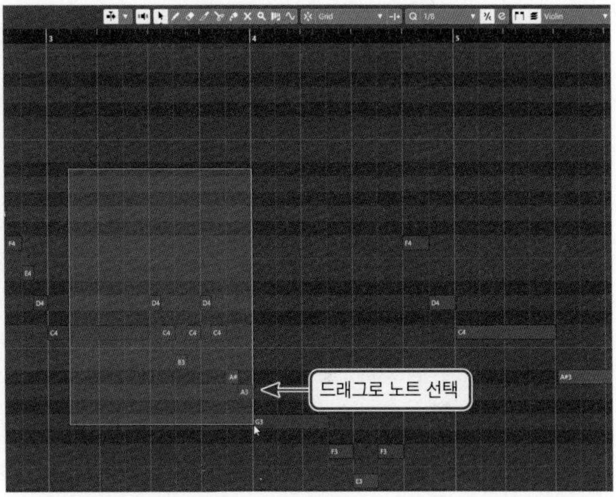


키 에디터에서는 같은 음정을 일률적으로 선택할 수 있습니다. 왼쪽에 보이는 건반을 Ctrl 키를 누른 상태로 클릭하면 해당 음의 노트들을 모두 선택할 수 있고, Shift 키를 누른 상태에서 노트를 더블 클릭하면 더블 클릭한 노트의 오른쪽으로 같은 음정의 노트들을 모두 선택할 수 있습니다.

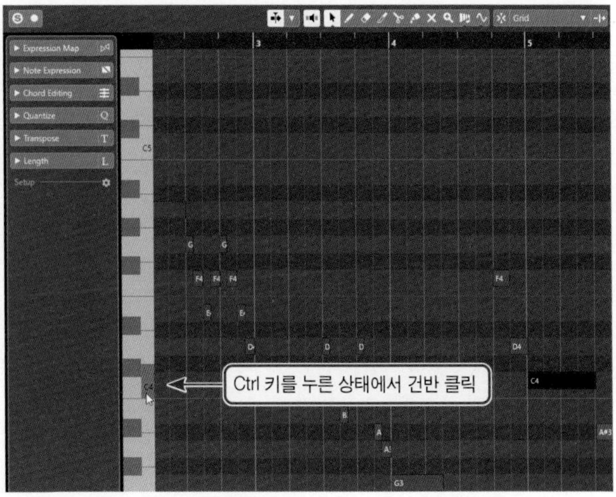

## 02 컨트롤 편집 창

키 에디터 작업 공간 하단에 있는 컨트롤 편집 창은 미디 컨트롤 정보를 그래프 모양으로 입력하거나 편집할 수 있는 공간입니다. 컨트롤 편집 창에서는 미디 연주 정보에 관련된 컨트롤 정보를 그래프 형식으로 다룰 수 있기 때문에 미디 초보자들도 쉽게 사용할 수 있을 것입니다.

● 컨트롤 편집 창 보기

컨트롤 편집 창이 보이지 않는다면 레이아웃 버튼 왼쪽에 보이는 컨트롤 레인 열기 버튼을 클릭합니다. 기본적으로 열리는 컨트롤 편집 창은 노트의 벨로시티 값을 표시하고 있습니다.

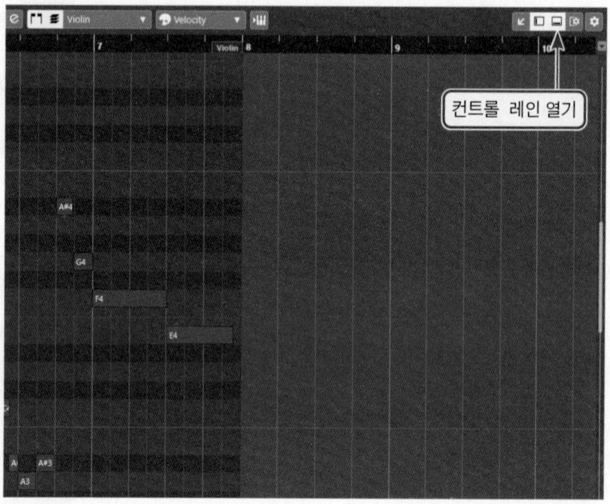


● 컨트롤 편집창의 크기 조정

키 에디터의 노트 편집 창과 컨트롤 편집 창 사이에 있는 경계선을 위/아래로 드래그하여 각각의 작업 공간 크기를 조정할 수 있습니다. 그림은 경계선을 위로 드래그하여 컨트롤 편집 창의 크기를 확대하고 있는 모습입니다.

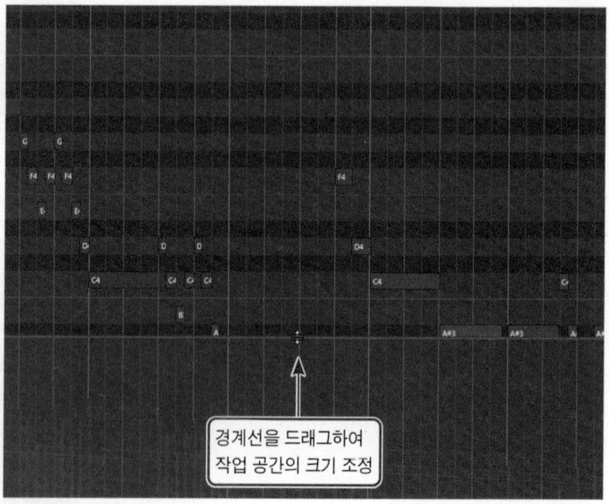

● 컨트롤 레인 추가/삭제

키 에디터의 컨트롤 레인은 왼쪽 하단의 + 기호를 클릭하여 원하는 만큼 추가할 수 있습니다. 마우스 오른쪽 버튼을 클릭하면 열리는 단축 메뉴의 Create New Controller Lane을 선택해도 됩니다. Remove this Lane은 선택한 레인을 삭제합니다. 단, 입력한 컨트롤 정보가 삭제되는 것은 아닙니다.

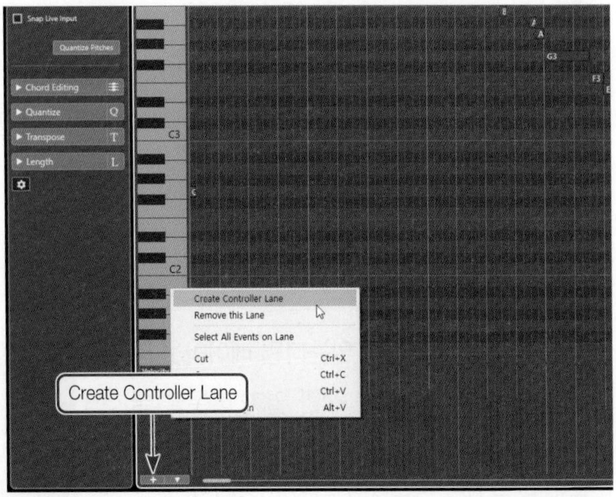


● 입력 정보 선택

컨트롤 레인에서 입력하거나 편집할 컨트롤 정보는 목록에서 선택할 수 있습니다. 선택한 목록의 컨트롤 정보는 목록에 표시되어 쉽게 구분할 수 있습니다.

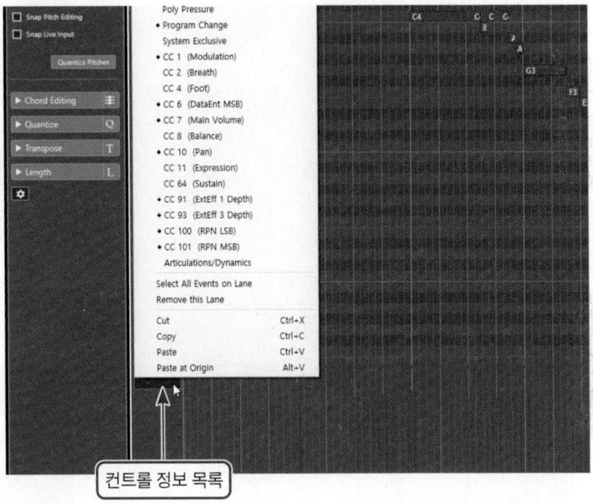


● 설정 메뉴

컨트롤 레인을 추가하는 + 기호 오른쪽의 작은 삼각형을 클릭하면 컨트롤 편집 창의 설정을 변경할 수 있는 메뉴를 볼 수 있습니다.

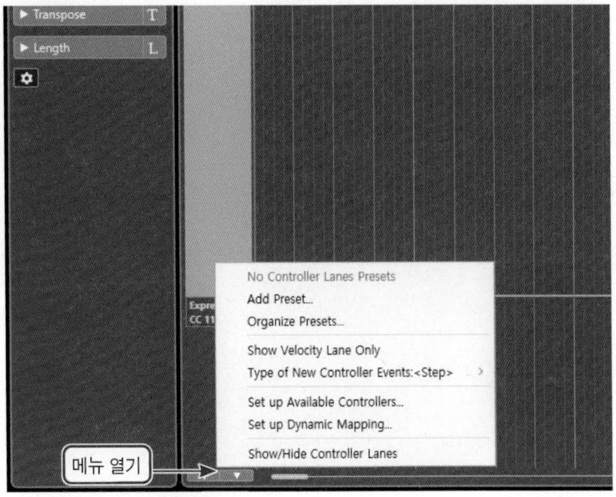

● Add Preset : 사용자가 구성한 컨트롤 레인을 다른 프로젝트에서도 사용할 수 있게 프리셋을 저장합니다. 저장한 프리셋은 메뉴 상단(No Controller Lanes Presets)에 등록이 되어 손쉽게 선택할 수 있습니다.

● Organize Presets : 프리셋 이름을 변경하거나 삭제할 수 있는 창을 엽니다.

● Show Velocity Lane Only : 여러 개의 레인을 열었을 때 벨로시티 레인만 표시합니다.

● Type of New Controller Events : 컨트롤러 정보 입력 타입을 Step과 Ramp 중에서 선택합니다.

기본 설정은 Step으로 되어 있으며, 입력 값을 직각으로 연결합니다. 서스테인 페달이나 기타의 헤머링 온/오프와 같이 순간적으로 변하는 값을 입력할 때 편리합니다. 라인의 핸들을 드래그하여 곡선으로 변경 가능합니다.

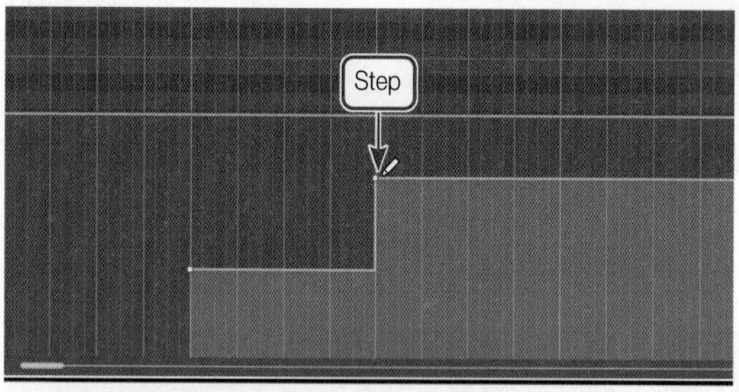


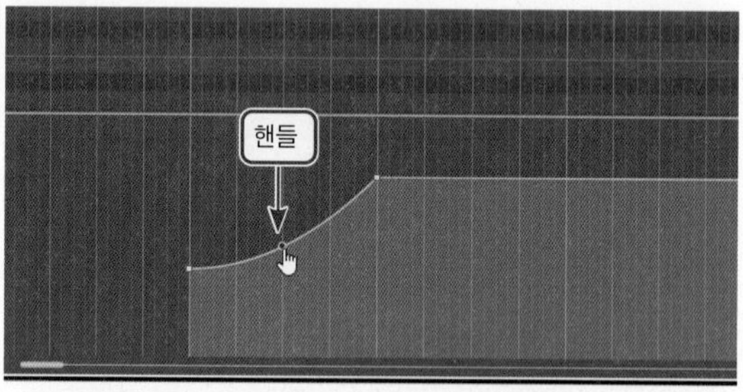


Type of New Controller Events를 Ramp로 변경하면, 입력 값을 라인으로 연결합니다. 피치나 익스프레션과 같이 연속적인 값을 입력할 때 편리합니다. 마찬가지로 핸들을 드래그하여 곡선으로 변경 가능합니다.

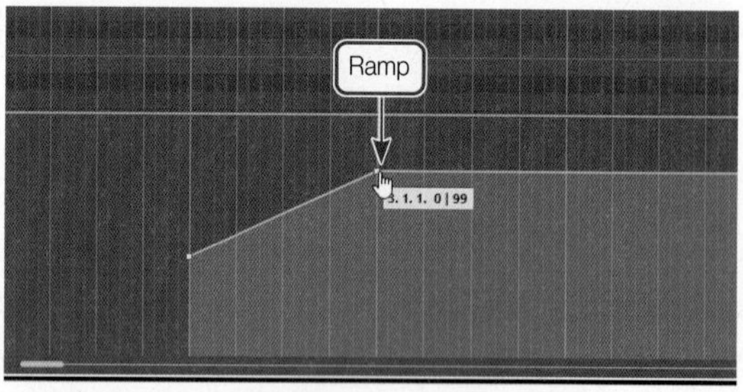


● Set up Available Controllers : 목록에 표시할 컨트롤러 정보를 선택할 수 있는 창을 엽니다. Visible 리스트가 목록에 표시되는 정보이고, Hidden 리스트가 보이지 않게 할 정보입니다. Add 및 Remove 버튼을 클릭하여 표시할 목록을 설정할 수 있습니다.

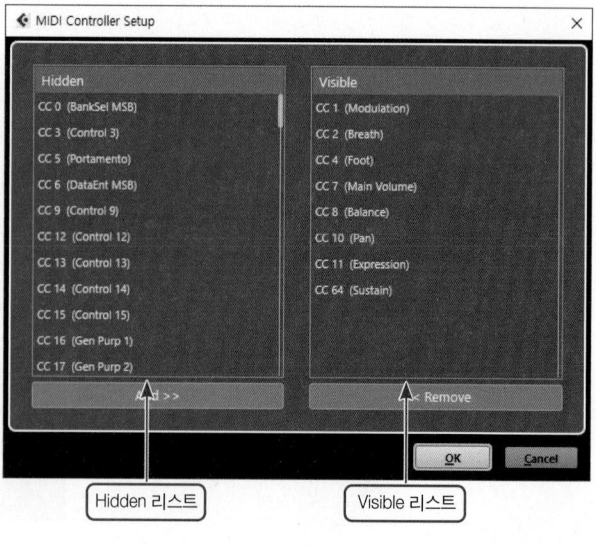

● Set up Dynamic Mapping : 다이내믹 심볼의 벨로시티 값을 설정할 수 있는 창을 엽니다. 사용법은 인스펙터 편에서 살펴보겠습니다.

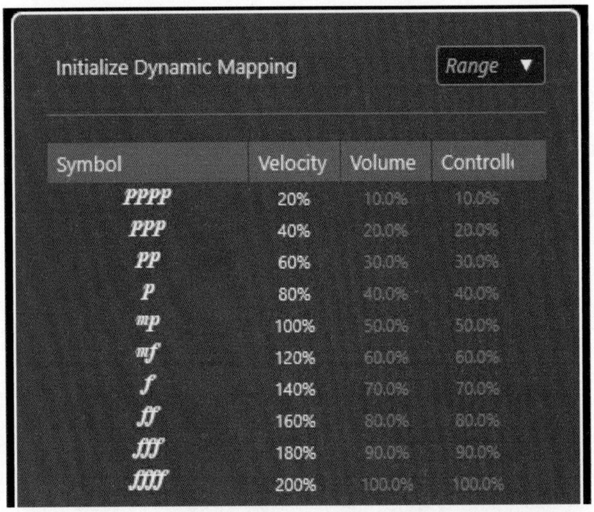


● Show/Hide Controller Lanes : 컨트롤러 레인을 닫거나 엽니다.

● 라인 입력

컨트롤 정보은 연필 버튼이나 라인 버튼을 이용해서 입력할 수 있습니다. 라인 버튼의 Parabola, Sine, Trangle, Square는 Ctrl 키를 누르면 곡선의 방향을 바꿔주고, Ctrl+Shift 키를 누르면 각도를 바꾸어 그릴 수 있습니다. 그리고 Shift 키를 누르면 라인 형태로 그릴 수 있습니다. 라인에 따라 약간씩 차이가 있으므로 실험을 해보기 바랍니다.

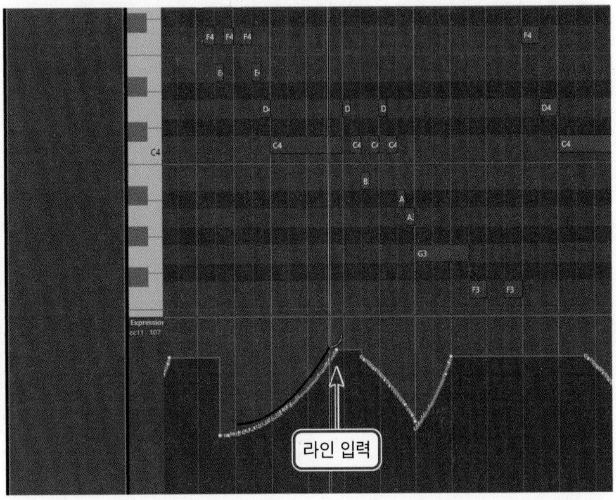


라인을 그리는 과정에서 마우스 버튼을 놓기 전에 Ctrl+Alt 키를 누르면, 입력하는 라인의 위치를 변경할 수 있습니다. 이것은 라인을 그리다가 위치를 조정하고 싶을 때 이용하는 방법으로 마우스 버튼을 놓기 전에 Ctrl+Alt 키를 누르는 것이 요령입니다.

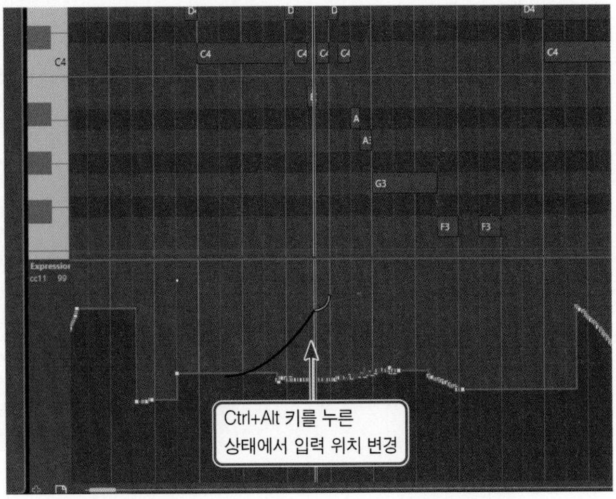

● 컨트롤 정보 선택

편집할 컨트롤 정보를 선택하는 방법은 노트 편집 창에서와 동일합니다. 편집할 컨트롤 정보는 마우스 클릭 또는 드래그로 선택할 수 있고, Shift 키를 누른 상태에서는 개별적인 선택이 가능합니다.

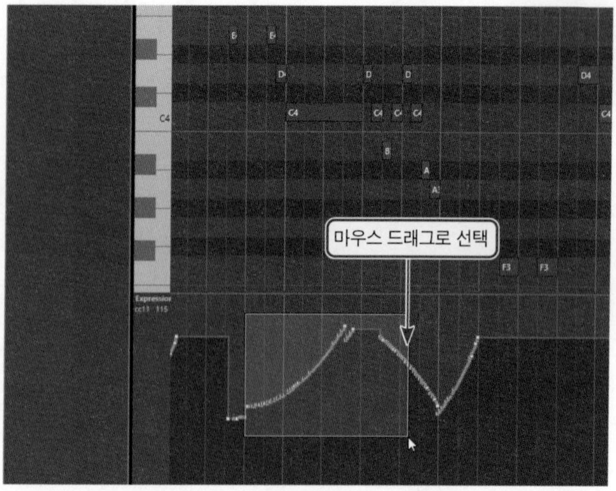


● 컨트롤 정보 편집

선택한 컨트롤 정보는 마우스 드래그로 이동할 수 있고, Alt 키를 누른 상태로 드래그하여 복사할 수 있습니다. 컨트롤 정보도 이동과 복사에 사용하는 Ctrl+C, Ctrl+X, Ctrl+V의 단축키를 사용할 수 있습니다.

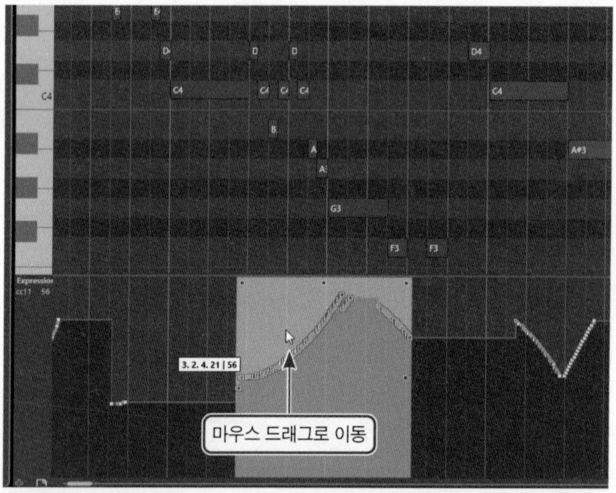


선택 범위의 값은 왼쪽과 오른쪽 또는 스케일 및 어라운드 핸들을 드래그하여 수정할 수 있습니다. 각각의 핸들을 드래그해보면 변화 값을 바로 확인할 수 있습니다.

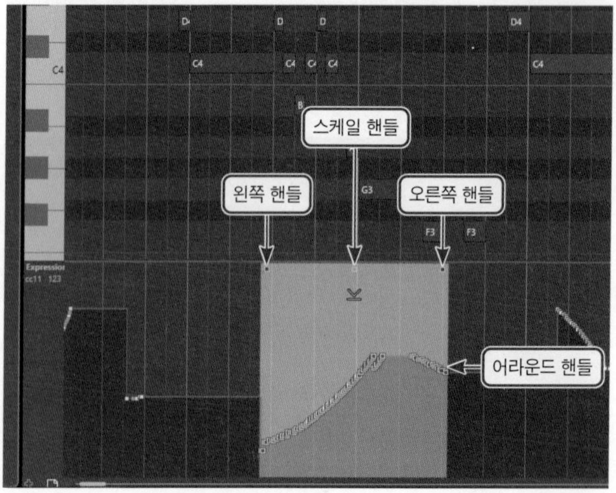

# 04 키 에디터의 인스펙터

키 에디터는 Expression Map, Note Expression, Quantize, Transpose, Lengh 파라미터가 포함되어 있는 인스펙터 창을 제공합니다. 미디 트랙의 인스펙터 창에서도 제공하고 있는 Note Expression은 노트별로 컨트롤 정보를 적용할 수 있도록 하여 익스프레션을 지원하지 않는 악기에서도 다양한 아티큘레이션을 연출 할 수 있습니다.

## 01 Expression Map

01 프로젝트 창의 VST Expression Map을 키 에디터에서 관리할 수 있습니다. 새 프로젝트를 만들고, Media 탭의 VST Instruments에서 HALion Sonic SE 프로젝트로 드래그하여 로딩합니다.

02 검색 창에 vx를 입력하여 Nylon Guitar VX를 더블 클릭합니다. Expression을 지원하는 음색들은 VX가 붙어 있습니다.

03 HALion Sonic SE 트랙에서 Alt 키를 누른 상태로 드래그하여 빈 파트를 만들고, Enter 키를 눌러 키 에디터를 엽니다.

04 연필 툴을 선택하고, 익스프레션 실습을 위한 간단한 노트를 입력합니다. 그림에서는 C2, E2, G2, C3의 C 코드 구성음을 한 박자 간격으로 입력하고 있습니다.

05 Expression Map 파라미터의 슬롯을 클릭하여 메뉴를 열고, Expression Map Setup 버튼을 클릭합니다.

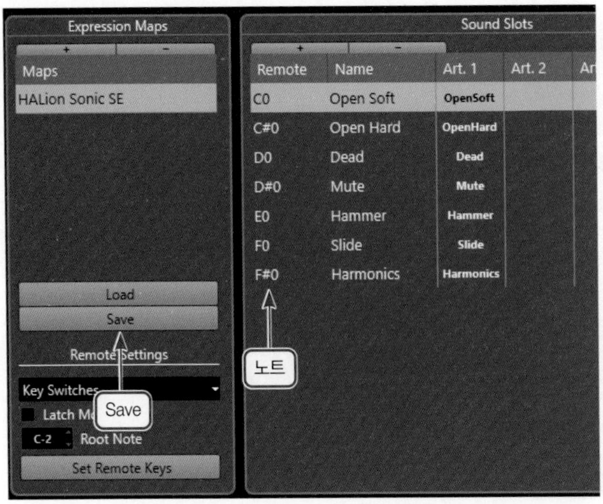


06 Expression Map Setup 창이 열리고 건반에 할당된 기타 주법들을 확인할 수 있습니다. 88건반 사용자가 아니라면, 자신의 건반에 맞추어 Remote 노트를 수정하고, Save 버튼을 클릭하여 저장합니다.

07 Expression Map Setup 창을 닫고, 컨트롤 선택 메뉴에서 Articulation/Dynamics을 선택합니다.

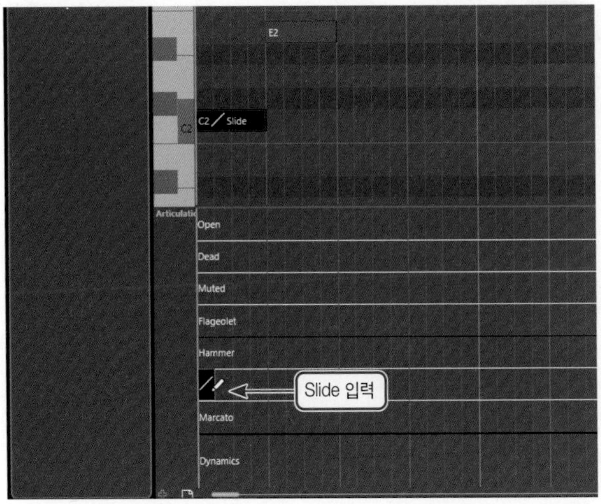


08 Nylon Guitar 맵에서 설정되어 있는 정보가 표시되는 것을 확인할 수 있습니다. C2 노트에 Slide를 입력해봅니다.

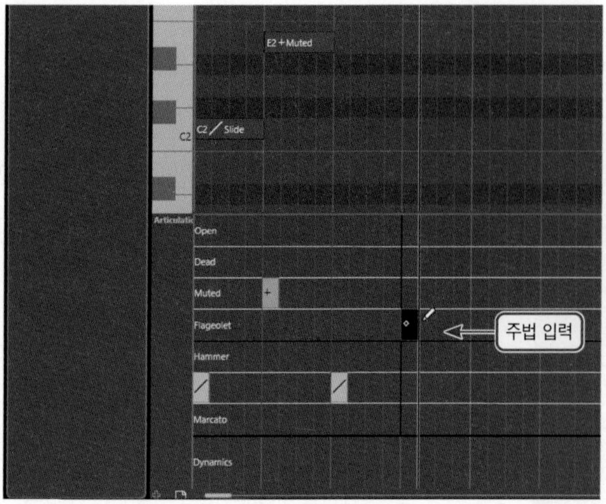


09 E2 음정에는 Muted 또는 Dead 주법을 입력하고, C3 음정에 Flageolet를 입력합니다. 그리고 숫자열의 Enter 키를 눌러 재생해 봅니다. 입력한 주법대로 연주되는 것을 확인할 수 있습니다.

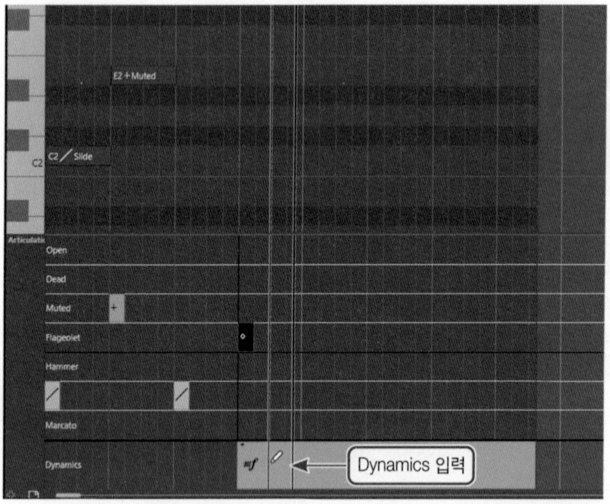


10 익스프레션은 연주법에 해당하는 아티큐레이션 외에 강약을 조정하는 다이내믹 연출도 가능합니다. C3 음정에 Dynmics를 입력합니다.

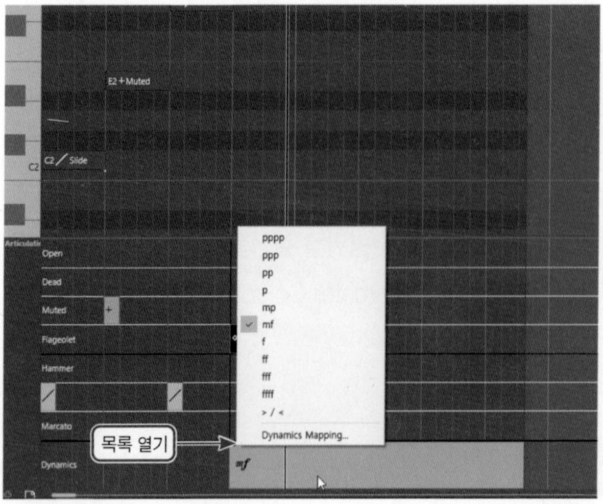


11 기본 값은 보통 세기의 *mf* 입니다. 익스프레션 박스 왼쪽 상단에 작은 삼각형을 클릭하여 목록을 열고, *f* 를 선택하여 연주해보면, C3 음이 강하게 연주되는 것을 확인할 수 있습니다.

## 02 Note Expression

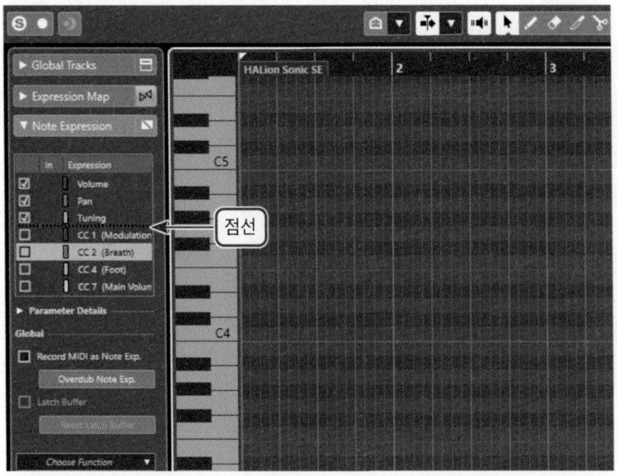


**01** 익스프레션 정보를 노트 단위로 편집할 수있는 파라미터입니다. 중간에 점선을 기준으로 상단에 있는 것이 익스프레션 정보이고, 하단에 있는 것이 컨트롤 정보이며, 악기에 따라 차이가 있습니다.

> **Tip**
> 노트 익스프레션을 지원하는 음색은 Note Exp라는 이름으로 표시됩니다.

**02** Note Expression은 Ctrl 키를 누른 상태로 마우스 오른쪽 버튼을 클릭하여 단축 메뉴를 열고, Open Note Expression Editor를 선택하여 편집 창을 열수 있습니다. 정보가 기록된 이름 왼쪽에는 별표 모양이 표시됩니다.

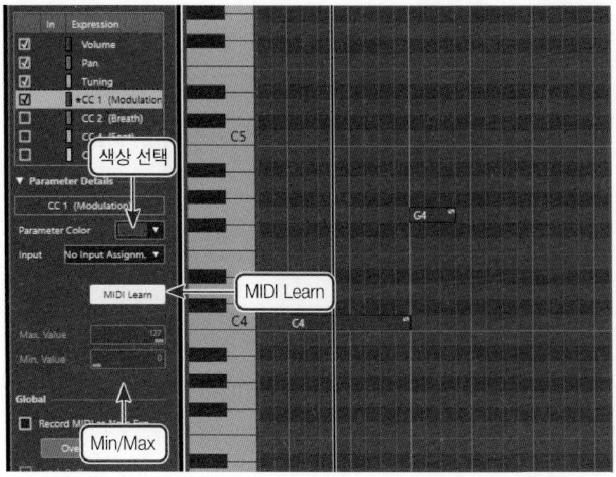


**03** 외부 미디 컨트롤러를 이용해서 입력하겠다면, MIDI Learn 버튼을 ON으로 하고, 컨트롤러의 노브 및 슬라이드를 움직여 연결합니다. Min/Max 슬라이더는 컨트롤 정보의 입력 범위를 설정합니다. 색상을 변경하겠다면 Parameter Color 항목을 클릭합니다.

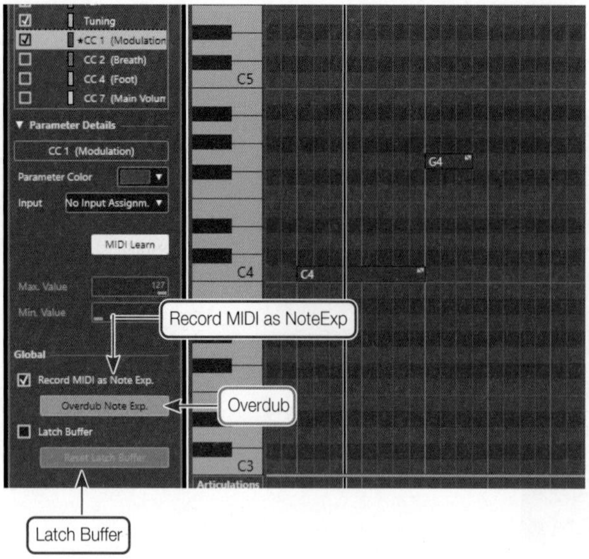


04 외부 미디 컨트롤러를 움직여 Note Expression을 기록할 때는 Record MIDI as NoteExp을 체크합니다. Overdub Note Exp으로 기존 데이터에 더빙하거나 Latch Buffer으로 컨트롤러의 위치를 기억시킬 수 있습니다.

Tip

Overdub 중일 때 노트는 녹음되지 않으며, 노트가 선택되어 있는 경우에는 해당 노트에만 녹음됩니다.

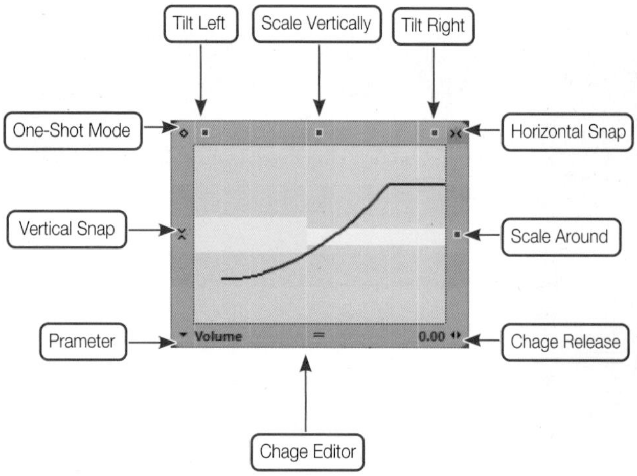


05 Note Expression 편집 창 테두리에는 값을 직관적으로 편집할 수 있게 하는 역할의 버튼들이 있습니다. 버튼의 이름은 마우스를 위치시키면 확인할 수 있으며, 각각의 역할은 다음과 같습니다.

- One-Shot : 컨트롤 값을 하나로 입력되게 하는 On/Off 스위치 입니다.
- Tilt Left/Right : 마우스 드래그로 컨트롤 값의 시작 점과 끝 점을 증/감합니다.
- Scale Verically : 마우스 드래그로 전체 값을 증/감 합니다.
- Horizontal Sanp : 컨트롤 값이 스텝 간격으로 입력되게 하는 On/Off 스위치 입니다.
- Scale Around : 마우스 드래그로 최고 값과 최저 값의 비율을 조정합니다.
- Chage Release : 편집 창의 가로 크기를 조정합니다. Note Off 이후의 릴리즈 정보를 입력할 수 있습니다.
- Chage Editor : 편집 창의 세로 크기를 조정합니다.
- Parameter : 입력되어 있는 정보 중에서 편집할 정보를 선택합니다. 라인을 선택해도 좋습니다.
- Vertical Snap : 인스펙터 파라미터의 범위에서 지정한 간격으로 입력되게 하는 On/Off 스위치 입니다.

## 03 Scale Assistant

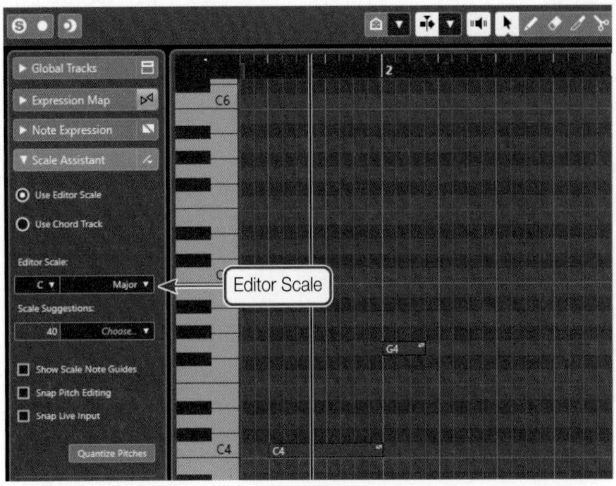


**01** Scale Assistant 파라미터는 스케일 지식이 부족한 입문자도 완벽한 연주가 가능하도록 도움을 줍니다. Editor Scale에서 작업하고자 하는 곡의 스케일을 선택합니다.

**02** Show Scale Note Guides 옵션을 체크하면, Editor Scale에서 선택한 스케일의 노트가 아닌 것은 어두운 색으로 표시됩니다.

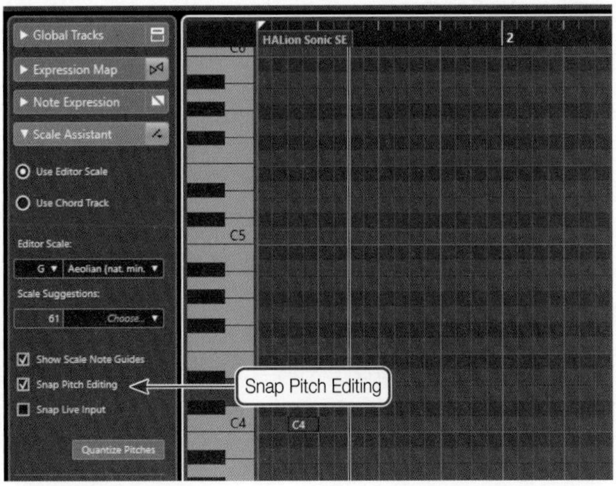


**03** Snap Pitch Editing 옵션을 체크하면 Editor Scale에서 선택한 스케일의 노트만 입력됩니다. 편집을 할 때도 적용되어 잘못된 편집을 방지할 수 있습니다.

04 Snap Live Input 옵션을 체크하면 레코딩하는 노트도 자동으로 스케일 노트로 맞춰줍니다. C 또는 Am 연주만 가능한 초보자도 임시표가 많은 키를 자유롭게 연주할 수 있는 것입니다.

05 이미 레코딩한 노트도 자동으로 수정할 수 있습니다. 컬러 메뉴에서 Scale/Chords를 선택하면 잘못 입력되어 있는 노트를 빨간색으로 구분할 수 있습니다.

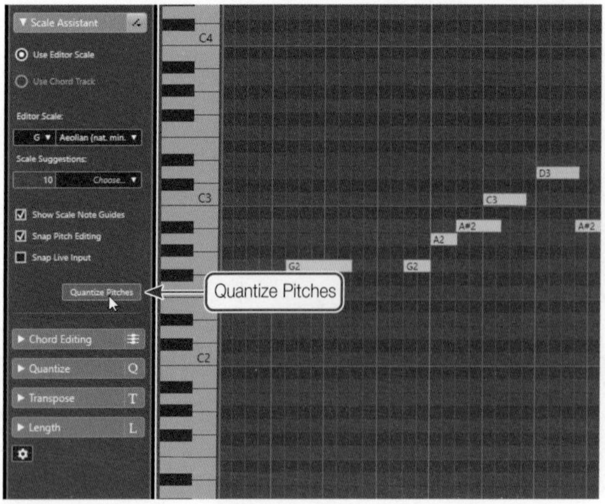


06 Quantize Pitches 버튼을 클릭하면 빨간색으로 표시되던, 노트들이 자동으로 수정되는 것을 확인할 수 있습니다. 작업한 곡의 선법을 바꿔보고자 할 때도 유용한 기능입니다.

07 실제로 연주할 때는 코드마다 제한 사항이 있기 때문에 초보자가 접근하기에는 어려운 부분이 있습니다. 하지만, Scale Assistant는 코드 트랙을 적용할 수 있는 Use Chord Track을 제공하고 있기 때문에 모드에 대한 지식이 부족해도 연주가 가능합니다.

08 Chord Track Mode에서는 코드 트랙의 스케일을 참조할 것인지, 코드 보이싱을 참조할 것인지, 또는 둘 다 참조할 것인지를 선택할 수 있는 메뉴를 제공합니다.

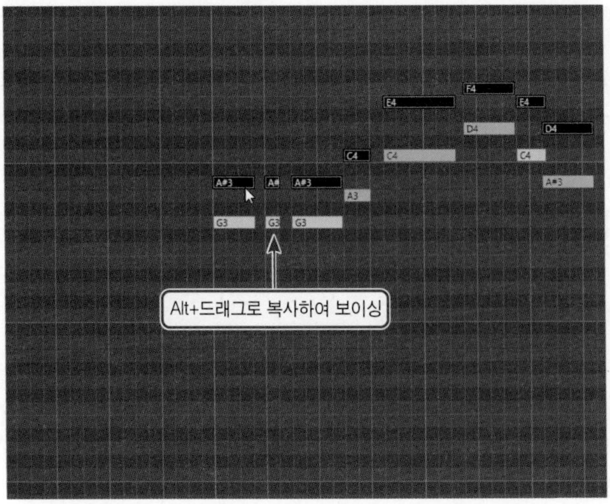


09 Chord Track Mode 기능을 이용하면 해당 코드에서 사용할 수 있는 스케일로만 편집되기 때문에 3도 혹은 6도 보이싱을 복사만으로 손쉽게 만들 수 있습니다.

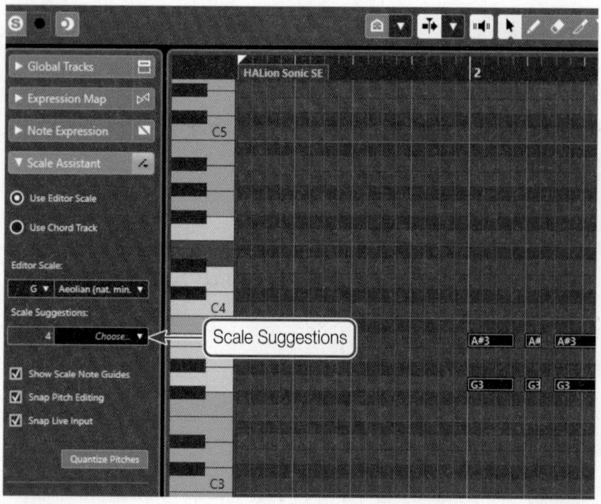


10 Scale Suggestions는 키와 스케일을 모르는 샘플이나 연주를 분석하여 적합한 스케일을 제시해주는 역할을 합니다. 특정 범위만 분석하고 싶다면 해당 노트들을 선택합니다.

11 왼쪽의 숫자는 분석된 스케일의 수를 의미하며 오른쪽 목록에서 적합한 스케일을 선택할 수 있습니다. 작업하고자 하는 스케일을 선택해도 좋으며, 각각의 스케일을 선택하여 분위기를 바꿔봐도 좋습니다.

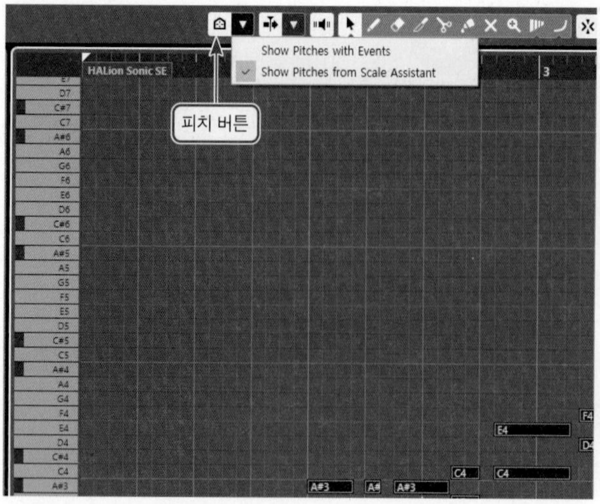


12 피치 버튼을 On으로 하고 메뉴에서 Show Pitches from Scale Assistant을 선택하면 해당 스케일의 노트만 표시할 수 있습니다. Scale Assistnat 기능을 활용하면 특별한 지식이 없어도 복잡하고 어려운 스케일의 곡을 자유롭게 만들 수 있습니다. 다만, 몰라도 된다는 말은 아니므로, 이론 학습도 병행하길 바랍니다.

## 04 Chord Editing

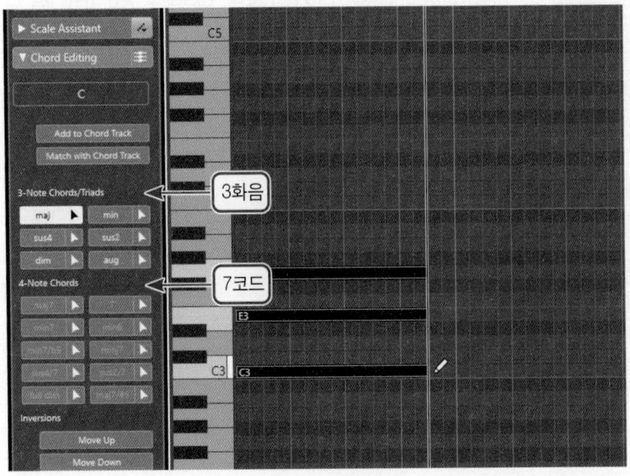


01 코드를 삽입할 수 있게 하는 파라미터입니다. 3화음(Triads) 또는 7 코드(4-Note Chords)에서 원하는 타입을 선택하고, 루트 음을 클릭하거나 드래그하여 코드를 입력할 수 있습니다.

**Tip**

코드를 입력할 때 Alt 키를 누르고, 마우스를 위/아래로 움직여 코드 타입을 변경할 수 있습니다.

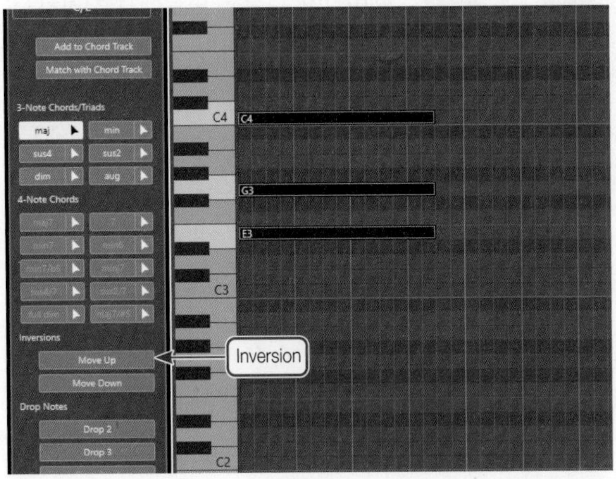


02 Inversion의 Move Up 또는 Move Down 버튼을 클릭하면 코드의 위쪽과 아래쪽 음정을 한 옥타브 이동시켜 전위 코드를 만들 수 있습니다.

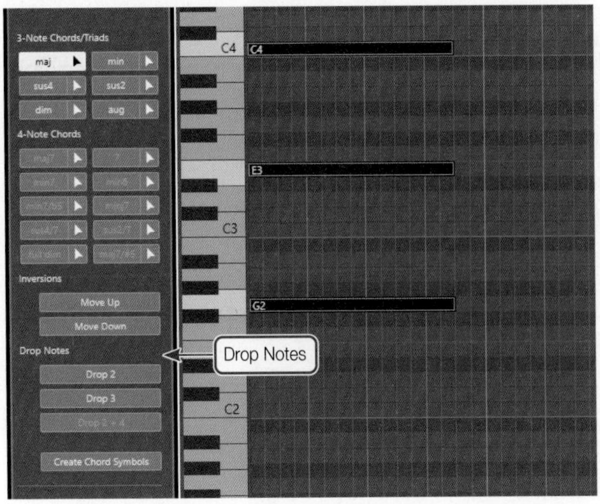


03 Drop Notes는 2번째 음, 3번째 음, 또는 2번째와 4번째(2/4) 노트를 한 옥타브 아래로 이동시키는 것으로 피아노 연주의 드롭 2 보이싱을 쉽게 연출할 수 있습니다.

04 입력한 코드 네임은 Chord Type 항목에 표시되며, Add to Chord Track 버튼을 클릭하여 프로젝트 창의 코드 트랙에 삽입할 수 있습니다.

05 Match with Chord Track은 코드 트랙에 입력되어 있는 조에 맞추어 노트를 변경합니다. 기준은 트랙의 시작 위치에 입력되어 있는 코드 입니다.

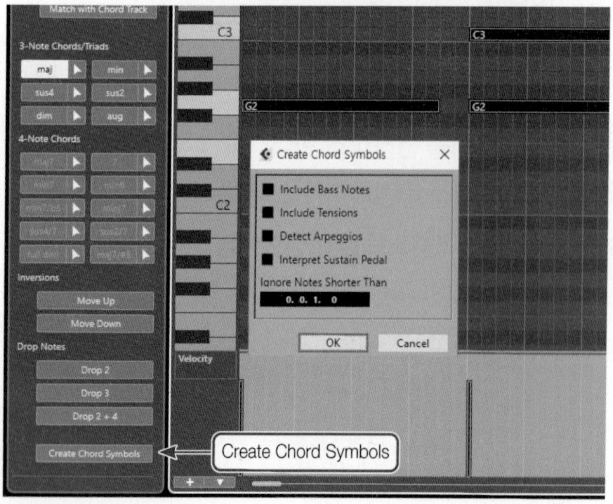


06 전체 노트를 분석하여 코드 트랙에 삽입할 때는 Create Chord Symbols 버튼을 클릭합니다. 이때 베이스 노트, 텐션, 아르페지오, 페달 정보의 분석 여부를 선택할 수 있는 옵션 창이 열립니다.

## 05 Quantize

퀀타이즈를 적용할 수 있는 파라미터입니다. 크게 3개의 섹션으로 구성되어 있으며, 상단은 Auto 및 Soft 퀀타이즈 옵션이고, 중간은 퀀타이즈 설정 창과 같은 기능입니다. 그리고 하단은 퀀타이즈 메뉴로 적용할 수 있는 명령입니다. 미디 퀀타이즈의 모든 기능을 하나의 파라미터에서 컨트롤 할 수 있는 것입니다.

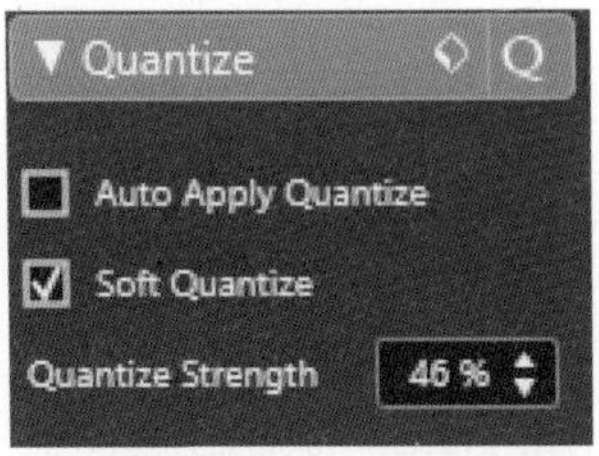


Auto Apply Quantize : 레코딩하는 노트를 퀀타이즈 합니다.
Soft Quantize : 퀀타이즈를 조금 러프하게 적용합니다.
적용 값은 Quantize Strength에서 설정합니다.

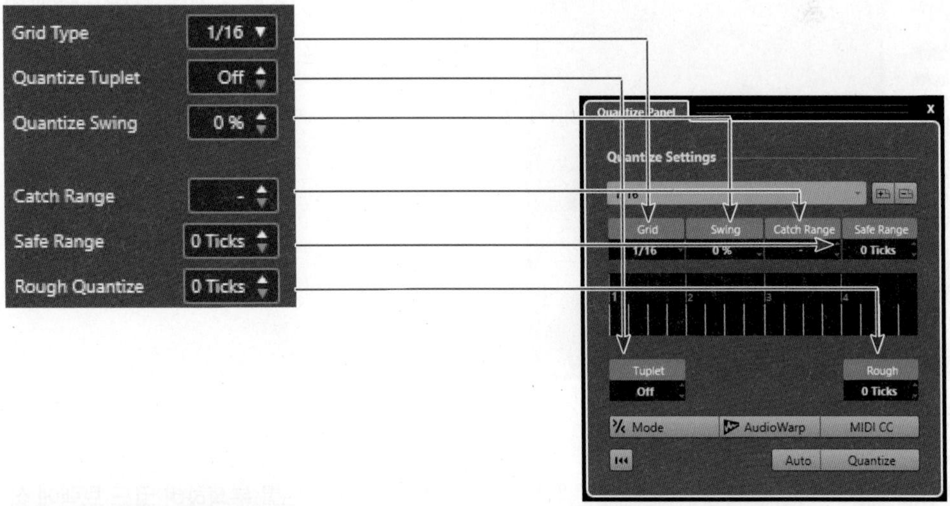


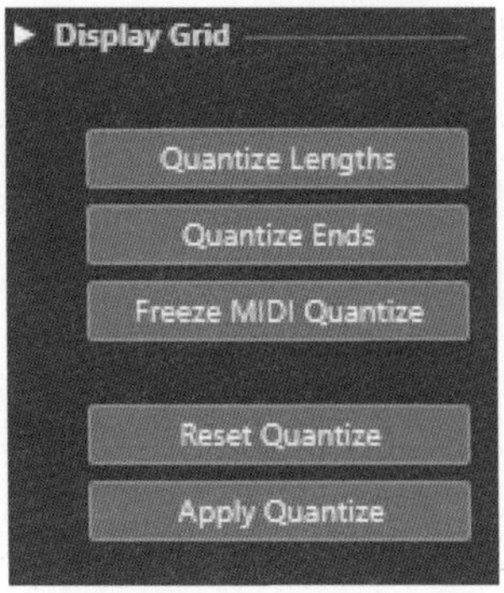


Quantize Lengths : 노트 길이를 퀀타이즈 합니다.
Quantize Ends : 노트의 끝 지점을 퀀타이즈 합니다.
Freeze Quantize : 퀀타이즈 적용 노트를 고정합니다.
Reset : 퀀타이즈 적용을 취소합니다.
Apply Quantize : 퀀타이즈를 적용합니다.

## 06 Transpose

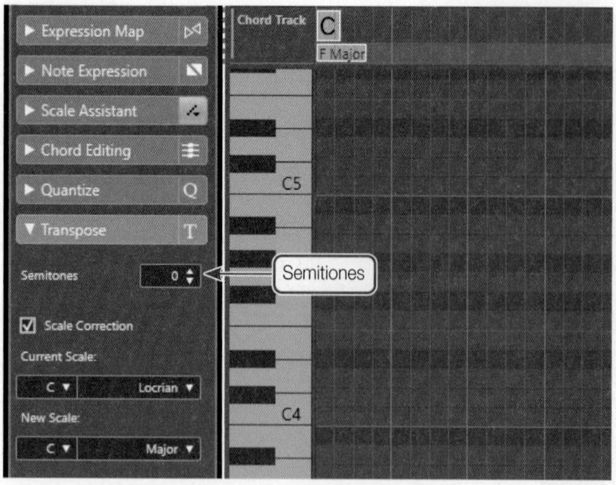


01 노트의 음정을 조정하는 파라미터 입니다. Semitones은 반음 단위로 조정됩니다.

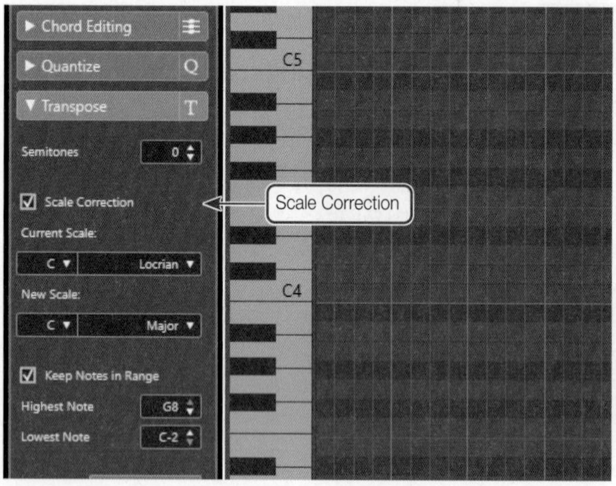


02 Scale Correction는 입력되어 있는 스케일을 Current에서 선택하고, 바꾸고자 하는 스케일은 New에서 선택하여 변경하는 역할을 합니다.

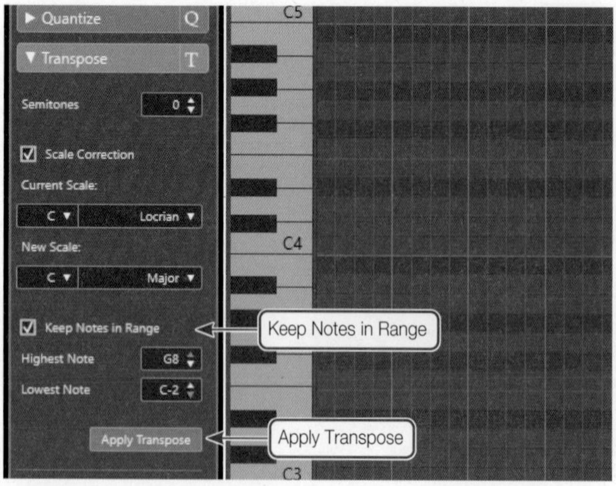


03 Keep Notes in Range는 변경 노트에서 제외시킬 범위를 설정하며, Apply Transpose 버튼을 클릭하여 적용합니다.

# 07 Length

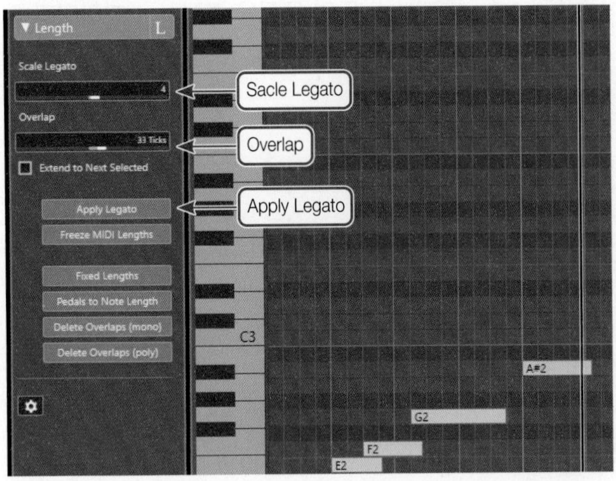


**01** Apply Lagato 버튼을 클릭하면 노트의 길이를 다음 노트의 시작점까지 연장하여 레가토로 연주되게 합니다. Scale Legato에서 연장 길이를 설정하고, Overlap에서 겹치는 한도를 설정합니다.

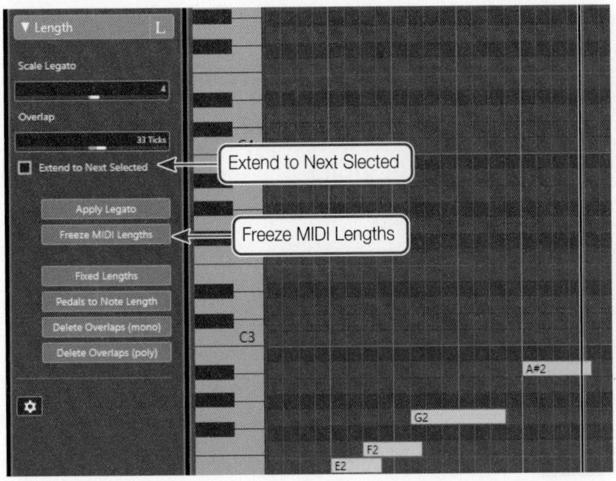


**02** Extend to Next Selected 옵션을 체크하면 다음 노트와 겹치는 것을 방지할 수 있고, Freeze MIDI Lengths 버튼을 클릭하면 조정 값을 적용하여 추가 조정이 가능한 노트로 만듭니다.

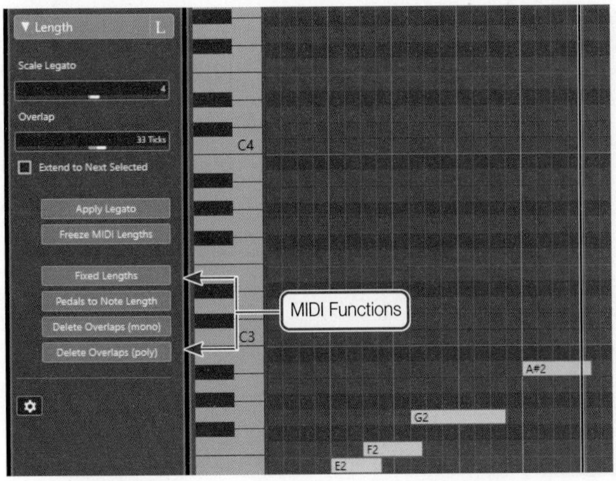


**03** 그 외, 퀀타이즈 단위로 노트의 길이를 조정하는 Fixed Lengths, 페달 정보를 노트 길이로 변환하는 Pedals to Note Length, 겹친 노트를 삭제하는 Delete Overlaps 등, MIDI 메뉴의 Functions 기능을 수행하는 항목으로 구성되어 있습니다.

# 08 Global Tracks

01 Tempo, Signature, Chord, Ruler, Arranger, Video, Marker, Transpose 트랙을 키 에디터에서 편집할 수 있는 Global Tracks 파라미터를 제공합니다.

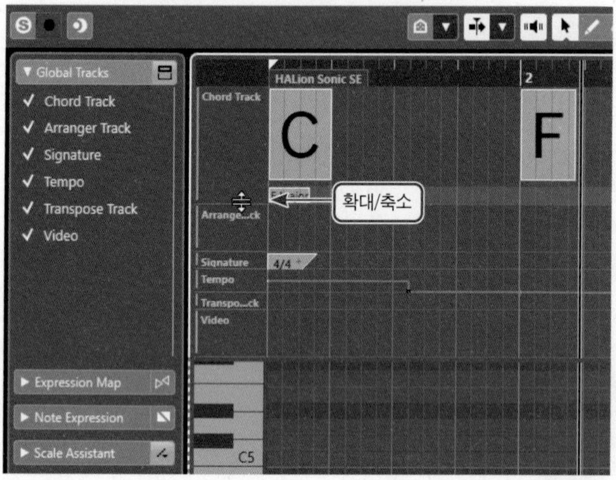


02 트랙은 Shift 키를 누른 상태에서 H 또는 G 키를 이용하여 확대/축소할 수 있으며, 경계선을 드래그하여 개별적으로 확대/축소하는 것도 가능합니다.

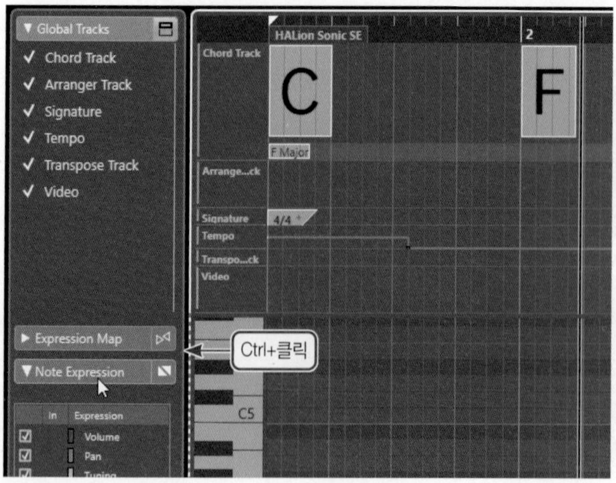


03 키 에디터에서 두 개 이상의 파라미터를 동시에 열어놓고 작업할 때는 원하는 파라미터를 Ctrl 키를 누른 상태로 클릭하여 엽니다. 닫을 때도 마찬가지 입니다.

# 05 인-플레이스 에디터

큐베이스에서 제공하는 미디 편집 창 중에서 가장 많이 사용하는 것이 키 에디터입니다. 하지만, 간단한 편집을 위해서 매번 키 에디터를 열어야 한다면, 조금 귀찮을 것입니다. 이러한 불편함을 고려해서 키 에디터와 동일한 인터페이스로 미디를 편집할 수 있도록 제공되는 것이 인-플레이스 에디터 입니다.

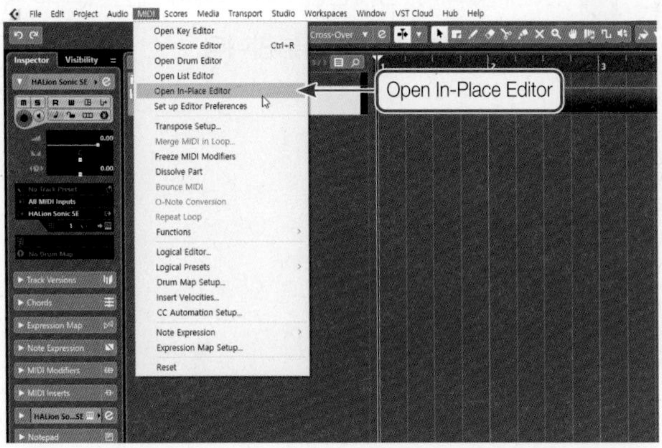


01 인-플레이스 창은 MIDI 메뉴의 Opne In-Place Editor 를 선택하여 열 수 있습니다.

Tip

트랙 컨트롤 파라미터의 In-Place editors는 선택되어 있는 트랙을 인-플레이스 에디터 모드로 표시합니다.

02 미디 파트는 노트 편집이 가능한 키 에디터 타입으로 표시되며, 사용 방법도 동일합니다. 작업 공간은 건반 표시 부분을 드래그하여 이동 합니다.

03 편집할 컨트롤 정보는 Velo라고 표시되어 있는 컨트롤 정보 목록을 클릭하여 선택할 수 있으며, 마우스 오른쪽 버튼을 클릭하면 컨트롤 편집 라인을 추가하는 Create New Controller Lane과 삭제하는 Remove this lane 메뉴를 볼 수 있습니다.

04 미디 이벤트를 입력하거나 삭제하는 등의 편집 작업을 할 때 이용되는 도구들은 프로젝트 창의 도구들을 이용하면 되고, 추가적인 도구는 팝업 열기 버튼을 클릭하여 볼 수 있습니다.

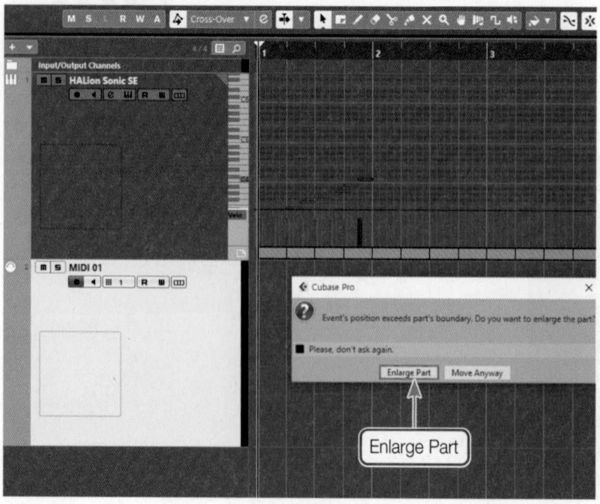


05 인-플레이스의 장점 가운데 눈에 띄는 것은 서로 다른 파트들간의 데이터 편집이 가능하다는 것이며, 파트가 없는 빈 공간으로 이동 및 복사를 실행하면 파트를 만들 것인지를 묻는 창이 열립니다. Enlarge Part는 파트를 만들고, Move Anyway는 파트를 만들지 않습니다.

# 06 드럼 에디터

드럼 에디터는 드럼 노트의 입력과 편집이 편리하게 노트 모양을 다이아몬드 형태로 표시하고 있다는 것 외에는 키 에디터와 크게 다르지 않습니다. 드럼 에디터의 장점이라면 드럼 맵 환경을 간단하게 변경할 수 있기 때문에 다른 악기를 기준으로 제작한 데이터도 무리없이 사용할 수 있다는 것입니다.

대부분의 드럼 악기는 16비트로 연주하는 것과 4분 음표로 연주하는 소리가 같습니다. 즉, 드럼의 연주는 노트의 길이와 상관이 없다는 것입니다. 그래서 큐베이스의 드럼 에디터에서는 노트를 다이아몬드 모양으로 입력하거나 편집할 수 있게 되어 있습니다. 간단한 리듬 패턴을 입력해보면서 드럼 에디터의 기본적인 사용법을 익혀보겠습니다.

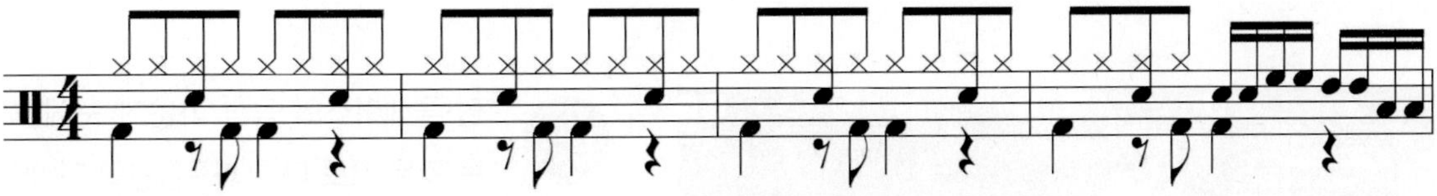

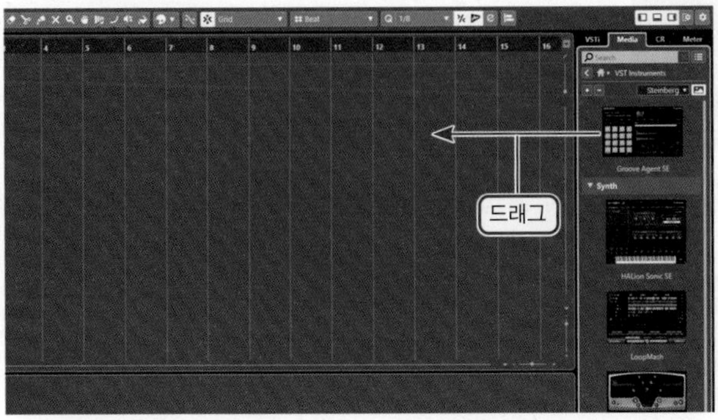


**01** 라이트 존의 Media 탭에서 VST Instruments를 선택하여 열고, Groove Agent SE를 프로젝트로 드래그하여 드럼 트랙을 만듭니다.

**02** Load 버튼을 클릭하여 패널을 열고, 적당한 프로그램을 더블 클릭하여 로딩합니다.

**03** 룰러 라인을 드래그하여 4마디 길이의 로케이터 구간을 설정하고, / 키를 눌러 반복 구간으로 설정합니다. 그리고 작업 공간을 더블 클릭하면 4마디 길이의 파트가 생성됩니다.

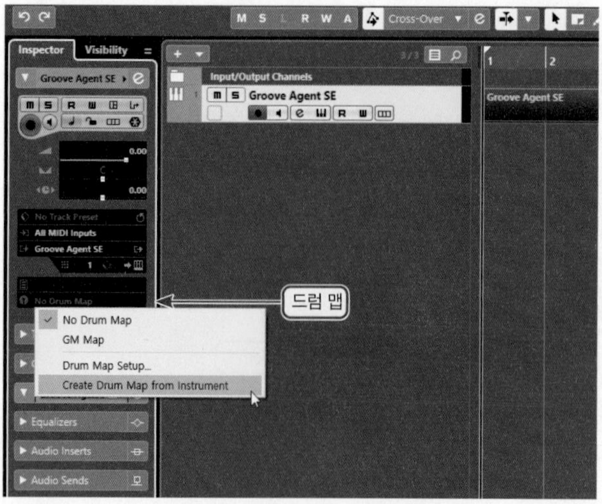


**04** 인스펙터 창의 드럼 맵 항목에서 Create Drum Map from Instrument를 선택합니다. 로딩한 악기에 맞춰 드럼 맵이 자동 설정됩니다.

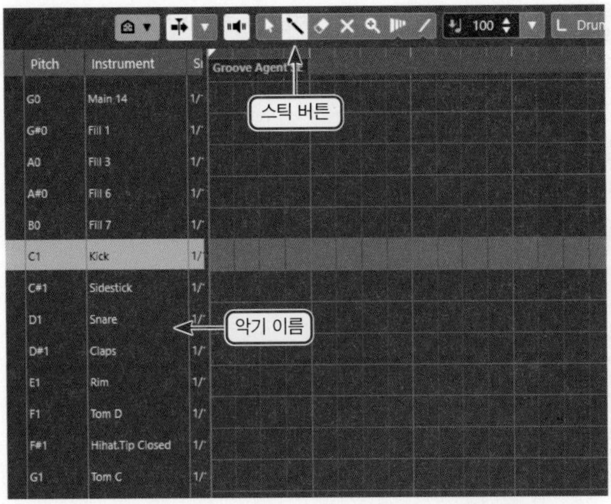


05 미디 파트를 더블 클릭하면 키 에디터의 건반 대신에 드럼 악기 이름이 표시되고, 연필 툴로 드럼 스틱 모양으로 제공되고 있는 드럼 에디터가 열립니다.

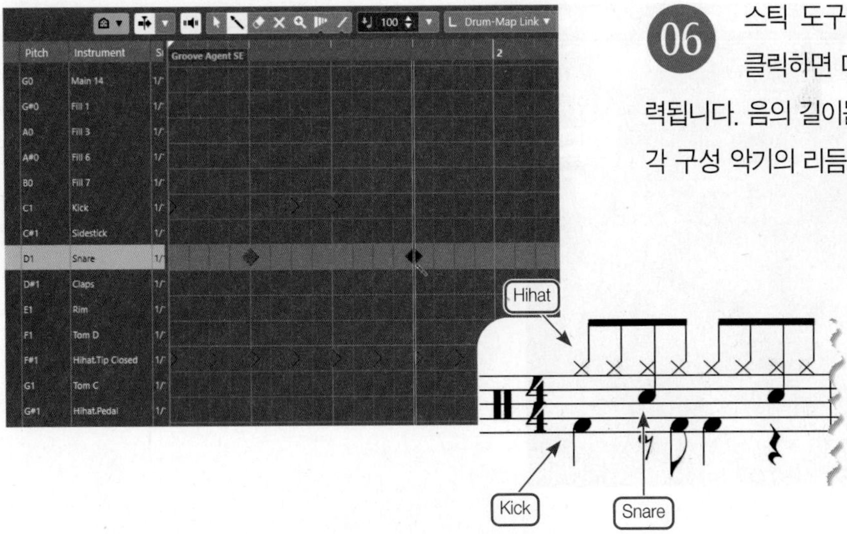


06 스틱 도구를 이용해서 작업 공간을 클릭하면 다이아 모양으로 노트가 입력됩니다. 음의 길이는 상관없으므로, 악보대로 각 구성 악기의 리듬만 입력하면 됩니다.

07 잘못 입력한 노트는 스틱 버튼으로 클릭하여 삭제할 수 있습니다. 즉, 스틱 버튼으로 작업 공간을 클릭하면 입력 역할을 하고, 노트를 클릭하면 삭제 역할을 합니다. Tom 연주까지 마무리해봅니다.

## Tip 드럼 악보

드럼은 Kick, Snare, Hiaht, Tom, Cymbal 등의 타악기로 구성되어 있으며, Cymbal은 Ride와 Crash, Tom은 High(A), Mid(B), Low(C)로 구분합니다. 물론 Kick을 2 개로 구성하거나 Tom을 6개로 구성하는 등, 연주자 마다 차이가 있으며, 악보 표기 역시 표준적이지는 않지만, 일반적인 기보법은 다음과 같습니다.

일반적으로 드럼 악보는 낮은음자리표를 사용하며, 발로 연주하는 것은 음표의 대가 아래쪽으로 향하고, 손으로 연주하는 것은 위로 향합니다. 그리고 심볼 계열은 음표 머리를 X로 표시합니다.

Kick : 음표의 대가 아래쪽으로 향하며, A음에 기보합니다.

Snare : E음에 기보합니다. 테두리를 연주하는 림샷 주법을 표시할 때는 음표 머리에 사선을 긋거나 음표 머리를 X로 표시하기도 하고 아예 Rim이라는 문자를 표기하기도 합니다.

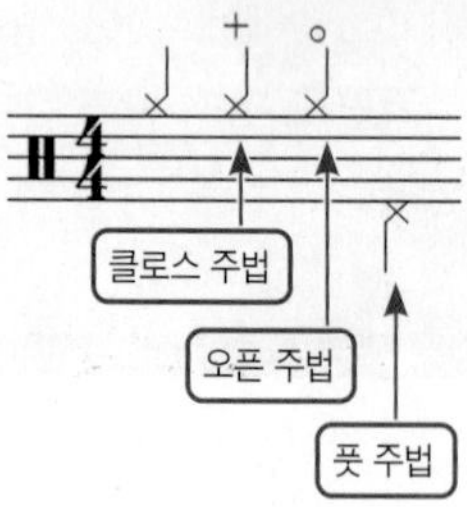


Hihat : B음에 기보합니다. 하이해트는 위/아래 두 장의 심볼로 구성되어 있는데, 일반적으로 두 장이 붙어있는 클로스 상태로 연주를 하며, 두 장이 벌어진 오픈 주법은 연주자에게 맡겨집니다. 그러나 편곡자가 클로스와 오픈을 지정하고 싶은 경우에는 + 와 o 기호를 표시하는 경우가 있습니다. 그리고 벌어져 있던 심볼을 발로 밟아서 붙일 때 소리가 나게되는데, 이것을 풋 주법이라고 하며, 악보로 표기할 때는 F음에 대를 아래쪽으로 향하게 합니다.

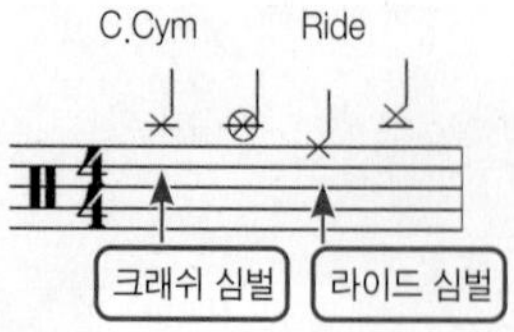


Cymbal : 크래쉬 심벌은 C 음에 표기하며, 동그라미를 그리는 경우도 있고, 라이드 심벌은 A음 또는 D음에 표기하지만, 정확한 표준이 없기 때문에 문자로 구분하는 경우가 더 많습니다.

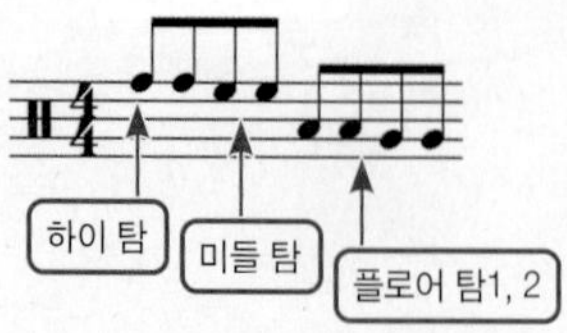


Tom : 탐은 Kick, Snare, Hihat, Cymbal 등이 입력되는 음을 제외한 나머지 공간에 High, Mid, Low의 고저만 표기하며, Fill in으로 연주자에게 맡기는 경우가 많습니다. VST 경우에는 A, B, C로 표시되기도 하고, Low를 Floor로 표시하는 경우도 많습니다.

# 07 드럼 에디터의 도구

드럼 에디터는 키 에디터와 노트 표시 방법만 다를 뿐 같은 방식으로 사용하는 창이므로, 키 에디터의 도구들만 정확히 이해하고 있다면, 별다른 설명을 하지 않아도 쉽게 사용할 수 있습니다. 각 도구의 역할만 간단하게 정리하겠습니다.

### Ⓢ 솔로 버튼

솔로 버튼은 Enter 키를 눌러 곡을 연주할 때 드럼 에디터에서 편집중인 파트만 연주하는 역할로 작업 중인 파트만 솔로로 모니터 하고 싶을 때 유용합니다.

### ① 솔로 악기

솔로 악기는 드럼 에디터에만 있는 버튼으로 드럼 에디터 작업 공간 왼쪽에 있는 맵에서 선택한 악기를 솔로로 연주합니다.

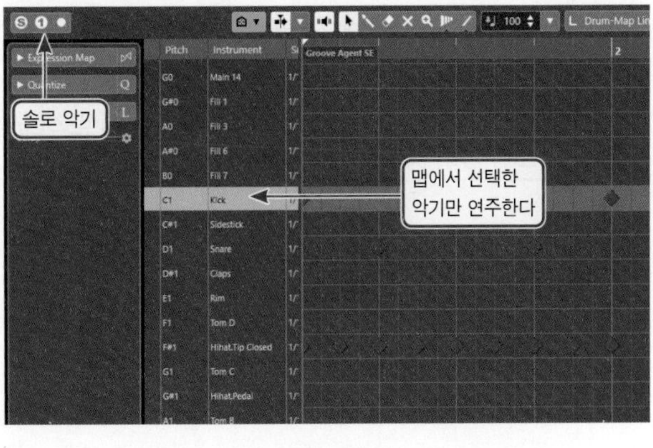

### 녹음 버튼

드럼 에디터에서 미디 데이터를 녹음할 수 있게 합니다. 단, 미디 녹음 모드가 Merge 또는 Replace 모드일 경우에만 작동합니다.

### 인서트 버튼

정지 및 재생 중에 연주한 이벤트를 기록합니다. 몇 가지 필인을 연주해보고, 마음에 드는 연주가 있을 때 인서트 버튼을 클릭하여 입력할 수 있습니다.

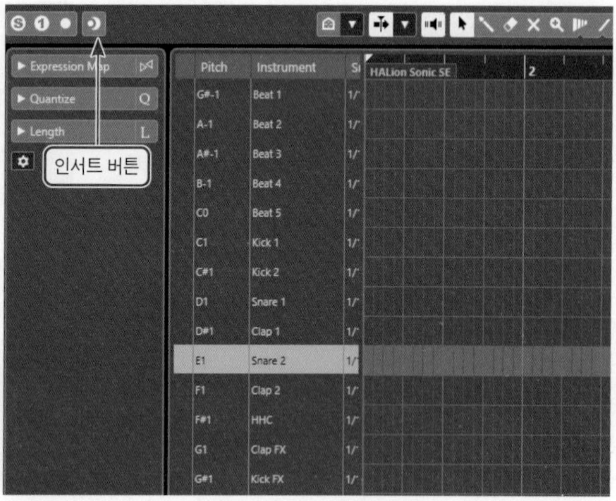


### 피치 버튼

이벤트가 입력되어 있는 악기 리스트만 표시합니다. 메뉴를 클릭하여 Show Drum Sounds in use by Instrument를 선택하면 맵 구성 악기를 모두 표시할 수 있고, Reverse Drum Sound List 옵션 메뉴를 체크하면 리스트를 아래에서 위 순서로 표시합니다.

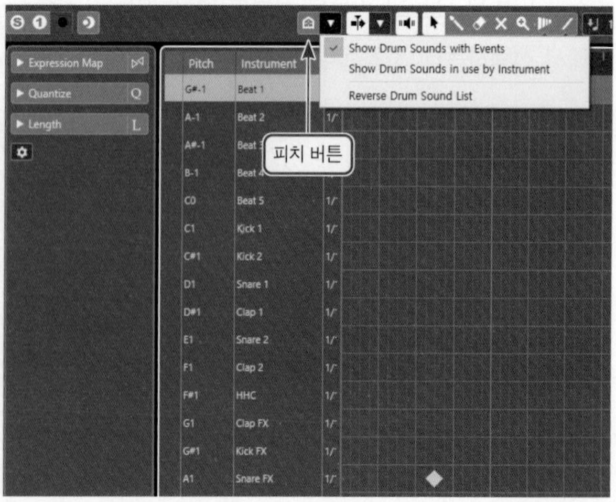

### 오토 스크롤 버튼

오토 스크롤 버튼은 곡을 연주할 때 송 포지션 라인의 위치가 화면에 보이게 합니다. 메뉴를 열면 송 포지션 라인을 이동하는 Page Scroll과 페이지를 이동하는 Stationary Cursor 중에서 선택할 수 있고, 노트를 편집할 때 자동으로 멈추게 하는 Suspend Auto-Scroll when Editing 옵션을 제공합니다.

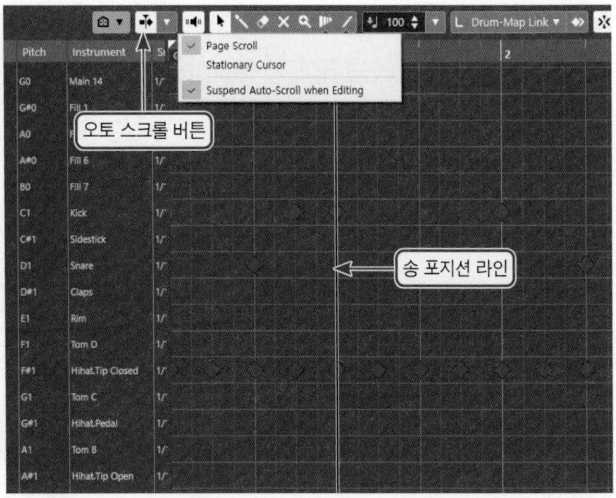


### 스피커 버튼

스피커 버튼은 노트를 입력하거나 선택할 때 사운드가 들리게 할 것인지의 여부를 선택합니다. 드럼은 사운드를 모니터 하면서 작업을 하는 것이 실수를 예방할 수 있는 방법이므로, 스피커 버튼을 On으로 해두는 것이 좋습니다.

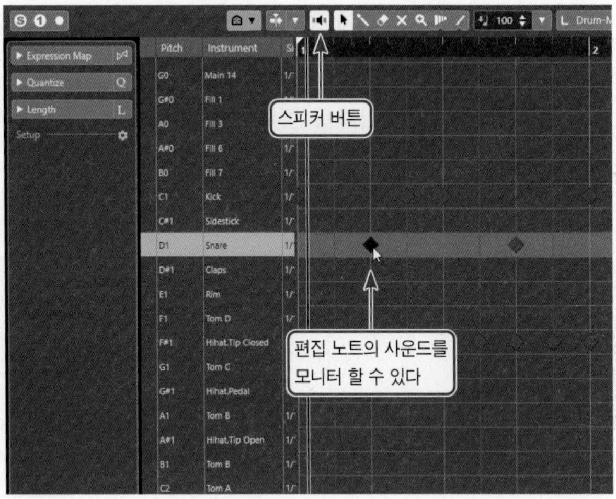


### 화살표 버튼

화살표 버튼은 노트와 컨트롤 정보를 편집하기 위해서 선택하는데 사용합니다. 선택한 이벤트를 드래그로 이동할 수 있고, Alt 키를 누른 상태에서 드래그하여 복사할 수 있습니다.

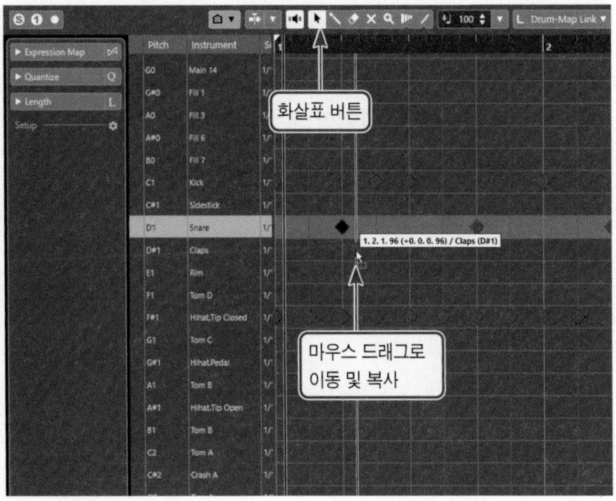

## 스틱 버튼

스틱 버튼은 노트와 컨트롤 정보를 입력하는데 사용합니다. 이미 입력한 노트를 스틱 버튼으로 클릭하면 삭제할 수 있고, 컨트롤 정보를 수정할 때 사용할 수 있습니다.

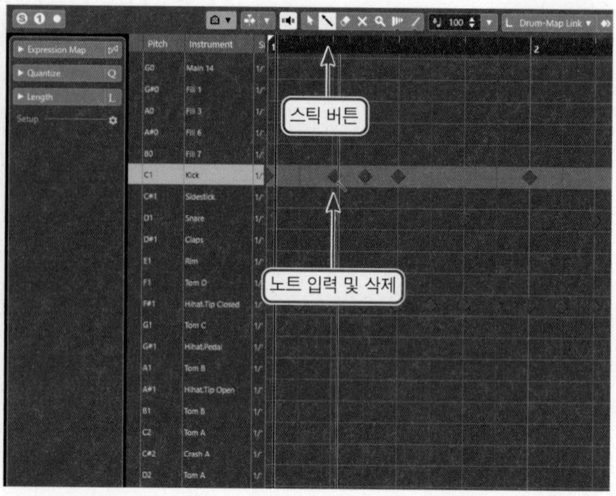


## 지우개 버튼

지우개 버튼은 노트와 컨트롤 정보를 삭제합니다. 한 개의 노트를 삭제할 때는 굳이 지우개 버튼을 이용할 필요가 없겠지만, 여러 개의 노트를 삭제할 때는 지우개 버튼으로 삭제할 노트를 선택하고, 선택한 노트 중에서 아무거나 클릭합니다.

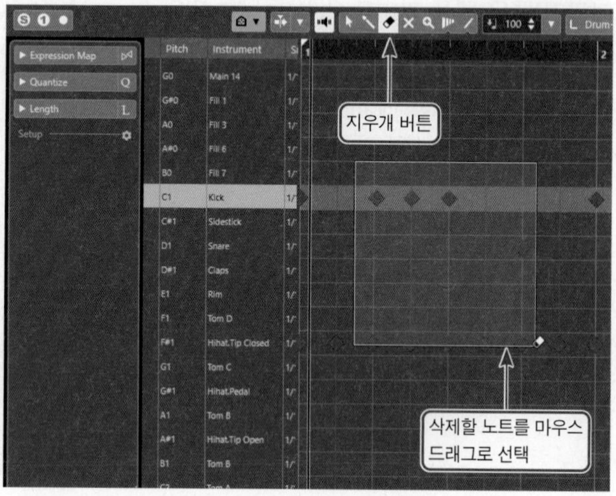


## 뮤트 버튼

뮤트 버튼은 선택한 노트의 사운드를 소리내지 않게 합니다. 뮤트한 노트는 빨간색 테두리로 표시되어 쉽게 구분할 수 있으며, 뮤트한 노트를 다시 클릭하여 해제할 수 있습니다.

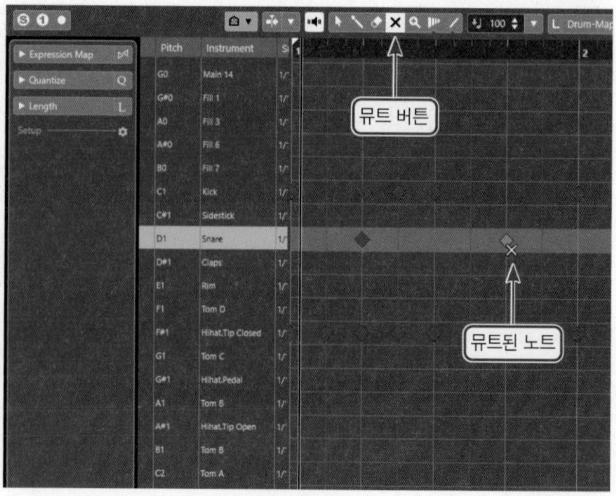

### 돋보기 버튼

돋보기 버튼은 작업 공간을 확대/축소합니다. 돋보기 버튼을 선택하고 작업 공간을 클릭하면 확대하고, Alt 키를 누른 상태에서 클릭하면 축소합니다. 그리고 Ctrl+Alt 키를 누른 상태에서 클릭하면 확대/축소 이전의 크기로 복구합니다.

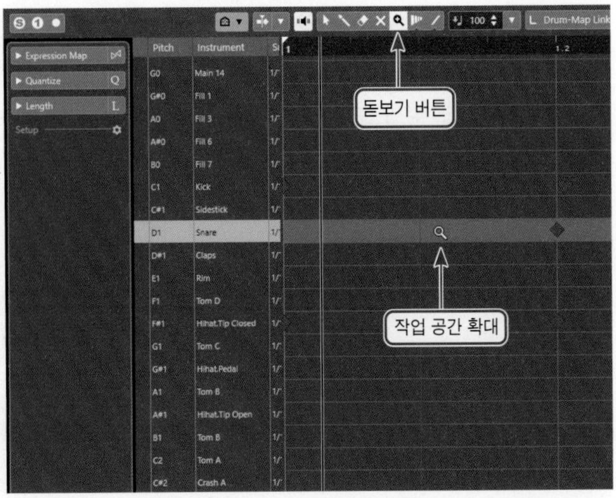


### 타임 버튼

타임 버튼은 템포 가이드 없이 녹음한 미디 이벤트의 템포를 계산합니다. 타임 버튼을 클릭하면 노트를 고정하는 Warp Grid와 노트를 이동하는 Warp Grid (Musical events follow) 를 선택할 수 있는 메뉴가 열립니다.

### 라인 버튼

라인 버튼은 컨트롤 정보를 그래프 모양을 입력하거나 편집할 수 있는 버튼입니다. 라인 버튼을 클릭하면 라인의 곡선을 선택할 수 있는 Line, Parabola, Sine, Triangle, Square 의 메뉴가 열립니다.

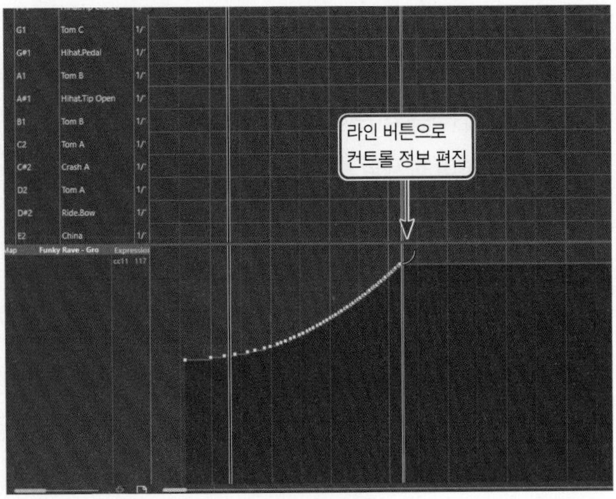

## 벨로시티

벨로시티는 마우스로 입력하는 노트의 벨로시티 값을 설정합니다. Inst.vel이라고 표시한 부분에 있는 역 삼각형 모양의 버튼을 클릭하면 5개의 레벨 목록이 있고, 아래쪽의 Setup을 선택하면, 각 레벨을 변경할 수 있는 MIDI Insert Velocity 창이 열립니다.

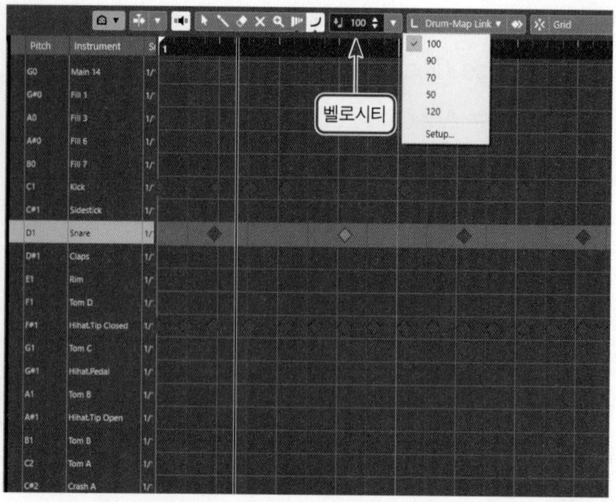


## 노트 길이 선택

Insert Length 항목은 마우스로 노트를 입력할 때의 길이를 선택합니다. 드럼 악기는 노트 길이에 상관없이 연주되는 소리가 똑같기 때문에 퀀타이즈 단위로 입력되는 Drum-Map Link로 사용하지만, 노트 길이에 따라 음색이 달라지는 악기를 사용하고 있다면, 원치 않는 음색으로 연주되는 것을 피할 수 있습니다. 이 때 Show Note 버튼을 On으로 하면 키 에디터 모양으로 편집할 수 있습니다.

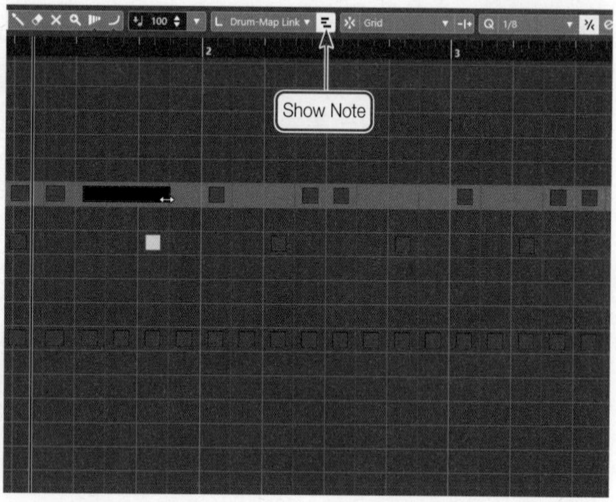


## 스넵 버튼

스넵 버튼은 노트를 그리드 라인에 맞춰 입력하고 편집할 수 있게 합니다. 플램 주법과 같이 퀀타이즈 단위에 상관없이 노트를 입력할 필요가 있다면, 스넵 버튼을 Off로 합니다. 스넵 타입의 역할은 이미 살펴본 내용입니다.

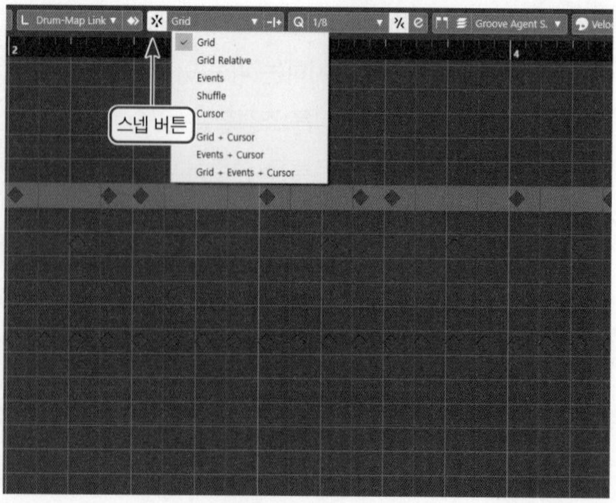

### 그리드 타입

Grid 타입은 퀀타이즈 항목에서 선택한 단위로 표시하는 Use Quantize와 작업 공간 크기에 따라 조정되는 Adapt to Zoom이 있고, 드럼 맵의 Snap 칼럼에 설정한 단위를 사용하는 Use Snap from Drum Map이 있습니다.

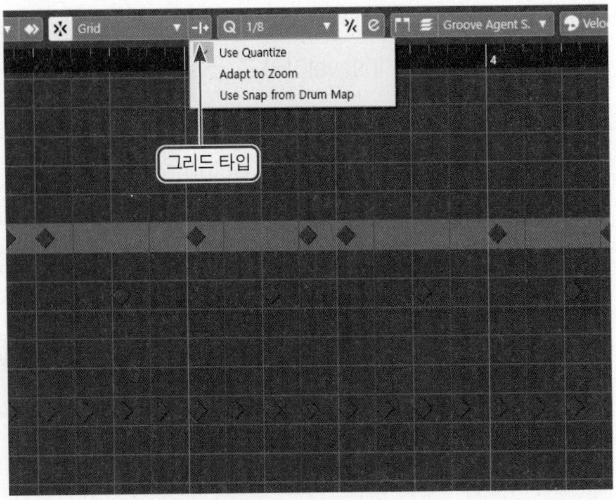


### 퀀타이즈

스넵 타입에서 Grid를 선택했을 때의 적용 단위를 설정하거나 Insert length에서 Dum-Map Link를 선택했을 때의 입력 노트 길이를 설정하는 역할 외에 입력한 노트를 정렬하는 퀀타이즈 단위를 선택합니다. 목록 오른쪽에는 퀀타이즈를 60%만 적용하는 Iterative 과 설정 창을 여는 Edit 버튼이 있습니다.

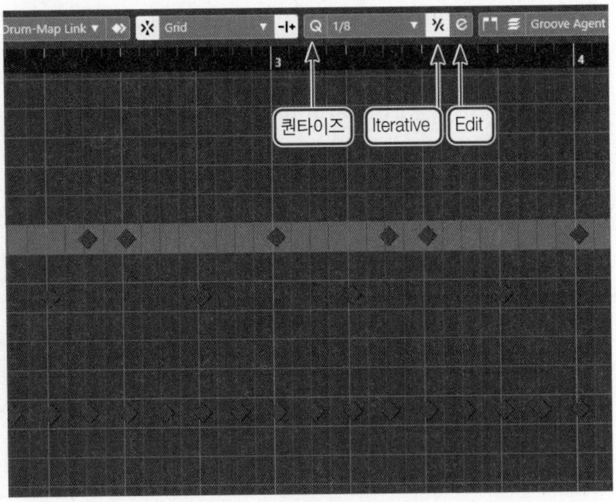


### 파트 버튼

파트 라인 버튼은 룰러 라인에 파트의 이름을 표시합니다. 룰러 라인에 표시하는 파트 이름을 드래그하여 실제 파트의 길이를 조정할 수 있습니다. 파트 밖에 입력한 노트들은 연주하지 않지만, 회색 바탕에 표시는 합니다.

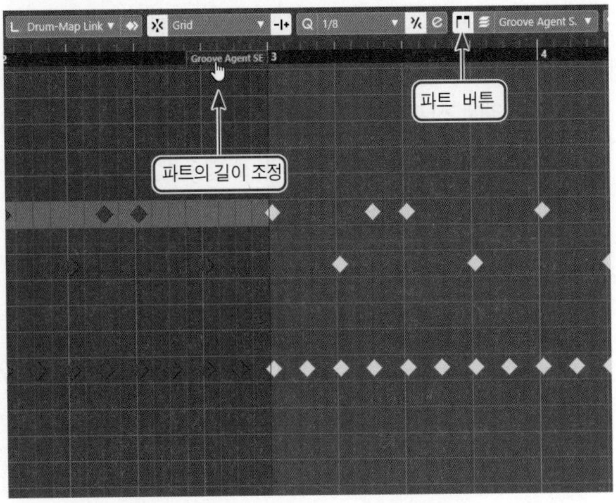

드럼은 각 악기별로 파트를 만들어 작업하는 경우가 많으며, MIDI 메뉴의 Open Drum Editor를 이용해서 선택한 모든 파트를 한 화면에 표시할 수 있습니다. 이때, 특정 파트만 편집하고 싶을 때 파트 라인 버튼 오른쪽의 목록에서 편집할 파트를 선택합니다.

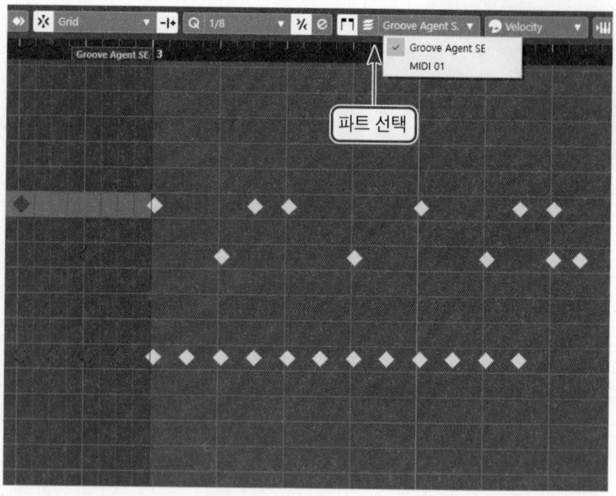


### 컬러 선택 메뉴

컬러 선택 메뉴는 선택한 이벤트의 색상을 Velocity, Pitch, Channel, Part 구분하여 표시하게 합니다. 그리고 Setup 메뉴는 Part를 제외한 나머지 항목을 독자가 원하는 색상으로 변경할 수 있는 컬러 설정 창을 열어줍니다.

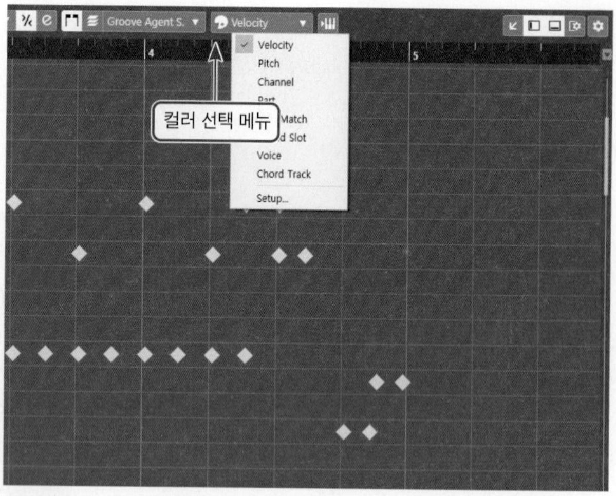


### 악기 열기 버튼

VST 악기를 사용하는 트랙에서 해당 악기 패널을 열어주는 역할 입니다.

# 08 드럼 에디의 작업 공간

드럼 에디터의 작업 공간은 키 에디티와 매우 유사합니다. 다른 점은 드럼 입력에 편리하게 이벤트를 다이아 모양으로 표시한다는 것과 왼쪽에 독자가 설정한 드럼 맵 리스트를 표시한다는 것입니다. 여기서는 기본 값인 GM드럼 맵의 각 칼럼이 어떤 역할을 하는 것인지에 대한 것만 살펴보겠습니다.

● Monitor

칼럼의 첫 번째 빈 공간은 마우스 클릭으로 사운드를 모니터할 수 있는 공간입니다. Ctrl이나 Shift 키를 누른 상태로 편집할 노트를 선택할 때도 이 부분을 이용합니다.

● Pitch

Pitch 칼럼은 노트의 음을 표시합니다. 칼럼의 넓이는 경계선을 드래그하여 조정할 수 있으며, 칼럼 이름을 드래그하여 순서를 변경할 수 있습니다.

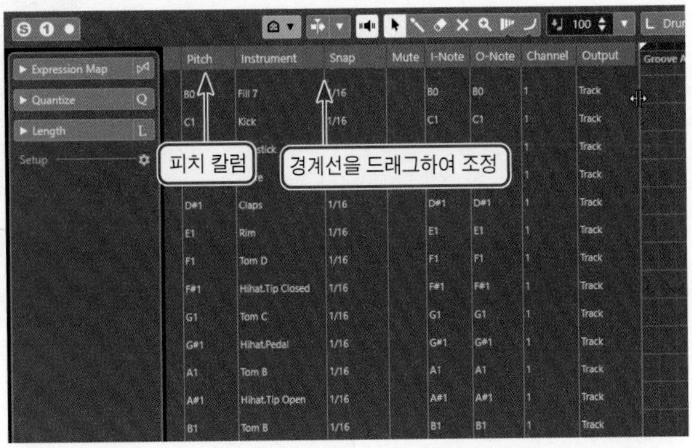

● Instrument

Instrument 칼럼은 해당 노트의 이름을 표시합니다. 악기의 이름은 마우스 클릭으로 변경할 수 있고, 원한다면 한글로도 가능합니다. 단, 맵이 설정된 VST는 악기에서 변경해야 합니다.

● Snap

Snap 칼럼은 마우스로 입력하는 노트의 길이를 표시합니다. Snap 칼럼을 클릭하면 원하는 노트의 길이를 선택할 수 있는 목록이 열리지만, 드럼 사운드는 노트의 길이에 상관없기 때문에 기본 값인 1-16Note를 사용합니다.

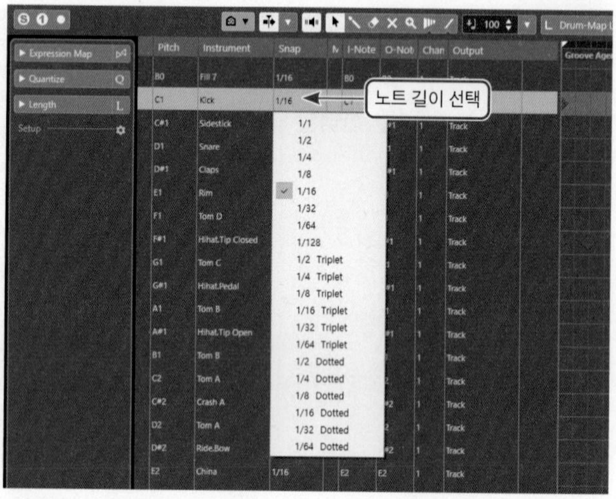


> **Tip**
>
> 노트 길이에 따라 음색이 달라지는 악기도 있으므로, 사용하고 있는 악기를 확인해보기 바랍니다.

● Mute

Mute 칼럼은 해당 노트를 뮤트합니다. Mute 칼럼을 클릭하면 뮤트한 노트들을 구분할 수 있게 검정색 원으로 표시합니다. 뮤트한 노트를 다시 클릭하여 해제할 수 있습니다.

● I/O - Note

I-Note 와 O-Note는 입력하는 노트와 출력하는 노트를 선택합니다. 드럼 맵의 핵심 칼럼으로 독자와 다른 드럼 맵 환경의 악기로 제작한 드럼 연주를 독자가 사용하는 악기의 드럼 맵으로 변경하여 연주할 수 있습니다. 단, Instument와 마찬가지로 맵이 설정된 경우에는 악기에서 변경해야 합니다.

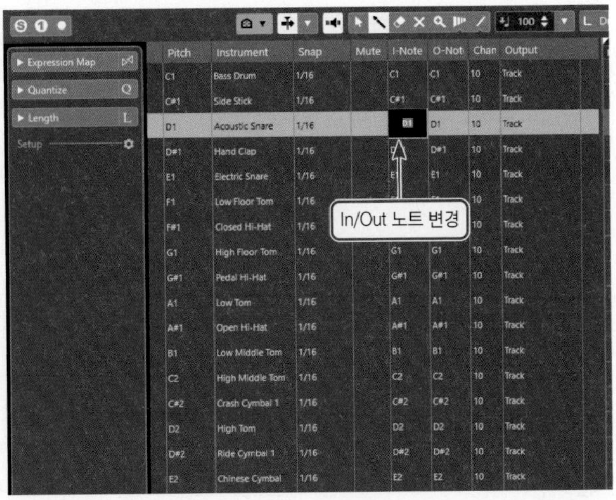


● Channel

Channel 칼럼은 해당 노트를 연주할 미디 채널을 선택합니다. 채널 칼럼을 클릭하면 그림에서와 같이 원하는 채널을 선택할 수 있는 목록이 열립니다.

● Output

Output 칼럼은 해당 노트를 연주한 미디 포트를 선택합니다. 포트의 목록은 시스템에 장착되어 있는 미디 인터페이스의 이름으로 표시되며, Track은 VST 트랙을 의미합니다.

# 09 드럼 맵 만들기

큐베이스에서 기본적으로 제공하는 GM 모드 이외의 악기를 사용하고 있다면, 자신의 악기 맵에 맞추어 드럼맵을 설정할 필요가 있습니다. 그 밖에도 자신과 다른 악기로 만들어진 드럼 파트의 섹션을 자신이 사용하는 악기의 드럼 섹션으로 변경하는 용도로 이용할 수 있습니다.

01 드럼 맵은 미디 트랙의 Map 항목에서 drum map Setup을 선택하거나 MIDI 메뉴의 Drum Map Setup을 선택하여 열 수 있습니다.

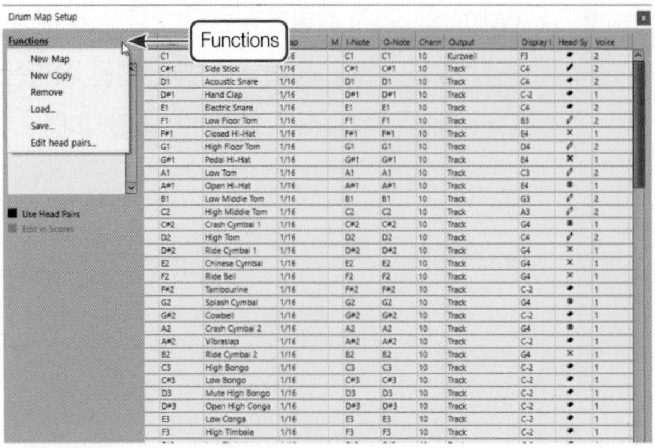


02 Drum Map Setup 창의 Functions을 클릭하여 새로운 맵을 만들 수 있는 New Map 또는 New Copy를 선택합니다. GM map을 기준으로 자신의 악기와 다른 부분만 수정하는 것이 편리할 것이므로 New Copy를 선택합니다.

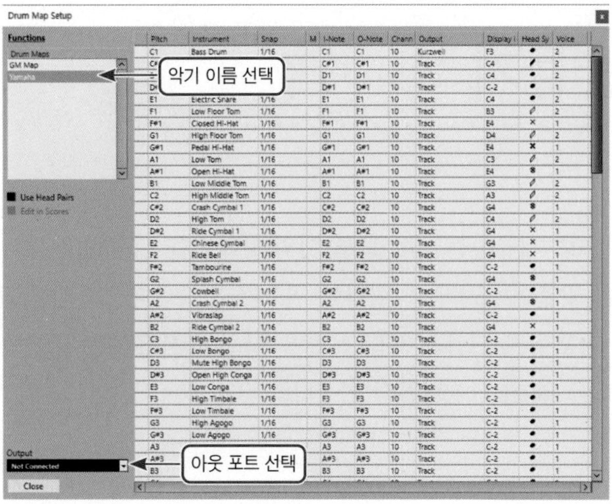


**03** GM Map을 복사한 GM Map2라는 이름의 맵이 만들어집니다. 맵의 이름을 자신이 사용하는 악기의 이름으로 변경하고, Output 목록에서 악기가 연결되어 있는 미디 포트를 선택합니다.

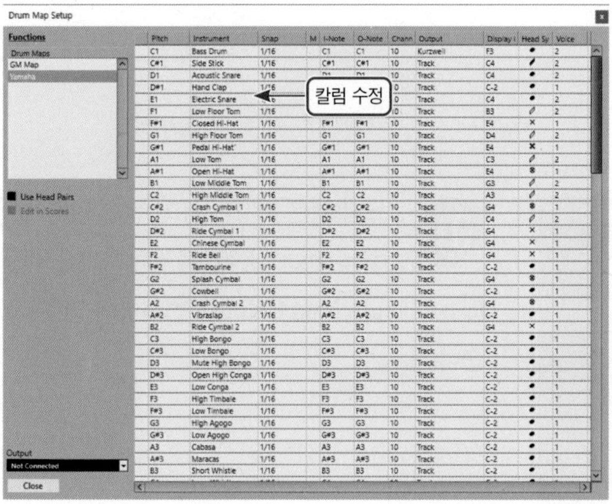


**04** Pitch에서부터 Output까지의 칼럼은 드럼 에디터에서 살펴본 내용과 동일합니다. 즉, 자신이 사용하는 악기에 맞게 Pitch, Instrument, Channel 등을 수정하면 됩니다.

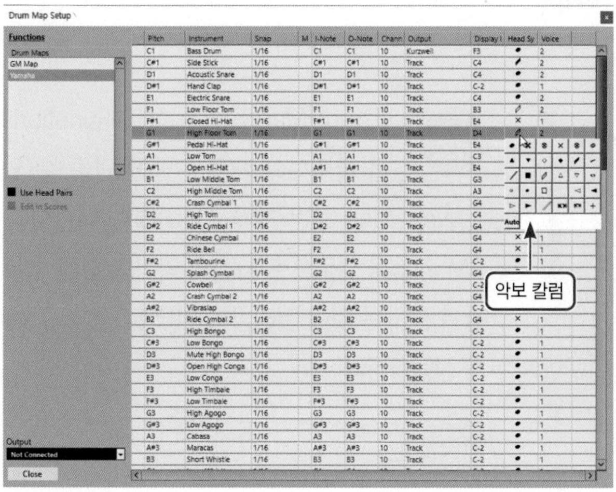


**05** 악보에 표시되는 음정(Display Note), 음표 머리 모양(Head Style), 성부(Voice)의 3가지 칼럼은 드럼 악보를 만들 때 적용할 값들입니다. 악보 사보에 관련된 사항은 출판 악보 만들기 편을 참조하기 바랍니다.

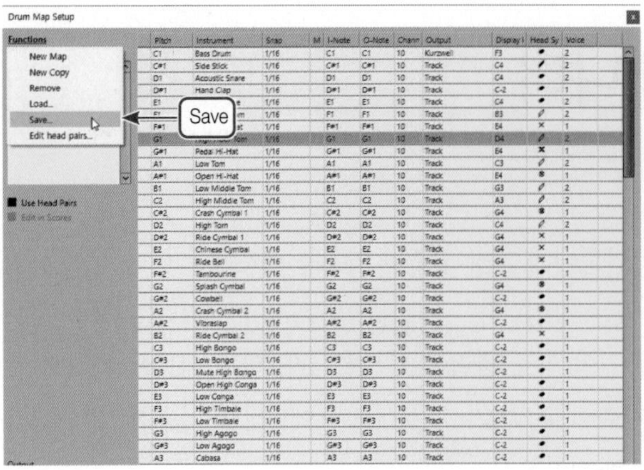


**06** 드럼 에디터의 역할을 충분히 이해하고 있다면, 자신의 악기에 맞는 드럼 맵을 만드는 일은 간단할 것입니다. 완성된 드럼 맵 Save를 선택하여 저장하거나 Load로 불러올 수 있습니다.

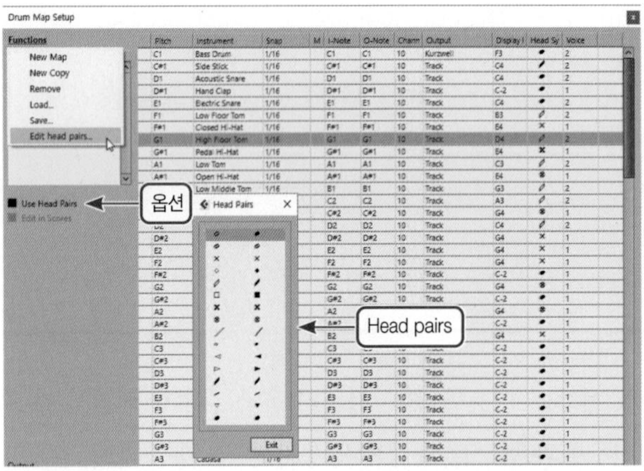


**07** Edit head pairs 메뉴는 head Sytle 칼럼에서 사용할 음표 머리를 선택할 수 있는 창을 열며, Use Head Pairs 옵션은 head Sytle 칼럼에 Edit head pairs에서 선택한 음표 머리를 표시할 것인지를 선택하는 것이고, Edit in Scors는 스코어 에디터에서 드럼 맵을 편집할 수 있게 합니다.

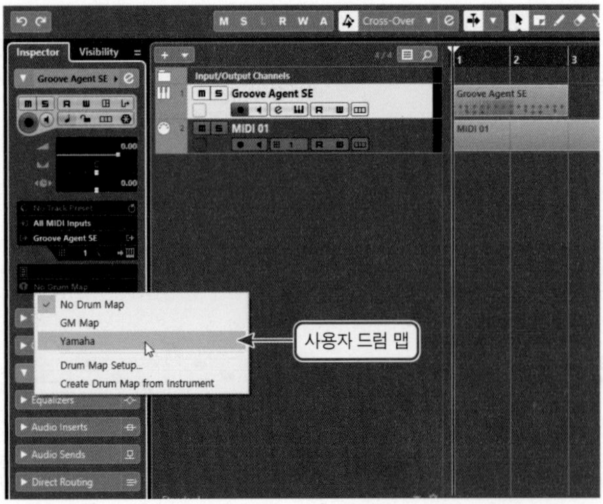


**08** 사용자가 만든 드럼 맵은 미디 트랙의 드럼 맵에서 선택할 수 있으며, 해당 트랙의 파틀르 더블 클릭했을 때, 자신이 사용하는 악기의 드럼 맵을 열 수 있습니다. GM 모드 악기와 많은 차이가 있는 악기를 사용하고 있다면, 꼭 자신에게 맞는 드럼 맵을 만들어두기 바랍니다.

# 10 스코어 에디터

스코어 에디터는 음악인들에게 가장 익숙한 악보를 이용해서 미디 정보를 입력하거나 편집할 수 있는 창입니다. 큐베이스의 스코어 에디터는 전문 사보 프로그램과 동일한 품질의 악보 출력이 가능합니다. 악보 사보에 관련된 기능은 뒤에서 살펴보기로 하고, 여기서는 스코어 에디터를 이용한 미디 편집 기능에 관해서 살펴보겠습니다.

## 01 스코어 에디터의 기본 사용법

큐베이스는 전문 사보 편집 프로그램 못지않은 악보 제작이 가능합니다. 컴퓨터 음악 시대가 되면서 자신의 창작곡을 굳이 악보로 만들 이유는 없겠지만, 친구들과 밴드를 결성한 경우라면 각 연주 파트 정도의 악보는 필요할 것입니다. 간단한 악보를 제작해보면서 스코어 에디터의 사용법을 익혀보겠습니다.

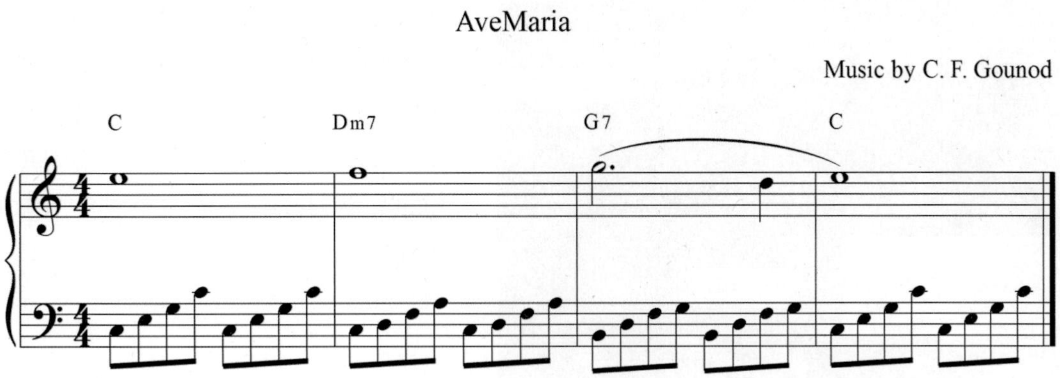

01 Empty 템플릿 환경의 프로젝트를 만들고, 트랙 리스트를 더블 클릭하여 미디 트랙을 만듭니다. 그리고 Alt 키를 누른 상태에서 마우스를 드래그하여 4마디 길이의 미디 파트를 만듭니다.

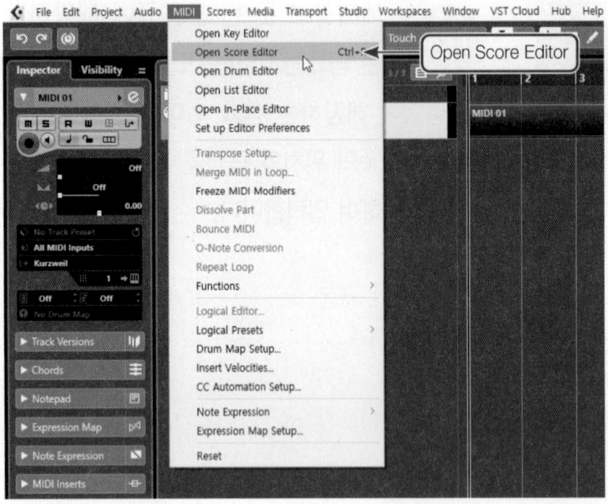


02 MIDI 메뉴의 Open Score Editor를 선택합니다. 미디 파트를 더블 클릭할 때, 스코어 에디터가 열리게 하고 싶다면, Prefernces 창의 Editor에서 Defult MIDI Editor를 Open Score Editor로 선택합니다.

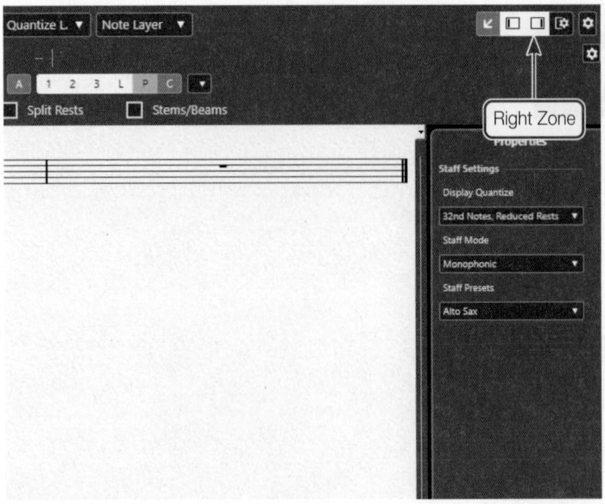


03 높은 음자리표를 표시한 4마디 길이의 보표가 보입니다. 이것을 예제와 같은 피아노 보표로 바꿔보겠습니다. 툴 바의 Right Zone 버튼을 클릭합니다.

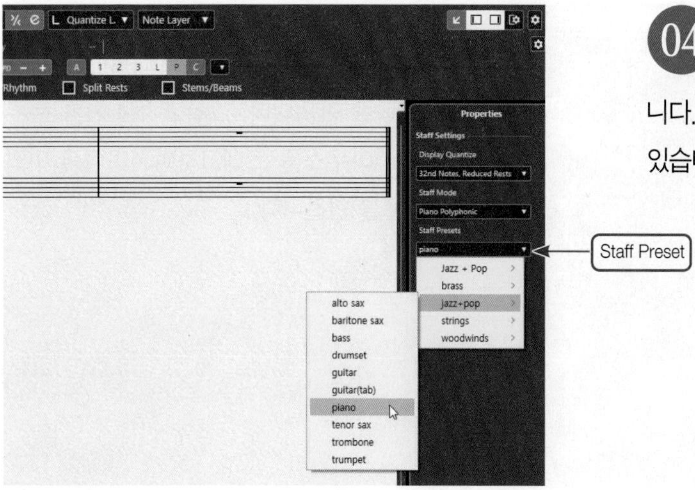


**04** 오른쪽 존이 열리면 Staff Presets 목록에서 jazz+pop의 piano를 선택합니다. 피아노 악보로 변경되는 것을 확인할 수 있습니다.

**05** 예제악보 첫 번째 음표에 해당하는 온 음표는 아이콘 모음 줄에서 온 음표 길이에 해당하는 음표 아이콘을 선택하고, Status Line의 위치와 음정을 확인하면서 오선 위를 클릭하여 입력합니다.

**06** 마디의 2분 점 음표는 2분 음표와 점 아이콘을 선택하여 입력합니다. 다시 4분 음표를 입력할 때는 점 아이콘을 클릭하여 해제한 후에 입력합니다.

**07** 같은 방법으로 나머지 음표들을 입력해 봅니다. 잘못 입력한 음표는 Ctrl+Z 키로 입력을 취소하고 다시 입력하거나 도구 모음 줄에서 화살표 버튼을 선택하여 수정할 수 있습니다.

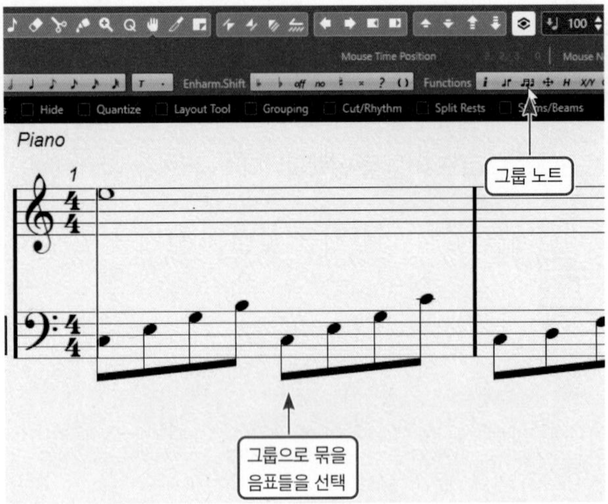


**08** 한 박자 단위로 묶여있는 빔을 예제 악보에서와 같이 그룹으로 연결하기 위해서는 연결하고자 하는 음표들을 마우스 드래그로 선택하고, 도구 모음 줄의 그룹 노트 버튼을 클릭합니다.

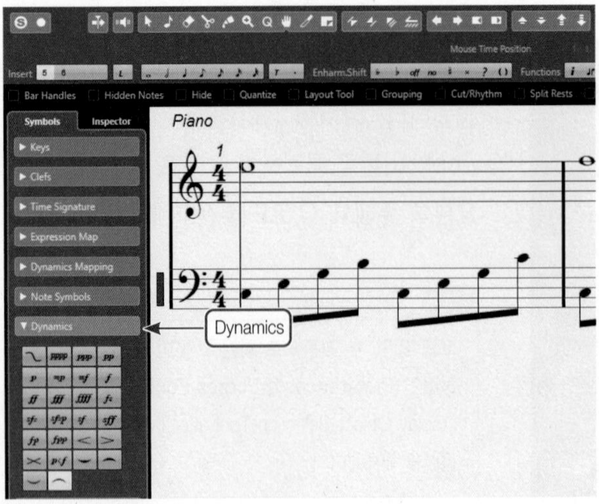


**09** 계속해서 미디 연주와는 상관없지만, 악보 사보를 위한 입력을 더 해보겠습니다. 심볼 창의 Dynamics 파라미터를 클릭하여 열고, 슬러 버튼을 선택합니다.

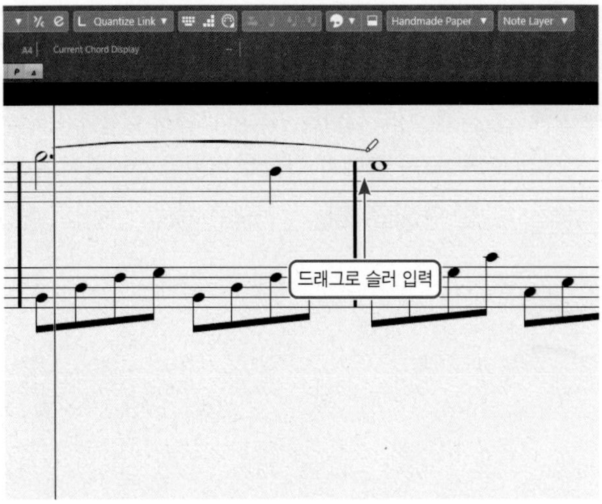


10 슬러를 입력할 노트의 시작 지점에서 끝 지점까지 마우스 드래그로 그립니다. 입력한 슬러에는 3개의 포인트가 보이며, 각각의 포인트를 드래그하여 간격과 길이 등을 조정할 수 있습니다.

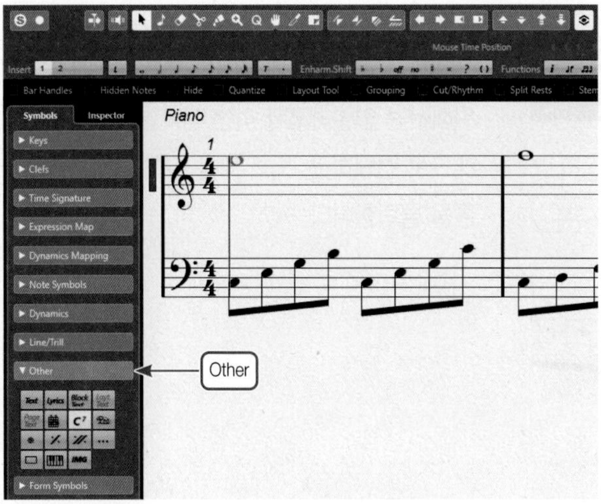


11 코드와 제목 등의 버튼을 제공하고 있는 Other를 선택합니다. 먼저 코드를 입력해볼 것이므로, C7이라고 표시되어 있는 코드 버튼을 선택합니다.

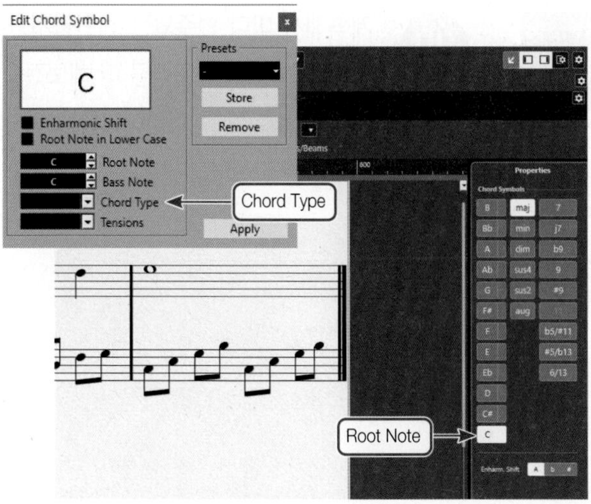


12 코드를 입력할 위치에서 마우스를 클릭하면 Edit Chord Symbol 창이 열립니다. Chord Type에서 Maj를 선택하고 Apply 버튼을 클릭하여 C 코드를 입력합니다. 오른쪽 존에서 C 코드를 선택해도 됩니다.

**Tip**

코드 입력 후 자동으로 화살표 툴이 선택되지 않게 하려면 Preferences의 Scores-Editing 페이지에서 Display Object Selection Tool after Inserting Symbol 옵션을 해제합니다.

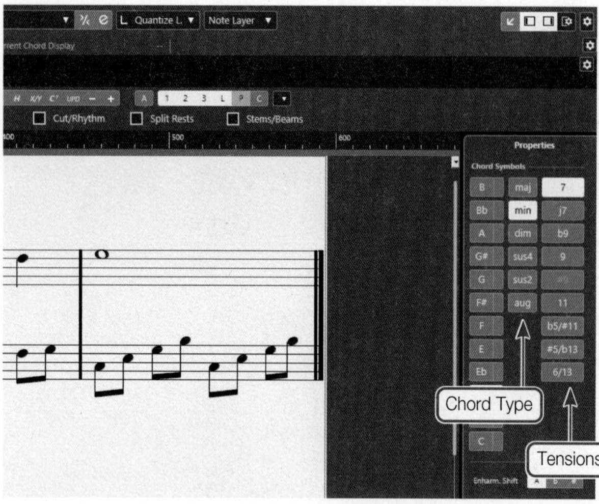


**13** 오른쪽 존의 두 번째 항목은 타입을 선택하는 것이고, 세번째 항목이 텐션을 선택하는 것입니다. Dm7, G7, C를 차례로 선택하여 입력합니다.

**Tip**

코드 타입은 Preferences 창 Chords & Pitches 페이지의 Chord Symbols에서 결정합니다.

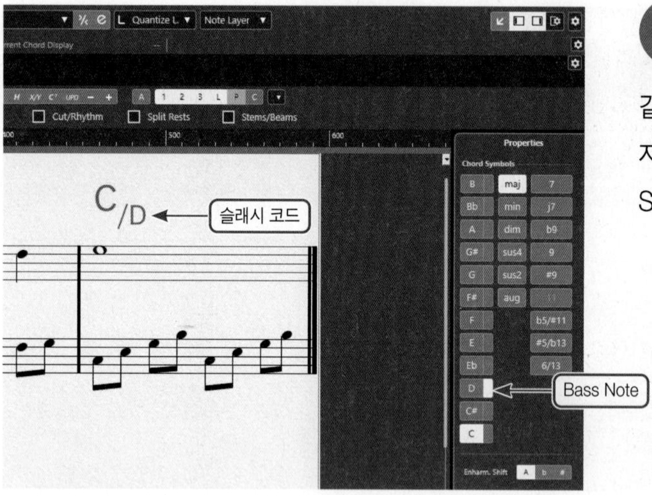


**14** 참고로 루트 항목 오른쪽의 빈 박스는 Bass Note를 선택합니다. C/D와 같은 슬래시 코드를 입력할 때 선택합니다. 마지막 C 코드까지의 입력이 끝나면, Edit Chord Symbol 창을 닫습니다.

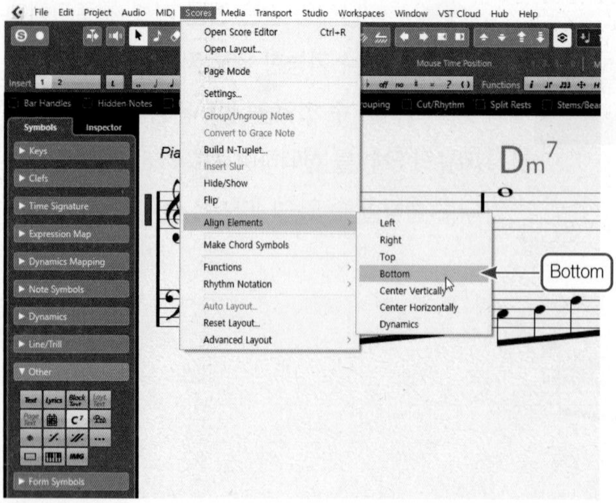


**15** 코드가 마우스를 클릭하는 위치에 만들어졌기 때문에 깔끔해 보이지 않습니다. 입력한 코드를 마우스 드래그로 선택하고, Score 메뉴의 Align Elements에서 Bottom을 선택하여 정렬합니다.

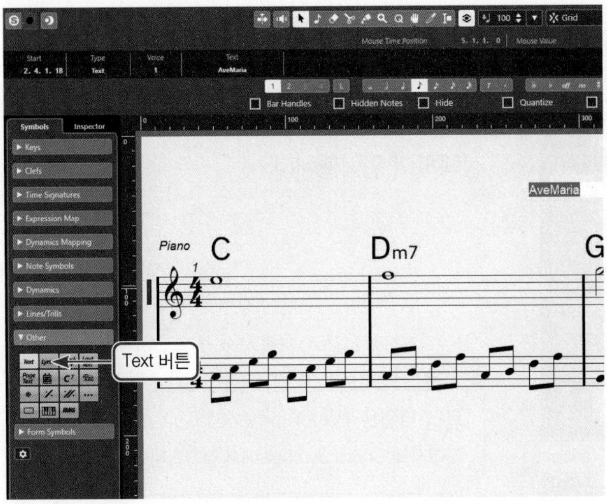


16 제목과 작곡가 등의 문자는 Othoer 팔레트의 Text 버튼을 이용하여 입력합니다. 각각 원하는 위치를 클릭하고, 글자를 입력하면 됩니다.

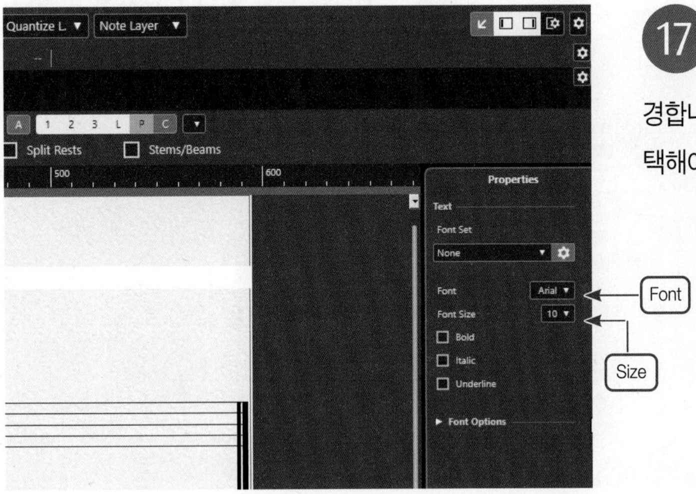


17 입력한 글자를 선택하고, 오른쪽 존에서 글자 모양(Font)과 크기(Size)를 변경합니다. 한글을 입력할 때는 한글 폰트를 선택해야 합니다.

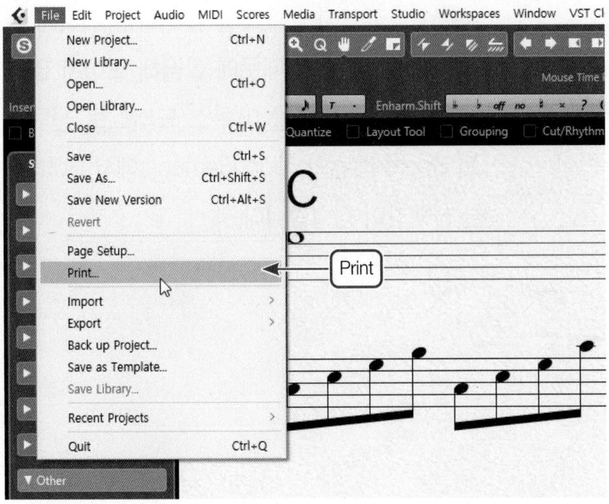


18 피날레와 같은 전문 사보 프로그램에서나 가능한 악보 제작이 가능하다는 것을 확인할 수 있었습니다. 완성한 악보는 File 메뉴의 Print를 선택하여 컴퓨터에 연결된 프린터로 출력할 수 있습니다.

## Tip 스코어 에디터의 인포 라인

스코어 에디터에서 음표를 편집할 때는 인포 라인을 이용하는 것이 편리합니다. 인포 라인은 도구 바의 레이아웃 버튼을 클릭하면 열리는 옵션에서 Info Line을 체크하여 표시하거나 해제하여 닫을 수 있습니다. 인포 라인에는 선택한 음표의 위치와 길이, 피치 등의 정보를 표시하며, 수정 가능합니다.

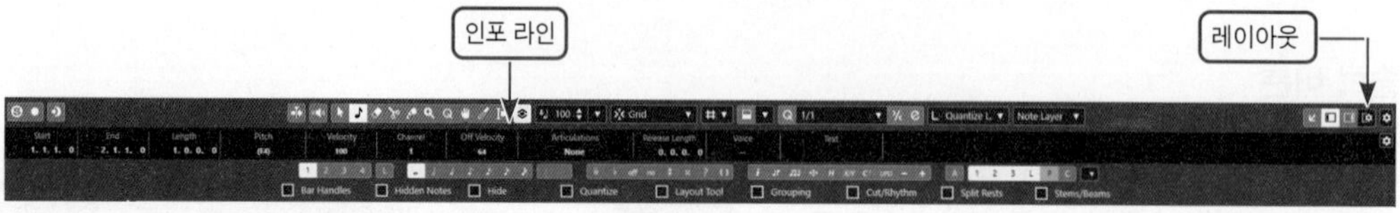


- Start : 음표의 시작 위치를 표시합니다.
- End : 음표의 끝 위치를 표시합니다.
- Length : 음표의 길이를 표시합니다. 실제로 음표의 길이를 편집할 필요가 있을 때 End 정보 보다는 Length 정보를 이용하는 것이 편리합니다.
- Pitch : 피치를 표시합니다. 선택한 노트의 피치를 조정할 때 마우스 드래그 보다는 인포 라인의 Pitch 값을 수정하는 것이 편리할 것입니다.
- Velocity : 벨로시티 값을 표시합니다. 스코어 에디터는 악보 사보가 목적이지만, 악보에서 노트를 편집하는 것이 편하다고 하는 사용자도 있습니다. 그래도 노트의 위치와 길이 및 벨로시티를 수정할 때는 키 에디터를 이용하는 것이 편리하므로, 함께 열어놓고 작업하는 것도 요령입니다.
- Channel : 미디 채널을 표시합니다. 실제 연주 보다는 악보의 성부를 구분할 때 중요한 정보입니다.
- Off Velocity : 오프 벨로시티 값을 표시합니다. 이 정보를 지원하는 악기는 많지 않기 때문에 굳이 신경쓸 필요가 없지만, 악기가 이를 지원하는 경우에는 주의 해야 합니다.
- Articulations : 노트에 적용한 아티큘레이션을 표시하며, 변경 가능합니다. 이 기능을 사용하려면
- Expression Map이 설정되어 있어야 합니다.
- Release Length : 화면에 표시되는 노트 길이와 상관없이 연주되는 길이를 설정합니다.
- Voice : 성부를 선택합니다. 피날레나 시벨리우스와 같은 전문 사보 프로그램에서도 4성부가 최대값이지만, 큐베이스는 8 성부까지 설정할 수 있습니다.
- Text : 음표에 삽입한 글자를 표시하며 변경 가능합니다.

# 02 스코어 에디터의 도구

스코어 에디터 상단에는 음표와 심볼을 입력하거나 편집하는데 사용하는 기능 버튼과 메뉴 목록이 있는 도구 모음 줄이 있습니다. 스코어 에디터의 도구들은 선택하는 개체가 음표와 심볼이라는 것 외에는 파트를 개체로 하는 프로젝트 창의 도구들과 크게 다르지 않습니다.

### 솔로 버튼

솔로 버튼은 스코어 에디터에서 편집중인 파트만을 솔로로 연주합니다. Enter 키를 눌러 곡을 연주할 때 솔로 버튼이 Off 이면 모든 트랙의 파트를 연주하지만, On이면 작업중인 파트만 솔로로 연주합니다.

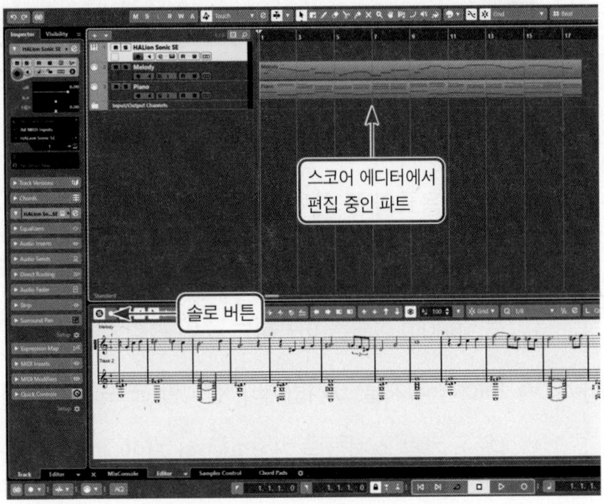


### 녹음 버튼

스코어 에디터에서 미디 데이터를 녹음할 수 있게 합니다. 단, 미디 녹음 모드가 Merge 또는 Replace 모드일 경우에만 작동합니다.

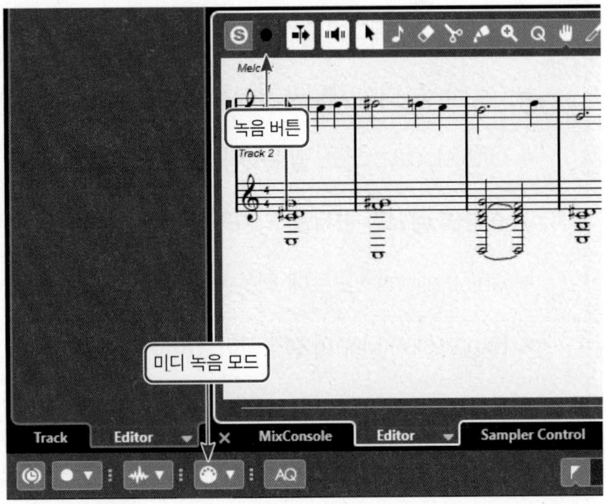

## 인서트 버튼

정지 및 재생 상태에서 연주해보는 미디 이벤트를 기록합니다. 몇 가지 연주를 해보면서 마음에 드는 프레이즈를 놓치고 싶지 않을 때 유용한 기능입니다.

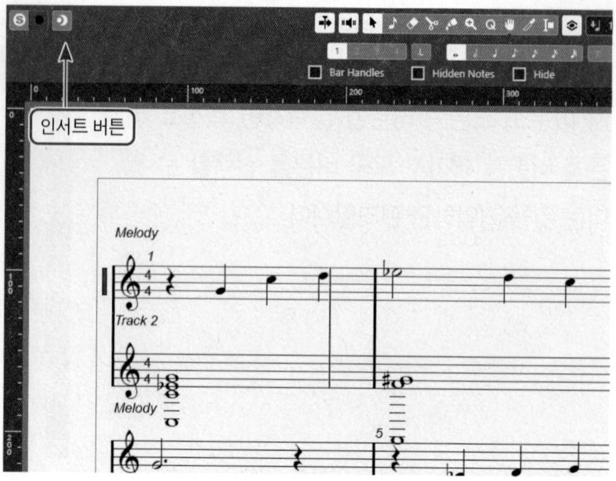


## 오토 스크롤 버튼

오토 스크롤 버튼은 곡을 연주할 때 송 포지션 라인의 위치에 따라 화면을 표시할 수 있게 합니다. 스코어 에디터는 다른 편집 창에서와 같이 작업 공간을 세로로 가로지르는 선으로 표시하지 않고, 오선에 표시하므로 마디 라인과 착오 없길 바랍니다.

## 스피커 버튼

스피커 버튼은 입력을 하거나 편집할 때 선택하는 음표의 사운드를 모니터 할 수 있게 합니다. 작업 도중에 선택한 음표들의 사운드를 듣고 싶지 않다면 스피커 버튼을 클릭하여 Off 합니다.

### 화살표 버튼

화살표 버튼은 노트와 심볼들을 편집하는데 사용하는 버튼입니다. 스코어 에디터 작업 공간에서 마우스 오른쪽 버튼을 클릭하면 화살표 버튼을 비롯한 10가지 도구 버튼을 선택할 수 있다는 것을 기억하면 편리합니다.

### 음표 버튼

음표 버튼은 악보에 음표를 입력하는데 사용합니다. 입력하는 음표의 길이는 아이콘 표시줄의 Insert 항목에 있는 9가지의 음표 아이콘에서 선택할 수 있으며, 어떤 버튼에서든 음표 아이콘을 클릭하여 자동으로 음표 버튼을 선택할 수 있습니다.

### 지우개 버튼

지우개 버튼은 이벤트를 삭제합니다. 지우개 버튼으로 이벤트를 클릭하여 삭제하고, 마우스 드래그로 원하는 이벤트를 선택한 다음에 아무것이나 클릭하여 선택한 모든 이벤트를 삭제할 수 있습니다.

### 가위 버튼

가위 버튼은 슬러로 연결한 음표를 자르거나 마디를 다음 단으로 이동하는 레이아웃 역할을 합니다. 가위 버튼을 이용해서 음표를 자를 경우에는 슬러로 연결한 오른쪽 음표를 클릭하는 것이 포인트 입니다.

### 풀 버튼

풀 버튼은 가위 버튼과 반대로 떨어진 음표를 슬러로 연결합니다. 풀 버튼을 이용해서 음표를 연결할 경우에는 연결할 앞에 음표을 클릭합니다. 가위 버튼과 풀 버튼은 실제 노트 값을 변경하는 것이므로, 주의해야 합니다.

### 돋보기 버튼

돋보기 버튼은 작업 공간을 확대/축소합니다. 작업 공간을 클릭하여 확대할 수 있고, Alt 키를 누른 상태에서는 축소할 수 있습니다. Ctrl 키를 누른 상태에서는 확대/축소 이전 상태로 복구합니다.

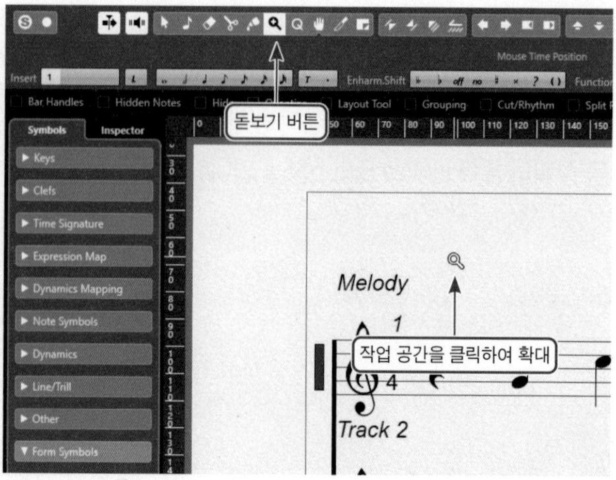

스코어 에디터 작업 공간 상단과 왼쪽에는 크기를 표시하는 줄자가 있습니다. 줄자에서 마우스 오른쪽 버튼을 클릭하면 단위를 선택하거나 작업 공간을 퍼센트 단위로 확대/축소할 수 있는 메뉴가 열립니다.

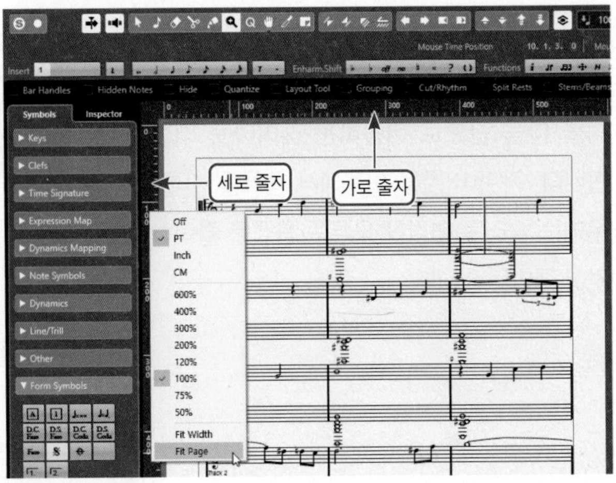


**Tip**

줄자는 페이지 모드에서만 표시되며, 페이지 모드는 Scores 메뉴의 Pagea Mode를 선택하여 전환합니다.

## Q 디스플레이 퀀타이즈 버튼

디스플레이 퀀타이즈 버튼은 보기 좋은 악보를 만들기 위해서 실제 연주하는 노트와는 무관하게 악보를 정렬합니다. 예를 들어 스타카토로 연주한 4분 음표의 악보를 보면 그림과 같이 표기합니다.

하지만, 실제로 원하는 악보는 4분 음표에 스타카토 심볼을 표시한 악보일 것입니다. 이것을 위해 도구 모음 줄의 디스플레이 퀀타이즈 버튼을 클릭하여 Quantize Setup창을 엽니다.

Quantize Setup 창의 Notes 항목에서 표시될 노트의 최대 길이를 제한합니다. 여기서는 4분 음표 길이 이하의 단위를 표시하지 않게할 것이므로 4를 선택합니다.

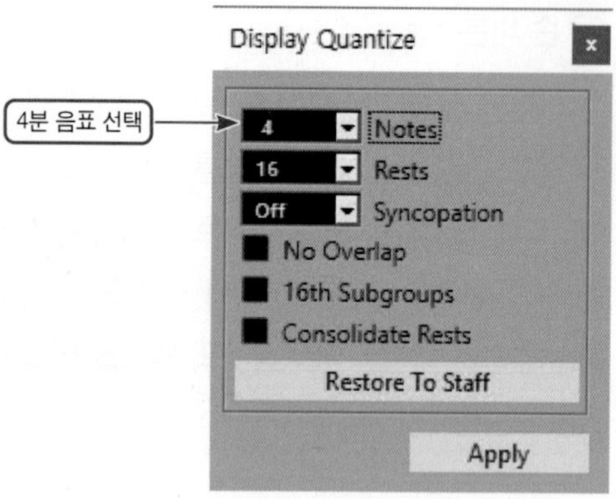


Quantize Setup 창에서 Apply 버튼을 클릭하고, 적용할 마디를 클릭합니다. 그러면 실제 연주하는 길이는 8분 음표이지만, 악보는 4분 음표가 표시되게 할 수 있습니다.

실제 연주하는 노트의 길이는 변경하지 않고, 악보를 보기 좋은 상태로 설정할 수 있는 Quantize Setup 창의 옵션은 다음과 같은 역할을 합니다.
Note: 표시될 노트의 길이를 제한 합니다.
Rests 표시될 쉼표의 길이를 제한합니다.
Syncopation: 슬러로 연결된 노트를 싱코페이션으로 표시합니다.
No Overlap: 겹쳐진 노트들을 정리합니다.
16th Groups: 16비트 음표를 2개씩 그룹으로 표시합니다.
Consolidate Rests: 연속하는 쉼표를 하나로 표시합니다.
Restore To Staff: 설정을 초기값으로 되돌립니다.

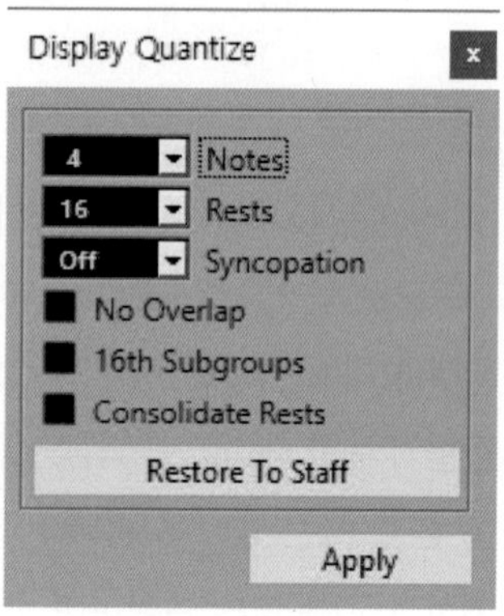

## 손 버튼

손 버튼은 실제 연주하는 노트의 위치를 바꾸지 않고, 단지 보기 좋은 악보를 위해서 스코어 에디터에 표시하는 모든 이벤트의 위치를 변경할 수 있습니다. 그림은 마디와 노트 등의 위치를 변경하여 독특한 레이아웃의 악보를 만들고 있는 모습입니다.

손 버튼을 클릭하여 Move Notes and Context를 선택하면 노트나 글자 등의 오브젝트를 이동시킬 수 있습니다. 보기 좋은 악보를 만들기 위해서 많이 사용하게 될 것입니다.

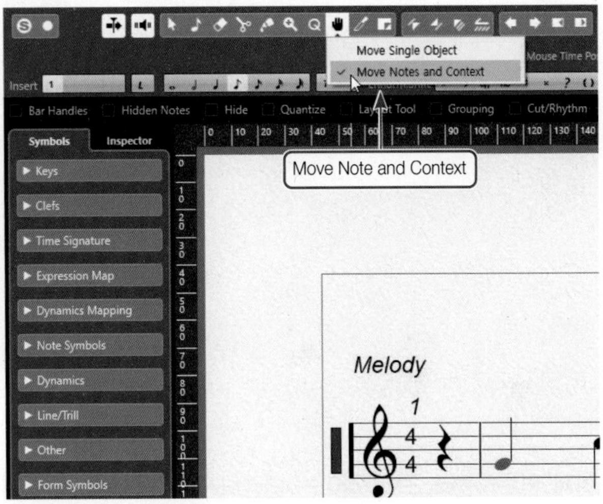


## 컷 버튼

컷 버튼은 Quantize 항목에서 설정한 단위를 기준으로 음표를 분할합니다. 이때 실제 음표의 길이가 나눠는 것이 아니고, 보기 좋은 악보를 만들기 위한 레이아웃 역할만 합니다. 그림은 4분 음표로 된 음표를 퀀타이즈(Quantize)항목에서 1-16Note로 설정하여 16비트 음표로 분할하는 모습입니다.

## 익스포트 버튼

익스포트 버튼은 마우스 드래그로 선택한 영역을 JPG, GIF 등의 이미지 파일로 제작할 수 있도록 하는 역할을 합니다. 익스포트 버튼을 선택하고, 이미지 파일로 만들고 싶은 영역을 마우스 드래그로 선택합니다. 선택 영역은 모서리를 드래그하여 조정할 수 있습니다.

선택범위를 더블 클릭하여 Export Scores 창을 엽니다. 저장할 포맷은 파일 형식에서 선택을 하고, Resolution 목록에서 해상도를 선택합니다. 웹에 사용할 것이라면, 72 Resolution으로도 충분하지만, 인쇄가 목적이라면 300 이상을 권장합니다.

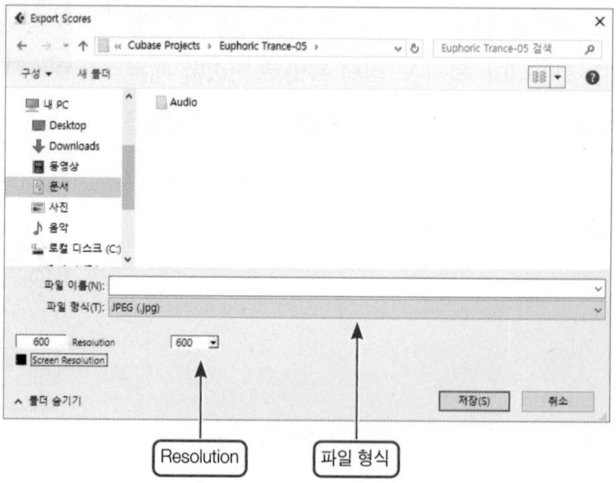


> **Tip**
>
> 단축 메뉴의 Remove는 선택 범위를 취소 합니다.

## 트랜스포즈 버튼

화면에 표시되는 악보의 음정을 바꿨을 때, 바뀐 음정이 표시되게 할 것인지의 여부를 On/Off 합니다. 음자리표 왼쪽에 보이는 빈 공간을 더블 클릭하면, 악보의 상태를 설정할 수 있는 Score Settings 창이 열립니다.

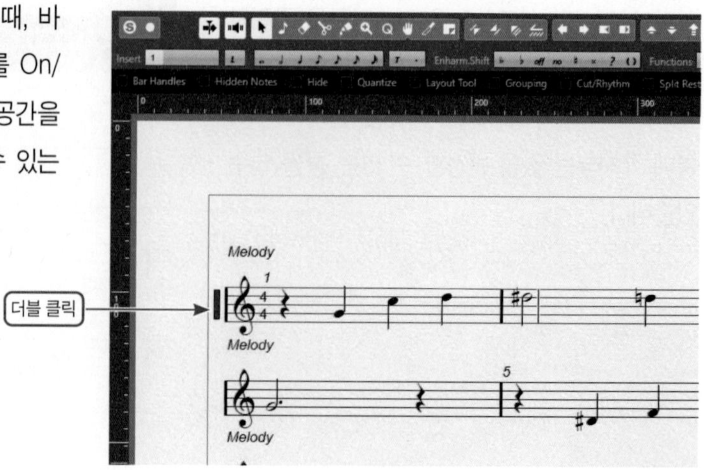

Staff 탭을 클릭하여 열어보면, 악보에 표시되는 음정을 변경할 수 있는 Display Transpose 항목이 있습니다. 이것은 실제 음정을 변경하는 것이 아니라 악보만 조정하는 것입니다. 목록에서 Alto Sax를 선택하고, Apply 버튼을 클릭합니다.

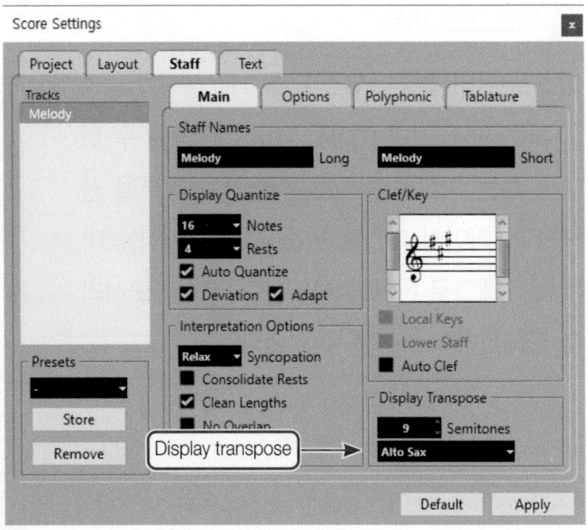


창을 닫고 트랜스포즈 버튼을 On으로 하면 알토 섹소폰 연주용 악보로 바뀌는 것을 확인할 수 있습니다. 하지만, 실제 음악을 편집할 때는 매우 불편할 것입니다. 이때 트랜스포즈 버튼을 클릭하여 Off으로 하면, 실제로 음표가 입력된 상태로 볼 수 있습니다.

 인서트 벨로시티

마우스로 입력하는 노트의 벨로시티 값을 설정합니다. 역삼각형 모양의 Setup 버튼을 클릭하면 벨로시티 값을 선택할 수 있는 목록이 열리며, 목록 아래쪽의 Setup 메뉴를 선택하면 목록에 표시되는 값을 변경할 수 있는 창을 열수 있습니다.

![Grid] 스넵 타입

노트를 이동하거나 복사할 때의 스넵 적용 타입을 선택합니다. Grid는 그리드 라인에 맞추어 편집되고, Grid Relative는 노트 위치에 맞추어 편집됩니다.

![#] 제한 메뉴

스코어 에디터에서 노트를 편집할 때 정확한 위치로 이동하거나 복사하는 것이 불편할 수 있는데, 몇 가지 제한 사항을 해소할 수 있는 기능입니다.

- Keep Notes within Key : 음표를 편집할 때 작업 중인 스케일로 제한합니다. 오선에서 음표를 편집할 때 #이나 b이 붙어 불편할 수 있는데, 이 옵션을 체크하면 스케일로만 이동되기 때문에 편리합니다.
- Snap Slurs to Notes : 슬러를 입력할 때 음표를 벗어나지 않게 제한합니다. 슬러를 음표에 맞추어 그리지 않아도 자동으로 맞춰주기 때문에 편리합니다.
- Keep Crescendo Symbols Horizontal : 크레센도 및 디크레센도 기호를 편집할 때 수직 및 수평으로 제한합니다. 기호를 입력할 때 기울어지지 않도록 할 수 있습니다.
- Snap Rests and Repeats Vertically : 쉼표 및 도돌이표를 편집할 때 같은 시스템으로 제한합니다. 2개 이상의 시스템을 열었을 때 다른 시스템으로 편집되는 것을 방지할 수 있으며, 기본적으로 체크되어 있습니다.

### 편집 버튼

키 에디터와 같은 막대 모양으로 노트를 표시하여 노트의 길이나 벨로시티를 편집할 수 있게 합니다. 버튼을 On으로 하면 스코어 상단에 오버레이 창이 열립니다.

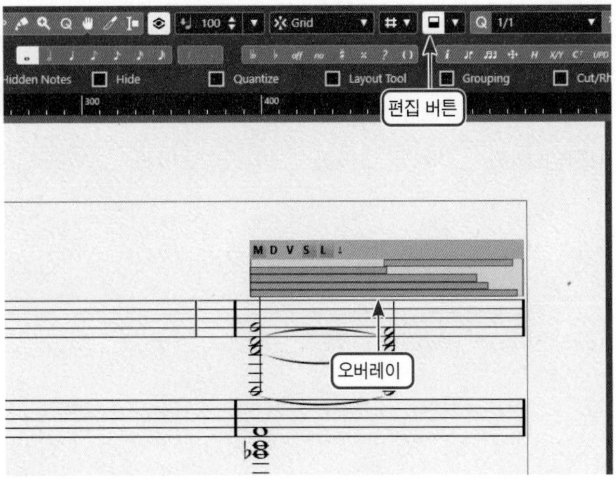


〈오버레이 창의 구성〉
(M) MIDI Note : 미디 노트의 길이 편집
(D) Display : 화면에 표시되는 음표의 길이 편집
(V) Velocity : 벨로시티 편집
(S) Snap : 스넵 기능 On/Off
(L) Lock : 오버레이 창 고정 및 해제
(↓) above/below : 오버레이 창 위/아래 표시

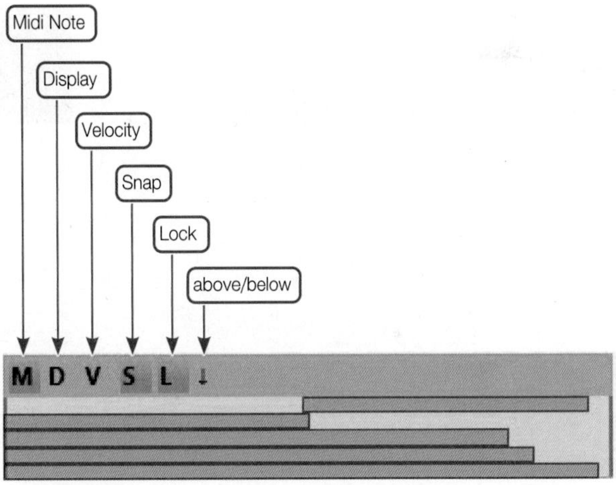


오버레이 창은 회색 라인을 드래그하여 이동하거나 Lock(L) 버튼을 Off로 하여 마우스 위치에 따라 이동되게 할 수 있습니다. 일반적으로 L 버튼을 Off로 하여 편집할 마디로 이동한 다음에 L 버튼을 On으로 하여 고정시켜 놓고 작업을 합니다.

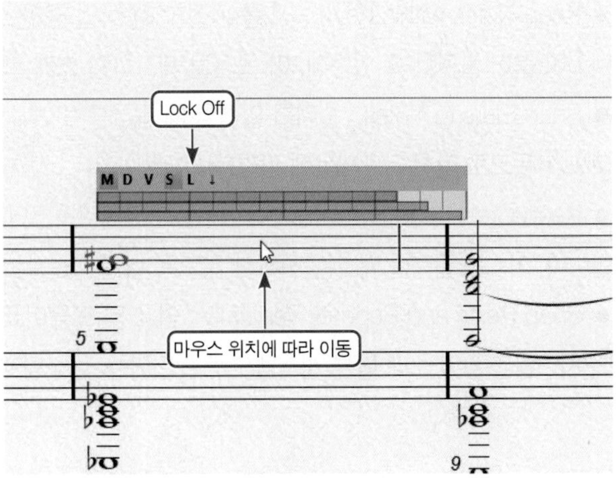

편집 버튼 오른쪽의 옵션 메뉴는 막대 색상을 Part, Channel, Pitch, Velocity 중에서 선택할 수 있고, Colorize Overlaid Noteheads는 음표 머리를 같은 색상으로 표시되게 합니다.

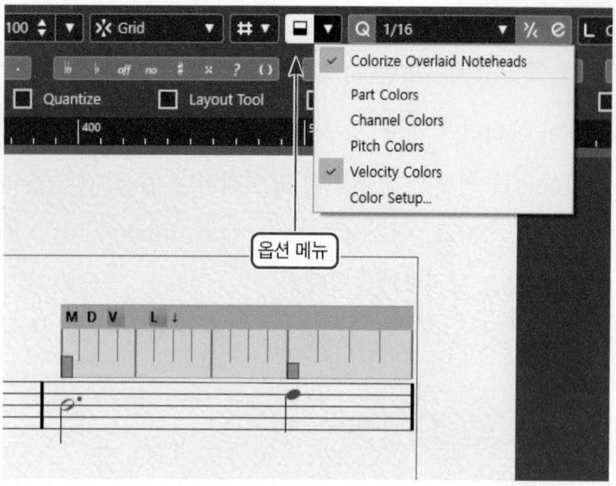

 퀀타이즈

퀀타이즈 목록은 노트를 입력하거나 편집하는 단위를 설정하고, L 모양의 length Quantize 목록은 입력하는 노트의 길이를 설정합니다. 스코어 에디터의 노트 입력은 대부분 아이콘 모음줄의 Insert 항목에서 음표를 선택하는 방식을 많이 사용하며, 선택한 길이는 Length에서 자동으로 표시합니다.

 레이어 선택 버튼

Note, Layout, Project 레이어 중에서 화면에 표시할 레이어를 선택합니다. 레이어 지정은 확장 도구 편에서 살펴봅니다.

# 03 스코어 에디터의 확장 도구

스코어 에디터의 확장 도구는 악보 사보에 관련된 것들로 구성되어 있습니다. 확장 도구는 레이아웃 옵션의 Tools를 선택하여 화면에 표시하거나 감출 수 있습니다. 사보에 관한 내용은 출판 악보 만들기 편에서 살펴보기로 하고, 여기서는 Insert, Enharm Shift, Functions, Layer의 4그룹으로 구성되어 있는 도구의 역할만 살펴보겠습니다.

### 성부

Insert 그룹 처음에 보이는 4개의 숫자와 L 아이콘은 성부를 분리하는 역할을 합니다. 큐베이스는 높은 음자리표와 낮은 음자리표에 각각4 성부의 악보를 입력할 수 있습니다.

**01** 성부의 이해를 위해서 빈 악보를 준비하고, 높은 음자리표 왼쪽의 빈 공간을 더블 클릭합니다.

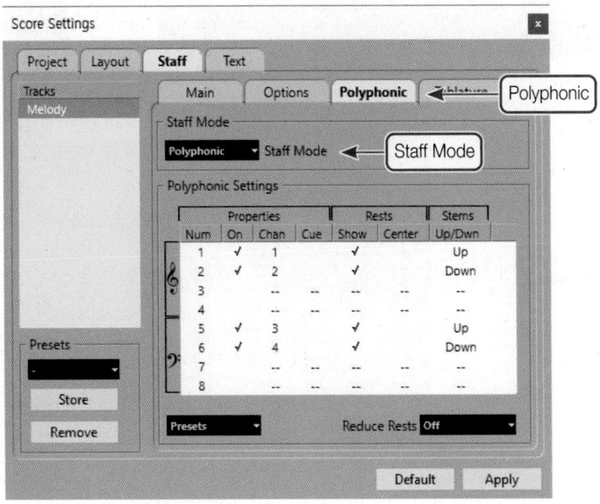


**02** Staff Settings 창이 열립니다. Polyphonic 페이지를 선택하고, Staff 탭에서 Polyphonic 을 선택합니다. 그리고 Staff Mode를 Polyphonic로 변경합니다. 이것은 큰 보표를 4성부로 분리하는 기본값을 사용하겠다는 의미입니다. Apply 버튼을 클릭하여 적용합니다.

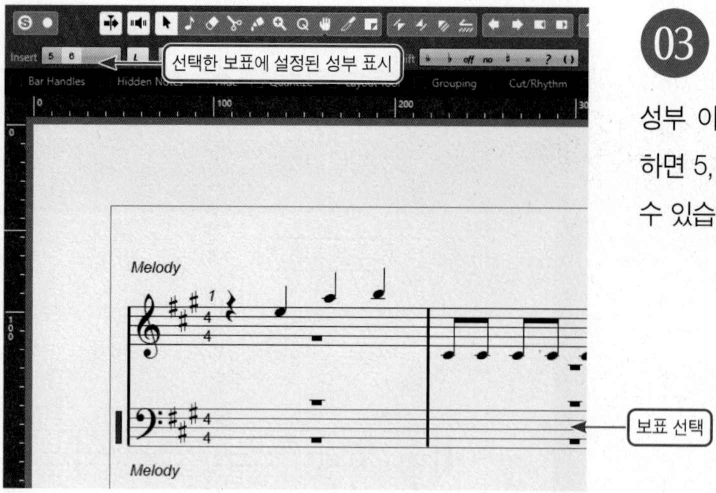


**03** 창을 닫고, 큰 보표의 높은 음자리표를 선택하면 아이콘 표시줄의 1,2번 성부 아이콘이 켜지고, 낮은 음자리표를 선택하면 5, 6번 성부 아이콘이 켜지는 것을 확인할 수 있습니다.

**04** 성부 아이콘에서 입력할 성부에 해당하는 아이콘을 클릭하여 선택하고 음표를 입력하면, 각각의 성부가 분리된 4성부 악보를 만들 수 있습니다. 직접 실습을 해보면서 확인을 해보기 바랍니다.

**05** 4개의 성부 아이콘 오른쪽에 있는 L 아이콘은 보표를 이동하는 성부를 입력할 경우에 사용합니다. 큐베이스는 음표를 입력할 때 해당 보표의 성부를 자동으로 선택합니다. 만일 보표에 상관없이 성부를 입력하고 싶다면 L 아이콘을 클릭합니다.

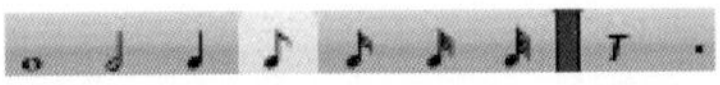 노트입력

Insert 그룹 두 번째 해당하는 7개의 음표 아이콘은 입력하는 노트의 길이를 선택합니다. 길이는 입력 후에도 편집할 수 있지만, 여기서 정확히 선택을 하여 입력하는 것이 좋습니다.

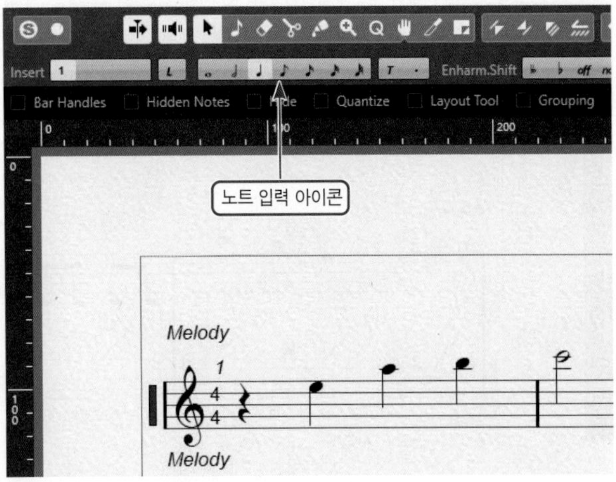


T 아이콘은 3잇단음표를 입력할 수 있는 아이콘입니다. 기본 음표 길이를 선택하고, T 아이콘을 선택하면 기본 음표에서 선택한 3잇단음표를 입력할 수 있습니다.

T 아이콘 오른쪽에 있는 점 아이콘은 점 음표를 입력할 때 사용하는 아이콘으로 입력 방식은 잇단음표와 같습니다. 즉, 기본 음표 길이를 선택하고, 점 아이콘을 클릭하여 기본 음표 길이의 점 음표를 입력할 수 있습니다.

 Enharm Shift

아이콘 모음 줄 두 번째 항목인 Enharm Shift는 악보에 표시하는 임시표 설정을 변경할 수 있는 8가지 아이콘으로 구성되어 있습니다. 음표를 선택하고, Enharm Shift 에서 원하는 아이콘을 클릭하여 임시표를 붙이거나 임시표에 괄호를 표시하거나 할 수 있습니다.

 인포 아이콘

Functions는 보기 좋은 악보를 만들기 위한 10개의 레이아웃 아이콘이 있습니다. 그 중 첫 번째인 인포 아이콘은 선택한 이벤트의 정보를 편집할 수 있는 창을 열어줍니다. 즉, 선택한 이벤트의 종류에 따라서 열리는 창이 다릅니다. 예를 들어서 높은 음자리표를 선택한 경우에는 Edit Clef, 음표를 선택한 경우에는 Set Note Info, 박자 표를 선택한 경우에는 Edit Time Signature 등의 창이 열립니다. 그림을 노트를 더블 클릭하여 Note Info 창을 연 경우입니다.

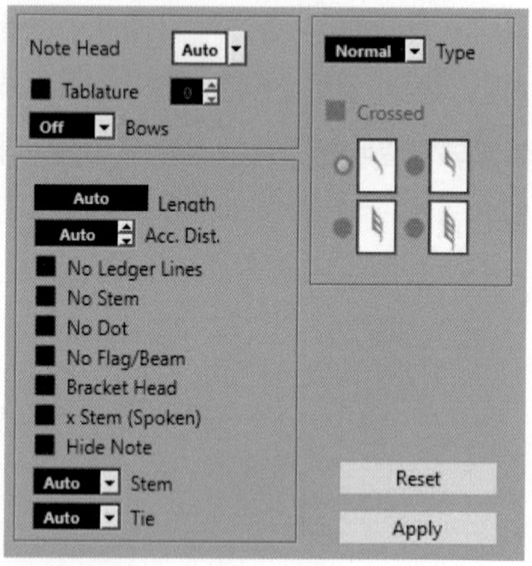

 플립 아이콘

플립 아이콘은 선택한 음표의 대 방향을 위/아래로 변경합니다. 음표 입력의 원칙은 오선의 가운데 줄에 해당하는 B음을 기준으로 대의 방향을 결정합니다. B 음 이상의 음표에서는 대가 아래쪽을 향하고, B음 이하 음표에서는 위쪽으로 표시합니다. 이것을 강제로 변환할 수 있는 역할을 하는 것이 플립 아이콘 기능입니다.

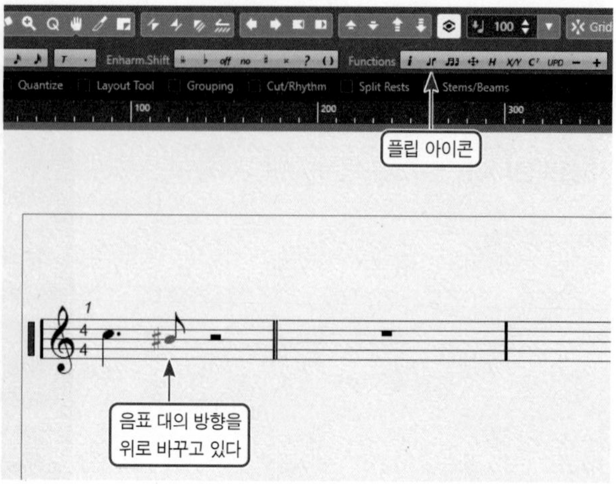

### 그룹 아이콘

그룹 아이콘은 선택한 음표의 기를 하나의 빔으로 묶거나 해제합니다. 독립적으로 입력한 음표들을 하나의 빔으로 연결하여 표시할 경우나 연결한 음표들을 각각 독립된 기로 표시할 때 사용합니다. 예를 들어 그림과 같이 음표를 입력했다면, 한 박자 단위로 묶인 4개의 음표를 모두 선택합니다.

그리고 Functions 항목의 그룹 아이콘을 클릭하면 그림과 같이 선택한 4개의 음표가 하나의 빔으로 연결되는 것을 확인할 수 있습니다.

하나의 빔으로 연결한 노트를 분리하고 싶다면 그룹으로 묶인 노트 중에서 독립시킬 노트를 선택하고, Functions 항목의 그룹 아이콘을 다시 클릭합니다.

### 레이아웃 아이콘

레이아웃 아이콘은 전문 사보 프로그램에서나 찾아볼 수 있는 기능으로 한 단에 표시하는 마디 수와 길이 등을 설정할 수 있습니다. 레이아웃 아이콘을 클릭하면 열리는 Auto Layout 창의 Max. Number of Bars에서 각 단에 표시할 마디 수를 입력하고, OK 버튼을 클릭하면 각 단에 표시하는 마디 수가 조정됩니다.

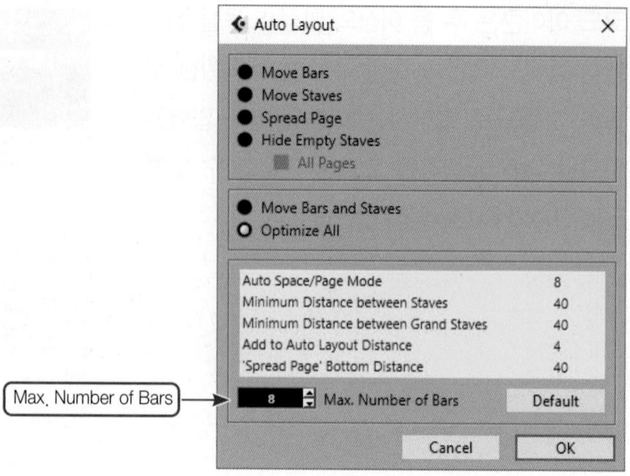


### 하이드 아이콘

하이드 아이콘은 선택한 이벤트를 악보에 표시하지 않게 합니다. 이것은 Delete 키로도 삭제할 수 없는 이벤트까지 감출 수 있기 때문에 아주 요긴하게 사용할 수 있는 기능입니다. 그림은 높은 음자리표와 박자 표를 하이드 아이콘으로 감춘 결과 입니다.

### 포지션 아이콘

포지션 아이콘은 마우스의 위치 또는 선택한 이벤트의 위치를 표시하는 Position Info 창을 엽니다. 여기서 표시하는 단위를 바꾸기 위해서는 위쪽과 왼쪽에 있는 눈금 표시줄에서 마우스 오른쪽 버튼을 클릭하여 원하는 단위를 선택합니다.

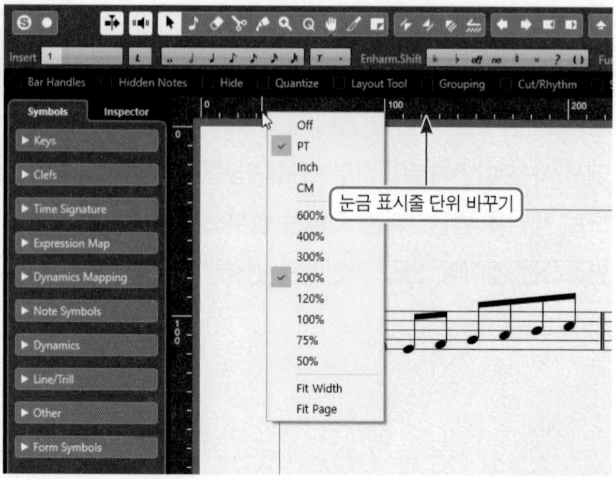

## C⁷ 코드 아이콘

코드 아이콘은 두 음 이상의 화성 노트를 선택했을 경우, 선택한 노트의 구성 음에 적합한 코드를 자동으로 입력하는 기능입니다. 입력된 코드를 더블 클릭하면 코드를 수정할 수 있는 Edit Chord Symbol 창이 열립니다.

## UPD 새로 고침 아이콘

새로 고침 아이콘은 악보를 정렬하는 기능입니다. 흔하지는 않지만 간혹 스코어 에디터의 악보가 독자의 의도대로 표시되지 않는 경우가 있습니다. 이때 새로 고침 아이콘을 클릭하여 악보를 정확하게 표시되게 할 수 있습니다. 만일 새로 고침을 한 후에도 악보가 잘못 표시된다면, 데이터를 잘못 입력한 경우일 것입니다.

## − + 채널 변경 아이콘

Functions 항목 마지막에 위치한 플러스(+) 아이콘과 마이너스(-) 아이콘은 선택한 노트의 채널을 증/감하는 역할을 합니다. 스코어 에디터에서 사용하는 채널이 성부 위치와 관련된 것이므로 채널을 변경한다는 의미는 성부의 위치를 변경하는 것이며, 인포 라인에서 변경해도 결과는 같습니다.

 레이어

마지막 그룹인 레이버 버튼은 입력한 노트 또는 심볼들을 레이어로 구분하여 잘못 편집되는 실수를 방지합니다. Setup 버튼을 클릭하면 모든 이벤트가 1번 레이어에 할당되어 있는 것을 확인할 수 있습니다.

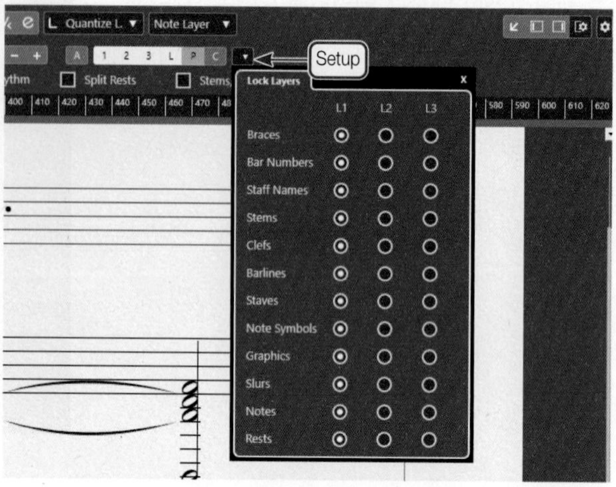


실습을 위해서 1번 레이어 아이콘을 클릭하여 Off로 놓고, 노트 또는 마디선 등을 이동시켜 봅니다. 레이어 1번에 설정되어있는 모든 이벤트가 Off된 상태이기 때문에 아무것도 이동되지 않는 것을 알 수 있습니다.

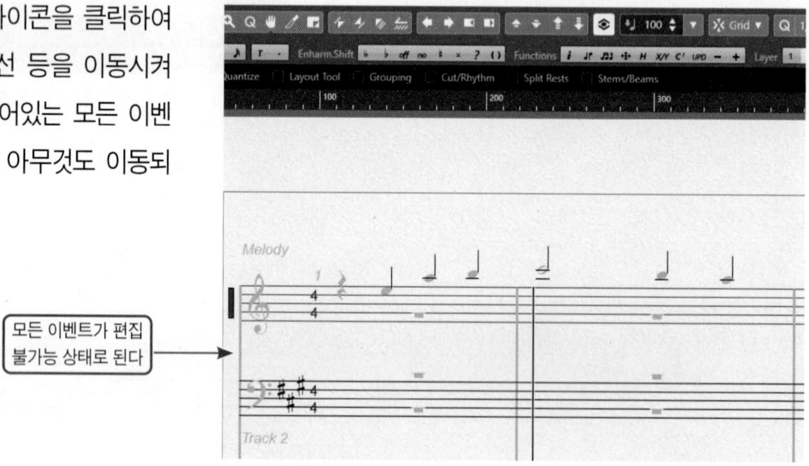


이제 2번 레이어에 Bar Lines를 설정하여 2번 레이어를 Off 시켰을 때 바 라인을 편집할 수 없게 해보겠습니다. Setup 버튼을 클릭하여 열고, Barlines을 L2로 할당합니다.

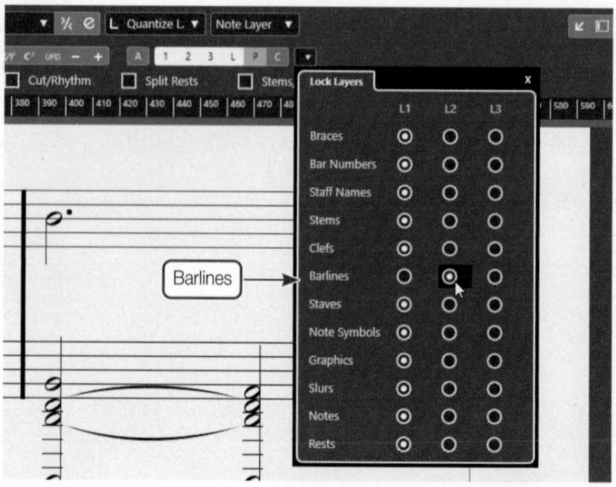

1번 레이어에 설정했던 Barlines을 2번 레이어로 옮겼기 때문에 1번 레이어를 Off 로 해도 앞에서와는 다르게 바 라인의 위치와 타입을 조정할 수 있습니다. 물론 1번 레이어를 On으로 하고, 2번 레이어를 Off 하면 바 라인만 조정할 수 없게 됩니다.

A 버튼은 모든 레이어를 잠그며, Setup 목록에서 선택할 수 있는 Braces를 비롯한 12개의 이벤트를 제외한 나머지를 편집할 수 있습니다.

L과 P 버튼은 Layout과 Project 관련 오브젝트를 의미하며, 해당 오브젝트가 편집되는 것을 방지합니다. 마지막 Colorize Layer 버튼은 다른 레이어를 Off 하며, 편집 가능한 모든 레이어를 컬러로 표시합니다.

## 04 스코어 에디터의 필터 도구

레이아웃 버튼의 Filters 옵션을 체크하면 볼 수 있는 필터 모음 줄에는 작업의 효율을 높이기 위해 필요없는 항목들을 임시적으로 감추거나 보이게 할 수 9개의 필터들로 구성되어 있습니다. 확장 도구와 마찬가지로 미디 연주와는 무관하면 보기 좋은 악보를 만들기 위해 제공되고 있는 도구 입니다.

- Bar Handles

필터 첫 번째 옵션인 Bar Handles는 마디를 이동/복사할 수 있는 핸들을 표시합니다. 실습을 위해 Bar Handles 필터 옵션을 체크하여 핸들이 보이게 합니다.

각 마디에 사각형 모양의 핸들이 보이면 첫 번째 마디의 핸들을 Alt 키를 누른 상태로 두 번째 마디까지 이동합니다. 그러면 Bar copy 창이 열립니다. Alt 키를 누르지 않으면 마디가 이동됩니다.

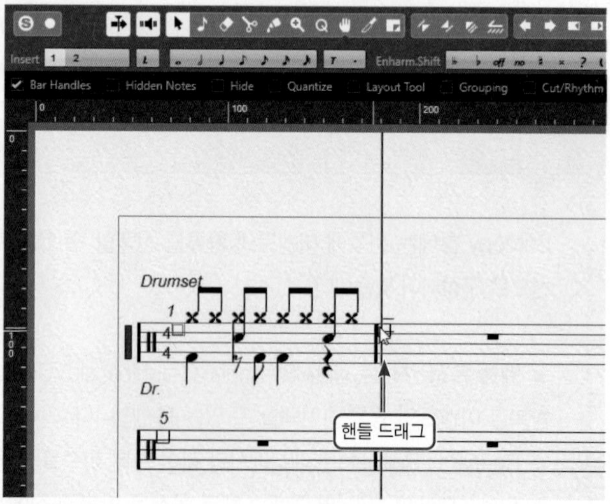

Bar copy 창에서 Repeats 항목에 몇 번 반복할 것인지를 설정합니다. 예를 들어 4번을 반복시키겠다면, 4를 입력합니다.

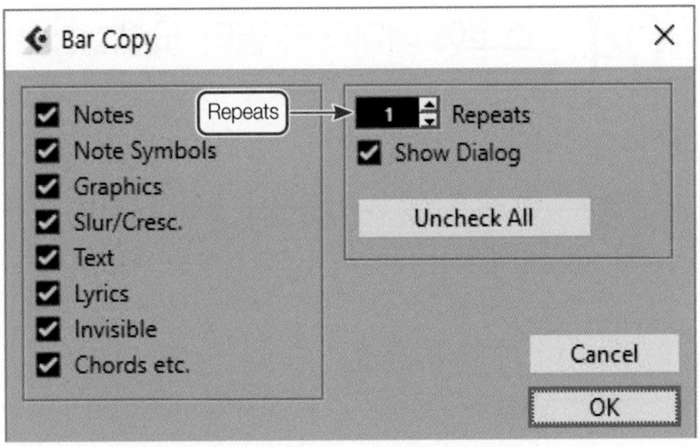


Barcopy 창에서 OK 버튼을 클릭하여 닫으면 그림에서와 같이 첫 번째 마디에 해당하는 이벤트가 4번 반복하는 것을 확인할 수 있습니다.

## Tip Bar Copy 창의 옵션

Barcopy 창에는 왼쪽에 이벤트의 종류를 선택할 수 있는 체크 옵션과 오른쪽에 반복 횟수를 설정할 수 있는 옵션으로 구성되어 있습니다.

- **체크 옵션** : Note, Note Symbols, Graphics, slur/Cresc, Text, Lyrics, Incisible, Chords etc 의 체크 옵션은 반복할 이벤트의 종류를 선택할 수 있는 옵션입니다.
- **Repeats** : Repeats는 예제에서와 같이 반복 횟수를 설정합니다.
- **Show Dialog** : Show Dialog 체크 옵션은 반복 과정에서 Barcopy 창이 열리지 않게 하는 옵션입니다. 만일 창이 다시 열리게 하고 싶다면, 마디에 표시하는 핸들을 더블 클릭하여 Barcopy창을 열고, Show Dialog 옵션을 체크합니다.
- **Uncheck All** : Uncheck All 은 왼쪽의 체크 표시를 모두 해제합니다

● Hidden Notes

Hidden Notes는 아이콘 표시줄의 하이드 아이콘으로 감춘 노트 또는 심볼 등을 화면에 표시합니다. 예를 들어 못 갖춘 마디를 만들기 위해서 그림과 같이 첫 마디에 입력한 노트를 선택하고, 하이드 아이콘을 클릭하여 선택한 노트를 화면에 보이지 않게 했다고 가정합니다.

이렇게 감춘 노트들을 확인을 하는 방법은 필터 도구 모음의 Hidden Notes 옵션을 체크하는 것입니다. 감춘 노트를 더블 클릭하여 Set Note Info 창을 열고, Hide Note 옵션의 체크 표시를 해제하면 감춰진 속성을 제거할 수 있습니다.

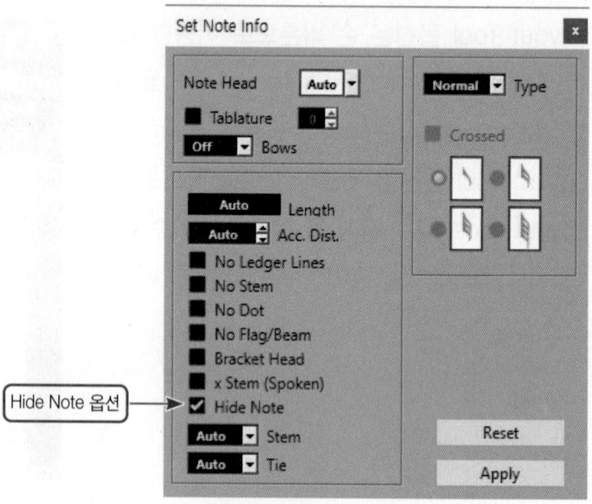


● Hide

Hide 옵션은 Hidden Notes와 같이 감춘 노트와 심볼을 확인하는 옵션으로 Hide라는 문자를 표시합니다. 앞의 Hidden Notes의 기능을 설명한 예제에서 Hide 옵션을 체크하면 감추기 기능을 적용한 노트 아래쪽에 Hide 문자를 확인할 수 있습니다. 물론 Hidden Notes 옵션을 해제한 경우라면 문자만 표시합니다.

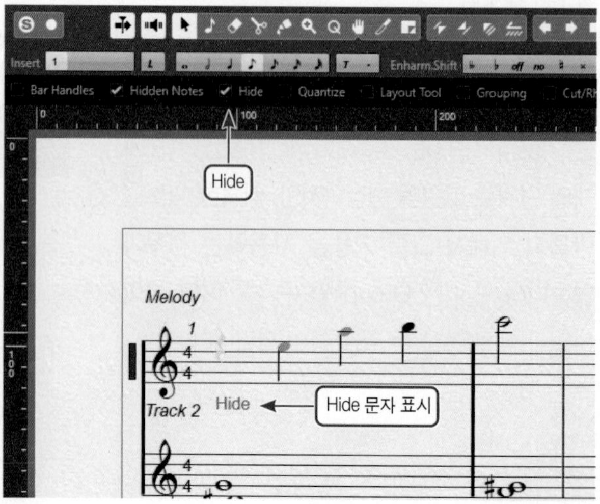

● Quantize

Quantize 옵션은 디스플레이 퀀타이즈를 적용한 노트들을 표시합니다. 만일, 리얼로 입력한 음표가 원하는 악보로 표시가 되지 않는다면, 디스플레이 퀀타이즈 버튼을 클릭하여 Display Quantize 창을 열고, 수정하게 될 것입니다.

● Layout Tool

Layout Tool 옵션은 손 버튼으로 이동한 노트와 심볼 아래쪽에 Layout Tool 문자를 표시합니다. 손 버튼을 선택하여 노트를 이동하고 Layout Tool 옵션을 체크하면 이동한 노트에 Layout Tool이라는 문자 표시를 확인할 수 있습니다. Layout Tool 문자를 삭제하면 손 버튼으로 이동하기 전의 위치로 초기화 합니다.

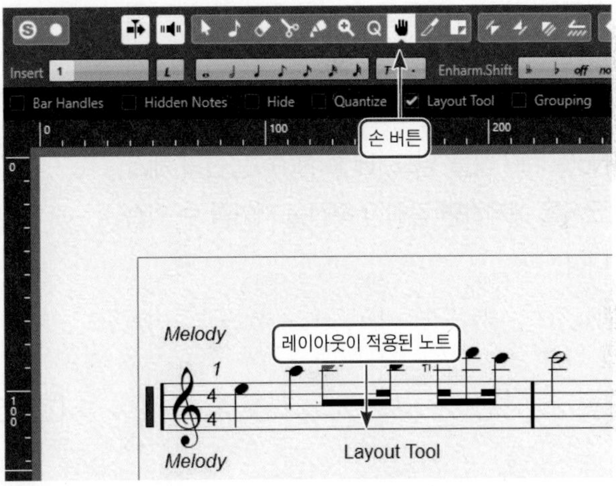


● Grouping

Grouping 옵션은 그룹 기능이 적용된 노트들을 표시하거나 수정할 수 있습니다. 큐베이스는 기본적으로 8분 음표는 2개, 16분 음표는 4개의 단위로 그룹을 형성하지만, 익숙한 악보를 만들기 위해서 그룹 기능을 사용하는 경우가 많습니다. 입력한 Grouping 문자를 더블 클릭하면 값을 변경할 수 있는 창이 열립니다.

● Cut/Rhythm

CutRhythm 옵션은 컷 버튼으로 분리한 노트에 Cutflag 라는 문자를 표시합니다. 악보를 만드는 과정에서 실제 노트의 길이는 그대로 두고, 화면에 표시하는 노트의 길이를 분할했다가 이것을 다시 초기값으로 되돌리기 위해서는 어떤 노트에 컷 기능을 적용했는지 확인할 필요가 있습니다. 문자를 삭제하면 컷 노트를 적용하기 전으로 초기화 합니다.

● Split Rests

Split Rests은 분리한 멀티 쉼표에 Split Rest 문자를 표시합니다. 파트 보를 만들다가 보면, 멀티 쉼표를 자주 사용하는데, 이것을 풀 스코어 악보로 인쇄하기 위해서 초기화할 경우가 있습니다. 예를 들어 그림과 같이 3마디를 쉼표로 표시하는 악보가 있다고 가정하고, 멀티 쉼표를 표시하기 위해서 조표 왼쪽의 빈 공간을 더블 클릭합니다.

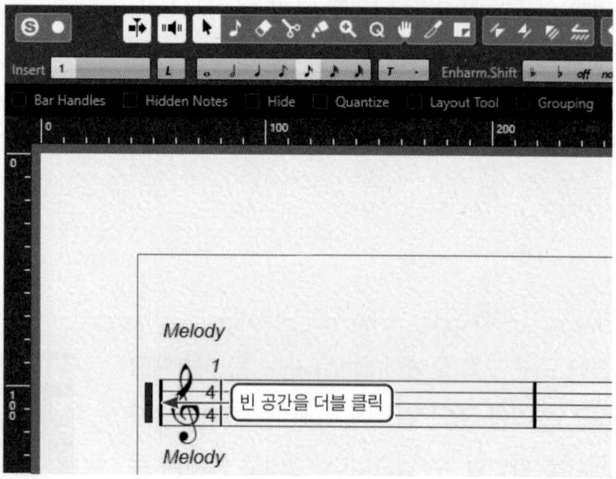


Score Settings 창의 Layout 탭에서 Multi-Rests 항목을 2로 설정합니다. 2마디 이상의 쉼표를 멀티 쉼표로 표시되게 하는 것입니다.

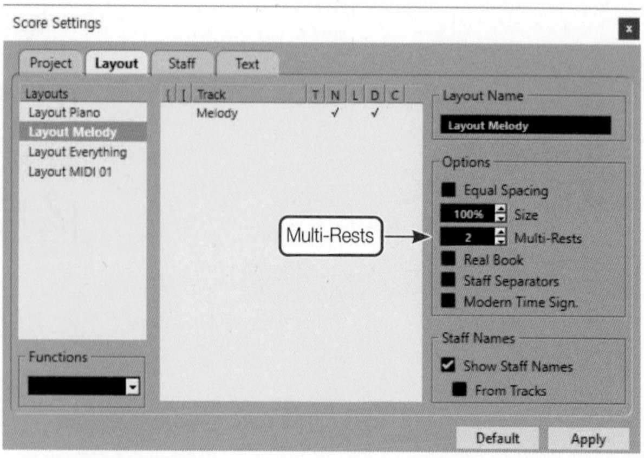

그러면 2마디 이상의 연속된 쉼표가 있는 마다만 멀티 쉼표로 변경하는 것을 확인할 수 있습니다. 이 값을 변경하기 위해서 멀티 쉼표를 더블 클릭합니다.

멀티 쉼표가 한 마디 단위로 나뉠 수 있게 Split Muti Rest 창의 Bars 항목에 1이라는 숫자를 확인하고, OK 버튼을 클릭합니다.

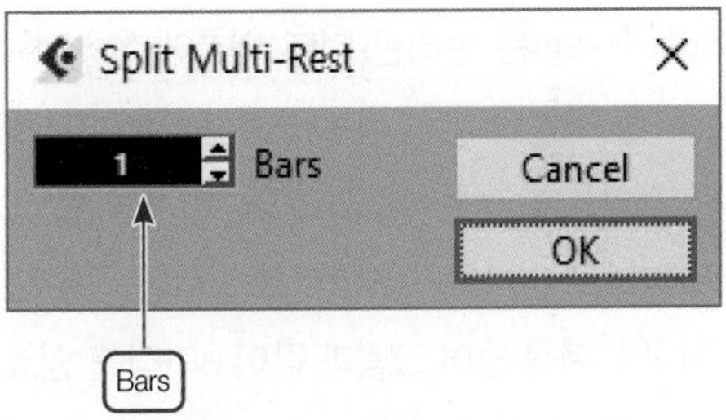


필터 도구 모음 줄에서 Split Rests 옵션을 체크하면 분리한 멀티 쉼표에 Split Rest라는 문자 표시를 확인할 수 있습니다. 그리고 언제든 문자를 삭제하면 멀티 쉼표로 초기화 합니다.

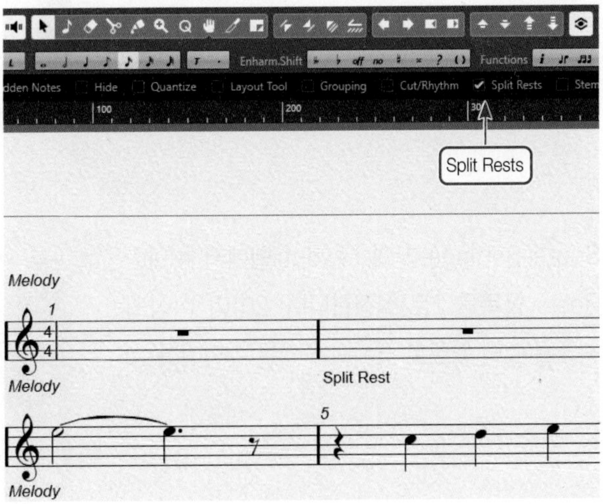

● Strem/Beams

필터 도구 모음 줄의 마지막 옵션인 Strem / Beams는 음표의 기와 대의 방향, 길이 등을 수정한 노트를 확인하거나 초기화 합니다. 그림에서와 노트를 선택하고, 플립 버튼을 클릭하여 대의 방향을 바꿨다고 가정합니다.

Stems/Beams 옵션을 체크하면 대의 길이와 방향 등을 조정한 음표 아래쪽으로 Stem 문자가 표시되는 것을 확인할 수 있으며, 다른 필터와 마찬가지로 표시 문자를 삭제하여 초기화 할 수 있습니다.

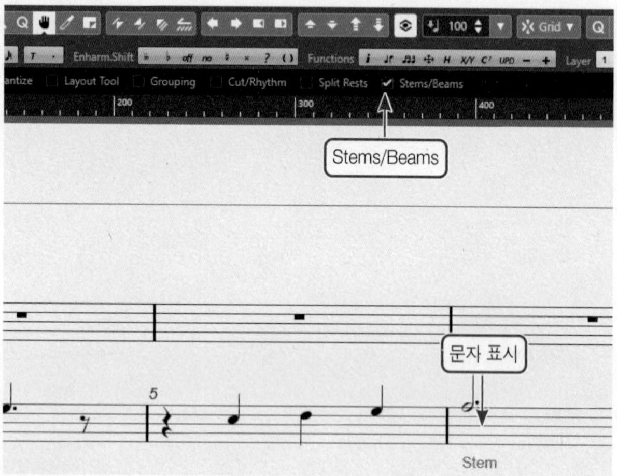


## Tip 페이지 모드

스코어 에디터는 기본적으로 편집 모드로 표시됩니다. 편집 모드는 시스켐이 낮은 사양에서도 악보 편집 작업을 원할하게 할 수 있지만, 인쇄 결과를 확인할 수 없다는 단점이 있습니다. 인쇄 결과를 확인할 수 있는 페이지 모드로 작업하려면, Score 메뉴의 Page Mode를 선택합니다.

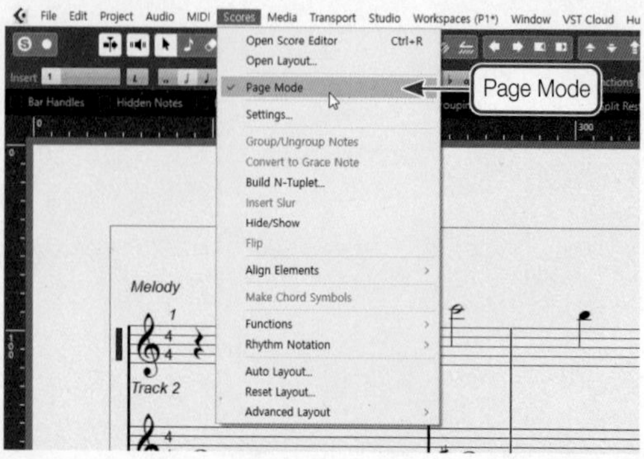

# 07 PART

# 미디 정보 다루기

미디 학습 중에서 가장 지루하지만, 고급 사용자가 되기 위해서는 반드시 알아야만 하는 컨트롤 정보와 익스클루시브 정보를 다룹니다. 본서에서 설명하고 있는 컨트롤 정보와 익스클루시브 정보를 모두 외울 필요는 없고, 사용법과 역할을 익힌 후에 사전을 이용하듯이 참조해도 좋습니다.

# 01 리스트 에디터

리스트 에디터는 큐베이스에 입력한 모든 정보를 볼 수 있는 유일한 미디 편집 창입니다. 컴퓨터 음악을 처음 접하는 독자의 경우에는 복잡해 보이는 용어와 숫자들만 가득한 리스트 에디터가 다소 부담스러워 보일지도 모르지만, 보다 섬세한 시퀀싱 작업을 필요로 하거나, 타인의 작품을 연구할 때 필요한 에디터이므로 고급 사용자가 되려면 반드시 익혀야 할 것입니다

## 01 기본 사용법

리스트 에디터는 이벤트의 정보를 입력하기 보다는 입력한 이벤트의 값을 편집하는 용도로 사용하지만, 연속적인 값이 필요 없는 컨트롤 정보는 리스트 에디터에서 입력하는 사용자도 많습니다. 이벤트 리스트의 개념을 이해하기 위해서 컨트롤 정보를 입력하고 수정해보는 기본적인 사용법을 익혀보겠습니다.

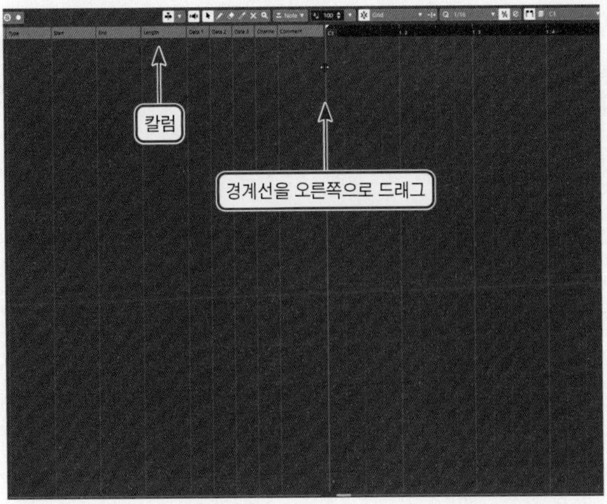


01 미디 파트를 하나 만들고, MIDI 메뉴의 Open List Editor를 선택하여 리스트 에디터를 엽니다. 그리고 작업 공간 중간에 세로로 표시된 경계선을 오른쪽으로 드래그하여 리스트 창의 모든 칼럼이 보이게 합니다.

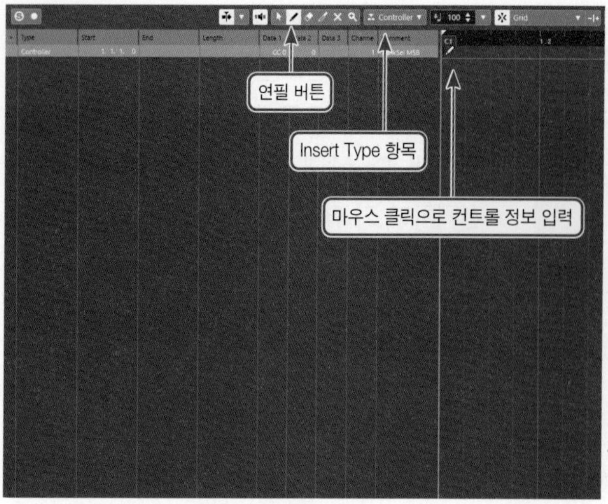


**02** 연필 버튼을 선택하고, Insert type 항목에서 Controller를 선택합니다. 작업 공간에서 클릭을 하면 Controller 정보가 입력됩니다.

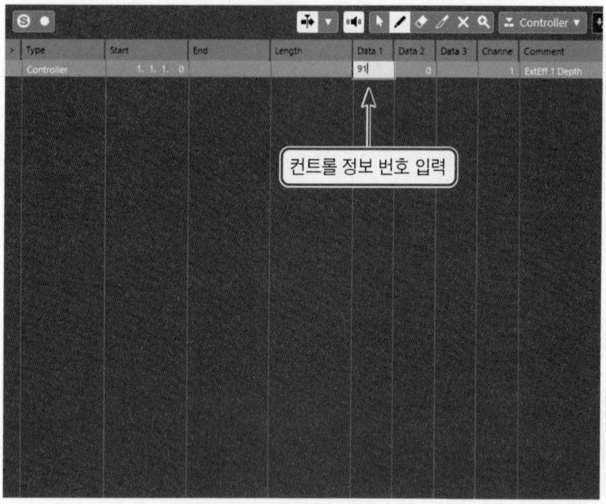


**03** 입력한 이벤트는 리스트 창의 Data1 칼럼을 보면 알 수 있듯이 뱅크(CC0) 정보 입니다. 이것을 리버브 컨트롤 정보 91번으로 변경하려면 Data1 칼럼을 마우스로 클릭하고, 91번을 입력하면 됩니다.

**04** Data1 칼럼의 정보가 리버브 정보인 CC91 [ExtEff 1 Depth]로 변경되면, Data2 칼럼에서 리버브의 양을 입력하거나 벨류 창에서 마우스 드래그로 값을 설정할 수 있습니다. 미디 정보의 경우는 0에서 127 범위로 입력할 수 있습니다.

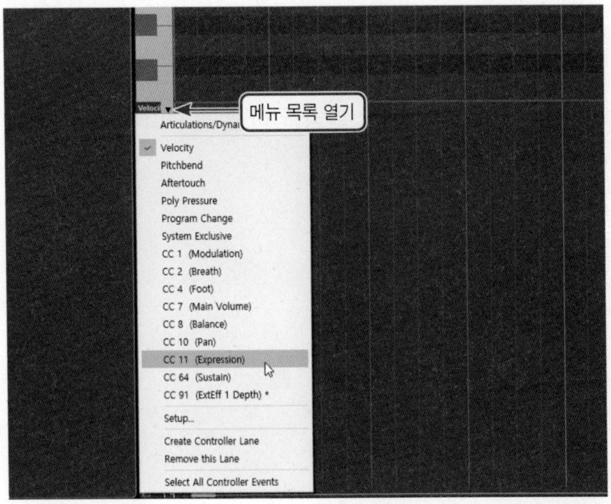


**05** 익스프레션과 같이 연속적인 값이 필요한 정보는 리스트 에디터 보다는 키 에디터의 컨트롤 편집 창을 이용하는 것이 편리합니다. MIDI 메뉴의 Open Key Editor를 선택하여 키 에디터를 엽니다. 그리고 컨트롤 편집 창의 메뉴 목록에서 익스프레션 CC 11 (Expression)을 선택합니다.

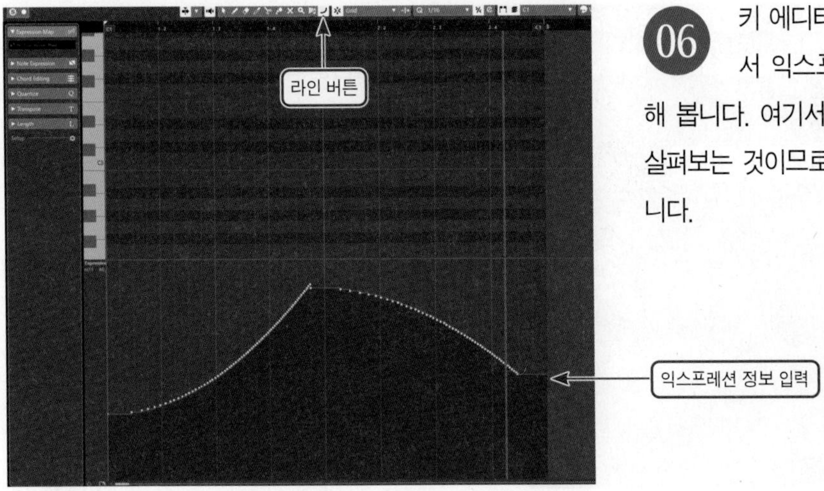


**06** 키 에디터 상단의 라인 버튼을 이용해서 익스프레션 정보를 자유롭게 입력해 봅니다. 여기서는 컨트롤 정보 입력 방법을 살펴보는 것이므로 형식에 얽매일 필요는 없습니다.

**07** 리스트 에디터를 열어보면 키 에디터에서 입력한 컨트롤 정보를 확인할 수 있습니다. Data2 칼럼에 표시한 값을 클릭하거나 벨류 창에서 마우스 드래그로 값을 세밀하게 수정할 수 있습니다.

# 02 리스트 에디터의 도구

리스트 에디터 상단에 있는 도구들 역시 다른 에디터와 사용법은 크게 다르지 않습니다. 리스트 에디터에서 하는 작업이 대부분 편집이라고 했습니다. 원활한 편집 작업을 위해서는 각 도구의 기능과 역할을 충분히 이해하고 있어야 할 것입니다. 미디 편집 윈도우의 도구들을 정리한다는 느낌으로 간단하게 살펴보겠습니다.

### S 솔로 버튼

솔로 버튼은 현재 작업중인 파트만을 솔로로 연주합니다. 솔로 버튼이 Off이면, Enter 키를 눌러 곡을 연주할 때 모든 파트를 연주하지만, On이면, 리스트 에디터에서 편집 중인 파트만 연주합니다.

### ● 녹음 버튼

리스 에디터에서 미디 데이터를 녹음할 수 있게 합니다. 단, 미디 녹음 모드가 Merge 또는 Replace 모드일 경우에만 작동합니다.

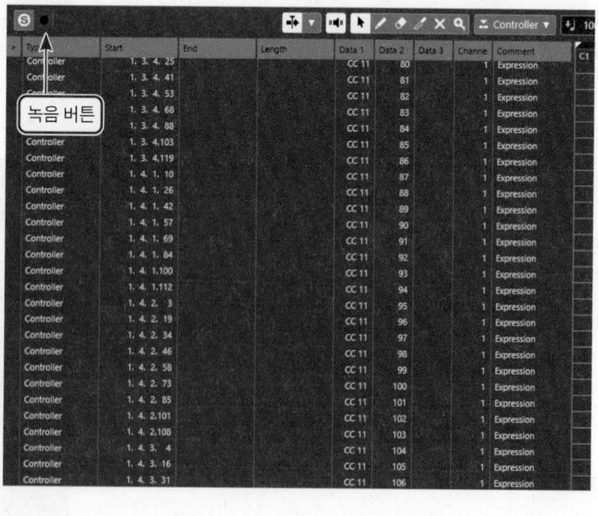

## 인서트 버튼

정지 및 재생 중에 연주했던 이벤트를 입력합니다. 굳이 레코딩을 하지 않고, 곡에 어울리는 프레이즈를 찾고 있을 때 유용한 기능입니다.

## 오토 스크롤 버튼

오토 스크롤 버튼은 송 포지션 라인 위치를 화면에 표시합니다. 리스트 에디터는 이벤트가 세로로 표시되며, 위치는 왼쪽에 〉 칼럼으로 표시됩니다.

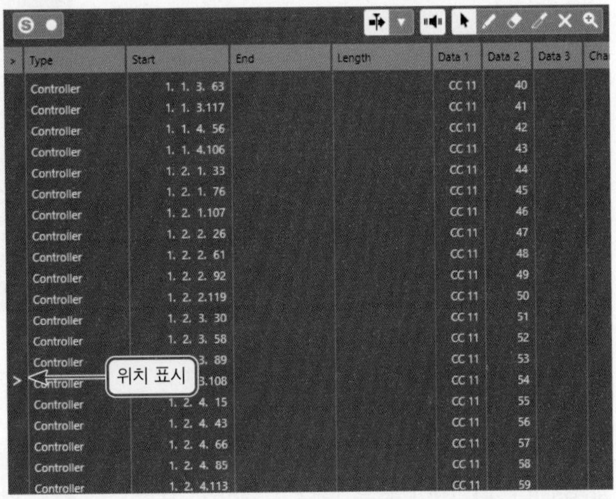


## 스피커 버튼

스피커 버튼은 편집하는 노트의 사운드를 모니터 할 수 있게 합니다. 스피커 버튼이 On이면 리스트 에디터에서 노트를 편집할 때 Type 칼럼에서 또는 이벤트 창에서 선택하는 노트의 사운드가 들립니다.

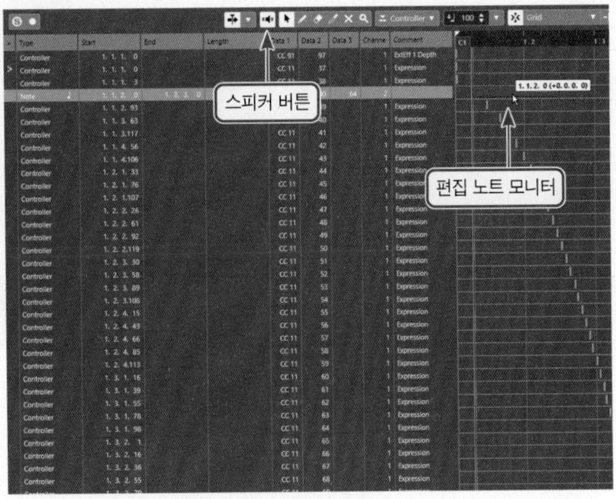

### 화살표 버튼

화살표 버튼은 이벤트를 편집하거나 선택할 때 사용합니다. 개별적인 이벤트의 값을 조정하거나 그림과 같이 마우스 드래그로 여러 이벤트를 선택하여 이동, 복사 등의 편집 작업을 할 수 있습니다.

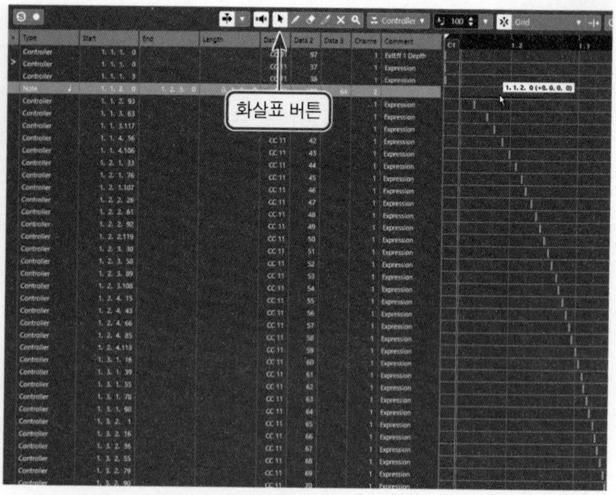


### 연필 버튼

연필 버튼은 Insert type에서 선택한 이벤트를 입력하거나 노트의 길이를 변경하는데 사용할 수 있습니다. 리스트 에디터에서 이벤트는 위에서 아래로 표시하기 때문에 입문자의 경우에는 익숙해지는데 시간이 걸릴 수 있습니다.

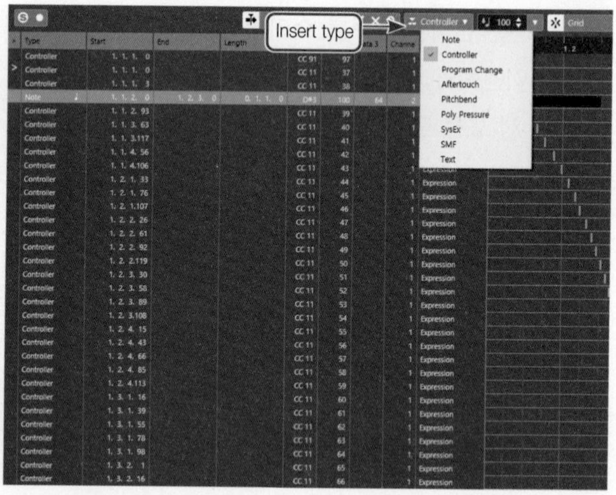


### 지우개 버튼

지우개 버튼은 선택한 이벤트를 삭제합니다. 개별적인 삭제는 원하는 이벤트를 클릭하고, 다수의 이벤트를 삭제할 때는 마우스 드래그로 선택한 다음 선택한 이벤트 가운데 하나를 클릭합니다.

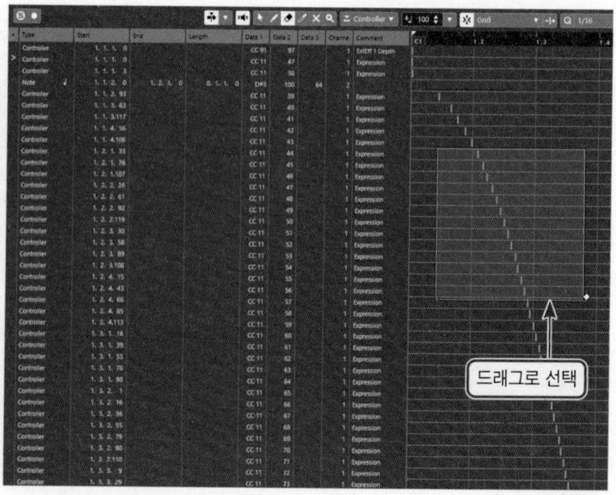

### 트림 버튼

트림 버튼은 리스트 에디터에서 노트의 길이를 편집할 수 있는 도구입니다. 노트의 길이를 잘라내기 위해서 End 칼럼의 값을 수정하지 않고, 키 에디터를 사용하듯이 간편하게 이용할 수 있습니다.

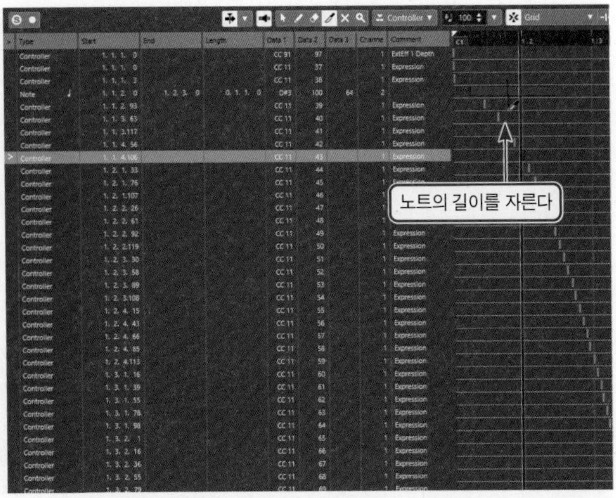


### 뮤트 버튼

뮤트 버튼은 선택한 노트를 소리내지 않게 하거나 각 이벤트의 기능을 발휘하지 못하게 합니다. 뮤트 한 노트 또는 이벤트들은 흰색으로 반전하여 뮤트 표시하고, 다시 뮤트 버튼으로 클릭하여 해제할 수 있습니다.

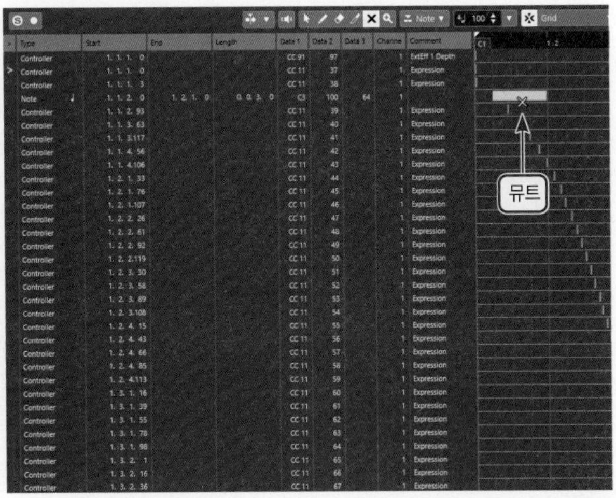


### 돋보기 버튼

돋보기 버튼은 이벤트 공간을 확대/축소합니다. 돋보기 버튼을 선택하여 이벤트 공간을 클릭하여 확대할 수 있고, Alt 키를 누른 상태에서는 축소할 수 있습니다. Ctrl 키를 누른 상태에서는 확대/축소 전의 크기로 복구합니다.

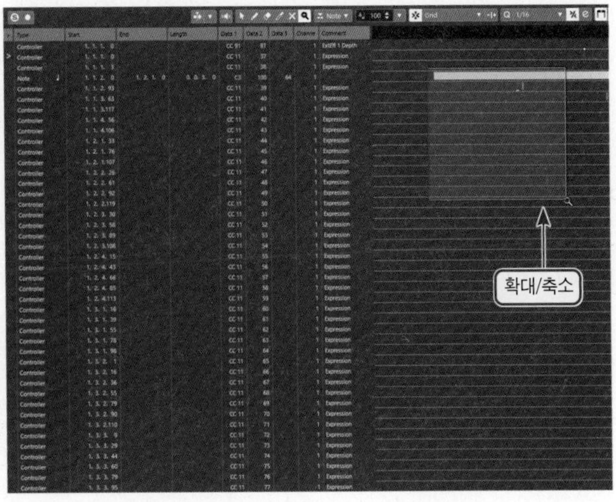

## 인서트 타입

인서트 타입은 연필 버튼으로 입력하는 이벤트의 종류를 선택합니다. Insert type 항목을 클릭하면 Note, Controller, Program Change, Afterouch, Pitchbaen, Poly Pressure, SysEx, SMF, Text 등을 입력할 수 있습니다.

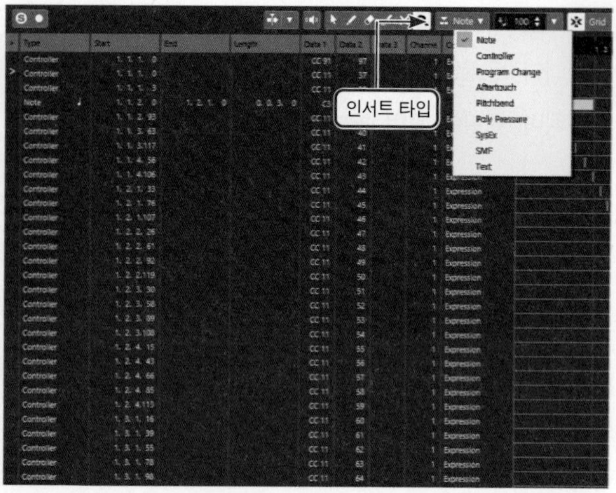


## 인서트 벨로시티

인서트 벨로시티는 마우스로 입력하는 노트의 벨로시티 값을 결정합니다. Ins.vel 항목 상단에는 5단계의 벨로시티 값을 선택할 수 있는 레벨과 각 단계의 값을 변경할 수 있는 setup메뉴가 있습니다. 하단에서는 원하는 값을 직접 입력할 수 있습니다.

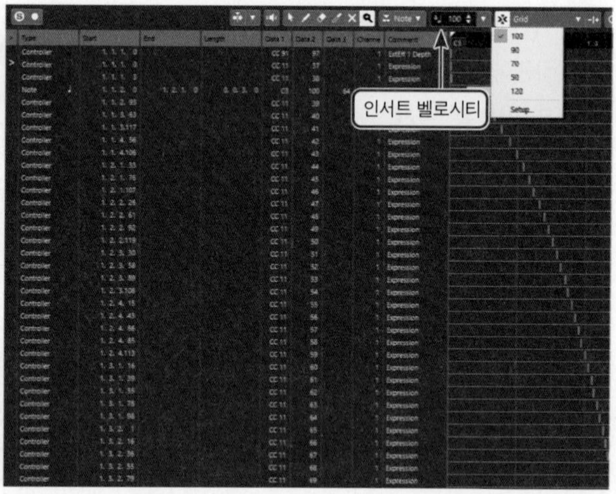


## 스넵 버튼

스넵 버튼은 리스트 에디터에서 편집하는 이벤트를 그리드 타입에서 선택한 간격으로 조정되게 합니다. 스넵 타입은 그리드를 퀀타이즈 항목(Use Quantize)에서 선택한 단위로 표시할 것인지, 작업 공간 크기(Adapt to Zoom)에 따라 변동되게 할 것인지를 결정합니다.

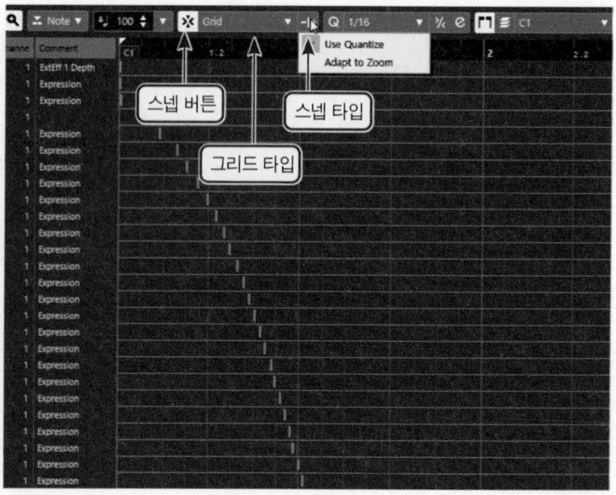

### Q 퀀타이즈

Quantize 목록에서 선택한 단위로 이벤트를 정렬합니다. Iterative를 On으로 해놓으면 60%만 정렬되며, 패널을 열어 Iterative 값을 수정할 수 있습니다.

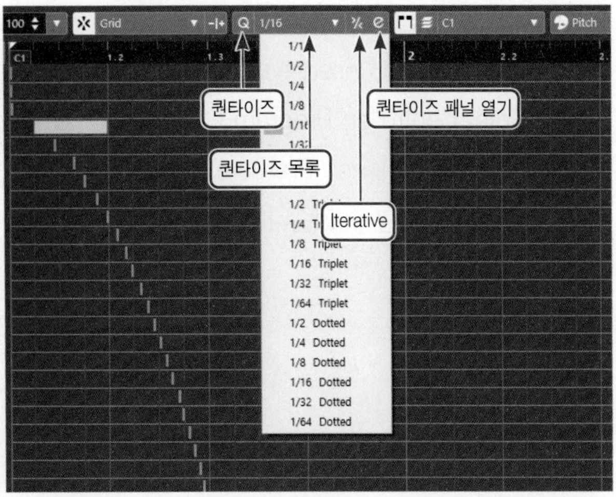


### 파트 라인 버튼

파트 라인 버튼은 이벤트 창 상단에 표시하는 룰러 라인에 파트의 이름을 표시합니다. 표시하는 파트 이름을 드래그하여 실제 파트의 길이를 조정할 수 있습니다. 오른쪽의 Edit 버튼을 On으로 하면, 파트 목록에서 선택한 이벤트만 편집할 수 있습니다.

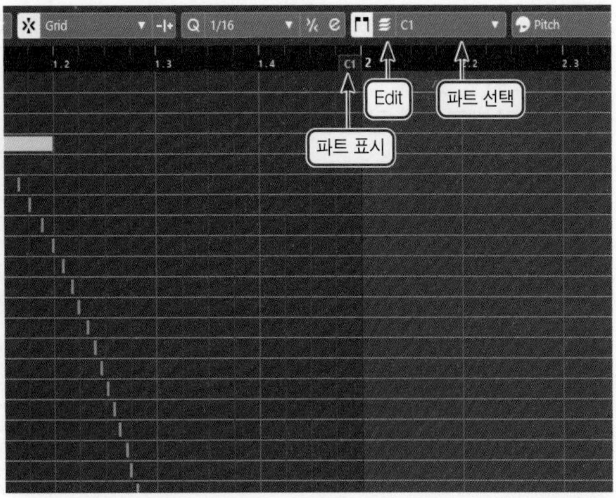


### 컬러 선택 메뉴

컬러 선택 메뉴는 리스트 에디터에 표시하는 이벤트를 Velocity, Pitch, Channel, part 별로 색상을 표시할 수 있게 합니다. Setup 메뉴를 선택하면 Part를 제외한 색상을 변경할 수 있는 Colors Setup 창이 열립니다.

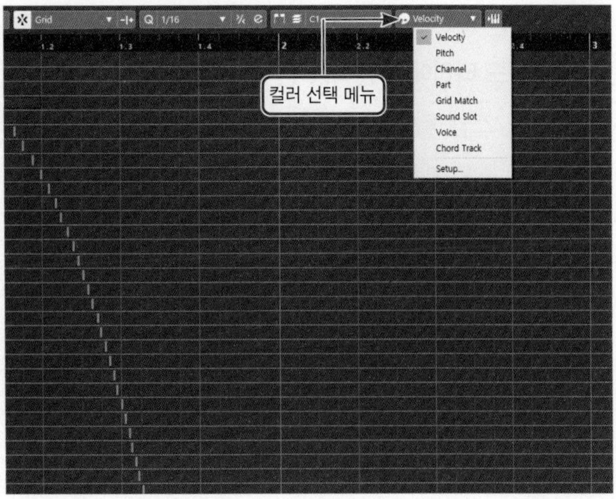

## VST 열기 버튼

VST Instruments 트랙의 파트를 편집하고 있는 경우에 활성화 되며, 클릭하여 악기 패널을 열 수 있습니다.

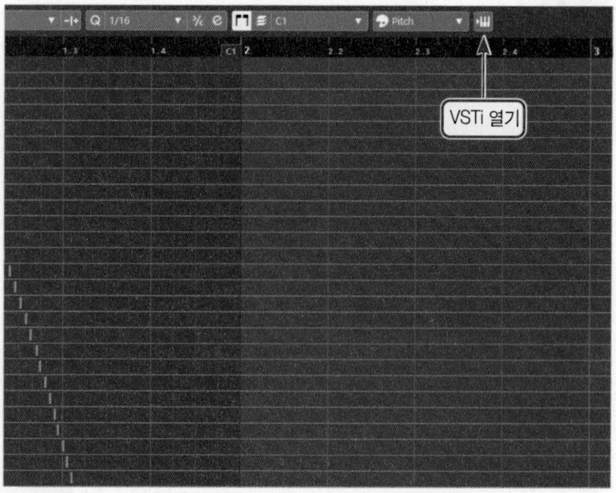


## 벨류 창

벨류 창은 이벤트의 값을 마우스 드래그로 설정할 있는 그래프를 제공합니다. 리스트 숫자에 거부감이 있는 입문자에게 유용한 기능입니다.

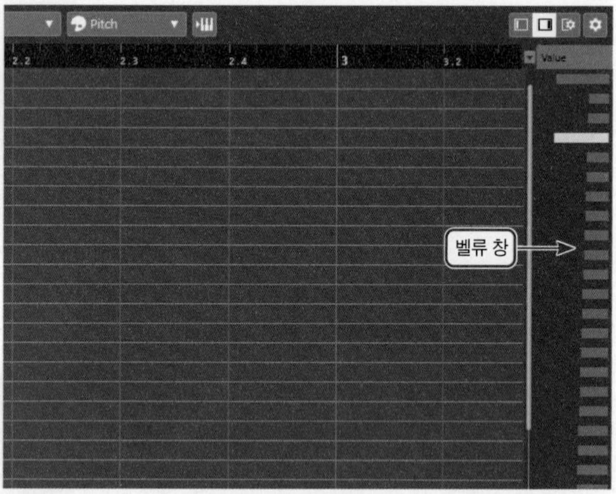


## 필터 라인

필터 라인은 이벤트의 표시 여부를 결정합니다. Show 메뉴는 화면에 표시할 이벤트를 선택하는 것이고, Hide의 Note, Econtroller, Pitch Band 등은 옵션을 체크하여 해당 이벤트를 화면에서 감춥니다.

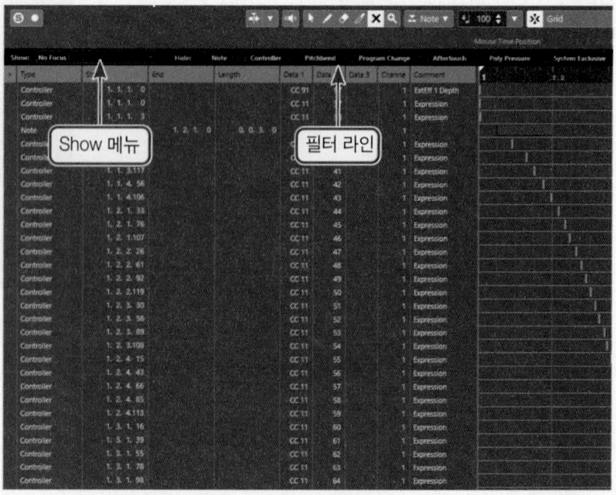

# 03 리스트 에디터의 작업 공간

리스트 에디터의 작업 공간은 왼쪽에 인스펙터와 리스트 창, 가운데 이벤트 창, 우측에 벨류 창으로 나눠어져 있습니다. 입력한 미디 정보를 정확히 편집하기 위해서는 리스트 창을 구성하고 있는 각각의 칼럼이 무엇인지를 알아야합니다. 여기서는 각 칼럼의 의미와 용법을 구체적으로 살펴보겠습니다.

1. 〉 칼럼

리스트 창 가장 왼쪽에 있는 〉 칼럼은 송 포지션 라인의 위치를 표시합니다. 〉 칼럼의 빈 공간을 클릭하여 이벤트를 선택하거나 송 포지션 라인의 위치를 변경할 수 있으며, 더블 클릭으로 곡을 연주하거나 정지 할 수 있습니다.

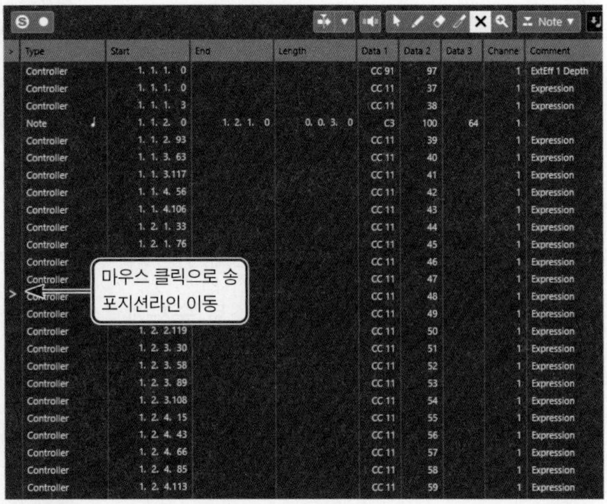


2. Type

Type 칼럼은 이벤트의 종류를 표시합니다. 이벤트의 종류에 따라서 Data 칼럼의 사용 여부와 기능을 결정합니다. 예를 들어 Note 인 경우에는 Data1은 음정, Data2는 벨로시티로 사용하지만, Controller 인 경우에는 Data1은 컨트롤 번호, Data2는 컨트롤 값으로 사용합니다.

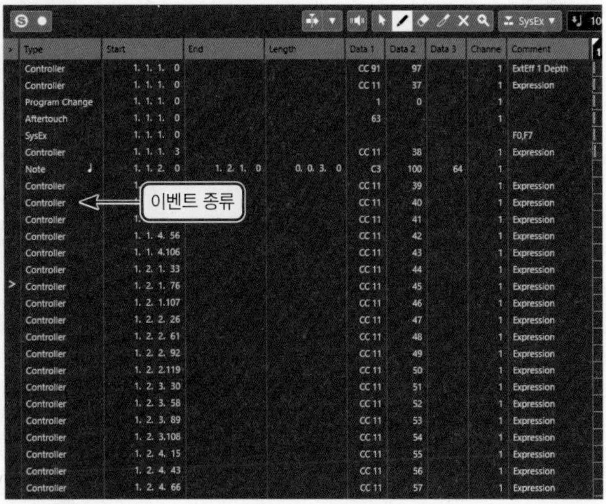

### 3. Start/End/Length

이벤트의 시작 위치(Start), 끝 위치(End), 길이(Length)를 나타냅니다. 노트 정보를 제외한 이벤트들은 시작 위치만을 사용합니다. 각 단위별로 클릭하여 마우스 휠로 값을 변경하거나 더블 클릭으로 원하는 위치를 입력하여 변경할 수 있습니다. 직접 입력할 경우에는 각 단위의 구분을 점(.)키로 합니다.

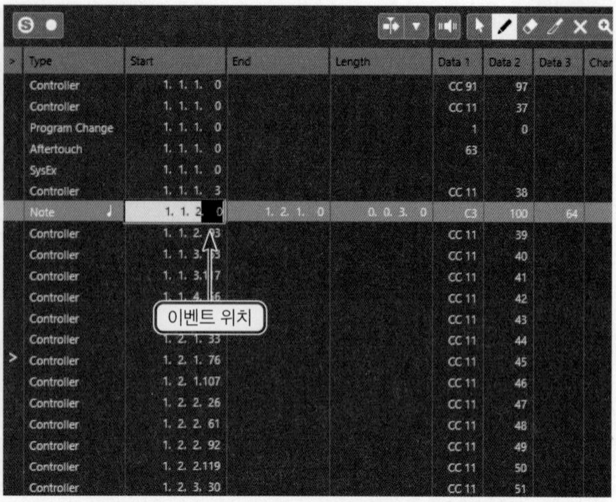


### 4. Data

데이터 칼럼은 이벤트의 값을 표시합니다. data1칼럼은 이벤트가 Note 또는 Poly Pressure인 경우에 음정을 표시하고, Data2 칼럼은 이벤트가 Note 또는 Controller인 경우에 벨로시티와 컨트롤 값을 표시합니다. 그 외는 이벤트의 값을 표시하거나 사용하지 않습니다. 데이터 편집은 직접 입력하거나 Alt 키를 누른 상태에서 슬라이드로 조정할 수 있습니다.

### 5. Channel/Comment

채널 칼럼은 이벤트의 채널을 표시하고, Comment는 Text 이벤트에서 간단한 메모를 할 수 있거나 SysEx에서 익스클루시브 정보를 입력할 수 있습니다. 시스템 익스클루시브 정보 편에서 자세히 설명합니다.

### 6. 이벤트 창

키 에디터와 마찬가지로 입력된 이벤트를 바 타입으로 표시합니다. 다만, 시간 배열이 세로로 되어 있기 때문에 익숙해지는데 많은 시간이 필요합니다.

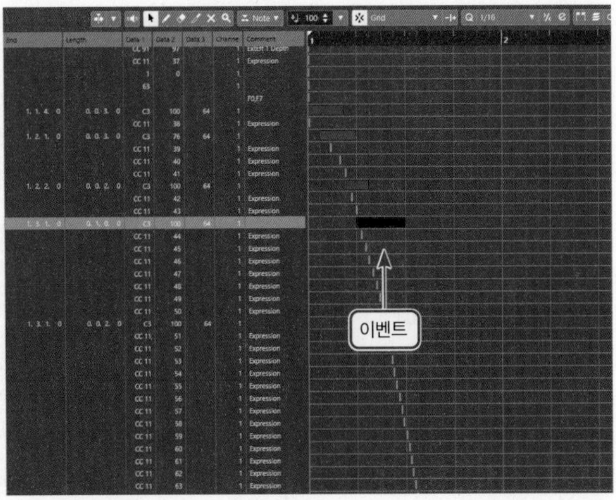


### 7. 인스펙터 창

노트를 정렬하는 Quantize, 음정을 조정하는 Transpose, 길이를 조정하는 Length로 구성되어 있습니다. 용법은 키 에디터와 동일합니다.

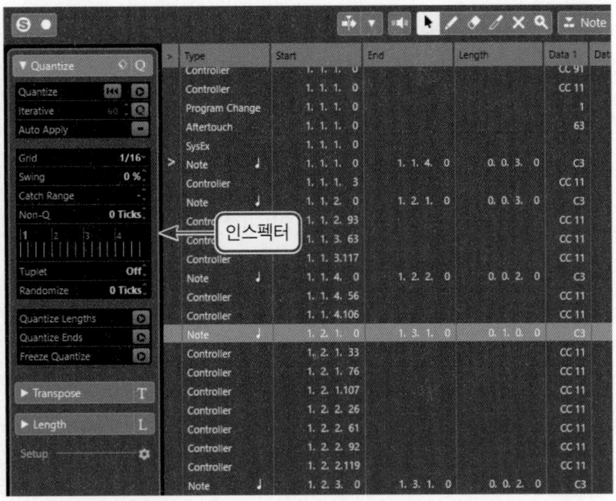


### 8. 벨류 창

리스트 에디터 작업 공간 우측에 있는 벨류 창은 Data2 칼럼의 값을 마우스 드래그로 조정할 수 있는 창입니다. 즉, 입력한 이벤트 종류에 따라서 조정하는 값의 역할이 다릅니다.

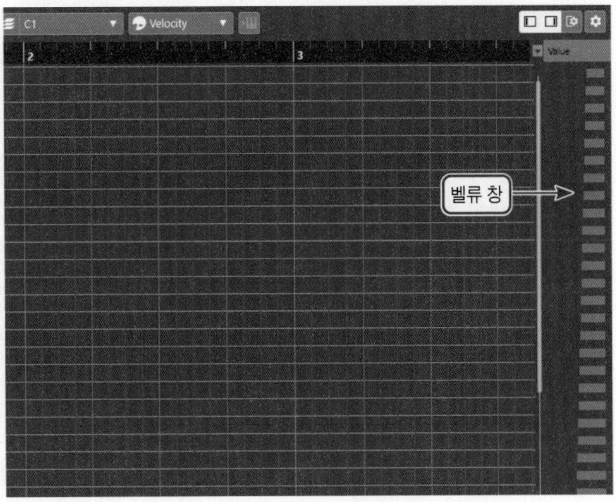

## Tip 미디 정보

미디 정보란 컴퓨터에 내장된 사운드 카드의 내부 음원을 포함한 모든 미디 장비를 연주하거나 컨트롤 하기 위해서 전송하는 정보를 말합니다. 즉, 모든 미디 장비는 독자가 큐베이스에 입력한 미디 정보에 의해서 연주하는 것입니다. 그러므로, 미디 정보를 정확하게 알고, 조정할 수 있어야만 자신이 의도하는 미디 음악을 만들거나 편집할 수 있습니다. 미디 정보에는 다음 표와 같이 채널 별로 전송하는 채널 정보와 시스템 전체로 전송하는 시스템 정보가 있습니다.

| 미디 정보(MIDI Messages) | | |
|---|---|---|
| 채널 정보(Channel Message) | 보이스(Voice) | Note On/Off, Program Change,<br>Pitch Bend, Control Change, After touch |
| | 모드(Mode) | All Note Off, Reset All Controllers<br>Omni On/Off, Mono / Poly |
| 시스템 정보(System Message) | 커먼(Common) | System Exclusive, Song position Pointer<br>Song Select, Turn Request |
| | 리얼타임(Real Time) | Active Select, Start/Continue/Stop<br>Timing Clock, System Reset |

● 채널 정보

악기를 구입할 때 거론하는 16채널 또는 32 채널이란 용어는 하나의 악기에서 동시에 연주할 수 있는 악기의 음색 수라고 이해하면 쉽습니다. 즉, 독자가 16채널의 악기 하나를 소유하고 있다면 16명의 연주자를 거느리고 있는 것입니다. 더군다나 16명의 연주자 실제 연주자와는 다르게 독자가 원하는 모든 악기를 다룰 수 있는 능력이 있습니다. 예를 들어 1번 채널(1번 연주자)에게 기타를 연주하게 하고, 2번 채널(2번 연주자)에게 피아노를 연주하게 한다거나 생각이 바뀌어서 1번 채널(1번 연주자)에게 트럼펫을 연주하게 하고, 2번 채널(2번 연주자)에게 색소폰을 연주하게 할 수 있습니다. 만일, 독자가 작곡한 곡의 음악을 녹음하고자 한다면, 먼저 연주자를 섭외하고, 섭외된 연주자 개개인에게 독자의 작품 색깔을 잘 표현할 수 있는 악보와 같은 연주 정보를 줘야 할 것입니다. 이와 같이 컴퓨터 음악의 경우 악보 대신 연주자(채널) 개개인에게 전달하는 연주 정보를 채널 정보라고 합니다, 채널 정보는 앞의 표에서와 같이 크게 채널 보이스 정보와 채널 모드 정보가 있습니다. 여기서 미디 음악 학습자가 반드시 알고 있어야 할 정보는 음악 연주에 직접 영향을 주는 채널 보이스 정보의 노트 정보, 프로그램 정보, 피치 밴드 정보, 컨트롤 정보 등이 있습니다.

● 시스템 정보

시스템 정보는 말 그대로 채널 각각으로 전송하는 채널 정보와는 다르게 시스템 전체(악기)에 영향을 주는 정보입니다. 시스템 정보도 앞의 표에서 보는 것과 같이 시스템 커먼 정보와 시스템 리얼 타임 정보가 있습니다. 여기서 미디 학습자가 반드시 알고 있어야 하는 것은 시스템 커먼 정보의 익스클루시브 정보 입니다.

# 02 컨트롤 정보

컨트롤 정보는 자신의 미디 음악 실력을 높이기 위해서는 반드시 알고 있어야 하는 채널 정보입니다. 컨트롤 정보는 각 채널 별로 연주하는 악기의 이펙트 양이나 음색을 조정할 수 있는 것으로 대부분 규격화 되어 있지만, 악기마다 조금씩 차이가 있습니다. 여기서는 GM/GS 모드 악기를 기준으로 살펴보겠습니다. 악기마다 차이가 있으므로, 사용하고 있는 악기의 매뉴얼을 참조하면서 학습하기 바랍니다.

1. Bank selects (Controller number 0, 32)

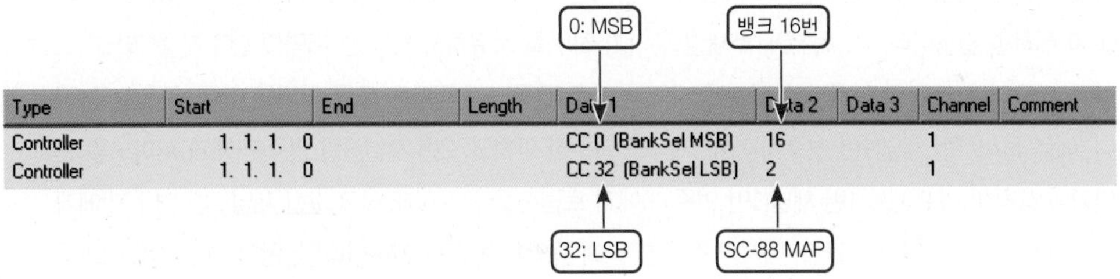

| Type | Start | End | Length | Data 1 | Data 2 | Data 3 | Channel | Comment |
|---|---|---|---|---|---|---|---|---|
| Controller | 1. 1. 1. 0 | | | CC 0 (BankSel MSB) | 16 | | 1 | |
| Controller | 1. 1. 1. 0 | | | CC 32 (BankSel LSB) | 2 | | 1 | |



뱅크 선택에 사용하는 컨트롤 번호는 0번 또는 32번으로 값은 0에서 127까지 입니다.

악기에는 수 백 가지의 음색이 있지만, 프로그램으로 선택할 수 있는 음색은 1에서 128까지 128개뿐입니다. 그래서 만들어진 것이 뱅크라는 컨트롤 체인지 정보로 128개 이하의 음색을 하나의 뱅크라는 단위로 묶어서 사용할 수 있게 하고 있습니다. 이러한 뱅크 선택의 컨트롤 번호는 악기마다 0번 또는32번을 개별적으로 사용하거나 0번과 32번을 모두 사용하는 악기도 있으므로 반드시 악기 설명서를 참조하기 바랍니다. 위의 예는 0번으로 뱅크를 선택하고, 32번으로 맵을 선택하는 Roland SC-88 악기인 경우입니다.

2. Modulation (Controller Number 1)

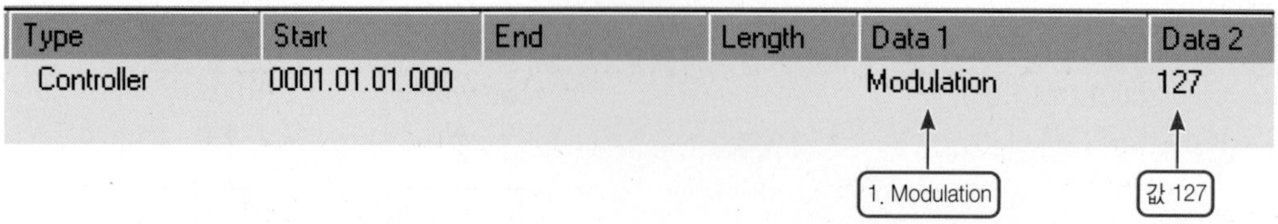

| Type | Start | End | Length | Data 1 | Data 2 |
|---|---|---|---|---|---|
| Controller | 0001.01.01.000 | | | Modulation | 127 |



모듈레이션에 사용하는 컨트롤 번호는 1번으로 컨트롤 값은 0-127입니다.

모듈레이션 정보에 반응하여 변화하는 효과는 악기마다 차이가 있지만, 대부분 비브라토 효과를 만듭니다. 건반 악기의 경우 다음 그림과 같이 왼쪽에 피치 밴드와 함께 모듈레이션 값을 조정할 수 있는 휠이 있어 연주/녹음 중일 때에도 모듈레이션 컨트롤 값을 조정할 수 있습니다.

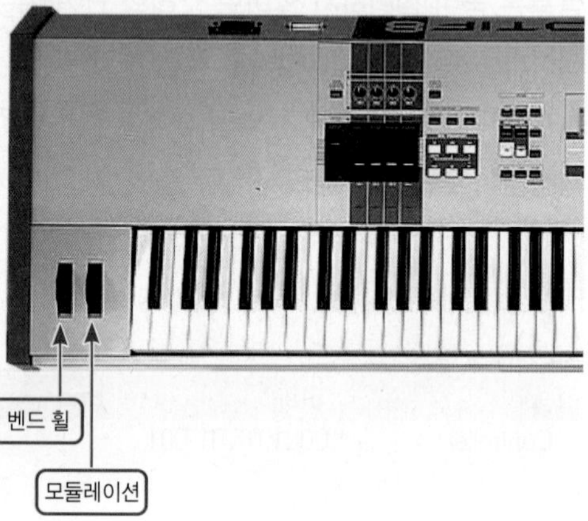


3. Portamento Time (Controller number 5, 65)

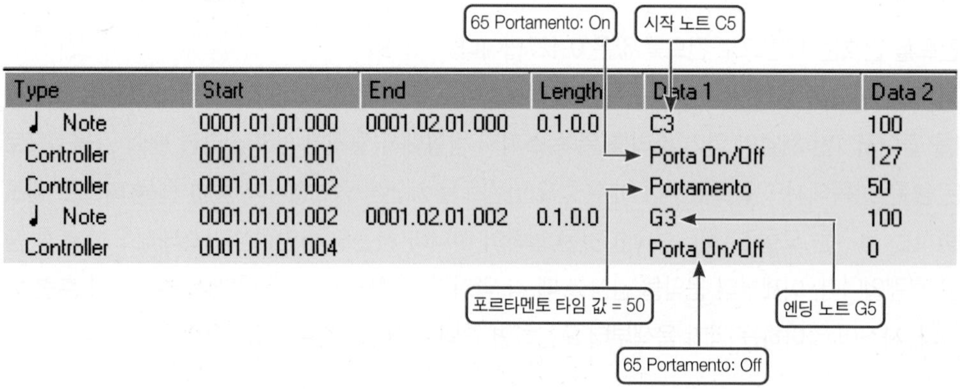

| Type | Start | End | Length | Data 1 | Data 2 |
|---|---|---|---|---|---|
| ♩ Note | 0001.01.01.000 | 0001.02.01.000 | 0.1.0.0 | C3 | 100 |
| Controller | 0001.01.01.001 | | | Porta On/Off | 127 |
| Controller | 0001.01.01.002 | | | Portamento | 50 |
| ♩ Note | 0001.01.01.002 | 0001.02.01.002 | 0.1.0.0 | G3 | 100 |
| Controller | 0001.01.01.004 | | | Porta On/Off | 0 |



포르타멘토에 사용하는 컨트롤 번호는 5번과 65번으로 컨트롤 값은 0-127입니다.

포르타멘토란 현악기를 연주하는 독자의 경우에는 쉽게 이해할 수 있는 슬러 주법과 같은 것으로 두 음 사이의 음들을 미끄러지듯 연결하여 연주하는 컨트롤 체인지 정보입니다. 즉, 앞의 보기에서는 C3와 G3를 차례로 연주할 때 두 음 사이에 포르타멘토 타임 정보를 입력하여 C3와 G3 사이의 음들이 미끄러지듯 연주하는 것입니다. 여기서 사용하는 시간 값(0-127)은 값이 적을수록 빠르게 미끄러지지만, 곡의 템포에 따라 달라지므로 독자 스스로 값을 변경하면서 많은 실험을 해보기 바랍니다. 중요한 것은 포르타멘토 컨트롤 체인지 정보를 사용하기 위해서는 먼저 컨트롤 번호 65번인 포르타멘토 On/Off 정보 값을 127로 하여 On하고, 끝나는 부분에서 포르타멘토 On/Off 정보 값을 0으로 하여 Off 해야 한다는 것입니다.

4. Volume (Controller number 7)

| Type | Start | End | Length | Data 1 | Data 2 |
|---|---|---|---|---|---|
| Controller | 0001.01.01.001 | | | Main Volume | 100 |

7. Main Volume

값 100

볼륨에 사용하는 컨트롤 번호는 7번으로 컨트롤 값은 0-127입니다.

볼륨은 굳이 설명하지 않아도 소리의 크기라는 것을 알 수 있을 것입니다. 하지만, 각 채널마다 적당한 볼륨을 설정하는 것은 그렇게 만만한 작업이 아닙니다. 앞에서 설명한 뱅크 항목의 프로그램(악기 음색)과 뒤에서 설명하는 팬은 볼륨과 함께 음악의 승패를 좌우할 정도로 중요한 역할을 하는 것임에도 불구하고, 적당히 사용하는 학생들이 있습니다. 반드시 많은 음악을 들으면서 그 음악에 사용된 음색, 볼륨, 팬 등을 연구하기 바랍니다.

5. Pan (Controller number 10)

| Type | Start | End | Length | Data 1 | Data 2 |
|---|---|---|---|---|---|
| Controller | 0001.01.01.001 | | | Pan | 0 |

10. Pan

소리가 왼쪽에서
들리도록 설정한 값

팬에 사용하는 컨트롤 번호는 10번으로 컨트롤 값은 0-127입니다.

팬이란 스피커 좌/우의 방향을 설정하는 컨트롤 체인지 정보입니다. 팬의 값은 0(좌)-64(중앙)-127(우)로 조정할 수 있습니다. 예를 들어서 1번 채널의 악기 소리를 왼쪽 스피커 방향에서 들리게 하고 싶다면 팬의 값을 0으로 설정합니다. 팬은 볼륨 항목에서도 강조했듯이 아주 중요한 컨트롤 체인지 정보입니다. 물론 팬을 리스트 윈도우에서 직접 입력하는 경우는 드물겠지만, 중요한 것은 입력이 아니라 사운드의 안정성과 스테레오 효과를 충분히 만들기 위한 훈련입니다. 이제부터 음악을 감상할 때 각 악기의 사운드가 어느 방향에서 들리는지 훈련 해 볼 것을 권장합니다. 자신이 좋아하는 악기 음색부터 도전하면 좀더 쉽게 접근할 수 있습니다.

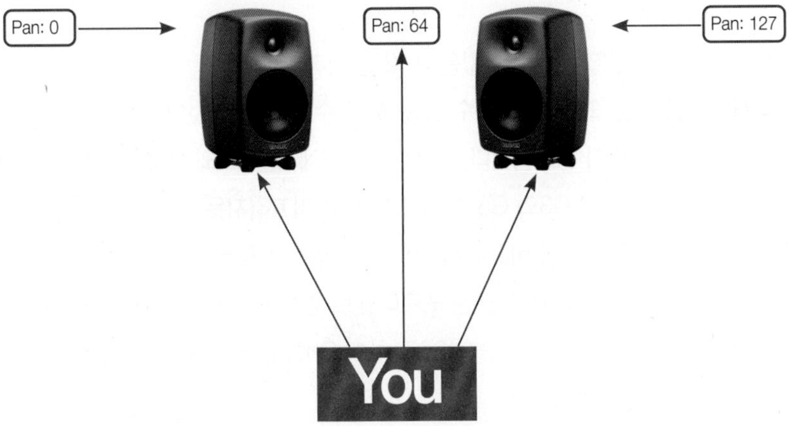

6. Expression (Controller number 11)

| Type | Start | End | Length | Data 1 | Data 2 |
| --- | --- | --- | --- | --- | --- |
| Controller | 0001.01.01.001 | | | Expression | 100 |

11. Expression　값 100

익스프레션에 사용하는 컨트롤 번호는 11번으로 컨트롤 값은 0-127입니다.

익스프레션이란 상태적인 볼륨 값을 말합니다. 여기서 상대적인 볼륨 값이란 앞에서 설명한 컨트롤 체인지 정보 7번의 볼륨 값을 최대값으로 하는 볼륨 값을 말합니다. 즉, 컨트롤 체인지 정보 7번의 값이 100이고, 익스프레션이 최대 값인 127이라면, 귀에 들리는 것은 실제로 100입니다. 이러한 익스프레션은 바이올린이나 트럼펫과 같은 악기의 특징인 연주 중에 미세하게 변하는 볼륨 값을 표현하거나 점점 세게(Crescendo) 또는 점점 여리게(Decrescendo)와 같은 연주의 셈 여림을 표현할 때 많이 사용합니다. 참고로 미디 악기의 경우 그림과 같은 컨트롤 페달을 이용해서 연주/녹음 중일 때 익스프레션 컨트롤 값을 조정할 수 있습니다.

## Tip 피아노 페달

계속해서 학습할 컨트롤 정보 64, 66, 67번은 피아노 페달 역할을 하는 것입니다. 이해를 돕기 위해 피아노 페달의 기능에 관해서 잠깐 살펴보겠습니다. 그림에서와 같이 피아노 아래쪽에는 3개의 페달이 있습니다. 각 페달의 이름은 왼쪽에서부터 소프트 페달, 소스테누토 페달, 서스테인 페달이라고 합니다.

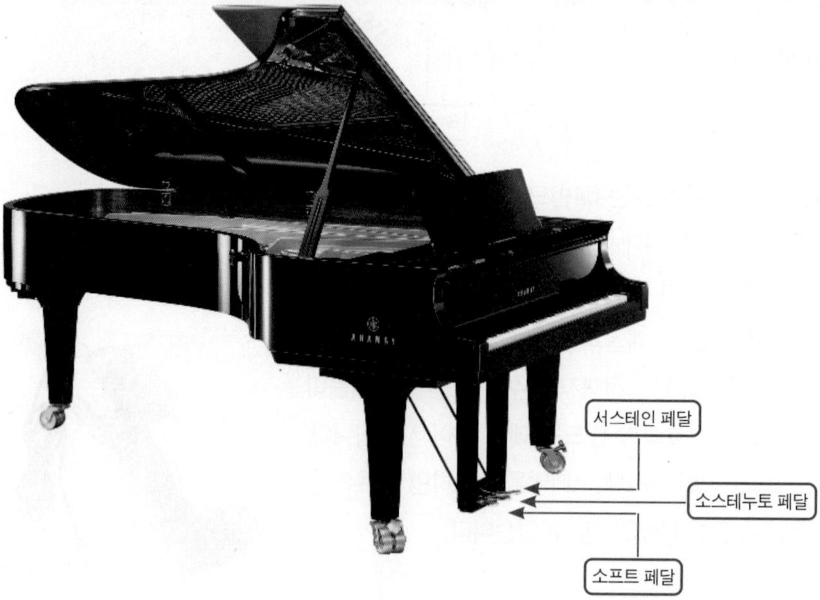

▶ **서스테인 페달**

뎀퍼 페달이라고도 불리는 이 페달의 기능은 페달을 밟고 있는 동안 연주된 소리를 계속 울리도록 하는 역할을 합니다. 피아노 악보를 보면 다음과 같이 서스테인 페달을 밟고 떼는 표시가 있습니다.

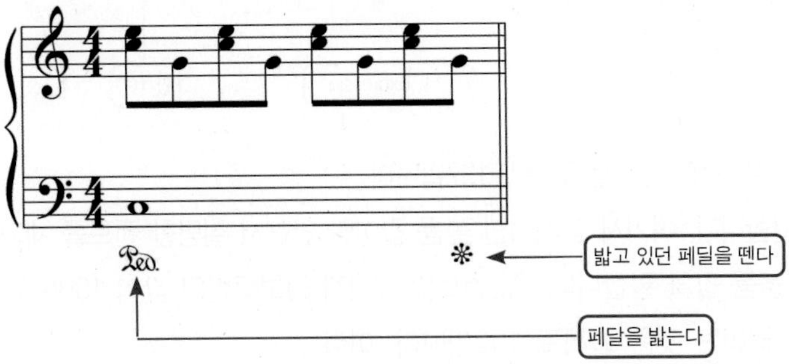


▶ **소스테누토 페달**

소스테누토 페달의 기능은 서스테인 페달과 같이 소리를 지속시켜 주는 역할을 합니다. 차이점은 서스테인 페달은 페달은 밟고 있는 동안 연주되는 모든 음들에 영향을 주지만, 소스테누토 페달은 페달은 밟았을 때 연주한 음에만 영향을 줍니다.

▶ **소프트 페달**

소프트 페달의 기능은 페달은 밟고 있는 동안 연주되는 음들을 작고 부드럽게 합니다.

## 7. Sustain On/Off (Controller number 64)

| Type | Start | End | Length | Data 1 | Data 2 |
|---|---|---|---|---|---|
| Controller | 0001.01.01.001 | | | Sustain | 127 |
| Controller | 0001.01.01.006 | | | Sustain | 0 |

64. Sustain　값 127(On)　값 0(Off)

서스테인 On/Off 에 사용하는 컨트롤 번호는 64번으로 컨트롤 값은 On(64-127) / Off(0-63)입니다.

서스테인 컨트롤 체인지 정보의 On은 64에서 127까지 아무것이나 사용해도 되고, Off 역시 0에서 63까지 아무것이나 사용해도 되지만, 혼동을 피하기 위해서 On은 127, Off는 0으로 기억해두면 편리할 것입니다.

이 컨트롤 체인지 정보는 피아노 오른쪽 페달과 같은 역할을 하지만, Guitar와 같은 악기의 경우 왼손 코드를 바꾸기 전까지 연주하는 음들의 여운이 남는다는 것을 적용하여 기타 주법 효과를 만드는 데도 많이 사용합니다. 참고로 건반 악기의 경우 그림과 같이 서스테인 페달을 이용하면 연주/녹음 중일 때에도 서스테인의 컨트롤 값을 On/Off 할 수 있습니다.

8. Sostenuto On/Off (controller number 66)

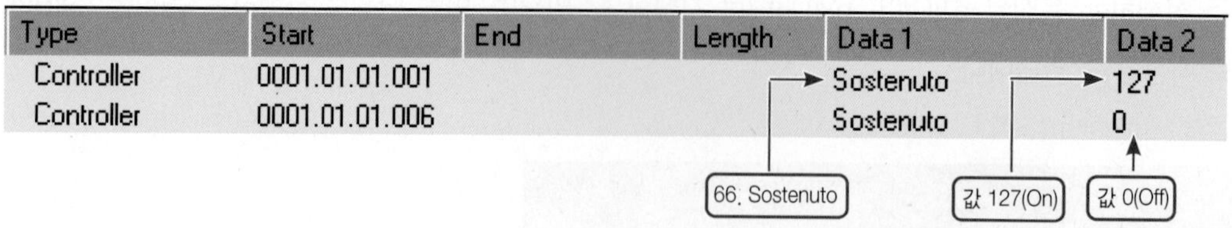

| Type | Start | End | Length | Data 1 | Data 2 |
|---|---|---|---|---|---|
| Controller | 0001.01.01.001 | | | Sostenuto | 127 |
| Controller | 0001.01.01.006 | | | Sostenuto | 0 |



소스테누토 On/Off에 사용하는 컨트롤 번호는 66번으로 컨트롤 값은 On(64-127)/Off(0-63)입니다.

소스테누토 컨트롤 체인 정보의 On은 64에서 127까지 아무것이나 사용해도 되고, Off 역시 0에서 63까지 아무것이나 사용해도 되지만, 혼동을 피하기 위해서 On은 127, Off는 0으로 기억해두면 편리할 것입니다.

이 컨트롤 체인지 정보는 피아노 가운데 페달과 같은 역할을 합니다.

9. Soft On/Off(Controoler number 67)

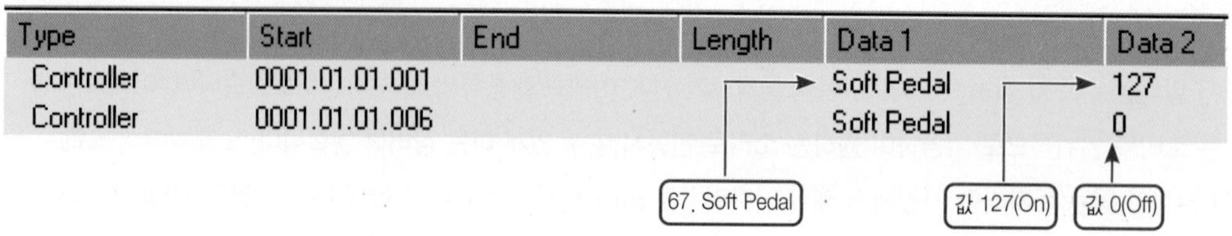

| Type | Start | End | Length | Data 1 | Data 2 |
|---|---|---|---|---|---|
| Controller | 0001.01.01.001 | | | Soft Pedal | 127 |
| Controller | 0001.01.01.006 | | | Soft Pedal | 0 |



소프트 On/Off에 사용하는 컨트롤 번호는 67번으로 컨트롤 값은 On(64-127)/Off(0-63)입니다.

소프트 컨트롤 체인지 정보의 On은 64에서 127까지 아무것이나 사용해도 되고, Off 역시 0에서 63까지 아무것이나 사용해도 되지만, 서스테인, 소스테누토 등과 같이 On은 127, Off0으로 기억해두면 편리할 것입니다.

이 컨트롤 체인지 정보는 피아노 왼쪽 페달과 같은 역할을 합니다.

10. Portamento Control (Controller number 84 / 5)

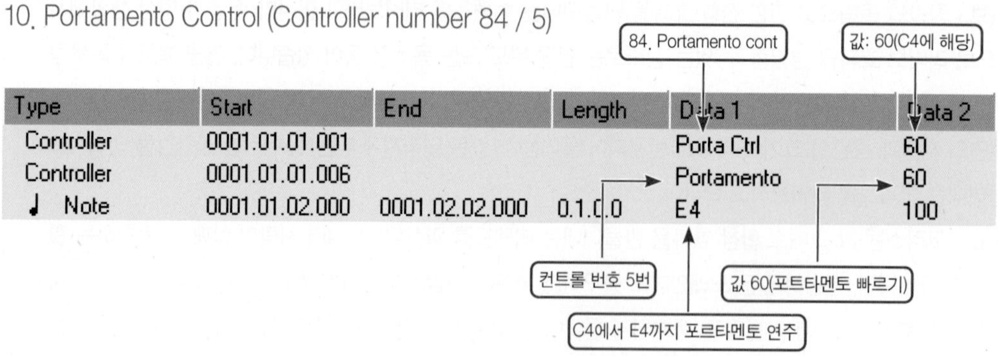

| Type | Start | End | Length | Data 1 | Data 2 |
|---|---|---|---|---|---|
| Controller | 0001.01.01.001 | | | Porta Ctrl | 60 |
| Controller | 0001.01.01.006 | | | Portamento | 60 |
| ♩ Note | 0001.01.02.000 | 0001.02.02.000 | 0.1.0.0 | E4 | 100 |



포르타멘토 컨트롤에 사용하는 컨트롤 번호는 84번으로 컨트롤 값은 0에서 127입니다.

포르타멘토 효과에 관해서는 앞의 컨트롤 번호 5번인 포르타멘토 타임에서 설명하였습니다. 그리고 그 포르타멘토 타임은 두 음정 사이에서 효과를 발휘하지만, 컨트롤 체인 정보 84번은 컨트롤 값(0-127)에서 지정한 음정으로부터 다음 노트의 음정까지 포르타멘토 효과를 만듭니다. 물론 포르타멘토의 빠르기는 컨트롤 체인지 정보 5번인 포르타멘토 타임으로 결정하므로 이 두 정보는 함께 사용합니다. 참고로 포르타멘토 컨트롤 체

인지 정보의 컨트롤 값인 0-127과 음정과의 관계는 건반 그림에서 보는 것과 같이 가운데 도(C3)가 60이므로, 반음 단위로 상행하는 음정은 61(C#3), 62(D3)...로 지정할 수 있으며, 반음 단위로 하행하는 음정은 59(B2), 58(A#2)...로 지정할 수 있습니다.

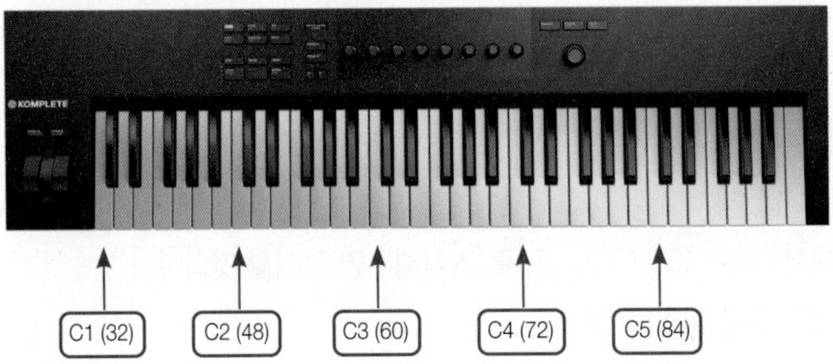


**Tip** 프로젝트의 확대와 축소

계속해서 알아볼 컨트롤 정보 91, 93, 94번을 살펴보기 전에 이펙트의 종류와 기능을 알아보겠습니다. 이펙트란 입력되는 소리를 인위적으로 가공하여 원하는 소리로 변형시킬 수 있게 하는 장비를 말합니다. 노래방에서 노래를 불러 본적이 있는 독자라면 자신의 노래가 메아리처럼 울려 퍼지는 효과를 경험해 본적이 있을 것입니다. 이때 사용하는 이펙트를 우리는 흔히 에코라고 부릅니다. 그 외에도 해비 메탈의 기타 사운드가 현란하게 찌그러지는 소리를 내는 것도 이와 같은 이펙트를 사용하기 때문입니다. 다음 그림은 장비 하나로 여러 가지 이펙트 효과를 낼 수 있는 멀티 이펙트의 한 종류로 소나에서 제공하는 오디오 이펙트 역시 이러한 멀티 이펙트와 비교할 수 있습니다. 미디 컨트롤 정보에 의해서 조정될 수 있는 이펙트에는 시간차 계열의 리버브, 코러스, 딜레이 등이 있습니다.

▶ **리버브** : 공간의 울림으로 인한 잔향 효과를 만들어내는 이펙트를 리버브라고 합니다. 우리가 일상 생활에서 자연적으로 리버브 효과를 경험할 수 있는 장소로는 건물 복도 또는 목욕탕 등이 있습니다. 건물 복도나 목욕탕에서 소리를 내면, 그 소리는 벽에 반사되어 원래의 소리와 반사된 소리(잔향)가 우리 귀에 모두 들리게 됩니다. 이때 벽면의 재질과 공간의 크기에 따라서 반사되어 들리는 잔향은 달라지게 되는데, 이러한 공간감을 인위적으로 만들어내는 이펙트를 리버브라고 합니다.

▶ **코러스** : 코러스는 말 그대로 합창 효과를 만들어내는 이펙트를 말합니다. 여러 사람이 함께 노래를 하는 합창을 가만히 들어보면, 분명히 같은 노래인데도 불구하고 부르는 사람마다 미세한 시간차가 나타나게 됩니다. 하지만, 듣기에 거북하기는커녕 아름답고, 풍부하게 들립니다. 이렇게 하나의 소리를 미세한 시간차가 나도록 하는 합창 효과를 인위적으로 만들어내는 이펙트를 코러스라고 합니다.

▶ **딜레이** : 딜레이는 코러스의 확장이라고 생각하면 이해하기 쉬울 것입니다. 딜레이 역시 원음과 어느 정도 시간차를 두고 반복하여 들리도록 하여 풍부하고 현장감 있는 사운드 만듭니다. 그러나 그 시간차가 코러스와 같이 불규칙적인 것이 아니기 때문에 곡의 템포을 고려하지 않으면 오히려 지저분해지므로 많은 실습이 필요한 이펙트이기도 합니다.

11. Reverb Send Level (Controller number 91)

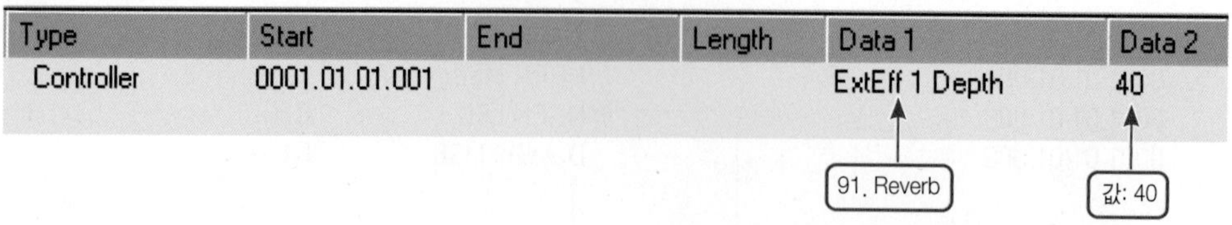


리버브 컨트롤에 사용하는 컨트롤 번호는 91번으로 컨트롤 값은 0-127입니다.

앞에서 리버브가 공간감을 만드는 것이라고 했으므로 초보자의 경우 리버브 값을 공간의 크기라고 이해를 해도 좋습니다

12. Chorus Send Level (Controller number 93)

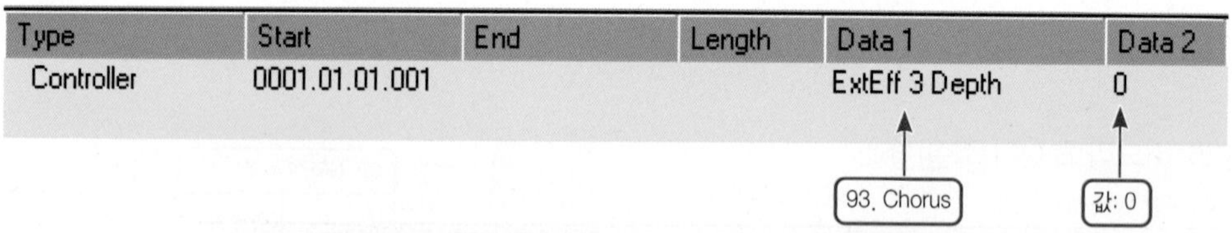


코러스 컨트롤에 사용하는 컨트롤 번호는 93번으로 컨트롤 값은 0에서 127입니다.

앞에서 코러스는 합창 효과를 만드는 것이라고 했으므로 초보자의 경우 코러스의 값을 합창하는 사람의 수라고 이해를 해도 좋습니다.

13. Delay Send Level (Controller number 94)

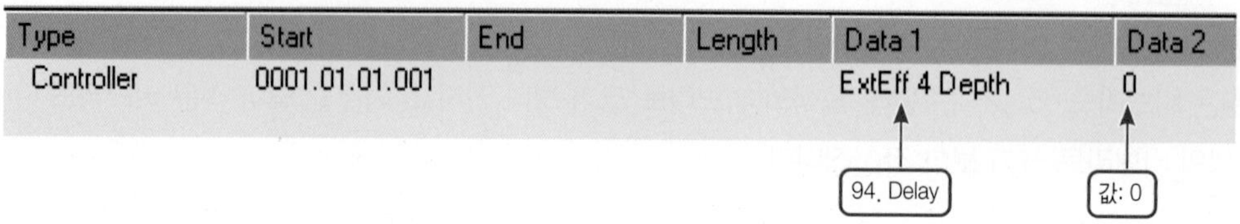


딜레이 컨트롤에 사용하는 컨트롤 번호는 94번으로 컨트롤 값은 0-127입니다.

앞에서 딜레이는 반복하는 시간 차를 만들어 내는 것이라고 했으므로 초보자의 경우 딜레이의 값을 반복하는 사운드의 시간 간격이라고 이해를 해도 좋습니다.

14. NRPN (Controller number 99, 98, 6)

NRPN이란 국제적으로 협의된 사항이 아닌 악기 제조사 특유의 기능을 컨트롤 하기 위한 정보를 말하는 것으로 99번 (NRPN MSB), 98번(NRPN LSB), 6번 (Data entry)의 3가지 컨트롤 체인지 정보를 함께 사용합니다. NRPN은 국제적으로 협의된 사항이 아니기 때문에 악기 제조사 마다 컨트롤 값과 정보가 다릅니다. 그러므로 NRPN를 정확하게 사용하기 위해서는 각 악기의 메뉴얼을 필히 참조해야 합니다. 여기서는 GS 모드에 정의된 NRPN 컨트롤 체인지 정보를 살펴보겠습니다.

▶ Vibrato Rate (비브라토 비율의 조절)

99. NRPN MSB 값=1

| Type | Start | End | Length | Data 1 | Data 2 |
|---|---|---|---|---|---|
| Controller | 0001.01.01.001 | | | NRPN MSB | 1 |
| Controller | 0001.01.01.006 | | | NRPN LSB | 8 |
| Controller | 0001.01.01.008 | | | DataEnt MSB | 64 |

98. NRPN LSB 값=8 6: NRPN Data 기본값=64

비브라토 비율을 조절하는 NRPN 컨트롤 번호는 99번이 1, 98번이 8 이며, 비율(비브라토 회수)을 조정하는 데이터 엔트리 6번 값은 기본값이 64(원래 음색의 비브라토 비율)입니다.

기본값 보다 많은 비브라토 비율(65-127)은 원래 음색의 비브라토 비율보다 많아지므로 비브라토가 빨라지고, 기본값 보다 적은 비브라토 비율(0-63)은 원래 음색의 비브라토 비율보다 적어지므로 비브라토가 느려집니다.

▶ Vibrato Depth (비브라토 깊이 조절)

99. NRPN MSB 값=1

| Type | Start | End | Length | Data 1 | Data 2 |
|---|---|---|---|---|---|
| Controller | 0001.01.01.001 | | | NRPN MSB | 1 |
| Controller | 0001.01.01.006 | | | NRPN LSB | 9 |
| Controller | 0001.01.01.008 | | | DataEnt MSB | 64 |

98. NRPN LSB 값=9 6: NRPN Data 기본값=64

비브라토 폭을 조절하는 NRPN 컨트롤 번호는 99번이 1, 98번이 9이며, 폭을 조정하는 데이터 엔트리 6번의 값은 기본값이 64(원래 음색의 비브라토 폭)입니다.

기본값 보다 많은 비브라토(65-127)는 원래 음색의 비브라토 크기 보다 커지고, 기본값 보다 적은 비브라토 (0-63)는 원래 음색의 비브라토 크기 보다 작아집니다.

▶ Vibrto Frequency (비브라토의 시작점을 조절)

99. NRPN MSB 값=1

| Type | Start | End | Length | Data 1 | Data 2 |
|---|---|---|---|---|---|
| Controller | 0001.01.01.001 | | | NRPN MSB | 1 |
| Controller | 0001.01.01.006 | | | NRPN LSB | 10 |
| Controller | 0001.01.01.008 | | | DataEnt MSB | 64 |

98. NRPN LSB 값=10 6: NRPN Data 기본값=64

비브라토 시작점을 조절하는 NRPN 컨트롤 번호는 99번이 1, 98번이 10이며 시작점(음이 발생한 후 비브라토가 시작하는 위치)을 조정하는 데이터 엔트리 6번의 값은 기본값이 64(원래 음색의 비브라토 시작 지점)입니다. 기본 값 보다 많은 비브라토 시작점(65-127)은 원래 음색의 비브라토 시작점 보다 늦고, 기본 값보다 적은 비브라토 시작점(0-63)은 원래 음색의 비브라토 시작점보다 빨라집니다.

▶ TVF Cutoff Frequency (음색 필터의 주파수대를 조절)

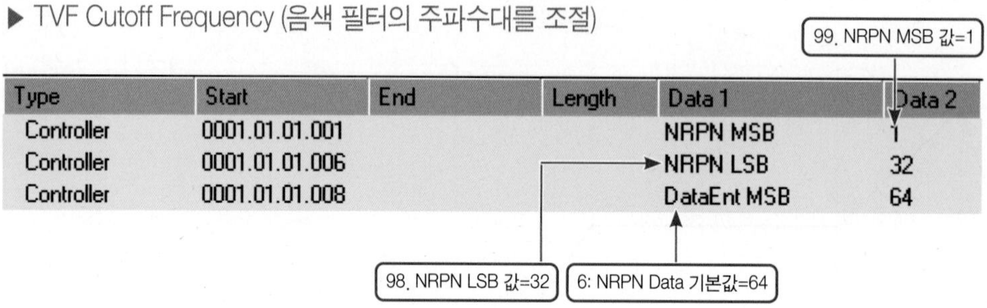

| Type | Start | End | Length | Data 1 | Data 2 |
|---|---|---|---|---|---|
| Controller | 0001.01.01.001 | | | NRPN MSB | 1 |
| Controller | 0001.01.01.006 | | | NRPN LSB | 32 |
| Controller | 0001.01.01.008 | | | DataEnt MSB | 64 |



음색 필터의 주파수대를 조절하는 NRPN 컨트롤 번호는 99번이 1, 98번이 32이며, 필터를 적용하고자 하는 주파수대(원래 음색의 주파수에서 차단하고자 하는 기준점)을 조정하는 데이터 엔트리 6번의 기본값은 64(원래 음색 필터의 주파수대)입니다.

기본값 보다 높은 값(65-127)은 원래 음색 필터의 주파수대보다 높아지므로 음색이 크고, 강해지며, 기본값 보다 낮은 값(0-63)은 원래 음색 필터의 주파수대보다 낮아지므로 음색이 작고, 약해집니다.

▶ TVF Resonance (공진 값의 조절)

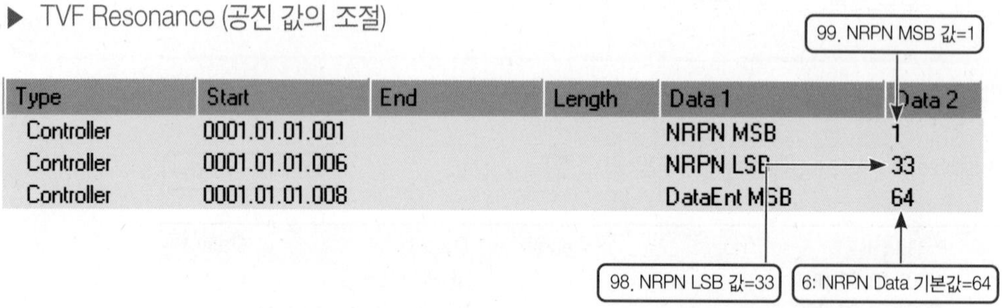

| Type | Start | End | Length | Data 1 | Data 2 |
|---|---|---|---|---|---|
| Controller | 0001.01.01.001 | | | NRPN MSB | 1 |
| Controller | 0001.01.01.006 | | | NRPN LSB | 33 |
| Controller | 0001.01.01.008 | | | DataEnt MSB | 64 |



공진 값을 조절하는 NRPN 컨트롤 번호는 99번이 1, 98번이 33이며, 공진 주파수대(원래 음색 주파수의 진동수와 일치하는 주파수대)를 조정하는 데이터 엔트리 6번의 기본값은 64(원래 음색 주파수의 공진 값)입니다.

기본값 보다 높은 값(65-127)은 음색 주파수의 높은 부분을 공진하므로 음색이 날카롭고, 화려해지며, 기본 값 보다 낮은 값(0-63)은 음색 주파수의 낮은 부분을 공진하므로 음색이 무겁고, 부드러워집니다.

## Tip 엔벨로프

계속되는 NRPN 컨트롤 정보를 살펴보기 전에 음이 처음 발생하여 소멸하기까지의 과정을 나타내는 엔벨로프에 관해서 살펴보겠습니다. 건반을 쳐서 어떤 음이 소리를 낼 때, 그 음의 처음 발생에서부터 소멸까지의 과정에서 일어나는 소리의 변화를 파형으로 나타낸 것을 엔벨로프 파형이라고 합니다. 엔벨로프 파형은 다음 그림과 같이 크게 어택 타임, 디케이 타임, 서스테인 타임, 릴리즈 타임의 4가지로 구분됩니다.

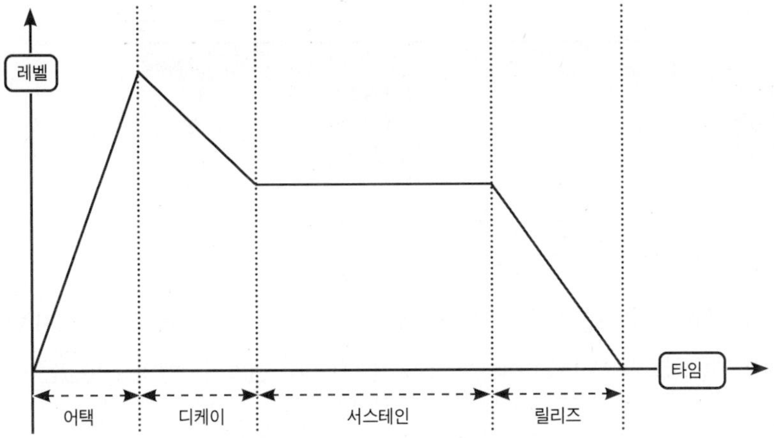


- **어택 타임**: 건반을 눌러 음이 처음 발생할 때부터 최대 레벨까지 걸리는 시간
- **디케이 타임**: 음이 최대 레벨에서 일정 레벨로 낮아지는데 까지 걸리는 시간
- **서스테인 타임**: 일정한 레벨이 유지되는 시간
- **릴리즈 타임**: 일정한 레벨에서 음이 소멸되기까지의 시간

▶ TVF & TVA Envelope Attack Time (어택 타임의 조절)

99. NRPN MSB 값=1

| Type | Start | End | Length | Data 1 | Data 2 |
|---|---|---|---|---|---|
| Controller | 0001.01.01.001 | | | NRPN MSB | 1 |
| Controller | 0001.01.01.006 | | | NRPN LSB | 99 |
| Controller | 0001.01.01.008 | | | DataEnt MSB | 64 |

98. NRPN LSB 값=99 6: NRPN Data 기본값=64

어택 타임을 조절하는 NRPN 컨트롤 번호는 99번이 1, 98번이 99이며, 어택 타임 값을 조정하는 데이터 엔트리 6번의 기본값은 64(원래 음색의 어택 타임)입니다.

기본값 보다 높은 값(65-127)은 원래 음색의 어택 타임보다 늦어지고, 기본값 보다 낮은 값(0-63)은 원래 음색의 어택 타임보다 빨라집니다.

▶ TVF&TVA Envelope Decay Time( 디케이 타임의 조절)

| Type | Start | End | Length | Data 1 | Data 2 |
|---|---|---|---|---|---|
| Controller | 0001.01.01.001 | | | NRPN MSB | 1 |
| Controller | 0001.01.01.006 | | | NRPN LSB | 100 |
| Controller | 0001.01.01.008 | | | DataEnt MSB | 64 |

99. NRPN MSB 값=1
98. NRPN LSB 값=100
6: NRPN Data 기본값=64

디케이 타임을 조절하는 NRPN 컨트롤 번호는 99번이 1, 98번이 100이며, 디케이 타임 값을 조정하는 데이터 엔트리 6번의 기본값은 64(원래 음색의 디케이 타임)입니다.

기본값 보다 높은 값(65-127)은 원래 음색의 디케이 타임보다 늦어지고, 기본값 보다 빠른 값(0-63)은 원래 음색의 디케이 타임보다 빨라집니다.

▶ TVF&TVA Envelope Release Time (릴리즈 타임의 조절)

| Type | Start | End | Length | Data 1 | Data 2 |
|---|---|---|---|---|---|
| Controller | 0001.01.01.001 | | | NRPN MSB | 1 |
| Controller | 0001.01.01.006 | | | NRPN LSB | 102 |
| Controller | 0001.01.01.008 | | | DataEnt MSB | 64 |

99. NRPN MSB 값=1
98. NRPN LSB 값=102
6: NRPN Data 기본값=64

릴리즈 타임을 조절하는 NRPN 컨트롤 번호는 99번이 1번, 98번이 102이며, 릴리즈 타임 값을 조정하는 데이터 엔트리 6번의 기본 값은 64(원래 음색의 릴리즈 타임)입니다.

기본값 보다 높은 값(65-127)은 원래 음색의 릴리즈 타임보다 늦어지고, 기본값 보다 빠른 값(0-63)은 원래 음색의 릴리즈 타임보다 빨라집니다.

▶ Drum Instrument Pitch Coarse (드럼 구성 악기의 음정을 조절)

| Type | Start | End | Length | Data 1 | Data 2 |
|---|---|---|---|---|---|
| Controller | 0001.01.01.001 | | | NRPN MSB | 24 |
| Controller | 0001.01.01.006 | | | NRPN LSB | 32 |
| Controller | 0001.01.01.008 | | | DataEnt MSB | 64 |

99. NRPN MSB 값=24
98. NRPN LSB 값=노트 번호
6: NRPN Data 기본값=64

드럼 구성 악기의 음정을 조절하는 NRPN번호는 99번이며, 98번은 음정을 조절하고자 하는 노트 번호(0-127)이며, 음정을 조절하는 데이터 엔트리 6번의 기본 값은 64(원래 드럼의 음정)입니다. 기본값 보다 높은 값(65-127)은 원래 드럼 음정보다 높아지고, 기본값 보다 낮은 값(0-63)은 원래 드럼 음정보다 낮아집니다.

▶ Drum Instrument TVA Level (드럼 구성 악기의 진폭을 조절)

99. NRPN MSB 값=26

| Type | Start | End | Length | Data 1 | Data 2 |
|---|---|---|---|---|---|
| Controller | 0001.01.01.001 | | | NRPN MSB | 26 |
| Controller | 0001.01.01.006 | | | NRPN LSB | 32 |
| Controller | 0001.01.01.008 | | | DataEnt MSB | 127 |

98. NRPN LSB 값=노트 번호

6: NRPN Data 기본값=127

드럼 구성 악기의 진폭을 조절하는 NRPN 번호는 99번이 26이고, 98번은 진폭을 조절하고자 하는 노트 번호 (0-127)이며, 진폭을 조절하는 데이터 엔트리 6번의 기본 값은 127(원래 드럼의 진폭)입니다.
기본 값보다 낮은 값(0-126)은 원래 드럼의 진폭보다 낮아지므로 소리가 작아집니다.

▶ Drum Instrument Panpot (드럼 구성 악기의 팬 조절)

99. NRPN MSB 값=28

| Type | Start | End | Length | Data 1 | Data 2 |
|---|---|---|---|---|---|
| Controller | 0001.01.01.001 | | | NRPN MSB | 28 |
| Controller | 0001.01.01.006 | | | NRPN LSB | 32 |
| Controller | 0001.01.01.008 | | | DataEnt MSB | 0 |

98. NRPN LSB 값=노트 번호

6: NRPN Data 기본값=0

드럼 구성악기의 팬을 조절하는 NRPN 컨트롤 번호는 99번이 28이고, 98번이 팬을 조절하고자 하는 노트 번호 (0-127)이며, 팬을 조절하는 데이터 엔트리 기본값 (원래 드럼의 팬 값)은 0입니다.
데이터 엔트리 6번 값이 1-63이면 왼쪽, 64는 가운데, 65-127이면 오른쪽 방향입니다.

▶ Drum Instrument Reverb Send Leve l(드럼 구성 악기의 리버브 값을 조절)

99. NRPN MSB 값=29

| Type | Start | End | Length | Data 1 | Data 2 |
|---|---|---|---|---|---|
| Controller | 0001.01.01.001 | | | NRPN MSB | 29 |
| Controller | 0001.01.01.006 | | | NRPN LSB | 32 |
| Controller | 0001.01.01.008 | | | DataEnt MSB | 127 |

98. NRPN LSB 값=노트 번호

6: NRPN Data 기본값=127

드럼 구성악기의 리버브를 조절하는 NRPN 번호는 99번이 29이고, 98번은 리버브를 조절하고자 하는 노트의 번호(0-127)이며, 리버브를 조절하는 데이터 엔트리 6번의 기본값은 127(리버브 컨트롤 체인지 정보 91로 설정된 값)입니다. 기본값 보다 적은 값(0-126)은 리버브 컨트롤 체인지 정보 91에서 설정한 리버브 값보다 작아집니다.

▶ Drum Instrument Chorus Send Leve l(드럼 구성 악기의 코러스 값을 조절)

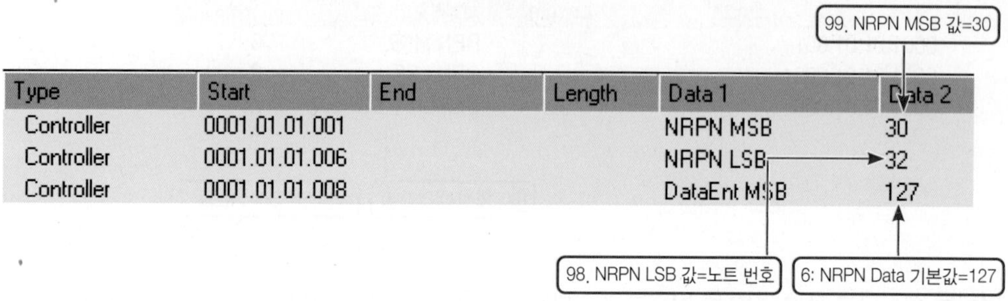

| Type | Start | End | Length | Data 1 | Data 2 |
|---|---|---|---|---|---|
| Controller | 0001.01.01.001 | | | NRPN MSB | 30 |
| Controller | 0001.01.01.006 | | | NRPN LSB | 32 |
| Controller | 0001.01.01.008 | | | DataEnt MSB | 127 |



드럼 구성 악기의 코러스를 조절하는 NRPN 번호는 99번이 30이고, 98번이 코러스를 조절하고자 하는 노트의 번호(0-127)이며, 코러스를 조절하는 데이터 엔트리 6번의 기본 값은 127(코러스 컨트롤 체인지 정보인 93으로 설정된 값)입니다. 기본값 보다 적은 값(0-126)은 코러스 컨트롤 체인 정보 93에서 설정된 코러스 값보다 작아집니다.

▶ Drum Instrument Delay Send Leve l(드럼 구성 악기의 딜레이 값을 조절)

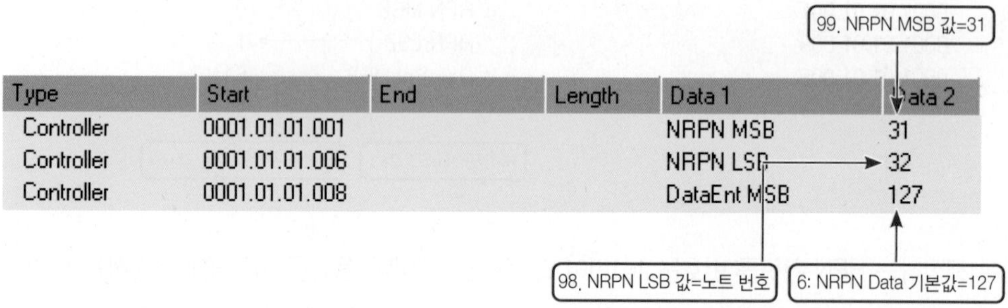

| Type | Start | End | Length | Data 1 | Data 2 |
|---|---|---|---|---|---|
| Controller | 0001.01.01.001 | | | NRPN MSB | 31 |
| Controller | 0001.01.01.006 | | | NRPN LSB | 32 |
| Controller | 0001.01.01.008 | | | DataEnt MSB | 127 |



드럼 구성 악기의 딜레이 값을 조절하는 NRPN 컨트롤 번호는 99번이 31이고, 98번이 딜레이를 조절하고자 하는 노트의 번호(0-127)이며, 딜레이를 조절하는 데이터 엔트리 6번의 기본값은 127(딜레이 컨트롤 체인지 정보 94로 설정된 값)입니다. 기본값 보다 적은 값(0-126)은 딜레이 컨트롤 체인지 정보 94에서 설정된 딜레이 값보다 작아집니다.

15. PRN (controller number 101, 100, 6)

RPN이란 NRPN의 첫 글자인N(Non)이 빠진 것으로 짐작할 수 있듯이 국제적으로 협의된 컨트롤 체인지 정보로 101번 (RPN MSB), 100번(RPN LSB), 6번 (Data entry) 의 3가지 컨트롤 체인지 정보를 함께 사용합니다.

▶ Pitch Bend Sensitivity (피치 벤드의 범위 설정)

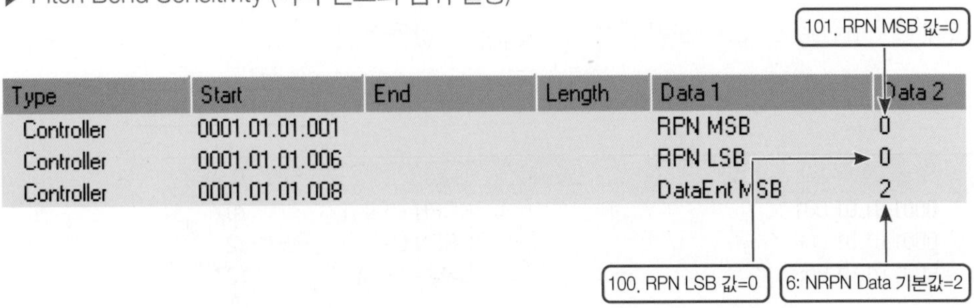


피치 밴드의 범위를 설정하는 RPN 컨트롤 번호는 101번이 0, 100번이 0이며, 피치 범위를 조절하는 데이터 엔트리 값은 0-24(1=반음)으로 조정할 수 있습니다. 데이터 엔트리의 기본 값이 2로 설정되어 있으므로 건반의 피치 휠을 움직였을 때 장2도 범위로 피치가 조정되었던 것을 이미 경험했을 것입니다. 만일 1옥타브 범위로 피치가 조정하려면 데이터 엔트리 6번의 값을 12로 설정합니다.

▶ Master Fine Tuning (미세한 음정 조정)

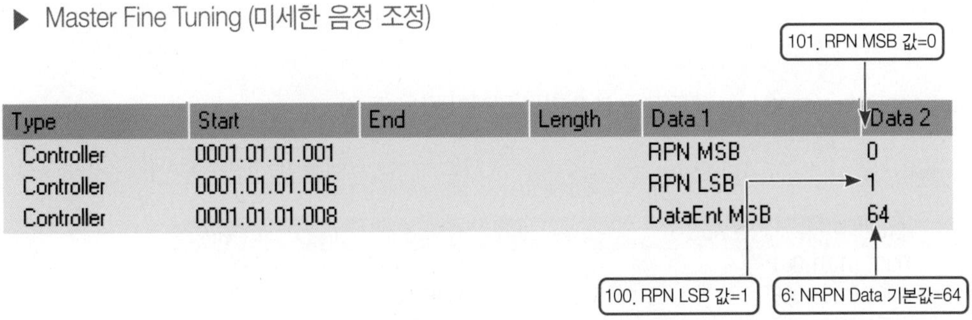


음정을 미세하게 조정하는 RPN 컨트롤 번호는 101번이 0, 100번이 1이며, 음정을 미세하게 조정하는 데이터 엔트리 6번의 값은 0에서 127(기본값=64)으로 조정할 수 있습니다. 여기서 데이터 엔트리 값은 1/100로 조정되므로 기본 음정을 미세하게 높이고 싶다면 데이터 엔트리 값을 65-127로 설정하고, 기본 음정을 미세하게 낮추고 싶다면 데이터 엔트리 값을 0-63으로 설정합니다. 참고로 보조 데이터 엔트리 번호인 38번을 함께 사용하면 6번 데이터 엔트리 값에 +1.6만큼의 값을 추가할 수 있어 메인 데이터 엔트리 6번으로 조정할 수 있는 최고 상행 조절 값인 +98.4을 +100으로 정확히 반음까지 조정할 수 있습니다. 즉, 다음과 같이 데이터 엔트리 6번 값을 최고 127로 설정하여 얻은 +98.4에 보조 엔트리 38번 값(기본 값=0)의 최고 값인 127(+1.6)을 합하면 최고 +100의 반음 조정 값을 얻을 수 있습니다.

| Type | Start | End | Length | Data 1 | Data 2 |
|---|---|---|---|---|---|
| Controller | 0001.01.01.000 | | | RPN MSB | 0 |
| Controller | 0001.01.01.006 | | | RPN LSB | 1 |
| Controller | 0001.01.01.008 | | | DataEnt MSB | 127 |
| Controller | 0001.01.01.010 | | | DataEnt LSB | 127 |

▶ Master Coarse Tuning (전체 음정 조정)

악기에서 출력하는 전체 음정을 조정하는 RPN 컨트롤 번호는 101번이 0, 100번이 2이며, 음정을 조정하는 데이터 엔트리 값은 40-88(기본값=64)범위로 조정할 수 있습니다. 여기서 데이터 엔트리 값은 반음 단위로 조정되므로 악기에서 출력하는 전체 음정을 높이고 싶다면 데이터 엔트리 값을 65-88로 설정하고, 악기에서 출력하는 전체 기본 음정을 낮추고 싶다면 데이터 엔트리 값을 40-63으로 설정합니다.

101. RPN MSB 값=0

| Type | Start | End | Length | Data 1 | Data 2 |
|---|---|---|---|---|---|
| Controller | 0001.01.01.000 | | | RPN MSB | 0 |
| Controller | 0001.01.01.006 | | | RPN LSB | 2 |
| Controller | 0001.01.01.008 | | | DataEnt MSB | 64 |

100. RPN LSB 값=2

6: NRPN Data 기본값=64

▶ RPN null(RPN 해제)

| Type | Start | End | Length | Data 1 | Data 2 |
|---|---|---|---|---|---|
| Controller | 0001.01.01.000 | | | RPN MSB | 127 |
| Controller | 0001.01.01.006 | | | RPN LSB | 127 |

101. RPN MSB 값=127

100. RPN LSB 값=127

지금까지 학습한 NRPN과 RPN 컨트롤 체인지 정보 기능을 해제하는 RPN null 정보는 101번이 127, 100번이 127이며, 데이터 엔트리 6번은 사용하지 않습니다. RPN 해제 컨트롤 정보는 독자가 설정한 NRPN과 RPN 컨트롤 값을 초기화 하는 것이 아니라 설정했던 기능을 해제하는 것입니다. 이것이 필요한 이유는 NRPN 또는 RPN 컨트롤 정보를 사용한 후 다른 NRPN 또는 RPN 정보를 계속해서 사용할 때입니다. NRPN과 RPN는 데이터 엔트리 컨트롤 정보가 같은 6인 관계로, 먼저 사용한 NRPN 또는 RPN 컨트롤 정보의 기능을 해제해야만, 새로운 NRPN과 RPN을 설정할 수 있기 때문입니다.

## Tip 그 밖의 채널 정보

미디 학습자가 알아야 할 채널 보이스 정보 중에는 컨트롤 체인지 정보 외에도 프로그램 체인지 정보(Program Change), 애프터 터치 정보(Aftertouch와 Poly Pressutre), 피치 밴드 정보(Pitchbend), 애프터 터치 정보가 있습니다.

### 프로그램 체인지 정보

프로그램 체인지 정보는 악기의 음색을 지정하는 채널 정보입니다. 프로젝트 윈도우의 인스펙터 창에서 악기 음색을 지정할 경우 중간에 악기의 음색을 변경할 수 없지만, 리스트 에디터 또는 키 에디터에서 프로그램 체인지 정보를 입력하면 얼마든지 가능합니다. 만일 프로그램 체인지 정보를 입력했다면 인스펙터 창에서 선택한 프로그램은 무시됩니다.

그림은 리스트 에디터에서 프로그램 체인지 정보를 입력하고 있는 경우입니다. 방법은 도구 모음 줄에서 연필 버튼을 선택하고, Insert type을 Program Change로 선택한 다음, 이벤트 창에서 원하는 위치를 클릭하여 입력한다. 그리고 Data1 칼럼 또는 벨류 창에서 음색 번호를 입력합니다.

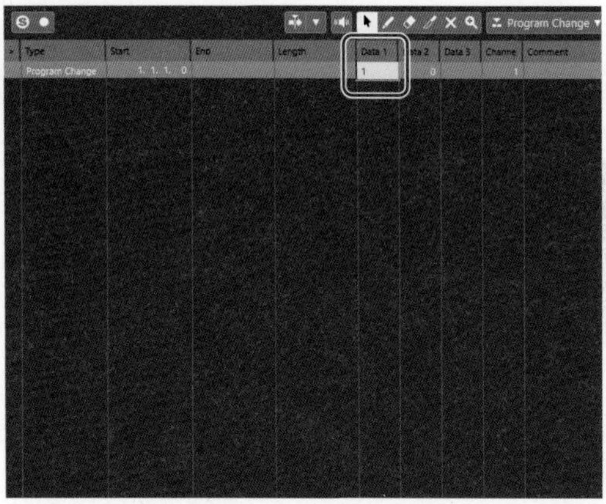

### 애프터 터치 정보

애프터 터치란 건반을 누른 상태에서 다시 한번 힘을 주어 건반을 누르는 행위를 말하는 것으로 건반의 종류마다 음색이 변경된다거나, 비브라토가 걸리는 등의 효과를 만드는 미디 정보를 말합니다. 애프터 터치 정보에는 모든 노트에 적용하는 Aftertouch와 특정 노트에만 적용하는Poly Pressutre의 두 가지가 있습니다.

애프터 터치 정보는 리얼 입력 과정에서 불필요하게 입력되는 경우가 많습니다. 이것을 원하지 않는다면 File 메뉴의 Preferences를 실행하여 창을 열고, MIDI폴더의 MIDI Filter 페이지에서 Record 항목에 있는 Aftertcouch 옵션을 체크하여 입력되지 않게 할 수 있습니다.

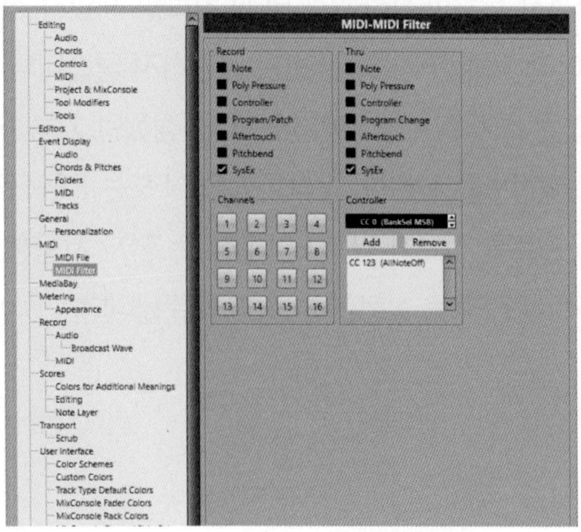

피치 밴드 정보

피치 밴드란 연주하는 음을 위/아래로 조정하는 미디 정보를 말합니다. 이것은 쵸킹, 해머링 등의 기타(Guitar) 연주 효과를 표현할 때 많이 사용하는 정보입니다. 건반 악기는 왼쪽에 피치 밴드 값을 조정할 수 있는 휠이나 스틱이 있어 연주 중일 때에도 피치 밴드의 값(기본 값=8192)을 0에서 16383범위로 조정할 수 있습니다.

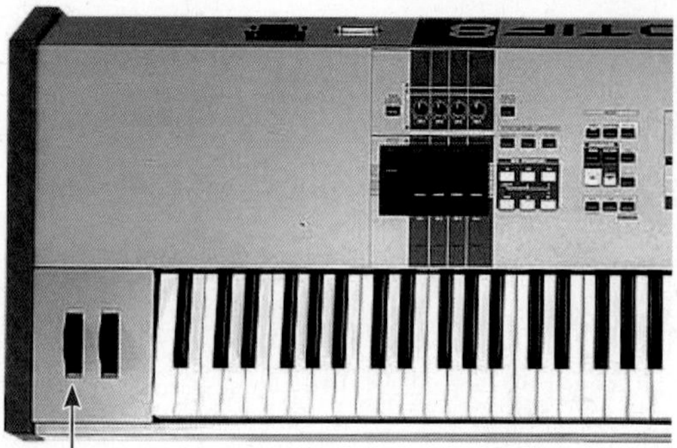

피치 휠

대부분의 악기는 기본적으로 피치 밴드의 음정 변화 범위가 한음 위/아래로 되어있습니다. 한 옥타브의 피치 밴드 범위를 원할 경우 컨트롤 정보에서 살펴보았듯이 RPN 컨트롤 체인지 정보 101번과 100번을 모두 0으로 하고, 데이터 엔트리 6번을 12로 설정하면 됩니다. 다음은 피치 밴드가 기본값(한음)인 경우와 옥타브로 설정되었을 때의 값입니다.

| 기본 | 6-Data Entry | MSB 2 |
|---|---|---|
| 0 | 0 | |
| | Up | Down |
| 반음 | 12288 (4096) | 4097 (-4097) |
| 한음 | 16383 (8191) | 0 (-8192) |

| 한 옥타브 | 6-Data Entry | MSB 12 |
|---|---|---|
| 0 | 0 | |
| | Up | Down |
| 1 | 8875 (683) | 7508 (-684) |
| 2 | 9557 (1365) | 6826 (-1366) |
| 3 | 10240 (2048) | 6144 (-2049) |
| 4 | 10921 (2730) | 5462 (-2731) |
| 5 | 11605 (3413) | 4779 (-3414) |
| 6 | 11288 (4096) | 4097 (-4097) |
| 7 | 12970 (4778) | 3414 (-4779) |
| 8 | 13653 (5461) | 2731 (-5462) |
| 9 | 14335 (6143) | 2049 (-6144) |
| 10 | 15017 (6825) | 1366 (-6826) |
| 11 | 15699 (7507) | 684 (-7508) |
| 12 | 16383 (8191) | 0 (-8192) |

※ 괄호는 키 에디터의 컨트롤 라인에서 입력할 때 값 입니다.

# 03 시스템 익스클루시브

시스템 익스클루시브 정보는 미디 학습자가 반드시 알고 있어야 하는 시스템 정보입니다. 시스템 정보는 악기 전체의 설정 값들을 변경하는 것으로 어떤 채널에서 사용해도 상관없습니다. 다만, 시스템 익스클루시브 정보는 악기마다 사용법이 다르므로 반드시 악기 메뉴얼을 참고해야 합니다. 여기서는 GM/GS 악기를 기준으로 설명합니다. 악기 메뉴얼의 System Exclusive Messages 페이지에서 GS Reset 항목을 보면 다음과 같은 표기법이 나열되어 있습니다. 각각의 의미와 입력 방법을 살펴보겠습니다.

- GS Reset

| Status | Data byte | Status |
|---|---|---|
| F0H | 41H, dev, 42H, 12H, 40H, 00H, 7FH, 00H, 41H | F7H |

| Byte | Explanation |
|---|---|
| F0H | Exclusive Status |
| 41H | ID number(Roland) |
| Dev | Device ID(dev: 01H-1FH(1-32) Initial value is 10H(17) |
| 42H | Model ID(GS) |
| 12H | Command ID(DT1) |
| 40H | Address MSB |
| 00H | Address |
| 7FH | Address LSB |
| 00H | Data(GS reset) |
| 41H | Checksum |
| F7H | EXO(End Of Exclusive) |

▶ F0H

시스템 익스클루시브 메시지의 시작을 알리는 스테이터스 바이트로 반드시 익스클루시브 메시지의 맨 앞에 입력되어야 합니다.

▶ 41H

각 악기의 제조회사별로 등록된 ID를 입력하는 부분입니다. Roland의 경우 41H라는 것을 표시하고 있습니다.

▶ Dev

악기의 고유번호를 입력하는 부분입니다. 악기 고유번호란, 같은 계열의 악기를 동시에 사용할 경우 익스클루시브 메시지가 공통적으로 적용되지 않도록 악기를 구분하기 위해서 사용되는 번호입니다. 이와 같은 번호는 미디 악기에서 설정을 해야 하는데, Roland사의 SC-88의 경우 All 버튼을 누르고, PART버튼 2개를 동시에 누르면 악기의 고유 번호인 Device id를 설정할 수 있는 화면이 보입니다. 기본 값은 17(10H)로 되어 있으며, 1-32까지 변경 가능합니다. 변경이 끝나면 PART 버튼 2개를 동시에 눌러 설정을 끝냅니다.

▶ 42H

제품 번호를 입력하는 부분입니다. 악기들은 저마다 제품 번호를 가지고 있으며, SC-88의 경우 제품 번호가 42H라는 것을 표기합니다.

▶ 12H

익스클루시브 송/수신을 구별하는 번호를 입력합니다. 송신은 11H이고, 수신은 12H입니다. 소나에서는 작성된 익스클루시브 메시지를 악기가 수신할 수 있도록 12H로 입력합니다.

▶ 40H, 00H, 7FH, 00H

4개의 데이터로 이루어진 이 부분은 시스템 익스클루시브의 실제적인 기능을 수행하는 메인 데이터입니다. 앞의 3가지 40H, 00H, 7FH는 어떤 것을 조정할 것인지를 의미하는 어드레스이고, 끝의 00H가 조정하는 값을 의미하는 데이터 입니다.

▶ 41H

Roland사 악기에서 주로 사용되는 부분으로 익스클루시브 메시지가 제대로 전송되고, 수행되는지를 확인하는 항목입니다. 이것을 체크 섬이라고 부르며, 메인 데이터의 입력 값에 따라 달라집니다. 자세한 것은 다음의 입력 부분 편에서 설명됩니다.

▶ F7H

시스템 익스클루시브 메시지의 끝을 알리는 스테이터스 바이트로 반드시 익스클루시브 메시지의 맨 뒤에 입력되어야 합니다.

# 01 시스템 익스클루시브 정보 입력

앞에서 살펴본 시스템 익스클루시브 정보(GS초기화)를 큐베이스에서 어떻게 입력하는지 살펴보겠습니다. 입문자의 경우에는 다소 어려울 수 있겠지만, 부담 없이 학습을 하기 바랍니다. 전문가들도 모든 익스클루시브 정보를 외워서 사용하는 경우는 없습니다. 원리와 기능만을 이해하고, 필요할 때 찾아서 사용할 수 있을 정도면 충분합니다.

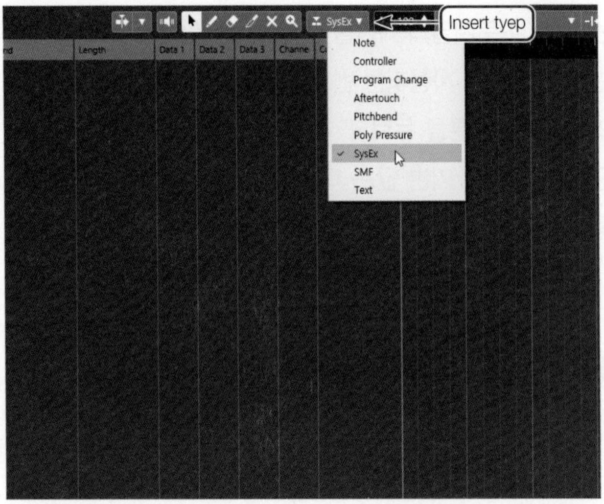


01 리스트 에디터에서 익스클루시브 정보를 입력하겠다면, 도구 모음 줄의 Insert type 항목에서 SysEx를 선택합니다.

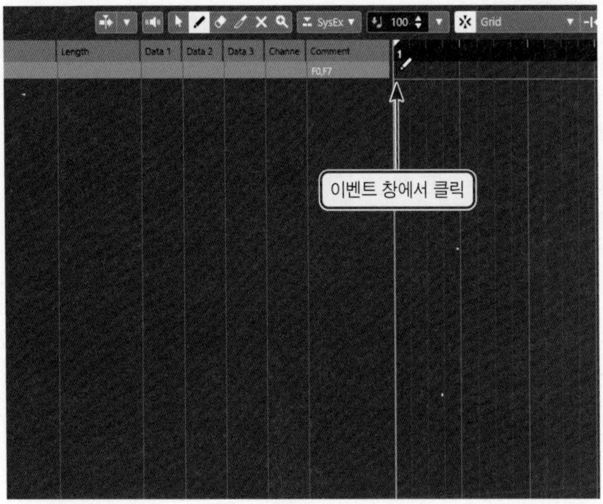


02 연필 버튼을 선택하고, 이벤트 창에서 입력할 위치를 클릭합니다. 익스클루시브 정보는 곡의 맨 처음에 입력합니다.

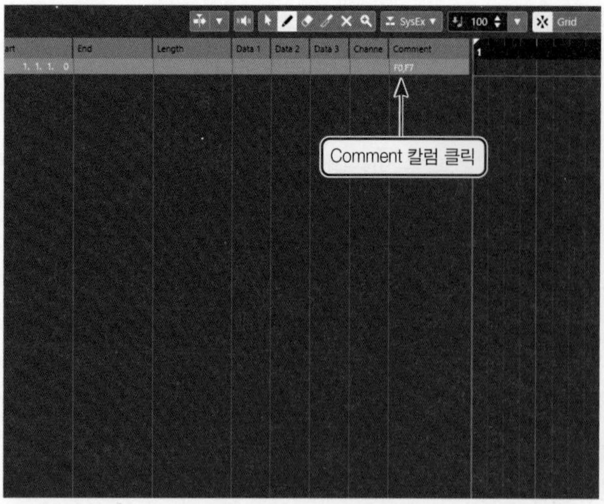


03 Comment 칼럼을 클릭하여 MIDI SysEx Editor 를 엽니다. 익스클루시브의 시작 정보와 끝 정보가 입력되어 있는 것을 확인할 수 있습니다.

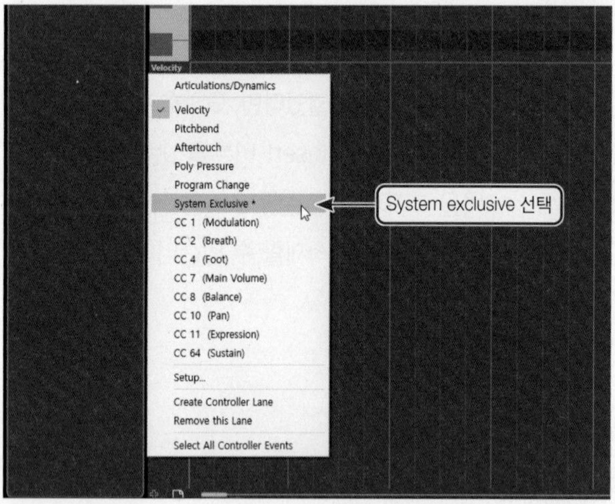


04 키 에디터에서 익스클루시브 정보를 입력하겠다면, 컨트롤 편집 창에서 System Exclusive를 선택합니다.

05 연필 버튼을 선택하고, 컨트롤 편집 창을 클릭하여 익스클루시브 정보를 입력합니다.

06 입력한 익스클루시브를 화살표 버튼으로 더블 클릭합니다. 리스트 에디터에서 보았던 MIDI SysEx Editor가 열리는 것을 확인할 수 있습니다.

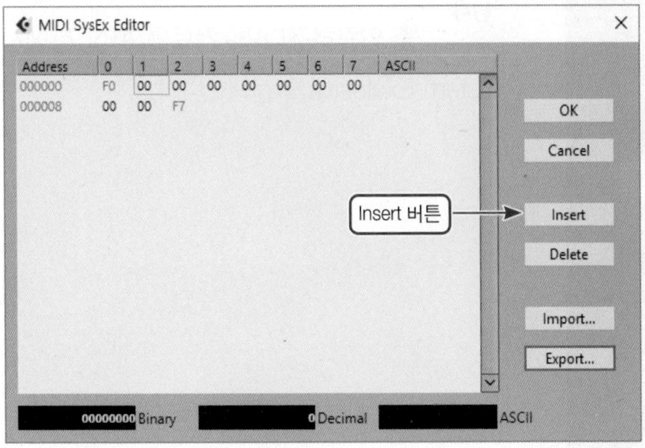


07 독자가 편리한 윈도우에서 MIDI SysEx Editor 열었다면, GS 초기화 정보를 입력하기 위해서 Insert 버튼을 9번 클릭하여 항목을 추가합니다. 잘못 추가한 항목은 Delete버튼을 클릭하여 삭제할 수 있습니다.

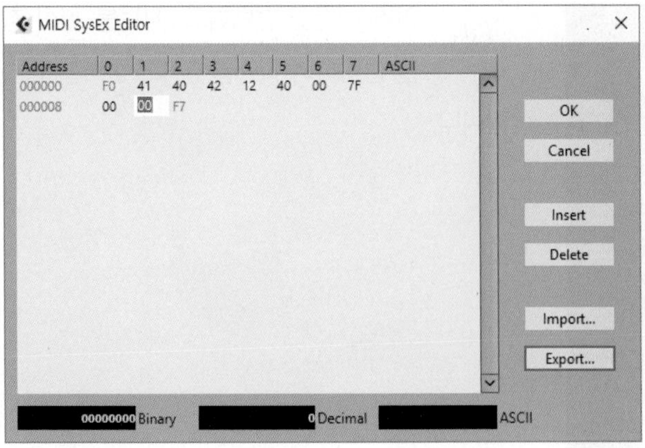


08 제조사 ID인 첫 번째 항목에서부터 체크 섬 전까지의 메인 데이터를 모두 입력합니다. 입력 방법은 항목을 마우스로 클릭하여 입력 대기 상태로 만들고, 값을 입력한 다음 키보드의 우측 화살표 키로 항목을 이동합니다. 그리고 Enter 키를 누르면 입력 대기 상태가 됩니다. 계속 같은 방법을 이용하여 키보드 만으로 입력할 수 있습니다.

09 체크 섬 값을 입력할 차례입니다. GS 초기화는 악기 설명서에 체크 섬 값이 이미 표시되어 있기 때문에 굳이 계산 방법을 알 필요가 없다고 생각하는 독자가 있겠지만, 다른 익스클루시브에서는 메인 데이터 값이 사용자마다 다르게 설정할 것이므로 반드시 체크 섬 값을 구할 수 있는 공식을 알고 있어야 합니다.

계산 방법은 간단합니다. 먼저 메인 데이터 값의 합을 구합니다. 그리고 그 값이 128보다 크면 128보다 작아질 때까지 메인 데이터 합에서 128을 뺀 후 그 나머지를 128에서 빼고, 메인 데이터의 합이 128보다 작으면 그냥 메인 데이터 합에서 128를 뺍니다.

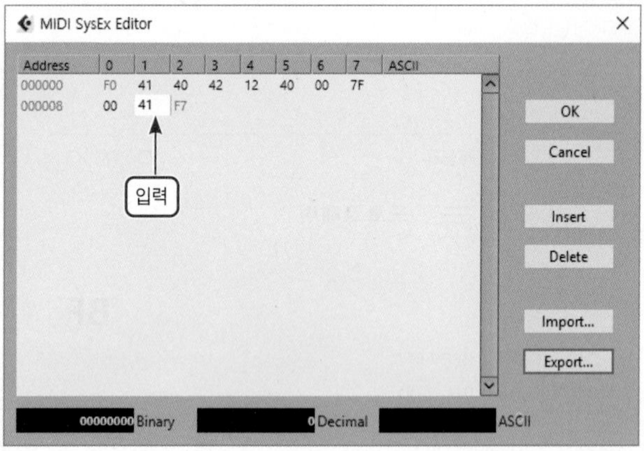


즉, GS 초기화의 메인 데이터(40+00+7F+00) 합은 BF가 됩니다. BF를 10진수로 계산하면 191입니다. 메인 데이터의 합이 128보다 큽니다. 메인 데이터의 합이 128보다 크면 메인 데이터 합에서 128를 뺀다고 했으므로 191-128=63 입니다. 이제 128보다 작아진 메인 데이터 합을 128에서 빼면 128-63=65 입니다. 65를 16진수로 바꾸면 41이므로 익스클루시브 마지막 항목에 41를 입력합니다.

## Tip 체크섬 공식

체크섬 값을 구하는 공식은 너무나 간단하지만 가장 큰 문제는 16진수를 사용하고 있다는 것입니다. 하지만, 윈도우 보조프로그램에서 제공되는 계산기를 이용하면 쉽게 해결할 수 있습니다. GS 초기화에 사용된 메인 데이터 값을 가지고 실습을 해보겠습니다.

1. 계산기를 실행하고, 메뉴에서 프로그래머를 선택합니다.

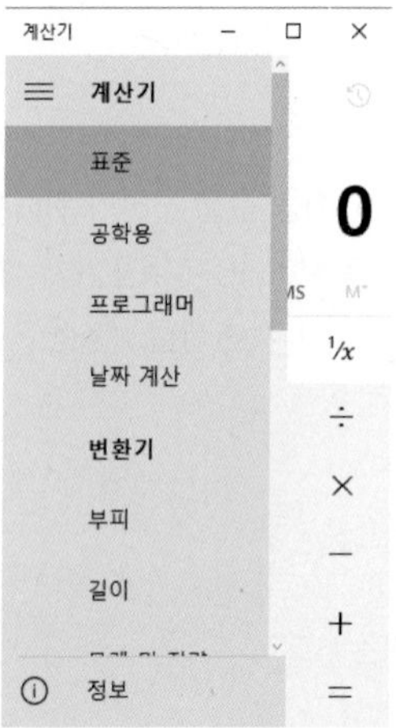

3. 프로그래머 용 계산기에서 16진수를 계산할 수 있도록 Hex 옵션을 선택합니다.

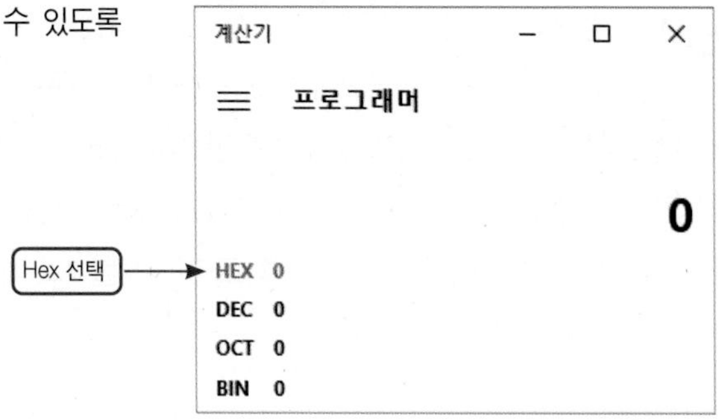


4. 이제 메인 데이터의 합을 구합니다. 키보드에서 40+00+7F+00 Enter 키를 차례로 누릅니다. 00은 0이므로 생략해도 됩니다. Dec 항목에서 메인 데이터의 합을 10진수로 볼 수 있습니다.

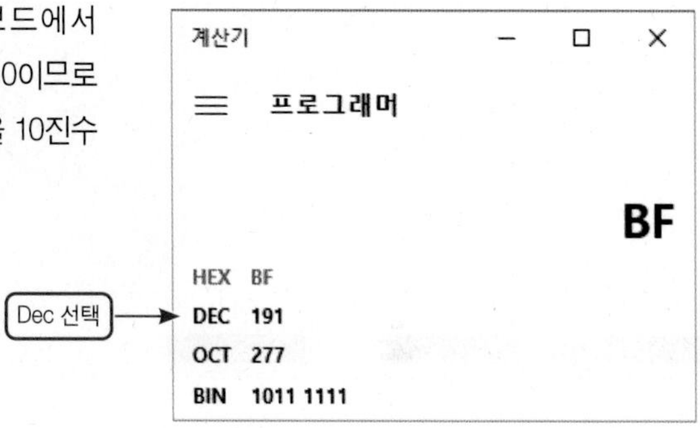


5. Dec을 선택하고, 메인 데이터의 합이 128보다 큰 숫자이므로 먼저 -128를 입력하여 뺍니다. 나머지가 63이 된다는 것을 확인할 수 있습니다. 최종 값을 구하기 위해서 〈C〉 버튼 또는 ESC 키를 누릅니다.

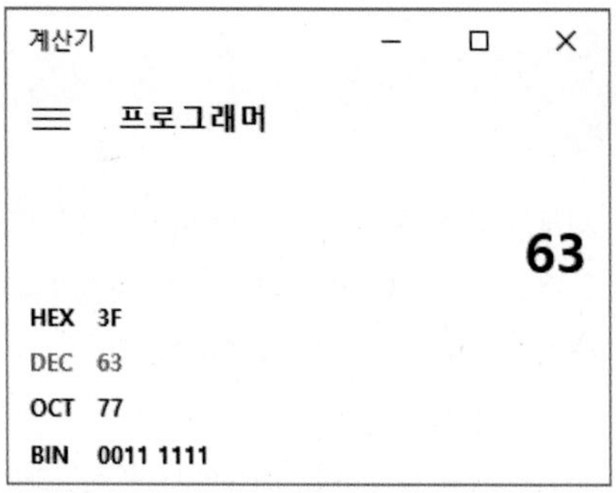


6. 최종 값을 구하기 위해서 128에서 63을 뺍니다. Hex 항목을 보면 16진수 표기가 41이라는 것을 알 수 있습니다. 이 값을 체크 섬 항목에 입력합니다.

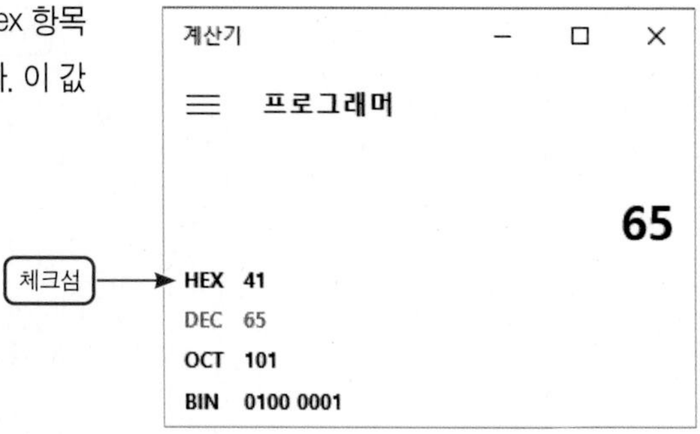

## 02 시스템 익스클루시브의 활용

GS 초기화 정보의 형식과 입력 방법, 체크 섬을 구하는 방법 등을 살펴보았습니다. 여기서는 미디 작업을 하는 분들이 습관처럼 사용하고 있는 익스클루시브 정보를 Roland사 제품 기준으로 정리하겠습니다. 이것을 참조하여 독자가 사용하는 악기의 익스클루시브 정보를 마음껏 다룰 수 있기를 바랍니다.

● GS 초기화

익스클루시브 형식과 입력에서 살펴보았던 GS 초기화 정보입니다.

| Status | Data byte | | | | | | | | | Status |
|---|---|---|---|---|---|---|---|---|---|---|
| F0 | 41 | 10 | 42 | 12 | 40 | 00 | 7F | 00 | 41 | F7 |

● 마스터 튠 초기화

악기 전체의 음정을 세계 표준(A음이 440Hz)이 되도록 설정하는 정보입니다.

| Status | Data byte | | | | | | | | | | | | Status |
|---|---|---|---|---|---|---|---|---|---|---|---|---|---|
| F0 | 41 | 10 | 42 | 12 | 40 | 00 | 00 | 00 | 04 | 00 | 00 | 3C | F7 |

● 마스터 볼륨

악기 전체의 음량을 0-127(00-7F)까지 조정하는 정보로 기본 값은 7F입니다.

| Status | Data byte | | | | | | | | | Status |
|---|---|---|---|---|---|---|---|---|---|---|
| F0 | 41 | 10 | 42 | 12 | 40 | 00 | 04 | 음량 | 체크섬 | F7 |

● 마스터 키

악기 전체의 키를 -24(28)에서 +24(58)까지 반음 단위로 조정하는 정보로 기본값은 40 입니다.

| Status | Data byte | | | | | | | | | Status |
|---|---|---|---|---|---|---|---|---|---|---|
| F0 | 41 | 10 | 42 | 12 | 40 | 00 | 05 | 키 | 체크섬 | F7 |

● 마스터 팬

악기 전체의 소리 방향을 왼쪽(01)에서 오른쪽 (7F)까지 조정하는 정보로 기본값은 중앙인 40입니다.

| Status | Data byte | | | | | | | | | Status |
|---|---|---|---|---|---|---|---|---|---|---|
| F0 | 41 | 10 | 42 | 12 | 40 | 00 | 06 | 팬 | 체크섬 | F7 |

● 리버브 종류

악기에 내장된 8가지(00-07)리버브의 종류를 선택할 수 있는 정보입니다.

| Status | Data byte | | | | | | | | | Status |
|---|---|---|---|---|---|---|---|---|---|---|
| F0 | 41 | 10 | 42 | 12 | 40 | 01 | 30 | 종류 | 체크섬 | F7 |

리버브의 종류와 체크 섬 값은 다음과 같습니다.

| 종류 | 값 | 체크 섬 |
|---|---|---|
| Room1 | 00 | 0F |
| Room2 | 01 | 0E |
| Room3 | 02 | 0D |
| Hall1 | 03 | 0C |
| Hall2(기본값) | 04 | 0B |
| Plate | 05 | 0A |
| Delay | 06 | 09 |
| Paning Delay | 07 | 08 |

● 리버브 타입

SC-88에서 제공되는 8가지(00-07) 리버브 타입(기본값=04)을 선택할 수 있는 정보입니다.

| Status | Data byte | | | | | | | | | Status |
|---|---|---|---|---|---|---|---|---|---|---|
| F0 | 41 | 10 | 42 | 12 | 40 | 01 | 31 | 타입 | 체크섬 | F7 |

● 리버브 로우패스 필터

리버브의 고역대를 잘라내는 8가지 (00-07) 필터(기본값=00)를 선택할 수 있는 정보입니다.

| Status | Data byte | | | | | | | | | Status |
|---|---|---|---|---|---|---|---|---|---|---|
| F0 | 41 | 10 | 42 | 12 | 40 | 01 | 32 | 필터 | 체크섬 | F7 |

● 리버브 레벨

리버브의 레벨을 0-127(00-7F)까지 조정할 수 있는 정보로 기본 값은 64(40)입니다.

| Status | Data byte | | | | | | | | | Status |
|---|---|---|---|---|---|---|---|---|---|---|
| F0 | 41 | 10 | 42 | 12 | 40 | 01 | 33 | 레벨 | 체크섬 | F7 |

● 리버브 타임

리버브 타임을 0-127(00-7F)까지 조정할 수 있는 정보로 기본 값은 64(40)입니다.

| Status | Data byte | | | | | | | | | Status |
|---|---|---|---|---|---|---|---|---|---|---|
| F0 | 41 | 10 | 42 | 12 | 40 | 01 | 34 | 타임 | 체크섬 | F7 |

● 리버브 딜레이 피드백

리버브의 반복 양을 0-127(00-7F)까지 조정할 수 있는 정보로 기본 값은 0 입니다.

| Status | Data byte | | | | | | | | | Status |
|---|---|---|---|---|---|---|---|---|---|---|
| F0 | 41 | 10 | 42 | 12 | 40 | 01 | 35 | 피드백 | 체크섬 | F7 |

● 리버브 딜레이 타임

리버브의 반복 타임을 0-127(00-7F)까지 조정할 수 있는 정보로 기본 값은 0입니다.

| Status | Data byte | | | | | | | | | Status |
|---|---|---|---|---|---|---|---|---|---|---|
| F0 | 41 | 10 | 42 | 12 | 40 | 01 | 37 | 타임 | 체크섬 | F7 |

● 코러스의 종류

SC-88에 내장된 8가지(00-07) 코러스의 종류를 선택할 수 있는 정보입니다.

| Status | Data byte | | | | | | | | | Status |
|---|---|---|---|---|---|---|---|---|---|---|
| F0 | 41 | 10 | 42 | 12 | 40 | 01 | 38 | 종류 | 체크섬 | F7 |

코러스의 종류와 체크 섬 값은 다음과 같습니다.

| 종류 | 값 | 체크 섬 |
|---|---|---|
| Chorus1 | 00 | 07 |
| Chorus2 | 01 | 06 |
| Chorus3(기본값) | 02 | 05 |
| Chorus4 | 03 | 04 |
| Feedback Chorus | 04 | 03 |
| Flanger | 05 | 02 |
| Short Delay | 06 | 01 |
| Short Delay(FB) | 07 | 00 |

● 코러스 로우패스 필터

코러스의 고역 대를 잘라내는 8가지 (00-07) 필터를 선택할 수 있는 정보로 기본값은 0입니다.

| Status | Data byte | | | | | | | | | Status |
|---|---|---|---|---|---|---|---|---|---|---|
| F0 | 41 | 10 | 42 | 12 | 40 | 01 | 39 | 필터 | 체크섬 | F7 |

● 코러스 레벨

코러스의 레벨을 0-127(00-7F)까지 조정할 수 있는 정보로 기본 값은 64(40)입니다.

| Status | Data byte | | | | | | | | | Status |
|---|---|---|---|---|---|---|---|---|---|---|
| F0 | 41 | 10 | 42 | 12 | 40 | 01 | 3A | 레벨 | 체크섬 | F7 |

● 코러스 피드백

코러스의 반복 양을 0-127(00-7F)까지 조정할 수 있는 정보로 기본 값은 8(08)입니다.

| Status | Data byte | | | | | | | | | Status |
|---|---|---|---|---|---|---|---|---|---|---|
| F0 | 41 | 10 | 42 | 12 | 40 | 01 | 3B | 피드백 | 체크섬 | F7 |

● 코러스 딜레이

코러스의 지연 값을 0-127(00-7F)까지 조정할 수 있는 정보로 기본 값은 80(50)입니다,

| Status | Data byte | | | | | | | | | Status |
|---|---|---|---|---|---|---|---|---|---|---|
| F0 | 41 | 10 | 42 | 12 | 40 | 01 | 3C | 딜레이 | 체크섬 | F7 |

● 코러스 비율

코러스의 비율을 0-127(00-7F)까지 조정할 수 있는 정보로 기본 값은 3(03)입니다.

| Status | Data byte | | | | | | | | | Status |
|---|---|---|---|---|---|---|---|---|---|---|
| F0 | 41 | 10 | 42 | 12 | 40 | 01 | 3D | 비율 | 체크섬 | F7 |

● 코러스의 깊이

코러스의 깊이를 0-127(00-7F)까지 조정할 수 있는 정보로 기본 값은 19(13)입니다.

| Status | Data byte | | | | | | | | | Status |
|---|---|---|---|---|---|---|---|---|---|---|
| F0 | 41 | 10 | 42 | 12 | 40 | 01 | 3E | 깊이 | 체크섬 | F7 |

● 리버브에 보내지는 코러스의 레벨

리버브 값에 보내지는 코러스의 레벨을 0-127(00-7F)까지 조정할 수 있는 정보로 기본 값은 0입니다.

| Status | Data byte | | | | | | | | | Status |
|---|---|---|---|---|---|---|---|---|---|---|
| F0 | 41 | 10 | 42 | 12 | 40 | 01 | 3F | 레벨 | 체크섬 | F7 |

● 딜레이에 보내지는 코러스의 레벨

딜레이 값에 보내지는 코러스의 레벨을 0-127(00-7F)까지 조정할 수 있는 정보로 기본 값은 0입니다.

| Status | Data byte | | | | | | | | | Status |
|---|---|---|---|---|---|---|---|---|---|---|
| F0 | 41 | 10 | 42 | 12 | 40 | 01 | 40 | 레벨 | 체크섬 | F7 |

● 딜레이의 종류

SC-88에 내장된 10가지 (00-09) 딜레이 종류를 선택할 수 있는 정보입니다.

| Status | Data byte | | | | | | | | | Status |
|---|---|---|---|---|---|---|---|---|---|---|
| F0 | 41 | 10 | 42 | 12 | 40 | 01 | 50 | 종류 | 체크섬 | F7 |

딜레이의 종류와 체크 섬 값은 다음과 같습니다.

| 종류 | 값 | 체크 섬 |
|---|---|---|
| Delay1(기본값) | 00 | 6F |
| Delay2 | 01 | 6E |
| Delay3 | 02 | 6D |
| Delay4 | 03 | 6C |
| Pan Delay1 | 04 | 6B |
| Pan Delay2 | 05 | 6A |
| Pan Delay3 | 06 | 69 |
| Pan Delay4 | 07 | 68 |
| Dly to Rev | 08 | 67 |
| Pan Repeat | 09 | 66 |

● 딜레이 로우패스 필터

딜레이의 고역대를 잘라내는 8가지(00-07) 필터를 선택할 수 있는 정보로 기본 값은 0입니다.

| Status | Data byte | | | | | | | | | Status |
|---|---|---|---|---|---|---|---|---|---|---|
| F0 | 41 | 10 | 42 | 12 | 40 | 01 | 51 | 필터 | 체크섬 | F7 |

● 딜레이 타임 - 중앙

딜레이의 중앙 타임 값을 01(0.1ms)에서 73(1sec)까지 조정할 수 있는 정보로 기본 값은 61(340ms)입니다.

| Status | Data byte | | | | | | | | | Status |
|---|---|---|---|---|---|---|---|---|---|---|
| F0 | 41 | 10 | 42 | 12 | 40 | 01 | 52 | 타임 | 체크섬 | F7 |

● 딜레이 타임 비율 -왼쪽

딜레이 왼쪽 타임 비율 값을 4%-500%(01-78)까지 조정할 수 있는 정보로 기본 값은 4%입니다.

| Status | Data byte | | | | | | | | | Status |
|---|---|---|---|---|---|---|---|---|---|---|
| F0 | 41 | 10 | 42 | 12 | 40 | 01 | 53 | 비율 | 체크섬 | F7 |

● 딜레이 타임 비율-오른쪽

딜레이 오른쪽 타임 비율 값을 4%-500%(01-78)까지 조정할 수 있는 정보로 기본 값은 4%입니다.

| Status | Data byte | | | | | | | | | Status |
|---|---|---|---|---|---|---|---|---|---|---|
| F0 | 41 | 10 | 42 | 12 | 40 | 01 | 54 | 비율 | 체크섬 | F7 |

● 딜레이 중앙 레벨

딜레이의 중앙 레벨 값을 0-127(00-7F)까지 조정할 수 있는 정보로 기본 값은 0입니다.

| Status | Data byte | | | | | | | | | Status |
|---|---|---|---|---|---|---|---|---|---|---|
| F0 | 41 | 10 | 42 | 12 | 40 | 01 | 55 | 레벨 | 체크섬 | F7 |

● 딜레이 왼쪽 레벨

딜레이의 왼쪽 레벨 값을 0-127(00-7F)까지 조정할 수 있는 정보로 기본 값은 0입니다.

| Status | Data byte | | | | | | | | | Status |
|---|---|---|---|---|---|---|---|---|---|---|
| F0 | 41 | 10 | 42 | 12 | 40 | 01 | 56 | 레벨 | 체크섬 | F7 |

● 딜레이 오른쪽 레벨

딜레이의 오른쪽 레벨 값을 0-127(00-7F)까지 조정할 수 있는 정보로 기본 값은 0입니다.

| Status | Data byte | | | | | | | | | Status |
|---|---|---|---|---|---|---|---|---|---|---|
| F0 | 41 | 10 | 42 | 12 | 40 | 01 | 57 | 레벨 | 체크섬 | F7 |

● 딜레이 레벨

딜레이의 레벨 값을 0-127(00-7F)까지 조정할 수 있는 정보로 기본 값은 64(40)입니다.

| Status | Data byte | | | | | | | | | Status |
|---|---|---|---|---|---|---|---|---|---|---|
| F0 | 41 | 10 | 42 | 12 | 40 | 01 | 58 | 레벨 | 체크섬 | F7 |

● 딜레이 피드백

딜레이의 반복 양을 -64(00)에서 +63(7F)까지 조정할 수 있는 정보로 기본 값은 80(50)입니다.

| Status | Data byte | | | | | | | | | Status |
|---|---|---|---|---|---|---|---|---|---|---|
| F0 | 41 | 10 | 42 | 12 | 40 | 01 | 59 | 피드백 | 체크섬 | F7 |

● 리버브에 보내지는 딜레이 레벨

리버브에 보내지는 딜레이 레벨을 0-127(00-7F)까지 조정할 수 있는 정보로 기본 값은 0입니다.

| Status | Data byte | | | | | | | | | Status |
|---|---|---|---|---|---|---|---|---|---|---|
| F0 | 41 | 10 | 42 | 12 | 40 | 01 | 5A | 레벨 | 체크섬 | F7 |

● 이퀄라이저 저역 주파수 선택

다음의 EQ 저역 주파수로 조정되는 저역 주파수를 200Hz(00) 또는 400Hz(01) 중에서 선택하는 정보로 기본 값은 200(Hz) 입니다.

| Status | Data byte | | | | | | | | | Status |
|---|---|---|---|---|---|---|---|---|---|---|
| F0 | 41 | 10 | 42 | 12 | 40 | 02 | 00 | 00/01 | 3E/3D | F7 |

● 이퀄라이저 저역 주파수 조정

앞에서 선택한 저역 주파수 대역을 -12dB(34)에서 +12dB(4C)까지 조정할 수 있는 정보로 기본 값은 0dB(40)입니다.

| Status | Data byte | | | | | | | | | Status |
|---|---|---|---|---|---|---|---|---|---|---|
| F0 | 41 | 10 | 42 | 12 | 40 | 02 | 01 | 조정 | 체크섬 | F7 |

- 이퀄라이저 고역 주파수 선택

다음의 EQ 고역 주파수로 조정되는 고역 주파수를 3KHz(00) 또는 6KHz(01) 중에서 선택하는 정보로 기본 값은 3KHz(00) 입니다.

| Status | Data byte | | | | | | | | | Status |
|---|---|---|---|---|---|---|---|---|---|---|
| F0 | 41 | 10 | 42 | 12 | 40 | 02 | 02 | 00/01 | 3C/3B | F7 |

- 이퀄라이저 고역 주파수 조정

앞에서 선택한 고역 주파수 대역을 -12dB(34)에서 +12dB(4C)까지 조정할 수 있는 정보로 기본 값은 0dB(40)입니다.

| Status | Data byte | | | | | | | | | Status |
|---|---|---|---|---|---|---|---|---|---|---|
| F0 | 41 | 10 | 42 | 12 | 40 | 02 | 03 | 조정 | 체크섬 | F7 |

- 드럼 채널 확장

10채널 이외에 독자가 원하는 채널을 드럼 파트로 설정할 수 있는 정보입니다.

| Status | Data byte | | | | | | | | | Status |
|---|---|---|---|---|---|---|---|---|---|---|
| F0 | 41 | 10 | 42 | 12 | 40 | 채널 | 15 | MAP | 체크섬 | F7 |

다음은 MAP을 02로 입력하여 88MAP으로 사용되는 경우입니다.

참고로 01=55Map, 00=Default 입니다.

| 채널 | Ch-1 | Ch-2 | Ch-3 | Ch-4 | Ch-5 | Ch-6 | Ch-7 | Ch-8 |
|---|---|---|---|---|---|---|---|---|
| 값 | 11 | 12 | 13 | 14 | 15 | 16 | 17 | 18 |
| 체크섬 | 18 | 17 | 16 | 15 | 14 | 13 | 12 | 11 |
| 채널 | Ch-9 | Ch-10 | Ch-11 | Ch-12 | Ch-13 | Ch-14 | Ch-15 | Ch-16 |
| 값 | 19 | - | 1A | 1B | 1C | 1D | 1E | 1F |
| 체크섬 | 10 | - | 0F | 0E | 0D | 0C | 0B | 0A |

# 08 PART

## 미디 편집 기능

미디 레코딩과 편집 창, 미디 트랙의 인스펙터 파라미터, 컨트롤 정보 및 시스템 익스클루시브 정보 등, 미디 관련 기능을 모두 살펴보았습니다. 지금까지의 학습만으로도 충분하지만, 여기서는 한 걸음 더 나아가 입력한 노트를 정렬하는 퀀타이즈에서부터 미디 에러의 해결 방법까지 큐베이스에서 제공하는 미디 기능을 모두 살펴보겠습니다. 이것으로 미디만큼은 고급 사용자라고 자부해도 좋습니다.

# 01 가상 키보드

지하철 안에서 노트북을 들고, 음악 작업을 하고 있을 때, 마스터 건반이 있었으면 좋겠다는 생각을 해본적이 있을 것입니다. 큐베이스는 가상 키보드(On-Screen Keyboard)를 제공하여 컴퓨터 키보드를 마스터 건반처럼 사용할 수 있습니다. 익숙해지는데는 약간의 시간이 필요하겠지만, 매우 유용하게 사용할 수 있는 기능입니다.

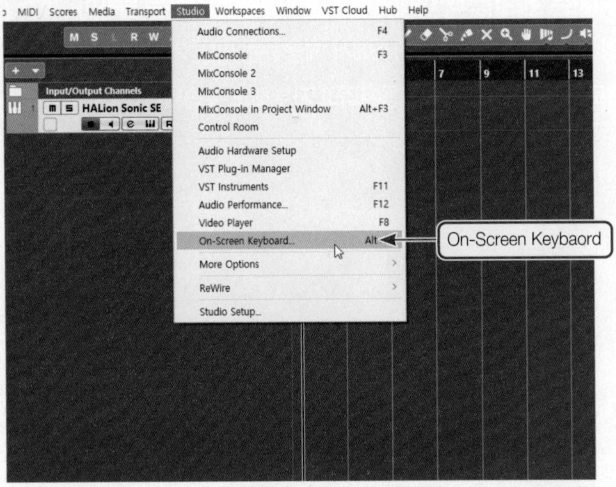


01 On-Screen Keybaord은 화상 키보드로 번역되지만, 오랫동안 익숙하게 불리던 가상 키보드로 지칭하겠습니다. 가상 키보드는 Studio 메뉴의 On-Screen Keybaord를 선택하거나 단축키 Alt+K를 눌러 열거나 닫을 수 있습니다.

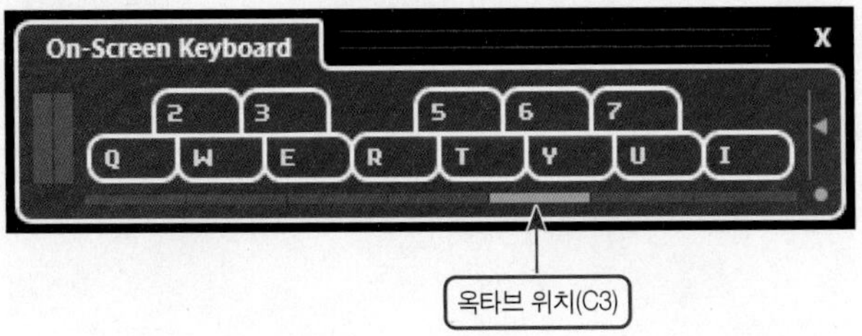


02 한 옥타브 범위의 키보드 창이 열립니다. 옥타브 위치는 키 아래쪽의 바를 클릭하거나 ←/→ 키를 이용해서 변경할 수 있습니다.

03 다음의 학교 종이 악보를 연주한다고 가정했을 때, T, T, Y, Y, T, T, E... 형식으로 컴퓨터 키를 누르면 됩니다. 직접 연주를 해보고, [*] 키를 눌러 녹음도 해봅니다. 참고로 가상 키보드를 열었을 때는 재생과 정지 기능은 [Space bar] 키를 이용합니다.

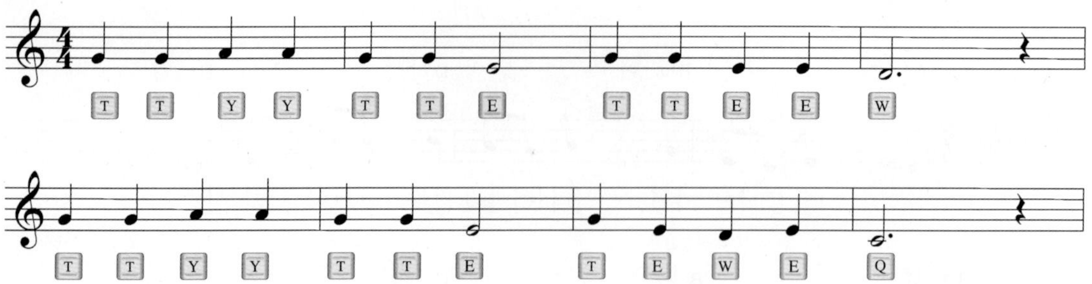


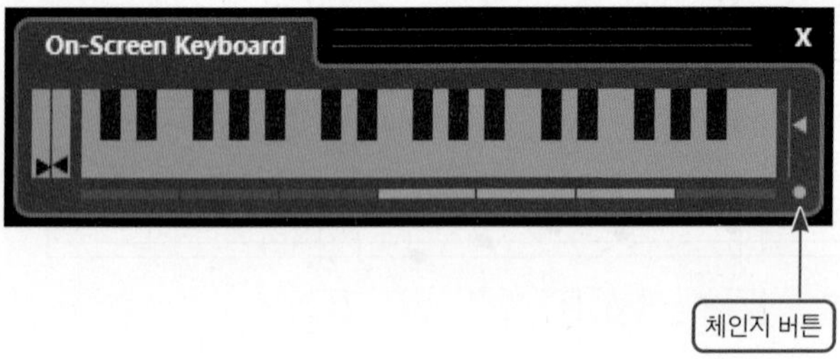


04 가상 키보드의 기본 모드는 한 옥타브 범위이기 때문에 실제 연주에서는 효과적이지 못합니다. [Tab] 키를 누르거나 체인지 버튼을 클릭하여 건반 모드로 바꿉니다. 옥타브 표시 항목을 보면, 3옥타브 범위인 것을 확인할 수 있습니다.

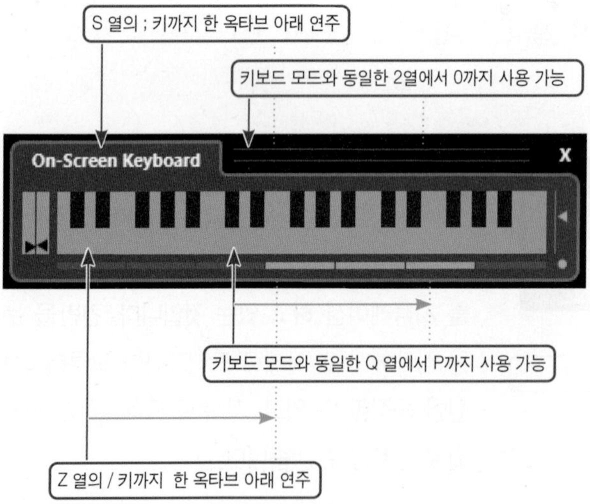


05 건반 모드일 경우에는 키보드의 Z 열을 포함하여 3옥타브 범위로 연주를 할 수 있기 때문에 왠만한 가요 정도는 물론이고, 양손을 모두 이용하는 피아노 및 드럼 연주까지 가능합니다.

**06** 이번에는 검은 건반을 확인하는 의미로 검은 건반 연주가 많은 아리랑 입니다. 한쪽 손은 2, 3, 2, 3, 5, 6, 5, 6... 키의 멜로디를 연주하면서 다른 한 손은 G, D, X, G... 키로 베이스 음을 연주해보기 바랍니다. 가상 키보드로 화려한 연주를 할 일도 없고, 필요한 경우에는 두 번에 나누어 입력을 하면 되지만, 연습삼아 해보는 것입니다. 좀 더 익숙해지면, 아르페지오 연주도 가능해 질 것입니다.

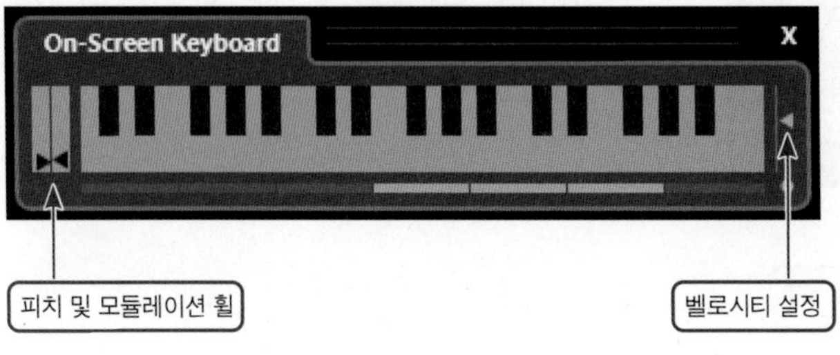


**07** 가상 키보드 오른쪽의 슬라이드는 벨로시티 값을 설정하는 것이고, 왼쪽의 두 슬라이드는 피치 휠과 모듈레이션 입력 장치를 시뮬레이션 하고 있는 것입니다. 건반을 누른 상태에서 위/아래로 드래그하여 모듈레이션 휠을 움직일 수 있고, 좌/우로 드래그하여 피치 휠을 움직일 수 있습니다.

# 02 미디 스텝 입력

외부에서 노트북 하나로 음악 작업을 할 때 가상 키보드는 유용한 도구가 됩니다. 다만, 빠른 연주가 필요한 경우에는 아무래도 불편합니다. 물론, 템포를 늦춰서 녹음해도 좋고, 패드를 이용해서 입력해도 좋습니다. 하지만, 스텝 기능을 알아두면, 마치 워드에 글자를 입력하듯 노트를 레코딩할 수 있기 때문에 가상 키보드를 보다 효율적으로 이용할 수 있습니다.

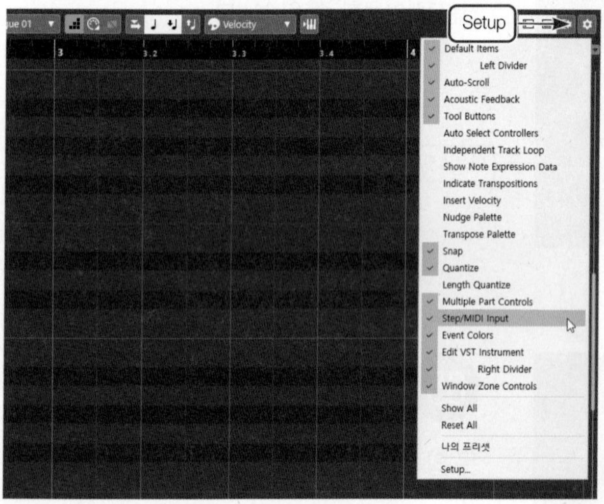


**01** 스텝 기능은 키 에디터에서 이용하지만, 기본적으로 표시되지 않는 도구 입니다. 도구 바의 Setup 버튼을 클릭하여 Step/MIDI Input을 선택하여 표시합니다.

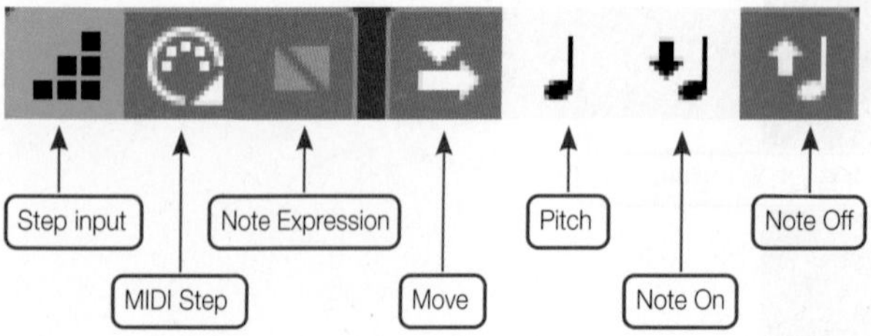


**02** Step/MIDI Input 도구는 Step input, MIDI Step, Note Expression, Move, Pitch, Note On, Note Off의 7가지로 구성되어 있습니다.

03 Step Input 버튼을 선택하면 작업 공간에 노트의 입력 위치를 나타내는 파란색 인풋 라인이 표시되며, 라인은 마우스 클릭 또는 좌/우 방향키를 이용하여 이동시킬 수 있습니다.

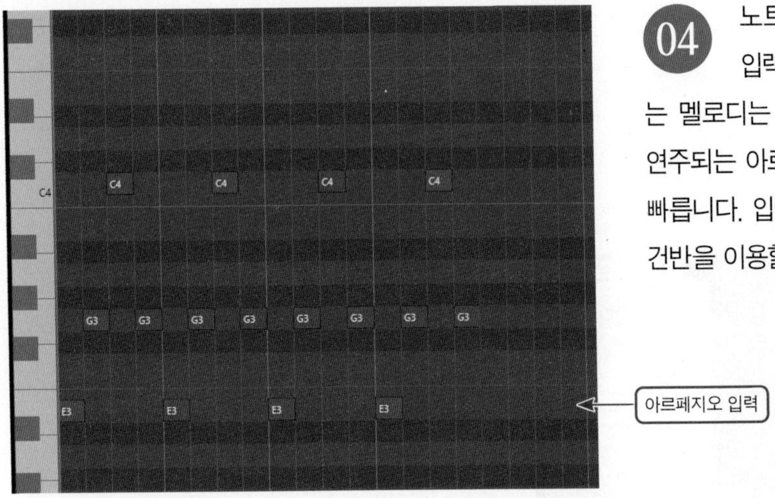


04 노트는 퀀타이즈에서 선택한 비트로 입력됩니다. 노트 길이가 수시로 변하는 멜로디는 조금 불편하지만, 일정한 길이로 연주되는 아르페지오를 입력할 때는 리얼 보다 빠릅니다. 입력 도구는 가상 키보드 및 마스터 건반을 이용할 수 있습니다.

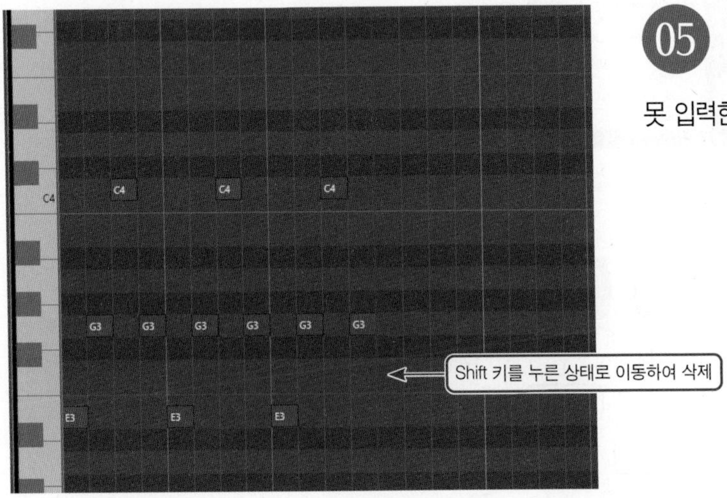


05 Shift 키를 누른 상태에서 왼쪽으로 이동하면 입력한 노트를 삭제하여 잘못 입력한 노트를 다시 입력할 수 있습니다.

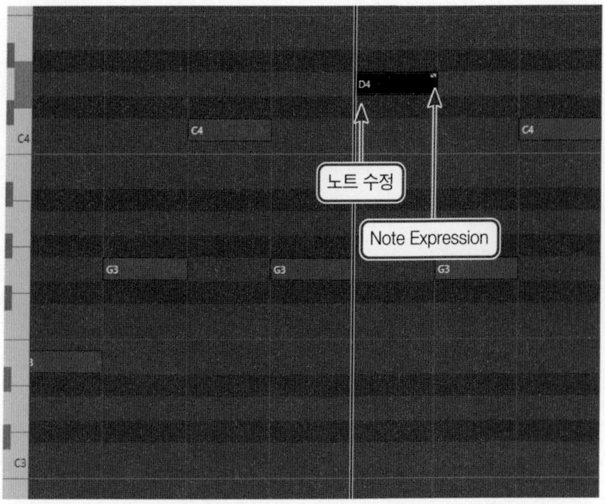


06 MIDI Step 버튼을 선택하면 건반을 눌러 선택한 노트를 수정할 수 있으며, Note Expression 버튼을 On으로 하면, 노트 익스프레션 정보를 입력할 수 있습니다. 노트는 좌/우 방향키로 선택합니다.

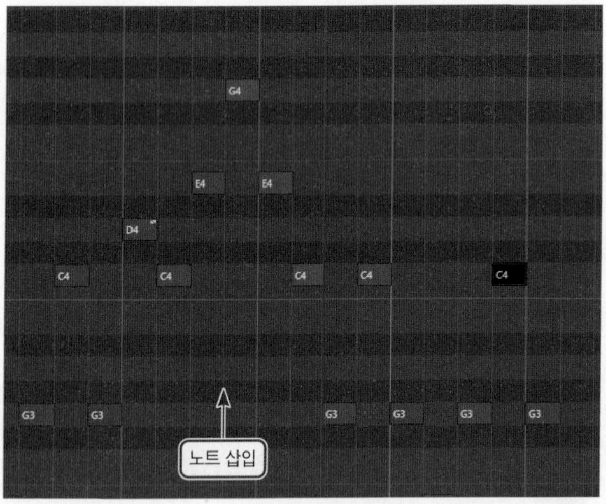


07 Move 버튼을 On으로 하면 스텝 라인 오른쪽에 있는 노트를 밀어내면서 노트를 삽입할 수 있습니다. 빼먹은 노트를 입력할 때 사용합니다.

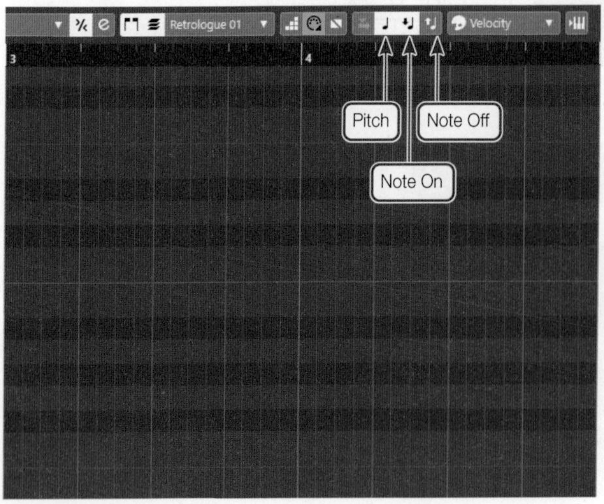


08 Pitch는 피치를 인식하는 것으로 Off하면 무조건 C3로 입력되고, Note On은 건반을 누를 때의 벨로시티를 인식하는 것으로 Off하면 모두 100으로 입력됩니다. Note Off는 건반을 놓을 때의 벨로시키를 인식하는 것으로 Off하면 0으로 입력됩니다.

# 03 퀀타이즈

퀀타이즈란 정확한 타임에서 어긋난 노트들을 자동으로 정렬하는 편리한 기능이지만, 모든 파트에 퀀타이즈를 적용하면 인간미가 없다는 평가를 들을 수 있습니다. 그러므로 곡의 시작 또는 세션 부분에서만 퀀타이즈를 적용하는 것이 요령입니다. 반대로 마우스 또는 스텝 방식으로 입력한 노트들은 랜덤 기능을 이용해서 어긋나도록 해야 하는 경우도 있습니다.

## 01 퀀타이즈 잡기

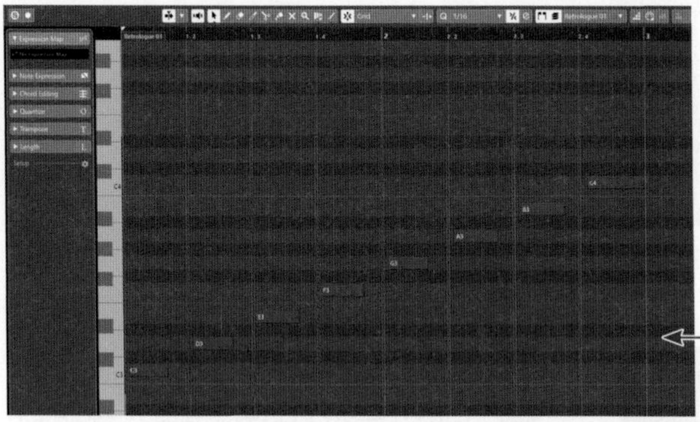


01 키보드 숫자열의 * 키를 눌러 미디 정보를 입력하고, 파트를 더블 클릭하여 키 에디터를 열어보면, 조금씩 그리드 라인에서 어긋나 있는 것을 확인할 수 있습니다.

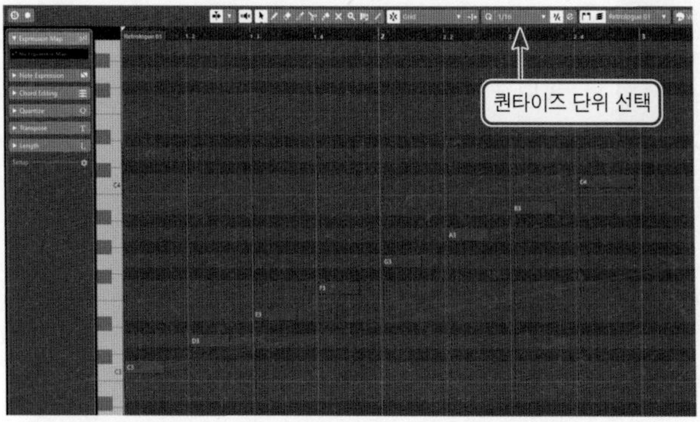


02 도구 모음 줄의 퀀타이즈 항목에서 원하는 단위를 선택하고, Q 키를 누르면, 노트의 시작 위치가 정확하게 정렬되는 것을 확인할 수 있습니다.

## 02 소프트 퀀타이즈

앞에서 살펴본 Quantize는 노트의 시작 위치를 정확하게 그리드 라인에 맞춥니다. 그러나 필요에 따라서 약간 느슨하게 퀀타이즈를 잡아줄 필요가 있는데, 이런 역할을 하는 것이 Soft Quantize입니다. 기본 값은 46%로 설정되어 있기 때문에 노트의 시작 위치를 정확히 맞추는 것이 아니라 46%만 맞춥니다. 기본 설정 값의 변경은 Quantize Setup에서 살펴보기로 하고, 여기서는 기본 Quantize와의 차이점을 살펴보겠습니다.

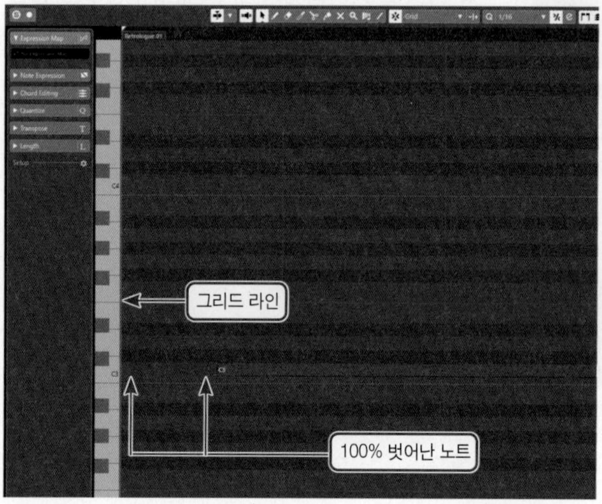


**01** 그림에서와 같이 입력한 노트의 시작점이 그리드 라인에서 벗어나 있다고 가정하고, 그리드 라인에서 노트의 시작점까지의 거리를 100%로 라고 계산합니다.

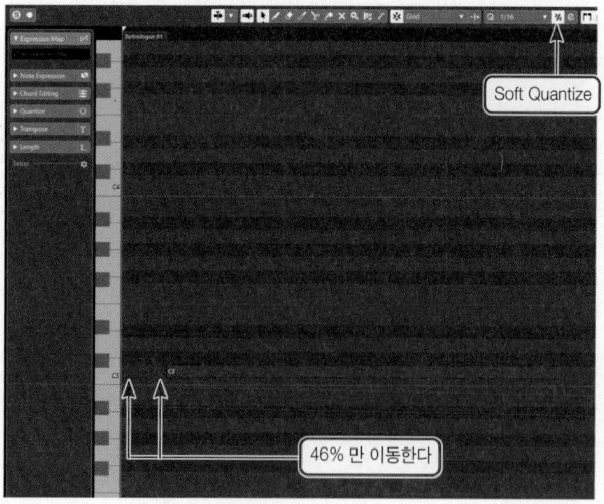


**02** 퀀타이즈 버튼을 클릭하여 Soft Quantize 모드로 변경합니다. 그리고 Q 키를 누르면, 기본 Quantize 모드에서와는 다르게 노트의 시작 지점을 46%만 끌어오는 것을 확인할 수 있습니다.

# 03 퀀타이즈 설정

앞에서 살펴본 Soft Quantize의 값이 46%인 것은 Quantize Setup 창의 Quantize Strength 항목이 46%로 설정되어 있기 때문입니다. Quantize Setup 창을 이용하면 이미 설정되어 있는 값을 변경하거나 자신만의 퀀타이즈 항목을 만들 수 있는데, 이것에 관해서 살펴보겠습니다.

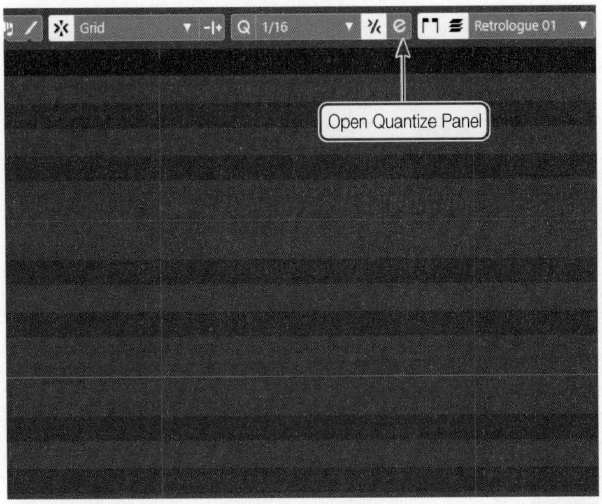


01 사용자가 원하는 퀀타이즈 값을 설정할 수 있는 Quantize Setup 창의 구성 요소를 살펴보겠습니다. 퀀타이즈 목록 오른쪽의 e로 표시되어 있는 Open Quantize Panel 버튼을 클릭합니다.

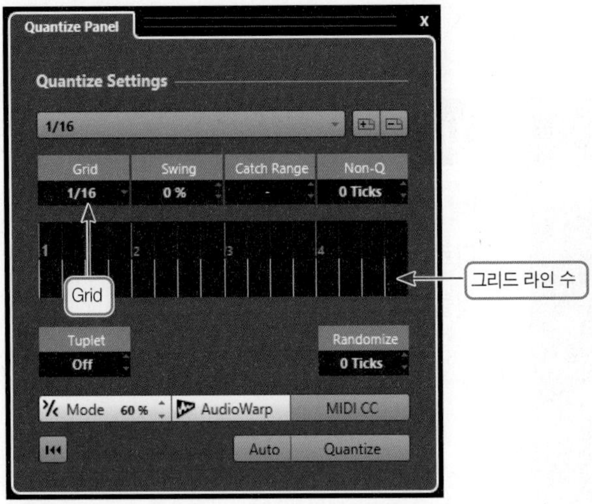


02 Grid는 한 마디에서 만드는 퀀타이즈 라인을 설정합니다. 이것은 가운데 표시하는 디스플레이에서 파란색 라인의 수로 확인할 수 있습니다.

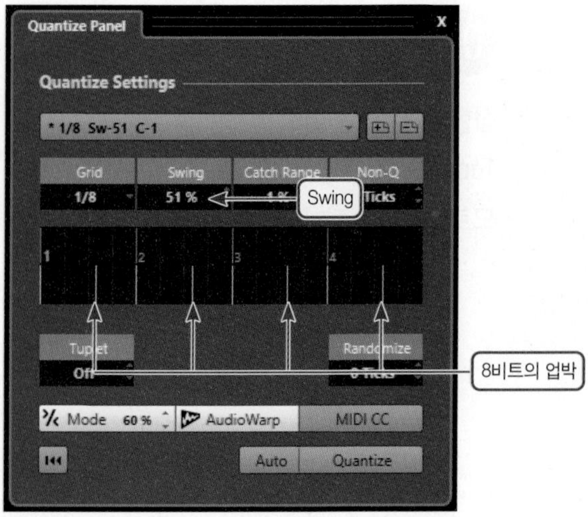


03 Swing은 Gird 항목에서 선택한 단위에서 업 박자에 해당하는 라인을 퍼센트 단위로 조정하여 스윙 퀀타이즈를 설정할 수 있는 항목입니다. 값을 변경해보면 디스플레이에서 업 박에 해당하는 파란색 라인이 이동하는 것을 확인할 수 있습니다.

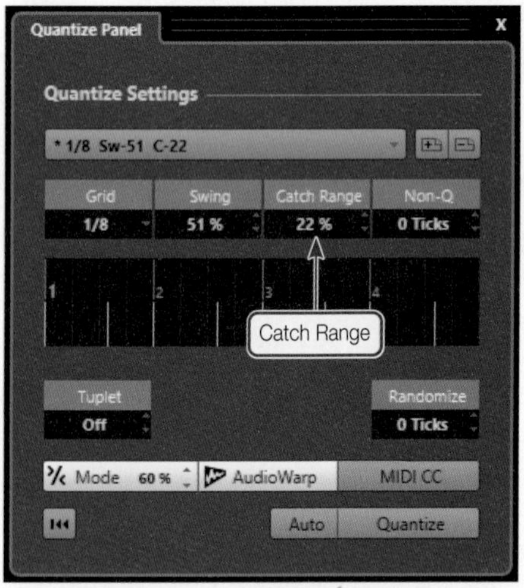


04 Catch Range는 퀀타이즈 적용 범위를 퍼센트 단위로 설정합니다. 여기서 설정한 범위내의 노트들만을 퀀타이즈 하는 것입니다.

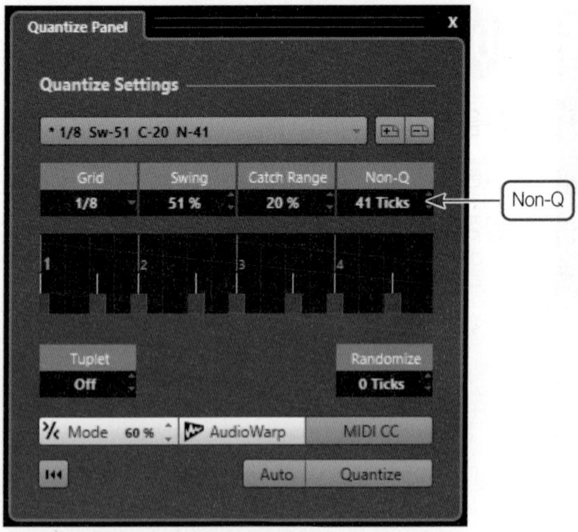


05 Non-Q-는 앞의 Catch Range와 반대 개념으로, 여기서 설정한 범위의 노트들은 퀀타이즈하지 않습니다. 인간적인 연주를 만들기 위해서 아주 중요한 부분입니다. 범위는 빨간색으로 표시합니다.

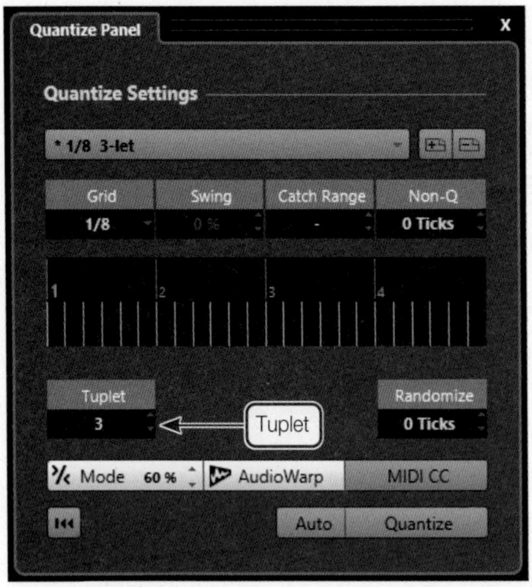


06 Tuplet 항목은 Grid에서 설정한 단위를 몇 개로 세분화 할 것인지를 설정합니다. 예를 들어서 Grid를 8비트로 하고, Tuplet을 3으로 하면, 8비트를 3등분 하는 것이므로 6연음을 퀀타이즈 합니다.

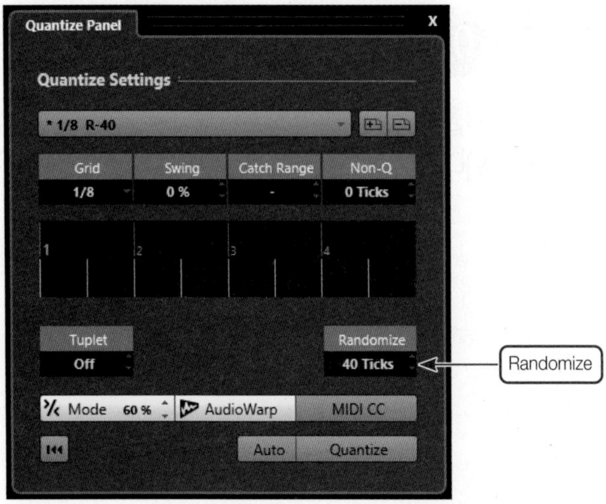


07 Randomize는 마우스와 스텝 방식으로 입력한 노트들을 리얼로 입력한 듯이 그리드 라인에서 벗어나게 합니다. 설정하는 단위는 틱 값이고, Non Quantize로 범위를 제한하여 사용할 수 있습니다.

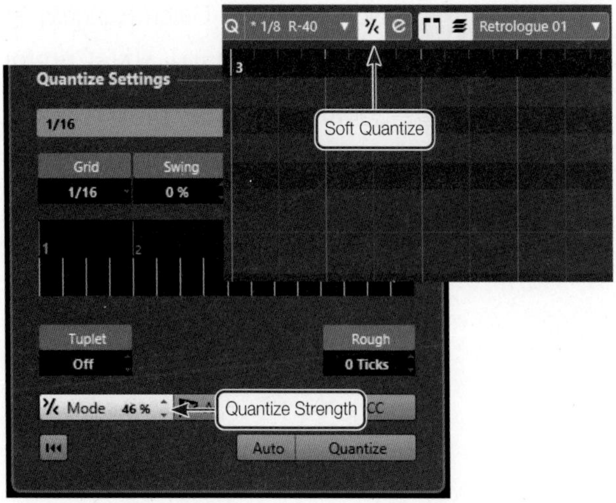


08 Quantize Strength는 Soft Quantize 값을 설정합니다. Soft Quantize 버튼을 On으로 하고, Q 키를 눌러 퀀타이즈를 적용할 때 46%가 되었던 것은 이 값이 46%로 설정되어 있었기 때문입니다.

09 큐베이스는 오디오 이벤트를 퀀타이즈 시킬 수 있으며, 이를 활성화하는 버튼이 Audio Warp입니다. Audio Warp의 자세한 내용은 오디오 학습편을 참조하세요.

10 MIDI CC 버튼을 On으로 하면 미디 노트에 적용된 컨트롤 정보를 함께 퀀타이즈 합니다. 리얼로 입력한 피치와 모듈레이션 정보를 함께 정렬할 수 있는 것입니다.

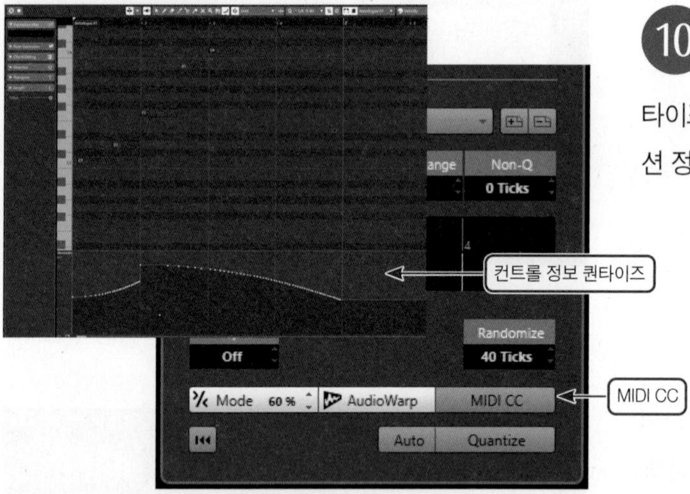


11 Quantize 버튼은 창에서 설정한 값을 선택한 미디 파트에 적용하는 버튼이며, Auto 옵션을 체크하면, 창에서 설정하는 값들을 실시간으로 적용하여 변화 값을 쉽게 확인할 수 있습니다. Reset 버튼을 클릭하면 퀀타이즈를 취소합니다.

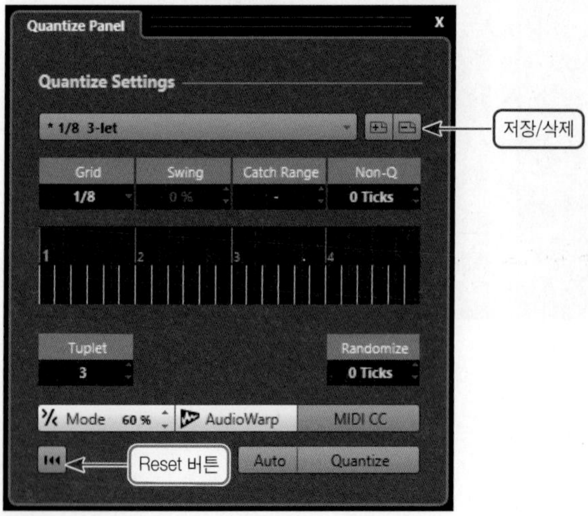


**Tip**

사용자가 만든 퀀타이즈 설정은 프리셋 목록 오른쪽의 + 버튼을 클릭하여 저장할 수 있습니다.

# 04 길이 퀀타이즈

큐베이스는 노트의 시작 위치를 정렬하는 퀀타이즈 외에 노트의 길이와 끝 위치 등을 정렬하는 역할을 하는 Advanced Quantize 메뉴를 제공합니다. 퀀타이즈에 대한 개념은 이미 충분히 설명했으므로 Advanced Quantize 서브 메뉴의 역할만 살펴보겠습니다.

❶ Advanced Quantize

Edit 메뉴에는 퀀타이즈를 적용하는 Quantize, 취소하는 Reset Quantize, 패널을 여는 Quzntize Panle과 하위 메뉴를 가지고 있는 Advanced Quantize를 제공합니다.

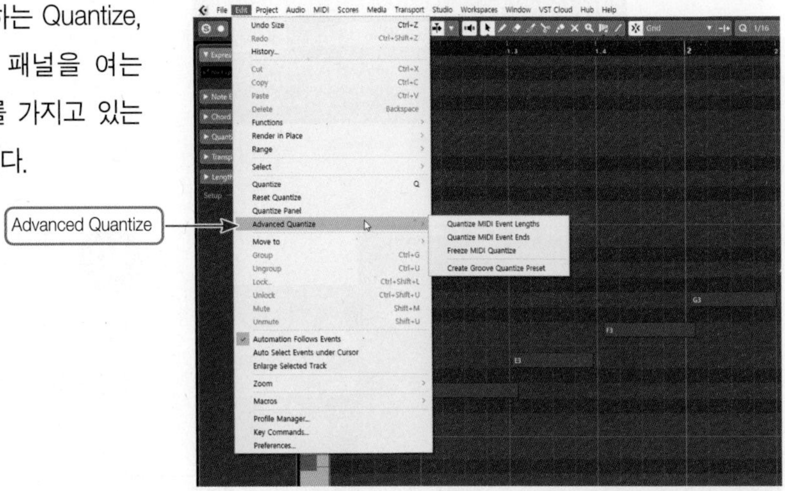


❷ Quantize MIDI Event Lengths

노트의 길이를 정렬합니다. 미디 편집 창의 Quantize 항목에서 1-8 note를 선택하고, 이 메뉴를 선택하면, 입력한 각 노트의 시작 지점을 기준으로 8개의 가상 라인을 만들어 가장 가까운 라인까지 노트의 길이를 정렬합니다.

❸ Quantize MIDI Event Ends

Quantize MIDI Event Lengths와 비슷한 기능으로 노트의 끝 지점을 정렬합니다. Quantize MIDI Event Lengths와의 차이점은 시작 지점에 상관 없이 무조건 퀀타이즈 라인에 맞추어 길이를 정렬한다는 것입니다.

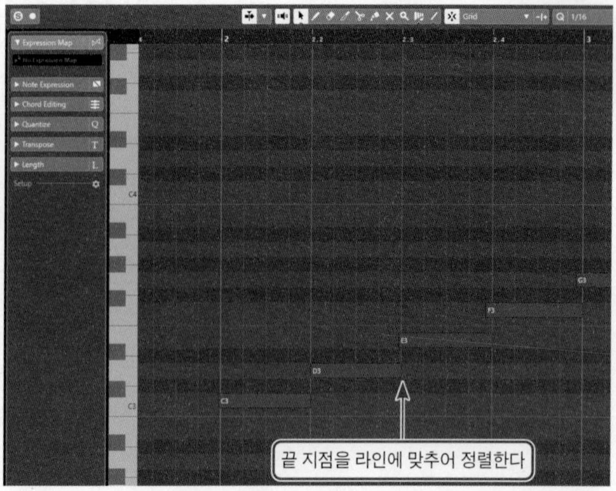


❹ Freeze Quantize

적용한 퀀타이즈를 고정합니다. 하나의 파트에서 2가지 이상의 퀀타이즈 값을 적용하고 싶을 때 사용합니다. 예를 들어 8비트 노트와 12비트 노트를 함께 퀀타이즈 할 경우, 12비트 노트만을 정렬 후 고정하고, 나머지 8비트를 정렬하는 것입니다.

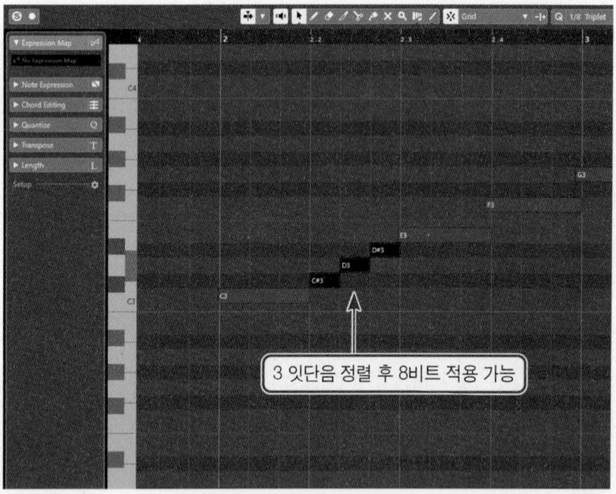


❺ Create Groove Quantize Preset

선택한 파트의 노트 값을 기준으로 퀀타이즈를 만들어 퀀타이즈 목록에 추가합니다. 작업 중인 파트의 노트를 기준으로 다른 파트를 정렬하고 싶을 때 사용할 수 있습니다.

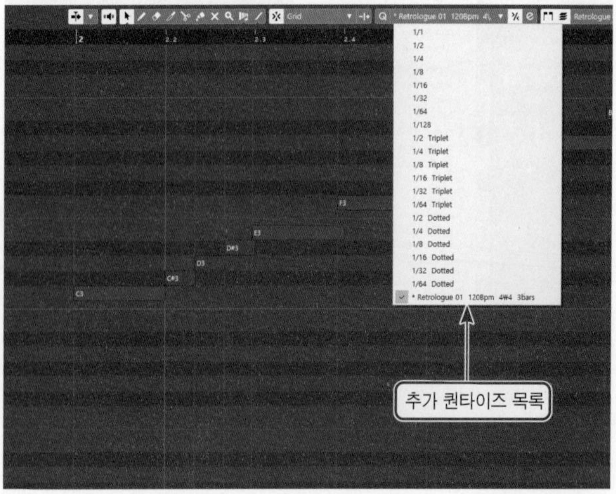

# 04 미디 편집 메뉴

MIDI 메뉴에는 에디터 창을 여는 Open 명령 외에 선택한 미디 파트 또는 이벤트를 편집할 수 있는 다양한 기능을 제공합니다. 복사 방법을 몰라 똑같은 문서를 두 번 쓰면서도 자신의 방법이 옳다고 주장하는 경우가 있습니다. 물론, 한 두 문장이라면 두 번 쓰는 것이 빠를 수도 있겠지만, 상황에 필요한 기능을 적절히 사용할 수 있어야 작업을 효율을 높일 수 있습니다.

## 01 피치 및 스케일 변경하기

입력한 미디의 피치를 조정하는 방법에는 다양한 것들이 있습니다. 그 중에서 메뉴를 이용하는 방법과 인스펙터 파라미터를 이용하는 방법을 많이 사용합니다. 인스펙터 파라미터의 Transpose는 트랙에 영향을 주지만, MIDI 메뉴의 Transpose는 선택한 파트에 영향을 준다는 차이점이 있습니다. 그리고 인스펙터 파라미터는 실제 노트를 변경하지 않지만, MIDI 메뉴는 실제 노트를 변경합니다.

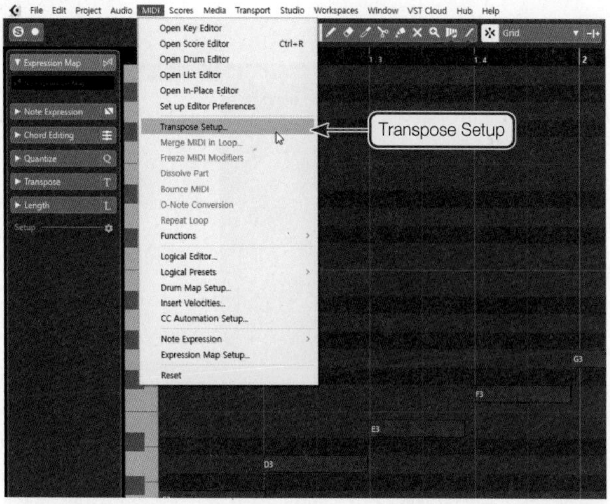


**01** 음정을 조정할 파트 또는 이벤트를 선택하고, MIDI 메뉴의 Transpose Setup을 선택합니다.

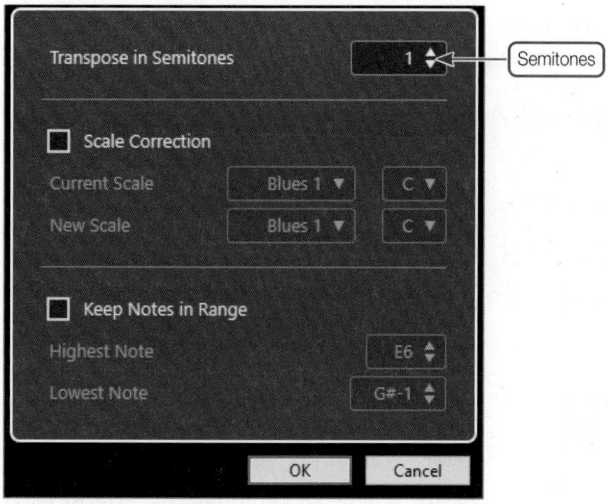


02 피치를 조정하겠다면 Transpose in Semitones 항목에서 원하는 값을 입력합니다. 1의 값이 반음입니다.

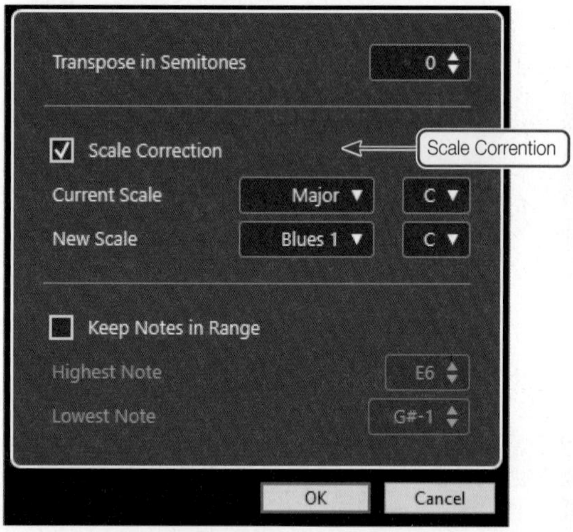


03 스케일을 변경하겠다면 Scale Correction 옵션을 체크합니다. Cureent Scale에서 입력된 스케일을 선택하고, New Scale에서 변경하고자 하는 스케일을 선택합니다.

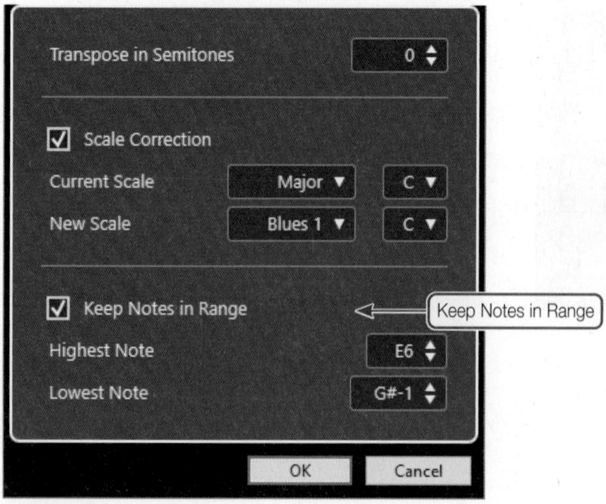


04 Keep Notes in Range 옵션을 체크하면 Low와 High 사이의 노트만을 변경할 수 있습니다. 예를 들어 드럼 음색에 사용될 노트를 만들기 위해서 모든 노트를 F#3로 변경하고 싶다면, Low/High 범위를 모두 F#3로 제한합니다.

# 02 미디 이펙트를 실제 이벤트로 바꾸기

● 샘플 프로젝트 \ Midi-merge

큐베이스에서 작업한 곡을 미디 파일로 저장할 때, Insert 또는 Send 파라미터에서 사용되고 있는 미디 이펙트는 적용되지 않습니다. 그러므로 미디 파일로 저장할 필요가 있을 때는 이펙트에 적용된 효과를 실제 데이터로 바꿔줄 필요가 있는데, 이러한 역할을 하는 것이 Merge MIDI in Loop 메뉴 입니다.

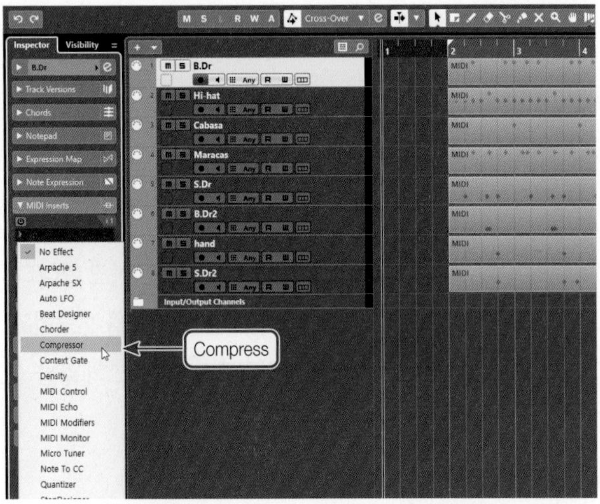


**01** 샘플은 8개의 트랙으로 분리한 드럼 패턴이 있습니다. B.Dr이라는 이름의 1번 트랙을 선택하고, Inserts 파라미터에서 Compress를 적용합니다.

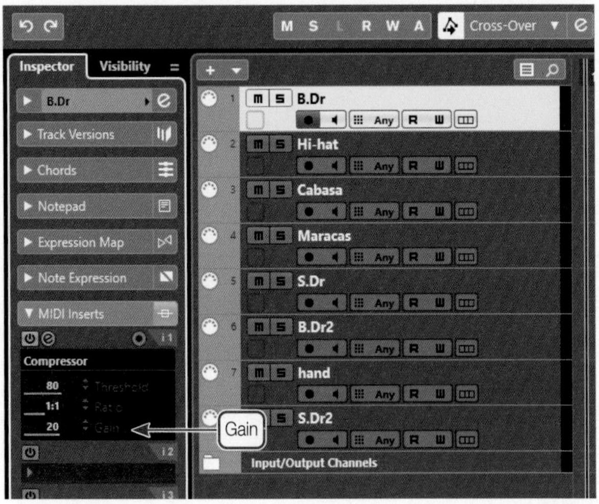


**02** Compress 파라미터에서 기본값들은 그대로 두고, Gain 항목을 20 정도로 조정합니다. 전체 벨로시티 값에 20 정도를 증가하는 것입니다.

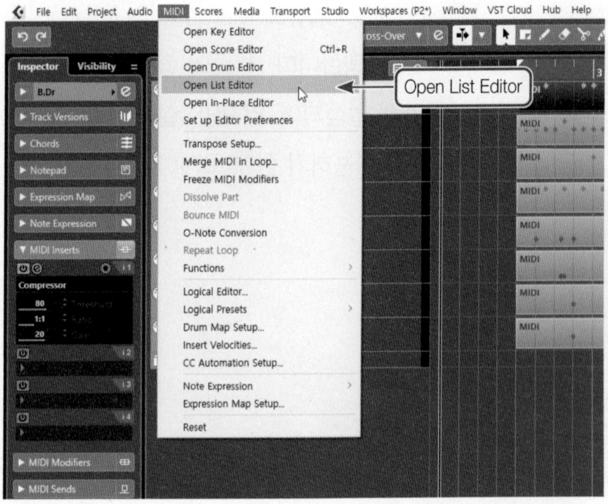


03 Merge MIDI in Loop 기능을 확인하기 위해서 B.Dr 트랙 파트를 선택하고, MIDI 메뉴의 Open List Editor 를 선택합니다.

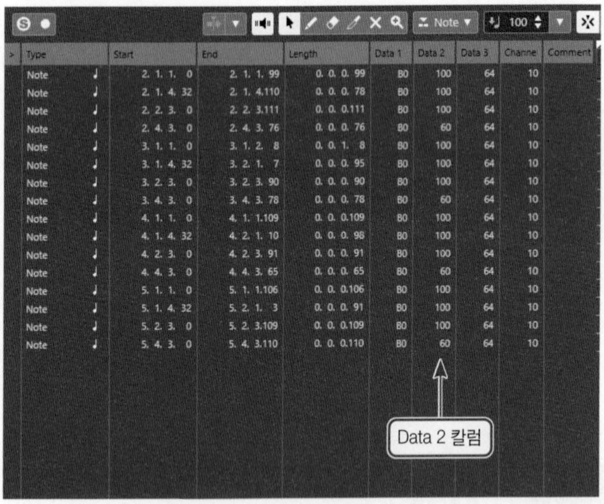


04 List Editor의 Data2 칼럼에 있는 벨로시티 값을 확인합니다. 강 박자는 100이고, 약 박자는 60으로 입력되어 있는 것을 확인할 수 있습니다.

05 List Editor 창을 닫고, B.Dr 트랙의 솔로 버튼을 클릭합니다. 모든 트랙을 하나의 파트로 만들고 싶다면 솔로로 설정할 필요는 없습니다. 여기서는 Insert 이펙트 적용 여부를 확인하기 쉽게 B.Dr만 선택한 것입니다.

06 MIDI 메뉴의 Merge MIDI in Loop 을 선택합니다. 샘플의 경우에는 로케이터 범위가 설정되어 있지만, 실제 작업에서는 이 메뉴를 적용하기 전에 로케이터 범위를 설정해야 합니다.

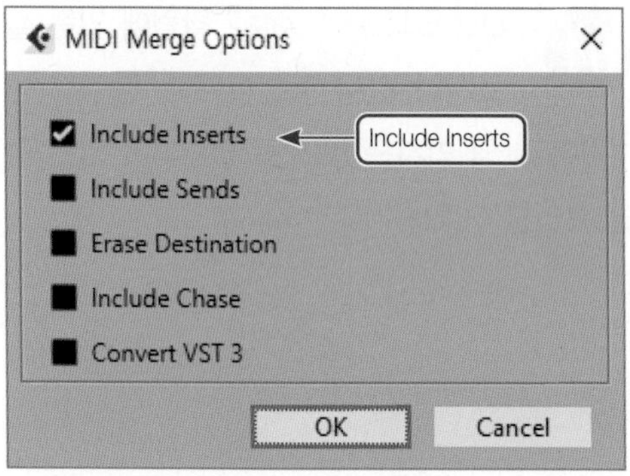


07 MIDI Merge Options 창이 열립니다. Include inserts와 Include Sends 옵션은 각 파라미터에서 사용한 이펙트를 적용할 것인지를 여부를 결정하는 것이고, Erase Destination 옵션은 대상 트랙의 파트를 삭제할 것인지를 결정합니다.

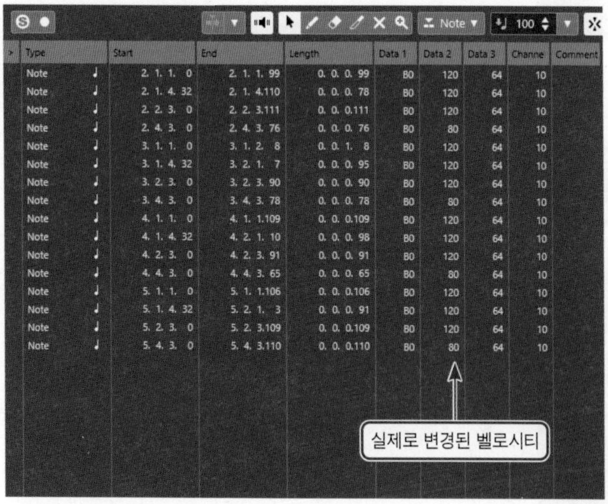


08 인서트 이페트를 적용하는 것이므로, Include Inserts 옵션이 체크된 상태에서 OK 버튼을 합니다. 새로 만들어진 파트의 List Editor를 열어보면, 각 노트의 벨로시티가 20씩 증가한 것을 확인할 수 있습니다.

# 03 Modifiers를 실제 이벤트로 바꾸기

Freeze Track Modifiers 메뉴는 앞에서 살펴본 Merge MIDI in Loop 메뉴와 비슷한 기능입니다. 다만, 인스펙터 MIDI Modifiers 파라미터의 값을 실제 데이터에 적용한다는 차이점이 있습니다. 큐베이스에서 작업한 곡을 미디 포맷으로 저장할 때, Merge MIDI in Loop와 함께 가장 많이 사용하는 기능입니다.

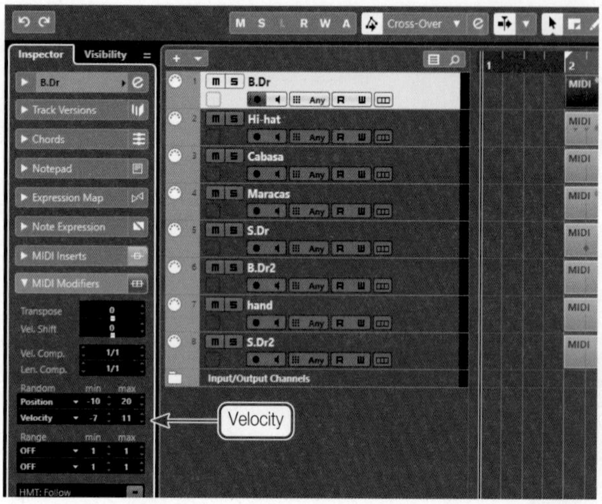


**01** 앞의 실습으로 생성했던 파트를 삭제하고, B.Dr 트랙의 Modifiers 파라미터를 엽니다. Random 항목에서 Velocity를 선택하고, Min과 Mix 값을 적당히 설정해 봅니다.

**02** MIDI 메뉴의 Freeze Track Modifiers를 선택하면, Modifiers 파라미터가 초기화 되는 것을 확인할 수 있습니다. 설정 값이 실제 데이터에 적용된 것입니다. 리스트 에디터를 열어서 확인해 봅니다.

# 04 미디 파트 분리하기

미디 드럼 파트를 오디오로 녹음할 때는 베이스 드럼, 스네어 드럼 등 각각의 파트를 개별적으로 녹음합니다. 이때 드럼 에디터의 솔로 기능을 이용해도 되지만, 녹음을 완료한 파트를 제거하는 작업 습관을 가지고 있다면, 각 파트 별로 분리하여 녹음을 하는 것이 좋습니다. 미디 파트의 채널 및 노트 분리에 사용되는 Dissolve Part 메뉴를 살펴보겠습니다.

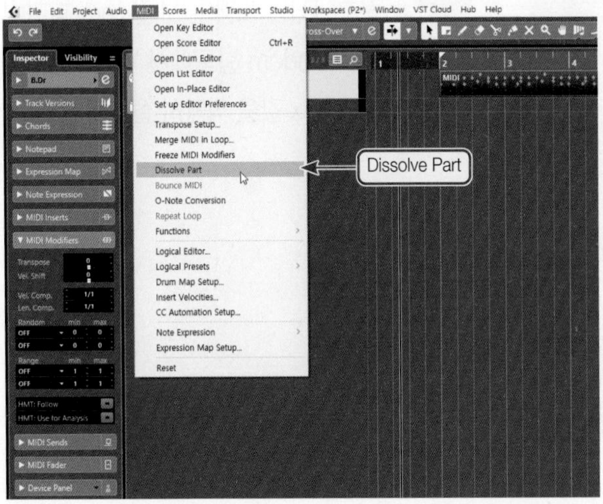


**01** 베이스, 스네어, 하이햇 등의 드럼 패턴을 하나의 파트로 입력했다고 가정합니다. 믹싱 작업을 진행하기 위해서는 악기별로 분리해야 할 것입니다. MIDI 메뉴의 Dissolve Part를 선택합니다.

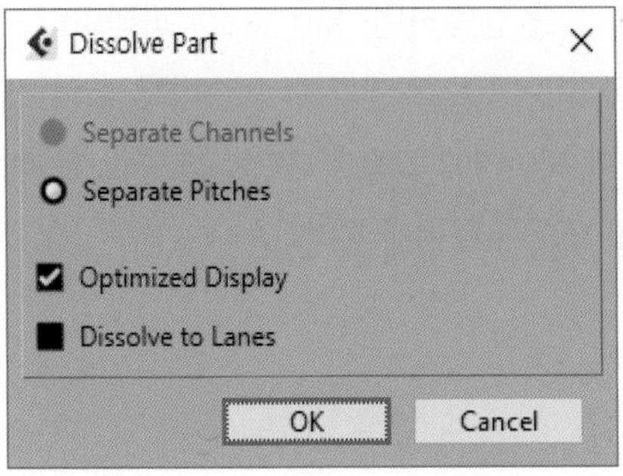


**02** Dissolve Part 창의 Separate Channels은 채널, Separate Pitches는 노트 별로 파트를 분리하는 것입니다. Separate Pitches를 선택하고, OK 버튼을 클릭하면, 각 파트별로 노트가 분리하는 것을 확인할 수 있습니다.

**Tip**

선택한 파트의 이벤트가 채널별로 분리되어 있지 않다면, Dissolve Part창의 separate channels 항목은 사용할 수 없습니다.

# 05 미디 파트 정리하기

Bounce MID 메뉴는 여러 개의 파트를 하나로 정리해주는 역할을 합니다. 물론, 큐베이스에서는 이와 비슷한 기능의 풀 도구를 제공하고 있지만, 필요 없는 데이터를 미리 편집한 후에 적용해야 한다는 불편함이 있습니다. 하지만, Bounce MIDI 메뉴를 이용하면 사용자가 뮤트 시켜놓은 파트를 자동으로 제거하기 때문에 별다른 편집 없이 깔끔한 파트를 완성할 수 있습니다.

**01** 드럼 트랙의 연주를 노트 별로 나누어 녹음했다고 가정합니다. 필요 없는 파트를 뮤트하고, 잘라내는 등의 편집으로 복잡해진 레인 트랙에서 마우스 오른쪽 버튼을 클릭하여 Select All Event를 선택합니다.

**02** 해당 트랙의 파트가 모두 선택되면, MID 메뉴의 Bounce MIDI를 선택합니다. 뮤트된 파트가 삭제되고 하나의 파트로 정리되는 것을 확인할 수 있습니다.

# 06 아웃 노트 바꾸기

큐베이스에서 작업한 곡을 미디 파일로 저장할 때, 드럼 맵의 아웃 환경은 실제 노트 값으로만 저장됩니다. 독자의 악기 설정에 맞추어 노트의 아웃을 변경했다면, 미디 파일로 저장하기 전에 O-Note Conversion 메뉴를 이용해서 실제 노트로 바꿔야 합니다.

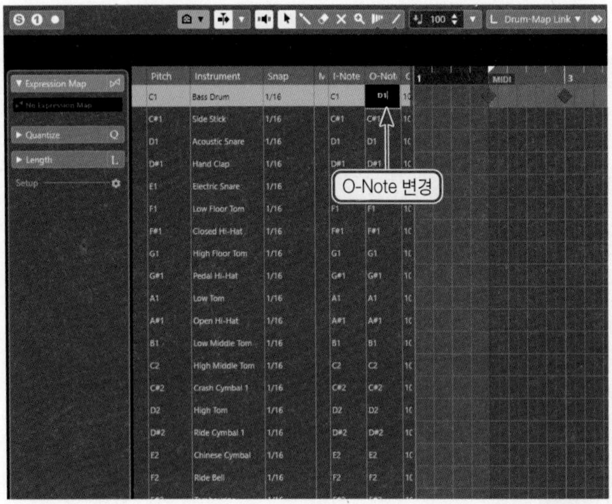


**01** 그림에서와 같이 C1로 입력한 노트를 D1으로 연주되게 아웃 노트를 변경했다고 가정합니다.

**02** MIDI 메뉴의 O-Note Conversion을 선택해보면, O-Note에서 D1으로 설정한 C1노트가 실제 D1으로 변경되는 것을 확인할 수 있습니다.

## 07 이벤트 반복하기

큐베이스에서 제공하는 미디 에디터의 도구 모음 줄에는 편집 중인 미디 에디터의 특정 구간만을 반복하는 반복 버튼이 있습니다. Repeat Loop 메뉴는 반복 버튼이 On일 때, 반복 구간으로 설정한 범위를 파트의 길이만큼 복사하는 기능입니다.

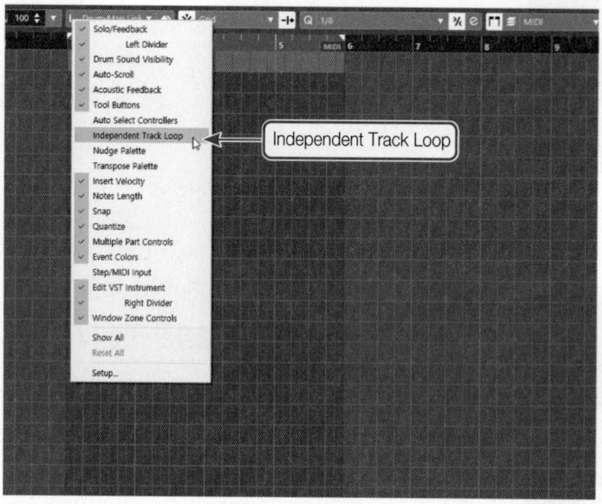


**01** 키 에디터의 도구 모음 줄에서 마우스 오른쪽 버튼을 클릭하여 단축 메뉴를 열고, Independent Track Loop를 선택하여 반복 버튼을 표시합니다. 반복 버튼을 On으로 하고 눌러 라인을 드래그하여 반복 시킬 구간을 선택합니다.

**02** Independent Track Loop 버튼을 On으로 하고, 루프 라인을 드래그하여 반복시킬 구간을 선택합니다.

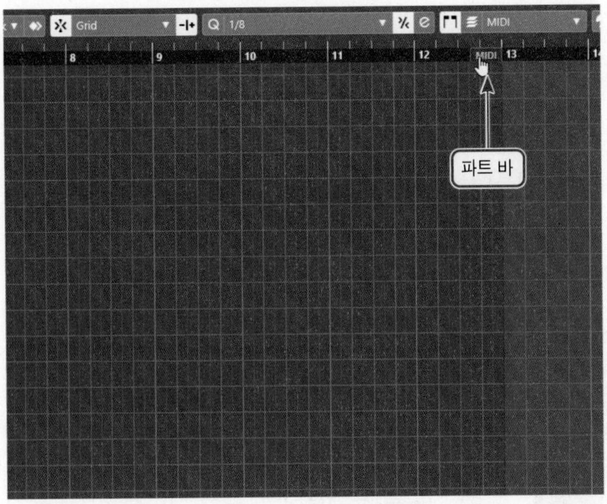


**03** MIDI 메뉴의 Repeat Loop 명령은 파트의 길이만큼 반복하는 것이므로, 파트 바를 드래그하여 원하는 길이를 만듭니다.

**04** MIDI 메뉴의 Repeat Loop를 선택하면 반복 범위로 설정한 구간의 이벤트가 파트의 길이만큼 반복되는 것을 확인할 수 있습니다.

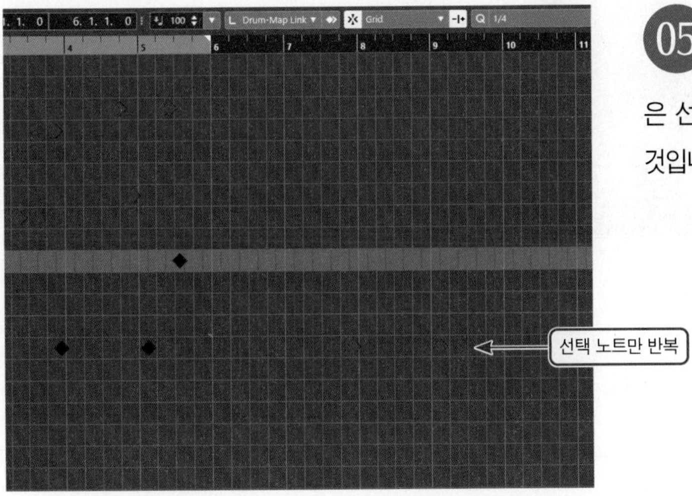


**05** 미디 파트의 Repeat 핸들을 드래그하여 파트를 반복시키는 것과의 차이점은 선택한 노트만 반복시키는 것이 가능하다는 것입니다.

# 08 다양한 미디 편집기능

MIDI 메뉴의 Functions에는 선택한 미디 정보에 다양한 효과를 줄 수 있는 16가지의 서브 메뉴로 구성되어 있습니다. 선택한 노트의 길이를 자동으로 변경한다거나 겹쳐있는 노트들을 삭제하는 기능들은 작업하면서 자주 사용하는 기능입니다. 특히, 노트가 겹쳐 있으면 소리가 일그러지거나 끊어지는 현상을 경험할 수 있는데, 눈으로는 확인이 안 되는 경우가 있습니다. 이때 Functions 메뉴를 이용하여 간단하게 해결할 수 있습니다.

- Legato

Functions 메뉴의 Legato는 선택한 노트 또는 파트의 노트들을 다음 노트의 시작 지점까지 연장하여 레가토 효과를 만듭니다. 그림은 적용 전과 후의 비교입니다.

- Fixed Lengths

Functions 메뉴의 Fixed Lengths는 선택된 노트 또는 파트의 노트 길이를 퀀타이즈에서 설정한 길이로 조정합니다. 그림은 퀀타이즈 값을 16비트로 선택한 후의 적용 전과 후를 비교한 것입니다.

● Pedals to Note Length

Functions 메뉴의 Pedals to Note Length는 선택한 파트에서 컨트롤 정보 64번인 서스테인 페달 값을 검출하여 실제 노트 길이를 만들고, 컨트롤 정보 64번을 제거합니다. 그림에서 적용 전의 노트 길이와 적용 후의 노트 길이를 보면 쉽게 이해할 수 있을 것입니다.

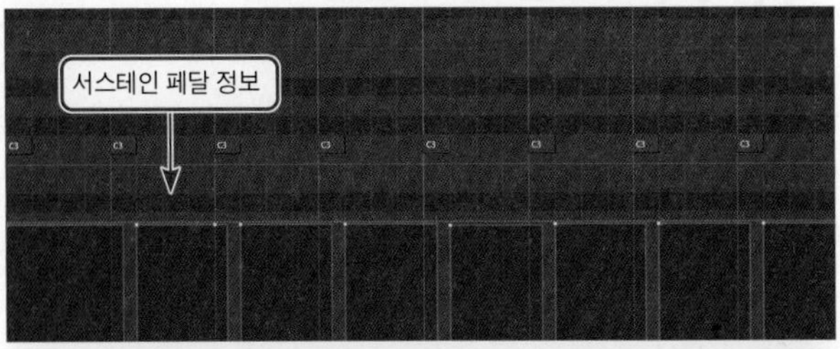


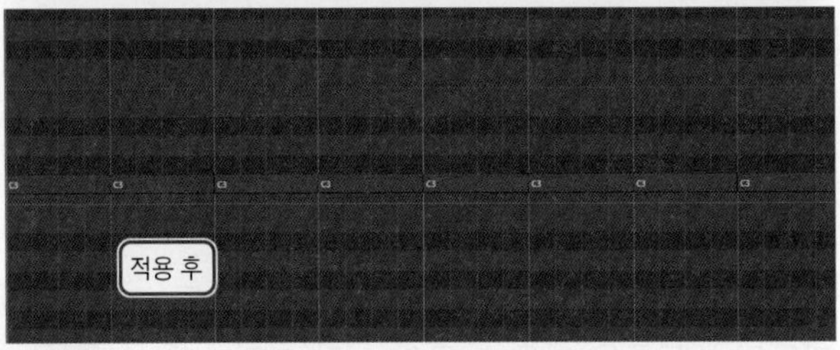


● Delete Overlaps (Mono)

Functions 메뉴의 Delete Overlaps(Mono)는 같은 음정에 겹쳐있는 노트를 제거합니다. Delete Doubles과 비슷하지만, 시작 위치가 다르게 겹쳐진 경우에도 제거한다는 차이점이 있습니다.

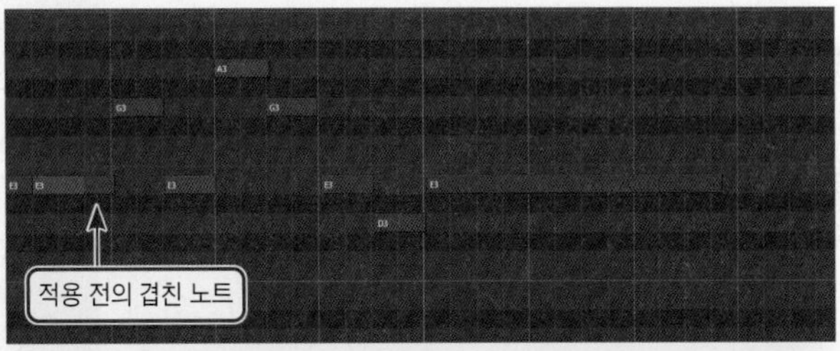


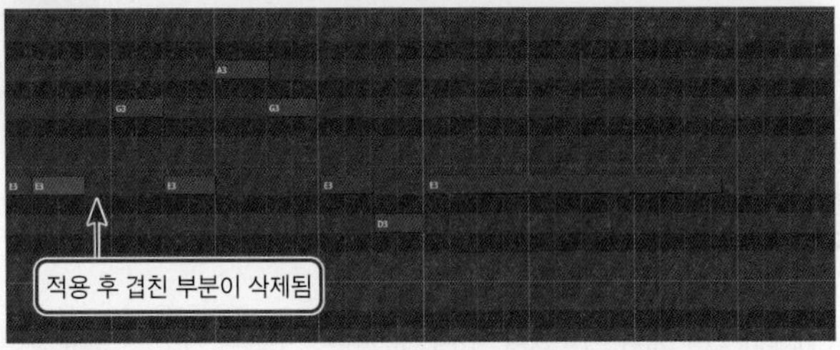


● Delete Overlaps (Poly)

Functions메뉴의 Delete Overlaps(Poly)는 음정에 상관없이 겹쳐있는 노트들을 다음 노트의 시작점까지 줄여줍니다. 그림에서는 적용 전에 다른 음정으로 겹쳐있는 노트를 적용 후에 왼쪽의 노트가 오른쪽의 노트 시작 지점까지 줄어든 모습입니다.

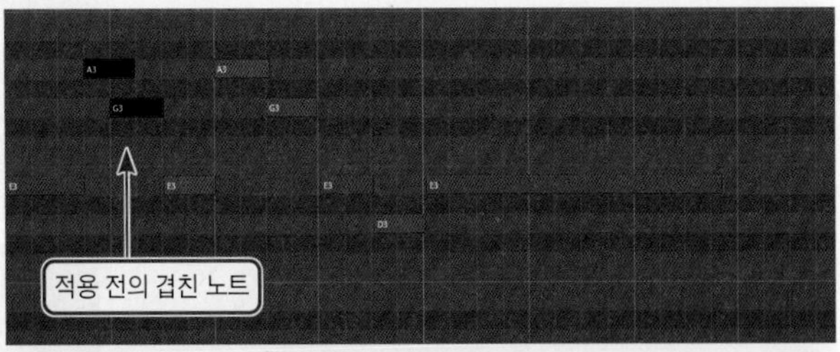


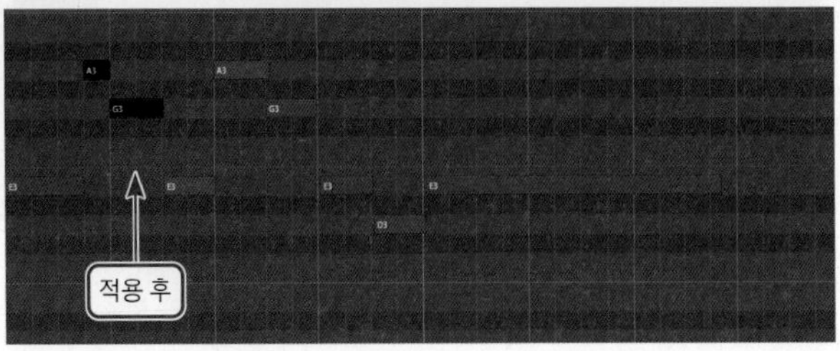

● Velocity

Functions 메뉴의 Velocity는 선택한 노트 또는 파트의 벨로시티 값을 변경할 수 있는 창을 열어줍니다. 창의 Type에서 Add/Subtract를 선택하면 Amount 값을 더하거나 빼주고, Compress/Expand를 선택하면 Ratio 값 범위로 확대하거나 축소합니다. 그리고 Limit를 선택하면 Upper와 Lower 값 사이로 제한합니다.

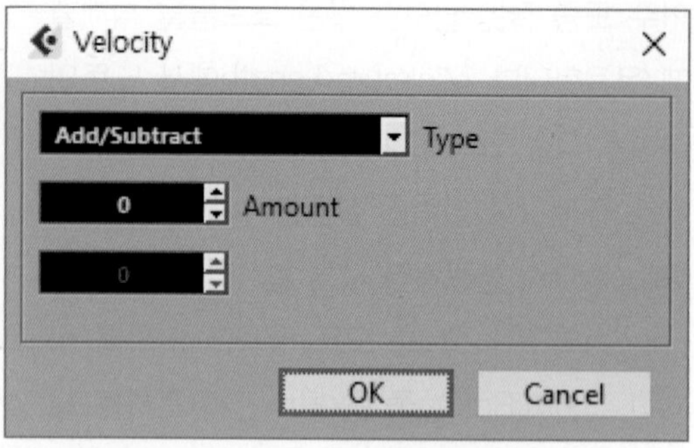


● Fixed Velocity

Functions 메뉴의 Fixed Velocity는 선택한 노트 또는 파트를 도구 모음 줄에 있는 Insert Velocity에서 설정한 벨로시티 값으로 변경합니다. 도구는 Set up 메뉴의 Insert Velocity를 선택하여 표시할 수 있습니다.

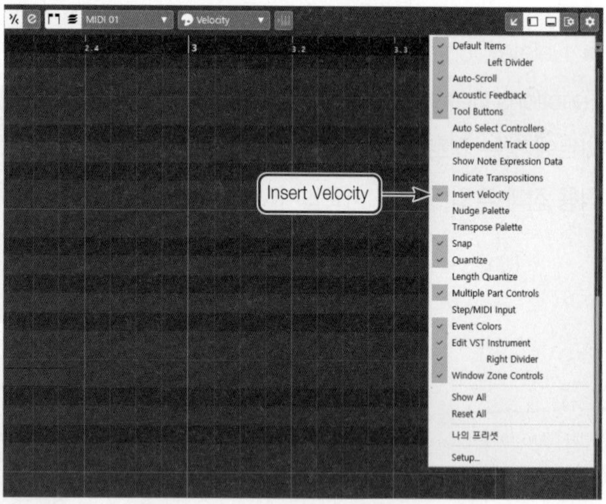


● Delete Doubles

노트가 같은 타임에 겹쳐 있으면, 상단 그림처럼 눈으로 구분할 수 없습니다. 하지만, 소리가 찌그러져서 일일이 찾아보면 아래 그림처럼 겹친 노트가 있었음을 알 수 있습니다. Functions 메뉴의 Delete Doubles는 이렇게 같은 타임에 겹친 노트를 자동으로 제거해주는 기능입니다.

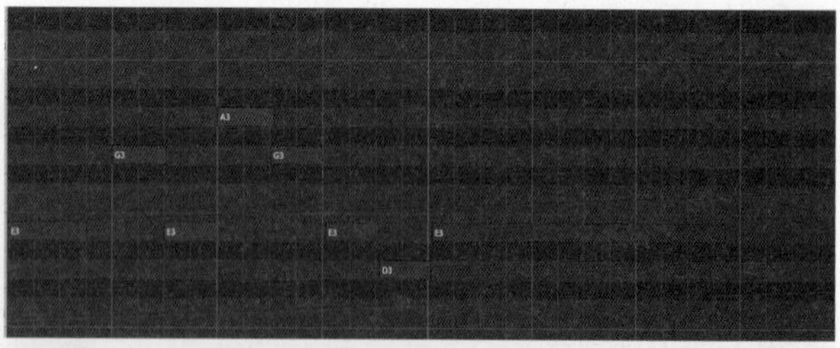

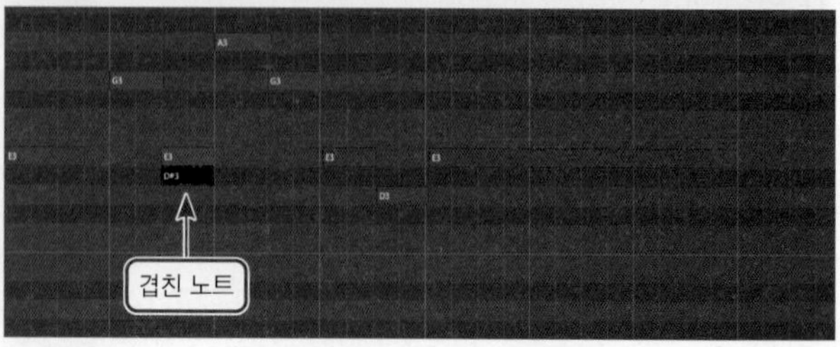

● Delete Notes

연주 도중 잘못 입력한 짧은 노트들을 삭제할 때 유용합니다. Minimum Length에서 노트의 길이를 직접 입력하거나 아래쪽의 Bar에서 마우스 드래그로 길이를 설정합니다. Minimum Velocity에서 벨로시티 값을 설정할 수 있으며, Length와 Velocity를 모두 적용한 노트를 삭제할 것인지(Both), 둘 중 하나만 만족하는 노트도 삭제(One of)할 것인지를 선택할 수 있는 Remove when under 옵션이 있습니다.

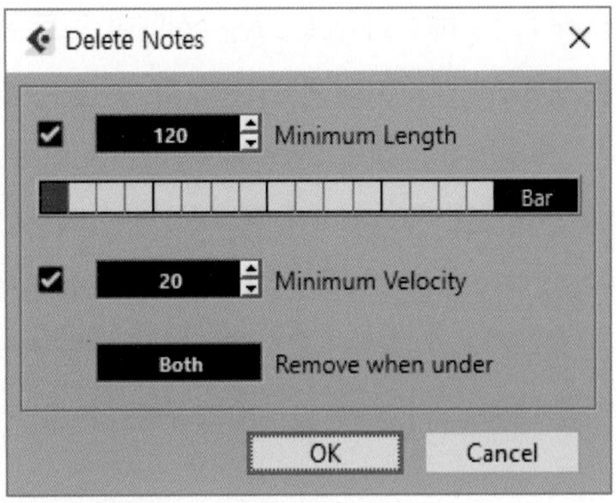


● Delete Controllers

Functions 메뉴의 Delete Controllers는 선택한 파트에 있는 컨트롤 정보를 삭제합니다. 그림은 적용 전과 후의 모습을 비교입니다.

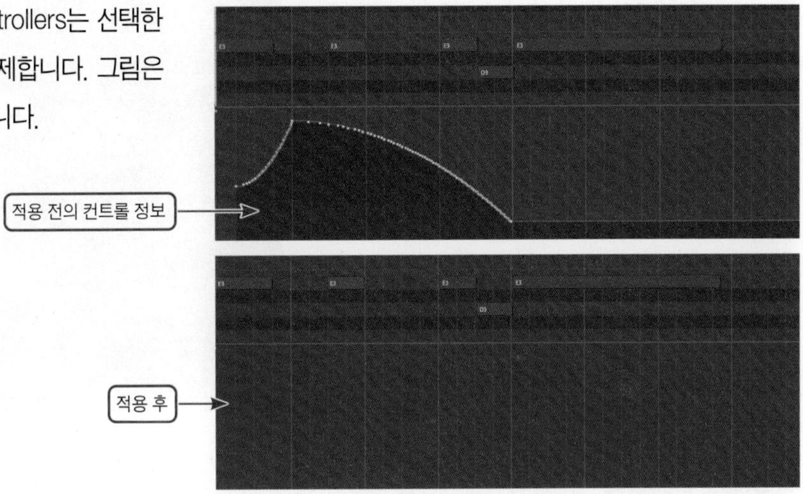


● Delete Continuous Controllers

Functions 메뉴의 Delete Continuous Controllers 는 컨트롤 정보를 삭제하는 Delete Controllers 메뉴와 같습니다. 다만, 서스테인 페달과 같이 On/Off 역할을 하는 정보는 삭제하지 않습니다. 그림은 적용전과 후를 비교한 것으로 서스테인 페달 정보가 남아있는 것을 확인할 수 있습니다.

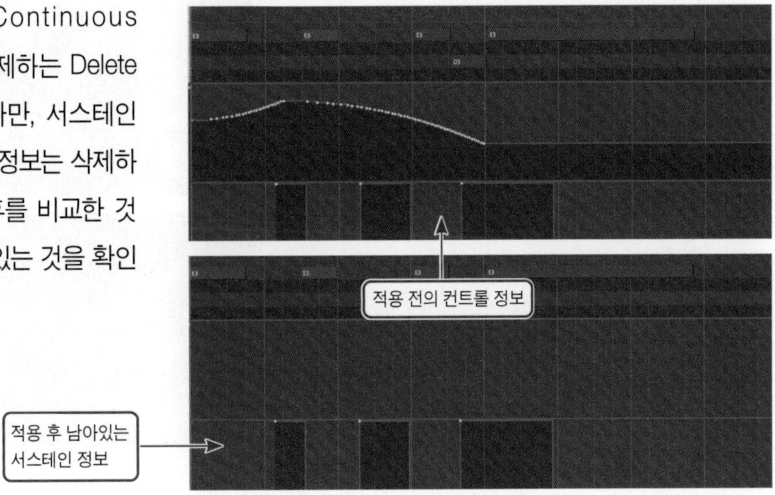

● Restrict Polyphony

선택된 파트에서 연주할 동시 발음 수를 제한할 수 있는 Allow 창을 엽니다. 동시 발음 수란 동시에 연주할 수 있는 노트의 수를 말합니다. 악기를 구입하면 16보이스, 32보이스 등으로 표시되어 있는 것이 동시 발음 수 입니다. 독자가 만든 곡이 사용하는 악기의 동시 발음 수를 넘는다면 이것을 제한할 필요가 있습니다.

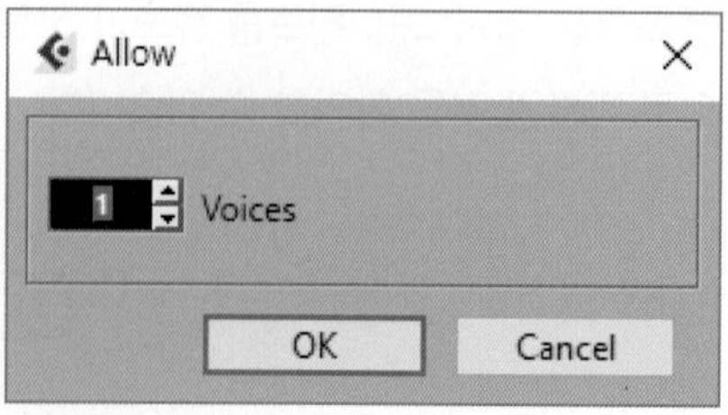


● Thin Out Data

Functions 메뉴의 Thin Out Data는 너무 많이 입력한 컨트롤 정보를 정리합니다. 여러 트랙에 너무 많은 컨트롤 정보를 입력하면, 연주 신호가 끊어지는 현상이 발생할 수 있는데, Thin Out Data를 선택하여 해결할 수 있습니다.

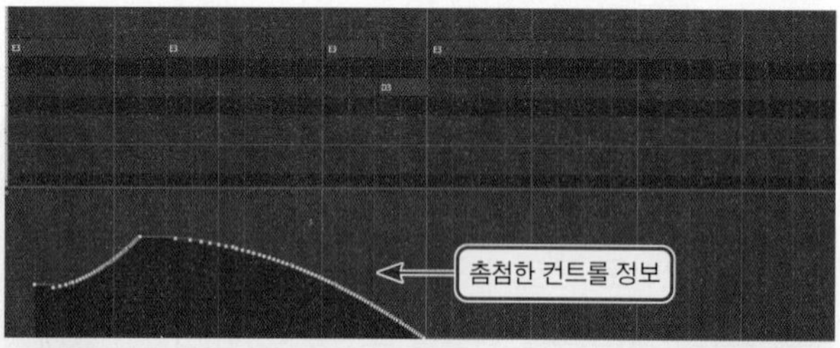


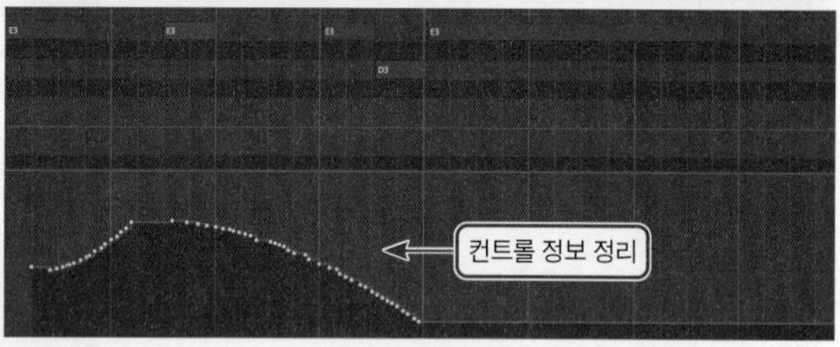


● Extract MIDI Automation

Functions 메뉴의 Extract MIDI Automation은 미디 파트에 입력한 컨트롤 정보를 오토메이션 트랙으로 전환하는 기능입니다. 그림에서와 같이 팬 정보를 입력하고 Extract MIDI Automation를 선택합니다.

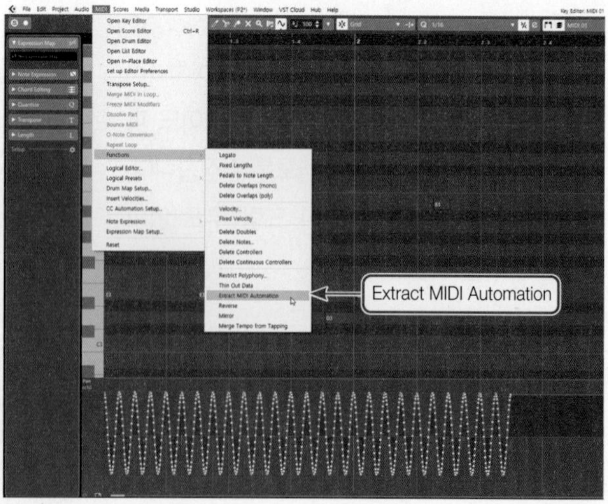

파트에 입력한 팬 정보가 제거됩니다. 오토메이션 트랙을 열어보면, 컨트롤 정보가 오토메이션으로 기록된 것을 확인할 수 있습니다.

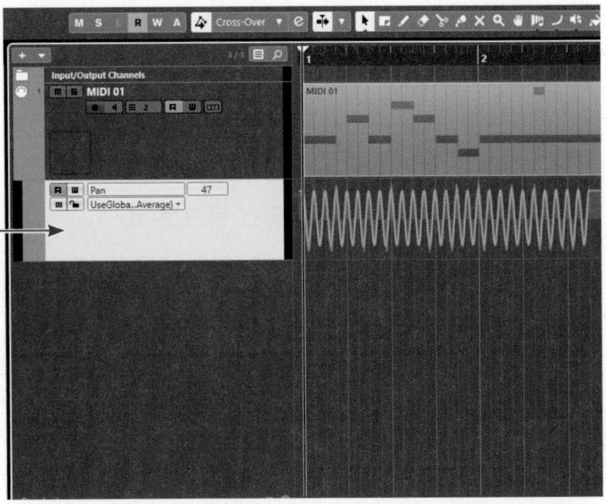


● Reverse

Functions 메뉴의 Reverse는 선택한 노트 또는 파트의 연주 방향을 바꿉니다. 큐베이스에서 제공하는 오디오 프로세스의 Reverse를 이용하면 독특한 사운드를 연출할 수 있지만, 미디의 Revers는 연주 순서만 바뀌는 것이므로 착오없길 바랍니다.

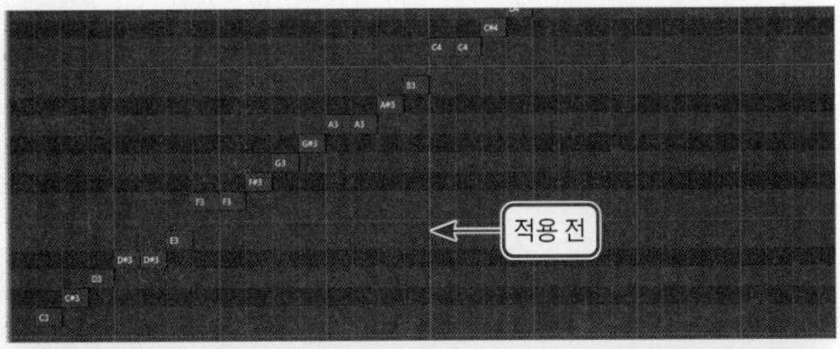


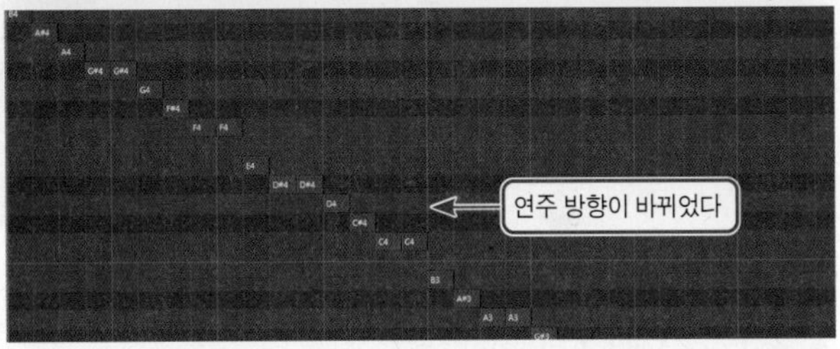


● Merge Tempo from Tapping

Functions 메뉴의 Merge Tempo from Tapping은 자유롭게 녹음한 연주를 가이드 파트에 입력한 노트에 맞추어 템포를 설정합니다. 실습을 위해서 메트로놈이나 드럼 루프 없이 적당한 연주를 녹음을 합니다.

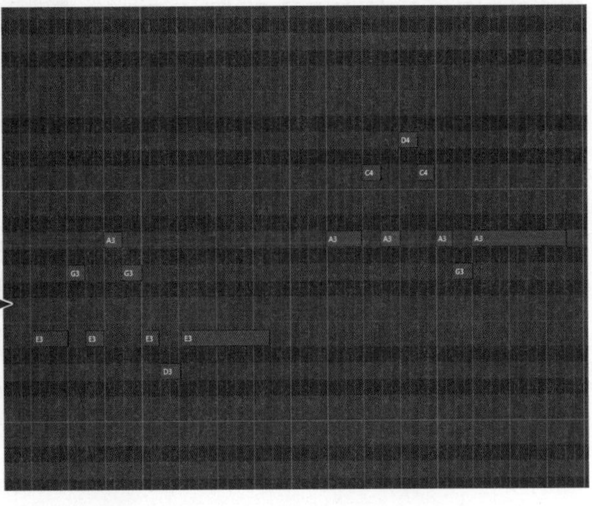

미디 트랙을 하나 더 만들고, 앞에서 녹음한 연주에 맞추어 한 마디 단위로 녹음을 합니다. 이때 녹음하는 음정은 상관없습니다. 아무래도 Kick이나 Hihat과 같은 드럼 음색을 이용하는 것이 좋겠습니다.

Functions 메뉴의 Merge Tempo from Tapping을 선택하여 MIDI Merge Options 창을 엽니다. 한 마디 단위로 입력 했으므로 Tapping 항목을 1Bar로 선택하고, OK 버튼을 클릭합니다. Begin at Bar Start 옵션은 시작 템포도 변경할 것인지를 선택하는 것입니다.

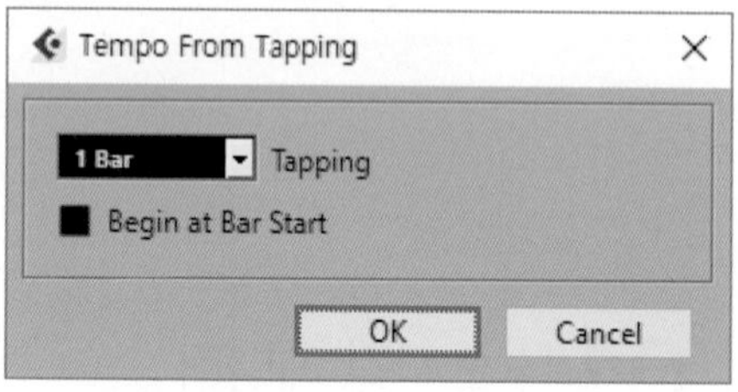


트랜스포트 패널의 Tempo 버튼을 Ctrl 키를 누른 상태로 클릭하여 템포 트랙을 열어보면, 가이드 역할로 입력한 파트에 맞추어 템포가 설정한 것을 확인할 수 있습니다. 이 기능은 오디오 파트에도 응용이 가능하므로, 리믹스 음악 작업을 하는 독자에게는 아주 유용한 기능이 될 것입니다.

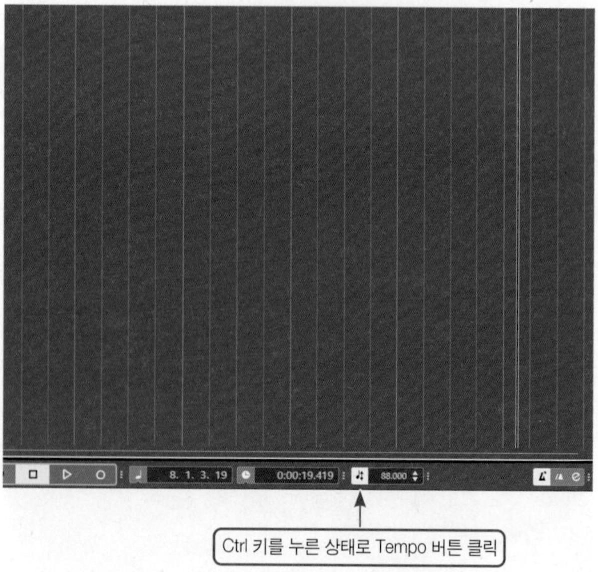

# 05 고급 편집 기능

Functions 이후의 나머지 MIDI 메뉴를 살펴보겠습니다. 입문자에게는 어려운 부분이 있기 때문에 관심조차 없는 기능일수도 있지만, 미디 편집 시간을 단축시키고, 작업 효율을 높여야 하는 실무 사용자가 되기 위해서는 반드시 알고 있어야 할 것입니다.

## 01 로지컬 에디터

Logical Editor 메뉴는 특정 이벤트를 골라내어 일괄적으로 편집할 수 있는 창을 열어줍니다. 만일, 선택한 미디 이벤트가 없을 경우에는 모든 이벤트에 영향을 줍니다. 큐베이스의 고급 기능에 해당하므로, 처음에는 어려울 수 있겠지만, 반복해보면 이해할 수 있을 것입니다.

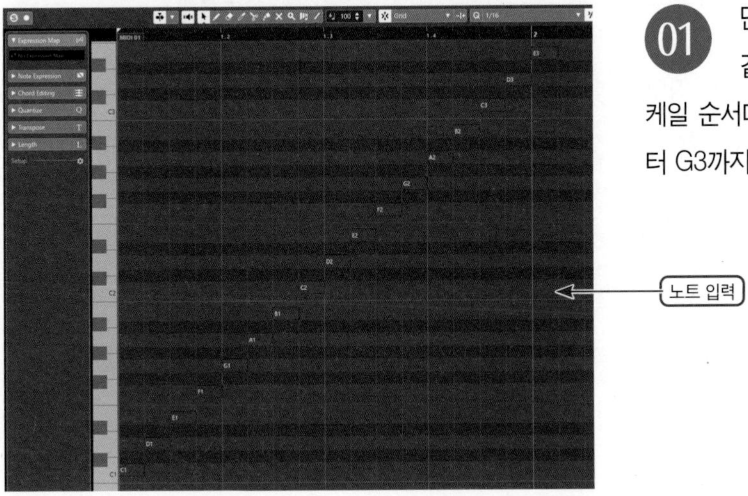


01 단순한 예를 살펴보기 위해서 그림과 같이 키 에디터 창을 열고, 노트를 스케일 순서대로 입력해봅니다. 그림은 C1에서부터 G3까지 입력한 모습입니다.

**02** C2에서 C3까지의 8개 노트만을 골라내어 음정을 바꿔 보겠습니다. MIDI 메뉴의 Logical Editor에서 Setup을 선택합니다. 이때 전체 이벤트에 적용할 것이므로 선택한 이벤트가 없어야 한다는 것을 기억하기 바랍니다.

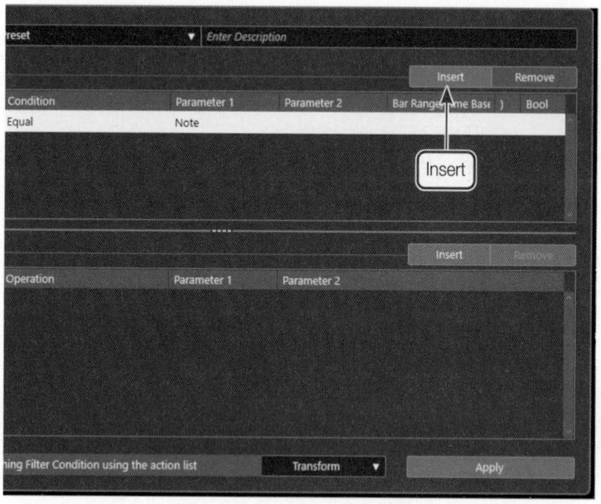


**03** Logical Editor 창이 열립니다. 상단이 필터 섹션이고, 하단이 액션 섹션입니다. 필터 세션의 Insert 버튼을 클릭하여 검색할 이벤트를 입력할 라인을 만듭니다.

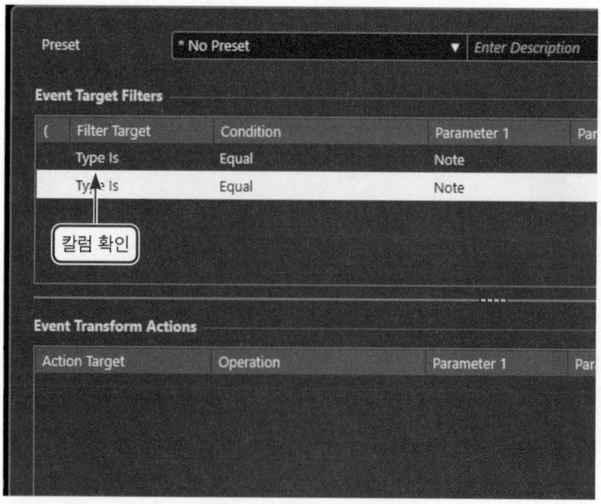


**04** Filter Target은 Type is, Condition 칼럼은 Equal, Parameter 1 칼럼은 Note가 기본적으로 설정되어 있습니다. 확인을 하고 Add Line 버튼을 클릭하여 라인을 하나 더 만듭니다.

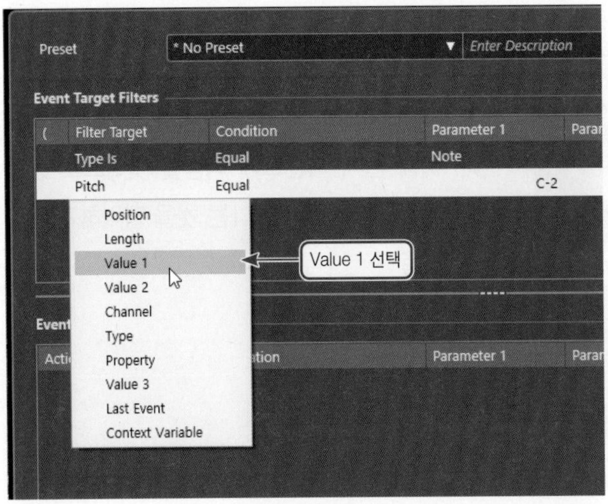


05 두 번째 라인의 Filter Target 칼럼에서 검색할 이벤트의 종류를 선택합니다. 검색할 이벤트는 노트의 음정이므로 Value 1을 선택합니다. 칼럼에 Pitch라고 표시됩니다.

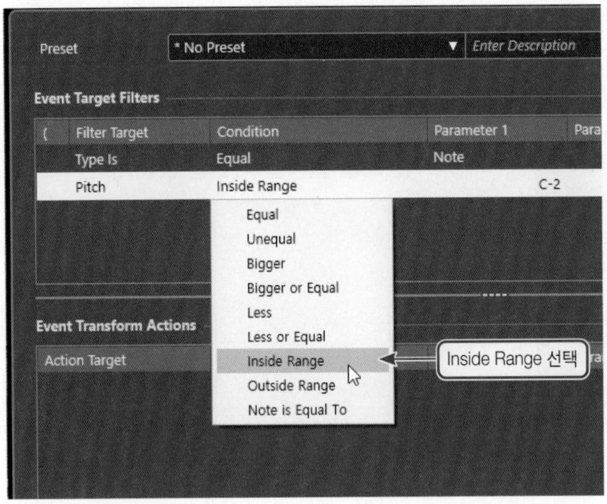


06 Condition 칼럼에서는 검색 조건을 선택합니다. 실습은 C2에서 C3까지의 노트를 변경할 것이므로 범위에 해당하는 Inside Range를 선택합니다.

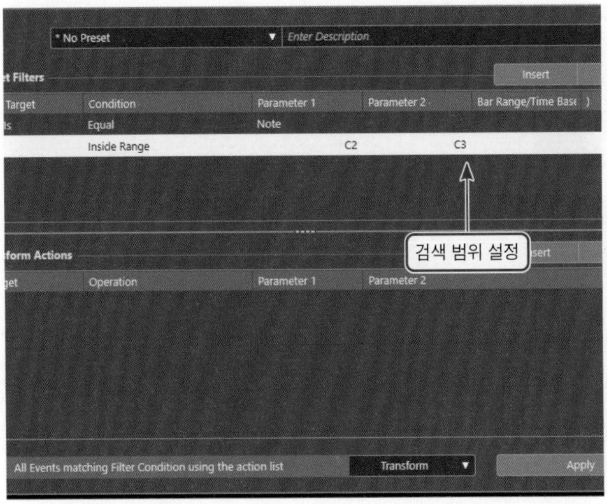


07 Parameter 1 칼럼에서 시작 노트 음정인 C2를 입력하고, Parameter 2 칼럼에 끝 노트 음정인 C3를 입력하여 범위를 설정합니다. 이것으로 목적하는 조건 설정을 완료하였습니다.

08 이제 결과에 대한 설정을 할 차례입니다. 아래쪽 액션 섹션에서 Add Line 버튼을 클릭하여 액션 라인을 하나 만듭니다.

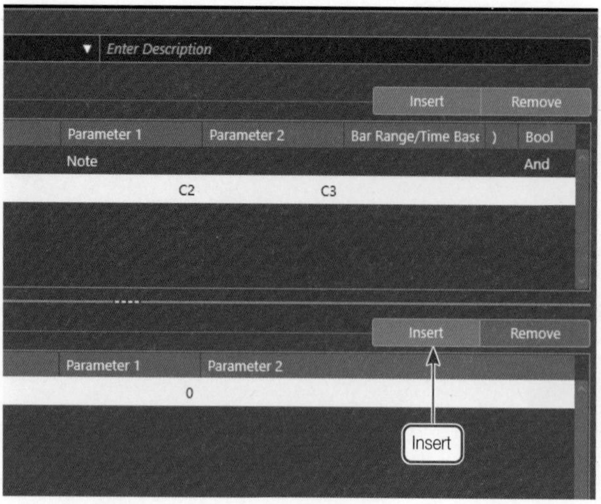


09 Action Tiarget 칼럼이 Value 1인 것을 확인하고, Operation 칼럼에서 결과를 만들 수 있는 Add를 선택합니다.

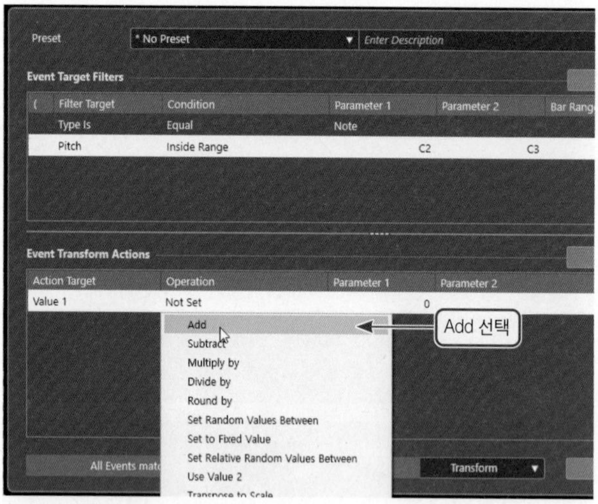


10 Parameter 1 칼럼에서 변경할 값을 입력합니다. 여기서는 5를 입력하여 장 3도를 높이겠습니다. 결과 값 설정이 끝나면 Apply 버튼을 클릭하여 적용합니다.

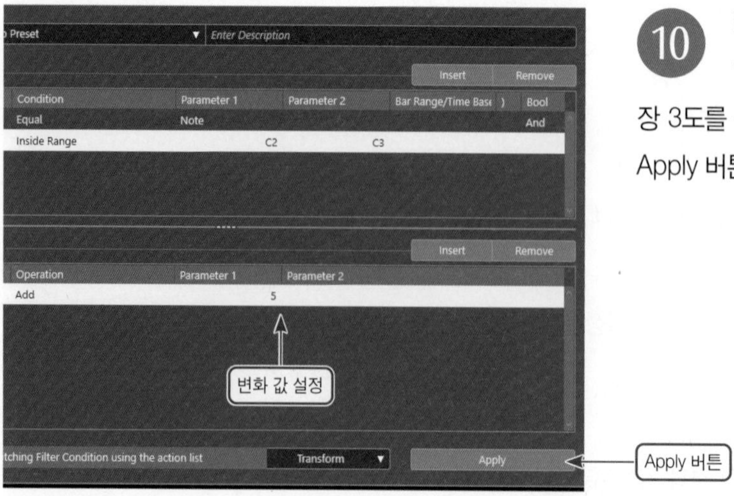

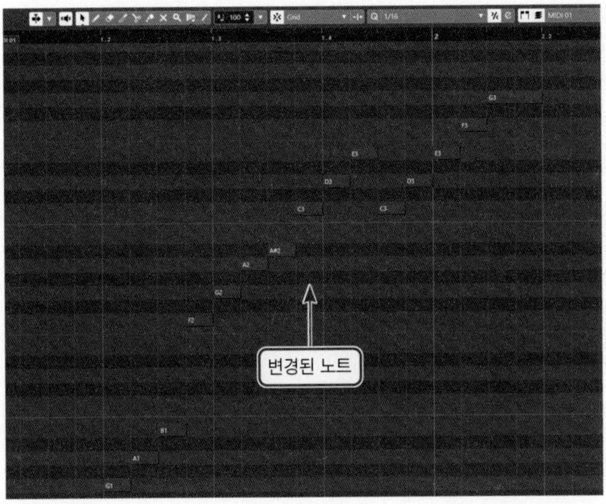


11 Logical Editor 창을 닫고, 앞에서 실습으로 입력했던 노트를 보면 C2에서 C3까지의 노트들이 장 3도 높아진 것을 확인할 수 있습니다.

Logical Editor 창의 기능을 살펴보면서 미디 편집 시간을 단축시킬 수 있다는 것을 알 수 있었을 것입니다. 그 외, 연주가 서툴러서 퀀타이즈를 반드시 사용하거나 마우스로 입력한 미디 연주를 Logical Editor의 랜덤 기능을 이용하여 인간미를 느낄 수 있는 연주로 바꿀 수 있는 등, 여러 가지 용도로 사용할 수 있습니다. Logical Editor 창의 구성 요소와 기능을 살펴보겠습니다.

● Function

Logical Editor 창에서 사용할 기능을 선택하는 메뉴로 구성되어 있습니다.

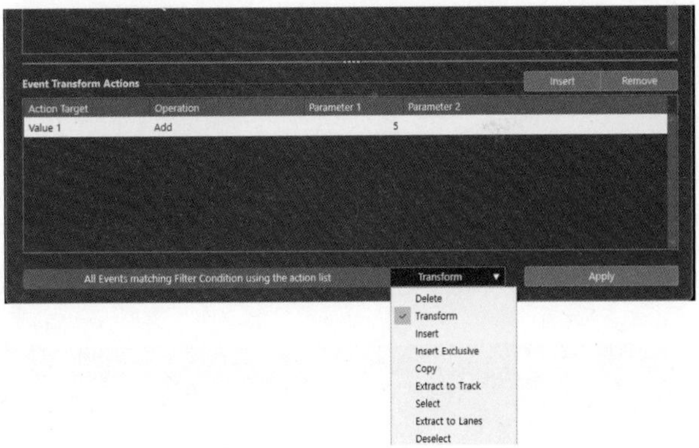


❶ Delete

필터 섹션에서 설정한 이벤트를 삭제합니다. 액션 섹션의 값은 필요 없습니다.

❷ Transform

예제를 통해서 익혔던 것과 같이 필터 섹션에서 설정한 이벤트를 검색하여 액션 섹션에서 설정한 값으로 조정합니다.

❸ Insert

필터와 액션 섹션에서 설정한 이벤트의 결과 값을 추가합니다.

❹ Insert Excusive

필터와 액션 섹션에서 설정한 이벤트의 결과 값을 추가하고 나머지는 삭제합니다.

❺ Copy

필터와 액션 섹션에서 설정한 이벤트의 결과 값을 복사하여 새로운 트랙에 만듭니다.

❻ Extract

필터와 액션 섹션에서 설정한 이벤트의 결과 값을 새로운 트랙에 이동하여 만듭니다.

❼ Select

필터 섹션에서 설정한 이벤트를 선택합니다. 액션 섹션의 값은 필요 없습니다.

● Filter Target

편집중인 미디 이벤트에서 검색할 대상을 선택할 수 있는 메뉴로 구성되어 있습니다.

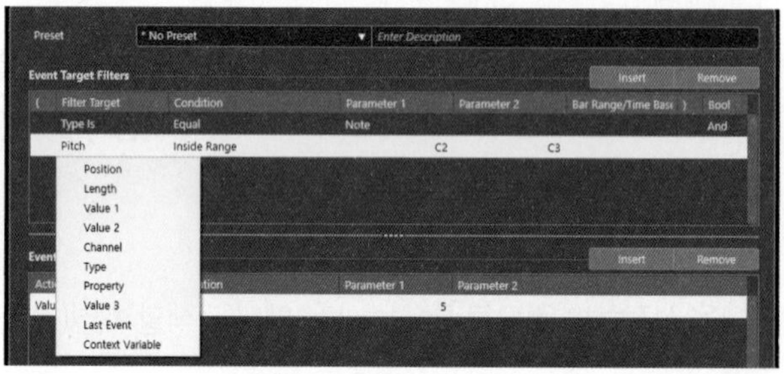


❶ Position 특정 위치 및 범위를 설정합니다.

특정 위치는 Parameter 1 칼럼에서 지정할 수 있고, Bar Range/Time Bass 칼럼에서 PPQ, Seconds, Samples, Frames 단위를 선택할 수 있습니다.

| ( | Filter Target | Condition | Parameter 1 | Parameter 2 | Bar Range/Time Base | ) | bool |
|---|---|---|---|---|---|---|---|
| ( | Position | Equal | 1. 1. 1. 0 | | PPQ | ) | |

범위는 Condition 칼럼에서 Inside/Outside Rnage 또는 Inside/Outside Bar Range를 선택합니다. Inside/Outside Range는 Parameter 1과 2에서 범위를 지정하며, Inside/Outside Bar Range는 Bar Range/Time Base 칼럼에서 막대 그래프로 범위를 지정할 수 있습니다.

| ( | Filter Target | Condition | Parameter 1 | Parameter 2 | Bar Range/Time Base | ) | bool |
|---|---|---|---|---|---|---|---|
| ( | Position | Inside Bar Range | 301 | 536 | | ) | |

❷ Length : 길이를 설정하는 것으로 Parameter 1에서 지정합니다. Condition에서 Inside/Outside Range를 선택하면 Parameter 1과 2에서 범위를 지정하고, 검색은 라인을 추가하여 수행합니다. Length는 노트에만 적용되는 것이므로, Parameter 1은 Note로 지정됩니다.

### ❸ Value

설정한 값을 수행합니다. 타입은 라인을 추가하여 지정하며, Value1과 2는 이벤트 타입에 따라 다릅니다. 예를 들어 피치를 검색할 때는 Value1, 벨로시티를 검색할 때는 Value2를 선택하는 것이며, Filter Target은 추가된 Parameter 1 타입에 따라 자동 변경됩니다. Value3은 Note-off를 처리하는데 사용됩니다.

| Event type | Value 1 | Value 2 |
|---|---|---|
| Notes | 피치 | 벨로시티 |
| Poly Pressure | 연주 노트 | 값 |
| Controller | 컨트롤 번호 | 값 |
| Program Change | 프로그램 번호 | - |
| Aftertouch | 값 | - |
| Pitchbend | fine-tune | 값 |
| VST 3 Event | - | VST3 값(0.0~1.0)을 미디 값(0-127)으로 변환 |

### ❹ Channel

채널을 설정하는 것으로 Parameter1에서 검색할 채널(1-16)을 입력합니다.

### ❺ Type

Prameter1에서 Note, Poly Press, Controller, Program, Aftertouch, Pitchbend, Sysex, SMF Event 등, 검색할 타입을 결정합니다.

### ❻ Property

미디가 아니라 큐베이스 관련 속성을 설정합니다. 속성은 Muted, Selected, Empty, inside NoteExp, valid VST3, Part of Scale 및 Chord 등이 있으며, Parameter 1 칼럼에서 선택합니다.

### ❼ Last Event

Transformer 및 Logical Editor를 통과한 이벤트를 설정합니다. 조건은 Parameter 1과 2가 결합되어야 합니다. 예를 들어 서스테인 페달을 밟을 때만 수행되도록 하려면 Parameter 1에서 Value1과 2 라인을 추가하고, Parameter 2에서 컨트롤 번호를 지정하는 것입니다.

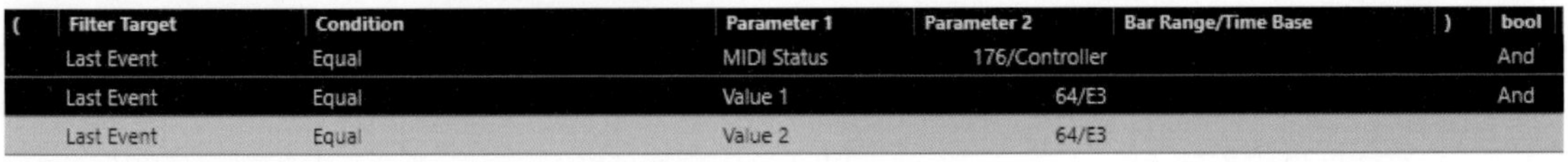

| ( | Filter Target | Condition | Parameter 1 | Parameter 2 | Bar Range/Time Base | ) | bool |
|---|---|---|---|---|---|---|---|
| | Last Event | Equal | MIDI Status | 176/Controller | | | And |
| | Last Event | Equal | Value 1 | 64/E3 | | | And |
| | Last Event | Equal | Value 2 | 64/E3 | | | |

❽ Context Variable

미디 파트 또는 코드 트랙에서 코드를 검색합니다. Parameter 1의 항목은 다음과 같습니다.

| Parameter 1 | 역할 |
|---|---|
| Highest/Lowest/Average Pitch | 가장 높은 음/낮음 음/평균 음을 검색 |
| Highest/Lowest/Average Velocity | 벨로시티가 가장 크거나 작은 노트 또는 평균 노트 검색 |
| Highest/Lowest/Average CC Value | Parameter 2에서 지정한 컨트롤 정보의 큰 값/작은 값/평균 값 검색 |
| No. of Notes in Chord (Part) | Parameter 2에서 지정한 노트 수에 해당하는 코드 검색 |
| No.of Voices (Part) | Parameter 2에서 지정한 보이스 수에 해당하는 코드 검색 |
| Position in Chord (Part) | Parameter 2에서 선택한 코드의 위치 검색 |
| Note Number in Chord (lowest = 0) | Parameter 2에서 지정한 보이싱 번호의 코드 검색 |
| Position in Chord (Chord Track) | 코드 트랙을 참조하여 Parameter 2에서 선택한 코드의 위치 검색 |
| Voice | Parameter 2에서 지정한 보이스 수 검색 |
| Highest in Chord from at Least n Notes | 코드에서 가장 높은 음 검색. Parameter 2에서 노트 수 지정 |
| Lowest in Chord from at Least n Notes | 코드에서 가장 낮은 음 검색. Parameter 2에서 노트 수 지정 |

● Condition

Filter Target 속성과 Prameter 값의 비교 조건을 선택합니다. 유효한 옵션은 Filter Targert에 따라 달라집니다.

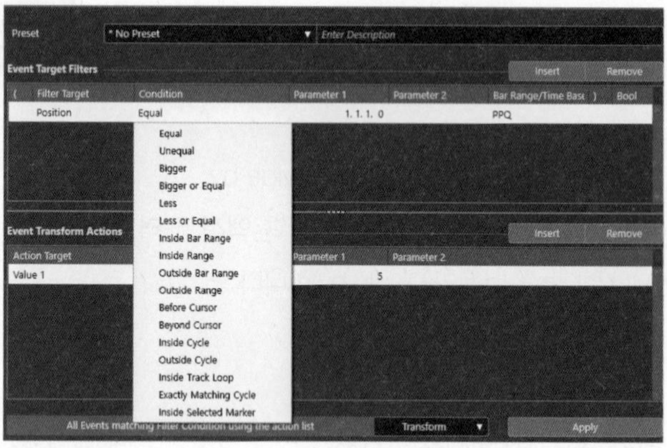


❶ Equal/Unequal

Parameter 1칼럼 값과 일치하는 것(Equal) 또는 일치하지 않는 것(Unequal)을 검색합니다.

❷ Bigger/Less

Parameter 1 칼럼 값보다 높은 값(Bigger) 또는 낮은 값(Less)을 검색합니다.

❸ Inside/Outside

Parameter 1과 2 범위 내(Inside), 범위 외(Outside)에서 검색합니다. Bar Range는 Filter Target에서 Position을 선택한 경우에만 사용할 수 있는 것으로 바 형태의 그래프를 마우스 드래그로 선택합니다.

❹ Befor/Beyond Cursor

대상이 Position일 때 송 포지션 라인 이전(Befor)/이후(Beyond)에서 검색됩니다.

❺ Inside Cycle/Track Loop

대상이 Position일 때 사이클 또는 트랙 루프 내에서 검색됩니다. Exactly Matching Cycle는 설정된 사이클과 완전히 부합하는 값을 가진 요소를 검색합니다.

- Operation

액션 섹션의 Operation 칼럼은 필터 섹션에서 검색한 정보를 어떻게 수정할 것인지를 선택합니다.

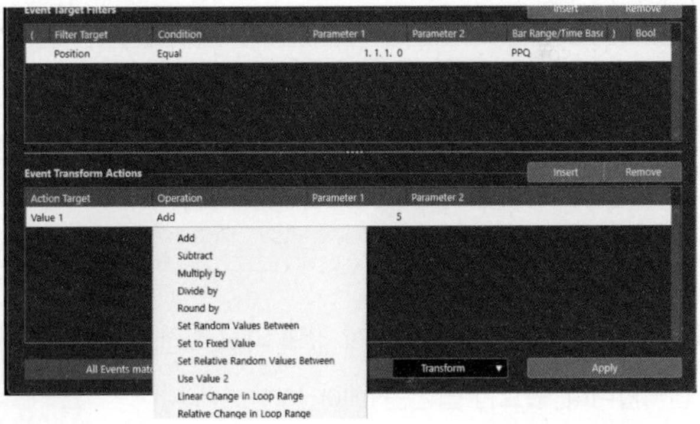


❶ Add/Subtract/Multiply by/Divide by

필터 섹션에서 검색한 이벤트 값과 액션 필터의 Prameter1 칼럼 값을 더하기(Add), 빼기(Subtract), 곱하기(Multiply by), 나누기(Divide by)합니다.

❷ Round by

필터 섹션에서 검색한 값을 Parameter1의 값으로 분배하여 가장 가까운 값을 적용합니다. 예를 들어 필터 섹션이 17이고, Pramameter1의 값이 5이면 17를 5로 분배하여 가장 가까운 수인 15를 적용합니다.

❸ Set Random Values between

필터 섹션에서 검색한 이벤트를 액션 섹션의 Parameter1과 2 범위 내에서 임의로 변경합니다.

❹ Set to fixed value

필터 섹션에서 검색한 이벤트를 액션 섹션의 Parameter1 값으로 고정합니다.

❺ Set relative Random Values between

필터 섹션에서 검색한 이벤트를 액션 섹션의 Parameter1과 2 범위 값을 임의로 더합니다.

❻ Add Length

Action Target이 position인 경우에만 적용할 수 있는 것으로 Parameter1에 설정한 길이를 더합니다.

❼ Transpose to Scale

Action Target이 Value1인 경우에만 적용할 수 있는 것으로 Parameter1과 2에 설정한 스케일에 맞춥니다.

❽ Use Value

Action Target이 Value1인 경우에는 Use Value2, Action Target이 Value2인 경우에는 Use Value1를 적용할 수 있는 것으로 각 설정 값들을 복사하여 사용할 수 있습니다.

❾ Mirror

Action Target이 Value 1과 2일 경우에만 적용할 수 있는 것으로 필터 섹션에서 검출한 값을 Parameter1값의 반대로 진행합니다.

❿ Linear Change in Loop Range

로케이터 범위에만 적용되는 것으로 Parameter1과 2사이를 라인 형태로 변경합니다.

⓫ Relative Change in Loop Range

로케이터 범위에만 적용되는 것으로 parameter1에서 점차적으로 Parameter2의 값으로 변경합니다.

⓬ NoteExp Operation

Action Target이 NoteExp Operation인 경우에 노트 익스프레션을 삭제(Remove NoteExp), 원 샷 모드 노트에 데이터 추가(Create One-Shot), 데이터 반전(Reverse) 동작을 수행할 수 있습니다.

# 02 로지컬 프리셋

큐베이스는 Logical Editor의 프리셋을 메뉴에서 선택할 수 있게 하고 있습니다. 그 만큼 많이 사용하는 기능이라는 것을 짐작할 수 있는 부분입니다. 익숙해지면 자신만의 프리셋을 만들 수 있고, 자주 사용하는 프리셋을 메뉴로 등록하여 선택할 수 있습니다.

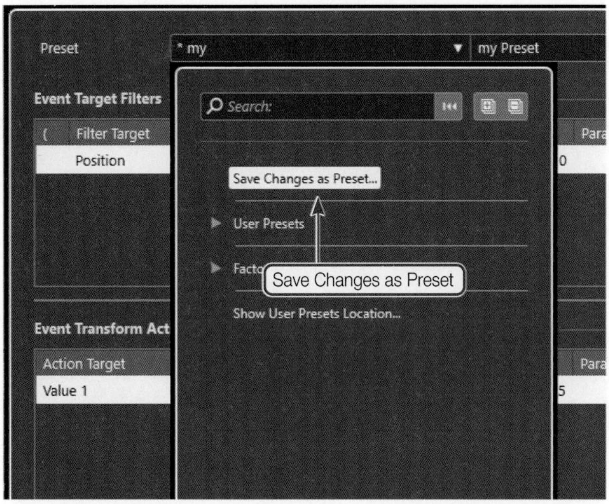


01 자신이 만든 프리셋은 Preset 목록을 열면 보이는 Save Changes as Preset을 선택하여 저장할 수 있습니다.

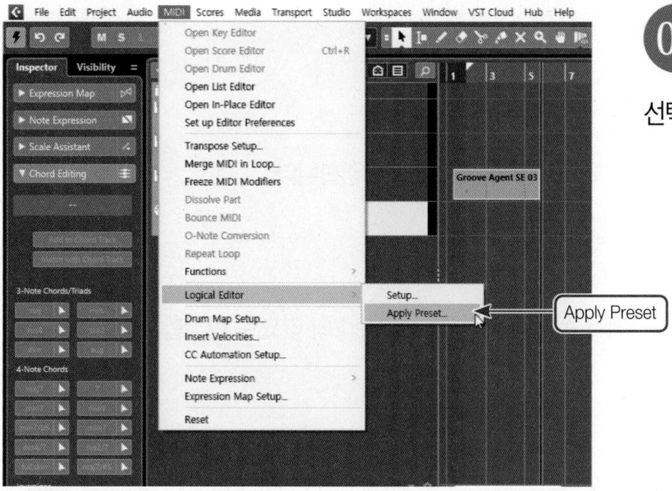


02 Logical Preset 창은 MIDI 메뉴의 Logical Editor에서 Apply Preset을 선택하여 독립창으로 열 수 있습니다.

큐베이스에서 제공하는 Factoryl Presets입니다. 비슷한 것을 변경하여 사용할 수 있도록 합니다.

▶ All Event Types

Double tempo - 노트의 길이를 두배로 늘려줍니다.
Half tempo - 노트의 길이를 반으로 줄여줍니다.
Shift Position +1 Frame/+10 Ticks - 노트를 오른쪽으로 1프레임 또는 10틱만큼 이동시킵니다.
Shift Position -1 Frame/-10 Ticks :-노트를 왼쪽으로 1프레임 또는 10틱만큼 이동시킵니다.

▶ Control Change

Copy CC1(Modulation) of Ch1 to Ch2 - 모듈레이션 정보를 채널 1에서 2로 변경합니다.
Copy CC11(Expression) of Ch1 to Ch2 - 익스페레션 정보를 채널 1에서 2로 변경합니다.
Shift All CC Positions +1 Frame/+10Ticks - 컨트롤 정보를 오른쪽으로 1프레임 또는 10틱만큼 이동시킵니다.
Shift All CC Positions -1 Frame/-10Ticks - 컨트롤 정보를 왼쪽으로 1프레임 또는 10틱만큼 이동시킵니다.

▶ Copy and Excract

Copy Highest Note in Chords to New Track - 탑 노트를 새 트랙으로 복사합니다.
Copy Note Velocity to CC1(Modulation) Value - 벨로시티를 모듈레이션 정보로 만듭니다.
Copy Note Velocity to CC11(Expresssion) Value - 벨로시티를 익스프레션 정보로 만듭니다.
Extract 3rd Position in Chord to Lanes - 세번째 노트를 레인 트랙으로 이동합니다.
Extract Kick Drum(C1) to New Track - C1 노트를 새로운 트랙으로 이동합니다.
Extract Share Drum(D1) to New Track - D1 노트를 새로운 트랙으로 이동합니다.
Extract Volume and Pan - 볼륨과 팬 정보를 새로운 트랙으로 이동합니다.

▶ Delete

Delete All Selected in Cycle Range - 사이클 구간의 컨트롤 정보를 모두 삭제합니다.
Delete Every 5th note - 5번째 노트를 삭제합니다.
Delete Fifths from Chords with 3 or More Voices - 3화음 이상 노트의 5음을 삭제합니다.
Delete Melody Line - 탑 노트를 삭제합니다.
Delete Minor Sevenths of Chords - 화음에 마이너 7 노트를 삭제합니다.
Delete muted - 뮤트된 이벤트를 삭제합니다.
Delete Notes Out of Chord - 코드 이외의 노트를 삭제합니다.
Delete Notes Out of Scale - 스케일 이외의 노트를 삭제합니다.
Delete Short Notes - 20Ticks 이하의 노트들을 삭제합니다.
Delete Program Change & Black Select - 프로그램 정보와 검은 건반에 해당하는 노트를 삭제합니다.
Delete Program Change - 프로그램 정보를 삭제합니다.
Delete Short Notes - 20틱 이하의 노트를 삭제합니다.
Delete SysEx - 시스템 익스클루시브 정보를 삭제합니다.

▶ Musical Context

Add Sub Bass to Chords - 코드에 베이스를 추가합니다.

Change Major Chord to Minor Chord - 메이저 코드를 마이너로 변경합니다.

Change Minor Chord to Major Chord - 마이너 코드를 메이저로 변경합니다.

▶ Note Expression

Convert MIDI Expression to VST3 Volume : 익스프레션 정보를 VST3 정보로 바꿉니다.

Create Pan One Shot : 노트를 팬 정보로 만듭니다.

Create Random Pan - 노트를 무작위 팬 정보로 만듭니다.

Create Random VST3 Detune : 노트를 VST3 튜닝 정보로 만듭니다.

Erase Note Explression in Cycle : 사이클 범위의 익스프레션 정보를 삭제합니다.

Invert Values : 노트의 값을 반대로 바꿉니다.

Pitchbend to VST3 Tuning : 피치벤드 정보를 노트에 적용합니다.

Remove All MIDI data inside Note Expression : 익스프레션의 모든 미디 데이터를 삭제합니다.

Remove All VST3 Events : 모든 VST3 이벤트를 삭제합니다.

Remove Invalid VST3 Parameter : 효력 없는 VST3 정보를 삭제합니다.

Revers : 정보를 반대로 바꿉니다.

▶ Note Length

Increase Length +1 Frame/+10 Ticks - 노트 길이를 1 프레임 또는 10틱 늘립니다.

Randomize Length to 16th +-10% - 노트 길이를 16비트로 만듭니다.

Randomize Length to 4th +-10% - 노트 길이를 4비트로 만듭니다.

Randomize Length to 8th +-10% - 노트 길이를 8비트로 만듭니다.

Shortem Length -1 Frame/-10 Ticks - 노트 길이를 1 프레임 또는 10틱 줄입니다.

▶ Note Positioning and Quantize

Quantize to Quarter Notes - 4비트로 퀀타이즈 합니다.

Randomize Position +- 10 Ticks - 노트를 +- 10 범위로 자유롭게 이동시킵니다.

Shift Every 2nd Note +-10 Ticks - 루트를 제외한 노트를 +- 10틱 이동시킵니다.

Shift Position +1 Frame/+10 Ticks - 노트를 오른쪽으로 1프레임 또는 10틱 이동시킵니다.

Shift Position -1 Frame/-10 Ticks - 노트를 왼쪽으로 1 프레임 또는 10틱 이동시킵니다.

▶ Note Transpose

Add Higher Octave to All Notes before Cursor - 송포지션 라인 이전 노트를 한 옥타브 위로 복사합니다.

Add Higher Octave to All Notes beyord Cursor - 송포지션 라인 이후 노트를 한 옥타브 위로 복사합니다.

Add Lower Octave to All Notes before Cursor - 송포지션 라인 이전 노트를 한 옥타브 아래로 복사합니다.

Add Lower Octave to All Notes beyord Cursor - 송포지션 라인 이후 노트를 한 옥타브 아래로 복사합니다.

Randomize Notes(C3 to C5) - C3에서 C5 사이의 노트를 무작위로 이동합니다.

Set Notes to Fixed Pitch(C3) - 모든 노트를 C3로 이동합니다.

Transpose 1 Octave up When Sustain Pedal is Down - 서스테인 페달 노트를 한 옥타브 올립니다.
Transpose All D Pitches to D-2 - 모든 D 노트를 D2로 이동시킵니다.
Transpose All Notes Before Cursor 1 Octave Down/Up - 송포지션 이전 노트를 한 옥타브 위/아래로 이동합니다.
Transpose All Notes Before beyord 1 Octave Down/Up - 송포지션 이후 노트를 한 옥타브 위/아래로 이동합니다.

▶ Note Velocity

+-10% in Chord - 코드 노트의 벨로시티를 10% 증/감합니다.
+-10% in Scale - 스케일 노트의 벨로시티를 10% 증/감합니다.
+-10% to Downbeat 2_4 - 1_3 비트의 벨로시티를 10% 증/감합니다.
+-10% to Downbeat 3_4 - 1_2_3 비트의 벨로시티를 10% 증/감합니다.
+-10% to Downbeat 4_4 - 1_2_3_4 비트의 벨로시티를 10% 증/감합니다.
+-10% to Off-beat 2_4 - 2_4 비트의 벨로시티를 10% 증/감합니다.
+-10% to Off-beat 3_4 - 1_2_3 업비트의 벨로시티를 10% 증/감합니다.
+-10% to Off-beat 4_4 - 1_2_3_4 업비트의 벨로시티를 10% 증/감합니다.
+-10% - 노트의 벨로시티를 10% 증/감합니다.
-20 Velocity for Notes Not on Beat - 업비트 노트의 벨로시티를 20 낮춥니다.
Compress Notes Velocity Higher Than 100 to 80% - 벨로시티 100 이상의 노트를 80%로 낮춥니다.
Crescendo in Cycle Rnage - 사이클 범위를 점점 크게 만듭니다.
Decrescendo in Cycle Range - 사이클 범위를 점점 작게 만듭니다.
Every Other Hi-Hat(F#1) Velocity -40 - F#1 노트의 벨로시티를 40으로 줄입니다.
Expand Notes Velocity Lower Than 20 to 120% - 벨로시티 20 이하의 노트를 120% 증가시킵니다.
Randomize Velocity Relatively(-10 to 10) - 벨로시티를 무작위로 10% 증/감합니다.
Transform Velocity +-10% - 벨로시티를 10% 증/감합니다.
Velocity +-10% for Each 2nd Note - 업비트 노트의 벨로시티를 10% 증/감합니다.

▶ Select

Deselect Lowest Notes in Chords - 루트를 제외한 코드 노트를 선택합니다.
Select Aftertouch in Cycle Range - 사이클 범위에 애프터터치 정보가 있는 노트를 선택합니다.
Select All Notes That Start at the Beginning of the Bar - 이벤트 시작 노트를 선택합니다.
Select Chord Notes - 코드 이외의 노트를 선택합니다.
Select Every Other Hi-Hat(F#1) - F#1 노트를 선택합니다.
Select Every Other Note - 업비트 노트를 선택합니다.
Select MIDI CCs in Cycle Range - 사이클 범위의 컨트롤 정보를 선택합니다.
Select Melody Line - 탑 노트를 선택합니다.
Select Notes in Chord - 코드 노트를 선택합니다.
Select Notes in Cycle Range - 사이클 범위 노트를 선택합니다.
Select Notes in Scale - 스케일 노트를 선택합니다.
Select Pitchbend in Cycle Range - 사이클 범위 피치밴드를 선택합니다.
Select Scale Notes - 스케일 이외의 노트를 선택합니다.

## 03 드럼 맵 설정하기

Drums Map Setup 메뉴는 드럼 맵을 구성할 수 있는 Drum Map Setup 창을 엽니다. 이것은 독자가 사용하고 있는 악기의 드럼 파트 이름과 경로 등을 구성한다거나 다른 곳에서 입수한 드럼 파트의 섹션을 독자가 사용하는 악기의 드럼 섹션으로 변경하는 등 여러 가지 용도로 사용할 수 있습니다. 드럼 맵의 역할과 기능은 이미 살펴보았으므로, 여기서는 창의 각 기능들을 정리하겠습니다.

### 1. Functions

새로운 맵을 만들거나 저장하는 등의 메뉴를 제공합니다.

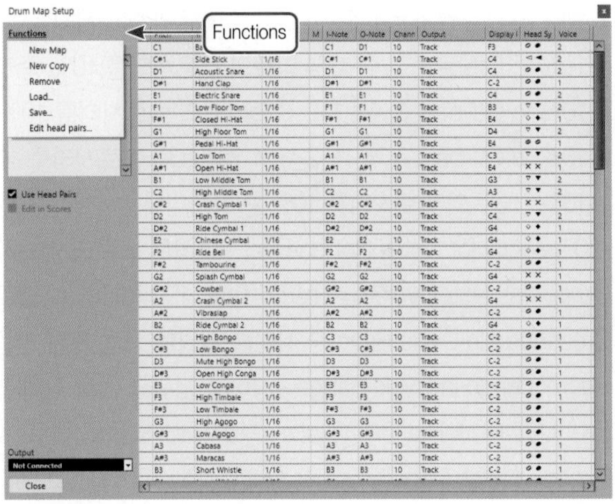


● New Map : 새로운 드럼 맵을 만듭니다. 새로 만드는 드럼 맵의 이름은 Empty Map이며, 원하는 이름으로 변경할 수 있습니다.

● New Copy : 선택한 드럼 맵을 복사합니다. 복사하는 드럼 맵의 이름은 선택한 드럼 맵에 숫자를 붙여주지만, 변경하여 사용할 수 있습니다.

● Remove : 선택한 드럼 맵을 삭제 합니다. 그림은 앞에서 복사해서 만든 드럼 맵을 삭제한 결과입니다.

● Lead : 드럼 맵 파일(drm)을 불러올 수 있습니다. 큐베이스를 설치한 폴더에는 DrumMaps라는 폴더가 있으며, 시중에서 판매되는 대부분의 악기 리스트를 제공하고 있습니다.

● Save : 독자가 구성한 드럼 맵을 drm파일로 저장할 수 있습니다. 저장한 드럼 맵 파일은 다른 사용자들에게 큰 도움이 될 수 있으므로 자신이 활동하고 있는 음악 사이트에 등록하여 나누는 기쁨을 누려보기 바랍니다.

● Edit head pairs : Head Symbol 칼럼에 표시되어 있는 음표의 머리를 변경할 수 있는 Head Pairs 창을 엽니다. 여기서 변경된 음표 머리는 Score Editor에서 드럼 악보를 만들 때 적용됩니다.

## 2. 칼럼

Drum Map Setup 창의 각 칼럼 역할은 다음과 같습니다.

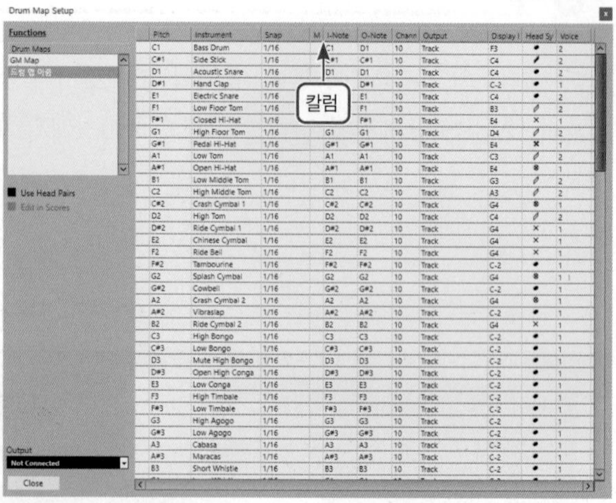


- 모니터 : Pitch 칼럼 왼쪽의 빈 공간은 마우스 클릭으로 해당 음색을 모니터 할 수 있는 칼럼입니다.
- Pitch : 노트의 음정을 표시합니다
- Instrument : Drum Editor에서 표시할 노트의 이름을 설정합니다. Instrument항목을 클릭하고, 원하는 이름을 입력하여 변경할 수 있습니다.
- Snap : 입력하는 노트의 길이를 설정합니다.
- M : 선택한 노트의 음정을 뮤트 할 때 사용합니다. 뮤트 노트는 검정색 원으로 표시하며, 다시 클릭하여 해제할 수 있습니다.
- I-Note/O-Note : 드럼 맵의 핵심 부분으로 입력 노트의 음정과 출력 노트의 음정을 설정합니다. 독자가 사용하는 드럼 맵과 다른 곳에서 입수한 곡의 드럼 맵이 다를 경우, 입력한 노트는 그대로 유지하면서 아웃 노트를 변경할 수 있습니다.
- Channel : 출력하는 드럼 채널을 설정합니다.
- Output : 출력하는 미디 아웃 포트를 선택합니다. Output의 리스트는 독자의 컴퓨터에 장착된 미디 인터페이스의 이름이 표시되는 것입니다.
- Display Note : 악보에 표시될 음정을 설정합니다.
- Head Symbol : 악보에 표시될 음표의 머리를 설정합니다.
- Voice : 해당 노트의 성부를 설정합니다. Display Note, Head Symbal, Voicedml 3가지 칼럼은 악보를 만들 때 적용되는 것입니다. 자세한 내용은 출판 악보 만들기 편을 참조합니다.

※ Edit in Scores 옵션은 스코어 에디터를 열었을 경우에만 사용할 수 있는 것으로 악보에서 조정하는 음정이나 음표 머리, 보이스 등의 환경을 Drum Map Setup 창에서 적용하는 역할입니다. Output 목록은 악기가 연결되어 있는 미디 인터페이스의 아웃 포트를 선택합니다.

## 04 인서트 벨로시티

미디 에디터의 ins.Vel 항목에 표시되는 벨로시티 리스트를 사용자가 원하는 값으로 설정할 수 있는 Insert Velocities 메뉴를 살펴봅니다. 큐베이스에서 제공하는 미디 에디터들의 도구 모음 줄에는 ins vel 항목이 있고, 마우스로 입력하는 노트는 여기서 선택한 벨로시티 값으로 입력됩니다. Ins.Vel 항목에는 모두 5가지 레벨의 리스트를 설정할 수 있습니다.

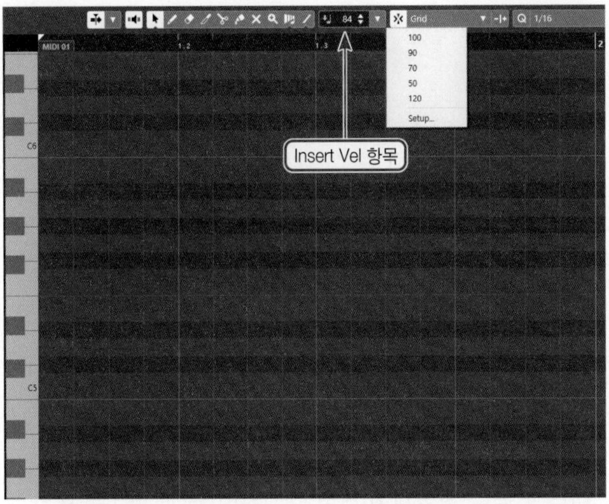


**01** 미디 에디터 도구 모음 줄의 ins.vel 항목을 클릭해보면 5가지의 벨로시티 리스트가 열립니다. 이 값을 변경하고 싶다면, 리스트 하단에 있는 Setup 메뉴를 선택하거나 MIDI 메뉴의 Insert Velocities를 선택합니다.

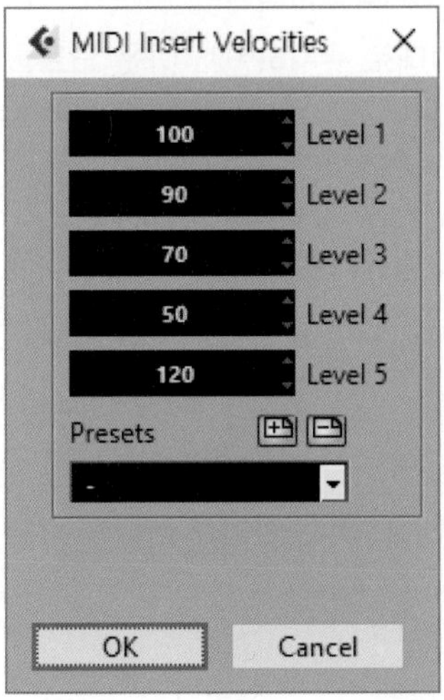


**02** 미디 에디터의 Ins.vel 항목에 리스트로 표시할 벨로시티 값을 설정할 수 있는 MIDI Insert Velocities 창이 열립니다. Level 5의 설정 값이 리스트에서 보여지는 5개의 리스트이며 사용자가 원하는 값으로 변경할 수 있습니다.

# 05 컨트롤 정보의 우선권 결정하기

미디 컨트롤 정보는 키 에디터와 같은 미디 편집 창에서 입력하기도 하고, 오토메이션 트랙으로 기록을 하기도 합니다. 그러다 보면 하나의 트랙에서 동일한 미디 컨트롤 정보를 미디 파트에도 입력을 하고, 오토메이션 트랙에도 기록을 하게 되는 경우가 있습니다. 이때 실제로 재생되는 오토메이션 타입을 설정하는 것이 MIDI Automation Setup 창이며, 기본 설정은 평균 값으로 재생되는 Average로 선택되어 있습니다.

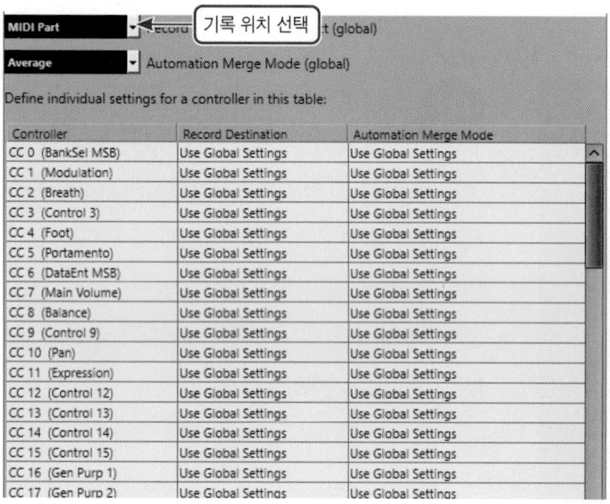


**01** MIDI 메뉴의 CC Automation Setup을 선택하여 창을 엽니다. 첫 번째 옵션의 Record destination on confilct은 미디 컨트롤러를 이용해서 정보를 입력할 때 미디 파트(MIDI Part)로 기록할 것인지 오토메이션 트랙(Automation Track)으로 기록할 것인지를 선택합니다.

**02** Automation Merge Mode는 재생 방법을 선택합니다. Replace는 파트에 우선권을 두는 것으로 파트 길이에만 해당하는 Replace1-Part Range와 마지막 값을 유지하는 Replace2-Last Value continues가 있고, 평균 값으로 재생되는 Average와 최소 값을 상승시키는 Modulation이 있습니다. 두 가지 옵션은 아래 컨트롤 정보 목록에서 개별적으로 설정할 수 있으며, Load default 버튼을 클릭하여 초기값으로 복구하거나 Save as Default 버튼을 클릭하여 사용자 설정을 기본값으로 저장할 수 있습니다.

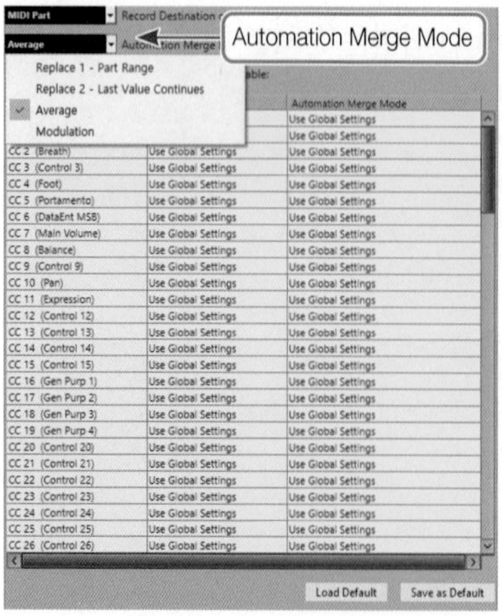


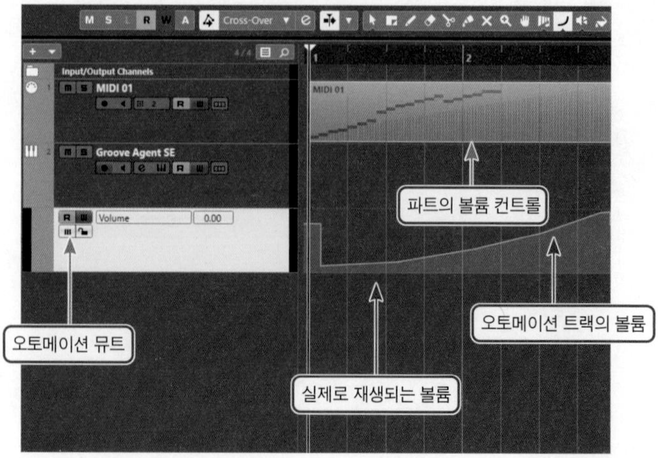

# 06 Expression Map 설정하기

큐베이스에는 하나의 노트로 스타카토, 슬라이드 등의 연주법을 연출할 수 있게 해주는 Expression Map 기능을 제공합니다. 이것은 어떤 건반을 함께 눌렀을 때, 연주되는 노트의 주법이 변하게 함으로써 리얼 연주로 이용할 수 있고, 악보에 연주 기호를 입력하는 것만으로도 주법이 만들어지는 획기적인 기능입니다. 단, 이 기능을 사용하기 위해서는 Expression Map Setup 창을 이용하여 원하는 주법을 미리 설정해야 합니다.

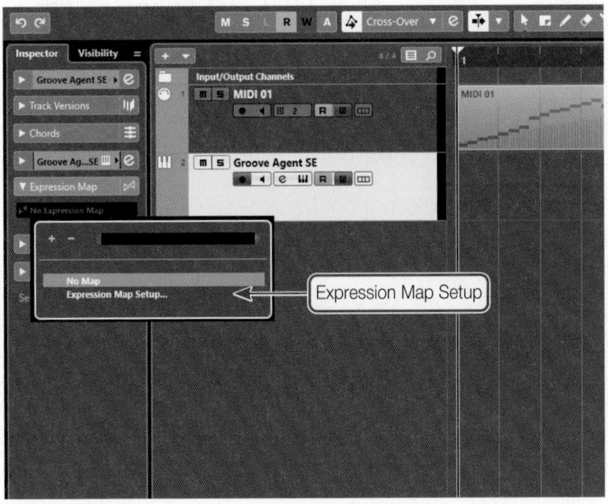


01 Expression Map은 Steinberg.net에서 꾸준히 제공하고 있기 때문에 사용자가 직접 만들 필요는 없겠지만, 사용자 스타일에 맞게 변경하려면, 최소한의 구조는 알고 있어야 할 것입니다. Setup 창은 Expression Map 파라미터 또는 MIDI 메뉴의 Expression Map Setup을 선택하여 엽니다.

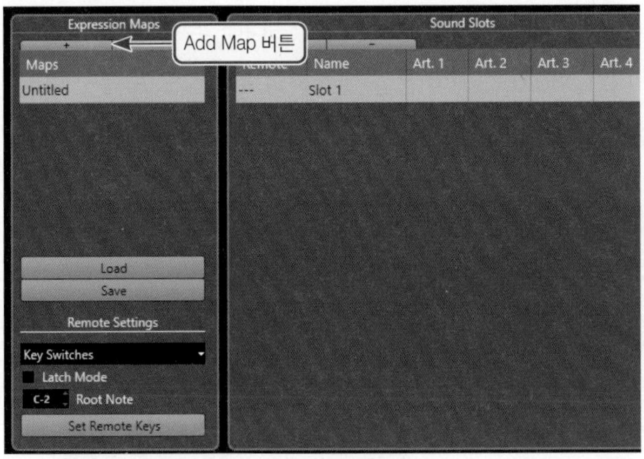


02 Expression Maps 목록에서 + 기호의 Add Map 버튼을 클릭하여 새로운 맵을 추가하고, Untitled로 만들어진 맵의 이름을 구분하기 쉬운 것으로 변경합니다. - 기호의 Remove map 버튼은 선택한 맵을 삭제합니다.

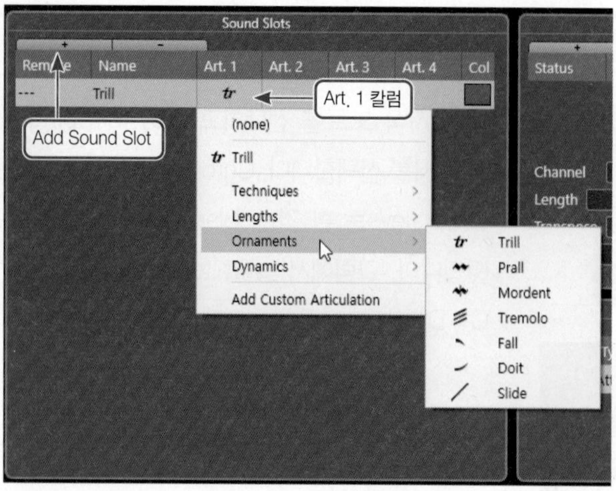


03 Sound Slot 목록에서 + 기호가 있는 Add Sound Slot 버튼을 클릭하여 슬롯을 추가합니다. 그리고 Art. 1 칼럼을 클릭하여 목록을 열고, 연출할 아티큘레이션을 선택합니다. Name은 자동으로 입력되지만, 원한다면 마우스 클릭으로 변경 가능합니다.

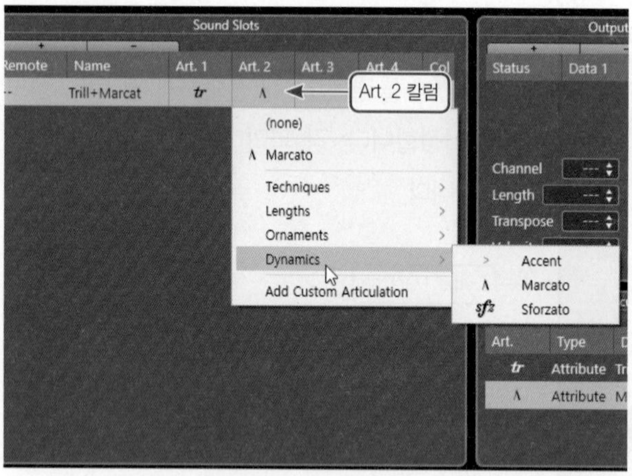


04 Expression Map은 하나의 노트에 4개의 아티큘레이션을 복합적으로 지정할 수 있으며, 재생 순서는 Art. 1, 2, 3, 4 의 순서로 검색되며, 악기에서 지원하지 않는 주법은 자동 생략 됩니다.

05 같은 과정을 반복하여 사용자가 연출하고 사운드 슬롯을 추가하고, 화면 왼쪽 아래에 보이는 Set Remote Keys 버튼을 클릭합니다.

06 Remote 칼럼에 배치할 노트를 설정할 수 있는 창이 열립니다. Start Key에서 시작 노트를 선택하고, Key Mapping에서 순서를 선택합니다. Chromatic은 반음 간격, White keys는 흰 건반, Black Keys는 검은 건반입니다. 그림에서는 White keys를 선택하여 C1, D1, E1 순서로 배치되게 하고 있습니다.

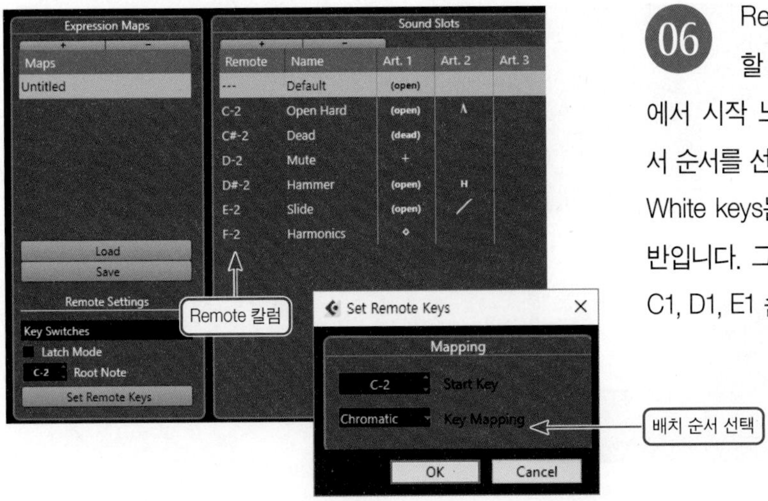


07 Output Mapping 항목은 해당 노트를 눌렀을 때 전송하게 될 미디 정보를 설정합니다. 각 파라미터의 역할은 다음과 같습니다.

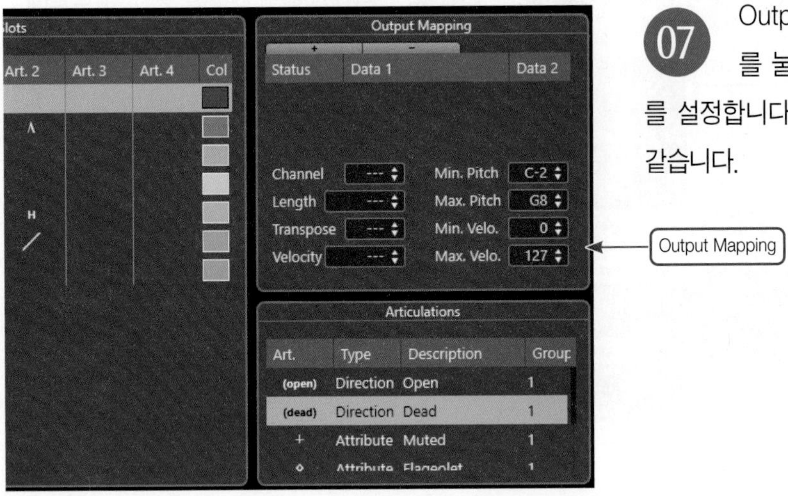


| 파라미터 | 역할 |
|---|---|
| Program | 프로그램 체인지 정보를 전송합니다 |
| Length | 미디 노트의 연주 길이를 설정합니다 |
| Transpose | 사운드의 음정을 반음 단위로 조정합니다. |
| Velocity | 벨로시티 값을 설정합니다 |
| Min/Max Pitch | 레이어로 구성된 사운드의 피치 범위를 설정합니다. |
| Min/Max Velocity | 레이어로 구성된 사운드의 벨로시티 범위를 설정합니다 |

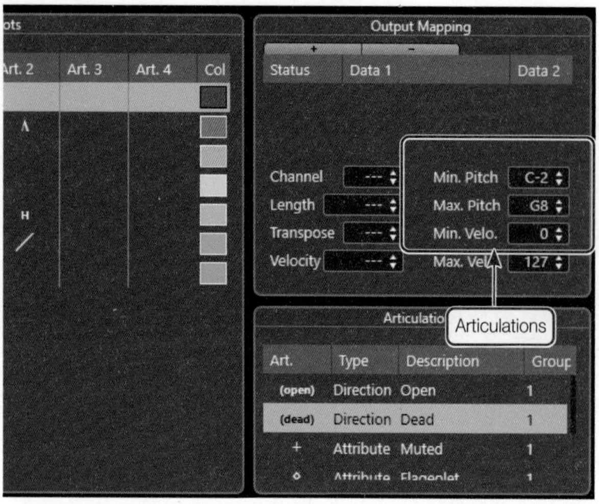


08 Articulations 항목은 슬롯에 추가한 아티큘레이션의 속성을 설정할 수 있는 Art, Type, Description, Group의 파라미터로 구성되어 있습니다.

| 파라미터 | 역할 |
|---|---|
| Art | 칼럼을 클릭하면 Symbol과 Text의 아티큘레이션의 표시 방식을 선택할 수 있는 메뉴가 열립니다. Symbol을 선택하면 기본적으로 입력된 심볼을 변경할 수 있는 창이 열리고, Text를 선택하면 문자를 입력할 수 있는 상태가 됩니다. |
| Type | 칼럼을 클릭하면 Attribute와 Direction 타입을 선택할 수 있는 메뉴가 열립니다. Attribute 타입은 단일 노트에 영향을 주며, Direction 타입은 처음에 연주되는 노트의 아티큘레이션을 유지합니다. |
| Description | 아티큘레이션의 이름을 변경할 수 있습니다. |
| Group | 칼럼을 클릭하여 그룹을 지정할 수 있는 목록이 열립니다. |

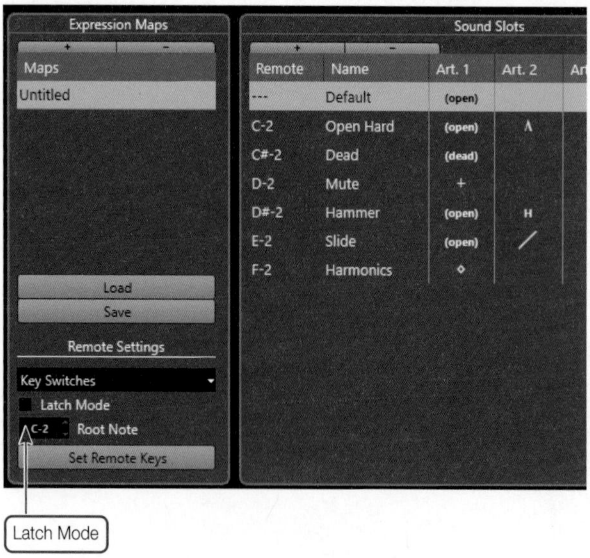


09 사용자가 만든 Expression 맵은 Save 버튼을 클릭하여 저장할 수 있으며, 프로젝트 창의 Expression Map, 키 에디터, 스코어 에디터 등에서 사용합니다. 참고로 아티큘레이션은 Remote 건반을 누르고 있는 동안에 작동하는데, Latch Mode 옵션을 체크하면 건반을 떼어도 속성을 유지합니다.

## 07 Note Expression

MIDI 메뉴의 Note Expresstion은 MPE 지원 악기를 사용하기 위한 컨트롤 정보를 미디 노트에 할당할 수 있는 메뉴로 구성되어 있습니다. MPE는 MIDI Polyphonic Expression의 약자로 채널 별로 전송되던 미디 정보를 노트 별로 제어할 수 있게 하는 새로운 미디 규격입니다. 예를 들어 기존의 미디는 코드를 누르고 피치나 모듈레이션 휠을 움직이면 모든 음이 변조되지만, MPE 컨트롤러를 이용하면 하나의 음만 변조시키거나 특수한 효과를 만들 수 있습니다. 물론, 이를 실시간으로 처리하기 위해서는 MPE 지원 장치가 필요하지만, 큐베이스의 Note Expresstion 기능으로 처리할 수 있습니다.

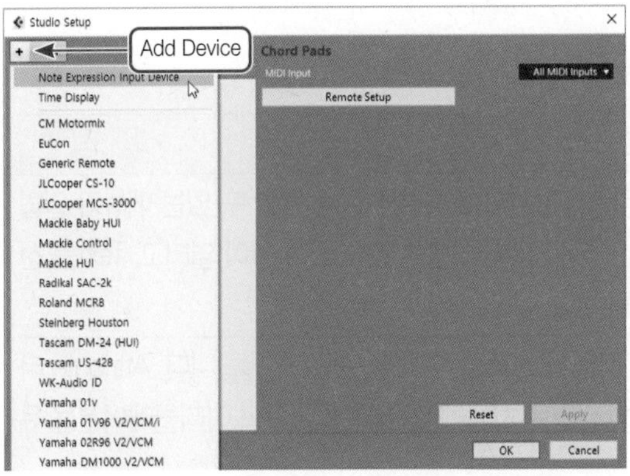


**01** MPE 지원 장치에 대한 사전 설정은 Studio 메뉴의 Studio Setup을 선택하면 열리는 창에서 설정합니다. 장치가 자동으로 인식되지 않은 경우에는 Add Device 버튼을 클릭하여 Note Expression Input Device를 선택하여 추가합니다.

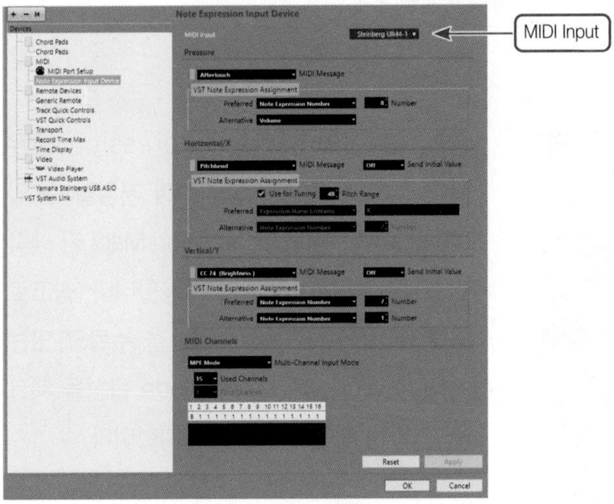


**02** 건반의 압력, 상하/좌우, 채널에 따른 컨트롤 정보를 설정할 수 있는 Note Expression Input Device 페이지가 열립니다. MIDI Input 항목에서 건반이 연결되어 있는 미디 포트를 선택합니다.

● Pressure

건반에 압력을 가했을 때 전송되는 메시지를 선택합니다. 기본은 애프터터치(Aftertouch) 입니다.

● Horizontal/X

건반을 누른 상태에서 좌/우로 흔들었을 때 전송되는 메시지를 선택합니다. 기본은 피치벤드(Pitchbend) 입니다. Send Initial Value에서 전송 시작 위치(Center 64)를 선택할 수 있습니다. Off인 경우에는 Tuning이 할당되며, Pitch Range에서 범위를 설정할 수 있습니다.

● Vertical/Y

건반을 누른 상태에서 위/아래로 이동시켰을 때 전송되는 메시지를 선택합니다. 기본은 사운드를 밝기를 조정하는 컨트롤 정보 74번 Brightness 입니다. Send Initial Value에서 전송 시작 위치를 Min (0), Center (64), Max (127) 중에서 선택할 수 있습니다.

● MIDI Channels

멀티 채널 입력 모드를 선택합니다. MPE Mode에서는 음표에 할당할 채널 수(Used Channels)를 설정할 수 있고, 16 채널 동시 발음이 가능한 Channel Rotation에서는 시작 채널(First Channels)을 설정할 수 있습니다. 단, 장치가 이를 지원하는 경우에만 사용할 수 있으며, 아래쪽에서 입력 채널을 모니터할 수 있습니다. 모니터는 0번부터 시작하기 때문에 최대값은 15입니다.

● Preferred & Alternative

노트에 할당되는 익스프레션 정보를 선택합니다. 이름 필드에 텍스트를 할당하는 Expression Name Contains 노트 수를 결정하는 Note Expression Number, 장치에 설정되어 있는 것을 할당하는 As Recommended by Instrument 외에 Volume, Pan, Tuning, MIDI PolyPressure과 할당하지 않는 None이 있습니다.

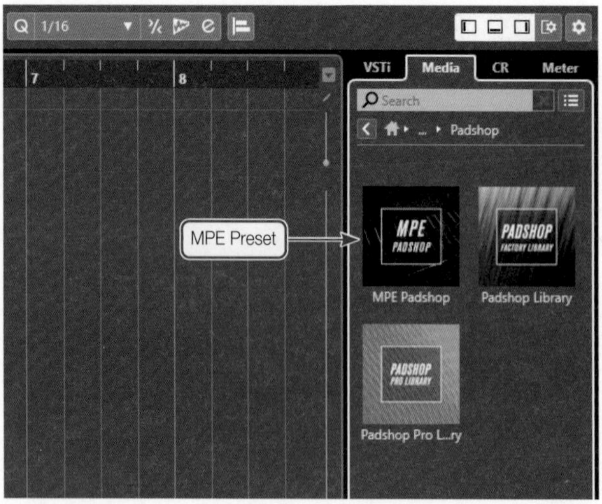


03 큐베이스에서 MPE를 지원하는 악기는 Padshop과 Retrologue이며, Media 탭의 VST Instruments에서 해당 악기를 선택하면 MPE 프리셋을 로딩할 수 있습니다.

04 MPE 규격은 5G와 마찬가지로 아직 초기 단계이기 때문에 가격도 비싸고, 종류도 많지 않지만, 곧 대다수의 뮤지션들이 사용하게 될 것이므로, 관심을 가져보는 것이 좋겠습니다. 그림은 MPE 컨트롤러 제작사로 유명한 roli.com 사의 홈페이지 입니다.

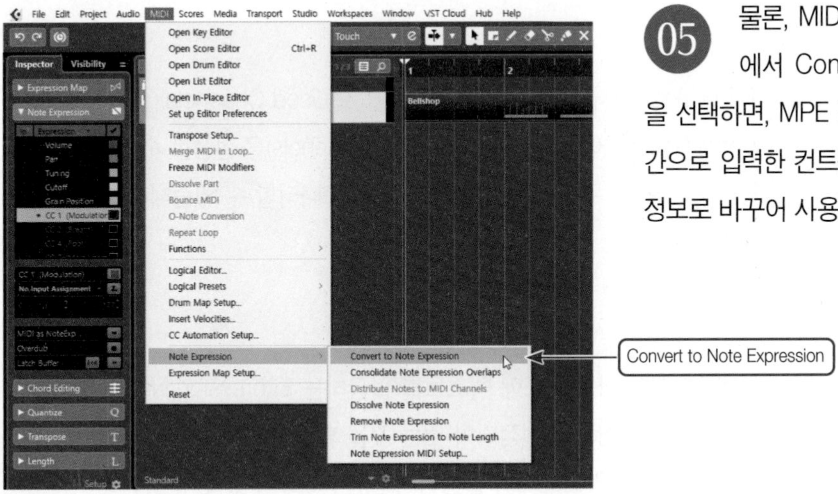


05 물론, MIDI 메뉴의 Note Expression에서 Convert to Note Expression을 선택하면, MPE 장치가 없는 사용자도 실시간으로 입력한 컨트롤 정보를 노트 익스프레션 정보로 바꾸어 사용할 수 있습니다.

Note Expression의 서브 메뉴 역할은 다음과 같습니다.

- Convert to Note Expression : 컨트롤 정보를 노트 익스프레션 정보로 바꿉니다.
- Consolidate Note Expression Overlaps : 겹치는 노트 익스프레션 정보를 하나로 통합합니다.
- Distribute Notes to MIDI Channels : 멀티 채널의 노트를 채널별로 분배합니다.
- Dissolve Note Expression : 노트 익스프레션 정보를 컨트롤 정보로 바꿉니다.
- Remove Note Expression : 선택한 노트의 노트 익스프레션 정보를 모두 삭제합니다.
- Trim Note Expression to Note Length : 노트 익스프레션 정보를 노트 길이에 맞춰 삭제합니다.
- Note Expression MIDI Setup : 노트 익스프레션으로 변환되는 정보를 설정할 수 있는 창을 엽니다.

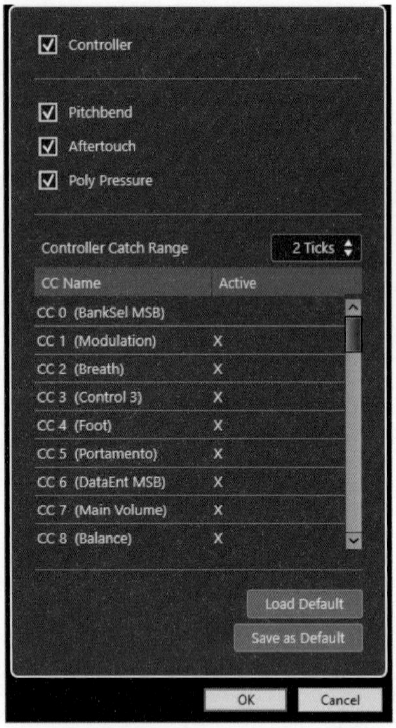


Controller 옵션으로 변환 기능을 활성화 합니다. 기본적으로 피치 벤드, 애프터터치, 다중 채널 외에 뱅크 선택 정보를 제외한 모든 컨트롤 정보가 선택되어 있습니다. 변환 범위는 Controller Catch Range 항목에서 틱 단위로 설정하며, Save As Default로 저장하거나 Load Default로 로딩할 수 있습니다.

## 08 미디 에러 중지시키기

미디 작업을 하면서 흔하게 겪는 에러가 연주를 중단했는데도 비프 음과 비슷한 소리가 계속 연주되는 현상입니다. 이때 MIDI 메뉴의 Reset을 선택하여 모든 미디 채널에 All Note off 컨트롤 정보를 전송하여 초기화하면 에러를 중지시킬 수 있습니다. Preferences의 MIDI 페이지에서 Reset on Part End와 Reset on Stop 옵션을 체크해 두면, 정지 버튼을 누를 때 Reset 메뉴를 자동으로 실행합니다.

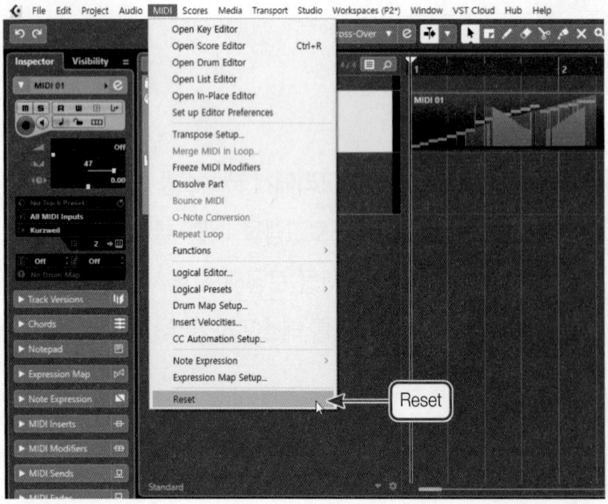

# 06 미디 이펙트

큐베이스는 미디 연주에 다양한 효과를 줄 수 있는 18가지 미디 이펙트를 제공합니다. 미디 이펙트는 오디오와 동일하게 인서트와 센드 방식으로 사용할 수 있으며, 동시에 4가지 이펙트를 사용할 수 있습니다. 하나의 건반으로 복잡한 코드 연주를 연출하거나 코드를 누르고 있는 것만으로도 화려한 아르페지오 연주를 연출하는 등, 연주가 서툰 사용자를 위한 것에서부터 악기 음색을 자유롭게 컨트롤 할 수 있는 고급 기능을 갖추고 있는 것들도 있습니다.

## 01 미디 이펙트 사용하기

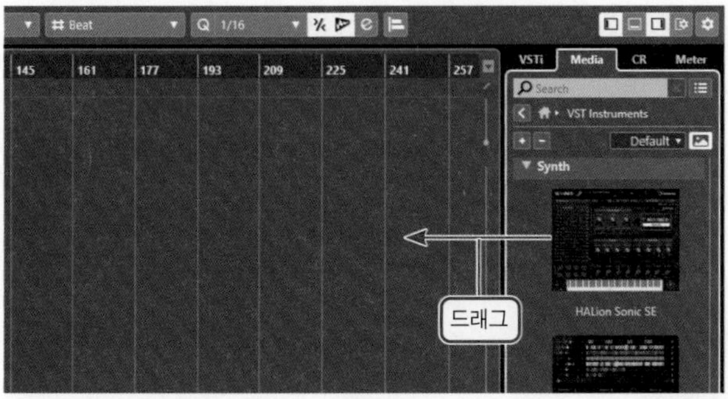


01 새로운 프로젝트를 만들고, 오른쪽 존에서 Media 탭을 엽니다. 그리고 VST Instruments의 HALion Sonic SE를 프로젝트로 드래그하여 트랙을 만듭니다.

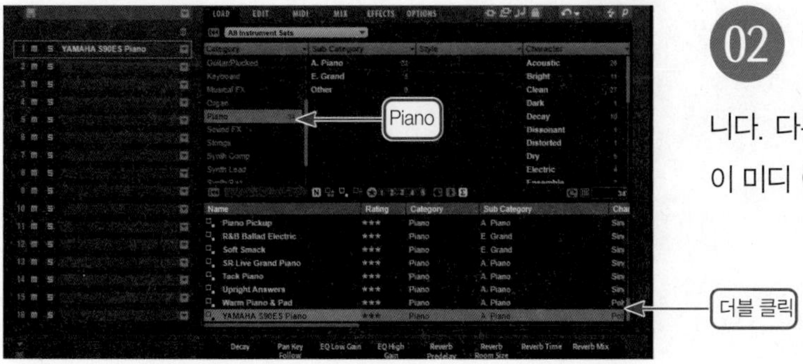


02 카테고리에서 Piano를 선택하여 적당한 프로그램을 더블 클릭하여 로딩합니다. 다른 음색을 로딩해도 좋지만, 건반 계열이 미디 이펙트를 테스트하기 좋습니다.

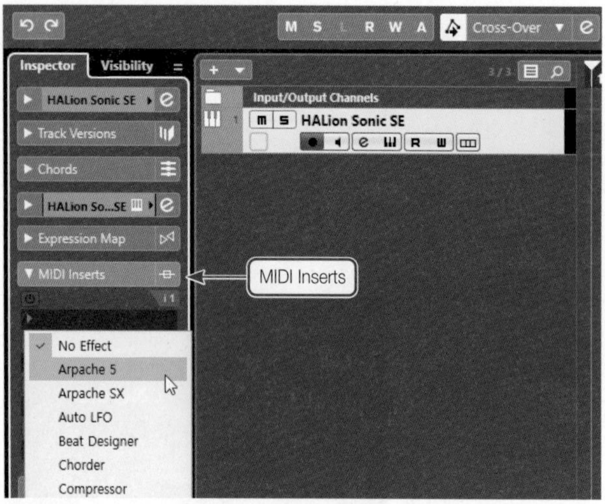


03 인스펙터 창의 MIDI Inserts 파라미터 슬롯을 클릭하면 18가지의 미디 이펙트를 볼 수 있으며, 동시에 4가지 이펙트를 사용할 수 있도록 4개의 슬롯이 제공됩니다.

04 모든 이펙트는 미리 설정되어 있는 프리셋을 제공하고 있기 때문에 선택한 이펙트가 제공하는 최적의 효과를 바로 적용해 볼 수 있고, 사용자 설정을 프리셋으로 저장하여 관리할 수 있습니다.

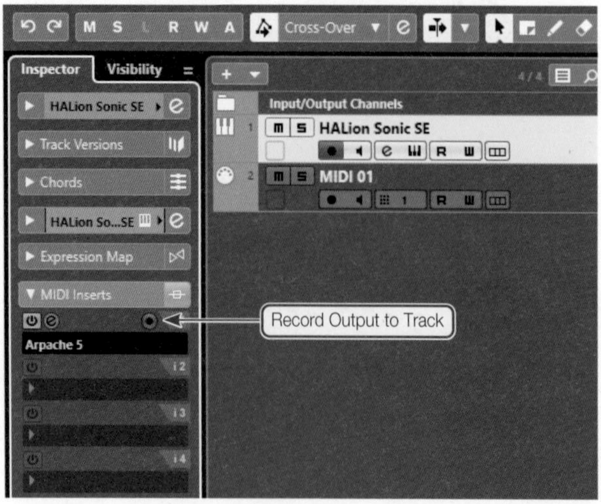


05 미디 이펙트를 실시간으로 적용할 수도 있습니다. Record Output to Track 버튼을 On으로 놓고, 녹음을 하면 이펙트가 적용된 결과로 입력됩니다.

## 02 arpache 5

코드를 누르면 아르페지오로 연주되게 하는 장치입니다.

- Play Order

아르페지오 연주 패턴을 선택합니다. Play Order 문자를 클릭하여 메뉴를 열어 선택해도 좋고, 메뉴 아래쪽의 버튼을 클릭하여 선택해도 좋습니다. 버튼은 왼쪽에서부터 Normal, Invert, Up Only, Down Only, Random, User 순서이며, C 코드를 연주했을 때의 결과는 다음과 같습니다.

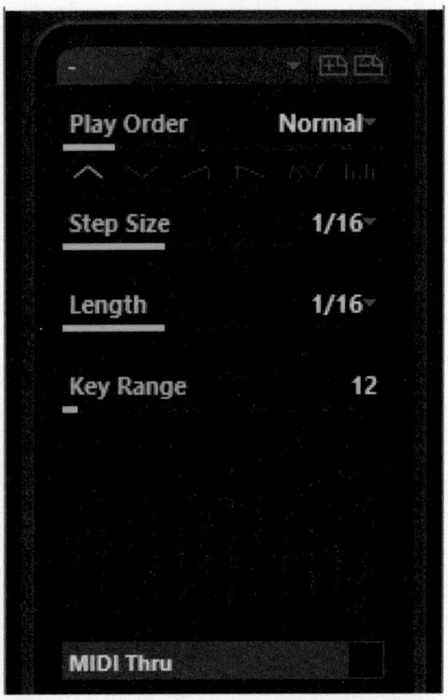


〈연주 코드〉

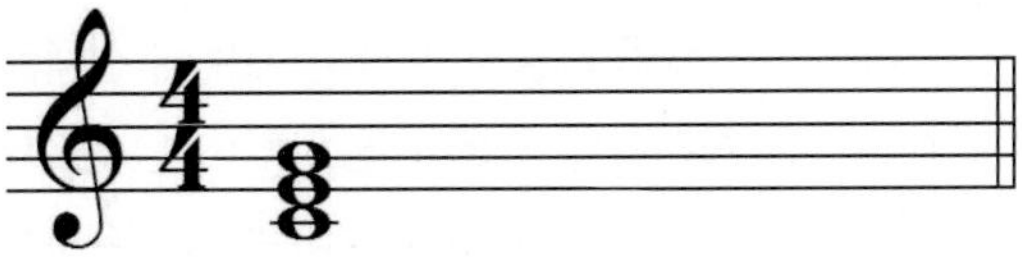

Normal : 상/하행으로 연주되는 패턴

Invert : 하/상행으로 연주되는 패턴

Up Only : 상행으로 연주되는 패턴

Down Only : 하행으로 연주되는 패턴

Random : 정해진 규칙 없이 연주할 때마다 달라진다.

User를 선택하면, 사용자가 원하는 아르페지오 페턴을 만들 수 있는 슬롯 창이 활성화되며, 마우스 드래그로 연주되는 음정을 지정합니다. 예를 들어 Play Order 에서 UpOnly를 선택하고, Step Size를 8비트, Key Range를 12로 설정했다면, 기본 설정은 C 코드를 눌렀을 때 악보와 같이 연주합니다.

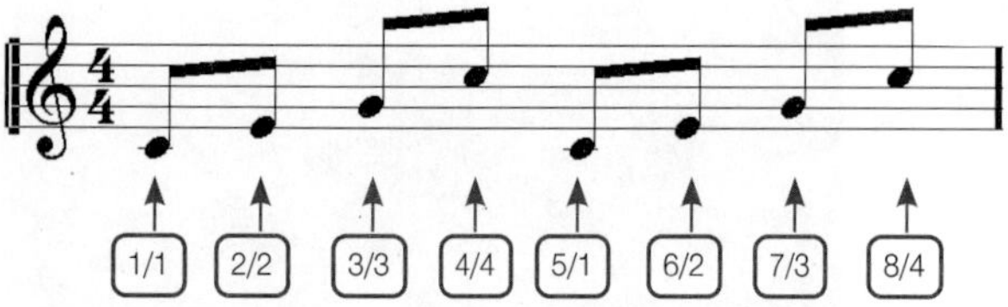


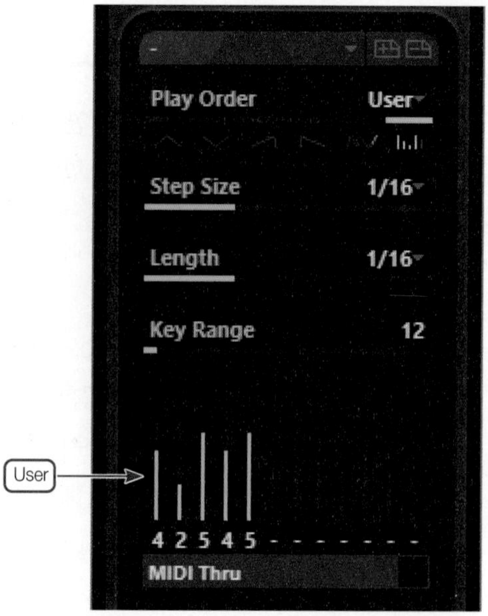


하지만, User 모드에서 각 항목을 1, 2, 3, 2, 1, 2, 3, 2 로 설정하여 연주를 하면 해당 항목에 설정한 노트 번호(도-1, 미-2, 솔-3)로 연주를 변경할 수 있습니다.

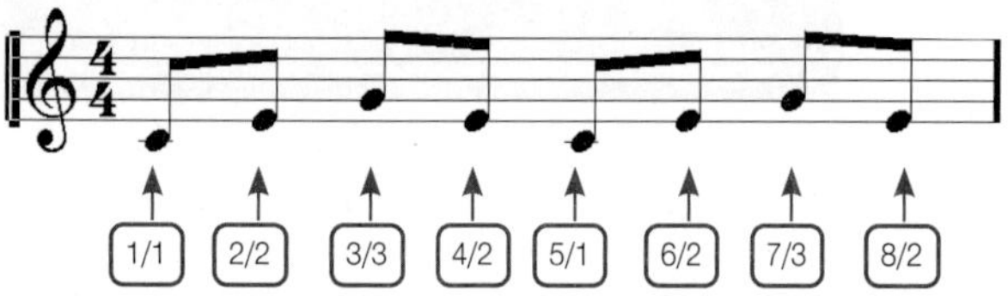


- Step Size : 아르페지오 패턴에 사용하는 비트 단위를 선택합니다. Step Size 문자를 클릭하거나 아래쪽의 슬라이더 바를 드래그하여 설정할 수 있습니다. 1/16을 선택하고 건반을 누르면 16 비트, 1/8을 선택하면 8비트 아르페지오가 연주되는 것입니다.

- Length : 아르페지오 패턴에 사용하는 노트의 길이를 선택합니다. 이 값이 Step Size 보다 길면 각 노트가 겹치는 레가토로 연주하며, 짧으면 각 노트 사이에 공간이 발생하는 스타카토로 연주합니다.

- Key Range : 아르페지오의 연주 음역을 설정합니다. 1의 값이 반음에 해당하므로 한 옥타브인 경우에는 12로 설정합니다. 조정 방법은 값을 더블 클릭하여 직접 입력하거나 슬라이드 바를 드래그합니다.

- MIDI Thru : Thru 옵션은 입력하는 이벤트를 그대로 출력하는 역할을 하는 것으로, 건반에 Local Off 기능이 없을 경우에 옵션을 체크하면, 입력하는 노트가 연주되지 않게 할 수 있습니다.

## 03 arpache SX

Arpache 5와 동일하게 아르페지오 연주를 만드는 장치입니다. 다만, 좀 더 세부적인 옵션을 제공하고 있기 때문에 다양한 패턴을 연출할 수 있다는 차이가 있습니다.

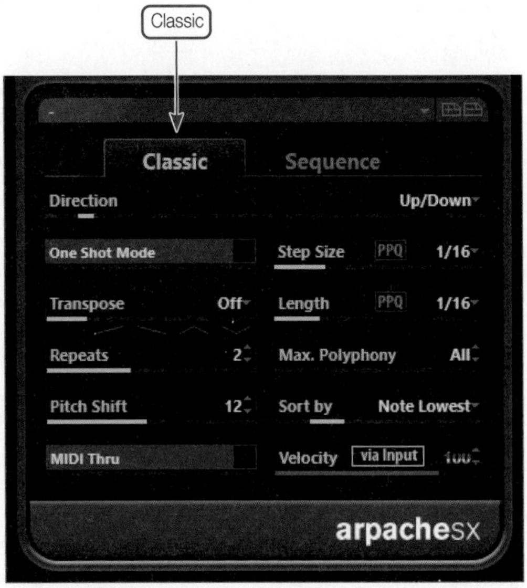


- Direction

Arpache SX는 기본 모드의 Classic와 옵션을 확장한 Sequence의 두 가지 모드를 제공합니다. 첫 번째 Classic 모드의 Direction은 아르페지오의 패턴을 선택하는 역할로, Arpache 5의 Play Order에서보다 다양한 패턴을 제공하고 있습니다.

- One Shot Mode

One Shot Mode 옵션을 체크하면 아르페지오 패턴이 한 번만 연주됩니다. 결국, 패턴이 반복될 때의 음정 변화(Transpose), 반복 횟 수(Repeats), 음정 범위(Pitch Shift)를 설정할 수 있는 옵션을 사용할 수 없습니다. 물론, Repeats와 Pirch Shift는 패턴이 반복될 때의 음정 변화에 대한 옵션이므로, Transpose 값이 Off인 경우에는 무의미 합니다.

- Step Size

Step Size는 아르페지오 연주 패턴의 비트 단위를 설정하고, Length는 노트의 길이를 설정합니다. 8비트 레가토 연주를 만들겠다면, Step Size에서 1/8을 선택하고, Length에서 1/8 점 음표를 선택하여 노트가 겹치게 하는 것이 요령입니다. 노트가 길게 겹치는 것이 아쉽다면, PPQ 버튼을 On으로 하여 틱 단위로 설정합니다. 한 박자의 기본 값은 480입니다.

- Max. Polyphony

일반적으로 동시 발음 수라는 용어를 사용하는 Polyphony은 Arpache SX에서 수신할 노트의 수를 설정합니다. 이 값이 1이면, C 코드를 눌러도 도, 미, 솔 중에서 가장 먼저 누른 하나의 노트만 연주되는 것입니다. 기본값 All을 변경할 이유는 없습니다.

● Sort by

코드가 연주되는 노트의 순서를 선택합니다. 노트의 고/저에 따른 Note Highest/Lowest, 강약에 따른 Velocity Highest/Lowest, 연주 순서에 따른 First/Last In의 6가지가 있습니다. 메뉴에서 선택해도 좋고, 버튼에서 선택해도 좋습니다.

● Velocity

연주의 강약을 결정하는 벨로시티 값을 설정합니다. 기본 값은 사용자가 연주하는 벨로시티 값을 그대로 인식하며, via input 버튼을 Off로 하면, 연주와 상관없이 벨로시티 값을 고정시킬 수 있습니다. 연주가 서툰 사용자는 벨로시티를 고정시키고, 입력된 노트를 편집하는 경우가 더 좋을 수 있습니다.

● Sequence

Sequence 탭을 클릭하여 옵션을 확장하면, Direction에 패턴을 혼합시킬 수 있는 Play Mode와 Step Size, Length, Velocity 설정을 프로젝트의 템포 값에 따르도록 설정하는 from Sequence를 선택할 수 있습니다.

● MIDI Seq - sort by pitch

Sequence 모드로 확장하면 보이는 MIDI Seq-sort by pitch는 Play Mode에 사용자가 녹음한 패턴을 적용하는 옵션입니다. 적용 방법은 사용자가 녹음한 미디 파트를 MIDI Seq-sort by pitch 항목으로 드래그하여 가져다 놓으면 됩니다.

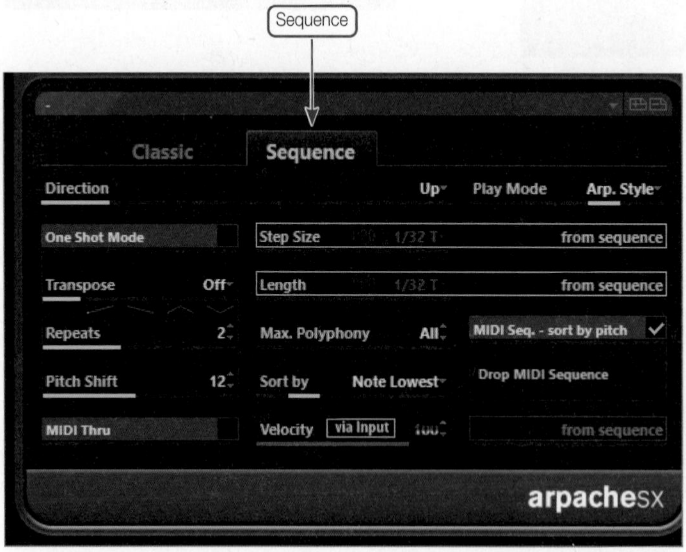

# 04 Auto LFO

Auto LFO은 입력하는 미디 노트에 자동으로 미디 컨트롤 정보를 전송해주는 이펙트 입니다. 기본적으로 컨트롤 번호 10번인 팬 정보를 전송할 수 있게 설정되어 있습니다. 즉, 연주하는 미디 이벤트에 자동으로 팬 효과를 걸어주는 것입니다.

- Waveform

Sine에서 Sequre 까지 6개의 웨이브 폼 선택 버튼은 컨트롤 정보를 적용하는 라인의 형태를 선택합니다. 이것은 오토메이션 트랙 또는 키 에디터의 컨트롤 창에서 컨트롤 정보를 선택한 라인 형태로 그린다고 생각하면 쉽습니다. 예를 들어 첫 번째 버튼에 해당하는 사인파 모양의 Waveform을 선택했다면 키 에디터의 컨트롤 창에서 그림과 같이 컨트롤 정보(Pan)를 사인파 모양으로 직접 그려놓은 것과 같은 효과입니다.

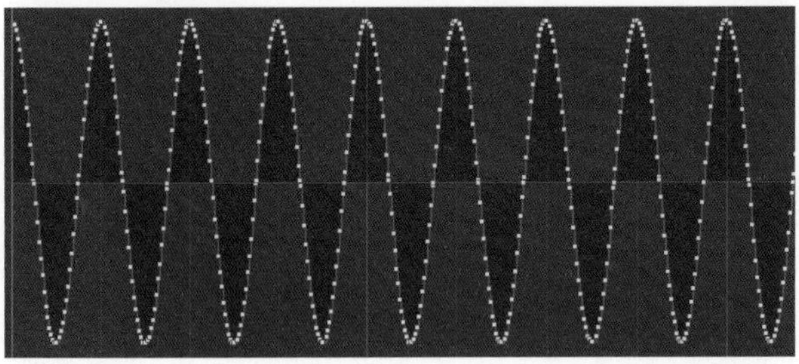

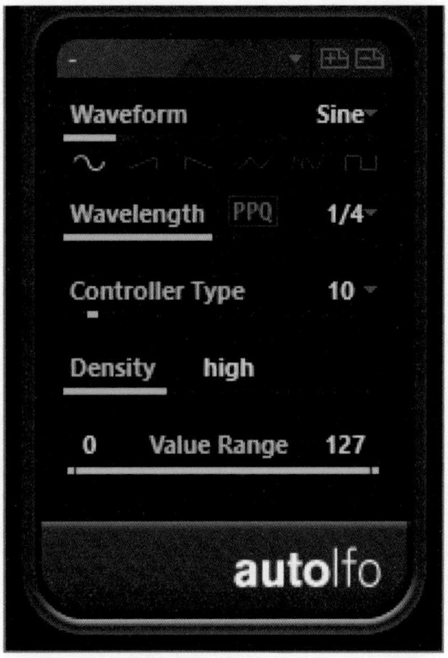


- Wavelength

Wavelength는 컨트롤 정보가 전송되는 단위를 선택합니다. 예를 들어 1/4을 선택하면, 기본값으로 설정되어 있는 팬 정도가 한 박자 길이로 반복되는 것입니다. PPQ 버튼을 On으로 하면, 틱 단위로 설정할 수 있습니다.

- Controller Type

컨트롤 정보를 선택할 수 있습니다. 기본적으로 팬이 선택되어 있기 때문에 사운드를 좌/우로 이동시키는 핑퐁 효과를 만드는 것입니다. 만일, 여기서 다른 정보를 선택하면, 선택한 정보를 자동으로 전송하는 효과를 만들 수 있습니다.

- Density/Value Range

Density는 컨트롤 정보가 만들어지는 밀도를 선택하며, Value Range는 컨트롤 정보의 변화 폭을 설정합니다. 예를 들어 기본 설정의 Pan인 경우, Density에서 High를 선택하고, Value Range를 40에서 100으로 설정하면, 팬 정보는 29 틱 단위로 만들어지면, 왼쪽 40, 오른쪽 100 범위로 이동하는 팬 효과를 만드는 것입니다.

# 05 Beat Designer

비트 디자이너(Beat Designer)는 4개의 그룹에 48가지 드럼 패턴을 만들어 연주시킬 수 있는 드럼 머신입니다. 물론, 악기 음색에 상관없이 이용할 수 있기 때문에 프레이즈가 반복되는 베이스와 기타 연주 등에도 응용이 가능하지만, 주요 사용 목적은 드럼이며, 드럼 에디터로 이해해도 좋습니다.

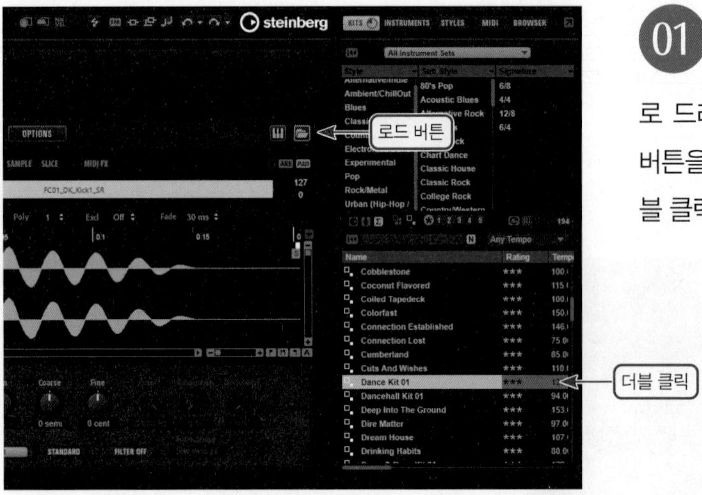


**01** 테스트를 위해 오른쪽 존의 Media 탭에서 Groove Agent SE를 프로젝트로 드래그하여 트랙을 만듭니다. 음색은 로드 버튼을 클릭하여 패널을 열고, 적당한 것을 더블 클릭하여 로딩합니다.

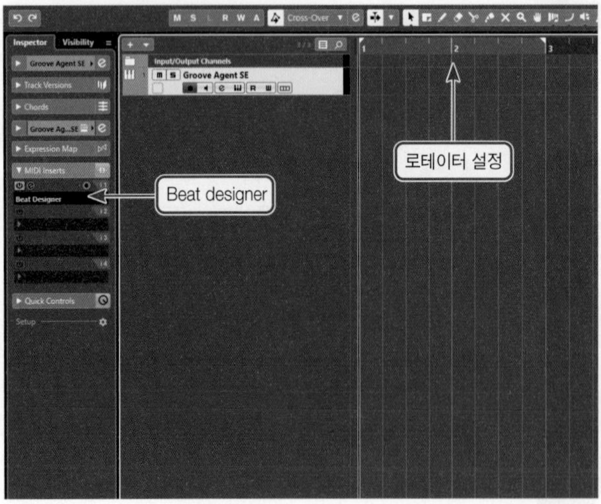


**02** MIDI Inserts 파라미터에서 Beat Designer를 선택하여 장착하고, 룰러 라인을 드래그하여 한 두 마디 길이를 로케이터 구간을 설정합니다. 그리고 [/] 키를 눌러 반복 버튼을 On으로 합니다.

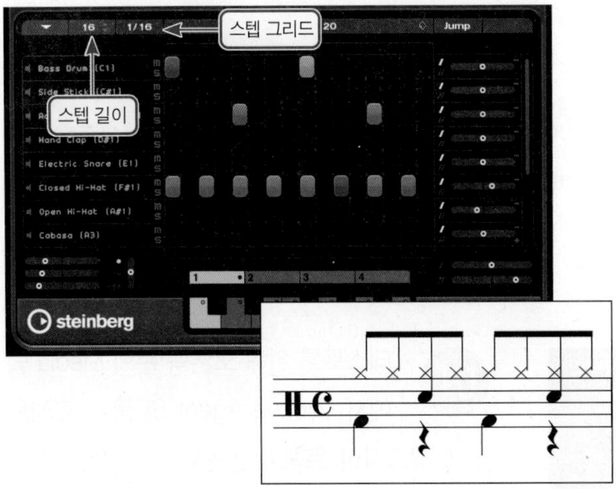


03 Enter 키를 눌러 로케이터 구간이 반복 연주되게하고, 마우스 클릭으로 간단한 8비트 리듬을 입력해봅니다. 기본적으로 스텝 그리드는 1/16으로 설정되어 있고, 스텝 길이는 16으로 설정되어 있습니다. 즉, 한 마디 길이의 16비트 리듬을 연출할 수 있는 상태이며, 8비트를 입력하면 그림과 같은 형태가 됩니다.

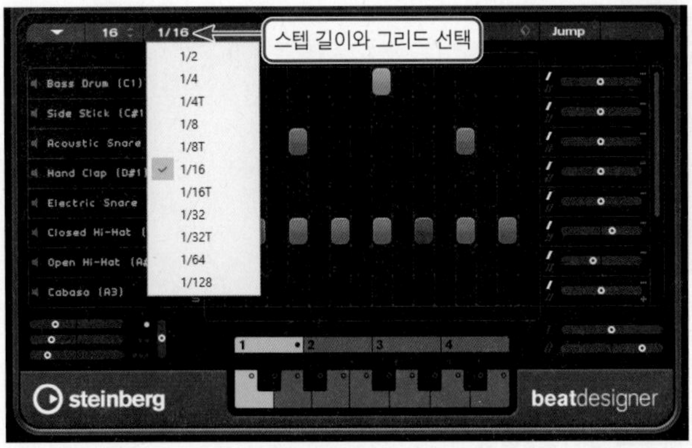


04 만일, 두 마디 길이의 패턴을 만들겠다면, 스텝을 32로 설정하고, 4마디 길이의 패턴을 만들겠다면, 64로 설정하면 됩니다. 그리고 록 패턴의 트리플 연주를 만들겠다면, 스텝 그리드를 1/8T 또는 1/16T로 하여 트리플 리듬 입력이 가능하도록 설정하면 됩니다.

05 하나의 패턴을 더 만들겠습니다. 일반적으로 한 곡에서 리듬이 완전히 달라지는 경우는 드물므로, 앞에서 만든 패턴을 복사하여 수정하는 방법을 많이 이용합니다. 패턴 메뉴의 Copy pattern을 선택하여 복사합니다.

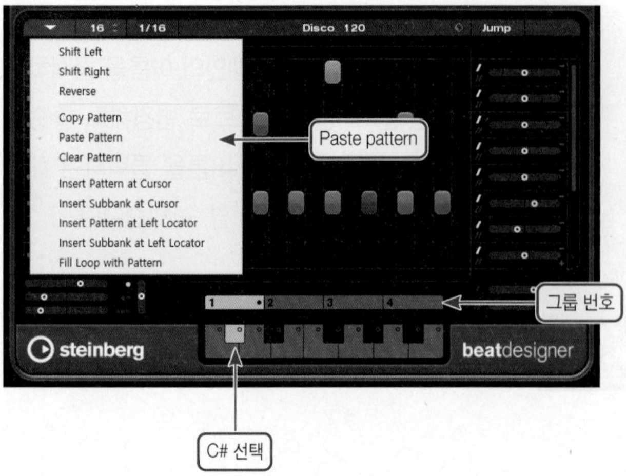


06 C# 건반을 선택하여 패널을 열고, 메뉴에서 Paste Pattern을 선택하여 C 건반에서 복사한 패턴을 붙여넣습니다. 현재 1번 그룹의 C와 C# 건반에 두 개의 패턴을 만들고 있는 것이며, 4개의 그룹을 제공하고 있기 때문에 총 48가지의 패턴을 만들 수 있습니다.

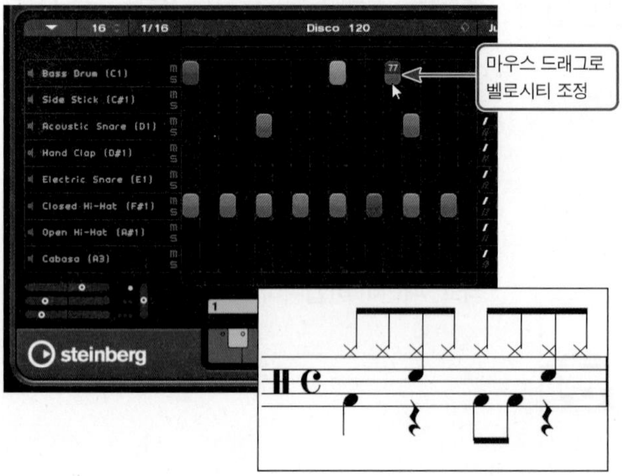


07 C# 건반에 복사한 패턴에서는 3박자 업 비트에 노트를 추가하는 정도의 변화만 연출하겠습니다. 노트를 입력하고, 입력된 노트를 아래쪽으로 드래그하여 벨로시티를 조금 줄입니다. 벨로시티 조정 방법을 살펴본 것입니다.

08 앞에서와 같은 방법으로 C# 패턴을 D 건반에 복사하고, 3, 4 박에 입력한 노트를 클릭하여 모두 삭제합니다. 그리고 + 기호의 Add Instruments Lane 버튼을 클릭하여 High Tom이 보일 때까지 레인을 추가합니다. - 기호의 Remove Instruments Lane은 해당 레인을 삭제하는 역할입니다.

**09** 레인을 노트 순서대로 추가하는 대신에 필요 없는 레인의 이름을 클릭하여 목록을 열고, 필요한 노트로 변경해도 좋습니다. 이름 왼쪽의 스피커 버튼을 클릭하면 해당 노트의 사운드를 모니터 할 수 있습니다.

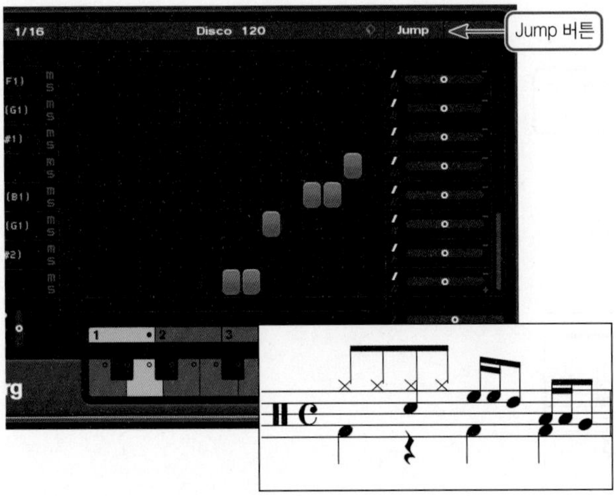


**10** 필요한 레인을 추가했다면, 필-인 리듬으로 사용할 패턴을 만듭니다. 그리고 마스터 건반의 C, C#, D 건반을 눌러보면서 각 패턴의 연주를 모니터합니다. 이때, Jump 버튼을 On으로 하여 Now 문자를 표시하면, 패턴이 바로 바뀌며, Off으로 하면 한 마디가 연주되고, 패턴이 바뀝니다.

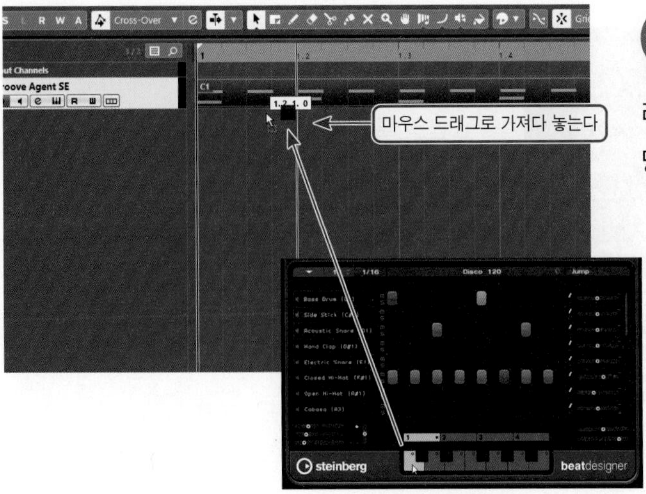


**11** 완성된 패턴을 트랙에 가져다 놓을 때는 연주시킬 패턴의 건반을 마우스 드래그로 가져다 놓거나 [*] 키를 눌러 패턴에 해당하는 노트를 녹음합니다.

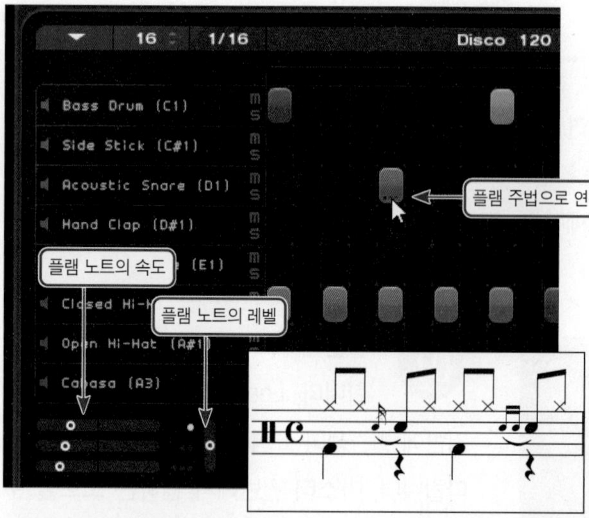


**12** 노트 아래쪽을 클릭하면 3개의 작은 원이 보이며, 이것을 클릭하여 최대 3 연음 플램 주법을 연출할 수 있습니다. 플램 주법은 꾸밈음을 말하는 것으로며, 각 플램의 속도와 레벨은 왼쪽 하단의 슬라이드를 이용하여 설정합니다.

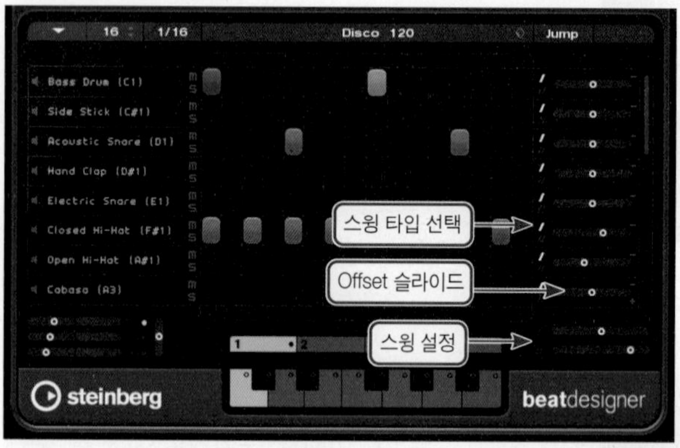


**13** 각 레인에 보이는 슬라이드는 노트의 시작 타임을 조정하는 Offset이고, / 와 //는 아래쪽에서 설정된 스윙 타임을 적용하는 것입니다. 기본적으로 / 는 스트레이트로 연주되는 0의 값이고, // 는 약 66% 정도의 스윙으로 설정되어 있습니다.

패턴 메뉴는 다음과 같으며, Insert에 해당하는 5가지가 선택한 패턴을 트랙에 가져다 놓은 역할입니다.

| 메뉴 | 역할 |
|---|---|
| Shift Left와 Shift Right | 패턴을 스텝 단위로 왼쪽 또른 오른쪽으로 이동시킨다 |
| Reverse | 패턴의 연주 방향을 거꾸로 뒤집는다 |
| Copy Patern | 선택한 패턴을 복사한다 |
| Paste Patter | 복사한 패턴을 붙여 넣는다 |
| Cleat Pattern | 선택한 패턴에 입력된 노트를 모두 삭제한다 |
| Insert pattern at cursor | 송 포지션 라인 위치에 선택한 패턴을 가져다 놓는다 |
| Insert Subbank at cursor | 송 포지션 라인 위치에 선택한 그룹의 모든 패턴을 가져다 놓는다 |
| Insert Pattern at Left Locator | 로케이터 시작 위치에 선택한 패턴을 가져다 놓는다 |
| Insert Subbank at Left Locator | 로케이터 시작 위치에 선택한 그룹의 모든 패턴을 가져다 놓는다 |
| Fill Loop with Patter | 로케이터 구간에 선택한 패턴을 채워 넣는다 |

# 06 Chorder

Chorder는 단음으로 입력하는 노트를 화음으로 연주하는 효과를 만듭니다. 이것은 단음을 눌렀을 때 자동으로 코드가 연주하는 교육용 디지털 피아노와 같은 기능이며, Arpache 5 또는 Arpache SX와 함께 사용한다면, 건반 하나로 화려하게 연주되는 아르페이오 페턴을 만들 수 있습니다.

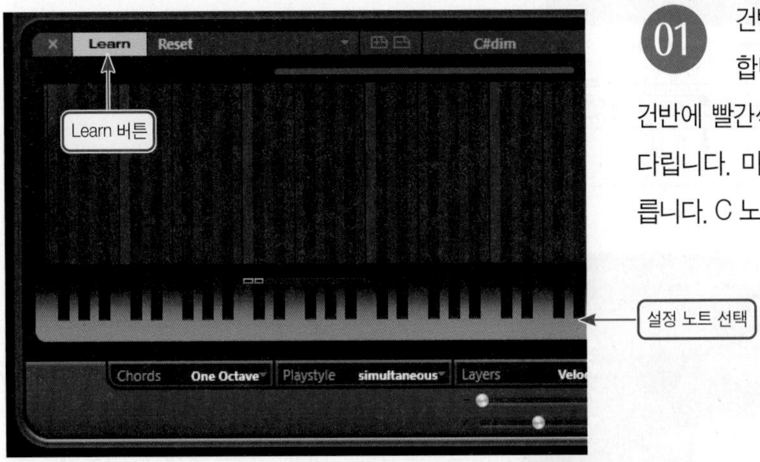


01 건반에 코드를 설정하는 방법은 간단합니다. Learn 버튼을 On으로 하면 건반에 빨간색이 표시되면서 사용자 입력을 기다립니다. 마스터 건반에서 원하는 노트를 누릅니다. C 노트를 눌렀다고 가정하겠습니다.

02 디스플레이 창으로 빨간색이 이동합니다. 이제 연주되게할 코드를 누릅니다. CM7 코드를 눌렀다고 가정하면, C 노트를 눌렀을 때, CM7 코드가 연주되는 것입니다. 코드 입력이 끝나면, 빨간색은 건반으로 이동되며, 앞에서와 같은 방법을 반복하여 Learn 버튼을 Off시킬 때까지 각각의 노트마다 코드를 만들 수 있습니다.

> **Tip**
> 교육용 디지털 피아노와 같은 환경을 만들고 싶다면, C음을 눌렀을 때 C코드, C+Bb 음을 눌렀을 때 Cm, C+B음을 눌렀을 때 C7으로 연주되게 합니다.

**03** Chords는 3가지 모드로 이용할 수 있습니다. 첫 번재 All Keys를 선택한 경우에는 각각의 노트 마다 코드를 만들 수 있습니다. 예를 들어 C3음을 누를 때는 CM7, C4음을 누를 때는 C6코드가 연주되게 할 수 있다는 것입니다.

**04** One Octave 한 옥타브 범위로만 사용하는 것입니다. 즉, C3음을 누를 때 CM7이 연주되게 설정하였다면, C3 외에 C4, C5 등의 음을 눌러도 CM7이 연주되는 것입니다. 설정된 노트는 건반 위쪽에 파란색 사각형이 표시됩니다.

**05** Cordes에서 가장 많이 사용하게 될 것이 Global Key 모드 입니다. 이것은 한 음에 설정한 코드를 나머지 건반에 자동으로 연결시킵니다. 예를 들어 C음을 눌렀을 때 CM7 코드가 연주되게 했다면, D음은 DM7, E음은 EM7으로 자동 연주되는 것입니다.

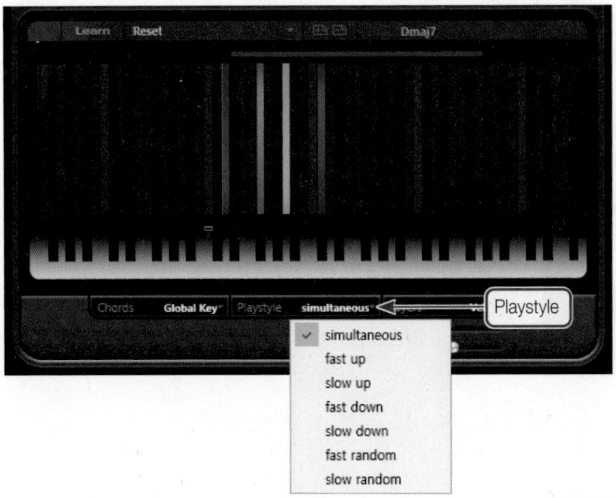


**06** Playstyle은 코드가 연주될 때, 낮은 음부터 차례로 연주(Up)되게 한다거나 고음부터 연주(down)되게 하는 등의 레가토 효과를 연출할 수 있는 메뉴로 구성되어 있습니다. Random은 연주할 때마다 순서가 바뀌며, Simultaneous는 변화가 없는 것입니다.

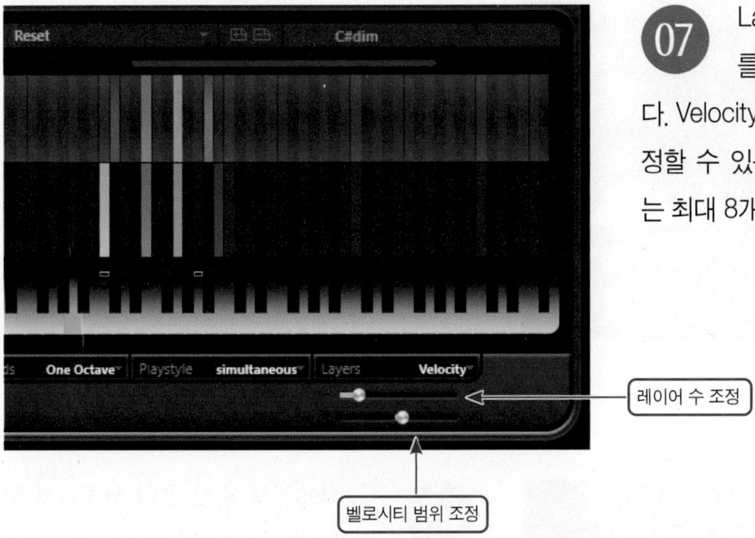


**07** Layers는 벨로시티 및 음정으로 코드를 구분할 수 있는 레이어를 만듭니다. Velocity를 선택하면, 레이어 수와 범위를 조정할 수 있는 슬라이드가 보입니다. 레이어 수는 최대 8개까지 구분할 수 있습니다.

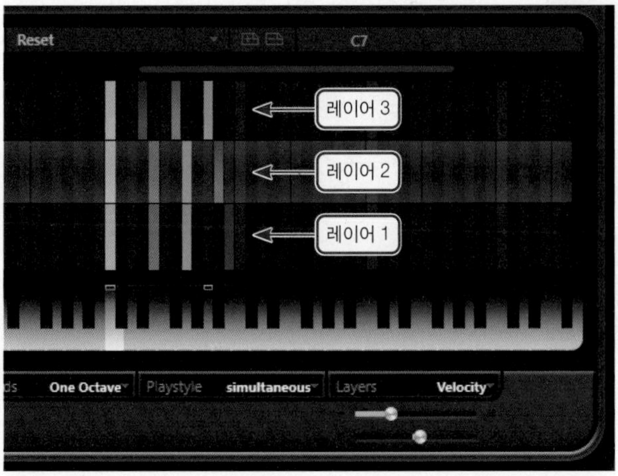


**08** 예를 들어 레이어 수를 3개로 설정하고, 1번 레이어에 CM7, 2번 레이어에 C7, 3번 레이어에 Cdim 코드를 만들었다면, 건반을 약하게 누르면 CM7, 중간 세기로 누르면 C7, 세계 누르면 Cdim가 연주되는 것입니다. 각 벨로시티의 범위는 아래쪽 슬라이드로 조정하며, 디스플레이 창의 크기 변화로 짐작할 수 있습니다.

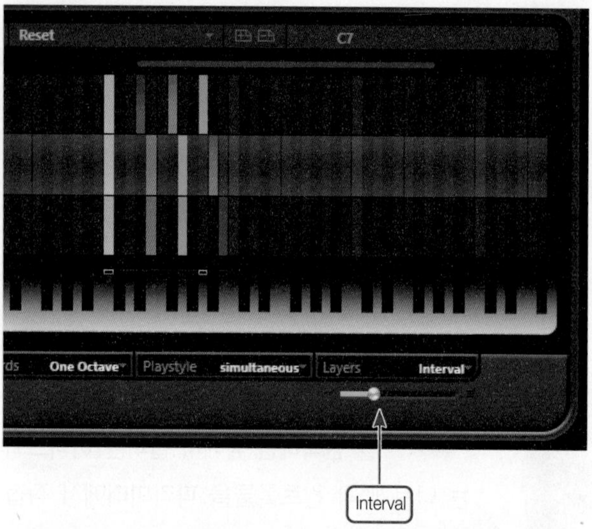


09 Layers에서 Interval을 선택하면 각각의 레이어가 벨로시티가 아닌 음정 간격으로 연주됩니다. 예를 들어 앞에서와 같이 3개의 레이어에 CM7, C7, Cdim 코드를 만들었다면, C+C#음을 누른 때 CM7이 연주되고, C+D음을 누르면 C7, C+D#음을 누르면 Cdim가 연주되는 것입니다.

10 사용자가 만든 프리셋을 계속 사용하고 싶다면, + 기호의 Save Preset 버튼을 클릭하여 저장합니다. - 기호의 Remove Preset은 선택한 프리셋을 삭제합니다.

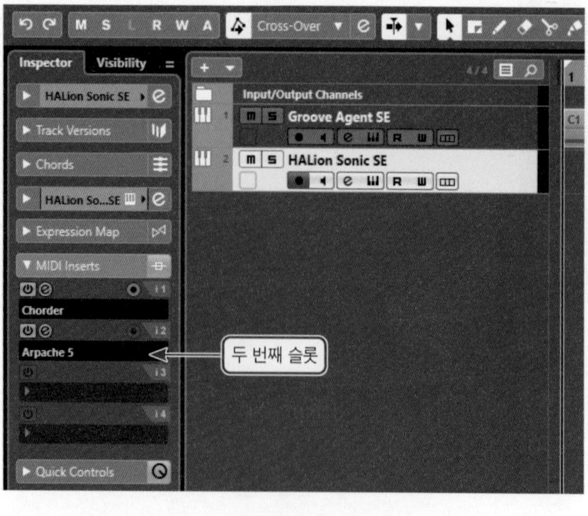


11 Chorder에서 기본적으로 제공하는 프리셋들을 살펴보면서 각각의 코드를 어떻게 만들었지는 확인해보고, MIDI Inserts 파라미터의 두 번째 슬롯에 Arpache 5 또는 Arpache SX를 적용하여 하나의 노트로 아르페지오가 연주되는 효과도 만들어 봅니다.

## 07 Compress

Compress는 미디 트랙 파라미터에서 살펴보았던 Vel. Comp와 동일한 기능입니다. Threshold에서 설정한 벨로시티가 넘는 노트들은 Ratio에서 설정한 비율로 압축합니다. Compress는 기본적으로 Insert 파라미터에 각 컨트롤 정보를 변경할 수 있는 패널을 보여주며, 별도의 창으로 보고 싶은 경우에는 Alt키를 누른 상태에서 선택합니다.

01 Insert 파라미터 슬롯에서 Compress를 선택하면 앞에서 살펴본 이펙트와는 다르게 각 컨트롤들을 파라미터에서 직접 조정할 수 있습니다. Threshold는 기준 벨로시티를 설정하고, Ratio는 Threshold에서 설정한 벨로시티 값이 넘는 노트들을 압축할 비율을 설정합니다. 그리고 Gain은 최종 출력 벨로시티를 조정합니다.

02 만일, 앞에서 살펴보았던 것과 같이 이펙트 패널을 별도로 열고 싶다면 Compress를 선택할 때 Alt 키를 누르고 있거나, Compress를 적용한 Insert 파라미터에서 이펙트 창 열기 버튼을 Alt 키를 누른 상태에서 클릭합니다.

## 08 Context Gate

Context Gate는 입력한 노트와 채널을 제한하는 역할을 합니다. 궁극적인 목적은 미디 기타와 같이 정확한 노트 정보를 입력하기 어려운 장비를 사용할 때, 연주하는 노트의 범위나 현의 수, 채널 등을 제한하여 보다 정확한 미디 노트를 입력할 수 있게 하는 것입니다. 그러나 Conext Gate는 입력한 정보에서 필요없는 것을 걸러내는 역할을 하기 때문에 입력 장비에 대한 제한을 둘 필요는 없습니다.

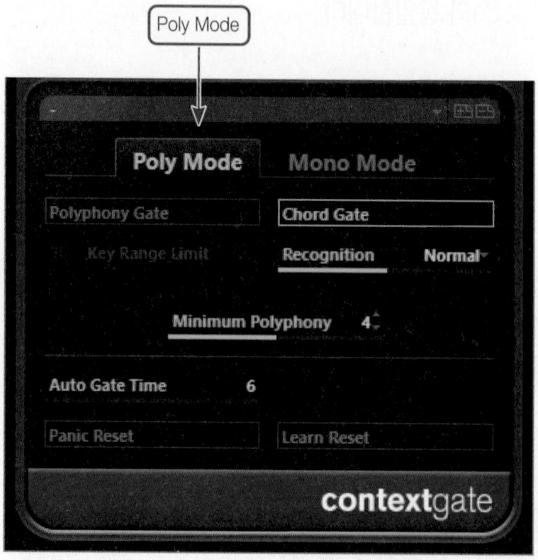


● Poly 와 Mono mode

Poly Mode는 코드를 제한할 때 유용한 모드이며, Mono Mode는 노트를 제한할 때 유용한 모드입니다. 즉, 사용자가 설정한 범위 밖의 노트를 입력할 때, Mono Mode에서는 범위 밖의 노트만 제거하지만, Poly는 코드 자체를 제한할 수 있습니다.

● Polyphony 와 Chord Gate

Chord Gate는 정확한 코드 구성음(normal)을 사용할 것인지, 비슷한 코드 구성음(Simple)을 사용할 것인지를 선택하는 Recognition 메뉴와 구성음의 범위 및 수를 제한하는 key range Limit가 있습니다. 큐베이스는 가운데 도를 C3로 표시하며, 미디 노트 번호는 60번입니다.

● Minimum Polyphony 와 Auto Gate Time

MiniMum Polyphony은 Context Gate가 작동하는데 필요한 최소 노트의 수를 설정하며, Auto Gate Time은 최소 타임을 초 단위로 설정합니다. 즉, 잘못 연주되는 코드에서 무시하고 싶은 화음 수와 타임을 설정하는 것입니다

● Panic 과 Learn Reset

Panic Reset 버튼은 클릭할 때 마다 All Note Off 메시지를 전송하는 역할을 하며, Learn Reset 버튼은 All Note Off 메시지를 전송할 미디 메시지를 설정합니다, Lean Reset 버튼을 클릭하면, 메시지를 받을 준비가 되며, 마스터 건반에서 원하는 노트나 노브를 움직여 인식시킵니다. 연주를 정지시켰는데도 미디 음이 지속되는 에러가 있을 때 이용합니다.

● Mono Mode

Poly Mode가 미디 기타의 스트로크 주법에 적합하다면, Mono Mode는 아르페지로 주법에 적합합니다. Channel Gate는 제한할 채널을 설정하며, Velocity Gate는 제한할 벨로시티의 최소 값을 설정하는 Minimum Velocity와 제한할 노트의 범위를 설정하는 Key Range Limit가 있습니다. 노트의 단위는 Poly Mode와 동일합니다.

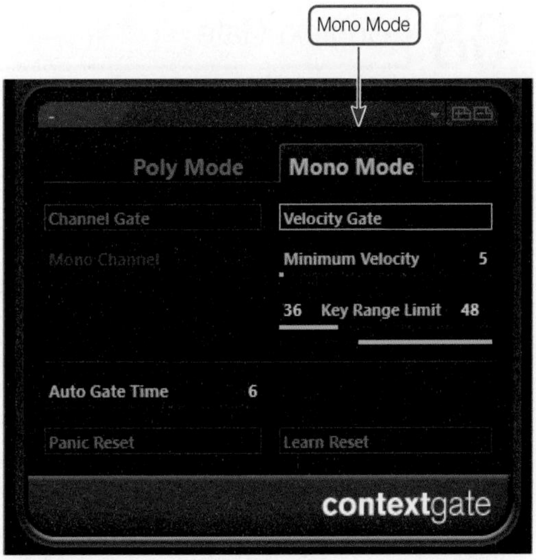


## 09 Density

Density는 연주하는 노트들을 무작위로 삭제하거나 새롭게 추가하는 이펙트입니다. 조금은 독특한 Density 효과는 같은 음색으로 연주하는 드럼이나 퍼커션에서 너무 많이 입력한 노트의 수를 줄이거나 조금은 부족한 노트 수를 무작위로 늘려 난타 효과를 자연스럽게 만들 수 있습니다.

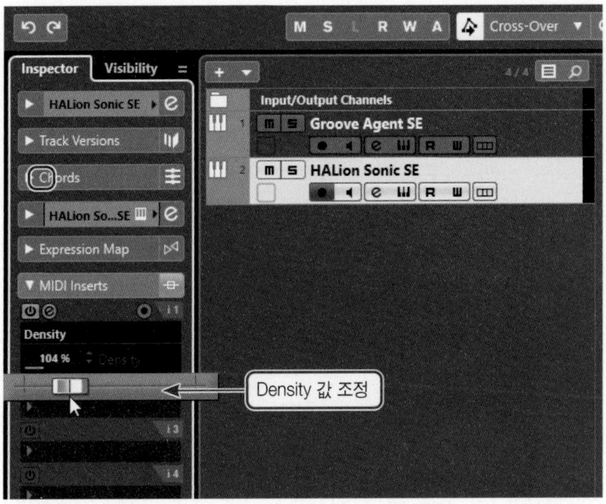


Density는 값을 조정하는 슬라이드 뿐이며, 이를 드래그하여 값을 줄이면 무작위로 노트 수를 줄이고, 값을 높이면 노트 수가 늘어나 풍성한 연주를 만들 수 있습니다. 단, Density는 노트를 무작위로 삭제하거나 늘리기 때문에 모니터를 해보면서 조정하는 것이 좋습니다.

## 10 MIDI Control

Midi Control은 트랙에 최대 8가지의 컨트롤 정보를 전송할 수 있는 이펙트 입니다. 리스트 에디터나 유저 패널을 사용하는 것이 번거롭다면, Midi Control 이펙트를 이용해서 자주 사용하는 컨트롤 정보를 실시간으로 조정하는 것도 요령입니다.

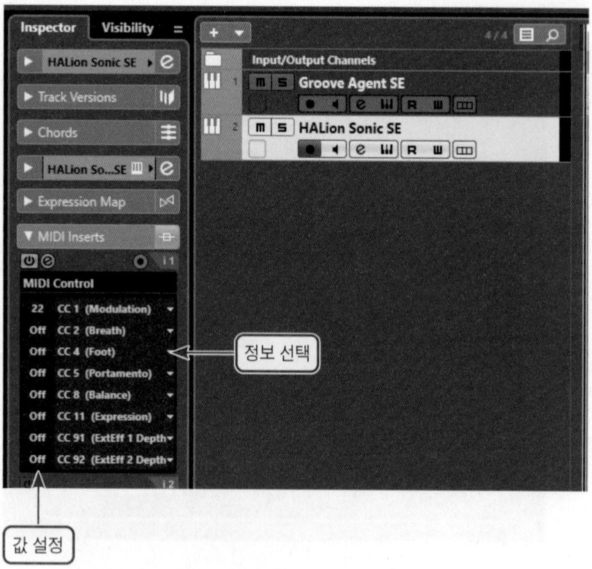


Midi Control은 8개의 슬롯을 제공하며, 슬롯을 클릭하여 컨트롤 정보를 선택합니다. 값은 왼쪽의 Off 문자를 드래그하거나 더블 클릭으로 설정할 수 있습니다.

**Tip**

타임에 따라 변하는 값이 필요한 정보는 Write 버튼을 클릭하여 오토메이션으로 기록합니다.

## 11 Micro Tuner

Micro Tuner는 연주하는 노트의 피치를 100분의 1 단위로 미세하게 조정합니다. 연주하는 노트의 스케일을 만들 때도 응용할 수 있지만, 섹소폰이나 기타 등, 연주 음정이 미세하게 흔들리는 악기의 휴머니즘을 연출하는데 효과적입니다.

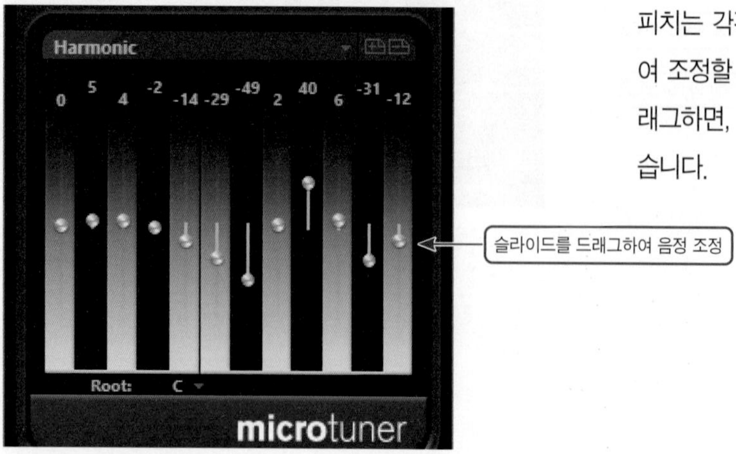


피치는 각각의 슬라이드를 위/아래로 드래그하여 조정할 수 있으며, Alt 키를 누른 상태로 드래그하면, 12개의 피치를 동시에 조정할 수 있습니다.

# 12 MIDI Echo

Midi Echo는 선택한 트랙에 에코 효과를 만듭니다. 에코란 딜레이 계열의 이펙트를 말하는 것으로 노래방 마이크를 생각하면 됩니다.

● 딜레이 값 설정

딜레이는 시간 차를 두고 원본 사운드가 반복되는 것이며, MIDI Echo는 반복되는 사운드의 벨로시티와 피치가 변하게 하는 Velocity Offset과 Pitch Offset 파라미터를 제공합니다. 그리고 Repleats에서 반복 횟수를 설정하고, Beat Align에서 반복의 시작 타임을 설정합니다.

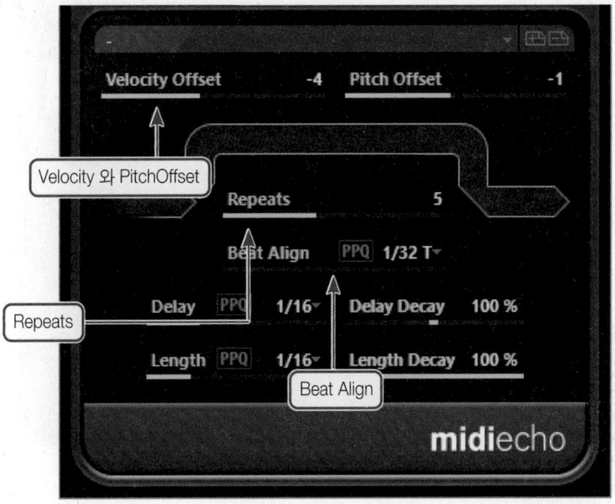


● 간격과 길이 설정

Delay에서 반복 타임을 설정하고, Delay Decay에서 반복되는 사운드의 소멸 값을 설정합니다. 그리고 Length에서 반복되는 사운드의 길이를 설정하고, Length Decay에서 길이의 소멸 값을 설정합니다. 각각의 항목은 PPQ 버튼을 클릭하여 틱 값으로 설정할 수 있습니다.

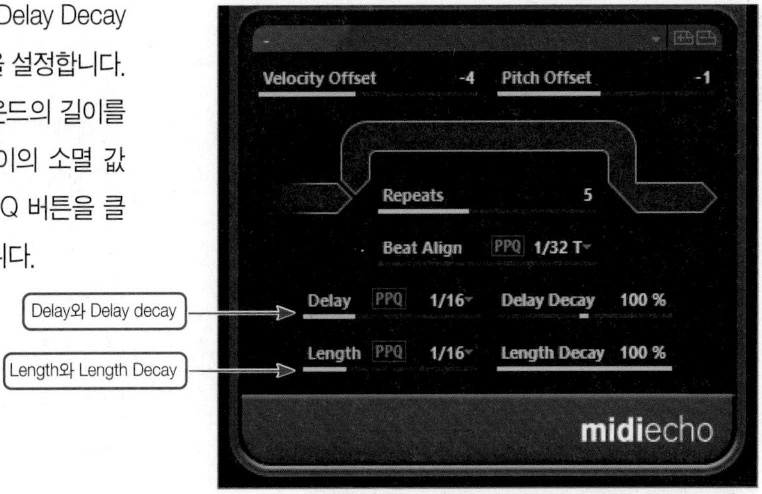

# 13 MIDI Modifiers

MIDI Modifiers는 앞의 인스펙터 창 학습 편에서 살펴본 MIDI Modifiers와 동일한 역할을 합니다. 다만, MIDI Inserts 방식으로 사용하는 MIDI Modifiers 이펙트는 시스템의 메모리에 로딩되어 처리되므로, 인스펙터 창의 MIDI Modifiers 보다 시스템 사용량이 증가합니다. 결국, 자신의 시스템 사양에 맞추어 선택하는 것이 좋지만, 인스펙터 창의 MIDI Modifiers 파라미터를 권장합니다.

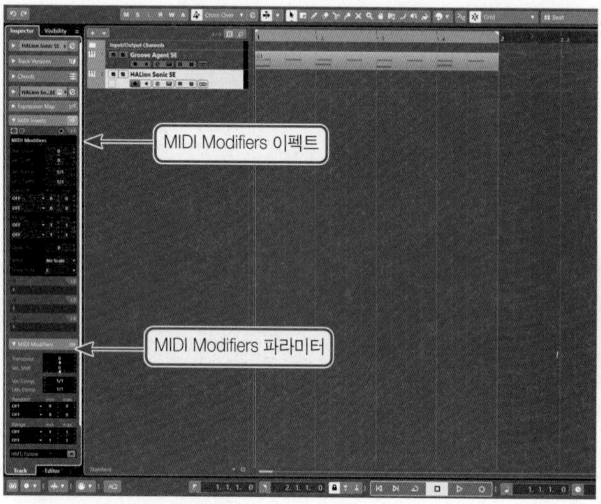


**01** MIDI Modifiers를 장착하고 파라미터를 살펴보면, 인스펙터 창의 MIDI Modifiers와 동일한 구조로 되어 있다는 것을 확인할 수 있으며, 역할도 동일합니다.

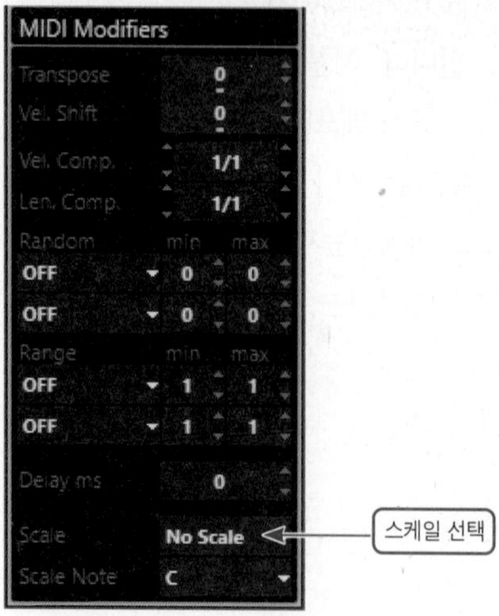


**02** 단, MIDI Modifiers 이펙트에는 연주를 지연시키는 Delay ms와 다양한 스케일로 연주되게 하는 Scale 및 Scale Note 선택 항목이 있습니다. 예를 들어 Scale에서 Blues를 선택하고, Scale Note에서 A를 선택하면, 해당 트랙의 노트가 A 블루스 스케일로 연주되는 것입니다.

# 14 MIDI Monitor

미디 모니터는 입력되는 미디 이벤트와 재생되는 미디 이벤트를 검색하여 에러나 문제점을 체크하는 역할을 합니다. 그러나 재생되는 미디 이벤트의 에러를 체크하기 위해서는 미디 이벤트에 관해서 어느 정도 지식을 갖추고 있어야 하며, 이것을 분석할 수 있는 능력을 갖췄다면, 리스트 에디터를 이용하는 것에 익숙해져 있을 것입니다. 결국, 미디 모니터는 재생되는 미디 이벤트의 에러를 체크하는 용도 보다는 자신이 사용하는 미디 장치를 체크하는 용도로 이용하는 경우가 대부분 입니다.

**01** Inputs 전원 버튼을 On으로 하고, 입력되는 미디 이벤트를 체크하기 위한 Live Events 또는 재생되는 미디 이벤트를 체크하기 위한 Playback Events 버튼을 선택합니다. 물론, 두 가지를 동시에 이용할 수 있습니다.

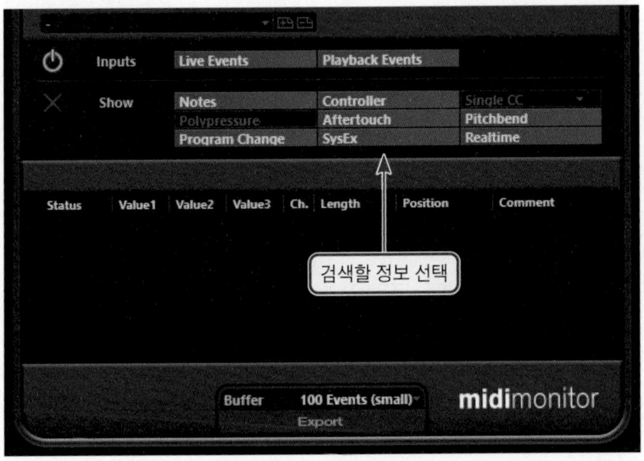


**02** Show 항목에서 검색할 정보를 선택합니다. 예를 들어 자신이 사용하는 마스터 건반에서 애프터 터치 정보를 지원하는지 알아보고 싶다거나 피치와 모듈레이션 휠이 정상적으로 동작하는지 등을 알아보고 싶다면, 해당 정보를 선택하는 것입니다.

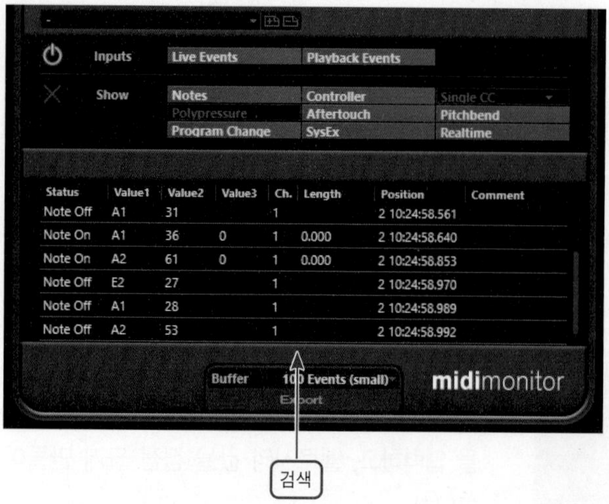


03 이제 마스터 건반을 힘있게 눌러보거나 피치와 모듈레이션 휠을 작동시켜봅니다. 해당 기능들이 정상적으로 동작한다면, 리스트에 검색되는 것을 확인할 수 있습니다. 참고로 저가의 마스터 건반은 Polypressure와 Aftertouch를 지원하지 않는 경우가 많으므로, 검색되지 않는다고 해서 고장은 아닐 것입니다.

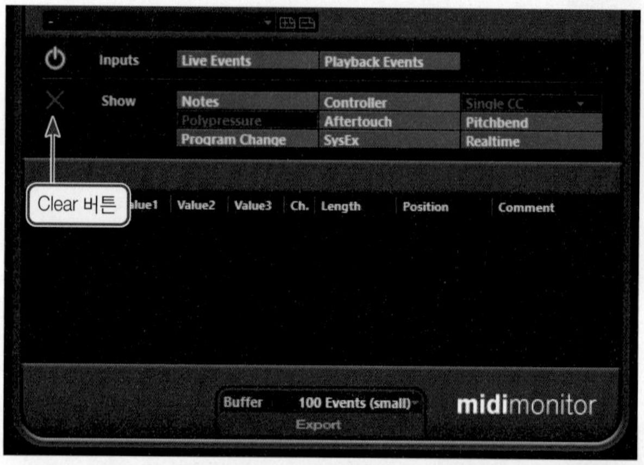


04 미디 모니터는 장치의 고장 유무를 체크하는 것 외에도 자신이 사용하고 있는 장치의 노브와 슬라이드에 설정되어 있는 컨트롤 정보가 몇 번인지를 확인하고 싶을 때도 유용합니다. Clear 버튼을 클릭하여 검색한 리스트를 삭제하고, Show 항목의 Controller가 On으로 되어 있는지 확인합니다.

05 사용하고 있는 장치의 노브, 버튼, 슬라이드를 움직여보면, 컨트롤 번호(Value1)와 채널(Ch) 등을 알아낼 수 있습니다. 아래쪽의 Buffer는 검색할 리스트의 최대 허용량을 선택하는 것이며, Export 버튼을 클릭하여 텍스트 파일로 저장할 수 있습니다.

# 15 Note to CC

Note to CC는 입력하는 노트의 벨로시티 값에 따라 반응하는 컨트롤 체인지 정보를 만듭니다. 사용 목적에 따라서 다르겠지만, Note to CC는 컨트롤 정보를 만드는 이펙트로 Insert 보다는 Send 방식으로 사용하는 것이 효과적입니다. Note to CC 학습을 겸하여 미디 이펙트의 센드 적용 방식을 살펴보겠습니다.

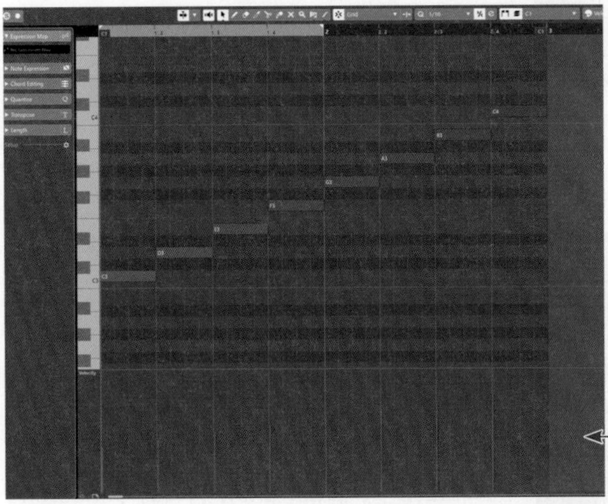


**01** 두 개의 미디 트랙을 만들고, 채널 1번으로 설정한 MIDI 1 트랙에서 노트들을 입력하고, 벨로시티 값을 점점 크게 만들어 봅니다.

**02** 미디 인스펙터 창의 MIDI Sends 파라미터를 열고, Note to CC 이펙트를 선택합니다. 전원 버튼을 On으로 합니다.

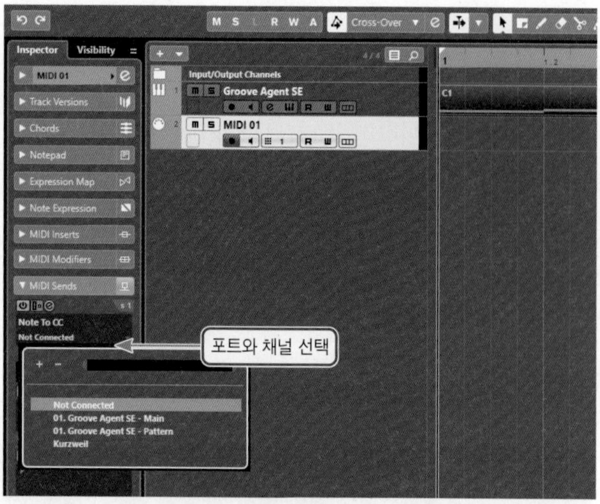


03 Not Connected로 표시되어 있는 슬롯을 클릭하여 Note 2 CC 효과를 적용할 포트와 채널을 선택합니다. 실습은 MIDI 2 트랙으로 사용할 것이므로 채널을 2번으로 선택합니다.

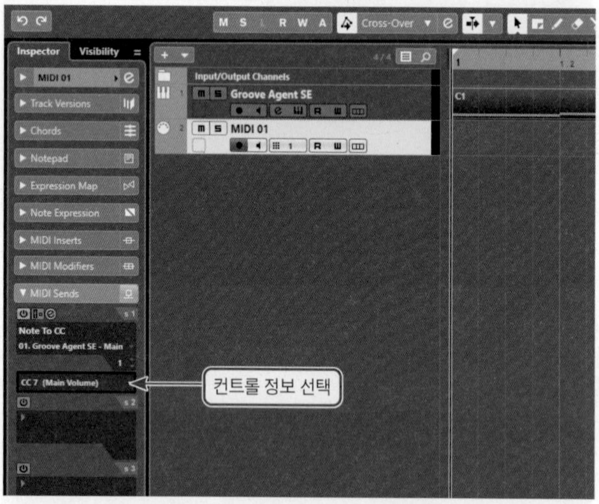


04 Note 2 CC로 적용할 컨트롤 정보를 선택합니다. 여기서는 기본값으로 설정한 컨트롤 번호 7번인 Main Volume을 그대로 두고 실험하겠습니다.

05 이제 2번 채널로 설정한 MIDI 2 트랙을 선택하고, Enter 키를 누릅니다. 건반을 연주해보면 1번 트랙에 입력한 벨로시티 값에 따라 볼륨을 점점 크게 연주하는 것을 확인할 수 있습니다.

# 16 Step Designer

앞에서 살펴본 Beat Designer가 드럼 패턴을 만들기에 적합한 것이라면, Step Designer는 자주 사용하는 프레이즈나 루프를 연주할 때 적합합니다. 특히, 건반 하나로 프레이즈를 연주시킬 수 있기 때문에 입문자에게 매우 유용합니다. 노트 C1에서부터 모두 200개의 패턴을 지정할 수 있는 Pattern 항목을 비롯해서 키 에디터와 같은 방식으로 패턴을 지정할 수 있는 편집 창으로 구성되어 있습니다.

● 스텝 입력

미디 노트는 마우스 클릭으로 입력하거나 삭제할 수 있으며, 노트 표시 부분을 드래그하여 작업 창의 위치를 조정할 수 있습니다. 기본적으로 편집되는 창은 Pattern 1번입니다.

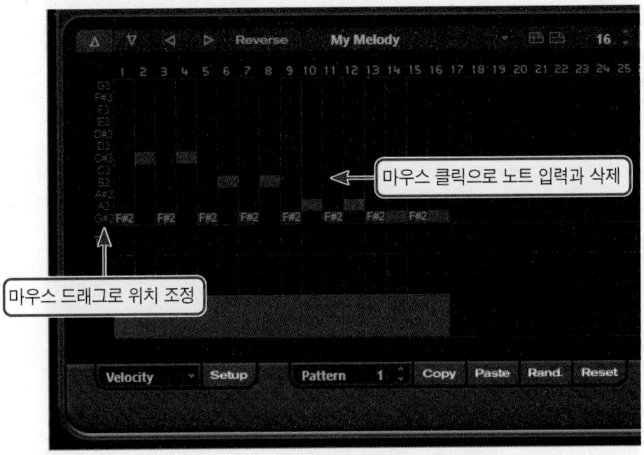


● 컨트롤 편집

편집 창 아래쪽에 있는 컨트롤 창은 각 노트의 벨로시티 값을 조정할 수 있습니다. 기본값으로 설정한 벨로시티 이외의 컨트롤 정보를 편집하고 싶은 경우에는 Setup 버튼을 클릭하여 필요한 컨트롤 정보로 변경 할 수 있습니다.

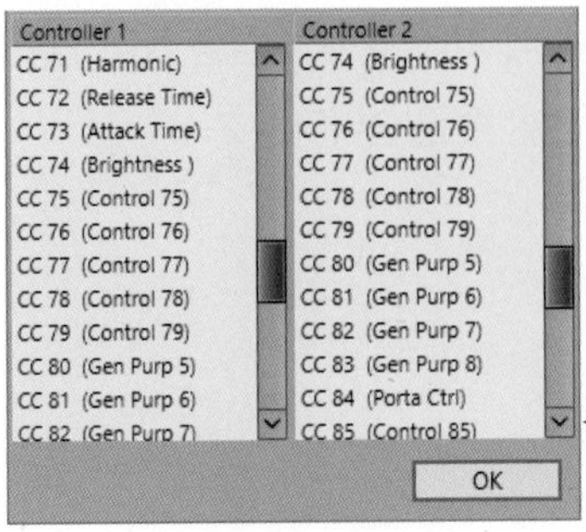

● 패턴의 이동

편집 창 왼쪽 상단에 있는 Shift Octave Up/Down 버튼은 입력한 노트들을 한 옥타브 위/아래로 이동 하고, Shift StepLeft/Right 버튼은 좌/우로 이동합니다. 그리고 Reverse 버튼은 패턴의 앞/뒤를 바꿉니다.

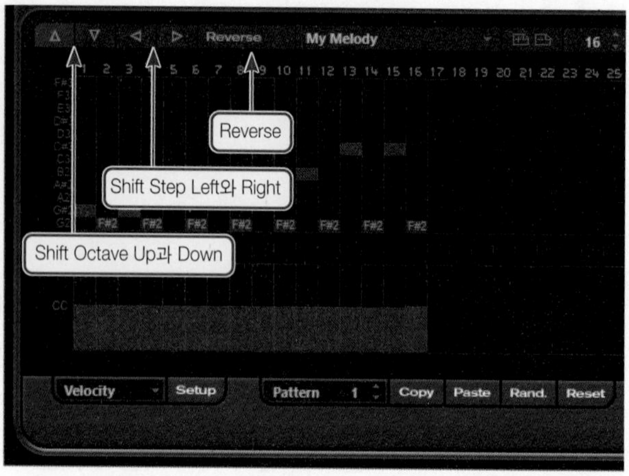


● 패턴의 길이

프리셋 목록 오른쪽의 것들은 패턴의 길이를 최대 32비트까지 조정할 수 있는 Number, 연주 길이를 조정할 수 있는 Step Size, 셔플 느낌을 퍼센트 단위로 조정할 수 있는 Swing 항목으로 구성되어 있습니다. 즉, 최대 두 마디 길이의 패턴을 만들 수 있는 것입니다.

● 패턴 사용

Pattern은 200개까지 만들 수 있으며, C1에서부터 차례로 배당됩니다. 그리고 만든 패턴을 복사하거나 붙일 수 있는 Copy와 Paste 버튼, 패턴을 임의로 만드는 Rand 버튼, 패턴을 초기화 하는 Reset 버튼이 있습니다. 참고로 배당된 노트를 누르면 자동으로 해당 패턴이 선택되므로, 굳이 노트를 계산할 필요는 없습니다.

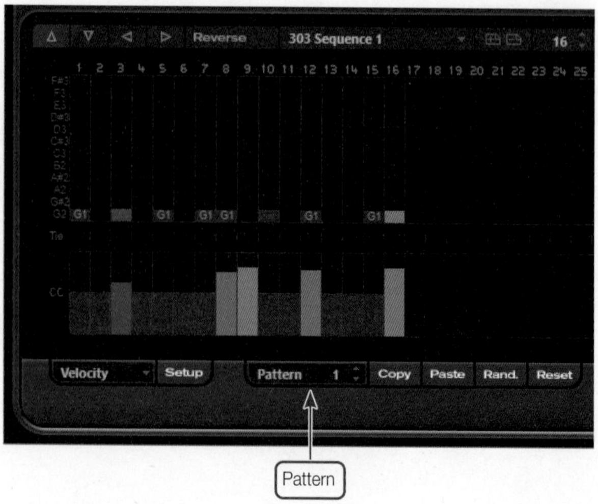

# 17 Track Control

GS/XG 모드 악기의 컨트롤 값을 조정할 수 있는 이펙트 입니다. 컨트롤 정보를 입력하거나 편집하는데 서툰 경우에 간단하게 마우스 드래그만으로 악기를 컨트롤 할 수 있는 유용한 이펙트입니다

● Mode

상단에 있는 메뉴는 Track Control를 GS 또는 XG모드 악기 컨트롤 상태로 전환합니다. GS는 Roland사에서 규정한 것이고, XG는 YAMAHA사에서 규정한 것으로 악기에 GS 또는 XG 표시가 되어 있습니다. 선택 메뉴 하단에 있는 Off 버튼은 각 컨트롤을 OFF로 하며, Reset은 초기화합니다.

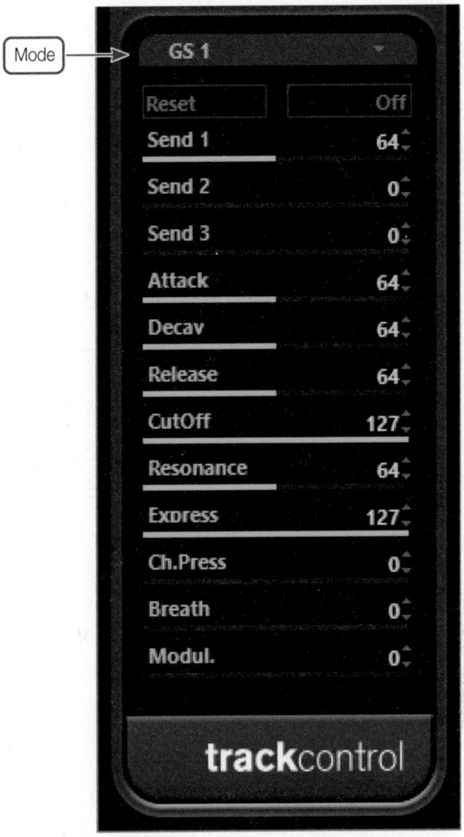


● Send 1~3

선택 메뉴 하단에 슬라이드 형태로 제공하는 Send 1~3은 컨트롤 정보 91번인 리버브, 93번인 코러스, 94번인 딜레이 값을 조정할 수 있습니다.

● Attack/Decay/Release

Send 아래쪽에 있는 Attack, Decay, Release 슬라이드는 NRPN 컨트롤 정보인 엔벨로프의 어택, 디케이, 릴리즈 값을 조정합니다. 기본값 64의 경우에는 컨트롤 값을 조정하지 않은 것이며, 64이하의 값은 각각의 길이를 짧게하고, 64 이상의 값은 길게합니다.

● CutOff/Resonance/Express

Release 아래쪽에 있는 CutOff, Resonance, Express 슬라이드는 음색 필터의 주파수 대를 결정하는 CutOff, 공진 값을 결정하는 Resonance의 NPRN 정보와 컨트롤 정보 11번인 Express에 해당하는 정보를 조정합니다.

● Ch. Press/Breath/Modul

Track Control 가장 아래쪽에 있는 3개의 슬라이드는 채널 애프터 터치 정보를 조정하는 Ch. Press와 컨트롤 정보 2번에 해당하는 Breath, 컨트롤 정보 1번에 해당하는 Modulation 입니다. Ctrl 키를 누른 상태에서 클릭하면 각 파라미터의 값을 초기화 할 수 있습니다.

## 18 Quantizer

Quantizer는 이름에서도 짐작할 수 있듯이 연주하는 노트에 퀀타이즈를 적용한 것과 동일한 효과입니다. MIDI 메뉴를 이용하는 퀀타이즈나 트랜스포트의 자동 퀀타이즈와는 다르게 실제 노트의 위치를 변경하지 않는다는 차이점이 있습니다.

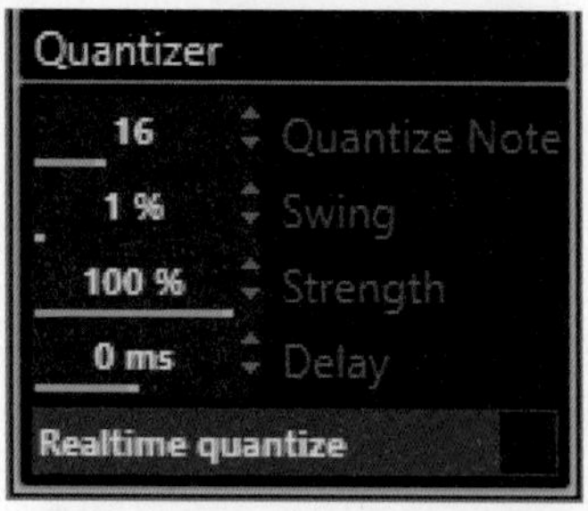


Quantize Note는 퀀타이즈할 단위를 설정하며, Swing은 Quantize에서 설정한 단위의 뒷 박 가이드를 이동하여 스윙 느낌을 만듭니다. Strength는 Quantize 어느 정도의 범위로 노트를 퀀타이즈 할 것인지를 퍼센트 단위로 설정하고, Delay는 Quzntilzer가 적용된 트랙의 노트들을 얼마만큼 지연킬 것인지를 시간 단위로 설정합니다. Realtime quantize 옵션을 체크하면 입력되는 노트를 실시간으로 퀀타이즈 합니다.

## 19 Transformer

Transformer은 앞에서 살펴본 Input Transformer 또는 미디 편집 기능에서 살펴볼 Logical Editor와 동일한 용법으로 사용합니다. 차이점은 실제 노트들을 변경하지 않고, 같은 효과를 볼 수 있다는 점입니다. 자세한 것은 해당 섹션을 참조합니다.

MIDI 메뉴의 Logical Editor를 선택하여 창을 열면 Transformer 이펙트와 동일하다는 것을 확인할 수 있습니다. 자세한 내용은 미디 편집 기능에서 살펴볼 Logical Editor를 참고하기 바랍니다.

# 09
PART

## VST Instruments

큐베이스는 드럼 악기의 Groove Agent SE와 멀티 채널을 지원하는 HALion Sonic SE 외에 Loop Mash, Mystic, Padshop, Prologue, Retrologue, Spector의 8가지 VST 악기를 제공합니다. 입문자에게 무리가 있는 사운드 디자인을 하지 않아도 기본적으로 제공하는 프리셋만으로 음악을 완성할 수 있는 구성입니다.

# 01 VST 악기 사용하기

큐베이스에서 제공하는 VST Instruments를 사용하는 방법과 다른 제작사에서 출시되는 VST Instruments의 사용법은 동일하며, 제작사마다 패널의 모습은 다르지만, 파라미터의 옵션은 모두 비슷합니다. 즉, 큐베이스에서 제공하는 VST Instruments를 익히면, 생전 처음보는 악기들도 무리없이 이용할 수 있게 되는 것입니다. VST Instruments를 사용하는 두 가지 방법을 살펴보겠습니다.

## 01 멀티 채널

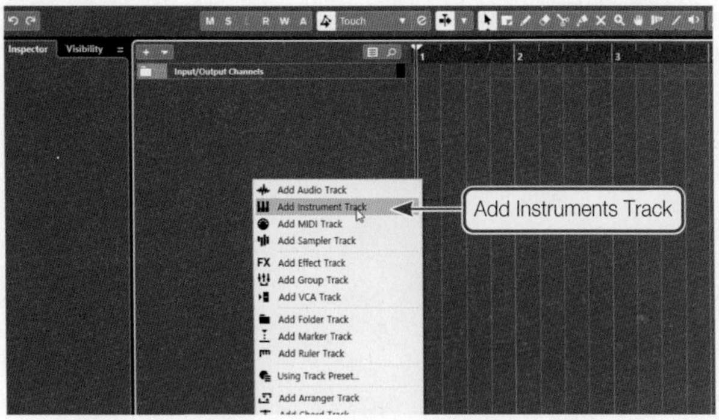


01 첫 번째는 VST Instruments 트랙을 만들어서 사용하는 방법입니다. 트랙 리스트에서 마우스 오른쪽 버튼을 클릭하여 단축 메뉴를 열고, Add Instruments Track을 선택합니다.

02 악기(instruments)와 오디오 아웃(Audio Outputs), 트랙 수(Count)를 선택할 수 있는 창이 열립니다. Instruments에서 HALion Sonic SE를 선택하고, Add Track 버튼을 클릭하여 트랙을 만듭니다.

03 HALion Sonic SE이 아웃으로 설정된 인스트루먼트 트랙이 생성됩니다. 해당 트랙에서 HALion Sonic SE라는 VST 악기를 연주하겠다는 것이며, 아웃 항목을 클릭하여 변경할 수 있습니다.

04 악기 음색 리스트에서 적당한 음색을 더블 클릭하면 1번 채널에 로딩됩니다. 마스터 건반을 연주하면 로딩한 음색이 연주되는 것을 확인할 수 있습니다.

05 두 번째는 미디 트랙을 이용하는 방법입니다. 트랙 리스트에서 마우스 오른쪽 버튼을 클릭하여 단축 메뉴를 열고, Add MIDI Track을 선택합니다.

**06** 트랙 이름과 수를 선택할 수 있는 창이 열립니다. Name 항목에 이름을 입력하고 Add Track 버튼을 클릭합니다.

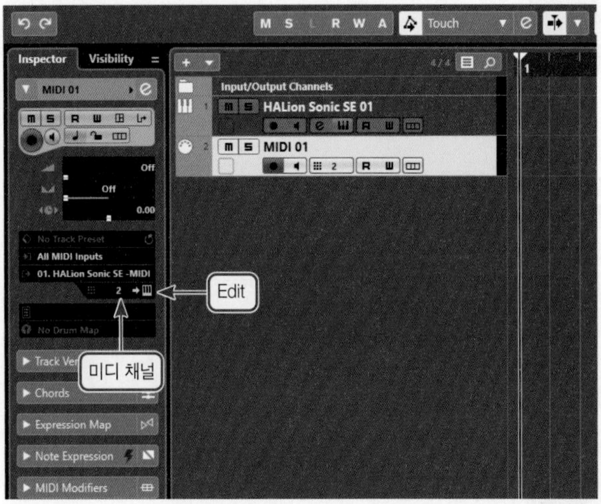


**07** 미디 아웃은 앞에서 만든 HALion Sonic SE가 선택되어 있고, 채널은 2번으로 되어 있습니다. 마스터 건반을 연주해보면 아무런 소리도 나지 않습니다. Edit 버튼을 클릭하여 악기를 엽니다.

**08** 채널 2번을 선택하고, 음색을 로딩합니다. 이제 마스터 건반을 연주해보면, 채널 2번에 로딩한 음색이 연주되는 것을 확인할 수 있습니다.

**09** 16개의 음색을 사용한다고 가정할 때 VST 트랙을 사용하면 16개의 악기를 로딩해야 하지만, 미디 트랙을 사용하면 트랙마다 채널을 지정하여 1개의 악기로 16개의 음색을 사용할 수 있는 것입니다. 시스템을 16배 절약하는 효과입니다.

**10** 다만, 미디 트랙을 사용할 때는 채널마다 아웃을 따로 설정해줘야 개별적인 믹싱이 가능합니다. 메뉴를 열고, Activate Output에서 활성화할 아웃 채널을 선택합니다.

**11** 계속해서 아웃을 바꿀 채널을 선택하고, 플러그인 섹션의 아웃 항목에서 원하는 채널을 선택합니다. 일반적으로 채널 번호와 같은 번호의 아웃을 선택합니다. 큐베이스의 VST Instruments 중에서 멀티 채널을 지원하는 것은 HALion Sonic SE와 Groove Agent SE의 두 가지 입니다.

# 02 오디오 렌더링

VST 악기는 비용 부담없이 악기를 이용할 수 있다는 매력이 있지만, 시스템 자원을 많이 차지한다는 단점이 있습니다. 그래서 이벤트 작업이 끝난 VST 트랙은 오디오 트랙으로 바꿔서 믹싱 작업을 하는 것이 좋습니다. 큐베이스는 VST 트랙을 바로 오디오 트랙으로 바꿀 수 있는 Render in Place 기능을 제공합니다. VST 이펙트를 많이 사용하고 있는 오디오 트랙에서도 유용한 기능이 될 것입니다.

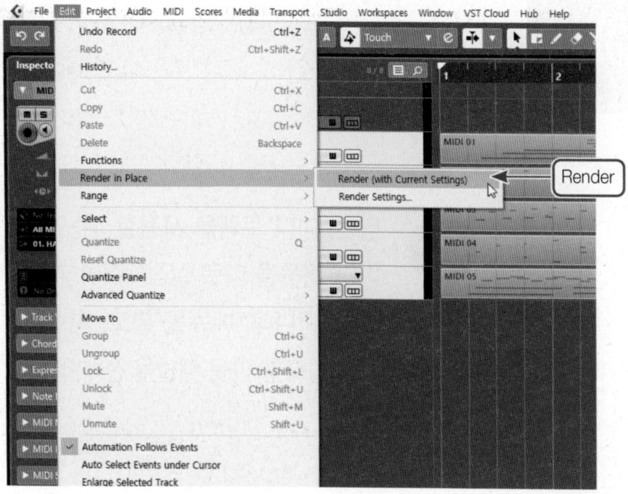


**01** 선택한 트랙 또는 이벤트를 오디오로 바꾸는 작업은 너무나 간단합니다. Edit 메뉴의 Render in Place에서 Render를 선택하면 됩니다.

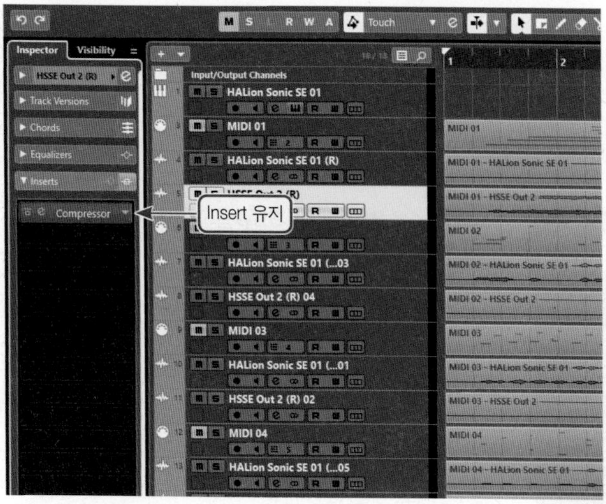


**02** Render의 기본 세팅은 이벤트만 오디오 트랙으로 렌더링 할 수 있도록 되어 있기 때문에 EQ 및 Insert 파라미터의 장치들은 그대로 유지됩니다.

시스템 문제로 Insert 장치까지 렌더링할 필요가 있다면 Edit 메뉴의 Render in Place에서 Render Settings을 선택하여 옵션을 변경합니다.

Mode - 렌더링 방법 선택

● As Separate Evnets : 선택한 트랙 또는 파트를 각각의 오디오 이벤트로 만듭니다.

● As Block Evnets : 선택한 트랙 또는 파트를 각각의 오디오 이벤트로 만듭니다. As Separate Events와의 차이점은 인접한 파트는 하나의 이벤트로 처리된다는 것입니다.

● As One Event : 선택한 트랙 또는 파트를 하나의 오디오 이벤트로 만듭니다.

Processing - 채널 세팅 처리 옵션

● Dry(Transfer Channel Settings) : 채널 세팅 및 오토메이션 값을 오디오 트랙으로 전송합니다.

● Channel Settings : EQ 및 인서트 등의 채널 세팅 값이 적용된 오디오 이벤트를 만듭니다.

● Complete Signal Path : FX 및 그룹 채널을 포함한 모든 경로의 세팅 값이 적용된 오디오 이벤트를 만듭니다.

● Complete Signal Path + Master FX : 마스터 버스가 포함된 모든 경로의 세팅 값이 적용된 오디오 이벤트를 만듭니다.

Properties - 잔향의 처리 방법

● Tail Mode : 이펙트 사용으로 발생하는 여유 시간을 초(Seconds) 또는 마디(Bars&Beats)로 설정할 수 있습니다.

● Tail Size : Tail Mode에서 선택한 길이를 설정합니다.

● Bit Depth : 오디오 포멧을 선택합니다.

File Name Settings : Use Custom Name 옵션을 선택하면 오디오 이벤트의 이름을 지정할 수 있습니다.

File Location : File Path에서 렌더링 되는 오디오 파일의 저장 경로를 선택합니다.

● Mix Down to One Audio File : 여러 개의 트랙 및 이벤트를 선택한 경우에 하나의 파일로 만듭니다.

Source Track Settings - 소스 트랙의 처리 방법

● Keep Source Tracks Unchanged : 소스 트랙을 그대로 유지합니다.

● Mute Source Track : 소스 트랙을 뮤트합니다.

● Disable Source Tracks : 소스 트랙이 시스템 자원을 사용하지 않도록 Disable 시킵니다.

● Remove Source Track : 소스 트랙을 삭제합니다.

● Hide Source Tracks : 소스 트랙을 감춥니다.

## 03 VSTi

프로젝트 오른쪽 존의 VSTi 탭은 VST Instruments를 관리하는 전용 패널입니다.

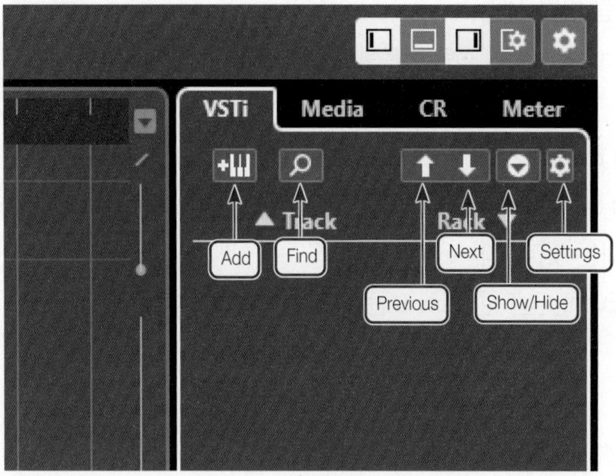


- Add : VST Instrumnets 트랙을 추가합니다.
- Find : 프로젝트에 추가한 VST Instruments를 찾을 수 있는 검색 창을 엽니다. 한 화면에 보이지 않을 만큼의 VST Instruments를 사용하고 있는 경우에 유용합니다.
- Previous/Next : 이전 혹은 다음 악기를 선택합니다.

- Show/Hide : 악기의 퀵 컨트롤러를 열거나 닫습니다. 악기 패널 아래쪽에 있는 Track 문자를 클릭하여 VST Instrument 트랙을 추가하거나 Rack 문자를 클릭하여 MIDI 트랙을 랙으로 추가할 수 있습니다.

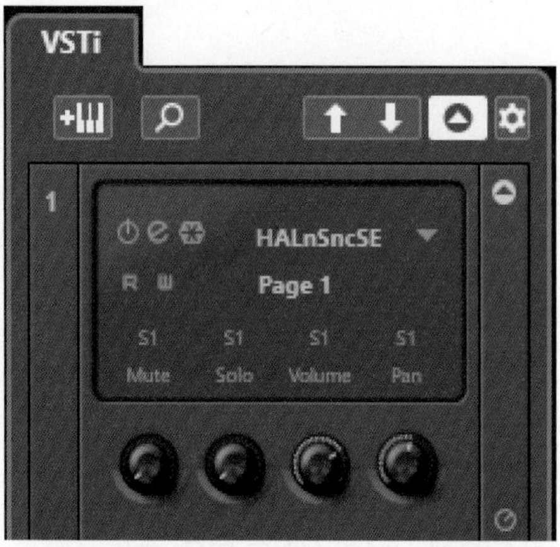


▲ Show

▲ Hide

- Settings : 옵션을 선택할 수 있는 메뉴를 엽니다.

Show VST Quick Controls for One Slot Only : 선택한 악기만 퀵 컨트롤러를 엽니다.

MIDI Channel follows track selection : 미디 트랙의 채널을 따르도록 합니다.

Remote-Control Focus for VST Quick Controls follows track selection : 트랙을 선택할 때 선택되도록 합니다.

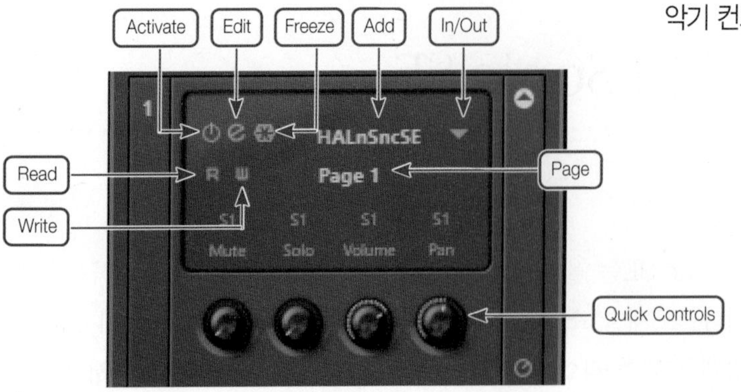


악기 컨트롤러의 역할은 다음과 같습니다.

- Activate : 악기의 사용 여부를 On/Off 합니다.
- Edit : 악기 패널을 엽니다.
- Freeze : 시스템 절약을 위해 악기를 동결합니다.

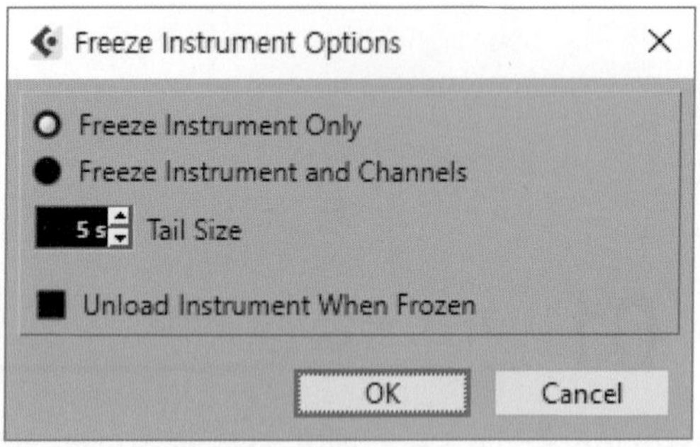


Freeze Instrument Only : 악기만 동결하여 Inserts 이펙트는 자유롭게 편집할 수 있습니다.
Freeze Instrument and Channels : 인서트 이펙트까지 동결 시킵니다. 잔향의 길이는 Tail Size에서 설정합니다.
Unload Instrument When Frozen : 메모리를 확보합니다.

- Add : 악기를 추가합니다.
- In/Out : Input과 Activate 옵션 메뉴를 제공합니다.

Input에는 트랙을 선택하는 Select Input, 트랙을 솔로 및 뮤트하는 Solo와 Mute 메뉴로 구성되어 있습니다. Activate는 아웃 채널을 활성화할 수 있는 메뉴를 엽니다.

- Read / Write : 오토메이션을 읽거나 씁니다.
- Page : 패널에 표시할 퀵 컨트롤러 페이지를 선택합니다. 한 페이지에 4개의 노브가 제공됩니다.
- Quick Controls : 악기 파라미터를 컨트롤 합니다.

컨트롤할 파라미터는 인스펙터 창의 Quick Controls에서 변경 가능합니다.

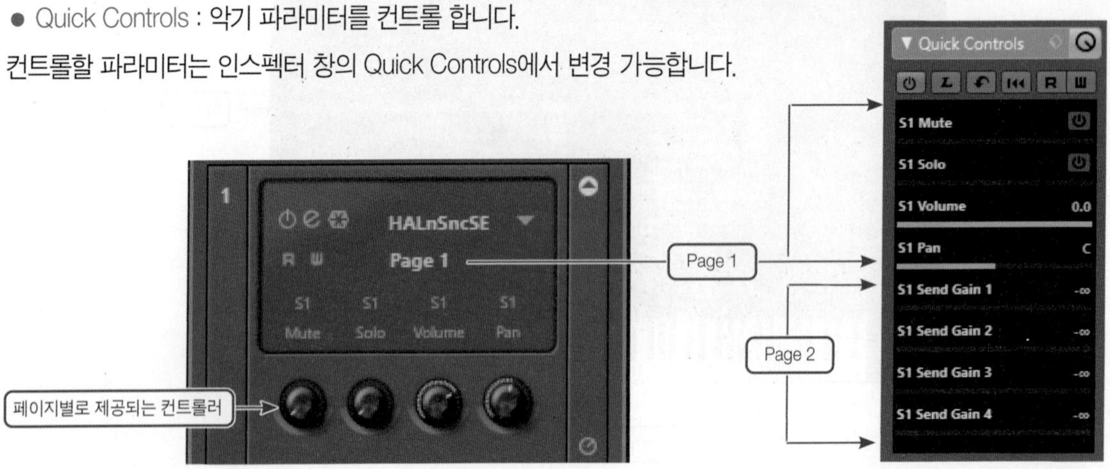

# 02 HALion Sonic SE

HALion Sonic SE는 올인원 워크 스테이션을 소프트웨어로 구현하는 VST 악기 입니다. 16채널 스테레오 아웃을 지원하며, 기본 샘플 외에 Flux와 Trip의 방대한 샘플 라이브러리를 포함하고 있어 어쿠스틱 악기에서부터 일렉트로닉 사운드에 이르기까지 다양한 음악에 사용할 수 있습니다.

## 01 화면 구성

HALion Sonic SE는 메인 창을 중심으로 왼쪽에 프로그램 랙이 있고, 상단에 Global function, 하단에 Performance Controls로 구성되어 있습니다. 메인 창은 Load, Edit, MIDI, Mix, Effects, Options 탭으로 선택합니다.

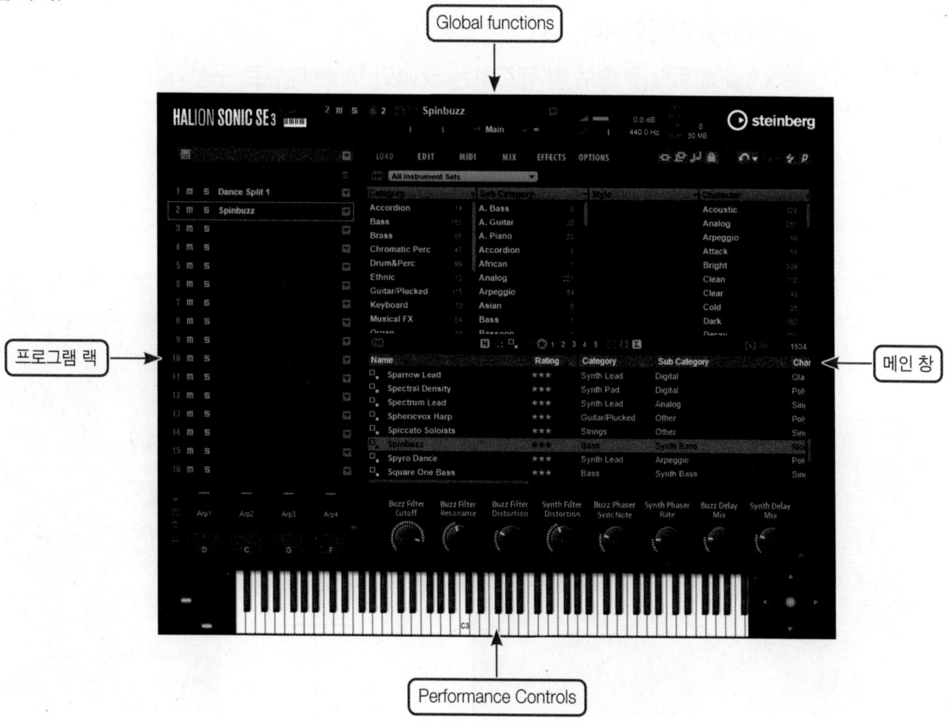

## ● Global functions

Global functions은 왼쪽의 플러그-인 섹션과 오른쪽의 마스터 섹션으로 구분되어 있습니다.

마스터 섹션에는 볼륨과 튠을 조정할 수 있는 슬라이더와 CPU, Disk, Voice(#), Memory(Mem)의 시스템 사용량을 모니터할 수 있는 디스플레이로 구성되어 있습니다. 볼륨은 믹서에서 컨트롤하고, 튠은 440Hz가 표준이므로, 사용자가 직접 컨트롤 할 것은 없습니다.

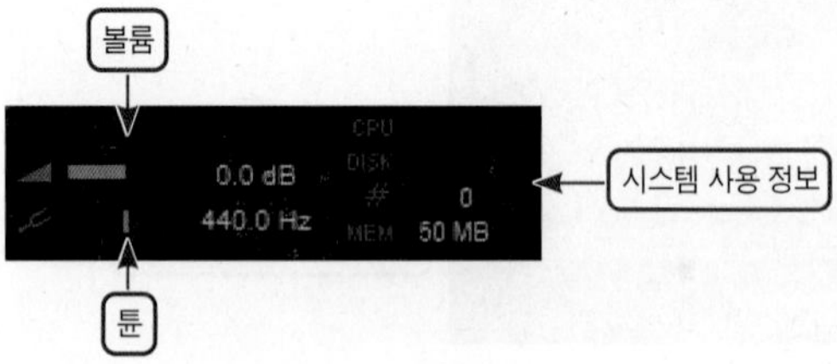


플러그인 섹션은 프로그램 랙에서 선택한 슬롯의 볼륨이나 팬 등을 컨트롤 합니다.

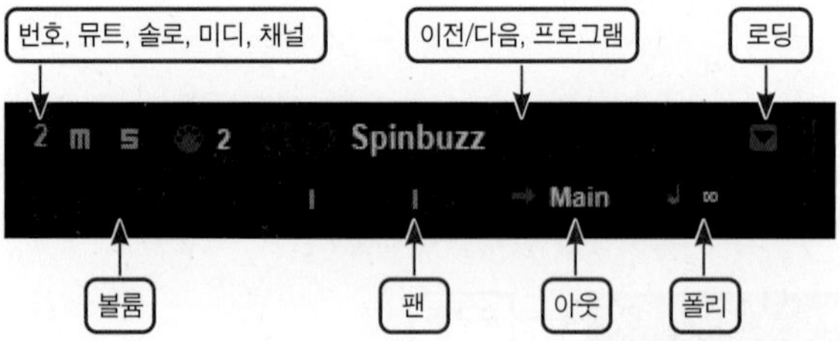


번호 : 선택한 슬롯의 번호를 표시하며, 클릭하여 변경할 수 있습니다.

뮤트&솔로 : 선택한 슬롯의 악기를 뮤트 또는 솔로로 연주합니다.

미디 : 미디 입력 신호를 모니터 합니다.

채널 : 미디 채널을 표시하며, 클릭하여 변경할 수 있습니다.

이전/다음 : 현재 선택된 프로그램의 이전/다음 프로그램을 로딩합니다.

프로그램 이름/로딩 : 로딩한 프로그램 이름을 표시하며, 이름 또는 로딩 버튼을 클릭하면 로딩 창이 열립니다.

볼륨&팬 : 선택한 슬롯의 볼륨과 팬을 조정합니다.

아웃 : 선택한 슬롯의 출력 포트를 선택합니다.

폴리 : 클릭하여 연주 노트 수(Voice)를 제한할 수 있습니다.

## ● 프로그램 랙

HALion Sonic SE는 총 16채널을 지원하고 있으며, Load 페이지에서 음색을 더블 클릭하여 선택한 슬롯으로 로딩할 수 있습니다. 슬롯에는 뮤트와 솔로 버튼, 그리고 음색 로딩 창을 열 수 있는 버튼이 있고, 상단에는 랙을 저장할 수 있는 프리셋 항목이 있습니다.

## ● 메인 창

메인 창은 음색을 로딩할 수 있는 Load 외에 Edit, MIDI, Mix, Effects, Options 페이지를 제공하며, 각각 도구 바의 탭 버튼을 클릭하여 열 수 있습니다.

## ● Performance Controls

패드, 피치와 모률레이션 휠, 퀵 컨트롤러, 스피어 볼을 모두 갖춘 하드웨어 마스터 건반과 동일한 모습을 갖추고 있으며, 사용하고 있는 마스터 건반으로 연결하여 컨트롤 할 수 있습니다.

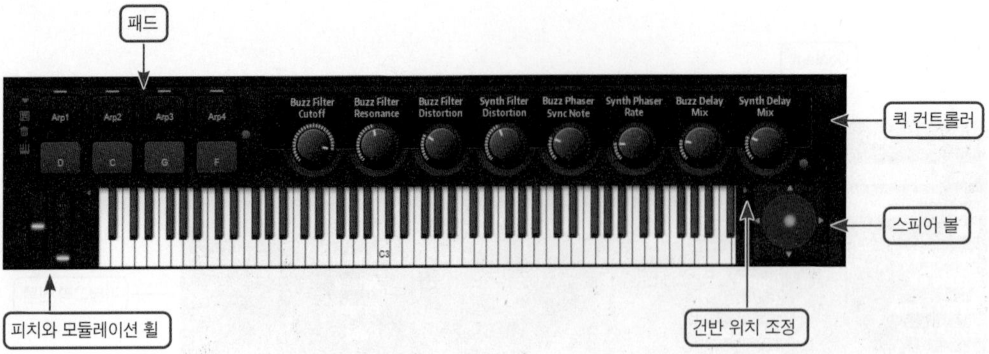


패드 : 단일 노트로 코드 및 아르페지오를 연주합니다. 마우스 오른쪽 버튼을 클릭하면 열리는 단축 메뉴의 Learn Trigger Note를 이용하여 노트를 할당할 수 있습니다.

피치와 모듈레이션 휠 : 각 휠의 움직임을 시뮬레이션 합니다.

건반 : 건반의 움직임을 시뮬레이션 합니다. 좌/우의 작은 삼각형을 클릭하여 건반의 위치를 변경할 수 있습니다.

스피어 볼 : 세로로 Cutoff, 가로로 Resonance를 조정합니다. 단축 메뉴의 Horizontal 또는 Vertical에서 Learn CC를 선택하여 컨트롤러를 연결할 수 있습니다.

퀵 컨트롤러 : 악기 파라미터를 빠르게 컨트롤 할 수 있는 노브로 구성되어 있습니다. 단축 메뉴의 Learn CC를 이용하여 컨트롤러를 연결할 수 있습니다.

## ● Player View

HALion Sonic SE는 두 가지 보기 모드를 제공합니다. 기본적으로 표시되는 화면은 에디터 뷰이며, 도구 바의 P 버튼을 클릭하여 플레이어 뷰로 전환할 수 있습니다. 플레이어 뷰는 악기를 컨트롤할 수 있는 파라미터들로 구성된 Edit 페이지이며, 도구 바의 e 버튼을 클릭하여 에디터 뷰로 전환할 수 있습니다.

# 02 Load 페이지

Load 페이지는 상단에 악기 섹션을 선택할 수 있는 카테고리 창과 하단에 악기 음색을 선택할 수 있는 프로그램 창으로 구분되어 있습니다. 프로그램은 더블 클릭으로 로딩할 수 있으며, 선택한 랙으로 로딩됩니다.

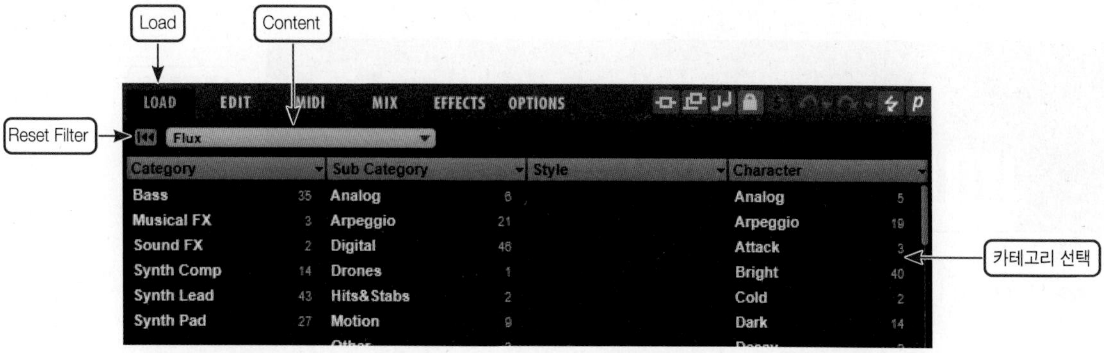


Reset Filter : 선택한 카테고리를 해제합니다.

Content : 라이브러리 선택 창을 엽니다. 기본적으로 제공되는 Artist, Basic, Hybrid, Pro 외에 Flux, Trip, Verve 라이브러리를 제공합니다. 일반적으로 모든 라이브러리를 표시하는 All을 선택합니다.

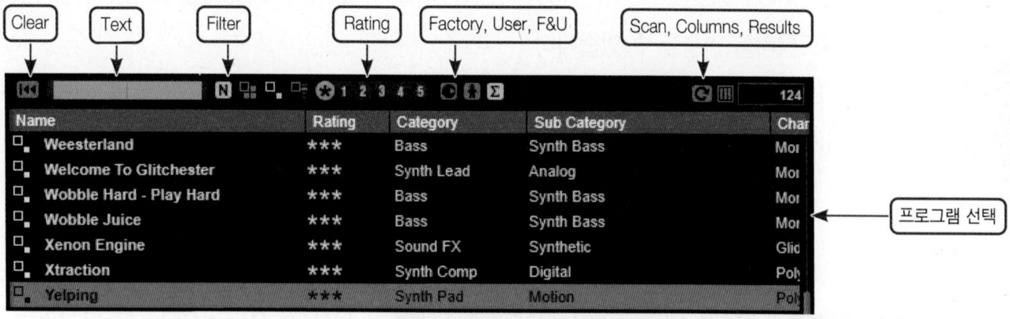


프로그램 창의 도구는 리스트에 표시할 내용을 선택하는 필터로 구성되어 있습니다.

Clear : 입력한 검색어를 삭제합니다.

Text : 음색을 검색합니다.

Filter : 표시할 프로그램을 제한합니다. Text에 입력한 것만 표시하는 Name, 멀티 악기만 표시하는 Multi, 프로그램 전부를 표시하는 Program, 레이어 음색만 표시하는 Layer의 4가지 버튼이 있습니다.

Rating : Rating 칼럼의 별점은 마우스 드래그로 표기할 수 있으며, 선택한 번호에 해당하는 프로그램만 표시합니다. 번호 왼쪽의 별 모양 아이콘은 초기화 버튼입니다.

Factory, User, F&U : 기본 라이브러리, 사용자 라이브러리, 둘 다 표시합니다.

Scan, Columns, Results : 프로그램을 다시 스캔, 표시 칼럼 선택, 프로그램 수를 표시합니다.

# 03 Edit 페이지

음색을 편집할 수 있는 페이지입니다. 선택한 라이브러리에 따라 파라미터의 구성은 차이가 있습니다. 라이브러리의 종류는 HS SE, Trip, Flux, Verve의 4가지입니다. 악기가 4대라고 이해하면 됩니다.

▲ HS SE 라이브러리

▲ TRIP 라이브러리

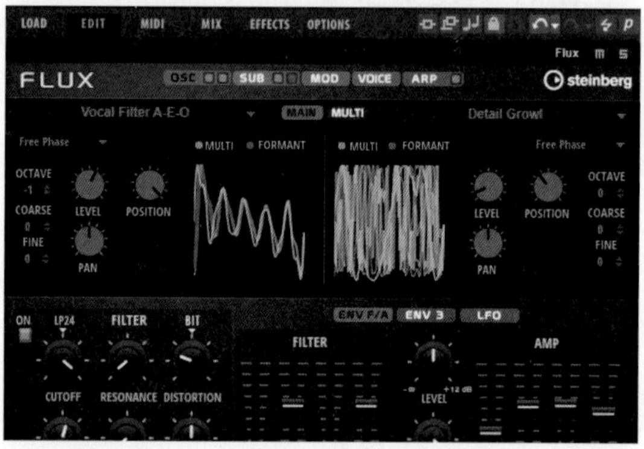


▲ FLUX 라이브러리

▲ Verve 라이브러리

## ● HS SE 라이브러리

### ▶ Voice/Pitch

동시 발음 수 및 음정을 조정할 수 있는 파라미터로 구성되어 있습니다.

Octive : 음정을 옥타브 단위로 조정합니다.

Coarse : 음정을 반음 단위로 조정합니다.

Fine : 음정을 100분의 1 단위로 조정합니다.

Pitchbend : 피치 밴드의 범위를 조정합니다.

Mono Mode : 단음 연주 악기를 만듭니다.

Polyphony : 동시 발음 수를 설정합니다.

▶ Filter

음색에 필터를 적용합니다. 원본에 적용되어 있는 값을 증/감하는 오프셋 방식입니다.

Cutoff : 주파수를 증/감시켜 톤을 조정합니다.

Resonance : Cutoff로 조정될 주파수 범위를 설정합니다.

Attack : 필터의 어택 타임을 조정합니다.

Release : 필터의 릴리즈 타임을 조정합니다.

▶ Amplifier

최종 출력 레벨 및 팬을 조정합니다. Alt 키를 누른 상태로 선택하면 슬라이드 방식으로 컨트롤할 수 있습니다.

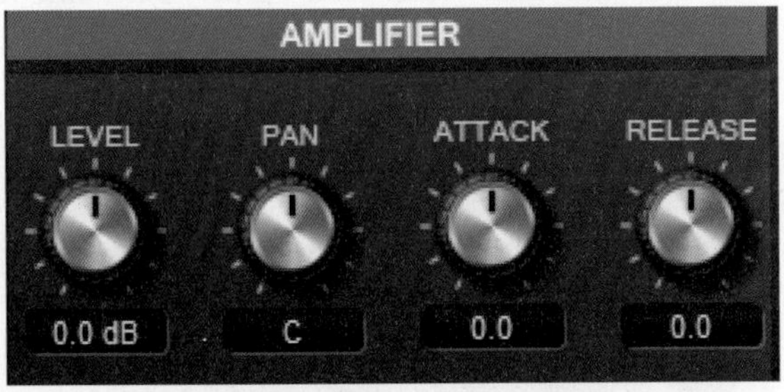


Level : 레벨을 조정합니다.

Ran : 팬을 조정합니다.

Attack : 어택 타임을 조정합니다.

Release : 릴리즈 타임을 조정합니다.

● TRIP 라이브러리

▶ OSC

사운드 소스를 선택하는 오실레이터는 레이어마다 3개씩 제공하고 있으며, 서브 오실레이터, 링 모듈레이션, 노이즈를 합성하여 음색을 만들 수 있는 아날로그 신디사이저 입니다.

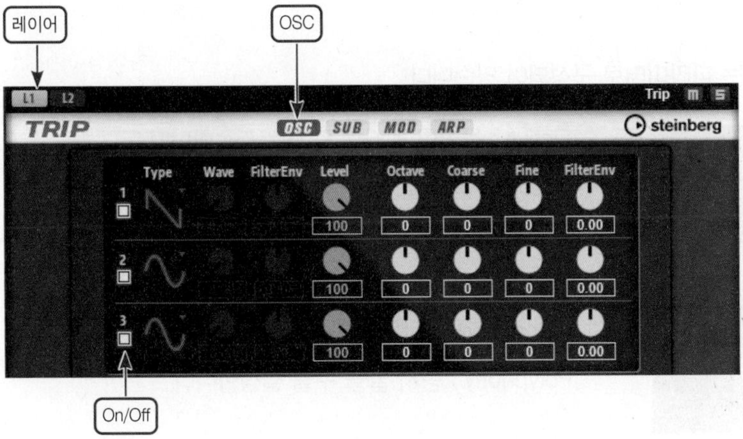

On/Off : 오실레이터의 사용 여부를 결정합니다.
Type : 오실레이터 파형을 선택합니다.
Wave : PWM과 Sync를 선택했을 때 50%를 기준으로 파형의 시작점을 조정합니다.
FilterEnv : 필터 엔벨로프의 오실레이터 적용량을 조정합니다.
Level : 레벨을 조정합니다.
Octave, Coarse, Fine : 피치를 옥타브, 반음, 100분의 1 단위로 조정합니다.
FilterEnv : 필터 엔벨로프의 피치 적용량을 조정합니다.

▶ SUB

서브 오실레이터, 링 모듈레이션, 노이즈의 합성 여부를 선택하는 페이지 입니다.

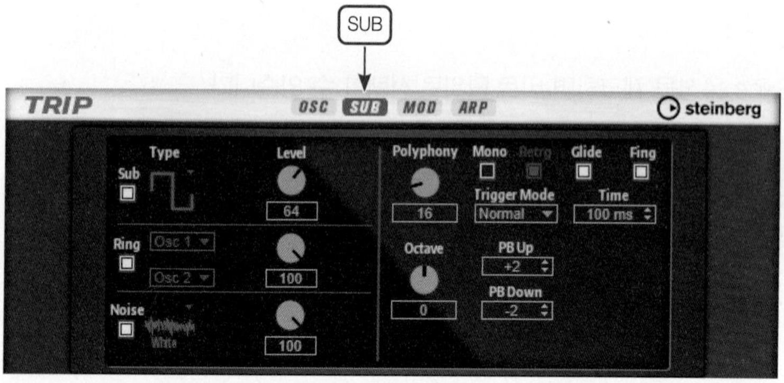


Sub : 한 옥타브 낮게 오실레이터를 추가할 수 있습니다. 추가 여부를 결정하는 On/Off 버튼, 파형을 선택하는 Type, 레벨을 조정하는 Level 노브로 구성되어 있습니다.
Ring : 두 개의 오실레이터를 합성합니다. 상단에서는 OSC와 Sub, 하단에서는 OSC2와 3을 선택할 수 있으며, 오른쪽 노브로 레벨을 조정할 수 있습니다.
Noise : 화이트 및 핑크 노이즈를 합성할 수 있으며, 오른쪽 노브로 레벨을 조정합니다.
Polyphony/Mono : 폴리는 설정한 수 만큼의 노트 수를 동시에 연주할 수 있는 악기 모드이며, 모노는 싱글 연주만 가능한 악기 모드 입니다. Mono On/Off로 선택합니다.
Retrg : 모노 모드에서 노트를 연주할 때 파형이 시작되도록 합니다.
Trigger Mode : Normal은 새 노트가 시작될 때 이전 노트를 중지하고, Resume은 새 노트가 이전 노트와 같은 피치로 시작되게 하고, Legato는 이전 노트와 새 노트가 연결되도록 합니다.
Glide : 노트 사이를 연결합니다. 속도는 Time으로 조정합니다.
Fing : 노트가 겹치는 부분에서만 Glide를 적용합니다.
Octave : 피치를 옥타브 단위로 조정합니다.
PB Up/Down : 피치 휠의 변조 폭을 설정합니다.

▶ MOD

저주파 오실레이터를 추가하여 비브라토 효과를 만듭니다. 상단의 LFO 섹션은 연주할 때 적용되는 효과이며, 하단의 MW 섹션은 모듈레이션 휠로 동작하는 효과입니다.

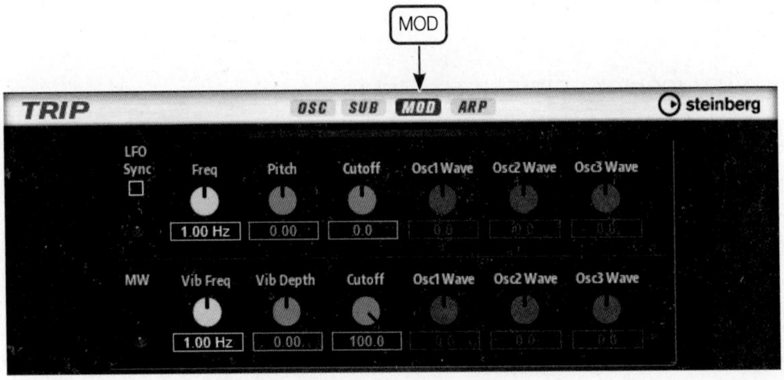


Freq : 비브라토 속도를 조정합니다. Sync 옵션을 체크하면 비트 단위로 선택할 수 있습니다.

Pitch : 비브라토 폭을 조정합니다.

Citoff : 비브라토의 변조량을 조정합니다.

OSC1-3 Wave : 오실레이터 1-3의 변조 깊이를 제어합니다.

▶ ARP

4개의 Variations로 각기 다른 아르페지오 패턴을 설정할 수 있으며, 마우스 오른쪽 버튼을 클릭하면 열리는 단축 메뉴의 Assign Variation to로 연결 패드를 선택합니다.

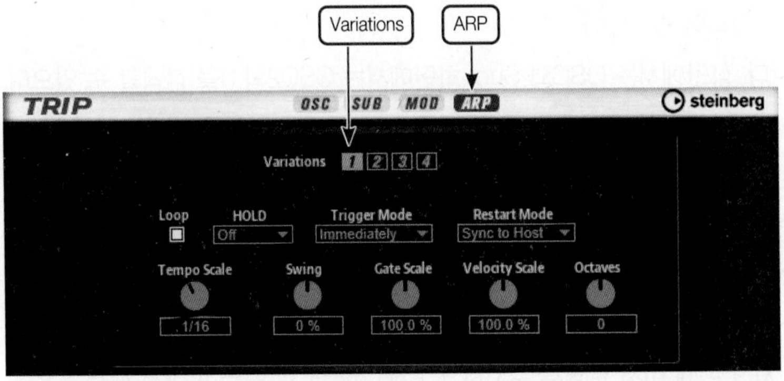


Loop : 반복 재생 여부를 On/Off 합니다.

Hold : 건반을 놓을 때의 동작 상태를 선택합니다.

Off - 연주가 바로 중지됩니다.

On - 아르페지오가 끝 까지 재생되며, Loop가 On인 경우에는 반복됩니다.

Gated - 건반을 놓아도 재생 상태를 유지하며, 건반을 누르면 이어서 연주됩니다.

Trigger Mode : 연주 타임을 선택합니다.
Immediately - 건반을 누를 때 바로 시작합니다.
Next Beat - 다음 비트에서 시작합니다.
Measure - 다음 마디에서 시작합니다.

Restart Mode : 다시 시작되는 방법을 선택합니다.
Off - 다시 시작하지 않습니다.
New Chord - 코드 변경시 다시 시작합니다.
Note - 노트 변경시 다시 시작합니다.
Sync to Host - 박자에 맞추어 정렬됩니다.

Tempo Scale : 연주 비트를 선택합니다.
Swing : 업 비트의 위치를 변경하여 스윙 연주를 만들 수 있습니다.
Gate Scale : 노트의 길이를 조정합니다.
Vel Scale : 벨로시티를 증/감 합니다.
Octaves : 연주 피치의 범위를 설정합니다.

▶ Filter & Amplifier

필터는 Low-Pass(LP), Band-Pass(BP), High-Pass(HP), Band-Reject(BR), All-Pass(AP)의 6가지 타입을 제공하며, Filter Shape에서 선택합니다.

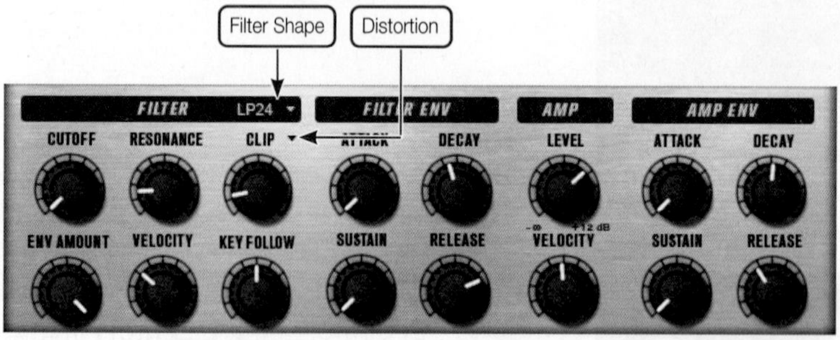


● Filter

Cutoff : 필터 적용 주파수를 설정합니다.
Resonace : 컷 오브 주파수 주변을 강조합니다.
Distortion : 입력 게인을 증가시켜 사운드를 왜곡하는 5가지 타입의 디스토션을 제공합니다.
Tube - 따뜻하다고 평가되는 튜브 타입입니다.

Hard Clip - 트랜지스터처럼 뚜렷한 왜곡 타입입니다.
Bit Reduction - 비트를 왜곡하는 디지털 타입입니다.
Rate Reduction - 레이트를 왜곡하는 디지털 타입입니다.
Rate Reduction Key Follow - 키에 따라 왜곡하는 Key Follow 타입입니다.
ENV Amount : 필터의 적용 값을 컨트롤 합니다.
Velocity : 벨로시티에 따른 변조 속도를 조정합니다.
Key Follow : 키에 따른 변조 속도를 조정합니다.

- Filter ENV : 필터 엔벨로프를 조정합니다.
- AMP : 볼륨을 조정하는 Level과 벨로시티를 조정하는 Velocity 노브를 제공합니다.
- AMP ENV : 앰프 엔벨로프를 조정합니다.

▶ Trip 사운드 디자인 - Lead

Trip 라이브러리를 이용한 사운드 디자인 과정을 실습으로 정리해 보겠습니다.

01 아날로그 신디사이저를 이용한 사운드 디자인은 프리셋을 불러와 수정하는 방법으로 시작합니다. Trip 라이브러리의 Trigger 프리셋을 로딩합니다.

02 건반을 연주해보면 아르페지오가 세팅 되어 있습니다. 도구 바의 Off 버튼을 클릭하여 끄고, Edit 페이지를 엽니다.

03 L2 버튼을 클릭하여 페이지를 열고, 모두 해제합니다. 입문자는 적은 수의 레이어로 시작하는 것이 좋습니다.

04 레이어 1 페이지(L1)를 열고, OSC 1 타입을 Saw로 변경합니다. 3개의 오실레이터 모두 Saw 파형을 소스로 사용하는 것입니다.

05 5도 간격으로 되어 있는 OSC2와 OSC 3의 Coarse를 0으로 설정하여 3개의 피치를 같게 합니다. 그리고 OSC2의 Fine 값만 -20 정도로 조정하여 두께감을 만듭니다.

**06** Cutoff를 5시 방향으로 돌려 주파수를 모두 열고, Resonance를 11시 방향으로 돌려 고음역을 증가시킵니다. 필터를 건반을 눌러 사운드를 모니터하면서 조정합니다.

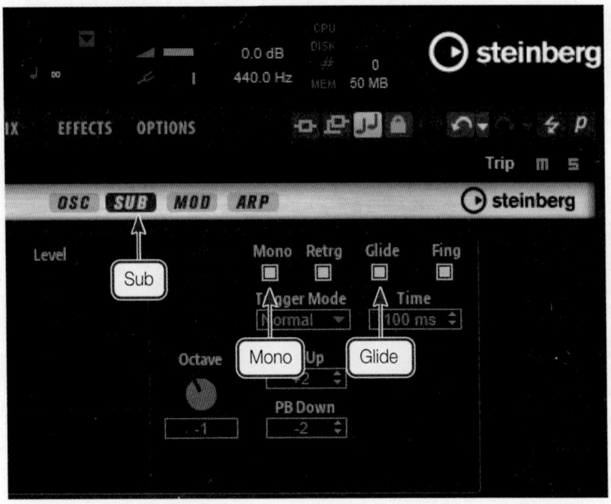


**07** Sub 페이지를 열고, Mono 옵션을 체크하여 모노 악기로 만들고, Glide 옵션을 체크하여 레가토 연주에서 글리산도 주법이 연출되게 합니다.

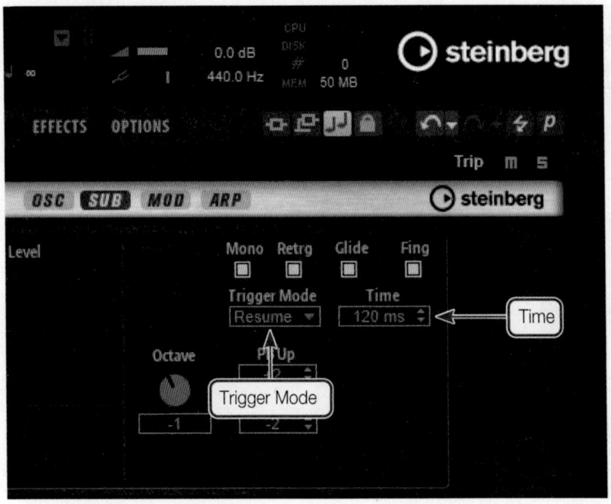


**08** Trigger Mode는 Resume을 선택하여 노트가 연주될 때 시작되게 하고, Time 항목을 더블 클릭하여 속도를 설정합니다. 실습에서는 120 정도로 하고 있습니다.

09 Delay Mix 노브를 11 방향으로 돌려 딜레이를 조금 줄이고, Mod 탭을 선택하여 페이지를 엽니다.

10 LFO Sync 옵션을 해제합니다. MW의 Vib Freq를 4.70Hz 정도로 설정하고, Vib Depth를 1.2 정도로 설정합니다. 마스터 건반의 Freq와 Depth는 마스터 건반의 모듈레이션 휠을 동작시켜 보면서 설정합니다. Attack도 9시 방향으로 돌려 살짝 느리게 만듭니다.

11 완성한 음색은 언제든 사용할 수 있게 프로그램 항목에서 마우스 오른쪽 버튼을 클릭하여 단축 메뉴를 열고, Save Program As를 선택하여 사용자 프리셋으로 저장합니다.

## ● Flux 라이브러리

웨이브 테이블 합성 방식의 아날로그 신디사이저 입니다. 2개의 오실레이터와 서브 오실레이터 및 노이즈 생성기를 제공합니다.

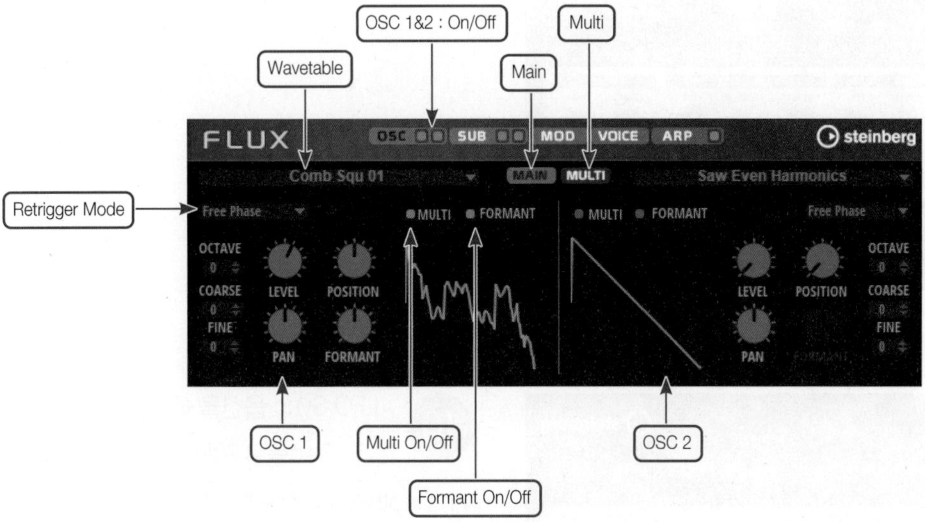


### ▶ OSC

왼쪽이 오실레이터 1 이고, 오른쪽이 오실레이터 2 화면입니다. 각각 Main과 Multi 페이지를 제공합니다.

Wavetable : Flux에서 제공하는 소스 파형을 선택합니다.

Retrigger Mode : 위상을 선택합니다. Free Phase를 선택하면 파형은 자유롭고 지속적으로 동작되며, Random Phase를 선택하면 무작위로 설정되어 위상의 연속성은 없습니다. 그리고 Fixed Phase를 선택하면 오른쪽에서 설정한 위상으로 고정됩니다.

Octave : 피치를 옥타브 단위로 조정합니다.

Coarse : 피치를 반 음 단위로 조정합니다.

Fine : 피치를 100분의 1 단위로 조정합니다.

Level : 오실레이터의 출력 레벨을 조정합니다.

Position : 엔벨로프의 시작 위치를 조정합니다.

Pan : 좌/우 재생 위치를 조정합니다.

Formant : 포먼트 컨트롤러를 On/Off 합니다. 포먼트는 기타의 바디, 사람의 성대, 전자 악기의 필터 설정과 같이 피치에 따라 달라지는 재생 속도를 컨트롤 합니다.

Multi : 멀티 오실레이터를 On/Off 합니다. 멀티 컨트롤러는 오실레이터의 수를 결정하는 Number, 피치를 조정하는 Detune, 스테레오 폭을 조정하는 Spread, 재생 위치를 결정하는 Pan으로 구성됩니다.

▶ Sub

서브와 노이즈 오실레이터를 제공하며, 각각 On/Off 할 수 있습니다.

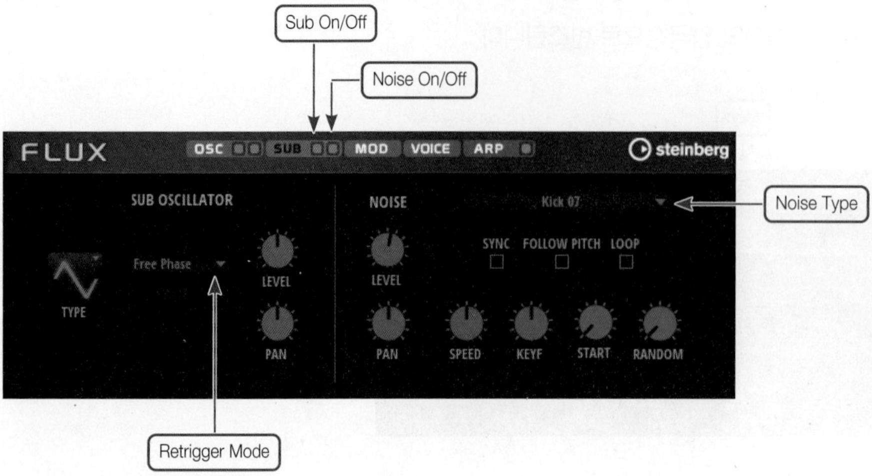


〈Sub Oscillator〉

Type : 서브 오실레이터 파형을 선택합니다.

Retrigger Mode : 위상을 선택합니다. 모드는 OSC와 동일합니다.

Level : 레벨을 조정합니다.

Pan : 재생 위치를 조정합니다.

〈Noise Oscillator〉

Type : 노이즈 타입을 선택합니다.

Level : 레벨을 조정합니다.

Pan : 재생 위치를 조정합니다.

Sync : 노이즈의 발생 속도를 템포와 동기화 합니다.

Follow Pitch : 피치가 높을 수록 지속 시간이 짧아지게 합니다.

Loop : 샘플을 반복 재생합니다.

Speed : 재생 속도를 조정합니다.

KeyF : 피치에 따라 모듈레이션 속도를 조정합니다. 100%는 옥타브 당 두 배의 속도가 됩니다.

Start : 샘플의 시작 타임을 설정합니다.

Random : Start 타임에서 지정한 위치 주변에서 무작위로 시작되게 합니다.

▶ Mod

모듈레이션 매트릭스는 총 16 개를 제공하며, 각 모듈에는 변조 및 조절 깊이와 대상을 지정할 수 있는 칼럼으로 구성되어 있습니다. Bi는 변조 소스의 극성을 선택합니다. 해제(Unipolar)는 0과 +1 사이의 단일 극성으로 변조되며, 체크(Bipolar)는 -1과 +1 사이의 양극성으로 변조됩니다.

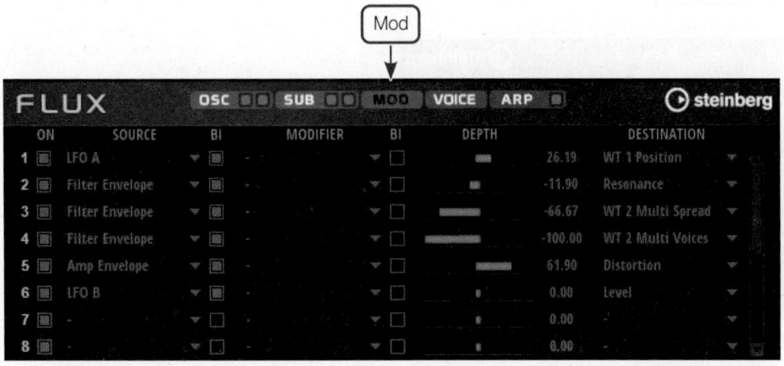


Source : 변조 소스를 선택합니다.

Modifier : 변조하는데 사용할 매개 변수를 선택합니다.

Depth : 변조 강도를 설정합니다.

Destination : 변조 대상을 선택합니다.

▶ Voice

모노 및 폴리 보이스를 설정할 수 있는 파라미터와 글리산도 및 피치를 설정할 수 있는 파라미터를 제공합니다.

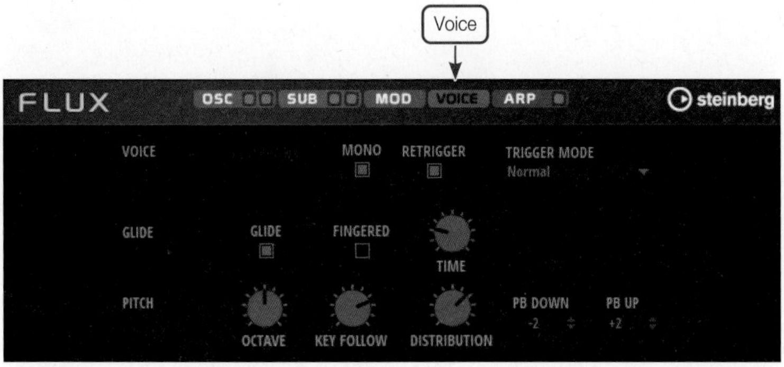


Mono/Polyphony : 옵션을 체크하면 모노 모드로 동작하며, 옵션을 해제하면, 보이스 수를 설정할 수 있는 Polyphony 파라미터가 활성화 됩니다.

Retrigger : 모노 모드에서 파형이 연결되어 연주되게 합니다. 이렇게 하면 한 음을 누르고, 다른 음을 빠르게 눌러 트릴 연주를 할 수 있습니다.

Trigger Mode : 새 노트가 연주될 때는 모드를 선택합니다.
Normal - 노트의 샘플과 엔벨로프가 처음부터 연주됩니다.
Resume - 동일한 존의 샘플은 이어서 연주되고, 다른 존의 샘플은 처음부터 연주됩니다.
Legato - 샘플과 엔벨로프가 이어서 연주되게 합니다.
Resume Keeps Zone - 다른 존의 샘플에서도 이어서 연주되게 합니다.
Legato Keeps Zone - 존이 달라지는 노트를 시작 노트로 설정합니다.
Glide : 피치 사이를 글리산도로 연주합니다.
Fingered : 레가토로 연주되는 경우에만 글리산도 효과를 적용합니다.
Time : 글리산도 속도를 설정합니다.
Octave : 옥타브 단위로 피치를 조정합니다.
Key Follow : 노트에 따라 피치 변조를 조정할 수 있습니다.
Distribution : 변조 피치의 범위를 조정합니다. 0으로 설정하면 모든 음색의 피치 간격이 동일하며, 값을 높이면 첫 번째 단일 음색의 음조가 두 번째보다 작고, 값을 줄이면 첫 번째 단일 음색의 음조가 두 번째보다 큽니다.
PB Donw/Up : 피치 휠의 범위를 설정합니다.

▶ Filter

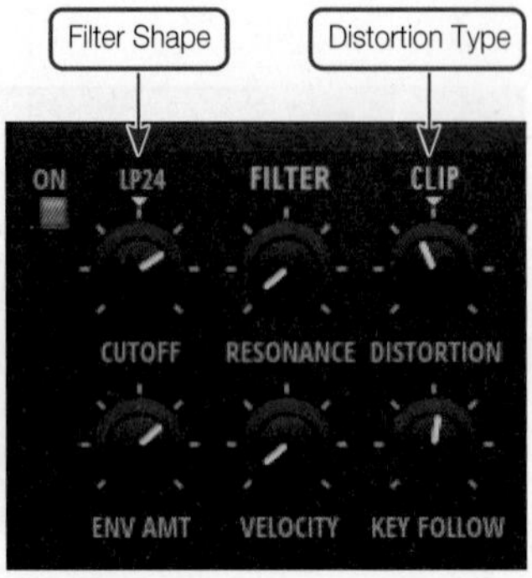


On : 필터 섹션을 On/Off 할 수 있습니다.
Filter Shape : 필터 타입을 선택합니다. Low Pass(LP), Band Pass(BP), High Pass(HP), Band Reject(BR), All Pass(AP)를 제공합니다.
Cutoff : 컷오프 주파수를 설정합니다.
Resonance : 컷오프 주변 주파수를 조정합니다.
Distortion Type : 디스토션은 Tube, Hard Clip, Bit Reduction, Rate Reduction, Rate Reduction Key Follow의 5가지를 제공하며, Distortion 노브를 이용하여 양을 조정합니다. 디스토션 타입은 VST Effects 편을 참조합니다.
Env AMT : 필터 엔벨로프를 조정합니다.
Velocity : 벨로시티에 따른 컷오프 변조 값을 설정합니다.
Key Follow : 피치에 따른 컷오프 변조 값을 설정합니다.

▶ ENV F/A

왼쪽은 Filter Envelope를 설정하며, 오른쪽은 AMP Envelope를 설정합니다. 각각 어택(A), 디케이(D), 서스테인(S), 릴리즈(R)를 조정할 수 있는 슬라이더를 제공하며, 사운드 전체 레벨을 조정할 수 있는 Level 노브와 벨로시티에 따른 레벨을 조정할 수 있는 노브가 있습니다. Velocity가 0 이면 모든 노트는 동일한 레벨로 연주됩니다.

▶ ENV 3

Mod 매트릭스에서 선택할 수 있는 모듈레이션 엔벨로프 입니다. 바이폴라(Bipolar)로 동작하기 때문에 피치와 팬과 같은 변조에 효과적입니다. L0는 시작 레벨, L1은 어택 레벨, L4는 끝 레벨을 조정하며, 벨로시티에 따른 적용 값을 조정할 수 있는 Vel 슬라이더가 있습니다.

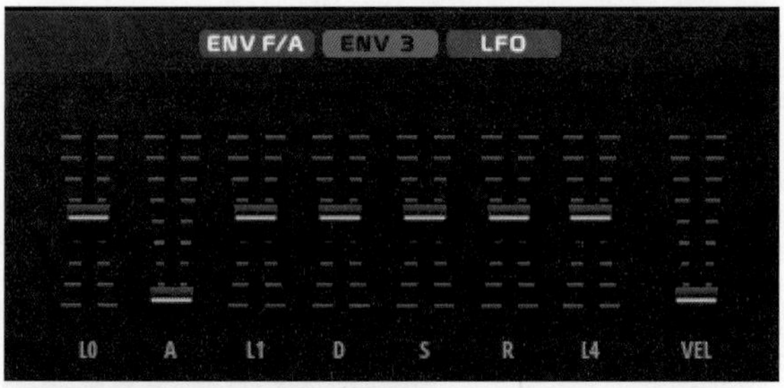


▶ LFO

A와 B로 2개의 LFO를 적용할 수 있습니다. Waveform은 Sine, Triangle, Saw, Pulse, Ramp, Log, S & H 파형으로 제공하며, 선택한 파형의 모양은 바로 확인 가능합니다.

Sync : 템포와 동기화 합니다. Mode에서 동기 타입을 선택하고, Note에서 비트를 선택합니다.

Freq : Sync가 Off이면, 속도를 수동으로 조정할 수 있습니다.

Shape : 파형 곡선을 변조합니다.

Phase : Sync 모드에서 초기 위상을 설정합니다.

RND : 초기 위상이 무작위로 결정됩니다.

### ▶ Arp

아르페지오 편집 창 입니다. 총 32 스텝의 노트(Vel)와 3개의 컨트롤 커브(C1-3)를 편집할 수 있습니다. 프리셋 프레이즈의 사용 유무는 Arp On/Off 버튼으로 결정하며, 프리셋 프레이즈를 편집하거나 사용자 프레이즈를 만들겠다면 User 버튼을 On으로 합니다. 사용자 프레이즈는 총 8개(Variation1-8)까지 변형이 가능합니다.

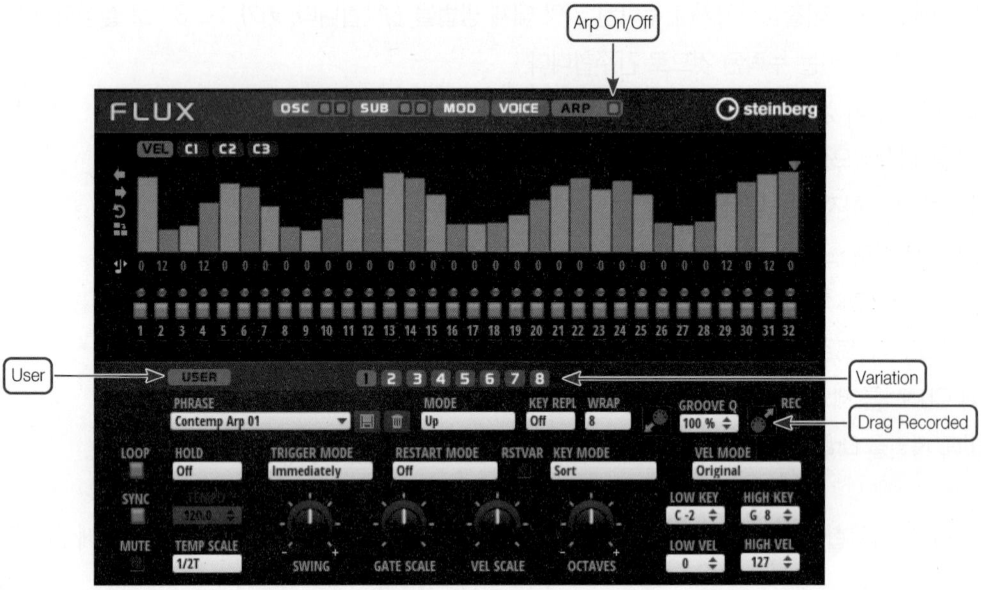


User : 사용자 편집 기능을 On/Off 합니다.

Variations : 8개의 패턴을 선택하거나 저장할 수 있습니다.

Phrase : 프레이즈를 선택합니다.

User 모드에서는 프레이즈를 저장하거나 삭제할 수 있는 Save/Delete 버튼 및 Mode, Key Repl, Wrap, Drag MIDI, Groove Q 기능이 활성화 됩니다.

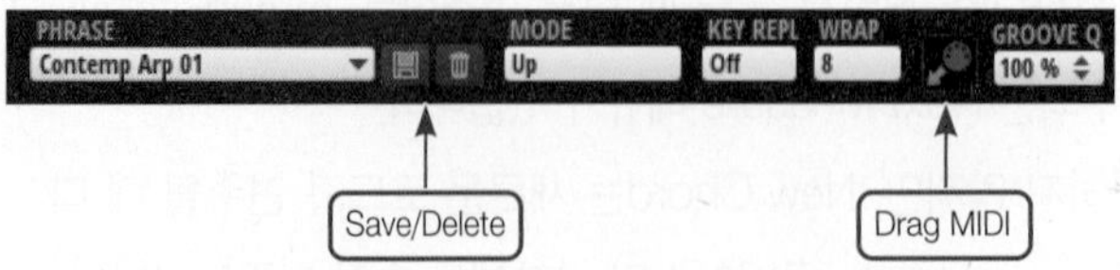

Mode : 프레이즈 재생 방법을 선택합니다.
Step - 마지막으로 연주되는 노트를 재생합니다.
Chord - 코드로 연주합니다.
Up - 오름차순으로 연주합니다.
Down - 내림차순으로 연주합니다.
Up/Down 1 - 오름/내림차순으로 연주합니다.
Up/Down 2 - Key Mode가 Sort 라면 가장 높은 음과 가장 낮은 음이 반복되고, As Played라면 첫 번째 음과 마지막 음이 반복됩니다.
Down/Up 1 - 내림/오름차순으로 연주합니다.
Down/Up 2 - Up/Down 2와 반대로 적용됩니다.
Random - 무작위로 연주됩니다.
Key Repl : 키 선택 기능을 비활성화하거나 누락된 키의 대체 방법을 선택합니다. 키가 1-2-3-4로 설정되어 있고 3번이 연주를 하면 4번 키는 누락된 것으로 간주합니다.
Off - 선택한 아르페지오가 정상적으로 연주됩니다.
Arp - 누락된 키를 정상적으로 연주할 노트로 대체합니다.
Rest - 누락된 키를 연주하지 않습니다.
1st - 누락된 키를 첫 번째 노트로 대체합니다.
Last - 누락된 키를 첫 번째 마지막 노트로 대체합니다.
All - 누락된 키를 모든 노트로 대체합니다.
Warp : Step과 Chord를 제외한 모드에서는 여기서 지정한 수 후에 아르페지오가 다시 시작됩니다.
Groove Q : 미디 파일을 Drag MIDI 아이콘으로 가져다 놓을 수 있으며, Groove Q로 퀀타이즈 합니다.

Rec : 사용자 연주를 녹음합니다. 녹음한 프레이즈는 Drag Recorded 아이콘을 드래그하여 프로젝트에 임포트 할 수 있습니다.
Loop : 프레이즈를 반복합니다.
Sync : 템포와 동기화 합니다.
Mute : 프레이즈 연주를 뮤트 합니다.
Hold : On은 건반을 놓아도 연주가 지속되게 하고, Gate와 Off는 건반을 누르고 있을 때 연주되는 것은 비슷하지만, 다음 건반을 누를 때 Off는 항상 처음부터 재생되지만, Gate는 패턴이 이어진다는 차이가 있습니다.
Tempo : Sync가 Off일 때 재생 속도를 조정할 수 있습니다.
Tempo Scale : 연주 속도를 조정합니다. 예를 들어 1/16을 1/8로 변경하면 속도가 절반으로 줄어 듭니다.
Trigger Mode : 건반이 연주될 때의 반응 시점을 결정합니다. 건반을 누를 때 바로 연주되는 Immediately과 다음 비트에서 연주되는 Next Beat, 다음 마디에서 연주되는 Next Measure 메뉴가 있습니다.
Restart Mode : Off는 코드가 변경되어도 다시 시작하지 않지만, New Chord는 새로운 코드가 연주될 때 다시 시작하고, New Note는 새로운 노트가 연주 될 때, Sync to Host는 큐베이스의 박자에 맞추어 연주됩니다.

RstVar : 코드 및 노트가 연주되지 않더라도 설정을 변경하면 아르페지오가 다시 시작되게 합니다.

Key Mode : 연주 순서를 선택합니다. Sort는 패턴 순서로 연주되게 하고, As Played는 음표가 연주되는 순서대로 연주되게 합니다. 그리고 Direct는 프레이즈 대신 컨트롤러 이벤트가 생성됩니다.

Vel Mode : 벨로시티의 처리 방법을 선택합니다. Original은 프레이즈에 저장된 값으로 연주하고, As Play는 건반을 누르는 값으로 연주되게 합니다. 그리고 이를 조합한 값으로 연주되는 Original+As Played가 있습니다.

Swing : 업 비트 타임을 변경하여 스윙 리듬을 만듭니다.

Gate Scale : 100%를 기준으로 노트의 길이를 증/감 합니다.

Vel Scale : 100%를 기준으로 벨로시티 값을 증/감 합니다.

Octaves : 연주 옥타브 범위를 설정합니다.

Low/High Key : 연주 노트 범위를 설정합니다.

Low/High Vel : 연주 벨로시티 범위를 설정합니다.

▶ User Mode

최대 32 스텝으로 패턴의 길이를 설정할 수 있으며, 각 스텝에 표시되는 막대는 벨로시티와 음의 길이를 표시합니다. 막대 아래 숫자는 피치를 나타내며, 스텝 On/Off 아래 숫자는 레가토 On/Off 기능입니다.

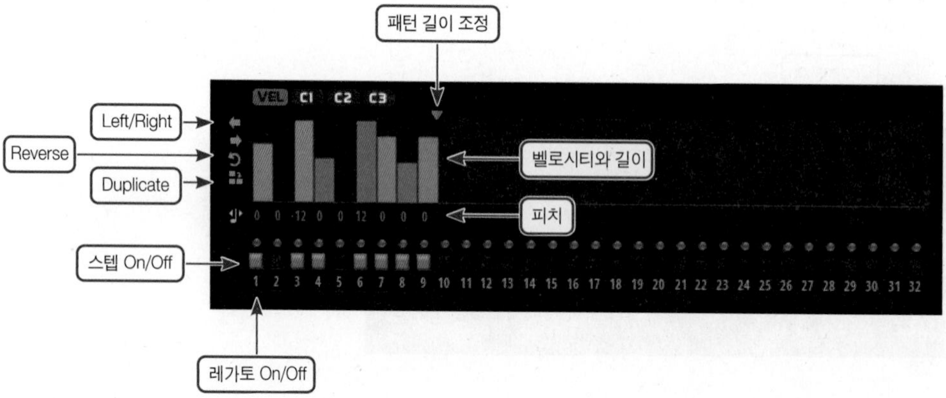


● 막대의 높이는 벨로시티를 나타내며, 마우스 드래그 또는 휠을 이용해서 값을 설정할 수 있습니다. 이 때 Shift 키를 누르면 전체 스텝을 동시에 설정할 수 있으며, Alt 키를 누르면 라인으로 그릴 수 있습니다. Ctrl 키를 누르 상태에서 클릭하면 127로 초기화 됩니다.

● 막대의 넓이는 길이를 나타내며, 오른쪽 끝 부분을 드래그하여 조정할 수 있습니다. 스넵 On/Off 버튼 아래쪽의 숫자를 클릭하면 노트가 레카토로 연주되며, 막대 설정은 무시됩니다.

● 막대 아래쪽의 숫자는 피치를 반음 단위로 설정하며, 드래그나 휠 또는 더블 클릭으로 입력 가능합니다.

Left/Right : 각각 첫 단계 또는 마지막 단계를 처음 또는 마지막으로 이동시킵니다.

Reverse : 프레이즈를 반대로 바꿉니다.

Duplicate : 프레이즈를 복사하여 반복시킵니다.

Key Select : 음표 아이콘은 각 스텝의 피치를 조정하며, 건반 아이콘은 버퍼에 기록된 노트를 연주합니다. 사용자가 건반을 누르면, Plux에 기록되며, 노트가 기록되는 공간을 버퍼라고 합니다.

P : 아르페지오 모드에서 선택한대로 연주합니다.

1-8 : 키 모드에서 선택한 노트로 연주합니다.

L : 버퍼에 기록된 마지막 키를 연주합니다.

A : 버퍼에 기록된 모든 프레이즈를 연주합니다.

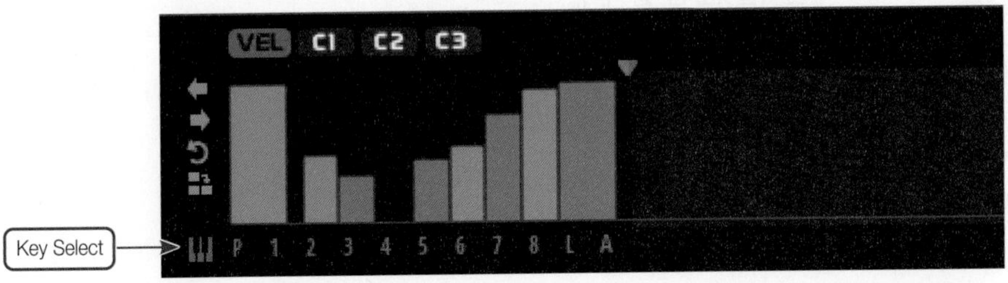


Controller : 3개의 컨트롤러 페이지를 제공하며, 다양한 변조가 가능합니다.

Desitination에서 컨트롤 정보를 선택하고, Depth에서 변화 폭을 설정합니다. 팬이나 피치와 같은 정보는 Bipolar 옵션을 체크하여 양극화 시킬 수 있으며, 막대 편집 방법은 Vel 페이지와 동일합니다.

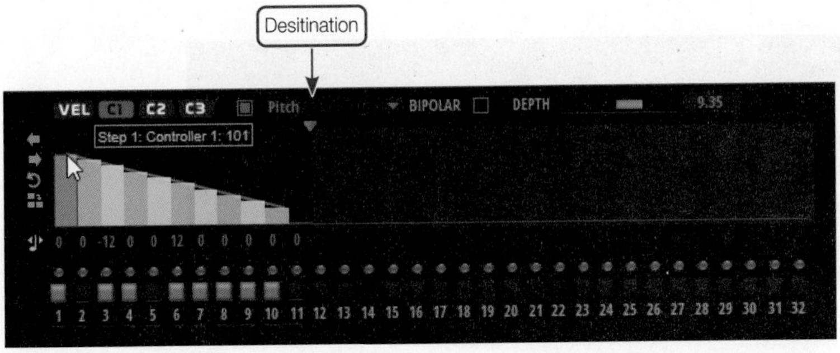


▶ Flux 사운드 디자인 - Pad

Flux 라이브러리를 이용한 사운드 디자인 과정을 실습으로 정리해 보겠습니다.

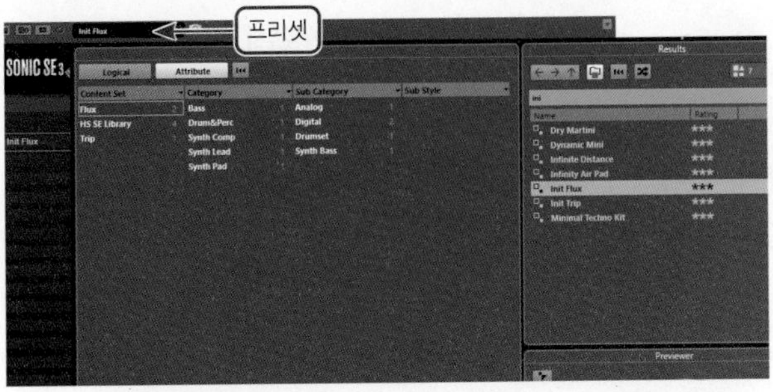


**01** 프리셋 항목을 클릭하여 목록을 열고, 검색 항목에 init를 입력하여 Init Flux를 찾아 로딩합니다. 악기를 초기화 시키는 것입니다.

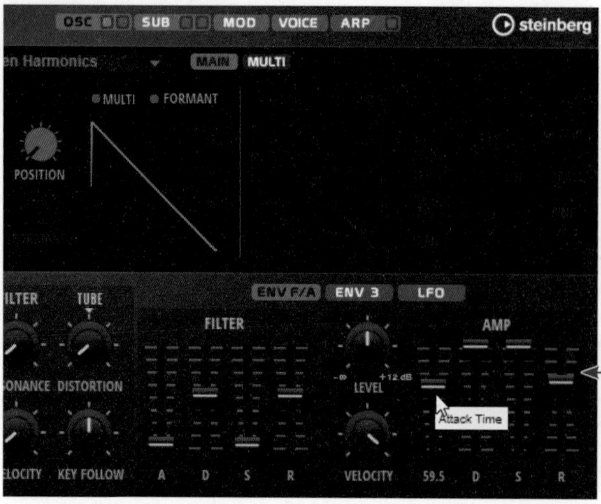


**02** 사운드를 모니터하면서 AMP 엔벨로프 패널의 ADSR을 조정합니다. 디케이를 100으로 올리고, 어택은 60 정도로 설정하겠습니다.

**03** Multi 페이지를 열고, Number는 8, Detune은 2로 설정하여 사운드를 두껍게 만들고, Spread를 25 정도로 넓힙니다.

**04** 필터 패널에서 Cutoff를 1.5KHz 정도 설정하여 고음역을 차단하고, Resonance는 40 정도로 설정합니다. ENV AMT를 50정도로 설정합니다.

05 Filter 엔벨로프 패널에서 어택을 70 정도로 증가시켜 느리게 연주되게 합니다. 디케이와 릴리즈도 증가시킵니다.

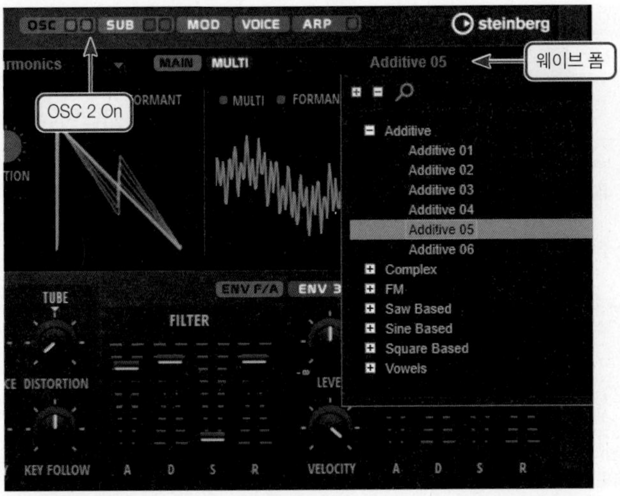


06 OSC 2를 On으로 하고, 웨이브 폼에서 Additive 05를 선택합니다.

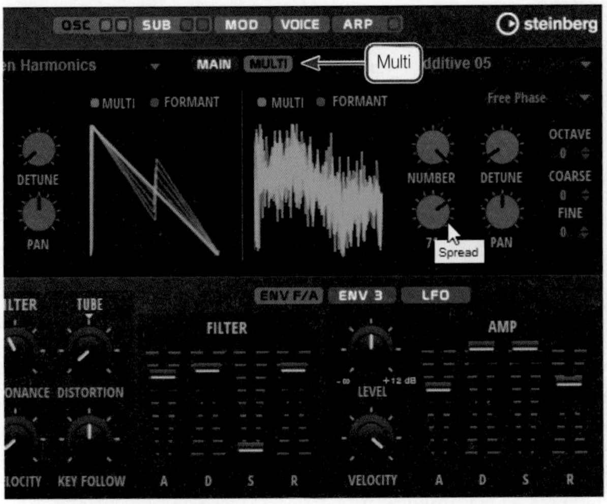


07 Multi 페이지에서 Number를 8, Detune을 5 정도로 설정하고, Spread를 80 정도로 조정합니다.

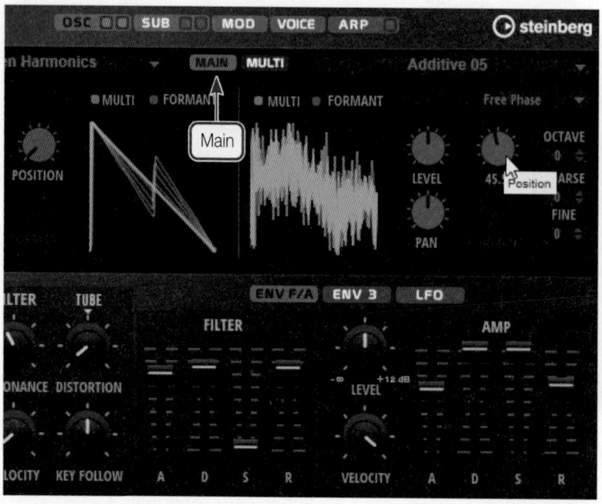


08 Main 페이지를 열고, Level은 25 정도로 줄이고, Position을 50 정도로 설정합니다.

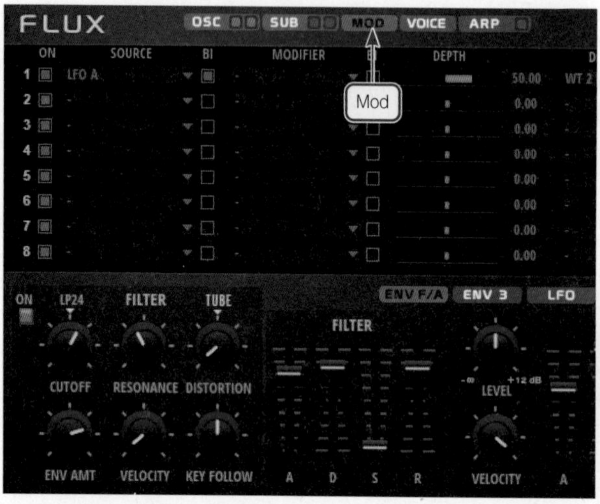


09 Mod 페이지를 열고, Source는 LFO A를 선택하고, Destination은 WT 2 Position을 선택합니다. Depth은 50 정도로 설정합니다.

10 LFO 패널을 열고, LFO A의 Freq를 0.26Hz 정도로 낮춰 느리게 연주되게 합니다.

**11** 두 번째 Source 슬롯에서 LFO B를 선택하고, Destination에서 Pitch를 선택하여 피치가 변조되게 합니다. Depth은 0.08 정도로 아주 살짝 흔들리게 합니다.

> **Tip**
> 사용자가 만든 음색은 프로그램 슬롯에서 마우스 오른쪽 버튼을 클릭하여 단축 메뉴를 열고, Save Program As를 선택하여 저장할 수 있습니다.

### ▶ Flux 사운드 디자인 - Bass

Init Flux로 초기화 하고, 모노 악기를 만들어 보겠습니다.

**01** Voice 페이지를 열고, Mono 옵션을 체크하여 모노 악기로 만듭니다.

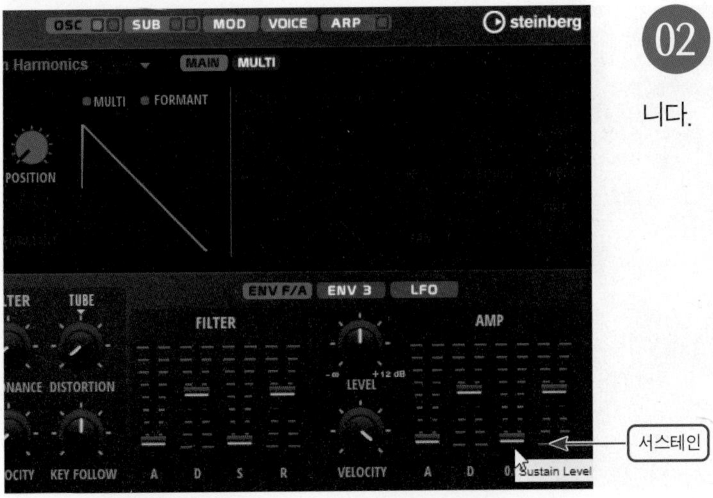


**02** AMP 엔벨로프 패널에서 서스테인(S)을 0으로 내려 길게 연주되지 않게 합니다.

**03** Sub 오실레이터를 On으로 하고, Type에서 Saw를 선택합니다. Retrigger Mode에서 Fixed Phase를 선택하여 처음부터 시작되게 하고, Level을 증가시킵니다.

**04** OSC 페이지의 Multi 탭을 열고, Number를 2.5, Detune을 6 정도로 설정합니다.

**05** 필터 패널에서 Cutoff를 110Hz 정도로 설정하고, ENV AMT를 70 정도로 조정합니다. 그리고 Filter 엔벨로프의 디케이와 릴리즈를 조금씩 낮춥니다. 반드시 사운드를 모니터하면서 실습을 진행하기 바랍니다.

● Verve 라이브러리

야마하 펠트 피아노 사운드를 샘플링한 라이브러리입니다. 아름답고 따뜻한 사운드를 가지고 있다고 평가되고 있으며, 별도의 Texture 음색을 레이어로 합성하여 다양한 장르에 어울리는 스타일로 디자인할 수 있습니다.

▶ Main

메인 페이지는 Distance, Balance, Variation, Contour의 4가지 파라미터를 제공하며, Variation과 Contour은 Texture 레이어가 사용되고 있을 때 컨트롤할 수 있습니다. 각 노브의 값은 언제든 Ctrl 키를 누른 상태로 클릭하여 초기값(50%)으로 복구할 수 있습니다.

Distance : Verve는 밀착 마이크와 룸 마이크 시스템으로 녹음되었으며, Distance 노브를 이용하여 두 마이크 시스템의 비율을 조정할 수 있습니다. 컨트롤을 오른쪽으로 돌릴수록 룸 마이크의 수음력이 커집니다.

Balance : Piano와 Texture 레이어의 혼합 비율을 조정합니다. 컨트롤을 오른쪽으로 돌릴수록 Texture 레이어의 사운드가 커집니다.

Variation : Texture 레이어의 Variation 값을 조정합니다. 컨트롤을 오른쪽으로 돌릴수록 Texture 레이어 사운드의 변조 폭이 커집니다.

Contour : Texture의 Contour 값을 조정합니다. 컨트롤을 오른쪽으로 돌릴수록 사운드가 밝아집니다.

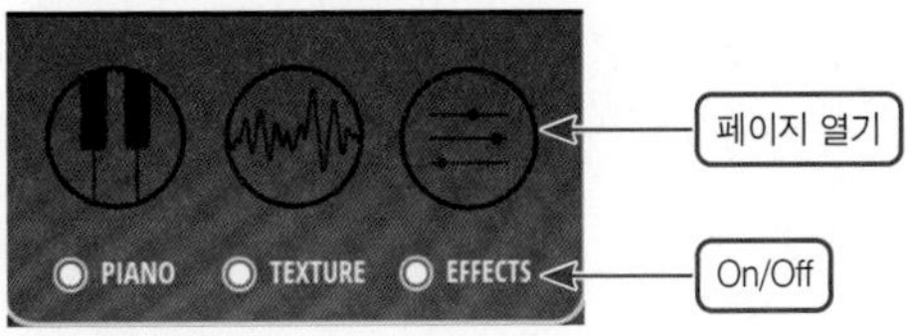


Piano, Texture, Effects 아이콘을 클릭하여 각각의 페이지를 열 수 있으며, 빈 공간을 클릭하여 Mian 페이지로 복구할 수 있습니다. 각 페이지의 사용 여부는 아래쪽의 On/Off 버튼으로 결정합니다.

▶ Piano

피아노의 전반적인 사운드에 영향을 주는 파라미터로 구성되어 있습니다.

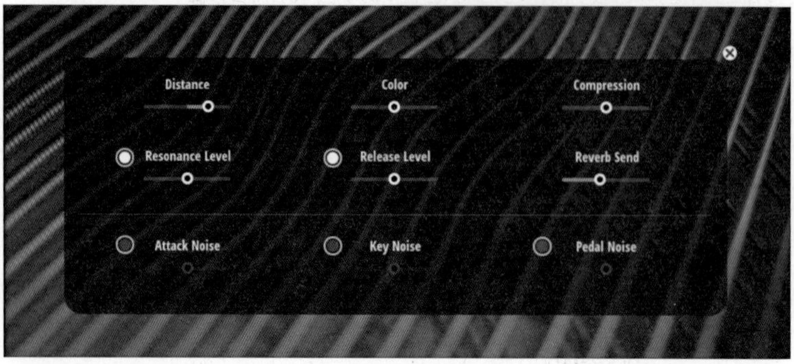


Distance : 마이크의 거리를 조정하며, 메인 페이지의 Distance로 컨트롤할 수 있습니다.

Color : 사운드의 밝기를 조정합니다. 컨트롤을 오른쪽으로 돌릴수록 밝아집니다.

Compression : 컴프레서가 적용되는 양을 조정합니다. 컨트롤을 오른쪽으로 돌릴수록 압축이 커지며, 중앙에 위치하면 컴프레서가 걸리지 않습니다.

Resonance Level : 공명 사운드의 레벨을 조정할 수 있으며, 버튼을 클릭하여 On/Off 할 수 있습니다.

Release Level : 피아노 건반을 놓는 릴리즈 레벨을 조정할 수 있습니다.

Reverb Send : 잔향 레벨을 조정할 수 있습니다.

Attack Noise : 피아노 건반을 누르는 어택 사운드를 추가할 수 있으며 레벨을 조정합니다.

Key Noisel : 피아노 헤머의 기계적 소음을 추가할 수 있으며 레벨을 조정합니다.

Pedal Noise : 서스테인 페달 소음을 추가할 수 있으며 레벨을 조정합니다.

▶ Texture

Verve는 피아노에 Texture 음색을 레이어로 추가할 수 있으며, 이를 컨트롤할 수 있는 페이지입니다.

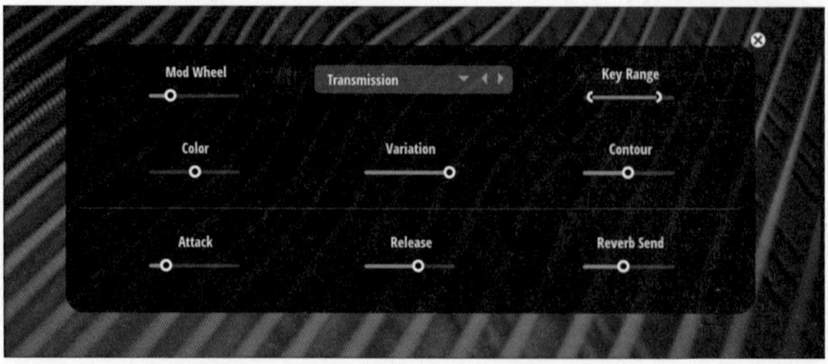

Mod Wheel : Texture 음색 레벨을 조정합니다. 0%일 때 Texture 사운드가 100% 혼합됩니다.

Select Texture : Texture 음색을 선택합니다

Key Range : Texture 음색이 연주되는 키 범위를 조정합니다. 건반을 분할하여 연주되게 할 수 있습니다.

Color : Texture 음색의 밝기를 조정합니다.

Variation : Texture 음색을 변조하며 메인 페이지의 Variation 노브로 컨트롤할 수 있습니다.

Contour : Texture 음색에 필터를 적용하며 메인 페이지의 Contour 노브로 컨트롤할 수 있습니다.

Attack : Texture 음색이 시작되는 타임을 조정합니다.

Release : Texture 음색이 소멸되는 타임을 조정합니다.

Reverb Send : Texture 음색의 잔향을 조정합니다.

▶ Effects

사운드에 리버브와 딜레이 효과를 추가할 수 있으며, 이를 컨트롤할 수 있는 페이지입니다.

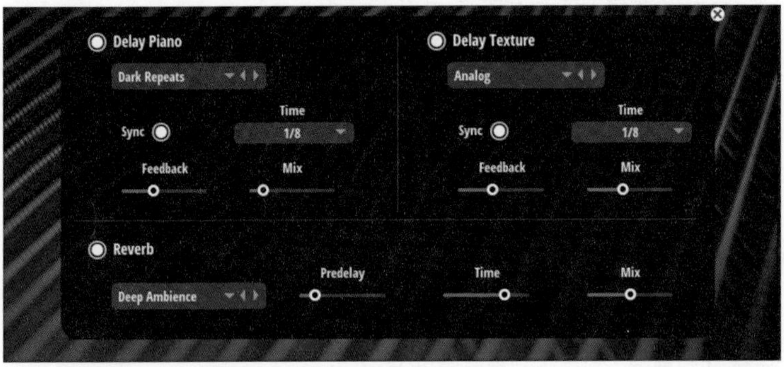


● Delay : Piano 레이어에 적용되는 Delay Piano와 Texture 레이어에 적용되는 두 개의 딜레이를 제공합니다.

Select Type : 딜레이 타입을 선택합니다.

Sync : 딜레이 타임을 박자 단위로 설정할 수 있게 합니다.

Time : 딜레이 타임을 조정합니다. Sync가 On이면 박자 단위로 선택할 수 있습니다.

Feedback : 딜레이 길이를 조종합니다.

Mix : 딜레이의 양을 조정합니다.

● Reverb : Piano와 Texture 레이어에 함께 적용되는 리버브입니다

Select Type : 리버브 타입을 선택합니다.

Predelay : 리버브의 시작 타임을 조정합니다.

Time : 리버브의 길이를 조정합니다.

Mix: 리버브의 양을 조정합니다.

# 04 MIDI 페이지

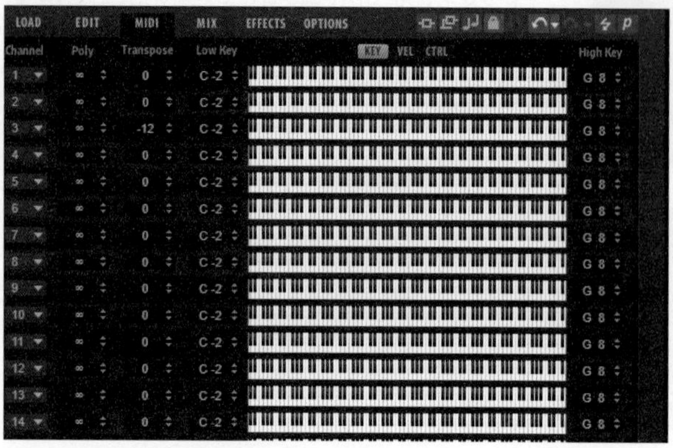


Channel, Poly, Transpose, Key, Vel, Ctrl의 칼럼으로 구성되어 있는 미디 페이지는 미디 채널, 벨로시티 범위 등을 설정합니다.

Channel : 미디 채널을 설정합니다. Multi Program Rack의 슬롯 번호와 혼동될 수 있으므로, 꼭 필요한 경우가 아니라면, 기본 설정을 그대로 이용할 것을 권장합니다.

Poly : 동시 발음 수를 설정합니다. 기본값은 무제한 입니다.

Transpose : 음정을 반음 단위로 조정합니다.

Key : 건반 그림 양쪽의 Low Key와 High Key 값을 이용하여 연주 노트의 범위를 조정합니다. 사용하고 있는 건반 수에 맞추어 이용할 수 있습니다.

Vel : 그림 양쪽의 Low Vel과 High Vel 값을 이용하여 벨로시티 범위를 조정합니다.

Ctrl : 차단할 미디 컨트롤 정보를 선택합니다. #64의 서스테인(Sus), #4의 풋 컨트롤(FCtrl), #65-69의 풋 스위치(FSw), 피치벤드(PB), #1의 모듈레이션(MW), 애프터 터치(AT) 정보를 차단할 수 있습니다.

▶ 합성 음색 만들기

미디 채널을 이용하면 합성 음색을 간단하게 만들 수 있습니다.

01 Load 페이지에서 1번 슬롯에 Piano 음색을 로딩하고, 2번 슬롯에 패드 음색을 로딩합니다. 다른 음색을 선택해도 좋고, 3-4번까지 원하는 만큼의 음색을 로딩해도 좋습니다.

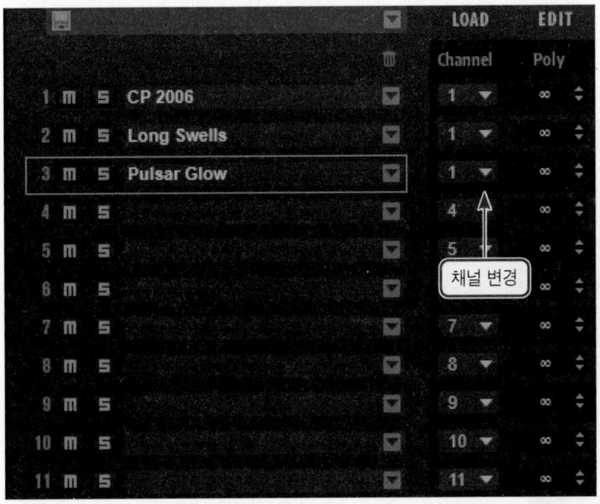


02 MIDI 페이지에서 각 슬롯에 로딩한 음색의 채널을 모두 1번으로 설정합니다. 간단하게 합성 음색이 만들어지는 것을 확인할 수 있습니다.

03 Transpose 칼럼에서 -12로 한 옥타브 낮추거나 12로 한 옥타브 올리면 옥타브로 합성된 음색을 만들 수 있습니다.

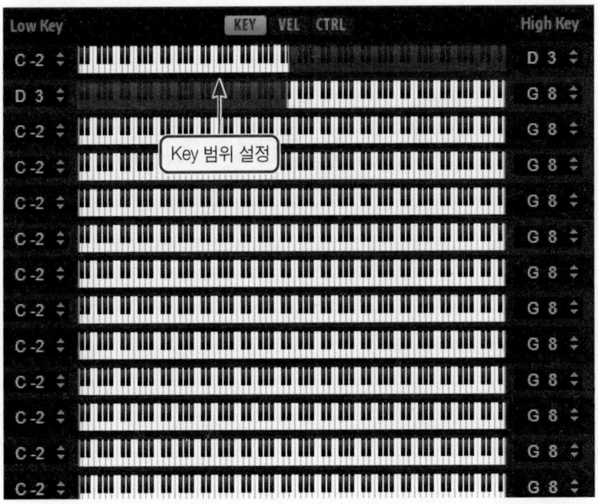


04 Key에서 음역을 설정하여 서로 다른 영역에서 연주되는 합성 음색을 만들거나 Vel에서 연주 세기에 따른 합성 음색을 만들 수도 있습니다.

05 완성한 합성 음색은 프로그램 저장 버튼을 클릭하여 사용자 프리셋으로 저장합니다.

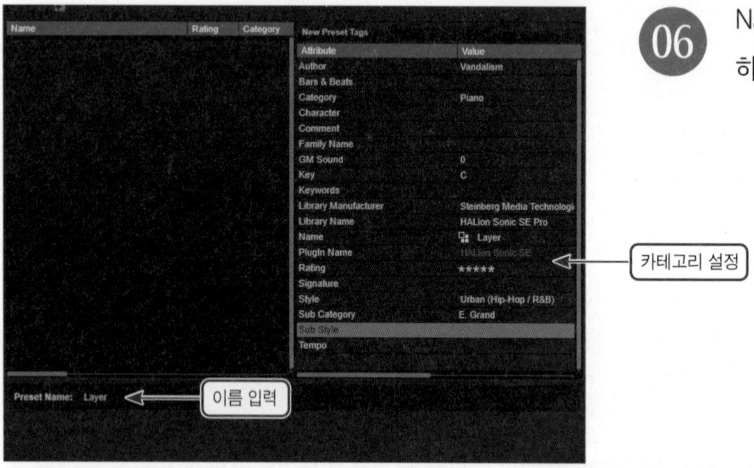


06 Name 항목에 이름을 입력하고, 필요하다면 카테고리도 설정합니다.

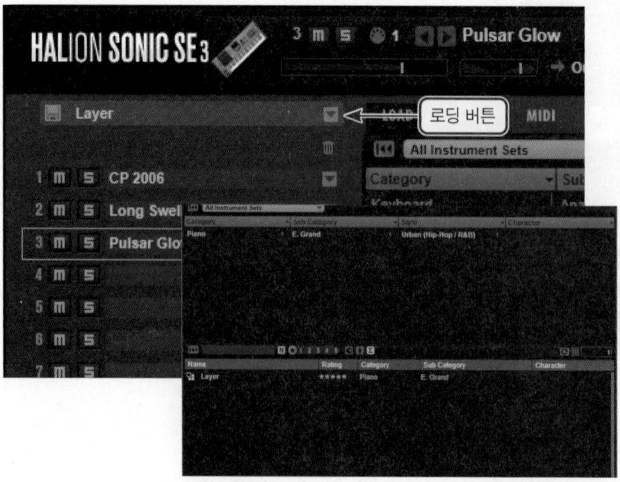


07 이렇게 저장을 해두면 언제든 로딩 버튼을 클릭하여 불러올 수 있습니다. 음색 합성은 사운드 디자인의 첫 걸음 입니다. 다양한 시도로 자신만의 음색을 만들어볼 수 있길 바랍니다.

## 05 Mix 페이지

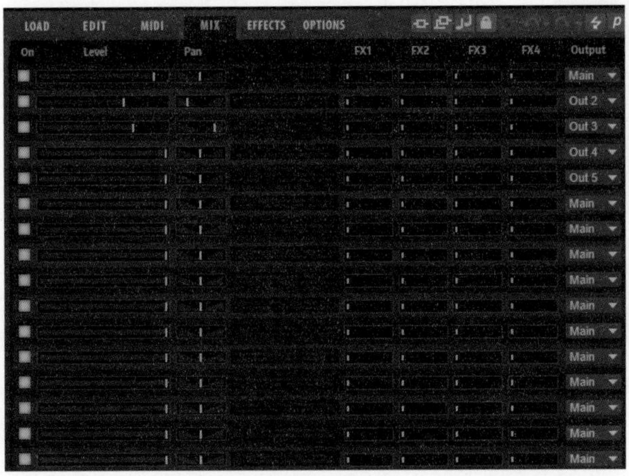


오디오 출력 라인을 컨트롤하는 칼럼들로 구성되어 있습니다.

On : 미디 입력을 On/Off 합니다.

Level : 출력 레벨을 조정합니다.

Pan : 팬을 조정합니다.

FX : 4개의 센드 레벨을 조정합니다. 각 슬롯에 적용되는 이펙트는 Effects 페이지에서 설정합니다.

Output : 출력 포트를 선택합니다. 총 16 채널을 지원하며, 채널을 선택하면 해당 음색을 컨트롤 할 수 있는 아웃 채널이 믹스콘솔에 생성됩니다.

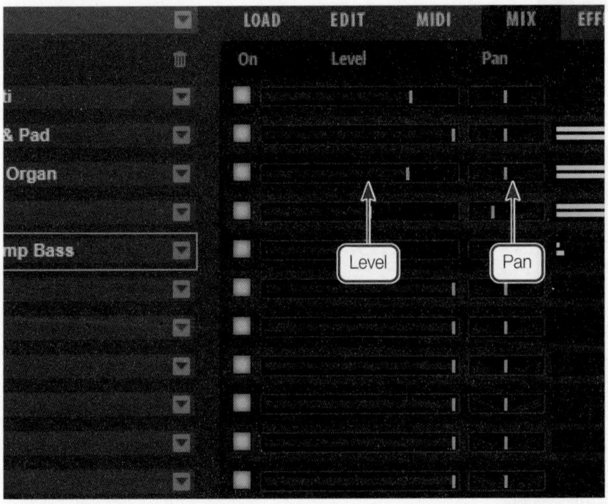


합성 음색을 만들 때 각 음색의 볼륨과 팬을 조정하면 좀 더 세련된 음색을 완성할 수 있는 포인트가 될 것입니다.

# 06 Effects 페이지

4개의 Aux FX와 Main 채널을 갖추고 있으며, 각 채널 마다 4개의 이펙트를 적용할 수 있는 슬롯을 제공합니다. 슬롯을 클릭하면 이펙트의 종류를 확인할 수 있으며, 선택하여 적용합니다.

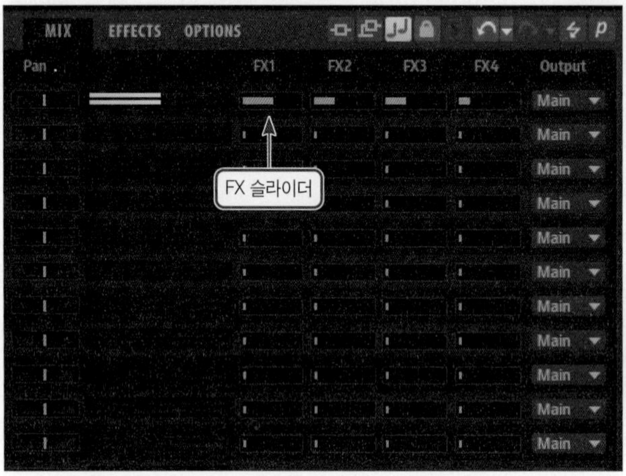


Aux FX 채널의 이펙트는 Mix 페이지의 FX1-4 슬라이더를 이용하여 적용 값을 조정할 수 있습니다.

이펙트의 사용 여부는 On/Off로 결정하며, 슬롯 번호를 드래그하여 이동시킬 수 있습니다. Alt 키를 누른 상태에서는 복사됩니다.

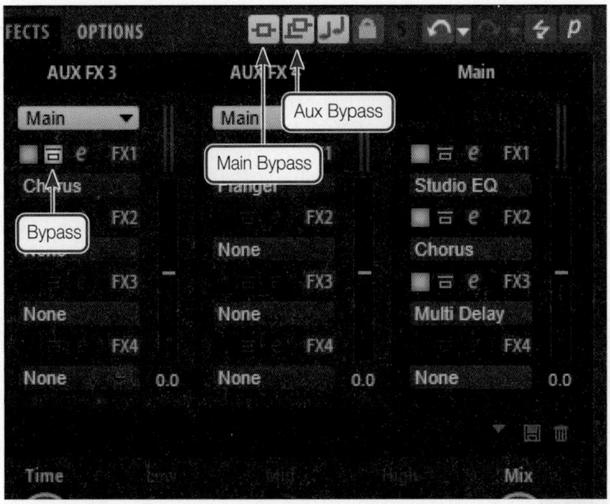


Bypass 버튼은 이펙트 적용 전/후의 사운드를 비교해볼 때 사용합니다. 도구 바의 Main 및 Aux Bypass 버튼을 이용하여 모든 채널의 Bypass 시킬 수 있습니다.

채널 상단의 메뉴는 아웃 풋을 선택할 수 있는 역할을 하며, 오른쪽의 슬라이더는 센드 레벨을 조정합니다.

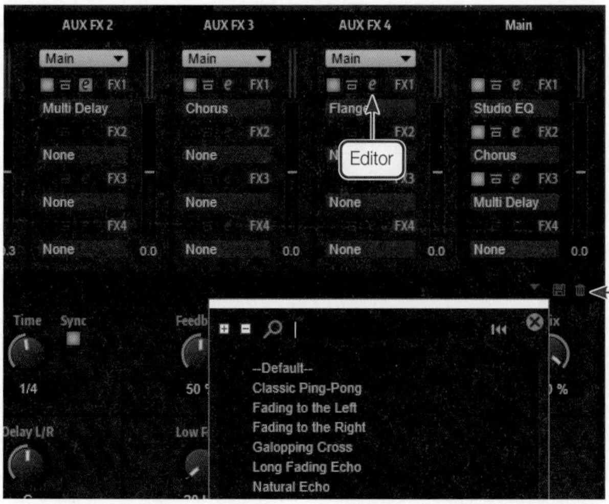


Editor 버튼을 클릭하면 해당 이펙트를 컨트롤 할 수 있는 파라미터가 열리며, 컨트롤 창에는 프리셋 선택 메뉴와 사용자 설정을 저장하거나 삭제할 수 있는 도구를 제공합니다. 이펙트 파라미터의 역할은 VST Effects 학습 편을 참조합니다.

# 07 Options 페이지

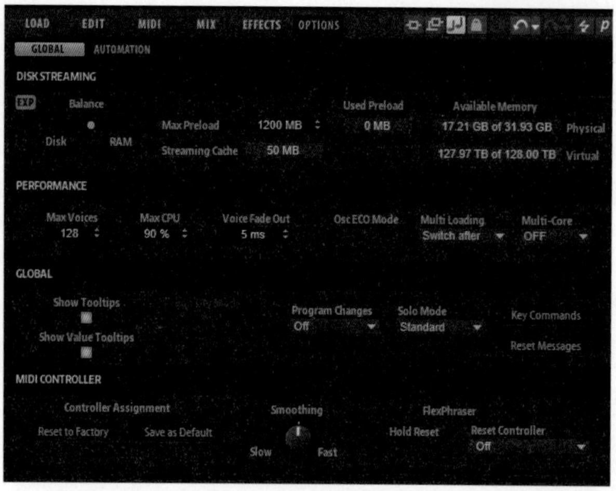


HALion Sonic SE를 사용자 시스템에 최적화 시킬 수 있는 Global 및 Automation 옵션을 제공합니다.

▶ Disk Streaming : 음색을 로딩할 때 차지하게 될 시스템 사용량을 설정합니다.

Balance : 하드 디스크와 램의 사용 비율을 조정합니다. 레이턴시 방지를 위해 RAM 쪽으로 이동하는 것이 좋지만, 시스템 메모리가 적거나 VST 사용이 많아지면, 에러가 발생할 수 있습니다. 특별한 문제가 없다면, 기본값 그대로 둡니다.

Max Preload : 최대 사용량을 설정합니다.

Streaming Cache : Prefetch Time을 위해 예약된 양을 설정합니다.

Used Memory : 밸런스 설정에 따른 현재의 램 사용량을 표시합니다.

Available Memory : 디스크의 가상 메모리 사용량을 표시합니다. 가상 메모리 설정 방법은 ① 윈도우 탐색기에서 내 PC를 마우스 오른쪽 버튼으로 클릭하여 단축 메뉴를 열고, 속성을 선택합니다. ② 시스템 창에서 고급 시스템 설정을 선택합니다. ③ 시스템 속성 창의 성능 설정 버튼을 클릭합니다. ④ 성능 옵션 창의 고급 탭에서 가상 메모리 변경 버튼을 클릭합니다. ⑤ 모든 드라이브에 대한 페이징 파일 크기 자동 관리 옵션을 해제하고, 사용자 지정 크기로 설정합니다.

Export Mode : EXP 버튼을 클릭하면 Streaming Cache를 결정하기 위한 Preload Time과 Prefetch Time을 설정할 수 있습니다.

Preload Time : 샘플이 미리 로드되는 양을 설정합니다.

Prefetch Time : 재생중인 샘플의 미리 읽기 용량을 결정합니다. 값이 클수록 더 많은 샘플을 빠르게 로딩할 수 있지만, 그 만큼의 Ctreaming Cache가 필요합니다.

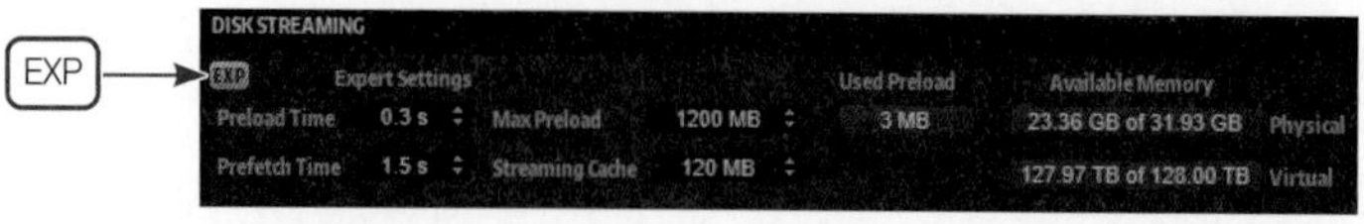

▶ Performance : 시스템에 적합한 환경을 설정합니다.

Max Voices : HALion Sonic SE의 최종 출력 보이스 수를 설정합니다. 멀티 채널을 사용하지 않은 경우에는 이 값을 줄여 시스템을 확보할 수 있습니다.

Max CPU : CPU의 최대 사용량을 설정합니다.

Voice Fade Out : Max Voices와 Max CPU에서 설정한 값을 넘는 샘플을 빼는데 필요한 타임을 설정합니다.

Osc ECO Mode : 고음역에 앨리어싱을 적용하여 CPU 사용량을 줄이는 ECO 모드의 사용 여부를 선택합니다.

Multi Loading : 기본값 Switch after는 멀티 프로그램이 완전히 로딩되기 전까지 이전 샘플을 유지합니다. 로딩되기 전에 삭제하려면 Clear before를 선택합니다.

Multi-Core : 시스템에서 사용 가능한 코어 수를 설정합니다. 사용자 시스템의 코어 수는 윈도우 시작 버튼을 마우스 오른쪽 버튼으로 클릭하여 메뉴를 열고, 작업 관리자를 선택하면 성능 탭에서 확인할 수 있습니다. HALion Sonic SE의 Multi-Core 수는 실제 코어 수 보다 작은 값으로 설정하는 것이 좋습니다.

▶ Global : HALion Sonic SE의 기본 환경을 설정합니다.

Show Tooltips : 각 파라미터에 마우스를 위치시켰을 때 풍선 도움말이 표시되게 합니다.

Show Value Tooltips : 각 파라미터를 조정할 때 값이 표시되게 합니다.

High DPI Mode : 고해상도 DPI 모드를 지원하는 모니터를 사용하는 경우에 활성화 할 수 있습니다.

Program Changes : GM Mode를 선택하여 프로그램 체인지 정보를 수신할 수 있게 합니다.

Solo Mode : 프로그램의 솔로 버튼 사용 방법을 선택합니다. Standard Mode는 동시에 사용할 수 있게 하고, Exclusive는 한 번에 하나의 프로그램만 사용할 수 있게 합니다.

Key Commands : 단축키를 설정할 수 있는 Key Commands 창을 엽니다. 카테고리에서 명령을 선택하고, Type in Key 항목에 원하는 단축키를 입력합니다. 그리고 Assign을 클릭하여 설정합니다.

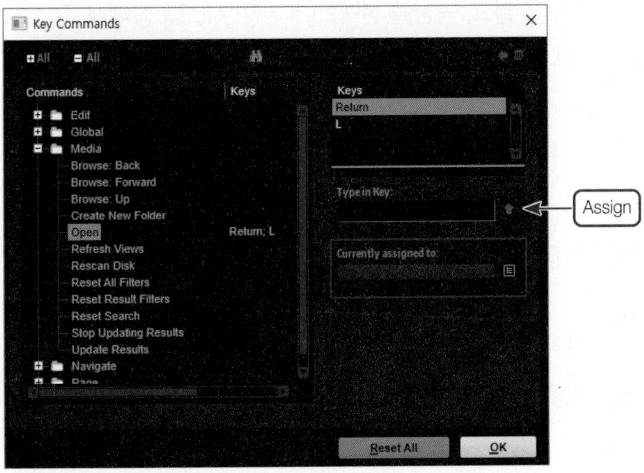


Reset Messages : Don't Show Again 옵션을 체크하여 닫은 창을 다시 열리게 합니다.

▶ MIDI Controller : 사용자가 설정한 미디 컨트롤러를 저장하거나 초기값으로 복원합니다. 기본 설정 이외의 컨트롤러를 연결할 때는 파라미터를 마우스 오른쪽 버튼으로 클릭하여 단축 메뉴를 열고, Learn CC를 선택합니다. 그리고 사용하고 있는 미디 컨트롤러에서 노브 및 슬라이드를 움직여 연결할 수 있습니다.

Controller Assignment : Reset to Factory 버튼을 클릭하여 기본 설정으로 복원하거나 Save as Default 버튼을 클릭하여 사용자가 설정한 값을 기본 설정으로 저장할 수 있습니다.

Smoothing : 미디 컨트롤러의 반응 속도를 조정합니다.

FlexPhraser : HALion Sonic SE에 설정되어 있는 프레이즈 및 아르페지오 초기화 메시지를 설정합니다. Reset Controller에서 초기화 할 미디 정보를 선택하고, Hold Reset 버튼을 클릭하여 연결합니다.

▶ Automation : 기록된 오토메이션 정보를 표시하며, Delete 버튼으로 삭제할 수 있습니다.

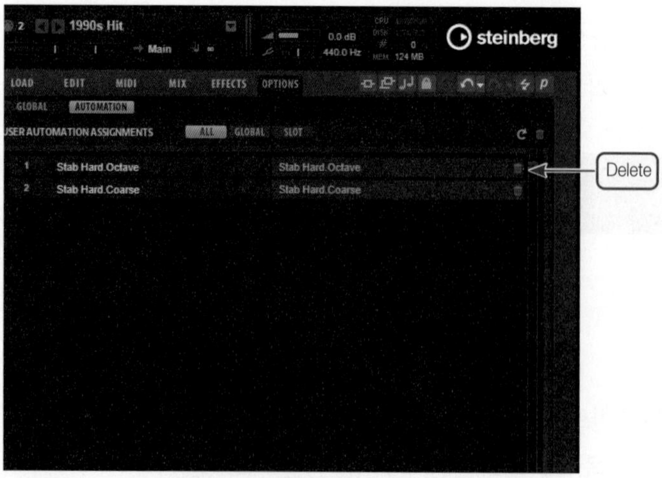

# 08 Performance Controls

하드웨어 마스터 건반과 동일하게 패드, 피치와 모듈레이션 휠, 퀵 컨트롤러, 스피어 볼을 갖추고 있습니다.

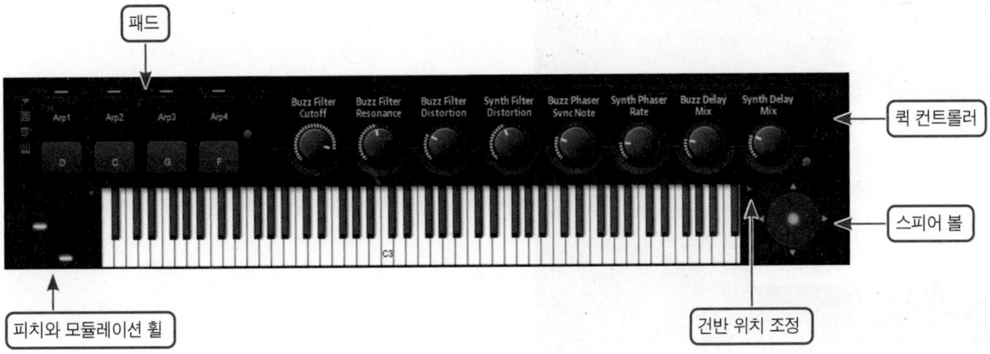


● 퀵 컨트롤

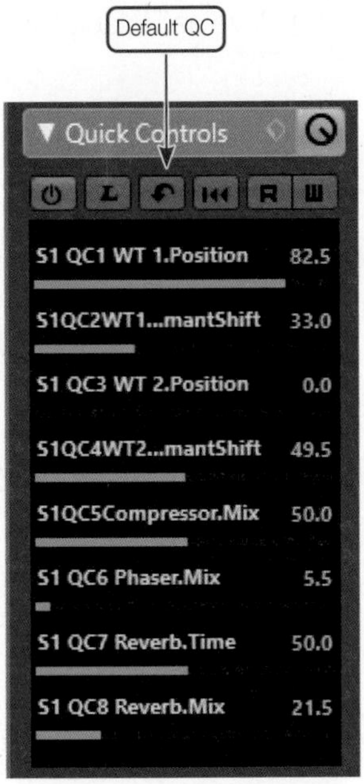


악기 음색을 빠르게 컨트롤할 수 있는 8개의 노브를 제공합니다. 노브의 역할은 선택한 악기에 따라 다르며, 마우스 오른쪽 버튼을 클릭하여 단축 메뉴를 열고, Learn CC를 선택하면 하드웨어 컨트롤로 연결할 수 있습니다.

인스펙터 창의 Quick Controls에서 컨트롤하거나 오토메이션으로 기록할 수 있으며, 슬롯을 클릭하여 파라미터를 변경할 수 있습니다.

아웃을 HALion Sonic SE로 선택하고 있는 미디 트랙의 경우에는 Default QC 버튼을 클릭하여 프로그램의 퀵 컨트롤을 슬롯에 할당할 수 있습니다.

● 패드

하나의 건반으로 코드 및 아르페지오를 연주할 수 있습니다. 미리 세팅되어 있는 음색도 있고, 사용자가 직접 만들 수도 있습니다.

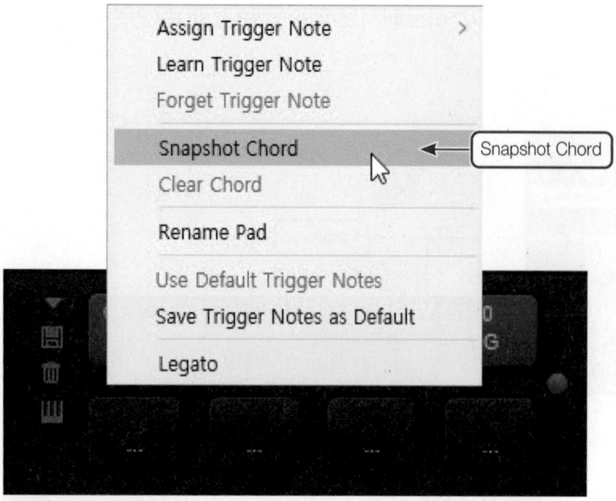


코드를 만들고자 한다면 패드를 마우스 오른쪽 버튼으로 클릭하면 열리는 단축 메뉴에서 Snapshot Chord를 선택하고, 연주되게 할 코드를 누릅니다. 그리고 패드를 다시 클릭하면 인식됩니다.

인식한 코드의 이름은 단축 메뉴의 Rename Pad를 선택하여 입력할 수 있습니다.

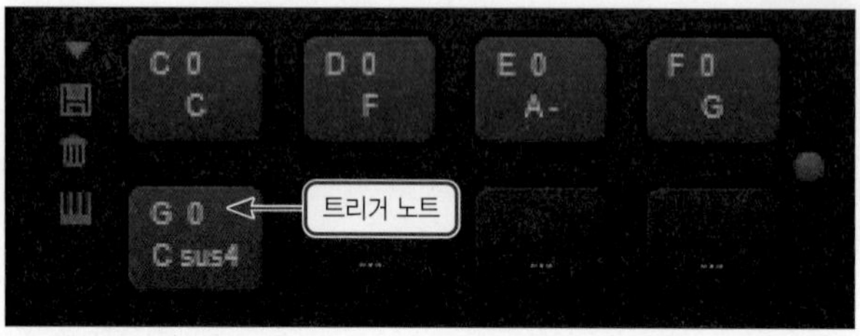


패드를 건반으로 연결할 때는 단축 메뉴의 Learn Trigger Note를 선택하고, 원하는 건반을 누릅니다.

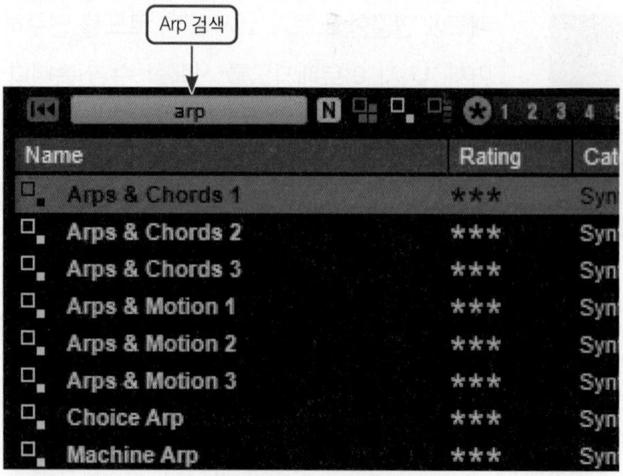


아르페지오를 연주하고자 한다면, 프로그램 검색 창에 Arp를 입력하여 아르페지오가 세팅되어 있는 음색을 검색하고 로딩합니다.

Arp 1-4 패드는 Edit 페이지의 Variations 1-4를 선택하는 것이며, 아르페지오 패턴을 변경할 수 있습니다. 이에 관해서는 이미 살펴보았습니다.

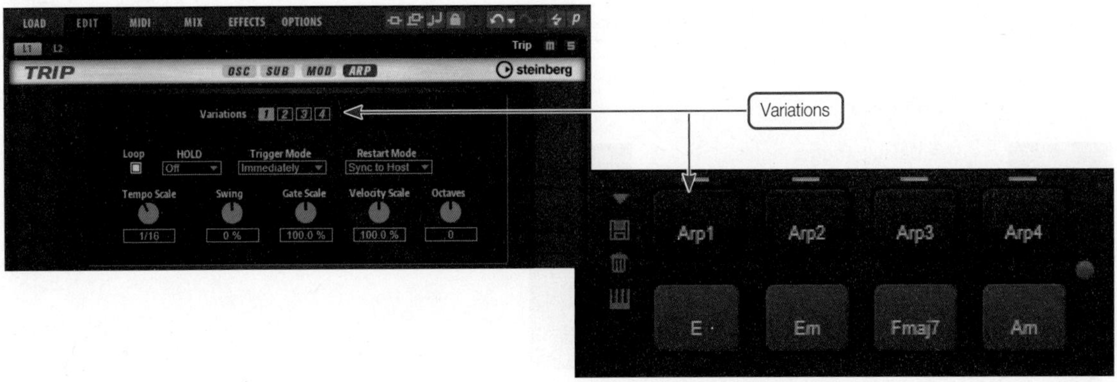

아르페지오 연주를 리얼로 사용하기 위해서는 건반에 연결시켜야 합니다. 마우스 오른쪽 버튼을 클릭하여 단축 메뉴를 열고, Learn Trigger Note를 선택합니다. 그리고 건반을 누르면 연결됩니다.

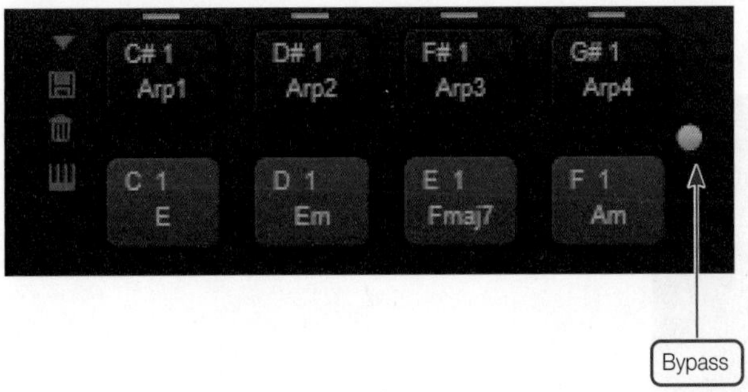


패드에 연결한 노트가 표시되며, 코드를 연주하면서 4가지 아르페지오를 선택할 수 있습니다. 코드 및 아르페지오 패드를 사용하지 않을 때는 Bypass 버튼을 On으로 합니다.

# 03 Groove Agent SE

Groove Agent SE는 하드웨어 패드 샘플러를 컴퓨터에 옮겨놓은 듯한 모습을 갖추고 있으며, 사용법 역시 비슷합니다. 하지만, 실제 하드웨어보다 많은 8개의 그룹과 16개의 아웃을 제공하고 있으며, 샘플 로딩에 필요한 메모리 제한이 없는 등, 성능이나 작업의 효율성은 더 우월합니다. 결국, 라이브 연주가 필요한 경우나 이동이 빈번한 클럽 DJ가 아니라면, 하드웨어 패드 샘플러를 구입할 이유가 없어진 것입니다.

## 01 화면 구성

Groove Agent SE의 메인은 Kit Rack과 Edit 창으로 구성되어 있고, 위에는 다양한 도구가 있는 Global Functions, 왼쪽에는 Kit Slot과 Pad Section이 있습니다. Edit 창의 Keyboard 버튼을 클릭하면 아래쪽에 패턴 맵을 확인할 수 있는 키보드가 열리고, Load 버튼을 클릭하면 오른쪽에 Kit을 불러올 수 있는 패널이 열립니다.

● Global functions

Global functions은 왼쪽의 마스터 섹션과 오른쪽의 도구 바로 구분되어 있습니다. 왼쪽 Groove Agent SE 문자를 클릭하면 버전 정보를 확인할 수 있고, 오른쪽 Steinberg 문자를 클릭하면 제작사 홈페이지에 연결할 수 있는 메뉴가 열립니다.

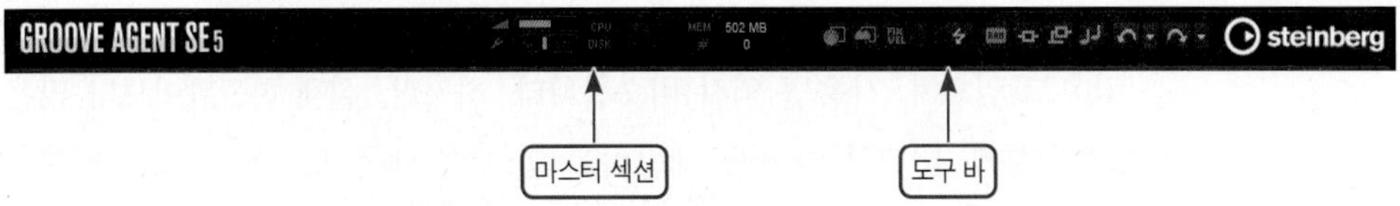


마스터 섹션에는 볼륨과 튠을 조정할 수 있는 슬라이더와 CPU, Disk, Voice(#), Memory(Mem)의 시스템 사용량을 모니터할 수 있는 디스플레이로 구성되어 있습니다.

도구의 역할은 다음과 같습니다.

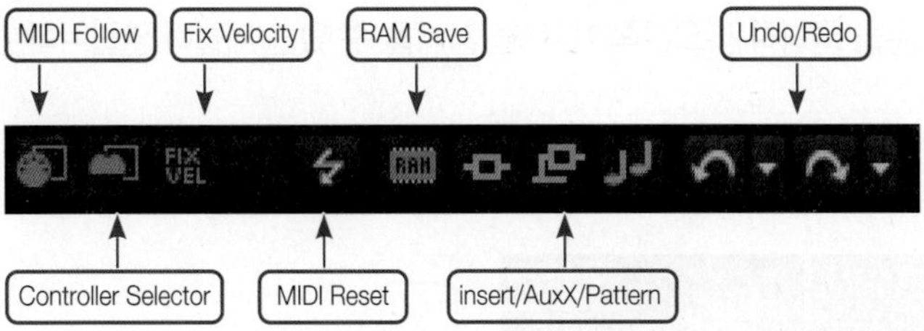


MIDI Follow : 건반을 연주할 때 해당 노트의 패드가 선택되도록 합니다.
Controller Selector : 레이어는 벨로시티로 선택되지만, 버튼을 클릭하여 컨트롤러로 선택할 수 있습니다. 마우스 오른쪽 버튼을 클릭하면 컨트롤러를 변경할 수 있는 목록이 열립니다.
Fix Velocity : 벨로시티를 고정합니다. 고정 값은 오른쪽 버튼에서 입력합니다.
MIDI Reset : 미디 에러가 발생했을 때 클릭하여 초기화 합니다.
RAM Save : 사용중인 샘플만 메모리에 저장하여 시스템을 절약할 수 있습니다. 버튼을 클릭하면 Start 창이 열립니다. Yes 버튼을 클릭하고, 프로젝트를 재생합니다. 버튼을 다시 클릭하면 연주된 샘플만 저장됩니다.
Insert/Aux/Pattern : 인서트 및 억스 이펙트와 패턴 연주를 Bypass 하여 전/후 사운드를 비교할 수 있습니다.
Undo/Redo : 작업 내용을 취소하거나 다시 실행합니다.

## ● Kit Slot

로딩된 프로그램 이름을 표시하고, 다른 프로그램을 로딩할 수 있는 창을 엽니다. 그 외, 패턴을 로딩하는 Patterns, 보이스 수를 결정하는 Polyphony, 미디 인풋을 표시하는 MIDI, 벨로시티 커브를 선택하는 Vel 등의 기능을 제공합니다.

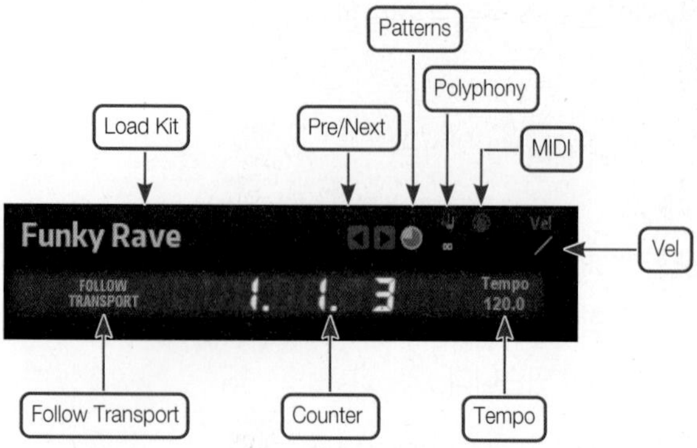


Load Kit : 로딩된 프로그램 이름을 표시하며, 클릭하면 프로그램을 로딩할 수 있는 로드 패널이 열립니다.

Previous/Next : 현재 로딩된 프로그램의 이전 또는 다음 프로그램을 로딩합니다.

Patterns : 프로그램을 로딩할 때 패턴을 함께 로딩합니다.

Polyphony : 보이스 수를 설정합니다.

MIDI : 미디 신호 수신 상태를 표시합니다.

Velocity : 사용자 연주 습관에 어울리는 벨로시티 곡선을 선택합니다.

Follow : 큐베이스 트랜스포트로 동작되게 합니다.

Counter : 패턴의 연주 길이 및 프로젝트의 송 포지션 라인 위치를 표시합니다.

Tempo : 프로젝트 템포를 표시합니다.

## ● Kit Rack

로딩된 킷을 표시하며, 마우스 오른쪽 버튼을 클릭하면 열리는 단축 메뉴의 역할은 다음과 같습니다. Kit Slot에서 프로그램 이름을 표시하고 있는 Load Kit 항목에도 동일한 단축 메뉴를 열 수 있습니다.

Load Kit/With Patterns : 프로그램 로딩 창을 엽니다.

Load/Save/Delete Pattern Group : 패턴 열기/저장/삭제 명령입니다.

Save Kit/Kit As : 킷을 저장합니다.

Remove Kit : 패드를 모두 비웁니다.

Revert to Last Saved Kit : 킷을 저장했던 상태로 되돌립니다.

Cut/Copy/Paste Kit : 킷을 이동하거나 복사하는 명령입니다.

Rename Kit : 이름을 변경합니다.

Reset Agent : 킷을 초기화 합니다.

Export Mixer and FX to Cubase : EQ 및 FX를 포함한 모든 설정을 큐베이스 믹스 콘솔로 전송합니다.

Export Mixer to Cubase : EQ 및 FX를 제외한 설정을 큐베이스 믹스 콘솔로 전송합니다.

## ● Pad Section

패드 섹션은 패턴 연주를 위한 Pattern과 샘플 연주를 위한 Instrument로 구성되어 있습니다. 패드에는 노트 번호와 샘플 이름이 표시되어 있으며, 뮤트와 솔로 버튼을 제공합니다. 아래쪽에는 모든 패드의 뮤트 및 솔로 버튼을 해제하는 버튼과 패드 컨트롤러를 사용할 수 있는 맵 버튼이 있습니다.

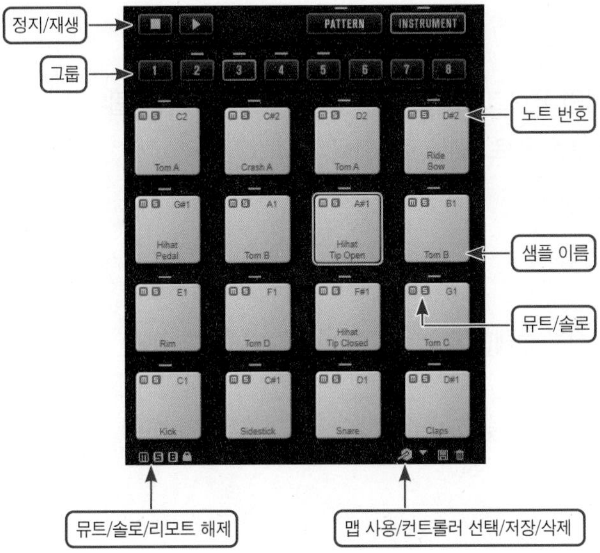


## ● Keyboard

샘플 및 패턴의 연결 상태와 연주를 할 수 있습니다. 기본적으로 샘플은 흰색, 패턴은 형식 마다 색상로 표시되며, 변경 가능합니다.

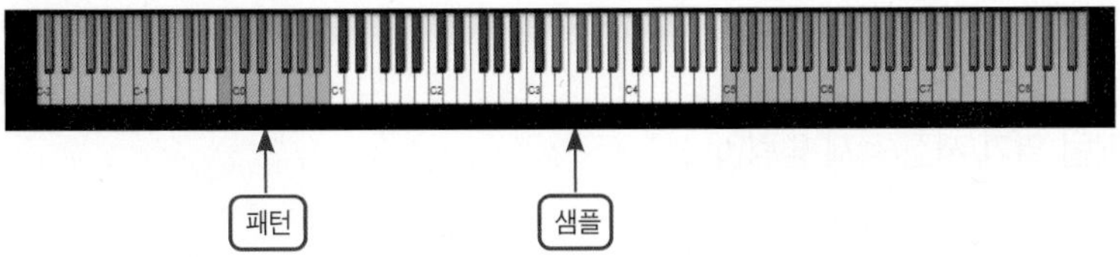

# 02 Load Kit

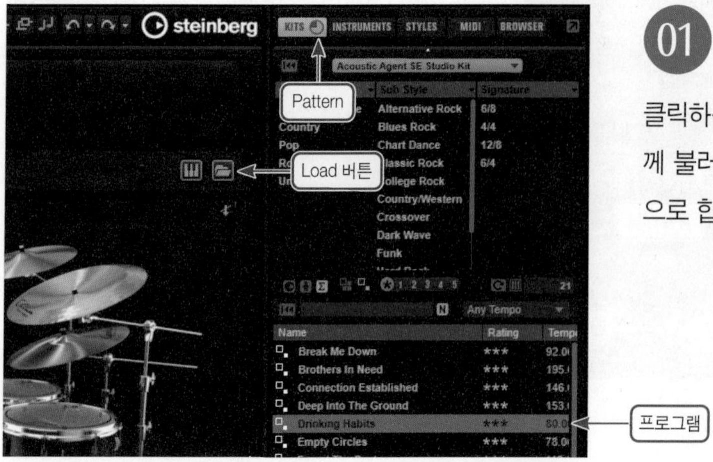


01 드럼 킷은 Load 버튼을 클릭하면 열리는 패널에서 프로그램 이름을 더블 클릭하는 불러올 수 있습니다. 연주 패턴을 함께 불러오고 싶은 경우에는 Pattern 버튼을 On으로 합니다.

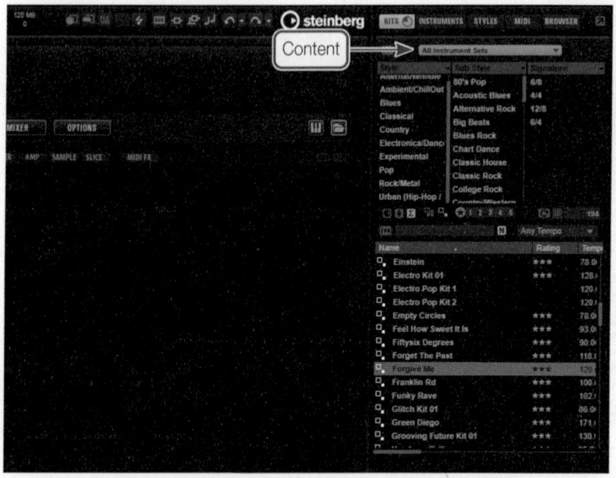


02 Groove Agent SE는 Acoustic Agent와 Beat Agent의 두 가지 타입을 제공합니다. Content 항목을 클릭하여 킷 목록을 엽니다.

03 SE Studio Kit과 The Kik SE 킷이 Acoustic Agent 라이브러리 입니다. SE Studio Kit을 선택하여 해당 프로그램 목록만 열리게 합니다.

**04** 적당한 프로그램을 더블 클릭하여 로딩하면, Edit 창에 드럼 세트 그림이 표시되고, 악기를 클릭하면 해당 악기를 세팅할 수 있는 컨트롤러가 나열됩니다.

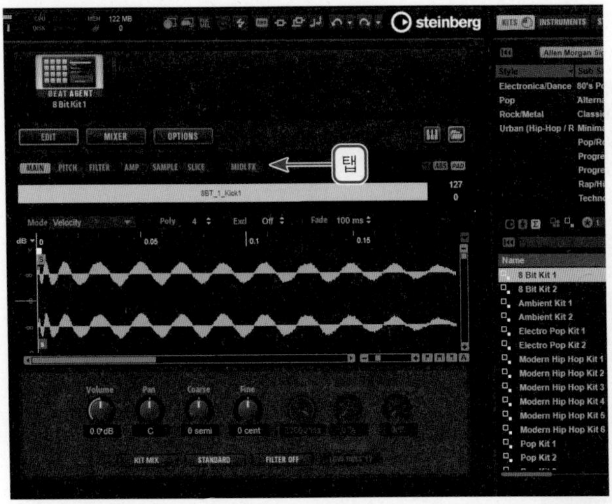


**05** 앞에서와 같은 방법으로 SE Studio Kit과 The Kik SE 킷을 제외한 나머지 킷의 프로그램을 로딩합니다. Beat Agent 라이브러리이며, 에디터 창은 음색 편집이 가능한 탭으로 제공됩니다.

**06** 로딩된 프로그램은 몇 개의 그룹을 가지고 있으며, 버튼을 클릭하여 선택할 수 있습니다. 그룹의 수는 선택한 킷에 따라 차이가 있으며, 샘플이 할당된 그룹은 버튼 위쪽에 노란색 라인으로 표시됩니다.

07 패드 샘플은 마우스 클릭 또는 미디 건반이나 패드 컨트롤러로 연주할 수 있습니다. 패드 컨트롤러를 이용하려면, Mapping 버튼을 On으로 합니다.

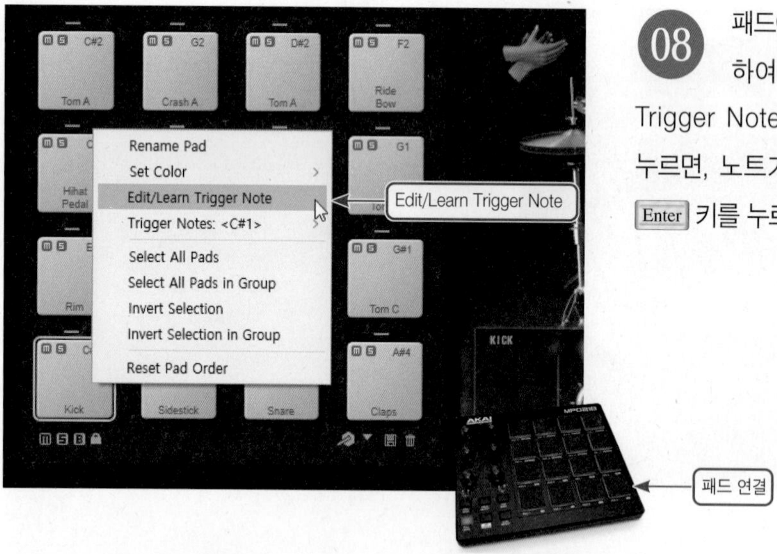


08 패드에서 마우스 오른쪽 버튼을 클릭하여 단축 메뉴를 열고, Edit/Learn Trigger Note를 선택합니다. 그리고 패드를 누르면, 노트가 연결됩니다. 연결을 마치려면 Enter 키를 누르거나 아무곳이나 클릭합니다.

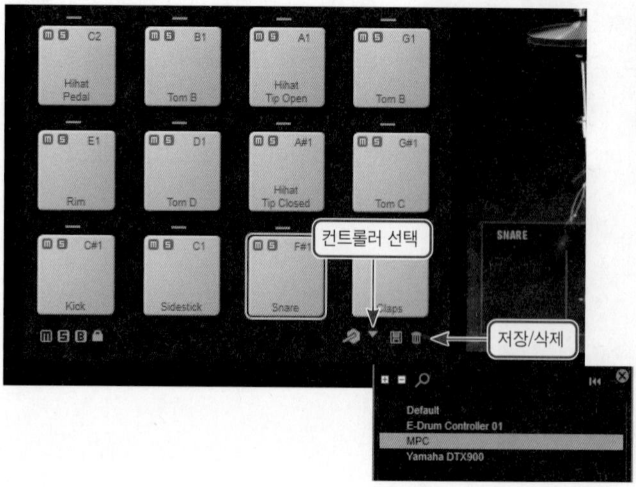


09 연결한 컨트롤러는 저장 버튼을 클릭하여 저장할 수 있고, 언제든 컨트롤러 선택 버튼을 클릭하여 사용할 수 있습니다.

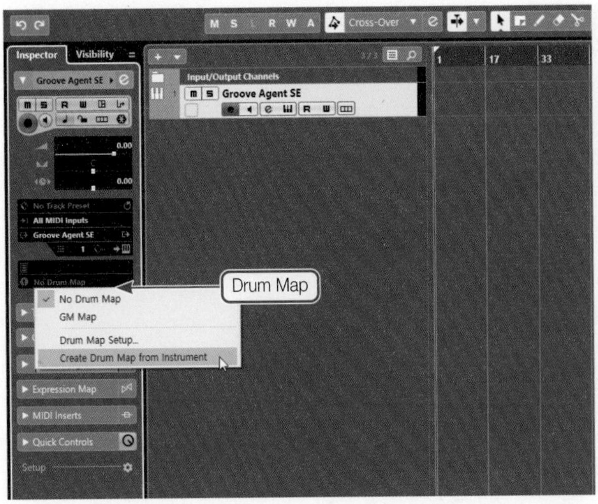


**10** 키 에디터에서 마우스로 드럼 패턴을 입력하겠다면 인스펙터 창의 Drum Map 항목을 클릭하여 Create Drum Map From Instrument를 선택합니다

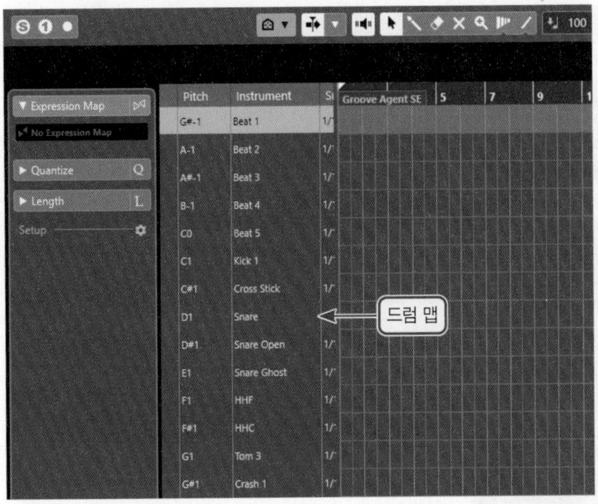


**11** 로딩한 킷에 맞추어 자동으로 맵이 완성되기 때문에 키 에디터의 드럼 작업을 편리하게 할 수 있습니다.

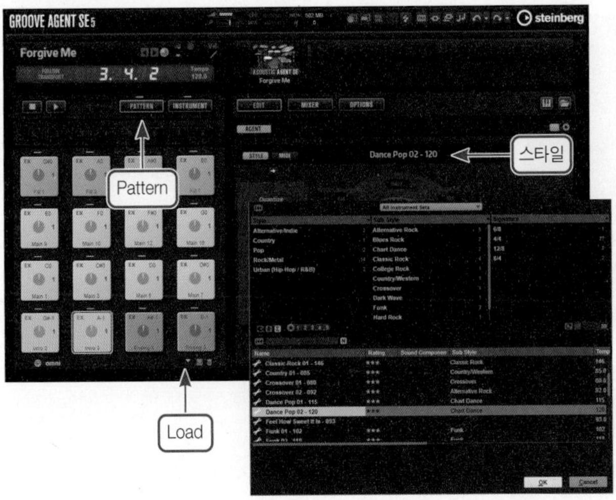


**12** Pattern 모드는 노트 하나로 패턴을 연주할 수 있는 머신 역할을 합니다. Edit 창의 스타일 항목 또는 패드 아래쪽의 Load 버튼을 클릭하면 킷은 그대로 두고, 패턴만 불러올 수 있습니다.

14 패턴은 패드를 클릭하여 모니터할 수 있고, Follow Transport를 On으로 하면, 큐베이스의 재생 및 정지 버튼으로 컨트롤할 수 있습니다.

13 패턴은 패드를 드래그하여 트랙에 그대로 가져다 놓을 수 있습니다. 이벤트는 미디 노트이므로 음악 스타일에 어울리게 편집할 수 있습니다.

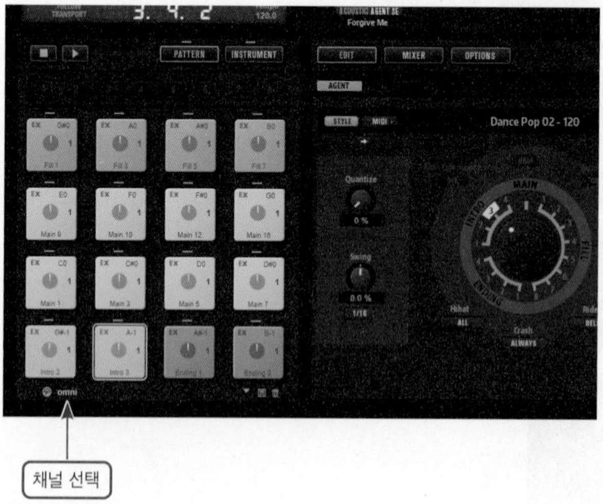


15 아래쪽에 미디 아이콘을 On으로하면, 패턴과 샘플을 다른 채널로 컨트롤할 수 있습니다. 채널은 아이콘 오른쪽의 채널 메뉴를 클릭하여 선택할 수 있으며, Omni는 모든 채널을 수신한다는 의미입니다.

## 03 Beat Agent Edit

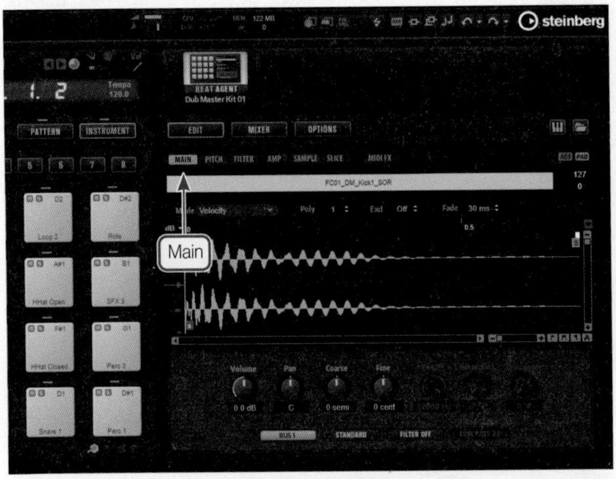


**01** Main 탭

선택한 패드의 샘플을 편집할 수 있는 Edit 페이지는 Main, Pitch, Filter 등의 탭으로 구성되어 있습니다.

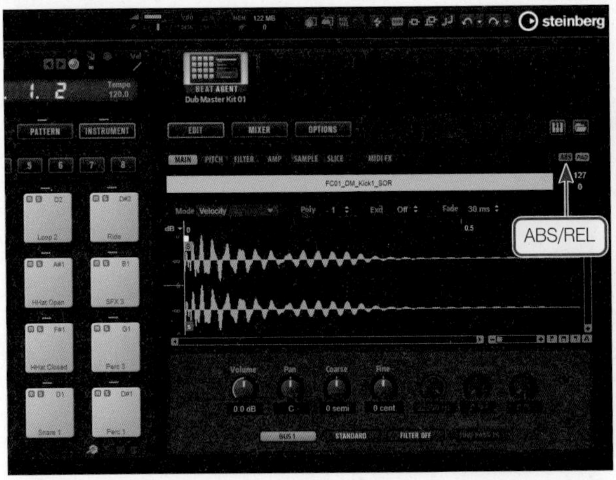


**02** ABS/REL 버튼은 멀티 샘플 편집 방법을 선택하는 것으로 ABS는 동일한 값으로 편집되게 하고, REL은 상대 값으로 편집되게 합니다. 60과 70 값의 샘플을 70으로 조정했을 때 ABS는 둘다 70이되고, REL은 70과 80으로 조정되는 것입니다.

**03** PAD/SEL 버튼은 멀티 샘플을 편집할 때 패드 전체에 적용되게 할 것인지, 선택한 샘플에만 적용되게 할 것인지를 선택합니다. 단일 샘플을 편집할 때는 의미 없습니다.

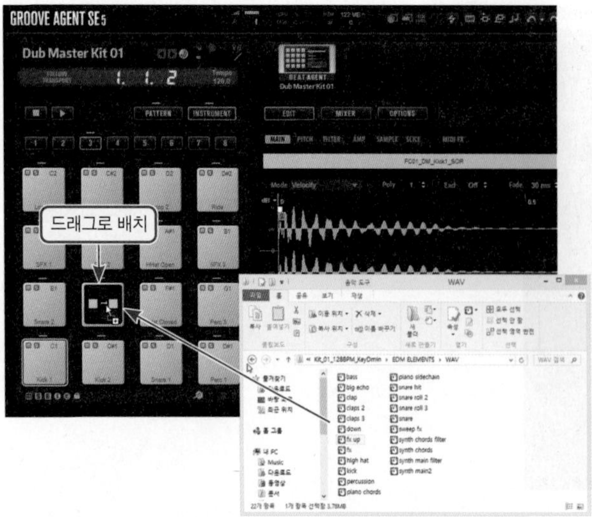


04 윈도우 탐색기, 미디어베이, 프로젝트 이벤트, 풀 창의 파일, 샘플 에디터 구간 등에서 패드로 드래그하여 샘플을 로딩할 수 있는데, 상단은 추가되고, 중간과 하단은 기존 샘플을 대체합니다.

05 두 개 이상의 샘플이 로딩된 패드는 벨로시티 값으로 분리되는데, 에디터 창 위쪽의 바를 드래그하여 범위를 조정할 수 있습니다. 값은 오른쪽 Hi/Lo에 표시됩니다.

06 선택한 샘플은 마우스 오른쪽 버튼을 클릭하여 단축 메뉴를 열고, Replace로 바꾸거나 Remove로 삭제할 수 있습니다. Remove Selected는 전체 샘플을 삭제합니다.

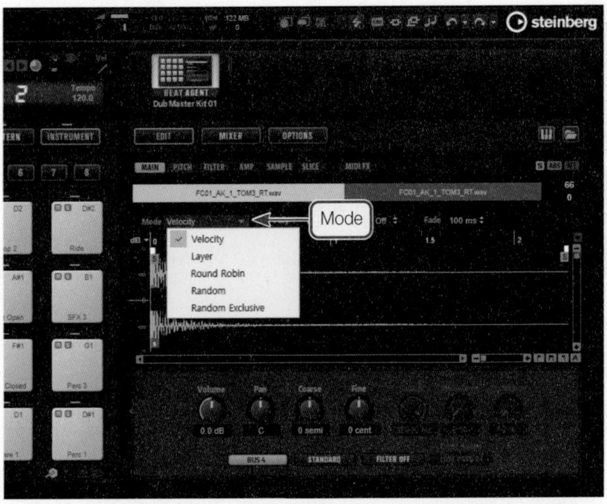


07 Mode는 멀티 샘플의 재생 방법을 선택합니다. 기본값 Velocity는 연주 세기에 따라 선택, Layer는 모두 재생, Round Robin은 차례로 재생, Radom은 무작위 재생, Random Exclusive는 무작위로 재생되지만 반복은 하지 않습니다.

08 Poly는 동시 재생 수를 설정하는 것이며, Excl은 그룹을 설정합니다. 같은 번호의 그룹은 동시에 재생되지 않습니다. Fade는 샘플이 겹치는 타임을 조정합니다.

09 파형이 표시되는 디스플레이 창의 시작과 끝 위치에는 페이드 인/아웃을 조정할 수 있는 흰색 노드와 재생 범위를 조정할 수 있는 노란색의 S 노드가 있습니다.

**10** Main 탭의 컨트롤 노브는 볼륨과 팬을 조정하는 Volume, Pan, 음정을 조정하는 Coarse, Fine이 제공되며, Filter Type에서 메뉴를 선택한 경우에는 톤을 조정할 수 있는 Cutoff, Resonance, Distortion 노브가 활성화 됩니다. Filter Type과 Filter Shape에 관한 사항은 EQ 학습편을 참조합니다.

## 11 Pitch 탭

Pitch 탭은 음정을 조정할 수 있는 노브들을 제공합니다. Key Range를 체크하면 노트 범위를 설정할 수 있으며, Fixed Pitch를 체크하면 모두 동일한 음정으로 재생됩니다.

- Coarse : 반음 단위로 음정을 조정합니다.
- Fine : 1/100 음 단위로 음정을 조정합니다.
- Random : 재생할 때마다 음정이 달라지는 범위를 설정합니다.
- Env Amnt : 디스플레이 조정 값의 적용 범위를 설정합니다.
- Vel>Lev : 벨로시티 값에 영향을 받을 음정의 범위를 설정합니다.
- Vel>Time : 벨로시티 값에 영향을 받을 타임 범위를 설정합니다.
- Segments : 벨로시티 값에 영향을 받을 어택(Attack), 디케이(Delcay), 릴리즈(Release) 노드를 선택합니다.
- Level Velocity Curve : 벨로시티의 반응 곡선을 선택합니다.

12 엔벨로프 라인의 타임과 레벨은 그래프의 어택, 디케이, 릴리즈 노드를 드래그하여 조정할 수 있습니다. Curve를 조정할 때는 라인을 드래그 합니다.

엔벨로프 모드 옵션은 다음과 같습니다. Filter와 Amp 탭에서도 동일합니다.

● Mode : 재생 방법을 선택하는 것으로 Sustain, Loop, One Shot, Sample Loop의 4가지 모드가 있습니다.

● Sustain - 첫 번째 노드에서 시작하여 건반을 누르고 있는 동안 유지되며, 건반으로 놓으면 마지막 노드로 진행합니다.
Loop - 노란색 라인의 루프 구간을 반복 연주하며, 건반을 놓으면 오른쪽 노드로 진행됩니다.
One Shor - 건반을 놓아도 마지막 노드까지 재생됩니다.
Sample Loop - 언제든 어택에서 시작하여 구간을 반복합니다.

● Sync : 템포에 동기화 되도록 하며, 단위는 오른쪽 메뉴에서 선택합니다.

● Snap : 오른쪽 메뉴에서 Filter 또는 Amp의 엔벨로프 라인을 백그라운드로 표시할 수 있는데, Snap 버튼을 On으로 하면, 백그라운드 노드에 맞추어 편집할 수 있습니다.

● Fill : 노드를 추가합니다. 추가 수는 오른쪽 메뉴에서 선택합니다. 노드는 라인을 더블 클릭하여 추가하거나 노드를 더블 클릭하여 삭제하는 방법도 있습니다.

● Fixed : 노드를 고정시켜 편집하는 노드만 이동될 수 있도록 합니다. Fixed 옵션이 Off인 경우에는 편집 노드 이전 또는 이후의 모든 노드가 함께 움직입니다.

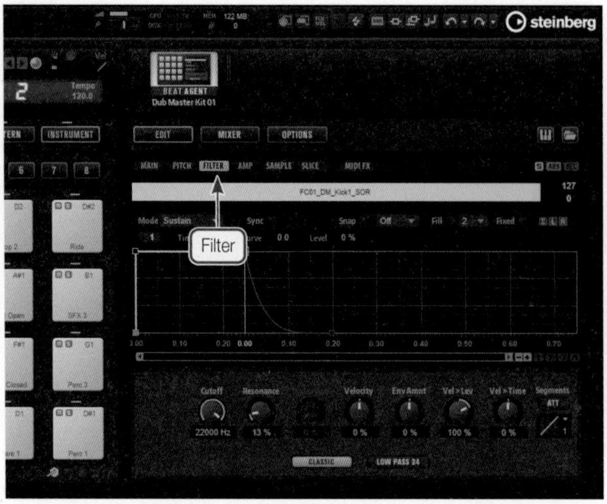


## 13 Filter 탭

Filter 탭은 Filter Type과 Filter Shape에서 원하는 타입을 선택하고 노브들을 이용해서 톤을 조정합니다. 필터 타입에 관해서는 EQ 학습편을 참조합니다.

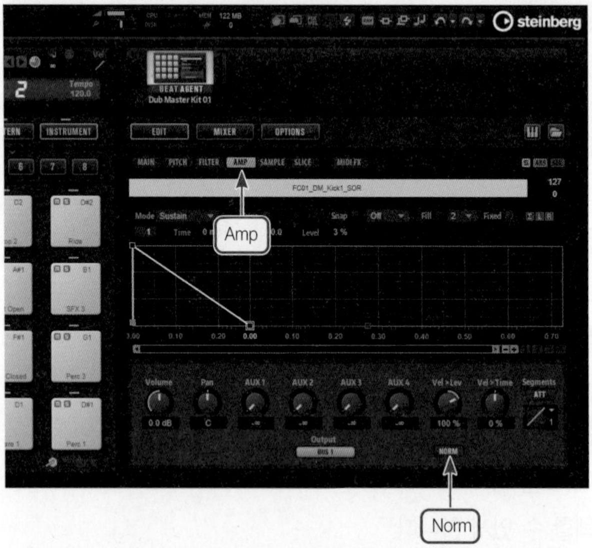


## 14 Amp 탭

Amp 탭은 샘플의 볼륨과 팬, AUX 레벨 등을 조정할 수 있는 노브들로 구성되어 있습니다. Norm 버튼은 피크 잡음이 발생하지 않는 최대 레벨로 설정됩니다.

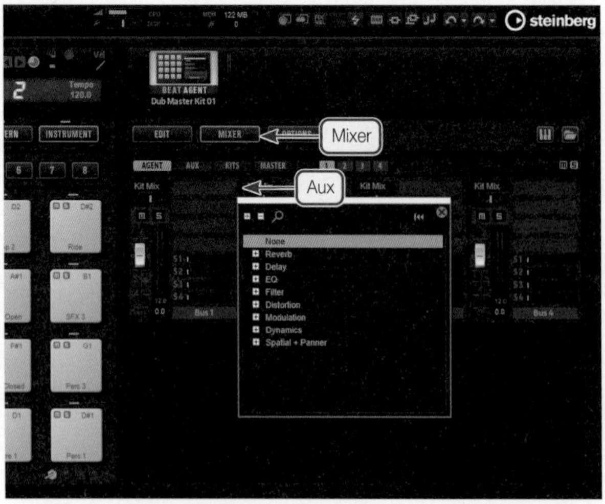


**16** Aux 레벨은 Mixer 페이지의 Aux 슬롯에 장착한 이펙트 레벨을 조정하는 것입니다. 각 이펙트는 Insert 슬롯에서 제공하는 것과 동일하므로, 오디오 이펙트 학습편을 참조합니다.

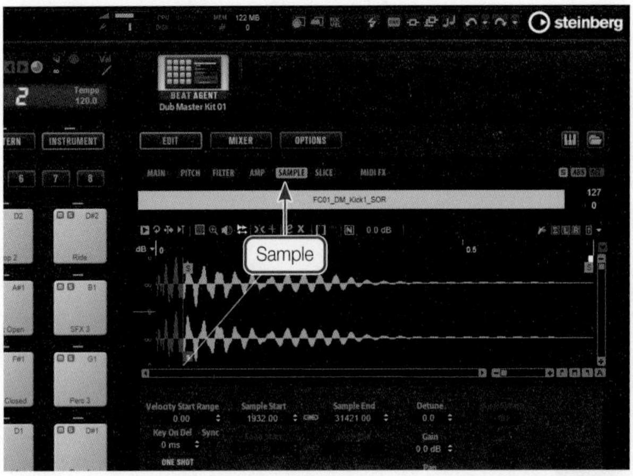


## 16 Sample 탭

Sample 탭은 샘플을 편집할 수 있는 페이지 입니다. 디스플레이 창 위쪽에 샘플을 편집할 수 있는 도구들이 있고, 아래쪽에는 파라미터 섹션이 있습니다.

〈도구〉

- Play Sample : 샘플을 재생합니다.
- Play Selection Looped : 선택 구간을 반복 재생합니다.
- Auto Scroll : 재생 위치에 따라 화면을 스크롤 합니다.
- Follow Sample Playback : 포지션 라인을 스크롤 합니다.
- Range Selection Tool : 마우스 드래그로 편집 범위를 선택합니다.
- Zoom Tool : 마우스 클릭으로 파형을 확대합니다. 축소할 때는 Ctrl 키를 누른 상태로 클릭합니다.
- Play Tool : 마우스 클릭 위치에서부터 재생합니다.
- Scrub Tool : 마우스 드래그로 사운드를 모니터 합니다.
- Snap : 편집 라인 및 선택 구간의 시작과 끝 마커에 스넵 합니다.
- Snap to Zero Crossing : 제로 크로싱 지점을 선택할 수 있게 합니다.
- Edit Loop : 루프 범위의 샘플 파형을 표시합니다.
- Show Resulting Loop Crossfade : 크로스 페이드가 적용된 파형을 표시합니다.
- Trim Sample : 선택 범위를 제외한 나머지를 잘라냅니다.
- Normalize Sample : 샘플의 최고 레벨을 감지하여 Normalize Level로 증가시킵니다.
- Normalize Level : Normalize Sample이 적용될 레벨 값을 설정합니다.
- Show Fades in Waveform : 페이드 인이 적용된 파형을 표시합니다.
- Show Channel Sum : 좌/우 채널의 평균 값을 표시합니다.
- Show Left Channel : 왼쪽 채널을 표시합니다.
- Show Right Channel : 오른쪽 채널을 표시합니다.
- Preview Volume : 레벨을 조정할 수 있는 슬라이더를 표시합니다.
- Output : 아웃 채널을 선택합니다.

〈파라미터 섹션〉

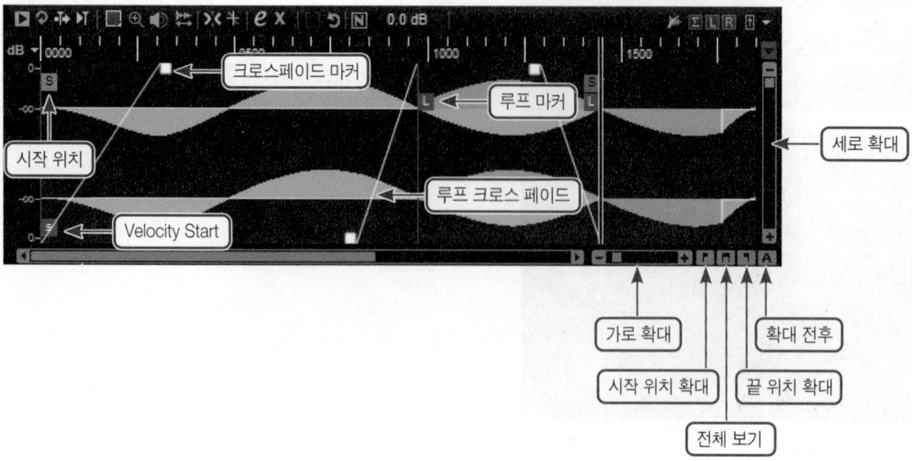


● Velocity Start Range : 패드 아래쪽을 클릭하여 약하게 연주할 때의 시작 위치를 설정합니다. 디스플레이 창의 파란색 S 마커를 드래그하여 조정할 수 있습니다.

● Key On Delay : 재생 타임을 지연시킵니다. Sync 버튼을 On으로 하면 비트 단위로 선택할 수 있습니다.

● Loop Mode : 샘플의 재생 방법을 선택합니다.

One Shot - 처음부터 끝까지 재생됩니다.

No Loop - 건반을 누르고 있는 동안에만 재생됩니다.

Continuous - 건반을 놓아도 루프 구간을 재생합니다.

Until Release - 건반을 놓으면 끝으로 이동합니다.

● Reverse - 샘플을 거꾸로 재생합니다.

● Sample Start/End : 샘플의 시작과 끝 위치를 지정합니다. 디스플레이의 노란색 S 마커를 드래그하여 조정할 수 있으며, 중앙에 쇠사슬 모양으로 되어 있는 링크 버튼을 On으로 하면 시작과 끝 위치가 함께 조정됩니다.

● Loop Start/End : 루프 구간의 시작과 끝 위치를 지정합니다. 디스플레이의 L 마커를 드래그하여 조정할 수 있으며, 링크 버튼을 제공합니다.

● Crossfade : 루프 크로스 페이드 인/아웃 길이를 조정합니다. 곡선은 Curve에서 조정합니다.

● Loop Tuning : 루프 구간의 음정을 조정합니다. 구간이 반복될 때 적용됩니다.

● Detune : 샘플의 음정을 조정합니다.

● Gain : 샘플의 레벨을 조정합니다.

● Pan : 샘플의 스테레오 위치를 조정합니다.

● AudioWarp : 샘플의 재생 속도를 조정하는 워프 기능을 사용합니다. 모드는 Solo와 Music을 제공합니다. 단, 이 Main 탭의 Playback Quality가 Standard인 경우에만 사용할 수 있습니다.

Sync - 재생 속도를 템포(Tempo) 또는 박자(Beats)에 맞추게 합니다. Off는 퍼센트 비율로 조정됩니다

Org BPM - Sync가 Tempo인 경우이며, Beats는 Note, Off는 Speed로 재생 속도를 조정합니다.

Formant - Solo 모드에서 사용 가능하며, 속도 조절로 변질된 음색을 보정합니다.

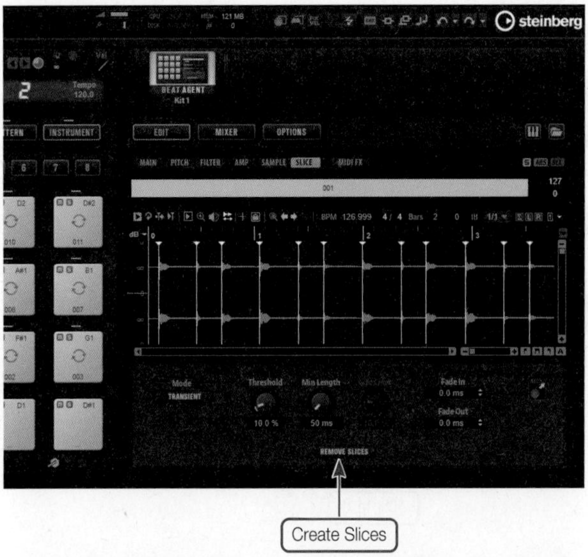


## 17 Slice 탭

Slice 탭은 드럼 루프와 같은 긴 샘플을 잘라서 패드에 배치할 수 있는 기능을 갖추고 있습니다. 슬라이스는 Create Slices 버튼을 클릭하여 만듭니다.

**18** 비어 있는 패드가 없는 경우에는 Create Slices가 동작하지 않습니다. 이때는 Pattern에서 마우스 오른쪽 버튼을 클릭하여 단축 메뉴를 열고, Reset Pad로 초기화 시키거나 Remove Patterns으로 삭제합니다.

〈도구〉 슬라이스 탭에서 사용할 수 있는 도구들이 몇 개 추가되어 있습니다.

- Play Slice : 선택하는 슬라이스를 재생되게 합니다.
- Lock Slices : 슬라이스 마커를 편집할 수 없게 잠급니다.
- Jump to Previous/Next Slice : 이전 및 다음 슬라이스로 이동합니다.
- BPM : 샘플의 템포를 표시하며, 수정 가능합니다.
- Bars/Beats : 샘플의 길이를 마디와 박자 수로 표시하며, 수정 가능합니다.
- Grid : Grid 모드에서의 슬라이스 단위를 선택합니다.

〈파라미터 섹션〉

● Mode : 슬라이스 검출 방법을 선택합니다.

Transient - Threshold 레벨을 기준으로 슬라이스 합니다.

Grid - Grid 도구의 단위로 슬라이스 합니다.

Manual - Alt 키를 누른 상태로 클릭하여 수동으로 슬라이스 합니다.

● Threshold : Transient 모드에서의 검출 레벨을 설정합니다.

● Main Length : 슬라이스의 최소 길이를 설정합니다.

● Grid Catch : Transient+Grid 모드에서 슬라이스 간격을 설정합니다.

● Fade In/Out : 슬라이스 사이의 페이드 인/아웃을 설정합니다.

● MIDI Export Field : 아이콘을 미디 트랙으로 드래그하여 임포트할 수 있습니다.

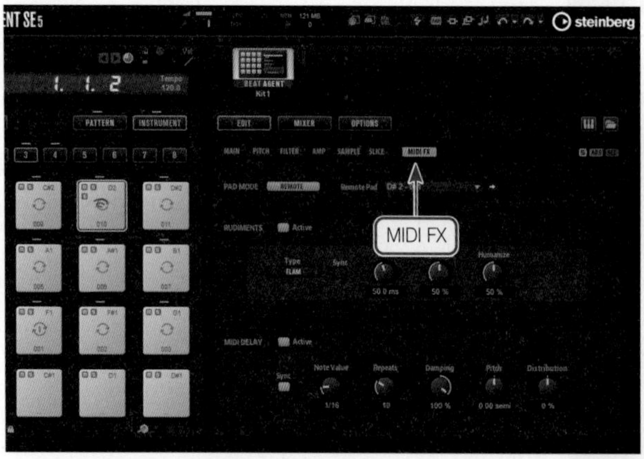


## 19 MIDI FX 탭

Pad Mode, Rudiments, MIDI Delay를 적용할 수 있습니다.

● PAD MODE : Rudiments 및 MIDI Delay 효과를 내부 노트(Internal)에 적용할 것인지, 선택 노트(Remote)에 적용할 것인지를 선택합니다. Remote인 경우에는 노트를 지정할 수 있는 Remote Pad 메뉴가 활성화 됩니다.

● DUDIMENTS : Active 버튼을 On으로 하면 , Flam(2연타), Drag(3연타), Ruff(4연타), Roll(연속), uzz(스틱을 눌러 롤 연주) 타입의 드럼 주법을 만들 수 있습니다.

Time - 연주 간격을 설정합니다. Sync 버튼을 On으로 하면 비트 단위로 조정할 수 있습니다.

Dynamics - 연속으로 연주되는 노트의 강도를 조정합니다.

Humanize - 연속 타이밍을 무작위로 하여 인간적인 느낌을 연출합니다.

● MIDI DELAY : 연주를 반복하여 에코 효과를 만듭니다.

Time - 반복 간격을 설정합니다. Sync 버튼을 On으로 하면 비트 단위로 조정할 수 있습니다.

Repeats - 반복되는 수를 설정합니다.

Damping - 반복되는 노트를 점점 여리게 또는 점점 세게로 설정합니다.

Pitch - 반복되는 노트의 음정을 조정합니다.

Distribution - 반복되는 노트를 점점 빠르게 또는 점점 느리게로 설정합니다.

## 04 Beat Agent Mixer

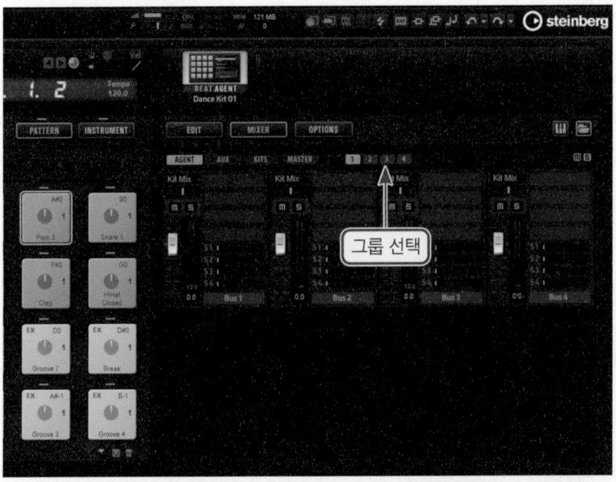


**01** Mixer 페이지의 Agent는 각 패드를 컨트롤할 수 있는 믹서창을 제공합니다. 총 16개의 채널로 이루어져 있으며, 그룹마다 4개의 채널을 표시합니다.

**02** Groove Agent는 32개의 스테레오 아웃을 지원하며, 각 채널의 Output을 지정할 수 있습니다. 지정된 아웃은 믹스콘솔에 바로 적용됩니다.

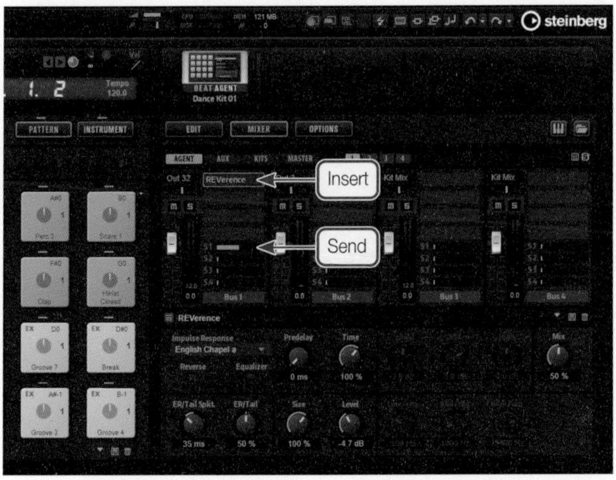


**03** 각 채널은 큐베이스의 믹스콘솔과 동일하게 볼륨 및 인서트와 센드 타입의 이펙트를 적용할 수 있습니다. 자세한 내용은 이펙트 학습 편을 참조합니다.

## 05 Acoustic Agent Edit

Acoustic Agent의 Edit 페이지에는 드럼 그림이 있는 Main과 MIDI FX 탭으로 구성되어 있습니다. Main 탭의 악기는 패드와 연결되어 있으므로, 편집하고자 하는 악기를 그림으로 선택할 수 있는 재미가 있습니다. 악기를 선택할 때 소리가 들리지 않게 하고 싶다면, 음 소거 버튼을 On으로 합니다.

- Room : 드럼 전체 사운드를 수음하는 룸 마이크 레벨을 조정합니다.
- Overhead : 심벌 위쪽에 설치되는 오버헤드 마이크의 레벨을 조정합니다.
- Bleed : 드럼 하단에 설치하는 브리드 마이크 레벨을 조정합니다.
- Tune : 음정을 조정합니다.
- Attack : 어택 타임을 조정합니다.
- Hold : 샘플의 재생 길이를 조정합니다.
- Decay : 디케이 타임을 조정합니다.

- Claps : 클립은 샘플 타임을 선택할 수 있는 메뉴가 있습니다.

- Cymbals : 심벌은 Note-Off, Aftertouch, Poly Pressure의 미디 정보를 선택할 수 있는 Choke On/Off 버튼을 제공합니다.

- Ride Cymbals : 라이드 심벌은 Bow(D#2), Bell(F2), Edge(B2) 레벨을 조정할 수 있는 노브를 제공합니다.

- Hi-Hat : 하이해트는 Shank(F#0), Tip(F#1), Foot(G#0) 레벨을 조정할 수 있는 노브와 오픈 거리를 마우스 드래그로 조정할 수 있는 Max/Min 그림을 제공합니다.

## 06 Acoustic Agent Pattern

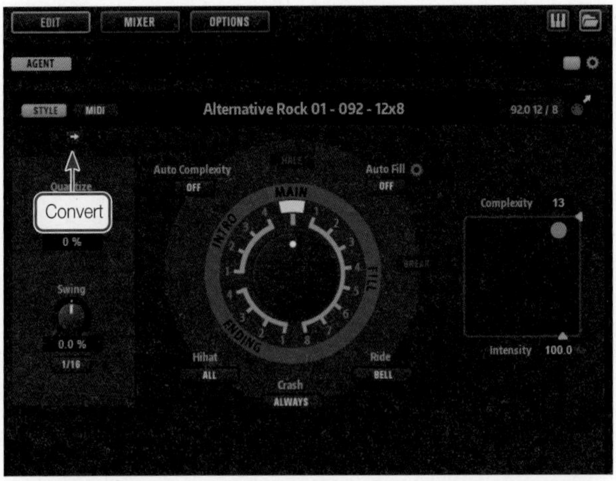


**01** Pattern 에디터는 Style과 MIDI 탭을 제공하며, 사용자 스타일은 Convert 버튼을 클릭하여 MIDI 타입으로 변경할 수 있습니다.

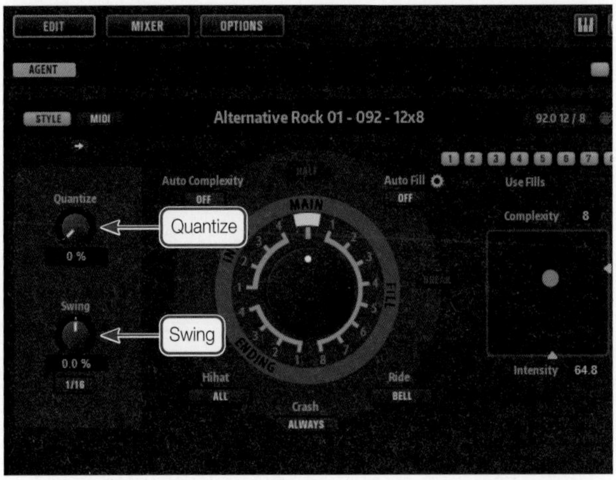


**02** Quantize는 패턴을 그리드 라인에서 떨어트려 그루브 감을 만들 수 있고, Swing은 업 비트 위치를 변경하여 스윙 리듬을 만드는 역할을 합니다.

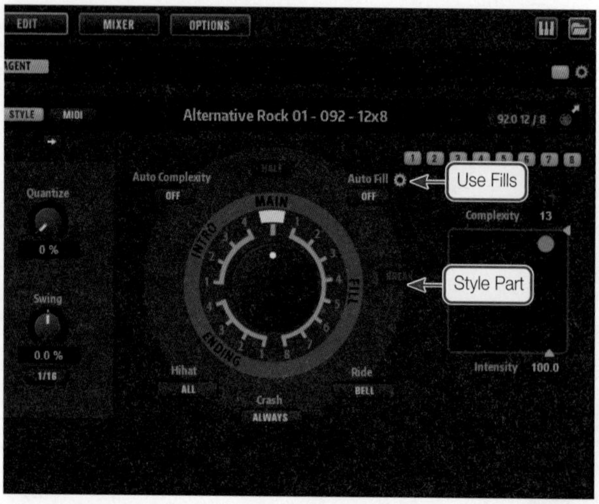


03 Style Part는 연주 스타일을 선택합니다. 복잡한 리듬을 만드는 Auto Complexity과 필인을 추가하는 Auto Fill은 길이를 지정할 수 있으며, Break는 마지막 마디만 연주합니다. Use Filles 버튼을 On으로 하면 8개의 필인 스타일을 선택할 수 있습니다.

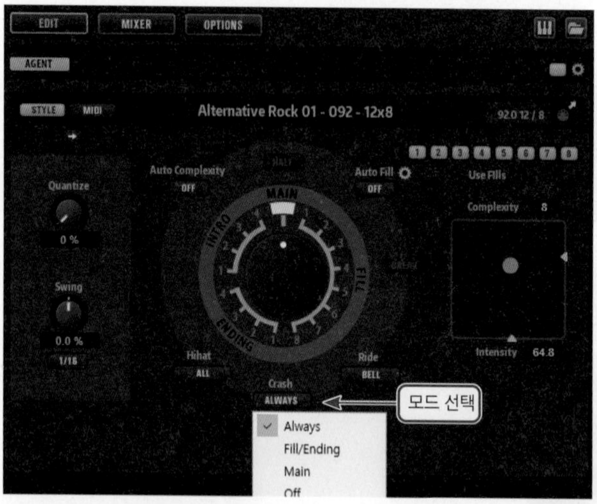


04 Crash는 첫 박자에 연주하는 Always, 마지막에 연주하는 Fill/Ending, 메인에 연주하는 Main이 Off가 있고, Hihat과 Ride는 연주 위치를 선택할 수 있습니다.

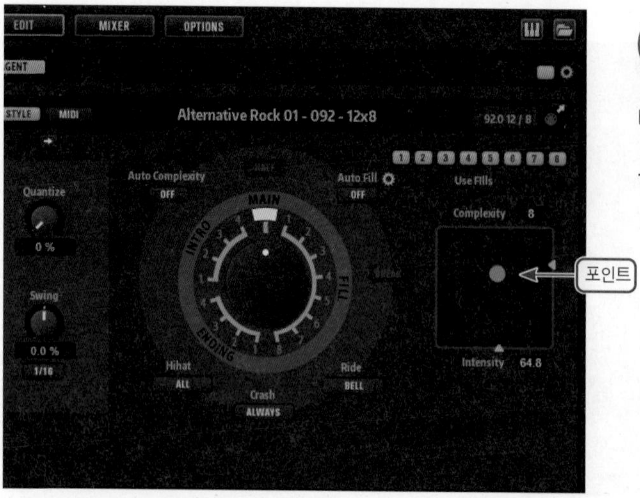


05 포인트를 드래그하여 Complexity과 Intensity를 수동으로 조정할 수 있습니다. 오른쪽으로 이동할수록 복잡하게 연주되고, 위로 이동할수록 강하게 연주됩니다.

# 07 Acoustic Agent Mixer

## 01 Agent 탭

악기가 Kick, Sanre, Hihat, Toms, Cymbals, Percussion의 그룹으로 구분되어 조금 화려한 느낌을 가지고 있지만, 각 채널의 파라미터는 Beat Agent 믹서와 동일하며, 이펙트는 아래쪽에 EQ, Tape Sat, Comp, Env를 제공합니다.

**02** Acoustic Agent 믹서에서는 룸과 오버헤드 채널 및 Kit Mix 채널이 있으며, Kit Mix 채널에는 Tube 앰프를 시뮬레이션 하는 이펙트가 추가되어 있습니다.

**03** 사용자 설정은 Save 버튼을 클릭하여 프리셋으로 저장할 수 있으며, Select 버튼을 클릭하여 불러올 수 있습니다.

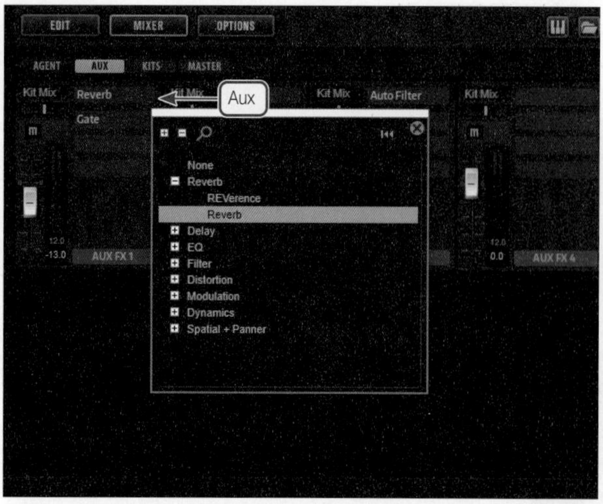


## 04 Aux 탭

이펙트를 센드 방식으로 적용할 수 있는 Aux 채널의 믹서입니다. 이펙트의 종류는 Agent 인서트 슬로에서 제공하는 것과 동일합니다.

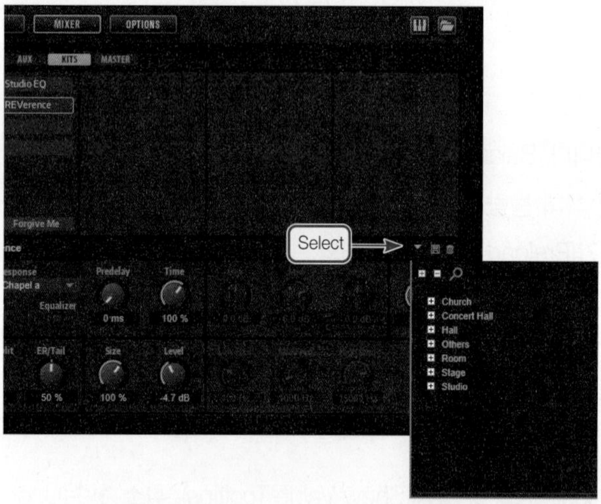


## 05 Kits 탭

채널 믹서입니다. 이펙트 종류는 인서트와 동일하며, 이펙트 편집 창의 Select 버튼을 클릭하여 프리셋을 적용할 수 있습니다.

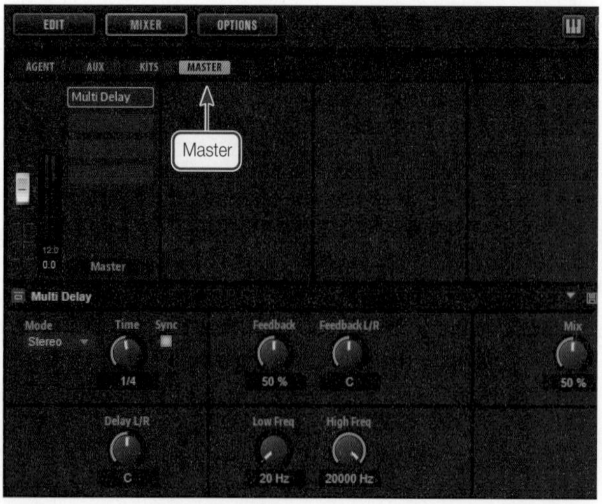


## 06 Master 탭

최종 출력 라인의 Master 채널입니다. Mixer 페이지의 Aux, Kits, Master 탭은 Beat Agent와 Acoustic Agent가 동일합니다.

# 08 Agent Options

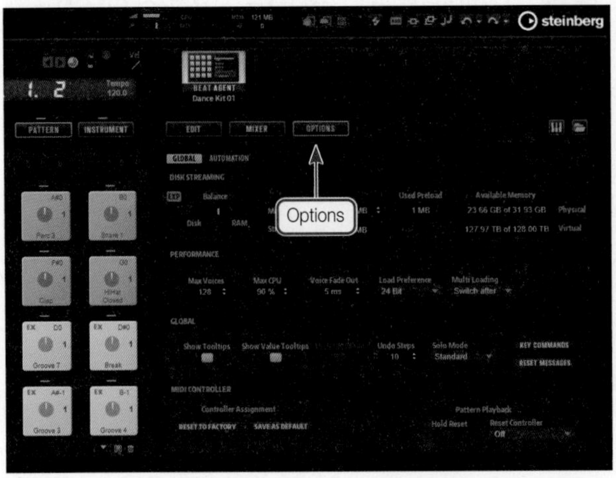


Options 페이지는 시스템 성능을 결정하는 Global과 오토메이션 연결 파라미터를 표시하는 Automation 탭을 제공합니다.

〈Global〉

- Disk streaming : 시스템 메모리 사용량을 결정합니다. Balance 슬라이더로 실제 메모리(RAM)와 가상 메모리(Disk)의 사용 비율을 조정하며, 샘플을 로딩 하는 최대 용량(Max Preload)과 사전 용량(Streaming Cache)을 설정합니다. Exp 버튼을 클릭하면 사전 로딩 시간(Preload Time)과 재생되는 동안 로딩 할 타임(Prefetch Time)을 설정할 수 있습니다. 설정 값에 따라 Used Preload와 Available Memory 정보가 표시됩니다.
- Performance : CPU 최적화를 위한 옵션을 제공합니다. 최대 동시 발음 수(Max Voices), CPU 사용량(MAX CPU), 보이스 페이드 아웃 타임(Voice Fade Out), 샘플 비트 수(Load Preference), 샘플을 로딩하기 전후의 이전 샘플 제거 방법(Multi Loading)을 선택합니다.
- Global : 마우스에 풍선 도움말 표시(Show Tooltips), 조정 값 표시(Show Value Tooltips), 취소 횟수(Undo Steps), 패드의 솔로 모드(Solo Mode), 단축키 설정(Key Commands), 안내 창 초기화(Reset Messages) 옵션을 제공합니다.
- MIDI Controller : 미디 컨트롤러 설정을 저장(Save as Default)하거나 초기화(Reset to Factory) 할 수 있는 버튼과 미디 메시지를 초기화하는 Hold Reset 및 초기화 메시지를 선택하는 Reset Controller 메뉴가 있습니다.

〈Automation〉

파라미터에 할당된 오토메이션을 표시합니다. 오토메이션을 새로 연결하려면 파라미터를 마우스 오른쪽 버튼으로 클릭하여 단축 메뉴를 열고, New Automation을 선택합니다. 기존 오토메이션에 연결하려면 Add to Automation을 선택합니다. Forget Automation은 오토메이션을 삭제하는 메뉴이고, Delete All Parameter를 선택하면 모든 파라미터의 오토메이션이 삭제됩니다.

# 04 Padshop

Padshop은 그래뉼러(Granular) 및 스펙트럼(Spectral)의 두 가지 오실레이터(Oscillator)를 독립적으로 사용할 수 있는 샘플러입니다. 그래뉼러는 오디오 샘플을 가져다가 여러 개로 조각을 내어 재생하는 방식으로 리즌(Reason) 사용자들에게는 익숙한 타입이고, 스펙트럼은 오디오 샘플의 전체 주파수, 진폭, 위상 등을 분석하고 플레이 마커를 생성하여 재생하는 방식으로 이미 학습한 샘플러 트랙과 동일한 타입입니다.

## 01 샘플 로딩

01 유튜브에서 연주를 감상하다가 마음에 드는 음색을 발견했다고 가정합니다. 예전 같으면 그 음색을 사용하기 위해서는 같은 악기를 구매하는 방법밖에 없었습니다. 하지만, Padshop을 이용하면 돈 한 푼 들이지 않고 동일한 음색을 내 음악에 사용할 수 있습니다. 특히, 요즘에는 대부분의 악기 음색을 오디오 샘플로 판매하고 있는 사이트가 많기 때문에 유튜브에서 연주를 다운받아 필요한 부분을 추출할 수 있는 오디오 편집 기술이 부족한 초보자도 손쉽게 고 퀄리티의 악기를 만들어 사용할 수 있습니다. 프로젝트의 오디오 이벤트나 Media 탭의 샘플 또는 사용자가 가지고 있는 오디오 파일은 오실레이터의 디스플레이로 드래그하여 로딩할 수 있으며, 자동으로 건반에 할당되어 악기로 사용할 수 있습니다.

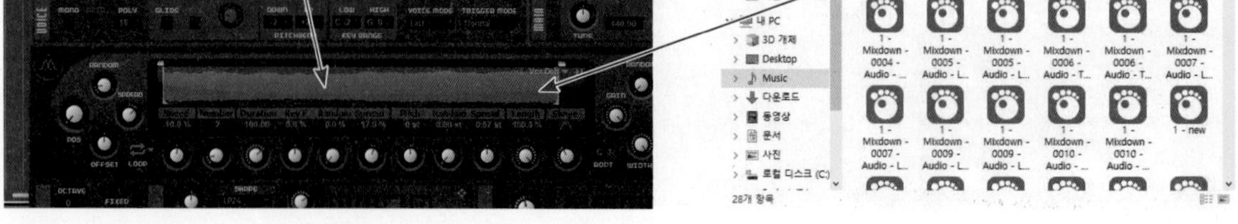

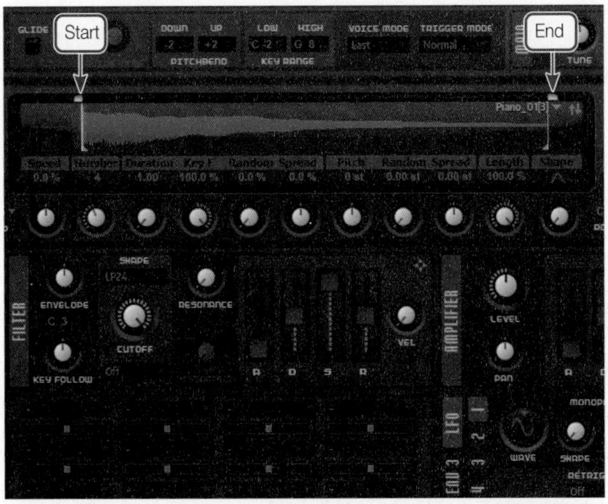


**02** 디스플레이에 샘플 파형이 표시되며, 필요에 따라 Sample Start와 End 포인트를 드래그하여 사용 범위를 설정할 수 있습니다.

**03** 로딩한 샘플은 오실레이터, 피치, 필터 등의 섹션 파라미터를 이용하여 곡 분위기에 어울리게 변조할 수 있습니다. Position, Speed, Number, Duration 등의 파라미터를 조정해보면 사운드가 확연하게 변하는 것을 모니터할 수 있습니다.

**04** Padshop은 두 개의 오실레이터를 제공하며, 각각 샘플을 처리하는 방식이 다르기 때문에 음색 또한 달라집니다. 오실레이터는 디스플레이 왼쪽의 타입 버튼을 클릭하여 선택할 수 있으며, 빨간색은 Grain 오실레이터, 파란색은 Spectral 오실레이터입니다.

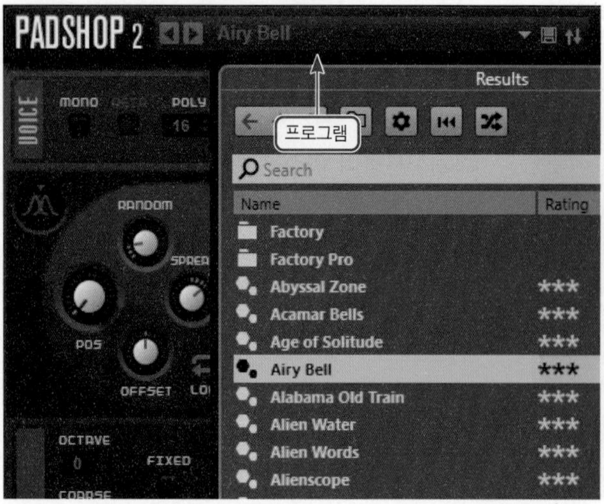


05 프로그램 항목을 클릭하면 Padshop에서 제공하는 음색을 불러올 수 있습니다. 샘플을 로딩해서 음색을 만드는 것이 서툰 초보자도 Padshop의 화려한 음색을 충분히 누릴 수 있습니다.

06 Padshop은 두 개의 레이어를 제공하여 하나의 샘플로 두 가지 변조를 해볼 수 있고, A/B 레이어를 혼합할 수 있습니다. 레이어는 Function 버튼의 Copy와 Paste 메뉴를 이용하여 복사할 수 있습니다.

07 Arp 스위치를 클릭하면 아르페지오 패턴을 만들 수 있는 페이지가 열립니다. 섹션은 아르페지오 범위, 템포 등을 편집할 수 있는 파라미터로 구성되어 있습니다.

08 FX 버튼을 클릭하면 EQ나 딜레이 등의 효과를 적용할 수 있는 페이지가 열립니다. 악기에 최적화되어 있기 때문에 Insert 사용이 어려운 입문자도 손쉽게 사운드를 디자인할 수 있습니다.

09 사용자가 만든 프로그램은 Save 버튼을 클릭하여 저장할 수 있습니다. Save 버튼을 클릭하면 프로그램 이름과 카테고리를 선택할 수 있는 창이 열립니다.

10 사용자가 만든 프로그램을 다른 컴퓨터에서 사용하거나 친구와 공유하려면 Preset 메뉴의 Export를 선택하여 저장합니다. 불러올 때는 Import를 선택합니다.

# 02 기본 섹션

## ❶ Global 섹션

Layer A/B, Synth, Arp, FX 페이지를 선택할 수 있는 스위치로 구성되어 있습니다.

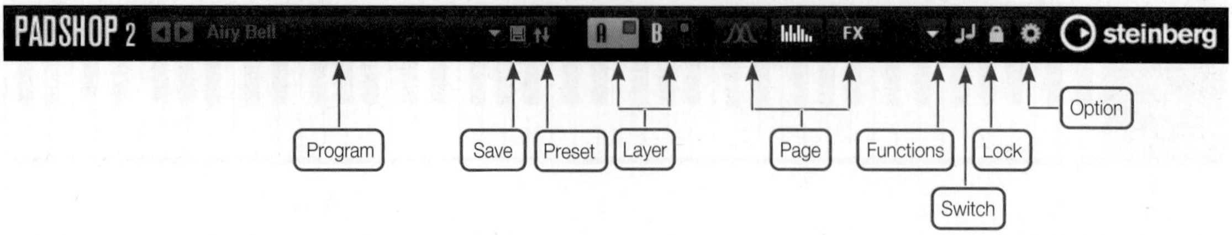


- Program : 악기 음색 선택합니다. 이를 프로그램이라 하며 프리셋과 구분하고 있습니다. 오른쪽에는 프로그램으로 저장할 수 있는 Save와 프리셋으로 관리할 수 있는 Preset 버튼을 제공합니다.
- Save : 프로그램을 저장합니다.
- Preset : 프로그램을 임의 폴더에 프리셋으로 저장하여 다른 컴퓨터에서 사용할 수 있게 합니다.

  Export Preset : 프리셋을 저장합니다.

  Import Preset : 프리셋을 불러옵니다.

  Batch Export Presets : 여러개의 프리셋을 불러와 저장하는 과정을 일괄적으로 처리합니다.

  If Allow Any Preset Location : 프로그램 항목을 클릭할 때 프리셋을 불러올 수 있는 창을 여는 옵션입니다.
- Layer : 레이어 A 또는 B 페이지를 엽니다.
- Page : 각각 Synth, Arp, FX 페이지를 엽니다.
- Fuctions : 레이어를 복사하여 붙일 수 있는 메뉴를 제공합니다.

  Copy Layer : 현재 열려 있는 레이어를 복사합니다.

  Paste Layer : 복사한 레이어를 현재 열려 있는 레이어에 붙입니다.

  Init Layer : 현재 열려 있는 레이어를 초기화 합니다.
- Switch : 아르페지오 페이지를 Off하는 스위치입니다.
- Lock : 다른 프로그램을 불러올 때 아르페지오를 유지합니다.
- Option : 체크 옵션 메뉴를 제공합니다.

  Show Tooltips : 마우스에 각 파라미터의 이름을 표시하는 풍선 도움말을 표시합니다.

  Show Value Tooltips : 각 파라미터의 조정값을 표시합니다.

  Polyphonic Key Mode : 노트 메시지를 동시에 전송할 수 있게 합니다.

  High DPI Mode : 배율 및 레이아웃을 확대하여 사용하는 경우에 글자가 깨지지 않게 합니다.

  Save MIDI Controller as Default : 미디 컨트롤러 설정을 기본값으로 저장합니다.

  Reset MIDI Controller to Factory Default : 미디 컨트롤러 설정을 초기화 합니다.

## ❷ Keyboard 섹션

마우스 클릭으로 사운드를 모니터하거나 사용자 연주를 표시하는 건반을 제공합니다. 아래쪽을 클릭하면 여리게 연주되고, 위쪽으로 이동할수록 세게 연주됩니다. Ctrl 키를 누른 상태로 건반으로 누르고 있으면 스케일 음이 차례로 연주되고, Ctrl+Alt 키를 누른 상태로 건반을 누르고 있으면 각 음이 10번씩 반복됩니다.

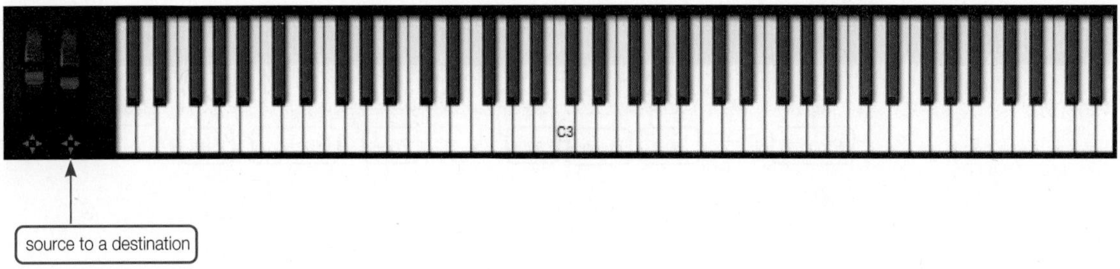


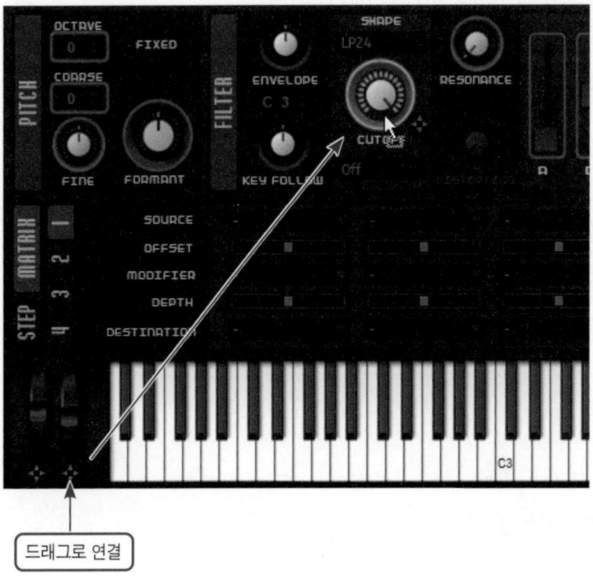


모듈레이션 및 피치 휠 아래쪽의 Source to a Destination은 해당 휠로 컨트롤할 파라미터를 연결합니다. 예를 들어 모듈레이션 휠의 Source to a Destination를 Cutoff 파라미터로 드래그하여 연결하면, 모듈레이션 휠로 Cutoff를 컨트롤할 수 있는 것입니다. Source to a Destination를 드래그할 때 연결 가능한 파라미터는 연두색으로 표시됩니다.

## ❸ Layer 섹션

Padshop은 두 개의 레이어를 제공하고 있으며, 건반 오른쪽에 각 레이어의 On/Off 버튼과 합성 비율을 조정할 수 있는 Mix 슬라이더를 제공합니다.

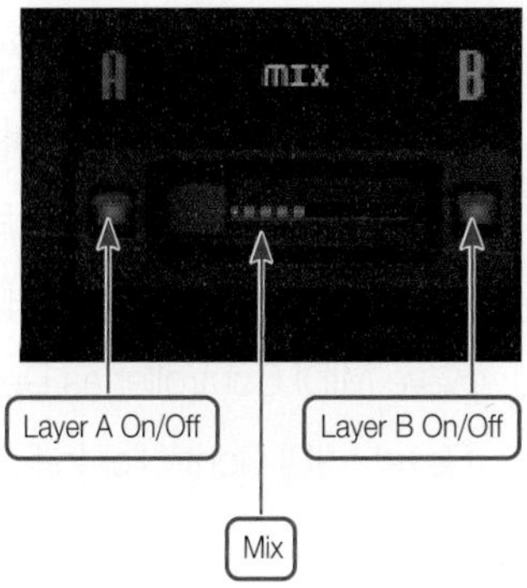

## 03 Synth 페이지

### ❶ Voice 섹션

Mono/Poly, Glide, Pitchbend, Voice/Trigger Mode로 구성되어 있으며, 노트 연주에 관한 설정을 합니다.

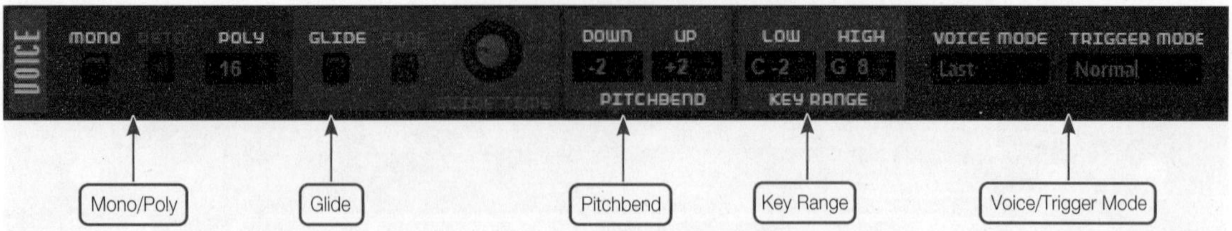


- Mono/Poly : 악기의 동시 발음 수를 결정합니다. Mono 버튼이 Off인 경우에는 Poly 항목에서 최대 128 보이스까지 설정이 가능하며, Mono 버튼이 On인 경우에는 모노 악기로 작동합니다.
- Retr : 모노 모드에서 사용가능하며 누르고 있는 건반을 지속시킵니다. 모노 악기에서는 건반을 누르고 있어도 다음 건반을 누르면 음이 끊어지게 되어있는데, Retrigger 버튼을 On으로 하면, 누르고 있는 건반의 음을 지속시킬 수 있기 때문에 빠른 트릴 연주가 가능합니다.
- Glide : 연주하는 노트 사이를 연결하는 글리산도 주법을 만들며, 모노 모드에서 최상의 효과를 볼 수 있습니다. 이 기능을 사용하고자 한다면 Glide 버튼을 On으로 하고, Glide Time 노브를 이용해서 속도를 조정합니다. Fingered 버튼은 레가토로 연주되는 노트들에만 적용되게 하는 역할입니다.
- Pitchbend : 피치벤드의 다운/업 음정 폭을 설정합니다.
- Key Range : 건반의 사용 범위를 설정합니다.
- Voice Mode : 동시 발음 수 이상의 노트가 연주될 때 어떤 노트를 생략시킬 것인지를 선택합니다. 목록에는 마지막 노트인 Last, 시작 노트인 First, 낮음 음의 Low, 고음의 High를 제공합니다.
- Trigger Mode : 연주하는 노트의 엔벨로프 시작점을 선택합니다. Normal은 언제나 새로 시작하고, Legato는 이전 노트의 엔벨로프 지점에서 연주됩니다. Resume은 새로 시작하지만, 레벨이 이전 엔벨로프 지점을 유지합니다.

### ❷ Main 섹션

음정을 조정하는 Tune과 볼륨을 조정하는 Volume의 두 가지 노브가 있는 Main은 악기의 최종 출력 섹션입니다.

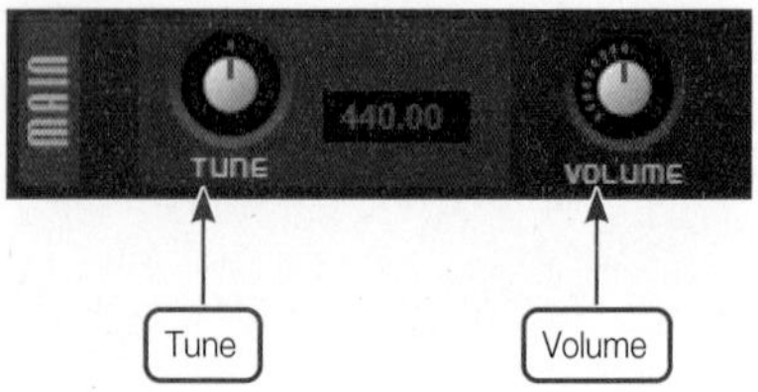

### ❸ Grain Oscillator 섹션

Padshop의 핵심 섹션으로 사운드 소스가 로딩되는 부분입니다. 로딩한 샘플을 오디오 파형으로 보여주는 디스플레이 창 왼쪽에는 연주 시작점을 조정하는 Position 그룹이 있고, 오른쪽에는 볼륨을 조정하는 Level 그룹이 있습니다. 그리고 디스플레이 창 아래쪽에는 Playback, Grain, Pitch, Length and Shape 등의 값을 설정할 수 있는 노브로 구성되어 있습니다.

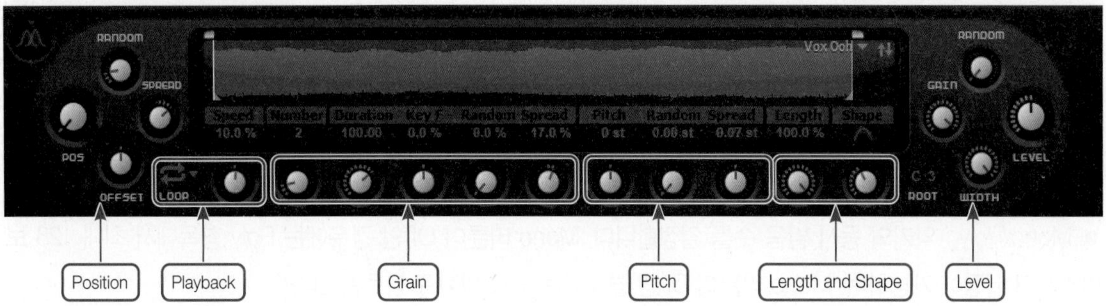


● Select Sample

샘플은 디스플레이 창 오른쪽 상단에 역삼각형 모양을 하고 있는 Select Sample 버튼을 클릭하여 브라우저 창을 열고, 목록에서 선택하여 불러올 수 있습니다. 검색 창에서 샘플 이름의 일부분을 입력하여 찾아도 좋습니다.

● Defining Sample Start and End

로딩한 샘플의 사용 범위는 디스플레이 창 위쪽의 Sample Start and End 핸들을 드래그하여 조정할 수 있습니다.

### 3-1. Position 설정

디스플레이 창 왼쪽의 Position, Random, Offset, Spread 노브는 샘플의 재생 시작점을 설정 합니다. 단, Spread는 Number of Grains 값이 2 이상일 때 설정할 수 있습니다.

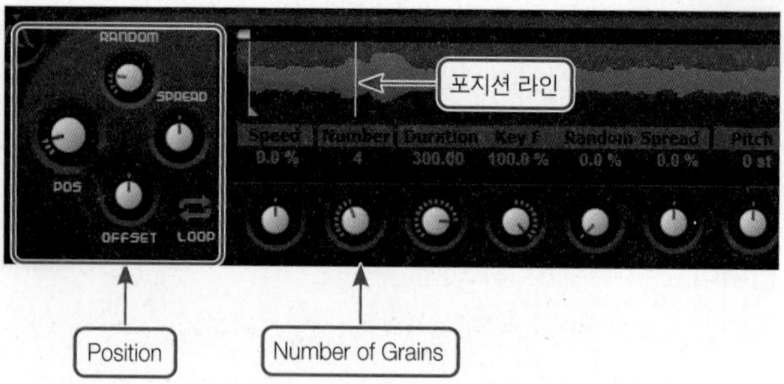


● Position : POS 노브는 재생 시작점을 조정하며, 디스플레이 창에 흰색라인으로 표시됩니다. 값을 조정하면서 모니터 해봅니다. 흰색 라인을 드래그하여 조정해도 됩니다. Shift 키를 누르면 소수점 이하의 미세한 조정이 가능하며, Alt 키를 누르면 슬라이드 방식으로 조정할 수 있습니다. Ctrl 키를 누른 상태에서 클릭하면 초기 값으로 설정됩니다.

● Random : 건반을 누르고 있는 동안 샘플의 시작점을 임의로 변동하는 범위를 설정합니다. 물론 최초의 시작점은 Position에서 설정한 위치입니다. 값을 증가시켜보면서 사운드를 모니터하고, Ctrl 키를 누른 상태에서 클릭하여 초기화합니다.

● Offset : 좌우 채널의 시작점을 조정합니다. 노브를 양의 값으로 설정하면 오른쪽 채널이 조정되고, 마이너스 값으로 설정하면 왼쪽 채널이 조정됩니다. 이때 조정하는 채널의 반대 채널은 영향을 받지 않습니다.

● Spread : Number of Grains 값이 2 이상일 때 사용할 수 있으며, 각 그레인(Grains)의 재생 범위를 조정합니다. Grains은 조각이라는 의미로 각 채널에서 재생되는 그레인 수를 설정하는 것이고, Spread를 이용하여 각 그레인의 재생 범위를 설정하는 것입니다.

### 3-2. Play 설정

디스플레이 창 아래쪽의 첫 번째 노브는 Loop 버튼과 함께 샘플의 재생 속도와 방향을 결정합니다.

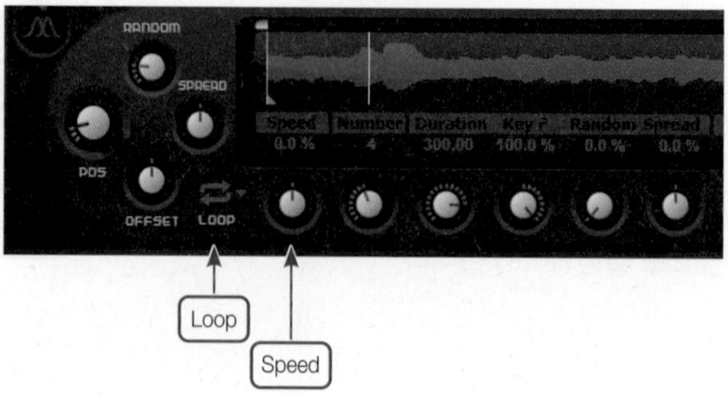


● Loop : 건반을 누르고 있는 동안 샘플을 반복시킬 것인지의 여부를 선택합니다. Loop 버튼이 Off인 경우에는 Sample End 위치에서 정지됩니다.

● Speed : 샘플의 재생 속도와 방향을 조정합니다. 양의 값은 원래 방향의 속도를 조정하고, 음의 값은 반대 방향으로 진행됩니다. Position을 50%로 설정하고, Playback Speed를 조정하면서 모니터 해보기 바랍니다.

### 3-3. Grain 설정

Padshop은 샘플을 조각내서 재생하는 그래뉼러(Granular) 방식이며, 각 조각을 Grain이라고 합니다. Number, Duration, Key F, Random, Spread의 5가지 노브는 Grain에 관한 설정을 합니다.

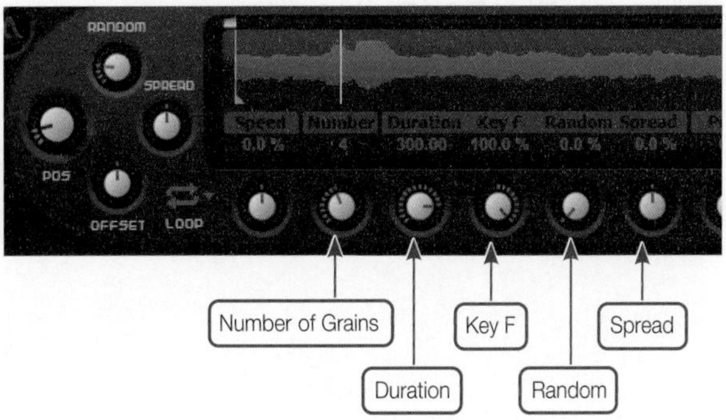


- Number : 각 채널에서 재생되는 그레인 수를 설정합니다. 2개 이상의 그레인은 옥타브 단위로 쌓이는데 이를 해결하려면 Position 항목의  Spread 및 Offset 값을 이용하여 재생 지점을 다르게 설정하거나 Duration을 이용하여 길이를 조정합니다.
- Duration : 그레인의 길이를 조정합니다. 오디오는 길이가 두 배로 늘어나면 한 옥타브 낮아집니다. 이것을 이용하여 Number of Grains가 2개 이상일 때, Duration을 10 이상으로 설정하여 샘플 소소의  피치 값을 얻을 수 있습니다.
- Key F : 피치 간격을 설정합니다. 100%가 반음에 해당하며 Key Follow 값을 조정하여 변조 효과를 얻을 수 있습니다.
- Random : 그레인의 길이가 임의로 결정되게 합니다.
- Spread : Number 값이 2 이상일 때 각 그레인의 재생 길이를 설정합니다. 100% 일 때 각 그레인의 길이는 두 배로 늘어나고, -100% 일 때 절반이 됩니다.

### 3-4. Pitch 설정

피치를 조정합니다. Padshop의 피치는 오리지널 샘플과 그레인의 두 자기로 정의됩니다. 오리지널 샘플을 사용하려면 Duration 값을 늘려야 하며, 그레인을 이용하려면 1 또는 2의 낮은 값으로 설정되어야 합니다.

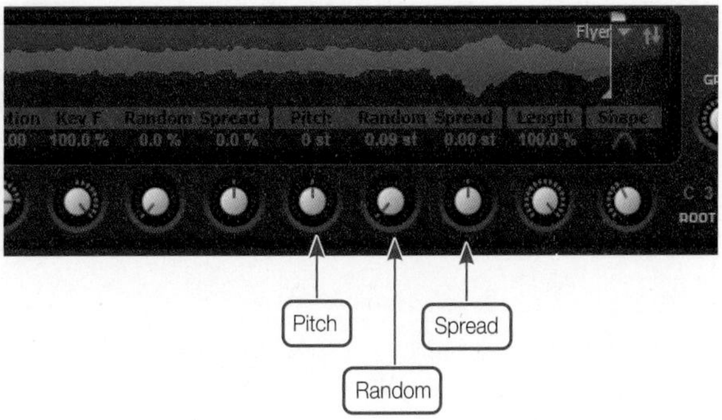

● Pitch : -12에서 12까지 반음 간격으로 지정할 수 있습니다. 간격은 채널별로 그레인의 시작 위치에서 계산됩니다.

● Random : 피치 범위를 임의로 설정합니다. 12의 설정에서, 임의의 피치 값은 -12 사이 12 반음을 이룹니다.

● Spread : 이 노브는 Number of Grains 값이 2 이상일 때 사용 가능하며, 각 그레인의 피치를  다르게하여 사운드를 두껍게 만듭니다. 첫 번째 그레인은 피치를 유지하고, 다른 그레인은 지정된 범위 내에 값으로 균일하게 배열합니다.

### 3-5. Length 와 Shape 설정

그레인의 재생 길이를 설정하는 Length와 모양을 선택하는 Shape 노브입니다. Shape는 디스플레이 창을 클릭하면 다양한 라인을 선택할 수 있는 메뉴가 열립니다.

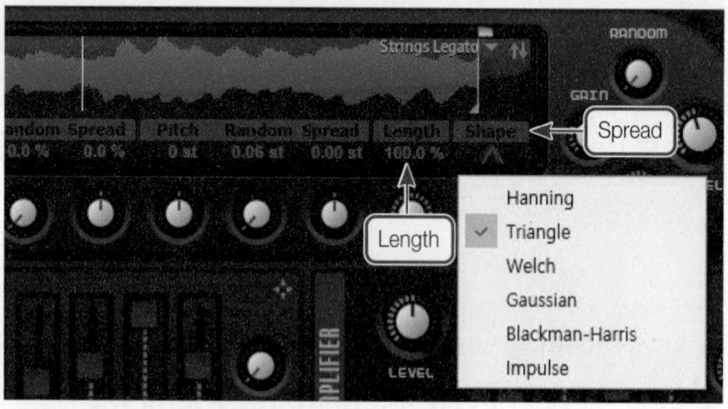


### 3-6. Level 설정

그레인 오실레이터의 출력 레벨을 설정하는 Level, Random, Width, Gain 노브로 구성되어 있습니다.

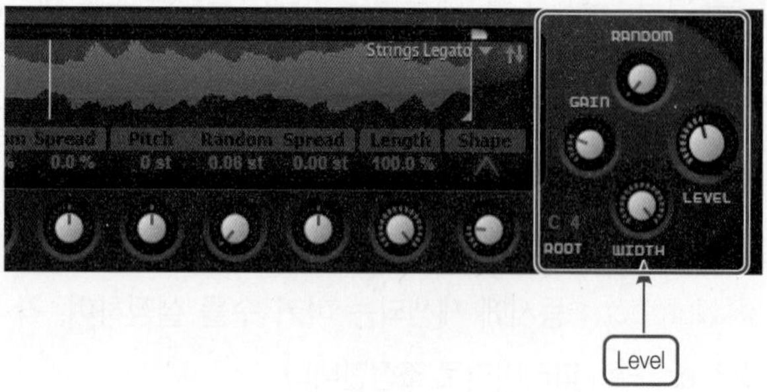


● Gain : 그레인 오실레이터의 이득 값을 설정합니다.

● Random : 각 그레인의 레벨을 임의 설정합니다.

● Width : 그레인 오실레이터의 스테레오 폭을 설정합니다. 샘플의 스테레오 폭에는 영향을 주지 않습니다.

● Level : 그레인 오실레이터의 최종 레벨을 설정합니다.

## ❹ Spectral Oscillator 섹션

Padshop은 Grain과 Spectral의 두 가지 오실레이터를 제공합니다. 오실레이터 선택은 왼쪽 상단의 타입 버튼을 클릭하여 선택할 수 있으며, Grain은 빨간색 디스플레이로 표시되고, Spectral은 파란색 디스플레이로 표시됩니다. Grain은 샘플을 조각내서 재생하는 방식이고, Spectral은 전체 사운드를 재생하는 방식입니다. 파라미터는 Play 설정으로 구성되어 있으며, Position과 Level 설정 파라미터의 역할은 동일합니다.

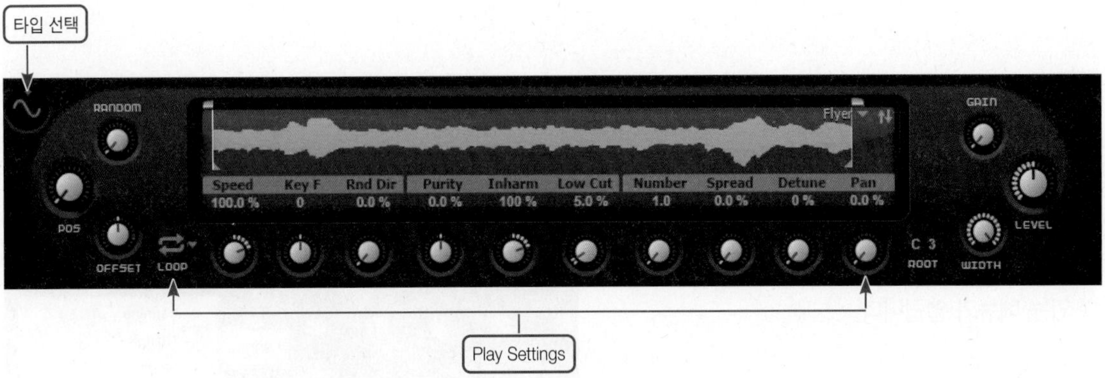


- Loop : 건반을 누르고 있는 동안 샘플을 반복시킬 것인지의 여부를 선택합니다.
- Speed : 샘플의 재생 속도와 방향을 조정합니다.
- Key F : 피치에 따른 연주 속도를 증/감합니다. 중심은 C3에 고정되어 있으며, 값을 100%로 설정하면 한 옥타브 위의 속도는 2배, 한 옥타브 아래는 절반 속도로 재생됩니다. 음수는 반대로 적용됩니다.
- Ran Dir : 재생 속도에 값을 추가하여 무작위로 변하게 합니다.
- Purity : 샘플의 음질을 조정합니다. 0%가 원래 사운드 입니다.
- Inharm : 각 주파수 대역의 시작점을 조정합니다.
- Low Cut : 저음역을 차단합니다. 10%라면 전체 10%의 저음역이 차단되는 것입니다.
- Number : 동시에 재생되는 마커 수를 설정하며, 각 마커의 재생 위치, 피치, 스테레오 범위는 Spread, Detuen, Pan 파라미터로 조정합니다.
- Spread : 마커의 재생되는 위치를 조정합니다.
- Detune : 마커의 피치를 조정합니다.
- Pan : 마커의 스테레오 범위를 조정합니다.

## ❺ Pitch 섹션

음정을 Octave(옥타브), Coarse(반음), Fine(100분의 1) 단위로 조정할 수 있으며, Fixed 버튼을 On으로 하면 모든 키에 동일한 음정이 배분됩니다. Formant는 오리지널 샘플의 피치를 변경하여 그레인의 음질 변화를 최소화 합니다.

### ❻ Filter 섹션

오실러에이터에서 생성된 사운드의 톤을 조절하는 필터 섹션에는 Envelope, Key Follow, Shape, Cutoff, Type, Resonance, Distortion, Envelope Faders, Velocity 파라미터로 구성되어 있습니다.

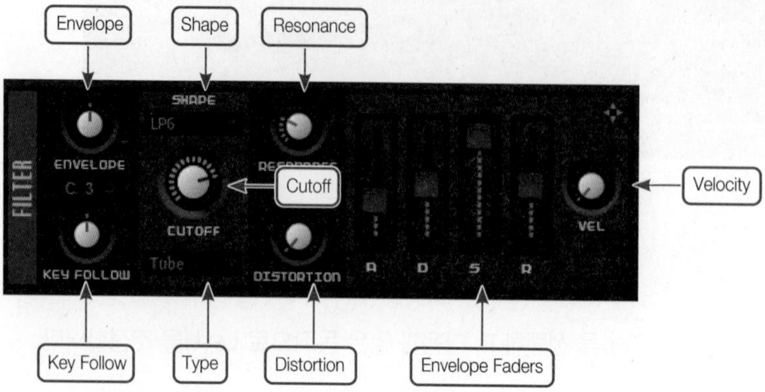


- Envelope : 필터의 Cutoff 변조를 조정합니다. 마이너스 값은 반대 방향으로 변조됩니다.
- Key Follow : 노트 번호를 사용하여 Cutoff 변조를 조정합니다. 중앙 노트 값을 기준으로 위에 노트가 증가하고 아래 노트가 감소합니다.
- Shape : 필터가 적용되는 주파수 범위를 설정합니다. LP는 Low-pass filter를 의미하는 것으로 옥타브 범위로 24, 18, 12, 6dB 선택이 가능하며, BP는 Band-pass filter로 24, 12dB 선택이 가능합니다. 그리고 High-pass filter(HP)의 24, 18, 12, 6dB과 Band-reject filter(BR)의 24, 12dB을 제공합니다.
- Cutoff : 필터가 적용되는 중심 주파수를 설정합니다.
- Type : 튜브 효과의 Tube, 밝은 트랜지스터 효과의 Clip, 노이즈를 추가하는 Bit, 신호를 왜곡시키는 Rate, 벨로시티 값에 따라 신호 왜곡 효과를 증감하는 Rate KF의 5가지를 제공합니다.
- Resonance : 컷 오프 주파수 범위의 공진감을 조정합니다.
- Distortion : 신호를 왜곡시키며, 결과는 선택한 Type에 따라 달라집니다.
- Envelope Faders : 어택(A), 디케이(D), 서스테인(S), 릴리즈(R) 값을 슬라이더 타입으로 조정할 수 있습니다.
- Velocity : 벨로시티 값에 따라 적용되는 엔벨로프 범위를 설정합니다.

### ❼ Amplifier 섹션

필터를 통과한 사운드의 레벨을 설정할 수 있는 Level, 팬을 설정할 수 있는 Pan, 엔벨로프를 조정할 수 있는 ADSL 슬라이더, 그리고 벨로시티 값에 따라 달라지는 레벨 범위를 설정하는 Vel 노브로 구성되어 있습니다.

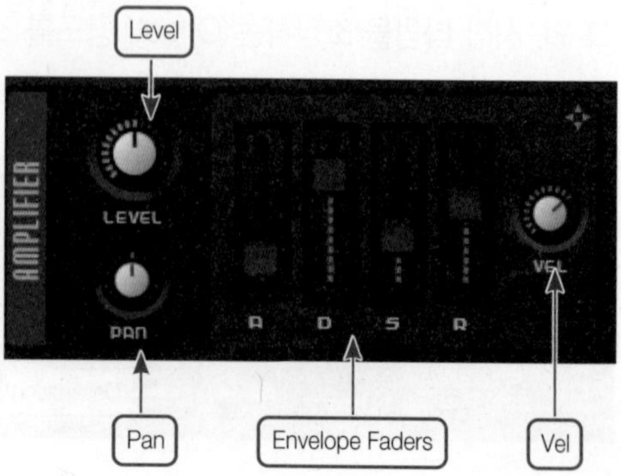

## ❽ Step Modulator 섹션

Padshop은 리듬 제어 시퀀스를 생성 할 수있는 Step Modulator를 제공합니다. 최대 32 단계까지 설정할 수 있습니다.

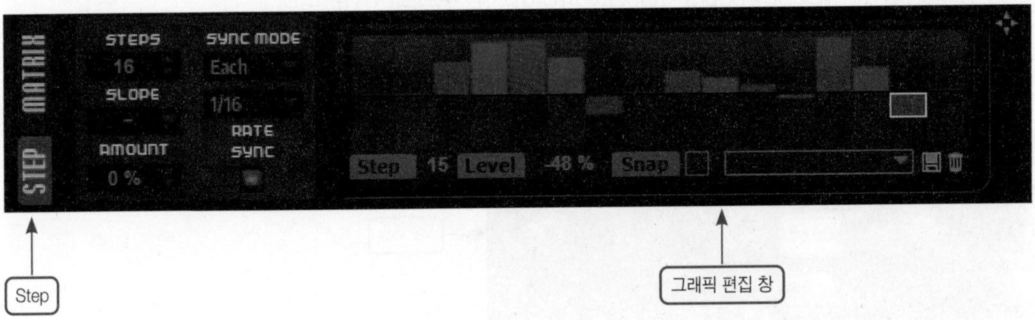


- Editing Steps : 그래픽 편집 창에서 원하는 Step을 선택하고, 다음과 같은 동작으로 Level을 조정합니다.

- 마우스 드래그로 값을 조정합니다.
- 한 번에 모든 스텝의 값을 조정하려면 Shift 키를 누른 상태로 드래그합니다.
- 값을 0%로 초기화 하려면 Ctrl 키를 누른 상태로 클릭합니다.
- 모든 스텝을 초기화 하려면 Ctrl+Shift 키를 누른 상태로 클릭합니다.
- 스텝을 라인으로 그리려면 Alt 키를 누른 상태로 드래그합니다.
- 라인을 대칭으로 그리려면 Alt+Shift 키를 누른 상태로 드래그합니다.

- Steps : 스텝을 설정합니다. 최대 32 단계로 설정 가능합니다.
- Slope : 스텝의 라인을 변화시킵니다. 시작을 깎는 Rising, 끝을 깎는 Falling, 양쪽 모두를 깎는 All을 제공합니다.
- Amount : Slope의 적용 범위를 설정합니다.
- Rate : 스텝이 반복되는 속도를 조정합니다. Sync 버튼을 On으로 하면 비트 단위로 선택할 수 있습니다.

## ❾ Modulation Matrix 섹션

Padshop의 파라미터를 컨트롤 할 수 있는 10개의 매트릭스를 제공합니다. 예를 들어 Source에서 LFO를 선택하고, Modifier에서 Mod Wheel를 연결하면 모듈레이션 휠을 이용해서 LFO를 컨트롤할 수 있게 되는 것입니다. 그 외, 시작 타임을 조정하는 Offset, 강도를 조정하는 Depth와 목적 파라미터를 선택하는 Destination으로 구성되어 있으며, 매트릭스는 1-5와 6-10의 두 화면으로 5개씩 나뉘어져 있습니다.

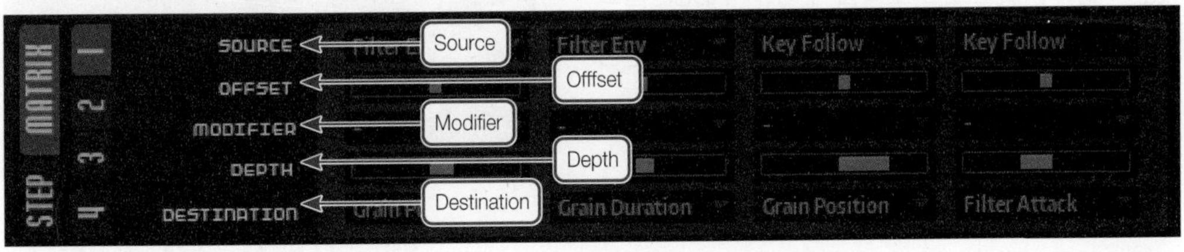

### ⑩ LFO 섹션

Padshop은 두 개의 모노 LFO(1, 2)와 두 개의 폴리 포닉 LFO(3, 4)를 제공하며, 각각의 LFO는 동시에 적용됩니다. 이것은 다양한 파형의 LFO 연출이 가능하다는 의미입니다.

- Wave/Shape : Wave 항목에서 Sine, Triangle, Saw, Square, S&H 1, S&H 2의 LFO 파형을 선택하며, Shape 노브로 하모닉스를 추가합니다.
- Rate : LFO의 속도를 조정하며 Sync 버튼을 ON으로 하면 Beat 및 노트 단위로 선택할 수 있는 Sync Mode가 활성화 됩니다.
- Retrigger : 노트가 연주될 때 지정된 시작 단계로 LFO가 다시 되게 할 것인지의 여부를 선택합니다. LFO 1, 2에서는 Off, First, Each를 선택할 수 있으며, 3, 4에서는 On/Off를 선택할 수 있습니다.

Off - 다시 시작되지 않습니다.

First - 노트가 유지되지 않으면 LFO가 다시 시작됩니다.

Each/On - 노트가 연주될 때 마다 LFO가 다시 시작됩니다.

- Sync Mode : 속도를 설정하며, Hz, Beat, Tempo 단위를 사용할 수 있습니다. Beat와 Tempo의 단위는 동일하지만, Beat에서는 Retrigger가 적용되고, Tempo에서는 Phase가 적용됩니다.
- Phase : 파형의 시작 위치를 설정합니다.
- Rnd : 파형의 시작 위치가 무작위로 설정됩니다.
- Fade in : LFO 3, 4에서 페이드 인 타임을 설정할 수 있습니다.

### ⑪ Envelope 3 섹션

Modulation Matrix에 연결할 수 있는 추가 엔벨로프를 제공합니다. L0은 시작 레벨, A는 어택 타임, L1은 어택 레벨, D는 디케이 타임, S는 서스테인 레벨, R은 릴리스 타임, L4는 최종 레벨을 설정합니다. Vel은 벨로시티에 따른 엔벨로프의 강도를 설정하며, 값이 높을수록 낮은 벨로시티의 강도가 감소합니다.

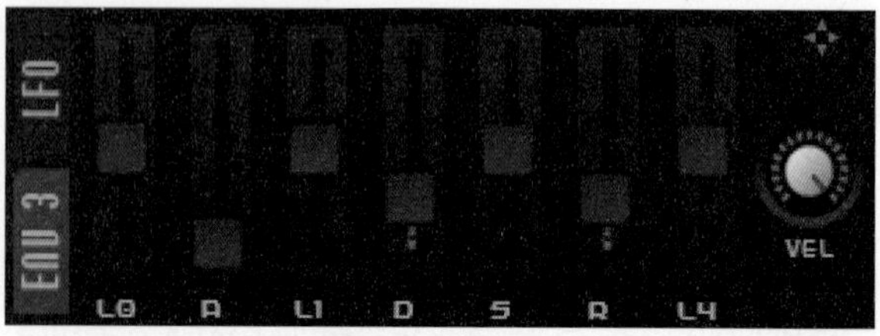

# 04 Arp 페이지

## ❶ Main 섹션

아르페지오 및 프레이즈 패턴을 만들 수 있으며, 사용 여부는 Main 섹션의 On/Off로 결정합니다.

- On : 아르페지오 기능을 On/Off 합니다.
- Master : 현재 레이어의 아르페지오를 마스터로 다른 레이어에서도 사용되게 합니다.

- Mode : 재생 방법을 선택합니다.

- Step : 노트가 시작될 때 이전 노트를 차단합니다.
- Chord : 노트가 시작될 때 이전 노트를 유지합니다.
- Up : 오름차순으로 연주됩니다.
- Down : 내림차순으로 연주됩니다.
- Up/Down 1 : 오름차순, 내림차순으로 연주됩니다.
- Up/Down 2 : 오름차순, 내림차순으로 연주됩니다. 단, Key Mode가 Sort인 경우에는 가장 높은 음과 가장 낮은 음이 반복되고, As Played인 경우에는 첫 음과 마지막 음을 반복합니다.
- Down/Up 1 : 내림차순, 오른차순으로 연주됩니다.
- Down/Up 2 : 내림차순, 오른차순으로 연주되빈다. Key Mode 차이는 Up/Down 2와 동일합니다.
- Random : 무작위로 연주됩니다.

- Trigger Mode : 새 노트가 검색되는 방법을 선택합니다.

- Immediately : 노트가 연주될 때 마다 바로 검색합니다.
- Next Beat : 다음 노트가 연주될 때 검색합니다.
- Next Measure : 다음 마디의 노트가 연주될 때 검색합니다.

- Restart Mode : 연주가 시작되는 방법을 선택합니다.

- Off : 다시 시작하지 않습니다.
- New Chord : 새로운 코드가 연주될 때 다시 시작됩니다.
- New Note : 새로운 노트가 연주될 때 다시 시작됩니다.
- Sync to Host : 시작되는 노트를 비트 또는 마디에 정렬합니다.

● Key Mode : 건반을 누르는 순서에 따른 적용 방법을 선택합니다.
- Sort : 건반을 누르는 순서에 상관없이 코드가 연주됩니다.
- As Played : 건반을 누르는 순서대로 코드가 연주됩니다.
- Direct : 피치 및 모듈레이션 등의 컨트롤 정보를 수신합니다.

● Vel Mode : 벨로시티를 모드를 선택합니다.
- Original : 연주 벨로시티를 적용합니다.
- Vel Controller : 벨로시티에 따른 컨트롤러를 선택할 수 있습니다.
- Orig + Vel Con : 오리지널과 벨로시티 컨트롤을 동시에 적용합니다.

● Vel Controller : 벨로시티 모드에서 컨트롤러를 선택했을 때 적용되는 정보를 선택합니다.
- Velocity : 벨로시티가 그대로 적용됩니다.
- Aftertouch : 벨로시티로 애프터터치 정보를 컨트롤합니다.
- Poly Pressure : 벨로시티로 폴리 프레셔 정보를 컨트롤합니다.
- MIDI Controller : 벨로시티로 적용할 컨트롤 정보를 선택합니다.

● Hold : 건반을 놓을 때의 연주 방법을 선택합니다.
- Off : 건반을 놓으면 연주가 중지됩니다.
- On : 건반을 놓아도 연주가 지속됩니다.
- Gated : On의 경우에는 항상 처음부터 시작하지만, Gated는 중지된 위치에서 시작합니다.

● Wrap : 여기서 선택한 스텝 수를 연주하고 새로 시작되게 합니다.

## ❷ Steps 섹션

아르페지오 및 프레이즈 패턴을 선택하고 편집합니다.

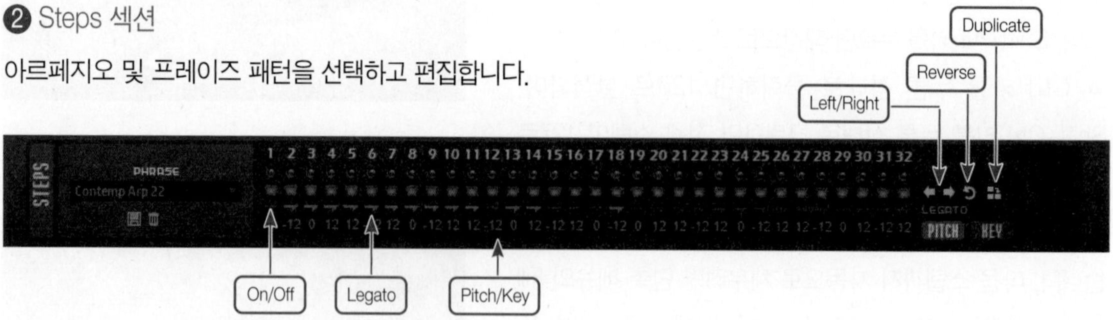


● Phrase : 프레이즈를 선택합니다.
● On/Off : 스텝을 On/Off 합니다.

● Legato : On/Off 버튼 아래쪽에 화살표 아이콘은 스텝을 연결하여 레가토 효과를 만듭니다.
● Pitch : Pitch를 선택했을 때 레가토 버튼 아래쪽의 숫자는 피치를 반음 단위로 조정합니다.
● Key : 아르페지오 페이지는 누른 키를 노트 버퍼에 기록하며, Key를 선택하면 레가토 버튼 아래쪽의 숫자는 노트 버퍼에서 정의 된 키를 재생합니다. P는 모드에 설정된 사용자 프레이즈를 재생하고, 1-8은 해당 건반을 연주합니다. 연주되는 키는 Key Mode에 따라 다릅니다. 예를 들어 모드가 Shot라면 1은 가장 낮은 음을 재생합니다. L 은 항상 노트 버퍼의 마지막 음을 재생하고, A는 노트 버퍼의 모든 음을 코드로 연주합니다.
● Left/Righ : 스텝을 이동시켜 리듬을 변경합니다. Left는 처음이 끝으로 이동하고, Right는 마지막이 처음으로 이동합니다.
● Reverse : 스텝을 반대로 바꿉니다.
● Duplicate : 스텝을 복제합니다. 최대 32 단계이므로, 16개 이상은 복제되지 않습니다.

❸ Velocity 섹션

Number of Steps 핸들을 드래그하여 스텝 수를 결정할 수 있으며, 벨로시티를 조정합니다.

● 벨로시티는 각 스텝을 위/아래로 드래그하여 조정할 수 있으며, Shift 키를 누른 상태로 드래그 하면 전체 벨로시티가 조정됩니다.

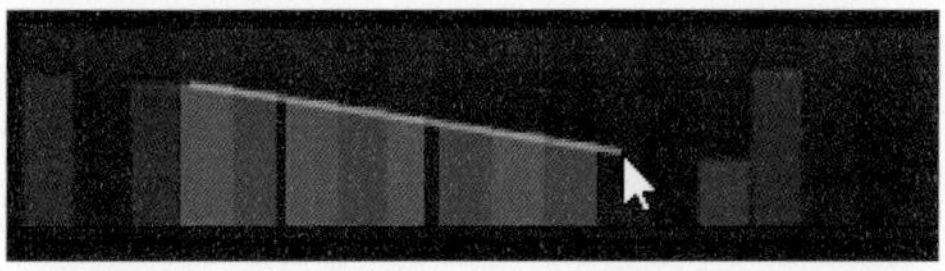

● Alt 키를 누른 상태로 드래그 하면 라인으로 그릴 수 있으며, Shift+Alt 키를 누르면 대칭으로 조정됩니다.
● Ctrl 키를 누른 상태로 클릭하면 127로 설정되며, Shift+Ctrl 키를 누른 상태로 클릭하면 전체 스텝이 127로 설정됩니다.

● 스텝 오른쪽 상단을 드래그 하여 길이를 조정할 수 있습니다. 다음 스텝까지 자동으로 채우려면 단축 메뉴의 Fill Gap을 선택합니다. 원래 길이로 복구할 때는 Ctrl 키를 누른 상태로 클릭하고, Shift+Ctrl 키를 누른 상태로 클릭하면 모든 스텝이 복구됩니다.

## ❹ Controller 섹션

패턴을 변조할 수 있는 3개의 Ctrl 레인을 제공합니다. 그래프 왼쪽에는 사용 여부를 결정하는 On/Off 스위치와 단극(unipolar) 또는 양극(bipolar) 변조를 선택하는 Bi 스위치가 제공되고, 오른쪽에는 변조 소스와 대상을 선택하는 Dest 및 Mod 메뉴를 제공합니다. Dpth는 변조 범위를 조정합니다.

## ❺ Tempo 섹션

아르페지오 템포를 설정합니다.

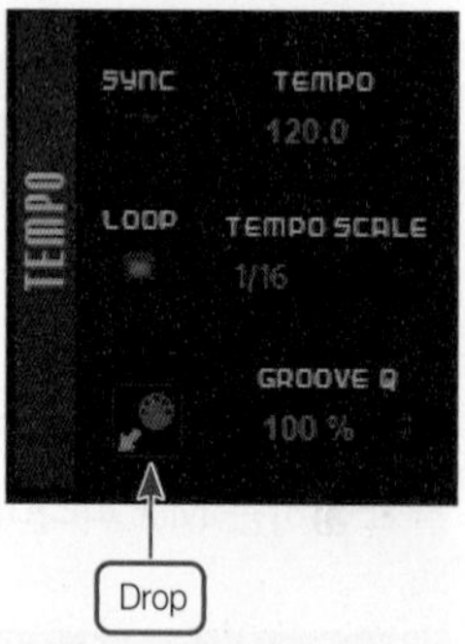


- Sync : 프로젝트 템포를 따르게 하거나 Off 하여 Tempo를 결정합니다.
- Loop : 반복 재생되게 합니다.
- Tempo Scale : 스텝의 노트 길이를 결정합니다.
- Groove Quantize : 외부 미디 파일을 퀀타이즈로 사용할 수 있습니다. 파일은 Drop 아이콘으로 가져다 놓고, 일치 정도는 Groove Quantize로 설정합니다.

## ❻ Performance 섹션

스윙 연주를 만들거나 옥타브를 추가하는 등의 연주 방법을 지정합니다.

- Swing : 업 비트를 이동하여 스윙 리듬을 만듭니다.
- Gate Scale : 노트의 길이를 조정합니다.
- Vel Scale : 벨로시티를 증/감 합니다.
- Octaves : 옥타브 연주를 추가합니다.

## ❼ Export 섹션

아르페지오 패턴을 미디 파일로 내보낼 수 있습니다. Rec 버튼을 클릭하여 아르페지오 패턴을 녹음하고, 오른쪽의 Drag 아이콘을 프로젝트로 드래그하여 이벤트로 만들거나 윈도우 탐색기로 드래그하여 미디 파일로 만들 수 있습니다.

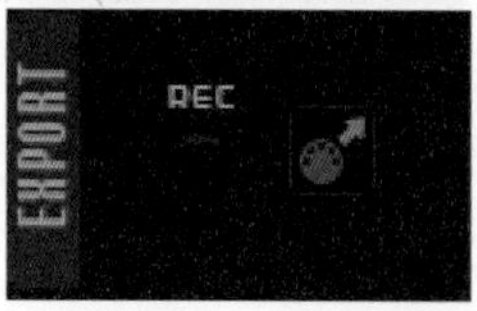

## 05 FX 페이지

EQ, Mod(Flanger, Chorus, Ensemble, Phaser), Delay, Reverb 효과를 적용합니다.

❶ EQ 섹션

4밴드 타입의 EQ입니다. Mid는 피크 필터로 동작하고, Low와 High는 쉘빙 필터로 동작합니다. 각 밴드마다 주파수를 설정하는 Freq, 레벨을 조정하는 Gain, 범위를 조정하는 Q 파라미터를 제공합니다.

❷ Modulation 섹션

Type 메뉴에서 변조 이펙트를 선택합니다. Flanger, Chorus, Ensemble, Phaser를 제공합니다.

- Flanger / Chorus : 변조 속도를 결정하는 Rate는 Sync 버튼을 On으로 하여 비트로 맞출 수 있고, 변조 폭을 조정하는 Depth, 변조 범위를 조정하는 Phase, 반복 값을 조정하는 Feedback, 그리고 소스와 효과의 비율을 조정하는 Mix 파라미터를 제공합니다.

- Ensemble : 2차 변조 강도를 조정하는 Shimmer와 1차와 2차 비율을 조정하는 Shimmer Rate 파라미터를 제공합니다. 값이 10이면 10배로 빨라집니다. 나머지 파라미터의 역할은 Flanger와 동일합니다.

● Phaser : 변조 주파수를 위쪽으로 이동시키는 Shift와 저음역 및 고음역을 차단하는 Low/High Cut 파라미터를 제공합니다.

❸ Delay 섹션

좌/우 채널을 조정하는 Stereo, 좌/우 채널을 피드백 시키는 Cross, 좌/우 채널로 이동하는 Ping-Pong의 3가지 모드를 제공합니다. 딜레이 Time은 ms 단위로 설정하며, Sync 버튼을 On으로 하여 비트 단위로 설정할 수 있습니다. Time L/R은 좌/우 채널의 시작 타임을 조정하며, Feedback은 반복양, Hi Demp는 고음역을 줄입니다. Feedback L/R은 Stereo 모드에서 사용됩니다.

❹ Global Reverb 섹션

리버브는 레이어에 개별적으로 적용할 수 있으며, Layer A와 B 노브로 적용되는 양을 설정합니다.

● Chorusing : 피치를 변조시켜 리버브를 풍성하게 합니다. 변조 주파수를 설정하는 Rate, 양을 설정하는 Depth 파라미터를 제공합니다.

● Predelay : 리버브 시작 타임을 설정합니다.

● Time-Low/High-Freq : 저음역 및 고음역 타임과 경계 주파수를 설정합니다.

● Main Time : 리버브 타임을 설정합니다.

● High Cut : 고음역을 줄입니다.

● Room Size/Width : 공간의 크기와 스테레오 범위를 설정합니다.

● Level : 리버브 레벨을 조정합니다.

# 05 Retrologue

Retrologue는 전통적인 아날로그 신디사이저를 시뮬레이션하는 악기입니다. 3개의 오실레이터(OSC)에 서브(Sub)와 노이즈(Noise)를 합성할 수 있어 좀 더 다양한 사운드를 만들 수 있고, 각 오실레이터에서 제공하는 멀티 소스는 총 8개의 Detune이 가능합니다. 필터 섹션은 로우 패스, 하이 패스, 밴드 패스, 밴드 제거 필터를 포함한 12 가지 유형을 제공하며, 아날로그 튜브 및 하드 클리핑 효과를 생성 할 수 있습니다.

❶ Voice 섹션

Mono/Poly, Retrigger, Glide, Voice/Trigger Mode로 구성되어 있으며, 노트 연주에 관한 설정을 합니다.

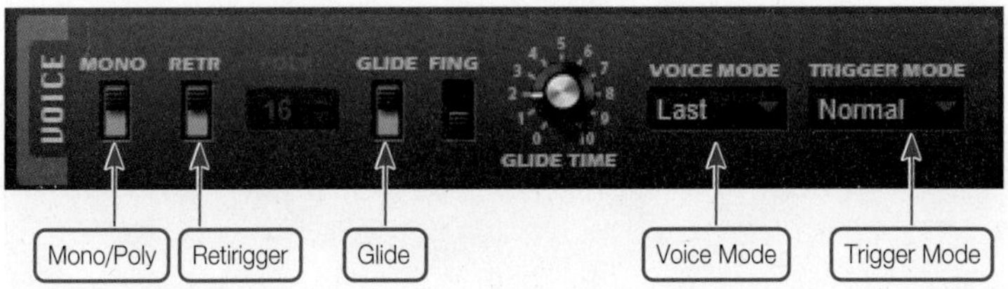


● Mono/Poly : 악기의 동시 발음 수를 결정합니다. Mono 버튼을 클릭하여 Off하면, 폴리 모드로 작동하며, Poly 항목에서 최대 128 보이스까지 설정이 가능합니다. Mono 버튼을 On으로 하면, 모노 악기로 작동합니다.

● Retr : 모노 모드에서 사용 가능하며 누르고 있는 건반을 지속시킵니다. 모노 악기에서는 건반을 누르고 있어도 다음 건반을 누르면 음이 끊어지게 되어있는데, Retrigger 버튼을 On으로 하면, 누르고 있는 건반의 음을 지속시킬 수 있기 때문에 빠른 트릴 연주가 가능합니다.

● Glide : 연주하는 노트 사이를 연결하는 글리산도 주법을 만들며, 모노 모드에서 최상의 효과를 볼 수 있습니다. 이 기능을 사용하고자 한다면 Glide 버튼을 On으로 하고, Glide Time 노브를 이용해서 속도를 조정합니다. Fing 버튼은 레가토로 연주되는 노트들에만 적용되게 하는 역할입니다.

● Voice Mode : 동시 발음 수 이상의 노트가 연주될 때 어떤 노트를 생략시킬 것인지의 여부를 선택합니다. 목록에는 마지막 노트인 Last, 시작 노트인 First, 낮음 음의 Low, 고음의 High를 제공합니다.

● Trigger Mode : 연주하는 노트의 엔벨로프 시작점을 선택합니다. Normal은 언제나 새로 시작하고, Legato는 이전 노트의 엔벨로프 지점에서 연주됩니다. Resume은 새로 시작하지만, 레벨이 이전 엔벨로프 지점을 유지합니다.

## ❷ Main 섹션

Octave, Random Pitch, Pitchbendc, Tune, Volume으로 구성되어 있으며, 최종 출력 라인을 설정합니다.

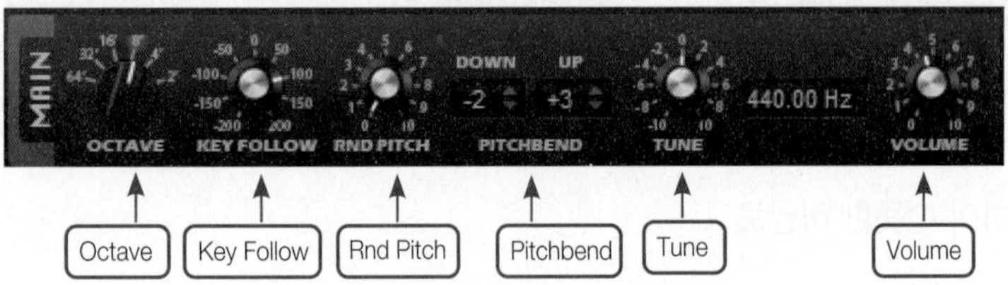


● Octave : 악기의 음정을 옥타브 단위로 조정합니다.

● Key Follow : 노트 번호에 따른 피치 변조 폭을 조정합니다.

● Random Pitch : 노트가 연주될 때 마다 음정을 랜덤으로 변화시킵니다.

● Pitchbend : 피치 휠의 조정 폭을 Up, Down으로 설정합니다.

● Tune : 악기의 음정을 Hz 단위로 설정합니다. 표준 음정은 440Hz 입니다.

● Volume : 악기의 최종 출력 볼륨을 조정합니다.

## ❸ Oscillator 섹션

사운드 발생의 시작인 오실레이터 섹션입니다. Retrologu는 3개의 오실레이터에 서브(Sub)와 Noise를 추가할 수 있고, 각 오실레이터의 합성 비율을 조절할 수 있는 Oscillator Mix 섹션을 제공합니다.

### 3-1. OSC 1/2/3

● On/Off : 오실레이터의 작동 유무를 결정하는 파워 버튼입니다.

● Type : 오실레이터 타입을 선택합니다. 단일 파형의 Single, 마스터와 동기되는 Sync, 피치를 변조하는 Cross, 다중 발진의 Multi 타입이 있습니다. Multi는 최대 8개까지 설정이 가능한 No 항목이 활성화됩니다.
● Phase : 파형의 각도를 조정합니다. Fixed Phase를 선택하면 고정 위상을 직접 조정할 수 있습니다.
● Octave : 옥타브 단위로 음정을 조정합니다.
● Wave/Shape : 오실레이터 파형을 선택합니다.  사각파(square)를 선택하면 기울기를 조정할 수 있는 Shape 노브를 이용할 수 있습니다.
● Coarse : 반음 단위로 음정을 조정합니다.
● Fine : 100분의 1 단위로 음정을 조정합니다.

3-2. Sub : 오실레이터 옥타브 아래로 Sub에서 선택한 파형을 추가할 수 있습니다. Fix를 On하면 연주를 위상 0에서 시작합니다.

3-3. Noise : 오실레이터 노이즈를 추가하여 따뜻한 아날로그 느낌을 증가시킬 수 있습니다.

3-4. Oscillator Mix

오실레이터 섹션 오른쪽에는 OSC1, OSC2, OSC3, Sub, Noise의 합성 비율을 조정할 수 있는 Oscillator Mix 섹션을 제공합니다. Ring은 OSC에 의한 변조 비율을 조정하며, 사용 유무를 결정하는 On 스위치를 가지고 있습니다.

### ❹ Filter 섹션

OSCillator MIx를 통과한 사운드의 톤을 조정하는 필터 섹션에는 Shape, Cutoff, Resonance, Distortion, Envelope, Key Follow, 그리고 Envelope Display와 Velocity 컨트롤을 제공합니다.

● Shape : 필터 타입을 선택합니다. LP는 고음역을 차단하는 Low-pass, BP는 고음역과 저음역을 동시에 차단하는 Band-pass, HP는 저음역을 차단하는 High-pass 필터 입니다. BR은 Cutoff 주파수 주변을 감쇄시키는 Band-reject 필터이며, 6, 12, 24의 숫자는 필터가 적용되는 주파수 범위입니다.
● Cutoff : 필터가 적용되는 중심 주파수 값을 설정합니다.
● Resonance : Cutoff 주파수 주변을 강조하여 공명감을 향상시킵니다.
● Distortion : 사운드를 왜곡시키며 따뜻한 톤의 Tube 타입과 밝은 톤의 Clip 타입을 제공합니다.

● Envelope : 필터의 엔벨로프 라인을 조정합니다.

● Key Follow : Center에서 지정한 노트를 중심으로 컷 오프 변조 량을 조정할 수 있습니다. 기본 노트는 C3로 되어 있으며, 노브를 오른쪽으로 돌리면 C3 이상의 노트에 적용되고, 왼쪽으로 돌리면 C3 이하의 노트에 적용됩니다.

● Envelope Display : 어택(A), 디케이(D), 서스테인(S), 릴리즈(R) 슬라이더를 이용하여 필터 엔벨로프 라인을 조정할 수 있습니다.

● Velocity : 벨로시티 값에 따라 적용되는 엔벨로프 강도를 설정합니다. 0의 값으로 설정되었을 때 100% 적용됩니다.

## ❺ Amplifier 섹션

필터를 통과한 사운드의 볼륨과 팬을 조절할 수 있는 파라미터로 구성되어 있습니다.

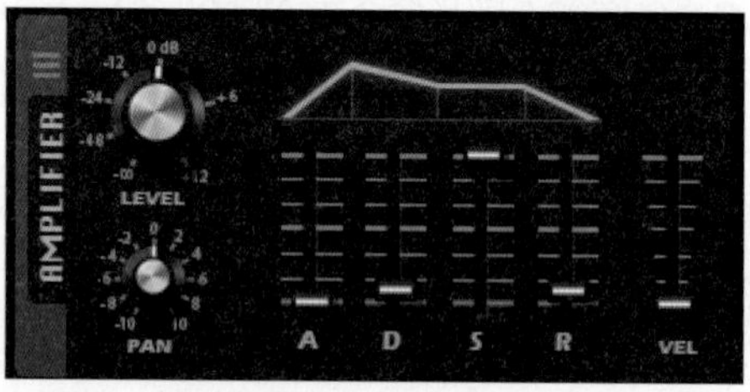


● Level : 볼륨을 조정합니다.

● Pan : 팬을 조정합니다.

● Envelope : 볼륨 엔벨로프를 조정합니다.

● Velocity : 벨로시티 값에 따라 적용되는 엔벨로프 강도를 설정합니다.

## ❻ Modulators 섹션

사운드를 변조하는 모듈레이터 센션에는 모노 LFO 2개, 멀티 LFO 2개, 그리고 엔벨로프 탭을 제공합니다.

### 6-1. LFO

● Wave : LFO 파형을 선택합니다.

● Shape : 선택한 파형의 모양을 조정합니다.

● Phase : 파형이 시작되는 지점을 조정합니다.

● Frequency : LFO 발진 속도를 조정합니다. Sync Mode가 Tempo나 Beat 라면 비트 단위로 조정할 수 있습니다.

● Retrigger : First는 첫 번째 노트가 연주 될 때, Each는 새로운 노트가 연추될 때 파형이 시작됩니다.

● Fade in : LFO 3/4에는 페이드 인 타임을 조정할 수 있는 파라미터가 추가되어 있습니다.

### 6-2. ENV 3

Filter 및 Amp 섹션에 이어서 팬이나 피치를 변조하는데 적합한 3번째 엔벨로프 입니다. 각 지점마다 레벨을 조정할 수 있는 L0-L4와 연주 강도를 조정할 수 있는 Vel 페이더를 제공합니다. Vel 페이더는 값이 높을 수록 속도가 낮아집니다.

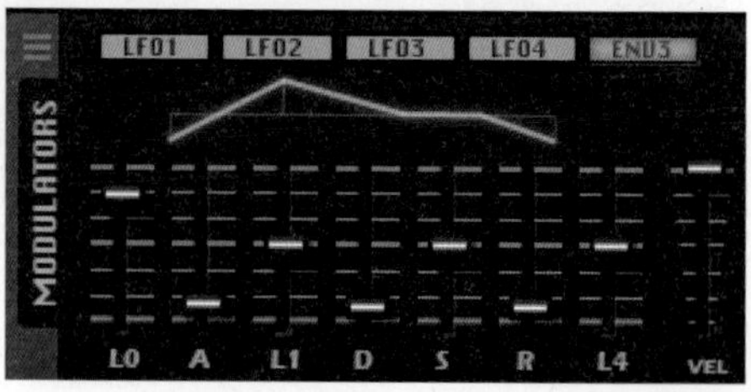

## ❼ Matrix 섹션

Retrologue의 파라미터를 컨트롤 할 수 있는 10개의 매트릭스를 제공합니다. 예를 들어 Source에서 선택한 파라미터를 Modifier에서 연결한 것으로 컨트롤되게 하는 것입니다. 그 외, 시작 타임을 조정하는 Offset, 강도를 조정하는 Depth와 목적 파라미터를 선택하는 Destination으로 구성되어 있으며, 1-4 페이지로 5개씩 나뉘어져 있습니다.

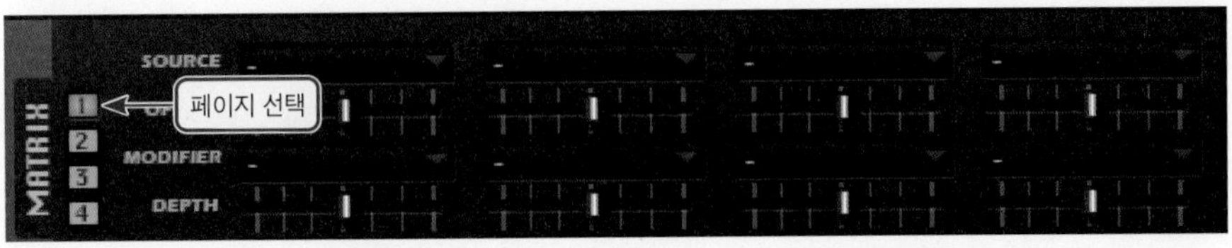


- Sources : 제어 소스를 선택합니다. LFO1을 선택해 봅니다.
- Offset : 소스의 출력 타임을 설정할 수 있습니다.
- Modifier : 소스를 컨트롤할 파라미터를 선택합니다. MOD Wheel을 선택해봅니다.
- Depth : 변조 강도를 설정합니다.
- Destinations : 변조 목적을 선택합니다. Pitch를 선택해봅니다. 연주를 하면서 모듈레이션 휠을 움직여 보면, LFO1의 Pitch 변조되는 것을 확인할 수 있습니다.

## ❽ Arp 페이지

아르페지오 페턴을 만들 수 있는 Arp 페이지를 제공합니다. 미디 이펙트를 사용해도 좋지만, 노트마다 벨로시티 및 타임을 다르게 설정할 수 있기 때문에 다양한 리듬 패턴에 응용이 가능합니다.

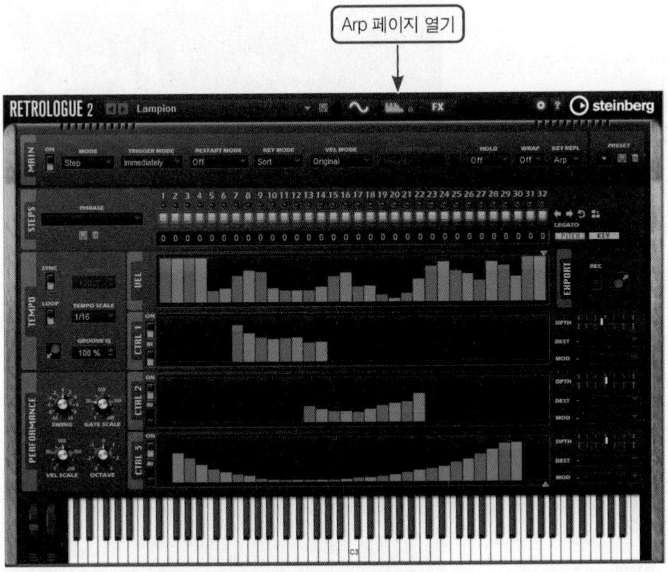

8-1. Main

메인 섹션은 아르페지오 사용 여부를 결정하는 ON 스위치, Mode, Trigger Mode, Restart Mod, Key Mode, Vel Mode, Vel Controller, Fetch, Hold, Wrap, Key Repl 메뉴, 그리고 사용자 설정을 저장할 수 있는 Preset 으로 구성되어 있습니다.

● ON/OFF : 아르페지오의 사용 여부를 결정합니다.

● Mode : 노트 재생 방법을 결정합니다. Step은 마지막 노트를 연주하며, Chord는 화음을 연주합니다. 그리고 Up과 Down은 오름차순 또는 내림차순으로 노트를 연주하며, Random은 무작위로 연주합니다.

● Trigger Mode : 새로운 노트가 연주되는 시점을 결정합니다. Immediately는 노트가 연주될 때 마다 변경되고, Next Beat는 비트 단위, Next Measure는 마디 단위로 변경됩니다.

● Restart Mod : 패턴의 시작점을 결정합니다. Off는 다시 시작하지 않고, New Chord와 Note는 새로운 코드 및 노트가 연주될 때 다시 시작합니다. 그리고 Sync to Host 비트와 마디에 맞추어 시작합니다.

● key Mode : 연주 순서를 결정합니다. Sort는 선택한 순서대로, As Played는 연주한 순서대로, Direct는 패턴을 만들지 않습니다.

● Vel Mode : 벨로시티를 결정합니다. 사용자 연주의 Original과 Vel Controller에서 선택한 정보로 연주되는 Vel Controller, 사용자 연주와 Vel Controller의 조합으로 결정되는 Orig+Vel Ctrl이 있습니다.

● Vel Controller : Vel Mode에서 Vel Controller를 선택한 경우, 여기서 선택한 정보로 벨로시티를 결정합니다. 선택 정보는 Velocity, Aftertouch, Poly Pressure, MIDI Controller이 있습니다.

● Fetch : Vel Controller에서 Velocity 이외의 정보를 선택한 경우에 컨트롤 값이 초과되면 새로 연주되는 노트에서 벨로시티 값을 얻을 수 있게 합니다.

● Hold : 연주의 지속 여부를 선택합니다. Off는 건반을 떼었을 때 정지되며, Loop는 건반을 떼어도 계속 반복됩니다. Gated는 패턴은 계속되지만, 건반을 누를 때만 연주됩니다.

● Wrap : Step과 Chord 모드를 제외한 나머지 모드에서 새로 시작되는 스텝 수를 결정합니다.

● Key Replace : 누락 노트의 대체 방법을 선택합니다. 예를 들어 Key가 1-2-3-4 설정되어 있을 경우에 3음표를 연주하면 4번이 누락된 것으로 간주됩니다. 이때 Arp는 아르페지오 노트로 대체되고, Reset은 대체하지 않습니다. 그리고 첫 음표로 대체하는 1st와 마지막 노트로 대체하는 Last, 코드 톤으로 대체합니다.

8-2. Steps

스텝 섹션은 최대 32 개의 LED로 아르페지오를 만들며, 아래쪽 숫자는 Pitch 및 Key 모드의 설정 값을 조정합니다.

- Phrase : 패턴이 만들어져 있는 프리셋을 선택합니다.
- LED : 스텝 On/Off를 선택합니다.
- Shift Phrase : 좌/우 방향의 화살표 버튼으로 노트를 앞/두로 이동시키고, Reverse 버튼으로 연주 순서를 변경합니다. Duplicate 버튼을 클릭하면 패턴을 2배로 확장할 수 있습니다.
- Legato : Pitch 또는 Key로 연주 노트를 지정합니다. 각각 LED 아래쪽의 번호로 설정합니다. P는 선택한 모드를 따르며, 1-8은 해당 키, L은 마지막 노트, A는 코드 톤으로 연주합니다.

8-3. Vel

스텝의 길이는 상단의 작은 삼각형을 드래그하여 설정할 수 있으며, 그래프를 드래그하여 벨로시티 및 노트의 길이를 설정합니다. 벨로시티는 그래프를 위/아래로 드래그하여 조정하며, 길이는 오른쪽 끝을 좌/우로 드래그하여 조정합니다. Shift 키를 누른 상태에서는 모든 스텝을 동시에 조정할 수 있으며, Shift+Alt+Ctrl 키를 누른 상태에서는 마우스 드래그로 대칭 라인을 그릴 수 있습니다. 값을 초기화 할 때는 단축 메뉴를 이용합니다.

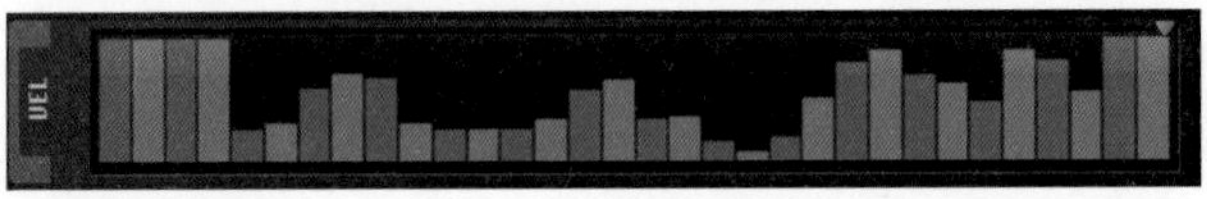


## 8-4. Export

Rec 스위치를 On으로 하여 벨로시티 및 컨트롤 정보를 기록하고, 미디 아이콘을 트랙으로 드래그하여 가져다 놓을 수 있습니다.

8-5. Ctrl

3개의 컨트롤 레인을 제공하며 각각 컨트롤 넘버 110, 111, 112 정보를 전송합니다.

- Bi : 변조 값을 64를 기준으로 양극화 시킵니다. 팬이나 피치를 변조할 때 응용할 수 있습니다.
- Depth : 변조 강조를 조정합니다.
- Dest : 변조 대상을 선택합니다.
- Mod : 제어 대상을 선택합니다.

8-6. Tempo

스텝의 연주 템포 및 길이 등을 설정합니다.

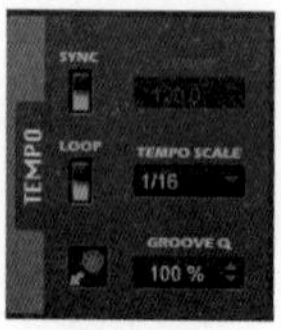


- Sync/Tempo : 템포를 조정합니다. Sync 버튼이 On인 경우에는 프로젝트 템포와 동기 됩니다.
- Loop : 반복 재생되게 합니다.
- Tempo Scale : 스텝의 길이를 선택합니다.
- Groove Q : 왼쪽의 미디 단자 그림으로 다른 트랙의 미디 연주를 드래그 하여 노트 타이밍을 일치시킬 수 있습니다. 이때 얼마큼 정확하게 일치 시킬 것인지를 조정합니다.

8-7. Performance

비트와 벨로시티 등을 조정하여 좀 더 다양한 연주 패턴을 만들 수 있습니다.

- Swing : 업 비트의 박자를 이동시켜 스윙 리듬을 만듭니다.
- Gate Scale : 노트 길이의 증/감 폭을 조정합니다.
- Vel Scale : 벨로시티의 증/감 폭을 조정합니다.
- Octaves : 프레이즈의 재생 범위를 조정합니다.

8-8. Locking

페이지 선택 버튼 오른쪽 하단의 자물쇠 모양을 클릭하여 잠그면, 패턴을 유지한 상태로 다른 음색의 프리셋을 모니터 할 수 있습니다.

## ❾ FX 페이지

Retrologue 2는 사운드를 만드는 Synth 페이지와 아르페지오 패턴을 만드는 Arp 페이지 외에 효과를 추가할 수 있는 FX 페이지를 제공합니다. 물론, 믹싱과 마스터링 과정에서는 Insert 및 Sends 슬롯의 장치를 사용하지만, 사운드를 디자인하는 것이 목적이라면 FX 페이지에서 제공하는 이펙트를 사용하는 것이 효과적입니다.

### 9-1. Chain

Retrologue 2는 Mod FX, Phaser, Resonator, Delay, Reverb, Equalizer의 6가지 효과 장치를 제공하며, 각각 마우스 클릭으로 On/Off 시킬 수 있고, 마우스 드래그로 연결 순서를 변경할 수 있습니다.

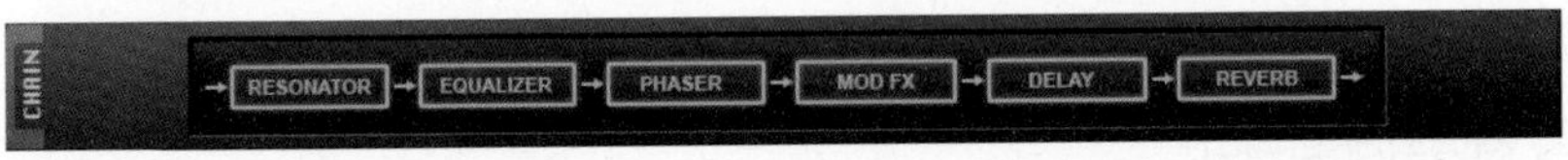


### 9-2. Resonator

Low, Mid, High 3영역으로 사용자가 지정한 주파수 대역의 포먼트를 조정합니다. 음색을 조정한다고 이해해도 좋지만, EQ는 해당 주파수 대역을 증/감하는 방식이고, Resonator은 해당 주파수 대역을 추가하는 방식으로 차이가 있습니다. 필터 타입은 Low-Pass 1-2, Band-Pass,1-2, High-Pass 1-2, Peak 1-2, Bat 1-2, Wings 1-4의 14가지를 제공하며, Mix 슬라이더로 Filter 및 LFO의 혼합 비율을 조정합니다.

#### 9-2-1. Filter

- Cutoff : 포먼트가 조정될 중심 주파수를 설정합니다.
- Resonance : 필터의 공진 값을 조정합니다.
- LFO Modulation Source/Depth : LFO 소스를 선택하고 값을 조정합니다.
- Arp Modulation Source/Depth : Arp 컨트롤 레인을 선택하고 값을 조정합니다.
- Gain : 필터의 입력 레벨을 조정합니다.

### 9-2-2. LFO

필터의 변조 타입과 속도를 조정합니다.

● Wave/Shape : Wave에서 파형을 기본 파형을 선택하고, Shape로 기울기를 조정합니다.

● Spread : 이펙트 각 채널에는 별도의 LFO 신호가 있으며, 이것으로 채널의 확산 범위를 조정합니다.

● Sync/Freq : Freq로 속도를 조정하며, Sync가 On일 때는 비트 수로 조정할 수 있습니다.

## 9-3. Phaser/Modulation

페이저와 모듈레이션은 같은 섹션으로 제공되지만, 개별적인 On/Off가 가능합니다.

### 9-3-1. Phaser

● Rate : 위상 변조 속도를 설정하며, Sync를 On하면 비트 값으로 설정 됩니다.

● Phase : 사운드의 확산 범위를 조정합니다.

● Depth : 위상 변조의 강도를 조정합니다.

● Shift : 위상 변조 스펙트럼을 더 높은 주파수로 이동시킵니다.

● Feedback : 공명을 추가합니다.

● Low/High Cut : 저음역과 고음역의 차단 값을 설정합니다.

● Mix : 원음과 페이저 사운드의 비율을 조절합니다.

### 9-3-2. Modulation

플랜저, 코러스, 앙상블 효과를 만들며, Type 메뉴에서 선택합니다.

● Rate : 변조 속도를 설정하며, Sync를 On하면 비트 값으로 설정 가능 합니다.

● Phase : 사운드의 확산 범위를 조정합니다.

● Depth : 변조의 강도를 조정합니다.

● Feedback : 공명을 추가합니다.

● Shimmer : Type에서 Ensemble을 선택했을 때 2차적 사운드의 지연 타임을 조정할 수 있는 Shimmer과 속도를 조정할 수 있는 Shimmer Rate 노브가 있습니다.

● Mix : 원음과 효과 사운드의 비율을 조절합니다.

## 9-4. Delay

사운드를 지연시키는 딜레이 장치 입니다. Mode는 좌/우 채널의 피드백을 조정할 수 있는 Stereo, 좌/우 채널을 교차시키는 Cross, 좌/우 채널을 이동시키는 Ping-Pong의 3가지를 제공합니다.

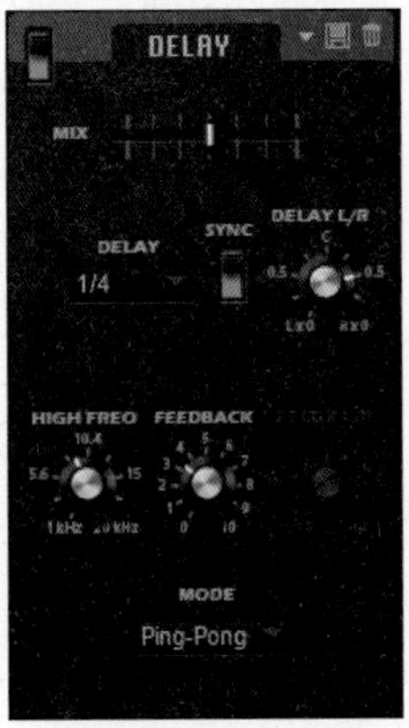


- Delay : 지연 타임을 조정합니다. Sync를 On으로 하면 비트 단위로 조정할 수 있습니다. Delay L/R 노브로 왼쪽과 오른쪽 딜레이 길이를 조정할 수 있습니다. 1은 같은 것이며, 0.5는 절반을 의미합니다.
- High Freq : 고음역의 차단 주파수를 설정합니다.
- Feedback : 딜레이 사운드의 반복 값을 설정합니다. Stereo 모드에서 좌/우 값을 별도를 조정할 수 있는 Feedback L/R 노브가 활성화 됩니다.
- Mix : 원음과 딜레이 사운드의 비율을 조절합니다.

## 9-5. Reverb

공간감을 만드는 리버브 장치 입니다.

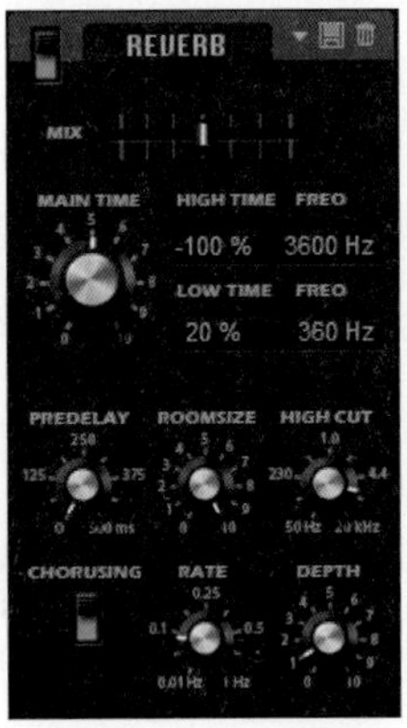


- Main Time : 전체 리버브 타임을 설정합니다.
- High Time/Freq : 고음역 리버브 타임과 주파수를 설정합니다.
- Low Time/Freq : 저음역 리버브 타임과 주파수를 설정합니다.
- Predelay : 초기 지연 타임을 설정합니다.
- Room Size : 공간의 크기를 설정합니다.
- High Cut : 고음역의 차단 주파수를 설정합니다.
- Chorusing : 코러스 효과를 사용할 것인지를 결정하는 On/Off 버튼이 있으며, 코러스를 사용할 경우에는 Rate로 피치 조정 주파수, Depth로 정도를 조정합니다.
- Mix : 원음과 리버브 사운드의 비율을 조절합니다.

## 9-6. Equalizer

4밴드 타입의 EQ를 제공합니다. 저음역과 고음역은 쉘빙 타입으로 동작하며, 중간의 두 개는 피크 타입으로 동작합니다.

- On/Off : 각 밴드의 사용 여부를 결정합니다.
- Freq : 조정 주파수를 설정합니다.
- Q : 조정 범위를 설정합니다.
- Gain : 조정 값을 설정합니다.

## ⑩ Quick Controls

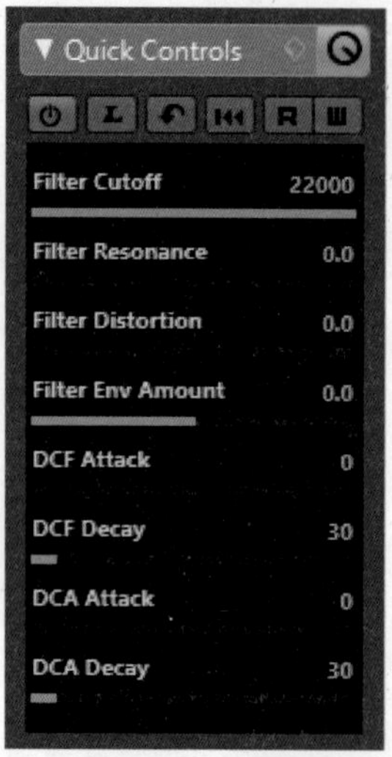


Retrologue를 로딩한 트랙의 Quick Controls에는 미디 컨트롤러로 제어할 수 있는 8개의 파라미터가 미리 설정되어 있습니다.

1 - Filter Cutoff

2 - Resonance

3 - Distortion

4 - Filter Envelope

5 - Filter Attack

6 - Filter Decay

7 - Amp Attack

8 - Amp Decay

## ⑪ 컨트롤 연결하기

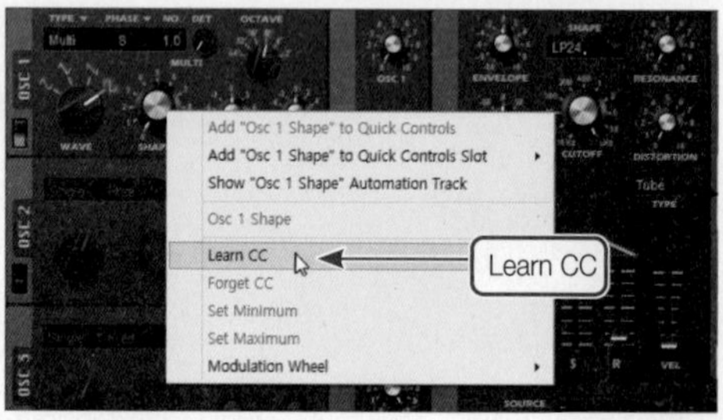


Retrologue 파라미터에 미디 컨트롤러를 수동으로 연결하는 방법은 간단합니다. 원하는 파라미터를 마우스 오른쪽 버튼으로 클릭하여 단축 메뉴를 열고, Learn CC를 선택합니다. 그리고 사용하고 있는 미디 컨트롤러의 노브 및 슬라이더를 움직여 인식시키면 됩니다. Modulation Wheel의 Enable Mod Wheel을 선택하면 모듈레이션 휠로 바로 연결됩니다.

## ⑫ Additional Settings

Retrologue 도구의 옵션 버튼을 클릭하면 기본 환경을 설정할 수 있는 메뉴가 열립니다.

- Show Tooltips : 파리미터에 마우스를 가져가면 풍선 도움말이 열리게 합니다.
- Show Value Tooltips : 파라미터를 제어할 때 변화 값이 표시되게 합니다.
- Save MIDI Controller as Default : 사용자가 새롭게 설정한 미디 컨트롤러 설정을 기본 값으로 저장합니다.
- Reset MIDI Controller to Factory Default : 미디 컨트롤 설정을 초기값으로 복구합니다.

10

PART

# 오디오 에디터

큐베이스는 오디오를 이벤트, 리전, 파트로 구분합니다. 기본적으로 녹음되는 오디오는 이벤트로 취급하며, 여러 이벤트를 하나의 개체로 관리하는 것을 파트라고 하고, 하나의 이벤트를 구간별로 나누어 사용할 수 있는데, 이러한 구간을 리전이라고 합니다. 용어의 차이점을 이해한다면, 큐베이스에서 제공하는 오디오 편집 창을 목적에 맞게 사용할 수 있을 것입니다.

# 01 샘플 에디터

● 샘플 파일 : Sample

샘플 에디터는 녹음을 했거나 임포팅한 오디오 이벤트를 편집할 수 있는 창으로 Sony사의 SoundForge나 Adobe사의 Audition과 비슷한 유형으로 생각해도 좋습니다. 샘플 에디터를 십분 활용하기 위해서는 오디오 프로세스의 기능까지 알고 있어야 하지만, 각 프로세스의 기능은 뒤에서 살펴보기로 하고, 여기서는 샘플 에디터의 도구와 리전의 활용 방법을 살펴보겠습니다.

## 01 샘플 에디터의 기본 사용법

샘플 에디터의 활용 범위는 매우 넓습니다. 특정 구간을 리전으로 만들어 필요한 위치에 반복 연주를 한다거나 힛 포인트로 샘플을 등분하여 사운드에 큰 변화 없이 템포를 조정하는 등, 여러 가지 용도로 사용할 수 있습니다. 여기서는 샘플 에디터의 기초적인 학습으로 이벤트에 프로세스를 적용하고, 잡음을 제거한 다음에 템포 변화가 자유로운 이벤트를 만들어보면서 샘플 에디터의 역할을 살펴보겠습니다.

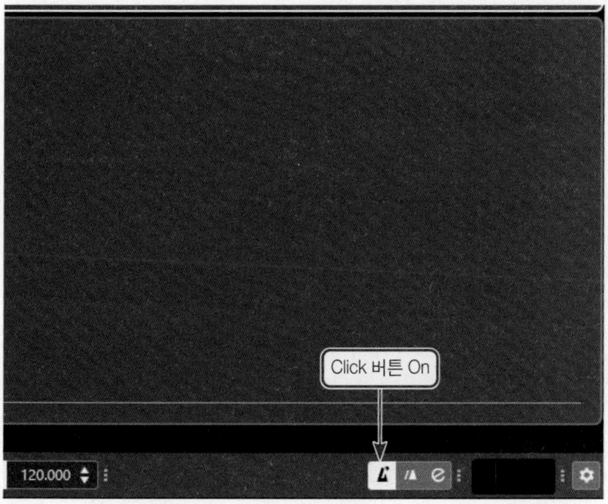


01 샘플 파일을 열고 Click 버튼을 On으로 합니다. 키보드 숫자열의 Enter 키를 눌러 사운드를 재생해보면, 작업 중인 템포와 맞지 않는다는 것을 알 수 있습니다.

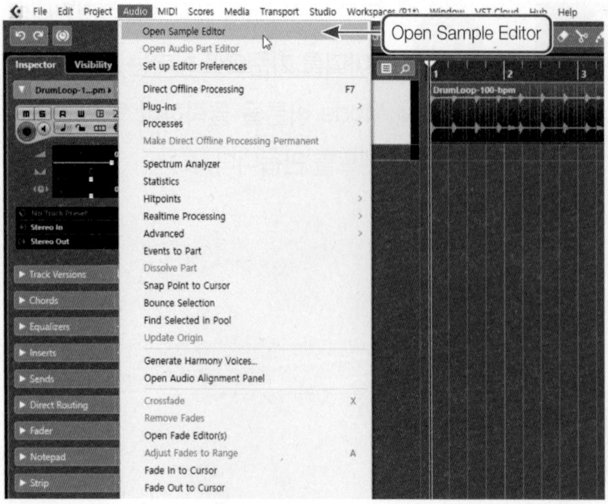


**02** Aduio 메뉴의 Open Sample Editor를 선택하여 샘플 에디터를 엽니다. 이벤트를 더블 크릭하면 로우 존으로 열립니다. 더블 클릭할 때 독립 창을 열고 싶다면, Audio 메뉴의 Set up Editor Preferences를 선택하여 창을 열고, Double-click opens Editor in a Window를 선택합니다.

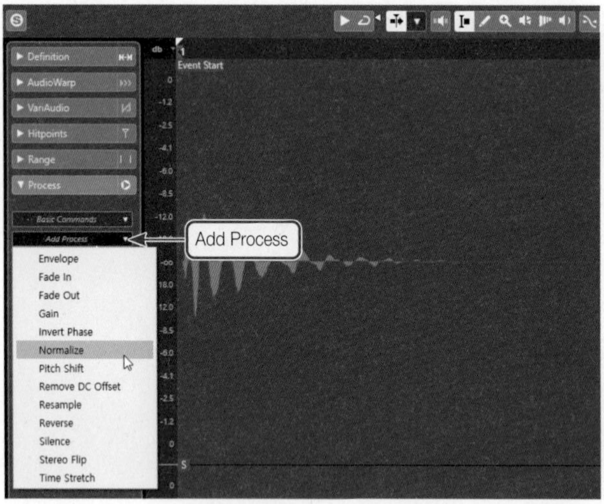


**03** Ctrl+A 키를 눌러 모든 샘플을 선택합니다. 그리고 인스펙터 창의 Process에서 Add Process 항목을 클릭하여 메뉴를 열고, Normalize를 선택합니다.

> **Tip**
> 사운드의 일부분만 편집을 하겠다면, 편집할 구간을 마우스 드래그로 선택합니다.

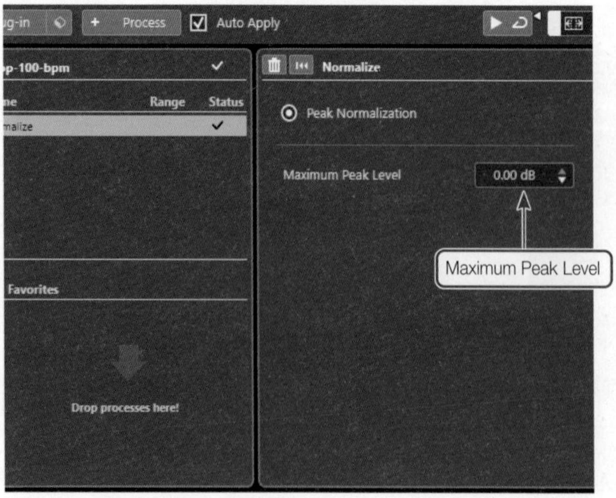


**04** 선택한 사운드가 찌그러지지 않는 한도 내에서 최대 볼륨 값으로 높일 수 있는 Normalize 창이 열립니다. Peak Normalization 옵션에서 Maximum Peak Level 값을 0dB로 설정하고 창을 닫습니다.

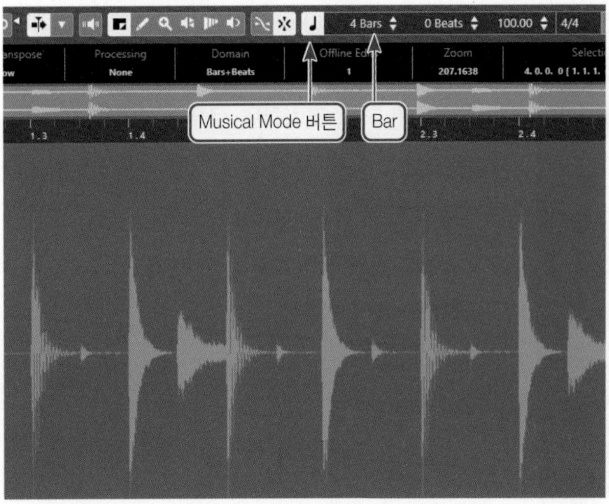


05 도구 바의 Bars 값을 4로 설정합니다. 4마디를 기준으로 한다는 의미입니다. Musical Mode 버튼을 클릭하여 템포 조정이 가능한 이벤트를 만듭니다.

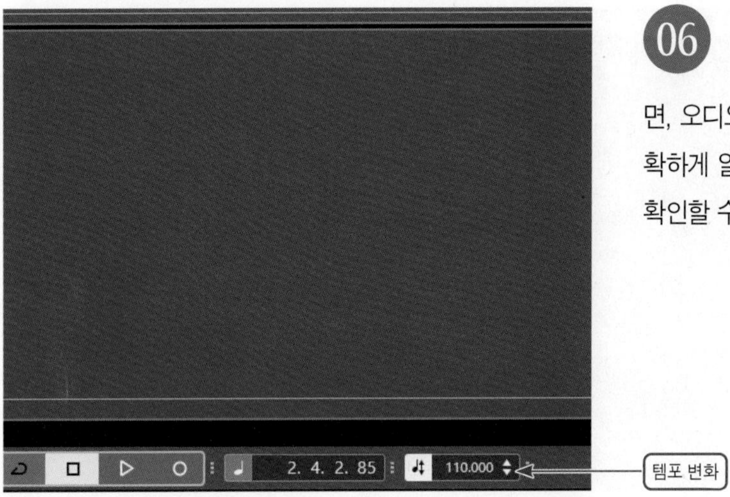


06 샘플 에디터 창을 닫고, 키보드 숫자열의 Enter 키를 눌러 곡을 재생해보면, 오디오 이벤트의 템포가 작업 중인 곡에 정확하게 일치되며, 템포 변화도 자유롭다는 것을 확인할 수 있습니다.

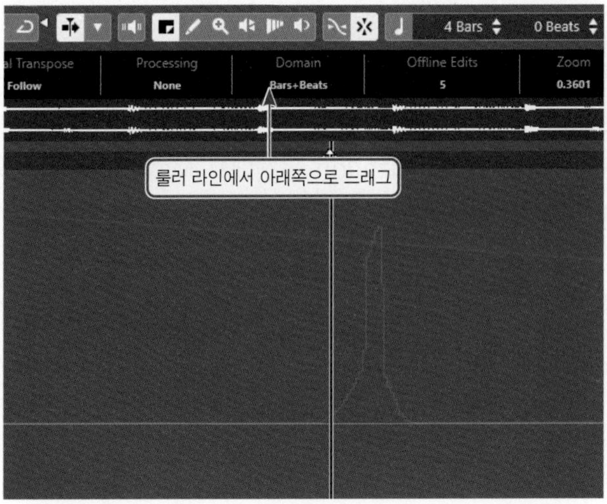


07 시작 위치에 클릭 잡음을 제거해보겠습니다. 샘플 에디터를 다시 열고, 클릭 잡음으로 짐작되는 위치의 룰러라인에서 마우스를 아래쪽으로 드래그하여 작업 공간을 확대합니다.

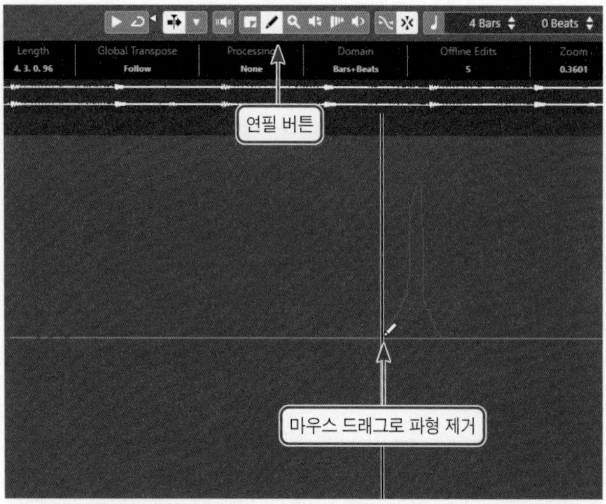


**08** 도구 바의 연필 버튼을 선택하고, 클릭 잡음의 오디오 파형을 수평으로 그려서 제거합니다. 사운드 포지와 같은 전문 프로그램에서나 가능한 편집 작업을 하고 있는 것입니다.

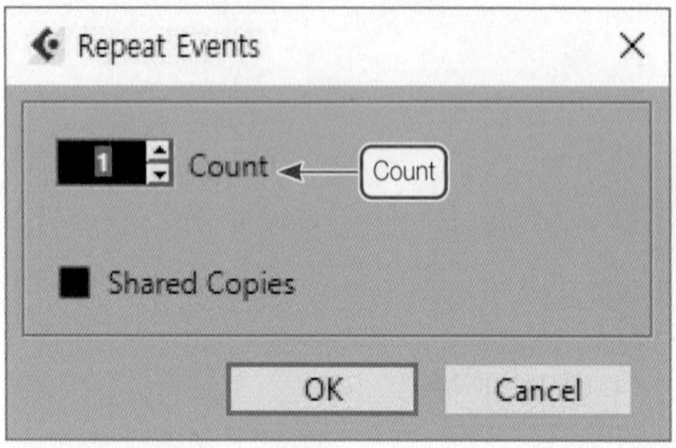


**09** 오디오 샘플의 볼륨을 조정하고, 템포를 맞추고, 잡음을 제거하는 등의 편집 작업을 해보았습니다. 완성한 이벤트를 반복시키겠다면, Ctrl+K 키를 눌러 Repeat Events 창을 열고, Count 항목에 복사하고 싶은 횟 수를 입력합니다.

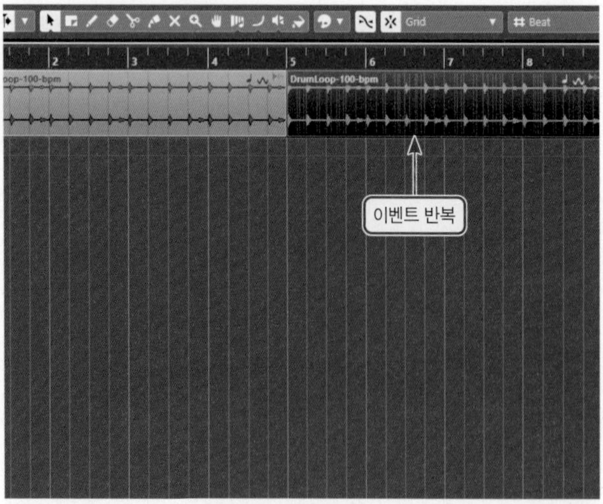


**10** 선택한 이벤트가 Repeat Events 창의 Count에 입력한 수 만큼 반복되는 것을 확인할 수 있습니다. 이처럼 샘플 에디터는 별도의 편집 프로그램을 이용하지 않고도 오디오 이벤트를 자유롭게 편집할 수 있는 기능을 제공합니다.

# 02 샘플 에디터의 도구

샘플 에디터 상단에는 오디오 샘플을 편집하는데 사용하는 도구 바이 있습니다. 샘플 에디터에서는 대부분의 작업이 도구들을 이용하므로 원활한 작업을 위해서는 각각의 기능을 정확히 알고 있어야 합니다. 리전이나 힛 포인트와 같은 샘플 에디터 전용 버튼을 제외하면 키 에디터에서 살펴보았던 기능들과 비슷합니다.

## 솔로 편집 버튼

키보드 숫자열의 Enter 키를 눌러 곡을 연주할 때, 샘플 에디터에서 편집 중인 오디오 이벤트만 모니터 할 수 있게 합니다. 샘플 에디터에는 작업중인 이벤트를 모니터할 수 있는 재생 버튼을 제공하고 있지만, 습관적으로 Enter 키를 누를 때, 프로젝트의 모든 이벤트가 연주되는 것을 방지할 수 있습니다.

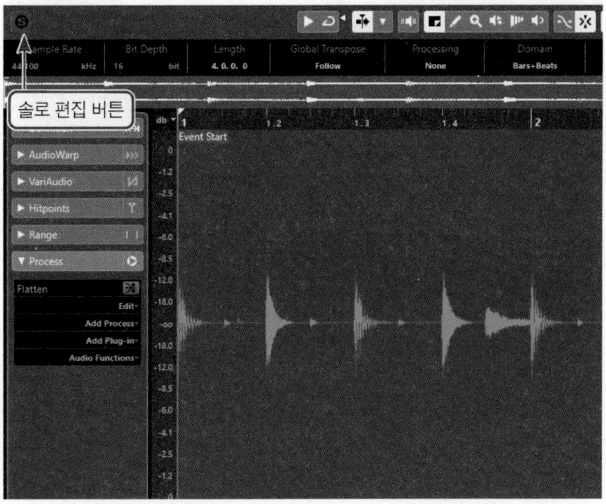


## 오디션 버튼

선택한 구간을 모니터 합니다. 재생 버튼 오른쪽의 반복 버튼을 On으로 해놓으면, 정지 버튼을 누를 때까지 반복 모니터되며, 반복 버튼 오른쪽의 작은 삼각형을 클릭하면 볼륨을 조정할 수 있는 슬라이더가 열립니다.

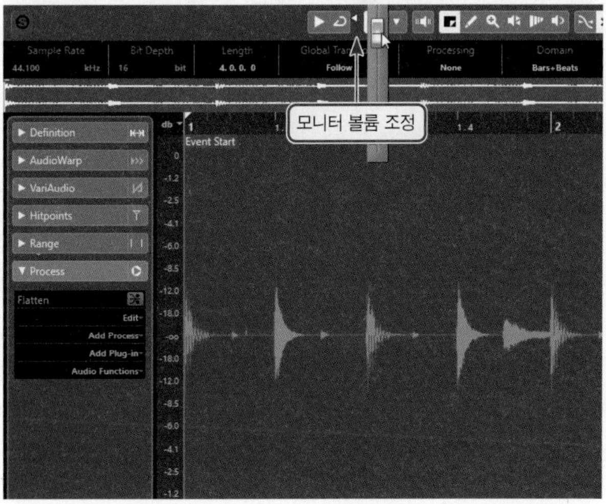

## [icon] 오토 스크롤 버튼

오토 스크롤 버튼은 샘플을 연주할 때 송 포지션 라인의 위치를 표시합니다. 재생 중에 이벤트를 편집하게 되면, 버튼이 주황색으로 변하면서 화면 이동이 멈추게 되는데, 다시 클릭하여 동작시킬 수 있습니다. 오른쪽 역삼각형 모양의 Settings 버튼을 클릭하면 화면을 페이지 단위(Page Scroll)로 움직이게 송 포지션 라인을 따르게(Stationary Cursor)할 것인지를 선택할 수 있고, Suspend Auto-Scroll when Editing 옵션은 편집을 할 때 멈추게 하는 것입니다.

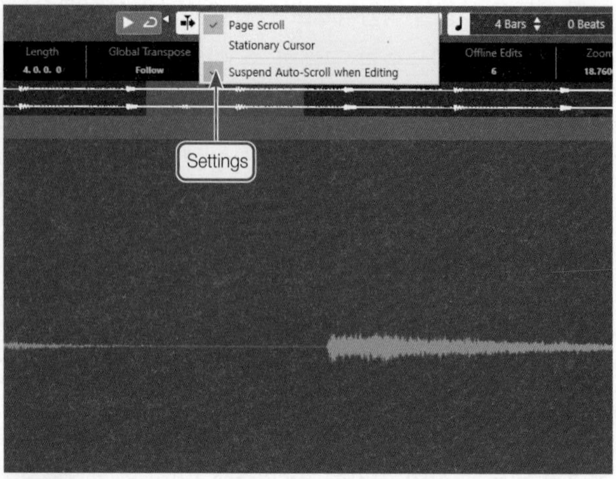


## [icon] 피드 백 버튼

VariAudio 파라미터에서 편집 중인 이벤트를 모니터할 수 있게 합니다. 특히, 음정을 편집할 때는 사운드의 결과를 모니터 하는 것이 좋으므로, 버튼을 Off시킬 이유는 없지만, 조용히 작업하고 싶을 때에는 버튼을 Off시킵니다.

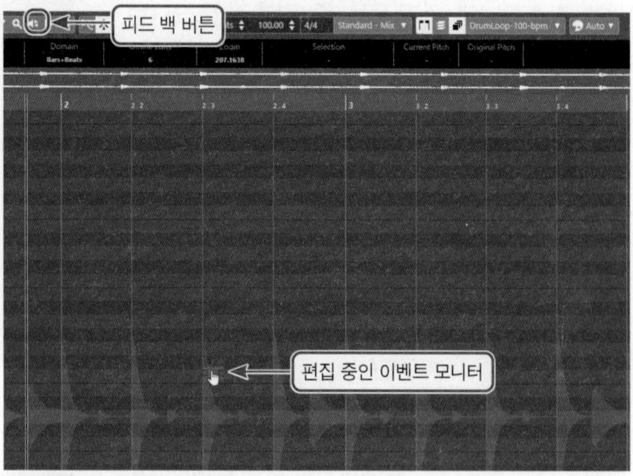


## [icon] 범위 선택 버튼

범위 선택 버튼은 리전 또는 편집할 구간을 선택합니다. 특정 부분에 프로세스를 적용하거나 리전을 만들기 위해서 마우스 드래그로 선택할 수 있습니다. 선택한 범위는 Range 파라미터에서 정밀하게 설정할 수 있습니다.

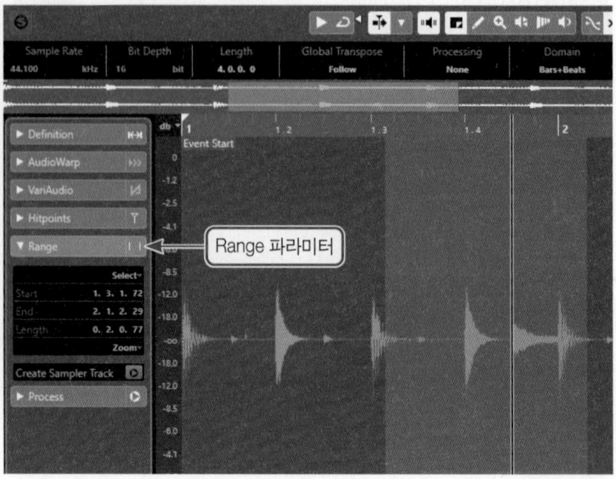

## 연필 버튼

연필 버튼은 파형을 직접적으로 편집할 수 있는 버튼입니다. 쉽게 눈으로 구분할 수 있는 클릭 잡음을 마우스 드래그로 제거할 때 사용할 수 있습니다. 단, 확대 비율이 1보다 작아야 사용할 수 있으며, 그 이상인 경우에는 경고창이 열립니다.

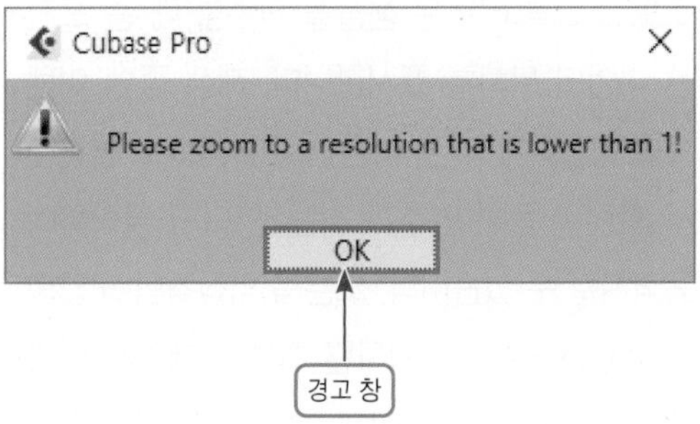


## 돋보기 버튼

돋보기 버튼은 작업 공간을 확대/축소 합니다. 일부 구간을 마우스로 드래그하여 작업 공간에 꽉 차게 확대할 수 있고, Alt 키를 누른 상태에서는 축소합니다. 실제로는 줌 단축키 G와 H 키를 더 많이 사용합니다.

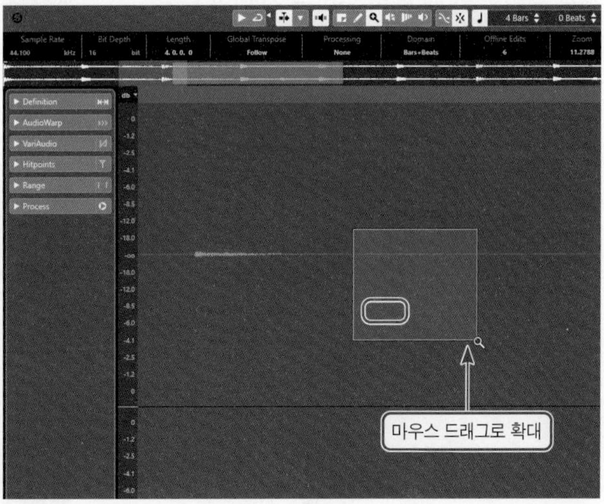


도구 바 아래쪽에는 오버 뷰 라인이 있습니다. 이것은 프로젝트 창의 오버 뷰 라인과 같은 역할로 작업 공간을 표시하는 것입니다. 현재 작업 중인 구간은 조금 진한 사각 프레임으로 나타내며, 프레임을 드래그하여 크기와 위치를 조정할 수 있습니다.

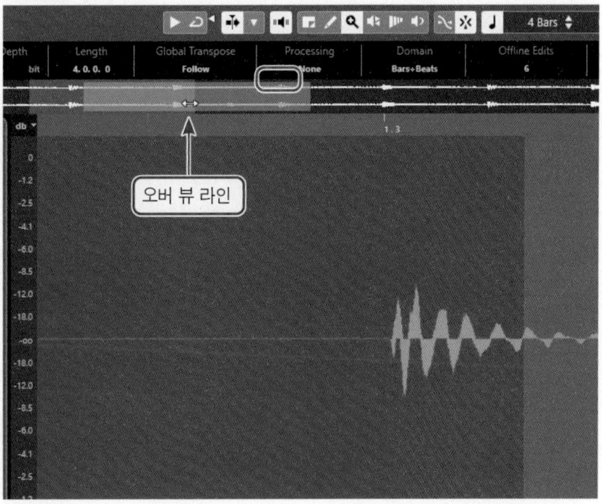

## 스크럽 버튼

스크럽 버튼은 스피커 버튼과 비슷하게 샘플을 모니터 할 수 있습니다. 차이점은 마우스를 드래그하는 속도와 방향에 영향을 받는 것입니다. 예를 들어 마우스를 왼쪽으로 드래그하면 사운드가 역으로 재생되므로 샘플의 앞/뒤를 바꾸는 리버스 효과를 적용하기 전에 미리 모니터 해볼 수 있습니다.

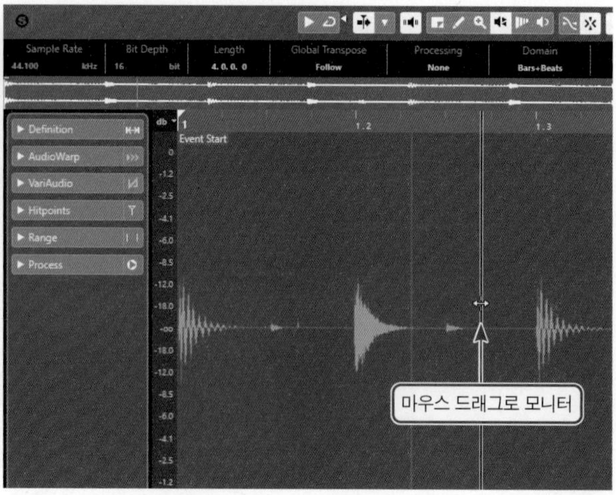


## 타임 버튼

타임 버튼은 오디오 샘플의 템포를 계산합니다. 타임 버튼은 Track 모드에서만 사용할 수 있습니다. 트랜스포트 패널의 템포 항목이 Track으로 설정되었는지 확인하고, 타임 버튼을 클릭합니다. 만일, Fixed 모드일 경우 그림과 같이 경고 창이 열립니다.

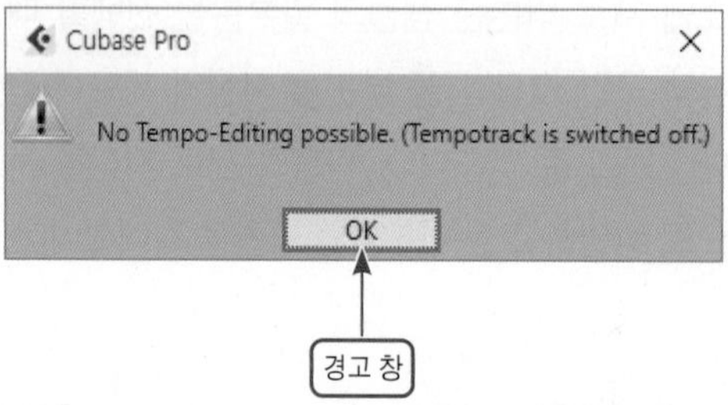

타임 버튼을 선택한 후 음악을 모니터 하면서 Shift 키를 누른 상태로 템포를 설정합니다. 좀 더 정확한 템포를 계산하고 싶을 경우에는 단위를 세밀하게 하면 됩니다. 룰러 라인에 표시되는 템포는 Shift 키를 누른 상태로 클릭하여 삭제할 수 있습니다.

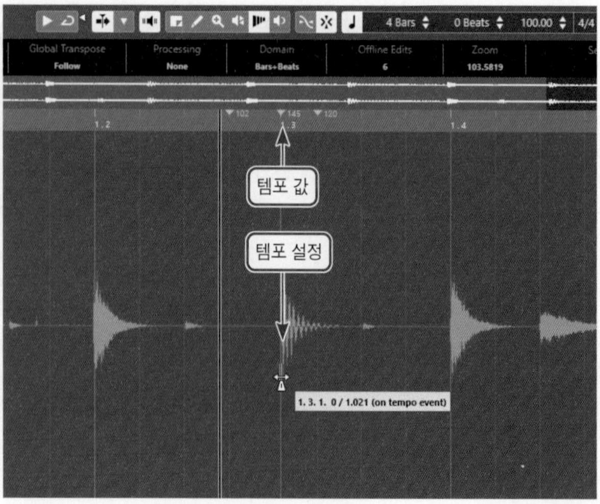

## 스피커 버튼

스피커 버튼은 오디오 샘플을 모니터 할 수 있는 버튼입니다. 스피커 버튼을 선택하고 작업 공간에서 특정 부분을 클릭하면 마우스를 누르고 있는 동안 클릭한 위치에서부터 파란색으로 반전되며 연주를 시작합니다. 이것은 작업 중인 파형에서 원하는 위치를 찾아볼 때 유용하게 사용할 수 있습니다.

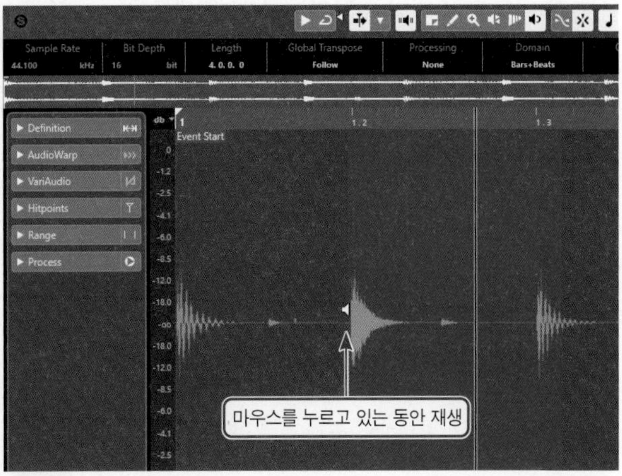


## 스넵 제로 버튼

스넵 제로 버튼은 샘플의 일부분을 선택할 때 선택 구간 시작과 끝 부분을 파형의 제로 지점에 자동으로 맞춥니다. 파형의 제로 지점을 눈으로 확인하고 싶다면 작업 공간을 확대합니다.

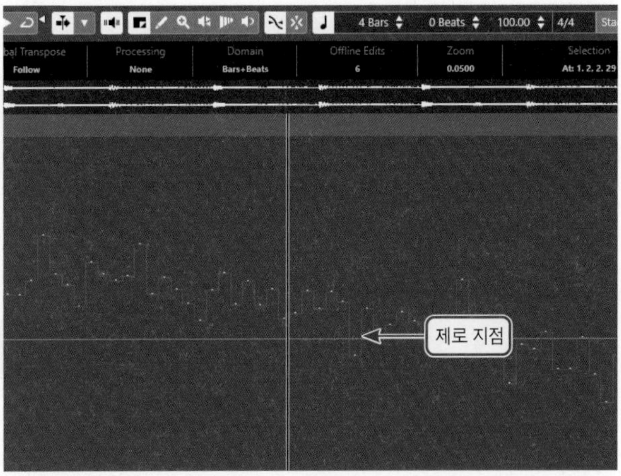


## 스넵 버튼

VariAudio 및 AudioWarp 파라미터에서 샘플을 편집할 때, 그리드 라인에 맞춰어 움직일 수 있게 합니다. 이것은 샘플 에디터에서만 작동되는 것이므로, 프로젝트 창의 스넵 값과 상관없이 이용할 수 있습니다.

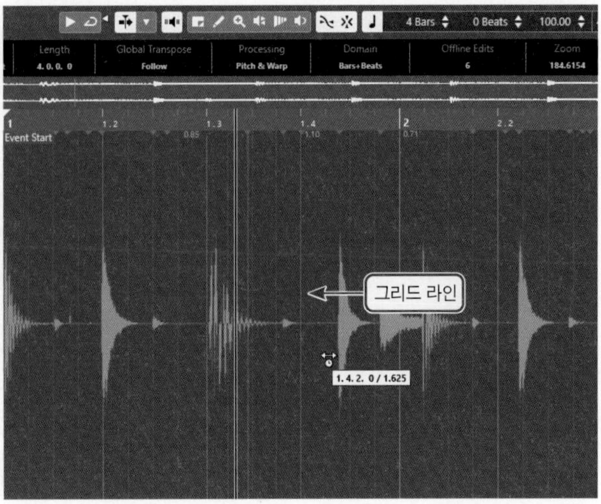

## 뮤지컬 모드 버튼

오디오 이벤트의 템포를 자유롭게 이용할 수 있게 만듭니다. 뮤지컬 모드 버튼을 On으로 하면, 오디오 이벤트 오른쪽 상단에 물결 모양이 표시되며, 프로젝트의 템포를 변경할 때, 자동으로 오디오 이벤트의 템포가 변경됩니다.

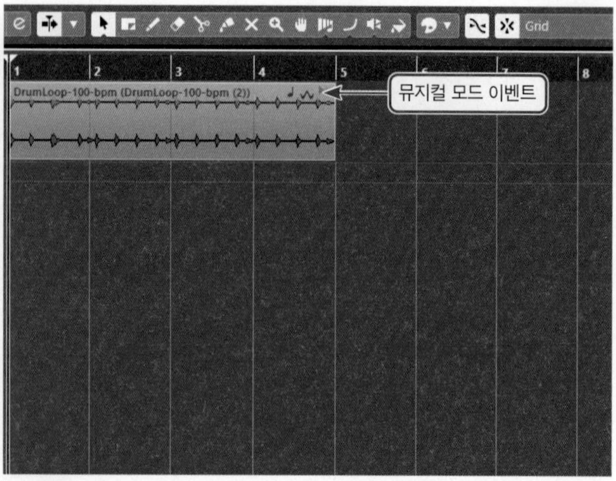


뮤지컬 모드를 자유롭게 이용하기 위해서는 마디(Bars), 비트(Beats), 템포(Tempo), 박자(Signature) 항목에서 샘플의 정확한 정보를 입력해야 합니다. 그리고 템포가 변경될 때의 알고리즘(Algorithm)도 샘플에 맞추어 선택해주면, 음질의 변화를 최소화 시킬 수 있습니다.

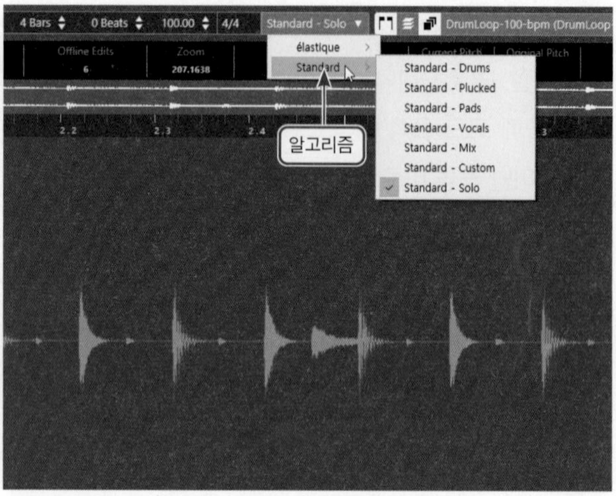


## 보기 버튼

보기 버튼은 편집 중인 이벤트(Show Events)를 표시할 것인지 클립 전체(Show Clips)를 표시할 것인지 또는 둘 다(Show Clips and Evnets) 표시할 것인지를 결정합니다. 이벤트의 시작과 끝 지점은 룰러 라인 아래쪽에 표시됩니다.

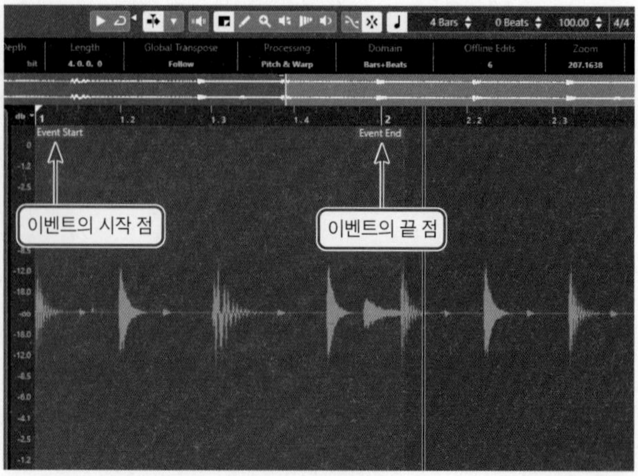

## 이벤트 선택 버튼

프로젝트 창에서 두 개 이상의 이벤트를 선택한 경우에는 샘플 에디터에서 편집할 이벤트를 선택할 수 있습니다. 이때 Edit에서 편집 대상을 선택할 수 있으며, Display에서 표시 대상을 선택할 수 있습니다. 그리고 이벤트는 오른쪽 메뉴에서 선택합니다.

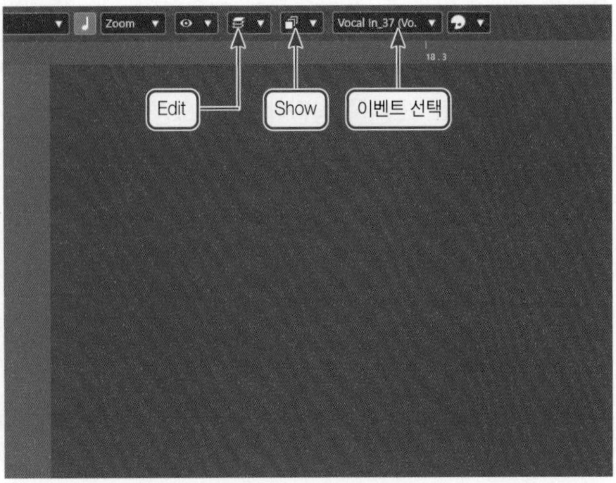


## 컬러 버튼

오디오 파형을 이벤트, 피치, 코드 트랙 색상으로 표시할 수 있습니다. VariAudio에서 하모니를 만들 때 코드 트랙 색상으로 선택하면 코드에서 벗어난 음을 바로 확인할 수 있습니다.

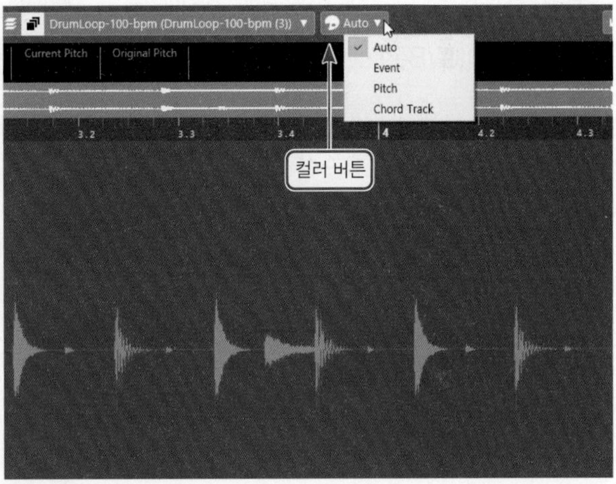


## 레이아웃 버튼

로우 존으로 열기, 인스펙터 창 열기, 리즌 창 열기, 인포 및 오버뷰 라인을 열 수 있는 레이아웃 버튼이 있습니다. 로우 존으로 열었을 때는 분리 버튼을 클릭하여 독립 창으로 열 수 있습니다.

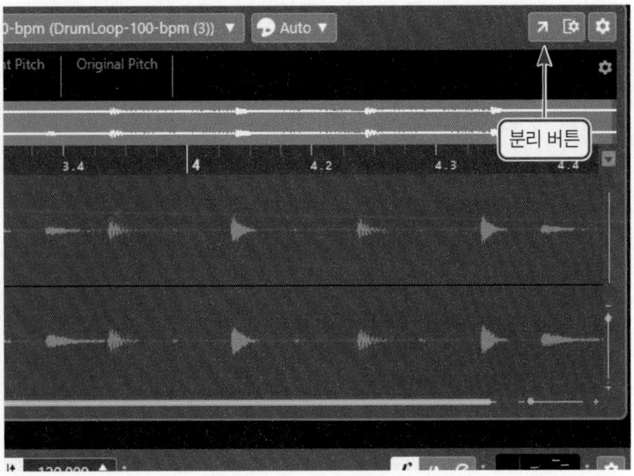

# 03 샘플 에디터의 작업 공간

샘플 에디터의 작업 공간은 편집 중인 이벤트의 파형을 보여줍니다. 처음에는 파형의 모양만으로 위치를 찾는 실무자들이 신기해 보이기도 하겠지만, 조금만 익숙해지면 누구나 가능한 일입니다. 작업 공간 상단에는 오버 뷰 라인이 있고, 왼쪽에는 레벨을 표시하는 미터가 있습니다. 레벨 미터는 마우스 오른쪽 버튼을 클릭하여 퍼센트와 dB단위 중에서 선택할 수 있습니다.

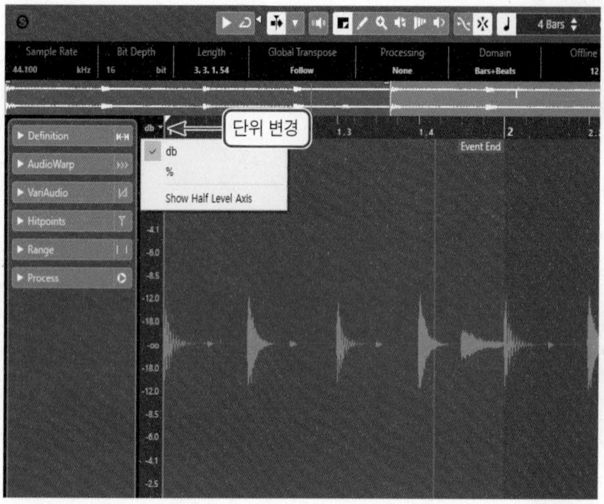


**01** 작업 공간 왼쪽에 보이는 레벨 미터는 샘플의 볼륨을 가늠할 수 있는 라인입니다. 레벨 미터는 제로 지점(0)을 기준으로 상/하로 분리되어 있습니다. 단위 표시 버튼을 클릭하면 dB 단위로 변경할 수 있습니다.

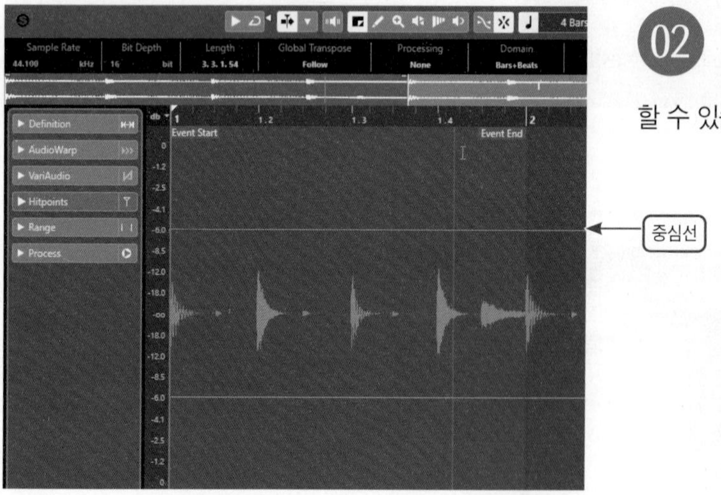


**02** 메뉴에서 Show Half Level Axis를 선택하면 각 채널에 레벨 중심선을 표시할 수 있습니다.

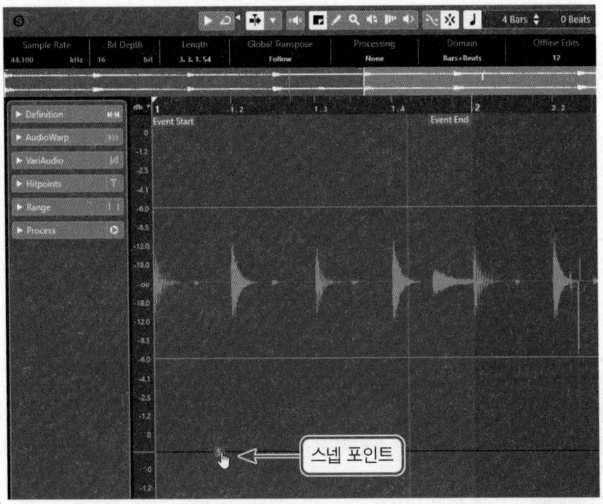


03 이벤트 보기 버튼을 On으로 하면, 작업 공간 왼쪽에 S라고 표시되어 있는 스넵 포인트를 볼 수 있습니다. 이것은 이벤트를 스넵 라인 단위로 이동하거나 복사할 때의 기준 위치를 결정하는 것입니다.

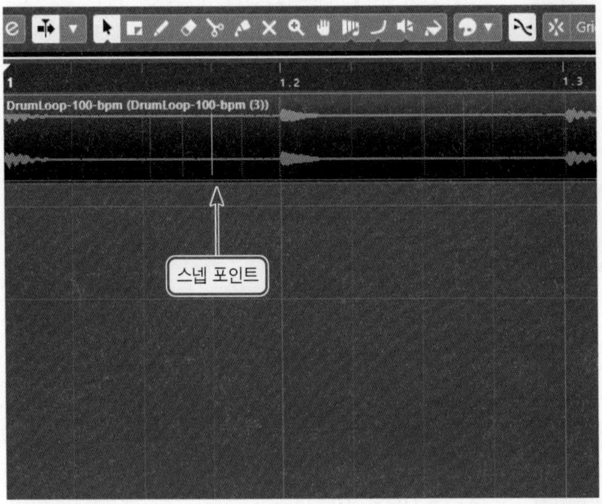


04 프로젝트 창에서 이벤트를 보면 변경한 스넵 라인 위치가 파란색 실선으로 보이는 것을 확인할 수 있습니다. 스넵 버튼을 On으로 하고, 이벤트를 이동해보면 라인의 위치가 스냅 단위로 이동하는 것을 알 수 있습니다.

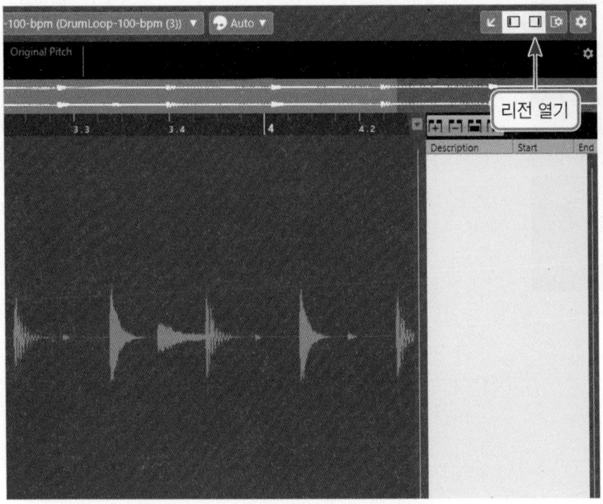


05 샘플 에디터 작업 공간에는 리전 창이 있습니다. 레이아웃 버튼에서 리전 열기 버튼을 클릭하면 작업 공간 오른쪽으로 리전 창이 보입니다. 리전 창 경계선을 드래그하여 작업 공간의 크기를 변경할 수 있습니다.

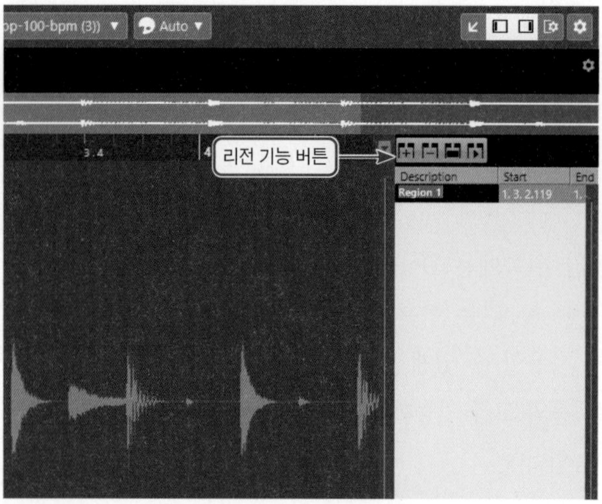


**06** 리전 창에는 Add, Remove, Select, Play 기능의 4가지 버튼이 있습니다. Add 버튼은 왼쪽 작업 공간에서 선택한 구간을 리전으로 만들고, Remove는 리전을 삭제합니다. Add 버튼으로 만든 리전은 Description 칼럼에서 이름을 변경할 수 있고, 시작 (Start / End)와 스넵 포인트(Snap Point)를 변경할 수 있습니다.

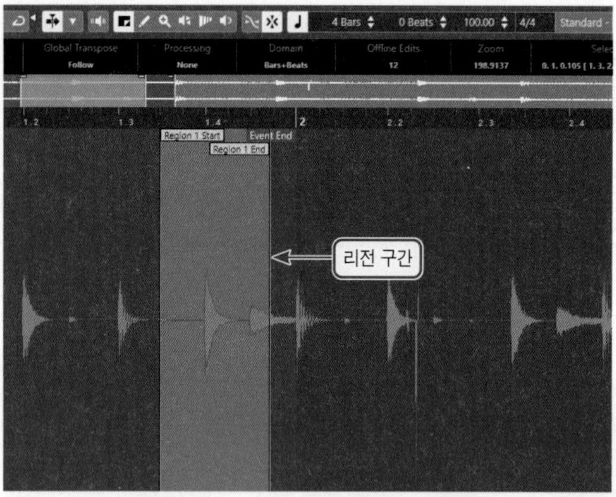


**07** Select 버튼은 리전의 범위를 작업 공간에서 선택할 수 있게 하고, Play는 연주할 수 있게 합니다. 리전은 하나의 이벤트에서 특정 구간을 연주하거나 편집할 때 유용하게 사용할 수 있습니다.

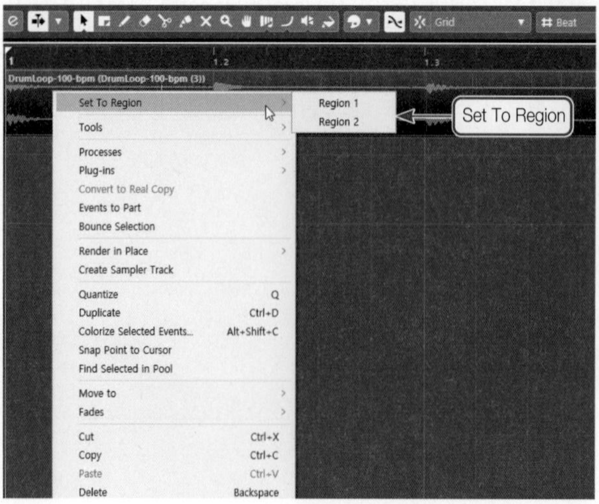


**08** 프로젝트 창에서 오디오 이벤트를 Ctrl 키를 누른 상태에서 마우스 오른쪽 버튼으로 클릭하여 단축 메뉴를 열면, 상단 Set To Region 메뉴에 리전의 이름이 보입니다. 여기서 원하는 리전을 선택하여 특정 부분만 연주할 수 있습니다.

# 02 샘플 에디터의 인스펙터

● 샘플 파일 : Inspector

샘플 에디터 작업 공간 왼쪽에는 Definition, AudioWarp, VariAudio, Hitpoints, Range, Process라는 이름의 6가지 파라미터를 제공합니다. 샘플의 템포를 자유롭게 사용할 수 있게 하는 간단한 기능에서부터 보컬의 음정과 박자를 수정하는 등의 고급 기능까지 음악의 퀄리티를 한 층 더 업그레이드 시킬 수 있는 기능입니다.

## 01 Definition

Definition 파라미터에는 뮤지컬 모드와 연결되어 템포 조정이 가능한 오디오 샘플을 만들 때의 비트 단위를 설정합니다. 오디오 샘플을 사용할 때 음악 그루브는 Definition 설정에 쏟은 정성과 작업 결과가 비례합니다.

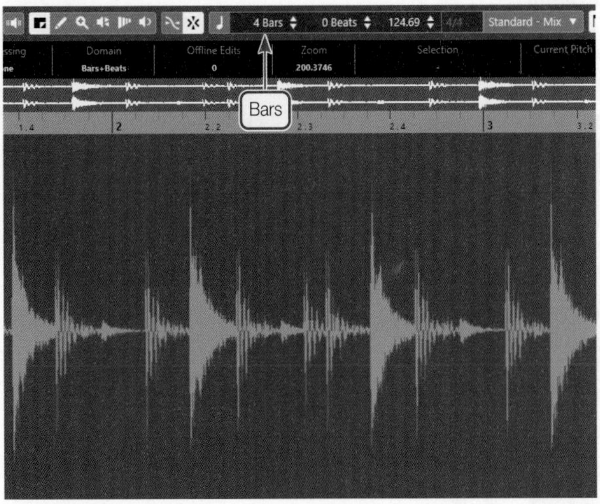


01 프로젝트 템포와 맞지 않는 오디오 샘플을 임포트했다고 가정합니다. 샘플 에디터를 열고, Bars와 Beast를 설정하면, 템포를 확인할 수 있습니다. 실습 샘플은 4박자 루프 이므로 Bars를 4로 설정합니다.

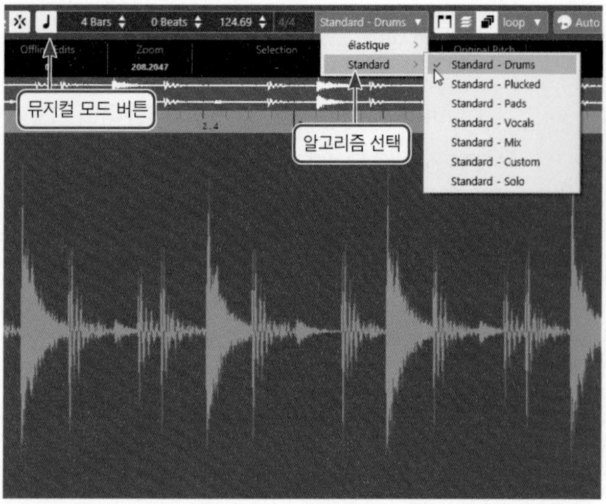


02 뮤지컬 모드 버튼을 On으로 하고, Algorithm은 소스에 맞게 Drums으로 선택합니다. 이제 트랜스포트 패널의 템포를 변경해보면, 오디오 이벤트의 템포가 프로젝트에 맞게 재생되는 것을 확인할 수 있습니다.

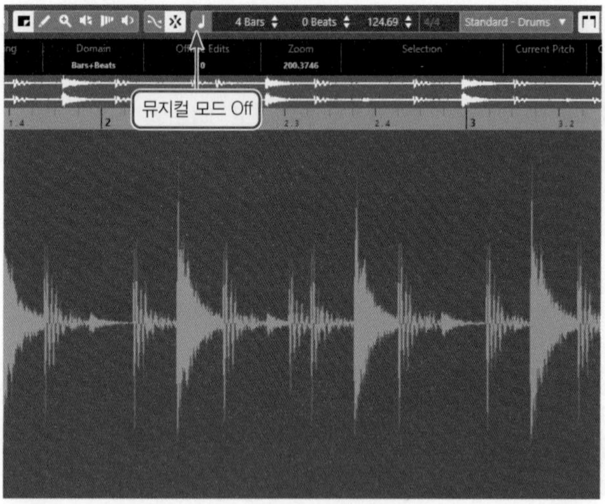


03 판매용 루프 샘플의 경우에는 대부분 이정도의 작업만으로 프로젝트 템포에 맞춰 사용할 수 있습니다. 하지만, 그렇지 못한 경우도 있습니다. 실습을 위해 뮤지컬 모드 버튼을 Off합니다.

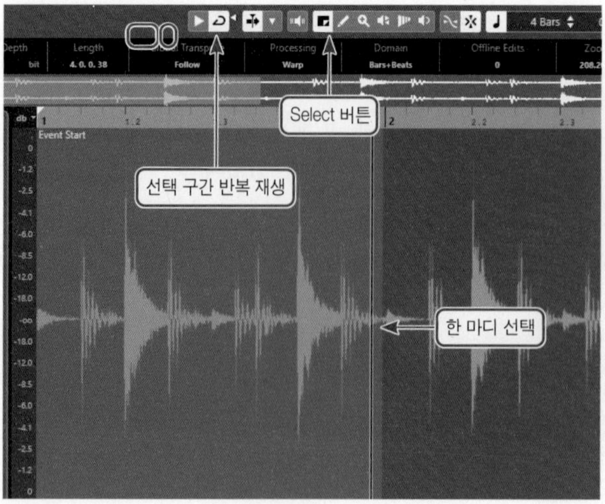


04 도구 바의 Select 버튼을 이용해서 한 마디 길이의 루프를 선택합니다. 이때 반복 버튼을 On으로 하고, 재생을 하면 정확한 구간을 선택할 수 있습니다. 필요하다면 작업 공간을 확대합니다.

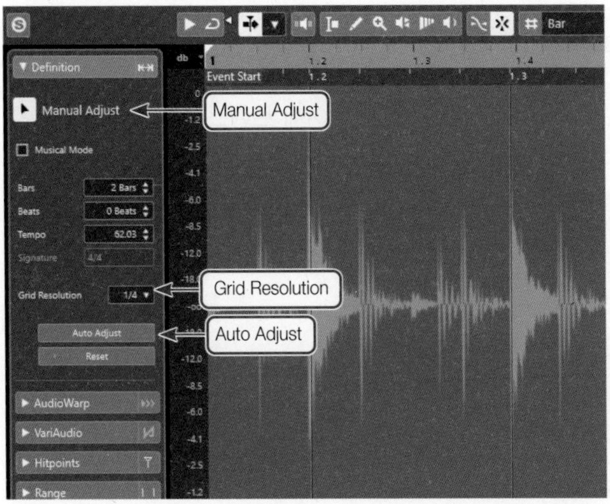


05 Definition의 Grid Resolution을 1/4로 선택하고, Auto Adjust을 클릭하여 마디가 자동으로 분석되게 합니다. Grid Resolution을 1/4로 선택했으므로 한 마디에 4개의 Stretch Bars가 형성되고 Stretch Bars를 수동으로 편집할 수 있는 Manual Adjust가 On으로 됩니다.

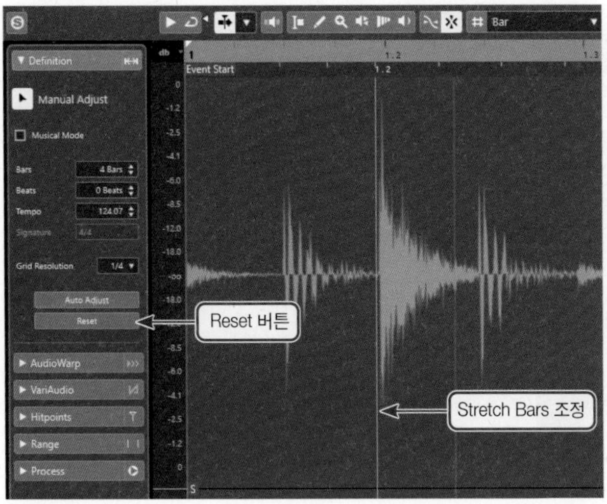


06 샘플에 따라 정확한 비트를 분석하지 못하는 경우가 있습니다. 줌 바를 드래그하여 확대하고, 비트가 어긋난 부분의 Stretch Bars를 드래그하여 조정합니다. Stretch Bars를 초기화 시키고 싶다면 Ctrl 키를 누른 상태로 클릭하고, 전체 작업을 다시하고 싶다면 Reset 버튼을 클릭합니다.

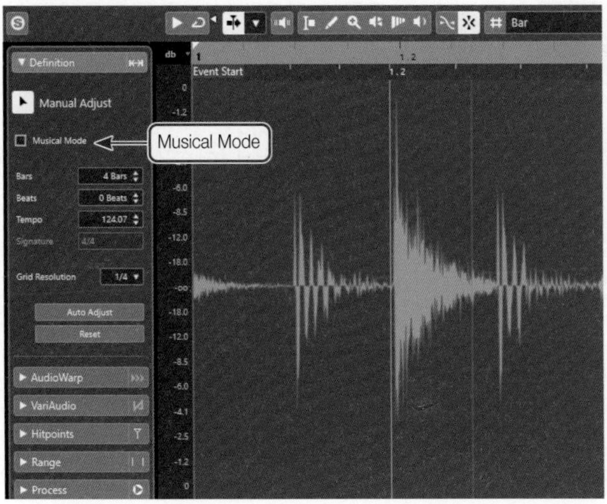


07 작업이 끝나면 Definition 파라미터 또는 도구 바의 Musical Mode를 On으로 합니다. 앞에서 보다 정확한 비트로 연주되는 것을 확인할 수 있습니다.

**Tip**

Stretch Bars를 세부화 시키고 싶다면, Grid 설정을 1/8 또는 1/16 등으로 선택합니다.

## 02 AudioWarp

AudioWarp 파라미터는 Stretch Bars를 파형에 맞추는 것이 아니라 파형의 길이를 조정하여 워프 바에 맞추는 것입니다. 이것은 불규칙한 리듬으로 연주되어 Definition 만으로 비트를 분해할 수 없는 리듬을 변경할 수 있게 합니다. 즉, 그 어떤 샘플이라도 자신이 사용하는 곡에 맞출 수 있는 것입니다.

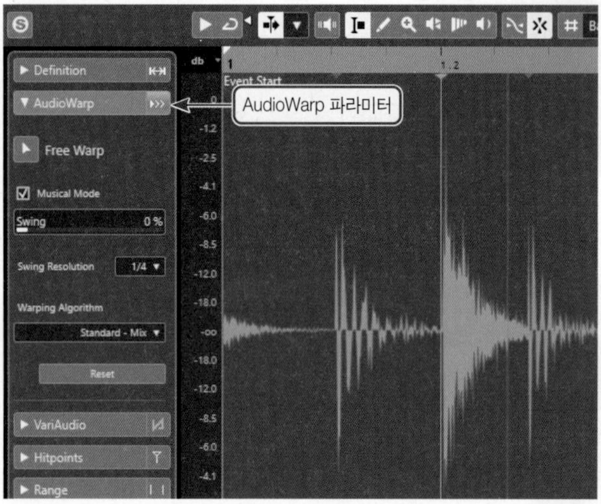


**01** 앞의 Definition 실습에 이어서 Audio Warp 파라미터를 클릭하여 열어보면, 템포 조정이 가능한 Musical Mode가 체크되어 있습니다. 즉, Definition과 Audiowarp는 연동되어 동작되는 것입니다.

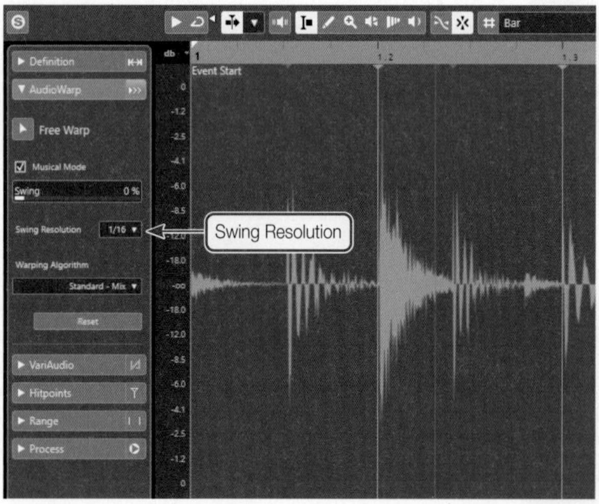


**02** 워프 라인의 단위는 Definition에서 설정한 Stretch Bars를 기준으로 형성되지만, Swing Resolution 목록을 이용해서 사용자가 원하는 단위로 형성되게 할 수 있습니다. 샘플에 맞게 1/16으로 선택합니다.

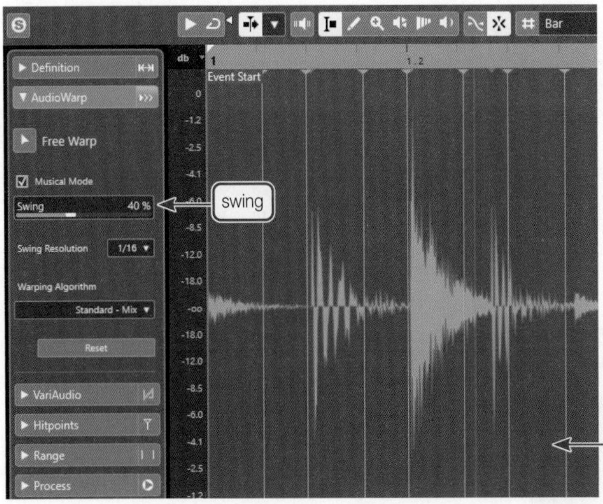


**03** Swing은 짝수에 해당하는 워프 라인을 뒤쪽으로 이동시켜 스윙 리듬으로 조정할 수 있습니다. 즉, 스윙 리듬을 만들기 위해서는 Quantize 단위를 1/8 이상으로 선택해야 업 비트에 해당하는 사운드를 조정할 수 있는 것입니다. 직접 조정을 해보면서 업 비트의 변화를 모니터 해봅니다.

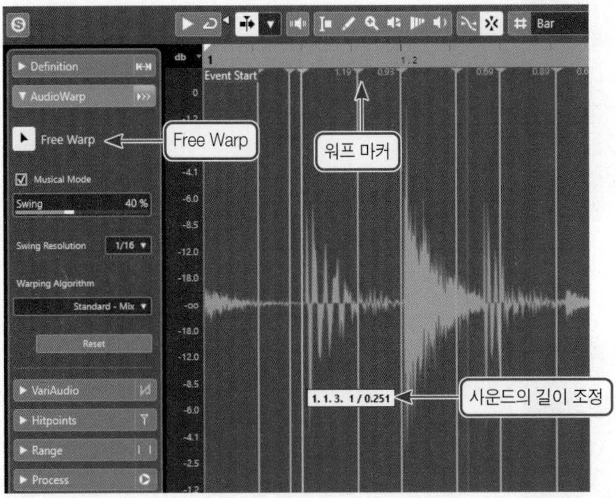


**04** 사용자가 직접 사운드의 길이를 조정하겠다면, Free Warp 버튼을 On으로 하고, 워프 라인을 드래그하여 조정합니다. 워프 라인은 빈 공간을 클릭하여 추가하거나 Shift 키를 누른 상태로 워프 마커를 클릭하여 삭제할 수 있습니다.

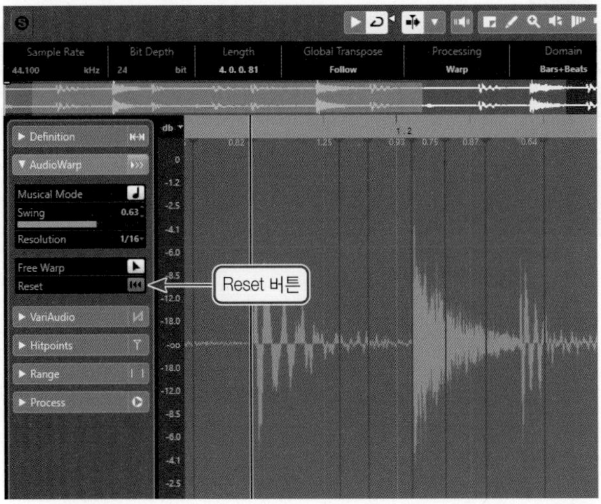


**05** Definition으로 분석한 비트로 해결할 수 없을 정도로 불규칙한 연주라면 Reset 버튼을 클릭하여 초기화 시키고, 마우스 드래그로 일일이 길이를 조정합니다. 샘플이 긴 경우에는 지루한 작업이 될 수 있지만, 사용자의 정성은 결과물에서 얻을 수 있습니다.

# 03 VariAudio

● 샘플 파일 : Vari

VariAudio는 보컬의 음정과 박자를 자유롭게 조정하거나 댄스 곡에서 유행하는 기계적인 음성을 만드는 쉐어 효과를 연출할 수 있는 것으로 오디오 샘플 에디터에서 가장 눈에 띄는 기능입니다. 이러한 작업을 위해서 Antares사의 Auto-Tune이나 Celemony사의 Melodyne과 같은 툴을 설치해야 하지만, 큐베이스는 추가 비용없이 이용할 수 있는 것입니다. 특히, 자체적으로 운용되는 툴이기 때문에 컨버팅 과정이 필요 없고 시스템 자원을 낭비하지 않는다는 장점이 있습니다.

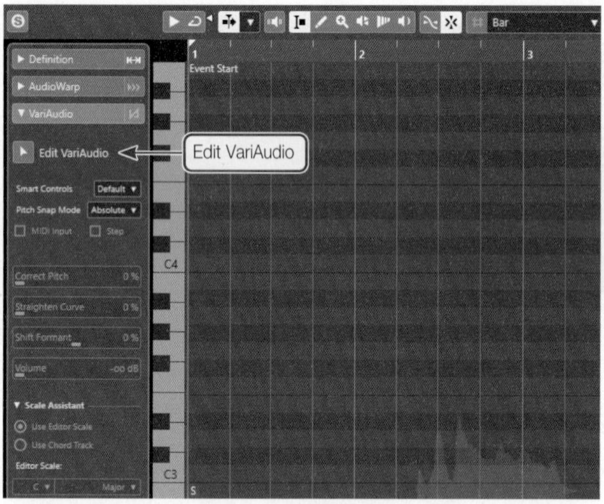


**01** VariAudio 파라미터의 Edit VariAudio를 On으로 하면, 음정과 박자를 조정할 수 있게 오디오 이벤트가 분석되어 키 에디터의 노트와 같은 모양으로 표시됩니다.

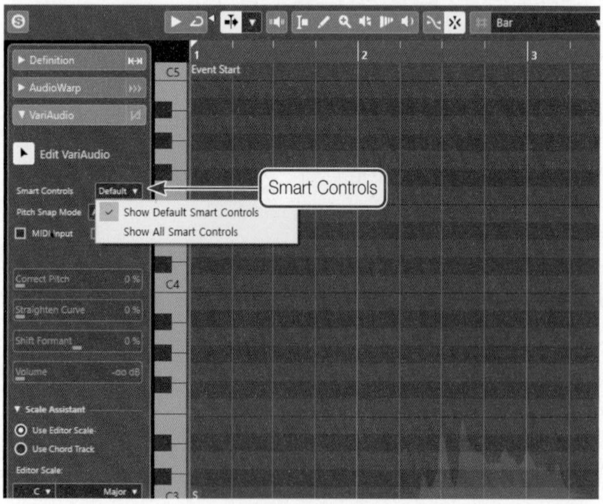


**02** 분석된 노트를 세그먼트라고 하며, 미디 노트를 다루듯이 마우스 드래그로 음정과 박자를 조정할 수 있습니다. 세그먼트에는 세부적인 컨트롤이 가능한 핸들이 표시되는데, Smart Controls에서 Default와 All 중에서 표시 방법을 선택할 수 있습니다.

03 Default는 박자와 길이를 조정하는 Warp Start와 End, 피치를 조정하는 Straighten Curve와 Currect Pitch, 그리고 Glue 라인이 표시되며, All은 모든 컨트롤을 표시합니다.

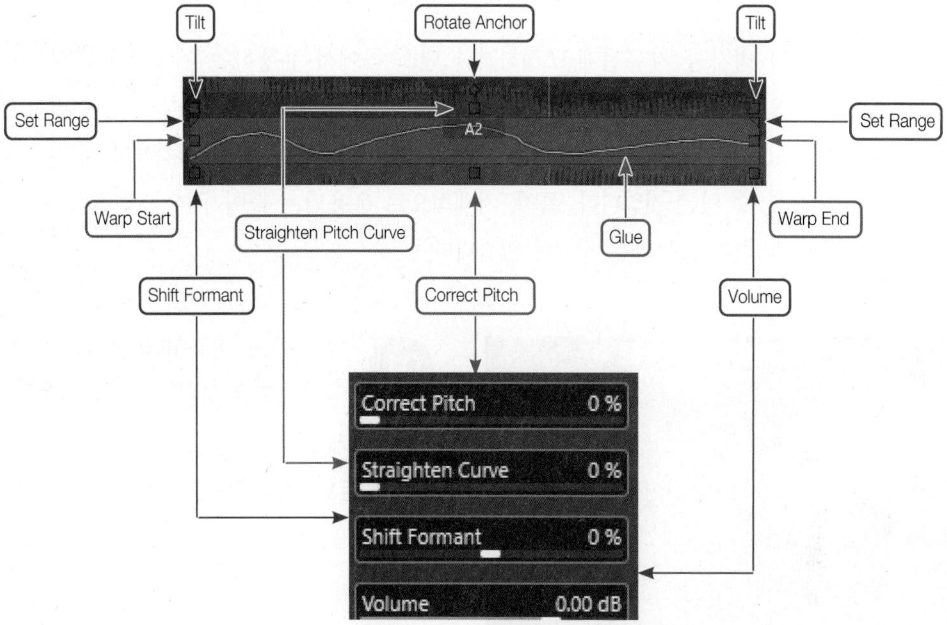


- Tilt : 상단 모서리 양쪽에 있는 핸들입니다. 피치 커브의 기울기를 조정합니다. Alt 키를 누른 상태로 드래그하면 Rotate Anchor를 중심으로 시소처럼 기웁니다.
- Rotate Anchor : 세그먼트 중심에 다이아 모양으로 표시되어 있는 핸들을 드래그하여 위치를 설정합니다.
- Straighten Pitch Curve : 가운데 상단에 표시되는 핸들로 피치 커브를 직선으로 만듭니다.
- Set Range : 상단 모서리 양쪽에 삼각형으로 표시되며, Straighten Pitch Curve 범위를 설정합니다.
- Warp Start/End : 시작 및 끝 중앙에 표시되는 핸들입니다. 오디오의 시작 타임 및 길이를 조정합니다. Alt 키를 누른 상태로 드래그하면 세그먼트의 길이만 조정할 수 있습니다.
- Volume : 오른쪽 하단에 표시되는 핸들로 볼륨을 조정합니다.
- Glue : 세그먼트를 자르거나 붙입니다. 가운데 실선으로 표시되는 부분을 클릭하면 잘리고, 시작과 끝 부분에 점선으로 표시되는 부분을 클릭하면 붙습니다.
- Correct Pitch : 가운데 아래쪽에 표시되는 핸들로 피치를 미세하게 조정합니다.
- Shift Formant : 왼쪽 하단에 표시되는 핸들로 톤을 조정합니다.

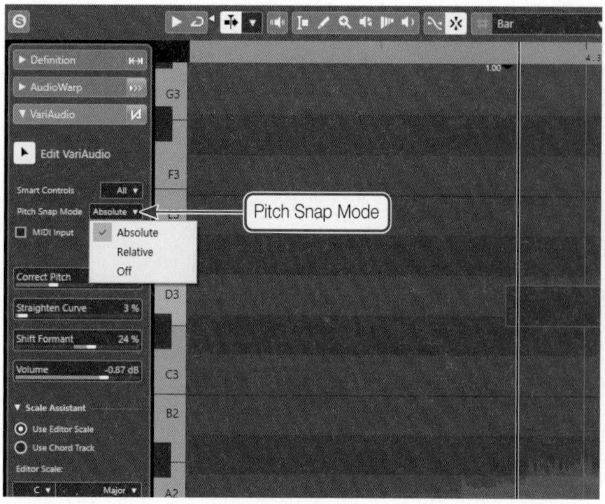


**04** 기본적으로 피치는 세그먼트를 위/아래로 드래그하여 조정합니다. 이때 적용되는 스넵 모드는 Absolute와 Relative가 있습니다.

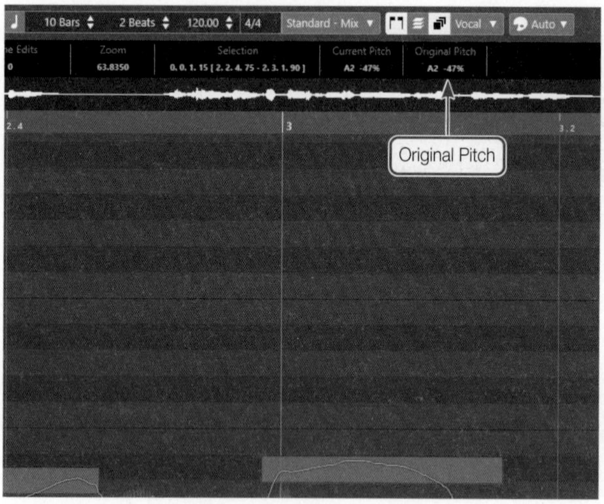


**05** 첫 소절의 Keep on Running에서 Keep 노트를 선택하고, 인포 라인의 Original Pitch를 보면, A2-47%로 레코딩되어 있습니다. 원음이 Bb이므로, 53% 음이 떨어진 상태입니다.

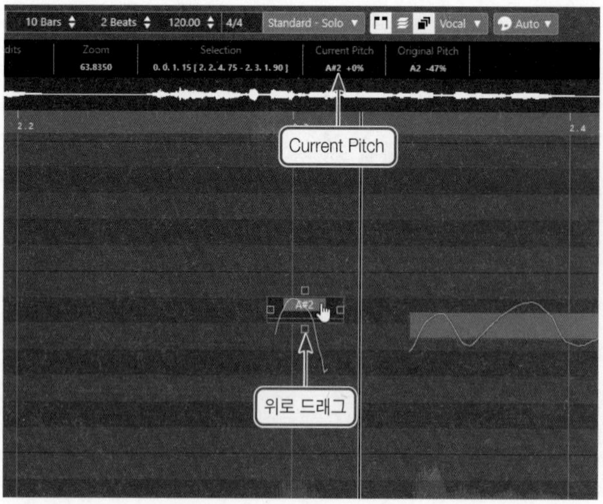


**06** 세그먼트를 위로 드래그하여 Bb에 가져다 놓고, Current Pitch 항목을 보면, A#2 +0%로 정확하게 조정된 것을 확인할 수 있습니다. 이렇게 피치를 정확하게 맞추는 것이 Absolute 모드 입니다.

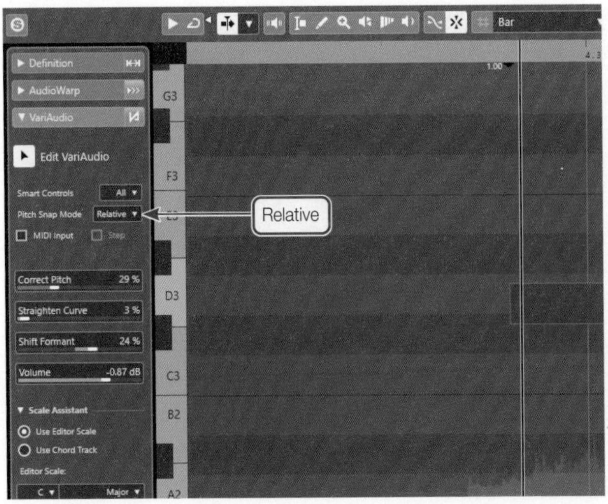


07 Ctrl+Z 키를 눌러 노트 수정을 취소하고, 스넵 모드를 Relative로 선택합니다.

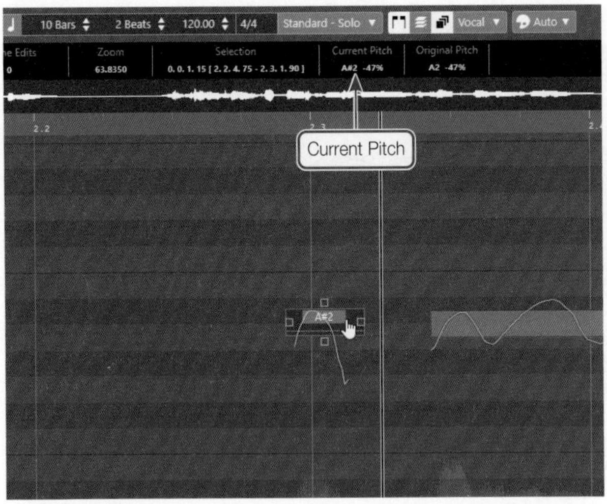


08 Keep 노트를 위로 드래그하여 Bb로 교정하고, Current Pitch 항목을 보면, A#2 -47%로 표시되는 것을 확인할 수 있습니다. 즉, 조금 어긋한 피치를 유지한 상태로 수정되는 것이 Relative 모드 입니다.

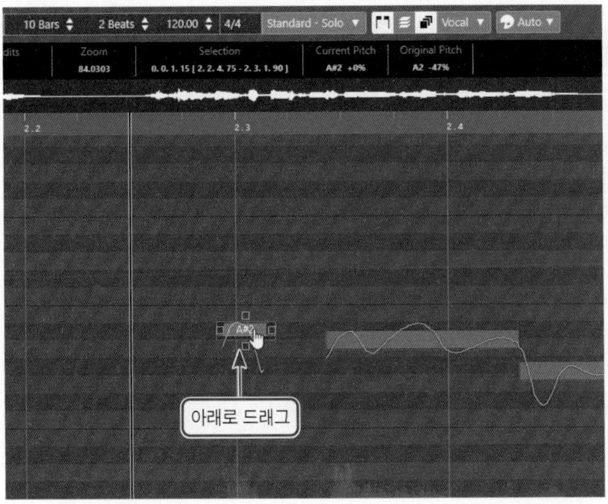


09 스넵 모드에서 Off를 선택하고, Keep 노트를 아래로 조금씩 내려 A#2 -10% 정도로 교정합니다. 스넵 모드를 Off 하면 미세하게 조정할 수 있는 것입니다.

**Tip**

Absolute와 Relative 모드에서도 Shift 키를 누르면 Off로 동작합니다.

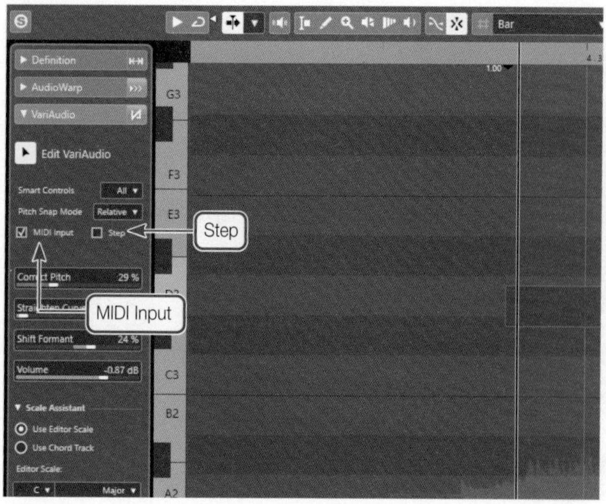


10 MIDI Input은 마스터 건반을 이용해서 피치를 조정할 수 있게 합니다. MIDI Input을 체크합니다. Step 옵션은 노트가 차례대로 선택되게 합니다.

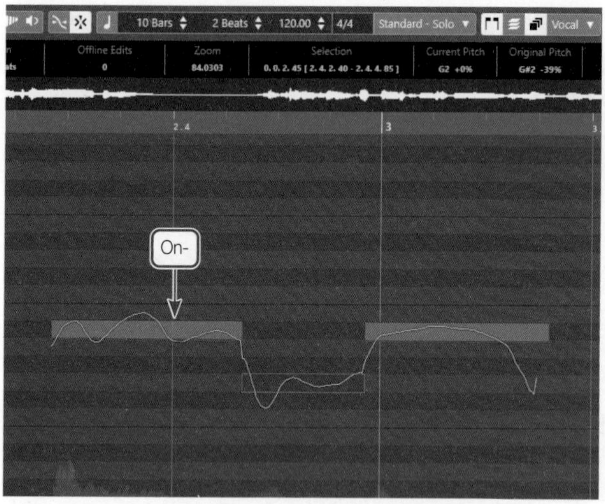


11 On에 해당하는 두 번째 노트를 선택하고 마스터 건반에서 Bb을 누르면 해당 음으로 교정되는 것을 확인할 수 있습니다. 오른쪽 방향키를 눌러 다음 노트를 선택할 수 있으며, 스텝 모드로 활성화 한 경우에는 자동으로 다음 노트가 선택됩니다.

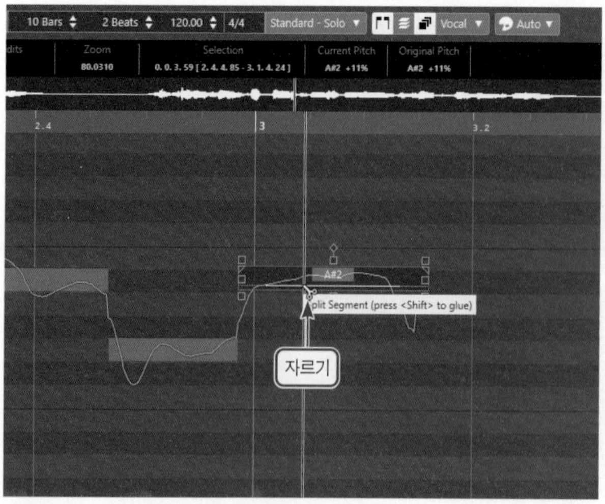


12 Running에 해당하는 노트는 원곡과 다르게 한 음으로 불러서 큐베이스가 하나의 노트로 인식하고 있습니다. Glue 라인에 마우스를 가져가면 가위 모양으로 표시되고, 클릭하여 자를 수 있습니다. Run-ning으로 잘라 봅니다.

**Tip**

Alt 키를 누르면 위치에 상관없이 자를 수 있습니다.

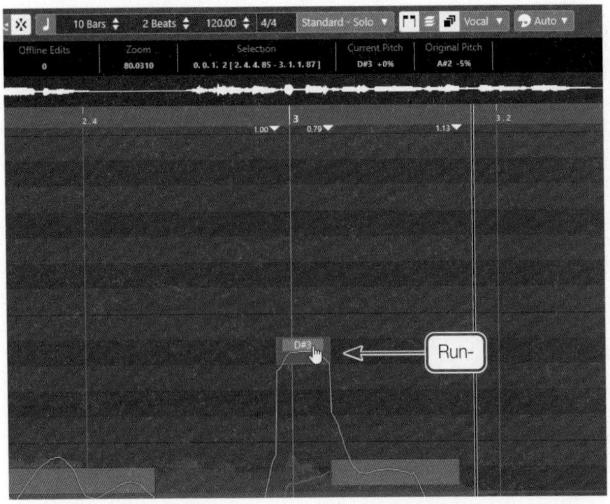


**13** 잘린 세그먼트 앞의 Run에 해당하는 노트를 D#으로 수정해 봅니다. 모니터를 해보면 매우 부자연스럽습니다. 결국, 특수한 목적이 아니라면 한계가 있다는 것입니다. 이런 경우라면 녹음을 다시 하거나 포기하고 Bb으로 두는 것이 현명합니다.

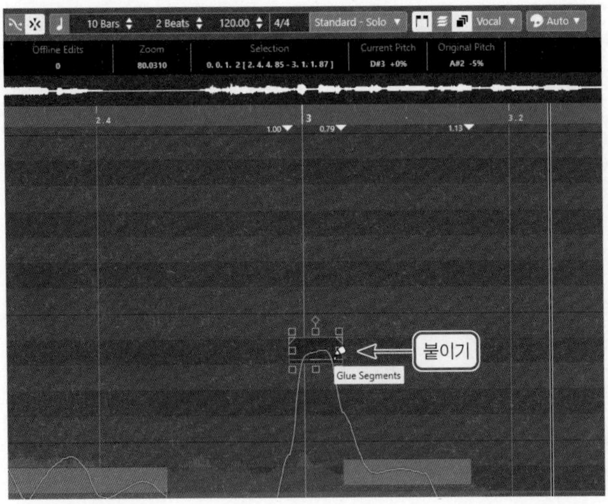


**14** Glue 라인 시작과 끝 부분은 점선으로 표기되어 있습니다. 이곳에 마우스를 가져가면 풀 툴로 표시되며, 앞 또는 뒤의 세그먼트와 붙일 수 있습니다. 끝 부분을 클릭하여 원래대로 붙입니다.

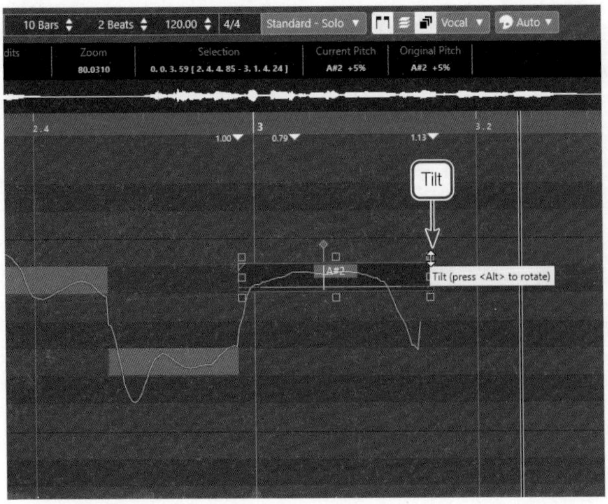


**15** 시작과 끝 위치 상단의 Tilt 핸들은 피치 커브의 기울기를 조정합니다. 끝 부분의 Tilt 핸들을 위로 드래그하여 Running 후에 너무 다운 되는 것을 수정합니다.

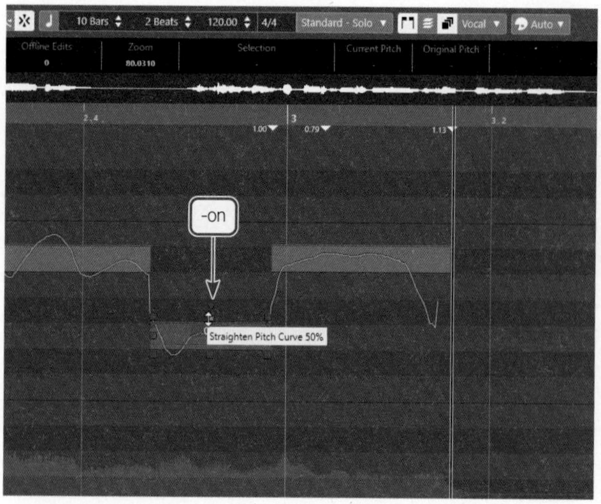


16 세그먼트 중앙 위쪽에 있는 Straighten Pitch Curve 핸들은 피치 커브를 평탄하게 만들어줍니다. Running 앞의 on 노트 음을 50% 정도 평탄하게 만들어 흔들림이 없게 합니다.

**Tip**

피치 커브를 100%로 만들면 기계 음으로 들리는 쉐어 효과를 만들 수 있습니다.

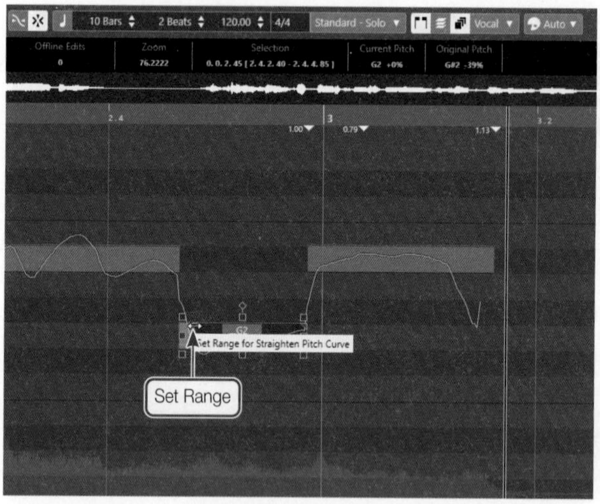


17 세그먼트 시작과 끝 위치에 삼각형으로 표시되는 Set Range 핸들은 Straighten Pitch Curve의 적용 범위를 조정합니다. 시작 위치의 핸들을 조금 이동시켜 음이 자연스럽게 연결되도록 합니다.

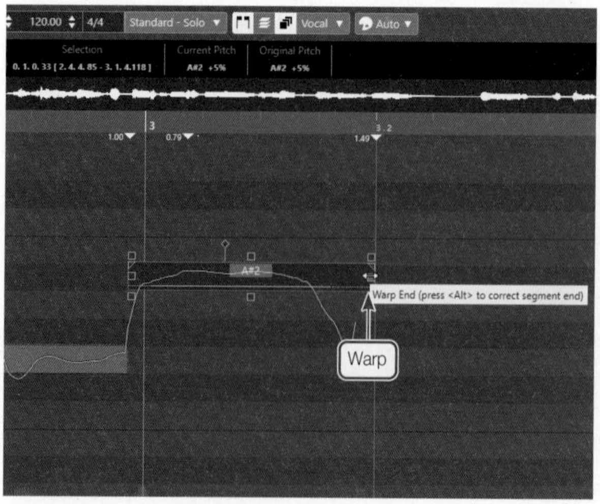


18 시작과 끝 위치 중앙에 있는 Warp 핸들은 음의 시작 타임 및 길이를 조정합니다. Running에 해당하는 노트의 끝 부분으로 드래그하여 조금 길게 노래하게 합니다.

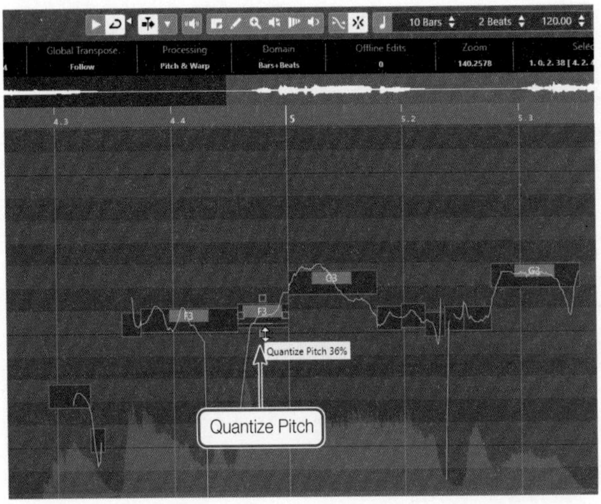


19 아래쪽 중앙에 있는 핸들은 피치를 미세하게 조정하는 Quantize Pitch 입니다. 두 번째 소절의 Keep on Hiding으로 노래하고 있는 노트들을 마우스 드래그로 선택하고, Quantize Pitch 값을 50% 정도로 조정합니다.

Tip

Quantize Pitch는 Snap Off 또는 Shift 키를 누른 상태에서 피치를 조정하는 것과 같습니다.

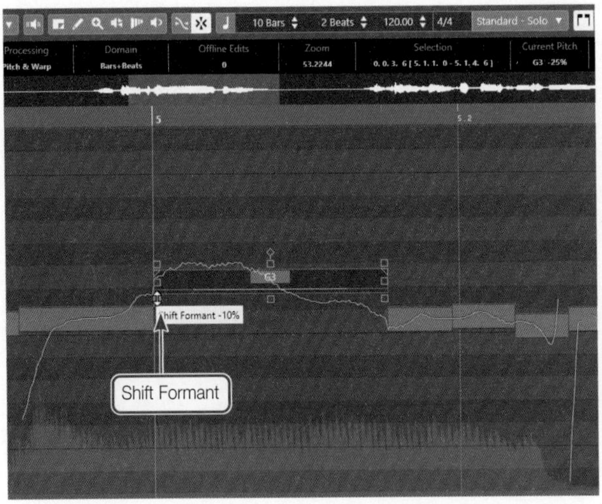


20 왼쪽 아래에 있는 Shift Formant 핸들은 톤을 조정합니다. 음을 올리거나 내리면 톤이 변할 수 밖에 없는데, 이를 보정하는 것입니다. Hiding~ 으로 노래하는 고음의 톤이 살짝 얇아졌습니다. Shift Formant 핸들을 -10% 정도로 낮춰 보정합니다.

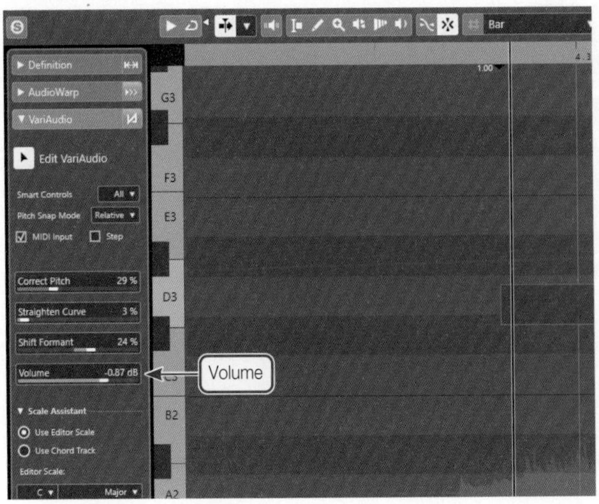


21 오른쪽 아래에 있는 Volume 핸들은 의미 그대로 볼륨을 조정합니다. Ctrl+A 키로 모든 노트를 선택하고, Volume 슬라이더를 움직여 조금 올려봅니다. 이처럼 Correct Pitch, Straighten Curve, Shift Formant 등은 파라미터를 이용할 수 있습니다.

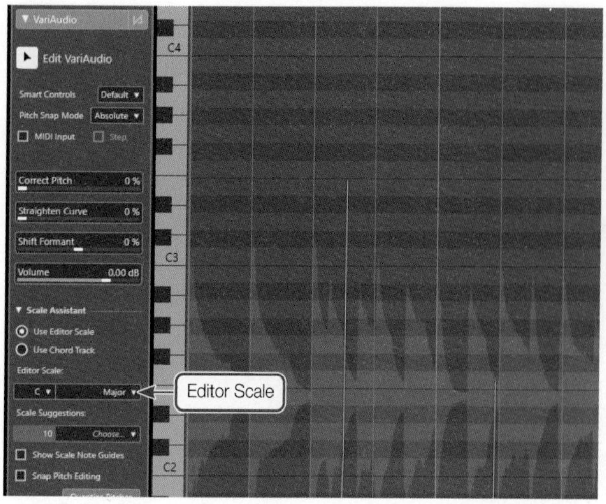


22 노트를 미디와 같이 스케일에 맞추는 것도 가능합니다. Editor Scale에서 스케일을 선택합니다. 큐베이스는 팝 음악에서 사용되는 대부분의 스케일을 제공합니다.

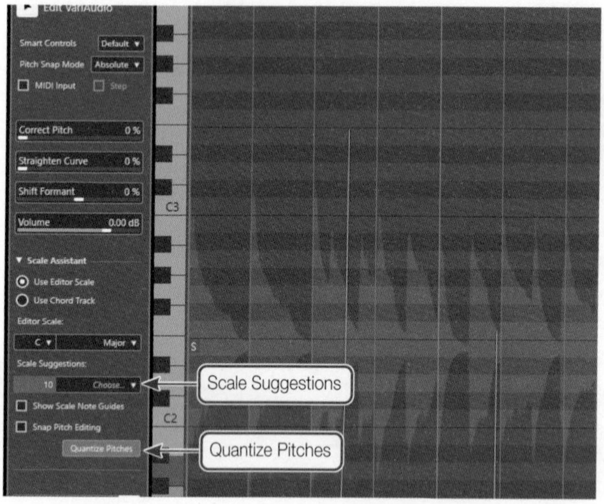


23 Quantize Pitches 버튼을 클릭하면 Editor Scale에서 선택한 스케일에 맞추어 노트가 조정되는 것을 확인할 수 있습니다. Scale Suggestions은 큐베이스가 노트를 분석하여 적합한 스케일을 제시하는 역할을 합니다.

24 Show Scale Note Guides 옵션을 체크하면 스케일에서 벗어나 음들을 어둡게 표시하고, Snap Pitch Editing 옵션을 체크하여 아예 스케일에서 벗어난 피치로 조정되지 않게 합니다.

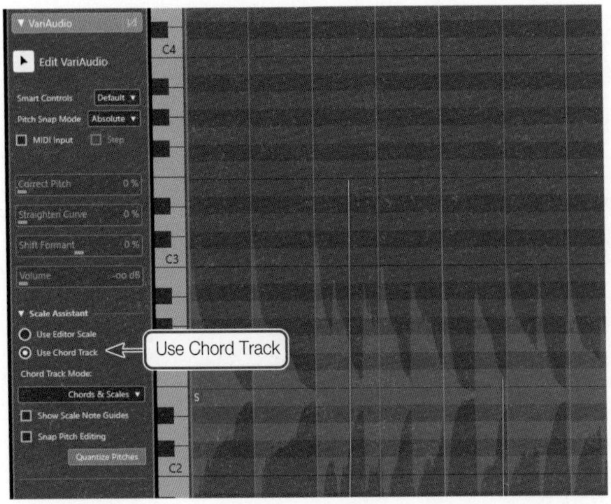


25 코드 트랙을 사용하고 있다면 노트를 코드 트랙의 스케일에 맞추어 조정되게 할 수 있습니다. Use Chord Track을 선택합니다.

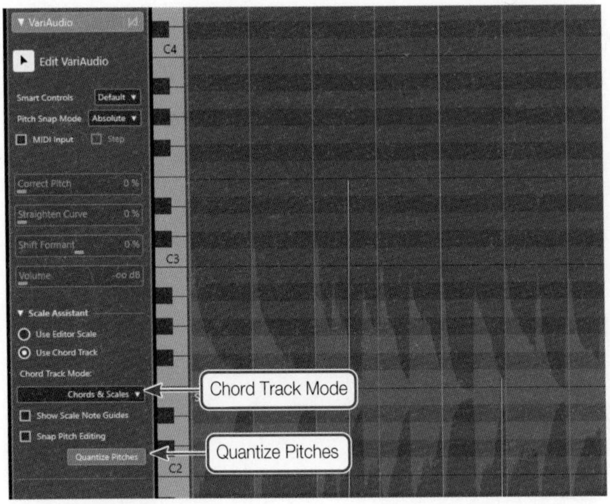


26 Chord Track Mode에서 Chord 또는 Scales 중에서 참조할 모드를 선택합니다. 그리고 Quantize Pitches 버튼을 클릭하면 코드 트랙의 스케일에 맞춰줍니다.

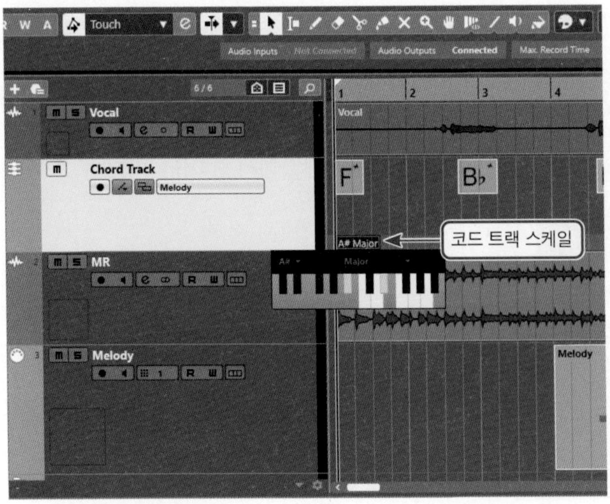


27 Chord Track 모드의 결과는 코드 트랙 스케일로 결정되므로, Quantize Pitches를 적용하기 전에 코드 트랙의 스케일을 확인하는 것이 좋습니다.

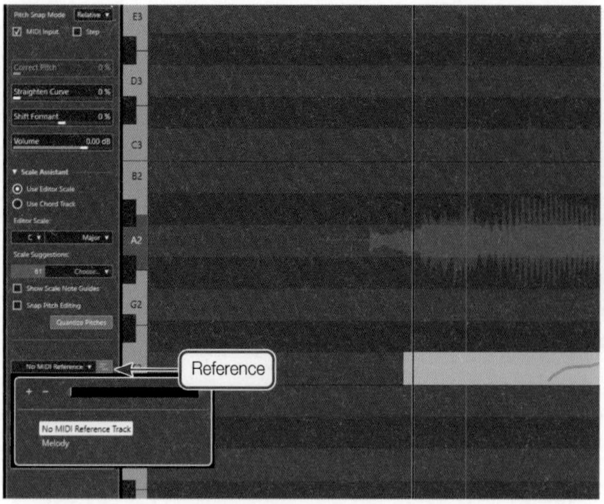


28 멜로디를 입력해 놓은 미디 트랙이 있다면, 미디 노트를 화면에 표시해 놓고, VariAudio 작업을 진행할 수 있습니다. Reference 항목을 클릭하면 프로젝트에 만든 미디 및 인스트루먼트 트랙이 나열되며, 여기서 멜로디를 입력한 트랙을 선택합니다.

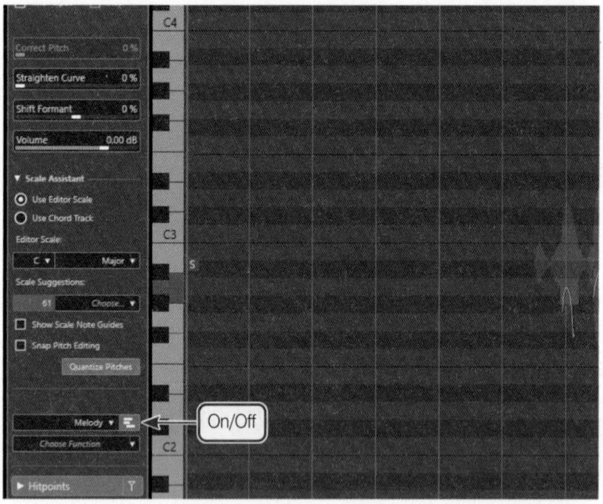


29 화면에 미디 노트가 표시되는 것을 확인할 수 있습니다. 실제로 VariAudio에서 음정과 박자를 수정할 때 아주 유용한 가이드가 될 것입니다. Refernce를 Off하면 미디 노트를 감춥니다.

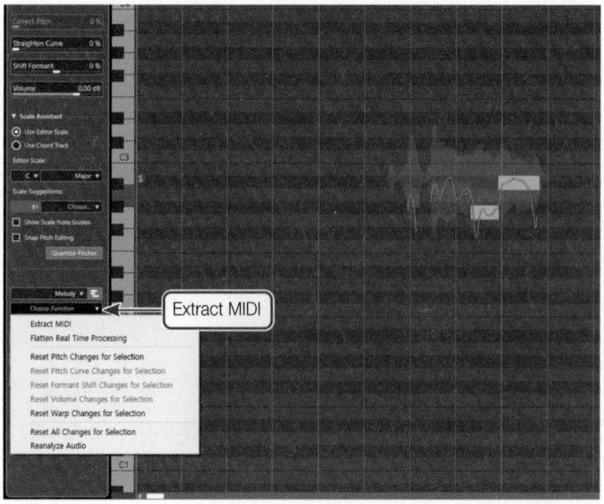


30 모든 수정이 끝난 오디오를 미디로 만들 수 있습니다. Functions에서 Extract MIDI를 선택합니다.

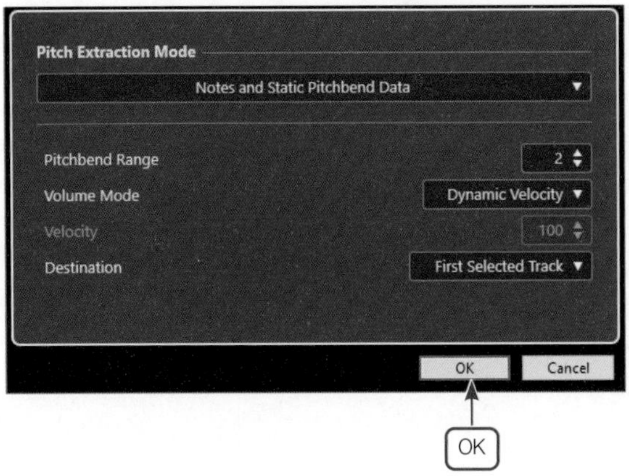


31 Extract MIDI 창이 열리면, OK 버튼을 클릭합니다. 오디오가 미디 트랙으로 추출되는 것을 확인할 수 있습니다. 각 옵션의 역할은 다음과 같습니다.

- Pitch Extraction Mode : 피치 벤드 추출 방법을 선택합니다.

Just Notes and No Pitchbend Data : 노트만 추출합니다.

Notes and Static Pitchbend Data : 피치 벤드 정보를 함께 추출합니다.

Notes and Continuous Pitchbend Data : 피치 커브 정보를 함께 추출합니다.

Notes and NoteExp Pitchbend Curve : 피치 커브를 노트 익스프레션 정보로 추출합니다.

Notes and NoteExp VST 3 Tuning Curve : 피치 커브를 VST3 튜닝 정보로 추출합니다.

Pitchbend Range : 피치 벤드 정보를 추출할 때의 범위를 설정합니다.

- Volume Mode : 볼륨 추출 방법을 선택합니다.

Fixed Velocity : velocity 항목에서 지정한 값으로 추출합니다.

Dynamic Velocity : 오디오 볼륨 값을 벨로시티로 추출합니다.

Volume Controller Curve : 볼륨을 MIDI Controller 항목에서 선택한 정보로 추출합니다. 기본은 볼륨 입니다.

NoteExp Volume Controller Curve : MIDI Controller 항목에서 선택한 노트 익스프레션 정보로 추출합니다.

NoteExp VST 3 Volume Curve : 볼륨을 VST3 튜닝 정보로 추출합니다.

- Destination : 추출 위치를 선택합니다.

First Selected Track : 선택한 미디 트랙에 추출합니다.

New MIDI Track : 새로운 미디 트랙을 만들어 추출합니다.

Project Clipboard : 클립 보드에 복사합니다. 사용자가 원하는 트랙에 붙일 수 있습니다.

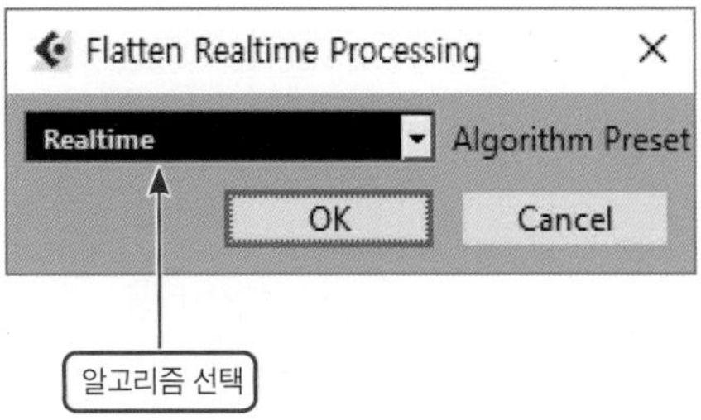


32 Functions의 두 번째 메뉴인 Flatten Realtime Processing은 VariAudio의 작업 결과를 병합하여 시스템을 절약합니다. Algorithm Preset은 VariAudio로 노트를 분석할 때 툴 바에서 미리 선택하는 것이 좋습니다.

Extract MIDI와 Flatten Realtime Processing 외의 나머지 Functions 메뉴는 조정 값을 초기화 하는 역할을 합니다. 각각 선택한 세그먼트에 적용되며, 선택한 것이 없으면 모든 세그먼트에 적용됩니다.

Reset Pitch Changes/Reset Pitch Changes for Selection : 피치 초기화

Reset Pitch Curve Changes/Reset Pitch Curve Changes for Selection : 피치 커브 초기화

Reset Formant Shift Changes/Reset Formant Shift Changes for Selection : 포먼트 초기화

eset Volume Changes/Reset Volume Changes for Selection : 볼륨 초기화

Reset Warp Changes/Reset Warp Changes for Selection : 워프 초기화

Reset All Changes/Reset All Changes for Selection : 모든 변경 사항 초기화

Reanalyze Audio : 모든 변경 사항을 초기화 하고, 다시 분석합니다.

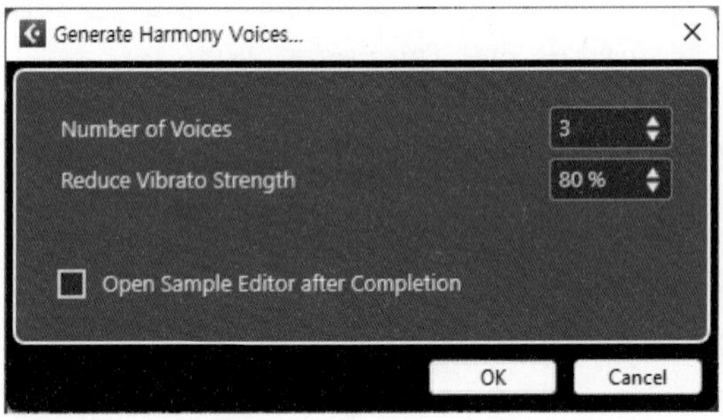


33 코드 트랙을 만든 경우라면 오디오 하모니를 완벽하게 만들 수 있습니다. Audio 메뉴의 Generate Harmony Voices를 선택하여 창을 열고, Number of Voices에서 만들 성부의 수를 입력합니다. 기본값은 3이며, Reduce Vibrato Strength는 생성되는 성부의 비브라토를 감소시키는 비율입니다.

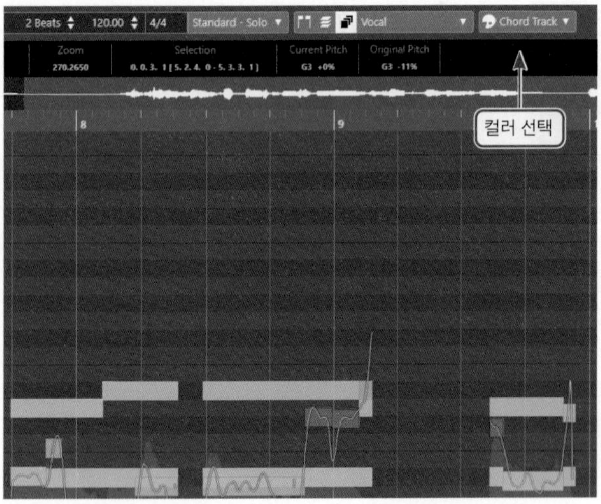


34 컬러 도구에서 Chord Track을 선택하면 코드에 어울리는 않은 노트를 빨간색으로 구분할 수 있습니다. 입문자를 위해 하나씩 살펴보았지만 실제로는 간단한 기능이며, 익숙해지면 음정과 박자를 못 맞추는 가족이나 친구 또는 연인에게 가수 음원과 같은 선물을 할 수 있게 될 것입니다.

Tip

하모니는 코드 트랙이 없어도 만들 수 있으며, 이때 소프라노는 3도 위, 알토와 테너는 각각 3도와 6도 아래로 만들어집니다.

# 04 Hitpoint

Hitpoints 파라미터는 샘플을 비트 단위로 분해하여 그루브 퀀타이즈를 만들거나 이벤트를 잘라내는 힛 포인트 라인을 생성합니다. 샘플에 맞추어 미디 작업을 진행하거나 템포를 많이 변경해야 할 필요가 있을 때는 Definition이나 AudioWarp 파라미터 보다 Hitpoint를 이용하는 경우가 많습니다. 샘플에 따라 유효 적절한 파라미터를 이용할 수 있도록 각각의 차이점을 정확히 이해하기 바랍니다.

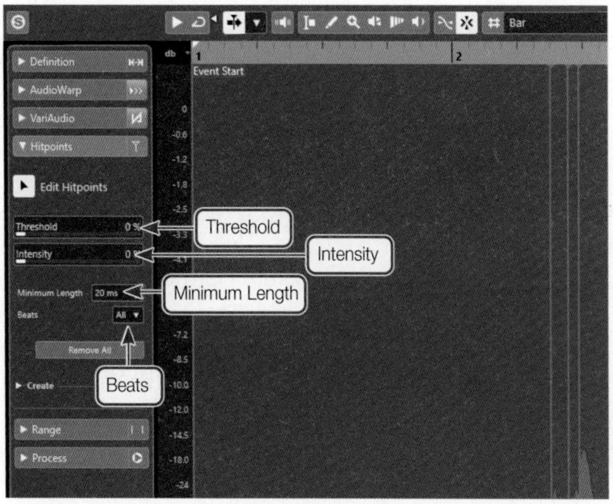


01 힛 포인트는 Thrshold와 Intensity 슬라이드를 이용해서 만들며, Beats로 생성 단위를 결정합니다. Minimum Length는 너무 짧은 단위의 힛 포인트가 생성되는 것을 방지하기 위한 시간 단위를 설정합니다.

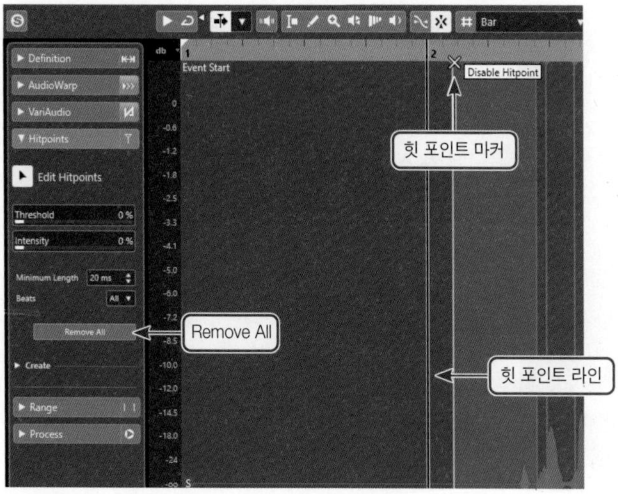


02 힛 포인트를 수동으로 편집하기 위해서는 Edit Hitpoints 버튼이 On으로 되어 있어야하며, 라인을 드래그하여 위치를 변경하거나 Alt 키를 누른 상태에서 클릭하여 추가할 수 있고, 마커를 클릭하여 삭제할 수 있습니다. Remove All 버튼을 클릭하면 모든 힛 포인트를 삭제하고, 다시 만들 수 있습니다.

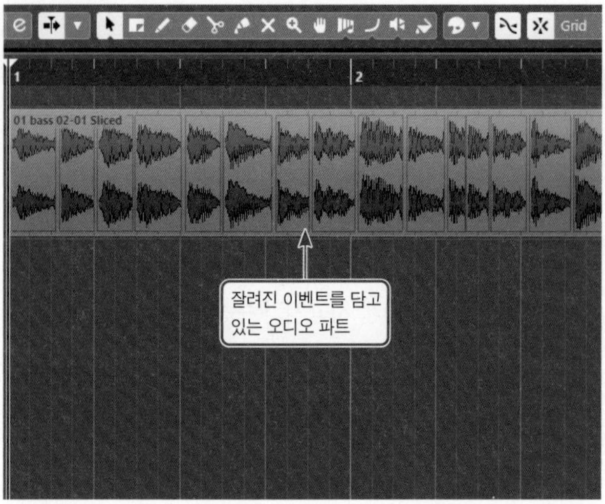


03 Create의 Slice 버튼을 클릭하면 힛 포인트를 기준으로 샘플을 자르고, 하나의 오디오 파트로 생성됩니다.

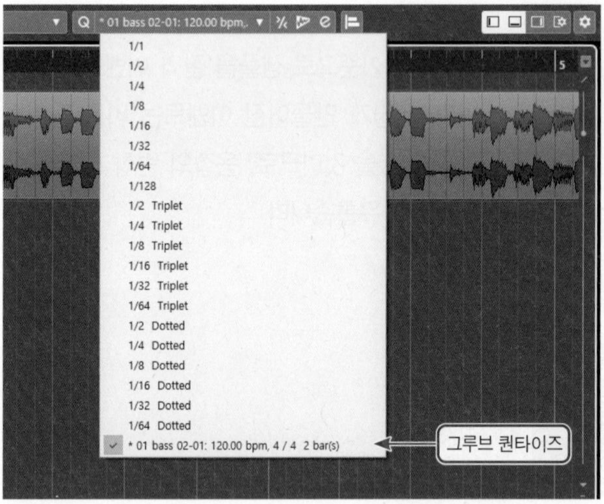


04 Create의 Groove 버튼은 힛 포인트를 글르부 퀀타이즈로 저장합니다. 저장된 퀀타이즈 목록은 프로젝트 창이나 미디 이벤트에서 노트를 퀀타이즈 시키는 목적으로 사용합니다. 즉, 오디오 샘플에 맞추어 미디 노트를 퀀타이즈 시킬 수 있는 것입니다.

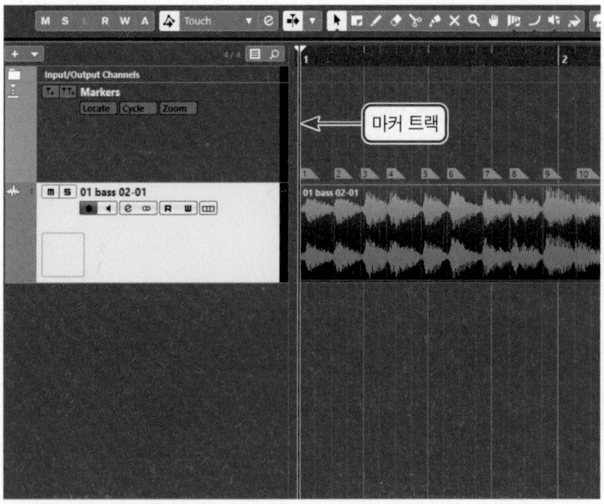


05 Create의 Markers 는 힛 포인트 위치의 마커를 자동으로 생성합니다. 조금 긴 샘플을 이용할 때 사용자가 원하는 위치를 표시해 둔다면, 매우 유용하게 이용할 수 있을 것입니다. 마커를 만들면 자동으로 마커 트랙이 생성되며, Ctrl+M 키를 눌러 마커 창을 열어 편집할 수 있습니다.

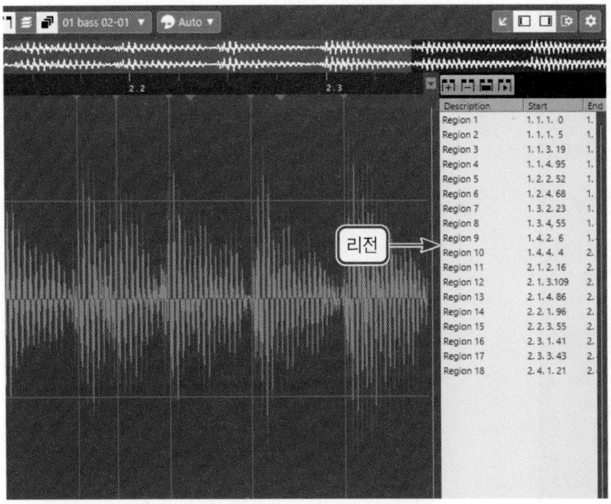


06 Create의 Regions은 힛 포인트를 기준으로 리전을 만듭니다. 여기서는 Regions의 역할을 설명하고 있지만, 리전은 Ctrl 키를 누른 상태로 마우스 오른쪽 버튼을 클릭하여 단축 메뉴를 열고, Set to Regions에서 연주시킬 리전을 선택하는 것이 목적이므로, 구분하기 쉽게 사용자가 수동으로 만드는 것이 좋습니다.

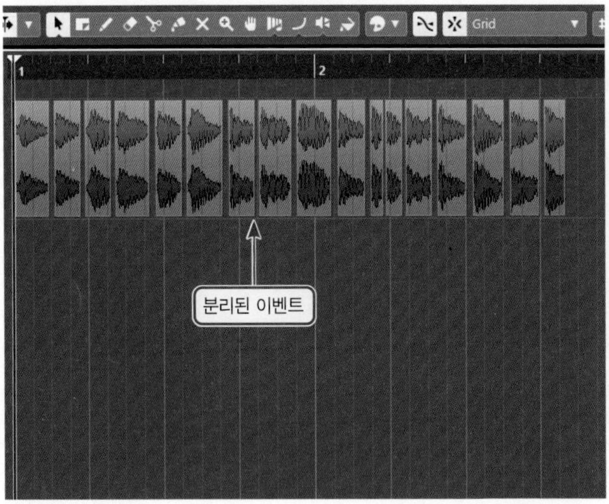


07 Create의 Evets는 힛 포인트 라인을 기준으로 샘플을 잘라 이벤트로 만듭니다. 이렇게 만들어진 이벤트는 비트 단위로 분리를 했을 것이므로, 음질의 변화 없이 템포 변화가 자유롭습니다.

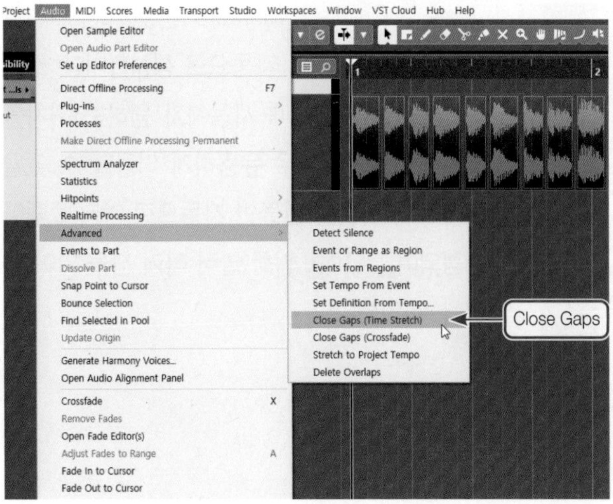


08 이벤트를 분리해서 템포를 늦추면, 각 이벤트 사이가 벌어집니다. 이 때 Audio 메뉴의 Advanced에서 Close Gaps을 선택하여 각 이벤트의 공백을 자연스럽게 연결할 수 있습니다.

**Tip**

Close Gaps 메뉴는 공간을 채우는 Crossfade와 길이를 늘리는 Time Stretch의 두 가지로 제공됩니다.

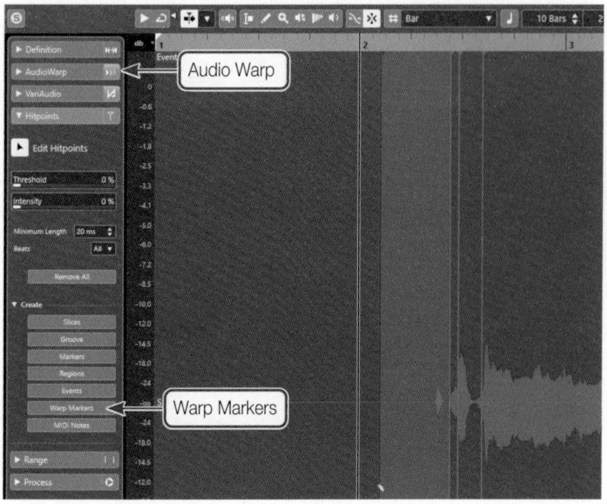


09 Warp Markers는 힛 포인트를 기준으로 워프 라인을 만듭니다. AudioWarp 파라미터를 Ctrl 키를 누른 상태로 클릭하여 Hitpoints 파라미터와 함께 볼 수 있게 합니다. 그리고 Hitpoints 파라미터의 Warp Markers 버튼을 클릭합니다. Audio Warp 파라미터가 활성화 되고, 힛 포인트가 워프 라인으로 생성되는 것을 확인할 수 있습니다.

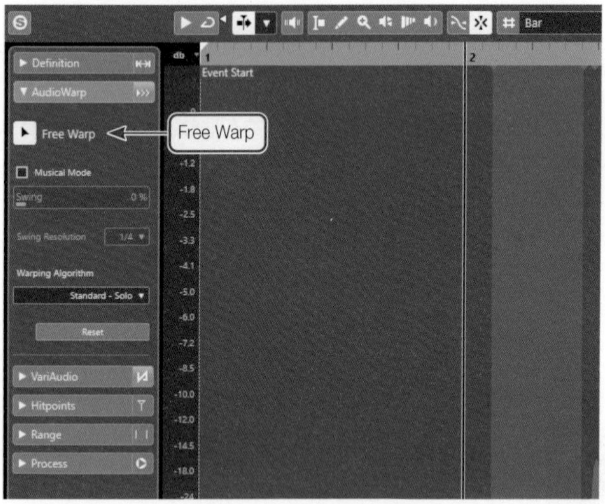


10 Audio Warp 파라미터의 Free Warp를 On으로 하고, 라인을 드래그하여 오디오 타임을 자유롭게 조정할 수 있게 된 것입니다. 비트 단위로 워프 라인을 생성하는 Audio Warp 보다 좀 더 세밀한 타임 조정이 가능한 Hitpoints를 사용하게 될 것입니다.

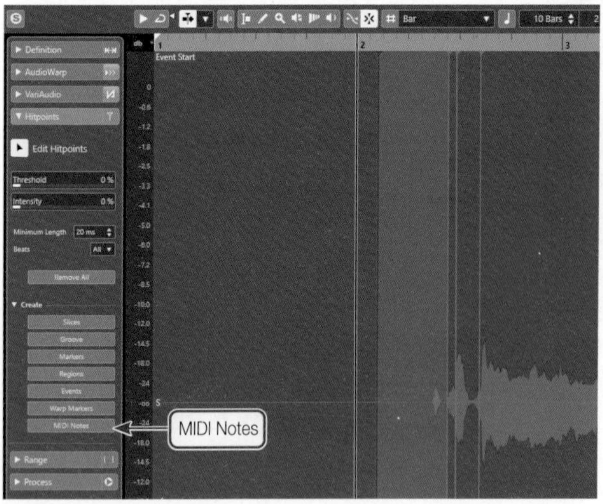


11 Createdml MIDI Notes는 힛 포인트를 기준으로 미디 노트를 만듭니다. 오디오를 기반으로 미디 노트를 퀀타이즈하거나 미디 연주를 믹스하는 작업으로 응용할 수 있습니다. MIDI Notes 버튼을 클릭합니다.

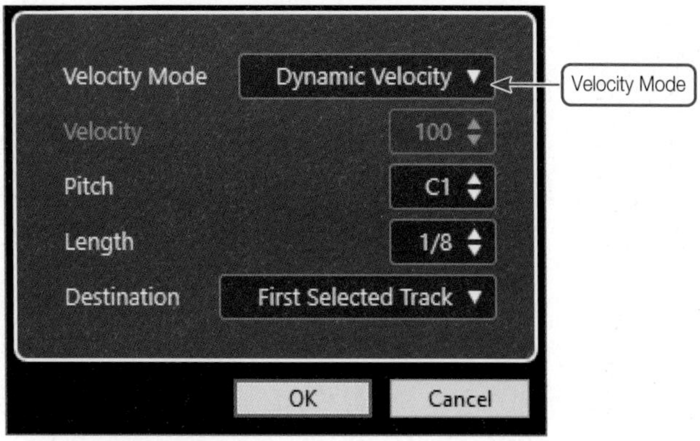


**12** 어떻게 추출할 것인지를 선택할 수 있는 옵션 창이 열립니다. Velocity Mode에서 벨로시티 생성 방법을 선택합니다. Dynamic은 볼륨 값에 따라 생성되는 것이고, Fixeds는 오른쪽의 Velocity 항목에서 설정한 값으로 추출하는 것입니다. Pitch와 Lenght는 미디 노트의 음정과 길이를 설정합니다.

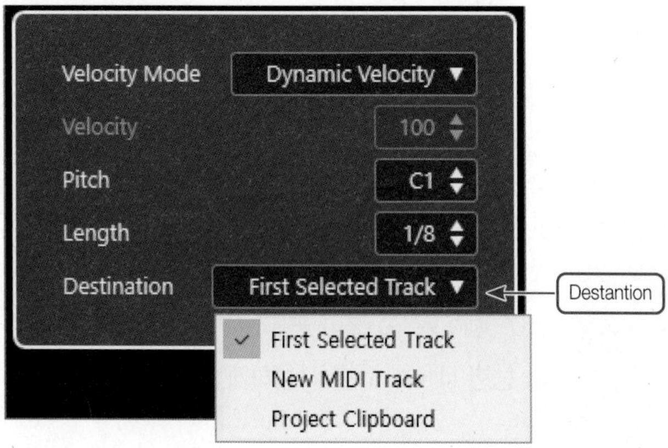


**13** Destiantion 옵션은 추출한 미디 노트를 어떻게 처리할 것인지를 선택합니다. First Selected Track은 첫 번째 미디 트랙에 만들고, New MIDI Track은 새 트랙으로 만듭니다. 그리고 Project Clipbaord는 클립보드에 저장합니다.

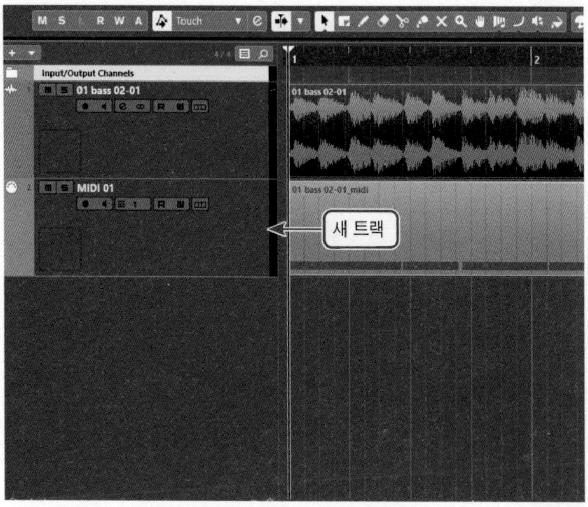


**14** Velocity Mode를 Fixed Velocity로 선택하고, Destination을 New MID Track으로 선택합니다. OK 버튼을 클릭하고, 프로젝트 창을 보면 새로운 미디 트랙에 C1 추출된 미디 노트를 볼 수 있습니다. 미디 아웃을 Groove Agent SE로 하면, 별 다른 수고 없이 Kick 드럼을 믹스시킬 수 있는 것입니다.

## 05 Range

Range 파라미터는 샘플 에디터에서 특정 범위를 사용하기 위해서 선택한 구간을 샘플 단위로 표시하거나 조정할 수 있는 옵션으로 구성되어 있습니다. 여기서 샘플 단위는 주파수의 기록 단위를 나타내는 것으로 44.1KHz나 48KHz를 많이 사용합니다. 즉, 44.1khz로 녹음한 사운드는 44100의 값이 1초를 의미합니다. 일반적으로 음악 작업을 하면서 샘플 단위로 편집할 경우는 없겠지만, 미세한 선택이 필요한 경우에 이용할 수 있습니다.

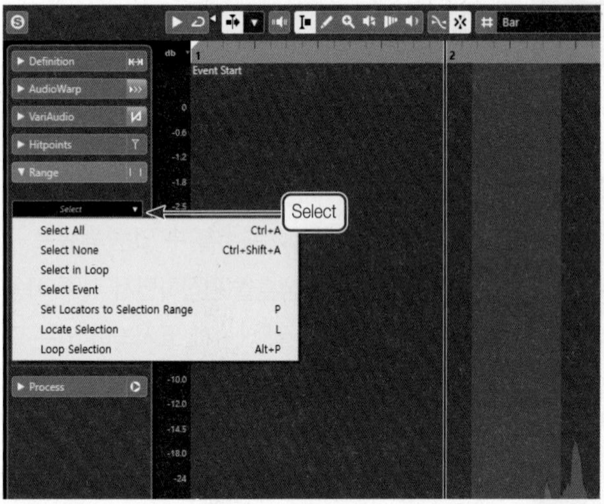


**01** 첫 번째 파라미터인 Select는 샘플을 선택할 수 있는 메뉴로 구성되어 있으며, 각각의 의미는 다음과 같습니다.

| 메뉴 | 역할 |
|---|---|
| Select All | 샘플 전체를 선택합니다. |
| Select None | 선택한 구간을 해제합니다 |
| Select in Loop | 로케이터 구간을 선택합니다. |
| Select Event | 편집중인 이벤트를 선택합니다. |
| Set Locators to Selection Range | 선택한 구간을 로케이터 범위로 설정합니다 |
| Locate Selection | 송포지션 라인을 로케이터 시작위치로 이동합니다. |
| Loop Selection | 선택한 범위를 반복 연주합니다. |

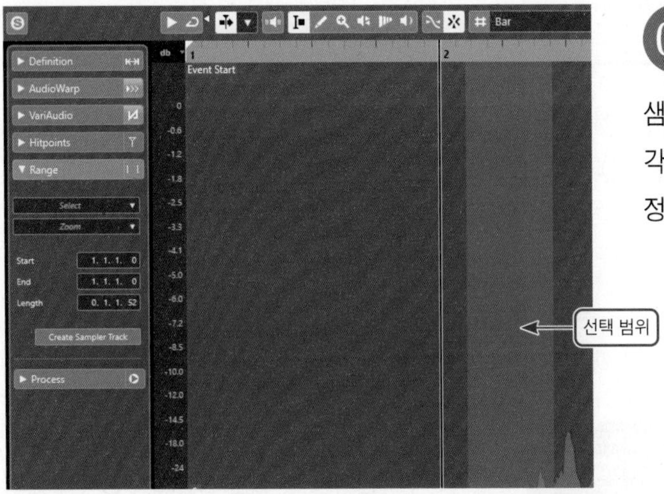


**02** Start, End, Length는 선택한 범위의 시작 위치와 끝 위치 그리고 길이를 샘플 단위로 표시합니다. 사용자가 원한다면, 각각의 파라미터 값을 변경하여 선택 범위를 조정할 수 있습니다.

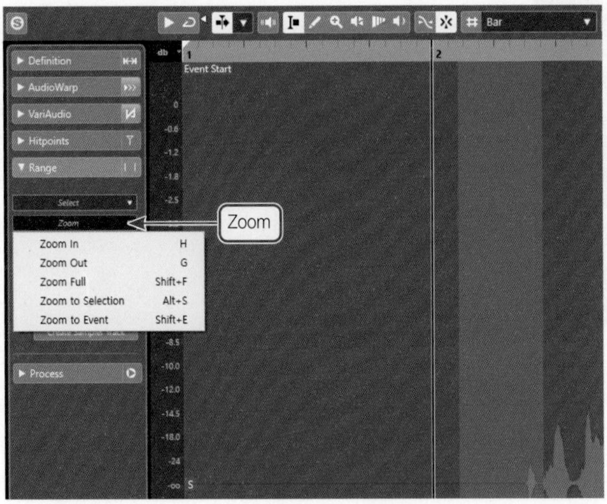


**03** Zoom은 샘플 에디터의 작업 공간을 확대하거나 축소할 수 있는 메뉴로 구성되어 있습니다. 샘플을 편집하면서 자주 사용하게 될 것이므로, 각 메뉴에 표시되어 있는 단축키는 외워두는 것이 좋습니다.

| 메뉴 | 단축키 | 역할 |
|---|---|---|
| Zoom In | H | 작업 공간을 확대합니다. |
| Zoom Out | G | 작업 공간을 축소합니다. |
| Zoom Full | Shift + F | 작업 공간에 전체 이벤트를 표시합니다. |
| Zoom to Selection | Alt + S | 선택 범위를 한 화면에 표시합니다. |
| Zoom to Event | Shift + E | 편집 중인 이벤트를 한 화면에 표시합니다. |

## 06 Process

Process 파라미터에는 샘플을 가공하거나 효과를 적용할 수 있는 프로세스와 이펙트 등의 편집 메뉴들이 있습니다. Aduio 메뉴에서 제공하는 것과 동일한 역할이지만, 샘플 에디터에서 선택한 범위에 적용할 수 있도록 배려하고 있는 것입니다. 즉, 어떤 것을 이용해도 결과는 같습니다.

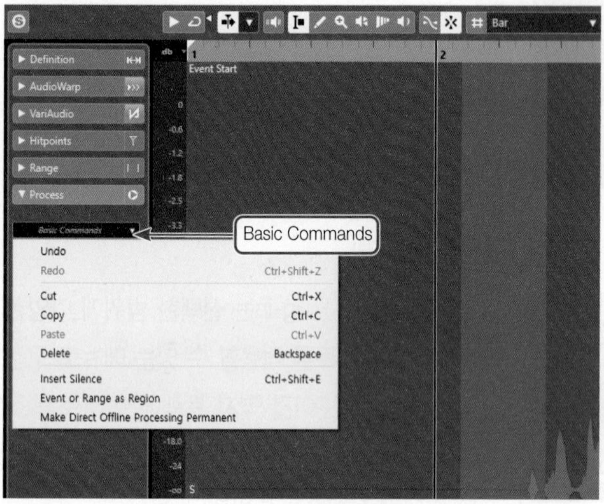


01 Basic Commands은 선택한 범위를 잘라내거나 복사하여 편집 라인이 있는 위치에 붙이는 등의 편집 작업을 할 수 있는 메뉴로 구성되어 있습니다. 이것들 역시 자주 사용하는 메뉴이므로, 단축키 정도는 외워두는 것이 좋습니다. 나머지 Addd Process와 Plug-in은 선택 구간에 프로세스 및 이펙트를 적용하는 것이며, Audio Functions에는 주파수 정보를 볼 수 있는 Spectrum Analyzer과 이벤트 정보를 볼 수 있는 Statistics 기능을 제공합니다.

| 메뉴 | 단축키 | 역할 |
|---|---|---|
| Undo | Ctrl+Z | 사용자의 편집 작업을 취소합니다. |
| Redo | Ctrl+Shift+Z | 취소한 작업을 다시 실행합니다. |
| Cut | Ctrl+X | 선택한 범위를 잘라내어 컴퓨터에 기억시킵니다. |
| Copy | Ctrl+C | 선택한 범위를 복사하여 컴퓨터에 기억시킵니다. |
| Paste | Ctrl+V | 컴퓨터에 기억시킨 데이터를 편집 라인이 있는 위치에 붙입니다. |
| Delete | Backspace | 선택한 범위를 삭제합니다. 단축키는 메뉴에 표시되어 있는 것 보다 Delete 키가 익숙할 것입니다. |
| Insert Silence | Ctrl+Shift+E | 선택 범위에 무음을 삽입합니다. |
| Event or Renge as Region | - | 선택 범위를 리전으로 만듭니다. |
| Make Direct Offline Processing Permanent | - | 프로세스 및 이펙트를 실제 데이터에 적용합니다. |

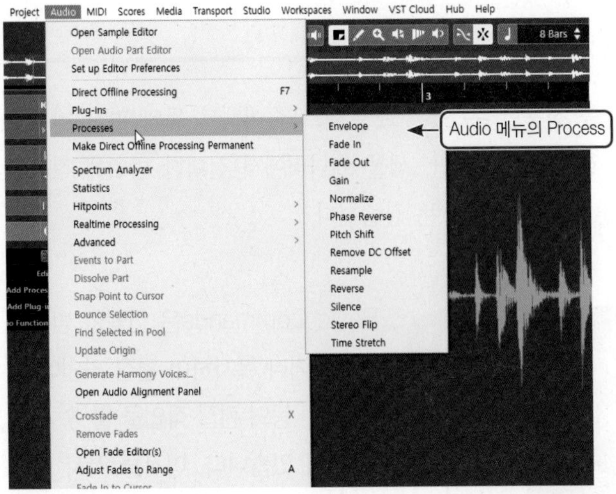


02 Add Process는 선택한 범위에 프로세스를 적용할 수 있는 메뉴로 구성되어 있습니다. 이것은 선택한 오디오 이벤트에 프로세스를 적용하는 Audio 메뉴의 Process와 동일하므로, 오디오 프로세스 학습편을 참고하기 바랍니다.

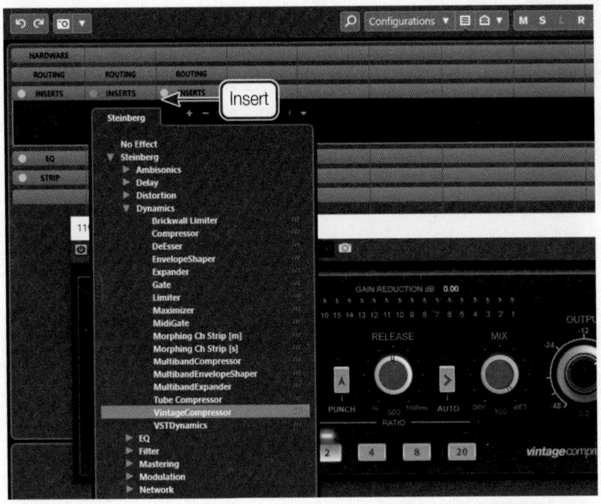


03 Add Plug-in는 선택한 범위에 다양한 이펙트를 적용할 수 있는 메뉴로 구성되어 있습니다. 이것 역시 트랙에 이펙트를 적용하는 인서트 기능과 동일하므로, 오디오 이펙트 학습편을 참조하기 바랍니다.

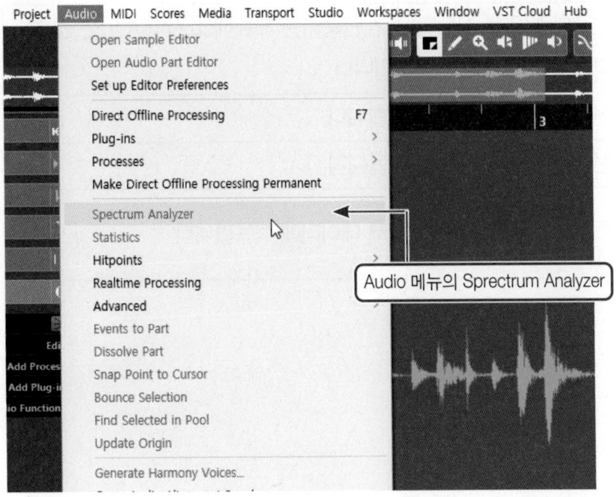


04 Audio Functions에는 Aduio 메뉴에서 제공하고 있는 것과 역할은 동일합니다.

# 03 오디오 파트 에디터

오디오 파트는 여러 개의 오디오 이벤트를 담고 있는 것으로 다양한 미디 이벤트를 편집할 수 있는 미디 파트와 같은 역할을 합니다. 큐베이스와 누엔도를 처음 공부하는 독자는 혼동하기 쉬운 부분이지만, 미디 이벤트를 오디오 이벤트로 생각하고, 미디 파트와 오디오 파트를 같은 것으로 생각하면 쉽게 이해할 수 있을 것입니다. 오디오 파트는 두 개 이상의 이벤트를 결합할 때 자동으로 만들어집니다.

## 01 오디오 파트의 기본 사용법

오디오 파트는 수 차례 반복 녹음으로 만든 연주와 노래 등의 이벤트에서 좋은 부분만을 선별하거나 다양한 이벤트를 이용하여 새로운 패턴을 만드는 작업을 할 수 있습니다. 물론, 라인 녹음 기능을 이용해서 잘된 부분을 선별할 수 있지만, 구간 복사 및 이동 등의 편집 작업을 위해서 오디오 파트의 역할을 알아둘 필요가 있습니다.

01 새로운 프로젝트를 만들고, 오디오 트랙을 만듭니다. 그리고 룰러 라인을 드래그하여 반복 녹음할 범위를 선택합니다. 설정된 범위를 로케이터라고 합니다.

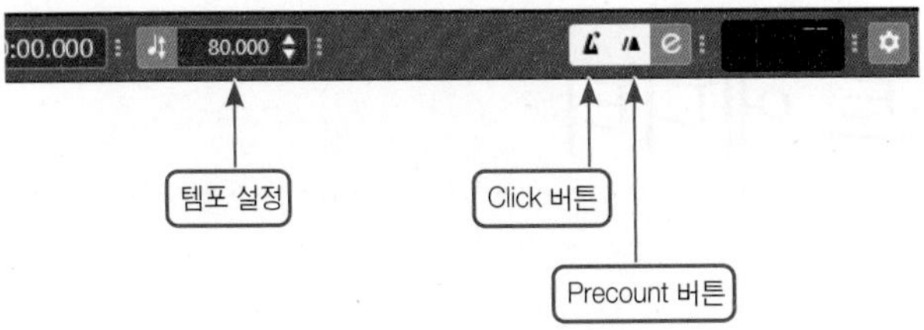


02 Tempo 버튼을 Off하여 FIXED 모드로 설정하고, 실습으로 녹음해 볼 템포를 설정합니다. 그리고 Click 버튼과 Precount 버튼을 On으로하여 메트로놈 소리가 들리게 합니다. 프리 카운트의 기본 값은 2마디입니다.

03 키보드 숫자열의 / 버튼을 클릭하거나 반복 버튼을 클릭하여 On으로 합니다. 그리고 오디오 녹음 모드가 Keep History로 선택되어 있는지 확인합니다.

04 키보드 숫자열의 * 키를 누르면, 2마디 길이의 카운트 소리가 들린 후에 녹음이 시작됩니다. 실습이므로 독자가 즐겨부르는 노래의 Verse 구간을 3~4회 반복해서 불러봅니다.

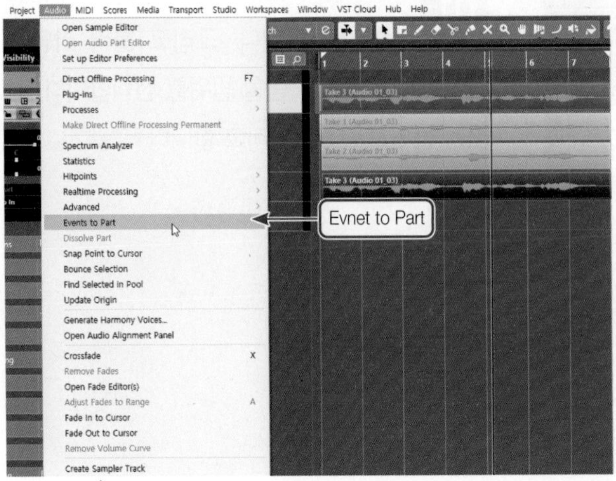


05 레인 버튼을 On으로 하면 반복 녹음한 만큼의 이벤트가 만들어진 것을 확인할 수 있습니다. 마우스 드래그로 모든 이벤트를 선택하고, Audio 메뉴의 Events to Part를 선택합니다.

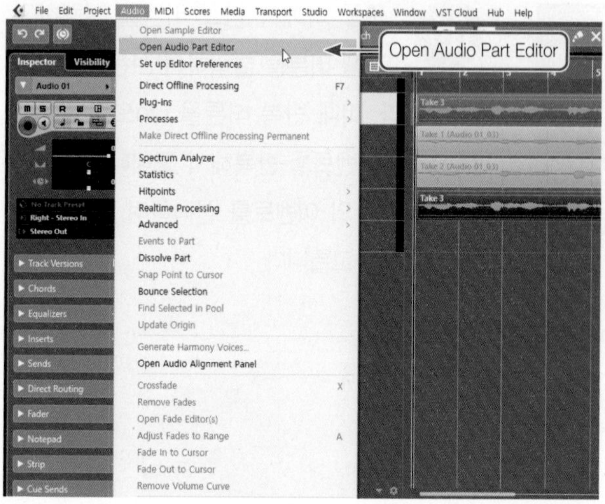


06 선택한 이벤트들이 하나의 파트로 만들어졌습니다. Audio 메뉴의 Open Audio Part Editor를 선택하여 창을 엽니다. 기본 설정의 경우에 파트를 더블 클릭하면 로우 존으로 열립니다.

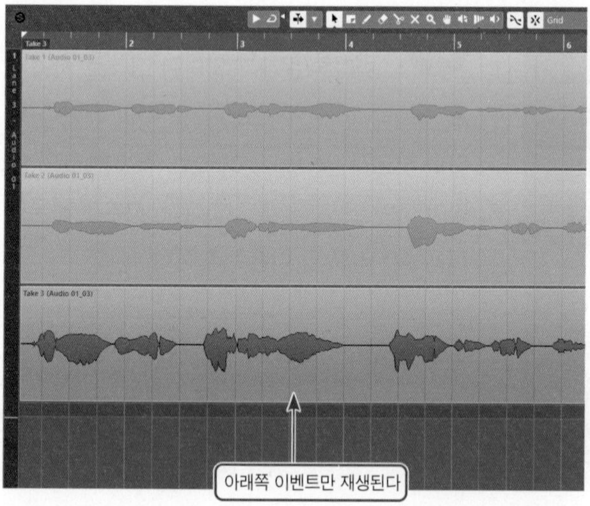


07 앞에서 녹음한 이벤트들이 트랙 형태로 나열되어 있는 것을 확인할 수 있습니다. 프로젝트 창과의 차이점은 가장 아래쪽에 있는 이벤트만 재생이 된다는 것입니다.

**Tip**

가장 아래쪽의 이벤트를 뮤트 시키면, 뮤트되지 않은 순서로 위쪽의 이벤트가 재생됩니다.

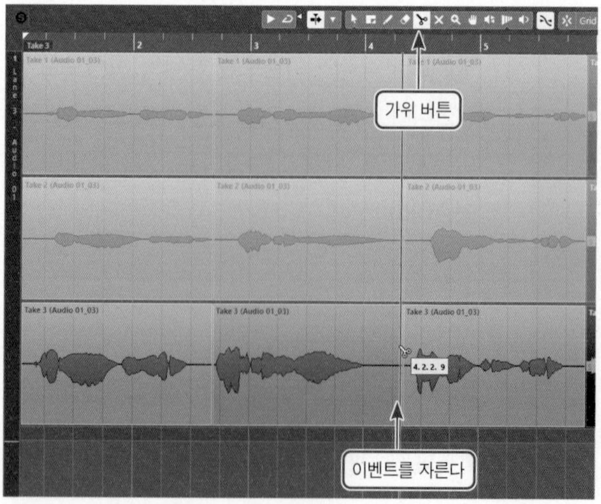


08 도구 바에서 가위 버튼을 선택하고, 노래를 녹음할 때, 호흡을 들이쉬던 부분을 기준으로 이벤트를 자릅니다. 이때 스넵 버튼이 Off로 되어 있어야 원하는 위치를 자를 수 있습니다.

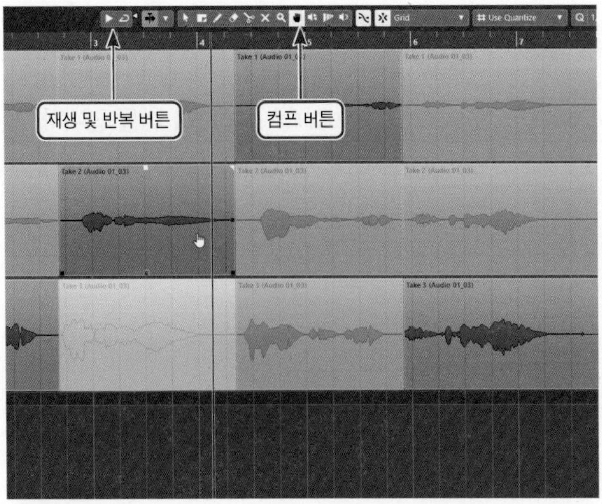


09 도구 바에서 컴프 버튼을 선택하고, 재생 버튼을 클릭하여 사운드를 모니터 합니다. 이때 반복 버튼을 On으로 해두면 선택하는 이벤트를 반복해서 모니터 할 수 있습니다. 각각의 이벤트를 선택하며, 녹음이 잘 된 이벤트를 고릅니다.

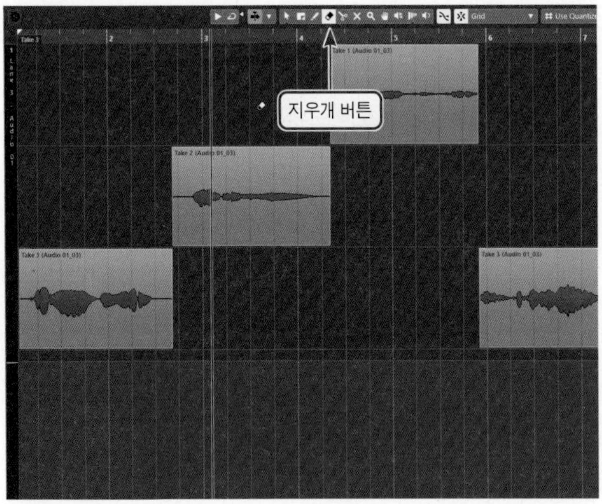


10 마음에 드는 이벤트를 고른 다음에 별다른 문제가 없다면 그대로 사용해도 좋습니다. 그러나 노래를 반복할 때마다 똑같이 부르지 않았을 것이므로, 각 이벤트의 연결이 자연스럽지 않을 것입니다. 지우개 버튼을 이용해서 필요 없 이벤트를 삭제합니다.

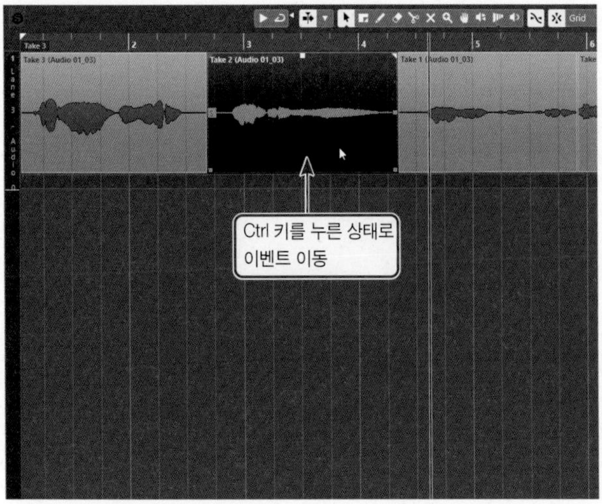


11 도구 바에서 화살표 버튼을 선택하고, 각각의 이벤트를 하나의 트랙으로 정렬합니다. 이때 Ctrl 키를 누른 상태로 이벤트를 이동시키면, 위치가 변경되는 것을 예방할 수 있습니다.

**Tip**

이벤트를 이동시킬 때 Ctrl 키를 먼저 누르면 모니터로 동작합니다. 반드시 이벤트를 먼저 선택해야 합니다.

12 Ctrl+A 키를 눌러 모든 이벤트를 선택하고, X 키를 누르거나 Audio 메뉴의 Crossfade를 선택합니다. 각각의 이벤트가 자연스럽게 연결될 수 있도록 크로스페이드 효과를 적용하는 것입니다.

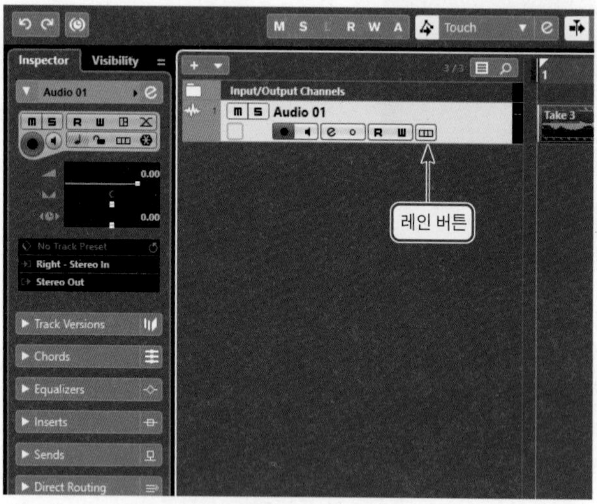


13 오디오 파트 에디터를 닫고, 레인 버튼에서 Lanes Off를 선택하여 하나의 트랙으로 만듭니다. 같은 녹음을 몇 차례 반복하여 잘된 것만 고를 때 자주 사용하는 테크닉이므로 꼭 기억해두기 바랍니다.

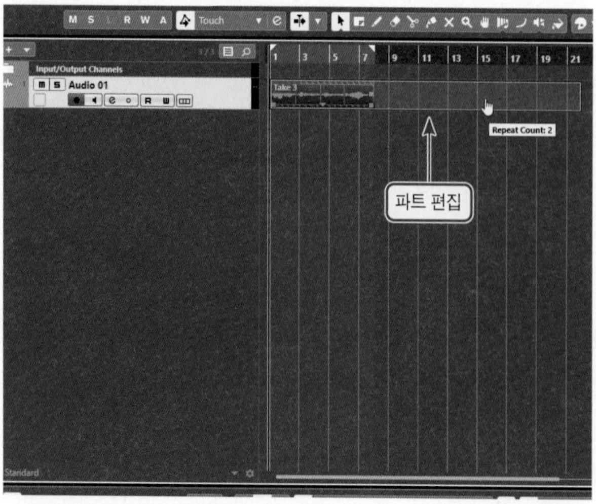


14 레인 트랙에서도 녹음이 잘된 이벤트를 골라서 하나의 트랙으로 선별할 수 있는데, 굳이 파트를 이용하는 이유는 이동이나 복사 등의 편집 작업이 필요할 때, 개별적인 이벤트보다 하나로 묶인 파트를 이용하는 것이 편리하기 때문입니다.

## 02 오디오 파트의 도구

오디오 파트의 도구는 프로젝트 및 미디 에디터를 통해서 익숙해진 것들입니다. 오디오 파트 에디터에서 다루어지는 개체가 미디 이벤트가 아닌 오디오 이벤트라는 것만 이해한다면 쉽게 사용할 수 있을 것입니다. 여기서는 각 버튼의 기능들만을 살펴보겠습니다. 만일, 이 부분을 이해하지 못하는 독자라면 프로젝트 창과 키 에디터의 학습을 게을리한 것이므로 다시 한번 반복 학습하길 바랍니다.

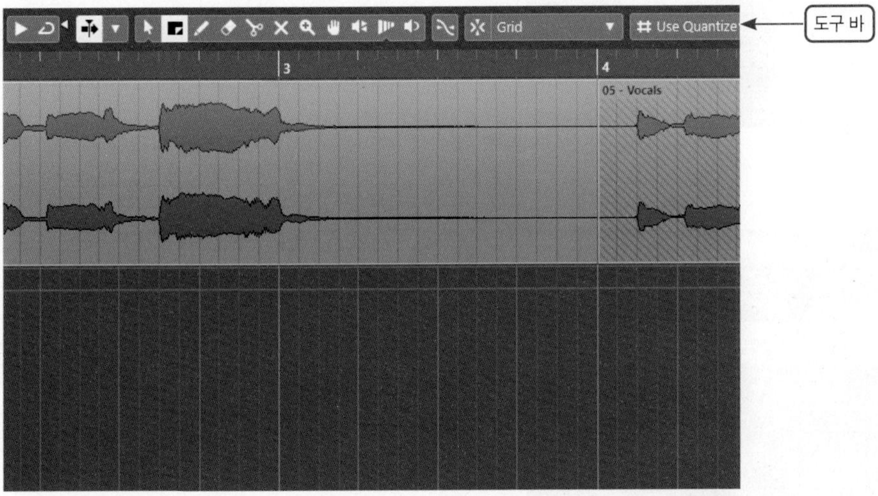


### 솔로 버튼

솔로 버튼은 작업 중인 오디오 파트만을 솔로로 연주합니다. Enter 키를 눌러 곡을 연주할 때 솔로 버튼이 Off이면 모든 파트를 연주하지만, On이면 작업 중인 파트만을 솔로로 모니터 할 수 있습니다.

### 연주 / 반복 버튼

연주 버튼은 송 포지션 라인의 위치 또는 선택한 이벤트에서 연주를 시작하여 모니터 할 수 있게 합니다. 이때 반복 버튼이 On이면 모니터를 반복합니다. 반복 버튼 오른쪽에 있는 슬라이드는 모니터 볼륨을 조정합니다. 이것은 선택한 이벤트의 사운드를 모니터 할 때 유용하게 사용할 수 있습니다.

### 오토 스크롤 버튼

오토 스크롤 버튼은 곡을 연주하거나 이벤트를 모니터 할 때 송 포지션 라인의 위치를 화면에 표시합니다. 연주 중에 이벤트를 편집하면, 화면 이동이 멈추며, 오른쪽의 작은 삼각형을 On으로 해놓으면, 주황색으로 변한 오토 스크롤 버튼을 클릭하여 송 포지션 라인 위치로 이동할 수 있습니다.

### 화살표 버튼

화살표 버튼은 오디오 이벤트를 선택하거나 이동/복사 등의 편집 작업에 사용하는 Normal Sizing, 이벤트의 길이를 조정할 때 샘플 위치가 이동하는 Sizing Moves Contents, 이벤트의 길이가 함께 조정하는 Sizing Applies Time Stretch 의 3가지 모드가 있습니다.

### 레인지 버튼

레인지 버튼은 오디오 이벤트의 특정 구간을 선택할 수 있습니다. 선택한 구간은 잘라내기와 복사 등의 편집 작업 없이 마우스 드래그로 이동과 복사가 자유롭게 됩니다. 일부 구간을 이동하거나 복사할 때 편리할 것입니다.

### 연필 버튼

연필 버튼은 사운드의 레벨을 마우스 드래그로 그림 그리듯 조정할 수 있는 툴입니다. 클릭한 위치에 레벨을 조정할 수 있는 포인트가 생기고, Shift 키를 누른 상태에서 포인트를 클릭하여 삭제할 수 있습니다.

### 지우개 버튼

지우개 버튼은 선택한 이벤트를 삭제합니다. 마우스 드래그로 원하는 이벤트들을 선택한 다음 클릭하거나 Delete 키를 누르면 선택한 모든 이벤트를 삭제합니다. 마우스 드래그로 이벤트를 선택할 때는 비어있는 작업 공간에서 시작합니다. 지우개 버튼은 이벤트를 클릭할 경우 바로 삭제합니다.

### 가위 버튼

가위 버튼은 이벤트를 잘라줍니다. 오디오 파트에서는 클릭하는 동시에 이벤트가 잘라지므로 반드시 마우스 오른쪽에 표시하는 위치를 확인하면서 작업하는 것이 실수를 예방할 수 있는 방법입니다.

### 뮤트 버튼

이벤트를 뮤트 합니다. 뮤트 할 이벤트를 클릭하거나 마우스 드래그로 선택하여 동시에 여러 이벤트를 뮤트 할 수 있습니다. 뮤트한 이벤트는 회색으로 표시하며, 뮤트 버튼으로 다시 클릭하여 해제할 수 있습니다.

### 돋보기 버튼

돋보기 버튼은 작업 공간을 확대/축소합니다. 마우스 드래그로 일부 구간을 작업 공간에 꽉 차게 확대하거나 Alt 키를 누른 상태로 클릭하여 축소할 수 있습니다. Ctrl 키를 누른 상태로 클릭하면 확대/축소 이전 크기로 되돌아갑니다.

### 컴프 버튼

이벤트가 두 개 이상의 라인으로 중복되어 있을 경우에 선택한 구간에 중복되어 있는 이벤트를 자동으로 뮤트 시킵니다. 가위와 뮤트 툴을 이용해서 원하는 소스를 선택하는 것 보다 편리한 툴입니다.

### 스크럽 버튼

스크럽 버튼은 마우스 드래그로 이벤트를 모니터 할 수 있습니다. 스피커 버튼과의 차이점은 마우스를 드래그 하는 동안에만 연주하고, 마우스의 드래그 방향에 따라서 연주 방향이 바뀐다는 점입니다. 왼쪽으로 드래그하여 사운드가 역으로 재생하는 것을 실험해 보기 바랍니다.

### 타임 버튼

타임 버튼은 오디오 이벤트의 템포를 계산합니다. 타임 버튼을 클릭하면 이벤트를 고정한 상태에서 템포를 계산하는 Warp Grid모드와 이벤트의 위치를 변경하는 musical events follow 모드를 선택할 수 있습니다.

### 스피커 버튼

스피커 버튼은 선택한 이벤트를 모니터 합니다. 스피커 버튼을 선택하고 이벤트를 클릭하면 마우스를 누르고 있는 동안에 선택한 이벤트를 연주합니다. 특정 이벤트를 모니터 할 때 유용하게 사용할 수 있습니다.

### 스넵 제로 크로싱 버튼

줌 바를 이용해서 파형을 확대해보면, 파형과 중앙의 베이스 라인이 만나는 부분이 있습니다. 이곳을 제로 크로싱 지점 이라고 하며, 스넵 제로 크로싱 버튼이 On일 경우에는 이벤트를 편집할 때, 이 부분을 기준으로 동작하게 됩니다. 가위 버튼을 이용해서 이벤트를 잘라보면 쉽게 이해할 수 있을 것입니다.

### 스넵 버튼

스넵 버튼은 이벤트를 이동하거나 복사할 때 작업 공간에 세로로 표시하는 스넵 라인 단위에 맞춰서 편집할 수 있게 합니다. 타입은 오른쪽 목록에서 선택하며, Grid, Reletive Grid, Events, Shuffle, Magnetic Cursor, Grid+Cursor, Events+Cursor, Events+Grid+Cursor의 8가지를 제공합니다.

Grid는 오른쪽에 있는 그리드 타입에서 선택한 모드를 사용하는 것이고, 그리드 타입에는 Bar, Beat, Use Quantize가 있습니다. 여기서 Use Quantize는 그리드 타입 오른쪽에 있는 퀀타이즈 목록에서 선택한 단위를 사용하는 것입니다.
그 밖에 Events는 편집 중인 이벤트 위/아래쪽에 있는 이벤트의 시작/끝 지점을 기준으로 편집하고, Shuffle은 편집하는 이벤트 오른쪽에 있는 이벤트를 편집한 거리만큼 이동하는 것입니다. 그리고 Magnetic cursor는 송포지션 라인을 기준으로 편집합니다.

### 퀀타이즈 버튼

이벤트를 그리드 라인에 맞춥니다. 그리드 단위는 오른쪽 목록에서 선택하며, 1/1 부터 1/64 Dotted까지 다양합니다.

### 60% 퀀타이즈 버튼

이벤트를 그리드 라인에 60%만 맞춥니다. 이것은 기본값이 60%이기 때문이며, 퀀타이즈 패널을 열어 변경할 수 있습니다.

### 오디오 퀀타이즈 버튼

오디오를 퀀타이즈 하며, 오른쪽의 e 버튼을 클릭하여 패널을 열 수 있습니다.

### 파트 보기 버튼

파트 보기 버튼은 편집 중인 파트의 이름을 룰러 라인 아래쪽에 표시합니다. 표시되는 파트의 이름은 마우스 드래그로 실제 파트의 길이를 변경할 수 있습니다. 이때 파트 밖에 있는 이벤트는 회색으로 표시는 하지만, 연주는 하지 않습니다.

### 파트 편집 버튼

파트 편집 버튼은 여러 개의 오디오 파트를 열었을 경우에 특정 파트가 변경하는 것을 예방할 수 있습니다. 프로젝트 창에서 여러 개의 오디오 파트를 선택하고, 더블 클릭하면 하나의 화면에 선택한 파트의 모든 이벤트가 보입니다. 이때 파트 편집 버튼을 On으로 하고 Part list에서 원하는 파트만을 선택하여 편집할 수 있습니다.

### 로우 버튼

파트 에디터를 로우 패널로 엽니다. 로우 패널에서는 독립 창으로 여는 역할을 합니다.

### 인포 버튼

선택한 이벤트의 정보를 표시하는 인포 라인을 열거나 닫습니다.

### 설정 버튼

도구 바에 표시할 종류를 선택합니다. 지금까지 살펴본 도구의 종류는 기본 값으로 설정된 경우이며, 이벤트를 미세하게 이동시키는 Nudge Palette, 색상을 결정하는 Event Colors, 반복 구간을 설정하는 Independent Track Loop 도구를 추가로 표시할 수 있습니다.

## 03 오디오 파트의 작업 공간

● 샘플 프로젝트 \ Audio Part

오디오 파트의 작업 공간은 프로젝트 창에서 오디오 이벤트 파트를 다루는 것과 동일한 방법으로 사용됩니다. 차이가 있다면 위/아래로 겹쳐지는 오디오 이벤트가 있을 경우에는 아래쪽에 있는 이벤트를 연주한다는 것입니다. 입문자의 경우에 많이 혼동하는 부분이므로 이것을 잠깐 살펴보기로 하겠습니다.

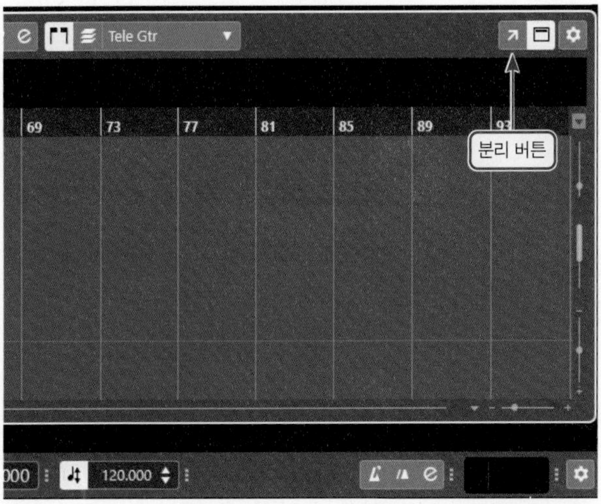


01 샘플의 오디오 파트를 더블 클릭하여 에디터를 엽니다. 로우 존 작업이 불편하다면 분리 버튼을 클릭하여 독립 창으로 열거나 Audio 메뉴의 Open Audio Part Editor를 선택합니다.

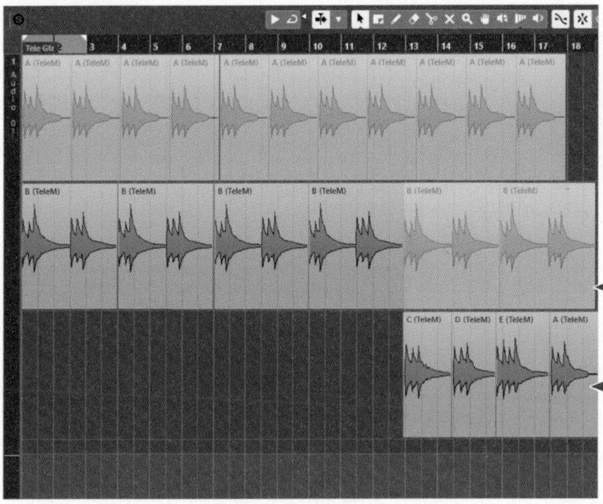


02 도구 바의 연주 버튼을 클릭해보면 1~13마디까지는 위에서 2번째 트랙에 위치한 이벤트를 연주하고, 13마디 이후에는 3번째 트랙에 위치한 이벤트가 연주하는 것을 확인할 수 있습니다.

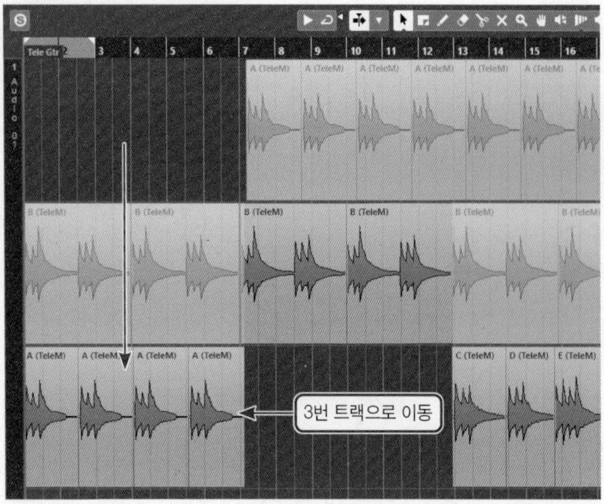


03 1번 트랙 앞쪽에 있는 4개의 이벤트를 Shift 키를 누른 상태로 선택한 후 아래쪽으로 이동합니다. 그러면 1~7마디와 13마디 이후는 3번 트랙을 연주하고, 7~13마디는 2번 트랙이 연주하는 것을 확인할 수 있습니다.

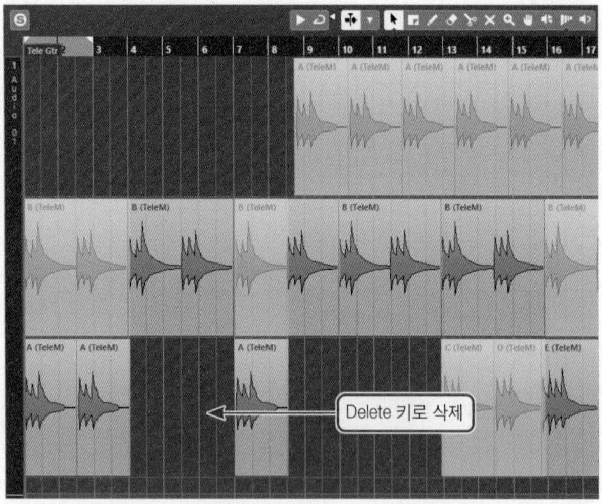


04 3번 트랙의 3번과 4번 이벤트를 선택하고, Delete 키를 눌러 삭제합니다. 그러면 2번 트랙의 3번과 4번 이벤트가 연주되는 것을 확인할 수 있습니다.

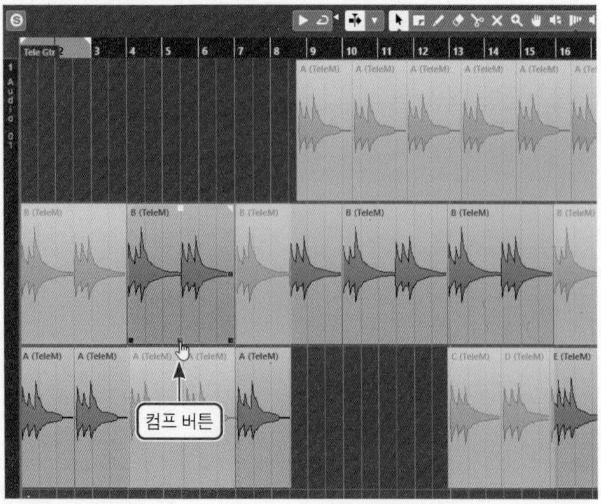


05 이처럼 오디오 파트는 가장 아래쪽에 있는 이벤트를 재생하는 것이 기본이지만, 컴프 버튼을 클릭하여 재생 이벤트를 선택할 수도 있습니다.

# 11 PART

# 오디오 편집 기능

큐베이스가 컴퓨터 음악 프로그램 선호도 1위가 될 수 있었던 이유는 막강한 오디오 편집 기능과 완벽한 VST의 호환성 때문입니다. 큐베이스의 오디오 편집 기능을 충분히 학습해두면, 다른 오디오 편집 프로그램을 익히지 않아도 독자가 원하는 오디오 편집 작업이 가능할 것입니다.

# 01 오디오 프로세스

큐베이스는 선택한 오디오 이벤트의 음정을 조정하거나, 잡음을 제거하는 등의 역할을 하는 프로세스 기능을 제공합니다. 프로젝트 창에서 선택한 오디오 이벤트에 프로세스를 적용할 때는 Audio 메뉴의 Process를 이용하고, 샘플 에디터에서 선택한 구간에 적용할 때는 인스펙터 창의 Process 파라미터를 이용합니다.

## 01 프로세스 사용하기

01 선택한 이벤트에 프로세스를 적용할 때는 F7 키를 눌러 Direct Offline Processing 창을 엽니다. Audio 메뉴의 Process에는 큐베이스에서 제공하는 프로세스의 종류를 확인할 수 있으며, 사용자가 원하는 프로세스를 바로 적용할 수 있습니다. 참고로 선택한 이벤트가 프로젝트에서 2번 이상 사용되고 있는 경우에는 새 버전을 만들 것인지를 묻는 창이 열립니다. 여기서 Continue 버튼을 클릭하면 모든 이벤트에 프로세스가 적용되고, New Version을 클릭하면 선택한 이벤트에만 적용됩니다.

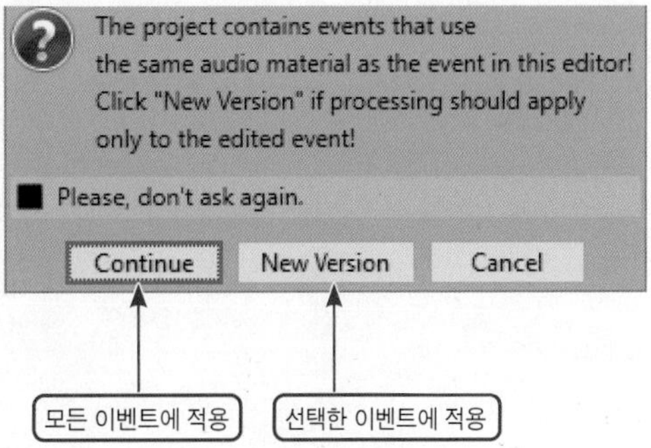

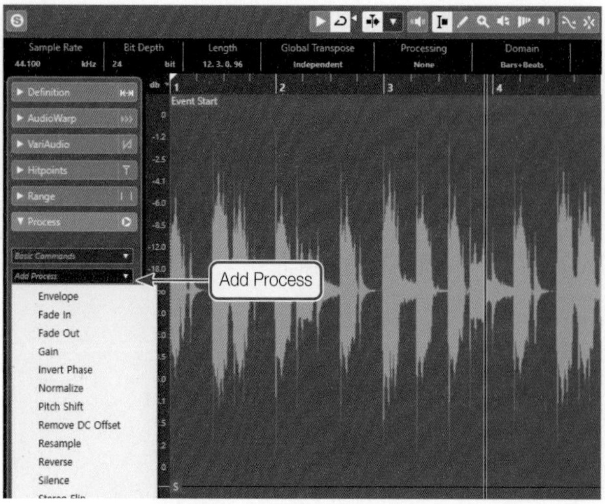


02 이벤트의 일부분에만 적용하고 싶은 경우에는 샘플 에디터에서 구간을 선택하고 F7 키를 누르거나 인스펙터 창의 Add Process에서 선택합니다.

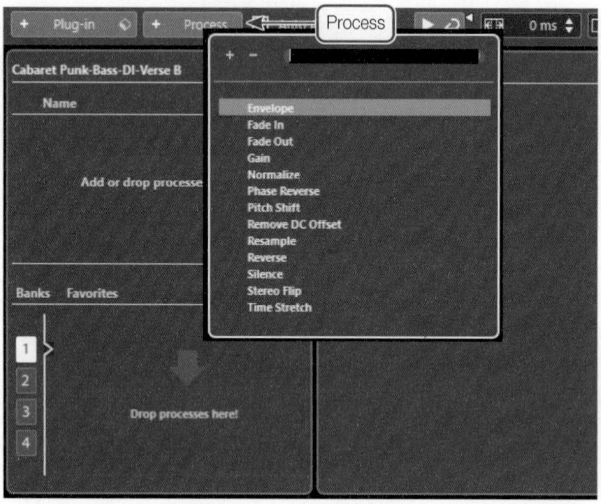


03 Direct Offline Processing 창이 열리면 Process 메뉴에서 적용할 프로세스를 선택합니다. Audio 메뉴의 Process에서 선택한 경우에는 이미 적용된 상태로 열립니다.

Tip

Direct Offline Processing에서는 오디오 프로세스 외에 Plug-in도 사용할 수 있습니다.

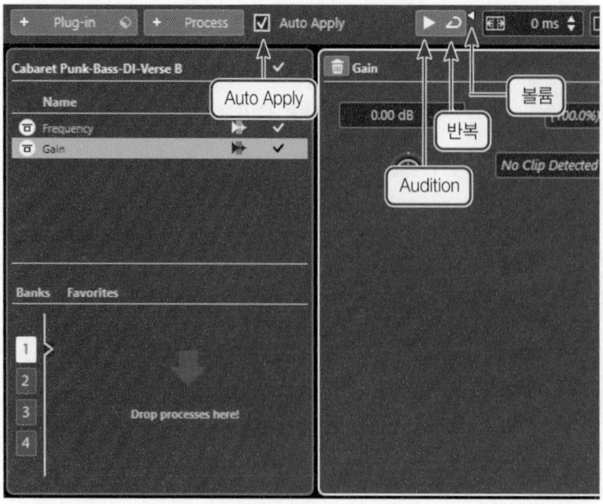


04 Direct Offline Processing의 Auto Apply 옵션은 기본적으로 체크되어 있기 때문에 선택한 프로세스는 자동으로 적용되며, Audition 버튼을 클릭하여 결과를 모니터할 수 있습니다. Audiotion 버튼을 오른쪽에는 반복 버튼과 볼륨 조정 슬라이더를 제공합니다.

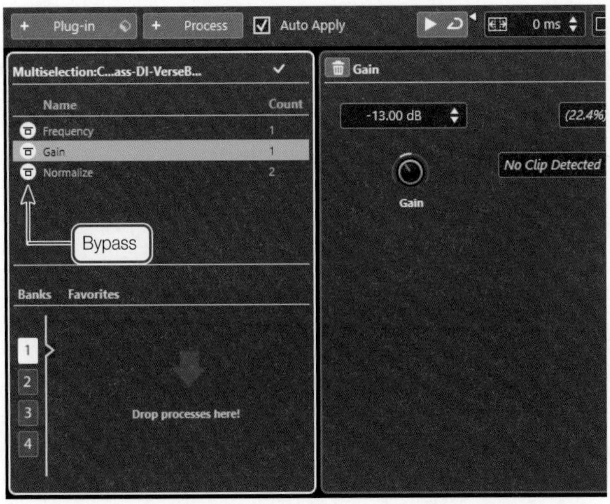


05 프로세스 및 플러그-인은 여러 가지를 동시에 적용할 수 있으며, 적용한 장치들은 목록에 표시됩니다. 두 개 이상의 이벤트를 선택한 경우에는 Count로 횟 수를 표시하며, Bypass 버튼으로 적용 전/후의 사운드를 비교할 수 있습니다.

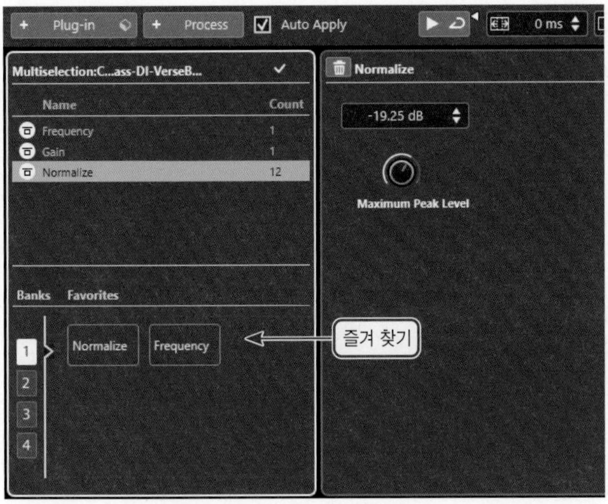


06 오른쪽에서는 선택한 장치를 컨트롤 할 수 있는 패널이 열리며, 자주 사용하는 설정은 즐겨 찾기 항목으로 드래그하여 관리할 수 있습니다. 즐겨 찾기는 4개의 뱅크를 제공하며, 각 뱅크별로 36개의 장치를 관리할 수 있습니다.

07 Auto Apply 버튼을 Off하면, 패널에 Apply 및 Discard 버튼이 표시되어 각각의 프로세스를 수동으로 적용하거나 해제할 수 있습니다.

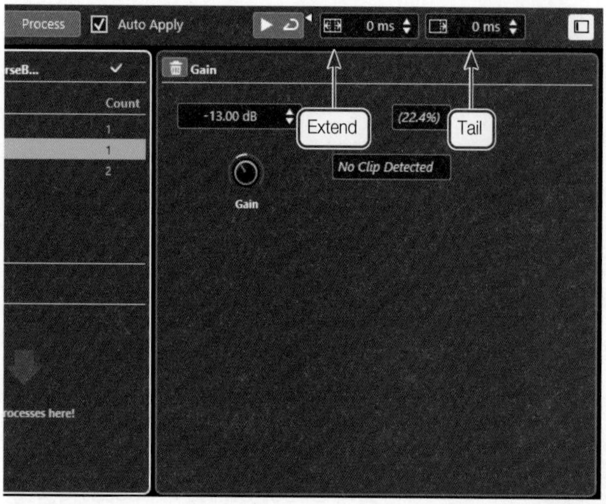


08 Extend 버튼은 프로세스 적용 범위를 확대하여 적용 후에 이벤트를 확대할 수 있게 하고, Tail은 끝에 타임을 추가하여 공간 계열의 프로세싱 작업에서 잔향을 유지시킬 수 있습니다.

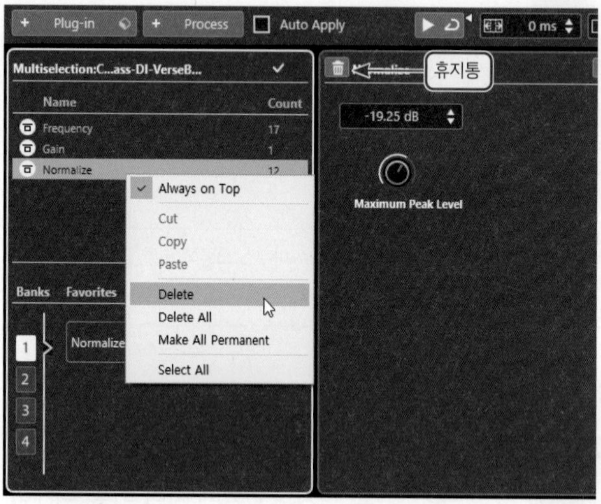


09 프로세서의 순서는 마우스 드래그로 변경 가능하며, 휴지통을 클릭하거나 단축 메뉴의 Delete를 선택하여 삭제할 수 있습니다.

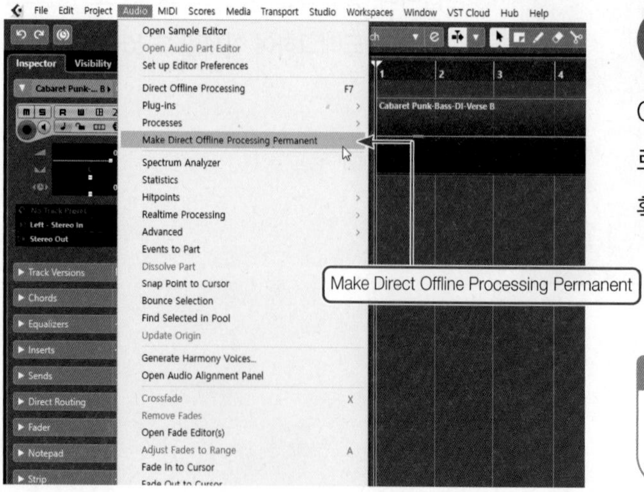


10 더 이상 수정할 필요가 없다는 확신이 들면, Audio 메뉴의 Make Direct Offline Processing Permanent를 선택하여 프로세싱이 적용된 이벤트를 만듭니다. 시스템을 확보할 수 있는 방법입니다.

**Tip**

Make Direct Offline Processing Permanent은 단축 메뉴의 Make All Permanent를 선택해도 됩니다.

# 02 엔벨로프 조정하기

● 샘플 프로젝트 \ Env

Process 메뉴의 첫 번째인 Envelop는 사운드의 엔벨로프 파형을 편집하는 기능입니다. 엔벨로프란 소리의 시작에서 소멸까지의 과정을 어택, 디케이, 서스테인, 릴리즈의 4단계로 구분하여 표시하는 것으로 오디오 샘플을 사용할 때 엔벨로프 파형을 조정하면, 곡의 색깔에 어울리는 사운드를 만들 수 있습니다. 실습으로 슬로우 곡에 어울리는 스트링 사운드를 댄스 곡에 어울리게 어택을 조정해 보겠습니다.

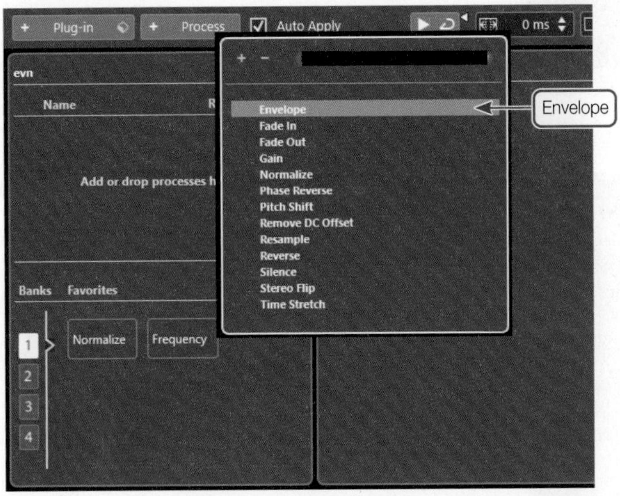


**01** 오디오 이벤트를 선택하고, F7 키를 눌러 Direct Offline Processing을 엽니다. Process에서 Envelope를 선택합니다.

**Tip**

오디오 이벤트를 Ctrl+마우스 오른쪽 버튼 클릭으로 단축 메뉴를 열어 Process 메뉴를 이용해도 좋습니다.

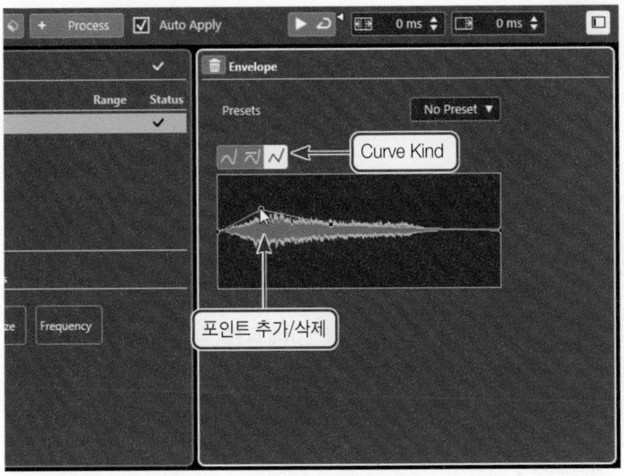


**02** Curve Kind에서 직선 라인을 선택하고, 파형의 변화에 따라 어택, 디케이, 서스테인, 릴리즈로 짐작하는 부분에 포인트를 만듭니다. 포인트는 마우스 클릭으로 만들고, 창 밖으로 드래그하여 삭제할 수 있습니다.

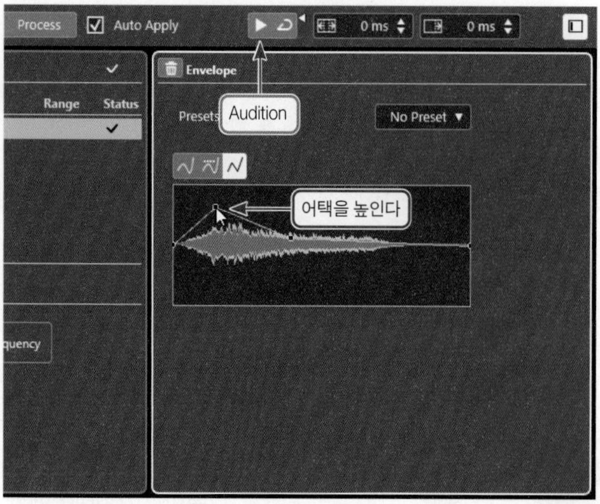


**03** Audition과 반복 버튼을 클릭하여 사운드를 모니터 하면서 어택 부분으로 짐작되는 위치의 포인트를 높입니다.

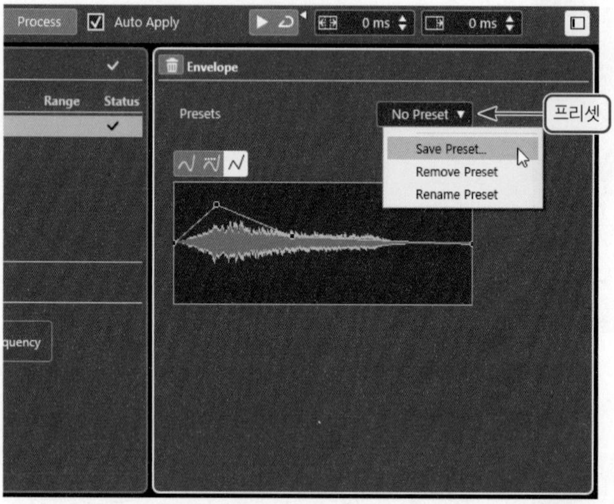


**04** 설정 값이 마음에 들고, 나중에 같은 값을 사용할 필요가 있다고 생각되면, 프리셋의 Save Preset을 선택하여 저장합니다.

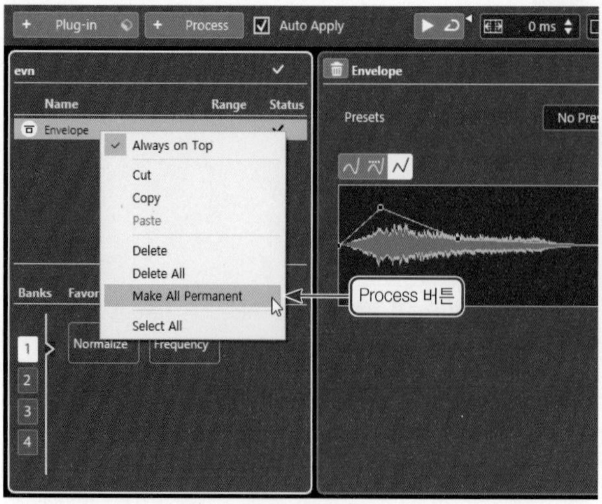


**05** 프로세싱을 적용한 이벤트를 더 이상 편집할 필요가 없을 거라는 확신이 들면, 마우스 오른쪽 버튼을 클릭하여 단축 메뉴를 열고, Make All Permanent를 선택하여 적용합니다. 시스템을 절약하는 방법이지만, 복구할 수 없으므로 신중하게 선택합니다.

## 03 페이드 인/아웃

● 샘플 프로젝트 \ Fade out

Process 메뉴의 Fade In과 Fade Out은 사운드를 점점 크게(Fade In), 점점 작게(Fade Out)하는 효과를 만드는 기능입니다. 곡 전체를 페이드 인/아웃 하기 위해서는 믹스콘솔의 마스터 볼륨을 이용하는 것이 편리하지만, 샘플의 일부분은 프로세스 기능을 이용합니다. 실습으로 엔딩이 자연스럽지 못한 연주의 샘플을 페이드 아웃으로 처리해보겠습니다.

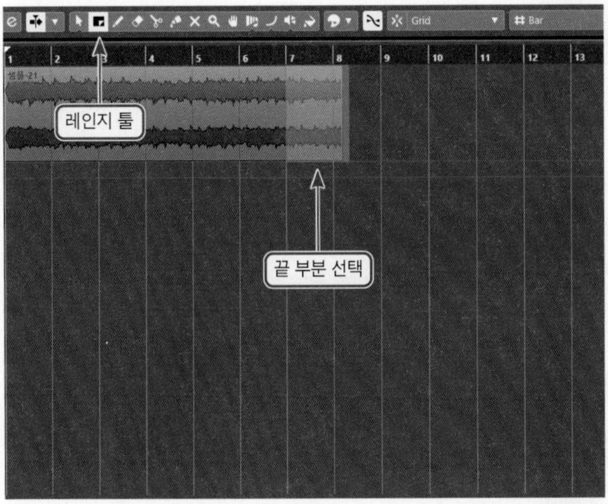


01 레인지 툴을 이용해서 오디오 이벤트의 끝 부분을 선택하고, Audio 메뉴의 Process에서 Fade Out을 선택합니다.

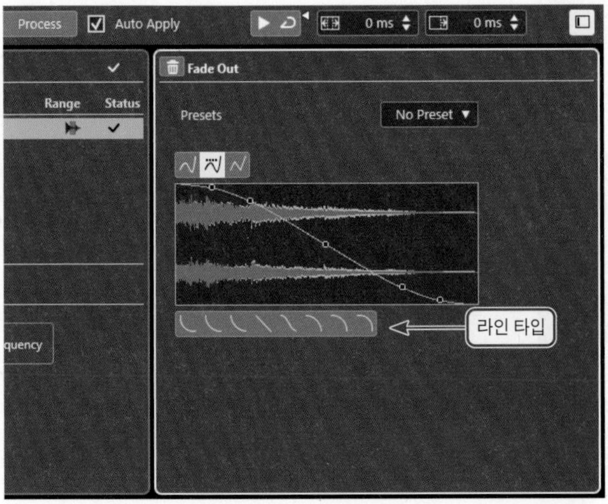


02 볼륨 라인을 독자가 원하는 형태로 편집을 해도 좋지만, 디스플레이 아래쪽에 있는 8개의 라인 타입 버튼 중에서 적당한 것을 선택합니다. 선택한 타입으로 Fade Out 효과가 만들어지는 것을 확인할 수 있습니다.

**Tip**

사운드를 점점 크게 하는 Fade In은 사운드를 점점 작게 하는 Fade Out과 사용법이 동일합니다.

# 04 볼륨 조정하기

● 샘플 프로젝트 \ Gain

Gain은 사운드의 볼륨을 조정하는 기능입니다. 대부분의 오디오 장비에서 Gain은 입력 볼륨을 말하지만, 큐베이스의 Gain은 입/출력 구분 없이 선택한 오디오 이벤트의 볼륨을 조정합니다. 실습으로 사운드의 일부분이 작게 녹음되어 밸런스가 불규칙한 샘플의 볼륨을 조정해 보겠습니다.

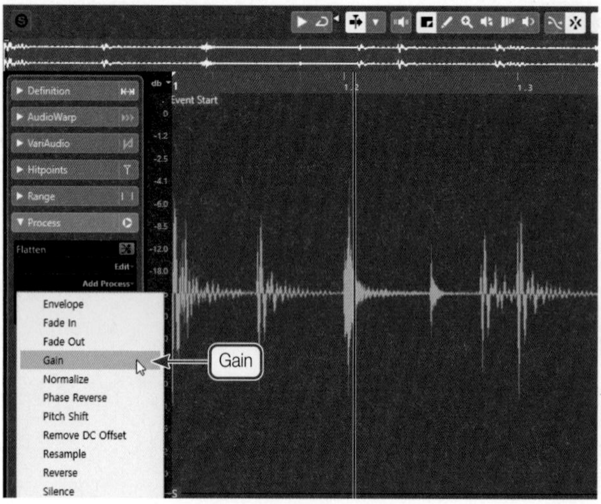


**01** 오디오 이벤트를 더블 클릭하여 샘플 에디터를 열고, 소리가 작은 뒷 부분의 파형을 선택합니다. 그리고 Process에서 Gain을 선택합니다.

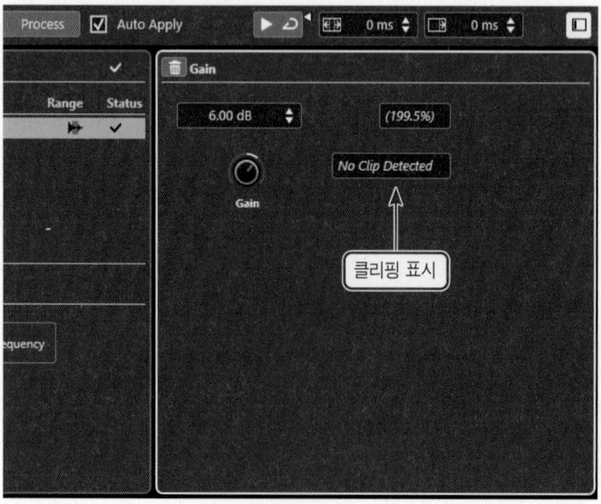


**02** Gain 창의 슬라이드를 우측으로 움직여 6.00dB 정도로 높여봅니다. 볼륨은 Audition 할 때 클리핑이 발생하지 않는 한도로 조정해야 합니다. 클리핑은 오른쪽에 Cip Detected로 표시됩니다.

## 05 볼륨을 최대로 크게 하기

● 샘플 프로젝트 \ Norm

Normalize는 클리핑 현상이 일어나지 않는 한도까지 볼륨을 올려주는 기능입니다. 클리핑이란 재생 가능한 최대 사운드 이상의 볼륨이 입력되었을 때 일그러지는 현상을 말합니다. 디지털 사운드는 최대 레벨을 0dB로 제한하고 있으며, 그 이상의 사운드는 잡음으로 처리됩니다.

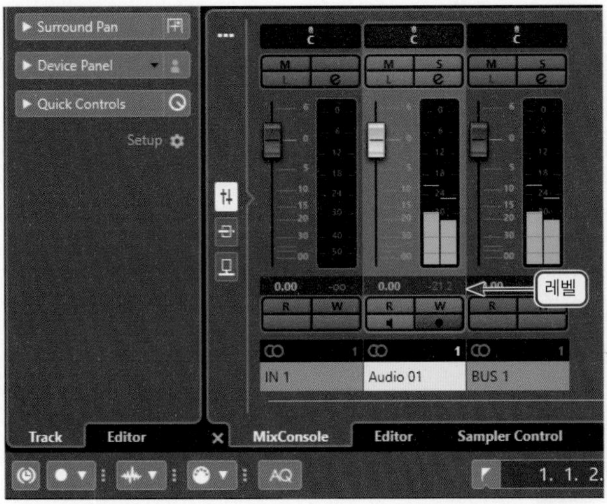


**01** MixCondole을 열고, 샘플을 재생해 보면, -20dB로 거의 들리지도 않습니다. 오디오 이벤트를 선택하고, F7 키를 눌러 Direct Offline Processing을 엽니다. Process에서 Normalize를 선택합니다.

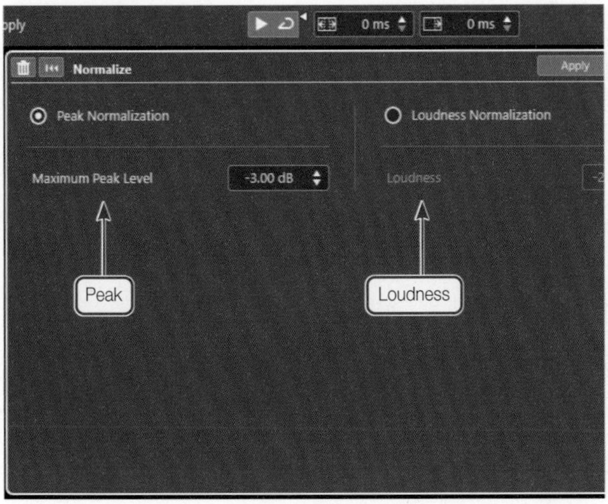


**02** Normalize는 피크를 기준으로 조정할 것인지, 라우드니스를 기준으로 조정할 것인지를 선택할 수 있습니다. 일반적으로 믹싱 단계에서는 Peak, 마스터링 단계에서는 Loudness를 이용합니다.

**Tip**

사운드에 잡음이 있을 경우에는 잡음까지 커지게 됩니다. 그래서 노멀라이즈를 사용할 때는 노이즈 게이트와 함께 사용하는 것이 일반적입니다.

## 06 위상 바꾸기

● 샘플 프로젝트 \ Phase

Phase Reverse는 사운드의 위상을 바꿔주는 기능입니다. 위상이란 사운드 파형의 각도를 말하는 것으로 위상이 같은 각도로 겹치면 소리가 증가하고, 반대로 겹치면 소리가 감소하는 현상이 발생합니다. 녹음 과정에서 위상이 바뀌는 원인은 입력 단자의 플러스와 마이너스 단자가 바뀌는 물리적인 것 외에도 녹음 공간의 잔향, 이펙트의 사용 등 다양한 원인이 있을 수 있습니다.

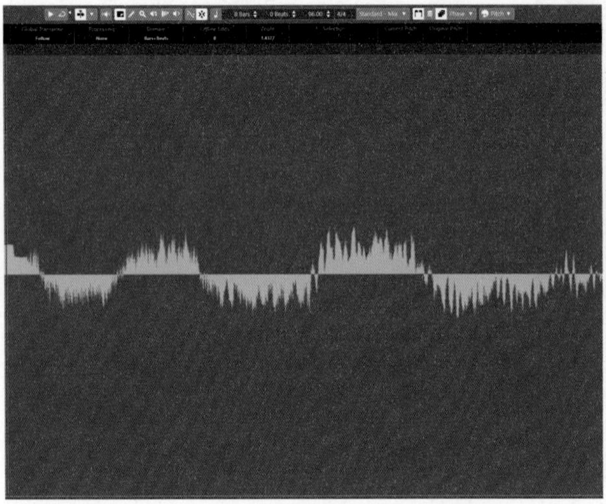

**01** 오디오 이벤트를 더블 클릭하여 샘플 에디터를 엽니다. H 키로 파형의 각도를 확인할 수 있게 확대합니다.

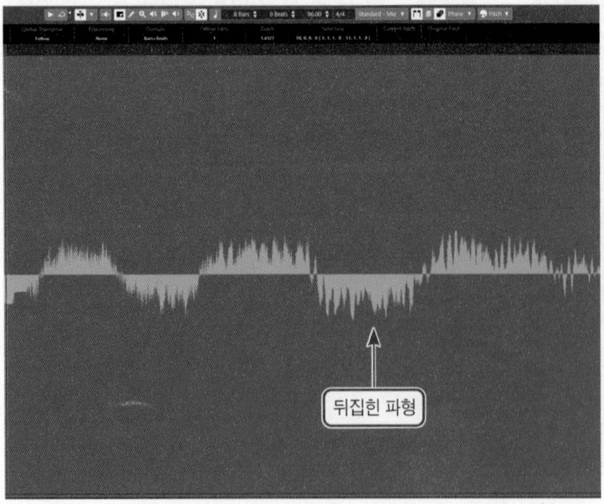


**02** F7 키를 눌러 Direct Offline Processing을 열고, Phase Reverse를 선택합니다. 파형이 위/아래로 각도가 바뀐 것을 확인할 수 있습니다. Phase Reverse는 별도의 컨트롤러를 제공하지 않습니다.

# 07 음정 조정하기

● 샘플 프로젝트 \ Pitch

Pitch Shift는 사운드의 음정을 조정하는 기능입니다. 샘플을 사용하다가 보면, 작업하고 있는 음악과 음정이 틀려서 아쉬운 경우가 있습니다. 큐베이스 프로세서 중에서 가장 뛰어난 기능을 가지고 있는 Pitch Shift는 사운드의 변형을 최대한 방지하면서 음정을 조정할 수 있습니다. Pitch Shift는 Transpose와 Envelope 페이지를 가지고 있습니다. 각 페이지의 구성요소와 기능들을 살펴보겠습니다.

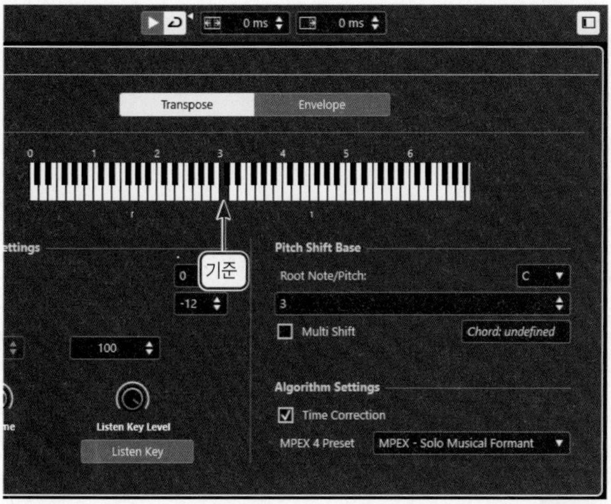


**01** F7 키를 눌러 Direct Offline Processing을 열고, Process에서 Pitch Shift를 선택합니다. 음정을 변경하는 기준은 C 노트이며, 빨간색으로 표시됩니다. 처음에는 변경 음을 표시하는 파란색과 겹쳐 있습니다.

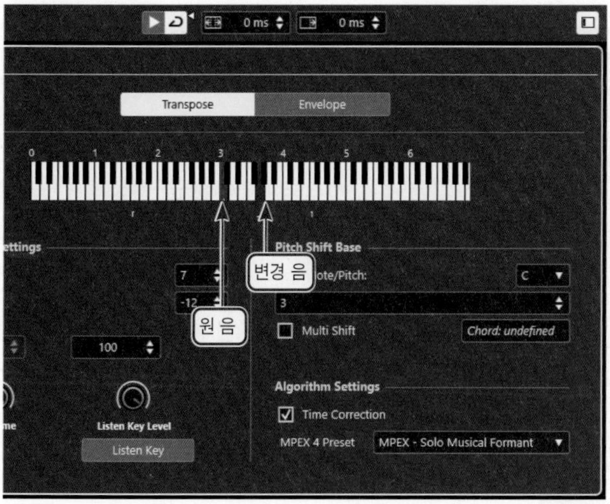


**02** G 음을 클릭하여 파란색을 이동 시켜 봅니다. 기준 음 빨간색에서 완전 5도를 올린 것입니다. 이처럼 음정을 바꾸는 동작은 간단하지만, 나머지 옵션들의 역할을 살펴보겠습니다.

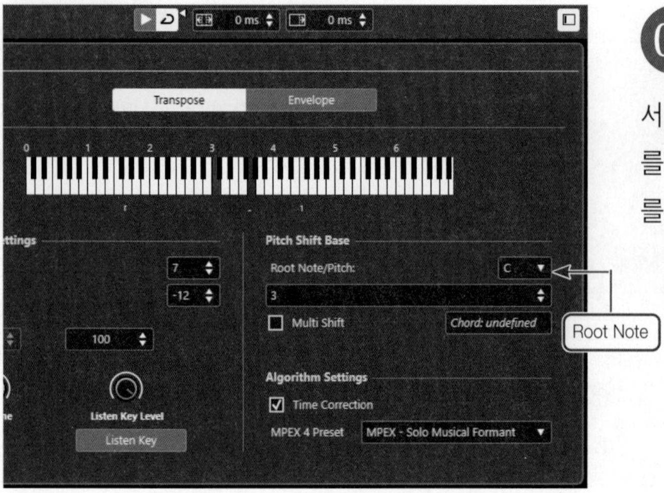


03 Pitch Shift Base는 빨간색 건반의 위치를 선택합니다. Root Note/Pitch에서 노트 이름을 선택하고, 숫자 항목에서 위치를 선택합니다. C3면 Root Note/Pitch에서 C를 선택하고 위치에서 3을 선택하는 것입니다.

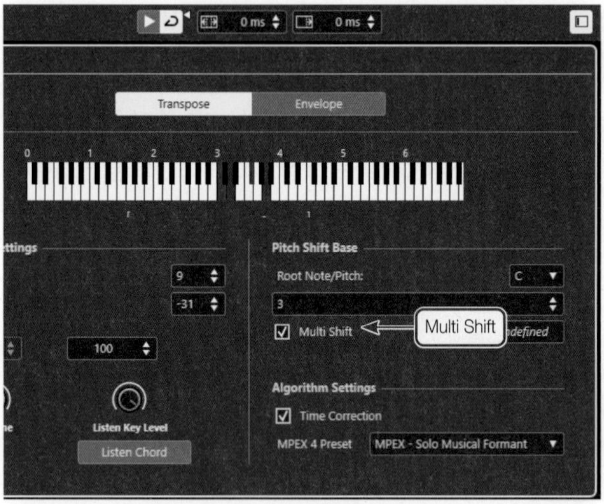


05 Multi Shift 옵션은 코드로 변환할 수 있게 합니다. 하모니를 만드는 것이 아니라 메이저 연주를 마이너로 바꾸는 등의 효과를 얻을 수 있습니다.

Tip

Multi Shift 옵션에서 원음을 빼고 싶은 경우에는 빨간색을 클릭하여 파란색으로 바꿉니다.

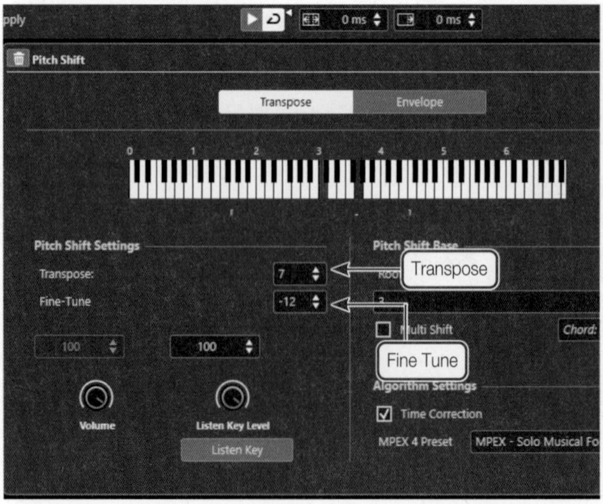


04 Pitch Shift Settings 섹션에서 Transpose는 파란색으로 조정하는 음정을 반음 단위로 표시하거나 선택합니다. Fine Tune은 반음을 100단계로 미세하게 조정합니다. 그 외, 볼륨을  조정할 수 있는 Volume와 레벨을 모니터할 수 있는 Listen Key 버튼을 제공합니다.

06 Algorithm Settings 섹션은 타임을 유지하는 Time Correction 옵션을 제공하며, 이때 적용할 알고리즘을 선택할 수 있습니다.

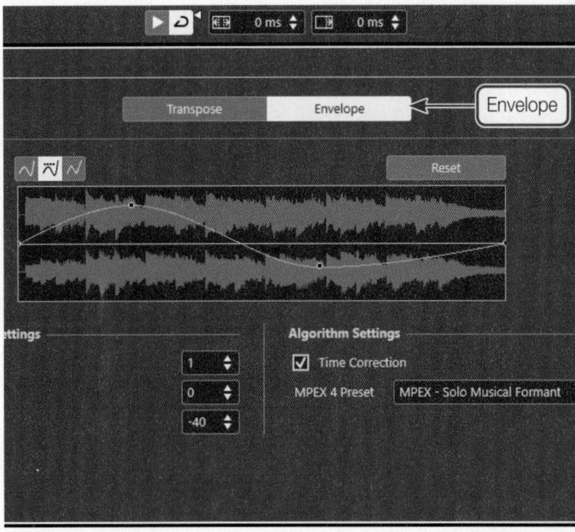


07 Envelope 페이지에서는 음정을 순차적으로 조정할 수 있는 엔벨로프 그래프를 가지고 있습니다. Curve Kind에서 라인을 선택하고, 마우스 클릭으로 포인트를 만듭니다. 포인트는 드래그로 조정하고, 창 밖으로 드래그하여 삭제할 수 있습니다.

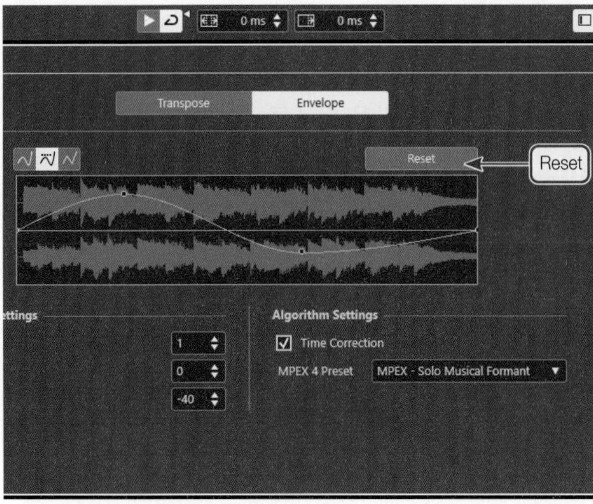


08 Envelope 페이지의 옵션들은 최대 16단계(1=반음)로 조정 범위를 설정할 수 있는 Range 항목이 있다는 것 외에는 Transpose에서 살펴본 내용과 동일합니다. 엔벨로프 그래프 우측 상단에 있는 Reset 버튼은 조정한 라인을 초기화 합니다.

# 08 전기 잡음 제거하기

● 샘플 프로젝트 \ Dc

Remove DC Offset은 녹음 중에 유입되는 전기 잡음을 제거합니다. 전기 잡음이란 전류의 간섭으로 파형이 베이스 라인에서 벗어나는 현상을 말합니다. 음악 장비들은 전기를 사용하고 있기 때문에 그 수가 많을수록 전기 잡음이 발생할 확률은 높아집니다. DC Offset을 이용해서 녹음 과정에서 유입된 전압 잡음을 제거해 보겠습니다.

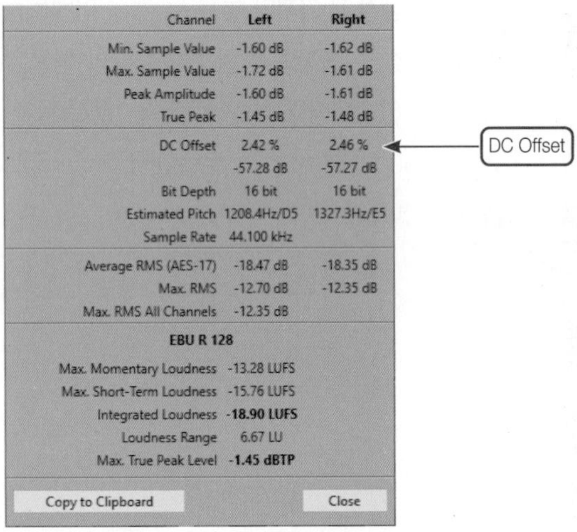


01 Audio 메뉴의 Statistics를 선택하여 창을 열고, DC Offset 항목을 보면 2.4% 정도 베이스 라인이 벗어나 있는 것을 확인할 수 있습니다.

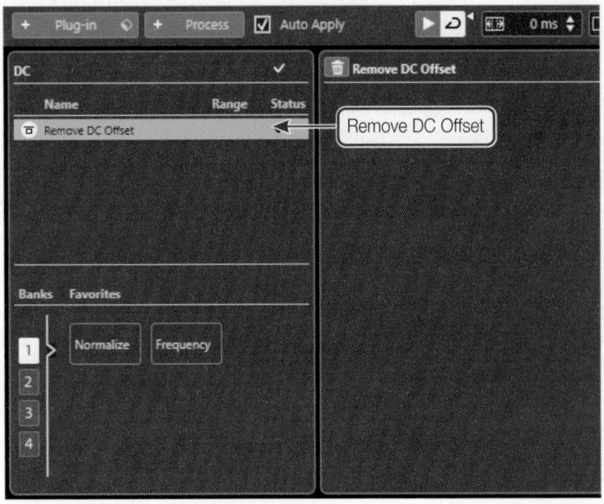


02 F7 키를 눌러 Direct Offline Processing을 열고, Process에서 Remove DC Offset을 선택합니다. 다시 Statistics 창을 다시 열어보면 DC Offset이 0%로 교정된 것을 확인할 수 있습니다.

# 09 샘플 주파수 바꾸기

● 샘플 프로젝트 \ Sam

Resample은 샘플의 주파수를 변경합니다. 샘플의 주파수를 변경하면 사운드의 음정과 템포가 변합니다. Process 메뉴의 Resample은 이러한 현상을 이용해서 샘플의 음정과 템포를 미세하게 조정하고 싶을 때 사용할 수 있습니다. 기억할 것은 샘플의 주파수를 높인다고 해서 사운드의 음질이 좋아지는 것은 아니라는 것입니다. 좋은 사운드를 얻기 위해서는 높은 주파수로 녹음을 해야 합니다.

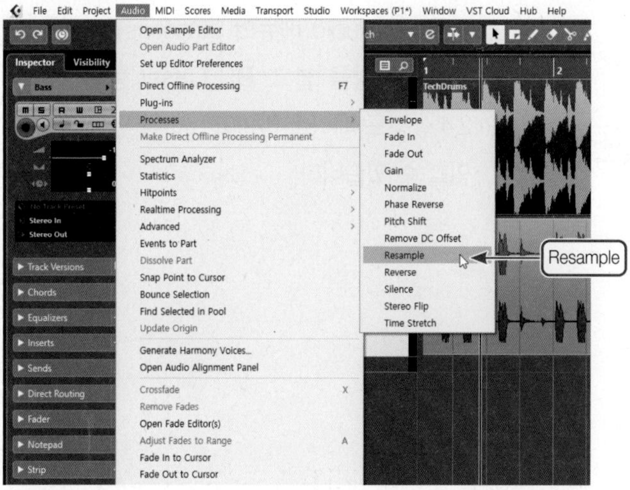


01 샘플에 가져다 놓은 두 개의 이벤트는 샘플 레이트가 일치하지 않아 템포가 어긋나고 있습니다. Drums 트랙의 이벤트를 선택하고, Audio 메뉴의 Process에서 Resample를 선택합니다.

02 New Sample Rate를 44100으로 입력하여 변경합니다. Difference 항목은 변경된 길이를 나타내며, 템포가 일치하는 것을 확인할 수 있습니다.

## 10 사운드의 재생 방향 바꾸기

● 샘플 프로젝트 \ Rever

Reverse는 선택된 사운드의 재생 방향을 바꾸어 줍니다. 드럼 심벌의 사운드를 거꾸로 재생하여 만드는 리버스 심벌은 너무나 익숙한 샘플입니다. 이처럼 사운드의 재생 방향을 바꾸면 의외로 재미있는 효과를 만들 수 있습니다. 특히 영상의 효과 사운드를 만들 때 많이 사용하는 기법이므로, 다양한 연구와 실습을 반복하여 자신만의 노하우를 쌓을 수 있길 바랍니다.

01 오디오 트랙을 추가하고, 독자의 목소리를 녹음해봅니다. 서태지 음반의 "피가 모자라", 김현정 음반의 "꼭 사주세요~" 등과 같은 재미있는 메시지를 담아봅니다.

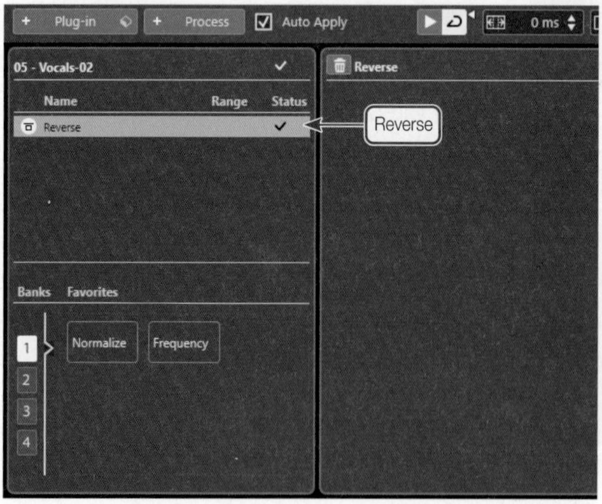


02 녹음한 이벤트를 선택하고, Audio 메뉴의 Process에서 Reverse를 선택합니다. 독자가 녹음한 사운드가 거꾸로 재생되는 것을 확인할 수 있습니다. 이제 누군가 독자의 음악을 듣고, 거꾸로 재생했을 때의 메시지를 발견하여 인터넷을 뜨겁게 달굴지도 모릅니다.

# 11 사운드 제거하기

● 샘플 프로젝트 \ Rever

Silence는 선택한 구간의 사운드를 제거합니다. 큐베이스에서는 사운드의 일부분을 제거하는 다양한 방법들이 있습니다. 그 중에서 Process 메뉴의 Silence은 아주 작은 범위에 해당하는 클릭 잡음 등을 제거하는데 편리합니다.

01 레인지 툴을 이용해서 사운드를 제거하고 싶은 구간을 선택합니다.

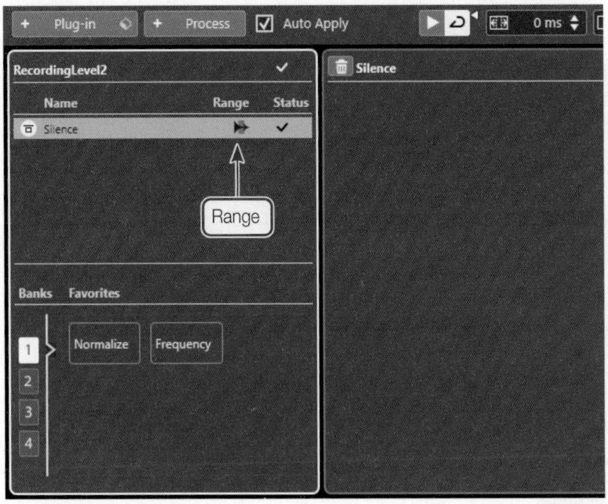


02 Audio 메뉴의 Process에서 Silence를 선택합니다. 선택한 부분의 사운드가 제거되는 것을 확인할 수 있습니다. F7 키를 눌러 Direct Offline Processing 창을 열어보면, 이벤트 일부분에 적용되었다는 의미의 Range 칼럼을 볼 수 있습니다.

# 12 스테레오 채널 바꾸기

● 샘플 프로젝트 \ Stereo

Stereo Flip은 스테레오 사운드를 보정합니다. 좌/우 채널이 바뀌었거나, 양쪽의 사운드를 믹스하는 등의 잘못 녹음한 스테레오 사운드를 보정하는데 사용합니다. 즉, 스테레오 사운드에만 적용할 수 있는 프로세서입니다.

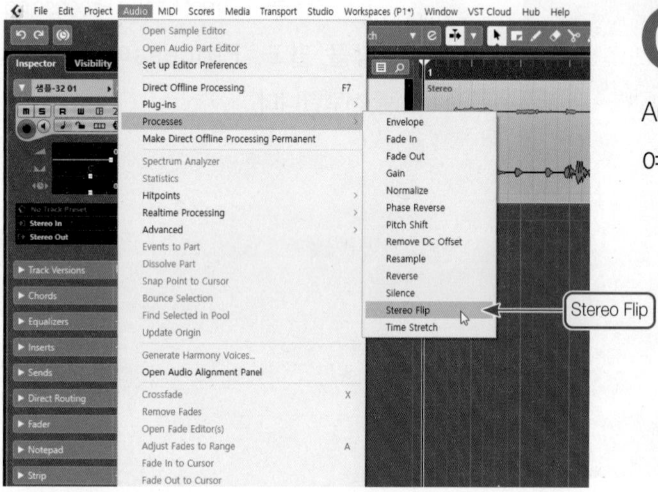


01 왼쪽 채널에 기타, 오른쪽 채널에 드럼 사운드로 녹음된 샘플입니다. Audio 메뉴 Process에서 Stereo Flip을 선택하여 창을 엽니다.

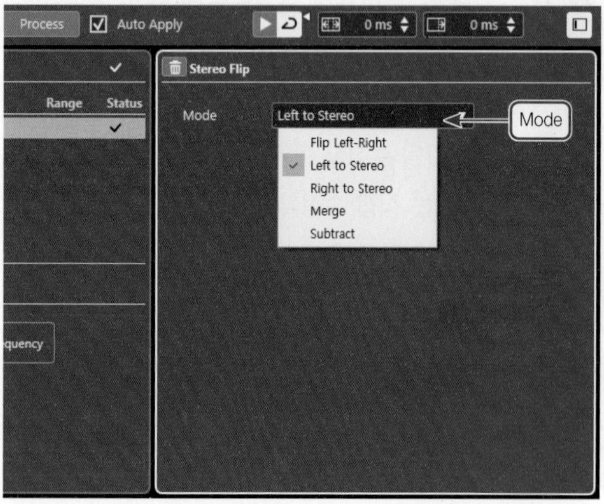


02 Stereo Flip은 모두 5가지 모드를 적용할 수 있습니다. Flip Left-Right을 선택하여 왼쪽과 오른쪽의 사운드를 바꿔봅니다. 기타와 드럼 연주가 좌/우로 바뀌는 것을 확인할 수 있습니다.

**Tip**

Flip Left - Right: 왼쪽과 오른쪽 채널을 바꿉니다.
Left/Right to Stereo: 왼쪽 또는 오른쪽 채널을 복사합니다.
Merge/Subtract: 두 채널을 믹스합니다. Merge는 왼쪽, Subtract 오른쪽 채널이 기준입니다.

## 13 템포 조정하기

● 샘플 프로젝트 \ Stretch

Time Stretch는 사운드의 템포를 조정합니다. 샘플을 임포팅하여 사용할 때, 작업 중인 곡의 템포와 일치시키거나, 특별한 효과를 만들기 위해서 사용할 수 있습니다. Time Stretch는 선택한 샘플의 정보를 표시하는 Input 섹션과 템포가 조정된 정보를 표시하는 Output 섹션으로 구분되어 있습니다.

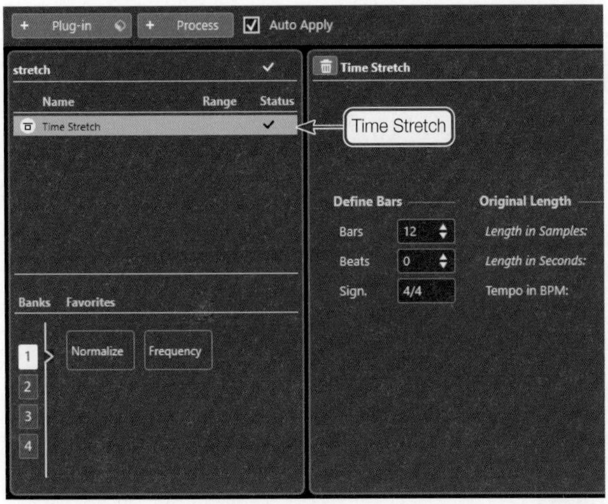


**01** F7 키를 눌러 Direct Offline Processing 창을 열고, Process에서 Time Stretch를 선택합니다.

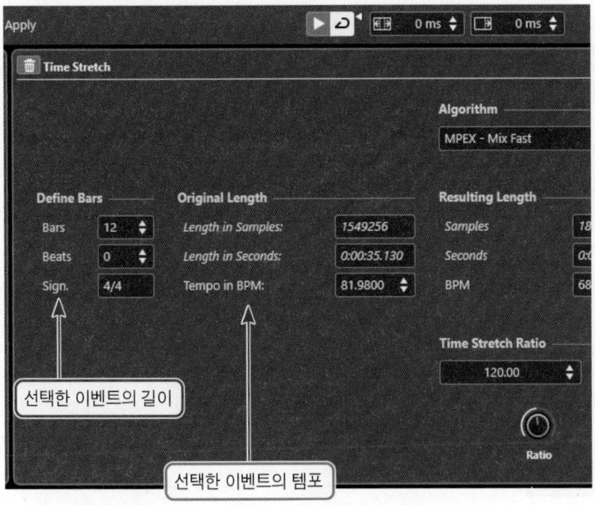


**02** 왼쪽의 Define Bars와 Original Length 섹션은 선택한 이벤트의 정보를 표시합니다. 이것은 자동으로 검색되기 때문에 값을 수정할 이유는 없지만, 잘못 검색된 경우에는 직접 수정할 수 있습니다. 샘플은 12마디 길이의 81.98 템포로 표시되고 있습니다.

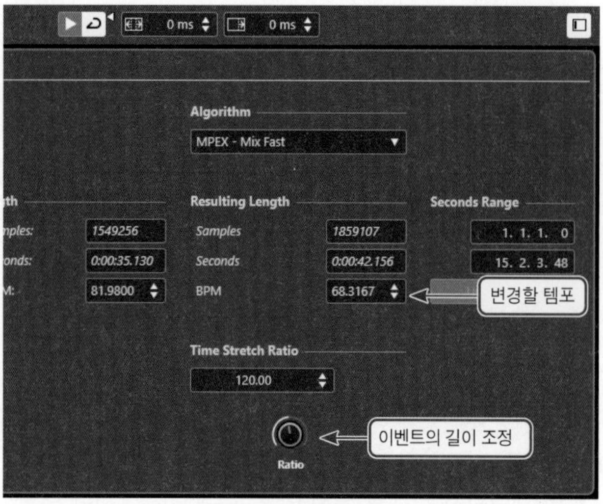


03 Resulting Length 섹션의 BPM 항목에 변경할 템포의 값을 입력하거나 Time Stretch Ratio의 Ratio에서 비율을 조정합니다.

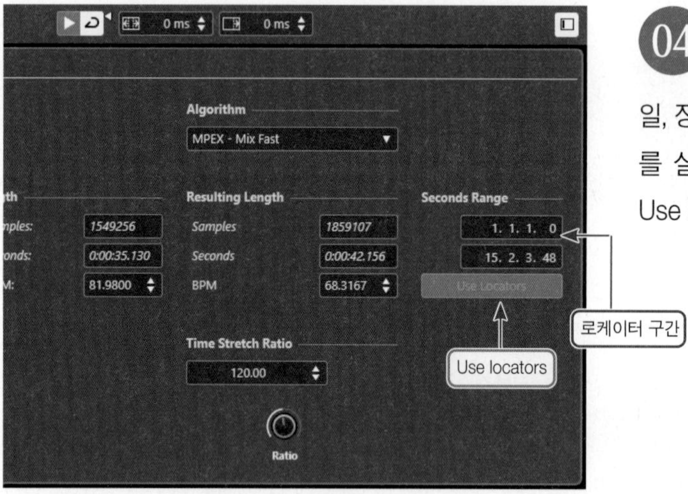


04 Seconds Range는 템포 조정으로 변경될 이벤트의 길이를 표시합니다. 만일, 정확한 길이를 맞추고 싶다면, Time Stretch를 실행하기 전에 로케이터 구간을 설정하고, Use locators 버튼을 클릭하여 맞춥니다.

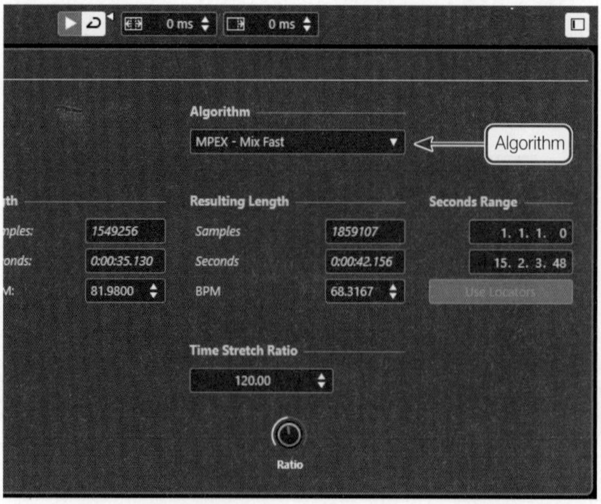


05 Algorithm은 Realtime 상태에서 소스에 적합한 것을 선택하고, Process를 적용하기 전에 Audition으로 확인해보는 것이 좋습니다. 시스템 사양이 높다면, MPEX 알고리즘을 권장합니다.

# 02 스펙트라 레이어

SpectraLayers는 Sound Forge로 유명했던 Sony사에서 레이어라는 획기적인 오디오 편집 기술로 출시하였지만, 큰 성공을 거두지 못하고, Magix사를 거쳐서 최종적으로 Steinberg사로 인수된 프로그램이며, 큐베이스에 SpectraLayers Pro의 축소 버전에 해당하는 SpectraLayers One이 포함되었습니다. 물론, Pro 버전과 비교하면 맛보기에 불과하지만, 오디오의 일부분을 편집할 수 없던 샘플 에디터의 한계를 극복할 수 있게 되었습니다.

## 01 AR에서 MR 추출하기

**01** Spectra Layers는 Celemony사와 PreSonus사에서 공동 개발한 ARA 지원 프로그램입니다. ARA는 Audio Random Access의 약자로 DAW 프로그램에서 자체 기능처럼 사용할 수 있도록 하는 기술을 말합니다. 프로그램은 Audio 메뉴의 Extension과 인포 라인의 Extension 또는 인스펙터 창의 Select Extension에서 선택하여 실행할 수 있습니다. 인스펙터의 Make Track Extension Permanent는 편집 내용을 이벤트에 적용하여 시스템을 확보하는 역할을 하며, 취소할 때는 Audio 메뉴의 Extension에서 Remove Extension from Selected Events를 선택합니다. 실습으로 평소에 MR을 만들고 싶었던 MP3 파일을 프로젝트에 가져다 놓고 Spectra Layers를 실행합니다.

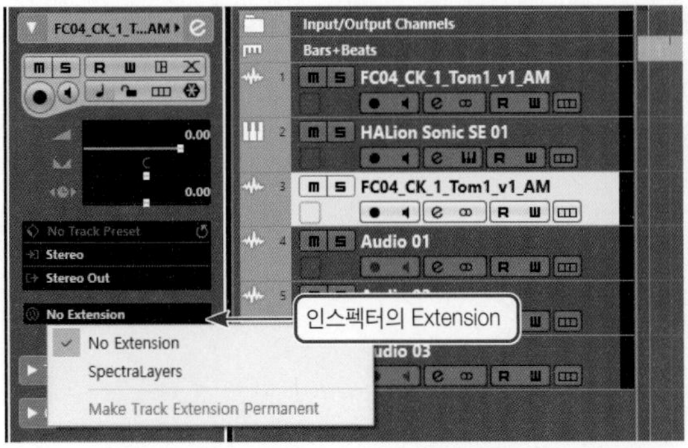


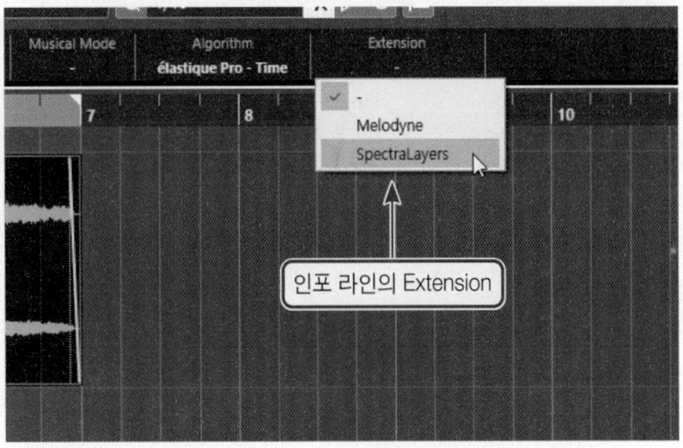

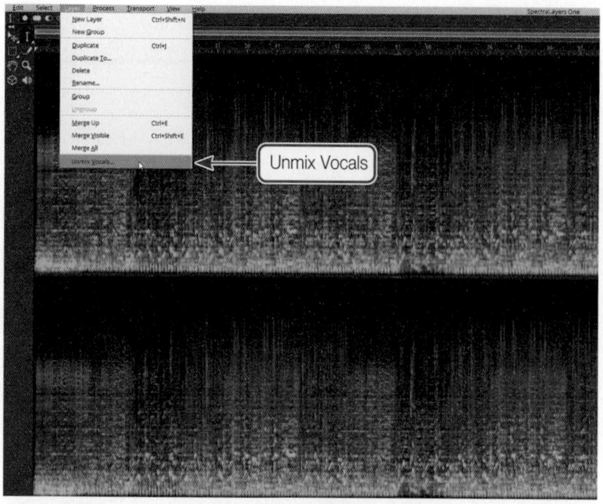


**02** Spectra Layers가 열리면 Layer 메뉴의 Unmix Vocals를 선택합니다. MP3 파일에서 보컬과 반주를 레이어로 분리하는 기능입니다.

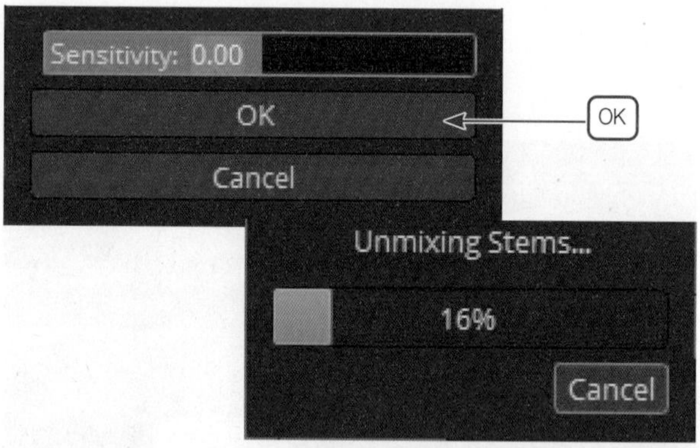


**03** 추출 감도를 설정할 수 있는 창이 열립니다. 기본값 0.00 그대로 OK 버튼을 클릭하면, 음악을 분석하고 보컬을 분리하는 작업이 진행됩니다.

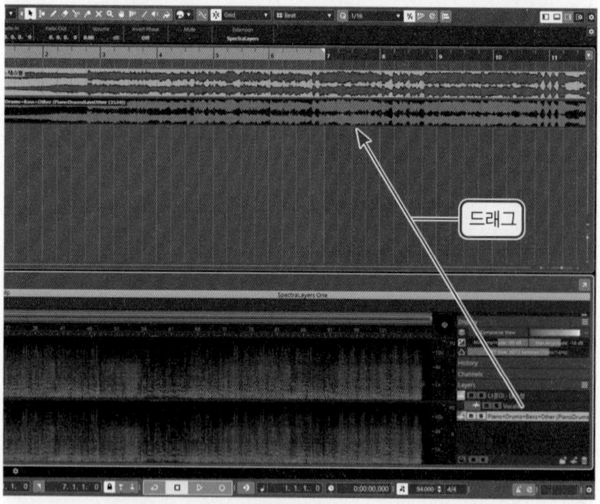


**04** 오른쪽 레이어에 보컬(Voclas)과 반주(Piano+Drums+Bass+Other)가 분리됩니다. 반주 레이어를 프로젝트로 드래그하여 가져다 놓고, 손실된 사운드를 채운다면 거의 원음과 동일한 수준의 MR을 만들 수 있습니다.

## 02 패널의 역할

● 스펙트럼 디스플레이

SpectraLyers는 오디오 주파수 레벨을 컬러로 구분할 수 있는 스펙트럼으로 표시됩니다. 레벨이 클수록 밝게 표시되며, 작을 수록 어둡게 표시됩니다.

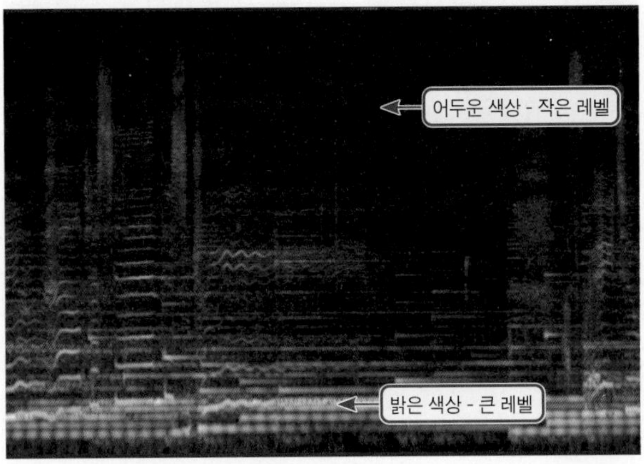


● 웨이브폼 디스플레이

피크 레벨을 모니터하기 편한 웨이브 파형을 함께 보고 싶다면 타임 라인 아래쪽의 경계선을 내립니다.

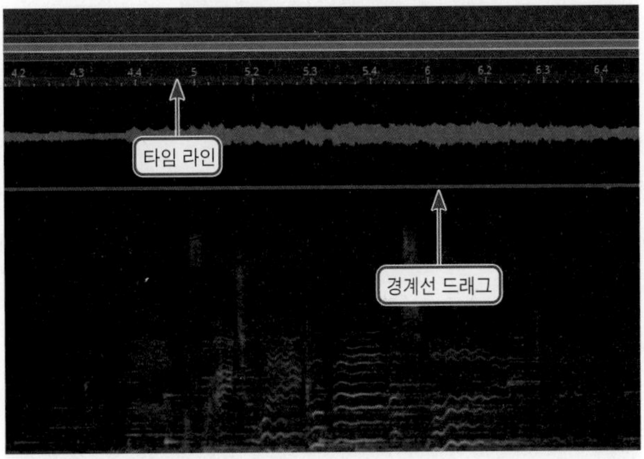


● Display

스펙트럼을 보다 선명하게 보고 싶다면 Display 패널의 Composite View를 선택합니다. 여러 레이어를 한 화면에 모두 표시하는 기능인데, 훨씬 더 밝게 표시되고, Color Map에서 원하는 색상을 선택할 수 있습니다.

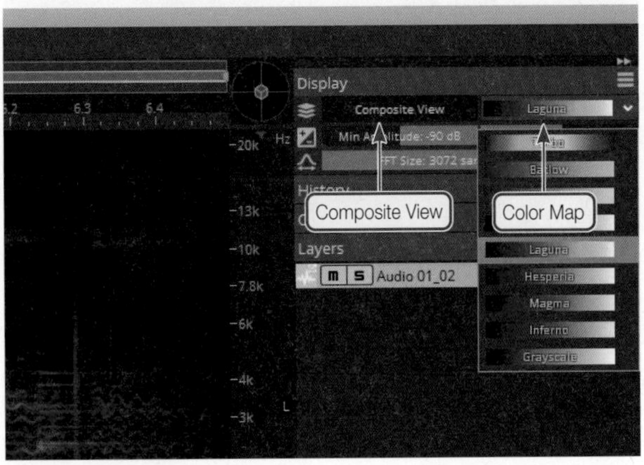

파형 표시 방법을 결정하는 Display 패널에는 Color Mapping, Amplitude, Selection Opacity, FFT Size 옵션이 있으며, 메뉴에서 선택하여 열거나 닫을 수 있습니다.

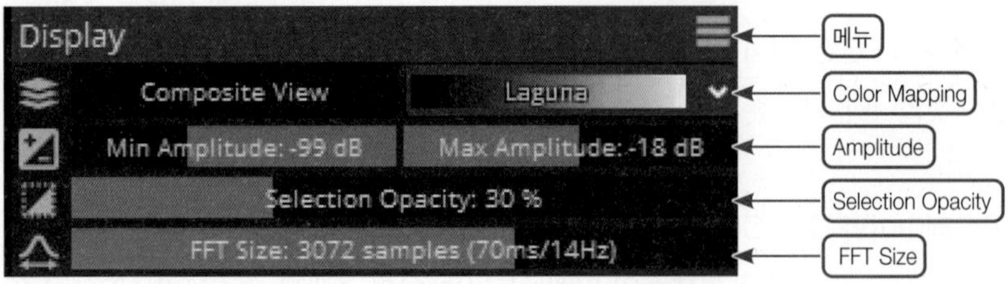


- Color Mapping : 모든 레이어를 표시하는 Composite View를 On/Off 합니다. On하면 오른쪽 Color Map에서 컬러를 선택할 수 있으며, Off하면 이벤트 색상으로 표시됩니다.
- Amplitude : 스펙트럼 표시 레벨 범위를 설정합니다.
- Selection Opacity : 선택한 영역의 불투명도를 설정합니다.
- FFT Size : 레벨 분석 크기를 설정하는 것으로 스펙트럼의 선명도를 조정합니다.

- History

편집 내용이 기록되며, 목록을 선택하여 작업을 취소할 수 있습니다. 순차적으로 취소하는 Undo의 단축키는 Ctrl+Z이고, 다시 실행하는 Redo는 Ctrl+Y입니다. SpectraLayer는 단독 실행이 가능하며, 단독으로 실행했을 때 Duplicate는 현재 프로젝트를 새 프로젝트로 복사합니다. Delete는 선택 목록 이후의 모든 작업을 취소합니다.

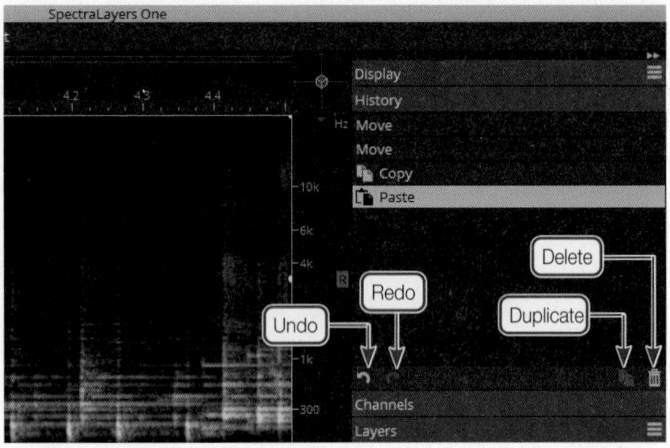


- Channels

편집 채널을 선택하거나 뮤트(M) 및 솔로(S) 할 수 있습니다. 뮤트 채널은 스펙트럼에 보이지 않게 됩니다. 단독으로 실행한 경우에는 모든 채널을 선택하는 All 버튼과 채널을 변경하는 Reformat을 사용할 수 있지만, One 버전에서는 의미 없습니다.

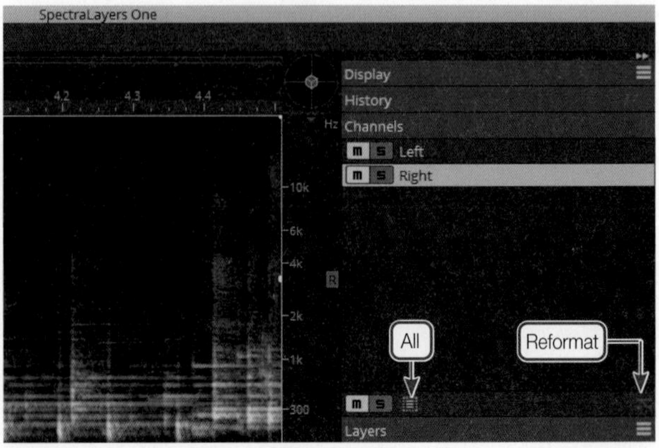

● Layers

SpectraLayers가 다른 오디오 편집 프로그램과 다른 것은 레이어를 지원한다는 것입니다. 레이어는 배경, 인물, 자막 등, 여러 장의 이미지를 겹쳐서 하나의 이미지를 완성하는 포토샵과 같은 프로그램의 핵심 기능입니다. 이미지를 레이어로 다루면 다른 이미지의 손상 없이 배경을 바꾸거나 자막을 수정할 수 있다는 것인데, 이 기술을 오디오에 그대로 반영하고 있는 것입니다.

레이어는 이벤트를 의미하는 외부 레이어와 Cut, Copy 등의 편집으로 만들어지는 내부 레이어로 구분합니다. 편집할 이벤트는 Add Event 버튼을 On으로 하고 프로젝트의 이벤트를 선택하여 추가할 수 있으며, 추가된 이벤트는 오른쪽 상단에는 ⓠ가 표시됩니다. Remove Event은 추가했던 이벤트를 제거합니다.

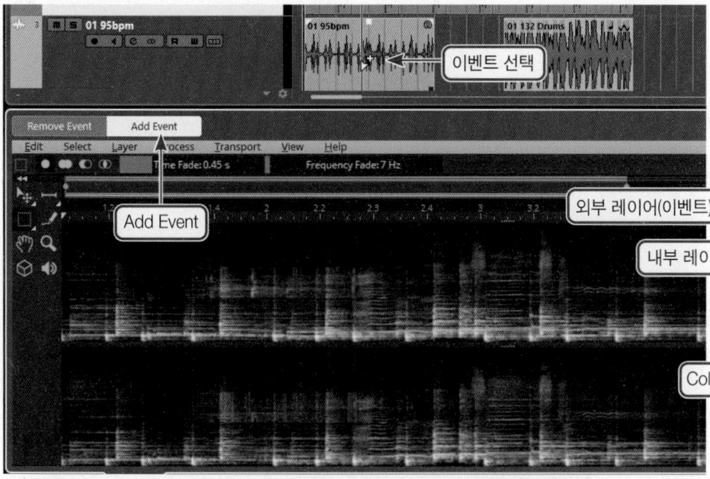


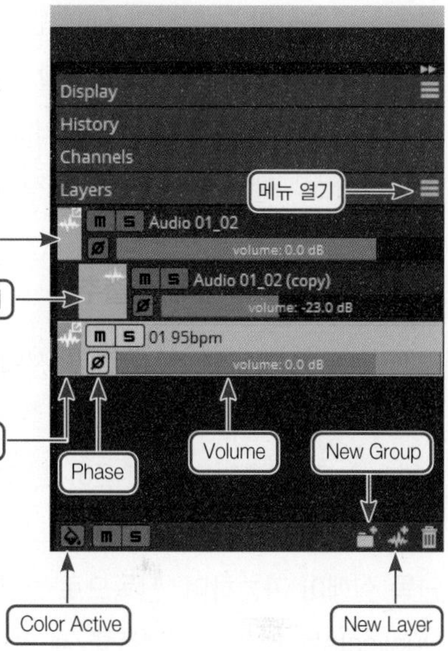


Layer 패널의 Volume는 메뉴에서 Standard Layout을 선택하여 표시할 수 있습니다.

- Color : 외부 레이어는 이벤트 색상으로 표시되며, 내부 레이어는 색상을 변경할 수 있는 컬러 바를 엽니다.
- Phase : 위상을 바꿉니다.
- Volume : 볼륨을 조정합니다.
- Color Active : 선택한 레이어의 색상만 표시합니다.
- New Group : 그룹 레이어를 만듭니다.
- New Lyaer : 새 레이어를 만듭니다.

# 03 툴의 역할

● Zoom

스펙트럼 창을 확대/축소합니다. 툴 패널 상단에는 선택한 툴의 기능을 결정하는 옵션을 제공합니다.

스펙트럼 창에서 마우스 휠을 돌리면 가로(타임) 범위를 확대/축소 할 수 있고, Shift 키를 누른 상태에서 돌리면 세로(주파수) 범위를 확대/축소할 수 있기 때문에 Zoom Tool을 이용하는 경우는 거의 없습니다. 그리고 타임 라인과 주파수 라인에서 마우스 휠을 돌려 확대/축소하는 것도 가능하고, 주파수 라인 오른쪽의 스크롤 바를 드래그하여 확대/축소하거나 이동하는 것도 가능합니다.

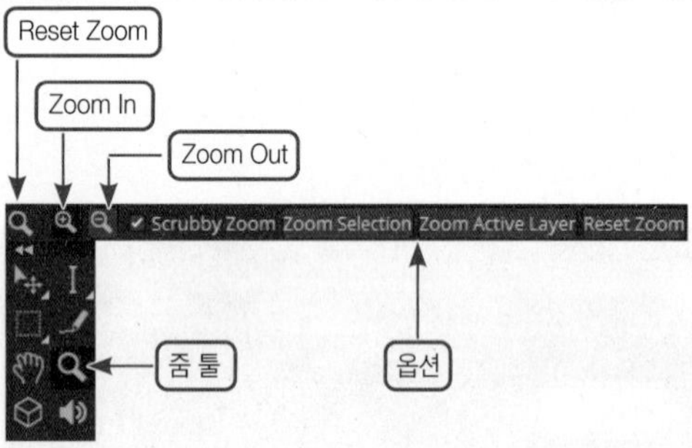


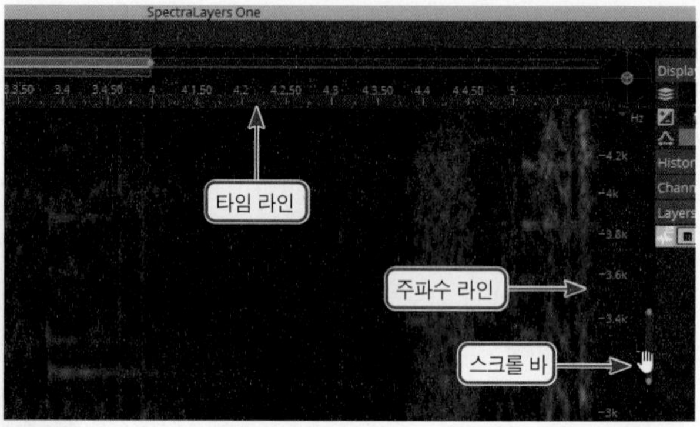


- Reset Zoom : 확대/축소를 초기화 합니다.
- Zoom In : 마우스 클릭으로 확대할 수 있게 하며, 기본적으로 선택되어 있습니다.
- Zoom Out : 마우스 클릭으로 축소할 수 있게 합니다.
- Scrubby Zoom : 마우스 드래그로 확대/축소할 수 있게 하며, 기본적으로 체크되어 있습니다.
- Zoom Selection : 선택 범위를 확대합니다.
- Zoom Active Lyaer : 선택한 레이어를 확대합니다

● Hand

스펙트럼을 확대한 경우에 마우스 드래그로 작업 공간을 이동시킬 수 있습니다. 옵션은 확대를 초기화 하는 Reset Zoom을 제공합니다.

● Overview

화면에 표시되는 작업 위치를 나타내며, 사각형 내부를 드래그하여 위치를 이동하거나 경계선을 드래그하여 범위를 확대/축소할 수 있습니다. Alt 키를 누른 상태에서 마우스 휠을 돌리거나 타임 라인을 드래그하여 이동하는 방법을 더 많이 사용하기 때문에 툴을 사용하는 경우는 거의 없습니다.

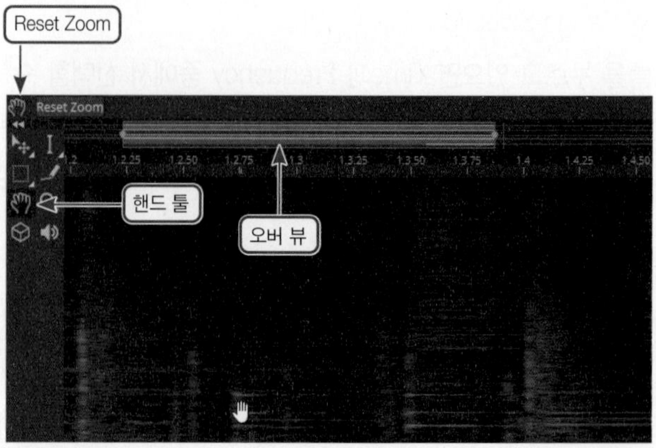

● 3D Perspective

스펙트럼을 3D로 표시합니다. 옵션은 2D로 복구하는 Reset 3D를 제공합니다. Ctrl 키를 누른 상태로 마우스 휠을 돌려도 되고, 오버 뷰 라인 오른쪽의 3D 패드를 드래그해도 되기 때문에 툴을 사용하는 경우는 거의 없습니다. 3D 패드를 더블 클릭하면 2D로 복구됩니다.

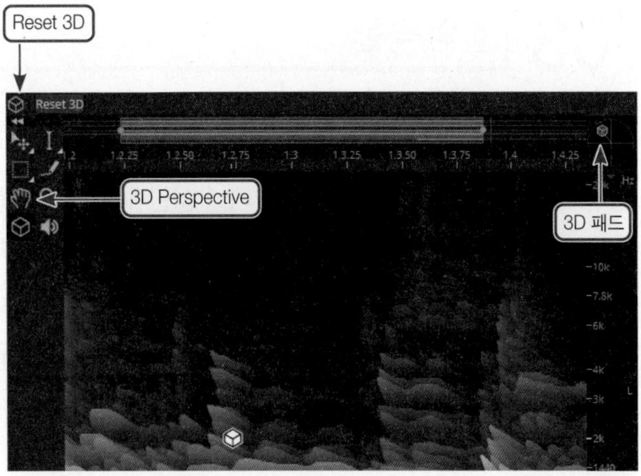


● Playback

클릭 위치에서 재생하여 모니터 합니다. Ctrl 키를 누른 상태로 클릭하여 모니터할 수 있기 때문에 툴을 사용하는 경우는 거의 없습니다.

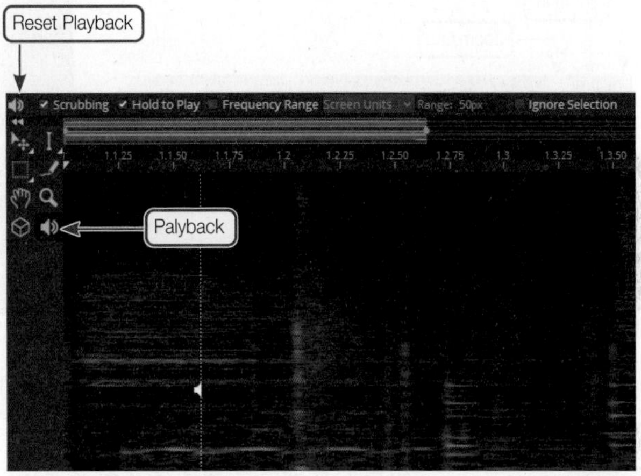


- Reset Palyback : 옵션을 초기화 합니다.
- Scrubbing : 마우스 드래그로 모니터 할 수 있게 합니다.
- Hold to Play : 마우스를 누르고 있는 동안에만 재생되게 합니다.
- Frequency Range : 클릭한 주파수 대역을 재생합니다. 범위는 Range에서 설정합니다.
- Ignore Selection : 선택 범위를 무시합니다.

● Range Selection

툴을 누르고 있으면 Time과 Frequency 중에서 선택할 수 있으며, Time은 시간 범위, Frequency는 주파수 범위를 선택합니다. 옵션은 새로 선택하는 Replace, 추가하는 Add(Shfit), 빼는 Subtract(Alt), 겹치는 범위를 선택하는 Intersect(Shift+Alt)가 그림으로 제공되며, Fade는 부드럽게 처리되는 경계 범위를 설정합니다.

● Selection

툴을 누르고 있으면 Rectangular와 Elliptical 중에서 선택할 수 있으며, Rectangular은 사각형, Elliptical은 원으로 선택합니다. 옵션은 Rage Selection과 동일합니다. SpectraLayer를 사용하는 이유가 오디오의 일부분을 편집하는 것이기 때문에 가장 많이 사용하는 툴이 될 것입니다.

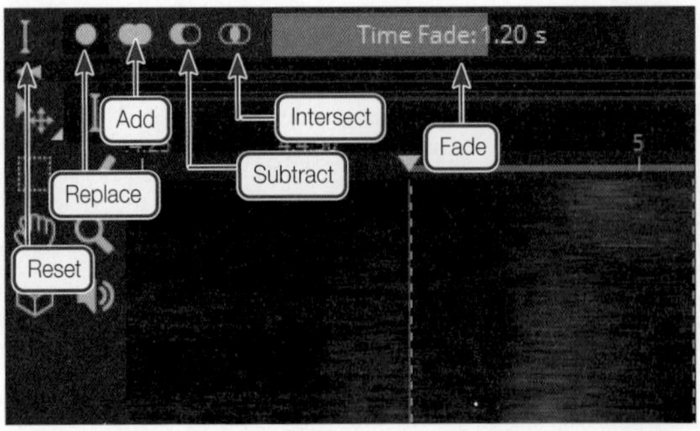


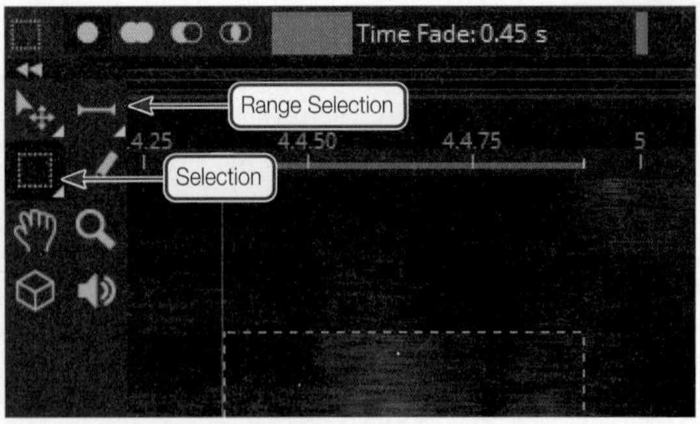


- Drawing

오디오를 그릴 수 있습니다. Shift 키를 누른 상태로 라인을 그릴 수 있지만, 실제로 오디오를 만들기 보다는 피크를 다듬거나 갭으로 발생하는 틱 잡음을 완화시키는 용도로 사용합니다. 옵션은 레벨을 조정하는 Level과 강도를 조정하는 Pressure가 있습니다.

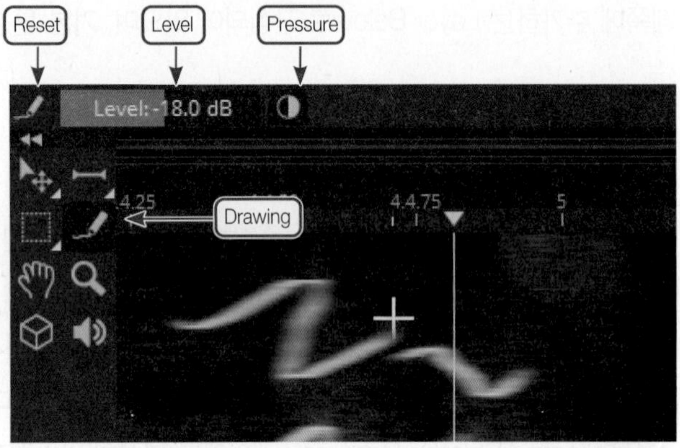


- Transform

선택 구간을 이동하거나 피치를 조정합니다.

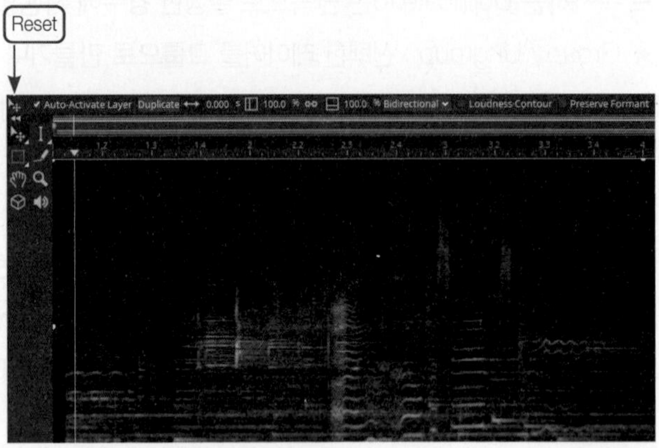


- Reset : 옵션을 초기화 합니다.
- Auto-Activate Layer : 아래 레이어를 선택할 수 있게 합니다.
- Duplicate : 선택 범위를 복사합니다. 선택 툴에서 Alt 키를 누르는 것과 동일합니다.
- Time Shifting : 이동 시간을 나타냅니다.
- Time Stretching : 타임 확장 비율을 나타냅니다.
- Stretch and pitch proportionally : 피치와 타임을 같은 비율로 조정되게 합니다.
- Pitch Shifting : 피치 이동 비율을 나타냅니다.
- Axis Lock : 피치(Horizontal) 및 타임(Vertical) 방향으로 고정하거나 양방(Bidirectional)으로 이동합니다.
- Loudness Contour : 피치를 조정할 때 레벨을 유지합니다.
- Preserve Formant : 피치를 조정할 때 톤을 유지합니다.

## 04 메뉴의 역할

대부분 단축키와 마우스로 실행하기 때문에 거의 사용할 일은 없지만, 간단하게 정리합니다. 단독으로 실행한 경우에는 파일 및 프로젝트를 관리하는 File과 Project 메뉴가 추가됩니다.

- Edit : 대부분 단축키로 실행합니다. 자주 사용하는 명령은 단축키를 외우기 바랍니다.
- Undo / Redo : 작업 취소 및 다시 실행 명령입니다.
- Cut / Copy / Paste / Delete : 선택 범위를 잘라내고, 복사하고, 붙이고, 삭제하는 명령입니다.
- Special : 잘라내거나 복사하거나 붙이는 오디오를 새로운 레이어로 만드는 New Layer와 선택한 레이어 아래쪽에 추가하는 Layer Below로 구성되어 있으며, 기본 환경을 설정할 수 있는 Preferences를 제공합니다.

- Select : 실제 사용빈도는 아주 낮은 메뉴입니다.

모두 선택하는 Select All, 선택을 해제하는 Deselect, 선택을 해제한 경우 다시 선택하는 Reselect, 전체 선택 범위를 반전하는 Invert Selection, 주파수 선택 범위를 반전하는 Invert Selection Frequencies가 있습니다.

- Layer : Unmix Vocals를 제외하고, 대부분 Layer 패널에서 실행할 수 있습니다.
- New Layer / New Group : 새 레이어 및 그룹을 만듭니다.
- Duplicate / Delete / Rename : 레이어를 복사하거나 삭제 또는 이름을 변경합니다. 레이어를 다른 프로젝트로 복사하는 Duplicate to는 단독으로 실행한 경우에 사용할 수 있습니다.
- Group / Ungroup : 선택한 레이어를 그룹으로 만들거나 해제합니다.
- Merge Up / Visible / All : 위에 레이어, 뮤트하지 않은 레이어, 모든 레이어를 병합합니다.
- Unmix Vocals : 보컬과 반주를 레이어로 분리합니다.

- Process : 큐베이스 지원 프로세스이기 때문에 의미 없는 기능입니다.
- Grnerate : 무음(Silence) / Sine, Triangel, Square 톤(Tone) / White, Pink, Brown 잡음(Noise)을 만듭니다.
- Amplitude : 전체 볼륨(Gain) 또는 채널 볼륨(Channels Remixer)을 조정합니다.

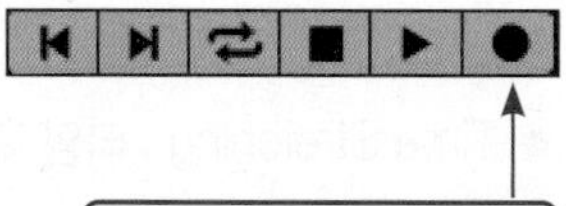

Record : 단독 실행 시 사용 가능

- Transport : View 메뉴의 Toolbars에서 Transport를 선택하여 열 수 있습니다.
- Stop / Play : 정지 및 재생
- Previous / Next Time Marker : 다음 및 이전 타임 마커 위치로 이동
- Previous / Next Time Event : 이전 및 다음 타임 이벤트로 이동
- Loop Selection : 선택 범위 반복 재생
- Scrolling : 화면이 스크롤되는 방법을 선택합니다. None은 스크롤하지 않고, Page는 재생 라인 위치에 따라 스크롤하고, Continous는 재생 라인이 고정되고 디스플레이가 스크롤되게 합니다.
- Add Time Marker / Region : 재생 라인 위치에 타임 마커 또는 선택 범위에 리전을 만듭니다.

- View : 기본 구성을 바꿀 일은 거의 없습니다.
- Unit Grid : 디스플레이에 격자를 표시합니다.
- Time / Spectral Markers and Regions : 타임 및 스펙트럼 마커와 리전을 표시하거나 감춥니다.
- Snap to Grid and Markers : 선택할 때 격자 및 마커 라인에 달라붙게 합니다.
- Time / Power / Frequency Unit : 타임, 레벨, 주파수 표시 단위를 선택합니다.
- Frequency Sclae : 주파수 스케일을 선택합니다.
- Smoothing Method : 스펙트럼 표시 방법을 선택합니다.
- Toolbars / Panels : 툴 및 패널을 열거나 닫습니다.
- Interface layout : 화면 구성을 저장하거나 불러옵니다.

## 05 잡음 제거하기

샘플 파일 \ Noise

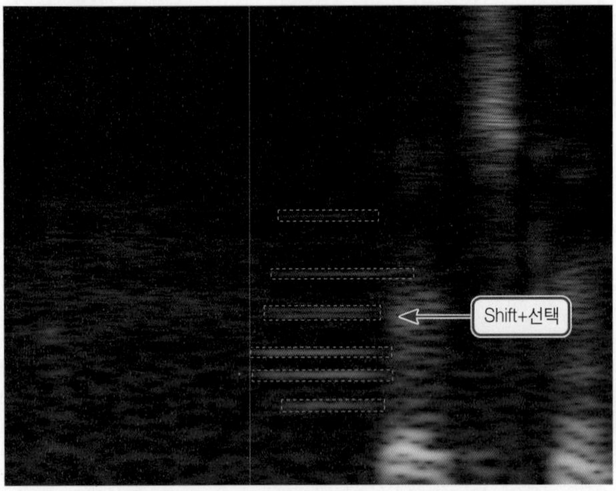


**01** 샘플은 자동차 클락션 소리가 녹음된 음성 파일입니다. Shift 키를 누른 상태에서 Rectangular Selection 툴로 클락션 소리를 선택하고, Delete 키를 반복적으로 눌러 제거할 수 있습니다.

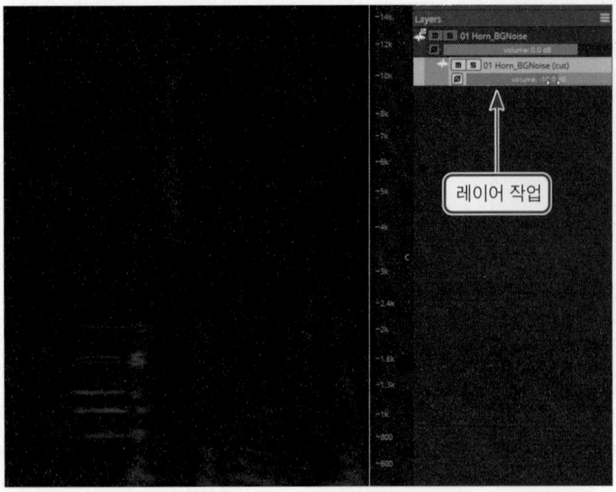


**02** 클락션 소리를 Shift+X 키를 눌러 레이어로 잘라내고, 볼륨을 줄이는 방법으로 제거하는 것도 좋습니다. 레이어로 편집을 하면 잘라낸 오디오를 모니터하면서 보다 정교하게 작업할 수 있기 때문에 음성 손실을 최소화할 수 있다는 장점이 있습니다.

**Tip**

Delete, Cut, Copy 등의 편집 명령은 선택 옵션의 Fade 값만큼 적용되어 반복적으로 조금씩 제거할 수 있습니다.

# 03 오디오 편집 메뉴

Audio 메뉴에는 샘플 에디터와 파트 에디터를 여는 Open 명령과 프로세싱을 실행하는 명령 외에 선택한 이벤트를 편집할 수 있는 다양한 기능을 제공합니다. 대부분 프로젝트 윈도우에서 선택한 오디오 이벤트에 적용을 하지만, 샘플 에디터에서 오디오의 일부 구간을 선택해서 적용할 수 있습니다.

## 01 오디오 이벤트 분석하기

Audio 메뉴의 Spectrum Analyzer는 선택한 오디오 이벤트의 정보를 분석하여 2차원 그래프인 스펙트럼 방식으로 표시합니다. 곡에서 사용하고 있는 사운드의 주파수 특성이나 레벨 분포도를 관찰할 수 있는 Spectrum Analyzer는 음악 믹싱 작업에서 매우 유용한 도구가 될 것입니다. 특정 지점을 오른쪽 버튼으로 클릭하면 각 채널 간의 레벨 차이를 비교해볼 수 있습니다. 레벨 차이 값은 D로 표시됩니다.

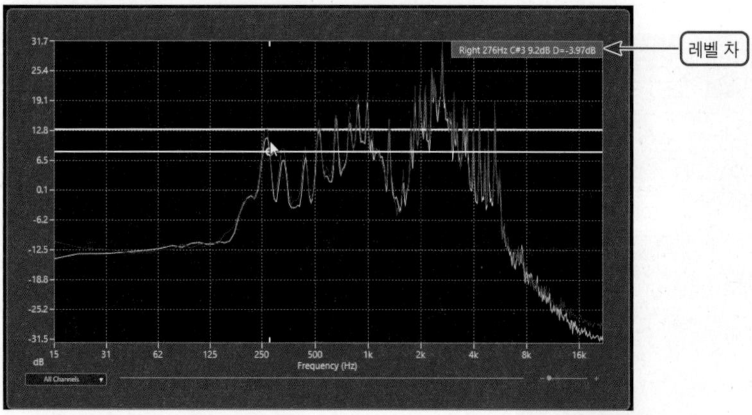

## 02 오디오 정보 보기

Audio 메뉴의 Statistics는 선택한 오디오 이벤트의 정보를 표시합니다. 앞에서 살펴본 스펙트럼은 주파수와 레벨을 분석하는 것이고, Statistics은 샘플 레이트, 레벨 평균값, 전기 잡음의 비율 등, 오디오의 다양한 정보를 수치화해서 표시하며, Copy to Clipboard를 이용해서 문서로 정리할 수 있습니다. 샘플 정보를 알면, 좀 더 정확한 편집을 할 수 있기 때문에 많은 도움이 되는 자료입니다.

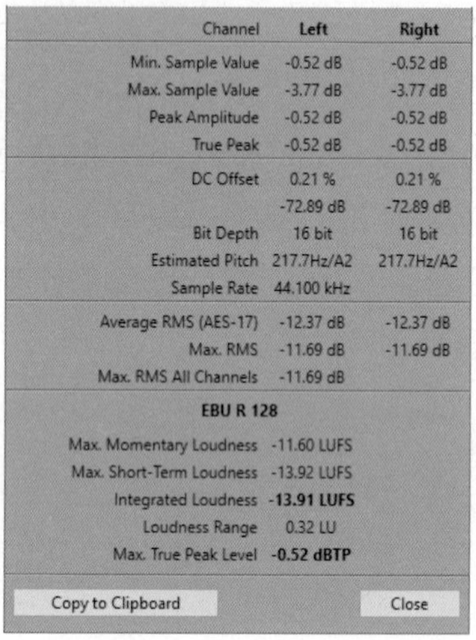

| Channel | Left | Right |
|---|---|---|
| Min. Sample Value | -0.52 dB | -0.52 dB |
| Max. Sample Value | -3.77 dB | -3.77 dB |
| Peak Amplitude | -0.52 dB | -0.52 dB |
| True Peak | -0.52 dB | -0.52 dB |
| DC Offset | 0.21 % | 0.21 % |
| | -72.89 dB | -72.89 dB |
| Bit Depth | 16 bit | 16 bit |
| Estimated Pitch | 217.7Hz/A2 | 217.7Hz/A2 |
| Sample Rate | 44.100 kHz | |
| Average RMS (AES-17) | -12.37 dB | -12.37 dB |
| Max. RMS | -11.69 dB | -11.69 dB |
| Max. RMS All Channels | -11.69 dB | |
| EBU R 128 | | |
| Max. Momentary Loudness | -11.60 LUFS | |
| Max. Short-Term Loudness | -13.92 LUFS | |
| Integrated Loudness | **-13.91 LUFS** | |
| Loudness Range | 0.32 LU | |
| Max. True Peak Level | **-0.52 dBTP** | |

Copy to Clipboard　Close

| 항목 | 의미 |
|---|---|
| Min Sample Value | 가장 낮은 샘플 값을 표시합니다. |
| Max Sample Value | 가장 높은 샘플 값을 표시합니다. |
| Peak Amplitude | 최대 레벨을 표시합니다. |
| True Peak | 오디오 파형의 최대 크기를 표시합니다. |
| DC Offset | 전기 잡음의 값을 표시합니다. |
| Bit Depth | 샘플 비트 값을 표시합니다. |
| Estimated Pitch | 음정을 표시합니다. |
| Sample Rate | 샘플 레이트 값을 표시합니다. |
| Max RMS | 가장 높은 평균 레벨을 표시합니다. |
| Max RMS All Channel | 모든 채널의 가장 높은 평균 레벨을 표시합니다. |
| Max. Momentary Loudness | 400ms 기준으로 최대 레벨을 표시합니다. |
| Max. Short-Term Loudness | 3초 기준으로 최대 레벨을 표시합니다. |
| Integrated Loudness | 전체 평균 레벨을 표시합니다. |
| Loudness Range | 전체 레벨 범위를 표시합니다. |
| Max. True Peak Level | 오디오 파형의 최대 값을 표시합니다. |

# 03 힛 포인트 다루기

오디오 이벤트의 비트를 분할하고, 새로운 그루브 감을 만드는데 사용하는 힛 포인트는 오디오 샘플에 음악을 맞추거나 영상 음악 작업을 하는 사용자가 꼭 알아야할 지식입니다. 힛 포인트의 주요 내용은 샘플 에디터 학습 편에서 충분히 살펴보았으므로, 여기서는 Audio 메뉴 Hitpoints에 있는 서브 메뉴의 역할을 간단하게 살펴보겠습니다. 역할은 동일하며, 프로젝트 이벤트에 적용한다는 차이만 있습니다.

● Calculate Hitpoints

큐베이스는 오디오를 레코딩하거나 외부 샘플를 가져올 때 자동으로 힛 포인트를 만듭니다. 이것을 샘플 에디터의 설정 값으로 다시 계산하고 싶을 때 선택합니다.

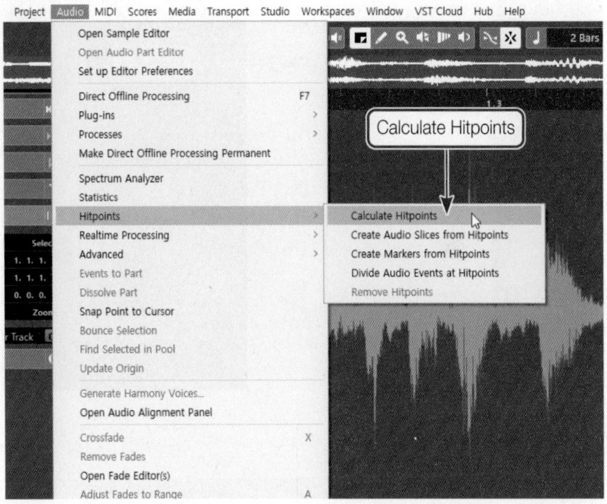


● Create Audio Slices form Hitpoints

힛 포인트를 중심으로 샘플을 자릅니다. 잘린 각각의 샘플은 하나의 오디오 파트로 구성됩니다. Create Audio Slices form Hiipoint 메뉴를 실행한 후 파트를 더블 클릭하여 확인해봅니다.

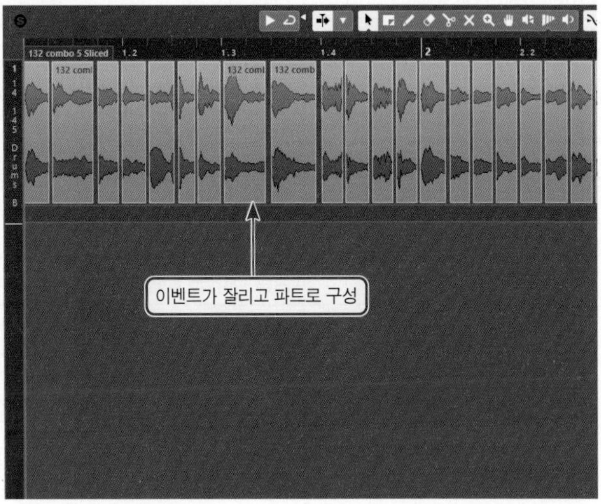

- Create Markers from Hitpoints

힛 포인트를 기준으로 마커를 만듭니다. 마커 트랙에 별도로 만들기 때문에, 사용하고 있는 샘플 별로 마커를 등록할 수 있습니다. 힛 포인트를 기준으로 마커를 만들면, 루프 샘플을 믹싱할 때 편리합니다.

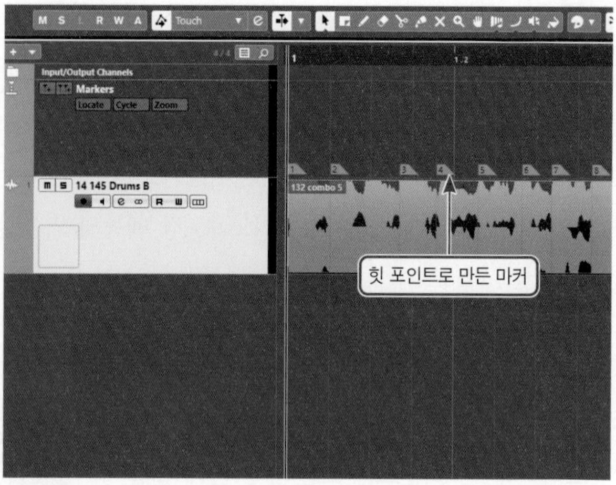


- Divide Audio Events at Hitpoints

힛 포인트를 기준으로 샘플을 자르는 기능은 Create Audio Slices form Hitpoints와 같습니다. 다만, 파트로 구성되지 않고, 개별적인 이벤트로 형성된다는 차이점이 있습니다.

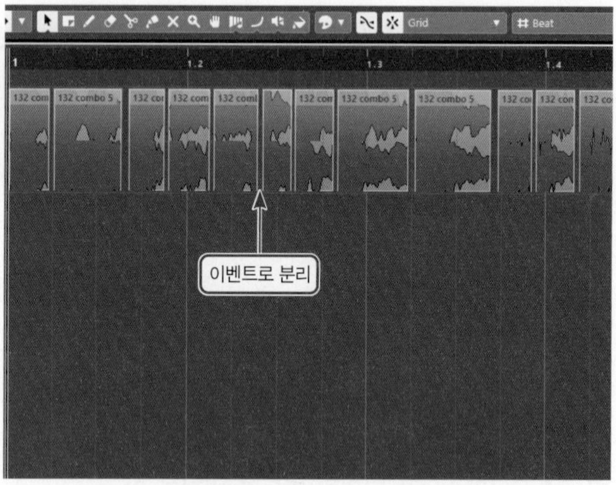


- Remove Hitpoints

힛 포인트를 제거합니다. 힛 포인트의 설정을 취소하거나 재조정하고 싶을 때 사용합니다. 샘플 에디터의 Hitpoints 파라미터에서 Remove All 버튼을 클릭하는 것과 동일합니다.

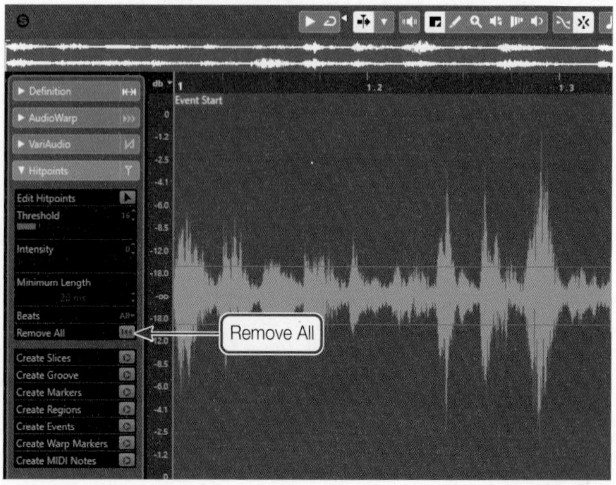

## 04 워프 마커 다루기

Audio 메뉴의 Realtime Processing는 워프 마커를 만들거나 오디오 샘플을 퀀타이즈 할 수 있는 등의 서브 메뉴로 구성되어 있습니다. 샘플을 사용할 때 비트와 길이 등을 조정할 수 있다는 것은 외부의 편집 프로그램을 이용할 필요 없이 큐베이스만으로 세부적인 샘플 작업이 가능하다는 것입니다. 이것 역시 샘플 에디터에서 살펴보았던 내용이므로, 각 메뉴의 역할만 간단하게 살펴보겠습니다.

● Create Warp Markers from Hitpoint

힛 포인트를 기준으로 워프 마커를 만듭니다. 워프가 적용된 이벤트는 오른쪽 상단에 물결 모양으로 표시됩니다.

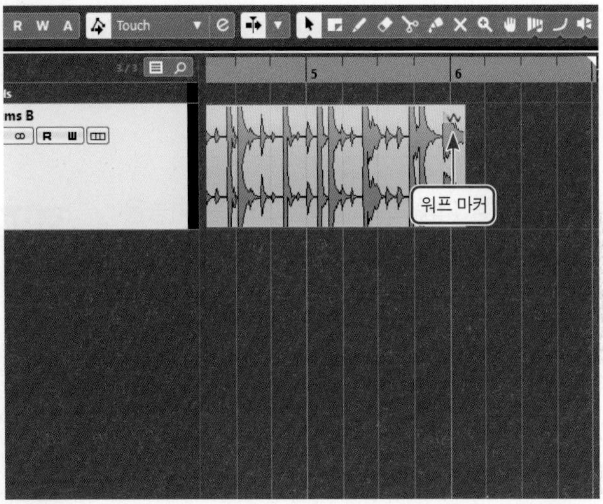


● Flatten Realtim Processing

오디오 샘플의 길이와 음정 조정을 고정합니다. 힛 포인트 또는 워프 마커로 비트를 변형한 이벤트에 다른 값을 적용하고 싶을 때, 기존의 값을 유지할 수 있게 합니다. Flatten Realtime Proecessing 메뉴를 선택하면, 알고리즘을 선택할 수 있는 창이 열립니다.

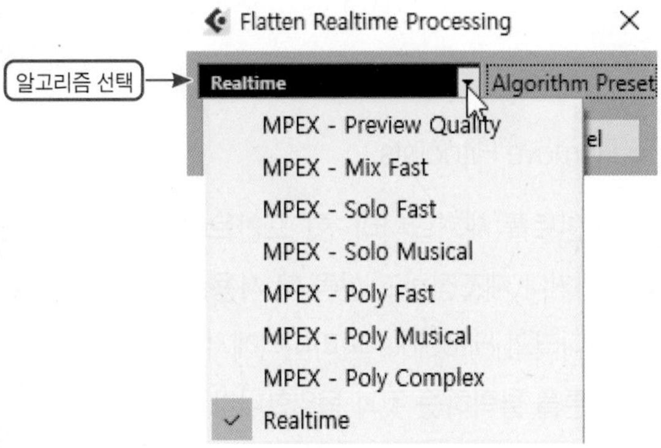

- Unstretch Audio

워프 마커를 이용한 퀀타이즈나 길이를 조정한 샘플을 초기화 합니다. 프리즘을 적용한 후에는 Ctrl+Z으로 취소한 후 Unstretch Audio 메뉴를 이용할 수 있습니다.

## Tip 오디오 퀀타이즈

미디 이벤트와 동일하게 오디오 이벤트에 퀀타이즈를 적용할 수 있습니다. 워프 라인을 만들고, Edit 메뉴의 Quantize Panel을 선택하여 창을 엽니다.

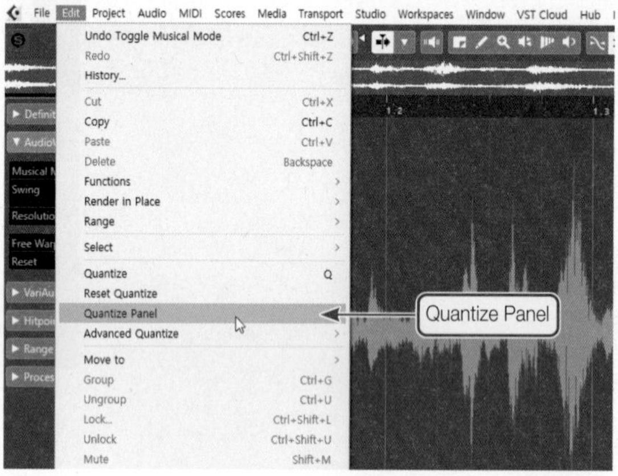


미디 퀀타이즈 학습편에서 살펴보았던 패널입니다. 여기서 AudioWarp 버튼을 On으로 하면, 사용자가 만든 워프 라인을 기준으로 퀀타이즈를 적용할 수 있습니다.

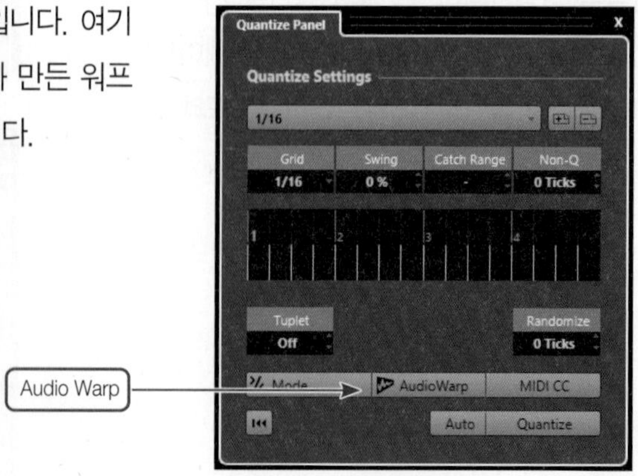

# 05 리전 다루기

● 샘플 프로젝트 \ Silence

Audio 메뉴의 Advanced에는 샘플을 리전 단위로 나누어 하나의 이벤트를 사용하듯 자유롭게 사용할 수 있는 서브 메뉴로 구성되어 있습니다. 큐베이스의 힛 포인트, 워프, 리전 등은 모두 외부 샘플을 작업 중인 곡에 가장 어울리게 사용하기 위한 역할들을 합니다. 이처럼 방법은 차이가 있지만 목적은 같기 때문에 한 가지 기능에만 치중하는 경우가 있는데, 모두 연동해서 사용하는 기능이므로 각각의 역할을 충분히 이해할 수 있어야 합니다.

## ❶ Detect Silence

사운드가 작거나 무음으로 연주되는 구간을 제거합니다. 이벤트를 선택하고, Audio 메뉴의 Advanced에서 Detect Silence를 선택합니다.

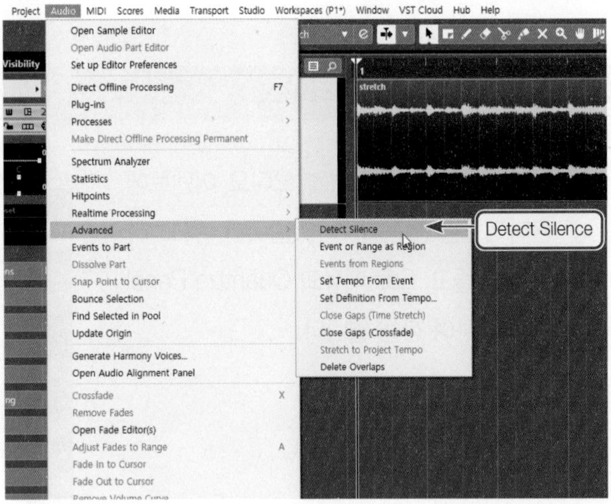


Detection 섹션의 Open과 Close에서 무음 검출 레벨을 설정합니다. Linked 옵션은 시작과 끝 레벨이 함께 조정되게 하며, 디스플레이의 녹색(Open) 및 빨간색(Close) 포인트를 드래그하여 조정할 수 있습니다.

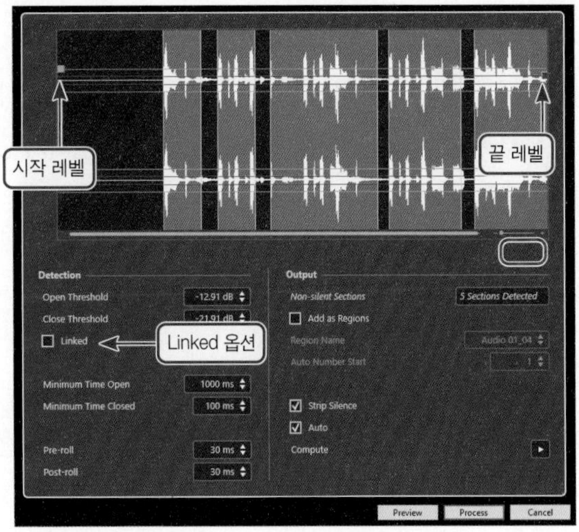

Pre-Roll과 Post-Roll에서 사운드가 갑자기 시작하거나 끝나는 것을 방지하기 위한 여유 타임을 설정합니다. Compute 버튼을 클릭하면 남기고자 하는 구간이 선택되며, Auto 옵션이 체크되어 있는 경우에는 값을 조정할 때 자동으로 선택됩니다.

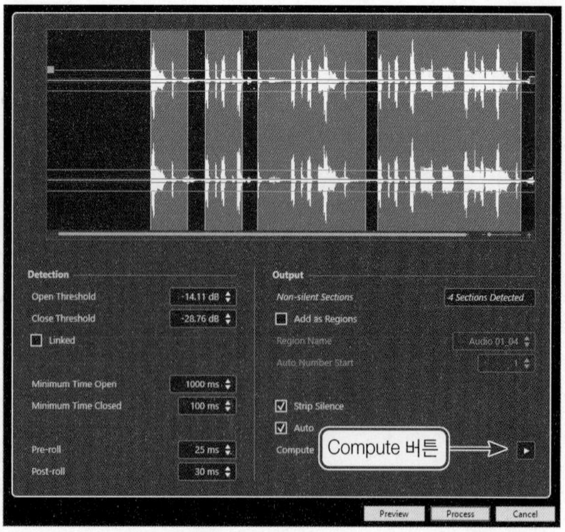


선택 구간을 리전으로 만들고자 한다면 Add as Regions 옵션을 체크합니다. Regions Name에 리전의 이름을 입력하고, Auto Number Start에 시작 번호를 입력합니다. 그리고 뮤트 구간을 제거하기 위해서 Strip Silence 옵션을 체크합니다.

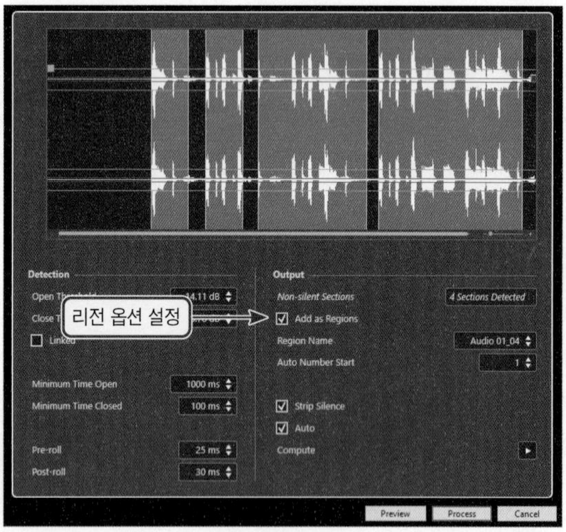


원하는 옵션을 모두 설정했으면, Preview 버튼을 클릭하여 사운드를 확인해보고, 마음에 들면 Process 버튼을 클릭하여 적용합니다. 설정한 구간은 리전으로 만들고, 그 외의 사운드가 제거되는 것을 확인할 수 있습니다.

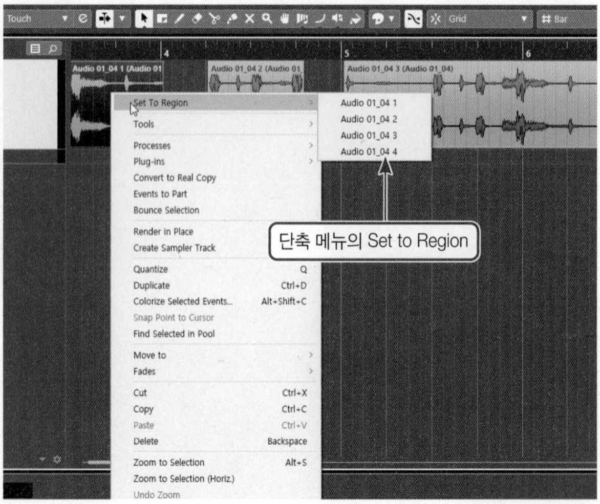

## ❷ Event or Range as Region

선택한 이벤트를 리전으로 만듭니다. 선택한 이벤트 수에 따라 자동으로 리전을 만들기 때문에 다수의 리전을 만들 때 편리합니다. 리전으로 만들고자 하는 이벤트를 모두 선택하고, Audio 메뉴의 Advanced에서 Event or Range as Region을 선택합니다.

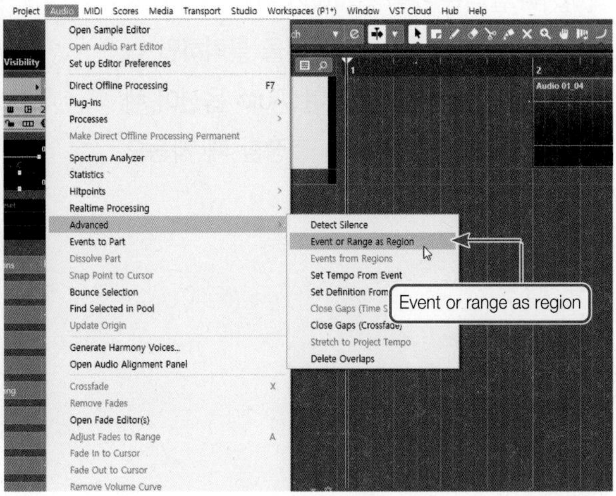


Create Regions 창의 Region Names에 이름을 입력하고, Start Count 항목에서는 이름에 순서대로 붙여질 시작 번호를 입력합니다.

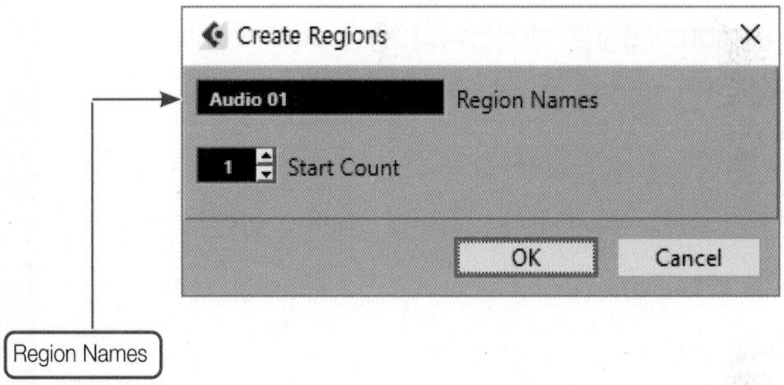


이벤트를 Ctrl 키를 누른 상태로 마우스 오른쪽 버튼을 클릭해 보면, 선택한 이벤트들이 리전으로 만들어진 것을 확인할 수 있습니다.

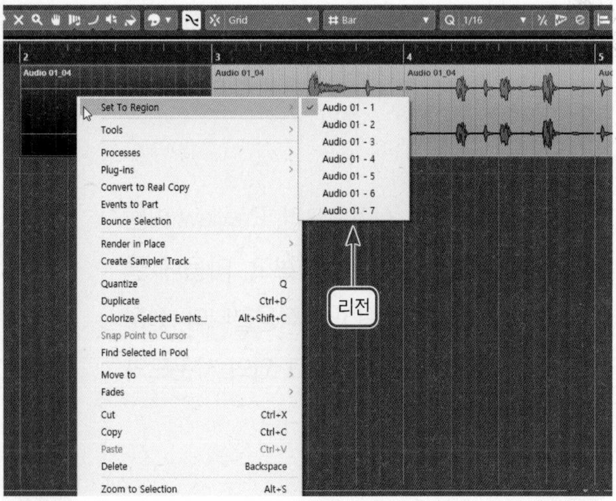

### ❸ Events from Regions

리전을 포함하고 있는 이벤트에서 각각의 리전을 하나의 이벤트로 분리하는 기능입니다. 적당한 오디오 이벤트에 리전을 만들어봅니다.

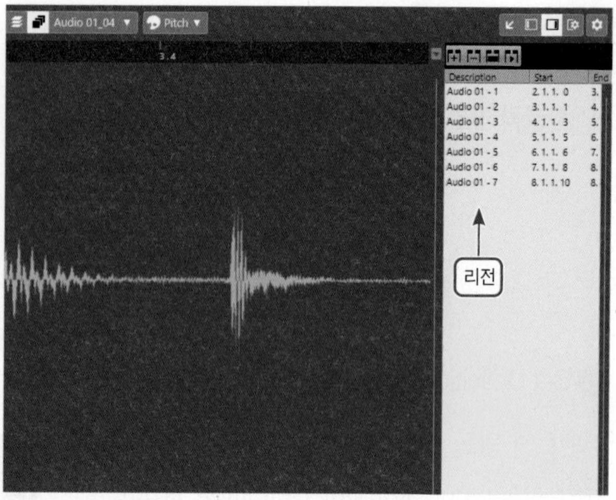


리전을 만든 이벤트를 선택하고, Audio 메뉴의 Advanced에서 Events from Regions을 선택합니다. 각각의 리전을 독립된 이벤트로 분리하는 것을 확인할 수 있습니다.

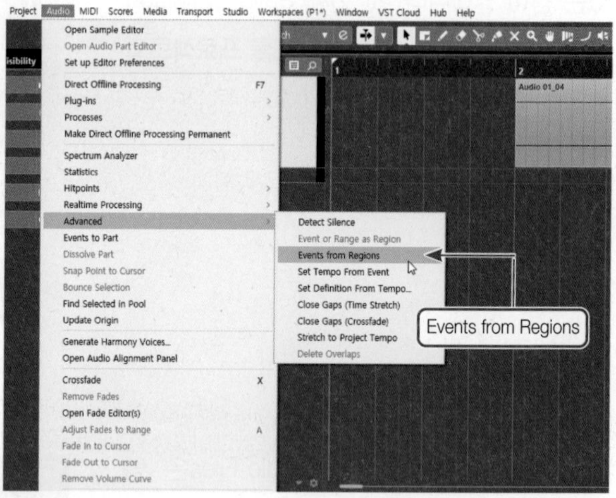


### ❹ Set Tempo from Event

이벤트를 로케이터 범위에 맞춰 템포를 설정합니다. 로케이터 범위를 설정하고, Audio 메뉴의 Advanced에서 Set Tempo from Event를 선택합니다.

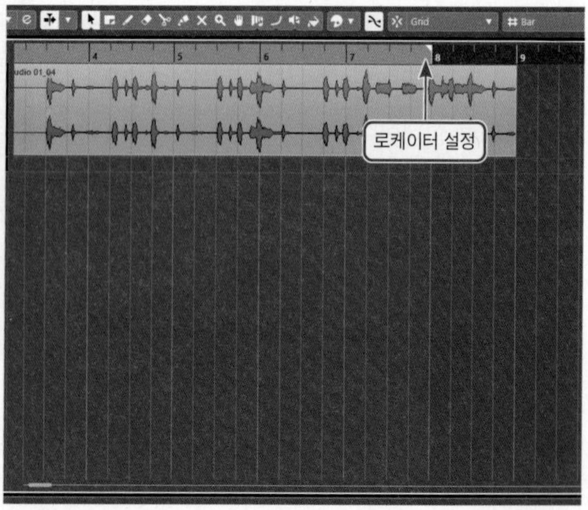

프로젝트의 템포를 변경할 것인지, 선택한 이벤트의 길이를 조정할 것인지를 묻는 창이 열립니다. Yes를 클릭하면 프로젝트 템포가 변경되고, No를 클릭하면 이벤트의 길이가 조정됩니다.

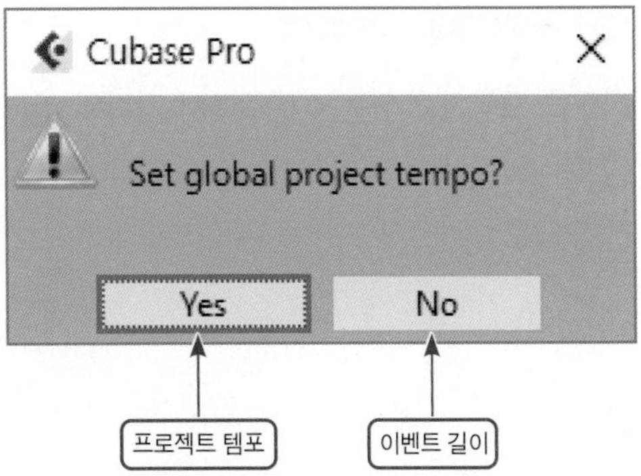


❺ Set Definition From Tempo

이벤트에 템포 정보를 기록합니다. Audio 메뉴의 Advenced에서 Set Definition From Tempo를 선택하면, 두 가지 옵션을 선택할 수 있는 창이 열립니다. 첫 번째 Save Definition in Project Only는 선택한 이벤트를 프로젝트의 템포를 따르게 합니다.

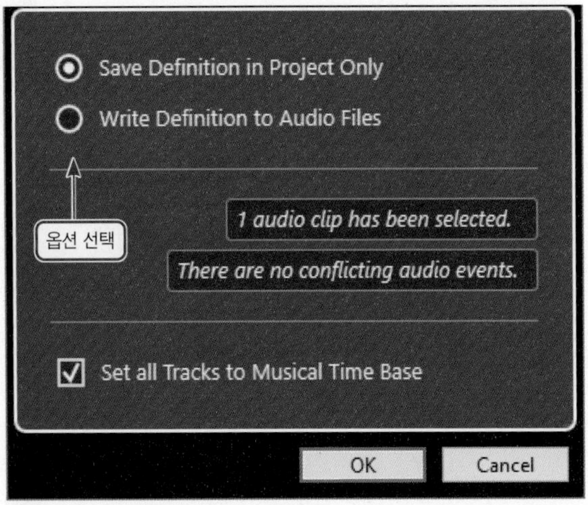


두 번째 Write Definition to Audio Files은 템포 정보를 오디오 이벤트에 기록합니다. 다른 프로젝트에서 오디오 이벤트의 템포 정보를 사용하고자 할 때 선택합니다. Set all Tracks to Musical Time Base는 옵션은 트랙의 타임을 음악 모드로 설정합니다.

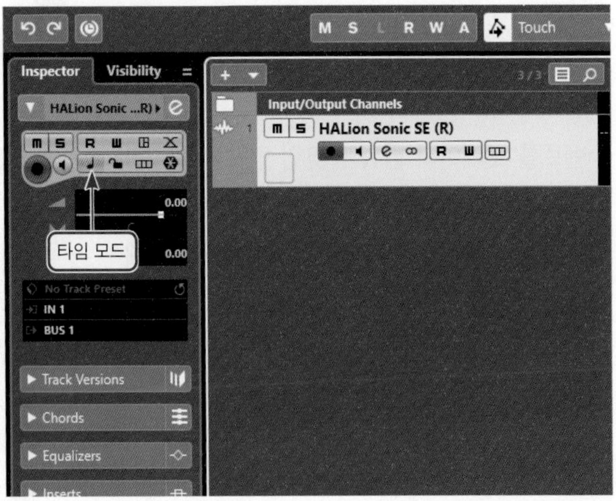

## ❻ Close Gaps

오디오 사이의 갭을 자동으로 채우는 기능입니다. 리듬 샘플을 힛 포인트를 이용하여 자르고, 템포를 소스 보다 느리게 조정한다면, 각 샘플마다 갭이 발생합니다.

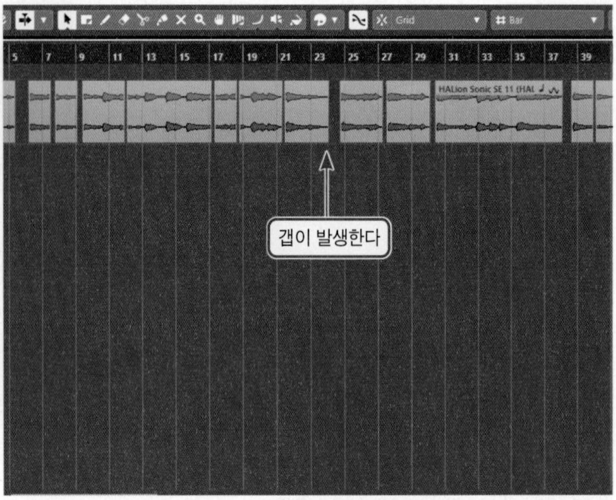


Audio 메뉴의 Advanced에서 Close Gaps을 선택하면 각 이벤트의 길이를 늘려 채울 수 있습니다. 이벤트의 길이를 늘리는 Time Stretch와 이벤트를 겹쳐서 자연스럽게 연결시키는 Crossfade의 두 가지를 제공합니다.

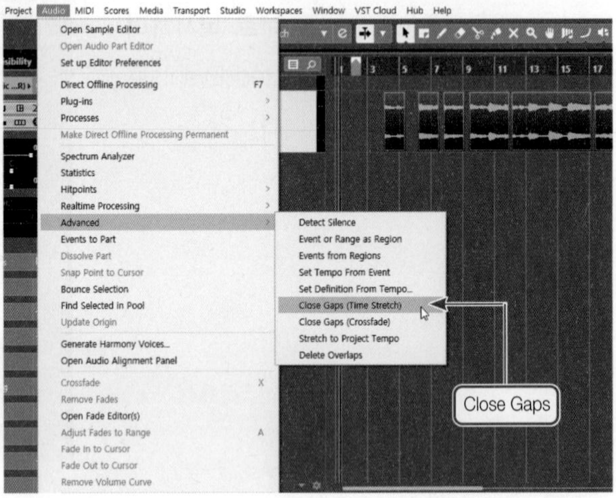


## ❼ Stretch to Project Tempo

힛 포인트를 기준으로 템포를 변경합니다. 힛 포인트를 만들고, 트랜스포트 패널의 템포를 조정합니다. 그리고 Stretch to Project Tempo 메뉴를 선택합니다.

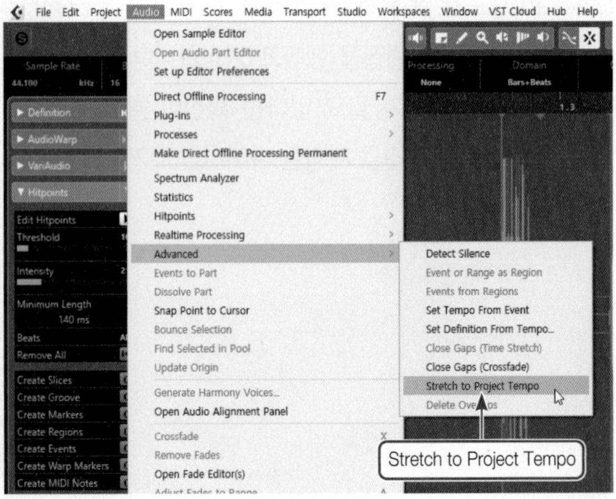

템포에 맞추어 힛 포인트가 정렬되는 것을 확인할 수 있습니다. 작업 곡에 맞춰서 템포를 조정하는 것과는 반대 효과입니다.

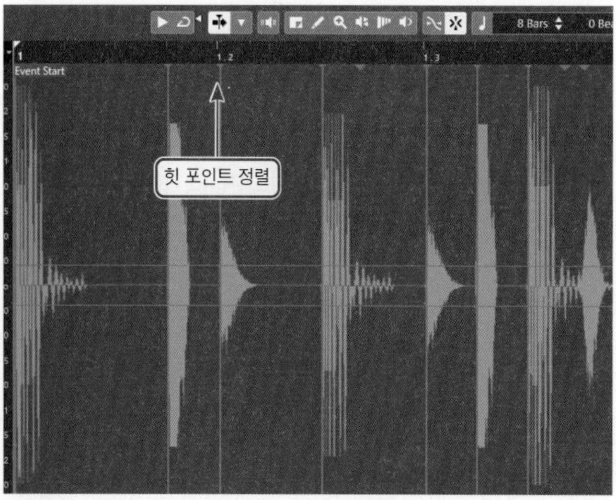


## ❽ Copy/Paste Warp Markers

이벤트 타임을 편집한 워프 마커를 Copy Warp Markers from Selected Event로 복사하여 Paste Warp Markers to Selected Events로 다른 이벤트에 적용할 수 있습니다.

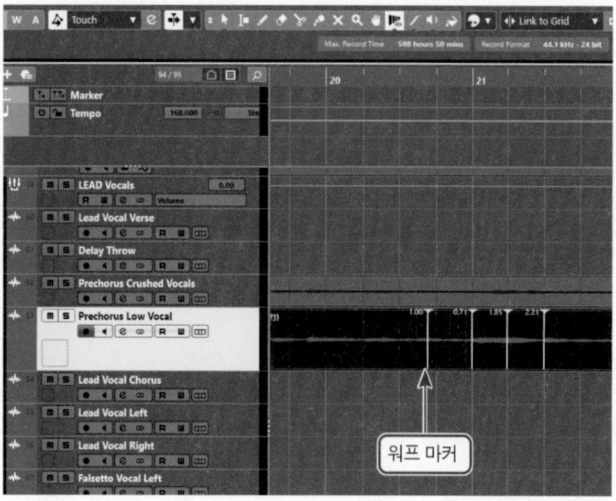


## ❾ Delete Overlaps

Stacked 모드로 녹음하고, 마음에 드는 부분만 연주될 수 있게 편집을 했다고 가정합니다. 이때 나머지 이벤트가 필요 없다는 확신이 들면 실제 연주되는 구간을 제외한 나머지를 제거할 수 있습니다.

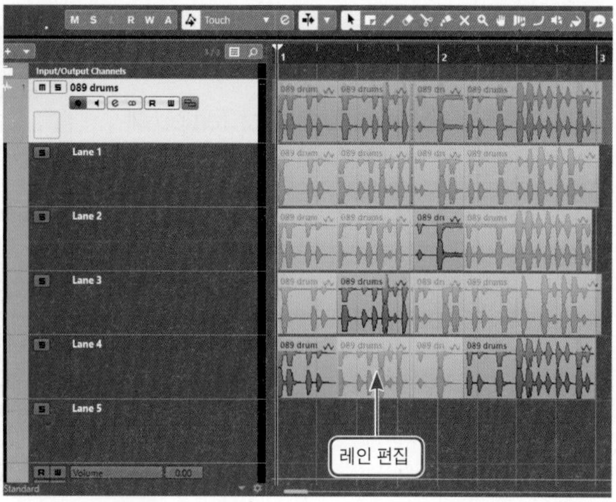

## 06 오디오 파트 만들기

큐베이스에서 다루는 오디오 개체는 크게 이벤트와 파트로 구분하며, 이벤트를 세분화시킨 리전이 있습니다. 오디오를 녹음하거나 임포트할 때 생성되는 것이 이벤트이기 때문에 이벤트를 다루는 일이 가장 많겠지만, 원활한 편집 작업을 위해서 리전과 파트의 개념도 정확하게 이해해두는 것이 좋습니다.

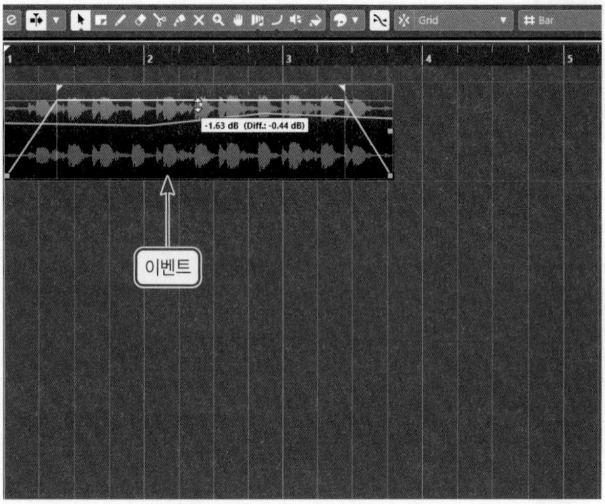


**01** 오디오를 녹음하거나 외부 샘플 파일을 임포팅 시키면, 큐베이스는 이것을 이벤트로 만듭니다. 이벤트는 페이드 인/아웃 및 볼륨을 조정할 수 있는 핸들을 제공합니다.

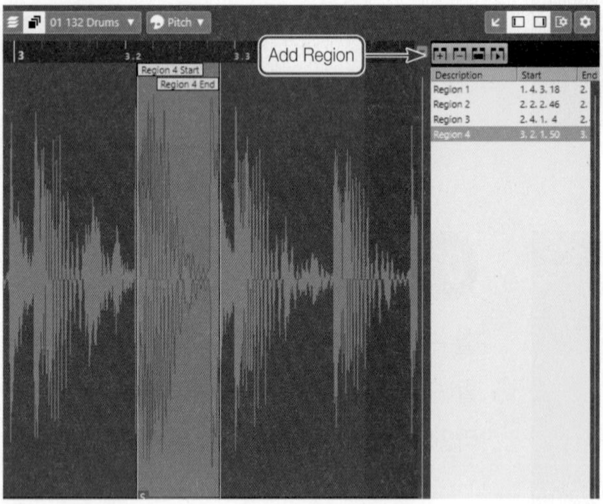


**02** 오디오 이벤트를 더블 클릭하면, 사운드를 편집할 수 있는 샘플 에디터 창이 열립니다. 샘플 에디터 창에서 사운드의 일부분을 선택하고, Add Region 버튼을 클릭하면, 선택한 구간을 리전으로 만들 수 있습니다.

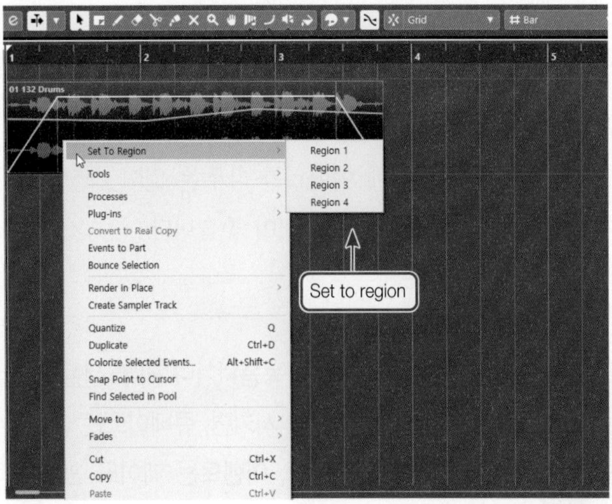


03 사용자가 만든 리전은 이벤트에서 Ctrl 키를 누른 상태로 마우스 오른쪽 버튼을 클릭하여 단축 메뉴를 열고, Set to Region을 보면 볼 수 있으며, 선택하여 연주시킬 수 있습니다. 리전은 이벤트의 일부분을 하나의 테이크로 기록하는 역할입니다.

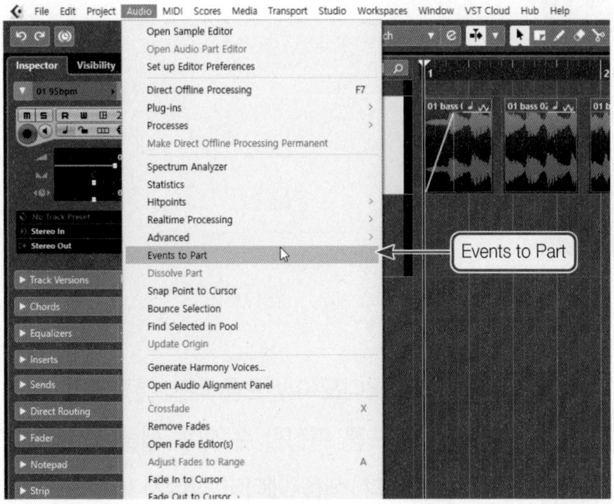


04 이벤트를 편집하다 보면 여러 개를 한 번에 이동하거나 복사하는 등의 작업이 필요할 때가 있습니다. 원하는 이벤트들을 마우스 드래그로 선택하고, Audio 메뉴의 Events to Part를 선택합니다.

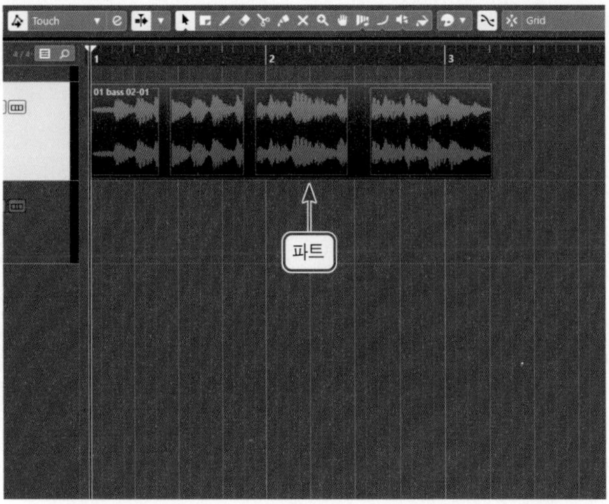


05 선택한 이벤트들이 하나로 묶여 이동과 복사 등의 편집 작업을 수월하게 할 수 있습니다. 파트의 길이는 자유롭게 조정할 수 있기 때문에 이벤트의 시작 위치가 스넵 라인에 일치되어 있지 않은 경우에 유용합니다.

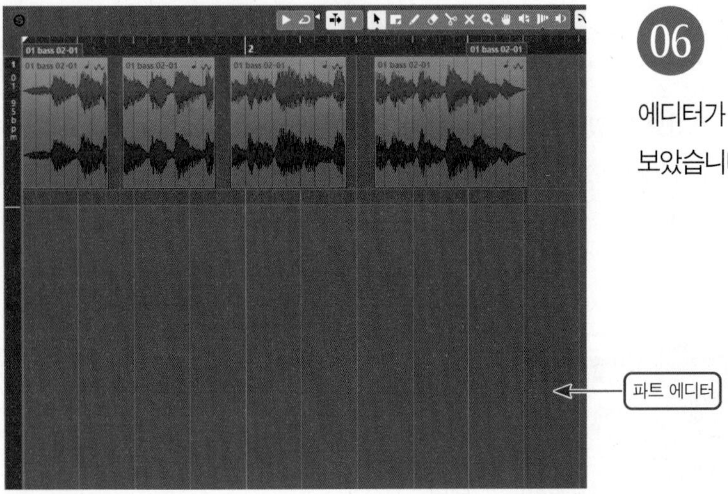


**06** 파트를 더블 클릭하면 오디오 이벤트를 개별적으로 편집할 수 있는 파트 에디터가 열립니다. 이것에 관해서는 이미 살펴 보았습니다.

**07** 파트에 담겨 있는 이벤트를 분리할 필요가 있다면, Audio 메뉴의 Dissolve Part를 선택합니다. 파트로 묶여 있던 이벤트들이 분리됩니다.

## Tip 단축 메뉴

큐베이스는 기본적으로 마우스 오른쪽 버튼을 클릭하면 툴 선택 목록이 열립니다. 만일, 단축 메뉴가 열리게 하고 싶다면, Preference의 Editing-Tools 페이지에서 Pop-up Toolbox on Right-Click 옵션을 해제합니다.

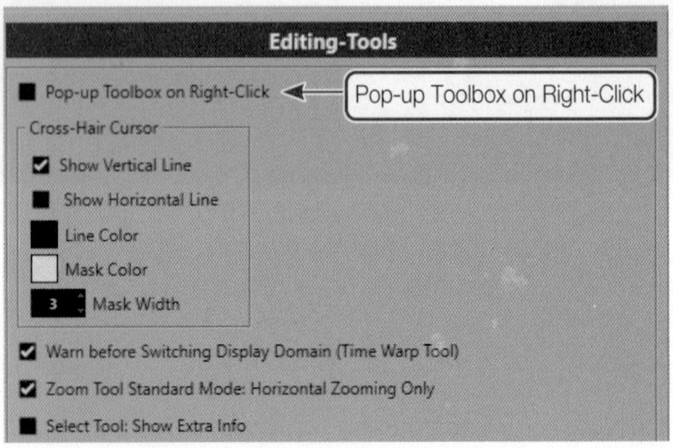

## 07 스넵 포인트 편집하기

오디오 이벤트의 시작 위치에는 스넵 포인트가 있으며, 스넵 기능이 On일 때, 이 포인트를 기준으로 적용됩니다. 그러나 이벤트를 편집하다가 보면, 오디오 이벤트의 시작 위치가 아니라 특정 위치를 기준으로 스넵이 적용되게 할 필요가 있으며, 스넵 포인트의 위치를 변경할 수 있습니다

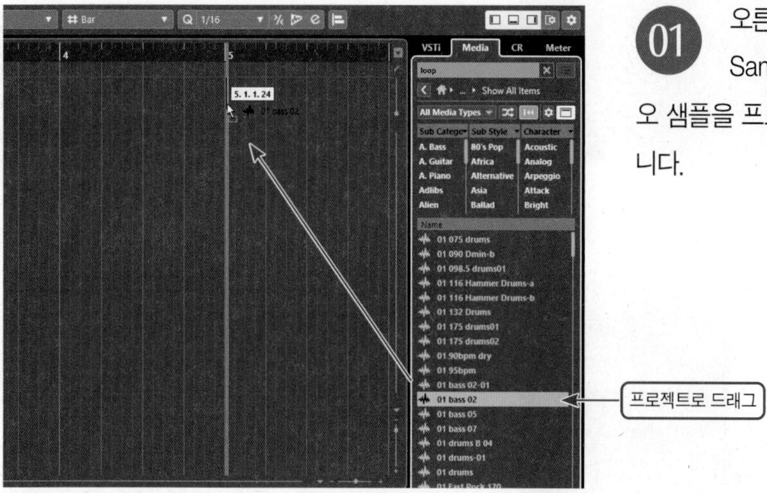


**01** 오른쪽 존의 Media 탭에서 Loop & Samples 아이템을 열고, 적당한 오디오 샘플을 프로젝트로 드래그하여 가져다 놓습니다.

**02** 스넵 버튼을 On으로 하고, 이벤트를 움직여 보면, 시작 위치를 기준으로 스넵이 적용된다는 것을 확인할 수 있습니다. 이것은 오디오 이벤트의 스넵 포인트가 시작 위치에 있기 때문입니다.

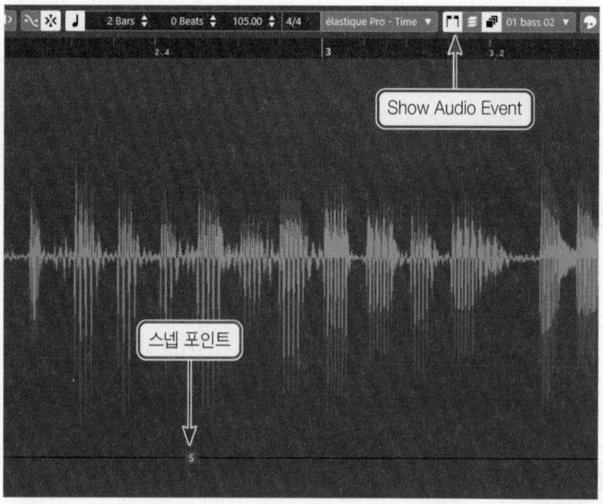


03 스넵 포인트는 오디오 이벤트를 더블 클릭하여 샘플 에디터를 열고, Show Audio Event 버튼 클릭해보면 확인할 수 있습니다. 이벤트의 시작 위치에 S 문자가 스넵 포인트를 의미하며, 사용자가 원하는 위치로 이동시킬 수 있습니다.

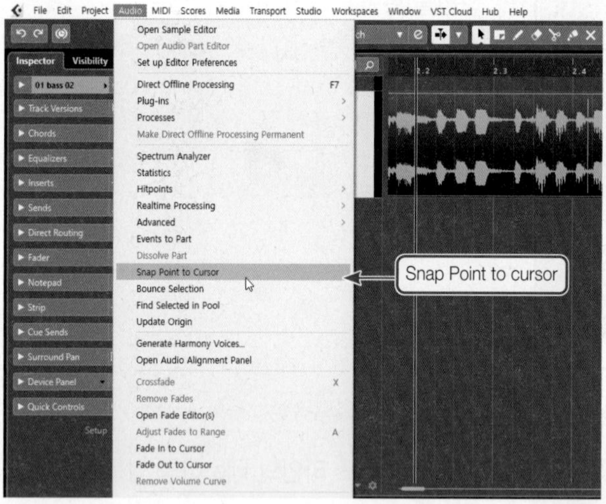


04 스넵 포인트는 프로젝트 윈도우에서도 설정 가능합니다. 원하는 위치에 송 포지션 라인을 가져다 놓고, Audio 메뉴의 Snap Point to Cursor를 선택합니다.

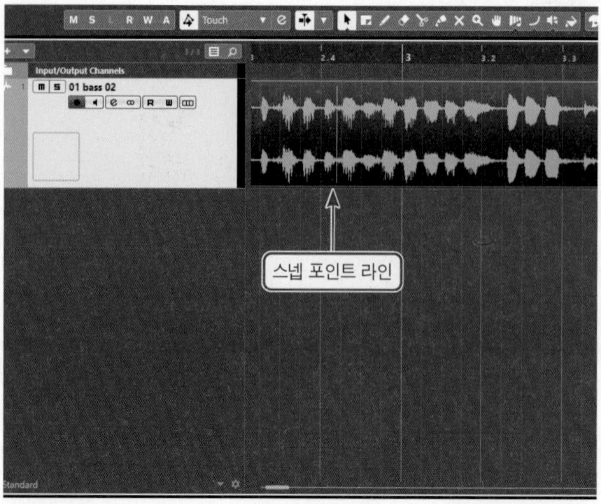


05 스넵 포인트는 이벤트에 세로 실선으로 표시되며, 이벤트를 움직여보면, 시작 위치가 아닌 스넵 포인트를 기준으로 움직이는 것을 확인할 수 있습니다. 이벤트의 연주 위치를 다른 트랙에 정확히 맞추고 싶을 때, 유용한 기능이므로 꼭 기억해두기 바랍니다.

# 08 필요 없는 구간 제거하기

● 샘플 프로젝트 \ Editing

음악의 처음부터 끝까지 연주를 하는 악기는 드뭅니다. 그러나 녹음은 악기를 연주하지 않는 부분에서도 진행하게 됩니다. 악기를 연주하지 않는 부분에서 녹음된 공백은 아무런 소리를 내지 않지만, 실제 데이터가 있는 것과 동일하게 취급되기 때문에 시스템이 느려지고, 용량이 커진다는 문제점이 발생합니다. 오디오 이벤트의 필요 없는 구간을 잘라내고, 시스템 자원을 차지하지 않게 하는 방법을 살펴보겠습니다.

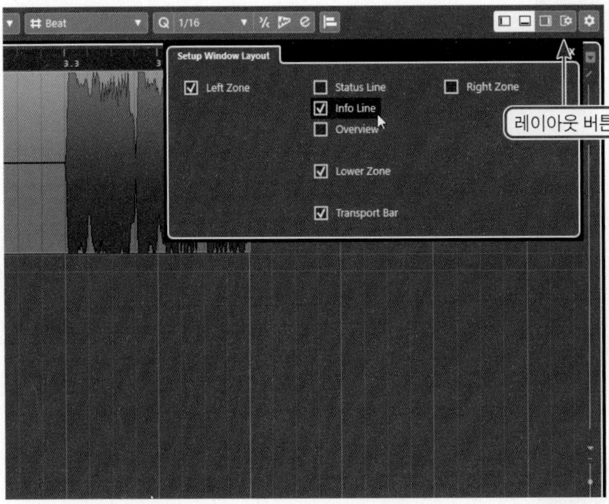


**01** 샘플 파일을 열어보면, 중간에 공백이 있는 오디오 이벤트를 볼 수 있습니다. 레이아웃 버튼의 Info Line을 체크하여 인포 라인을 화면에 표시합니다.

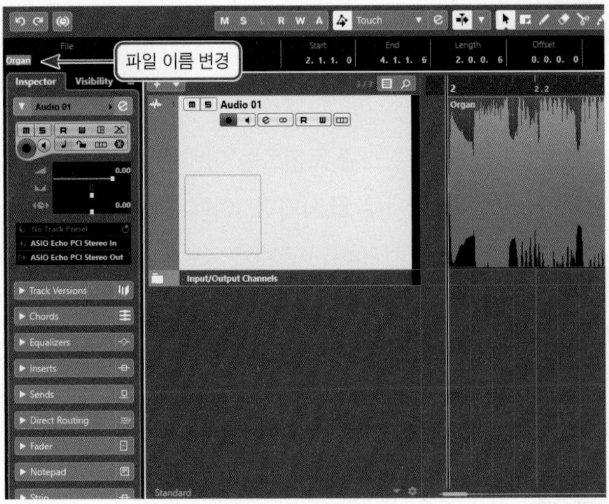


**02** 인포 라인의 File 이름 항목에 Organ을 클릭하여 한글 이름인 '올겐'으로 변경합니다. 실제 오디오 파일의 이름을 변경하는 것입니다.

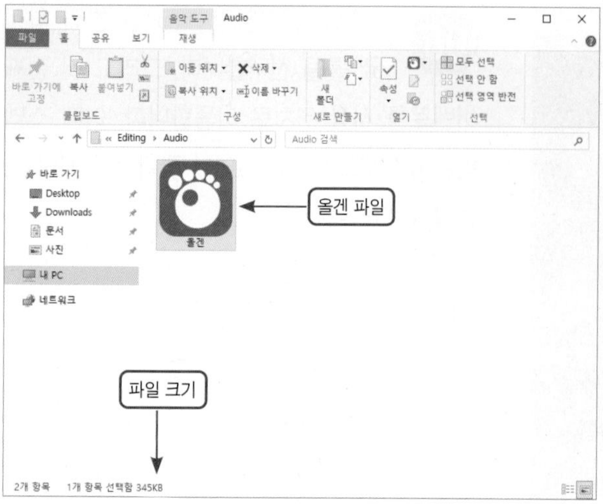


**03** 프로젝트가 저장되어 있는 Editing의 Audio 폴더를 열어 보면, '올겐'으로 변경된 오디오 파일을 찾을 수 있습니다. 파일을 선택하고 정보 표시 항목을 보면 크기가 345KB라는 것을 알 수 있습니다.

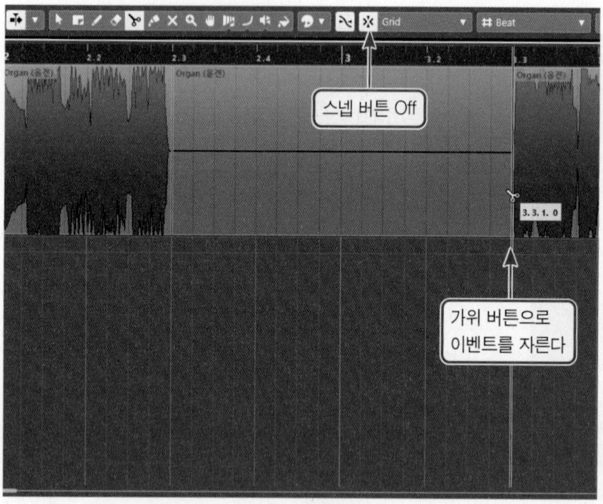


**04** 키보드 문자열의 [3] 키를 눌러 가위 툴을 선택합니다. 그리고 파형이 끝나는 부분과 시작되는 부분을 클릭하여 자릅니다. 이때 스넵 버튼이 Off로 되어 있어야 미세한 편집이 가능합니다.

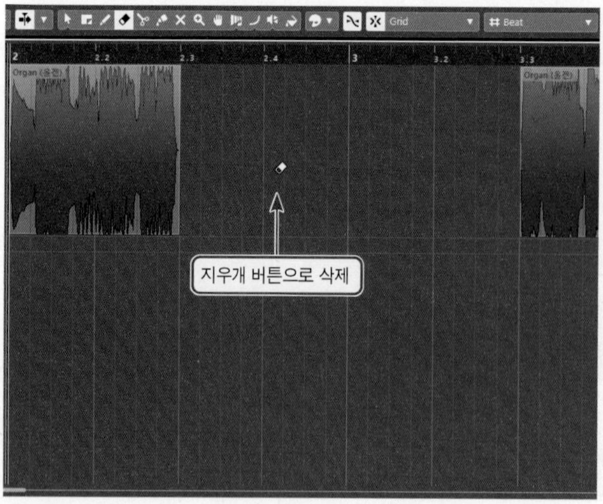


**05** 키보드 문자열의 [5] 키를 눌러 지우개 툴을 선택합니다. 그리고 중간에 잘라낸 공백 구간을 선택하여 삭제합니다.

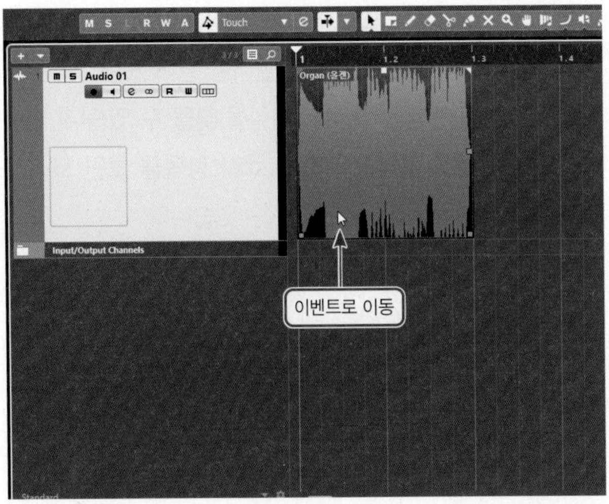


06 키보드 문자열의 1 키를 눌러 화살표 툴을 선택합니다. 그리고 첫 번째 이벤트를 시작 위치로 이동합니다. 이때 스넵 버튼이 On으로 되어 있어야 정확한 위치로 이동할 수 있습니다.

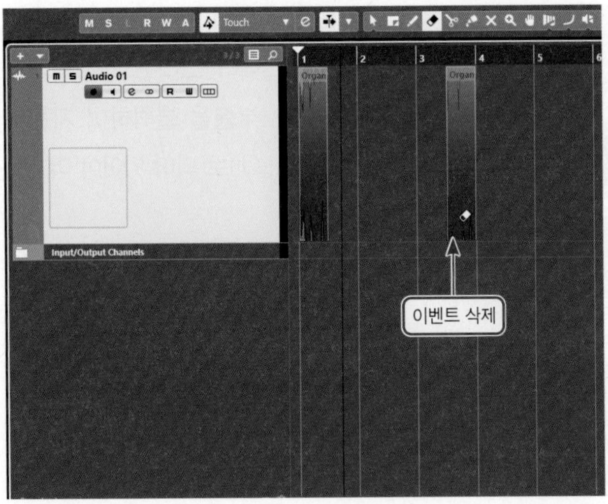


07 키보드 숫자열의 5 키를 눌러 지우개 버튼을 선택하고, 두 번째 이벤트를 클릭하여 삭제합니다. 그리고 1 키를 눌러 화살표 버튼을 선택합니다.

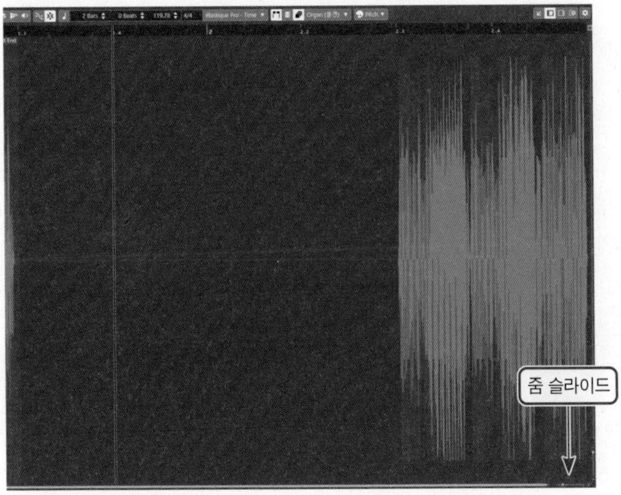


08 오디오 이벤트를 더블 클릭하여 샘플 에디터 창을 열고, G 키를 누르거나 줌 슬라이더를 움직여 축소해보면, 삭제한 실제 이벤트는 없어지짖 않고, 단지 일부분이 연주되고 있다는 것을 확인할 수 있습니다.

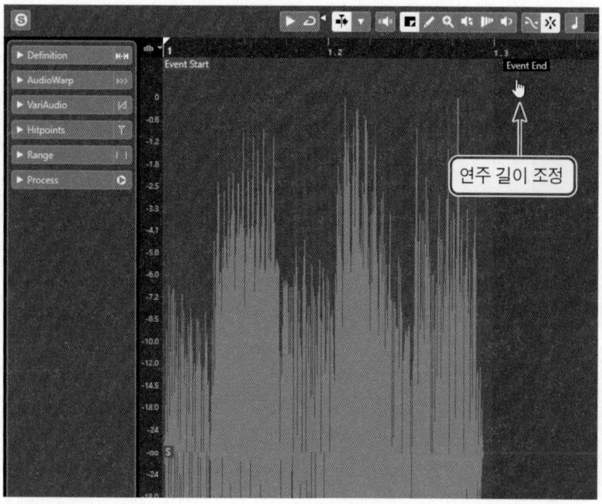


09 즉, '올겐' 이라는 파일의 크기에는 변화가 없다는 것입니다. 그래서 Event Start 또는 Event End 바를 드래그하여 연주될 구간을 언제든 재 조정할 수 있습니다.

10 편집이 끝난 오디오 이벤트를 새로운 파일로 만들어 프로젝트를 최적화 시켜보겠습니다. Audio 메뉴의 Bounce Selection을 선택합니다.

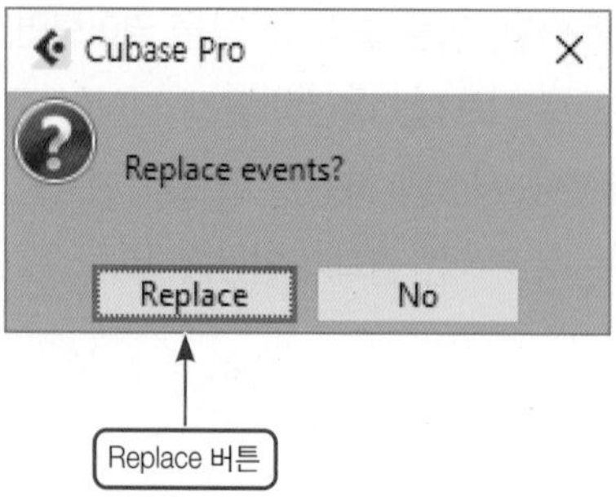


11 선택한 오디오 이벤트를 새로운 파일을 만들 것인지를 묻는 창이 열립니다. Replace 버튼을 클릭합니다.

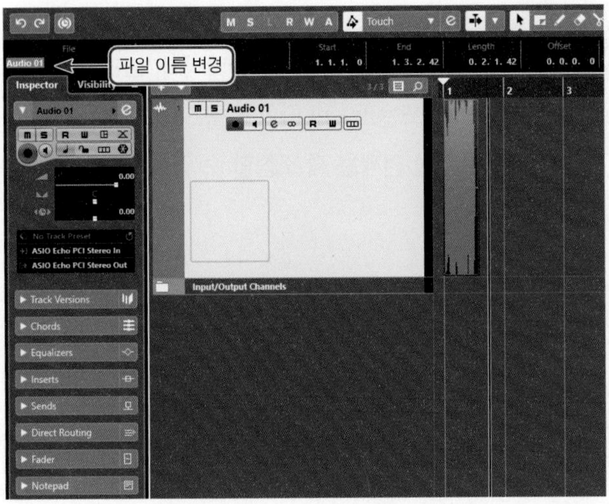


**12** 새로 만들어지는 파일은 트랙의 이름인 Audio 01로 생성됩니다. 인포 라인의 File 항목을 클릭하여 파일 이름을 '올겐2'로 변경해봅니다.

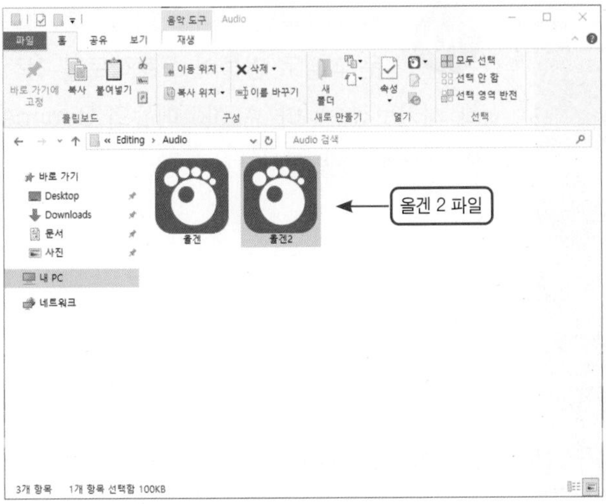


**13** 프로젝트가 저장되어 있는 Audio 폴더를 열어보면, 사용자가 새로만든 올겐2 파일을 볼 수 있으며, 파일 크기가 약 87K 정도로 줄어든 것을 확인할 수 있습니다.

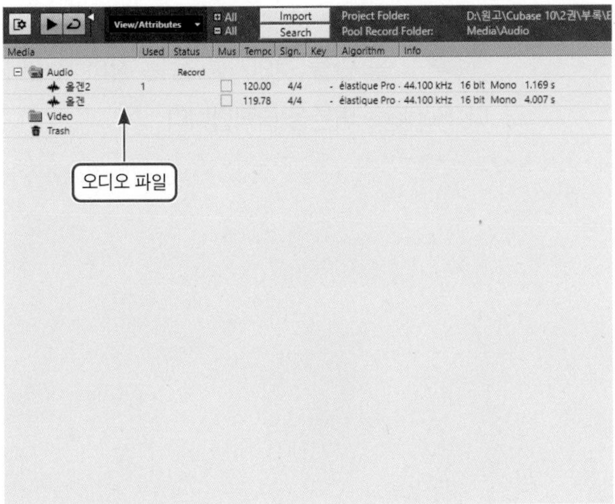


**14** Ctrl+P 키를 눌러 풀 창을 열어보면, 프로젝트에는 여전히 올겐 파일이 존재하기 때문에 시스템 자원은 확보를 했지만, 프로젝트는 더 커지는 결과가 되었습니다.

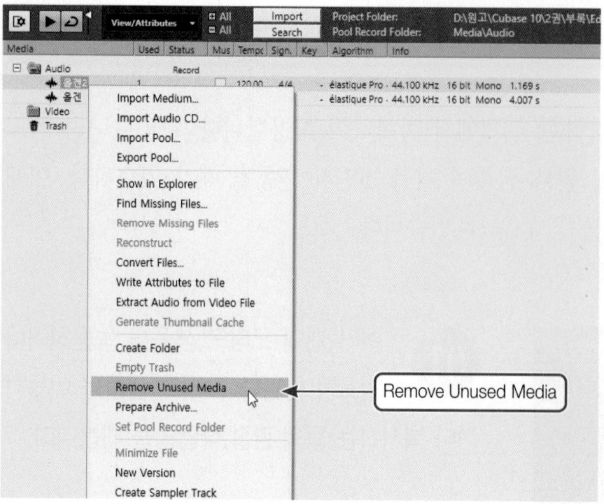


15 풀 창에서 마우스 오른쪽 버튼을 클릭하여 단축 메뉴를 열고, 프로젝트에서 사용하지 않는 파일을 제거하는 Remove Unused Media를 선택합니다.

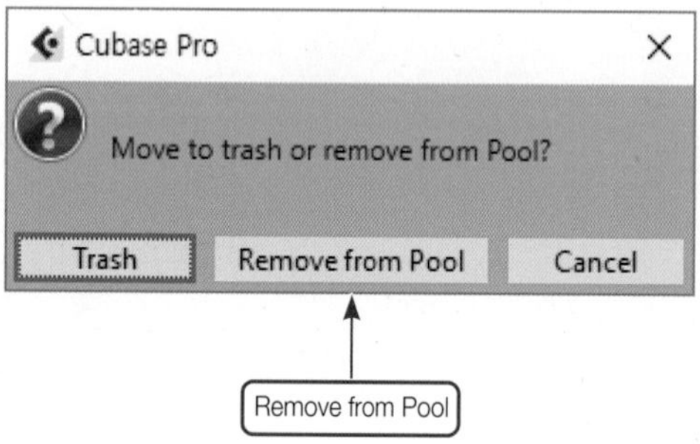


16 계속해서 열리는 창에서는 Remove from Pool 버튼을 클릭하여 프로젝트에서 완전히 제거되게 합니다. 실제 파일이 제거되는 것은 아닙니다.

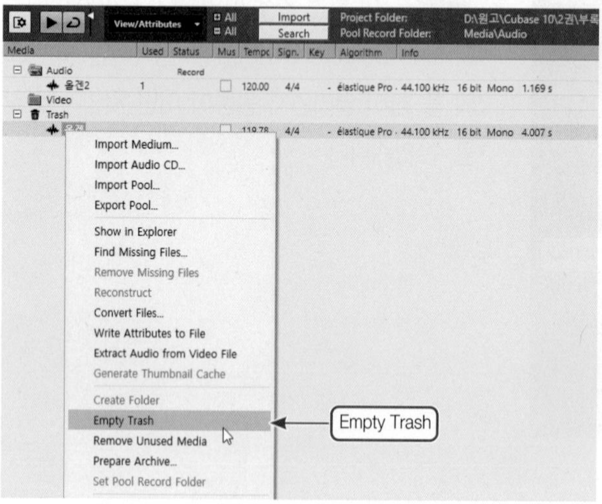


17 비로소 파일의 크기를 줄여 프로젝트를 최적화 한 것입니다. 풀 윈도우의 오디오 파일은 프로젝트로 드래그하여 얼마든지 반복 시킬 수 있지만, 연주되는 파일은 하나뿐이기 때문에 용량의 변화는 없습니다. 만일 앞에서 Trash 버튼을 클릭하면 오디오는 Trash 폴더로 이동하며, 단축 메뉴에서 Empty Trash를 선택하여 비울 때까지 보관할 수 있습니다.

# 09 원본 샘플 찾기

음악 작업을 하다가 보면 하나의 샘플을 가지고 다양한 위치에서 반복하여 사용합니다. 그러나 사용하고 있는 이벤트가 많으면, 자신이 작업한 음악이지만, 원본 샘플이 어떤 것인지 혼동될 때가 있습니다. 이때 Fine Selected in Pool 메뉴를 이용하여 원본 샘플을 찾을 수 있습니다.

01 여러 개의 오디오 샘플을 녹음하거나 임포팅 합니다. 그리고 샘플을 이동하거나 복사하는 등의 편집 작업들을 해봅니다.

02 많은 이벤트를 편집할 때 원본을 찾아야 하는 경우가 있습니다. Audio 메뉴의 Fine Selected in Pool를 선택하면, 이벤트의 풀 창이 열리면서 원본이 어떤 것인지를 찾을 수 있습니다.

## 10 원본 위치 변경하기

임포팅 또는 녹음 등의 방법으로 프로젝트에 기록하는 오디오 파일은 처음 시작 위치를 기억하고 있습니다. 위치는 풀 윈도우의 Origin Time 칼럼에서 확인할 수 있는데, Audio 메뉴의 Update Origin을 선택하면, 변경한 이벤트의 위치를 다시 시작 타임으로 설정합니다.

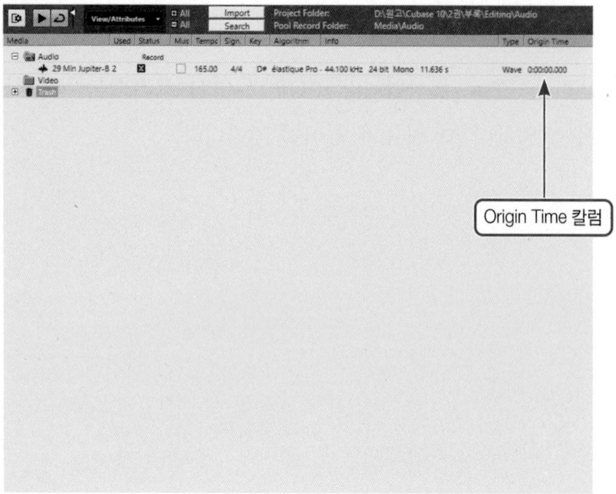


**01** 오디오 이벤트를 녹음하고, 풀 윈도우의 Origin Time 칼럼을 보면, 이벤트를 만든 위치가 기록되어 있는 것을 확인할 수 있습니다.

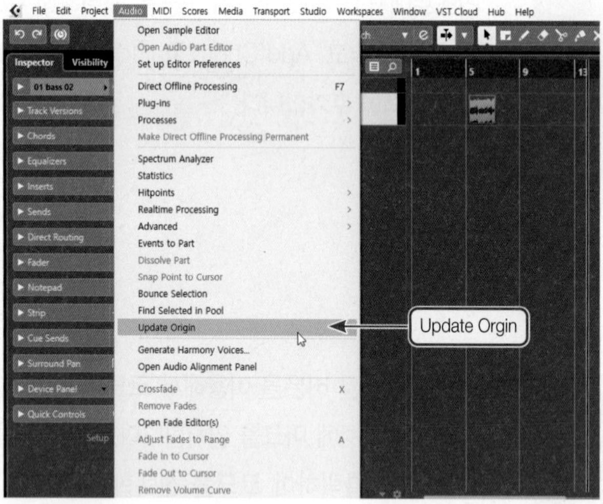


**02** 이벤트의 위치를 이동해보고, Audio 메뉴의 Update Origin을 선택합니다. 풀 윈도우의 Origin Time 칼럼 표시가 이벤트가 있는 위치로 변경되는 것을 확인할 수 있습니다.

# 04 하모니 만들기

큐베이스는 보컬을 포함한 모노 사운드를 VariAudio 분석을 통해 완벽한 하모니로 만들 수 있는 기능을 제공합니다. 이 기능은 코드 트랙과의 조합으로 사용자가 원하는 하모니를 만들 수 있으며, 단독으로 사용할 경우에는 소프라노, 알토, 테너가 3도 간격으로 생성됩니다. 이제 더 이상 코러스를 녹음하기 위해서 많은 인원을 동원해야 할 필요가 없어진 것입니다.

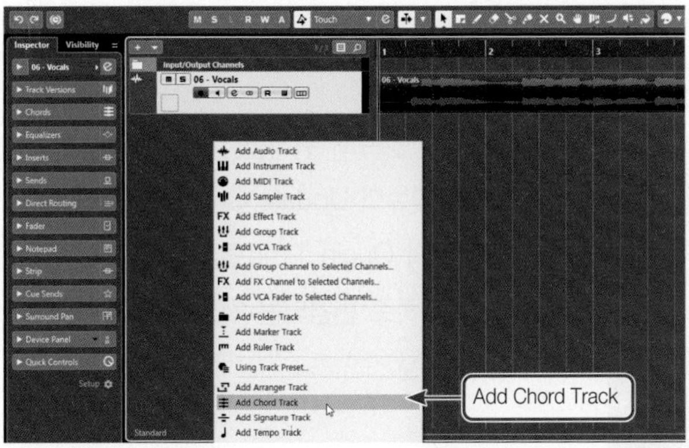


**01** 실습은 독자가 좋아하는 노래의 멜로디를 직접 녹음해서 진행합니다. 트랙 리스트에서 마우스 오른쪽 버튼을 클릭하여 단축 메뉴를 열고, Add Chord Track을 선택하여 코드 트랙을 추가합니다.

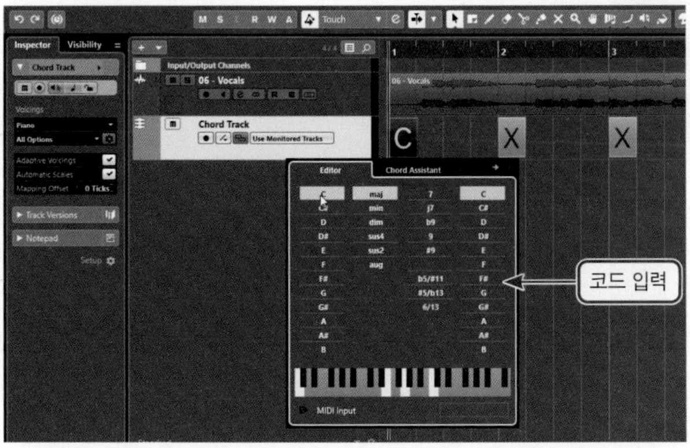


**02** 연필 버튼을 이용해서 코드가 삽입될 위치에 마크를 입력합니다. 그리고 마크를 더블 클릭하여 코드를 선택합니다. 트랙 학습편에서 살펴보았던 내용입니다.

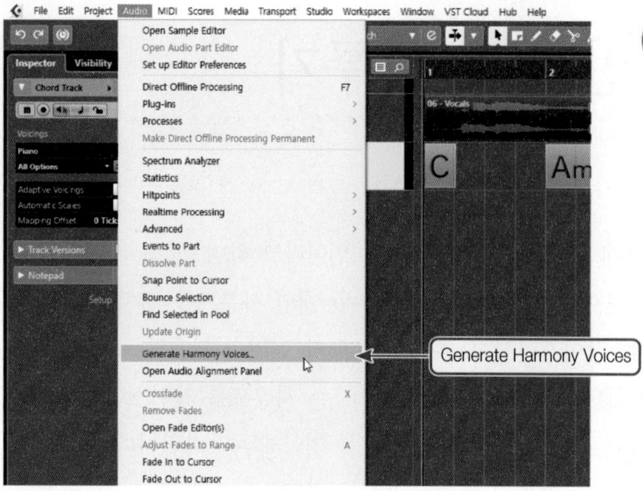


03 독자의 목소리가 녹음된 오디오 파트를 선택하고, Audio 메뉴의 Generate Harmony Voices를 선택합니다.

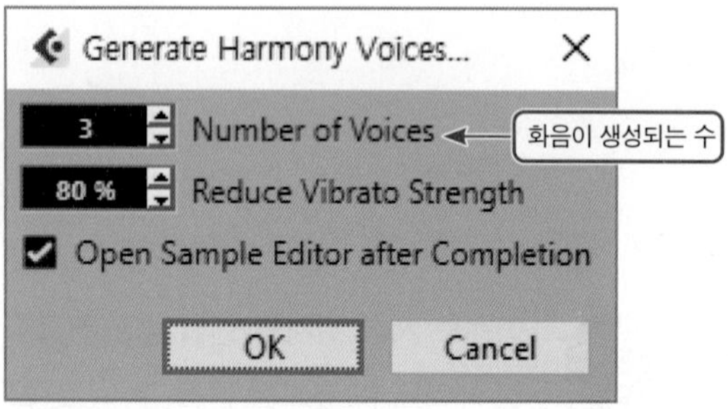


04 몇 개의 화음을 생성할 것인지, 비브라토 감소 비율은 어느 정도로 할 것인지를 설정할 수 있는 창이 열립니다. 기본값은 3개이며, Open Sample Editor after Completrion 옵션을 체크하면 완료 후에 샘플 에디터가 열립니다.

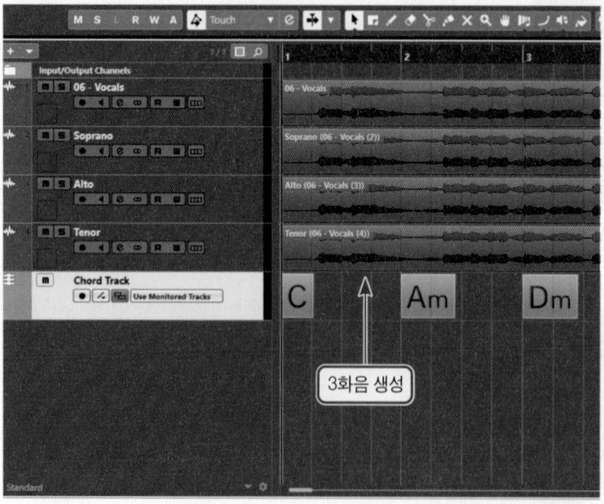


05 기본값 그대로 OK 버튼을 클릭하면 소프라노, 알토, 테너의 3화음이 생성되고, 샘플 에디터의 VariAudio 파라미터가 열립니다. 여기서 마음에 들지 않는 보이스의 진행을 얼마든지 수정할 수 있습니다.

# 05 페이드 인/아웃 다루기

● 샘플 프로젝트 \ Fade

사운드를 점점 크게 만드는 기법을 페이드 인이라고 하며, 점점 작게 만드는 기법을 페이드 아웃이라고 합니다. 그리고 두 개의 사운드를 겹쳐놓고, 왼쪽의 사운드가 점점 작아지면서 오른쪽 사운드가 점점 커지게하는 기법을 크로스 페이드라고 합니다. 특히, 크로스 페이드는 사운드를 자연스럽게 겹치게 할 때 자주 사용하는 기법이므로 단축키 X를 기억해두기 바랍니다.

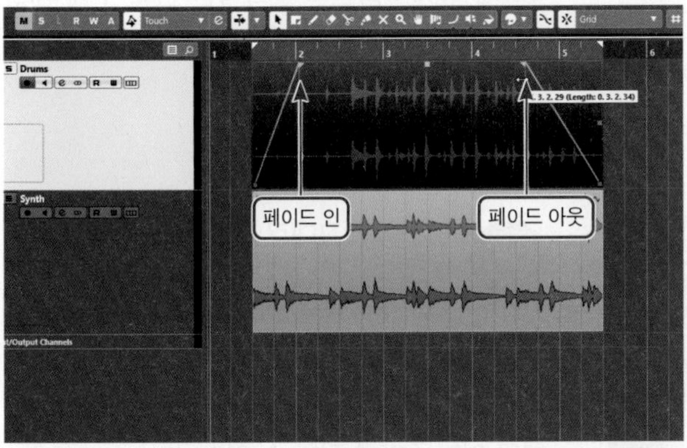


01 이벤트 시작 위치의 핸들을 드래그하여 페이드 인 효과를 만들 수 있고, 끝 위치의 핸들을 드래그하여 페이드 인/아웃 효과를 만들 수 있습니다.

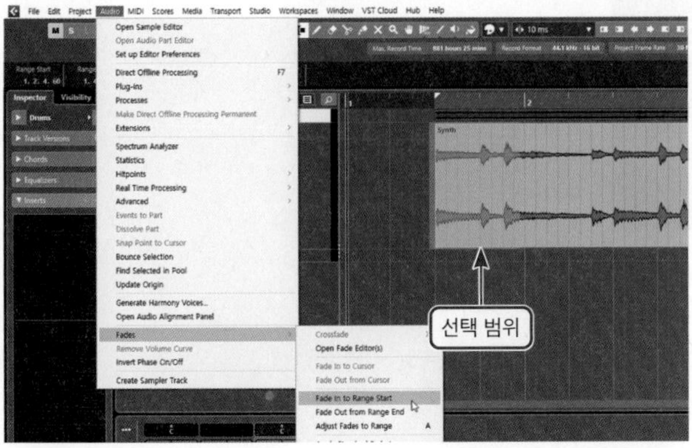


03 이벤트의 시작 및 끝 부분을 선택하고, Audio 메뉴의 Fade에서 Fade in to Range Start 및 Fade Out from Range End를 선택하여 페이드 인/아웃을 만들 수 있습니다.

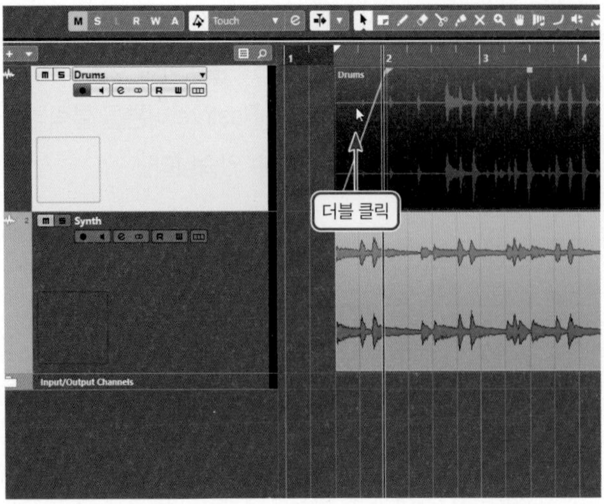


04 페이드 인/아웃이 연출되어 있는 공간을 더블 클릭하거나 Audio 메뉴의 Fades에서 Open Fade Editor를 선택하면 페이드 인/아웃 라인을 편집할 수 있는 창이 열립니다.

**Tip**

페이드 인/아웃이 모두 적용되어 있는 이벤트를 선택하고, Audio 메뉴의 Fades에서 Open Fade Editor를 선택하면 페이드 인/아웃 편집 창이 모두 열립니다.

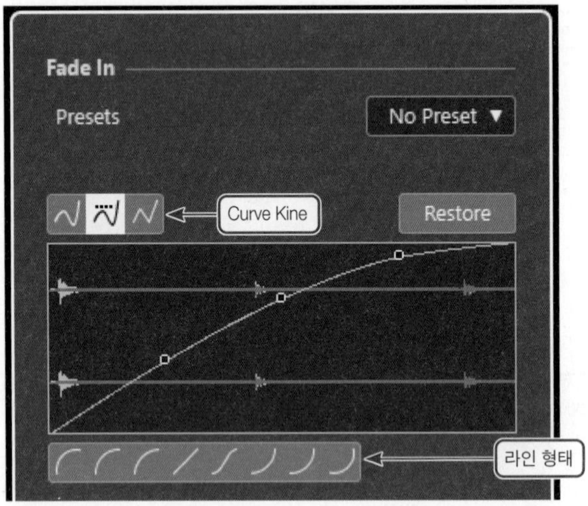


05 Fade In 또는 Fade Out 편집 창은 라인의 속성를 선택할 수 있는 3개의 Curve Kine 버튼과 라인의 형태를 선택할 수 있는 8개의 버튼이 있습니다. 각각의 버튼을 선택해보면서 라인이 만들어지는 형태를 확인해 보기 바랍니다.

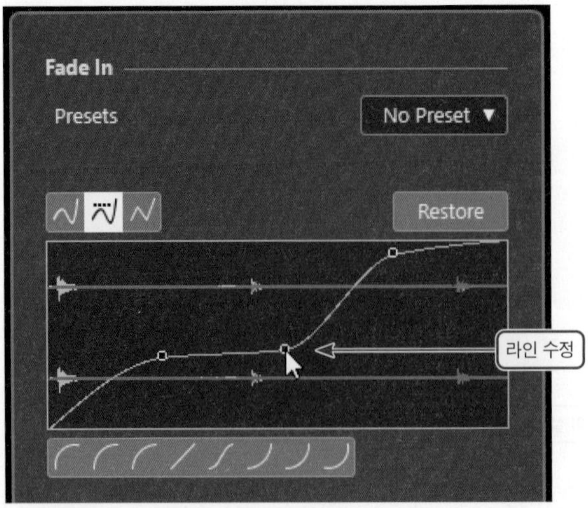


06 Curve Kine버튼과 형태 버튼을 이용하면 페이드 인/아웃 라인을 24가지 중에서 선택할 수 있고, 라인을 클릭하여 포인트를 만들고, 마우스 드래그로 수정할 수 있습니다. 포인트는 창 밖으로 드래그하여 삭제할 수 있습니다.

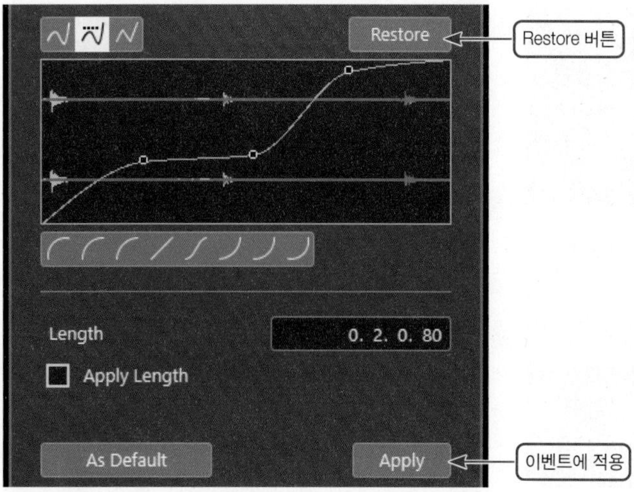


07 사용자가 만든 페이드 인/아웃 라인은 Apply 버튼을 클릭하여 이벤트에 바로 적용할 수 있으며, Restore 버튼을 클릭하여 라인을 초기화 시킬 수 있습니다.

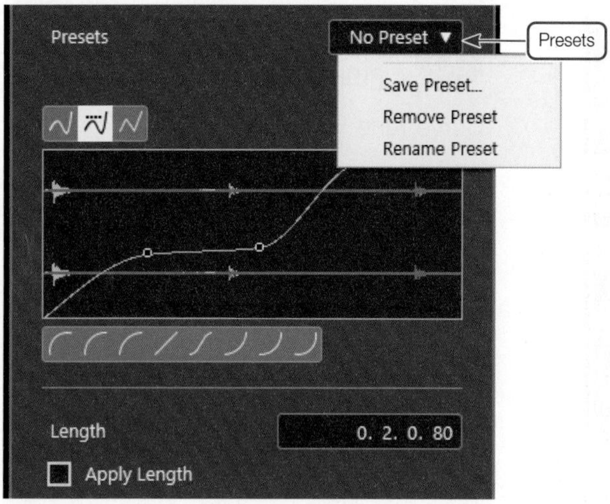


08 사용자가 만든 페이드 인/아웃 라인은 Presets 메뉴의 Save Preset을 선택하여 저장하거나 Remove Preset을 선택하여 삭제할 수 있습니다.

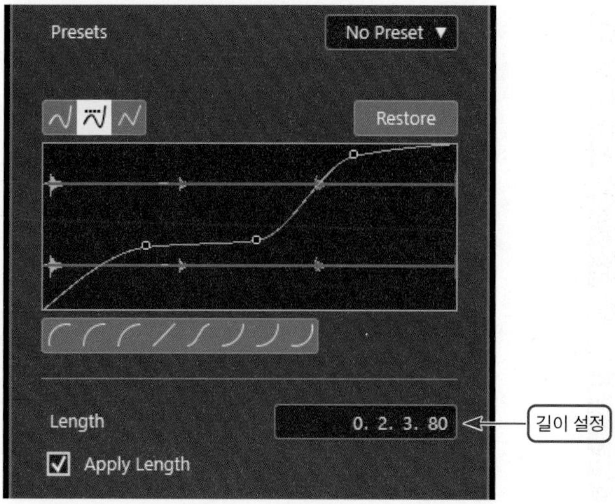


09 As Default 버튼은 편집 라인을 초기화 하며, Apply Length 옵션은 Length 항목에서 설정한 길이만큼 적용되게 할 것인지의 여부를 선택하는 옵션입니다.

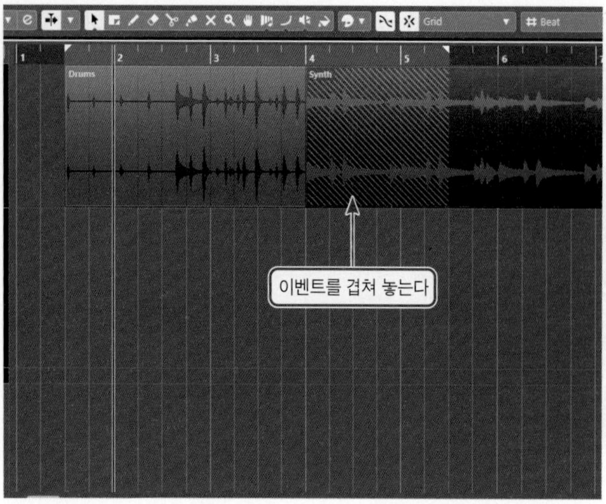


10 페이드 인/아웃 편집 창을 닫고, 페이드 인/아웃 라인 포인트를 이벤트의 시작과 끝 위치로 드래그하여 페이드 인/아웃 효과를 제거합니다. 그리고 2번 트랙의 이벤트를 1번 트랙의 이벤트로 드래그하여 두 개의 이벤트가 겹치게 놓습니다.

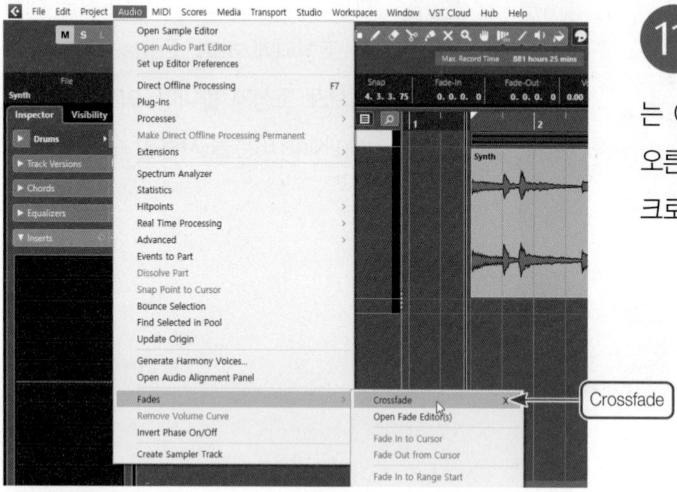


11 Audio 메뉴의 Fades에서 Crossfade를 선택하거나 X 키를 누르면 겹쳐있는 이벤트 왼쪽의 사운드는 페이드 아웃 효과, 오른쪽 사운드는 페이드 인 효과를 연출하는 크로스 페이드가 만들어집니다.

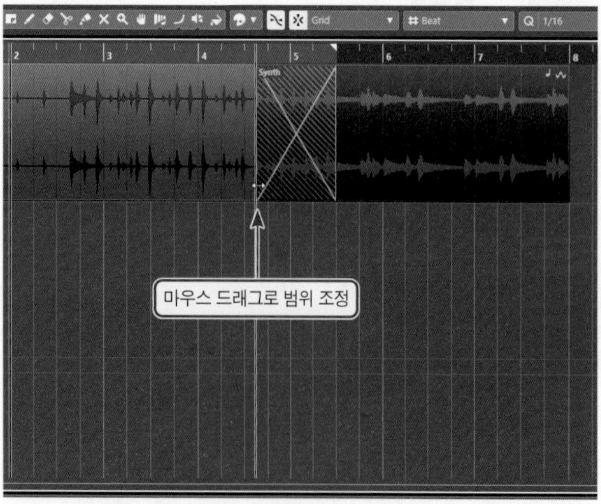


12 크로스 페이드의 길이는 마우스 드래그로 조정할 수 있으며, 크로스 페이드 공간을 더블 클릭하거나 Audio 메뉴의 Fades에서 Open Fade Editor를 선택하여 편집 창을 열 수 있습니다.

Tip

Open Fade Editor는 이벤트에 적용된 페이드 효과에 따라 서로 다른 편집창을 열어줍니다.

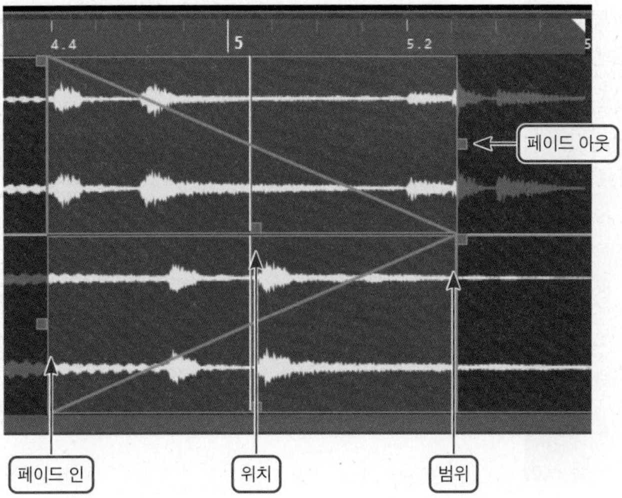


**13** Crossfade 편집 창의 위쪽에 보이는 라인이 페이드 아웃이고, 아래쪽에 보이는 라인이 페이드 인 입니다. 각각 핸들을 드래그하여 타임과 위치 및 범위를 조정할 수 있습니다.

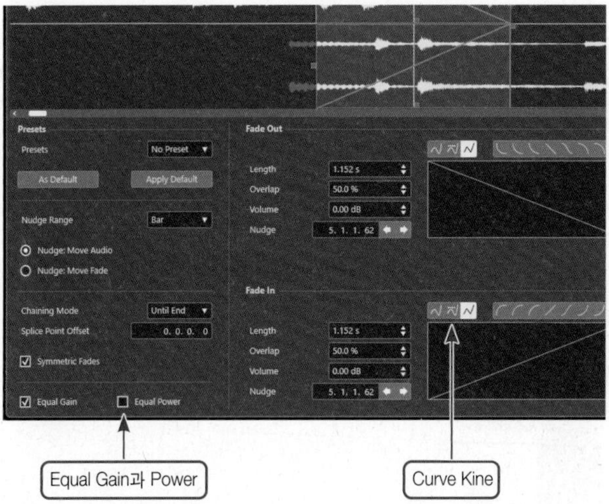


**14** Equal Gain 옵션은 라인이 같은 레벨로 조정되게 하며, Equal Power 옵션은 상대적으로 조정게 합니다. 이때 Fade In/Out의 Curve Kine 버튼을 사용할 수 없습니다.

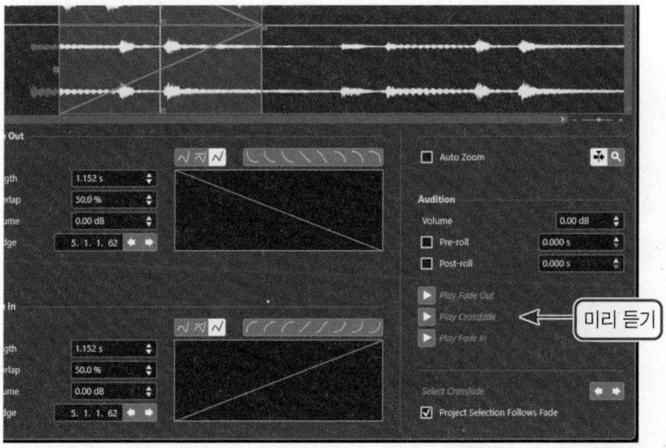


**15** Play Fade Out, Play Crossgade, Play Fade In 재생 버튼은 각각의 사운드를 미리 들어볼 수 있는 역할을 하며, Pre/Post-Roll은 페이드 인/아웃 또는 크로스 페이드 구간이 적용되기 전(Pre), 후(Post)의 사운드가 연주되는 길이를 초 단위로 설정합니다.

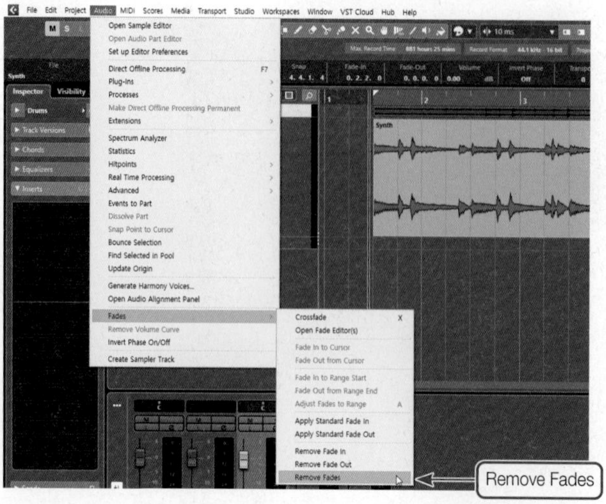


16 그 밖의 옵션은 앞에서 살펴본 페이드 인/아웃 편집 창과 동일합니다. Close 버튼을 클릭하여 창을 닫고, Audio 메뉴의 Fades에서 Remove Fades를 선택하여 크로스 페이드 효과를 제거합니다. 그리고 Synth 이벤트를 2번 트랙으로 가져다 놓습니다.

**Tip**

Remove Fades In/Out은 각각 페이드 인/아웃을 제거하며, 선택한 모든 이벤트에 적용됩니다.

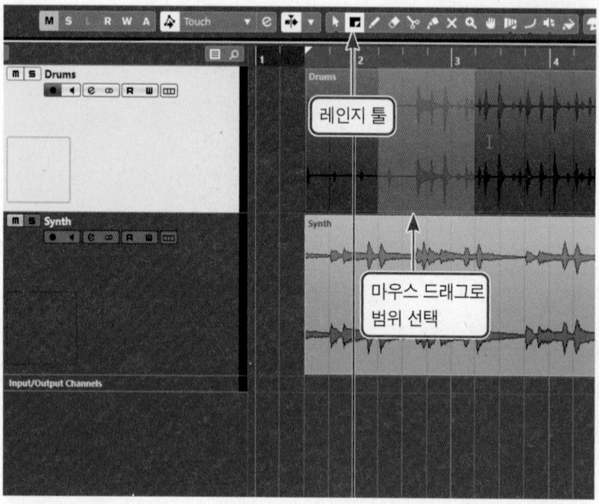


17 크로스 페이드 효과로 이벤트의 길이가 변경되었다면, 이벤트의 길이도 원래의 상태로 복구합니다. 그리고 레인지 버튼을 선택하여 페이드 인/아웃 효과를 적용하고 싶은 길이만큼 이벤트를 선택합니다.

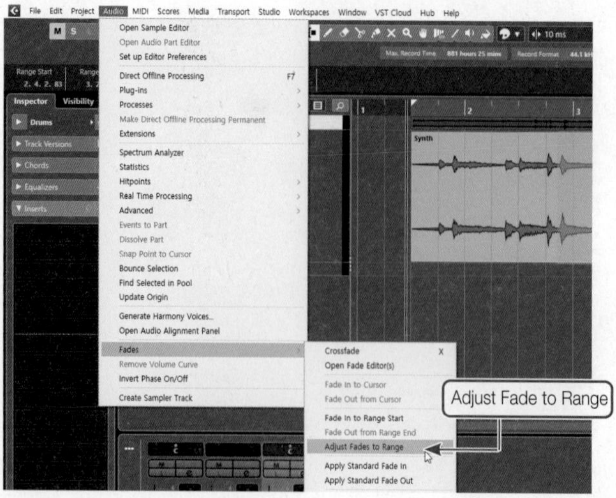


18 Audio 메뉴의 Fades에서 Adjust Fade to Range를 선택하면 범위 전/후로 페이드 인/아웃을 동시에 만들 수 있습니다. Standard Fade In/Out은 선택한 이벤트에 가장 기본적인 페이드 인/아웃을 만듭니다.

**Tip**

Audio 메뉴의 Remove Volume Curve는 연필 툴을 이용해서 편집한 이벤트 볼륨 라인을 초기화 합니다.

12

PART

# 미디어 관리

컴퓨터 사용자들에게 백업의 중요성은 아무리 강조해도 지나치지 않습니다. 큐베이스에서도 레코딩 및 임포트를 포함하여 프로젝트에 사용한 모든 타입의 미디어를 관리하는 일은 실무에서 가장 중요한 사항입니다. 외부 미디어 파일을 사용하는 방법에서부터 관리까지 큐베이스에서 제공하는 미디어 기능을 모두 살펴보겠습니다.

# 01 풀 윈도우

풀 윈도우는 곡 작업을 할 때 사용하는 오디오, 비디오 등의 미디어 파일을 관리합니다. 미디어 파일을 체계적으로 관리하지 못할 경우에는 사용하지도 않는 미디어 파일 때문에 프로젝트 용량이 커지고, 시스템이 느려지는 현상을 경험할 수 있습니다. 효과적인 미디어 관리는 다양한 문제점을 해결할 수 있는 열쇠이므로, 풀 윈도우의 역할을 정확하게 알아둘 필요가 있습니다.

## 01 풀 윈도우의 도구

프로젝트에서 사용하고 있거나 사용할 미디어 파일을 관리하는 풀 윈도우는 Media 메뉴의 Open Pool Window를 선택하거나 Ctrl+P 키를 이용해서 열 수 있으며, Media 메뉴의 대부분을 단축 메뉴로 사용합니다. 화면은 위쪽에 도구 바와 아래쪽에 칼럼으로 구분된 작업 공간으로 이루어져 있으며, 파일을 찾는 역할의 검색 창은 도구 바의 Search 버튼을 이용해서 열거나 닫을 수 있습니다.

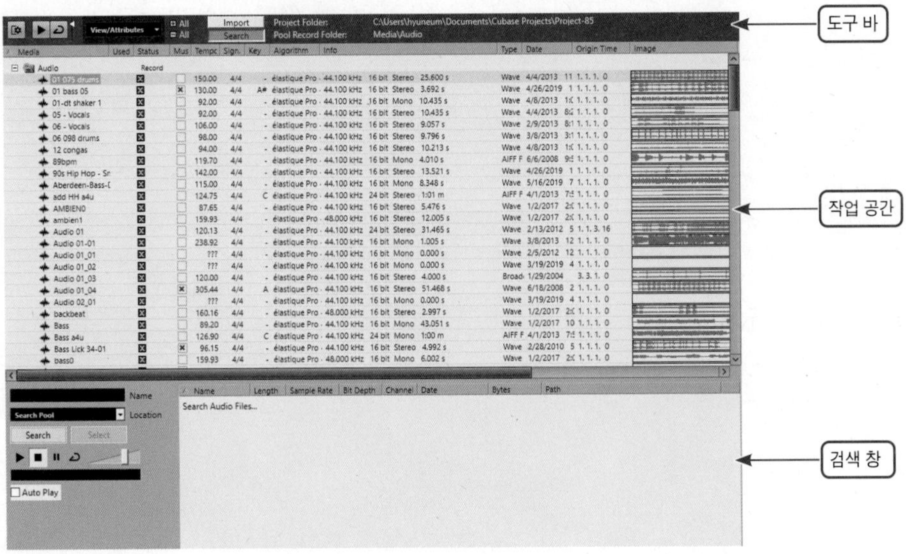

### ❶ 인포 라인 보기 버튼

창 아래쪽에 정보를 표시하는 인포 라인을 열거나 닫습니다. 인포 라인에는 풀 윈도우에 등록된 오디오 파일 수(Audio Files), 프로젝트에서 사용하고 있는 파일 수(Used), 총 용량(Total Size), 프로젝트 오디오 폴더에 저장하지 않은 파일 수(External Files)의 정보를 표시합니다.

### ❷ 연주 버튼

연주 버튼은 풀 윈도우에 등록되어 있는 오디오 파일을 연주하여 모니터 할 수 있는 기능입니다. Image 칼럼에 보이는 오디오 파형 그림을 클릭해도 사운드를 모니터 할 수 있습니다. 정지는 연주 버튼을 다시 한번 클릭하면 됩니다.

### ❸ 반복 버튼 / 볼륨 슬라이드

반복 버튼은 사운드를 모니터 할 때, 반복해서 모니터 할 수 있게 하는 기능입니다. 반복 버튼을 먼저 클릭하거나 연주 중에 클릭해도 결과는 같습니다. 반복 버튼 우측에 있는 슬라이드는 볼륨을 조절합니다.

## ❹ 칼럼 보기 메뉴

View 라고 표시되어 있는 칼럼 보기 메뉴는 작업 공간에 표시하고 싶은 칼럼의 종류를 선택합니다. 우측에는 모든 폴더를 열어볼 수 있는 +All과 모든 폴더를 닫을 수 있는 -All이 있습니다. Optimize Width는 정보 표시 길이에 맞추어 칼럼을 정렬합니다.

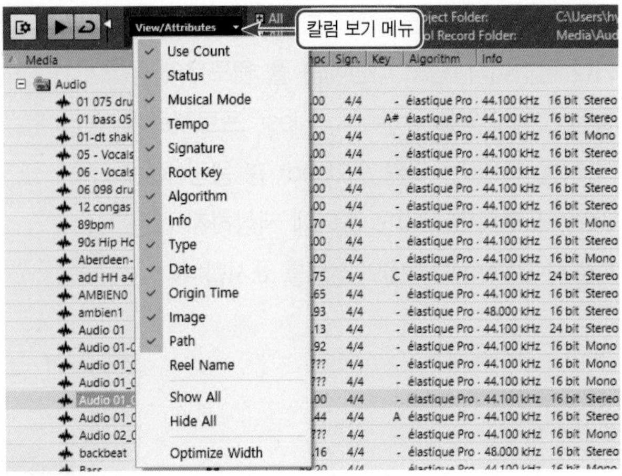


## ❺ Import 버튼

미디어 파일을 불러올 수 있는 Import Medium 창을 엽니다. 파일을 불러오기 전에 모니터 해볼 수 있는 트랜스포트와 선택한 파일을 자동으로 모니터하는 Auto Play 옵션에 제공합니다. Extract Audio From Video는 비디오 파일에서 오디오만 추출하는 옵션입니다.

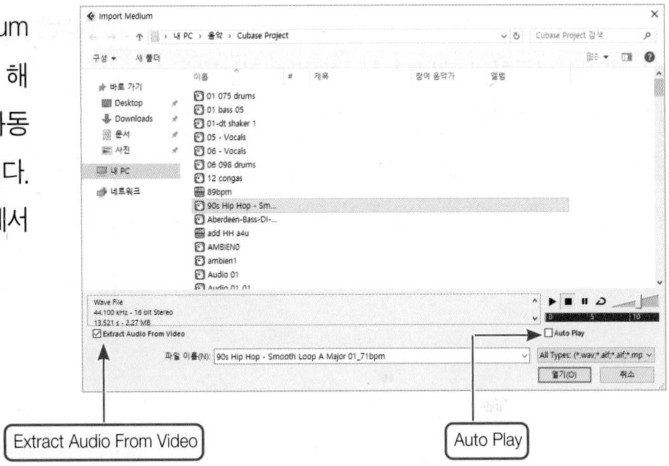


## ❻ Search 버튼

미디어 파일을 찾는 기능의 Search 창을 열거나 닫습니다. Name 항목에서 찾고자 하는 파일 이름의 일부분을 입력하고, Folder 항목에서 위치를 선택한 다음, Search 버튼을 클릭하면, Name 항목에 입력한 이름을 포함하고 있는 파일을 모두 찾을 수 있습니다. 검색된 파일은 작업 공간으로 드래그하거나 Import 버튼을 클릭하여 등록할 수 있습니다.

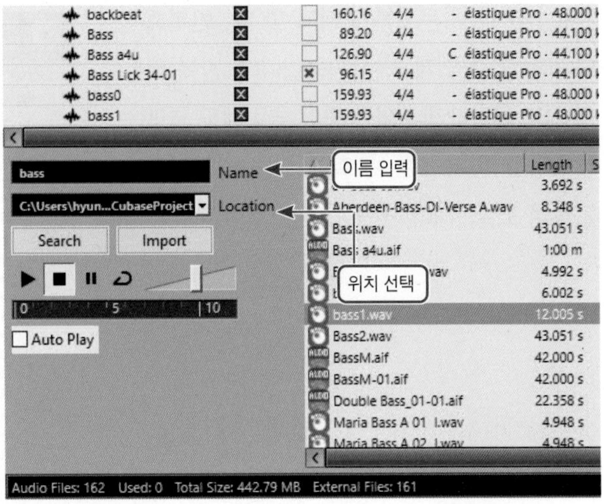

## 02 풀 윈도우의 칼럼

풀 윈도우의 작업 공간에는 미디어 파일의 위치와 제작 날짜, 이름 등을 칼럼 단위로 표시하고 있습니다. 작업 공간에 표시할 칼럼 종류는 도구 바의 칼럼 보기 메뉴에서 선택합니다.

### ❶ 위치와 크기 변경

풀 윈도우에 표시되는 각 칼럼 사이의 경계선을 드래그하면 크기를 변경할 수 있고, 칼럼의 이름을 드래그하면 위치를 변경할 수 있습니다.

### ❷ 정렬

칼럼 이름을 선택하면, 삼각형이 표시되며, 작업 공간의 미디어가 해당 칼럼을 기준으로 오름차순 또는 내림차순으로 정렬됩니다. 단, 이름 순서로 정렬할 수 없는 Status, Musical Mode, Sign, Key 등의 칼럼은 해당되지 않습니다.

## ❸ Media

Audio, Video, Trash의 3가지 폴더로 구성되며, Trash는 삭제한 미디어 파일을 관리합니다. 미디어 파일을 Delete 키로 삭제하면 Trash에 보관할 것인지, 진짜로 삭제할 것인지를 묻는 창이 열립니다.

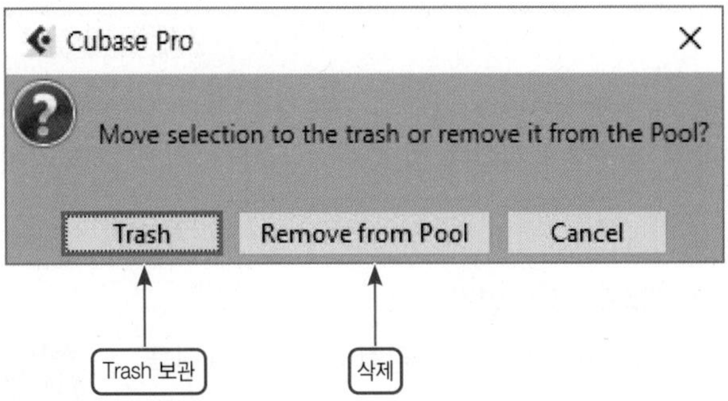


Trash 버튼을 클릭하면, 해당 파일은 Trash 폴더에 보관되며, 진짜로 필요 없다는 확신이 들면, 마우스 오른쪽 버튼을 클릭하여 단축 메뉴를 열고, Empty Trash를 선택하여 휴지통을 비울 수 있습니다.

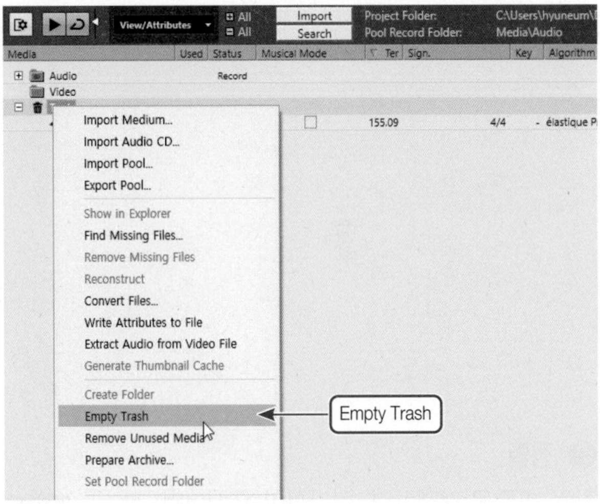


Trash에서 보관하고 있는 파일들은 휴지통을 비우기 전까지 언제든 Audio 및 Video 폴더로 드래그하여 복구할 수 있습니다.

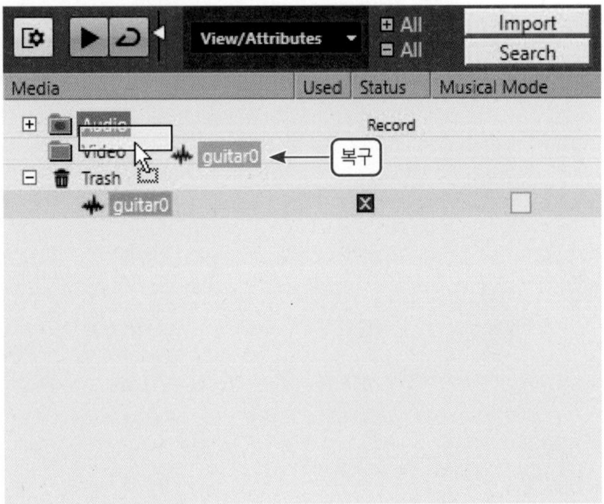

## ❹ User

User 칼럼은 프로젝트에서 사용하고 있는 횟수를 표시합니다. 큐베이스는 이벤트를 복사하여 사용할 때 New Version을 만들지 않으면, 하나의 이벤트가 반복될 뿐 프로젝트의 용량은 커지지 않는다는 장점이 있습니다.

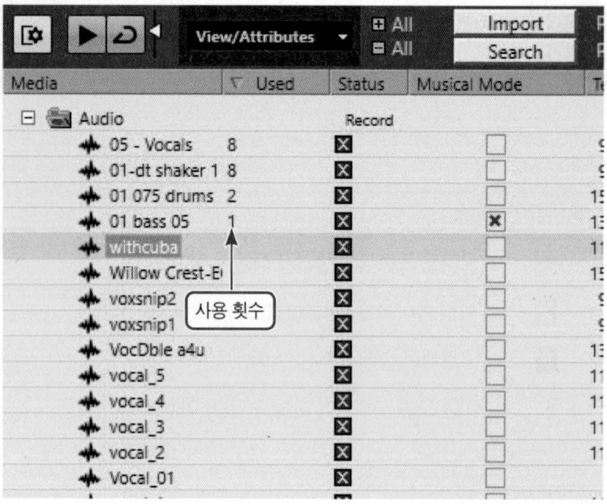


## ❺ Status

Status 칼럼은 녹음하는 오디오 파일들을 관리하는 Record 폴더를 지정하거나 상태를 표시합니다. 폴더는 마우스 오른쪽 버튼을 클릭하여 단축 메뉴를 열고, Create Folder를 선택하여 만들 수 있습니다.

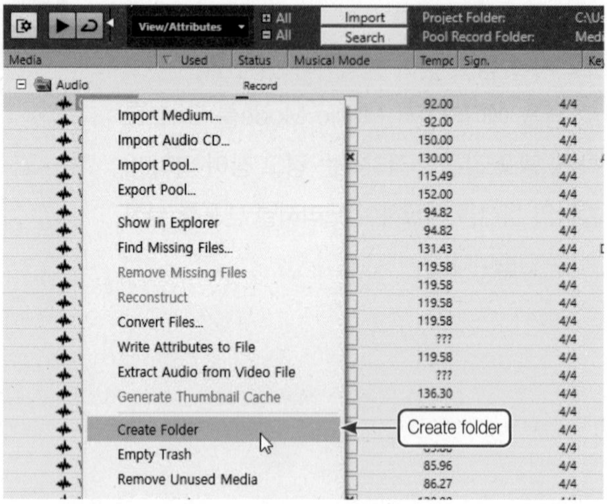


Status 칼럼을 클릭하여 새로 만든 폴더를 Record로 지정할 수 있으며, 녹음하는 오디오 파일들은 해당 폴더에서 관리됩니다.

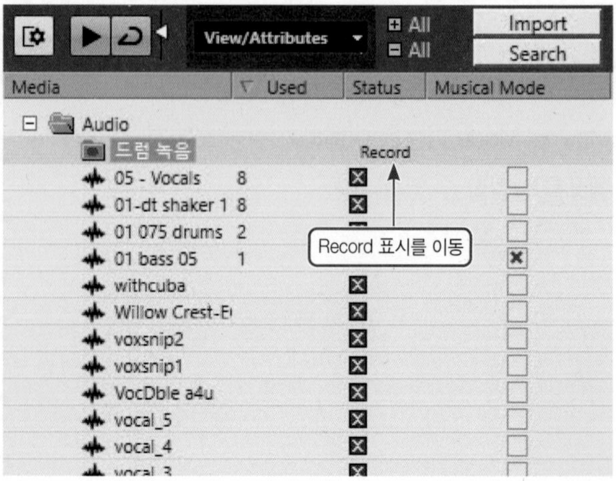

그 밖에 Status 칼럼에는 이벤트의 속성에 따라 다양한 아이콘이 표시되며, 각각의 의미는 표와 같습니다.

| 아이콘 | 의미 |
|---|---|
|  | 오디오 프로세싱 작업을 적용한 이벤트 |
|  | 작업 폴더에 존재하지 않는 이벤트 |
| R | 프로젝트 창에서 녹음한 이벤트 |
| ? | 이동 또는 삭제되어 찾을 수 없는 이벤트 |

## ❻ Musical Mode

템포를 자유롭게 조정할 수 있는 Musical Mode로 설정합니다. ??? 표시가 있는 샘플은 오리지널 템포 값이 설정되어 있지 않은 것으로 샘플 에디터에서 Music Mode를 On으로 하면, 템포 값을 설정하라는 경고 창이 열리며, 칼럼의 옵션을 체크하여 오리지널 템포를 설정할 수 있습니다.

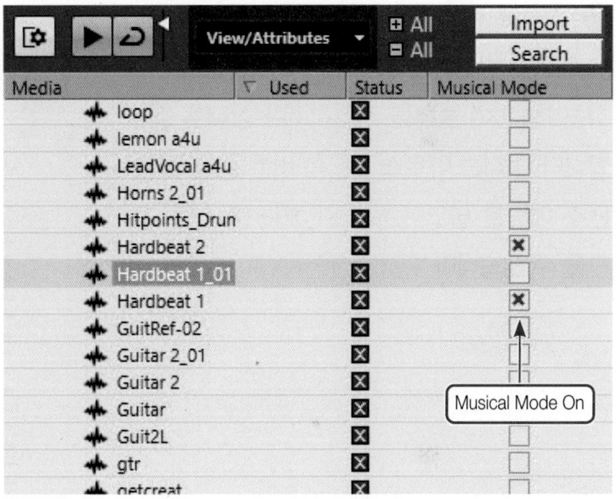


## ❼ Tempo

Tempo 칼럼은 말 그대로 파일의 템포를 설정할 수 있는 항목입니다. 파일을 프로젝트 창에 등록하기 전에 사용할 템포로 미리 설정하거나 Musical Mode 기능을 이용하기 위한 오리지널 템포를 설정할 수 있습니다.

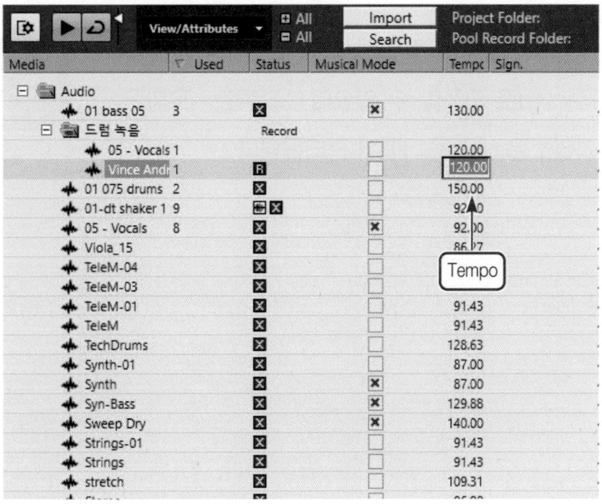

## ❽ Sign

Signature 칼럼은 비트를 설정할 수 있는 항목입니다. 실제 소스의 비트를 변경하는 것은 아니고, 작업 중인 곡의 박자나 힛 포인트를 이용한 비트 분할을 위해서 사용합니다.

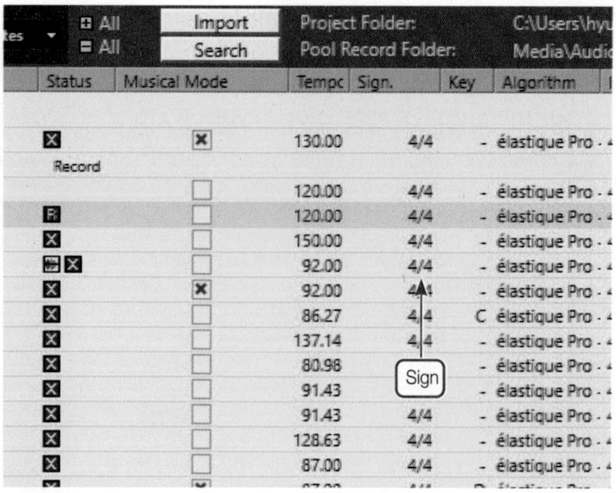


## ❾ Key

오리지널 템포와 마찬가지로 오리지널 키를 설정합니다. 이것은 트랜스포즈 기능을 적용할 때의 기준이 되는 키 이므로, 정확하게 입력해야 합니다. 단, 타악기 종류의 샘플은 키를 설정하지 않아도 좋습니다.

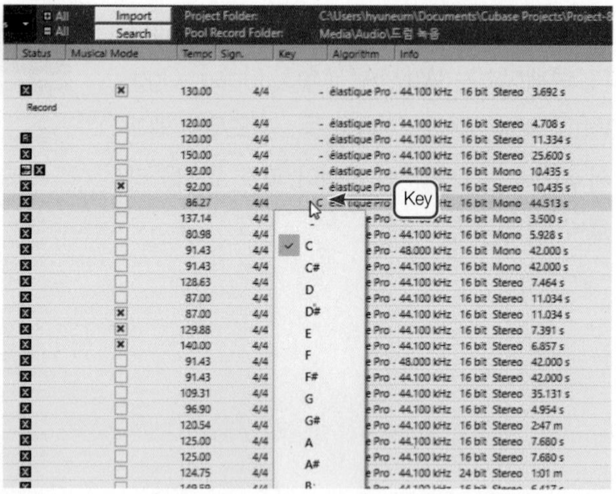


## ❿ Algorithm

템포를 변경할 때 오디오 변형을 최소화 하기 위해서는 소스에 어울리는 알고리즘을 선택해야 합니다. 칼럼을 클릭하면 알고리즘을 선택할 수 있는 메뉴가 열립니다.

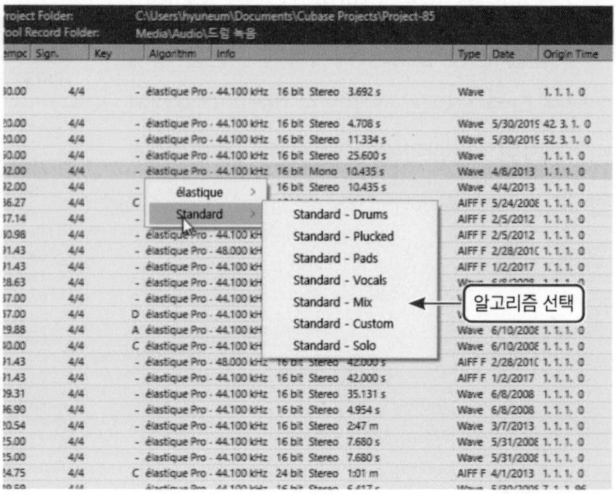

## ⑪ Info

Info 칼럼은 파일의 정보를 표시합니다. 오디오 파일은 샘플 레이트, 비트, 채널, 길이를 표시하며, 비디오 파일은 프레임 수와 크기를 표시합니다.

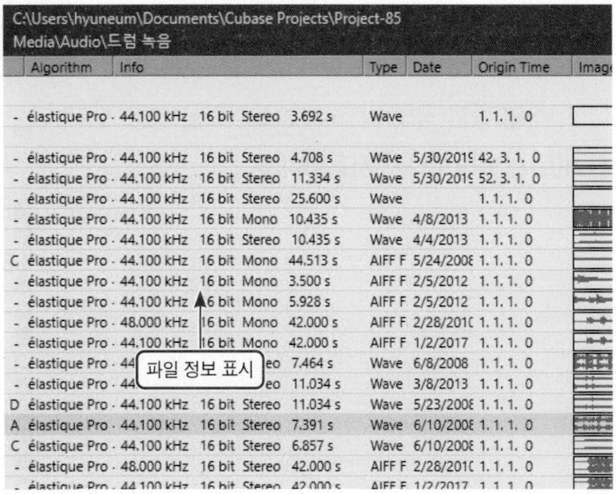


## ⑫ Type

Type 칼럼은 파일의 포맷 정보를 표시합니다. 큐베이스는 Wav, Aif, Mp3, Mpeg, Ogg, Wma, Mov, Qt, Avi, Mpg 등,  윈도우와 맥에서 사용하는 대부분의 미디어 파일 포맷을 다룰 수 있습니다.

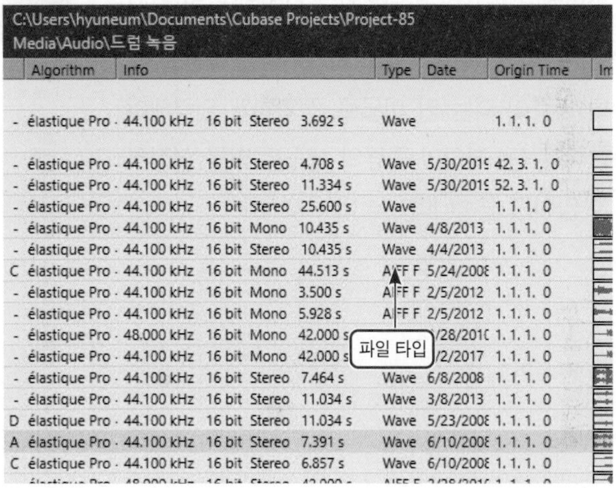


## ⑬ Data

Data는 파일을 만든 날짜와 시간을 표시합니다. 파일을 만든 날짜는 마지막에 저장한 날짜이므로 다른 오디오 편집 프로그램을 이용해서 변경했다면, Data 칼럼에 표시되는 날짜도 변경됩니다.

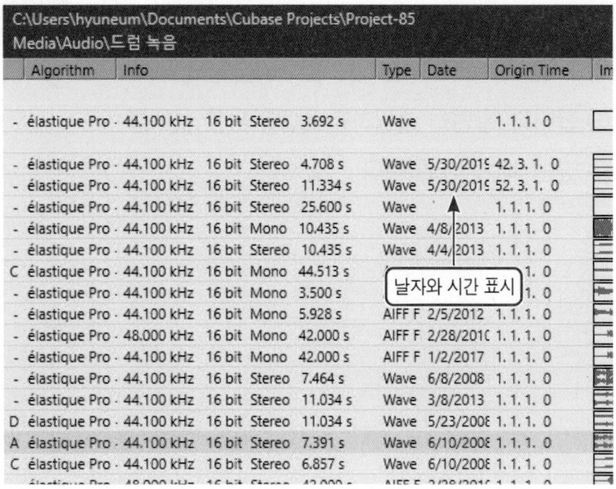

## ⑭ Origin Time

Origin Time 칼럼은 미디어의 시작 위치를 표시하며, 변경 가능합니다. 변경 방법은 Origin Time 칼럼에서 단위를 클릭하여 검정색으로 반전하고, 마우스 휠을 움직이는 것이 가장 편리합니다.

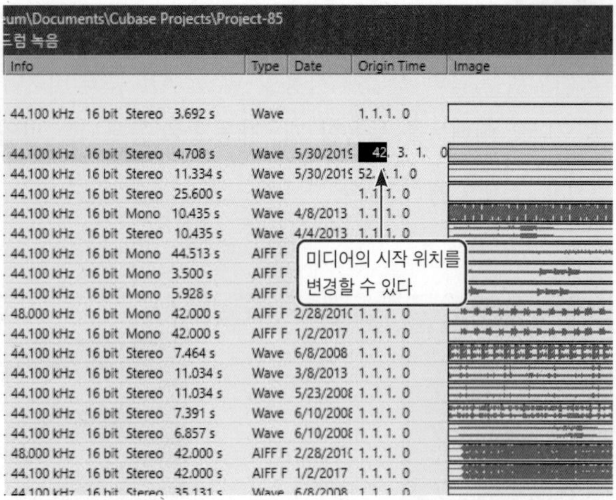


## ⑮ Image

오디오 데이터의 파형을 나타내고 있는 Image 칼럼은 오디오 파일의 채널과 형태를 미리 짐작할 수 있으며, 마우스 클릭으로 사운드를 모니터 할 수 있습니다. 도구 바에서 연주 버튼을 클릭하거나 다른 칼럼을 클릭하여 정지할 수 있습니다.

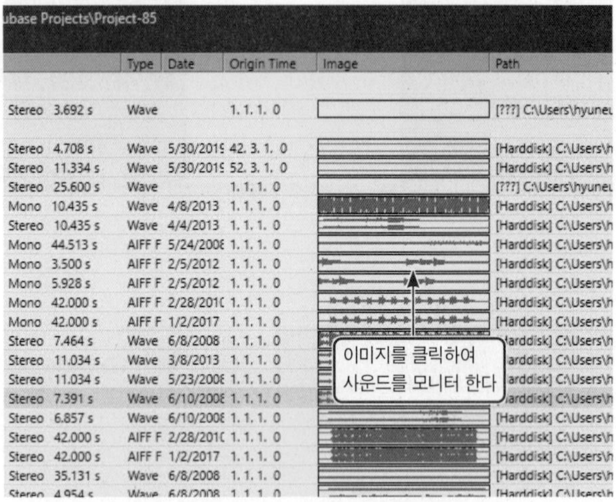


## ⑯ Path

Path 칼럼은 미디어를 저장한 위치를 표시합니다. 작업에 사용하는 미디어는 가급적 프로젝트의 Audio 폴더에 저장하는 것이 백업이나 관리를 할 때 편리합니다.

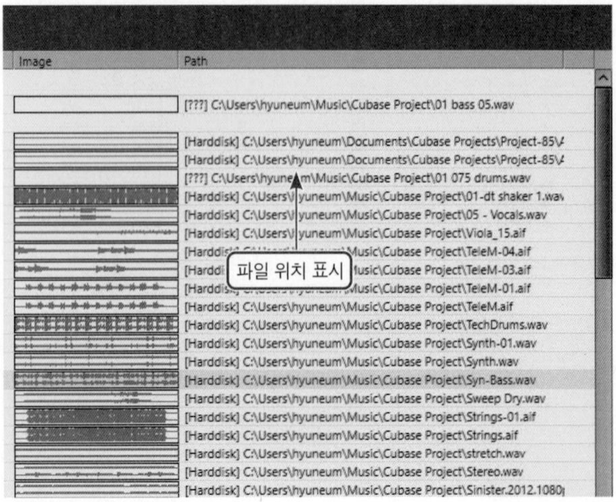

# 03 미디어 불러오기

풀 윈도우는 음악 작업에 사용할 Wav, Aif 등의 미디어 파일을 불러와 관리할 수 있습니다. 프로젝트 창에 오디오 이벤트를 녹음할 때, 자동으로 등록되는 파일 외에 사용자가 원하는 미디어 파일을 불러와 관리하는 방법을 살펴보겠습니다.

01 도구 바에서 풀 윈도우 열기 버튼을 클릭하거나 Media 메뉴의 Open Pool Window을 선택하여 풀 윈도우를 엽니다.

**Tip**

풀 윈도우는 음악 작업을 하면서 자주 열게 될 것이므로, 단축키 Ctrl+P를 기억해두는 것이 편리할 것입니다.

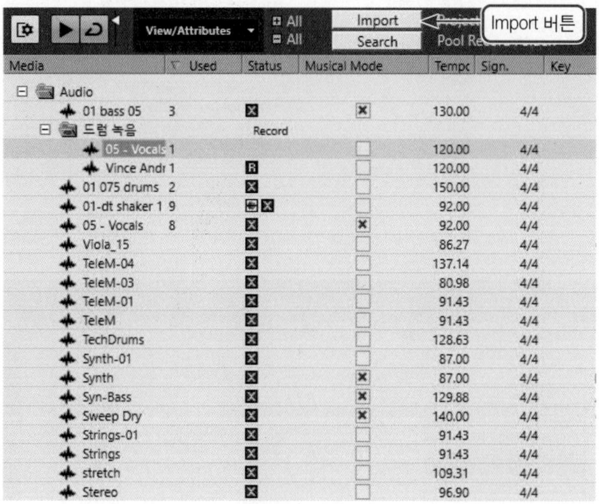


02 도구 바의 Import 버튼을 클릭하여 Import Medium 창을 열고, 음악 작업에 사용할 미디어 파일을 찾아 더블 클릭하는 방법으로 샘플 파일을 불러올 수 있습니다.

## Tip Import Medium 창

Import Medium 창에는 선택한 파일을 모니터 할 수 있는 트랜스포트 버튼들이 있습니다. 파일 이름으로 사운드를 구분하기 어려울 때 유용합니다. Auto Play 옵션을 체크해두면, 파일을 선택할 때, 자동으로 재생됩니다.

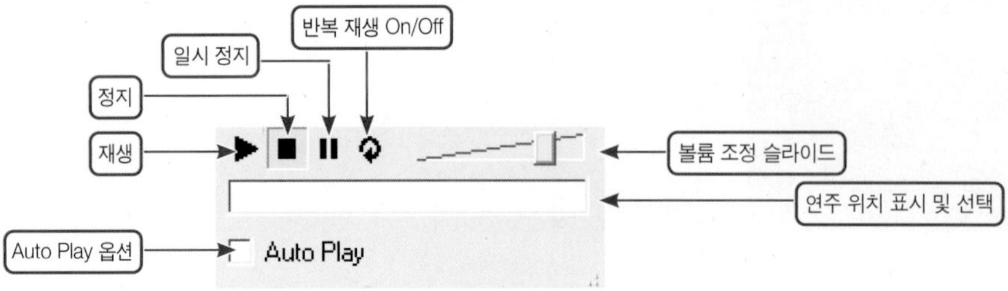


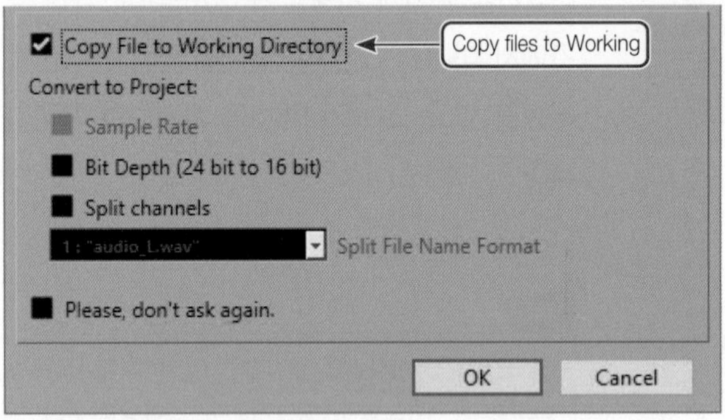


03 파일을 불러올 때 프로젝트에 복사할 것인지를 묻는 창이 열립니다. HDD에 두 개 이상의 파일을 만들게 되는 것이지만, 프로젝트는 폴더 단위로 관리하는 것이 좋으므로, Copy Files to Working Directory 옵션을 체크하고, OK 버튼을 클릭합니다.

## Tip Import Option 창

프로젝트 환경과 다른 포맷의 파일을 불러올 때는 Import Option 창이 샘플을 변환할 것인지의 여부를 선택할 수 있는 형태로 열립니다. 샘플 레이트 또는 비트 중에서 변환할 옵션을 선택할 수 있으며, Split channels 옵션을 선택하여 채널을 분리할 수 있습니다.

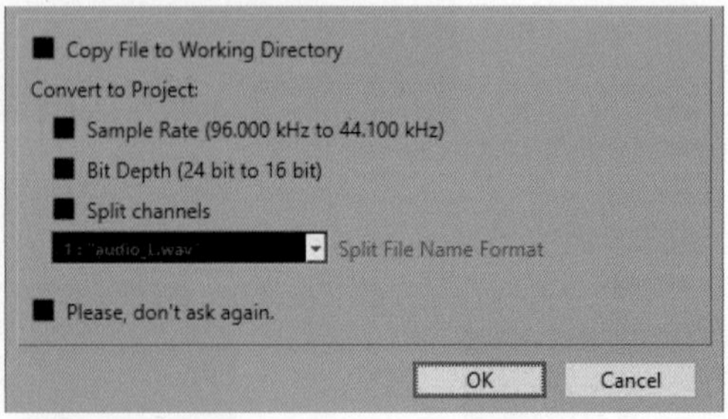

04 불러온 미디어 파일은 프로젝트 창으로 드래그하여 사용할 수 있습니다. 샘플 작업을 많이 하는 사용자라면, 윈도우 탐색기를 이용하는 것 보다 풀 윈도우를 이용하는 습관을 갖는 것이 유리할 것입니다.

05 풀 윈도우를 Export 메뉴로 저장해두면, 다른 프로젝트에서 불러와 같은 미디어를 손쉽게 사용할 수 있습니다. 작업 공간에서 마우스 오른쪽 버튼을 클릭하여 단축 메뉴를 열고, Export Pool을 선택하여 저장합니다.

**Tip**

풀 윈도우는 미디어를 관리하는 것이 목적이므로 프로젝트를 저장한 폴더에 함께 저장하는 것이 좋습니다.

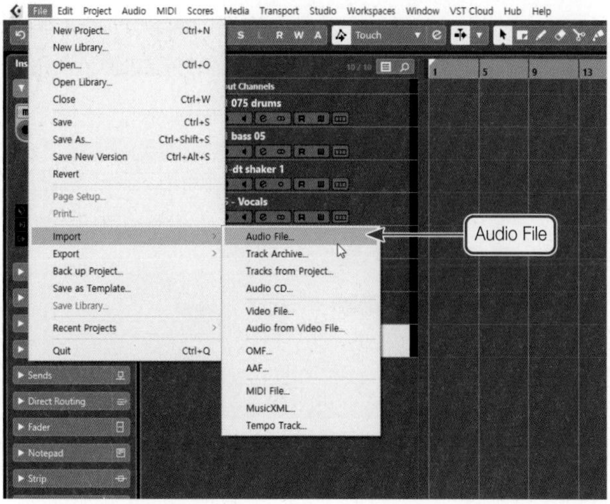


06 불러온 미디어 파일을 프로젝트에 바로 사용하고 싶은 경우에는 File 메뉴의 Import에서 Audio File를 선택합니다. 과정은 동일하지만, 프로젝트와 풀 윈도우에 동시에 로딩 됩니다.

# 04 오디오 CD 불러오기

큐베이스는 오디오 CD에서 마음에 드는 부분을 프로젝트에 불러와 샘플로 사용할 수 있는 기능을 지원합니다. 요즘엔 CD가 뭔지도 모르는 학생들이 많은 것으로 보아 LP처럼 사라져 가고 있는 미디어가 틀림없지만, 여전히 CD를 사용하고 있는 유저에게는 매우 유용한 기능입니다. 단, 컴퓨터에 CD를 읽을 수 있는 드라이브가 연결되어 있어야 합니다.

**01** 드라이브에 오디오 CD를 삽입하고, 풀 윈도우의 작업 공간에서 마우스 오른쪽 버튼을 클릭하여 단축 메뉴를 엽니다. 그리고 Import Audio CD를 선택합니다.

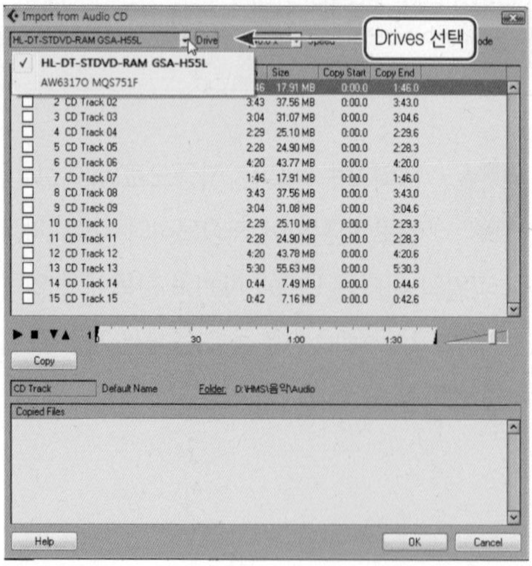


**02** 만일, 두 개 이상의 드라이브를 사용하고 있다면, Drive 항목에서 오디오 CD를 삽입한 드라이브를 선택합니다.

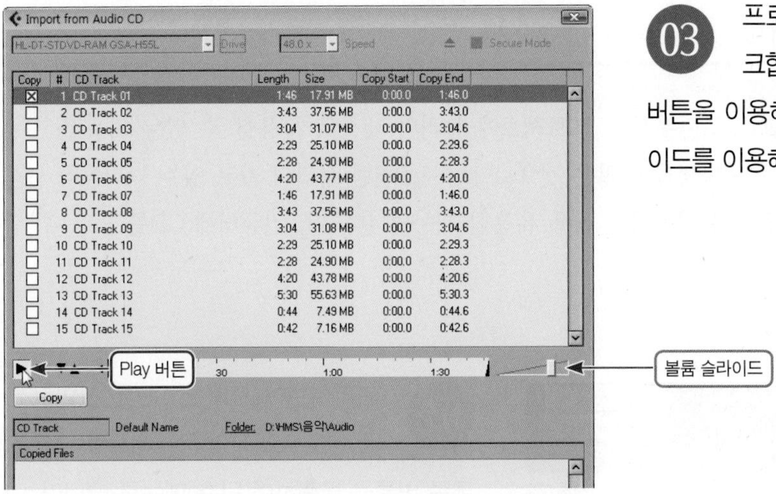


03 프로젝트에서 사용할 음악 트랙을 체크합니다. 선택한 트랙의 음악은 Play 버튼을 이용해서 들어볼 수 있으며, 볼륨 슬라이드를 이용해서 볼륨을 조정할 수 있습니다.

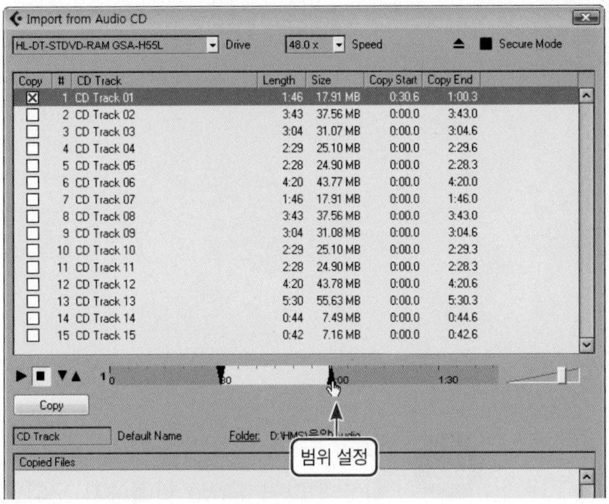


04 음악을 모니터 해보면서 프로젝트에서 사용할 구간을 마우스 드래그로 선택합니다. 왼쪽의 역삼각형이 시작 위치이고, 오른쪽의 삼각형이 끝 위치를 표시합니다.

**Tip**

선택한 트랙을 모두 불러오겠다면, 범위를 설정하지 않아도 좋습니다.

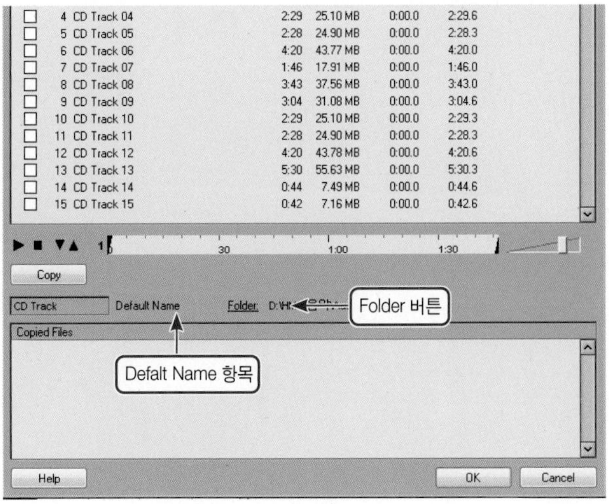


05 불러오는 파일은 자동으로 웨이브 파일로 변환되어 저장됩니다. 이때 저장될 파일의 이름은 Defalt Name 항목에서 입력할 수 있고, Folder 버튼을 이용해서 저장될 위치를 선택할 수 있습니다.

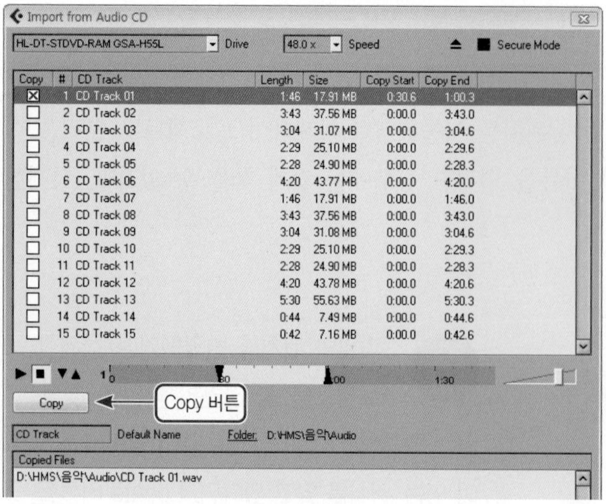


## 06

불러올 구간, 이름, 위치를 모두 설정했다면, Copy 버튼을 클릭합니다. 그러면 선택한 구간이 웨이브 파일로 저장되며, 자동으로 풀 윈도우에 등록됩니다.

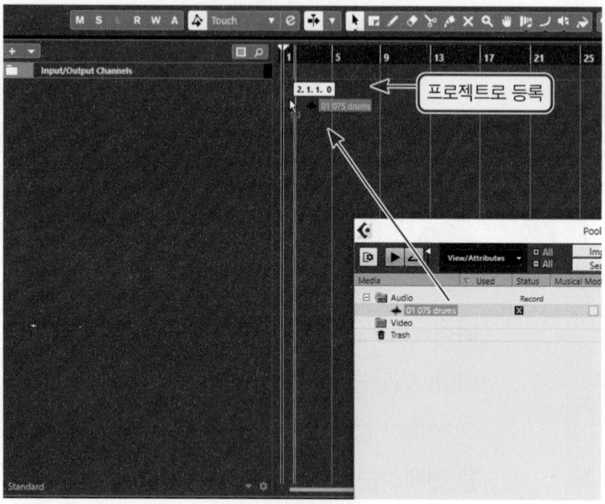


## 07

풀 윈도우에 등록된 오디오 CD의 음악은 일반 미디어 파일을 사용하는 방법과 동일하게 프로젝트 창으로 드래그하여 작업중인 음악에 사용할 수 있습니다.

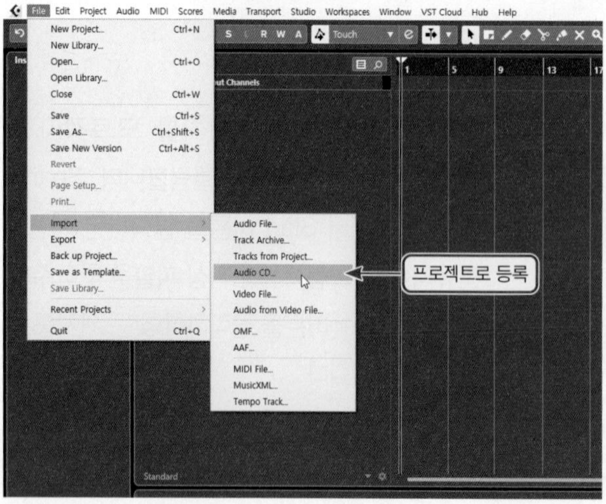


## 08

오디오 CD의 음악을 프로젝트 창으로 바로 불러오고 싶은 경우에는 File 메뉴의 Import에서 Audio CD를 선택합니다. 이후의 과정은 동일합니다.

## 05 미싱 파일 찾기

미싱 파일은 곡 작업을 할 때 사용하던 미디어 파일의 위치를 이동했거나 삭제하여 프로젝트로 불러올 수 없는 파일을 말합니다. 파일의 위치를 이동했거나 이름을 변경한 경우에는 쉽게 찾을 수 있지만, 삭제한 파일은 복구할 수 없으므로 주의하기 바랍니다.

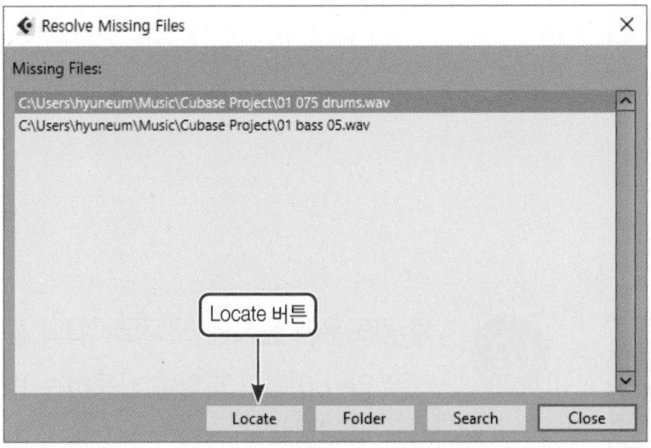


**01** 파일의 위치를 변경했거나 삭제한 프로젝트를 불러오면, 파일을 찾을 수 있는 Resolve Missing File 창이 열립니다. 파일이 있는 위치를 알고 있다면, Locate 버튼을 클릭합니다. Locate File 창에서 Missing files을 찾아 더블 클릭하면 됩니다.

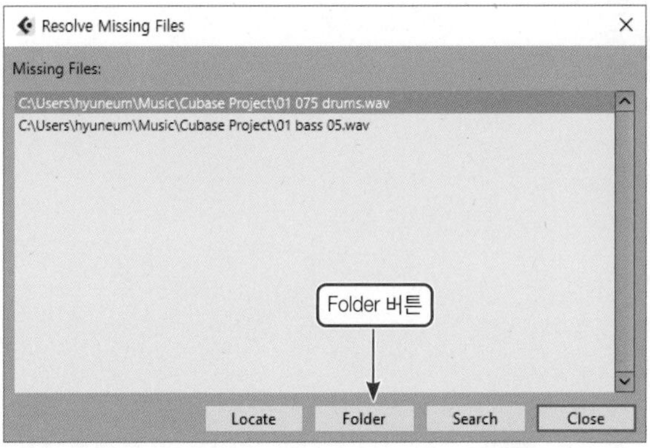


**02** Locate 버튼은 파일이 있는 위치를 알고 있을 때 사용 수 있지만, 파일이 여러 개인 경우에는 같은 과정을 반복해야합니다. 이때는 Folder 버튼을 클릭하여 Select directory 창을 열고, 오디오 파일이 있는 폴더를 선택하는 것이 편리할 것입니다.

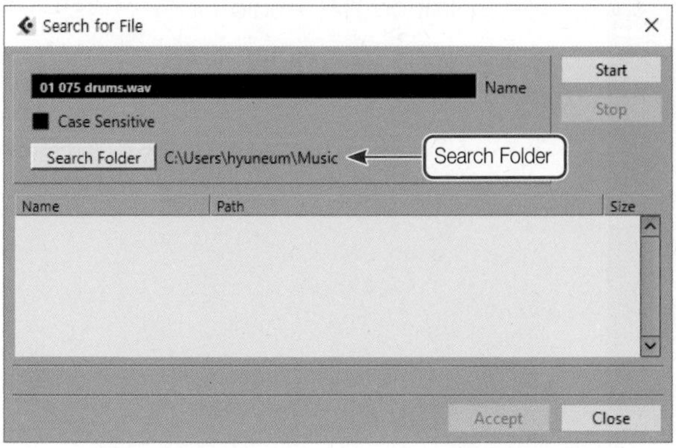


**03** 파일이 있는 위치를 모르겠다면, Search 버튼을 클릭합니다. Search for File 창에서 Start 버튼을 클릭하면 사용자 컴퓨터를 모두 검색하여 미싱 파일을 찾아주며, Search folder 버튼을 클릭하여 찾는 위치를 선택할 수 있습니다.

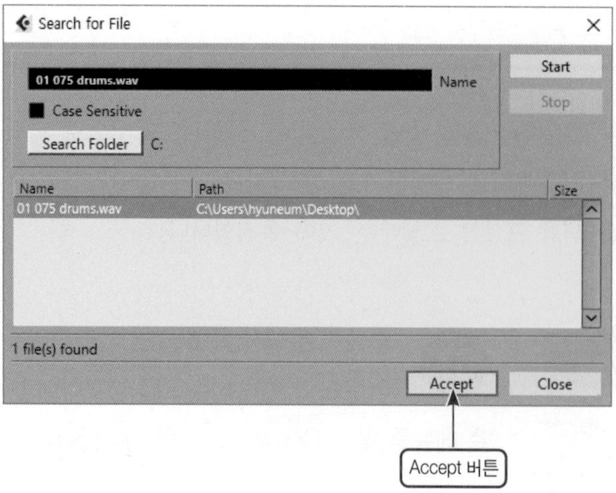


04 파일을 찾은 후에는 Accept 버튼을 클릭하여 불러올 수 있습니다. 그러나 Search for File 창에서도 찾을 수 없다면, 삭제된 경우일 것입니다. 이런 실수를 하지 않기 위해서는 항상 폴더 단위로 프로젝트를 만들어 관리하는 것이 최선입니다.

05 파일을 찾을 수 없다면, Resolve Missing Files 창의 Close 버튼을 클릭하여 닫고, 다음부터 이 창이 열리지 않게 프로젝트에서 해당 파일을 삭제하는 것이 좋습니다. Media 메뉴의 Open Pool Window를 선택하거나 Ctrl+P 키를 누릅니다.

06 풀 윈도우에서 마우스 오른쪽 버튼을 클릭하여 단축 메뉴를 열고, Remove Missing Files을 선택합니다. 이것은 다음부터 Resolve Missing File 창이 열리지 않게하는 것 일뿐 삭제된 데이터는 포기하는 것입니다. 결국, 미싱 파일이 발생하지 않게 프로젝트를 잘 관리하는 것이 중요합니다.

## 06 파일 포맷 변경하기

풀 윈도우에 등록한 파일은 사용자가 원하는 샘플 포맷이나 작업 중인 프로젝트와 동일한 포맷으로 변경할 수 있습니다. 그러나 낮은 샘플 포맷을 높은 샘플 포맷으로 변경한다고 해서 사운드가 좋아지지 않는다는 점을 기억하기 바라며, 높은 샘플 포맷을 낮은 샘플 포맷으로 낮추는 것이 목적입니다.

01 풀 윈도우에서 포맷을 변경할 파일을 마우스 오른쪽 버튼으로 클릭하여 단축 메뉴를 열고, Convert Files를 선택합니다.

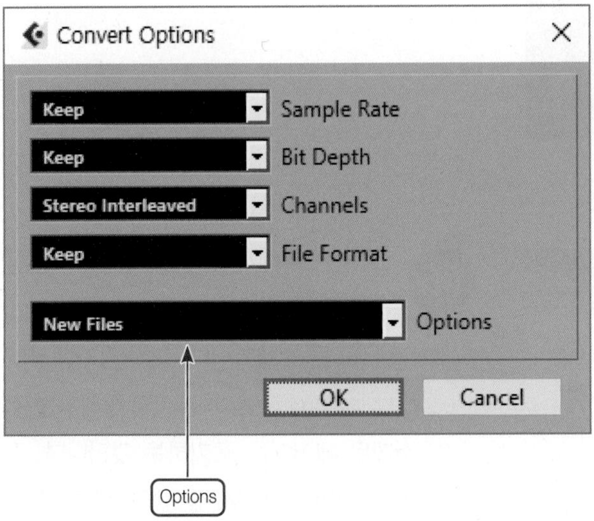


02 Sample Rate와 Width, Channels, File Format을 변경할 수 있는 Convert Options 창이 열립니다. Options 항목에서 변경하는 파일을 새롭게 파일로 만드는 New files과 원본을 바꾸는 Replace Files를 선택할 수 있습니다.

# 07 비디오에서 오디오 추출하기

큐베이스는 Avi, Mov, Mpg 등의 영상 파일을 불러 올 수 있으며, 영상 파일에서 오디오만을 추출하여 불러올 수 있습니다. 영상 파일을 불러오는 방법과 영상 사운드를 추출하는 방법은 메뉴의 선택만 다를 뿐, 동일한 과정이므로 쉽게 이해할 수 있을 것입니다.

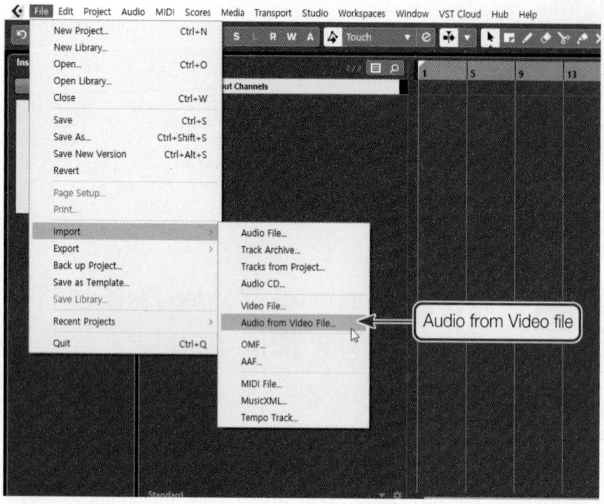


**01** File 메뉴의 Import에서 Audio from Video file을 선택합니다. 영상을 불러오겠다면, Video File 메뉴를 선택하면 됩니다.

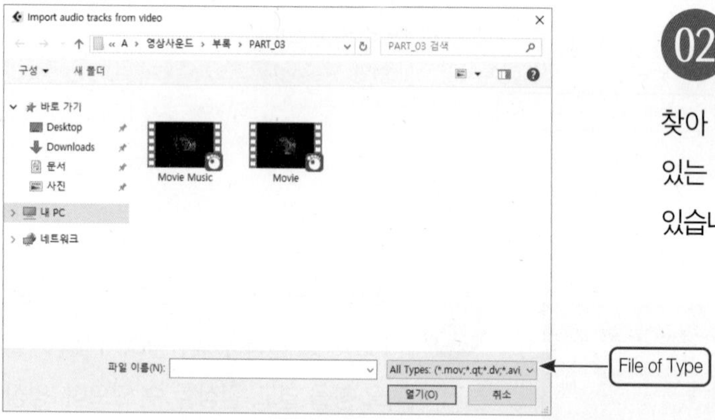


**02** Import audio tracks from video 창에서 사운드를 뽑아낼 비디오 파일을 찾아 더블 클릭합니다. 큐베이스에서 불러올 수 있는 영상 포맷은 File of type에서 확인할 수 있습니다.

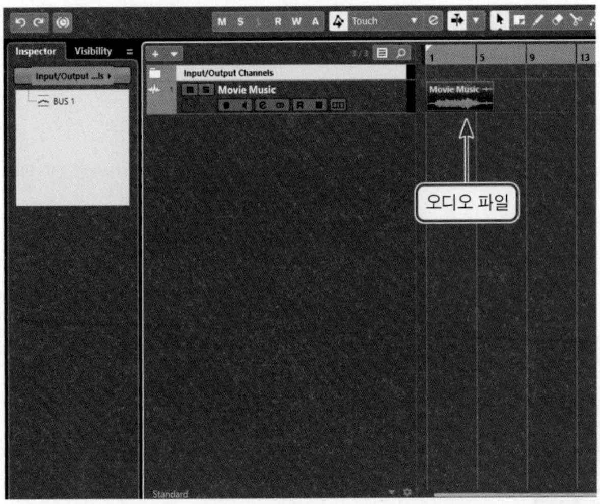


03 잠시 렌더링 과정이 보이고, 선택한 비디오 파일에서 사운드만 추출되어 프로젝트 창에 등록되는 것을 확인할 수 있습니다. 물론, 풀 윈도우에도 동시에 등록됩니다.

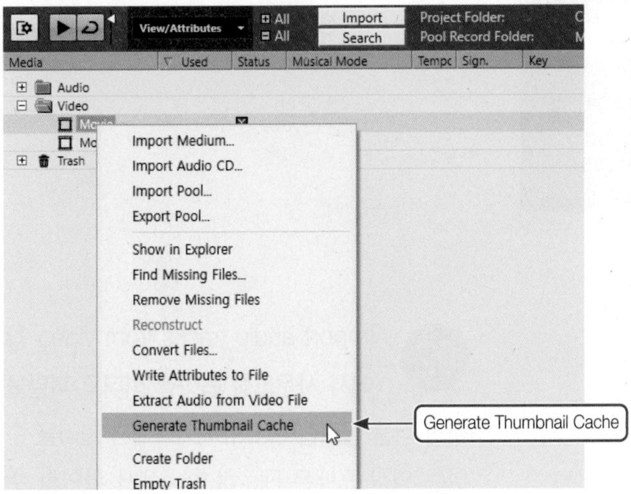


04 Import 메뉴의 Video File을 선택하여 영상을 불러올 때, 시스템이 현저하게 느려진다면, 풀 윈도우에서 Video 폴더의 영상 파일을 마우스 오른쪽 버튼으로 클릭하여 단축 메뉴를 열고, Generate Thumbnail Cache를 선택하여 캐치 파일을 만듭니다. 프레임을 재로딩하지 않기 때문에 시스템이 느려지는 현상을 최소화 할 수 있습니다.

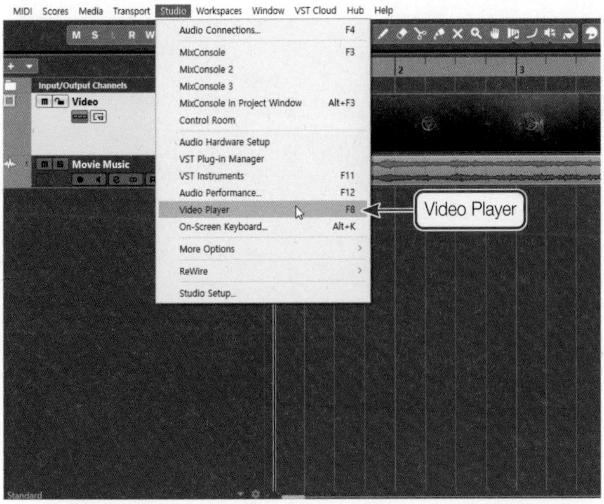


05 불러온 영상은 Studio 메뉴의 Video Player를 선택하거나 단축키 F8 키를 눌러 비디오 창을 열고, 감상할 수 있으며, 영상에 맞추어 음악 작업을 진행할 수 있습니다.

## 08 백업을 위해 미디어 정리하기

1인 미디어 시대라고는 하지만, 혼자서 녹음과 믹싱 작업을 진행하려면 오랜 연습 시간이 필요합니다. 그 전까지는 작업한 음악을 스튜디오로 가져가서 전문가들의 도움을 받아야 할 것입니다. 작업한 음악을 USB에 담아서 가져갈 때 주의해야 할 사항을 살펴봅니다.

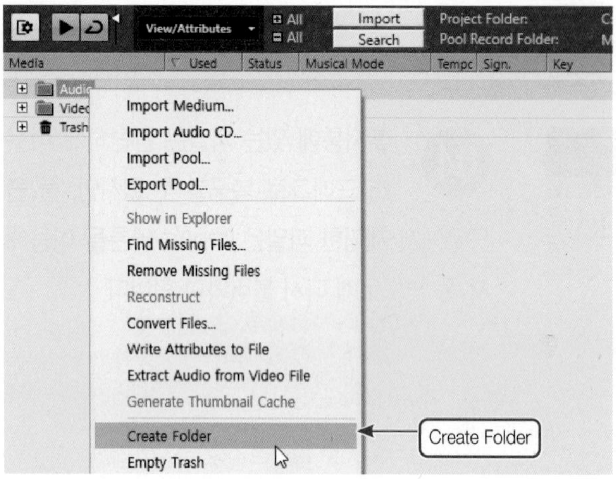


**01** 폴더는 마우스 오른쪽 버튼을 클릭하여 단축 메뉴를 열고, Create Folder을 선택하여 만들 수 있습니다. New Folder라는 이름으로 만들어지는 폴더는 사용자가 구분하기 쉬운 것으로 변경하는 것이 좋습니다.

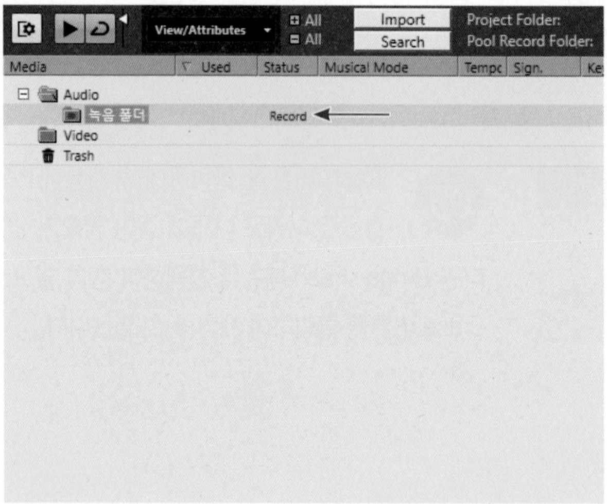


**02** 프로젝트 창에서 녹음하는 오디오 파일은 Status 칼럼에 record라고 표시되어 있는 폴더에 저장됩니다. 이것을 사용자가 만든 폴더로 지정하고 싶다면, 해당 폴더의 Status 칼럼을 클릭하면 됩니다.

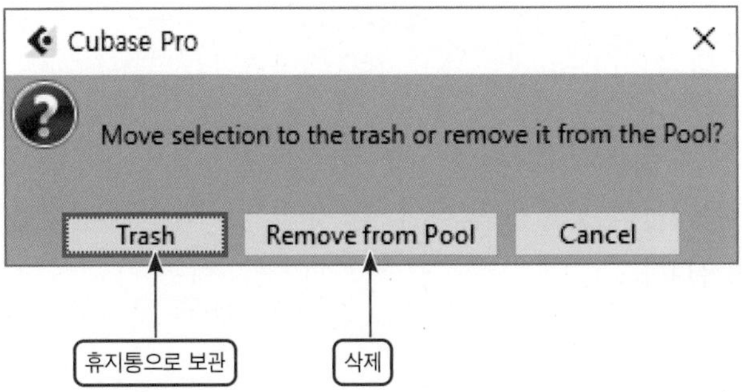


**03** 필요 없는 폴더 또는 파일은 Delete 키를 눌러 삭제할 수 있습니다. Delete 키를 누르면 열리는 창에서 Remove 버튼을 클릭합니다. 그러면 풀 윈도우에서 제거할 것인지(Remove from Pool), 휴지통으로 보관 할 것인지(Trash) 를 선택할 수 있는 창이 열립니다.

**04** 휴지통에 있는 파일은 간단하게 마우스 드래그로 복구할 수 있지만, 풀 윈도우에서 제거한 파일은 Import 버튼을 이용해서 풀 윈도우에 다시 불러와야 합니다.

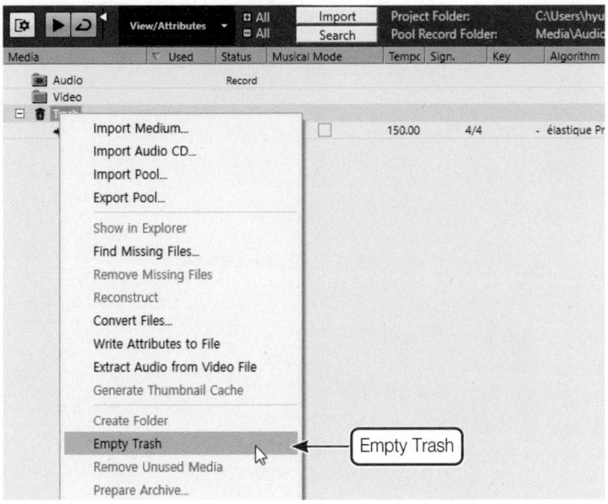


**05** Trash 버튼을 클릭하여 휴지통에 보관을 했더라도 나중에 정말 필요가 없다면 Empty Trash 메뉴를 선택하여 창을 열고, Erase 버튼을 클릭하여 제거할 수 있습니다.

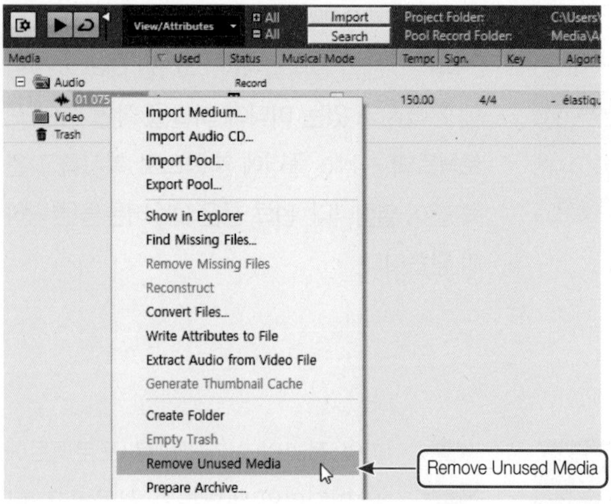


06 풀 윈도우의 Used 칼럼을 보면, 프로젝트 창에서 사용하고 있는 횟수가 기록되어 있습니다. 여기에 아무 숫자도 없는 것은 프로젝트 창에서 사용하고 있지 않은 파일입니다. 이렇게 사용하지 않는 파일들은 Remove Unused Media 메뉴를 선택하여 한번에 제거할 수 있습니다.

07 풀 윈도우의 Status 칼럼에 X 표시는 작업하는 미디어 파일이 해당 프로젝트의 Audio 폴더에 저장되어 있지 않다는 의미입니다. 이런 경우 프로젝트를 녹음실로 가져갈 때, 해당 미디어를 빼먹는 실수를 할 수 있으므로, Audio 폴더로 옮겨놓은 것이 좋습니다.

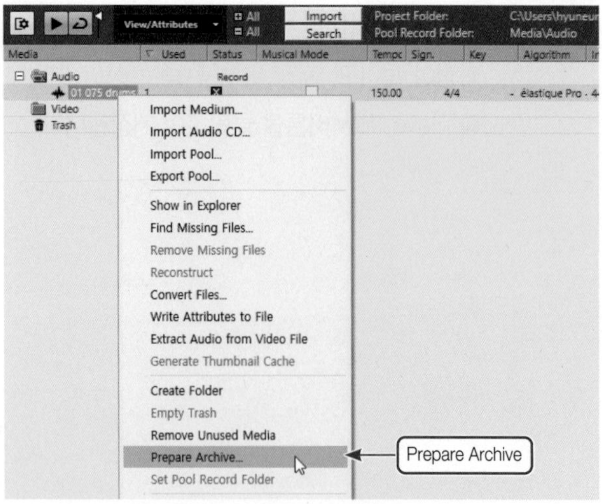


08 해당 미디어 파일을 작업 중인 프로젝트의 Audio 폴더로 한번에 복사할 수 있는 방법은 작업 공간에서 마우스 오른쪽 버튼을 클릭하여 단축 메뉴를 열고, Prepare Archive을 선택합니다.

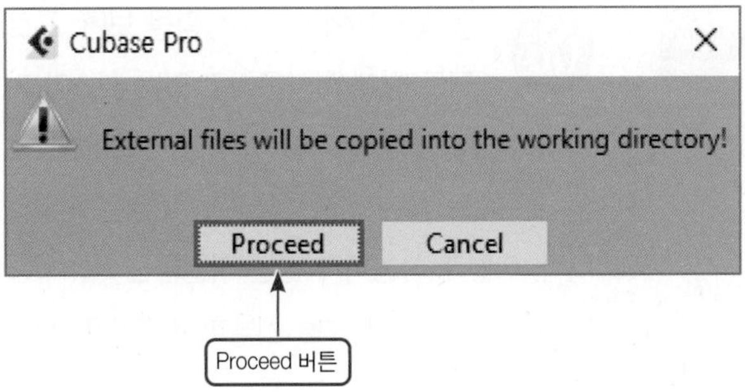


09 계속해서 열리는 창에서 Proceed 버튼을 클릭합니다. 그러면 Status 칼럼에 X 표시가 있는 미디어 파일을 작업 중인 프로젝트의 Audio 폴더에 자동으로 복사하고 완료 창이 열립니다. 완료 창은 OK 버튼을 클릭하여 닫습니다.

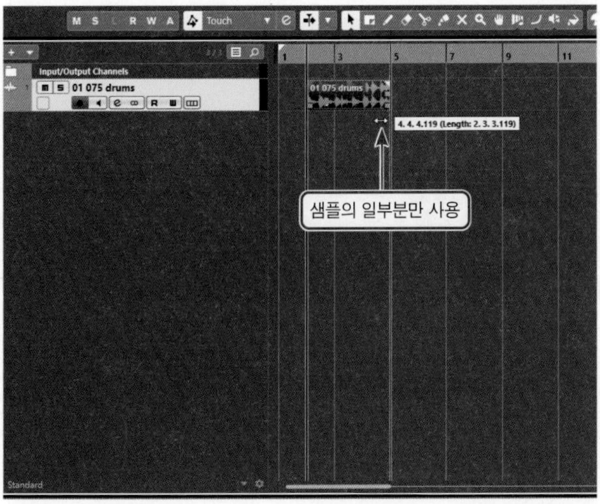


10 파일 정리의 마지막으로 프로젝트에서 미디어의 일부분만 사용하고, 나머지를 제거하는 작업입니다. 예를 들어 풀 윈도우에서 10마디 길이의 파일을 프로젝트 창에 가져다 놓고, 파트를 4마디로 줄였다고 가정합니다. 결과적으로 실제 사용하는 길이는 4마디이지만, 용량은 10마디 모두를 차지하고 있습니다.

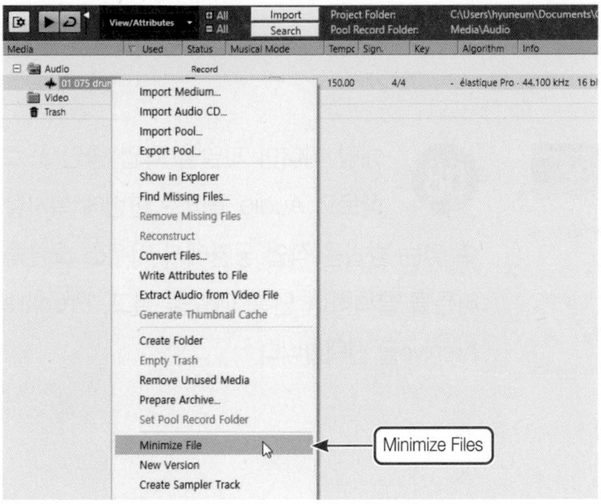


11 풀 윈도우에서 마우스 오른쪽 버튼을 클릭하여 단축 메뉴를 열고, Minimize File를 선택합니다. 계속해서 열리는 창에서 Minimize 버튼을 클릭합니다. 잠시 프로세싱 과정이 보이고, 저장 여부를 묻는 창이 열립니다. Save Now 버튼을 클릭하여 저장합니다.

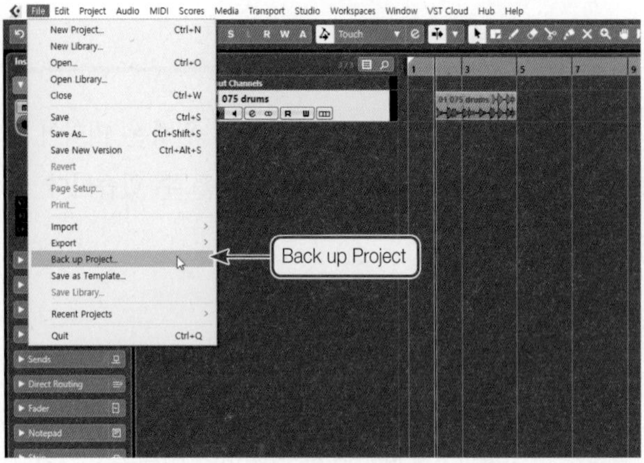


**12** 모든 미디어를 정리했다면, 프로젝트를 새로운 폴더에 저장하여 보관하는 것이 좋습니다. File 메뉴의 Back up Project 를 선택합니다.

**13** 저장할 폴더를 선택할 수 있는 Select Folder 창이 열립니다. 프로젝트는 항상 폴더 단위로 관리하는 것이 좋다고 했으므로, 새 폴더 버튼을 클릭하여 저장합니다. 폴더 이름은 구분하기 쉽게 곡의 제목으로 하는 것이 좋겠습니다.

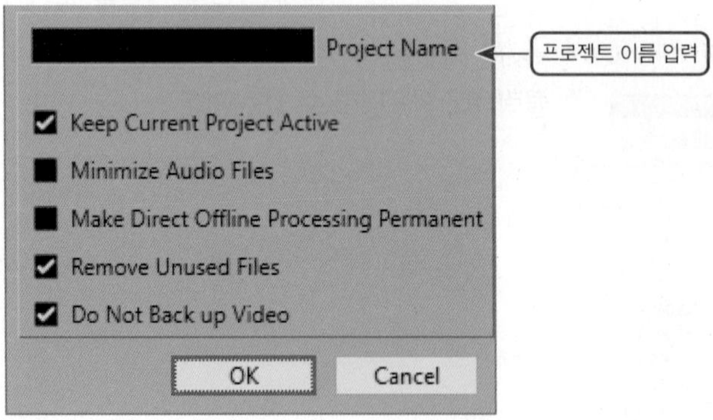


**14** 저장할 프로젝트의 이름과 다양한 옵션을 선택할 수 있는 Back up Project Options 창이 열립니다. 곡의 제목을 입력하고 OK 버튼을 클릭하면 깔끔하게 정리한 프로젝트를 새로운 폴더에 저장할 수 있습니다.

- Keep current Project Active : 활성 버튼이 On으로 되어 있는 프로젝트를 백업합니다.
- Minimize Audio Files : 프로젝트 창에서 실제로 사용하고 있는 길이만 저장합니다.
- Freeze Edits : 편집 내용이 저장되는 Edit 폴더의 내용을 실제 이벤트에 적용하고 삭제합니다.
- Remove Unused Files : 프로젝트 창에서 사용하고 있지 않은 미디어 파일을 제거합니다.
- Do not Back up video : 비디오 파일은 백업하지 않습니다.

## 09 미디어 찾기

곡 작업을 하다가 보면 수 많은 미디어 파일을 등록하여 사용하게 됩니다. 이때 자신이 원하는 미디어 파일을 빠르게 찾을 수 있는 Search Media의 기능을 알아두면, 파일을 보다 손쉽게 찾을 수 있습니다. 그 밖에 풀 윈도우에서 사용할 수 있는 기능들을 정리합니다.

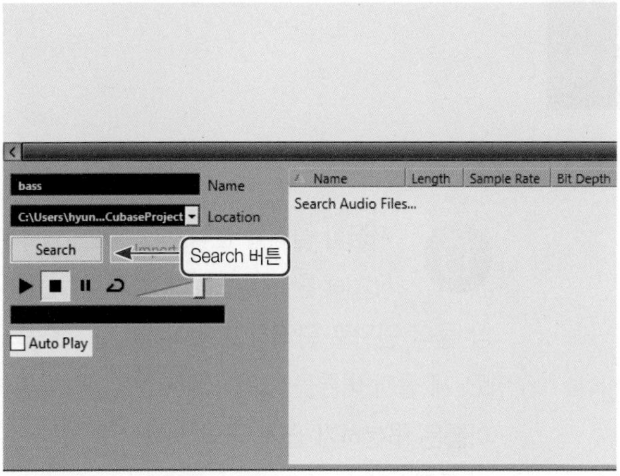


01 풀 윈도우의 도구 바에서 Search 버튼을 클릭하면 아래쪽에 Search 창이 열립니다. Name 항목에 파일 이름을 입력하고, Location 항목에서 찾을 위치를 선택합니다. 그리고 Search 버튼을 클릭합니다.

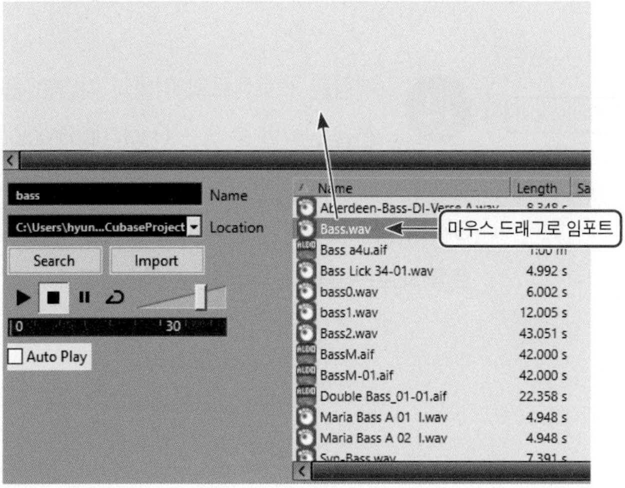


02 오른쪽 목록에 찾은 파일을 표시합니다. 곡 작업에 사용할 파일을 선택하고, 풀 윈도우으로 드래그하거나 Import 버튼을 클릭하여 임포팅할 수 있습니다.

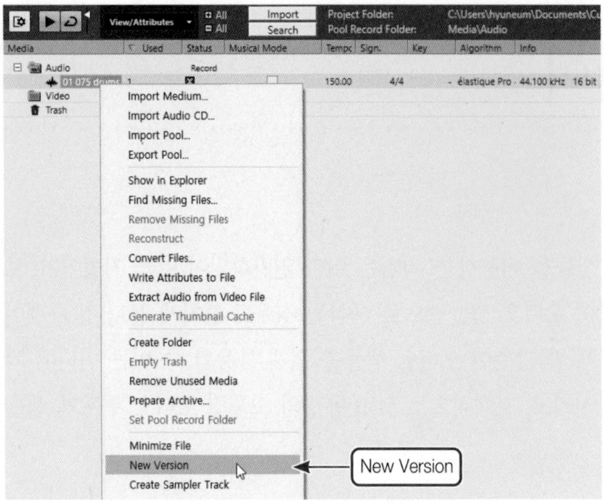


**03** 그 밖에 풀 윈도우에서 이용할 수 있는 기능들을 살펴보겠습니다. 첫 번째로 원본을 변경할 프로세싱 작업을 실행할 때, 원본을 미리 복사해놓는 New Version 기능입니다. 실제적인 프로세싱 작업을 하기 전에 실험용으로 이용할 수 있습니다.

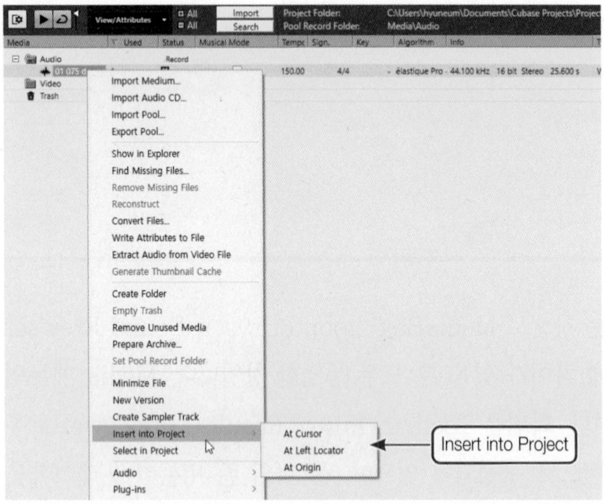


**04** 두 번째는 풀 윈도우의 미디어를 프로젝트에 등록할 때, 마우스 드래그 대신에 메뉴를 이용하는 기능입니다. 단축 메뉴의 Insert into Project 를 보면 송 포지션 라인 위치인 At Cursor, 로케이터 시작 위치인 At Left Locator, 처음 녹음했던 위치에 등록하는 At Origin의 세 가지 서브 메뉴가 있습니다.

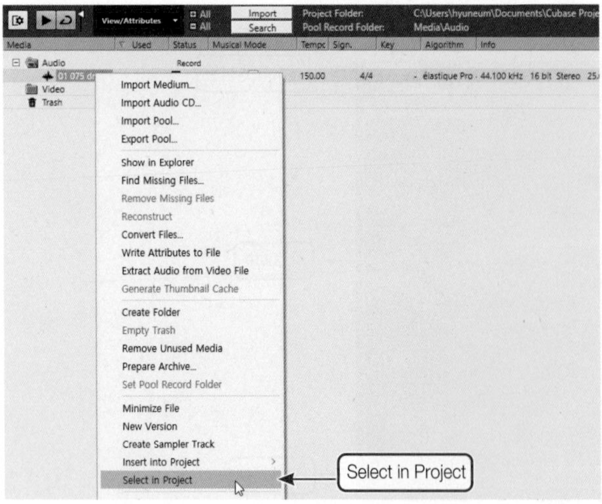


**05** 마지막 세 번째는 미디어가 사용되고 있는 위치를 찾는 기능입니다. 단축 메뉴에서 Select in Project를 선택하면 풀 윈도우에서 해당 미디어 파일을 찾아줍니다. 미디어를 두 번 이상 사용하고 있다면 메뉴 선택을 반복할 때마다 차례로 찾아줍니다.

# 02 미디어 베이

가요나 팝에서 오디오 샘플을 이용하는 기법은 이미 일반화되어 있는 기법이며, 보컬을 제외한 전체 음악이 오디오 샘플만으로 제작된 경우도 흔하게 봅니다. 큐베이스는 이러한 시대 흐름에 발 맞추어 오디오 샘플을 쉽게 사용할 수 있는 미디어 기능을 한층 업그레이드 시키고, 자체적으로 5GB 용량의 고품질 오디오 루프와 샘플을 제공하고 있습니다.

## 01 파일 브라우저

**01** 큐베이스는 오디오 샘플을 이용할 수 있는 창으로 MediaBay, Loop Browser, Sound Browser의 3가지를 제공하고 있지만, 기본 타입에 차이가 있을 뿐 모두 동일한 창입니다. Media 메뉴의 MediaBay를 선택하거나 F5 키를 눌러 창을 엽니다. 화면은 Toolbar, Filter, Results, Previewer(로우존), File Browser(왼쪽 존), Attribute(오른쪽 존)으로 구성되어 있으며, 툴 바의 존 버튼이나 레이아웃 버튼을 이용해서 각각의 존과 Filter 섹션을 열거나 닫을 수 있습니다.

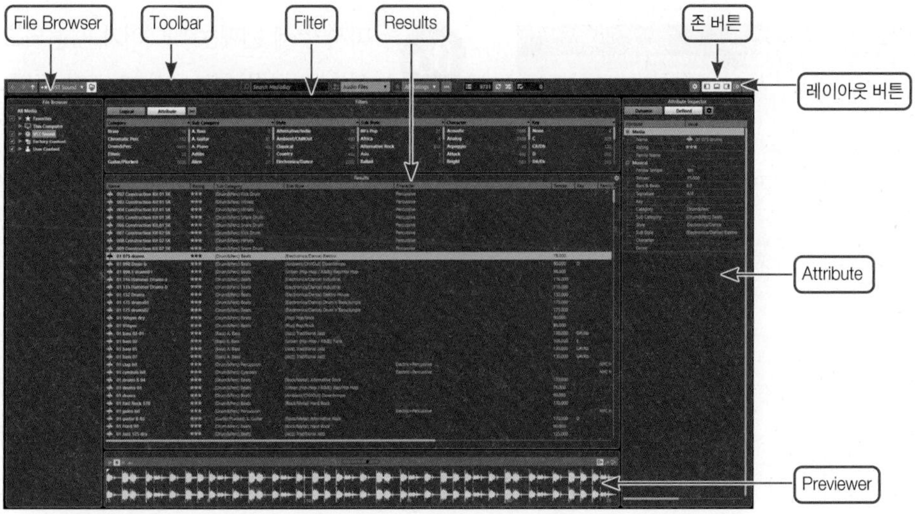

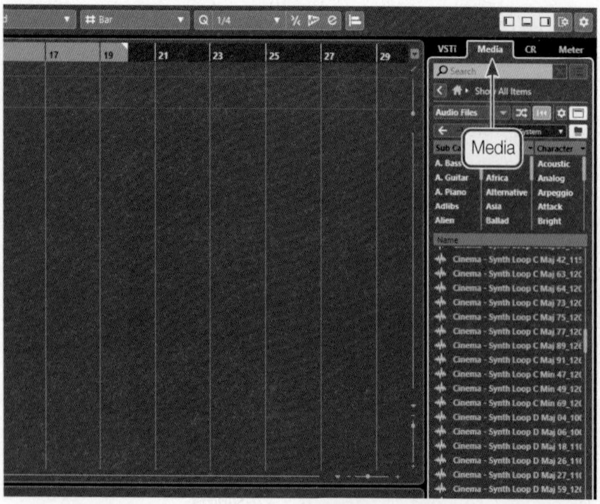


02 프로젝트의 Media 탭도 MediaBay와 동일한 역할을 하는 것입니다. 독립 창으로 열어서 사용한다는 차이만 있으므로, 상황에 맞추어 적절한 것을 사용하면 됩니다.

03 File Browser는 사용자 하드와 폴더의 목록입니다. Media Bay를 실행하면, 사용자 컴퓨터에 저장되어 있는 미디어를 자동으로 검색하게 되는데, 체크 표시를 해제하여 검색 대상에서 제외(Keep) 시키거나 폴더 목록에서 삭제(Remove)시킬 수 있습니다.

04 검색 대상에서 제외시킨 폴더를 포함하고 있는 상위 폴더는 체크 표시가 오렌지 색으로 표시되며, 모두 검색된 폴더는 흰색으로 표시됩니다.

**Tip**

빨간색은 현재 스캔되고 있음을 나타내는 것이며, 노란색은 하나 이상의 하위 폴더가 스캔되지 않았음을 표시합니다.

## 02 툴 바

미디어 베이에는 샘플을 효율적으로 검색할 수 있는 몇 가지 툴을 제공합니다.

이동

파일 브라우저에서 열어본 폴더의 이전/다음 또는 상위 폴더로 이동합니다.

즐겨 찾기

목록은 선택한 폴더의 이름이 표시되며, 왼쪽의 별표 버튼을 클릭하여 즐겨 찾기로 등록할 수 있고, 오른쪽 버튼은 해당 폴더에 서브 폴더 내용을 표시할 것인지의 여부를 On/Off 합니다. 목록을 클릭하면 즐겨 찾기로 등록한 폴더가 나열되며, 선택하여 바로 이동할 수 있습니다.

검색

파일 이름을 입력하여 샘플을 검색할 수 있습니다.

타입

Results 섹션에 표시할 미디어 타입을 선택합니다.

별점

Results 섹션의 Rating 칼럼은 마우스 드래그로 샘플의 평점을 별표로 표시할 수 있으며, 몇 개의 별점을 가진 미디어만 표시할 것인지를 선택할 수 있습니다.

### 초기화

툴 바의 모든 설정을 초기화 합니다.

### 결과

툴 바 조건에 따라 검색된 미디 파일 수를 표시합니다. 오른쪽에는 변경된 폴더가 있을 때 다시 검색하는 Update와 검색 결과를 섞어주는 Shuffle 버튼을 제공합니다.

### 카운터

업데이트된 수를 표시합니다.

### 설정

파일 브라우저와 결과 섹션의 환경을 설정합니다.

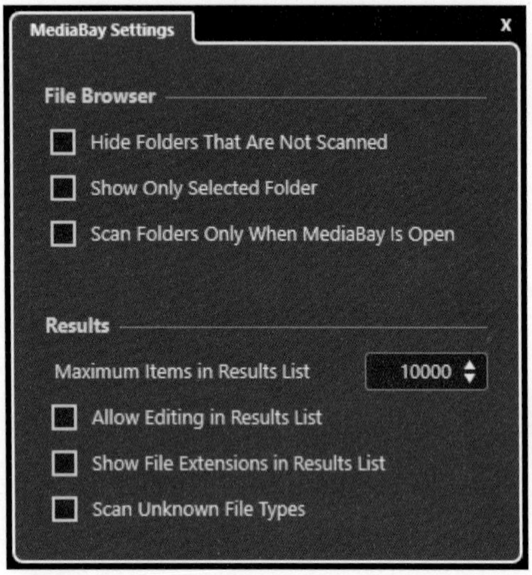


File Browser

- Hide Folders That Are Not Scanned

스캔하지 않은 폴더를 숨깁니다.

- Show Only Selected Folder

선택한 폴더 및 하위 폴더만 표시합니다.

- Scan Folders Only When MediaBay Is Open

미디어 베이 창이 열린 경우에만 스캔합니다. 이 옵션이 옵션이 해제되어 있으면, 백그라운드로 스캔 작업이 진행됩니다. 단, 재생/녹음 중에는 스캔하지 않습니다.

Results

- Maximum Items in Results List : 목록에 표시되는 최대 값을 지정합니다.
- Allow Editing in Results List : 결과 목록에서 속성을 편집할 수 있습니다. 옵션이 해제된 경우에는 Attribute Inspector 섹션에서만 편집이 가능합니다.
- Show File Extensions in Results List : 파일 확장명을 표시합니다.
- Scan Unknown File Types : 기본적으로 미디어 베이에서 인식할 수 없는 포맷의 파일은 무시하며, 옵션을 체크하여 모두 스캔할 수 있습니다. 단, 인식할 수 없는 파일은 무시됩니다.

# 03 필터 섹션

검색 범위를 줄일 수 있는 필터 섹션은 Logical과 Attribute의 두 가지 모드로 이용할 수 있습니다.

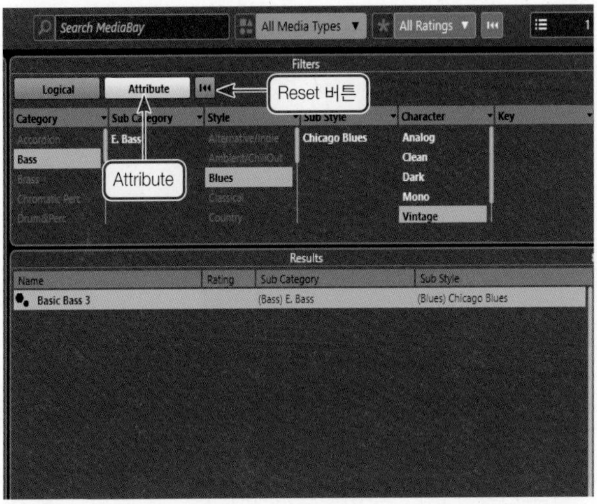


**01** Attribute 모드는 악기 음색, 스타일, 캐릭터 등의 카테고리를 필터링 합니다. 예를 들어 Bass 카테고리에서 E. Bass의 Blues 스타일을 선택하면 블루스 곡에 어울릴 만한 일렉 베이스 샘플만 표시되는 것입니다. 오른쪽의 Reset은 필터 조건을 초기화합니다.

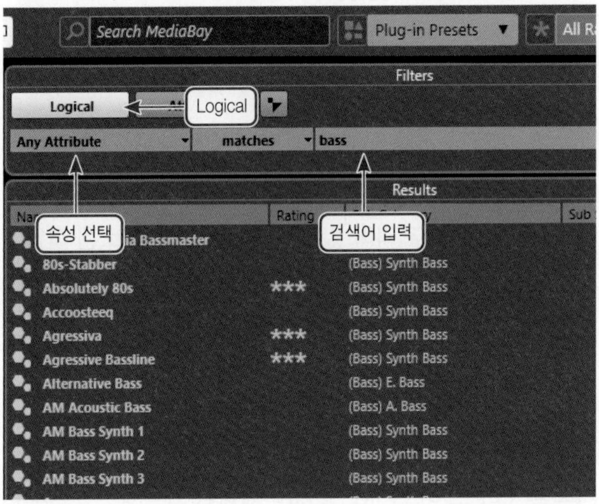


**02** Logical 모드는 속성 검색어를 입력하여 찾을 수 있게 합니다. 기본적으로 모든 속성의 Any Attribute로 선택되어 있으며, 이를 클릭하면 속성을 선택할 수 있는 Filter Attributes 창이 열립니다.

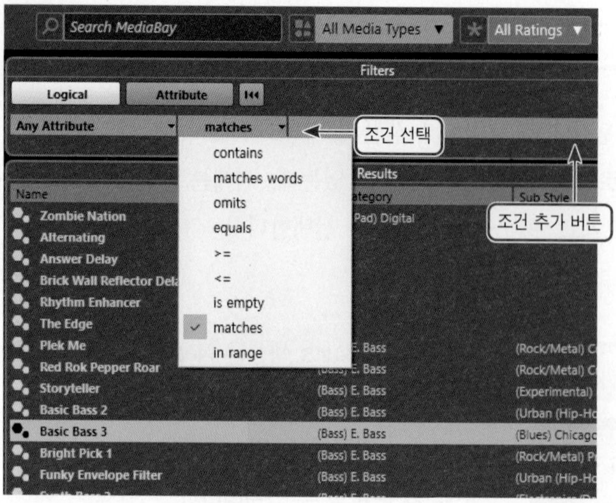


**03** 오른쪽의 Matches라고 표시되어 있는 항목을 클릭하면, 문자 포함(Contains), 제외(omits), 일치(equals), 숫자 검색의 부호 (〉=〈=), 속성이 없는 것을 검색하는 is empty, 검색 범위를 지정하는 range 조건을 선택할 수 있습니다.

contains : 검색어를 포함한 모든 샘플을 나열합니다.
matches words : 검색 단어와 일치되는 것만 나열합니다.
omits : 검색어를 제외합니다.
equals : 검색어와 정확하게 일치하는 것을 나열합니다.
〉= : 검색어 숫자보다 크거나 같은 것을 나열합니다.
〈= : 검색어 숫자보다 작거나 같은 것을 나열합니다.
is empty : 속성을 지정하지 않는 것을 나열합니다.
matches : 검색어의 일부를 포함한 샘플을 나열합니다.
range : 검색 필드가 두 개로 나뉘어 최소 및 최대 범위를 지정할 수 있습니다.

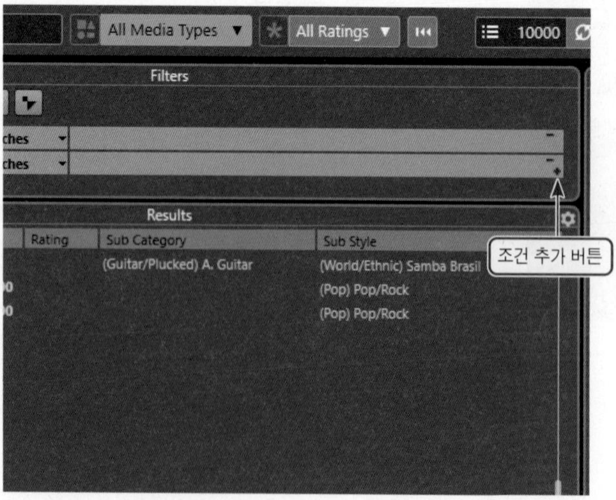


**04** 오른쪽의 + 기호를 클릭하여 조건을 추가할 수 있고, 두 개 이상의 조건을 만족하는 샘플만으로 검색 범위를 줄일 수 있습니다.

## 04 결과 섹션

Results 섹션은 검색 결과를 표시하며, 윈도우 탐색기와 동일하게 샘플의 이동, 복사, 삭제 등의 편집 작업을 수행할 수 있습니다. 간혹, 편집 결과가 바로 반영되지 않은 경우가 있는데, 이때는 File Browser에서 마우스 오른쪽 버튼을 클릭하여 단축 메뉴를 열고, Refresh Views를 선택합니다.

**01** Results 섹션은 Name, Rating 등의 칼럼으로 구성되어 있으며, 톱니 모양의 Setup 버튼을 클릭하여 사용자가 원하는 정보로 재구성 할 수 있습니다.

**02** Rating 칼럼은 샘플의 별점을 표시하며, 마우스 드래그로 수정 할 수 있습니다. 별점은 자신이 선택한 샘플을 검색할 때 요긴한 정보가 될 것입니다.

## 05 프리뷰 섹션

프리뷰 섹션은 Results 섹션에서 선택한 미디어 파일을 모니터 해보는 역할을 합니다. 선택한 미디어 타입에 따라 컨트롤의 구성은 달라집니다.

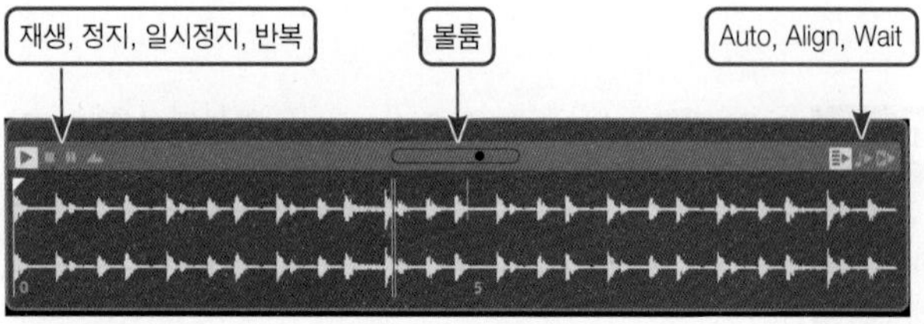


● 오디오

컨트롤은 재생, 정지, 일시정지, 반복, 볼륨 조정 슬라이드와 파일을 선택할 때 자동으로 재생되게 하는 Auto, 프로젝트 템포에 맞추는 Align, 프로젝트와 함께 동작되도록 하는 Wait 버튼이 있습니다.

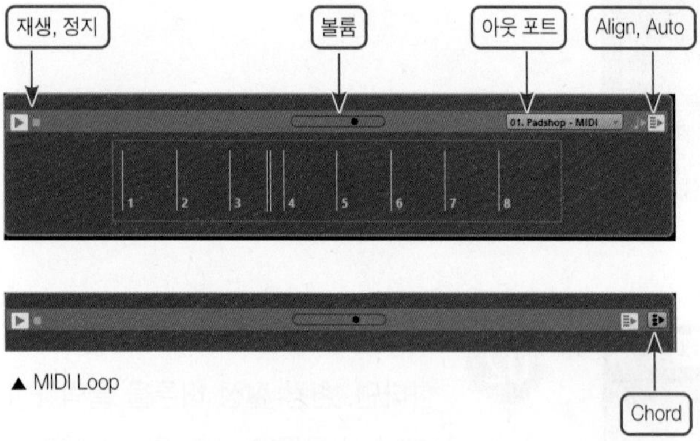


▲ MIDI Loop

● 미디

컨트롤은 재생/정지, 볼륨, Auto,Align으로 비슷하며, 미디 아웃을 선택할 수 있는 아웃 포트 항목이 제공됩니다. 단, 미디 루프를 선택한 경우에는 아웃 항목과 Align이 없으며, 코드 트랙을 따르게 하는 Chord 버튼이 제공됩니다.

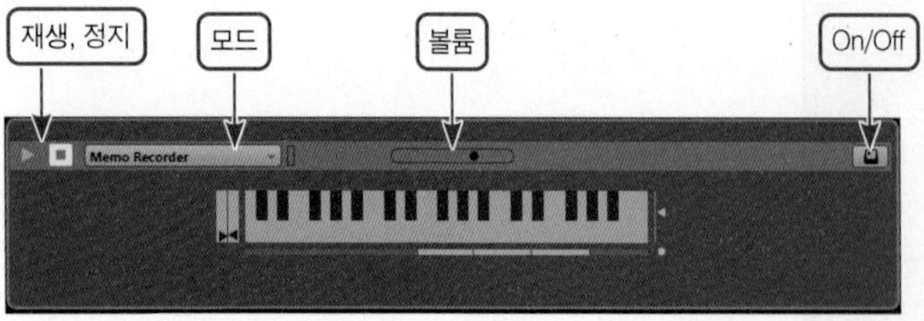


● 프리셋

사용자 연주(Memo Recoder) 또는 미디 파일을 불러와(Load MIDI File) 모니터할 수 있는 모드 메뉴와 키보드 On/Off 버튼을 제공합니다.

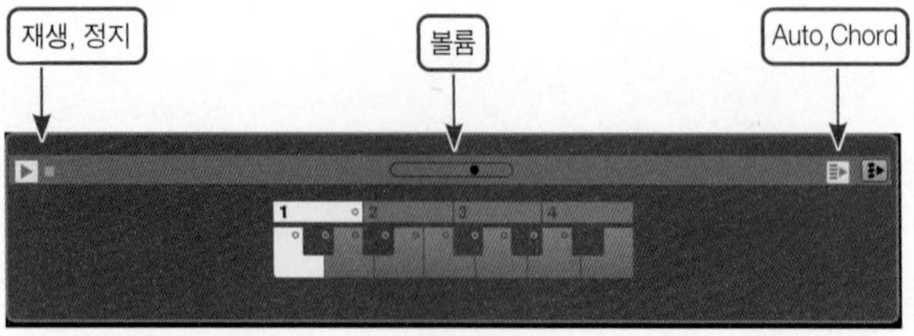


● 패턴

화면에 보이는 키보드를 클릭하거나 해당 건반을 눌러 패턴을 모니터 할 수 있습니다.

# 06 속성 섹션

Attribute Inspector 섹션은 Results 목록에서 선택한 파일의 정보를 표시하거나 편집할 수 있는 역할을 합니다. 필터를 비롯한 다양한 검색 기준이 되는 것이 해당 파일에 입력되어 있는 속성이므로, 자주 사용하는 것이나 마음에 드는 샘플들은 언제든 쉽게 찾을 수 있게 편집하는 것이 좋습니다.

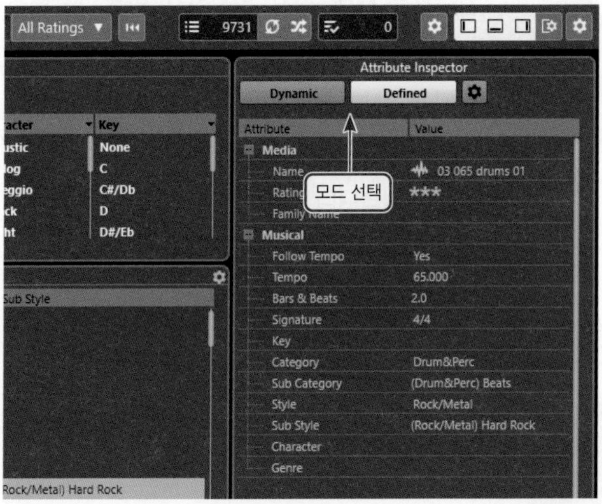


01 Attribute Inspector 섹션은 선택한 미디어의 속성을 표시하며, 정의된 모든 속성을 표시하는 Dynamic과 편집 가능한 속성을 표시하는 Defined 모드를 제공합니다.

02 더 많은 속성을 표시하고 편집하고자 한다면, 환경 설정 버튼을 클릭하여 표시 가능한 속성 목록을 열고, 원하는 타입의 칼럼을 체크합니다.

**03** 사용자가 원하는 정보가 필요한 경우에는 Add 버튼을 클릭하여 추가할 수 있고, 필요 없는 것은 Remove 버튼을 클릭하여 삭제할 수 있습니다. Reset 버튼은 기본값으로 초기화 합니다.

**04** 대부분의 속성 값은 칼럼을 클릭하면 열리는 메뉴에서 선택하며, 마우스 오른쪽 버튼을 클릭하면 열리는 단축 메뉴에서 Remove Attribute를 선택하여 삭제할 수 있습니다.

**Tip**

Name과 같이 글자 입력이 필요한 경우에는 칼럼을 더블 클릭하여 텍스트 입력 상자를 엽니다.

## Tip 외장 하드 사용하기

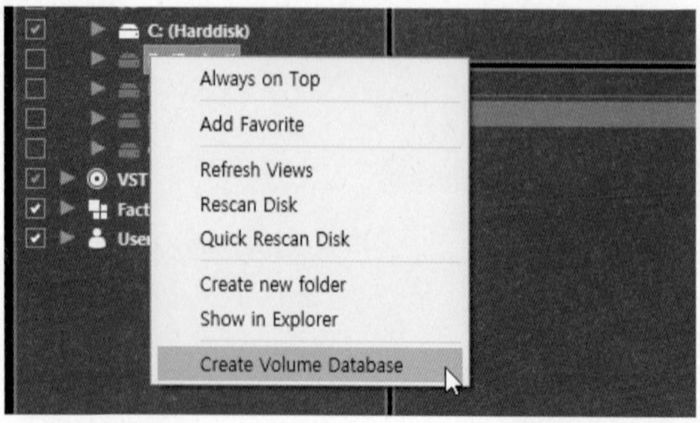


이동이 잦은 외장 하드에 미디어를 관리하는 경우에 검색 과정을 거치지 않고 직접 탐색하려면 마우스 오른쪽 버튼을 클릭하여 단축 메뉴를 열고, Create Volume Database를 선택하여 볼륨 데이터베이스를 만들어야 합니다.

## 07 EDM Toolbox

미디어 베이는 어떤 음악 장르든 다양하게 사용할 수 있는 샘플들을 제공하지만, 일렉트로닉 댄스 뮤직(EDM)과 록(Rock Pop) 음악을 좀 더 재미있는 만들 수 있는 특화된 콘텐츠를 제공합니다. 어렵고 복잡한 이론을 몰라도 음악적 센스만 가지고 있다면, 몇 번의 마우스 동작만으로 대중을 매료시킬 수 있는 음악을 만들 수 있는 것입니다.

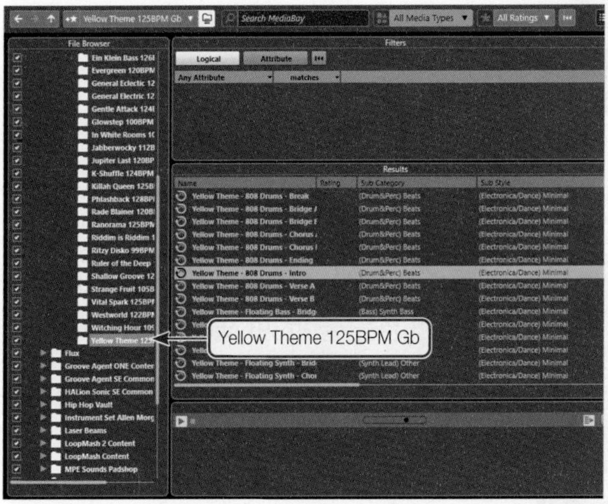


**01** VST Sound의 EDM Toolbox 폴더에는 다양한 패턴의 미디 루프 파일이 서브 폴더로 제공됩니다. Yellow Theme 125BPM Gb 폴더에서 808 drums - Intro를 더블 클릭합니다.

**02** 계속해서 808 Drums - Verse A, Floating Bass Verse B, Floating Synth - Verse A, Granulation Circuit - Verse A 샘플들을 더블 클릭하여 프로젝트로 임포트 시킵니다.

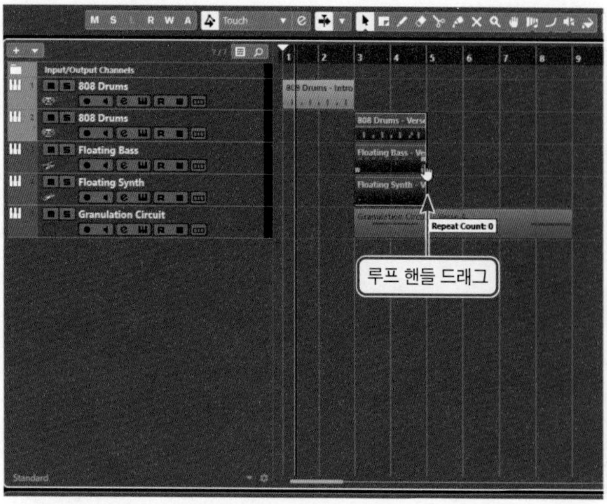


03 Intro를 제외한 나머지 이벤트를 3마디 위치로 이동시킵니다. 그리고 2, 3, 4 트랙의 이벤트를 드래그로 선택하고, 루프 핸들을 드래그하여 3번 반복시킵니다.

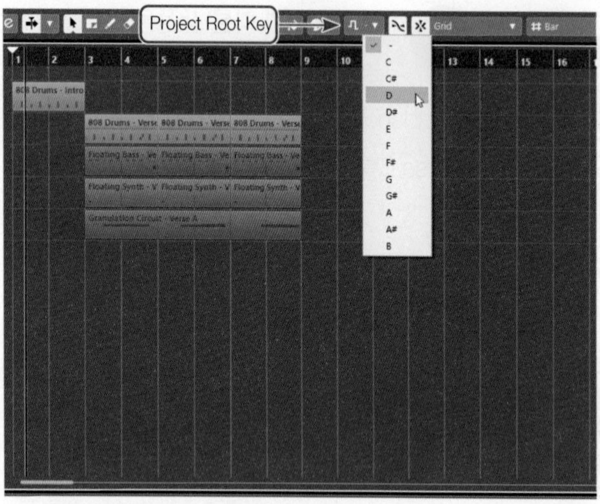


04 툴 바의 Project Root Key 항목을 클릭하여 키를 조정합니다. 당연히 노래를 할 가수에 맞춰야 할 것입니다.

**Tip**

Project Root Key 도구는 기본적으로 보이지 않습니다. 단축 메뉴에서 선택합니다.

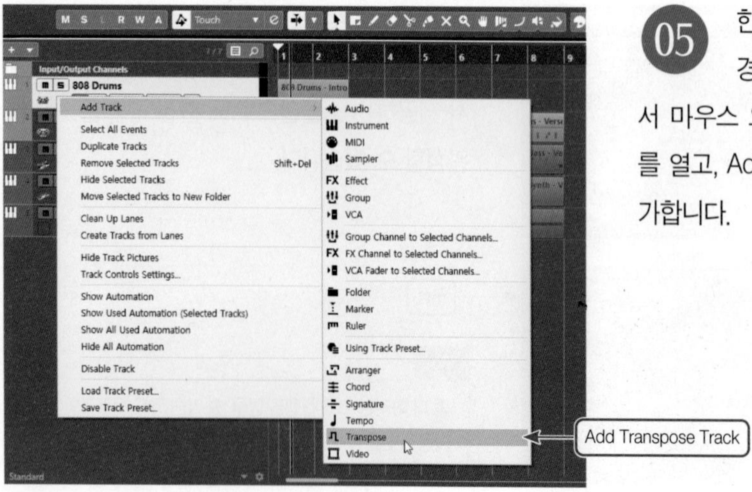


05 한 곡 전체가 코드 하나로 진행되는 경우는 없을 것입니다. 트랙 리스트에서 마우스 오른쪽 버튼을 클릭하여 단축 메뉴를 열고, Add Transpose Track을 선택하여 추가합니다.

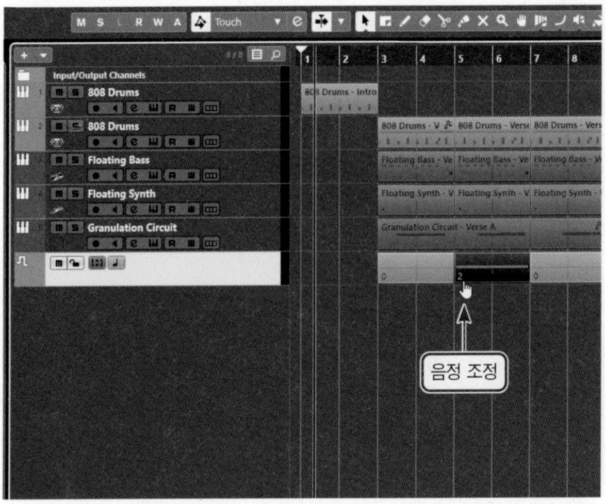


## 06

8 번 키를 눌러 연필 툴을 선택하고, 이벤트를 만듭니다. 1 번 키를 눌러 화살표 툴을 선택하여 트랜스포즈 값을 조정하면서 코드 진행을 만들 수 있습니다.

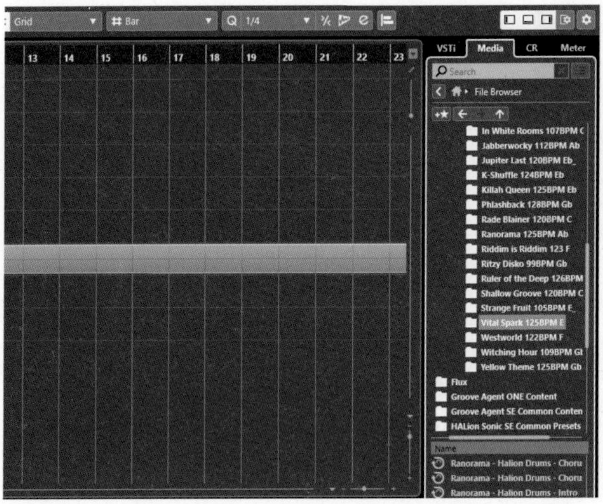


## 07

템포나 키가 다른 샘플들도 추가가 가능합니다. Vital SparK 125BPM 폴더의 Padshop Pad - Verse B와 Halion Drums - Verse B를 더블 클릭하여 추가합니다.

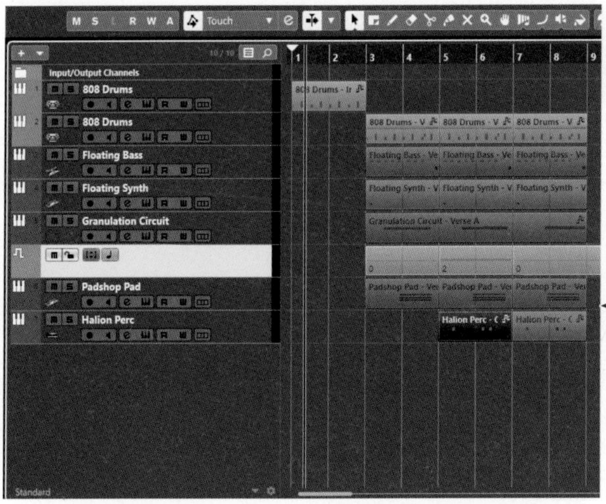


## 08

임포트한 샘플들을 원하는 위치에 복사하여 곡을 구성합니다. 큐베이스에서 제공하는 샘플만으로도 완성도 높은 음악을 완성할 수 있습니다.

**Tip**

좀 더 화려한 코드 진행을 만들 수 있는 코드 트랙과의 병행 사용도 실습을 해보기 바랍니다.

## 08 Rock Pop Toolbox

EDM 콘텐츠는 미디 파일이기 때문에 편집이 용이하다는 장점이 있지만, 추가 작업이 필요합니다. 이에 반해 Rock Pop 콘텐츠는 이미 완성되어 있는 프로젝트를 샘플로 제공하고 있기 때문에 정말 별다른 작업 없이 고퀄리티의 Rock 음악을 바로 만들 수 있는 콘텐츠 입니다.

**01** Rock Pop Toolbox 폴더에는 Audio, MIDI, Project의 서브 폴더를 제공합니다. 오디오와 미디는 앞에서 충분히 다루었으므로, 프로젝트 사용법을 살펴보겠습니다.

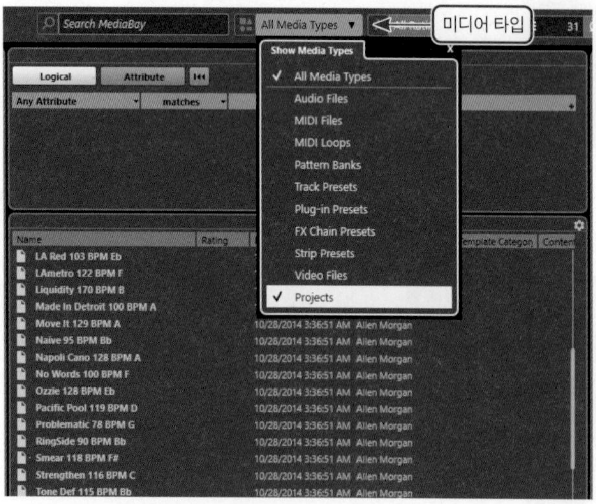


**02** 로케이터 검색 없이 리스트에 프로젝트만 표시하고 싶은 경우에는 미디어 타입 버튼을 클릭하여 목록을 열고, Project만 활성화시키는 것도 요령입니다.

**03** 테스트해볼 프로젝트를 더블 클릭합니다. 프로젝트 저장 위치와 활성 여부를 묻는 창이 차례로 열립니다. OK 버튼을 클릭하여 위치를 지정하고, Activate 버튼을 클릭하여 활성화 합니다.

**04** Intro, Verse A, B 등, 8개의 마커 구간으로 정리된 프로젝트가 열립니다. 숫자열의 9 번 키를 눌러 마커로 이동하여 예제 샘플을 모니터 하면서 편곡을 구상합니다.

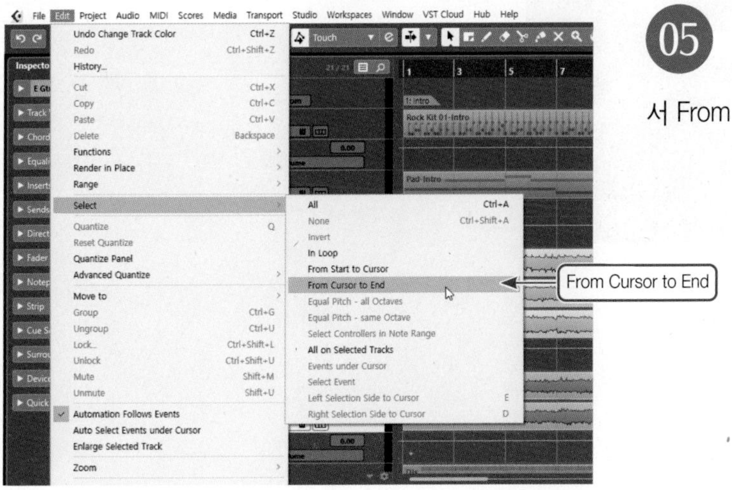


**05** 송 포지션 라인을 1: Intro와 2: Verse A 사이에 놓고, Edit 메뉴의 Select에서 From Cursor to End를 선택합니다.

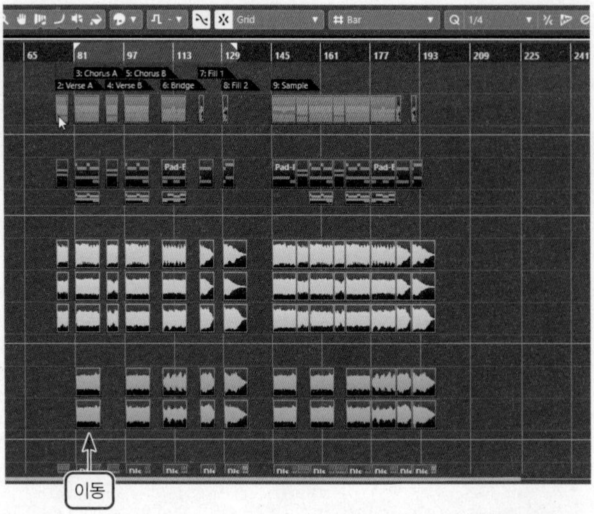


## 06

송 포지션 라인 이후의 모든 이벤트가 선택됩니다. 충분한 작업 공간을 확보할 수 있게 마우스 드래그로 이동시킵니다.

## 07

Intro 다음에 배치시킬 구간의 이벤트를 선택하고 P 키를 눌러 로케이터 구간으로 설정합니다. 그리고 Edit 메뉴의 Select에서 In Loop를 선택하여 해당 구간의 이벤트가 모두 선택되게 합니다.

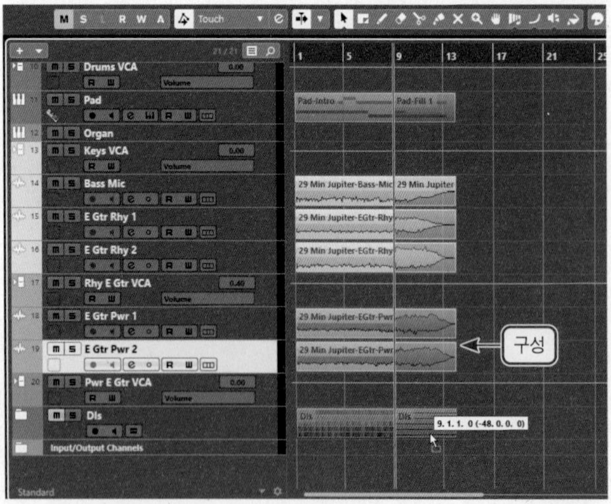


## 08

선택 구간의 이벤트를 Alt 키를 누른 상태로 드래그하여 Intro 다음에 가져다 놓습니다. 같은 방법으로 구간을 조합하여 구성하면, 너무나 손쉽게 Rock 음악을 완성할 수 있습니다.

**Tip**

Dls 트랙은 샘플 소스가 녹음된 원본입니다. 자신만의 믹싱 작업을 원할 경우에 이용할 수 있습니다.

# 13 PART

## 믹스콘솔

믹스콘솔는 곡 작업에서 사용하고 있는 모든 트랙을 하나의 창에서 컨트롤 하는 역할을 하는 것으로 믹싱이나 마스터링 작업을 할 때 사용합니다. 큐베이스는 Mixconsole, Mixconsole 2, Mixconsole 3, Mixconsole 4의 4가지 믹스콘솔을 제공하고 있지만, 서로 다른 기능을 하는 것은 아니고, 각각의 믹스콘솔마다 사용자가 원하는 채널을 배치하여 개별적으로 컨트롤 할 수 있다는 것을 의미합니다.

# 01 믹스콘솔의 구성

● 샘플 파일 : Mix

믹스콘솔은 로우 존의 MixConsole과 4개의 독립 창으로 제공됩니다. 음악을 만들 때도 밸런스를 조정하거나 이펙트를 세팅하는 등의 가믹싱을 하게 됩니다. 이때는 로우 존의 믹스콘솔을 이용하고 최종적으로 완성된 곡을 믹싱할 때는 독립 창으로 진행하는 것이 일반적입니다.

## 01 로우 존의 믹스콘솔

로우 존의 믹스콘솔은 프로젝트 윈도우 툴 바의 로우 존 열기 버튼 또는 Studio 메뉴의 MixConsole in Project Window를 선택하거나 단축키 Alt+F3 키를 눌러 열거나 닫을 수 있습니다. 로우 존의 믹스콘솔은 화면 왼쪽에 페이더(Fader), 인서트(Insert), 센드(Sends) 슬롯을 선택하여 볼 수 있는 Show 버튼과 툴 바를 열거나 닫을 수 있는 Toolbar 버튼을 제공합니다. 그리고 Visibility는 독립 창과 별개로 동작합니다.

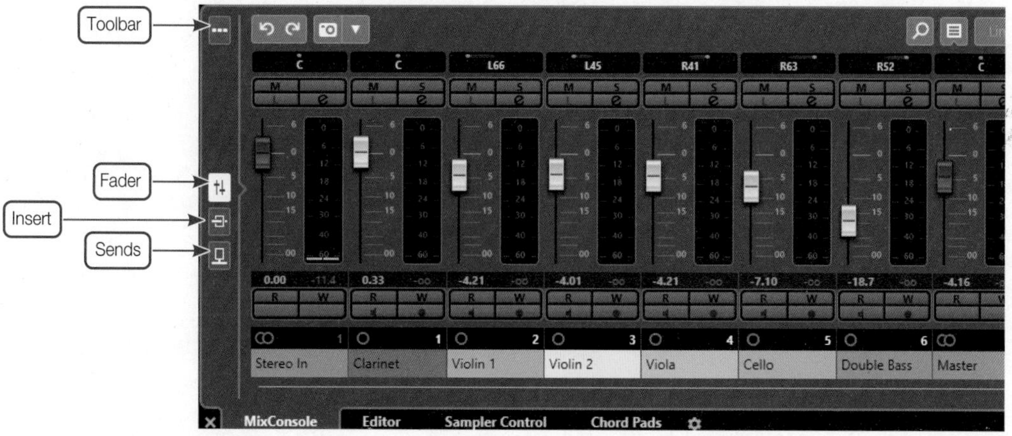

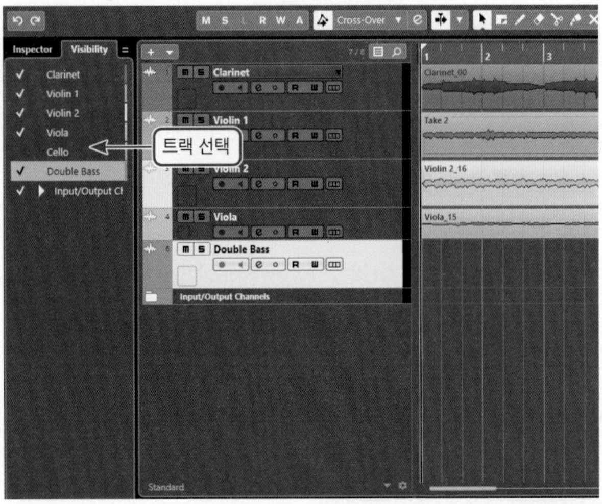


Visivility는 체크 표시 여부로 창에 표시할 트랙을 결정하는 역할을 합니다. 로우 존은 프로젝트의 상태를 바로 적용할 수 있게 하고, 3개의 독립 창은 오디오, 미디, VCA 등으로 구분에서 작업하는 등의 분산 작업이 가능한 것입니다.

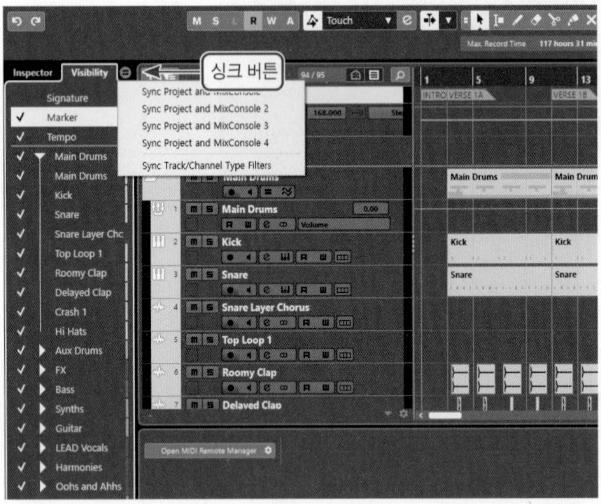


로우 존의 믹스 콘솔과 독립 창의 Visivility가 함께 적용되도록 하고 싶다면, 싱크 버튼을 클릭하면 열리는 메뉴에서 연결하고 싶은 믹스콘솔을 선택합니다.

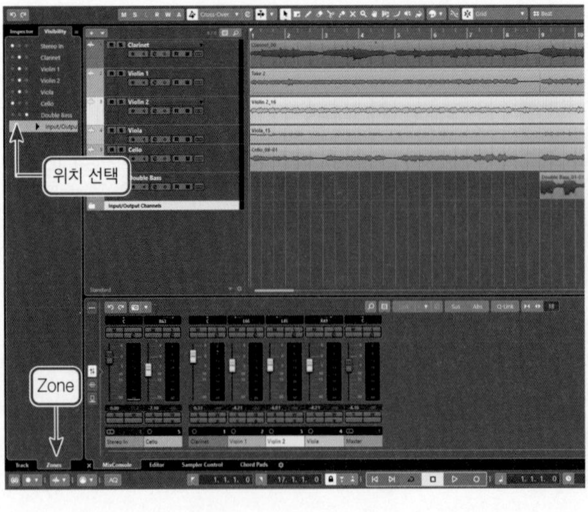


Visibility의 Zones 탭을 선택하면, 믹스콘솔을 왼쪽, 가운데, 오른쪽으로 3등분하여 트랙을 배치할 수 있으며, 이것 역시 독립 창과 별개로 동작합니다. 그 외의 사용법은 독립 창과 모두 동일합니다.

## 02 믹스콘솔 독립 창

믹스콘솔 독립 창은 Studio 메뉴의 MixConole을 선택하거나 F3 키를 눌러 열 수 있으며, 페이더, 인서트, 센드를 비롯한 모든 섹션을 하나의 창에서 컨트롤할 수 있습니다. 화면은 메인 창을 중심으로 왼쪽에 Visibility, History, Snapshots 탭으로 구성된 Channel Selector와 오른쪽에 CR과 Meter 탭으로 구성된 Control Room/Met 존이 있으며, 각각 존 열기 버튼을 클릭하여 열거나 닫을 수 있습니다. 메인 창은 기본적으로 위쪽에 Hardware, Routing, Pre, Inserts, EQ, Strip, Sends, Cues, Direct, Quick, Panel 랙을 갖춘 Channel Rack과 아래쪽에 볼륨과 팬 등을 컨트롤할 수 있는 페이더 섹션으로 구성되어 있으며, 각각의 랙을 클릭하면 세부적인 컨트롤이 가능한 패널이 열립니다. 그림은 EQ 랙을 선택한 경우 입니다.

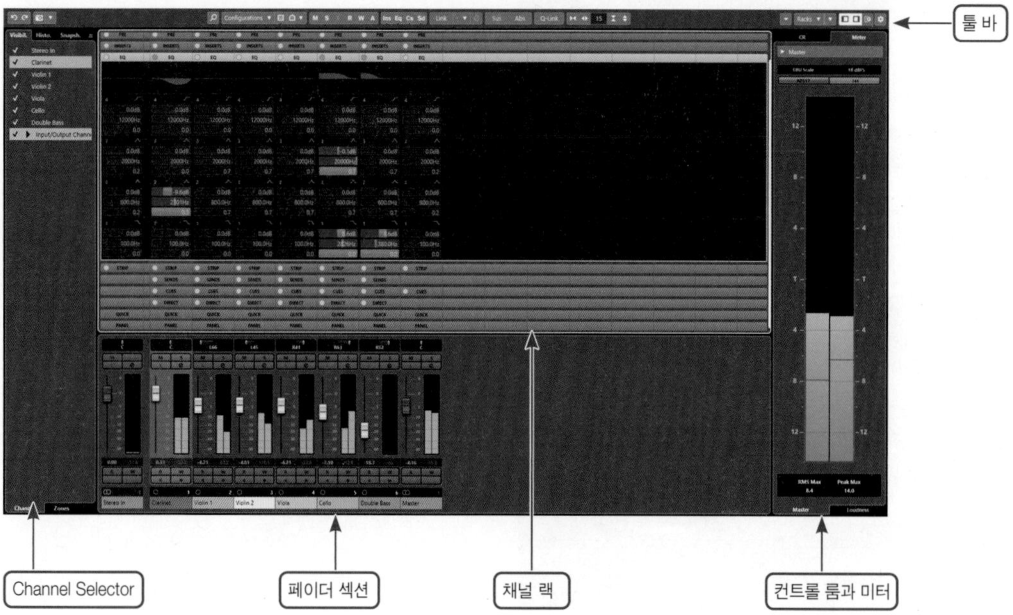


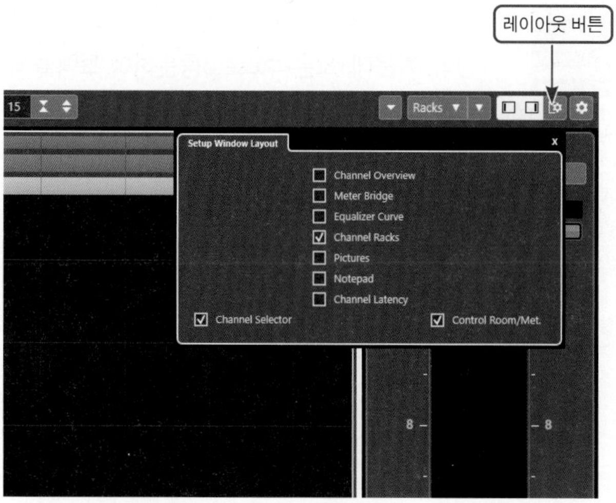


그 외, 툴 바의 레이 아웃 버튼을 클릭하면 Channel Overview, Meter Bridge, Equalizer Curve, Pictures, Notepad, Channel Latency 섹션을 페이더 위쪽으로 표시할 수 있습니다.

# 03 Channel Selector

믹스콘솔 왼쪽 존의 Channel Selector은 Visibility, Zones, History 탭으로 구성되어 있고, 오른쪽 존에는 CR과 Meter 탭으로 구성되어 있습니다. 창에 표시할 트랙을 선택하는 Visibility 탭은 로우 존에서 살펴본 내용과 동일하고, 오른쪽 존의 CR과 Meter는 이미 살펴본 내용이므로, 구성 편에서는 History와 Snapshots 탭의 역할만 살펴보겠습니다.

## ● History

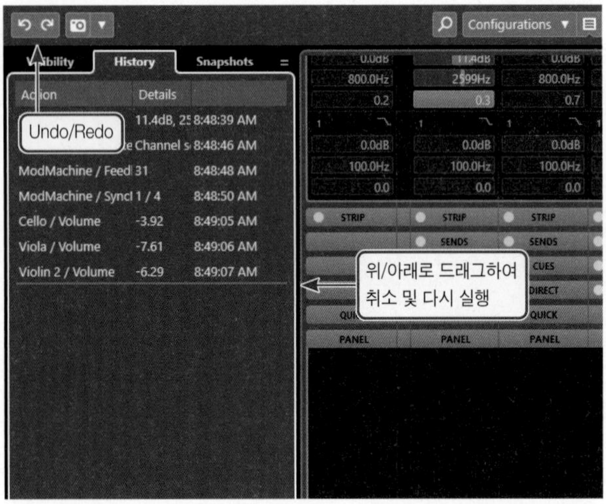


히스토리 탭은 믹스콘솔에서 실행하는 모든 작업 내용을 기록하며, 클릭 및 드래그로 작업을 취소하거나 다시 실행할 수 있습니다. 툴 바의 Undo 및 Redo 버튼을 클릭하면 한 단계씩 취소 및 다시 실행됩니다.

## ● Snapshots

스넵 샷은 현재의 믹스콘솔 상태를 사진처럼 저장했다가 언제든 원하는 시점으로 복구할 수 있도록 하고 있는 역할을 합니다. 툴 바의 스넵 버튼을 클릭하면 목록에 기록이 되며, 이름과 메모를 기록할 수 있습니다. 그리고 언제든 Recall 버튼을 클릭하면 사진을 찍었던 상태로 복구됩니다.

# 02 믹스콘솔의 툴 바

믹스콘솔 툴의 대부분은 화면 표시 방법을 선택하는 것들 입니다. 실제로 음악 작업을 할 때 수 십 트랙을 사용하게 되면, 아무리 해상도가 높은 모니터를 써도 한 화면에 표시할 수 없기 때문에 이를 효과적으로 관리하는 것이 작업 능률에 직접적인 영향을 주기 때문입니다.

## 01 Find Track

작업 스타일에 따라 차이는 있겠지만, 보통 음악 작업을 할 때 수 십 트랙을 만듭니다. 결국, 한 화면에 모든 트랙을 표시할 수 없기 때문에 큐베이스는 3개의 믹스 콘솔과 VCA, Folder, Group 등의 트랙들을 제공합니다. 그래도 많은 트랙을 사용하다 보면, 화면을 스크롤 하면서 트랙을 찾아야 하는 경우가 발생할 수 밖에 없는데, Find Track 버튼을 클릭하면 보다 쉽게 원하는 트랙을 찾을 수 있는 검색 창을 볼 수 있습니다. 물론, 트랙을 만들 때부터 한글을 포함하여 찾기 쉽게 만들어야 한다는 전재 조건이 필요합니다.

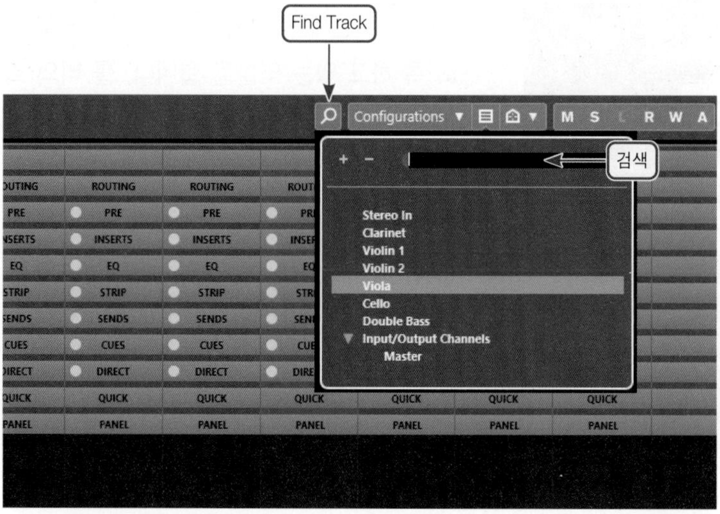

## 02 Channel Visibility Configurations

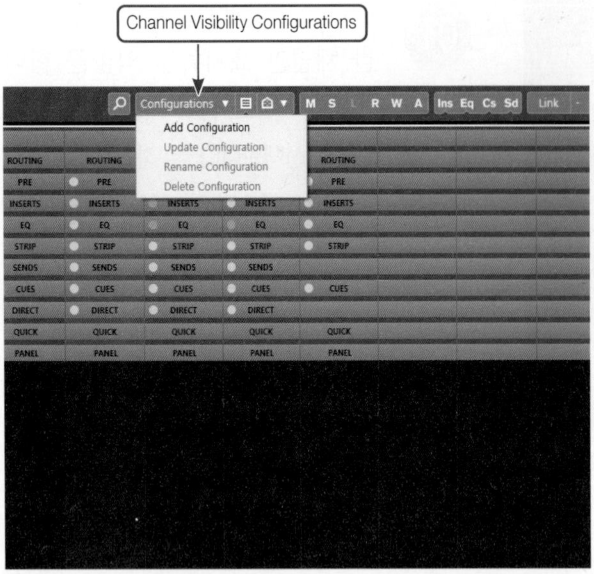


현재 표시되어 있는 채널을 프리셋으로 관리할 수 있는 서브 메뉴가 열립니다. Add는 프리셋 만들기, Update는 변경된 프리셋을 같은 이름으로 저장, Raname은 이름 변경, Delete는 삭제입니다.

## 03 Filter Channel Types

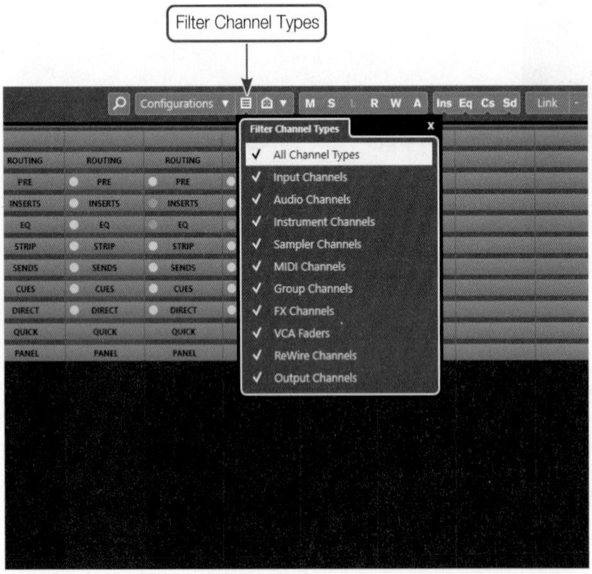


Filter Channel Type은 믹스콘솔에 표시할 트랙 타입을 선택하는 역할을 합니다. 버튼을 클릭하면 믹스콘솔에서 다룰 수 있는 트랙의 종류가 표시되며, 체크 유무로 표시 여부를 결정할 수 있습니다. 많은 트랙을 사용할 때 유용한 기능입니다.

# 04 Channel Visibility Agents

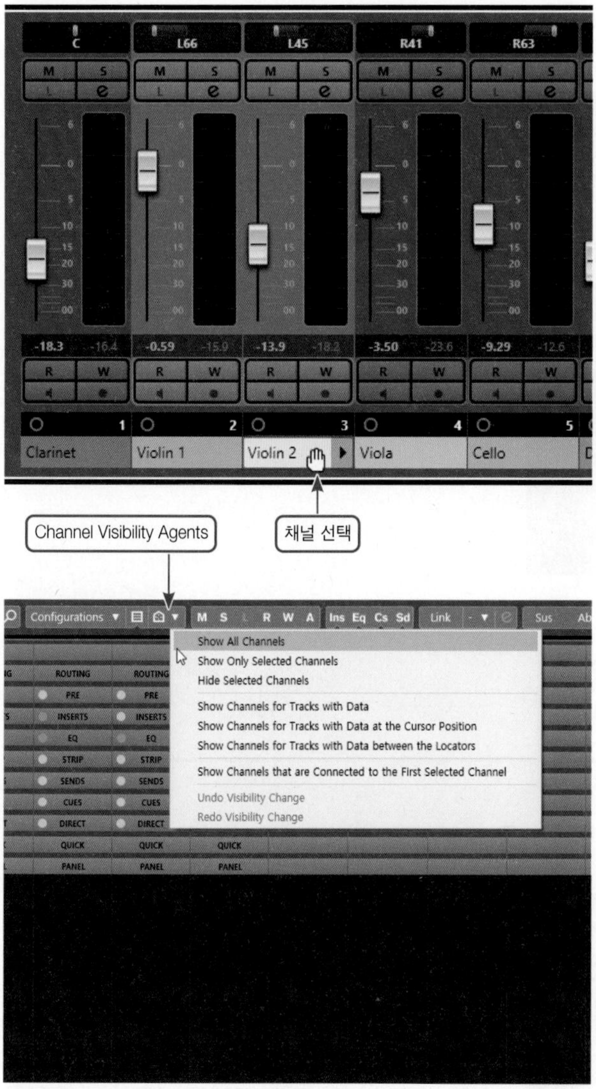


01 Channel Visibility Agents는 선택한 채널만 표시하는 역할을 합니다. Violin1을 선택하고, Ctrl 키를 누른 상태로 Viola 채널을 선택합니다. 두 개의 채널을 선택하는 동작이며, 연속된 채널을 선택할 때는 Shift 키를 이용합니다.

02 Channel Visibility Agents 버튼을 클릭하여 메뉴를 열고, Show Only Selected Channels을 선택합니다. 앞에서 선택한 Violin 1과 Viola 두 채널만 표시되는 것을 확인할 수 있습니다.

- Show All Channels : 모든 채널 표시
- Show Only Selected Channels : 선택한 채널 표시
- Hide Selected Channels : 선택한 채널 숨기기
- Show Channels for Track with Data : 데이터가 있는 트랙 표시
- Show Channels for Tracks with Data at the Cursor Position : 송 포지션 라인 위치의 데이터 트랙 표시
- Show Channels for Tracks with Data between the Locators : 로케이터 범위의 데이터 트랙 표시
- Show Channels that are connected to the First Selected Channel : 선택한 트랙에 연결된 모든 트랙 표시
- Undo Visibility Change : 표시 변경을 취소
- Redo Visibility Change : 표시 변경을 다시 실행

## 05 Deactivate

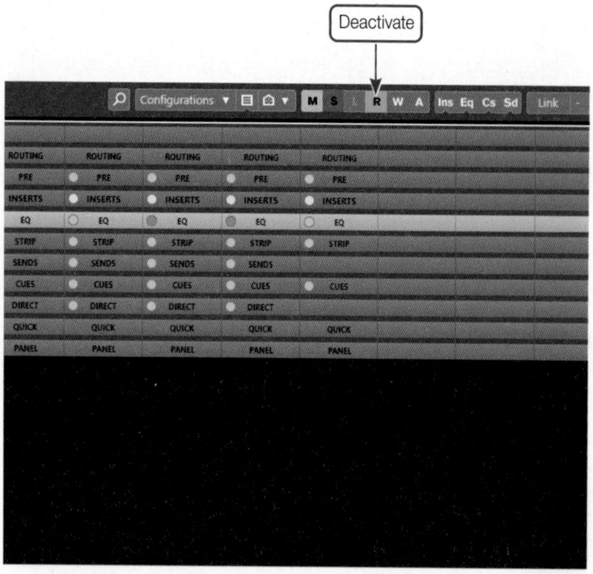


트랙에 뮤트, 솔로, 리슨 버튼이 On 되어 있는 경우에 색깔로 표시되며, 버튼을 클릭하여 모두 해제할 수 있습니다. 오토메이션 Read, Write, Suspend 버튼의 경우에는 On/Off 역할을 합니다.

## 06 Bypass

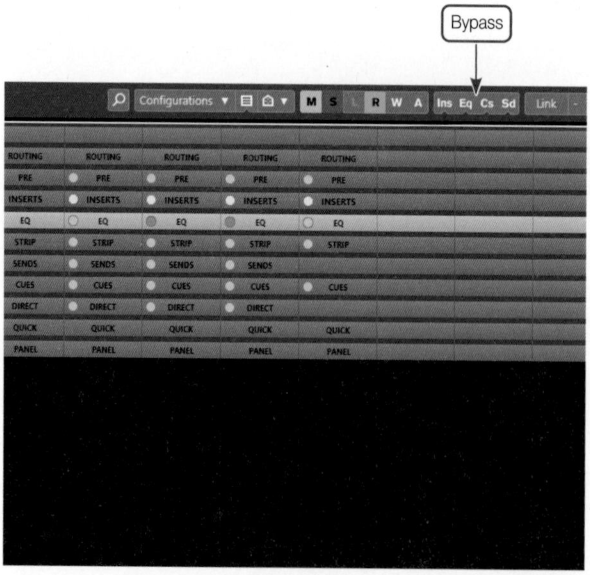


모든 트랙의 Inserts(Ins), EQ, Channel Strip(Cs), Sends(Sd)를 기능을 꺼서 적용 전/후의 사운드를 비교해볼 수 있도록 합니다. 버튼을 잠시 누르고 있어야 작동합니다.

## 07 Link와 VCA 트랙

Link 버튼은 두 개 이상의 채널을 그룹으로 묶어서 한 번에 컨트롤할 수 있게 하는 역할을 합니다. Kick, Snare, HH 등, 5개 이상의 채널을 사용하여 드럼 리듬을 만들고, 볼륨 밸런스를 이미 맞추었다고 가정합니다. 그런데 믹싱을 하면서 드럼의 볼륨을 수정할 필요가 있다고 해서 각각의 볼륨 페이더를 만져야 한다면, 일이 커지고 맙니다. 이때 드럼 채널을 Link으로 묶으면, 하나의 페이더로 모든 채널의 볼륨을 조정할 수 있습니다.

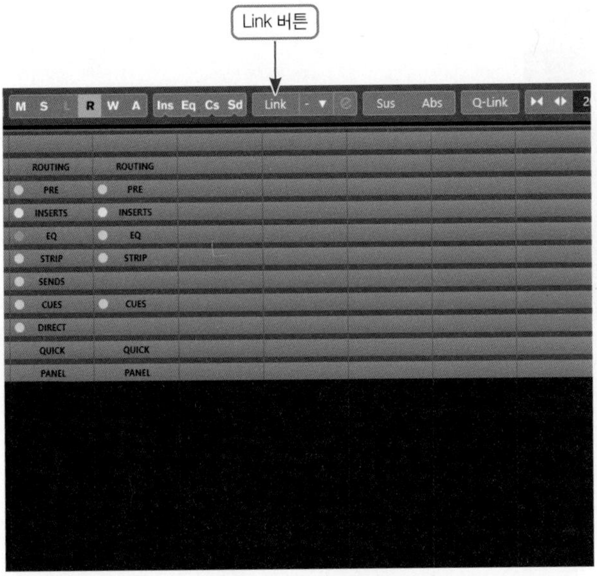


**01** Ctrl 또는 Shift 키를 누른 상태로 그룹으로 묶고 싶은 채널들을 선택합니다. 그리고 툴 바의 Link 버튼을 클릭합니다.

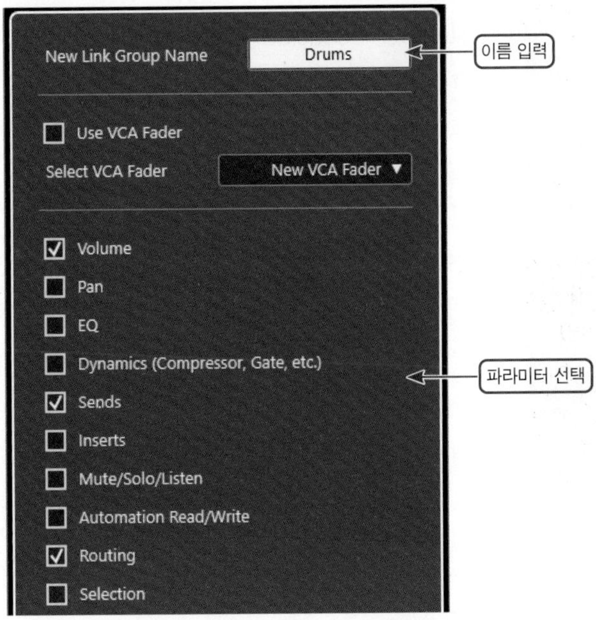


**02** 링크 이름과 연결 파라미터를 선택할 수 있는 Link Group Settings 창이 열립니다. Volume 등 원하는 파라미터를 선택하고, 이름을 입력합니다.

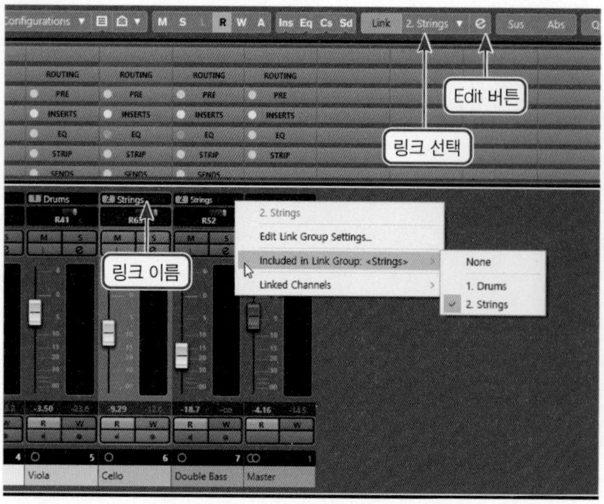


03 연결된 채널은 팬 슬라이더 위에 링크 이름이 표시되며, 사용자가 선택한 파라미터가 동시에 움직이는 것을 확인할 수 있습니다. 두 개 이상의 링크를 만든 경우에는 Link 버튼 오른쪽 메뉴에서 선택 가능하며, Edit 버튼을 클릭하여 파라미터의 종류를 수정할 수 있습니다.

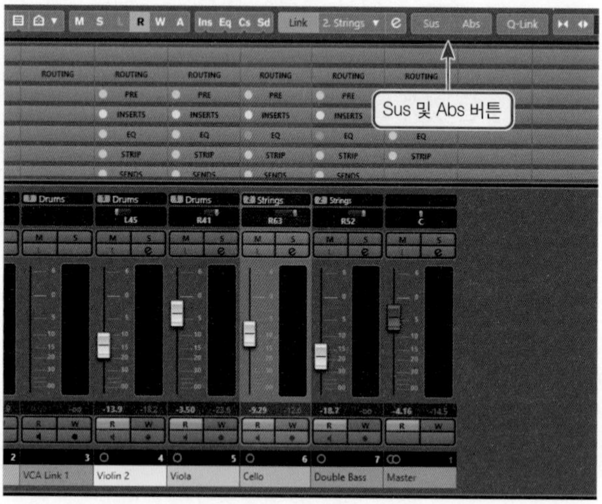


04 연결된 채널의 파라미터를 독립적으로 움직이려면 Sus 버튼을 On으로 하거나 Alt 키를 누른 상태에서 움직입니다. Abs 버튼을 On으로 하면 움직이는 파라미터의 값을 모두 일치시킵니다.

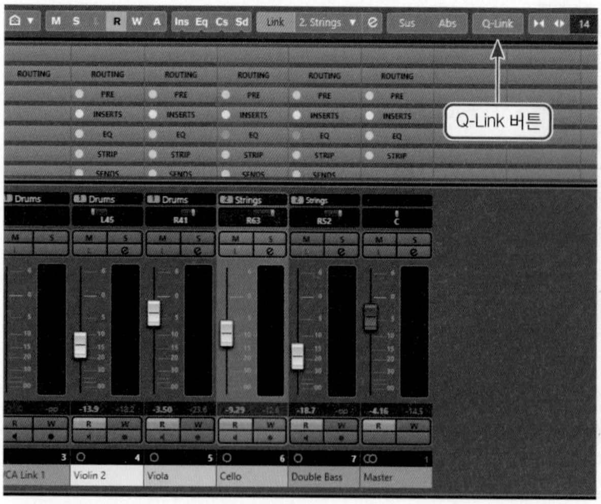


05 Q-Link 버튼은 선택한 채널을 잠시 연결시키는 기능입니다. 방법은 채널을 연결할 때와 동일하게 원하는 채널들을 선택하고, Q-Link 버튼을 On으로 하거나 Shift + Alt 키를 누른 상태로 파라미터를 움직입니다. Q-Link가 Off 될 때까지 해당 채널이 연결됩니다.

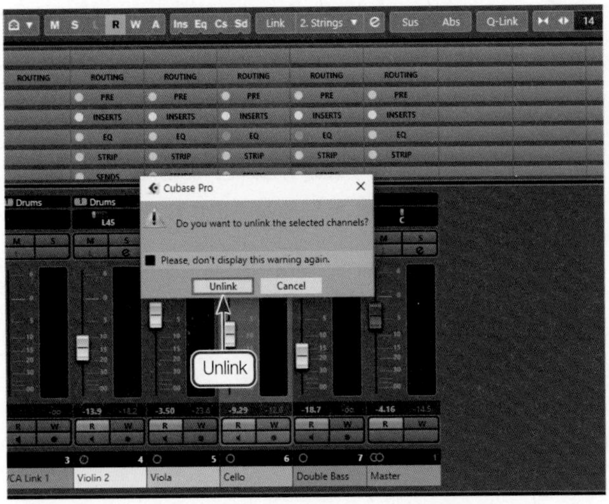


06 연결을 해제할 때는 주황색으로 표시되어 있는 Link 버튼을 다시 클릭하여 창을 열고, Unlink 버튼을 클릭합니다.

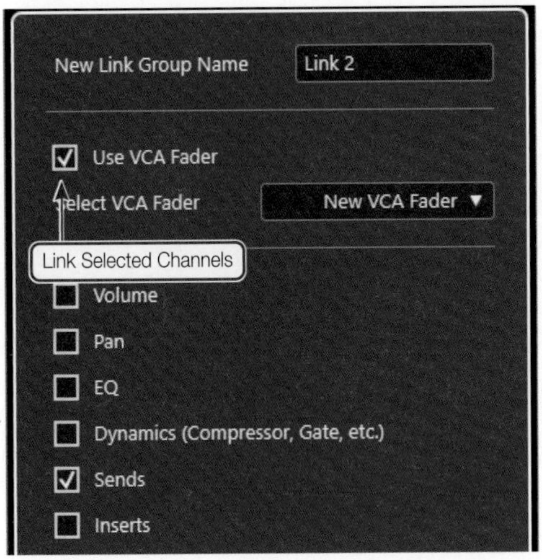


07 연결 그룹이 많은 경우에는 컨트롤 전용 채널인 VCA 페이더를 이용하는 것이 효과적입니다. 연결할 채널을 선택하고 Link 버튼을 클릭하면 열리는 창에서 Use VCA Fader 옵션을 체크합니다.

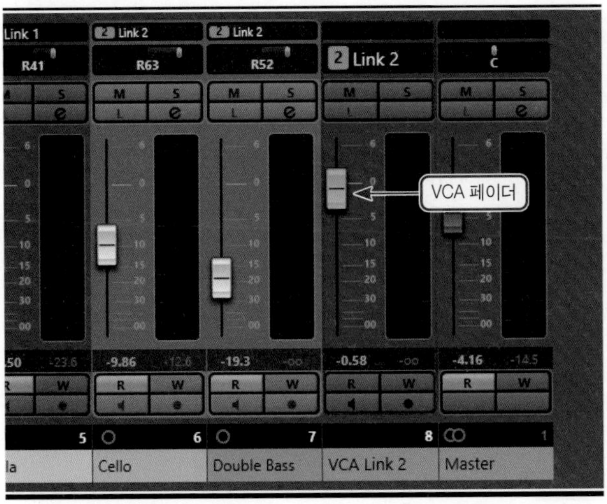


08 녹색 페이더의 VCA 트랙이 생성되며, 연결된 모든 트랙을 컨트롤할 수 있게 됩니다. 링크 채널의 페이더를 개별적으로 조정할 수 있다는 장점이 있습니다.

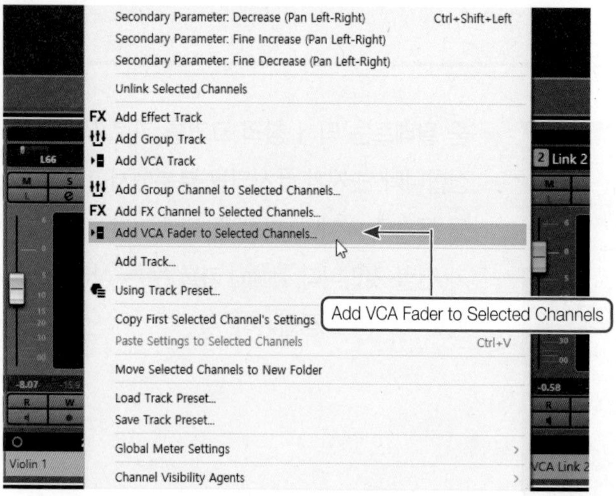


09 연결할 트랙을 선택하고 마우스 오른쪽 버튼을 클릭하면 열리는 단축 메뉴에서 Add VCA Fader to Selected Channels을 선택하여 만드는 방법도 있습니다. 이때는 Link 라는 이름으로 트랙이 생성되며, 더블 클릭으로 변경할 수 있습니다.

10 같은 방법으로 Drums, Bass, Guitar 등, 악기 그룹 별로 VCA 트랙을 만들고, 필터 목록에서 VCA Fader만 표시되게 하면, 보다 효율적인 환경으로 믹싱 작업을 진행할 수 있습니다.

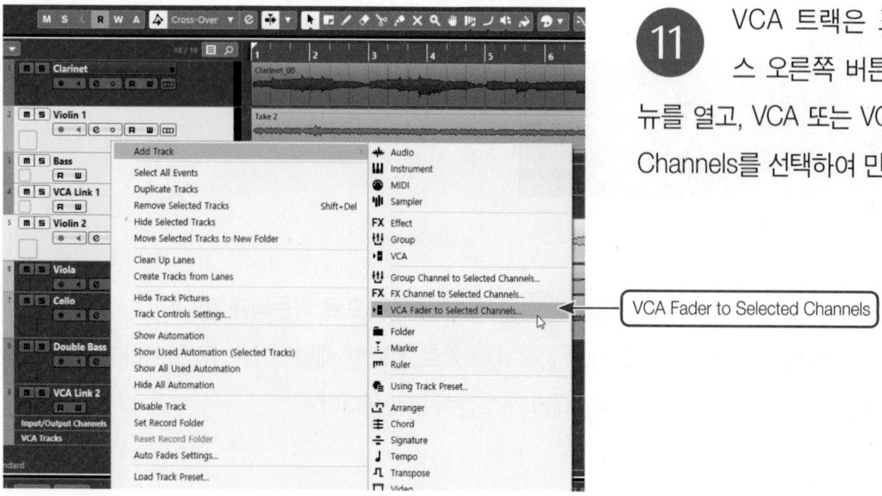


11 VCA 트랙은 프로젝트에서도 마우스 오른쪽 버튼을 클릭하여 단축 메뉴를 열고, VCA 또는 VCA Fader to Selected Channels를 선택하여 만들 수 있습니다.

## 08 Zoom Palette

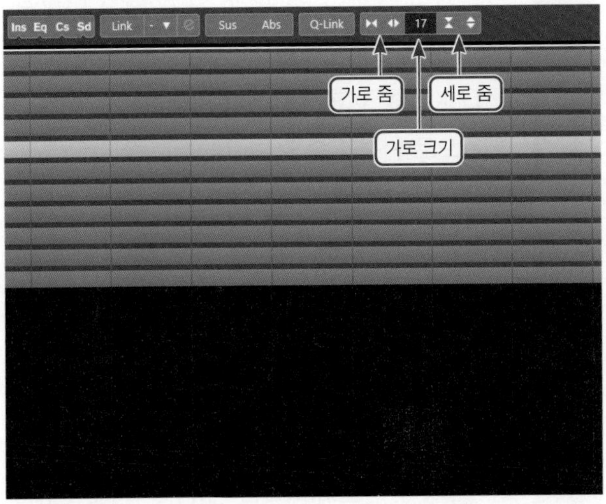


줌 팔레트는 믹서 창의 크기를 가로/세로로 조정합니다. 숫자가 표시되는 부분에서 마우스 휠을 돌려도 되지만, 가로 줌 단축키 G와 H 키가 편할 것입니다. Shift 키를 누른 상태에서는 세로 크기가 조정됩니다.

## 09 Functions

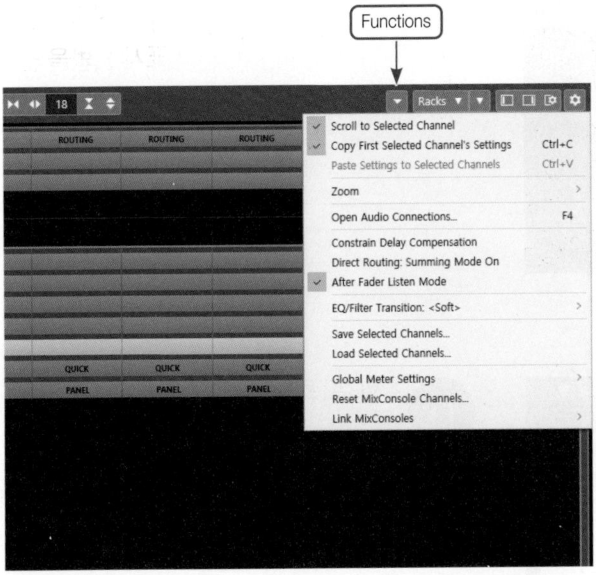


Functions 버튼을 클릭하면 믹스콘솔 설정과 기능을 위한 메뉴가 열립니다.

- Scroll to Selected Channel : Visibility에서 채널을 선택할 때 해당 트랙으로 이동되게 합니다.
- Copy/Paste First Selected Channel' s Settings : Ctrl+C 키로 선택한 채널의 설정을 복사하고, Ctrl+V 키로 붙입니다. 여러 채널을 선택한 경우에는 첫 번째 채널의 설정이 복사됩니다.

- Zoom : Zoom Palette 역할을 하는 서브 메뉴가 열립니다.
- Open Audio Connections : 오디오 설정 창을 엽니다.
- Constrain Delay Compensation : 플러그-인의 지연 보정 기능을 On/Off 합니다.
- Direct Routing Summing Mode : 동시 신호 공급 기능을 On/Off 합니다.
- After Fader Listen Mode : 리슨 신호가 페이더 이후에 연결되도록 On/Off 합니다.
- EQ/Filter Transition : EQ와 필터 전환 모드를 Soft에서 Quick으로 변경합니다.
- Save/Load Selected Channels : 선택한 채널을 저장하고, 로딩합니다.
- Global Meter Settings : 레벨 미터 섹션의 표시 방법을 선택합니다.
- Reset MixConsole Channels : 전체 또는 선택한 채널을 초기화 합니다.
- Link MixConsoles : 믹스콘솔 2와 3을 열었을 때 연결합니다.

## 10 Select Rack Types

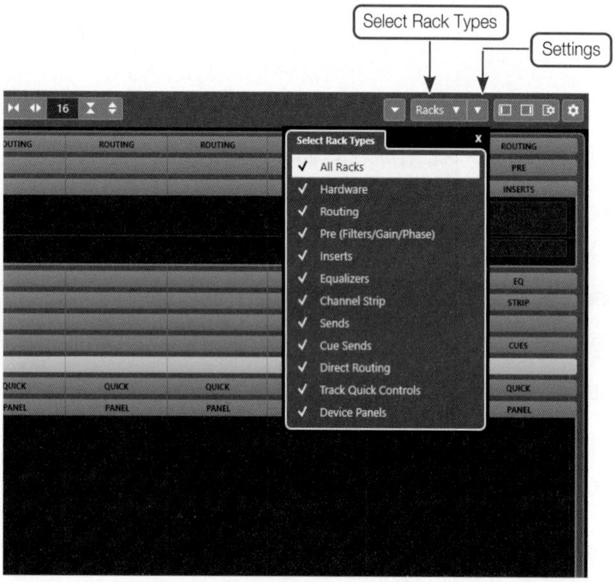


믹스콘솔에 표시할 랙 타입을 선택합니다. 오른쪽에 Settings 버튼을 클릭하면 표시 방법을 결정할 수 있는 메뉴가 열립니다.

- Exclusive Expanded Rack : 열려있는 랙을 닫고, 선택하는 랙만 열리게 합니다.
- Fixed Number of Slots : Inserts, Sends, Cues, Quick Controls 랙의 슬롯을 모두 표시합니다.
- Link Racks to Configurations : 프리셋으로 저장할 때 랙 설정도 유지되게 합니다.
- Show Inserts as : 인서트 랙에 이름 또는 컨트롤 표시 여부를 선택합니다.

## 03 채널 랙과 페이더 섹션

큐베이스의 믹스콘솔은 과거에 녹음 스튜디오에서 사용하던 대형 하드웨어 믹스콘솔을 시뮬레이션하고 있은 것이며, 그 핵심이 Channels Rack과 페이더 섹션 입니다. 실제로 작업 효율성으로 따지면 하드웨어 믹스콘솔을 능가하고 있기 때문에 요즘에는 아예 하드웨어 믹스콘솔을 갖추지 않는 스튜디오도 많고, 장식품 또는 컨트롤러 정도로 쓰이고 있습니다.

랙은 Routing, Insert, EQ, Strip, Sends 등, 세로로 배열되어 있으며, 큐베이스의 오디오 신호는 이 순서 그대로 위에서 아래로 진행합니다. 기본적으로 각각의 랙은 Off 되어 있는 상태이며, 채널에 기록되어 있는 이벤트를 볼륨 페이더로 보내는 경로일 뿐입니다. 하지만, 특정 랙을 동작시키면 파란색 LED가 표시되면서 해당 랙에서 소리가 바뀌고 있다는 것을 알려줍니다. 예를 들어 Insert 랙에 어떤 장치를 걸면, 변형된 소리가 볼륨 페이더로 진행하는 것이고, EQ 랙을 작동시키면 Insert에서 변형된 소리가 다시 한번 EQ에서 필터링되어 볼륨 페이더로 진행하는 것입니다. 그리고 모든 채널은 또 다시 마스터 채널로 진행하여 같은 경로로 출력됩니다. 랙에 표시되는 파란색 LED 버튼을 클릭하면 노란색으로 바뀌면서 랙을 일시적으로 Off시킬 수 있습니다. Bypass라고 하며, 랙 적용 전/후의 사운드를 비교할 때 많이 사용합니다.

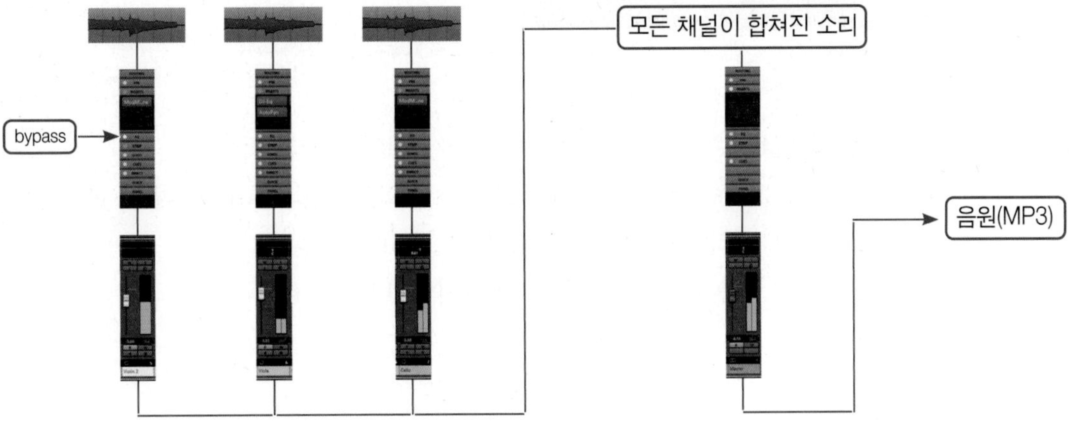

# 01 Routing

채널의 입/출력 라인을 선택하는 Routing은 프로젝트 창 및 채널 세팅 창의 인/아웃과 동일합니다. 입력 라인에서는 마이크 및 악기 등의 레코딩 소스가 연결되어 있는 포트를 선택하는 것이 일반적이지만, 스튜디오 환경에 따라 토크 백이나 확장 장치가 연결될 수 있습니다. 출력 라인도 Master 채널이 연결되는 것이 일반적이지만, FX나 Group 채널이 연결될 수 있습니다.

Routing 랙에 표시되는 오디오 인/아웃은 VST Connections 설정으로 결정되는 것이므로, 멀티 오디오 인터페이스를 사용하고 있는 경우에는 사전 설정이 꼭 필요합니다.

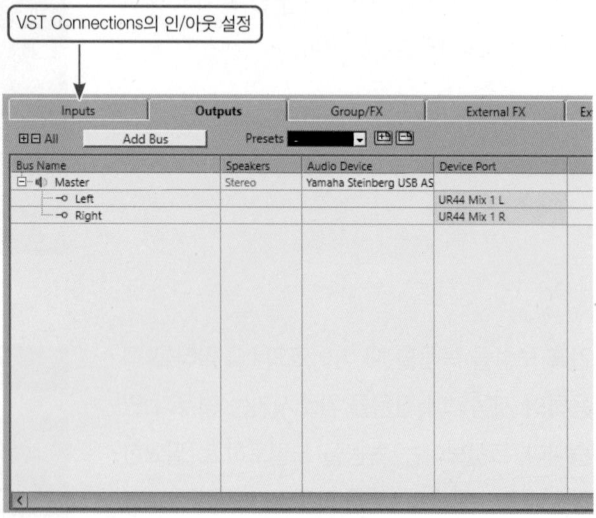

## 02 Pre

Inserts 전에 적용되는 Pre 랙에는 입력 사운드의 고음이나 저음을 차단하는 Filter, 입력 레벨을 조정하는 Gain, 위상을 바꾸는 Phase 기능을 제공합니다. 채널 세팅 창의 Pre 항목도 동일한 역할입니다.

- Filter

사운드의 고음역(HC) 또는 저음역(LC)을 차단합니다. 각각 마우스 드래그로 주파수를 조정할 수 있으며, 미세 조정은 Shift 키를 누른 상태로 드래그합니다. Ctrl 키를 누른 상태로 클릭하면 초기값으로 설정됩니다.

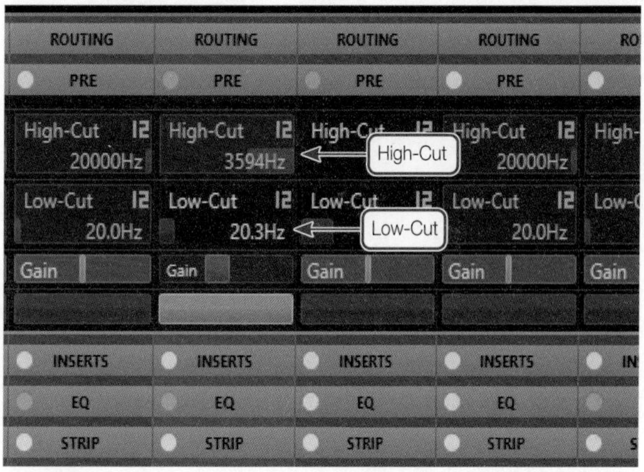


간혹 보컬을 녹음할 때 마이크의 LC 필터를 적용하여 저음역대 잡음을 감소시키는 경우가 있습니다. 그것보다는 녹음을 노멀로하고, 필요한 경우에 믹스콘솔의 LC을 적용하는 것이 효과적입니다. 각각의 필터는 차단 범위를 설정할 수 있는 Slope 메뉴와 작동 여부를 결정하는 On/Off 버튼을 제공합니다.

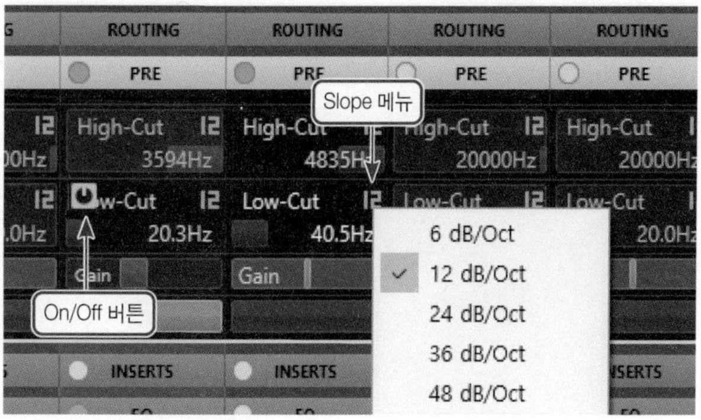

## ● Gain

일반적으로 입력 레벨은 녹음하는 소스에서 조정을 하지만, 여러가지 변수로 인해서 게인을 조정할 필요가 있다면, Pre 랙에서 게인을 조정할 수 있습니다. 단, 녹음된 소스를 조정하는 것입니다. 값은 마우스 드래그 또는 Gain 항목을 더블 클릭하여 입력합니다. Shift 키를 누르면, 미세 조정이 가능합니다.

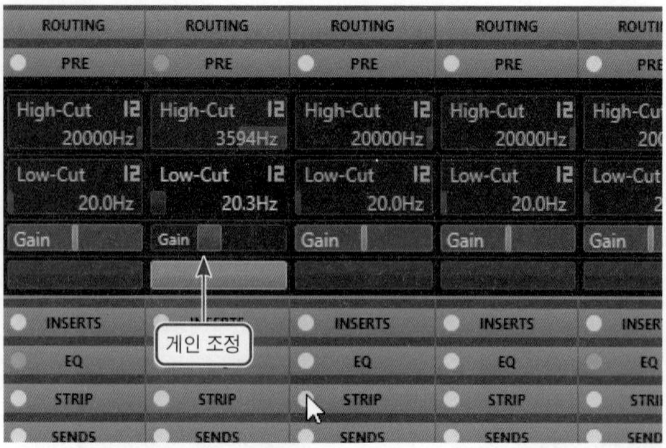


## ● Phase

오디오 파형은 이론적으로 동일한 파형이 겹치면 볼륨이 2배 증가하고, 반대 파형이 겹치면 무음으로 들립니다. 실제로 이렇게 완벽한 위상 반전 현상은 경험하기 어렵지만, 사용자의 의도와는 다르게 볼륨이 증가하거나 감소하는 현상은 쉽게 경험할 수 있습니다.

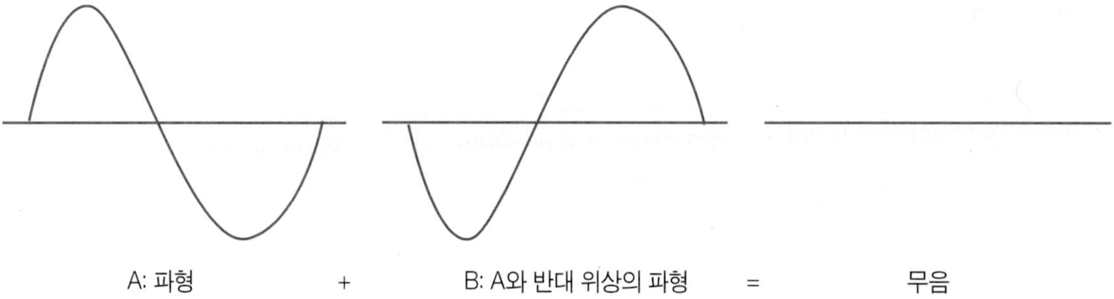


위상 반전은 오디오 케이블의 극성이 바뀌는 하드웨어적인 문제보다도 녹음 공간의 특성이나 딜레이와 같은 시간 지연 이펙트를 사용할 때 흔하게 발생하는데, 일반적으로 마이크의 위치를 바꿔보는 것 만으로도 해결할 수 있습니다. 하지만, 이미 녹음된 이벤트로 인해서 다른 트랙과의 위상 반전이 일어날 경우에 Phase 버튼으로 해결할 수 있습니다.

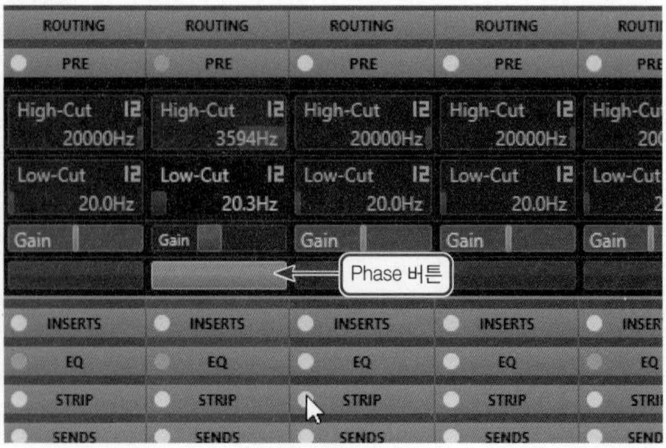

# 03 Insert

믹스콘솔의 Insert 랙은 프로젝트 창의 Inserts 인스펙트 또는 채널 세팅 창의 Inserts 패널과 동일합니다. 큐베이스는 30여가지 이상의 VST Effects를 기본으로 제공하고 있으며, 타사의 VST Effects를 추가로 설치하여 기능을 무한정 확대할 수 있습니다.

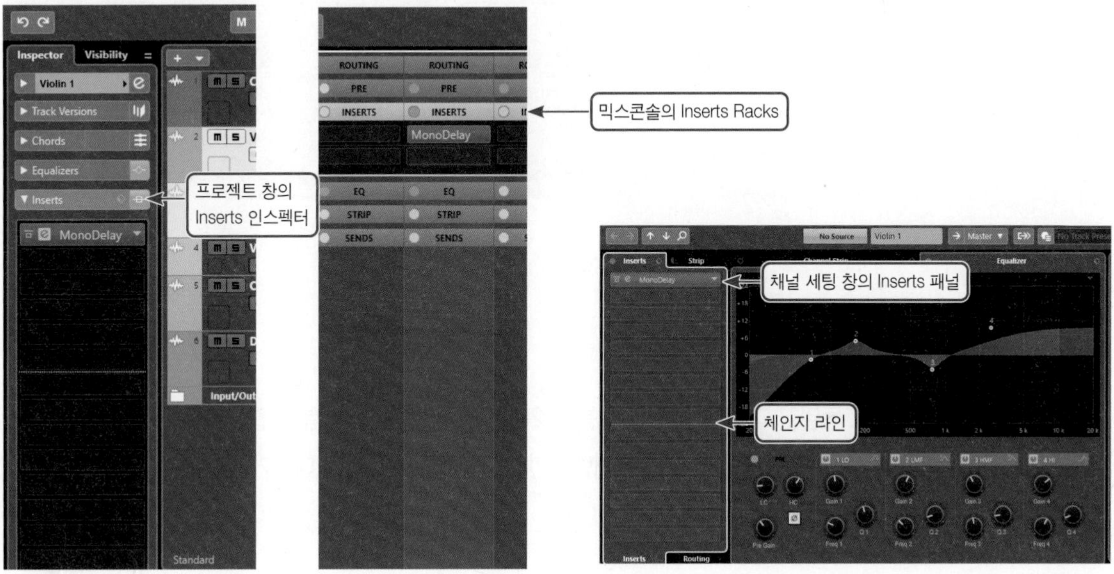


Inserts 랙에서 이펙트를 장착할 때 주의해야 할 점은 녹색의 체인지 라인 전의 장치들은 볼륨 페이더 전에 적용되는 Pre 이펙트이며, 체인지 라인 다음의 장치들은 볼륨 페이더 이후에 적용되는 Post라는 것입니다. 체인지 라인은 마우스 드래그로 조정 가능하며, 일반적으로 체인지 라인 이후에는 볼륨에 영향을 받는 다이내믹 계열이나 디더링에 관련된 이펙트를 사용합니다.

이펙트는 슬롯을 클릭하면 열리는 메뉴에서 사용자가 원하는 이펙트를 선택하는 것만으로 쉽게 적용할 수 있으며, 제거할 때는 No Effect를 선택합니다. 각 이펙트의 자세한 내용은 오디오 이펙트 학습편을 참조합니다.

장착한 이펙트는 드래그로 Pre/Post 또는 채널의 위치를 이동시킬 수 있으며, Alt 키를 누른 상태로 드래그하여 다른 채널로 복사도 가능합니다.

이펙트나 EQ 사용이 서툰 입문자라면 전문가들이 만들어 놓은 프리셋을 이용해도 좋습니다. 랙 이름 오른쪽의 프리셋 버튼을 클릭하여 메뉴를 열고, From Track Preset을 선택합니다. Load FX는 사용자가 저장한 프리셋을 불러오고, Save FX는 채널의 설정을 프리셋으로 저장하는 메뉴입니다.

큐베이스는 가수나 악기 음색에 어울리는 이펙트 설정 값들을 카테고리로 제공하고 있기 때문에 입문자도 쉽게 고급 사운드를 연출할 수 있습니다. 악기 카테고리는 레이아웃 버튼을 클릭하면 열리는 옵션에서 Filter 항목을 체크해야 볼 수 있습니다.

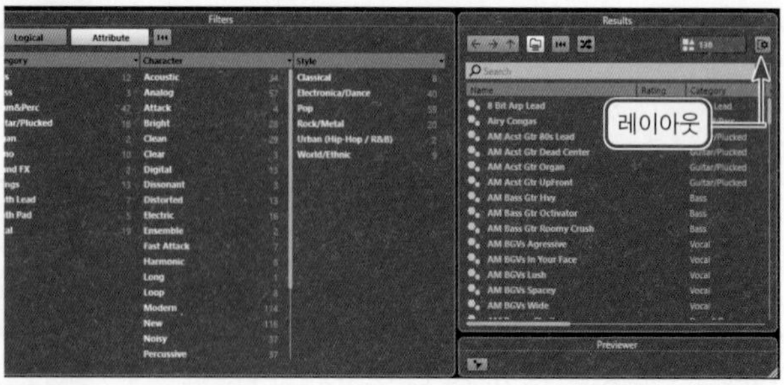

## 04 EQ

채널의 주파수를 조정하는 EQ 랙은 프로젝트 창의 Equalizers 인스펙트 및 채널 세팅 창의 Equalizers 패널과 동일합니다. 모두 슬라이드 방식과 그래픽 방식을 제공하고 있으며, 각 방식에 익숙해져야 할 것입니다.

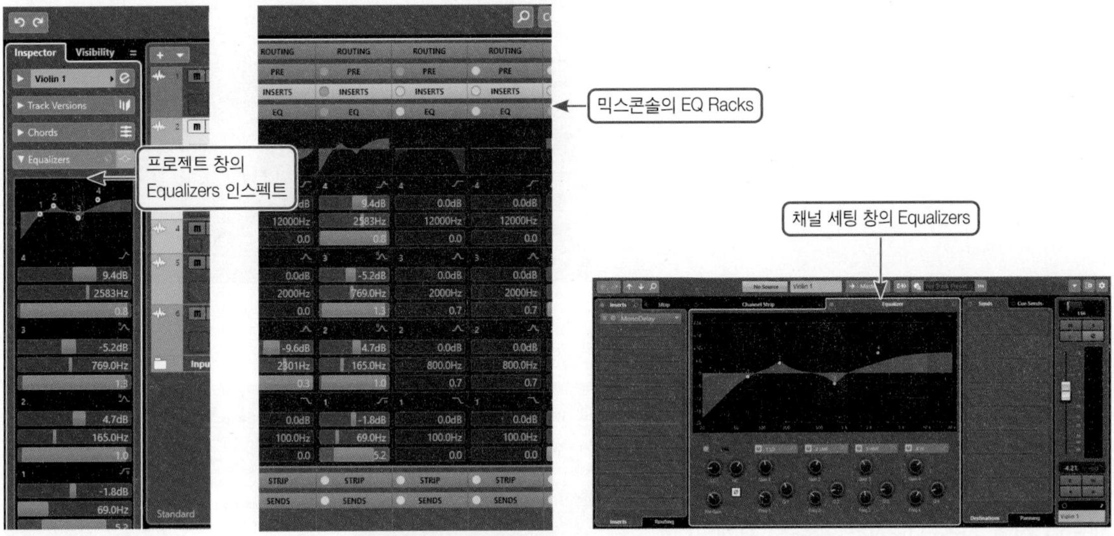


믹스콘솔의 EQ는 4밴드 타입이며, 상단에 EQ 커브를 보여주는 부분과 하단에 각 밴드의 Gain, Frequency, Q-Factor를 슬라이드 방식으로 조정할 수 있는 부분으로 구성되어 있습니다. 레이아웃 버튼의 Equalizers-Curve를 체크하면 EQ 커브를 Routing 상단에 표시할 수 있습니다.

슬라이드 타입은 각 밴드의 활성 버튼을 On으로 하여 사용 여부를 결정하며, 각 슬라이드는 마우스 드래그로 조정합니다. Ctrl 키를 누른 상태로 클릭하면 초기값으로 설정됩니다.

커브 타입은 마우스로 선택하는 즉시 확대되어 작업의 편의를 제공하고 있으며, 마우스 클릭과 드래그로 Gain과 Frequency를 조정할 수 있습니다. 포인트를 창 밖으로 드래그하면 해당 밴드가 Off 됩니다.

**Tip**

커브를 조정할 때 Ctrl 키를 누르면, Gain만 조정할 수 있고, Alt 키를 누르면 Frequency만 조정할 수 있습니다. 그리고 Shift 키를 누르면 Q 값만 조정할 수 있습니다.

커브 창의 장점은 사운드를 재생할 때 EQ 조정 결과를 눈으로 확인할 수 있는 스펙트럼이 표시된다는 것입니다. 회색은 EQ가 적용되기 전의 라인이고, 녹색은 EQ가 적용된 라인입니다.

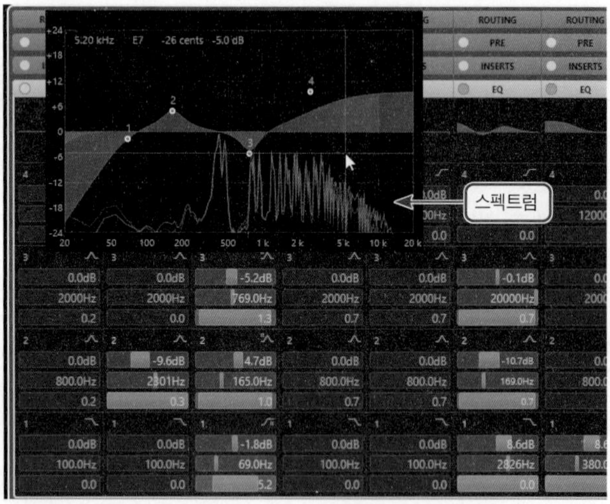


EQ 타입은 활성 버튼 오른쪽의 타입 버튼을 누르면 변경할 수 있는데, EQ1과4는 Parametric 외에 Shelf 또는 Pass로 설정할 수 있습니다. Shelf는 설정된 주파수 이하(Low Shelf) 또는 이상(High Shelf)을 증/감시키는 것이고, Pass는 설정된 주파수 이하(High Pass) 또는 이상(Low Pass)을 차단합니다. 직접 커브의 변화를 확인해보기 바랍니다.

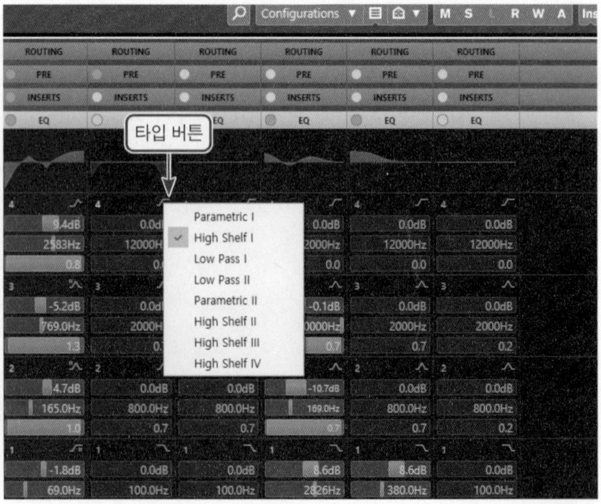

EQ는 커브와 슬라이드를 한 화면에서 보고 컨트롤로 할 수 있는 채널 세팅 창을 선호하는 편입니다. 믹스콘솔에서 채널 세탕 창을 열 때는 페이더 섹션의 Edit 버튼을 클릭합니다.

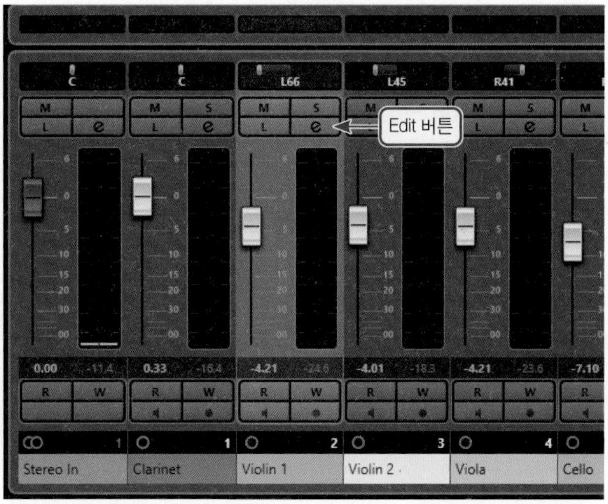


채널 세팅 창의 Equalizer 탭은 커브와 4밴드 슬라이드를 한 화면에서 컨트롤할 수 있습니다. 디스플레이 창 오른쪽 상단에 보이는 Show/Hide 버튼은 슬라이드를 노브 타입으로 표시하거나 밴드 컨트롤을 감출 수 있습니다.

믹스콘솔에는 모든 채널의 Inserts, EQ, Strip, Sends를 Bypass 시킬 수 있는 도구를 제공합니다. 각각의 버튼을 On/Off 하여 믹싱 및 마스터링 작업 전/후의 사운드를 비교해볼 때 유용합니다.

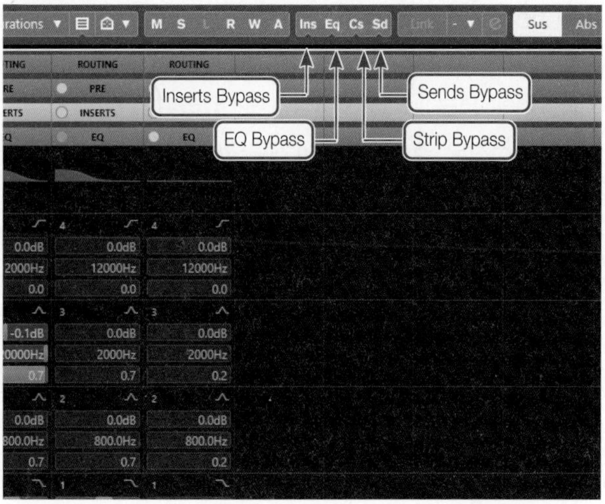

# 05 Strip

큐베이스는 하드웨어 믹스콘솔을 그대로 재현한 Channel Strip을 제공합니다. 이것은 프로젝트 창의 Strip 인스펙터와 채널 세팅 창의 Strip 탭에서도 구현되고 있으며, Gate, Compressor, EQ, Tools, Saturation, Limiter를 갖추고 있습니다.

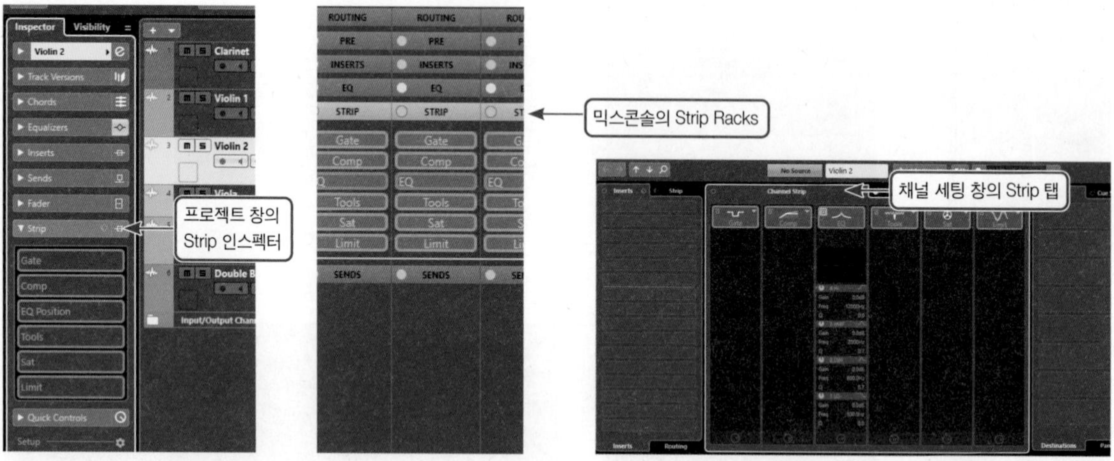


Channel Strip에서 제공하는 이펙트는 Inserts에서 제공하는 것의 일부분이기 때문에 별도의 사용법을 익힐 필요는 없습니다. 자세한 내용은 이펙트 학습편을 참조하기 바랍니다. EQ를 제외한 나머지 스트립은 모듈 버튼을 클릭하여 장치를 선택할 수 있습니다.

큐베이스에서 제공하는 Channel Strip의 장치는 마우스 드래그로 위치를 변경할 수 있습니다. 장치의 적용 순서는 믹싱 결과에 큰 영향을 미치는 사항이므로, 다양한 시도를 해보면서 자신만의 환경을 구축할 수 있어야 할 것입니다.

# 06 Sends

믹스콘솔의 Sends 랙은 최대 8개의 FX 채널을 연결할 수 있으며, 프로젝트 창의 Sends 인스펙터 또는 채널 세팅 창의  Sends 패널과 동일한 역할을 합니다.

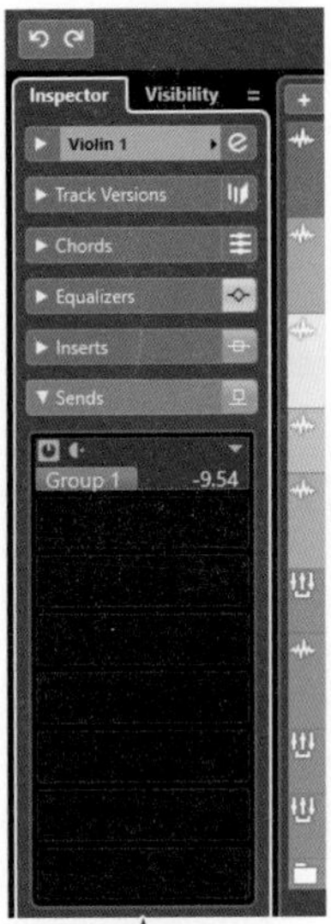


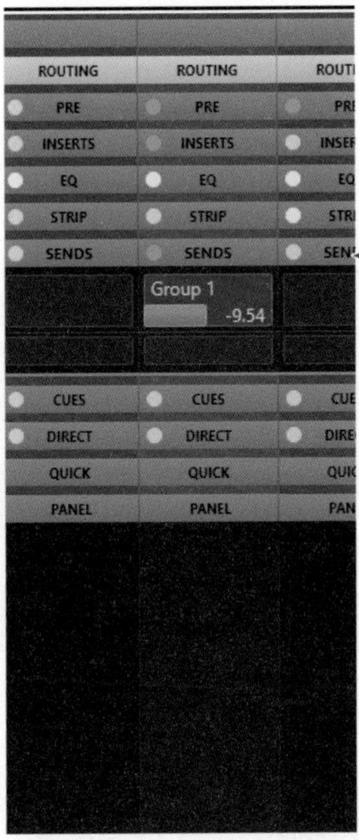

Sends 랙의 슬롯은 FX 채널을 연결하는 것이 목적이므로, 사전에 FX 채널을 만들어야 합니다. 믹스콘솔에서 마우스 오른쪽 버튼을 클릭하여 단축 메뉴를 열고, Add Effect Track을 선택합니다.

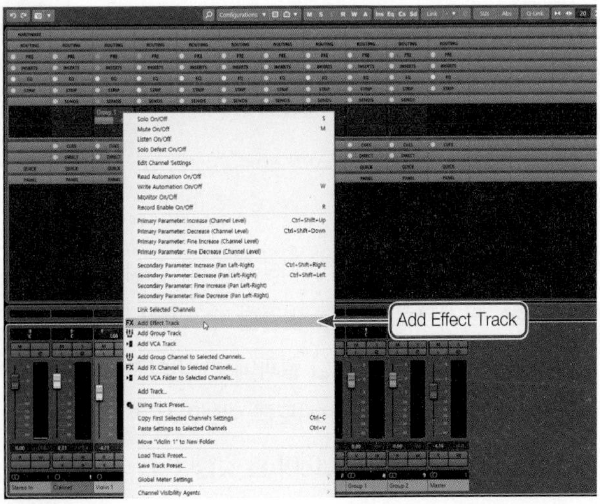


**Tip**

단축 메뉴의 Add FX Channel to Selected Channels은 선택한 채널의 Sends에 새로 만드는 FX 채널을 자동으로 연결합니다.

Configuration에서 채널을 선택하고, Effect에서 이펙트를 선택합니다. Configuraion에서 Stereo를 선택하고, Effect에서 Reverb 계열의 REVerence를 선택해보겠습니다.

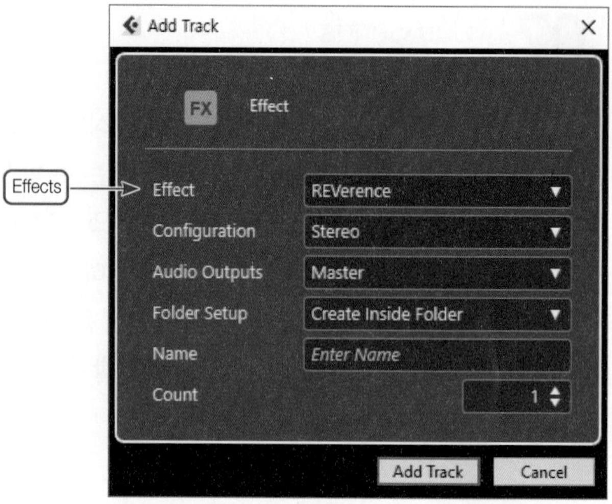


**Tip**

Effect은 No Effect로 설정한 후에 FX 채널에서 최대 8개까지 설정할 수 있으므로, 채널을 만들 때 결정하지 않아도 됩니다.

REVerence가 적용된 FX 1 채널이 생성됩니다. Clarinet 채널을 제외한 나머지 5개 채널에서 Sends 슬롯을 클릭하여 FX 1- REVerence를 선택합니다. 하나의 리버브를 5개의 채널에서 동시에 사용하고 있는 것입니다. 이것이 센드 방식의 장점입니다.

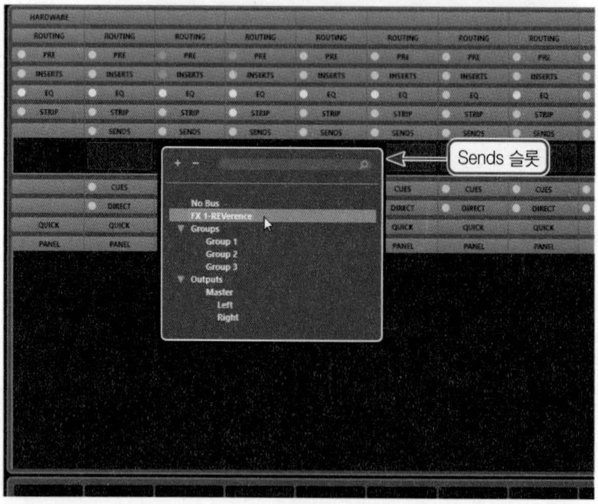


활성 버튼을 On으로 하고, 슬라이드를 조정하여 각 채널의 리버브 양을 조정합니다. 센드 방식의 단점이라면 이펙트의 양외에는 채널 마다 다른 설정 값을 가질 수 없다는 것입니다. 그래서 양만 조정해도 좋은 리버브나 딜레이 등의 이펙트를 센드 방식으로 많이 사용합니다.

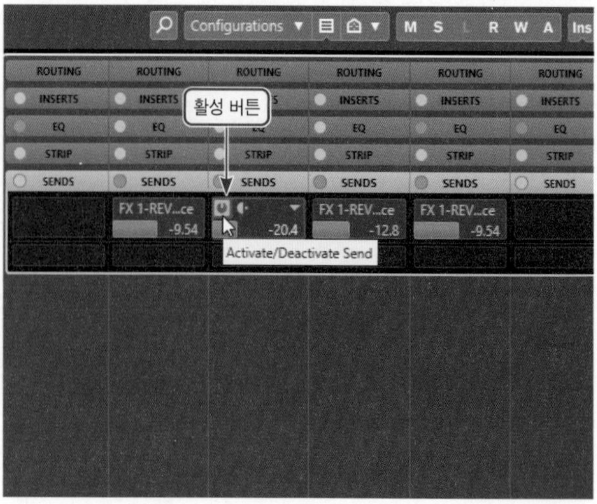

## 07 Cue Sends

두 명 이상의 연주를 동시에 녹음하려면 두 개 이상의 헤드폰을 연결할 수 있는 큐 박스나 헤드폰 앰프가 필요합니다. 과거에는 연주자가 톤까지 컨트롤할 수 있는 큐 박스를 많이 사용했지만, 요즘에는 가격이 저렴한 헤드폰 앰프를 사용하는 추세입니다. 물론, 멀티 아웃 오디오 인터페이스와 헤드폰 앰프, 그리고 연주자 수만큼의 헤드폰을 준비해야 하기 때문에 개인 작업자에게는 여전히 큰 부담입니다. 그래도 꼭 필요한 경우라면 이 정도는 준비를 해야 합니다. 그래도 이를 컨트롤하기 위한 콘솔이나 패치 등, 수 천만원어치의 비용이 필요한 시스템은 큐베이스에서 제공하는 Control Room으로 해결할 수 있으며, Cue Sends 랙은 컨트롤 룸에서 설정한 헤드폰으로 전송할 채널을 선택하는 역할을 합니다.

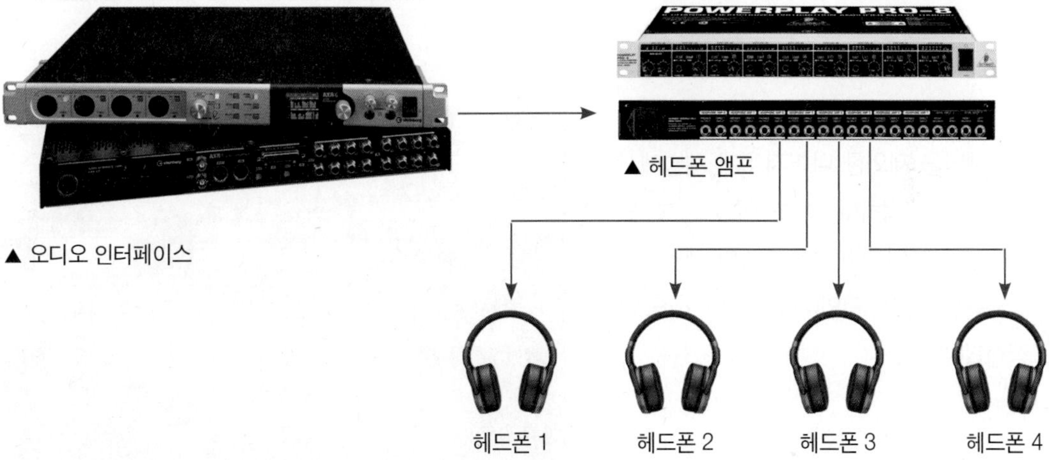


Cues Rack을 사용하려면 사전에 컨트롤 룸 세팅이 되어 있어야 합니다. F4 키를 눌러 Audio Connections 창을 열고, Control Room 탭의 Enable 버튼을 클릭합니다.

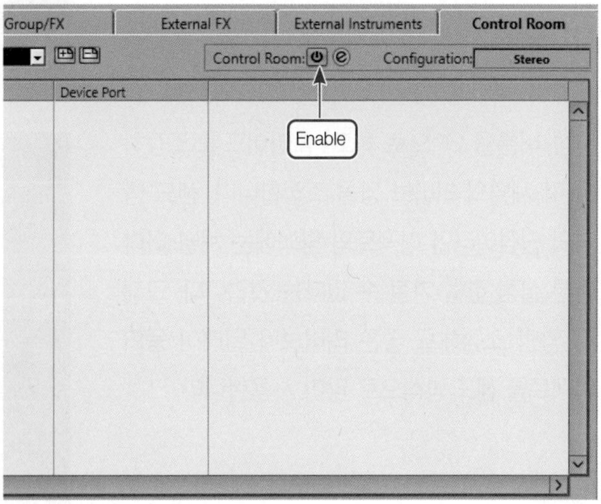

Add Channel 버튼을 클릭하여 메뉴를 열고, Add Cue를 선택합니다. Name 항목에 구분하기 쉬운 이름을 입력하고 OK 버튼을 클릭합니다. 큐베이스는 총 4개의 Cue 채널을 만들 수 있습니다.

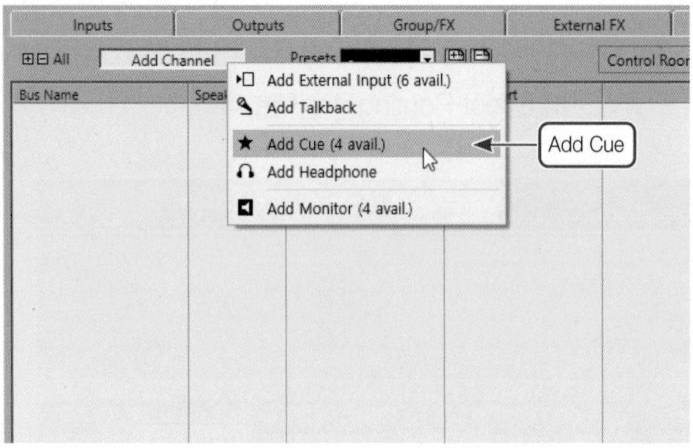

Audio Device 칼럼에서 컴퓨터에 연결되어 있는 오디오 인터페이스를 선택하고, Device Port 칼럼에서 헤드폰이 연결되어 있는 포트를 선택합니다.

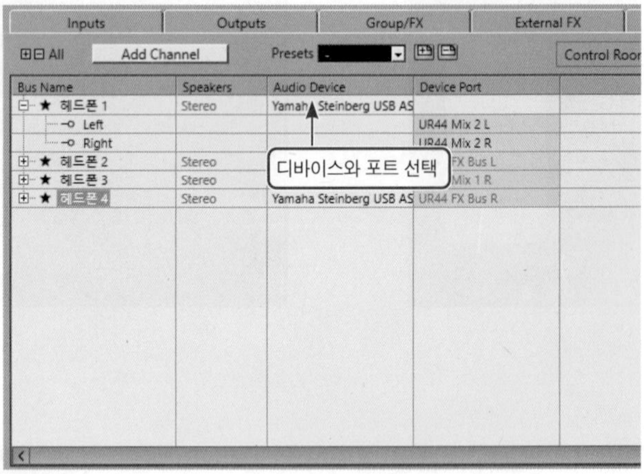


Cues 랙에 컨트롤 룸에서 설정한 채널이 표시되며, On 버튼을 클릭하여 해당 채널을 연주자에게 전송할 수 있습니다. 레벨과 팬은 마우스 드래그 및 휠을 돌려 조정할 수 있습니다.

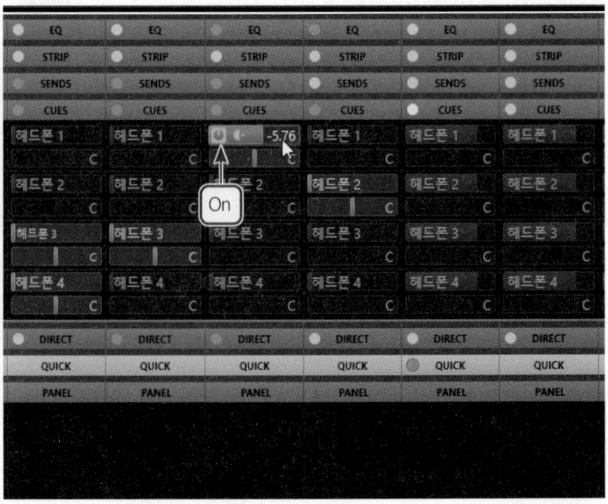

# 08 Direct Routing

다이렉트 라우팅 랙은 채널의 오디오 출력 신호 경로를 빠르게 변경할 수 있는 기능을 제공하며, 프로젝트 창의 Direct Routing 파라미터와 동일합니다. 프로젝트 창에서 Direct Routing 파라미터가 보이지 않는다면, 인스펙터 창 아래쪽에 톱니 모양으로 되어 있는 Setup 버튼을 클릭하여 Direct Routing을 선택합니다.

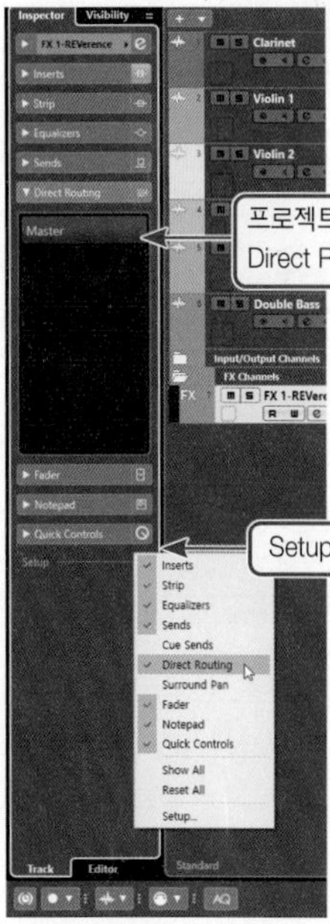


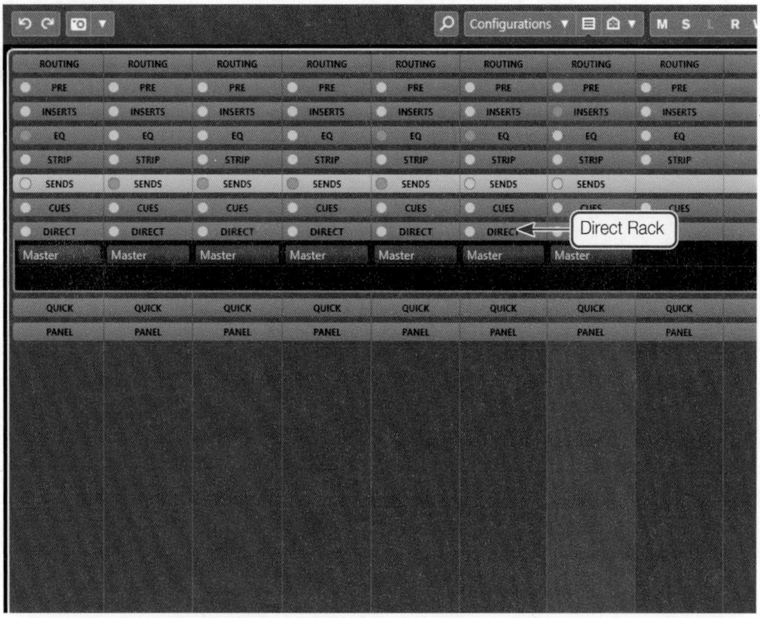


마우스 오른쪽 버튼을 클릭하여 단축 메뉴를 열고, Add Group Track을 선택하여 그룹 채널을 만듭니다. VST Connections의 Group/FX 탭에서 미리 만들어도 좋습니다.

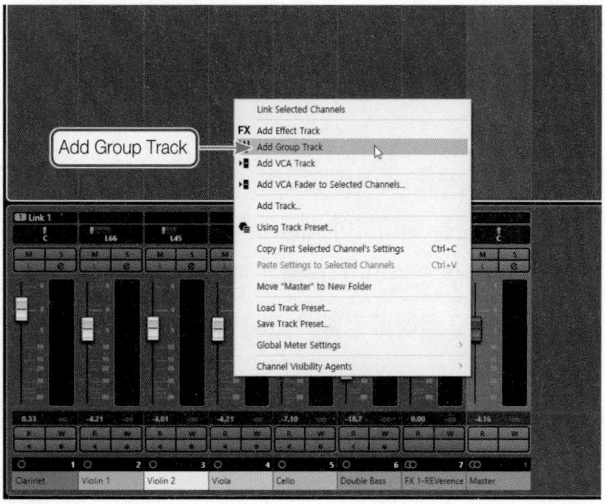

Direct Routing 기능을 이용할 트랙들을 Shift 키를 이용해서 모두 선택합니다. 그리고 슬롯을 클릭하여 목록을 열고, Alt+Shift 키를 누른 상태로 만들어 놓은 아웃을 선택합니다.

Tip

선택한 트랙의 아웃을 한 번에 설정하기 위해서는 Alt+Shift 키를 누른 상태로 선택해야 합니다.

Direct Routing 랙의 아웃 슬롯은 총 8개까지 등록이 가능하며, 마우스 선택으로 신호 경로를 바꿀 수 있습니다. Shift 키를 누른 상태로 동시에 2채널 이상의 아웃 설정도 가능합니다.

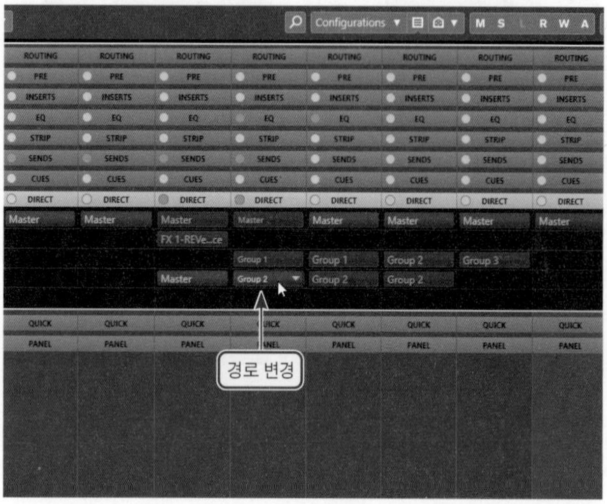


Direct Routing 랙은 5.1 채널 이상의 영화 음악을 제작할 때나 멀티 아웃 스튜디오 환경에서 빠른 모니터가 필요할 때, 또는 Channel to Export에서 Export Multiple Channles을 선택하여 그룹별로 믹스다운을 할 때 유용합니다.

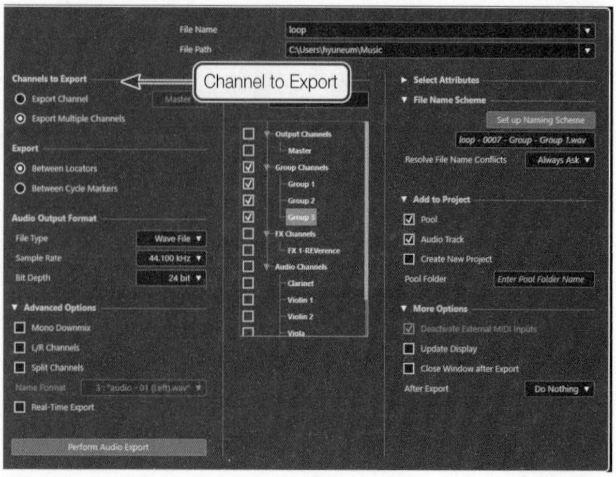

# 09 페이더 섹션

믹스콘솔의 페이더 섹션은 트랙의 볼륨이나 팬 등을 컨트롤할 수 있는 트랙 컨트롤 파라미터로 구성되어 있으며, 로우 존으로 열었을 때 기본적으로 볼 수 있는 섹션입니다. 물론, 프로젝트 창의 Fader 인스펙터와 채널 세팅 창에서도 볼 수 있으며, 역할은 동일합니다.

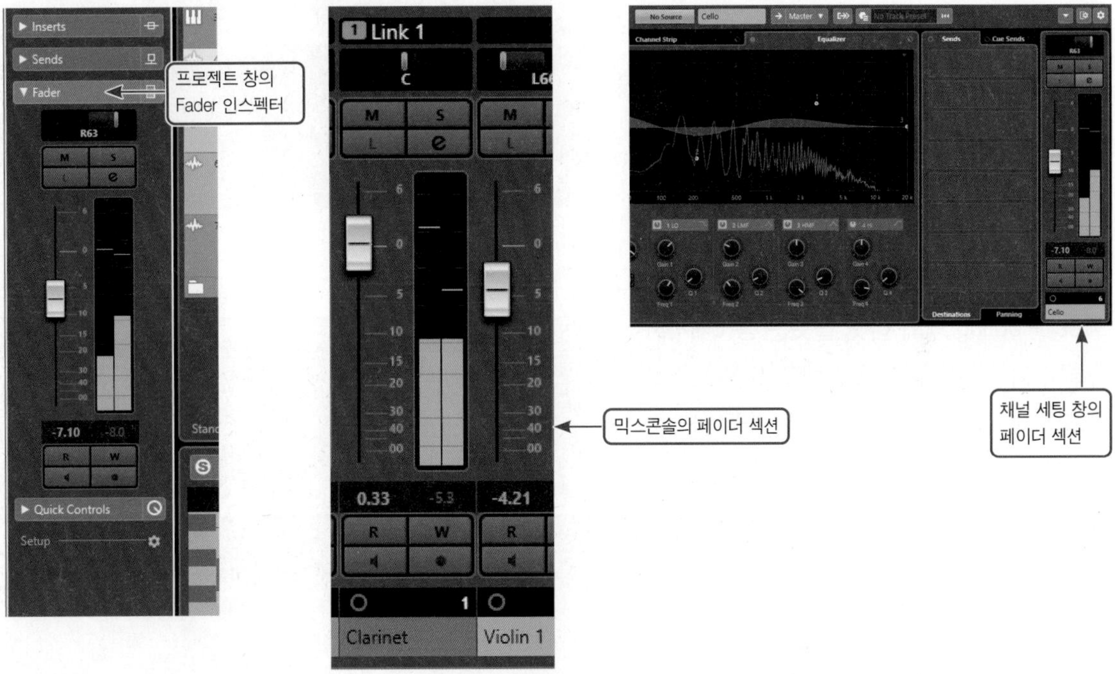


페이더 섹션에는 채널을 연결하는 링크, 팬을 조정하는 팬 슬라이드, 뮤트, 솔로, 듣기, 채널 세팅 창 열기, 볼륨 슬라이드, 오토메이션 쓰기, 읽기, 모니터, 녹음 등, 트랙 컨트롤에서 보았던 파라미터로 구성되어 있습니다.

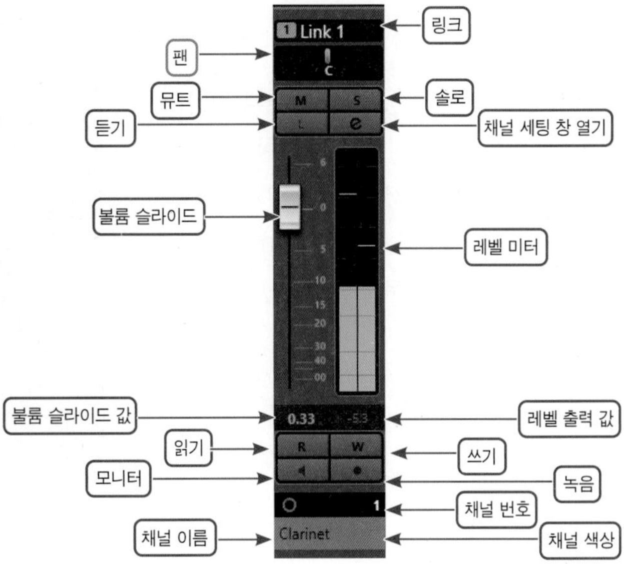

### 팬

팬은 사운드의 재생 방향을 조정합니다. 왼쪽쪽(L)으로 이동시키면 왼쪽 스피커에서 소리가 들리고, 오른쪽(R)으로 이동시키면 오른쪽 스피커에서 소리가 들립니다.

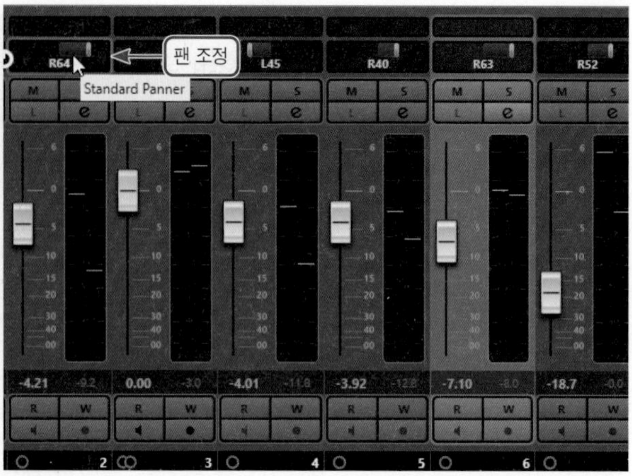


팬은 실제로 사운드를 이동시키는 것이 아니라 반대 방향의 사운드를 줄이는 것입니다. 그래서 좌/우 사운드가 다른 스테레오 채널에서는 범위를 조정할 수 있게 콤바인 타입으로 조정합니다. 팬 섹션 오른쪽의 메뉴 버튼을 클릭하여 Stereo Combined Panner를 선택합니다.

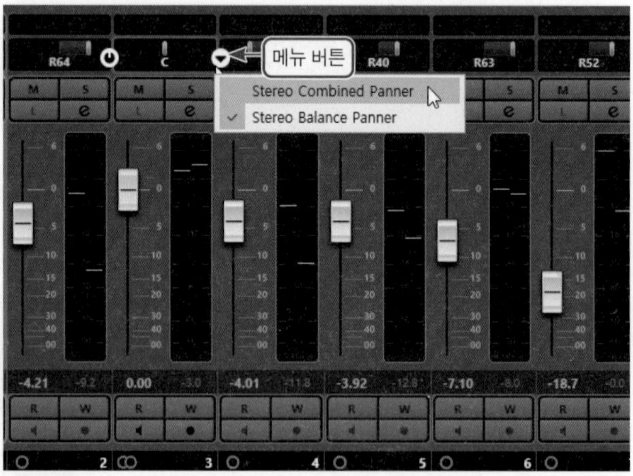


팬 범위가 막대 모양으로 표시되며, 시작 위치를 드래그하여 왼쪽 채널, Alt 키를 누른 상태로 오른쪽 채널을 조정할 수 있으며, 가운데를 드래그하여 위치를 이동시킬 수 있습니다.

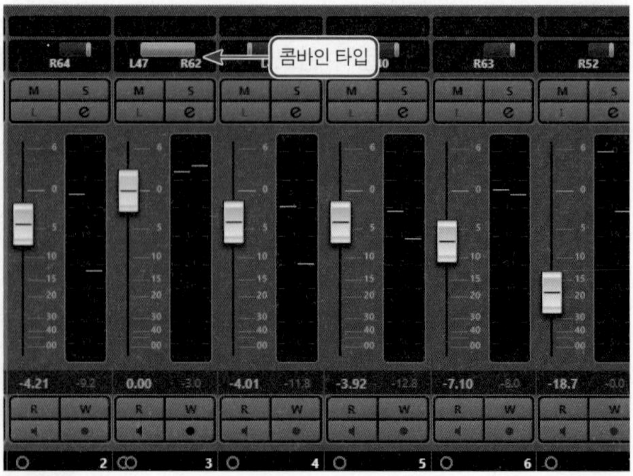

### 뮤트/솔로

볼륨을 조정할 때는 해당 채널을 뮤트하거나 솔로로 연주해서 모니터 할 경우가 있으며, 각각 뮤트 및 솔로 버튼을 클릭하여 결정합니다. 툴바의 M, S, L, R, W, A 버튼은 전체 트랙의 뮤트나 솔로 등의 기능을 Off 시킵니다.

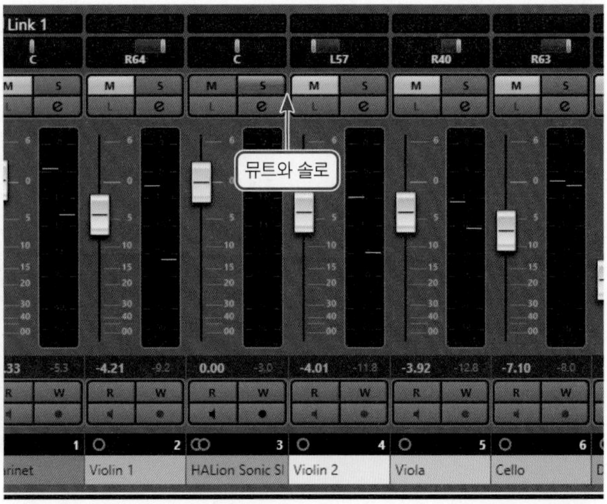


솔로 버튼을 Ctrl 키를 누른 상태로 클릭하면 다른 채널의 솔로 버튼을 Off 시킬 수 있고, Alt 키를 누른 상태로 클릭하면 솔로 기능을 유지할 수 있는 D 버튼으로 바뀝니다. 솔로를 유지한다는 것은 다른 채널을 솔로로 선택했을 때에도 뮤트되지 않는 채널을 의미합니다.

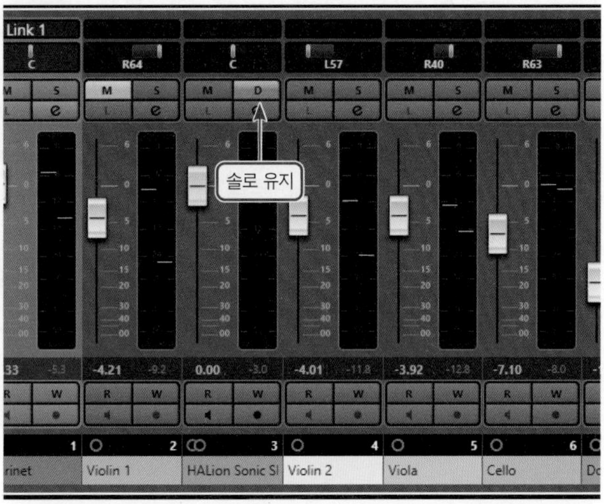


### Listen/Edit

리슨(L) 버튼은 전체 채널의 신호를 막지 않고, 컨트롤 룸에서 연결하여 모니터 할 수 있게 합니다. 자세한 내용은 컨트롤 룸(Control Room) 편을 참조합니다. 편집(E) 버튼은 채널 세팅 창을 엽니다.

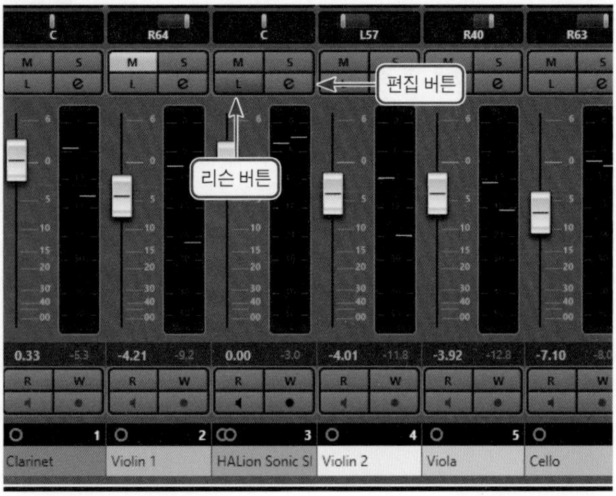

## Volume

각 채널의 슬라이드는 볼륨을 조정하며, 오른쪽에 조정한 볼륨 값을 레벨 미터로 확인할 수 있습니다. 음악을 믹싱하는데 있어서 가장 중요한 것이 EQ와 팬, 그리고 볼륨 밸런스입니다. 조정 방법은 간단하지만, 전체적인 안정감을 얻기 위해서는 많은 노력과 경험이 필요한 부분입니다.

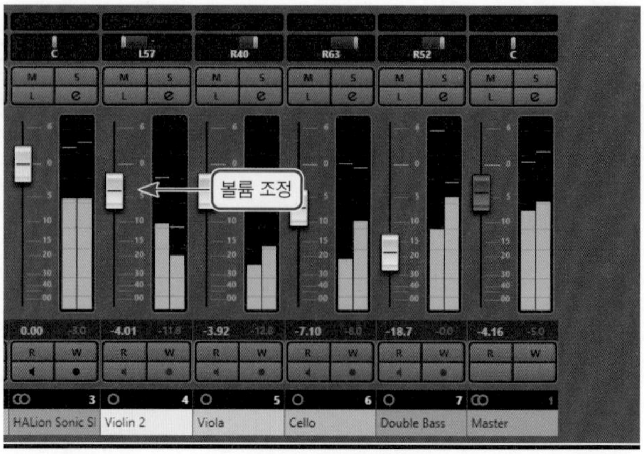


## 오토메이션/모니터/레코드

채널의 모든 움직임을 기록하고 동작시키는 오토메이션 읽기/쓰기 버튼과 입력 사운드를 모니터하는 버튼, 그리고 녹음 채널로 설정하는 레코드 버튼을 제공합니다. 모두 트랙 학습 편에서 살펴본 내용입니다.

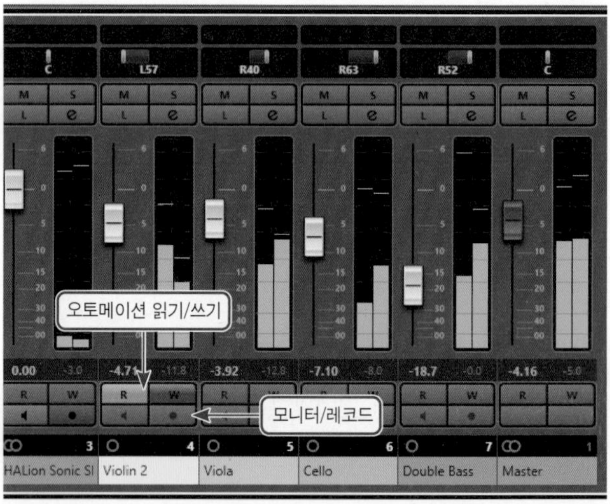


## 이름/색상

트랙의 이름과 색상을 결정합니다. 이름 항목 오른쪽에 표시되는 삼각형을 클릭하면 색상을 선택할 수 있는 팔레트가 열립니다.

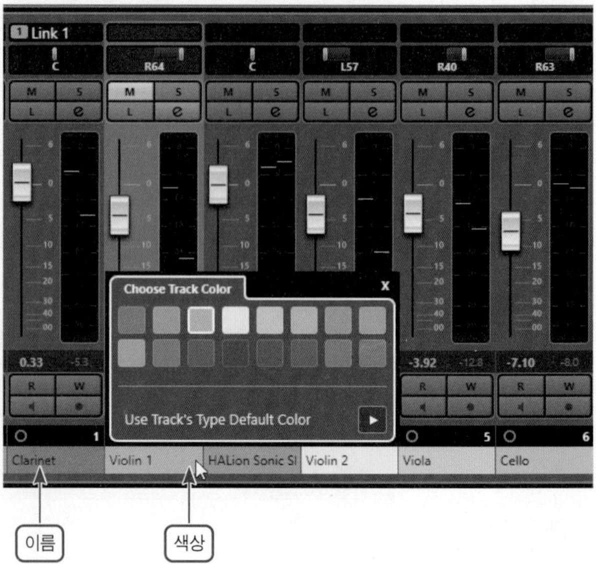

# 04 그 밖의 섹션

큐베이스의 믹스콘솔은 Channel Racks 외에도 Channel Overview, Meter Bridge, Equalizer Curve, Picture, Notepad, Channel Latency 섹션을 제공합니다. 사운드에 영향을 주는 것들은 아니지만, 각 섹션의 역할을 살펴보겠습니다.

Channel Racks 이외에 섹션은 레이아웃 버튼을 클릭하여 열리는 창에서 선택하여 열 수 있습니다. 실제 사운드에 영향을 주지 않는 액세서리 개념이기 때문에 필요 없다고 생각하는 유저도 있겠지만, 트랙 정보를 기록할 수 있는 Picture와 Notepad와 같이 작업을 할 때 꼭 필요한 것들도 있습니다.

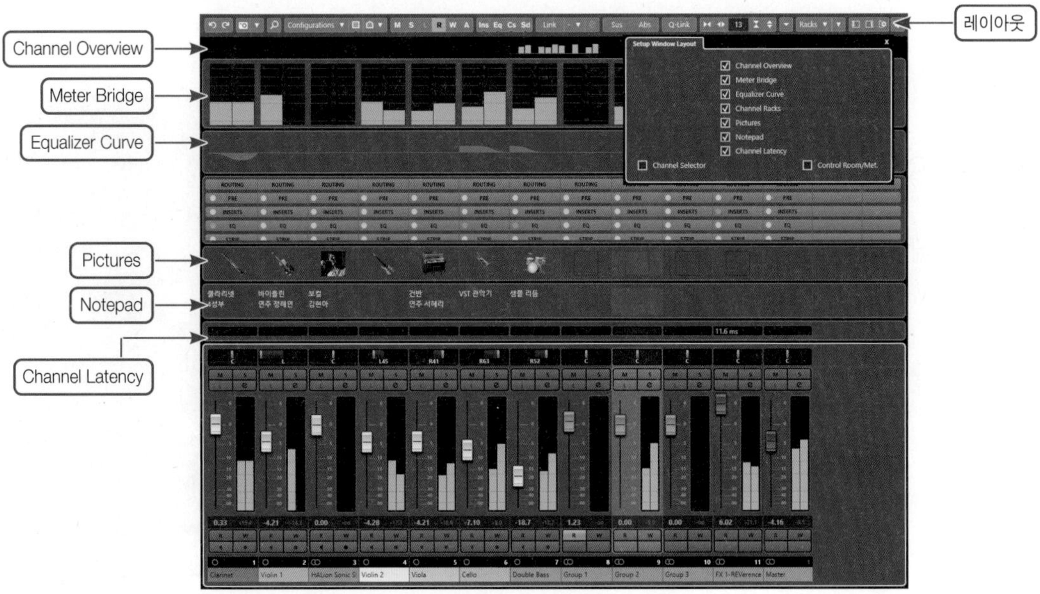

# 01 Meter Bridge

Meter Bridges는 각 채널의 레벨 미터를 표시합니다. 페이더 섹션의 볼륨 슬라이드에서 표시되는 레벨 미터와 큰 차이는 없어 보이지만, 세부적인 체크가 자능한 옵션들을 제공합니다.

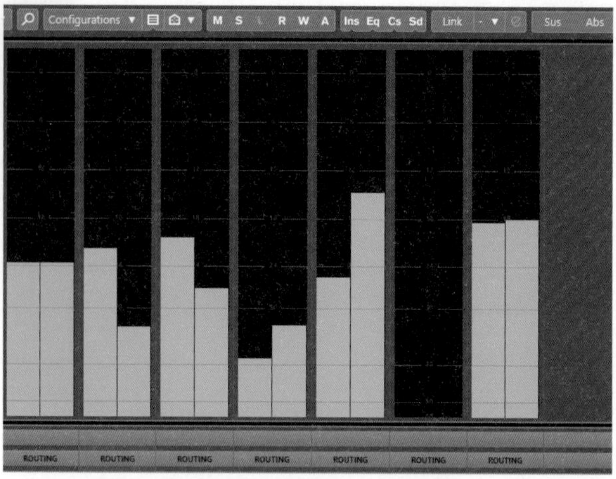

Meter Bridge에서 마우스 오른쪽 버튼을 클릭하여 단축 메뉴를 열고, Meter Type의 Wave를 선택하면, 오디오 신호의 흐름을 한 눈에 파악할 수 있는 파형 타입으로 표시할 수 있습니다.

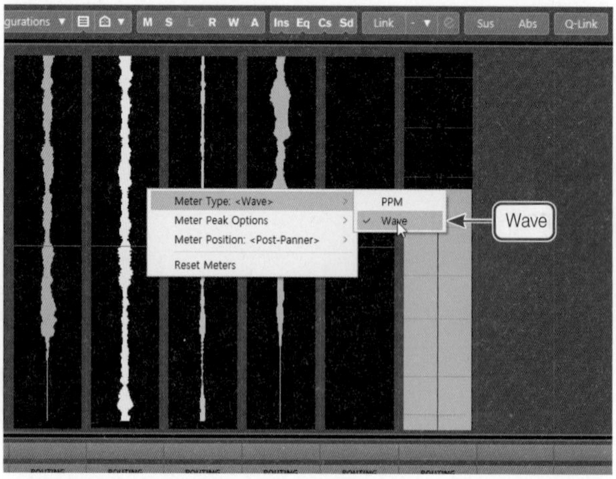


단축 메뉴의 Meter Peak Options에서 Hold Peaks를 체크하면, 피크 레벨을 표시하며, Hold Forever는 피크 라인이 계속 머물게 합니다. 이 옵션 설정은 볼륨 페이더 섹션에도 적용됩니다.

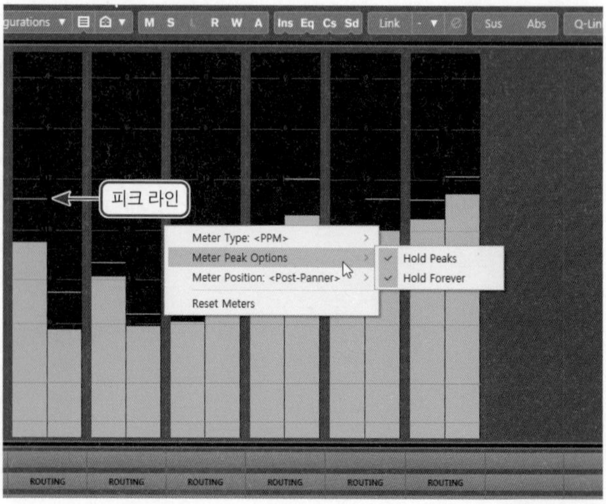

단축 메뉴의 Meter Position 에서 Input을 선택하면 이벤트의 소리 크기를 확인할 수 있으며, Post-Fader를 선택하면 팬이 적용되지 않은 레벨을 체크할 수 있습니다. Reset Meters은 레벨 미터를 초기화 합니다.

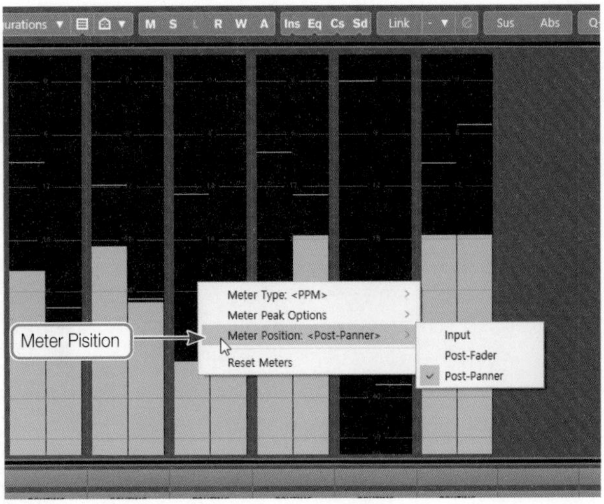


## 02 Channel Overview/Equalizer Curve

Channel Overview는 전체 트랙의 볼륨을 체크할 수 있는 섹션입니다. 많은 채널을 사용하고 있는 곡에서 각 채널의 대략적인 레벨을 체크하고 싶을 때 유용합니다.

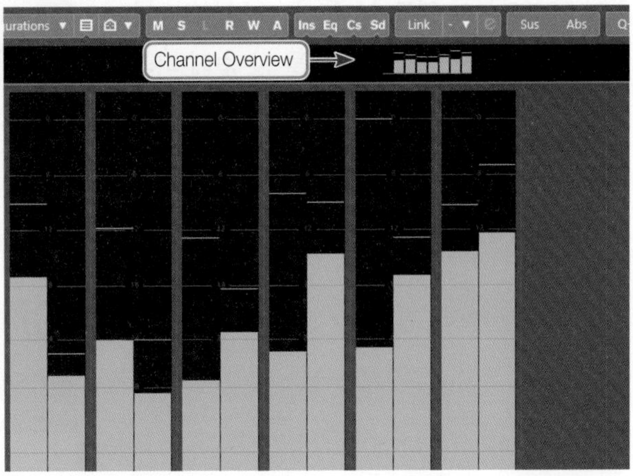


Equalizer Curve는 EQ 섹션의 설정 상태를 표시하며, 마우스 클릭으로 편집할 수 있습니다. 믹싱 작업을 하면서 EQ 섹션을 항상 열어놓을 수 없기 때문에 전체적인 주파수 분포도를 체크할 때 유용합니다.

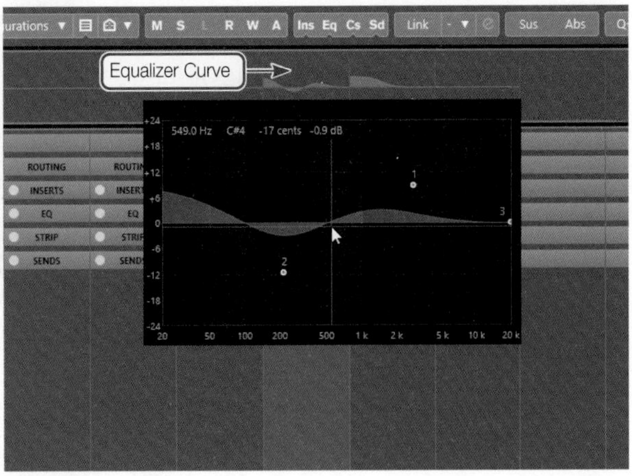

## 03 Picture/Notepad/Channel Latency

Picture은 트랙의 정보를 그림으로 표시할 수 있는 섹션입니다. 보컬이나 연주자 사진으로 기록을 해두면 좀 더 쉽게 트랙을 구분할 수 있을 것입니다. 사용 방법은 프로젝트 창의 인스펙터 학습편에서 살펴본 내용과 동일합니다.

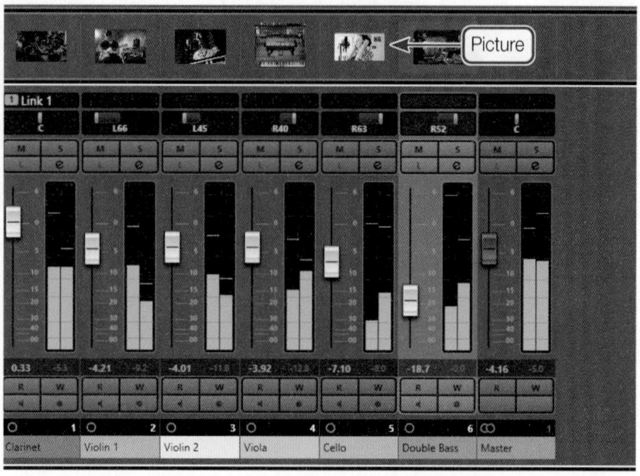


NotePad 섹션 역시 트랙의 정보를 기록하는 역할입니다. 녹음 설정 상태, 작업 상황 등을 기록해 두면, 믹싱 작업을 할 때 많은 도움이 될 것입니다.

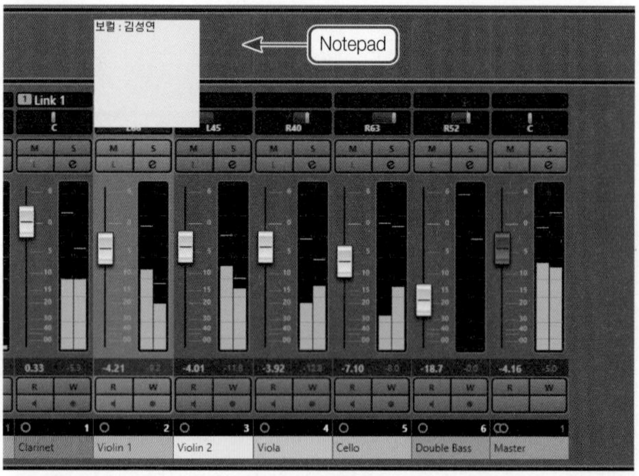


Channel Latency는 플러그-인 사용으로 지연되는 트랙의 타임 정보를 표시합니다. 항목을 클릭하면 어떤 장치가 얼만큼 지연되고 있는지의 세부 정보를 표시하는 창이 열립니다.

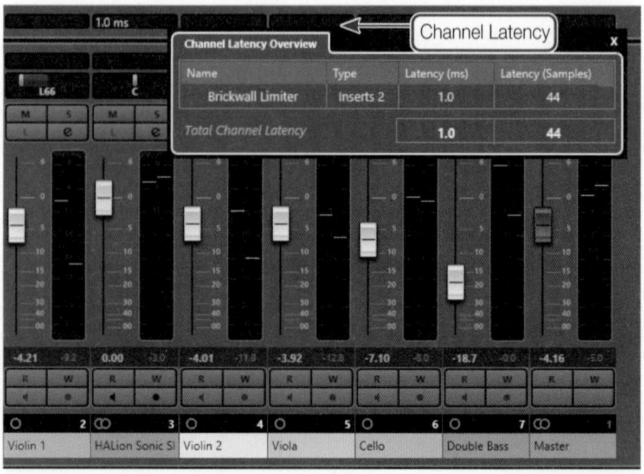

# 05 믹스다운

작업이 끝난 음악의 최종 목적은 MP3와 같은 음원을 만드는 것이며, 이를 믹스다운이라고 합니다. 큐베이스는 로케이터 구간으로 설정되어 있는 범위만 믹스다운 하기 때문에 곡 전체를 믹스다운 하려면 Ctrl+A 키를 눌러 모든 이벤트를 선택하고, P 키를 눌러 로케이터 구간으로 설정합니다.

## 01 MP3 음원 만들기

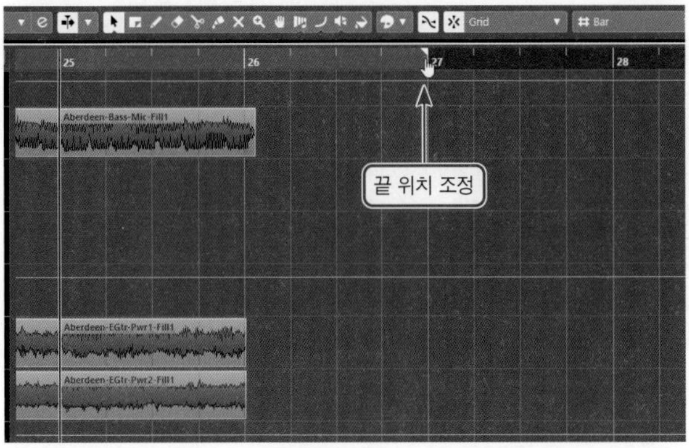


01 완성한 음악을 MP3로 제작하려면 Ctrl+A 키를 눌러 프로젝트의 모든 이벤트를 선택합니다. 그리고 P 키를 눌러 전체 구간을 로케이터 범위로 설정합니다. 단, 리버브나 딜레이와 같은 잔향이 있는 경우에는 끝 부분을 잔향 길이만큼 늘리거나 프로젝트를 만들 때 이벤트 길이를 조정합니다.

02 File 메뉴에서 Export의 Audio Mixdown을 선택하여 창을 엽니다.

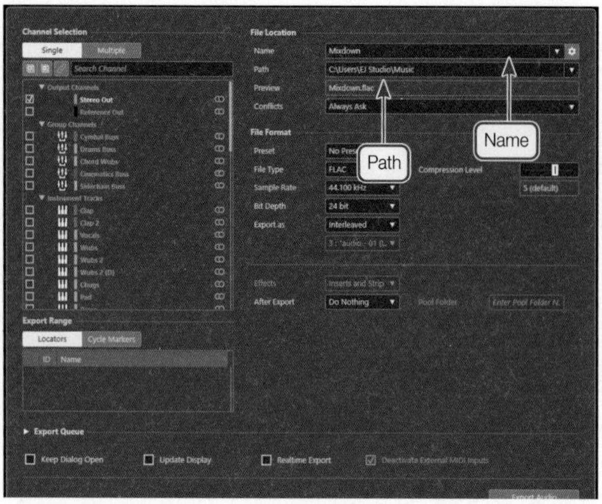


**03** File Location 섹션의 Name 항목에 제작할 MP3 파일 이름을 입력하고, Path에서 저장 위치를 선택합니다. 항목을 선택하면 위치를 묻는 창이 열립니다.

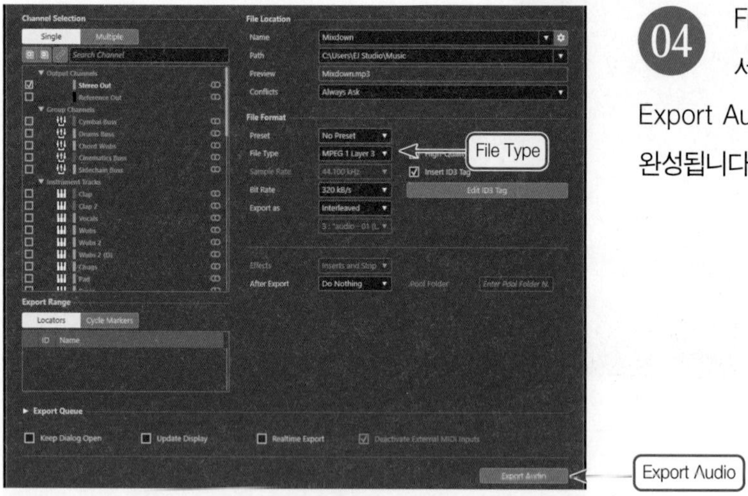


**04** File Format 섹션의 File Type 항목에서 MPEG 1 Layer 3 file을 선택하고, Export Audio 버튼을 클릭하면 MP3 파일이 완성됩니다.

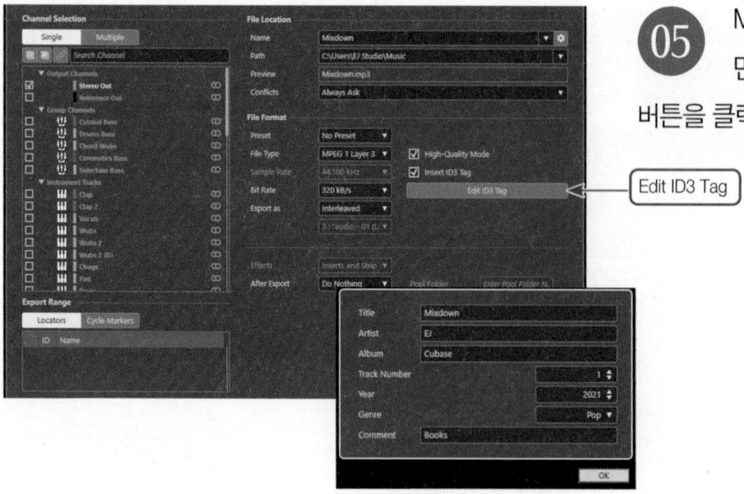


**05** MP3 파일에 제작자의 정보를 넣겠다면 Export Audio 전에 Edit ID3 Tag 버튼을 클릭하여 입력합니다.

# 02 트랙별로 믹스다운하기

디지털 음원 시대이기 때문에 대부분 MP3 파일로 믹스다운 하는 일이 전부겠지만, 오디오 CD, 방송 및 영화 사운드 트랙 등, 사용자에 따라 음악 제작 목적이 다를 것입니다. 큐베이스는 MP3 외에도 Wav, Aif FLAC, Ogg 등, 일반적으로 많이 사용하는 디지털 포맷을 지원하며, 여러가지 포맷의 파일을 동시에 제작할 수 있는 멀티 믹스다운 기능을 제공합니다.

01 Multiple 탭은 동시에 여러 트랙을 믹스다운 할 수 있으며, 링크 버튼을 On으로 하면, 프로젝트에서 믹스다운 할 트랙을 직접 선택할 수 있습니다.

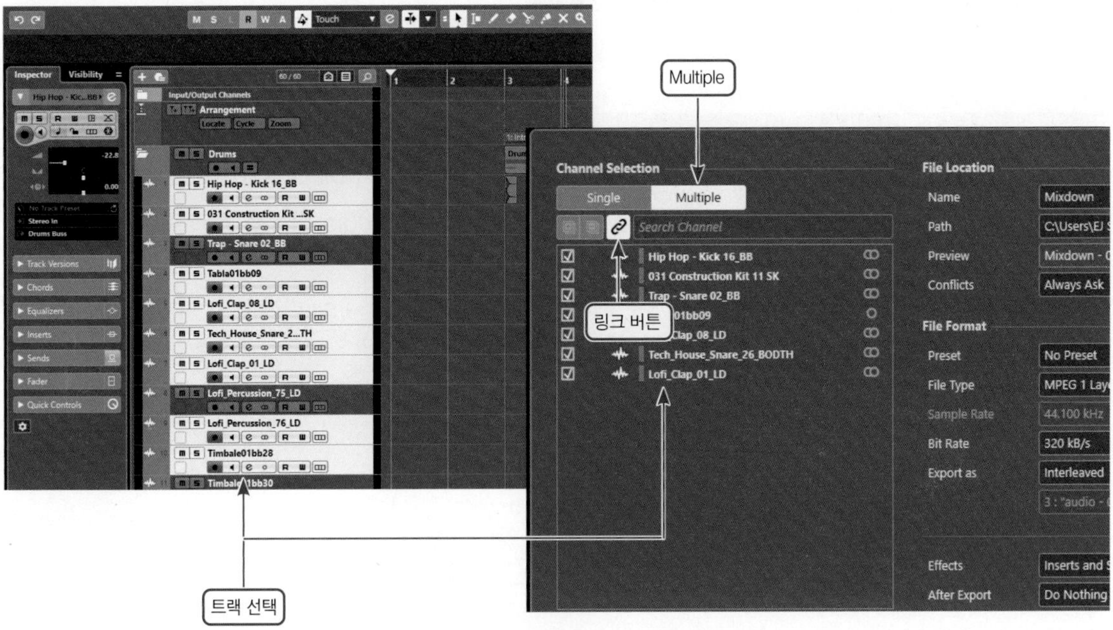


02 File Type에서 제작할 오디오 포맷과 음질을 결정할 Sample Rate 및 Bit Depth를 선택합니다. 오디오 CD를 제작할 목적이라면 Wave 포맷에 44.100KHz/16bit을 선택하고, 유튜브, 방송, 영화, 게임 등, 의뢰 받은 작업이라면, 사전에 협약 된 포맷을 선택합니다.

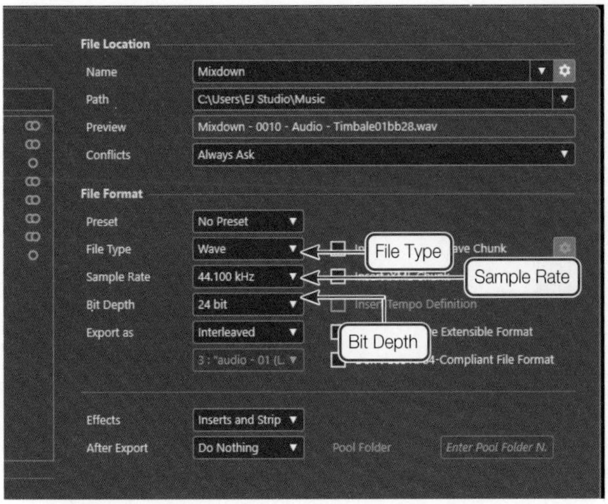

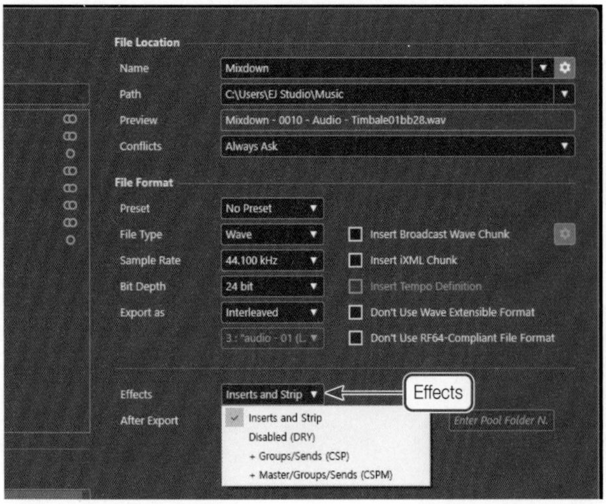


03 작업한 곡을 트랙별로 뽑아서 믹싱과 마스터링 작업을 의뢰하려면 인서트 이펙트를 빼야 하는데, Effects 항목에서 Disabled(DRY)를 선택하면 일일이 프로젝트에서 바이패스를 걸지 않아도 됩니다. 그 외, 그룹이나 마스터 트랙의 이펙트만 추가하는 메뉴도 제공됩니다.

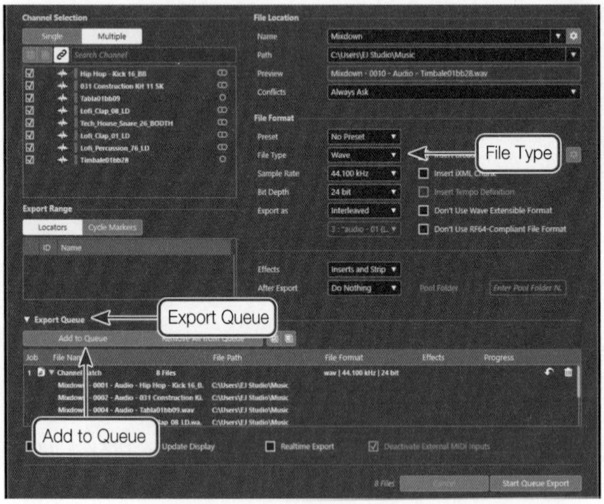


04 큐베이스는 동시에 여러 포맷의 믹스다운이 가능합니다. Export Queue 문자를 클릭하면 지금까지의 설정을 추가할 수 있는 패널이 열립니다. Add to Queue 버튼을 클릭하여 추가합니다.

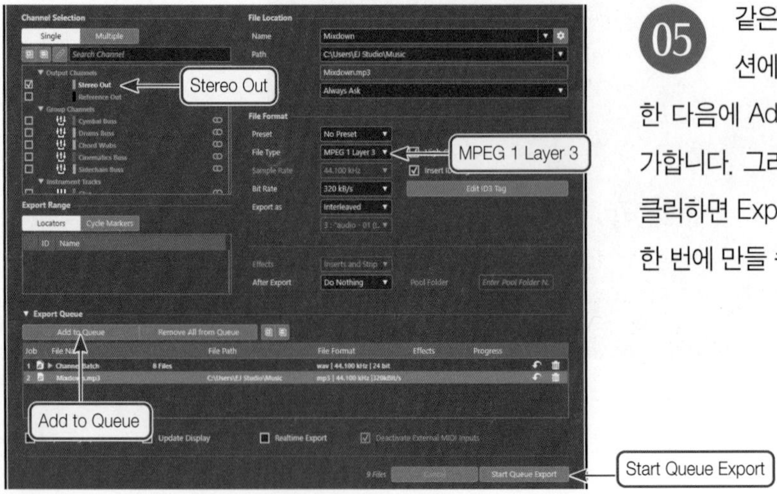


05 같은 방법으로 Channel Secletion 섹션에서 트랙을 선택하고, 포맷을 설정한 다음에 Add to Queue 버튼을 클릭하여 추가합니다. 그리고 Start Queue Export 버튼을 클릭하면 Export Queue에 추가된 모든 파일을 한 번에 만들 수 있습니다.

## 03 섹션별 기능

● Channel Slection

믹스다운 할 트랙을 선택합니다. 하나의 트랙을 선택하는 Single 탭과 여러 개의 트랙을 동시에 선택할 수 있는 Multiple 탭을 제공합니다.

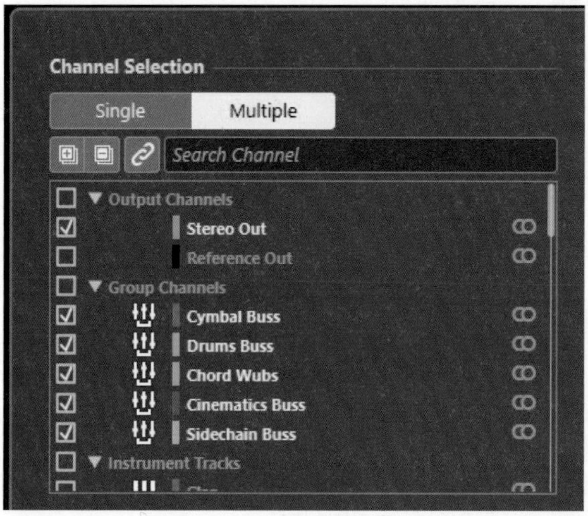


● Export Range

믹스다운 범위를 선택합니다. 기본 설정은 로케이터 범위이지만, 사이클 범위를 선택할 수 있습니다.

▶ Locators : 로케이터 범위를 믹스다운 합니다.

▶ Cycle Markers : 사이클 마커를 선택하여 개별적으로 믹스다운 할 수 있습니다. 사운드 트랙을 제작할 때 꼭 필요한 기능입니다.

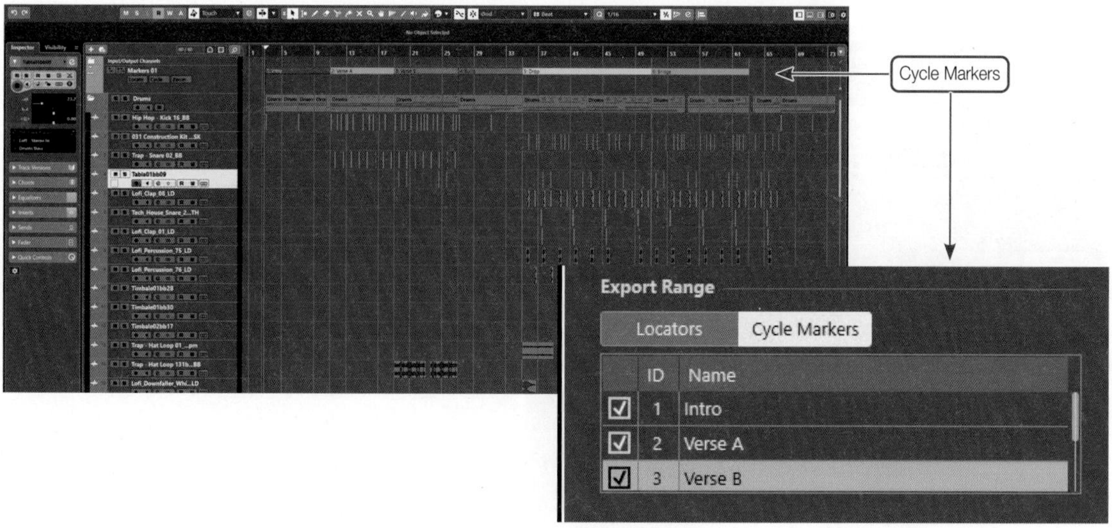

● File Location

파일 이름 및 저장 위치를 지정할 수 있는 항목들로 구성되어 있습니다.

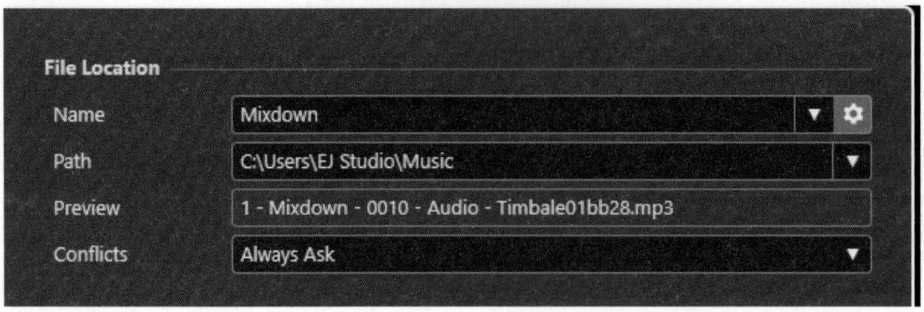


Name

파일 이름을 입력합니다. 오른쪽의 역삼각형 버튼을 클릭하면 옵션을 선택할 수 있는 메뉴가 열립니다.

▶ Set to Project Name : 프로젝트 이름을 파일 이름으로 입력합니다.

▶ Auto Update Name : 파일을 만들 때 마다 번호를 붙입니다.

Path

파일이 저장될 위치를 선택합니다. 오른쪽 역삼각형을 클릭하면 옵션을 선택할 수 있는 메뉴가 열립니다.

▶ Choose : 저장 위치를 선택할 수 있는 창을 엽니다. File Path 항목을 클릭해도 됩니다.

▶ Use Project Audio Folder : 프로젝트의 Audio 폴더를 선택합니다.

▶ Project Mixdown Folder: 프로젝트 폴더를 선택합니다.

▶ Recent Paths : 최근에 저장했던 위치 목록을 표시하며, 선택할 수 있습니다.

▶ Clear Recent Paths : 최근 목록을 삭제합니다.

Preview

저장될 파일 이름을 표시합니다.

Conficts

저장 위치에 같은 이름의 파일이 존재할 경우의 처리 방법을 선택합니다.

▶ Alwys Ask : 같은 이름에 번호를 붙일 것인지, 덮어 씌울 것인지를 묻습니다.

▶ Create Unique File Name : 같은 이름에 번호를 붙입니다.

▶ Always Overwrite : 덮어 씌웁니다.

● File Format : 파일 포맷 및 음질을 결정합니다.

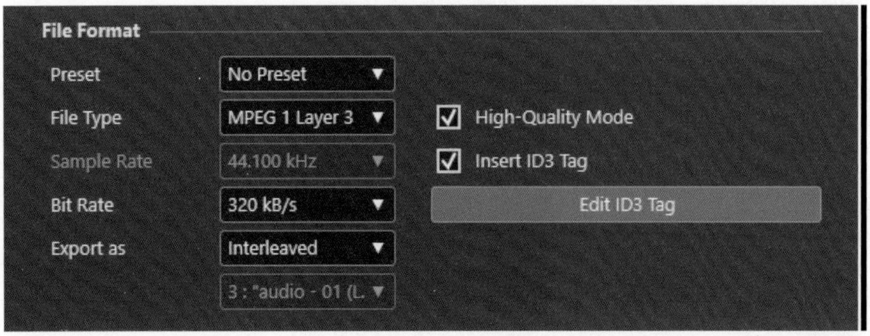


▶ Preset

자주 사용하는 File Format 설정을 프리셋으로 저장하여 사용할 수 있습니다.

① Save Preset : 파일 포맷 설정을 프리셋으로 저장합니다.

② Remove Preset : 프리셋을 삭제합니다.

③ Rename Preset : 프리셋 이름을 변경합니다.

▶ File Type

믹스다운 할 파일 포맷을 선택하며, 제작 가능한 포맷은 Wav, Aif, MP3, FLAC, Ogg 입니다.

① Wave : 윈도우 기반의 Wav 포맷 파일을 만들며, 가장 많이 사용하는 비압축 무손실 방식입니다.

② AIFF : 맥 기반의 오디오 포맷이지만, 윈도우에서 재생 가능합니다. AIFF는 Wave와 같이 비압축 무손실 방식으로 원음을 그대로 보존합니다.

③ MPEG 1 Layer 3 : 음원으로 가장 많이 사용하는 MP3 파일입니다.

④ FLAC : 웨이브 포맷 보다 적은 용량으로 대등한 음질을 구현할 수 있다고 해서 주목 받고 있는 포맷입니다.

⑤ OggVorbis : MP3 유료화에 대체 목적으로 개발된 OGG 포맷을 만듭니다. 무료로 공개된 코덱을 사용한다고 해서 초기에 상당한 관심을 얻는데 성공했지만, 많이 사용하지는 않습니다.

▶ Sample Rate

샘플 레이트를 결정합니다. CD 제작을 위한 Wav 파일을 만드는 경우에는 44.100KHz를 선택합니다.

▶ Bit Depth

샘플 비트를 결정합니다. CD 제작을 위한 Wav 파일을 만드는 경우에는 16Bit를 선택합니다. 만일, 프로젝트가 이 보다 높은 비트라면, UV-22HR 디더링을 사용하여 믹스다운에서 발생할 수 있는 잡음을 줄일 수 있습니다.

▶ Export As :

채널 분리 방법을 선택합니다.

① Interleaved : 트랙 설정 채널 그대로 믹스다운 합니다.

② Split Channels : 멀티 채널 각각을 믹스다운 합니다. 아래 목록에서 분할되는 이름 형식을 선택합니다.

③ Mono Downmix : 멀티 채널을 하나의 모노 파일로 믹스 다운 합니다.

④ L/R Channels : 멀티 채널의 좌/우 채널을 스테레오로 믹스다운 합니다.

파일 속성을 설정할 수 있는 옵션은 File Type에서 선택한 포맷에 따라 차이는 있지만, 대부분 파일 정보 또는 퀄리티를 결정하는 합니다. 실제로 많이 사용하는 Wav와 MP3 포맷만 살펴보겠습니다. 나머지는 옵션의 차이만 있을 뿐 같은 내용입니다.

● Wave 포맷을 선택한 경우

① Insert Broadcast Wave Chunk :

MP3 테그와 같이 곡 정보를 삽입한 브로드캐스트 웨이브 파일을 만듭니다. 단, 이를 지원하지 않는 플레이어어에서는 처리하지 못할 수 있으므로, 권장하지 않습니다.

② Insert iXML Chunk : 프로젝트 이름, 제작자 등의 프로젝트 정보를 포함합니다.

③ Insert Tempo Definition : 템포 정보를 포함합니다.

④ Don't Use Wave Extensible Format :

스피커의 구성과 같은 추가 데이터가 포함된 웨이브 확장 가능 형식을 비활성화 합니다.

⑤ Don't Use RF64-Compliant File Format :

파일 크기 4GB 초과를 허용하는 RF64 호환 형식을 비활성화 합니다.

● MP3 포맷을 선택한 경우

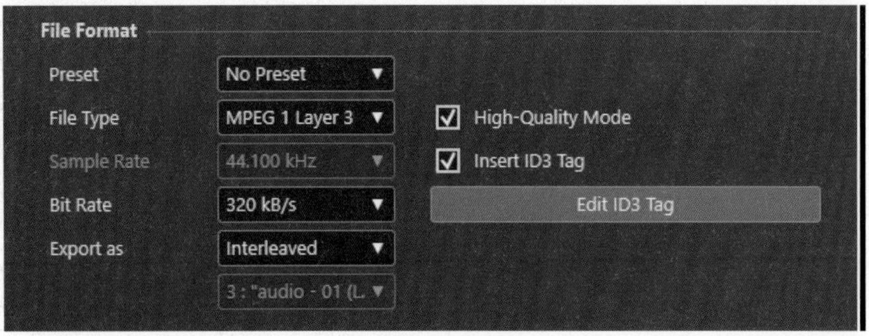


① High Quality Mode : 옵션을 해제하면 MP3 전송률을 선택할 수 있습니다.

② Insert ID3 Tag : 곡 제목 및 아티스트 등의 테크 정보를 추가합니다. 버튼을 클릭하면 테그 정보를 입력할 수 있는 창이 열리며, 한 번 입력된 것은 변경 전까지 그대로 유지되기 때문에 같은 정보라면 굳이 다시 입력하지 않아도 됩니다.

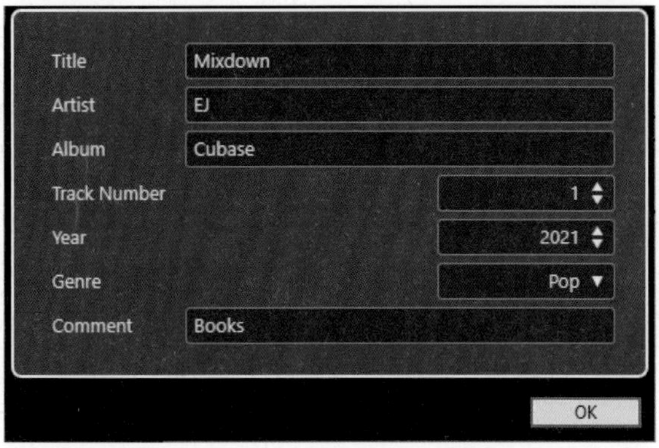


① High Quality Mode : 옵션을 해제하면 MP3 전송률을 선택할 수 있습니다.

② Insert ID3 Tag : 곡 제목 및 아티스트 등의 테크 정보를 추가합니다. 버튼을 클릭하면 테그 정보를 입력할 수 있는 창이 열리며, 한 번 입력된 것은 변경 전까지 그대로 유지되기 때문에 같은 정보라면 굳이 다시 입력하지 않아도 됩니다.

▶ Effects : 인서트 및 채널 스트립의 이펙트 사용 여부를 선택합니다.

① Inserts and Strip : 인서트 및 채널 스트립의 이펙트를 사용합니다.

② Disabled (Dry) : 이펙트를 사용하지 않습니다. 흔히 드라이 소스라고 합니다.

③ + Groups/Send (CSP) : 그룹 및 센트 트랙의 이펙트를 사용합니다.

④ + Master/Groups/Sends (CSPM) : 마스터, 그룹, 센트 트랙의 이펙트를 사용합니다.

▶ Efter Export : 믹스다운 후의 추가 작업을 선택합니다.

① Do Nothing : 추가 작업을 진행하지 않습니다.

② Upload to SooundCloud : Soundcloud.com에 업로드하여 다른 뮤지션들과 공유할 수 있습니다.

③ Create New Project : 새로우 프로젝트를 만들어 가져옵니다. 마스터링 작업을 진행할 때 유용합니다.

④ Create Audio Track : 오디오 트랙으로 가져옵니다. Pool과 연동되는 작업입니다.

⑤ Insert to Pool : 풀 윈도우로 가져옵니다. 폴더 이름을 입력할 수 있는 Pool Folder가 활성화 됩니다.

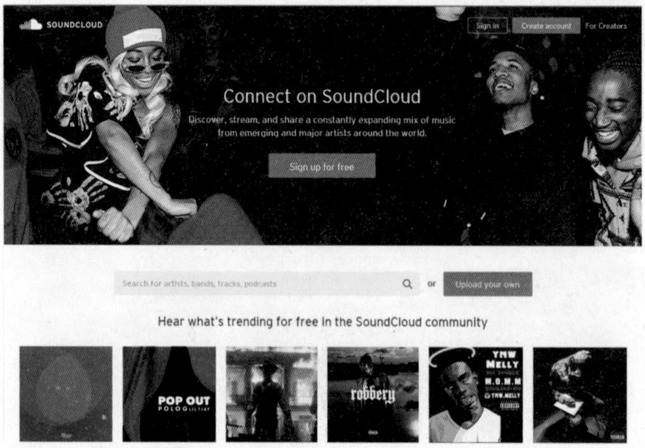


▲ Soundcloud.com

● Export Queue

Add to Queue 버튼을 클릭하여 포맷 설정을 추가하고, Start Queue Export 버튼을 클릭하여 여러 가지 포맷의 파일을 한 번에 만들 수 있게 합니다. 목록에 추가한 상태에서도 설정은 변경할 수 있으며, Update 버튼을 클릭하여 변경된 설정을 적용하거나 Remove 버튼을  클릭하여 제거할 수 있습니다.

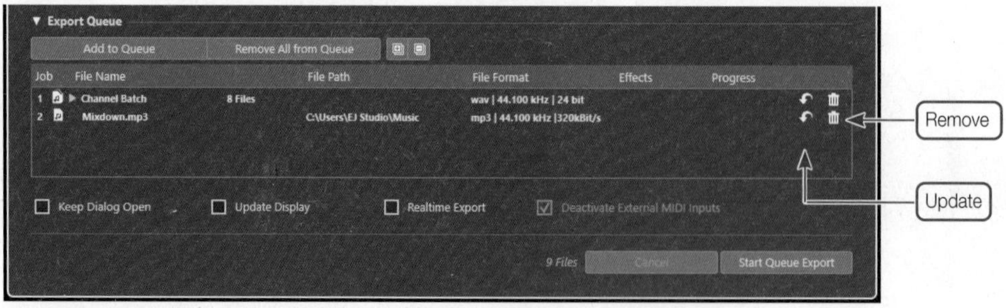


① Keep Dialog Open : 믹스다운 창을 닫습니다.

② Update Display : 믹스다운 후 레벨 미터를 체크합니다.

③ Realtime Export : 실시간으로 믹스다운 합니다.

④ Deactivate External MIDI Inputs : 믹스다운 동안 외부 미디 입력을 무시합니다.

# 14 PART

## 오디오 이펙트

음악의 퀄리티를 결정하는 요소 중에서 가장 중요한 것은 녹음과 믹싱 작업이며, 오디오 샘플이나 VST Instuments를 주로 사용한다면, 거의 믹싱 작업에서 결정된다고 보아도 좋습니다. 이번 파트에서 믹싱과 마스터링 과정에서 사용되는 오디오 펙트의 기능을 살펴보겠습니다.

# 01 VST 관리하기

대부분의 VST 악기 및 이펙트는 설치를 할 때 큐베이스의 Vstplugins 폴더에 자동으로 설치가 되지만, 그렇지 않은 경우도 있고, 별도의 폴더를 만들어 관리하는 사용자도 있습니다. 이때 해당 VST가 설치되어 있는 폴더를 큐베이스에게 알려줘야 사용할 수 있으며, 이러한 역할을 하는 것이 Plug-in Manager 입니다.

VST 이펙트 및 악기를 관리하는 플러그-인 매니저는 Studio 메뉴의 VST Plug-In Manager를 선택하여 열 수 있습니다. 큐베이스는 64비트 플러그-인만 지원을 하기 때문에 과거의 32비트가 설치되어 있는 경우에는 사용할 수 없다는 안내 창이 열리며, Open Plug-in Manager 버튼을 클릭하여 Blacklist를 바로 확인할 수 있습니다. 인터넷을 검색하면 32비트를 큐베이스에서 사용할 수 있게 해주는 다양한 프로그램들을 있지만, 레이턴시를 비롯한 다양한 문제가 있으므로, 가능하면 64비트로 업그레이드 하길 권장합니다.

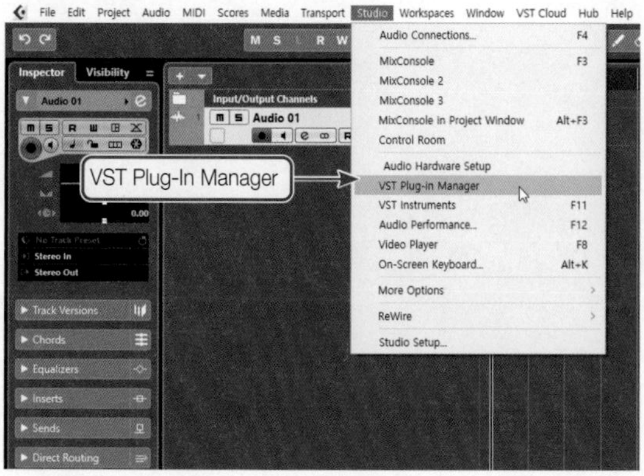

01 사용자가 새로 설치한 VST를 Insert 및 Instrument 목록에서 볼 수 없다면 폴더 지정이 되어 있지 않은 경우입니다. Plug-In Manager의 세팅 버튼을 눌러 확인합니다.

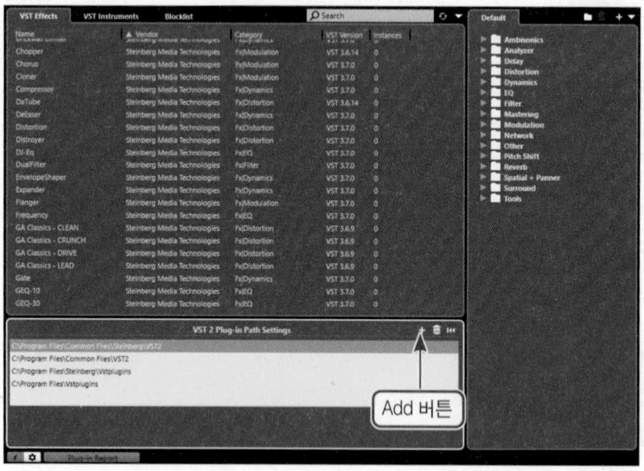


02 목록에 새로 설치한 VST 폴더 경로가 없는 것을 확인했다면 Add 버튼을 클릭하여 창을 열고, 새로 설치한 VST 폴더를 지정합니다.

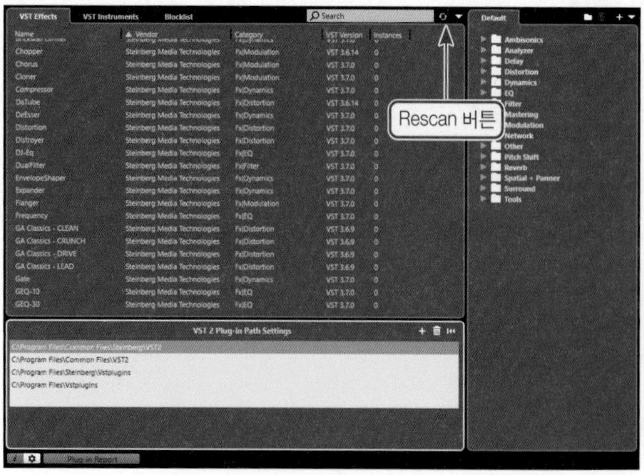


03 Rescan 버튼을 클릭하여 추가한 폴더의 VST를 큐베이스에 인식시킵니다. 검색된 VST 수를 알려주는 창은 OK 버튼을 클릭하여 닫습니다.

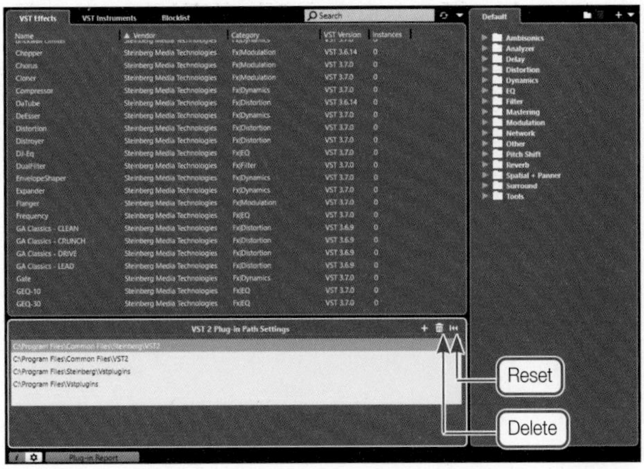


04 휴지통 모양의 Delete 버튼은 선택한 폴더 경로를 삭제하고, Reset 버튼은 초기 설정으로 복구합니다.

05 VST는 폴더 및 콜렉션 단위로 관리할 수 있습니다. 콜렉션 단위로 관리를 하겠다면 + 기호의 New Collection 버튼을 클릭하여 메뉴를 열고, Empty를 선택하여 빈 콜렉션을 만듭니다.

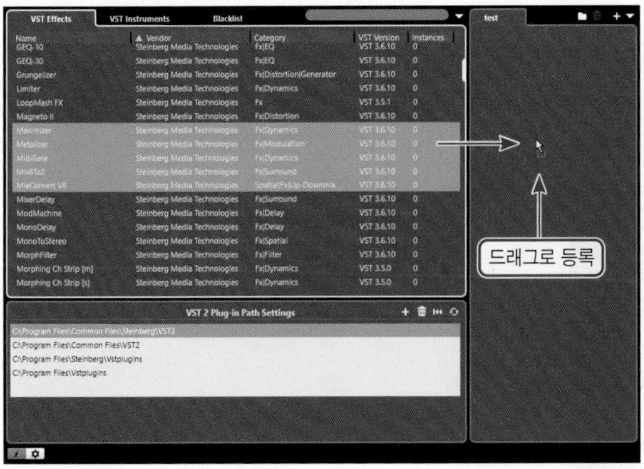


06 VST 목록에서 새로 추가한 플러그-인을 Shift 키를 이용해서 선택하고, 새로 만든 콜렉션으로 드래그하여 등록합니다.

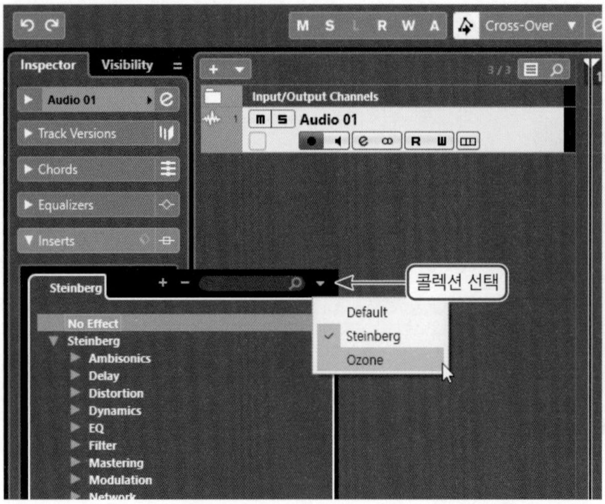


**07** 콜렉션으로 등록을 하면, Insert 창의 플러그-인 목록에서 해당 콜렉션을 선택하여 표시할 수 있습니다. 많은 VST를 사용할 때 유리합니다.

**Tip**

Default는 제작사 순으로 정렬하는 Vender와 종류별로 정렬하는 Category 메뉴도 볼 수 있습니다.

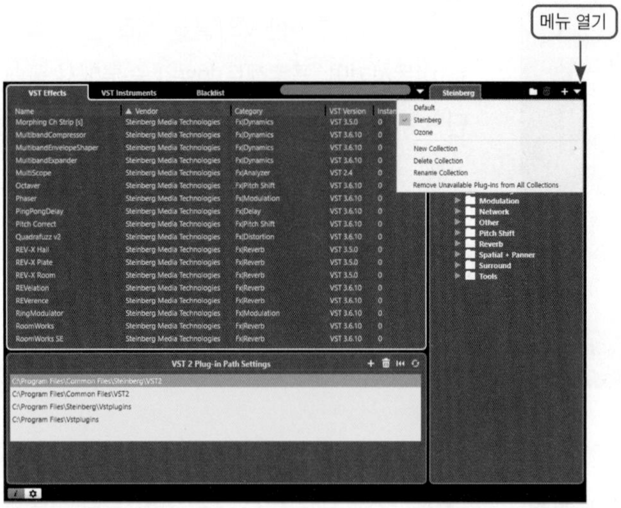


**08** 큐베이스 기본 플러그-인과 함께 하나의 콜렉션에서 관리하고 싶은 경우에는 폴더 관리 방법을 이용합니다. 메뉴를 클릭하여 Default를 선택합니다.

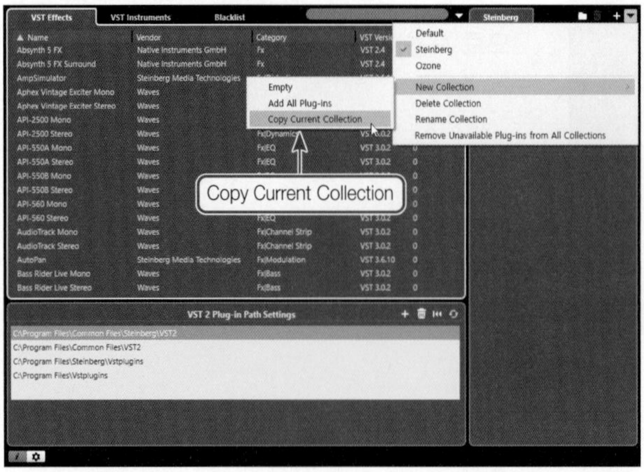


**09** 메뉴를 다시 열어 New Collection의 Copy Current Collection을 선택하여 Default를 다른 이름으로 복사합니다.

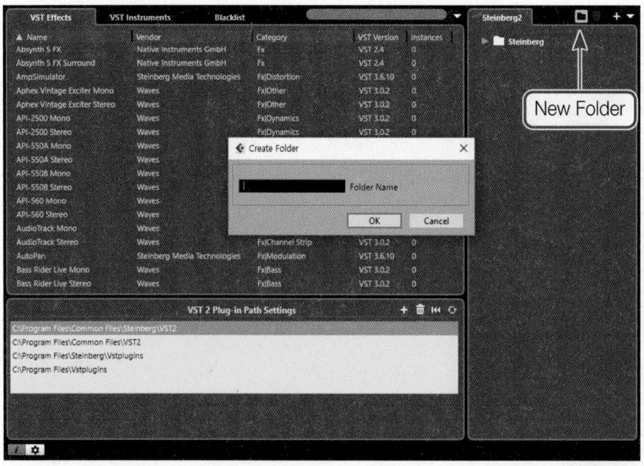


10 New Folder 버튼을 클릭하여 폴더를 추가합니다. 추가한 폴더는 마우스 드래그로 위치를 이동시킬 수 있습니다.

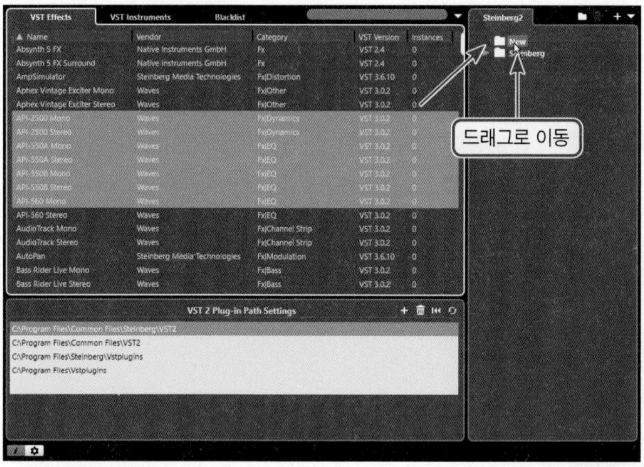


11 새로 만든 폴더를 드래그하여 정렬하고, 추가한 VST들을 새로 만든 폴더로 이동시키면, 프로젝트 Insert 슬롯에서 폴더 단위로 정리된 목록을 볼 수 있습니다.

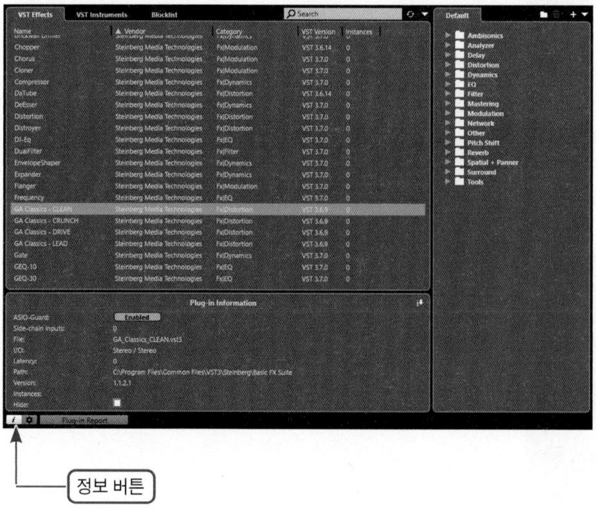


12 Plug-in Manager 창의 정보 버튼을 클릭하면 선택한 플러그-인의 버전 및 경로 등의 정보를 확인할 수 있으며, Hide 옵션으로 사용 유무를 결정할 수 있습니다.

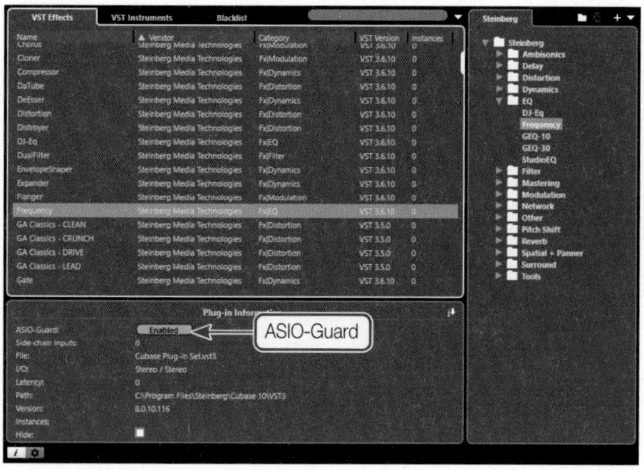


13 ASIO-Guard를 지원하는 플러그-인 정보도 확인할 수 있으며, Active 버튼을 클릭하여 사용 유무를 결정할 수 있습니다. 큐베이스에서 제공하는 플러그-인은 모두 지원하여 보다 안정적인 시스템 확보가 가능합니다.

14 VST Instruments 탭의 관리도 지금까지와 동일합니다. Blacklist 탭은 큐베이스에서 지원하지 않는 32Bit와 안전성에 문제가 있는 VST 목록이 표시됩니다.

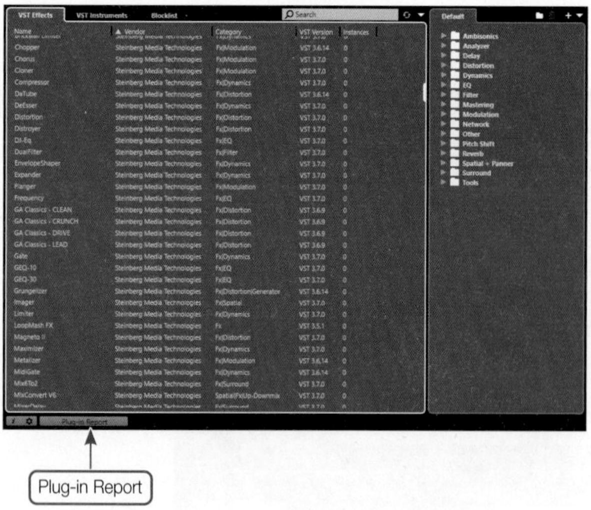


15 Plug-in Report 버튼을 클릭하면 시스템 및 플러그-인 정보를 텍스트 파일을 저장하여 관리할 수 있습니다.

# 02 Super Vision

유튜브는 -14dB, 넷플릭스 -27dB, 방송은 -24dB 등, 오디오 라우드니스(Loudness)는 콘텐츠마다 규격이 있습니다. 그래서 음악 및 영화를 제작하는 스튜디오에서는 수 백만 원씩 하는 하드웨어 또는 몇 십만원의 플러그인이라도 레벨을 눈으로 확인할 수 있는 애널라이저를 갖추는 것이 필수입니다. 하지만, 큐베이스는 Analyzer 폴더에 이를 무료로 사용할 수 있는 Super Vision을 제공합니다.

## 01 툴 바

Super Vision은 오디오의 레벨, 스펙트럼, 위상 등을 분석하고 모니터할 수 있는 다양한 모듈을 제공하며, 최대 9개의 모듈을 사용자 정의 레이아웃으로 만들 수 있습니다. 장치를 로딩하면 피크 레벨을 모니터할 수 있는 Signal의 Level 미터가 열리며, 툴 바의 Module 메뉴에서 원하는 모듈을 선택할 수 있습니다.

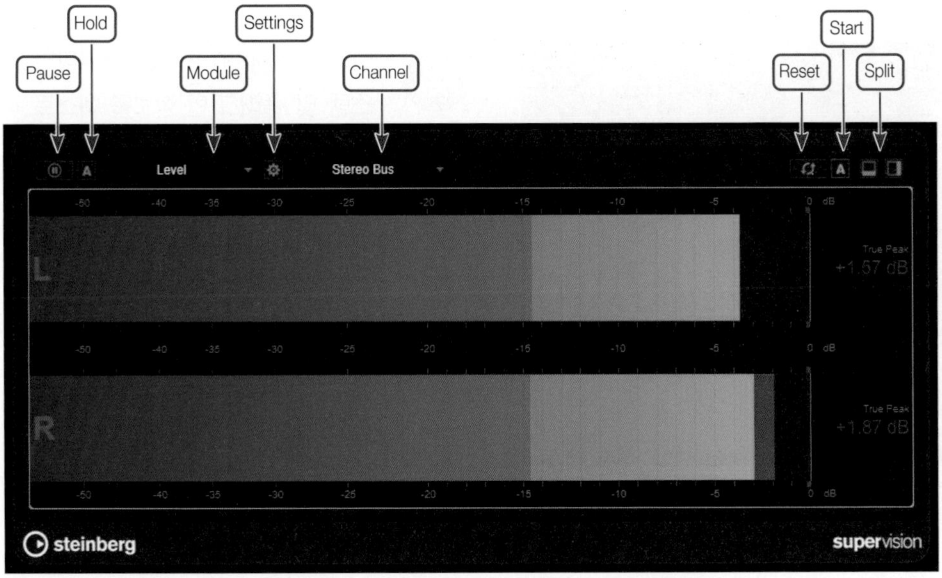

● Pauses : 선택한 모듈의 측정을 일시 정지합니다. 해당 모듈에서 마우스 오른쪽 버튼을 클릭하여 일시 정지 및 측정이 가능합니다. 열어 놓은 모든 모듈을 일시 정지하려면 Alt 키를 누른 상태로 클릭합니다.

● Hold : 재생을 중지할 때 마지막 값이 유지되게 합니다.

● Module : 모듈을 선택합니다.

● Settings : 모듈 환경을 설정할 수 있는 옵션 창을 엽니다.

파라미터의 구성은 모듈마다 차이가 있으며, 툴의 역할은 다음과 같습니다.

Reset : 설정 옵션을 초기화 합니다.

Max : 분석 정확도를 높입니다. 사용할 수 없는 모듈도 있습니다.

Warnings : 정확히 분석되지 않은 값을 빨간색으로 표시합니다.

Force : 모듈을 가로 및 세로로 표시합니다.

● Reset : 표시 채널을 선택합니다.

● Module : 측정을 다시 할 수 있게 초기화 합니다. 모듈에서 Ctrl 키를 누른 상태로 클릭해도 되며, 모든 모듈을 초기화 할 때는 Alt 키를 누른 상태로 클릭합니다.

● Start : 재생할 때 모든 값을 자동으로 초기화 합니다.

● Splits : 선택한 슬롯을 가로 및 세로로 분할합니다. Module 메뉴에서 선택한 슬롯에 새로운 모듈을 배치할 수 있으며, 슬롯의 크기는 경계선을 드래그 하여 조정할 수 있습니다. 각 슬롯 오른쪽 상단에 마우스를 위치시키면 슬롯을 가로 및 세로로 분할 할 수 있는 Splits과 슬롯을 닫을 수 있는 Close 버튼이 표시됩니다. 사용자 레이아웃은 Preset 메뉴의 Save Preset을 선택하여 저장할 수 있습니다.

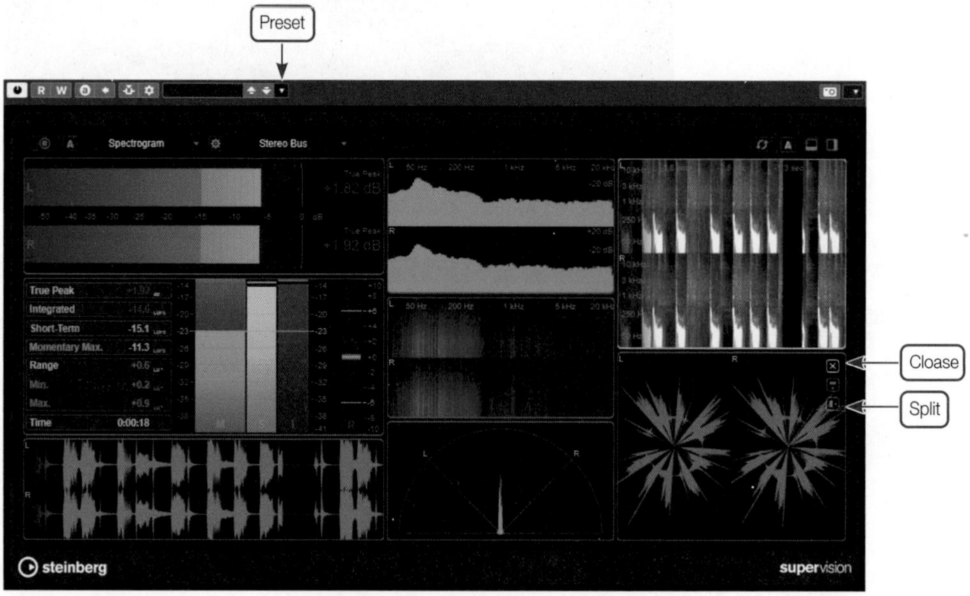

# 02 Signal 모듈

레벨은 피크(Peak), RMS, 라우드니스의 3가지로 구분하며, 피크는 순간적인 레벨, RMS는 평균 레벨, 라우드니스는 프로그램 레벨을 의미합니다. 여기서 프로그램은 오디오가 재생되는 전체 길이를 의미하며, 일반적으로 Peak 및 RMS는 레코딩을 할 때, 라우드니스는 믹싱과 마스터링 작업을 할 때 모니터합니다.

Signal은 피크 및 RMS 레벨을 모니터 할 수 있는 Level, VU, Level Histogramdml 3가지 모듈을 제공합니다.

- Level

디지털 방식의 레벨 미터 입니다. 트루 피크(True Peak)를 모니터할 수 있고, 정확한 값을 체크할 수 있다는 장점이 있습니다.

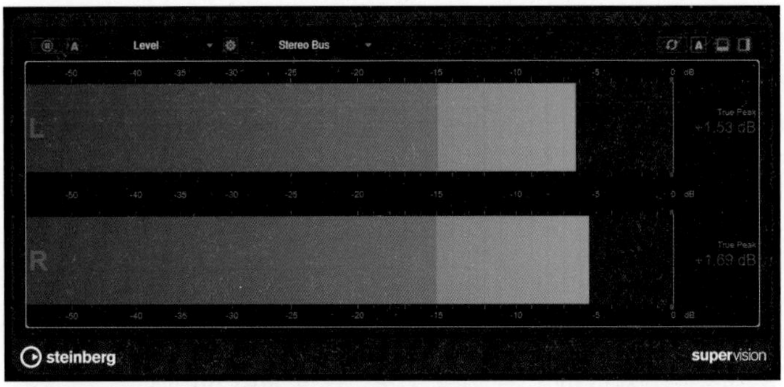


- VU

아날로그 믹스콘솔에서 사용되던 레벨 미터입니다. 디지털에 익숙하지 않은 사용자에게 유용합니다.

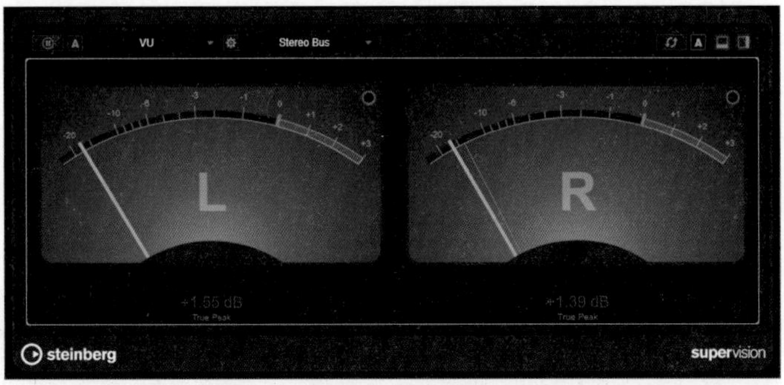


- Level Histogram

입력 레벨의 피크와 RMS 값에 대한 히스토그램을 보여줍니다.

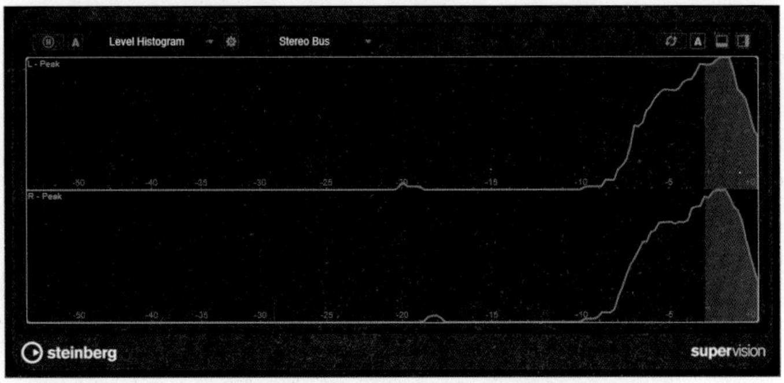

옵션의 Offset은 Scale이 DIN, EBU, British, Nordic인 경우에 설정 가능하며, Clipping, Minimum, Maximum은 Scale이 Internal인 경우에 설정 가능합니다.

- Scale : 다양한 방송 표준에 따른 스케일을 선택할 수 있습니다.
- Peak Hold : 피크가 유지되는 타임을 지정합니다.
- Peak Fallback : 피크가 다운되는 속도를 설정합니다.
- Threshold : 디스플레이가 가려지는 값을 설정합니다.
- Offset : 측정 값과 표시 값 사이의 간격을 설정합니다.
- Clipping : 클리핑 기준 값을 설정합니다.
- Minimum/Maximum : 스케일의 최소 및 최대 값을 설정합니다.
- Color : 색상을 트랙 및 스케일 중에서 선택할 수 있습니다.
- RMS AES17 : AES 17(RMS +3dB)에 기준으로 표시합니다.
- RMS Resolution : 디스플레이 해상도를 설정합니다.
- Max. Value : 최대 레벨 값 표시를 위한 측정 모드를 선택합니다.

**Tip** 트루 피크

피크는 가장 큰 레벨을 의미하는데, 디지털은 레벨이 점으로 기록되고, 이것을 아날로그로 전송할 때 각 점들이 연결되면서 새로운 피크가 발생합니다. 이것을 트루 피크(True Peak)라고 하며, 믹싱을 할 때 매우 중요한 사항입니다. 이것을 무시하고 믹서의 피크 레벨만 체크한다면 아날로그로 재생될 때 트루 피크 지점의 오디오가 손실됩니다.

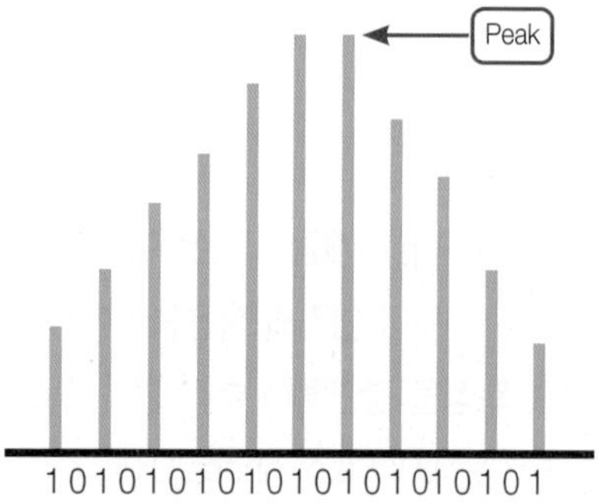


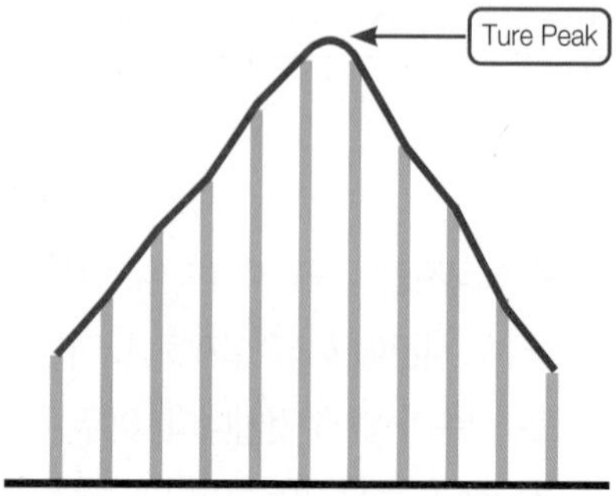

## 03 Measurement 모듈

라우드니스를 모니터 할 수 있는 Loudness, Loudness Histogram, Loudness Ratio의 3가지 모듈을 제공합니다. 라우드니스는 유튜브, 영화, 방송 등의 컨텐츠마다 허용 레벨이 규정되어 있기 때문에 매우 중요한 사항입니다. 물론, 각 플랫폼마다 규정 레벨을 초과하지 못하게 리미터를 걸어 주기 때문에 규정을 맞추지 않았다고 해서 방송을 못하거나 하는 일은 없지만, 의도하지 않는 왜곡이나 손실이 발생할 수 있으므로, 믹싱 작업을 할 때부터 어디서 재생될 오디오인지를 알고 규정에 맞추어 진행하는 것이 좋습니다.

다음은 현재 규정된 라우드니스 및 허용 피크 레벨입니다. 라우드니스 단위는 LUFS 또는 LKFS를 사용하는데, dB과 같습니다. TV의 경우는 국가마다 차이가 있으며, 국내는 ATSC A/85 규격의 미국과 동일한 –24LUFS(–2dB)입니다. 온라인 스트리밍의 경우에는 AES 규격의 –16LUFS(–1dB)이 권장이지만, 사이트마다 조금씩 차이가 있고, 해마다 바뀌거나 규정이 없는 곳도 많습니다.

| Use case | Max Integrated | Max True Peak |
|---|---|---|
| TV | -24LUFS | -2dB |
| Movie | -27LUFS | -2dB |
| CD | -9LUFS | -1dB |
| DVD/Blu-ray | -27LUFS | -2dB |
| YouTube | -14 LUFS | -1dB |
| Netflix | -27LUFS | -2dB |
| Spotify | -14 LUFS | -1dB |
| Soundcloud | -8LUFS | -1dB |
| Apple | -16 LUFS | -1dB |
| Tidal | -14LUFS | -1dB |
| Amazon | -14LUFS | -2dB |
| Deezer | -15LUFS | -1dB |

● Loudness

천둥이 한 번 치면 매우 놀라지만, 계속 치면 이내 익숙해지는 것이 사람입니다. 이처럼 사람은 디지털과는 다르게 똑같은 레벨이라도 지속 시간에 따라 실제로 느끼는 것이 달라집니다. 이것이 인간의 적응력이며, 이러한 능력이 없다면 스트레스로 살수가 없을 것입니다. 아무튼, 이러한 인간의 특성을 감안하여 측정되는 레벨을 라우드니스라고 하며, Loudness 모듈을 이용하여 모니터할 수 있습니다. 단위는 LUFS(Loudness Units referenced to Full Scale) 또는 LKFS(Loudness K-weighted relative to Full Scale)을 사용합니다.

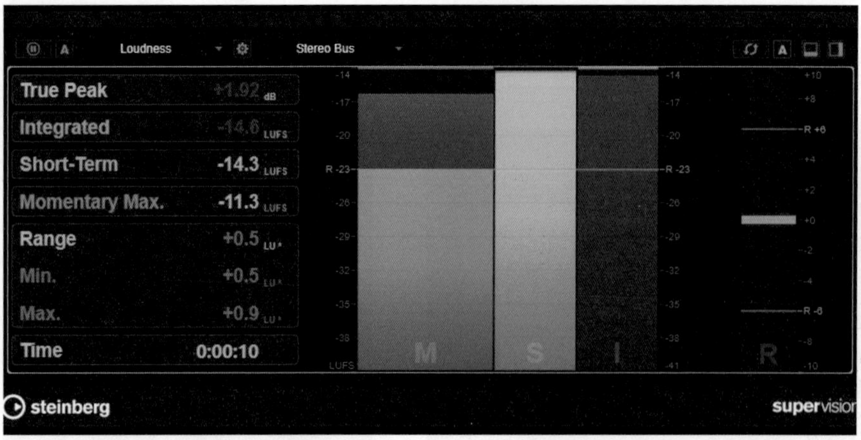


디스플레이는 True Peak, Intergrated(I), Short-Term(S), Momentary Max(M), Range(R), Time을 표시합니다.

- Intergrated : 라우드니스 레벨을 표시합니다. (I 표시 레벨 미터)
- Short-Term : 3초 범위에서 1초마다 측정되는 레벨을 표시합니다. (S 표시 레벨 미터)
- Momentary Max : 400ms 범위에서 100ms 마다 측정되는 레벨을 표시합니다. (M 표시 레벨 미터)
- Range : 다이내믹 범위를 표시합니다. 최소값 Min은 10%, 최대값 Max는 5%가 제외된 분석입니다.
- Time : 측정 시간을 표시합니다. 라우드니스는 이 시간 동안 측정된 값을 표시하는 것이므로, 정확한 분석을 위해서는 곡을 처음부터 끝까지 재생시켜야 합니다. 물론, 너무 긴 사운드 트랙이라면 믹스다운으로 측정하는 것이 시간을 단축시킬 수 있는 요령입니다.

라우드니스 모듈을 로딩하면 기본적으로 유럽에서 기준으로 삼고 있는 EBU R 128 규격입니다. 작업 목적의 기준을 알고 있다면 굳이 옵션을 변경하지 않아도 상관없지만, -23dB에서 빨간색 경고가 뜨는 것이 보기 싫다면, 작업 목적 기준에 맞게 수정하는 것이 좋습니다.

- Unit : 스케일을 절대값(LUFS) 또는 상대값(LU) 중에서 선택합니다.
- Scale : 스케일을 +9 또는 +18 중에서 선택합니다.
- Ref. Intergrated : 빨간색으로 구분할 수 있는 라우드니스 기준 레벨을 설정합니다. 콘텐츠가 재생될 사이트의 기준에 맞추는 것입니다.
- Tol. Intergrated : 라우드니스의 허용 레벨을 설정합니다.
- Red/Tol. True Peak : 트루 피크의 기준 및 허용 레벨을 설정합니다.
- Ref/Tol. Short-Term : Short-Term의 기준 및 허용 레벨을 설정합니다.
- Ref/Tol. Momentary : Momentary의 기준 및 허용 레벨을 설정합니다.
- Ref/Tol. Range : 다이내믹 레인지의 기준 및 허용 레벨을 설정합니다.

● Loudness Historgam

라우드니스 및 라우드니스 비율 값에 대한 히스토그램을 표시합니다.

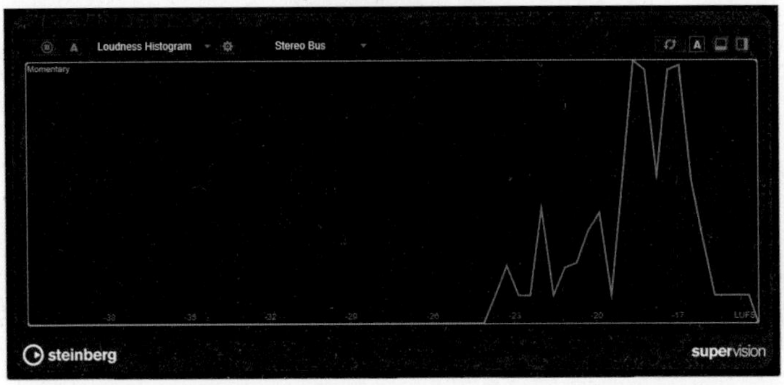


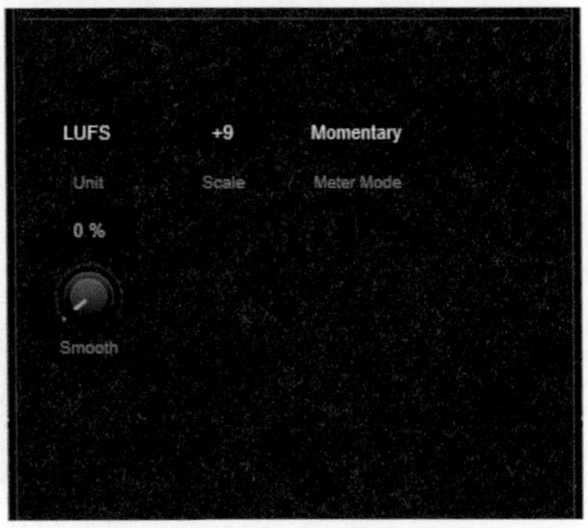


- Meter Mode : 표시되는 라우드니스 또는 라우드니스 비율 값을 설정합니다.
  Momentary - 400ms에서 100ms마다 측정되는 라우드니스 최대값의 히스토그램을 표시합니다.
  Short-Term - 3초에서 매초마다 측정되는 단기 라우드니스 값의 히스토그램을 표시합니다.
  Integrated - 전체 라우드니스 값의 히스토그램을 보여줍니다.
  PLR - 파고율이라고도 하며, 최대 트루 피크 레벨 값과 전체 라우드니스 값의 차이를 말합니다.
  PSR - AES 협약 e-Brief 373에 따른 피크 대 short-term 라우드니스 비율을 나타냅니다.
- Smooth : 라우드니스 곡선을 부드럽게 표시합니다.

● Loudness Ratio

AES 사양에 따라 피크 대 라우드니스 비율(PLR) 및 피크 대 단기 라우드니스 비율(PSR) 값을 보여줍니다.

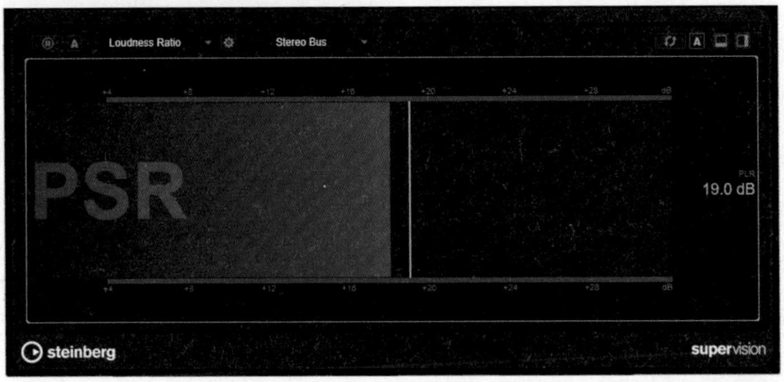


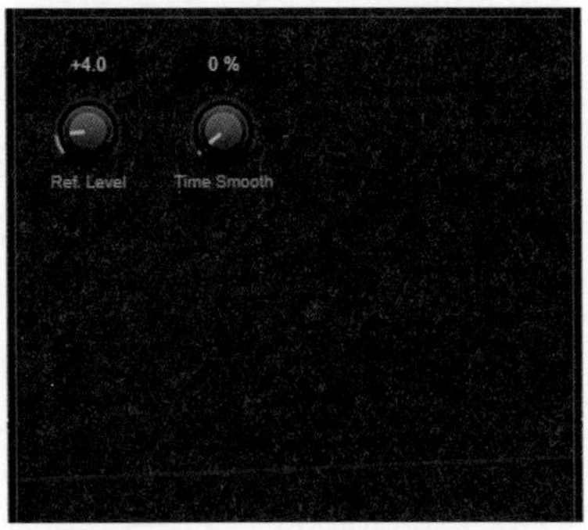


- Ref. Level : PSR 디스플레이가 빨간색으로 바뀌는 수준을 설정합니다.
- Time Smooth : PSR을 표시 타임을 설정합니다.

# 04 Spectral Domain 모듈

주파수 대역 별 레벨을 모니터할 수 있는 Spectrum Curve, Spectrum Bar, Spectrum Intensity, Spectrum Keyboard, Spectrogram, Chromagram의 6가지 모듈을 제공합니다.

믹싱 작업을 하다 보면 피크는 계속 뜨는데, 작게 들리는 경우가 있습니다. 원인은 위상 간섭이나 주파수 밸런스가 맞지 않는 경우가 대부분입니다. 그래서 라우드니스와 함께 각 주파수 별 레벨을 함께 모니터하는 습관을 가져야 합니다. 스펙트럼에 익숙해지는 방법은 자신이 좋아하는 음악을 재생시켜 놓고, 라인이 어떤 형태를 이루고 있는지 사진으로 찍듯이 익숙해지는 것입니다.

- Spectrum Curve

주파수 레벨을 곡선으로 표시합니다. 디스플레이에 마우스를 가져가면 주황색 피크 곡선을 볼 수 있고, 곡선에 마우스를 가져가면 피크 레벨을 볼 수 있습니다. 이때 Ctrl 키를 누르면 dB로 표시되고, Shift 키를 누르면 노트로 표시됩니다.

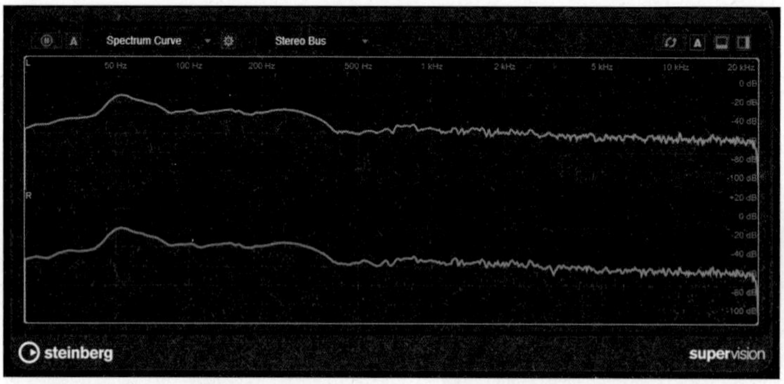

- Time Smooth : 주파수 분석 타임을 설정합니다.
- Peak Fallback : 피크 곡선의 다운 속도를 조정합니다.
- Freq. Smooth : 주파수 표시 간격을 조정합니다.
- FFT Window : 분석 블록의 크기를 선택합니다. Multi는 3개의 블록 크기가 동시에 사용됩니다.
- Minimum/Maximum : 스케일의 최소 값 및 최대 값을 설정합니다.
- Slope : 곡선의 기울기를 조정합니다.
- Masking : 사이드 체인 신호의 영향을 받는 주파수 범위를 표시합니다.

● Spectrum Bar

주파수 레벨을 막대 그래프로 표시합니다. 막대 위로 마우스를 위치하면 주파수가 표시되고, Ctrl 키를 누르면 레벨(dB), Shift 키를 누르면 노트로 볼 수 있습니다.

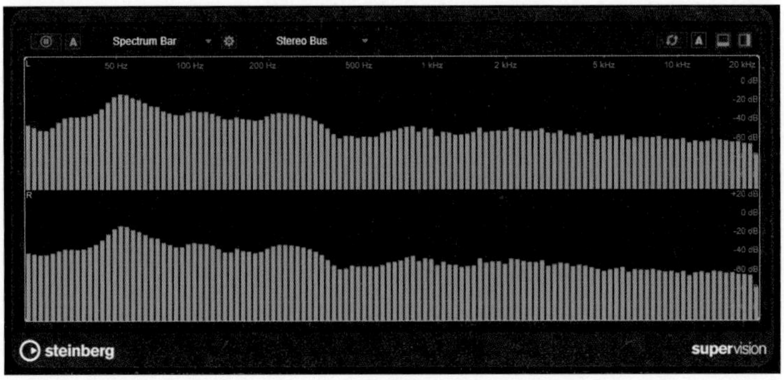


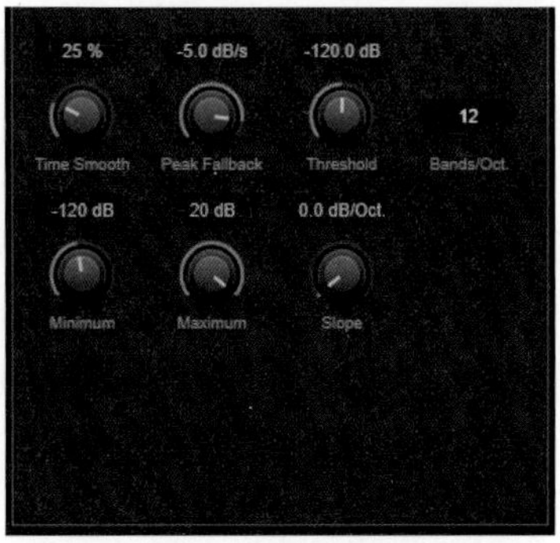


- Threshold : 디스플레이를 마스킹할 기준을 설정합니다.
- Bands/Oct : 옥타브 당 밴드 수를 설정합니다. 그 외의 옵션은 Curve 모듈과 동일합니다.

● Spectrum Keyboard

주파수 레벨을 키보드로 표시합니다. 주파수 값에 익숙하지 않은 뮤지션들에게 유용한 디스플레이로 밝은 부분일수록 주파수가 큰 것을 나타냅니다.

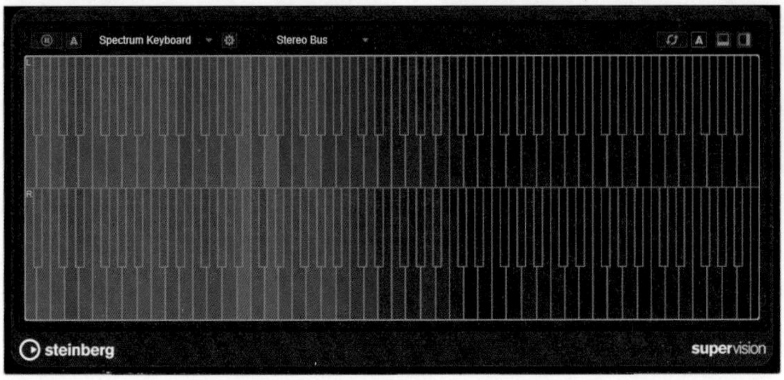

- Time Smooth : 밝게 표시되는 타임을 설정합니다.
- Color : 표시 색상을 선택합니다.
- Minimum : 최소 레벨을 설정합니다.
- Maximum : 최대 레벨을 설정합니다.
- Slope : 스펙트럼 범위를 6dB/Oct 범위로 조정합니다.

● Spectrum Intensity

주파수 레벨을 밝기로 표시합니다. 레벨이 클 수록 밝게 표시됩니다. 옵션은 Curve 모듈과 동일합니다.

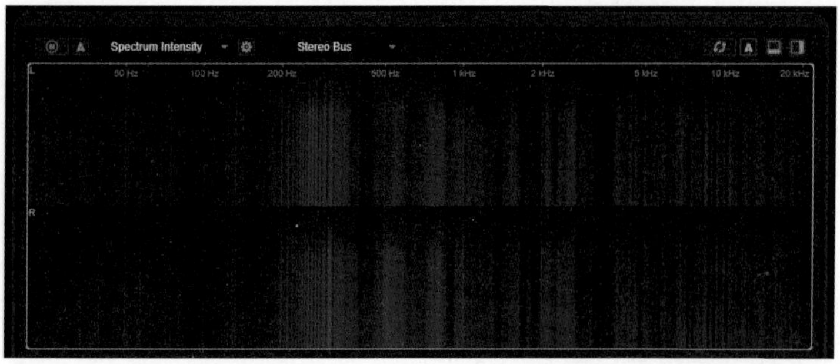

● Spectrogram

주파수 레벨을 시간 단위로 표시합니다. 잡음을 비롯하여 다양한 오디오 문제점을 찾을 때 매우 효과적인 디스플레이 입니다.

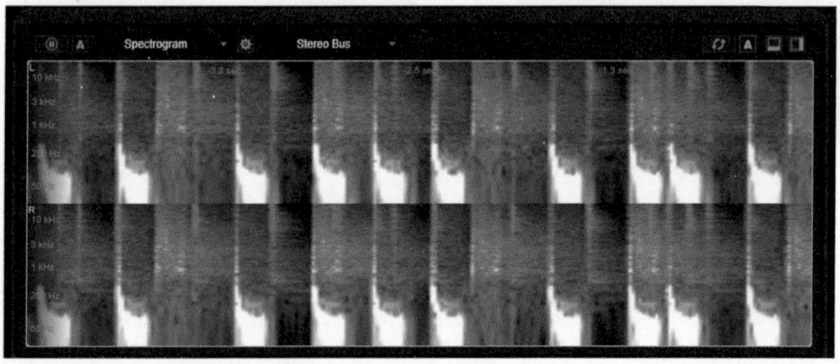

- Duration : 디스플레이에 표시할 타임 길이를 초 단위로 설정합니다.
- Color : 스펙트럼 색상을 선택합니다.

● Chromagram

주파수 레벨을 노트 별 시간 단위로 표시합니다. 문제가 있는 피치를 찾을 때 매우 효과적인 디스플레이 입니다.

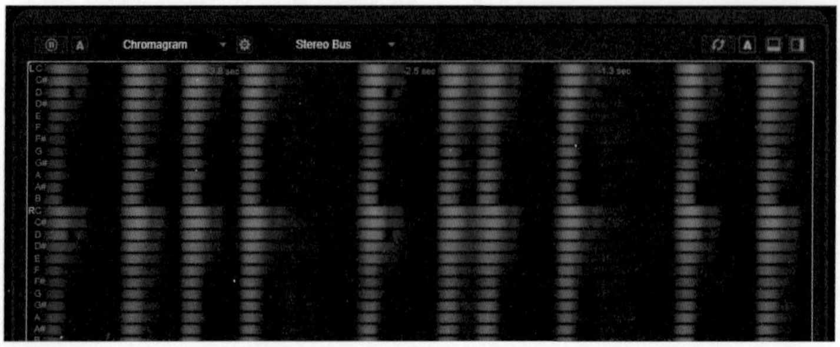


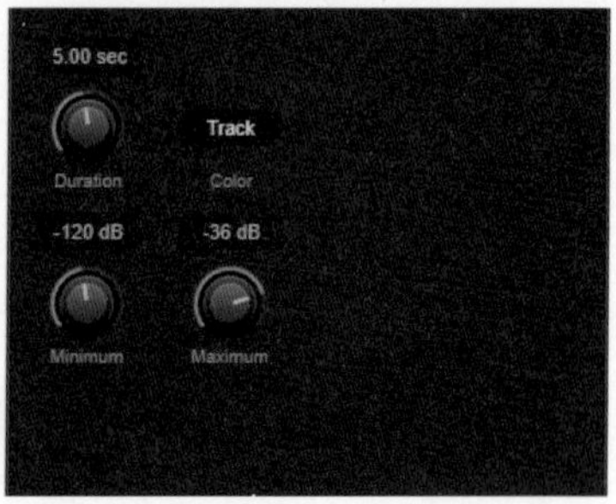

# 05 Phase 모듈

레벨이나 주파수만큼 중요한 것이 위상과 팬입니다. 위상은 오디오 파형의 각도를 의미하는 것으로 동일한 각도의 위상이 겹치면 레벨이 증가하고, 반대되는 각도의 위상이 겹치면 레벨이 감소하는 현상이 나타납니다. 이를 해결하기 위한 가장 손쉬운 방법은 오디오를 좌/우로 이동시키는 것인데, 이것이 팬입니다.

● Phasescope

왼쪽 및 오른쪽 채널 간의 위상과 진폭 관계를 모니터할 수 있는 벡터스코프(Vectorscope) 입니다. Shift 키를 누른 상태에서 디스플레이에 마우스를 가져가면 각도를 측정할 수 있습니다.

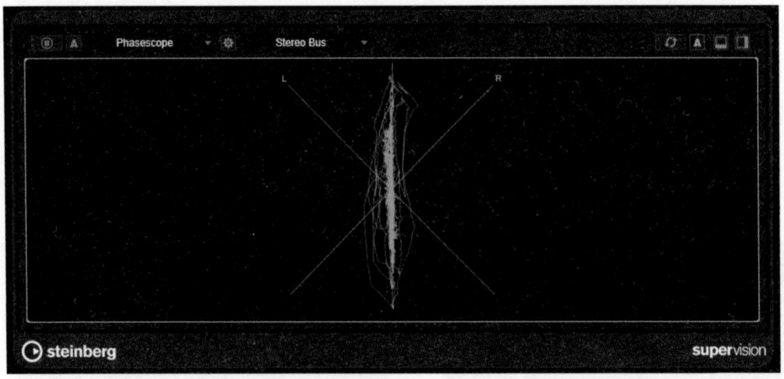


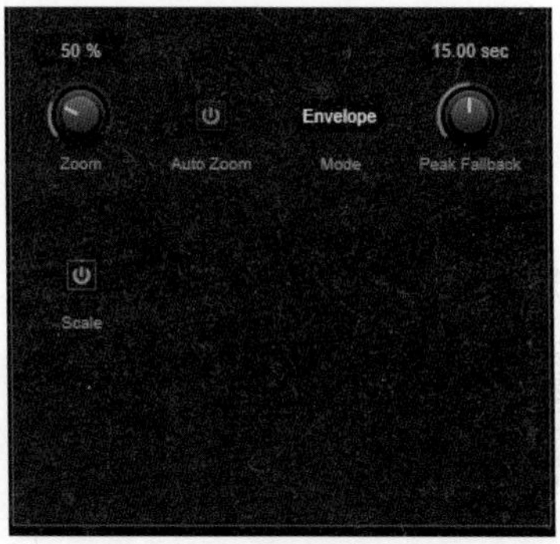


- Zoom : 디스플레이를 확대합니다.
- Auto Zoom : 버튼을 On으로 하면 확대 비율이 자동으로 설정됩니다.
- Mode : 파형의 표시 방법을 선택합니다.
- Peak Fallback : Envelope 모드를 선택한 경우에 다운 속도를 조정합니다.
- Scale : 스케일 범위를 표시합니다.

● Panorama

오디오 신호의 방향을 측정합니다.

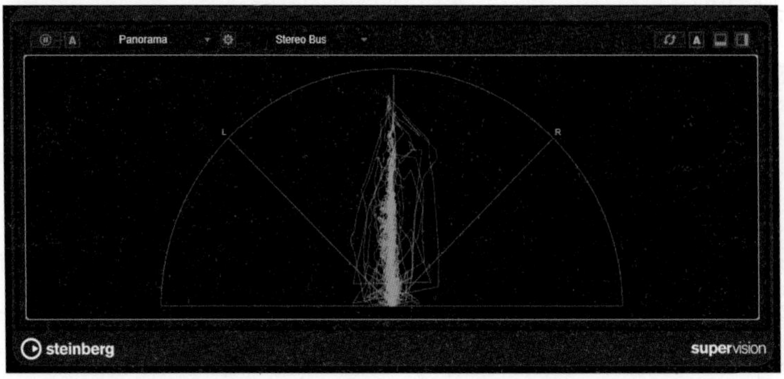

● Multipanorama

오디오 신호의 주파수 방향을 측정합니다.

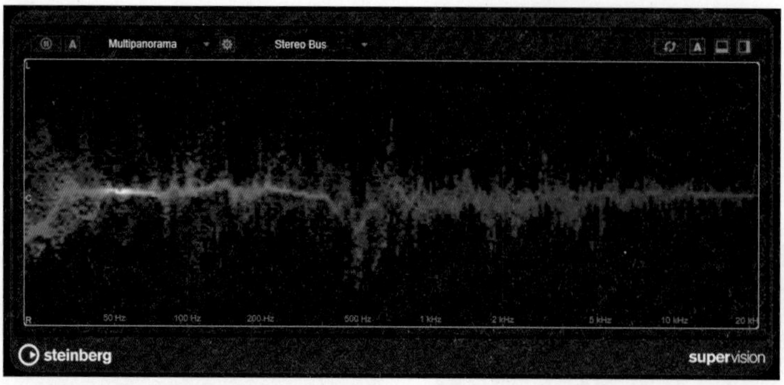


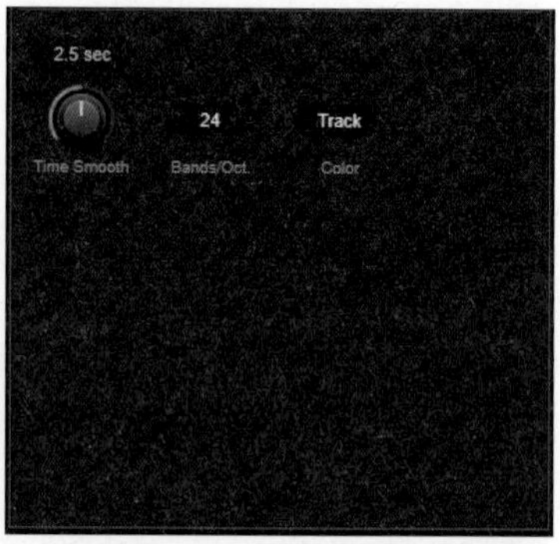


● Time Smooth : 주파수 분석 타임을 설정합니다.

● Color : 표시 색상을 선택합니다.

● Multipanorama

좌/우 채널의 위상 간섭을 측정합니다. 0 이하는 위상이 반대로 겹치고 있다는 것을 나타냅니다.

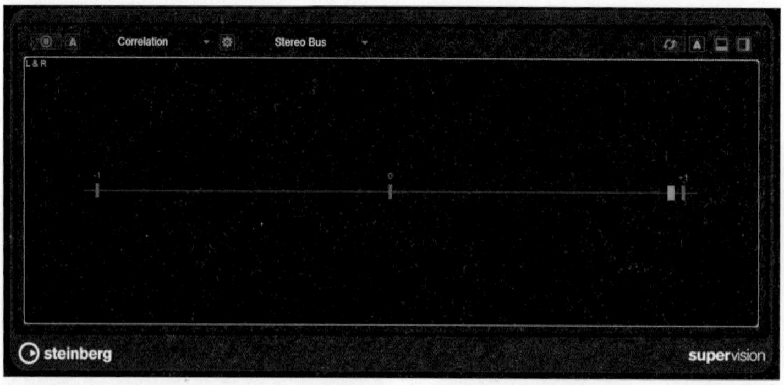

● Multicorrelation

좌/우 채널의 위상 간섭 주파수를 측정합니다. 위상이 반대로 겹치는 주파수는 아래쪽으로 움직입니다.

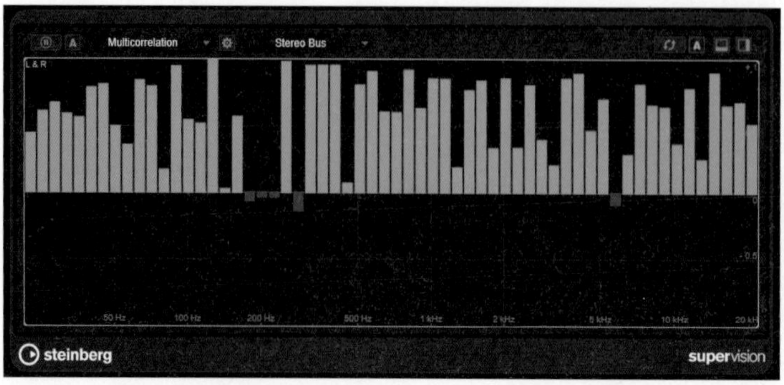

# 06 Spatial Domain 모듈

서라운드 채널의 위상과 팬을 모니터 합니다.

● Surround

서라운드 채널에서 사용할 수 있는 모듈이며, 모든 채널의 레벨이 같으면 디스플레이에 완벽한 원이 표시됩니다.

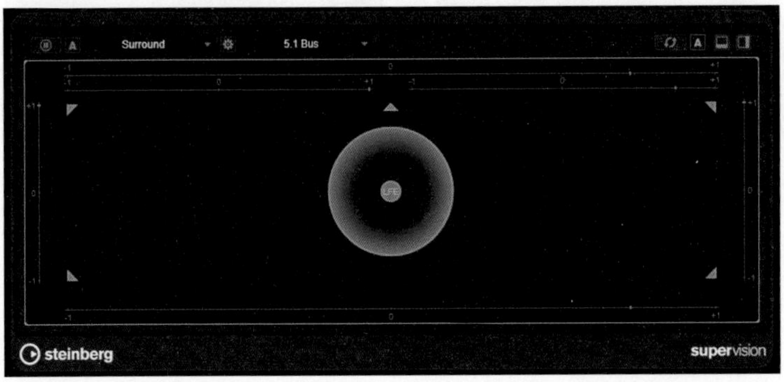


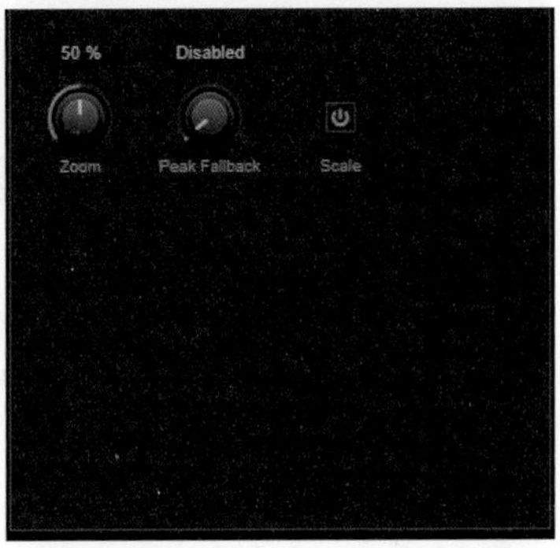


● Ambisonics

Ambisonics 채널에서 사용할 수 있습니다. 육각형 격자로 표시되며, 색상은 채널의 RMS 레벨을 나타냅니다.

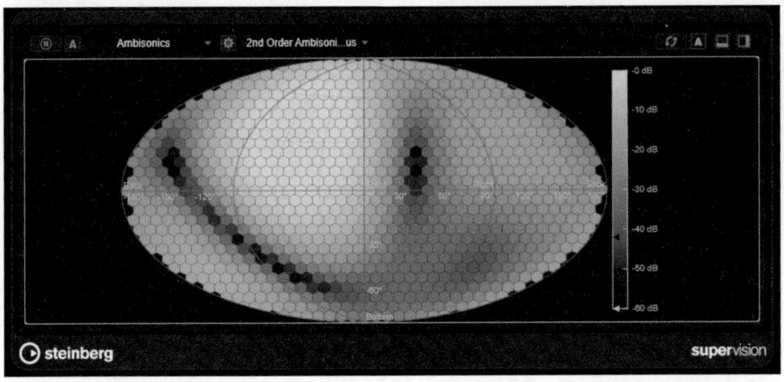


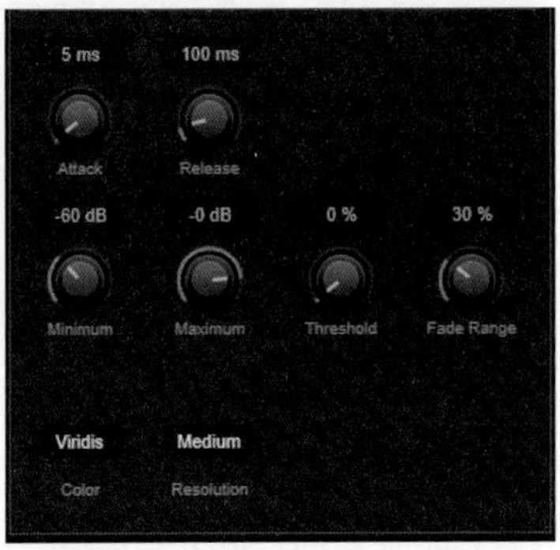


- Attack : 발광 시작 타임을 설정합니다.
- Release : 발광 끝 타임을 설정합니다.
- Minimum / Maximum : 신호 강도의 최소 및 최대 값을 설정합니다.
- Threshold : 발광 최소 기준을 설정합니다. 오른쪽 색상 바의 아래쪽 삼각형으로 표시됩니다.
- Fade Range : 발광의 흐려지는 기준을 설정합니다. 오른쪽 색상 바의 위쪽 삼각형으로 표시됩니다.
- Color : 표시 색상을 선택합니다.
- Resolution : 해상도를 선택합니다.

## 07 Waveform 모듈

웨이브 파형으로 실시간 레벨을 모니터할 수 있습니다.

- Oscilloscope

파형을 확대하여 표시합니다.

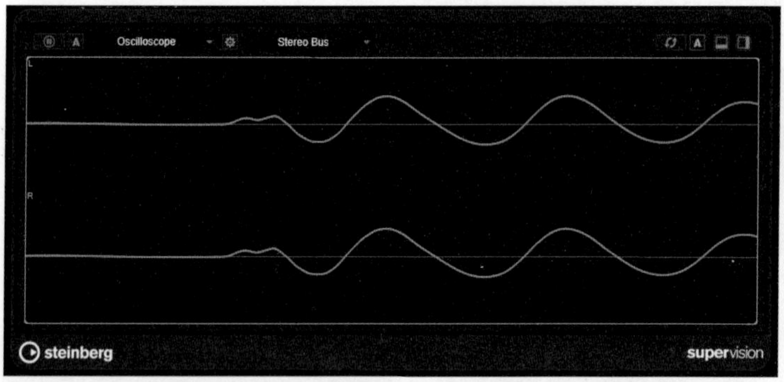

- Zoom : 파형의 진폭을 확대합니다.
- Frequency : 파형의 범위를 확대합니다.
- Trigger : 표시 채널을 선택합니다.
- Scale : 레벨 디스플레이를 표시합니다.
- Phase : 제로 크로싱 위치를 이동합니다.

- Wavescope

음악인들에게 가장 익숙한 파형입니다.

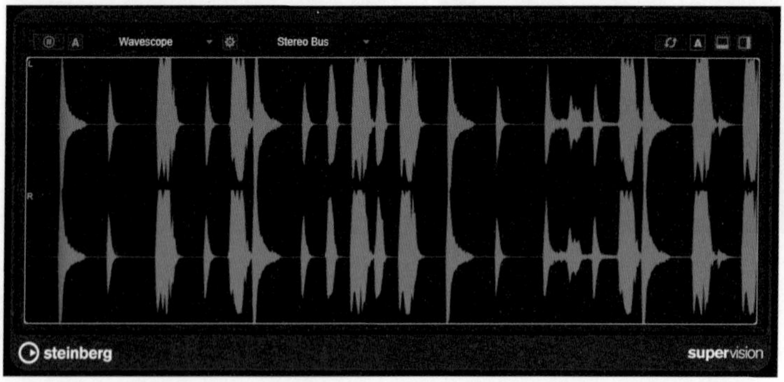


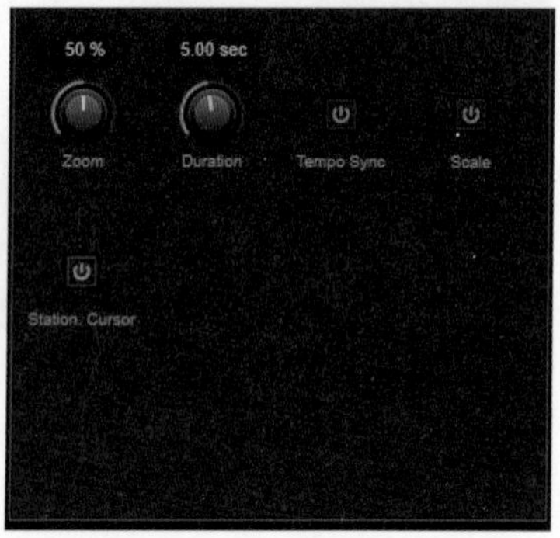

- Zoom : 파형의 진폭을 확대합니다.
- Duration : 표시 범위를 초 단위로 설정하며, Tempo Sync이 On이면 비트 단위로 설정할 수 있습니다.
- Scale : 레벨을 표시합니다.
- Station. Cursor : 파형이 고정되어 표시됩니다.

● Wavecircle

오디오 파형을 사이클로 표시합니다. 옵션은 방향을 반대로 하는 Reverse가 있고, 그 외는 동일합니다.

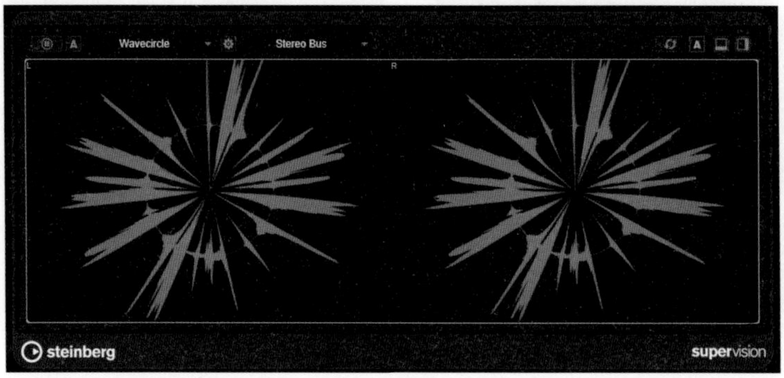


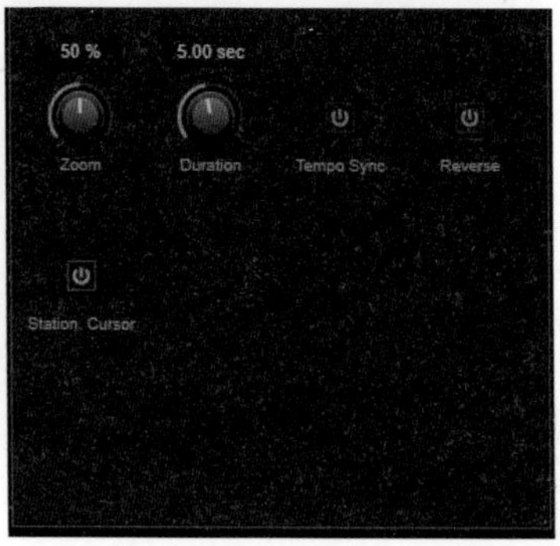


## 08 Time 모듈

Other Modules 카테고리에는 재생 위치를 표시하는 Time 모듈이 제공됩니다. 표시 형식을 Time, Sample, Beats, Timecode 중에서 선택할 수 있는 Mode 옵션을 제공합니다.

# 03 Delay

딜레이는 사운드를 일정한 시간 간격으로 반복시키는 효과를 만드는 장치입니다. 예를 들어 산의 메아리를 직접 산에서 녹음하지 않아도 시간 지연 효과를 인위적으로 만드는 딜레이 이펙트를 이용해서 연출할 수 있는 것입니다. 큐베이스는 Mono Delay, Stereo Delay, Ping Pong Delay, Mod Machinedml 4가지 딜레이 장치를 제공하고 있습니다.

## 01 Mod Machine

Mod Machine은 딜레이와 필터 모듈레이션 효과를 결합한 이펙트로 사운드의 특정 주파수에 딜레이를 걸거나 변조시킬 수 있는 독특한 방식의 장치입니다.

- Delay

딜레이 사운드의 시간을 최대 5000ms(5초)까지의 범위로 설정합니다. 노브 아래쪽의 Sync On/Off 버튼을 클릭하면 템포와 동기 될 수 있게 비트 단위로 조정할 수 있습니다.

- Rate

딜레이 사운드가 반복되는 시간 간격을 설정합니다. 값이 높을수록 간격이 좁아지며, 노브 아래쪽의 Sync 버튼을 On 하면 템포와 동기 될 수 있게 비트 단위로 조정할 수 있습니다.

● Width

딜레이 사운드의 음정 변화 폭을 설정합니다. 딜레이 사운드에 비브라토를 걸거나 코러스 효과를 연출할 수 있습니다.

● Feedback

딜레이 사운드가 반복되는 값을 설정합니다.

● Drvie

피드 백되는 사운드에 디스토션 효과를 적용합니다. 디스토션은 사운드를 찌그러트려 조금 강렬한 딜레이 사운드를 연출하게 합니다.

● Mix

딜레이의 양을 설정합니다. 기준값 50보다 작으면 딜레이 사운드의 크기가 작아지고, 50보다 크면, 딜레이 사운드가 커지는 것입니다.

● Nudge

Mix 노브 아래쪽에 있는 Nudge 버튼은 마우스를 누르고 있는 동안에만 작동되는 것으로 딜레이 사운드의 속도를 높여줍니다. 마치 DJ의 스크러빙 효과를 만드는 것과 같습니다.

● Single path graphic

딜레이가 적용되는 경로와 필터 타입을 그래프로 표시하는 창입니다. Filter Position을 클릭하여 Output과 Loop 경로를 선택할 수 있고, Filter Type을 클릭하여 Low pass, band pass, high pass 필터 타입을 선택할 수 있습니다.

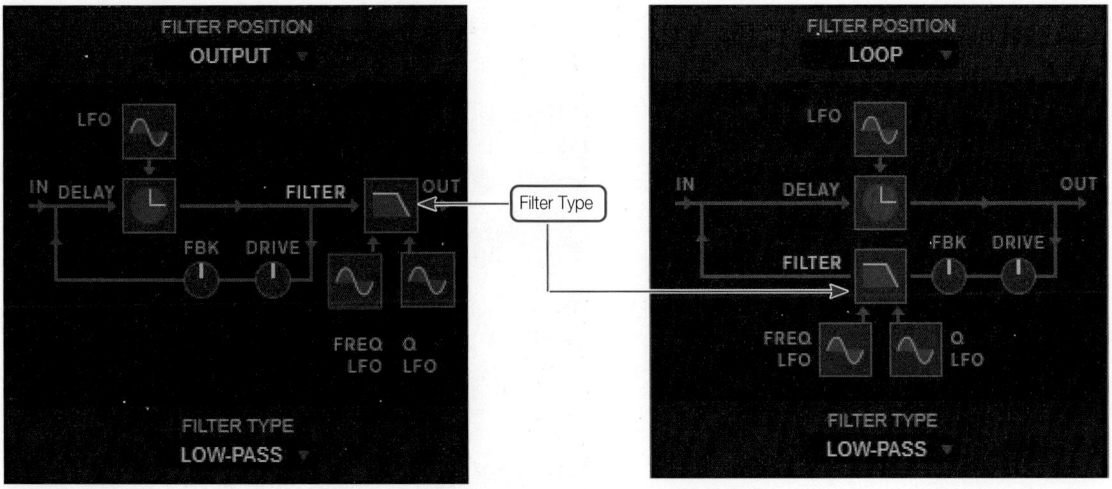


▲ Filter Position - Output

▲ Filter Position- Loop

- Freq

Speed 값이 0일 때 사용할 수 있으며, 필터가 적용될 주파수 값을 설정합니다.

- Speed

필터가 적용되는 속도를 설정할 수 있으며, 노브 아래쪽의 Sync 버튼을 On으로 하면, 비트 단위로 조정할 수 있습니다.

- Lo

필터가 적용될 주파수 범위의 최소 값을 설정합니다.

- Hi

필터가 적용될 주파수 범위의 최대 값을 설정합니다.

- Spatial

필터가 적용되는 사운드의 좌/우 이동 폭을 설정합니다.

- Q-Factor

Speed 값이 0일 때 사용할 수 있으며, Freq의 변화 폭을 설정합니다.

- Speed

Q-Factor가 적용되는 속도를 설정할 수 있으며, 노브 아래쪽의 Sync 버튼을 On으로 하면, 비트 단위로 조정할 수 있습니다.

- Lo

Q-Factor가 적용될 범위의 최소값을 설정합니다.

- Hi

Q-Factor가 적용될 범위의 최대값을 설정합니다.

- Spatial

Q-Factor가 적용되는 사운드의 좌/우 이동 폭을 설정합니다.

## 02 Mono Delay

전통적인 방식의 모노 딜레이 장치이며, 다른 채널의 신호로 해당 장치를 제어할 수 있는 사이드-체인 기능을 제공합니다.

● Delay

사운드가 지연되는 시간을 최대 5000ms(5초)까지의 범위로 설정할 수 있습니다. 노브 아래쪽의 Sync On/Off 버튼을 클릭하면 템포와 동기 될 수 있게 비트 단위로 조정할 수 있습니다.

● Feedback

딜레이 사운드가 반복되는 값을 설정합니다.

● Lo

딜레이가 적용될 최소 주파수 값을 설정합니다. 여기서 설정된 주파수 이상의 범위에서 딜레이가 적용되는 것이며, 노브 아래쪽의 lo filter 버튼으로 사용 유무를 결정할 수 있습니다.

● Hi

딜레이가 적용될 최대 주파수 값을 설정합니다. 여기서 설정된 주파수 이하의 범위에서 딜레이가 적용되는 것이며, 노브 아래쪽의 hi filter 버튼으로 사용 유무를 결정할 수 있습니다.

● Mix

딜레이의 양을 설정합니다. 기준값 50보다 작으면 딜레이 사운드의 크기가 작아지고, 50보다 크면, 딜레이 사운드가 커지는 것입니다.

## 03 MultiTap Delay

딜레이 간격을 수동으로 만들고 편집할 수 있는 8개의 탭을 제공합니다. 또한 코러스 및 리버브 등의 14가지 장치를 최대 6개까지 체인으로 걸어 사용할 수 있기 때문에 하나의 장치만으로도 상상하는 사운드를 디자인하는 것이 가능합니다. 장치를 로딩하면 Main 섹션이 보이며, 그 위로 Charactor와 아래로 Loop, Tap, Post 섹션을 추가로 열 수 있습니다.

### Main 섹션

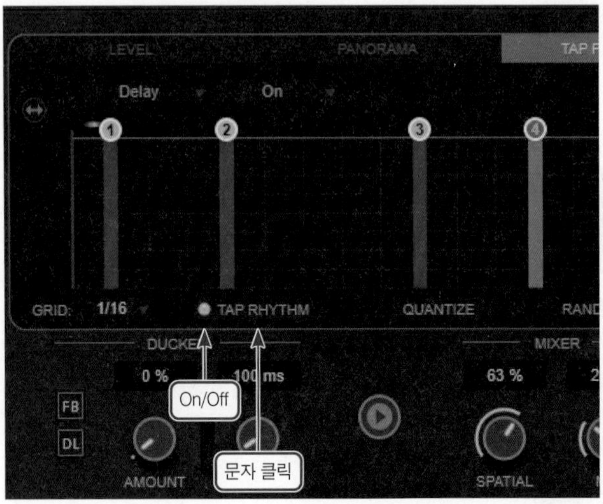


● Tap Rhythm

Tap Rhythm의 On 버튼을 클릭하여 활성화 하고, 문자를 클릭하여 최대 8개의 탭을 만들 수 있습니다. 트랙에서 재생되는 리듬에 맞추어 탭을 생성하고 싶을 때 사용합니다.

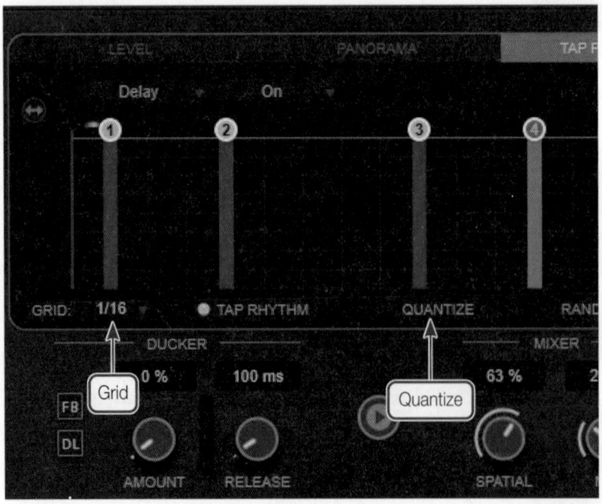


● Quantize

수동으로 입력한 탭의 타이밍이 정확한 비트에 생성되지 않았다면, Quantize 버튼을 클릭하여 교정할 수 있습니다. 퀀타이즈 간격은 Grid에서 선택합니다.

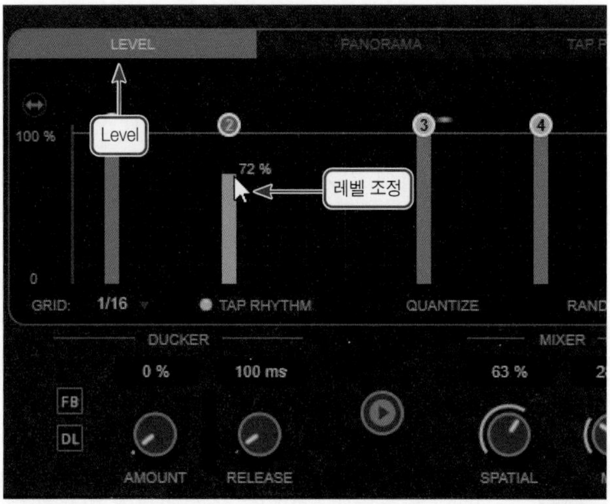


● Level

생성된 탭은 번호를 좌/우로 드래그하여 위치를 수정하거나 더블 클릭으로 삭제할 수 있으며, Level 페이지에서는 각 탭을 위/아래로 드래그하여 레벨을 조정할 수 있습니다.

> **Tip**
> 탭은 Grid 간격으로 이동되며, Shift 키를 누르면 Grid 값에 상관없이 이동할 수 있습니다.

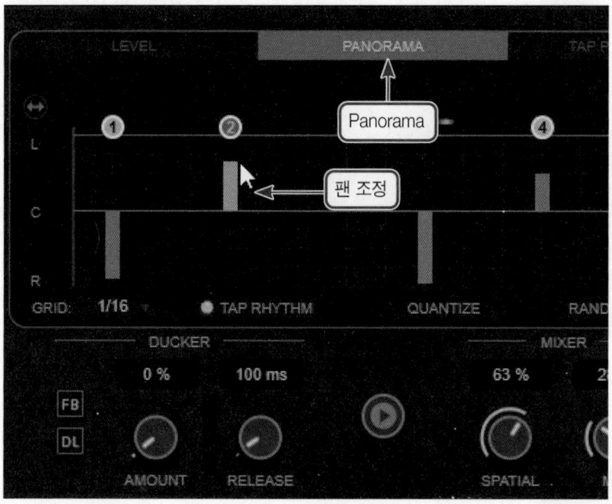


● Panorama

Panorama 페이지에서는 각 탭을 위/아래로 드래그하여 팬을 조정할 수 있습니다. 위로 올리면 좌측으로 이동하고, 아래로 내리면 우측으로 이동합니다.

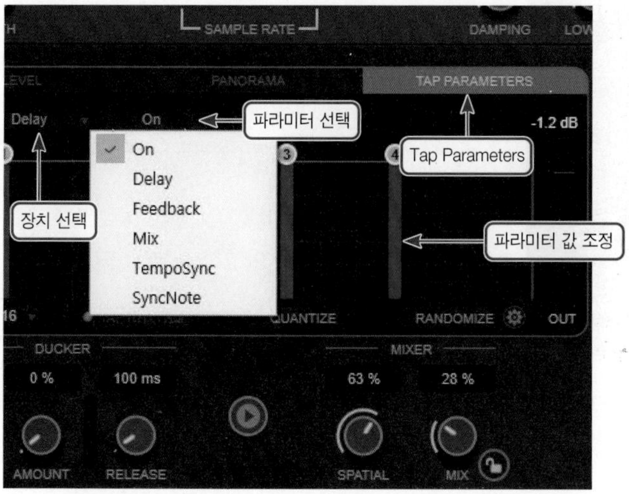


● Tap Parameters

Tap Raramerers 페이지에서는 탭에 연결된 Tap Effects 섹션의 장치와 파라미터를 선택하여 컨트롤합니다. 개별적인 컨트롤은 Tap Effects 섹션에서 하며, Tap Parameters 페이지에서는 전체적으로 컨트롤할 때 편리합니다.

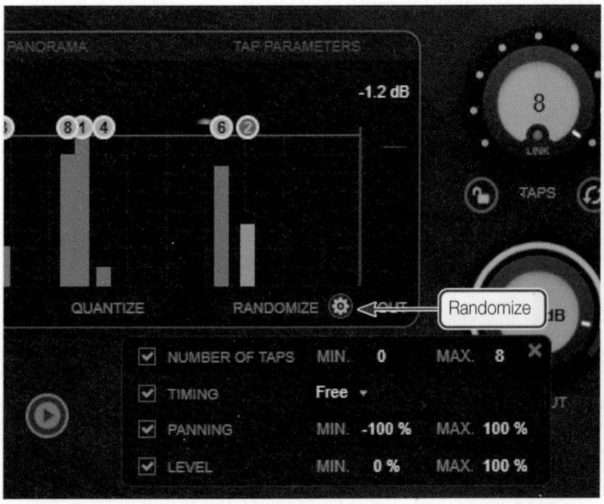


● Randomize

Randomize 버튼을 클릭하면 탭의 수와 레벨 및 팬 등을 무작위로 설정할 수 있습니다. 톱니 바퀴 모양의 옵션 버튼을 클릭하면 Randomize를 클릭했을 때 생성되는 탭의 수, 타이밍(Timing), 패닝 범위(Paning), 레벨 범위(Level)를 지정할 수 있습니다.

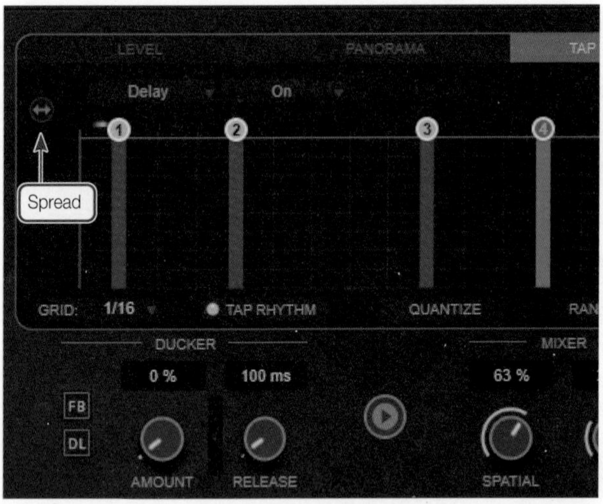


● Spread

탭이 너무 가까이 붙어서 편집하기 어려운 경우에는 Spread 버튼을 클릭하여 일정한 간격을 배열할 수 있습니다. 실제 탭의 간격이 변하는 것은 아닙니다.

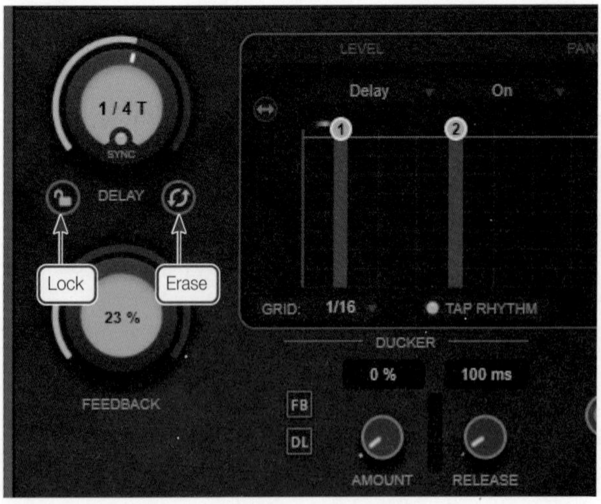


● Delay/Feedback

Delay는 딜레이 타임을 설정하며, Feedback은 반복되는 신호의 양을 결정합니다. Sync 버튼이 On으로 되어 있으면 비트 간격으로 설정할 수 있고, Lock 버튼이 On되어 있으면 프리셋을 로딩할 때 딜레이 값이 고정됩니다. Erase 버튼은 딜레이 라인을 지웁니다.

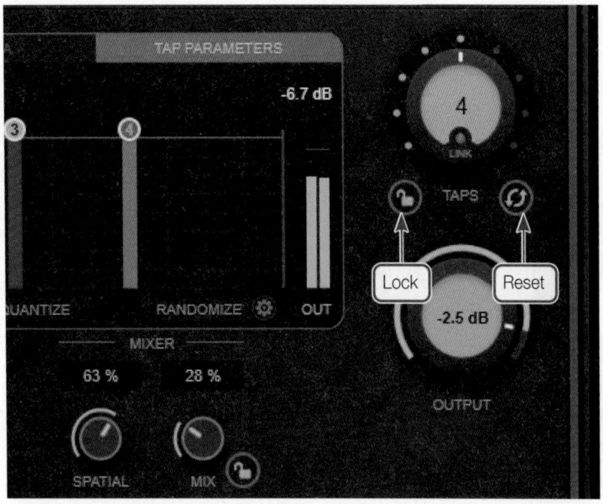


- Taps/Output

MultiTap Delay는 최대 8개의 탭을 제공하며, Taps 노브를 이용하여 추가 및 삭제할 수 있습니다. Lock 버튼을 On으로 하면 탭을 동시에 이동시킬 수 있으며, Reset 버튼을 클릭하여 모든 탭을 삭제할 수 있습니다. Output은 최종 딜레이 레벨을 조정합니다.

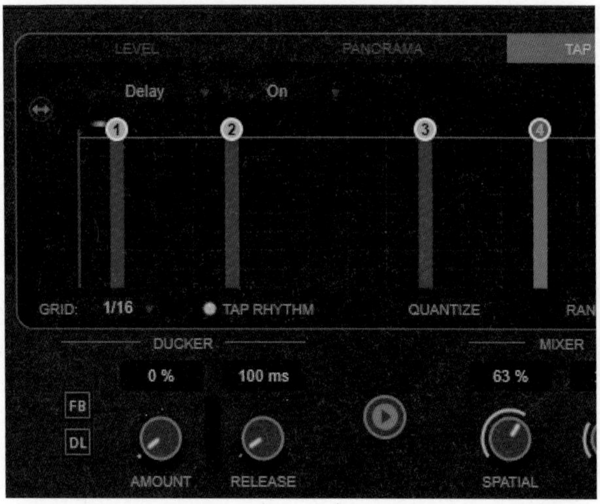


- Spread

탭이 너무 가까이 붙어서 편집하기 어려운 경우에는 Spread 버튼을 클릭하여 일정한 간격을 배열할 수 있습니다. 실제 탭의 간격이 변하는 것은 아닙니다.

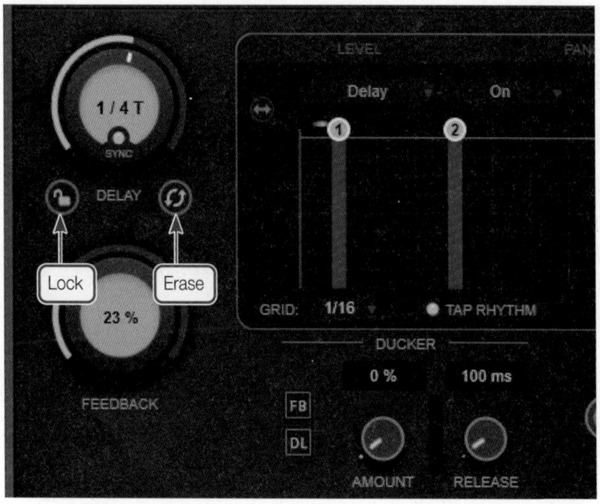


- Delay/Feedback

Delay는 딜레이 타임을 설정하며, Feedback은 반복되는 신호의 양을 결정합니다. Sync 버튼이 On으로 되어 있으면 비트 간격으로 설정할 수 있고, Lock 버튼이 On되어 있으면 프리셋을 로딩할 때 딜레이 값이 고정됩니다. Erase 버튼은 딜레이 라인을 지웁니다.

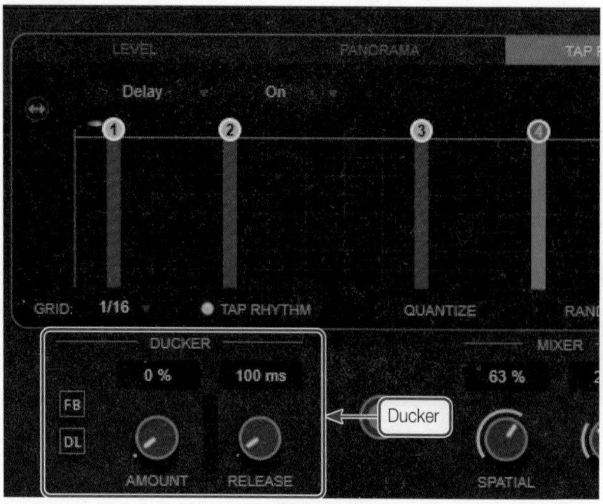


● Ducker

입력 신호가 재생될 때 딜레이 레벨을 낮추는 더킹 효과를 만듭니다. Amount로 감소량을 설정하고, Release로 복구 타임을 설정할 수 있으며, 더킹 효과를 피드백(FB)이나 딜레이(DL)에만 적용할 수 있는 버튼을 제공합니다.

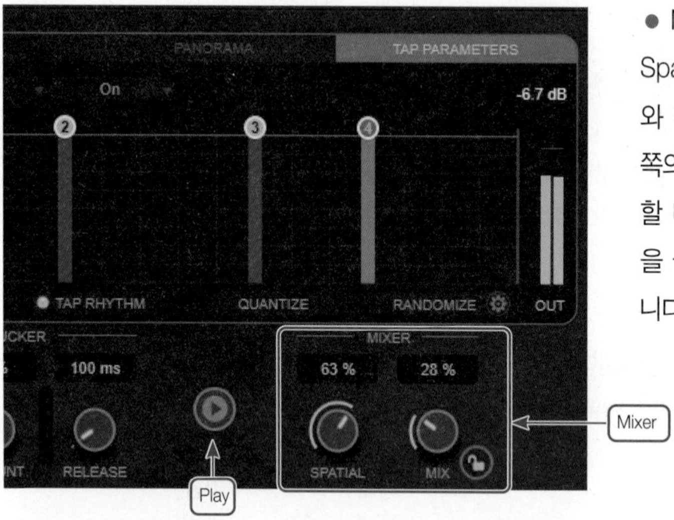


● Mixer

Spatial은 스테레오 폭을 조정하고, Mix는 소스와 딜레이 사운드의 비율을 조정합니다. 오른쪽의 Lock 버튼을 On으로 하면 프리셋을 로딩할 때 Mix 값을 고정합니다. 중앙의 Play 버튼을 클릭하면 딜레이 설정을 모니터 할 수 있습니다.

● 섹션 열기/닫기

그 밖의 Multi Tap Delay는 Character, Loop, Tap, Post 섹션을 제공하며, 각각의 탭은 타이틀 바를 더블 클릭하거나 오른쪽의 Show/Hide 버튼을 클릭하여 열거나 닫을 수 있습니다.

Character 섹션

**딜레이 전체 사운드의 캐릭터를 결정합니다. 기본적으로 Digital Modern, Digital Vintage, Tape, Crazy의 4가지 프리셋을 제공하며, 이는 섹션을 열지 않고도 선택할 수 있습니다.**

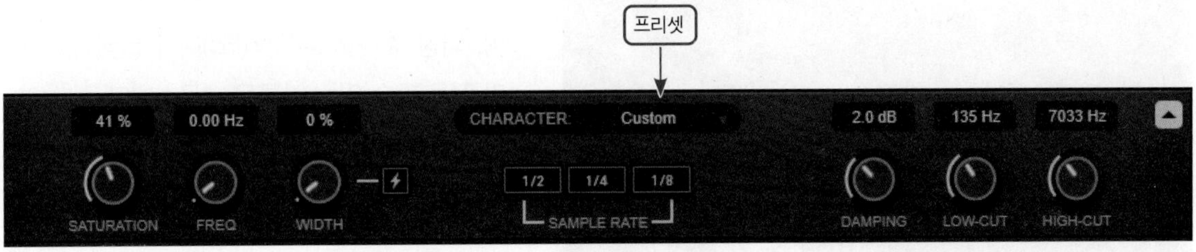


- Saturation

딜레이 사운드에 배음을 추가하여 아날로그 효과를 시뮬레이션 합니다. 값을 증가시키면 사운드가 반복될 때마다 배음이 증가됩니다.

- Freq/Width

Freq에서 변조 주파수를 설정하고, Width에서 변조 량을 설정합니다. 오른쪽에 번개 모양으로 되어 있는 Extreme Modulation 버튼을 On으로 하면 변조 량이 증가되어 극단적인 효과를 연출할 수 있습니다.

- Sample Rate

딜레이 음질을 2배, 4배, 8배로 감소시킵니다. 음질이 감소되면 딜레이 사운드가 살짝 어두워져 아날로그 테이프를 이용한 빈티지 효과를 만들 수 있습니다. 선택된 버튼이 없으면 감소되지 않습니다.

- Damping/Low/High-Cut

반복되는 사운드의 고음역을 증가시킵니다. 이때 댐핑이 적용되는 범위를 Low-Cut과 High-Cut으로 지정할 수 있습니다.

Effects 섹션

MultiTap Delay는 내부적으로 14개의 이펙트를 제공하며, 최대 6개의 장치를 체인으로 연결하여 사용할 수 있습니다. 이펙트가 적용되는 위치는 딜레이 사운드에 적용하는 Loop Effects, 탭에 적용하는 Tap Effests, 딜레이 다음에 적용하는 Post Effects의 3가지 섹션을 제공합니다.

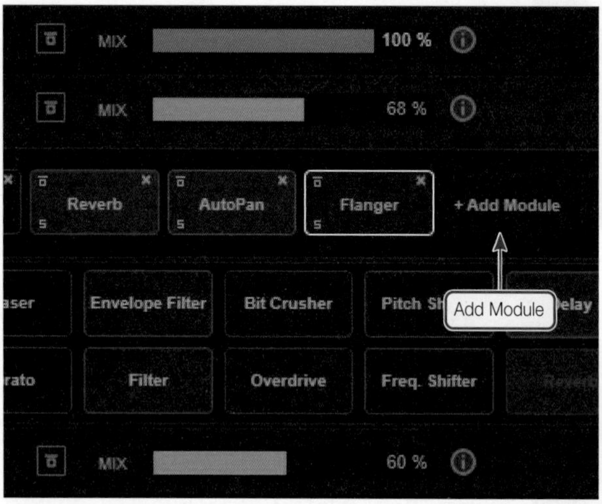


체인 슬롯의 +Add Module 버튼을 클릭하면 MultiTap Delay에서 제공하는 14가지 이펙트를 볼 수 있으며, 장치를 선택하여 최대 6개의 이펙트를 연결할 수 있습니다.

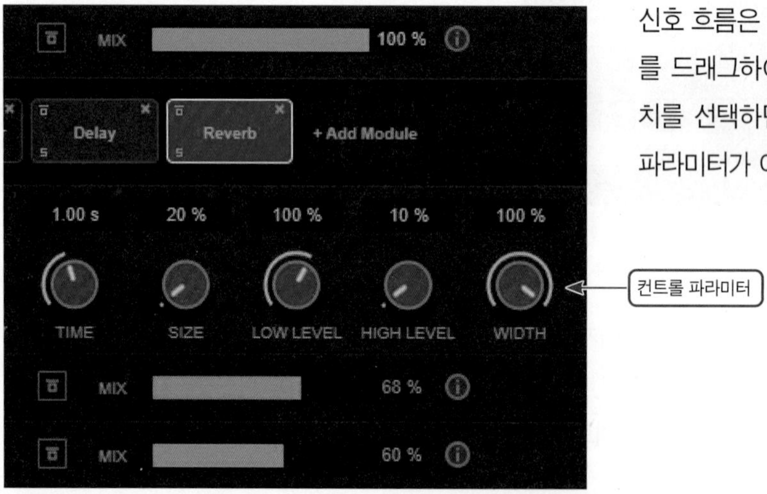


신호 흐름은 왼쪽에서 오른쪽이며, 각각의 장치를 드래그하여 순서를 변경할 수 있습니다. 장치를 선택하면 이펙트 값을 컨트롤할 수 있는 파라미터가 아래쪽에 열립니다.

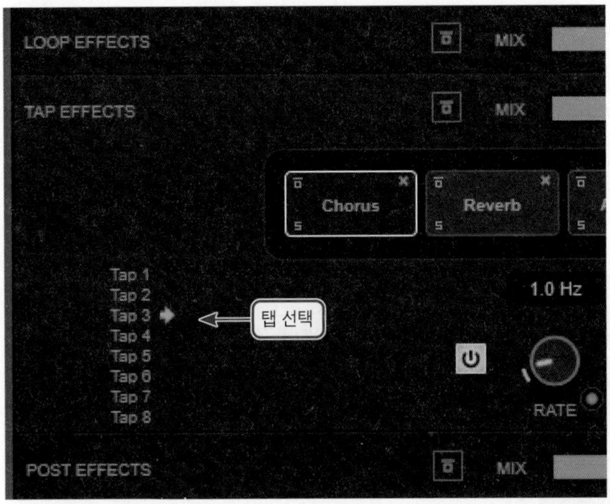


Tap Effects의 경우에는 각 탭의 설정 값을 개별적으로 조정할 수 있으며, 메인 디스플레이어 또는 왼쪽의 탭 리스트에 선택할 수 있습니다.

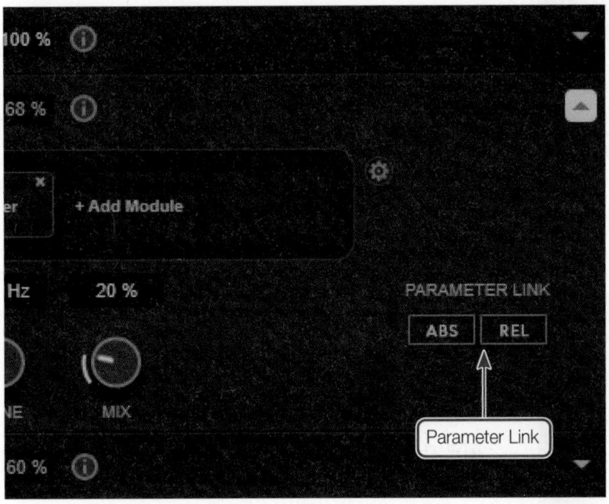


Paramter Link의 ABS 버튼을 On으로 하면 모든 탭의 파라미터 값을 같은 값으로 조정할 수 있으며, REL 버튼을 클릭하여 같은 비율로 조정할 수 있습니다.

> **Tip**
> 파라미터 값을 일률적으로 조정할 때는 메인 디스플레이의 Tap Parameter에서 실행하는 것이 편리합니다.

MutiTap Delay의 이펙트는 Loop, Tep, Post의 3가지 위치에서 사용할 수 있으며, Loop는 딜레이 입/출력에 적용되는 것이고, Tep은 각각의 탭에 적용되는 것이고, Post는 딜레이 출력 라인에 적용되는 것입니다.
각 장치의 파라미터 역할은 계속해서 살펴보는 이펙트와 동일하므로 생략합니다.

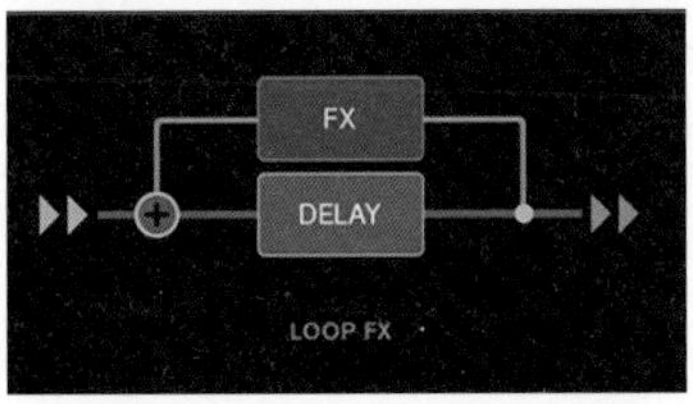


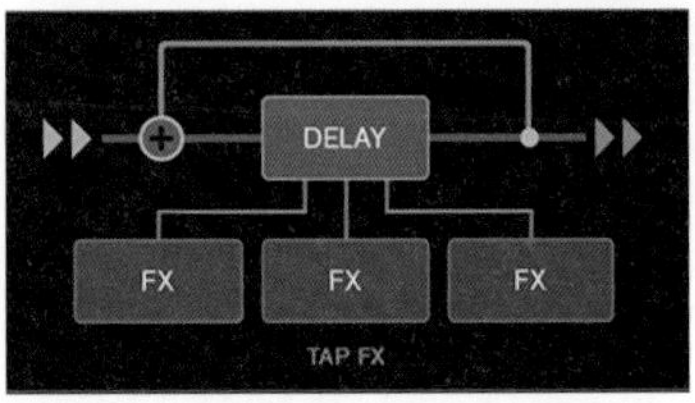


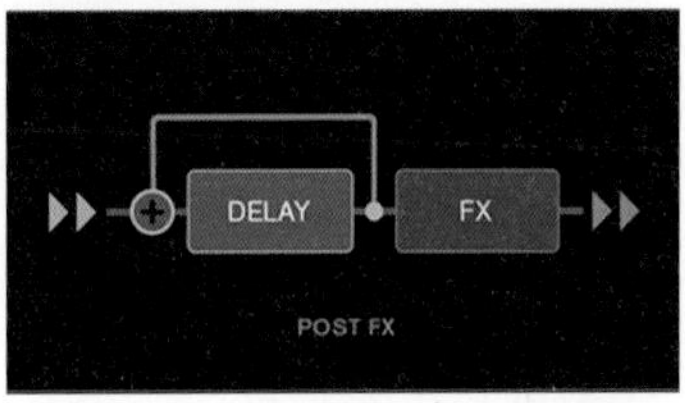

## 04 Ping Pong Delay

Stereo Delay 장치를 이용해서 사운드가 좌/우로 이동하는 핑퐁 효과를 만들 수 있지만, Ping Pond Delay를 이용하면 보다 쉽게 연출 가능합니다.

● Delay

사운드가 지연되는 시간을 최대 5000ms(5초)까지의 범위로 설정할 수 있습니다. 노브 아래쪽의 Sync On/Off 버튼을 클릭하면 템포와 동기 될 수 있게 비트 단위로 조정할 수 있습니다.

● Feedback

딜레이 사운드가 반복되는 값을 설정합니다.

● Lo

딜레이가 적용될 최소 주파수 값을 설정합니다. 여기서 설정된 주파수 이상의 범위에서 딜레이가 적용되는 것이며, 노브 아래쪽의 lo filter 버튼으로 사용 유무를 결정할 수 있습니다.

● Hi

딜레이가 적용될 최대 주파수 값을 설정합니다. 여기서 설정된 주파수 이하의 범위에서 딜레이가 적용되는 것이며, 노브 아래쪽의 hi filter 버튼으로 사용 유무를 결정할 수 있습니다.

● Spatial

딜레이 사운드가 좌/우로 이동되는 폭을 설정합니다. 값이 클수록 이동 폭이 넓어집니다.

● Mix

딜레이의 양을 설정합니다. 기준값 50보다 작으면 딜레이 사운드의 크기가 작아지고, 50보다 크면, 딜레이 사운드가 커지는 것입니다.

## 05 Stereo Delay

양쪽 채널에 독립적인 딜레이 값을 설정할 수 있는 스테레오 딜레이입니다. 앞에서 살펴본 모노 딜레이가 두 개 있는 것이라고 생각하면 되며, Pan을 제외한 모든 노브의 역할도 같습니다.

● Delay

사운드가 지연되는 시간을 최대 5000ms(5초)까지의 범위로 설정할 수 있습니다. 노브 아래쪽의 Sync On/Off 버튼을 클릭하면 템포와 동기 될 수 있게 비트 단위로 조정할 수 있습니다. 오른쪽의 Delay 2도 같습니다.

● Feedback

딜레이 사운드가 반복되는 값을 설정합니다. 오른쪽의 Delay 2도 같습니다.

● Lo

딜레이가 적용될 최소 주파수 값을 설정합니다. 여기서 설정된 주파수 이상의 범위에서 딜레이가 적용되는 것이며, 노브 아래쪽의 lo filter 버튼으로 사용 유무를 결정할 수 있습니다. 오른쪽의 Delay 2도 같습니다.

● Hi

딜레이가 적용될 최대 주파수 값을 설정합니다. 여기서 설정된 주파수 이하의 범위에서 딜레이가 적용되는 것이며, 노브 아래쪽의 hi filter 버튼으로 사용 유무를 결정할 수 있습니다. 오른쪽의 Delay 2도 같습니다.

● Pan

딜레이 사운드가 재생될 채널의 위치를 설정합니다. 왼쪽의 Delay 1은 기본 값이 왼쪽 채널인 -100으로 설정되어 있으며, 오른쪽의 Delay 2는 오른쪽 채널인 100으로 설정되어 있습니다.

● Mix

딜레이의 양을 설정합니다. 기준값 50보다 작으면 딜레이 사운드의 크기가 작아지고, 50보다 크면, 딜레이 사운드가 커지는 것입니다. 오른쪽의 Delay 2도 같습니다.

# 04 Distortion

디스토션은 앰프가 수용할 수 있는 한계 출력 이상의 입력 레벨로 사운드가 찌그러지는 현상을 인위적으로 만드는 장치를 말합니다. 메탈 음악의 기타 사운드를 연상하면, 쉽게 짐작할 수 있을 것입니다. 큐베이스는 AmpSimulaotr, DaTube, Distortion, SoftClipper 등의 7가지 디스토션 장치를 제공하고 있습니다.

## 01 Amp Simulator

기타 앰프를 시뮬레이션하는 장치입니다. 14가지 앰프 모델과 10가지 캐비닛을 제공합니다.

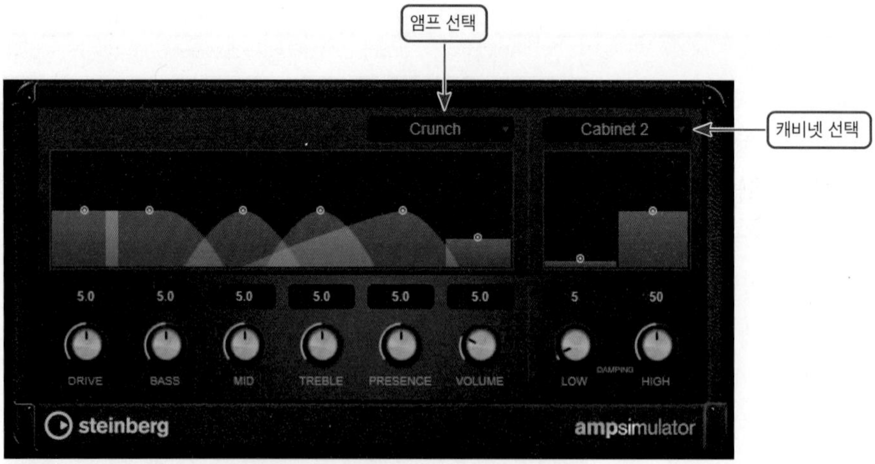


● Ampliter : 기본 앰플 모델 명인 Crunch 항목을 클릭하면 Lead, Modern, Clean, Tube 등의 14가지 앰프 모델을 선택할 수 있는 메뉴가 열립니다.

- Cabinet : Amp Simulator에서 제공하는 10가지의 캐비닛 스피커 모델을 선택합니다.

- Drvie : 디스토션이 적용되는 레벨을 설정합니다.

- Bass : 디스토션이 적용되는 저음역을 조정합니다.

- Mid : 디스토션이 적용되는 중음역을 조정합니다.

- Treble : 디스토션이 적용되는 고음역을 조정합니다.

- Presence : 사운드가 연주되는 공간의 벽면 특성을 시뮬레이션 합니다. 값이 높을수록 반사율이 높은 벽면을 시뮬레이션 하여 고음역의 사운드가 커집니다.

- Volume : 디스토션 사운드의 최종 출력 레벨을 조정합니다. 앰플 항목의 Drive, Bass, Middle, Treble, Presence, Volume 값들은 디스플레이 창의 그래프를 드래그하여 조정할 수 있습니다.

- Damping Low/High : 고음(High) 및 저음(Low)의 반사 비율을 조정하여 연주 공간의 벽면 특성을 연출합니다. 각각의 값은 노브를 이용하거나 그래프를 드래그하여 값을 조정할 수 있습니다.

## 02 Bit Crusher

Bit Crusher은 비트를 감소하여 독특한 사운드를 만드는 역할을 합니다. 비트란 디지털 신호의 레벨 기록 단위를 나타내는 것으로 높은 비트는 기록 단위가 높기 때문에 다이내믹 범위가 넓고, 낮은 비트는 기록 단위가 낮기 때문에 다이내믹 범위가 좁습니다. 결국 낮은 비트에서는 소형 스피커에서 들리는 라디오 음질과 같이 퀄리티가 떨어지지만, 아날로그 사운드 효과를 만들 수 있습니다.

● Mix
오리지널 사운드와 Bit Crusher를 적용한 사운드의 비율을 조정합니다.

● Mode
4개의 모드 버튼은 비트 감소 효과를 선택할 수 있습니다. 단계를 높일 수록 비트 감소 효과가 뚜렷합니다.

● Sample Divider
비트를 감소시켰을 때 제거하는 신호의 양을 설정합니다. 범위는 1에서 65까지 이며, 단위가 높을수록 변환하는 사운드의 효과를 크게 느낄 수 있습니다.

● Depth
비트 값을 설정합니다. 최대값 24bit로 높은 음질을 얻을 수 있고, 값을 낮춰 독특한 사운드를 만들 수 있습니다.

● Output
BitCrusher를 적용한 채널의 최종 출력을 조정합니다.

## 03 DaTube

DaTube는 진공관이 첨가된 아날로그 튜브 앰프 사운드를 재현하는 효과가 있습니다. 높은 가격대를 형성하고 있는 튜브 앰프를 재현하고 있다는 것 자체만으로도 놀랄 수 있겠지만, 그 효과를 들어보면 감탄사가 절로 나올만한 성능을 가지고 있습니다.

● Drive : 튜브 효과의 강도를 퍼센트 단위로 설정합니다. 재미있는 것은 값이 커질수록 Drive 노브 오른쪽에 있는 진공관 모양의 디스플레이가 눈으로 확인할 수 있게 붉게 변한다는 것입니다.

● Mix : 튜브 앰프 효과와 오리지널 사운드의 레벨 비율을 퍼센트 단위로 설정합니다.

● Output : Output은 튜브 앰프를 적용한 채널의 레벨을 조정합니다.

## 04 Distortion

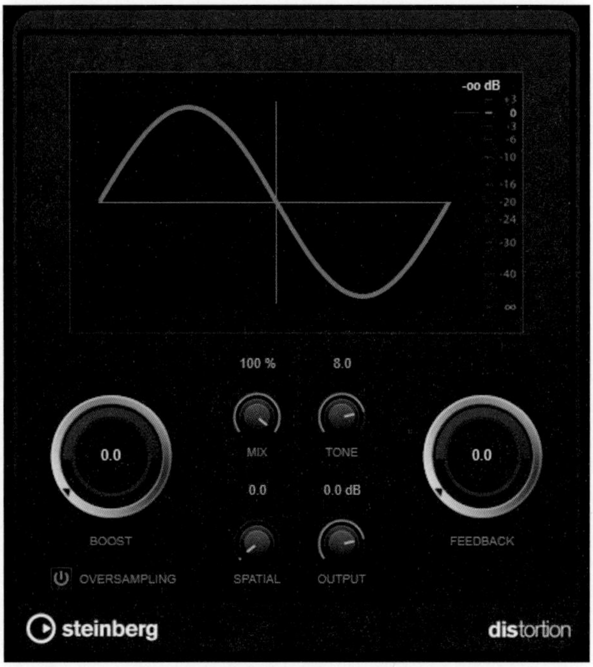


사운드의 일그러짐 효과를 인위적으로 만드는 디스토션 계열의 전통적인 방식입니다. 메탈이나 블루스 계열의 기타 연주자 들이 즐겨 사용하는 이펙트이므로, 기타에 관심있는 사용자에게는 매우 익숙할 것입니다.

- Boost : 사운드의 일그럼짐 정도를 조정합니다.
- Mix : 입력 사운드와 디스토션 사운드의 비율을 조정합니다.
- Tone : 디스토션이 적용되는 주파수 범위를 조정합니다.
- Spatia : 디스토션 사운드의 좌/우 이동 폭을 조정합니다.
- Output : 디스토션 사운드의 최종 출력 레벨을 조정합니다.
- Feedback : 디스토션 사운드를 반복시켜 효과를 증대시킵니다.

## 05 Distroyer

부드러운 오버 드라이브에서부터 클리핑 사운드까지 디스토션으로 구현할 수 있는 모든 효과를 표현할 수 있는 장치입니다.

- Lo /Hi Filter

디스토션이 적용될 범위를 조정합니다.

- Offset

사운드가 왜곡되는 시작 점을 조정합니다. 파형 그래프의 포인트를 드래그하여 조정할 수 있습니다.

- Drive : 디스토션의 강도를 조정합니다.

- Oversampling : 디스토션에 의해 사운드가 변형되는 현상을 방지합니다.

- Spatial : 스테레오 폭을 조정합니다.

- DC Filter : 전기 잡음을 제거합니다.

- Boost : 디스토션 효과를 증가시킵니다.

- Mix : 원본과 디스토션 사운드의 비율을 조정합니다.

- Shelf Freq : 쉘빙 타입의 필터를 주파수를 조정합니다.

- Shelf Gain : 필터를 증/감합니다.

- Tone : 로우 패스 필터 값을 설정합니다.

- Output : 출력 레벨을 조정합니다.

# 06 Grungelizer

사운드에 잡음을 유입하여 주파수가 잘 잡히지 않는 상태의 라디오와 같은 독특한 사운드를 만들 수 있습니다. 요즘 댄스 음악에서 가수의 목록에 사용하여 메가폰 음색을 만든는데도 응용 가능합니다. Crackle, Noise, Distort, EQ, AC, Timeline의 6가지 잡음 유입 노브로 구성되어 있습니다.

● Noise

아날로그 테이프를 재생할 때 음악이 없는 부분에서는 테이프가 재생하는 잡음이 들립니다. 이것을 험 노이즈라고 하는데 Noise는 이러한 잡음을 만드는 역할을 합니다.

● Crackle

CD 이전에 사용하던 아날로그 기록 방식의 LP 미디어에서 발생할 수 있는 클락 잡음을 만듭니다. 노브 아래쪽에 있는 RPM 스위치는 LP의 재생 속도를 시뮬레이션 하는 것입니다.

● Distort

정격 출력 이상의 레벨을 입력하면 사운드의 고주파 성분이 일그러지는 디스토션 잡음이 발생합니다. Distort은 이러한 잡음을 인위적으로 만드는 노브입니다. 값이 높을수록 노브 하단에 있는 LED가 둥글게 변하는 것을 확인할 수 있습니다.

● EQ

스피커의 방향에 따라 달라지는 위상 간섭에 의한 사운드의 변화를 시뮬레이션하고 있는 기능입니다. 특히 값이 높을수록 저음 부분에 위상 간섭을 일으키게 하여 메가폰으로 듣는 효과를 만듭니다. 노브 아래쪽에 축음기 모양의 그림이 회전하면서 조정하는 값을 표시하고 있습니다.

● AC

AC 전류에 의한 발생할 수 있는 전기 잡음을 만듭니다.

● Mix

전체 효과의 양을 조정합니다.

# 07 Magneto II

프로젝트의 샘플 비트 변경 없이 퀄리티 높은 아날로그 사운드를 재현할 수 있는 이펙트 입니다. 흔히 아날로그 사운드를 따뜻하다고 표현하는데, 자신이 만든 디지털 음악에 따뜻함을 더해고 싶거나 대놓고 옛날 사운드를 구현하는 등의 다양한 목적으로 사용할 수 있습니다.

- Saturation

아날로그 사운드의 시뮬레이션 정도를 조정합니다. 왼쪽 버튼은 Saturation을 On/Off 합니다.

- Dual Mode

아날로그 시뮬레이션을 두 배로 증가시킵니다.

- Frequency Range Low/Hi

아날로그 효과가 적용되는 주파수 범위를 설정합니다. Low에서 Hi 범위에만 적용되는 것입니다.

- HF-Adjust

아날로그 시뮬레이션 과정에서 손실될 수 있는 고주파 성분의 보정 값을 조정합니다. 오른쪽 버튼으로 HF-Adjust 기능을 On/Off 합니다.

- Solo

아날로그 효과가 적용되는 사운드만 모니터 할 수 있습니다. 주파수 범위를 결정하는데 용의한 기능입니다.

- Output

최종 출력 레벨을 조정합니다. Output 레벨 미터를 확인하면서 클리핑이 발생하지 않게 합니다.

# 08 Quadrafuzz v2

주파수를 4구역으로 나누어 사운드를 왜곡시킬 수 있는 멀티밴드 디스토션입니다. 각 밴드마다 서로 다른 5가지 모드를 적용할 수 있기 때문에 드럼 트랙뿐만 아니라 가요 및 팝의 중심인 보컬 트랙에서도 많이 사용하는 장치 입니다.

- SB/Scenes

SB : Quadrafuzz v2를 멀티 밴드로 사용할 것인지 싱글로 사용할 것인지를 선택합니다.
Scenes : 각 번호에 사용자 설정을 저장할 수 있습니다. 버튼을 선택하면 노란색 불이 들어오고, 설정을 변경하면 녹색으로 저장됩니다. Copy 버튼을 누르고 번호를 선택하면 복사됩니다.

- Frequency Band Editor

수직 라인을 드래그하여 각 밴드의 주파수 범위를 설정하고, 수평 라인을 드래그하여 각 밴드의 출력 레벨을 조정합니다.

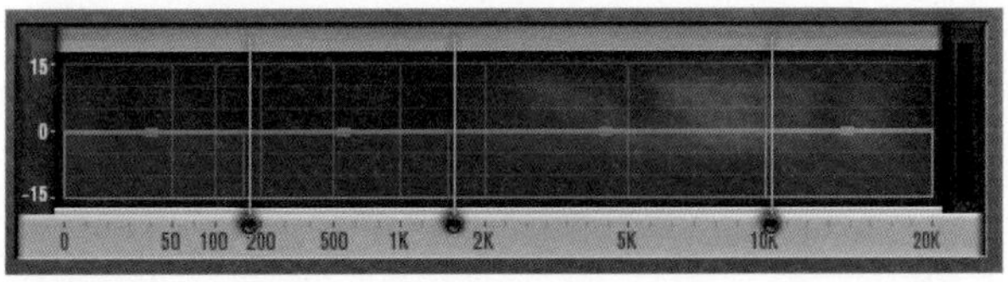


- Mix/Output

Mix : 이펙트와 원본 사운드의 비율을 조정합니다.
Output : 최종출력 레벨을 조정합니다.

● M/S/B

M : 해당 밴드를 뮤트합니다.
S : 해당 밴드를 솔로로 적용합니다.
B : 해당 밴드를 바이패스 시킵니다.

● Gate

모드와 관계없이 독립적으로 작동되는 노이즈 게이트 입니다. 설정 값 이하의 레벨을 차단합니다.

● Slider

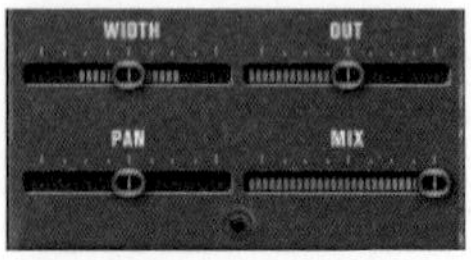


Width : 해당 밴드의 스테레오 폭을 조정합니다.
Out : 해당 밴드의 출력 레벨을 조정합니다.
Pan : 해당 밴드의 좌/우 위치를 조정합니다.
Mix : 해당 밴드의 모드 적용 비율을 조정합니다.

● Tape

아날로그 테이프 사운드를 시뮬레이션 합니다. 적용 정도를 조정하는 Drive 노브가 있으며, 효과를 증가시키는 Tape Mode Dual 버튼을 제공합니다.

● Tube

아날로그 튜브 사운드를 시뮬레이션 합니다. 적용 정도를 조정하는 Drive 노브가 있으며, 튜브 수를 선택하는 3개의 버튼을 제공합니다.

- Dist

사운드를 왜곡하는 디스토션 입니다. 적용 정도를 조정하는 Drive 노브와 출력 신호를 반복시켜 강도를 높이는 FBK 노브가 있습니다.

- Amp

기타 앰프를 시뮬레이션 합니다. 적용 정도를 조정하는 Drive 노브가 있으며, 톤을 선택할 수 있는 3개의 버튼을 제공합니다.

- Dec

샘플 비트 값을 감소시켜 사운드를 왜곡시키는 Decimator 노브가 있으며, 타입을 선택할 수 있는 4개의 버튼과 사운드 제거량을 조정하는 S&H 노브를 제공합니다.

- Delay

Delay를 적용할 수 있는 패널을 엽니다.
Time : 딜레이 타임을 조정합니다. Sync 버튼을 On으로 하면 템포와 동기 됩니다.
FBK : 사운드가 반복되는 양을 결정합니다. Mode 버튼은 반복 사운드를 왜곡시킵니다.
Duck : 오디오 신호를 얼마나 지연시킬 것인지를 결정합니다.
Mix : 딜레이 사운드의 밸런스를 조정합니다.

# 09 SoftClipper

디스토션 사운드에 제2, 제3의 배음을 추가하여 부드러운 디스토션 사운드를 연출합니다. 기타 연주에 많이 사용하는 오버드라이브와 같은 사운드를 쉽게 만들 수 있습니다.

- Input

앞에서 살펴본 디스토션 장치의 Drvie와 동일한 역할로 입력 사운드의 레벨을 조정합니다.

- Mix

디스토션 사운드의 비율을 조정합니다.

- Output

디스토션 사운드의 최종 출력 레벨을 조정합니다.

- Second

디스토션 사운드의 2배음을 만들어내며, 그 값을 조정합니다.

- Third

디스토션 사운드의 3배음을 만들어내며, 그 값을 조정합니다.

# 10 VST Amp Rack

● 샘플 프로젝트 \ Rack

기타 녹음 시스템을 완벽하게 시뮬레이션 하고 있는 VST Amp Rack입니다. 물론, Guitar Rig이나 AmpliTube와 같이 유명한 플러그-인들이 있지만, 별도의 추가 비용 없이 사용할 수 있으며, 음색 또한 자랑할 만큼의 퀄리티를 보여주고 있습니다.

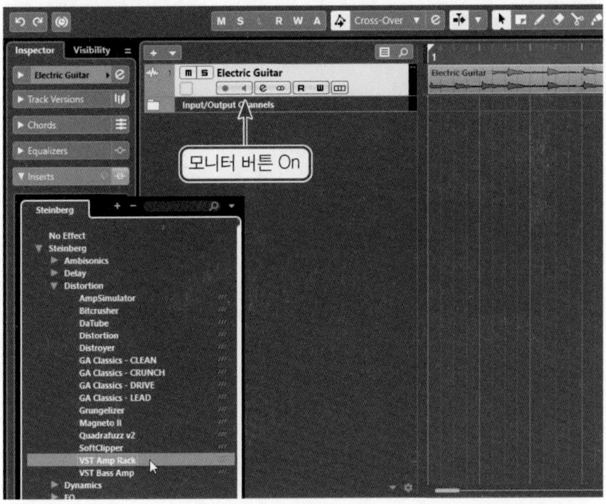


**01** Guitar를 직접 연주해보면서 사운드를 모니터 하겠다면, 트랙의 모니터 버튼을 On으로 하고, VST Amp Rack을 장착합니다.

**02** VST Amp Rack의 신호 경로는 Pre-Effect, Amplifiers, Cabinets, Post-Effects, Microphone Position, Master의 탭 순서 입니다.

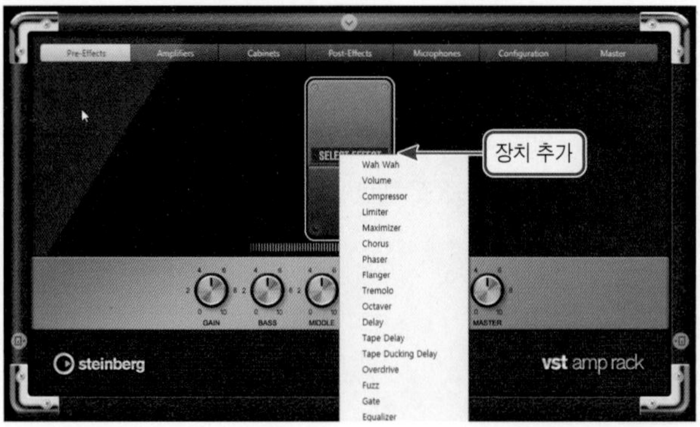


03 Pre-Effects는 앰프 이전에 연결되는 장치를 선택합니다. 정해진 규칙은 없지만, 일반적으로 Compressor나 Gate와 같이 입력 레벨을 보정하는 다이내믹 장치를 장착합니다. No Effect라고 표시되어 있는 스톰박스를 클릭하여 메뉴를 열고, Compressor를 선택합니다.

04 Guitar 연주자에게 익숙한 모습의 스톰 박스가 장착됩니다. 장치 오른쪽 또는 왼쪽에 표시되어 있는 삼각형을 클릭하면 장치를 추가 연결할 수 있습니다. 오른쪽을 클릭하여 Gate를 추가합니다.

05 두 장치의 On/Off 스위치를 클릭하여 동작시키고, Gate의 Threshold 노브를 조정하여 Guitar 잡음이 들리지 않게 해봅니다. 장치의 역할과 사용법은 모양만 다를 뿐, 큐베이스에서 제공하는 다른 것들과 동일하므로, 세부적인 내용은 생략하겠습니다.

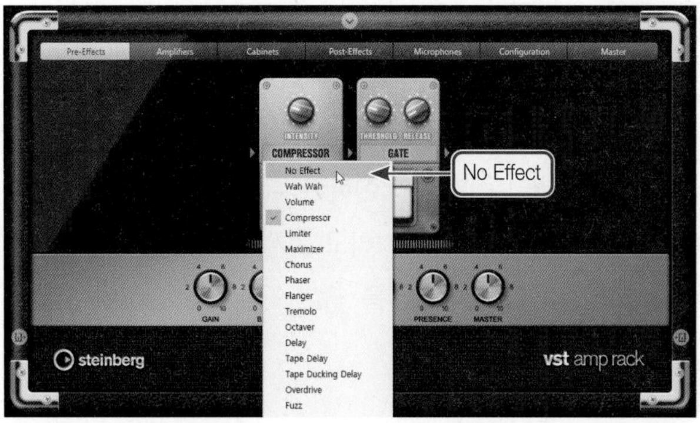


06 각 장치에 표시되어 있는 이름을 클릭하여 메뉴를 열고, No Effect을 선택하면 장치를 제거할 수 있고, 다른 이름을 선택하면 해당 장치로 변경할 수 있습니다.

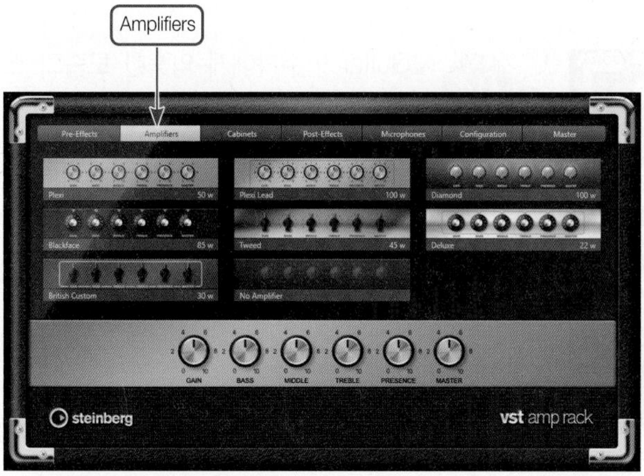


07 두 번째 Amplifiers 탭을 선택합니다. 8 종류의 기타 앰프를 제공하고 있습니다. 각 앰프를 선택하여 사운드의 변화를 모니터해보고, 마음에 드는 것을 선택합니다. 그리고 아래쪽에 보이는 노브를 이용하여 사운드를 보정합니다. 그림에서는 입력 레벨을 의미하는 Gain을 높이고 있습니다.

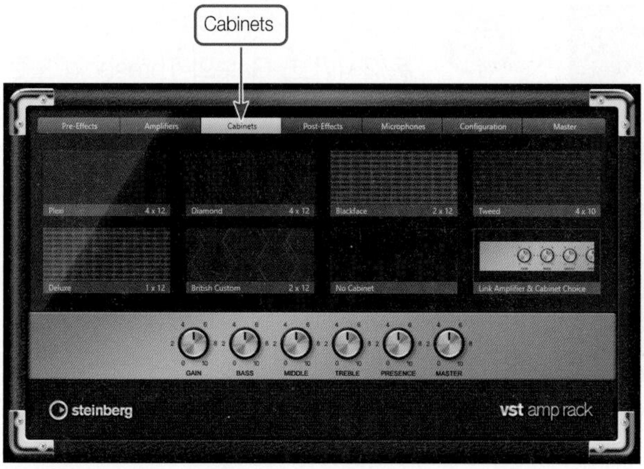


08 세 번째 Cabinets 탭을 선택합니다. 8 종류의 캐비넷을 제공하고 있습니다. 4x12는 12인치 스피커 4개를 의미합니다. 각각의 사운드를 모니터하고 마음에 드는 것을 선택합니다.

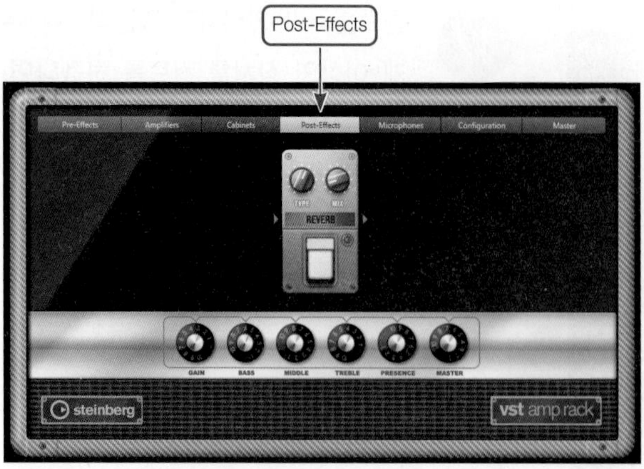


09 네 번째 Post-Effeccts는 앰프를 통과한 사운드에 적용하는 이펙트입니다. 보통 톤이나 타임 계열의 이펙트를 사용하지만, 원칙은 없습니다. EQ, Delay, Overdrive, Wah Wah 순서로 장착해봅니다.

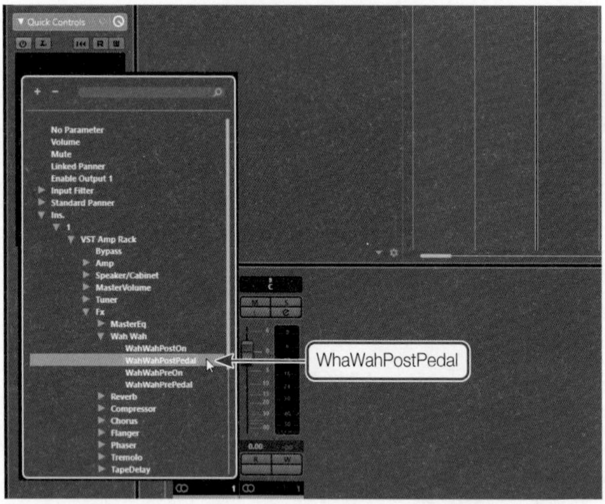


10 미디 컨트롤러 또는 미디를 지원하는 Guitar 풋을 사용하고 있다면 Amp Rack의 장치를 연결하여 컨트롤할 수 있습니다. Quick controls 파라미터에서 WahWah PostPedal을 선택합니다.

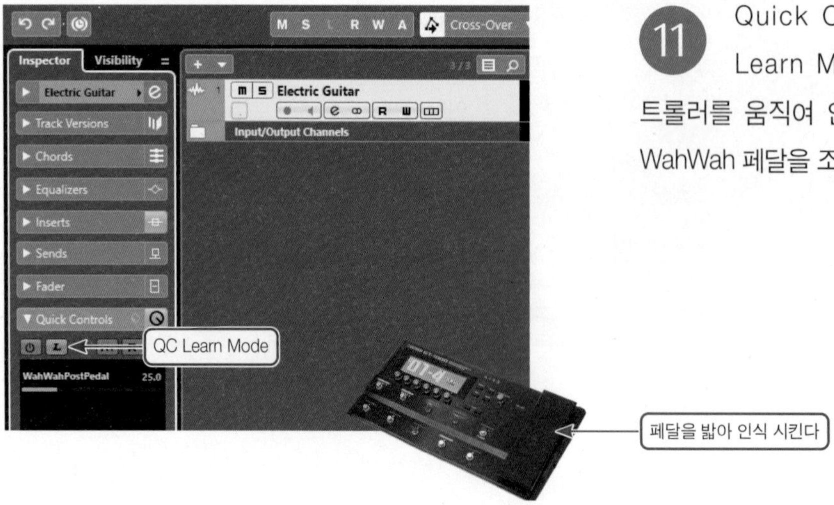


11 Quick Contols 파라미터의 QC Learn Mode를 On으로 놓고, 컨트롤러를 움직여 인식시킵니다. 외부 장치로 WahWah 페달을 조정할 수 있습니다.

12 컨트롤러가 인식되지 않는다거나 두 개 이상의 장치를 컨트롤 하겠다면, 각 슬롯 마다 전송 정보를 설정해야 합니다. Studio 메뉴의 Studio Setup을 선택합니다.

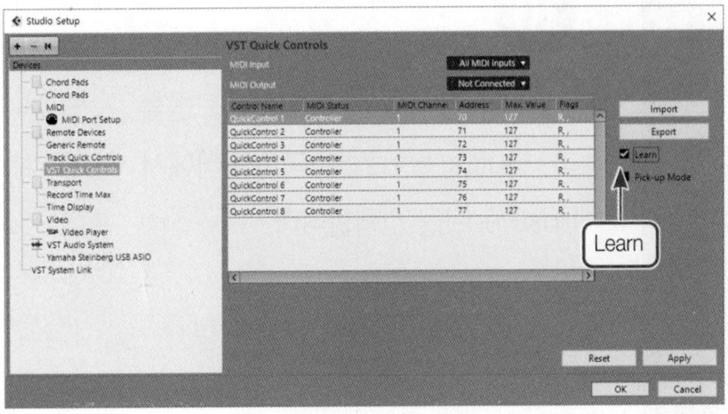


13 Remote Devices의 Quick Controls 항목에 8개의 슬롯이 준비되어 있습니다. Learn 옵션을 체크하고 컨트롤러를 움직여 각 슬롯마다 장치를 인식시킵니다. Control Name은 구분하기 쉬운 이름으로 변경 가능합니다.

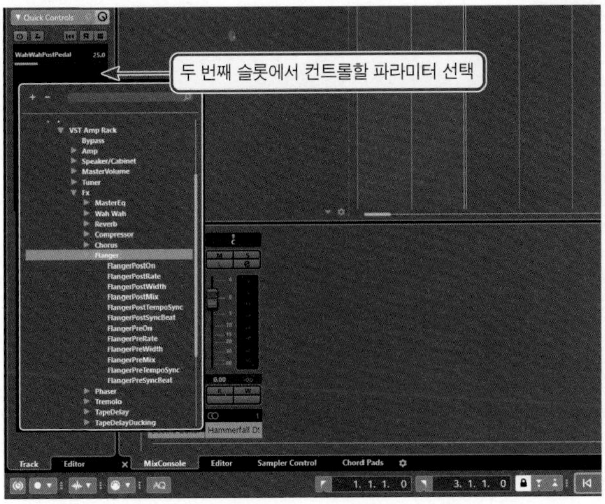


14 Quick Contols 파라미터의 두 번째 슬롯에서 DelayPostOn을 선택하면, Remote Devices의 첫 번째 항목에 연결한 장치로 와와 페달을 조정하고, 두 번째 항목에 연결한 장치로 딜레이를 On/Off 시킬 수 있는 것입니다. 나머지 슬로도 동일합니다.

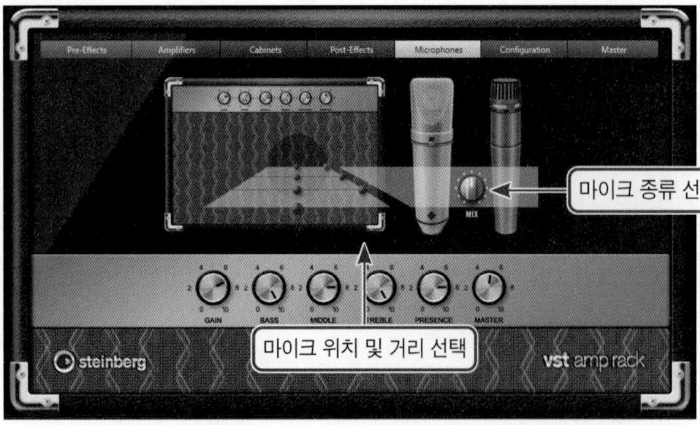


15 다섯번째 Microphone Position은 마이크의 종류와 위치를 조정합니다. 마이크는 콘덴서와 다이내믹 타입을 제공하고 있으며, Mix 노브를 이용하여 선택합니다. 그리고 마이크의 위치는 검정색 점을 클릭하여 선택합니다. 선택된 위치는 빨간색으로 표시됩니다.

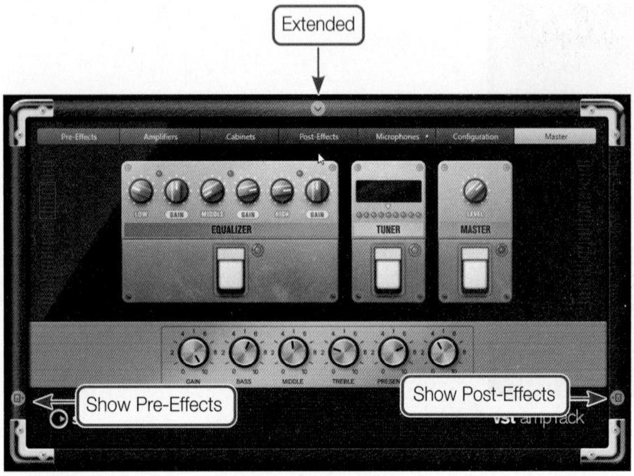


16 마지막 Master 탭에서는 최종 출력 사운드의 톤을 조정하는 EQ, 레벨을 조정하는 Master, 음정을 조정하는 Tuner가 장착되어 있으며, On/Off 스위치로 사용 여부를 결정합니다. 그리고 상단에 보이는 Extended 버튼은 이펙트 패널을 닫거나 열고, 좌/우측의 Pre/Post 버튼은 각각의 장치를 보여줍니다.

17 VST Amp Rack은 기타 연주자 뿐만 아니라 기타 톤을 쉽게 연출하고 싶은 사용자에게도 매우 반가운 장치가 될 것입니다. Guitar 톤에 익숙치 않은 사용자는 미리 만들어져 있는 프리셋을 이용하고, 마음에 드는 프리셋이 있다면, 어떻게 만들어 졌는지 체크해보기 바랍니다.

## 11 VST Bass Amp

앞에서 살펴본 VST Amp Rack과 크게 다르지 않습니다. 단지, VST Amp Rack이 기타 연주자를 위한 플러그-인이었다면, VST Bass Amp는 베이스 기타 연주자를 위한 플러그-인이라는 차이만 있습니다. 물론, 사운드는 확연한 차이를 보이며, 베이스 기타에 최적화 되어 있습니다. 기타 앰프를 시뮬레이션하고 있는 장치들은 많지만, 베이스 기타 전용 앰프가 많지 않은 와중에 세계 유명 베이스 연주자들에게 완벽한 사운드를 구현하고 있다는 평가를 받고 있는 제품이므로, 베이스 기타 사운드에 꼭 한 번 적용해 볼 것을 권장하며, 다른 소스에 적용해 보는 것도 좋은 아이디어 입니다.

- Gain : 입력 레벨을 조정합니다. 깔끔한 사운드를 녹음하기 위해서는 베이스 기타의 레벨을 최대로 놓고, 게인 값을 조정하는 것이 좋습니다.

- Bass : 220Hz 이하의 베이스 레벨을 조정합니다.

- Shape 1 : 로우 컷 필터의 On/Off 스위치 입니다.

- Freq/Lo Mid : 로우 미들 음역의 레벨을 조정합니다. 주파수는 220Hz-1.2KHz 범위 입니다.

- Freq/Hi Mid : 하이 미들 음역의 레벨을 조정합니다. 주파수는 1.3KHz-3KHz 범위 입니다.

- Shape 2 : 하이 쉘빙 필터의 On/Off 스위 입니다.

- Treble : 3KHz 이상의 고음역 레벨을 조정합니다.

- Master : 출력 레벨을 조정합니다.

# 05 Dynamics

다이내믹은 사운드의 레벨 폭을 조정하는 장치입니다. 작은 소리와 큰 소리의 레벨 변화를 조정하여 안정적인 녹음이 필요한 보컬에 필수로 사용하는 컴프레서, 리미터 등이 다이내믹 계열의 이펙트입니다. 큐베이스는 Brickwall Limiter, Compressor, Expander, Limiter, Gate 등의 15가지 다이내믹 장치들을 제공합니다.

## 01 Brickwall Limiter

Brickwall은 조금의 클리핑도 발생하지 않도록 빠른 압축을 제공하는 리미터입니다. 단, 1ms의 지연 현상이 발생한다는 단점을 가지고 있으므로, 디더링 전에 신호의 마지막 경로에서 사용할 것을 권장합니다.

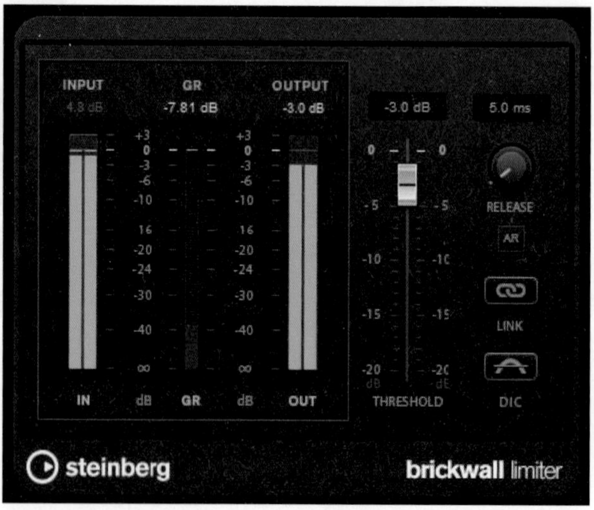


- Threshold

최대 0dB 범위로 리미터가 적용될 사운드의 레벨을 설정합니다. 즉, 여기서 설정한 레벨 이상의 사운드가 발생하지 않도록 하는 것입니다. 입력(In)과 출력(Out) 외에도 압축 레벨을 나타내는 GR 레벨 미터가 있으므로, 사운드가 얼마나 압축되고 있는지 확인할 수 있습니다.

- Release

리미터의 작동이 멈추는 시간을 조정합니다. 노브 아래 Auto 버튼을 On으로 하면 오디오 소스에 따라 최적의 릴리즈 타임을 걸어줍니다.

- Link

이 버튼이 On이면 입력 신호를 분석할 수 있는 최고 수준의 채널을 사용하며, Off 이면, 각 채널이 별도로 분석됩니다.

- Detect Intersample Clipping

이 버튼이 On이면 디지털 신호로 변환될 때 왜곡이 발생하지 않도록 합니다.

## 02 Compressor

Compressor는 Threshold에서 설정한 레벨 이상의 사운드를 Ratio에서 설정한 비율로 압축하는 역할의 전통적인 다이내믹 조정 장치입니다. 예를 들어 발라드 곡의 보컬은 인트로와 클라이맥스 구간의 레벨 차이가 클 수 밖에 없는데, 컴프레서를 적용하여 작은 소리는 크게하고, 큰 소리는 작게 하면, 전체적인 다이내믹 범위가 좁아져 선명한 보컬 사운드를 연출할 수 있는 것입니다.

- Threshold

최대 0dB 범위로 컴프레서가 적용될 사운드의 레벨을 설정합니다. 여기서 설정한 레벨 이상의 사운드가 재생될 때 Ratio에서 설정한 비율로 압축되는 것입니다. Threshold 값은 노브 외에 그래프의 Threshold 포인트를 드래그하여 조정할 수 있습니다. 그리고 컴프레서에는 입력 레벨의 In과 출력 레벨의 Out 외에도 압축 레벨을 나타내는 GR 레벨 미터가 있으므로, 사운드가 얼마나 압축되고 있는지 확인할 수 있습니다.

● Ratio

Threshold에서 설정한 레벨 이상의 사운드가 재생될 때, 사운드를 얼마나 압축시킬 것인지의 비율을 조정합니다. 예를 들어 Threshold을 0dB로 설정하고, Ratio를 2.00으로 설정하면, 0dB 이상의 사운드를 2:1로 압축하는 것이므로, 3dB의 사운드는1.5dB로 출력되며, 2dB의 사운드는 1dB로 출력됩니다. 노브 아래쪽의 soft knee 버튼을 On으로 하면 압축을 부드럽하여 급변하는 사운드를 피할 수 있습니다. Ratio 값은 노브 외에 그래프의 Ratio 포인트를 드래그하여 조정할 수 있습니다.

● Make-Up

컴프레서는 큰 소리를 피크 잡음이 발생하지 않게 줄이는 역할을 하지만, 근본적인 사용 목적은 작은 소리를 크게하는 것입니다. Make-up은 얼마만큼의 레벨을 증가시킬 것인지를 설정합니다. 노브 아래쪽의 Auto 버튼을 On으로 하면, 압축 비율에 비례하여 Make-up 레벨이 자동으로 조정됩니다.

● Attack

컴프레서가 작동되는 시작 타임을 최대 100ms 범위로 조정합니다. Threshold에서 설정한 레벨 이상의 사운드가 감지되었을 때, 컴프레서가 바로 작동을 하는 것이 아니라 Attack타임에서 설정한 시간이 지난 후에 작동을 합니다. 예를 들어 어택이 짧은 드럼 악기에 컴프레서를 적용할 때, Attack 타임을 짧게 설정하면, 드럼의 어택이 손상될 우려가 있지만, Attack 타임을 길게 설정하면, Threshold에서 설정한 레벨 이상의 사운드가 감지되어도 컴프레서가 바로 동작하지 않게 되므로, 드럼의 어택을 살릴 수 있는 것입니다.

● Hold

컴프레서의 작동이 유지되는 시간을 최대 1000ms 범위로 조정합니다. 예를 들어 -3dB에서 -4dB 정도의 레벨로 연주되는 사운드에서 Threshold를 -3dB로 설정하면, -3dB에서 컴프레서가 작동하고, -4dB에서 정지됩니다. 결국 -4dB의 사운드가 -3dB의 보다 레벨이 커지는 현상이 발생할 수 있습니다. 이때 Hold 타임을 -4dB이 연주되는 시간까지 길게 설정하면, 컴프레서로 인해서 레벨이 불규칙해지는 부작용을 방지할 수 있는 것입니다.

● Release

컴프레서의 작동이 멈추는 시간을 최대 100ms 범위로 조정합니다. 노브 아래 Auto 버튼을 On으로 하면 Release 타임이 자동으로 조정됩니다. Release 타임 역시 Attack이나 Hold 타임과 마찬가지로 컴프레서의 사용으로 급격하게 변하는 레벨이 발생하지 않도록 하는 것이 목적입니다. 예를 들어 릴리즈 타임이 긴 바이올린 연주에서 Release 타임을 길게 설정하면, 컴프레서가 계속 작동을 하게되므로, 바이올린의 릴리즈 레벨이 불규칙해지는 현상이 발생합니다. 이때는 Release 타임을 짧게하여 바이올린의 릴리즈 레벨를 압축하지 않도록 하는 것이 요령입니다. 이처럼 컴프레서의 Attack, Hold, Release 타임은 악기의 특성이나 연주법에 따라서 적절한 타이밍을 설정할 필요가 있습니다. 다만, 하루 아침에 터득할 수 있는 요령이 아니기 때문에 많은 실습이 필요할 것입니다.

● Analysis

컴프레서는 사운드의 레벨을 검출하여 작동되는 것인데, Analysis 노브를 이용해서 피크(Peak) 레벨의 검출 비율을 조정합니다. 만일 Analysis 값을 100으로 설정하면, 전체 평균 레벨인 RMS 모드로 동작합니다. 일반적으로 컴프레서는 평균 레벨을 증가시키기 위한 RMS 모드를 사용하지만, 어택이 빠른 악기 연주의 피크 레벨을 감소시키기 위해서 Peak 모드를 사용하는 경우도 많습니다. 결국 Analysis 도 악기의 특성이나 연주법에 따라 적정한 모드를 선택할 수 있어야하며, 많은 경험과 실험이 필요한 기능입니다.

● Live

Live 버튼을 클릭하여 On으로 하면, 사운드를 미리 읽어들여 사운드를 정밀하게 분석하여 컴프레서가 작동되도록 합니다. 단, 낮은 시스템 사양에서는 사운드가 지연되는 현상이 발생할 수 있으므로 자신의 시스템에서 사용할 수 있는지의 여부를 확인하는 것이 좋습니다.

## 03 DeEsser

DeEsser는 보컬 녹음에서 흔하게 발행하는 시빌런스와 같은 잡음을 제거하는 오토 컴프레서입니다. 시빌런스는 고음의 [스]와 같은 발음에서 많이 발생하는데 DeEsser는 이러한 고음 성분만을 압축하여 원음에는 손상을 최소화 시킬 수 있습니다.

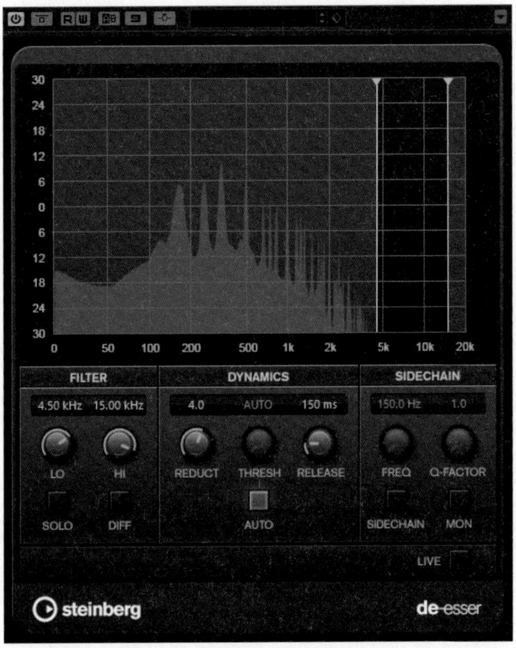


● Filter

주파수 대역을 설정합니다. C4 또는 60으로 노트 입력이 가능하기 때문에 입문자도 정확한 주파수 대역을 설정할 수 있습니다. 디스플레이 창의 라인의 드래그하여 설정하는 것도 가능합니다.

Solo : 설정한 주파수 대역의 사운드를 모니터 할 수 있습니다. 좀 더 정확한 주파수 설정이 가능한 기능 입니다.

Diff : 디에서에 의해서 제거되는 사운드를 모니터 할 수 있습니다. 원음 손실을 최소화 할 수 있는 기능 입니다.

- Dynamics

Threshold에서 설정한 레벨 이하를 Reduction에서 설정한 만큼 줄입니다. 디에서가 적용되는 실제 값을 조정하는 것입니다. Auto 버튼을 On으로 하면 최적의 Reduction 값이 자동으로 설정됩니다. 단, -30dB 이하의 사운드에서는 작동되지 않으므로, 이 범위의 치찰음을 제거하겠다면 버튼을 Off 하고 수동으로 설정해야 합니다. Release는 신호가 Threshold 레벨 이하로 떨어졌을 때 작동이 Off 되는 시간을 설정합니다.

- Sidechain

Side-Chain 기능을 On으로 했을 때의 주파수 대역을 설정합니다. Freq는 Filter 항목과 동일하게 노트 번호로 설정할 수 있으며, Q-Factor로 적용 범위를 설정합니다. Mon 버튼으로 제거된 사운드를 모니터 할 수 있습니다.

- Live

버튼을 On으로 하면 실시간 처리되지만, 사전 분석 기능이 Off 됩니다. 레코딩할 때 유용합니다.

## 04 EnvelopeShaper

사운드의 엔벨로프 라인을 조정할 수 있는 특별한 장치입니다. 예를 들어 다운 비트가 작게 녹음되었는데, 그냥 컴프레서를 걸면 업 비트가 일그러지는 경우가 발생할 수 있습니다. 이때, Envelope Shaper를 이용하여 업 비트의 어택을 조금 줄이고, 전체 사운드에 컴프레서를 적용하여 증가시키면, 보다 자연스로운 다이내믹을 연출할 수 있는 것입니다.

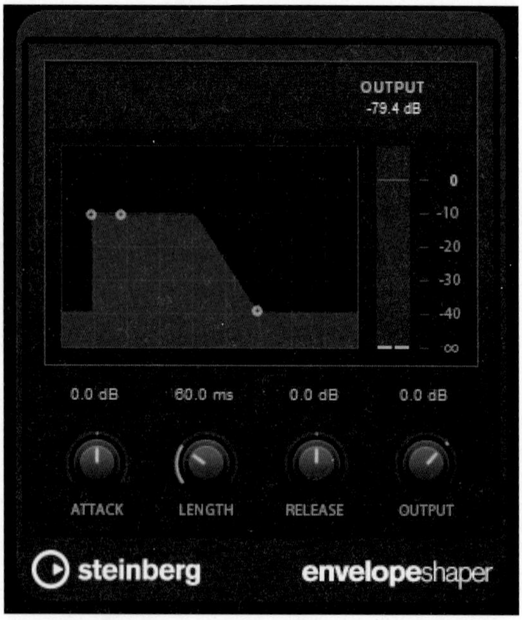


- Attack

사운드의 어택 레벨을 조정합니다. 그래프의 어택 포인트를 드래그하여 조정할 수 있습니다.

- Length

어택 지점에서 서스테인까지의 길이를 조정합니다. 그래프의 Length 포인트를 드래그하여 최대 200ms 길이로 조정할 수 있습니다.

- Release : 사운드의 릴리즈 레벨을 조정합니다. 역시 그래프의 릴리즈 포인트를 드래그하여 값을 조정할 수 있습니다.

- Output : Envelope Shaper의 최종 출력 레벨을 조정합니다.

# 05 Expander

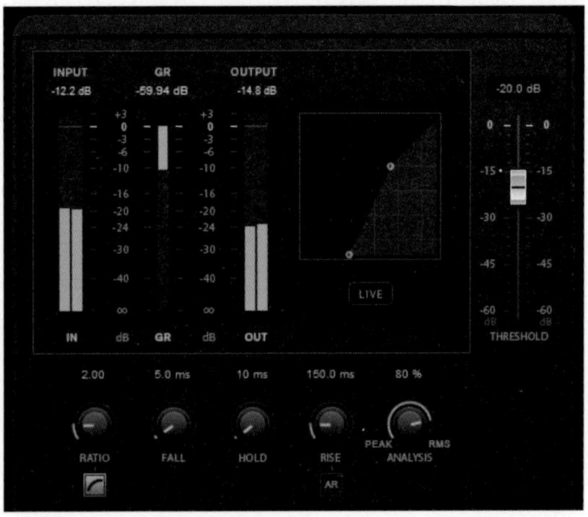


컴프레서는 사운드를 압축하여 다이내믹 범위를 좁히는 역할을 하지만, 익스펜더는 사운드의 레벨을 확장하여 다이내믹 범위를 넓힌다는 차이점이 있습니다. 즉, Threshold 값을 –20dB로 설정하고, Ratio를 2로 설정하면, Threshold에서 설정한 –20dB 이하의 입력 레벨을 2배로 확장하여 –40dB로 출력하는 것입니다. 결국 작은 소리와 큰 소리와의 범위를 의미하는 다이내믹 범위는 넓어지게 되는 것입니다.

● Threshold : 익스펜더가 작동될 레벨을 설정합니다. 즉, 여기서 설정한 레벨 이하의 사운드가 입력되었을 때 익스펜더가 작동되는 것입니다.

● Ratio : Threshold에서 설정한 레벨 이하의 사운드가 감지될 때 얼마만큼의 비율로 확장 시킬 것인지를 최대 8:1 범위로 설정합니다. Ratio 노브 아래쪽에 soft knee 버튼을 On으로하면, 레벨 확장을 부드럽게 처리합니다.

● Fall : 익스펜더가 작동될 시작 타임을 설정합니다. Threshold에서 설정한 레벨이 감지되면 Attack 타임에서 설정한 시간이 지난 후에 익스펜더가 작동되는 것입니다.

● Hold : 익스펜더의 작동이 유지되는 시간을 설정합니다. 값은 최대 2000ms(2초)까지의 범위로 설정할 수 있으므로, Threshold에서 설정한 레벨 이상의 사운드가 감지되어도 익스펜더를 최대 2초 정도 작동시킬 수 있다는 것입니다.

● Rise : 익스펜더의 작동이 정지되는 시간을 설정합니다. Threshold에서 설정한 레벨 이상의 사운드가 감지되면, Rlelease 타임에서 설정한 시간이 지난 후에 익스텐더의 작동이 멈추게 되는 것입니다.

● Analysis : 사운드의 레벨을 감지하기 위한 피크 지점을 설정합니다. 값을 100으로 설정하면 평균 레벨을 감지하는 RMS 모드로 작동합니다.

● Live : Live 버튼을 클릭하여 On으로 하면, 사운드를 미리 읽어들여 보다 정밀한 사운드 분석이 가능하게 합니다. 단, 낮은 시스템 사양에서는 사운드가 지연되는 현상이 발생할 수 있습니다.

## 06 Gate

Threshold에서 설정한 레벨 이하의 사운드를 차단하여 잡음을 제거하는 역할을 합니다. 스튜디오의 외부 잡음이나 마이크의 험 잡음, 전기 노이즈 등 지속적으로 들리는 잡음을 제거할 때 유용한 장치입니다.

● Attack / Hole / Release

게이트가 작동되는 시작 타임(Attack), 작동 시간이 유지되는 타임(Hold), 정지되는 타임(Release)을 설정합니다.

● Threshold

게이트가 작동될 기준 레벨을 설정합니다. Threshold 값이 높을 경우에는 실제 연주가 제거되는 경우도 있으므로, 너무 많은 욕심은 금물입니다. 노브 아래쪽의 State 색상으로 게이트의 작동 유무를 확인할 수 있습니다. 게이트가 작동될 때는 빨간색과 노란색으로 표시되며, 정지되었을 때는 파란색으로 표시됩니다.

● State

게이트의 동작 상태를 표시합니다. 열려 있는 경우에는 녹색, 닫혀 있는 경우에는 빨간색, 중간 상태는 노란색으로 표시됩니다.

● Anlaysis / Live

Anlaysis는 사운드의 분석 비율을 설정하며, 값이 100인 경우에는 RMS 모드로 작동합니다. 이때 Live 버튼을 on으로 하면 사운드를 세밀하게 분석할 수 있는데, 시스템에 따라서 지연되는 경우가 발생할 수 있습니다.

● Range

게이트가 동작할 때의 감쇠량을 조정합니다.

● Side-Chain

SC 슬롯을 열어 내부 체인 필터를 동작시킬 수 있습니다.
Monitor : 필터링 신호를 모니터 합니다.
Center : 50Hz-20KHz 범위로 필터 적용 가능합니다.
Q-Facor : 필터의 폭을 조정합니다.
Filter types : 필터 타입을 LP, BP, HP 중에서 선택합니다.

# 07 Limiter

리미터는 컴프레서와 같이 특정 레벨 이상의 사운드를 압축하는 장치입니다. 다만, 컴프레서 보다 압축율이 높기 때문에 다이내믹 범위를 조정하는 용도 보다는 피크 잡음이 발생하지 않게하는 것이 주요 목적이며, 최종 출력을 담당하는 마스터 트랙에서 사용하는 것이 일반적입니다.

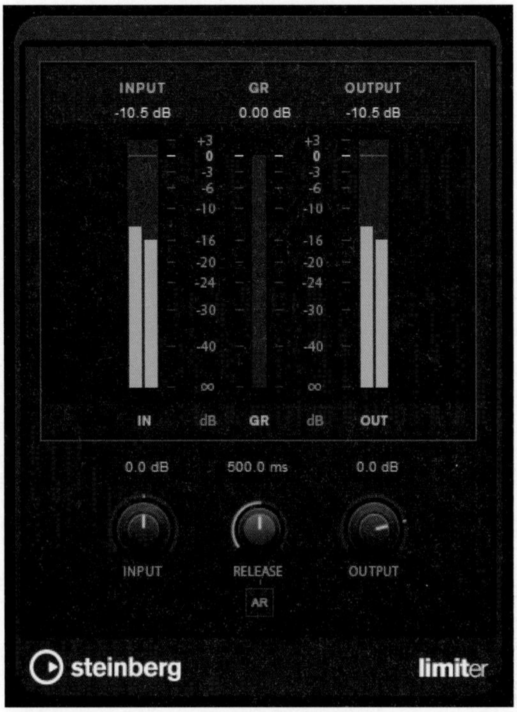


● Input

사운드의 입력 레벨을 조정합니다. 입력 레벨은 실제 사운드 레벨 보다 작게 설정하는 답답한 느낌이 들고, 높게 설정하면 사운드가 찌그러지는 현상이 발생할 수 있으므로, 원본 사운드 레벨과 동일하게 설정하는 것이 좋습니다.

● Output

Input에서 설정한 사운드의 레벨을 얼마만큼의 출력 레벨로 설정할 것인지를 설정합니다. 리미터를 마스터 트랙에서 사용할 경우에는 0dB을 기준으로 작업하게 될 것이므로, 기본 값을 변경할 이유는 거의 없습니다. 만일, Input 레벨과 편차가 크다면, 전체적인 믹싱 밸런스가 잘못되었을 경우가 크므로, 리미터를 조정하기 보다는 믹싱 작업을 보정하는 것이 현명합니다.

● Release

리미터의 작동이 정지되는 시간을 설정합니다. 노브 아래쪽의 Auto 버튼을 On으로 하면 자동으로 릴리즈 타임이 조정됩니다. 그리고 레벨 미터 중앙에 있는 GR 미터는 압축되는 레벨을 눈으로 확인할 수 있도록 해줍니다.

# 08 Maximizer

Maximizer는 오디오 프로세서의 노멀라이즈와 비슷한 역할로 사운드의 전체 레벨을 증가시키는 역할의 장치입니다. 조금 작게 녹음된 사운드의 볼륨을 증가시킬 필요가 있을 때 요긴하게 사용할 수 있는 장치가 될 것입니다.

- Mode

맥시마이저의 알고리즘을 선택합니다. Classic은 대부분의 음악 스타일에 어울리며, Modern은 좀 더 큰 소리가 필요한 현대 음악 스타일에 어울립니다.

- Release

Modern 모드에서 사용할 수 있는 파라미터로 릴리즈 타임을 조정합니다.

- Recover

Modern 모드에서 사용할 수 있는 파라미터로 복구 타임을 조정합니다.

- Optimize

레벨 검출 기준 값을 설정합니다. Optimize 값이 클수록 입력 사운드에서 작은 소리를 기준으로 볼륨을 증가시키게 되므로, 출력 레벨이 0dB이 되는 값을 찾는 것이 요령입니다. 노브 아래쪽의 Soft Clip 버튼을 On으로 하면 레벨의 급작스런 변화를 최소화 시킬 수 있습니다.

- Mix

원음과 맥시마이저가 적용된 레벨의 비율을 조정합니다.

- Output

최종 출력 레벨을 조정합니다.

## 09 MIDI Gate

MIDI Gate는 미디 트랙에서 연주하는 노트들에 의해서 컨트롤 하는 게이트입니다. 미디 트랙의 Out 포트를 MIDI Gate로 선택하면, MIDI Gate를 적용한 오디오 트랙의 이벤트는 미디 노트를 연주할 경우에만 소리를 내고, 연주하지 않을 경우에는 소리를 내지 않습니다.

- Attack / Hole / Release

MIDI Gate 상단의 3가지 노브는 MIDI Gate 작동 시작 시간(Attack), 유지 시간(Hole), 정지 시간(Release)을 설정합니다.

- Note to Attack / Release / Velocity to VCA

MIDE Gate 하단은 미디 노트의 벨로시티 값에 의한 게이트의 On/OFF를 설정하는 Note To Attack, Note To Release와 벨로시티 값에 의해서 볼륨을 컨트롤 할 수 있는Velocity To VCA 노브로 구성되어 있습니다.

- Hold Mode

오른쪽의 Hold Mode 스위치는 MIDI Gate가 동작하는 방법을 Note On/OFF로 선택합니다. On인 경우에는 Note On인 경우에 작동하는 것이고, Off의 경우에는 Note Off가 될 때까지 연주를 유지하는 것입니다.

## Tip MIDI Gate 사용 방법

MIDI Gate는 오디오 신호가 아니라 미디 신호로 컨트롤 한다는 차이만 있을 뿐 Side-Chain과 비슷한 방식으로 사용합니다.

Gate 샘플 파일을 불러오면 MIDI Gate가 적용되어 있는 오디오 트랙이 있습니다. 미디 트랙을 추가하고, Out 항목을 열어보면 오디오 트랙에서 적용한 MIDI Gate 항목이 추가되어 있는 것을 확인할 수 있습니다. 이것을 선택합니다.

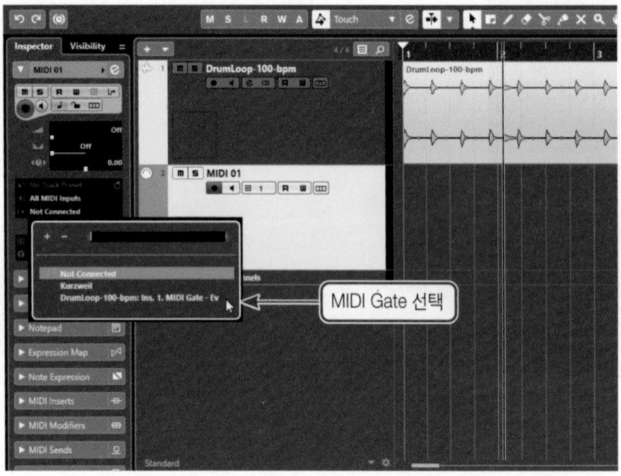


키보드 숫자열의 Enter 키를 누르거나 트랜스포트 패널의 재생 버튼을 클릭하여 곡을 연주합니다. 그리고 마스터 건반을 연주해보면, 건반을 누르고 있을 때만 오디오 트랙의 사운드가 연주되는 것을 확인할 수 있습니다. 즉, 게이트의 작동 시점을 미디 노트로 컨트롤 할 수 있다는 의미입니다.

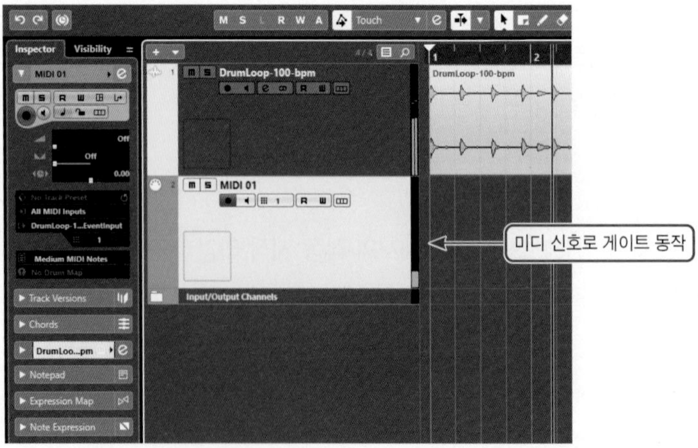

## 10 Multilband Compressor

Multiband Compressor은 주파수 범위를 최대 4개로 분할하여 서로 다른 컴프레서를 적용할 수 있는 멀티 컴프레서 입니다. 하나의 트랙으로 녹음한 드럼 사운드라도 베이스 드럼, 스네어 드럼, 하이햇 등 각각의 주파수 범위에 개별적으로 컴프레서를 작동 할 수 있는 유용한 이펙트 입니다.

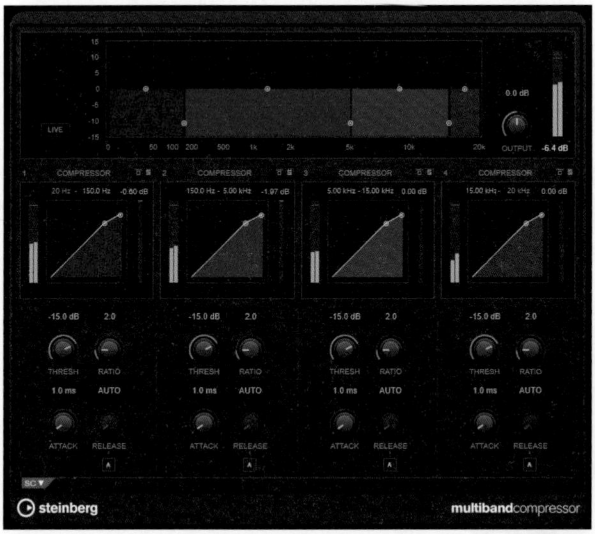


● Frequency Bands

상단에 표시하는 Frequency Bands 디스플레이는 주파수 범위와 입력 게인을 설정합니다. 그래프 상단의 포인트를 상/하로 드래그하여 게인을 조정하고, 그래프 중간에 있는 포인트를 좌/우로 드래그하여 주파수 범위를 설정합니다.

● Compressor

Multiband Compressor 아래쪽에 있는 디스플레이는 선택한 주파수 대역의 Treshold와 Ratio 값을 표시하며, 각각의 포인트를 드래그하여 값을 조정할 수 있습니다.

● Attack / Release

Threshold와 Ratio 노브 아래쪽의 Attack 과 Release는 컴프레서의 작동 시작 타임과 정지 타임을 설정하며, auto 버튼을 On으로 하여 ReleasE타임이 자동으로 설정되게 할 수 있습니다.

● Output

Multiband Compressor의 최종 출력 레벨을 설정합니다.

● SC

SC 버튼을 클릭하면 Side-Chain으로 사용할 때의 주파수 대역을 설정할 수 있는 패널이 열립니다. Freq로 주파수를 설정하고, Q-Factor로 범위를 설정합니다. Monitor 버튼을 On으로 하면 소스 트랙을 모니터 할 수 있습니다.

## 11 Multilband Envelope Shaper

앞에서 살펴본 Envelope Shaper와 동일한 장치 입니다. 주파수 대역을 4등분하여 각 주파수 대역별로 엔벨로프 라인을 조정할 수 있게 업그레이드 되었다는 차이점만 있습니다.

● Frequency Bands

Frequency Bands 디스플레이는 주파수 범위와 입력 게인을 설정합니다. 그래그 상단의 포인트를 상/하로 드래그하여 게인을 조정하고, 그래프 중간에 있는 포인트를 좌/우로 드래그하여 주파수 범위를 조정합니다.

● Live / Output

디스플레이 왼쪽의 Live 버튼은 신호를 사전에 분석하는 기능을 Off 하여 지연 없는 실시간 처리를 가능하게 하고, 오른쪽 Output 노브는 Multiband Envelope Shaper의 최종 출력 레벨을 조정합니다.

● Attack / Lengh / Release

사운드의 어택 레벨(Attack), 어택 지점에서 서스테인까지의 디케이 타임(Length), 릴리즈 타임(Relese)을 조정합니다. 각각 그래프의 포인트를 드래그하여 조정할 수 있습니다.

● Output

Multiband Compressor의 최종 출력 레벨을 설정합니다.

● Sendityvity / Output

검출 감도 및 해당 밴드의 레벨을 조정합니다.

## 12 Multiband Expander

앞에서 살펴본 Expander와 동일한 장치입니다. 주파수 대역을 4등분하여 각 주파수 대역의 사운드를 개별적으로 확장할 수 있게 업그레이드 되었다는 차이점만 있습니다.

● Frequency Band

상단에 표시하는 Frequency Band 디스플레이는 주파수 범위와 입력 게인을 설정합니다. 그래프 상단의 포인트를 상/하로 드래그하여 게인을 조정하고, 그래프 중간에 있는 포인트를 좌/우로 드래그하여 주파수 범위를 설정합니다.

- Live / Output

Live 버튼은 신호를 사전에 분석하는 기능을 Off 하여 지연 없는 실기간 처리를 가능하게 하고, 오른쪽의 Output 노브는 Multiband Expander의 최종 출력 레벨을 조정합니다.

- Threshold

익스펜더가 작동될 레벨을 설정합니다. 여기서 설정한 레벨 이하의 사운드가 입력되었을 때 익스펜더가 작동되는 것입니다.

- Ratio

Threshold에서 설정한 레벨 이하의 사운드가 감지될 때, 얼마 만큼의 비율로 확장 시킬 것인지를 설정합니다.

- Max red

레벨이 Threshold 이하로 떨어질 때, 레벨이 감소하는 최대 값을 설정합니다.

- Fall

Threshold에서 설정한 레벨이 감지되었을 때의 익스펜더 작동 타임을 조정합니다.

- Hold

익스펜더의 작동이 유지되는 시간을 설정합니다. 값은 최대 2000ms(2초) 까지의 범위로 설정할 수 있으므로, Threshold에서 설정한 레벨 이상의 사운드가 감지되어도 익스펜더를 최대 2초 정도 유지시킬 수 있습니다.

- Output

해당 밴드의 최종 출력 레벨을 설정합니다.

- SC

SC 버튼을 클릭하여 Side-Chain으로 사용할 때의 주파수 대역을 설정할 수 있는 패널이 열립니다.

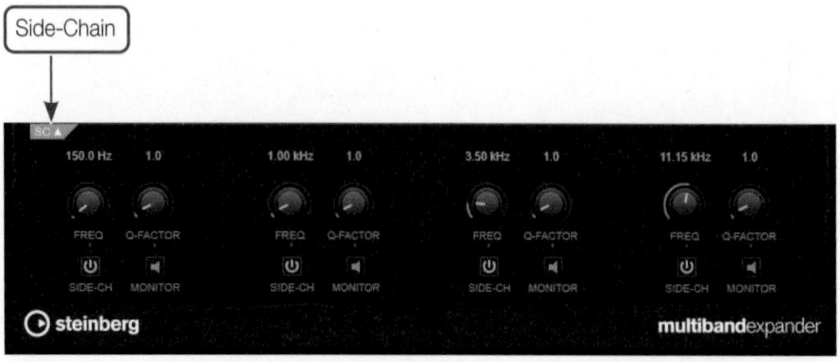

# 13 Raiser

마스터링 작업에서 필수적으로 사용되는 리미터입니다. Raiser는 레벨이 압축되는 정도를 그래프로 표시하기 때문에 입문자도 손쉬운 사용이 가능하다는 장점이 있습니다.

- Stationary Cursor : 커서를 고정하여 파형이 오른쪽으로 이동되게 합니다.
- Gain : 입력 레벨을 설정합니다.
- Reduction : 레벨 감소량을 표시합니다.
- Release Mode : 릴리즈 모드를 선택합니다.
  Manual - 릴리즈 타임을 수동을 조정할 수 있는 모드입니다.
  Auto - 릴리즈 타임이 자동으로 조정되는 모드입니다.
  Restricted Min - 자동으로 조정되는 최소 릴리즈 타임을 설정할 수 있습니다.
  Restricted Max - 자동으로 조정되는 최대 릴리즈 타임을 설정할 수 있습니다.
  Aggressive - 릴리즈 타임을 빠르게 적용합니다.
- Fast : 릴리즈 타임 곡선이 가파르게 변경됩니다.
- Release Time : 릴리즈 타임을 설정합니다.
- Link Channels : 스테레오 채널을 하나로 분석합니다.
- DIC : 디지털 신호를 아날로그 신호로 변환할 때 발생하는 트루 피크를 제한합니다.
- Ceiling : 최대 출력 레벨을 설정합니다.
- Compare : 입/출력 레벨을 동일하게 모니터할 수 있게 합니다.

## 14 Squasher

Squasher는 저, 중, 고 음역을 나누어 레벨을 올리거나 내릴 수 있는 멀티 컴프레서입니다. 선명한 리드 사운드, 파워풀한 베이스, 빈틈없는 마스터링 작업 등, 다양한 목적과 트랙에서 사용할 수 있습니다. 섹션은 Main, Parameter, Side-Chain으로 구성되어 있으며, 파라미터와 사이드-체인 섹션은 Parma 및 SC 문자 왼쪽에 삼각형 모양의 Show/Hide 버튼을 클릭하여 열거나 닫을 수 있습니다.

● Main 섹션

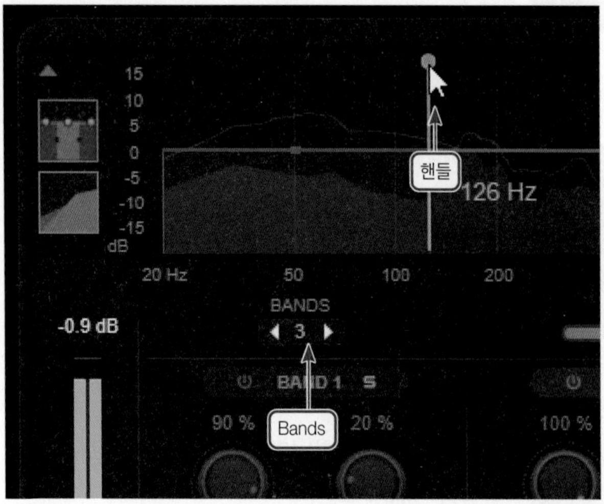


● Bands

Squasher를 로딩하면 메인 화면이 열리며, 기본적으로 3밴드로 범위가 나눠어져 있습니다. 밴드 수는 Bands 항목을 클릭하여 2밴드 혹은 1밴드로 줄일 수 있고, 주파수 경계는 디스플레이의 핸들을 드래그하여 결정할 수 있습니다.

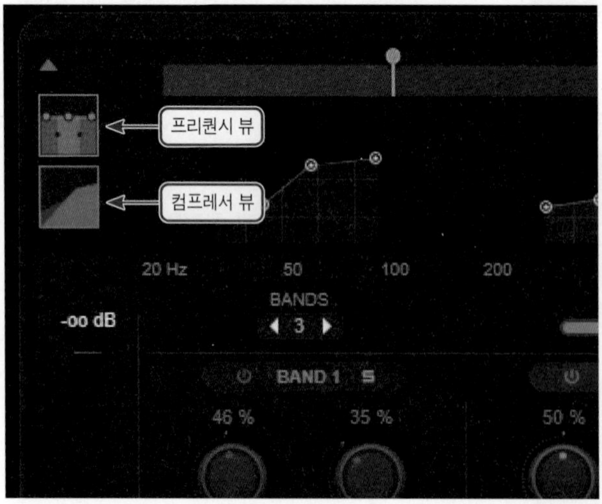


● View

디스플레이는 기본적으로 주파수 레벨을 볼 수 있는 프리퀀시 뷰로 열리며, 왼쪽의 컴프레서 뷰 버튼을 클릭하여 압축 특성을 볼 수 있는 그래프로 표시할 수 있습니다.

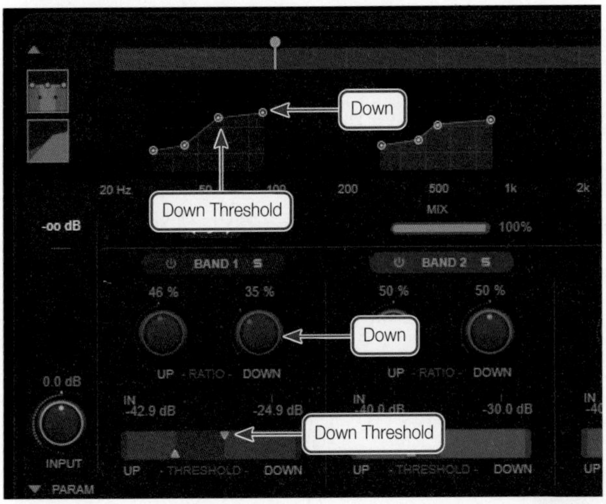


● Down

일반적인 컴프레서는 Threshold에서 설정한 레벨 이상의 사운드를 압축하는 것입니다. Squasher는 이러한 역할을 하는 것이 Down입니다. 트레숄드 바 오른쪽의 삼각형을 드래그하여 기준 레벨을 설정하고, Down 노브로 몇 퍼센트를 줄일 것인지를 결정합니다. 디스플레이 창의 핸들을 드래그해도 됩니다.

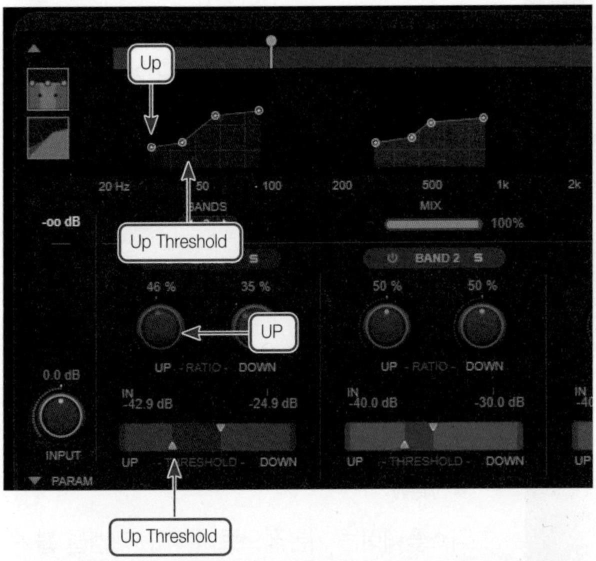


● Up

Squasher는 Threshold에서 설정한 레벨 이하의 사운드를 증가시키는 특별한 기능을 제공합니다. 이러한 역할을 하는 것이 Up입니다. 트레숄드 바 왼쪽의 삼각형을 드래그하여 기준 레벨을 설정하고, Up 노브로 몇 퍼센트를 증가시킬 것인지를 결정합니다. 디스플레이 창의 핸들을 드래그해도 됩니다.

**Tip**

두 삼각형 사이의 어두운 부분을 드래그 하면 Up/Down을 동시에 조정할 수 있습니다.

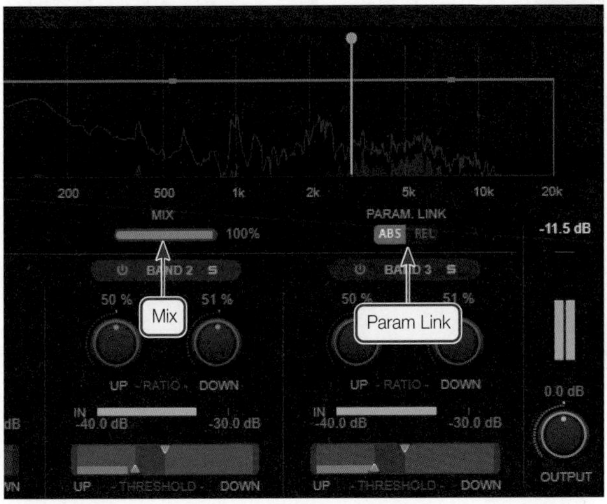


● Param. Link

Threshold 및 Up/Down 비율을 조정할 때 3 밴드가 동시에 조정되게 하려면 Param Link의 ABS 또는 REL 버튼을 On으로 합니다. ABS는 모두 같은 값으로 조정되고, REL은 상대 값으로 조정됩니다. Mix는 소스와 Squasher의 비율을 조정합니다.

● Parameter 섹션

PARAM 왼쪽의 Show/Hide 버튼을 클릭하여 Up/Down이 작동하는 타임과 내부 게이트를 설정할 수 있는 파라미터 섹션을 열거나 닫을 수 있습니다.

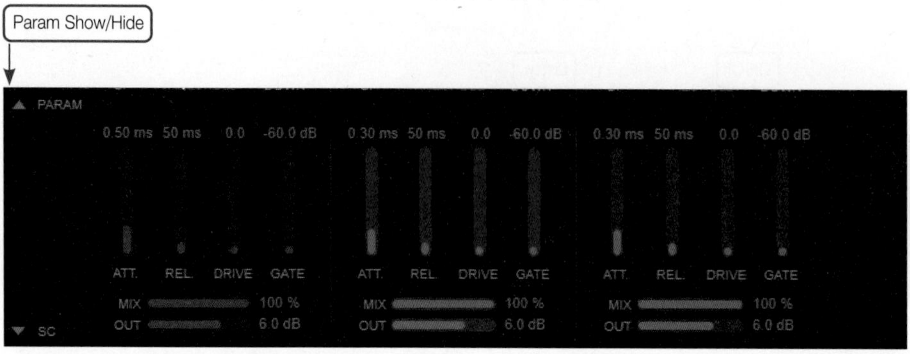


Att

Threshold에서 설정한 레벨이 감지되었을 때 사운드가 Up/Down 되기 시작하는 타임을 설정합니다.

Rel

Thresholde에서 설정한 레벨 이하로 떨어질 때 Up/Down 동작이 멈추는 타임을 설정합니다.

Drive

사운드의 배음을 추가하여 좀 더 밝게 만듭니다.

Gate

내부 게이트를 동작시킵니다. 여기서 설정한 레벨 이상의 신호를 차단하는 것입니다. 일반적으로 사이드-체인으로 연결하여 사용합니다.

Mix

해당 대역의 소스와 Squasher 사운드의 비율을 조정합니다.

Out

해당 대역의 출력 레벨을 설정합니다. 기본값이 -6dB로 설정되어 있어 장치를 로딩하면 사운드가 작게 들립니다. 그래서 값을 0dB로 수정해서 사용하는 경우도 있지만, Squasher를 사용하는 목적이 다이내믹을 증가시키는 것이므로, 기본값 그대로 출력 사운드가 소스와 비슷하게 만드는 것이 요령입니다.

● Side-Chain 섹션

파라미터 섹션 아래쪽에 SC Show/Hide 버튼을 클릭하여 사이드-체인 섹션을 열거나 닫을 수 있습니다. Squasher는 3트랙을 사이드-체인으로 사용할 수 있으며, Send to 메뉴에서 Gate를 선택하여 내부 게이트로 전송할 수 있습니다. 사이드 체인 사용법은 딜레이 편에서 살펴보았으므로 생략합니다.

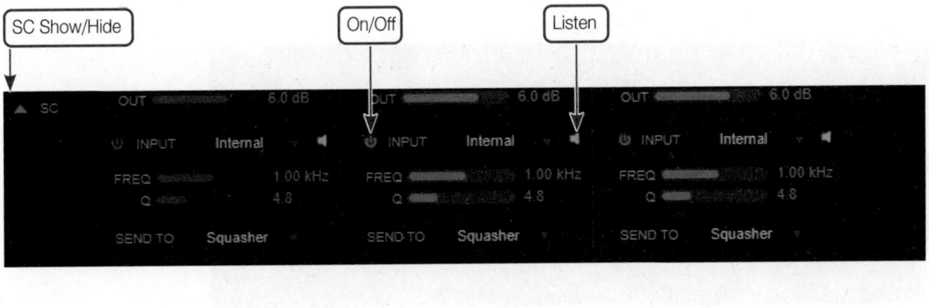


On/Off

Input 선택 메뉴 왼쪽의 전원 버튼을 사이드-체인을 On/Off 합니다.

Input

사이드-체인 입력 트랙을 선택합니다. Squasher는 총 3개의 입력 신호를 선택할 수 있습니다.

Listen

Input 선택 메뉴 오른쪽의 스피커 아이콘은 사이드-체인 신호를 모니터 합니다.

Freq

사이드-체인의 필터 주파수를 설정합니다.

Q

사이드-체인의 필터 주파수 범위를 설정합니다.

Send to

사이드-체인 신호를 Squasher 외에 Gate로 전송할 수 있습니다. 파라미터 섹션의 Gate는 여기서 전송되는 신호의 값을 조정합니다.

# 15 Tube Compressor

튜브 타입의 컴프레서로 압축 효과가 뛰어나고 따듯한 느낌을 줍니다. 아날로그 감성의 VU 미터와 입력 신호를 필터링 할 수 있는 내부 사이드 체인 기능을 제공합니다.

- Drive : 튜브가 적용되는 양을 조정합니다.
- In/Output : 인/아웃 레벨을 조정합니다. 높은 입력은 더 많은 압축이 적용됩니다.
- Character : 배음을 증가시킵니다.
- Attack : 컴프레서의 작동이 시작되는 타임을 조정합니다.
- Release : 컴프레서의 작동이 멈추는 타임을 조정합니다.
- Mix : 원본과 컴프레서가 적용된 사운드의 비율을 조정합니다.
- Ratio : 압축 강도를 선택합니다.
- Auto : 릴리즈 타임을 자동을 설정합니다.
- SC : 내부 사이드 체인 필터를 활성화 합니다. 필터 타입(Filter Type)은 LP, BP, HP를 제공합니다.
- Center : 필터의 중심 주파수를 설정합니다.
- Q-Factor : 필터 적용 주파수의 범위를 설정합니다.
- Monitor : 필터링 신호를 모니터 할 수 있습니다.

# 16 Vintage Compressor

장치 이름에서도 짐작할 수 있듯이 빈티지 타입의 컴프레서로 Input과 Output의 간단한 구조를 갖추고 있습니다. 작게 녹음된 사운드의 입력 게인을 높이고, 그로인해서 발생할 수 있는 피크 잡음을 방지하는 목적으로 사용할 수 있습니다.

- Input / Ouput

입력(Input) 레벨과 출력(output) 레벨을 설정합니다. 입력 레벨을 높게 설정하면 전통적인 컴프레서 방식으로 이용할 수 있으며, 출력 레벨을 높게 설정하면 Maximizer와 같은 효과를 연출할 수 있습니다.

- Attack / Relese

빈티지 컴프레서의 작동 시작 타임(Attack)과 정지 타임(Release)을 설정합니다.

- Punch

빠른 어택을 가진 사운드를 정확하게 분석할 수 있도록합니다

- Auto

릴리즈 타임이 자동으로 조정됩니다.

- Ratio

압축 비율을 선택합니다.

# 17 VST Dynamics

VST Dynamics는 앞에서 살펴본 Dynamics 장치들과 차이점은 없습니다. 다만, 하나의 장치에서 Gate, Compressor, Limiter의 모든 기능을 제공하며, 시그널 경로를 원하는 순서로 바꿀 수 있다는 특징이 있습니다.

## ❶ Gate

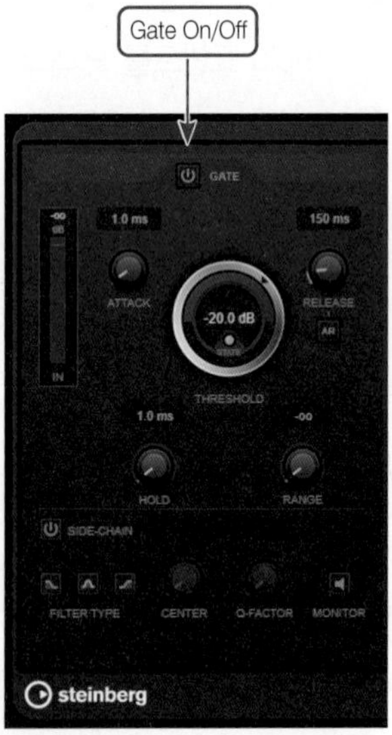


패널 왼쪽에 위치하고 있는 Gate 세션은 앞에서 살펴본 Gate 장치를 그대로 옮겨 놓은 듯한 구성으로 되어 있습니다. 장치의 사용 여부는 위쪽의 Gate On/Off 버튼으로 선택합니다.

- Threshold

게이트가 작동될 기준 레벨을 설정합니다. 노브 아래쪽의 State 색상으로 게이트의 작동 유무를 확인할 수 있습니다. 게이트가 작동될 때는 빨간색과 노란색으로 표시되며, 정지되었을 때는 파란색으로 표시됩니다.

- Center / Q-Factor

게이트를 사이드 체인 방식으로 사용할 때의 타입은 Center 노브 왼쪽의 로우 패스(LP), 밴드 패스(BP), 하이 패스(HP) 중에서 선택할 수 있는데, 이때의 중심 주파수(Center)와 폭(Q-Factor) 값을 설정합니다. 사이드 체인 모드의 사용 유무는 Center 노브 아래쪽의 Side chain 버튼으로 On/Off할 수 있고, Q-Factor 노브 아래쪽의 Monitor 버튼을 이용해서 사이트 체인으로 사용할 때의 사운드를 모니터 해볼 수 있습니다.

- Attack : 게이트가 열리는 시작 타임을 설정합니다.
- Hold : 게이트가 열려 있는 타임을 설정합니다.
- Release : 게이트가 닫히는 타임(Release)을 설정합니다.
- Range : 게이트를 통과하는 신호의 레벨을 조정합니다.

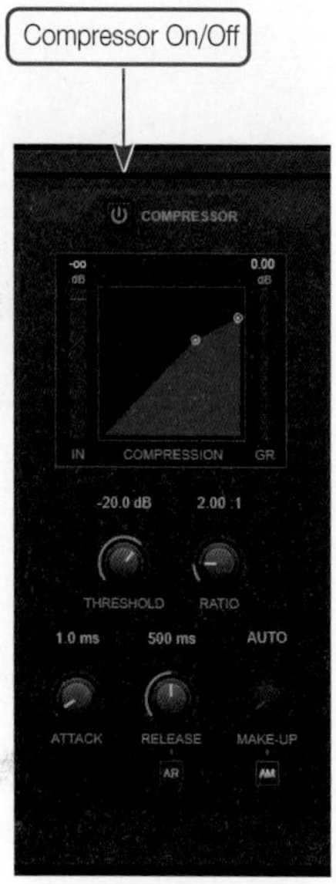


## ❷ Compressor

패널 중앙에 위치하고 있는 Compressor 세션 역시 앞에서 살펴본 Compressor와 비슷한 구조로 되어 있습니다. 장치의 사용 여부는 위쪽의 Compressor On/Off 버튼으로 선택합니다.

- Threshold

컴프레서가 적용 레벨을 설정합니다. Threshold 값은 노브 외에 그래프의 Threshold 포인트를 드래그하여 조정할 수 있습니다. 그리고 그래프 오른쪽에는 압축 레벨을 나타내는 GR 레벨 미터가 있습니다.

- Ratio

Threshold에서 설정한 레벨 이상의 사운드가 재생될 때, 사운드를 얼마나 압축시킬 것인지의 비율을 조정합니다. Ratio 값은 노브 외에 그래프의 Ratio 포인트를 드래그하여 조정할 수 있습니다.

- Make-Up

Make-up은 얼마만큼의 레벨을 증가시킬 것인지를 설정합니다. 노브 아래쪽의 Auto 버튼을 On으로 하면, 압축 비율에 비례하여 Make-up 레벨이 자동으로 조정됩니다.

- Attack

컴프레서가 작동되는 시작 타임을 조정합니다.

● Release

컴프레서의 작동이 멈추는 시간을 조정합니다. 노브 아래 Auto 버튼을 On으로 하면 Release 타임이 자동으로 조정됩니다.

## ❸ Limiter

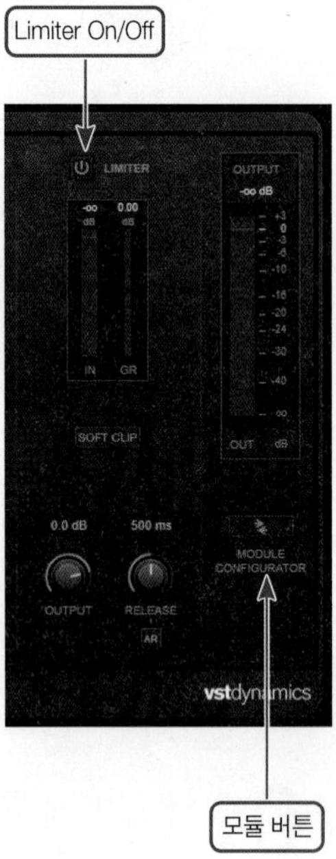


패널 오른쪽에 위치하고 있는 Limiter 세션은 앞에서 살펴본 Limiter 장치와 비슷한 구조로 되어 있으며, 장치의 사용 여부는 위쪽의 Limiter On/Off 버튼으로 선택합니다. 오른쪽 하단에 3개의 작은 사각형으로 표시되어 있는 모듈 버튼을 클릭하여 VST Dynamics에서 제공하는 Gate, Compressor, Limiter의 사용 순서를 변경할 수 있습니다.

● Output

사운드의 출력 레벨를 설정합니다. 노브 아래쪽의 Soft Clip 버튼을 On으로 하면 Output에서 설정한 레벨을 미리 감지하여 2단계로 압축을 합니다. Soft Clip 기능은 아날로그 장비에서나 구현할 수 있는 따듯함을 느끼게 해줍니다.

● Release

리미터의 작동이 정지되는 시간을 설정합니다. 노브 아래쪽의 Auto 버튼을 On으로 하면 자동으로 릴리즈 타임이 조정됩니다. 그리고 레벨 오른쪽의 GR 미터는 압축되는 레벨을 눈으로 확인할 수 있도록 해주고, VST Dynamics 가장 오른쪽에 있는 Out 레벨 미터는 Gate, Compressor, Limiter를 적용한 최종 출력 레벨을 표시합니다.

06

# EQ

이퀄라이저는 저음이나 고음을 증/감시켜 사운드의 음색을 조정하거나 곡 전체의 밸런스를 조정하는 목적으로 이용하지만, 녹음 과정에서 손실된 주파수를 보충하거나 간섭음, 치찰음 등의 잡음을 제거하는 목적으로도 이용할 수 있습니다. 물론, 이러한 원인은 마이크의 종류와 위치 등, 녹음 환경에 문제가 있는 경우가 많기 때문에 이 부분을 개선하려는 노력이 더 필요합니다.

## 01 Curve EQ

EQ 폴더의 Curve EQ는 부드러운 라인에 의해 사운드를 디자인 할 수 있는 스플라인 방식의 EQ 입니다. 입력 사운드를 눈으로 모니터 할 수 있는 스펙트럼 분석 기능과 조정된 주파수를 비교 분석할 수 있는 A/B 기능을 제공합니다. 레이아웃은 다소 복잡해 보이지만, 익숙해지면 전문가의 손길을 느낄 수 있는 매칭 기술을 구사할 수 있게 될 것입니다.

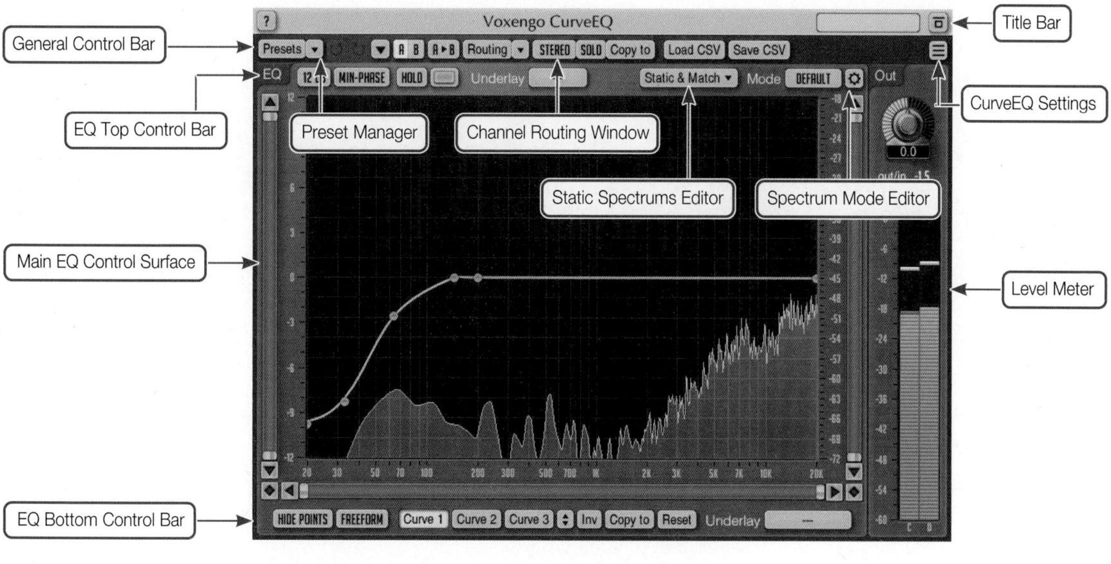

## ❶ Title Bar

Voxengo CurveEQ 버전이 표시되어 있는 타이틀 바에는 이름을 입력할 수 있는 Name 항목과 EQ 적용 전/후 사운드를 비교해볼 수 있는 Bypass, 그리고 파라미터의 역할을 표시하는 Hints 버튼으로 구성되어 있습니다.

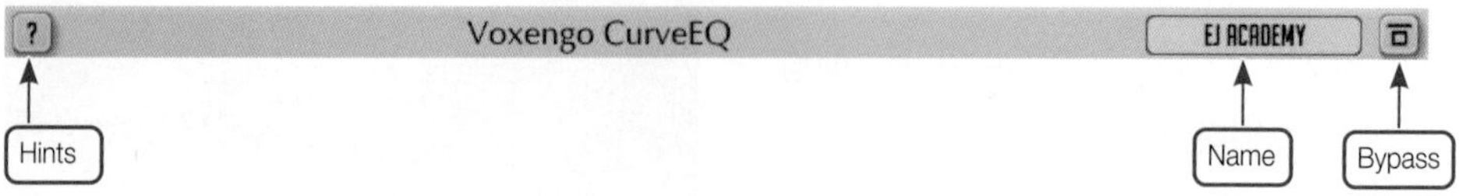


- Hints : 버튼을 On으로 하면 파라미터에 마우스를 가져갔을 때 역할을 표시합니다.
- Name : Voxengo CurveEQ의 이름을 입력할 수 있는 키보드 창이 열립니다.
- Bypass : Voxengo CurveEQ 적용 전의 사운드를 모니터 할 수 있습니다.

## ❷ General Control Bar

Voxengo CurveEQ에서 제공하는 프리셋을 불러오거나 사용자 조정 상태를 저장하는 등의 역할을 하는 도구들로 구성되어 있습니다. 특히, 채널을 그룹별로 나누어 비교할 수 있는 유용한 기능을 제공합니다.

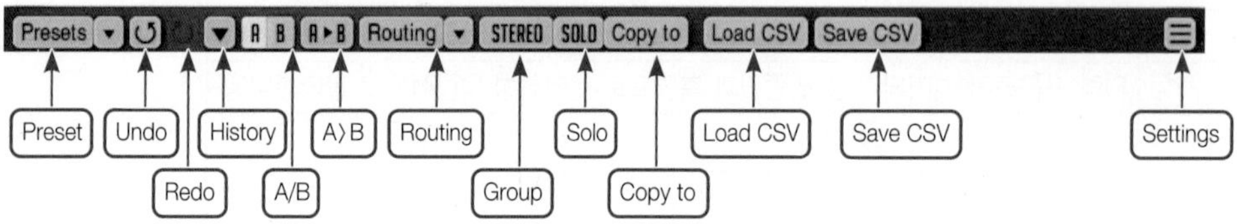


- Presets : 프리셋을 관리할 수 있는 Manager 창을 엽니다. 오른쪽 역삼각형 모양의 버튼을 클릭하면 프리셋을 선택할 수 있는 메뉴가 열립니다. Bank는 Session Bank와 Factory Rom의 두 가지가 제공되고 있으며, Factory Rom의 프리셋은 변경할 수 없습니다. Manager 창 버튼의 역할은 다음과 같습니다.

| 버튼 | 역할 |
|---|---|
| +/- | Bank 및 Preset을 새로 만듭니다. |
| Load/Save | 프리셋(*.cbf)을 불러오거나 저장합니다. |
| U | 사용자 설정으로 업데이트 합니다. |
| Set as Default | 사용자 설정을 기본값으로 저장합니다.<br>기본 값을 복구하고 싶을 때는 Factory Rom의 Preset을 선택하고, 버튼을 클릭합니다. |
| Activate | 선택한 프리셋을 적용합니다. 프리셋을 더블 클릭해도 됩니다. |

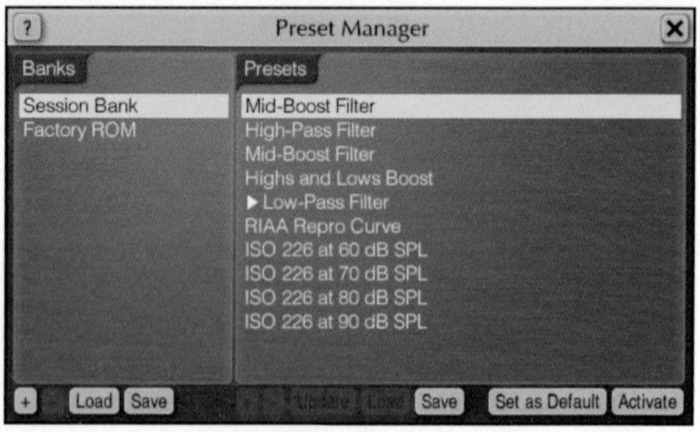


- Undo : 변경 사항을 취소합니다.
- Redo : 취소한 내용을 다시 실행합니다.
- History : 작업 내용을 32개까지 표시되며, 언제든 원하는 작업으로 취소 가능합니다.

● A/B : Voxengo CurveEQ는 A와 B 설정이 가능하며, A/B 버튼을 클릭하여 두 설정을 비교할 수 있습니다.

● A>B : A 및 B 설정을 복사합니다.

● Routing : 채널의 입/출력 라인을 변경할 수 있는 채널 라우팅(Channel Routing) 창을 엽니다. 오른쪽 역삼각형 모양의 버튼을 클릭하면 프리셋을 선택할 수 있습니다. Routing 창 버튼의 역할은 다음과 같습니다.

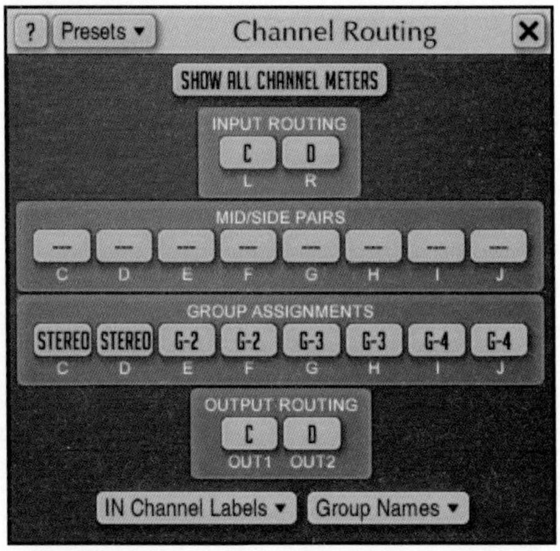


| 버튼 | 역할 |
|---|---|
| Routing Presets | 프리셋을 선택할 수 있는 창이 열립니다. |
| Show all Channel Meters | 선택한 그룹의 모든 채널 미터를 표시 합니다. |
| In/Output Routing | 입/출력 채널을 선택합니다. |
| Mid/Side Pairs | 입력 사운드가 처리되기 전에 중간과 측면으로 분리하여 독립적으로 할당합니다. |
| Group Assignments | 각 그룹에 채널을 할당합니다. |
| IN Channel Labels | 입력 채널의 이름을 입력할 수 있는 창을 엽니다. |
| Group Names | 그룹 채널의 이름을 입력할 수 있는 창을 엽니다. |

● Group : 작업할 채널 그룹을 선택합니다.

● Solo : 선택한 그룹을 솔로로 출력합니다.

● Copy To : 다른 그룹을 복사합니다.

● Save/Load CSV : 세팅한 EQ 곡선을 저장하거나 불러옵니다.

● Settings : 색상이나 레벨 미터의 표시 시간 등, 기본적인 환경을 설정할 수 있는 Settings 창을 엽니다.

| 버튼 | 역할 |
|---|---|
| Color scheme | CurveEQ의 색상을 선택합니다. 모두 5가지 아이콘을 제공합니다. |
| UI scale | CurveEQ의 크기를 선택합니다. |
| Show hints | 패널 아래쪽에 파라미터의 역할을 안내합니다. |
| Min Infrastructure | 타이틀 바를 감춥니다. |
| Density mode | 레벨 미터의 신호가 유지될 수 있게 합니다. |
| Time | 통합(Integration), 감소(Release), 최대(Peak)가 유지되는 시간을 조정합니다. |

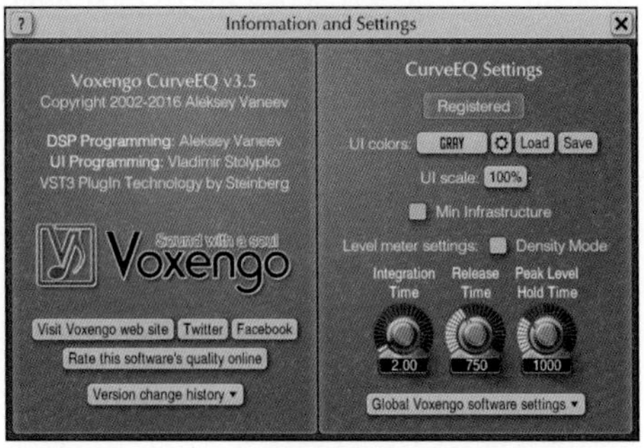

### ❸ EQ Top Control Bar

Main EQ Control Surface의 표시 상태 설정하고 EQ를 분석하여 일치시킬 수 있는 Static & Match 기능을 제공합니다.

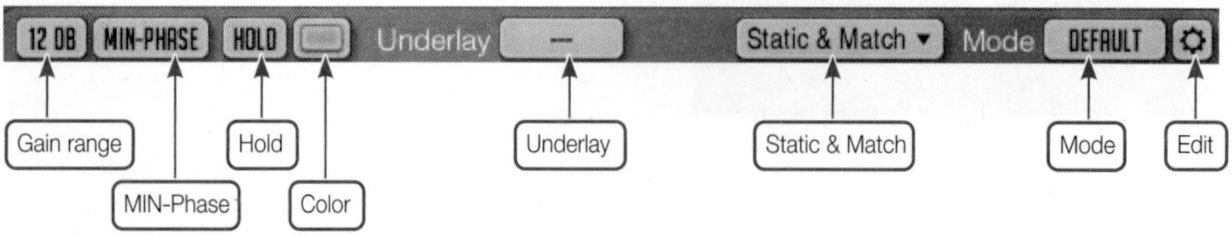


- Gain range : CurveEQ의 조정 폭을 선택합니다.
- MIN-Phase : 최소 위상 필터링을 사용하도록 합니다.
  최소 위상 필터링은 라인이 거칠지만 , 처리 속도가 빨라집니다.
- Hold : 스펙트럼의 움직임을 정지시킵니다.
- Color : 스펙트럼의 표시 색상을 선택합니다.
- Underlay : 베이스 라인을 표시합니다.
- Static & Match : 오디오의 주파수 값을 다른 오디오에 일치시킵니다. 평소에 좋아하던 사운드대로 EQ를 조정할 수 있는 기능입니다.

**01** Edit 버튼을 클릭하여 모드 편집 창을 열고, Type에서 AVG를 선택합니다. 사운드의 평균 값을 분석하겠다는 설정입니다.

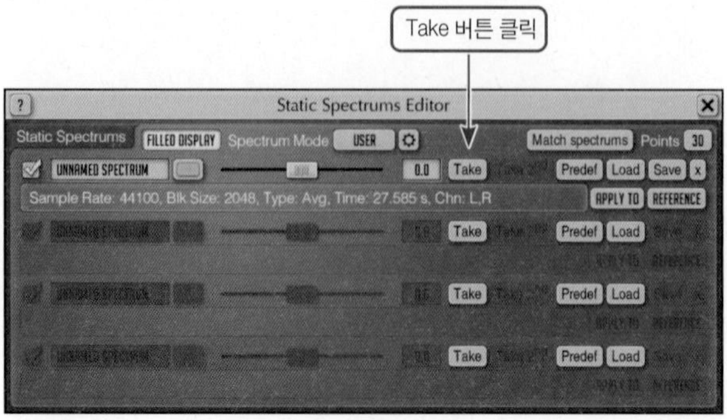


**02** Static & Match 창을 열고, 사용자가 원하는 사운드의 오디오를 솔로로 재생합니다. 그리고 Take 버튼을 클릭합니다.

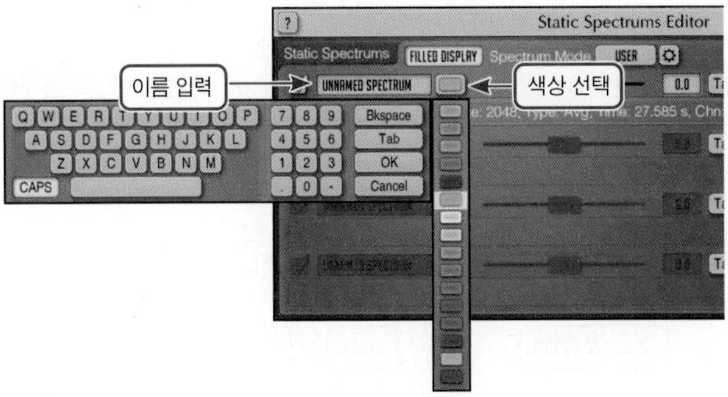


**03** 필요하다면 분석한 테이크의 이름과 스펙트럼 표시 색상을 변경할 수 있습니다.

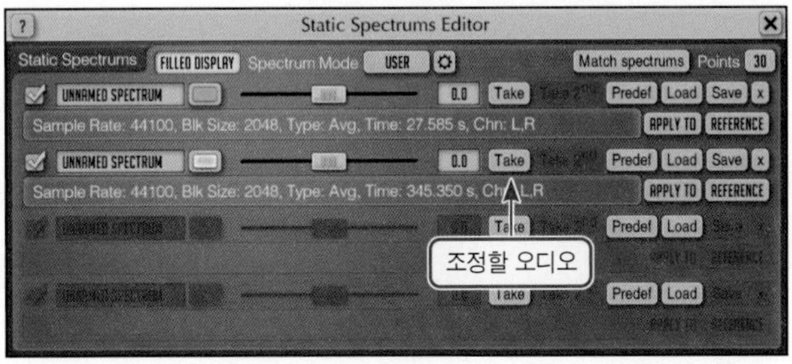


**04** 같은 방법으로 조정할 오디오를 재생하고 두 번째 슬롯의 Take 버튼을 클릭합니다. 그룹별로 4개씩 총 16개의 Take를 기록할 수 있으며, 분석한 Take는 Save 및 Load 버튼을 이용해서 저장하거나 불러올 수 있습니다.

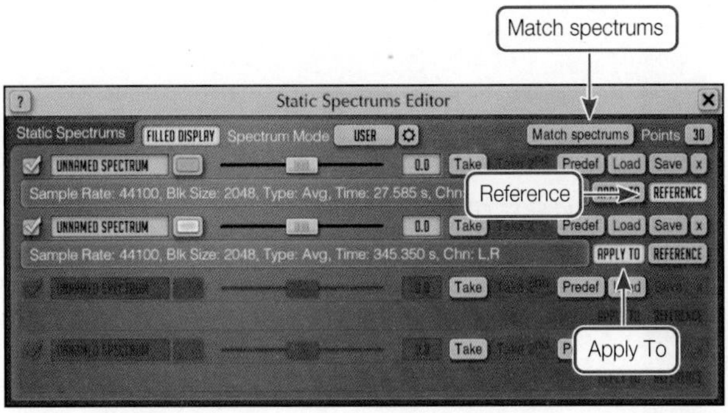


**05** 소스 테이크의 Reference 버튼을 On으로 하고, 조정할 테이크의 Apply To 버튼을 On으로 합니다. 그리고 Match spectrums 버튼을 클릭하면 분석된 소스 오디오 맞추어 EQ가 세팅됩니다.

- Mode: Match spectrums의 분석 모드를 선택합니다.
- Edit : 스펙트럼 모드 편집 창을 엽니다.

| 버튼 | 역할 |
|---|---|
| Spectrum Disable | 스펙트럼 분석 기능을 Off 합니다. |
| Filled Display | 스펙트럼을 반투명으로 표시합니다. |
| 2nd Spectrum | 분석 타입을 두 가지로 선택할 수 있으며, 2nd는 어두운 색으로 표시됩니다. |
| Type | 분석 타입을 선택합니다. 최대 값 MAX와 평균 값 AVG가 있으며, RT는 실시간으로 작동합니다. 2nd Spectrum 버튼이 On으로 되어 있는 경우에는 두 가지 타입을 선택할 수 있습니다. |
| Block Size | 분석하는 샘플의 크기를 선택합니다. 큰 값일수록 정밀한 분석이 가능하지만, 시스템 메모리가 충분해야 합니다. |
| Overlap | Block 사이의 오버랩 크기를 조정합니다. 큰 값일수록 높은 시스템 사양을 요구합니다. |
| AVG Time | RT 타입을 선택한 경우에 분석 타입을 설정할 수 있습니다. |
| Smoothing | 스펙트럼의 변화폭을 선택합니다. |
| Freq Low/Freq High | 스펙트럼이 표시되는 주파수 범위를 조정합니다. |
| Range Low/Range High | 스펙트럼이 표시되는 레벨 범위를 조정합니다. |
| Slope | 스펙트럼의 기울기를 조정합니다. |

### ❹ Main EQ Control Surface

오디오 주파수를 스펙트럼으로 보여주고, 마우스 드래그로 EQ를 제어할 수 있습니다.

- 마우스 더블 클릭으로 조절점을 추가하고 드래그로 값을 조정할 수 있습니다. 조절점을 더블 클릭하면 삭제됩니다. 미세한 조정이 필요한 경우에는 Shift 키를 누른 상태로 드래그합니다.
- 두 개 이상의 조절점을 한 번에 조정하려면 마우스 드래그로 선택합니다.
- 가장자리에 보이는 스크롤 바를 드래그하여 주파수 스펙트럼 표시 범위를 조절할 수 있습니다.

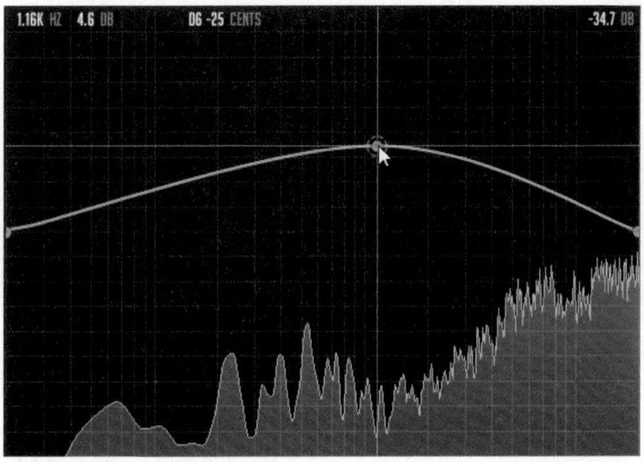


### ❺ EQ Bottom Control Bar

조절점을 컨트롤할 수 있는 버튼들로 구성되어 있습니다.

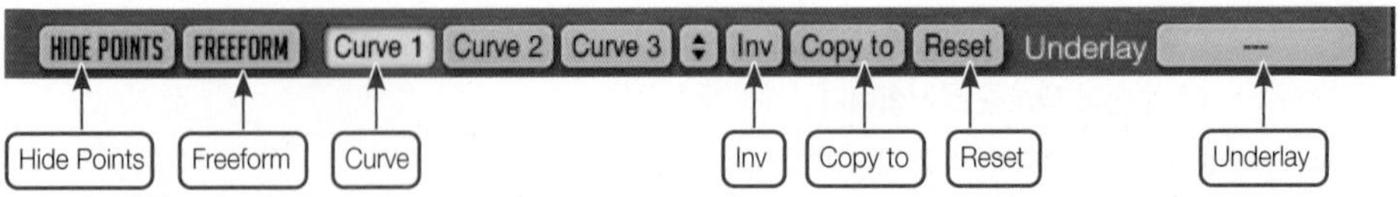

- Hide Points : EQ 조절점을 감춥니다.
- Freeform : EQ를 마우스 드래그로 조절할 수 있게 합니다. Curve EQ의 장점입니다.
- Curve : 각 그룹 별로 Curve EQ 조정을 3개까지 정의할 수 있습니다.
- Inv : EQ 라인을 반대로 바꿉니다.
- Copy To : 다른 그룹으로 커브를 복사합니다.
- Reset : 조절점을 초기화 합니다.
- Underlay : 정의된 Curve EQ를 표시합니다.

### ❻ Global Plug-In Settings

Settings 창의 Global Voxengo plug-in settings 버튼을 클릭하면 기본 환경을 설정할 수 있는 창이 열립니다.

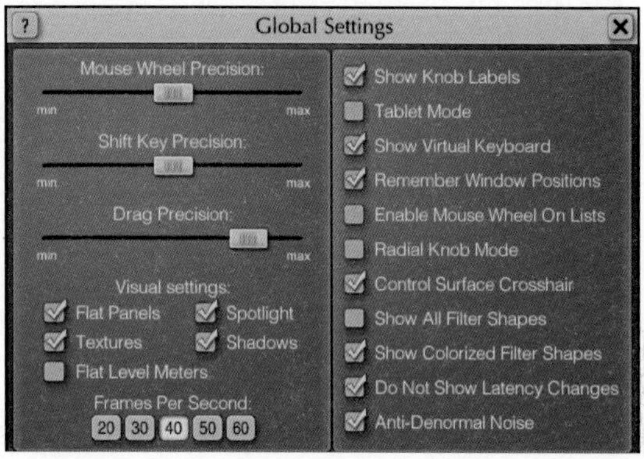


| 옵션 | 역할 |
|---|---|
| Mouse Wheel Precision | 마우스 휠의 정밀도를 설정합니다. |
| SHIFT Key Precision | Shift 키의 정밀도를 설정합니다. |
| Drag Precision | 마우스 드래그의 반응 속도를 설정합니다. |
| Flat Panels | 패널의 입체감을 만드는 그라디언트 효과를 사용하지 않습니다. |
| Spotlight | 패널의 조명 효과를 만듭니다. |
| Textures | 패널의 고급스러움을 연출하는 텍스처 효과를 만듭니다. |
| Shadows | 그림자 효과를 사용합니다. |
| Flat Level Meters | 레벨미터를 평면으로 표시합니다. |
| Show Knob Labels | 노브의 조정 값을 표시합니다. |
| Tablet Mode | 펜 태블을 사용할 수 있게 합니다. |
| Show Virtual Keyboard | 문자 입력 파라미터에서 가상 키보드를 표시합니다. |
| Remember Windwo Positions | 플러그-인의 위치가 기억되도록 합니다. |
| Enable Mouse Wheel On Lists | 리스트를 마우스 휠로 선택할 수 있게 합니다. |
| Radial Knob Mode | 노브 테두리를 클릭하여 값을 설정할 수 있게 합니다. |
| Control Surface Crosshair | 스펙트럼 창에서 마우스의 위치를 열 십자로 표시합니다. |
| Show All Filter Shapes | 조절점의 베이스 라인을 표시합니다. |
| Show Colorized Filter Shapes | 조절점의 색상을 표시합니다. |
| Do Not Show Latency Changes | Latency Changed 경고창이 표시되지 않게 합니다. |
| Anti-Denormal Noise | 입력단에 Anti-Denormal Noise를 삽입합니다. |

## 02 DJ-EQ

DJ-EQ는 전형적인 DJ 믹서의 3 밴드 파라메트릭 이퀄라이저를 시뮬레이션하고 있습니다. 각 주파수 대역의 곡선을 위/아래로 드래그하여 게인을 조정할 수 있습니다. 미세한 조정이 필요한 경우에는 Shift 키를 누르고, Ctrl 키를 누른 상태로 클릭하면 초기값으로 설정됩니다.

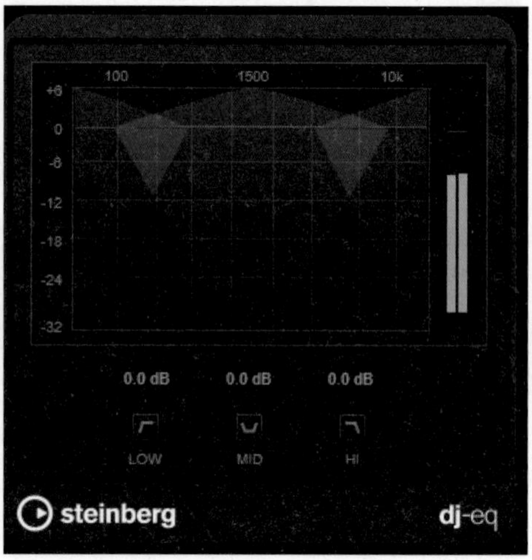


- Gain : 100Hz, 1.5KHz, 10KHz로 구성되어 있으며, 각 주파수 대역의 조정 값을 표시합니다. 더블 클릭으로 값을 입력할 수 있습니다.
- Kill : 해당 주파수 대역을 차단합니다.

## 03 Frequency

Frequency는 미디 앤 사이드(M/S)와 다이내믹(Dynamics)을 지원하는 고급 장치입니다. M/S는 Mid/Side의 약자로 중앙과 사이드를 의미하는 것으로 중앙과 사이드 채널의 주파수를 개별적으로 조정할 수 있기 때문에 보컬을 건드리지 않고, 전체 사운드를 이퀄라이징 할 수 있습니다. 그리고 다이내믹은 특정 레벨을 기준으로 동작되게 하는 것으로 원음을 최대한 유지하면서 EQ를 적용할 수 있게 합니다.

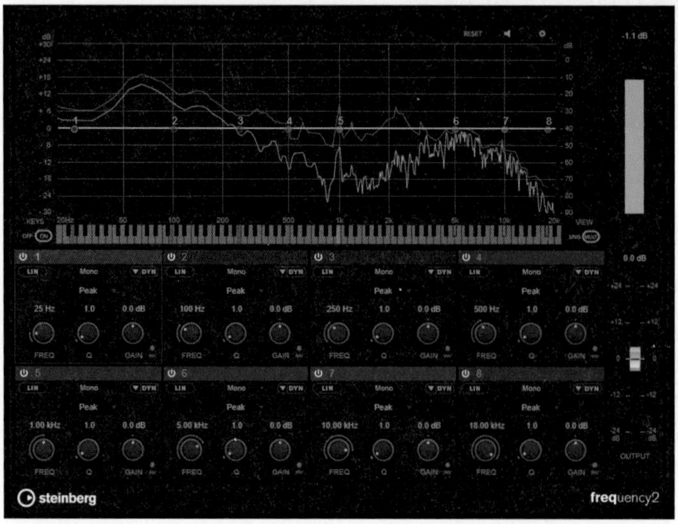

(1) Main Layout

Frequency는 총 8밴드를 제공하며, 디스플레이 포인트를 드래그하여 값을 조정할 수 있습니다. Ctrl 키를 누른 상태에서는 Gain, Alt 키를 누른 상태에서는 Freq, Shift 키를 누른 상태에서는 Q 값을 조정합니다.

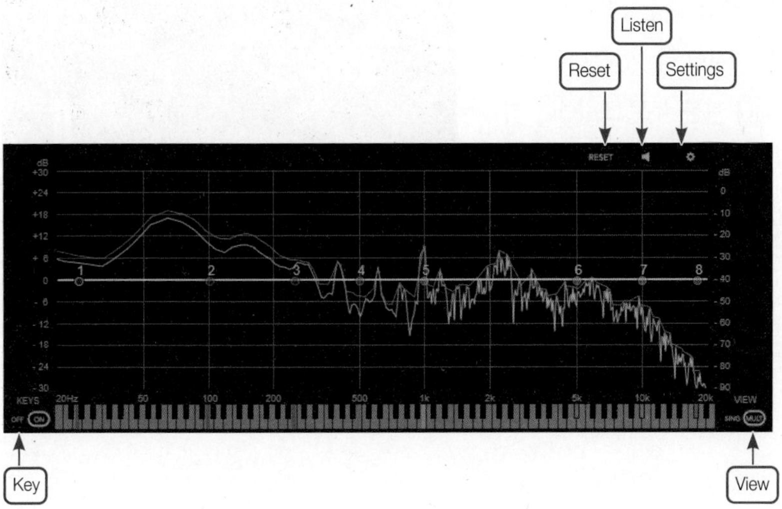


- Reset : 모든 조정 값을 초기화 합니다.
- Listen  : 선택한 밴드를 솔로로 모니터 합니다.
- Key : 건반을 표시하거나 감춥니다.
- View : 싱글 밴드 또는 밴드를 선택합니다.
- Settings : 디스플레이 표시 방법을 선택합니다.

Show Spectrum : 입력 사운드의 스펙트럼을 표시합니다.

Peak Hold : 피크 레벨을 일정 시간 표시합니다.

Smooth : 스펙트럼의 반응 시간을 설정합니다.

Bar Graph : 스펙트럼을 바 형태로 표시합니다.

Two Channels : 좌/우 채널을 별도로 표시합니다.

Slope : 스펙트럼의 기울기를 조정합니다.

Show Curve : 밴드 조정 라인을 표시합니다.

Filled : 밴드 색상을 표시 합니다.

Amount : 밴드 색상의 농도를 조정합니다.

(2) Multi Band Section

총 8 밴드를 제공하며 파라미터를 일반 EQ와 동일하게 타입을 선택할 수 있는 Type과 조정할 주파수 대역을 선택할 수 있는 Freq, 폭을 조정하는 Q, 레벨을 조정하는 Gain으로 구성되어 있습니다. 단, Processing Switches로 동작 방식을 변경할 수 있다는 차이점이 있습니다. L/R 및 M/S의 경우에는 각 채널을 개별적으로 조정할 수 있는 탭을 제공합니다.

- On/Off : 밴드의 사용 여부를 결정합니다. 색상 바를 더블 클릭하여 싱글 및 멀티 밴드로 전환 가능.
- Linear : 주파수 왜곡을 최소화 시킬 수 있는 선형 위상 모드의 사용 여부를 결정합니다.
- Processing Switches : 밴드의 동작 방식을 선택합니다. Stereo 채널에서 L/R 및 M/S 선택.
- Dynamics : 다이내믹 기능을 On/Off 합니다. 왼쪽의 삼각형을 클릭하면 컨트롤러를 표시합니다.

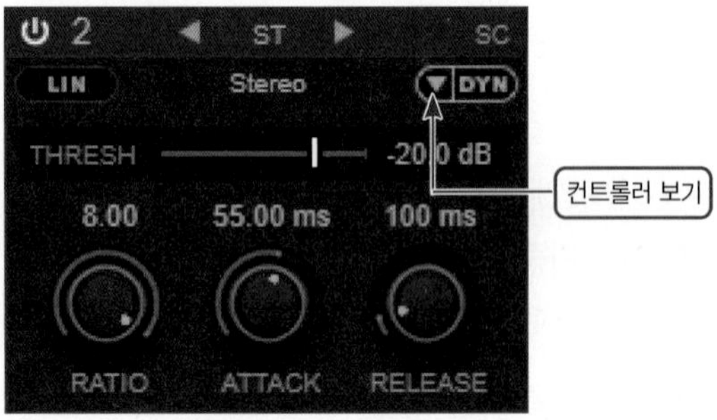


- Type : 밴드 타입을 선택합니다. Low Shelf, Peak, High Shelf, Notch 타입을 제공하며, 1번과 8번 밴드는 Cut 6, Cut 12, Cut 24, Cut 48, Cut 96으로 저음역과 고음역을 차단할 수 있는 컷 필터를 제공합니다.
- Freq : 조정할 주파수 대역을 설정합니다.
- Q : 주파수 폭을 설정합니다.
- Gain : 조정 값을 설정합니다.
- Invert : 조정 값을 바꿉니다. 차단음을 찾기 위해서 게인을 올렸다가 Invert 버튼을 이용하여 반대로 차단시킬 때 유용한 기능입니다.
- Output : 최종 출력 레벨을 조정합니다.

(3) Single Band Section

밴드 번호가 표시되어 있는 컬러 바를 더블 클릭하여 전환 가능하며, 각각의 밴드를 개별적으로 조정할 수 있는 싱글 밴드입니다. 싱글 밴드에서는 다이내믹(Dynamics)과 사이드-체인(Side-Chain) 컨트롤이 제공됩니다.

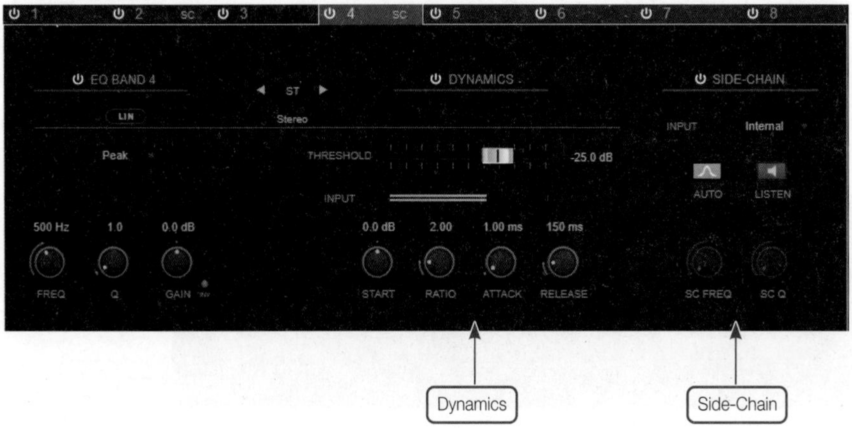


Dynamics

Threshold에서 설정한 레벨이 되었을 때 Ratio에서 설정한 레벨만큼 증/감 시킵니다. 예를 들어 보컬의 치찰음을 제거할 목적으로 EQ의 Gain을 낮추면 치찰음이 발생하지 않는 영역에서도 사운드가 어두워집니다. 이때 다이내믹 기능을 이용하면 치찰음이 발생할 때만 EQ가 동작되게 하여 전체 사운드를 유지할 수 있습니다.

- Threshold : 다이내믹이 작동하는 레벨을 설정합니다. 여기서 설정한 레벨 이상이 입력되었을 때 Ratio에서 설정한 레벨로 증/감되는 것입니다.
- Start : 게인의 시작점을 설정합니다. 여기서 설정한 레벨부터 EQ 게인까지 다이내믹이 작동됩니다.
- Ratio : Threshold 레벨 이상이 감지되었을 때 여기서 설정한 레벨 만큼 증/감됩니다.
- Attack : Threshold 레벨 이상이 감지되었을 때 다이내믹이 시작되는 타임을 결정합니다.
- Release : Threshold 레벨 이하로 떨어질 때 다이내믹이 멈추는 타임을 결정합니다.

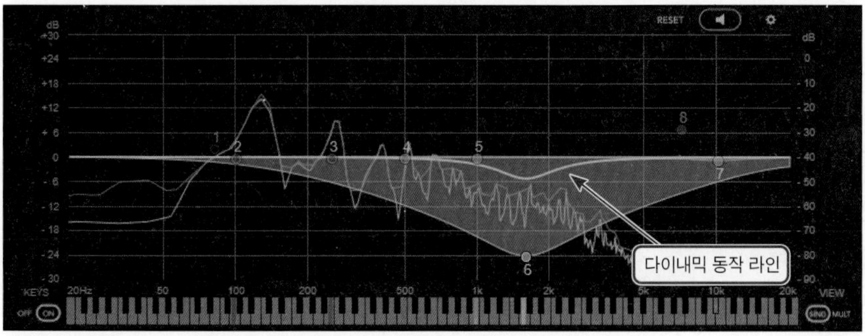

### Side-Chain

Input에서 선택한 트랙에 의해서 다이내믹이 동작되게 합니다. 예를 들어 보컬이 같은 음역대에서 연주되는 기타 사운드에 묻혀서 기타 트랙의 볼륨을 줄인다면 전체적인 밸런스가 무너질 수 있기 때문에 보통은 기타 트랙에 보컬을 사이드-체인으로 걸어서 보컬과 같은 주파수 대역만 감소될 수 있게 만듭니다. 그러면 전체적인 밸런스를 유지한 상태로 보컬을 선명하게 만들 수 있는데, 이러한 기능이 사이드-체인이며, Frequency는 각 밴드마다 하나씩 총 8개의 트랙을 사용할 수 있습니다.

상단의 사이드-체인 버튼을 On으로 하고, 오른쪽에 톱니 바퀴 모양으로 되어 있는 Setup 버튼을 클릭하여 Side-Chain Routing 창을 열고, Add Side-Chain Source 버튼을 클릭하여 소스 트랙을 선택합니다. 그리고 Side-Chain Input에서 채널을 선택합니다.

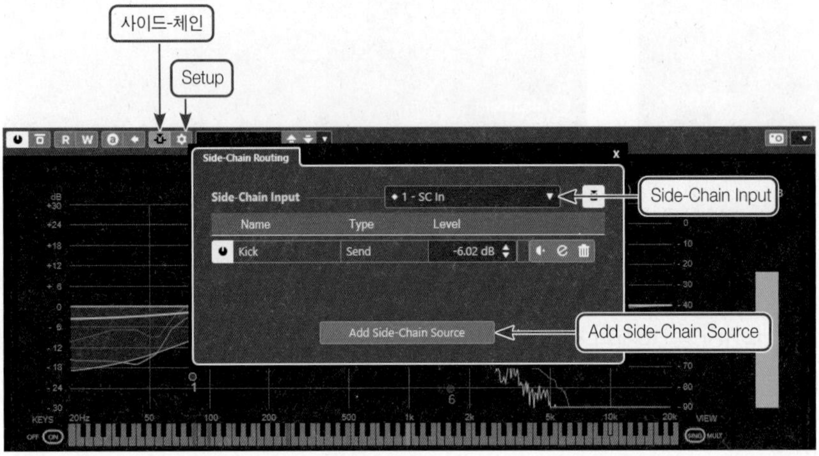


Input에서 Side-Chain Input 채널을 선택합니다. 그러면 소스 트랙이 연주될 때 다이내믹이 적용되는 것을 확인할 수 있습니다. 기본적으로 Freq와 Q는 자동로 설정되며, Auto 버튼을 Off 하면 수동으로 SC Freq와 SC Q를 설정할 수 있습니다. Listen은 해당 대역의 사운드만 모니터할 수 있게 해줍니다.

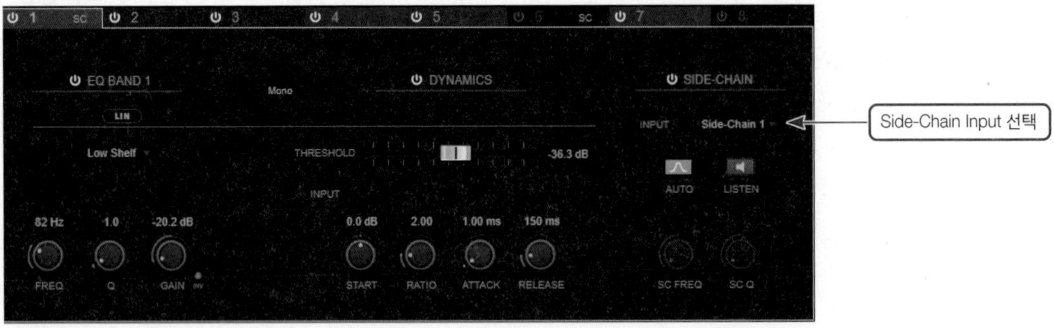

# 04 GEQ-10 / GEQ-30

EQ는 필터 타입, 그래픽 타입, 파라메트릭 타입의 3가지 종류가 있는데, GEQ-10은 10밴드, GEQ-30은 30밴드의 주파수 대역을 조정할 수 있는 그래픽 타입입니다. 그래픽 타입은 각 주파수 대역의 슬라이드를 위/아래로 드래그하여 주파수를 증/감 시킬 수 있기 때문에 입문자가 쉽게 접근할 수 있는 방식입니다.

▲ GEQ-10

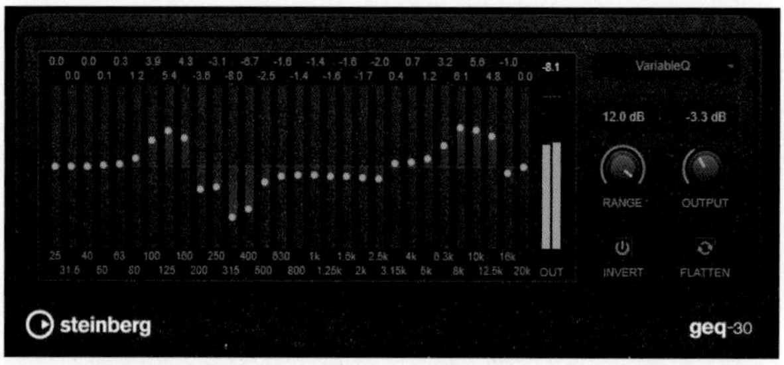


▲ GEQ-30

- Band

GEQ-10은 31.5Hz에서 16KHz까지 총 10개의 밴드, GEQ-30은 25Hz에서 20KHz까지 총 30 밴드를 제공하고 있으며, 슬라이드를 위/아래로 드래그하여 해당 주파수 대역을 증/감 시킬 수 있습니다.

- Mode

True Response, Digi Standard 등 총 7가지의 모드를 제공하고 있으며, 각 밴드의 대역 폭이 달라져 음색에 차이가 있습니다.

- Range

주파수의 조정 범위를 설정합니다. 기본 값은 한 옥타브 범위인 12dB로 설정되어 있습니다. 즉, 각 슬라이드의 최고값이 12dB이 되는 것입니다. 아래쪽의 invert 버튼을 On으로 하면, 각 슬라이드의 조정 값을 반대로 적용합니다.

- Ouput

EQ를 적용한 최종 출력 사운드의 레벨을 조정합니다. 아래쪽의 Fattern 버튼을 클릭하면 10 Band의 조정 값을 0dB 로 초기화 합니다.

# 05 Studio EQ

사용자가 조정하고 싶은 주파수 대역과 폭, 그리고 EQ 타입을 자유롭게 선택할 수 있는 파라메트릭 타입의 이퀄라이저 입니다. 총 4 Band를 제공하고 있으며, 저음역대(아래쪽 1번)와 고음역대(위쪽 4번)는 쉘빙(Shelf), 컷(Cut), 피크(Peak) 타입 중에서 선택할 수 있습니다. 그리고 중간의 미들 음역(2번과 3번)은 피크 타입으로 고정되어 있습니다. 각 밴드의 사용 여부는 On/Off 버튼을 이용해서 선택합니다.

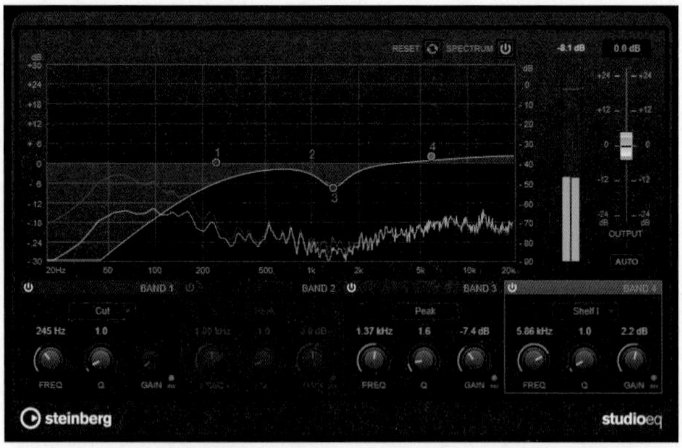


● Gain

각 밴드의 주파수 값을 최대 24dB 범위로 증가 시키거나 감소 시킬 수 있으며, 노브를 이용하거나 그래프의 포인트를 위/아래로 드래그하여 조정할 수 있습니다.

● Freq

조정할 주파수 대역을 20Hz~20khz까지 설정할 수 있으며, 노브를 이용하거 그래프의 포인트를 좌/우로 드래그하여 조정할 수 있습니다.

● Q-Factor

각 밴드의 주파수 대역폭을 조정할 수 있으며, Shift 키를 누른 상태로 그래프의 포인트를 좌/우로 드래그하여 조정할 수 있습니다. 그리고 저음역 밴드와 고음역 밴드의 Q-Factor 오른쪽에는 Freq에서 설정한 주파수 이하 또는 이상의 모든 주파수 대역를 증/감하는 Shelf, 차단하는 Cut, freq 값을 중심으로 증/감하는 Peak 타입 중에서 선택할 수 있는 메뉴가 있습니다.

● Output

Studio EQ에서 조정한 사운드의 최종 출력 레벨을 조정하며, 노브 아래쪽의 Auto 버튼을 On으로 하면, 출력값이 자동으로 조정됩니다.

# 07 Filter

걸러낸다는 의미의 필터는 EQ의 부족한 부분을 보충하거나 특수한 사운드를 연출하는 목적으로 사용합니다. 큐베이스는 Dual filter, Step Filter, Tone Booster, MorphFilter, WahWah의 5가지 Filter를 제공합니다.

## 01 Dual Filter

두 개의 노브로 구성되어 있는 Dual filter는 저음역 또는 고음역을 간단하게 차단할 수 있는 역할의 Pass filter 타입입니다. Position을 – 값으로 설정하면, 고음역대를 차단하고, + 값으로 설정하면 저음역대를 차단합니다. 그리고 차단의 정도는 Resonance를 노브를 이용해서 조정합니다.

- Position

0을 기준으로 노브를 왼쪽으로 돌려 - 값으로 설정하면, 고음역대를 차단하고, + 값으로 설정하면 저음역대를 차단합니다.

- Resonance

Position에서 설정한 주파수 대역의 차단 정도를 조정합니다.

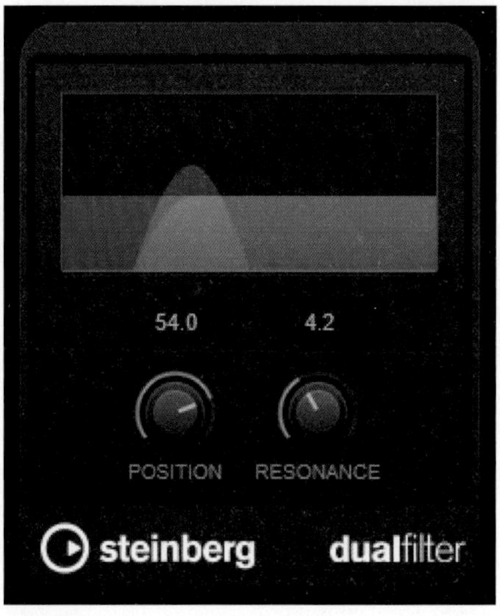

## 02 Morph Filter

MorphFilter는 두 필터 사이의 변화를 허용하여 로우 패스, 하이 패스, 밴드 패스 필터 효과를 혼합하는 독특한 방식입니다. 각 필터 타입은 디스플레이 창 위/아래에 있는 필터 타입 버튼으로 선택합니다.

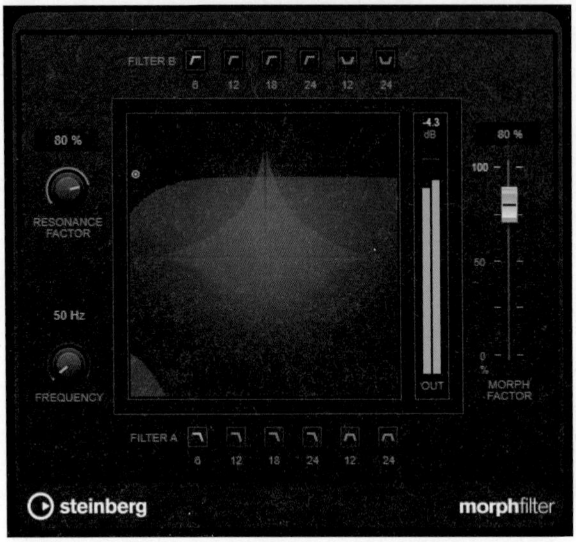


● Resonance Factor

필터가 적용되는 범위를 설정합니다. 각 파라미터의 조정 값은 디스플레이 창에 그래프로 표시되어 쉽게 구분할 수 있습니다.

● Morph Factor

두 필터의 혼합 비율을 조정합니다.

● Frequency

필터가 적용되는 주파수 대역을 조정합니다. 디스플레이 창에 표시되는 중심 점을 드래그하여 Morph Factor와 Frequency 를 동시에 조정할 수 있습니다.

# 03 Step Filter

16단계로 필터 패턴을 생성할 수 있는 이펙트로 Cutoff 필터 디스플레이와 Resonance 파라미터 디스플레이라는 2개의 창이 있습니다. 그 밖에 Base Cutoff, Base Resonance, Glide, Sync, Pattern Select, Output, Mix 등의 항목이 있습니다.

- Pattern / Filter Type

독자가 원하는 스텝 필터 값을 모두 8개의 패턴으로 저장하여 사용할 수 있는 기능입니다. 먼저 디스플레이에서 효과적인 패턴을 만들었다면 Copy 버튼을 클릭하여 복사한 후에 원하는 패턴 번호를 선택하고, Paste 버튼을 클릭합니다. 이러한 과정을 반복하여 모두 8개의 패턴을 만들어 각 채널 별로 사용할 수 있으며, 필터 타입은 low-pass, band-pass, high-pass를 제공합니다.

- CutOff / Resonance

Cutoff와 Resonance는 디스플레이에서 직접 마우스를 클릭하거나 드래그하여 설정할 수 있습니다. 모두 16단계로 구성된 디스플레이를 제공하고 있습니다.

- Filter Mode

모드는 Classic과 Modern 중에서 선택할 수 있으며, Modern은 더 많은 고주파를 왜곡하는 Hard Clip이 추가됩니다. Base Cutoff는 차단 주파수를 설정하며, Bass Resonance는 레조넌스를 조정하고, Glide는 패턴 사이에 글라이드를 적용하여 부드럽게 변경되도록 합니다.

- Rate

Sync가 On이며 필터를 템포와 동기 할 수 있으며, 주파수 변조 형태를 결정하는 Resonance에 큰 영향을 줍니다. Sync가 Off이면 외부 미디 신호로 동작됩니다.

- Output / Mix

Output에서는 Step Filter을 적용한 채널의 최종 출력을 조정하고, Mix에서는 오리지널 사운드와 Step Filter를 적용한 사운드의 비율을 조정합니다. Shift 키를 누른 상태에서는 미세한 조정이 가능하며, Ctrl 키를 누른 상태에서 슬라이드를 클릭하여 기본값 100으로 설정할 수 있습니다.

## 04 Tone Booster

저음역 또는 고음역의 주파수를 증/감 시키는 밴드 타입의 EQ입니다. 모드는 대역폭은 적은 피크 타입과 조금 넓은 밴드 타입으로 선택할 수 있습니다.

● Tone

증/감 시키고자 하는 주파수 대역을 조정합니다. 0을 중심으로 노브를 왼쪽으로 돌려 - 값으로 설정하면, 저음역대를 조정할 수 있고, 오른쪽으로 돌력 + 값으로 설정하면 고음역대를 조정할 수 있습니다.

● Gain

Tone에서 설정한 주파수 대역을 증감합니다. 아래쪽의 모드 스위치를 왼쪽으로 두면, 주파수 대역이 좁은 피크 타입으로 동작하고, 오른쪽으로 두면 조금 넓은 밴드 타입으로 동작합니다.

● Width

Tone과 Gain으로 조정한 주파수 대역의 잔향음을 만들어 공간감을 연출합니다. 값을 키우면 Tone에서 조정한 주파수 대역의 잔향음이 커져서 사운드가 좀더 가까이 들립니다.

# 05 Wah Wah

Wah Wah는 로우 및 하이 패스 필터를 번갈아 걸어 독특한 사운드를 연출하는 이펙트로 Gutiar 연주자에게 익숙한 와와 페달을 그대로 연출하고 있습니다. 미디 트랙의 아웃에서 Wah Wah를 사용하는 오디오 트랙을 선택하여 모듈레이션 휠이나 볼륨 페달 등의 외부 미디 장비로 컨트롤 할 수 있습니다.

● Pedal

와와가 적용될 값을 선택합니다. 아래쪽의 Automation 메뉴를 클릭하여 외부 미디 정보로 컨트롤 할 수 있는 목록을 선택할 수 있습니다. 예를 들어 Expression을 선택했다면, 미디 트랙을 추가하고, 미디 아웃을 Wha Wha 로 선합니다. 그러면 컨트롤 정보 11번 값을 전송하는 볼륨 페달을 이용해서 실제 장비를 이용하는 것과 같이 사용할 수 있는 것입니다.

● Freq

Lo 노브로 와와가 적용될 저주파수 대역을 설정하고, Hi에서 고주파수 대역을 설정합니다. Pedal을 Automation으로 선택했을 경우 Lo와 Hi의 범위가 100이 되는 것입니다. 주파수의 폭은 아래쪽의 Filter Slope 스위치를 클릭하여 6dB 또는 12dB 중에서 선택합니다.

● Width

Lo와 Hi에서 Pedal 이 적용될 범위를 설정합니다. 외부 장치를 이용해서 Wha Wha를 사용한다면, 자신이 페달을 밟은 습관에 맞춰서 범위를 조정하는 것이 효과적입니다.

● Gain

Freq에서 설정한 Lo와 Hi 의 이득 값을 설정합니다.

# 08 Mastering-Lin Dither

Mastering 폴더에는 Lin Dither의 한 가지 이펙트를 제공합니다. Lin Dither는 비트 컨버팅에서 발생할 수 있는 디지털 노이즈를 제거하는 스테레오 디더링 역할의 이펙트 입니다. 이것은 채널 익스포팅을 할 때도 사용할 수 있지만, 높은 샘플 비트로 작업된 음악을 CD에 담기 위한 최종 단계에서 사용하는 경우가 많으므로 마스터 트랙에서 사용합니다.

Lin Dither의 기본은 다운 디더링 입니다. 즉, 프로젝트 포맷을 낮추어 믹스 다운할 때 이용하는 것입니다. 24비트로 작업한 음악을 동일한 포맷의 24비트로 믹스 다운 한다거나 16비트로 작업한 음악을 24비트로 높이는 경우에는 무의미 하거나 오히려 잡음이 발생할 수 있으므로 주의하기 바랍니다.

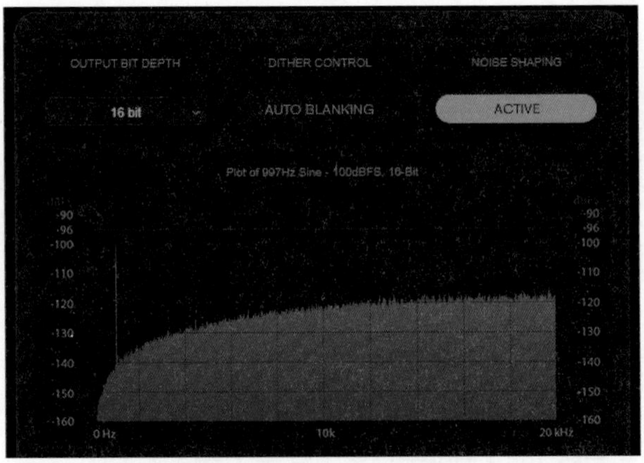


● Output Bit Depth

컨버팅할 비트 수를 선택합니다. CD제작을 위한 것이라면 당연히 16bit를 사용합니다.

● Dither Control

기능이 활성화 되면 노이즈가 발생하는 부분을 자동으로 감지하여 뮤트시킵니다.

● Noise Shaping

디더링 과정에서 발생하는 노이즈를 최소화 합니다.

# 09 Modulation

모듈레이션은 주파수를 변조하여 특별한 사운드 효과를 만드는 이펙트입니다. 큐베이스는 Auto Pan, Chorus, Flanger, Metalizer 등의 13가지 모듈레이션 이펙트를 제공하고 있기 때문에 녹음한 사운드를 다양하게 변조시킬 수 있습니다.

## 01 Auto Pan

사운드가 좌/우로 이동되는 효과를 만듭니다. 이동 위치와 속도를 편집할 수 있는 라인을 제공하고 있습니다.

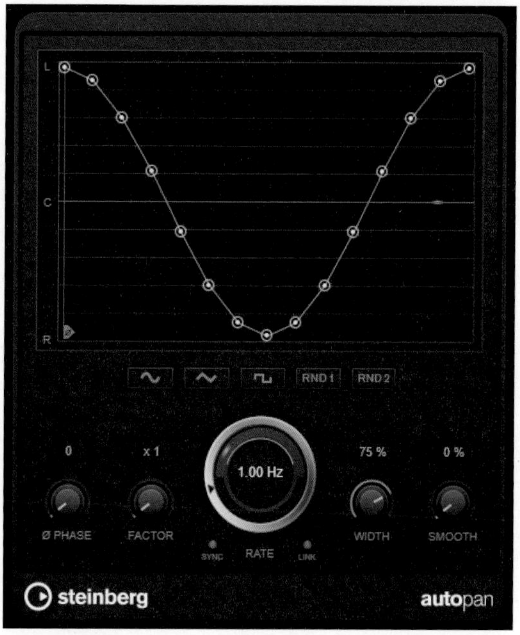


- Waveform display : 포인트를 드래그하여 변조 모양을 수동으로 편집할 수 있습니다. Shift 키를 누른 상태로 드래그하여 라인을 만들거나 Ctrl 키를 누른 상태로 드래그하여 원하는 대로 그릴 수 있습니다.

- Presets : Sine, Triangle, Pulse 및 Random 1, 2 프리셋을 제공합니다. Random 1은 클릭할 때마다 바뀌고, Random 2는 반복될 때 마다 자동으로 바뀌는 모드 입니다.

- Phase : 커브의 시작점을 설정합니다.

- Factor : Sync 모드일 때 속도를 증가 시킬 수 있습니다.
- Rate : 속도를 조정합니다. Sync 모드일 경우에는 비트 선택 메뉴가 열립니다.
- Sync : Sync 기능을 On/Off 합니다.
- Link : 좌/우 채널이 동시에 변조되게 합니다.
- Width/Smooth : Width로 좌/우 이동 폭을 조정하며, Smooh로 포인트를 부드럽게 연결 시킵니다.

## 02 Chopper

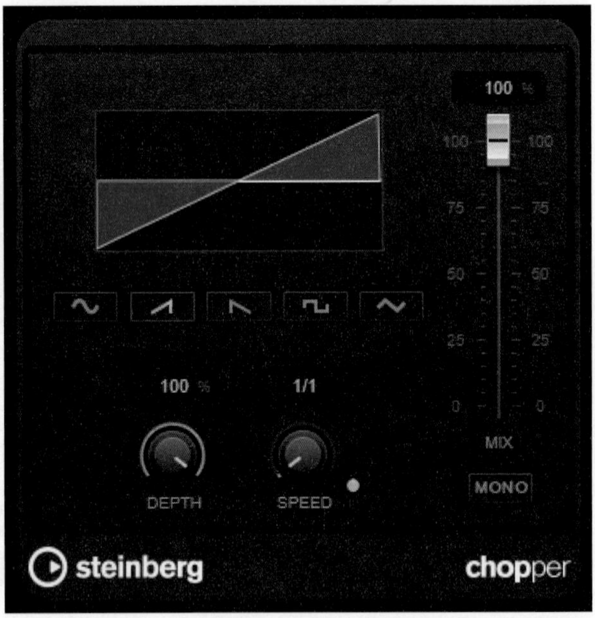


Chopper은 전형적인 레벨 모듈레이션 효과와 오토 패닝 효과를 결합하고 있습니다. 일반적인 모듈레이션은 주파수를 변경하여 사운드가 흔들리는 효과를 만들지만, Chopper는 사운드의 볼륨을 변경하여 모듈레이션 효과를 만드는 특징이 있습니다.

- Mode

Chopper효과를 적용하는 파형의 형태는 Sine, Square, Saw, Reverse Saw, Triangle의 5가지로 제공하고 있으며, 마우스 클릭으로 적용할 수 있습니다. 선택한 파형의 형태는 디스플레이에서 확인할 수 있습니다.

- Depth

Chopper 효과의 깊이를 퍼센트 단위로 조정합니다. Depth는 디스플레이에서 마우스를 상/하로 드래그하여 조정할 수 있으며, Ctrl 키를 누른 상태에서 Depth 노브를 클릭하면 기본값 50%로 설정합니다.

- Tempo Sync

Tempo Sync On/Off 버튼은 마우스 클릭으로 전환하는 스위치 역할을 합니다. On일 경우에는 푸른색을 표시하며, Off 일 경우에는 흰색으로 표시합니다. 그리고 On일 경우에는 Speed를 템포와 동기 할 수 있게 비트 단위로 선택할 수 있고, Off 일 경우에는 자유로운 설정을 위해서 Hz 단위로 표시합니다.

● Speed

Chopper 효과의 속도를 0에서 50Hz까지 조정합니다. Tempo Sync 버튼이 On이면 템포와 동기할 수 있게 비트 단위로 조정할 수 있습니다. 이것은 Tempo Sync 목록에서 단위를 선택하는 것과 동일한 효과입니다. Speed 노브 오른쪽에 있는 Mono 버튼이 해제하면 Chopper 효과를 스테레오로 적용합니다.

● Mix

Mix 슬라이드는 원래 사운드와 Chopper 효과를 적용한 사운드의 비율을 퍼센트 단위로 조정합니다. Shift 키를 누른 상태에서는 미세한 조정이 가능하고, Ctrl 키를 누른 상태에서 클릭하여 기본값으로 설정할 수 있습니다.

## 03 Chorus

Chorus는 말 그대로 합창 효과를 만드는 이펙트 입니다. 합창 효과란 50명이 같은 악보를 보고 노래를 부른다고 가정했을 때, 인간인 관계로 개개인마다 미세한 시간 차이가 발생합니다. 하지만, 듣기 거북하기는커녕 아름답고, 풍부하게 들립니다. 코러스란 이러한 시간차를 인위적으로 만드는 것입니다.

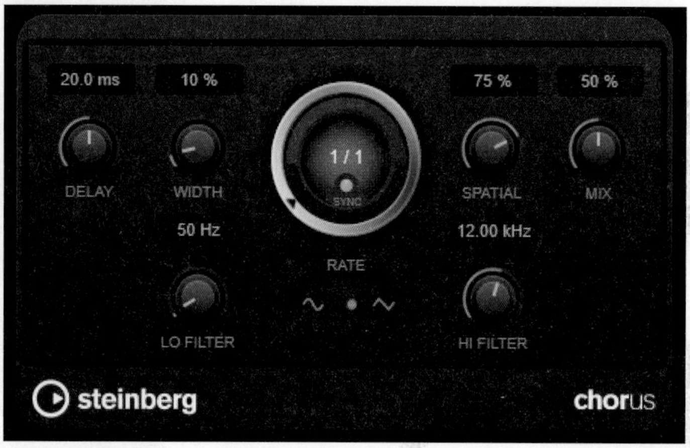


● Rate : 잔향 사운드의 속도를 조정합니다. 노브 아래쪽의 Sync 버튼을 On으로 하면 템포에 맞출 수 있는 비트 단위로 조정할 수 있습니다.

● Width : 잔향의 이동 범위를 조정합니다. 노브 아래쪽의 waveform 스위치를 클릭하여 이동 형태를 선택할 수 있습니다.

● Spatial : 코러스의 스테레오 폭을 조정합니다. 값을 높여 좀더 입체적인 사운드 연출이 가능합니다

● Mix : 50을 중심으로 원래 사운드와 코러스 효과를 적용한 사운드의 비율을 설정합니다. Ctrl 키를 누른 상태에서 노브를 클릭하여 기본값 50로 설정할 수 있습니다.

● Delay

코러스의 지연 시간을 설정합니다. 값이 커질수록 코러스 효과를 지연하며, Alt 키를 누른 상태로 드래그하여 슬라이드 방식으로 이용할 수 있습니다.

● Lo /Hi

코러스 효과가 적용될 주파수 범위를 설정합니다. Lo 값은 최대 1Khz 이며, Hi의 최소 값은 1.2Khz입니다.

## 04 Cloner

Cloner는 원본 사운드를 복사하여 지연 효과를 연출하거나 하모니 효과를 연출하는 등의 역할을 하는 장치입니다.

● Voices / Spatial

Vocies는 원본을 몇 번 복사할 것인지를 선택합니다. 최고 4개의 보이스를 복사할 수 있으며, 복사한 사운드의 음정이나 지연 값은 Detune과 Delay 슬라이드를 이용해서 조정할 수 있습니다. Spatial은 복사한 사운드의 스테레오 범위를 조정합니다.

● Mix / Output

Mix는 원본 사운드의 복사한 사운드의 비율을 조정하며, Output은 Cloner의 최종 출력 레벨을 조정합니다.

● Detune / Humanize

복사한 사운드는 오른쪽의 Detune 패널에 최대 4개의 슬라이드로 표시가 되며, 각각의 슬라이드를 조정하여 음정을 조정할 수 있습니다. Detune은 이때의 음정 폭을 설정합니다. 그리고 Humanize는 음정을 약간 불안하게 하여 인간적인 느낌을 연출할 수 있도록 하는 것인데, 노브 아래쪽의 Static 버튼을 On으로 하여 유동적으로 변화시킬 수 있습니다.

● Delay / Humanize

Delay 패널의 슬라이드 조정 폭을 설정하는 것이며, Humanize 노브를 이용해서 각 딜레이 값의 시간차를 변화시킬 수 있습니다. 일반적으로 노브 아래쪽의 Static 버튼을 On으로 하여 자동으로 조정되게 합니다.

## 05 Flanger

Flanger은 입력 신호에 딜레이를 걸어 두 신호를 믹스했을 때, 특정 주파수 대역에서 일어나는 변조 방식을 이용하여 독특한 사운드를 만드는 기능입니다.

- Rate

주파수 변조 비율을 0에서 5까지 설정할 수 있고, 노브 아래쪽의 Sync 버튼이 On이면, 비트 단위로 템포와 일치시킬 수 있습니다.

- Lo/Hi

플랜저가 적용될 주파수 범위를 설정합니다. 값은 주파수 단위가 아닌 퍼센트이며, 노브 아래쪽의 waveform 스위치를 클릭하여 변조 파형의 형태를 선택할 수 있습니다.

- Feedback / Spatial / Mix

Feedback은 플랜저의 반복 비율을 조정하며, Spatial은 스테레오 폭을 조정합니다. 그리고 Mix는 원본과 플랜저 사운드의 비율을 조정합니다.

- Delay

플랜저 사운드의 반복 간격을 설정합니다. Ctrl 키를 누른 상태에서 노브를 클릭하면 기본 값인 2로 설정됩니다.

- Manual

노브 아래쪽의 Manual 버튼을 On으로 하여 사용 여부를 결정하며, 버튼을 On으로 하면, 노브를 이용해서 위상 변조의 비율을 조정할 수 있습니다.

- Lo/Hi

위상 변조가 일어나는 주파수 범위를 설정합니다. Lo의 최대 값은 1Khz이며, Hi의 최소 값은 1.2Khz입니다.

# 06 FX Modulator

효과를 실시간으로 변조시킬 수 있는 장치입니다. 내부적으로 14가지 이펙트를 제공하고 있으며, 동시에 6가지 이펙트를 연결하여 변조할 수 있습니다. 음성 콘텐츠에서부터 EDM까지 다양한 분야에 활용도가 높은 장치입니다. 특히, 외부 컨트롤러를 이용하여 실시간 제어가 가능하기 때문에 클럽 음악이나 믹스 음악을 제작하는 디제이들에게 매우 흥미로운 장치가 될 것입니다.

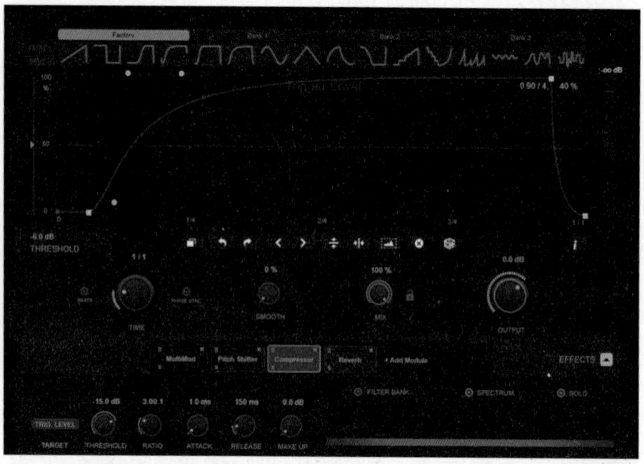


파라미터의 역할을 살펴보기 전에 장치가 어떤 식으로 동작하는지 이해할 수 있어야 합니다. FX 모듈레이터에서 제공하는 모듈은 Chorus에서부터 Reverb까지 총 14가지이며, 각 모듈은 Add Module을 선택하여 최대 6까지 장착하여 변조시킬 수 있습니다. 예를 들어 피치를 변조할 수 있는 Pitch Shifter를 선택하여 장착했다고 가정합니다.

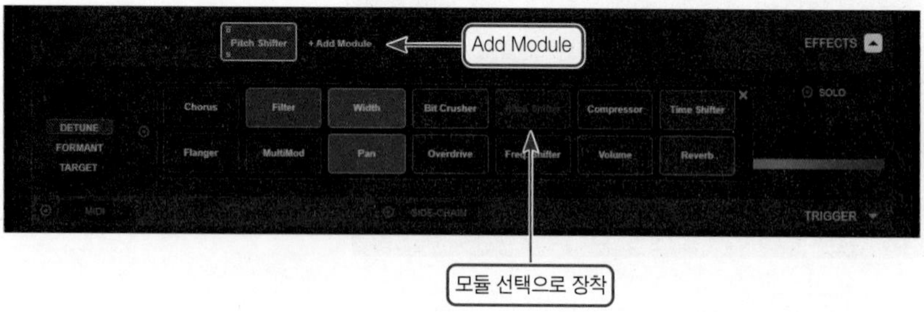


디스플레이 창에서 선택한 모듈이 어떤 식으로 변조되게 할 것인지를 편집합니다. 예를 들어 Factory에서 라인이 상승하는 모양을 선택하면 피치가 점점 올라가는 라이징 효과가 연출되는 것입니다. 이와 같은 방법으로 Chorus, Filter 등의 모듈 효과를 디스플레이에 표시된 라인 모양대로 변조되게 하는 장치입니다.

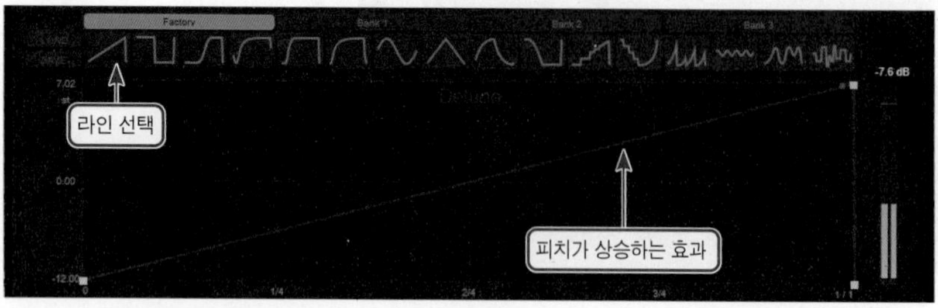

● 커브 섹션

이펙트를 어떻게 변조시킬 것인지를 라인으로 편집할 수 있는 창입니다. 기본적으로 제공되는 Factory와 사용자 정의가 가능한 3개의 Bank 페이지를 제공합니다.

**01** 미리 정의 되어 있는 Factory 곡선을 선택하여 적용할 수 있습니다. 디스플레이 창을 드래그하여 일부 구간을 선택할 수 있으며, 이 경우에는 선택한 구간에만 적용됩니다.

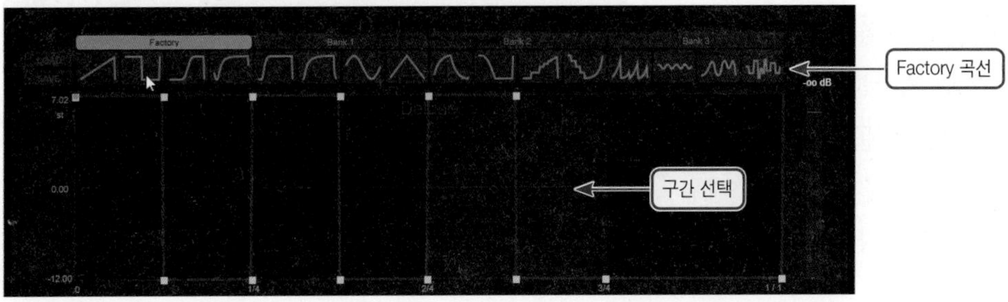


**02** 라인을 더블 클릭하면 포인트를 추가할 수 있고, 포인트를 드래그하여 디자인할 수 있습니다. 포인트 사이를 클릭하면 라인을 곡선으로 변형할 수 있는 핸들을 추가할 수 있으며, 포인트 및 핸들을 삭제할 때는 더블 클릭합니다.

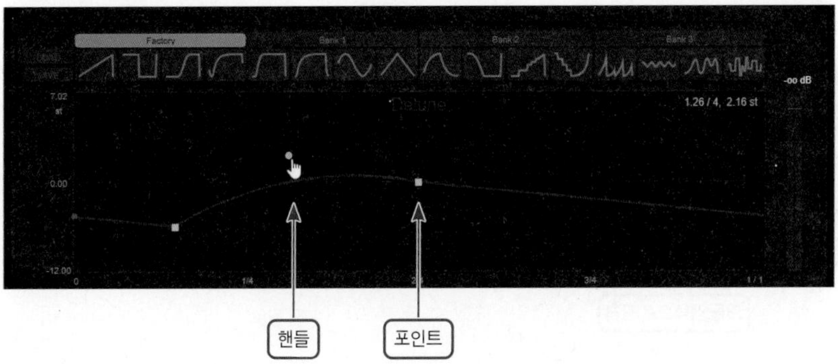


**03** 사용자가 만든 곡선은 Bank1, 2, 3의 빈 슬롯을 클릭하여 추가할 수 있습니다. 삭제할 때는 슬롯을 선택하면 보이는 오른쪽 상단의 x 모양을 클릭하고, 녹색 체크 표시를 다시 한번 클릭합니다.

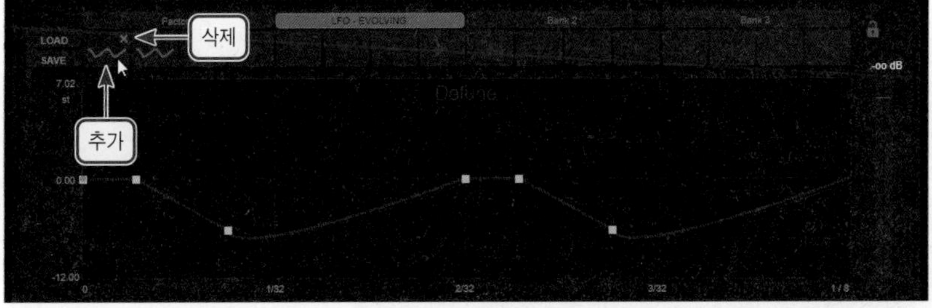

**04** Bank1, 2, 3은 왼쪽의 Save 버튼을 클릭하면 열리는 창에서 New Preset 항목에 이름을 입력하여 저장할 수 있고, Load 버튼으로 저장한 프리셋 이름을 더블 클릭하여 불러올 수 있습니다.

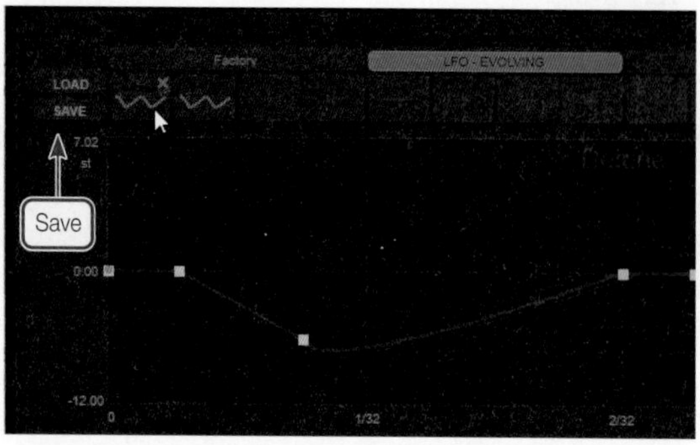


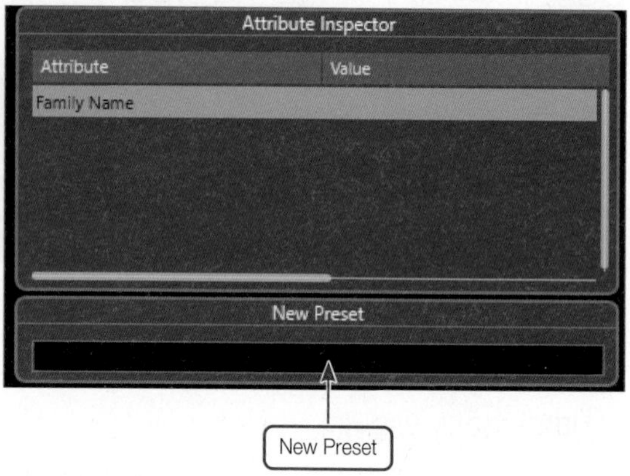


커브 섹션의 기능 버튼과 메인 섹션의 컨트롤러 역할은 다음과 같습니다.

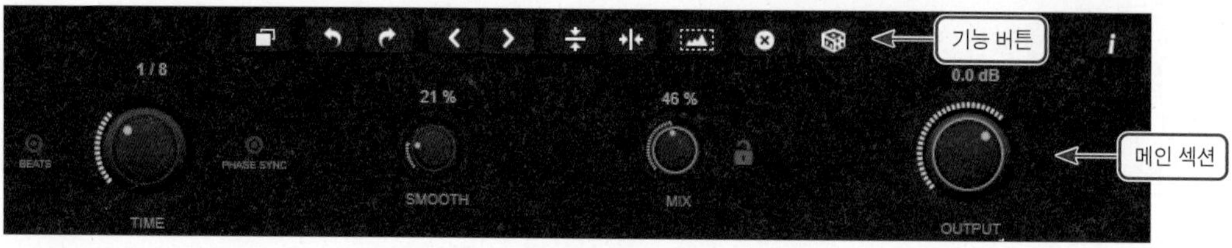


Duplicate : 커브를 복제합니다.

Undo/Redo : 작업 취소 및 다시 실행합니다.

Shift Curve to the Left/Right : 커브를 왼쪽 또는 오른쪽으로 이동합니다.

Flip Vertically/Horizontally : 커브를 위 또는 아래로 뒤집습니다.

Select All Curve Points : 모든 포인트 및 핸들을 선택합니다.

Reset Curve : 모든 포인트 및 핸들을 삭제합니다.

Create Random Curve : 커브를 무작위로 만듭니다.

● 메인 섹션

Time : 변조 주기를 설정합니다. 기본값은 1:1로 한 마디 길이입니다. 왼쪽의 Beat를 Off하면 초 단위로 설정할 수 있고, 오른쪽의 Phase Sync는 프로젝트와 동기되게 합니다.

Smooth : 번조 곡선을 부드럽게 적용합니다.

Mix : 변조 정도를 조정합니다.

Output : 출력 레벨을 조정합니다.

● Effects 섹션

Add Module 버튼을 클릭하여 최대 6개의 모듈을 장착할 수 있습니다. 장착한 모듈은 마우스 드래그로 순서를 변경할 수 있으며, 삭제할 때는 오른쪽 상단의 X 버튼을 클릭합니다.

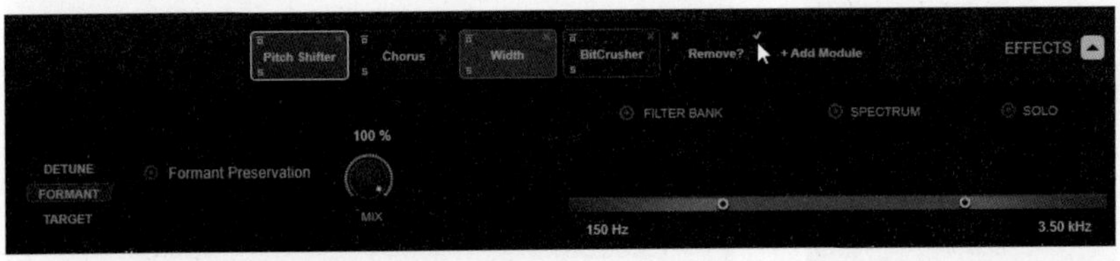


Target : 두 개 이상의 변조 곡선을 제공하는 장치의 경우에 편집하고자 하는 곡선을 선택합니다. 타깃의 종류는 장치마다 차이가 있습니다.

Filter Bank : 변조 주파수 대역을 설정할 수 있습니다.

Spectrum : 주파수 레벨 스펙트럼을 표시합니다.

Solo : 설정한 주파수 대역을 솔로로 모니터할 수 있습니다.

● Trigger 섹션

미디 또는 사이드-체인 신호로 변조 곡선을 컨트롤할 수 있게 합니다.

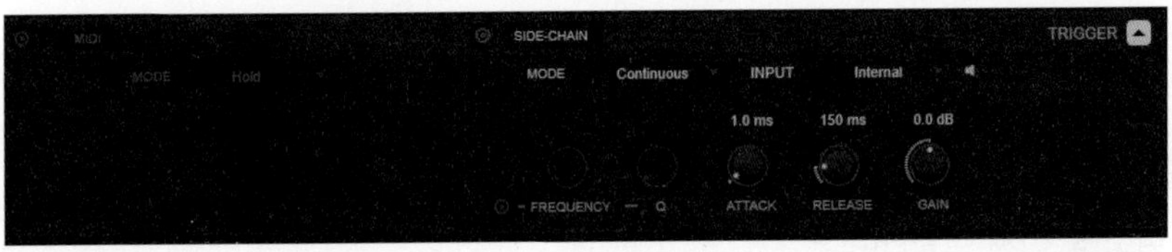


〈MIDI 〉

Mode : Hold는 미디 노트가 재생되는 동안, 1Cycle은 미디 노트 길이에 상관없이 한 번만 적용됩니다.

〈Side-Chain 〉

Mode : Continuous는 사이드-체인 신호의 엔벨로프가 변조 곡선에 추가되고, 1Cycle은 메인 섹션의 Threshold값을 초과한 경우에 한 번만 적용됩니다.

Input : 사이드-체인 신호를 선택합니다.

Frequency : 적용 주파수 대역과 폭(Q)을 설정할 수 있습니다.

Attack : 사이드-체인 시작 타임을 조정합니다.

Release : 사이드-체인 해제 타임을 조정합니다.

Gain : 사이드-체인 신호 레벨을 조정합니다.

## 07 Metalizer

Metalizer는 모듈레이션과 피드백 효과를 동시에 적용하여 기계적인 사운드를 만드는 이펙트입니다. 기계적인 사운드는 영화에서뿐 아니라 가요와 팝에서도 흔하게 사용하는 기법입니다.

● Feedback

반복하는 사운드의 강도를 0%에서 100%까지 퍼센트 단위로 조정합니다. 조정하는 값은 디스플레이 창에 빗살무늬로 표시합니다. 값이 커질수록 빗살무늬가 굵게 변하는 것을 확인할 수 있습니다.

● Sharpness

Metalizer의 적용 주파수 범위를 퍼센트 단위로 조정하는 것으로 디스플레이 창에서 범위가 변경하는 것을 확인할 수 있습니다. Sharpness 값은 디스플레이에서 마우스를 좌/우로 드래그하여 조정할 수 있으며, Ctrl 키를 누른 상태로 조정을 하면 Tone이 함께 변경하는 것을 방지할 수 있습니다.

● Tone

피드백의 빈도수를 퍼센트 단위로 조정합니다. 조정하는 값은 디스플레이 창에서 빗살무늬 간격으로 표시합니다. 값이 커질 수로 간격이 좁아지는 것을 확인할 수 있습니다. Tone은 디스플레이에서 마우스를 상/하로 드래그하여 조정할 수 있으며, Alt 키를 누른 상태에서 드래그하면 sharpness 값이 함께 조정되는 것을 방지할 수 있습니다.

● Speed

모듈레이션 속도를 0에서 10Hz까지의 범위로 조정할 수 있는 노브입니다. Tempo Sync 버튼이 On이면 템포와 동조하여 사용할 수 있습니다. Speed 노브 상단에 있는 On버튼은 모듈레이션 패턴을 반복할 때 마다 변경하는 필터 기능이고, Mono 버튼은 On일 때 모노, Off 일 때 스테레오로 적용하는 기능입니다.

● Output / Mix

Output에서는 Metalizer를 적용한 채널의 최종 출력을 조정할 수 있고, Mix에서는 Metalizer를 적용한 사운드와 적용하기 전 사운드의 비율을 조정할 수 있습니다. Shift 키를 누른 상태에서는 미세한 조정이 가능하고, Ctrl 키를 누른 상태에서 슬라이드를 클릭하면 기본값 100%로 설정할 수 있습니다.

## 08 Phaser

Phaser는 오리지널 사운드에 짧은 딜레이 타임을 걸어 발생하는 사운드의 위상 간섭을 이용해서 특수한 효과를 만드는 이펙트 입니다. 위상 이란 파형의 각도를 말하는 것으로 사운드의 레벨을 결정하는 중요한 요소입니다. 지금 독자 앞에 있는 스피커의 위치를 변경하면 같은 볼륨인데도 레벨에 변화가 있는 것을 느낄 수 있습니다. 이것은 원음과 벽에서 반사하는 반향음과의 위상이 같은 각도로 겹치면 레벨이 증가하고, 반대 각도로 겹치면 레벨이 감소하는 현상이 발생하기 때문입니다. 그래서 가정에서는 벽에 스피커를 가까이 놓고, 저음을 높이는 효과를 만들지만, 스튜디오에서는 스피커와 벽 사이에 거리를 두어 최대한 원음을 청취할 수 있게 하는 이유가 위상 때문입니다.

- Rate / Width

페이저의 속도를 조정합니다, 노브 아래쪽의 Sync 버튼을 클릭하여 On으로 하면 템포에 맞출 수 있게 비트 단위로 설정할 수 있습니다. 그리고 Width 노브를 이용해서 변조 범위를 조정합니다.

- Feedback / Spatial / Mix

Feedback은 페이저 효과가 반복하는 양을 조정하며, Spatial은 스테레오 범위를 조정합니다. 그리고 Mix는 원본 사운드와 페이저 사운드의 비율을 조정합니다.

- Manual

노브 아래쪽의 Manual 버튼을 On으로 하여 사용 여부를 결정하며, 버튼을 On으로 하면, 노브를 이용해서 위상 변조의 비율을 조정할 수 있습니다.

- Lo/Hi

위상 변조가 일어나는 주파수 범위를 설정합니다. Lo의 최대 값은 1Khz이며, Hi의 최소 값은 1.2Khz입니다.

# 09 RingModulator

Ring Modulator는 피크 타입의 주파수 형태를 반음 이하로 떨어뜨려 만드는 모듈레이션 이펙트 입니다. Ring Modulator은 피치 변화로 만드는 일반적인 모듈레이션 방식이 아닌 엔벨로프 파형 변화로 만든다는 특징이 있습니다.

● LFO / Env Amount

Oscillator 섹션 상단에 있는 LFO Amount, Env Amount는 Ring Modulator 효과의 형태를 결정하는 노브입니다. LFO Amount에서는 모듈레이션이 발생하는 빈도를 퍼센트 단위로 조정하고, Env Amount에서는 그 양을 설정합니다. 아래에 있는 4가지 웨이브 폼은 모듈레이션 형태를 선택합니다.

● Range / Frequency / Roll-Off

오실레이터 섹션 아래쪽에는 Range, Frequency, Roll-off 등이 있습니다. Range는 슬라이드로 범위를 선택하며, Frequency에는 적용하는 주파수 대역의 빈도수를 2옥타브 내에서 퍼센트 단위로 설정합니다. Roll-Off에서는 High Cut 필터 역할을 합니다.

● Speed / Env. Amount

LFO 섹션에는 음정 변화로 발생하는 모듈레이션 효과의 속도를 조정하는 Speed, 적용 비율을 설정하는 Env Amount, 형태를 결정하는 Wave Form과 발생하는 폼의 채널을 바꾸는 Invert Stereo 버튼으로 구성되어 있습니다.

● Attack / Decay

엔벨로프 섹션에는 모듈레이션 효과가 적용하는 어택 타임과 디케이 타임을 설정할 수 있는 Attack과 Decay 노브가 있으며, 입력하는 스테레오 채널을 하나의 채널로 묶어 컨트롤 할 수 있는 Lock L〈R 버튼이 있습니다.

● Output / Mix

Output에서는 Ringmodulater를 적용한 채널의 최종 출력 레벨을 조정하고, Mix에서는 오리지널 사운드와 Ringmodulate를 적용한 사운드의 비율을 퍼센트 단위로 설정합니다.

## 10 Rotary

Rotary는 과거 로터리 스피커에서 만들어내던 코러스 효과를 재현하고 있는 이펙트 입니다. 많은 노브들로 구성되어 있지만, 앰프를 사용해본 독자에게는 익숙한 것들입니다.

- Low / High Slow, Fast & Rate

Rotary는 Low와 High의 회전 축이 있으며, 최대 720rpm의 속도를 지원합니다. Rotary 이펙트 왼쪽에 있는 6개의 노브들은 Slow와 Fast의 회전 속도를 조정하고, 그 비율(Rate)을 조정할 수 있습니다.

- Overdrive ~ Mic Distance

로터리 이펙트 오른쪽 상단에 있는 Overdrive, Crossover Freq, Mic Angle, MicDistance의 4가지 노브는 마이킹 녹음 방식을 시뮬레이션 합니다. Overdrive는 퍼센트 단위로 오버 드라이브 효과를 첨가, Crossover는 200-3000Hz단위로 Low와 High의 비율을 조정, Mic Angle은0-180도 범위의 마이크 각도, Mic Distance는 1- 36인치 단위로 마이크 거리를 시뮬레이션 합니다.

- Low Rotor Amp Mod ~ Phasing

앞에서 살펴본 섹션의 나머지 Low Rotor Amp Mod에서 Phasing의 5가지 노브는 로터리 스피커의 EQ변조 량을 시뮬레이션 합니다. Low Rotor Amp Mod는 저음의 진폭을 조절, Low Rotor Mix Level은 저음의 레벨을 조절, High Rotor Amp Mod는 고음의 진폭을 조절, High Rotor Freq Mod는 고음의 변조 속도를 조절, Phasing는 고음의 변조 양을 조절합니다.

- Mode / Speed / MIDI Ctrl

Mode는 Speed를 Stop, Slow, Fast 의 3단계로 선택하거나, 순차적인 조정이 가능한 계단 모양과 라인 모양의 2가지 버튼이 있습니다. Speed는 MIDI Ctrl에서 선택한 컨트롤의 속도를 결정합니다. MIDI Ctrl에서는 16개의 컨트롤을 선택할 수 있습니다. 선택한 컨트롤은 미디 트랙의 Out 항목에서 선택하여 외부 장비로 컨트롤 할 수 있습니다.

- Output / Mix

Output에서는 Rotary 를 적용한 채널의 최종 출력 레벨을 조정하고, Mix에서는 Rotary가 효과와 오리지널 사운드의 비율을 조정합니다.

## 11 StudioChorus

앞에서 살펴본 Chours 장치를 두 개 갖추고 있다는 차이만 있을 뿐 역할이나 사용 방법은 동일합니다. 단, 왼쪽과 오른쪽 값을 다르게 하여 좀더 풍부한 코러스 효과를 연출할 수 있다는 장점이 있습니다.

- Rate

잔향 사운드의 속도를 조정합니다. 노브 아래쪽의 Sync 버튼을 On으로 하면 템포에 맞출 수 있는 비트 단위로 조정할 수 있습니다.

- Width

잔향의 이동 범위를 조정합니다. 노브 아래쪽의 waveform 스위치를 클릭하여 이동 형태를 선택할 수 있습니다.

- Spatial

코러스의 스테레오 폭을 조정합니다. 값을 높여 좀더 입체적인 사운드 연출이 가능합니다

- Mix

50을 중심으로 원래 사운드와 코러스 효과를 적용한 사운드의 비율을 설정합니다. Ctrl 키를 누른 상태에서 노브를 클릭하여 기본값 50로 설정할 수 있습니다.

- Delay

코러스의 지연 시간을 설정합니다. 값이 커질수록 코러스 효과를 지연하며, Alt 키를 누른 상태로 드래그하여 슬라이드 방식으로 이용할 수 있습니다.

- Lo /Hi

코러스 효과가 적용될 주파수 범위를 설정합니다. Lo 값은 최대 1Khz 이며, Hi의 최소 값은 1.2Khz입니다.

## 12 Tranceformer

Tranceformer는 Ring Modulation과 비슷한 역할을 하는 이펙트로서 입력하는 사운드에 새로운 알고리즘을 첨가해서 음정 변화 모듈레이션 효과를 만드는 이펙트 입니다.

● Wave Form

Sine, Square, Saw, Reverse Saw, Triangle 등 5가지 트랜스포머의 파형 형태를 결정합니다. 각각의 파형은 디스플레이 창에서 바로 확인할 수 있습니다.

● Tone

1Hz에서 5000Hz 범위로 모듈레이션을 적용하는 비율을 설정하는 것으로 값을 높일수록 음정이 높아집니다. 조정하는 값은 디스플레이 창의 파형 밀도로 확인할 수 있으며, 디스플레이 창에서 마우스를 좌/우로 드래그하여 Tone의 값을 조정할 수 있습니다.

● Depth

트랜스포머의 적용 폭을 설정합니다. 조정하는 값은 디스플레이 창에서 파형의 폭으로 표시되며, 마우스를 상/하로 드래그하여 조정할 수 있습니다.

● Speed

Tranceformer의 적용 속도를 설정합니다. 이 값은 Tempo Sync 버튼이 Off일 경우에 0Hz에서 10Hz까지 자유롭게 조정할 수 있고, Tempo Sync 버튼이 On일 경우에는 비트 단위로 설정합니다. 그리고 우측에 On 표시의 전원 버튼은 음정 모듈레이션의 반복 여부를 결정하며, Mono 버튼은 모노 또는 스테레오 적용 여부를 결정합니다.

● Output / Mix

Output은 Tranceformer를 적용한 채널의 최종 출력 값을 설정하고, Mix는 Tranceformer와 오리지널 사운드의 비율을 설정합니다.

## 13 Tremolo

장치 이름에서도 알 수 있듯이 트레몰로 효과를 연출합니다. 단, 실제 연주에서는 노트를 연속적으로 반복시키는 테크닉이지만, 이 장치는 볼륨값을 연속으로 변화시켜 연출한다는 차이점이 있습니다. 즉, 느낌이 전혀 다른 비브라토 효과를 만들 수 있습니다.

- Rate / Depth

Rate 노브로 트레몰로의 속도를 조정하며, Depth로 폭을 조정합니다. Rate 노브 아래쪽의 Sync 버튼을 On으로 하면, 템포에 맞출 수 있는 비트 단위를 사용할 수 있습니다.

- Spatial / Output

Spatila은 트레몰로 사운드의 스테레오 폭을 조정하며 Output은 최종 출력 레벨을 조정합니다.

## 14 Vibrato

음정을 연속으로 변화시키는 비브라토 효과를 연출합니다. 연주가 뛰어난 사용자는 마스터 건반의 피치휠을 이용해서 연출할 수 있겠지만, 그것과는 느낌이 다른 비브라토 효과를 만들 수 있습니다.

- Rate : 비브라토의 속도를 조정합니다. 노브 아래쪽의 Sync 버튼을 클릭하여 템포에 맞출 수 있는 비트 단위로 설정 가능합니다.

- Depth : 비브라토의 폭을 조정합니다. 값은 최대 반음 기준인 100입니다. 이 값을 미묘하게 조정하거나 오토메이션 기능과 결합하여 Guitar 특유의 비브라토 효과를 연출할 수 있습니다.

- Spatial : 비브라토 사운드이 스테레오 변화 폭을 조정합니다. 패닝 효과를 연출하고 싶지 않다면, 이 값을 0으로 설정합니다.

# 10 Network + Other

큐베이스는 지금까지 살펴본 이펙트와는 성격이 다른 LoopMash FX와 VST Connect를 제공합니다. VST Connect는 Netwrok 폴더에서 선택할 수 있고, LoopMash FX는 Other 폴더에서 선택할 수 있습니다.

## 01 VST Connect SE

인터넷만 연결되어 있다면, 세계 어느 곳에서든 사용자가 원하는 친구와 영상 채팅을 하면서 녹음 작업을 진행할 수 있습니다. 이 기능을 이용하기 위해서는 친구에게 Steinberg 사에서 무료로 제공하는 VST Connect SE Performer를 설치하라고 해야 합니다. 녹음을 진행하는 독자의 컴퓨터에는 당연히 큐베이스가 설치되어 있어야 하지만, 상대방은 독립적으로 사용 가능합니다. 물론, 친구도 녹음 작업을 위한 마이크 및 오디오 인터페이스 등의 기본적인 셋팅은 필요합니다.

01 친구에게 http://www.steinberg.net/en/products/vst/vst_connect/vst_connect_performer.html에 접속하여 VST Connect Performer를 다운 받아 설치하라고 합니다. iPad용 어플도 지원하고 있어서 장소 상관없이 녹음이 가능합니다.

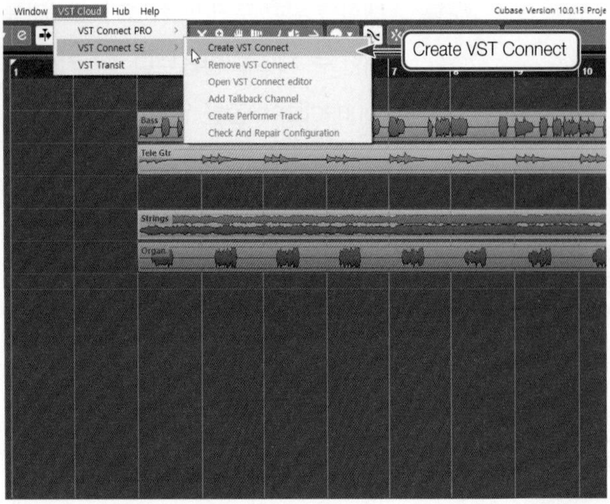


02 VST Cloud 메뉴의 VST Connect SE에서 Create VST Connect를 선택합니다. 인풋 채널, 토크 백, 큐 채널, 상대방 연주를 녹음할 트랙(Performer Rec)을 만들고, VST Connect CUE Mix와 VST Connect SE를 로딩됩니다. VST Connect 사용을 위한 환경이 한 번에 만들어지는 것입니다.

03 F3 키를 눌러 믹스콘솔을 열고, Create VST Connect 명령으로 이루어진 작업을 확인하겠습니다. 제일 먼저 소스 입력을 위한 인풋 채널을 만들고, Insert 슬롯에 VST Connect SE를 로딩합니다. 인풋 환경이 설정되어 있는 경우에는 수동으로 장착합니다.

**Tip**

VST Connect 환경은 관심 없고, 바로 레코딩을 진행하겠다면, 따라하기 9번으로 넘어갑니다.

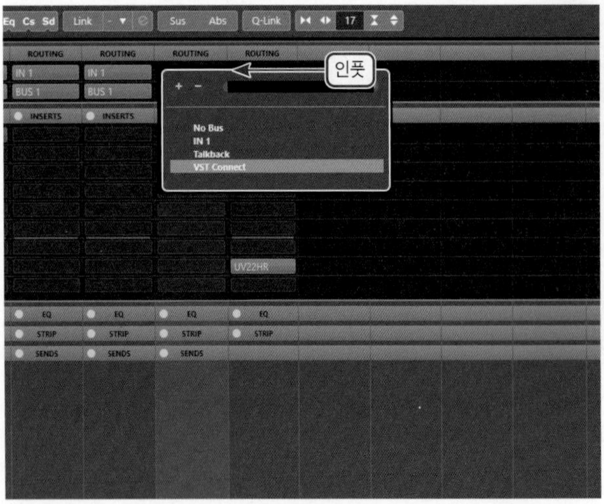


04 상대방 연주를 녹음할 Performer Rec이라는 이름의 오디오 트랙을 만듭니다. 오디오 트랙을 추가한 경우에는 Routing 랙의 인풋에서 VST Connect를 선택하면 됩니다.

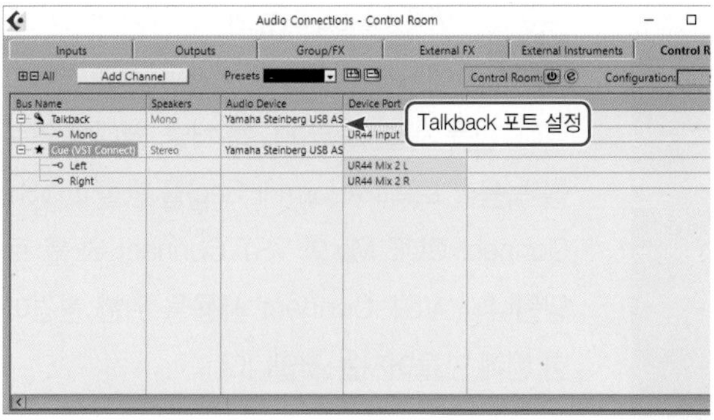


**05** 대화를 위한 토크 백 채널과 모니터를 위한 큐 채널을 만듭니다. F4 키를 눌러 VST Connections 창을 열고, Studio 페이지의 Talkback이 마이크가 연결되어 있는 포트인지를 확인해야 합니다.

**06** 생성된 큐 채널은 컨트롤 룸 믹서의 Insert 탭에서 확인할 수 있으며, VST Connect CUE Mix가 로딩되어 있습니다. 컨트롤 룸 믹서는 레이아웃 옵션의 Control Room/Meter를 체크하여 열 수 있습니다.

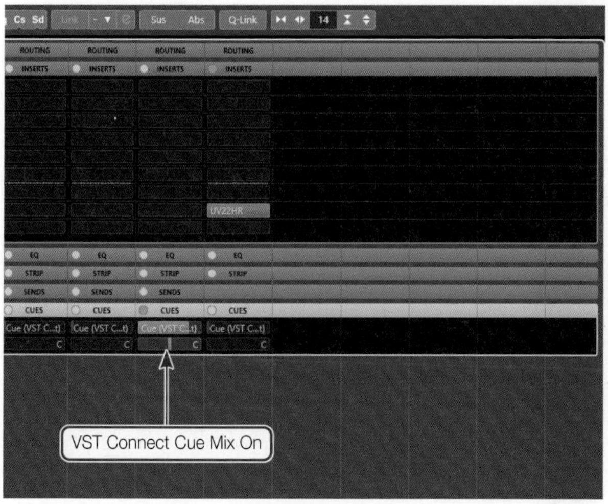


**07** 상대방에게 들려줄 오디오 채널은 Cue 채널의 VST Connect Cue Mix를 On으로 합니다. Cue 채널은 랙 선택 메뉴의 Cue Sends를 선택하여 표시할 수 있습니다.

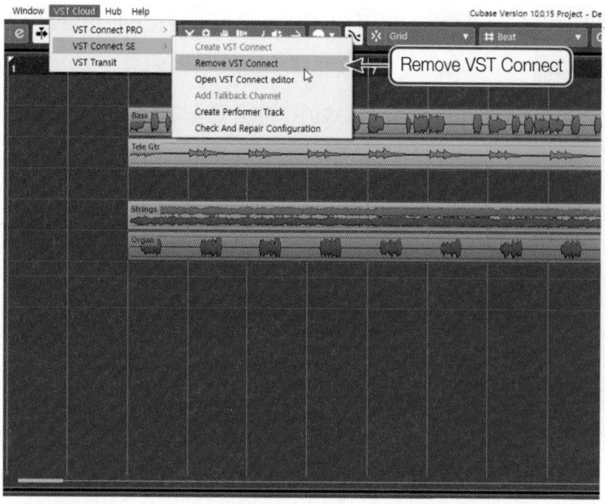


08 이상의 작업들이 Create VST Connect 명령으로 이루어지는 것입니다. 작업이 끝난 후에는 VST Cloud 메뉴의 VST Connect SE에서 Remove VST Connect를 선택하여 인풋과 큐 채널을 한 번에 제거할 수 있습니다.

09 VST Connect SE가 실행되면, Name에 이름을 입력하고, Login 버튼을 클릭하면 생성되는 Key를 상대방에게 전화로 알려줍니다.

10 상대방은 VST Connect Performer를 실행하고, Key 항목에 사용자가 불러준 키를 입력합니다. 그리고 Connect 버튼을 클릭하여 연결합니다.

11 VST Connect 왼쪽 하단에 연결된 상대방의 Name이 표시되고, 양쪽 모두 카메라가 장착되어 있는 경우라면, 디스플레이 창으로 서로의 얼굴을 보며 작업을 진행할 수 있습니다.

12 Talkback/Cue 섹션은 상대방과의 대화를 위한 TALKB On/Off 버튼과 볼륨 조정을 위한 To PER 노브를 제공합니다. TALKB은 프로젝트가 재생될 때 자동으로 Off 되는데, On 상태를 유지하고 싶은 경우에는 REHRS 버튼을 On으로 합니다.

13 Record 섹션은 녹음 레벨 및 팬을 조정합니다. 상대방에서 연주를 하라고 하고, 적당한 레벨을 설정합니다.

**14** Monitoring 섹션은 상대방 믹서를 컨트롤하는 것입니다. 상대방에게 적절한 세팅을 맡겨도 좋고, 여의치 않는 경우라면 직접 조정합니다.

**15** Monitoring 아래쪽 이펙트 섹션에서는 리버브, 컴프레서, EQ와 사용자 컴퓨터에 설치되어 있는 이펙트를 4개까지 로딩할 수 있는 Insert를 제공합니다. 단, 버퍼링이 발생할 수 있으므로 권장하지는 않습니다.

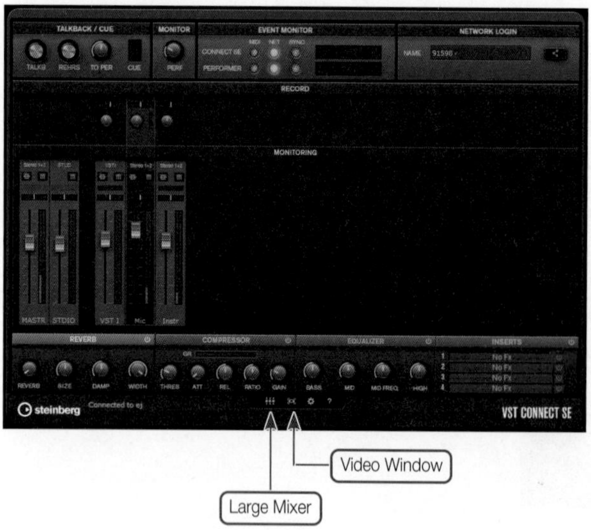


**16** 화면에 믹서만 표시하고 싶은 경우에는 툴 바의 Large Mixer 버튼을 클릭합니다. 비디오 창은 Video Window 버튼을 클릭하여 별도로 열 수 있습니다.

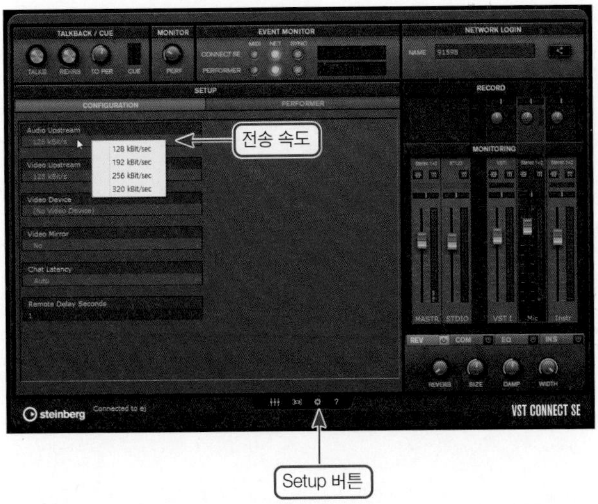


**17** Setup 버튼을 클릭하면 전송 속도를 결정하는 Configuration 페이지가 열립니다. 높은 값일 수록 음질과 화질은 좋지만, 인터넷 상태에 따라 적절한 Upstream 값을 설정해야 할 것입니다.

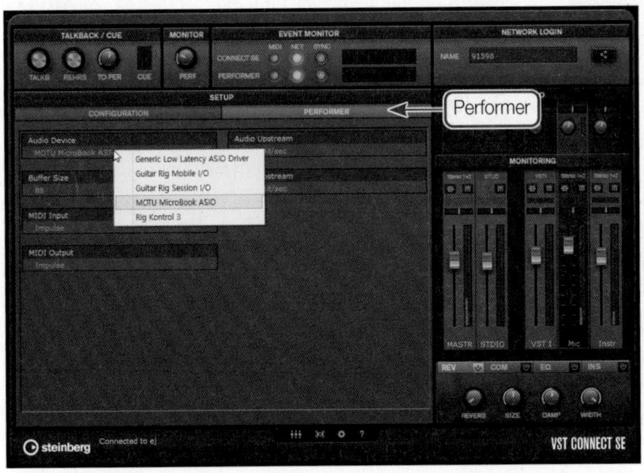


**18** Performer 페이지에서는 상대방의 오디오 및 미디 시스템을 컨트롤합니다. 멀티 시스템을 갖추고 있는 친구라면 전화로 확인을 하고, 그렇지 않은 경우라면 하나씩 테스트해볼 필요가 있습니다.

**19** 모든 설정이 끝나면 레코딩 버튼을 클릭하여 온라인 녹음을 진행할 수 있습니다. 인터넷 품질에 따라 약간 버퍼링이 발생할 수 있지만, 멀리 떨어져 있는 친구와 급한 작업을 진행할 때 효과적인 플러그-인 입니다.

## Tip 공유기 사용자를 위한 포트 포워드

인터넷 공유기를 사용하고 있는 경우에는 UDP Port 51111~51113를 열어줘야 VST Connect Se Performer를 이용할 수 있습니다. 포트를 열어주는 방법은 공유기마다 차이가 있으므로, 해당 제품의 매뉴얼을 참조하기 바랍니다. 여기서는 국내 사용자가 많은 제품을 기준으로 살펴보겠습니다.

● 인터넷 익스플로어 주소 표시줄에 192.168.0.1을 입력하고 Enter 키를 눌러 공유기에 접속합니다. 메뉴 화면이 열리면 관리도구를 클릭합니다.

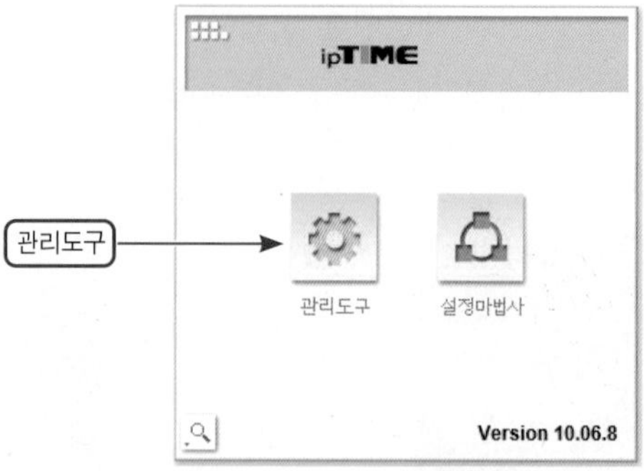


● 공유기 관리 창이 열립니다. 왼쪽 메뉴 탐색기에서 NAT/라우터 관리를 선택하여 서브 목록을 열고, 포트 포워드 선택합니다.

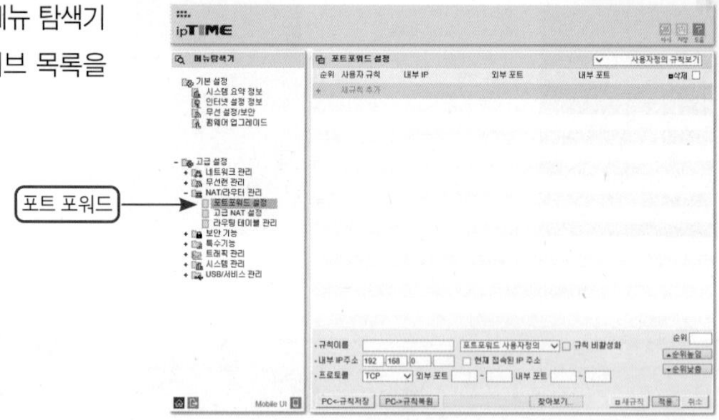


● 내부 IP주소는 현재 접속된 PC의 IP 주소로 설정을 선택하고, 프로토콜은 UDP를 선택하고, 외부 포트는 51111~51113을 입력합니다. 규칙 이름은 적당히 입력하고, 적용 버튼을 클릭합니다. 그리고 저장 버튼을 클릭하여 완료합니다.

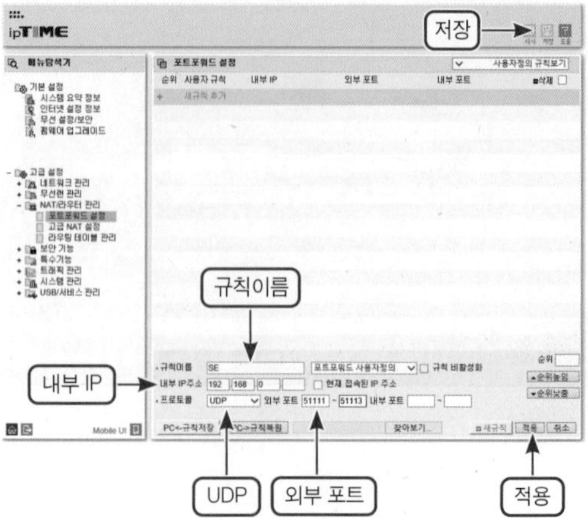

# 02 LoopMash FX

자신의 음악에 스크래치와 같은 디제잉 테크닉을 믹스하기 위해서 디제잉 공부를 한다는 것은 기타 녹음을 위해서 기타를 배우겠다는 것과 같이 현명하지 못한 생각입니다. 물론, 디제잉이니 기타 연주가 좋아서 연습을 한다면 모르겠지만, 한 두 번 정도의 효과를 위해서 수 백만 원어치의 장비를 구입하고, 몇 년간 연습을 한다는 것은 돈과 시간을 낭비하는 일입니다. 차라리 그 시간에 자신에게 부족한 공부를 더 하고, 작업이 필요할 땐 세션맨을 섭외하는 것이 효과적입니다. 그러나 이제는 돈 한푼 들이지 않고 하이 테크닉의 디제잉 효과를 연출할 수 있습니다. 이것을 가능하게 해주는 이펙트가 Loop Mash FX 입니다.

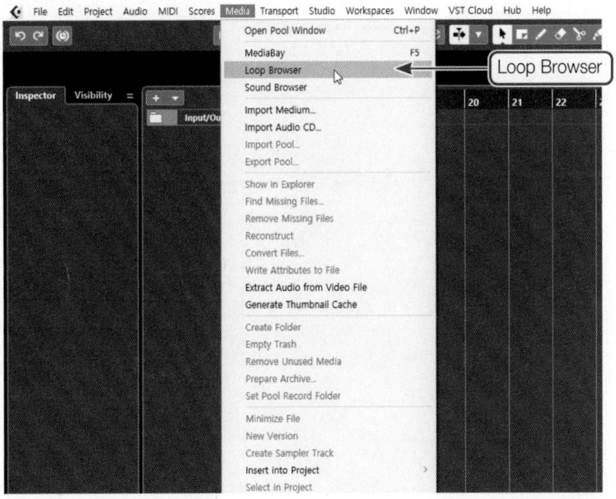


**01** Empty 프로젝트를 만들고, 실습을 위한 오디오 파일을 불러오기 위해서 Media 메뉴의 Loop Browser를 선택합니다.

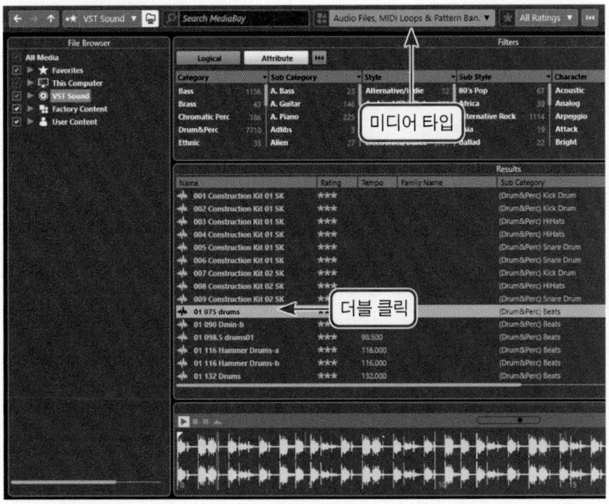


**02** Loop Browser가 열립니다. 미디 타입에서 Audio File을 선택하고, 적당한 파일을 더블 클릭하여 프로젝트 창으로 임포트 합니다.

03 [P] 키를 눌러 로케이터 구간을 설정하고, [/] 키를 눌러 반복 버튼을 On 합니다. 그리고 Insert 슬롯을 클릭하여 Other 폴더의 LoopMash FX를 선택합니다.

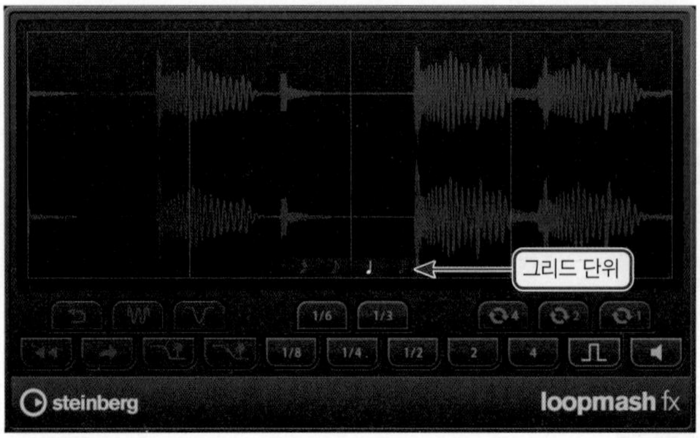


04 [Enter] 키를 눌러 샘플을 재생하면 LoopMash FX 창에 파형이 표시되며, 음표 버튼으로 퍼포먼스의 기준이 될 그리드 단위를 선택할 수 있습니다.

05 컨트롤 버튼은 빨간색, 녹색, 파란색, 노란색의 4 그룹으로 이루어져 있으며, 각각의 버튼은 다음과 같은 퍼포먼스를 연출합니다. 한 번씩만 눌러보면, 디제잉 용어를 몰라도 바로 알 수 있는 효과입니다.

- Backspin : 턴테이블을 거꾸로 돌리는 백 스핀을 시뮬레이션 합니다.
- Reverse : 턴테이블을 당기는 리버스 동작을 시뮬레이션 합니다.
- Tapestart : 턴테이블을 미는 포워드 동작을 시뮬레이션 합니다.
- Scratch : 베이비 스크래치 동작을 시뮬레이션 합니다. 그리드 단위를 한 동작으로 실시합니다.
- Slowdown : 베이비 스크래치 동작을 시뮬레이션 합니다. 그리드 단위를 두 동작으로 실시합니다.
- Tapestop 1 : 드롭 동작을 시뮬레이션 합니다. 그리드 단위를 한 동작으로 실시합니다.
- Tapestop 2 : 드롭 동작을 시뮬레이션 합니다. 그리드 단위를 두 동작으로 실시합니다.
- Stutter : 그리드 단위를 8, 4, 2, 6, 3 비트로 쪼개는 힛 포인트 동작을 시뮬레이션 합니다.
- Slur : 그리드 단위를 2, 4 배로 늘리는 슬러 동작을 시뮬레이션 합니다.
- Cycle : 4, 2, 1 그리드 단위를 반복시키는 사이클 동작을 시뮬레이션 합니다.
- Staccato : 그리드 단위로 볼륨을 내리는 컷 동작을 시뮬레이션 합니다.
- Mute : 버튼을 누르고 있는 동안 음악을 뮤트 시킵니다.

**06** LoopMash FX 퍼포먼스를 음악에 믹스하기 위해서는 미디 노트로 기록해야 합니다. 트랙 리스트에서 마우스 오른쪽 버튼을 클릭하여 단축 메뉴를 열고, Add MIDI Track을 선택하여 미디 트랙을 추가합니다.

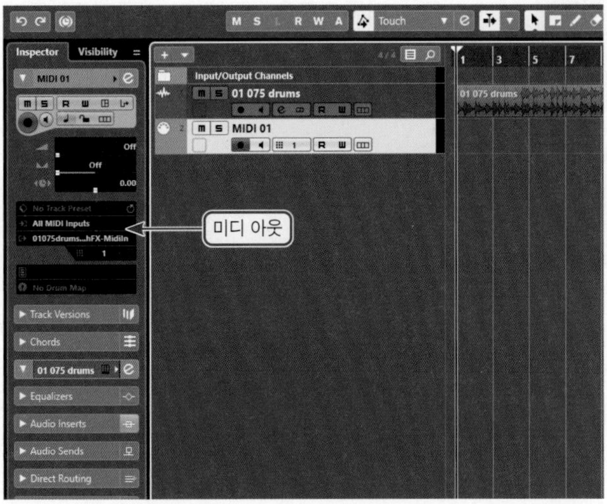


**07** 미디 아웃 항목에서 LoopMash FX가 적용되어 있는 오디오 트랙을 선택합니다. 그러면 디제잉 퍼포먼스를 미디 노트로 컨트롤하거나 녹음할 수 있습니다.

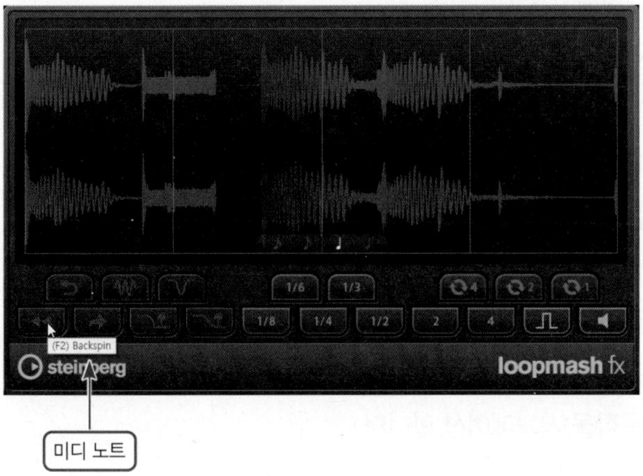


**08** 퍼포먼스 버튼은 미디 노트 F2에서부터 B3까지로 연결되어 있으며, 마우스를 버튼 위에서 잠시 머물면 각 버튼의 미디 노트를 확인할 수 있습니다.

# 11 Pitch Shift

Pitch shift 폴더에는 음정을 보정하는 Pitch correct와 옥타브 음정을 만드는 Octaver가 있습니다. Pitch Correct는 음정을 보정하거나 작업 중인 프로젝트와 스케일이 맞지 않는 샘플을 불러와 사용할 때도 유용하지만, 사운드의 음색을 변경하여 특수한 효과를 만들거나 리드 보컬 트랙을 복사하여 화음을 만드는 테크닉으로도 이용할 수 있습니다.

## 01 Octaver

두 개의 옥타브 음정을 만들어주는 이펙트입니다. 일반적으로 단음 악기에 사용하며, 고가의 옥타브 이펙트와 비교해도 전혀 손색없는 사운드를 연출합니다.

● Direct

원본 사운드의 레벨을 조정합니다. 이펙트를 사용하고 있는 사운드에서 옥타브 음정만 연주하고 싶다면, 이 값을 0으로 합니다.

● Octave 1/ 2

각각의 옥타브 레벨을 조정합니다. Octave 1은 원본 사운드의 한 옥타브 아래이며, Ocatve 2는 Ocatve 1의 한 옥타브 아래 음정입니다. 필요 없는 옥타브 사운드는 이 값을 0으로 합니다.

# 02 Pitch Correct

Pitch Correct를 장착하고, 곡을 재생하면 해당 트랙에서 연주되는 사운드의 음정이 건반 위쪽의 디스플레이 창에 파란색 그래프로 표시되며, 음정을 조정하면, 해당 음정으로 이동됩니다. 이때 변화 음정은 주황색 그래프로 표시됩니다. 그래프에 표시되는 옥타브 범위는 좌/우 방향의 삼각형 버튼을 클릭하여 이동시킬 수 있습니다.

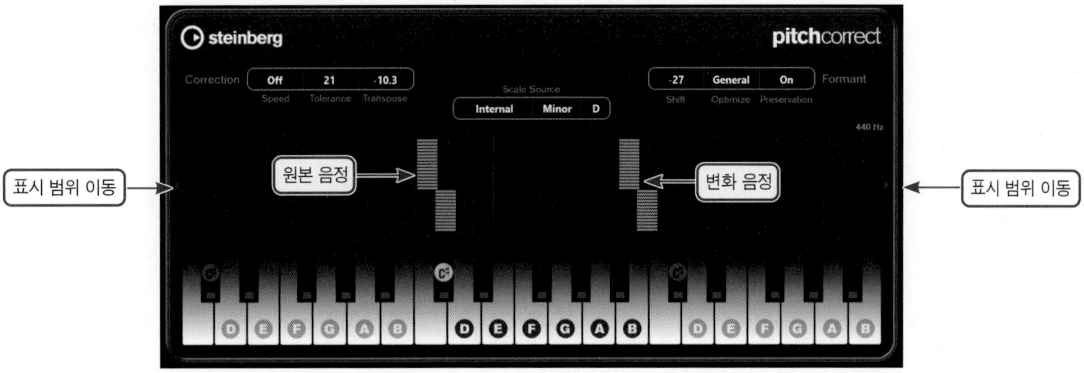


### ❶ Correction

● Speed : 음정이 변하는 속도를 조정합니다. Pitch Correct의 모든 값은 마우스 드래그로 조정하거나 더블 클릭으로 입력할 수 있으며, Alt 키를 누른 상태에서는 슬라이드로 조정할 수 있습니다. Ctrl 키를 누른 상태에서 클릭하면 초기 값으로 복구됩니다.

● Tolerance : 음정 변화의 정밀도를 조정합니다. 이 값을 100으로 설정하면, 쉐어 이펙트 효과를 연출할 수 있습니다. 쉐어 이펙트는 가수 Cher(쉐어)가 Believe라는 곡에서 오토 튠을 이용하여 기계적인 음성을 만든데서 시작된 용어입니다.

● Transpose : 음정 변화 값을 입력합니다. 1의 값이 반음이며, 최대 2 옥타브까지 올리거나 내릴 수 있습니다.

### ❷ Scale Source

음정 변화의 기준이 되는 스케일을 선택합니다. 기본적으로 선택되어 있는 Internal은 오른쪽에서 선택한 스케일이 기준이 되면, Custom을 선택하면, 건반을 클릭하여 사용자만의 스케일을 만들 수 있습니다.

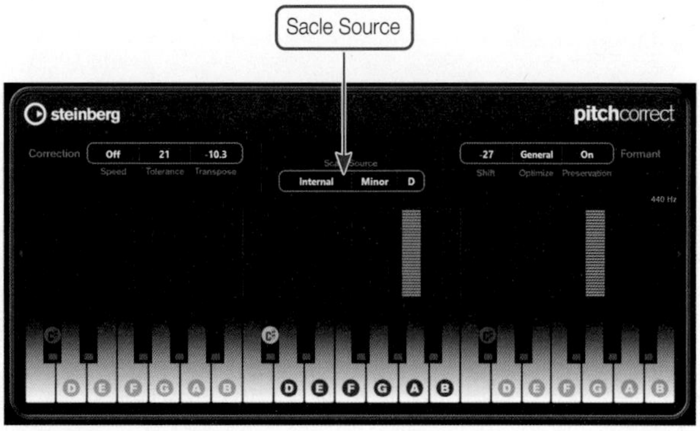

External - MIDI Scale과 Exteranl - MIDI Note는 미디 트랙에서 연주되는 스케일 및 노트 값을 기준으로 합니다. External - MIDI Sacle 및 Note를 선택하면, 미디 트랙 아웃에서 Pitch Correct를 선택할 수 있으며, 사용자가 연주하는 마스터 건반에 맞추어 조정됩니다.

❸ Formant

- Shift: 사운드의 주파수 특성을 바꿉니다. 값을 높이면, 음색이 하이 톤으로 변하고, 값을 내리면, 베이스 톤으로 조정되는 것을 모니터 할 수 있습니다.

- Optimize: 사운드 소스의 특징을 선택합니다. 남성(Male)과 여성(Female)이 있으며, 그 외, 악기는 General을 선택합니다.

- Preservation: 음정을 조정하게 되면, 사운드의 음색은 변할 수 밖에 없습니다. 이때 변화를 최소화 시킬 것인지의 여부를 선택하는 On/Off 스위치입니다.

❹ Preset

프리셋 항목을 클릭하여 사운드의 다양한 변화를 선택할 수 있는 창이 열립니다. 각각의 프리셋을 선택해보면서 어떠한 효과를 연출할 수 있는지 확인해보기 바랍니다. 디스플레이 오른쪽 위의 440Hz는 표준 음정을 나타내며, 430Hz~450 범위로 조정 가능합니다.

# 12 Reverb

일상 생활에서 자연적으로 리버브 효과를 경험할 수 있는 장소로는 건물 복도 또는 목욕탕 등이 있습니다. 건물 복도나 목욕탕에서 소리를 내면 그 소리는 벽에 반사하여 원래의 소리와 반사한 소리(잔향)가 우리 귀에 모두 들립니다. 이때 벽면의 재질과 공간의 크기에 따라서 반사하는 잔향 음이 다릅니다. 이러한 공간감을 인위적으로 만드는 이펙트를 리버브라고 합니다.

## 01 REVerence

리버브는 어떤 공간을 시뮬레이션하는 장치라고 했습니다. 큐베이스에서 제공하는 REVerence는 실제 현장에서 녹음한 사운드의 공간감을 샘플링한 프로그램 파일을 제공하고 있으며, 사용자가 직접 입수한 오디오 파일의 음향을 분석하여 사용할 수 있는 놀라운 기능을 제공합니다. 특히, 각각의 프리셋 마다 현장 그림을 제공하고 있기 때문에 리버브 사용에 익숙하지 않는 입문자도 자신이 원하는 공간을 쉽게 연출할 수 있다는 장점을 가지고 있습니다.

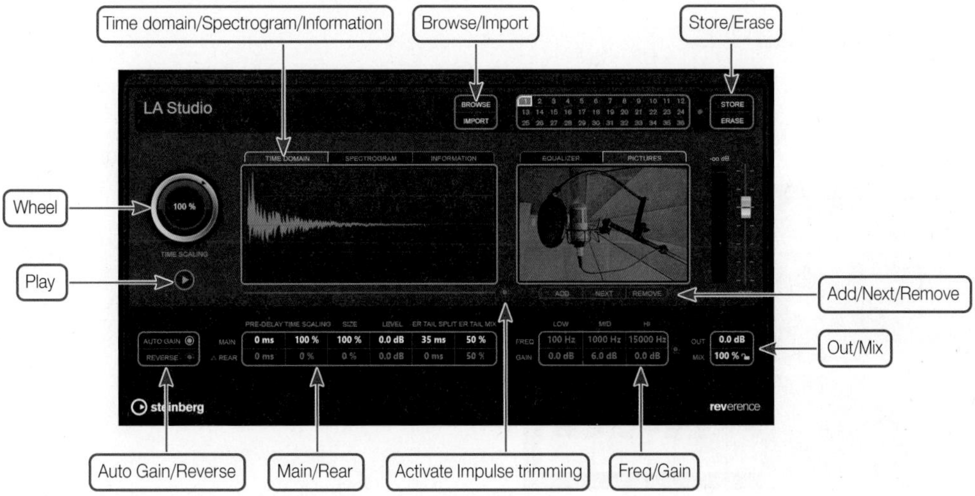

● Browse

리버브 사용의 가장 큰 어려움은 악기 소스마다 각각의 파라미터를 어떠한 값으로 설정할 것인지 입니다. Browse 버튼을 클릭하면 REVerence에서 제공하는 다양한 프리셋을 불러올 수 있으며, 각각의 프리셋 마다 그림을 제공하고 있기 때문에 입문자도 음원 소스에 어울리는 리버브를 손쉽게 구현할 수 있습니다.

● Import

REVerence는 자체적으로 제공하는 프리셋 외에 사용자가 원하는 오디오 파일을 불러와 프리셋으로 만들 수 있습니다. 자신이 좋아하는 곡에 사용된 드럼의 리버브를 내가 만드는 곡에 사용하고 싶다면, 그 부분을 편집하여 오디오 파일로 저장합니다. 그리고 Import 버튼을 클릭하여 창을 열고, 해당 파일을 불러옵니다. 오디오 파일에서 검색된 채널과 리버브 타입이 이름 항목에 표시되는 것을 확인할 수 있습니다.

● Add / Next / Remove

불러온 오디오 샘플에 어울리는 그림은 Add 버튼을 클릭하여 추가할 수 있으며, Next 버튼은 불러온 그림들 중에서 패널에 표시할 그림을 선택합니다. Remove 버튼은 불러온 그림을 삭제합니다.

● Store / Erase

사용자마다 작업하는 곡의 스타일이나 취향이 다르기 때문에 기본 프리셋을 그대로 이용하지는 않습니다. 결국, REVerence에서 제공하는 각각의 파라미터 값을 곡에 어울리게 수정을 하게 되는데, 이것을 36개까지 저장할 수 있는 슬롯 버튼을 제공합니다. Store/Erease 왼쪽에서 저장할 번호를 선택하고, Store 버튼을 클릭하면, 프리셋을 저장할 수 있는 창이 열립니다. Erase 버튼은 선택한 슬롯의 프리셋을 삭제합니다.

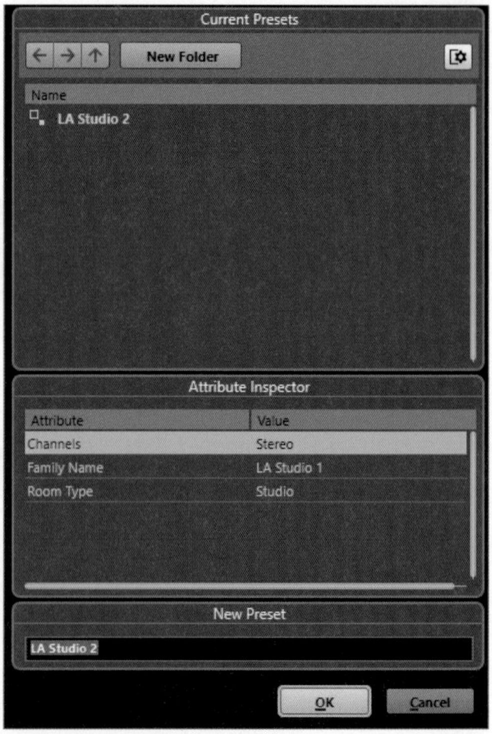


● Play / Wheel

재생 버튼은 리버브 사운드를 모니터하는 역할을 하며, 휠은 Time Scaling 값을 조정합니다. Time Scaling 조정으로 인한 잔향의 변화는 Time domain 창의 파형으로 직접적인 확인이 가능합니다.

● Spectrogram / Information

파형을 보여주는 time domain 창은 필요에 따라 잔향의 레벨을 색상으로 구분할 수 있는 스펙트럼(spectrogram) 타입으로 표시할 수 있고, information에서는 불러온 파일의 테그 정보를 확인할 수 있습니다.

● Activate Impulse trimming

Time domain 창 아래쪽의 Activate Impulse trimming 버튼은 리버브의 반응 길이를 조정할 수 있는 슬라이드를 On/Off 합니다. 반복되는 잔향의 시작과 끝 타임을 다듬고 싶을 때 이용합니다. 특히, 외부 사운드 파일을 불러와 이용할 때 유용합니다.

● Auto Gain / Reverse

Auto gain은 리버브의 레벨을 자동으로 최적화 시켜주고, Reverse는 리버브의 재생 방향을 바꿉니다. 리버브가 점점 커지는 특수 효과를 연출할 수 있는 것입니다.

● Main / Rear

리버브의 초기 반사 타임(Pre-delay), 길이(Time Scaling), 공간의 크기(Size), 레벨(Level), 반복되는 사운드의 간격(ER tail Split), 반복되는 사운드가 크로스 페이드 되는 길이(ER tail Mix)의 값을 조정하는 REVerence의 실제적인 파라미터는 스테레오 채널에서 Main만 사용할 수 있고, 서라운드 채널(SR)에서는 후면 스피커의 Rear 항목도 이용할 수 있습니다.

● Freq / Gain

리버브의 주파수를 조정하는 EQ 항목입니다. Low, Mid, Hi의 3밴드로 구성되어 있으며, Freq에서 조정할 주파수 대역을 설정하고, Gain에서 값을 조정합니다. Equalizer 패널에서 각각의 포인트를 드래그하여 조정할 수도 있으며, EQ의 적용 여부는 Active EQ 버튼으로 On/Off 합니다.

● Out / Mix

아웃 슬라이드는 REVerence의 출력 레벨을 조정하며, Mix는 원본 사운드와 리버브의 비율을 조정합니다. 이펙트 적용 전/후의 사운드는 bypass 버튼을 On/Off 해가면서 비교할 수 있습니다. 마음에 드는 사운드가 만들어졌다면, Save Preset을 선택하여 저장합니다.

# 02 REVelation

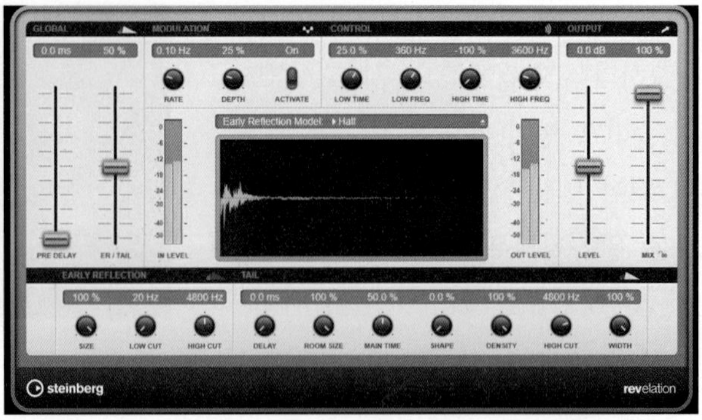


REVerence와 알고리즘 자체가 다르기 때문에 전혀 다른 사운드를 구현합니다. 초기 반사음(Early reflections)과 여운(Reverb Tail)의 시각적인 판단이 가능한 그래프를 제공하고 있다는 특징을 가지고 있습니다.

● Pre-Delay : 리버브의 적용 시작 타임을 조정합니다. 잔향이 들리기 시작하는 데 걸리는 시간을 시뮬레이션 하는 것입니다.

● ER/Tail Mix : 초기 잔향음(Early reflections)과 여운(Reverb tail) 사이의 밸런스를 조정합니다. 50%를 기준으로 이하의 값은 초기 잔향음을 높이고, 이상의 값은 여운을 높입니다.

● Early Reflection : 디스플레이 상단 메뉴에서 초기 반사음의 패턴을 선택할 수 있으며, 크기(Size), 저음(Low Cut), 고음(High Cut)역을 컨트롤합니다. 크기는 100%가 Early Reflection에서 선택한 패턴이며, 값이 작아지면 작은 공간을 시뮬레이션 하게 됩니다.

● Tail : Delay -여운의 시작 타임을 조정합니다.
Room Size - 공간의 크기를 조정합니다. 100%는 성당이나 홀, 50% 이하는 부스 공간을 시뮬레이션 합니다.
Main Time - 여운의 길이를 조정합니다. 100%는 무한대입니다.
Shape - 어택 값을 조정합니다. 드럼과 같이 빠른 어택의 경우에는 0%를 권장합니다.
Density - 밀도를 조정합니다. 값이 작을수록 잔향이 늦어집니다.
High Cut - 적용 주파수 범위를 설정합니다.
Width - 스테레오 범위를 조정합니다. 0%의 경우 모노입니다.

● Modulation : 잔향의 피치를 변조시켜 좀 더 풍성한 여운을 만듭니다. Activate 버튼으로 사용여부를 결정하며, Rate로 변조 주파수를 설정하고, Depth로 강도를 조정합니다.

● Control : 주파수 대역 별 잔향 타임을 조정하는 Low 및 High Time과 주파수 대역을 조정하는 Low 및 High Freq 컨트롤러를 제공합니다.

● Output : 잔향 레벨(Level)과 밸런스를 조정할 수 있는 Mix 슬라이더를 제공합니다. Mix 슬라이더 오른쪽의 잠금 장치를 On으로 하면, 다른 프리셋을 검색할 때 Mix 값을 그대로 유지시킬 수 있습니다.

# 03 RoomWorks

Room Work는 높은 시스템 사양이 필요하다는 단점에도 불구하고, 별도의 플러그-인이 필요 없을 만큼 성능이 뛰어난 제품입니다. 사운드의 경로는 왼쪽에서부터 Input Filters, Reverb Charcter, Damping, Envelope, Output으로 순서입니다.

● Input Filters

패널 왼쪽의 Input Filters는 고가의 하드웨어 장비에서만 볼 수 있는 기능으로 리버브를 적용할 주파수 대역을 설정합니다. Lo와 Hi사이의 주파수 대역에 리버브를 적용하는 것이고, Gain에서 각 주파수 범위의 이득값을 조정합니다.

● Reverb Character

초기 잔향 시간을 설정하는 Predelay, 리버브 타임을 설정하는 Reverb Time, 공간의 크기를 설정하는 Size, 잔향 음의 크기를 조정하여 반사판의 특징을 시뮬레이션하는 Deffusicin, 스테레오 범위를 조정하는 Width의 5가지 노브로 구성되어 있으며, 아래쪽 Variation 버튼을 클릭하여 1000가지의 변화를 주거나 hold 버튼을 클릭하여 Reverb Time을 고정시켜 무한정 반복시킬 수 있습니다.

● Damping

Hi 와 Lo로 구분하여 Freq에서 주파수를 설정하고, Levle에서 각 주파수 범위의 이득값을 설정합니다. 이렇게 Damping 항목에서 설정하는 주파수대에 잔향의 빈도수를 높여 공간의 특성을 시뮬레이션 할 수 있습니다.

● Envelope

Envelope 항목의 Attack과 Release는 리버브의 시작 타임과 끝 타임을 설정합니다. 그리고 Amount 노브를 이용해서 Attack과 Release의 범위를 조정합니다. 어택과 릴리즈 타임의 변화는 사운드를 크게했을 때 구분하기 쉽습니다. 가정에서는 헤드폰을 이용하는 것도 요령입니다.

● Output

Mix 노브는 소스 사운드와 리버브를 적용한 사운드의 비율을 조정하며, wet only 버튼을 클릭하여 리버브 사운드만 모니터 해볼 수 있습니다. Effeciency 노브는 CPU 사용량을 조정하는 것이고, Export 버튼 역시 곡을 믹스 다운할 때의 CPU 사용 여부를 선택합니다. Efficiency를 90% 이상으로 하고, export 버튼을 On으로 하는 것이 최상의 퀄리티를 얻을 수 있지만, 자신의 시스템에 맞게 설정하는 것이 더욱 좋습니다.

# 04 RoomWorks SE

앞에서 살펴본 Room work와 동일한 목적으로 사용하는 리버브 장치인데, 간단한 구조로 되어 있기 때문에 초보자도 쉽게 리버브 효과를 연출할 수 있다는 장점이 있습니다.

- Pre-Delay

초기 잔향 시간을 설정합니다. 리버브가 벽에 반사되는 잔향음을 말하는 것이므로, 초기 잔향이라 첫 번째 반사된 사운드를 말합니다. 즉, 사운드의 위치와 벽면과의 거리를 시뮬레이션 하는 것입니다.

- Reverb Time

리버브 타임을 설정합니다. 변면에서 반사된 잔향음이 반대편 벽면에 부딛쳐 돌아오는 타임을 설정하는 것으로, 공간의 크기를 시뮬레이션 합니다.

- Diffusion

잔향음의 길이를 설정합니다. 잔향음의 길이는 공간의 구조와 벽면의 특성에 따라 달라지는데, Diffusion 노브를 조정하여 공간의 구조를 시뮬레이션 하는 것입니다.

- Lo/Hi

잔향음의 저주파수 또는 고주파수의 비율을 조정합니다. 타일과 같이 반사율이 높은 벽면은 고음역이 높고, 목제의 벽면은 저음이 커지듯이 Level 값을 조정하여 벽면의 특성을 시뮬레이션 하는 것입니다.

- Mix

잔향음의 레벨을 조정합니다. 0의 값이 원본 사운드이며, 값이 커질수록 잔향음이 커집니다. 즉, 리버브의 양을 조정하는 것입니다.

# 13 Spatial + Panner

채널 및 팬을 컨트롤할 수 있는 스페셜 장치입니다. 모노 사운드의 킥을 더블링으로 디자인하다 보면 의도치 않게 스테레오로 변하는 경우가 있습니다. 특별한 문제가 없다면 상관 없지만 대부분 전체 사운드를 망치는 결과가 됩니다. 반대로 마스터링 작업 후에 스테레오 폭이 좁아지는 경우도 있습니다. 어떤 경우든 사운드를 디자인하는데 꼭 필요한 장치들입니다.

## 01 MonoToStereo

모노 사운드를 스테레오 사운드로 연출하는 장치입니다. 완전한 스테레오 사운드를 만들기 보다는 짧은 딜레이 타임의 더블링 효과를 얻는 것이 목적입니다.

- Width

스테레오 사운드의 폭을 설정합니다. Mono 버튼을 on으로 하면, 위상 변위 톤을 체크할 수 있습니다.

- Delay : 스테레오로 생성되는 사운드의 지연 값을 설정합니다.

- Color : 스테레오로 사운드의 음색을 조정합니다.

# 02 StereoEnhancer

Mono to Stereo와 비슷하게 스테레오 범위를 조정합니다. 단, 스테레오 채널에서만 사용할 수 있습니다.

- Width

스테레오 이미지의 폭을 조정합니다. Mono 버튼을 on으로 하면, 위상 변위 톤을 체크할 수 있습니다.

- Delay : 스테레오로 생성되는 사운드의 지연 값을 설정합니다.

- Color : 스테레오로 사운드의 음색을 조정합니다.

# 03 VST AmbiDecoder

앰비소닉(Ambisonics)은 VR 시스템을 위한 360° 서라운드 오디오를 말하며, VST AbmiDecoder는 스테레오 시스템의 헤드폰이나 스피커에서 들을 수 있게 해주는 장치입니다. 출력 소스는 Output에서 선택하며, 스피커의 경우에는 머리 전달 함수(HRTF) 항목이 생략됩니다. 앰비소닉 채널에서는 믹스콘솔의 팬으로 사용되며, 더블 클릭으로 패널을 열 수 있습니다.

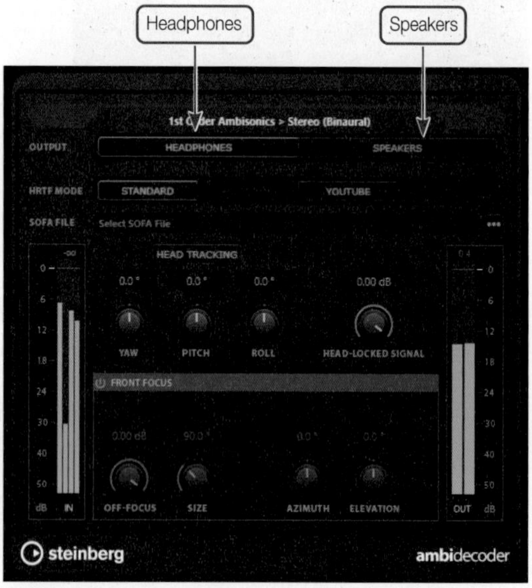


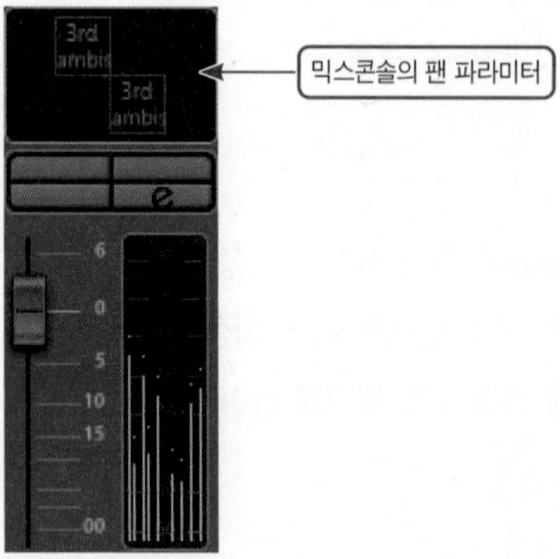

● HRTF Mode : 헤드폰은 양쪽 귀에서 들리는 사운드 외에 머리 속으로 인식하는 가상의 소리가 발생하는데 이를 머리 전달 함수(Head Releated Transfer Function)이라고 하며, 약자로 HRFT로 표기합니다. 앰비소닉(Ambisonics)은 4채널의 1st, 9채널의 2nd, 16채널의 3rd가 있으며, 이를 스테레오로 전환할 때 사용되는 알고리즘을 선택합니다. 큐베이스 표준의 Standard 외에 SOFA, Facebaook, Youtube에서 VR 재생에 사용되는 알고리즘을 선택할 수 있습니다. 단, SOFA의 경우에는 SOFA File을 불러온 경우에만 선택할 수 있습니다.

● Head Tracking : 버튼을 On 하면 헤드 트래킹(Head-Tracking) 윈도우로부터 데이터를 수신하며, Off하면 Yaw, Pitch, Roll을 수동으로 조정할 수 있습니다. 헤드 트래킹은 사운드의 회전 축을 말하며, 윈도우는 Project 메뉴의 Head Tracking을 선택하여 열 수 있습니다.

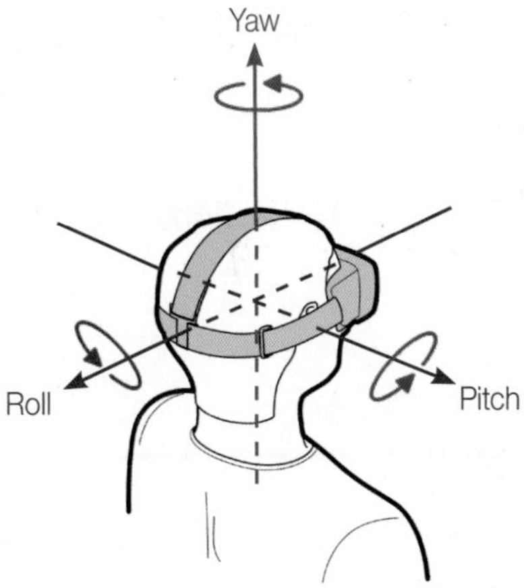


● Head Tracking 윈도우

헤드 트래킹 윈도우는 외부 VR 컨트롤러의 데이터를 수신할 수 있도록 설정하거나 Yaw, Pitch, Roll 회전 각도를 수동(Manual)으로 제어할 수 있습니다. 외부 VR 컨트롤러의 데이터를 수신하려면 Tracking Source에서 VR Controller를 선택하고, VR Controller Type에서 컴퓨터에 연결된 장치 유형을 선택합니다. 그리고 Tracking 버튼을 On으로 하면, 헤드 장착 디스플레이 또는 3D 마우스 장치와 같은 외부 VR 컨트롤러부터 트래킹 데이터를 수신할 수 있습니다. Calibrate Yaw는 회전 각을 중심으로 정의합니다.

● Head-Locked Signal : 사이드 체인 입력으로 보내지는 Head-Locked 신호의 레벨을 조정합니다. 사이드 체인은 마우스 오른쪽 버튼을 클릭하여 단축 메뉴를 열고, Activate Side-Chain을 선택하여 활성화 할 수 있습니다. 사이드 체인은 백그라운드 음악과 같이 트래킹의 영향을 받지 않게 하고 싶은 채널을 바이패스 시키고 싶을 때 사용합니다.

# 04 VST MultiPanner

서라운드 채널의 패닝을 컨트롤할 수 있는 장치 입니다. 각 채널의 위치는 동그란 볼로 표시되며, 마우스 드래그로 설정할 수 있습니다. 멀티 채널에서는 믹스콘솔의 팬으로 사용되며, 더블 클릭으로 패널을 열 수 있습니다.

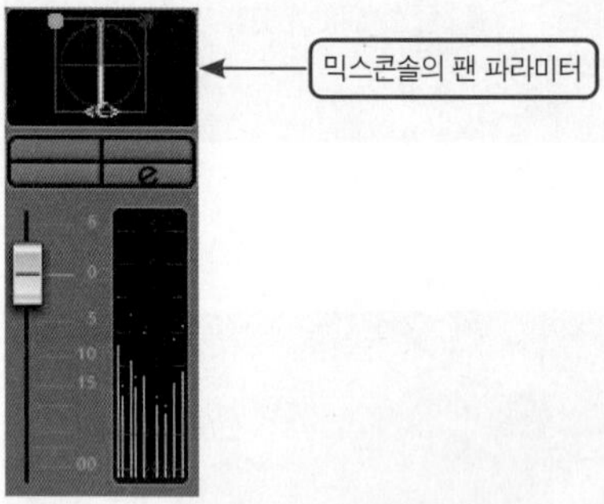

- Tools : 마우스로 볼의 움직임을 한 축으로 제한하는 버튼들로 구성되어 있습니다. 왼쪽에서부터 Standard, Find, Horizontal, Vertical, L to R, R to L, Jump, Position이며, 오른쪽 끝은 Reset 버튼입니다.

Standard : 특별한 제한 없이 볼을 움직일 수 있게 합니다.

Fine : 미세하게 움직이도록 합니다. Standard에서 Shift 키를 눌러도 됩니다.

Horizontal : 수평으로만 움직이도록 합니다. Ctrl 키를 눌러도 됩니다.

Vertical : 수직으로만 움직이도록 합니다. Ctrl+Shift 키를 눌러도 됩니다.

L to R : 왼쪽 하단에서 오른쪽 상단의 대각선으로 움직이도록 합니다. Alt 키를 눌러도 됩니다.

R to L : 오른쪽 하단에서 왼쪽 상단의 대각선으로 움직이도록 합니다. Alt+Shift 키를 눌러도 됩니다.

Jump : 항상 포지션 볼이 선택되게 합니다. Ctrl+ Alt+Shift 키를 눌러도 됩니다.

Position : 좌/우 채널을 개별적으로 조정할 수 있게 합니다.

Reset : Alt 키를 누른 상태로 클릭하여 초기화 합니다.

● Sound Source : 음원 위치는 가운데 원으로 표시되고, 각 채널의 포지션은 빨강, 파랑, 노란색의 패닝 볼을 드래그하여 조정할 수 있습니다.

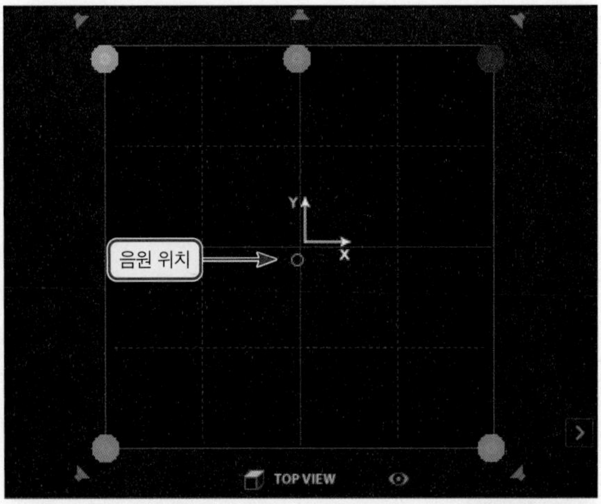


● 스피커 : 외각에 표시되어 있는 스피커를 클릭하여 해당 채널을 솔로로 모니터할 수 있고, Alt 키를 누른 상태로 비활성화 시킬 수 있습니다.

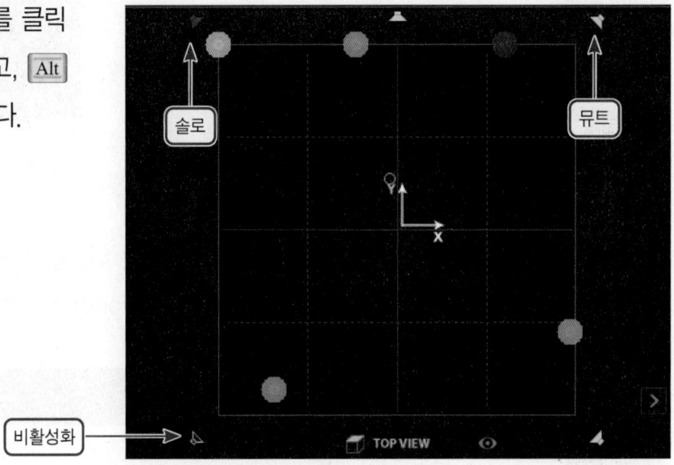


● Overview Mode : 사운드 소스를 팬 영역 밖으로 이동한 경우에 패닝 볼의 위치를 컨트롤 할 수 있습니다.

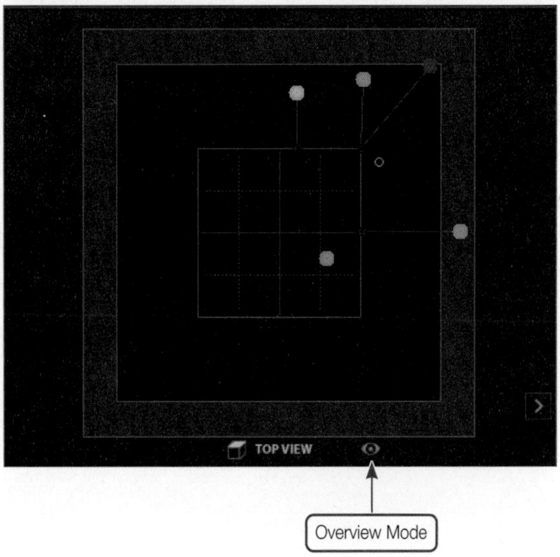

● Rear View : 앰비소닉 채널에서 Extended 버튼을 클릭하면 리어(Rear) 채널을 컨트롤할 수 있는 패널을 볼 수 있습니다.

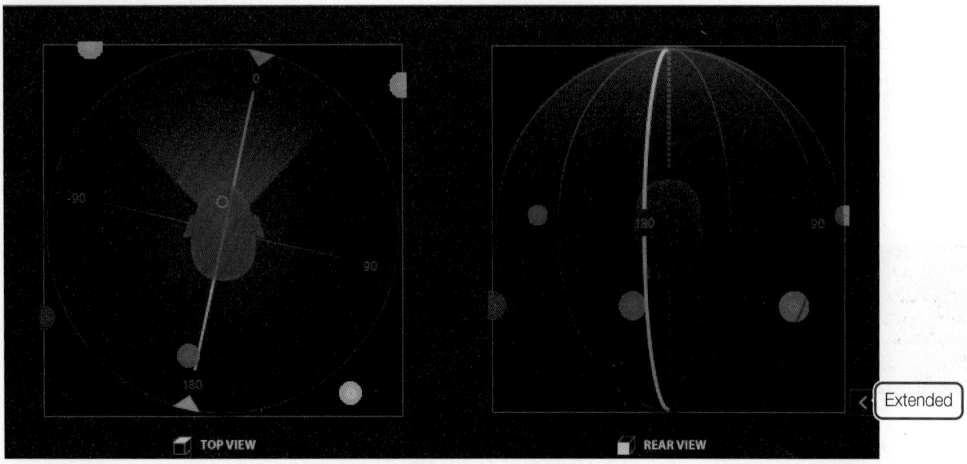


● Positioning : 팬은 디스플레이의 볼을 드래그하거나 컴퓨터에 조이스틱이 연결된 경우에 이를 이용해서 컨트롤할 수 있기 때문에 노브를 이용하는 경우는 거의 없지만, 정확한 수치가 필요할 때 더블 클릭으로 입력할 수 있습니다. X/Y/Z는 팬을 조정하는 것이고, Rot Z와 Tilt Y/X는 회전 축을 조정하는 것입니다. 그리고 실내 중심으로 회전시키는 Orbit Center와 음원까지의 거리를 조정하는 Radius로 구성되어 있습니다. Z는 사용 여부를 결정하는 On/Off 버튼, Orbit는 중심축을 바꾸는 Counter 버튼을 제공합니다.

● Distribution : 센터 신호를 좌/우 프론트에 분배합니다. 센터 신호가 패닝되는 경우에 위상 변위가 발생할 수 있습니다. 이 때 신호를 좌/우로 분배하여 해결합니다. 디스플레이에 분배 거리를 나타내는 실선이 표시됩니다.

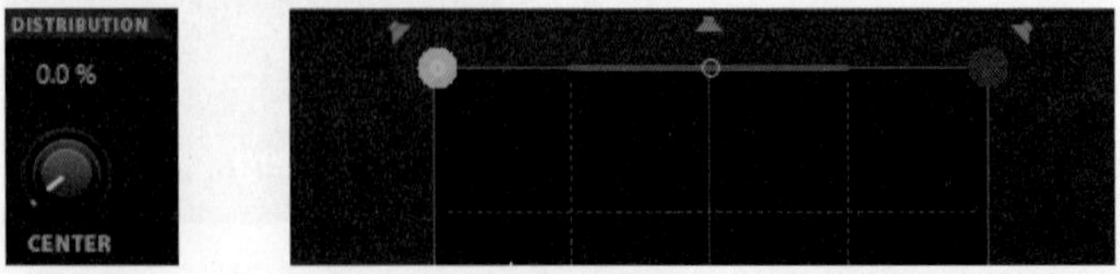

● Divergence : 음원을 정면 X축 (Front)과 Y 축(F/R), 후면 X 축(Rear), Z 축(Height)에 배치할 때 사용되는 감쇄 범위를 조정합니다.

● Scale : 사운드 소스의 신호 폭을 조정합니다. Width는 수평, Depth는 수직 신호 폭을 조정하며, 공간과 앰비언스에 영향을 줍니다.

● LFE : 우퍼 채널로 전송되는 신호의 레벨을 조정합니다.

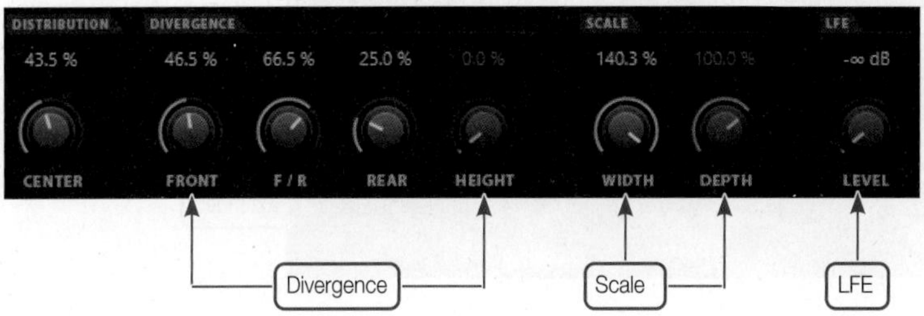


## 05 Ambisonics - VST Ambiconverter

Ambisonics 폴더의 VST Ambiconverter는 앰비소닉 오디오 포맷을 Fuma 또는 Ambix 형식으로 변환시키는 장치입니다. 큐베이스는 Ambix 형식만 지원을 하기 때문에 외부 파일을 임포트하거나 작업한 파일을 익스포트 할 때 필요한 경우가 있습니다.

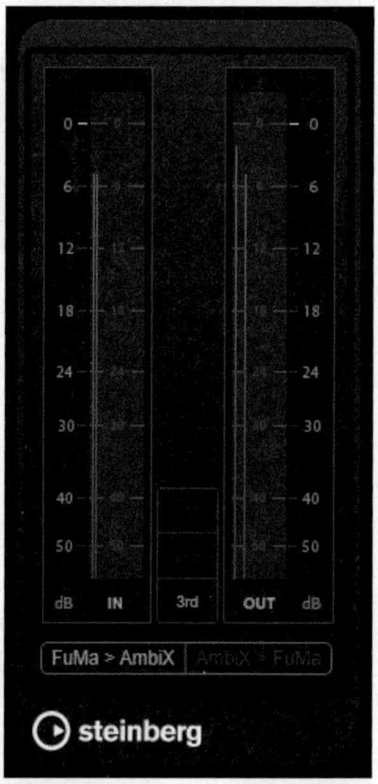

# 06 Imager

주파수를 4 구역의 나누어 각 주파수 대역의 스테레오 폭을 조정할 수 있는 멀티 이미저입니다. 디스플레이어에는 주파수 대역을 나누는 세로 라인과 각 대역의 레벨을 조정할 수 있는 가로 라인을 제공합니다.

컨트롤 페널의 위상 디스플레이는 각 대역의 위상과 진폭을 모니터합니다. 수직선은 모노 신호이고, 수평선은 역 위상임을 나타냅니다. 동그란 모양은 균형 잡힌 스테레오 신호를 나타내며, 한쪽으로 기울어지면 해당 채널의 레벨이 크다는 의미입니다. 디스플레이 아래쪽의 막대는 위상 관계를 나타내는 것으로 0 이상은 위상이 동일하고, 0 이하는 위상이 반전되고 있다는 것을 의미합니다.

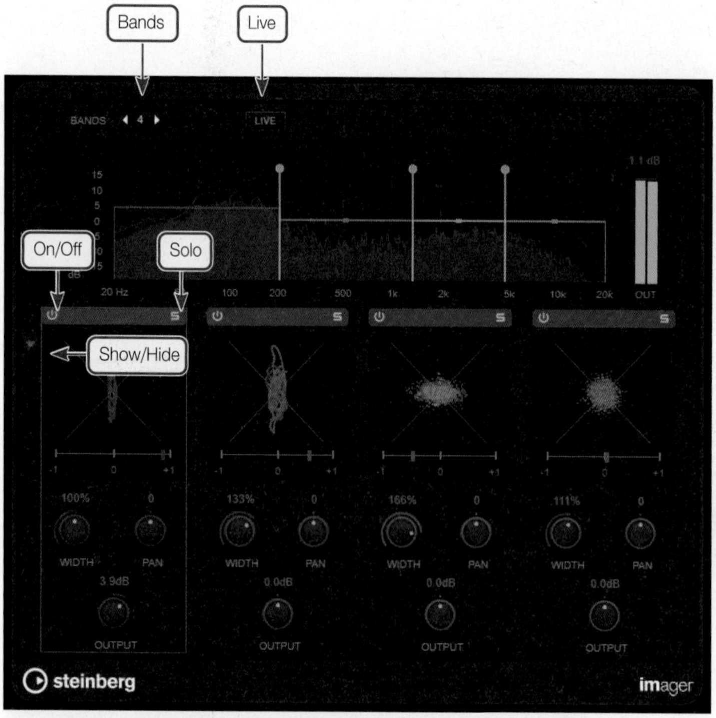


- Bands : 밴드 수를 결정합니다.
- Live : 실시간 컨트롤리 가능한 라이브 용입니다.
- On/Off : 각 밴드의 사용 유무를 결정합니다.
- Solo : 해당 밴드를 솔로로 모니터 합니다.
- Show/Hide : 위상 디스플레이를 열거나 닫습니다.
- Width : 스테레오 폭을 조정합니다.
- Pan : 해당 밴드의 팬을 조정합니다.
- Lutput : 해당 밴드의 출력 레벨을 조정합니다.

# 14 Surround

5.1 및 7.1 서라운드 채널을 스테레오 채널로 믹스 다운할 때의 결과물을 만드는 Mix6to2 및 Mix8to2와 각 채널의 타임을 조정할 수 있는 MixerDelay로 구성되어 있습니다. 5.1채널은 앞쪽의 좌/우(L/R)와 중앙(C), 뒤쪽의 좌/우(Ls/Rs)로 구성된 5개의 채널과 저음 재생 전용으로 1개의 우퍼(Lfe) 채널을 말하며, 7.1은 여기에 좌/우 사이드(Lc/Rc) 채널이 포함된 것입니다.

## 01 Mix6-8to2

Mix6to2는 5.1 서라운드 채널, Mix8to2는 7.1 서라운드 채널을 말하며, 각각 스테레오 채널로 믹스 다운합니다.

- Link

각 채널의 Link 버튼은 좌/우 페이더가 함께 조정되도록 하는 역할을 합니다,

- Invert

link 버튼 아래쪽의 Invert 는 위상을 바꾸는 기능입니다.

- Normalize

마스터 채널의 Normalize 버튼은 클립이 발생하는 한도로 볼륨을 증가시키는 역할을 합니다.

# 02 MixConvert V6

해당 채널을 5.1 및 스테레오 채널로 변경합니다. 삼각 모양으로 되어 있는 디스플레이 버튼을 클릭하면 인/아웃 채널의 스피커 배치를 볼 수 있습니다. 출력 수가 적은 채널에서는 믹스콘솔의 팬으로 로딩되어 더블 클릭으로 패널을 열 수 있으며, Insert는 Spatial+Panner 폴더에서 선택합니다.

- 출력 채널 : 출력 채널의 구성은 Out 디스플레이 창 열기 버튼 위쪽에 있는 역 삼각형 모양의 버튼을 클릭하여 선택합니다.

- 솔로 버튼 : 전방(Front), 우퍼(LFE), 후방(Surround) 버튼은 해당 채널을 제외한 모든 채널을 뮤트하는 솔로 버튼입니다. 센터(Center)는 중앙 채널이 없는 경우에 양쪽 채널로 분배됩니다. 솔로 기능은 디스플레이 창의 스피커를 선택하여 이용할 수 있으며, Shift 키를 이용하면 두 채널 이상을 동시에 선택할 수 있습니다.

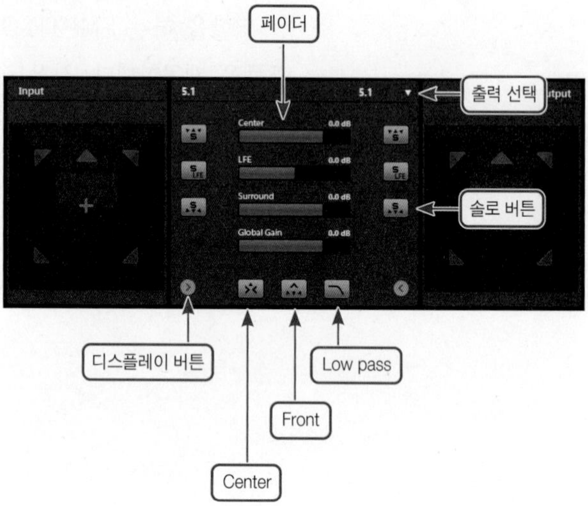


- Center : 서라운드 채널을 중앙 채널로 믹스다운 합니다.
- Front : 서라운드 채널을 전방 채널로 믹스다운 합니다.
- Low Pass : LFE에 적용되는 필터 입니다.
- 페이더 : 각 채널의 레벨을 조정합니다.

# 03 MixerDelay

MixerDelay는 각 채널의 타임과 레벨을 조정합니다. 극장과 같이 큰 공간에서는 전방과 후방 사운드에 시간차가 발생할 수 있는데 이를 보정하는 역할입니다.

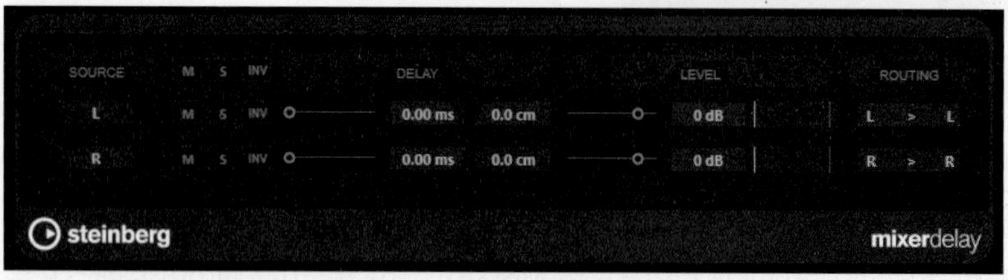

# 15 Tools

사운드의 주파수를 실시간으로 검사하거나 동기 신호를 전송하는 등의 특별한 역할을 하는 SMPTE Generator, Test Generator, Tuner의 3가지 도구들을 제공합니다. 사운드에 다양한 효과를 연출하는 다른 이펙트와는 차이가 있는 것들입니다.

## 01 SMPTEGenerator

SMPTE Generator는 외부 장비를 큐베이스와 동기할 수 있게 하는 SAMPTE 타임 코드 신호를 전송합니다. 멀티 트랙 레코더와 큐베이스를 SMPTE 신호로 동기하려면 SMPTE 신호를 MTR에 미리 녹음해야 합니다. 과거에는 이러한 작업을 위해서 SMPTE 신호를 전송할 수 있는 제너레이터를 사용했지만, 큐베이스 사용자라면 SMPTE Generator 만으로 해결할 수 있습니다.

● Generate Code/Link To Transport/Timdecode in Still Mode

Generate 버튼을 클릭하면 SMPTE 신호를 오디오 아웃 포트로 전송하며, 멀티 트랙 레코더로 SMPTE 신호를 녹음합니다. Timecode 버튼을 클릭하면 정지 모드에서 타임코드를 생성하며, Link 버튼이 ON이면 트랜스포트와 SMPTE Generator를 동조할 수 있습니다.

● 디스플레이

상단에 있는 START TIME 디스플레이는 SMPTE 전송 시작 시간을 표시하며, 하단의 CURRENT TIME은 SAMPTE 신호 전송 시간을 표시합니다. 우측 상단에 있에 프레임 포맷을 선택할 수 있는 Rate는 Link 버튼이 Off 되어 있는 경우에만 이용가능합니다.

## 02 TestGenerator

모니터 시스템의 레벨과 EQ를 조정할 때 사용하는 테스트 톤을 재생합니다. 3개의 Noise는 모니터의 레벨을 조정할 때 사용하며, 4개의 파형은 재생 주파수의 스펙트럼 범위를 확인하기 위해서 사용합니다. 최적의 결과물을 만들기 위해서는 모니터 시스템을 정확하게 조정해야 합니다.

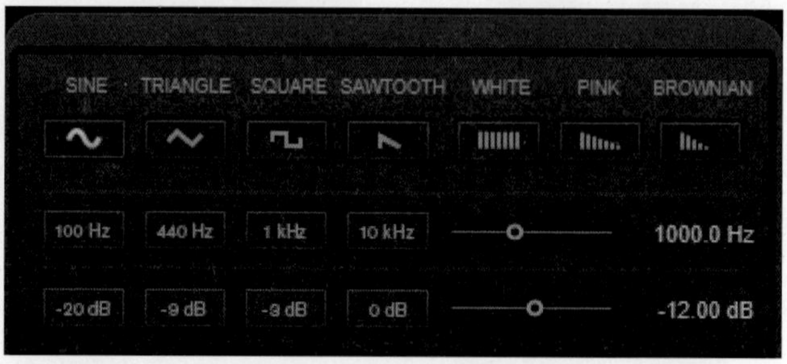


● Wave forms

Test Generator는 사인파, 정현파, 삼각파, 톱니파를 제공하고 있습니다. 일반적으로 많이 사용하는 사인파 버튼을 클릭하여 재생하고, 100Hz, 440Hz, 1KHz, 10KHz 대역별 버튼 또는 오른쪽의 Frequency 슬라이더로 조정할 주파수를 맞춥니다. 그리고 모니터 시스템의 EQ를 조정하여 저, 중, 고 음역대의 레벨이 균등하게 들리게 조정합니다. 최소한 자신의 모니터 시스템이 어떤 주파수 대역을 재생하지 못하는지 정도만이라도 확인할 수 있어야 합니다.

● Noise

Test Generator는 화이트, 브라운, 핑크 노이즈를 제공합니다. 일반적으로 많이 사용하는 핑크 노이즈 버튼을 클릭하여 재생하고, -20dB, -9dB, -3dB, 0dB 또는 오른쪽의 Gain 슬라이더를 이용해서 레벨을 조정합니다. 그리고 시스템의 모니터 환경을 약간 크다 싶게 조정합니다. 레벨을 크게 설정하는 것이 곤란한 환경이라면, 최종 마스터링 작업에서만이라도 큰 레벨로 모니터 할 수 있게 헤드폰을 이용합니다.

## 03 Tuner

Tuner는 어떤 효과를 연출하는 장치가 아니라 순수하게 악기의 피치를 조정하는 장치입니다. 색소폰이나 Guitar 등을 녹음할 때 하드웨어 조율기를 대신할 수 있어 편리합니다.

## Tip GoPro VR Player Remote

외부 VR 컨트롤러를 큐베이스로 연결하여 제어하려면 GoPro VR Player에서도 몇 가지 설정을 해줘야 합니다. 플레이어는 kolor.com/gopro-vr-player/download에서 무료로 다운 받을 수 있습니다.

플레이어의 File 메뉴에서 Preferences를 선택하여 환경 설정 창을 엽니다.

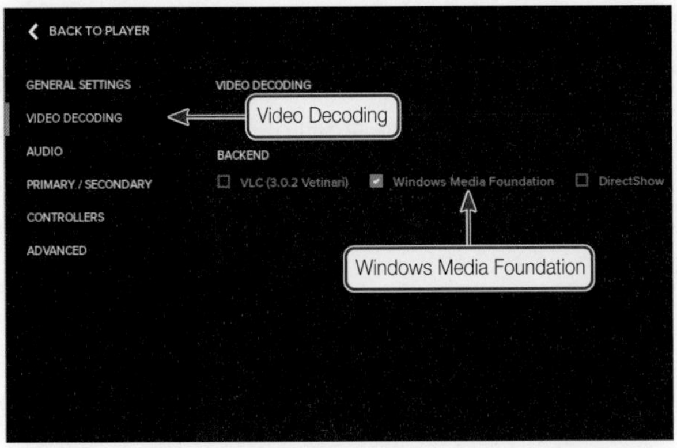


Video Decoding 페이지를 열고, Backand 옵션을 Windows Media Foundation으로 변경합니다.

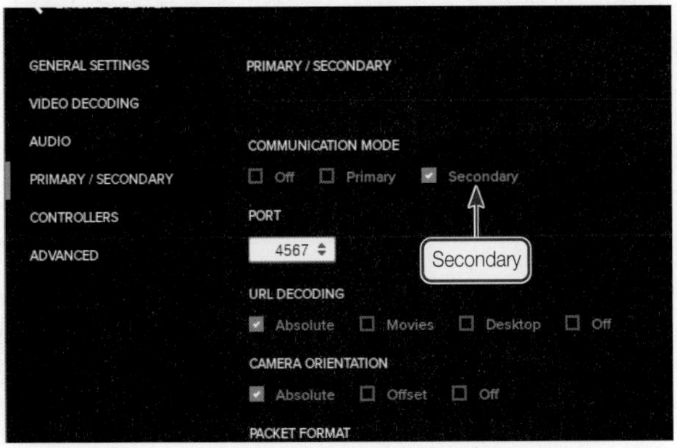


Primary/Secondary 페이지를 열고, Communication Mode를 Secondary로 변경합니다.

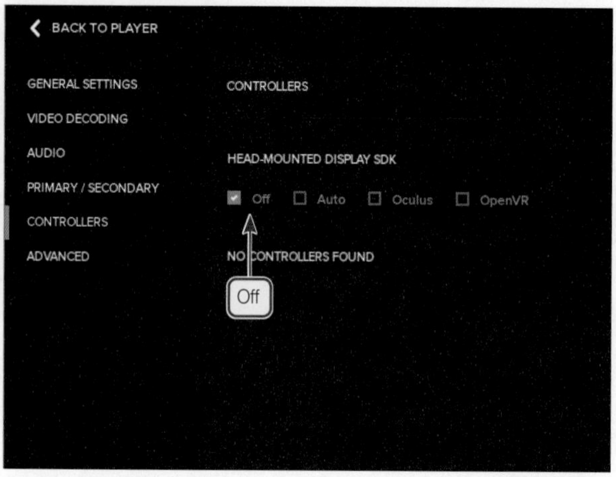


Controllers 페이지를 열고, Head-Mounted Display SDK 옵션을 Off로 설정합니다.

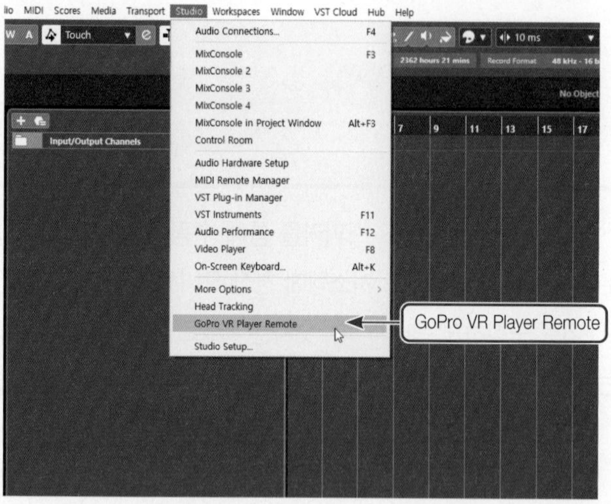


Studio 메뉴의 GoPro VR Player Remote를 선택하여 창을 엽니다. Video File에서 영상을 불러오고, 파일의 Video Stereoscopy를 선택합니다. 스테레오스코피(Stereoscopy)는 안경 방식을 말하는 것으로 Over Under와 Side by Side 방식이 있습니다.

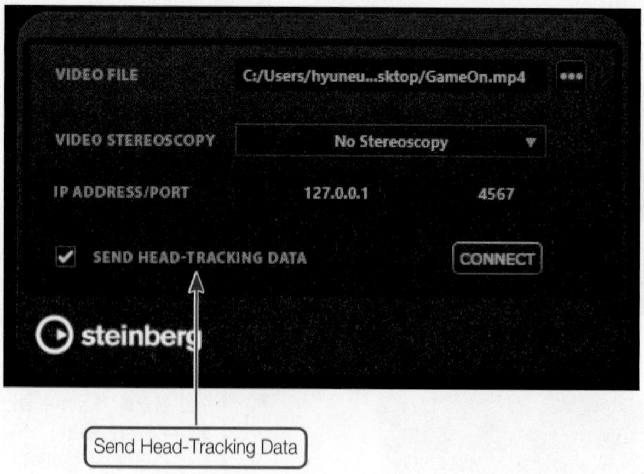


Send Head Tracking Data 옵션을 체크하고, Connect 버튼을 On으로하면, 큐베이스에서 GoPro VR Player를 제어할 수 있고, 헤드 트래킹 데이터가 전송됩니다. IP Address/Port는 로컬 컴퓨터로 자동 설정되지만, 네트워크로 연결된 다른 컴퓨터의 플레이어를 제어하고 싶을 때는 해당 포트를 입력합니다.

# 16 돌비 애트모스

애플 뮤직과 넷플릭스 등의 온라인 플랫폼에서 7.1.4 채널의 돌비 애트모스(Dolby Atmos) 서비스를 시작하면서 영화는 물론이고, 게임 및 음악 제작자들이 많은 관심을 가지게 되었습니다. 큐베이스는 별도의 추가 장비 없이 돌비 애트모스 음악을 만들고 브로드캐스트 웨이브 형식(BWF)의 ADM 파일을 생성할 수 있는 Renderer for Dolby Atmos 플러그인을 제공합니다.

## 01 스피커의 구성

돌비 애트모스는 서라운드 스피커와 서브우퍼, 그리고 천장 오버헤드 스피커를 통해 수평 및 수직의 입체음향을 구현하는 시스템을 말합니다. 기존 (5.1), (7.1), (9.1) 채널의 서라운드 시스템에 천장 오버헤드 스피커를 2개 또는 4개 추가하여 (5.1.2), (5.1.4), (7.1.2), (7.1.4), (9.1.2)로 구성하게 됩니다. 즉, 숫자는 3개로 표시하며, 맨 앞의 숫자는 기존 서라운드 스피커의 수, 가운데 숫자는 서브우퍼, 마지막 숫자는 Dolby Atmos 설정에서 천장 또는 위로 향하는 스피커의 수를 나타냅니다.

- 5.1 서라운드 : 5개의 서라운드 스피커와 1개의 서브우퍼를 통해 현장감 있는 사운드를 제공합니다.

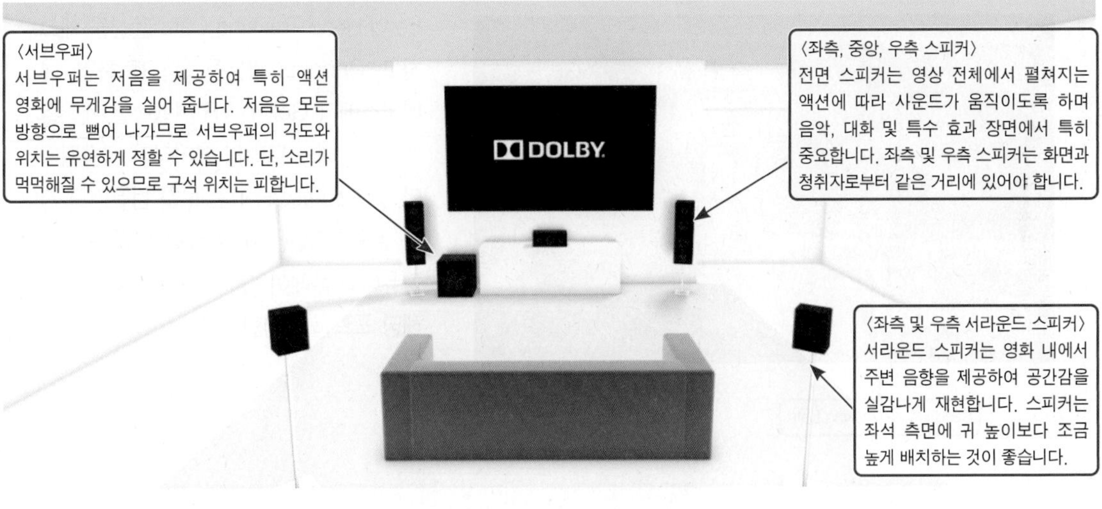

〈서브우퍼〉
서브우퍼는 저음을 제공하여 특히 액션 영화에 무게감을 실어 줍니다. 저음은 모든 방향으로 뻗어 나가므로 서브우퍼의 각도와 위치는 유연하게 정할 수 있습니다. 단, 소리가 먹먹해질 수 있으므로 구석 위치는 피합니다.
DOLBY
〈좌측, 중앙, 우측 스피커〉
전면 스피커는 영상 전체에서 펼쳐지는 액션에 따라 사운드가 움직이도록 하며 음악, 대화 및 특수 효과 장면에서 특히 중요합니다. 좌측 및 우측 스피커는 화면과 청취자로부터 같은 거리에 있어야 합니다.
〈좌측 및 우측 서라운드 스피커〉
서라운드 스피커는 영화 내에서 주변 음향을 제공하여 공간감을 실감나게 재현합니다. 스피커는 좌석 측면에 귀 높이보다 조금 높게 배치하는 것이 좋습니다.

● 5.1.2 Dolby Atmos : 5.1 서라운드 시스템에 2개 천장 스피커를 추가한 구성입니다. 전면 좌/우 스피커에 Dolby Atmos 지원 스피커를 올려놓는 구성도 가능합니다.

DOLBY.
〈좌측 및 우측 천장 스피커〉
두 개의 천장 스피커는 동일한 풀레인지 설계여야 하고 기본 좌석 위치에 따라 상대적으로 배치되어야 합니다.

천정 스피커는 청위자 위 65도에서 100도 범위에 설치합니다. 이상적인 높이는 2.3m~3.6m이며, 최대 권장 높이는 4.2m 입니다. 천장은 평평하고 음향이 반사되는 석고판이나 회반죽과 같은 재질을 권장합니다.

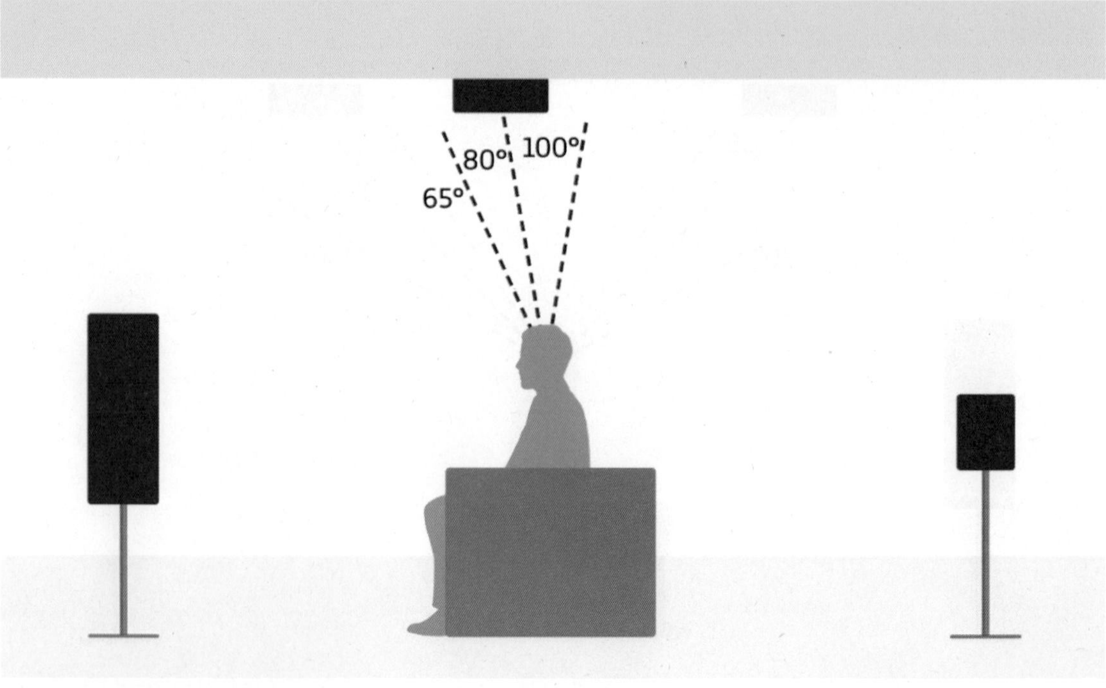
65°
80°
100°

● 5.1.4 Dolby Atmos : 5.1 서라운드 시스템에 4개 천장 스피커를 추가한 구성입니다. 좌/우 전면 및 서라운드 스피커에 Dolby Atmos 지원 스피커를 올려놓는 구성도 가능합니다.

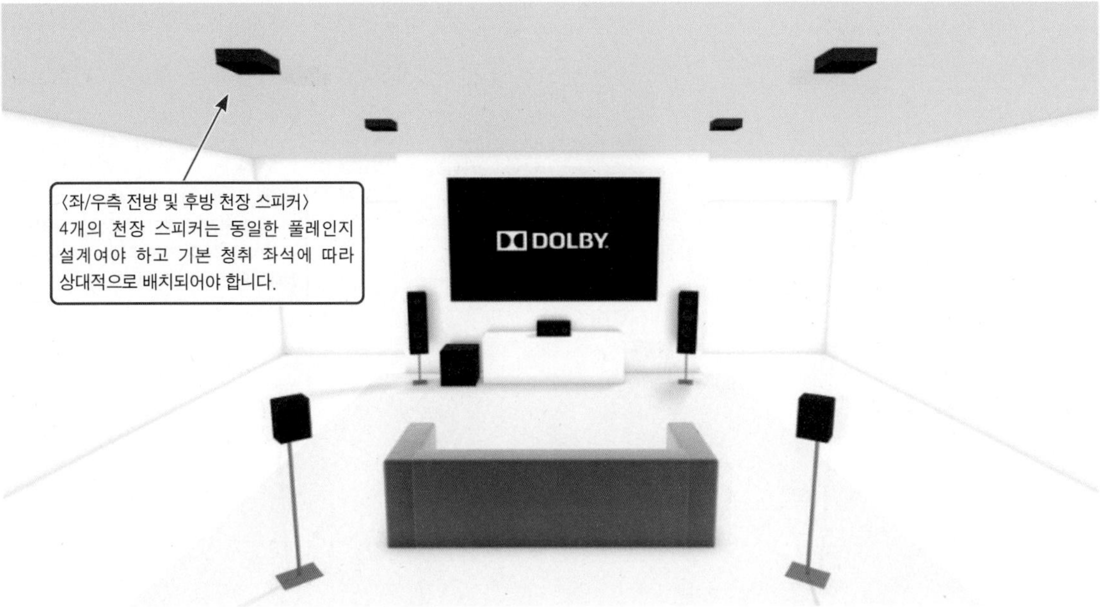
〈좌/우측 전방 및 후방 천장 스피커〉
4개의 천장 스피커는 동일한 풀레인지 설계여야 하고 기본 청취 좌석에 따라 상대적으로 배치되어야 합니다.
DOLBY

전면와 서라운드 스피커는  귀 높이와 비슷하거나 약간 높아야 최상의 사운드를 즐길 수 있으며, 전면 천장 스피커는 30도에서 55도 범위가 적당하며, 서라운드 천장 스피커는 125도에서 150도 범위가 적당합니다.

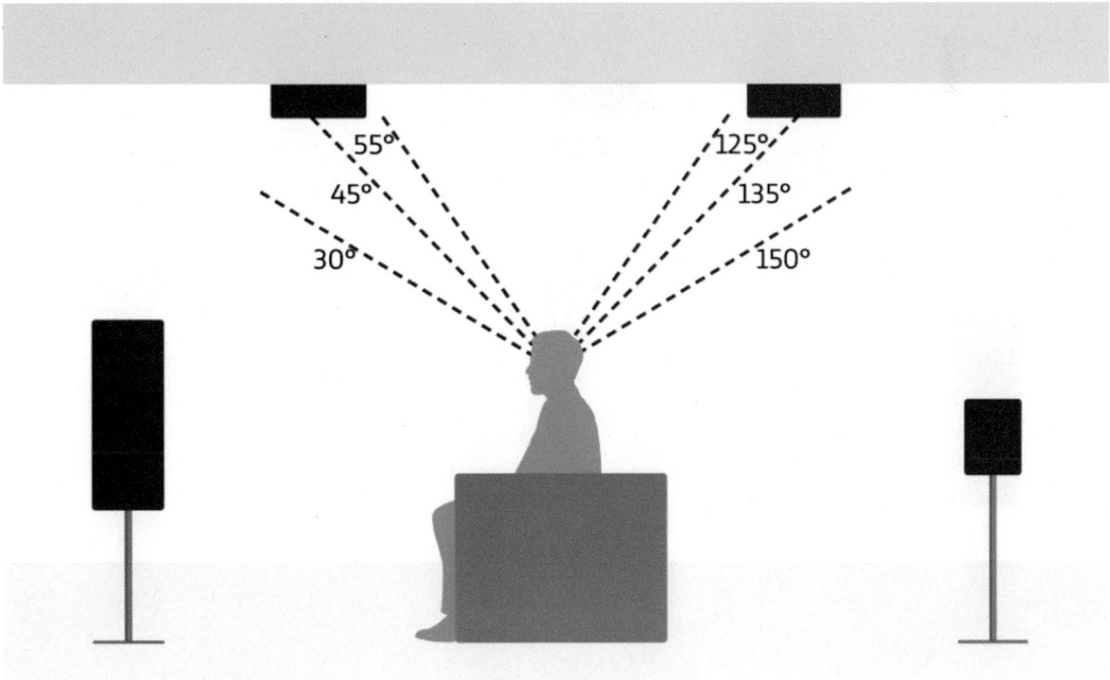
55°
45°
30°
125°
135°
150°

● 7.1 서라운드 : 5.1 서라운드 시스템에 좌측과 우측에 서라운드 스피커를 추가한 구성입니다.

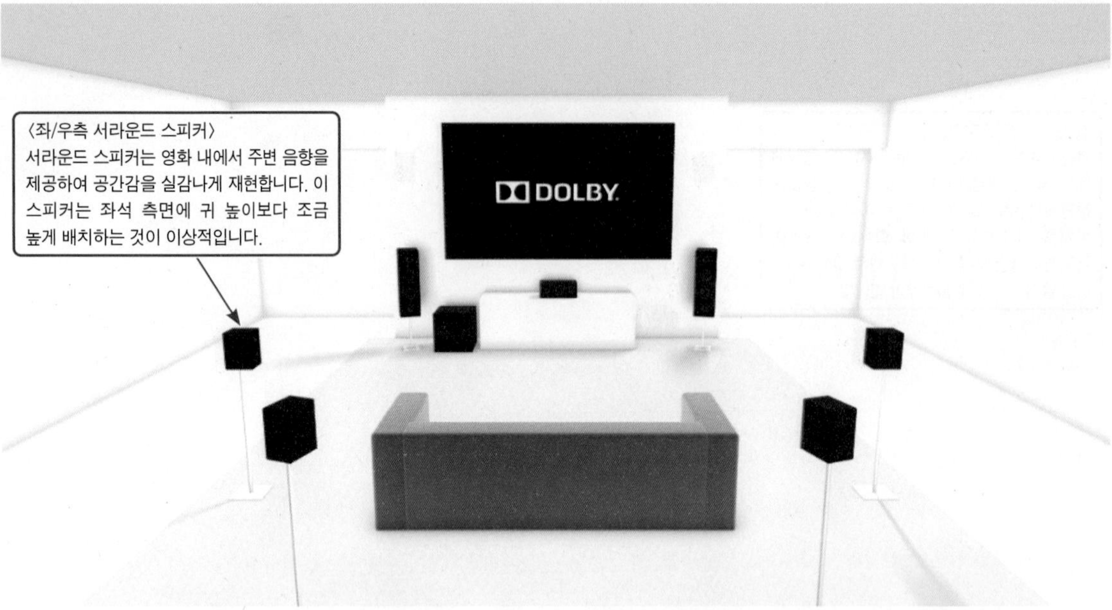
〈좌/우측 서라운드 스피커〉
서라운드 스피커는 영화 내에서 주변 음향을 제공하여 공간감을 실감나게 재현합니다. 이 스피커는 좌석 측면에 귀 높이보다 조금 높게 배치하는 것이 이상적입니다.
DOLBY

● 7.1.4 Dolby Atmos : 7.1 서라운드 시스템에 4개 천장 스피커를 추가한 구성입니다. 좌/우 전면 및 서라운드 스피커에 Dolby Atmos 지원 스피커를 올려놓는 구성도 가능하며, 권장 위치와 높이는 5.1.2와 동일합니다.

DOLBY

● 9.1 서라운드 : 7.1 서라운드 시스템에  두 개의 전면 하이트 스피커가 추가된 구성입니다.

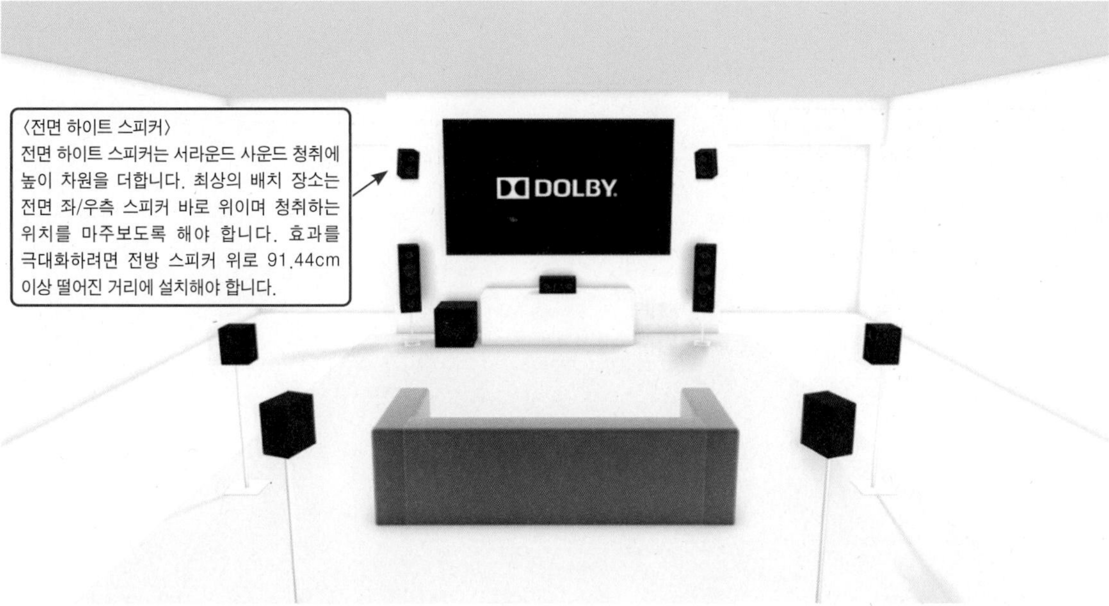
〈전면 하이트 스피커〉
전면 하이트 스피커는 서라운드 사운드 청취에 높이 차원을 더합니다. 최상의 배치 장소는 전면 좌/우측 스피커 바로 위이며 청취하는 위치를 마주보도록 해야 합니다. 효과를 극대화하려면 전방 스피커 위로 91.44cm 이상 떨어진 거리에 설치해야 합니다.
DOLBY

● 9.1.2 Dolby Atmos : 9.1 서라운드 시스템에 2개 천장 스피커를 추가한 구성입니다.

※ 자세한 설치 방법과 돌비 애트모스에 관한 세부 정보는 dolby.com을 방문하여 읽어 보길 바랍니다.

DOLBY

# 02 ADM 파일 제작

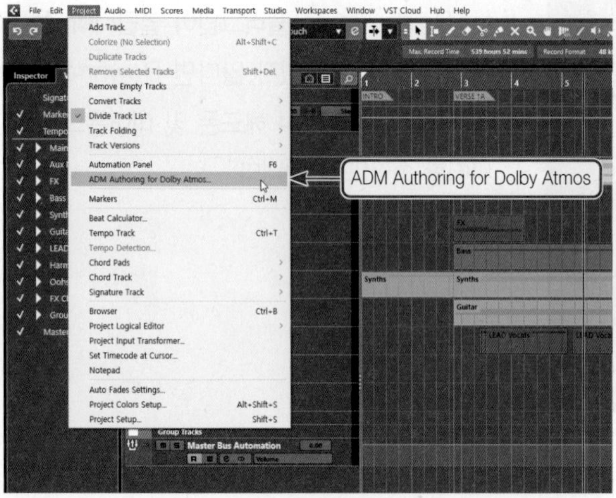


01 큐베이스에서 돌비 애트모스 음악을 만드는 방법은 간단합니다. 단, 프로젝트가 샘플 레이트는 48KHz, 버퍼 사이즈는 512로 설정되어 있어야 한다는 조건이 필요합니다. Proect 메뉴의 ADM Authoring for Dolby Atmos를 선택합니다.

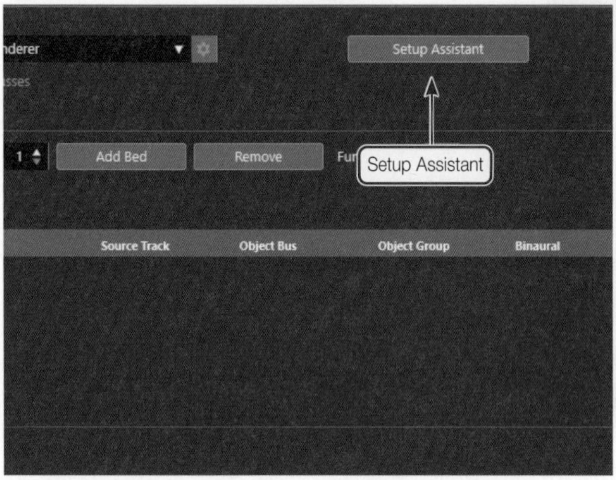


02 ADM Authoring for Dolby Atmos 창이 열리면, Setup Assistant 버튼을 클릭하여 돌비 애트모스 제작을 위한 설정 도우미를 엽니다.

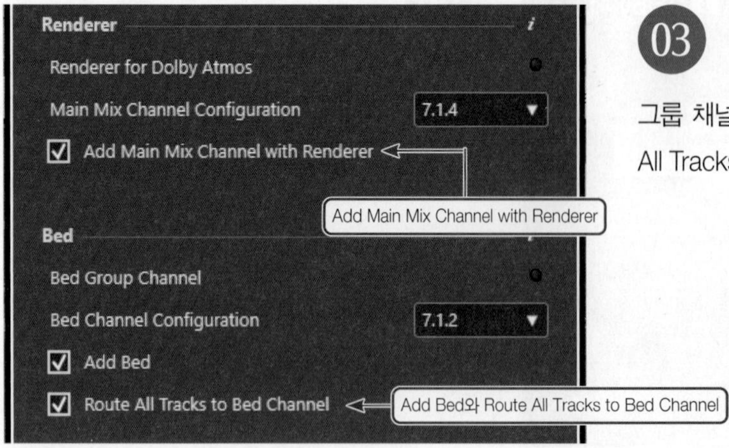


03 메인 채널을 만들기 위한 Add Main Mix Channel with Renderer과 베드 그룹 채널 및 연결을 위한 Add Bed 및 Route All Tracks to Bed Channel 옵션을 체크합니다.

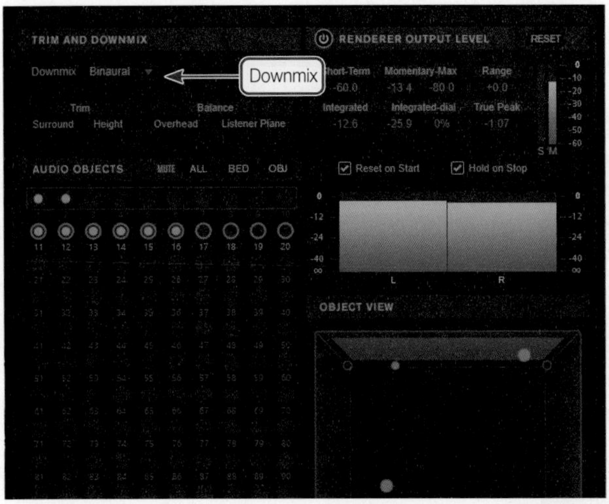


**04** 돌비 애트모스 제작 환경이 자동으로 구성되고 모니터를 위한 Renderer for Dolby Atmos 플러그인이 열립니다. 돌비 시스템을 갖추고 있지 않다면 Downmix에서 Binaural을 선택하여 헤드폰 및 이어폰으로 모니터할 수 있도록 합니다.

**05** Ctrl 및 Shift 키를 이용하여 오브젝트로 만들고자 하는 트랙을 모두 선택합니다. 그룹별로 추가해도 좋고, 모두 추가한 다음에 그룹을 나누어도 좋습니다.

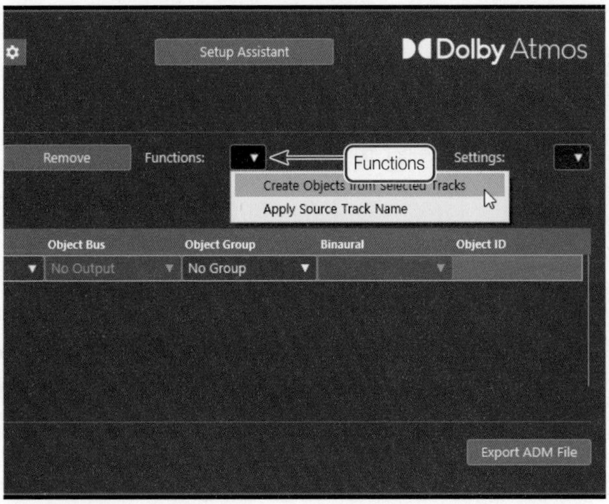


**06** ADM Authoring for Dolby Atmos 창의 Functions 목록에서 Create Objects from Selected Tracks으로 선택한 트랙을 오브젝트로 추가합니다.

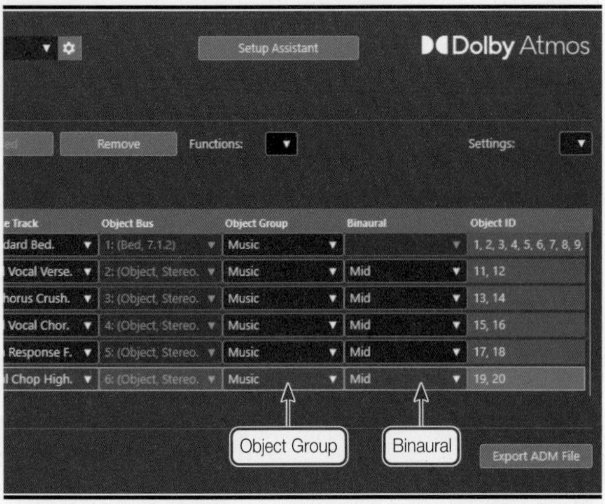


07 오브젝트의 이름(Name)과 Source Track은 선택한 트랙으로 자동 설정되며, 변경 가능합니다. 필요하다면 오브젝트 그룹(Object Group)을 구분하여 관리하거나 각 오브젝트의 바이노럴(Binaural) 거리감을 Near, Mid, Far 또는 Off로 선택할 수 있습니다.

08 믹스콘솔에서 트랙의 팬 파라미터를 더블 클릭하여 Multipanner를 열고, Object Mode를 선택하여 방향과 거리감을 조정합니다. 오른쪽 공간은 Show 버튼을 클릭하여 열 수 있으며, 각 파라미터의 역할은 이미 살펴본 내용입니다.

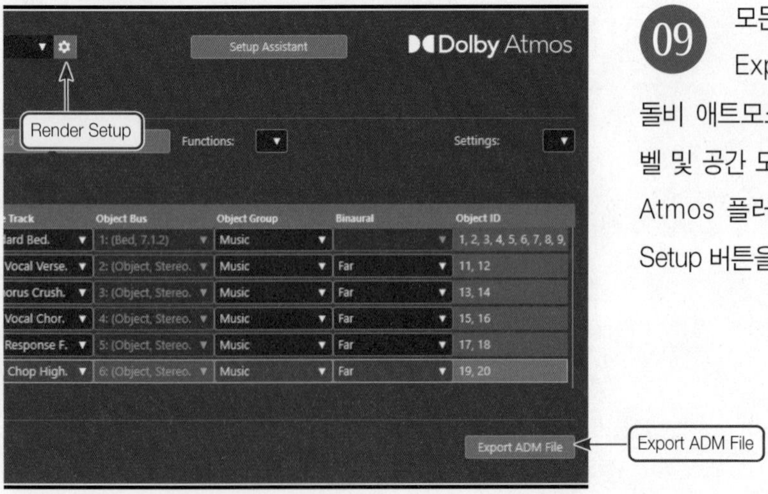


09 모든 오브젝트의 팬 설정이 끝나면 Export ADM File 버튼을 클릭하여 돌비 애트모스용 ADM 파일을 완성합니다. 레벨 및 공간 모니터를 위한 Renderer for Dolby Atmos 플러그인을 닫은 경우에는 Render Setup 버튼을 클릭하여 다시 열 수 있습니다.

# 15

PART

## 작업 환경 설정

큐베이스는 기본 환경으로 작업을 해도 문제될 것은 없지만, 사용자마다 작업 환경과 습관, 그리고 시스템이 다르기 때문에 기본 환경을 변경할 수 있는 다양한 기능들을 알아 둘 필요가 있습니다. 특히, Preferences는 작업의 효율성을 높여주고, 문제점을 해결할 수 있는 옵션들로 구성되어 있으므로, 한번쯤 확인을 해두는 것이 좋습니다.

# 01 워크 스페이스

큐베이스는 음악 작업을 하면서 다양한 편집 창을 열어 놓을 수 있지만, 한 화면에서 모든 작업 창을 볼 수 없습니다. 그래서 보통은 두 대의 모니터를 이용하는 편이지만, 개인 사용자의 경우에는 살짝 부담스러운 환경입니다. 이를 보완하기 위해서 로우 존을 제공하고 있지만, 이 보다는 작업 화면을 레이아웃으로 저장하여 Alt+숫자 단축키로 빠르게 전화할 수 있는 워크 스페이스 기능을 이용하는 것이 효율적입니다.

01 큐베이스는 메뉴 바와 작업 창이 분리되어 있습니다. 이를 확인하려면 메뉴 바를 드래그하거나 최대화 및 이전 크기 버튼을 클릭합니다. 분리된 작업 창은 타이틀 바를 드래그하여 위치를 조정하거나 테두리를 드래그하여 크기를 조정할 수 있습니다. 이렇게 조정된 작업 공간은 Workspaces 메뉴의 Add Workspaces를 선택하여 Global 또는 Project로 저장할 수 있습니다. Global은 모든 프로젝트에서 사용하는 것이고, Project는 현재 프로젝트에서 사용하는 옵션입니다.

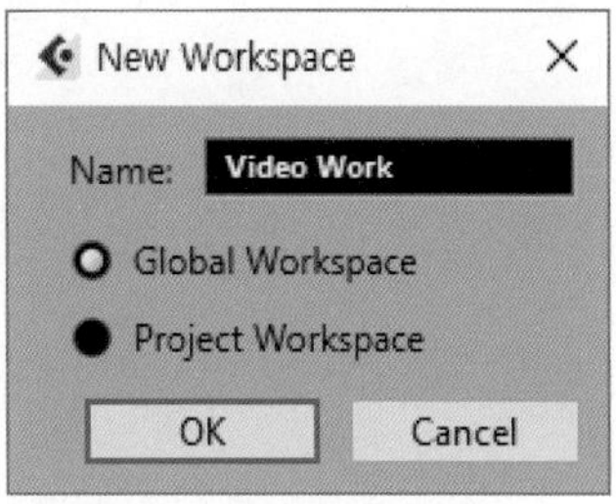

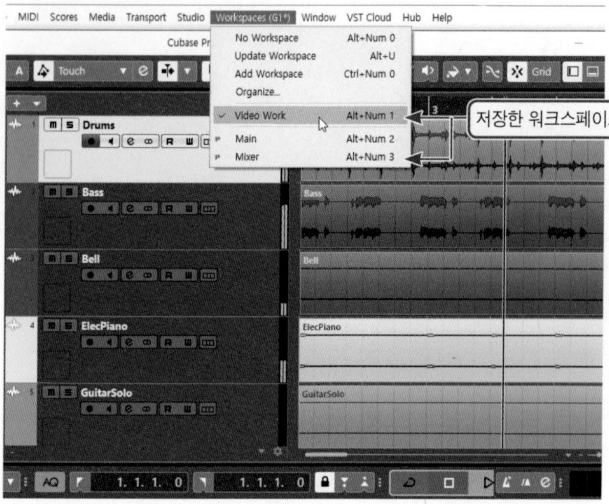


**02** 저장한 작업 공간은 Workspaces의 메뉴로 등록되어 언제든 동일한 화면 구성을 만들 수 있습니다. 단축키로 선택이 가능하기 때문에 하나의 모니터를 사용하는 경우에 매우 유용합니다.

**03** 선택한 워크스페이스의 구성을 변경하게 되면, Workspaces 메뉴에 별표가 표시되며, Update Workspace를 선택하여 변경 사항을 저장할 수 있습니다. No Workspace는 메뉴가 적용되지 않은 화면으로 복구 합니다.

**04** Workspaces 메뉴의 Organize를 선택하면 워크스페이스를 관리할 수 있는 창이 열립니다. 상단에 있는 것이 Global 이고, 하단에 있는 것이 Project 이며, 각각 이동 및 삭제 버튼을 제공합니다.

# 02 단축키와 매크로

기본 단축키를 자신에게 익숙한 단축키로 변경하거나 단축키가 없는 기능에 단축키를 설정할 수 있습니다. 큐베이스를 혼자서 사용하거나 다른 프로그램을 사용하다가 바꾼 독자라면, 자신에게 익숙한 단축키로 변경하는 것도 요령입니다. 자주 사용하는 작업 과정을 기록했다가 한번에 실행할 수 있는 매크로 기능에 관해서도 살펴보겠습니다.

## 01 단축키 설정하기

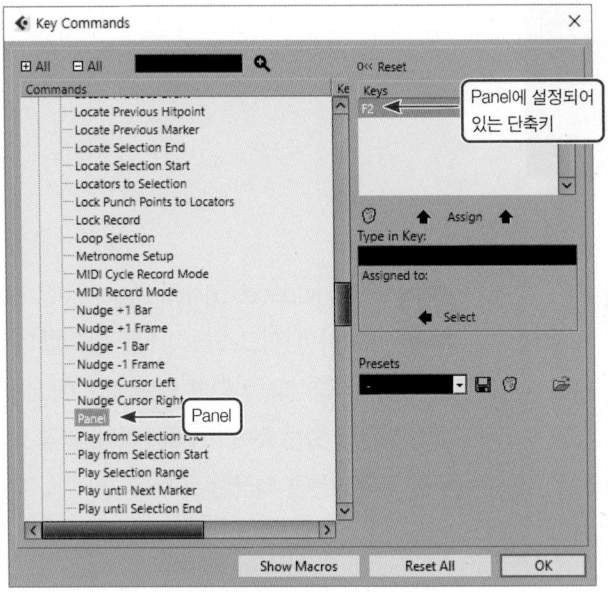


**01** Edit 메뉴의 key Commands를 선택하여 창을 열고, 왼쪽의 Commands 칼럼에서 Transport 폴더를 더블 클릭하여 리스트를 엽니다. Panel을 보면 Keys 칼럼에 F2가 설정되어 있는 것을 확인할 수 있습니다.

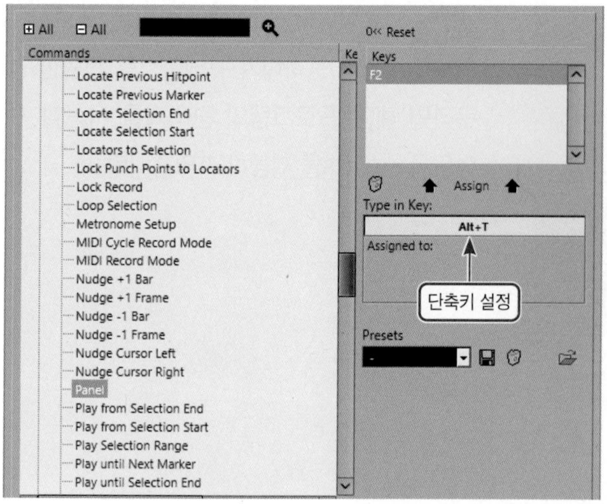


02 트랜스포트 패널을 열고, 닫는 역할의 단축키 F2를 변경하고 싶다면, Type in Key 항목에서 변경할 키를 입력합니다.

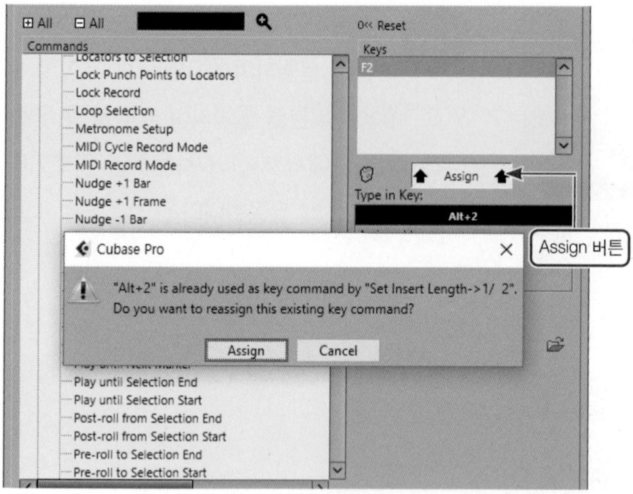


03 Type in Key 항목에 입력한 단축키는 Assign 버튼을 클릭하여 적용합니다. 이때 다른 기능에서 사용하는 단축키라면, 경고 창이 나타나며, 이것을 무시하고 연결하면, 기존의 값이 제거됩니다.

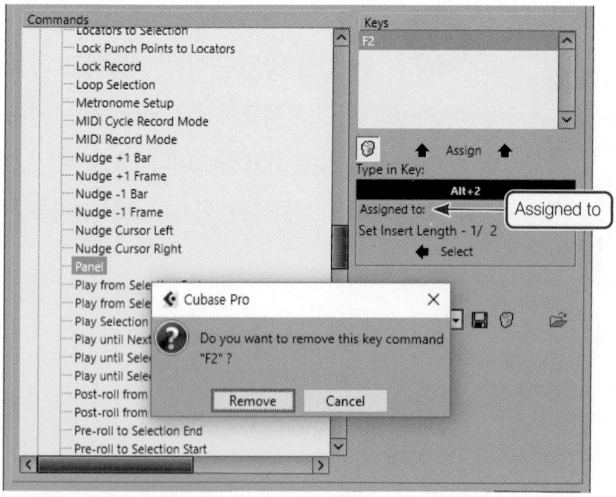


04 이미 설정된 키의 명령은 Assigned to에서 확인할 수 있으며, Keys 목록에서 선택한 단축키는 휴지통 모양의 아이콘을 클릭하여 삭제할 수 있습니다. 이때 열리는 창에서 Remove 버튼을 클릭합니다.

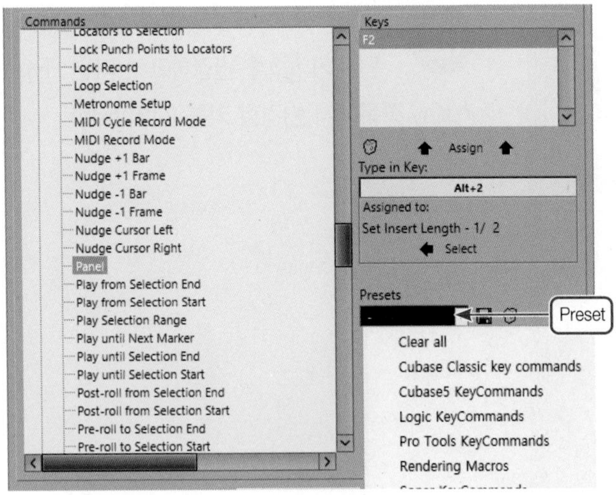


**05** 로직이나 프로 툴 등, 다른 프로그램을 사용하다가 큐베이스로 전환한 경우라면 해당 프로그램의 단축키를 사용할 수 있도록 Presets을 제공하고 있습니다.

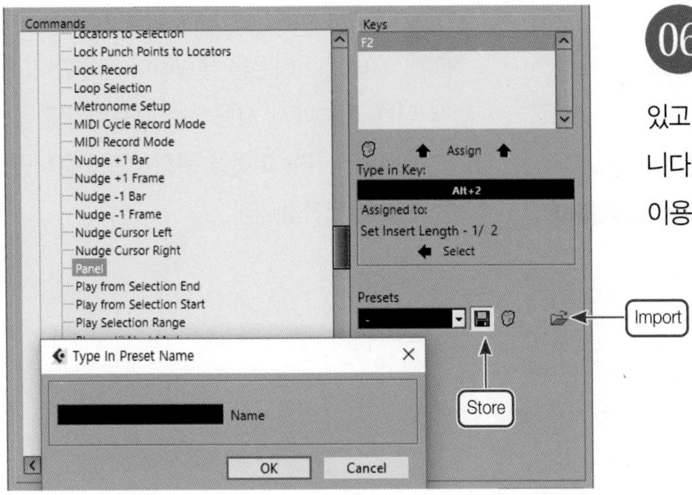


**06** 사용자가 설정한 단축키는 Store 버튼을 클릭하여 프리셋으로 저장할 수 있고, Import 버튼을 클릭하여 불러올 수 있습니다. 다른 곳에서 자신이 사용하던 단축키를 이용하고 싶을 때 유용합니다.

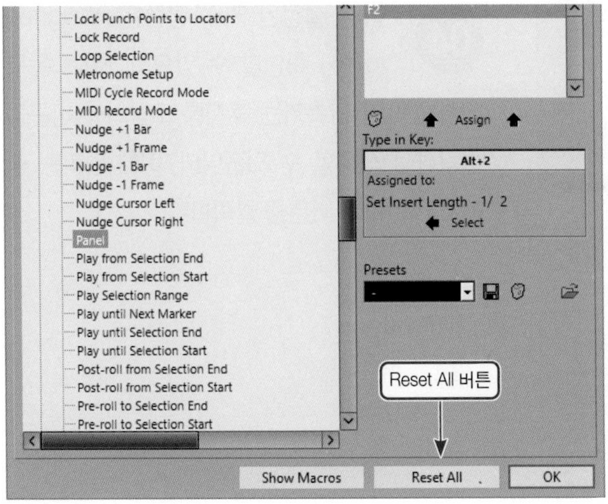


**07** Key Commands는 단축키가 설정되어 있지 않은 명령을 이용하고 싶을 때 사용하며, 기본적으로 설정되어 있는 단축키는 바꾸지 않는 것이 좋습니다. 초기 설정 상태로 복구하고 싶을 때는 Reset All 버튼을 클릭합니다.

## 02 매크로 설정하기

Key Commands 창은 단축키 외에도 사용자가 원하는 기능을 한 번에 실행하는 역할의 매크로 키를 설정할 수 있습니다. 반복되는 작업이 많은 독자라면, 매우 유용하게 사용할 수 있는 기능입니다.

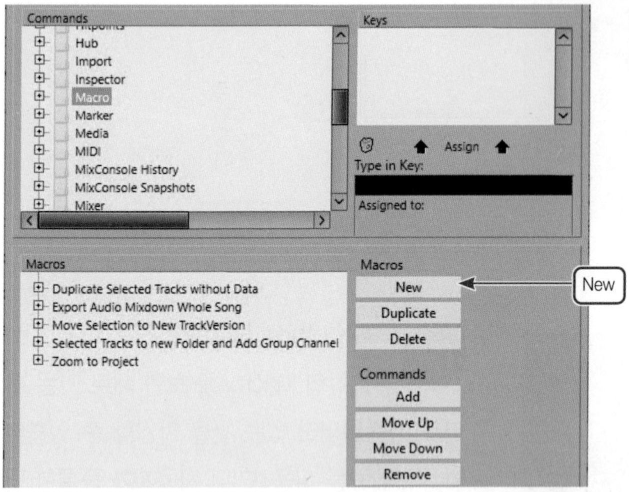


**01** Key Commands 창의 Show Macros 버튼을 클릭하면 아래쪽에 매크로 창이 열리며, New 버튼을 클릭하여 사용자 매크로를 만들 수 있습니다.

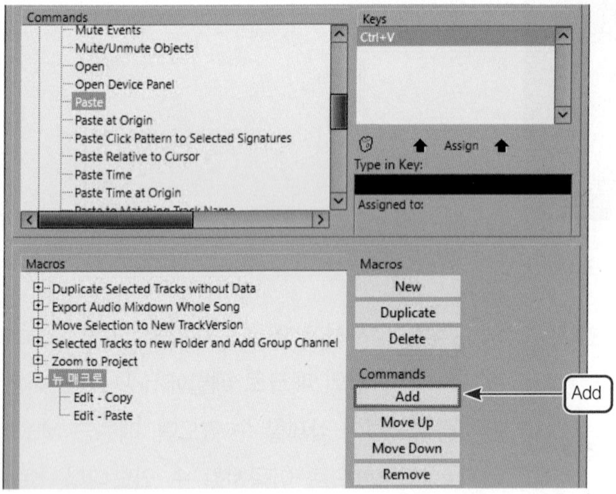


**02** 단축키를 눌렀을 때, 차례로 실행되게 할 명령을 찾아 Add 버튼을 클릭하여 추가합니다. 매크로의 실행은 목록에 추가한 차례이므로, 어떤 작업을 할 것인지 정확한 목적이 있어야 할 것입니다.

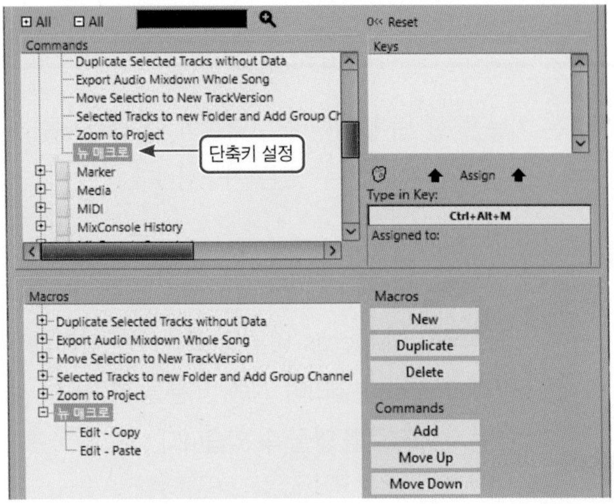


03 Commands 칼럼의 Macro 폴더에서 사용자가 만든 매크로의 이름을 찾아 단축키를 설정합니다. 단축키 설정 방법은 앞에서 살펴본 내용과 동일합니다.

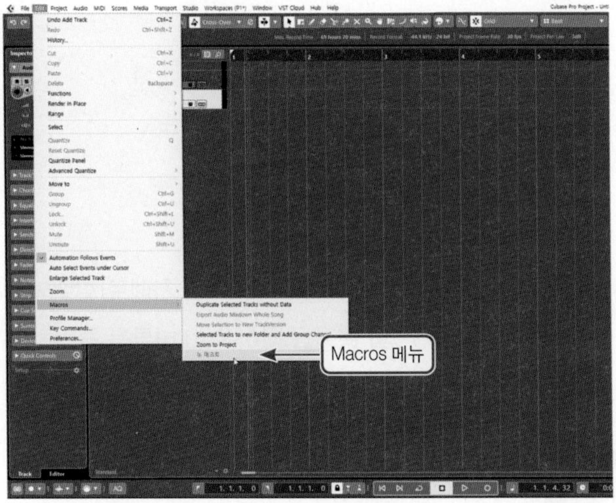


04 OK 버튼을 클릭하여 창을 닫고, Edit 메뉴의 Macros를 보면 새로 만든 매크로가 등록되어 있는 것을 확인할 수 있습니다. 즉, 메뉴를 이용하거나 사용자가 등록한 단축키를 이용해서 필요한 작업을 한번에 처리할 수 있는 것입니다.

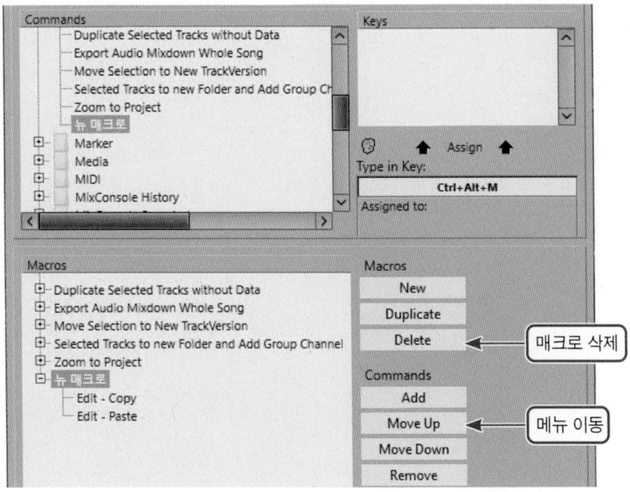


05 사용자 매크로는 Key Commands 창의 매크로 패널에서 Delete 버튼을 클릭하여 삭제할 수 있으며, 메뉴는 Move Up/Down으로 이동시킬 수 있습니다. Key Commands의 단축키와 매크로 설정 방법을 정확히 기억해두면, 작업 속도를 배가 시킬 수 있는 요령을 터득할 것입니다.

# 03 컨트롤 룸 환경 꾸미기

일반인에세도 익숙한 녹음 스튜디오의 풍경은 엔지니어와 프로듀서가 앉아서 녹음을 진행하는 컨트롤 룸과 헤드폰을 쓰고 노래를 부르는 가수가 녹음 부스로 설계되어 있습니다. 큐베이스의 Control Room(CR)은 6개의 인풋과 4개의 아웃풋, 그리고 헤드폰 및 토크 백 등, 녹음 스튜디오의 컨트롤 룸 환경을 그대로 재현할 수 있는 기능입니다. 다만, 멀티 오디오 인터페이스와 다양한 모니터 및 재생 시스템을 갖춘 경우에만 그 효과를 누릴 수 있습니다.

녹음 스튜디오의 컨트롤 룸은 녹음 부스에 있는 보컬 및 연주자에게 사운드를 들려주기 위한 큐 모니터, 대화를 위한 토크 백을 비롯해서 CD, DAT 등과 같은 다양한 미디어를 재생하기 위한 플레이어, 사운드가 최종적으로 재생되는 장소를 고려한 여러가지 모니터 시스템이나 헤드폰 등의 수 많은 장치들이 있으며, 이 모든 것을 믹스 콘솔에서 컨트롤 합니다. 큐베이스의 Control Room은 이러한 믹스 콘솔을 가상으로 구현하는 기능입니다.

● Enable

홈 스튜디오 환경의 개인 사용자는 컨트롤 룸 기능을 거의 사용하지 않기 때문에 기본적으로 꺼져 있습니다. 컨트롤 룸 환경을 구축하고자 한다면, Right Zone의 CR 탭에서 Enable 버튼을 클릭하거나 Studio 메뉴의 Control Room을 선택하여 활성화 합니다.

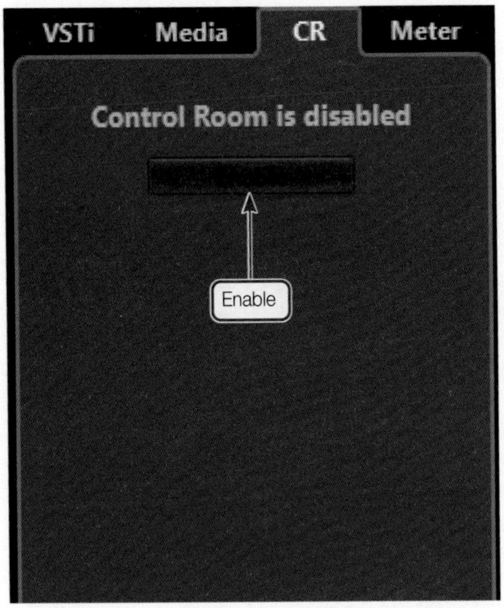


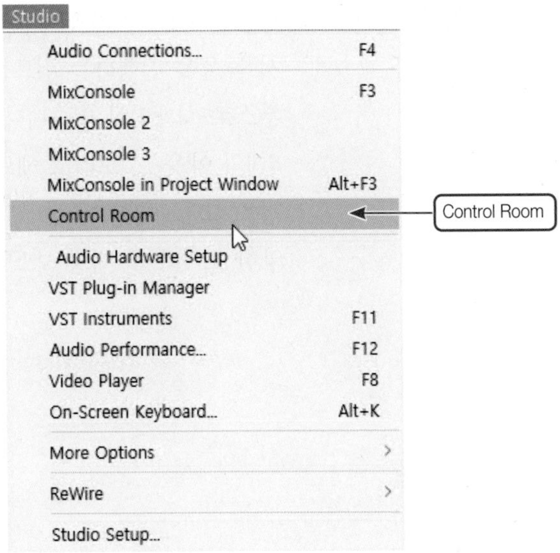


컨트롤 룸 기능을 활성화 하면, 메인 버스에 해당하는 Monitor 1이 생성되며, 오디오 디바이스와 아웃 포트를 설정해줘야 Media 탭의 미리 듣기가 가능합니다. F4 키를 눌러 Audio Connections 창을 열고, Control Room 탭에 추가된 Monitor 1의 Audio Device와 Device Port를 확인합니다. Not Connected로 되어 있다면, 칼럼을 클릭하여 스피커가 연결된 오디오 인터페이스와 아웃 포트를 선택합니다. 컨트롤 룸 기능을 사용하지 않겠다면, Enable 버튼을 Off 합니다

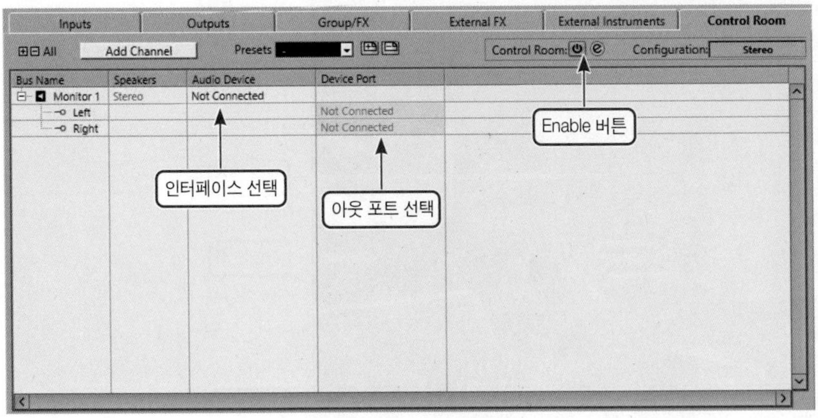

● Add Channel

큐베이스는 6개의 External Input, Talkback, 4개의 Cue, Headphone, 4개의 Monitor 시스템을 갖춘 컨트롤 룸을 설계할 수 있으며, Add Channel 버튼을 클릭하여 추가합니다. Bus Name은 언제든 칼럼을 클릭하여 변경할 수 있으며, 채널은 단축 메뉴의 Remove를 선택하여 삭제할 수 있습니다.

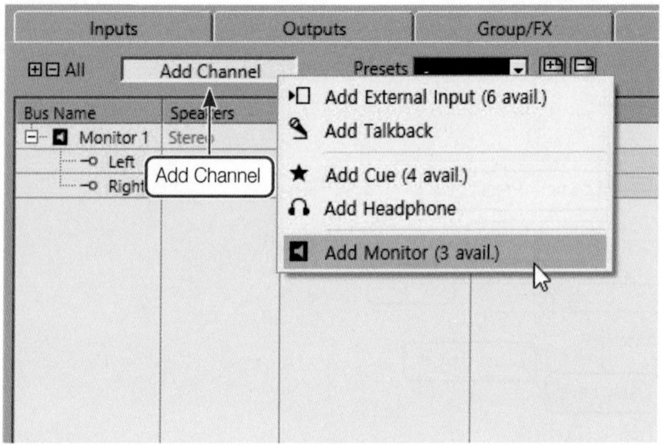


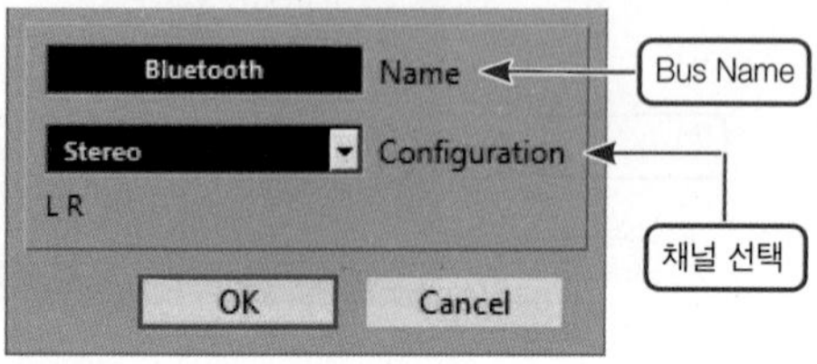


External Input

요즘에는 오디오 파일을 주고 받기 때문에 큰 의미는 없지만, 스튜디오는 만일을 위해 CD 플레이어, ADAT 레코더 등의 다양한 재생 장치를 갖추고 있으며, 이를 최대 6대까지 연결할 수 있습니다.

Talkback

대부분 On/Off 스위치로 연결을 하기 때문에 큰 의미는 없지만, 부스에 있는 보컬 및 연주자와의 대화를 위한 토크백을 추가할 수 있습니다.

Cue

보컬에 따라 리버브를 요구하거나 빼달라고 하는 경우가 있고, 연주자에 따라 다이렉트 사운드를 요구하는 경우가 있습니다. 이렇게 연주자에 따라 서로 다은 사운드를 전송하기 위한 부스의 큐 믹서 채널을 최대 4개까지 구성할 수 있습니다.

Headphone

헤드폰 모니터를 위한 채널을 추가할 수 있습니다.

Monitor

스튜디오 모니터은 자동차, 휴대폰, 클럽, 극장 등, 대중이 청취하는 시스템과 유사한 스피커를 2-3조씩 세팅 해 놓는 것이 일반적입니다. 큐베이스는 최대 4개의 모니터 환경을 구축할 수 있습니다.

● Main

모니터 소스를 선택할 수 있는 버튼과 레벨을 조정할 수 있는 노브 등으로 구성되어 있습니다.

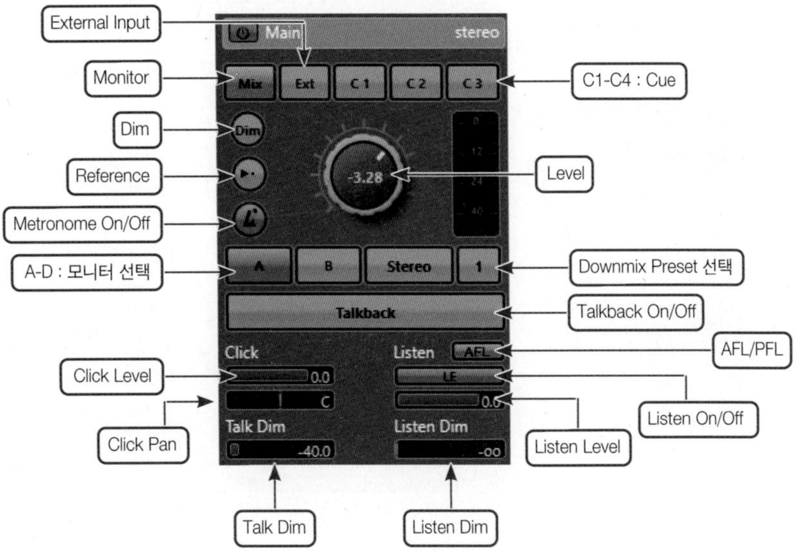


소스 선택 : Monitor(Mix), External Input(Ext), Cue 1-4(C1-4)의 모니터 소스를 선택합니다.

Dim : 레벨을 -30dB로 낮춥니다. 레벨은 Preference 창의 Control Room 카테고리에서 설정할 수 있습니다.

Reference : 레벨을 -20dB로 낮춥니다. Alt 키를 누른 상태에서 클릭하면 컨트롤 룸 레벨의 조정값을 레퍼런스 레벨로 설정할 수 있습니다.

Metronome : 메트로놈 사운드를 On/Off 합니다.

Level : 컨트롤 룸 레벨을 조정합니다.

A-D : 스피커가 연결되어 있는 Monitor1-4를 선택합니다.

Downmix Preset : 프로젝트 메인 아웃에 따라 5.1, Stereo, Mono 채널을 선택하여 모니터 할 수 있습니다.

Talkback : 토크백을 On/Off 합니다.

Click Level : 메트로놈 레벨을 조정합니다.

Click Pan : 메트로놈의 좌/우 밸런스를 조정 합니다.

Listen : 볼륨 페이더 이후(AFL) 또는 이전(PFL) 모드를 선택합니다.

Listen On/Off : 출력에 대한 수신 버스 기능을 On/Off 합니다.

Listen Level : 수신 버스 레벨을 조정합니다.

Listen Dim : 수신 버스 레벨의 최소 값을 설정합니다.

Talk Dim : 토크백을 사용할 때 컨트롤 룸의 모든 채널 출력이 감소되는 정도를 설정합니다.

● External

모니터할 입력 소스를 선택합니다.

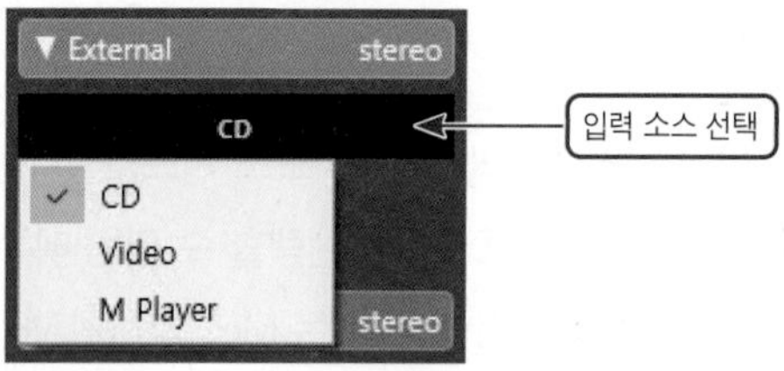


● Cue

큐 믹스로 전송할 소스를 선택하고, 레벨을 조정할 수 있는 슬라이더로 구성되어 있습니다.

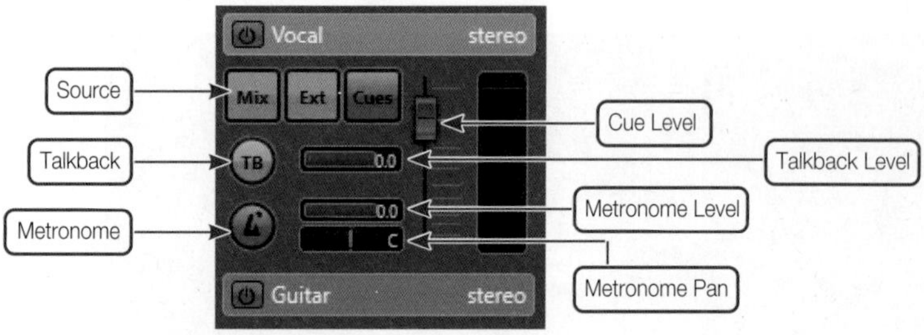


Source : 큐 믹스로 전송할 소스를 선택합니다.

Cue Level : 레벨을 조정합니다.

Talkback : 토크백의 사용 여부를 선택합니다.

Talkback Level : 토크백 레벨을 조정합니다.

Metronome : 메트로놈의 사용 여부를 선택합니다.

Metronome Level : 메트로놈의 레벨을 조정합니다.

Metronome Pan : 메트로놈의 좌/우 밸런스를 조정합니다.

● Channels

메인 아웃 채널을 표시하며, 아래쪽의 솔로 버튼을 클릭하여 해당 채널의 사운드만 체크할 수 있습니다. 스피커 위치를 나타내는 삼각형 모양의 아이콘을 클릭해도 됩니다.

▲ Stereo

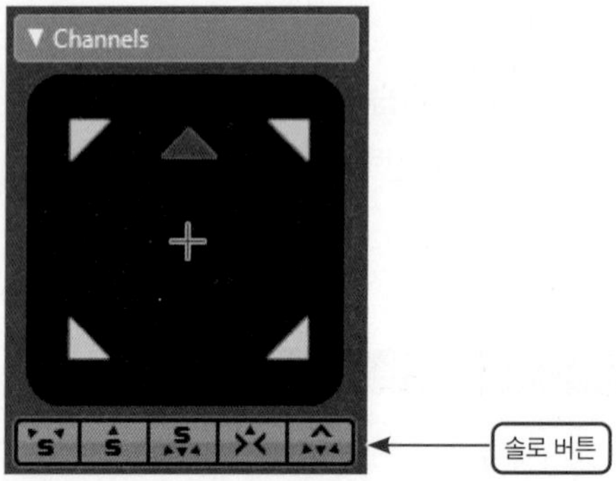


▲ 5.1 Surround

● Downmix Presets

5.1 채널로 작업한 음악이지만, 스테레오 또는 모노 시스템에서는 어떻게 들리는지 모니터할 수 있습니다. 오른쪽의 작은 삼각형을 클릭하면 채널 프리셋을 선택할 수 있는 메뉴가 열리며, Open/Close MixConvert를 선택하면 사용자가 원하는 채널 환경을 설정할 수 있는 MixConvert V6 플러그-인이 열립니다.

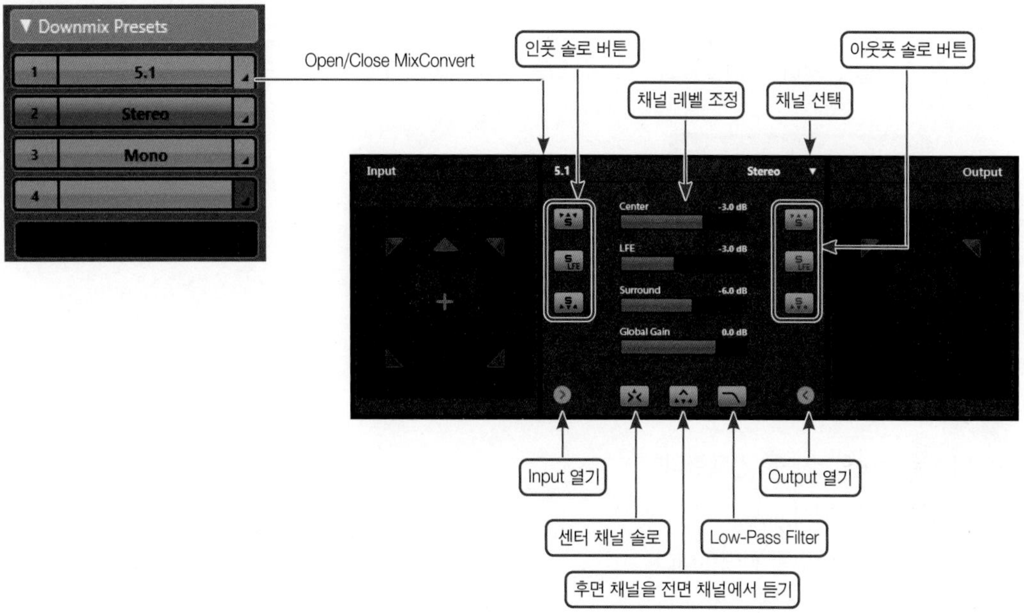


Input 열기 : 화면 왼쪽에 메인 출력 채널을 표시하며, 솔로 버튼을 클릭하거나 삼각형 모양의 스피커 위치를 클릭하여 솔로 모니터가 가능합니다.
Output 열기 : 화면 오른쪽에 다운믹스 채널을 표시하며, 솔로 버튼을 클릭하거나 삼각형 모양의 스피커 위치를 클릭하여 솔로 모니터가 가능합니다.
채널 선택 : 다운믹스 채널을 선택합니다.
채널 레벨 : 각 채널의 레벨을 조정합니다.
센터 채널 : 센터 채널을 솔로로 모니터 합니다.
리어 채널 : 후면 채널을 전면에서 재생합니다.
Low-Pass Filter : 로우 패스 필터를 적용할 수 있습니다.
사용자 설정은 프리셋 메뉴에서 Save Preset을 선택하여 저장할 수 있습니다.

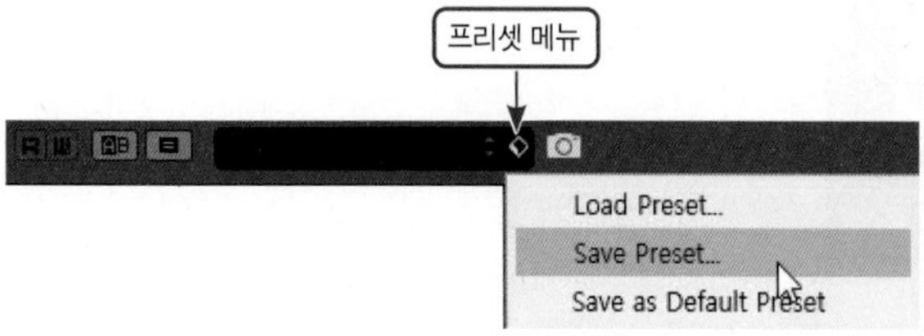

● Monitors

모니터 스피커가 연결된 라인을 선택하거나 레벨 미터를 볼 수 있습니다.

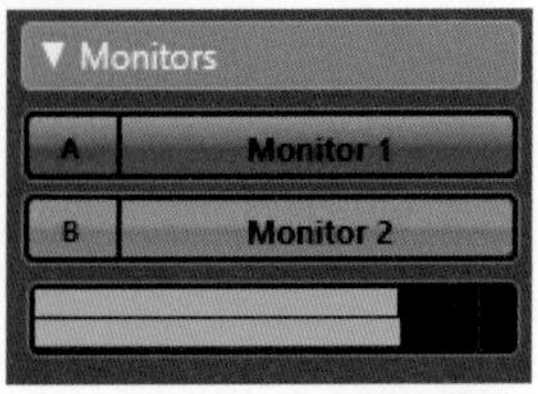


● Phones

헤드폰 소스를 선택하거나 레벨을 조정합니다. 메트로놈과 버스 레벨도 조정할 수 있습니다.

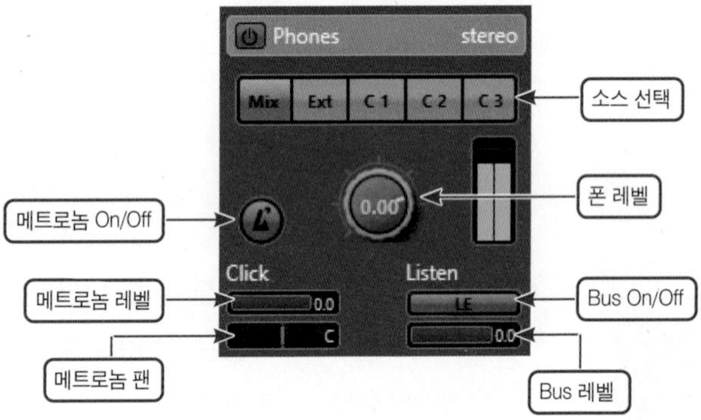


● Inserts

Inserts 탭에서 각 소스 마다 VST Effects를 적용할 수 있습니다.

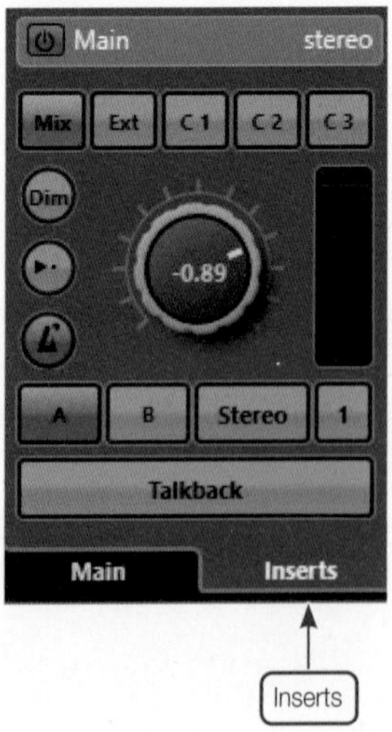

# 04 플러그-인 관리하기

대부분의 VST Instrument와 Effects 플러그-인은 큐베이스 Vstplugins 폴더에 자동으로 설치가 되지만, 큐베이스를 기본 위치에 설치하지 않았거나 플러그-인을 따로 관리하는 경우에는 해당 플러그-인들이 설치되어 있는 위치를 알려줘야 큐베이스에서 사용할 수 있습니다.

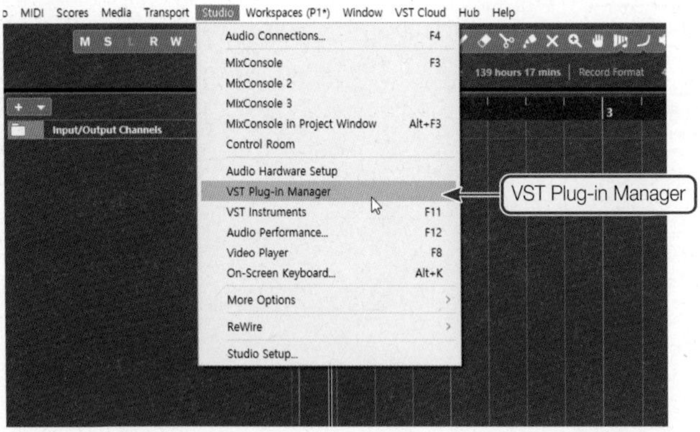


**01** 큐베이스에서 사용할 플러그-인을 관리하는 매니저 창은 Studio 메뉴의 VST Plug-in Manager를 선택하여 엽니다.

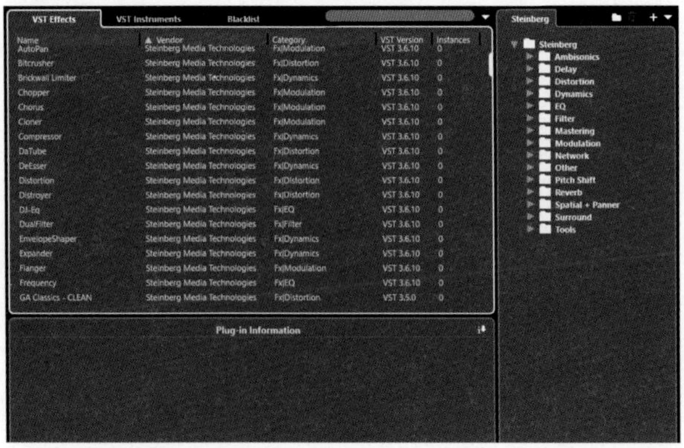


**02** 창은 이펙트를 관리하는 VST Effects와 악기를 관리하는 VST Instuments, 그리고 큐베이스에서 사용할 수 없는 플러그-인을 관리하는 Blacklist의 3가지 탭으로 구성되어 있습니다.

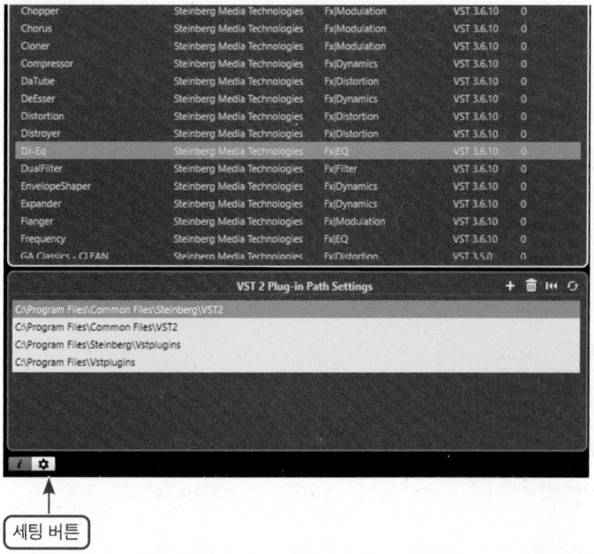


03 사용자가 설치한 VST를 Insert 및 Instrument 목록에서 볼 수 없다면 위치 지정이 되어 있지 않은 경우입니다. Plug-In Manager의 세팅 버튼을 눌러 확인합니다.

04 목록에 새로 설치한 VST 폴더 경로가 없는 것을 확인했다면 Add 버튼을 클릭하여 창을 열고, 새로 설치한 VST 폴더를 지정합니다.

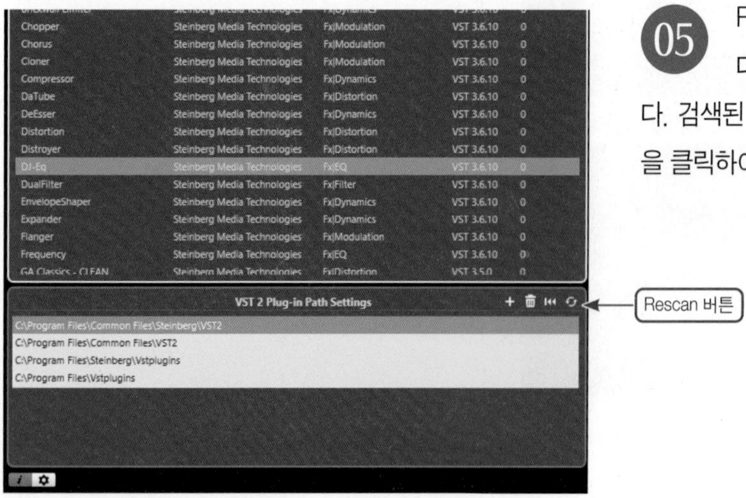


05 Rescan 버튼을 클릭하여 추가한 폴더의 VST를 큐베이스에 인식시킵니다. 검색된 VST 수를 알려주는 창은 OK 버튼을 클릭하여 닫습니다.

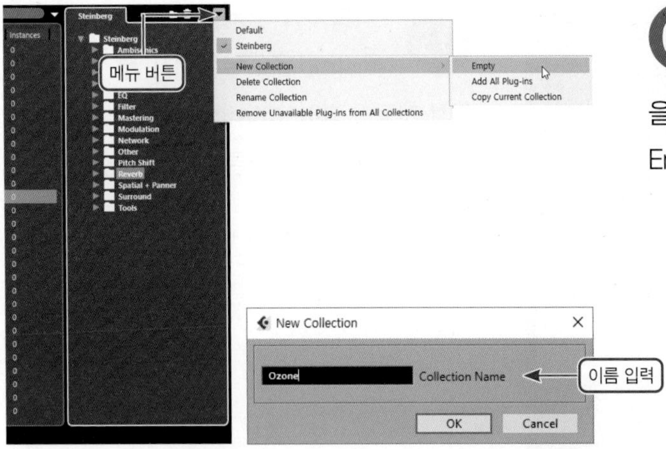


06 추가된 VST를 폴더 또는 콜렉션 단위로 관리할 수 있습니다. 새 콜렉션을 만들겠다면, 메뉴에서 New Collection의 Empty를 선택하고 이름을 입력합니다.

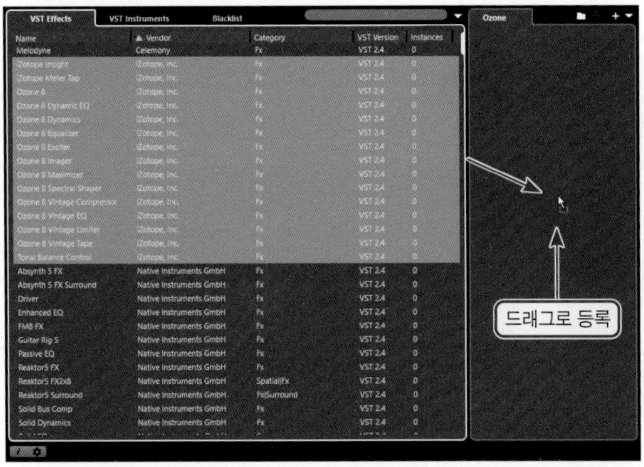


07 VST 목록에서 새로 추가한 플러그-인을 Shift 키를 이용해서 모두 선택하고, 새로 만든 콜렉션으로 드래그하여 등록합니다.

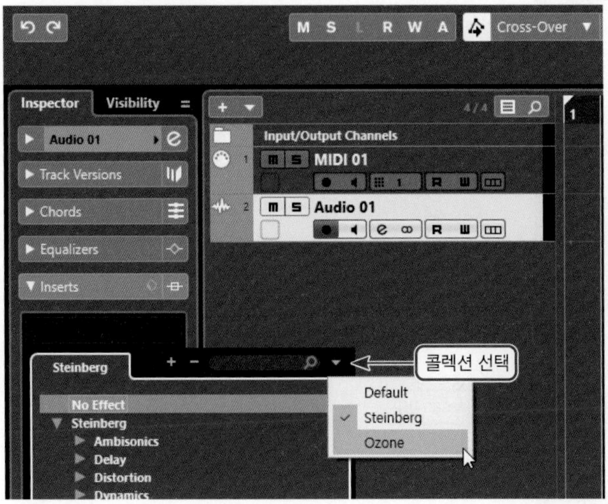


08 콜렉션으로 등록을 하면, Insert 창의 플러그-인 목록에서 해당 콜렉션을 선택하여 표시할 수 있습니다. 많은 VST를 사용할 때 유용합니다.

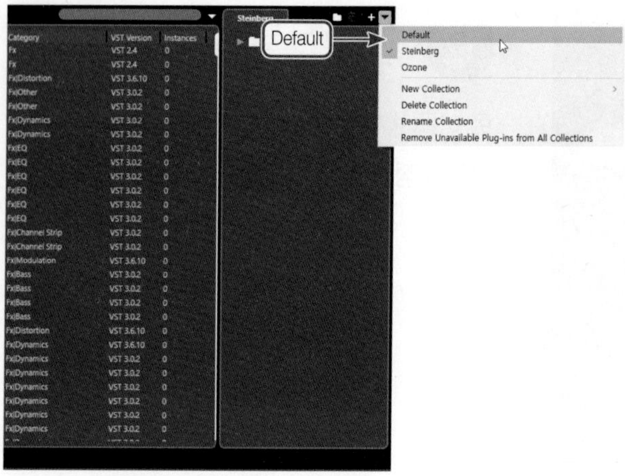


**09** 큐베이스 기본 플러그-인과 함께 하나의 콜렉션에서 관리하고 싶은 경우에는 폴더 관리 방법을 이용합니다. 메뉴에서 Default를 선택합니다.

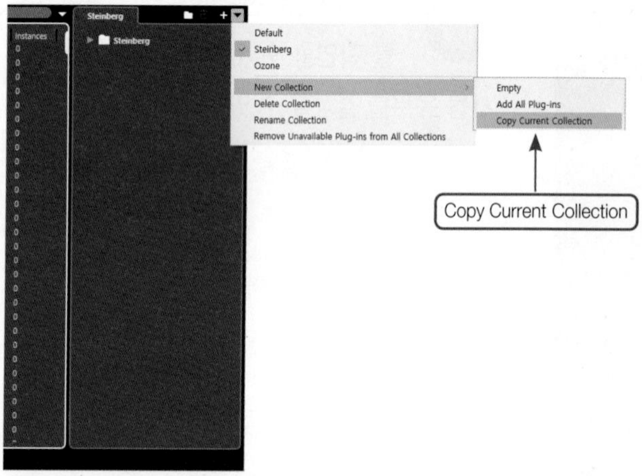


**10** 메뉴를 다시 열어 New Collection의 Copy Current Collection을 선택하여 Default를 다른 이름으로 복사합니다.

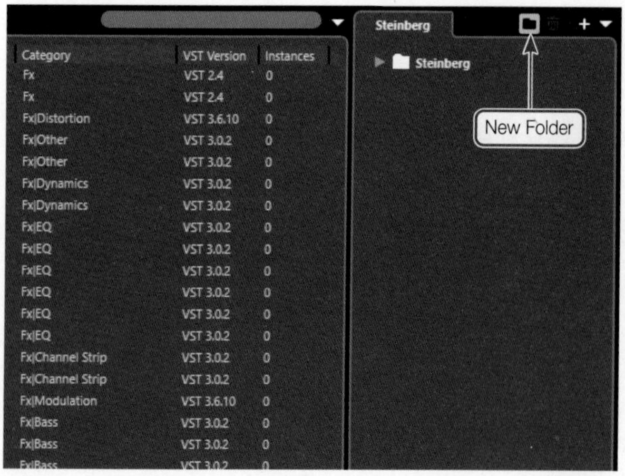


**11** New Folder 버튼을 클릭하여 폴더를 추가합니다. 추가한 폴더는 마우스 드래그로 위치를 이동시킬 수 있습니다.

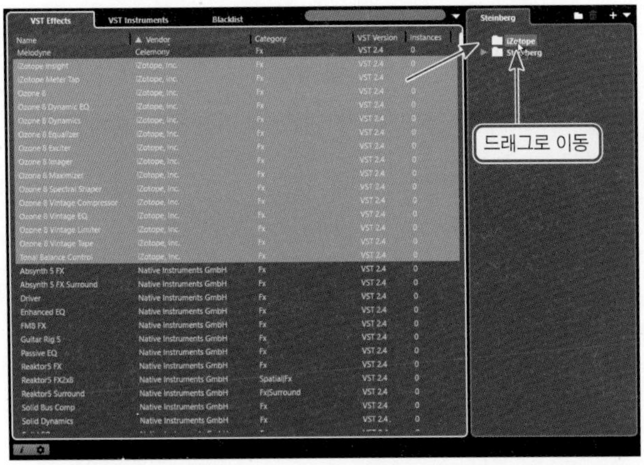


12 새로 만든 폴더를 드래그하여 정렬하고, 추가한 VST들을 새로 만든 폴더로 이동시키면, 프로젝트 Insert 슬롯에서 폴더 단위로 정리된 목록을 볼 수 있습니다.

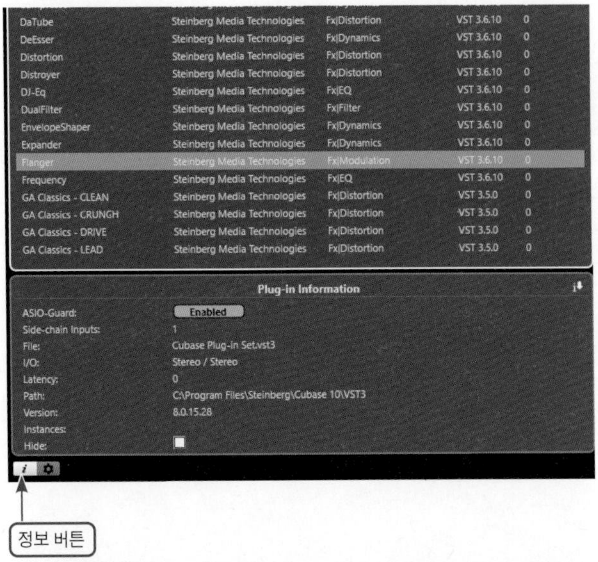


13 정보 버튼은 선택한 플러그-인의 정보를 확인할 수 있으며, Hide 옵션으로 사용 유무를 결정할 수 있습니다.

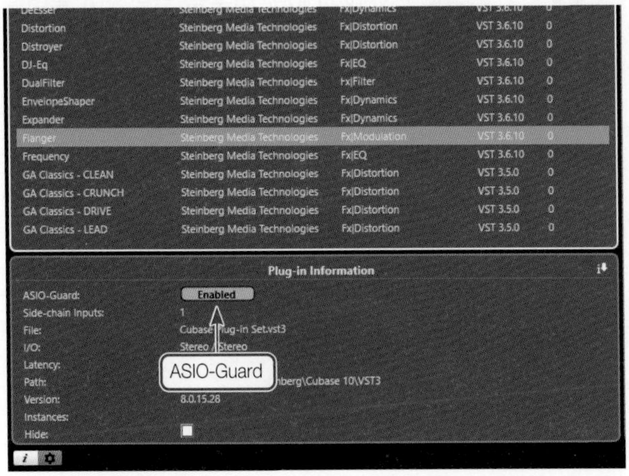


14 ASIO-Guard를 지원하는 플러그-인 정보도 확인할 수 있으며, Enabled 버튼을 클릭하여 사용 유무를 결정할 수 있습니다. 큐베이스에서 제공하는 플러그-인들은 모두 지원하여 보다 안정적인 시스템 확보가 가능합니다.

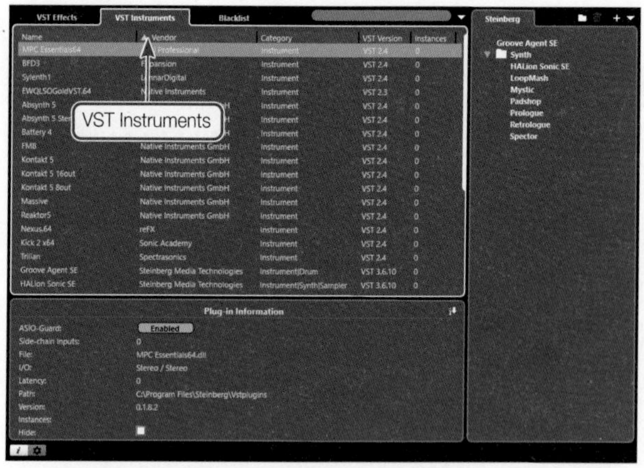


15 VST Instruments 탭의 관리도 지금까지와 동일합니다. 새로운 VST를 설치할 때마다 Plug-in Manager로 관리하는 습관은 효율적인 작업을 위해 매우 좋습니다.

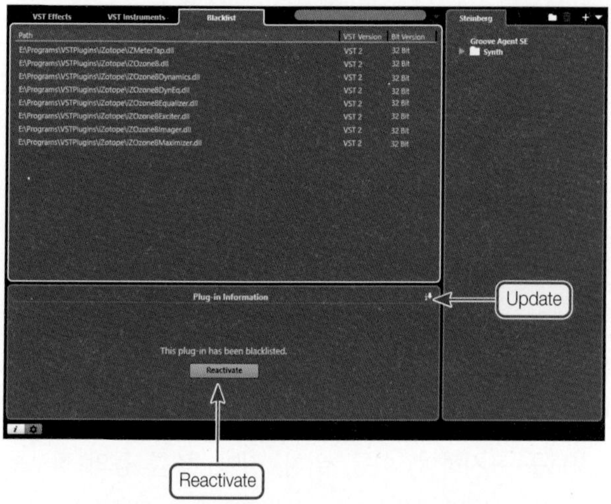


16 Blacklist 탭은 큐베이스에서 지원하지 않는 32Bit와 안전성에 문제가 있는 VST 목록이 표시됩니다. 64Bit는 Reactivate 버튼을 클릭하여 사용할 수 있지만, 권장하지는 않습니다. Update 버튼을 클릭하면 모든 플러그-인의 정보를 업그레이드 합니다.

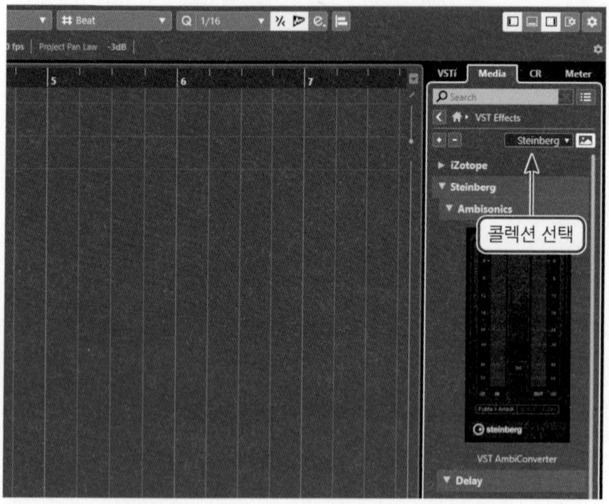


17 프로젝트 라이트 존의 Media 탭에서도 VST Instruments 및 Effects 콜렉션을 선택할 수 있으며, 오른쪽에 Picture 버튼을 클릭하여 그림 또는 리스트로 표시할 수 있습니다.

# 05 이벤트 관리하기

Project 메뉴의 Browse를 선택하거나 단축키 Ctrl+B를 누르면, 프로젝트 창에서 사용하고 있는 모든 이벤트를 관리할 수 있는 브라우저 창이 열립니다. 브라우저 창은 윈도우 탐색기와 비슷하게 다양한 옵션을 설정할 수 있는 툴 바와 트랙을 트리 구조로 보여주는 Project Structure 창, 각 트랙에 사용되고 있는 이벤트를 보여주는 Viewing 창으로 구성되어 있습니다.

화면 왼쪽의 Project Structure 창은 Tempo와 Signature 트랙을 포함한 프로젝트의 트랙을 표시하며, 각 트랙은 Track Data와 Automation으로 구성됩니다. 오른쪽의 Viewing 창은 선택한 트랙에 기록된 이벤트(Track Data)와 오토메이션(Automation) 정보를 표시하며, 이름, 위치, 길이, 볼륨 등의 정보를 편집할 수 있습니다. 또한 오디오 트랙은 Name 항목에 표시되는 아이콘을 더블 클릭하여 샘플 에디터를 열 수 있고, 미디 트랙의 경우에는 Track Data 하위로 파트가 나열되며, Viewing 창에는 선택한 파트의 이벤트가 표시됩니다. 리스트 에디터로 이해해도 좋습니다.

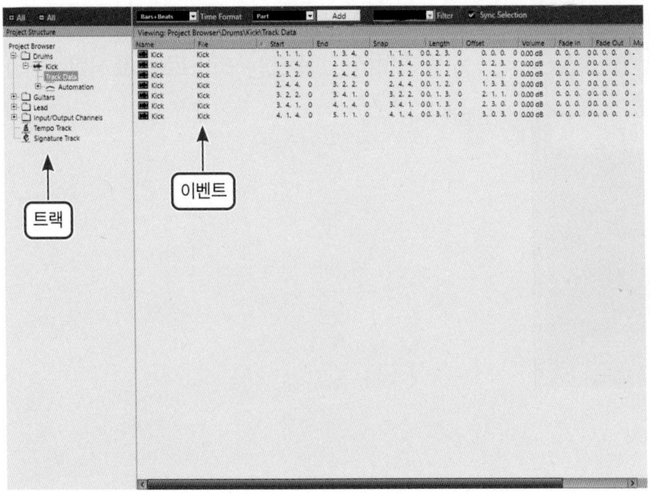

## ❶ 도구 모음 줄

브라우저 창 상단에는 Project Structure의 트리 구조를 모두 표시하거나 감출 수 있는 +All, −All 옵션을 비롯해서 Time Format, Add, Filter, Sync Selection 툴을 제공합니다.

● +All과 -All

Project Structure 창을 보면 각 트랙 이름 왼쪽에 + 또는 - 기호가 있습니다. 이 기호를 클릭하면 해당 트랙의 하위 구조를 표시하거나 감출 수 있습니다. 도구 모음 줄의 +All과 -All은 한 번의 클릭으로 모든 트랙의 하위 구조를 보여주거나 감출 수 있는 기능입니다.

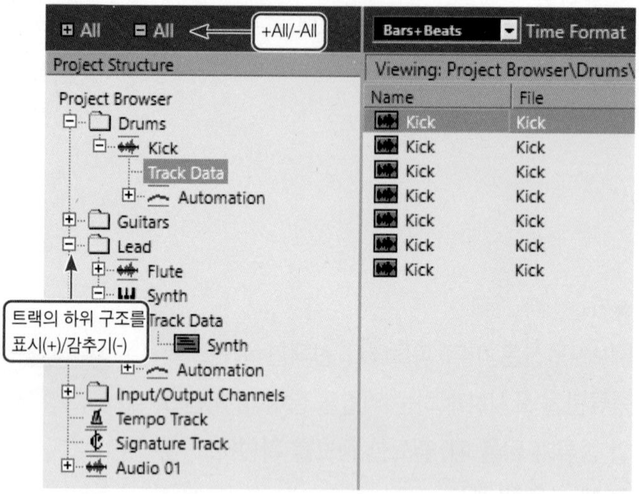


● Time Format

Viewing 창에 표시하는 이벤트의 시작(Start), 끝(End), 길이(Length) 등 칼럼에 표시하는 단위를 선택하는 옵션입니다.

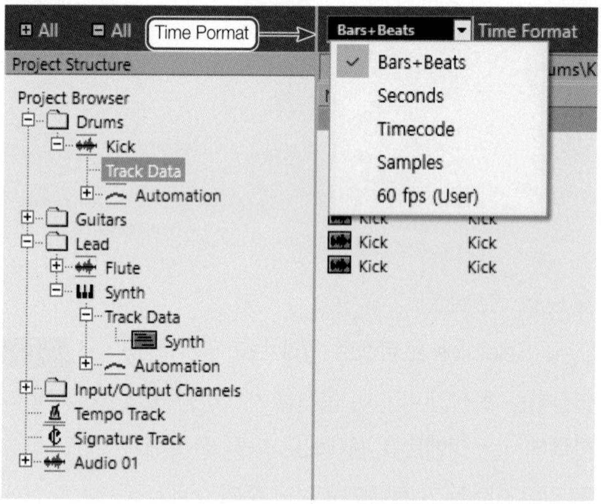

● Add

Add 버튼은 선택한 트랙에 파트 또는 이벤트를 추가할 수 있는 버튼입니다. 목록에서 추가할 정보를 선택하고, Add 버튼을 클릭하면 파트는 로케이터 구간에 추가되고, 이벤트는 송 포지션 라인이 있는 위치에 추가됩니다. Project Browser를 선택한 경우에는 트랙을 추가할 수 있습니다.

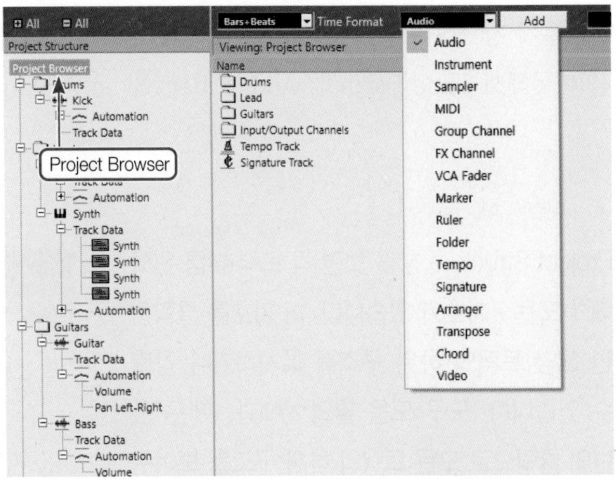


● Filter

Filter 옵션은 미디 파트에서 선택한 이벤트의 종류만을 표시하게 하는 역할을 합니다. 이벤트의 종류가 많을 때, 필요한 정보를 확인하고 싶을 때 사용합니다.

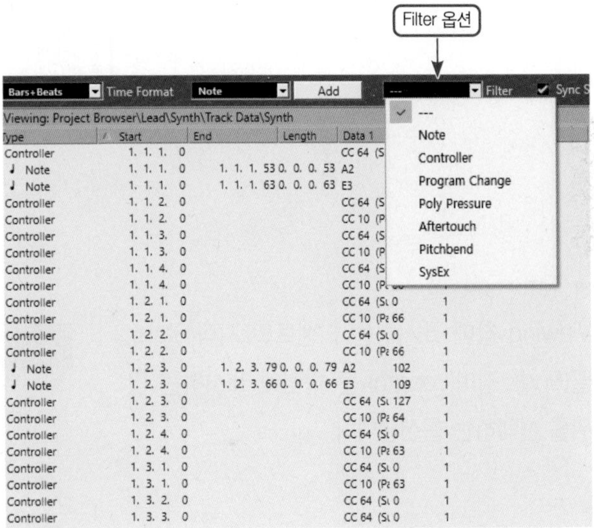


● Sync Selection

Sync Selection 프로젝트 창과 브라우저 창을 연결하는 옵션입니다. 이 옵션을 체크하면 어느 한쪽에서든 이벤트를 선택해도 다른 한쪽에서도 같은 이벤트가 선택되어 편집 중인 이벤트를 쉽게 구분할 수 있습니다.

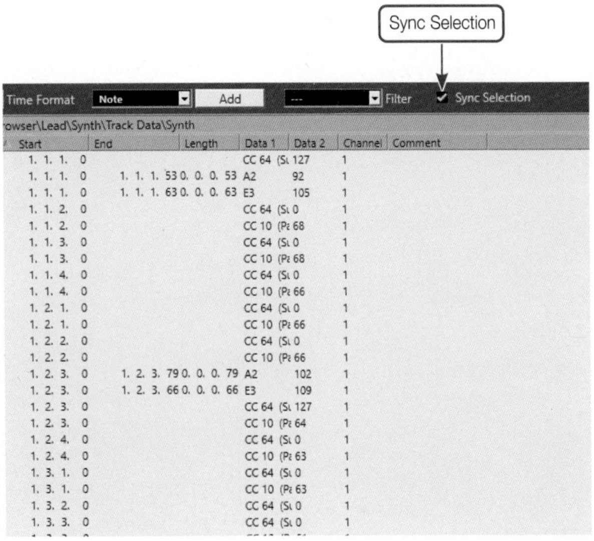

## ❷ Project Structure 창

Project Structure 창은 트랙의 구조를 트리 형식으로 표시합니다. 트랙 이름 왼쪽의 +기호를 클릭하면 트랙에 사용하고 있는 파트를 보여주고, -기호를 클릭하면 감춥니다. 트랙과 파트의 이름은 마우스 클릭으로 변경할 수 있습니다.

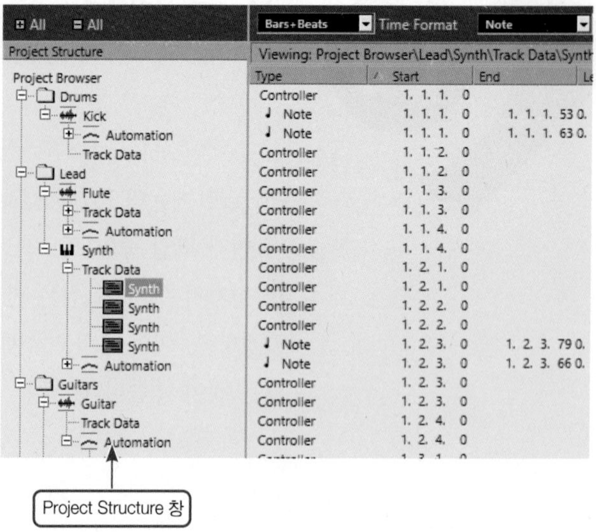


## ❸ Viewing 창

Viewing 창은 Project Structure 창에서 선택한 이벤트의 내용을 보여줍니다. 오디오 이벤트를 선택하면 이벤트를 보여주고, 미디 파트를 선택하면 미디 이벤트를 보여줍니다. 오디오 이벤트는 프로젝트의 인포라인 정보와 같고, 미디 이벤트는 리스트 에디터와 같습니다.

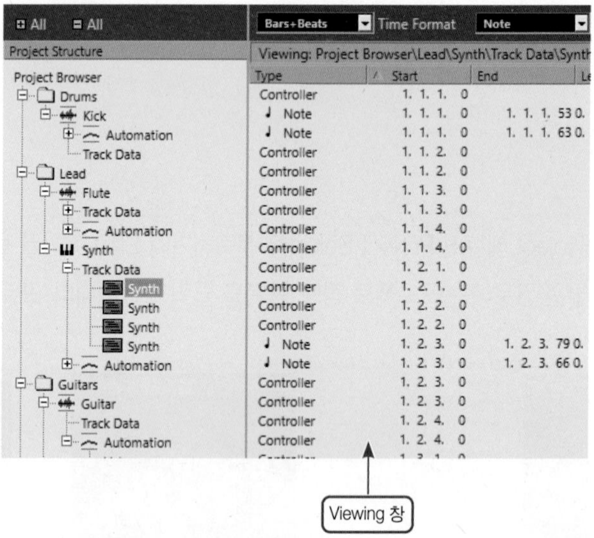


Automation, Tempo Track, Signature Track 역시 이벤트가 기록되어 있다면, 위치와 값을 편집할 수 있습니다.

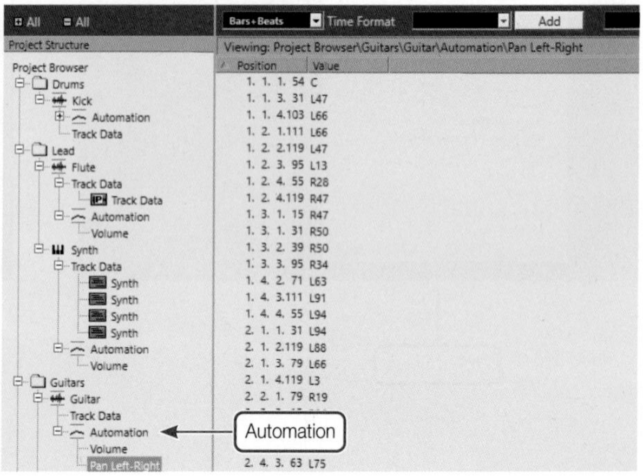

# 06 프로젝트 설정

Project 메뉴의 Project Setup은 Empty 탬플릿 환경의 프로젝트를 만들거나 현재 작업 중인 프로젝트의 환경을 변경할 수 있는 창을 열어줍니다. 여기서 한가지 주의 할 점은 반드시 작업을 시작하기 전에 샘플 비트와 레이트를 결정하고, 이미 오디오 이벤트를 녹음한 프로젝트 작업 환경에서는 변경하지 않는 것이 좋습니다.

Project 메뉴의 Project Setup을 선택하거나 Shift+S키를 눌러 Project setup 창을 엽니다. Status Line을 열어 놓은 경우에는 프로젝트 정보 항목을 클릭해도 됩니다. 프로젝트 창은 크게 6가지 섹션으로 구성되어 있습니다.

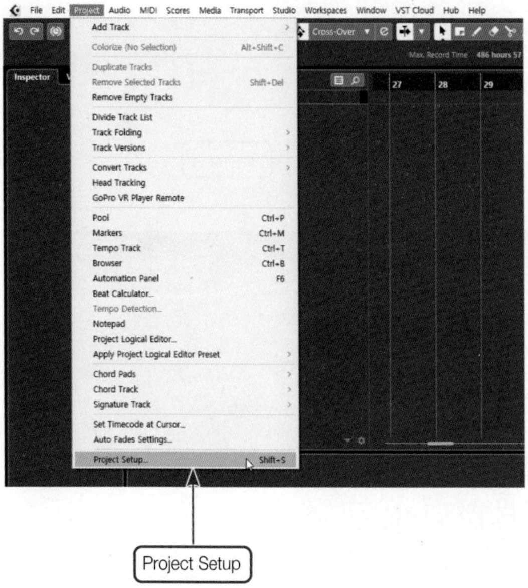


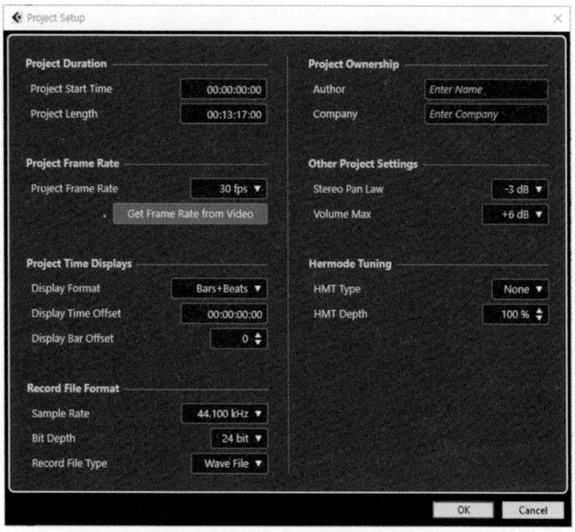

- Project Duration

프로젝트의 시작 위치와 길이를 설정합니다. 단위는 시, 분, 초, 프레임입니다. 작업하는 음악의 최종 길이가 4분이라고 가정을 했을 때 Project Duration을 4분으로 설정하면 프로세싱 과정에서 전체 구간을 읽는 큐베이스의 특성상 보다 빠른 프로세싱이 가능합니다.

- Project Frame Rate

1초에 재생되는 필름의 수를 나타내는 단위인 프레임을 설정합니다. 프레임에는 크게 영화 표준인 24 fps, TV표준인 29.97fps 등이 있습니다. 비디오를 불러온 경우에는 Get Frame Rate from Video 버튼을 선택하여 자동으로 설정할 수 있습니다.

- Project Time Displays

Display Format은 트랜스포트 패널의 디스플레이 창 또는 룰러 라인에 표시할 단위를 선택합니다. Offset은 시작 타임을 설정하는 것으로 Time과 Bar의 두 가지가 있습니다. Display Time Offset은 시간 단위이고, Display Bar Offset은 마디 단위입니다. 외부 소스의 시작 타임이 다를 때 이 값을 조정하여 동기화 합니다.

- Record File Format

프로젝트 설정에서 가장 중요한 항목으로 레코딩하는 오디오의 Sample Rate와 Bit Depth를 결정합니다. 이미 녹음을 한 오디오의 포맷은 바꿀 수 없습니다. 큐베이스를 비롯한 모든 오디오 편집 툴은 오디오 포맷을 바꿀 수 있는 기능을 제공하지만, 실제 음질이 바뀌는 것은 아니므로 주의하기 바랍니다. 그리고 Record File Type은 wav 및 Aif와 같은 오디오 형식을 결정합니다.

- Project Ownership

작업자의 이름 및 회사명을 입력할 수 있는 Author와 Company 입니다. 이 정보는 Brodcast Wave File로 믹스다운 할 때 iXML 정보로 포함됩니다. 매번 동일한 이름을 사용한다면 Prefernece의 Presonalization에서 입력해둡니다.

- Other Project Settings

Stereo Pans Law는 패닝 효과를 적용할 경우에 밸런스의 불균형을 보정하기 위한 중앙 레벨을 -3 또는 -6으로 내리는 역할을 합니다. Volume Max는 볼륨 페이더의 최대 값을 설정합니다.

● Hermode Tuning

미디 트랙의 Hermode Tuning 기능을 사용할 때의 모드와 값을 설정합니다. Hermode Tuning은 3, 5, 7 도 음의 간격을 튜닝하여 깔끔한 사운드를 만들어줍니다. 단, 이를 지원하는 VST3 악기에만 적용됩니다. 테스트를 위해 Type에서 Reference (pure 3/5) 타입을 선택하고, Depth은 기본값 100으로 합니다.

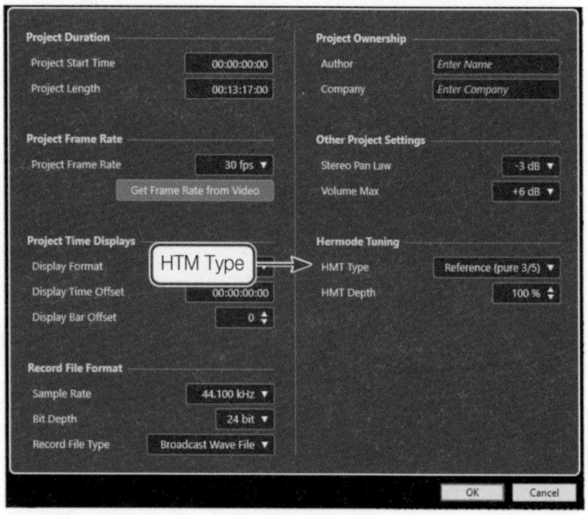


HALion Sonic SE 트랙을 만들고, 음색은 모니터하기 쉬운 피아노 음색을 선택합니다. 그리고 C 코드를 녹음해 봅니다.

녹음한 사운드를 모니터 합니다. 그리고 MIDI Modifiers의 HMT: Follow 기능을 활성화하고, 다시 한 번 모니터 합니다. 음 간격이 조율되어 좀 더 선명한 사운드가 재생되는 것을 확인할 수 있습니다. 단, 코드와 악기에 따라 달라지므로 무조건 좋은 결과를 얻을 수는 없습니다.

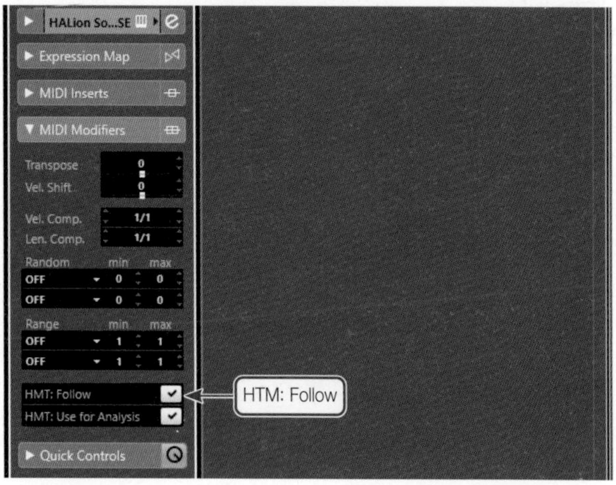

## Tip 프로젝트 폴더 관리

프로젝트는 폴더 단위로 만들어 관리하는 것이 좋습니다. 새로운 폴더를 만들어 프로젝트를 저장하면, 해당 폴더에는 프로젝트 외에 Audio, Edits, Images, Track Pictures 폴더와 백업(*.Bak) 파일이 생성될 수 있습니다.

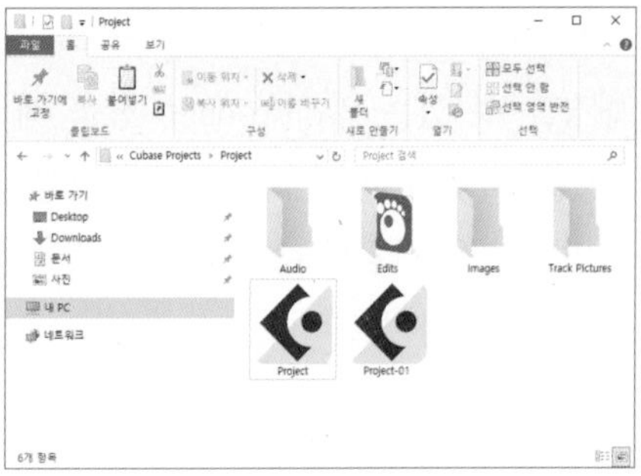


Audio : 녹음 및 임포트한 오디오 파일이 저장됩니다.
Edits : 편집 내용이 저장됩니다.
Images : 오디오 웨이브 폼 캐시 파일이 저장됩니다.
Track Pictures : 트랙 이미지 파일을 저장합니다.
Bak : 프로젝트 백업 파일 입니다.

여기서 가장 중요한 것은 Audio 폴더입니다. 나머지는 삭제를 해도 프로젝트를 열 때 시간이 걸릴 뿐 다시 생성됩니다. 오디오 폴더는 프로젝트에 레코딩 및 임포트한 오디오 파일이 저장되는데, 임포트 할 때 열리는 창에서 Copy File to Working Directory 옵션을 체크해야 합니다. 작업을 완료하고 저장하지 않은 파일이 없는지 확인하고 싶을 때는 Media 메뉴의 Prepare Archive를 선택합니다. 복사되지 않은 파일이 있다면 Audio 폴더로 저장됩니다.

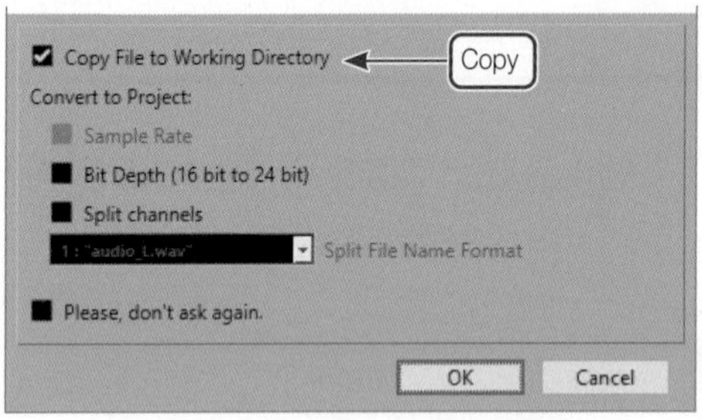


큐베이스는 만일을 위해 프로젝트를 자동으로 백업(*.Bak) 합니다. 기본적으로 15분마다 최대 10개의 백업 파일을 만들며, 필요하다면 Prefereces의 General 페이지에서 타임 간격(Interval)과 수(Maximum)를 변경합니다. 프로젝트를 수동으로 백업할 때는 File 메뉴의 Save New Version을 선택하며, 폴더 전체를 백업할 때는 File 메뉴의 Back Up Project를 선택합니다.

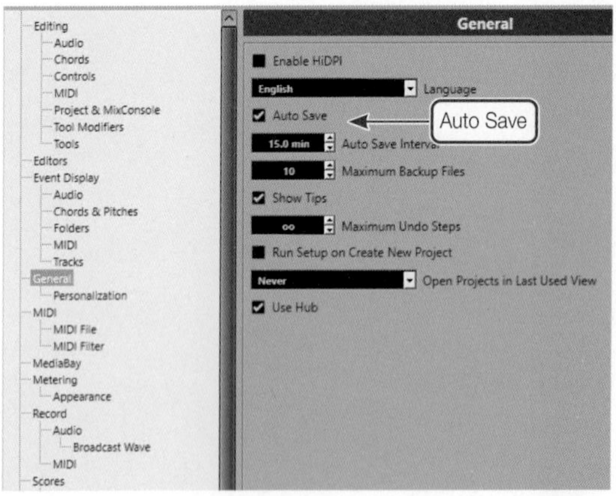

# 07 기본 환경 설정하기

큐베이스의 기본 환경이 아무리 완벽하다고 해도 성격과 취향이 다른 모든 사용자를 만족시킬 수는 없을 것입니다. 이것에 대한 해결책으로 작업자가 원하는 스타일로 작업 환경을 변경할 수 있는 Preferences 창을 제공합니다. 변경한 환경은 프리셋으로 저장할 수 있기 때문에 여러 사람이 함께 사용하고 있는 스튜디오에서도 자신만의 환경을 사용할 수 있다는 장점이 있습니다. 창은 Edit 메뉴의 Preferences를 선택하여 엽니다.

## 01 Editing

Editing은 Audio, Controls, MIDI 등 7가지 카테고리의 편집 옵션을 설정할 수 있는 구조로 되어 있으며, 메인 페이지에는 이벤트를 편집할 때 적용할 수 있는 14가지의 옵션으로 구성되어 있습니다.

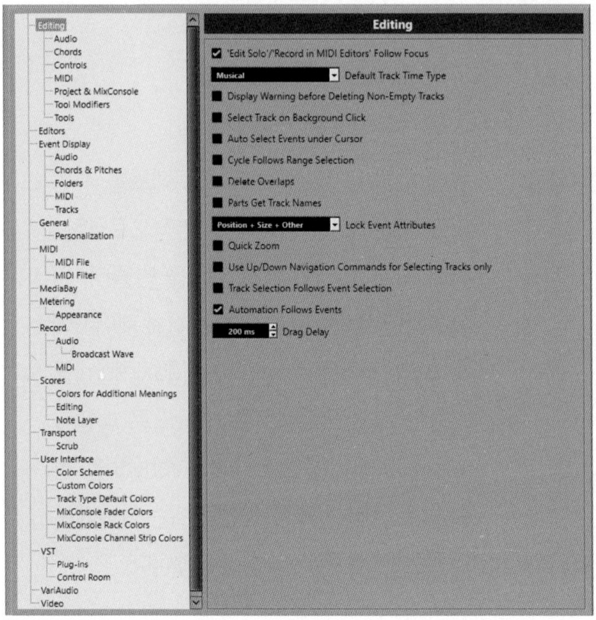

● Edit Solo/Record in MIDI Editors follow focus

미디 에디터 창의 솔로 및 녹음 버튼이 프로젝트에서 트랙을 바꿀 때도 유지되게 합니다.

● Default Track Time Type

트랙을 만들 때, 컨트롤 파라미터의 타입 버튼을 음표 단위(Musical)로 할 것인지, 시간 단위(Time Linear)로 할 것인지를 선택합니다. 그리고 트랜스포트 표시 단위(follow Transport Main Display)에 따르게 하는 메뉴가 있습니다.

● Display Warning before Deleting Non-Empty Tracks

비어 있지 않은 트랙을 삭제할 때 경고 창이 열리게 합니다.

● Select Track on Background Click

작업 공간을 클릭하여 트랙을 선택할 수 있게 합니다.

● Auto Select Events under Cursor

옵션을 체크하면 송 포지션 라인이 있는 위치의 이벤트를 자동으로 선택하게 합니다. 단, 선택한 트랙에 한해서 작동합니다.

● Cycle Follows Range Selection

옵션을 체크하면 Audio Part Editor 또는 Sample Editor 창에서 특정 범위를 선택했을 때, 선택한 범위를 로케이터 구간으로 자동 설정합니다.

● Delete Overlaps

옵션을 체크하면 파트를 편집하는 과정에서 겹치는 파트를 자동으로 삭제합니다.

● Parts Get Track Names

옵션을 체크하면 파트를 다른 트랙으로 이동할 때 파트의 이름을 이동한 트랙의 이름으로 자동 변경합니다.

● Lock Event Attributes

Edit 메뉴의 Lock을 이용해서 이벤트를 고정할 때 적용할 옵션을 선택합니다. 기본값인 Position+Size+Other는 모든 편집이 불가능하게 하는 것입니다. 그 밖에 Position, Size, Other 등의 개별적인 선택이 가능합니다.

● Quick Zoom

옵션을 체크하면 줌 기능을 이용해서 이벤트를 확대/축소할 때, 동작이 완료될 때 까지 이벤트를 다시 표시하지 않게 하여 좀더 빠르게 줌 기능을 사용할 수 있습니다. 하지만, 이 옵션을 사용해야 할 정도로 디스플레이에 문제가 있다면 사용하고 있는 비디오 카드의 드라이버를 업그레이드 하는 것이 좋습니다.

● Use Up/Down Navigation Commands for Selecting Tracks only

키보드의 위/아래 방향키를 이용해서 트랙을 선택할 때, 파트의 선택을 해제합니다. 옵션을 체크하면, 파트의 선택은 그대로 두고, 트랙만 이동할 수 있습니다.

● Track Selection Follows Event Selection

트랙을 선택할 때, 해당 트랙의 이벤트가 자동으로 선택되게 합니다. 트랙과 이벤트를 함께 편집하는 작업을 주로한다면, 옵션을 체크합니다.

● Automation follows Events

옵션을 체크하면 오토메이션을 기록한 파트를 이동하거나 복사할 때, 오토메이션이 함께 이동하거나 복사되게 합니다.

● Drag Delay

이벤트를 이동할 때의 지연 시간을 최대 500ms(0.5초)까지 설정할 수 있습니다. 만일, 이벤트를 선택할 때 자꾸 이동되는 현상을 경험한다면 이 값을 높입니다.

## ▶ Editing - Audio

Editing의 Audio 페이지는 오디오 이벤트를 편집할 때 적용할 수 있는 옵션으로 구성되어 있습니다.

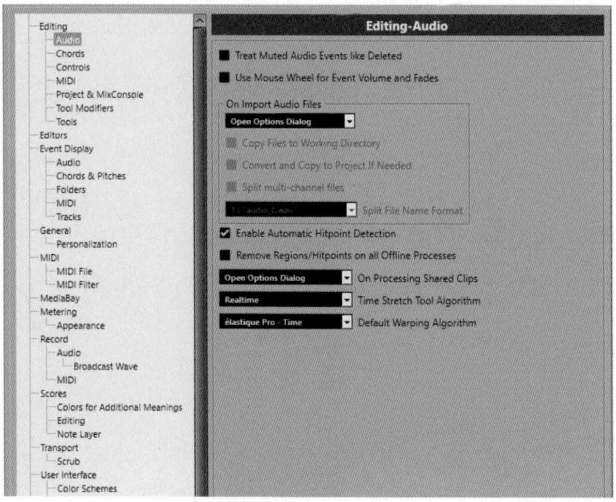

- Treat Muted Audio Events like Deleted

두 개의 오디오 이벤트가 겹쳐있을 때, 재생되는 이벤트를 뮤트시켜도 나머지 하나가 연주되게 합니다. 옵션을 해제한 경우에는 겹쳐있는 오디오 이벤트가 함께 뮤트됩니다.

- Use Mouse Whell for Event Volume and Fades

오디오 이벤트의 볼륨과 팬 라인을 마우스 휠로 조정할 수 있게 합니다.

- On Import Audio Files

오디오 파일을 임포팅 할 때 어떻게 처리할 것인지의 여부를 결정하는 옵션입니다. 기본값인 Open Options Dialog는 매번 옵션 처리 여부를 결정할 수 있는 창을 열고, Use Settings를 선택하면 3가지 옵션이 활성화 됩니다.

- Copy Files to Working Directory - 임포팅 하는 오디오 파일을 프로젝트의 Audio 폴더에 복사합니다.
- Convert and Copy Project Needed - 샘플 포맷이 다른 경우에는 복사와 컨버팅을 동시에 수행합니다.
- Split multi channel files - 멀티 채널의 오디오 파일인 경우에는 모노 채널로 분리합니다. 분리된 파일의 이름 표시 형식은 Split File Name Format 옵션에서 선택합니다.

- Enable Automatic Hitpoint Detection

녹음 및 임포트로 프로젝트에 오디오를 추가할 때 자동으로 힛 포인트를 만듭니다.

- Remove Regions/Markers on all Offline Processes

리전이나 마커를 포함하고 있는 이벤트에 오디오 프로세싱을 적용하면, 각각의 정보를 제거합니다.

- On Processing Shared Clips

오디오 프로세싱을 적용할 때, 선택한 이벤트에만 적용하는 Create New Versions, 사용하는 미디어 파일 전체에 적용하는 Process Exiting Clip 메뉴가 있고, 매번 적용 여부를 선택할 수 있게 창이 보이는 Open Options dialog가 있습니다.

- Time Stretch Tool Algorithm

스트레치 툴로 사운드의 길이를 조정할 때 사용할 알고리즘을 선택합니다. 빠른 처리가 가능한 Realtime과 제작사의 기술로 높은 퀄리티를 보장하지만, 처리 속도가 늦고, 높은 시스템 사양을 요구하는 MPEX가 있습니다.

- Defaul Warping Algorithm

기본적으로 사용되는 워프 알고리즘을 선택합니다.

## ▶ Editing - Chords

Editing의 Chords 페이지는  코드 트랙의 환경을 결정할 수 있는 3가지 옵션이 있습니다.

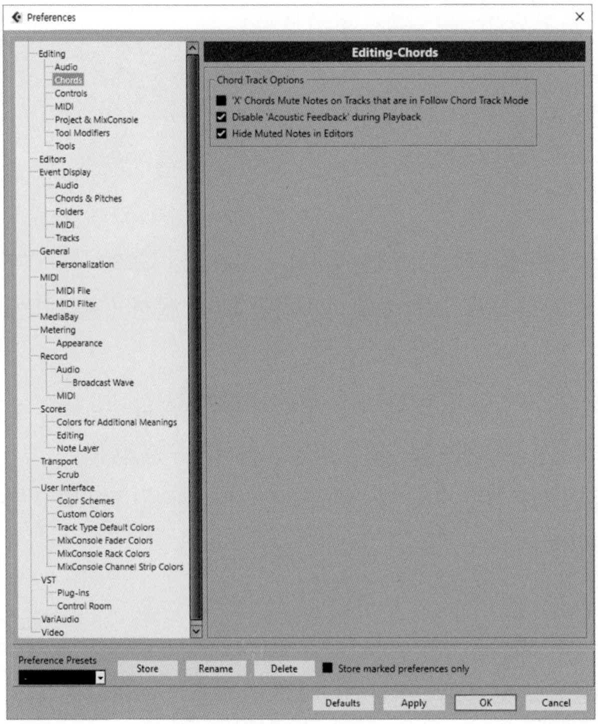


● 'X' Chords Mute Notes on Tracks That are in Follow Chord Track Mode

코드가 정의 되지 않은 위치(X)에 도달할 때 코드 팔로우 트랙의 재생 상태를 결정합니다. 옵션을 체크하면 뮤트 되고, 해제하면 이전 코드를 그대로 연주합니다.

● Disable 'Acoustic Feedback' during Playback

재생을 할 때 Acustic Feedback이 자동으로 비활성화 되어, 코드 이벤트가 두 번 연주되지 않게 합니다.

● Hide muted Notes in Editors

코드 팔로우가 설정된 미디 트랙에서 뮤트된 이벤트를 감춥니다.

## ▶ Editing - Controls

Editing의 Controls 페이지는 큐베이스에서 사용하는 각종 노브와 슬라이드, 그리고 텍스트 모드의 환경을 설정할 수 있는 Knob, Slider, Value의 3가지 옵션이 있습니다.

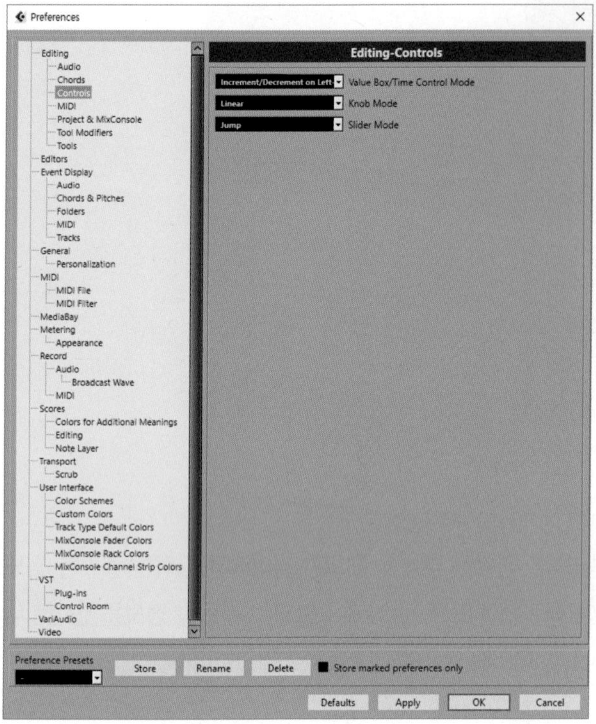


● Value Box/Time Control Mode

값을 입력하는 박스에서 왼쪽 클릭으로 입력하는 Textinput on Left-Click, 마우스 클릭으로 조정하는 Increment/Decrement on Left/Right-Click, 마우스 드래그로 조정하는 Increment/Decrement on Left-Click and Drag의 3가지 모드가 있습니다.

● Knob Mode

노브를 실제 하드웨어와 같이 원으로 조정할 수 있는 Circular, 마우스 클릭으로 조정할 수 있는 Relative Circular, 마우스 드래그로 조정할 수 있는 Linear의 3가지 모드가 있습니다.

● Slider Mode

슬라이드를 클릭한 위치로 바로 이동하는 Jump, 마우스 드래그로만 조정하는 Touch, 클릭한 위치까지 슬라이드 형식으로 움직이게 하는 Ramp의 3가지 모드가 있습니다.

## ▶ Editing - MIDI

Editing의 MIDI 페이지는 미디 편집에 관련된 옵션으로 구성되어 있습니다.

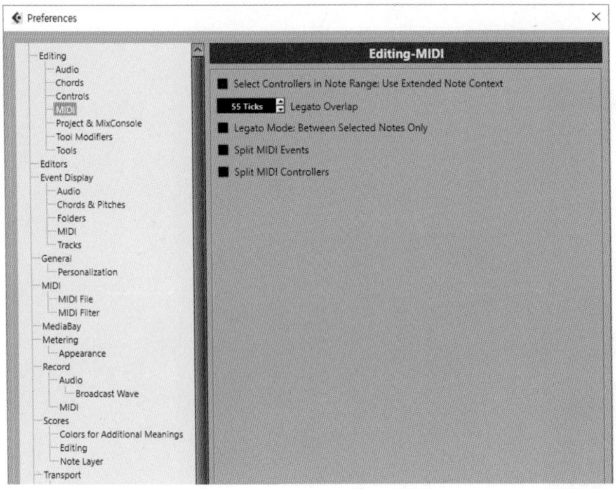


● Select Controllers in Note Range Use Externded Note context

옵션을 체크하면, 레가토 연주로 겹쳐진 노트를 선택할 때, 겹쳐진 부분을 제외한 길이에 해당하는 컨트롤 정보만 선택되게 합니다. 옵션을 해제하면, 겹쳐진 부분에 상관없이 노트 길이에 포함되는 컨트롤 정보를 선택합니다. 컨트롤 정보의 선택 여부는 편집 창의 Auto Select Controlleres 버튼 On/Off로 결정합니다.

● Legato Overlap

MIDI 메뉴의 Function에서 Legato의 속성을 결정합니다. 레가토를 적용할 때 노트가 겹치는 허용 값을 최대 100 Ticks까지 설정할 수 있습니다. 반대로 마이너스 값은 각 노트 사이에 설정한 값만큼의 갭을 만듭니다.

● Legato Mode Between Selected Notes Only

MIDI 메뉴의 Function에서 Legato 명령을 이용할 때, 선택한 노트를 기준으로 적용할 수 있도록 합니다. 옵션을 해제하면, 선택하지 않은 다음 노트 까지를 기준으로 적용합니다.

● Split MIDI Events

가위 툴이나 Split 기능을 이용해서 미디 파트를 자를 때, 자르는 위치에 있는 노트를 어떻게 처리할 것인지 결정합니다. 옵션을 체크하면 노트를 함께 자르고, 해제하면 자른 위치 오른쪽에 있는 노트를 삭제합니다.

● Split MIDI Controllers

자르는 위치에 있는 컨트롤 정보를 어떻게 처리할 것인지를 결정합니다. 옵션 적용은 Split MIDI Events와 동일합니다.

## ▶ Editing - Project & MixConsole

Editing의 Project & MixConsole 페이지는 트랙 파라미터에 관련된 옵션으로 구성되어 있습니다.

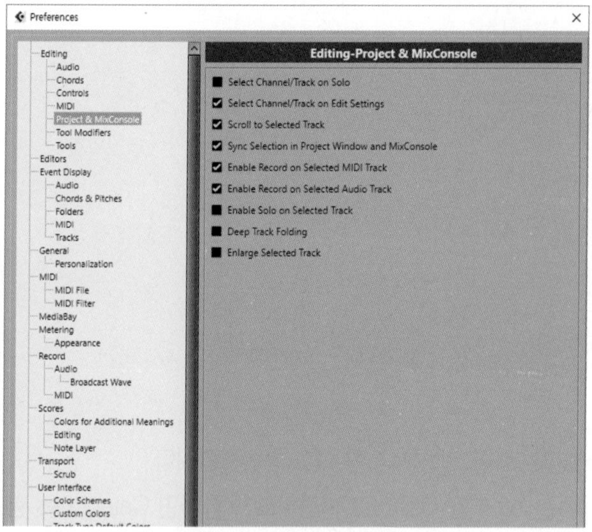


- Select Channel/Track on Solo

솔로 버튼을 클릭할 때, 트랙을 자동으로 선택합니다.

- Select Channel/Track on Edit Settings

채널 버튼을 클릭할 때, 트랙을 자동으로 선택합니다.

- Scroll to selected Track

한 화면에 모든 채널을 볼 수 없을 만큼 트랙 수가 많을 때, Track 또는 Channel를 선택한 경우, 각각의 창에서 선택한 트랙으로 이동합니다.

- Sync Selection in Project Window and MixConsole

믹스 콘솔에서 채널을 선택하면 프로젝트 창에서 같은 트랙이 선택되게 합니다.

- Enable Record on Selected Audio Track

오디오 트랙을 선택할 때 자동으로 Record Enable 버튼을 On으로 하게 합니다.

- Enable Record on Selected MIDI Track

미디 트랙을 선택할 때 자동으로 Record Enable 버튼을 On으로 하게 합니다.

● Enable sole on Selected Track

트랙을 선택할 때 자동으로 Solo 버튼을 On으로 합니다. 두 개 이상의 트랙을 솔로로 연주할 일이 많다면, 옵션을 해제하는 것이 편합니다.

● Deep Track Folding

폴더 트랙을 열고, 닫을 때 하위 트랙이 함께 적용되도록 합니다.

● Enlarge Selected Track

선택하는 트랙을 확대하여 확인할 수 있게 합니다.

## ▶ Editing - Tool Modifiers

Editing의 Tool Modifiers 페이지는 편집 명령에서 사용하는 Ctrl, Alt, Shift 키 설정을 변경합니다.
예를 들어 마우스 드래그로 이벤트를 복사할 때 사용하는 Alt 키를 Ctrl 키로 변경하고자 한다면 Categories 항목에서 마우스 드래그 복사 명령인 Drag & Drop을 선택하고 Action 항목에서 Copy를 선택합니다. 그리고 변경하고자 하는 키(Ctrl)를 누르고, Assign 버튼을 클릭하면 됩니다.

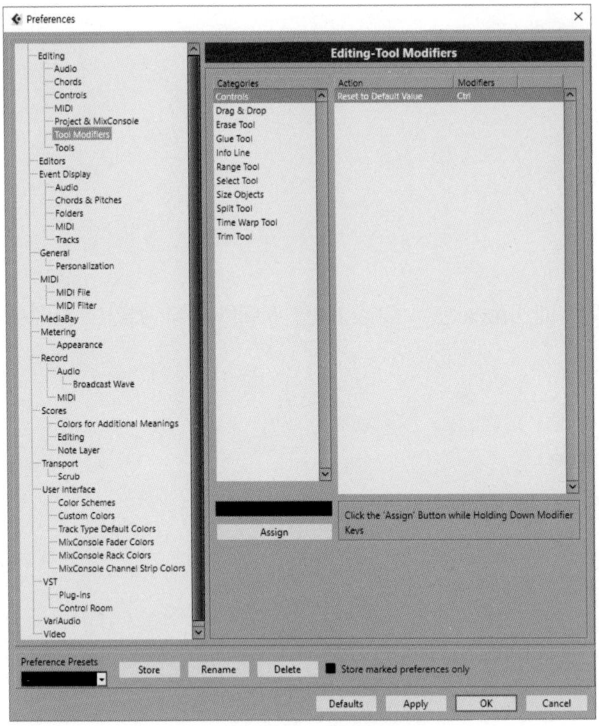

## ▶ Editing - Tools

Editing의 Tools 페이지는 도구를 사용할 때 적용할 수 있는 옵션들로 구성되어 있습니다.

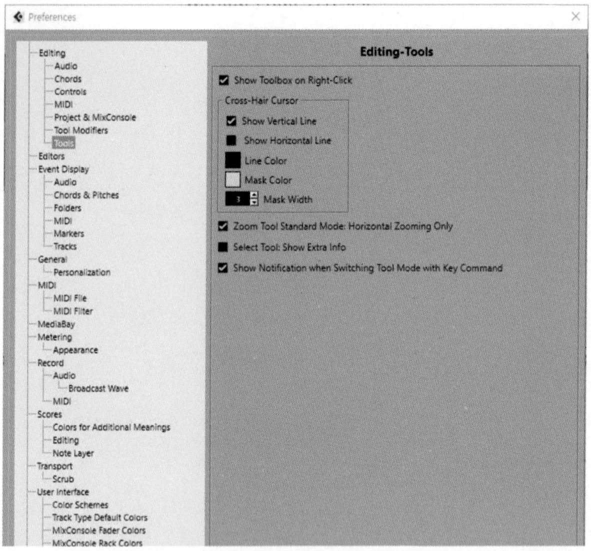


● Show Toolbox on Right Click

마우스 오른쪽 버튼으로 단축 메뉴를 열 때, 옵션을 선택하면, 도구 모음이 열립니다. 옵션을 해제한 경우에는 Ctrl 키를 누른 상태로 단축 메뉴를 열 수 있습니다.

● Cross Hair Cursor

Show Vertical Line과 Show Horizonal Line은 이벤트를 편집할 때 가로 및 세로 라인의 표시 여부를 결정하며, Line Color는 라인의 색상을 선택합니다. Mask Color와 Mask Width는 라인 외각의 색상과 굵기를 설정합니다.

● Zoom Tool Standard Mode: Horizontal Zooming Only

돋보기 버튼을 이용하여 작업 공간을 확대 할 때, 가로로 적용합니다. 해제하면 가로와 세로로 적용합니다.

● Select Tool Show Ectra Info

화살표 버튼 오른쪽에 마우스의 위치를 표시합니다.

● Show Notification when Switching Tool Mode with Key Command

단축키로 툴을 선택할 때 표시합니다.

## 02 Editor

편집 창의 기본 환경을 설정합니다.

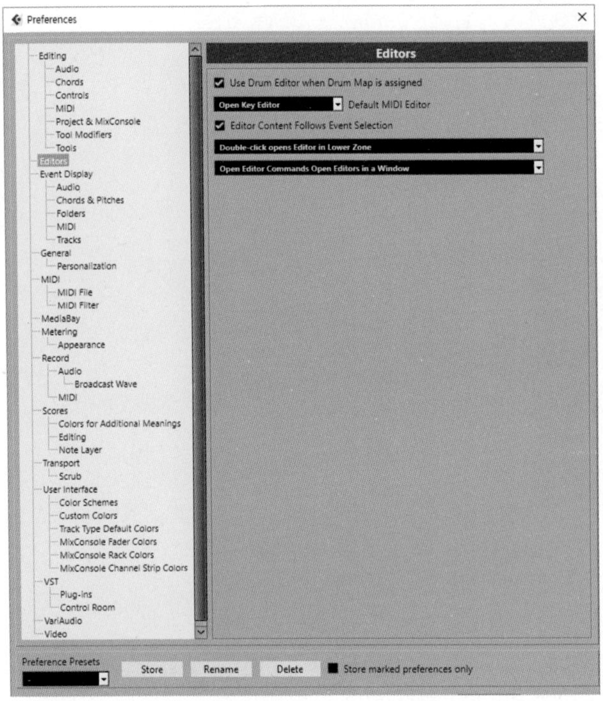


● Use Drum Editor when Drum Map is assigned

드럼 맵이 설정된 트랙의 미디 파트는 드럼 에디터가 열리게 합니다.

● Default MIDI Editor

미디 파트를 더블 클릭했을 때 열리는 편집 창을 선택합니다.

● Editor Content Follows Event Selection

열려 있는 편집 창이 프로젝트에서 선택한 이벤트를 따르게 합니다.

● Double-Click opens Editor in Lower Zone

미디 및 오디오 이벤트를 더블 클릭할 때 편집 창을 로우 존으로 열 것인지, 독립 창으로 열 것인지를 선택합니다.

● Open Editor Commands open Editors in a Window

메뉴 및 단축키로 에디터 창을 열 때 로우 존으로 열 것인지, 독립 창으로 열 것인지를 선택합니다.

# 03 Event Display

Event Display는 Audio, MIDI 등의 이벤트 표시 환경을 설정할 수 있는 구조로 되어 있으며, 메인 페이지에는 8가지 옵션이 있습니다.

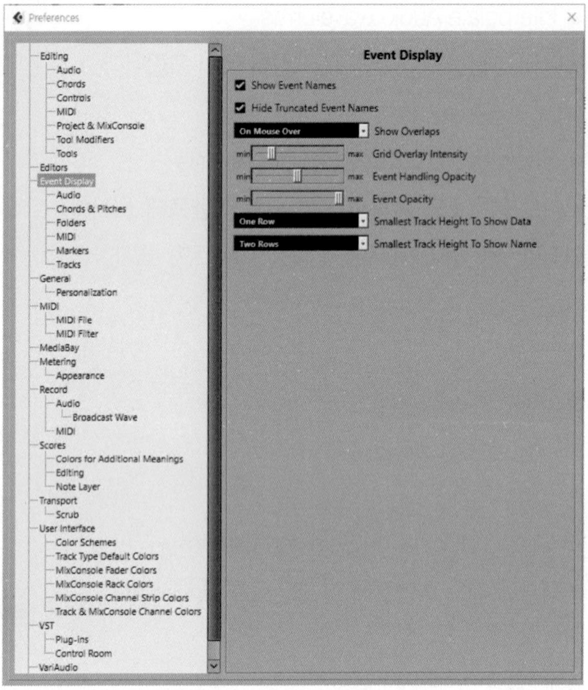


• Show Event Names

파트에 이름 표시 여부를 선택합니다.

• Hide Truncated Event Names

프로젝트 줌 기능을 이용해서 이벤트 크기를 줄일 때 이름이 잘리는 경우가 있습니다. 이 옵션을 체크하면 잘리는 이벤트의 이름을 표시하지 않습니다.

• Show Overlaps

이벤트가 중복되는 영역을 표시합니다.

• Grid Overlay Intensity

파트에 비치는 그리드 라인의 선명도를 조정합니다.

• Event Handling Opacity

파트를 드래그하여 이동할 때의 선명도를 조정합니다.

• Event Opacity

이벤트의 불투명도를 조정합니다. 불투명도를 줄이면 오디오 파형이나 미디 이벤트를 보다 선명하게 표시할 수 있습니다. 단, 사용자 인터페이스의 응답성이 떨어질 수 있습니다.

• Smallest Track Height To Show Data

데이터가 표시되는 최소 트랙 높이를 선택합니다.

• Smallest Track Height To Show Name

이름이 표시되는 최소 트랙 높이를 선택합니다.

### ▶ Event Display - Audio

Event Display의 Audio 페이지는 오디오 편집 창의 이벤트 표시 방법을 설정할 수 있는 옵션으로 구성되어 있습니다.

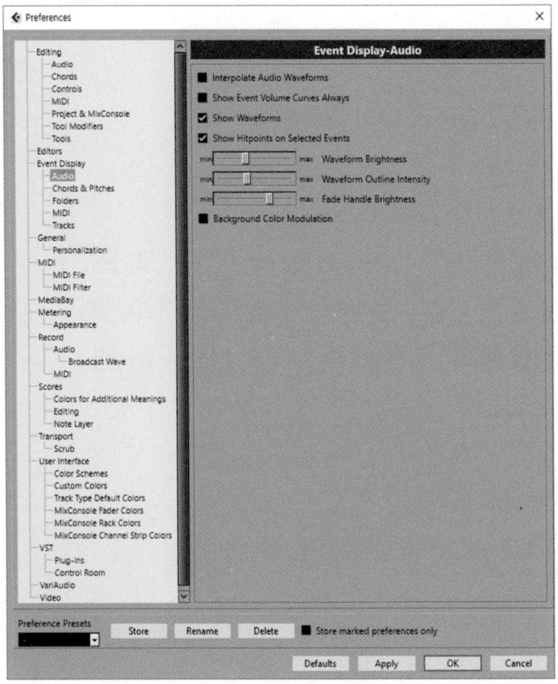

● Interpolate Audio waveforms

오디오 파형을 확대했을 때 곡선을 다시 그립니다.

● Show Event Volume Carvers Always

오디오 이벤트의 볼륨 라인은 모든 이벤트에 표시되지만, 옵션을 해제하면, 선택한 이벤트만 표시합니다.

● Show Waveforms

오디오 파형을 표시합니다.

● Show Hitpoints on Selected Events

선택한 오디오 이벤트에 힛 포인트를 표시합니다.

● Waveform Brightness

오디오 파형의 밝기를 조정합니다.

● Waveform Outline Intensity

오디오 파형 외각선의 굵기를 조정합니다.

● Fade Handle Brightness

페이드 인/아웃 라인의 밝기를 조정합니다.

● Background Color Modulation

오디오 파형의 백그라운드를 그라데이션으로 표시합니다.

## ▶ Event Display - Chords&Pitches

노트 및 코드 표시 방법을 결정할 수 있는 옵션으로 구성되어 있습니다.

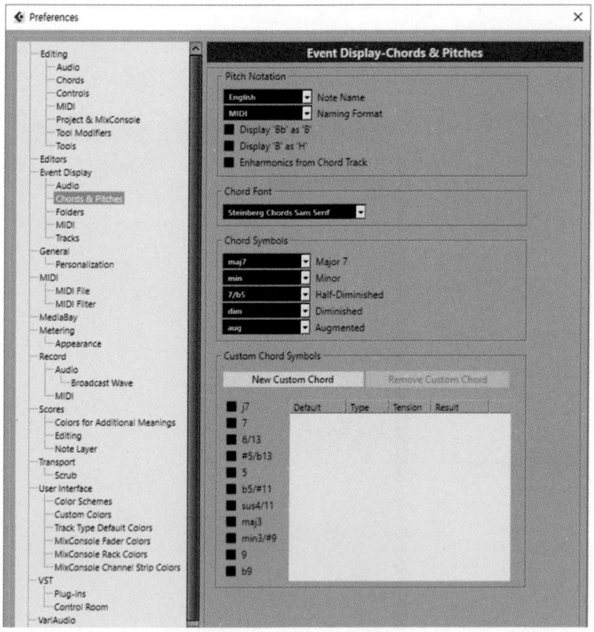


- Pitch Notation

노트 언어, 형식 등을 선택할 수 있는 메뉴와 Bb을 B로, B를 H로 표시할 것인지를 선택할 수 있는 체크 옵션이 있습니다.

- Chord Font

코드 표시에 사용할 폰트를 선택합니다.

- Chord Symbols

코드 심볼의 표시 형식을 선택합니다.

- Custom Chord Symbols

사용자가 원하는 코드 트랙의 표시 형식을 만들 수 있습니다. New Custom Chord 버튼을 클릭하여 추가하고, 원하는 타입을 입력하면 됩니다.

## ▶ Event Display - Folders

Event Display의 Folder 페이지는 폴더 트랙의 이벤트 표시 여부를 선택할 수 있는 Show Event Details 옵션과 폴더 트랙의 데이터 표시 방법을 선택할 수 있는 Show Data on Folder Tracks 메뉴를 제공합니다.

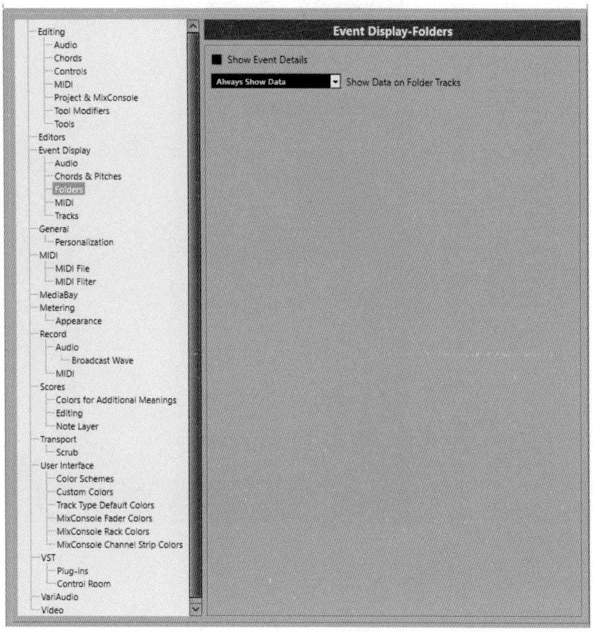


● Show Event Details

폴더 트랙에 이벤트를 표시합니다.

● Show Data on Folder Tracks

폴더 트랙의 데이터 표시 여부를 선택합니다. 데이터를 표시하는 Always Show Data, 표시하지 않는 Never Show Data, 서브 트랙을 열었을 때 표시하지 않는 Hide Data When Expanded 옵션이 있습니다.

Preferences의 Folders 설정은 기본적인 환경을 설정하는 것이고, 작업 상환에 따라 필요하다면 언제든 폴더 트랙에서 마우스 오른쪽 버튼을 클릭하면 열리는 단축 메뉴의 Show Data on Folder Tracks에서 표시 방법을 선택할 수 있습니다.

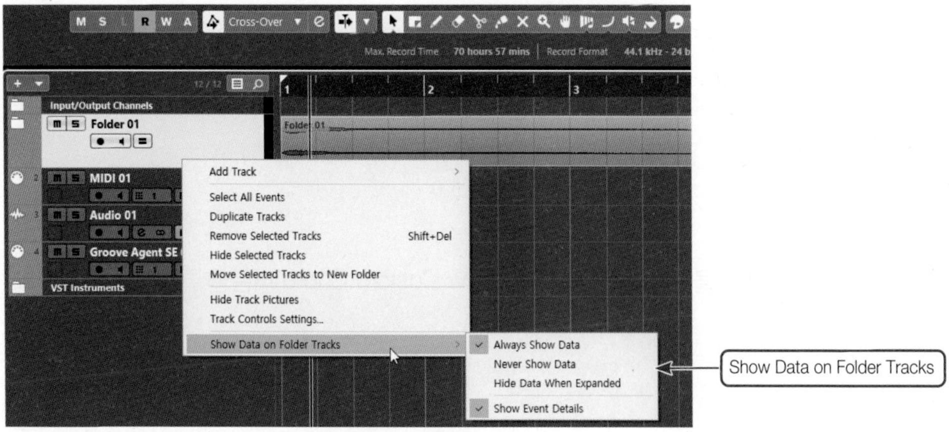

## ▶ Event Display - MIDI

Event Display의 MIDI 페이지는 미디 이벤트 표시 방법을 설정할 수 있는 옵션으로 구성되어 있습니다.

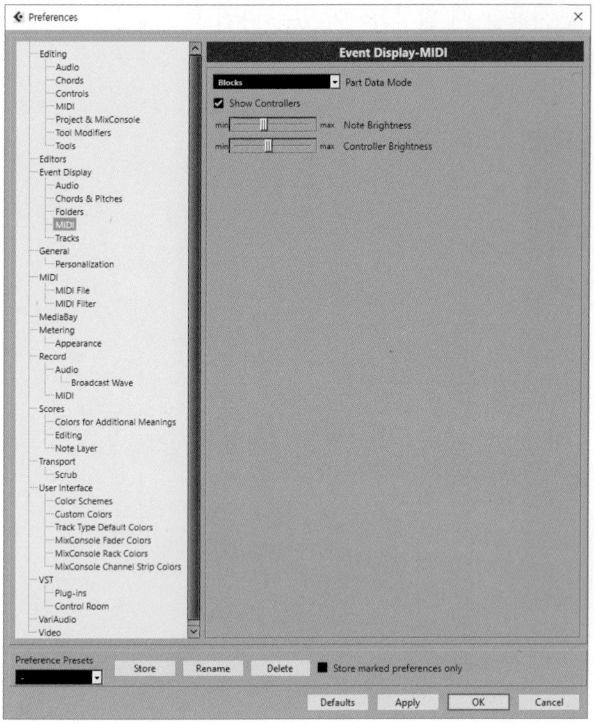

- Part Data Mode

미디 파트에 보이는 이벤트를 막대 모양으로 표시하는 Blocks, 라인 모양으로 표시하는 Lines, 음표 모양으로 표시하는 Scores, 다이아몬드 모양으로 표시하는 Drums 중에서 선택할 수 있고, No Data 옵션으로 아무것도 표시되지 않게 할 수 있습니다.

- Show Controllers

미디 파트에 컨트롤 체인지 정보를 표시할 것인지의 여부를 선택할 수 있고, Note 및 Controller의 밝기를 조정할 수 있는 슬라이더 옵션을 제공합니다.

## ▶ Event Display - Marker

프로젝트 전체에 마커 라인을 표시할 것인지의 여부를 선택합니다. Off는 마커 트랙에만 표시하고, From Active Marker Track은 두 개 이상의 마커 트랙을 사용할 때 활성화되어 있는 마커 트랙에만 표시하고, From All Market Tracks 프로젝트 전체에 표시합니다.

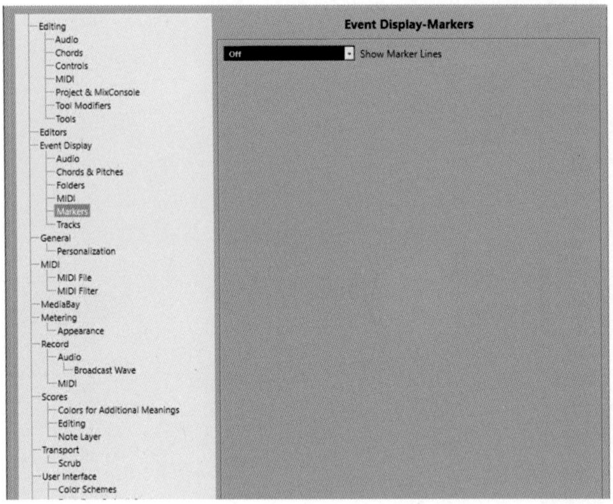


## ▶ Event Display - Tracks

Event Display의 Tracks 페이지는 트랙 이름 항목의 넓이를 조정하는 Default Track Name Width 옵션을 제공합니다.

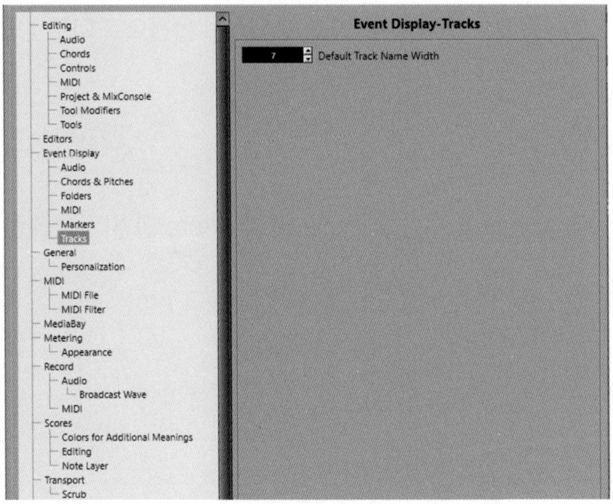

# 04 General

General 페이지는 큐베이스의 기본적인 환경을 설정할 수 있는 옵션으로 구성되어 있습니다.

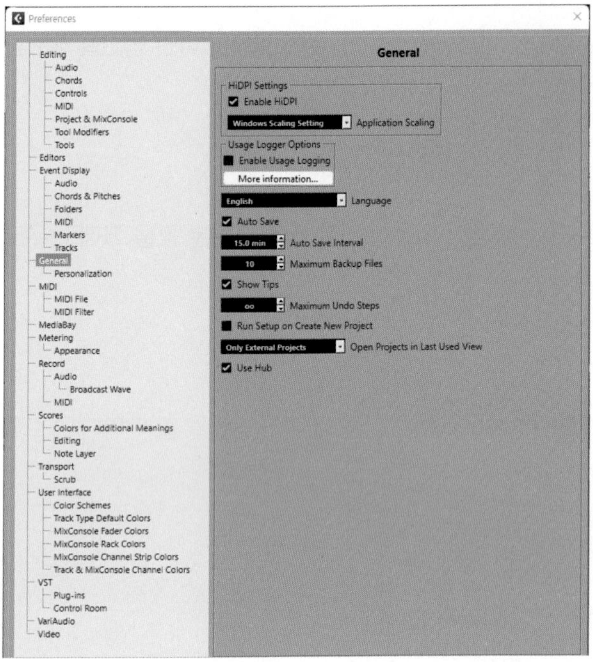


- Enable HiDPI

HiDPI 고해상도 모니터의 사용 여부를 활성화 하고, 비율을 선택할 수 있습니다. 고해상도 모니터에서 배율 및 레이아웃을 확대하여 사용하는 경우에는 큐베이스 화면이 흐려지거나 글자가 깨지는 현상이 발생할 수 있습니다. 이때 옵션을 체크하여 해결합니다.

- Usage Logger Options

큐베이스 사용 정보를 %LocalAppData%/Steinberg/usagelogger 폴더에 기록합니다.

- Langage

큐베이스의 사용 언어를 선택합니다. English, German, French, Spanish, Italian 등의 언어를 제공하고 있지만, 국내 사용자는 기본 언어인 English를 바꿀 필요는 없을 것입니다.

● Auto Save

Bak 확장자를 가진 백업 파일을 자동으로 만듭니다. 옵션을 체크하고, Auto Save Interval에서 원하는 시간을 설정할 수 있습니다. Maximum Backup Files은 백업 파일이 만들어지는 수를 설정합니다.

● Show Tips

각종 기능 버튼 위에서 마우스를 멈추고 있으면 해당 기능의 이름이 보입니다. 굳이 필요 없다면 옵션을 해제합니다.

● Maximum Undo Steps

Ctrl+Z 키로 취소할 수 있는 횟수를 설정할 수 있습니다. 시스템이 너무 느리지 않다면 기본 값을 그대로 두고 사용합니다.

● Run Setup on Create New Project

새 프로젝트를 만들 때 프로젝트 환경을 설정할 수 있는 Project Setup 창을 엽니다. 작업을 할 때마다 프로젝트 환경을 다르게 설정할 필요가 있는 경우에는 체크합니다.

● Open External Projects in Last Used View

다른 컴퓨터에서 작업한 프로젝트를 열 때 마지막 작업 창이 열리게 합니다.

● Use Hub

큐베이스를 실행하거나 File 메뉴의 New Projects를 선택했을 때 열리는 Hub 창의 사용 여부를 결정합니다.

## ▶ General - Personalization

Genenal-Personalization 카테고리에는 회사 이름과 작업자의 이름을 입력해 놓을 수 있는 옵션을 제공합니다. 이 이름은 프로젝트 설정 창에 표시되며 익스포팅할 때 메타 데이터로 포함됩니다.

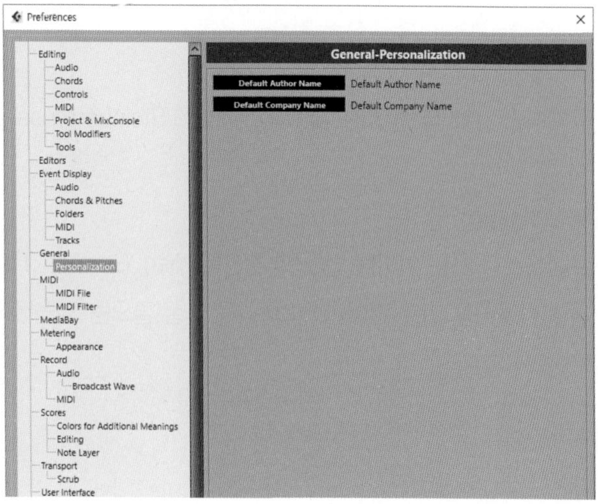

# 05 MIDI

MIDI 페이지는 미디를 연주하거나 녹음할 때 적용할 수 있는 환경을 설정합니다. 특히 Chase Events 항목들은 미디 연주를 어떤 위치에서 시작하든지 항상 연주 위치 전에 있는 컨트롤 값들을 읽어 정확한 컨트롤 값을 유지할 수 있게 합니다.

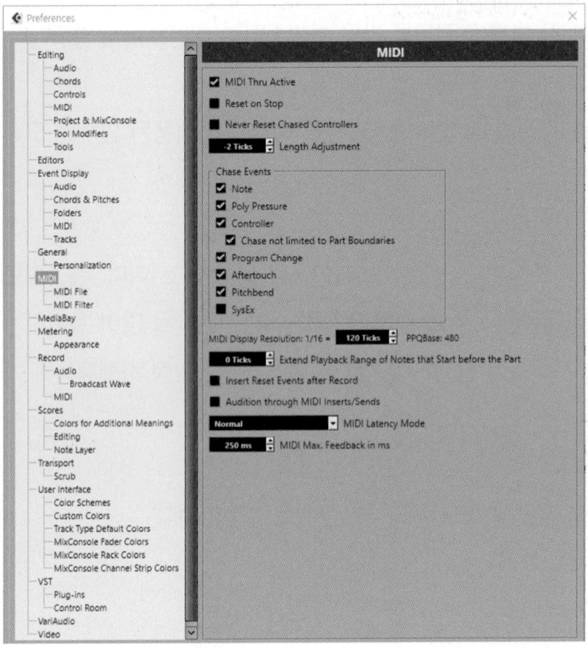


- MIDI thru Active

미디 데이터를 녹음할 때의 정보를 모니터 할 수 있게 합니다. 이때 주의 할 점은 연주하는 미디 악기가 자체 음원을 가지고 있다면 모니터 하는 소리와 연주하는 소리가 겹쳐 들리게 되므로, 옵션을 해제하던가 연주하는 악기의 Local Control 기능을 Off 해야 합니다.

- Reset on stop

정지 버튼을 클릭할 때 초기화 정보를 전송합니다.

- Naver Reset Chased Controllers

재생을 정지하거나 프로젝트의 새 위치로 이동할 때 컨트롤 정보가 0으로 재설정되는 것을 방지합니다.

- Length Adjustment

미디를 연주할 때 노트가 겹쳐있다면 노트를 읽지 못하는 경우가 있습니다. 이때 겹진 노트의 시작 지점을 미리 읽게 하는 옵션입니다. 조정 범위는 최대 -20 Ticks 입니다.

● Chase Events : 미디를 연주할 때 연주하는 위치 이전에 있는 미디 이벤트를 검색하여 어떤 위치에서든 정확한 연주가 되게 하는 기능입니다. 이때 검색할 미디 이벤트를 Chase Events 옵션에서 선택합니다.

● MIDI Display Resolution : 틱 값을 설정할 수 있는 옵션입니다. 큐베이스의 틱 값은 16비트를 기준으로 하므로, 기존에 많이 사용하던 960으로 설정하고 싶다면 240(240x4)으로 설정합니다.

● Insert Reset Events after Record : 녹음을 완료한 끝 부분에 컨트롤 값을 초기화하는 이벤트를 삽입합니다.

● Audition through MIDI Insert/Send : 미디 노트를 편집할 때, 인서트 및 센드 이펙트가 적용된 연주를 모니터할 수 있게 합니다.

● MIDI Latency Mode : 미디 재생 엔진의 대기시간을 조정합니다. Low는 지연 시간을 줄이고, 미디 응답 속도를 높일 수 있지만, 컴퓨터 성능이 저하될 수도 있기 때문에 Normal 값을 권장합니다. 시스템을 많이 차지하는 VST를 사용하는 경우에는 High를 선택합니다. 버퍼 사이즈가 증가하여 지연될 수 있지만, 안정적인 재생이 가능합니다.

● MIDI Max. Feedback in ms : 미디 노트의 입/출력 시간을 1000분의 1초 단위로 설정합니다.

## ▶ MIDI-MIDI File

MIDI의 MIDI File 페이지는 외부 미디 파일을 불러오거나 큐베이스에서 작업한 미디 정보를 미디 파일로 저장할 때의 옵션을 설정합니다.

● Export Options

큐베이스에서 작업한 미디 정보를 미디 파일로 저장할 때 추가할 파라미터 정보를 선택합니다. 이것은 미디 파일로 저장할 때 손실되는 파라미터 정보를 유지할 수 있는 부분입니다.

● Import Options

외부 미디 파일을 불러올 때 적용할 수 있는 옵션을 선택할 수 있는 항목으로 원하는 파라미터를 자동으로 설정할 수 있어 편리합니다.

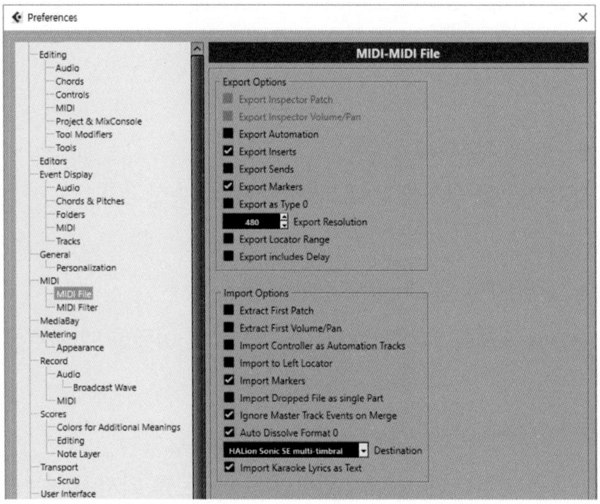

## ▶ MIDI-MIDI Filter

MIDI의 MIDI Filter 페이지는 크게 4개의 섹션으로 구분되어 있으며, 각 섹션의 역할은 녹음과 재생에서 제외할 이벤트를 선택하는 것입니다.

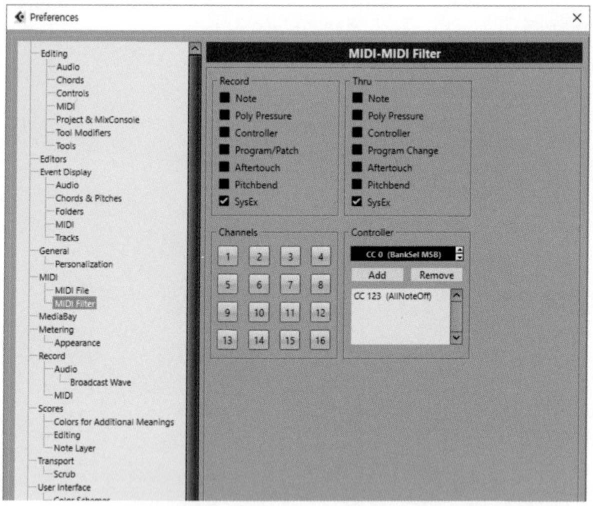


- Record

미디 이벤트를 녹음할 때 입력되지 않기를 바라는 이벤트를 선택합니다. 간혹 시스템 익스클루시브 정보를 녹음하기 위해서 미디 악기에서 Dump 기능을 수행해도 입력이 되지 않는다는 질문이 있는데 MIDI Filter 페이지를 보면 기본값으로 Sysex에 옵션이 체크되어 있기 때문입니다.

- Thru

입력하는 미디 신호를 그대로 전송하여 모니터 할 수 있게 하는 Thru로 전송하지 않게 할 미디 이벤트를 선택합니다. 이것은 앞에서 살펴본 MIDI 페이지에서 MIDI Thru Active 옵션이 체크되어 있어야 확인할 수 있습니다.

- Channels

녹음되지 않기를 바라는 미디 채널을 선택합니다. 이것은 드럼 머신 또는 미디 기타와 같이 동시에 여러 채널을 전송하는 악기를 사용할 경우에 불필요한 채널을 잠시 OFF하여 원하는 채널만 녹음하는데 사용합니다.

- Controller

녹음되지 않기를 바라는 컨트롤 체인지 정보를 선택합니다. 목록에서 컨트롤 정보를 입력하거나 상/하 버튼을 클릭하여 제외할 컨트롤 정보를 찾고, Add 버튼을 클릭합니다. 반대로 취소는 아래 목록에서 선택하고, Remove 버튼을 클릭합니다.

## 06 MediaBay

Media Bay 창의 속성을 결정할 수 있는 옵션들로 구성되어 있습니다.

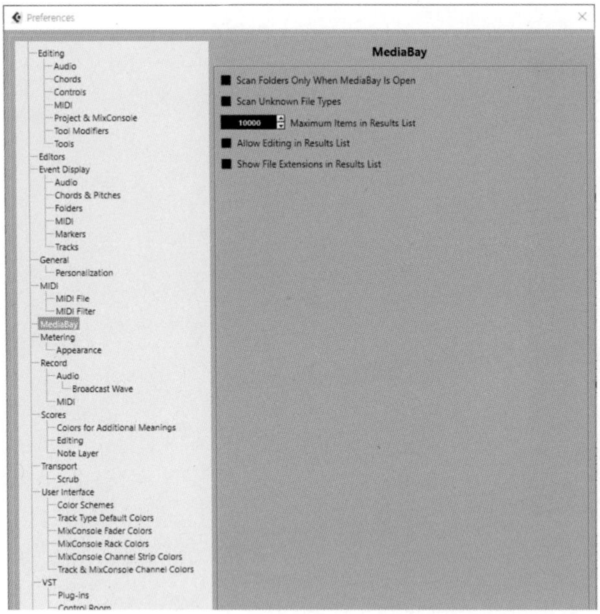


● Scan Folders only when MediaBay is open

MediaBay 창이 열려있는 경우에만 파일을 검색합니다. 옵션이 해제되어 있는 경우에는 MediaBay 창이 닫혀도 백그라운드에서 스캔합니다. 단, 재생 및 녹음을 진행할 때는 검색하지 않습니다.

● Scan Unknown File Types

미디어 파일을 스캔 할 때 잘 알려지지 않은 파일 타입을 검색합니다.

● Maximum Items in Results List

결과 목록에 표시할 수를 결정합니다.

● Allow Editing in Results List

파일의 정보는 Teg Editor 창에서 편집을 할 수 있는데, 이 옵션을 체크하면, 결과 창에서 편집할 수 있습니다

● Show File Extensions in Results List

결과 창에 파일의 확장자 표시 여부를 선택합니다. 만일, 오디오 파일로 취급되는 Wav, Mp3 등의 파일을 구분하고 싶다면, 옵션을 체크합니다.

# 07 Metering

레벨 미터의 속성을 결정할 수 있는 옵션들로 구성되어 있습니다.

Map Input Bus Metering to Audio Track (in Direct Monitoring)는 입력 레벨이 표시되게 하며, 레벨 미터에 피크 라인이 얼마동안 표시되게 할 것인지를 설정하는 Meters' Peak Hold Time과 낮은 값으로 반환되는 속도를 결정하는 Meters' Fallback 옵션을 제공합니다.

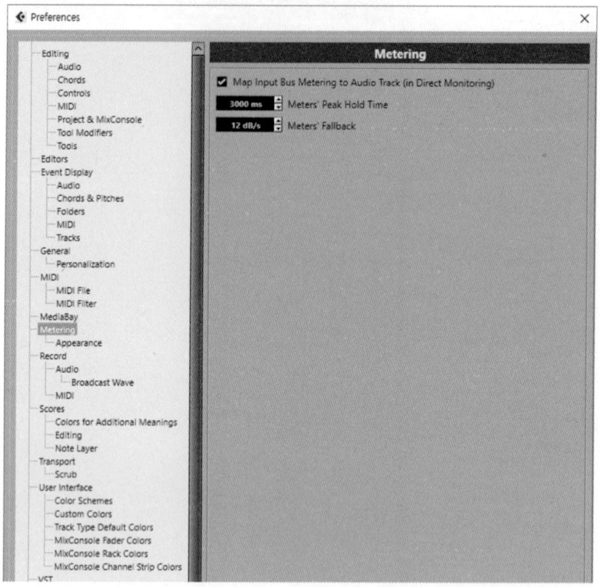


### ▶ Metering-Appearance

채널 및 마스터 레벨 미터의 색상과 디지털 스케일 모드에 대한 설정을 할 수 있습니다. 색상을 변경하려면 레벨 미터 오른쪽의 색상을 클릭하고, 스케일을 변경하려면 핸들을 드래그합니다. Add 버튼은 핸들을 추가하고, Remove 버튼은 선택한 핸들을 삭제합니다. Scale에서 편집할 스케일을 선택할 수 있습니다.

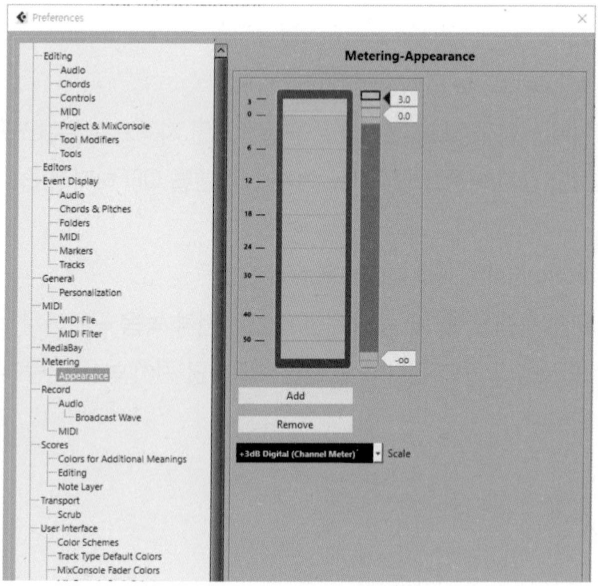

# 08 Record

Record 페이지는 펀치 인/아웃 설정에 관한 두 가지 옵션을 제공합니다.

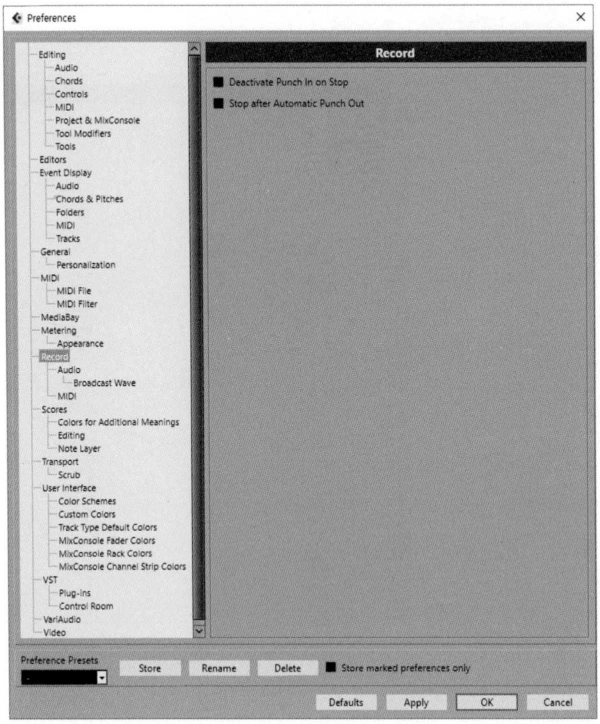

- Deactivate Punch In on Stop

펀치 녹음을 할 때 정지 버튼을 클릭하면 자동으로 트랜스포트 패널의 펀치 IN 버튼을 OFF합니다. 옵션을 해제하면 정지 버튼을 클릭해도 펀치 IN 버튼을 OFF하지 않습니다.

- Stop after Automatic Punch Out

펀치 녹음을 할 때 송 포지션 라인은 펀치 녹음 구간에서 녹음을 기능을 활성화 하고, 구간을 지나치면 자동으로 재생 모드가 됩니다. 옵션을 체크하면 펀치 녹음 구간이 끝나는 펀치-아웃 위치에서 송 포지션 라인을 정지합니다.

## ▶ Record - Audio

Record의 Audio 페이지는 오디오를 녹음할 때 파형을 보이게 할 것인지, 이벤트로 기록할 것인지 등을 설정할 수 있는 옵션으로 구성되어 있습니다.

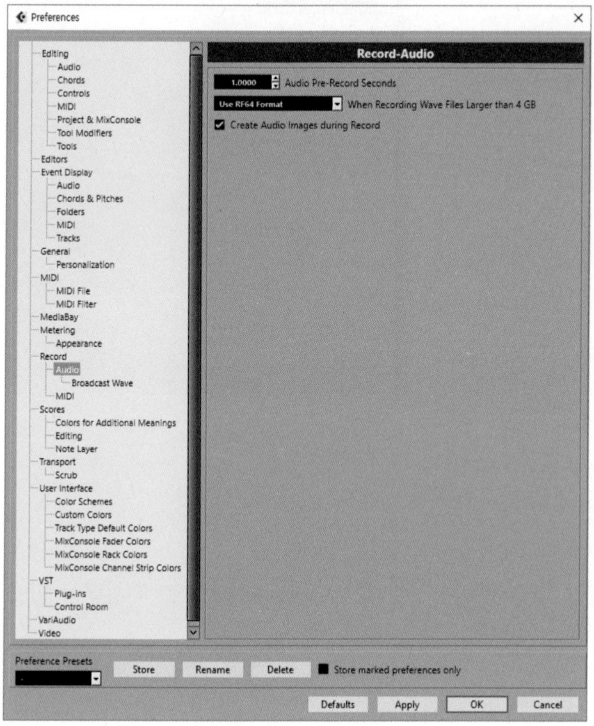

● Audio Pre-Record Seconds

오디오 녹음 시작 이전 위치의 시그널을 최대 1분 까지 녹음할 수 있게 합니다. 큐베이스를 라이브 녹음용으로 사용한다면, 만약의 사태에 대비해서 적정한 시간을 설정해두는 것이 좋습니다.

● When Recording Wave Files larger than 4GB

4GB 이상의 웨이브 파일을 녹음하는 경우에 Split Files를 선택하여 분할할 것인지, RF64 파일을 사용할 것인지를 선택합니다. FAT32 비트 시스템에서는 RF64 형식을 지원하지 않습니다.

● Create Audio Images During Record

녹음을 할 때 웨이브 폼 이미지가 실시간으로 표시되게 합니다. 저사양인 경우에는 이 옵션을 해제합니다.

## ▶ Record - Audio - Broadcast Wave

프로젝트의 Record File Type을 인터넷 스트리밍 포맷인 Broadcast Wave File로 했을 때 사용자의 정보를 함께 기록할 수 있습니다. 이때 기록되는 사용자 정보를 입력해둘 수 있는 페이지입니다. 물론, 곡을 믹스다운할 때, 원하는 정보로 수정할 수 있지만, 제작자와 회사 이름 정도는 입력을 해두는 것이 편리할 것입니다.

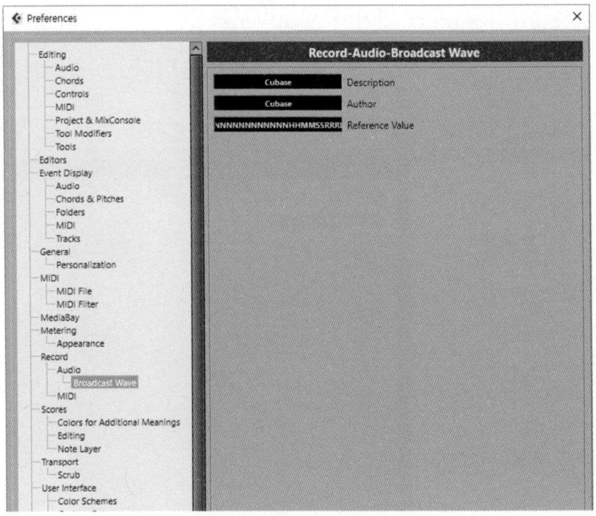


## ▶ Record - MIDI

Record-MIDI 페이지는 미디 데이터를 기록할 때의 처리 방법을 선택할 수 있는 옵션으로 구성되어 있습니다.

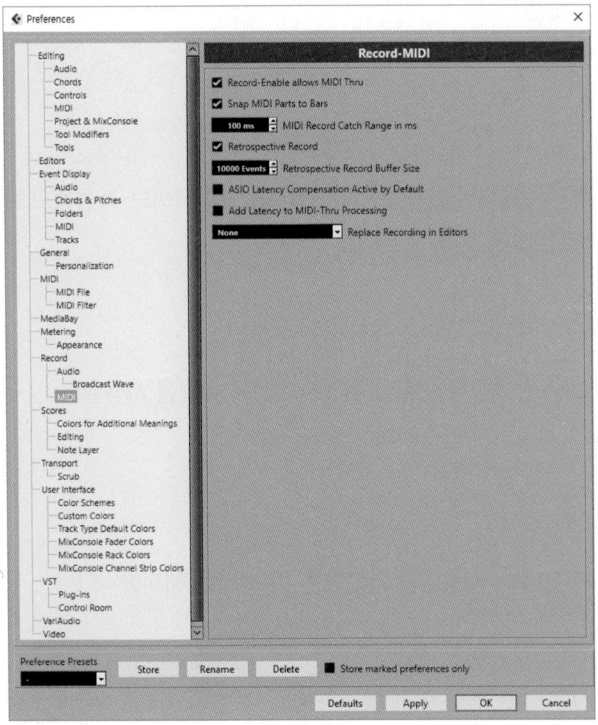

• Record-Enable allows MIDI Thru

미디 데이터를 녹음을 할 때 Thru 기능을 허락하여 노트가 겹치는 현상을 방지합니다.

• Snap MIDI Parts to Bars

미디 이벤트를 녹음할 때 미디 파트의 시작 위치와 끝 위치를 가장 가까운 스넵 포인트 위치까지 늘려줍니다. 이것은 녹음한 미디 파트를 이동하거나 복사할 때 편리합니다.

• MIDI Record Catch Range in ms

미디 녹음을 할 때 기록되지 않을 수 있는 시작 이벤트를 최대 300ms 가지 여유를 두고 기록할 수 있게 합니다. 간혹 녹음이 시작되는 부분의 데이터를 놓치는 경우가 있다면 시간을 조금 늘립니다.

• Retrospective Record

버퍼 녹음 기능을 사용할 수 있게 합니다. 버퍼 녹음이란 입력 데이터를 큐베이스의 가상 메모리에 기록하고 있다가 순차적으로 프로젝트 창에 기록하는 과정으로 중간에 손실 될 수 있는 데이터를 예방할 수 있습니다.

• Retrospective Record Buffer Size

Retrospective Record 옵션을 사용할 때의 버퍼 크기를 최대 1000까지 설정할 수 있습니다.

• ASIO Latency Compensation Active by Default

미디 및 인스트루먼트 트랙의 ASIO Latency Compensation 버튼을 활성화 합니다. 인스트루먼트 연주를 기록할 때 오디오 인터페이스의 레이턴시 보상으로 너무 일찍 기록되는 경우가 있습니다. 이 때 옵션을 체크하여 해결합니다.

• Replace Recrding in Editors

녹음 모드를 Replace로 선택한 경우에 변경할 이벤트를 선택합니다. 녹음을 반복할 때, 컨트롤 이벤트를 보정하고 싶다면, Controller를 선택합니다. 모든 이벤트를 변경할 수 있는 All은 권장하지 않습니다.

# 09 Score

Scores 페이지는 스코어 편집 작업 환경을 설정할 수 있는 아이템과 각 보표의 표시 형태를 결정할 수 있는 카테고리고 구성되어 있습니다.

## ▶ Scores - Colors for Additional Meanings

선택한 악보, 뮤트된 노트 등 스코어 에디터에서 표시될 이벤트의 색상을 설정할 수 있습니다. 컬러의 사용 여부는 Active 옵션으로 결정하며, 색상은 Color 칼럼의 색상 표를 클릭하여 변경할 수 있습니다.

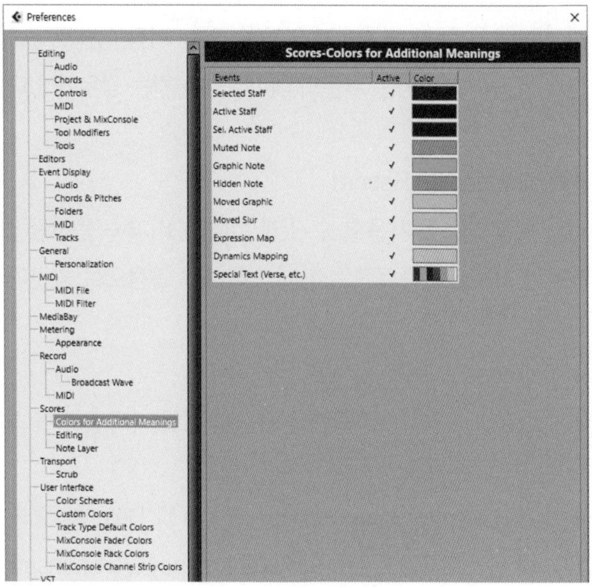


## ▶ Scores - Editing

Scores-Editing 페이지는 스토어 에디터 창에서 노트를 편집할 때의 옵션을 선택할 수 있습니다.

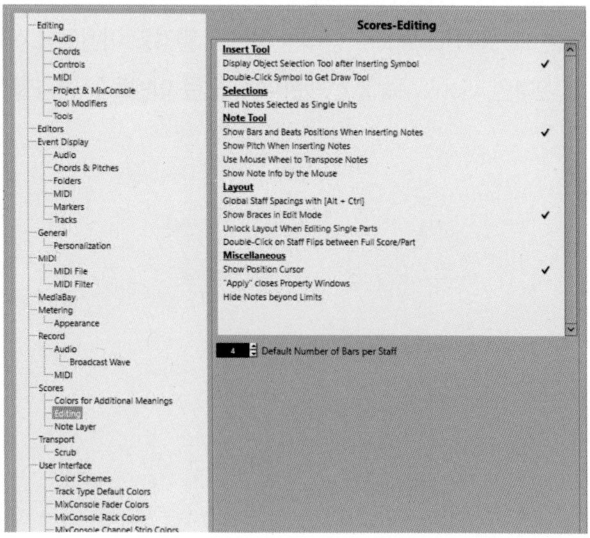

## Insert Tool

● Display Object Selection tool after Inserting Symbol

심볼을 선택하면 자동으로 연필 툴이 선택되고, 심볼을 입력하면 자동으로 화살표 툴이 선택됩니다. 심벌을 입력한 후 바로 편집할 수 있도록 제공되는 옵션인데, 코드와 같이 심벌을 계속 입력할 때는 오히려 불편합니다. 이런 경우 옵션을 해제하여 입력 후에도 계속 연필 툴을 유지할 수 있도록 합니다.

● Double-Click Symbol to get Draw tool

기본 값은 심볼 팔레트에서 입력할 심볼을 선택할 때 자동으로 연필 버튼으로 변경되지만, 옵션을 체크하면 심볼을 더블 클릭했을 경우에만 연필 버튼으로 변경됩니다.

## Selections

● Tied Notes selected as Single Units

기본 값은 붙임줄로 연결한 노트에 상관없이 노트를 개별적으로 선택할 수 있지만, 옵션을 체크하면 붙임줄로 연결한 노트는 함께 선택됩니다.

## Note Tool

● Show Bars and Beasts Positions When Inserting Notes

음표를 입력할 때 마디 및 박자 위치를 표시합니다.

● Show Pitch when inserting notes

음표를 입력할 때 피치를 표시합니다.

● Use Mouse Wheel to Transpose Notes

마우스 휠로 선택한 음표의 피치를 조정할 수 있게 합니다.

● Show Note Info by the Mouse

노트를 입력하거나 편집할 때, 피치 및 위치 정보를 표시합니다. 이 옵션을 사용할 때, 연필 툴의 동작이 느려진다면 옵션을 해제합니다.

## Layout

● Global Staff Spacingss with (Alt-Ctrl)

Score 메뉴의 Global Settings-Spacingss를 선택하면 악보에 표시하는 항목들의 간격을 설정할 수 있는 Spacingss 창이 열립니다. 기본 값은 Spacingss 설정 값을 작업중인 파트에만 적용하고, 옵션을 체크하면 모든 파트에 적용됩니다.

● Show Braces in Edit Mode

악보를 인쇄 상태(Page Mode)로 표시하거나 편집 상태(Edit Mode)로 표시할 수 있는 Editr/Page Mode 메뉴가 있습니다. 기본값은 스코어 창이 Edit Mode일 경우라도 큰 보표에 사용되는 브래스 기호를 표시하지만, 옵션을 해제하면 Edit Mode에서는 브래스 표시를 확인할 수 없습니다.

● Unlock Layout when editing single parts

옵션을 체크하면, 하나의 트랙에 있는 모든 파트를 표시합니다. 악보를 인쇄할 경우가 많다면, 옵션을 체크하고, 편집 외에 사용할 일이 없다면, 해제하는 것이 좋습니다.

● Double-click on staff filps between full score/part

두 개의 이상의 파트를 열어놓고 작업할 때, 마우스 더블 클릭으로 각각의 파트 이동이 가능하게 합니다.

## Miscellaneous

● Show Position Cursor

기본 값은 음표를 편집할 때 마우스의 위치를 표시합니다, 옵션을 해제하면 표시하지 않습니다.

● Apply closes Property Windows

속성 적용 후에 속성 창을 닫도록 합니다.

● Hide Notes beyond Limits

Score Settings의 Note Limits 설정 범위를 넘는 노트를 표시하지 않습니다.

● Default Number of Bars per Staff

편집 모드에서 한 화면에 보이게 할 마디 수를 설정합니다. 페이지 모드에는 하나의 보표에 표시할 마디 수를 설정합니다.

## ▶ Scores - Note Layer

악보를 편집할 때 실수로 근처의 다른 이벤트가 편집되는 것을 방지하기 위해 각각의 이벤트를 서로 다른 레이어에 할당하고, 잠글 수 있게 합니다.

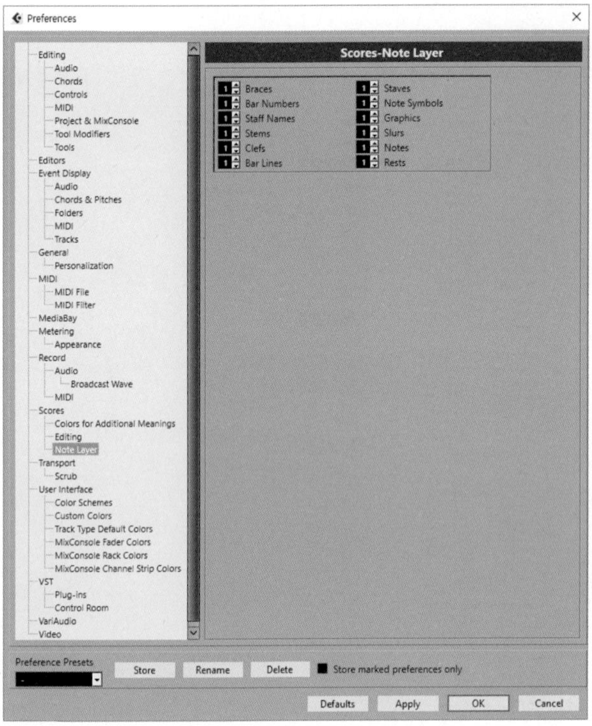


할당된 레이어는 스코어 에디터의 레이어 잠금 버튼을 클릭하여 편집되는 것을 방지할 수 있으며, 언제든 Setup 버튼을 클릭하여 할당할 수 있기 때문에 굳이 Preferences에서 결정할 필요는 없습니다.

# 10 Transport

Transport 페이지에는 재생과 녹음, 위치 설정에 관련된 트랜스포트 패널의 옵션을 설정할 수 있는 옵션으로 구성되어 있습니다.

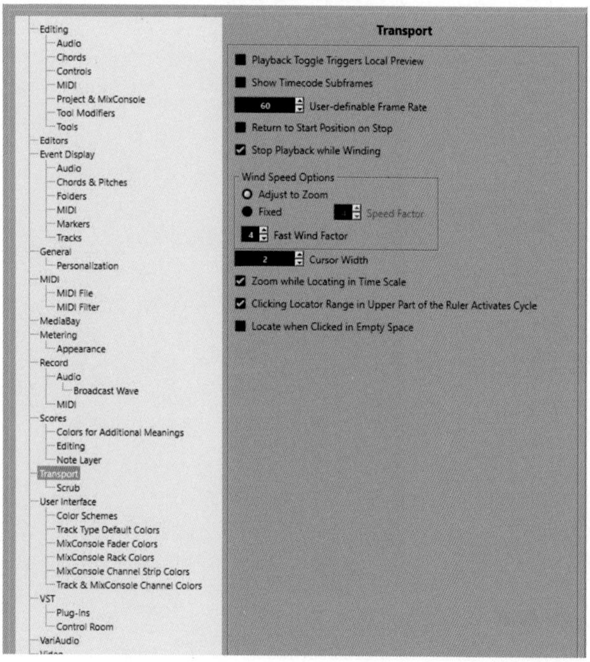


● Playback Toggle Triggers Local Preview

샘플 에디터 또는 풀 창에서 스페이스 바 키로 사운드를 모니터 할 수 있게 합니다. 옵션이 해제된 경우에는 해당 창의 재생 버튼을 마우스로 클릭하여 사운드를 모니터 할 수 있습니다.

● Show Timecode Subframes

기본적으로 트랜스포트 패널 위치 표시 창에서 프레임 단위를 선택하면 시: 분: 초: 프레임 단위로 표시합니다. 옵션을 체크하면 시: 분: 초: 프레임: 서브 프레임 단위까지 표시합니다. 서브 프레임은 하나의 프레임을 80등분하여 표시하는 단위입니다.

● User Definable Frame rate

트랜스포트의 위치 표시 창의 단위를 변경할 수 있는 메뉴를 보면 Bars+Beats, Seconds, Timecode, Samples 4가지 외에도 User항목이 있습니다. User Definable Frame rate은 User항목을 선택했을 때 표시할 프레임 단위를 설정합니다.

● Return to Start Position on Stop

곡을 연주하거나 녹음을 하는 과정에서 정지 버튼을 클릭하면 송 포지션 라인은 정지 버튼을 클릭했던 위치에 서게 합니다. 옵션을 체크하면 정지 버튼을 클릭했을 때 재생 또는 녹음을 시작했던 위치로 송 포지션 라인을 위치합니다.

● Stop Playback while winding

앞/뒤로 빠르게 이동하는 Rewind와 Fast Forward 를 사용할 때, 사운드의 재생을 멈춥니다.

● Wind Speed Options

키보드 숫자열의 플러스(+) 키와 마이너스(-) 키는 송 포지션 라인의 위치를 빠르게 이동할 수 있는 fast forward / rewind 기능인데, Wind Speed Options은 송 포지션 라인의 이동 속도를 설정할 수 있는 옵션으로 Adjust to Zoom과 Fixed 두 가지가 있습니다. Adjust to Zoom은 줌 버튼을 이용해서 작업 공간을 확대/축소한 경우 작업에 효율적인 속도가 자동으로 조정되고, Fixed는 작업 공간의 확대/축소와 상관없이 Speed Factor에서 설정한 속도를 유지합니다. 그리고 Fast Wind Factor는 Shift 키를 누른 상태에서 fast forward / rewind 버튼을 클릭했을 때 몇 배로 빠르게 할 것인지를 설정합니다.

● Cursor Width

송 포지션 라인의 굵기는 기본적으로 2로 설정되어 있습니다. Cursor Width 옵션은 송 포지션 라인의 굵기를 1에서 4까지 모두 4단계로 변경할 수 있습니다.

● Zoom while Locating in Time Scale

룰러 라인에서 마우스를 상/하로 드래그하여 작업 공간을 확대/축소 할 수 있습니다. 이것이 불편하다면, 옵션을 해제하여 마우스 드래그로 작업 공간을 확대하거나 축소시킬 수 없게 합니다.

● Clicking Locator Range in Upper Part of the Ruler Activates Cycle

로케이터 범위를 클릭하여 사이크 기능이 On/Off 될 수 있게 합니다.

● Locate when Clicked in Empty Space

송 포지션 라인의 위치는 기본적으로 룰러 라인을 클릭하거나 드래그하여 움직일 수 있습니다. 옵션을 체크하면 프로젝트 창의 작업 공간을 클릭하여 송 포지션 라인의 위치를 이동할 수 있습니다.

## ▶ Transport - Scrub

Transport-Scrub 페이지에는 마우스 드래그로 사운드를 모니터 할 때의 레벨을 조정하는 Scrub Volume, 음질을 높여주는 Use High Quality Scrub Mode, 인서트 효과를 모니터 할 수 있는 Use Inserts While Scrubbing 옵션이 있습니다.

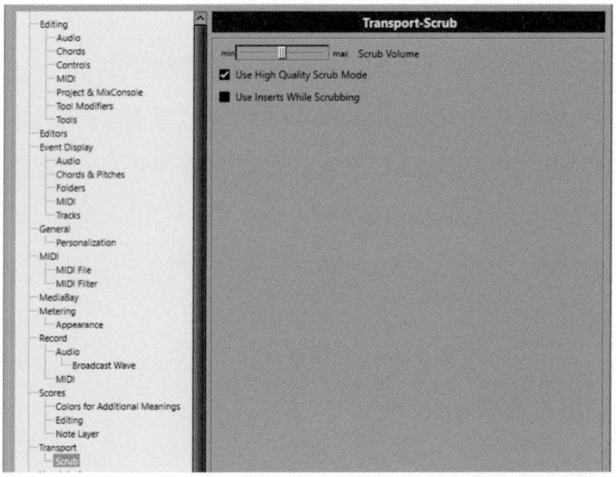

# 11 User Interface

큐베이스 화면의 기본 색상을 변경할 수 있는 Color Schemes, Track Type Default Colors, MixConsole Fader Colors, MixConsole Rack Colors, MixConsole Channel Strip Colors, Track & MixConsole Channel Colors 페이지를 제공합니다. 각 페이지마다 제공하는 기본 색상을 클릭하면 사용자가 원하는 색상으로 변경할 수 있는 Color Picker 창이 열립니다.

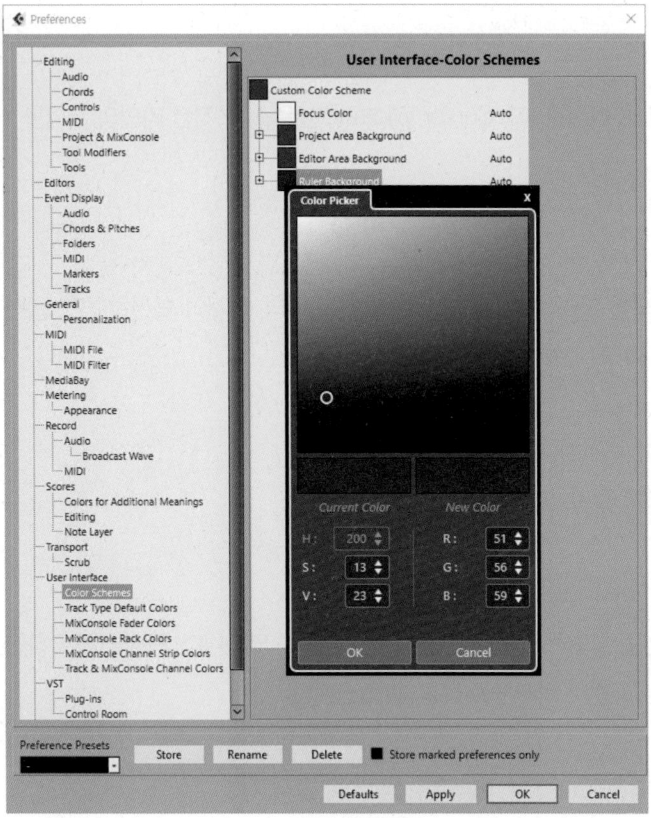


- Color Schemes : 바탕 화면의 색상을 설정합니다.
- Track Type Default Colors : 트랙 타입별 색상을 설정합니다.
- MixConsole Fader Colors : 믹스 콘솔에서 채널 타입별 색상을 설정합니다.
- MixConsole Rack Colors : 믹스 콘솔 랙의 색상을 설정합니다.
- MixConsole Channel Strip Colors : 믹스 콘솔 채널 스트립 색상을 설정합니다.

● Track & MixConsole Channel Colors :

트랙 및 믹스콘솔 채널 색상을 설정합니다. 페이지를 선택하면 색상을 자동으로 결정할 수 있게 해주는 Auto Track/Channel Color Mode와 적용 트랙을 선택할 수 있는 옵션이 제공됩니다.

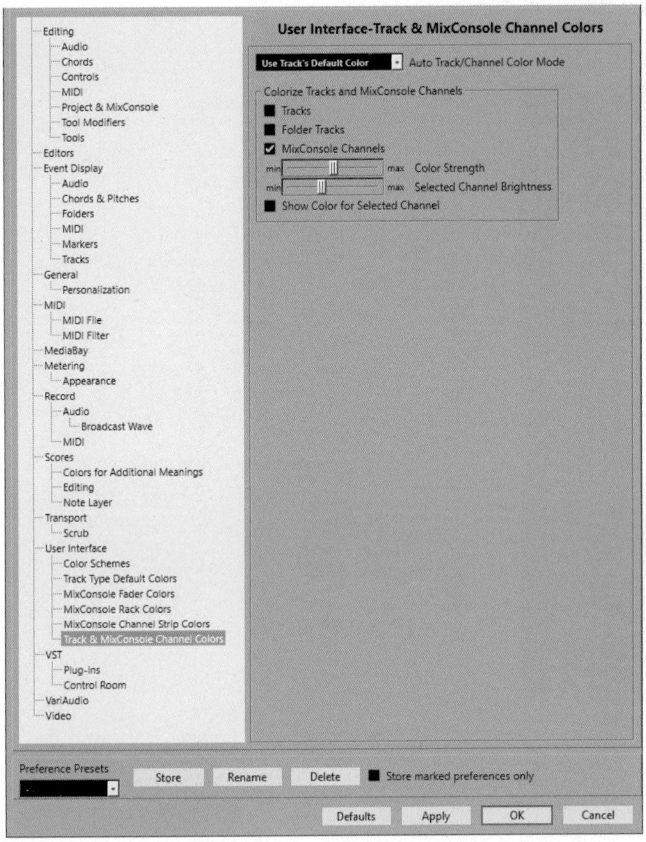


● Auto Track/Channel Color Mode : 트랙을 만들 때 적용되는 색상 모드를 선택합니다.

Use Track's Default Color : 기본 색상이 적용됩니다.

Use Previous Track Color : 선택한 트랙과 동일한 색상을 갖습니다.

Use Previous Track Color +1 : 색상 팔레트 순서대로 색상을 갖습니다.

Use Last Applied Color : 마지막으로 적용한 색상을 갖습니다.

Use Random Track Color : 색상이 무작위로 적용됩니다.

● Colorize Tracks and MixConsole Channels : 색상 모드가 적용될 대상을 선택합니다. Tracks, Folder Tracks, MixConsole Channels이 있으며, 믹스콘솔은 색상의 강도를 조정할 수 있는 Color Strength와 선택한 채널의 밝기를 조정할 수 있는 Slected Channel Brightness 슬라이더를 제공합니다. 선택한 채널을 회색으로 표시하는 대신 적용된 색상으로 강조하려면 Show Color for Selected Channel 옵션을 체크합니다.

# 12 VST

VST 페이지는 큐베이스의 VST 환경을 설정하는 것으로 Plug-ins와 Control Room 카테고리로 구성되어 있으며, 메인 페이지는 10가지 옵션이 있습니다.

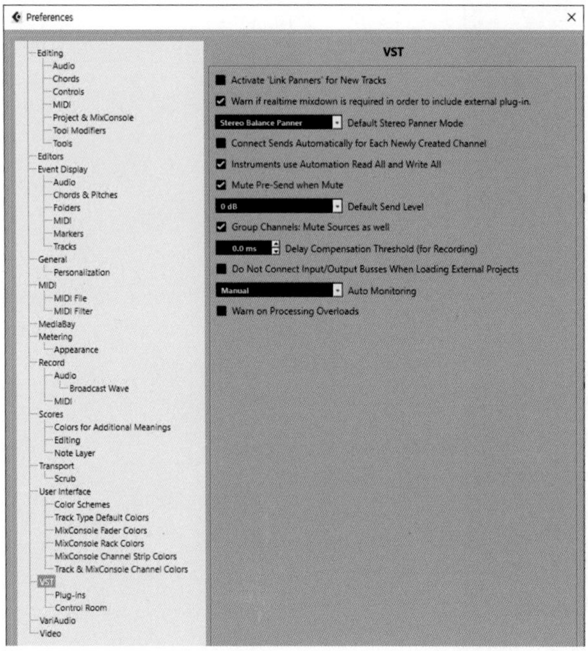


● Activate 'Link Panners' for New Tracks

채널 세팅 창 메뉴의 Link Panners가 기본적으로 체크되게 합니다. 이것은 페이더 섹션의 팬 설정이 반영되게 합니다.

● Warn if realtime mixdown is required in order to include external plug-in

실시간 믹스다운이 필요한 경우에 경고 표시를 합니다.

● Default Stereo Panner Mode

스테레오 팬 모드를 Balance, Combined, Dual의 3가지 중에서 선택할 수 있습니다. Dual은 양쪽을 분리하는 것이고, Combined은 결합하는 것입니다.

● Connect Sends automatically for each newly reated Channel

옵션을 체크하면 오디오 또는 그룹 채널을 만들 때 FX 채널에 자동으로 연결시킵니다. 센드 라우팅은 필요할 때 수동으로 연결하는 것이 좋으므로, 옵션은 체크하지 않는 것이 좋습니다.

● Instruments use Automation Read All and Write All

VST Instruments의 모든 값들을 오토메이션 트랙에 기록하거나 읽을 수 있게 합니다.

● Mute Pre-send when Mute

뮤트 트랙에 사용한 이펙트를 모니터 하지 않습니다. 뮤트 트랙의 입력 사운드를 모니터 하고 싶다면, 옵션을 해제합니다.

● Default Send Level

센드 이펙트의 기본 레벨을 설정합니다.

● Group Channels: mute Sources as well

그룹 채널을 뮤트할 때, 그룹으로 묶은 각 채널의 뮤트 버튼이 함께 동작되도록 합니다.

● Delay Compensation Threshold

여기서 설정한 타임보다 긴 지연을 발생시키는 VST에 대해서 컨스트레인 기능을 동작시킵니다.

● Do Not Connect Input/Output Busses When Loading External Projects

프로젝트를 가져올 때 시스템의 ASIO 포트에 입/출력 버스가 연결되는 것을 방지합니다.

● Auto Monitoring

큐베이스에 입력하는 오디오 신호의 모니터 방식을 선택합니다.

Manual : 오디오 트랙에서 Monitor 버튼을 클릭하여 모니터 할 수 있습니다

While Record Enabled : 오디오 트랙의 Record Enabled 버튼만 활성화 되어 있어도 모니터 할 수 있습니다.

While Record Running : 녹음을 진행하는 동안에만 모니터 할 수 있습니다.

Tapemachine Style : 과거 아날로그 녹음방식과 동일하게 정지 및 녹음 중에 모니터가 작동하고, 재생 중에 정지합니다.

● Warn on Processing Overloads

녹음을 할 때 트랜스포트 패널의 CPU clip indicator가 점들되면 경고 메시지가 열리게 합니다.

## ▶ VST - Plug-ins

VST–Plug–ins페이지는 VST 플러그인에 관련된 옵션을 설정할 수 있는 것들로 구성되어 있습니다.

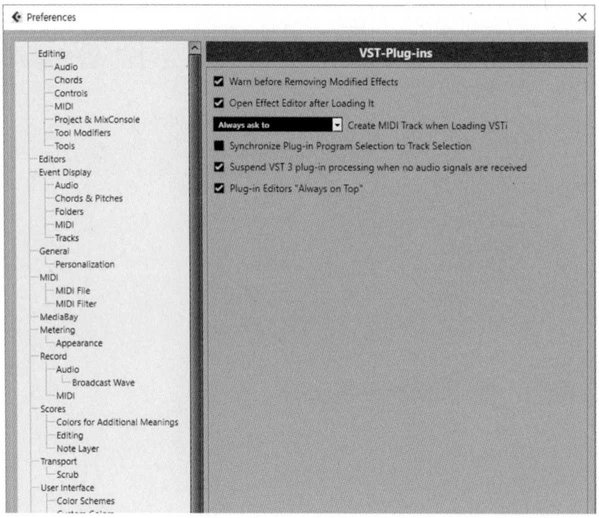


● Warn before Removing Modified Effects

인서트 또는 센드 슬롯에서 플러그-인을 제거할 때, 경고창이 열리게 합니다.

● Open Effect Editor after Loading it

VST Effect를 로딩할 때, 해당 패널이 자동으로 열리게 할 것인지의 여부를 선택합니다.

● Create MIDI track when loading VSTi

VST 패널에서 VST 악기를 로딩할 때 미디 트랙을 만들 것인지의 여부를 선택합니다. Always 는 미디 트랙을 만들고, Do not은 만들지 않습니다. 기본 값 Always ask to는 미디 트랙을 만들것인지의 여부를 묻는 창을 엽니다.

● Synchronize Plug-in Program Selection to Track Selection

VST 프로그램 섹션과 트랙의 프로그램 섹션을 동기화 합니다.

● Suspend VST3 plug-in processing when no audio signals are received

사용하고 있는 오디오 카드가 VST3를 지원하는 경우에 VST3 플러그인의 처리를 중지하여 CPU 낭비를 방지합니다. 단, 오디오 카드가 VST3를 지원하지 않는다면, 옵션을 해제하는 것이 좋습니다.

● Plug-in Editors "Always on Top"

VST 플러그인을 로딩할 때, Always on Top 이 자동을 체크되어 다른 창에 가려지지 않게합니다.

## ▶ VST - Control Room

VST–Control Room페이지에는 컨트롤 룸 믹서의 환경을 설정할 수 있는 옵션으로 구성되어 있습니다.

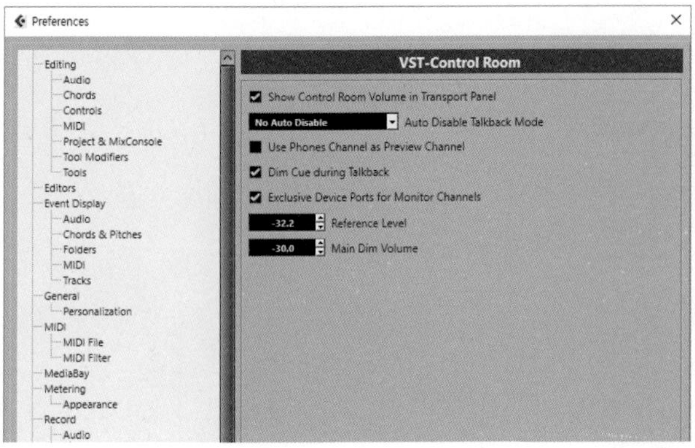


● Show Control Room Volume in Transport Panel

트랜스포트 패널의 볼륨 페이더를 컨트롤 룸의 레벨 컨트롤러로 사용할 수 있게 합니다.

● Auto Disable Talkback Mode

녹음 중에는 컨트롤 룸의 Talkbank 기능을 Off 합니다.

● Use Phones Channel as Preview Channel

Phones 채널을 프리뷰 채널로 사용합니다.

● Dim Studio during Talkback

Tackback 기능을 On으로 할 때의 큐 믹스에 Dim이 적용되도록 합니다.

옵션을 해제하면, 토크 백하는 동안 큐 믹싱 레벨이 변경되지 않습니다.

● Exclusive Device Ports for Monitor Channels

모니터 채널에 대한 포트 할당을 하나만 선택할 수 있게 합니다.

모니터 채널과 입/출력에 대해서 같은 포트를 할당하는 실수를 피할 수 있습니다.

● Reference Level

레퍼런스 레벨을 설정합니다.

● Main Dim Volume

DIM 버튼이 활성화 될 때 컨트롤 룸 채널의 게인 감소 값을 설정합니다.

## 13 VariAudio

반복 사용되고 있는 오디오 이벤트를 샘플 에디터에서 편집할 때의 경고 창 표시 유무를 결정하는 두 가지 옵션이 있습니다.

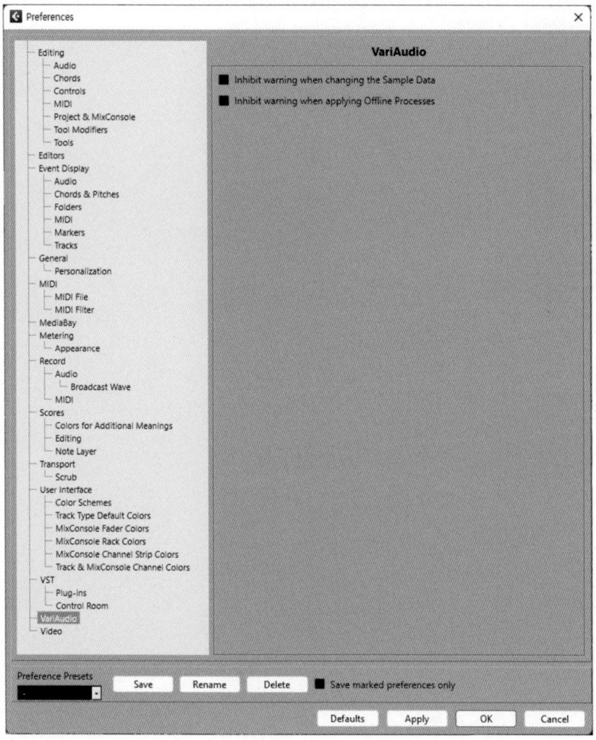


- Inhibit warning when changing the Sample Data

반복 사용되고 있는 오디오 샘플의 피치와 길이 등을 편집할 때, 경고 창이 열리게 합니다.

- Inhibit warning when applying Offline Processes

반복 사용되고 있는 오디오 샘플에 프로세스를 적용할 때, 경고 창이 열리게 합니다.

# 14 Video

비디오 파일을 불러올 때의 옵션을 설정합니다.

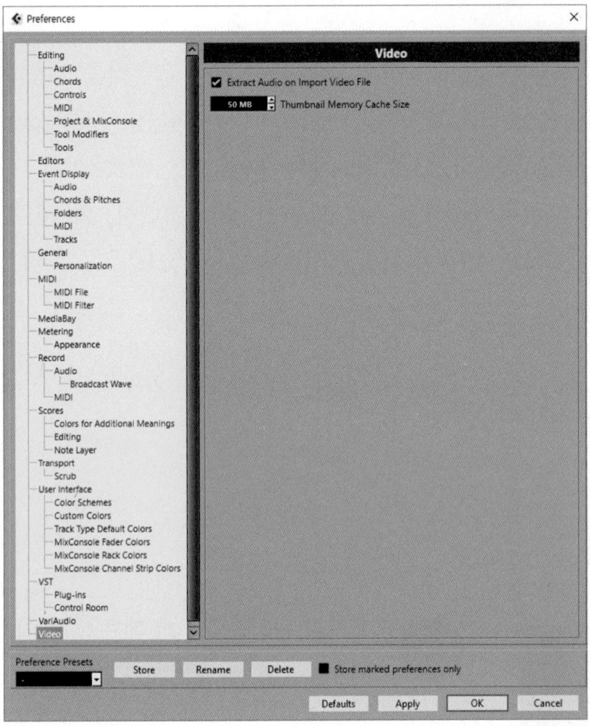


● Extract Audio on Import Video File

영상을 불러올 때, 사운드 트랙을 가져올 것인지의 여부를 선택합니다.

● Thumbnail Memory Cache Size

영상 트랙에 프레임을 표시할 때의 임시 메모리 크기를 설정합니다.

# 08 프로필 관리하기

한 대의 컴퓨터로 여러 사용자가 사용하는 경우 또는 다른 컴퓨터를 이용하는 경우에 자신의 환경을 불러와 세팅할 수 있는 기능이 Profile Manager입니다. 프로필에는 Preferences, 모든 윈도우의 툴바 설정, 워크스페이스, 트랙 컨트롤의 설정과 프리셋, 인/아웃 프리셋, 플러그-인 콜렉션, 퀀타이즈 프리셋, 크로스페이드 프리셋, 단축키 환경을 저장할 수 있습니다.

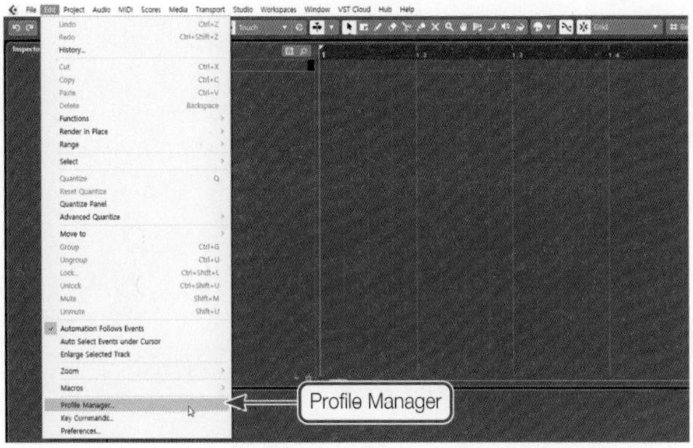


01 프로필 관리창은 Edit 메뉴의 Profile Manager를 선택하여 엽니다.

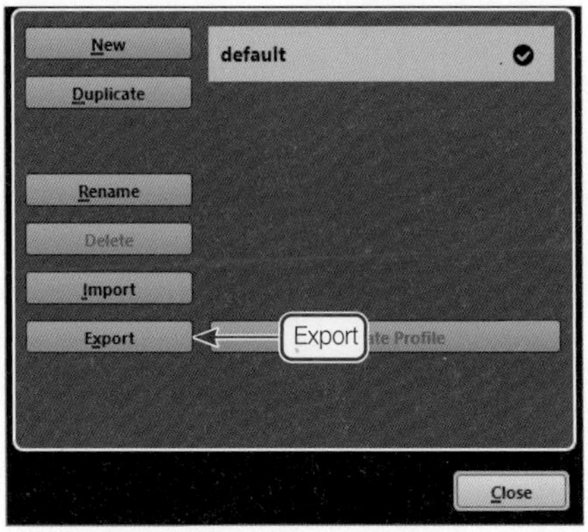


02 프로필 파일은 New 버튼을 클릭하여 만들고, Export 버튼을 클릭하여 저장합니다. 파일 포맷은 *.srf 입니다.

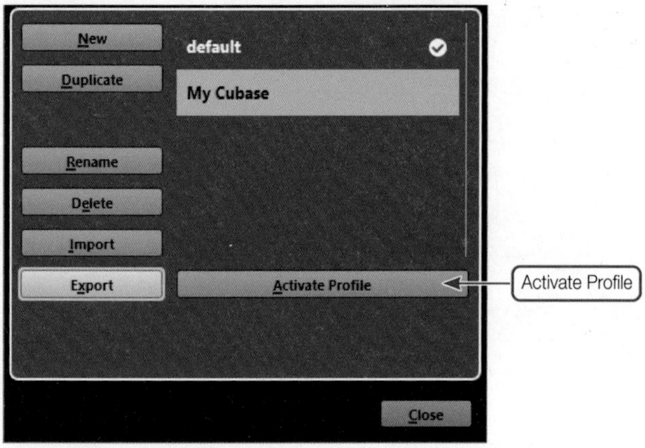


03 다른 컴퓨터에서 자신이 작업하던 환경으로 변경하려면 앞에서 저장한 파일을 Import로 불러온 뒤에 Activate Profile 버튼을 클릭합니다.

## Tip 큐베이스의 설정 파일

큐베이스의 모든 설정 파일은 C:\Users\Name\AppData\Roaming\Steinberg\Cubase 12 폴더에 *.XML 파일로 저장됩니다. 폴더는 윈도우 시작 버튼에서 Steinberg Cubase 12의 User Settings Data Folder를 선택하여 열 수 있으며, 폴더를 복사하여 덮어씌우면 어디서든 동일한 환경으로 작업을 진행할 수 있습니다. 또한 큐베이스 사용에 문제가 없을 때 이 폴더를 백업해 두면, 문제가 발생했을 때 언제든 오류가 없던 환경으로 복구할 수 있습니다. 그리고 폴더를 삭제하면 큐베이스를 처음 설치했던 상태로 복구됩니다. 이 경우에는 모든 설정을 다시 해야 합니다.

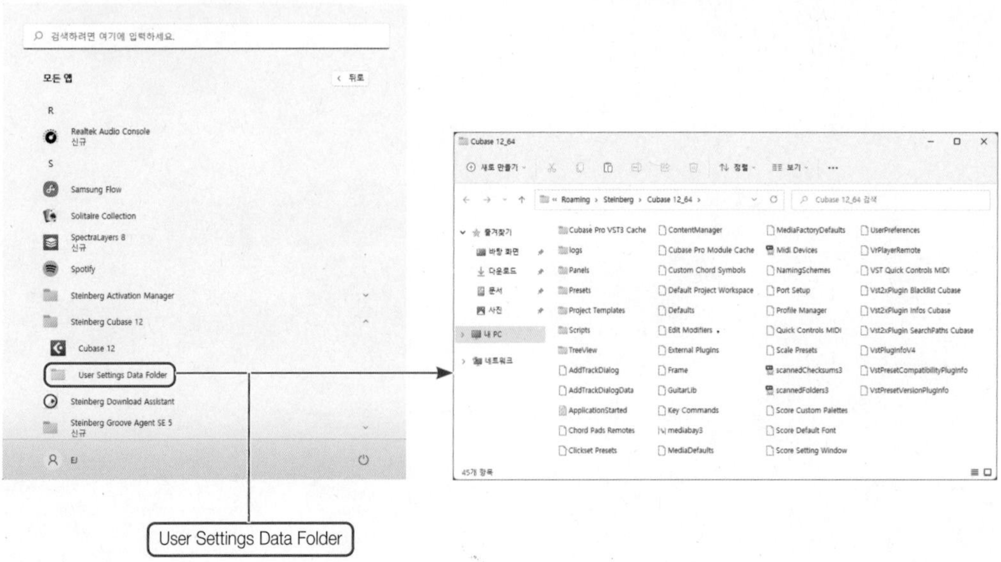

16

PART

# 출판 악보 만들기

큐베이스의 스코어 에디터는 노트 정보를 입력하거나 편집하는 기능 외에도 악보 출판을 목적으로 하는 피날레나 시벨리우스와 같은 전문 프로그램 못지않은 악보 제작이 가능합니다. 다만, 악보를 제작할 일이 없거나 피날레나 시벨리우스를 사용하는 독자는 학습을 하지 않아도 좋습니다.

# 01 다양한 심볼 입력하기

스코어 에디터의 인스펙터 창은 Symbols과 Inspector 탭으로 구성되어 있습니다. 인스펙터 창은 도구의 Show/Hide Left Zone 버튼으로 열거나 닫을 수 있으며, Symbols 탭에는 Keys, Clefs, Time Sign 등의 10가지 팔레트가 기본적으로 열려있습니다. 그 외의 팔레트는 마우스 오른쪽 버튼을 클릭하면 열리는 단축 메뉴에서 선택합니다.

## 01 조표 입력하기

인스펙터 창의 Keys 팔레트는 조표를 입력하는 심볼들로 구성되어 있습니다. Cb Maj에서 C# Maj까지 모든 조표를 입력할 수 있으며, 입력한 조표를 더블 클릭하여 수정할 수 있습니다.

**01** 조표는 인스펙터 창의 Keys 팔레트에서 원하는 조표를 선택하고, 조표를 입력할 위치를 클릭하는 간단한 동작으로 입력할 수 있습니다.

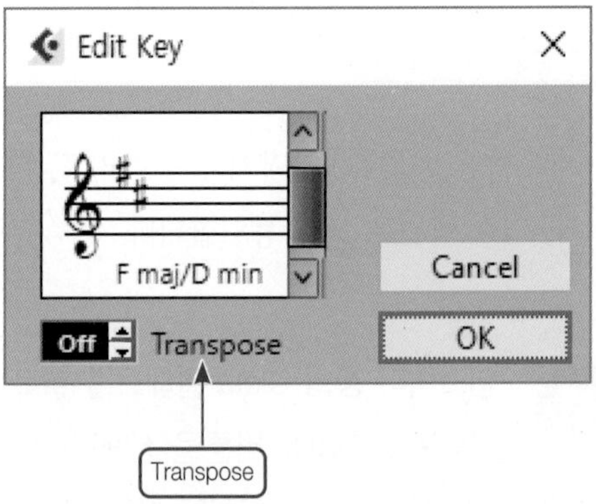


02 입력한 조표는 더블 클릭으로 Edit Key 창을 열어 수정할 수 있습니다. Transpose은 실제 노트 값을 변경(1=반음) 하는 옵션입니다.

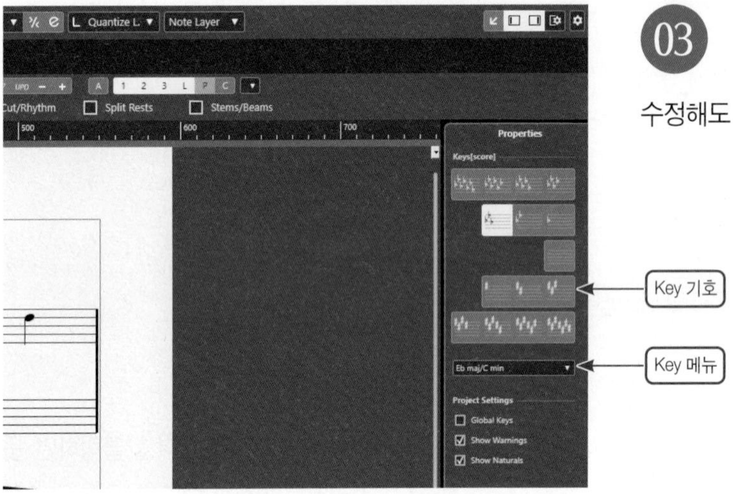


03 입력한 조표는 Edit Key 외에 오른쪽 존에서 기호 또는 메뉴를 선택하여 수정해도 됩니다.

〈Project Settings〉

Key 메뉴 아래쪽에 Project Settings 옵션은 다음과 같습니다.

- Global Keys

조표를 프로젝트 전체에 적용합니다. 옵션을 체크하면 다른 보표에 다른 키를 적용할 수 없습니다.

- Show Warnings

조표를 시스템 끝과 시작 위치에 모두 표시합니다. 옵션을 해제하면 시작 위치에만 표시할 수 있습니다.

- Show Naturals

바뀐 조표에 제자리표를 표시합니다.

# 02 음자리표 입력하기

인스펙터 창의 Clefs 팔레트는 높은 음자리표와 낮은 음자리표 외에 가온 자리표, 타악기용 음자리표, 타브 악보용 음자리표를 입력할 수 있는 심볼들로 구성되어 있습니다. 입력 방법은 모두 동일합니다.

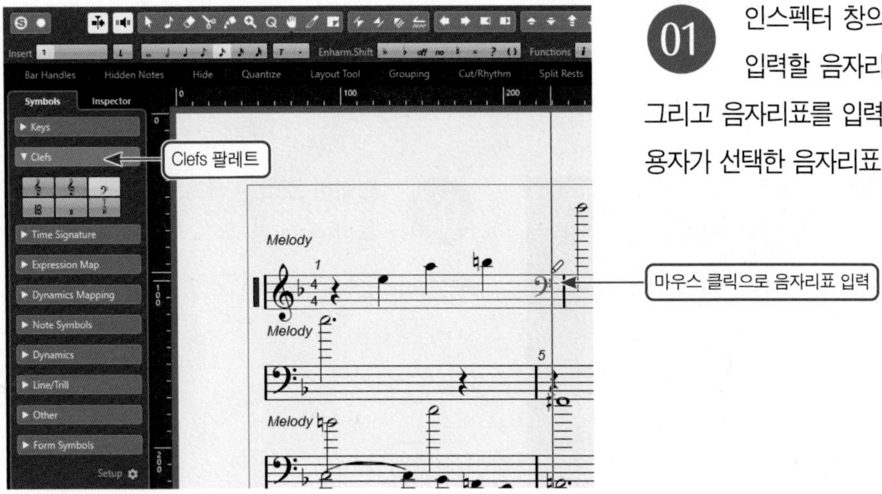


01 인스펙터 창의 Clefs 팔레트를 열고, 입력할 음자리표 버튼을 선택합니다. 그리고 음자리표를 입력할 위치를 클릭하면 사용자가 선택한 음자리표가 입력됩니다.

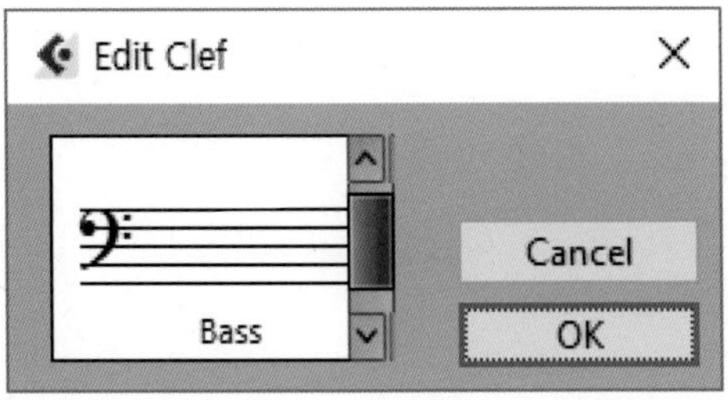


02 입력한 음자리표를 더블 클릭하면 음자리표를 편집할 수 있는 Edit Clef 창이 열립니다. 슬라이더를 위/아래로 조정하여 원하는 음자리표를 찾고, OK 버튼을 클릭하여 수정할 수 있습니다.

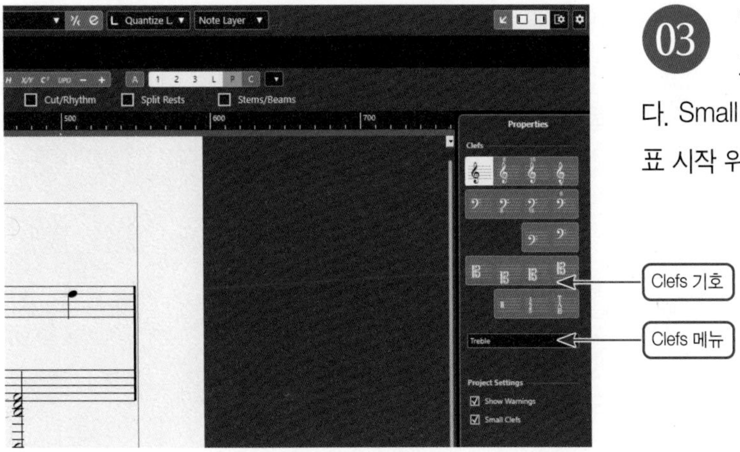


03 입력한 음자리표는 오른쪽 존에서 기호 및 메뉴를 선택하여 변경해도 됩니다. Small Clefs 옵션은 추가된 음자리표를 보표 시작 위치의 기호보다 작게 표시합니다.

# 03 박자표 입력하기

인스펙터 창의 Time Signature은 박자표를 입력할 수 있는 심볼들로 구성되어 있으며, 클래식 곡에서 많이 사용하는 그룹 박자 표시도 가능합니다.

**01** 인스펙터 창의 Time Signature 팔레트에서 입력할 박자를 선택합니다. 그리고 입력할 위치를 클릭하여 입력하거나 입력되어 있는 박자를 수정할 수 있습니다.

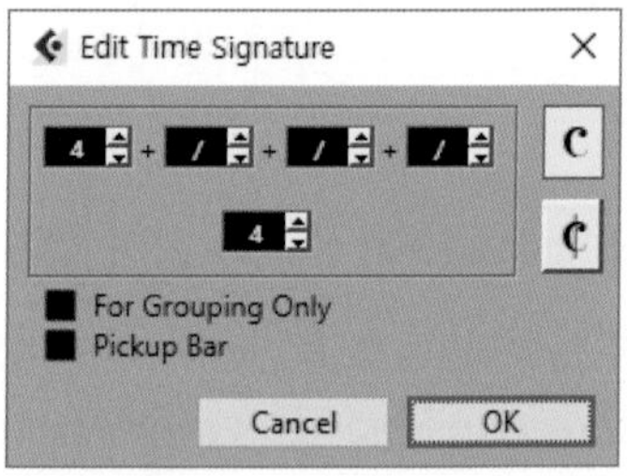


**02** 입력되어 있는 박자는 더블 클릭으로 Edit Time 창을 열어 편집할 수 있습니다. 가요에서는 잘 사용하지 않지만, 총 4의 그룹 박자표를 입력할 수 있으며, For Grouping Only와 Picyup Bar 옵션을 제공합니다.

## Tip Edit Time Signature의 옵션

Edit Time Signature 창에는 4개의 분자를 합쳐서 표시하는 For Grouping Only 옵션과 입력 위치 뒤에 있는 박자 표를 감추는 Pickup Bar 옵션이 있습니다. 예를 들어 그림에서와 같이 3+2박자를 입력했을 경우에 For Grouping Only을 체크하면 5/4박자로 입력되는 것입니다.

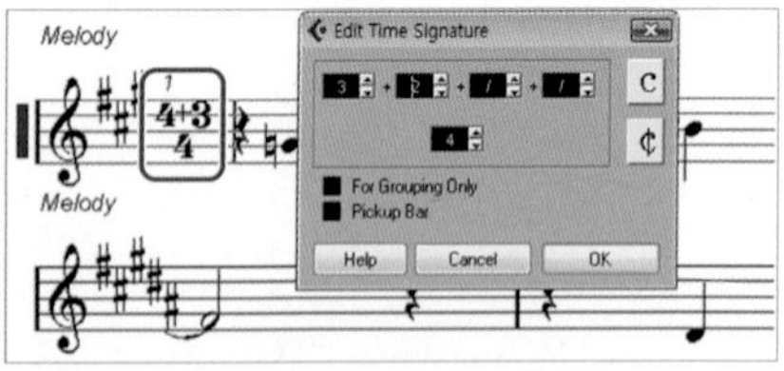

▲ 옵션을 해제한 경우

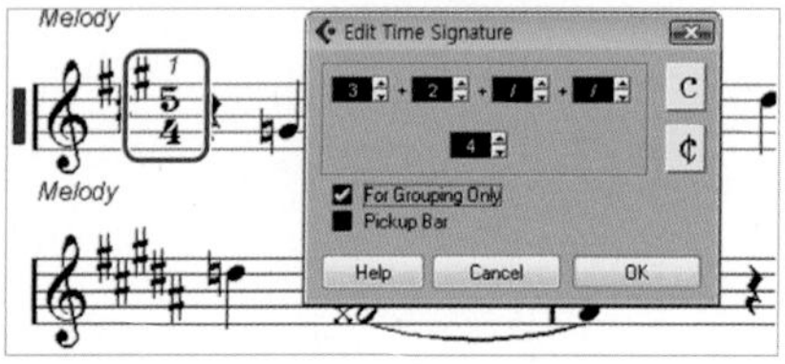

▲ 옵션을 체크한 경우

## 04 익스프레션 기호 입력하기

실제 연주에 영향을 주는 Expression Map 기호를 제공합니다. 이것을 지원하는 VST 악기가 HALion Sonic SE, HALion Symphonic Orchestra 등으로 제한적이지만, 트레몰로, 슬라이드 등의 기호를 입력하는 것 만으로도 해당 주법이 표현된다는 것은 놀랄만한 기능입니다.

**01** Expression Map 팔레트에 기호를 표시하기 위해서는 미리 맵을 설정해야 합니다. MIDI 메뉴의 Expression Map Setup을 선택합니다.

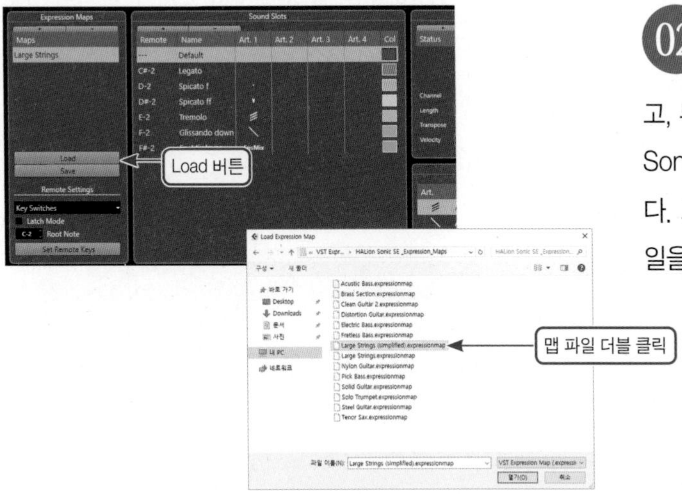


**02** Expression Map Setup 창이 열립니다. Load 버튼을 클릭하여 창을 열고, 부록의 Expression Map 폴더에서 HALion Sonic SE Expression Map 폴더를 찾아 엽니다. 그리고 Large Strings expressionmap 파일을 더블 클릭하여 불러옵니다.

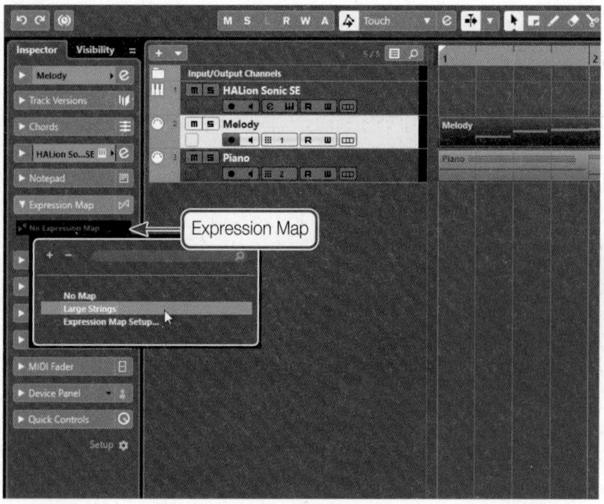


03 Enter 키를 눌러 스코어 창을 닫고, Epression Map 파라미터에서 앞에서 로딩한 Large Strings을 선택합니다. 그리고 Scores 메뉴의 Open Score Editor를 선택하거나 Ctrl+R 키를 눌러 스코어 에디터를 다시 엽니다.

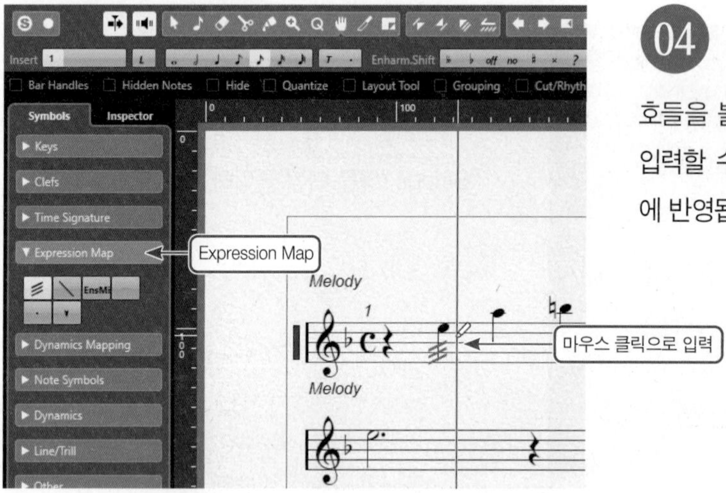


04 Expression Map 팔레트를 열어보면, Large Strings 맵에 설정되어 있는 기호들을 볼 수 있으며, 음표의 머리를 클릭하여 입력할 수 있습니다. 입력된 기호는 실제 연주에 반영됩니다.

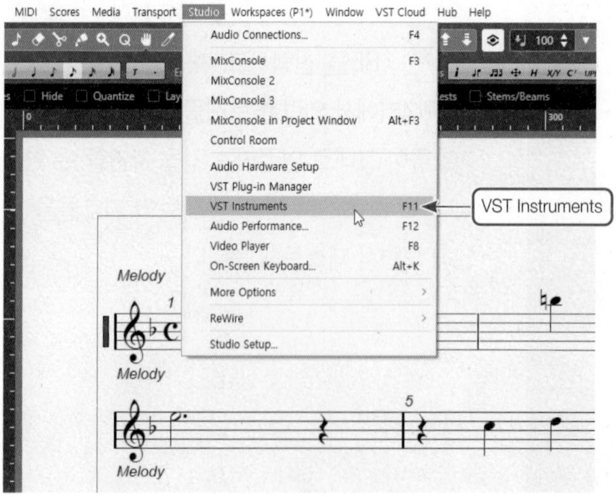


05 모든 악기가 Expressrion Map을 지원하는 것은 아니므로, 지원 가능한 악기를 불러와 테스트 합니다. 스코어 작업을 미디 트랙에서 하고 있었을 것이므로, Studio 메뉴의 VST Instruments를 선택합니다.

**Tip**

VST Instruments 트랙에서 작업을 하고 있다면, 이미 악기를 로딩했을 것이므로, 이 과정이 필요없습니다.

06 Add 버튼을 클릭하여 창을 열고, Instruments 슬롯에서 HALion Sonic SE을 선택하여 추가합니다.

07 VST eXpression(VX)을 지원하는 음색 이름에는 VX가 표시되어 있습니다. Large Strings 맵을 불러왔었으므로, Large Strings VX를 더블 클릭하여 로딩합니다.

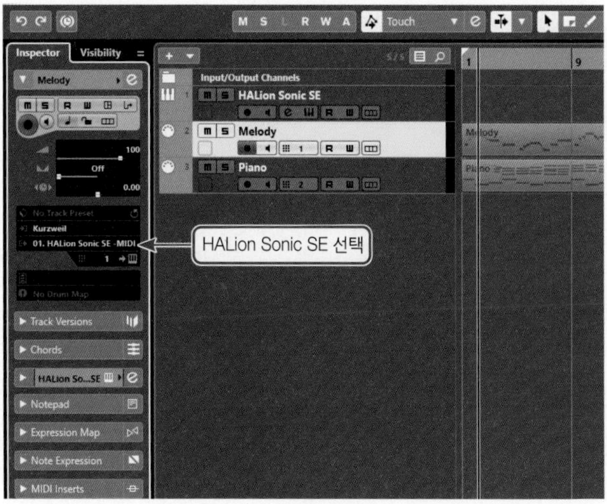


08 미디 트랙에 아웃에서 HALion Sonic SE을 선택하고, 재생을 해보면, 스코어 에디터에서 입력한 트레몰로, 슬라이드 등의 기호들이 그대로 연주되는 것을 확인할 수 있습니다. Expression Map 팔레트의 기호들을 삽입해 보면서 테스트해 봅니다.

# 05 연주 정보 입력하기

인스펙터 창의 Note Symbols 팔레트에는 음표에 스타카토, 테누노 등의 연주 정보에 관련된 심볼들로 구성되어 있습니다. 각 심볼의 입력 방법은 모두 동일합니다.

**01** 인스펙터 창의 모든 팔레트는 마우스 오른쪽 버튼을 클릭하여 단축 메뉴를 열고, Open As Palette를 선택하여 독립 팔레트로 열 수 있습니다.

**02** 독립 창에서는 마우스 오른쪽 버튼을 클릭하여 팔레트의 종류를 변경할 수 으며, Note Symbols은 팔레트에서 심볼을 선택하고 노트를 클릭하여 입력합니다.

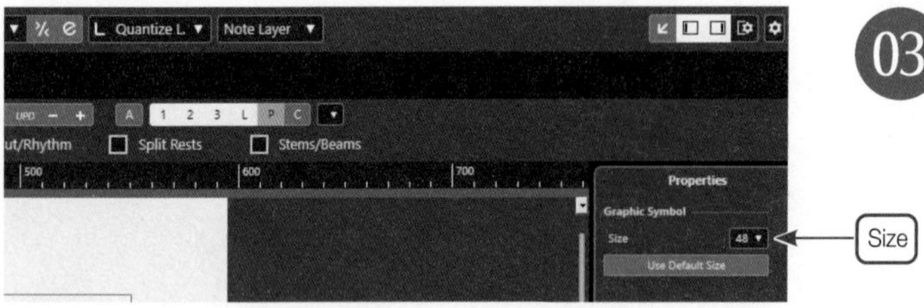


**03** 오른쪽 존에는 기호의 크기를 조정할 수 있는 Size 옵션을 제공합니다.

# 06 셈 여림 기호 입력하기

Dynamics 팔레트는 악보에 셈 여림, 슬러 등의 다이내믹 기호를 입력할 수 있는 것들로 구성되어 있습니다. Dynamics Mapping 팔레트는 실제 연주에 적용되는 다이내믹 기호를 입력할 수 있습니다.

**01** 인스펙터 창의 Dynamics 팔레트에서 슬러 입력 버튼을 선택하고, 원하는 길이만큼 마우스를 드래그 합니다.

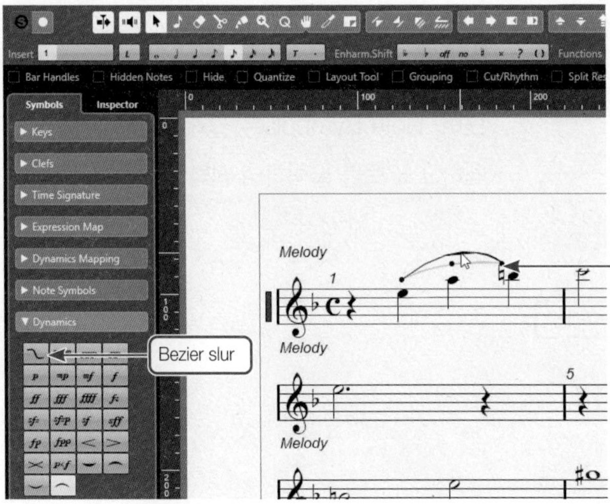


**02** 입력한 슬러에는 3개의 포인트가 있습니다. 도구 모음 줄에서 화살표 도구를 선택하여 포인터를 원하는 형태로 드래그하여 완성합니다.

**Tip**

첫 번째 Bezier slur는 4개의 포인트를 제공하여 좀 더 자유로운 커브를 만들 수 있습니다. 포인트를 마우스 오른쪽 버튼을 클릭하여 단축 메뉴를 열고, Add Points를 선택하여 포인트를 추가하거나 Add /Reduce Tickness를 선택하여 두께를 조정할 수 있습니다.

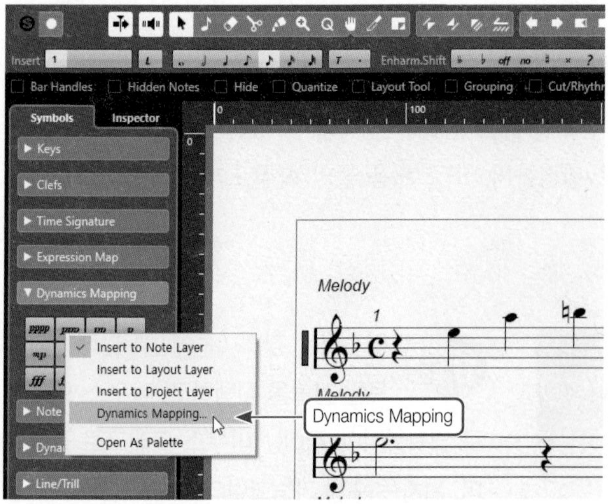


03 Expression Map을 지원하는 악기는 Dynamics Mapping 팔레트의 기호를 적용할 수 있습니다. Dynamics Mapping 팔레트에서 마우스 오른쪽 버튼을 클릭하여 단축 메뉴를 열고, Dynamics Mapping를 선택합니다.

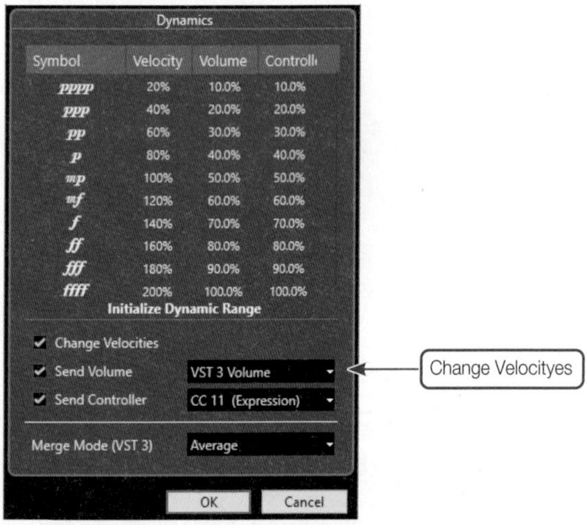


04 Change Velocities 옵션을 체크하면, 각 심볼마다 실제로 연주될 벨로시티 값을 설정할 수 있습니다.

- Send Volume : 옵션을 체크하면 CC7번 볼륨 및 CC11번 익스프레션 정보를 전송할 수 있습니다.
- Send Controller : Send Volume에서 사용되는 정보를 제외한 나머지 컨트롤 정보를 추가할 수 있습니다.
- Merge Mode : 음표와 다이내믹 심볼에 VST3 Volume을 사용하는 경우의 연주 결과를 선택합니다.

Averge를 선택하면 두 음량 메시지의 평균 값으로 재생되고, Merge를 선택하면 다이내믹 기호의 VST3 Volume 설정이 음표의 볼륨 설정을 변조합니다.

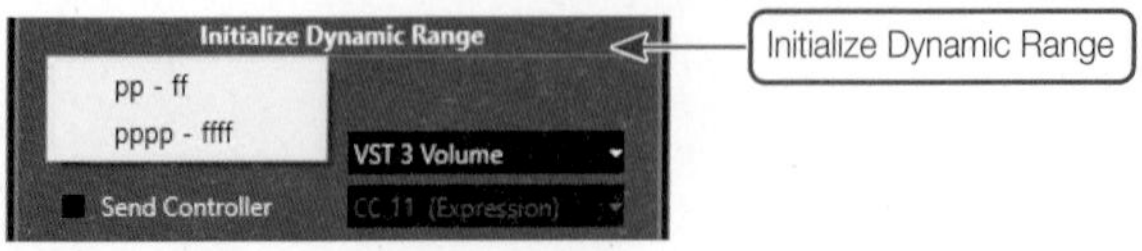


05 Initialize Dynamic Range를 클릭하면 다이내믹 동작 범위를 선택할 수 있는 메뉴가 열립니다.

# 07 트릴 기호 입력하기

Line/Trill 팔레트는 반복 기호로 사용하는 라인과 트릴 등의 심볼을 입력할 수 있는 것들로 구성되어 있습니다. 라인의 길이는 입력할 때 마우스 드래그로 결정하며, 도구 모음 줄의 화살표 버튼으로 길이와 위치를 조정할 수 있습니다.

**01** 인스펙터 창의 Line/Trill 팔레트에서 트릴 심볼을 선택하고, 마우스 드래그로 입력합니다. 길이는 마우스 드래그로 결정하며, 위치는 수정 가능합니다.

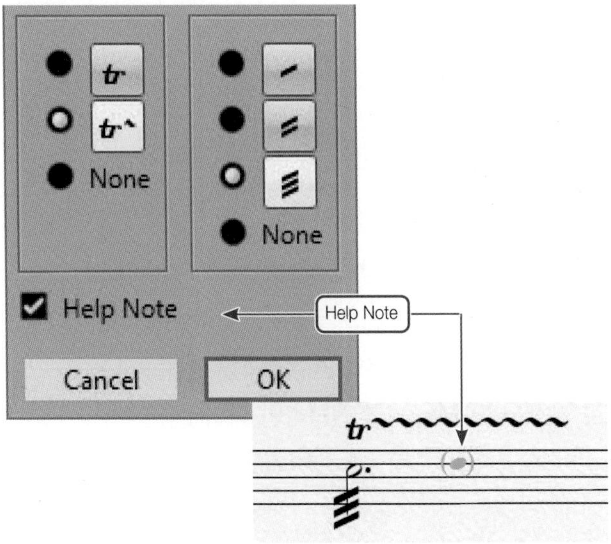


**02** 실제 트릴로 연주한 노트를 기호로 바꾸고자 하는 경우에는 노트를 마우스 오른쪽 버튼으로 클릭하여 단축 메뉴를 열고, Build Trill를 선택합니다. Help Note 옵션을 체크하면 두 번째 노트를 괄호로 표시할 수 있습니다.

# 08 템포 및 반복 기호 입력하기

Form Symbols 팔레트는 반복 기호, 템포 표시 등을 입력할 수 있는 것들로 구성되어 있습니다. 템포 기호의 경우에는 프로젝트 템포가 적용됩니다.

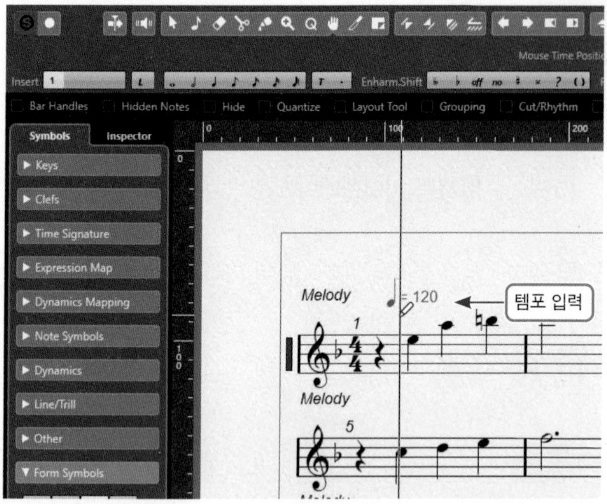


**01** 인스펙터 창의 Form Symbols 팔레트에서 템포 입력 버튼을 선택하고, 원하는 위치에 클릭합니다. 그러면 작업 중인 곡의 템포가 자동으로 입력되는 것을 확인할 수 있습니다.

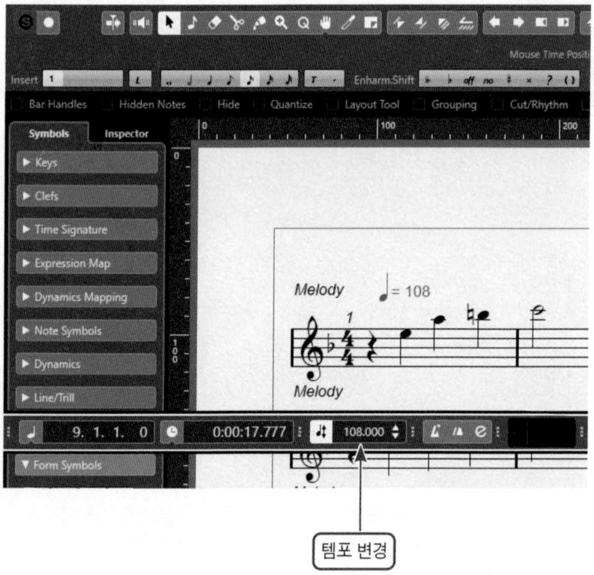


**02** 트랜스포트 패널의 템포 값을 변경해 봅니다. 심볼로 입력한 템포의 값이 변경되는 것을 확인할 수 있습니다.

## 09 가사 입력하기

Other 팔레트는 코드, 가사, 반복 기호 등의 심볼을 입력할 수 있는 것으로 구성되어 있습니다. 가요 악보에서 많이 사용하는 가사를 입력해보겠습니다.

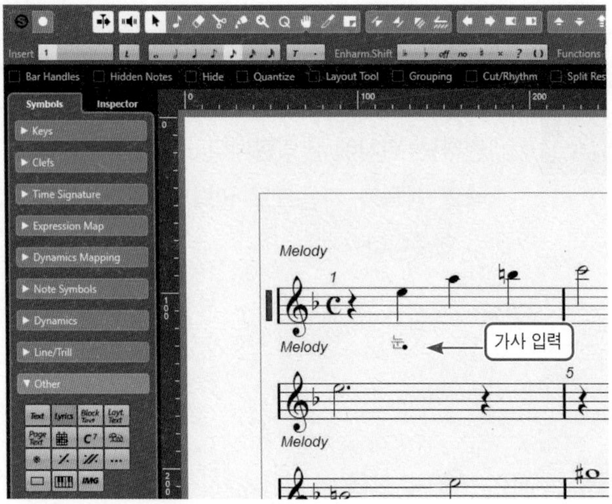


**01** 인스펙터 창의 Other 팔레트에서 가사 입력에 사용하는 Lyrics 버튼을 클릭하고, 가사를 입력할 음표 아래쪽을 클릭합니다. 그리고 워드 프로그램을 사용하듯 원하는 문자를 입력합니다.

**02** 다음 음표로 이동하여 가사를 입력하는 방법은 Tab 키입니다. 워드와 같은 프로그램에서 많이 사용하는 Space bar 키와 혼동 없길 바랍니다.

**Tip**

가사 절 구분은 마우스 오른쪽 버튼을 클릭하면 열리는 단축 메뉴의 Move to Voerse에서 선택합니다.

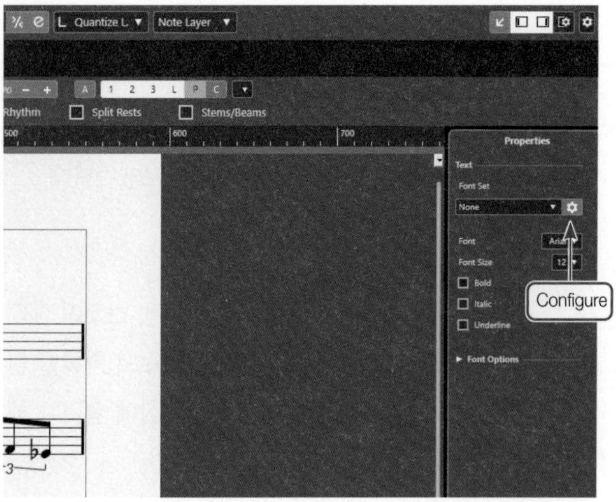


03 폰트나 크기는 오른쪽 존에서 변경할 수 있지만, 자주 사용하는 설정은 Font Set으로 만들어 놓는 것이 편리합니다. Configure 버튼을 클릭합니다.

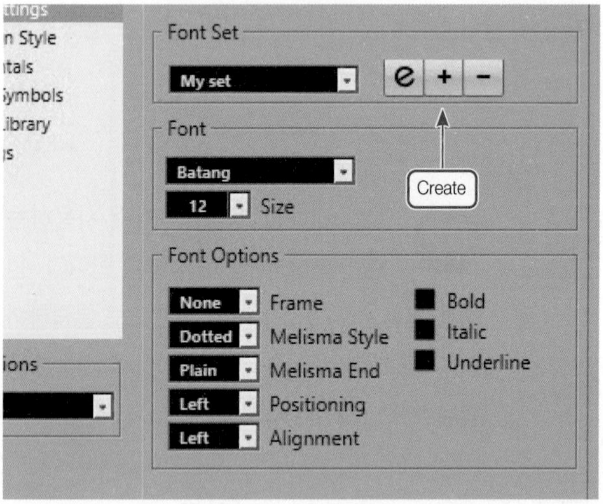


04 Font를 비롯하여 Size와 Options 등, 필요한 설정을 하고, Create 버튼을 클릭하여 저장합니다. 참고로 윈도우 기본 글꼴 바탕이나 굴림과 같은 한글은 Batang이나 Gulim과 같이 영어로 표시됩니다.

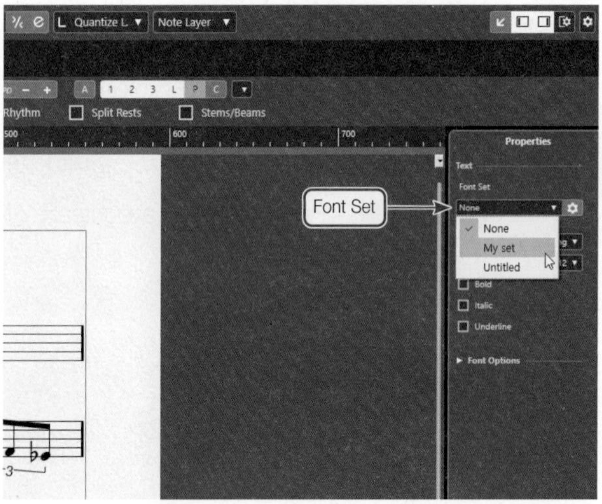


05 Font Set 목록에 등록되며 언제든 선택하여 적용할 수 있습니다. 큐베이스는 글자를 독립 개체로 다루기 때문에 자주 사용하는 글자 속성은 Set으로 만들어 사용하는 것이 편리합니다.

# 10 나만의 팔레트 만들기

지금까지 살펴본 팔레트 외의 Favourites, Chord Symbols, Guitar Symbols, Clefs etc, Words, User Symbols를 추가로 제공합니다. 모두 악보 사보에 필요한 것들이므로, 계속해서 살펴보겠습니다.

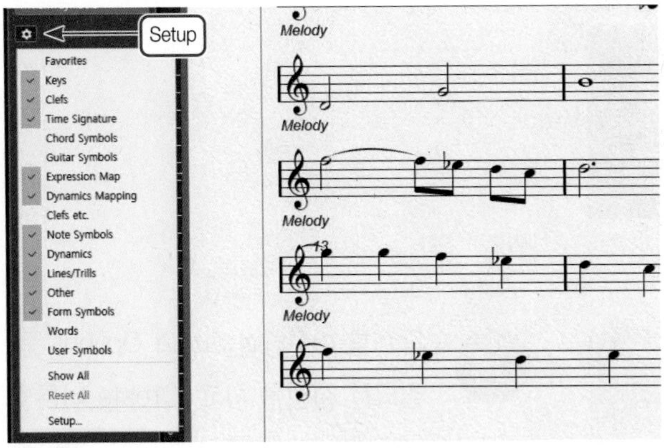


**01** Setup 버튼을 클릭하면, 스코어 에디터에서 제공하는 팔레트의 종류를 볼 수 있으며, 체크하여 인스펙터 창에 열거나 해제하여 닫을 수 있습니다.

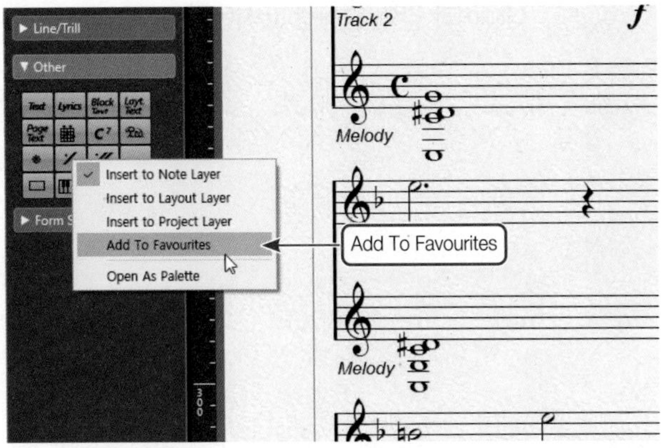


**02** Favourites 팔레트는 자주 사용하는 심볼을 모아 놓은 역할을 합니다. 원하는 심볼을 마우스 오른쪽 버튼으로 클릭하여 단축 메뉴를 열고, Add To Favourites를 선택합니다.

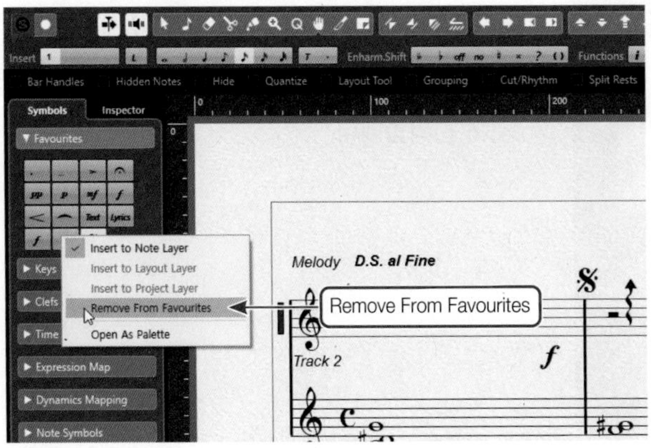


**03** Favourites 팔레트를 열어보면, 사용자가 심볼을 확인할 수 있습니다. 필요없는 심볼은 Remove From Favourites를 선택하여 제거할 수 있습니다.

## Tip 레이어 구분

팔레트에서 입력하는 대부분의 심볼은 노트 레이어로 입력되고, 문자를 비롯한 몇 가지는 레이아웃이나 프로젝트 레이어로 입력됩니다. 하지만, 필요하다면 각 심볼을 사용자가 원하는 레이어로 변경할 수 있습니다.

❶ 팔레트에서 기호를 마우스 오른쪽 버튼으로 클릭하여 단축 메뉴를 열고, Insert to Layout Layer 또는 Insert to Project Layer를 선택하면, 해당 심벌은 레이아웃 또는 프로젝트 레이어로 입력됩니다.

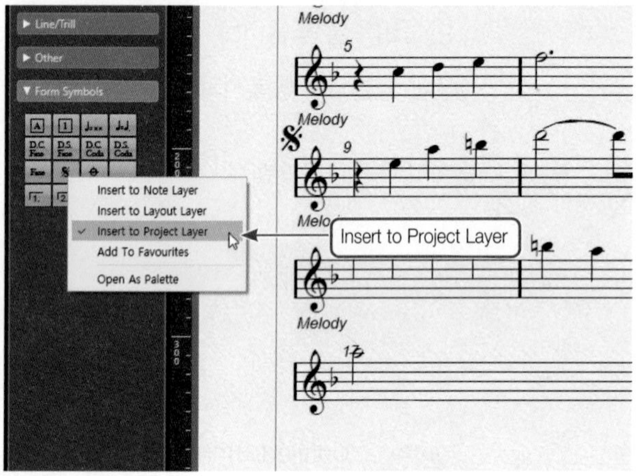


❷ Layout Layer 또는 Project Layer로 변경한 심벌들은 도구 바의 L 또는 P 버튼을 Off로 하여 편집되는 것을 방지할 수 있습니다. 노트 레이어 1, 2, 3 역시 마우스 오른쪽 버튼을 클릭하여 심볼을 할당할 수 있으며, 실수로 편집되는 것을 방지할 수 있습니다.

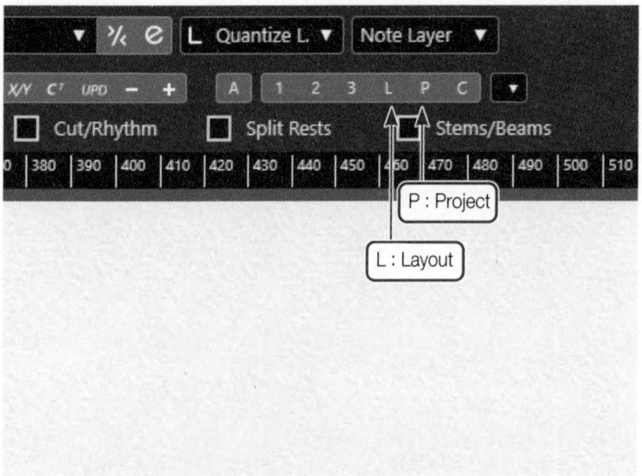

## 11 작곡가 입력하기

인스펙터 창에는 Default로 보여지는 팔레트 외에 Chord, Guitar 등의 팔레트를 표시할 수 있습니다. 먼저 자주 사용하는 문자를 등록하여 입력할 수 있는 역할의 Worlds팔레트를 살펴보겠습니다.

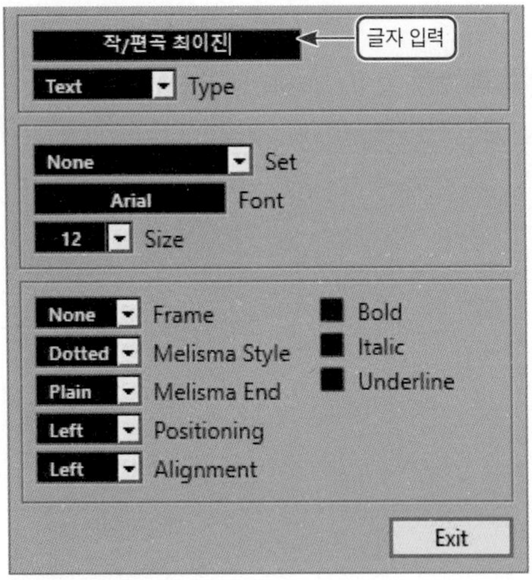


01 Words 팔레트는 기본적으로 비어있습니다. Untitled 버튼을 더블 클릭하여 Custom Text Editor 창을 엽니다. 창에서 타이틀 제목과 글꼴, 크기, 속성 등을 편집하고, Exit 버튼을 누릅니다. 자주 사용하는 문자를 같은 방법으로 등록시켜 놓습니다.

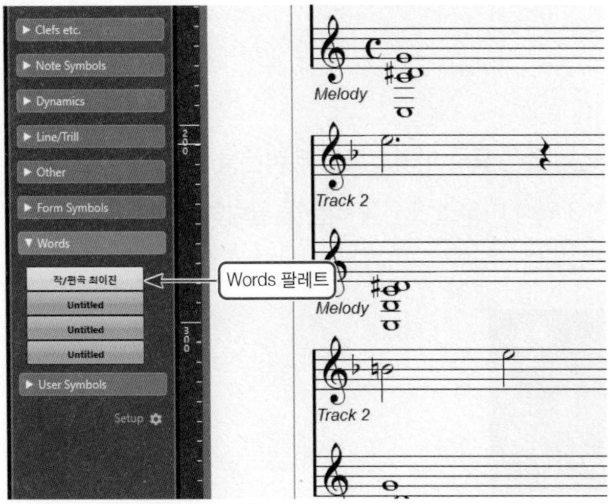


02 Untitled 버튼이 입력한 문자로 변경되고, 원하는 위치를 클릭하여 입력할 수 있습니다. Words 팔레트는 마우스 더블 클릭으로 Custom Text Editor 창을 열어 수정할 수 있습니다.

## Tip Custom Text Editor의 옵션

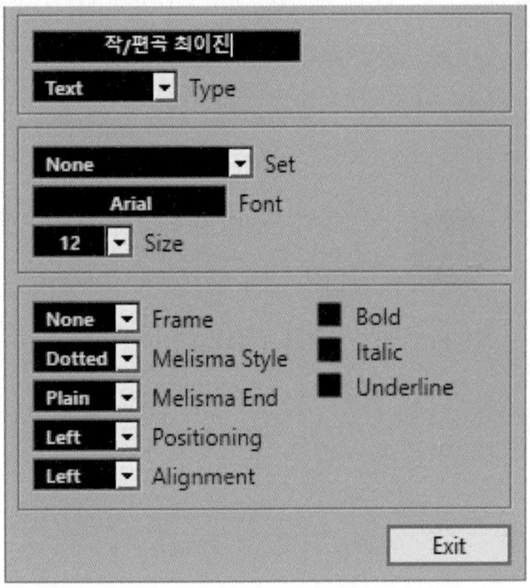


문자를 입력하거나 편집하는 역할의 Custom Text Editor 창은 문자의 타입이나 크기 등을 설정할 수 있는 옵션으로 구성되어 있습니다.

- Type

  문자(Text), 가사(Lyric) 중에서 편집할 타입을 선택합니다.

- Set

  Score Settings의 Project-Text Settings에서 설정한 속성으로 선택합니다.

- Font / Size

  글자체와 크기를 선택합니다.

- Frame

  문자에 박스 표시를 할 것인지의 여부를 선택합니다.

- Melisma Style

  문자가 입력된 오른쪽 포인트를 드래그하여 선을 만들거나 가사가 없는 음표에 입력될 라인의 형태를 선택합니다.

- Melisma End

  선의 끝 부분을 어떻게 처리할 것인지를 선택합니다.

- Positioning

  문자를 입력할 때의 기준 위치를 선택합니다.

- Alignment

  문자의 정렬 위치를 선택합니다.

- Bold / Italic / Underline

  문자를 굵게, 기울게, 밑줄로 표시할 수 있는 옵션입니다.

# 12 코드 입력하기

코드는 Orther 팔레트의 코드 입력 버튼을 이용해서 입력할 수 있으며, 별도의 Chord Symbols 팔레트에서 입력할 수 있습니다. Orther 팔레트를 이용하면 입력을 할 때 코드를 설정해야 하며, Chord Symbols 팔레트를 이용하면 입력 후에 루트를 변경해야 한다는 차이점이 있습니다.

01 Chord Symbols 팔레트에서 원하는 타입의 코드를 선택하여 입력합니다. 이때 코드 이름이나 타입은 무시합니다.

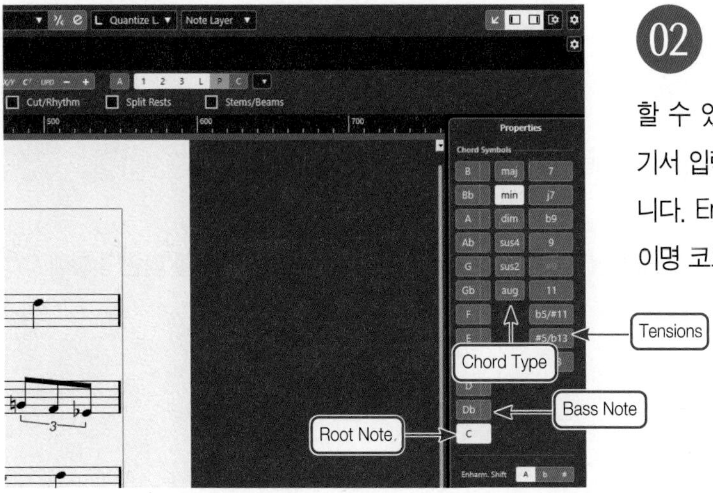


02 입력한 코드를 선택하고 오른쪽 존을 보면 루트, 베이스, 타입, 텐션을 변경할 수 있는 Chord Symbols를 제공합니다. 여기서 입력한 코드 이름과 타입을 결정하는 것입니다. Enharm. Shift 옵션은 C# = Db과 같이 이명 코드로 변경합니다.

03 코든 연주는 Ctrl+A 키를 눌러 모든 음표를 선택하고 Insert 도구 바의 코드 버튼을 클릭하여 자동으로 코드가 입력되게 할 수 있습니다.

## Tip Edit Chord Symbol 창의 옵션

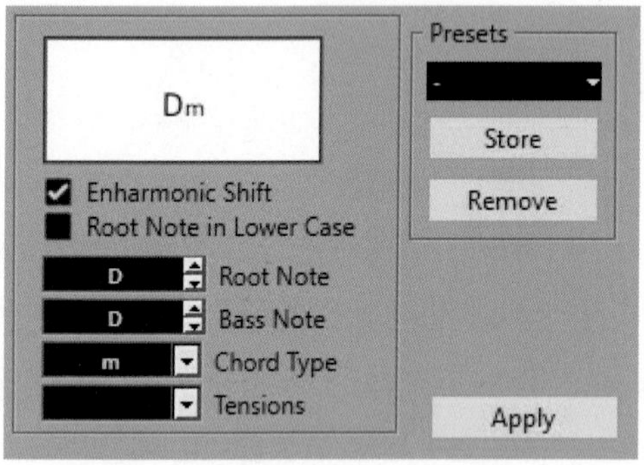


입력한 코드를 더블 클릭하면 네임과 타입을 변경할 수 있는 Edit Chord symbol 창이 열립니다. 사용자가 설정한 코드 네임은 Apply 버튼을 이용해서 적용하거나 Preset으로 저장할 수 있습니다.

- Display : Edit Chord Symbol 창에서 수정하는 내용이 표시됩니다.
- Enharmonic Shift : C#가 Db과 같은 이명 동음 코드 네임을 변경합니다.
- Key Note in Lower Case : 코드를 소문자로 표시합니다.
- Key Note : 코드 네임을 선택합니다.
- Bass Note : 슬래시 코드의 베이스 음을 선택합니다.
- Chord Type : 코드 타입을 선택합니다.
- Tensions : 텐션 코드를 선택합니다. 텐션 항목에 괄호를 입력하여 표기하는 것도 가능합니다. 슬래시(/)와 버티컬(|) 기호도 지원을 하지만, 괄호 외에는 잘 쓰지 않습니다.

$A^{9(\#5)}$

$A^{9/\#5}$

$A^{9}_{\#5}$

$A(^{9}_{\#5})$

# 13 기타 코드 폼 입력하기

Guitar Symbols 팔레트는 Guitar 연주자들이 즐겨쓰는 기타 코드 폼을 입력할 수 있습니다. Guitar 악보를 만드는 경우에는 앞에서 살펴본 코드 외에 기타 코드 폼도 함께 입력해두는 것이 좋습니다.

**01** Guitar Symbols 팔레트에서 입력할 코드 폼을 선택하고, 원하는 위치를 클릭하여 입력할 수 있습니다.

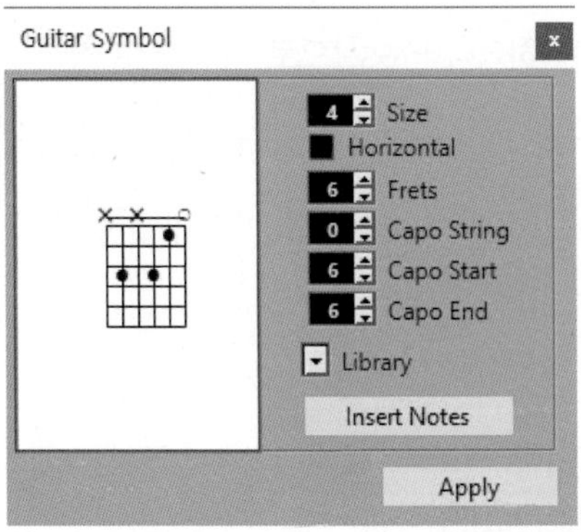


**02** 입력한 기타 코드 폼을 더블 클릭하면 폼을 수정할 수 있는 Guitar Symbol 창이 열립니다. 디스플레이에 표시되는 폼을 마우스 클릭으로 변경할 수 있어 자신만의 코드 폼도 쉽게 만들 수 있습니다.

- Size : 폼의 크기를 조정합니다.
- Horizontal : 폼을 수평으로 표시합니다.
- Frets : 플렛의 수를 결정합니다.
- Capo String : 카포의 위치를 조정합니다.
- Capo Start : 카포의 시작 줄을 결정합니다.
- Capo End : 카포의 끝 줄을 결정합니다.
- Library : 기본적으로 제공하는 코드 폼을 선택합니다.
- Insert Notes : 코드를 악보에 노트로 입력합니다.

# 14 피아노 악보 만들기

노트나 심볼을 선택하지 않으면 오른쪽 존에 레이아웃을 빠르게 적용할 수 있는 Staff Settings 파라미터를 볼 수 있습니다. 많은 학습이 필요한 레이아웃 설정을 간단하게 이용할 수 있기 때문에 큐베이스 초보자도 쉽고 빠르게 원하는 악보를 만들 수 있습니다.

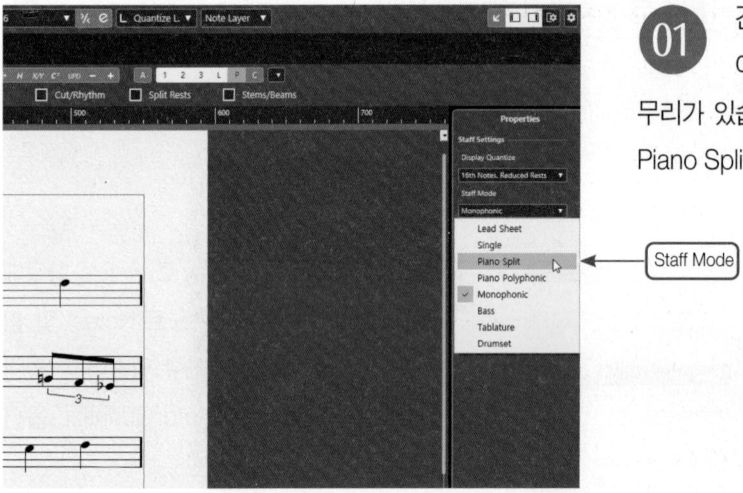


**01** 간단한 반주를 녹음하고 Score를 열어보면, 대부분 악보로 인쇄 하기에는 무리가 있습니다. 오른쪽 존의 Staff Mode에서 Piano Split를 선택합니다.

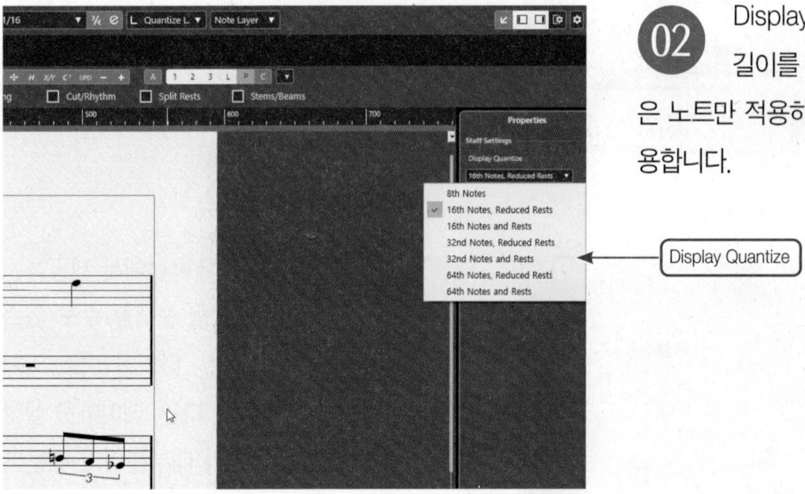


**02** Display Quantize에서 악보에 표시할 길이를 선택합니다. Reduced Resets은 노트만 적용하고, and Rests은 쉼표까지 적용합니다.

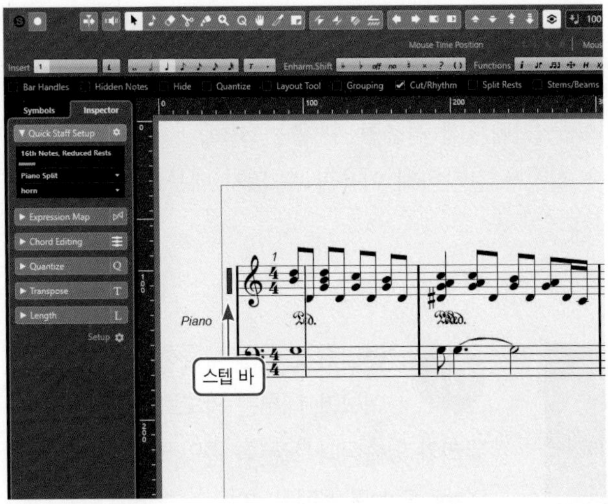


03 노트와 쉼표의 길이를 다르게 설정하거나 잇단음을 제거하는 등의 세부적인 레이아웃이 필요한 경우에는 악보 시작 위치의 스텝 바를 더블 클릭하여 Score Settings 창을 엽니다.

04 Main 탭의 Display Quantize 항목에서 화면에 표시할 노트(Notes) 및 쉼표(Rests)의 길이를 설정할 수 있습니다. 잇단음을 표시하지 않으려면 Auto Quantize 옵션을 해제합니다.

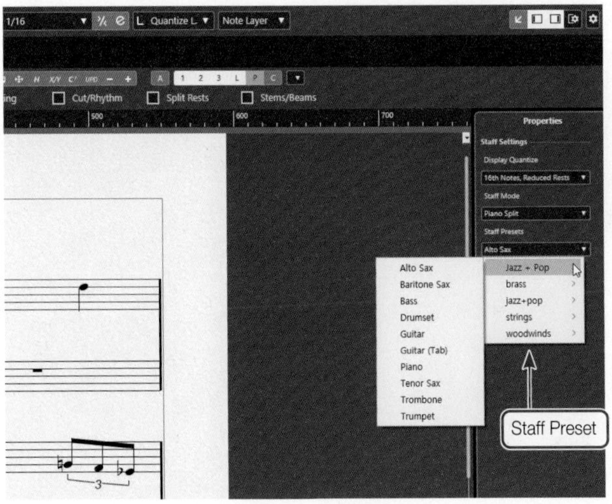


05 간단하게 Staff Preset에서 제공하는 Score Settings을 선택할 수도 있습니다. 피아노 악보는 물론, 다양한 이조 악기 악보를 만들 수 있습니다. 다만, 레이아웃 설정을 다시 해야 하는 경우가 대부분이기 때문에 Score Settings 옵션은 알고 있어야 합니다.

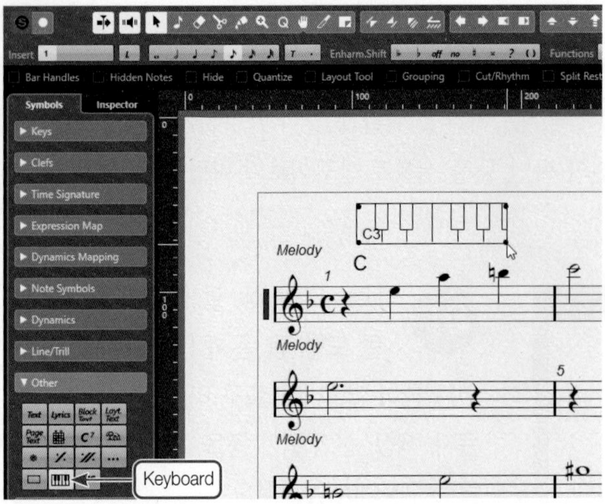


**06** 피아노 교재를 만드는 경우에는 건반 그림을 넣는 경우가 있습니다. 이때는 Other 팔레트에서 Keybaord를 선택하여 입력하고, 포인트를 드래그하여 크기를 조정합니다.

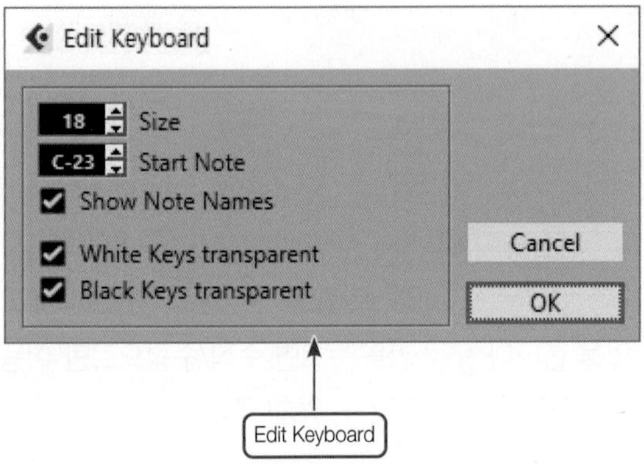


**07** 건반 그림을 더블 클릭하면 속성을 변경할 수 있는 창이 열립니다.

Size : 크기를 설정합니다.

Start Note : 시작 건반 위치를 결정합니다.

Show Note Names : 건반 번호를 표시합니다.

White/Black Keys transparent : 흰색과 검은색 건반을 투명하게 처리하여 백그라운드 색상으로 표시되게 합니다.

**08** Other 팔레트에는 악보에 이미지를 삽입할 IMG를 제공하고 있기 때문에 실제로는 인터넷에서 다운 받은 건반 코드 그림을 사용하는 경우가 더 많습니다.

# 15 로고 만들기

User Symbols 팔레트은 Window 기본프로그램에서 제공하는 그림판과 같이 사용자가 원하는 심볼을 직접 그릴 수 있는 기능입니다. 회사의 로고나 자신의 싸인 등을 심볼로 만들어보기 바랍니다.

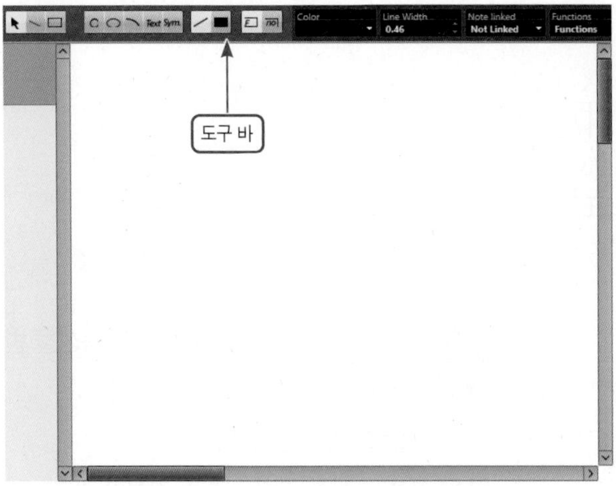


**01** User Symbols 팔레트를 더블 클릭하면 도형, 선, 문자 등을 그려 넣을 수 있는 창이 열립니다. 도구 바에는 선이나 도형, 문자, 색상, 선의 굵기 등을 설정할 수 있는 것들로 구성되어 있습니다.

화살표 툴 : 개체를 선택하거나 이동 복사들의 편집 작업을 합니다. Ctrl 키를 누르면 수직/수평으로만 이동할 수 있고, Alt 키를 누르면 복사됩니다. 선택한 개체는 Delete 키를 눌러 삭제할 수 있습니다.

라인 툴 : 라인을 그립니다. 라인의 길이와 위치를 조정할 때는 화살표 툴을 이용합니다.

사각 툴 : 사각형을 그립니다.

원 툴 : 원을 그립니다.

타원 툴 : 타원을 그립니다.

곡선 툴 : 곡선을 그립니다.

Text 텍스트 툴 : 글자를 입력합니다. 클릭을 하면 글자 내용 및 폰트와 크기 등을 설정할 수 있는 창이 열립니다.

Sym 심볼 툴 : 스코어 심볼을 삽입할 수 있는 창이 열립니다.

라인 색상 툴 : Color 메뉴에서 선택한 색상의 라인을 만듭니다.

도형 색상 툴 : Color 메뉴에서 선택한 색상으로 도형을 만듭니다.

필 툴 : Color 메뉴에서 선택한 색상으로 도형을 채웁니다.

비우기 툴 : 도형의 색상을 채우지 않습니다.

컬러 툴 : 라인 및 도형의 색상을 선택합니다.

폭 툴 : 라인의 굵기를 조정합니다.

링크 툴 : 노트의 연결 유무를 선택합니다. Not Linked는 연결하지 않고, Left, Enter, Behind는 노트 왼쪽, 가운데, 뒤에 연결합니다.

메뉴 : 심볼 관리 메뉴입니다.

New Symbol : 새로운 사용자 심볼을 만듭니다.

Delete Symbol : 현재 심볼을 삭제합니다.

Export User Symbols : 심볼을 저장합니다.

Import User Symbols : 저장한 심볼을 불러옵니다.

Export/Import Symbol : 현재 심볼을 저장하거나 불러옵니다.

Delete : 선택한 개체를 삭제합니다.

Select All : 모든 개체를 선택합니다.

Transform : 선택한 개체의 크기를 조정하는 Scale Symbol, 수직 및 수평으로 뒤집어주는 Mirror horizontal와 vertical, 90도로 뒤집어 주는 Filp +/- 90 메뉴를 제공합니다.

Draw : 선택한 두 개 이상의 개체를 그룹으로 묶거나 해제하는 Group/Ungroup와 선택한 개체를 앞 또는 뒤로 보내는 Bring To Front 및 Send To Back 메뉴를 제공합니다.

Align : 선택한 두 개 이상의 개체를 왼쪽, 오른쪽, 중아, 아래, 세로, 가로로 정렬하는 메뉴를 제공합니다.

02 각 도구를 이용하여 만든 심볼은 언제든 마우스 클릭으로 악보에 삽입할 수 있습니다. 회사 로고나 싸인 등을 만들어두면 편리할 것입니다.

# 02 악보 레이아웃 설정하기

Scores 메뉴의 Settings을 선택하거나 음자리표 왼쪽의 빈 공간을 더블 클릭하면 Project, Layout, Staff, Text 등의 환경을 설정할 수 있는 Score Settings 창이 열립니다. 이것은 악보에 입력하는 문자, 코드, 여백 등의 환경을 설정하는 역할을 합니다. 사용자마다 악보를 사용하는 목적이 다를 것이므로, 자신에게 적합한 악보를 제작하기 위해서는 각각의 환경을 설정할 줄 알아야 할 것입니다.

## 01 문자 환경 설정하기

악보에 표시되는 마디 번호, 트랙 이름, 박자 등의 폰트를 설정할 수 있는 Font Settings은 Score Settings 창의 Project 탭에서 Font Settings 카테고리를 선택하여 열 수 있습니다. Font Settings 페이지는 Project Text와 Attribute Sets의 두 가지 탭으로 구성되어 있습니다.

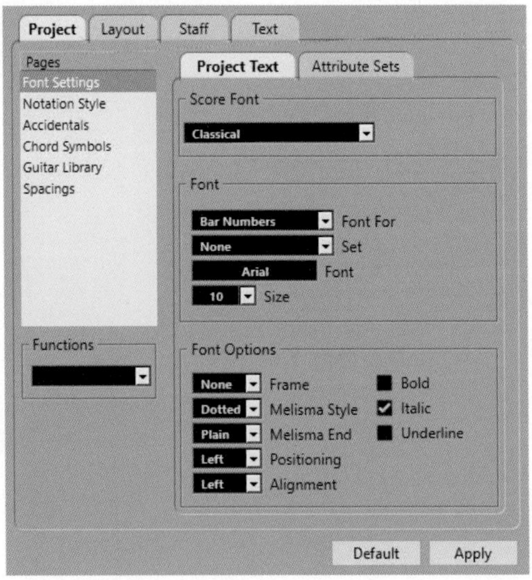


Project Text 탭 페이지는 악보에 표시되는 마디 번호, 트랙 이름 등 글자 모양을 변경하고 싶은 것을 Font For에서 선택하고, 나머지 옵션으로 사용자가 원하는 글꼴, 크기, 속성 등을 설정하는 페이지입니다.

각각의 옵션은 다음과 같은 역할을 합니다.

| 옵션 | 설명 |
|---|---|
| Score Font | 음표 및 심볼에 사용될 폰트를 선택합니다. 음표 및 심볼에 사용될 폰트를 선택합니다. |
| Font For | Bar Numbers, Track Name 등 환경을 설정할 폰트 목록을 선택합니다. |
| Set | Text Settings페이지에서 만든 환경을 선택합니다. 만들어 놓은 것이 없다면, None으로 표시되며, 만들어 놓은 것을 선택한다면, 창 아래쪽의 다양한 속성은 변경할 수 없습니다. |
| Font | 글꼴을 선택 합니다. |
| Size | 글자의 크기를 선택합니다. |
| Frame | 문자에 사각(Box), 원형(Oval) 모양의 테두리를 만듭니다. |
| Melisma Style | 타이로 연결된 음표에 가사 대신 Dotted(점선), solid(라인) 처리 방법을 선택합니다. |
| Melisma End | 라인의 끝 지점을 Down/Up 하거나 화살표(Arrow)로 처리합니다. |
| Positioning | 문자의 위치를 왼쪽/오른쪽으로 선택합니다. |
| Alignment | 문자의 정렬 방식을 왼쪽/중앙/오른쪽으로 선택합니다. |
| Bold | 문자를 굵게 표시합니다. |
| Italic | 오른쪽으로 기울어진 문자를 표시합니다. |
| Underline | 문자에 밑줄을 표시합니다. |

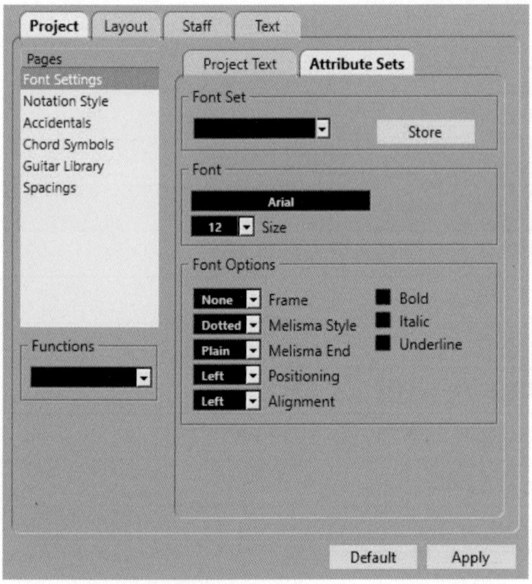


Attribute Sets 페이지는 사용자가 원하는 문자 속성을 만들어놓는 페이지 입니다. 옵션은 Project Text페이지와 동일하며, Set 항목에서 이름을 입력하고, Store 버튼으로 저장합니다. 저장한 Sets은 Text Editor 창의 Set 항목에서 선택하여 사용합니다.

# 02 악보 스타일 설정하기

Score Settings 창의 Notation Style에서는 악보 스타일을 설정합니다. 설정 여부는 옵션의 체크 표시 여부로 결정하며, Page Number, Kesy, Time Sign 등의 항목으로 구성되어 있습니다.

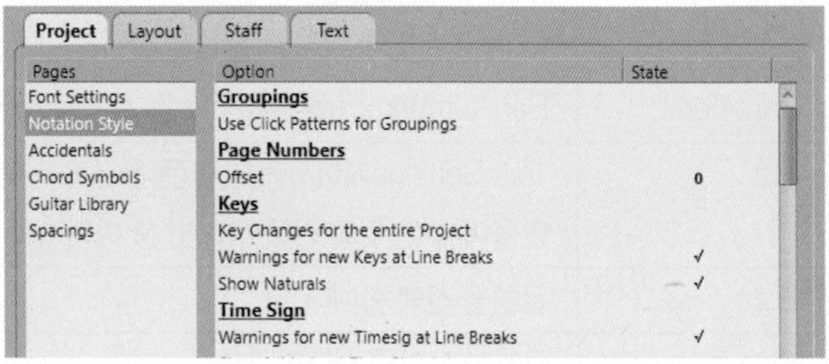


| | |
|---|---|
| Groupings | |
| Use Click Patterns for Groupings | 그룹 및 빔에 클릭 패턴을 사용할 수 있습니다. |
| Page Numbers | |
| Offset | 시작 페이지를 변경합니다. |
| Kesy | |
| Key Changes for the entire Project | 새로 입력하는 조표에 맞추어 이전 조표를 변화시킵니다. |
| Warnings for new Keys at Line Breaks | 새로 삽입하는 조표를 오선이 바뀌는 부분에 표시합니다. |
| Show Naturals | 변화되는 조표에 제자리표시를 합니다. |
| Time Sign | |
| Warnings for new Timesing at line Breaks | 새로 삽입하는 박자표를 오선이 바뀌는 부분에 표시합니다. |
| Size of `Modern' Time Signature | 박자 표의 크기를 설정합니다. |
| Display Double Bar Lines on Timesing Change | 박자표가 삽입된 마다를 더블 바로 표시합니다. |
| Clefs | |
| Warnings for new clefs ar Line Breaks | 박자 변화표 앞에 더블 라인을 표시합니다 |
| Display Clef Changes as Small Symbols | 삽입한 음자리표를 작게 표시합니다. |
| Staff Names | |
| Show Staff Names to Left of Staff | 트랙의 이름을 오선 왼쪽에 표시합니다. |
| Show Long Staff Names on new Pages | 긴 트랙의 이름을 모든 오선에 표시합니다. |
| Bar Lines | |
| Grand Staff Bar Lines in old Choral Style | 피아노 악보의 바 라인을 표시하지 않습니다. |
| Break Bar Lines with Brackets | 레이아웃 세팅에 따른 라인을 표시합니다 |
| Break Last Brackets | 라인의 끝을 열어줍니다. |
| Hide First Barline in Parts | 첫 마디에 바 라인을 표시합니다. |
| Rhythmic Notation | |
| Filled Notehead | 4, 8, 16비트 음표 헤드를 선택할 수 있습니다. |
| Outlined Notehead | 온 음표 및 2분 음표 헤드를 선택할 수 있습니다. |
| Display Ties Across Barlines | 크로스 바 라인을 리듬 표기법으로 표시합니다. |
| Lyics | |
| Lyrics left-aligned to Note | 가사를 노트의 왼쪽으로 맞춥니다. |

| | |
|---|---|
| Don' t sync Lyrics | 가사를 동기화하지 않습니다. |
| Don' t Center hyphens | 하이픈을 이전 음표에 가깝게 표시합니다. |
| Bar Numbers | |
| Show every | 마디 번호가 표시되는 단위를 설정합니다. |
| First Bar Number to Bar Line | 마디 번호를 마디 시작 위치에 표시합니다. |
| Show Range with Multi-Rests | 마디 쉼표의 번호를 범위로 표시합니다 |
| Below Bar Line | 마디 번호를 오선 아래쪽에 표시합니다. |
| Auto Space | 자동으로 마디 번호 간격을 조정합니다. |
| Beams | |
| Thick Beams | 빔을 굵게 표시합니다. |
| Show Small Stants as Flat Beams | 빔을 약간 기울게 합니다. |
| Slanted Beams only Slightly Slanted | 빔의 처음과 끝 간격을 유지합니다. |
| Multi- Bar Rests | |
| Chyrch Style | 멀티 쉼표를 세로 또는 가로로 표시합니다. |
| Numbers above Symbol | 멀티 쉼표의 숫자를 위 또는 아래에 표시합니다. |
| Snap Rests moved with the Layout Tool | 멀티 쉽표를 편집할 때 스넵 기능이 적용되도록 합니다. |
| Tuplets | |
| Tuplet Brackets | 잇단음표의 빔 표시 여부를 선택합니다. |
| Display Tulpet values by the Beams | 잇단음표의 빔 위치를 위 또는 아래로 선택합니다. |
| Suppress Recurring Tuplets | 연속된 잇단음표는 처음에만 표시합니다. |
| Show Tuplet Brackets as "Slurs" | 잇단음표의 괄호를 슬러로 표시합니다. |
| Accents | |
| Accents above Stems | 노트 심볼을 오선 위에 표시합니다. |
| Accents above Staves | 노트 심볼을 스템 위에 표시합니다. |
| Center Note-linked symbols On Stems | 노트 심볼을 노트 중앙에 연결합니다. |
| Miscellaneous | |
| Display Quantize Tool affects all Voices | 디스플레이 퀀타이즈를 모든 보이스에 적용합니다. |
| Hide Pedal Markers | 페달 심볼을 감춥니다. |
| Rehearsals: skip "J" | A, B, C 등, 곡의 위치를 표시하는 리허설 마크에 사용하지 않을 문자를 선택합니다. |
| Draw Damper Pedals as | 페달 다운/업 괄호 표시 여부를 선택합니다. |
| H.W.Henze Style | |
| Centered Stems | 음표의 기를 머리 중앙에 표시합니다. |
| Flat Ties | 타이를 라인으로 표시합니다. |
| Beam-like Flages | 음표의 꼬리를 짧게 표시합니다. |
| Slanted Flags | 그룹 노트의 임시표를 모두 표시합니다. |
| Accidentals For Each Note | 노트에 제자리표를 표시합니다. |
| Special Braces | 잇단음표의 괄호를 간략화 합니다. |
| Beamed Rests | 쉼표에 기를 표시합니다. |

## 03 임시표 타입 설정하기

Scores Settings 창의 Accidentals 목록은 악보의 임시표 및 텐션의 표시 환경을 설정합니다. Accidentals은 각각의 타입 별로 예제 악보를 제공하고 있기 때문에 별다른 설명이 없어도 쉽게 사용할 수 있을 것입니다.

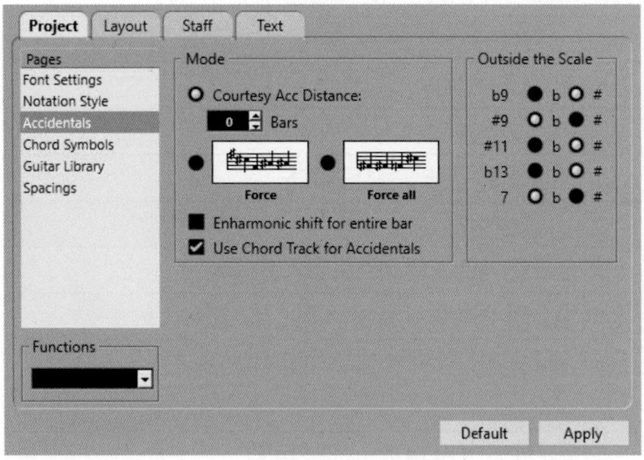


**01** Mode는 임시표가 표시될 마디 수를 설정하는 Courtesy Acc Distance 항목과 같은 음의 임시표가 표시하는 Force, 옥타브 음까지 임시표를 표시하는 Force All의 선택 옵션이 있습니다. 그리고 이명 동음의 사용 여부를 선택하는 Enhamromic Shift for entir ba와 코드 트랙을 사용하는 Use Chord Track for Accidentals 옵션이 있습니다.

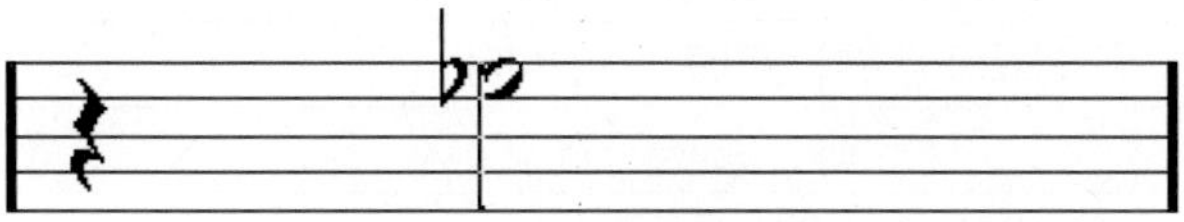

9음을 플랫으로 표시할 때

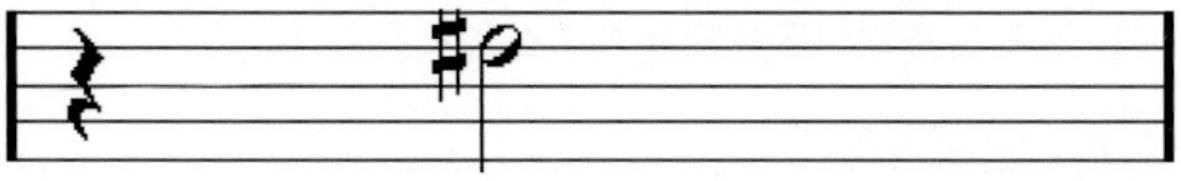

9음을 샵으로 표시할 때

**02** 오른쪽의 텐션은 각각의 텐션음에 해당하는 음을 플랫으로 표시할 것인지 샵으로 표시할 것인지를 선택합니다. 그림은 C 메이저 스케일에서 9텐션을 Eb로 표시할 경우와 D#으로 표시할 경우의 차이점을 보이고 있습니다.

## 04 코드 표시 타입 설정하기

악보에 사용하는 표시 형식 중에서 사보 하는 사람마다 가장 큰 차이를 보이는 것이 코드입니다. 서로 다른 코드 표시에 이미 익숙해져 있는 시점에서 어떤 것이 옳은 표기 방법인지를 거론하는 것 보다는 Chord Symbols 창을 이용하여 자신에게 익숙한 표시 방법을 설정하는 것이 좋겠습니다.

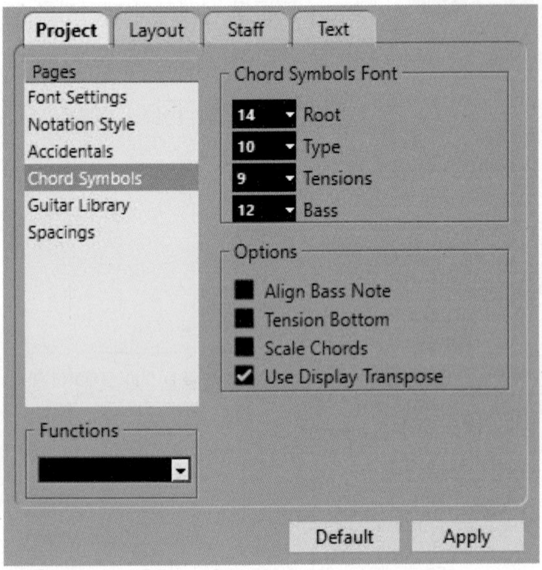


Chord Symbols 창은 Root, Type, Tensions, Bass의 크기를 어느 정도로 할 것인지를 결정하는 간단한 구조로 되어 있습니다.

타입 선택 아래쪽의 4가지 옵션은 다음과 같은 역할을 합니다.

| 옵션 | 설명 |
| --- | --- |
| Align Root Note | 분수 코드의 베이스를 오른쪽에 표시합니다 |
| Tension Bottom | 텐션을 아래쪽에 표시합니다. |
| Scale Chords | 코드의 크기를 시스템에 맞추어 줍니다. |
| Use Display Transpose | 음정을 변경할 때 코드가 변경되도록 합니다. |

## 05 기타 코드 폼 설정하기

기타 폼은 Guitar Library창을 이용해서 사용자가 직접 작성하는 것이기 때문에 어떠한 폼도 입력이 가능하다는 장점이 있지만, 기타를 접해보기 못한 독자는 기타 폼 사전을 참조해야 할 것입니다.

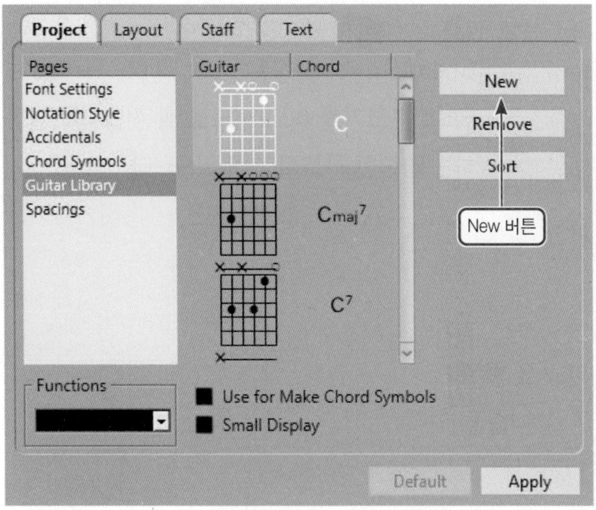


01 Scores Settings 창에서 Guitar Library 목록을 선택하여 페이지를 열고, New 버튼을 클릭면, 새로운 폼을 만들 수 있는 기타 플랫 보드가 열립니다.

Tip

Guitar Library는 기타 팔레트에서 폼을 더블 클릭하여 열 수 있습니다.

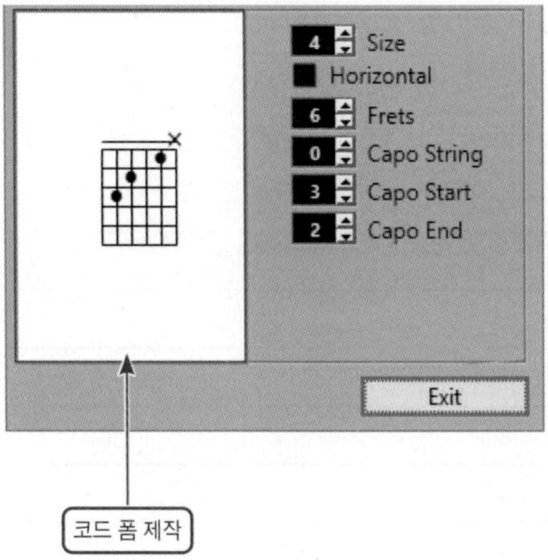


02 Use for Make Chord Symbols 옵션을 체크하고, 플랫 그림을 더블 클릭하면 기타 폼을 작성할 수 있는 Guitar Symbol 창이 열립니다. 창 왼쪽에서 원하는 폼을 마우스로 클릭하여 만듭니다. 입력한 포지션은 다시 클릭하여 삭제할 수 있습니다.

Tip

입력한 기타 폼을 마우스 오른쪽 버튼으로 클릭하면 코드를 변경할 수 있는 Preset 메뉴를 사용할 수 있습니다.

Guitar Symbol 오른쪽에 보이는 옵션들은 역학은 다음과 같습니다.

| 옵션 | 설명 |
|---|---|
| Size | 보드의 크기를 조정합니다 |
| Horizontal | 수평으로 움직이도록 합니다. |
| Frets | 플랫의 수를 조정합니다. |
| Capo String | 카포의 위치를 조정합니다. |
| Capo Start | 카포의 시작 위치를 조정합니다. |
| Capo End | 카포의 끝 위치를 조정합니다. |

03 Guitar Library에서 만든 기타 폼은 Guitar Symbols에 등록이 되어 언제든 사용할 수 있으며, 입력한 기타 코드 폼은 마우스 더블 클릭으로 Guitar Symbol 창을 열어 수정할 수 있습니다.

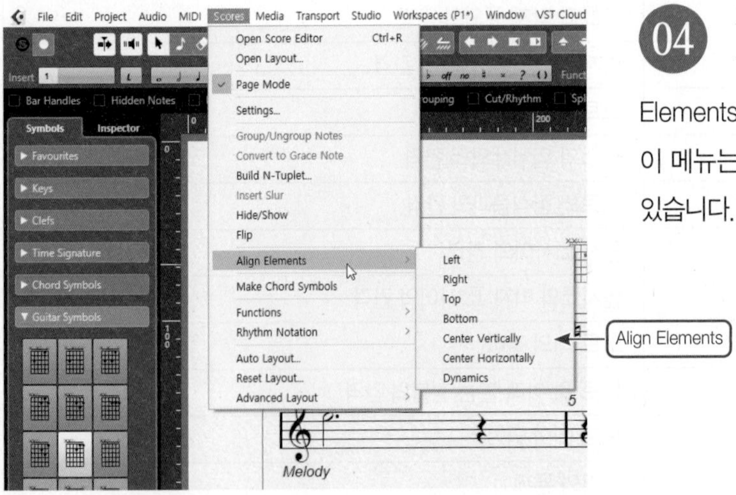


04 기타 폼을 가지런히 입력하지 못한 경우에는 Scores 메뉴의 Align Elements의 서브 메뉴를 이용하여 정렬합니다. 이 메뉴는 기타 폼 외에 모든 심볼에 적용할 수 있습니다.

# 06 심볼의 간격 설정하기

기본적인 악보 표시는 가장 보기 좋은 공간과 간격을 유지하고는 있지만, 문자 또는 코드 등의 일부 심볼의 크기를 변경하면, 조금 어색한 사보가 될 수 있습니다. 이때 Spacings 페이지에서 각 심볼의 간격을 적절히 조정할 수 있습니다.

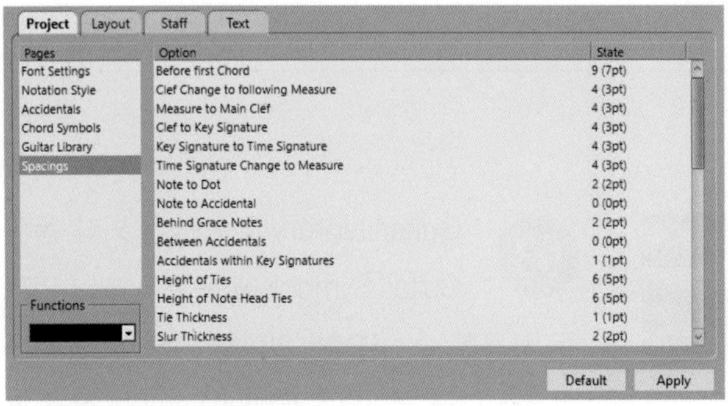


**01** Spacings 창의 Option 칼럼은 입력 대상의 목록이며, State 칼럼에서 원하는 간격을 피트 단위로 설정합니다. 단위는 스코어 창의 눈금자에 표시하는 단위에 따라서 자동으로 변합니다.

각 Item의 의미는 다음과 같습니다.

| Options | 역할 |
|---|---|
| Before first Chord | 마디 선과 첫 번째 입력되는 노트와의 거리 |
| Clef Change to following Measure | 음자리표와 마디 라인의 간격 |
| Measure to Main Clef | 첫 번째 음자리표와 마디 라인과의 간격 |
| Clef to Key Signature | 조표가 삽입되는 간격 |
| Key Signature to Time Signature | 조표와 박자 표와의 간격 |
| Time Signature Change to Measure | 박자 표와 마디 선과의 간격 |
| Note to Dot | 노트와 붓 점의 간격 |
| Note to Accidental | 노트와 임시표와의 간격 |
| Behind Grace Notes | 노트와 장식음과의 간격 |
| Between Accidentals | 임시표 사이의 간격 |
| Accidentals within Key Signatures | 임시표와 박자 표 사이의 간격 |
| Height of Ties: | 노트 대의 길이 |
| Height of Note Head Ties | 노트 위/아래 붙는 심볼의 간격 |
| Tie Thickness | 노트 대의 굵기 |
| Slur Thickness | 슬러의 두께 |
| Slur' s Start & End Distance from Note Head | 슬러와 노트와의 간격(시작과/끝) |

| | |
|---|---|
| Slur' s Middle Distance from Note Head | 슬러와 노트와의 간격(중앙) |
| First Bar Number - Horizontal Offset | 첫 번째 마디 번호와 마디선의 간격 |
| First Bar Number - Vertical Offset | 첫 번째 마디 번호와 오선의 간격 |
| Other Bar Numbers - Horizontal Offset | 마디 번호와 마디선의 간격 |
| Other Bar Numbers - Vertical Offset | 마디 번호와 오선의 간격 |
| Staff Separator - Horizontal Offset | 오선의 세로 간격 |
| Staff Separator - Vertical Offset | 오선의 가로 간격 |
| Track Name - Horizontal Offset: | 메인 트랙 이름의 세로 간격 |
| Track Name - Vertical Offset | 메인 트랙 이름의 가로 간격 |
| Short Track Name - Horizontal Offs | 나머지 트랙 이름의 세로 간격 |
| Short Track Name - Vertical Offset | 나머지 트랙 이름의 가로 간격 |
| Multi Rest Width | 생략 쉼표의 폭 |
| Multi Rest Height | 생략 쉼표의 높이 |
| Density of Note Placement | 오선과 노트 사이의 최저 거리 |
| Density of Lyric Placement | 노트와 문자 사이의 최저 거리 |
| Minimum Distance between Staves | 오선 사이의 간격 |
| Auto Space/Edit mode | 에디트 모드에서의 자동 레이아웃 |
| Auto Space/Page mode | 페이지 모드에서의 자동 레이아웃 |
| Add to Auto Layout Distance | 자동 레이아웃의 기본 거리 추가 |
| "Spread Page" Bottom Distance | 페이지 하단의 여백 |
| Default Line Width | 기본적인 선의 두께 |
| Line Width [for option] | 개별적인 선의 폭 |

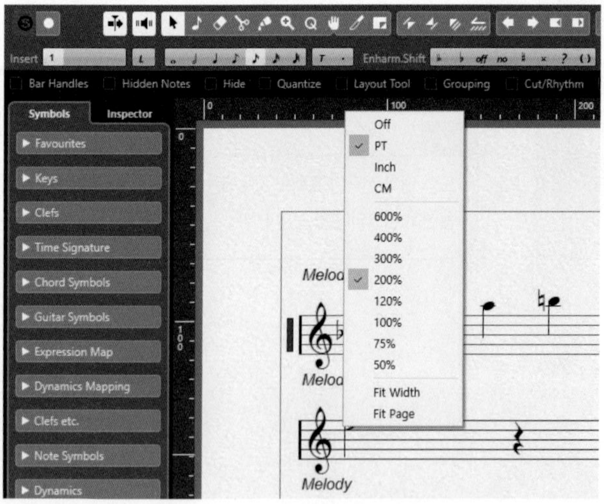


**02** 악보의 눈금자에서 마우스 오른쪽 버튼을 클릭하면 피트(PT), 인치(Inch), 센티미터(CM)로 단위를 변경할 수 있는 단축 메뉴가 열립니다. %는 화면에 표시되는 악보의 크기를 말하는 것이고, Fit Width는 가로를 화면에 채우는 크기, Fit Page는 페이지 전체를 화면에 채우는 크기로 자동 조정합니다.

# 07 드럼 노트 설정하기

드럼 악보를 만들 때 각 노트의 음정, 음표 머리 모양 등은 미리 설정되어 있는 드럼 맵 환경을 기초로 제작됩니다. 실제로 연주하는 노트와 악보의 음정에 많은 차이를 보이는 것이 드럼 파트이므로, 앞에서 살펴본 드럼 맵 학습을 통해서 자신의 악기에 어울리는 드럼 맵 환경을 미리 설정해두는 것이 좋습니다.

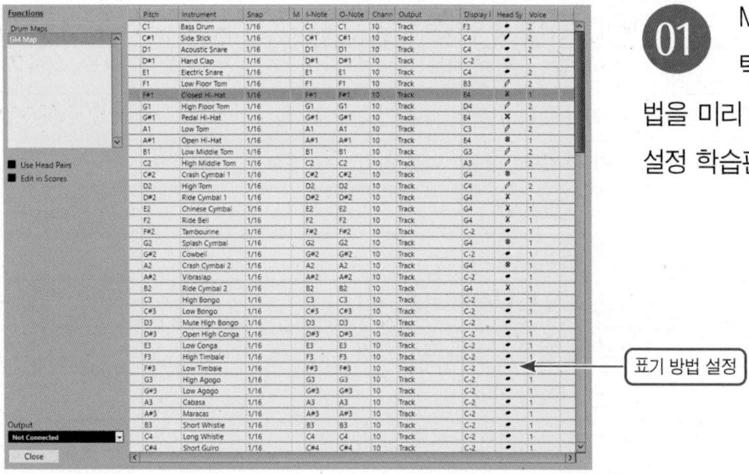


**01** MIDI 메뉴의 Drum Map Setup을 선택하여 창을 열고, 드럼 악보 표기 방법을 미리 설정합니다. 자세한 내용은 드럼 맵 설정 학습편을 참조하기 바랍니다.

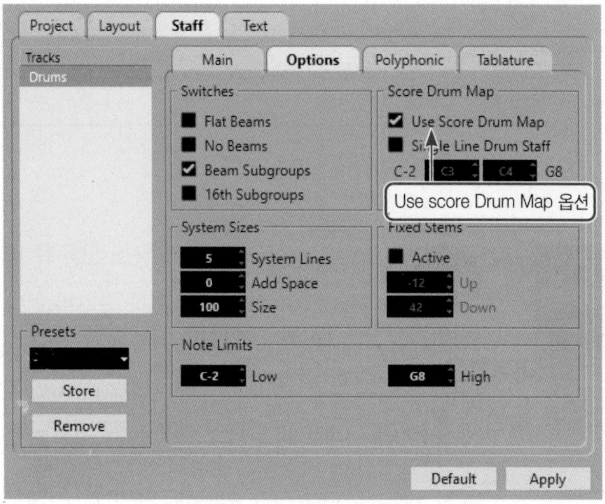


**02** Score 메뉴의 Settings을 선택하여 창을 열고, Staff 탭의 Otpions 페이지에서 Use Score Drum Map 옵션을 체크하면, 간단하게 드럼 악보를 만들 수 있습니다.

**Tip**

드럼 맵이 선택된 트랙의 경우에는 Use Score Drum Map 옵션이 체크되어 있습니다.

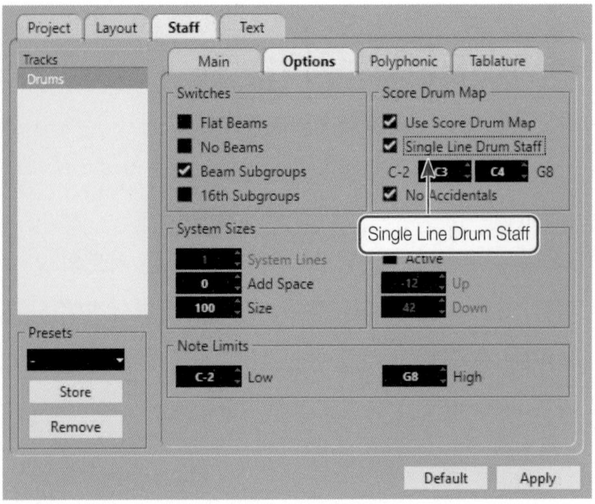


03 봉고, 콩가 등과 같이 음의 고저로 간단하게 표기하는 라틴 계열의 퍼커션은 오선이 아닌 싱글 라인 악보를 사용하는 경우가 많습니다. 싱글 라인은 Single Line Drum Staff 옵션을 체크하여 만듭니다.

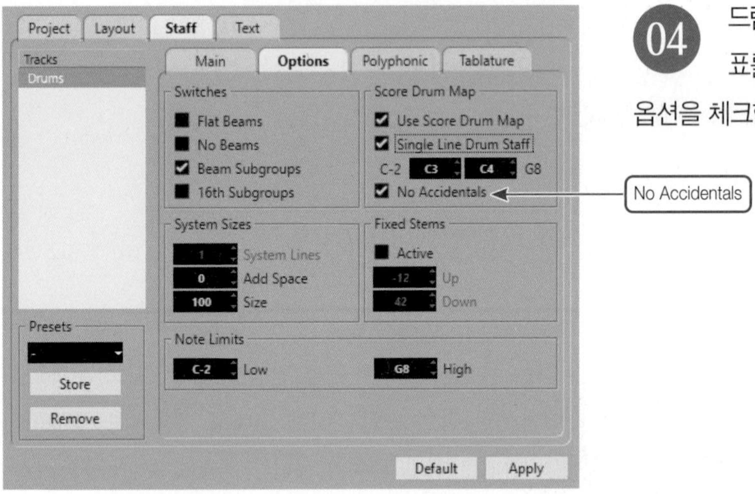


04 드럼 및 퍼커션 악보의 경우에는 임시표를 표시하지 않는 No Accidentals 옵션을 체크합니다.

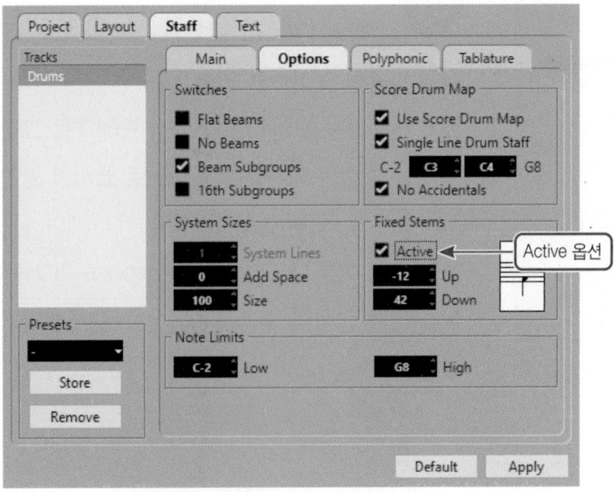


05 Fixed Stems 항목의 Active 옵션을 체크하면, 위/아래 노트 길이를 사용자가 원하는 만큼 조정할 수 있습니다. Up/Down의 길이는 오른쪽 미리 보기 창에서 확인할 수 있습니다.

# 03 다양한 악보 스타일 만들기

악보는 보는 대상에 따라 많은 차이가 있습니다. 지휘자는 모든 파트의 연주를 한눈에 파악할 수 있는 리드 악보가 필요하고, 행진을 하면서 연주하는 군악대는 작은 사이즈의 악보가 필요할 것입니다. 이렇게 목적에 따라 달라지는 다양한 스타일의 악보 제작 방법을 살펴보겠습니다.

## 01 레이아웃 등록하기

여러 스타일의 파트 악보를 만들 때는 사용자가 원하는 형태의 레이아웃을 만들어 놓고, Score 메뉴의 Layout을 이용하여 불러올 수 있습니다. 불러온 레이아웃은 작업 중인 악보에 그대로 적용되며, 필요하다면 Score Settings 메뉴를 이용해서 사용자가 원하는 형태로 편집할 수 있습니다.

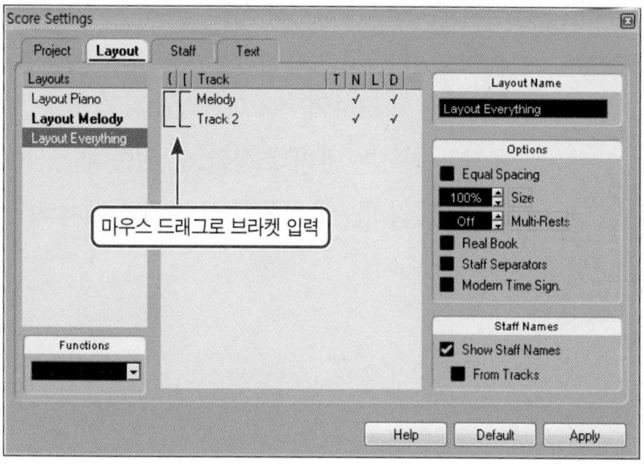


**01** 악보의 레이아웃은 Score Settings 창의 Layout 탭에서 설정합니다. 트랙의 이름을 보여주고 있는 왼쪽 공간은 큰 보표에 사용하는 브라켓을 마우스 드래그로 그릴 수 있는 칼럼과 박자표를 위쪽으로 표시할 것인지의 여부(T), 트랙 이름 표시 여부(N), 레이아웃 심볼 표시 여부(L), Display Transpose 의 사용 여부(D)를 결정할 수 있는 옵션으로 구성되어 있습니다.

Layout Settings 창 오른쪽에 있는 옵션의 역할은 다음과 같습니다.

| 옵션 | 설명 |
|---|---|
| Layout Name | 레이아웃의 이름을 설정합니다. |
| Equal spacing | 16분음표의 간격을 8분음표와 같게합니다. |
| Size | 스코어의 크기를 설정합니다. |
| Multi-Rests | 연속되는 쉼표 마디를 하나로 표시 합니다. |
| Real Book | 첫 번째 오선에만 음자리표를 표시 합니다. |
| Staff Separators | 오선의 분리표시 여부를 결정합니다. |
| Modem Time Sign | 박자표의 상단 표시 여부를 결정합니다. |
| Show Staff Names | 스코어의 이름 표시여부를 결정합니다. |
| From Tracks | 트랙 이름을 스코어 이름으로 표시할 것인지를 결정합니다. |

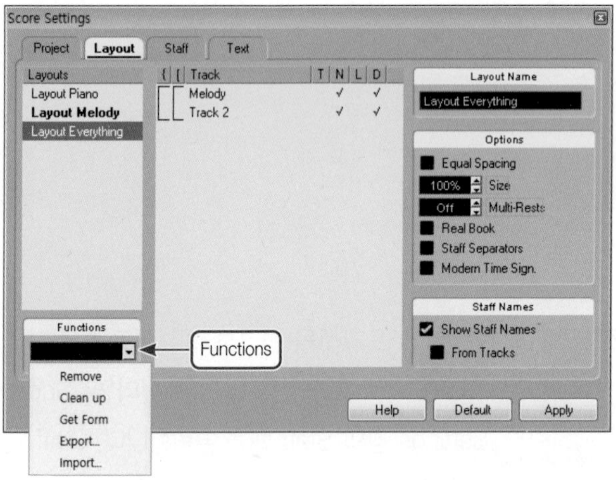


02 Functions 클릭하면, 선택한 레이아웃을 삭제하는 Remove, 결합한 레이아웃을 제거하는 Clean UP, 선택한 레이아웃을 적용하는 Get Form, 설정한 레이아웃을 저장하는 Export, 저장한 레이아웃을 불러오는 Import 메뉴를 볼 수 있습니다.

Tip

레이아웃 이름을 한글로 작성하고, 저장을 하면, 글자가 깨질 수 있으므로 권장하지 않습니다. 단, XML 파일 이름은 한글을 사용해도 좋습니다.

# 02 이조 악기 악보 만들기

피아노는 2단 보표를 사용하고, 기타는 타브 악보를 사용하듯 악기마다 악보의 형태는 차이가 있습니다. 특히 테너 색소폰, 트럼펫 등, 조 옮김이 필요한 악보는 음악 이론이 부족한 초보자에게 매우 낯설기만 합니다. 그러나 큐베이스는 각 악기에 적합한 프리셋을 제공하고 있기 때문에 별다른 어려움 없이 악기에 적합한 악보를 쉽게 만들 수 있습니다.

01 음자리표 왼쪽의 빈 공간을 마우스 오른쪽 버튼으로 클릭하면, Brass, Jazz+pop 등, 기본적으로 제공하는 프리셋을 선택할 수 있는 단축 메뉴가 열립니다.

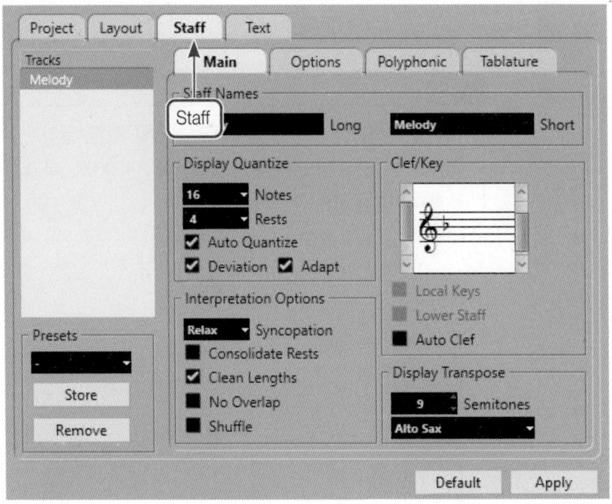


02 프리셋을 변경하거나 새로운 스타일의 프리셋을 만들고 싶다면, Score Settings 창의 Staff 탭을 클릭합니다. Staff 탭은 Main, Options, Polyphonic, Tablature의 4가지 페이지로 구성되어 있습니다.

## ❶ Main 페이지

Main 페이지에는 악보의 기본적인 스타일을 결정할 수 있는 Staff Names, Display Quantize, Interpretation Options, Key/Clef, Display Transpose 의 옵션으로 구성되어 있습니다.

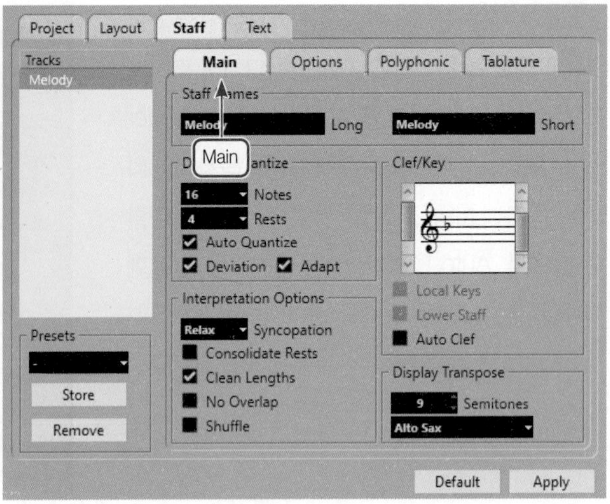


● Name

Long에서는 첫 번째 보표에 표시하는 이름, Shot에는 나머지 보표에서 표시하는 이름을 입력합니다. 그림은 Long의 이름을 Voilin 1, Shot의 이름을 Vin. 1을 입력하여 첫 보표에는 Voilin 1을 표시하고, 나머지 보표에는 Vin. 1으로 표시되게 설정한 모습입니다.

● Display Quantize

보표에 표시하는 최소 단위의 음표(Note)와 쉼표(Rests)을 설정하여 그 이하의 음표들은 표시되지 않게 합니다. Auto Quantize 옵션을 체크하면, 기본 단위(dev)와 잇단음표 단위(Adapt)를 동시에 사용할 수 있습니다. 그림은 Note의 길이를 기본 값(16)과 4분 음표로 설정했을 경우의 차이를 보여주고 있습니다.

▲ 16분 음표로 설정한 경우

▲ 4분 음표로 설정한 경우

● Key / Clef

조표를 설정하는 Key/Clef는 앞에서 학습한 Clef 팔레트와 동일하게 사용합니다. 단, 피아노 악보와 같이 2단 보표를 사용하는 경우 Lower Staff 체크 옵션을 이용해서 높은 음자리표와 낮은 음자리표의 조표를 서로 다르게 설정할 수 있으며, Auto Clef 체크 옵션은 2단 보표에 적용합니다. 그림은 Lower Staff 옵션을 체크하여 각 단의 조표를 다르게 설정한 모습입니다.

● Interpretation Options

싱코페이션을 정렬하는 Syncopation, 연속해서 표시하는 쉼표를 하나로 묶는 Consolidate Rests, 입력한 노트의 길이를 정렬하는 Clean Lengths, 겹친 노트들을 정렬하는 No Overlap, 스윙 노트들을 정렬하는 Shuffle의 4가지 체크 옵션을 제공합니다. 결국 이 옵션들은 보기 좋은 악보를 표시하기 위한 것들입니다.

▲ Relax

▲ Full

● Display Transpose

실제 노트의 음정을 바꾸지는 않고, 악보만을 바꾸는 옵션으로, 이조 악기의 악보를 사보 할 때 사용합니다. Semitones는 반음 단위이고, 그 아래 이조 악기를 선택할 수 있는 목록이 있습니다.

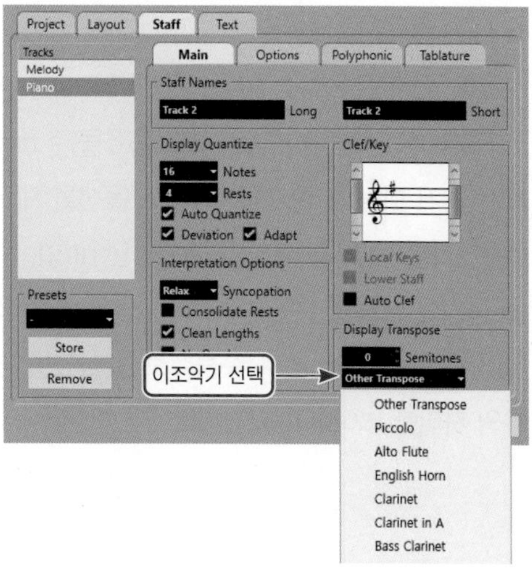

● Presets

Staff에서 설정한 악보 표시 형태를 새로운 이름으로 등록하여 사용할 수 있습니다. 등록 방법은 다른 페이지에서와 마찬가지로 Store 버튼을 클릭하면 열리는 Type In Preset Name 상자에서 알아보기 쉬운 이름으로 입력합니다. 여기서 저장하는 이름은 프리셋 목록에 등록되어 언제든지 사용 가능합니다.

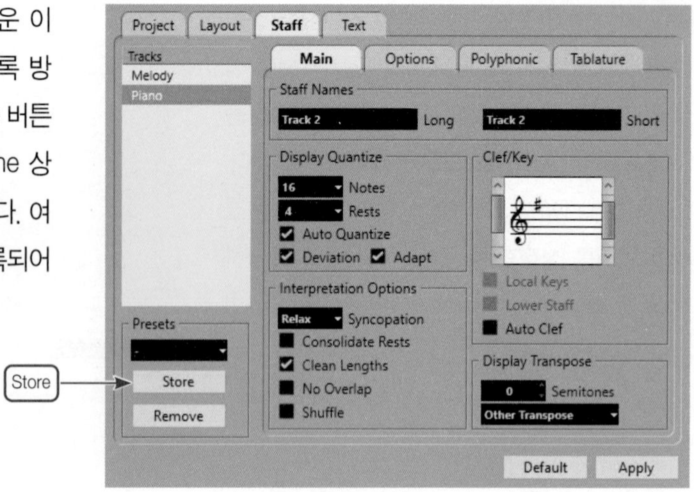


## ❷ Option 페이지

Option 페이지에는 Switches, Score Drums map, System size, Fixed Stems, Note Limits의 악보 사보에 적용할 수 있는 5가지 섹션으로 구성되어 있습니다.

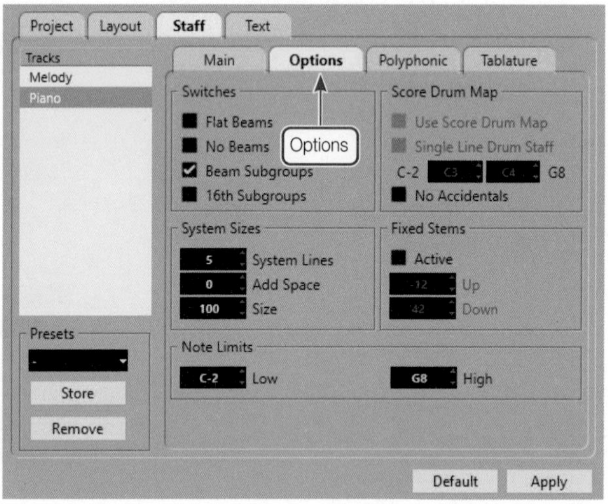


● Switches

빔을 수평으로 표시하는 Flat Beam, 빔을 표시하지 않는 No Beams, 4개의 16분 음표 단위로 묶는 Beat Subgroups 와 2개의 16분 음표 단위로 묶는 16th Subgroups으로 구성되어 있습니다. 그림은 No Beams를 체크하기 전과 후의 차이점을 비교하고 있는 모습입니다.

▶ No Beams 옵션 적용 전

▶ No Beams 옵션 적용 후

● Score Drums Map

Drums map에서 설정을 적용할 것인지를 결정하는 Use Score Drum Map과 드럼 악보를 싱글 라인으로 표시할 것인지의 여부를 결정하는 Single Line Drum Staff로 구성되어 있습니다. Single Line Drum Staff를 선택한 경우에는 표시할 범위를 설정할 수 있고, 임시표를 표시하지 않게 하기 위한 No Accidentals 옵션이 있습니다.

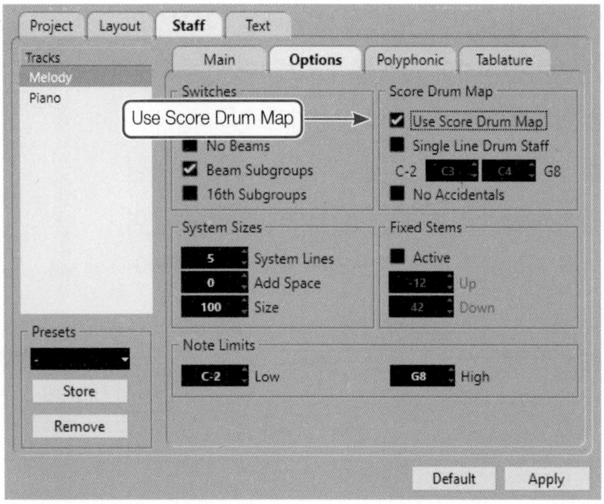


● System Size

보표의 크기와 라인 수 등을 설정할 수 있는 옵션으로 라인의 수를 설정하는 System Lines, 간격을 설정하는 Add Space, 크기를 설정하는 Size가 있습니다.

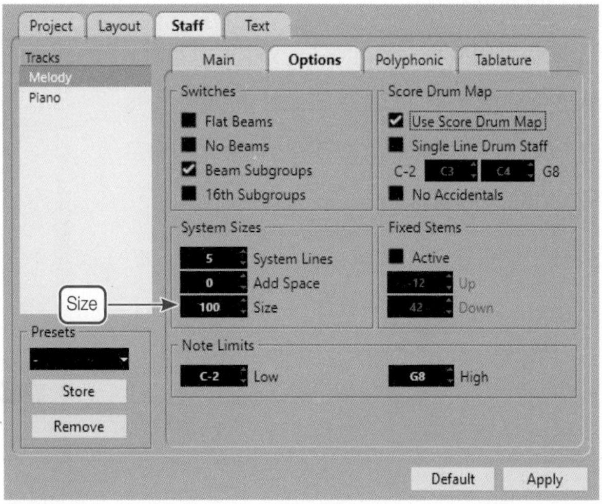


● Fixed Stems

음표 대의 길이를 설정하는 옵션입니다. Active 체크 옵션을 체크 하면 위쪽으로 향하는 대의 길이(Up)와 아래쪽으로 향하는 대의 길이(Down)를 설정할 수 있습니다. 조정한 값은 오른쪽의 디스플레이 항목에서 미리 볼 수 있습니다. 그리고 Note Limits 항목에서는 악보에 표시할 노트를 제한할 수 있습니다.

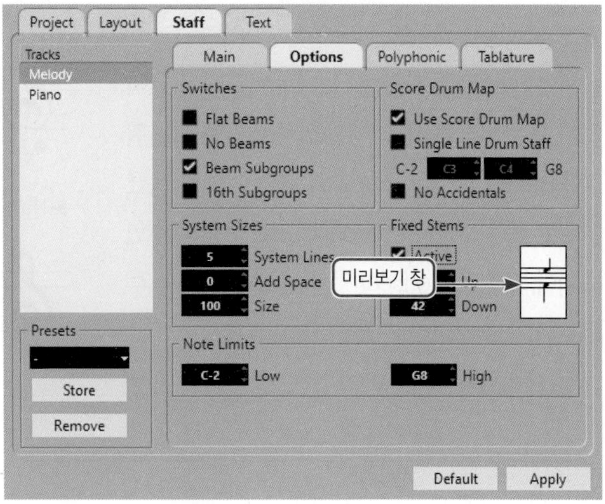

### ❸ Polyphonic 페이지

Polyphonic 페이지는 보표의 형태를 설정할 수 있는 Staff Mode와 Preset 옵션으로 구성되어 있습니다.

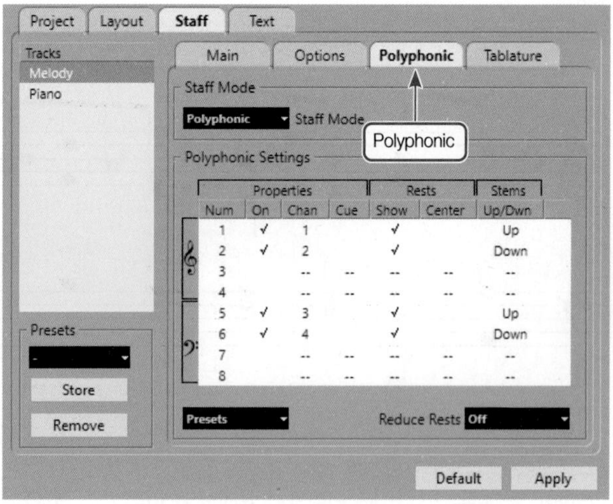


● Staff Mode

Staff Mode에는 솔로 악기에 적합한 Single, 피아노 악보에 적합한 Split, 합창 악보에 적합한 Polyphonic 의 3가지 모드가 있습니다.

Single: 그림과 같이 하나의 보표를 사용하는 악보를 설정합니다.

Split: 그림과 같이 피아노 보표를 설정하는데 사용합니다. 이 경우 오른쪽의 Splitpoint에서 설정하는 음표를 기준으로 높은 음자리표와 낮은 음자리표를 자동으로 구분합니다.

Polyphonic: 큐베이스는 최대 8보이스의 화성 보표를 만들 수 있기 때문에 독자가 필요로 하는 사보를 출력하는데 부족함이 없을 것입니다.

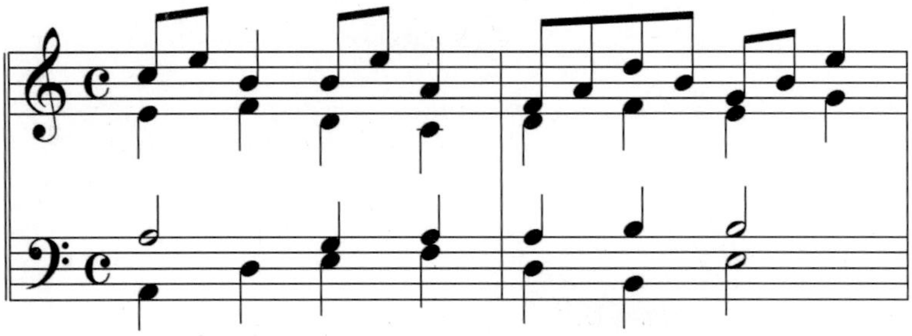

● Preset

Preset 항목은 Staff Mode에서 Polyphonic을 선택했을 경우에만 활성화 됩니다. Preset은 Variable Split, Optimize Two Voices, Optimize Four Voices의 3가지를 제공합니다.

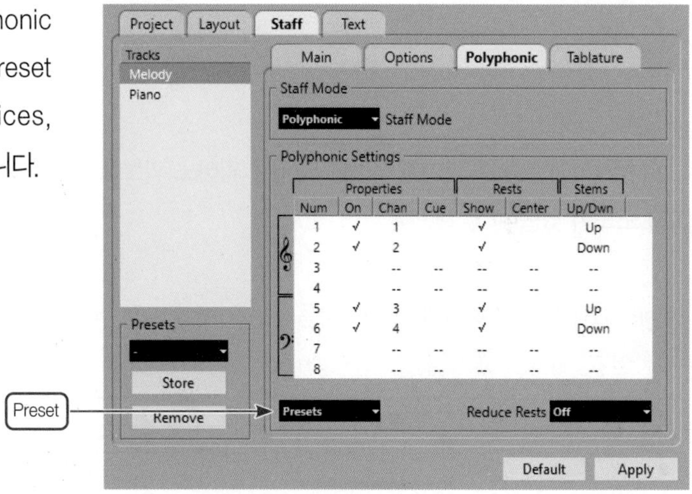


Preset 항목의 칼럼 역할은 다음과 같습니다.

| 칼럼 | 설명 |
|---|---|
| Num | 성부의 번호를 나타냅니다. 1-4번은 높은 음 자리, 5-8은 낮은 음 자리입니다. |
| On | 성부의 사용 여부를 체크합니다. |
| Chan | 각 성부에 설정되는 채널을 선택합니다. 여기서 선택되는 채널은 악기 연주와는 상관이 없고, 성부를 구분하는 역할을 합니다. |
| Cue | 체크되면 성부에 표시되는 음표와 쉼표의 크기를 작게 합니다. |
| Show | 쉼표를 표시할 지의 여부를 체크합니다. |
| Center | 쉼표를 가운데로 정렬할 수 있습니다. |
| Reduce | 쉼표의 표시여부를 체크합니다. Show 항목과 다른 점은 온 쉼표만 적용한다는 점입니다. |
| Up/Down | 빔의 방향을 Up/Down/Auto 중에서 선택할 수 있습니다. |

## ④ Tablature 페이지

Tablature 페이지는 기타 또는 베이스와 같은 악기에 사용하는 타브 악보를 설정합니다. 타브 악보를 적용하기 위해서는 Tablature Mode 옵션을 체크합니다.

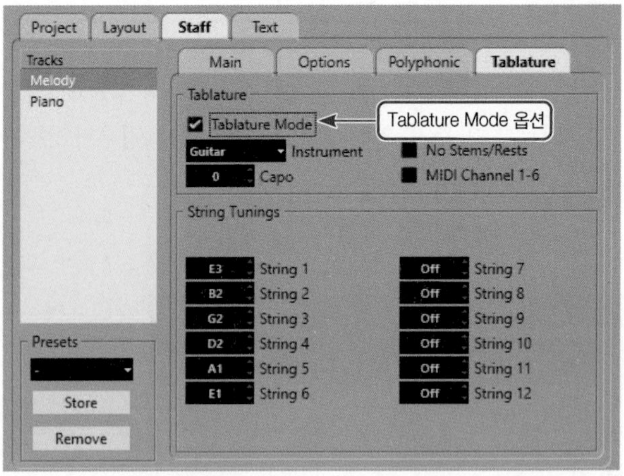


상단의 Instrument에서는 Guitar 또는 Bass로 원하는 악기를 선택할 수 있고, No Stems/Rests은 음표의 대와 쉼표를 악보에 표시하지 않게 하고, MIDI Channel 1-6은 미디 기타를 사용할 때, 각각의 현에 미디 채널을 설정하여 입력하는 채널을 구분할 수 있게 합니다.

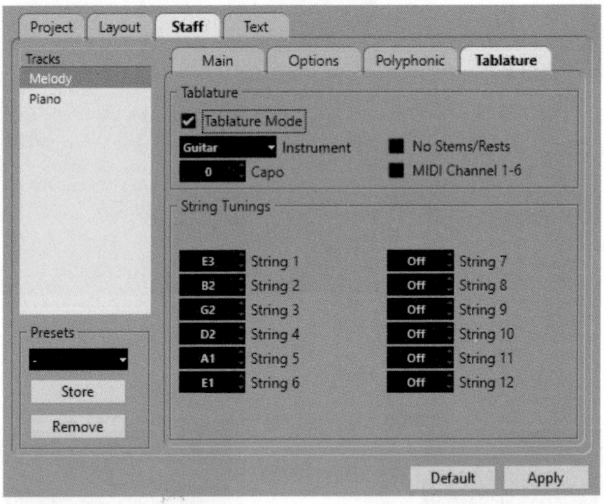


하단의 Strings는 각 현의 음정을 설정하는 부분입니다. 학생들을 위한 바이올린 타브 악보가 필요한 경우에는 Instrument에서 Bass를 선택하고, Strings을 G, D, A, E로 설정하여 만들 수 있습니다.

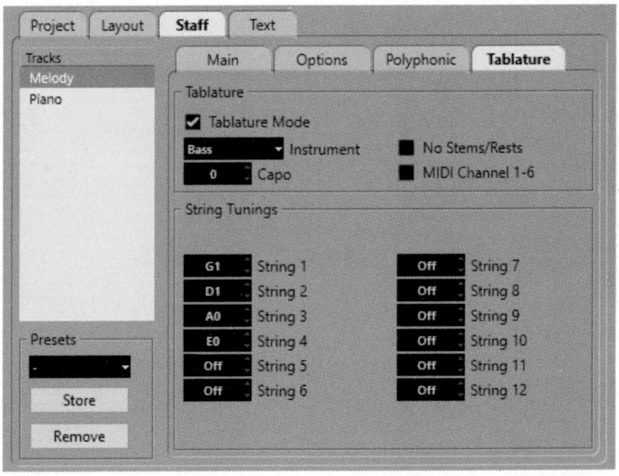

# 03 악보를 실제 데이터로 바꾸기

사보 작업을 하다가 보면, Score Settings 기능을 이용해서 실제 연주하는 노트 길이와 상관없이, 보기 좋은 악보를 만들기 위한 음표를 입력하는 경우가 있지만, 반대로 악보에 표시되는 음표의 길이가 실제로 연주되길 원하는 경우도 있습니다.

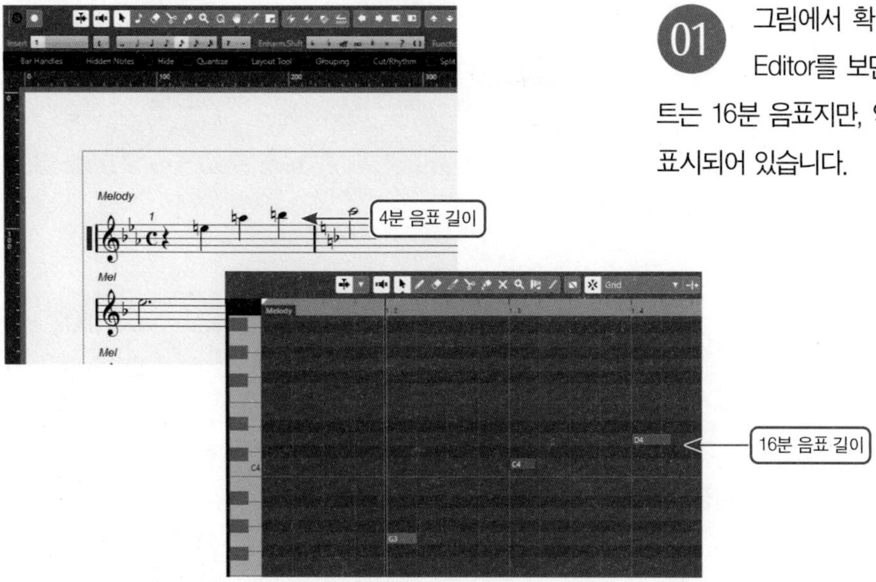


01 그림에서 확인할 수 있듯이 Key Editor를 보면, 실제 연주하는 노트는 16분 음표지만, 악보에는 4분 음표로 표시되어 있습니다.

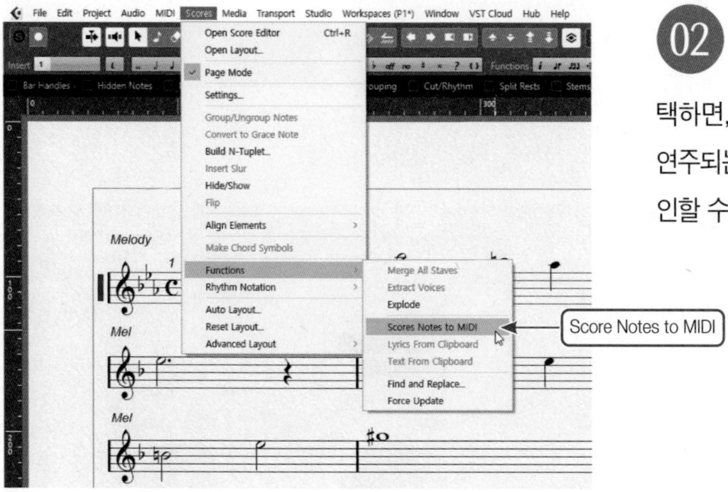


02 Score 메뉴의 Functions에서 Score Notes to MIDI 메뉴를 선택하면, 악보에 표시된 노트 길이로 실제 연주되는 노트의 길이가 변경되는 것을 확인할 수 있습니다.

## 04 성부 악보의 분리와 결합 방법

연주를 할 때 지휘자는 모든 파트의 악보를 한눈에 확인하고, 총괄할 수 있는 in. C 악보를 봅니다. 이때 지휘자를 위한 in. C 악보를 새로 만드는 것 보다는, 모든 파트를 하나로 결합한 다음, 원하는 스타일로 다듬는 것이 손쉬울 수 있습니다. 피아노 상단과 하단을 따로 녹음한 경우에 하나의 피아노 악보를 만들 때도 응용 할 수 있습니다.

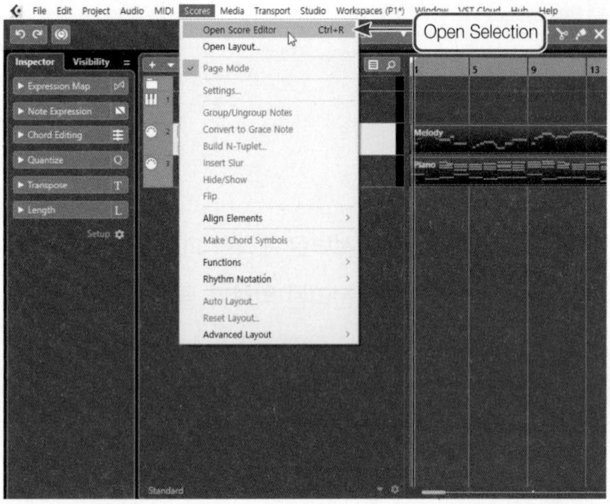


01 스코어 에디터로 표시할 미디 파트를 모두 선택하고, Scores 메뉴의 Open Selection을 선택하거나 Ctrl+R 키를 누르면, 선택한 파트를 하나의 스코어 창에서 볼 수 있습니다.

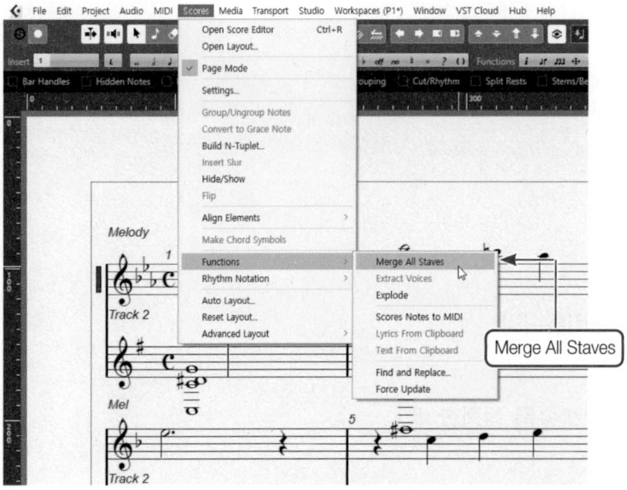


02 Score 메뉴의 Function에서 Merge All Staves 를 선택하면, 스코어 악보에 보이는 모든 파트가 하나의 파트로 만들어지는 것을 확인할 수 있습니다. 하나로 결합된 악보는 앞에서 살펴본 다양한 기능을 이용해서 보기 좋은 리드 악보를 만들 수 있습니다.

03 반대로 하나로 결합한 악보는 Score 메뉴의 Function에서 Extract Voices를 선택하여 분리할 수 있습니다.

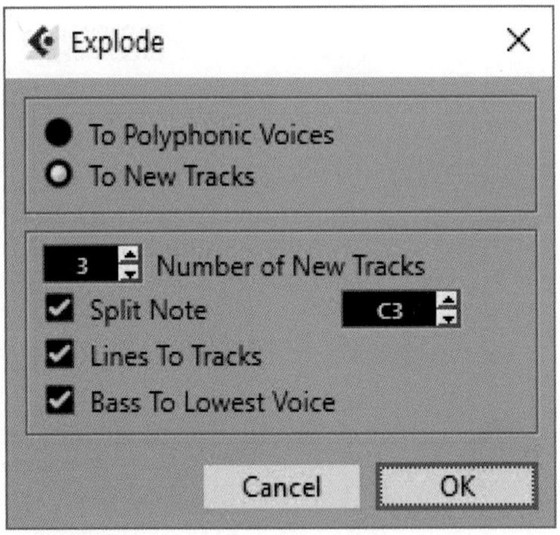


04 다 성부로 제작한 파트에서 각각 성부가 분리된 악보가 필요하다면, Score 메뉴의 Function에서 Explode 를 선택하여 간단하게 해결할 수 있습니다. 이때 열리는 Explode 창의 옵션은 다음과 같습니다.

- To Polyphonic Voices

작업 중인 트랙에서 각 노트를 성부로 분리합니다.

- To New Tracks

예제에서 익힌 것과 같이 새로운 트랙으로 성부를 분리합니다.

- Number of New Tracks

To New Track 옵션을 선택했을 경우, 분리되는 트랙의 수를 설정합니다.

- Split Note

성부를 분리할 기준 노트를 설정합니다.

- Lines To Tracks

가장 높은 성부를 현재의 트랙 성부에 유지 시킬 경우에 선택합니다.

- Bass To Lowest Voice

가장 낮은 성부를 제일 아래쪽 트랙 또는 성부에 유지시킬 경우에 선택합니다.

# 05 틀어진 악보 고쳐보기

스코어 윈도우에서 작업을 하다가 보면 특별한 이유 없이 삭제한 음표의 자국이 남아있거나, 붙임줄 있는 음정이 겹쳐있거나 하는 등의 디스플레이 문제가 생기는 경우가 있습니다. 이때 화면을 재 로딩하여 표시할 수 있는 기능이 있습니다.

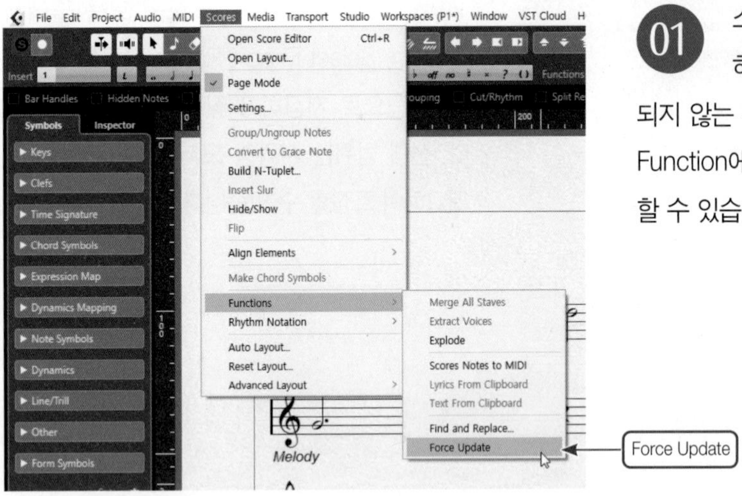


**01** 스코어 에디터에서 많은 심볼을 입력하다가 보면, 악보가 정상적으로 표시되지 않는 경우가 있습니다. 이때 Score 메뉴의 Function에서 Force Update 를 선택하여 정렬할 수 있습니다.

**02** Force Update 메뉴와 같은 기능을 하는 것이 Functions 아이콘 모음 줄에서 UPD 버튼입니다. 실제로 메뉴 보다는 이 버튼을 더 많이 사용합니다.

## 06 악보를 그림으로 저장하기

큐베이스의 악보는 윈도우 기본 포맷의 BMP, 인터넷 용의 JPG, GIF, PGN, 레이어를 지원하는 TIF 등의 이미지 파일로 저장할 수 있으며, 저장한 포맷은 포토샵이나 워드와 같은 윈도우용 프로그램에서 불러와 사용할 수 있습니다.

**01** 스코어 윈도우의 도구 모음 줄에서 Select Export Range 버튼을 선택하고, 그림으로 저장하고 싶은 범위를 선택합니다. 선택 범위는 사각형 모서리의 포인트를 드래그하여 조정할 수 있습니다.

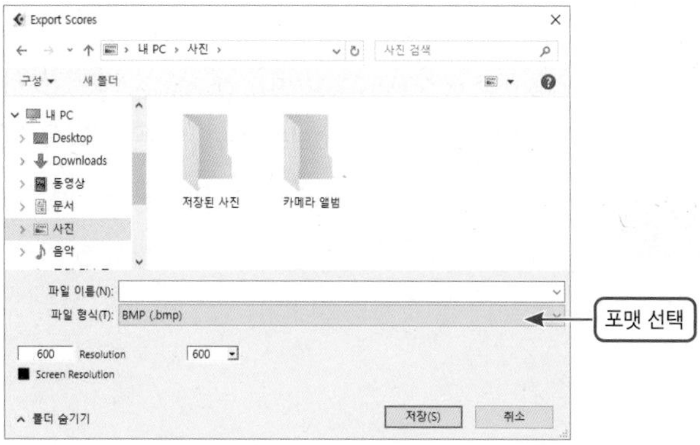


**02** 선택 범위를 더블 클릭하거나 마우스 오른쪽 버튼을 클릭하여 단축 메뉴를 열고, Properties를 선택하면 JPG, GIF, TIF, PNG, BMP 등으로 저장할 수 있습니다.

**03** 저장한 이미지 파일은 워드 문서에 삽입하거나 포토샵을 비롯한 이미지 편집 프로그램을 이용해서 다양한 용도로 사용할 수 있습니다. 음악 관련 홈페이지를 제작하는 사용자나 논문을 준비하는 학생, 교재를 집필중인 교수 등에게 매우 유용한 기능이 될 것입니다.

# 04 악보 꾸미기

지금까지 살펴본 인스펙터 창의 팔레트와 레이아웃, 그리고 Score Settings 기능을 충분히 익혔다면, 사용자가 원하는 악보는 무엇이든 만들 수 있습니다. 그 밖에 Score 메뉴에서 제공하는 다양한 기능들을 살펴보면서 큐베이스를 이용한 악보 사보 학습을 마무리 하겠습니다.

## 01 음표 꾸미기

큐베이스는 기본적으로 4분음표를 기준으로 그룹이 형성됩니다. 즉, 8분음표를 4개 입력하면, 각각 두 개씩 그룹으로 묶습니다. 그러나 일반적으로는 4개를 그룹으로 묶는 표기를 많이 사용하기 때문에 그룹으로 묶는 과정이 필요합니다.

01 그룹으로 묶고 싶은 노트들을 마우스 드래그로 선택합니다. 그리고 노트 머리에서 마우스 오른쪽 버튼을 클릭하여 단축 메뉴를 열고, Group/Ungroup에서 Beam을 선택합니다.

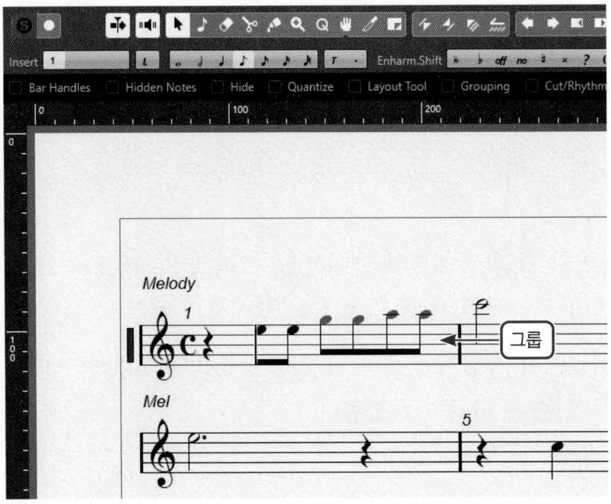


02 선택한 노트들이 하나의 그룹으로 묶이는 것을 확인할 수 있습니다. 노트를 다시 분리하고 싶다면, 분리하고 싶은 노트들만 선택하고, 같은 방법으로 Group/Ungroup에서 Beam을 선택합니다.

03 단축 메뉴의 Group/Ungroup에는 선택한 노트를 그룹으로 묶는 Beam 외에 Accelerando, Repeat, Auto Group Note의 서브 메뉴가 있습니다. 먼저, Accelerando 는 그룹의 빠르기를 선택할 수 있는 창을 엽니다.

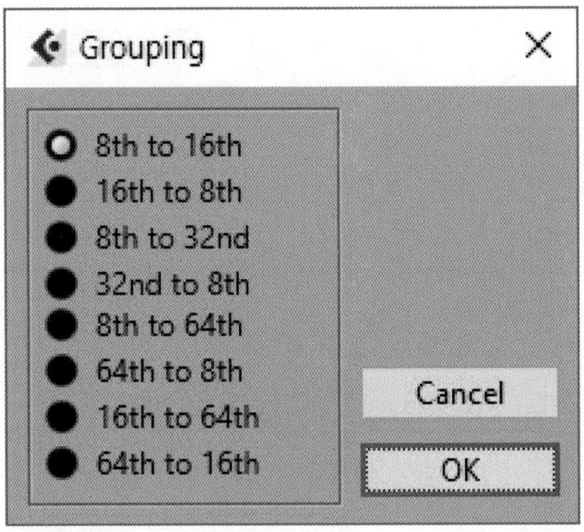

▲ 8th to 16th로 선택한 경우

▲ 32nd to 8th로 선택한 경우

04 Reapet 는 각 노트의 반복 연주의 비트 수를 표기합니다. 즉, 그룹 노트의 트릴 주법 표기입니다.

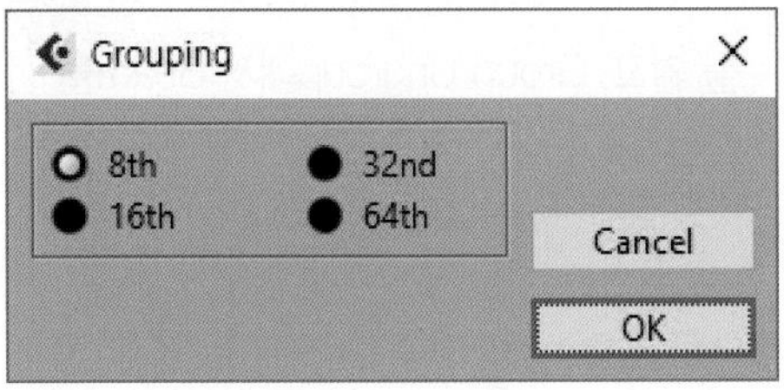

▶ 16th을 선택한 경우

**Tip**

Group/Ungroup의 마지막 서브 메뉴인 Auto Group Notes는 기로 연결할 수 있는 노트들을 자동으로 찾아서 연결합니다.

# 02 꾸밈음 만들기

큐베이스는 꾸밈음이나 독립음을 입력할 수 있는 기능이 없습니다. 그러나 입력되어 있는 노트를 꾸밈음이나 독립음으로 바꿔서 사용할 수 있기 때문에 크게 불편한 문제는 되지 않을 것입니다. 입력한 음표를 꾸밈음으로 바꾸는 기능을 살펴보겠습니다.

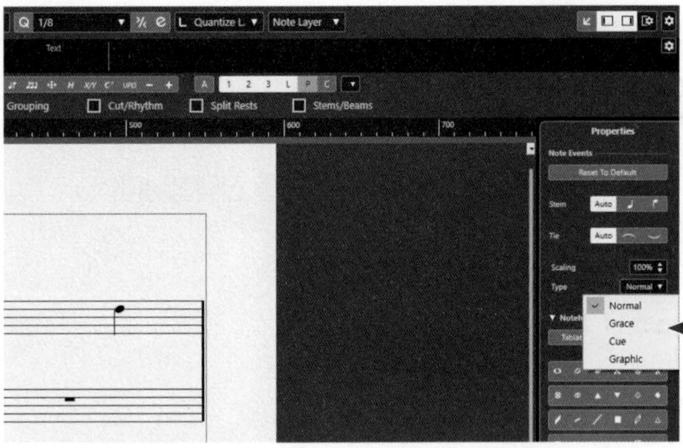


**01** 꾸밈음으로 바꾸고 싶은 노트를 선택하고, 오른쪽 존의 Type에서 Grace를 선택하거나 노트를 마우스 오른쪽 버튼으로 클릭하면 열리는 단축 메뉴에서 Convert to Grace Note 를 선택합니다.

**02** 선택한 노트가 박자 수에 상관없이 다룰 수 있는 독립 노트로 변경됩니다. 좀더 꾸밈음다운 표기를 위해서 Dynamics 팔레트의 슬러 심볼을 그려넣습니다. 미세한 작업을 위해서 돋보기 버튼을 이용해서 작업 공간을 확대하는 것도 요령입니다.

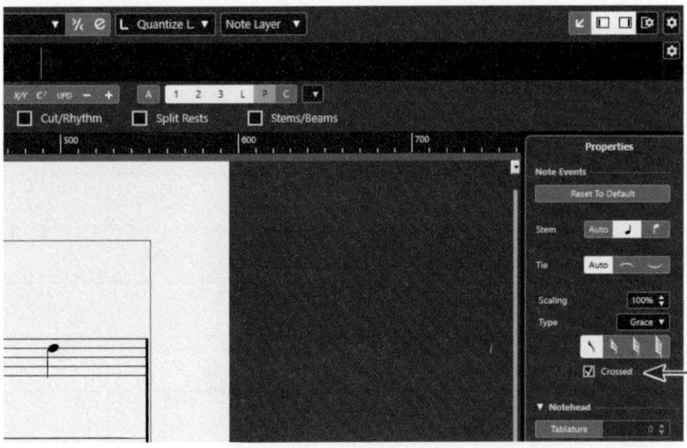


**03** 꾸밈음 노트의 크로스 라인은 오른쪽 존의 Crossed 옵션을 체크하여 넣을 수 있습니다.

## 03 잇단음 만들기

큐베이스는 기본적으로 표시되는 3잇단음표의 한계를 벗어나 5잇단음, 6잇단음, 7잇단음 등 사용자가 원하는 잇단음 표기가 가능합니다. 가요의 in C 악보 외에 Guitar나 바이올린 등의 악보에서도 자주 사용하는 표기법이므로 정확히 알아두기 바랍니다.

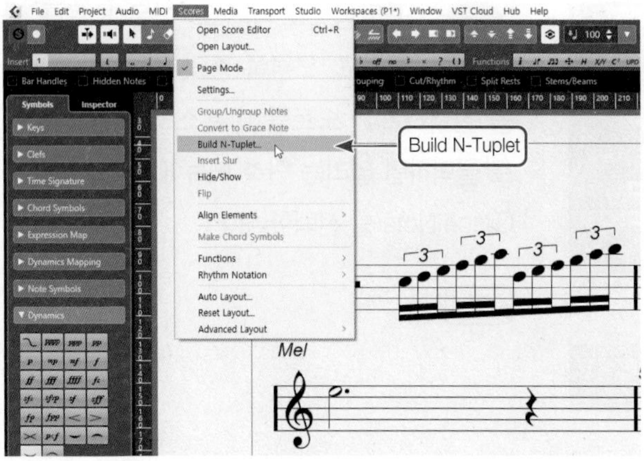


01 큐베이스는 기본적으로 3잇단음으로 입력됩니다. 이것을 사용자가 원하는 수로 변경하고 싶다면, 노트를 선택하고, Score 메뉴의 Build N-Tuplet 를 선택합니다.

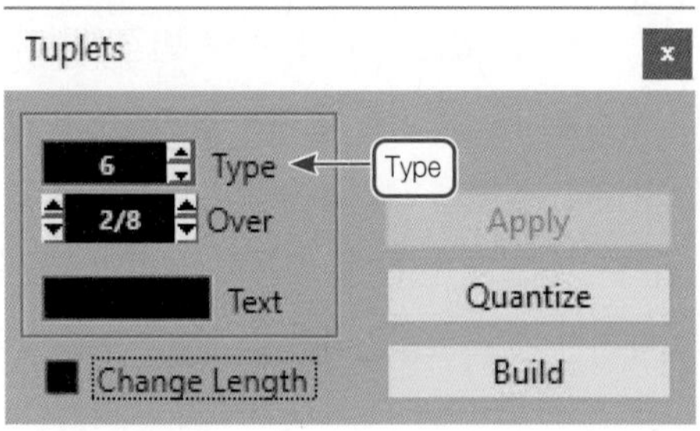


02 Tuplets 창이 열립니다. Type에서 원하는 잇단음 수를 입력하고, Over에서 단위를 설정합니다. 그리고 Bulid 버튼을 클릭하여 완성합니다. Tuplets 창의 옵션과 버튼의 기능은 다음과 같습니다.

| 옵션 | 설명 |
|---|---|
| Type | 만들고자 하는 잇단 음 수를 입력합니다. |
| Over | 오른쪽에서 설정된 비트 값으로 왼쪽에 설정된 길이만큼 잇단 음의 길이 설정 합니다. |
| Text | 잇단 음 괄호에 표시될 문자 입력합니다. |
| Change Length | 선택된 노트들을 Over 항목에서 설정한 노트의 길이로 변경합니다. |
| 버튼 | 설명 |
| Apply | 입력되어 있는 잇단 음 표의 Text를 수정 합니다 |
| Quantize | 화면에 보이는 잇단 음표의 단위를 정렬합니다. |
| Build | 창에서 설정된 값 적용합니다. |

# 04 보표 꾸미기

인스펙터 팔레트나 Functions 도구를 이용해서 사용자가 원하는 악보를 얼마든지 꾸밀 수 있습니다. Score 메뉴에는 좀더 간편하게 악보를 꾸밀 수 있는 기능들이 있는데, 이것들에 관해서 살펴보겠습니다.

## ❶ 슬러 입력하기

연결하고 싶은 노트들을 선택하고, Score 메뉴의 Insert Slur를 선택하면, 선택한 노트의 시작과 끝부분에 맞추어 슬러를 삽입할 수 있습니다. 인스펙터 창의 Dynamics 팔레트에서 제공하는 슬러 심볼을 이용하는 것이 불편하다고 느낀다면, Score 메뉴를 이용해보기 바랍니다.

## ❷ 기의 방향 바꾸기

음표는 B음을 기준으로 기의 방향이 자동으로 결정됩니다. 그러나 악보를 만들다보면, 오브리카토나 성부 등의 음표 입력으로 기의 방향을 바꿀일이 많습니다. 선택한 음표 기의 방향은 Score 메뉴의 Flip이나 Functions 도구의 Flip 버튼을 클릭하여 바꿀 수 있습니다.

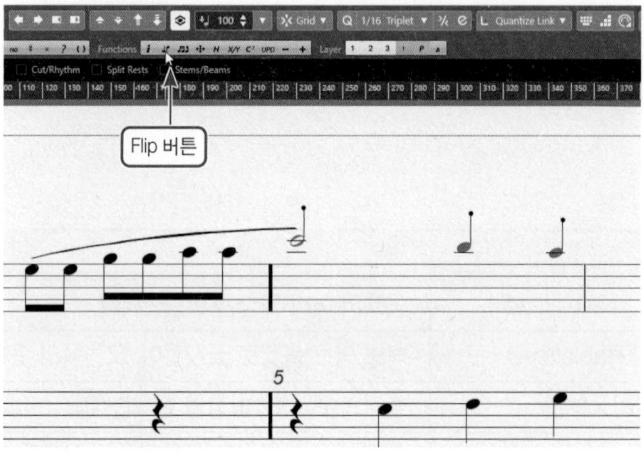


## ❸ 코드 입력하기

Score 메뉴의 Make Chord Synbols를 선택하면 화음으로 이루어진 노트를 자동으로 분석하여 코드 네임을 붙일 수 있습니다.

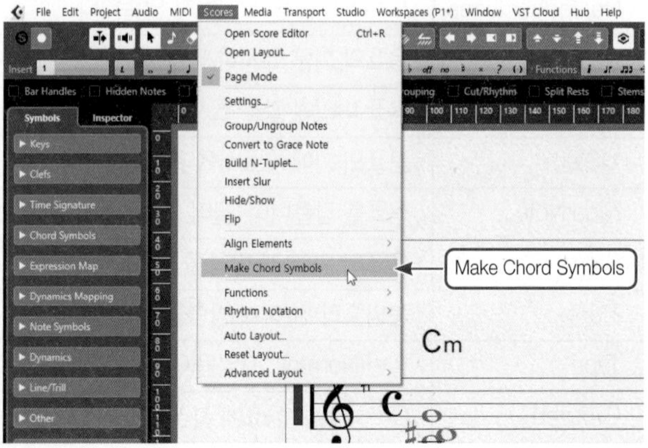

## ❹ 트릴 기호 입력하기

노트를 마우스 오른쪽 버튼으로 클릭하여 단축 메뉴를 열고, Build Trill을 선택하여 트릴 기호를 입력할 수 있습니다. Build Trill 창에서 표시 형식을 선택하거나 None으로 원하지 않는 표기는 피할 수 있으며, Help Note 옵션을 선택한 경우에는 트릴로 연주하는 2번째 노트는 괄호로 표시됩니다.

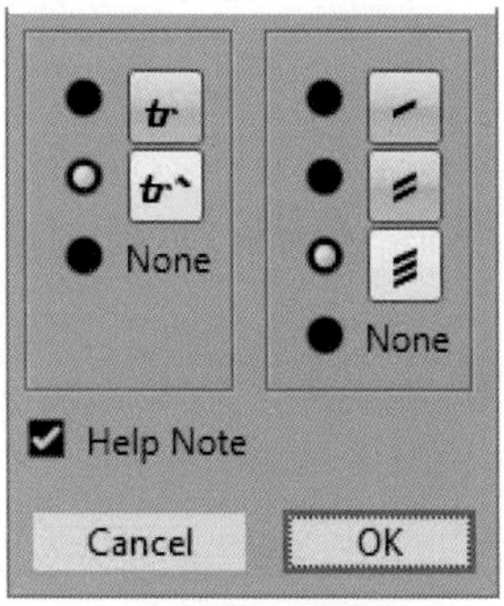


## ❺ 음표 속성

음표를 더블 클릭하거나 마우스 오른쪽 버튼을 클릭하여 단축 메뉴를 열고, Properties 를 선택하면, 음표의 머리나 길이 등의 속성을 설정할 수 있는 Set Note Info 창이 열립니다. 실제 연주 노트와 상관없이 보기좋은 악보를 만들기 위해서는 각각의 옵션을 정확히 이해할 필요가 있습니다.

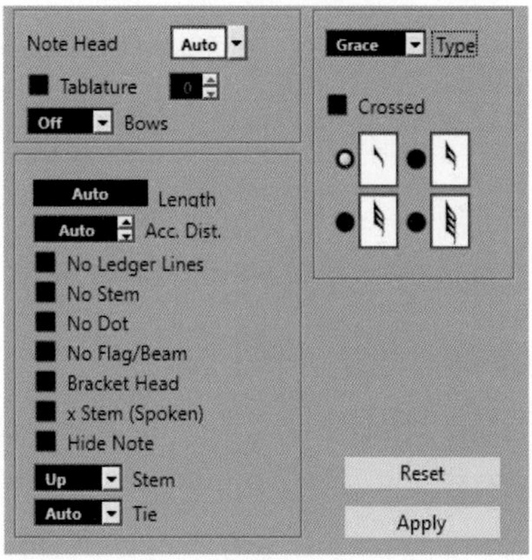


| 옵션 | 역할 |
|---|---|
| Note Head | 음표의 머리 모양을 변경합니다. |
| Tablature | 타브 악보 음표로 표시하며, 오른쪽의 숫자를 이용해서 현의 위치를 설정합니다. |
| Bows | 슬러의 위/아래 방향을 선택합니다. |
| Length | 음표의 표시 길이를 설정합니다. 실제 노트 길이가 바뀌는 것은 아닙니다. |
| Acc. Dist | 음표와 임시표의 거리를 조정합니다 |
| No Ledger Lines | 오선의 덧줄을 표시하지 않습니다 |
| No Stem | 음표의 기를 표시하지 않습니다 |
| Bracket Head | 음표 머리에 괄호 표시를 합니다. |
| X Stem | 음표의 기에 X 표시를 합니다. |
| Hide Note | 음표를 감춥니다. 필터 도구의 Hidden Notes 를 체크하여 Hide note를 확인할 수 있습니다 |
| Stem | 음표의 위/아래 방향을 선택합니다. |
| Tie | 붙임줄의 위/아래 방향을 선택합니다. |
| Type | 일반(Normal), 꾸밈음(Grace), 작은음표(Cue), 독립음표(Graphic)로 선택합니다. |
| Crossed | Grace Type음표에 사선을 표시할 것인지의 여부를 선택하며, 음표의 길이도 선택할 수 있습니다. |

# 05 레이아웃 정리하기

Score Settings 창에서 만든 사용자 레이아웃은 Score 메뉴의 Open Layout을 선택하여 불러올 수 있습니다. 그 외 사용자 레이아웃을 초기화 하거나 자동 레이아웃 기능에 관해서 살펴보겠습니다.

### ❶ 마디 수 지정하기

Scores 메뉴의 Advanced Layout에서 Number of Bars를 선택하면 각 단에 표시할 마디의 수를 설정할 수 있는 Numbers of Bars 창이 열립니다. 창에서 원하는 마디 수를 입력하고, This Staff 버튼을 클릭하면, 선택한 보표에 적용할 수 있고, All Staves 버튼을 클릭하면, 전체 보표에 적용할 수 있습니다.

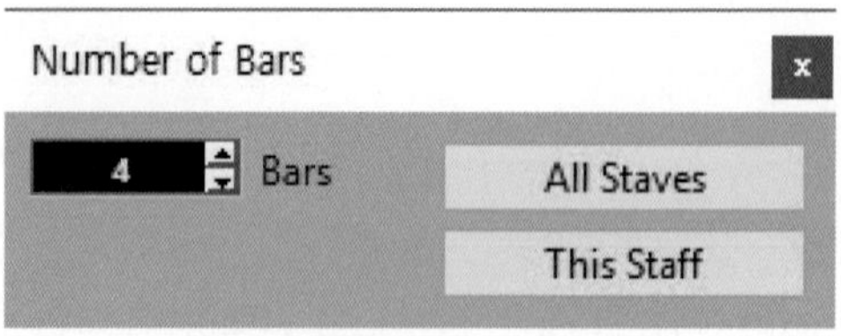


### ❷ 마커 표시하기

악보에 마커 트랙의 내용을 표시하고 싶다면, Scores 메뉴의 Advanced layout에서 Display Markers를 선택 합니다. 다시 선택하면 마커를 표시하지 않는 토글 메뉴 입니다.

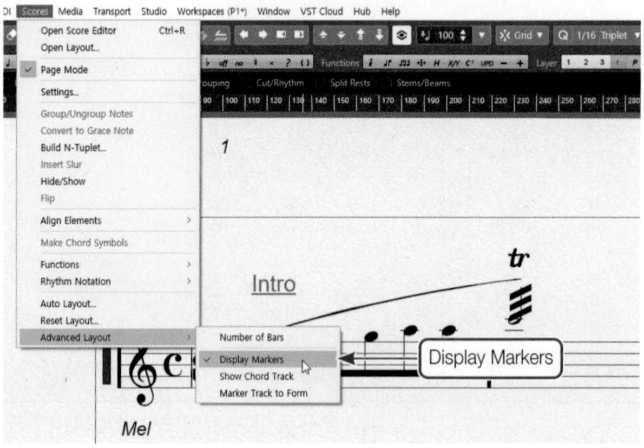


### ❸ 마커 위치 표시하기

악보에 마커가 입력되어 있는 위치를 표시하고 싶다면 Scores 메뉴의 Advanced Layout 에서 Marker Track to From를 선택합니다. 마커의 위치는 겹세로줄로 표시되기 때문에, 악보의 연주 구역을 표시하는데 효과적입니다.

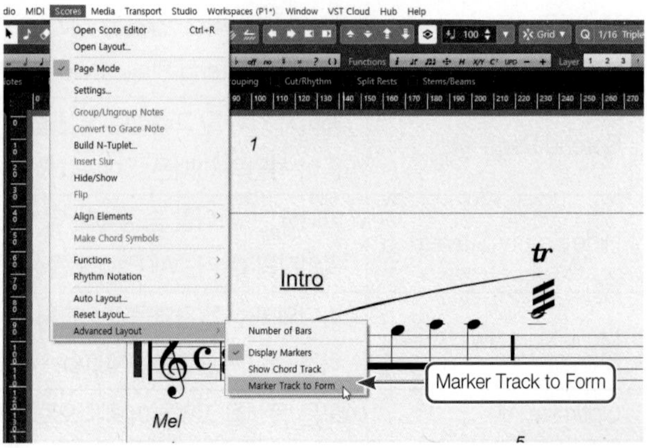

### ❹ 레이아웃 초기화

Scores 메뉴에서 Reset Layout을 선택하면 레이아웃의 기본값에서 변경한 항목들을 초기화 하여 새로운 악보를 꾸밀 수 있는 Reset Layout 창이 열립니다. 초기화 대상은 현재 작업 영역의 오선(This Staff)과 모든 영역(All Staves)입니다.

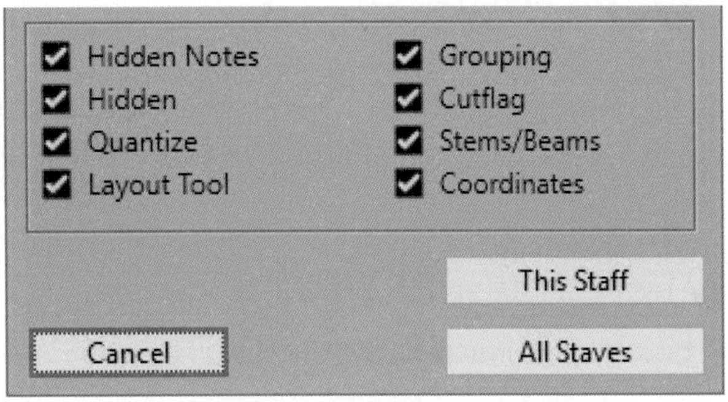


### ❺ 자동 레이아웃

Score 메뉴의 Auto Layou을 선택하면, 작업 중인 악보의 레이아웃을 자동으로 설정할 수 있는 창이 열립니다. Auto Layout 창을 악보를 빠르게 정렬할 수 있는 유용한 기능입니다. 각각의 옵션은 다음과 같습니다.

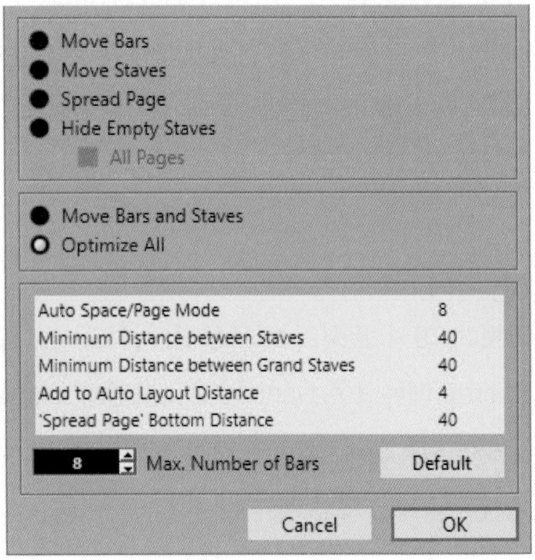


| 옵션 | 기능 |
|---|---|
| Move Bars | 음표들의 간격을 계산하여 마디 폭을 조정합니다.<br>여유 간격은 Auto Space/page Mode 값으로 설정합니다. |
| Move Stave | 오선의 간격을 조정합니다.<br>각 보표의 최소 간격은 Minimum Distance between Staves, Minimum distance between Grand Staves, Add to Auto Layout Distance에서 설정합니다. |
| Spread Page | 페이지 크기를 고려하여 오선을 배치합니다.<br>종이 하단의 여백은 'Spread Page' Bottom Distance에서 설정합니다. |
| Hide Empty Staves | 비어 있는 마디를 숨깁니다. 각 옵션을 현재 페이지에 적용할 것인지, 전체 페이지에 적용할 것인지의 여부는 All Pages 옵션으로 선택합니다. |
| Move Bars and Staves | 마디와 오선의 간격을 조정합니다.<br>허용 마디 수는 Max, Number of Bar 에서 설정합니다 |
| Optimize All | 모든 옵션을 고려하여 최적으로 레이아웃을 만듭니다 |

# 06 심볼 정렬하기

Score 메뉴의 Align Elements은 선택한 노트와 심볼 들을 정렬할 수 있는 7가지 서브 메뉴로 구성되어 있습니다. 각각의 서브 메뉴는 정렬 방법만 틀린 것이고, 사용법은 동일합니다.

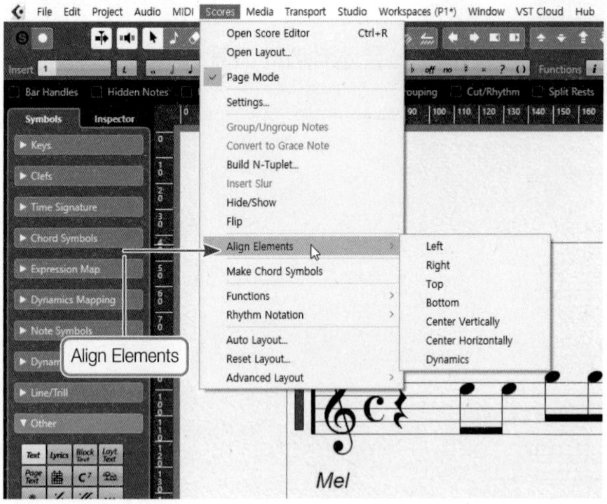


정렬하고자 하는 심볼들을 선택하고, Score 메뉴의 Align Elements에서 정렬할 방법을 선택합니다. 왼쪽(left), 오른쪽(Right), 위쪽(Top), 아래쪽(Bottom), 수직(Center Vertical), 수평(Center Horizontal), 심볼들과 일치하는 (Dynamics)을 제공합니다.

Left 왼쪽을 기준으로 정렬

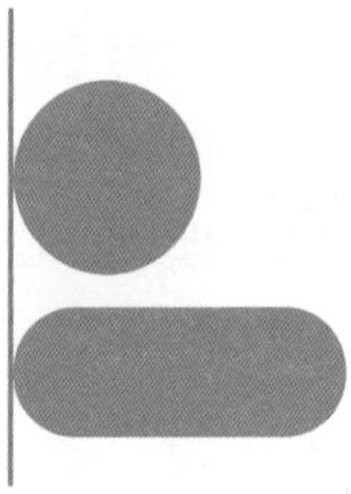

Right 오른쪽을 기준으로 정렬

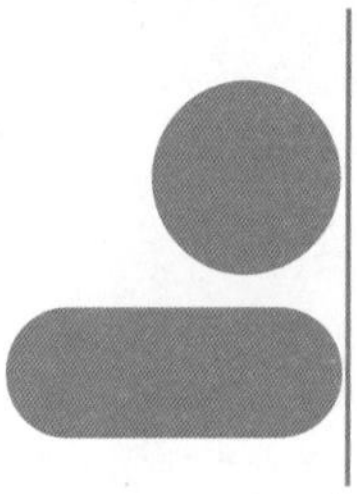

Top 위쪽을 기준으로 정렬

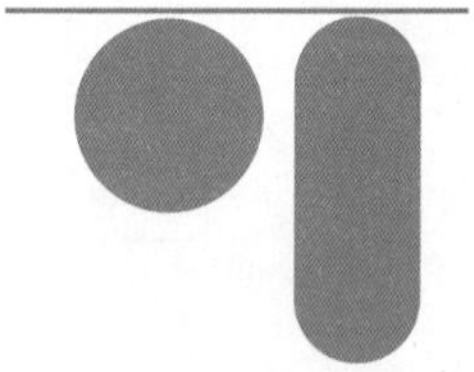

Bottom
아래쪽을 기준으로 정렬

Center Vertical
가로축 중심을 기준으로 정렬

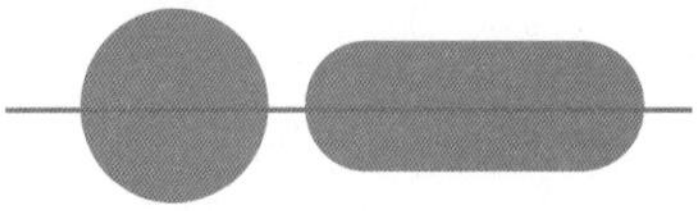

Center Horzontal
세로축 중심을 기준으로 정렬

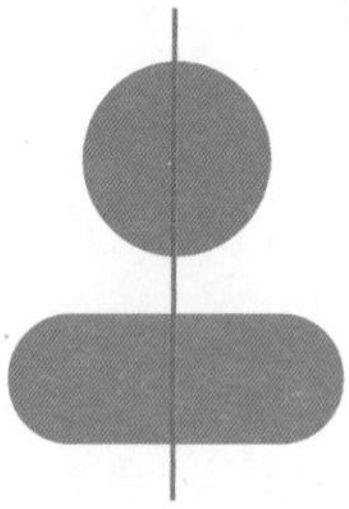

Dynamics 다이내믹 심벌의 중심축을 기준으로 정렬

## 07 폰트 변경하기

악보에 입력한 다양한 문자는 Score Settings 창에서 사용자가 원하는 속성으로 변경할 수 있습니다. Other 팔레트를 이용해서 적당한 가사를 입력하고, 실습을 따라 해보기 바랍니다.

**01** 악보에 입력한 가사를 Shift 키를 누른 상태에서 더블 클릭하여 모두 선택합니다.

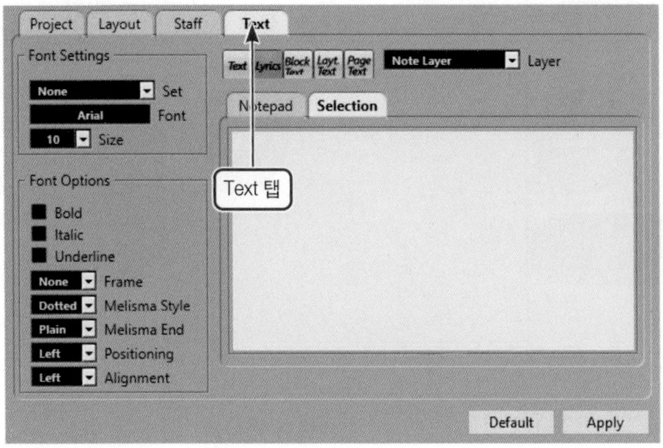


**02** Score 메뉴의 Settings을 선택하여 창을 열고, Text 탭에서 원하는 속성으로 변경합니다. Score Settings 창의 옵션들은 이미 살펴본 내용이므로 생략합니다.

## 08 가사 변경하기

입력되어있는 가사 중에서 특정 문자를 변경하고 싶을 때, 일일이 수정하는 것 보다는 Score 메뉴의 Functions에서 Find and Replace 를 선택하여 일괄적으로 바꾸어 주는 것이 편리합니다.

01 가사를 비롯하여 악보에 입력한 문자를 변경하겠다면, Score 메뉴의 Functions에서 Find and Replace 를 선택하여 창을 엽니다.

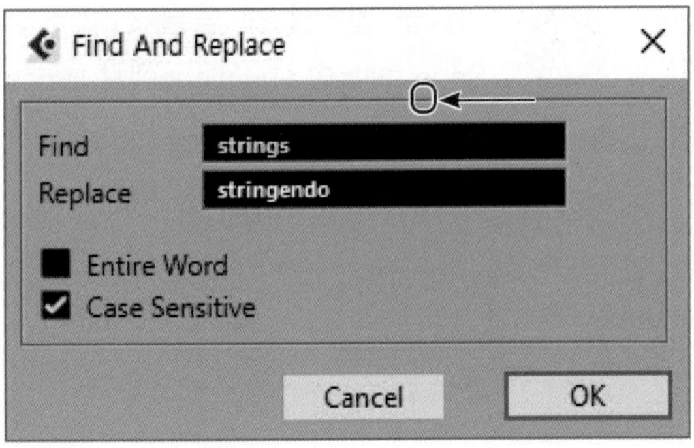


02 Find에서 찾을 문자를 입력하고, Replace에서 바꿀 문자를 입력합니다. 정확히 일치하는 문자만 바꾸려면 Entire Word 옵션을 체크하고, 대/소문자를 구분하려면 Case Sensitive 옵션을 해제합니다.

# 09 워드를 이용한 가사 입력방법

악보에 가사를 입력할 때 Tab키가 불편하다면, 독자가 주로 사용하는 워드에서 가사를 입력한 후에 큐베이스의 악보로 복사할 수 있는 기능을 이용하면 편리할 것입니다.

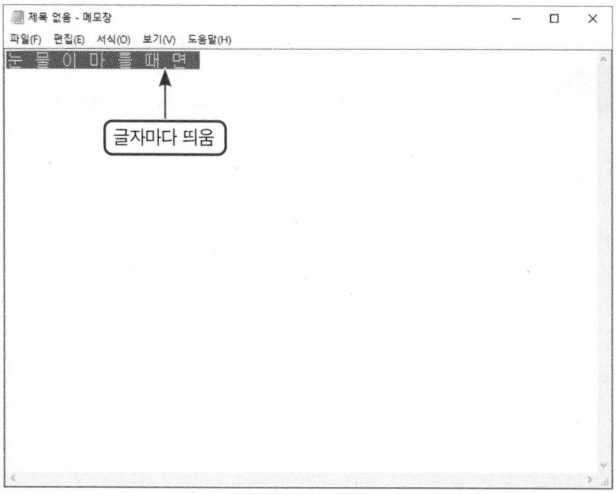


**01** 윈도우에서 제공하는 메모장이나 사용자가 주로 사용하는 워드를 실행하여 간단한 문자를 입력해 봅니다. 가사로 사용할 경우에는 글자마다 간격을 띄워야 합니다. 입력한 문자를 선택하고, Ctrl+C 키를 눌러 복사합니다.

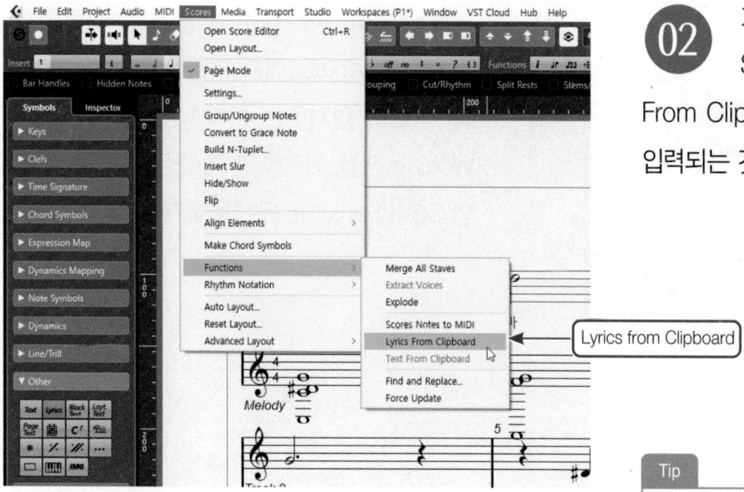


**02** 가사를 입력할 첫 음을 선택하고, Score 메뉴의 Functions에서 Lyrics From Clipboard를 선택하면 자동으로 가사가 입력되는 것을 확인할 수 있습니다.

> **Tip**
> 가사를 입력할 때와 같은 방법으로 문자를 입력할 때는 Function 메뉴의 Text From Clipboard 를 이용합니다.

## 10 성부 변경하기

큰 보표를 사용하는 피아노 악보는 오른손 연주와 왼손 연주가 정확히 C3로 구분되는 경우가 없기 때문에 자동 Split 기능으로는 완벽한 피아노 악보를 만들 수 없습니다. 그래서 각각의 음표에 성부를 설정하여 보표의 위치를 조정할 필요가 있습니다.

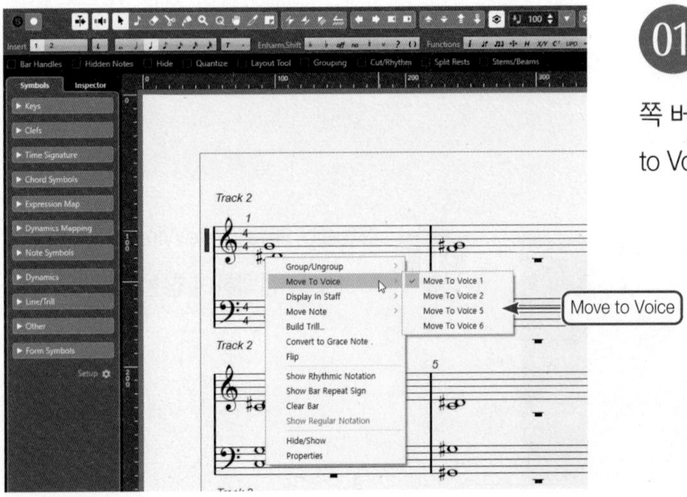


**01** Polyphonic 설정에서 보이스를 이동시키고자 할 때는 음표를 마우스 오른쪽 버튼으로 클릭하여 단축 메뉴를 열고, Move to Voice에서 이동시킬 보이스를 선택합니다.

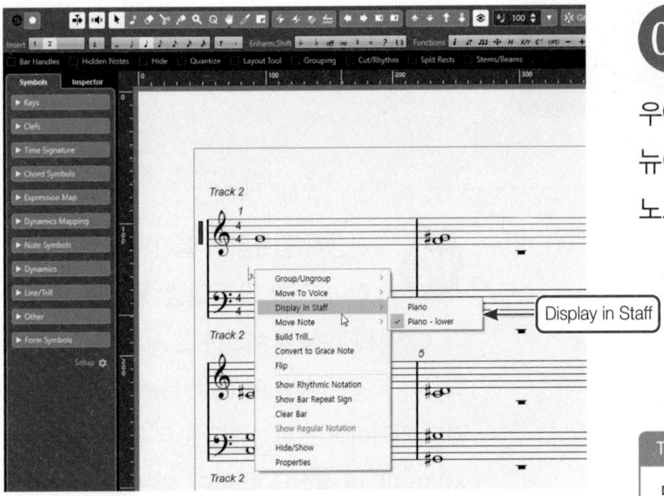


**02** 보이스를 바꾸는 것이 아니라 화면에 보이는 보표로 이동시키고자 하는 경우에는 Display in Staff를 이용합니다. 서브 메뉴에는 보표 이름이 표시되며, 선택한 보표로 노트를 이동시킬 수 있습니다.

**Tip**

단축 메뉴의 Move Note는 선택한 성부를 위(Next) 또는 아래(Previous) 성부로 이동시킵니다.

## 11 피날레 이용하기

큐베이스의 악보 사보 기능은 전문 프로그램과 비교해도 손색이 없을 만큼 완벽합니다. 어떤 기능은 큐베이스에서만 가능한 경우도 있습니다. 하지만, 같은 결과를 만드는데 있어서 좀 더 번거로운 과정을 거쳐야 한다는 단점이 있습니다. 물론, 악보 사보를 목적으로 큐베이스를 선택하는 경우는 없기 때문에 불편함을 느끼는 사용자는 없습니다. 만일, 출판 목적으로 악보 사보가 필요한 사용자라면 리와이어(ReWire) 지원으로 큐베이스 자체 기능처럼 사용할 수 있는 피날레를 권장합니다. 실제로 큐베이스의 사보 기능을 마스터하는 것과 피날레를 익히는 노력은 비슷합니다. 끝으로 피날레를 큐베이스에서 사용하는 리와이어 기능에 관해서 살펴보겠습니다.

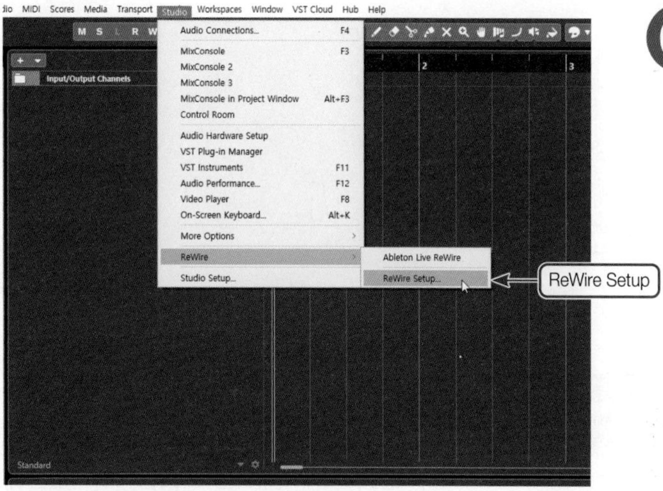


**01** Studio 메뉴의 ReWire에서 ReWire Setup을 선택하여 창을 엽니다.

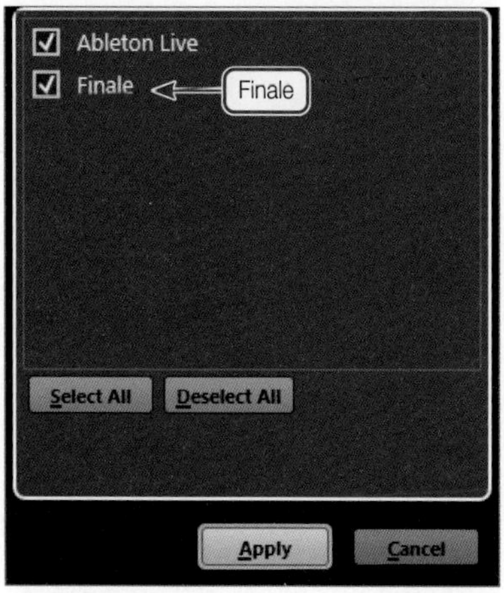


**02** 사용자 컴퓨터에 설치되어 있는 리와이어 지원 프로그램 목록이 열립니다. 여기서 Finale를 체크하고, Apply 버튼을 클릭하여 적용합니다. Ableton Live나 Reason과 같은 리와이어 프로그램도 모두 같은 과정으로 사용하며, 이 설정은 한 번만 하면 됩니다.

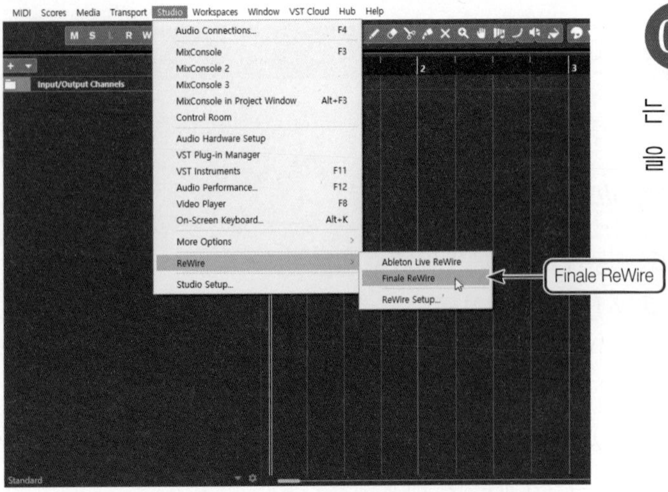


03 다시 Studio의 ReWire 메뉴를 열어 보면, Finale ReWire가 등록되어 있는 것을 확인할 수 있습니다. 이를 선택하여 창을 엽니다.

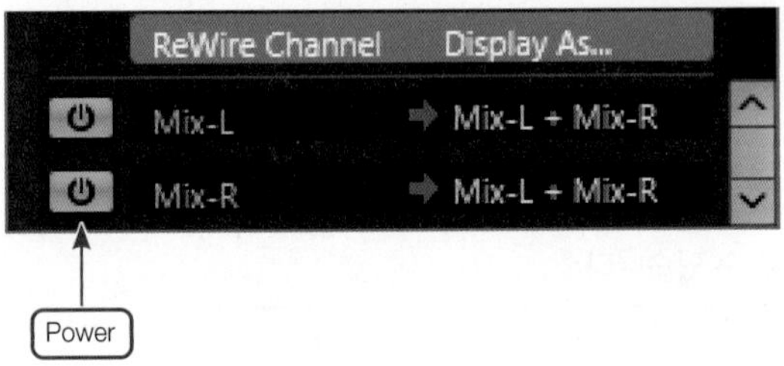


04 ReWire Channel 창에서 Power 버튼을 On으로 합니다. 피날레를 실행하고, 트랜스포트를 동작시키면 큐베이스의 스코어 에디터처럼 사용할 수 있다는 것을 확인할 수 있습니다.

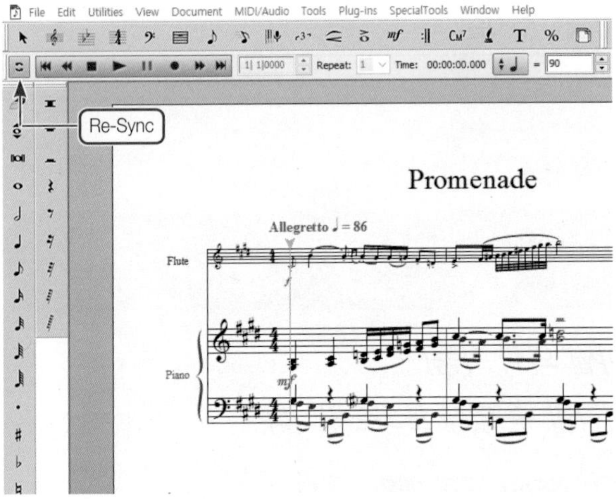


05 큐베이스에서 음악 작업을 하다가 멜로디와 같이 악보 사보가 필요한 트랙은 스코어 에디터를 열어서 작업하듯이 피날레를 실행하여 작업을 하면 되는 것입니다. 간혹, 변경 사항이 적용되지 않을 때는 피날레의 Re-Sync 버튼을 클릭합니다.

**Tip**

피날레를 리와이어로 사용할 때는 항상 큐베이스를 먼저 실행하고, 종료할 때는 반대로 피날레를 먼저 종료합니다.

※ 정말 긴 시간 동안 큐베이스의 모든 기능을 살펴보았습니다. 이해하지 못했던 부분이 있었다면 다시 한 번 반복하기를 권장합니다. 부족하지만 혼자서 공부하는 이들에게 작은 도움이 될 수 있기를 바라며, 본서를 읽는 모든 이들이 프로 아티스트로 활동할 수 있기를 기원합니다.

고맙습니다.